中国诗书城·眉山

眉山市志

MEI SHAN SHI ZHI

上册

眉山市党史和地方志编纂中心 编

方志出版社

图书在版编目（CIP）数据

眉山市志 / 眉山市党史和地方志编纂中心编. —北京：方志出版社，2020.11
ISBN 978-7-5144-4432-2

Ⅰ. ①眉…　Ⅱ. ①眉…　Ⅲ. ①眉山-地方志
Ⅳ. ①K297.13

中国版本图书馆 CIP 数据核字（2020）第 218584 号

眉山市志

编　　者：眉山市党史和地方志编纂中心
责任编辑：罗　滔

出 版 者：方志出版社
地址　北京市朝阳区潘家园东里 9 号（国家方志馆 4 层）
邮编　100021
网址　http://www.zgfzcb.cn
发　　行：方志出版社图书经销中心
电话（010）67110500
经　　销：各地新华书店
印　　刷：成都兴怡包装装潢有限公司

开　　本：889×1194　1/16
印　　张：119
字　　数：3275 千字
版　　次：2020 年 11 月第 1 版　2020 年 11 月第 1 次印刷
印　　数：0001~4000 套

ISBN 978-7-5144-4432-2　定价：980.00 元（全三册）

省委书记谢世杰（左）在地区成立大会上向眉山地委书记李吉荣（右）授牌（摄于1997年8月26日）

中国共产党眉山市第一次代表大会（摄于2000年11月）

眉山市第一届人民代表大会第一次会议（摄于2000年12月）

中国人民政治协商会议眉山市第一届委员会第一次会议（摄于 2000 年 12 月）

眉山市授印、授牌大会（摄于 2000 年 12 月 19 日）

省委常委、省纪委书记沈国俊（右）向市委书记李吉荣（左）授牌（摄于2000年12月19日）

省人大常委会副主任孟俊修（右）向市人大常委会主任李忠国（左）授牌（摄于2000年12月19日）

省人民政府副省长欧泽高（右）向市人民政府市长余斌（左）授牌（摄于 2000 年 12 月 19 日）

省政协副主席陈官权（右）向市政协主席严文清（左）授牌（摄于 2000 年 12 月 19 日）

省委常委、省纪委书记沈国俊（右）向市纪委书记宋建新（左）授牌（摄于 2000 年 12 月 19 日）

四川省军区副司令员王炳文（右）向眉山军分区司令员郑家才（左）授牌（摄于 2000 年 12 月 19 日）

眉山市委、市人大常委会、市政府、市政协、眉山军分区领导与参加授印授牌大会的省领导合影（摄于 2000 年 12

原眉山地委、地区人大工委、地区行署、地区政协工委办公区（摄于 2000 年 10 月）

原三苏祠旧大门（摄于 20 世纪 60 年代）

原眉山县川剧院（摄于 1977 年 8 月）

原眉山县人民医院门诊大楼（摄于 1988 年 1 月）

眉山老县城大南街（摄于 1995 年）

眉山老县城桂香街（摄于 1995 年）

眉山老县城正西街街口（摄于 1997 年）

眉山老县城学道街（摄于 1997 年）

眉山岷江大桥通车典礼（摄于 1986 年 9 月）

眉山县纪念苏轼 950 周年诞辰暨第一届东坡文化节（摄于 1987 年 9 月）

眉山县第三届东坡文化节（摄于 1997 年 9 月）

眉山老县城下西街（摄于 1994 年）

洪雅县槽渔滩水利枢纽工程奠基开工典礼（摄于 1988 年）

原眉山县中医院（摄于 20 世纪 80 年代）

仁寿县黑龙滩水库建设工地（摄于 1971 年 4 月）

洪雅县柳新渠红旗隧洞通水（摄于 1962 年）

仁寿县黑龙滩水库建设誓师大会（摄于 1970 年 9 月）

眉山东坡岛（摄于 2008 年 4 月）

眉山东坡湖广场（摄于 2003 年 9 月）

眉山诗书城公园（摄于2012年4月）

欢乐 中国年
团聚 青花郎

整治后的眉山东坡湖（摄于 2012 年 4 月）

眉山远景楼（摄于 2006 年 10 月）

眉州大道（摄于2012年6月）

眉山通惠河沿岸住宅小区（摄于2010年8月）

眉山市政中心夜景（摄于 2006 年 11 月）

眉山东坡外滩（摄于 2010 年 8 月）

成（都）乐（山）高速公路眉山段（摄于 2009 年 7 月）

成（都）自（贡）泸（州）赤（水）高速公路成（都）自（贡）段通车（摄于 2012 年 9 月）

成自泸赤高速仁寿出入口（摄于 2012 年 9 月）

建设中的成（都）绵（阳）乐（山）城际轻轨眉山段（摄于 2012 年 5 月）

眉山岷江二桥（摄于 2011 年 5 月）

眉山交通主干道——省道 106 线城区段（摄于 2005 年 5 月）

眉山汽车客运站（摄于 2009 年 5 月）

农村标美路——仁寿县黑龙滩环湖西路（摄于 2009 年 9 月）

省道 103 线改建工程眉山段开工仪式（摄于 2000 年 4 月）

省道 106 线改建工程通车典礼（摄于 2003 年 1 月）

澳大利亚昆士兰州交通贸易代表团访问眉山（摄于2000年4月）

成都—眉山区域合作联席会第二次会议在成都举行（摄于2010年3月）

眉山市政府与四川博览事务局战略合作座谈会暨签约仪式在眉山举行（摄于 2012 年 9 月）

联合利华（四川）全球生产基地项目落户眉山签约仪式在北京举行（摄于 2012 年 9 月）

市委副书记、市长李静（右二）在北京参加“中瑞合作与对话，气候变化城市行动”会议，并签署备忘录（摄于 2010 年 6 月）

天府新区眉山区域项目推介会在眉山召开（摄于 2012 年 4 月）

亚太地区农村卫生人力资源管理与发展国际研讨会在眉山召开（摄于 2012 年 9 月）

外国客人在眉山青神县学习交流竹编文化艺术（摄于 2012 年 9 月）

眉山金象化工产业园区（摄于2008年7月）

成（都）眉（山）石化园区（摄于2012年9月）

金象园区
川金象

四川启明星铝业有限公司 25 万吨电解铝一期工程开工典礼（摄于 2002 年 3 月）

眉山丹甫股份有限公司在深交所上市（摄于 2010 年 3 月）

国家酒类及加工食品质量监督检验中心眉山泡菜分中心暨四川泡菜研究所奠基仪式（摄于 2011 年 7 月）

青神县德恩机械有限公司生产车间（摄于 2008 年 6 月）

眉山泡菜产业园区泡菜生产车间（摄于2012年8月）

眉山千禾味业食品有限公司新窖醋场（摄于2012年11月）

藏

四川瑞能硅材料有限公司多晶硅生产线（摄于 2009 年 7 月）

中国南车眉山车辆有限公司机械生产车间（摄于 2011 年 12 月）

四川新筑智能工程装备制造有限公司生产的挖掘机（摄于 2010 年 1 月）

洪雅县城东电站（摄于 2012 年 11 月）

洪雅县高庙镇楠木坪村彩色农业（摄于2012年9月）

洪雅县青杠枰村茶叶生产基地（摄于 2012 年 3 月）

岷江现代农业园万亩优质高产水稻示范片（摄于 2012 年 4 月）

菲妮·瓷砖
CERAMICS

彭山县万亩有机葡萄产业园一角（摄于 2009 年 8 月）

仁寿县万亩柑橘基地（摄于 2012 年 9 月）

青神县优质椪柑基地（摄于 2011 年 11 月）

洪雅县奶牛养殖基地（摄于 2009 年 10 月）

丹棱县双桥镇梅湾村（摄于 2008 年 3 月）

眉山东坡湖商业综合体

眉山宏远盖丽购物中心（摄于 2012 年 8 月）

眉山义乌商贸城（摄于 2010 年 7 月）

以泡菜为主题的专业性博物馆——中国泡菜博物馆（摄于 2012 年 7 月）

第四届中国四川泡菜国际展销会开幕式（摄于 2012 年 7 月）

天府新区彭山青龙物流园区（摄于 2012 年 2 月）

亚马逊（眉山）电子商务营运中心项目奠基仪式（摄于 2012 年 8 月）

眉山第一家五星级酒店——岷江东湖饭店（摄于 2008 年 11 月）

眉州东坡酒楼眉山总店（摄于 1999 年 12 月）

眉山三苏祠（摄于 2012 年 10 日）

“人间仙台，最美桌山”——洪雅县瓦屋山（摄于 2012 年 12 月）

“成都后花园”——仁寿县黑龙滩（摄于 2000 年 1 月）

彭山县彭祖山（摄于 2009 年 4 月）

洪雅县瓦屋山国家森林公园冬景（摄于 2010 年 5 月）

洪雅县柳江古镇（摄于 2012 年 7 月）

洪雅县玉屏山人工林海（摄于 2012 年 8 月）

洪雅县高庙镇丛林村（摄于 2012 年 9 月）

“康养圣地”—— 洪雅县七里坪云湖绿潭（摄于 2012 年 8 月）

大型舞蹈史诗《千古东坡》在眉山首届东坡国际文化节演出（摄于 2007 年 11 月）

“宋词雅韵”中华经典诗词吟诵晚会（摄于 2012 年 10 月）

诞辰九百七十周年
乐舞蹈史诗
东坡

经典诗词诵读
韵
浪淘盡
日日思君不見君 共飲長江水

2012 年眉山市新年音乐会（摄于 2011 年 12 月）

眉山纪念建市 10 周年综艺晚会（摄于 2010 年 11 月）

荣获中央电视台第六届全国少儿舞蹈大赛金奖的《眉山丫头》比赛剧照（摄于 2005 年 8 月）

青神竹编艺术作品《中华国宝图》（摄于 2010 年 7 月）

非物质文化遗产——青神竹龙表演（摄于 2005 年 8 月）

东坡区一年一度的公祭三苏活动（摄于 2008 年 4 月）

非物质文化遗产巡游——眉山川剧（摄于 2012 年 10 月）

眉山籍作家刘小川长篇传记小说《苏东坡》研讨会（摄于 2012 年 7 月）

眉山市第一所本科普通院校——四川大学锦江学院（摄于2012年8月）

眉山职业技术学院（摄于2011年7月）

百年名校、国家级示范性普通高中——眉山中学（摄于 2006 年 6 月）

眉山市第一小学（摄于 2012 年 6 月）

眉山市第一届运动会（摄于 2006 年 6 月）

眉山市第一届残疾人运动会（摄于 2006 年 5 月）

眉山“道泉茶叶杯”全国象棋明星赛（摄于 2008 年 7 月）

中国乒乓球俱乐部超级联赛在眉山举行（摄于 2009 年 7 月）

眉山市第十三届万众健身跑活动（摄于 2009 年 12 月）

眉山市体育馆（摄于 2007 年 12 月）

原眉山市第二人民医院住院部（摄于2006年3月）

眉山市人民医院（摄于2008年11月）

眉山医务人员到基层开展义诊活动（摄于 2011 年 7 月）

婚礼新时尚——栽种幸福树（摄于 2012 年 11 月）

眉山第一期城市供水工程 ——“龙水引眉”工程通水典礼（摄于 2002 年 6 月）

眉山市全民健康生活方式行动启动仪式（摄于 2011 年 5 月）

幸福家园（摄于 2012 年 8 月）

《眉山市志》编纂委员会

眉山市《眉山市志》审查验收小组

组　长	祝　云	汪树槐	刘先伟		
副组长	陈瑞林	蔡仕华	覃建华	刘　洋	杨　文
	李树伦	黄劲松			
委　员	罗　琦	马滢瀛	周殿志	徐　炯	李晓莉
	罗　明	郭建华	高　鹏	郝凌燕	杨光华
	侯德宽	张乐勤	周　伟	汪文毅	刘　艺
	涂　勇	蒋传德	蒋卫东	唐　锐	徐　强
	刘光伟	肖　山	邓湘海	石壁洲	张富明
	徐　琳	唐　书	罗德斌	徐　红	

四川省市州志审查验收小组

组　　　长　钟承林

副　组　长　陈建春　姚　斌

成　　　员　赵　行　邓　瑜　宋晓云　熊建中　杨东生

袁晓文　陶利辉　高伟明　牛　森

基础审查人员　谢　鑫　孙玉峰　杨　帆　张　华　雷雨露

《眉山市志》总编室

序

“国有史，郡有志，家有谱。”编修地方志，既是中华民族独特的优秀文化传统，也是代代相继、传承文明的一方盛事，更是新时代各级地方政府的应尽职责和历史使命。

志者，记录也。眉山，古称眉州，位于成都之南，岷峨之间。这里是“唐宋八大家”苏洵、苏轼、苏辙三父子的故乡，素有“进士之乡”和“千载诗书城”的美誉。

《眉山市志》是眉山建区设市以来编修的第一部市志，历时近八年。全书辑存了眉山市 1997—2012 年经济、政治、文化、社会、生态文明建设等方面的历史与现状。因是首部市志，本书追溯了秦朝以来眉山的建置沿革和历史名人。结构横排门类、纵述史实，内容涵盖广博、翔实丰富，不啻为一部认识眉山、了解眉山的百科全书。

阅《眉山市志》，可以欣赏眉山绚丽多姿的自然风光，“人间天台、最美桌山”瓦屋山，“川西第一海”黑龙滩，“长寿福地”彭祖山，“天然氧吧”七里坪，烟雨柳江等；可以品味眉山丰饶的物产，是中国“泡菜之乡”“椪柑之乡”“枇杷之乡”“藤椒之乡”和“优质稻米之乡”等；可以阅览眉山丰厚的人文资源，三苏文化、长寿文化、竹编文化、大雅文化等源远流长；可以体验眉山独特的民俗风情，仁寿抬工号子、丹棱唢呐、洪雅五月台会等大批非物质文化遗产。

志者，志向也。《眉山市志》全方位展示了眉山这个四川最年轻的地级市的成长历程。

1997 年 5 月，经国务院批准，由乐山市划出眉山、仁寿、彭山、洪雅、丹棱、青神六县设立眉山地区。2000 年 6 月，撤地设市，掀开了眉山历史的新篇章，开启了眉山发展的新纪元。全市 350 万人民艰苦创业、苦干兴眉、主动作为、争创一流，铸就了眉山的成就与辉煌。眉山经过 20 多年的艰苦奋斗，经济和社会事业发展速度位居全省前列。《眉山市志》全面、真实、客观地记载了这段艰苦创业的奋斗史。

志者，旗帜也。不忘历史，方能开辟未来；善于继承，才能开拓创新。我们只有在历史的思考中汲取营养，才能在新的征程中充满力量。今天的眉山，欣逢伟大祖国进入新时代，乘成渝双城东风，携成眉同城之势，坚持开放引领，汇聚全球力量，奋力建设高质量发展、高水平开放、高品质生活的成都都市圈副中心。《眉山市志》的出版恰逢其时，及时为我们在新的发展征程中，传承眉山精神，弘扬眉山文化，吸取经验教训，把握发展规律，以新的奋进、新的作为、新的跨越，续写眉山更加辉煌的新篇章！

史志永存，来者可鉴。

是为序。

《眉山市志》编纂委员会

2020 年 12 月

凡 例

一、指导思想。本志以马克思列宁主义、毛泽东思想、邓小平理论、“三个代表”重要思想、科学发展观、习近平新时代中国特色社会主义思想为指导，坚持辩证唯物主义和历史唯物主义的立场、观点和方法，全面系统地记述1997—2012年眉山市（地区）自然、政治、经济和社会发展的历史与现状，突出眉山地方特色和时代特点，力求思想性、科学性、资料性相统一。

二、记述时限。本志为眉山市首轮修志，上限原则上起于1997年8月眉山地区建立时，需溯源的不受此限。下限除断限内消失事物外，一律截至2012年年底。

三、体裁形式。本志采用述、记、志、传、图、表、录等体裁，志为主体，横排竖写。由志首、主体部分和志尾组成。志首设文前彩页、概述、大事记，设专志37篇，志末设附录、编后记、索引。篇下设章、节、目，少量条目因内容需要设有子目。篇、章下设无题概述。

四、体例分类。本志遵循横分门类、以类系事、纵述史实体例，按科学性、专业性与当代社会分工及突出地方特色与时代特色相结合的原则分类设目。各专志按地理环境、经济、政治、文化、社会和人物6个部类分类排列。

五、文体文风。本志采用现代汉语书面语言，第三人称记述。

六、机构名称。党政组织、社会团体、企事业单位等机构与职务的名称均以当时的标准名称为准，多次使用的名称首次用全称，括注简称。中华民国简称“民国”，中国共产党简称“中共”；中共四川省委员会、四川省人民政府分别简称“省委”“省政府”；中共眉山地区委员会、中共眉山市委员会、眉山地区行署、眉山市人民政府分别简称“地委”“市委”“行署”“市政府”，“县委”“区委”等均指眉山市所辖县（区）中国共产党地方组织；“省”“市”“县”“区”，除特别注明外，均指“四川省”“眉山市”和眉山市所辖县（区）；“全区”“全市”，除特别注明（如东坡区）外，均指现眉山市管辖的行政区域（眉山地区和眉山市）；其他简称见目录后的“组织机构名称简称全称对照表”。

七、纪年。本志1949年10月1日前纪年除建置沿革采用历史朝代纪年，括注公元纪年外，均采用公元纪年。世纪和年代均使用阿拉伯数字。正文中未注明世纪者均指20世纪。1949年12月17日眉山解放前、后分别记述为“解放前”“解放后”。改革开放后指1978年12月中共十一届三中全会以后。

八、地名人名。正文“全区”“全市”“市”代称“眉山地区”“眉山市”“眉山市区”。文中所谓“境内”“辖内”“辖域”“全区”“全市”除特别注明“眉山县”“东坡区”外，均指“眉山地区”“眉山市”和所辖的“六县”“六区县”。地名以市境内地名工作机构公布的名称为准，易产生歧义时括注全地名或今地名。人名一律直书其名，必要时冠以职务、职称。外国的国名、人名和党派团体等机构的名称均以新华社的译名或社会公认的译名为准。

九、入志人物坚持“生不立传”原则，收录现眉山市及六区县籍贡献突出的著名人士、烈士等。立传人物按生年排序，生卒年不详者按活动时间适当排列。人物表收录现眉山市历代进士、近代烈士、断限内获省部级及以上表彰（荣誉）的先进个人、优秀模范教师、优秀科技人员等，按获得职务或荣誉时间先后排序。

十、数据、数字。数据以统计数据为准，统计部门无数据的采用主管部门的数据。数字用法执行国家标准《出版物上数字用法》（GB/T 15835—2011），除习惯用语、专用名词外均用阿拉伯数字；绝对数、相对数四舍五入后分别保留至小数点后2位、1位；正文除表格外不保留小数点后无实质意义的“0”。面积“亩”在数值过小或建立“××基地”，为保留整数时，未采用国际单位“公顷”。表格的编号数字先后为篇序号、章序号和表顺序号；图的编号数字分别为篇序号、图顺序号。

十一、标点、单位。标点符号、计量单位分别执行国家标准《标点符号用法》（GB/T 15834—2011）、《国际单位制及其应用》（GB 3100—1993）和《有关量、单位、符号的一般原则》（GB 3101—1993）。货币单位除明确为美元外，均为人民币。

十二、资料来源。本志资料主要来自眉山市境内的地方志书、市级部门编纂的入志资料、《眉山年鉴》《眉山统计年鉴》和报刊文章、调查报告、地情书、论文等文献资料，反复鉴别后选用，均不注明出处。由于史料采集困难，记述难免有错漏之处。

凡 例

一、指导思想。本志以马克思列宁主义、毛泽东思想、邓小平理论、“三个代表”重要思想、科学发展观、习近平新时代中国特色社会主义思想为指导，坚持辩证唯物主义和历史唯物主义的立场、观点和方法，全面系统地记述1997—2012年眉山市（地区）自然、政治、经济和社会发展的历史与现状，突出眉山地方特色和时代特点，力求思想性、科学性、资料性相统一。

二、记述时限。本志为眉山市首轮修志，上限原则上起于1997年8月眉山地区建立时，需溯源的不受此限。下限除断限内消失事物外，一律截至2012年年底。

三、体裁形式。本志采用述、记、志、传、图、表、录等体裁，志为主体，横排竖写。由志首、主体部分和志尾组成。志首设文前彩页、概述、大事记，设专志37篇，志末设附录、编后记、索引。篇下设章、节、目，少量条目因内容需要设有子目。篇、章下设无题概述。

四、体例分类。本志遵循横分门类、以类系事、纵述史实体例，按科学性、专业性与当代社会分工及突出地方特色与时代特色相结合的原则分类设目。各专志按地理环境、经济、政治、文化、社会和人物6个部类分类排列。

五、文体文风。本志采用现代汉语书面语言，第三人称记述。

六、机构名称。党政组织、社会团体、企事业单位等机构与职务的名称均以当时的标准名称为准，多次使用的名称首次用全称，括注简称。中华民国简称“民国”，中国共产党简称“中共”；中共四川省委员会、四川省人民政府分别简称“省委”“省政府”；中共眉山地区委员会、中共眉山市委员会、眉山地区行署、眉山市人民政府分别简称“地委”“市委”“行署”“市政府”，“县委”“区委”等均指眉山市所辖县（区）中国共产党地方组织；“省”“市”“县”“区”，除特别注明外，均指“四川省”“眉山市”和眉山市所辖县（区）；“全区”“全市”，除特别注明（如东坡区）外，均指现眉山市管辖的行政区域（眉山地区和眉山市）；其他简称见目录后的“组织机构名称简称全称对照表”。

七、纪年。本志1949年10月1日前纪年除建置沿革采用历史朝代纪年，括注公元纪年外，均采用公元纪年。世纪和年代均使用阿拉伯数字。正文中未注明世纪者均指20世纪。1949年12月17日眉山解放前、后分别记述为“解放前”“解放后”。改革开放后指 1978 年 12 月中共十一届三中全会以后。

八、地名人名。正文“全区”“全市”“市”代称“眉山地区”“眉山市”“眉山市区”。文中所谓“境内”“辖内”“辖域”“全区”“全市”除特别注明“眉山县”“东坡区”外，均指“眉山地区”“眉山市”和所辖的“六县”“六区县”。地名以市境内地名工作机构公布的名称为准，易产生歧义时括注全地名或今地名。人名一律直书其名，必要时冠以职务、职称。外国的国名、人名和党派团体等机构的名称均以新华社的译名或社会公认的译名为准。

九、入志人物坚持“生不立传”原则，收录现眉山市及六区县籍贡献突出的著名人士、烈士等。立传人物按生年排序，生卒年不详者按活动时间适当排列。人物表收录现眉山市历代进士、近代烈士、断限内获省部级及以上表彰（荣誉）的先进个人、优秀模范教师、优秀科技人员等，按获得职务或荣誉时间先后排序。

十、数据、数字。数据以统计数据为准，统计部门无数据的采用主管部门的数据。数字用法执行国家标准《出版物上数字用法》（GB/T 15835—2011），除习惯用语、专用名词外均用阿拉伯数字；绝对数、相对数四舍五入后分别保留至小数点后 2 位、1 位；正文除表格外不保留小数点后无实质意义的“0”。面积“亩”在数值过小或建立“××基地”，为保留整数时，未采用国际单位“公顷”。表格的编号数字先后为篇序号、章序号和表顺序号；图的编号数字分别为篇序号、图顺序号。

十一、标点、单位。标点符号、计量单位分别执行国家标准《标点符号用法》（GB/T 15834—2011）、《国际单位制及其应用》（GB 3100—1993）和《有关量、单位、符号的一般原则》（GB 3101—1993）。货币单位除明确为美元外，均为人民币。

十二、资料来源。本志资料主要来自眉山市境内的地方志书、市级部门编纂的入志资料、《眉山年鉴》《眉山统计年鉴》和报刊文章、调查报告、地情书、论文等文献资料，反复鉴别后选用，均不注明出处。由于史料采集困难，记述难免有错漏之处。

组织机构名称简称全称对照表

简称	全称
省委	中共四川省委员会
省人大	四川省人民代表大会
省政府	四川省人民政府
省政协	中国人民政治协商会议四川省委员会
市委	中共眉山市委员会
市人大	眉山市人民代表大会
市政府	眉山市人民政府
市政协	中国人民政治协商会议眉山市委员会
市纪委	中共眉山市纪律检查委员会（监察局）
市法院	眉山市中级人民法院
市检察院	眉山市人民检察院
市委保密办	眉山市委保密办（市国家保密局）
市委组织部	中共眉山市委组织部
市委宣传部	中共眉山市委宣传部
市委统战部	中共眉山市委统一战线工作部
市委政法委	中共眉山市委政法委员会
市委政研室	中共眉山市委政策研究室
市直机关工委	中共眉山市直属机关工作委员会
市委群工部	中共眉山市委群众工作部
市委编办	中共眉山市委机构编制工作委员会办公室
市委农工委	中共眉山市委农村工作委员会
市委防邪办	眉山市防范和处理邪教问题领导小组办公室
市委老干局	中共眉山市委老干部局

市投促委	眉山市投资促进委员会
市发改委	眉山市发展改革委员会
市经贸委	眉山市经济贸易委员会
市经信局	眉山市经济和信息化局
市教育局	眉山市教育局
市科技局	眉山市科技局
市公安局	眉山市公安局
市民政局	眉山市民政局
市司法局	眉山市司法局
市财政局	眉山市财政局
市人社局	眉山市人力资源和社会保障局
市国土资源局	眉山市国土资源局
市环保局	眉山市环境保护局
市住建局	眉山市住房和城乡建设局
市交通运输局	眉山市交通运输局
市水务局	眉山市水务局
市农业局	眉山市农业局
市林业局	眉山市林业局
市商务局	眉山市商务局
市文广新局	眉山市文化广播和新闻出版局
市卫生局	眉山市卫生局
市计生委	眉山市计划生育工作委员会
市审计局	眉山市审计局
市统计局	眉山市统计局
市旅游局	眉山市旅游局
市外侨台办	眉山市外事侨务台湾工作办公室
市法制办	眉山市法制办公室
市城管执法局	眉山市城市管理执法局
市城乡规划局	眉山市城乡规划局
市国资委	眉山市国有资产管理委员会
市安监局	眉山市安全监管局
市食药局	眉山市食品药品监管局
市政务中心	眉山市政务服务中心
市食安办	眉山市食品安全委员会办公室
现代工业新城办	眉山现代工业新城办公室
眉发展	眉山发展（控股）有限责任公司
眉职院	眉山职业技术学院
市委党校	眉山市委党校

市接待办	眉山市委市政府接待办
市委党史研究室	眉山市委党史研究室
市公共资源交易中心	眉山市公共资源交易中心
市机关事务管理局	眉山市机关事务管理局
市档案局	眉山市档案局
市地方志办	眉山市地方志编纂委员会办公室
市扶贫移民局	眉山市扶贫移民局
市政府金融办	眉山市政府金融办公室
市广播电视台	眉山市广播电视台
市人防办	眉山市人民防空办公室
市住房公积金管理中心	眉山市住房公积金管理中心
市城乡环境综合治理办	眉山市城乡环境治理办公室
市工商局	眉山市工商局
市质监局	眉山质量技术监督局
市国税局	四川省眉山市国家税务局
市地税局	四川眉山市地方税务局
市气象局	眉山市气象局
市邮政管理局	眉山市邮政管理局
调查队	国家统计局眉山调查队
沙坪劳教所	四川省沙坪劳动教养管理所（眉山强戒所）
市总工会	眉山市总工会
团市委	中国共产主义青年团眉山市委员会
市妇联	眉山市妇女联合会
市科协	眉山市科学技术协会
市工商联	眉山市工商业联合会
市残联	眉山市残疾人联合会
市文联	眉山市文学艺术界联合会
市社科联	眉山市哲学社会科学界联合会
市红十字会	眉山市红十字会
人行眉山市中心支行	中国人民银行眉山市中心支行
银监分局	中国银行监督管理委员会眉山监管分局
工行眉山分行	中国工商银行股份有限公司眉山分行
农行眉山分行	中国农业银行股份有限公司眉山分行
中行眉山支行	中国银行股份有限公司四川分行眉山支行
建行眉山分行	中国建设银行股份有限公司眉山分行
省联社眉山办事处	四川省农村信用社联合社眉山办事处
邮储银行眉山分行	邮政储蓄银行眉山市分行
乐山商业银行眉山分行	乐山商业银行眉山市分行

成都银行眉山分行	成都银行眉山市分行
人保财险	人保财险眉山市分公司
人寿保险	中国人寿眉山市分公司
车辆厂	南车集团眉山车辆有限公司
电力公司	眉山电力公司
烟草公司	眉山市烟草专卖局（公司）
电信眉山分公司	中国电信眉山市分公司
市邮政局	眉山市邮政管理局
移动眉山分公司	中国移动通信眉山市分公司
联通眉山分公司	中国联合通信眉山市分公司
军分区	眉山军分区
武警支队	武警眉山支队
消防支队	眉山市消防支队
民盟	中国民主同盟眉山市委员会
民建	中国民主建国会眉山市委员会
民进	中国民主促进会眉山市委员会
民革	中国国民党革命委员会四川省委直属眉山市总支委员会
农工党	中国农工民主党眉山市委员会
九三学社	九三学社眉山市委筹备小组
知联会	眉山市党外知识分子联谊会

《眉山市志》供稿部门（单位）

（以 2019 年机构改革后的新的单位名称为准）

中共眉山市委办公室
眉山市人民政府办公室
中共眉山市纪委监委
眉山市中级人民法院
中共眉山市委组织部
中共眉山市委统战部
中共眉山市委政研室
中共眉山市委编办
中共眉山市委老干部局
眉山市发展改革委
眉山市教育体育局
眉山市公安局
眉山市司法局
眉山市人力资源社会保障局
眉山市生态环境局
眉山市交通运输局
眉山市农业农村局
眉山市文广旅局
眉山市应急管理局
眉山市国资委
眉山市经济合作局
眉山市信访局
眉山市机关事务管理局
眉山市医疗保障局

眉山市人大常委会办公室
眉山市政协办公室
眉山军分区
眉山市人民检察院
中共眉山市委宣传部
中共眉山市委政法委
中共眉山市委外办
中共眉山市直机关工委
中共眉山市委保密机要局
眉山市经济和信息化局
眉山市科技局
眉山市民政局
眉山市财政局
眉山市自然资源局
眉山市住房城乡建设局
眉山市水利局
眉山市商务局
眉山市卫生健康委
眉山市审计局
眉山市市场监管局
眉山市统计局
眉山市林业局
眉山市金融工作局
眉山市政务服务管理局

眉山工业新城办
甘眉工业园区
岷江现代农业示范园区
共青团眉山市委
眉山市科协
眉山市残联
眉山市社科联
眉山市贸促会
眉山市委党校
眉山市公务服务中心
眉山市党史和地方志编纂中心
眉山市政务服务和资源交易服务中心
眉山市地震监测中心
眉山市气象局
眉山市邮政管理局
中国人民银行眉山市中心支行
中国农业发展银行眉山市分行
中国农业银行眉山市分行
中国建设银行眉山市分行
中国邮政储蓄银行眉山市分行
眉山市寿险公司
国网眉山供电公司
中国电信眉山分公司
中国移动眉山分公司
眉山市人防办
武警眉山支队
乐山商业银行眉山分行
太平洋人寿保险眉山分公司
黑龙滩灌区管理处
眉山市人民医院
中国国民党革命委员会四川省委直属眉山市总支委员会
中国民主促进会眉山市委员会
九三学社眉山市委筹备小组
眉山市党外知识分子联谊会
东坡区
仁寿县
丹棱县
岷东新区
金象化工产业园区
眉山市总工会
眉山市妇联
眉山市工商联
眉山市文联
眉山市红十字会
眉山职业技术学院
眉山日报社
眉山市档案馆
眉山市住房公积金管理中心
眉山市广播电视台
眉山市税务局
国家统计局眉山调查队
眉州监狱
眉山银监分局
中国工商银行眉山市分行
中国银行眉山市分行
四川省农村信用社联合社眉山办事处
眉山市财产保险公司
中车眉山车辆有限公司
眉山烟草专卖局
眉山邮政分公司
中国联通眉山分公司
眉山市消防支队
四川大学锦江学院
成都银行眉山分行
四川沙坪劳教所
通济堰管理处
眉山市妇幼保健院
中国民主同盟眉山市委员会
中国农工民主党眉山市委员会
中国民主建国会眉山市委员会
眉山天府新区
彭山区
洪雅县
青神县

总目录

CONTENTS

目 录

概　述

眉山，古称“眉州”，地处峨眉山阴、岷江河畔。自古被誉为“天地间肥沃的土地，岷江与峨眉间最神奇的地方”。2012 年，眉山市辖东坡区、仁寿县、彭山县、洪雅县、丹棱县、青神县 1 区 5 县，有户籍人口 350.38 万人、常住人口 296.64 万人。

眉山市是省级历史文化名城，素有“孕奇蓄秀当此地，郁然千载诗书城”的美誉，是唐宋时期中国三大刻版印书中心。这里有东坡文化、红色文化、长寿文化、道教文化、佛教文化、竹文化等多种特色文化。是川西南旅游“金三角”和“黄金旅游线”重要节点，有“南州胜迹古祠堂”三苏祠、“长寿养生福地”彭祖山、“休闲度假天堂”瓦屋山、“川西第一海”黑龙滩、“禅度佛国”老峨山、“天然氧吧”峨眉半山·七里坪、烟雨朦胧的洪雅县柳江古镇、中国泡菜城等特色景区（点），有国家 AAAA 级旅游景区 1 个、国家 AAA 级旅游景区 2 个、国家 AA 级旅游景区 3 个，瓦屋山为国家森林公园。全市有全国重点文物保护单位 6 处 7 个点，省级文物保护单位 33 处，有著名的江口沉银遗址；有 1 个项目入选国家级非物质文化遗产名录，9 个项目入选省级非物质文化遗产名录，有省级非物质文化遗产生产性保护基地 1 个。全市在加快经济建设的同时，坚持依法治市，保持社会稳定。

一

岷峨奥区　眉山市地处岷江中游，北纬 29°24′～30°16′、东经 102°49′～104°30′之间。东与成都相邻，西与雅安市接壤，西南与乐山市交界，北与资阳市、内江市相连。全市土地总面积 7140 平方千米，可耕土地面积 24.12 万公顷。中部是岷江河谷平原，东部仁寿县境内的龙泉山脉和西部洪雅县境内的总岗山脉犹如两道绿色屏障。市境有岷江、青衣江、沱江三大流域，年平均过境水量 275.5 亿立方米。岷江在彭山县入境，从青神县出境，经乐山市直下宜宾市入长江；青衣水在洪雅县入境，经夹江县、乐山市中区入长江。眉山市境属暖湿的亚热带季风气候区，四季分明，雨量丰沛，冬无严寒，夏无酷暑，少霜雪，日照少，气候适宜性好，宜种度大，出产富庶。已探明矿产资源有 26

种，重要的矿产为钙芒硝，探明储量位居四川省第二位。动植物资源丰富，有野生植物近3500种，其中被子植物约占世界总科数的60%，是世界主要被子植物的摇篮和分化中心之一；药用植物有213科952属2200余种；有红豆杉、珙桐、桫椤等国家重点保护植物84种，占全国20%；有各种野生动物65目233科795种，其中大熊猫、云豹、羚羊、大鲵等国家一、二级保护动物及四川省重点保护野生动物72种，占全省动物保护种类的64.8%。眉山是四川省粮、油、果、蔬、茶和猪、牛、羊、禽、蜂、蚕的主产区，有多个省特色效益农业生产基地，是成都市农副产品的主要配送基地、居民休闲的后花园。

孕奇蓄秀 眉山得天独厚的自然环境条件和区位，孕育悠久的优秀文化历史，被称为“东坡故里、中国词乡、诗书古城、道教圣地、长寿之邦”，俊彦辈出，远古蜀王蚕丛氏青衣教民养蚕，百姓受惠至今。商代大夫800寿（古历法）彭祖养生术，远播海内外。东汉张纲“埋轮”正朝纲，其忠贞为时代楷模。西晋文学家李密一折《陈情表》，成为孝道经典被千古传诵。北宋杨素建大雅堂藏黄庭坚手书杜甫两川夔峡诗勒石三百通，始有“难登大雅之堂”类成语。这里还有道教宗师张道陵、名相何栗、抗金名相虞允文、良史李焘等，更有世界著名历史文化巨匠北宋大文豪三苏父子。有著名文学家彭端淑、著名地质学家梁津、新中国地质事业开拓者和奠基人之一黄汲清、被誉为“东方梵高”“画坛怪杰”的长安画派创始人石鲁、川剧剧作家黄吉安、中国著名书画家诗人美术教育家冯建吴等。同时还有为共产主义献身的革命先驱王少云、黄子万、丁地平、洪文渊、郭祝霖、任开国、何光辉、帅昌时、许本达、段兆麟等共产党员。俊彦聚智，域地生辉，积淀了丰厚的优秀传统文化，催生了创建新世界的红色文化，打造出“千载诗书城”，青神县被省政府命名为“革命老区县”。

二

战略决策 1997年，眉山地委、地区行署按照“解放思想、实事求是、艰苦创业、苦干兴区”和“三年树形象、五年大变样、齐心协力创辉煌”发展思路，制定“眉山地区国民经济和社会事业跨世纪发展战略”，加快经济发展。2001年起，市委、市政府提出“强工稳农、改革开放、依法治市、科教兴眉、可持续发展”战略，实施“抓三化（工业化、城镇化、农业产业化），建三市（成都外环经济强市、文化旅游名市、生态特色市），五年创辉煌”发展战略。2002年，提出“融入成都、错位发展、强工稳农、追赶跨越、富民兴市”发展思路。2005年，提出“融入成都、一体发展、强工稳农、繁荣城市”发展思路。采取改善软环境，发展产业园区，推进“一村一品”，大力推进城市建设，融入成都“大都市”等一系列措施，推进眉山经济长足发展和社会进步。2006年起，根据环境变化，市委、市政府相继调整和实施“融入成都，一体发展”“融入成都，同城发展”“工业强市、文化立市、环境兴市、依法治市”等发展战略，实现与成都“基础同网、产业同链、区域同城”，推进“经济繁荣、政治清明、社会和谐、人民幸福”四大目标，创造“眉山发展速度”。此后，市委、市政府提出“高位求进、跨越发展”战略，实施“五驾齐驱”“七局驻外”招商战略，按照“繁荣新区、完善老城、北拓南延、跨江东进、拥江发展”战略，启动岷东新区建设。至2012年年末，眉山市地区生产总值由1997年（下同）的104.5亿元增加到775.22亿元、增长6.42倍，年均增长14.09%。其中第一、二、三产业产值分别由1997年的40.77亿元、36.28亿元、27.45亿元增至135.91亿元、443.33亿元、195.98亿元，分别增长2.33倍、11.22倍、6.14倍，年均分别增长8.36%、18.16%、14%；人均地区生产总值由3259元增加到26168元、增长7.03倍；全社会固定资产投资由24.75亿元增加到601.72亿元、增长23.31倍；地方财政一般预算收入由4.44亿元增加到48.81亿元、增长近11倍；城镇居民人均可支配收入由3698元增加到19766元，增长4.35倍；农民人均纯收入由1778元增加到8236元、增长3.63倍。

创新驱动　1997年起，眉山市（地）委、市政府（地区行署）加快经济体制改革，逐步建立社会主义市场经济，推动经济持续健康发展。在农村，完成第二轮土地承包，并全面推进土地有偿使用制度，建立眉山市土地交易中心和土地储备中心，助推耕地保护和土地向高效利用方面流转，催生农村个体经营向专业化、公司化方向发展。至2012年年末，眉山市登记注册的各类专业合作社1241个，成员13.7万人，“农户+专业合作社+龙头企业”成为主要经营模式。新的经营模式推动农业结构调整和产业化经营，全市农林牧渔结构由1997年的55.55：2.45：39.29：2.7优化为44.98：2.64：45.12：5.29，农业产业化经营形成五大产业、十大基地、50个龙头企业、50个知名品牌、5000户农村经营大户，有效促进农业增效和农民增收。在城镇，工商企业继产权制度改革之后，按照现代企业制度，建立国有资产营运监管体系和股份有限公司，同时大力支持发展民营经济，新发展个体工商户1.5万户、私营企业476户，民营经济增加值483.58亿元，占地区生产总值62.4%，对经济增长的贡献率为70%。在一系列改革开放中，把招商引资作为“一号工程”，通过举办商品交易会和各种节会、建立驻外招商分局，引进项目到位资金2517.12亿元和外资6.47亿美元，包括联合利华、杜邦、甲骨文、陶氏化学、亚马逊、海尔、格力等世界500强企业。全市工业由机械、电子、饲料加工等传统项目发展到铝、硅、化工、芒硝、机械、建材、食品加工、竹木加工等优势产业，并建立产业园区，向集中集约方向发展。在深入开展经济体制机制等系列改革的同时，狠抓科技创新，引领和支撑经济快速发展。相继实施“金桥工程”“科技富民强县专项行动计划”“五十亿工程”“科技兴川千亿工程”等科技攻关技术项目，全市组织实施国家级科技项目49项、省级科技项目335项、市级科技项目925项、四川省专利转化项目48项，获奖科技成果51项、市级获奖成果130项，带动12.64万户农户实施科技项目709项，累计实现产值350亿元。

工业强市　眉山建区初，工业企业中低端陶瓷、水泥、造纸等高能耗、低产出企业占50%。针对眉山工业基础薄弱的软肋，市委实施“工业强市”战略，加速“降能耗、调结构、抓项目、强规划”四轮驱动，通过实施“催生一批、引进一批、壮大一批、做强一批”，到2012年，全市规模以上工业企业发展到578户。在产业发展上，推进优势产业就地转化，延伸产业链，集中发展电子信息、新材料、精细化工、农副产品精深加工、生物医药、现代服务业等八大优势产业。在产业布局上，培育产业集群，建成铝硅园区、金象化工园区、生物医药园区、丹甫产业园区等20个配套完善、设施齐全、主业突出、特色鲜明的产业园区，工业集中度达70%以上。在升华产能上，通过创新驱动、功能结合构建、淘汰落后产能、转变发展方式、提高产品质量、实施品牌战略，推进“眉山制造”，全市有中国驰名商标16件、省著名商标47件、市知名商标158件、地理标志证明商标8件。2012年年底，全市工业总产值由1997年（下同）的81.39亿元增至822.46亿元，增长9倍多；工业增加值由33.42亿元增至245.9亿元，增长6倍多；销售收入由48.79亿元增至833.87亿元，增长16倍。

稳粮增收　眉山市按照“稳粮调结构，增收奔小康”方针，以市场为导向、优质为中心、效益为目的，合理布局、区域开发、规模生产，抓好基础建设与新品种、新技术，良繁体系为主的种植业结构调整，发展经济作物。实施“川中项目”、商品粮基地建设工程、优质粮食产业工程、植保工程、种子工程、沼气工程等项目638个，改造中低产田100万亩，新增高标准农田13.72万亩，新增耕地 1.5 万亩，兴修水利，恢复和新增水域面积 21 平方千米，新增有效灌溉面积 7.08 万亩。到 2012 年，粮食总产量 181.39 万吨，守住粮食安全底线，建成一批特色效益农业产业基地。全市形成东部丘陵区“南梨北枇”伏季水果、中部平坝区优质粮油、中部浅丘区优质柑橘、岷江沿岸区优质蔬菜、西部山区优质茶叶和中药材 5 个具有资源优势和地方特色的产业作物带。同时，市委、市政府作出《关于加快发展都市近郊型现代农业的决定》，实施“农产集约化、业态多元化、环境生态化、产品高端化、发展高效化”，实行农业与加工业、农业与旅游业、农业与文化博览一体发展，相继创新做优泡菜、竹编、奶业、乡村旅游等特色产业。截至 2012 年年底，全市农业总产值 228.33 亿元，比 1997 年的 31.86 亿元增长近 7 倍。

三产跨越 市委提出“抓旅游就是抓经济”。在建设“文化旅游名市”中，优化三苏祠、黑龙滩、彭祖山、瓦屋山等景区景点，新开发柳江古镇、七里坪、老峨山、水天花月等一批新景区景点，2012 年旅游接待 1187 万人次，旅游收入 80.7 亿元。加大电子商务示范基地、示范企业、农村商务信息示范县推广力度，培育发展一批本地电子商务企业。大力吸引境内外金融机构入驻，推进金融产品及服务创新，支持社会资本入股地方金融企业。培育发展资本市场，完善产权交易市场体系；建立多层次、多形式保险服务体系。围绕“建设生活品质之城”发展房地产业，推进楼宇经济发展，推进城中村及连片危旧房、棚户区改造；推进文化娱乐等文化产业发展；因地制宜发展体育健身、医疗保健、社会化养老、物业服务等民生服务行业；全市多路公交直达，构建起四通八达、立体交叉的交通运输新格局。形成“一横五纵”公路铁路交通网，成都城市群 1 小时经济圈。路网密度是全省的 3.3 倍、全国的 3.6 倍。到 2012 年，全市第三产业增加值由 1997 年的 13.5 亿元增至 195.98 亿元、增长 13 倍多。

城乡互动 眉山市坚持统筹城乡、一体发展，不断推进新型城镇化建设。城市建设日新月异，新老城区无缝对接，眉山撤县建区，岷东新区再造新城，奠定百万人口大城市的发展骨架。全域实施“三大工程”，强力推进文化立市，城市品位不断提升。美丽乡村成果斐然，从消除“无墙户”，到推进新农村建设，从实现公路村组通，到农村普及自来水，城乡基础设施互联互通，生产生活条件大为改善。至 2012 年，城镇化率由 1997 年的 15.6%增至 43.3%，城镇常住人口超过 130 万人；中心城区由一个小县城发展为宜居宜业宜商的生活品质之城。眉山市先后获评全国政务公开工作先进市、全国社会治安综合治理优秀市，创建国家园林城市、国家节约集约利用国土资源示范市，列入国家新型城镇化综合试点市、全国农村综合改革试验区等。

三

加强党建 市（地）委始终坚持把党的建设作为引领眉山发展的伟大工程扎实推进。在思想建设上，相继在全市（地区）党员干部中开展“三讲”、“三个代表”重要思想、科学发展观和中共十四大到十八大及各次中央全会精神的学习教育活动。同时，市（地）委还把引领党员干部坚持艰苦创业、不断解放思想、探索新问题、谋求新思路放在重要位置，不断强化党员干部的艰苦奋斗精神和加速发展意识、改革创新意识、“爬坡上坎”意识。在组织建设上，进行干部人事制度改革，干部选任，率先推出“过半提名”“两推一述”制度和非定向预推制度；推行民主讨论任免干部，在全国率先施行市委常委会无记名投票表决干部任免、市委全委会无记名投票表决县（区）党政正职拟任或推荐人选制度；完善干部考评体系，落实领导干部和各级班子定期民意调查、履职情况分析；全面推行机关中层干部竞争上岗制。加强基层党组织建设，把党组织建在产业链上、建在党建工作环节和空白领域，大力推进“两新”组织党建工作，探索党组织建设新模式。普遍推行“两票制”选举村党支部书记和公推直选乡镇党委书记。在作风建设上，始终坚持狠抓党风、政风、行风和廉政建设。1997 年起，建立党风廉政建设制度，将领导干部廉政学习教育情况记入个人廉政档案。先后组织县（区）级干部 452 人参加法纪考试；将反腐倡廉教育纳入全市公务员、后备干部、初任公务员轮训培训计划；建立领导干部党性问题“早发现、早指出、早纠正”预警机制；规范领导干部重要决策、任职交流、述职述廉、审计监督、交友原则；在全省率先实施县（区）党政正职和市级部门正职向纪委全会述廉等。眉山被中共四川省委确定为“廉政文化建设省级示范市”。

以民为本　建市之初，市委、市政府即提出“从政以民为本，行政以实为魂”。为破解群众“办事难”问题，在全市开展软硬环境建设整顿，实施首问责任制、限时办结制、责任追究制、重大投资项目代办制。从机制上规范依法行使监督权、重大事项决定权、干部选举任免权，保障人大代表依法履行职责。推进公推公选、公推直选乡镇（街道）、村（社区）领导干部制度；实施乡镇政务、村务、组务三级公开一体化；建立市委新闻发布制度和基层党务公开制度。建立健全乡（镇）党委重大决策咨询和党员年度工作的社会评价制度。在各村建立民主理财和村务公开监督小组。通过一系列体制机制建设，切实保障人民群众的知情权、选举权、决策权、监督权。

民主决策　1997 年起，眉山市（地）委、市政府（行署）不断完善民主决策机制，坚持集体决策，经济社会建设重大问题决策前收集反馈社情民意，分别提交人大、政协进行可行性投票，而后依程序集体决策，凡重大事项的决定或部署均在党委全委会（政府全体会）讨论通过。坚持尊重民意决策，建立民意征询制度，凡涉及公共服务项目和民生问题的决策，先在市内媒体公示征询民意，再在常委会上票决。建立听证制度，对事关群众切身利益事项的决策，先由主管部门组织听证会，听取各界意见，再由有关方面集体决策。建立咨询制度，涉及专业性、技术性、法律性较强的重大决策事项，先向有关专家咨询，提供决策参考依据。坚持广集民意，市政府成立专门机构收集全市网络舆情信息，多渠道广集民情建议、改革良方，在市政协办内刊《民情与建议》和《眉山日报》设“我为眉山改革提一条建议”专栏，坚持公开透明决策。及时通过会议、新闻发布、公告、公示、网络等途径向社会公开决策结果，得到认知、认同和践行。

为政清简　创新党政协调运行机制，以市委常委分工责任制为中心，减少决策层次；党政主要领导成员之间分工不交叉、不重复，每周一次“四大机关”秘书长联席会议，协调工作。坚持简政放权，市委、市政府实行对县（区）“放手、放权、放活”政策，向 50 个重点工业乡镇、70 个奶业重点发展乡镇下放管理权限；对首批列入省的扩权强县仁寿赋予 214 项经济管理权限，对其余县（区）下放经济社会管理权限 17 类 37 项。转变工作作风，精简文件、会议，实行周五“无会日”制度；轻车简从，领导调研，减少随从，不搞边界迎送，一律机关食堂就餐。实行目标管理，全市建立指标考核体系，年终自查申报，主管部门集中考核。

提高效能　解决“庙门多、门难进”问题，成立眉山市政务服务中心，行政审批与行政许可“两集中”，政务服务中心全天候为群众提供服务。市委作出《关于进一步改善发展软环境的决定》，12 个与群众联系密切的部门主要负责人向全市人民作出服务承诺；实施企业收费“一费制”、项目办理“一章制”、办事“一门制”、局长坐班制、并联审批制等，提高行政服务效率。加强机关行政职能规范化建设，在全省率先实现行政审批项目“五统一”、服务中心“两集中”（所有行政许可向行政许可科集中，所有行政科向政务中心集中）和“两到位”（授权到位，全程在政务中心办理到位），政府职能清理和下放职能或管理权限226项，实施重大投资项目代办制，实施对政务服务中心窗口“三授权”（审批决定权、审核上报权、电子印章使用权）、“六率先”，实现审批部门集中率、行政审批项目到位率、按时办结率、办事群众满意率100%。

依法治市 市委将依法治市作为发展战略的重要组成部分，构建“依法执政、法治政府、法制环境、全民学法、基层自治、依法经营、监督网络、舆论宣传”八大体系，为经济社会发展保驾护航。将每个五年普法计划通过目标考核、责任追究等制度建设落到实处，建设法治政府。坚持用制度约束权力，市政府先后作出依法决策、行政决策程序、行政执法程序、合同管理等规定或实施办法，建立法律顾问制度；针对行政权力容易失控的重点领域，制订关于土地出让、矿产资源开发、政府投资项目、财政资金等10个管理方面的制度，“把权力关在制度的笼子里”，规范权力运行；全面推行行政公开，多渠道、多形式地公开决策、公开执行、公开结果，建立健全行政执法公示制度、行政处罚案件信息公开制度；成立行政监督检查领导小组，督查行政权力运行情况；继续推进简政放权，取消非行政许可审批项目；加强行政执法规范化建设，实行执法人员资格认证管理，对行政执法活动监督检查常态化，检查情况纳入行政执法责任人目标考核。

四

文化立市 市委作出《关于实施“文化立市”战略建设文化强市的决定》，在文化建设中，突出思想抓意识、突出特色抓布局、突出项目抓建设、突出产业抓发展、突出政策抓保障、突出宣传抓品牌，推进眉山文化大发展大繁荣。将眉山文化元素融入城市建设、旅游发展、工农业生产等方方面面，提出“文化产业投资千亿工程”，建设千亿级本土特色文化产业。重塑、修缮古城门楼、古城墙、三苏祠等地标建筑，启动东坡宋城、“两宋荣光”眉州大道改造工程，规划建设苏洵、苏轼、苏辙、苏母四大文化主题公园，城市公共文明指数测评列全省第一。

信念引领 围绕“实现科学发展、共建和谐眉山”主题，联系设地建市以来取得的巨大成就，开展“弘扬眉山精神”“认识眉山、热爱眉山、建设眉山”“建设文明眉山从我做起”“礼仪眉山、诚信眉山、文明眉山”等主题宣教和践行活动，开展社会主义荣辱观教育活动等，有效推进社会主义核心价值体系建设，在“5·12”汶川特大地震抗震救灾和恢复重建中，眉山人“三自”精神（自力更生、自救互助、自强不息）传遍祖国大地，受到中央领导人的高度赞扬。在以“讲文明、树新风、促和谐”为主题的群众性精神文明创建活动中，建成全国精神文明单位2个、全国精神文明建设工作先进单位1个，省级文明行业1个、文明单位80个、文明社区5个，市级文明行业10个、文明单位358个、文明社区14个，县（区）级文明单位865个。

文化普惠 推进文化体制改革，理顺宏观管理体制，健全微观运行机制，加大群众精神文化生活投入，推进公益性文化事业快速发展，实现基层文化设施建设和文化信息资源共享，实施农村电影放映、万村书库、农家书屋、广播电视“村村通”、西部开发助学、乡村文化广场建设等工程，并已普及到村和社区。开展城乡文化互动和“三下乡”“四进社区”活动，开展农村基层各种文艺演唱会、运动会、跳广场舞等活动。群众精神文化生活内容丰富多彩，普及面广。

文化传承 为使眉山独具特色的三苏文化、大雅文化、长寿文化、忠孝文化、竹编文化以及青神县革命老区的红色文化等优秀传统文化绵延流长，不断通过展览、展示、纪念、节会、学术研讨等多种方式对群众进行认知教育，新建三苏纪念馆、大雅堂、宋城和“两宋荣光”大道，改扩建三苏祠、竹艺城等。通过对优秀传统文化的认知教育，加强历史文化保护，全市有国家级文物保护单位6处、省级33处、市级129处。按照市委、市政府“一县（区）一文化品牌”的要求，各区县弘扬优秀传统文化，建设文化新品牌，全市有文化部命名的青神县“中国民间艺术竹编之乡”、丹棱县“中国民间艺术唢呐之乡”、洪雅县“中国民间艺术台会之乡”，三苏祠被中纪委命名为“全国廉政教育基地”。市辖六区县全部跨入省级文化先进县（区）行列。通过对非物质文化遗产普查、保护、申报，全市有国家级非物质文化遗产保护项目1项、省级9项、市级30项。

文艺创作 遵循“二为”方向、“双百”方针和“三贴近”（贴近生活、贴近群众、贴近实际）原则，大力培养文艺人才，繁荣文艺创作。建立文学艺术家协会、研究会、画院14个。涌现出一大批当代书画家、作家和艺术家。平均每年有10件以上文学、书画、摄影、歌曲等作品获得省级及其以上奖励。大型音乐剧《一醒惊天》《千古东坡》等作品先后获巴蜀文艺奖、四川省精神文明建设“五个一工程奖”、“中华人口文化奖”等国家、省级奖项20个。舞蹈《眉山丫头》《邵多丽》分别获得中央电视台全国少儿电视舞蹈大赛奖。成功举办首届东坡情全国文学艺术作品大赛。《苏东坡》获“四川文学奖”“广东省五个一工程奖”等5项大奖。

五

坚持以“眉山人是眉山的主人”为根本，以富民惠民为主线，以提高群众满意度和幸福感为目标，以创新驱动为抓手，加强社会建设，在全市建立健全基本公共服务体系、劳动社会保障体系、生产和公共安全保障体系。

教育优先 眉山教育事业兴盛，自古就有“进士之乡”之美誉。1997年起，眉山地区秉承“重教兴学”优良传统，加大教育投入，不断完善教育基础设施，改善办学条件；实施教育改革，加强教育教学研究，科学施教，不断提高教学水平；实施城乡教育一体化建设发展战略，推进教育均衡发展，保证全体公民受教育权利；优化教育结构，提高教育质量，教育事业取得长足发展。至2012年，全市有非高等院校类学校802所，专任教师2.42万人，在校学生46.23万人。学前三年毛入园率87%，义务教育入学率100%、巩固率94.1%。有高校3所，在校（籍）生2.17万人。基本形成涵盖基础教育、中等教育、职业技术教育、普通和成人高等教育等学历教育为主的教育体系。1998—2012年，全市被各类高校录取学生16.35万人；本科上线率由1998年的35.05%增至2012年的36.58%。

充分就业 坚持“就业为民生之本”，多渠道推进就业和再就业。政府为劳动者以招聘形式搭建就业平台，供自主择业；建成528个村级就业服务网络平台，把就业信息送到农户。实施城乡劳动者无差异就业政策，转移农村富余劳动力就业，健全覆盖城乡的公共就业服务体系，建立保障劳动者合法权益的长效机制。各类企业一律依法实行劳动合同制度。通过市场调剂就业，建成统筹城乡的“一条龙”就业培训体系，按市场需求开展专项技能培训。1997—2012年，眉山市就业系统培训近20万人，就业率80%；在农村，实施“百万农民工培训工程”。零就业家庭组织“一对一”帮扶，与部分企业签订“就业援助协议”，帮助就业。城镇新增就业3.56万人，失业人员实现再就业

7136人，就业困难对象再就业3355人，城镇个体从业人员20.8万人，组织品牌培训21.57万人，每年劳务输出100万余人，创建创业园区4个，发放小额担保贷款2亿余元，建立高校毕业生就业见习基地24个，促进高校毕业生等创业者创业1.6万人，零就业家庭保持动态为零，城镇登记失业率4.4%以内。

改善民生 眉山市坚持民生为本、共建共享，新增财力主要用于改善民生，相继实施“龙水引眉”、安全饮水、全民创业等重大项目。市和辖区县政府分别实施“十项民生工程”，农民除全免税收外，落实国家对农民种粮、推广良种、退耕还林、购买农机、购买家电等补贴政策。按“生产发展、生活宽裕、乡风文明、村容整洁、管理民主”标准建成社会主义新农村325个。各乡镇建起敬老院，集中供养五保老人；广泛建立农村幸福院、社区日间照料中心、居家养老服务组织，农村义务教育全面实行“两免一补”，加快危房和棚户区改造，开工5万户，竣工分配4万户；实施购房补贴政策，为11万多人住房解困。实施扶贫“五大工程”；启动农村扶贫“六大工程”（新村扶贫工程、产业扶贫工程、劳务扶贫工程、村道扶贫工程、定点帮扶工程、社会帮扶工程）。实行精准扶贫工程，开展干部“挂、包、帮”、企业“百企联百村”等行动，“输血与造血”结合，帮助脱贫致富。减少贫困人口22.58万人。

完善社保 1997年起，眉山地区实行企业养老保险、医疗保险、工伤保险、失业保险等社会保险制度。建立健全城乡居民最低生活保障、医疗救助机制和优抚对象优待抚恤补助标准自然增长机制。逐步完善社会保险、社会福利、优抚安置、社会救助和住房保障等社会保障体系。加大劳动就业服务，促进劳动就业发展；实施国企下岗职工基本生活保障与失业保险制度并轨。至2012年，全市新型农村社会养老保险和城镇居民基本养老保险制度全覆盖。城镇职工养老、失业、医疗、工伤、生育“五大保险”参保人数101.32万人次，征收社会保险基金31.49亿元；参加新农保试点和城居保试点166.19万人，基金征缴2.56亿元。城乡医疗救助31.42万人次，城乡低保保障20.04万人，抚恤、补助优抚对象4.37万人，建成福利机构和敬老院185所，有五保对象2.2万人，集中供养床位率99%。全市就业制度由计划管理向市场调节配置转变，就业政策日臻完善，“劳动者自主择业、市场调节就业和政府促进就业”机制初步确立。初步实现“老有所养、病有所医、失有所补、伤有所治、育有所保”目标。

健康保障 2012年，眉山市有各类医疗卫生机构1919个，床位1.24万张，医护人员1.79万人，建成以县级医疗机构为中心、乡镇卫生院为枢纽、村卫生站为网底的三级卫生服务体系。关口前移，有效处置突发疫情和伤害事件，“5·12”汶川特大地震救治伤员925人，无一死亡；成功抗击“非典”和防控甲型H1N1流感；有效防控血吸虫病、艾滋病、肺结核病、狂犬病、丝虫病、疟疾病等重点疾病，有的已被消灭。爱国卫生运动扎实开展，中心城市及辖县均创建为省级卫生城市（县城）。广泛开展全民健身运动。全市建成各类体育场馆1100余个，文化广场普及到村，居民小区均建有健身设施和儿童游乐设施；市级区县定期举行运动会，机关、团体、学校、企业体育活动制度化、常态化，带动全民健身运动。竞技体育不断加强，全市有省级后备人才培训基地1个、国家级青少年体育俱乐部6个、省级体育传统项目示范校12个、省级幼儿体育训练基地2个。先后向国家队、省队、解放军队输送运动员34人。有多名眉山籍运动员在奥运会上获奖；2006年，眉山参加省第十届运动会，获奖牌38.5枚，名列全省第十四位。全市有全国体育先进县2个，有全国体育活动中心1个、全国体育先进乡镇1个、全国亿万农民健身活动先进乡镇3个、全国城市体育先进社区1个。

社会治安 实施依法治市战略，市委把法治建设放在社会治理五大体系工程之首，开展“法律七进”和乡村普法“六个一”工程，全方位提高全民法治意识，维护稳定，构建和谐。在全国率先建立“大调解”工作体系，形成覆盖市、区县、乡镇、村、组、农村中心户各级调解组织网络，民间矛盾纠纷就地及时化解。在全国率先实施社会网格化服务管理，组建市、区县、乡镇（街道）、村（社区）、组（居委会）网格化管理组织和党员先锋服务、基层便民专业化服务、社会志愿者服务、村（社区）网格员服务四支队伍，将村（社区）按居民集聚点划成网格，分工包干，定向管理服务。创新社会治安管理，依托“基础信息采集”，摸清“三实”信息和标准地址底数，加强流动人口管理，加强治安防控，通过“严打”整治，打击犯罪活动，提升群众安全感。加强安全生产监督管理，坚持生产安全隐患排查整治常态化，“打非治违”专项行动常态化，保证无重大及其以上安全事故发生，各单项安全事故发生量均未突破省下达的考核指标。

六

市委提出“全域生态化”理念，市政府下发《关于推进全域生态化的实施意见》，成立市长任组长的生态文明建设领导小组和 9 个专项工作组，将生态文明建设和环境保护纳入各级综合目标管理和考核。

优化布局　在市域实施主体功能区战略。设定“以东坡文化为底蕴、生态宜居为特点、特色产业为支撑、眉山城区为核心、五县城为重点、小城镇为基础”的现代化城镇体系为重点开发区，丹（棱）洪（雅）、彭（山）东（坡）青（神）、仁寿三大工业城镇经济片区及各工业园区为加强开发区，越境“一横三纵”公路及铁路沿线通道经济带为适度开发区，岷江沿线、丹（棱）洪（雅）沿线、仁寿黑龙滩及沿线的旅游名胜区及森林区为禁止开发区，保证人口资源环境均衡，经济效益、社会效益、生态效益相统一。

节约资源　2009 年，眉山启动低碳行动，市政府下发《关于推进低碳经济发展的意见》，成立眉山市低碳经济发展领导小组，陆续实施调整高耗能产业结构，严格能耗、环保、清洁生产准入制，淘汰高耗低产企业 28 户；改善农村能源结构，推行秸秆气化、煤气和太阳能，建沼气池农户占适宜建池户的 60%以上，年减少排放二氧化碳 250 万吨；稳步发展清洁汽车，达标排放车辆占总运营车辆的 50%以上；机关水、电、油、气均实现节约，节能墙体材料应用 95%以上；广泛开展节约用水活动。到 2012 年，中心城区空气质量达到二级的天数占 90%以上，五县城空气质量常年优于二级标准。

保护环境　联防联控，全面推进大气污染整治，新建 15 个空气自动监控站。实施扬尘、机动车尾气、燃煤和餐饮油烟等专项整治行动，全市 PM10 平均浓度逐年下降。统筹推进，整治重点流域，全面整治醴泉河、思蒙河流域工业废水污物排放，沿河造纸企业由 58 家减少到 18 家，排污均达标。农村推行建沼气池、污水处理池，改厨、改厕、改圈、改水、改庭院，垃圾集中收运处理。深入开展整治违法排污企业保障群众身体健康环保专项行动，严厉打击环境违法行为。同时，重点抓好化工、机械、食品加工等优势产业循环经济，加强造纸、建材、化工、芒硝等行业清洁生产检查；金象化工产业园区被纳入国家级循环经济试点企业，全市主要工业再生资源综合利用率 80%。建设污染物集中治理、资源集中使用和废弃场综合利用互补型园区 2 个。

改善生态　眉山市重视生态环境建设，坚持绿色发展。市委、市政府作出《加强生态环境建设和保护实施可持续发展战略的决定》，提出“坚持以人为本，发展生态经济，建设和谐眉山”，之后又作出《关于建设生态市的决定》。全域开展生态系统保护和修复工程。实施“长江防护林，天然林资源保护，退耕还林、林业血防”工程；推行承包责任制和法人责任制，采取封山育林、“绿盾行动”、人工促进更新、发展苗圃等措施，保护天然林1900.45平方千米，无重大盗伐滥伐林木案件和森林火灾，森林病虫害成灾率控制在省控制指标内。实施流域环境综合治理，对过境的岷江、青衣江、沱江三大水系及其支流，建设以防护林为主体、多林种有机结合的防护体系，新造林3.05万公顷，公林抚育133.33公顷；眉山市与各流域上下游的环保部门组成流域污染治理和环境安全互动友好协商机制，达成各流域污染防治、环境安全隐患查处框架协议，及时查处流域过境重大隐患；建立境内流域安全预警机制和部门联动机制，实行“污染者付费、利用者补偿、开发者保护、破坏者恢复”，关闭高耗能高污染企业18家，57家企业分别被纳入省、县控限期治理，到2012年，境内岷江流域出境断面达标率100%，青衣江、球溪河流域水质和城市集中式饮用水质均优于三类。严格保护耕地，划定永久基本农田，开展耕地质量建设，提升土壤有机质，坡改梯2.4万公顷，测土配方施肥育土11.6万公顷，秸秆还田腐熟提升土壤有机质1.74万公顷。开展“百村万户生态家园建设”，农村推行饮用水源保护、规模化畜禽养殖治理、秸秆禁烧、生活污水治理、生态系列创建等工程。市委、市政府作出的《创建国家园林城市的决定》，开展中心城区“生态细胞工程”。新建东坡湖公园、诗书城公园、苏洵公园、苏辙公园，新建通惠河二期园林景观，建设成昆铁路、成绵乐高铁城区段防护绿地48.6万平方米。到2012年，全市植树造林17.92万公顷，退耕还林8.97万公顷，森林覆盖率由1997年的30.1%增至44.62%。建成国家级生态示范县3个、省级生态示范县3个、国家级生态乡镇4个、省级生态乡镇20个、国家级生态村1个、省级生态村68个和一批生态小区、市级生态村、市级生态家园、绿色学校、绿色小区。眉山市农村环境保护和生态经济建设成为全省先进典型。中心城区绿地面积177.99万平方米，眉山市获“四川省园林城市”称号。

七

按照省委领导“两个率先”（在全省率先实现次级突破，在全省率先建成全面小康）要求，市委、市政府抓住11万人精准脱贫的短板和350万人建小康的主体“两关键”，带领全市人民开展补短板、抓长远工作，决战扶贫攻坚，决战创新创业。坚持转型升级、创新驱动，大力实施“眉山制造2025”规划纲要，把眉山建设成现代工业新城。坚定不移推进城乡统筹，全面深化农村改革，创新“四种模式”（以城为主、统筹城乡，以工为主、统筹城乡，以农为主、统筹城乡，以游为主、统筹城乡），加快“四个转变”（向城市居民、产业工人、农业业主、三产经营者转变），实现“四有目标”。坚定不移推进开放合作，实施“融入成都，同城发展”战略思路，抢抓“一带一路”、天府新区发展先机，以大开放、大合作促进大发展。坚定不移地实施生态“三大工程”，做足“绿”、做活“水”、做美“景”，把眉山建成“绿海明珠、千湖之城、百园之市”，建成生态品质之城。坚定不移推进“文化立市”战略，大力实施“文化立市123工程”，传承和弘扬以东坡文化为核心的眉山优秀传统文化，把眉山建成国家级历史文化名城。坚定不移实施“依法治市”战略，全面推进全民普法，加快“八大体系”建设，切实转变政府职能，加强城乡环境整治，创新社会治理，形成政治清明、政务高效、城乡整洁、社会和谐的发展环境，在全省率先建成全面小康。

眉山，追梦赶路再出发！

大事记

1997 年

5 月 30 日　国务院批复，设立眉山地区，管辖从乐山市划出的眉山、仁寿、彭山、洪雅、丹棱、青神六县。地区行政公署驻眉山县东坡镇。

8 月 7 日　成立中国共产党眉山地区委员会，委员李吉荣、尹志君、牟刚俊、杨仕祥、卓明安、王光四、阳金和、苏灿 8 人，李吉荣任书记，尹志君、牟刚俊、杨仕祥、卓明安任副书记，阳金和任纪委书记。李忠国任四川省人大常委会眉山地区工作委员会主任，王宗会、王尚先、陈和久、吴宗银任副主任。尹志君任眉山地区行政公署专员，杨仕祥、王光四、杨世荣、汤建平、黄峰任副专员。严文清任政协四川省委员会眉山地区工作委员会主任，徐启斌、吴子明、金之孝、陈学明任副主任。

8 月 19 日　中共眉山地委第一次会议召开。审定地委、行署领导分工等有关问题。地委书记李吉荣作《艰苦奋斗，团结拼搏，为建设繁荣富强的新眉山而努力奋斗》报告。

8 月 20 日　地委任命首批地级部门负责人。地委书记李吉荣向任命的干部提出“五新、四有、三形象”要求和“三年树形象，五年大变样，齐心协力创辉煌”目标。

8 月 25 日　省委书记谢世杰率队到眉山现场办公，帮助解决地区启动和发展中的问题。

8 月 26 日　眉山地区成立大会召开。省委副书记、常务副省长张中伟宣读国务院设立眉山地区文件，省委书记谢世杰代表省委、省政府向眉山地区授牌。

8 月 28 日至 29 日　中共眉山地委第一次扩大会议召开，研究讨论眉山地区跨世纪发展战略。

9 月 5 日　全国政协副主席杨汝岱到眉山视察，要求眉山“敢于创新、树好形象”。

9 月 16 日　苏东坡 960 周年诞辰纪念活动暨第三届东坡文化节开幕。

9 月　彭山县通过考核验收，成为眉山地区第一个实现“全面绿化”达标的县。

10 月 9 日　地委、行署制发《眉山地区经济发展的基本思路》，提出“抓住历史机遇，依托省会成都，加速两个转变，扩大对外开放，夯实‘五大基础’（农业、交通、城建、能源、科技教育），建设‘五根支柱’（化工、农产品加工、机械电子、商贸业、旅游），保持社会稳定，实现经济持续、快速、健康发展”的发展思路和发展目标、发展重点。

10月16日　眉山地区地属工业企业有关问题汇报会召开。会议研究10家地属工业企业解困和资产重组方案，形成“一厂一策”。

10月24日　全国政协主席李瑞环、副主席杨汝岱视察三苏祠。

10月28日　地委决定，地委委员、行署副专员，人大工委主任、政协工委主任等地级领导每人联系一个县、一个企业、一所学校、一个村、一名老干部、一名知识分子。

10月　眉山县被省政府授予“四川省社区服务示范城区”称号。

是月　仁寿县被北京市劳动局确定为“北京市劳务基地县”。

11月26日　地委、行署印发《关于加快省道106线改建工程建设的通知》。2003年1月3日，改建工程竣工通车。

12月9日　地委、行署制发《关于进一步深化县属企业产权制度改革的意见》。要求1998年年底以前，基本完成县属国有企业、城镇集体企业和重点乡镇企业改制工作。

是日　地委、行署制发《关于大力发展民营经济的意见》。明确大力发展民营经济6条主要措施，要求各级党委、政府“解放思想，提高认识，明确发展目标；加强领导，改善服务，引导民营经济健康发展”。

12月26日至27日　省委副书记、省长宋宝瑞到眉山调研，并现场办公，听取眉山建区以来工作情况及需要解决的问题汇报。

12月29日零时　眉山地区开展建区以来首次冬季“严打”整治行动，抓获违法犯罪嫌疑人员157人、“三逃”人员（批捕在逃人员、负案在逃人员、服刑或羁押在逃人员）18人，破获刑事案件24起。

是年，眉山地区实现地区生产总值104.5亿元，其中一、二、三产业增加值分别为40.77亿元、36.28亿元、27.45亿元；人均地区生产总值3259元；地方一般公共预算收入4.01亿元，地方一般公共预算支出6.1亿元；农村居民人均可支配收入1778元；全社会固定资产投资24.75亿元；社会消费品零售总额34.78亿元；规模以上工业总产值57.96亿元。

1998年

1月1日　眉山地委机关报《眉山日报》创刊。

1月6日　眉山地区首次县长工作会召开。

1月8日　最高人民检察院为彭山县人民检察院记集体一等功。

1月8日至10日　眉山与山西南风集团签订山西南风集团、眉山芒硝厂、彭山化学工业公司共同组建川眉南风芒硝有限责任公司合作协议。

1月9日　省委副书记、省长宋宝瑞一行调研驻青神“三厂一院”（国营星华仪器厂、国营建川机器厂、国营建华仪器厂、四〇八医院）。

1月16日　眉山地区首届迎春长跑活动举行。

1月28日　眉山地区6县及216个乡镇机构改革完成。精简机构136个、同比减少41%，精减人员599名、同比减少12.45%。

1月　地委决定1998年1月至5月在全区开展思想解放大讨论。

是月　眉山县被评为“全国民政工作先进县”。

是月　洪雅县瓦屋山被世界自然保护联盟确认为世界自然保护区联盟监测区，为世界自然保护联盟物种生存委员会衰退两栖动物群落特别行动组在中国建立的首个监测区。

是月　洪雅县公安局柳江林区派出所被表彰为“全国林业公安基层建设先进单位”。

2月8日　司法部授予洪雅县三宝镇熊园村调委会主任兰明友“全国优秀人民调解员”称号。

2月11日至16日　行署专员尹志君率队考察山西南风集团股份有限公司，与山西运城签署两地友好地区协定。

2月18日　成立中共四川省眉山军分区委员会。李吉荣任第一书记，肖济凯任书记，郑家才任副书记。

3月3日　眉山军分区成立大会召开。四川省军区向眉山军分区授军旗。

3月5日　眉山肉联厂破产，被山东金锣集团公司以3010万元收购。

4月7日　眉山地委首次县委书记汇报会召开。

4月8日至10日　全国政协副主席杨汝岱到眉山视察经济发展和城市建设情况。

4月13日　北京大学方正集团公司成都方正电子有限公司捐资50万元修建仁寿汪洋方正中学。

4月23日　眉山地区与成昆线电气化指挥部签署改建眉山火车站协议。

4月24日　尼泊尔青年访华团一行参观三苏祠。

4月29日　眉山地区建立城市居民最低生活保障制度。

5月6日至8日　省政协主席聂荣贵到眉山视察城镇建设、私营企业和农业产业化工作。

5月10日　毛里求斯文化部部长曾繁兴参观三苏祠。

6月6日　眉山地区长话市话汇接局割接成功，形成地区独立的通信网络。

6月17日　地委、行署制发《关于进一步扩大对外开放，促进经济发展的决定》。

7月20日　仁寿县被中国科协命名为“全国科普示范县”。

7月30日　美国欧格登总公司董事局主席查德·艾伯伦到眉山考察。

8月2日　台湾太平洋文化基金执行长张豫生参观三苏祠。

8月12日　民建中央副主席冯克煦到通威集团四川通威饲料有限公司考察。

8月25日至27日　眉山地区组团到德阳参加省第四届青少年运动会。获全省第11名。

8月26日　眉山地委、地区行署举行建区周年报告会。地委书记李吉荣作《铸造眉山精神，迈向新的世纪》的报告。省委书记谢世杰出席并讲话。

是日　地委、行署制发《眉山地区国民经济跨世纪发展战略》。

9月10日　四川省政府确定将彭山县纳入“成都平原经济圈”。

9月28日至29日　眉山军分区党委召开第一次党代会。选举李吉荣任第一书记，刘定富任书记，郑家才任副书记。

10月2日　眉山新区9条市政干道开工建设，新区建设全面启动。

10月23日　眉山地区首次政协工作会议召开。地区政协工委主任严文清作《围绕中心，服务大局，履行职能，努力开创眉山地区政协工作新局面》的报告。

10月　仁寿县文宫区被命名为“中国枇杷之乡”。

11月9日　美国大通曼哈顿银行副行长艾曼斯顿到眉山参观访问。

1月　仁寿县方加镇农民熊仲良获“中华农业科教基金1997年度农技推广奖”。

12月16日至22日　四川省绿化委员会考核仁寿县、洪雅县，确认两县全面完成绿化阶段目标。

是日　四川省广播电视大学眉山地区分校成立。

12月18日　眉山地区县级领导干部“三讲”（讲学习、讲政治、讲正气）教育在彭山试点，之后在全区铺开。

12月26日　眉山岷江二桥奠基开工。2001年11月18日建成通车。

12月　眉山地区与广东省惠州市签订两地政府开展经济技术协作意向书。

是月　地矿部九一五水文地质工程地质大队高级工程师杨全忠获“四川省第五届青年科技奖”。

是月　眉山地区民办教师全部转为公办，成为全省“无民师”地区。

是年　彭山县被省委、省政府授予“小康县”称号。

是年　眉山地区实现地区生产总值112.8亿元，其中一、二、三产业增加值分别为40.87亿元、39.05亿元、31.89亿元；人均地区生产总值3509元；地方一般公共预算收入4.33亿元，地方一般公共预算支出6.94亿元；农村居民人均纯收入1956元；全社会固定资产投资31.5亿元；社会消费品零售总额37.71亿元；规模以上工业总产值49.8亿元。

1999年

1月22日　青神竹编在新加坡参加“华夏洋溢华夏情”展出。

3月18日至22日　俄罗斯莫斯科克林斯基区政府代表团到眉山访问，双方签署缔结姊妹友好区关系协议。

4月6日　眉山县、彭山县被民政部命名为“全国村民自治模范县”。

4月12日　地委、行署制发《眉山地区社会事业跨世纪发展战略》。

4月22日至23日　全国政协副主席杨汝岱一行到眉山视察经济发展、基础设施建设和仁寿县旧城改造等工作。

5月12日　澳大利亚昆士兰州交通暨公路部部长史朴浩率团到眉山考察。

5月30日　省委书记谢世杰到眉山调研。发表《艰苦创业，苦干兴区，建设新眉山》讲话。

5月31日　罗马尼亚文化代表团、中国香港亚洲电视台《今日睇真D》剧组参观三苏祠。

6月8日　眉山车辆厂制动机公司成立，是全国最大的集科研、开发、制造和经营管理为一体的铁路制动机公司。

6月21日　地委、行署作出开展“眉山新村”建设的决定。

6月23日　“四川眉山清理整顿农村合作基金会”在中央电视台七套《农业新闻》中播出，实现眉山电视台节目上中央电视台零的突破。

6月　仁寿县被农业部、财政部和团中央规划为“跨世纪青年农民科技培训工程”试点县。

7月23日　全国政协副主席万国权到眉山视察“安老养老”工作。

7月25日　洪雅县瓦屋山旅游水泥公路建成通车。全长83千米，投资5000万元。

8月3日　成都军区政委杨德清中将调研眉山军分区工作。

8月6日　全国政协副主席经叔平视察三苏祠。

8月18日　眉山地区第一家旅游股份有限公司——四川彭祖旅游股份有限公司成立。

8月26日　眉山地区建区两周年庆祝大会召开。地委书记李吉荣强调要弘扬“坚韧图强、求是创新、团结进取、苦干兴眉”的眉山精神，努力实现三年树形象的目标。

8月　彭山县凤鸣派出所被公安部授予全国“人民满意派出所”称号。

9月10日　全国政协副主席杨汝岱到眉山视察农村工作。

9月12日　香港著名企业家田家炳到眉山考察。

9月16日　眉山地区中级人民法院在全省率先成立执行工作局。

9月20日　眉山地区地级领导班子和领导干部“三讲”教育动员大会召开，全区各级“三讲”教育陆续开展。2000年6月结束。

9月23日　眉山地委、行署命名表彰刘朝慧等30人为首批“眉山地区有突出贡献的拔尖人才”。

9月24日　中华人民共和国成立50周年眉山地区经济社会发展成就展开幕。

9月29日　仁寿县被劳动保障部确定为“全国农村劳动力就业重点监控县”。

9月　眉山地区第一小学竣工投入使用。

是月　仁寿县天峨乡仿古工艺彩陶厂制作的“十大元帅瓶”被中国革命军事博物馆收藏。

10月5日　中共中央政治局常委、全国人大常委会委员长李鹏到三苏祠调研。

10月9日　青神县被中国特产经济宣传委员会命名为“中国椪柑之乡”。

10月22日　省委副书记、代省长张中伟一行到眉山调研工业、农业、旅游、环保、城镇建设等工作。

10月　青神县参展的竹编“中国百帝图”“颂伟人”“八仙图”获“'99中国文化节国际竹藤博览会金奖”。

是月　眉山车辆厂团委被共青团中央确定为“全国五四红旗团委创建单位”。

11月1日　省委副书记、代省长张中伟到仁寿县检查征兵工作并调研仁寿县农业产业结构调整情况。

是日　国营建川机械厂破产，眉山地区资产经营有限公司以2300万元收购其全部资产。

11月4日　报告文学《青神·春天的方阵》举行首发式，为眉山地区成立以来首部反映眉山创业的作品。

11月5日　全国人大常委会副委员长吴阶平视察三苏祠。

11月12日　为抢救两名儿童牺牲的仁寿县凤梧乡中学教师陈英被民政部、四川省政府批准为革命烈士。16日，地委印发《关于向陈英同志学习的决定》，号召全市广大党员和干部群众向陈英学习。

11月25日　地委决定公开选拔10名副县级领导干部。

11月26日　眉山地区与清华大学签订开展地校合作意向书。

11月28日　眉山县新华书店退休职工余德槐当选为10名“中国保护未成年人杰出公民”之一。

12月8日　越南文化通讯部部长阮科恬率越南文化部代表团参观三苏祠。

12月10日　眉山地区加入成都经济协作区。

12月17日　眉山地区召开会议，向获“中国脐橙之乡”的眉山县颁发牌匾和证书。

12月28日　成雅、成乐高速公路通车庆典在彭山县青龙镇举行。

12月　共青团仁寿县委书记李秀英获“全国共青团系统劳动模范暨全国共青团系统先进工作

者”称号。

是年　青神县被省政府评为“村民自治示范县”。

是年　眉山地区实现地区生产总值118.26亿元，其中一、二、三产业增加值分别为41.62亿元、41.68亿元、34.97亿元；人均地区生产总值3680元；地方一般公共预算收入4.59亿元，地方一般公共预算支出7.76亿元；农村居民人均纯收入2041元；全社会固定资产投资36.16亿元；社会消费品零售总额41.02亿元；规模以上工业总产值48.37亿元。

2000年

1月10日至12日　眉山县绿化阶段目标通过省考核验收组考核验收。

1月11日　地委、行署决定改建省道103线眉山段公路暨场镇。10月8日开工。

1月17日　地区行署在瓦屋山举办冰雪节。

1月17日至20日　眉山地区与清华大学签订“共建研究生社会实践眉山基地协议书”“教育合作意向书”，与清华同方、清华紫光等达成项目开发意向。

1月　彭山县青龙镇被国家体改委列为“全国小城镇综合体制改革试点单位”。

是月　洪雅县被评为“全国爱心献功臣行动”先进集体。

3月21日　眉山地区“村村通”广电工作会召开。会议决定，2000年全区新发展有线电视用户8万户。

是日　眉山地区农村电网建设与改造工作会召开。会议决定，2000年投资1.8亿元，年底前将眉山、青神、彭山三县建成省农网建设改造“竣工县”。

3月　眉山县人民医院被评为“全国卫生系统先进集体”；思蒙中医骨科医院院长黄宇康被授予“全国卫生系统先进工作者”。

4月3日　省政府同意设立眉山经济开发区科技工业园区。规划面积4.9平方千米。

4月7日　洪雅县被四川省农工委、眉山行署联合检查小组认定为四川省同类山区县中达到小康水平的小康县。

4月7日至8日　全国政协副主席杨汝岱到眉山视察，察看西部大开发及仁寿经济社会发展情况。

4月13日至16日　清华大学副校长郑燕康率团考察眉山。与眉山签订全面合作协议。

4月24日　青神县被文化部命名为“中国竹编艺术之乡”。

5月14日　彭山县退休干部何图琴被评为“全国关心下一代工作优秀工作者”。

5月15日　眉山地区与江苏无锡签订纺织行业经济技术合作协议。

5月18日　眉山地区光纤电视信号开通。

5月23日　地区行署向24个首届地区知名商标授牌。

5月25日　成立仁寿县黑龙滩开发区。

5月　眉山地区出现严重夏旱。143个乡（镇）、117万亩作物受灾，成灾面积6余万公顷，16万亩绝收。

是月　“中国枇杷之乡仁寿县第三届枇杷节万人大合唱活动”被评为2000年上海大世界吉尼斯

之最。

是月　洪雅县被评为“全国生态农业建设先进县”，成为全省唯一获此殊荣的县。

6月1日　省委副书记、省长张中伟到彭山县察看旱情。

6月10日　国务院批复，撤销眉山地区和眉山县，设立地级眉山市。市人民政府驻新设立的东坡区；眉山县改置东坡区，区人民政府驻东坡镇。眉山市辖仁寿县、彭山县、洪雅县、丹棱县、青神县和东坡区。

6月23日　成立瓦屋山国家森林公园管委会。

6月27日至28日　眉山地委扩大会议召开。讨论通过地委、行署《关于在西部大开发中加快发展的意见》。地委书记李吉荣发表《认真实施西部大开发战略，为实现我区历史性跨越而努力奋斗》的讲话。

6月29日　眉山地区乡镇机关和事业单位临时人员清退工作结束，清退临时人员4382人。

6月　眉山县金花乡箭子滩村被全国绿化委员会授予“全国造林绿化千佳村”称号。

7月5日　省委副书记、省长张中伟到眉山检查安全工作。

7月25日　澳大利亚国会众议员朱迪到眉山参观考察。

7月31日　地委、行署追授毛自雍“优秀共产党员”“一心一意为企业的好厂长”称号，号召全地区人民向毛自雍学习。

8月4日至6日　省人大常委会主任谢世杰到眉山视察，察看农业、工业、新区建设及人大工作等情况。

8月12日至14日　国际竹藤组织总干事长伊恩·亨特到眉山考察竹藤产业。

8月18日　省委、省政府决定，余斌任中共眉山地委委员、副书记、眉山地区行政公署专员；免去尹志君中共眉山地委委员、副书记职务；成立眉山地区撤地设市筹备领导小组，组长李吉荣，成员李忠国、余斌、严文清、牟刚俊、杨仕祥、阳金和、苏灿。

8月20日至30日　全国少年女子排球锦标赛在眉山举行。

8月25日　眉山地区成立三周年报告会举行。地委书记李吉荣发表《弘扬眉山精神，再创新的辉煌》的讲话。

9月8日　在第四届中国投资贸易洽谈会四川省眉山市投资说明会上，眉山签订项目投资6.07亿元、贸易购销合同2.78亿元。

9月16日　眉山宏远商场拓展营业剪彩仪式举行，为眉山地区首家立体大型综合商场。

9月27日至28日　德国北莱茵威斯特法伦州工会代表团访问眉山。

9月30日　撤销四川省人民检察院眉山分院，设立四川省眉山市人民检察院；撤销眉山县人民检察院，设立眉山市东坡区人民检察院。

10月17日　四川金象化工股份有限公司与美国五丰集团举行投资合作签字仪式。

10月18日　青神县被科技部命名为“全国科技工作先进县”。

10月21日　眉山与埃力生集团签订项目合作框架协议。2010年以前，投资30亿元。

10月24日　撤销四川省眉山地区中级人民法院，设立眉山市中级人民法院；撤销眉山县人民法院，设立眉山市东坡区人民法院。

10月30日　眉山地区黄学美等24名全国人大代表联名提出的“把‘中国长寿城’建设成长寿养生暨性科学文化旅游名胜区的建议”，列入全国人大第九届第三次会议提案，并得到国家旅游局的答复。

10月　眉山地区研究开发的“四川省科技网自动建站维护系统”软件项目被科技部列为西部大开发重点攻关项目。

是月　眉山车辆厂地掷球队获美国“2000年国际地掷球邀请赛”女子个人冠军和团体总分第一。

11月6日至8日　中国农业技术推广协会果树专业委员会第三届代表大会暨全国果业学术研讨会在眉山召开。

11月7日　泰国驻昆明领事曾康雅考察青神地方特色产品椪柑、竹编、农用机械。

11月18日至19日　“2000·西部大开发高级论坛”在眉山举行，同时举行眉山地区经贸合作签字仪式，签订6个项目，投资6.48亿元。

11月29日　中央电视台新闻联播播放眉山地区抓退耕还林工作取得显著成效的节目。12月19日，中央人民广播电台、中央电视台、新华社全文播出眉山实现退耕还林9.5万亩新闻。

11月29日至12月1日　中共眉山市第一次代表大会召开。地委书记李吉荣作《高举邓小平理论伟大旗帜，牢记“三个代表”重要思想，努力开创新世纪现代化建设新局面》的报告。选举李吉荣为市委书记，余斌、牟刚俊、卓明安、苏灿为副书记。李吉荣、余斌、牟刚俊、卓明安、苏灿、阳金和、周成仕、黄峰（女）、宋建新、黎兵、刘定富为常委。

12月3日至6日　眉山市第一届人大第一次会议召开。选举李忠国为市人大常委会主任，杨仕祥、王宗会、金之孝、陈和久、黄学美、王尚先、吴宗银为副主任。余斌为市人民政府市长，黎兵、于唯多、赵国基、孟光安、宋思彬、余治平为副市长。王勇为市中级人民法院院长。王新棱为市人民检察院检察长。

12月9日至12日　政协眉山市第一届第一次会议召开。选举严文清为市政协主席，杨世荣、陈学明、翁世林、李仲奇、何久伦、张忠全、钟相友为副主席。

12月12日　青神县瓮家乡下瓮村创省级文明村通过验收。

12月19日　眉山市授印授牌大会举行。省领导沈国俊、孟俊修、欧泽高、陈官权、王炳文分别向眉山市委、市人大、市政府、市政协、市纪委、眉山军分区和眉山警备司令部授印授牌。

12月20日　东坡区举行成立暨授印授牌大会。市领导李吉荣、李忠国、余斌、严文清、宋建新、刘定富分别向东坡区委、区人大、区政府、区政协、区纪委、区人民武装部授印授牌。眉山县同时被撤销。

12月22日至23日　中共眉山市一届二次全委会议召开。讨论通过《关于制定眉山市国民经济和社会发展第十个五年计划的建议》，提出“抓三化，建三市，五年创辉煌”的奋斗目标。

12月25日　省政府授予东坡区、青神县“全省第三批文化先进县”称号。

是年　眉山市实现地区生产总值124.8亿元，其中一、二、三产业增加值分别为41.52亿元、44.91亿元、38.37亿元；人均地区生产总值3879元；地方一般公共预算收入4.19亿元，地方一般公共预算支出9.1亿元；农村居民人均纯收入2019元；全社会固定资产投资37.22亿元；社会消费品零售总额45.09亿元；规模以上工业总产值51.31亿元。

2001年

1月2日　洪雅县瓦屋山画院在北京人民大会堂西藏厅成立。

2月2日　眉山城区举行“反对邪教、保障人权、百万公众签名活动”暨图片展览。

2月18日　试行眉山市人民政府市长信箱工作制度。

2月　眉山市开展“抓三化，建三市，五年创辉煌，我该怎么办”思想解放大讨论活动。6月结束。

3月26日　眉山市公证处挂牌执业，为全省首家合作制公证处。

3月26日至30日　全国政协副主席杨汝岱到洪雅县、仁寿县视察。在仁寿一中为黄汲清塑像揭帷。

4月9日至10日　全国农业血防“四个突破”现场会在眉山召开。

4月10日　省政府追认东坡区罗平镇河塘村党支部书记杨正良为革命烈士。

4月21日至28日　俄罗斯莫斯科州克林斯基区政府区长阿·尼·波斯特利甘访问眉山。双方签订教育交流合作协议。

4月22日　市政府表彰首届优秀科技论文作者75人。

4月24日　市政府命名眉山餐饮名店20家、烹饪名师29人、眉山名菜53个、眉山名火锅12家、眉山名小吃27个。

5月10日至11日　省政协主席聂荣贵到眉山视察新农村建设和应林集团。

5月22日至25日　世界华人工商促进会会长何烈炘率粤港企业家考察团到眉山考察投资建设项目。

5月24日　市委、市政府举办的眉山经济社会发展座谈会在北京召开。市领导李吉荣、余斌出席。

5月25日至28日　眉山市参加在成都举办的博洽会。推出招商项目30个，签订投资3.6亿元。

5月　仁寿县虞丞乡128人组成的抬工号子队，创上海大世界吉尼斯纪录。

6月1日　联合国国际劳工组织专家伊丽莎白·莫瑞斯到眉山调研社会保障工作。

6月15日　全国政协副主席经叔平率全国政协“三农”问题调研团到眉山调研。

6月18日　“龙水引眉”工程在仁寿县黑龙滩取水处动工。2002年5月29日，“龙水引眉”工程暨5万吨净水厂工程竣工。

6月20日　台湾青商总会中西部经贸访问团访问眉山。

6月　国务院公布彭山县江口崖墓为全国重点文物保护单位。

7月5日　中国科协命名仁寿县为“全国科普示范县”。

7月12日　市委、市政府聘请清华大学4院士为眉山市高级顾问。

8月4日至5日　省委副书记、省长张中伟调研洪雅林场。

8月8日　省委、省政府将原省经贸委和西南地勘局所属的西南冶金机械厂下放眉山市管理。

8月16日至17日　联合国开发计划署“21世纪城市规划与管理”项目考察团到眉山考察城市规划交通与发展项目。

8月20日　市委、市人大、市政府、市政协机关迁入市政中心办公。

9月5日　市政府表彰市“知名教师”2人，市“知名校长”3人，市“教坛新秀”9人，市“优秀校长”8人，市“优秀教师”30人。

9月7日　市政府公布洪雅县烈士陵园等44处文物点为全市首批市级重点文物保护单位。

9月11日至27日　眉山市经贸代表团赴俄罗斯莫斯科州克林斯基区访问。

9月19日　全国优质玉米现场观摩会在青神县召开。

10月14日　国际竹编培训班在青神竹艺城开班，来自15个国家的竹编艺术专家、企业家40余人交流竹艺生产艺术，参观考察竹艺城和全县综合利用竹资源情况。

11月2日至9日　市政协主席严文清率队考察法国、德国、荷兰、意大利等欧洲国家。

11月7日　彭山县凤鸣派出所被共青团中央、公安部命名为全国公安系统“优秀青少年维权岗”。

11月29日　眉山籍运动员曾秀君获第九届全运会田径4×100米金牌，省政府为其记一等功。

11月　青神县被评为“全国残疾人扶贫工作先进县”。

12月21日　眉山市一届人大常委会第七次会议审议确定银杏、杜鹃为眉山市市树、市花。

12月26日　宣布晏永和任中共眉山市委委员、常委、书记；免去李吉荣眉山市委书记、常委、委员职务。

是年　眉山市实现地区生产总值133.51亿元，其中一、二、三产业增加值分别为41.45亿元、48.06亿元、44亿元；人均地区生产总值4189元；地方一般公共预算收入4.28亿元，地方一般公共预算支出11.7亿元；农村居民人均纯收入2194元；全社会固定资产投资39.61亿元；社会消费品零售总额50亿元；规模以上工业总产值58.89亿元。

2002年

1月24日　台湾慈心慈善基金会董事长谢政达到仁寿县开展冬赈活动。

1月26日　“中国特产之乡”推荐暨宣传、组织委员会授予东坡区“中国眉山优质稻米之乡”称号。

1月27日　雅安市、眉山市、乐山市在雅安召开周公山—瓦屋山—峨眉山黄金旅游环线公路项目启动工程会议。

3月9日　英国西北地区前议会领袖弗兰克·迈肯那率团访问眉山。

3月22日　眉山市举行25万吨电解铝项目一期工程开工典礼。2003年10月17日，举行眉山电解铝工程投产庆典。省领导张学忠、张中伟等出席投产庆典。

3月24日　台湾工业总会常务理事林伯丰率考察团访问眉山。

3月27日　印度尼西亚总统梅加瓦蒂到眉山考察通威集团。

是日　全国政协副主席杨汝岱到眉山视察，查看全市经济社会发展情况。

4月18日　仁寿枇杷被列为“全国农业标准化示范项目”。

4月27日　市委、市政府制发《关于今后几年经济发展目标和基本思路的决定》，提出“融入成都、错位发展、强工稳农、追赶跨越、富民兴市”发展思路。

4月　眉山市市、县、乡（镇）机构改革完成。精简市级党政机构5个、区县党政机构58个，市、县内设机构131个、乡镇内设机构83个，精减人员20%。改革后，党政机关工作人员平均年龄下降，学历层次提高。

是月　眉山市清理行政审批事项和划分市区事权。市级清理行政审批事项395项，其中取消115项，下放38项，保留242项；县级清理行政审批事项340项，取消62项，保留59项。市区事权划分涉及行政、事业单位31个，上划在职人员1820人，离退休人员193人。

5月21日　香港实业家田家炳捐资建设的眉山田家炳实验中学校开工。2003年9月投入使用。

5月24日至27日　俄罗斯莫斯科州克林斯基区政府代表团到眉山考察。

6月3日　农业部在彭山县举办中国亚洲社区IPM项目“农民田间学校辅导员培训班”。

6月16日　中国妇女发展基金会会长康冷到青神县调研“手拉手　扶贫基金项目”实施情况。到2005年，引进资金80万元，扶贫831户。

6月21日至8月11日　眉山市体育代表团178人参加省第九届运动会，取得3金5银14铜。

6月24日至25日　眉山市“三优一学”创省级文明城市通过验收。

6月28日　眉山被联合国开发计划署列为“21世纪城市规划、管理与发展项目”城市。2003年8月18日，联合国开发计划署“21世纪中国城市规划管理与发展”项目城市交通数字化与“数字眉山”国际研讨会在眉山举行。

7月2日　省委副书记、省长张中伟到眉山调研企业、农业产业化和农村税费改革等工作。

7月16日　眉山市农村实施税费改革。

7月26日　眉山市市级机关作风教育整顿动员大会召开。市委书记晏永和作《消除“三种”思想残余　切实整顿机关作风　强力推进眉山跨越式发展》报告。8月26日结束。

9月11日　全国人大常委会副委员长周光召到眉山视察。

9月17日　四川洪雅奶业科技园被省政府确定为省级奶业科技园。

9月26日至10月30日　眉山市代表团参加省第五届残疾人运动会，获全省第12名。

9月27日　以三苏祠为邮资图案的“眉山风光”邮资信封在全国发行。

10月10日　仁寿县文宫枇杷基地被中国科协授予“全国农业科普示范基地”称号。

10月11日至13日　眉山市参加第四届中国国际高新技术成果交易会。

10月11日至14日　在2002四川·中国西部农业博览会上，眉山市签订项目合同1.86亿元。“文宫牌”枇杷、“彭祖牌”寿柑、“中岩牌”椪柑等12个农产品获“名优农产品”称号。

10月18日　市委、市政府决定，从2002年起在全市开展残疾人扶贫“四个一”活动，结对帮扶820户残疾人贫困户。期限为3年。

10月19日　省委副书记、省长张中伟到洪雅县天宫乡大安村调研，接受中央电视台《中国实录——四川篇》栏目采访。

10月22日至11月10日　市委副书记、市长余斌率眉山市城市环卫考察团前往欧洲考察。

10月28日　眉山职业技术学院成立。

12月23日　美国邓小平基金会会长王明丕到眉山考察。

12月24日　省人大常委会主任谢世杰到眉山调研工业发展。

12月25日　瓦屋山水电站开工建设。2008年2月，两台机组并网发电，日发电量600万千瓦时。

12月　仁寿县被列为“十五”期间“国家优质商品粮基地县”。

是年　眉山市实现地区生产总值147.89亿元，其中一、二、三产业增加值分别为41.92亿元、57.3亿元、48.67亿元；人均地区生产总值4690元；地方一般公共预算收入4.6亿元，地方一般公共预算支出14.53亿元；农村居民人均纯收入2329元；全社会固定资产投资51.2亿元；社会消费品零售总额55.97亿元；规模以上工业总产值75.37亿元。

2003年

1月8日　眉山市"市长公开电话"开通。

1月10日　泛亚金融集团英国投资有限公司总裁董学距到眉山考察省道106线眉山段。

1月14日　眉山车辆厂与法国克德尔公司举行制动机合作谅解备忘录签字仪式。

1月24日　世界华人集团副秘书长陈志文到眉山洽谈红豆杉种植合作事宜。

2月22日　市委、市政府制发《关于加快奶业发展的决定》。提出建设西南生态奶业大市目标。

2月25日　东坡区被省政府授予"省外贸出口十强区"称号。

2月　眉山市初步建成森林防火移动通信网络，覆盖六区县近200个乡、村。

3月30日至4月5日　眉山市参加四川省企业招商团赴沿海招商引资活动，签订投资11.5亿元。

4月4日　市委、市政府制发《关于实施经营城市战略的决定》。10月26日，举行眉山城市经营和东坡外滩开发研讨会。

4月8日　市委、市政府举行眉山武警支队荣立集体三等功庆功大会。

4月25日　市委、市政府制发《关于加快眉山铝业城建设的决定》。提出构建集生产、加工、科研为一体的现代铝业基地。

是日　眉山市防治非典型性肺炎工作会议召开。会议要求层层落实责任，切实做好"非典"防治工作。

5月23日　市委、市政府决定在全市开展优化投资环境评议。

5月24日　捷克共和国森林病虫害防治专家彼得到眉山开展科学治虫试验。

6月5日　新加坡国际企业发展局负责人到眉山考察。

6月7日　眉山市建立按居住区域登记城镇居民户口制度。

6月11日至12日　省委副书记、省长张中伟到仁寿县调研产业结构调整，"非典"防治，经营城市等工作。

6月27日　市委通报表彰防治非典型性肺炎工作中的80个全市先进基层党组织和125名全市优秀共产党员。

6月　彭山县被列为"全国首批农村新型合作医疗试点县"。

是月　彭山县被列为"全国科技特派员工作试点县"。

7月20日　乐山客运中心一辆大巴车在洪雅县罗坝镇境内坠入青衣江，死亡21人。

7月23日　联合国儿童基金会、全国妇联"打击对妇女儿童拐卖与暴力"项目（中期）评审座谈会在仁寿县召开。

7月28日　眉山市与四川大学举行合作举办二级学院签约仪式。

8月7日　市委、市政府制发《关于进一步加快县乡村公路建设的决定》。明确了“十五”后三年及“十一五”规划期县乡村公路建设的目标。12日，全市农村公路建设动员大会召开。

9月1日　市政府决定在中心城区实施城市光彩工程。

9月2日　省委决定，余斌任中共眉山市委委员、常委、书记。

9月5日至21日　市委常委、副市长黎兵率市政府商贸代表团赴法国、德国、荷兰、奥地利等国考察。

9月22日　眉山市“学广安，升两位”动员大会召开。

9月28日　青神县首届中国竹编艺术博览会开幕。

10月4日　省委副书记、省长张中伟到三苏博物馆调研。

10月15日　眉山市第一头胚胎移植小母牛在洪雅县奶牛胚胎移植基地降生。

10月16日　信息产业部向星华仪器厂发来贺电。

10月17日　仁寿一中创建国家级示范高中验收合格。

10月23日　新加坡联明集团有限公司董事长王帮富到眉山考察。

10月23日至24日　全国科技特派员试点工作经验交流会在北京召开。彭山县作为全国唯一县级党委政府代表作发言。

10月27日　省委决定，崔保华任中共眉山市委委员、常委、副书记，主持政府工作。

11月3日　眉山市试行党的代表大会常任制。

11月13日　全国农田水利基本建设现场会议在眉山召开。国务院副总理回良玉调研东坡区农田水利建设工作，要求抓农业和农村工作要力争“五个突破”（新的思路有大的突破，新的举措有大的突破，声势上有大的突破，投入上有大的突破，实际效果上有大的突破）。

11月28日　青神县被财政部命名为“全国村民自治模范县”。

11月29日　市政府建立政府新闻发言人制度。

12月10日　最高人民检察院检察长贾春旺到眉山调研检察工作。

12月25日　洪雅县城被命名为“省级卫生县城”。

12月27日　眉山一中被中国教育协会授予“中国教育协会眉山实验中学”，为全省第二个与中国教育协会联合办的实验学校。

是年　眉山市实现地区生产总值171.78亿元，其中一、二、三产业增加值分别为44.91亿元、71.57亿元、55.31亿元；人均地区生产总值5517元；地方一般公共预算收入5.65亿元，地方一般公共预算支出16.2亿元；城镇居民人均可支配收入5956元，农村居民人均纯收入2497元；全社会固定资产投资85.97亿元；社会消费品零售总额62.95亿元；规模以上工业总产值108.33亿元。

2004年

1月7日　中央“三个代表”重要思想教育督导组到眉山督查。

1月12日　澳大利亚赫维湾市政府首席执行官李·本纳特访问眉山。

1月15日　省委书记、省人大常委会主任张学忠到眉山慰问困难职工。

1月18日　眉山市政府与维港国际投资有限公司举行奶业项目合作协议签字仪式。

2月2日　眉山市首次“二等功公务员”表彰暨先进事迹报告会召开。

2月23日至27日　眉山市第一届人大第六次会议召开。补选崔保华为眉山市人民政府市长。

2月25日　市委、市政府通报表彰卢光华等34人为眉山市第二批有突出贡献的拔尖人才。

2月26日　省领导张学忠、张中伟调研岷江眉山段水污染治理工作。

3月1日　眉山市暨东坡区“认识眉山、热爱眉山、建设眉山”宣传教育活动启动，7000余人参加。

3月12日至13日　成都军区政委刘书田到眉山军分区调研。

3月13日　《人民日报》专版宣传眉山。市领导余斌、崔保华发表《打造诗书城，建设新眉山》署名文章。

3月17日　市委、市政府制发《关于进一步改善投资环境促进跨越升位的决定》。

3月28日　日本航空学院（集团）、JAA财团董事长梅泽重雄访问眉山。5月27日，日本航空学院集团与眉山科学技术学校投资合作项目签约。

是日　新西兰执政党华人部领袖卿太行、新西兰作协副主席黄乃强到眉山考察。

3月29日　四川妙士有限公司开业庆典在眉山科技工业园举行。

3月30日　澳大利亚赫维湾市政府首席执行官李·本纳特到眉山考察访问。

3月31日至6月3日　缅甸林业部代表团到青神考察暨培训。

4月4日　举行眉山市东坡区首届祭扫苏公陵活动。

4月4日至18日　市政协主席严文清率眉山市经贸代表团到澳大利亚、新西兰考察。

4月10日　眉山市首届东坡美食节开幕。

4月20日　在眉山举行“视觉第一中国行动”二期项目四川省医疗队免费手术暨眉山市资助1000名贫困白内障患者复明手术启动仪式。

4月21日　市委、市政府决定选派科技特派员1000人到农村和农业科技龙头企业开展科技服务，期限2年。

5月10日　市委、市政府决定建设“中国诗书城”。以三苏文化为城市品牌，以创建园林城市、卫生城市、优秀旅游城市和数字化城市为载体，经过几年的努力，把眉山建成经济实力强、最适合旅游、休闲、度假和居住、具有三苏文化品位的生态园林城市。

5月14日　市政府举行新闻发布会，就仁寿东方红纸业有限公司超标排放废水造成沱江资中段水污染事故发生后，市县党委、政府和相关部门采取的措施及处理情况，向中央、省、市媒体通报。

5月26日　世界华商联合会总会常务副会长李翔宇到眉山考察。

6月7日　中国社科院专家到眉山考察调研。

6月25日　上海、天津、江苏、浙江、广东等省市近100名民营企业家到眉山考察。

6月26日　省委书记张学忠到彭山县八百寿酒业公司调研。

6月27日　国务院发展研究中心、日本财务省综合政策研究所和眉山市政府共同举办的财政转移支付国际研讨会在眉山召开。

6月29日　眉山通威公司被国家列为农业产业化国家重点龙头企业。

是日　香港凤凰卫视董事局主席、行政总裁刘长乐考察彭山县彭祖山。

7月27日　四川省首例党政纪案件公开听证会在洪雅举行。

8月26日　市委决定，在市级机关干部职工中开展以“双深入”活动为载体的机关作风教育整顿活动。

9月16日　眉山籍在京人士经济发展座谈会在北京举行。

9月23日　全国计划生育服务站工作会议代表到眉山参观。

是日　“中国诗书城——眉山旅游推介会”在成都举行。

9月27日　眉山市经贸合作项目推介暨投资说明会在成都召开。

是日　眉山市与上海美亚科技开发中心签订引进和生产2V型小型高速车用柴油机系列产品合作协议。

9月28日　著名作家金庸参观三苏祠。

10月18日　全国政协专题调研组调研彭山县推进新型农村合作医疗试点情况。

11月2日　中科院院士、专家和教授30余人到眉山举办建设数字化城市科学论坛。眉山市与中科院签订“互动合作计划”协议。

11月8日　四川大学科华学院在彭山奠基。后更名为四川大学锦江学院。

11月18日　四川卫视《综艺大世界》栏目与眉山市联合举行“魅力眉山——中国诗书城形象大使颁奖晚会”。

11月26日　中国工程院院士、“杂交水稻之父”袁隆平等专家到眉山鉴定四川科农种业有限公司完成的“超级稻三围立体强化栽培技术”研究成果。

11月26日至28日　中央组织部、团中央第五批四川博士服务团到眉山市参观考察。

11月29日　投资638万元的四川省最大的油菜良种繁育基地建设项目落户东坡区。

12月1日　洪雅县创建“省级文化先进县”通过检查验收。

12月16日至17日　中共眉山市第一届第三次会议召开。审议通过《中共眉山市委关于加强党的执政能力建设，全面推进富民升位工作的意见》。

12月18日　2004年中国·四川（眉山）·洪雅生态文化节在洪雅县举行。

12月　四川省文化厅命名洪雅县为“中国民间台会艺术之乡”。

是年　眉山市实现地区生产总值210.36亿元，其中一、二、三产业增加值分别为59.21亿元、89.66亿元、61.49亿元；人均地区生产总值6836元；地方一般公共预算收入6.49亿元，地方一般公共预算支出22.02亿元；城镇居民人均可支配收入6646元，农村居民人均纯收入2970元；全社会固定资产投资113.27亿元；社会消费品零售总额72.17亿元；规模以上工业总产值178.33亿元。

2005年

1月17日　眉山市保持共产党员先进性教育活动启动。2006年6月底基本结束。

1月17日至18日　洪雅县创建“全国无公害茶叶生产示范基地县”工作通过验收。

1月28日　眉山市召开首次公开推荐部分市级部门正职拟任人选大会。37人参与“公推直选”，3人当选。

是日　纪念苏东坡968周年诞辰寿苏会暨全国苏轼学会迁眉挂牌仪式在三苏祠举行。

2月21日　眉山市法律援助赵思忠案件引起社会极大反响，中央电视台专题采访眉山市法律援助工作。

3月13日　洪雅县瓦屋山镇燕远村解救一只被乱石卡住的野生雌性大熊猫（约100千克）并放归自然。

3月18日　眉山温氏家禽育种养殖项目在东坡区富牛镇奠基。

3月19日至5月21日　东坡区环保志愿者熊水火自费骑自行车宣传环保。途经成都、重庆、武汉、上海、贵州等12个省市，散发环保资料数万份。

3月22日至24日　中央先进性教育活动督导组到眉山检查保持共产党员先进性教育活动。

3月24日　启动全市调整优化乡镇行政区划工作。

4月5日　韩国文化观光部行政事务官金基国率韩国青年工作者代表团访问眉山。

4月11日　市委、市政府决定实施市、县（区）政府机构改革。

4月12日　由农业部举办的全国超级稻示范推广技术骨干培训班在眉山举行。

4月22日　彭山县举行“四川·彭山‘中国长寿之乡’新闻发布会”。彭山县通过“中国长寿之乡”论证认定。

4月26日　彭山县被列为“全省农村专业合作经济组织试点县”。

4月27日至5月8日　中国诗书城第二届东坡美食文化节暨啤酒消夏节举行，同时在北京、成都等地和六区县设立分会场。

4月30日　彭山县签约四川航天职业技术学院新校区、87A工程项目建设，项目投资5.8亿元。

5月8日　市委、市政府制发《关于加强推进对外开放 促进富民升位的决定》。

5月17日至18日　省委书记、省人大常委会主任张学忠到眉山调研工业及城市发展等工作。

5月28日　眉山市体育馆和会展中心、老干部活动中心、青少年活动中心奠基。2007年9月建成使用。

6月12日　东坡区关心下一代工作委员会被授予“全国关心下一代工作先进集体”称号。

6月20日　洪雅县青衣江化工公司发生雷管爆炸重大事故，造成9人死亡、8人受伤。

6月24日　眉山市印发《“百村万户生态家园”建设实施方案》。确定到2006年3月底，全市建成“生态家园”示范村100个，“生态家园”重点示范村17个，生态家园建设户1万户。

6月30日　眉山市降暴雨和特大暴雨，中心城区降雨154毫米，全市60余个乡镇25.77万人受灾，952间房屋倒塌，死亡2人。

7月26日　眉山市政府组团参加在成都举行的第二届泛珠三角区域经贸合作洽谈会。签约6个项目，投资4.9亿元。

7月28日　省委决定，蒋仁富任中共眉山市委委员、常委、书记；余斌不再担任中共眉山市委委员、常委、书记职务。

7月　青神县73岁老人何之俊发明的砂纸布砂装置技术获2005年世界华人专利发明奖。

8月10日　德意志联邦共和国驻成都总领事馆总领事葛思茂到眉山考察。

8月30日　洪雅县台会、青神县竹龙表演分别在四川省第三届旅游发展大会暨2005中国四川国际旅游节民族民间艺术展上获金奖和银奖。

8月　民间舞《眉山丫头》在中央电视台第六届全国少儿舞蹈大赛中获金奖。

9月20日　东坡文化艺术节暨庆祝眉山建市五周年活动开幕。中央电视台举行“激情广场——走进中国诗书城·眉山”大型演唱会。

9月21日　中国彭山健康长寿国际研讨会召开。

9月23日　中共中央政治局原常委、中纪委原书记尉健行参观三苏祠。

9月25日　老挝人民革命党中央委员、南塔省省委原书记、省长香勇到眉山考察。

是日　青神县陈云华等赴埃塞比亚传授竹编艺术。中央电视台作题为“青神农民向老外传授中国竹编艺术”的报道。

9月29日　全国人大常委会副委员长乌云其木格到眉山视察。

是日　中共眉山市委一届八次全委（扩大）会议举行。通过《中共眉山市委关于加快发展若干重大问题的决定》《眉山市国民经济和社会发展“十一五”规划和2020年远景目标的基本思路》。提出“工业强市、开放兴市、人才立市、依法治市”的发展战略和“融入成都、一体发展、强工促农、繁荣城市”的发展思路，全面贯彻“解放思想，创新举措，加快发展，造福人民”的总体要求。

10月14日　眉山市第一所少年军校——丹棱县中学少年军校成立。

10月16日　青神县被评为“全国老龄工作先进县”。

10月22日　中央保持共产党员先进性教育活动巡回检查组到眉山检查指导。

10月25日至26日　英国曼彻斯特政府特使约翰·阿伦等到眉山考察。

10月26日　彭山县青龙镇古佛村被授予“全国创建文明村镇工作先进”称号。

10月30日　泰国青年代表团到眉山考察。

11月1日　交通部组织专家检查验收评审组，检查评审眉山干线公路。检测指标全部为优。

11月3日　省委副书记、省长张中伟到眉山调研重点企业、新农村建设、水污染治理等工作。

11月8日　老挝乌多姆赛省副省长坎赛·不米赛到眉山考察。

11月9日　全国政协副主席王忠禹视察三苏祠。

11月23日　眉山市创建省级卫生城市通过考核。

11月　远成集团捐资100万元新建的仁寿县黄银洲学校竣工。

12月19日　市政府确定彭山县龙门寺造像等14处文物点为眉山市第二批市级重点文物保护单位。

12月29日至30日　中共眉山市第一届第四次会议审议通过《中共眉山市委关于制定国民经济和社会发展第十一个五年规划的建议》的决议。

12月30日　眉山一中举行百年校庆。

是年　眉山市实现地区生产总值245.07亿元，其中一、二、三产业增加值分别为64.66亿元、113.11亿元、67.3亿元；人均地区生产总值8012元；地方一般公共预算收入7.08亿元，地方一般公共预算支出24.92亿元；城镇居民人均可支配收入7707元，农村居民人均纯收入3284元；全社会固定资产投资130.33亿元；社会消费品零售总额83.64亿元；规模以上工业总产值241.6亿元。

2006年

1月12日　举行眉山市2006暨阳坪生态农业观光园旅游区开园启动仪式。

1月20日12时17分　中石油西南油气田分公司仁寿运销部富加管理站天然气输气管道发生爆炸，造成10人死亡、40余人受伤。

1月28日　省委书记、省人大常委会主任张学忠到青神县调研企业发展情况。

2月9日　市委、市政府召开落实年工作电视电话会议。市委书记蒋仁富作“抓落实　创一流”的讲话。

2月19日　眉山金象化工股份有限公司与清华大学华业科技发展有限公司举行三聚氰胺项目合作协议签字仪式。

3月6日至9日　眉山市委副书记、市长崔保华考察老挝，并出席眉山金象化工有限公司与南塔省政府“1200公顷替代种植项目”签字仪式。

3月9日　通惠河改造工程启动。至2007年，投资1. 25亿元，完成一期工程3千米整治。

3月20日　眉山市与成都市签订“成都眉山合作发展框架协议”。

3月26日　为治理市公安局交警支队乱检查、乱罚款问题，市委决定免去市公安局交警支队原领导班子成员职务，重新组建领导班子。

4月6日　中共眉山市委一届十二次全委会议审议通过《中共眉山市委关于进一步改善发展软环境的决定》。20日，眉山市改善发展软环境电视直播会议召开。

4月19日　眉山经济开发区被省政府确定为省级开发区。主要发展食品加工、电子、机械制造等产业。

4月27日至28日　省委书记、省人大常委会主任张学忠到眉山调研工业和新农村建设工作。

5月12日　眉山市强力推进工业强市工作会议召开。

5月13日至14日　全国政协调研组到眉山调研乡村清洁工程。

5月16日　眉山市第一届残疾人运动会开幕。

5月19日　眉山工业集中区暨产业招商推介会在成都举行。签约18个项目，投资14. 12亿元。

5月19日至26日　俄罗斯莫斯科州克林斯基区第一副区长朱叶夫·亚历山大·符率政府代表团访问眉山。

5月25日　眉山市被水利部命名为“全国水土保持生态环境建设示范城市”。

是日　国务院公布，三苏祠、彭山县江口崖墓、青神县瑞峰崖墓群、眉山报恩寺、仁寿县双堡牌坊和牛角寨石窟核定为全国重点文物保护单位。

5月　洪雅县百花滩电站建成发电，装机12万千瓦。

6月1日　省委通知，李静任中共眉山市委委员、常委、副书记；免去崔保华中共眉山市委副书记、常委、委员职务。

6月15日至23日　眉山市第一届运动会开幕。25支代表团2124名运动员参赛，角逐11个大项、91个小项的113枚金牌。

6月26日　市委、市政府授予雷林、苏旭燕、王鲁、刘志彬、张志发、陈云华首届“眉山市杰出人才贡献奖”。

6月27日至28日　眉山市一届人大常委会第42次会议任命李静为副市长、代理市长。

6月　眉山中心城区被省政府命名为“四川省园林城市”。

是月　洪雅县被评为“全国奶业十强县”，为西南地区第一奶业强县。

7月14日　中共眉山市委一届第十三次全委（扩大）会议审议通过《中共眉山市委关于举全市之力推进工业强市的决定》。

7月20日至24日　眉山市代市长李静率团前往浙江招商。签订项目14个，协议引进资金8. 15亿元。

7月27日　四川省公安厅、眉山市委、市政府召开“4·2”枪杀案专案表彰大会，为侦破

“4·2”枪杀案专案组和个人表彰记功。此案打掉李某、张某某涉枪涉恶犯罪团伙，抓获犯罪团伙成员18人。

7月31日　拟投资12.7亿元的眉山启明星电解铝续建项目开工仪式举行。

8月3日　最高人民法院检查组到眉山检查市法院工作。

8月6日　彭山县通过“国家级生态示范区”验收。是眉山第一个、全省第三个国家级生态示范区。

8月14日　市委制发《关于进一步改善政法机关执法环境的决定》。

8月　眉山市开展抗旱救灾。全市投入人力91.5万人，资金2851.7万元；播种晚秋作物105.8万亩。

9月4日　市委、市政府、眉山军分区制发《关于创建省级双拥模范城的决定》。

9月9日　年产10万吨冷弯型钢和20万吨卷材的攀钢“眉山工业园”一期生产线建成投产。

9月12日　眉山市首批“农村书社”授牌及赠送出版物仪式举行。

9月17日　眉山市领导李静、吴小可率市政府招商引资团前往广东招商。与11家企业签约，投资16.1亿元。

9月19日至10月26日　举行眉山市第一届老年人运动会。

9月　东坡区、洪雅县分获“中国泡菜之乡”“中国藤椒之乡”称号。

10月8日　四川大学锦江学院开学典礼在彭山县举行。校园占地700亩，建筑面积约25万平方米，设7个系、23个专业。

10月18日　印尼东爪哇省侨商代表团到眉山考察。

10月26日　由绿色能源（英国）投资有限公司和成都高飞实业有限公司共同投资年产5000吨多晶硅项目落户眉山铝产业集中发展区。

是日　青神县举办首届椪柑节。现场签订4万吨销售合同。

10月30日　民盟眉山市第一次代表大会召开。选举杨玉仙为民盟眉山市第一届委员会主任委员。

10月31日　民进眉山市第一次代表大会召开。选举梁勇为民进眉山市第一届委员会主任委员。

11月1日　由农业部全国农技推广中心组织的全国以螨治螨生物防治现场会在眉山召开。

11月3日　老挝人民民主共和国卫生部副部长坎洪访问眉山。

是日　全国“社会主义新农村建设与教育”研讨会在眉山召开。

11月6日　英国罗奇代尔市政府代表穆文·史蒂文森到眉山考察。

11月8日　眉山市职业技术学院新校区奠基。新校区位于东坡区富牛镇新义村，占地26公顷，建筑面积8.7万平方米。

11月11日至13日　中共眉山市第二次代表大会召开。市委书记蒋仁富作《聚精会神抓发展，同心同德促和谐》的报告。大会提出未来五年的三大目标、十项任务、“八个必须坚持”和三大工作重点。选举蒋仁富为市委书记，李静、贺文为副书记，王影聪、刘十庆、吴小可、周成仕、蒋辅义、樊强为常委。

11月19日至21日　眉山市第二届人大第一次会议召开。选举蒋仁富为市人大常委会主任，宋建新、孟光安、何久伦、余纪桦、范智能、滕为民为副主任。选举李静为市人民政府市长，蒋辅义、宋铭、杨玉仙、杨勇、黄跃为副市长，杨成学为市中级人民法院院长，陈兵为市人民检察院检察长。

11 月 23 日至 24 日　政协眉山市第二届第一次会议召开。选举苏灿为市政协主席，王勇、吴爱玲、宋思彬、张忠全、张茂成、钟相友、黄玉琏为副主席。

12 月 25 日　市委、市政府决定，实行市领导预约接待信访群众制度。

12 月 27 日　眉山市集中整治东坡区社会治安动员大会召开。会议强调要下最大决心，组织最强力量，采取最有效的手段，一年内实现东坡区社会治安工作的根本好转。市委、市政府印发《关于集中整治东坡区社会治安的决定》。

12 月 28 日　丹棱县创建为四川省第一个“省级园林县城”。

12 月　东坡区获“全国食品工业强区”称号。

是年　位于眉山中心城区东坡湖西岸、建筑面积 3 万余平方米、主楼 13 层、高 80 米的重建“远景楼”（原建于北宋）竣工。

是年　眉山市实现地区生产总值 280.83 亿元，其中一、二、三产业增加值分别为 67.54 亿元、137.09 亿元、76.2 亿元；人均地区生产总值 9202 元；地方一般公共预算收入 8.53 亿元，地方一般公共预算支出 32.52 亿元；城镇居民人均可支配收入 8533 元，农村居民人均纯收入 3567 元；全社会固定资产投资 159.72 亿元；社会消费品零售总额 96.78 亿元；规模以上工业总产值 246.75 亿元。

2007 年

1 月 1 日　青神县率先在全省取消生猪防疫费。

1 月 3 日　青神县留守儿童保护教育工作在中央电视台《新闻联播》播出。3 月 3 日，留守儿童尚津一家前往中央电视台《两会特别节目小崔会客》栏目接受访谈，受到全国人大常委会副主任、全国妇联主席顾秀莲接见。9 月，中央电视台、人民日报、新华社等媒体采访青神县留守儿童工作。

1 月 4 日　市委书记蒋仁富、市长李静接见在第十五届多哈亚运会上获得女子曲棍球冠军的眉山籍运动员张益萌。

1 月 5 日　市委、市政府慰问组看望仁寿县在尼日利亚被劫持的 2 名仁寿籍中国工程人员家属。

1 月 8 日　眉山金圣赛瑞公司年产 12 万吨双氧水项目一期工程举行开工仪式。

1 月 16 日　仁寿县黑龙滩南湖生态旅游城项目举行签约仪式。

1 月 18 日　省委副书记、省长张中伟到眉山调研工业和新农村建设工作。

1 月 19 日　四川恒泽动力有限公司董事长陈志忠被评为第十四届“四川十大杰出青年”。

1 月 24 日　眉山市旅游发展大会暨创建中国优秀旅游城市动员大会在眉山召开。

2 月 4 日　市委决定将眉山经济开发区和岷江东岸工业集中区统一为眉山经济开发区一块牌子、一套班子，统一规划、统一政策、统一招商引资。

2 月 5 日　眉山市领导干部作风整顿建设活动动员电视电话大会召开。领导干部作风整顿建设重点是县级及县以上领导班子和领导干部。4 月结束。

2 月 17 日　省委书记、省人大常委会主任杜青林到眉山慰问，调研企业、农贸市场、旅游业和基层组织建设工作。

3 月 4 日　马来西亚卓越集团主席林致华到眉山考察。

3 月 8 日　中共眉山市委二届七次全委会议讨论通过《中共眉山市委关于强力推进现代农业发展

全面建设社会主义新农村的决定》《中共眉山市委关于构建和谐眉山的决定》。

3月9日　青神竹编走进央视《财富故事会》栏目，报道青神竹编发展历程。

3月16日　举行首届东坡泡菜文化节开幕式暨“中国泡菜之乡”授牌仪式。中国特产之乡推荐暨宣传活动组委会授予东坡区“中国泡菜之乡”称号。

4月6日　云南保山边防支队龙陵边防大队副大队长、东坡区籍缉毒烈士白建刚骨灰安放仪式在东坡区烈士陵园举行。

4月14日21时30分至23时　东坡区、仁寿县、青神县遭遇冰雹灾害。眉山市29个乡镇59.51万人受灾，农作物受灾1.73万公顷，直接经济损失1.8亿元。市委、市政府迅速启动自然灾害救助紧急预案，到9月底，全市灾后恢复重建房屋965户、6180间，任务全部完成。

4月16日　中央电视台10频道《走进科学》栏目播出洪雅县槽渔滩镇友谊村7组虱子坝洞穴之谜。

是日　法国驻成都总领事馆总领事杜满希到眉山考察经济社会发展情况。

4月26日　中共眉山市委二届九次全委会议讨论并通过《中共眉山市委关于推进“四个跨越”实施产业富民的决定》《中共眉山市委关于改进领导作风推进科学发展的决定》。

5月24日　市委、市政府授予邓智林等42人“眉山市第三批有突出贡献的拔尖人才”称号。

5月25日　眉山市与蒙牛集团、现代牧业集团签约，投资6亿元建设18万吨液态奶加工基地和万头奶牛示范牧场。9月28日，蒙牛集团入驻眉山奠基。

5月31日　市委、市政府召开全民创业动员大会。启动万名干部职工帮助万名创业者提供小额贷款担保“一帮一”活动。

是日　东坡区获“全国法治宣传教育先进县”称号。

6月14日　眉山市六区县与北京市朝阳区第二医院签订眉山市在京务工参合人员定点医疗协议书。为眉山首个省外新农合定点医院。

是日　中央电视台记者马斌报道青神——苏东坡初恋的地方，网上点击率超过100万人次。

6月19日　市委、市政府制发《眉山市重点工作实施方案》。围绕“四年四个大变样”（2007年实现城市大变样、2008年实现工业大变样、2009年实现旅游大变样、2010年实现农村大变样）及综合性发展工作、和谐眉山建设、党的建设，确定重点工作48项。

6月28日　市委、市政府大力发展“一村一品”，全面推进新农村建设现场会在洪雅县召开。

6月29日　仁寿县向家乡向荣村四组最后一家无电户通电，眉山市实现“户户通电”。

6月　眉山市“合村并组”结束。行政村由2219个合并为1186个，组由18112个合并为9188个，村组干部精减55.8%。

7月13日　仁寿县被四川省政府确定为全省“扩权强县”试点县。

7月18日　仁寿县“抬工号子”、青神县“竹编工艺”、丹棱县“唢呐艺术”、洪雅县“复兴耍锣鼓”被省政府列入四川省首批非物质文化遗产保护名录。

7月23日　东坡区三苏乡胜龙村成立眉山市首家农民专业合作社“眉山市三苏椪柑专业合作社”。

7月31日　眉山启明星铝业有限责任公司与相关企业联合研发的“铝电解槽双平衡控制技术”成为国内首创，达到国际先进水平。

7月　青神椪柑被中国果品流通协会评为“中华名果”。

8月7日　市政府决定全市实施集体林权制度改革。2009年8月结束。

8月10日 省委副书记、省长蒋巨峰到眉山调研畜牧业发展工作。

8月15日 仁寿县创建为“国家级绿色食品原料枇杷标准化生产基地”。

8月24日 市政府20万元奖励中国驰名商标“吉香居”。

8月30日 市委决定全市分两批选派干部300人到村任职，连续4年开展“机关干部驻村行动”。

8月 眉山市成为全省首批“省级文明城市先进市”。

是月 眉山市被国家人口计生委确定为“全国婚育新风进万家活动”示范市。

9月3日 眉山市获“全国政务公开先进单位”称号。

9月9日至14日 眉山市委书记蒋仁富、市长李静率队参加四川赴东部四省招商引资活动。签订项目38个，投资185.9亿元，居全省第一。

9月12日 丹棱县创建为“国家级生态示范区”。

9月19日 市委授予雷林等149人“优秀中国特色社会主义建设者”荣誉称号。

9月21日 四川省味聚特食品有限公司被评为“全国食品安全示范单位”。

9月26日 省委书记、省人大常委会主任杜青林到眉山调研工业、农业等工作。

9月27日至28日 在陕西省召开的全国发展“一村一品”工作会上，眉山市作为西南地区唯一地（市、州）代表以《围绕构建五大保障体系，快速推进“一村一品”》为题作经验交流。

10月10日 眉山车辆厂成为眉山首家国家级企业技术中心。

10月11日 中央电视台拍摄电视专题片《走遍中国·眉山》。

是日 青神县农村客运建设在中央电视台《新闻联播》播出。

11月2日 洪雅县创建成“国家级生态示范区”。

11月5日 仁寿县血吸虫病防治工作达到国家传播控制标准。至此，全市血吸虫病防治工作全部达标。

11月10日 武警部队司令员吴双战上将到眉山调研。

11月18日 东坡国际文化节在眉山开幕。举办论坛、研讨会、三苏纪念馆开馆、招商引资推介会暨友好城市（眉山市与黄冈市）签约等活动。全国政协副主席张怀西出席。

11月19日 市委、市政府制发《关于进一步发展“一村一品”推进“三村”建设的决定》。

11月25日 中国老年学会授予彭山县“中国长寿之乡”称号，为全国首批命名的长寿之乡。

12月9日至11日 眉山市委书记蒋仁富率市党政代表团到香港招商。签订项目总投资41亿元。

12月28日 洪雅县瓦屋山举行省级地质公园开园揭碑仪式。

是年 眉山市实现地区生产总值343.75亿元，其中一、二、三产业增加值分别为84.55亿元、169.32亿元、89.88亿元；人均地区生产总值11340元；地方一般公共预算收入11.93亿元，地方一般公共预算支出45.02亿元；城镇居民人均可支配收入10046元，农村居民人均纯收入4139元；全社会固定资产投资211.65亿元；社会消费品零售总额114.29亿元；规模以上工业总产值335.35亿元。

2008年

1月3日 省委书记刘奇葆到眉山调研全市贯彻落实中共十七大精神和省委九届四次全会精神

情况。

1月10日　眉山市数字电视开通。

1月12日　眉山市遭受30年未遇雨雪低温天气，82个乡镇、86.2万人受灾。全市拨付救灾救济资金1052万元，救济粮7800吨，救济衣被2.05万件。转移灾民2600余户7800余人。

2月3日　彭山县与新津县签订区域合作共建工业园协议。

2月19日　市委、市政府将2008年确定为全市“项目推进年”。

2月23日　市委决定在全市政法系统开展为期一年的“三大主题活动”（“素质大培训、技能大练兵、作风大转变”主题活动）。

2月26日　眉山市加强内部建设改善发展环境广播电视动员大会召开。集中一个月开展加强内部建设，改善发展环境。

2月28日　市委、市政府决定实行铝、硅、化工、芒硝、机械、建材、食品加工、木竹加工八大产业配套扶持政策。

2月29日　市政府决定在全市建设100万亩木质工业原料林基地和100万亩竹质工业原料林基地。

3月6日　仁寿县玉龙乡籍武警战士李彬在扑灭西藏林芝县卡定沟森林火灾中英勇牺牲，被批准为革命烈士，追记一等功，追认为中共党员。

3月10日　市政府首次向全市64件知名商标授牌。

3月11日至12日　全国四强男篮对抗赛在眉山举行。

3月12日　成都军区政委张海阳中将到眉山军分区调研。

3月17日　眉山市启动重大投资项目代办工作。凡投资额定金额以上的项目均可到市政务服务中心代办窗口申请代办。

3月23日　全国首个留守妇女帮扶协会在青神县瑞峰镇青杠坪村成立。

3月26日至27日　世界卫生组织驻华代表处专家到眉山督查麻疹强化免疫工作。

3月27日　眉山市与四川巨星企业集团有限公司签订投资8亿元建设100万头优质生猪工程项目协议书。

3月31日　省委书记刘奇葆、省长蒋巨峰率出席四川省承接产业转移工作会议人员到眉山参观。

4月3日　东坡区清明公祭三苏大典在该区土地乡苏陵举行，省作家协会副主席徐康讲话。1000余人参加公祭活动。

4月10日　眉山市成立6个招商分局。

4月11日　眉山市以“两票制”公推直选乡镇党委书记。东坡区完成“两票制”公推直选乡镇党委书记、差额选举镇长试点。

4月13日　世界500强企业联合利华大中华区副总裁曾锡文率队到眉山参观考察。

4月24日　市委、市政府决定赋予除仁寿县外其他5区县“省级扩权强县”相同的部分经济社会管理权限。

4月28日　眉山市举行首届“十大法制人物”颁奖典礼。

4月29日　应林集团职工李志林获“全国五一劳动奖章”。

4月30日　联合利华与眉山举行合作项目签约仪式。

5月5日　省政协主席陶武先到眉山调研。

5月12日　14时28分，受汶川县里氏8级地震波及，眉山市发生5级~5.5级地震。全市131个乡镇（街道办事处）、140余万人受灾，死亡10人，受伤351人，房屋倒塌5.55万间，受损88.04万间。直接经济损失60.6亿元。地震发生后，市委、市政府紧急成立抗震救灾指挥部，迅速组织抗震救灾工作。

5月14日　市抗震救灾指挥部发出《关于做好生产自救和预防次生灾害发生的紧急通知》。15日，市委、市政府召开抗震救灾广播电视动员大会，现场募捐1100万余元。到5月30日，全市接收抗震救灾款物8600万余元。市级机关党员交纳“特殊党费”100万余元。

5月16日　市委召开常委扩大会议，专题研究抗震救灾工作。提出“不等不靠，自救为主”，市级领导分三条线抓三大重点工作。

5月20日　东坡区复兴乡受灾村山祠村53名村民拒绝接受3000元救济款，主动捐款3772元。连同五皇村、群英村3个村村民将下拨资金和捐款13872元捐给重灾区。23日，财政部副部长王军到东坡区山祠村看望慰问村民，肯定眉山“三自”（自力更生、自救互助、自强不息）精神。

5月28日　军队首次在眉山市招收士官。

5月29日　四川八百寿酒业有限公司“八百寿”商标被认定为全国驰名商标。

6月4日和7日　中央电视台《新闻联播》《焦点访谈》分别播出《四川眉山：自救互助　重建家园》的重点报道。5日，新华社刊发眉山市发扬“三自”精神抗震救灾纪实。

6月6日　眉山市承接产业转移重点项目签约暨推介会在成都举行。签订20个项目，投资45.23亿元。

6月16日　青神县“竹编工艺”被列入国家级非物质文化遗产名录。

7月8日　东坡区旭光小区被国家体育总局、中央文明办命名为国家级“社区体育健身俱乐部”。

7月16日　青神县被省政府列为全市唯一“省级支农资金整合试点县”。

7月30日　东坡区优质水稻、淡水鱼，丹棱县无公害枇杷列入“国家级农业标准化示范”项目。

8月4日　眉山市3名代表参加在乐山市峨眉山景区举行的北京奥运会圣火传递。眉山籍运动员曾秀君参加传递。

8月6日　眉山举行瑞能公司一期年产3000吨多晶硅项目竣工暨二期年产3000吨多晶硅项目签约仪式。二期工程计划投资26亿元。

8月20日　眉山市与成都世纪城新国际会展中心有限公司签约首期投资20亿元的黑龙滩南湖开发项目。

8月22日　眉山籍运动员张益萌所在的中国女子曲棍球队在北京奥运会上获得亚军。10月17日，市政府授予张益萌“眉山市劳动模范”荣誉称号。

8月29日　市政府决定2008年秋季学期起全部免除全市城市义务教育阶段公办学校学生学杂费。

9月12日　市委、市政府命名余德槐等10人为“眉山市首届道德模范”。

9月18日　市委、市政府决定开展城乡环境综合整治。2010年结束。

9月26日　在四川省灾后重建（广州）投资说明会上，眉山签约项目6个，投资25.7亿元。

10月8日　在四川省灾后重建（北京）投资说明会上，眉山签约项目7个，投资26.9亿元。

10月13日　市委、市政府决定实施工业发展“777”百亿工程（到2011年，全市形成铝、硅、化工、机械、建材、食品加工、木竹加工7个销售收入过百亿元的产业；7个销售收入过百亿元的园区；7个销售收入过百亿元的企业）。

10月14日至18日　2008年“体彩杯”全国篮球俱乐部青年联赛（眉山赛区）开赛。

10月15日　在四川省灾后重建（浙江）投资说明会上，眉山签约多晶硅及光伏材料生产项目等项目，投资40.4亿元。

10月17日　在四川省灾后重建（重庆）投资说明会上，眉山签约建筑墙体保温隔热聚丙乙烯发泡等项目，投资38.75亿元。

10月23日　眉山市首届农业产业化项目招商推介会暨签约仪式在成都举行。推荐项目105个，签约项目11个，投资7.35亿元。

是日　中央电视台“激情广场·大家唱”到洪雅县演出。

10月24日　眉山市政府和四川省农业厅举行加快眉山特色效益农业发展合作备忘录签字仪式。

10月27日　在第九届中国国际西部博览会上，眉山推出28个招商项目，签约项目21个，协议引资88亿元。

是日　老挝政府总理波松·布帕万访问眉山。

11月1日　市政府将省道106线收费站由4个减为2个。

是日　眉山在全省率先开通“农村信箱”。听群众心声、解百姓忧愁、促农村发展。

11月3日至7日　市委中心组（扩大）学习会议暨二届16次全委（扩大）会议召开。市委书记蒋仁富作改革开放30周年主题报告；审议通过《中共眉山市委关于进一步深化改革的意见》《中共眉山市委关于深入推进农村改革发展奋力实现农村大变样的决定》。

11月11日　在四川省抗震救灾致谢暨灾后重建（香港）投资说明会上，眉山签约瑞能3000吨多晶硅生产线等5个项目，协议投资7.34亿美元。

11月20日　省委副书记、省长蒋巨峰到眉山调研工业园区和企业发展工作。

11月21日　市委、市政府举行全市抗震救灾总结表彰大会及首届道德模范颁奖典礼。

11月23日　市政府决定设立“眉山市文学、艺术、体育突出成就奖”。每年评一次。

11月27日　文化部命名青神县为“中国民间文化艺术（竹编）之乡”。

12月1日　在四川省灾后重建（上海）投资说明会上，眉山签约10个项目，投资14.1亿元。

12月4日　眉山市政府与四川省招商引资局签订投资促进合作协议。

12月7日　2008—2009年安踏全国男排联赛A组第六轮比赛在眉山举行。

12月16日　眉山首家村镇银行——仁寿民富村镇银行开业。

12月29日　国家发改委、铁道部、交通部、国家民航局调研组调研眉山交通建设。

是日　青神县在中央电视台演播大厅向“中国爱心工程委员会、中国公益事业联合会”捐赠价值300万元的《中华情》竹编艺术精品。

是年　眉山市实现地区生产总值414.5亿元，其中一、二、三产业增加值分别为94.99亿元、203.27亿元、116.24亿元；人均地区生产总值13750元；地方一般公共预算收入14.61亿元，地方一般公共预算支出78.34亿元；城镇居民人均可支配收入11431元，农村居民人均纯收入4754元；全社会固定资产投资246.6亿元；社会消费品零售总额139.21亿元；规模以上工业总产值443.5亿元。

2009 年

1月4日　眉山市举行首届文学、艺术、体育突出成就颁奖典礼暨纪念改革开放30周年文艺会演。

1月13日　中央电视台《新闻频道》播放新闻《四川眉山市：党代会新举措，当面给市委打分》。

1月15日　四川金象化工产业集团股份有限公司投资建设的日产1080吨尿素建成投产。

1月19日　市委、市政府决定将2009年确定为工业保障年，制发《关于推进2009年工业经济平稳快速发展的实施意见》。

是日　市政府表彰荣获2008年度省科技进步一等奖的四川成洪磷化工有限责任公司、二等奖的四川启明星铝业有限责任公司、三等奖的四川金圣赛瑞化工有限公司。

1月20日　东坡区尚义镇太宝村被中央精神文明建设指导委员会授予“全国第二批文明村镇”。

2月9日　洪雅县瓦屋山自然保护区燕远村解救一只被山间野藤困住的成年大熊猫并放归自然。

2月13日　全国国际竹藤组织董事会联合主席、国际竹藤网络中心主任江泽慧考察青神县。

2月18日　市委、市政府表彰2008年全市工业企业新增税收最高的四川金象化工产业集团股份有限公司及其主要负责人。奖励企业主要负责人雷林54万元。

2月22日　老挝副总理宋沙瓦访问眉山。

是日　市委、市政府表彰城乡环境综合整治中环境卫生“十佳乡镇”，批评环境卫生“十差乡镇”。

2月　总投资1888万元的眉山首批59个乡镇文化站建设全面铺开。

3月17日　市委、市政府制发《关于进一步推进城乡环境综合整治的实施意见》。

3月20日　由1007人参加的“齐乐桃花源·丹棱乡村游”唢呐演奏，被上海大世界吉尼斯总部确认为“规模最大的唢呐演奏活动。”

3月25日　彭山县被省政府确定为“全省扩权强县试点县”，成为全市第二个扩权强县试点县。

4月21日　世行代表团考察洪雅县洪川镇雨污分流及环境治理项目。

4月23日　眉山市举办首届苏洵学术研讨会，纪念苏洵1000年诞辰。

4月24日　眉山市首个群众性文艺表演团体，眉山市东坡艺术团成立。

4月27日　香港“世茂爱心医院”援建的100所爱心医院在东坡区柳圣乡启动。眉山市有2所。

是日　彭山县公安局巡警大队获“全国公安系统青年文明号”称号。

4月29日　市政务中心服务大厅被全国总工会命名为四川省首个“工人先锋号”。

是日　荷兰弗里斯兰省副省长盖里马率团考察眉山现代畜牧业。

4月30日　市委制发《关于坚持科学发展造福眉山人民的决定》。

5月4日　眉山市发放首批“青年创业贷款”304万元。

5月6日　市委、市政府作出强力推进泡菜产业发展的决定。提出建设全国一流、国际知名的“四川·东坡泡菜”产业。

5月11日　东坡区特殊教育学校被授予“全国特殊教育先进单位”称号。

5月12日　全国第一所灾后建成的“侨爱工程”——东坡区尚义小学教学楼举行落成典礼。

5月13日　阿联酋政府支援1249万元建设东坡小学。

5月15日　苏宁电器落户眉山。

5月19日　国家产权局公布青神县为“全国知识产权保护与发展试点县”。

5月25日　金象园区玉象蜜胺科技有限公司年产10万吨三聚氰胺工程A区装置开机，标志着金象园区“世界级三聚氰胺产业高地战略”迈出重要一步。

5月31日　彭山经济开发区项目集中开工暨东升（明坤）干法水泥奠基典礼举行。开工7个项目，投资16.6亿元。

5月　为纪念“5·12”汶川特大地震抗震救灾一周年，市委、市政府举办7项纪念活动。

是月　中国南车集团眉山车辆有限公司被评为“中央企业先进集体”。

6月2日　眉山市“5·12”汶川特大地震受灾农户房屋重建全部完工。

6月3日　2009中国硅产业发展论坛在眉山举行。

6月4日　新华社四川分社等媒体记者采访眉山市“大调解”工作。全市“大调解”工作得到中央和省委的肯定，眉山市因集中排查化解涉法涉诉信访问题成绩突出，《眉山市行政调解工作暂行规定》被国务院法制办肯定为“填补了行政调解无规范的空白”。

6月10日　中国大唐集团公司四川分公司与眉山市政府举行签约仪式，捐款1000万元援建眉山职业技术学院图书馆。

6月12日　省委书记刘奇葆到眉山调研工业园区、农业产业化、新农村建设和交通建设等工作。

6月13日　在“2009·瓦屋山观鸟大赛”中首次发现“绿色布谷鸟”翠金鹃。

6月18日　市委、市政府作出《关于积极融入西部综合交通枢纽掀起交通建设新高潮的决定》。

6月19日　省委副书记、省长蒋巨峰到眉山调研现代农业发展工作。

6月21日　眉山“全国婚育新风进万家活动示范市”建设情况通过专家组评估验收。

6月　三苏祠博物馆被国家文物局批准为国家二级博物馆。

7月11日　“2009峨眉半山七里坪·第一届全国定向运动大会暨中国·洪雅第二届避暑节”在洪雅开幕。

7月17日至18日　中国·四川泡菜国际论坛在眉山举行。中共中央政治局委员、国务院副总理回良玉对论坛作出“希望充分发挥优势和潜力，继续提升产品的质量和附加值，进一步延伸产业链条，切实把‘小泡菜’做成大产业，促进农业产业化经营再上新台阶”批示。

7月22日　青神县青神捻条画艺术、彭山县“长春号”南味豆腐传统手工制作技艺、东坡区裕泰乾马氏芝麻糕制作技艺、洪雅县五月台会（城隍庙会）入选四川省非物质文化遗产名录。

是日　眉山市代表团参加四川省第二届特殊奥林匹克运动会获10金、12银、2铜。

7月27日　市委、市政府作出建设生态市的决定。

7月29日　四川瑞能硅材料有限公司年产3000吨多晶硅项目投产。

7月　东坡泡菜产业科技园、丹棱优新柑橘科技示范园、仁寿高新蔬菜科技园被评为省级农业科技园区。

8月10日　启明星铝业获国家“创新型企业”称号。丹甫制冷公司被确定为国家“创新型试点企业”。

8月12日　成都军区总医院与眉山市中医院建立协作医院举行挂牌仪式。

8月15日　巴斯夫全球副总裁、大中华区董事长关志华考察捐建的彭山县牧马学校。

8 月 21 日　中共眉山市二届二十一次全委会议审议通过《中共眉山市委关于坚持科学发展推进四大目标实现的意见》。提出“经济繁荣、政治清明、社会和谐、人民幸福”四大目标。

8 月 22 日　东坡区大北街小学的舞蹈《大爱无声》参加全国 2009 中央电视台少儿电视艺术大赛总决赛，获银奖。

8 月 26 日　四川启明星铝业电解槽通电复产。

8 月 28 日　成赤（成都—自贡—泸州—赤水）高速公路成都至眉山段开工。

9 月 3 日至 5 日　世界自然基金会在洪雅县举办高保护价值森林培训会。

9 月 5 日　眉山市创建四川省环境保护模范城市迎检工作电视直播动员大会召开。12 月 4 日通过四川省环保模范城市技术核查。

9 月 28 日　丹棱县成为全省第五个“可持续发展实验区”。

10 月 9 日　蒙牛乳业（眉山）有限公司和现代牧业洪雅牧场投产。省委副书记、省长蒋巨峰出席投产仪式。

10 月 15 日　“四川—央企产业对接项目签约仪式”在成都举行。眉山签约 4 个项目，投资 134.41 亿元。

是日　浙江·四川经贸合作洽谈会暨浙江产品西南（四川）行活动在成都举行。眉山签约 24 个项目，投资 185.28 亿元。

10 月 19 日　洪雅县瓦屋山镇复兴村被中国生态文化协会授予首批“全国生态文化村”称号。

是日　在西博会的中国四川采购商大会上，眉山市签订贸易协议金额 46 亿元。

10 月 21 日　市政府确定彭山县北平观遗址等 99 处文物点为眉山市第三批市级重点文物保护单位。

10 月 22 日　彭山县晒烟、彭山县泽泻、青神县慈竹杂交竹 3 个国家级农业标准化示范项目通过考核。

10 月 25 日　非洲坦桑尼亚塔坦尼公司董事长、国际剑麻协会主席萨拉姆·夏蒙特，德国对外经济援助总公司高级专家王童等农业专家到彭山考察。

10 月 25 日至 26 日　中共眉山市委二届二十二次全委（扩大）会议召开。通过《中共眉山市委关于加强和改进新形势下党的建设的意见》（以下简称《意见》）及 52 项配套制度。26 日，市委举办首次新闻发布会通报全会、《意见》及 52 项配套制度等。

10 月 27 日　四川金象化工产业集团股份有限公司的科技成果“双加压硝酸加压循环气提硝铵及硝铵废水处理节能清洁生产技术”获 2009 年省科技进步一等奖。

10 月 30 日　中国、德国、法国联合制作的大型电视纪录片《寻佛之旅》摄制组到青神县瑞峰崖墓群和中岩寺拍摄，节目录制后在中国、德国、法国等地播放。

11 月 4 日　丹棱县兴隆村、梅湾村、龙滩村被四川省建设厅命名为“四川省园林村庄”。

11 月 12 日　洪雅县柳江镇、高庙镇、东岳镇、槽渔滩镇、中保镇、余坪镇被省环境保护局授予“省级环境优美乡（镇）”称号。

11 月 18 日　眉山市第二届运动会开幕。眉山籍优秀运动员张益萌、曾秀君、董笑、曹婷等出席。比赛设项目 20 个大项 44 个小项。

11 月 21 日至 22 日　中国散文协会“现代散文发展趋向与在场主义”学术研讨会在眉山召开。眉山市文联、眉山市散文学会被命名为“中国散文学会眉山创作基地”。

11月30日　眉山市作家刘小川获巴金文学院第六届“茅台文学奖”。

11月　青神县青神捻条画艺术传承人吴建堂、彭山县“长春号”南味豆腐传统手工制作技艺传承人潘福祥、东坡区裕泰乾马氏芝麻糕制作技艺传承人马自生、仁寿县抬工号子传承人王俊清入选全省省级非物质文化遗产项目代表性传承人。

是月　青神县获“全国农村留守流动儿童工作示范县”称号。

12月3日　瑞士—中国低碳城市示范项目交流会在眉山召开。瑞士驻华使馆参赞沃尔特·梅尔和低碳城市示范项目官员、专家出席。

12月3日至4日　丹棱县“省级卫生县城”通过验收。

12月9日　《青神故事》举行首播仪式。13日，在四川电视台第三套节目播出，是四川电视台首次与县级台合拍多集系列方言剧。

12月13日至14日　洪雅县“省级生态县”创建工作通过验收。

12月15日　丹棱县“省级生态县”创建工作通过验收，成为四川省丘陵地区第一个“省级生态县”。

是日　彭山县新闻出版局作为全省唯一区县代表参加全国农家书屋工程建设（中西部地区）经验交流会并作交流发言。

12月23日　中国民主建国会眉山市第一次代表大会举行。民建四川省委主委、副省长陈文华为民建眉山市委授牌、授印。

12月27日至28日　中共眉山市第二届第五次会议召开。市委书记蒋仁富作题为《坚持科学发展　推进四大目标》的工作报告。要求集中力量在全市掀起“产业园区建设、特色效益农业基地建设、旅游目的地建设和会节经济、交通建设、城镇建设和承接产业转移”六大高潮。

12月31日　眉山市启动新型农村社会养老保险试点。

是年　眉山市实现地区生产总值465.33亿元，其中一、二、三产业增加值分别为97.55亿元、236.72亿元、131.05亿元；人均地区生产总值15509元；地方一般公共预算收入18.44亿元，地方一般公共预算支出83.14亿元；城镇居民人均可支配收入12981元，农村居民人均纯收入5135元；全社会固定资产投资370.86亿元；社会消费品零售总额160.09亿元；规模以上工业总产值521.98亿元。

2010年

1月6日　洪雅县三宝镇联和村乡村医生刘吉志获2009年“全国优秀乡村医生”称号。

1月11日　四川泡菜产业园区奠基仪式在眉山经开区东区举行。规划总面积10.7平方千米，核心区面积2.6平方千米。

1月14日　眉山市2009年度推进惩治和预防腐败体系建设工作情况汇报暨民主测评会举行。省委副书记、省长蒋巨峰出席会议并讲话。

1月21日　省政府命名青神县西龙小学为“省级国防教育基地”。

1月24日　“青神椪柑”商标获国家工商总局注册。

1月28日　眉山市政府与中国石油四川销售公司签订政企战略合作框架协议。

1月30日　成都、眉山、德阳、绵阳、遂宁、乐山、雅安、资阳8市签署《成都经济区区域合作框架协议》，成都经济区一体化发展启动。省委副书记、省长蒋巨峰出席并讲话。

1月31日零时　成都、眉山、资阳并网028，眉山本地电话号码由7位升至8位。

2月4日　眉山市首笔农民养老金发放仪式在仁寿县满井镇举行。

2月9日　洪雅县幺麻子食品有限公司技改工程暨中国首家农民“藤椒文化博物馆”在洪雅县止戈镇建成开馆。

3月3日　中国成达工程有限公司、新津县政府、彭山县政府聚酯尼龙新材料项目投资协议签约仪式在眉山举行。项目落户成眉工业区。

3月6日　全国人大代表、眉山市市长李静作客中央电视台农业频道，向全国推介“东坡泡菜”，现场烧制泡椒鱼头——“开门红”。

是日　眉山宏达农业开发有限公司在老挝万象市赛塔里县生猪养殖项目获省商务厅核准。为眉山市农业企业首次实现境外投资。

3月12日　丹甫制冷压缩机股份有限公司在深圳证券交易中小板上市交易。为眉山市首家上市公司。

3月18日至20日　中央电视台等新闻媒体记者到全省大调解工作“样本”——眉山市采访报道大调解工作。市委书记蒋仁富接受中央电视台《焦点访谈》栏目专访。

3月23日　四川东坡泡菜走进北京军营系列宣传推介活动暨军地共建军需泡菜生产基地签约仪式在北京举行。

3月31日　三苏祠博物馆举行国家AAAA级旅游景区揭牌仪式。

3月　东坡区成为2009年度四川省食品工业15个强县之一。

4月2日　四川金象化工产业集团年产20万吨双加压硝酸装置点火开车成功。

4月15日至16日　眉山市第二届人大第六次会议召开。通过接受蒋仁富辞去市二届人大常委会主任职务、孟光安辞去市二届人大常委会副主任职务的决定。补选贺文为眉山市第二届人大常委会主任、阳金和为眉山市第二届人大常委会副主任。

4月16日　青神县被省政府授予“全省计划生育优质服务先进县”称号。

4月18日　全国人大常委会副委员长、民建中央主席陈昌智视察通威集团总部。

4月22日　全国首个主题橘花节在彭山县黄丰镇开幕。

4月30日　味聚特公司总经理祝启明荣获第七届中国杰出营销人金鼎奖。

5月5日　全国政协副主席、九三学社中央副主席王志珍到眉山调研。

5月12日　全国妇联党组书记、副主席宋秀岩到青神调研留守儿童和妇女工作。

5月13日　举行眉山市首家五星级旅游饭店（岷江东湖饭店）授牌仪式。

5月29日　2010年中俄男子篮球对抗赛在眉山举行。

5月　洪雅县被全国绿化委员会授予“全国绿化模范单位”称号。

6月3日　由瑞士驻华大使馆主办的“中瑞合作与对话气候变化城市行动”在北京举行。眉山市与瑞士发展合作署签订《气候变化合作与对话详解备忘录》。

6月4日　眉山市第一个村级公推直选村民监督委员会在洪雅县花溪镇孔坝村成立。

6月10日　双流县与彭山县举行区域合作协议签约仪式。

7月5日　省道103线、106线眉山段路面改造工程开工。工程投资3.3亿元。

7月8日　举行眉山职业技术学院新校区暨中国大唐图书馆落成典礼。

7月17日至18日　中国·四川泡菜国际品鉴会在眉山举行。省委书记刘奇葆、省长蒋巨峰分别作出批示。

7月19日　遂（宁）资（阳）眉（山）高速公路眉山段开工。

7月25日　眉山市出现暴雨、大暴雨降雨过程。仁寿城区最大降雨量268.3毫米，为1957年有气象记录以来最大降雨量。

8月6日　省委副书记、省长蒋巨峰到眉山调研工业集中区、经济开发区建设及仁寿与双流区域合作情况。

8月7日15时15分　一辆从瓦屋山镇返回洪雅县的中巴车，在柳江镇赵岩坠下100米悬崖，造成15人死亡、1人受伤。

8月18日至19日　眉山市大部分地区普降大到暴雨。5个县（区）62个乡镇67.98万人受灾，1人失踪，1人死亡，农作物受灾1.47万公顷，直接经济损失8.1亿元。全市启动防汛四级应急响应，组织公安、消防、武警、交警和民兵预备役人员12321人抢险救灾，转移安置群众29695人。

8月29日　通威集团获2010年中国民营企业500强。

8月31日　眉山市代表队在省第七届残疾人运动会上夺得奖牌76枚，位居全省第三，打破省残运会纪录17项。

8月　东坡区驻外团总支在浙江省江干区品汉集团成立，为眉山市首个驻外团总支。

9月10日至11日　省委书记、省人大常委会主任刘奇葆到眉山调研产业园区、城市规划等工作。

9月22日　眉山首届苏祠中秋诗词节在三苏祠举行。

9月26日　全国政协副主席、民革中央常务副主席厉无畏到眉山视察。

9月　青神县被省政府命名为“革命老区县”。

是月　青神县青城镇凤阳社区被全国妇联、民政部等5部委命名为“全国创建学习型家庭示范社区”。

10月14日　眉山市体育代表团在省第十一届运动会上获奖牌43.5枚和团体总分986分的好成绩。

10月20日　“庆祝眉山市建市十周年暨2010年八百寿杯全国男子排球精英赛”开赛。

是日　四川省重大科技支撑项目——四川李记酱菜调味品有限公司和四川省食品发酵工业研究设计院共同开发的“营养酸菜”新产品通过省技术厅的成果鉴定。

10月21日　市政府确定彭山县北平观遗址等99处文物点为眉山市市级重点文物保护单位。

10月22日　在第十一届中国西部国际博览会上，眉山市签约项目52个，协议投资371亿元。

10月28日　青神县椪柑协会获“全国优秀农技协会”称号。

11月4日　眉山市被省政府命名为“双拥模范城”，东坡区、洪雅县、彭山县被命名为“双拥模范区县”。

11月8日　眉山市与美国新泽西州萨德尔布鲁克市签署建立友好城市意向书。

11月23日　世界动物卫生组织官员哈伯特和安娜考察眉山。

11月24日　眉山籍运动员张益萌在广州亚运会女子曲棍球决赛中获金牌。

11月29日　眉山市举行年产8万吨丙烯项目奠基仪式。

12月1日　东坡区被农业部评为“全国绿色食品原料（蔬菜）标准化生产基地”。

12月3日　青神县实验小学被教育部授予“全国和谐校园”称号。

12月9日　眉山最大制贩毒品、非法买卖制毒物品案——“3·29”专案告破。抓获犯罪嫌疑人68人，缴获冰毒68.02千克、液体废弃物1098千克、枪支6支、子弹127发、麻黄碱复方制剂12吨，扣押涉案车辆20辆，查扣冻结现金1120万余元，房产价值约5000万元。

12月16日　投资4.2亿元的中国西南纳帕·马立可运营中心项目签约，为首家入驻眉山的“2010年全球特许经营500强”企业。

12月20日　四川岷江汉阳电航枢纽工程开工。

12月24日　市政府授予四川启明星铝业有限责任公司副总经理、总工程师王有来首届“眉山市科学技术杰出贡献奖”。

12月　彭山县被中央组织部确定为“全国乡镇党委换届工作试点县”。

是年　彭山县被列为全国“创先争优”试点县。

是年　眉山市实现地区生产总值552.25亿元，其中一、二、三产业增加值分别为103.8亿元、303.31亿元、145.14亿元；人均地区生产总值18586元；地方一般公共预算收入24.69亿元，地方一般公共预算支出96.53亿元；城镇居民人均可支配收入14644元，农村居民人均纯收入5942元；全社会固定资产投资420.26亿元；社会消费品零售总额188.56亿元；规模以上工业总产值755.55亿元。

2011年

1月9日　北京眉山企业商会成立大会在北京举行。

1月15日　青神竹编巨龙舞进四川电视台春节晚会，所舞两条巨龙长分别为80米、70米，由6吨竹子编制而成。

3月1日　市政府开通新闻办“微博”。

3月18日　四川八百寿酒业有限公司的注册商标“彭祖”列入“中华老字号”名录。

3月28日　青神县竹编艺术职业学校挂牌成立。总投资1.5亿元，是全国首个竹编艺术职业学校。

3月31日　眉山市招商引资重点项目集中签约仪式举行，签约金额240亿元。

4月22日　2011中国·四川国际文化旅游节眉山分会场暨中国·洪雅激情山水旅游文化节开幕。

5月7日　全国人大常委会副委员长、中国红十字会会长华建敏到东坡区尚义镇视察。

5月20日　东坡湖整治工程现场推进会召开，要求强力推进东坡湖污染整治。

5月21日至30日　市委副书记、市长李静率市经贸文化交流团考察台湾台北市。

5月30日　国家电网四川眉山“十二五”电网建设项目集中启动仪式暨四川省电力公司与眉山市共同签署《关于加快推进“十二五”电网建设　全力支持眉山市经济发展战略合作协议》签约仪式在洪雅县举行。

5月　三苏祠博物馆讲解员李晓苹、四川省电力公司眉山公司被全国总工会授予“五一劳动奖章”，吉香居食品有限公司被全国总工会授予“全国工人先锋号”。

是月　三苏祠被省纪委命名为首批“四川省廉政教育基地”。

6月2日　省委副书记、省长蒋巨峰到眉山调研现代畜牧业发展情况。

6月9日　市委书记蒋仁富率眉山市考察团前往印尼考察。

6月28日　眉山举行“学党史、颂党恩、跟党走”四川万名青少年夏令营主营暨眉山市分营启动仪式。

7月5日　省委副书记、省长蒋巨峰到眉山调研中小型灌区配套建设、基层水利服务体系建设及中小河流治理和防洪工作。

7月18日至19日　巴基斯坦、斯里兰卡、新加坡等国驻川渝领事馆外宾到洪雅县参观考察。

7月18日至20日　主题为“泡菜与健康”的中国·四川泡菜国际展销会在眉山举行。举行国家酒类及加工食品质量监督检验中心眉山泡菜分中心暨四川泡菜研究所奠基仪式。签订泡菜销售订单13亿元。

7月19日　青神籍画家吴建堂捻条画获文化部中国乡土艺术传统文化保护部“润格证书”。

7月29日　眉山市委党务公开网开通。为全省首个开通市委党务公开网的市。

8月3日　市委、市政府为处置“7·17”民爆运输车燃烧事故中表现突出的眉山市公安消防支队记集体二等功。

8月8日　省委决定，李静任中共眉山市委书记。

8月19日　眉山市机械产业专项推介会暨重点项目签约仪式在青神县举行，签约项目投资11.3亿元。

8月25日　丹棱县举行招商引资重点项目推介会暨集中签约仪式。签约13个项目，投资20.3亿元。

是日　眉山市及区县电子政务大厅开通。

8月　《中国共产党眉山历史（1927—1949）》出版，为眉山市首部党史正本。

9月5日　市委、市政府制发《关于启动天府新区眉山区域规划建设工作的意见》。

9月30日　眉山市设立岷东新区。按照“产城一体、景城一体、文城一体”城市发展思路，“高起点、高标准、高速度”和“大思维、大手笔、大动作”要求，推进岷东新区建设，“三年形成框架，五年初见成效，十年再造一座眉山新城”。

10月18日　市委、市政府制发《关于强力推进招商引资新突破的决定》。

10月19日　眉山市重点工业园区推介会暨项目签约仪式在成都举行。签约项目8个，投资179亿元。

10月22日　全国人大常委会副委员长、中华全国总工会主席王兆国到眉山视察泡菜产业及文物保护工作。

10月23日　市委作出“外学文建明内学吴菊芬，主动作为创一流”的决定。

10月31日　成都市、眉山市在成都举行建设成眉石化园区签约仪式。

11月14日　省委书记、省人大常委会主任刘奇葆到眉山调研奶业发展、新农村建设及全市重点工作。

11月21日至23日　中共眉山市第三次代表大会召开。市委书记李静作《抢抓千载机遇　推进跨越发展　建设富裕美好眉山》的报告，大会确定未来五年“抢抓千载机遇推进跨越发展建设富裕美好眉山”的发展主题，“工业强市、文化立市、环境兴市、依法治市”的发展战略，“融入成都、同城发展，三化联动、统筹城乡”的发展思路，“全域产业化、全域景区化、全域生态化”的发展路径，明确提出把眉山建设成为“现代工业新城、历史文化名城、生活品质之城”，努力实现“经济跨越、文化繁荣、环境一流、人民幸福”四大目标。选举李静为市委书记，宋朝华、刘十庆为市委副书记，刘十庆、李酌、李静、杨勇、杨秀彬、吴小可、宋朝华、张志伦、宣迅、祝云、黄跃为常委。

11月24日至25日　政协眉山市委第三届第一次会议召开。选举王影聪为市政协主席，李亚非、梁勇、立胡左格、黄玉蓉、王志敏、朱建文、祝明洪、杨常沙为副主席。

11月29日　眉山市第三届人大第一次会议召开。选举贺文为市人大常委会主任，何久伦、门俊良、陈桂花、陈大权、于忠平、郑夕君为副主任。选举宋朝华为眉山市人民政府市长，吴小可、辜永忠、王光彩、吴爱玲、钟毅、周孝平等7人为副市长，刘楠为眉山市中级人民法院院长，陈兵为眉山市人民检察院检察长。

12月22日　召开天府新区眉山区域建设启动、重大项目开工仪式暨天府新区眉山区域建设工作推进会。集中开工项目100个，总投资498亿元。

12月25日　青神县被科技部评为“全国科技进步先进县”。

是日　青神竹编申报为中国地标产品保护。

12月29日　眉山市党员干部“主动作为创一流”活动电视直播大会召开。会议号召全市党员干部积极投身“主动作为创一流”活动，践行“四个作为”，争创“四个一流”。

是年　彭山县黄丰镇团结村被评为“全国民主法治示范村”。

是年　眉山市实现地区生产总值673.34亿元，其中一、二、三产业增加值分别为121.42亿元、379.59亿元、172.33亿元；人均地区生产总值22793元；地方一般公共预算收入34.05亿元，地方一般公共预算支出118.85亿元；城镇居民人均可支配收入17038元，农村居民人均可支配收入7184元；全社会固定资产投资450.35亿元；社会消费品零售总额220.98亿元；规模以上工业总产值1053.68亿元。

2012年

1月6日　国道213线仁寿北段扩建工程暨二峨山隧道工程竣工通车。

1月10日至13日　中央电视台《聚焦三农》栏目组采访青神县竹编产业助农增收情况。2月5日至15日，青神竹编参加在北京举办的“中国非物质文化遗产生产性保护成果”展示。

1月13日　市委、市政府制发《关于强力推进眉山现代工业新城建设的决定》。

1月　省城乡规划委员会审议通过《眉山市城市总体规划（2010—2020）》。

2月10日　眉山市干部“主动作为创一流，为民服务当先锋”直接联系服务群众电视直播大会召开。

2月14日　眉山首座220千伏封闭式智能阶梯变电站开工建设。

2月24日至27日　由300余名省内外企业家组成的考察团到青神开展为期3天的参观考察和集中签约活动。

2月29日　市委外宣办、市政府新闻办主办的“眉山政务微博发布厅”在腾讯网上线。

2月　眉山市第一小学入围教育部首批“全国中小学中华优秀文化艺术传承学校”名单。

3月9日　全市创建国家卫生城市、国家园林城市电视直播动员大会召开。

3月10日　洪雅中学姊妹学校，美国费尔法克斯学校校长 Jo Thburn 到洪雅中学交流考察。

3月15日　日本 JAA 财团理事长梅泽重雄到眉山考察。

是日　眉山市举行“千名畜牧科技人员进村入户服务群众活动”启动仪式。

3月17日至18日　举行青神竹编产业誓师动员大会暨竹编产业项目推介会。5月12日，人民日报社、新华日报社、中央电视台等6家中央媒体到青神采访报道青神竹编。

3月21日　省委书记、省人大常委会主任刘奇葆到眉山调研天府新区规划建设工作。

3月22日　四川省第五批国家重点龙头企业授牌仪式在眉山举行。眉山2家企业上榜。

3月23日　天府新区眉山区域推进会召开。会议要求确保“一年出形象、两年大变样、三年成规模”建设目标。

3月　彭山县被农业部授予“全国农业标准化示范县”称号。

4月1日　德国 APA 能源公司乔治·沃尔夫教授考察洪雅县。

4月5日　世界500强企业联合利华北亚区副总裁曾锡文到眉山考察。

4月6日　省政府命名眉山市为“环境优美示范城市”，洪雅县为“环境优美示范县城”，仁寿县黑龙滩镇、青神县汉阳镇、洪雅县柳江镇、彭山县观音镇等为“环境优美示范乡镇”，东坡区复盛乡中桂村等45个村为“环境优美示范村庄”。

4月12日　全国人大常委会副委员长、民建中央主席陈昌智到眉山视察。

是日　全省首家民办公益图书馆——汉阳图书馆在青神县汉阳镇开馆，全馆藏书1万余册。

4月13日至16日　眉山市参加第二十七届四川省青少年科技创新大赛，选送的55项作品有46项分别荣获一、二、三等奖。

4月14日　国家一级编剧、著名剧作家徐棻创作的长篇小说《苏东坡和他的大宋王朝》全国首发式在眉山举行。

4月15日至16日　全国政协副主席阿不来提·阿不都热西提视察眉山。

4月17日　由世界500强韩国SK集团和 Richio 公司共同建设的高分子消毒杀菌剂生产项目签约仪式在眉山举行。

4月　市委副书记、市长宋朝华率团考察澳大利亚悉尼市和新西兰奥克兰市。

是月　眉山市《中国泡菜城》获全国休闲农业创意精品大赛西南赛区“园区创意金奖”，竹编《清明上河图》获创意银奖，摄影作品“罗湾听荷”获二等奖。

是月　洪雅县被列为“全省生态文明示范工程试点县”。

是月　科技部批准丹棱县成功创建“国家可持续发展实验区”。为眉山市唯一、四川省第四个国家可持续发展实验区。

5月3日　省委副书记、省长蒋巨峰到眉山调研天府新区眉山区域规划建设及眉山“稳增长、调结构”情况。

5月17日　眉山市被中国残联确定为全国“阳光家园”示范创建区。

5月20日　甘（孜）眉（山）工业园区建设在成都签约。

5月22日　“洪雅藤椒”获国家地理标志商标。

5月29日　世界500强企业海尔集团与彭山县政府签订投资协议。

5月30日　眉山市首个派驻基层检察室——丹棱县人民检察院派驻张场镇检察室建成并举行揭牌仪式。

6月7日　彭山县牧马镇被评为“全国妇联基层组织建设示范镇”。

6月28日　眉山市重大项目集中开工仪式暨彭山县天府青龙会展中心项目开工仪式举行，开工项目71个。

6月29日　中国·洪雅“天府花园”重大旅游项目集中签约仪式举行。现场签约13个项目，共投资206亿元。

7月8日　蒙牛集团总裁孙伊萍到眉山调研。

是日　彭山县彭祖大道入选全省“十大最美街道”。

7月12日　世界500强企业联合利华北亚区副总裁曾锡文到眉山考察。

7月16日　以“泡菜文化与产业”为主题的第四届中国泡菜国际展销会开幕。

是日　市委、市政府决定设立眉山岷江现代农业示范园区、天府仁寿观光农业示范园区、四川省现代粮食产业仁寿示范园区3个都市近郊型现代农业示范园区。

是日　全国唯一以泡菜为主题的专业性博物馆（眉山·中国泡菜博物馆）建成开馆。

7月　青神竹编获“2012第四届中国国际旅游商品博览会”铜奖。

8月2日　亚马逊（眉山）电子商务运营中心奠基和眉山经济开发区新区2012年项目集中签约仪式举行。

8月3日　省委副书记、省长蒋巨峰到眉山调研天府新区眉山区域规划建设情况。

8月16日　联合利华、眉山市合作备忘录签字仪式在眉山举行。9月11日，世界500强企业联合利华集团与眉山市在北京签约，联合利华在彭山县建设联合利华（四川）全球生产基地。省委书记、省人大常委会主任刘奇葆出席。眉山市还与联合利华集团、国际救助儿童会、中国发展研究基金会签署旗舰项目（四川山村幼儿园）合作备忘录。

8月20日　普莱克斯（中国）投资有限公司总裁何岷达到眉山考察。

8月28日　眉山市重点项目集中开工暨“两宋荣光”眉州大道改造工程项目开工仪式举行。

8月30日　瓦屋山国家森林公园生态旅游整体开发建设项目开工。

9月6日　2012成眉合作“十大入眉行动”之一，工业企业入眉行动暨重点项目推介会在眉山召开。

9月8日至9日　亚太地区农村卫生人力资源管理与发展国际研讨会在眉山举行。

9月10日　成（都）赤（水）高速公路成都至自贡段通车仪式在仁寿县举行。

9月11日　全国中西部地区县级综合档案馆建设现场会在仁寿县召开。

9月17日　全省重点水利工程项目彭山龚家堰水库等扩建工程举行奠基仪式。

9月19日　仁寿县被评为“全国农村饮水安全工程示范县”。

9月20日　全国法院调解技能专业培训会在眉山召开。

9月25日　法国瓦兹河谷省第二副省长山比尔率法国欧胜投资集团访问眉山。

9月27日　“天府眉山·产业新城”——眉山市投资推介会暨项目签约仪式在成都举行。

10月11日　中国红十字会成都备灾救灾中心眉山仓库、四川红十字应急救援救护中心眉山基地项目开工奠基仪式举行。

是日　眉山市创建“四川省环境保护模范城市”通过考核验收。

10月14日　彭山县被评为“省级敬老模范县”。

10月28日　澳门—眉山经贸合作对接会在恒大·金碧天下国际会议中心举行。

10月30日　四川省农业厅、眉山市政府加快推进眉山市都市近郊型现代农业发展战略合作协议签约仪式举行。

11月9日　中央电视台《焦点访谈》栏目在“代表热议”中采访中共十八大代表、眉山市委书记李静。10日，中央电视台《新闻联播》栏目播出李静在四川代表团讨论时的发言。

11月16日　全国首届苏辙学术研讨会在眉山举行。

11月18日　成都艺术职业学院与青神县政府合作兴办成艺学院青神校区签约仪式在青神举行。

11月22日　青神县被国家发改委确定为“中国西部农民创业促进工程试点县”。

11月29日　2012中国·眉山“城市发展与产业升级”高峰论坛举行。

11月　东坡区白马镇龚村获“全国民主法治示范村”称号。

是月　东坡区被农业部认定为“全国农村集体‘三资’管理示范区”。

是月　眉山市八百寿酒业入选“农业产业化省级重点龙头企业”名单。

12月3日　通用电气（中国）有限公司中国区副总裁、中国西南区总经理马加宁到眉山调研。

12月7日　眉山市“四箭齐发”无缝对接成都的4条重要城市交通干道之一的天府（仁寿）大道开工。

12月11日　省政府认定青神县为“现代农业产业基地县”。

12月16日　全国“一村一品”示范村镇授牌和村企对接会在眉山举行。

12月17日　千禾味业食品股份有限公司博士后创新实践基地举行授牌仪式。

12月19日　市政府授予四川金象赛瑞化工股份有限公司、四川丹甫制冷压缩机股份有限公司、四川省吉香居食品有限公司、千禾味业食品股份有限公司4家企业首届“眉山市政府质量奖”称号，并予以表彰。

12月20日　省委书记王东明到眉山调研民营经济发展情况。

12月24日　眉山市通过省级卫生城市复审。

12月26日　眉（山）青（神）快速通道青神段通车。

是年　眉山市实现地区生产总值775.22亿元，其中一、二、三产业增加值分别为135.91亿元、443.33亿元、195.98亿元；人均地区生产总值26168元；地方一般公共预算收入48.81亿元，地方一般公共预算支出143.29亿元；城镇居民人均可支配收入19766元，农村居民人均纯收入8236元；全社会固定资产投资601.72亿元；社会消费品零售总额256亿元；规模以上工业总产值822.46亿元。

眉山市志 MEISHAN SHIZHI

第一篇 政区建置

眉山市境政区建置历史悠久。市境最早出现的政区建置为战国时期的武阳县。战国时期秦惠文王后元九年（前316），秦国灭蜀，设置蜀郡，在今眉山市彭山县武阳乡设置武阳县，为眉山市境域内第一个封邑政区，属蜀郡。秦武王二年（前309），在蜀王开明故治地，今眉山市境西、南设置南安县（治今乐山市市中区），均隶属于蜀郡。西汉建元六年（前135），设置犍为郡，武阳县、南安县由隶属蜀郡改属犍为郡。东汉建武十二年（36），犍为郡治所由僰道县（今宜宾市一带）迁至武阳县，为境内设郡治之始。犍为郡及武阳县、南安县同隶属益州刺史部。蜀汉章武元年（221），犍为郡及武阳县、南安县均隶属蜀汉益州。西晋初年，眉山市境内建置略同于蜀汉时期。南齐建武三年（496），于犍为郡武阳县地设置齐通左郡、齐通县，为眉山县（今眉山市东坡区）建政之始。南梁普通年间，齐通左郡改称齐通郡。南朝梁太清二年（548），设置青州。西魏废帝元钦二年（552），改青州为眉州。北周保定二年（562），改齐乐县为洪雅县，为洪雅县建政之始。北周建德元年（572），改眉州为青州。宣帝大成元年（579），青州改嘉州。同年改青城为青神，青神县定名。隋开皇十二年（592），分洪雅县置丹棱县，为丹棱县建政之始。开皇十八年，改普宁为仁寿，仁寿县定名。隋大业二年（606），改嘉州为眉州。次年改眉州为眉山郡。唐高祖武德元年（618），撤眉山郡，重新设置嘉州。次年，从嘉州分设眉州。天宝元年（742），眉州改为通义郡。乾元元年（758），通义郡复名眉州。明洪武九年（1376），撤眉州为眉县。洪武十三年，眉县复升为眉州。

清康熙八年（1669），设置建昌道，管辖嘉定州、眉州等，青神县并入眉州。雍正六年（1728），复设彭山县、青神县，仍隶属眉州。光绪三十四年（1908），改建昌道为上川南道，嘉定府隶属上川南道。

民国元年（1912），眉州辖眉山、彭山、丹棱、青神4县，仁寿县隶属成都府，洪雅县隶属嘉定府。民国2年，袁世凯政府裁撤州、府，撤眉州，眉山县、彭山县、丹棱县、青神县、洪雅县直属上川南道；仁寿县隶属下川南道。民国6年起，四川军阀混战，形成防区制，各县县政由各驻防军队自主。民国24年，四川实行行政督察专员制。在眉山县设四川省第四行政督察区专员公署，辖眉山、彭山、丹棱、青神、夹江、洪雅、大邑、邛崃、蒲江、名山10县；仁寿县属四川省第二行政督察区。

中华人民共和国成立后，1950 年 1 月，在第四行政督察区设眉山专区，仍辖 10 县，其中大邑划出，新津划入；仁寿隶属川南行政区之内江专区。1953 年 3 月，撤眉山专区，眉山县、彭山县、青神县、洪雅县、丹棱县划入乐山专区。1958 年 10 月，仁寿县改属乐山专区。1985 年 5 月，撤销乐山地区建省辖乐山市，眉山、仁寿、彭山、洪雅、丹棱、青神 6 县属乐山市管辖。

1997 年 5 月，从乐山市划出眉山、仁寿、彭山、洪雅、丹棱、青神 6 县设立眉山地区（8 月挂牌）。2000 年 6 月，撤销眉山地区，设立地级眉山市（12 月挂牌）和县级东坡区，调整后，眉山市辖东坡区和仁寿、彭山、洪雅、丹棱、青神 5 县。2012 年，眉山市仍辖 1 区 5 县未变。

第一章　沿　革

今眉山市境内秦朝至中华人民共和国成立前，政区设置常因改朝换代而兴废无常、分合不定。秦惠文王后元九年（前 316）在今眉山市彭山县武阳乡设置武阳县，为眉山市境域内最早建置政区。西魏废帝元钦二年（552），改青州为眉州，“眉州”作为一个行政区的名称正式出现。隋炀帝大业三年（607），改眉州为眉山郡，“眉山”作为地名首次出现。眉山因介于岷江和峨眉山之间，在峨眉山北面得名。唐《通典·州郡典》《元和郡县图志》，宋《太平寰宇记》均载“因峨眉山为名也”。因战乱不断，眉山境域的建制屡有变迁。

第一节　先秦、秦、汉、三国时期

一、先秦、秦

眉山市市境在夏、商朝时期属于梁州境域，西周时期属于杜宇氏蜀国南鄙境域。

春秋中期，开明氏族从荆楚进入蜀国南鄙定居青衣江、岷江交汇地域后，开明氏族首领鳖灵取代杜宇为蜀王，国号是丛帝。

开明氏当蜀王后，今眉山市境为开明氏蜀王支庶丹犁部落封地。

周慎靓王五年，即秦惠文王后元九年（前 316），秦派大夫张仪攻打蜀，蜀王开明氏被杀，在蜀王败亡地设武阳县，治所在今眉山市彭山县武阳乡五一村，隶属蜀郡。武阳县是眉山市历史上最早建置的政区，辖域包括今眉山市彭山县、东坡区和仁寿县部分地区、乐山市井研县、成都市新津县，以及双流县籍田和黄龙溪一带。秦武王二年（前 309），秦代在蜀王开明故治地设置南安县（治所在今乐山市市中区），今眉山市丹棱县、青神县和洪雅县东北大部分地区隶属南安县，隶属蜀郡。

秦昭襄王二十二年（前 285），蜀郡辖成都、郫县、临邛、严道、武阳、南安、湔氐、葭萌 8 县。洪雅县西南小部分地区（今瓦屋山镇）属严道县。

二、汉、三国

西汉建元六年（前135），武阳县（今彭山县境）、南安县由蜀郡改属犍为郡。

王莽新时（9—23），改益州刺史部为庸部，改犍为郡为西顺郡，改武阳县为戢成县，戢成县、南安县均属庸部西顺郡。

东汉建武元年（25），公孙述占据蜀称帝，国号成家，今眉山市境属成家政权。建武十二年，公孙述被汉征灭，庸部改为益州刺史部，西顺郡改为犍为郡，戢成县改为武阳县。犍为郡治所由僰道县（今宜宾市一带）迁至武阳县，治所在今彭山县原老县城西北蔡家山麓，是境内设郡治之始。犍为郡及武阳县、南安县仍属益州刺史部。

蜀汉三国时期，眉山为蜀汉管辖，建置未变。

第二节　两晋、南北朝时期

一、两晋

西晋初，今眉山市境内建置略同于蜀汉时期建置。青神县、丹棱县、洪雅县境域属犍为郡南安县，彭山县、东坡区、仁寿县境域属犍为郡武阳县。

东晋义熙十年（414），于南安县东境设冶官县，治所在今仁寿县汪洋镇；于西北境设开邦县，治所在今洪雅县槽渔滩镇，皆属益州犍为郡。

二、南北朝

东晋元熙二年（420），今眉山市境建置仍旧，属益州犍为郡。

南朝齐建武三年（496），在犍为郡武阳县地设置齐通左郡、齐通县，郡、县同治，治所在龙安铺（今东坡区太和镇龙安村），为今东坡区建政之始；于南安县地域设置齐乐郡和齐乐县（今丹棱县、洪雅县，及东坡区西南一部分），郡、县同治，治所在今丹棱县丹棱镇，均属益州。南朝永元二年（500），撤冶官县，次年于原冶官县地侨迁设置南安郡和南安县，郡、县治所同在今荣县西北来牟镇。今眉山市境内郡县均属益州。南梁武帝天监四年（505），分武阳县域设置灵石县（约今彭山县境）。天监八年，北魏退出益州，于武阳县地域设置席郡和席县，郡、县治所同在今双流县籍田镇。南梁普通年间，齐通左郡改称齐通郡，仍治齐通县，郡、县同治所，治所在龙安铺（今东坡区太和镇龙安村）；于武阳县东境设置怀仁郡和怀仁县，郡、县同治所于今仁寿县文林镇东。南梁武帝大同十年（544），撤犍为郡为江州，辖江阳郡、怀仁郡、席郡，改灵石县为犍为县（一说为江阳县），隶属江阳郡。分江州（一说犍为郡）设置陵州，以陵井为名，治所在今仁寿县文林镇东，辖怀仁、和仁、席三郡，怀仁郡辖怀仁、蒲亭（今乐山市井研县）2县，和仁郡辖贵平、平井、可曇3县，席郡辖籍县1县（分怀仁郡设置和仁郡。和仁郡设置贵平县，治所在今简阳县镇金桥；设置平井县，治所在今仁寿县向家乡境域；设置可曇县，治所在今双流县大林乡境域。分怀仁郡设置蒲亭县，治所在今井研县千佛镇）。南梁太清二年（548），设置青州（以汉青衣县取名），辖齐通郡、齐通县，州、郡、县同治所，治所在龙安铺（今东坡区太和镇龙安村）；撤齐乐郡、齐乐县，并入齐通县（今东坡区）。西魏废帝元钦二年（552），分南安县北境设青城郡，治所在思蒙水口（今青神县瑞峰镇），为青神建立政区之始；改青州为眉州，辖齐通、青城两郡，治所于龙安铺。置隆山郡，改犍为县为隆山县，治所由岷江东岸迁到岷江西岸（今彭山县凤鸣镇），隶属江州。改怀仁县为普宁县，隶属怀仁郡，郡、县同治所。恭帝二年（555）齐通县改称通义县。于青城郡设立青衣县，郡、县同治所，治所于今青神县瑞峰镇，隶属眉州。

梁太平二年，即北周孝闵帝元年（557），又设置齐乐县，属嘉州齐通郡。析隆山县境北部置新津县；析县境东北部置籍县。次年撤齐通郡，新设置安乐县，治所在今眉山老城区。北周保定元年（561），撤江州及灵石郡和灵石县，设置隆山郡及隆山县（郡、县同治所于今彭山县凤鸣镇）、江阳县（治所于今彭山县江口镇）、白水县（治所于今仁寿县清水镇）。保定二年，改齐乐县为洪雅县，为洪雅县建政之始，治所在今丹棱县治所以东 2.5 千米，今丹棱县境属洪雅县；改青城郡青衣县名为青神县，治所在今青神县瑞峰镇；于原齐通郡地设置通义县，治所在今眉山县太和镇，改安乐县为齐通县，治所在今眉山县东坡镇；省齐乐郡存齐乐县，仍治所于今丹棱县丹棱镇；陵州和仁郡省平井、可昙二县并入贵平县；撤席郡，以籍县并入和仁郡。北周建德元年（572），改眉州为青州，后恢复齐通郡。齐通郡辖齐通、通义、齐乐（明帝时恢复县）3 县。州治所在通义县。安乐县改为齐通县，郡、县治所同在一城。宣帝大成元年（579），青州改名嘉州（以汉时的汉嘉县得名），治所在通义县。改青城为青神，依然郡县同名。嘉州辖平羌、青城、隆山和齐通四郡。

第三节　隋、唐、五代时期

一、隋

隋开皇二年（582），以益州置西南道行台省，嘉州隶属西南道行台省。次年改西南道行台省，设置益州总管府，废除郡，以州统辖县。撤平羌、齐通、青城三郡，并入嘉州，以隆山、怀仁、和仁三郡合置陵州。陵州辖普宁、贵平、隆山、籍、蒲亭 5 县。

隋开皇四年（584），改齐通县为广通县。开皇十一年，陵州分普宁县地置始建县，治所在今仁寿县始建镇。

隋开皇十二年（592），分洪雅县设置丹棱县（治所在今丹棱县丹棱镇）、洪雅县（治今洪雅县洪川镇），隶属嘉州。丹棱县因县境北有赤崖山，县名取赤崖丹川之意。开皇十八年，普宁、白水二县合并为仁寿县，治所于今仁寿县文林镇东，仁寿定名。仁寿元年（601），广通、通义二县合并为通义县，治所在今东坡区老城区，属嘉州管辖。

隋大业元年（605），撤籍县并入贵平，改蒲亭为井研。大业二年，改嘉州为眉州，州治所地迁到通义县城（今眉山老城区）。次年全国改州为郡，改眉州名眉山郡，治龙游县（今乐山市市中区），辖龙游、平羌、峨眉、夹江、通义、青神、丹棱、洪雅 8 县；撤销陵州设置隆山郡，治仁寿县，辖仁寿、贵平、井研、始建、隆山 5 县。

二、唐

唐高祖武德元年（618），全国改郡为州，撤眉山郡，复置嘉州；隆山郡恢复名称陵州。于洪雅县洪川镇设置犍州（后曾改名义州），分洪雅县地设置平乡县，治所在今洪雅县槽渔滩镇。洪雅县、丹棱县、青神县改属嘉州。次年，从嘉州分设眉州，治所在通义县城（今东坡区老城区）。武德三年，撤销益州总管府设西南道行台，嘉、眉、陵三州隶属西南道行台。武德七年撤销西南道行台设置益州都督府，嘉、眉、陵三州隶属益州都督府。次年青神县治地由瑞峰移至今青神县城。

唐贞观元年（627），全国分为10道，益州设剑南道，嘉、眉、陵三州隶属剑南道。撤南安、平姜二县。仁寿县治所移至今县城。

唐玄宗先天元年（712），因犯李隆基讳，改隆山县名为彭山县［以境内彭祖山（又名仙女山）为名］，属眉州管辖，彭山定名。此后眉州辖县多次调整。天宝元年（742），全国改州为郡，眉州改为通义郡，陵州改为仁寿郡，均属剑南道管辖。乾元元年（758），全国又改郡为州，通义郡复名眉州，仁寿郡复名陵州，治地、隶属不变。属剑南道西川管辖。

三、五代

唐宪宗元和年间，眉州，通义郡，治所在通义县，辖通义、彭山、丹棱、洪雅、青神5县，隶属剑南道中管辖。陵州，仁寿郡，治所在仁寿县，管辖仁寿、贵平、井研、始建、籍5县，隶属剑南道下管辖。

唐大顺二年（891），王建割据成都，于唐天祐四年（907）称帝，国号大蜀，史称前蜀或王蜀，嘉州、眉州、陵州属大蜀政权。

后唐应顺元年（934），孟知祥割据成都称帝，亦国号大蜀，史称后蜀或孟蜀，嘉州、眉州、陵州三州归属后蜀政权管辖。

第四节　宋、元、明、清时期

一、两宋

五代后周显德七年，即宋太祖建隆元年（960），赵匡胤取代后周称帝，国号宋，史称北宋。乾德三年（965）灭后蜀，将剑南东西两川合为西川路，嘉州、眉州、陵州三州属西川路。开宝六年（973），以西川路分置峡西路，嘉州、眉州、陵州三州仍属西川路。

北宋太平兴国元年（976），改通义县名为眉山县。太平兴国六年合并西川、峡西两路为川峡路，嘉州、眉州、陵州三州隶属川峡路。端拱元年（988）分全国为13道，三州属置剑南西川道。淳化四年（993）又效唐制全国分为10道，嘉州、眉州、陵州三州属置剑南道。次年又分剑南道为东川道、西川道，三州隶属西川道。至道三年（997），全国又分为15路，嘉州、眉州、陵州三州属川峡路。

北宋咸平四年（1001），分川峡路为益、梓、利、夔四路（总曰四川路，为“四川”称谓之始），嘉州、眉州、陵州三州属益州路。撤销始建县为镇并入井研县。

北宋嘉祐四年（1059），改益州路为成都府路，嘉州、眉州、陵州三州隶属成都府路。眉州辖眉山、彭山、丹棱、青神4县，治所在眉山县；陵州辖仁寿、井研、贵平、籍4县，治所在仁寿县；洪雅县属嘉州。熙宁五年（1072），撤陵州设陵井监，辖仁寿、井研2县，治所在仁寿县；撤销贵平、籍二县并入广都县（今双流）。大观四年（1110），避张陵讳，改陵井监名为仙井监。

南宋隆兴元年（1163），仙井监改为隆州。辖仁寿、井研2县，治所在仁寿县，隶属成都府路。乾道六年（1170）又设贵平县、籍县，属隆州管辖。庆元元年（1195），以嘉州为宁宗潜邸故升为嘉定府（此为嘉州名嘉定并置府之始），仍治游龙，属成都府路。庆元二年，嘉州升为府，洪雅县隶属嘉定府。

南宋末，元兵攻占四川部分地区后置四川等处行中书省，为四川设省之始，不久改为西川行枢密院，下设路，以路管辖府。

二、元

南宋咸淳七年，即元世祖至元八年（1271），改蒙古国号为元。至元十二年，嘉定仍依照宋朝制为府，属成都路。

元世祖至元十三年（1276），嘉定府从成都路分出设置嘉定府路，管辖原嘉定府辖县及眉州、邛州、雅州、黎州四州，属西川行枢密院。眉州辖眉山、彭山、丹棱、青神4县，隶属嘉定府路；洪雅县隶属嘉定府。

元世祖至元二十年（1283），撤销嘉定府路，仍设嘉定府，雅州、黎州划归吐蕃招讨司。撤眉山县、丹棱县，所辖地域直属眉州；洪雅县并入夹江县，治所在夹江县城关，隶属嘉定府。撤隆州，井研、贵平、籍三县合并入仁寿县，属成都路。至元二十二年又设嘉定府路。次年又设四川行中书省（简称四川行省），嘉定府路属之。

三、明

元至正二十八年，即明洪武元年（1368），朱元璋称帝，国号明。洪武四年，设四川行中书省，撤销嘉定府路，仍设嘉定府，属四川行省。洪武六年，恢复设立丹棱县，隶属嘉定府；分仁寿设置井研县，隶属成都府。洪武九年四川行中书省改为四川承宣布政使司（简称四川布政司），嘉定府降为嘉定州，隶属四川布政司，撤眉州为眉县，夹江县（包括洪雅），皆隶属四川布政司嘉定州。次年撤销青神县并入嘉定州，撤销彭山县、丹棱县并入眉县，撤销井研县并入仁寿县。

明洪武十三年（1380）眉县复升为眉州，隶属四川布政使司。又设置彭山县、丹棱县、青神县，辖眉山、丹棱、彭山、青神4县（眉县一分为四）。次年井研从仁寿分离单设，至此，仁寿境域基本固定。洪武二十九年四川分为川东、川西、黔南三道，嘉定州、眉州属川西道。

明永乐间，四川分为川西、川北、上下川东及下川南道，眉州、嘉定州属下川南道（治叙州，今宜宾）。成化十八年（1482）分夹江县复设洪雅县，仍治洪川镇，属嘉定州。

明嘉靖十三年（1534），下川南道治地由叙州移至嘉定。嘉靖十七年增设上川南分巡道（简称上川南道），管辖眉州、雅州、邛州三州及建昌六卫和天全司、黎雅司，治邛州（邛崃县）。隆庆间，嘉定州由下川南道改属上川南道，上川南道治地由邛州移至嘉定。

四、清

明崇祯十七年，即清顺治元年（1644），后金爱新觉罗·福临改国号为清。同年，李自成攻占北京，张献忠攻占成都，在四川建大西国，于嘉定设平定府，管辖嘉定州。顺治十四年清朝于四川设置四川总督，次年攻占嘉定，撤平定府，仍设嘉定州及上川南道，州、道治所同在嘉定。

清康熙元年（1662）彭山县并入眉州。康熙六年，撤销上川南道。丹棱县东馆、盘鳌乡并入眉山县。康熙八年设置建昌上南兵备道（简称建昌兵备道或建昌道），治所在雅安，管辖嘉定州、眉州、邛州、雅州、建昌卫。青神县再次并入眉州。雍正六年（1728）复设彭山县、青神县，仍隶属眉州；仁寿县隶属四川布政使司下川南道资州，直至清末。雍正十二年，嘉定改州为府，仍隶属建昌道。洪雅隶属嘉定府。

清光绪三十四年（1908）改建昌道名为上川南道（简称上南道），治所仍在雅安，嘉定府隶属上川南道。

第五节　中华民国时期

民国元年（1912）3 月，四川省分设七道，彭山、洪雅、丹棱隶属治所设在雅安的上川南道。同年，撤上川南道，嘉定府及眉州直隶四川军政府。眉州辖眉山、彭山、丹棱、青神 4 县，直隶四川军政府，仁寿隶属成都府。后废除府、厅、州，一律改为县。民国 2 年恢复道制，置建昌上川南道，仍治雅州。撤眉州，又设眉山县，眉山、彭山、丹棱、青神、洪雅 5 县，直接隶属上川南道；仁寿隶属下川南道。民国 3 年改上川南道为建昌道（治所在雅州），改下川南道为永宁道（治所在泸州）。眉山、彭山、青神、洪雅、丹棱 5 县隶属建昌道；仁寿县隶属永宁道。

民国 6 年（1917）起，四川军阀混战，形成防区制，各县县政由各驻防军队自主。民国 18 年，四川省政府在成都成立，废除道制，县直隶省政府。

民国 24 年（1935），四川实行行政督察专员制。全省分为 18 个行政督察区，其中第四行政督察区专员公署设在眉山县，辖眉山、彭山、丹棱、青神、夹江、洪雅、大邑、邛崃、蒲江、名山 10 县；仁寿县属四川省第二行政督查区。

第六节　中华人民共和国时期

1950 年 1 月，设眉山专区，专员公署设眉山县城，属川西行政公署，治所在眉山县城，仍辖眉山、彭山、丹棱、青神、夹江、洪雅、大邑、邛崃、蒲江、名山 10 县；仁寿隶属川南行政区的内江专区。以后划出大邑县划入新津县。

1952 年，撤川东、川南、川北、川西四个行政区合建四川省，省会设在成都。省下设专区。眉山、彭山、丹棱、青神、洪雅 5 县属眉山专区；仁寿县仍隶属内江专区。

1953 年 3 月，撤眉山专区，辖县分别划归温江专区、乐山专区。眉山、彭山、青神、洪雅、丹棱 5 县划入乐山专区管辖；仁寿县仍隶属内江专区。

1958 年 10 月，仁寿县改属乐山专区。1959 年 3 月，撤销青神县，青神县并入眉山县，成为眉山县青神区。4 月，撤彭山县并入眉山县，为眉山县彭山区；撤销丹棱县，划归洪雅县，以原丹棱县的行政区划设立丹棱区。

1962 年 11 月，恢复彭山县、丹棱县、青神县，仍属乐山专区。

1968 年，成立乐山地区革命委员会，属四川省革命委员会。1978 年，乐山地区革命委员会改名乐山地区行政公署。

1985 年 5 月，撤销乐山地区和县级乐山市建立省辖乐山市，眉山、仁寿、彭山、洪雅、丹棱、青神 6 县属乐山市管辖。

1997 年 5 月 30 日，从原乐山市划出眉山、仁寿、彭山、洪雅、丹棱、青神 6 县设立眉山地区（8 月 26 日挂牌），治所眉山县城。2000 年 6 月 10 日，撤销眉山地区，设立地级眉山市（12 月 19 日挂牌）和县级东坡区，原眉山县的行政区域为东坡区的行政区域，区人民政府驻东坡镇；市人民政府驻新设立的东坡区。调整后，眉山市辖东坡区和仁寿、彭山、洪雅、丹棱、青神 5 县。截至 2012 年年底，眉山建置无变化。

历代眉山市建置沿革表

表 1-1

时期	建置沿革	治所	隶属	境域
前 316 年	设武阳县	今眉山市彭山县江口镇	蜀郡	今眉山市彭山县、东坡区和仁寿县部分地区隶属武阳县
前 309 年	设南安县	今乐山市市中区	蜀郡	今眉山市丹棱县、青神县和洪雅县东北大部分及乐山市部分境域
前 135 年	武阳县、南安县		犍为郡	
9—23 年	改武阳县为戢成县			
	戢成县、南安县		庸部西顺郡	
25 年	公孙述占据蜀称帝，国号成家		成家政权	
36 年	庸部改为益州刺史部，西顺郡改为犍为郡，戢成县改为武阳县。武阳县成为犍为郡治直到南齐武帝时（483—493）	犍为郡治所由僰道县（四川省宜宾市一带）迁至武阳县，治所在今彭山县城西北三、四里之蔡家山麓，是境内设郡治之始	犍为郡及武阳县、南安县属益州刺史部	
蜀汉、两晋初年	武阳县		犍为郡	武阳县境域包括今彭山县、东坡区、仁寿县
	南安县		犍为郡	南安县境域包括青神县、丹棱县、洪雅县境域
413 年	于南安县东境设治官县	今仁寿县汪洋镇	益州犍为郡	
	于西北境设开邦县	今洪雅县槽渔滩镇		
496 年	在武阳县地设齐通左郡、齐通县，齐乐郡和齐乐县	郡、县同治所，在龙安铺（今东坡区太和镇龙安村）	犍为郡	
	南安县地域设置齐乐郡和齐乐县	郡、县同治所在今丹棱县丹棱镇	益州	今丹棱县、洪雅县，及东坡区西南一部分
500 年	撤治官县			
501 年	于原治官县地侨设置南安郡和南安县	郡、县治所同在今荣县西北来牟镇	郡县均属益州	
505 年	分武阳县域设置灵石县	今彭山县江口镇		约今彭山县境
509 年	于武阳县地域设置席郡和席县	郡、县治所同在今双流县籍田镇		

续表1-1

时期	建置沿革	治所	隶属	境域
520—527年	齐通左郡改称齐通郡，治齐通县	郡、县同治所，在龙安铺（今东坡区太和镇龙安村）		
544年	撤犍为郡为江州			
	江阳郡、怀仁郡、席郡		江州	
	改灵石县为犍为县（一说为江阳县）	今彭山县江口镇	江阳郡	
	设置陵州	今仁寿县文林镇		
	分怀仁郡设置和仁郡			
	怀仁郡、和仁郡、席郡		陵州	
	分怀仁郡设置蒲亭县	今井研县千佛镇	怀仁郡	
	怀仁县	今仁寿县文林镇东	怀仁郡	
	设贵平县	今简阳县镇金桥	和仁郡	
	设平井县	今仁寿县向家乡境域	和仁郡	
	设可昙县	今双流县大林乡境域	和仁郡	
	籍县		席郡	
548年	撤齐乐郡，齐乐县并入齐通县			
	设置青州	龙安铺（今东坡区太和镇龙安村）		
	齐通郡	龙安铺（今东坡区太和镇龙安村）	青州	
	齐通县	龙安铺（今东坡区太和镇龙安村）	齐通郡	今眉山市东坡区
553年	改青州为眉州	龙安铺（今东坡区太和镇龙安村）		
	南安县北境设青城郡	思蒙水口（今青神县瑞峰镇）		
	齐通郡		眉州	
	青城郡		眉州	
	撤犍为县置隆山县	由岷江东岸迁到岷江西岸（今彭山县凤鸣镇）	属江州	约今彭山、新津两县地
	改怀仁县为普宁县	今仁寿县文林镇东	怀仁郡	
555年	齐通县改称通义县	龙安铺（今东坡区太和镇龙安村）	齐通郡	今眉山市东坡区
	青城郡设立青衣县	郡、县同治所，治所于今青神县瑞峰镇	眉州	
557年	设置齐乐县		齐通郡	
558年	撤齐通郡，新设置安乐县	今眉山老城区		

续表1-1

时期	建置沿革		治所	隶属	境域
561 年	设置隆山郡及隆山县		郡、县同治所于今彭山县凤鸣镇		
562 年	改齐乐县为洪雅县		今丹棱县治所以东 2.5 千米		今丹棱县境
	改青衣县名为青神县		今青神县瑞峰镇	青城郡	
	于原齐通郡地设置通义县		眉山县太和镇		
	改安乐县为齐通县		今眉山县东坡镇		
	省齐乐郡存齐乐县		今丹棱县丹棱镇		
	陵州和仁郡省平井、可昙二县并入贵平县				
	撤席郡，以籍县并入和仁郡				
572 年	改眉州为青州		通义县		
579 年	青州改嘉州		通义县		
	改青城为青神，郡县同名				
	平羌、青城、隆山和齐通四郡			嘉州	
582 年	嘉州			西南道行台省	
584 年	改齐通县为广通县				
591 年	陵州分普宁县地置始建县		今仁寿县始建镇		
592 年	分洪雅县设置	丹棱县	今丹棱县丹棱镇	嘉州	
		洪雅县	今洪雅县洪川镇	嘉州	
598 年	普宁、白水二县合并为仁寿县		今仁寿县文林镇东		
601 年	广通、通义二县合并为通义县		今东坡区老城区	嘉州	
606 年	改嘉州为眉州		通义县城（今眉山老城区）		
607 年	眉州改名眉山郡，辖龙游、平羌、峨眉、夹江、通义、青神、丹棱、洪雅 8 县		龙游县（今乐山市市中区）		
	设置隆山郡，辖仁寿、贵平、井研、始建、隆山		仁寿县		
618 年	撤眉山郡，复置嘉州				
619 年	从嘉州分设眉州		通义县城（今东坡区老城区）	益州总管府	
620 年	眉州		通义县城（今东坡区老城区）	西南道行台	
624 年	眉州		通义县城（今东坡区老城区）	益州总管府	
627 年	眉州		通义县城（今东坡区老城区）	剑南道	

续表1-1

时期	建置沿革	治所	隶属	境域
742年	眉州改为通义郡	通义县城（今东坡区老城区）	剑南道	
	陵州改为仁寿郡		剑南道	
758年	通义郡复名眉州	通义县城（今东坡区老城区）	剑南道	
	仁寿郡复名陵州		剑南道	
806—820年	眉州，通义郡	通义县	剑南道中	通义、彭山、丹棱、洪雅、青神5县
	陵州，仁寿郡	仁寿县	剑南道下	仁寿、贵平、井研、始建、籍5县
前蜀或王蜀	嘉州、眉州、陵州		大蜀政权	
后蜀或孟蜀	嘉州、眉州、陵州		后蜀政权	
965年	嘉州、眉州、陵州		西川路	
976年	改通义县名眉山县			
982年	嘉州、眉州、陵州		川峡路	
988年	嘉州、眉州、陵州		剑南西川道	
993年	嘉州、眉州、陵州		剑南道	
994年	嘉州、眉州、陵州		西川道	
997年	嘉州、眉州、陵州		川峡路	
1001年	嘉州、眉州、陵州		益州路	
1059年	眉州	眉山县	成都府路	辖眉山、彭山、丹棱、青神4县
	陵州	仁寿县	成都府路	辖仁寿、井研、贵平、籍4县
	洪雅县		嘉州	
1072年	撤陵州设陵井监	仁寿县		辖仁寿、井研2县
	撤贵平、籍二县并入广都县（今双流）			
1110年	改陵井监名为仙井监			
1163年	仙井监改为隆州	仁寿县	成都府路	辖仁寿、井研2县
1276年	眉州		嘉定府路	辖眉山、彭山、丹棱、青神4县
1283年	撤眉山县、丹棱县，所辖地域直属眉州		嘉定府	
	洪雅县并入夹江县	夹江县城关	嘉定府	
	撤隆州，井研、贵平、籍三县合并入仁寿县，属成都路		成都路	
1373年	恢复设立丹棱县		嘉定府	
	分仁寿设置井研县		成都府	
1377年	废眉州为眉县			

续表1-1

时期	建置沿革	治所	隶属	境域
1378 年	撤销青神县并入嘉定州，撤销彭山、丹棱县并入眉县			
1380 年	眉县复升为眉州		四川布政使司	
	设置眉山、丹棱、彭山、青神4县（眉县一分为四）		眉州	
1403—1424 年	眉州		下川南道（治叙州，今宜宾）	
1657 年	眉州		上川南道	
1662 年	彭山县并入眉州		上川南道	
1700 年	青神县再次并入眉州		建昌上南兵备道	
1728 年	复设彭山县、青神县		眉州	
	仁寿县		四川布政使司下川南道资州，直至清末	
1908 年	眉州		上川南道（上南道）	
1912 年	眉州辖眉山县、彭山县、丹棱县、青神县		四川军政府	
	仁寿县		成都府	
	眉山县、彭山县、丹棱县、青神县、洪雅县、仁寿县		四川省	
1913 年	眉山县、彭山县、丹棱县、青神县、洪雅县		上川南道	
	仁寿县隶属		下川南道	
1914 年	眉山县、彭山县、丹棱县、青神县、洪雅县		建昌道（治所雅州）	
	仁寿县		永宁道（治所在泸州）	
1935 年	设第四行政督察区专员公署	眉山县		
	眉山、彭山、丹棱、青神、夹江、洪雅、大邑、邛崃、蒲江、名山 10 县		第四行政督察区专员公署	
	仁寿县		四川省第二行政督查区	
1950 年	设置川西行政公署眉山区专员公署（简称眉山专区）	眉山县城	川西行政公署	
	眉山、彭山、丹棱、青神、夹江、洪雅、大邑、邛崃、蒲江、名山 10 县		眉山专区	
	眉山、彭山、丹棱、青神、夹江、洪雅、新津县、邛崃、蒲江、名山 10 县（大邑县划出，新津县划入）		眉山专区	
	仁寿县		川南行政区的内江专区	
1952 年	眉山专区		四川省	
	仁寿县		内江专区	

续表1-1

时期	建置沿革	治所	隶属	境域
1953年	撤眉山专区			
	眉山县、彭山县、丹棱县、青神县、夹江县、洪雅县		乐山专区	
1985年	撤销乐山地区和县级乐山市建立省辖乐山市			
	眉山县、仁寿县、彭山县、洪雅县、丹棱县、青神县		乐山市	
1997年	设立眉山地区	眉山县城		
	眉山县、仁寿县、彭山县、洪雅县、丹棱县、青神县		眉山地区	
2000年	撤销眉山地区，设立地级眉山市		新设东坡区	四川省
	设立县级东坡区	东坡区东坡镇	眉山市	原眉山县的行政区域
	东坡区、仁寿县、彭山县、洪雅县、丹棱县、青神县		眉山市	

说明：由于历代以今眉山市境为治地政区建置变化很大，各时期各级建置行政区归属、领辖属州、郡、县变化很大，政区建置区划变化交替频繁，侨郡、侨县纷置，侨、实混杂，即使行政区名同名，但领属行政不一，地无确考，为尊重史实，部分表项空白

眉山市东坡区建置沿革表

表1-2

时期	沿革	隶属	治所
前316年	今东坡区境域	蜀郡武阳县	
前135年	今东坡区境域	犍为郡武阳县	
9—23年	今东坡区境域	庯部西顺郡戢成县	
36年	今东坡区境域	犍为郡武阳县	
496年	在武阳县地设齐通左郡、齐通县	犍为郡	郡、县同治所，在龙安铺（今东坡区太和镇龙安村）
520—527年	齐通左郡改称齐通郡，治齐通县	犍为郡	郡、县同治所，在龙安铺（今东坡区太和镇龙安村）
548年	齐通县	青州齐通郡	龙安铺（今东坡区太和镇龙安村）
553年	齐通县	眉州齐通郡	龙安铺
555年	齐通县改称通义县	齐通郡	龙安铺
558年	撤齐通郡，新设置安乐县	眉州	龙安铺
572年	改安乐县为齐通县	眉州	龙安铺
579年	齐通县	嘉州	龙安铺
584年	改齐通县为广通县	嘉州	龙安铺
601年	广通、通义二县合并为通义县	嘉州	今眉山老城区
606年	通义县	眉州	通义县城（今眉山老城区）
976年	改通义县为眉山县	西北路眉州	今眉山老城区

续表1-2

时期	沿革	隶属	治所
1283 年	撤眉山县，归眉州直隶	西北路眉州	今眉山老城区
1912 年	撤眉州复置眉山县	上川南道	今眉山老城区
1935 年	眉山县	四川省第四行政督察区	今眉山老城区
1950 年	眉山县	眉山专区	今眉山老城区
1953 年	眉山县	乐山专区	今眉山老城区
1985 年	眉山县	乐山市	今眉山老城区
1997 年	眉山县	眉山地区	今眉山老城区
2000 年	东坡区	眉山市	今眉山老城区
2012 年	东坡区	眉山市	今眉山老城区

眉山市仁寿县建置沿革表

表 1-3

时期	沿革	隶属	治所
战国时代、秦	今仁寿县部分地区属武阳县	蜀郡武阳县	今仁寿县汪洋镇
413 年	于南安县东境设冶官县	益州犍为郡	今仁寿县文林镇东（今县城）
520—527 年	置怀仁郡，辖怀仁县	江州	今仁寿县文林镇东
553 年	改怀仁县为普宁县	江州	今仁寿县始建镇
591 年	陵州分普宁县地置始建县	江州	今仁寿县文林镇东
598 年	普宁、白水二县合为仁寿县	江州	今仁寿县文林镇东
607 年	撤陵州为隆山郡，辖仁寿等五县	隆山郡	
1283 年	隆州县、贵平县、籍县、井研县并入仁寿县	成都路	
1381 年	井研县从仁寿县分离	成都府	
清代	仁寿县	资州	
中华民国时期	仁寿县	先后隶属于永宁道、四川省政府、四川省第二行政督察区	
1949 年	仁寿县	川南行政区内江专区	
1952 年	仁寿县	内江专区	
1958 年	仁寿县	乐山专区	
1985 年	仁寿县	乐山市	
1997 年	仁寿县	眉山地区	
2000 年	仁寿县	眉山市	
2012 年	仁寿县	眉山市	

眉山市彭山县建置沿革表

表 1-4

时期	沿革	隶属	治所
前 316 年	今彭山县属武阳县	蜀郡	武阳县治所在今彭山县武阳乡
505 年	分武阳县地域设置灵石县（约今彭山县境）	蜀郡	今彭山县江口镇
544 年	改灵石县为犍为县（一说为江阳县）	江阳郡	今彭山县江口镇
553 年	撤犍为县置隆山县（约今彭山、新津两县地）	江州	县治地由岷江东岸迁到岷江西岸（今彭山县凤鸣镇）
712 年	因犯李隆基讳，改名彭山县	眉州	
1377 年	并入眉县	嘉定州	
1380 年	复置彭山县	眉州	
1662 年	并入眉州	眉州	
1728 年	复设彭山县	眉州	
中华民国时期	彭山县先后隶属	上川南道、建昌道、第四行政督察区	
1950 年	彭山县	川西区眉山专区	
1953 年	彭山县	乐山专区	
1959 年	并入眉山县	乐山专区	
1962 年	恢复彭山县	乐山专区	
1985 年	彭山县	乐山市	
1997 年	彭山县	眉山地区	
2000 年	彭山县	眉山市	
2012 年	彭山县	眉山市	

眉山市洪雅县建置沿革表

表 1-5

时期	沿革	隶属	治所
前 316 年	今洪雅县东北大部分地区属南安县，今洪雅县西南小部分地区属严道县	蜀郡	南安县治所在今乐山市市中区
前 135 年	洪雅县东北大部分地区	犍为郡南安县	犍为郡治所由僰道县迁至武阳县，治所在今彭山县城西北三四里之蔡家山麓，是境内设郡治之始
南齐	设齐乐郡、齐乐县	益州	齐乐郡和齐乐县（今丹棱县、洪雅县，及东坡区西南一部分），郡、县同治所，治所在今丹棱县镇丹棱镇
520—526 年	改齐乐郡为齐通郡	益州	今眉山城以北 10 千米
548 年	齐通郡	青州	今眉山城以北 10 千米

续表1-5

时期	沿革	隶属	治所
553 年	齐通郡	眉州	今眉山城以北 10 千米
557—560 年	齐通郡改为齐乐县	眉州	今眉山城以北 10 千米
562 年	改齐乐县为洪雅县	青州	今丹棱县城以东 2. 5 千米
579 年	洪雅县	嘉州	今丹棱县城以东 2. 5 千米
593 年	分齐乐县置洪雅县	嘉州	今洪雅县洪川镇
606 年	洪雅县	眉山郡	今洪雅县洪川镇
618 年	洪雅县	嘉州	今洪雅县洪川镇
619 年	洪雅县	眉州	今洪雅县洪川镇
626 年	洪雅县改置犍州	辖南安县、平乡县	今洪雅县洪川镇
627 年	撤犍州、南安县、平乡县，复置洪雅县		今洪雅县洪川镇
993 年	洪雅县	嘉州	今洪雅县洪川镇
1196 年	洪雅县	嘉定府	今洪雅县洪川镇
1276 年	洪雅县	嘉定路	今洪雅县洪川镇
1283 年	并入夹江县	嘉定路	今洪雅县洪川镇
1482 年	复置洪雅县	嘉定州	今洪雅县洪川镇
1734 年	洪雅县	嘉定府	今洪雅县洪川镇
1912 年	洪雅县	上川南道	今洪雅县洪川镇
1915 年	洪雅县	建昌道	今洪雅县洪川镇
1919—1935 年	洪雅县	军阀	今洪雅县洪川镇
1935 年	洪雅县	第四行政督察区	今洪雅县洪川镇
1949 年	洪雅县	眉山专区	今洪雅县洪川镇
1953 年	洪雅县	乐山专区	今洪雅县洪川镇
1959 年	丹棱县并入洪雅县	乐山专区	今洪雅县洪川镇
1962 年	恢复丹棱县	乐山专区	今洪雅县洪川镇
1968 年	洪雅县	乐山地区	今洪雅县洪川镇
1985 年	洪雅县	乐山市	今洪雅县洪川镇
1997 年	洪雅县	眉山地区	今洪雅县洪川镇
2000 年	洪雅县	眉山市	今洪雅县洪川镇
2012 年	洪雅县	眉山市	今洪雅县洪川镇

眉山市丹棱县建置沿革表

表 1-6

时期	沿革	隶属	治所
商、夏	今丹棱县域	梁州	
前 1027—前 317 年	古蜀国之地		
前 316 年	今丹棱县境属南安县	蜀郡南安县	南安县治所在今乐山市市中区
前 135 年	今丹棱县境属南安县	犍为郡南安县	南安县治所在今乐山市市中区
前 106 年	今丹棱县地	益州刺史部（简称益州部）犍为郡南安县	南安县治所在今乐山市市中区
496 年	今丹棱县地	齐乐郡齐乐县	郡、县同治所，在今丹棱县城东南 10 千米
548 年	撤齐乐郡、齐乐县，置青州，今丹棱县地	齐通郡、齐通县	郡、县同治所，在今丹棱县城东南 10 千米
562 年	改齐乐县为洪雅县	齐通郡	今丹棱县城以东 2.5 千米
592 年	分洪雅县置丹棱县、洪雅县	齐通郡	今丹棱县丹棱镇
619 年	丹棱县	眉州	今丹棱县丹棱镇
742 年	丹棱县	通义郡	今丹棱县丹棱镇
758 年	丹棱县	眉州	今丹棱县丹棱镇
宋代	丹棱县	成都路府眉州通义郡	今丹棱县丹棱镇
1283 年	撤丹棱县，今丹棱县地	眉州	
1373 年	复置丹棱县	眉州	今丹棱县丹棱镇
1377 年	撤丹棱县，并入眉县	眉州	今丹棱县丹棱镇
1380 年	复置丹棱县	眉州	今丹棱县丹棱镇
1912 年	丹棱县	上川南道	今丹棱县丹棱镇
1914 年	丹棱县	建昌道	今丹棱县丹棱镇
1935 年	丹棱县	第四行政督察区	今丹棱县丹棱镇
1950 年	丹棱县	川西行署区眉山专区	今丹棱县丹棱镇
1953 年	丹棱县	乐山专区	今丹棱县丹棱镇
1959 年	撤销丹棱县，划归洪雅县	乐山专区	今丹棱县丹棱镇
1962 年	恢复丹棱县	乐山专区	今丹棱县丹棱镇
1968 年	丹棱县	乐山地区	今丹棱县丹棱镇
1985 年	丹棱县	乐山市	今丹棱县丹棱镇
1997 年	丹棱县	眉山地区	今丹棱县丹棱镇
2000 年	丹棱县	眉山市	今丹棱县丹棱镇
2012 年	丹棱县	眉山市	今丹棱县丹棱镇

眉山市青神县建置沿革表

表 1-7

时期	沿革	隶属	治所
前 316 年	今青神县境属南安县	蜀郡南安县	
前 135 年	今青神县境属南安县	犍为郡南安县	
553 年	南安县北境设青城郡	犍为郡	思蒙水口（今青神县瑞峰镇）
555 年	青城郡设立青衣县	眉州	郡、县同治所，治所于今青神县瑞峰镇
562 年	改青衣县名为青城县	眉州	今青神县瑞峰镇
579 年	改青城郡名为青神郡，郡县同名	眉州	今青神县瑞峰镇
583 年	废郡留县（青神县）	嘉州	今青神县瑞峰镇
606 年	青神县	眉州	今青神县瑞峰镇
612 年	青神县	眉山郡	今青神县瑞峰镇
1372 年	青神县并入眉县	眉县属嘉定州	今青神县瑞峰镇
1380 年	复制青神县	眉州	今青神县瑞峰镇
1667 年	青神县并入眉州	眉州	今青神县瑞峰镇
1728 年	复置青神县	眉州	今青神县瑞峰镇
1913 年	青神县	上川南道	今青神县瑞峰镇
1914 年	青神县	建昌道	今青神县瑞峰镇
1935 年	青神县	第四行政督察区	今青神县瑞峰镇
1950 年	青神县	川西行政区眉山专区	今青神县瑞峰镇
1953 年	青神县	乐山专区	今青神县瑞峰镇
1959 年	青神县并入眉山县	乐山专区	今青神县瑞峰镇
1962 年	恢复青神县	乐山专区	今青神县瑞峰镇
1968 年	青神县	乐山地区	今青神县瑞峰镇
1985 年	青神县	乐山市	今青神县瑞峰镇
1997 年	青神县	眉山地区	今青神县瑞峰镇
2000 年	青神县	眉山市	今青神县瑞峰镇
2012 年	青神县	眉山市	今青神县瑞峰镇

第二章　区划　境域

今眉山市境为治地建置的区划、境域变化大，其境域范围很难准确记载，主要原因是各时期建置行政区领辖属县变化大，即使行政区名同名，但领属属县不一，多数政区建置并无确切记载的境域界限和范围。此外，由于战争不断，政区建置区划变化交替频繁，侨郡、侨县纷置，侨、实混杂，地无确考，故只能概述其大体轮廓。眉山市境内从先秦时期到2012年年底，行政建制从无到有，市境内行政区划和行政区境域不断变化。作为行政区，从州、郡、县、防区制、督查区制，直至中华人民共和国成立后的专区、地区和地级市等，所辖区域及隶属变化很大。眉山市境在夏、商时期属于梁州境域，西周时期属于杜宇氏蜀国南鄙境域。秦朝在眉山市境设立武阳县，属蜀郡。自秦朝始，眉山市境的武阳县和南安县（治所在今乐山市市中区）所辖境域大体为今眉山市彭山县、东坡区和仁寿县部分地区、丹棱县、青神县和洪雅县东北大部分地区。1997年设立眉山地区，2000年撤销眉山地区，设立地级眉山市，市人民政府驻东坡区，辖仁寿县、彭山县、洪雅县、丹棱县、青神县和东坡区。2012年，全市辖镇71个、乡57个、街道办事处3个、居民委员会164个、村民委员会1186个、居民小组1040个、村民小组9072个。

第一节　区　划

一、古代、近代行政区划

（一）隋朝及以前

从秦代设置武阳县、南安县起，历秦、两汉、三国、两晋，至东晋后期，今眉山市境内只设武阳、南安二县，彭山县、眉山县、仁寿县属武阳县地；南安县辖境约为今青神县、丹棱县、洪雅县之地。

南北朝萧齐时犍为郡治所由武阳恢复迁至僰道后，境内从齐明帝时始至萧梁，先后所置齐通左郡、齐通郡、齐乐郡、席郡、怀仁郡及侨置南安郡，每郡只置一县。梁武帝时所置江州，辖境内分设灵石、席二郡及其所辖灵石、席二县；所置陵州，其辖境先后分设怀仁、和仁、席三郡及普宁、贵平、平井、可昙、蒲亭5县。继置青州，只管辖齐通一郡及其齐通、齐乐、通义3县。改眉州后，增设青城郡及青衣县、平羌郡及平羌县，共三郡五县。

北周置嘉州后，辖境内增置隆山郡，共四郡八县，即平羌郡及其平羌县；齐通郡及其齐通县、通义县、齐乐县；青城郡及其青神县；隆山郡及其隆山县、江阳县、白水县。今眉山市境内同时有陵州，下置二郡四县，即怀仁郡及其普宁县、蒲亭县和仁郡及其贵平县、籍县。

隋初废除郡保留州，后又废州设郡，设眉山郡时，其辖境初管辖龙游、通义、平羌、青神、夹江、峨眉、丹棱、洪雅8县，后增设玉津、绥山2县共10县。今眉山市境东北部置隆山郡，辖仁寿、贵平、井研、始建、隆山5县；境东南新置大牢县属资州。隋开皇十三年（593）置洪雅县。

（二）唐宋时期

唐代初年，今眉山市境主要设置眉州、陵州，眉州管辖通义、彭山、丹棱、洪雅、青神5县；陵州管辖仁寿、贵平、籍、井研、始建5县。五代前蜀、后蜀时，今眉山市境二州和辖境置县仍旧。

北宋时改二州为一州（眉州）一监（陵井监），其辖境，眉州辖县由5县合为眉山、彭山、丹棱、青神4县；陵井监辖县由5县并为仁寿、井研2县。南宋中期，嘉州升为嘉定府，今眉山市境内变为一府（嘉定府）二州（眉州、隆州）。眉州仍管辖眉山、彭山、丹棱、青神4县；隆州（由仙井监改置），辖县增为仁寿、井研、籍、贵平4县；嘉定府管辖龙游、峨眉、夹江、洪雅、犍为5县。

（三）元明清时期

元世祖至元十三年（1276），分成都路设置嘉定府路，辖嘉定府、眉州、邛州、雅州、黎州一府四州。嘉定府管辖龙游、峨眉、夹江、洪雅、犍为5县；眉州辖眉山、彭山、丹棱、青神4县；仁寿县隶属成都路。

明代改嘉定府为嘉定州，辖洪雅县、眉县（撤眉州为眉县）、彭山县、丹棱县、青神县、邛县（撤邛州为邛县）、大邑县等13县；仁寿县仍属成都府。

明嘉靖时，嘉定州及其属县与眉州隶属上川南道。仁寿县仍属成都府。

清康熙间撤销上川南道，仍设嘉定州。雍正时又升嘉定州为嘉定府。今眉山市境主要为一州（眉州）一府（嘉定府），眉山县、彭山县、丹棱县、青神县属眉州管辖；洪雅县属嘉定府；仁寿县属资州。

（四）中华民国时期

民国初期，今眉山市境仁寿县属永宁道，其余区县属建昌道。后四川军阀混战，进入防区制。民国7年（1918）眉山、彭山县属川军第一师；丹棱县属川军第四师；仁寿县属川军第一独立旅；洪雅、青神县属川军第二独立旅。民国8年，今市境内驻军主要为川军第一独立旅和川军第二独立旅，第一独立旅防区辖眉山、彭山、丹棱、青神、仁寿5县；洪雅县属第二独立旅管辖。其后，随各军阀势力范围消长而变化无常。

川政统一后，实行行政督察区制，今眉山市境内主要为第四行政督察区。第四行政督察区共管辖10县，属今眉山市境范围的有东坡、彭山、丹棱、洪雅、青神5区县；仁寿县则隶属第一行政督察区。

县以下行政区划，民国初年沿袭清代制度，后改置团、甲、牌制，10家为牌设牌首，10牌为甲设甲长，10甲为团设团首，若干团为区团设团总。民国后期又改区团为区，设区公所，改团总为区长，区下为乡（镇），置乡（镇）公所设乡（镇）长，乡（镇）下为保设保长，保下为甲设甲长。至民国38年（1949），眉山县设4区2镇34乡517保5275甲；仁寿县设6区1镇63乡；彭山县设2区1镇10乡148保2031甲；洪雅县设3区1镇18乡316保3231甲；丹棱县设1镇9乡134保1462甲；青神县设1镇10乡。

二、新中国成立后区划

（一）专区、地区

中华人民共和国成立初，今眉山市境内六区县分别隶属眉山、内江两专区，分别隶属川南、川西两个行政区，眉山、彭山、青神、洪雅、丹棱5县隶属眉山专区，仁寿隶属内江专区管辖。

1950年1月，设眉山专区，辖眉山、彭山、丹棱、青神、夹江、洪雅、大邑、邛崃、蒲江、名山10县。其中，眉山县设9区2镇36乡；彭山县设4区1镇10乡，仁寿县府河乡、华阳县顺河乡划入后，为1镇12乡；洪雅县设4区1镇18乡，华头乡划归夹江县后，为4区1镇17乡；丹棱县设3区1镇9乡；青神县设3区1镇18乡。仁寿县属内江专区，设6区1镇63乡，府河乡划归彭山县后，为6区1镇62乡。今眉山辖区6个县共设29个区、9个镇、173个乡。

1952年，恢复四川省建制。此后，县以下相继置区设区公所，建乡（镇）设乡（镇）公所，废除保甲制度，乡下置村。

1953年3月，眉山、乐山两专区合为乐山专区，眉山、彭山、青神、洪雅、丹棱5县属乐山专区；仁寿仍属内江专区管辖。县以下行政区划多由大划小，区、乡增多，至1955年，今眉山市境下设6县分25个区、18个镇、229个乡，其中，眉山县设7区7镇42乡、仁寿县设12区4镇115乡、彭山县设3区4镇17乡、洪雅县设3区1镇25乡、丹棱县设1镇10乡、青神县设1镇20乡。

1958年10月，成立人民公社，政社合一。11月，仁寿划归乐山专区，并将汪洋区所辖越溪、白果、青林、永建、太和、两河、玉林，及回龙区所辖的复立、富强、回龙共11个公社划归威远县。原回龙区松峰、四公、大联和回龙公社的少部分大队划归汪洋区管辖，将原碗厂公社（上碗厂）未划走的大队另建碗厂公社（下碗厂）。“大跃进”时期又合县并区、乡（镇）。1959年3月，青神县并入眉山县，成为一个区，同时将梧凤、土主两个公社划归夹江县。至1959年，乐山专区变为11个县、17个区、10个镇和政社合一的252个人民公社。后逐步调整人民公社体制，恢复彭山、丹棱、青神等县，至1962年农村人民公社体制基本定型为以乡建社、村建大队、下分生产队，以生产队为基本核算单位。

1968年成立乐山地区革命委员会始，专区改称地区。今眉山市辖区六区县政区多仍旧，无大变化。1976年1月，仁寿县籍田区的11个公社（籍田、红武、沿溪、煎茶、新秦、回水、红花、刘公、大林、玉皇、三合）划归双流县。1978年，乐山地区革命委员会改名乐山地区行政公署。20世纪80年代起，实行政、社分设，恢复乡、村行政建制，公社均改称乡，大队改为村，至1984年，今眉山辖区仍属乐山管辖，设6个县22个区15个镇（区级3个）253个乡。其中，眉山县设7个区（眉城区、太和区、崇礼区、永寿区、思蒙区、多悦区、万胜区）8个镇（区级眉山镇1个）48乡，仁寿县设13个区（朝阳区、文宫区、富加区、汪洋区、钟祥区、彰加区、龙正区、北斗区、禾加区、禄加区、满井区、龙马区、清水区）1个镇（区级文林镇）130个乡，彭山县设5个镇19个乡，洪雅县设2个区（红星区、罗坝区）1个镇（区级洪川镇）26个乡，丹棱县设1个镇12个乡，青神县设1个镇16个乡。

1985年建立省辖乐山市后，今眉山市辖六区县仍属乐山市管辖。至1994年，县以下的镇、区、乡建制，伴随各项改革和社会发展，时有调整。今眉山市境内6个县设13个区49个镇175个乡，其中眉山县16镇17乡、仁寿县13区6镇122乡、彭山县8镇7乡、洪雅县10镇8乡、丹棱县5镇7乡、青神县4镇14乡。

1997年5月，划出乐山市的眉山、仁寿、彭山、洪雅、丹棱、青神6个县设立眉山地区，地区行政公署驻眉山县东坡镇。全区辖217个乡镇2340个村委会、146个居委会、1.87万个村民小组、688个居民小组，100.27万户，331.95万人，辖区面积7184平方千米，耕地面积20.02万公顷。11月，眉山县复盛乡人民政府驻地由观音场迁至新街。

1998年12月，眉山县撤富牛乡建富牛镇。到2000年建市前，全区仍辖217个乡镇（镇69个、乡148个）。其中眉山县17镇16乡、仁寿县13区23镇87乡、彭山县9镇9乡、洪雅县11镇15乡、丹棱县5镇7乡、青神县4镇14乡。

（二）眉山市

2000年6月，撤销眉山地区和眉山县，设立地级眉山市和县级东坡区。全市辖5县1区、70个镇、147个乡。撤销洪雅县炳灵乡，新设瓦屋山镇，镇人民政府驻张坝场。洪雅县将军乡政府驻地由杨场搬迁到高岩场。是年12月，仁寿县于丞乡更名为虞丞乡。

2001年6月，撤销青神县南城乡、西龙乡、河坝子乡，分别建南城镇、西龙镇、河坝子镇。8月，洪雅县止戈镇政府驻地由文昌街迁至柑子场。12月，洪雅县竹箐镇更名为槽渔滩镇。2002年3月，东坡区撤销白马铺乡，新建白马镇。全市有建制镇75个、乡142个，乡镇平均辖区面积33.21平方千米，平均人口1.46万人（常住人口）。2003年，撤销洪雅县吴庄乡，并入瓦屋山镇，瓦屋山镇政府驻地由张坝迁至吴庄。是年5月，撤销东坡区东坡镇，设立通惠和大石桥2个街道办事处。

2005年4月，眉山市委、市政府下发《关于调整优化全市乡镇行政区划工作的意见》，明确调整优化乡镇行政区划工作的指导思想、总体目标、主要原则、分类标准、工作步骤，提出统一认识、加强领导、严肃纪律，确保圆满完成工作任务要求。眉山市委办、市政府办相继发出配套性文件4个，进一步细化乡镇行政区划调整工作的有关做法。是年8月结束，撤销仁寿县13个区工委和1个风景区管委会，精简乡镇企业单位283个。全市乡镇建制由215个调整为130个，裁减乡镇85个。调整乡镇157个，新组建70个乡镇。调整后，眉山市有乡59个、镇69个、街道办事处2个，社区154个、居民小组860个，村委会2315个，村民小组1.86万个。乡镇正职由调整前的456人减至260人。初步构建符合眉山实际的全市基层行政管理体制，提高行政效能。调整后全市一类乡镇（3万人以上）36个，其中，东坡区11个、仁寿县16个、彭山县2个、洪雅县2个、丹棱县3个、青神县2个，平均辖区面积63.38平方千米；二类乡镇（2万人~3万人）38个，其中，东坡区7个、仁寿县20个、彭山县5个、洪雅县3个、丹棱县1个、青神县2个，平均辖区面积52.25平方千米；三类乡镇（1万人~2万人）51个，其中，东坡区5个、仁寿县23个、彭山县6个、洪雅县9个、丹棱县2个、青神县6个，平均辖区面积55.11平方千米；四类乡镇（1万人以下）3个，其中，仁寿县1个、洪雅县1个、丹棱县1个，平均辖区面积36.56平方千米。

东坡区调整情况。撤销莲花乡并入思蒙镇，撤销龙兴乡并入修文镇，撤销晋凤乡并入盘鳌乡，撤销黄家乡并入崇仁镇，撤销张坎镇并入松江镇，撤销正山口乡并入秦家镇，撤销郑军乡并入多悦镇，撤销罗平镇并入永寿镇，撤销原三苏乡并入伏东乡，伏东乡更名为三苏乡。调整后，东坡区辖2个街道办事处、15个镇、8个乡；撤销乡镇建制9个，调整幅度为26.47%，每个乡镇平均辖区面积53.24平方千米，平均管辖人口3.29万人。

仁寿县调整情况。撤销陵阳、文宫、富加、汪洋、钟祥、彰加、龙正、北斗、禾加、禄加、满井、龙马、清水13个工委和黑龙滩风景区管理委员会；撤销蜂蜜乡并入文林镇，增挂文林街道办事处牌子，撤销花瓷乡并入宝马乡，撤销三溪乡并入珠嘉乡，撤销松林乡、府君乡并入大化镇，撤销中坝乡并入高家镇，撤销千合乡并入鳌陵乡，撤销三峨乡并入观寺乡，撤销龙江乡并入中岗乡，撤销凤梧乡并入龙桥乡，撤销金鸡乡并入曲江乡，撤销金耀乡、龙凤乡并入北斗镇，撤销甘泉乡并入城堰乡，撤销宝石乡并入谢安乡，撤销马鞍乡并入中农镇，撤销石盘乡并入新店乡，撤销天明乡、鹤鸣乡并入禄加镇，撤销鹤立乡并入宝飞镇，撤销复合乡并入天峨乡，撤销白凤乡并入识经乡，撤销骑虎乡并入凤陵乡，撤销铁牛乡、铧炉乡并入彰加镇，撤销勤乐乡、月桥乡并入慈航镇，撤销大洪乡、碗厂乡并入汪洋镇，增挂汪洋街道办事处牌子，撤销大革乡并入涂家乡，撤销永宁乡并入四公乡，撤销大联乡并入松峰乡，撤销青石乡并入钟祥镇，撤销建新乡并入始建镇，撤销清泉乡、谢山乡并入曹家乡，撤销双胜乡、元正乡并入满井镇，撤销金凤乡并入景贤乡，撤销花房乡、五福乡并入富加镇，增挂富加街道办事处牌子，撤销齐家乡并入农旺乡，撤销正兴乡并入龙正镇，撤销万寿乡、古建乡并入洪峰乡，撤销分水乡、光相乡、杨柳镇并入黑龙滩镇，增挂黑龙滩街道办事处牌子，撤销团结乡并入清水镇，钢铁镇更名为视高镇，撤销视高乡并入视高镇。调整后，仁寿县辖22个镇、38个乡，增挂4个街道办事处牌子；撤销乡镇建制50个，调整幅度45.45%；每个乡镇平均辖区面积43.44平方千米，平均管辖人口2.68万人。

彭山县调整情况。撤销岐山乡并入义和乡，撤销邓庙乡并入谢家镇，撤销永丰乡并入江口镇，净皇乡更名为皇陵乡，撤销江渎乡并入皇陵乡，府河乡更名为武阳乡，撤销牧马乡并入武阳乡。调整后，彭山县辖9个镇、4个乡；撤销乡建制5个，调整幅度27.78%；每个乡镇平均辖区面积35.88平方千米，平均管辖人口2.49万人。

洪雅县调整情况。撤销新庙乡并入洪川镇，撤销金釜乡、符场乡并入余坪镇，撤销联合乡并入中保镇，罗坝镇更名为槽渔滩镇，撤销原槽渔滩镇建制并入槽渔滩镇，撤销天宫乡、柳新乡并入东岳镇，撤销赵河乡并入柳江镇，撤销吴河乡并入高庙镇，撤销张村乡并入瓦屋山镇。调整后，洪雅县辖11个镇、4个乡；减少10个乡镇，调整幅度40%；每个乡镇平均辖区面积126.43平方千米，平均管辖人口2.25万人。

丹棱县调整情况。撤销唐河乡并入丹棱镇，撤销何场乡并入杨场镇，撤销中隆乡并入双桥镇，撤销王场乡、仁兴乡并入张场镇。调整后，丹棱县辖5个镇、2个乡；撤销乡建制5个，调整幅度41.7%；每个乡镇平均辖区面积64.13平方千米，平均管辖人口2.31万人。

青神县调整情况。城厢镇更名为青城镇，撤销青城乡并入青城镇，撤销天池乡并入瑞峰镇，撤销天庙乡并入罗波乡，撤销瓮家乡、罗埝乡并入白果乡，撤销观金乡、桂花乡并入西龙镇，撤销青竹乡并入黑龙镇。调整后，青神县辖7个镇、3个乡；撤销乡建制8个，调整幅度44.44%；每个乡镇平均辖区面积38.68平方千米，平均管辖人口1.97万人。

2006年4月，调整东坡区通惠、大石桥街道办事处管辖范围，新建苏祠街道办事处。重新组建通惠街道办事处，原通惠街道办事处命名为苏祠街道办事处。至此，全市由原来的128个乡镇、2个街道办事处调整为128个乡镇、3个街道办事处。2007年，全市合村并组，行政村由2219个合并为1186个，村民小组由1.87万个合并为9184个。2008年1月，调整彭山县部分乡镇行政区划。撤销灵石镇划归凤鸣镇，皇陵乡更名为锦江乡。新建牧马镇。

2010年4月，调整东坡区象耳镇、悦兴镇、尚义镇、白马镇、松江镇、修文镇部分村社行政区划。2011年9月，仁寿县兴盛乡撤乡建镇。

2012年7月，仁寿县观寺乡撤乡建镇。年末，眉山市辖1区5县，面积7140平方千米，总人口350.38万人，有乡57个、镇71个、街道办事处3个，村委会1186个，居委会164个，居民小组1040个，村民小组9072个。

眉山市 1997—2012 年部分年度乡镇情况统计表

表 1-8

行政区	1997 年	2005 年	2012 年
眉山地区、市	13 个区，149 个乡，68 个镇，2340 个村，146 个社区	59 个乡，69 个镇，2 个街道办事处，2317 个村，143 个社区	57 个乡，71 个镇，3 个街道办事处，1186 个村，164 个社区
东坡区	16 镇 17 乡：东坡镇、象耳镇、张坎镇、罗平镇、崇仁镇、多悦镇、太和镇、永寿镇、思蒙镇、万胜镇、松江镇、悦兴镇、崇礼镇、修文镇、尚义镇、秦家镇、白马铺乡、复盛乡、土地乡、柳圣乡、金花乡、龙兴乡、黄家乡、莲花乡、正山口乡、广济乡、三苏乡、伏东乡、盘鳌乡、晋凤乡、富牛乡、复兴乡、郑军乡	2 街道办事处 15 镇 8 乡：通惠街道办事处、大石桥街道办事处、白马镇、象耳镇、太和镇、悦兴镇、尚义镇、多悦镇、秦家镇、万胜镇、崇仁镇、思蒙镇、修文镇、松江镇、崇礼镇、富牛镇、永寿镇、复盛乡、土地乡、柳圣乡、金花乡、广济乡、三苏乡、盘鳌乡、复兴乡	3 街道办事处 15 镇 8 乡：通惠街道办事处、大石桥街道办事处、苏祠街道办事处，松江镇、象耳镇、崇礼镇、太和镇、悦兴镇、永寿镇、思蒙镇、修文镇、崇仁镇、多悦镇、尚义镇、万胜镇、秦家镇、富牛镇、白马镇，土地乡、复盛乡、复兴乡、柳圣乡、金花乡、广济乡、三苏乡、盘鳌乡
仁寿县	13 区 23 镇 87 乡：陵阳区、文宫区、富加区、汪洋区、钟祥区、彰加区、龙正区、北斗区、禾加区、禄加区、满井区、方家区、清水区；文林镇（区级）、大化镇、文宫镇、高家镇、富加镇、汪洋镇、钟祥镇、始建镇、彰加镇、慈航镇、龙正镇、北斗镇、禾加镇、中农镇、禄加镇、宝飞镇、满井镇、龙马镇、方家镇、清水镇、钢铁镇、黑龙滩镇、杨柳镇，宝马乡、花瓷乡、青岗乡、三溪乡、珠嘉乡、蜂蜜乡、于丞乡、松林乡、府君乡、古佛乡、板燕乡、观寺乡、三峨乡、中坝乡、鳌陵乡、千合乡、五福乡、花房乡、藕塘乡、石咀乡、齐家乡、农旺乡、玉龙乡、大洪乡、涂家乡、大革乡、永宁乡、松峰乡、大联乡、碗厂乡、四公乡、曹家乡、清泉乡、青石乡、谢山乡、合兴乡、建新乡、铁牛乡、骑虎乡、促进乡、铧炉乡、勤乐乡、月桥乡、正兴乡、万寿乡、洪峰乡、古建乡、甘泉乡、城堰乡、鸭池乡、谢安乡、宝石乡、龙凤乡、金耀乡、双堡乡、马鞍乡、新店乡、石盘乡、河口乡、板桥乡、天明乡、鹤立乡、凤陵乡、鹤鸣乡、识经乡、白凤乡、天峨乡、复合乡、双胜乡、元正乡、兆嘉乡、景贤乡、金凤乡、曲江乡、金鸡乡、元通乡、中岗乡、龙江乡、向家乡、凤梧乡、龙桥乡、视高乡、兴盛乡、里仁乡、团结乡、光相乡、分水乡	22 镇 38 乡：文林镇、大化镇、文宫镇、高家镇、富加镇、汪洋镇、钟祥镇、始建镇、彰加镇、慈航镇、龙正镇、北斗镇、禾加镇、中农镇、禄加镇、宝飞镇、满井镇、龙马镇、方家镇、清水镇、视高镇、黑龙滩镇，宝马乡、青岗乡、珠嘉乡、虞丞乡、古佛乡、板燕乡、观寺乡、鳌陵乡、藕塘乡、石咀乡、农旺乡、玉龙乡、涂家乡、松峰乡、四公乡、曹家乡、合兴乡、促进乡、洪峰乡、城堰乡、鸭池乡、谢安乡、双堡乡、新店乡、河口乡、板桥乡、凤陵乡、识经乡、天峨乡、兆嘉乡、景贤乡、曲江乡、元通乡、中岗乡、向家乡、龙桥乡、兴盛乡、里仁乡	24 镇 36 乡：文林镇、大化镇、文宫镇、高家镇、富加镇、汪洋镇、钟祥镇、始建镇、彰加镇、慈航镇、龙正镇、北斗镇、禾加镇、中农镇、禄加镇、宝飞镇、满井镇、龙马镇、方家镇、清水镇、视高镇、黑龙滩镇、兴盛镇、观寺镇，宝马乡、青岗乡、珠嘉乡、虞丞乡、古佛乡、板燕乡、鳌陵乡、藕塘乡、石咀乡、农旺乡、玉龙乡、涂家乡、松峰乡、四公乡、曹家乡、合兴乡、促进乡、洪峰乡、城堰乡、鸭池乡、谢安乡、双堡乡、新店乡、河口乡、板桥乡、凤陵乡、识经乡、天峨乡、兆嘉乡、景贤乡、曲江乡、元通乡、中岗乡、向家乡、龙桥乡、里仁乡
彭山县	9 镇 9 乡：凤鸣镇、彭溪镇、灵石镇、谢家镇、公义镇、青龙镇、观音镇、江口镇、黄丰镇，府河乡、牧马乡、江渎乡、净皇乡、永丰乡、义和乡、邓庙乡、岐山乡、保胜乡	9 镇 4 乡：凤鸣镇、彭溪镇、灵石镇、谢家镇、公义镇、青龙镇、观音镇、江口镇、黄丰镇，武阳乡、皇陵乡、义和乡、保胜乡	9 镇 4 乡：凤鸣镇、彭溪镇、观音镇、青龙镇、公义镇、谢家镇、江口镇、黄丰镇、牧马镇，保胜乡、义和乡、锦江乡、武阳乡

续表1-8

行政区	1997年	2005年	2012年
洪雅县	11镇15乡：洪川镇、止戈镇、余坪镇、三宝镇、罗坝镇、东岳镇、柳江镇、花溪镇、高庙镇、中保镇、竹箐镇，将军乡、中山乡、汉王乡、天宫乡、桃源乡、吴庄乡、炳灵乡、张村乡、金釜乡、新庙乡、联合乡、柳新乡、吴河乡、赵河乡、符场乡	11镇4乡：洪川镇、止戈镇、余坪镇、三宝镇、槽渔滩镇、东岳镇、柳江镇、花溪镇、高庙镇、中保镇、瓦屋山镇，将军乡、中山乡、汉王乡、桃源乡	11镇4乡：洪川镇、止戈镇、余坪镇、三宝镇、东岳镇、柳江镇、花溪镇、高庙镇、中保镇、槽渔滩镇、瓦屋山镇，将军乡、中山乡、汉王乡、桃源乡
丹棱县	5镇7乡：丹棱镇、杨场镇、仁美镇、双桥镇、张场镇，何场乡、中隆乡、唐河乡、石桥乡、顺龙乡、仁兴乡、王场乡	5镇2乡：丹棱镇、杨场镇、仁美镇、双桥镇、张场镇，石桥乡、顺龙乡	5镇2乡：丹棱镇、杨场镇、仁美镇、双桥镇、张场镇，石桥乡、顺龙乡
青神县	4镇14乡：汉阳镇、瑞峰镇、黑龙镇、城厢镇，白果乡、罗埝乡、瓮家乡、南城乡、西龙乡、河坝子乡、天池乡、罗波乡、天庙乡、桂花乡、观金乡、青竹乡、青城乡、高台乡	7镇3乡：汉阳镇、瑞峰镇、黑龙镇、青城镇、南城镇、西龙镇、河坝子镇，白果乡、罗波乡、高台乡	7镇3乡：汉阳镇、瑞峰镇、黑龙镇、青城镇、南城镇、西龙镇、河坝子镇，白果乡、罗波乡、高台乡

第二节　境　域

眉山市位于四川盆地成都平原西南部，岷江中游。地跨北纬29°24′～30°16′、东经102°49′～104°30′之间，东西长150千米，南北宽72千米。眉山市北接四川省省会成都市境，南连乐山市境，东邻内江市、资阳市、自贡市境，西接雅安市境，是成（都）乐（山）黄金走廊的中段重点地区及“成都平原经济圈”的重要组成部分。眉山市政府所在地为东坡区，眉山距离首都北京1873.5千米，距四川省省会成都65千米，距成都双流机场40余千米；南距乐山大件运输码头70余千米。境内成（都）乐（山）大件公路、国道213线、岷江水道并行纵贯南北，省道106线横跨东西，成（都）乐（山）、成（都）雅（安）高速公路在境内交汇，成（都）赤（水）高速公路穿过仁寿县境；形成“一横”（省道106线）“三纵”（省道103线、成雅成乐高速公路、国道213线）公路交通主骨架，全市以眉山市城区为中心，各县（区）县城为节点，辐射各乡镇。成昆铁路由北向南穿过彭山县、东坡区，是邻近地区客货进出主运道，形成纵横交错、四通八达的交通网络。2012年，全市辖区面积7140平方千米，人口350.38万人。

东坡区境域介于北纬30°16′～29°51′、东经103°59′～103°30′之间，东邻仁寿县，西接丹棱县，北界邛崃县、彭山县，南连青神县、夹江县，西北与蒲江县接壤。东西长48千米，南北宽46千米。2012年，全区辖区面积1330平方千米，人口86.48万人。

仁寿县境域介于北纬29°40′～30°16′、东经104°～104°30′之间，东与资阳、简阳市连界，南与威远、荣县、井研县接壤，西与青神县、东坡区、彭山县相连，北与双流县毗邻。南北长97.8千米、东西宽70.8千米，行政界域总长2398.44千米。2012年，全县辖区面积2608平方千米，人口159.62万人。

彭山县境域介于北纬 30°07′~30°21′、东经 103°40′~103°59′之间。东邻仁寿，南接东坡区，西界蒲江、邛崃，北连新津、双流。东西长 27 千米，南北宽 21 千米，界域总长 196.107 千米。2012 年，全县辖区面积 467 平方千米，人口 33.25 万人。

洪雅县境域介于北纬 29°24′~30°、东经 102°49′~103°32′之间，地处成都、雅安、乐山三角中心地带。东邻夹江县和峨眉山市，南接金口河区和汉源县，西界雅安市雨城区和荥经县，北连名山、丹棱两县。南北长 64 千米，东西宽 46 千米，周界长 410.44 千米。2012 年，全县辖区面积 1897 平方千米，人口 34.96 万人。

丹棱县境域介于北纬 29°52′~30°08′、东经 103°14′~103°35′之间，东邻东坡区、夹江县，南连洪雅县，西接名山县，北与蒲江县接壤。东西长 35 千米，南北宽 30 千米，四周疆界总长 161.4 千米。2012 年，全县辖区面积 450 平方千米，人口 16.32 万人。

青神县境域介于北纬 29°42′30″~29°55′33″、东经 103°41′~103°59′之间。东连仁寿县、井研县，南接乐山市中区，西与夹江县接壤，北与东坡区交界。南北长 17.4 千米，东西宽 21.6 千米，边界总长约 122 千米。2012 年，全县辖区面积 387 平方千米，人口 19.74 万人。

眉山市志 MEISHAN SHIZHI

第二篇 自然环境

眉山市位于四川盆地成都平原西南部，岷江中游，北纬29°24′~30°16′、东经102°49′~104°30′之间。地势西高东低，北高南低，南西山地为上扬子台褶带之“峨眉山断块”，其余则分属于“四川台拗”中的“川西台陷”和“川中台拱”，以褶皱为主，断裂较少。眉山属中纬度亚热带气候区，四季分明，气候温和湿润，无霜期长，适宜农作物生长。动植物资源富集，境内植物种类丰富，有野生植物近3500种、乔木200余种，其中被子植物约占世界总科数的60%。矿产资源丰富，已探明26种矿产资源，重要的矿产为钙芒硝，探明储量位居四川省第二位，正在开发利用的有铁、铅、锌、沙金，铜矿和锰矿在勘探中。市境有岷江、青衣江等河流30余条，岷江、青衣江、沱江三大流域分别为眉山市总面积的43.78%、29.65%、27.21%，年平均过境水量275.5亿立方米。纵横交错的江河为引、蓄、排水和工农业生产提供良好的自然地理条件。2012年，市境面积7140平方千米，可耕土地面积24.12万公顷，适宜水稻、小麦、蔬菜等农作物和其他动植物生长。

第一章 地质 地貌

眉山市地质构造简单，地貌及水文地质条件受地层岩性的控制。辖区除沿江（河）广泛分布第四系地层外，基岩主要为侏罗系、白垩系和第三系地层。第四系地层主要是沿江及河谷平原区不均匀分布的Ⅰ级阶地及河漫滩，组成物质为沙砾石；丘陵区主要分布有侏罗系、白垩系、三叠系及部分古生界二叠系岩组，山势陡峭。构造带以褶皱为主，断裂较少。境内山峦纵横，丘陵起伏，河网密集。中部是岷江河谷平原，东部仁寿县境内的龙泉山脉和西部洪雅县境内的总岗山脉犹如两道绿色屏障。洪雅县瓦屋山镇南天宝山主峰光胴胴山海拔3227米，为眉山市最高峰，东部仁寿县球溪河出境处海拔344米，为眉山市最低处。洪雅县南部山区是市境内地形地貌复杂多变的地区，区域所在山脉系峨眉山脉向西南与东北延伸构成，又是四川盆地向青藏高原的过渡山域，居峨眉山—瓦屋山断裂地带，褶皱紧密，断层纵横交错，构成多种地貌。南部山体高耸，地势陡峻，沟谷发育多呈 V 形谷，地形切割破碎，海拔均在 1000 米以上。北部呈中山岗顶丘陵地貌，地势较缓平。此区域内有瓦屋山、玉屏山、八面山、团室山等。洪雅县原始森林就处于此区域内。

第一节　地　质

一、地层岩性

眉山市区域内除泥盆系、石炭系缺失外，从前震旦系峨边群至第四系均有出露，总厚度 4500 米~12000 米。南西部高中山、中山区主要为震旦系、寒武系、奥陶系、志留系和二叠系地层；北西部和东部低山丘陵区则以中生代的侏罗系、白垩系地层为主；第四系松散沉积物分布于河谷平原及台地区。地层岩性、厚度及其分布特征见表 2-1。在眉山市出露的众多地层中，白垩系和侏罗系的地层岩性主要为泥岩或粉砂质泥岩，质软、遇水膨胀、崩解、剥离、风化，易形成具有一定厚度的残坡积土体，或经外力搬运至山坡宽阔地段堆积成较厚的碎屑状土，具有较好的耕种条件。人口也相对集中于这一地域。

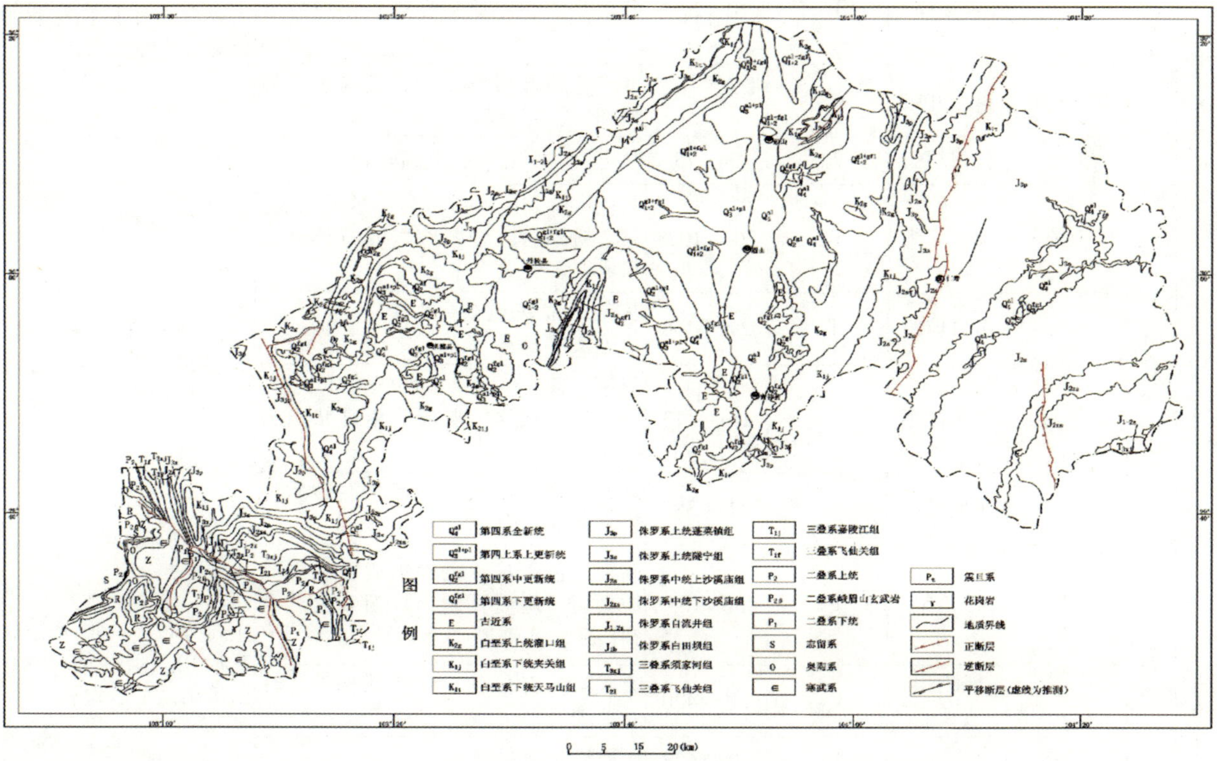

图 2-1　眉山市地质简图

眉山市地层简表

表 2-1

界	系	统	地方性地层名称	代号	厚度（米）	岩性简述	备注
新生界	第四系	全新统		Q_4^{al}	2~10	上部砂质黏土，下部砂层、沙砾层含泥沙层、黏土层	主要分布于青衣江、岷江两岸河漫滩一级阶地
		上更新统		Q_3^{al+pl}	10~25	上部砂质黏土，下部砂层沙砾石层含泥沙层、黏土层	分布在青衣江、岷江两岸的二级阶地
		中更新统		Q_2^{fgl}	0~45	泥砾石层、结合紧密，具砂层透镜体	分布在台地区
		下更新统		Q_1^{gl}	0~81	泥砾石层，结合紧密	分布在台地区
	古近系			E	>747	上部页岩、泥灰岩含石膏；下部棕红色砂岩夹粉砂岩、泥岩，与 Q_1 和 K_{2g} 都是不整合接触	主要分布于彭山、眉山西部的邓庙、太子山等低山区
中生界	白垩系	上统	灌口组	K_{2g}	483~861	浅紫色砂岩、细粒长石石英砂岩、岩屑砂岩，紫红、棕红色粉砂质泥岩，泥质粉砂岩，上部夹页、泥灰岩、灰岩、石膏	主要分布于仁寿大管山、罗湾及洪雅丹棱的洪雅顶、仁兴、汪山、侯山、炳灵等地
		下统	夹关组	K_{1j}	308~401	黄棕、棕红色巨厚层状砂岩夹粉砂岩，顶部泥质较重，底部具砾石层	
			天马山组	K_{1t}	42~230	棕红色砂、泥岩不厚互层	
	侏罗系	中统	上沙溪庙组	J_{2s}	507~630	棕红色、黄绿色泥岩、页岩、粉砂岩、岩屑砂岩，含钙质结核	主要分布于眉山地区的大部分丘陵及低山区
			下沙溪庙组	J_{2xs}	61~278	顶部含中肢介质页岩，中上部为粉砂质页岩，泥质粉砂岩、钙质砂岩互层	
		中-下统	自流井组	J_{1-2x}	224~422	紫红色粉砂质黏土岩，黄绿色钙质粉砂岩、泥质灰岩、灰岩	
		下统	自田坝组	J_{1h}	34~75	黏土岩、页岩、石英细砂岩	
	三叠系	上统	须家河组	T_{3xj}	264~1028	灰色、黄灰色炭质页岩、砂质页岩、煤、粉砂岩、岩屑砂岩或石英砂岩组成，多层次韵律	主要分布于仁寿天峨、洪雅的大蜈蚣包、余木寺等中山区
		中统	雷口坡组	T_{2l}	291~466	灰色、黄灰色薄—中厚层白云岩，角砾状白云岩	
		下统	嘉陵江组	T_{1j}	141~173	灰色、黄灰色薄—中层状泥质灰岩、白云岩、灰岩、泥灰质角砾状白云岩互层	
			飞仙关组	T_{1f}	243~387	暗紫红色、浅灰色粉砂岩、砂质泥岩夹鲕状灰岩	
古生界	二叠系	上统	沙湾组	P_{2s}	56~108	暗紫红色、灰黄色铁铝质页岩夹砂质页岩、炭质页岩，含铜砂页岩夹铝土矿，赤铁矿	主要分布于洪雅西南部、瓦屋山、水井槽、李家山等山区
			峨眉山玄武岩	$P_{2\beta}$	227~420	玄武岩。杏仁状、汽孔状构造、柱状节理发育	
		下统		P_{1y}	403~628	中厚层状纯灰岩	
	志留系	下统	龙马溪组	S_{11}	0~31	深灰黑色碳岩夹矽质页岩	分布于洪雅西南的石板岩、回头转等中山区

续表 2-1

界	系	统	地方性地层名称	代号	厚度（米）	岩性简述	备注
古生界	奥陶系			O	37~428	上部深灰黑色炭质页岩、泥质灰岩，中部泥质灰岩，结晶灰岩夹页岩，下部石英砂岩夹灰岩	主要分布于洪雅西南部倒中桥、硝水坪等高中山区
	寒武系			∈	143~732	灰色、浅灰色薄—中厚层白云岩、泥质白云岩、石英砂岩、粉砂岩、页岩，底部为磷白云岩	主要分布于洪雅西南部的新山、野牛坡、大众岗等高中山区
	震旦系	上统	洪椿平组	Z_{ebu}	974~1158	灰白色、浅灰色厚层块状白云岩，顶部含磷，上部含矽质条带，呈葡萄状，花斑状构造	主要分布于洪雅西南部的白岩沟、老汞山等高中山区
			喇叭岗组	Z_{bl}	10~74	灰、灰黑色粉砂岩、砂岩、砾岩	
元古界	前震旦系		峨边群	P_1	150~1100	上部凝灰质砂岩、粉砂岩、凝灰质砾岩。中部为板岩、沙碳质板岩、千枚岩，下部厚层白云岩。底部为杏仁状蚀变玄武岩	分布于洪雅西南部的陆水坪等高中山区

二、地质构造

眉山市南西山地为上扬子台褶带之“峨眉山断块”，其余则分属于“四川台拗”中的“川西台陷”和“川中台拱”。

峨眉山断块　洪雅县部分地区属此构造单元，此构造单元在地质历史上是相对隆起地区，构造线以近东西方向和北东方向为主。燕山期受强烈挤压产生断层并使断块上升形成断块构造单元。此构造单元主要构造形迹有柳江冲断层，毛沟冲断层、宋家沟冲断层、丛林岗斜冲断层，以及炳灵背斜、三苏场背斜等。

川西台陷　包括仁寿县、彭山县、东坡区、青神县的部分地区，自中生代以来形成较大的断陷盆地，大面积出露白垩系、侏罗系和新生界地层。为内陆河湖相沉积，构造以褶皱为主，构造线方向与整个四川盆地相一致，呈北东—南西向展布，断层少见。按构造形式的差异，分为三个次级构造区。龙泉褶束，包括仁寿县、彭山县、东坡区、青神县等县区部分地区，总体走向呈北东—南西向，区域上全长约 200 千米。主要包括龙泉山背斜、仁寿断层、文公场断层等。熊坡—盐井沟雁行带，主要包括彭山县、东坡区、丹棱县、洪雅县的西北部。发育有盐井沟背斜及共生的石庙子断层、石桥场压扭断层和总岗山断层等。彭山—眉山新生代槽地，主要包括彭山县、东坡区、青神县的部分地区，走向东 30°。构造简单，为中生代地层组成的宽缓向斜，向斜中部堆积新生代冰水堆积、河流冲洪积物以及古近系物质。

川中台拱　川中台拱在区域内主要为荣威隆起，仅东部仁寿县的东南边缘属此构造单元，此构造单元内有涂家庙断层和达摩山断层，涉及地层主要为侏罗系地层，局部有三叠系须家河组含煤地层。

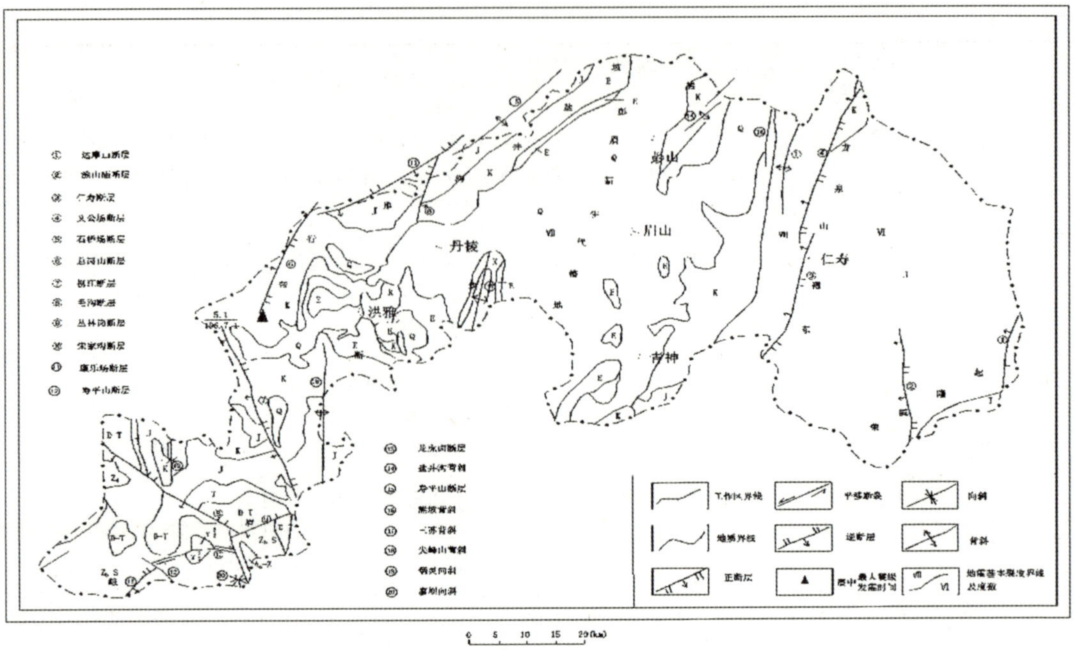

图 2-2 眉山市地质构造纲要及地震震中分布图

第二节 地形地貌

一、地形

眉山市地形类型有坝、丘、山等，西部丹棱县、洪雅县和东部仁寿县境内大部分地区皆为低山丘陵。眉山市山地面积 1516 平方千米，占土地总面积（下同）的 4.71%，主要分布在洪雅县、仁寿县；丘陵面积 4179 平方千米，占 58.53%，主要分布在丹棱县、青神县、仁寿县；平原面积 1444 平方千米，占 20.22%，主要分布在东坡区和彭山县。

二、地貌

眉山总体地势为西高东低。境内山峦纵横，丘陵起伏，河网密集。中部是宽阔的岷江河谷平原。南部山体高耸，地势陡峻，沟谷发育多呈 V 形，地形切割破碎，海拔均在 1000 米以上。北部为低山、丘陵、平原地貌，地势较缓平。眉山市平坝面积 1396.8 平方千米，主要分布于岷江两岸，占全市总面积（下同）的 19.44%；丘陵面积 4237.75 平方千米，主要分布于龙泉山脉及总岗山脉，占 58.97%；山地以中低山地貌为主，面积 1551.45 平方千米，主要分布于洪雅县青衣江右岸，占 21.59%。

（一）构造地貌

眉山市构造地貌为低山、中山和高中山三类。低山处于岷山两侧的龙泉山和总岗山背斜，由白垩系和侏罗系地层构成。受构造控制，山脉走向呈北东—南西向。高程 600 米～1100 米，相对高差 200 米～500 米。中山位于洪雅县瓦屋山、高庙两镇以北至青衣江一带，主要由白垩系和侏罗系地层组成，仅在断块山分界的边缘为三叠系地层。峰顶高程一般 1000 米～1500 米，相对高差 500 余米，山脊多为背斜或向斜轴线，两侧谷坡较陡，多呈单面山景观。高中山分布于洪雅县瓦屋山、高庙两镇以南。地层主要由前震旦系至寒武系、奥陶系等地层组成，区内最高海拔3227米，一般2100米~2800米，切割深度1000米~1500米。

（二）构造侵蚀溶蚀地貌

眉山市构造侵蚀溶蚀地貌为中山、低山两类。中山分布于洪雅县张村、高庙一带，由三叠系雷口坡和嘉陵江白云岩、灰岩地层组成。山顶海拔1000米~1700米，岩溶地貌十分发达，溶蚀峰丘、洼地、槽谷以及落水洞、溶洞竖井、漏斗和暗河等随处可见。低山分布于仁寿县宝飞、禄加一带，由侏罗系中下统自流井组大安寨灰岩构成。

（三）构造剥蚀地貌

眉山市构造剥蚀地貌分浅丘、中丘、深丘三类。浅丘分布于仁寿县珠家场—观音—满井—曹家一带，另外丹棱—洪雅间有少量分布。仁寿县珠家场—观音—满井—曹家一带主要为侏罗系遂宁—蓬莱镇泥岩夹砂岩组成。丹棱—洪雅间由白垩系和侏罗系组成。中丘分布于仁寿县龙桥—花瓷—钟祥一带和龙泉山西侧山麓地带，由侏罗系地层和白垩系灌口组地层构成，高程450米~520米，相对高差30米~60米。深丘分布于岷江以东的彭山县仙女山和青神县南岷江右岸一带，由白垩系地层构成，高程480米~500米，相对高差60米~100米，夹关组砂岩覆盖丘顶，形态平缓。

（四）侵蚀堆积地貌

眉山市侵蚀堆积地貌为河漫滩及一、二级阶地和台地两类。河漫滩及一、二级阶地沿青衣江、岷江河道两侧呈条带状分布，主要由第四系全新统砂卵石和黏性土类组成，阶地前缘地带高出河水面2米~5米，阶面平坦，微向河床倾斜。二级阶地主要由第四系上更新统的砂卵石、黏性土类组成。形成流水堆积平原。分布高度410米~420米，由西向东微微倾斜，平均坡降3‰左右，高出河水面4米~6米。台地主要由第四系上更新统的沙砾卵石和黄色黏土所组成，分布在思蒙河沿岸。台面受侵蚀作用而不平整，形态上表现为缓丘。

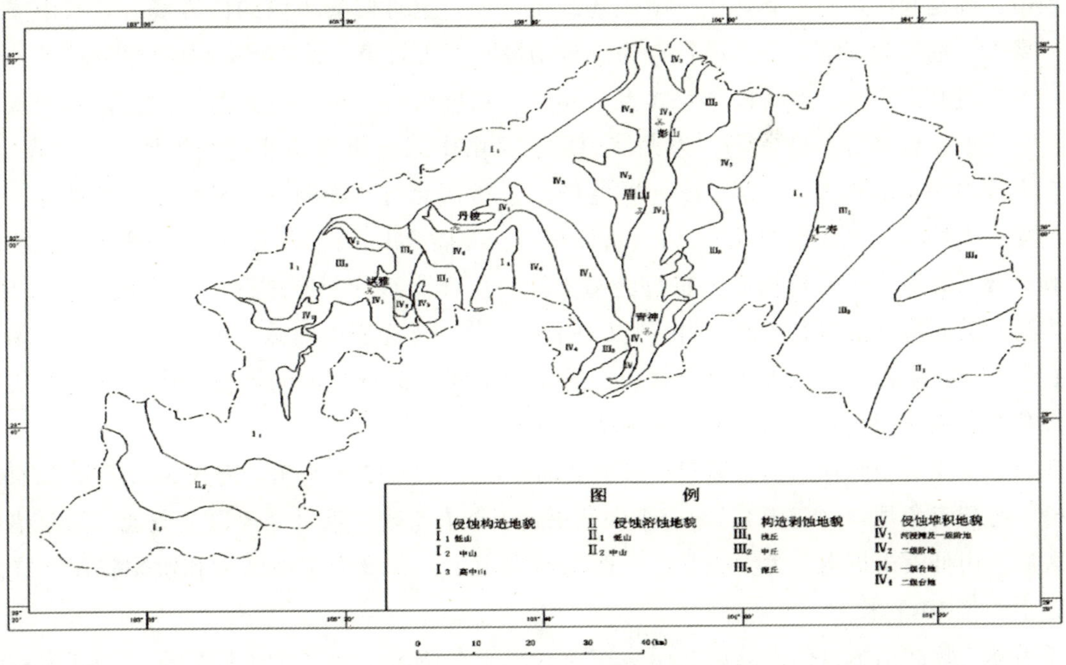

图2-3　眉山市地貌分区图

三、主要山脉

龙泉山脉　龙泉山脉发源于川西九峰山，经成都市双流县龙家山进入仁寿县境。东起仁寿县高家镇玛瑚瑙至牛角寨，南行经视高镇二峨山至油罐顶，东南行到茨巴坳，又南行到清水镇马鞍山、大化镇郑家山，经清水镇德祥寺至黑龙滩镇四面山、望峨台，东延伸飞泉山，南行跨鳌山，再东延伸翳嘶山，南行至文林镇石斗坡、景贤乡白庙子、兆嘉乡尖山堡，到曹家乡石虎山，尖山顶至井研县境香炉山分为两支。一支折而东行入松峰乡长山埂，至汪洋镇两峰山，到天峨乡高店子与荣威山相接。绵延150余千米，占仁寿县总面积的9.3%，海拔一般600米~700米，相对高差大于200米，谷宽30米~50米，岩层倾角10°~23°，地层多系侏罗系上统蓬莱镇组和中统遂宁组。山两翼多峡谷，地势急剧起伏，沟谷深而窄，呈“U”形，形成低山地貌。一支南行，由仁寿县西经青神河坝子镇玉蟾村入青神县境，呈北东—南东走向，沿白果、瑞峰、汉阳等乡镇南下，直至平羌峡口，全长40余千米。

总岗山脉　总岗山脉位于四川盆地西南边缘，南起雅安市水口青衣江谷地，北至新津县宝资山，横亘于四川盆地西南边缘，呈西南东北走向，系邛崃山脉，古名可募山，又名长秋山，因青衣江北岸诸多自此发脉，故名总岗。山脉之阴为雅安、名山、蒲江、邛崃、新津等县市属地，其阳为洪雅、丹棱、东坡、彭山、新津等县区属地。起于雅安名山县的回龙寺，中经洪雅县汉王乡土地垭、中山乡高峰山，止于丹棱县的白庙子；南与洪雅县竹箐山、高凤山，止于丹棱县的白庙子；北与名山、蒲江县诸山相连。最高点塔房海拔1024米。整个段落峰峦起伏，蜿蜒20余千米，形势险要，形如屏障，号称“总岗天堑”。山麓的深丘地带，经多年垦耘，大部已开成可耕之梯田、梯地或坡地。山脊则多为茂密森林，多产木材、中药材、桐、茶等。在洪雅县境西北部，距县城35千米。

岷山山脉　岷山山脉南行到天全县为爬狼山，经雅安市庐山县的莲花山分为两大支。一支东行至庐山县天台寺，又分为三支：一支北行为蒲江山脉；一支南行为雅安北岸山脉；中间一支经名山县的蒙顶山，绵延起伏东行经新店子、喇叭场、观音场，至丹棱县境内的白岩场、老峨山。山势于老峨山一聚后，遂分为三支：一支南行，为洪雅山脉，经玉柱溪、廖店子、中山坪至洪雅县的慈溪口止。一支自老峨山东行，经丹棱县顺龙乡金狮砦、双桥镇双土地、三大湾、仁美镇狮子坎、杨场镇郭岩、乌牛坡、云峰寺、中兴场，为夹江山脉。又由中兴场折而东北行经杨场，是为嘉定山脉。又由老峨山分出一支东北行，经螺子坡（顺龙场）遂折而北行。经顺龙乡易大埂、圣钟寺、石桥乡的小檬子埂、大坪山（龙鹄山由此分出），折而东行，经插旗山，又折而西行，经麂子山、梁埂，遂突起嶙峋，势若屏障，经石桥场后，东行经望天坡，折而南行，至东坡区广济乡簸箕岩（赤岩山，解放前为丹棱县属地，县得名于此），山势又一聚：左分一支为眉山山脉；中间一支至广济场外震屏山止；右分一支正南行，经三大湾、江西山，遂化为平冈，至丹棱镇的板桥子南岸突起波伏，灰岃逶迤，经郑扁、操场坝、北门山，至丹棱县城北门止。

象耳山脉　象耳山脉在眉山市境起于彭山县锦江乡，长约12.5千米，海拔622.7米，山形耸秀，连峰接岭，曾建有象耳寺（已毁），上有李白读书台，下有宝砚、磨针二溪以及龙池、蟹泉诸胜。进入东坡区后，由仙女山折南，为大悲寺山。西南经尖山子，入境为东坡区太和镇朱家崖，绕高桥河至东岳庙止，长10千米。

蟆颐山脉　蟆颐山脉自仁寿县凤凰山入东坡区，于东坡区土地乡柑子坪分支：一支为主干，向西北为茯苓窝山，经邹庙子南下，于富牛场西再分支，其一南下，为姜家渡山，进东坡区崇礼镇境为蟆颐山、板桥山，过韩宾店为牛山口，入东坡区复盛乡境为大金山，入东坡区金花乡境为大旺山，至东坡区复兴乡境的乾明寺山止，长30千米；其一经富牛场东南入东坡区复盛乡，为沐江寺山，经观音场东北为兔儿坡、桐子坡，至黄叶岭止，长13千米。柑子坪处另一分支，向东南经东坡区富牛镇为大坟包和大铁篱笆山，至仁寿光相寺边境交界处转西南为东坡区富牛镇境的四根松山，南下为谢家庙山，沿观音河左岸折至冷巷止，长约9千米。

文家坳山脉　文家坳山脉自仁寿县大石板入东坡区，于东坡区金花乡境文家坳分3支：北支，西行至金花场，折东南为中峰寺山，北上经仁寿、眉山交界处为大佛山，向西为史大山、五拐坡，绕金花场西南为长山埂，至邱家塥止，长10千米；中支，自文家坳西南行，经观音寺为木鱼山，向南入柳圣乡为尖山子，然后入青神，长15千米；南支，自文家坳入东坡区柳圣乡为桃儿山，西绕五圣场，东南为尖山子、擦耳岩山、大丛林山，南入青神境，长10千米。

长秋山脉　长秋山脉主要分两支。一支从丹棱县龙鹄山北行经丹棱县、东坡区界北上，至石桥南折，于金紫石山东北入东坡区境，经广济乡栖云寺入万胜镇黄岩顶、猪嘴岩，至梧山，东北转入盘鳌乡观音崖，接坳子口、凉风岭至长秋山（一称牛心山）的太清观然后向东北入成都市蒲江、邛崃市为主干。从太清观向南入盘鳌乡为鸡公岭、五块石、石子山，入秦家镇为安子林山，入万胜镇为大洪山，入秦家镇为祝山、邓山，入白马镇为横山埂，入松江镇为五里山、道成山（清凉寺）、鸿化堰山，经思蒙镇入青神县境，长30余千米。从太清观向东北，自成都市蒲江县大宝顶入盘鳌乡为徐山，入秦家镇为寨子山，至马胡营，自蒲江县龙山折南入秦家镇为油房山、二尖山，自此一支南去至秦家镇为高山。一支东去经多悦镇为龙盘山，至尚义镇为石家山。一支自蒲江县寿材山入多悦镇为大窝山，直至多悦镇两河口。自邛崃县境石牯牛山入多悦镇为五峰山，直至多悦镇的萧埂止。自金紫石山分二小支；一小支西经一碗水，绕丹棱河入东坡区三苏乡为四佛场山；另一小支向东南入东坡区广济乡为连鳌山，经方山，至汪山。自猪嘴岩分两股：向东南入万胜镇为插旗山，经筲箕岩至广济乡境的震屏山；另一股向东北，入东坡区万胜镇为老黄顶。入东坡区盘鳌乡境关防口，连尤聘口、大佛岩，入盘鳌乡经大石板、走马埂至南岳庙。

三峰山脉　三峰山脉在眉山市境由丹棱县郑坪向东入东坡区三苏乡，约2.5千米为碓丘山，又东至三峰山，长约7千米。从郑坪向北沿三苏乡界雅慈山折东至熊山。于三峰山下唐坝子分成3支：一支向东经龙兴场转入东坡区修文镇，为东坡山，经十字卡下至水月寺止长约9千米：一支向北，经千佛寺入东坡区三苏乡为息台山，折南抵山宝场；一支向南，经东坡区修文镇善觉寺，折西入黄家乡为中嘴山，连长地、鸡婆林，绕夹江县永兴场左，向南经万山卡至东坡区思蒙镇境的娴婆岭西，折南为玉泉山，经陈店子、铁铃寺、烟波寺入青神县境，长约20千米。

第二章　气候　水文

眉山市地处中纬度亚热带气候区，属亚热带季风气候类型，作物可一年二熟或三熟，常绿阔叶林广布，境内西部瓦屋山区属高山气候类型。丰富多样的地理环境形成眉山气候不同的地域特色。

主要表现为四季分明；区域差异较大；山地气候垂直变化显著，垂直气候带谱完备；冬干夏雨的季风气候特点明显，秋雨多于春雨，多夜雨。

第一节 气 候

一、气候特征

眉山市境属暖湿的亚热带季风气候区，每年海陆季风交替更迭，夏季受西太平洋副热带高压控制，冬季受西伯利亚和蒙古冷空气影响，形成区内多种气候类型。全年四季分明，雨量丰沛，水热同季，气候温和；冬无严寒，夏无酷暑；无霜期长，少霜雪；日照少；光、热、水的时间分布与农作物生长发育期同步，气候适宜性好，作物生长季长，宜种度大，出产富庶。

境内雨量丰沛，降雨量的时空分布不均匀。降雨量随地域的不同而呈东北向西南递增，年平均降水量983毫米~1490毫米，彭山年均降雨最少983毫米，洪雅最多1490毫米。5—9月为降雨集中时段，其降雨量占年总降雨量的85%左右（日最大降雨量1996年7月28日出现在洪雅，为410.8毫米），是全市夏季洪涝的重要原因。

境内西部山区随着海拔高度的增加，分布有从亚热带—暖温带—寒温带—亚寒带的完整气候带谱。气候的垂直差异（立体气候）明显。气温随海拔的增高而下降，海拔每增加100米，气温下降0.66℃；降雨量随海拔的增高而增多；具有海拔越高，气温越低，降雨偏多的气候概念。

境内不同的季节都存在着天气和气候灾害，冬季最多的天气灾害为寒潮、持续性低温阴雨雪、霜冻、大雾，夏季最多的天气灾害为暴雨、洪涝、冰雹、雷电和大风，春季和秋季天气灾害主要为“倒春寒”与华西秋绵雨，而干旱在每个时段都有可能发生。

二、气象要素

（一）降水

眉山市各地年平均降水量均在900毫米以上，并具有自东北向西南，随地势升高降水量逐渐增加的规律。一年中降水日数最多的月份为8月。全境多年平均降水量为1070毫米。连续最大5个月降水量占年降水量的比重，一般约为80%，出现在5—9月。各区县多年平均水面蒸发量972.5毫米~1250.3毫米，全境多年平均水面蒸发量为1037.2毫米。

降水的地理分布特征　眉山市年降雨量总的分布是，山区多于平丘，迎风坡多于背风坡；其大体趋势是自西向东递减；大部分地区1000毫米左右。境内洪雅县降雨中心年降雨量多年平均值为1385毫米。仁寿县年降雨量最少。眉山中心城区春季平均降水量87.3毫米~292.1毫米，多年季平均降水量164.8毫米；夏季平均降水量341.4毫米~1182.8毫米，多年季平均降水量588.2毫米；各区县夏季降水量占年总降水量的60%左右；秋季平均降水量80毫米~418毫米，占年降水量的20%左右；冬季平均降水量8.4毫米~83.9毫米，多年季平均降水量33.2毫米。全市大部分地区大春生长季的降雨量大于800毫米，占全年80%左右；小春生长季降雨量200毫米左右，占全年20%左右。各地区大小春作物生长期的降雨量均较丰富，基本能满足大小春正常生长。总的分布趋势是由西向东递减。

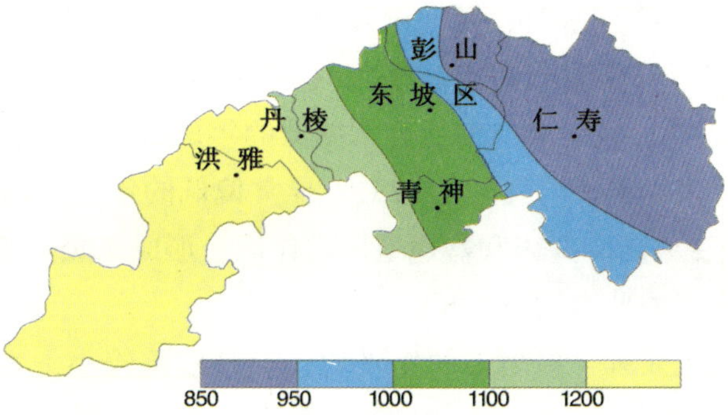

图 2-4　眉山市年降水量分布图

降水量季节分配　眉山市雨季常年变化的趋势是由西向东先后开始，而自西向东先后结束。常年雨季开始期在 5 月上旬，结束期在 10 月上旬，较早的在 9 月下旬。

降水量年际变化　眉山市降水量年与年之间有一定差异，年降水相对变率 0.14%~0.22%，变动幅度不大。东面仁寿县最高，西面洪雅县属低值。各区县年平均绝对变率各地均在 100 毫米以上，相对变率 10%~14%。春、夏、秋、冬各季节降水量分布不均。夏季多，冬季少。年降雨量以夏季降雨为主，占全年的 50%左右，结合夏季气温高，水热同步构成眉山市雨热配合的基本特点。

降水强度　眉山市属暴雨较多地区，多年年平均暴雨 4.7 次，极端最大值出现在 1975 年为 10 次，极端最小值 2 次。大雨多始于 5 月上旬，止于 9 月中旬。暴雨一般开始于 7 月上旬，止于 9 月上旬。一日最大降水量，岷江河谷和岷东丘陵区 150 毫米~200 毫米，岷江以西的坝、丘、山区 200 毫米~300 毫米。

（二）蒸发

眉山历年平均蒸发量为 960 毫米~1025 毫米，由西南往东北呈逐渐增多趋势，西部丹棱、洪雅年总降雨量大于年蒸发量，东部仁寿年总降雨量小于年蒸发量，对应的干旱频率西部明显比东部少。

眉山市各区县年平均蒸发量情况表

表 2-2　　单位：毫米

区县	东坡	彭山	仁寿	青神	丹棱	洪雅
年蒸发量	1016.3	1018.9	1250.3	964.7	972.5	988.2

（三）气温

眉山市境属暖湿的亚热带季风气候区，四季分明，雨量丰沛，水热同季，气候温和，无霜期长，适宜农作物生长。年平均气温 16.7℃~17.3℃，极端最低气温为零下 4.2℃，最低气温低于零度、极端最高气温的出现概率小，时间短，一年中一般仅几天。四季冬春短而夏秋长，雨量冬春少而夏秋多。东部年均气温大多在 17℃以上，西部山区气温垂直差明显，春秋气温变化大，易出现对流天气。西部山区随着海拔高度的增加，分布有从亚热带—暖温带—寒温带—亚寒带的完整气候带谱。

平均气温　眉山市年平均气温的分布总趋势是由东向西递减，同积温分布一致。年平均气温变化幅度 1℃左右，其变化较为平稳，50%以上的年份年均温达到常年水平。一年中，各地均为 1 月最冷，7 月最热，年较差较小在 19℃左右，具有冬暖夏无酷暑的特点，大部分地区春温小于秋温。各月平均气温的地理分布趋势与年平均气温分布大体一致。春季平均气温 14.1℃~19.8℃，多年季平均气温 17.4℃。异常偏低的年份 14.1℃，异常偏高的年份 19.8℃。夏季受西太平洋副热带高压和孟加拉湾暖湿气流影响，形成高温高湿的特点。平均气温 20.6℃~27.2℃，多年季平均气温 25.2℃。最热月（7—8 月）平均气温 20.5℃~28.3℃。异常偏低的年份 20.5℃，异常偏高年份 28.3℃。秋季平均气温 14.2℃~19.3℃，多年季平均气温 17.7℃。异常偏低的年份平均气温 14.2℃；异常偏高的年份 1998 年 19.3℃。冬季受大陆冷高压和盆地地形的作用，形成冬暖、霜雪少的气候特点。平均气温范围为 5.9℃~9.4℃，多年季平均气温 7.8℃。

月年平均气温日较差区域分布　眉山市的年平均气温日较差较小，为 6.8℃~7℃，月平均气温日较差 5.2℃~8.7℃，3—8 月较大为 7.6℃~8.7℃，最大是 4 月，其余各月在 6℃左右，冬季最小。大部分地区的年平均最高气温在 21℃左右，总体分布特征和年平均气温的分布基本一致。月平均最高气温 7 月最高，1 月最低。大部分地方的年平均最低气温 14℃左右，分布特征同其他热量资源要素的分布特征基本一致。月平均最低气温绝大部分地方 7 月最高，1 月最低。1997—2012 年，眉山市出现极端高气温情况较少。极端最低气温一般在零下 3℃左右，洪雅于 1977 年 1 月 30 日出现眉山市极值最低气温为零下 4.2℃。2006 年出现 80 年一遇的特大高温伏旱，高温强度和高温日数均创历史极值，大于或等于 35℃的高温日数 20 天~36 天，仁寿县出现了 39.9℃的极端最高气温，其余各地均超过 38℃。2008 年 1 月 11 日至 15 日，受强冷空气影响，各区县日平均气温从 11℃左右降至 3℃左右，此后由于气温一直未回升，造成未来近 30 天日平均气温低于 5℃，出现罕见低温阴雨雪天气，因冻害道路和电线结冰造成较严重经济损失。

霜日及无霜期分布　眉山市无霜期日数一般为 297 天~321 天。霜期初日一般在 12 月上旬，终日在 1 月下旬。霜期通常不足 2 个月，适于全年农耕和作物生长，一般在气温大于或等于 10℃持续期内生长的作物不会受到霜冻的影响。

地温　眉山市地温与气温分布一致，一般地温比气温高。年平均地温比年平均气温偏高 1℃~2℃，最热的 7 月平均地温与平均气温相差 3℃以上。地温的变化速度比气温快，从冬到夏，地温增加很快；从夏到秋地温下降迅速。

（四）积温

眉山市界限温度大于或等于 0℃、10℃、15℃、20℃的初日、终日、持续日数及活动积温情况。稳定通过 0℃持续期为广义生长期或农耕期，全市积温均在 6100℃以上，持续日数 365 天。稳定通过 10℃持续期为一般喜温作物生长期，也是喜凉作物的积极生长期，全市稳定通过 10℃的初日在 3 月上旬，终日在 11 月底，持续日数 261 天~266 天，是全省持续期较长地区之一。稳定通过 15℃的初日在 4 月中旬初，终日在 10 月底至 11 月上旬初，持续天数在 197 天~205 天。全市稳定通过 20℃的初日在 5 月中旬到下旬，终日在 9 月下旬初，持续天数在 120 天~135 天。

眉山市冬季积温较高，热量相对丰富，既能满足喜凉作物（小麦、油菜等）顺利通过春化阶段，又能为冬季生长的蔬菜等作物提供热量条件。全市各季活动积温分布规律大致是夏季积温最多，春、秋季基本一致，冬季最少。越冬期（11 月至次年 3 月）大于或等于零度积温为东坡区 1500.9℃、仁寿县 1518.9℃、彭山县 1497.5℃、洪雅县 1476.7℃、丹棱县 1434.4℃、青神县 1485.5℃。适宜喜温作物生长的日期较长，积温充足，向西喜温作物生长适宜性逐渐减弱。

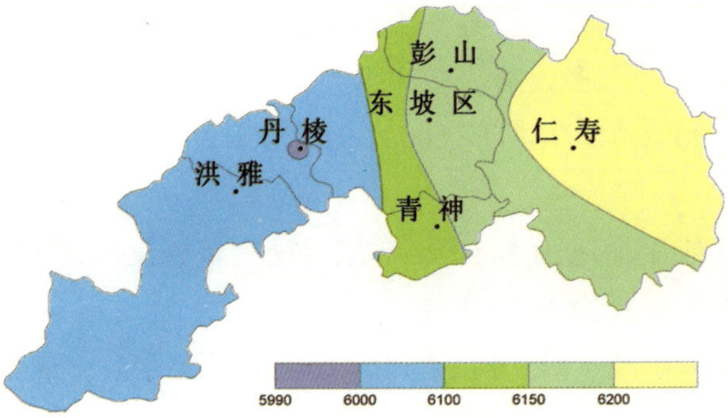

图 2-5 眉山市活动积温图

（五）湿度

眉山市多年平均相对湿度 78%~82%，全年各月相对湿度较稳定。各月平均相对湿度以冬季 12 月至次年 2 月最大，为 84%~85%，使人体感觉比较阴冷，最小 4—5 月，为 70%左右，由于气温适宜，4—5 月人体舒适度较好，盛夏 6—8 月，相对湿度都维持在 80%以上。

眉山西部、南部植被、林区覆盖较多，年平均相对湿度较东部偏大，也与这些地区年降水量偏多有直接的关系。

眉山市逐月相对湿度情况表

表 2-3 单位：%

月份	1	2	3	4	5	6	7	8	9	10	11	12	全年
温度	84	85	79	73	75	80	81	83	81	80	80	84	81

（六）日照

眉山境内多云少日照，年日照时数 905. 7 小时~1114. 6 小时，为可照时数的 20%~24%，比同纬度的地方偏少，属全国低日照区域之一。眉山市多年年平均日照 1018 小时，日照时数的分布由西往东逐渐增加，丹棱县、洪雅县年平均日照时数相比东坡区、仁寿县少 100 小时左右，春季平均日照 324. 4 小时，夏季平均日照 378. 2 小时，秋季平均日照 183. 9 小时，冬季平均日照 131. 4 小时。月平均日照时数以 1 月、2 月、10 月、12 月最少，为 40 小时~60 小时；4—8 月最多，为 110 小时~150 小时。

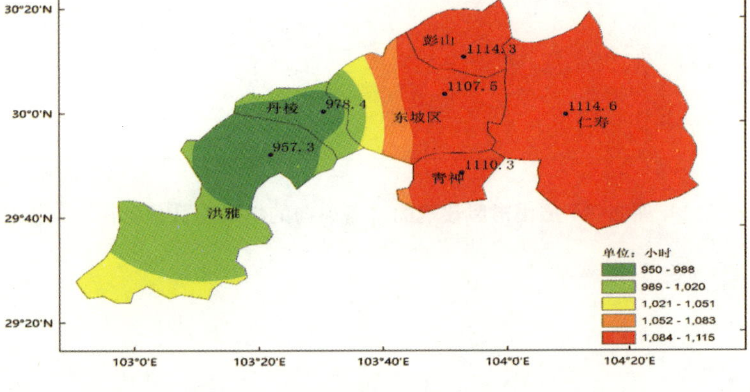

图 2-6 眉山市年日照总时数分布图

1999 年 8 月 2 日至 21 日的 20 天中仁寿县雨日 19 天，10 月的 31 天中雨日 25 天，日照仅 45. 5 小时，11 月上旬日照仅 0. 3 小时。多秋雨、寡日照，严重影响水稻、玉米、棉花晒干收藏，也影响红苕生长和小春适时播种。2003 年，年日照 600 小时~1000 小时，各区县偏少 200 小时左右。

（七）风

风力　眉山风力偏小，年平均风力为 1 级~2 级，受中等强度的冷空气影响时普遍有 3 级~4 级偏北风，冷空气全年影响次数一般为 10 次左右，眉山春夏之交（3—4 月）和盛夏季节（7—8 月）会产生强对流天气，部分地方出现 7 级~8 级大风，大风年际变化大，最多年份 5 次，最少年份全年无大风天气。

风速　眉山市境内年平均风速每秒 1 米~2 米，瞬间最大风速每秒 30 米。多年年平均风速每秒 1. 14 米，春季平均风速每秒 1. 33 米，夏季平均风速每秒 1. 23 米，秋季平均风速每秒 1. 07 米，冬季平均风速每秒 0. 94 米。

眉山市逐月平均风速情况表

表 2-4　　　　单位：秒/米

月份	1	2	3	4	5	6	7	8	9	10	11	12	全年
风速	0. 9	1.	1. 2	1. 4	1. 1	1. 2	1. 3	1. 3	1. 1	1. 1	1. 0	0. 9	1. 14

风向　眉山市出现最多的风为静风，次多风为偏北风。风向按照 16 个方位和静风（风速 = 0）统计，分别为 N、NNE、NE、ENE、E、ESE、SE、SSE、S、SSW、SW、WSW、W、WNW、NW、NNW 及 C。图 2-7 左边为各风向在全年所有风向中的百分比。

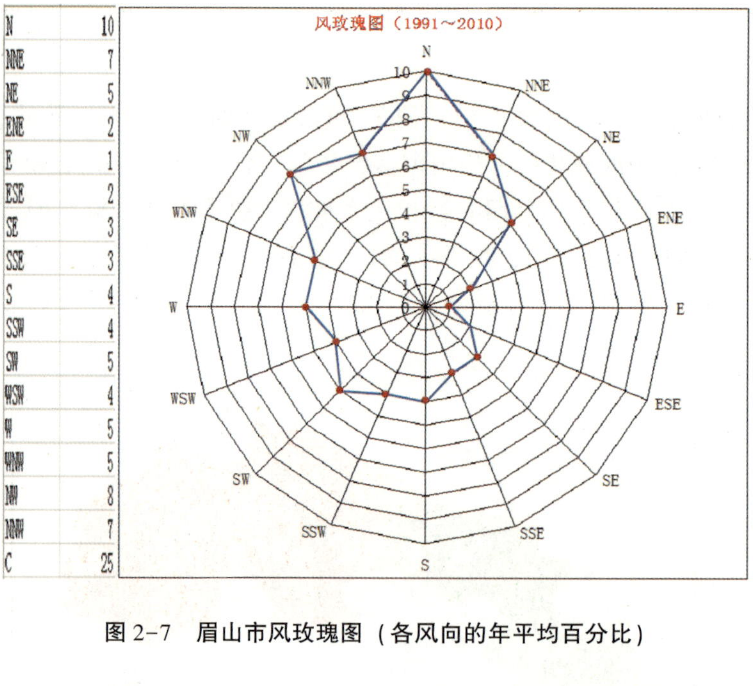

图 2-7　眉山市风玫瑰图（各风向的年平均百分比）

三、天气现象

（一）大风

眉山市的大风天气，大部分为受地面冷空气南下，过境眉山时伴有产生的，此类大风天气范围较广。另一类为夏季时，眉山市由中小尺度诱发强对流天气造成的大风，此类大风范围较小，强度大。

眉山市大风出现时间最早在 3 月，结束于 10 月。4—5 月，由于季节处于春夏交换期，冷暖空气交汇对峙频繁，产生的对流性天气较多，伴随对流性天气产生的阵性大风也较多。6 月，季节过渡到夏季，冷空气势力相较于春夏之交时较弱，产生的大风气候概率比 4 月、5 月低。大风气候概率仅仅是≥每秒 17 米的。

1981—2010 年，眉山监测到的最大风速为每秒 25. 2 米，发生于 2006 年的洪雅县，次大风速为每秒 21. 2 米，发生于 2002 年的青神县。

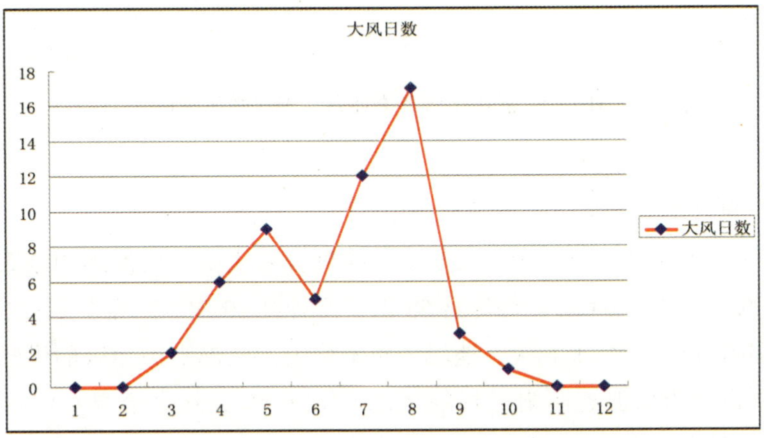

图 2-8　眉山市 1981—2010 年大风日数逐月分布图

（二）寒潮

按照气候学标准，眉山市一般降温幅度达不到寒潮标准，但强降温会造成较明显影响。一般性降温过程较多，危害较小。1991—2010 年，眉山出现 56 次强降温天气过程，出现强降温次数最多的是春季（3—4 月），为 27 次，占总数的 48%，其次是冬季（12 月至次年 2 月），为 20 次，占总数的 36%，最少的秋季（10—11 月），9 次。

眉山市强降温天气以区域性降温为主，1999 年 4 月 23 日至 25 日，受地面强冷空气影响，各县日平均气温从 25℃左右连续下降到 12℃左右，降温幅度 12℃以上，突然由夏返冬，造成明显的“倒春寒”。2008 年 1 月 11 日至 15 日，眉山市遭遇强降温天气过程，全市日平均气温下降7℃～9℃，过后气温持续偏低，造成近 30 天的持续性低温阴雨雪，此次强降温过程给交通、电力、农业和社会生产、生活带来极大危害。

眉山市降温分级情况表

表 2-5

类别	12 月月至次年 2 月（冬季）	3 月—4 月（春季）或 10 月—11 月（秋季）
一般降温	72 小时内，日平均气温下降<6℃	72 小时内，日平均气温下降<8℃
强降温	72 小时内，日平均气温下降≥6℃	72 小时内，日平均气温下降≥8℃
寒潮	24 小时降温达 10℃以上，且最低气温<5℃	

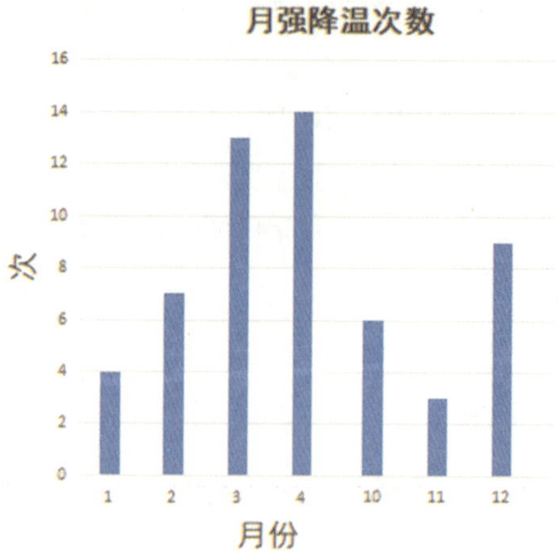

图 2-9　眉山市秋冬季逐月降温次数示意图

（三）连阴雨

连阴雨，一般分为春季低温阴雨和秋季秋绵雨。

对眉山市近 50 年 3 至 4 月低温连阴雨天气进行统计分析表明，低温连阴雨天气发生的过程总次数分别为东坡区 55 次、彭山县 54 次、仁寿县 53 次、青神县 49 次、洪雅县 82 次、丹棱县 76 次，全市年均发生低温连阴雨过程 1 次～1.6 次，地域分布不均匀，西部沿山地区的洪雅和丹棱发生低温连阴雨过程较多，分别占全市低温连阴雨过程的 22.2%和 20.6%，其余地方差别不大，大致占13.3%～14.9%；低温连阴雨总日数分别为东坡区 279 天、彭山县 263 天、仁寿县 263 天、青神县 251 天、洪雅县 393 天、丹棱县 389 天，全市年均发生低温连阴雨日数 5 天～7.9 天，洪雅最大占 21.4%，丹棱次之 21.2%，青神最少 13.7%；年际变化较大，82%的年份出现低温连阴雨天气，出现在 3 月，3 月上旬最多，占 40.2%，3 月下旬到 4 月上旬急速下降，低温连阴雨日数明显减少，4 月中旬开始低温连阴雨天气极少发生，4 月下旬未出现；以 3 天～5 天的轻度过程为主，占 65.8%～74.1%。

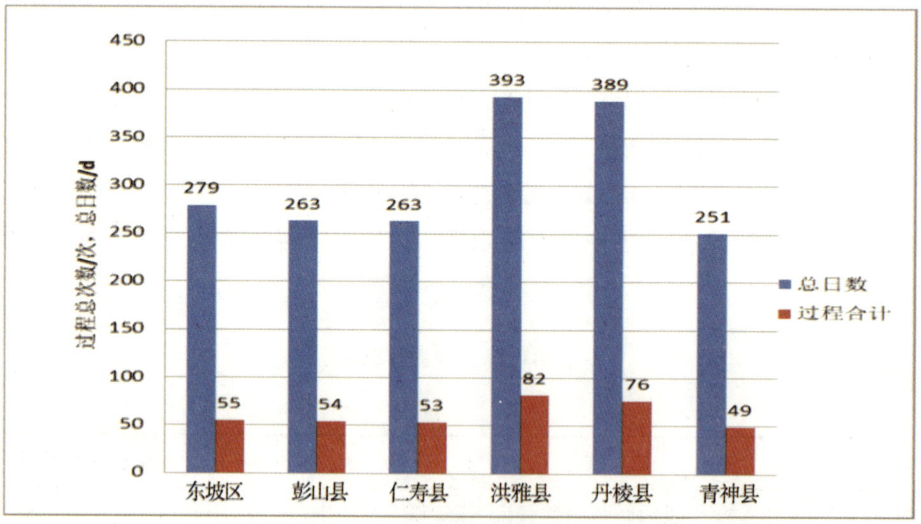

图 2-10　眉山市 3—4 月低温连阴雨总次数与总日数分布图

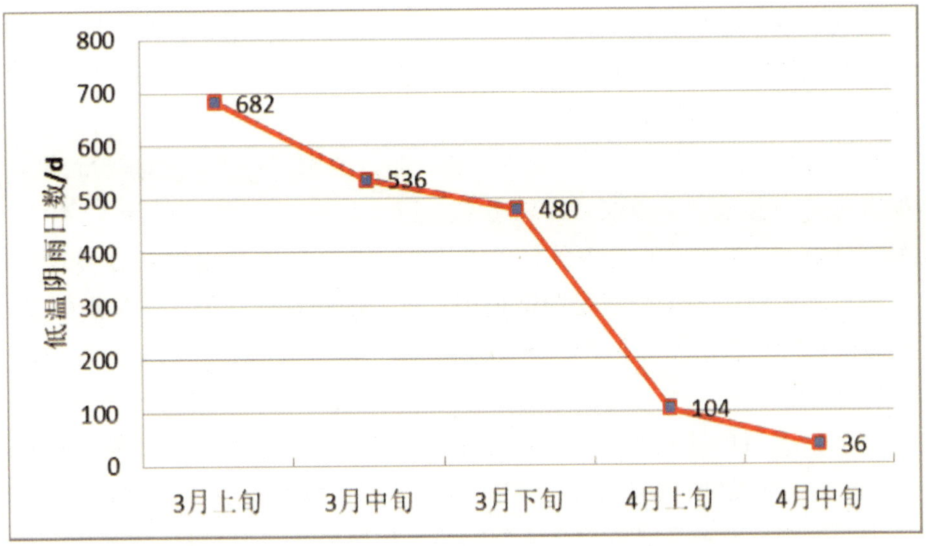

图 2-11　眉山市 3—4 月各旬低温连阴雨日数分布图

秋绵雨，秋季连续 7 天或以上日降水量大于等于 0.1 毫米，眉山市主要时段为 8 月 20 日—9 月 30 日，1997—2012 年秋绵雨，仅 2000 年和 2004 年达气候学标准的秋绵雨，其余时段秋绵雨均为 4 天~6 天，程度偏轻。

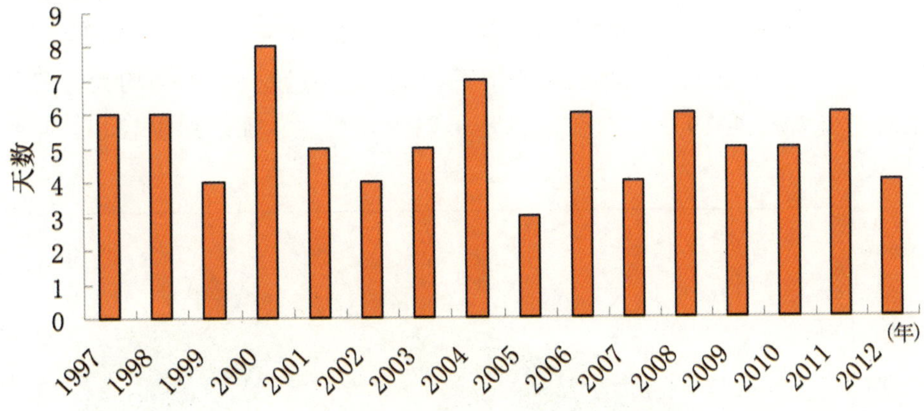

图 2-12　眉山市秋绵雨历年分布图

（四）暴雨

眉山市多暴雨期为 6—9 月，暴雨最多是在 7 月、8 月。6 月以前，9 月以后是少暴雨期。汛期（5—9 月），全市各县（区）3 次~5 次暴雨天气过程，降雨时间集中，强度大，来势猛，易造成重大损失。洪涝年均发生频率 76.5%~173.5%。

眉山市暴雨多出现于夜间，以一小时降水量达到 10 毫米定为暴雨开始时间，大部分地区有 60%~85%的暴雨发生在当天 20 点以后至次日 8 点以前，各地暴雨多发时段不尽相同。一般将全天分为傍晚（19—20 点）、上半夜（21—24 点）、下半夜（1—6 点）、上午（7—12 点）、下午（13—18 点）五个时段。

眉山地区西部洪雅县、丹棱县及南部青神县一带，是夜间暴雨最多的地区，在 80%以上；眉山地区北部彭山县、中部东坡区、东部仁寿县的暴雨，也多发生在夜间，少于西南部，约 70%左右。

夜间发生的暴雨，除洪雅县、丹棱县是上半夜略多于下半夜以外，眉山市其余地方普遍是下半夜多于上半夜。下午到傍晚是普遍少暴雨的时段。眉山市夜间暴雨所占的百分率，有由西向东减少的趋势，暴雨的多发时段也有由西向东推迟的现象。

20 世纪 60 年代中期，眉山地区暴雨日较多，随后曲折递减，70 年代初减少到最少，而后递增，1981 年左右暴雨日数达到极值，呈波浪式递减递增。

从年平均暴雨日数看，洪雅县和丹棱县分别以年均 5. 6 个暴雨日数和年均 4. 2 个暴雨日数排在第一和第二，其中“喇叭口”地形因素起助推作用。东坡区和青神县为 3. 7 个暴雨日，与东坡区和青神县接壤，地理气候环境相似并处在同一经度有关，彭山县和仁寿县排在最后两位。

（五）无降水日

眉山市各县（区）无雨日年平均为 200 天~245 天，年无雨日最多县为仁寿县 245 天，最少为洪雅县 200 天。洪雅县毗邻雅安市雨城区，雅安市有“天漏”之称，洪雅县地形地貌和雅安有相似之处，造成雨日较多。仁寿县夏季受副热带高压外围势力控制，干旱频率高，雨日少，仁寿县曾经出现过连续 64 天无降雨的历史极值。

（六）大雾

四川盆地是全国有名的辐射雾区，一般出现在晴朗、微风并且近地面气层较潮湿的晚上或者清晨，在秋冬季比较容易出现。眉山地区的大雾主要也为辐射雾。年平均大雾日数的空间分布与其地形的分布密切相关，东坡区、彭山县、青神县为平原地区，并且岷江自北向南贯穿三个区县，此三个区县属于平坝河谷地区，年平均大雾日数多，均大于 40 天，青神县年平均大雾日数 106. 7 天，高于其余五个区县。丹棱县、洪雅县由平原逐渐向山地过渡，其年平均大雾日数呈现减少趋势，从年平均 38. 7 天减少至 19. 1 天。仁寿县地形以浅丘为主，加之湿度较小，年平均大雾日数最少，为 17 天。

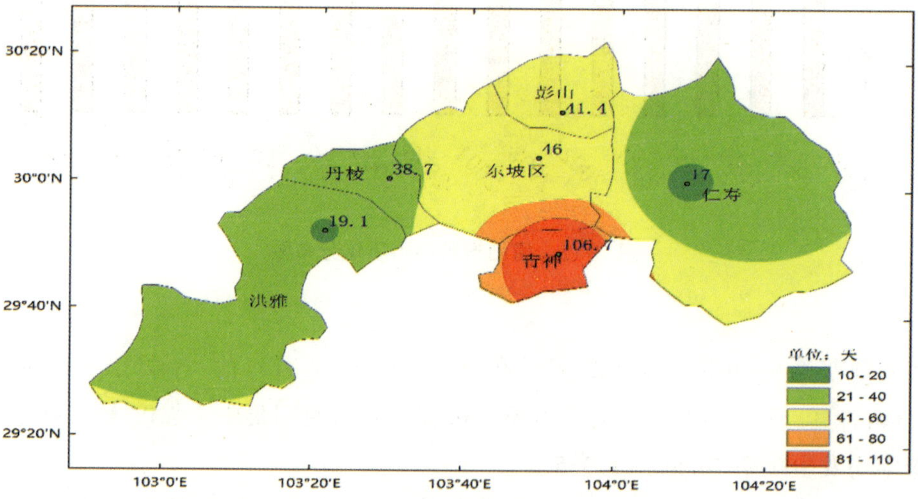

图 2-13　眉山市年平均大雾日数分布图

四、气候变化及其影响

（一）气候变化

气候冷暖变化　全国处于近 1000 年来的温期，近 300 年温度总体呈上升趋势。眉山市所处的四川盆地百年尺度以上的冷暖变化与全国的变化趋势有较好的一致性。1997—2012 年，眉山市平均气温整体呈上升趋势。1997 年以后年平均气温连续高于常年，1998 年、2002 年为最暖的两个年份。降水逐渐偏少，其中降水最少的三个年份为 2006 年、2003 年和 2007 年。

降水变化　20 世纪眉山市年降水量处于较低水平。近 30 年年降水量有起伏变化，其总趋势趋于减少，并出现近半个世纪的最低值。

（二）气候变化的影响

1997 年起，眉山市年平均气温呈上升趋势，异常天气气候增加。致岷江径流量逐步减少，造成水土流失和地质灾害，农业生产的不稳定性及成本增加。2005 年 7 月、8 月眉山市大部地区降水日数多、日照时数少，出现罕见的长时间阴雨寡照天气，当年大春生产损失严重。2012 年 1 月上旬至 3 月中旬连续出现长时间阴雨寡照天气，延缓了小春作物生长。

第二节　水文　水系

眉山市河流流域面积 100 平方千米以上的河流有 28 条，500 平方千米以上的有 10 条，1000 平方千米以上的有 5 条。主要河流有岷江、青衣江等。岷江流域 3126 平方千米，占全市总面积的（下同）43.5%；青衣江流域 2117 平方千米，占 29.5%；沱江流域 1943 平方千米，占 27.0%。受季风影响和地形作用，全域雨量丰沛，降雨分配不均。降雨量随地域不同呈东北向西南递增，平均年降雨量 998 毫米~1999 毫米，境内平原、丘陵降雨量明显低于深丘和山地。降水量多集中在 5—9 月，汛期径流量占年径流量的 75%以上。位于西部的洪雅县系青衣江暴雨区，多年平均降雨量最大，最大年降雨量 2549 毫米；位于东部的仁寿县系川中红层丘陵区，降雨量较少，年最小降雨量 550 毫米左右，“十年九旱”。全市多年平均过境水量 275.5 亿立方米，大多数以洪水下泄流走，沿江（河）两岸平原（坝）区频繁发生洪涝灾害。

一、岷江水系

岷江主源羊洞河，发源于阿坝藏族羌族自治州松潘县川主寺镇两河口以北岷山南麓的弓杠岭和朗架岭，南流至川主寺镇与左源虾得曲合流后称岷江，在彭山县入境，从青神县出境，经乐山市直下宜宾市入长江。眉山市境内流程 99.26 千米，年径流量 826 亿立方米。岷江在市境内接纳的主要支流有位于左岸的锦江、王店河、粤江河、沙溪河；位于右岸的梓潼河、毛河、醴泉河、思蒙河、金牛河。岷江干流进入眉山，流经平原和缓丘平坝地区，河谷开阔，谷宽一般在 1000 米以上，水流平缓，流路分歧，水下切力减弱，转为旁向侵蚀，河曲发育。

（一）思蒙河

古名思濛水、思濛江、夷郎川、难江，一称芙蓉溪，为眉山市境内岷江右岸较大支流，流域面积 723 平方千米，河长 81 千米。其上游名丹棱河，发源于丹棱县中观山银锭寺和东坡区与蒲江县交界的长秋山，发源地高程 739 米，南流至丹棱县城，接纳来自右岸顺龙、双桥两乡各支流后，折向东流，至东坡区三苏乡先后接纳左支广济河、万胜河后，始称思蒙河，再转向东南流，经东坡区思蒙镇，于青神县瑞峰镇青杠坪村汇入岷江。

（二）金牛河

古名濉甘水、金流江，系岷江右岸一级支流，河长57千米，平均比降1.05‰，流域面积338平方千米，发源于丹棱县杨场镇黄庙村，流经丹棱县、东坡区、夹江县、乐山市中区、青神县，于青神县罗波乡新桥村汇入岷江。

（三）茫溪河

古称涌斯茫水、四望溪，属岷江下游左侧一级支流。干流全长90千米，总落差165米，平均比降0.46‰，流域面积1218平方千米，跨眉山市仁寿县和乐山市井研县、市中区、五通桥区、犍为县及自贡市的一部分，在眉山市境面积43.7平方千米，占全流域面积的3.59%。茫溪河主源名研溪河，发源于乐山市井研县分全乡大为村老鸦山，主要支流有殷家河、东林河、月波河、敖家河、磨池河5条。

（四）粤江河

古称鱼蛇水，又称月江河、郿江，属岷江一级支流，发源于仁寿县清水镇大坡村，流经仁寿县、东坡区、青神县，于青神县高台乡百家池村汇入岷江。流域面积540平方千米，河长88千米，平均比降0.523‰。

（五）越溪河

源于威远县越溪区白果湾，流经仁寿县天峨乡、汪洋镇、松峰乡入荣县注入岷江。长31.4千米，流域面积94.03平方千米，年径流量1.75亿立方米。

二、青衣江水系

发源于雅安市宝兴县境北部的夹金山南东麓，正源为宝兴河，流至芦山飞仙关，接纳天全河及荥经河后始称青衣江，古称青衣水，俗称雅河。在雅安市下游纳右（南）来的洪雅炳灵河下游周公河，从水口进入洪雅县槽渔滩镇，东流至中保镇，纳左（北）来的洞背河，在止戈镇接纳右来的花溪河，在三宝镇接纳右来的川溪河，在余坪镇纳左来的安溪河后，在余坪镇东的芦溪口出境进入乐山市夹江县。青衣江全长289千米，市境内流长58千米，入境流域面积457平方千米、断面海拔高程516.4米、年均流量每秒457.6立方米，年均入境径流量145.06亿立方米（含境内炳灵河出境后汇入年均径流量12.37亿立方米）。因特殊的地理位置与气候条件，降水量充沛，产水量丰富，在全国130条主要河流中排名第三位，为峨眉山暴雨区，是全国有名的暴雨中心之一。

花溪河。为境内青衣江右岸最大的一条支流，发源于高庙大众岗，上段名铜厂河，下段称石河，由南向北从高庙流入吴河，左接纳源出大天池、上段支流名张河的高庙河水后，始称花溪河。花溪河流经山区，比降大，天然落差大。上、中游流域受峨眉山地形和暴雨中心影响，雨量充沛，最大日降雨量300毫米以上，最高洪峰流量每秒4440立方米，最枯流量每秒6立方米，多年平均流量每秒36.9立方米。多年平均径流量11.49亿立方米，年输沙量21万吨左右。

三、沱江水系

境内沱江水系有球溪河。属沱江中游右侧一级支流。河长134千米，平均比降0.29‰，流域面积2501平方千米，其中仁寿县境内1943.3平方千米，占77.7%。球溪河上游在仁寿县北斗镇以上有3个源头。北源名龙水河，为主源，河长77.9千米，平均比降0.88‰，河床宽20米~60米，集雨面积844.9平方千米；西源名通江河（又名曲江河），河长87.2千米，平均比降

0.64‰，河床宽 40 米~80 米，集雨面积 447.1 平方千米；南源名清水河，河长 83.7 千米，平均比降 0.84‰，河床宽 20 米~70 米，集雨面积 448.7 平方千米。北源与西源先汇合于北斗镇上游 9 千米的梨树坝，再东流 5.3 千米至清水寺与南源汇合，始称球溪河。经北斗镇东南流 10 千米在寨子寺山嘴流出仁寿县境。

眉山市境内各河系流域面积及地面径流产水量表

表 2-6

河流名称		流域面积（万平方千米）		地面径流产水量（亿立方米）		
		全流域	眉山市境内	外来过境水量	眉山市境内水量	总产水量
岷江		5.46	5198	261.85	45.26	307.11
其中	岷江干流区	4.17	3117	134.14	17.02	151.16
	青衣江	1.29	2081	127.71	28.24	155.95
沱江		2.79	1942	0.74	8.22	8.96
眉山市总计		8.25	7140	262.59	53.48	316.07

第三章　土壤　植被

眉山市土类主要为水稻土和紫色土，以水稻土为多。亚类包括紫色土性水稻土和石灰性紫色土等 10 个。土属有棕紫泥水稻土、黄紫色潮土水稻土、灰棕紫泥水稻土、棕紫泥土、灰棕紫泥土等 49 个，土种 200 余种。眉山市属亚热带常绿植被地区，分为西部山地、低山台地、东部丘陵和冲积平原 4 个植被区，陆地被人工植被和自然植被所覆盖。2012 年，眉山市森林覆盖率 44.62%。

第一节　土　壤

一、土壤类型

眉山市境内土壤有水稻土、潮土、紫色土、黄壤土、红壤土 5 种，以水稻土为主。2012 年眉山市水稻土 11.51 万公顷，占总耕地面积（下同）的 65%；潮土 4074.31 公顷，占 2%；紫色土 4.7 万公顷，占 26.7%；黄壤土 9468.66 公顷，占 5%；红壤很少，仅 255.18 公顷。

眉山市土壤类型及分布表

表 2-7

土类		亚类		土属名称	
名称	面积（公顷）	名称	面积（公顷）	名称	面积合计（公顷）
水稻土	115075.97	潮土性水稻土	20266.37	棕灰色潮土性水稻土	7203.27
				黄紫色潮土性水稻土	11833.23
				紫色潮土水稻土	1224.62
				黄潮水稻土	5.25
		紫色土性水稻土	51217.88	暗紫泥水稻土	1016.39
				灰棕紫泥水稻土	15134.92
				红棕紫泥水稻土	3529.25
				棕紫泥水稻土	24291.68
				黄紫泥水稻土	1456.49
				砖红紫色水稻土	2181.27
				红紫泥水稻土	1788.79
				土红紫泥水稻土	1819.10
		黄壤性水稻土	43591.72	矿子黄泥水稻土	636.41
				黄色潮土性水稻土	1133.33
				冷砂黄泥水稻土	850.21
潮土	4074.31	潮土	4074.31	棕灰色潮土	2388.27
				原生钙质紫色土	209.01
				新积灰砂土	260.93
				新积钙质灰棕砂土	268.48
				冲积钙质紫砂土	11.91
				新积钙质紫砂土	121.79
				黄紫色潮土	770.93
				紫潮土	42.99
紫色土	46999.28	酸性紫色土	1968.52	红紫泥土	1225.61
				酸紫泥土	180.37
				林地红砂土	562.55
		中性紫色土	17921.63	灰棕紫泥土	14461.65
				暗紫泥土	1363.35
				脱钙紫泥土	209.24
				黄红泥土	963.32
				林地黄泥土	633.46
				林地岩屑土	290.60

续表2-7

土类		亚类		土属名称	
名称	面积（公顷）	名称	面积（公顷）	名称	面积合计（公顷）
紫色土	46999.28	石灰性紫色土	27109.13	棕紫泥土	11537.46
				砖红紫色土	3115.80
				林地石骨土	948.82
				红棕紫泥土	7869.96
				黄红紫泥土	780.46
				原生钙质紫泥土	41.78
				土红紫泥土	2814.85
黄壤	9478.66	黄壤	9478.66	砂黄泥土	1167.24
				矿子黄泥土	808.71
				冷砂黄泥土	930.62
				老冲积黄泥土	6420.96
				砾石黄泥土	151.13
红壤	255.18	红壤	200.00	老冲积红壤	200.00
		黄红壤	55.18	卵石黄红泥土	55.18
合计	175883.40		175883.40		175883.39

二、土壤分布

眉山市土壤以水稻土、紫色土为主。水稻土主要分布于沿江平原、台地及丘陵、低山区，各县（区）均有分布。

除大面积分布水稻土外，受母质岩性影响而广泛分布有潮土、紫色土和黄泥土。紫色土主要分布于东部丘陵区，多与水稻土壤镶嵌间杂分布。其中仁寿县丘陵多石灰性紫色土，东南部丘陵多中性紫色土。此类土壤抗蚀力弱，加之森林覆盖率低，水土流失严重，致坡土浅薄，易干旱，限制肥力发挥。

黄壤多分布于东部台地和西部山地区，台地的老冲积黄泥土与水稻土呈镶嵌分布，西部山地黄壤为土壤垂直分布带谱的基带。在此以上的山地土壤依气候—生物带逐次递变。海拔 1000 米~1700 米为山地黄壤；1600 米~2000 米为山地黄棕壤；2000 米~2900 米为山地暗棕壤；2900 米~3522 米为山地棕色针叶林土。市境内中部和东部由河谷阶地、平原、浅丘地貌组成，地带性土壤为黄壤，由于农业开发较早，自然植被遭到破坏，受人为活动影响，土壤发生演变。新积土分布于河流的河漫滩和一级阶地。

第二节　植　被

眉山市属亚热带常绿植被地区，是川中散生林区之一。以丘陵为主，平原较少，东坡区、仁寿县陆地表面被自然植被、人工植被覆盖，无荒漠现象。自然植被主要分布在洪雅县、仁寿县、丹棱县等山丘区。洪雅县境内植被资源形成平坝、丘陵中亚热带常绿阔叶林带、低山北亚热带常绿阔叶林带、山地暖温带常绿与落叶阔叶混交林带、山地中区带针阔叶混交林带、亚高山寒温带暗针叶林带、亚高山寒温带灌丛、草甸带 6 个明显的自然植被垂直带；丹棱县植被属大相岭东北小区。仁寿县主要分布在龙泉山以西地区、龙泉低山区、浅、中丘陵区和南部深丘区；东坡区林区主要分布在岷江以西的崇仁、三苏、广济、盘鳌等镇乡，植被类型不多，马尾松占林区总面积 80%以上，另有少量柏、杉；彭山县主要分布于东山、西山，以马尾松、栎类为主，间有柏木、杉木、油茶等；青神县森林植被分布主要在平坝区的村舍慈竹林盘，路渠旁林带。人工植被覆盖眉山市各辖区，除有稻麦、蔬菜、茶叶、花木等农副作物外，还有公园和道路、河道两侧等景观绿化，形成净化环境绿地风景。通过植树造林、退耕还林等措施，至 2012 年，眉山市森林覆盖率由 1997 年的 30.1%增至 44.62%。眉山市植被主要是人工植被（详见本篇第四章第四节“生物资源”和第十篇“农业和农村工作”）。

眉山市蕨类、裸子、被子植物与全国、四川省科、属、种比较表

表 2-8

		全国			四川省			眉山市		
		科	属	种	科	属	种	科	属	种
蕨类		63	213	—	52	128	730	36	71	155
		眉山市占全国的百分比（%）						57.14	33.33	—
		眉山市占全省的百分比（%）						69.23	55.47	21.23
种子植物	裸子	10	34	238	9	28	100	7	14	20
		眉山市占全国的百分比（%）						70	41.18	8.4
		眉山市占全省的百分比（%）						77.78	50	20
	被子	291	2940	24300	182	1474	8453	141	670	1723
		眉山市占全国的百分比（%）						48.45	22.79	7.09
		眉山市占全省的百分比（%）						77.47	45.46	20.38
总计		364	3187	种子植物 24538	243	1630	9283	184	755	1898

说明：按科考报告植物名录统计，蕨类少 1 种，被子植物序号 29 防己科的青牛胆重复 1 种，故同其统计 1900 种少 2 种，为 1898 种

第四章　自然资源

眉山市辖区面积 7140 平方千米，其中，东坡区 1336 平方千米，仁寿县 2608 平方千米，彭山县 462 平方千米，洪雅县 1897 平方千米，丹棱县 450 平方千米，青神县 387 平方千米。属亚热带常绿植被地区，地势西高东低，北高南低。市境内山峦纵横，丘陵起伏，河网密集，丘陵较多，平原较少。河流众多，纵横交错的江河为引、蓄、排水和工农业生产提供良好自然地理条件，但水资源在时空和地域分布不均。2012 年，全市水资源总量 53.48 亿立方米，已发现矿产 26 种，主要矿产为钙芒硝、煤和砖瓦用页岩，其中，钙芒硝已探明资源储量近 100 亿吨，居全省第二。有野生植物近 3500 种。野生动物区系组成较复杂，以亚热带的森林动物为主，有陆生野生（脊椎）动物 469 种。

第一节　土地资源

2012 年，眉山市土地总面积 71.4 万公顷，其中耕地 24.12 万公顷、园地 7.52 万公顷、林地 24.72 万公顷、草地 2646 公顷、城镇村及工矿用地 6.21 万公顷、交通运输用地 1.28 万公顷、水域用水利设施用地 3.78 万公顷、其他土地 3.49 万公顷。土壤有水稻土、潮土、紫色土、黄壤土、红壤土 5 种，以水稻土为主要土类，面积 11.51 万公顷，占总耕地面积的 47.72%，适宜水稻、小麦、蔬菜等农作物和其他植物生长。

第二节　矿产资源

眉山市已发现的矿产主要有煤、钙芒硝、硫铁矿、铜矿、铅锌矿、膨润土、花岗石、砖瓦用页岩、黏土、水泥用石灰岩、石膏、建筑用砂、天然气、锰矿、金矿、地热、石油等 26 种。重要的矿产为钙芒硝，其次为煤、砖瓦用页岩、建筑用砂、水泥用石灰岩等。其中金属矿有铁、铜、铅、锌、锰、沙金 6 种。砖瓦用页岩、黏土遍布全市六区县；钙芒硝矿分布在彭山县、东坡区、丹棱县、洪雅县四区县；膨润土分布在仁寿县境内；建筑用砂分布在岷江、青衣江流域的彭山县、东坡区、洪雅县、青神县四区县；石膏矿点分布在东坡区、仁寿县；矿泉水分布在彭山县、东坡区、洪雅县、丹棱县四区县；金矿点、地热分布在彭山县；煤分布在仁寿县、洪雅县；铁矿、铜矿、铅锌矿、花岗石、锰矿分布在洪雅县。正在开发利用的有铁、铅、锌、沙金，铜矿和锰矿在勘探中。

一、金属矿

金属矿总量443.5万吨，其中铁矿335万吨、铅锌矿105.5万吨、铜矿3万吨，锰矿尚未探明储量。以上矿种均分布在洪雅县境内。

铁　2002年，眉山市新立四川省洪雅县倒坐岩铁矿普查、四川省洪雅县菖蒲沟铁矿详查、四川省洪雅县大河坪铁矿玄武岩矿详查、四川省洪雅县龙门坎铁矿详查探矿权4个。有龙虎凼、小河子铁矿采矿权2个。小河子铁矿矿区位于洪雅县张村乡小河子，矿区面积0.46平方千米，矿区内保有矿石资源量94.17万吨。矿石类型为赤铁矿和褐铁矿，矿石体重平均每立方米3.2吨，矿体厚度1.02米~1.82米，含铁量35%~45%。龙虎凼铁矿矿区位于洪雅县张村乡龙虎凼，矿区面积0.16平方千米。矿区内保有矿石资源量217.14万吨。矿石类型为赤铁矿、菱铁矿和褐铁矿，矿石体重平均每立方米3.7吨，矿体厚度3.42米~5.78米，含铁量44%~46%。截至2012年年底，小河子铁矿、龙虎凼铁矿保有矿石资源量分别减至17.85万吨、31.97万吨。眉山市铁矿探矿权4个，1个处于普查阶段，3个处于详查阶段。

铅锌　铅锌矿分布于洪雅县南部，2012年有探矿权14个，尚未探明可供开发利用的储量。根据占用矿产资源储量登记书，洪雅县王银庙矿区主要矿产锌矿含量4.13%，共生矿产铅矿含量1.52%。

二、非金属矿

眉山市非金属矿储藏量丰富。其中已探明钙芒硝储量近100亿吨，远景储量650亿吨。主要分布在彭山县、东坡区、洪雅县、丹棱县。主要非金属矿还有煤、页岩、黏土、花岗石、石灰石等。

煤　煤矿分布在洪雅中部及仁寿县南部，均为小型矿床，资源储量较清楚。2012年，资源储量总体约1.26亿吨，煤层多、厚度薄、质量好。洪雅县胡山井田位于洪雅县瓦屋山镇，属沉积层状矿床，4层煤，总厚度5.2米，发热量每千克22.47兆焦，灰分29.37%，挥发分7.22%，含硫量0.73%，矿体最大埋深500米，属无烟煤。仁寿县胡家沟井田煤矿开采层位为k7层，厚度0.68米，发热量每千克21.18兆焦，灰分35.81%，含硫量0.35%，属1/3焦煤。

芒硝　芒硝分布在东坡、彭山、洪雅、丹棱四区县，均为大型矿床，已探明资源储量近100亿吨，具有规模大、埋藏浅的特点。彭山县公义芒硝矿段芒硝矿体最小埋深80米，最大埋深260米，硫酸钠37.93%~41.36%，硫酸钙10.23%~46.12%，硫酸镁0.12%~0.15%，氯化钠0.1%~1%，水不溶物7.4%~69.1%。

磷　磷矿分布在洪雅县南部，大圆包、老汞山磷矿正在开采。

脉石英　脉石英矿仅分布在洪雅县。2002年洪雅县张村乡山坪沟脉石英矿厂办理采矿许可证，2005年采矿许可证到期未延续，被注销。此后，眉山市再未设置脉石英采矿权。

花岗岩　花岗岩分布在洪雅县。2000—2001年，有张村乡硝水坪花岗石矿、洪雅县瓦屋山花岗石开发公司、四川省洪雅天马花岗石材有限公司申请开采花岗石矿。由于市场原因，至2004年3家企业全部注销采矿权，后再未开发利用花岗石矿。

页岩　砖瓦用页岩遍布眉山市各区县，彭山县永丰、保胜两处规模为中型，其余均为矿点。

天然石英砂　建筑用砂分布在青衣江及岷江河道。

其他黏土　其他黏土矿分布在仁寿县、洪雅县和丹棱县，主要用于生产耐火砖、陶瓷砖和普通黏土砖。仁寿县汪洋镇所产黏土为水云母黏土，三氧化二铝平均含量19%，耐火度1480℃～1620℃，用于生产耐火砖。

石膏　石膏分布在东坡区东部及洪雅县南部。东坡区石膏矿质量好，主要用于医药。洪雅县张村乡祥瑞石膏矿硫酸钙77%、氧化镁1.6%，用于生产水泥。

膨润土　膨润土分布于仁寿县满井、兆嘉等地，为矿点；2012年年底资源储量为25.4万吨。仁寿县兆嘉膨润土矿矿层厚度1.85米，埋深10米～180米，蒙脱石含量70%，属钙基膨润土。

石灰岩　水泥用石灰岩分布在洪雅县高庙镇及仁寿县南部一带。2012年年底仁寿县查明资源量为49.86亿吨，主要分布在汪洋镇、宝飞镇、禾加镇、禄加镇、双堡乡、识经乡、涂加乡、四公乡、松峰乡、天峨乡10个乡镇，资源潜力较大。

矿泉水　矿泉水分布在东坡区、彭山县和洪雅县，2012年开发利用的有5家企业，其中东坡区3家，彭山县、洪雅县各1家。

第三节　水资源

一、水资源状况

眉山市水资源计算面积7140平方千米（东坡区1336平方千米、其余5县5804平方千米）。岷江流域3117平方千米、青衣江流域2081平方千米、沱江流域1942平方千米。全市径流量年内分配与降雨量基本同步，汛期5月至10月径流量占年径流的79.7%，枯水期11月到次年4月径流量仅占年径流量的20.3%。2012年全市径流量53.48亿立方米，人均水资源量1526立方米，耕地亩均水资源量326.7立方米，均低于全省平均水平，为四川省10个缺水市之一。

二、水资源特点

眉山市水资源总量较少，时空和地域分布不均。年人均占有水资源量1489立方米，相当于全国人均占有水资源量的2/3、全省人均占有水资源量的1/2。水资源年际及年内分配变化大，年径流变差系数0.15～0.48，从西向东递增，汛期连续最大4个月径流量占年径流量的70%以上，连续最小4个月径流量仅占年径流量的6%左右。水资源的地区分布不均匀，东部仁寿县人口占全市总人口的46.21%，耕地面积占全市总耕地面积的45.88%，全县多年平均水资源总量9.43亿立方米，仅占全市多年平均水资源总量52.01亿立方米的18.13%，西部的洪雅县人口占全市总人口的9.99%，耕地面积占全市总耕地面积的8.3%，其多年平均水资源总量26.52亿立方米，占全市水资源总量的50.99%。过境水资源总量虽比较丰富（岷江干支流年均过境水量135.48亿立方米，青衣江干支流年均过境水资源量138.45亿立方米，沱江支流球溪、绛溪河年均入境水量0.52亿立方米），但主要集中在汛期，加之受到地理地形地貌等诸多因素的制约，可开发利用的水资源量十分有限，仅有通济堰、古佛堰、蟆颐堰、鸿化堰、双红堰及部分抽水站取用岷江、青衣江过境水资源，眉山市过境水量有效利用率仅3%左右。

三、水资源可利用量

2012年，眉山市水资源可利用总量100.34亿立方米。其中，地表水资源可利用量16.01亿立方米，入境水资源可利用量78.62亿立方米，浅层地下水可开采总量5.71亿立方米。

四、水资源供用水量

2012年，眉山市年总供水量14.65亿立方米。其中，农田灌溉、林牧渔、工业、城镇公共用水、居民生活、生态环境用水量分别为7.65亿立方米、1.24亿立方米、2.8亿立方米、0.64亿立方米、1.27亿立方米、1.05亿立方米，分别占总用水量的52.2%、8.5%、19.1%、4.4%、8.6%、7.2%。供水量基本满足社会用水需求。全市年总耗水量7.98亿立方米，占总用水量的54.5%。水资源调配能力较弱，缺水较为严重，水质性、工程性和季节性缺水较突出。

第四节　生物资源

一、植物

眉山市植物种类丰富，有野生植物近3500种，其中被子植物约占世界总科数的60%，是世界主要被子植物的摇篮和分化中心之一。多种植物主要分布在洪雅县林场所属的森林之中。境内药用植物有213科952属2300余种，属国家濒危、渐危、珍稀重点保护的有红豆杉、珙桐、桫椤等84种，占全国重点植物保护种类的20%。其中东坡区、彭山县为全国泽泻生产基地县，洪雅县为全国黄连生产基地县。眉山市天麻、中夕、山药、川芎、麦冬、续断、桂皮、杜仲、半夏、黄檗、木通、通花、党参、茯苓、五倍子、厚朴等药材生产量也较大。有保护的野生植物国家一级7种、国家二级30种。川芎种植早期由彭山县传入，先集中在东坡区永寿镇和复兴乡附近，后渐渐发展到思蒙镇、修文镇、白马镇，以及青神县、夹江县等地，眉山市成为川芎最主要产区之一，种植面积2333.33公顷。

眉山市珍稀濒危保护植物名录表

表2-9

类别	科	种名	濒危类别	保护级别	
				国家	四川省
蕨类	松叶蕨	松叶蕨	渐危	—	2
	瓶儿小草	狭叶瓶儿小草	渐危	2	2
	蚌壳蕨	金毛狗	渐危	2	—
	桫椤	桫椤	渐危	1	1
		华南黑桫椤	渐危	2	—
	鳞毛蕨	玉龙蕨	濒危	1	2
	水龙骨	扇蕨	渐危	2	3

续表 2-9

类别	科	种名	濒危类别	保护级别	
				国家	四川省
裸子	银杏	银杏	渐危	1	—
	松	峨眉冷杉	渐危	—	3
		油麦吊云杉	渐危	2	—
		铁杉	渐危	—	3
	三尖杉	篦子三尖杉	渐危	2	2
	红豆杉	穗花杉	渐危	3	3
		红豆杉	渐危	1	3
		南方红豆杉	渐危	1	—
		巴山榧树	渐危	2	3
被子	杨柳	大叶柳	渐危	3	3
	桦木	华榛（山白果）	渐危	3	3
	金粟兰	四川金粟兰	渐危	—	3
	马兜铃	四川朱砂莲	渐危	—	3
	领春木	领春木	稀有	3	3
	连香树	连香树	稀有	2	2
	毛茛	星果草	稀有	—	2
		黄连	渐危	3	3
		峨眉黄连	濒危	2	2
		独叶草	稀有	1	2
	芍药	川赤芍	渐危	—	3
	木通	串果藤	渐危	—	2
	小蘗	八角莲	渐危	3	3
		川八角莲	渐危	—	3
		桃儿七	稀有	2	1
	木兰	鹅掌楸	稀有	2	1
		厚朴	渐危	2	3
		凹叶厚朴	渐危	2	3
		凹叶木兰	稀有	—	3
		圆叶木兰	渐危	2	3
		西康玉兰	渐危	2	3
		巴东木莲	濒危	2	2
		四川木莲	濒危	2	—
		多花含笑	渐危	—	3
		峨眉含笑	濒危	2	2

续表 2-9

类别	科	种名	濒危类别	保护级别	
				国家	四川省
被子	水青树	水青树	稀有	2	2
	樟	香樟	渐危	2	—
		油樟	渐危	2	3
		蜀桂	稀有	—	3
		峨眉黄肉楠	渐危	—	3
		大叶高山（峨眉）木姜子	渐危	—	3
		峨眉小果润楠	稀有	—	3
		润楠	渐危	—	3
		山楠	渐危	—	3
		楠木	渐危	2	3
	罂粟	大花荷苞牡丹	稀有	—	2
	虎耳草	岩白菜	稀有	—	3
		长叶溲疏	渐危	—	3
		褐毛溲疏	渐危	—	3
		革叶茶藨子	渐危	—	3
		峨屏草	稀有	—	2
		白背钻地风	稀有	—	3
	杜仲	杜仲	稀有	2	2
	蔷薇	西蜀海棠	渐危	—	3
	豆	红豆树	渐危	2	3
	芸香	川黄檗	渐危	2	—
		飞龙掌血	渐危	—	3
		川西吴茱萸	稀有	—	2
		黑果因芋	渐危	—	3
	楝	红椿	渐危	2	3
		毛红椿	渐危	2	—
	冬青	峨眉冬青	稀有	—	3
	漆树	黄连木	渐危	—	3
	省沽油	银鹊树	稀有	3	3
	卫矛	核子木	稀有	—	3
	槭树	梓叶槭	濒危	2	2
		疏花槭	渐危	—	3
		马边槭	稀有	—	3

续表 2-9

类别	科	种名	濒危类别	保护级别	
				国家	四川省
被子	七叶树	天师粟	渐危	—	3
	清风藤	山青木	渐危	—	3
		四川青风藤	渐危	—	3
	椴树	大叶椴	渐危	—	3
	山茶	红山茶	稀有	—	3
		四川山茶	稀有	—	3
	兰果树	旱莲木（喜树）	稀有	2	—
	珙桐	珙桐	稀有	1	1
		光叶珙桐	稀有	1	2
	五加	尾叶五加	稀有	—	3
		羽叶三七	稀有	—	3
	木犀	野桂花	稀有	—	3
	唇形	钩子木	渐危	—	3
	玄参	幌菊	渐危	—	3
		鞭打绣球	渐危	—	3
		长梗玄参	渐危	—	3
	列当	豆列当	稀有	—	3
	茜草	香果树	稀有	2	2
		大茜草	稀有	—	3
	葫芦	雪胆	渐危	—	3
	菊	辣子草	渐危	—	3
	禾本	料葱竹	稀有	—	3
	百合	大百合	渐危	—	3
		延龄草	渐危	3	2
		丫蕊花	渐危	—	3
		米贝母	渐危	—	3
	兰	天麻	渐危	3	3
		建（春）兰	渐危	—	3
		瘦房兰	渐危	—	3
	五加	大叶三七	稀有	—	2
		通脱木	渐危	—	3
	山茱萸	峨眉四照花	稀有	—	2
		宝兴梾木	稀有	—	3

续表 2-9

类别	科	种名	濒危类别	保护级别	
				国家	四川省
被子	伞形	大苞芹	渐危	—	3
		羌活	渐危	—	3
	杜鹃	美容杜鹃	渐危	—	3
		团叶杜鹃	渐危	—	3
		金顶杜鹃	渐危	—	3
		树生杜鹃	稀有	—	3
		疏叶杜鹃	渐危	—	3
		长鳞杜鹃	稀有	—	3
		皱皮杜鹃	渐危	—	3
		大钟杜鹃	稀有	—	3
		峨马杜鹃	渐危	—	3
	山矾	铜绿山矾	渐危	—	3
	野茉莉	白辛树	渐危	3	3
		木瓜红	渐危	2	2
		南川安息香	渐危	—	3

眉山市植被分为西部山地、低山台地、东部丘陵和冲积平原4个植被区。

西部山地植被区　森林植被属中亚热带湿润的山地常绿阔叶林类型，因地形地势差异，自下而上出现常绿阔叶林带、常绿阔叶及落叶阔叶林带、针阔叶混交林带、阴暗针叶林带。常绿阔叶林带主要分布在海拔800米~1600米地带，区内植物种类丰富，群落结构复杂，外貌不整齐，以樟科、木兰科为主，亚热带低山常绿针叶林分布亦广泛，主要有杉木林、马尾松林，以半自然林及人工林所占比重较大，栽培植物以经济林木种类较多，有生漆、油桐、棬、紫胶等。常绿阔叶及落叶阔叶林带主要分布在海拔1600米~2000米地带，以常绿性为主，但中、下层多有落叶性树种，并随海拔高度升高比重增加。针阔叶混交林带主要分布在海拔2000米~2400米地带，呈窄带状分布，以槭树科、桦木科、松科为主，海拔高度越高松科比重越大。阴暗针叶林带主要分布在海拔2400米~3277米地带，群种以针叶林为主，以松科、桦木科为主。海拔3000米以上分布冷杉纯林，是市内木材蓄积量最大区域。

低山台地植被区　宜于耐瘠土而喜光的马尾松生长，分布广泛，在现状植被中占主要地位。在石灰岩或紫色岩层分布处，多柏树林，呈不成片的疏林和斑状林分布。在自然林较好的地方，柏林常与枫香、青杠、朴树等组成混交林。

东部丘陵植被区　主要位于岷江以东的仁寿县、青神县，自然植被结构简单，以马尾松林、柏木林及灌丛和草丛为主，多为疏林。疏林遭破坏多形成马桑、黄荆、白枥组成的灌丛。植被突出特点为人工栽培的亚热带经济林木成片分布，主要有橙、桔等。

冲积平原植被区　区内地貌为平原，地势平缓而略带倾斜，有利自流灌溉。作为眉山市的水田农作区，除沿河滩和洪水位以下地带尚分布有少量的巴茅等禾本科草类外，基本没有自然植被，农舍周围一般有竹林和少量经济林分布。

二、动物

眉山市野生动物资源丰富。

据 1998 年《中国濒危动物红皮书》所载，眉山市内濒危陆栖脊椎动物有 38 种，占四川省陆栖脊椎动物濒危物种的 19%。其中，兽类 20 种，占全省兽类濒危物种的 37%；鸟类 8 种，占全省鸟类濒危物种 15%；两栖类 2 种，占全省两栖类濒危物种的 25%；爬行类 8 种，占全省爬行类濒危物种的 33%。

1999 年，四川师范学院珍稀动植物研究所实地调查，境内有各种野生动物 65 目 233 科 795 种，加上目、科不明未列入的一种拟态节肢昆虫“秤杆虫”为 796 种。

2012 年，眉山市境内野生动物种类以亚热带的森林动物为主。陆栖脊椎动物有 425 种（两栖类 30 种、爬行类 35 种、鸟类 278 种、兽类 82 种）。其中国家一级保护野生动物包括大熊猫、川金丝猴、云豹、豹、羚牛（野牛）、黑鹳、中华秋沙鸭、林麝、金雕、斑尾、榛鸡、绿尾虹雉等 11 种；国家二级保护野生动物包括大鲵（娃娃鱼）、黑冠鹃隼、各种鹰类、红腹角雉（黄连鸡）、白腹锦鸡（宽冠鸡）、各类杜鹃鸟、鹰雕鸟、猫头鹰、猕猴、藏酋猴、黑熊（老熊）、小熊猫、黄喉貂、大灵猫、小灵猫、斑林狸、金猫、水獭（山猫子）、班羚、鬣羚等 29 种。其余的为国家、省保护的有益的或者有重要经济、科学研究价值的陆生野生动物。

瓦屋山小熊猫（摄于 2009 年 7 月）

眉山市陆栖脊椎动物濒危物种名录表

表 2-10

纲类	目	科	种名	濒危类别	保护级别	
					国家	四川省
哺乳纲（兽类）	翼手	蝙蝠	扁颅蝠	易危	—	—
		假吸血蝠	印度假吸血蝠	低危	—	—
	灵长	猴	猕猴	低危	2	—
			藏酋猴	低危	2	—
	食肉	犬	豺	易危	2	—
		猫	金猫	易危	2	—
			豹	渐危	1	—
			云豹	低危	1	—
			豹猫	易危	—	重点

续表 2-10

纲类	目	科	种名	濒危类别	保护级别	
					国家	四川省
哺乳纲（兽类）	食肉	熊	黑熊	易危	2	—
		大熊猫	大熊猫	濒危	1	—
		小熊猫	小熊猫	易危	2	—
		鼬	水獭	易危	2	—
		灵猫	斑林狸	濒危	2	—
			大灵猫	易危	2	—
	偶蹄	麝	林麝	濒危	2	—
		牛	扭角羚	濒危	1	—
			鬣羚	易危	2	—
			斑羚	易危	2	—
	啮齿	鼯鼠	复齿鼯鼠	易危	—	—
鸟类	鹳形	鹳	黑鹳	濒危	1	—
	雁形	鸭	中华秋沙鸭	濒危	1	—
	隼形	鹰	凤头蜂鹰	濒危	2	—
			凤头鹰	濒危	2	—
	鸡形	雉	红腹角雉	濒危	2	—
			白腹锦鸡	濒危	2	—
	鹤形	秧鸡	棕背田鸡	濒危	2	—
	号鸟形	氏鸟号鸟	四川林号鸟	易危	2	—
两栖	有尾	隐鳃鲵	大鲵	濒危	2	—
	无尾	蛙	棘腹蛙	易危	—	—
爬行	龟鳖	龟	乌龟	稀有	—	—
		鳖	鳖	易危	—	—
	蜥蜴	蛇蜥	脆蛇蜥	易危	—	—
	蛇	游蛇	王锦蛇	稀有	—	—
			紫灰锦蛇	濒危	—	—
			黑眉锦蛇	濒危	—	—
			乌梢蛇	濒危	—	—

第五章　自然灾害

眉山市域自然灾害包括气象灾害和地质灾害。每年均有旱灾、洪涝等气象灾害和地质灾害发生。1997—2012 年，眉山市自然灾害造成 1554. 92 万人次受灾，农作物受灾 75. 24 万公顷，死亡 71 人、失踪 6 人、受伤 769 人，直接经济损失 121. 55 亿元。其中，干旱造成农作物成灾 58. 49 万公顷，475. 28 万人次受灾，直接经济损失 10. 19 亿元；洪涝造成 787. 6 万人次受灾，农作物受灾 10. 33 万公顷，死亡 21 人、失踪 3 人，直接经济损失 45. 66 亿元；其他气象灾害造成 148. 63 万人次受灾，农作物受灾 6. 91 万公顷，死亡 11 人、受伤 59 人，直接经济损失 6. 1 亿元；地质灾害造成 143. 41 万人受灾，死亡 39 人、失踪 3 人、受伤 710 人，直接经济损失 60. 6 亿元。

第一节　气象灾害

一、干旱

眉山市为干旱频发地区，干旱是全市危害最大的自然灾害，影响农业生产、人民生活及生态环境，制约工业发展，造成国民经济损失严重。干旱以降水量偏少为主要形成因素。

冬季干旱　眉山市出现区域性冬季干旱概率为 30%左右，其中一般性冬季干旱概率为 8%，严重冬季干旱概率为 25%。冬季干旱出现较多的地域为东部的仁寿县低山区，出现概率为 42%~48%，其他区域出现概率为 25%~30%。冬季干旱往往形成春季干旱，冬季干旱是春季干旱的前奏。

春季干旱　眉山市出现区域性春季干旱的概率为 75%左右，其中一般性春季干旱概率为 30%左右、严重春季干旱的概率为 41. 7%。春季干旱始于 3 月初，终于 4 月底，一般持续 35 天~60 天，终止晚的往往延伸为夏季干旱，出现春夏连旱。春季干旱频率由西往东逐渐增大，最少的为西部洪雅县，发生频率为 43%，最多为仁寿县，发生频率为 81%。其余各区县发生频率为丹棱县 52. 3%、彭山县 60. 1%、东坡区 65. 2%、青神县 70. 4%。

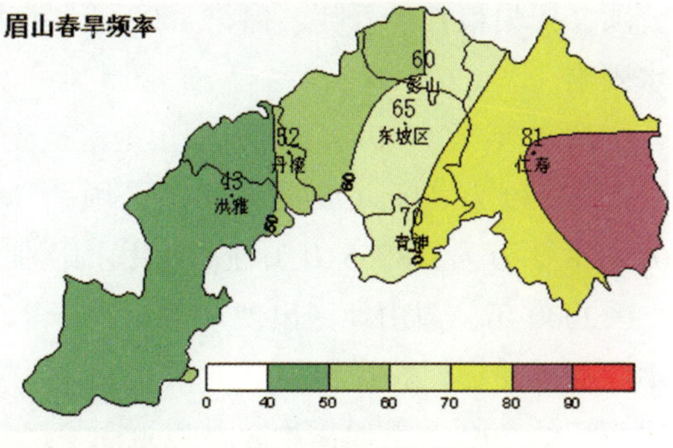

图 2-14　眉山市春季干旱频率图

夏季干旱　眉山市出现区域性夏季干旱概率为 75%左右，其中一般性夏季干旱概率为 25%、严重夏季干旱概率为 50%。夏季干旱发生面最广，大部分地区均为夏季干旱常现区域，出现概率 50%以上，最高的区域在岷江东部，仁寿县丘陵区是市境内夏季干旱的高频区，发生概率为 70%以上。夏季干旱一般持续 25 天~35 天，最长的 52 天。夏季干旱出现概率和持续的时段均高于春季干旱。

夏季干旱始于4月下旬，最迟的终于7月上旬，80%的夏季干旱出现在5月上旬至6月中旬。夏季干旱频率洪雅县为52.7%，丹棱县为63.1%，彭山县、东坡区均为72.4%，青神县为73.5%，仁寿县为85.1%。

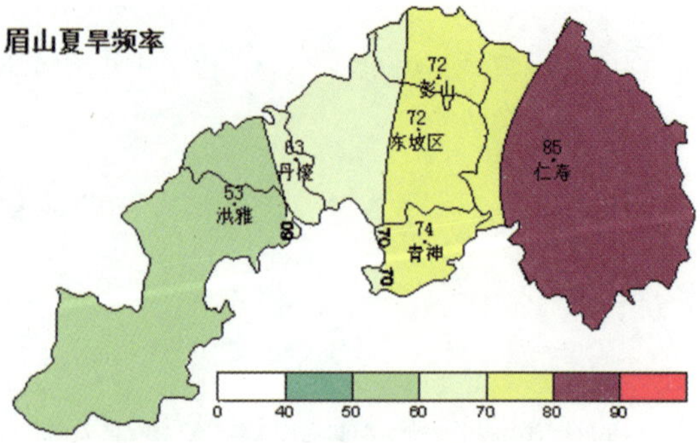

图2-15 眉山市夏季干旱频率图

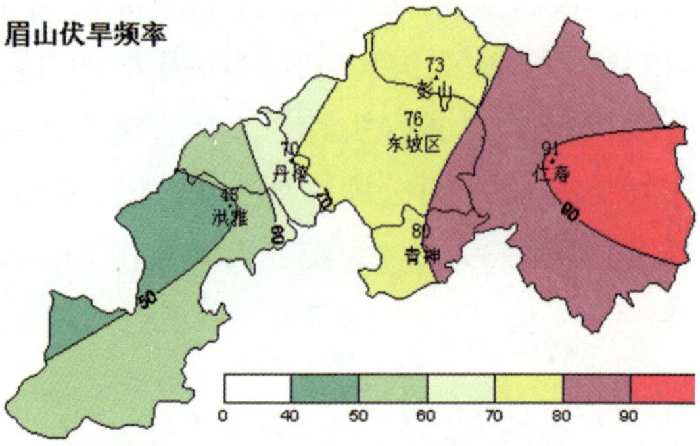

图2-16 眉山市伏旱频率图

伏旱 伏旱是眉山市各干旱类型中出现较少的灾害天气。出现区域性伏旱概率为40%，其中一般性伏旱概率为8%左右、严重伏旱概率为30%左右。伏旱多发区为仁寿县，出现概率为35%~47%，其他大部分区域出现概率为10%~23%。伏旱一般持续25天左右，最长41天。伏旱一般发生在6月底至9月中旬，集中出现在7月中旬至8月中旬。盛夏期间，眉山市出现高温伏旱频率较高。仁寿县干旱较重，盛夏时段有时会出现两个时段的伏旱。伏旱频率分别为洪雅县47.6%、丹棱县70.2%、彭山县73.1%、东坡区75.6%、青神县80.1%、仁寿县91.3%。

眉山市区域性旱灾突出。1949年2月至次年2月，仁寿县一年无雨（有雨无量），泉源枯竭，塘田干裂，小春有种无收，棉花、玉米、红苕和仅栽的万余亩水稻枯死。1986年，仁寿县遭受春、夏、伏三旱，损失粮食10万吨、棉花5000吨。仁寿县东风渠和黑龙滩水库灌区，水源能基本得到保证；在高灌区中，洪峰水库灌区和英头水库灌区次于东风渠和黑龙滩水库灌区，但龙泉山灌区和荣威山灌区，由于受地形地貌和集雨面积的制约，骨干工程少，抗旱能力低，特别是龙泉山灌区有时人畜饮水十分困难。1997—2009年，仁寿县每年均有不同程度干旱，小旱灾年年发生，即使是雨水丰沛、出现洪水灾害的1997年、2009年等年份，由于降雨时空分布不均，也不同程度发生旱灾。

1997年，仁寿县、眉山县、彭山县、丹棱县发生夏季干旱，仁寿县发生伏旱。水稻受灾2.85万公顷，损失粮食5万吨、棉花3000吨，直接经济损失6450万元，283村1520社的4万户16万人饮水困难。

1998年至1999年2月，眉山地区遭受罕见秋季干旱、冬季干旱、春季干旱“三连旱”，农作物受旱20.39万公顷（成灾5.38万公顷），减产13.34万吨。岷江、青衣江部分河段基本断流。15乡65村8.2万人、8.65万头牲畜饮用水困难。

2000年，眉山地区出现严重夏季干旱、伏旱、高温酷暑等天气，全区210个乡镇、189万人口不同程度受灾。农作物受旱8.77万公顷，成灾3.89万公顷。旱情最严重的仁寿县受旱面积为播种作物面积的70%，旱地作物80%以上受旱，60%~70%的作物成灾。

2001年，眉山市出现持续冬干、春季干旱、夏季干旱连伏旱。7月极端最高气温大部分时间均在33℃以上，接近历史记录极值。10个乡镇受旱，7700人饮水困难，农作物4.54万公顷受灾（成灾2万公顷），经济损失7000万元。

2002年，眉山市春、夏、伏旱。年平均气温18.1℃~17.2℃，比常年偏高0.8℃~0.6℃，年总降雨量600毫米~1300毫米，各地均偏少。

2003 年 6 月至 7 月，眉山市遭受大面积持续高温天气，降雨量显著减少，出现夏、伏旱。42% 的山坪塘几近干涸，仁寿县、丹棱县小溪河绝大部分干涸断流。全市农作物受旱 10.81 万公顷（成灾 4.08 万公顷）。

2006 年 4 月至 8 月，眉山市出现特大高温伏旱，大部地方冬季干旱连春季干旱及夏、伏干旱。仁寿县极端最高气温 39.9℃。大部分溪河断流，301 座水库 204 座放到死水位以下，2.32 万口山坪塘干涸 1.93 万口。全市 204.75 万人受灾，55.31 万人和 87.17 万头（只）畜禽饮水困难，农作物受灾、成灾 39.16 万公顷，绝收 9641.23 公顷，直接经济损失 8.12 亿元。

2007 年 1 月至 5 月，仁寿县夏季干旱。全县大中小型水库蓄水占计划的 34%，水稻 4.1 万公顷受灾，10 处集中供水站水源严重不足，场镇缺水 6.65 万人，11 个场镇供水困难。31 个山区乡镇 4.3 万户 16.2 万人、19.4 万头牲畜饮水困难。

2008 年 3 月至 4 月，眉山市降雨量偏少，气温偏高，丘陵区遭遇春季干旱，致小春农作物受害 5650 公顷，数万农村居民饮水困难，损失约 6000 万元。

2009 年，眉山市春季干旱、夏季干旱，农作物受旱 9.07 万公顷（成灾 3800 公顷），34.47 万人、73.79 万头大牲畜饮水困难。

2010 年，眉山市春季干旱。旱情主要分布在龙泉山脉、总岗山脉及个别旱片死角区域。农作物受旱 8000 公顷（成灾 1800 公顷），损失粮食 900 吨、油料 300 吨，6.31 万人饮水困难。

2011 年，青神县伏旱。眉山市受旱农作物 660 公顷、人口 3500 人、大牲畜 2000 头，直接经济损失 1200 万元。

1997—2012 年，眉山市因干旱农作物成灾 58.49 万公顷，475.28 万人次受灾，直接经济损失 10.19 亿元。

二、暴雨洪涝

眉山市境内局部地区日降雨量大于 100 毫米的大暴雨几乎年年出现。日降雨量大于 200 毫米的特大暴雨，出现概率约为 60%。日或 24 小时雨量大于 300 毫米，或一场连续暴雨大于 500 毫米的局部地区稀遇暴雨，在中华人民共和国成立前后均有记录。大暴雨、特大暴雨发生后，区域性洪灾随之出现，气象部门多年统计，出现概率为 75%，因灾倒塌房屋和死伤人员的情况时有发生。

暴雨区域分布　眉山市平均区域性暴雨日数一般 3 天~4 天，最多年份 10 天（1966 年），暴雨日数最多的为西部洪雅县，平均暴雨日数 5 天~6 天，最少的为东部仁寿县，平均暴雨日数 2 天~3 天，部分年份无暴雨。沿岷江、青衣江河谷冲积平原区，为过境洪水（同区间暴雨相遇）危害最大的区域；岷江以西为暴雨洪水多发区，洪灾较重；岷江以东为暴雨洪水少发区，洪灾较轻。洪灾类型主要有山溪型、江河型、内涝型等，眉山市以江河型洪灾危害为最大，尤以沿岷江、青衣江的河心洲坝极易遭受洪水淹没、冲刷或分割成许多小岛。内涝型洪灾主要为平坝区中小河流出口段受干流过境大洪水顶托形成；受建筑物阻碍排水不畅形成。

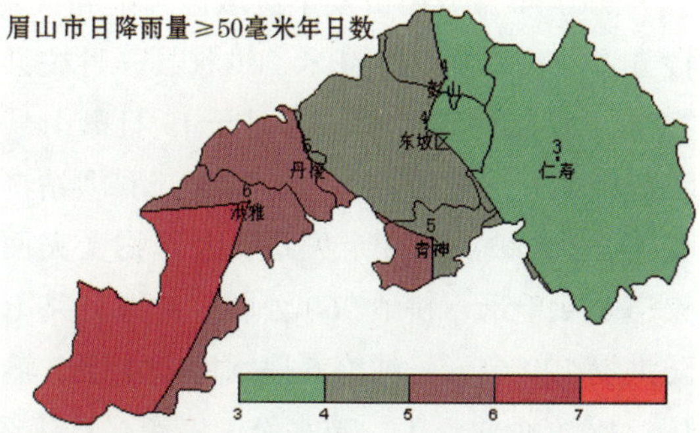

图 2-17　眉山市日降雨量示意图

暴雨季节变化　眉山市暴雨多出现于 5—9 月，最早在 4 月中旬，最晚 11 月下旬（2005 年洪雅）。区域性暴雨主要集中在7月、8月，9月次之，5月、6月相对较少。

降雨强度　眉山降雨最大值每小时97.7毫米，发生在1984年6月24日，全省属罕见。一日最大降水量，由西往东逐渐减弱，最大值为410.8毫米，1996年7月28日出现于洪雅县。持续性的强降水过程更具危害性。至2012年，三日最大降水量各区县均在300毫米以上，西部洪雅县为479.2毫米，东部仁寿县为303毫米。

洪涝特点　受暴雨规律影响，眉山市各区县均发生过洪灾洪涝，高发区在西部洪雅县，其次是岷江流域彭山县、东坡区、青神县，仁寿县很少；洪涝主要发生在7月、8月，其次是6月、9月；眉山市暴雨中心在西部地区。暴雨常形成山洪型灾害并引发泥石流，境内小流域中下游形成洪水，造成洪灾。

洪水规律　眉山市岷江、青衣江段的大洪水，主要由过境大洪水与区间大暴雨相遭遇形成。年最大洪水一般出现于6—9月，历史大洪水多出现在7月、8月。岷江上游的大洪水，出都江堰进入成都平原水网区后，峰量急剧削减。成都平原及其边缘无大暴雨，到彭山县降为一般洪水。遇成都平原及其边缘发生区间大暴雨，彭山县会出现大洪水。岷江洪水多为主峰在前的复式洪峰，历时较长，峰顶持续时间较短，涨落过程较平缓；彭山站最大洪峰模数（1917年）每平方千米每秒0.49立方米。青衣江流域呈扇形，处于暴雨区，洪水上涨迅猛，退水较快，具有洪峰流量大，峰顶高而瘦尖，洪水过程集中的特点。1998—2012年，眉山市每年均有暴雨发生。

1998年，眉山地区发生暴雨或大雨天气过程12次，同一地区多次重复受灾情况突出；大部分地区汛期降雨集中偏多，日降雨量100毫米以上的3次。岷江4次、青衣江7次洪水超警戒水位或保证水位，内涝、洪灾严重。全区受灾70.58万人次，农作物受灾2.02万公顷，损失粮食3.61万吨，46个工矿企业停产或半停产，毁坏公路38.1千米，交通中断8条次，损毁水利工程137.9千米，房屋倒塌1.33万间，死亡6人，直接经济损失2.16亿元。

1999年，眉山地区遭遇5次区域性大暴雨或特大暴雨袭击。青神县最大降雨强度5小时达236毫米，眉山县7月13日降雨178毫米。汛期眉山地区143个乡镇917个村56.28万人次受灾，因灾死亡1人，农作物受灾1.45万公顷。工农业、交通运输业及水利工程设施等洪涝直接经济损失9971万元。

2000年，青衣江发生每秒7000立方米以下中等洪水。区域性暴雨发生4次，局部暴雨和大范围中小量降雨相对较多。8月10日至18日，眉山地区遭遇3次洪灾，最大降雨量洪峰水库173.6毫米。39个乡镇38.11万人次受灾，死亡2人，农作物受灾5.64万公顷，损失粮食3075吨、成鱼40吨，冲垮鱼塘2.67公顷，损毁房屋2365间、鱼塘5座、水库2座、灌溉设施75处，损毁公路6.8千米、电线9.5千米、通信线路7.5千米，经济损失3907万元。

2001年，眉山市发生区域性暴雨和大暴雨10余次，平均降雨量1029.93毫米。最大日降雨量丹棱县古井沟水库341毫米，洪雅县、丹棱县思蒙、花溪两河发生特大洪水，花溪河流量每秒2970立方米，20年一遇。8月18日至19日彭山县辜家坝141.8毫米、仁寿县洪峰水库260.2毫米。汛期岷江彭山站6次超警戒水位，青衣江罗坝站7次超警戒水位。眉山市全年汛期187个乡镇143.83万人受灾，2人被洪水冲走失踪，农作物受灾面积为1.48万公顷，粮食减产1万吨，损毁房屋1942间、渠道8.9千米、耕地960公顷。冲毁公路10处、水利设施2800余处、塘堰12口、桥梁14座、城市防洪堤120余米，冲垮6座水库溢洪道，输电线路倒塌10余千米，1780家农户电话、电视等电器损坏；18家企业、工厂被水淹，停产，直接经济损失1.95亿元。

2002年7月31日、8月9日大暴雨，眉山市岷江发生大洪水，青衣江发生小洪水。汛期平均降雨量为754.1毫米。发生较为明显降雨过程6次，其中普降暴雨1次，普降大暴雨2次。除青神县外其余各区县雨量均在100毫米以上。岷江彭山站发生超警戒水位洪水，丹棱县张场镇、双桥镇造成内涝，场镇全部受淹，水深0.6米~1.5米。眉山市151个乡镇62.2万人受灾，受灾农作物面积为1.09万公顷，毁坏房屋3822间，冲垮人行桥2座，冲毁耕地面积27公顷、沟渠263处1800米、乡村公路13千米、机耕道11条、电杆60根，冲走成鱼39.5吨，冲走化肥等物资1620吨，直接经济损失1.21亿元。

2003年，眉山市汛期平均降雨量683.8毫米，各区县最大日降雨量出现于8月9日、8月30日大暴雨。5座小（一）型水库溢洪，岷江发生几次洪水，青衣江出现中等洪水，罗坝站超警戒水位60毫米。全市173个乡镇56.3万人受灾，农作物受灾331公顷，损失成鱼2.25万吨，毁房49间，冲毁大桥2座、公路（机耕道）350处2千米、水库渠道109处1.65千米、田（地）坎7千米，直接经济损失1.11亿元。

2004年6月至8月，眉山市岷江、青衣江发生数次中小洪水。汛期发生较为明显的降雨过程10次，其中普降暴雨6次、大暴雨2次。部分地段特大暴雨，各区县最大日降雨量均在100毫米以上。全市46个乡镇15.42万人受灾，农作物受灾2483公顷，损失粮食893吨、成鱼60吨，房屋倒损615间，冲毁河堤4处2.8千米、耕地15.33公顷、塘堰19处、公路9.55千米、桥梁5座，直接经济损失4749万元。

2005年，眉山市岷江、青衣江发生中等偏小洪水，思蒙河发生中等偏高洪水，城市内涝损失严重。汛期发生暴雨雨量以上降雨过程11次，其中大暴雨3次。6月30日，东坡区、彭山县、洪雅县、丹棱县突降特大暴雨，市中心城区遭受严重内涝；7月2日，各区县普降大暴雨，部分地区特大暴雨，市中心城区遭受严重内涝，青衣江及思蒙河等河流出现中等以上洪水，8月5日，丹棱县城区、张场镇发生较为严重内涝。致全市84个乡镇91.05万人受灾，房屋倒损780间，损失粮食5500吨、鱼苗和成鱼110吨，毁坏农田21.33公顷、鱼塘68.67公顷，冲毁冲垮水利设施1300余处、山坪塘22口、乡村道路5.25千米、桥梁1座，受损企业16家，直接经济损失3.13亿元。

2006年，眉山市发生区域性降雨过程6次，其中暴雨3次，部分地方暴风雨2次。6月30日，东坡区、彭山县、仁寿县突降暴雨，仁寿县彰加镇最大降雨量105毫米；7月22日，全市普降大到暴雨，局部地方大暴雨，洪雅县高庙镇112.6毫米、东坡区陈沟水库114毫米、张易坡水库101.1毫米；8月20日，全市普降大雨，部分地方暴雨，青神县汉阳镇117.8毫米、罗波乡106.8毫米。最大日降雨量146.6毫米。仁寿、洪雅、丹棱3县部分地方遭受短时暴风雨袭击。洪涝灾害致房屋倒塌1876间，死亡4人，直接经济损失1.17亿元。

2007年7月至8月，眉山市发生暴雨以上天气过程9次，累计降雨时长20日，最大降雨量100毫米以上的7次，最大日雨量青神县瑞丰镇159.5毫米。年最大降雨量洪雅县高庙镇1776.6毫米。全市57个乡镇18.26万人次受灾，死亡4人，总损失7306万元。

2008年，眉山市遭受较强降雨天气过程8次，其中特大暴雨3次，降雨量均在100毫米以上，彭山县、洪雅县暴雨历时短、强度大。最大降雨量分别为东坡区180.5毫米、仁寿县147毫米、彭山县145.6毫米、洪雅县139.9毫米、丹棱县199毫米、青神县99.7毫米。7月20日，东坡区6小时降雨量180毫米，致市中心城区出现较重内涝。9月24日至26日强降雨范围广，强度较大、历时较长，6个区县受灾，降雨中心彭山县普降大到暴雨，城区最大日降雨量145.7毫米，出现严重内涝。

全市69个乡镇46.2万人次受灾，房屋倒塌812间，因灾死亡2人，直接经济损失1.54亿元，灾害主要集中在彭山、洪雅、仁寿3县。

2009年，眉山市汛期出现较强降雨5次。63个乡镇21.45万人次受灾，房屋倒塌680间，因灾死亡1人，失踪1人，经济损失1.19亿元。

2010年，眉山市出现区域性暴雨5次。7月23日至25日，全市遭受大暴雨袭击，仁寿县、洪雅县、东坡区、青神县、丹棱县多个地方降雨超过100毫米，其中仁寿县城区降雨量302.5毫米。8月18日至19日，东坡区、丹棱县、洪雅县、彭山县、青神县等地出现暴雨、局部大暴雨，多个站点降雨超过100毫米，最大降雨东坡区黄连埂水库204.6毫米。青神县10个乡镇受灾，房屋倒塌3398间，道路受损264千米，电线倒杆89根，农作物受灾5007公顷，绝收773公顷。8月20日至21日，洪雅县、丹棱县和东坡区西部普降暴雨到大暴雨，最大降雨洪雅县三宝镇124.8毫米。仁寿县3次特大暴雨造成全县水利设施直接损失1.6亿元。全年全市127个乡镇177.12万人次受灾，3个城镇受淹，房屋倒塌1.37万间，因灾死亡2人、失踪1人。直接经济损失26.57亿元。

2011年，眉山市出现较多降雨3次。12.72万人次受灾，紧急转移1500人，直接经济损失1.24亿元。

2012年，眉山市发生灾害性降雨过程6次。94个乡镇33.36万人受灾，紧急转移4200人；房屋倒塌4600间，农作物受灾1.84万公顷、成灾1.3万公顷、绝收0.29万公顷；企业停产24家，中断公路29条次、供电27条次、通信49条次，损坏地方12处1千米、护岸146处、水闸2座、机电井380眼、机电泵站8座，直接经济损失2.79亿元。

1998—2012年，眉山市洪涝造成787.6万人次受灾，农作物受灾10.33万公顷，死亡21人、失踪3人，直接经济损失45.66亿元。

三、秋绵雨

秋绵雨频发是眉山市气候特征之一。连绵阴雨常伴以降温，危及水稻、玉米、红薯等大春作物后期生长发育与收贮；不利于小春播种；阴雨、寡照、高湿对生产、生活物资的仓储与物流会造成不利影响。

秋绵雨出现频率，洪雅县、丹棱县为20%左右；东坡区、青神县和仁寿县为15%左右；彭山县为10%左右。各月绵雨频率以9月最大、11月最小。绵雨集中时段主要在9月中旬至10月中旬。绵雨平均持续时间7天~15天。

2001年8月至9月，青神县、彭山县等地遭受一个月连绵阴雨，仅青神县就有17万人受灾。2005年8月，丹棱县出现两段连阴雨天气，造成全县水稻制种部分生秧。至2012年，眉山市每年常出现秋绵雨。

四、冰雹

眉山市冰雹主要出现在山区，每次冰雹过程虽然影响范围较小，但在其出现区域可能造成人畜伤害和财物重大损失。以仁寿县、青神县冰雹最多，洪雅县、东坡区、彭山县次之，丹棱县最少。多年平均雹日数，仁寿县、青神县均为0.3天左右，洪雅县、彭山县、东坡区均约为0.2天，丹棱县为0.03天。20世纪80年代丹棱县出现过一次降雹过程。降雹主要出现在春季和夏季，秋冬季节基本不出现。冰雹直径一般小于1厘米，最大的9厘米，成灾冰雹直径多在3厘米以上。重量一般小于1克，大的10克以上，1992年东坡区出现82克大雹块。降雹持续时间一般在30分钟内，间隙性降雹可持续1小时以上。

1998年4月29日，仁寿县出现冰雹，时长30分钟，最大冰雹直径9厘米。因灾死亡3人，受伤38人，房屋倒塌8180间，麦、玉米、水稻、油菜等农作物受灾1.13万公顷，电力倒杆4054根，直接经济损失3220万元。2002年8月25日晚，青神县部分乡镇遭龙卷风、暴雨、冰雹袭击，经济损失245.4万元。2007年4月14日，东坡区出现雹灾，23个乡镇23.56万人受灾，房屋倒塌1135栋、损坏6.29万栋，家畜死亡1.13万头，农作物1060公顷受灾、绝收151公顷，直接经济损失1.23亿元。

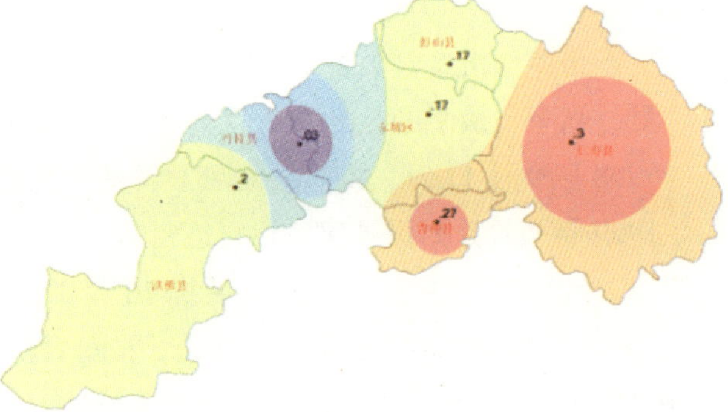

图2-18　眉山市冰雹分布图　单位：天/年

五、大风

眉山市大风日数较少，普遍在5天左右，仁寿县最多。东坡区、仁寿县、青神县的风速有每秒30米记录，其余地区瞬间最大风速一般每秒17米~20米。大风具有明显的季节差异，春、夏相对较多，占全年的70%左右，冬季基本无大风。大风日数虽少，但大风造成的经济损失严重。

1997年5月15日，仁寿县部分地区遭受大风、暴雨袭击，农作物受灾2310公顷，毁渠道160处、电杆850根、树木30余万株，房屋倒塌1547间，伤7人，死牲畜551头。

1999年7月28日，洪雅县七级以上大风横扫县境。26个乡镇210个村1200余个组7万农户受灾。农作物受灾947公顷，损失640吨，吹断竹子6700笼、林木2.78万根，吹坏房屋76户，吹断电杆171根，造成城区停电。经济损失188.4万元。丹棱县普遍遭受6级~7级风袭击，瞬间风速每秒15米，大部分乡镇损失较大。水稻、玉米倒伏392公顷，吹断树木500余株，2000间房屋受损。

2000年4月20日，丹棱县普遍出现阵性大风，仁美镇风力8级，小麦倒伏166.7公顷，减产20%~30%。

2002年4月4日，仁寿县龙正等5镇乡遭受9级大风和暴雨、冰雹袭击，损毁民房1450间，农作物成灾2010公顷，死1人、伤6人，直接经济损失400万元。8月17日，洪雅县大风，16个乡镇受灾，损坏房屋412间，水稻倒伏933公顷，吹倒树木3万余株，损失232万元；丹棱县10个乡镇8.6万人受灾，损毁房屋1.13万间，农作物受灾1451.3公顷（成灾1266.7公顷、绝收333.3公顷），损失粮食3430吨，经济林受灾600公顷，通信、输电中断，直接经济损失1200万元。

2006年8月15日，丹棱县发生强烈阵性大风，瞬时最大风速每秒20米，风力8级，受灾水稻2400公顷、竹子666.7公顷、树木12万根，电杆倒伏100余根，房屋受损1.2万间，1人轻伤。全县6万余人受灾，直接经济损失约3000万元。2011年5月9日，东坡区、仁寿县出现雷电天气过程，局部地方伴有短时阵性大风，风力7级~9级。东坡区富牛、崇礼、复盛等乡镇为重灾区。东坡区17个乡镇（街道）6.57万人受灾，房屋受损5876户3.16万间、倒塌196户1954间，农作物受灾1902公顷（成灾998公顷），林地、树木、苗圃、工业企业、养鸡场等损失严重。直接经济损失2.48亿元，其中农业损失1.53亿元。

六、雷暴

眉山市年均雷暴日数各地相差不大，平均 30 天左右，其中仁寿县 35 天左右。雷暴一般出现在春、夏、秋季，最多的是夏季 7 月至 8 月。春季夜间最多，夏季午后和夜间最多。

1998 年 9 月 17 日，洪雅县大风、雷暴，雷击死亡 4 人。

1999 年 7 月，眉山县建设银行遭雷击，微电子设备被损坏，直接经济损失 50 万余元；车辆厂计算机 20 余台被击坏；思蒙镇损坏话机 10 余部。8 月 9 日，丹棱县雷击损坏电话、电视机约 200 余部。8 月 25 日，眉山县三苏乡遭雷击，5 间农房被烧毁，经济损失上万元；仁寿县公安局被雷击，经济损失 8 万元。9 月 10 日，丹棱县出现雷暴天气过程，光声间隔时间在 1 秒以下，造成电信局程控系统、112 授理台系统、97 工程收费卡计费系统、可视电话会议系统、无线寻呼系统等全部损坏，全县有线电话通信中断 24 小时，县广播电视局全城的放大器和分支器损坏；以及全县民用电视及通信设备损坏。直接经济损失 100 万元以上。

2000 年 8 月，眉山县雷击死亡 1 人。

2001 年 7 月 27 日，丹棱县雷击死亡 1 人。

2003 年 8 月 29 日，洪雅县金釜乡雷击毁房 3 间。

2004 年 8 月 12 日，洪雅县雷击烧毁房屋 5 间、受伤 3 人。

七、大雾

眉山市是四川盆地多雾地区。青神县为全市大雾最多的县，年平均大雾日数为 123 天，年大雾日大于或等于 100 天的年份占 61%，大雾最多的天数为 1997 年的 172 天；东坡区、彭山县和丹棱县大雾也较多，年平均大雾日数 50 天左右；仁寿县和洪雅县最少。大雾季节变化明显，主要出现在秋冬季节，11 月到次年 1 月为大雾频发时段，2000 年以后春夏两季很少出现大雾。

2009 年 11 月 7 日，眉山市出现大雾天气，多地能见度普遍在 50 米内，最小的不到 30 米。省道 103 线东坡区思蒙镇路段发生一起 23 辆车连环相撞事故，造成 17 辆车不同程度损坏，1 死 4 伤。2011 年 3 月 12 日 7 时 50 分许，成都乐山高速彭山至青龙段 6 千米～9 千米处，因坨坨雾影响，发生 4 起车祸，16 车追尾。造成 1 人死亡、1 人重伤、3 人轻伤。

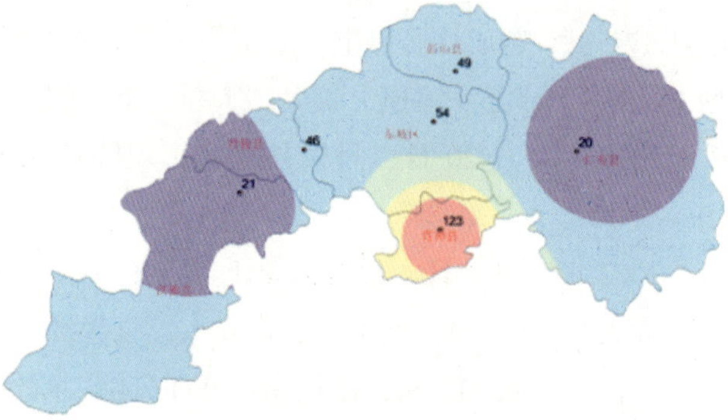

图 2-19　眉山市大雾分布图　单位：天/年

八、低温及冰雪冻害

眉山市低温冷害主要出现在春季。低于 12℃低温出现频率，3 月上旬普遍在 50%以上；3 月中、下旬大部分地区小于 20%。低于 20℃低温出现频率，5 月中旬 10%～30%；5 月下旬普遍为 10%～20%；6 月上旬基本不出现；9 月上旬普遍不足 10%；9 月中旬明显增加，一般在 20%以上；9 月下旬普遍达 40%。3 月中下旬至 4 月上旬大春作物播种育苗期，连续 3 天或以上日平均气温低于 12℃，会造成水稻烂秧和死苗。

眉山市海拔高度差异大，降雪差异亦大。西部山区每年均有降雪，其余地方多年平均年降雪日数 2 天~4 天。近 30 年最多年降雪日数 10 天以内，部分年份基本无雪。70%左右的降雪发生在冬季 12 月至次年 1 月，眉山市霜冻较少。多年年平均霜日数不足 10 天。11 月至次年 3 月有霜日出现，霜日以 1 月最多。多年平均无霜期 280 天左右。最短的 200 天，最长的 310 天左右，河谷地区全年无霜。

2008 年 1 月至 2 月，眉山市遭受 50 年一遇极端冰雪灾害，6.3 千米堤防冻损。82 个乡镇 86.2 万人受灾，房屋倒塌 1.59 万间，大牲畜死亡 553 头，农作物受灾 4.69 万公顷。直接经济损失 1.07 亿元，其中农业 9494 万元、水利设施 2916 万元，洪雅县、丹棱县等山区供水、供电设施冰冻灾害损失最重。全市筹集下拨各类救灾资金 532 万元，其中抢险直接费用逾 100 万元。

第二节　地质灾害

一、地震

眉山市境内龙泉山断层带为区域性基底断层带，地震活动明显，地震沿构造方向呈带状展布，地震活动特点是频度低，强度中等，震源浅，震中烈度偏高。总岗山—柳江镇一带处在地壳厚度变异带上，沿总岗山和柳江断层的两侧地震活动频繁，形成总岗山—柳江断层地震带，特点是中强地震为主，震源较深，震中烈度偏低，有感范围较大。

2002 年 5 月 31 日 11 时 53 分 09 秒，仁寿县高家镇（北纬 30°16′、东经 104°11′）发生里氏 4.6 级地震，震源深度 51 千米，震中烈度 4 度。高家镇歇马村 100 余户农户房屋普遍有墙体轻微开裂和掉瓦，个别墙体局部垮塌，5 人摔伤。清水、文宫、龙马等 17 个乡镇 98 个村 298 个经济社受灾，损坏房屋 3590 间、水利设施 137 处。直接经济损失 756 万元、间接经济损失 800 万元。

2008 年 5 月 12 日 14 时 28 分，受阿坝州汶川县里氏 8.0 级地震波及，眉山市境发生 5.0 级~5.5 级地震，烈度 8 度。全市 143.41 万人受灾，死亡 10 人，受伤 351 人，直接经济损失 60.6 亿元。

2011 年 3 月 25 日 7 时 18 分，洪雅县高庙镇发生里氏 3.7 级地震（北纬 29°62′、东经 103°18′，深度 17 千米）。3 月 30 日 21 时 53 分，洪雅县高庙镇发生里氏 3.1 级地震（北纬 29°62′、东经 103°20′，深度 16 千米）。10 月 27 日 9 时 0 分，洪雅县高庙镇发生里氏 4.1 级地震（北纬 29°63′、东经 103°22′，深度 24 千米）。

2012 年 4 月 22 日 5 时 27 分，东坡区发生里氏 3.0 级地震（北纬 29°93′、东经 103°20′，深度 15 千米）。12 月 3 日 2 时 13 分，东坡区发生里氏 3.0 级地震（北纬 29°70′、东经 103°35′，深度 11 千米）。

2002—2012 年，眉山市境发生 3.0 级~5.5 级地震 6 次，地震基本烈度 7 度，最大震级 5.5 级。

二、山地灾害

眉山市境内山地、丘陵多，地质构造复杂，新构造运动强烈，多暴雨，山地灾害种类多，分布广，频率高。主要有滑坡、崩塌、泥石流等。其发生以 7—9 月的暴雨季节为主，具有来势猛、破坏大的特点。主要分布在山区、深丘区的断裂发育、地层破碎、河谷两岸的陡坡地带，青衣江、岷江流域的山区和深丘区为山地灾害的高发区。

1997年，仁寿县文宫区千合乡长山村境内发生山体滑坡，滑坡长300米~500米、厚1米~5米、高80米~130米，房屋垮塌16间，牲畜死亡23头，损坏耕地1公顷。

1998年7月4日至6日，丹棱县发生特大暴雨，石桥乡麻柳村5组、界牌村1组山体滑坡，仁兴乡大田坎村3组、4组金峡岩滑坡，唐河乡红石村沈堰出口干渠内坡山体崩塌损毁渠系。3处滑坡体8.5万立方米，损毁民房43间。8月5日，洪雅县炳灵乡群贤村五组山体发生崩裂，裂缝长80米、平均宽0.3米、深1.5米，个别地方下坠0.2米，11户41人生命财产安全受到威胁。1999年8月，青神县发生山体滑坡灾害。2000年8月5日，青神县瓮家乡五嘉坝发生山体滑坡，受灾38户155人，重灾15户76人。

2001年7月，丹棱县山洪暴发造成山体滑坡，320余户1000余间房屋受损。8月、9月，仁寿县景贤、团结等56个乡镇56个村192个经济社发生山体滑坡58起，100万立方米滑坡7处，10万立方米~100万立方米滑坡12处，10万立方米以下滑坡12处，死亡3人、重伤1人，直接经济损失3800万元，受损耕地177公顷、房屋4018间；东坡区因山体滑坡造成1人死亡。

2002年，眉山市多处发生山体滑坡、泥石流等山地灾害，其中洪雅、仁寿两县严重，因山体滑坡致4人死亡。6月12日4时，洪雅县张村乡板凳河电站前池突发泥石流，造成民工死亡3人、轻伤2人。6月13日，青神县罗塆乡何家山村发生山体滑坡，滑坡体长300米、宽100米、厚10米，损坏房屋13间。7月31日，洪雅县暴雨，公路塌方161处，滑坡2048处12万立方米、打死耕牛2头。2003年，眉山市发生地质灾害31起。

2004年8月3日，丹棱县普降暴雨，发生地质灾害460处，滑动土石8万余立方米，山洪及其他地质灾害直接经济损失870万余元。青神、仁寿两县暴雨诱发山体滑坡、岩崩等地质灾害，44户120人生命财产受到威胁。8月12日，洪雅县暴雨致山地滑坡460处1.3万立方米，造成8家企业停产。

2005年6月29日，洪雅县瓦屋山镇瓦屋山电站大坝右肩公路山体滑坡300平方米，造成2人死亡。8月5日，丹棱县山体滑坡7000平方米，2500人受灾，房屋倒塌1246间，直接经济损失830万元。

2006年7月10日，洪雅县普降大雨，诱发柳江镇山体滑坡、泥石流等，全镇13个村受灾，死亡1人。

2007年7月27日至28日，仁寿县暴雨造成龙马镇永红村3组一农户土墙房屋倒塌，死亡3人。洪雅县暴雨造成山体滑坡死亡1人。

2008年8月20日，洪雅县东岳镇大安村发生山体滑坡，造成6家农户房屋全部掩埋，轻伤3人，失踪2人。

2009年，眉山市滑坡、崩塌、泥石流、地面塌陷等地质灾害隐患点435处，1.68万人生命财产受到威胁，潜在经济损失约10.96亿元。7月31日至8月1日暴雨灾害，青神县河坝子玉蟾村1人因山地灾害死亡，洪雅县柳江杨村9组1人因河水上涨冲袭失踪。

2010年7月24日至25日、8月19日，眉山市遭受洪涝灾害，发生地质灾害175起，转移46个乡镇432户1471名群众。

2011年7月3日至4日，丹棱县陈湾水库内坡全坝段因暴雨冲刷滑坡，面积800平方米，溢洪道垮塌堵塞，影响下游界牌村50人、20公顷耕地；8月21日，洪雅县槽渔滩镇文山村发生约2000立方米山体滑坡。2012年，眉山市查明滑坡321处、崩塌47处、泥石流1处、地面塌陷2处。

1997—2012年，眉山市发生地质灾害454起，因灾死亡29人、失踪3人、伤359人。

第三篇　人　口

民国以前，今眉山市境内战乱不断，人口增长缓慢，人口密度小。民国时期，虽然经济社会有所发展，但由于生产力水平总体较低，人民生活贫困，死亡率高，市境人口规模不大、密度不高。20 世纪 70 年代初期，国家对人口没有实行计划生育管理，大多数年份人口总体呈现高出生率，人口持续快速增长。1997 年，眉山地区首次统计全区人口。全区户籍总数 95.66 万户，户籍总人口 332 万人，常住总人口 320.63 万人。此后，随经济快速发展，城市化进程加快，城镇总户数逐年递增，非户籍流动人口增多。2002 年后，眉山市人口出生率、自然增长率明显下降。2005 年，全市户籍总人口首次出现负增长。至 2012 年年末，全市人口出生率、自然增长率与 1997 年基本持平。户籍总数 127 万户 350.38 万人，其中常住总人口 296.64 万人。

第一章　人口规模

1997 年，眉山地区出生人口逐年减少，人口出生率逐年下降。2005 年起，眉山市出生人口和人口出生率逐年回升。截至 2012 年年底，眉山市总人口 350.38 万人，每平方千米 490 人。

第一节　数　量

1997 年，眉山地区总人口 332 万人（男性 170.69 万人、女性 161.3 万人）。常住总人口 320.63 万人，总户数 95.66 万户，户均 3.47 人。人口出生率 9.77‰、人口自然增长率 3.58‰。1999 年起，全区人口出生率、人口自然增长率总体呈下降趋势，2002 年眉山市人口自然增长率降到 16 年中最低的 1.15‰，2005 年人口出生率降到 16 年中最低的 6.22‰。截至 2012 年年底，全市总人口增至 350.38 万人，年均人口自然增长 1.9‰，人口平稳、低速增长。性别比无较大波动，维持在 104.45～106。常住总人口总体波动不大，呈下降趋势，最少为 2010 年 295.1 万人。总户数总体呈增长趋势，增至 127 万户。户平均人数最少，降至 2.76 人。人口密度总体呈逐年递增趋势，城镇人口密度增幅较大。

眉山市 1997—2012 年人口统计表

表 3-1

年份	总人口（万人）				常住总人口（万人）	总户数（万户）	户平均人数（人）	人口密度（人/平方千米）	农业人口（万人）	非农业人口（万人）
	小计	男	女	性别比（女=100）						
1997	332.00	170.69	161.30	105.85	320.63	95.66	3.47	462	294.82	37.18
1998	336.43	173.01	163.42	105.87	321.50	97.53	3.45	469	297.74	38.69
1999	338.63	173.90	164.73	105.57	321.38	98.90	3.42	472	282.79	55.84
2000	339.90	174.80	165.10	105.88	320.50	103.03	3.30	474	298.15	41.75
2001	340.10	174.70	165.40	105.62	318.74	101.09	3.36	474	296.70	43.43
2002	340.10	174.90	165.20	105.87	315.34	101.81	3.34	474	295.65	44.46
2003	340.70	175.30	165.40	105.99	311.39	102.02	3.34	475	266.74	73.92
2004	340.80	175.20	165.60	105.80	307.73	103.80	3.28	475	261.32	79.47
2005	340.70	175.30	165.40	106.00	306.10	103.85	3.28	475	261.08	79.66
2006	342.00	175.80	166.20	105.78	304.30	105.55	3.24	477	261.09	80.92
2007	344.50	176.90	167.60	105.55	302.00	108.75	3.17	480	264.20	80.31
2008	346.60	177.80	168.80	105.33	300.90	112.00	3.09	482	260.03	86.55
2009	348.10	178.30	169.80	105.01	299.20	120.00	2.90	484	258.57	89.51
2010	349.08	178.55	170.54	104.70	295.05	122.00	2.86	486	258.08	91.00
2011	350.81	179.33	171.48	104.58	295.80	125.00	2.81	488	256.92	93.89
2012	350.38	179.00	171.38	104.45	296.64	127.00	2.76	490	254.15	96.23

眉山市 1997—2012 年人口自然变动统计表

表 3-2

年份	出生人口（万人）	死亡人口（万人）	人口出生率（‰）	人口死亡率（‰）	人口自然增长率（‰）	符合政策生育率（%）
1997	3.24	2.05	9.77	6.19	3.58	96.68
1998	3.26	2.01	9.80	6.04	3.76	88.57
1999	2.71	1.98	8.03	5.89	2.14	94.32
2000	2.49	1.92	7.35	5.66	1.69	94.26

续表3-2

年份	出生人口（万人）	死亡人口（万人）	人口出生率（‰）	人口死亡率（‰）	人口自然增长率（‰）	符合政策生育率（%）
2001	2.28	1.78	6.65	5.18	1.48	94.53
2002	2.29	1.90	6.64	5.50	1.15	93.50
2003	2.29	1.76	6.62	5.07	1.55	93.57
2004	2.22	1.78	6.39	5.13	1.26	93.45
2005	2.16	1.58	6.22	4.56	1.65	93.12
2006	2.33	1.87	6.70	5.36	1.34	91.80
2007	2.52	1.94	7.22	5.56	1.65	90.95
2008	2.79	2.21	8.03	6.36	1.67	89.29
2009	2.95	2.34	8.42	6.69	1.73	87.45
2010	3.09	2.35	8.9	6.77	2.15	87.56
2011	3.19	2.40	9.18	6.89	2.29	86.73
2012	3.51	2.42	10.02	6.89	3.13	85.88

第二节　分　布

1997 年，眉山地区人口密度每平方千米 462 人。2000 年，眉山地区统计部门组织开展全地区第五次全国人口普查。城镇常住人口 60.22 万人，占常住总人口的 18.79%；乡村常住人口 260.3 万人，占常住总人口的 81.21%。2010 年，眉山市统计部门组织开展眉山市第六次全国人口普查。城镇常住人口 100.61 万人，占常住总人口比重升至 34.1%；乡村常住人口 194.44 万人，占常住总人口比重降至 65.9%。2012 年，全市人口密度为每平方千米 490 人，其中最大的彭山县每平方千米 712 人，最小的洪雅县每平方千米 184 人。

第三节　变　动

一、自然增长

（一）总人口

1997—2012 年，眉山市总人口净增数总体呈上升趋势，自然增长率总体呈下降趋势。1998 年净增数最高，比 1997 年增长 1.35%；自然增长下降最快的是 1999 年，比 1998 年降 1.62‰。2002 年后，全市人口自然增长率降到 16 年中最低，仅 1.15‰。2005 年，全市户籍总人口首次出现负增长。2010 年起，全市人口自然增长率逐渐上升。

（二）出生

眉山市人口出生率总体波动不大。其中1997—2005年呈下降趋势，由1997年的9.77‰下降至2005年6.22‰，每年出生2.16万人~3.24万人；2005—2012年间呈增长趋势，由2005年的6.22‰增至2012年的10.02‰，每年出生2.16万人~3.51万人。符合政策生育率总体呈下降趋势，由1997年的96.68%下降至2012年的85.88%。

（三）死亡

眉山市人口死亡率总体波动不大。其中1997—2005年呈下降趋势，由1997年的6.19‰下降至2005年的4.56%，每年死亡1.58万人~2.08万人。2005—2012年，人口死亡率呈上升趋势，最低为2005年的4.56‰，最高为2010年的7.52‰，每年死亡1.58万人~3.06万人。全市人口自然增长率总体波动不大，维持在1.26‰~3.58‰，其中1998年比1997年下降1.62‰，为下降最多的一年。

二、机械增长

1997年起，随着改革开放的深入，农村及边远地区人口到眉山地区务工经商人员逐渐增加，向城镇流动。2000年，眉山市第五次人口普查。全市有6936人在四川省外，其中在重庆市1040人、云南省872人、浙江省558人，为在省外人数居前三省份。2007年，全市有水利水电移民6.13万人。2010年，第六次人口普查，按现住地、户口登记地、性别分的户口登记地在外乡镇街道的人口31.44万人，其中省内29.71万人，省外1.73万人。2012年，眉山市有大中型水库农村移民6.05万人。1997—2012年，全市每年迁入人数总体高于迁出人数。共迁入99.65万人、迁出92.62万人，机械增长7.03万人。

眉山市1997—2012年人口机械增长指标统计表

表3-3

年份	迁入		迁出		机械增长	
	总人数（人）	迁入率（%）	总人数（人）	迁出率（‰）	总人数（人）	机械增长率（‰）
1997	99950	3.01	99672	3.00	278	0.08
1998	44611	1.33	28839	0.86	15772	4.69
1999	34085	1.01	29866	0.82	4219	1.25
2000	31993	0.94	30191	0.89	1802	0.53
2001	26718	0.79	28278	0.83	-1560	-0.46
2002	26594	0.78	32393	0.95	-5799	-1.70
2003	31721	0.93	32119	0.94	-398	-0.12
2004	26638	0.78	31052	0.91	-4414	-1.30
2005	93267	2.74	55682	1.63	37585	11.03
2006	41900	1.22	40517	1.18	1383	0.40
2007	62595	1.82	54189	1.57	8406	2.40
2008	94836	2.74	88804	2.56	6032	1.75

续表3-3

年份	迁入		迁出		机械增长	
	总人数（人）	迁入率（%）	总人数（人）	迁出率（‰）	总人数（人）	机械增长率（‰）
2009	110182	3. 17	106045	3. 05	4137	1. 19
2010	98315	2. 82	92535	2. 65	5780	1. 66
2011	94878	2. 70	96452	2. 75	-1574	-0. 45
2012	78219	2. 23	79600	2. 27	-1381	-0. 39
合计	99. 65 万	—	92. 62 万	—	7. 03 万	—

第二章　人口构成

历史上，对眉山市境人口年龄状况、性别构成、文化构成以及职业构成等记载甚少。中华人民共和国成立后，眉山市境内人口状况有了详细的记载。2000 年，眉山市人口进入老年型人口阶段，男女性别比为 104. 47。随着人们生育观念的变化和人民生活水平的提高，全市居民文化水平也不断提高，职业、婚姻观念也发生着变化。到 2012 年，老龄化程度升高，男女性别比例变为 99. 5。

第一节　年龄构成

2000 年，在第五次全国人口普查中，眉山市 0～14 岁人口 68. 17 万人，占常住总人口的 21. 27%，15 岁～64 岁人口 224. 6 万人、占常住总人口的 70. 07%，65 岁及以上人口 27. 75 万人、占常住总人口的 8. 66%。按照 65 岁及以上老年人口占总人口比例 7%的一般标准，眉山人口步入老年型人口阶段，人口年龄结构转变为老年型社会年龄结构，老龄化程度比四川省 65 岁及以上人口占总人口 7. 24%的平均水平高 1. 42%。2010 年，在第六次全国人口普查中，眉山市 0～14 岁人口 41. 54 万人、占常住总人口的 14. 08%，15 岁～64 岁人口 214. 22 万人、占常住总人口的 72. 6%，65 岁及以上人口 39. 29 万人、占常住总人口的 13. 32%，比 2000 年高 4. 66 个百分点，比四川省常住人口占总人口比例 10. 95%的平均水平高 2. 37%。

第二节　性别构成

在 2000 年第五次全国人口普查中，眉山市常住总人口 320. 52 万人，其中男性 163. 76 万人、占常住总人口的51.09%，女性156.76万人、占常住总人口的48.91%，性别比104.47。在2010年第六次全国人口普查中，全市常住总人口295.05万人，其中男性147.16万人、占常住总人口的49.88%，女性147.9万人、占常住总人口的50.12%，性别比99.5。

第三节　文化构成

2000年，在第五次全国人口普查中，眉山市6岁及以上常住总人口299.43万人。其中，研究生文化程度215人、占常住总人口的0.01%；大学本科文化程度8498人、占常住总人口的0.28%；大学专科文化程度3.37万人、占常住总人口的1.12%；中专文化程度6.34万人、占常住总人口的2.12%；高中文化程度15.26万人、占常住总人口的5.1%；初中文化程度109.9万人、占常住总人口的36.7%；小学文化程度135.6万人、占常住总人口的45.29%；参加过扫盲班的3.45万人、占常住总人口的1.15%；未上过学的24.64万人、占常住总人口的8.23%。由于小学和初中属九年义务教育，人口文化程度中两者较多，而大学专科及以上人口数量偏少。2010年，在第六次全国人口普查中，眉山市6岁及以上人口279.34万人。其中，研究生文化程度932人、占常住总人口的0.03%；大学本科文化程度3.85万人、占常住总人口的1.38%；大学专科文化程度8.27万人、占常住总人口的2.96%；高中文化程度31.79万人、占常住总人口的11.38%；初中文化程度117.96万人、占常住总人口的42.23%；小学文化程度101.08万人、占常住总人口的36.18%；未上过学的16.3万人、占常住总人口的5.83%。除小学外，其余各项比2000年均有所增加。其中高中文化程度人口增加最多，增长6.28%，研究生文化程度人口增加最少，仅增长0.02%。

第四节　行业构成

在2000年的第五次全国人口普查中，眉山市抽取9.2%人口普查登记，登记就业人口18.58万人。从国民经济行业分布看，农、林、牧、渔业15.29万人，占就业人口的82.25%；采掘业612人，占就业人口的0.33%；制造业8416人，占就业人口的4.53%；电力、燃气及水的生产和供应业741人，占就业人口的0.4%；建筑业2275人，占就业人口的1.22%；地质勘查业、水利管理业173人，占就业人口的0.09%；交通运输、仓储及邮电通信业2999人，占就业人口的1.61%；批发和零售贸易、餐饮业8049人，占就业人口的4.33%；金融保险业517人，占就业人口的0.28%；房地产业44人，占就业人口的0.02%；社会服务业2342人，占就业人口1.26%；卫生、体育和社会福利事业1282人，占就业人口的0.69%；教育、文化艺术及广播电影电视业3111人，占就业人口的1.67%；科学研究和综合技术服务业106人，占就业人口的0.06%；其他行业239人，占就业人口0.13%。

在2010年的第六次全国人口普查中，眉山市抽取10%人口普查登记，登记16岁及以上人口24.27万人，其中就业人口17.57万人，占总数的72.39%。从国民经济行业分布看，农、林、牧、渔业12.45万人，占就业人口的70.87%；采矿业1066人，占就业人口的0.61%；制造业1.04万人，占就业人口的5.92%；电力、燃气及水的生产和供应业909人，占就业人口的0.52%；建筑业7518人，占就业人口的4.28%；交通、运输、仓储和邮政业3530人，占就业人口的2.01%；信息传输、计算机服务和软件业543人，占就业人口的0.31%；批发和零售业1.09万人，占就业人口的6.21%；住宿和餐饮业4283人，占就业人口的2.44%；金融业725人，占就业人口的0.41%；房地产业578人，占就业人口的0.33%；租赁和商务服务业312人，占就业人口的0.18%；科学研究、技术服务和地质勘查业109人，占就业人口的0.06%；水利、环境和公共设施管理业350人，占就业人口的0.2%；居民服务和其他服务业2679人，占就业人口的1.53%；教育行业2781人，占就业人口的1.58%；卫生、社会保障和社会福利业1388人，占就业人口的0.8%；文化、体育和娱乐业423人，占就业人口的0.24%；公共管理和社会组织2677人，占就业人口的1.52%。

第五节 职业构成

2000年，在第五次全国人口普查中，眉山市抽取9.2%人口普查登记，登记就业人口18.58万人。从其工作职业来看，国家机关、党群组织、企业、事业单位负责人1207人，占就业人口的0.65%；专业技术人员6384人，占就业人口的3.44%；办事人员和有关人员2079人，占就业人口的1.12%；商业、服务业人员1.21万人，占就业人口的6.51%；农、林、牧、渔、水利业生产人员15.26万人，占就业人口的82.09%；生产、运输设备操作人员及有关人员1.13万人，占就业人口的6.11%；不便分类的其他从业人员172人。2010年，在第六次全国人口普查中，眉山市抽取10%人口普查登记，登记16岁及以上就业人口17.57万人。从其工作职业来看，国家机关、党群组织、企业、事业单位负责人1368人，占就业人口的0.78%；专业技术人员6649人，占就业人口的3.79%；办事人员和有关人员3486人，占就业人口的1.98%；商业、服务业人员2.08万人，占就业人口的11.81%；农、林、牧、渔、水利业生产人员12.39万人，占就业人口的70.51%；生产、运输设备操作人员及有关人员1.92万人，占就业人口的10.95%；不便分类的其他从业人员308人，占就业人口的0.18%。

第六节 民族构成

2000年，在第五次全国人口普查中，眉山市常住总人口320.52万人，其中汉族人口319.84万人、占总人口数的99.79%。少数民族中，蒙古族223人、回族1862人、藏族693人、苗族173人、彝族2397人、壮族114人、朝鲜族98人、满族218人、白族77人、土家族101人、傈僳族213人、佤族233人、其他民族355人。2008年，成立眉山市少数民族基本情况调查工作领导小组，制定工作计划，落实专职调查人员和专项工作经费。全市有少数民族38个，户籍居住人口10073人，自由迁居人口3252人。2010年，在第六次全国人口普查中，眉山市常住总人口295.05万人，其中汉族293.8万人、占总人口的99.58%，比2000年降0.21%。少数民族中蒙古族119人、回族2580人、藏族1386人、维吾尔族20人、苗族321人、彝族5817人、壮族340人、布依族66人、朝鲜族26

人、满族171人、侗族84人、瑶族28人、白族238人、土家族261人、哈尼族52人、哈萨克族52人、傣族69人、黎族36人、傈僳族178人、佤族148人、高山族7人、拉祜族18人、水族192人、纳西族17人、景颇族14人、土族27人、羌族161人、布朗族6人、仡佬族19人、锡伯族8人、裕固族3人、京族11人，俄罗斯族、仫佬族、德昂族各2人，畲族、东乡族、毛南族、普米族、怒族和独龙族各1人，其他未识别的民族15人。外国人加入中国籍4人。

第七节　婚姻与家庭构成

一、婚姻

2000年，在第五次全国人口普查中，眉山市抽取9.2%的人口普查登记，登记15岁及以上人口22.88万人，其中未婚2.79万人、占总数的12.17%，初婚有配偶17.68万人、占总数的77.25%，再婚有配偶6603人、占总数的2.89%，离婚1948人、占总数的0.85%，丧偶15651人、占总数的6.84%。2010年，第六次全国人口普查。全市抽取10%人口普查登记，登记15岁及以上人口24.74万人，其中未婚4.32万人、占总数的17.44%，有配偶18.14万人、占总数的73.31%，离婚4331人、占总数的1.75%，丧偶1.85万人、占总数的7.49%。

二、家庭

2000年，第五次全国人口普查。眉山市有家庭91.95万户，家庭户人口296万人，平均每户3.22人。按不同家庭户规模分，一人户8.51万户、占总数的9.26%，二人户17.9万户、占总数的19.47%，三人户31.18万户、占总数的33.9%，四人户19.34万户、占总数的21.03%，五人户11.02万户、占总数的11.99%，六人户2.93万户、占总数的3.19%，七人户7182户、占总数的0.78%，八人户2243户、占总数的0.24%，九人户713户、占总数的0.08%，十人及十人以上户的525户、占总数的0.06%。按不同的家庭户类别分，一代户20.35万户、占总数的22.13%，二代户46.27万户、占总数的50.32%，三代户23.96万户、占总数的26.06%，四代户1.37万户、占总数的1.49%，五代及以上户20户。按家庭户中民族混合户类别分，单一民族户91.61万户、占总数的99.62%，两个民族户3463户、占总数的0.38%，三个民族户3户。有0～19岁青少年人口的家庭73.24万户、占总数的79.65%。家庭户中有65岁及65岁以上老年人的家庭户，有一个65岁以上老年人的17.19万户，其中单身老人户1.68万户、一个老年人与未成年的亲属户4619户、其他户15.05万户；有两个65岁以上老年人的5.02万户，其中只有一对老夫妇的1.4万户、一对老夫妇与未成年的亲属户2974户、其他3.33万户；其他户748户。

2010年，在第六次全国人口普查中，眉山市有家庭101.07万户，家庭户人口285.03万人，平均每户2.82人。按不同家庭户规模分，一人户18.23万户、占总数的18.04%，二人户26.92万户、占总数的26.63%，三人户27.28万户、占总数的26.99%，四人户16.5万户、占总数的16.32%，五人户8.92万户、占总数的8.83%，六人户2.45万户、占总数的2.43%，七人户5403户、占总数的0.53%，八人户1583户、占总数的0.16%，九人户367户、占总数的0.04%，十人及以上户332

户、占总数的0.03%。按不同的家庭户类别分，一代户36.59万户、占总数的36.21%，二代户42.4万户、占总数的41.59%，三代户21.2万户、占总数的20.97%，四代户1.24万户、占总数的1.23%，五代及以上户19户。家庭户中民族混合户中单一民族户100.59万户，占家庭户的（下同）99.53%；二个民族户4704户，占0.47%；三个民族户20户。一人户中有14岁及以下人口的1.24万户、占总数的（下同）6.82%；有65岁及以上老年人口家庭户30.15万户、占29.83%，其中有一个65岁及以上老年人的21.58万户、有二个65岁及以上老年人的8.44万户、有三个及以上老年人的1324户。

第三章　人口计划生育

1997年起，眉山地区严格执行党和国家人口和计划生育方针政策、法律法规，实行目标管理责任制，层层签订目标责任书，严格考核。全面落实独生子女奖励政策、计划生育家庭奖励扶助政策，严格执行再生育政策，依法处理违法生育。至2012年，眉山市共出生人口43.32万人，年均出生率7.87‰。全市人口总量由1997年的332万人增至350.38万人，增长5.54%。

第一节　计划生育宣传教育

眉山市计划生育宣传教育网络主要由眉山市人口计生委、计划生育领导小组成员单位、县（区）人口计生局、乡（镇）计生办、各级计划生育技术服务机构和村计生专干、各级计生协会、各级人口学校等组成。计划生育宣传教育队伍涵盖各级计划生育行政管理和技术服务专业工作者、各级计生协会、群团组织等系统兼职工作者和群众志愿者。2012年，眉山市有计划生育宣传教育专（兼）职人员31.97万人。

1997年起，眉山地区计划生育宣传教育主要向群众宣传“提倡一对夫妇只生育一个孩子”“少生快富”“晚婚晚育”“生男生女一个样”“女儿也是传后人”等生育政策。以广播、电视、报刊等媒体，婚姻家庭教育学校，永久型固定宣传标语、宣传画，集中宣传，发放宣传品，电子宣传平台等形式实施。宣讲国情、国策，宣传计划生育政策法规，普及生殖健康、避孕节育、优生优育、妇幼保健等科学知识；表彰计划生育的先进典型，曝光反面典型。印制《四川省计划生育生育条例》等小册子和各项人口计生利益导向政策宣传单、优生优育宣传资料、计划生育宣传年画、年历、围腰、袖套向群众免费发放。每年开展计划生育宣传教育活动及文化、科技、卫生“三下乡”活动，实施“三为主”（宣传教育、避孕节育、经常工作为主）工作。

1999年，眉山地区开展婚育新风进万家活动试点。以社会家庭为试点活动主体，少生优生、富裕文明、健康幸福家庭创建与计划生育宣传教育相结合，宣传新的婚育观念，包括建设新型生育文化、倡导男到女家新风尚、创新农村婚俗风貌、实现计划生育丈夫有责、改善妇女儿童生活环境、优化利益导向促进农民生育意愿转变、提高贫困妇女文化素质、评比少生快富星级文明家庭、村民自主自治议事管理计划生育、开展评选评比文明公民活动 10 个项目。2000 年起，眉山地区在全区主要公路沿线实施“五百里生育文化”建设工程。设计“三纵一横”（仁寿县视高乡至慈航镇 213 国道段公路沿线；彭山县青龙镇至眉山县思蒙镇 103 省道段扩展眉青公路东坡区松江镇至青神县罗波乡公路沿线；洪雅县竹箐镇至余坪乡段公路线；仁寿县汪洋镇至洪雅县洪川镇 106 线省道公路沿线扩展洪雅县洪川镇至瓦屋山镇公路沿线）。工程分县、乡镇、村 3 级建设指标实施。

市、区人口计生委在城区开展“世界人口日”宣传活动（摄于 2009 年 7 月）

2001 年起，眉山市开展“婚育新风进万家”活动，加强新婚期、孕产期、育儿期知识教育。各区县建设“生育文化线”“新村生育文化片”“生育文化大院”等阵地；采取现代化电教手段传播科学知识，培训计划生育政策法规知识，普及计划生育和生殖保健科学知识，发挥婚姻家庭学校作用。当年，利用宣传车、街头咨询、广播电视、板报、墙报、标语等形式，将婚育新风送进千家万户。全市婚姻家庭教育学校培训宣传 27 万人次。35%的乡镇装备电教设备，新婚期、孕产期受教育面 92.5%以上，育儿期受教育面 75%以上，青春期、中老年期受教育面 70%以上。至 2003 年，省道 106 线、国道 213 线仁寿县段全面实施婚育文化长廊工程。全市计生部门开展下乡宣传 1973 次，发放科技图书等 101.28 万册，各种宣传资料 214.63 万份，播放光碟录像 793（场）次，开展义诊义治 54.13 万人次，接受政策咨询 28.39 万人次，举办致富讲座 1874（场）次，制作规范永久固定型标语 1775 幅，宣传画 1424 幅，瓷砖墙壁标语、画 1005 幅，婚育新风挂图 1.89 万套，建成“三结合”基地 1130 个、生育文化村（小区）28 个、生育文化大院 1104 个、旅游景区生育文化场所 3 个、生育文化户 6.14 万户。2004 年起，眉山市实施“百千万”建设项目。各县（区）规范户外生育文化公益宣传画、标语以及城镇生育文化小区、乡镇生育文化中心、村生育文化大院建设，建设黄金旅游线和历史文化名城生育文化新品牌。项目由省、市、县共同投资建设。乡镇有生育文化工程项目、有大型计划生育公益宣传画或标语，村有生育文化大院，社有中心户。至 2005 年，眉山市建成生育文化小区 12 个，生育文化大院 538 个，生育文化中心户 1965 个，形成以国道为主干，以乡村公路为分支，覆盖全市城乡的生育文化宣传服务网络，实现婚育新风进社区、进厂矿、进机关、进农村、进农家。

2006 年起，眉山市将计划生育宣传教育融入社会主义新农村建设之中，引导民众逐步树立科学、文明、进步的婚育观念，促进“乡风文明”。2007 年，国家人口计生委确定眉山市为“全国婚育新风进万家活动第三阶段（2006—2010 年）示范市”。眉山市政府将婚育新风进万家活动纳入社会、经济、文化发展的总体规划。示范市创建活动以“新农村新家庭”为主题，以婚育新风进万家活动为主线，以新农村新家庭示范工程为载体，在全市 39 个新农村建设示范点，实施生育文化工程建设。开展全社会创“五好家庭”“双文明户”活动，将婚育新风进万家活动纳入新农村建设，纳入文明户、信用村、信用户等精神文明创建活动。以新型生育文化建设为主题，规范和完善“眉山市五百里生育文化线”建设，全面完成“百千万”生育文化工程建设任务。至 2009 年，眉山市全国婚育新风进万家活动示范市建设通过国家人口计生委检查评估，分别在四川省计生宣教工作会和全国婚育新风进万家活动示范市建设会上作经验交流。

2011 年，眉山市将村级计生服务阵地建设融入村级公共服务活动中心建设，规范和完善村级计生宣传服务设施，完成 30 个新农村建设点的人口文化建设。在东坡区广济乡农村开展“全家福”项目试点，为 2444 户农村计划生育户照全家合影照。截至 2012 年年底，眉山市相继开展农村独生子女父母奖励、国家农村计划生育家庭奖励扶助、四川省计划生育家庭特别扶助等重点宣传，以生殖健康、优生优育、预防出生缺陷知识为主要内容，利用世界人口日、公开信纪念日、男性健康日、世界艾滋病日开展多种宣传活动。

1997—2012 年，眉山市新建和完善生育文化大院 624 个、生育文化小区 26 个、生育文化中心 76 个、人口文化屋 296 个、村活动室等宣传阵地 1086 个、计划生育中心户 1965 户、人口图书角 102 个。建成人口文化示范村 30 个，组织宣传活动 1.07 万次，参加人员 8.23 万人次，受教育群众 1458.14 万人次，发放宣传资料 3026.13 万份，发放宣传品 1157.77 万件，书写标语 4.98 万幅。

第二节 计划生育服务

一、服务设施

1997 年起，眉山地区新（改扩）建县、乡镇计划生育服务站。1999 年，地委、行署将创建计划生育甲级站纳入目标考核，全年乡镇服务站新增面积 1010 平方米，全区服务站增至 202 个，评出乡级“甲级站”16 个。2001 年，眉山市计生委为全市每个乡镇装备一个村计划生育服务室，投入 165 万元为乡镇计划生育服务站购置装备和建设全市计生网络。2003 年起，争取国债资金建设计生服务站。当年争取国债资金 190 万元，新建计生服务站 5 个。2005 年，国家为眉山市计划生育指导所及 6 个县级计生服务站配备流动服务车，形成以县服务站为龙头，乡镇服务站为骨干，村服务室为网底，流动服务车为纽带的计划生育技术服务

市长余斌主持召开眉山市计划生育工作会（摄于 2001 年 6 月）

网络。2007 年，眉山市重新确认区县和乡镇计划生育技术服务机构 137 个。建立乡镇计划生育服务站“条块结合，以条为主”管理体制，布局合理、特色突出、服务规范、方便群众的新型计划生育服务网络基本形成。2008 年，眉山市争取扩大内需和灾后重建资金建设计划生育中心服务站。至 2011 年，全市争取中央和省财政扩大内需项目、灾后重建等设施设备资金 6236 万元、地方配套资金 3257 万元，新建和改扩建全市计生服务站 173 个，规范村级计生服务室 180 个。2012 年，全市县乡两级均配备服务、药具库房，配备计划生育流动服务车、药具工作车。

二、技术服务

计划生育免费技术服务包括各项避孕节育手术、孕情环情检查、避孕节育措施落实及与计划生育有关的其他医学检查和治疗。按照计划生育“三为主”（宣传教育为主、避孕为主、经常工作为主）方针，重点做好孕前服务工作，尽可能减少意外怀孕的补救。“孕前服务”包括宣传普及避孕节育、优生优育科普知识；为需要避孕的育龄夫妇提供安放宫内节育器、施行绝育手术、免费发送避孕药具及术后随访、避孕效果监测等。在开展免费技术服务的同时，每季度开展“三查”（查环、查孕、查病）工作。

1998 年，眉山地区计划生育技术服务机构建立重点对象跟踪服务和挂牌服务制度，督促群众在规定时间内落实避孕措施，满足育龄群众需求。1999 年起，全区开展优生优育科普知识宣传，实施出生缺陷干预，推广应用“福施福”“叶酸”等药物，降低神经管畸形儿出生率。

2001 年起，眉山市通过安排计划生育服务车下乡镇，开展技术服务、咨询指导、集中培训及乡村药具管理人员对药具使用者的见面随访等，宣传国家人口状况和政策及避孕节育知识，在技术服务人员指导下，选择适合自身特点的安全有效避孕方法。为育龄群众开展生殖健康普查服务，免费为贫困独生子女和育龄群众检查妇科疾病。东坡区常年组织流动服务队巡回村组开展“五个一服务”（发一套宣传资料，开展一次面对面咨询，进行一次妇科病普查，发一次避孕药具，对重点对象进行一次随访）活动，倡导科学文明卫生习惯。2003 年，全市实施避孕方法和知情选择、计划生育手术术前同意制度，巩固提高综合孕率和落实避孕节育措施及时率，流动服务车为农村育龄群众查环、查孕、查病等服务，变群众上门检查为到群众家门检查。2004 年，在全市推广皮下埋植避孕新技术。2009 年，眉山市推进全市人口计生部门计划生育技术服务“三大工程”（避孕节育优质服务、生殖道感染干预、出生缺陷干预）。在社区街道、企事业单位、农村基层开展“关爱女性健康，乳腺疾病普查活动”和孕前优生健康检查；实施出生缺陷干预工程，为育龄妇女提供优生优育咨询及指导服务。开展避孕节育优质服务，加强节育手术术后随访。2010 年，全市组织实施国家人口计生委在眉山市的避孕药具不良反应监测试点及“十一五”国家科技支撑计划“农村卫生服务适宜技术收集与应用（计划生育）”项目，完成对项目实施地技术服务人员和村专干适宜技术的操作培训及课题内部评估。引入无痛人流技术，开展无痛人流手术。2011 年，全市实施国家、省免费孕前优生健康检查试点，当年检查 4841 对。做好病残儿医学鉴定信息网络录入，开展“一对一”优生指导服务。2012 年，全市检查符合条件夫妇 1.71 万对，检查人群覆盖率列全省首位；国家、省级免费孕前优生健康检查项目全覆盖。

1998—2012 年，眉山市开展计划生育门诊咨询 10.2 万人次，查环查孕 109.8 万人次，发放避孕药具 36.78 万人次，妇女病检查 22.16 万人次。组织参加国家、省、市技术服务培训 78 人次。

三、药具服务

1998年，眉山地区计生委将地区、县、乡三级避孕药具管理工作纳入目标管理责任，建立避孕药具目标管理责任制。1999年，在眉山、洪雅、彭山3个县开展优质服务试点。开展送药上门，服务上门，随访上门，提高药具服务的应用率、有效率、随访率、知情满意率。2002年，眉山药具管理工作被列入国家在西部开展全国避孕药具管理工作调查重点市之一，各县（区）药具工作实行双向考核，促进药具高使用、低库存的良性循环，为基层订购国家推荐使用的宫内节育器12种。2003年起，全市实施药具管理改革，乡镇级实行“两账一册”（药具管理分类账、分户账和眉山市基层避孕药具管理工作手册），重点转移到为群众提供优质服务，完善药具批号管理制度，防止有质量问题药具出库。2006年，全市扩大优质服务试点面，为育龄群众提供安全、优质、高效的避孕药具。80%以上乡镇药具管理基本实现规范化。至2007年，全市实现国家、省、市、县药具管理购、调、存四级联网。

2009年，眉山市专项整治计划生育药械市场，开展流动人口计划生育药具免费发放服务示范点，药具免费发放服务全覆盖，满足广大人民群众避孕节育、生殖健康需求。安装自动药具免费发放机，配备村级药具包，避孕药具知情选择图，建免费药具发放点49个，设流动人口计划生育药具免费发放示范点19个。东坡区、彭山县药具管理机构标准化达国家标准，眉山市药具管理机构标准化建设达标。各区县将药具管理机构标准化建设工作纳入人口计生委目标考核，第二批药具机构标准化建设单位全部验收合格。2010年，仁寿县、洪雅县、丹棱县、青神县药具管理机构标准化达国家标准。截至2012年年底，市人口与计划生育委员会每年均组织“三下乡”、慰问独生子女户、计生节育知识有奖竞赛、重大节日街头宣传咨询等活动，将药具和药具知识送到育龄群众手中，各区县举办婚姻家庭知识讲座。全市药具自助免费发放网点增至708个，免费发放各类避孕药具价值92.39万元，药具应用率99.55%、有效率99.14%，流动人口药具可及率100%。年均发放各种药具宣传资料6万余份以上，每年举办乡级业务培训100期以上，年均发放避孕药具30万人以上，无严重药具不良事件发生。

四、优质服务创建活动

2000年，眉山市开展“甲级站”评选活动。当年，全市县级计划生育宣传技术服务站和16个乡镇计划生育宣传技术服务站评为“甲级站”。2003年起，全市开展以“领导重视好、政策导向好、依法行政好、服务质量好、民主管理好、队伍作风好”为主要内容的计划生育优质服务先进县创建活动。完善人口和计划生育目标管理，为育龄群众提供优质的计划生育法律、法规和政策等服务。全市计划生育服务机构开展“四优一满意”（环境优美、技术优良、服务优质、管理优秀和群众满意）活动。市、区县计生部门在乡镇、村社巡回免费服务，变群众上门“三查”为上群众家门“三查”。至2005年，东坡区创建国家级计划生育优质服务先进区，东坡区、洪雅县、丹棱县相继创建为省级计划生育优质服务先进区县。

2008年，眉山市开展推进计划生育技术服务机构规范化、标准化建设为主要内容的“四优一满意”服务站评选活动，35个计划生育服务站评为“四优一满意”服务站。至2012年，洪雅县创建为国家级计划生育优质服务县，六县（区）全部创建为省级计划生育优质服务先进县。

五、支援外地

2003年，眉山市计生委在阿坝州小金县开展计划生育“手牵手”帮扶活动，捐款3万余元，帮助小金县开展创建计划生育优质服务先进县活动。2005年，眉山市计生委组织东坡区、彭山县、洪雅县前往阿坝州马尔康、小金县、金川县，捐款12万余元帮助开展创建计划生育优质服务先进县活动。至2012年，眉山市捐款及医疗设备总价值40万余元，前往阿坝州马尔康、小金县、金川县和凉山州美姑县开展计划生育帮扶活动。

第三节　计划生育管理

一、管理机制

1997年起，眉山地区实行人口与计划生育目标管理责任制。眉山地区行署将计划生育“三结合”（农村计划生育工作与发展经济相结合，与帮助农民勤劳致富奔小康相结合，与建设文明幸福家庭相结合）纳入党政重要议事日程，实行党政“一把手”负总责，统一领导、统一负责、统一考核。地级帮扶部门将“幸福工程”“巾帼扶贫”“科技扶贫”等纳入计划生育“三结合”活动项目，为帮扶户提供优质服务。建立地区、县、乡、村计划生育工作例会制度，以及结婚、出生、死亡、节育、独生子女领证、人口生育计划安排登记账本、已婚育龄妇女登记卡片和台账等。1998年，眉山地区将计划生育目标考核分为出生人口数、计划生育率、综合节育率、经费投入、计划生育“三结合”、责任目标统计准确率6项指标。1999年，明确县委、县政府分管人口与计划生育工作的副书记、副县长及计划生育局局长为县人口与计划生育目标管理第二责任人。考核内容增加避孕节育及时率、乡（镇）计生服务站建设2项。当年，全区计划生育目标考核彭山县获二等奖，其余5县获一等奖。

2000年起，逐步调整计生考核指标。至2002年，眉山市计划生育考核内容调整为出生人口数、计划生育率、避孕及时率、计划生育“三结合”、经费投入5项。2003年，眉山市委、市政府将“控制人口过快增长”作为经济建设工作重要组成部分，人口和计划生育工作纳入经济社会发展总体规划，纳入农村经济工作同部署、同督查、同考核。2005年起，全市实行计划生育一票否决制。实施依法管理、村（居）民自治、优质服务、政策推动、综合治理五个方面人口和计划生育综合改革，主要包括“五大工程”[计划生育村（居）民自治工程、创建计划生育优质服务先进县工程、生育文化建设工程、计划生育利益导向工程、计划生育信息化建设工程]，开展“四项改革”（工作机制改革、经费投入体制改革、用人机制改革、考核监督机制改革），逐步建立和完善“依法管理、村（居）民自治、优质服务、政策推动、综合治理”的人口计生工作新机制。当年在彭山县、东坡区试点。2007年起，全市实行人口计生工作“黄牌警告”，将人口计生工作纳入重大事项督查范围。至2010年，全市全面建立人口计生工作新机制。洪雅县成为四川省首批省级人口和计划生育综合改革示范县之一。至2012年，全市计划生育工作作为“一把手”工程严格执行计划生育黄牌警告和“一票否决”制度，层层签订目标责任书，形成一级抓一级、层层抓落实的工作局面。东坡区被确定为全省第二批人口和计划生育综合改革示范县。

二、常住人口计划生育管理

1997年，眉山地区实行计划生育依法管理，村（居）民自治，优质服务，各县按征收计划外生育费总额的1%上交地区计划生育委员会。全年全区应征收计划外生育费851.46万元，实际征收621.75万元。2001年，眉山市市级党政机关、厂矿、企事业单位开展创建计划生育合格单位、先进单位活动。主要标准为“七个好”（组织领导好、制度建设好、任务完成好、宣传教育好、政策兑现好、流动人口计划生育管理好、“三结合”工作开展好）。全市实施计划生育工作村民自治试点，将计划生育工作纳入村民自治、村务公开工作中。由村民委员会制定村规民约，明确双方权利、义务和责任。建立群众自我教育、自我约束、自我监督的计划生育社会约束机制。2003年，眉山市取消一孩生育审批制度。乡（镇）、街道办事处不再向村下达出生人数指标；由群众自主选择生育时间，向乡镇、街道办事处报告备案。省、市对计划生育村（居）民自治工作实施评估和验收。当年，彭山县被命名为四川省计划生育村（居）民自治工作先进县。至2005年，全市独生子女父母总数68.92万人，出生婴儿性别比趋于正常。彭山县、洪雅县、丹棱县人口接近零增长，青神县连续4年人口实现零增长。全市比四川省下达的人口控制指标累计少生6万人，共节约社会抚养费10亿元，为人均GDP增长贡献197元。

2006年，仁寿县黄牌警告计生工作后进的青岗乡，召开专题工作会，实施整改；洪雅县乡镇班子调整时，将人口和计划生育工作作为任职期间主要工作之一。眉山市承担中国人口福利基金会“关爱女性健康项目”，在东坡区、彭山县、洪雅县开展免费乳腺疾病普查，检查育龄妇女8万余人，查出确诊及疑似病例4000余例。全市180个村“十五”期间未发生违法生育，市政府命名为“十五”期间人口计生工作红旗村。此后，全市生育水平逐步回升。2008年起，全市统计起报点向经济社（村民小组）延伸。村、乡镇、街道每季度公布一次出生人口、孩次、出生时间、计划内外、落实节育措施、怀孕、生育、征收计划外生育费等情况，接受群众监督。至2012年，全市财政投入计划生育经费金额9.96亿元。11个村创建为国家级人口计生基层群众自治示范村，青神县创建为四川省人口计生基层群众自治示范县。全市连续15年完成省下达的人口与计划生育目标任务。符合政策生育率均保持在85%以上，出生人口均控制在省下达控制目标以内，低生育水平持续稳定。

三、流动人口计划生育管理

1997年，眉山地区加强流动人口计划生育管理。至1999年，青神县、丹棱县分别制定《流动人口计划生育管理实施细则》，彭山县政府分别与工商、城建、企业、公安等部门签订《流动人口计划生育管理责任书》。全区流动人口计划生育查证、验证4.03万人次。2000年，地区行署制定《眉山地区流动人口计划生育工作管理暂行规定》，实施成年流动人口跨乡镇行政区域从事务工、经商或以生育为目的，异地居住在30日以上的育龄人员计划生育管理。2001年，眉山市委、市政府规定，外出务工的育龄妇女必须到所在乡镇计生办签订协议。青神县要求外出务工育龄妇女每季度按时寄回“三查”证明，及时掌握外出务工育龄妇女动态；东坡区开辟流动人口办证快递通道，与邮政局联合开办流动人口办证专递快件，遏制流动人口计划外怀孕和生育。市计划生育、公安等部门开展流动人口大清查，加强流动人口计划生育管理。2003年起，全市将流动人口纳入常住户籍人口同管理、同服务，建立和完善以现居住地管理为主的工作机制。建立省与省之间流动人口信息平台。实行流动人口“两单一卡”（避孕节育措施报告单、统计交换单、育龄妇女登记卡）管理，流动人口计划外生育人数明显减少。2005年，仁寿县、东坡区试点使用流动人口信息交换系统，收集流动人口信息26万条。2007年，眉山市为流动人口提供“六个一”服务（流入地计生部门为流入和流出的育龄群众开展检查一次婚育证明，建立一份管理服务的信息档案，落实一个管理和服务的社区基层组织，发放一张计划生育免费基本项目服务卡，指定一个计划生育技术服务单位，开展一次计划生育的咨询服务），免费发放流动人口婚育证明50万册。东坡区3个街道办事处开展物业小区流动人口管理和服务新方法试点。仁寿县开展计划生育和生殖健康培训试点，为农民工举办计划生育知识和性病、艾滋病防御知识讲座，受训8万人次。

2008年，眉山市与成都经济区的7个市签订《流动人口区域协作协议》。辖内各区县分别与上海、广东、江苏、浙江等7个省（市）的36个县签订流动人口区域协作协议，互通工作情况，共享人员信息，共同开展避孕节育措施落实、社会抚养费征收，探索流动人口与现居住地户籍实行同管理、同服务的工作模式。2009年，在中心城区推行“网格化”管理，流动人口管理服务工作纳入居民小组工作职责，消除城市流动人口管理盲区。开展流动人口计生服务“四进”（进社区、进工厂、进小区、进学校）活动，建立健全流动人口计划生育活动中心20个，开展流动人口计划生育宣传活动80余次，发放宣传资料5万余份。2010年，眉山市与广东省、江苏省、成都市等15个省、市、68个区县开展人口计生区域协作流动人口便民优质服务合作，协同办理婚育证明5000余份，交换流动人口信息1万余条。市人口计生委与已签订区域协作协议的省、市、县签订流动人口服务补充协议。全员人口信息系统与流动人口信息交换平台平稳对接。当年眉山市与成都、雅安、乐山等市联合查办流动人口违法生育案。至2012年，全市流动人口61万余人信息进入全员人口信息管理系统，信息交换平台信息接收率98.7%、反馈率99.45%、信息准确率99%。全市与12个市、县签订流动人口计划生育服务管理协作协议。

四、行政执法

1997年，眉山地区计生委规范全区计划生育干部行政执法行为。组织检查50个村1.84万户农户，考核计划生育工作质量。1998年，开展实施《四川省计划生育条例》以来执法情况检查。1999年起，全区每年开展当年度计划生育行政执法检查。2000年，眉山地区人民代表大会工作委员会审议全区贯彻执行《四川省计划生育条例》情况，眉山地区政协工作委员会评议全区计划生育依法行政情况。

2003年，眉山市推进人口与计划生育工作由行政管理向法治管理转变。搞好“两取消两落实”（取消一孩生育审批制度，取消各种乱收费乱罚款，落实将社会抚养费全额用于独生子女父母奖励金，落实向农村实行计划生育的育龄夫妻免费提供基本项目的避孕节育技术服务），保障群众基本权利。开展人口和计划生育法律、法规执法检查和专项督查。至2005年，眉山市计生委将行政许可审批项目集中到“365行政服务中心”办理，提高办事效率，将信访工作纳入业务目标管理考核。2006年，全市组成联合检查组，检查区县计划生育执行情况。

2007年，眉山市开展城镇计划生育专项工作、便民维权活动。在农村基层开展“请农民兄弟姐妹评计生”，在社区开展“请流动人口（农民工）评计生”民主评议行风活动。2009年，全市校验计划生育服务站执业许可证及技术服务人员执业许可证307个。2010年，全市开展深化部门行政执法责任制示范活动，建立健全人口计生行政执法制度 17 个，规范 4 项执法流程，促进严格执法。2012 年，开展打击“两非”（非医学需要的胎儿性别鉴定、非医学需要的选择性别的人工终止妊娠）专项行动。全市人口计生系统信访 2210 件，其中求决类信访案件 673 件。

2002—2012 年，全市信访案件办理 2.89 万件。其中求决 1.31 万件，揭发控告申诉 1339 件，举报 1070 件，咨询 1.24 万件，意见建议及其他 1011 件。

五、计划生育鉴定

（一）节育手术并发症鉴定

1997 年起，眉山地区节育手术并发症鉴定由计划生育、民政、卫生、公安、司法、工商、财政、个体劳动者协会等部门共同实施。节育手术并发症鉴定按照《节育手术并发症鉴定管理办法》规定执行，未经规定程序的鉴定结论无效。鉴定等级分为三级，经县级鉴定不服的可申请市级鉴定，对市级鉴定意见不服的可申请省级鉴定，省级鉴定为终级鉴定。经鉴定确认为非节育手术并发症的，不予处理，属节育手术并发症的，按照《节育手术并发症管理办法》分级标准及处理的基本原则处理。此制度延续至 2012 年。

（二）独生子女病残儿医学鉴定

1997 年起，眉山地区实施独生子女病残儿医学鉴定。每年会诊鉴定 2 次，以县级鉴定为基础实行三级管理。县级管理由县计生委、卫生局共同组建的鉴定小组鉴定；地区计生委、卫生局组织高一级的鉴定组负责解决县一级鉴定小组不能解决的诊断问题。地级鉴定小组不能解决的疑难问题，由省地级计生部门和卫生部门共同组织最高级的鉴定小组，负责解决高难度诊断问题。2004 年起，病残儿医学鉴定由眉山市人口计生委统一组织实施，每年 2 次，市级鉴定不能诊断的疑难病情，由鉴定申请人申请省级鉴定。至 2012 年，全市病残儿医学鉴定 3202 人，通过鉴定符合病残儿童医学诊断标准的 2438 人。

六、计划生育奖励扶助

1997 年起，眉山地区有生育能力的夫妻只有一个未满十四周岁的子女，已采取节育措施，不再生育的，由夫妻双方申请，所在单位核实，乡（镇）人民政府、城市街道办事处批准，发给独生子女证。干部、职工晚婚的，除享受国家规定的婚假外增加婚假 10 天；已婚妇女晚育的，除国家规定的产假外增加产假 20 天。农村人口中晚育的，免去当年的农村义务工和劳动积累工。1998 年，全区建立“党委总揽，政府主管，部门帮扶，群众参与，政策导向，分类指导，优质服务，规范管理”的计划生育帮扶运行机制。计划生育“三结合”帮扶活动同小康县、小康乡镇的建设一并验收，将用于农村、农业发展项目的资金、技术项目有计划地集中成片帮扶，建设计划生育“三结合”帮扶示范基地。当年，全区建立计划生育“三结合”示范片 42 个。至 2000 年，全区形成“锦上添花”（在经济条件和基础较好的地区，着力培养项目带头人，引导计生“三结合”户走农业产业之路）“雨中送伞”［在丘陵区培养“科技二传手”，引导计生“三结合”户加大产业调整力度，发展“三高”（高产、高质、高经济效益）农业，畜牧业和水产业］“雪中送炭”（在山区着力培养少生快富典型，引导计划生育“三结合”户抓住自身本土资源优势，选准适宜的经济项目脱贫奔小康）三种帮扶模式，建立“三结合”示范片 249 个，新增帮扶户 1280 户、联系户 6400 户、帮带户 1.92 万户。

2001年起，眉山市变救济式为开发式帮扶，变零星式为成片式帮扶。在经济基础和计划生育工作基础较好的地方培养项目带头人，引导计划生育“三结合”户走农业产业化道路，调整产业结构，发展“三高”农业。培养典型户，送信息、资金、技术、实物等，帮助致富奔小康。2002年，全市独生子女父母奖励金发放时间由从取得独生子女证之月起发至子女14周岁止，延长至子女18周岁止。农村独生子女家庭可多划一人宅基地。机关、社会团体、事业单位职工中的独生子女父母，退休时加发5%的退休金；企业职工中的独生子女父母退休时，按规定增发养老金。开展计生困难乡镇帮扶，市计划生育领导小组成员单位帮扶仁寿县计生困难乡镇14个。市级14个部门帮助计生困难乡镇建造小型自来水厂、发展种养业、改造学校危房、指导产业结构调整等。2004年起，全市实施国家农村部分计划生育家庭奖励扶助制度，奖励满足条件的已婚农民。农村计划生育夫妻按人年均不低于600元标准发放奖励扶助金，直到亡故为止；已超过60周岁的，以此制度在全市开始执行时的实际年龄为起点发放。当年，全市开展农村部分计划生育家庭奖励扶助制度试点，市委、市政府在东坡区举行“眉山市农村部分计划生育家庭奖励扶助首发仪式”，向受奖代表60人每人发放奖励扶助金600元。全年全市符合农村部分计划生育家庭奖励扶助的对象4486人，兑现奖励费269.16万元。2005年起，市委、市政府将兑现农村和城镇享受低保的独生子女父母奖励金列入为民办实事之一。2006年，全市实行农村部分独生子女特殊家庭三类扶助政策，独生子女死亡且未再生育或抱养子女的家庭，其夫妇分别从40周岁、45周岁起，每年一次性领600元扶助金，直到年满60岁与农村部分计划生育家庭奖励扶助制度相衔接，不能衔接的继续享受此扶助直到死亡；独生子女罹患重大疾病的家庭，一次性发给3000元扶助金；独生子女意外伤残的家庭，由各县（区）政府安排计划生育“三结合”帮扶，首次帮扶五年，每年各户享受的帮扶资金或物资价值不低于500元，五年后未脱贫的继续帮扶直至脱贫。

眉山市农村独生子女父母奖励金颁发仪式（摄于2005年10月）

2007年起，建立健全“奖、优、免、补、扶、保”六位一体的眉山市计划生育利益导向机制。将普惠政策向计生户倾斜。每年市人口计生委牵头资助农村困难独生子女500人就学；独生子女父母从事个体经营的，工商部门为其开辟“绿色通道”；独生子女家庭低保应保尽保，补助金标准适当高于非独生子女家庭等。县（区）实行独生子女父母免收挂号费，治疗费、住院费减免，独生子女住院提高报销比例，分批消除独生子女无墙户等优惠政策。逐步建立计划生育家庭保障、扶持、救助三项制度。2008年起，全市实施四川省计划生育家庭特别扶助制度，符合条件的子女伤残类、死亡类扶助对象每年分别领取960元、1200元扶助金，扶助金标准实行动态调整。至此，眉山市通过开展计划生育“三结合”帮扶，兑现农村和城镇享受低保的独生子女父母奖励金，实施“国家农村部分计划生育家庭奖励扶助制度”“四川省计划生育家庭特别扶助制度”“眉山市农村部分计划生育家庭特别扶助制度”，逐步建立健全计划生育利益导向机制。2010 年，以完善奖励扶助为重点，健全计生惠民政策。将资助农村困难家庭独生女孩就学工作纳入对区县的目标考核。2012 年，全市计划生育奖扶资金发放实行专户管理，委托银行代理发放。实行计划生育家庭特别扶助对象参加新型农村合作医疗补助。丹棱县补助计划生育特殊家庭参加新农保和城镇低保资金每人每年 100 元。

1997—2012 年，全市建立计划生育“三结合”帮扶基地 2591 个 35.42 万户，其中新增户 5.38 万户、联系户 9.02 万户、帮带户 20.62 万户；兑现符合农村部分计划生育家庭奖励扶助对象奖励扶助金 19.69 万人次 1.47 亿元、特别扶助金 1.29 万人次 1400.6 万元、农村和城镇享受低保的独生子女父母奖励金 524.91 万人次 1.57 亿元。

第四章 人口管理

1997—2012 年，眉山市通过人口调查、统计等，分析全市人口形势，制定管理措施。结合城市化进程加快，大批农村劳动力进城务工经商，流入城镇的具体情况。市政府不断规范、加强户籍和常住人口、暂住人口管理。市公安机关创新人口管理服务，实施居民身份证制度，人口管理重点向流动人口和寄住人口转变，管理方式从控制迁移向“以证管人”转变，建立人口信息管理系统。全市人口管理基础工作制度逐步完善。

第一节 人口调查和统计

一、人口普查

（一）第五次全国人口普查

1998 年 10 月，眉山地区行署下发《关于认真搞好我区第五次全国人口普查工作的通知》，在各级党委、政府领导下开展全区第五次全国人口普查，2000 年结束。1999 年 11 月至 2000 年 10 月全区出生 27346 人，死亡 21968 人，出生率 8.53‰，死亡率 6.54‰，自然增长率 1.99‰。普查结果表明，2000 年百岁及以上老人 89 人。以 2000 年 11 月 1 日零时为标准时点，全区有家庭户 91.95 万户，常住人口 320.52 万人，家庭户人口 296 万人。常住人口中，男性 163.76 万人、女性 156.76 万人，性别比 104.47。其中，0~14 岁人口 68.17 万人、15 岁~64 岁人口 224.6 万人、65 岁及以上人口 27.75 万人，汉族 319.84 万人，城镇 60.21 万人、乡村 260.3 万人。具有大学（大专以上）程度的 4.24 万人、高中（含中专）程度的 21.6 万人、初中程度的 109.9 万人、小学程度的 135.6 万人；每 10 万人中大学程度 1308 人、高中程度 6692 人、初中程度 3.43 万人、小学程度 4.23 万人；文盲（15 岁以上不识字的人）23.79 万人，文盲率 7.42%。

（二）第六次全国人口普查

2010 年，眉山市开展第六次全国人口普查。此次普查主要查清 2000 年以来，全市人口数量、结构、分布和居住环境等变化情况，为科学制定国民经济和社会发展规划提供人口统计信息支持。以 2010 年 11 月 1 日零时为标准时点。常住人口包括居住在本乡镇街道、户口在本乡镇街道或户口待定的人；居住在本乡镇街道、离开户口所在的乡镇街道半年以上的人；户口在本乡镇街道、外出不满半年或在境外工作学习的人。家庭户指以家庭成员关系为主，居住一处共同生活的人组成的户。文盲率指常住人口中 15 岁及以上不识字人口所占比重。普查结果，2010 年 11 月 1 日零时，眉山市登记有家庭户 101.07 万户，户籍人口 348.95 万人；常住人口 295.05 万人，比 2000 年第五次人口普查（下同）减少 25.46 万人、降 7.94%；家庭户人口 285.03 万人，减少 10.96 万人，户均 2.82 人。常住人口中，男性 147.16 万人、女性 147.9 万人，性别比由 104.47 降至 99.5；0~14 岁人口 41.54 万人、降 7.26%，15 岁~64 岁人口 214.22 万人、增 2.47%，65 岁及以上人口 39.29 万人、增 4.79%；汉族 293.8 万人，减少 26.04 万人、降 8.14%；少数民族 1.25 万人，增加 5788 人、增 85.66%；具有大学（大专以上）程度的 12.22 万人、高中（含中专）程度的 31.79 万人、初中程度的 117.96 万人、小学程度的 101.07 万人；每 10 万人中大学程度由 1308 人增至 4141 人、高中程度由 6692 人增至 1.08 万人、初中程度由 3.43 万人增至 4 万人、小学程度由 4.23 万人降至 3.43 万人；文盲（15 岁以上不识字的人）14.96 万人，减少 8.83 万人，文盲率由 7.42%降至 5.07%。

二、抽样调查

1997 年起，眉山地区开展人口与计划生育基本情况调查，当年随机抽样调查 50 个行政村计划生育工作统计实况，形成《1997 年人口与计划生育基本情况调查简报》，为眉山地委、行署制定全区人口发展计划提供依据。1998 年起，人口统计抽样调查工作进入常态化。地区人口计生委每年半年、年终组织进村入户抽样调查各县人口计生主要指标完成情况，内容包括样本点总人口、本年度出生人口（含孩次、性别、政策属性）、死亡人口、符合政策生育率、自然增长率、人流比和避孕节育及时率。

2001 年起，眉山市完善和规范基层基础帐、册、卡管理，市、县（区）人口统计实现计算机联网，除仁寿县外，其余县（区）大部分乡镇使用微机上报资料，育龄妇女微机管理进入试点阶段。清查清理人口计划，村级月月公布人口出生情况，设立举报奖，发动群众监督人口统计。2005 年起，推行省级统计监测点制度。省人口计生委确定东坡区思蒙镇，仁寿县彰加镇、松林乡、鹤鸣乡，洪雅县联合乡为眉山市首批省级统计监测点。2006 年起，全市每年确定 10 个市级监测点，实行省、市级监测点统一要求、统一管理、统一检查、统一考核，每季度分析评估监测点三年数据。2007 年起，抽样调查采取县（区）间交叉检查，增加社会抚养费征收、计划生育“三结合”、生育文化阵地建设等内容。2009 年，调查时段增加为五年。调查样本点由行政村改为乡镇，调查人员直接进村入户，随机调查走访，调查结果与育龄妇女管理系统比对，增强调查结果的真实性和可靠性。至 2012 年，全市每年半年、年终分别抽样调查数量不等的样本点，出生人口、死亡人口统计误差均为零。

三、人口统计

1997 年起，眉山地区公安机关每年组织人口统计。统计事项有全区户籍人口、男性人口、女性人口、农业人口、非农业人口等。1997 年年末，全区户籍人口 95.66 万户 332 万人，其中男性 170.69 万人、女性 161.3 万人，农业人口 294.82 万人、非农业人口 37.18 万人。

2010 年，眉山市清理登记未注销死亡人口，当年登记的死亡人口 3.68 万人；2012 年再次清理登记未注销死亡人口，当年登记的死亡人口 3.74 万人。均比往年登记的死亡人口多。截至 2012 年年底，眉山市户籍人口 126.62 万户 350.38 万人，其中男性 178.99 万人、女性 171.39 万人，农业人口下降，非农业人口增加，农业人口降为 254.15 万人，非农业人口增至 96.23 万人。

眉山市 1997—2012 年人口基本情况统计表

表 3-4

年份	总户数（户）	合计	总人口（人）			
			男性	女性	农业人口	非农业人口
1997	956596	3319965	1706949	1613016	2948168	371797
1998	975337	3364330	1730063	1634267	2977420	386910
1999	989032	3386315	1739025	1647290	2827905	558410
2000	1002704	3398973	1748111	1650862	2981466	417507
2001	1010919	3401328	1747497	1653831	2967013	434315
2002	1018098	3401037	1748599	1652438	2956457	444580
2003	1020156	3406608	1752996	1653612	2667430	739178
2004	1038014	3407888	1751817	1656071	2613223	794665
2005	1038540	3407369	1752969	1654400	2610813	796556
2006	1055462	3420034	1758052	1661982	2610883	809151
2007	1087473	3445180	1769593	1675587	2642031	803149
2008	1119438	3465796	1777400	1688396	2600323	865473
2009	1196715	3480725	1782377	1698348	2585659	895066
2010	1222634	3490837	1785474	1705363	2580790	910047
2011	1252658	3508097	1793279	1714818	2569184	938913
2012	1266228	3503750	1789969	1713781	2541471	962279

第二节　常住人口管理

1997 年，眉山地区建立人口信息计算机管理系统，在其中 17 个派出所管辖 22.5 万常住人口实行信息计算机管理。当年，全区换发户口本 74.95 万本。居住在城镇的人口 50.25 万户 166.48 万人，其中中心城区非农业人口3.4万户9.27万人。1998年，各县以农村为重点，整顿户口。实行农村户籍城市化管理。1999年起，全区公安机关接管农村户口，核对“常住人口登记表”项目，变动登记出生、死亡、迁入、迁出人口，完善填写居民身份证号码《序码本》，编制门（楼）牌号等。至2000年，完成常住人口登记表和居民户口簿换发，全区100.27万户339.9万人，换发居民户口10.27万户，累计换发109.43万户，更换常住人口登记表219.13万张。农村户口收回公安派出所管理，全面清理核对，人口信息录入计算机管理。

2001年，推进城镇户籍改革。眉山市公安机关通过办理子女投靠父母、父母投靠子女、机关团体和企事业单位录用人员、夫妻投靠、经商办企业、购房和建房、小集镇入户等途径，引导农村人口向城镇有序转移。2003年，按居住区域登记城镇居民户口，将居住在全市区县、乡镇、规划控制区的人口登记为城镇居民。至年末，全市户籍管理制度改革基本完成。

2004年，眉山市61个派出所均建成人口信息单机管理系统，341万人口录入计算机管理，派出所人口信息导入市公安局人口信息管理库，经过维护更新，登记未落常住户口人员2.33万人，注销死亡户口4.67万人，纠正重错身份证号1.34万人，纠正项目差错6.72万项。2005年，全市公安机关加强户籍登记，严格控制户口登记项目更改，定期传输和维护人口信息，常住人口户籍管理实现制度化、规范化和科学化。向省公安厅传输眉山市人口信息341万人，人像采集率64.4%。至2008年，全市设派出所户籍室58个；农业人口89.75万户260.03万人全部换发常住人口登记表和户口簿，录入计算机管理；制发门牌农户87.93万户、占应制发的97.97%。更换户口本26.23万本。新装居民门牌253.7万个、占应装门牌的93.85%。常住人口录入信息数据库，16周岁以上人像采集率94.48%，出生地和籍贯采集率99.9%，婚姻状况采集率98%，文化程度采集率85%，职业采集率83%，服务处所采集率83%，均符合公安部数据采集率要求。

2009年，全市公安系统开展“治安系统信息采集大会战”，出生地、籍贯地采集录入348.05万条，录入率100%；婚姻状况、文化程度采集录入271.51万条、282.51万条，录入率99.09%和94.39%；职业采集录入230.38万条，录入率79.75%；人像采集录入271.34万条，录入率90.65%；服务处所采集录入249.03万条，录入率90.89%；数据质量维护保持每周一次；完成暂住人口信息6.83万条录入；工作对象和五类监管对象信息录入7245条和1147条，录入率100%。至2012年，每年开展出生、迁入、迁出、死亡人口常态化管理。

第三节　暂住人口管理

1997年起，眉山地区每年开展流动人口登记等工作，加强和完善流动人口管理。1999年，全区公安机关开展流动人口清理整治，办理暂住证，登记出租房屋，签订治安责任书，发函调查“三无”（无固定居所、无正当经济来源、无租做土地）人员636人。

2001年，眉山市公安局开展县（区）以上区域性暂住人口清理清查126次，清查暂住人口2.83万人，新登记和补办合法暂住人口相关手续，收容遣送“三无”人口58人。2004年，突击检查登记市中心城区、象耳、新区3个派出所辖区暂住人口3200人，清理出流浪乞讨者160人。2008年，全市建立流动人口登记站（点）35个。建立社区警务室，实行暂住人口计算机管理，暂住人口信息和出租房屋信息录入管理系统80%以上；完成外来少数民族14周年~50周岁暂住人口指纹采集、照相、建卡。排出重点场所、部位1.28万处，查出肇事精神病人、流窜犯罪人员117人。查处暂住违法人员118人。2009年，全市建立流动人口管理和服务站158个，建立旅店业信息控制平台540家，发展治安线人133人，破刑事案件33起，查处治安案件99起。2010年起，全市推行居住证管理制度"一证通"制度和"一站式"服务。流动人口、暂住人口及计生等管理工作相结合。2012年，全市公安机关入户调查10.37万户，清理登记暂住人口1.64万人，建立流动人口登记站（点）64个，聘用流动人口协管员100人，收集掌握破案线索130条，破获刑事案件153起，查处治安案件236起，抓获在逃人员17人。全市流动人口由控制型管理向服务型管理转变。

眉山市1997—2012年流动人口历年登记情况表

表3-5

年份	登记暂住人口（人）	办理暂住证（个）	登记出租房（家）	破刑案（起）	查处治安案（起）
1997	25199	14943	8281	45	293
1998	22183	15556	6762	49	334
1999	16588	9116	4936	44	489
2000	16787	9701	5341	29	146
2001	17211	11575	5055	43	72
2002	19773	8497	8756	57	95
2003	16026	4431	4779	6	36
2004	29300	12197	10729	64	71
2005	25055	7158	8109	38	62
2006	29691	12081	10866	33	78
2007	43021	12078	20281	97	171
2008	19491	6485	12246	68	78
2009	36845	8484	13619	33	99
2010	52429	11572	19462	42	129
2011	63932	12488	21330	35	142
2012	79072	38177	30042	153	442

第四节　户政管理

一、户籍制度改革

1997年，眉山地区户籍实行婴儿落户随父随母自愿；夫妻分居、父母投靠子女、购买商品房、投资、兴办实业、引进技术人才等，以有合法固定住处，有稳定职业和生活来源的非城镇户口居民，根据本人意愿登记为城镇户口，城镇人口 37.48 万人。

2003 年，眉山市改革农业与非农业的二元户口管理制度，取消“农业”和“非农业”户口性质，统称“居民户口”，建立按居住区域登记城镇居民户口制度，吸引外来人口入户，促进农村人口向城镇人口转移，实现户口登记城乡一体化管理。东坡区在网站公布《东坡区引进人才的户籍管理办法》，应届大学毕业生户口迁回眉山市原籍的 369 人。全年到西部地区投资、兴办实业以及其他开发建设人才迁入眉山市落户的 895 人。全市落户城镇人口 29.29 万人，是 16 年中最多的一年。2006 年 12 月起，办理农民工在城镇的落户。至 2008 年，全市办理应届大（中）专以上学历和引进各类人才入户 6727 人。农村投资经商或办企业人员、购房入户及其家属入户 8408 人，征用土地入户 1.61 万人，全市城镇人口增至 86.55 万人，增长 130.92%。2011 年，眉山市公安局检查仁寿县查访双重国籍儿童，经公安机关批准，2 名双重国籍儿童退出中国国籍。2012 年，全市各乡镇政府、街道办事处、派出所、人才交流中心等设立公共户口簿。符合落户条件的未落实工作单位的大中专毕业生、专业技术人员和因房屋拆迁未落实新的住处、离婚后暂无固定住处的群众等，经本人提出申请，可入公共户口，设立“公共户口簿”151 个，全市办理落户 2.36 万人。

眉山市 1998—2012 年落户城镇人口情况表

表 3-6　　　　单位：人

年份	小计	机关及企业招聘	征用土地	随迁及投靠亲属	落户小城镇	投资经商及购建房	其他
1998	3119	119	—	1485	—	1132	383
1999	1230	54	—	599	—	258	329
2000	2198	67	—	683	—	897	551
2001	2388	44	—	725	—	487	1105
2002	3926	600	—	1525	—	1525	276
2003	292949	725	750	3133	1513	7247	279581
2004	53618	351	445	1694	938	5072	45118
2005	12294	639	441	1728	850	2928	5708
2006	7365	153	692	922	69	1102	4427
2007	11879	793	2151	2542	94	3242	3057
2008	27877	520	12720	2455	441	2054	9687
2009	26864	1767	1177	2916	836	1741	18527
2010	12357	205	1919	1586	136	1529	6982
2011	28813	208	6761	3949	81	5448	12366
2012	23585	6245	11442	2739	13	1327	8016

二、居民身份证管理

1997 年，成立眉山地区居民身份证制作中心，负责全区居民身份证的申领、换领、补领和日常管理。当年，全区制发居民身份证 17. 77 万个。

2003 年起，眉山市换发第二代居民身份证（以下简称“二代证”）。当年，清理整顿户口，解决人户分离问题、注销死亡户、纠正登记主页差错、纠正居民身份证的重错漏号等。2005 年 5 月起，新生婴儿入户使用新代码。2006 年 6 月，全市停止制发第一代居民身份证，公民急需办理身份证的，制发临时居民身份证。2008 年，全市公安机关为外出务工、经商返乡人员 2. 55 万人办理“二代证”。市公安局开展入户调查，在全国范围内横向联系，相互核实。纠正重错号 1800 条，向省外发函 1625 条。基本消除全市跨省公民的身份号码重号。至 2008 年年底，全市完成人像采集 229. 61 万人次，制证 225 万张，制证人数占总人口的 65. 31%。通过换发“二代证”抓获网上逃犯 56 人，查处伪造、使用假身份证案 6 起。2009 年，全市清理“二代证”，清理积压证件 6. 14 万张，找回丢失证件 321 张，丢失后重制 4807 张。2010 年，全市公安机关开展居民身份证纠重和换证。截至 2012 年年底，全市公安机关制发居民身份证 464. 11 万个。

眉山市志 MEISHAN SHIZHI

第四篇　城乡建设和管理

眉山地区成立前，境内各县相继开展县城建设总体规划工作，初步明确各县城市性质、城市定位、城市空间结构、城市发展方向等，用以指导城市建设。1997 年起，眉山地区城乡建设管理由粗放式向精细化、科学化和法治化过度。结合新体制带来的行政区域新变化，不断调整、完善、优化城乡建设规划思路，2009 年按照“全域眉山”理念和新型城镇化发展思路，编制城乡建设规划和实施规划。明确眉山市中心城区城市性质为以三苏文化为特色的省级历史文化名城和生态园林城市，以城市为中心、以农村为基础、以小城镇为纽带、城乡一体化的城镇体系统一规划，指导城乡建设，走科学发展，全面、协调、可持续发展的道路。建设发展生态经济、文化经济、旅游经济、循环经济，形成特色产业群，以发展高新技术产业为主，以文化旅游为特色的现代化城市。眉山市中心城区先后按照建设现代中等城市，突出文化旅游和商贸特色、建设成都经济圈的工业新城、东坡文化浓郁的中国诗书城、优美和谐的生态宜居城、创新建设宜居宜业精品城市“四大理念”，加快“东坡老家、快乐眉山”建设步伐。各区县聚力旧城改造、中心城区建设和新农村建设，丰富城市建设内涵，提升城市档次和品位，丰富城市文化和景观内涵，彰显城市魅力，建设具有现代化都市气派的景观大道，先后启动具有标志性建筑特征城市建设，一批支撑城市运行和发展的市政基础设施骨干工程相继建成。坚持建设与管理并重，以创建国家卫生城市、中国优秀旅游城市、全国数字化城市、省级生态园林城市和“三优一学”文明城市为平台，不断提升城市市政设施运行质量，不断改善城市市容环境和卫生面貌，逐步建设政治清明、经济发达、文明富裕，在国内外具有一定知名度和影响力的现代城市。

第一章　城乡建设规划与管理

1997—2012 年，眉山市按照“尊重科学、体现特色、结合眉山实际情况”原则编制城乡建设规划，与中央和省相关政策衔接。通过实践与摸索，规划管理逐步科学化，规划编制的广度深度逐步拓展，组织修编城市总体规划，开展城市分区规划，实现控制性详细规划全覆盖。开展城镇体系规划，用高起点、高标准、大手笔编制城乡建设规划，以科学指导城乡建设。城市测绘和规划信息化等基础工作从无到有、日益加强，为科学合理高效的规划与建设打下良好基础。规划部门在城乡规划的各阶段逐步引入城市设计理念，在城市发展上以东坡文化和中国诗书城传统为核心内容，以生态园林为特色亮点，走科学发展，全面、协调、可持续发展的道路，着力发展生态经济、文化经济、旅游经济、循环经济，形成特色产业群。

第一节　城乡建设规划

一、城市总体规划

1998—2010 年，眉山城市总体规划历经多次调整和修编，引入科学论证和国际交流机制。城市建设性质的调整以三苏文化为特色的省级历史文化名城，地区政治、经济、文化及商贸中心，以发展高新技术产业为主，以文化旅游为特色的现代化中等城市；突出文化旅游和商贸特色，建设现代中等城市；建设成都经济圈的工业新城、东坡文化浓郁的中国诗书城、优美和谐的生态宜居城的目标；创新建设宜居宜业精品城市，突出运用塑造特色与创新，加快城市资金、技术、人才等生产要素集聚和辐射，建设绿色幽静的社区家园，挖掘和创新厚重的东坡文化、长寿文化、生态文化“四大理念”，加快“东坡老家、快乐眉山”建设步伐；按照“全域眉山”理念和新型城镇化发展思路，实施眉山市域城镇体系规划更新、眉彭城镇一体化统筹规划、眉山市 16 个工业重点镇规划、眉山城区周边 4 个工业镇规划、100 个社会主义新农村规划编制。

（一）眉山中心城市总体规划

1993 年，眉山县城总体规划修编完成，1994 年批准实施。1997 年，按照眉山地委、行署“依托旧城、开发新区、建设新区、带动旧城改造”的发展思路，修编眉山城市总体规划，1998 年，《眉山城市总体规划（1998—2020）》通过四川省建设委员会组织的专家评审，经四川省政府批准颁布实施。2003 年，眉山市继续开展城市总体规划修编，面向全国公开招标，选聘一流规划设计单位编制《眉山市市域城镇体系规划》。2004 年，由上海同济大学城市规划设计院修编《眉山城市总体规划》；是年完成《中国诗书城规划纲要》编修，完成新编《眉山市城市总体规划（2004—2010）》，全面系统地指导眉山城市建设。2005 年，同济大学规划设计院开展《眉山城市总体规划》修编。修改城市总体规划人口和用地规模专题，并上报建设部、国土资源部和国家发改委。2006 年，完成《眉山市城市总体规划（2004—2020）》修编，通过四川省建设厅组织专家评审；是年完成《眉山城区 2007—2009 年三年建设规划》。2009 年，眉山市评估和修编《眉山市城市总体规划》。2010 年版总体规划包括眉山城市性质、区域定位、城市规模、发展方向、空间布局和城市交通规划。2011 年，《眉山市城市总体规划纲要（2010—2020）》通过四川省住房和城乡建设厅评审。四川省环境保护厅批复《眉山市城市总体规划纲要（2010—2020）环境影响报告书》。

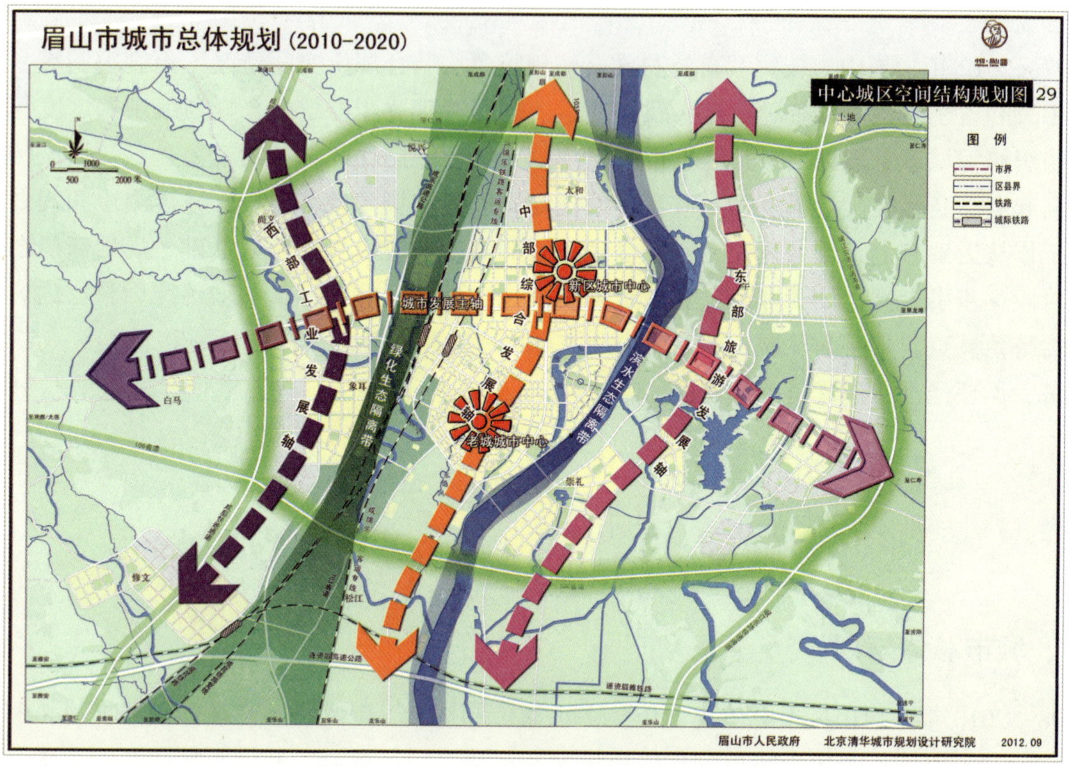

图 4-1　眉山中心城区空间结构规划图

眉山市城市总体规划历经数次补充完善，至 2012 年，日趋成熟并继续充实完善。

城市性质　成都都市圈区域性中心城市，以东坡文化为特色的历史文化名城，现代生态田园城市。

区域定位　充分发挥靠近成都的区位优势，积极融入成都世界现代田园城市建设，着力打造成都产业转移和职能外溢的承接地、成都西部综合交通枢纽的重要组成部分、成都南部文化旅游胜地和成都休闲后花园。

城市规模　近期至 2015 年人口达 50 万人、用地 47 平方千米，跨入大城市行列，实现再造一个“眉山新城”的目标；中期至 2020 年人口达 65 万人、用地 62 平方千米；远期至 2030 年，人口达 85 万人、用地 82 平方千米；远景人口达 100 万人、用地 100 平方千米，把眉山建成特大城市；市域城镇化率 2015 年达到 50%，2020 年达到 60%，2030 年达到 75%。

发展方向　规划城市主要向北、向东发展，建设东坡岛和岷江东岸，发展休闲度假和文化旅游业，形成沿岷江河眉山城区段发展态势；适当向西发展，将工业区规划到高速公路以西，形成工业产业带，减少工业对眉山城市环境的影响。通过发展方向的改变，使城市在东进、西移、北拓、南优中提升，最后形成拥江发展的山水园林城市格局。

空间布局 眉山城区形成“一环、两心、三片、四轴、多组团”的空间结构。“一环”指绕城快速交通环；“两心”指老城区传统商业文化中心和新城区行政办公、商务中心；“三片”指中部综合功能片、东部文化旅游功能片和西部工业片；“四轴”指东西向眉州大道行政办公综合发展轴、中部南北商业发展轴、东部旅游发展轴和西部工业发展轴；“多组团”是指老城区传统商业文化区、新城区行政办公区、眉山中心物流区、经开新区、金象化工产业园区、东坡岛文化旅游商住区、岷江东岸文化教育旅游度假区等功能组团。城市交通规划：城市对外交通系统包括双高速（成—乐高速、遂—资—眉高速）、双省道（省道103线、省道106线）、双快速路（成—眉快速通道、岷江东岸快速通道）、三铁路（成—昆铁路及复线、成—绵—乐城际铁路、雅—眉—资—遂铁路）。城市内部道路系统包括：外环规划快速通道；老城区形成“两环”；北部新区和西部工业区采用方格网布局；岷江东部顺应地形，采用组团化、方格网形式。

（二）县城总体规划

仁寿县、彭山县、洪雅县、丹棱县、青神县5个县先后开展县域城镇总体规划、近期建设规划等编制，开展城市总体规划的修编，加大详细规划编制力度，配合土地经营，为拍卖地块提供规划技术服务，为经营城市和发展城市提供规划指导。2004年，按照眉山市委、市政府打造“中国诗书城”战略规划，开展县域城镇体系规划、总体规划编制。5个县的县域城镇体系规划全部通过四川省相关部门评审；仁寿县、彭山县、洪雅县、丹棱县县城总体规划修编完成。

仁寿县城市规划 1995年，仁寿县委托重庆建筑大学城市规划与设计院编制仁寿县城总体规划，1997年四川省建设委员会批复同意仁寿县城总体规划。

城市性质：全县政治、经济、文化中心，以稳定发展轻纺、食品工业，积极发展旅游服务和机械、电子等高附加值工业为主的现代化城市。

城市规模：1994年仁寿县城区拥有人口9.75万人，建成区面积6.13平方千米，人均用地61.2平方米；到2000年人口14万人，建成区面积10.8平方千米，人均用地77平方米；到2020年人口25万人，建成区面积23.2平方千米，人均92.7平方米；远景到2050年人口30万人~35万人以内，建成区面积35平方千米。

规划区范围：远期规划用地范围西起衙门坡，东至唐家煸（或刺笆坳），北达双庙子，南临塘口湾。包括卫星、群英、火箭、佐桥、蜜桔、先锋、华光、红兵、八里、书院、金马、星红、认真、星光、黎光、高滩、叶桥行政村。

城市发展方向：按照“疏导旧城、开发新区、扩展南北、发展东部”的思路建设城市，加大新区开发力度，控制旧城改造强度。

城市空间结构：改善城市单中心扇形结构，向指状多中心组团式城市发展。中心组团为国道213线以西的城市核心区，是全县的行政、商贸、金融、信息和文化中心，发展规模9.5万人，完善建设坝达桥中心商务区、旧城行政中心区、东南文化教育中心区、城北大型仓储设施及生产资料交易市场区、南部工业区、坝达桥中心商业带6大功能区；城北组团东起兰家湾，西到213线，南到操场山，北到双庙子，发展规模3万人，主要发展机械、电子工业，形成以居住、工业品交易为主的综合区；城东北组团东起梅家桥，西到国道213线，南到余家湾，北到梅家埝，发展规模2.6万人，发展以商贸居住、旅游服务等第三产业为主的综合区；城东组团东起伍家坝，西到国道213线，南到棠花湖，北到火烧坡，发展规模4.6万人，完善全县次级商贸金融中心区、行政中心区、中心商业带、东北低污染工业区4大功能，形成以居住、商贸金融、行政为主的城市次中心；城东南组团东起邓家坝，西到国道213线，南到青塘湾，北至棠花湖，发展规模2.1万人，以发展科研文教、旅游服务为主，形成全市教育科研中心、风景旅游及第三产业区；城南组团东起宋家沟，西到国道213线，南到黄家坝，北至庙儿山，发展规模3.2万人，以发展一、二类工业为主，形成西南一、二类工业区、东北商贸居住区。

彭山县城市总体规划　2007年，彭山县委托上海同济规划设计研究院实施县城总体规划修编，2010年5月，《彭山县城市总体规划（2009—2020）》经四川省政府批准同意实施。

城市性质：成都平原都市圈中的卫星城市、工业基地，以长寿文化为特色、生态宜居的旅游城市。

城市规模：到2015年人口15万人，建成区面积13平方千米，人均105平方米；到2020年人口20万人，建成区面积20平方千米，人均100平方米。

规划区范围：包括行政区划调整后的彭溪镇、凤鸣镇、观音镇、江口镇、武阳乡五个乡（镇）区域，彭祖山风景名胜区属锦江乡、黄丰镇的部分区域，以及彭山经济开发区（南区）所涉谢家镇、义和乡的部分区域，总面积197.7平方千米。

区域定位：成都平原内重要的工业和居住卫星城市，眉山市北部的副中心城市，眉山市中部经济带的重要产业基地和服务中心。

产业定位：大力发展石化配套产业、现代农业、高新技术产业和现代服务业，提升休闲旅游服务能力。

发展目标：把彭山县城建设成为环境优美、特色鲜明、经济繁荣、生活富裕的滨江园林生态宜居城市。

城市空间结构：结合城市发展条件，规划彭山中心城区城市空间布局结构为“两轴（南北发展轴和东西发展轴）、三心（老城居住服务中心、北部教育行政文化中心、两河休闲旅游中心）、五片（工业片区、老城片区、教育片区、北部新城片区和两河片区）”。南北发展轴在城区外围依托成乐高速公路、成乐城际铁路、成昆铁路以及省道103线，成为城市重要的交通走廊，最大限度地利用交通设施对城市带动作用；在城市内部向北延伸彭祖大道、凤鸣路，新建滨江路，有机联系南、北城区，促进城市向北发展。东西发展轴充分利用府河、南河、岷江水体资源，依托长寿路门户优势，有机串联两岸生态绿化、商业、文娱、行政等公共服务设施布局，促进城市适当向东、西拓展。老城居住服务中心在建设路至西街与黄河路、海河彭祖大道、凤鸣路一带形成集中的商贸、商业中心，服务彭山县乃至眉山市北部片区的商业商贸。北部教育行政文化中心通过政府北迁、滨江长寿文化设施建设、锦江学院教育产业的前后延伸等，配套商业设施，形成以行政、文化、商业为主要功能的新城中心。两河休闲旅游中心依托府河、南河、岷江，将原两河乡打造为区域性休闲旅游中心，服务彭祖山风景区和江口古镇。工业片区在彭山经济开发区灵石区基础上，利用铁路、高速公路道路交通优势，适当西拓，联片发展，片区规模3.3平方千米。老城片区以现状老城区为核心，进一步强化城市中心区的核心地位，重点进行产业转换及用地调整，优化城市功能和环境，形成全市商贸、文教、居住、行政综合区，片区规模6.5平方千米。教育片区以锦江学院为基础，向北、向东扩展，增强区域的科技研发和职业培训等功能，片区规模1.5平方千米。北部新城片区通过公共设施建设带动片区发展，打造滨江生态居住区，片区规模6.2平方千米。两河片区突出两河交汇、环境优美特质，围绕水体布置江口旅游区、两河旅游休闲服务区和岷西高尚住宅区，片区规模1.5平方千米。

城市空间发展时序：近期完善老城区公共设施，完成建成区的土地调整，扩建北部教育园区，新建北部配套居住及文化中心区。中期完善成乐高速公路东侧工业仓储区基础设施，建设城际铁路站，结合南河大桥建设，适当向东北方向发展。同时，为江口古镇居民外迁和统一开发做好准备。远期各片区基本建成，重点建设两河旅游休闲区，完善彭祖山、仙女湖风景区。

洪雅县城市总体规划　洪雅县 1997 年编制县城总体规划，2004 年第二次修编县城总体规划。

城市性质：全县政治、文化、经济中心；以旅游服务、绿色产业为主的山水生态型城市。

城市规模：现状 2004 年人口 3.5 万人，建成区面积 2.6 平方千米；近期 2005 年人口 4.4 万人，建成区面积 4.26 平方千米，人均用地 96.8 平方米；中期 2010 年人口 7.3 万人，建成区面积 7.19 平方千米，人均 98.5 平方米；远期到 2020 年人口 11.6 万人，建成区面积 11.6 平方千米，人均 100 平方米。

规划区范围：北至尖山岭、鼻甲山、牛角湾，东至金花庙、倒中桥、张山，南至承天寺、庙子咀、火神地，西到止戈镇、石古咀、大林山、石瓦桥。总面积 168.5 平方千米。

城市发展方向：重点向西北发展，适当向东部、西南部发展，结合高岩片区工业及城市基础设施向东南部发展。

城市空间结构：带形组团式滨江城市。

丹棱县城市总体规划　1994 年，丹棱县政府组织编制《丹棱县城市总体规划（1994—2020）》。2003 年，丹棱县政府开始第二次修编丹棱县城市总体规划，2006 年，《丹棱县城市总体规划》编制完成，并经四川省政府批准实施。

城市性质：全县的政治、经济、文化中心，重点发展机械和农副产品加工及以生态型旅游度假为特色的山水城市。

城市规模：近期到 2010 年人口 4 万人，建成区面积 3.57 平方千米，人均 89 平方米；远期到 2020 年人口 7 万人~8 万人，建成区面积 7.7 平方千米，人均 96 平方米~110 平方米。

规划区范围：包括丹棱城市所在地丹棱镇的东门村、南门村、群力村、板桥村、白塔村、枫落村、新桥村、茶林村、观音村、高坝村、大林村及城关街道办和唐河乡的韩坝村、桂花村、龙滩村，中隆乡的石河村，何场乡的狮子村。总面积约 40 平方千米。

城市发展方向：根据城市现状及基础设施条件，按照依托旧城、紧凑发展的原则，确定丹棱城市近、中期宜重点沿丹棱河北岸以旧城为中心向东、向西延伸发展；中、远期重点在丹棱河南岸发展，形成以丹棱河为主轴，在河南、河北呈两翼发展的集中型团状城市结构。

城市空间结构：规划以齐乐大道和丹棱河构建城市总体空间结构，按四个片区划分城市功能区。老城片区为城市综合中心，其中齐乐大道北段为行政及金融商务中心，枫落水库一带为城市文化娱乐区和水上活动中心，旧城区中心为文化及商贸服务中心，城西为城市对外交通中心，滨江地带为城市生态休闲区。城东片区为机械及生态型农副产品加工园区；城西南片区为仓储及综合居住区；城东南片区为生态型住宅产业开发区、体育中心、城市生态度假区。

用地布局规划：工业用地布局，规划城市工业用地远期形成城东综合工业园区、城南建陶工业园区。综合工业园区主要发展机械、农副产品加工等一、二类工业及生态产业；建陶工业园区主要结合与夹江“西部瓷都”构建的建陶工业走廊，发展建材、建陶工业。规划逐步对位于城区中部的棉纺厂、有机化工厂及有较大污染的酿造厂、饲料厂、酒厂等实施搬迁和改造。结合其产业、产品结构调整和技术改造，可采取土地置换、转向经营等方法，使城市土地得到更加科学合理的利用。

仓储用地布局，形成与省道106线联系较为紧密的城南仓储区，并形成以社会化经营为主的城市专业仓储区，同时对城区内的粮食仓库等逐步外迁。危险品仓库在省道106公路沿线的青龙村白谷冲一带安排，并按相应的危险品防护标准设置安全隔离带。居住用地布局，规划在保持现状居住用地格局的基础上，对旧城区居住用地逐步进行改造，重点是加大老城区拆迁力度，降低建筑密度和容积率，理顺布局关系。逐步拆除沿河及危旧建筑，加强以消防通道、公共绿地和基础设施为主的配套服务设施建设。新开发建设的居住用地以市政设施齐全、布局完善、环境优美的二类居住用地为主，原则上采取统一规划、统一建设的商品房开发模式，严格控制私人建房。规划居住区结构在老城区采用组团一级结构模式，便于分期实施老城改造；在城市新区采用居住区（居住小区）—居住组团二级结构模式，利于成片、成规模配套开发建设。新建居住用地主要依托各城市片区布局，在河北岸形成城北枫落居住小区、东门居住区、城西苑居住区和老城若干个居住组团，在河南形成齐乐大道以东的老君山居住区和齐乐大道以西的笔架山居住区。行政办公用地布局，规划逐步迁出县委、县人民政府等用地不足的行政办公机关。原老城区机关用地作为以金融、商贸服务设施为主的公共设施发展用地和商品房开发用地。在枫落片区以北、省道106线以南，结合市政广场建设安排党、政、公、检、法等行政办公迁建用地及新型综合商务写字楼用地，形成城市行政、商务中心；在其他片区中部结合居住区或工业园中心布局安排适当的次级行政办公用地或工业区管理中心。金融、商贸服务设施用地布局，规划城市金融、商贸服务设施按两级设置，形成以老城区为核心的县级金融、商贸服务中心，在各片区中心设置居住区级商贸服务中心。规划除保留并在原址适当发展现有市场外，重点考虑新区各类市场的配套。结合西城区省道106线公路交通枢纽站场建设，设县级大型工业消费品批发市场，在各片区中心设普通日用商品市场，各居住组团择点设置小型农贸市场。文化娱乐、体育、卫生用地布局，规划在城北枫落水库一带，结合广场及水面度假旅游设施建设，开辟县级文化娱乐中心；在老城西部滨河路一带安排县级图书馆、文化宫、博物馆、展览馆、书画苑等综合文化设施。在城南君山区中心设县级体育中心，并按国家有关标准逐步完善标准运动场、游泳馆及室外练习场等场馆建设。规划原则上保留并原址改造县医院，并分别在城南、城北、城西结合新区建设，设县医院分院或中型综合及专科医院。其他文化体育及医疗卫生设施原则上保留，在各居住组团、片区中心结合社区综合服务设施建设，按国家有关标准安排配套相应的基层文体卫生设施。教育科研设计用地布局，规划近期搬迁丹棱中学至城北106线以南，中远期搬迁丹棱二中至新区，保留现状丹棱小学并利用丹棱二中用地进行扩展，力争使服务于全县的各类学校早日达到国家相应中、小学建设标准。规划保留现状位于城南的职业高中和位于城西的县委党校，同时结合丹棱县实际并考虑服务半径需要配套相应的中、小学教育设施。其他占地较小的科研设计设施用地在各类中心区内适当安排。

青神县城市总体规划　1995年，青神县修编县城总体规划。2006年，青神县完成《城市总体规划》修编，经四川省政府批准实施。

城市性质：全县政治、经济、文化的中心，是以发展机械电子、轻纺化工、农副产品加工及旅游为主导的山水型城市。

城市规模：现状1994年人口2.1万人，建成区面积2.23平方千米，人均75.2平方米；近期到2000年，人口3.1万人，建成区面积2.96平方千米，人均95.5平方米；中期到2010年人口6.5万人，建成区面积6.4平方千米，人均98.6平方米；远期到2020年人口8万人，建成区面积8.11平方千米，人均101.4平方米。

规划区范围：北界西至羊堰，东至段河坝，北至钟家山，南至南城顺岷江至山堂寺。南界西至中岩，东至木坳儿。东界北至段河坝沿岷江，南至黄家山下至木坳儿，总面积约 32.4 平方千米，包括中岩风景区、中国竹艺城等风景旅游用地。

城市空间结构：根据有利生产、方便生活、保护环境、创造城市整体美的要求，结合青神县城市形态和道路现状，将城市划分为旧城区、城北区、城东桥西开发区、城西南文体中心区、城西工业区、江东旅游度假区、桥西开发区等七大功能区。

地：公共设施用地、工业用地、仓储用地、对外交通用地、道路广场用地、市政公用设施用地、特殊用地及绿地等组成。

二、城镇体系规划

2003 年 5 月，眉山市组织编制《眉山市域城镇体系规划（2003—2020）》，2009 年 4 月组织修编，2010 年完成。2011 年，《眉山市城市总体规划纲要（2010—2020）》通过四川省住房和城乡建设厅专家评审。

总体发展目标　区域中心城市、新兴工业基地、宜居田园城市、特色文化名城。

市域人口与城镇化率　至 2015 年，市域人口规模为 355 万人，城镇化水平达到 50%；至 2020 年，市域人口规模为 361 万人，城镇化水平达到 60%；至 2030 年，市域人口规模为 370 万人，城镇化水平达到 75%。

市域城镇等级规模结构　分为眉山中心城区、县城、中心镇、一般建制镇四个层次。到 2020 年，市域城镇体系走向更加完善，形成 50 万人～100 万人的大城市 1 个（眉山中心城区）；达到 20 万人～50 万人规模的城市 2 个（彭山县城和仁寿县城）；达到 10 万人～20 万人的小城市 3 个（洪雅县城、青神县城和丹棱县城）；3 万人～10 万人的重点中心镇 6 个；1 万人～3 万人的中心镇 13 个；一般镇 37 个。

城市城镇体系结构　市域城镇空间结构为“十字带动、两翼齐飞、全域共进”。十字带动指打造南北（彭山—眉山—青神）和东西（仁寿—眉山—丹棱—洪雅）两条城镇发展主轴线，带动市域整体发展；两翼齐飞是打造仁寿—井研和丹棱—洪雅的市域城镇发展次轴线；全域共进是自东向西打造市域北环线发展轴线，将市域北部城镇联系起来，是市域北部城镇发展的重要支撑。

产业空间布局　“两带三区”，形成“强化极核（中心）、构建两带，带动两翼、协调发展”的点—轴开发空间格局。其中“两带”是指眉山—彭山—青神产业带（以彭山经济开发区、彭山石化产业园区、眉山高新技术产业园区、铝硅产业园区等为依托，重点发展铝硅、化工、机械等产业）、仁寿—眉山—丹棱—洪雅产业带（以水泥、陶瓷等建材产业以及部分机械加工业为主，沿线为农业和特色旅游业）。“三区”是指中部经济区（包括彭山县、东坡区、青神县，继续发挥粮油基地和蔬菜基地的优势，农业重点发展优质稻米、蔬菜、水产品、脐橙等产业，二、三产业重点发展石化、铝业、机械、旅游和商贸产业）、西部经济区（包括丹棱、洪雅两县，发展效益生态农业和资源转化型工业为主；农业重点发展乳业、药业、茶业、竹业等产业）、东部经济区（仁寿县，以发展现代商品特色农业和农副产品加工业为主，积极承接沿海劳动密集型产业转移；农业重点发展优质奶牛、蔬菜、棉花等产业）。

三、控制性详细规划

眉山中心城区控制性详细规划包括新城区、老城区、西北片区、火车站片区、太和片区、二环南路片区、东坡湖片区、东坡湖南片区、东坡岛、岷江东岸重点区域等。1997—2010年，中心城区各区域先后实施控制性详细规划的设计、修编、调整和完善。2010年10月，眉山市城乡规划局启动眉山市城市新区、老城区、火车站片区控制性详细规划修编，新修编的眉山市城市新区控制性详细规划按照新一轮总体规划的要求，科学提出符合实际面向未来的眉山城市发展新策略，谋划新布局，并完善区域人口与用地发展研究、产业发展专题研究、生态环境保护研究、文化特色与旅游发展研究、水资源保护和综合交通研究等专题研究，促进区域更加协调快速发展，为眉山城市发展提供规划保障。

（一）眉山中心城区新城区

1997年，实施新区控制性详细规划、地级机关住宅小区、行政金融办公区、南北干道设计、市政道路设计等工作。在总规、控制性详规、修建性详规、住宅小区、南北干道市政道路设计。1998年，开展眉山新区控制性详细规划编制，经眉山地委、行署评审通过，并按此规划建设；开展新区行政小区修建性详规编制。1999年，组织编制完成眉山新区行政小区修建性详规、《眉山城市防洪规划》和滨江路详细规划，均已批准实施。组织力量调研六县城市规划管理工作。2007年11月，眉山市城乡规划设计院编制完成《眉山市城市新区控制性详细规划》。

规划范围　北以齐通路、阜成路为界，南以裴城路为界，西以通惠河北段为界，东以岷江为界，总用地约10.45平方千米，人口规模约17.2万人。

新区功能定位　以行政办公、商业居住为主的综合性片区，形象定位为现代、文化、宜居，将新区分为眉州大道行政办公区、同运街市级商业中心、文定街区级商业中心、玉屏街区级商业中心、岷江大道居住区、青衣街居住区、阜成路居住区7个功能结构区。

（二）眉山中心城区老城区

2007年11月，四川省城乡规划设计研究院编制完成《眉山市老城区控制性详细规划》。

规划范围　城市规划区南部中心区域，以一环路围合，总用地约4.19平方千米，人口规模约7.5万人（现状人口约13万人）。此规划依托老城区的人文、基础设施条件，积极调整改造老城区，成为宜居、宜游、独具三苏文化品位的诗书城。

功能定位　以商贸旅游、文化娱乐、行政办公和服务功能为主的眉山市中心城区的核心和特色地区，将老城区用地结构规划为“三横（三苏大道—红星路，赤壁东路—环湖路，眉象路—正西街—大东街）三纵（杭州路，诗书路，大北街—小南街），一祠（三苏祠）一河（通惠河）一园（古城墙遗址公园）一馆（体育场馆）三区（红星路、三苏广场中心商务区，商业街、小北街传统商业步行街区，三苏祠旅游休闲购物区）五街（杭州路火锅餐饮一条街、三苏大道电子通信科技街、纱縠行南段文化旅游商业街、诗书路建材一条街、商业东街与商业西街小百贸及酒吧一条街）。”

（三）眉山中心城区西北片区

2000年，四川省城乡规划设计研究院编制完成《眉山科技工业园A区控制性详细规划》。规划范围包括眉山城市西北角、东邻东坡大道、西邻规划中的省道103线、南与城市新区相接，总用地面积约3.18平方千米，居住人口1万人，就业人口4.6万人。规划东部以高压走廊以东、东坡大道以西和中部东西向干道南侧沿线为公共服务区，北部和南部为科技工业园，南部偏东为居住区。2008年，眉山市城乡规划设计院在《眉山科技工业园总体规划》基础上编制完成《眉山市新区西北片区详细规划调整方案》。方案按照“巩固、调整、充实、提高”原则，巩固现有发展基础，调整和优化产业结构，提升产业层次，形成产业集群和规模效应，让片区成为产业结构合理、工业项目产出效益大幅提高、配套功能完善，以机械加工、食品包装和电子信息三大产业为主导的省级重点开发区。整个片区土地功能结构分区为 2 个公共服务生活区和 3 个工业生产小区，配套设置行政办公、商业金融、农贸市场、小学、幼儿园等公共设施。

（四）眉山中心城区火车站片区

2004 年，眉山市城乡规划设计院编制完成《眉山市中心城区火车站片区控制性详细规划》。规划范围：眉山市中心城区西部，北接眉州大道、南至眉象路、东联新规划的省道 103 线及颍州北路、西到成昆铁路线，总用地约 3. 9 平方千米，人口规模约 3 万人。规划区以道路分隔，形成 5 个功能结构区，沿三苏大道为商贸服务、行政办公区；沿成昆铁路线东侧至铁环路为仓储物流区；沿新规划的省道 103 线为高压线走廊隔离带区；高压线走廊以东，三苏大道以北及以南各规划一处居住功能区。2007 年，眉山市城乡规划设计院完成《眉山市城市火车站片区控制性详细规划》修编工作。规划范围向东调整到一环西路，南、北、西向未作变化，总用地约 5. 16 平方千米，人口规模约 5. 6 万人。片区定位为全市的对外交通中心、以城市仓储和现代物流为主的综合性片区。规划区内形成 5 个功能结构区：沿三苏大道为商贸服务、行政办公区；沿成昆铁路线东侧至铁环路为仓储物流区；沿轻轨铁路为高压线走廊隔离带区；高压线走廊以东，三苏大道以北及以南各规划一处居住功能区。

（五）眉山中心城区太和片区

2007 年 11 月，四川省城乡规划设计研究院编制完成《眉山市太和片区控制性详细规划》。规划范围：北起岷江三桥、南至眉山市城市规划区的天然气走廊、西临南北干道北延线、东至岷江，总用地约 1. 8 平方千米，人口规模约 3 万人。片区定位为眉山市新城组团的组成部分，以商贸居住、旅游休闲为主体的独立居住组团。规划用地布局结构为“一网”（依托“井”字形主干道路网，形成城市绿网，构成城市骨架）“两轴”（西起省道 103 线，东至岷江，串联行政文化区、金融商贸区和滨江休闲度假区的东西向城市功能轴线，连接南北居住小区、串联居住区中心与行政文化中心的南北向城市生活轴）“五心”（由西向东分布的商务贸易中心、行政文化中心、金融商贸中心、休闲度假中心、南部居住中心）。

（六）眉山中心城区二环南路片区

2004 年，西南交通大学建筑勘察设计院与眉山市城乡规划设计院编制完成《眉山市二环南路片区控制性详细规划》。规划范围：眉山市中心城区东南部，北接眉象路、一环南路、一环东路，东到苏湖路，南至二环南路、岷江河堤，总用地 2. 72 平方千米，人口规模 3. 6 万人。片区定位为以文化教育为主的综合功能区，以道路分隔，形成 6 个功能结构区，即：蓬莱路延伸段为商业中心，二环南路与苏湖路交会处为商业副中心，成—乐路两侧、眉糖路以西、东坡湖排洪沟两岸各规划为居住区。因规划范围东部的东坡湖南片区开发建设需要，东坡湖南片区单独编制规划以及部分规划道路、公共绿地等难以实施等原因，2008 年，眉山市规划和建设局委托眉山市城乡规划设计院对原规划进行更新，将东坡湖南片区调整出规划范围，总用地调整为 1. 86 平方千米，人口规模调整为 2. 9 万人。功能定位调整为以商业居住为主的综合性片区，优化道路系统，调整绿地形态为多个小型绿地方便居民就近休闲活动，调整大型商业为小型社区商业，引导建设多高混合建筑，规划区由道路分割形成间隔布置的 3 个商贸服务带和 3 个居住区。规划更新方案经眉山市城市规划委员会十三次会议审议通过。

（七）眉山中心城区东坡湖片区

2000 年 5 月，眉山县城市建设委员会委托四川省城乡规划设计研究院编制完成《眉山东坡湖片区控制性详细规划》。规划范围：北起裴城路北侧、南至苏湖路、西起一环东路、东至湖滨路（延伸至东坡湖公园东侧），总建设用地面积 267.81 万平方米，人口规模 3.2 万人。此片区城市职能为东坡湖景区综合开发区，由道路分隔形成 6 个功能结构区：东坡大道以西，东湖路以北为居住功能区；东坡大道以西，东湖路以南为文化教育区；两区之间为商贸服务、行政办公功能区；东坡大道以西，文化教育区以南为居住功能区；东坡大道以东南端为东坡湖公园，东坡湖公园以北为休闲旅游区。

（八）眉山中心城区东坡湖南片区

2008 年 6 月，东坡区规划和建设局委托眉山市城乡规划设计院编制完成《眉山市东坡区东坡湖南片区控制性详细规划》。规划范围为西起东坡湖南段、东到岷江大堤、北接苏湖路、南到东坡湖入江口，总面积 119.22 万平方米，人口规模 5 万人。片区的功能定位为以居住为主、兼以配套的综合区，由功能和道路分隔形成 5 个功能区，包括小南街延伸段与二环南路延伸段交会处至河堤、滨湖路为沿街商业中心；苏湖路商业地块为集中商业中心；二环南路南延线分割片区为 2 个居住小区；最南端规划为城市湿地公园，规划用地布局结构为“两轴（片区道路交通发展轴线，二环南路南延线与小南街南延线既是片区交通主干道也是片区发展的中轴线）、两带（景观绿化线路，东坡湖南延线景观绿化带与岷江河堤绿化防护带）、两小区（二环南路南延线将居住地块划分为两个居住小区）、一园（位于城市西南面东坡湖入江口的城市湿地公园）”。

（九）眉山中心城区东坡岛

2007 年 9 月，由美国 RHM 国际设计集团深圳设计公司编制完成《眉山市东坡岛旅游度假区控制性详细规划》和《眉山市东坡岛旅游度假区城市设计》。两个项目是眉山市首个采用国际招标方式的控制性详细规划编制项目，也是首个控制性详规与城市设计同时进行的项目。规划范围：位于眉山市中心城区东面的金坝，其四周环水，东面为岷江，西和北面隔东坡湖与眉山城区相望，南部通过东坡湖公园与城区相接，总占地面积 311.34 万平方米，规划居住人口 2.1 万人。规划结构为“一心（休闲中心，包括东坡岛中心的南北两片的休闲商业和文化休闲，是整个东坡岛魅力与活力的中心）、一带（横贯东西连接蟆颐观与远景楼的中央文化旅游主题公园带）、一环（由东坡岛四周的度假、休闲、居住、商业街等功能组团形成的结构环，将整个东坡岛在空间和功能上连接成一个整体）”。整个东坡岛形成 7 个不同的功能区，分别是核心休闲区、滨江休闲度假区、滨湖生态居住区、旅游商业区、新农村建设区、教学教育区、旅游休闲绿地区。

（十）眉山中心城区岷江东岸重点区域

2007 年，眉山市城乡规划设计院按照眉山市委、市政府提出“跨江东进、拥江发展”战略，启动岷江东岸区域控制性详细规划编制工作。规划范围：岷江东岸重点区域包括崇礼镇、富牛镇、蟆颐观等区域。编制工作因与城市总体规划、国有土地利用规划衔接等问题，进展缓慢。2010 年 4 月，经过竞争性谈判确定由四川省城乡规划设计研究院编制《岷江东岸片区控制性详细规划》。

发展定位　眉山城市以文化旅游、度假休闲为主，教育科研、商贸居住等协调发展的城市综合功能区。

规划区范围及用地规模　主要包含城市岷江东岸的北部及中部地区，即现状苏坟山以南、蟆颐堰以北的区域，规划区东至富崇路和穆家沟水库，西至岷江，北至苏坟南路和苏坟山，南至蟆颐堰和红星路东沿线，总面积 21.86 平方千米，建设用地面积 13.45 平方千米。

片区功能结构　规划遵循“开放、灵活、可持续发展”的规划设计理念，在充分尊重现状地形地貌等自然环境，合理利用现状丰富的生态、旅游资源的前提下，结合片区自然空间形态、功能分区，构建“一心、三轴、三区、四廊”的片区空间布局结构。“一心”指岷江东岸城市片区中心。位于中部组团北部，是以金融商贸为主，集行政办公、文化娱乐为一体的整个岷江东岸片区的综合中心。“三轴”指东西向沿省道106线和沿两条南北向城市主干路的岷江东岸片区发展主轴线。省道106发展轴主要承担本片区与城市中心区的发展联系，是城市向东发展的延续；两条南北向城市主干路发展轴主要承担岷江东岸各功能组团的发展联系，是东岸片区向南、北纵深发展的主轴。“三区”指由横向的白鹤林生态廊道及旅游休闲廊道将规划区划分形成的三个功能组团。北部的体育休闲度假组团；中部的片区综合中心及教育科研组团；南部的文化旅游及生态居住组团。“四廊”指通过对白鹤林生态环境的严格保护并向东扩展形成的横向自然生态廊道；通过串联东坡岛、蟆颐观、石埂子水库、穆家沟水库而形成的横向旅游休闲廊道；依托岷江湿地公园、郊野公园、蟆颐观风景区等自然生态环境形成的南北向滨水休闲廊道；依托城市快速路和现代农业生产区形成的交通防护及现代农业观光廊道。

用地布局　用地布局包括居住用地、公共设施用地布局、市政设施用地布局。居住用地结合三个组团的发展分别设置，形成3个居住区。含8个居住小区。其中北部组团2个。以现状富牛镇向北发展而形成1个居住小区，在北横线以北结合运动休闲功能新设1个居住小区；中部组团4个居住小区，省道106以北3个，省道106以南1个；南部组团2个居住小区，南、北各1个。居住用地面积为276.83万平方米，占规划区总建设用地的20.58%；可容纳居住人口约13万人~14万人。公共设施用地布局包括行政办公用地、金融商贸服务设施用地、文化娱乐设施用地、体育及体育休闲用地、医疗卫生用地、教育科研用地、文物古迹用地、旅游度假用地。行政办公用地规划在中部组团、富崇路西部安排以行政办公为主的岷江东岸片区行政中心；在北部组团及南部组团，遵从就近配套的原则，安排以写字楼为主的商务办公用地。在各生活小区内配套社区管理用地。规划行政及商务办公用地11.48万平方米，占总建设用地的0.85%。金融商贸服务设施用地规划在中部组团综合服务中心范围内，结合城市功能的完善，安排为整个规划区服务的商场、大型超市、银行、餐饮、酒店等金融商贸服务设施。同时此中心可承接一部分市级商业功能的转移，如会展中心、展销市场等。规划在北部组团中部，紧邻体育休闲用地区域，设置带状的商业服务设施，完善对体育休闲区域的商业服务功能。规划在南部组团北部，设置沿东西向干道（综合性道路）的带状商业用地，为此组团提供商场、餐饮、娱乐及银行等金融商贸服务设施。规划商业金融用地63.68万平方米，占总建设用地的4.73%。文化娱乐设施用地规划在中部组团靠近中学及生态廊道一带设置2处片区综合文化娱乐设施，主要包括片区的图书馆、文化艺术中心、科普中心、影剧院等。规划南部组团紧邻商业用地设置1处片区文化娱乐设施，主要包括青少年宫、游乐场等。规划在各生活小区配套基层文化活动站。规划文化娱乐用地11.15万平方米，占总建设用地的0.83%。体育及体育休闲用地规划在北部组团规划一处以运动休闲为主题的体育公园，主要包括体育健身、拓展运动、体育场馆、极限运动等运动休闲设施，并与之配套相关休闲度假用地。规划在各居住小区内配套设置相应的居民日常体育健身设施。规划体育休闲用地面积为19.09万平方米，占规划区总建设用地的1.42%。医疗卫生用地规划在中部组团紧邻综合服务中心设置岷江东岸片区市级综合医院1所，在南部组团与北部组团根据服务半径的需要，各配套小型医院1所。依据相关技术规范，在各居住小区配置社区医疗卫生服务中心，以建设完善的城市社区卫生保健服务系统。规划医疗卫生用地面积为4.01万平方米，占规划区总建设用地的0.3%。教育科研用地保留现状的眉山职业技术学院，并将其以东、以南的用地规划为其发展备用地，同时根据集约化发展要求，在其东部新设2处（大中专）教育用地。

在教育用地的东南侧布置2处科研设计用地。规划教育科研用地面积为100.42万平方米，占规划区总建设用地的7.46%。文物古迹用地规划保留现状蟆颐观用地，用地面积为9.45万平方米，占规划区总建设用地的0.7%。旅游度假用地规划根据总体规划和规划区主要功能定位，在确保区内生态环境的基础上，利用规划区部分山地、丘陵，结合地形成组成团地布置多处旅游度假发展用地，形成规划区旅游度假（产业）功能的主要承载地。规划旅游度假用地面积为422.82万平方米，占规划区总建设用地的31.43%。市政设施用地布局。规划根据总体规划和规划区发展需要，在南部组团崇礼支渠与红星路东延线交会处设置水厂1处；在岷江东岸快速通道西侧设220千伏变电站1座，分别在北部组团南侧和南部组团南侧各设110千伏变电站1座；在北部组团中部北横线北侧、中部组团紧邻长途客运站及南部组团紧邻红星路东延线各安排公交首末站1处；分别在白鹤林滨江东路东侧、红星路东延线北侧、现状眉山职业技术学院东侧、规划客运站东侧、北部组团北横线北侧和南部组团滨江东路东侧各设加油站1处。其中，红星路东延线北侧、规划客运站东侧和北部组团北横线北侧的加油站为加油加气合建站；在中部组团紧邻滨江东路、南部组团紧邻富崇路一带各设消防站1处；在中部组团片区综合服务中心设邮政支局及电信端局各1处。

四、眉山中心城区专项规划

1999年以前，眉山市城市专项规划的内容较为简单。随着城市建设的逐步完善，专项规划的内容越来越专业、全面，并逐步细化，至2010年，眉山市多个专项规划相继编制完成，并继续充实完善。

眉山中心城市专项规划包括城市综合交通规划、绿地系统规划、夜景亮化工程规划、眉山城区建筑风貌控制性规划、城市消防规划、城市防洪规划、旧城改造规划、城市环境整治规划、住房保障规划、商业网点规划、历史文化名城保护规划、眉山城区景观水系规划等。

（一）眉山城市防洪规划

1999年，四川省城乡规划设计院编制完成《眉山城市防洪规划》。规划的总原则是堤防与疏浚相结合、工程措施与非工程措施相结合、整治江河与综合利用相结合。按照国家防洪标准的规定，眉山城市防洪标准重现期采用50年。规划对防洪工程设施、治涝工程设施、非工程防洪措施作出规划控制，对防洪工程管理、分期建设实施提出指导意见。

（二）眉山市城市消防规划

2002年，眉山市委托乐山市城乡规划设计院编制完成《眉山市城市消防规划》。近期规划为2003—2005年，远期规划至2020年。“规划”贯彻“预防为主，防消结合”消防工作方针，将城区各地段用地划分为设防等级递减的甲、乙、丙三类消防用地分类，规划5个消防站，对消防通道、消防给水、消防通信、消防供电作出规划控制，对消防重点保护地段、文物保护单位提出消防规划要求，对消防管理、近期实施项目提出指导意见。

（三）眉山市中心城区近期旧城改造与历史文化名城保护规划

2003年，眉山市筹资800万余元，由眉山市城乡规划设计院编制完成《眉山市中心城区近期旧城改造规划》《眉山市历史文化名城保护规划》，经市政府批准实施；组织编制《市域城镇体系规划》《中心城区近期建设规划》《东坡湖旅游度假区详细规划》；完成“东坡广场”规划设计，10个小区修建性详细规划，东坡广场周边地块、新区大市场以南等拍卖地块的详细规划。

《眉山市中心城区近期旧城改造规划》年限为2003—2006年，规划范围为眉山市城区一环路以内、省道 103 线以东占地面积约 3 平方千米的老城区。规划实施三苏祠南面商业步行街改造工程、棉花巷危旧房改造工程、小香港商业步行街二期改造工程、大北街北段东面危旧房改造工程、沙縠巷危旧房改造工程、三苏雕像广场西北面旧城改造工程、三苏祠东面旧城改造工程、下大南街东面危旧房改造工程、三苏祠西面旧城改造工程、三苏雕像广场东面旧城改造工程、三苏祠北面旧城改造工程、小北街东面 A 区旧城改造工程、小北街东面 B 区旧城改造工程、一环路东段危旧房改造工程、大东街农贸市场改造工程 15 个项目，拆迁旧房建筑面积约 52.21 万平方米，总占地面积 35.13 万平方米，改造总投资 8.5 亿元，建成 11 个市民休闲小广场、6 个大型商业步行街区、3 个农贸市场、13 处公共停车场（停车位 760 个）、13 个公共厕所和 12 个地埋式垃圾库。

《眉山市历史文化名城保护规划》着眼于保护眉山市内优秀的历史文化遗存和名城的传统风貌，从物质要素和人文要求实施保护，从层次结构上划分三苏文化荟萃区、长寿之乡、中岩石刻、竹文化之乡、竹林寺佛文化区、川西第一湖、瓦屋山国家森林公园、槽渔滩风景名胜区、洪雅民俗文化区等九大市域历史文化环境风貌区，三苏祠风貌保护区、蟆颐观风貌保护区和苏湖风貌保护区等三大名城风貌保护区，眉山历史文化名城保护规划的空间构成由古城风貌保护区、历史性街道、历史性地区和文物点组成由区域、轴线到节点的空间关系，以节点保护为核心、以区域性保护为特色、以轴线串联，形成眉山市独特的三苏文化游览区。

2005 年，由眉山市城乡规划设计院编制完成《苏坟山·蟆颐观风景区总体规划》，组织编制完成《眉山市中心城区雕塑规划》《眉山市老城区雨、污水分流整治规划》《东坡湖公园入口广场及环境改造规划》《三苏雕像广场改造规划》《旧城区临时停车场规划》《中心城区广告宣传栏规划》《三苏文化旅游景点规划》《城市土地经营中拍卖土地的修建性详细规划》《小北街、大南街、纱縠行建筑风貌改造规划》《眉山市主要交通干线两旁农房风貌改造规划》等专业规划和详细规划。

（四）眉山市中心城区绿地系统规划

2003 年，由眉山市城乡规划设计院编制完成《眉山市中心城区绿地系统规划》，经市政府批准实施。近期规划 2005—2010 年，远期规划 2011—2020 年，规划范围与城市总体规划一致。规划遵循“尊重自然、尊重生态、尊重历史、尊重科学、强调可操作性”原则，在市域宏观层次上形成“一环（城市外环路与绕城高速公路之间的城市生态绿环）、二廊（岷江生态廊道、青衣江生态廊道）、八点（市域内的八处风景区和森林公园，包括三苏祠、彭祖山、蟆颐观—苏公墓、中岩寺、瓦屋山、寨子城、槽渔滩、黑龙滩）”的绿地布局；在市区内形成“两片（大体上以岷江为界形成东西两个大片区，东片为蟆颐观—苏公墓风景名胜区，西片则是以城区为依托形成由外向内的拓扑形式的环状绿地系统）、六线（形成眉州大道景廊、花园干道、东坡大道绿廊、眉象路绿廊四条特色林荫大街，以及通惠河滨河绿带、东坡湖滨湖绿带两条滨河绿带）、多点（市区内布局合理的各类城市公园和街头小游园，包括岷峨公园、青衣公园、中国诗书城公园、东坡湖公园、东坡宦游城、三苏祠博物馆、环城公园、通惠河公园等八处市级公园）”的多层次生态绿地；“规划”明确各类用地中的附属绿地指标。

2004 年，完成眉州大道、东坡大道、高速公路出口、眉象路、蓬莱路、高压线绿色走廊等 14 条街道的绿化设计。2005 年，完成《中心城区绿地系统规划》。2009 年，完成眉山城区绿地系统规划编制。

（五）眉山市中心城区亮化工程规划

2004 年，眉山市政府投入 1200 万余元，由眉山市城乡规划设计院编制完成《眉山市中心城区亮化工程规划》。“规划”采用点、线、面相结合原则，近期规划为2003—2005年，规划重点在老城区以及新老城区连接带，规划实施“三纵（成乐路通威饲料厂至西门牌坊、三苏路小北街上大南街、一环西路阳光音乐广场至眉象路口）四横（一环路北段三圆街心绿地至成乐路口、三苏大道一环西路口至成乐路口及红星路成乐路口至一环东路口、环湖路成乐路口至一环东路口、通惠街下西街正西街）”的亮化工程建设。远期规划为2005—2010年，规划重点在城市新区以及新老城区连接带，在“三纵四横”基础上形成“八纵（成乐路东坡大道路口至西门牌坊、三苏路小北街上大南街下大南街至一环南路口、文忠街眉州大道路口经三圆街心绿地及一环西路至成乐路口、一环东路红星路口至下大南街路口、东坡大道科工园广场至眉仁老路口、湖滨路岷江二桥至东门大桥、彭寿街眉州大道路口至湖滨路口、文定街眉州大道路口至湖滨路口）八横（一环北路三圆街心绿地至红星路口、三苏大道火车站至成乐路口及红星路成乐路口至湖滨路口、环湖路成乐路口至东坡大道路口、眉象路一环路口至成乐路通惠街下西街正西街大东街至一环东路路口、一环南路成乐路口至下大南街路口、二环北路通义路口至湖滨路口、文安西路文安中路至文定街口、眉州大道铁环路口至岷江二桥东）”的亮化工程格局。规划还对亮化工程的管理、实施提出建议。是年由同济大学完成眉山中心城区城市综合交通规划纲要编制；编制完成中国诗书城规划纲要和诗书城文化景点建设规划，经眉山市人大常委会批准实施；完成中心城区建筑风貌与色彩规划、中心城区广告规划、通惠河整治规划、铁环路片区、火车站片区及东坡湖旅游度假区的控制性详细规划、左岸半岛等12个住宅小区修建性详细规划、编制完成杭州路、诗书路、红星路等八条主要街道的亮化及绿化工程规划、诗书城西门入口标志性建筑规划设计方案；组织编制蟆颐观、苏公墓风景区规划；开展东坡外滩东岸和诗书长廊的规划设计。

（六）眉山市综合交通规划

2005年，眉山市开展《眉山城市数字交通规划》编制。2006年，由上海同济城市规划设计研究院编制完成《眉山市综合交通规划（2004—2020）》，规划基年为2004年，近期规划年限至2010年，远期规划年限至2020年。规划主要内容包括，在现状交通调查和分析的基础上，找出城市道路交通问题产生的原因；研究城市交通建设与城市用地发展的相互关系，确定规划总体目标，提出相应的交通发展战略；根据城市总体规划和土地使用规划，预测规划期末城市客运交通结构；确定城市道路网络和交通网络系统的基本格局，城市对外交通与市内交通各种设施的用地规模和选址；规划城市公共交通网络系统，确定公交车辆数及车型、公交换乘枢纽及场站的分布和用地规模；根据现状城市物流系统及城市总体规划，确定未来城市的物流中心选址、用地结构及物流线路的组织；预测停车总量，确定停车场地的布局，对停车设施建设及停车管理政策提出建议；在确定各旅游景点与设施的基础上，重点提出旅游交通线路、交通组织路线、旅游交通管理措施等，减少旅游交通流对核心区的影响；对规划方案作技术经济评价和方案比选，提出近期道路交通建设项目的实施计划和投资估算；提出有关城市交通发展、交通需求管理和交通投资等方面的政策性建议。《眉山市综合交通规划（2004—2020）》在完善城区内部综合交通组织的同时，提出眉山城区对外交通组织的解决方案。

2010年，眉山市城乡规划局委托西南交通大学建筑勘察与设计研究院修编《眉山市城市综合交通规划（2004—2020）》，新的眉山市综合交通规划将按照新版《眉山市城市总体规划（2010—2020）》确定远期到2030年城市规模达到82平方千米和85万人的要求编制。

（七）眉山市城市整治规划

2005 年，由眉山市城乡规划设计院编制完成《眉山市中心城区通惠河滨河路整治规划》。明确通惠河整治建设段从裴城路至二环南路，全长 3. 75 千米，规划控制宽度 52 米，总面积 24. 68 万平方米，规划通惠河滨河路性质为城市休闲、文化娱乐、城市中心生态园林走廊，规划目标是“把通惠河沿线绿带建设成为水质清洁、环境优美、气氛和谐的滨河风景带，成为中心城区一条重要的生态景观轴线”。2006 年，眉山市城市规划和建设局委托重庆大学城市规划与设计研究院编制完成《眉山市三苏祠周边环境整治规划》。规划区总用地面积为 37. 7 万平方米，分三级对三苏祠及周边实施保护规划，占地面积 6. 21 万平方米的三苏祠为绝对保护区，在三苏祠外西至蓬莱中路，北至下西街，东至大南街、南至东坡书画城南侧车行道路之间规划为建设控制区，建设控制区外与以三苏祠为圆心视线可及 300 米范围之间规划为环境协调区。《眉山市三苏祠周边环境整治规划》具体规定三苏祠周边环境整治的建筑高度控制、环境整治、建筑风貌整治更新、功能整治更新、绿地景观、道路交通、旅游发展、街景立面整治更新、重要节点整治更新、管线工程、防灾、环境保护等方面。

（八）眉山市城市商业网点规划

2005 年，眉山市城乡规划设计院编制完成《眉山市城市商业网点规划》。将眉山市商贸业发展的总体功能定位为立足本地资源，融入成都经济圈，辐射周边县市，优势商品辐射全国，带动产业发展，发展大商贸、大流通、大市场，建设布局结构合理、功能完善、竞争有序的商贸业体系，努力成为成都平原经济圈市郊地区中心和川西南重要的商贸集散中心域，至 2020 年，眉山市市区商业网点布局呈现出 1 个城市商业中心、2 个区商业中心、8 个社区商业中心，16 条特色商业街，各类专业批发市场和现代物流配送中心相配套的总体框架。

（九）眉山城区建筑风貌控制性规划

2006 年，由华中科技大学城市与景观设计研究中心编制完成《眉山城区建筑风貌控制性规划》。近期规划为 2004—2010 年，远期规划为 2010—2020 年。为凸显“中国诗书城”特色，丰富历史文化名城内涵，塑造个性鲜明的城市形象，规划将眉山城区建筑风貌定位为“古城古韵，新城新貌”，分为仿明清建筑风貌区、仿川西民居建筑风貌区、新川西民居建筑风貌区、现代滨水建筑风貌区、现代民用建筑风貌区、现代工业建筑风貌区 6 个区。规划从建筑形式、色彩、高度三个方面确定六个区域的建筑风貌定位，对主要公共空间建筑色彩、眉山城区建筑夜景灯光色彩进行控制和引导。编制《眉山城区 2007—2009 年三年建设规划》《眉山城区“十一五”房地产业规划》。突出规划特色，塑造城市个性，编制《蟆颐观·苏公墓风景区规划》《眉州大道、东坡大道、岷江大道、学士街、通义路—文忠街街区城市设计》等 7 项规划。调整眉州大道、学士街西侧地块规划，重新制定规划设计条件，引导企业开发建设眉州大道和学士街片区，尽快繁荣新区。编制房地产项目的规划设计方案。2007 年，按照城市建设与城市产业发展同步推进，完成铝产业、机械产业、化工、食品加工、文化教育、休闲娱乐、商贸流通、房地产业和与资源转换、商贸增值、资金配置、物质集散和流转、信息交换处理和人才集聚相结合的区域功能组团规划。完成黑龙滩风景区、眉山城区太和片区、新区、火车站片区等优化城市空间布局的规划。科学编制眉山城区水系、绿地、亮化、文化、水景观、湖滨路街景立面、老城墙保护和建筑风貌等特色规划，指导通惠河整治、岷江东湖饭店、岷江大道等工程建设。2009 年，围绕进一步优化精品城市空间布局和塑造精品城市特色，完成眉山城区 10 条特色街区规划编制，编制眉山市城市公厕布点规划。

（十）眉山市城市景观水系规划

2007 年，眉山市城乡规划设计院编制完成《眉山市城市景观水系规划》，眉山市成为全省二级城市中率先完成景观水系规划的城市。“规划”主要以自然水系景观与人工水系景观为依托，采用“点、线、面”相结合，形成“六点（三苏祠、岷峨公园、诗书城公园、青衣公园、东坡湖公园、南湖公园景观节点）、十线（眉州大道、岷江大道、经济技术开发区景观大道和岷江、东坡湖、通惠河、东坡大道、西来堰、高堰、韩婆堰形成的‘三横七纵’水系景观线）、一面（东坡岛水系景观面）”的水系结构景观形式，实现“城水相依，水系相连，人水和谐，水清园绿”的美好城市家园。

（十一）眉山市城区住房保障规划

2008 年，眉山市城乡规划设计院编制《眉山市城区住房保障规划》。期限为 2008—2012 年，到规划期末基本解决城区低收入家庭住房困难问题。规划期内廉租住房建设约 700 套，面积约 3.5 万平方米，每套建筑面积控制在 50 平方米以内；经济适用住房建设约 1200 套，面积约 7.2 万平方米，每套建筑面积控制在 60 平方米左右。将桐花巷与通义路交叉口东南角、蜀山街与通义路交叉口西南角、桐花巷以南市劳动局以西地块作为修建廉租住房和经济适用住房地块，实行行政划拨方式供应土地，土地供应总量为 5.5 万平方米。将新区超然居部分地块和诗书路与岷江大道交叉口西南角地块作为廉租住房和经济适用住房建设备用地块。规划期内发放租金补贴 1900 户以上，补贴资金总额 400 万元。

五、村镇规划

眉山市按照《中华人民共和国城乡规划法》、建设部《关于发布村镇规划编制办法（试行）的通知》和镇规划标准（GB 50188—2007）等要求，编制村镇规划。

（一）乡镇规划

1985—1987 年，青神县初步规划全县 17 个乡镇。1994 年，仁寿县汪洋镇被列为 100 个省级试点镇之一。是年起，仁寿县启动小城镇规划编制。至 1997 年，青神县相继第二次规划南城、黑龙、西龙 3 个镇。1998 年 12 月，青神县委托乐山市城乡规划设计院规划黑龙镇。1999 年，眉山地区建设委员会指导建制镇、集镇和中心村编制规划和修编规划。2000 年，地区建设委员会组织、指导仁寿县始建镇、龙正镇、钟祥镇、东坡区秦家镇、多悦镇等 12 个省级试点镇完成规划修编。至 2002 年，仁寿县编制完成 23 个建制镇总体规划。青神县编制《西龙镇总体规划》，通过专家评审。

2003 年，眉山市完成东坡区多悦镇、洪雅县瓦屋山镇、丹棱县杨场镇、青神县西龙镇、南城镇 6 个省级试点镇的规划编制、评审和上报。市规划建设局组织考核、审查报批 4 个省级重点镇（仁寿县汪洋镇，丹棱县丹棱镇，彭山县青龙镇，洪雅县洪川镇）近期建设规划和规划的修编工作。2004 年，开展省级试点镇、重点小城镇规划编制。5 个县的县域城镇体系规划全部通过四川省相关部门评审。彭山县编制完成《县域城镇体系规划》，包括《青龙镇省级重点镇总体规划》。2006 年，东坡区编制完成《眉山市东坡区“十一五”小城镇建设规划》和《三苏乡（伏龙场）总体规划》。2007 年，洪雅县完善集镇规划，增强城镇产业集聚功能。2008 年，彭山县完成《青龙镇总体规划》修编。2009 年，实施 16 个工业重点镇规划、眉山城区周边 4 个工业镇规划。东坡区编制完成富牛镇、万胜镇等 9 个乡镇总体规划；彭山县完成《彭山县总体规划》修编，凤鸣镇位于彭山县城规划区范围，完成公义等 6 个乡镇总体规划编制；洪雅县完成 3 个镇规划编制；仁寿县开展清水、富加等乡镇总规修编；青神县完成罗波、高台两个场镇规划编制。2010 年，全市完成 16 个重点工业镇规划。

彭山县完成牧马镇、谢家镇总体规划。青神县黑龙镇组织编制《黑龙工业重点镇规划》《汉阳古镇规划》。至2010年底，东坡区23个乡镇全部编制规划；仁寿县11个建制镇完成规划修编，编制完成文宫枇杷园省级示范片规划，视高镇、文宫镇城乡统筹规划；彭山县有14个乡镇完成规划编制；洪雅县完成柳江镇、高庙镇、瓦屋山镇、东岳镇等4个乡镇总体规划编制；丹棱县7个乡镇编制完成建设总体规划。

至2012年，眉山市128个建制镇中71个完成规划编制，包括东坡区23个（松江镇、白马镇、思蒙镇、太和镇、悦兴镇、复盛乡、富牛镇、土地乡、永寿镇、复兴乡、盘鳌乡、金花乡、柳圣乡、崇仁镇、多悦镇、万胜镇、秦家镇、广济乡、三苏乡、崇礼镇、象耳镇、修文镇、尚义镇）、仁寿县22个（文林镇、大化镇、彰加镇、北斗镇、满井镇、禾加镇、宝飞镇、始建镇、方家镇、慈航镇、富加镇、钟祥镇、汪洋镇、文宫镇、视高镇、高家镇、中农镇、清水镇、禄加镇、龙马镇、龙正镇、黑龙滩镇）、彭山县7个（江口镇、锦江乡、牧马镇、青龙镇、观音镇、凤鸣镇、彭溪镇）、洪雅县5个（洪川镇、柳江镇、高庙镇、瓦屋山镇、东岳镇）、青神县7个（南城镇、瑞峰镇、汉阳镇、西龙镇、黑龙镇、青城镇、河坝子镇）、丹棱县7个（丹棱镇、杨场镇、仁美镇、张场镇、双桥镇、顺龙乡、石桥乡）。

（二）村规划

2000年，眉山地区完成10个“眉山新村”规划，其中彭山县3个、眉山县3个、青神县1个、仁寿县3个。2004年，编印《眉山市农村小康住宅设计方案图集》。

2006年，眉山市编制6个社会主义新农村建设规划，编印农房建设规划和施工设计图册，赠送给乡镇，指导农民建房。彭山县完成15个新农村试点村、示范村的规划编制。2007年，各县（区）围绕“构建富裕新农村、宜居新农村、便捷新农村”目标，完成“百村规划”。彭山县完成4个新农村试点村的规划编制。2008年，召开全市重点交通沿线村庄规划论坛，完成106个村庄规划编制，促进103线、106线、成乐高速沿线村庄全面协调可持续发展。彭山县修编完成《彭山县村域体系规划》，包括11个新农村建设重点示范村规划编制。2009年，实施100个社会主义新农村规划编制。东坡区编制19个社会主义新农村规划；彭山县完成15个新农村规划编制；青神县15个新农村规划；洪雅县完成19个村的规划编制。2010年，全市完成100个社会主义新农村规划编制。东坡区编制完成《白马镇龚村新村建设规划设计方案》；仁寿县编制完成国道213线、省道106线、成（都）赤（水）高速公路、遂（宁）眉（山）资（阳）高速公路、成都黑（龙滩）快速通道仁寿段沿线新农村规划；彭山县完成28个新型社区（新村点）布点规划编制；洪雅县编制完成26个社会主义新农村试点村规划；丹棱县组织编制26个新农村规划；青神县组织编制29个新农村试点规划，组织编制全县76个行政村村庄布点规划、建筑风貌控制规划、“两水一竹”示范片5个核心村规划。至2012年，全市1186个村中192个村完成规划编制。

六、其他规划

2004年，眉山市编制完成成乐高速公路、省道106线、省道103线、眉青路、国道213线等交通主干线两旁农房聚居点规划和风貌改造规划。2007年彭山县、仁寿县、丹棱县、青神县、洪雅县编制县城建设和产业发展规划。2008年，眉山市组织开展眉彭城市一体化统筹规划、眉山市城镇体系规划更新、7个特色城镇规划编制，推动城乡一体化发展。

彭山县于2007年启动《彭山县城市总体规划》修编和《彭山县域体系规划》编制；2009年编

制《成都—眉山工业集中发展区控制性详细规划》《观音果园产业规划》等专项规划，《彭山县城总体规划》（县商贸文化中心城规划）修编；2010年编制《彭山经济开发区（南区）总体规划和控制性详细规划》，基本实现规划全覆盖。

仁寿县于2007年完成城市主入口绿化改造和景观建设规划、老城改造控制性详细规划、北门水库修建性规划等一批城乡规划；2009年编制完成北门水库、天街延伸线、城北公园等重点项目的修建性详细规划；2010年完成城镇化发展规划、成都眉山仁寿城市群规划和4个重点工业镇规划等规划。

丹棱县于2007年完成丹棱河南片区控制性详细规划和城东工业规划、芒硝产业发展规划、丹夹陶瓷产业规划，增强城市对产业发展要素的聚集力；2009年编制完成《丹棱县熊河碥片区控制性详细规划》《丹棱县城墙路片区控制性详细规划》；2010年完成大雅堂片区和机械产业园区控制性详细规划。

青神县于2006年编制完成青神县工业集中区详细规划、眉青路与青夹路、青衣大道两个城市重要景观节点控制性详细规划五项规划；2007年编制滨江路、青衣大道、西门入口片区控制性详细规划，调整完善城市功能；2010年完成“十二五”城市基础设施规划和青衣大道片区规划。

洪雅县于2007年启动城西新区和城东工业集中区规划；2010年启动县城控制性详细规划修编。

东坡区于2010年重点编制经开新区总体规划和中国泡菜成规划，全区乡镇规划覆盖100%。

第二节　规划管理

一、重要决策

2000年，眉山市委、市政府确定眉山城市发展思路为突出眉山中心城区的发展，以眉山中心城区为龙头，加快工业化、城市化步伐，培育新的经济增长点。2003年，市委、市政府作出《关于实施经营城市战略的决定》，下发《关于加快城镇化进程的意见》。树立经营城市新理念，优化配置城市资源，经营城市土地，加快城市基础设施和市政公用设施市场化经营，发展城市产业，改革投融资体系，培育经营城市主体。2004年，按照四川省委、省政府将“眉山建设成为具有三苏文化品位的生态园林城市，打造诗书城”的要求，眉山市委、市政府决定建设“中国诗书城”。以三苏文化为城市品牌，以创建园林城市、卫生城市、优秀旅游城市和数字化城市为载体，经过几年的努力，将眉山建成经济实力强、最适合旅游、休闲、度假和居住的、具有三苏文化品位的生态园林城市。

2005年，市委提出“融入成都、一体发展、强工促农、繁荣城市”发展思路，确定“把眉山建设成为成都经济区的工业新城、东坡文化浓郁的中国诗书城、优美和谐的生态宜居城”的眉山城市发展新目标，提出“着力建设和谐精品城市”要求和“十一五”期间全市开展“五大创建活动”（创建省级文明城市先进市、创建中国优秀旅游城市、创建国家级园林城市、创建国家级卫生城市、创建省级和国家级环境保护模范城市）。市委、市政府提出“加强城市环境综合整治，提高人居环境质量”，加快城市环保基础设施建设进度。

2006年，眉山市党代会提出“完善老城、繁荣新区、北拓南延、跨江东进、拥江发展”思路。确定“五年迈四步”建设精品城市目标。完成眉州大道两旁的开发建设；打通岷江干道，建成一批新街，实现新老城区连成一片；规划并开发建设东坡岛，使其成为新的投资热点；完成岷江东岸城市规划编制和土地利用规划的修编，着手基础设施建设，让岷江逐渐成为眉山城中之河。2007 年，市委、市政府制订《城市建设大变样实施方案》，明确眉州大道西段片区、新老城对接片区、东坡岛片区、三苏文化产业区、通惠河片区等为建设重点，细化编制规划、市政道路建设、公共配套设施建设、房地产开发、拆迁居民小区建设等内容。修订完善《眉山市创建中国优秀旅游城市实施方案》，创建国家级园林城市，强化“山、水、城”交融共生的自然山水城市格局。推进国家级卫生城市创建，将爱国卫生工作纳入《眉山市国民经济和社会发展第十一个五年规划》《眉山市精神文明建设“十一五”纲要》，积极开展爱国卫生运动，加强市民健康、环境卫生、食品卫生教育，传染病防治，增强城市综合功能。将城市社区建设作为城市工作重点内容，完善社区功能，建设居民自治、管理有序、服务完善、就业充分、治安良好、环境优美、文明祥和、人际关系和谐的新型社区。2012 年，市委下发《关于加快推进“两化”互动、统筹城乡的意见》《关于创新“四种模式”加快“四个转变”统筹城乡发展的实施意见》等文件，提出以“两化”互动、统筹城乡统揽全市经济社会发展，以“两化”互动带动“三化”联动，推进以城带乡、以工促农、城乡一体，将眉山建成现代工业新城、历史文化名城、生活品质之城。围绕建设“绿海明珠、千湖之城、天府花园、文化名城”目标，推进规划会战。实施产城一体、景城一体、文城一体，建设现代产业、现代生活、现代都市。推进城市新区建设，突出基础设施项目、生态绿地项目和产业项目，全面拉开岷东新区核心区建设，加快建设天府新区眉山区域。推进旅游景区建设，按照“生态、休闲、养生、度假”四大主题，加快 9 个旅游景区建设，着力建设国家级旅游目的地。科学划分城市功能区，促进城市功能全面配套。到 2016 年，全市实现农村居民转变为城市居民 56.8 万人、转变为产业工人 35.2 万人、转变为现代农业业主 5430 人、转变为三产经营者 12 万人。

二、城乡规划法规宣传

1998 年起，眉山地区每年开展《中华人民共和国城市规划法》（以下简称《城市规划法》）宣传活动，提高执行城市规划意识和自觉性，保证城市规划的实施。1999 年，在全区开展《城市规划法》宣传周活动，地、县政府领导发表加强城市规划工作的电视讲话，出动宣传车 20 余辆次，书写和悬挂标语 270 幅，发放规划宣传资料 1 万余份。

2002 年，眉山市组织县（区）规划管理部门开展《城市规划法》实施十二周年宣传活动，中心城区组织开展为期 1 周的宣传活动，发放宣传资料，悬挂宣传标语，设立咨询点接受咨询。2004 年，建立规划公示制度，在中心城区主要地段设立规划公示栏 3 处，重要的规划方案向市民公示，让市民参与规划，监督规划实施。全年组织 5 次规划法宣传。2007 年，推进“阳光规划”工程，充分发挥网站、公示栏及各类媒体作用，接受全社会监督。《城市规划法》宣传活动延续至 2012 年。

三、城乡规划设计监督

1998—1999 年，眉山地区开放设计市场，引进高资质、高水平单位参与新区工程项目设计工作，提高眉山地区建筑设计质量。加强总平面规划图和建筑设计方案的评审。加强全区勘察设计和测绘管理，实行工程项目初步设计审查和施工图审查，把好设计关。眉山新区所有建设工程均实行初步设计审查和施工图审查。2000 年，组织眉山城市中心广场、眉山城市生态绿地等规划设计方案的征集工作，评审中心广场等 21 个规划方案和单体建筑设计方案。审查初步设计 12 项，审查施工图 8 项。

2001年，市政府制订《眉山市中心城区城市规划管理办法》。加强建筑设计方案审查，全年组织召开城市环境艺术委员会评审会6次，评审省道103线眉山城区段街景立面、湖滨路连接段和湖滨花园等规划设计方案和单体建筑设计方案36个；加强建设工程总平面图和建筑设计方案审查，完成眉山市审计局办公楼等63个项目总平面图、设计方案审查。完成初步设计审查20项；地质详勘报告审查21项；施工图设计审查82项，施工图设计审查率100%。2002年，举办市环境艺术委员会专家评审会，组织专家评审金罗马商业城规划设计方案、市规划建设局办公综合楼、三苏祠商业步行街可行性方案等19个项目规划方案和单体建筑设计方案；举办市城镇规划委员会，完成《眉山铝业城初步规划构思纲要》评审。完成眉山一中教学楼、实验中学教学楼、肿瘤医院、启明星花园等55项工程平面设计方案审查。2003年，健全"规划协调、专家咨询、群众参与、规划委员会决策"规划管理运作机制。东坡广场征求全市社会各界干部群众500余人意见，咨询专家，形成统一意见后实施。2004年，健全规划部门协调、专家评审、群众参与、规划委员会决策的规划管理机制，提高中国诗书城规划管理水平。2005—2012年，眉山市完成施工图审查备案1619个。

四、勘察设计管理

1999年，眉山地区实行无合格地勘报告不出图，地勘报告必须经审查合格后才能用于施工图设计。2000年，加强勘察设计市场管理和设计审查，审查29个勘察设计项目质量，合格24个、基本合格5个，整改基本合格的勘察设计项目。审查地勘报告12项。加强勘察设计市场管理，年检12家勘察设计单位；地质详勘报告审查21项；推广勘察设计招标，完成25个勘察设计项目招标。2001年，推广勘察设计招标，完成25个勘察设计项目招标。抽查27个勘察设计项目，责令勘察设计单位整改勘察设计中存在的质量和安全问题，重新设计，消除工程安全隐患。此制度延续至2012年。

五、行政审批与执法

（一）行政审批

1998年，在新区办理选址意见书64份，办理建设用地规划许可证6份，办理建设工程规划许可证3份；完成省级试点镇——仁寿县黑龙滩镇规划评审。完成眉山地区第一小学、地级机关住宅楼、旭光农民还房安置区、新区9条城市道路及中保财险眉山分公司等10余个单位红线测绘和地界放线。1999年，强化以"一书两证"为核心的规划管理，全地区城市规划"一书两证"办证率提高，新区"一书两证"办证率为100%。年审13家勘察设计单位和3家测绘单位资质，取消设计室1个、勘测队1个资质。推行注册建筑师、注册工程师制度。2000年，办理《建设项目选址意见书》73份、建设用地规划许可证19份、建设工程规划许可证14份，新区建设工程"一书两证"办证率100%。

2001年，加强规划管理，新区办"一书两证"率100%，年检全市12家勘察设计单位和7家丙级建筑设计单位换证。2005年，眉山城区办理选址意见书159份，用地规划许可证48份，建设工程规划许可证237份，"一书两证"办证率100%。2006年，实行规划委员会、市政府分管领导、规划委员会办公室（市规划和建设局）三级审批制度，提高规划决策的效率和质量。2007年，开展规划效能监察。加强规划服务公开办事程序，规范具体项目审批，做到项目责任人初审、局领导审核、规划委员会会审。上规委会审批事项一次性通过率87.9%。2008年，实行规划设计方案批前公示、"建设项目选址意见书""建设项目用地规划许可证"合并办理、规划设计方案预审批制度，提高规划审批效率，确保阳光操作。

以上制度延续至 2012 年。

（二）行政执法

1999 年，眉山地区查处各类违法违规建筑 42 起，其中新区查处 5 起。2000 年，严肃查处违法建设行为。查处润发大市场、编织袋厂、川佛公司违法建设行为。

2003 年，眉山市加大规划巡查、执法力度，制定建设行政执法责任制，中心城区规划“一书两证”办证率 95%以上。2004 年，落实“逐日巡查”制度，全程监督建设工程放线、验线和工程竣工验收，全年查处违法建筑 55 处 7400 平方米。2005 年，眉山城区纠正中心城区所有在建工地擅自变更设计方案、少报多建、改变建筑色彩等行为，查处违法建筑 18 处 400 平方米。2006 年，加强住宅小区内公共设施的规划、建设和管理，完善住宅小区功能。强化城乡规划效能监察。2009 年，受理涉及规划建设投诉 42 起，处理 36 起，强制拆除皇冠左岸违规建筑 1 起，群众满意率 95%。至 2012 年，全市通过严格执法，违法建筑减少。

第二章 城市建设

1997 年，眉山地区城市基础设施薄弱，城市街道、垃圾、污水等与人民群众生产生活密切相关的基础设施简陋。当年起，全区加大投入，新（扩）建城市道路等基础设施，加强市政道路维修改造。2001 年，眉山市城建固定资产投资 1.08 亿元，其中市中心城区投资 7224 万元。2005 年后，全市加大投入，设计和兴建城市雕塑，新建污水处理设施，逐步完善城市功能，改善城市形象。

第一节 城市道路

一、市政道路建设

1997 年起，眉山地区加强市政道路建设。当年，眉山中心城区建成街道长 60.46 千米 205.6 万平方米，老城区建成街道长 46.96 千米 109.3 万平方米。1998 年起，新区开工市政道路 9 条 23.3 千米，总投资 1.8 亿元。建成东西干道、南北干道和湖滨路 3 条 13.5 千米、97.3 万平方米。至 2001 年，眉山城区建设市政道路东西干道主车道眉州大道、东坡大道、文安中路、彭寿街、齐通路、大雅街、阜成路、文定街 8 条 26.3 千米 103 万平方米，初步构成新区 6.5 平方千米范围内的城市道路主骨架。眉山市新（改）建市政道路 9.74 千米 5.4 万平方米，人均城市道路面积 13.22 平方米，市中心城区人均城市道路面积 18.8 平方米。

2002 年，眉山市中心城区改造兴隆街南段、黄州路东段、育才东街、蓬莱北路、景苏路、苏祠路西段、明星路西段 7 条，改造项目包括混凝土道路路面、给排水管网、人行道、路灯、绿化等配套工程。2003年，启动老城区道路建设和改造工程。当年改造新民里巷、大北街诗碑段、西象桥头等。2006年，加快三苏大道、铁环路、苏湖路、东坡大道南延线及通惠河及旧城土街土路改造。启动岷江大道、通义路文忠街建设工程，改造道路22条，新建道路10条。眉山中心城区投入3.92亿元，新建市政道路14条，改造30条，整治启贤北路、二环西路、府街等土街土巷20条。城市路网基本形成。2007年，投资2.43亿元新建、改（扩）建市政道路工程20余项16.2千米。新（扩）建通义路文忠街标段、岷江大道、玉屏街、飞仙街、长庚街、苏源路、文定街、景贤街、商业街、小北街、环湖路、诗书路、文安西路、文庙街、一环北路、眉象路等。2009年，重点抓好20个拆迁居民安置小区周边33段市政道路项目建设，开工19段，完工15段。完成岷江大道道路、管线等土建工程建设。2011年，眉山市建立“政府主导、社会参与”的城乡环境综合治理投入机制。在治理道路扬尘方面，投资1.03亿元，“黑化”改造省道103线、省道106线城区段道路。2012年，眉山市第三次党代会及眉山市第三届人代会第二次会议提出精心打造“两宋荣光”眉州大道。市委办、市政府办印发《“两宋荣光”眉州大道改造工程项目建设工作实施方案》，按政府性投资工程项目实施管理。眉州大道改造工程包括市政、交通、园区景观、灯光亮化等。建设道路全长17.2千米、红线宽80米，城市主干道一级标准，沥青混凝土路面。全年市中心城区实施市政建设项目27个，总投资约25亿元。其中已开工建设16个子项，湖滨路、仓房街、府街路面改造工程等项目完工，投资约5.6亿元；“两宋荣光”眉州大道改造工程等17.2千米，投资4.8亿元。年末全市新建改造市政道路25.97千米85.34万平方米，人均城市道路面积10.88平方米，市中心城区人均城市道路面积15.89平方米。

2001—2012年，全市新（改）建市政道路303条364.54千米736.38万平方米，其中市中心城区东坡大道、一环路、湖滨路、眉州大道、三苏大道、岷江大道、学士街、环湖路等市政道路178条；仁寿县仁寿大道、迎宾大道、富加绕城路、建设路、文林路、金马路、书院路、南坛路等城市道路26条；彭山县新彭祖大道、蔡山新区、八五新区、滨江路等市政道路30余条；洪雅县人民路、致远路、洪州大道、兴业路、静园路等市政道路26条；丹棱县东升路、新南路、东环路、牌坊路、齐乐大道、北沿滨河路、枫落大道等主要道路25条10.78千米；青神县一环路、交通街、城北路、青衣大道、竹艺大道、振兴路、滨江路18条。

二、市政道路维修改造

1997年，眉山中心城区硬化水泥混凝土路面135.3万平方米、人行道21.46万平方米。2003年起，市中心城区实施人行道和车行道分隔。当年，维修改造铁环路、三苏路、红星路等人行道3.26万平方米、市政道路2300余平方米。2004年，建设示范街7条、样板街3条，完成上大南街、大北街、下西街等街道、人行道及配套设置改造2.17万平方米，实施旧城市政设施改造工程，改造小北街、三苏大道等街道人行道9000余平方米、路沿石2千米、树池500余套、雨污水检查井100余套。2005年，修复改造破损严重的市政道路，维修改造诗书路、大东街、一环路等街道人行道1万余平方米、市政道路5000余平方米。2011年，市中心城区风貌改造城区破损严重街道，改造文忠街、颍州北路、一环南路等街道人行道8.48万平方米；修复环湖路、三苏路、湖滨路等街道人行道1.41万平方米，东坡大道、眉州大道、珠市街、文安路、景苏街、明星南路等街道9916平方米、路沿石2.37千米、花台18.14千米；市政道路5.37万平方米。截至2012年年底，眉山市中心城区管护街道199条，市政道路总面积540.56万平方米，其中水泥混凝土车行道217.66万平方米、沥青混凝土车行道 150. 56 万平方米、人行道 172. 34 万平方米；市政排水管道 42. 83 万米，雨污检查井 1. 49 万座，雨箅子 1. 71 万座，护栏杆 1. 18 千米，交通岛花台 3. 1 千米，桥梁 22 座等。共维修改造铁环路、三苏路、红星路、小北街、三苏大道、诗书路、大东街、一环路、眉象路、三苏大道、苏湖路、环湖路、苏祠路、下大南街、小南街、启贤路、苏祠路、环湖路、苏湖路、红星路、东坡大道、桃园路、一环西路、文忠街、颍州北路、一环南路等 37 条人行道 35. 28 万平方米、市政道路 15. 09 万平方米及路沿石、树池、雨污水检查井等附属设施。市政设施完好率 95%以上。

第二节　城市桥梁

1997 年，眉山中心城区有通往仁寿县方向的跨水域桥梁 1 座。2012 年，实施“两宋荣光”眉州大道改造工程，全段涉及 7 座桥梁工程。截至 2012 年年底，眉山中心城区共投资 6578. 2 万元，建设城市桥梁 16 座。

一、跨水域桥梁

1997 年，眉山中心城区有跨水域桥梁 1 座（岷江一桥）。此后，逐步建设城市跨水桥梁。2000 年，投资 3600 万元建成长 1000 米、宽 24. 5 米的岷江二桥，连接省道 106 线与仁寿、沟通岷江两岸。至 2007 年，眉山中心城区共投资 5700 万元，在岷江、通惠河、东坡湖上建设醉月桥、世纪新村桥、东坡大道桥等桥梁 9 座，促进眉山城市发展。2012 年，扩建岷江二桥、跨成乐高速公路的成乐高速公路跨桥等。年末，市中心城区有跨水桥梁 9 座。

二、跨陆域桥梁

1997 年起，眉山地区加强城市桥梁建设。至 1999 年，眉山中心城区建成西来堰大桥，长 200 米、宽 24 米，投资 800 万元，为横跨成昆铁路、连接成乐高速与新城区重要桥梁之一。截至 2012 年年底，眉山中心城区共投资 6578. 2 万元，建设跨成昆铁路的西来堰大桥等城市跨陆域桥梁 17 座。

第三节　城市雕塑

眉山境内城市雕塑起于 20 世纪 80 年代。

2005 年，西南交通大学建筑勘察设计院、眉山市城乡规划设计院编制完成《眉山中心城区雕塑规划》。确定眉山城市雕塑所反映的文化内容包括以苏东坡为代表的三苏文化，以彭祖为代表的长寿文化，以张纲、李密为代表的忠孝名人文化，以青神竹编、洪雅瓦屋山为代表的生态胜景文化，从古至今的中国诗书文化，以崇礼乐学、尚文重艺为代表的眉山民俗文化。规划期内形成以“点”状雕塑为重点，以“线”状雕塑为轴线，以“面状”雕塑为基础，“点、线、面”相结合的雕塑体系。具体体现为“十三点、三线和二片”空间布局形式。十三点包括诗书城公园雕塑、三苏广场雕塑、科工园创业广场雕塑、东坡湖广场雕塑、外滩广场雕塑、诗书路广场雕塑、眉州八景广场雕塑、苏祠广场雕塑、春江广场雕塑、东坡湖公园雕塑、三苏祠博物馆雕塑、岷峨公园雕塑、青衣公园雕塑；

三线为湖滨路西岸雕塑、湖滨路东岸雕塑、通惠河两岸雕塑；“面”状雕塑以学校、医院、单位、住宅小区等半公共区域为载体，分为新旧两个片区。

诗书城公园雕塑（摄于2008年11月）

至2012年，眉山城区有苏东坡盘陀座像雕塑、诗碑雕塑、三苏雕像、牧鹿女雕像、赤壁怀古雕塑、文坛三父子柱式浮雕、天伦之乐雕像、扬帆起航雕塑、浪花雕塑、东坡醉月雕像、九州风景柱式浮雕、千载诗书城雕塑、高风亮节雕塑、唐宋八大家群雕等城市雕塑14处。其中反映诗书文化题材的雕塑10处、其他生活题材的雕塑4处；以花岗石、大理石、汉白玉等传统石材作为雕塑材料的7处，以混凝土、铸铜作为雕塑材料的3处，以不锈钢现代材料作为雕塑材料的4处；高度大于10米的大型雕塑2处、5米~10米的中型雕塑5处、低于5米的小型雕塑7处。仁寿县有虞允文雕塑、石鲁雕塑、黄汲清雕塑、致富女神雕塑、“腾飞”雕像5处；彭山县有“忠孝之邦”雕塑、凤凰雕塑、彭祖雕像、中国长寿城牌坊4处；洪雅县有石笔定洪州雕塑、新世纪雕塑、风景这边最好雕塑3处；丹棱县有九龙造型雕塑、唢呐雕塑2处；青神县有蚕丛氏雕塑、岷江桥头广场雕塑等2处。

第四节　城市污水处理设施

1997年，眉山地区生活污水7600万立方米，基本未处理直接排放。眉山中心城区排水系统为雨污合流。至2000年，眉山中心城区污水收集率84%。

2001年，眉山中心城区投资62万元，建设以老城区东门东风桥和大治桥之间为起点，沿马家河西岸到污水处理厂截污干管。开工建设眉山城市污水处理厂，设计日处理污水能力4万吨，污水收集管网44千米，服务22万人。污水处理厂进水为眉山市老城区和新城区的生活污水，未接纳工业废水，老城区的排水管网全部为雨污合流，新城区的排水管网为雨污分流。2004年，投资6290万元，完成城市污水处理厂及眉山中心城区以老城区东门东风桥和大治桥之间为起点、沿马家河西岸到污水处理厂的截污干管建设。至2005年年底，在建洪雅县、丹棱县和青神县城市生活污水处理厂4个。2007年，投资3200万元建设眉山城市污水收集管网10.7千米。2008年，彭山县城市生活污水处理厂建成投入试运行。总投资3500万元，设计日处理污水能力2万吨，污水收集管网50千米，污水收集管网服务人数5万人，工程采用爆气生物滤池处理工艺，实际日处理能力7000吨。2009年，眉山市城市发展投资有限公司用东湖饭店7.23万平方米土地和4.12万平方米房产作抵押，向眉山市农业发展银行申请“眉山市城乡接合部雨污水系统建设项目”农业综合开发中长期贷款1.4亿元。7月，仁寿县视高镇污水处理厂项目立项。总投资4250万元，建设规模日处理污水5000吨，水处理工艺采用“改良型氧化沟工艺为主体的二级生化处理”。至2009年年底，全市建成眉山市城市污水处理厂和彭山县污水处理厂、仁寿县城市生活污水处理厂。仁寿县城市生活污水处理厂总投资5985万元，设计日处理污水3万吨，截污干管全长9.85千米，工程采用爆气生物滤池处理工艺，处理范围城市人口18万人；彭山县城市污水处理厂日处理污水2万吨，县城污水处理率85%。

2010年，市发改委、市环境保护局、市住房和城乡建设局、市水务局制订《眉山市“十二五”城镇污水处理及再生利用设施建设规划草案》，规划到2015年年底，眉山市中心城区污水处理率85%以上、各县城80%以上。市中心城区污水回用率达到30%以上，各县城污水回用率达到20%以上。当年，实施眉山城市污水处理厂二期工程，占地面积约2公顷，建设规模为日处理污水4万吨，计划总投资8200万元。丹棱县城市生活污水处理厂一期工程竣工试运行，总投资3000万元，日处理污水5000吨，厂外截污干管长8.25千米，工程采用改良型氧化沟生物处理工艺，服务面积4.5平方千米、4万人。青神县城市生活污水处理厂建成投入试运行，总投资3000万元，一期工程日处理污水2万吨，厂外截污干管长8.47千米，工程采用改良型氧化沟生物处理工艺，处理范围城市人口6.5万人。仁寿县污水处理厂运行，日处理生活污水2.05万吨。丹棱县、青神县污水处理厂投运，新增生活污水日处理能力3.9万吨，形成削减化学需氧量404.56吨能力。2011年，洪雅县城市生活污水处理厂建成投入试运行，总投资2960万元，一期工程日处理污水1万吨，厂外截污干管长10.32千米，工程采用改良型氧化沟生物处理工艺，处理范围城市人口5万人。截至2012年年底，全市工业用户废污水排放2.23亿吨。眉山市中心城区和各县各有城市污水处理厂1个，日处理污水能力10.55万吨。

第三章 房地产业和住房保障

1992年，眉山县房地产管理所（现眉山市房地产管理局）成立眉山县房地产开发经营总公司，负责眉山城区旧城改造及房地产开发经营。1997年，眉山地区无外地房地产企业，眉山县成立民营房地产开发企业仅2家。房地产开发以经济适用房为主，投资额不足亿元。1999年起，全区深化城镇住房制度改革，加快住宅建设发展，实施旧城改造，加强房地产开发建设，房地产投资额大增，一批较大型商业房地产开发项目和保障性住房建设陆续开工。至2012年，眉山市批准登记、具有资质的房地产开发企业有134家。1997—2012年，全市商品房投资338.85亿元，保障性住房投入6.9亿元，商品房销售1620.11万平方米，其中住宅1476.62万平方米，销售额352.25亿元。

第一节 房地产开发

一、开发企业

1997年，眉山地区房地产企业仅眉山县的民营企业2家。1998年，新增房地产开发企业5家。

1999年，眉山地区开展房地产开发企业资质年检，年检企业19家。2000年起，加强房地产开发企业资质管理，全区符合资质登记的企业仅3家。

2002年，眉山市成立房地产开发项目评审小组，评审开发项目2个，年检房地产企业73个。2003年起，眉山市外房地产开发企业开始入驻眉山城区。2005年，完成全市80家房地产企业资质换证审查。2010年，眉山中心城区批准登记有资质的房地产开发企业77家。至2012年，全市批准登记具有资质的房地产开发企业134家（二级19家、三级67家、暂定三级48家），其中眉山中心城区77家（二级14家、三级29家、暂定三级34家）；眉山市外入驻的企业14家（二级2家、三级5家、暂定三级7家）。

二、开发成果

1997年，眉山地区房地产开发以开发“经济适用住房”为主。全年投资额6809万元，商品房施工面积8.07万平方米（住宅6万平方米、商业营业用房1万平方米），商品房竣工面积4.82万平方米（住宅4.09万平方米、商业营业用房0.73万平方米）。1999年起，眉山地区建设委员会调研全区住宅情况，实施《眉山地区深化城镇住房制度改革加快住宅建设发展的实施方案》；加强各县拆迁改造指导和规范管理，有序实施旧城改造。仁寿县、洪雅县、青神县等县城拆迁改造面广、量大。年末全区人均住宅建筑面积12.24平方米、人均住宅使用面积8.7平方米；中心城区人均住宅建筑面积12.13平方米、人均住宅使用面积8.45平方米。2000年起，全区房地产业快速发展，投资大幅增加。当年，全区房地产开发投资5.6亿元，其中经济实用住房建设投资3亿元，开工建设40万平方米，竣工38万平方米；住宅建设投资2.6亿元，开工建设30万平方米，竣工25万平方米。仁寿县城新开工商住房面积30万平方米。

2001年，眉山市加强房地产开发建设，全市住宅建设投资2.61亿元，住宅施工面积81.5万平方米，住宅竣工面积42万平方米，房地产开发完成投资1.3亿元，其中经济适用住房完成投资1.85亿元，开工建设经济适用住房45万平方米，全年全市竣工27万平方米。眉山中心城区汇丰花园、玫瑰园、绿岛华庭别墅、东信花园等较大型房地产开发项目陆续开工。2003年，加大眉山中心城区住宅和商业用房调控力度，规划建设一批环境较好的住宅小区。规划两年内建设15个占地83.47万平方米，总建筑面积110万平方米，设施配套、功能齐备、环境优良、适宜人居的住宅小区，满足市场不同层次消费者需求。小区开发建设重点放在新旧城区接合部。当年完成8个小区80万平方米建设。2005年，眉山市引导开发商开发建设一批设施齐备，功能完善，新颖美观的房产，全年房地产开发面积106万平方米，竣工93万平方米。

2006年，按照“居住人性化、环境生态化”标准，加快房地产换档升级。实施“项目带动城市发展”战略，精心策划包装项目，利用项目招商和融资，引进成都都城、台湾双棱、北京爱尔等10家房地产开发企业，引资4.6亿元。2007年，全市按照“政府打造大环境，业主打造小环境”原则，实施小区内“道路、绿化、亮化、水景观”设计审批标准，加快房地产产品品质和换档升级。大力发展商业房产，鼓励建设中小户型住宅。加大经济适用住房建设力度，强化廉租住房制度建设，满足城市低收入家庭住房需求。全年眉山中心城区商品房开发面积125.9万平方米，投入16亿元。中心城区总投资1亿元以上的东方首座、碧辉园山水园林、阳光森林半岛、凯旋滨江等项目投入使用。房地产业快速发展带动土地和房价升值，土地每亩拍卖价最高176万元，住房开盘价每平方米2000元以上。五县完成房地产开发153.2万平方米。其中仁寿县50万平方米、彭山县58.4万平方米、洪雅县 24.8 万平方米、青神县 10 万平方米、丹棱县 10 万平方米。仁寿县启动银杏水晶城、城东旅馆、阳光小区等建筑面积超过 1 万平方米的精品住宅。彭山县启动恒大·金碧天下、澎湖湾、家和盛世、家天下等住宅小区。洪雅县建设生态宜居住宅，建设禾森山水家园、长元小区、金马盛世康城等项目。2008 年，眉山市在成都举办房地产展示暨旅游推荐会，引导房地产市场走出低迷状态。2009 年，眉山市政府下发《关于进一步促进房地产业加快发展的意见》，减免税费，强化市场监管，提高服务效能，促进住房建设与消费。举办系列座谈会 4 次，邀请市级相关部门负责人、社会名流、文化宗教人士、各界专家 200 人次参会，为眉山城市规划建设事业出谋划策，收到建议 240 条。2010 年，眉山市政府下发《关于进一步加强房地产市场管理促进房地产业健康发展的意见》，明确相关政策，掀起房地产开发新高潮，房地产市场进一步繁荣。市中心城区房地产新开工 124 万平方米，竣工 148 万平方米。2011 年，眉山市突出房地产、保障性住房建设、农村危房改造三大工作重点。做好房地产市场调控，合理确定住房价格控制目标并对外公布。2012 年，全市启动房地产征收项目 22 个，涉及国有土地上房屋征收 47.6 万平方米，被征收户 2563 户。全市房地产新开工 343.7 万平方米，商品房销售 270.1 万平方米。其中市中心城区房地产新开工 120 万平方米。年末全市人均住宅建筑面积 44.6 平方米、人均住宅使用面积 32.61 平方米；中心城区人均住宅建筑面积 64.32 平方米、人均住宅使用面积 52.32 平方米。

1997—2012 年，眉山市房地产施工面积 4958.71 万平方米，竣工面积 1393.2 万平方米。其中，彭山县房地产开发投资金额 92.07 亿元，开工 379.82 万平方米，竣工 291.01 万平方米。2000—2012 年，仁寿县城新建成面积 380 万平方米。2005—2012 年，青神县房地产开发投资金额 9.48 亿元，开工 70.39 万平方米，竣工 201.41 万平方米；丹棱县房地产开工 73.86 万平方米，竣工 76.49 万平方米。

三、房地产销售

1997 年，眉山地区商品房销售面积 3.78 万平方米（住宅 3.14 万平方米），销售额 2230 万元。商品房屋销售每平方米均价 590 元。2002 年，举办眉山市第二届春季房地产交易会。2003 年，组织开发商在眉山市、成都市、西昌市等地举办房地产交易展示会，宣传推广眉山“产品”，成交 4402 户，建筑面积 50 万平方米，成交额 2.9 亿元；协议成交 457 户，建筑面积 4.79 万平方米，成交额 6810 万元；意向成交 151 户，建筑面积 21633 平方米，成交额 3670 万元。

2004 年，眉山市 19 家开发商在中心城区举办第三届眉山市房地产交易会，成交房屋 3000 余套，成交额 3.3 亿元。眉山市 10 余家开发商在西藏自治区拉萨市、新疆维吾尔自治区乌鲁木齐市举办房交会，意向成交 541 套（间）8.13 万平方米，金额 1.05 亿元。2007 年，眉山市举办深圳市、西安市、西藏自治区土地房产推荐会和眉山城区房地产交易展示会，拓宽房地产销售市场。引进深圳龙辉跃、四川天邦等 12 家房地产开发企业，引资 6.04 亿元。中海油公司、中央电视台、天津市、西藏自治区、青海省和四川省甘孜州、阿坝州、凉山州等客户到眉山购房置业。举办东坡国际文化节、现代城之夜、新年音乐会、圣诞节等晚会，促进房地产发展。2009 年，眉山市政府下发《关于进一步促进房地产业加快发展的意见》。5 月起，实施在眉山城区购买商品房的个人购房者每平方米 50 元财政补贴。2010 年，眉山市在四川省二级城市举办网上房交会，实行“网络+实体”销售。举办眉山首届网上房地产交易展示会，历时 7 天，登记认领购房优惠卡 381 人，参展楼盘实际成交房屋 219 套，达成意向性购买房屋 400 户，成交总面积 6.3 万平方米，成交额 2.2 亿元，网站点击率突破 30

万次。全年眉山城区销售面积118万平方米，产值35.4亿元。

2012年，举办眉山市第八届房交会（实体+网络），成交商品房824套、建筑面积7.16万平方米，成交额2.76亿元。全年全市销售商品房199.5万平方米（住宅185.92万平方米），销售额77.54亿元。商品房屋销售每平方米均价3887元。商品房销售270.1万平方米。其中眉山城区办理商品房网上签约备案1.47万户，预售金额52.12亿元，销售面积127.6万平方米。

1997—2012年，眉山市商品房销售1620.11万平方米（住宅1476.62万平方米），销售额352.25亿元。

眉山市1997—2012年商品房开发与销售情况表

表4-1

年份	施工面积（万平方米）			竣工面积（万平方米）		销售			开发企业（个）	开发项目（个）
	小计	本年新开工	住宅	小计	住宅	面积（万平方米）		销售额（万元）		
						小计	住宅			
1997	8.07	6.43	6.00	5.82	4.09	3.78	3.14	2230	—	—
1998	7.50	2.47	6.42	5.32	4.37	3.38	3.04	2115	—	—
1999	13.69	10.86	11.52	5.64	4.33	4.70	3.99	2496	—	—
2000	29.39	9.42	24.47	18.72	16.74	9.23	6.57	6733	11	—
2001	42.66	25.91	29.17	32.14	21.66	23.49	17.62	18604	18	—
2002	142.35	95.93	108.91	59.50	43.95	64.16	50.65	50486	32	—
2003	255.03	167.31	187.93	112.21	83.25	107.09	88.55	94189	64	—
2004	230.91	109.64	169.29	132.12	94.45	104.33	86.04	96417	70	115
2005	224.78	152.14	190.74	82.26	72.04	103.34	95.05	104670	71	107
2006	275.77	195.27	238.01	99.49	85.84	147.74	138.46	167892	77	110
2007	415.51	216.24	379.41	122.14	108.44	160.94	149.83	235773	77	125
2008	516.30	114.03	465.78	145.27	134.72	110.29	105.78	197121	125	0
2009	583.50	209.72	524.05	172.11	150.79	192.00	180.66	459254	125	164
2010	554.45	251.75	489.61	111.29	97.04	192.51	180.39	611700	119	94
2011	686.41	233.76	602.38	155.32	131.29	193.63	180.93	697371	125	110
2012	972.39	430.68	795.52	133.85	113.34	199.50	185.92	775407	134	104
合计	4958.71	2231.56	4229.21	1393.2	1166.34	1620.11	1476.62	3522458	—	929

眉山市1997—2012年房地产开发主要指标情况表

表4-2

年份	投资额（万元）			商品房屋销售面积（万平方米）					商品房屋销售价格（元/平方米）				
	小计	商品房	住宅	小计	住宅	办公楼	商业营业用房	其他	均价	住宅	办公楼	商业营业用房	其他
1997	6809	2662	2116	3.78	3.14	—	0.64	—	590	461	—	1225	—
1998	5345	3169	2573	3.38	3.04	—	0.34	—	626	511	—	1650	—
1999	6270	5330	4370	4.70	3.99	—	0.71	—	531	488	—	770	—
2000	11756	9811	7098	9.23	6.57	—	2.53	0.14	729	578	—	1143	293

续表4-2

年份	投资额（万元）			商品房屋销售面积（万平方米）					商品房屋销售价格（元/平方米）				
	小计	商品房	住宅	小计	住宅	办公楼	商业营业用房	其他	均价	住宅	办公楼	商业营业用房	其他
2001	25299	16839	11795	23.49	17.62	0.77	3.59	1.51	792	614	694	1799	521
2002	61851	47907	34966	64.16	50.65	2.27	10.92	0.32	787	628	649	1553	819
2003	152062	141545	89758	107.09	88.55	2.48	15.26	0.79	880	708	1104	1847	697
2004	116897	89603	71993	104.33	86.04	0.79	12.66	4.84	924	699	1094	2402	1041
2005	111145	97494	89092	103.34	95.05	—	7.50	0.79	1013	896	—	2466	1316
2006	144443	125679	124759	147.74	138.46	0.61	7.71	0.96	1136	1066	1485	2376	1124
2007	255596	218163	235795	160.94	149.83	0.10	9.28	1.73	1465	1396	1540	2599	1365
2008	260711	235664	234743	110.29	105.78	—	3.20	1.30	1787	1727	3684	3630	2146
2009	334635	316119	305730	192.00	180.66	—	8.29	3.05	2392	2350	—	3191	2706
2010	477716	446915	416709	192.51	180.39	0.14	8.24	3.73	3178	3055	1799	6313	2232
2011	636156	—	505192	193.63	180.93	0.42	8.21	4.06	3602	3463	3893	5925	2846
2012	781838	—	618318	199.50	185.92	0.18	10.92	2.48	3887	3731	5401	6446	4161

第二节 保障性住房建设与管理

一、保障性住房建设

1995年，洪雅县实施廉租住房建设。1997年起，眉山地区部分县建设经济适用房。1998年起，全区实施农房拆迁安置房建设。2008年起，眉山市实施公共租赁住房建设。2011年，全市保障性住房开工6806套（户）。竣工4224套（户），累计投资4.49亿元，20418户低收入困难群体得到实惠。2012年，全市保障性安居工程围绕项目开工、项目质量、项目竣工、基础资料完善等5大重点，加快推进。全年开工7679套，竣工7268套，完成投资6.9亿元。

（一）拆迁安置房建设

1998年，眉山地区实施农户拆迁安置房建设。新区建设开发的6.5平方千米需搬迁农户3408户1.2万人，规划安置点11个。旭光农民住宅小区占地14.33公顷，计划安置农户600余户1700余人。

2004年，眉山市加强城镇房屋拆迁管理，集中开展城镇房屋拆迁信访调处，妥善解决一批历史遗留问题。2007年，全市采取绿色通道和特事特办制度，快速推进居民安置小区建设，完成36个小区设计审查和周边道路立项，启动安置近2.2万人小区。市级负责的21个安置小区开工，竣工2个，完成投资7.5亿元，红豆园居民安置小区入住率80%。至2012年，全市有计划地实施拆迁安置房建设，保证拆迁户有房住。

（二）经济适用住房建设

1997年，眉山地区部分县建设经济适用房。

2002年起，眉山市实施经济适用住房建设。当年，全市经济适用房投资1.81亿元，竣工32万平方米。2008 年，采取项目法人招标方式，选择具有相应资质和良好社会责任的房地产开发企业实施，由市、县政府确定的经济适用住房管理实施机构直接组织建设。至 2008 年年末，全市建成经济适用房 300 套 1.8 万平方米。2010 年，全市建成经济适用住房 412 套。截至 2012 年年底，全市建设经济适用住房 2080 套。其中，彭山县 492 套 4.63 万平方米、洪雅县 300 套 2.16 万平方米。

（三）公共租赁住房建设

2008 年起，眉山市实施公共租赁住房建设。主要是企业投资建设、政府投资建设和在商品房中配套建设。2010 年，全市完成 100 套公共租赁住房建设。截至 2012 年年底，全市公共租赁住房共开工 7719 套（市级 1275 套），竣工 6263 套（市级 1275 套）。

（四）廉租住房建设

廉租住房由政府投资建设，主要用于保障城镇低收入住房困难家庭。眉山境内最早于 1995 年在洪雅县启动。2007 年起，仁寿县修建廉租住房。当年，眉山市廉租房开工建设 110 套。2012 年，全市保障性住房开工建设 5881 套、棚户区安置住房开工建设 1798 套。2007—2012 年，眉山市保障性住房开工建设 15993 套。至 2012 年，洪雅县建设廉租住房（公租房）1596 套、8.82 万平方米。

二、保障性住房管理

（一）建设资金和优惠政策

眉山城区保障性住房建设资金主要为中央和省预算内投资补助和地方配套资金（土地出让净收益、市住房公积金增值收益、地方财政预算资金和争取上级补助资金等）。其中廉租住房一期中央预算内投资补助 522 万元，地方配套 818 万元；廉租住房二期中央预算内投资补助 286 万元，地方配套 922 万元；廉租住房三期中央预算内投资补助 1200 万元，地方配套 4200 万元。

眉山市在项目建设中全面落实廉租住房和经济适用住房建设、棚户区改造、旧住宅区整治一律免收城市基础设施配套费等各种行政事业性收费和政府性基金；公共租赁住房建设涉及的行政事业性收费和政府性基金，按照经济适用住房的相关政策执行；土地使用权行政划拨等优惠政策。

（二）住房分配

眉山市经济适用住房供应实行申请、审核、公示和轮候制度，面向城市低收入住房困难家庭供应；距离城区较远的独立工矿企业和住房困难户较多的企业，在符合土地利用总体规划、城市规划、住房建设规划的前提下，经市、县人民政府批准，可以利用单位自用土地进行集资合作建房。参加单位集资合作建房的对象，必须限定在本单位符合市、县人民政府规定的低收入住房困难家庭。2007 年，仁寿县廉租住房 96 套经申请、审查、摇号、公示，租住户入住。2010 年，市政府颁布《廉租住房保障办法》实施细则，规定廉租住房保障实行实物配租、租金补贴和租金核减相结合的方式，面向城镇低收入困难家庭。制订《眉山城区公共租赁住房管理暂行办法》，规定公共租赁住房保障方式包括住房租赁补贴和住房实物配租两种方式，采取轮候制度，面向城市中等偏下收入住房困难家庭、新就业人员、外来务工人员等符合条件的居民出租。

2008—2012 年，全市经济适用住房分配 2033 套（市级 214 套）、公共租赁住房分配 4986 套（市级 719 套），全部入住；廉租住房分配 6059 套（市级 382 套），入住 5941 套（市级 264 套）。眉山城区城镇保障性安居工程累计保障 57641 人，占城镇总人口的 16.54%；廉租住房制度累计保障家庭 4118 户，登记申请家庭全部保障；公共租赁住房、经济适用住房和限价商品住房制度累计保障家庭 1400 户，登记申请家庭全部保障。

（三）廉租住房租赁补贴

2001 年起，眉山市实施住房租赁补贴。

2007 年起，眉山市实施城市低收入住房困难家庭租赁补贴。2008 年，全市新增租赁补贴 1239 户，完成 7702 户新增廉租住房租赁补贴。截至 2012 年年底，市中心城区发放城市低收入住房困难家庭租赁补贴 5131 户 727.07 万元，彭山县发放住房补贴 1628 户 226.93 万元，仁寿县发放租赁补贴 2400 户，丹棱县廉租住房租赁补贴 1975 户 306.82 万元，青神县住房保障租赁补贴 2047 套 160.52 万元。

第三节　危旧房改造

一、城镇旧房改造

2004 年，眉山市中心城区完成大北街北段旧房改造，纱縠行北段阳光商城完成主体工程，东坡城二期主体工程完工，棉花巷旧城改造工程启动。2008 年起，全市实施城市棚户区改造，当年改造 50 户。2010 年，全市改造国有工矿棚户区 500 户、城市棚户区 880 户。2012 年，改造棚户区 1798 户。截至 2012 年年底，全市棚户区开工 4.29 万套，竣工 4.14 万套。棚户区改造累计解决住房困难家庭 1.8 万户，棚户区住房困难家庭全部保障。

二、农村危房改造

2008 年起，眉山市实施农村危房改造。

2011 年，眉山市投入 8.5 亿元改造农村危房 8238 户，改善农村困难群众 24714 户住房条件。2012 年，农村危房改造按照“五个原则”（坚持政府引导、农民自愿；坚持公开、公平、公正；坚持因地制宜、经济实用；坚持统一规划、统筹实施；借新村建设，整合资源）“九个步骤”（村民申请、村组评议、乡镇审核、部门审批、联合验收、部门挂牌、建立健全档案管理制度、信息报告、监督检查）快速实施。全市投资 6.5 亿元改造农村危房 6371 户。

第四节　房地产管理

一、住房制度改革

1988 年，仁寿县开展城镇住房制度改革试点。1992 年前，眉山县公房面积 47.35 万平方米，是年，眉山县实施住房制度改革，完成实地勘丈、填表、评估、审查、颁证、档案资料的提取核对等工作；仁寿县制订《仁寿县住房制度改革实施方案》，实施第一次住房制度改革，实行提租售房、租房保证金、集资建房等改革措施。青神县实施住房制度改革。1996 年，仁寿县制订《仁寿县深化住房制度改革方案》，启动第二轮住房制度改革。

1997 年，眉山县政府推进和深化第二步住房制度改革，决定将剩余部分产权的住房出售给单位职工。丹棱县开展城镇住房有限产权转换为全产权的第二步住房改革。眉山县按成本价出售城镇住房2.9万平方米929.3万元，涉及271户，户均面积107平方米，每平方米均价320元；眉山城区有的单位实施职工全额集资建房，眉山县第二步房改工作基本结束；全县230余个单位实行房改，总售房面积68.6万平方米1.11亿元，1.1万户购房；投资8000万元新建住房21.25万平方米。眉山地区执行公房月租金每平方米1.2元，成本租金每平方米3.7元，商品租金每平方米4.3元标准。1998年，眉山地区4160个单位出售公有住房，售房总面积81万平方米，初步建立住房公积金制度。2000年，眉山地区行署制发《眉山地区货币化分配办法》《眉山地区职工已购公有住房和经济适用住房上市出售的实施意见》《单位经济适用住房和集资建房报建管理规定》等文件，在全区推行“房屋质量保证书”“房屋使用说明书”制度，调动居民购房积极性，激活房地产市场。

2004年，眉山市政府制订《眉山市住房货币化分配实施办法》，全市实施住房货币化分配。2005年，全市落实市级单位126个、省级单位2个未参加房改干部职工1365人的住房货币化分配政策。2006年，实施军队住房补贴政策，为转业军人102人办理审批手续。2012年，全市600套公共租赁住房按程序和要求分配。

二、产权产籍管理

（一）产权管理

1988年起，今眉山辖内开始换发新房产证。2000年，眉山地区加强产权产籍管理，指导各地换发新证37948本，办理房屋交易207件。

2002年，眉山市中心城区承办房屋登记确权发证4378户，建筑面积54.75万平方米；办理房屋交易1842户，建筑面积27.6万平方米，金额1.01亿元；代征解缴入库契税、营业税944.38万元；承办交易评估1842件，抵押评估1300件，面积40万平方米。2004年起，丹棱县在乡镇开展房屋权属登记发证试点。2011年，市级房产管理部门办理房屋所有权登记5948户，建筑面积102.26万平方米；抵押登记11795户，建筑面积253.88万平方米；商品房预告登记5629户；办理房屋所有权转移登记6029户，建筑面积63.59万平方米。

1997—2012年，眉山市中心城区办理房屋登记颁证、换发证4583户，建筑面积123.54万平方米；房改登记换发证、房屋变更颁证1.46万户，建筑面积49.86万平方米。承办房屋登记确权发证1.4万户181.85万平方米；房屋转移登记换证1206户，建筑面积13.51万平方米；旧证换发新证2.16万户176.43万平方米；办理房屋权属初始登记4.94万户，面积1324.2万平方米；变更登记552件9.38万平方米；抵押登记4.65万件，建筑面积915.65万平方米；商品房预告登记1.22万件；办理“立等可取”业务1.45万户，建筑面积110.09万平方米；转移登记确权、无证转移登记8.32万（户）件2360.19万平方米；遗失补办权证327（户）件。产权转移办证24户1532平方米；转制企业办理确权发证475户。

（二）产籍管理

1994年，眉山县建立房地产档案，加强管理。1997年，眉山地区建立房地产管理制度。至2012年，眉山市房管部门整理归档5.56万袋；微机缮证3.24万本，接待查阅档案资料人员2.58万人次；协助法院执行房屋查封、冻结、解冻772件。整理归档房产产籍档案3.3万户；为市民提供档案查阅、调阅服务5.1万余宗（卷）；立卷归档文书档案35册；入档房地产抵押评估鉴证登记书4915份；发放产权、交易、估价空白权证1.06万本；协助国家机关单位（律师）查询、调阅档案、利用档案资料2.58万宗；产权权利人查询2.35万宗；冻结产权1473宗；出具减免税费证明及银行贷款证明 3.35 万宗；电子归档 4.25 万宗；遗失补办产权查询 277 宗；建档 4541 宗；档案扫描入微机管理 11 万宗。

三、公房管理

1997 年，眉山地区执行公房月租金每平方米 1.2 元，成本租金每平方米 3.7 元，商品租金每平方米 4.3 元标准。洪雅县住宅租金每月每平方米 0.2 元，门市租金每月每平方米 1.2 元。年末全区低矮破旧公房改造 70%以上，历史遗留的产权纠纷基本解决。至 2012 年，市房管局直管公房 5.1 万平方米，保障中心城区 705 户低收入家庭住房。

1997—2012 年，眉山市房屋租金收入 1362 万元；出售公房 411 户，建筑面积 2.29 万平方米，回收资金 784.96 万元；拆除公房 520 户，建筑面积 1.23 万平方米；安置住房、自管公房、私房户 394 户，面积 2.74 万平方米；安置住房 107 套，门市 36 间，面积 1.09 万平方米；调剂安置住房、居民住宅 537 户，门市 63 户，建筑面积 4.54 万平方米；维修公房、门市和住宅 9554 户，建筑面积 5300 平方米，投入维修资金 339.32 万元，维修房屋面积 26.95 万平方米；接待来访 988 人次，上诉法院租赁纠纷 29 件，追回租金 20 万元，发放租赁通知 9306 份，调处纠纷 21 件。

四、市场监管

（一）房地产抵押登记

2005 年，眉山市完善商品房备案管理，推行商品房预售公示制度。当年起，备案商品房合同。强化产权交易管理、产权产籍管理和商品房预售管理，完成抵押房地产评估 2118 件，评估面积 67.58 平方米；办理城镇房屋权属初始登记 2889 件，建筑面积 68.15 万平方米，办理房产转移 2760 户，完成房屋测绘建筑面积 90 万平方米。

1997—2012 年，全市办理商品房预售许可 473 件，建筑面积 1076.28 万平方米。市中心城区房屋抵押 6.68 万件，建筑面积 1867.3 万平方米，抵押鉴证金额 154.6 亿元；眉山城区房地产交易 8.94 万户，建筑面积 1111.2 万平方米，成交金额 56.25 亿元，代征契税、营业税 7041.89 万元。2005—2012 年，全市商品房合同备案 6.26 万户。

眉山市 1997—2012 年房地产抵押登记情况一览表

表 4-3

年份	房屋抵押鉴证（件）	建筑面积（万平方米）	抵押鉴证金额（亿元）	年份	房屋抵押鉴证（件）	建筑面积（万平方米）	抵押鉴证金额（亿元）
1997	1036	—	1.35	2005	2118	67.58	10.79
1998	888	—	1.16	2006	2848	106.00	16.98
1999	580	—	—	2007	2836	2.38	10.87
2000	980	40	2.80	2008	3547	88.20	12.35
2001	1800	48	4.00	2009	8285	154.77	—
2002	1300	40	5.00	2010	11922	663.93	77.30
2003	1381	56	5.80	2011	11795	253.88	—
2004	2003	61	6.20	2012	13489	285.56	—

（二）房地产价格评估

1994年，成立眉山县房地产估价事务所，主要承办眉山县房地产抵押评估，重点服务国家税费征收的房地产交易评估、房改房评估、法院及相关部门的委托评估。至1997年，在眉山地区全面展开。至2005年，眉山市办理房地产评估2.47万件，房屋抵押评估1.15万件，其他评估321件，面积347.35万平方米，评估总金额21.62亿元。

2006年，眉山市房地产交易评估、抵押评估、其他评估等职能交由中介评估公司管理。脱钩改制估价业务，市房地产管理部门实施社会评估机构资质核准、备案、登记管理。全年备案公司9家，其中一级资质2家、二级资质4家、三级资质3家。2010年，全市备案登记13家，一级资质2家，二级资质4家，三级资质5家，暂定三级资质2家。至2012年，按规定开展房地产价格评估。

（三）行政管理

1998年，眉山地区建立和逐步完善房地产中介服务机构。1999年，地区建委、地区工商局等部门专项检查全区房地产开发、中介、物业管理等，清理和整顿房地产开发中的违规违法行为。强化产权产籍管理、房地产广告管理和白蚁防治等。2000年，指导各县开展住房普查，清理并纠正违规住房，建立健全住房档案。

2001年，眉山市整顿规范房地产开发、中介、物业管理经营服务行为，检查房地产开发企业36家，中介服务机构41家。当年起，仁寿县加强商品房预售监管，开始办理商品房预售许可证。2002年，组建眉山市房地产管理处，负责全市房地产行政管理。开展整顿和规范房地产市场秩序，市规划建设局组织检查全市房地产市场，整顿无资质证书从事房地产中介服务机构和物业管理企业，无商品销售许可证从事房屋销售的企业等。2003年，市政府法制办、市规划建设局制发《眉山市城市房地产中介服务管理规定》《眉山市商品房销售管理办法》《眉山市城市商品房预售办法》《眉山市房地产管理处房地产行政监察管理规定》等文件，加强《物业管理条例》《中华人民共和国测绘法》《白蚁分飞期和整治工作》法律法规宣传，强化房地产市场监管。2004年，专项检查开发企业商品房预售许可证办理情况、商品房合同规范情况等，提出存在问题整改措施，发出责令整改通知18份。进一步完善商品房备案管理，推行商品房预售公示制度。强化产权交易管理、产权产籍管理和商品房预售管理，产权交易规范化管理经省建设厅验收达标合格。2005年，建立房地产质量投诉处理机制，受理房屋质量投诉。2007年起，仁寿县实行商品房网上签约交易微机备案，杜绝捂盘销售行为。规范房地产交易、抵押、转让和价格评估管理。2009年，市政府下发《关于进一步房地产开发项目容积率管理的意见》《关于进一步加强房地产市场管理的意见》，严格房地产开发项目容积率调整、规划管理、项目建设管理、项目用地管理、商品房预售销售管理、项目广告管理、开发项目资质管理，开展打击虚假广告、违规预售等专项整治活动，有效监管房地产开发行为，增加土地收益约7000万元。

1997—2012年，眉山市调解房屋纠纷、举报投诉案件763起；落实房屋政策18户，建筑面积304平方米；审查办理新、改、扩建房屋72户，拆除面积11.1万平方米，建筑面积942.08万平方米；总投资1.1亿元；房屋安全鉴定170幢，建筑面积7.2万平方米；危房鉴定5户，安全鉴定749户，面积27.48万平方米；清理无资质资格的开发企业27户，清理无证从事房地产中介机构13户，查处私自涂改、损坏、伪造产权证违章案件32起；接待房地产法律、法规及业务咨询1445人次，接受群众来信、来访和法律咨询1892人次，查处涂改房屋权属证书3起，对违规企业及个人发出责令整改通知55份，参加行政诉讼案件5宗。

五、房地产配套管理

（一）房屋测绘

2002 年，眉山市组建房地产测绘公司。当年，完成房屋测绘建筑面积 25.3 万平方米，编写测绘报告 2200 份。2003 年，市属五县完善组建房地产测绘分公司。2004 年，完成房屋测绘建筑面积 3.6 万平方米。至 2005 年，全市完成房屋测绘建筑面积 231.31 万平方米，编写、发放测绘报告 1.88 万份。2007—2012 年，全市完成房屋测绘审核 9764 宗，建筑面积 573.84 万平方米，完成测绘资料成果审核备案 128.61 万平方米、房屋预测绘 73.74 万平方米。

（二）房屋安全鉴定

2000 年，眉山地区开展危房鉴定，保证房屋质量和安全。2008 年，“5·12”汶川特大地震后，眉山市建设规划局迅速启动应急预案，制定房屋安全排查鉴定和在建工地暂停施工方案。按照“广泛自查、分类排查、回头复查、书面告知”程序，排查农村房屋、城镇房屋、学校、医院、公共建筑等房屋安全隐患。排查农村房屋 1697.42 万平方米，城镇房屋 173.33 万平方米。整合专业技术人员力量，开展房屋安全鉴定，消除受损房屋安全隐患。制定房屋安全鉴定程序、城镇居民和农村居民受损房屋处理及在建工地停工复工方案，保证现有建筑物发挥应有效益，防止在建工程产生新的质量问题。此制度延续至 2012 年。

（三）白蚁防治

1997 年，眉山地区开展白蚁防治。1998 年，成立眉山地区白蚁防治研究所丹棱分所，在全县宣传和普查白蚁防治。2004 年，眉山市完成城镇房屋白蚁防治 17 万平方米。至 2012 年，全市实施白蚁防治房屋 1 幢 990 户，建筑面积 224.95 万平方米。市中心城区新建工程白蚁预防率 100%；城镇房屋白蚁防治和灭治 1094.91 万平方米，工程施工原始记录 100%，施工现场实施药物预防面 100%，回访率 98%。防治率 95%以上。彭山县完成白蚁施药 174.03 万平方米。

（四）物业管理

1997 年，眉山地区中心城区有物业管理企业 2 家。2001 年，眉山市中心城区发展物业管理企业 10 家，物业管理规模 44.21 万平方米。

2002 年起，眉山市加强房产物业管理企业资质资格管理，严格新申报物业管理企业、资质升级和年审，责令无资质从事物业管理企业限期整改。当年，市中心城区“旭光小区”获“省级物业管理优秀住宅小区”称号。2007 年，全市组织物管行业从业人员培训 268 人次；举办首届“阳光杯”和谐社区先进业主代表评选活动。

2008 年，全市启动住房专项维修资金管理。2012 年，市房管局物业管理资质备案 40 户，业主委员会备案 6 户，前期物业服务合同备案 27 户，综合验收 23 户，接待投诉及上访 274 户。市中心城区有物业管理企业 64 家，其中二级资质 3 家、三级资质 47 家、暂定三级 14 家。截至 2012 年年底，全市归集房地产开发企业 92 家、开发项目 150 个，收取住房维修资金 1.03 亿元。

第五节　住房公积金管理

一、公积金归集

（一）归集范围和比例

眉山地区建立后，建立住房公积金制度，全区归集范围和比例不统一。

2004 年，眉山市加强住房公积金缴存管理，明确住房公积金归集对象及用途、住房公积金缴存标准。要求凡国家机关、事业单位、各类企业、社会团体（以下统称单位）建立住房公积金制度，为职工缴存住房公积金。职工个人缴存及单位为职工缴存的住房公积金属职工个人所有，专项用于职工购买、建造、翻建、大修自有住房，职工退休时将住房公积金存储余额一次性退还本人。全市范围内所有单位职工的住房公积金统一归集到市住房公积金管理中心管理。市职工住房公积金缴存基数为职工上年度月平均工资额或上年度 12 月工资额，单位缴存和职工个人缴存的比例均不低于 5%，有条件的单位经批准执行 10%~15%。财政全额拨款单位的缴存比例统一为 5%。当年，推进住房货币化分配，明确提高单位住房公积金缴交系数的确定，缴交系数根据经济适用住房基准价格，干部职工住房面积控制标准，个人合理负担比例，上年职工平均工资等因素测定。其中，干部职工住房面积控制标准为 60 平方米；全市个人合理负担比例 50%。单位为其干部职工提高缴存住房公积金的缴存系数为 2.3%。干部职工享受提高住房公积金缴存比例的期限到退休止。缴存系数由市房改办测定，经市政府审核后，报省政府批准执行。干部职工在单位为其提高住房公积金缴存比例后，若再以成本价购买公有住房，参加政策性购房，停止计发单位为其提高的住房公积金，已发放的退还本息。2005 年，市级部门（单位）住房公积金计提比例，个人和单位缴纳部分均由基本工资的 5%提高为 8%，所需经费按原经费渠道负担。

2008 年起，市级财政拨款单位和职工个人住房公积金缴存基数由基本工资调整为全口径工资，缴存比例由 8%提高到 12%。有条件的市属国有企业、国有控股企业、自收自支事业单位和区、县可参照执行。单位及职工具体缴存时，缴存基数不低于全市上一年度职工最低月工资标准，不超过全市上一年度职工月平均工资的 3 倍，缴存比例不低于 5%、不高于 12%。公积金缴存人因震灾毁损自住住房、本人或家庭成员死亡（被宣布死亡、失踪）或伤残、家庭生活严重困难可自愿提取本人账户内不超过上年度余额的住房公积金。2009 年，市住房公积金管理中心、市财政局、市监察局下发《关于进一步规范我市部分单位住房公积金缴存的通知》，规定国家机关、国有企业、城镇集体企业、外商投资企业、港澳台商投资企业、城镇私营企业、个人独资企业、合伙企业及其他城镇企业、事业单位、民办非企业单位、社会团体（以下统称单位）及其在职职工应缴存住房公积金。凡在眉山市从事生产经营并依法纳税的非公有制企业均应该为其单位职工缴存住房公积金，并在其成本中列支。住房公积金缴存基数和比例按照缴存基数不低于全市上一年度职工最低月工资标准，不超过全市上一年度职工月平均工资的 3 倍，缴存比例未调整。单位和职工个人按照上述规定比例和基数标准缴存的住房公积金，免征个人所得税。超过部分并入职工个人当期工资、薪金收入，计征个人所得税。市住房公积金管理中心下发《关于住房公积金提取使用有关问题的暂行规定》，正常缴存住房公积金 3 年以上的职工，申请住房公积金贷款时，可提取公积金账户余额做购房首付款。利用商业贷款的职工，在办理每年一次还贷款本息业务后，当年如有购房行为的，可再次购房支取公积金账户内余额。利用公积金贷款的职工，在办理每年一次还贷款本息业务后，是年如需提前还贷的，可再次支取公积金账户内余额。各县管理的按照眉山市住房公积金中心规定统一执行。2010 年，市政府办下发《关于进一步扩大住房公积金制度覆盖面的通知》，明确扩面的对象和范围、缴存基数和比例、权利与义务。凡在眉山依法登记注册的城镇集体企业、外商投资企业、城镇私营企业及其他城镇企业、民办非企业单位、社会团体及在职职工，遵照国务院《住房公积金管理条例》规定，建立住房公积金制度。职工本人和单位住房公积金缴存基数为职工上一年度月平均工资，并不得低于眉山市上一年度职工最低月平均标准，不得超过眉山市上一年度职工月平均工资的 3 倍。缴存比例不低于职工工资基数的 5%、不高于 12%，由单位和职工各缴纳 50%。职工个人缴纳部分和单位为职工等额缴纳的住房公积金均为职工个人所有，由单位统一按月缴存至市住房公积金管理中心指定的银行专户，并记入职工个人住房公积金账户。单位缴存的住房公积金在成本中列支。凡建立住房公积金制度并按时足额缴存住房公积金的城镇集体企业、外商投资企业、城镇私营企业及其他城镇企业、民办非企业单位、社会团体职工，可享受与国家机关、国有企业、事业单位缴存住房公积金的职工同等的权利。单位和在职职工个人都应承当住房公积金缴存的义务，单位为在职职工缴存的住房公积金按照规定列入单位成本或者费用；在职职工缴存的住房公积金由所在单位每月从其工资中代扣代缴。2011 年，市财政局、市住房公积金中心制发《关于规范市级部门（单位）住房公积金缴存基数的通知》，明确纳入缴存基数的项目范围，公务员（含参照公务员管理人员）缴存基数项目为基本工资，工作性津贴、生活性津贴、物价补贴、交通补贴、住房补贴，警衔、纪检监察、司法、法官和检察官等岗位津贴，年终一次性奖金。事业单位人员缴存基数项目为基本工资、绩效工资，物价补贴、交通补贴、住房补贴、职务津贴、通信补贴，削峰填谷奖、四大节日奖、年终一次性奖金。缴存基数计算方法按上述纳入缴存基数范围的项目中，工资和津补贴等项目按月按实际发放额计提缴存，年终一次性奖金、四大节日奖等项目在发放当月按实际发生额计提缴存。住房公积金缴存比例按市级部门（单位）和职工个人住房公积金缴存比例统一按缴存基数总额的 12%执行。

（二）缴存情况

1997 年，眉山县房改领导小组、眉山地区建设银行、工商银行房产信贷部建立住房公积金制度和管理办法。青神县政府下发《关于颁发青神县房改资金使用管理办法的通知》，加强房改资金管理，全县 40 个单位、795 户职工建立住房公积金制度。1999 年，成立眉山地区公积金管理中心，各县公积金管理中心上划，由地区公积金管理中心统一管理。当年，全区归集 40 余个地级单位住房公积金。各县相继开展住房公积金归集。2000 年，设置地区住房公积金管理中心及县级分中心。全区归集住房公积金 1731 万元，其中地级单位 112 个 402 万元，102 个单位到指定银行缴纳住房公积金，归集率 91%。

2003 年，彭山县、丹棱县、青神县开始缴存住房公积金。

2004 年，市住房公积金管理机构移交由市政府管理。建立市住房公积金中心（以下简称中心）总账和缴存单位明细账。清理、核对、调整移交的账目，纳入微机管理，按月核对。开展住房公积金查补，清查 2000 年以来单位和个人未交、欠交住房公积金，补交单位 12 个 235.67 万元，补交 345 人。原调进调出人员补办住房公积金转移手续，未按规定擅自自行管理住房公积金的个别单位，统一纳入中心管理。2005 年起，开展委托代扣业务。市级各部门个人和单位缴存住房公积金由市国库支付中心逐月代扣划转到市住房公积金中心，已办理委托代扣单位98个，规范住房公积金的缴存管理。回收挤占挪用住房公积金纳入各县政府、市级各部门各单位的目标考核。当年起，东坡区、仁寿县、洪雅县开始缴存住房公积金，至此，全市全面建立住房公积金制度，统一纳入财政预算资金管理。全年缴交人数5.27万人，新增单位698个2.85万人，归集住房公积金8341.15万元。

2006年起，市住房公积金管理中心办好新单位住房公积金开户登记。核查市级及东坡区各单位，清理未缴存单位，督促办理开户业务。全年23个单位新开户建立公积金制度。部分非公有制企业主动为职工缴存住房公积金。市级缴存单位由年初的211个增至223个，东坡区缴存单位由年初的247个增至260个。2007年，市政府提出在“乡镇行政、医疗卫生、教育等单位建立健全住房公积金制度，实现应建尽建，应缴尽缴”。全市财政匹配资金2873万元，占全年归集总额的15.7%，752家单位办理财政代扣手续，占正常缴存单位的42.17%，全市党政事业单位全覆盖。全年新增缴存单位53个（非公有制企业12个）、全市住房公积金覆盖率65.54%。眉山车辆厂、中国铁路集团公司二局等国有企业将公积金移交中心管理，规范缴存行为，扩大住房公积金覆盖面，全市住房公积金覆盖率超过四川省平均水平。2009年起，公积金归集进入市行政服务中心办事大厅办理，方便职工办理缴存提取业务。全市执行“控高保低”提高缴存比例单位452个、降低缴存比例单位25个、降低缴存基数单位6个。2010年，市住房公积金管理中心梳理和走访调查全市规模以上非公有制企业，加强非公有制企业缴存。走访联系规模以上非公有制企业200余家，召开未缴存公积金非公有制企业座谈会，蒙牛乳业等8家非公有制企业新开户建立公积金制度。2012年，全市新增缴存额8.08亿元，住房公积金覆盖率71.52%。年末全市住房公积金缴存总额31.31亿元，缴存余额19.93亿元，缴存人数10.36万人。

眉山市2004—2012年住房公积金缴存情况统计表

表4-4

年份	缴存数（万元）								累计缴存人数（人）	累计缴存总额（万元）	缴存余额（万元）
	东坡区	仁寿县	彭山县	洪雅县	丹棱县	青神县	市级	小计			
2004	—	—	—	—	—	—	5122	5224	24199	12155	9858
2005	528	491	1102	541	485	387	4806	8341	52667	21154	17160
2006	1764	2426	1395	929	585	658	5889	13646	70189	34800	29037
2007	2125	3407	2994	1371	801	928	6672	18297	76164	53097	43978
2008	5613	3685	3784	1730	1082	1263	11273	28430	87079	81527	65264
2009	9586	5562	7455	2471	1339	1491	12427	40331	91075	121858	90594
2010	11867	5810	7410	4769	1952	1936	16689	50432	96413	172290	122428
2011	13603	5786	10121	5563	2586	2580	19770	60010	102510	232300	156494
2012	18401	11048	11069	8209	3263	4367	24454	80812	103621	313112	199311
合计	63487	38215	45330	25583	12093	13610	107102	305523	703917	1042293	734124

二、公积金管理

（一）公积金提取

眉山市住房公积金实行专款专用，按规定提取。

至2003年，眉山市累计提取公积金1227.8万元（市级756.2万元，彭山县416.5万元，青神县28.3万元，丹棱县26.8万元）。2009年，市政府出台一系列住房公积金优惠政策，促进房地产市场发展，提取额大幅增长。全年提取1.5亿元，全市累计提取住房公积金3.13亿元，提取总额占缴存总额的25.66%。2012年，全市住房公积金新增提取3.8亿元。截至年底，全市累计提取公积金总额11.38亿元，提取总额占缴存总额的36.35%。

“12329”全国住房公积金服务热线眉山中心正式启动（摄于2012年12月）

眉山市2004—2012年住房公积金提取情况统计表

表4-5

年份	当年提取									累计提取	
	购房（万元）	还房贷（万元）	离退休（万元）	解除劳动关系（万元）	工作调动（万元）	其他（万元）	合计			金额（万元）	占缴存总额比例（%）
							笔数（笔）	金额（万元）	占当年缴存总额比例（%）		
2004	—	—	—	—	—	—	—	2296	18.89	—	—
2005	—	—	—	—	—	—	—	1049	—	3995	18.89
2006	—	—	—	—	—	—	—	1768	12.96	5763	16.56
2007	—	—	—	—	—	—	—	3356	18.34	9119	17.17
2008	3510	1998	908	260	348	120	6676	7144	25.13	16263	19.95
2009	7761	4343	1605	441	598	253	10556	15001	37.19	31264	25.66
2010	7968	6593	2172	799	818	248	13153	18598	36.88	49862	28.94
2011	8686	11953	2962	1007	892	445	16973	25945	43.23	75807	32.63
2012	14369	16050	4292	1465	1195	623	21502	37994	47.02	113801	36.35
合计	42294	40937	11939	3972	3851	1689	68860	113151	239.64	307101	—

（二）住房公积金个人住房贷款

2005年，眉山市政府办公室转发《省政府办公厅〈关于进一步加强住房公积金监督管理的通知〉的通知》，优先发放经济适用住房个人购房贷款。单位及在职职工连续缴存住房公积金一年以上的，管理中心批准符合条件的贷款申请。适当降低职工购买首付款比例，各地首付款按不低于20%。随即市住房公积金中心制定《眉山市住房公积金个人住房贷款管理办法》，启动个人住房公积金贷款业务，健全和规范审议程序，明确信贷管理责任。受理商业银行贷款转为住房公积金贷款业务。连续足额缴纳住房公积金满一年以上，并以缴存人名义向商业银行签订住房按揭贷款合同的，可向市住房公积金中心申请将商业银行个人住房按揭贷款转为住房公积金个人住房贷款。申请的住房公积金个人贷款最高金额，不超过未归还的商业银行住房按揭贷款余额，贷款年限不长于原商业贷款到期之日。当年，全市发放个人住房贷款108户566.4万元，购房面积1.5万平方米，无逾期贷款。2006年，眉山市建立公积金个人住房公积金贷款项目合作制，建立楼盘评估审批制。新开发商品住房项目，“中心”实地考察，达到放贷要求的楼盘通过审批。与符合条件的开发企业签订个人住房公积金贷款合作协议，明确责任权利，建立开发商期房保证金制度。建立贷前谈话制度与风险准备金制度，办理贷款的职工均按照要求谈话，完善法律程序。市住房公积金管理中心印发《关于贷款审批责任追究的实施意见》《关于住房公积金委托贷款逾期罚息执行标准的通知》，规范贷款程序。各县开展住房公积金贷款业务。期房最高贷款人民币10万元，同时不超过房屋总价的70%，二手房最高贷款人民币10万元，同时不超过房屋总价的60%，当年发放贷款额不超过归集额的50%，贷款余额不超过归集余额的60%。2007年，建立贷款审批制度，实行分级审批，审贷分离原则，健全以贷审小组为核心的审批监督机制，严格审批程序。全市在建商品房项目中有94家房地产开发企业开发销售的121个楼盘与中心签订公积金贷款合作协议。基本实现公积金贷款覆盖所有已封顶的市场销售楼盘。市住房公积金管理中心印发《关于与土地使用权抵押楼盘进行公积金贷款合作事宜的实施办法（试行）》《关于公积金贷款保证的管理办法》《个人住房公积金贷款业务档案管理试行办法》，规定，凡土地使用权抵押的楼盘申请公积金贷款合作事宜，开发商应作出土地使用权抵押情况等书面承诺。全面排查全市住房公积金贷款风险，专项检查县（区）管理部的贷后管理，抽查贷款台账，公积金管理系统的录入，档案的保管，送审申请资料的规范等各方面工作。2008年，集中检查全市住房公积金贷款管理，专项检查2008年“5·12”汶川特大地震后合作楼盘情况；贷款政策执行；贷款目标任务；贷后管理、逾期贷款、资料录入；与委托贷款发放银行的合作情况。开通使用人民银行个人征信系统，全年通过征信系统查询个人信用报告200余份。市政府印发《关于鼓励和扶持房地产灾后发展及居民安居置业的意见（试行一年）》《关于促进房地产市场健康发展的意见》，规定购买商品住房申请住房公积金贷款的，最高额度由15万元调整为18万元，各县由10万元调整为12万元。个人首次购买普通住房申请住房公积金贷款，贷款额度市级（含东坡区）提高到20万元，其他县提高到15万元，各档次贷款利率按中国人民银行最新利率执行；最低首付款比例下调到总房价的20%。在异地缴存住房公积金的职工在眉山购房可享受当地住房公积金贷款相关政策。2009年，市政府下发《关于进一步促进房地产业加快发展的意见》，调整住房公积金贷款政策。购买商品住房申请住房公积金贷款，最低首付款比例由30%调整为20%，最高额度市级（东坡区）由20万元提高到30万元，五县由15万元提高到25万元，最长贷款期限由20年调整为30年，各时限贷款利率按中国人民银行最新利率执行。在异地缴存住房公积金的职工在全市购房可享受全市住房公积金贷款相关政策。允许住房公积金缴存人提取公积金为子女、父母在本市购买住房或偿还购房贷款。正常缴存住房公积金 3 年以上的职工，申请住房公积金贷款时，可提取公积金账户余额做购房首付款。年末，住房公积金贷款政策一律恢复，最低首付比例由 20%恢复为 30%，最高额度市级（含东坡区）由 25 万元恢复为 20 万元，五县由 20 万元恢复为 15 万元，最长贷款期限由 30 年恢复为 20 年（最长不得超过职工法定退休年龄）。申请住房公积金贷款的职工不能提取公积金余额作购房首付款。2010 年，市住房公积金中心协调委托银行在市建设银行、市农业银行开展贷款资料受理与银行借款合同同时办理的问题，缩短职工办理公积金贷款时间。2011 年起，住房公积金个人住房贷款只能用于缴存职工购买、建造、翻建、大修普通自住房，以支持基本住房需求。使用住房公积金个人住房贷款购买首套普通自住房，套型建筑面积在 90 平方米（含）以下的，贷款首付款比例不得低于 20%；套型建筑面积在 90 平方米以上的，贷款首付款比例不得低于 30%。第二套住房公积金个人住房贷款的发放对象，仅限于缴存职工购买改善居住条件的普通自住房。第二套住房公积金个人住房贷款首付款比例不得低于 50%，贷款利率按同期公积金贷款利率的 1.1 倍执行。停止发放第三套房及以上住房的公积金个人住房贷款。是年完成眉州监狱干警宿舍、眉山车辆厂职工宿舍棚户区改造 2 个经济适用房项目的个人住房贷款发放。2012 年，提高公积金个人住房贷款最高额度市级由最高 20 万元，县（区）最高额度由 15 万元统一提高到最高 30 万元。开放异地缴存职工在眉山市公积金贷款购房业务允许公积金缴存于异地的职工凭缴存地公积金中心出具的公积金缴存证明在眉山市享受住房公积金个人住房贷款。开展公积金组合贷款业务职工申请的公积金贷款额度不足以支付购房所需资金的，其不足部分可由商业银行提供配套的住房商业性贷款。连续缴存住房公积金半年以上即可申请住房公积金贷款调整原规定连续缴存一年以上公积金方可申请住房公积金贷款的规定，连续缴存住房公积金半年以上即可申请住房公积金贷款。随后又规定，允许职工在办理公积金贷款的同时，提取住房公积金账户余额支付购房首付款。当年，支持职工 1570 户购房 18.83 万平方米，发放个人住房公积金贷款 2.93 亿元，公积金贷款发放额占本年公积金缴存额的 36.26%。其中首次购房 1382 户 15.95 万平方米，发放贷款 2.5 亿元；二次购房 188 户 2.34 万平方米，发放贷款 4314 万元。提取支付购房首付和还贷金额 3.04 亿元。截至年底，全市累计发放个人住房公积金贷款 1.21 万户，贷款 16 亿元，无逾期贷款。贷款余额 12.25 亿元，个贷率 61.48%。

眉山市 2005—2012 年住房公积金个人住房贷款情况统计表

表 4-6

年份		2005	2006	2007	2008	2009	2010	2011	2012
当年发贷	户数（户）	108	1231	1619	1160	2532	2558	1247	1570
	金额（万元）	566.4	9970.0	14942.0	11489.0	36015.0	38777.0	18928.0	29349.0
	个贷率（%）	3.30	35.25	53.89	49.86	70.24	77.50	66.58	61.48
	贷款发放额占公积金缴存额比例（%）	6.79	73.06	81.66	40.41	89.30	76.89	31.54	36.32
	支持职工购房（平方米）	14899.44	185243.00	215795.02	135682.00	286103.00	251087.00	117858.00	188304.00
当年收回贷款（万元）		2.16	297.25	1479.63	2644.85	4929.16	7520.96	9626.35	10991.40

续表4-6

年份			2005	2006	2007	2008	2009	2010	2011	2012
累计发贷	户数（户）		108	1339	2995	4155	6687	9245	10492	12062
	金额（万元）	全市	566. 40	10536. 00	25478. 00	36967. 00	72982. 00	111760. 00	130688. 00	160037. 00
		市级	—	8966	18141	26415	54957	85431	12387	118249
贷款余额（万元）		全市	564. 24	10236. 00	23698. 00	32543. 00	63629. 00	94885. 00	104187. 00	122545. 00

（三）资金运用

2005 年，眉山市住房公积金运用率 40. 46%，低于全省平均运用率 45%水平。规范住房公积金管理和防范风险，发挥住房公积金作用，发展个人住房贷款业务，改善职工住房条件。至 2012 年，全市住房公积金资金运用率 75. 48%。沉淀资金 7. 76 亿元，沉淀资金占缴存余额的 38. 92%。

眉山市 2005—2012 年住房公积金资金运用情况统计表

表 4-7

年份		2005	2006	2007	2008	2009	2010	2011	2012
资金运用率（%）		26. 61	49. 03	62. 98	55. 99	74. 65	77. 50	66. 58	75. 48
沉淀资金（万元）	合计	12592	14801	16280	28721	22965	27543	52312	77565
	定期存款	—	8870	11600	24050	15400	—	—	58700
	协定存款	—	4564	4108	4204	5945	—	—	16634
	活期存款	—	1221	572	467	1620	—	—	2231
	委托贷款余额	—	10236	23698	32543	63629	94885	104187	122545
	银行存款余额	—	14655	—	—	—	27543	52312	77565
沉淀资金占缴存余额比例（%）		73. 38	50. 97	37. 02	44. 01	25. 35	22. 50	33. 43	38. 92

（四）风险管理

2004 年，眉山市审计局开展彭山县政府 2003 年 7 月至 2004 年 8 月住房公积金管理、使用及资产、负债情况送达审计。提出加强《住房公积金管理条例》的学习和落实，强化监督机制，严格执行《住房公积金财务管理办法》，杜绝挤占挪用等行为再度发生，及时清理银行存款对账单和住房公积金中心银行存款明细账，防止错弊发生的建议意见。2005 年，全市统一建立住房公积金制度，解决原公积金挪用归位等遗留问题。省、市政府重点督查督办彭山县政府违规挪用住房公积金问题，通过有效措施，违规挪用的住房公积金 1008 万元全部归位。2006 年，全市清理核实住房公积金基础数据，建立健全三级明细账。及时调整洪雅、青神两个管理部公积金业务受托银行，保证业务整体配合和中心的统一运作。建立财务管理制度、账户管理制度、管理部监督制度、贷款审批责任追究制度；采取半年巡查，年终稽核，核查市县财务和资金。每月定期向市政府和市财政等有关部门报送数据报表，邀请市人大检查市住房公积金中心工作，配合省审计组审计全市住房公积金，及时整改审计出的问题，规范财务管理。四川省审计厅就地审计眉山市 2005 年度城市住房公积金。2007 年，市政府办印发《关于进一步加强住房公积金财政监管的意见》，加强住房公积金财政监管和银行账户管理。建立风险防范制度，严格住房公积金转存定期、购买国债以及单笔在 50 万元以上的支出等审批。贷款风险准备金计提实行市级统筹管理，五县管理部不再计提。每年专项检查住房公积金归集、使用、增值收益分配以及发放个人贷款等情况。强化贷款风险管理，实施合作楼盘管理办法，建立新建楼盘贷前审查和二手房实地查勘报告制度，楼盘不封顶不放款，现房无调查报告不放款。2008 年，全市开展住房公积金专项治理，市监察、财政等 10 部门组成的眉山市住房公积金专项治理领导小组，全面自查公积金归集、贷款、财务管理等情况，摸清全市党政机关和事业单位、国有企业和国有控股企业、非公有制企业住房公积金缴存情况。开展住房公积金“三清三建”（清理行政机关和事业单位公积金缴存情况，在所有行政机关、事业单位以及乡镇行政、医疗、卫生、教育等财政供养单位，全面建立住房公积金制度；清理国有企业、国有控股企业公积金缴存情况，严格执行“控高保低”规定，坚决纠正单位自行归集管理住房公积金问题，应建单位基本建立住房公积金制度；清理非公有制企业公积金缴存情况，有关部门建立联合工作机制有针对性地加大执法力度，重点推动以中低收入职工为主体的非公有制企业建立住房公积金制度）和公积金管理机构“六查六纠”（即查管委会决策执行情况，纠正不经管委会决策的违规行为；查法规政策的执行情况，纠正损害群众利益的行为；查管理运营风险，纠正危害资金安全完整的行为；查内控制度和管理机制，纠正制度漏洞和管理松懈的行为；查财务管理情况，纠正财务管理不规范的行为；查工作作风和服务质量，纠正群众反映强烈的问题）等专项治理，向部分应建未建、自行归集、未“控高保低”（控制收入高者缴存住房公积金数额，解决不缴或少缴住房公积金问题）的单位发出住房公积金专项治理督查通知书并督促整改。中石油、中移动、烟草公司等国有企业执行“控高保低”措施；川眉芒硝、瓦屋山电力、科伦药业等一批大中型非公有制企业纷纷建立公积金制度。住房公积金个人住房贷款未出现不良逾期。四川志和会计师事务所受四川省财政厅委托全面审计调查市住房公积金中心 2007 年度住房公积金的归集、管理、使用情况以及住房公积金制度重要政策执行情况。2009 年，建立住房公积金运行绩效考评指标体系，考评各县（区）上年度住房公积金运行绩效，明确资金归集指标、支出绩效指标、效益成本指标、社会满意指标、廉政建设指标，严格考核。出现违法、违纪和违规行为的“一票否决”。纠正眉山车辆厂、眉山铁二局等国有企业自扣自缴行为，通威股份有限公司等 11 家非公有制企业建立公积金制度，彭山县提高公积金缴存比例，全市公积金覆盖率 79%。眉山《住房公积金增值收益管理办法》在全省推行。市审计局委托眉山唯实会计师事务所审计市住房公积金中心 2008 年收支执行情况。

2012 年，建立资金风险长效管理机制，专项检查提取、财务、贷款等重要岗位、重点环节。严格审查购房人贷款资格，执行限贷拒贷的差别化信贷政策。重新清理国有企业、国有控股企业、非公有制企业、事业单位公积金缴存情况，纠正缴存比例超过 12% 的单位；逐一排查缴存基数低于市政府规定的是年最低月工资标准的单位。清理行政机关和事业单位、国有企业、国有控股企业、非公有制企业住房公积金缴存情况，未缴纳或拒不整改的单位发出住房公积金专项治理督查通知书，限期规范。

第四章　公用设施

1997 年，眉山地区城乡公用设施基础薄弱，与人民群众生产生活密切相关的基础设施设备简陋，供需矛盾突出。此后，眉山地区加大资金投入，利用国家政策，拓宽投资渠道，加强公共基础设施建设，新（扩）建一批公用基础设施，逐步补齐公共基础设施短板。至 2012 年，眉山市城乡水、电、气、交通等公用设施逐步完善，居民生产生活条件得到极大改善。

第一节　供　水

一、供水设施建设

1997 年，眉山地区中心城区有东门水厂、渗流井水厂。东门水厂水源为东坡湖源水，水源水质差，日供水规模 1.5 万吨。渗流井水厂水源为岷江，设计日供水能力 5 万吨，实际日供水 3.5 万吨。仁寿县、彭山县、洪雅县、青神县各有自来水厂 1 个，丹棱县有自来水厂 2 个。

1998 年，眉山县新建第一自来水厂，设计日供水规模 5 万吨，占地 1.27 公顷，概算投资 3400 万元，实际投资 2907.12 万元，采用国内先进设备及工艺流程，配置有配水井、絮凝沉淀池、气水反冲滤池、反冲洗水池、送水泵房、鼓风机房、加氯加药间、化验室各 1 座，清水池 2 座；安装主管网 18 千米，投资 1408.17 万元，1999 年 9 月投入运行。眉山县第一自来水厂工程投运后，完成新区供水管网建设，解决眉山城区市民饮水难和饮用水不达标问题。东门水厂关闭。2000 年，彭山县修建日供水 3 万吨的净水厂，续建供水工程作为单列项目上报四川省建设厅，争取到补助资金 1200 万元。青神县、彭山县争取到自来水供水工程贷款 1300 万元。

2001 年 6 月，眉山市启动“龙水引眉”工程。从仁寿黑龙滩取水，输水到眉山中心城区，输水管全长 22.83 千米，跨东坡区和仁寿县 4 个乡镇，16 个行政村。工程新建取水塔 1 座，设计日取水 10 万吨，采用重力式取水，工程投资 6493 万元（申请国债资金 4000 万元），有输水隧道 572 米。彭山县投入资金 3630 万元，完成日供水 3 万吨扩建工程。青神县投资 1500 万元，实施“取水、净水、供水管道”为主要内容的净水工程，年城市供水 700 万吨，水质综合合格率 99.06%。2002 年 5 月“龙水引眉”工程竣工，眉山市净水厂改用黑龙滩水源。

2004 年，眉山市普查城区输水管管网。青神县完成复兴水库引水工程。2005 年，眉山中心城区实施旧城供水管网改造。彭山县完成投资 2300 万元的仙女湖引水入城工程。青神县投资 293 万元建设黑龙镇及“三厂一院”远距离输水工程，在 863 厂厂区建设加压泵房和清水池，铺设至 709 厂、4501 厂和 408 医院的供水管道。至 2006 年，眉山中心城区投入 958.48 万元，完成净水厂至二环东路、一环东路至大北街等管网改造。实行“一户一表”，分表计量改造。启动“三区两厂五镇”供

“龙水引眉”工程取水口建设现场（摄于 2001 年 10 月）

水工程建设，建设城南通往铝产业集中区、机械产业集中区，城北通往太和镇、城西通往金象化工产业集中区供水工程。2007 年，市中心城区实施工业集中区供水工程，包括涉及金象化工产业集中区、松江工业经济技术开发区、铝产业经济集中区 3 个工业区，眉山车辆厂和邮电设备 505 厂，崇礼、松江、象耳、思蒙、太和等乡镇供水，输水管线总长 67.05 千米。至 2008 年，眉山城市供水管网改造工程结束，安装净水厂至二环东路城区供水管网 1.2 千米，改造 17 条街道供水管网 17 千米。旧城供水管网改造投入使用。

2010 年，彭山县投资约 400 万元，在江口镇石龙沟水库修建加压泵站 1 座及输水管道 1.8 千米，作为仙女湖水库病库整治期间应急水源和城区自来水备用水源。依托天生堰水库建成第三水厂，日供水能力 5000 吨。眉山市供排水公司供水管网增至 296.8 千米，供水普及率 98%。眉山中心城区形成以黑龙滩水库水源为主水源、岷江渗流井水源作为备用水源的供水格局。

2011 年，实施眉山市给水二期工程，建设日供水 5 万吨眉山市第二水厂，输配水管线沿黑龙滩水库至眉山中心城区，总长约 19.85 千米，厂区占地面积约 2 公顷。项目总投资 1.5 亿元，2012 年眉山市二水厂竣工投运。

2001—2012 年，眉山市供水设施建设投入 4.17 亿元。眉山中心城区管道安装 139.6 千米，新立户 8.28 万户。

二、城市供水

1984 年，眉山县县城给水水源由采用地下水改为采用地表水，取源水在东坡湖。1997 年，眉山地区中心城区渗流井在岷江河道内以安过滤床形式取用岷江水源，由东门水厂、渗流井水厂提供生活用水，日供水 3 万吨~3.2 万吨，供水量短缺，水质指标达不到国家饮用水标准。彭山县城市供水人口 5 万人，年供水量 215.52 万吨。青神县城市供水人口 2.9 万人，年供水量 258.1 万吨。此后，岷江上游水量逐年减少，眉山河段枯季出现断流，水质下降，有 8 个指标超过国家三类水域标准，眉山中心城市成为四川省较为突出的季节性缺水和水质型缺水城市之一。2000 年，眉山中心城区总供水量 8281 万吨，其中居民生活 1092 万吨、工业用水 1548 万吨、建筑和第三产业 342 万吨、城市生态环境 5299 万吨。

2001 年，眉山市人均日生活用水 118.36 千克，市中心城区人均日生活用水 122.33 千克，水质综合合格率 98.61%。2002 年 1 月，眉山市自来水厂更名为眉山市供排水总公司，有日产 5 万吨净水厂 1 座，城区供水主管网 296.8 千米，城市用水人口 24.5 万人，供水普及率 98%，供水水质合格率、污水处理达标率 100%。“龙水引眉”工程竣工后，黑龙滩灌区向眉山中心城区新区供应源水，形成输水日 5 万吨取水规模，供水范围逐步延伸至东坡区松江镇、思蒙镇、崇仁镇等地。2004 年，眉山中心城区开展供水安全专项督查4次，确保中心城区供水安全。至2010年，眉山中心城区自来水平均日供水4.8万吨，最高日供水5.5万吨。彭山县城市供水人口7.5万人，供水量512.55万吨。青神县城市供水人口3.98万人，供水量270万吨。

2011年，建设眉山市二水厂，解决中心城区、金象园区、甘眉园区、车辆厂片区，以及东坡区太和镇、尚义镇、象耳镇等供水，供水人口约38万人。至2012年，眉山市各区县均建有水厂，为城市居民提供生活用水。市中心城区以黑龙滩水库水源为主水源，岷江渗流井水源为备用水源。自来水平均日供水6.48万吨，最高日供水7.67万吨，平均日售水5.45万吨，产值5066万元。供水水质综合合格率100%。全市人均日生活用水171.04千克，市中心城区人均日生活用水175.76千克。

三、农村供水

眉山境内山丘区部分旱片死角水源奇缺，常出现人畜饮水困难。

1997年，眉山地区人畜饮水困难。当年起，将解决农村人畜饮水困难作为德政工程、民心工程和为民办实事工程，按三年全面解决人畜饮水困难，任务分解到乡镇、村社、农户，做到社建表、户建卡。全区投入资金3106万元，投劳94.2万个，建人畜饮水工程4.06万处，基本解决农村建卡缺水21.81万人口和23.27万头牲畜饮水问题。2000年起，国家启动西部地区农村饮水解困工程。地区行署对各县政府实行“六包”（包工期、包规模、包质量、包投资、包安全、包竣工资料整理）责任制。2005年，经卫生部、水利部专家组复核评估认定，眉山市有农村饮水不安全人口175.18万人，占农村总人口的55.42%。2006年，眉山被国家和省确定为饮水安全重点投资市，仁寿县被列入全国饮水安全重点示范县。2007年，全市开展县级农村饮水安全工程“十一五”规划编修，将解决血吸虫病疫区、严重干旱缺水、高氟水、苦咸水、污染水、水库移民区及项目区内学校水质不达标、饮水严重短缺问题列入重点优先解决范畴，修编规划农村存在饮水安全问题总人数144.19万人。2008年，国家将农村学校、国有农（林）场纳入农村饮水安全工程建设范围。眉山市新增饮水不安全人口47.26万人。至2010年，国家下达眉山市中央财政预算内专项资金农村饮水安全项目投资计划，眉山市投入资金4.9亿元，采取大口井、机井、手压井、引泉加高位水池、集雨屯蓄等工程措施，建成供水工程8.21万处。其中，集中供水工程195处，受益人口74.1万人，占已解决饮水安全人口的65.5%；分散联户、水窖、井、池及供水点工程8.19万处，解决42.4万农村人口饮水安全。经水利部、省认定眉山市实有农村饮水不安全人口254.99万人，各类安全饮水工程解决农村饮水不安全人口113.2万人，仍有饮水不安全人口141.79万人、牲畜120万头。至2012年，全市投入资金10.17亿元，解决256.32万人饮水安全问题。农村尚有46万人存在程度不同的饮水安全问题。

（一）饮水工程

国家农村饮水解困工程 1998年起，眉山地区实施国家农村饮水解困工程。至1999年，发动干部群众实施“饮水民心工程”攻坚战。打井3.26万口，建乡镇集中供水站4处，投资2183万元，投劳动力102万个，解决14.37万人、19.01万头牲畜并改善14.98万人、16.1万头牲畜的饮用水困难。2000—2002年，眉山市国家农村饮水解困工程总投资2514万元，解决7.79万人饮水安全问题。至2005年，四川省下达眉山市农村饮水解困建设项目资金4208万元。全市打井3.37万口，建乡镇集中供水站3处，投资1016万元，投劳51万个，解决19.91万人、8.1万头牲畜饮水安全问题，改善18.08万人、18.92万头牲畜的饮用水困难。

中央预算内投资农村饮水安全工程　2005年，眉山市实施中央预算内投资农村饮水安全工程。至2006年，投入资金1.24亿元，新建农村饮水工程3.12万处，解决33.54万人饮水安全问题。2012年，中央预算内投资项目覆盖东坡区、仁寿县、丹棱县30个乡镇167个村，解决30.92万名农村人口、专项解决仁寿县27个乡镇47所学校2.74万名学校人口饮水安全问题，建设集中供水工程15处、分散工程702处，总投资1.64亿元，其中国家补助1.31亿元、地方投资3277万元。截至2012年年底，全市共投资8.47亿元（地方配套及自筹2.08亿元），解决农村饮水不安全人口157.54万人和6.3万名学校师生饮水不安全问题。

省级财政资金农村饮水安全项目　2001年，眉山市实施省级财政专项资金农村饮水工程。当年，四川省下达眉山农村人畜饮水建设专项资金313.8万元，解决1.88万人、牲畜1.9万头饮水困难和33.33公顷灌田用水问题。2003—2006年，四川省下达眉山农村人口饮水工程省级补助资金175万元，修建工程132处，解决30个村1.5万人饮水困难，总投资247.54万元。2007—2010年，投入资金3677.46万元，新建饮水工程4660处，解决8.93万人饮水安全问题。2011—2012年，投资3012.7万元（省级财政补助2377万元），解决4.39万人饮水安全问题。

应急工程　2003年，四川省下达眉山市2002年中央预算内专项资金抗旱应急工程农村饮水项目，均为集中供水，总投资393.2万元，解决1.5万人饮水问题。2007年，全市遭遇50年不遇持续雨雪低温冰冻灾害天气，农村供水工程损失1170.95万元（不含仁寿县）。2008年“5·12”汶川特大地震损毁农村供水工程，损失2465万元，32.41万人的饮水不同程度受到影响。灾情发生后，眉山市采取争取上级补助一点、政府补贴一点、企业资助一点、群众自筹一点办法，实施农村安全饮水灾后恢复重建。至2009年，投资8741万元，解决受灾群众饮水安全。其中仁寿县投资2181.6万元，实施地震灾后重建供水设施5230处，恢复受损管道59.2千米、供电线路3030米，修复机电设备10台套、房屋68间1735平方米、围墙1252米。

农村集中供水工程　2000年起，眉山地区实施农村集中供水工程。当年，丹棱县张场镇筹建供水工程，从东风水库黄金峡口取水，日供水2000吨，解决4000余名居民及工矿企业用水。2002年，仁寿县投资1226万元在慈航镇等15个乡镇新建花园式现代化集中供水站15处，日供水能力4600吨，改变农村单家独户挖井打凼采水。2004年，眉山市投资700万元，新建农村集中供水工程11处，解决1.3万农村人口的饮水困难。至2007年，眉山市供排水公司出资8万元为秦家镇大洪村村民开凿一口机井，解决全村1300余人饮水难问题。仁寿县投入1.92亿元，新建各类饮水工程5.53万处，形成日供水规模3.04万吨，解决60个乡镇、616个村50.72万人饮水安全问题。至2010年，全市修建农村集中式供水工程195处，集中供水受益人口74.1万人，占已解决饮水安全人口的65.5%。取地表水的工程137处，受益人口44.52万人；取地下水工程58处，受益人口19.08万人。建成设计日供水工程20吨~200吨的95处、200吨~1000吨的85处、1000吨以上的15处，日供水规模11.25万吨，受益人口79.19万人。2012年，全市新建集中供水工程36处、分散工程605处，解决33.9万人饮水困难。

红层丘陵找水工程　2004年，眉山市实施红层找水打井工程。2007年，四川地矿局九一五水文地质工程队完成仁寿、青神、丹棱、洪雅四县红层找水打井工程地下水调查与区划工作，布井7.53万口，成井率97%。全市红层找水打井4.44万口，解决群众16.7万人饮水困难。至2010年，全市完成红层丘陵找水打井任务，共打井15.36万口，解决58.52万人饮水困难。

眉山市1997—2012年农村安全饮水工程情况统计表

表4-8

年份	投入资金（万元）	解决饮水安全人数（万人）	年份	投入资金（万元）	解决饮水安全人数（万人）
1997	3106.00	21.81	2005	2628.70	7.20
1998	1600.00	11.15	2006	9637.00	26.34
1999	1506.30	10.66	2007	7682.21	19.75
2000	733.28	2.10	2008	9183.60	21.32
2001	1124.00	3.60	2009	7303.50	14.62
2002	1083.20	3.59	2010	16388.11	32.89
2003	720.51	2.21	2011	20025.45	41.48
2004	471.34	1.30	2012	18515.95	36.31

（二）工程管理

1997年起，眉山地区各级水利部门派出技术人员逐村逐户规划，结合地形、地质、水源情况，分别规划出打井、建池、建提水站、引清泉集中供水等不同类型饮水项目。组织打井专业队统一施工。人畜饮水同村民改厨、改厕、美化环境和抗旱保苗相结合，成片解决、成片销号、不留漏户。典型引路、样板示范，抓保命水，突出“两挖”（挖井、挖窖）。因采矿、建厂及其他人为因素造成水源变化、水质污染的，按照“谁损坏、谁负责、谁污染、谁治理”原则，负责赔偿和治理，防止造成新的人畜饮水困难；破坏人畜饮水工程的，由有关部门依法追究有关单位和当事人的民事、经济责任。2000年起，规划和编报建设方案做到“四个统一”（规划、设计、质量、标准统一），能集中则集中，宜分散则分散，并采用新技术、新工艺及新材料提高项目科技含量。

2007年，组建眉山市农村供水建设管理总站，推进和规范全市农村饮水安全工作。市政府印发《关于加强农村饮水安全工程建设和运行管理工作的通知》，规范建设目标、工作重点、前期工作、工程建设模式、管理体制、改革机制、水质检测与水源保护、供水价格、管理责任、投入机制及优惠扶持政策等。仁寿县开展全国100个农村饮水安全工程示范县建设，在二峨山区推行集雨饮水实现干旱山区的“丰储枯用”工程模式，在全市推广；丹棱县实施县级“村村通自来水”工程，推进城乡供水一体化。2009年，制定《眉山市农村供水工程运行管理暂行规定（试行）》，明确运行管理重点和方法，在全市10个村镇供水工程实行规范化运行管理试点。市爱国卫生运动委员会监测全市126个已建成农村集中式供水工程，监测水样502份，分别完全处理、部分处理饮水安全工程水质。2010年，仁寿县、丹棱县、东坡区开展“运行及维修养护基金试点启动工作”。已建成的集中供水工程成本测算，报经同级物价部门核准，全市平均供水水价每吨1.2元~3元。2012年，全市设农村供水建设管理站（点）7个。县级水务局直接管理规模较大乡镇集中供水站；县级水务局委托下属水利工程管理单位经营管理；监督供水企业管理；指导私营供水企业和分散联户协会管理。

第二节　供　电

2001 年 12 月，成立国网四川省电力公司眉山供电公司（以下简称“眉山电力公司”），直供东坡区、仁寿县，趸售彭山、洪雅、丹棱、青神 4 个县级供电企业。2002 年，接管乐山电业局在眉山市的电力企业管理。接管眉山电网 110 千伏及以上电网的调度权限，全面接管对眉山市电网生产经营的管理。2003 年，眉山电力公司推行农村电力体制改革，由眉山电力公司及东坡、仁寿供电局共同出资组建眉山市三为农村电力服务有限责任公司，把农村电力人员纳入规范化、制度化管理。2012 年，眉山电力公司辖 1 个直供直管供电局（仁寿供电局），4 个由四川省电力公司委托眉山公司代管的地方县级供电企业，经营区域涵盖全市一区五县及成都市部分地区，供电范围 7390 余平方千米，服务人口 360 余万人。

一、售电

1997 年，新机留成指标按照属地原则，发电机组在乐山市境内的划归乐山市，在眉山地区境内的划归眉山地区。眉山地区电力缺口 1.16 万千瓦时，影响电力调度平衡。当年，眉山地区拉闸限电 3012 条次、降 2019 条次。全区售电量 11.47 亿千瓦时，比 1996 年增长 7.28%。1998 年，枯水期，四川省三电办增加眉山地区电力指标 6000 千瓦时。争取各级调度部门不拉或少拉眉山地区 35 千伏及以上开关，减少拉闸限电给地区经济发展带来的损失。保证各行业主产用电和城乡居民生活用电。

2001 年，眉山电价按照四川省物价局下达的电价执行，全市代购代销电厂（站）上网电量 2.47 万千瓦时。2005 年，眉山市实行“确保居民生活用电，丰枯挂钩，重点用电大户合理安排用电，留足新增项目用电”，按照“黄、橙、红、黑”四级调度机制安排枯期用电，确保重点优势企业、增点企业、重点工业园区用电需求，枯期基本未拉闸限电。在全市开展电力线路保护区集中清理整治。眉山市经济委员会和眉山电力分公司重点清理电力线路通道内种植树竹等高杆植物，在电力杆塔上架设通信线、广播线、有线电视和网络线、安装广播喇叭等附属设施以及各种交叉跨越设施。2007 年，眉山电力公司完善风险预警应急机制，在东坡供电局开展安全风险评估试点，强化电网应对突发事件能力。农村综合电压合格率、供电可靠率分别比上年增长 0.18%、0.04%。完善服务技术支出系统，开通电信联网收费。全市发电量 40.95 亿千瓦时，其中水电 38.15 亿千瓦时、火电 2.8 亿千瓦时。2009 年，眉山市接收 220 千伏电网调度权限。建成 2.5G 现代智能核心光纤网络，松江 110 千伏变电站“电网智能视频环境集群监控系统”投入运行。解决居民缴费难题，缴费方式扩大到 9 种，城市居民现金缴费点 158 个。落实“三新”农电发展战略，服务新农村建设，建成 1 个电气化县、6 个电气化镇、35 个电气化村，基本实现“十一五”服务新农村建设规划目标。全年完成新装用户 1.36 万户，新增容量 52.67 万千伏安。眉山电力公司供电范围 8000 余平方千米，供电人口 360 余万人；有用电客户 103.5 万户（不含控股公司），其中城镇客户 14.7 万户、农村客户 88.8 万户；市场占有率 96.64%。2010 年完善 190 条输配电线路杆号编制，清理附属设施 1.35 万基，拆除停运废旧杆塔 2300 基。全市新装、增容容量 35.36 万千伏安。完成松江 110 千伏变电站、先锋 220 千伏变电站智能视频与环境集群监控系统安装。清查违规水电站 17 处，验收复查 12 处，合格 4 处。开展营业大普查和电价专项稽查，理顺洪雅公司电价。全年主营业务收入净额 33.56 亿元，上缴各种税费

6.03亿元，城市供电可靠率99.92%，城市综合电压合格率99.81%。2011年开展增供扩销，全年新装增容60.15万千伏安。开展县级供电企业突出矛盾和问题排查整治，排查问题243项，整改232项。推进控股公司民营股权清退。全市全年主营业务收入40亿元，线损率3.41%。2012年全市电网新装增容5.1万户，容量75万千伏安。建成便民缴费网点256个，城市10分钟购电圈初步形成。建成A级营业厅1个，改造B级营业厅6个。推进县公司同价工作，争取到同价补贴2887万元，青神县、彭山县居民用电与主网同价。完成居民阶梯电价调整。青神电气化县建设通过验收。实现眉山220千伏、110千伏电网调控一体化和眉山公司变电站集群监控。全年全社会用电量97亿千瓦时，总量列全省市州第5位，增速列全省第8位。售电量80.99亿千瓦时，总量居全省第五。

眉山电力公司1997—2012年售电量统计表

表4-9 单位：亿千瓦时

年份	全社会用电量（全口径）	第二产业用电量	售电量（并表口径）	售电量（扣除铝业）
1997	—	—	11.47	—
1998	—	—	11.80	—
1999	—	—	10.89	—
2000	—	—	21.01	—
2001	—	—	13.15	—
2002	19.87	14.00	14.81	14.81
2003	23.80	16.61	18.92	17.26
2004	40.06	33.46	34.18	17.71
2005	46.59	39.25	39.20	20.08
2006	50.94	41.91	43.54	23.77
2007	62.14	52.57	53.80	27.52
2008	75.15	64.01	64.10	30.16
2009	62.96	50.33	52.42	35.62
2010	88.94	75.52	77.62	44.70
2011	91.02	75.99	80.05	51.38
2012	91.60	75.01	80.99	55.01

二、城市照明

1997年，眉山地区加强城市照明管理，逐步扩大安装路灯量，完善城市功能。至2010年，眉山中心城区城市路灯总功率比1997年（下同）增加83倍，线路长度增加80倍。截至2012年年底，市中心城区主次干道、居住小区、背街小巷有灯，形成“一街一景观，一路一特色。”

（一）城市照明设施

1997年起，眉山中心城区路灯建设按照突出“眉山苏东坡诗书文化”主题，建设“千载诗书城”中等城市的规划目标，与市政道路同时设计、同时安装。城市路灯随着市政道路新建和改造工程的实施，城市路灯数量逐年增加。全区逐步改造路灯设备，将喷漆钢管换成热浸喷塑钢杆，不断引进以节能减排、LED 数码灯管等新材料、新技术，陈旧灯具换成新型抛光压铸铝灯具，应用穿透力较强的钠卤灯，配备节能灯和灯箱广告。电源配备专用智能控制柜、专用变压器，采用智能化管理路灯设施集中监控系统，提高路灯性能和使用效益。

电力公司员工正在检修电力设备（摄于 2011 年 6 月）

2001 年起，眉山市中心城区实施亮化工程。全面维护新区路灯，全年新安装“大型”路灯 77 组，城市夜间路灯亮化率和路灯完好率 99% 以上。2003—2005 年，完成红星路、环湖路、南北干道南段、103 线至眉青路口及颖州南路等 9 条街道路灯建设。2006 年起，实施背街小巷基本亮化、主要道路景观亮化、重要结点艺术亮化工程。市规划和建设局加强《眉山城区光彩工程方案》红线宽度 30 米及以上城市主要道路临街面建设项目、城市重要地段建设项目和重要建设项目的光彩工程审批管理，参与光彩工程竣工验收。2009 年，城市路灯建设与管理由市规划建设局划归市城管局。市中心城区投资 50 万元，实施城区断接路路灯补漏工程。2010 年，眉山中心城区投资 856 万元，实施无灯路段路灯安装、眉山城区锈蚀路灯改建、眉山城区悬臂路灯及架空线路改建、眉山城区路灯智能化控制柜改建、眉山高速公路出入口古城阙标志性建筑亮化 5 项工程。至 2010 年，眉山中心城区城市路灯总功率比 1997 年（下同）增加 83 倍，线路长度增加 80 倍。截至 2012 年年底，完成城市建设项目光彩工程方案审批 105 项。眉山中心城区路灯增加 2 万余盏，干路和支路使用光效高、寿命长的高压钠灯，居住区机动车和行人混合交通道路采用高压钠灯或小功率金卤灯，引进双挑灯、风筝型灯、庭院灯、烟花灯、草坪灯和广告灯箱等各种新型灯具，置于市区主要街道两侧，各主要路口安装高杆灯，丰富城市夜景景观，提升城市品位。其余 5 县通过实施灯饰亮化工程建设和改造，县城初步形成一街一景、多姿多彩的城市照明体系。

（二）城市照明管理

1997 年，眉山中心城区路灯均为人工控制。每天早晚安排人员启闭开关。随着线路增长，路灯增多，用电量增大，改用电磁开关，所有路灯串联控制。2000 年，眉山中心城区有路灯 1 万盏。2001 年起，在不同片区采用时钟控制器机械控制城区内路灯，安装路灯专用变压器改善亮灯率和亮度，提高控制设备可靠性。做好各类节庆保障，每年春节前夕，在城区各主干道悬挂灯笼、灯饰，营造节日气氛，提升城市形象。2005 年，采用经纬时钟控制器，进一步节约用电和人力。实施半夜亮灯方式和减少景观照明亮灯时间，在保证路灯照明的前提下采用新节能产品的试点运行，合理调整路灯供电点分布，安装无功补偿设备。半夜灯技术，实行双回路供电，每天晚上十点转为半夜灯减量照明，节电率 20%~30%。2006 年，采用智能联网系统，利用计算机技术、通信技术道路照明系统自动化和智能化监控管理，预防事故发生，提高照明质量及维护、检修效率，保证道路亮灯率和设备完好率，节约能源，实现准确开关灯、功率调整和防盗。

2008 年，仁寿县加强路灯设施管理，巡查失窃受损重点区域，减少偷盗、损坏事件；配套建设广场、公园等夜景灯饰建设；安装先锋街、飞泉山路灯，改造城区3条旧街路灯；县级机关、企事业单位元旦、春节实施亮化工程。城区亮灯率98%。2010年，眉山市中心城区在小北街“光彩工程”，亮化城市夜景。投入200万元，安装路灯智能化控制柜，实现中心城区城市照明管理智能监控。推行“三遥”（遥测、遥控、遥信）监控技术，使开、关灯更科学、更合理，有效避免电力浪费。市中区路灯实现“三遥”技术全覆盖，设置监控点，每年节约用电100余万千瓦时，约占路灯用电总量的20%。丹棱县投入资金101万元，更换城区7条街道路灯、维修20条街道路灯，中心城区亮灯率100%，春节期间投入20万余元，实施城区“光彩亮化”工程，美化亮化6条街道及九龙广场。2011年，严格控制景观照明亮灯时间，只在法定节假日和重大庆典活动时开启。检查、维修和管护眉山市中心城区路灯及地下网络设施。2012年，市中心城区检修路灯设施设备，路灯亮灯率和设施完好率98%以上。在眉州大道、东坡大道、火车站周边新安装各种灯饰1.5万盏。截至2012年年底，眉山中心城区路灯增至6.33万盏，主要为电子节能灯，比传统控制方式节电3%。仁寿县完成人行天桥亮化工程建设，维护和管理城区路灯2.17万只，路灯灯亮率98%。洪雅县检查、检修城区路灯，确保城市亮化，城区路灯增至2732盏833.98千瓦。

眉山中心城区1997—2012年市政道路路灯安装统计表

表4-10

序号	街道名称	性质	数量	类型	年份
1	东坡大道	新建	290组	钢杆玉兰灯	2000
2	眉州大道	新建	390组	钢杆双挑灯	2000
3	阜成路（市政府后）	新建	40组	钢杆双挑灯	2001
4	彭寿街（湖滨路至文安路）	新建	40组	钢杆双挑灯	2001
5	大雅街	新建	80组	钢杆双挑灯	2001
6	文安路	新建	80组	钢杆水泡灯	2001
7	齐通路	新建	40组	钢杆双挑灯	2001
8	诗书路（东坡大道至裴成路）	新建	72组	钢杆双挑灯	2002
9	苏祠路	新建	12组	钢杆单挑灯	2002
10	兴隆街	新建	10组	钢杆双挑灯	2002
11	黄州路（诗书路至杭州路）	新建	16组	钢杆单挑灯	2002
12	学士街	新建	46组	钢杆单挑灯	2003—2004
13	新民里巷	新建	18组	钢杆单挑灯	2003
14	苏源路（审计局外）	新建	8组	钢杆单挑灯	2003
15	彭寿街（文安中路至眉州大道）	新建	40组	钢杆单挑灯	2004
16	桐花巷（东坡大道至诗书路）	新建	16组	钢杆单挑灯	2004
17	景苏中路路灯改造工程	新建	24组	钢杆单挑灯	2005
18	紫竹东街路灯改造工程	新建	35组	钢杆单挑灯	2005
19	三苏大道路面改造工程	改建	173组	钢杆双挑灯	2006
20	苏湖路	改建	46组	钢杆单挑灯	2006

续表4-10

序号	街道名称	性质	数量	类型	年份
21	高灯街小巷	新建	6 组	钢杆单挑灯	2006
22	启贤北路	新建	9 组	钢杆单挑灯	2006
23	二环西路北段	新建	7 组	钢杆单挑灯	2006
24	一环东路（正东街至苏湖路口）	新建	20 组	钢杆双挑灯	2006
25	东坡大道南延段（东坡湖公园至苏湖路）	新建	21 组	钢杆玉兰灯	2006
26	双凤街中段、文安东路	新建	22 组	钢杆单挑灯	2006
27	江乡路、普田路	新建	15 组	钢杆单挑灯	2006
28	通义路、文忠街	新建	127 组	钢杆双挑灯	2006—2009
29	眉象路（诗书路至成昆铁路）	改建	140 组	钢杆双挑灯	2007
30	一环北路	改建	22 组	钢杆双挑灯	2007
31	铁环路	改建	100 组	钢杆双挑灯	2007
32	景贤街	新建	22 组	钢杆单挑灯	2007
33	长安中路、百坡路二段	新建	15 组	钢杆单挑灯	2007
34	长庚街（眉州大道至苏源路）	新建	13 组	钢杆单挑灯	2007
35	文定街（眉州大道至文安中路）	新建	20 组	钢杆单挑灯	2007
36	长庚街（文安路至眉州大道段）	新建	13 组	钢杆单挑灯	2007
37	苏源路（东坡大道至彭寿街）	新建	20 组	钢杆单挑灯	2008
38	景贤街（眉州大道至文安中路）	新建	22 组	钢杆单挑灯	2008
39	长庚街（旭光六组农安区至文安西路）	新建	6 组	钢杆单挑灯	2008
40	长庚街（文安西路至桐花巷）	新建	10 组	钢杆单挑灯	2008
41	彭寿街（眉州大道至阜成路）	新建	26 组	钢杆单挑灯	2008
42	无名街（双赋园安置区东侧）	新建	13 组	钢杆双挑灯	2009
43	醴泉路（荔枝苑安置区北侧）	新建	10 组	钢杆双挑灯	2009
44	醴泉路（诗书西苑安置区南侧）	新建	6 组	钢杆单挑灯	2009
45	同运南街（荔枝苑至岷江大道）	新建	10 组	钢杆单挑灯	2009
46	同运南街（诗书西苑至醴泉街）	新建	6 组	钢杆单挑灯	2009
47	文安西路	新建	40 组	钢杆水泡灯	2009
48	无名街（诗书西苑东）	新建	8 组	钢杆单挑灯	2009
49	景贤街（眉州大道至阜成路）	新建	14 组	钢杆单挑灯	2010
50	凤凰居南侧道路（青衣街至双凤街）	新建	15 组	钢杆单挑灯	2010
51	凤凰居东侧道路	新建	6 组	钢杆单挑灯	2010
52	市计生局南侧道路	新建	4 组	钢杆庭院灯	2010
53	盛景名居东侧道路	新建	8 组	钢杆单挑灯	2010
54	桐花巷（学士街至长庚街段）	新建	8 组	钢杆单挑灯	2010

续表4-10

序号	街道名称	性质	数量	类型	年份
55	桐花巷（同运南街至诗书路）	新建	8组	钢杆单挑灯	2010
56	同升苑二期西侧进出通道	新建	4组	钢杆单挑灯	2010
57	长庚街（眉州大道至阜成路）	新建	13组	钢杆单挑灯	2010
58	百坡路	新建	12组	钢杆单挑灯	2010
59	中直街	新建	12组	钢杆单挑灯	2010
60	定州路	新建	11组	钢杆单挑灯	2010
61	东湖酒店外路灯整治工程	新建	60组	钢杆庭院灯	2010
62	玉屏街（岷江大道至眉州大道）	新建	48组	钢杆双挑灯	2008—2010
63	飞仙街（眉州大道至苏源路）	新建	13组	钢杆单挑灯	2010
64	鱼山街（蜀山街至苏源路）	新建	7组	钢杆单挑灯	2010
65	玉屏街（眉州大道至阜成路）	新建	16组	钢杆双挑灯	2010
66	文安中路（文定街至青衣街）	新建	40组	钢杆双挑灯	2010
67	普田路（文安中路至江乡路）	新建	13组	钢杆单挑灯	2010
68	疏竹街	新建	6组	钢杆单挑灯	2010
69	江乡路（普田路至青衣街）	新建	10组	钢杆单挑灯	2010
70	青衣街（文安中路至江乡路）	新建	26组	钢杆双挑灯	2010
71	登州路	新建	8组	钢杆单挑灯	2011
72	丹柱街（明星四组安置区东侧）	新建	22组	钢杆单挑灯	2011
73	同运东街（诗书路至东坡大道）	新建	20组	钢杆单挑灯	2011
74	无名街（松兰雅筑西侧）	新建	8组	钢杆单挑灯	2011
75	飞鸿路	新建	24组	钢杆单挑灯	2012
76	飞仙路	新建	26组	钢杆单挑灯	2012
77	青衣街（眉州大道至阜成路）	新建	30组	钢杆双挑灯	2012
78	安和街	新建	24组	钢杆双挑灯	2012
79	文定街和江乡路路灯整治	新建	82组	钢杆单挑灯	2012

三、供应管理

（一）电力调度

2002年，眉山电力调度通讯中心成立，各县供电局（东坡供电局除外）分别设置电力调度所。实行市、县两级调度。2004年，电网经受高负荷、大潮流考验。全年网供电量同比增长81.7%，全网最大负荷59.8万千瓦，日最大电量1159.8万千瓦时。完成境内购电量3.16亿千瓦时，电网用电负荷率82.89%。2007年，新增用电容量84.42万千伏安，市场占有率95.94%，高出四川省电力公司平均值10.76个百分点。2009年，省电力调度中心等专家查评眉山电网调度系统安全性。眉山电网调度系统安全性在华中电网60余个地级调度系统安全性评价中名列第一。在全省首家实现与客户协商收取系统备用容量费，每年增加收入近300万元。2010年，全国首个集群调控自动化双系统在眉山电力公司投入运行。两套系统实时同步、热备用运行。实现集群调控自动化双系统前置、系统和全球广域网三级互备功能。形成厂站端至主站双路由、双系统的格局，提高自动化系统的运行可靠性和容灾能力。四川省电力公司移交220千伏平春变电站及东平一、二、三线线路调度权限。至此，眉山境内9座220千伏厂站、19条220千伏线路、5个220千伏环网全部交由眉山地调直接管辖。2011年，新装增容60.15万千伏安。彭山电力公司、青神电力公司分别获得国网公司和四川省电力公司一流县级供电企业称号。至年底，眉山电力公司管辖范围内77座变电站（含10千伏开闭所）全部实现无人值班。2012年，完成新装增容5.1万户，新增容量75万千伏安。推进县级电力公司同价工作，争取到同价补贴2887万元。青神县、彭山县居民用电成功与主网同价。

（二）拉闸限电

1997年，眉山地区供电主网供电能力有限，常采用拉闸限电，缓解供需矛盾。2004年，眉山电网拉闸限电条次5416条次119天。全年有6个月存在拉闸限电情况。此后，随着电网的逐步建设及完善，拉限电情况逐年得到缓解。但由于主网枯水期电力缺口较大，拉闸限电依旧维持在较高水平。2008年1月，拉闸限电2003条次，占全年限电的82.66%。2009—2012年，眉山网电力供应充足，无拉闸限电现象。

眉山电力公司2004—2008年拉闸限电情况统计表

表4-11

名称	2004年	2005年	2006年	2007年	2008年
拉闸限电条次	5416	2389	436	1011	2423
拉闸限电天数	119	45	15	26	36
主要集中月份	1、2、3、5、11、12	1、2、7、12	1、6、8	1、12	1
拉限电最频繁月份	2、12	1	8	1	1
占全年限电（%）	68.51	67.60	69	69	82.66
全年工业避峰天数	146	45	33	31	47

（三）电力执法

2002年，眉山电力公司打击窃电和破坏电力设施的违法犯罪行为，为企业挽回经济损失118.2万元。2003年，回收旧欠电费561万元，追补亏欠、违约电费48.29万元。2005年，旧欠电费实现清零。追补违约电费34.54万元。眉山电力公司计量中心取得ISO 9001质量管理体系认证和ISO 10012检测管理体系认证。2006年，4个单列供电局和大网同步推进居民户表阶梯电价。全年挽回电量49.08万千瓦时，追补电量3.9万千瓦时，追回电费和违约使用电费3.07万元。至2012年，全市坚持严格执法，保证电力安全供应。

第三节　供　气

眉山城区天然气来源于中国石油西南油气田分公司（以下简称西南油气田分公司）东坡分输站，由眉山市兴能天然气公司和眉山市天然气公司供应。此外，东坡分输站还承担金象化工集团、眉山兴海宇燃气公司及青神天然气公司等单位的供气任务。眉山天然气站来气设计压力0.8兆帕，设计日供气流量30万立方米、年供气流量约1亿立方米。供气区域内有压缩天然气加气站、工业用户、商业集体用户、采暖用户和居民生活用户。

一、供气站点和管网建设

眉山市不断加快城市燃气（主要是天然气）市场化进程，以天然气入城为切入点，引导城市燃气经营市场化。鼓励社会资金投入城市燃气市场，加快城市燃气管网的改造和建设，管线建设施工技术随着科技发展而进步。

20世纪90年代，眉山县天然气管道采用无缝管外包裹沥青绝缘防腐，焊接方式为交流酸性焊条。1992年3月，丹棱县与四川石油川西北矿区联合开发利用丹棱县境内大深一井天然气。1997年12月，洪雅县建成天然气有限公司1家，注册资金800万元，实行董事会领导下的经理负责制。

1998年，眉山中心城区实施天然气工程。包括主输气管、调压计量站、新区管网预埋等，总投资2000万元，主输气管采用已有的彭山到眉山的输气管。青神县政府与中石油四川分公司商定引进天然气。成立青神县华龙天然气公司，天然气管道从黑龙4501厂主管道接入。1999年，眉山中心城区投资680万元，建成供气规模2000户的天然气工程。2005年，实行眉山城区“煤改气”工程，新增天然气用户5415户。2006年，眉山市中心城区投入240万元，完成天然气管道眉州站至眉山站连接工程和505厂管线改线工程。2007年，完成眉山中心城区天然气管道改线。2010年，眉山市佳程燃气有限责任公司在青神县黑龙镇新建压缩天然气1.5万立方米的压缩天然气加气站，总投资1000万元。全市有压缩天然气加气站7座，其中眉山城区3座、彭山县1座、仁寿县2座、洪雅县有配气站1座。2012年，全市天然气管道采取无缝管外包裹（聚乙烯）材料绝缘防腐。焊接方式为直流碱性焊条，部分采用氩弧焊接形式，增强抗拉强度。洪雅县通过旧城改造新增城区天然气管网20千米。启动仁寿汪洋—夹江黄土和洪雅工业园区—夹江黄土2条天然气管线建设。全年全市供气设施建设投入1200万元（中心城区720万元）。年末全市有压缩天然气加气站7座，其中眉山城区3座、彭山县1座、仁寿县2座、洪雅县1座。丹棱县、洪雅县各有配气站1座。有管道燃气企业18家（东坡区8家、彭山县3家、仁寿县3家、洪雅县1家、丹棱县1家、青神县2家），压缩天然气加气站12家，液化石油气充装站12家。2001—2012年，全市供气设施建设投入1.18亿元（中心城区4915万元）。

二、天然气供应

城市供气　1997年起，眉山地区每年组织开展“6·5”世界环境日宣传活动。眉山经济开发区关闭园区小企业燃煤项目，加快城市新区燃煤锅炉改造，推行汽车油改气工程，采取优化城镇燃料结构、出台优惠政策鼓励企业使用清洁能源等办法。1999年起，推广清洁汽车加气站，推进高速公路新建压缩天然气、液化天然气加气站工作。至2000年，全区燃气普及率43.71%，眉山中心城区燃气普及率29.68%。2001年，规范中心城区液化石油气销售（点）。制订液化石油气、瓶库选址规划定点、然气资质申报等行业规范，整治燃气市场秩序，杜绝无证违规经营行为。给予1965户困难户每户100元~1000元不等开户优惠。

2010年，眉山市有日加气量约8万立方米，年加气量约2520万立方米。眉山市兴能天然气公司有管道天然气民用户2.5万户、工业用户10户、商业集体用户170户、压缩天然气加气站1户、锅炉和空调点火 15 台，年销售量天然气约 1500 万立方米。眉山天然气公司年销售天然气 2170 万立方米。眉山城区有瓶装液化石油气供应点 45 家。至 2012 年，全市有燃气企业 41 户。淘汰内燃煤立式锅炉，改为使用天然气。全市营业性餐饮企业全部使用天然气、石油液化气等清洁能源。推广使用天然气汽车和其他环保型汽车。

眉山中心城区 1997—2012 年天然气使用一览表

表 4-12

年份	城市天然气供气管道长度（千米）	管网建设（千米）	天然气用气户数（户）	供气量（万立方米）城市	供气量（万立方米）	天然气用气人口（万人）
1997	—	244	—	—	2520	—
1998	—	252	—	—	2598	—
1999	188	259	20530	690	2678	8.32
2000	195	273	28672	842	2705	1087.00
2001	214	282	35827	1360	2761	11.30
2002	331	290	47733	2664	2846	15.40
2003	—	299	—	—	2996	—
2004	—	306	—	—	3088	—
2005	381	315	89045	3942	3120	27.73
2006	509	332	107196	4432	3183	33.09
2007	585	342	125262	5401	3351	39.55
2008	755	346	152517	7162	3455	49.36
2009	1134	390	155611	14451	3898	55.72
2010	1369	495	166309	17144.4	4172	57.95
2011	1600	—	184325	20000	—	65.00
2012	2000	—	210000	23000	—	70.00

农村供气　2010 年 3 月，青神县引进眉山市恒辉天然气有限责任公司，将南城镇、瑞峰镇、西龙镇、汉阳镇、河坝子镇、白果乡、罗波乡、高台乡 8 个乡镇行政区范围纳入农村供气范围。眉山市完成供气系统主要建设工作及两条南北乡镇主干道为骨架的供气网。至 2012 年，全市少数乡镇通天然气。

三、农村沼气开发

眉山市农村能源主要推广农村户用沼气池以及集约化养殖场大中型沼气工程。太阳能利用作为沼气的补充，处于自发阶段。秸秆发酵利用在探索阶段。

20 世纪 90 年代后，在国家政策支持下，农村沼气逐步试点推广。农村户用沼气工程建设，主要以国债项目和省市财政沼气补助项目为依托，从最初的整村推进到以乡镇为单位规划实施。项目补助每口 1000 元~2000 元，建设内容以“一池三改”（户用沼气池建设与改厕、改圈和改厨同步设计、同步规划、同步施工）为基本单元。2004 年，眉山市沼气池建池容积 8 立方米~12 立方米，重点推广“常规水压型”“曲流布料型”“强回流型”“旋流布料型”“半玻璃钢沼气池”等池型，要求自动进料、配备自动或半自动出料装置。2009 年，丹棱县在 5000 户沼气农户中开展秸秆和畜粪二种不同原料低温状态下投放菌剂对比试验，解决冬季沼气发酵难问题，试验期 3 年。试验证明，在 10 度以下低温条件下，能有效地使产气率提高 30%。2012 年，全市主要推广“常规水压型”“半玻璃钢型”。建成玻璃钢沼气池 5000 口。建沼气服务网点 506 个，以各种形式开展维修、换件、进出料等有偿服务。沼气农户维修覆盖服务范围 81%。

（一）户用沼气工程

2002 年起，东坡区利用中央投资开展生态家园富民沼气工程建设。当年在三苏乡、崇礼镇试点 400 口。此后，其他县每年实施中央投资沼气工程建设项目。至 2003 年，眉山市建成农村户用沼气池 12.14 万口。2004 年，全市开展以沼气为纽带的生态家园建设，结合血吸虫病预防、卫生、移民、环保、旅游等项目的整合，推进农业产业结构调整。实行农村户用沼气建设工程的招投标制、环保资质准入制、沼气生产工持证上岗制，确保项目质量和数量。2005 年，市委、市政府将沼气建设列入为民办实事之一。全市新建沼气池 1415 口。财政部检查组检查东坡区、仁寿县、洪雅县实施国债沼气项目情况，全市沼气建设项目无违规违纪问题。2006 年，眉山市将沼气建设作为农田基本建设内容，推广“户办工程”，实行山、水、田、林、路、气（沼气）综合治理。结合小流域污水治理在小城镇兴建生活污水净化沼气工程处理粪便污水。将沼气池作为农户配套设施纳入农户建设的内容，同厨房、厕所、畜圈等同时规划、同时设计、同时施工、同时投入使用。沼气项目重点向血吸虫病重点村倾斜，重点治理东坡区、彭山县血吸虫病源头。当年起，各县（区）均实施沼气中央投资项目，仁寿县、青神县、丹棱县实施四川省财政补助项目。全年全市新建农村户用沼气池 2.03 万户，新建“百村万户生态家园”农村户用沼气池 1.1 万户，新农村重点示范村新发展沼气 6292 户，新建城镇生活污水净化沼气池 95 处、8800 立方米；推广省柴节煤灶 7570 户。

2008 年起，眉山市开展地震生产自救，维修恢复沼气池 6564 口，降低损失。至 2010 年，全市共获得中央、省级沼气项目投入资金 1.16 亿元，地方财政配套 1035.78 万元，带动农民投资 1.81 亿元。新建农村户用沼气池 15.1 万口，新建村级服务网点 397 个，为 19.85 万户沼气农户提供维修和咨询服务，大中型沼气工程 4 处。2012 年，全市以沼气建设为纽带，结合退耕还林、产业结构调整、沼气综合利用以及城乡环境综合整治进村、社区活动，建设新的生态文明家园。丹棱县推进“生态养殖业—沼气—有机肥料—高效种植业”区域内“内循环零排放”能源生态模式试点示范，建成新村集中供气工程 9 处，被四川省政府命名为沼气化县。截至 2012 年年底，全市实施财政补助项目建设 11.88 万口。沼气池保有量增至 29.54 万户、占适宜建池农户的 65.4%。年可产沼气 1.03 亿立方米，可替代薪柴 73.73 万吨；保护林地 6.89 万公顷；减少水土流失 132.91 万吨；减少二氧化碳排放 59.07 万吨；可提供无害化的优质、高效有机肥料 118.07 万吨。有效治理畜牧业发展带来的粪便污染，保护和改善耕地，生产绿色无污染食品，提高农产品品质。改变农村“脏、乱、差”面貌，净化居住环境。

（二）大中型沼气工程

2006 年，在洪雅县阳平奶牛场实施大中型沼气池建设工程（主要通过集中供气、沼气发电和沼气锅炉热循环利用对生物工业废料、废水和牲畜粪便进行节能减排处理）试点项目。翌年建成，投资 187.6 万元（国家投资 100 万元）。因工程采用地上式常温砖混金属罐发酵工艺，受季节温度制约，发酵供气不稳定。2007 年起，在仁寿县龙马镇、大化镇、洪雅县洪川镇 3 个养殖场实施养殖小区和联户沼气工程，是年建设沼气联户工程 165 户。2009 年起，大中型沼气工程主要采用地上式中温塘瓷拼装发酵罐工艺，试运行效果良好。至2011年，全市实施大中型沼气池建设工程项目7个，中央补助资金296万元；建设752户沼气联户工程。至2012年，未再实施上述工程。

（三）城镇生活污水净化沼气工程

1997年，眉山地区城镇生活污水净化沼气池建设，主要利用沼气厌氧发酵原理，辅之气仓密封，化纤格栅网拦阻悬浮物和泡沫过滤等工艺，对污水处理厂管网不能覆盖的城镇生活污水，进行节能减排尝试，效果良好。防疫部门检测，厌氧处理后的城镇生活污水中寄生虫卵、大肠杆菌等致病因子含有量，均达到卫生部门规定排放指标要求。2004年后，眉山市农业、建设等部门，将城镇生活污水净化沼气池建设备案纳入建设报建和验收程序。眉山中心城区所有建设项目由市农能办验收合格方可竣工备案。2007年起，各县（区）利用沼气厌氧发酵工艺，配合学校卫生改厕。至2009年，为16所中小学校改建厕所，将普通化粪池改建为沼气净化池，解决学校厕所脏、臭等状况，利用沼气作燃料，解决学校食堂50%用能问题。截至2012年，全市有城镇生活污水净化沼气池3843处17.59万立方米。

第四节 城市公共交通

1978年，眉山县公共汽车公司成立，属国有事业单位，由眉山县城乡建设环境保护局主管。2001年，眉山县公共汽车公司更名为东坡区公共汽车公司。2002年，东坡区公共汽车公司整体事权上划，上划人员140人，更名为眉山市公共交通客运公司，隶属眉山市规划建设局，为全民所有制事业单位。2004年，丹棱县在眉山市各县城中第一个开行城市公交。2010年，眉山市公共交通客运公司划归市交通运输局主管，专业从事城市公共汽车运营和兼营部分城乡道路客运业务。2012年，眉山中心城区形成市区重要街道、厂矿、居民小区、新旧城区、商场、行政服务中心、市场、工业园区、景区城市公交线路全覆盖网络。城市建成区公交线网密度70%，城市中心区90%。全市除青神县外的县（区）均开行城市公交。

一、公交线路及车辆

中心城区公交　1997年，眉山中心城区有公交营运线路15条，客车86辆。其中农村客运10条。城市公交年运营560万车千米，旅客周转量305万人千米，客运量378万人次。当年起，逐步报废更新老旧客车。眉山县公共汽车公司及时调整处于亏损状态的成都、峨眉、乐山的长途客运班车，集中精力发展城市公交，新开辟公交和农村客运线路班车。2002年，眉山市中心城区新增无人售票环保车20台，增开2条城市公交线路。至2002年年底，市客运中心客车总数增至210台，其中城市公交年行程713万车千米，旅客周转量560万人千米，客运量843万人次。至2005年，全市报废更新农村客运车85台。2006年，投入1311万元，新增1条城市公交线路和公交车10辆，报废更新公交车104辆，城市公交新车运营率97%，城市公交线路路网有效覆盖率70%。2008年，市政府投资330万余元发展城市公交。加强城市公交车辆、驾驶员、监管员管理。2009年，投资381万元购置环保型公交车15台。2010年，市政府统一招标采购环保型国标欧三排放空调公交车15台。全市127台公交车推行IC卡电子收费系统，29台公交车实行电子语音报站。城市公交车进站率35%。市客运中心客运线路增至18条，有车辆213台（市内公交线路13条、车173台，农村客运线路5条、车

40台）。至2011年，全市报废和更新客车221台，新增客车99台（更新空调车20台）。2012年，眉山中心城区主要道路公交站台全部建成，开辟公交线路16条。截至2012年年底，全市有客运线路19条、客车248辆。其中市内公交线路12条、客车162辆，城乡公交线路2条、客车46辆，农村客运线路5条、客车40辆，城市公交线路总长195千米，年营运里程1780万车千米，年客运量1820万人次，中心城市建成区公交线网覆盖率70%，城市中心区90%以上。

区县公交　2004年，丹棱县开行城市公交线路一条，运营车辆3辆。2006年3月，洪雅县开通城市公交车，运营线路4条，投放公交车4辆。2007年1月，仁寿县开通第一条公交线路，运营车辆8台，线路总里程5千米，每天运送乘客3200人次。2009年仁寿县公交车启用公交IC卡智能系统、安装全车视频监控系统。仁寿县公交公司有运营车辆50台，运营线路5条，线路总里程39.3千米，每天运送旅客3.6万人次。彭山县有城市公交线路5条，运营车辆14台；2010年，洪雅县有城市公交运营线路1条，公交车6辆；丹棱县有城市公交线路1条，运营车辆3辆。至2012年，全市公交无变化。

二、候车亭建设

2001年，眉山市中心城区投资22.8万元市场化建成小北街、三苏雕像广场、世代广场、东坡大道候车亭6个；2006年投资64万元建成三苏大道、铁环路、苏湖路不锈钢候车亭18个。2007年，投资88万元建成眉象路、红星东路、环湖路中段等11处公交站台22个和文化特色公交站牌103个。至2008年年末，不锈钢候车亭投资174.8万元。2010年，眉州大道、东坡大道、诗书路48个公交站台、城西公交枢纽站2个项目移交市交通运输局。至2012年年底，移交给市公交公司候车亭33个，其中红星路东段、环湖路东段、东坡大道共12个仍由个体承建的广告商有偿使用和维护。全市投资108.16万元建设站牌，新建或改造不锈钢站牌、标准化站杆式站牌、三苏文化特色站杆式站牌765个。

三、城市出租汽车

1997年，眉山地区有出租汽车280辆，以每辆顶灯5000元价格，实行有偿使用，有偿使用期限3年。1998年起，交通管理部门规范出租车经营行为。纠正乱停、乱放、乱收费、经营不规范等问题。2001年，眉山市实行交通事权划分。眉山县出租汽车管理所上划眉山市道路运输管理处。出租汽车行业统一制定驾驶员服务公约和“出租汽车驾驶员须知”，车身颜色统一为红色加黄色腰带，后又改为绿白相间的环保色。2002年，市政府颁布《眉山市出租汽车管理办法》，制定出租汽车公司开业申请、开业条件、资格审核、经营管理以及收费标准，实行“五统一”（统一门徽、统一顶灯、统一计价表、统一价格、统一安装隔离网）管理，倡导安全、优质、文明服务。2003年，全市出租汽车实行公司化经营，市中心城区出租车355辆逐步更换为1.3升以上排量的“双燃料”车，配置绿色环保顶灯290辆。2004年，出租汽车客运市场实施新增运力听证制。2011年，市政府印发《眉山市客运出租汽车管理办法》，进一步规范出租汽车管理。截至2012年年底，全市有出租汽车公司15家（东坡区5家、仁寿县4家、彭山县3家，丹棱县、洪雅县、青神县各1家），出租汽车868辆（东坡区418辆、仁寿县215辆、彭山县100辆、丹棱县30辆、洪雅县55辆、青神县50辆）、客位4340座，车型以桑塔纳、捷达为主，从业人员1800人。

四、公交安全管理

1997 年起，眉山地区将公交治安管理作为经常性综合系统工程，加强管理，建立健全平安创建和社会治安防范机制及处置重大社会治安责任事故应急预案。

2001 年起，眉山市加强驾驶员安全意识教育，严禁超载、酒后驾车和疲劳驾车等，检测车辆性能，确保营运安全。2004—2006 年，市公交公司、市公安交警支队开展“警企共建安全文明运输单位活动”，组织公交车驾驶员参加全市社会治安综合治理活动，参加“四车两员”（出租车、公交车、长途客车、人力三轮车从业人员及环卫清洁工人，商业店铺人员）治安信息队伍，发动群众及时提供相关线索，揭露不法行为，开展客运春运、“五一”黄金周和安全月生产专项检查，检查公交车辆超载、超速、“五不出站”等行为。2007 年，市公交公司修理厂被四川省交通厅运管局评定为一类维修企业。全市客车维修管理设 3 个维修车间和 1 个烤喷漆车间，负责运营车辆维修和小修，协助驾驶员搞好车辆保养。建立车辆维修档案。2008 年，开展“红旗车”评比活动。搞好客运车辆、驾驶员调度，保证上下班、节假日高峰期候车亭不滞留旅客。

2010 年，市公交公司修理厂建成客车维修档案二类 7 卷 213 宗，每宗 18 项交通事故发生率下降 40%，客车安全行驶间隔里程增加。全市发往各乡镇班车夜间进站率 100%。至 2012 年，市公交公司修理厂实施人员、技术统一管理，形成管理维修一条龙。无违反操作规程和机修事故发生。

第五章　城镇和新农村建设

1997 年前，眉山境内各县城区基础设施不配套，住宅小区配套设施不到位，城区呈现脏、乱、差。1997 年起，眉山地区重点实施县城建设，启动旧城改造，新建城市道路、房屋等。各地加快城市发展，改善民生设施，丰富城市建设内涵，提升城市档次和品位。1998 年，全区投入城市基础设施建设资金 2.42 亿元。2006 年，眉山市按照统筹城乡发展要求，加大城乡规划建设力度。至 2007 年，全市城乡建设投入完成 54.45 亿元。2012 年，眉山市中心城区实施市政建设项目总投资约 25 亿元，其余五县城城镇建设投入 109.9 亿元。

第一节　中心（县）城区建设

一、旧城改造

拆迁　1997 年，眉山县执行《城镇建设拆迁管理实施办法》，拆迁补偿费、安置费、过渡费和附属物补偿费实行定价、定人员、定面积的互扶互补拆迁安置政策。1998 年，仁寿县旧城改造拆迁旧房 34 万平方米，涉及住户 2000 余户、单位 30 个。1999 年，眉山地区城市拆迁旧房 16 万平方米，眉山县拆迁旧房5万平方米。2001年起，眉山市按照《城市房屋拆迁管理条例》《城市房屋拆迁估价指导意见》《城市房屋拆迁行政裁决工作规程》《四川省城市房屋拆迁管理条例》《四川省城市房屋拆迁评估管理办法》《四川省城市房屋拆迁行政裁决听证工作程序》《眉山市城市房屋拆迁管理暂行办法》《眉山市中心城区城市房屋拆迁搬迁补助费临时安置补助费和附属物补偿标准（试行）》《眉山市城区城市房屋拆迁行政强制执行程序规定》等规定，城市房屋拆迁安置执行市场评估价补偿或面积互换差价互补政策。2002年，眉山市中心城区完成旧城改造拆迁59户6589平方米，安置43户3774平方米。2006年，市中心城区完成高职院新校区、红豆小区等15个建设项目94.73公顷征地拆迁。2011年，全市公布实施《国有土地上房屋征收与补偿条例》，废止《城市房屋拆迁管理条例》，执行建设部《国有土地上房屋征收评估办法》。2012年，仁寿县城区西北街拆除危房261户1.3万平方米。洪雅县改造学街棚户区，拆迁户302户、拆迁房屋约4万平方米。截至2012年年底，全市有三级房屋拆迁公司6家。眉山中心城区有红星机械厂、世纪新村、小香港步行街、市客运中心站、东坡金城、巴黎春天、通惠河一期整治工程、岷江干道、成绵乐城际铁路眉山东坡区段、眉州大道城区核心段及正西街旧城改造、下大南街旧城改造、天华街旧城改造等主要拆迁改造项目66处，拆迁改造面积979.61万平方米，拆迁住户4293户49.26万平方米；征收企业5家土地9681.78平方米、房屋1131.23平方米。

改造　1997年前，眉山境内仅丹棱县启动旧城改造。1998年起，眉山地区加快旧城改造，加大市政基础设施建设投入。当年，仁寿县、青神县启动旧城改造。仁寿县一期工程七个片区集中在旧城中心区，吸纳民间资金5.5亿元；新建商住房106万平方米，创商业价值5300万元；新建城市道路、桥梁、公厕等基础设施。全区争取上级建设补助资金5032万元，投资自来水、天然气、垃圾处理场和城市道路建设等项目21个。1999年，洪雅县以改善投资环境和依托市场调节和招商引资为重点，启动旧城改造，实施工业园区开发、新区开发，推进城市快速、稳定发展，改善城市面貌。当年洪雅县投资3000万元，拆迁旧房3万余平方米；青神县投资1亿余元，拆迁旧房3万余平方米。至2000年，青神县旧城改造投入资金近2亿元，改造城区西街、北街等13条街道基础设施，拆迁旧房9.4万平方米，涉及812户居民、85个单位；新建房屋92幢24万余平方米，新建街道5条、拓宽街道8条、建设人行道6.59万平方米，城区面积由0.69平方千米拓展为3.2平方千米。2001年起，仁寿县投资8000万元，完成金马小区1.34万平方米和仁寿大道3.9万平方米的拆迁安置工作。青神县启动城西开发建设，拆除房屋92户2万余平方米、门市35间800余平方米，安置79户9148平方米。2003年，丹棱县大、小南街改造拆迁约3万平方米，动迁人口1000余人。2004年起，市境内各地逐步改造城市风貌。所有在建工程和新建工程全面停止使用外墙面砖，改用高级涂料。完成市中心城区纱縠行风貌改造，实施三苏大道两侧建筑外墙装饰改造，完成市邮政大楼、融通苑综合大楼、孟三豆花店等6个单位6幢临街建筑改造。2010年起，仁寿县城建设以发展新区为主，旧城区不再扩大规模拆迁拆建，只对危旧房屋进行棚户区改造。2012年，仁寿县改造棚户区488套。洪雅县改造学街棚户区，总占地2.87公顷，规划建筑面积13.1万平方米，计划总投资3.5亿元。彭山县相继实施岷江小区、东后街、灵石路等21片区（街道）改造，改造土地面积84公顷。洪雅县相继实施城隍步街、五牛广场、青衣路、雅风小区等14个片区（街道）改造。丹棱县完成东门新区、滨河路等10个片区（街道）改造，投资9944万元，拆迁居民445户；建筑面积19.3万平方米。全市新建房屋157.2万平方米，城区小青瓦、棚户区改造率95%。

二、中心城区建设

1997 年及以前，眉山县城区是按县级标准和规模建设的建筑，城市道路、学校、医院、公园、广场、市场等基础设施不配套，住宅小区物业管理、绿化、消防等配套设施不到位，城区呈现脏、乱、差。

1998—1999 年，眉山地区投入城市基础设施建设资金 10.22 亿元，新增城市道路面积 66.04 万平方米，新开工建房屋 114 万平方米，新（改、扩）建道路 16 条。眉山中心城区完成自来水、天然气、农贸市场、新区小学、幼儿园等配套建设，完成通信、广播电视等工程建设。眉山县投资 1.6 亿元建设东坡湖公园二期工程和一环路等公共设施和城市干道，新建眉东小区等 86 个建设工程项目 31 万平方米。

2001 年起，眉山市加大投入，以房地产开发和市政基础设施建设为重点，推进城市建设。当年，东坡区实行区域规划建设管理，投入 1.04 亿元协调开发建设东坡湖片区。此后，全市面向市场，包装项目、吸引社会资金参与城市建设，促进民间资金转化为民间资本。同时配合清理城市土地，收回土地经营权，通过规范化市场运作土地筹集建设资金。至 2005 年，全市城乡建设投入近 60 亿元，其中市级和东坡区投入 17.1 亿元。市中心城区完成硬化道路、电解铝厂续建工程、东环路路灯、南北干道、红星路市政等基础设施建设和房地产开发。其余 5 县实施房地产开发和城市公园、拆迁安置、市政工程等基础设施建设，仅仁寿县就实施 66 万平方米房屋、新汽车站建设等重点工程。

眉山地区成立后修建的大型住宅小区——旭光小区（摄于 2005 年 4 月）

2006 年，眉山市中心城区投入 3.63 亿元实施配套公共设施建设。东坡区城镇建设投入 1.4 亿元。2007 年，丰富城市建设内涵，提升城市档次和品位。重点丰富城市文化和景观（绿化、亮化、美化）内涵。市中心城区投入 8.4 亿元，启动 32 个公共（益）设施项目。改造和新增一批酒店，新增床位近 2000 个。2009 年，以项目建设为中心，突出市政道路、城市公益设施等项目重点，民生工程、2008 年“5·12”汶川特大地震灾后重建、人防工程、扩大内需等，市委、市政府确定的 72 个项目（新建 31 个，续建 41 个）按计划全面推进。2010 年，全市城镇建设投入 63.3 亿元。新增建成区面积 4.5 平方千米，房地产新开工面积 219.8 万平方米。市中心城区启动城建政府性投资项目 50 个，完成投资 1.58 亿元。仁寿县投入 16 亿元推进老城、新城建设，完成沙子湾安置房、廉租住房 AB 区、仁寿大道延伸线等重点项目建设；彭山县以民生工程为重点，完成滨江路 A 段景观工程、忠孝雕塑活水公园等城市基础设施建设，实施中心城区风貌改造工程；洪雅县投资约 6000 万元完成青衣路等 4 条旧城主干道改造，融资 2.5 亿元启动“四路一渠”项目建设。

2011—2012 年，市中心城区突出市政道路、城市公益设施等重点项目，实施 54 个市政建设项目，主要为安置区周边道路、新区路网、老城区市政设施整治、东坡湖污染治理等。“两宋荣光”眉州大道改造工程开工建设，完成投资4.8亿元。以宏远商场、巴黎春天、东坡金城、摩尔玛等为代表的商业轴心正逐步形成，左岸半岛、凯旋帝景、玫瑰园、西班牙郡、绿岛华庭等园林式住宅小区建成入住，城市功能不断完善，人居环境显著提高。五县城城镇建设完成投入199.4亿元；房地产新开工面积470.4万平方米，新增建成区面积5.52平方千米，城镇总人口增至51.03万人。

第二节　村镇建设

眉山市按照区域发展原则，发挥城镇聚集功能和辐射带动作用。在村镇总体规划指导下，按照适度超前、逐步配套原则，以中心镇和重点镇建设为重点，以乡镇建设为突破口，加强小城镇道路、供水、排水、电力、通信等基础设施建设，推进城乡统筹一体化发展。1997—2012年，全市集镇基础设施和公共设施建设总投入86.4亿元（乡、镇建设总投入约30.2亿元，综合体建设投入资金2.36亿元，聚居点建设投入资金10.69亿元，新农村农房建设投入资金19.7亿元）。其中，青神县村镇建设投入资金13.01亿元。

一、小城镇建设试点

1997年起，眉山地区实施小城镇建设试点。眉山县太和镇、思蒙镇、万胜镇，仁寿县汪洋镇、富加镇、大化镇、黑龙滩镇、文宫镇，彭山县青龙镇、观音镇、谢家镇，丹棱县仁美镇，洪雅县柳江镇，青神县黑龙镇14个镇被列入省级小城镇建设试点镇。1998年，地区行署制定《眉山地区小城镇建设试点工作检查考核办法》。眉山县松江镇、仁寿县钟祥镇被地区行署确定为地级小城镇建设试点镇。2000年，四川省委确定仁寿县龙正镇、钟祥镇、始建镇，眉山县秦家镇、修文镇、永寿镇、多悦镇，洪雅县炳灵镇、洪川镇，彭山县江口镇，青神县南城镇，丹棱县张场镇为省级试点小城镇，并启动建设。

2001年起，眉山市逐步启动省级试点小城镇。仁寿县慈航镇、宝飞镇、北斗镇、龙马镇、禾加镇、视高镇，彭山县黄丰镇、彭溪镇，东坡区张坎镇、富牛镇，洪雅县高庙镇，青神县西龙镇、瑞丰镇，丹棱县杨场镇为2001年省级试点小城镇。全市省级试点镇增至40个，其中2000—2001年新发展省级试点镇26个。组织专家完成10个省级试点镇的规划评审，市人大开展省级试点镇建设检查，推进省级试点镇建设和发展。2002年，眉山市制订《眉山市村镇房屋产权户籍管理暂行办法》《眉山市村镇建筑工匠管理办法》。市政府颁布实施《眉山市农村能源管理实施细则》。彭山青龙镇和洪雅洪川镇被四川省确定为省级重点镇，完成仁寿县龙正镇、东坡区富牛镇等7个省级试点镇评审上报。全市40个省级试点镇已建项目48个，总投资63.7亿元，彭山县青龙镇高速公路引道项目和自来水厂项目投资4000万余元，上报财政部和建设部，争取建设资金支持。完成村镇建设投资5.9亿元，试点镇建设投资2.3亿元，启明星电解铝项目落户省级试点镇修文镇。全市新建城镇生活污水净化池130处4500立方米，年污水处理能力36万吨，推广型煤5.5万吨。年末全市有200个乡镇达到四川省规定的小康标准，占全市217个乡镇的92%。全市小城镇规划、建设和管理，小城镇建设走上规范化、制度化、科学化轨道。

二、特色重点镇建设

2003 年，洪雅县高庙镇、柳江镇申报全国历史文化名镇。启动省级重点镇试点。全市村镇建设完成投资 7.2 亿元，其中公用基础设施投资 1.1 亿元，40 个省级试点镇建设完成投资 3.1 亿元。2006 年，东坡区清理国家级重点镇永寿镇、省级重点镇思蒙镇和 7 个省级试点镇的规划落实情况。仁寿县启动 82 个小城镇建设项目。

2008 年，眉山市加大基础设施建设力度。重点推进洪雅县柳江镇，仁寿县龙正镇、汪洋镇、文宫镇，彭山县观音镇、青龙镇，丹棱县双桥镇等特色镇建设。全市村镇建设完成投入 6.8 亿元，建成一批科技、教育、文化、卫生、体育设施，基础设施资源不断向农村延伸，农村基础设施功能明显增强。2009 年，实施彭山县青龙镇道路及污水管道、彭山县观音镇果园村产业道路等乡镇基础设施，完成洪雅县止戈镇、槽渔滩镇等乡镇风貌改造，召开乡镇项目推介会，抓好乡镇主要街道的亮化、绿化和环境卫生整治工作。至 2009 年年底，仁寿县小城镇建设总投资 13 亿元，其中投资 9.5 亿元新建居民小区 52 个、投资 2.1 亿元公共建设项目 65 个、投资 3200 万元修筑排水管道 168 千米、投资 240 万元新建场镇市场 8 个、投资 7400 万元硬化街道 82 千米、投资 340 万元安装路灯 2580 盏、其他基础设施建设投资 2800 万元。2010 年，全市 16 个重点集镇建设投入资金 3.6 亿元，全面启动仁寿县视高镇污水处理厂、洪雅县柳江镇三期综合开发、东坡区思蒙镇旧城老街改造等重点工程。东坡区完成乡镇建设投入 1.6 亿元，新建文化广场 14 个，硬化道路 22 千米，改造集镇旧城 5500 平方米，新建农贸市场 3 个、天然气项目 4 个，其中在建房地产开发项目 6 个、建筑面积 6 万平方米、投资 9500 万元；彭山县投入 6800 万元加快观音镇、牧马镇等重点乡镇建设；洪雅县投资 3000 万元推进柳江镇三期综合开发，建设全国特色旅游名镇。仁寿县启动大化镇、文宫镇等特色小城镇建设。至 2010 年年底，洪雅县投资 6733.1 万元实施村镇道路建设；投资 1 亿元建设活动休息区、农贸市场等公用事业项目；投资 1.24 亿元实施包括镇政府办公房、文化站、医院、学校、养老院、派出所等公用建筑项目。丹棱县完成 7 个乡镇规划编制，投入 1970 万元，修建道路 318 千米、桥梁 15 座、供水设施 2 个，安装路灯 510 盏，建设绿化面积 117 公顷，天然气覆盖 2.5 万人。引进仁寿鸿运建筑有限公司 2500 万元开发建设，新增建筑面积 4.2 万平方米；引进雅安市名山县张大富旅游开发老峨山景区。2011 年，各重点集镇将自身建设与新农村示范片建设、农村农房建设相结合，加大集镇基础设施投入力度。全市重点集镇基础、公共设施建设投入约 19 亿元。其中东坡区万胜镇投入 3500 万元，实施安置区、旧城改造、文化广场、房地产开发等项目；仁寿县视高镇完成投资 2 亿元，完成自来水厂、景观大道和商业街等项目建设，推进物流中心、新城电力改造等；彭山县观音镇加大市政道路、景观绿化等工程建设，固定资产投入 5000 万元；洪雅县柳江镇被住房和建设部、国家旅游局评为“全国特色景观旅游名镇”，柳江镇投资 4000 万元，建设道路 2.3 千米；瓦屋山山门和广场竣工；七里坪风情小镇建成投入运行，五星级酒店启动实施；建成乐雅高速安置区配套基础设施。此工作延续至 2012 年。

三、集镇建设

1997 年起，眉山地区以重点镇建设为突破口，全面铺开集镇建设，加快推进城乡统筹。2012 年，洪雅县构建以县城为中心以城市副中心和重点集镇为支撑，以农村综合体和新农村聚居点为基础的全县城乡一体化框架。完成高庙、柳江、瓦屋山、槽渔滩、东岳等重点集镇建设任务，柳江镇污水处理厂、光明寺开工建设。仁寿县60个集镇城镇人口18.53万人，各集镇均有自来水厂，全县自来水厂日供水能力15万吨。全年眉山市集镇建设总投入30.2亿元。其中基础设施建设投入9.5亿元，集镇镇域面积扩大4.36平方千米，城镇化率增至39.32%，农民人均纯收入8236元。

1997—2012年，东坡区乡镇建设投入约5亿元，完成花园及绿化工程1万平方米，车辆厂社区广场，岷江大桥泡菜广场等4个文化广场建设，集镇街道天然气管网建设29.5千米，在建房地产开发项目7个、建筑面积20万平方米，硬化集镇道路95千米，旧城改造2.55万平方米，市政管网改造53.7千米，新安装街道路灯4800盏，实施绿化面积2.6万平方米。仁寿县投入24亿元实施小城镇基础设施、旧镇改造及房地产开发和民生工程建设，其中投资约10亿元快速推进视高、富加、黑龙滩、汪洋等场镇基础设施和房地产项目，全县乡镇街道硬化率85%。彭山县城镇化率由1997年的19.67%增至47.01%；青神县集镇市政基础设施投资3.53亿元，硬化道路56.7千米498.77万平方米，集镇道路全部硬化；新建下水道56.7千米、人行道113.4千米，新栽绿化树3284株；新建开发区8个、三峡移民小区9个、集镇供水工程2个、农贸市场17个、汽车站12个、集镇广场2个；全县集镇全部通电和普及自来水，城镇化率由1997年的20.2%增至31.4%。

第三节　新农村建设

1997年，眉山地区启动“眉山新村”建设。次年，同步实施社会主义新农村建设。

1997年起，眉山地区加强农村建筑工匠培训，逐步建立农民住房建筑工匠资格认证制度，推进农村建筑工程队伍建设。1998年，眉山地区设立农村小康建设办公室。眉山县、彭山县通过省农村小康建设领导小组办公室考评验收，被认定达到小康标准，实现小康。全区132个乡镇达到小康标准，小康进程实现程度85%。当年，地委决定在彭山县彭溪镇兴崇村实施社会主义新农村建设试点。地区建委负责道路、路灯、广场建设，负责审查建设工程图纸。1999年，地委、行署作出《关于开展“眉山新村”建设的决定》《开展富裕、民主、文明的社会主义新农村建设，全面实现小康目标的决定》，按照“突出重点、分类指导、分层实施、总体推进”和“一增收、二基础、三畅通、四改造、五个好”（农民人均纯收入2005年达到3000元；高产稳产的农田基础和安居住房基础；道路通、电话通、有线电视通；改水、改厨、改厕、改圈；基层组织建设好、民主政治机制好、精神文明建设好、社会环境好和村容村貌好）总体要求，地、县、乡镇发动群众，开展新村建设试点。眉山新村建设领导小组制定《眉山地区“眉山新村”建设考核验收实施意见》，规范眉山地区“眉山新村”建设考核验收工作。眉山县、仁寿县、彭山县、洪雅县、丹棱县、青神县试点村分别冠名“眉山新村”“仁寿新村”“寿乡新村”“洪雅新农村”“丹棱新村”“竹乡新村”。全区培训村镇建筑工匠580余人，完成“新农村”建设试点。地委、地区行署命名66个乡镇为“小康乡镇”，其中仁寿县36个、彭山县1个、洪雅县19个、青神县7个、丹棱县3个。经四川省农村小康建设领导小组办公室考评，眉山农村小康建设进程综合得分90.93分。2000年，加大村镇基础设施建设，投资2800万元兴建水泥路86千米，拆迁旧房40户，新建街道8条，建设集镇水道8条。彭山县启动新农村示范村建设。全区220个村3万户，投入资金3.2亿元，投劳100万个，新建楼房7300户，改造住房7500户，改水1.7万户，改厨2.2万户，改厕2.3万户，新修水泥路415千米。眉山新村建设在四川省委七届八次全委扩大会上作专题交流。

2001 年起，市委、市政府将新村建设实行目标责任制、加强领导、典型示范、整体推进。市规划建设局制定“眉山新村”联系村发展建设规划，精选农村住宅优秀图集 22 套支持新村建设；指导、协助罗平镇高丰村完成新修水泥路 2 千米、村委办公楼改造，指导完成新建楼房 29 户，新修沟渠长 1.6 千米及新村“四改”和广电工程。加强小城镇规划、建设和管理，小城镇建设走上规范化、制度化、科学化轨道。省委、省政府命名洪雅县、丹棱县、青神县为“小康县”。市委、市政府命名 25 个乡镇为“小康乡（镇）”。至此，仁寿县 110 个乡镇中 96 个乡镇基本实现小康。2002 年，市委、市政府印发《2002 年农业和农村工作意见》，提出“眉山新村”建设十年规划。要求因地制宜，坚持自愿，建设平坝集中型、丘陵分散型、山区生态型、庭院型多样化的“眉山新村”模式。在全市初具规模的彭山县青龙镇古佛新村、彭溪镇的兴崇新村、观音镇的曾家新村等 12 个重点新村，开展以“文明新村”“卫生新村”样板活动。东坡区三苏乡陈沟村、崇礼镇水陆村被列入国家“生态家园富民计划”项目。至 2002 年年底，全市新村新建楼房 2.55 万户，住房“四改”户 1.55 万户。200 个乡镇达到省规定的小康标准，占全市 217 个乡镇的 92%。东坡区、彭山县被省命名为小康县。2003 年，市建立新村建设领导小组成员单位联系村制度。丹棱县建筑设计所设计 3 套农村房屋建筑标准图集，向全县农村建筑市场推广。全市新建楼房户 1.49 万户，“四改户”1.5 万户。东坡区尚义镇中心村申报全国历史文化名村。

2004 年，市委、市政府印发《眉山市坚持科学发展观全面建设小康社会规划纲要》，制定全面建设小康社会的目标。丹棱县依托全国首个“生态文明家园试点县”建设，以实施“两池六改”（建设污水湿地处理池和沼气池，改厨、改水、改厕、改圈、改庭园、改入户道路）和基础设施建设为重点，以人与自然和谐发展为目标，政府引导，群众参与，建设田园风光型、自然生态型和庭院经济型村庄。全市重点抓新村道路建设，新建乡村道路 180 条 551 千米，硬化乡村道路 358 条 881.2 千米，整治乡村道路 704 条 1777.2 千米；50%村通水泥路。

2005 年起，眉山市新农村建设进入新的发展时期。市委、市政府下发《关于推进社会主义新农村建设做好 2006 年农业和农村工作的意见》《眉山市社会主义新农村建设行动方案》等文件，全市围绕“生产发展、生活宽裕、乡风文明、村容整洁、管理民主”新农村建设方针，“规划先行，产业为重，群众为主，片区带动，整体推进”的建设社会主义新农村工作思路，采取综合性措施，围绕“发展新产业、建设新民居、创建新机制、培养新农民、塑造新风貌、建好村班子”六个重点，推进社会主义新农村建设，将新农村建设工作作为市委、市政府重点督查内容，定期督查，全党动员，落实责任目标。眉山市新农村建设成为四川省一面旗帜，全省新农村建设现场会议在眉山召开。启动 36 个村的新村扶贫工程项目，市财政投入扶贫资金 1440 万元，兴建新村基础设施建设。推广“百村万户”生态家园建设，全市建示范村 100 个，示范户 1 万户，建沼气池 1.05 万口，污水处理池 495 口，改厨 1.01 万户，改厕 1.04 万户，改圈 9500 户，改庭园 6800 户，改路 210.7 千米，总投资 2 亿元（群众投资 1.83 亿元）。至 2005 年年底，全市建成彭山“古佛新村”“兴崇新村”、东坡“陈沟新村”等市级新农村示范村 16 个，带动建设县级新农村示范村 284 个。“眉山新村”示范户 9.5 万户，新建楼房 1.5 万户，改造小青瓦房 4 万户，“四改”农户 3 万户，新修村社水泥路 1200 千米，投资 10 亿元。

2006 年，眉山市启动条件较好的 100 个村试点，重点抓好 39 个市级示范村。市、县财政投入资金近 1000 万元，立足高标准、高起点，聘请专家编制完成 39 个市级示范村、100 个试点村、100 个重点村和重点交通沿线新农村建设规划。全面编制各类示范、试点村的村庄、产业、基础、社会文化事业综合规划。仁寿县将文化作为综合规划重要内容，挖掘枇杷和梨文化内涵，建成集休闲观光、农家旅游为一体的“中国仁寿万亩枇杷生态园”“中国仁寿万亩梨生态园”。引入竞争机制，按照“政府主导、群众主体、奖补为辅”原则，群众自主申报，村民代表讨论决定，层层申报方式推进。洪雅县以300万元财政奖补资金调动群众自主投入1.8亿元开展新农村建设，其中史华村、前峰村带动老百姓自主投入300万余元改造民房。至2006年年底，全市39个示范村出栏生猪7.87万头，存栏奶牛1293头，新增282头，新增蔬菜基地1.6平方千米，新栽竹4.39平方千米，新发展果树2.25平方千米。示范村新修村道43.9千米，新增通村水泥路50千米，整治山平塘111口，整治渠道110.4千米，新建农房1561户，改造农房1788户，整治提灌站14座，新增村级活动阵地11个，新增有线电视用户1649户，新增固定电话1697部。2007年，市委、市政府连续下发《全面建设社会主义新农村的决定》《农业拳头产品推进方案》《发展一村一品推进产业富民方案》等系列配套文件48个，明确新农村建设和一村一品发展的目标任务、工作重点、保障措施和考核表彰奖励办法，每年表彰新农村示范村。引入蒙牛乳业有限公司、现代牧业有限公司等项目，助力新农村建设。以农村环境治理为重点，开展基础设施建设。以“三配套”（生态环境配套、路渠电沼气宽带配套、庭院文化配套）户办工程和“六个联”（硬化道路联成网、水利灌溉联到地、绿化美化联庭院、骨干产业联成片、学校医疗联成网、活动阵地联村民）生态家园工程为载体，依托水利、农业、林业、交通、环保、扶贫等项目，实行山、水、田、林、路、机、气综合治理，改善村民生产生活条件。围绕种植业、养殖业和加工业副产物、废弃物的再利用，依托规模化生产基地，兴建沼气池、灌溉渠和庭院经济等配套基础设施，发展农业循环经济，提高农业综合效益。各县（区）相继出台《关于加大农业投入整合农业资金的实施意见》《新农村建设奖补办法》《新农村建设质量标准体系》等配套文件，建立实用性、操作性强的新农村建设工作政策体系，推动工作开展。财政支农资金每年大幅增加。发展奶牛、生猪、蔬菜、林竹和渔业五大拳头产品。2008年，全市51个村列入四川省级新农村建设试点示范村。丹棱县梅湾村被国家旅游局确认为“全国乡村生态旅游示范点”。全市集中14个部门的涉农项目资金4.24亿元投入新农村建设。确定22家“新农村省级示范企业”和240家“百企联百村企业”，联系帮扶281个村。调动当地致富带头人、在外成功人士筹集资金近1000万元用于新农村建设。启动10个省级村庄人居环境治理试点。至2008年年底，全市建成各类新农村试点（重点）村325个。其中，“省级重点推进村”9个，“市级示范村”39个，“县级试点村”100个，“乡镇重点村”300个。建成洪雅“曲沿新村”“青岗坪新村”，东坡“陈沟新村”，仁寿文宫“石家新村”、曹家“梨园新村”，彭山江口“白腊新村”等具有眉山特色的社会主义新农村。2009年，仁寿、洪雅、青神3个县被四川省政府列为省级新农村示范片，东坡区、彭山县、丹棱县3个县被眉山市政府列为“市级新农村示范片”。丹棱县梅湾村、龙滩村、兴隆村被四川省建设厅授予“四川省园林村庄”称号。2010年，开展新一轮新农村农房设计竞赛，下发省、市新农村优秀农房设计方案图集、优秀新农村规划图集1968套，指导农房建设。全市规划新建农村新型社区集中安置示范点37个。仁寿县枇杷园新农村建设示范片、洪雅县青衣江新农村建设示范片、青神县“两水一竹”新农村建设示范片、丹棱县整县推进新农村建设总体规划获省新农村建设示范片推进工作领导小组批准通过。东坡区实施《东坡区区域新村建设总体规划》，推进“2511”工程（两个重点核心村，5个安置点，1条重点交通沿线，10个重点村）。全市新农村农房新建或改（扩）建面积110万平方米，投入资金6.83亿元（农房建设6.5亿元、基础设施建设3750万元）。全市组织农村工匠培训8期1100余人次。至2010年年底，丹棱县57%的村建成生态文明村庄，集中连片整体打造新农村示范村35个，建成省级生态村9个、省级园林村3个、市级生态村24个、农村生态文明家园示范户3.4万户，成为全省生态文明家园基本覆盖县；通村道路全部硬化，通社道路硬化70%，入户道路硬化60%；农村居民安全饮水率95.5%，全县生活污水湿地池处理率64%，沼气池适宜农户普及率80%，信息化普及村100%。2011年，眉山市整合部门和社会资源，加快新农村建设进程。全年全市新建新农村综合体7个，总投资约1.9亿元；规划新建新农村聚居点92个，总投资约4.8亿元；新农村农房新建或改（扩）建12770户，改扩建面积218.4万平方米。2012年，仁寿县枇杷园新农村建设示范片、洪雅县青衣江新农村建设示范片、青神县“两水一竹”新农村建设示范片、丹棱县整县推进新农村建设总体规划通过四川省新农村建设示范片绩效考核，除洪雅示范片等次为良外，其余为优。

截至2012年年底，全市建成新村聚居点650个，建成新农村综合体10个，惠及农户7.76万户，适宜农户集中聚居率10%，示范片内农民人均现金收入增长23%。新农村农房建设投入资金19.7亿元。新农村综合体建设7个，总投资2.4亿元。全市农民人均纯收入8236元，居全省第四位。各区县新农村基础设施建设取得新成就，实现农村大变样。彭山县村镇建设投入资金30.38亿元，先后实施观音果园、青龙龙都、牧马莲花、牧马新镇、谢家毛河村、武阳郡江口白蜡新村点等51个社会主义新农村建设。青神县投入6.35亿元新建和改建农户房屋4.18万户518.92万平方米，农房新、改、扩及风貌改造5086户；南城镇兰沟村、白果乡罗湾村、白果乡白庙村和甘家沟村岷江风情街新村聚居点规划建设农户260户投入1904万元。

眉山市小康乡镇和新农村建设统计表

表4-13

授予时间	授予名称	被授乡镇（村）	授予机关
1999年	小康乡镇	仁寿县大华镇、宝马乡、三溪乡、朱加乡、青岗乡、蜂蜜乡、黑龙滩镇、文宫镇、府君乡、板燕乡、松林乡、富加镇、花房乡、汪洋镇、四公乡、钟祥镇、曹加乡、铧炉乡、月桥乡、慈航镇、龙正镇、正兴镇、北斗镇、鸭池乡、禄加镇、宝飞镇、复合乡、天峨乡、龙马镇、方加镇、龙桥镇、清水镇、视高镇、钢铁镇、满井镇、兆加乡，彭山县邓庙乡，洪雅县洪川镇、中山乡、东岳镇、吴河乡、符场乡、止戈镇、余坪镇、赵河乡、柳江镇、柳新乡、竹箐乡、汉王乡、天宫乡、联合乡、中保镇、罗坝镇、炳灵乡、三宝镇、金釜乡，青神县汉阳镇、瓮家乡、白果乡、瑞峰镇、罗波乡、观金乡、桂花乡，丹棱县杨场镇、石桥乡、仁兴乡	眉山地委、地区行署
2001年	小康乡镇	仁寿县五福乡、齐家乡、松峰乡、永宁乡、建新乡、清泉乡、彰加镇、勤乐乡、骑虎乡、铁牛乡、洪峰乡、古建乡、龙凤乡、甘泉乡、中农镇、新店乡、马鞍乡、识经乡、白凤乡、天明乡、金鸡乡、凤格乡、龙江乡、中岗乡、金凤乡	眉山市委、市政府
2008年	新农村建设试点示范村	东坡区广济乡五一村、鸭池村，三苏乡陈沟村、百家村，秦家镇新星村，太和镇河东村，盘敖乡周庙村，崇仁镇碧江村，思蒙镇婀婆村，尚义镇太宝村，金花乡白塔村，复兴乡西湃村，修文镇大轮村，白马镇龚村，多悦镇华藏村；仁寿县文林镇忠实村，文宫镇太清村、飞跃村、石家村、红专村，宝马乡决心村，曹家乡梨园村、梨树村、水星村，兆家乡娄乐村、踏桥村、仓田村，满井镇杜家村，谢字乡新民村，龙桥乡铧匠村，鸭池乡白村，凤陵乡九龙村，板桥乡朱家村，大华镇劳动村，高家镇鹰头村、土门村，钟祥镇中华村，敖陵乡正华村、千丘村；彭山县武阳村，江口镇白腊村，皇陵乡正华村，观音镇果园村，义和乡杨庙村，彭溪镇大楠村，公义镇欣荣村，黄丰镇团结村，灵石镇双漩村，谢家镇红石村	四川省政府

第六章　城市管理

1997年眉山地区成立后，城市建设快速发展，各地加强城市管理，城市管理水平不断提高。各地因地制宜加强城市市容和环境卫生管理，垃圾处理从无到有，从粗放式管理到分类规范管理，污水处理厂、垃圾处理厂等基础设施逐渐完善。加强非机动车管理，规范交通秩序和安全。开展集中整治乱贴户外广告活动，整治干道占道经营、摆摊设点等，规范管理，落实环境卫生责任制和目标管理制度。各地加强城市道路建设、城市绿化、城管执法队伍建设、环卫内部体制改革、城市非机动车管理等，提高城市管理水平。同时开展城市管理重要性和相关法律、法规宣传，在全市各地开展创建卫生城市、生态园林城市等活动，城市干净、整洁，面貌焕然一新。

第一节　环境卫生管理

一、城市环境综合管理

1997—2000年，眉山地区加强中心城区市容和环境卫生管理，地区城市建设委员会制定《眉山城区综合整治目标责任书》，实行城区综合整治目标责任制，每周五检查综合整治情况，查处无证三轮车、违章建筑施工问题，加强清扫保洁和城内交通管制。全区开展创建卫生城市活动，制定争创“园林式”单位标准。各县加强城市道路建设、城市绿化、城管执法队伍建设、环卫内部体制改革、城市非机动车管理等。地区建设委员会制定和完善城市市容和环境卫生综合整治考评办法，实施城市综合整治。按“坐商归店、摊位归区、农贸归市、建筑归线、停车归点、广告归栏、炉灶进店”要求检查眉山城市管理情况，取缔“以街代市”、占道经营行为，保证道路畅通。推行环境卫生责任制和目标管理制度，完成湖滨路等20万平方米清扫保洁；开展“十佳”环卫工人评选活动。中心城区投资30万余元设立交通标志31套，划定停车场地30余处。

2001年，眉山市开展城市管理重要性和相关法律、法规宣传，出动车辆，发放宣传资料和宣传磁带，悬挂标语，发布《市政府治理城市脏乱差的通告》。组织开展集中专项整治活动和“三优一学”文明城市竞赛活动，市城管、公安、工商、国土、交通等部门综合开展整治活动；开展集中整治乱贴户外广告活动，清除乱贴户外广告，收缴非法广告、横幅，并集中销毁。集中整治大北街，整治东西干道占道经营、摆摊设点等。

2005年，市委提出“着力建设和谐精品城市”要求和“十一五”期间全市开展“五大创建活动”（创建省级文明城市先进市、创建中国优秀旅游城市、创建国家级园林城市、创建国家级卫生城市、创建省级和国家级环境保护模范城市）。市委、市政府提出加强城市环境综合整治，提高人居环境质量。加快城市环保基础设施建设进度。要求中心城区污水处理厂、垃圾处理厂尽快投入正常运行；搞好医疗垃圾等危险废物收储管理和安全处置，抓紧建成市医疗废物处理场；各县区加快污水处理厂和垃圾转运站建设，抓好城镇生活污染无害化处理；加快城市河湖整治，按照“谁开发谁整治，谁污染谁付费”原则，抓好中心城区通惠河、东坡湖环境综合整治，采取河湖截污纳管、河湖堤砌、两岸绿化、引清冲灌等综合手段，改善城区河湖环境质量；以创建卫生城市、生态园林城市为载体，开展中心城区环境综合整治；抓好中心城区环境功能区划，有序推进中心城区环境综合整治；加大能源结构调整力度，推行清洁燃料，实施“煤改气”工程，每年新增天然气用户3000户，控制煤烟型污染。开展城市油烟整治工作，对设在住宅楼内的污染扰民严重的餐饮娱乐单位限期整治，治理无效的搬迁或关闭；加强汽车尾气污染治理，推行和改装压缩天然气汽车；严格控制施工和运输扬尘污染，施工工地实行封闭式施工，对易造成污染的建材和渣土实行封闭堆放、密闭运输、净车出入；开展市区机动车禁鸣工作，降低城区交通噪声。严格执行夜间施工审批制度，减少夜间施工噪声扰民，加大餐饮、娱乐、装修等社会生活噪声管理，确保环境噪声达标；开展绿色人居环境工程建设，改善城市人居环境质量；全面开展省级环保模范城市、安静居住小区、绿色社区、绿色单位、绿色学校创建活动；开展城市园林绿化建设和城市屋顶绿化建设，提高城市绿地面积和绿化覆盖率，努力建设高效、低耗、舒适、和谐的人居体系和现代、文明、各具特色的环境文化体系，打造环境优美的中国诗书城，提高人居环境质量；每年开展一次为期1个月的城市环境综合整治专项行动。至2009年，眉山城市生活污水处理率、城市生活垃圾无害化处理率均为100%；农村生活垃圾、农户生活污水的收集处理达到20%。至2012年，全市城市管理逐步实现常态化、规范化、人性化、网格化。

二、清扫保洁

（一）街道保洁

1997年，眉山中心城区街道路面清扫保洁面积约45万平方米，有清扫保洁员93人，清扫保洁工具主要是扫帚、撮箕、手拖车、捡拾钳等，与清扫车、洒水车相结合。丹棱县清扫、保洁人员实行“定人、定岗、定时、定路段”岗位责任制，明确规定道路清扫、公厕清掏、垃圾清运“三清”作业，加强环卫清扫和保洁人员检查、考评和月小结，实行奖惩，垃圾场和公厕定期施药、消毒处理“四害”，集中整治无人清扫的路段和卫生死角。1998年，眉山中心城区改革环卫管理体制，引进竞争机制，推行管干分离，采取经费打捆和责任承包相结合运作模式，实行“三定一包”（定任务、定人员、定质量标准、包费用）清扫保洁路段承包责任制。科学划分城区街道，实行分段竞标承包；按照各路段清扫保洁难易程度，合理确定报酬，与承包人签订承包协议。至2001年，眉山市中心城区街道83条140万平方米，保洁机械化作业率不到10%。2002年，仁寿县城区清扫保洁任务分成12个片区，实行分片管理，逐步完善承包管理制度。2004年，仁寿县引进市场竞争机制，完成城区所有公共场所环卫清扫保洁工作责任承包。丹棱县在环卫工人中掀起“脏了我一人、清洁千万家”等讲奉献活动热潮，签订“门前三包、院内四自”责任书。2006年，眉山市中心城区实行街道环卫清扫保洁分片承包。2009年，市中心城区实行清扫保洁（垃圾转运）作业权责任承包，以小组（街道）为单位，细化清扫工作，全城清扫面积分为33个作业小组，每个小组负责开展日常清扫工作。2010年，市中心城区推进道路清扫保洁常态化、标准化、精细化作业，实施“四个延伸”（传统保洁向清扫泥沙延伸、清扫街道向清洗街道延伸、雨天休息向雨天洗街延伸）。仁寿县城区清扫保洁新引进白猫保洁公司承包整个国道213线城区段的卫生保洁，形成公司间竞争，以加强公司工作责任。丹棱县制定《丹棱县城管办领导包片职工包街环卫保洁巡查制度检查管理办法》，将县城区

68条街道划分为5个片区，实行领导包片，职工每人负责一条街道，每天巡查，发现问题及时处理。环卫工人实行定路段、定人员、定职责管理，确保城区街道清扫到位、全天保洁、及时清运。2011年，市中心城区重点开展“扬尘”治理，实行扫地车清扫、高压冲洗车冲洗和人工拖洗“三位一体”作业新模式，每天凌晨2点至早上8点轮流清洗城区各主要街道路面、路沿石、人行道、隔离护栏等。仁寿县实施“网格化”分类管理，巩固省级卫生县城成果。至2012年，眉山市中心城区535万平方米道路和1144名环卫工人分为33个片区，“定等级、定路段、定标准、定人员、定处罚”管理，道路每天8点前完成普扫，不留死角和盲点。示范道路每天普扫2次，一级、二级道路每天普扫1次，三级道路地面无明显白色垃圾，无成堆垃圾死角。市中心城区保洁机械化作业率提高到60%。仁寿县严厉打击乱张乱贴、乱涂乱画等违法行为，清除“牛皮癣”10万余条。

（二）居民小区保洁

2012年，眉山中心城区有社区34个，按照“院内四自”（自搞环境卫生、自建环卫设施、自育花草树木、自管单位秩序）原则，居民小区生活垃圾由小区业主委员会、物业公司或委托的专人负责内部卫生保洁、垃圾收集清运，有收集转运工和卫生管理员约600人。开放式小区（无物业管理）设置收集点107个，由环卫工人定时上门收集，小区居民生活垃圾清运到就近的垃圾地库，日产日清。

（三）水上保洁

2005年6月起，市环卫处接管东坡湖水域，负责东坡湖约60万平方米水面漂浮物打捞工作。作业两个多月，打捞上万吨水葫芦，有效改善水域环境和水体质量。2006年，市政府制发《东坡湖水域管理办法》，市环卫处配备保洁员8人、打捞船4艘、快艇1艘，每天实行不间断循回保洁，随时清除水面垃圾等漂浮物，保证东坡湖水域环境卫生质量。2009年7月，市环卫处接管通惠河5万平方米水域漂浮物打捞工作。面向社会公开招标承包管理，由承包人每天清除水面漂浮物。市环卫处负责质量监督、考核，按月计发承包费用。至2012年，市环卫部门及时组织实施东坡湖水域保洁。

三、垃圾处理

（一）生活垃圾处理

城区生活垃圾主要由单位、企业、饭店、宾馆、小区、居民生活垃圾、经营性垃圾所组成，各季节垃圾量和构成变化较大。

1998年前，眉山县垃圾堆放场位于城区东门河边，邻近城市居民区和岷江，造成污染严重。1998年，在眉山县盘鳌乡狮子山设置新垃圾堆放场。眉山城区实行居民生活垃圾袋装化管理，在居民集中区设置袋装垃圾收运点13个，每天早晚由农用垃圾车到点收集，防止居民乱扔乱倒垃圾。2001年，眉山中心城区处理垃圾3.55万吨。2002年，眉山城区实行垃圾收集站（地库）管理，取消主要街道垃圾桶，设立果屑箱，逐渐在城区和居民区建设垃圾收集站（地库），配套人力三轮车、电动车收集、中转城区垃圾，保证城区垃圾密闭化贮运。2003年7月起征收中心城区生活垃圾处理费。2006年，经卫生填埋场无害化检查，被评为二级生活垃圾无害化填埋场。每天中心城区、彭山、洪雅、青神、丹棱四县城区及东坡区所有乡镇进场生活垃圾约850吨，严格按照国家城市生活垃圾卫生填埋技术处理。2008年，在市中心城区设置分类果皮箱，将居民投放果皮及零散垃圾送到附近的垃圾地库，再由垃圾车收集清运到盘鳌生活垃圾处理场。市环境监测站监测渗滤液出水，市生活垃圾无害化填埋场达到环评规定的一级排放标准。2010年起，丹棱县实行乡镇垃圾集中清运处理，全县乡镇生活垃圾按“户收集、村保洁、乡（镇）集中收集、县统一清运并作无害化处理”，实现一体化收集、转运处理，日清运处理城乡生活垃圾60吨。2011年，仁寿县制作安装果皮箱800个，新增垃圾收集点15个，年收集、清理垃圾7.3万吨。丹棱县乡镇生活垃圾统一清运至眉山盘鳌垃圾处理场无害化处理。2012年，眉山中心城区年产生和运输居民生活垃圾15万吨左右，重点治理城乡接合部、开发区、背街小巷等死角垃圾、建筑垃圾等环境卫生方面的突出问题，清除垃圾；出动洒水车、扫地车和多功能清洗车，清扫（冲洗）道路，洒水，净化和美化道路。仁寿县利用垃圾无害化处理厂，减少环境污染，垃圾无害化处理率95%以上。丹棱县制定《丹棱县城区生活垃圾袋装化处理办法》，城区垃圾实行袋装化处理，逐步取消沿街垃圾桶。

（二）建筑垃圾处理

1997年，在省道106线以北、眉山县富牛镇牛路口村建设建筑垃圾单独填埋场。

2006年起，市城管行政执法局加强建筑施工工地检查，纠正违章行为。2009年，丹棱县执行《城区渣土运输管理办法》，严格审批建设、施工单位运输渣土车辆，加强执法巡查，防止抛、洒、滴、漏。2011年，市建设建筑垃圾单独填埋场立项，占地1.33公顷，设计规模年5万立方米，使用年限4年，日处理量137吨，总投资499万元。市城管执法部门查处一建筑工地带泥出场污染道路，开具《调查通知书》，处罚款1.8万元。截至2012年年底，市城管行政执法局检查建筑施工工地312处，纠正违章2335次，处罚163件。处理带泥出场运渣车586辆，遏制环境污染。

第二节　城市绿化美化

一、园林广场

眉山中心城区园林建设始于1993年，主要为公园、广场建设。按照“两片、六线、多点”（以岷江为界形成东西两个大片区，东片为蟆颐观—苏公墓风景名胜区，西片以城区为依托形成由外向内的拓扑形式的环状绿地系统；形成眉州大道景廊、花园干道、东坡大道绿廊、眉象路绿廊四条特色林荫大街，以及通惠河滨河绿带、东坡湖滨湖绿带两条滨河绿带；市区内布局合理的各类城市公园和街头小游园，包括岷峨公园、青衣公园、中国诗书城公园、东坡湖公园、东坡宦游城、三苏祠博物馆、环城公园、通惠河公园等八处市级公园）城市绿地系统形态结构，城市公园绿地布局合理，分布均匀，古典园林得到有效保护，园林建筑突出城市特色，充分展示眉山城市历史文化风貌。2000年起，仁寿县实行园林管理责任制，分片包干，定岗定责。规范人民公园、休闲长廊、街心广场摊点秩序，重点整治县医院周边环境，取缔周围临时摊点，保证县医院周围交通要道畅通。补栽城区绿地，每年栽植小叶榕1000余株，灌丛1万余株。2003—2008年，青神县投资1590万元建成东坡广场、中岩公园、青衣广场、岷江桥头广场，丹棱县投资450万元建成唢呐广场。至2012年，眉山市中心城区有公园、广场5个。

（一）园林

1998年，眉山中心城区建成东坡湖公园，位于眉山老城区东面，岷江河堤西岸。占地面积27公顷，公园内设有景点6处；有绿化面积17公顷，种植名贵树木30余种、花卉植物50余种、草坪2.07公顷。工程总投资2043.2万元。

2002年，眉山市中心城区开展创市级“园林单位”“园林小区”活动。成立东坡湖园林绿化有限公司，参与市场竞争、引进竹林茶园、沙滩野炊区等项目，培植和新栽各类花卉2.4万盆（株），栽种树苗1000余株，丰富游客休闲娱乐空间。举办国庆艺术展，展示花卉4.2万盆，全年接待游人15万人次。2003年，市委、市政府提出创建省级园林城市。2004年，市委、市政府提出“把眉山建设成为体现三苏文化品位的园林生态城市”，立足眉山独特的三苏文化品牌和丰富的自然资源优势，建设“中国诗书城”，恢复“七大古迹”（恢复重建远景楼、苏坟山、蟆颐观；恢复扩建三苏祠博物馆；恢复完善古城墙、经书楼、碑林），新建“七大景观”（诗书城公园、东坡外滩、东坡宦游城、八百进士堂、宋城）。当年，投资5000万余元，建成诗书城公园，位于眉山城北的眉州大道与东坡大道交会处，是集休闲、观赏、娱乐为一体的开放式综合性公园。设有大型雕塑、音乐喷泉、诗书长廊等景观小品。公园内建有市文化中心、书林、唐宋八大家雕像及大型音乐喷泉，公园植物造景有众杏拱北、惊涛拍岸、潇湘竹石、月照花林、幺凤集桐、瓜果飘香、百坡桄榔、柳伴芙蓉八大景观。2005年，眉山获“四川省园林城市”称号。

2009年，市委、市政府作出“创建国家园林城市的决定”。全市强化宣传，上下整体联动，社会各界广泛参与，推进城市园林绿化快速发展。注重生态性、景观性、文化性，山水、湿地、园林、景观、文化相结合。实施四大公园（苏辙、苏洵公园，改建苏轼、苏母公园）建设，展示眉山的特色文化内涵，彰显三苏文化。加强节点景观和主要干道园林绿化景观升级改造，新建通惠河二期园林景观，长约1.5千米，建设面积约4公顷；改造眉山东坡大道、一环路绿化，面积约6.7公顷。建设“两铁”（成昆铁路、成绵乐高铁）城区段防护绿地，约48.6公顷防护绿带。规划在岷东新区建设植物园，占地面积约57公顷。2011年，眉山城区投资6.38亿元新建、改建“苏洵、苏母、苏轼、苏辙”四大主题公园。新建的苏洵公园坐落于眉州大道西段，临通惠河；新建的苏辙公园位于眉州大道东段，临岷江二桥，建设面积9.67公顷；苏母公园由东坡湖公园改建而成，建设面积19.2公顷；苏轼公园由诗书城公园改建而成，建设面积约10.33公顷。

至2012年，“两铁”防护林建设工程完成，栽植面积32.21公顷、树苗3.57万株。市中心城区有公园、广场5个，包括游园、街头在内的绿地占地面积202.94公顷，绿地面积177.99公顷。

（二）广场

1993年，眉山县建三苏雕像广场，位于城区中心地段，占地面积0.5公顷，绿地面积0.24公顷。中心景点为眉山标志性雕塑三苏父子雕像。广场内设有音乐喷泉，笔筒雕像，喻义文思如泉涌，诠释三苏文化，是眉山中心城区重要标志。

2003年，眉山市投资5850万元，在中心城区建设阳光音乐广场、火车站广场、东坡湖广场、东坡广场。建成东坡湖广场，东坡湖广场位于东坡大道南段，紧临湖滨路，为大型商业广场，占地面积0.8公顷，绿地面积0.3公顷，内设有大型音乐喷泉，栽植有大型桂花树，加拿利海枣、老人葵等热带植物。至2012年，市中心城区相继建成位于一环北路与通义路交会处、占地面积0.5公顷的三圆广场；位于东坡大道南段和红星路交会处，占地面积2公顷，绿地面积1.3公顷的外滩激情广场。

二、绿化美化

眉山市中心城区按照“两片、六线、多点”的城市绿地系统形态结构，充分展示眉山城市历史文化风貌。将眉山城区大体以岷江为界形成东、西两大片区；建设眉州大道景廊、岷江大道绿线、金象大道绿线、东坡大道绿线、通惠河滨河绿带、东坡湖滨湖绿带“六线”；城区内布局合理的各类城市公园和街头小游园“多点”。

1997 年起，眉山地区城市道路绿化以乔、灌、草结合，点、线、面结合，丰富植物层次和色彩变化。苗圃生产结合农村产业结构调整，繁殖各类乔木、灌木及草花等装点城市，市境内培育的一串红、玻璃海棠、孔雀草、羽衣甘蓝等草花全部投放到城区三苏路等 10 余个交通岛。仁寿县投资 1200 万元，实施大树进城、拆墙透绿及城市绿化工作，新栽、移栽大树 600 余株。1999 年，全区城市人均绿地面积 4.99 平方米，中心城区人均绿地面积 5.22 平方米；建成区绿化覆盖率 7.45%，中心城区绿化覆盖率 7.52%。

2001 年，眉山市投入 15 万元绿化园林，中心城区加强新区已栽植花草树木日常养护管理，完成对南北、东西部分道路绿化重新设计和道路绿化改建及市政中心外护坡绿化工程设计施工；组织开展“市树”“市花”评选，经市人大审定，确定银杏为“市树”，杜鹃为“市花”。2002 年，成立眉山市风景园林协会。完成园林绿化企业资质年审初审 6 家，审批四级绿化企业 5 家，报四川省建设厅审批 3 级园林企业 2 家，组织园林绿化企业人员参加园林绿化项目经理、专业技术工种人员培训。开展“让中心城区绿起来”活动，新增绿地面积 13 公顷，新栽树种 12 万株，道路绿化长 25 千米，改造旧城区绿地 3 公顷，新播草坪 1 公顷。2003 年，市中心城区新植各类乔木 5 万余株，灌木 25 万株，草坪 2.9 万平方米。2004 年，建设高压线走廊人行道及旁边的希望林、党员林等绿色长廊，改造眉州大道、东坡大道中间绿化带。

2005 年起，全市利用桥墩、墙面、屋顶、露台、围墙、栏杆等设施，推广立体绿化，种植植物 30 余种，加强节约型园林绿化建设。市中心城区完成文定街等 4 条街道绿化建设，三苏雕像广场、三苏路、市政府转盘等主要地段节庆草花投放一年两次摆花时间延长为全年，营造“四季有绿、四季花香”景观，在园艺造型和设计上凸现亮点。投放鲜花 10 万盆，以后每年增加草花摆放地点和草花投放量。市城管执法局加大施工工地、渣土运输车损害绿化行为整治，有效控制和减少花、草、树木扬尘污染。眉山中心城区改革公共绿地管护模式，实行内部承包管理责任制，城区公共绿地部分养护作业权实行职工竞价承包，市园林局制订《眉山城区公共绿地出让养护作业权实施方案》《绿地管理养护表彰》《绿化管养检查验收办法》等，负责承包职工管理和管护质量检查验收。承包管护面积占单位管护绿地总面积的 50%。市城管执法局查处东坡大道某开发商擅自砍伐绿化树巨桉 25 株，责令该公司恢复绿地，罚款 3000 元。此后，逐步完善内部承包管理机制，将新接管的段面统一纳入承包管理，并将所有行道树管理和未接管绿地的监管工作统一划入承包范围，做到全面实行内部承包管理。全年新增绿地 16 万平方米，城区绿地率增至 33.5%，人均公共绿地为 7.65 平方米。年末眉山城市绿化面积 736.33 公顷。2006 年，加快国家级园林城市建设进程。眉山中心城区公共绿地由单位统一实施

整治后的通惠河（摄于 2007 年 10 月）

维护管理。2007 年，市中心城区重点绿化眉象路、通惠河、市会议中心、体育馆、西象桥小游园、岷江东湖饭店及老城区主要街口、广场等，塑造形式多样的城市绿荫空间，投入 1.2 亿元，新增绿地 18 公顷。至 2008 年，眉山城市绿化面积增至 826.01 公顷。其中公园绿地 216.44 公顷、单位附属绿地 118.02 公顷、居住区绿地 88.26 公顷、生产绿地 50.43 公顷、防护绿地 158.5 公顷、风景林地 194.36 公顷、道路绿化 25.27 公顷。

2011 年，培育城市“绿肺”，投资 2.32 亿元，实施高压走廊一期、二期绿化工程，新增附属绿地 30 万平方米，完成新增 30 条道路配套绿化工程。至 2012 年年底，眉山中心城区生产绿地企业 38 家，生产绿地面积 150 公顷。全市有二级园林绿化企业 1 家，三级园林绿化企业 3 家。全市建成区绿化覆盖率 32.36%。市中心城区建成城市绿化覆盖总面积 24.4 平方千米，绿地面积 826.01 公顷，绿地率 33.85%；绿化覆盖面积 897.99 公顷，绿化覆盖率 36.8%；公园绿地面积 216.44 公顷，人口 24.9 万人，人均公园绿地面积 8.69 平方米。形成“四季有花、四季常青、绿树成荫、一路一景”的景观效果。市政道路绿化普及率 96.7%，其中主干道 10 条 23.89 千米，次干道 4 条 7.34 千米，达标道路 23.67 千米，主次干道达标率 75.81%。眉山城区共有大发实业公司、新世纪园林公司、万春源园艺公司等苗圃生产单位 21 个，生产绿地面积 50.4 公顷，年培育苗木 303.5 万株，年培育花木 60.5 万株。

2001—2012 年，全市园林绿化投入 4.91 亿元，新增城市绿化覆盖总面积 836.11 公顷（市级 506.5 公顷）。查处违反园林绿化案件 60 件，控制城区乱砍、乱伐和擅自侵占园林绿地等现象。

眉山市中心城区 2009—2011 年城市园林绿化政府投入情况表

表 4-14

建设时间	项目名称	建设规模
2009 年	东坡大道园林绿化景观改造工程	建设面积 3.6 公顷，总投资 312 万元
	103 线眉山城区过境段桃源西街至科工园五路园林绿化整治工程建设项目	眉山城区过境段桃源西街至科工园五路约 8.8 千米园林绿化整治，总投资 30 万元
	通义路 B、C 段和体育馆闲置地段绿化工程	建设绿地面积 0.4 公顷，两边绿化分隔带植物种植，体育馆闲置地段植物种植等，总投资 99 万元
2010 年	新增道路配套绿化工程	栽植行道树等，绿地建设面积 1.9 公顷，总投资 780 万元
	城区部分绿化改造	栽植行道树、灌木、草坪、栽植高大乔木，总投资 900 万元
	断头路行道树栽植工程	城区断头路行道树栽植约 3000 株，总投资 210 万元
	园林绿化苗圃建设	用于园林植物引种、育种、基础建设及苗木购置，总投资 210 万元
	红星路（一环路至湖滨路）绿化改造工程	更换行道树、更换机动车、非机动车隔离带部发乔木及灌木，总投资 260 万元
	高压走廊绿化工程	普田广场至文定街工程绿化面积约 4.4 公顷，总投资 1000 万元
2011 年	新增市政道路配套绿化工程	新增市政道路主要是行道树种植、道路中央和两边绿化带植物种植，总投资 700 万元
	眉山城区节点景观改造工程	城区节点景观改造主要是立体绿化、增植乔木和鲜花，总投资 500 万元

续表4-14

建设时间	项目名称	建设规模
2011 年	环湖路（一环东路—湖滨路）绿化改造工程	栽植胸径 18 至 20 厘米香樟 310 株，配置仿木花钵 310 个等，总投资 250 万元
	高压走廊二期绿化工程	绿化建设总面积 2.4 公顷，总投资 499 万元

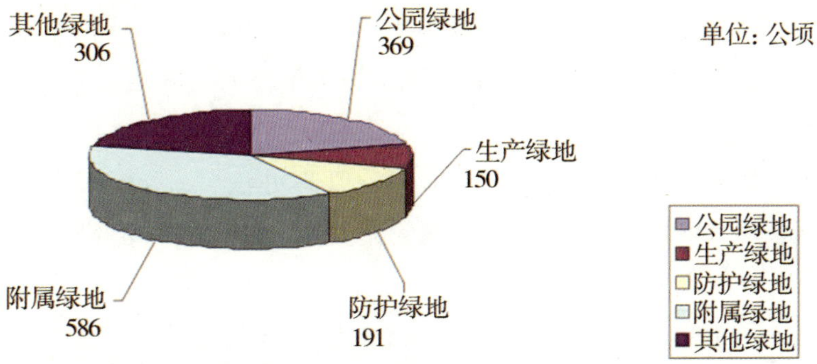

图 4-2　2012 年中心城区绿地种类及面积示意图

第三节　非机动车管理

一、中心城区管理

1997 年，眉山中心城区有人力客运三轮车营运。此后，由脚踏到机动，再到电瓶环保车，数量逐步增加。人力三轮车“见缝插针”行驶，与机动车、行人抢道，违法掉头、乱停乱放，阻碍道路交通。2002 年，实行中心城区人力客运三轮车单双号运营制度。加强货运三轮、板驾车统一管理，办理货运三轮车的入城证，凭证入城。查处违规营运车辆 2710 辆次。2008 年，市政府制定《关于眉山市城区人力客运三轮车管理办法》，无偿将三轮车营运权赠送给当地低收入和家庭困难市民。市交警、城管、运管及东坡区政府组成集中整治工作小组，全面整治中心城区不符合经营条件和范围的违法运营三轮车。查处人力三轮车加装动力装置、无牌无证等交通违法行为，开展违法三轮车主宣传教育，消除中心城区人力三轮车交通违法行为，理顺人力三轮车通行和营运秩序。2010 年，市中心城区开展为期 1 个月的电动三轮车非法营运专项整治，市政府专项整治指挥部和东坡区政府分别组织召开动员会和整治誓师大会，东坡区政府与城区三个街道办事处签订整治工作责任书。市公安、交通、城管、宣传、工商、质监等部门和东坡区三个街道办事处联合开展专项整治行动。市委办、市政府办印发《关于加强眉山城区电动三轮车管理工作的通知》，明确中心城区电动三轮车长效管理工作目标，细化电动三轮车长效管理工作举措和责任，建立电动三轮车长效管理工作领导小组，提供人员、组织等保障。制定眉山市“定点停放、有序候客、依法载客、违规处罚”的管理办法，加强人力客运三轮车、货运三轮车和板架车管理。人力客运三轮车实行单双号运营制度；货运三轮、板架车区分专业运营和自用，营运车需持入城证入城。

至2012年，眉山市中心城区人力客运三轮车控制在2000辆以内入户登记，非法营运人力客运三轮车1000余辆全部取缔，统一实行规范管理。查处违规运营人力客运三轮车、老年代步车1.82万辆次，年均1820辆次。

二、县城管理

1996年，洪雅县实行人力客运三轮车总量控制，规范化管理，制定人力客运三轮车年检细则，实行统一牌照（号）、统一车篷、统一喷漆，每年年检一次。在城区主要街道规划三轮车停车点12处。1998年，丹棱县实行人力客运三轮车总量控制，每年年检人力客运三轮。在城区主要街道规划三轮车停车点28处。

2004年起，洪雅县制定《洪雅县城区三轮车运营管理办法》，实行人力客运三轮车经营权有偿使用，分单、双号运营。当年起，每年培训三轮车业主。至2010年年底，洪雅县查处、教育、纠正乱停乱放、违规运营的人力客运三轮车1万余辆次，取缔销毁无证、无牌"黑三轮"500辆。2011年，彭山县开展人力客运三轮车、电瓶车非法加装、运营专项治理活动。查处无证、无牌、非法安装动力装置的三轮车9辆，依法扣留违规载客老年三轮车、电瓶三轮车14辆，教育纠正乱停乱放人力客运三轮车150余辆（次）。2012年，丹棱县县城有人力客运三轮车604辆，查处、教育、纠正乱停乱放、违规运营的人力客运三轮车8500余辆次，取缔销毁无证、无牌"黑三轮"28辆。

第四节　户外广告管理

一、中心城区管理

1997年起，眉山城区通过经营城市资源，以开发、招商、拍卖和出租城市空间广告，吸纳社会资金用于城市管理工作和社会公益性事业。2006年起，眉山市中心城区开展社区城管巡查，将"除癣"工作纳入考核指标。成立小广告清除队，清除城区临街门市、灯杆、变电箱等大街小巷的"牛皮癣"。指导社区开展环境综合治理，在清除街面"牛皮癣"的同时推行"院内四自"小区，清除住户楼道与通道的"牛皮癣"。2007年，眉山市城管执法队、驻眉山部队官兵，专项整治中心城区主要街道、广场、示范街、繁华区域"牛皮癣"，清除小广告8000余处，建立清除、整治"牛皮癣"广告的长效管理机制。市中心城区在8处市民活动频繁的地方设置"社区城市管理宣传栏""市民信息发布栏"，防治乱贴小广告。2010年，专项整治眉山中心城区新环巷、金鑫西街、玫瑰园休闲走廊等4条街道娱乐场所，责令114家娱乐场所停止非法经营活动，拆除其非法搭建的灯箱、店招。2011年，市中心城区设置公益广告牌，拆除灯杆广告、城区喷绘广告等。规范城区夜市灯箱违章。清除"牛皮癣"突出地段小广告。2012年，实施《眉山市城市户外广告管理试行办法》，加强小广告和大型户外广告管理。眉山中心城区清理大型户外广告，清理违法设置的大型户外广告、楼顶广告，城区破损店招店牌、破旧广告，拆除广告支架，清除"牛皮癣"小广告1.5万平方米。查处一汽车销售有限公司违规设置户外广告、处罚款1.8万元。规范城区户外广告设置。

二、县城管理

1997年起，洪雅县加强户外广告管理，未经审批违章制作、悬挂户外广告的，先发出限期整改通知书，逾期整改的强制拆除，并给予处罚。清除小广告和“牛皮癣”。丹棱县加强城区广告牌、店招牌、灯箱广告、横幅标语设置和管理，将城市空间广告权推向市场，实行市场化运作，有偿出让。2009年公开拍卖城区户外墙体小广告经营权，承包人向县城市管理办公室缴纳城市户外广告资源管理费和清理保证金，在商业街等设置橱窗广告信息宣传栏，经营业主组建专业队伍检查、清理城区“牛皮癣”小广告，杜绝城区乱张贴“牛皮癣”小广告。引进深圳市太阳风广告公司和丹棱县飞越广告公司，采用BOT（建设—经营—转让）模式投资350万元，建设和经营租赁城区单立柱三面或两面钢结构广告塔，在齐乐大道与丹（棱）夹（江）路、省道106线与南环路交会处等地设置单立柱广告塔7个。在九龙广场、唢呐广场、文庙广场、啤酒广场采用BOT模式招商设置双立柱双面夜光公益广告信息栏。在城区正街等7条街道路灯灯杆上设置灯箱广告，按程序拍卖广告经营权，安装主要道路路灯灯箱广告，亮化美化城市。统一规格，引导城区业主在城区主要街道规范设置店招店牌120个。仁寿县开展主要街道横幅、招牌专项治理，发出《整改告知书》3000余份，清理“牛皮癣”、小广告，拆除不符合规划横向招牌、取缔店招横幅；风貌改造国道213沿线道路两旁广告牌，统一式样、规格、立面。2010年仁寿县严格户外广告的审批和管理，城区主次干道基本取缔过街商业横幅、沿街条幅等低档次广告，鼓励和引导城区沿街门面设置高档次、高品位、统一规格的店招店牌，设置LED电子显示屏。2012年彭山县实行“五无”（无占道经营、无杂物堆放、无落地广告、无占道休闲、无遮阳伞）街道管理标准，提升城市形象。

第五节　建设工程及城建设施安全管理

1997年起，眉山地区组织各建设单位、施工企业开展“安全生产月”活动和“百日安全无事故”活动，通过电视台、党报党刊、横幅、传单等渠道宣传《中华人民共和国安全生产法》。1998年，全区开展冬季安全质量大检查，抽查35个施工现场，提出整改措施。1999年，地区建委、计委、交通局等部门，检查全区重点工程、城市桥梁、近年竣工的和在建的民用住宅等。检查省级以上重点工程、城市桥梁、建筑工程项目，责令补办手续工程、停工整顿7个，经验收合格后恢复施工。组织新区工地、全区垂直运输机械设备安全检查。

2001年，成立眉山市建设工程质量安全监督站（以下简称市质安站），加强安全监督和管理。组织建筑工地、城市桥梁、燃气、公交等拉网式检查，发出整改通知书26份；组织质量安全大检查，检查建筑工地123个，发出整改通知33份，检查面占在建工程的50%以上，查处违法违规行为。2002年，开展安全生产大检查活动，专项安全检查近10次、日常检查数十次，全面检查在建工地、市政设施、城市桥梁、危旧房屋、风景园林设施、游乐设施、燃气经营点等安全，公交车安全灭火器自备率100%，燃气安全有效率100%。全年检查全市在建工程177个、建筑面积约80万平方米，造价3.6亿元，存在安全隐患的在建工程停工整改。组织开展各县（区）在建工地安全达标验收，严肃处理不合格的在建工程。检查危险房屋3.69万平方米，严重损坏房屋2.26万平方米，一般损坏房屋6.9万平方米，责令拆除危险房屋，立即维护加固损坏房屋。2003年，推行安全评价制度，加大施工现场安全整顿，组织全市安全专项检查5次，未发生过大建筑安全事故。2004年，严格落实责任制，派出专业技术人员到施工现场安全监督。全市开展在建工程安全大检查9次、专项检查活动8次。2005年，加强建筑工地、液化气经营、城市供水、城市公交、城市公园、风景园林的安全管理。审查81家企业申报的安全生产许可证，安全评价153个单位工程1809次。

2006年，眉山市开展以建筑施工现场为核心的安全生产专项治理。加强液化气经营、城市供水、城市公交、城市公园、市政建设施工现场的安全管理。市城管执法局立案调查涉嫌违法修建房屋21户，自行拆除18户、强制拆除3户。开展建筑工程质量安全专项治理，做到报建工程质量安全监督率、工程竣工验收合格率、优良工程复查认可率100%。2008年，全市开展"隐患治理年"活动，建立健全安全生产形势分析、预警及重大安全隐患约谈制度，建筑施工企业安全生产许可证实施动态管理。开展省优质结构工程、省标化工地创建活动，提高企业主体责任意识和安全生产管理水平。"5·12"汶川特大地震后，全市开展中小学校教学楼、办公楼和高考专用教室受损情况质量安全检查和技术鉴定，排查学校48所、办公场所120所，出具鉴定报告128份。市城管执法局组织拆除有安全隐患违法建筑30处，约1500平方米，拆除市民搭建在绿地和公用空地上无人管理的防震棚23个。2009年，开展在建工程"三项行动"（执法行动、治理行动、宣传教育行动）"三项建设"（法制体制机制建设、保障能力建设、监管队伍建设）活动，以提高企业主体责任意识和安全生产管理水平。2010年，安全抽查在建工程、燃气、公园等650余次，复查480余次，存在较大安全隐患工程发出《整改通知书》465余份，完成综合安全评价书42份。

2011年，眉山市推进建筑工程安全管理信息化。市住房和城乡建设局自主研发眉山市质量安全数字化监控管理系统并组建管理指挥中心，施工现场的文明施工、安全生产、质量监督、治安联防等内容全程监控和综合管理，督促五方责任主体有效履职，全市所有在建工地监管覆盖率100%。排除重大质量安全隐患2起，一般质量安全隐患15起，发出停工整改通知17份，协助破获建筑工地盗窃案，治理工地乱象、带泥出场，规范工地打围，全市建筑生产安全事故起数、死亡人数比2010年分别下降50%。中央电视台、四川电视台专题报道眉山建筑安全管理工作。开展燃气联合安全大检查和常规检查，检查燃气企业28家。其中中心城区检查液化气经营户153户，没收违法钢瓶，集中销毁不符合安全要求报废钢瓶。投资800万余元，建立全市建筑工程监管网，用现代信息技术管理各建筑工地的生产、施工情况，24小时全覆盖、全监控，保证工地秩序和车辆清洁驶出工地，从源头控制城市污染。2012年，全市依托建安网监管系统，全过程监控施工现场质量安全、重点隐患部位和重要环节。远程视频点名在建工地135个1500余次，发现并责令整改重大安全隐患8起，一般安全隐患274起。排查安全隐患542处，其中检查建筑施工工地138个，安全抽查在建工程68个926次，发现隐患325处，发出整改通知书152份。检查管道燃气经营企业、压缩天然气加气站、液化石油气充装站、液化石油气经营户，发现安全隐患75处，发出整改通知37份，相关问题全部及时整改到位。截至2012年年底，全市举办安全咨询活动和建设工程质量安全知识竞赛活动15次。开展工程安全大检查45次，专项检查82次，安全抽查7107次，下发存在较大安全隐患的工程《整改通知书》2694份，元旦、春节、"十一"及两会等重要时间段开展32次大检查。建筑行业监管水平全面提升，建设工程安全监督管理覆盖率100%。

第五篇　交　通

1997年，眉山地区境内仅有1971年建成的成昆铁路运输线过境，铁路长54.66千米，水运航道等级低、航程短，内河航运呈逐年下降趋势。境内交通以公路为主，通车里程2832千米。国道213线，省道103线、106线、305线及铁路成昆线构成眉山地区交通主骨架。当年起，全区逐步加大投入，加强交通基础设施建设。2008年，启动成绵乐城际铁路建设。2009年，眉山市委、市政府作出《关于积极融入西部综合交通枢纽掀起交通建设新高潮的决定》，按照“建成西部综合交通枢纽的重要节点城市，争取建成成都主枢纽的重要组成城市”“突出南北向，加强东西向，完善内环网，建设大交通”思路和“融入主枢纽，对接次枢纽，建成节点，内通外畅”目标。铁路、公路、水路并举，重点规划建设“四横八纵”（川藏铁路成康段、连汪燕铁路、眉山至简阳城际铁路、遂资眉雅铁路；成昆铁路、成绵乐城际铁路、成昆铁路扩能、雅眉乐铁路、蒲丹洪市域铁路、天府新区轨道交通双流黄龙溪至眉山主城区、双流大林镇至仁寿县城、新津邓双至彭山青龙镇）铁路网、“三横五纵”（成雅高速、遂资眉高速、成都经济区环线高速；成乐高速、成自泸赤高速、乐雅高速、仁沐高速、蒲东青井高速）高速路网、“四箭齐发”为主的18条干线公路网。截至2012年年底，全市交通完成固定资产投资246.75亿元。新建公路1850.1千米，改建公路4864.21千米。公路总里程7348.16千米，公路网密度每百平方千米105.12千米，农村公路乡乡通、村村通。形成“一横五纵”（省道106线，国道213线、成乐高速、成雅高速、成自泸赤高速、成昆铁路）公路铁路交通网，成都城市群1小时经济圈。有客运站183个，公路客运线路439条，营业性车辆2.58万辆，日发班车7014班次，日均运送旅客15.5万人次，年运送旅客6770万人次、货物4838万吨。有重点渡口8个，航道29条798.08千米，通航里程286千米，水路运输拥有船舶282艘5295个客位，净载重量4667万吨。成（都）赤（水）、雅（安）乐（山）、遂（宁）资（阳）眉（山）3条高速公路招商引资签约140.2亿元。物流业蓬勃发展，新建物流企业近200家、中介信息单位近万个，物流企业营业额约15亿元。

第一章　公　路

1997年起，眉山地区围绕“打通主通道，形成主骨架，实现路网配套”总目标，加快公路建设。相继启动国道213线、省道106线、省道103线、省道305线等干线公路改扩建工程。年末全区公路通车里程2832千米。1998年，全区实施以成乐高速公路建设为龙头，以改造省道106线为重点的“一横三纵”（省道106线、103线，成乐高速，国道213线）公路主骨架建设，提高眉山地区主要道路等级和路面铺装率。至2005年，形成“一横三纵”的公路主骨架。各县（区）到眉山中心城区形成交通半小时经济圈。“十一五”期间，完成交通固定资产投资80.82亿元，建成和改造干线公路933千米，相继启动成都至赤水、乐山至雅安、遂宁经资阳至眉山3条高速公路建设；建成成都至黑龙滩快速通道、洪雅至吴庄公路、峨眉山至邛崃公路、彭山南河大桥等二级以上重要干线公路；全面改造国道213线、省道103线、省道106线仁寿至洪雅段、省道305线等二级以上重要干线公路。截至2012年年底，眉山公路里程7348.16千米。其中国道2条95.71千米，省道5条362.51千米，县道52条1515.24千米，乡道1113.74千米，专用道273.18千米，村道3987.78千米。有等级公路5573.02千米，高速路141千米、一级公路100千米、二级公路334千米、三级公路304千米、四级公路4693千米，等外路1775.14千米，公路桥梁1342座3.96万延米。公路网密度每平方千米102.26千米。

第一节　公路建设与管理

一、高速公路建设

1996年3月成（都）雅（安）、成（都）乐（山）2条高速公路开工建设，1999年12月建成通车，眉山段73千米。2009年8月，成（都）泸（州）赤（水）高速公路开工建设，2012年9月建成通车。截至2012年年底，眉山市建成通车的过境高速公路有成乐、成雅、成赤3条，在建和规划建设的5条。

成（都）乐（山）高速眉山段（摄于2002年6月）

成乐高速公路眉山段　成都至乐山高速公路起于成都至雅安高速公路彭山青龙枢纽互通，止于乐山市市中区辜李坝，全长86.4千米。

眉山段途经彭山县、东坡区、青神县，全长 54.46 千米，占总里程的 62.7%。路宽 24.5 米，双向四车道，最大车速每小时 120 千米，沥青混凝土路面。1999 年 12 月建成通车，投资 23 亿元。

成雅高速公路眉山段　成都至雅安高速公路起于成都市高新区二环路永丰立交桥，止于雅安市对岩，全长 140.7 千米。眉山境内彭山段 16.71 千米，双向四至六车道，设计时速每小时 100 千米~120 千米，沥青混凝土路面。1996 年 12 月开工建设，1999 年 12 月建成通车，投资 6 亿元。

成赤高速公路眉山段　成都至赤水高速公路起于成都绕城高速，止于贵州省赤水市川黔交界处，全长 298 千米。眉山境内仁寿段 68.27 千米，路宽 24.5 米，双向四车道，设计时速每小时 120 千米，沥青混凝土路面。2009 年 8 月开工建设，2012 年 9 月建成通车，投资 36.3 亿元。

乐雅高速公路眉山段　乐山至雅安高速公路起于乐山市市中区水口镇张徐坝村，止于名山县城西镇接成雅高速公路，全长 107.56 千米。眉山境内洪雅段 39.6 千米，路宽 24.5 米，双向四车道，设计时速每小时 80 千米，沥青混凝土路面。2009 年 12 月开工建设，2012 年 12 月完成主体工程，形成通车能力，投资 24.82 亿元。

遂资眉高速公路眉山段　遂宁经资阳至眉山高速公路起于遂宁市，止于洪雅县接乐雅高速公路，眉山段途经仁寿县、东坡区、丹棱县、洪雅县，全长 119.14 千米，路宽 24.5 米，双向四车道，设计时速每小时 80 千米，沥青混凝土路面。2010 年 7 月开工建设，至 2012 年路基、桥梁、涵洞、隧道等仍在施工中。

成都经济区环线高速公路眉山段　成都经济区环线高速公路简阳至蒲江段起于简阳市禾丰镇，止于成都市蒲江县天华镇接成雅高速公路，全长 127.44 千米。眉山境内途经彭山县、东坡区、仁寿县，全长 76.4 千米，双向六车道，设计时速每小时 100 千米，沥青混凝土路面。2012 年，完成前期工作。

仁沐高速公路眉山段　仁寿至沐川高速公路起于仁寿县满井镇，止于宜宾市屏山县新市镇，全长 203.21 千米。眉山境内仁寿段长 27.08 千米，路宽 25.5 米，双向四车道，设计时速每小时 80 千米，沥青混凝土路面。2012 年，开展前期工作。

蒲井高速公路眉山段　蒲江经丹棱至井研高速公路起于东坡区月星寺，止于井研县，全长 89.23 千米。眉山境内途经丹棱县、东坡区、青神县，全长 65 千米，路宽 24.5 米，双向四车道，设计时速每小时 80 千米，沥青混凝土路面。2012 年，开展前期工作。

二、国道、省道建设

国道 213 线仁寿段　国道 213 线起于成都市九眼桥，经双流县藉田镇、仁寿县城至井研县三江镇，与内（江）乐（山）路连接，全长 158 千米。眉山境内仁寿段 79.2 千米，原为成（都）三（江）路，是仁寿县北接成都，南连乐山的重要枢纽。1996 年，铺筑二峨山段和中华桥至慈航油路，加固慈航桥，建成山岭重丘二级公路，路面宽 12 米~15 米，总投资 1.99 亿元。

国道 213 线仁寿段（摄于 2011 年 4 月）

1998年起，改造仁寿县视高镇至仁寿城南收费站50.4千米路面，同步建成15米宽水泥路面和沥青路面标美路，新建仁寿城区段7.76千米水泥混凝土路面，投资6500万元。2002年投资9977.76万元，按丘陵二级公路技术标准改造。至2004年，完成全线79千米路面改建。2008年，实施“5·12”汶川特大地震灾后重建，改造国道213线仁寿县城至双流界段，全长28.98千米，采用二级公路标准，设计时速每小时80千米，路面宽15米，沥青砼路面。2009年，改线建设国道213线二峨山隧道，线路全长4.2千米，按双向两车道二级公路标准建设，隧道按汽车专用隧道设计，设计时速每小时80千米，路基宽12米~18米，沥青混凝土路面。2012年，2个项目完成，投资3.3亿元。

省道103线眉山段　省道103线原为成（都）嘉（定）马路，始建于1926年，1954年更名为新乐公路，也称成乐公路。起于成都市接待寺立交桥，经双流、新津、彭山、眉山中心城区、夹江、峨眉、沙湾、马边、美姑，止于美姑大桥，全长487千米。是成都通往凉山州东部的重要干线，又是通往旅游胜地峨眉山的重要路线，是德阳至乐山大件公路的重要组成部分。眉山段全长59.53千米，途经青龙、观音、彭山县城、太和、眉山中心城区、松江、思蒙。1997年，眉山城区过境段3.35千米扩宽为26米路面。1999年，按二级大件公路标准改建，水泥混凝土路面，总投资1.6亿元。2000年10月开工建设，2002年4月通过验收交付使用。2009年，加固眉山段12座桥梁1049.82延米，整治堤防2处，2010年6月完成，投资6949万元。2010年，以招商引资改造省道103线眉山段，按二级公路技术标准，沥青混凝土路面，双向两车道，路面宽12米~15米，其中眉山中心城区段宽23米~88米，彭山县城和站线场镇段宽15米。采取BT（政府利用非政府资金开展非经营性基础设施建设项目融资）模式建设。2011年4月完工，铺筑沥青混凝土路面63.23万平方米，投资2.32亿元。

省道106线眉山段　省道106线又称川西旅游环线，1995年四川路网调整时划定的路线，是成雅、成乐、成渝3条高速公路和国道108线、国道202线、国道213线、国道308线、国道319线5条国道公路以及省道103线、省道307线2条省道公路的连接线，连接6条国道和4条省道，以省会成都市为中心，环绕成都市一周。起于蒲江县，途经邛崃、大邑、崇州、都江堰、彭州、什邡、旌阳、中江、乐至、雁江、仁寿、东坡、丹棱14个县（市）近100个乡镇，全长527千米。川西环线在眉山市连接的风景名胜区有眉山市三苏祠、彭山县长寿城、仁寿县黑龙滩、洪雅县槽渔滩、国家级森林公园瓦屋山、青神县中岩寺等。眉山段里程126.83千米，东起资阳市与仁寿县交界处的北斗镇双福村，西止丹棱县与蒲江县交界处的石桥乡界牌村，横贯洪雅、丹棱、东坡、仁寿4个县（区）。1997—2012年，投入改造资金10亿余元。

仁寿县富加镇至资阳市界段　长24.7千米。起于仁寿县富加镇东，经玉龙、龙凤、北斗，止于仁寿县与资阳市交界处的甘古井，为沥青表处油路。2003年，按三级公路标准，个别地段按四级公路控制，改建为路基宽度7.5米的水泥砼路面，同步完善排水工程，设计行车速度每小时30千米，投资1855.66万元。2006年实施路面沥青混凝土改造，2007年完工投入使用，投资2550万元。

仁寿县城至富加段　长18千米。2005年，以收费权质押融资整治改造，2006年竣工通车，建成宽10米山重二级公路，沥青混凝土路面，投资4046万元。

仁寿县城至丹棱县城段　长70.3千米。1997年四川省交通厅将全路段改造工程列入“九五”后三年公路建设项目，仁寿县城至丹棱县城里程68千米路段为新线，丹棱县城至洪雅段长25千米一并纳入改建，改建工程全长93千米，一级标准，路宽20米~30米，沥青混凝土路面，工程预算投资8.5亿元。洪雅至仁寿龙正采用平微一级，路面宽23米，其中眉山城区过境段宽30米，时速每小时 80 千米；龙正至仁寿段采用山重一级，路面宽 20 米，时速每小时 60 千米。眉山城区段里程 7 千米于 1997 年开工建设，1998 年建成通车。2002 年全线贯通，整个工程建设历时 4 年，建特大桥 1 座里程 1036 延米，大桥 2 座里程 686 延米，中桥 32 座里程 2250 延米，小桥 18 座里程 417 延米，涵洞 414 道里程 13541 延米。省道 106 线仁寿至洪雅段改建工程建成通车，全市实现“半小时眉山”“一小时成都”交通目标。2010 年，通过招商引资改造省道 106 线仁寿至洪雅段。东段东起仁寿县城，西至眉山西来堰大桥，全长 38 千米，路面宽 21 米~23 米。2011 年完工，投资 1.76 亿元。西段东起东坡区高河坎，止于丹棱县丹蒲路口，全长 21.6 千米，沥青混凝土路面，设计时速每小时 80 千米，双向四车道，路基宽度 23 米。2012 年完工，投资 2.45 亿元（含丹蒲路口至洪雅县城 22 千米一级公路路面改造投资）。2012 年，眉山市中心城区实施“两宋荣光”眉州大道改造工程，项目西起于待建的工业大道，东止于岷东大道，全长 17.2 千米，道路红线宽 80 米，按照城市主干道一级标准建设，路幅宽 88 米，设计速度每小时 80 千米，双向八车道，沥青混凝土路面，总投资 13.86 亿元，项目采取 BT 模式建设，建设内容包括市政、交通、园林景观、桥梁、建筑、灯光亮化等项目，涉及跨岷江的岷江二桥、跨成昆铁路的西来堰大桥、跨成乐高速公路的成乐高速公路跨线桥等 7 座桥梁扩建。“两宋荣光”眉州大道改造工程划分为“两桥（西来堰大桥、岷江二桥）一站（成乐高速公路眉山互通立交收费站）”、核心段、西段、东段等四段实施改造。是年完成投资 3 亿元。

丹棱县城至蒲江界段　长 13 千米。建于 20 世纪 50 年代。1998 年被四川省交通厅列为省道公路。2001 年，按山岭重丘二级公路标准改建，设计行车速度每小时 40 千米，路基宽 12 米，行车道宽 9 米，水泥混凝土路面，基本沿原路线走向进行改扩建。2004 年完工，投资 3400 万元。2010 年被省交通运输厅列入国省干线公路大检查整治项目开工建设，按路基宽 12 米，路面宽 11 米二级公路改造，设计行车速度每小时 40 千米，沥青混凝土路面。2011 年完工，投资 2691 万元。

省道 305 线洪雅段　省道 305 线隆昌至雅安公路，始建于 1958 年，是四川省重要省道干线公路、二级路网和国防战备公路，途经内江、自贡、乐山、眉山、雅安等 5 市 11 县（区），与国道 318 线相通，实际里程 284 千米。眉山市境内长 54.96 千米，起于洪雅县与夹江县交界处，经余坪、洪川、中保，止于洪雅县槽渔滩镇关顶村与雅安市交界处。1999 年起，洪雅县交通局每年拨经费大修夹江县界至洪雅县段，投资金额逐年增加。2006 年，按公路二级（洪雅城区新建段为公路一级）标准改建，路面宽 7.5 米~21 米，设计车速每小时 40 千米~60 千米，路面结构为沥青砼。2008 年完工，投资 9800 万元。2010 年，洪雅段被列入四川省 2009—2012 年国省干线公路路面改造项目开工建设，预算投资 4860.4 万元（四川省补助 2700 万元），按二级公路技术标准建设，路面宽 7.5 米~21 米，设计行车速度每小时 40 千米~60 千米，沥青混凝土路面。2011 年，经四川省公路局批准，按公路原标准分期、分段实施水毁恢复工程，是年，完成 54 千米，投资 3550 万元。受建设乐雅高速公路的影响，有 16 千米路段路面改为修复利用。东段夹江界至洪雅县城 18 千米路基、路面恢复工程投资 1600 万元，西段河口桥至槽渔滩收费站 4 千米水毁路段恢复工程投资 450 万元。2012 年完成洪雅至雅安界约 15.5 千米水毁路段恢复，投资 4320 万元。

三、主要县乡道公路建设

1997 年，眉山地区有县乡道公路近 100 条，总长 2160 千米。当年起，相继实施眉（山）青（神）快速、成（都）黑（龙滩）快速、工业环线、峨（眉山）邛（崃）路、洪（雅）瓦（屋山）

路、彭（山）谢（家）路等重点乡镇公路新改建工程建设。截至2012年年底，全市县乡道公路增至175条2629千米。

洪雅至龙正公路　建于1979年，原为省道106线的一段碎石路。路线起于洪雅县石笔接省道305线，经丹棱县仁美、东坡区广济、白马、象耳、崇礼、复盛，止于仁寿县龙正，全长71.37千米。1997年，地委、行署决定省道106线仁寿至丹棱段和洪雅至丹棱段改造为一级公路。2003年仁寿至洪雅段建成通车，省道106线丹棱至洪雅段调整为县道，纳入洪龙路。2007年投入990万元，改造白马镇至象耳镇5.6千米、崇礼镇万坝至复盛乡8.5千米。2009年投入1170万元改造白马镇至三苏乡、三苏乡至广济乡、广济乡至丹棱县界各6千米。2012年洪雅至丹棱段22千米按一级公路标准实施沥青混凝土路面改造。

鹤山至尚义公路　建于1977年，起于蒲江县鹤山镇，止于东坡区尚义镇，东坡区境内长29.22千米。2000年，路基宽6.5米，路面宽6米，水泥路面。2008年，投资234万元，改造盘鳌至晋凤3.7千米，路基宽8米，路面宽7.5米，厚0.2米水泥路面，2009年竣工。2012年，投资2500万元，改造盘鳌至尚义15千米，路面宽5米~6米，沥青混凝土路面。

眉山至蒲江公路　起于蒲江县，止于眉山中心城区眉象路洞子口，东坡区境内长29.98千米。2000年3月，投资1350万元，改建为路基宽7米，路面宽6.5米水泥路，2001年5月竣工。

丹棱至黑龙公路　起于丹棱县石桥乡，止于青神县黑龙镇，全长49.33千米。2011年，投资410万元，改造白马至修文段9.33千米，路面宽5米，水泥砼路面，2012年完工。

永寿至古建公路　起于东坡区永寿镇，止于仁寿县洪峰乡界，全长18.61千米。2011年，投资364万元，改造永寿至复兴段6千米，路基宽4.5米，路面宽4.5米，水泥砼路面，2012年完工。

仁寿大道　即成赤高速公路仁寿连接线，起于仁寿县城国道213线，止于成赤高速公路仁寿收费站，全长6千米，采用城市主干道一级标准建设，设计宽度80米，双向八车道，行车速度每小时60千米，沥青混凝土路面。2011年开工建设，2012年竣工，投资4.45亿元。

仁寿至简阳公路　起于仁寿县文林镇，止于简阳市棉丰，长61.5千米（仁寿36千米），是仁寿连接简阳的重要交通干道。1997年改建为单车道，仁寿至龙马段路面宽5.5米，双层沥青表处路面；龙马至简阳界段路面宽3.5米，泥结碎石路面，公路等级差，车辆运行困难。2004年，省交通厅纳入2005—2006年二级路网补助项目，每千米补助40万元，改建为山重三级公路，沥青拌和式表处路面，路面6米~6.5米，2005年开工建设，2006年建成通车，投资2281万元。

汪洋循环经济园区物流通道　起于成赤高速公路仁寿汪洋互通连接线终点，止于越西河观音沱，全长9.13千米，2011年开工建设，按二级公路标准建设，成赤高速公路连接线至富汪路平交口3.64千米宽12米，富汪路平交口至止点越西河观音沱5.49千米宽15米。2012年完工，投资1.4亿元。

富加至汪洋公路　起于仁寿富加省道106线，止于汪洋镇，全长26千米。2000年投资2649万元，实施路面大修，按山岭重丘二级公路标准建设宽7.5米水泥混凝土路面。2008年按山岭重丘二级公路标准改造，路基扩至8.5米，设计行车速度每小时40千米，沥青混凝土路面，采用收费权质押融资方式建设。2009年完工，投资1.63亿元。

彭山至谢家公路　又称西干道，起于彭山岷江大桥西岸，止于彭山县谢家镇，全长11.4千米。1996年，另选线路新建彭谢公路，东起彭山岷江大桥西岸、西至谢家镇，与省道103线相交，上跨成昆铁路，下穿成乐高速公路，全长10千米，一级公路，沥青混凝土路面。1999年12月竣工通车，投资3610.67万元。

峨眉山至洪雅公路　起于峨眉山市小楔头，止于洪雅县洪川镇，全长67千米，路面结构水泥砼，技术等级为洪雅—止戈二级、止戈—小楔头三级。是峨眉山至洪雅的一条省二级路网公路，也是洪雅县城通往瓦屋山省级森林公园和连接峨眉后山、槽渔滩、玉屏山的旅游公路。1996—1997年，洪雅县投入资金，省市补助，改造为水泥砼路面，其中县城至止戈段13千米（平微二级公路标准，路基宽15米，路面宽9米）和止戈至柳江段（山重二级公路标准，路基宽8.5米，路面宽7米），投资2269.29万元。1998年开工建设柳江至赵河段12.6千米（山重三级公路标准，路基宽8.5米，路面宽7米）和赵河至高庙段11千米（按山重三级公路标准，路基宽8.5米，路面宽7米），1999年竣工，投资1270万元。2000年，按山重三级公路标准改建高庙至小楔头段11千米，路面宽7米，2001年完工，投资960万元。

洪雅至瓦屋山公路　又称洪（雅）吴（庄）路，属省二级路网公路，北接省道106线和省道305线，南接峨（眉山）邛（崃）路，起于洪雅洪州大桥，止于吴庄桥头，全长59.45千米。2007年，按二级公路标准设计建设，路面结构为沥青砼，路基宽8.5米，设计行车速度每小时40千米。2010年竣工，投资9272万元。

瓦屋山库区环湖路　2003年，按山重四级标准设计开工建设，长56千米。其中张（村）沙（湾）段26千米，按公路四级标准建设；金（花桥）沙（湾）段17.4千米，按公路四级标准建设；金（花桥）炳（灵）段12.6千米，按公路三级标准建设。2005年完工，投资6400万元。

峨眉山至邛崃公路　又称“三山”（峨眉山、瓦屋山、周公山）旅游环线公路，起于峨眉山市小楔头，止于雅安界礚头坡，途经洪雅县高庙镇、瓦屋山镇，洪雅县境段长53千米，按山重二级公路标准设计，路面宽7.5米，路面结构沥青砼，设计行车速度每小时40千米。2004年开工建设，2009年完工，投资9098万元。2009年，改建高庙至新瓦屋山镇段44千米，按四级公路标准建设，设计速度每小时20千米，路基宽度6.5米，行车道宽6米，水泥混凝土路面，2012年完工，投资3613.07万元。

七里坪至赵河通乡公路　起于洪雅县柳江镇赵河桥，止于高庙镇七里坪，全长17.28千米。采用四级公路技术标准建设，设计时速每小时20千米，路宽6米~8.5米，沥青砼路面。2011年开工，2012年完工，投资2459.7万元。

丹棱至名山公路　起于丹棱县与东坡区广济乡交界处，经丹棱镇、双桥镇至雅安市名山县马岭镇，全长24.3千米，水泥混凝土路面，路面宽6米~7米，设计行车速度每小时20千米~30千米。2009年开工建设，2010年完工，投资2200万元。

丹棱至夹江公路　省道106线与省道305线连接线。始建于1966年，起于丹棱县丹棱镇，止于夹江县中兴镇，全长25千米。1997年，投资1420万元，其中3.14千米按平微二级公路标准改建，19.3千米按山岭重丘二级公路标准改建，路面宽7.5米。1998年，铺装水泥路面9.14千米，沥青贯入式路面13.3千米。2006年，丹棱县投资2000万元改建，2007年完工。2012年，改线建设新丹夹路，起于丹棱县城东北省道106线，止于丹棱县与夹江县交界处，全长23千米，二级公路沥青砼路面，设计行车速度每小时40千米~60千米。当年完成路面工程8千米和路基工程10千米，投资3800万元。

眉山至青神快速通道　起于成乐高速公路东坡区张坎收费站，止于青神县城青衣广场，全长15.13千米，设计行车速度每小时80千米，路面为沥青混凝土，青衣广场至宋桥长2.7千米，按市政道路标准设计，双向六车道，宽42米；宋桥至成乐高速公路张坎收费站12.43千米，按一级公路标准设计，双向四车道，宽26米。采取BT模式，按照属地原则分段建设。青神段9.56千米，2012年建成通车，投资2.2亿元；东坡区段5.6千米，估算投资1.65亿元，2012年开工，当年投资0.7亿元。

成绵乐铁路客运专线青神站至县城快速通道　起于青神县城青衣广场，止于西龙镇，全长3.36千米，按一级公路标准设计，路基宽36米，设计行车速度每小时80千米，沥青混凝土路面。核定概算投资1.2亿元，采用BT模式建设。2012年开工建设，当年完成投资1868.5万元。

青神至乐山公路　起于青神县城西五更桥，止于青神县与乐山市交界处的王高山，全长24.58千米，按重丘三级公路技术标准改建，设计行车速度每小时30千米，路面宽6.5米，沥青表面处治。2004年开工，2005年完工通车，投资1866.5万元。2009年建设成绵乐客运专线，超载车辆多，路面破坏大。2011年修补路面坑凼，投资202万元。2012年投入114.69万元，修补路面坑凼，安装护栏、单柱式标志牌，浇筑钢筋桥梁护栏。

眉山至青神公路　起于东坡区松江镇省道103线眉青路口，止于青神县青城镇五更桥，全长21千米。1997年，青神县实施路面改造。1998年，列入省政府重点项目开工建设，按平原微丘二级公路技术标准实施，路基宽12米，路面宽10.5米，设计行车时速80千米，沥青混凝土路面。2001年完工，投资7936万元。2007年，东坡区境内段和成乐高速张坎连接线交由青神县管理，投入26万元实施安保工程和路面改造，2008年投入65万元修补破损路面坑凼，2009年投入48万元实施环境综合整治，2010—2012年投入43万元修补路面。

华阳至青神公路　起于成都市双流县华阳，经仁寿县清水镇、龙正镇、青神县河坝子镇，止于青神县城，长45千米。1998年，青神县实行村民自治，发动群众投资投劳，1999年改建境内公路16.88千米，为三级标准水泥路，同步建成标美路。2003年仁寿县投资2004万元实施路面改造，2004年完工，建成宽5米四级公路，水泥砼路面。2008年、2010年两次大修，改造为三级水泥砼和沥青砼路面。2011年安装波形护栏。

眉山电解铝厂进厂及绕厂公路　属四川启明星铝业公司25万吨电解铝项目交通配套工程，起于省道103线进鲜滩火车站路口，止于电解铝厂，全长4.7千米，总投资1200万元。2002年开工，2003年完工。

四、农村公路建设

农村公路是公路网的重要组成部分，是高速公路、干线公路的补充，连接乡镇、村社及旅游点。

1997年，眉山地区有县道1240千米，乡道920千米。有县乡标美路（标准化、美化公路）198千米。1998年，实施建设县乡标美路补助，县乡标美路每千米补助3000元，新铺水泥砼路面宽度9米以上的、油路面宽9米以上的每千米均补助3万元。青神县采取村民自治办法，发动群众大修公路，筹资3392万元，建成20厘米厚混凝土公路219千米。其中县道28千米、乡道59千米、村社道132千米。青神经验在全省推广。全区整修乡、村、社道1398条4247千米，新修乡、村、社道427条1308.9千米。建成县乡标美路68千米。1999年，全区改建县乡公路105千米，建成县乡标美路85千米，新铺水泥路面110千米，新铺油路25千米。至2000年年末，眉山市有县道里程1557千米、乡道里程1245千米。洪雅县所有乡镇通水泥路，东坡区84%的村、61%的村民小组通水泥路，青神县96%的村、85%的村民小组、56%农户通水泥路。

2001年，眉山市按照四川省委、省政府“治水改土，绿化全川，建设长江上游生态屏障”思路，县乡标美路以农田水利基本建设“李冰杯”竞赛活动为契机，投工 89 万个，投资 3797 万元，建设县乡标美路 158 千米。东坡区投入 2000 万元，建设富牛至新华、龙兴至黄家、多悦至两河口、多悦至寨子城、黄家至工农兵水库、万坝至金花水泥路 6 条 40 千米；投资 375 万元改建伏东至三苏、思蒙至莲花、柳圣至复兴、晋凤至盘鳌、万胜至秦家 5 条 25 千米沥青路；投资 960 万元建设村级水泥路 63.8 千米。洪雅县投入 8960 万元，改建县道峨洪路洪雅至高庙段、赵河至炳灵段、小楔头至高庙段、仁洪路、汉罗路、余金路、三华路、竹和路 8 条 163 千米水泥砼路面，柳桃路 17 千米沥青路面。仁寿县投资 2231 万元，新修县、乡水泥砼路面 9 条 69.3 千米。

村社水泥路建设现场（摄于 2009 年 8 月）

2002 年，全市开展县乡公路建设年活动，投资 9256 万元，新铺沥青路面 23 千米、水泥砼路面 178.6 千米、村社水泥路 346.3 千米。2003 年，四川省政府启动“千里通乡，万里通村”工程。眉山市将县乡标美路建设放在“树好眉山形象，促进区域经济发展”重要位置，加强县乡标美路建设。至 2005 年，全市建成县乡道油路水泥路 760 千米，新建村道 1152 千米，硬化村道 1749 千米，通水泥路乡镇（办事处）增至 118 个，通水泥路、油路行政村增至 1436 个。县乡标美路投资 4 亿余元，投工 671.4 万个，建成县乡标美路 823 千米，县乡标美路总里程增至 1210 千米。2006 年，全市投工投劳 284.6 万个，投资 1.13 亿元，建成县乡标美路 446.1 千米。

2007 年，市政府下发《关于加快“十一五”农村公路发展的实施意见》，构建农村公路建管养运一体化发展保障体系。下达农村公路改造工程投资计划 19 条 153.6 千米，投资 1.23 亿元，争取到中央投资 6144 万元。当年，全市建成县通乡公路 118.7 千米、通村公路 795.5 千米。其中通达工程 566.9 千米、畅通工程 228.6 千米。至 2010 年，全市争取到村道项目 1987 个，总投资 23 亿元，新改建农村公路 5393 千米；新增通油路、水泥路乡镇 52 个，新增通油路、水泥路建制村 1483 个。截至 2012 年年底，全市主要乡镇公路有 175 条，农村公路乡镇通畅率 100%，行政村通达率 100%，通畅率 85%。

五、其他公路建设

工业大道 起于省道 103 线东坡区与夹江交界处，止于成都市新津县成（都）新（津）蒲（江）快速通道。按一级公路标准建设，双向六车道，路幅宽 64.5 米，设计行车速度每小时 60 千米，全长 61.8 千米，沥青混凝土路面，估算投资 51.6 亿元。其中眉山境内长 56.4 千米，估算投资 49.1 亿元。投资建设分别由东坡区和彭山县负责，采用 BT 模式建设。东坡段全长 37.4 千米，估算投资 9.1 亿元；彭山段全长约 19 千米，估算投资 12.5 亿元。2012 年开工，当年完成投资 1000 万元。

滨江大道　起于青神县县城，止于新津界省道103线。按一级公路标准建设，双向八车道，路幅宽88米，设计行车速度每小时60千米，全长67.4千米，沥青混凝土路面，估算投资66.2亿元。投资建设分别由眉山市交通运输局、东坡区、彭山县、青神县负责。东坡段全长10.07千米，估算投资14亿元，采用BT模式建设；彭山段全长23.8千米，估算投资27亿元，采取BT模式建设。2012年彭祖新城5千米完成投资2000万元，东坡区和青神县段33.53千米开展规划论证。

岷东大道　起于青神县中岩寺，止于成都市双流县黄龙溪，全长69.7千米。按一级公路标准建设，双向六车道，路幅宽64.5米，设计行车速度每小时60千米~80千米，沥青混凝土路面，估算总投资52.6亿元。眉山境内约68.33千米。投资建设分别由东坡区、彭山县、青神县和岷东新区管委会负责，采取BT模式建设。东坡区段长19.56千米，估算投资6.26亿元，2012年完成初步设计；岷东新区段长10.4千米，估算投资10.8亿元，2012年投资2.5亿元；彭山段长21.5千米，估算投资17.5亿元，2012年投资1亿元；青神段长16.87千米，估算投资11.13亿元，2012年初步设计文件通过评审。

天府仁寿大道　起于双流县、仁寿县交界处视高镇河心村跳蹬河，接成都天府大道，途经仁寿县视高、清水、黑龙滩、大化、文林、宝飞，止于省道106线石板节点，主线长53.4千米，黑龙滩连接线长7.05千米，估算总投资69.99亿元，设计行车速度每小时80千米，双向八车道，沥青混凝土路面，其中视高段和仁寿城区段按城市主干道一级标准，其余路段按一级公路标准设计，工期4年。2012年一期工程视高段5.7千米采用BT模式建设，完成投资1亿元。

成眉快速通道　又称眉山工业环线。起于眉山市东坡区思蒙镇，经东坡区崇仁、中国南车集团眉山车辆厂、铝硅园区、金象化工园区，彭山县谢家、公义，止于新津成雅高速邓双立交桥，全长68千米。工程分为三期建设，一期工程思蒙至车辆厂长8千米二级公路改建工程于2006年开工，2007年建成通车，投资1000万元；二期工程车辆厂至象耳段起于省道106线尚义路口往眉山方向500米处，经尚义、象耳、松江、思蒙、崇仁等6个镇，连接眉山机械园区、铝硅园区、金象化工和眉山经开新区4个工业园区，止于眉山车辆厂，全长16.86千米，按二级公路标准建设，道路宽12米，设计行车速度每小时60千米，沥青混凝土路面。其中眉山经开新区段1.92千米按照二级城市次干路设计，道路宽24米。2010年开工，2012年完工，投资1.76亿元。规划三期工程象耳至新津界段43千米按一级公路标准新建。

成都至黑龙滩快速通道　全长36千米，包括新建15千米二级公路和黑龙滩环湖西路21千米三（四）级公路旧路改造。新建段起于成都市双流县大林，经仁寿县视高，止于杨柳，按二级公路标准设计，设计行车速度每小时80千米，路基宽15米，路面宽14米，路面结构类型为沥青混凝土，2007年开工新建，2009年完工。改建段环湖西路长21千米三（四）级，起于仁寿杨柳，止于省道106线，设计行车速度每小时20千米~30千米，路面宽5.8米~6.5米，沥青混凝土路面。新建改建段投资1.46亿元。2012年，完成环湖西路4.1千米加宽改造工程，投资3800万元。

成彭大道　又称彭（山）双（流）公路，起于彭山县县城，经江口、锦江、武阳与双流黄龙溪相接，全长19千米（新建12千米、改建7千米）。按平微二级与山重二级标准建设，路面宽12米。2000年开工建设，因资金缺口停工，2002年重新启动，2003年完工，投资3800万元。2010年启动成（都）彭（山）大道建设，调线改道原东干线公路，经观音过武阳，止于双流黄龙溪。一期工程彭山城区段3.85千米，按城市主干道二级标准设计，道路主线宽50米，机动车道宽23米，设计车速每小时40千米，沥青混凝土路面。2011年开工。二期工程彭山南河大桥东岸至双流双黄路段长

12.73千米，按双向六车道一级公路技术标准建设，设计行车速度每小时80千米，路基宽32米，沥青混凝土路面，总投资10亿元。2012年开工，是年完成投资1.9亿元。

洪雅瓦屋山旅游公路　洪雅县瓦屋山旅游公路是集交通运输、旅游、经济为一体的多功能道路。主线起于洪雅县县城，经止戈、东岳、花溪、柳江，止于瓦屋山镇，长104千米，三四级公路标准，水泥混凝土路面。瓦屋山镇至金花桥分两条线，一条由金花桥至古佛坪，另一条金花桥至钱窝子。1977—1984年新建林区公路长73千米，1985—1992年利用世界银行贷款，建林区公路277.3千米；1992—1999年新建36.25千米。2002—2004年新建公路6.11千米。至2012年，建成林区公路392.66千米。林区公路修建统一按林业部颁发标准，结合县道公路改造施工，水泥砼路宽度5米以上，洪雅林场自建林区旅游公路26.29千米，其中新建双（洞溪）钱（窝子）四级水泥路6.11千米，改建金（花桥）古（佛坪）四级水泥路20.78千米，总投资1369万元。

老峨山旅游快速通道　起于丹棱县仁美镇，接洪（雅）龙（正）路，止于张场镇老峨山风景区，全长14.59千米。按二级公路标准建设，路面宽10.5米，设计行车速度每小时60千米，沥青混凝土路面，概算总投资1.25亿元，工程分两期实施，一期工程7.8千米。2012年开工，当年完成投资2200万元。

六、公路桥梁建设

1997年，眉山地区有主要公路桥梁20余座长度3500延米。此后，启动眉山中心城区岷江二桥、西来堰立交桥、杨家沟大桥、洪州大桥、南河大桥等重要公路桥梁建设，加固改造原有公路桥梁。截至2012年底，全市有公路桥梁1342座，总长3.96万延米。其中高速公路桥梁40座总长5663.34延米、大桥24座总长5636.66延米、中桥240座总长1.15万延米、小桥1038座总长1.68万延米。桥梁总数中危桥30座总长3421.2米。

眉山岷江大桥　位于东坡区城东约2千米原省道106线眉山至仁寿公路上。设计荷载汽-20，挂-100，正桥9孔，净跨50米，引桥10孔，净跨20米，车行道宽9米，两侧人行道各宽1.5米，均为空腹式混凝土预制块板拱重力式墩台，全长722.8米。1984年动工修建。1986年9月通车。总投资877万元。2012年，东坡区投资703万元加固改造大桥，更换部分挑梁，铺设沥青混凝土路面，安装不锈钢栏杆。

眉山岷江二桥　位于东坡区中心城区姜家渡，省道106线眉山至仁寿新线上的特大型桥梁。桥长1033米，宽24.7米，双向四车道，设计洪水频率1/300，设计通航等级5级。1998年开工，先由攀枝花桥梁公司承建，后因不履行合同义务，终止施工。2000年公开招投标后续建。2001年竣工通车，工程投资3800万元。2012年，启动桥梁加宽新建工程，在原旧桥上方新建一座同标准新桥，采取BT模式建设，当年完成引桥下部构造。

眉山西来堰公铁立交桥　位于眉山火车站北2千米处西来堰，是省道106线横跨成昆铁路修建的特大型立交桥。桥长445.26米，宽23米，双向四车道。1997年开工，1999年竣工通车，投资1698万元。2010年，新铺沥青路面。2012年，加宽改造，按原桥标准在两侧各加宽13米，形成宽46米，双向八车道，新铺沥青混凝土路面，吊换旧桥梁板，实施仿古改造。采取BT模式建设，当年完成桥梁桩基浇筑。

眉山成乐高速公路互通式立交桥　位于眉山中心城区西侧省道106线上，跨成乐高速公路，预应力砼空心板简支T梁桥，全长67.74千米，宽23米。1996年开工建设，1999年建成通车，2012

年，加宽改造，两侧各加宽13米。

东坡区修文大桥　位于东坡区思蒙河中游修文镇，钢筋混凝土预应力板桥，长154.6米，宽9.5米，1991年动工修建，1992年建成通车，投资105万元。2012年，大修加固整治，投资328万元。

东坡崇仁大桥　位于东坡区眉山工业环线，预应力钢筋砼空心板梁桥，长117.8米，2007年12月建成。

东坡鲜滩桥　位于东坡区省道103线，预应力砼空心板简支T梁桥，长104米，1990年建成，2009年改建。

东坡镇南桥　位于东坡区省道103线，预应力砼空心板简支T梁桥，长103.9米，1990年建成，2009年改建。

仁寿杨家沟大桥　位于仁寿县省道106线，长246.4米，宽21米。2000年开工，2003年竣工，投资1333万元。

仁寿李家坝大桥　位于仁寿县省道106线，板拱桥，长100米。1996年建成。2005年，加固改造，投资285万元。

仁寿牌坊大桥　位于仁寿县省道106线，预应力砼空心板简支T梁桥，全长120米。2000年建成。

彭山岷江大桥　位于彭山县江口镇纱帽山，离县城2千米。全长2198米（主桥长503米），桥面宽12米，设计荷载汽-20，挂-100，水泥混凝土路面。1992年开工，1994年完工通车，投资1250万元。

彭山南河大桥　起于省道103线观保路口，止于武阳乡五一村，接双（流）彭（山）公路，全长4.57千米，桥长608米，引道长3.96千米。设计荷载公路一级，20×30米T形梁桥，桥面宽18.5米，沥青混凝土路面。2008年开工，2009年完工，投资7575.7万元。

彭山青龙公铁立交桥　位于省道103线青龙场境内，横跨成昆铁路，建设规模为三层互通式公路铁路立交桥，上层通汽车，中层通行火车，下层通行非机动车和行人，预应力钢筋混凝土空心板简支梁桥，全长514米，宽12米，荷载按大件公路标准设计。1993年开工，1994年竣工通车，投资1956万元。2009年投入120万元，整治引桥部分路面和下立交道路。

彭山府江大桥　位于彭山县府河彭回路，钢筋砼中承式拱、简支空心板梁桥，长202米，宽12米，1996年开工，1998年建成。2008年，加固维修，投资172万元。

洪雅洪州大桥　位于洪雅县城西青衣江“一股劲”河段，北连省道305线和省道106线，南接县道洪瓦路、峨洪路和井洪路。全长659米，桥面宽16.5米，设计荷载汽-20，挂-100，设计洪水频率1/100，不通航。1996年开工，1999年竣工通车，投资3990.6万元。2010年，大桥主跨尾板左侧断裂。2011年投资476万元实施基础部分处治和加固工程。

洪雅青衣江三桥　位于洪雅县青衣江上，起于瓦屋山大道终点，止于滨江南路西段，全长769.25米，宽24米，25跨T形桥梁结构，建安投资7742万元。2011年开工。至2012年，完成桥梁全部下部结构工程及160余片T形梁板预制，完成投资4000万元。

洪雅青衣江大桥　位于洪雅县城南高岩渡。石板拱、砼板拱桥，全长475.13米，宽10米。1976年开工建设，1979年10月建成，投资271.17万元。2003年，加固改造，投资350万元。

洪雅罗坝大桥　位于洪雅县罗坝渡口上游约20米处。预应力钢筋砼空心板梁桥，全长209.62米，宽6.5米。2006年开工建设，2010年6月建成，投资581.58万元。

洪雅吴庄大桥　位于洪雅县吴庄乡场镇，预应力砼空心板简支T梁桥，长150米，宽15米。2004年开工建设，2006年建成通车，投资220万元。

洪雅花溪口桥　预应力砼空心板简支T梁桥，长128米，宽12米。跨花溪河、县道洪瓦路。2012年开工建设。

青神岷江大桥　位于青神县城东原岷江汽车轮渡上游约120米处，是青神通往仁寿公路桥。投资1226万元，主桥长340.5米，净宽13米。1993年动工，1995年竣工。2012年，加固主桥，合同价616.12万元。当年完成投资500万元。

遂资眉高速公路青衣江特大桥　位于洪雅县城西青衣江上，预应力砼T形梁桥，全长1026米，桥宽24.5米。跨青衣江、洪雅百花滩电站、省道305线。2012年在建。

遂资眉高速公路岷江特大桥　位于东坡区松江镇张坎岷江上，预应力砼连续梁简支T梁桥，全长1016米，宽24.5米。跨岷江、东坡区张坎电航枢纽库区。2012年在建。

遂资眉高速公路思蒙河特大桥　位于东坡区崇仁镇，预应力砼箱梁T梁桥，全长1287.06米，宽24.5米。跨东坡区思蒙河、省道103线、成昆铁路、眉山工业环线、县道XZ05线。2012年在建。

七、公路建设管理

公路工程检测　1997年起，眉山地区重点开展高速公路、区内一、二级公路、重要桥梁及主要路段竣工检验，主要检测公路路面工程，桥梁上部结构、支挡结构等工程项目。实施公路工程项目和通乡、通村公路项目工程材料试验检测，保证材料质量。2004年，眉山市参与外包工程高速公路试验检测，主要承担路基工程、隧道工程、桥梁工程、路面工程等业主确定的中心试验室综合试验检测。至2012年，检验竣工2条两个路段高速公路、2条三个路段长142.88千米一级公路、4条四个路段长174.67千米二级公路、长1.38千米桥梁工程。检测西昌至攀枝花、遂宁至重庆、成都至赤水等7条高速公路项目401.7千米。试验检测工程项目16项。

工程管理　1998年，眉山地区设立公路工程质量监督分站，负责眉山公路工程质量监督管理。成立公路工程定额站，实施交通工程建设劳动定额测定，施工定额、养护定额等公路定额的修订与补充。当年起，开展综合督查、专项检查、巡查，形成政府监督、业主管理、监理控制、施工负责的建设工程质量安全管理体系。2006年起，重点加强已竣工公路工程质量监督。监督成都（双流大林）至黑龙滩旅游快速通道、黑龙滩环湖西路改造工程、省道106线富（加）资（阳）段路面改造工程、彭山县青龙至府河通乡公路工程、省道106线丹棱至蒲江段改建工程，开展综合督查9次，专项检查25次，每月巡查。发出现场抽查意见通知书26份。2007年，审查芒硝物流通道、成都至黑龙滩快速通道、省道106线补修及各县（区）通乡公路工程项目施工图预算及工程变更工程量，重新估算、概算、预算工程项目。此后，每年审查交通建设工程造价。2009年起，重点监督纳入眉山市交通建设工程质量安全监督站监督的公路工程项目。包括高速公路、干线公路、重点公路、农村公路项目。2012年，审查地方交通建设项目52项，金额26.68亿元。截至2012年年底，全市组织检查纳入眉山市交通建设工程质量安全监督站监督的公路工程项目24个，其中地方高速公路项目2个189.04千米，地方干线公路项目7个310.58千米，地方重点公路项目6个103.56千米，地方农村公路项目13个95.19千米。组织省道103线、省道106线、省道305线和国道213线以及新建高速公路综合质量监督检查51次，跟踪检查122次，专项检查67次，工地巡查1423次，检查项目104个1663次，下发检查结果通知975份、整改通知书42份、质量安全现场抽查意见书421份，发现隐患357处，全部整改。审查地方交通建设项目金额33.69亿元。

眉山市 1997—2012 年路桥情况统计表

表 5-1

年份	公路总里程（千米）	按行政等级分（千米）						按技术等级分（千米）						按路面等级分（千米）				公路密度（千米/百平方千米）	桥梁	
		国道	省道	县道	乡道	村道	专用公路	高速公路	一级	二级	三级	四级	等外	水泥路	沥青路	次高级路	中级、低级、无路面		数量（座）	里程（延米）
1997	2832	80	250	1240	920	—	342	—	—	328	213	645	1646	131	—	914	1787	—	20	3500
1998	2844	80	250	1252	920	—	342	—	—	328	225	645	1646	268	—	818	1758	30. 28	372	13025
1999	2917	97	306	1252	920	—	342	73	—	328	225	1010	1281	422	—	1098	1324	40. 58	382	13844
2000	3642	97	292	1557	1245	—	451	73	98	426	446	1741	858	594	—	1066	1184	40. 56	382	13844
2001	3642	97	292	1557	1245	—	451	73	98	426	446	1741	858	927	203	540	1899	50. 70	646	21508
2002	3642	96	292	1562	1241	—	451	73	98	442	435	1749	845	970	210	509	1879	52. 02	741	23438
2003	3642	96	292	1562	1241	—	451	73	98	442	445	1787	797	1157	210	460	1741	51. 39	741	23438
2004	3642	96	292	1562	1243	—	449	73	98	450	479	1813	729	1398	243	394	1533	50. 67	743	23495
2005	3642	96	292	1562	1240	—	452	73	98	450	479	1814	728	1406	243	394	1525	50. 67	743	23495
2006	4379	96	293	1533	998	1165	294	73	101	343	277	1475	2110	2139	187	302	1678	60. 93	925	27706
2007	5060	96	296	1525	1112	1737	294	73	99	330	275	2485	1798	2371	267	214	2135	72. 28	1075	29882
2008	6461	96	296	1522	1116	3136	294	73	103	340	308	3940	1696	2776	319	178	3114	92. 29	1220	32453
2009	6783	96	296	1512	1113	3494	272	73	103	337	285	4472	1513	3187	319	176	3029	96. 90	1238	32699
2010	7157	96	296	1511	1113	3869	272	73	100	333	308	4725	1618	4839	364	171	1710	102. 25	1302	33992
2011	7279	96	296	1515	1113	3986	273	73	100	334	308	4396	2068	4862	376	192	1775	103. 99	1299	33917
2012	7348	96	363	1515	1113	3988	273	141	100	334	305	4693	1775	5194	569	181	1404	105. 12	1342	39648

说明：公路路面等级（桥梁）一栏 1999—2011 年不含高速公路里程（桥梁）

第二节　公路运输

1997 年，眉山地区运输企业有汽车 5227 辆（客车 941 辆、货车 4286 辆），其中公有制企业有汽车 1016 辆（客车 271 辆、货车 745 辆）、个体（联户）汽车 4211 辆（客车 670 辆、货车 3541 辆）。年客运量 2129 万人次，旅客周转量 6.2 亿人千米，年货运量 1188 万吨，货物周转量 5.95 亿吨千米。此后，运输市场放开，汽车、自备车、个体（联户）汽车发展速度加快。集体运输企业多以客运为主，规模多数超过全民所有制运输企业。截至 2012 年年底，眉山市有营运性汽车 2.64 万辆。道路客运全部公司化经营，11 家客运企业有客运车辆 2107 辆，开行客运线路 439 条，年客运量 7192 万人次，旅客周转量 23.38 亿人千米。货运主要由个体（联户）承担，223 家货运企业有货运汽车 2.37 万辆，年货运量 4838 万吨，货物周转量 47.66 亿吨千米。有出租汽车 868 辆、客位 4340 座。

一、公路客运

（一）汽车场站建设

1997 年起，眉山地区采用股份合作投资、国家补助、自筹资金等方式，加快汽车客运站点建设。当年末，全区有汽车客运站 4 个（二级站 1 个、三级站 2 个、四级站 1 个），实行售票、客运、行包、服务一体化，接纳社会客运车辆参营。1998 年，启动全区农村客运站建设。1999 年，地区行署作出加快地区乡场镇停车场建站决定，将乡场镇汽车站纳入城镇建设总体布局，采取多元投资方式，省、地交通主管部门给予适当补助。2000 年，青神县以片区为单位，乡村公路为骨架，建设客运站点，建成汉阳、罗波农村客运站。彭山县建成谢家农村客运站，洪雅县改造原闲置联运车站后重新启用。

2002 年，启动眉山客运中心一级车站建设，站房建筑面积 9512 平方米，停车场 7124 平方米，年客运吞吐量 204 万人次以上。2003 年，眉山客运中心站建成投入使用，仁寿联运客运站投入营运，彭山客运站开工建设，丹棱汽车客运站主体完工。至 2004 年，全市建成四级客运站 3 个、五级客运站 2 个，投资 260 万元。彭山县客运中心站建成投入使用。2005 年，洪雅县客运站建成投入使用。全市建成四级站 7 个、五级站 3 个。2006 年，新建青神县汽车客运中心站，投资 700 万元，按国家二级汽车客运站标准设计。眉山中心城区在三苏大道、铁环路、苏湖路修建公交站台 18 个。2007 年，启动城际列车、长途中心站、公交枢纽站“三站合一”项目和城西公交枢纽站建设。新建公交站台 20 个。2008 年，市中心城区北门车场统一拆迁开发，回收有偿出让金 212.16 万元，专项用于新建城市公交停车场建设。2010 年 2 月，由于城际列车站规模扩大，“三站合一”选址规划调整，原枢纽站的规划方案及施工图设计废止，重新规划新的公交枢纽站。新调整的中心公交枢纽站用地 1.33 公顷，地址为裴城路西段与新 103 线交会处。至 2010 年年底，全市建三级站 1 个、四级站 32 个、五级站 14 个、农村港湾式招呼站 108 个、简易站 2 个。

2011 年起，开工建设眉山交通中心，实行城际列车、长途汽车、城市公交车车站三站合一，占地 14.41 公顷，工期 3 年，总投资约 8.2 亿元，其中眉山东站投资 1.2 亿元，地方配套项目投资约 7 亿元。长途汽车站投资 4.7 亿元，包括站前广场、地下停车场 A 区、地下出租车站 B 区、公交车站、商业服务楼、6条周边道路。2012年，仁寿县城市客运站、洪雅县八角庙客运站开工建设。年末全市有汽车客运站183个，其中一级客运站1个、二级客运站6个、三级客运站2个、四级客运站47个、五级客运站19个、简易站2个、农村招呼站106个。

（二）运输

1997年，眉山地区清理、审核客运站点，确定站级。全区有汽车客运站4个，各型客运车辆941辆，客运线路开行除眉山地区6县外，主要有成都、新津、乐山、峨眉、雅安等地，开行班次不多；客运车辆主要以“成都”“野马”“华西”中巴客车为主，基本能满足群众出行。当年，全区客运量2129万人次，旅客周转量6.2亿人千米。1998年，加强农村客运老旧客车载客、农用厢式中巴车，“火三轮”、小四轮货车载客管理。投放营运的农村客运车辆必须是新车，农用客车经公安交警部门允许载客的在办理营运手续后方可运行。眉山县客运企业增至4家，新增中巴车56辆，各型客车有342辆，开行线路41条，日发班车2355班次。1999年，眉山县汽车公司、公共汽车公司和乐山总公司眉山公司4家客运企业合并组建眉山汽车运输责任有限公司，经营省内外道路客运、超长线路客运和旅游客运。改造建成农村客运站2个。2000年，成立眉山汽车运输总公司，经营管理原乐山市汽车运输总公司下属的仁寿分公司、洪雅分公司、眉山分公司、丹棱站、青神站。成乐高速开通直达客运，投放客车22辆，日发班110辆次，日运送旅客1500人次。农村客运线路开行218条，初步形成农村客运网络。开通彭山至成都高速公路客运。洪雅县将县城发往区乡的13条线路车辆全部归入联运车站管理。

2001年起，眉山市开展“道路运输年”活动，清理整顿所有客运站经营管理秩序和服务质量，制定运价运行图，加强客运价格监督，建立和维护客运管理秩序。2003年，眉山第一、第二汽车运输公司并入眉山汽车运输责任有限公司。眉山客运中心站建成投入使用，开通跨地、市、州客运线路195条，日发送旅客335班次，跨县车辆177辆，日发送旅客469班次。仁寿联运客运站执行“三优、三化”标准，按现代化企业管理方式规范客运站。2004年，全市运输企业超长旅游、高速公路经营全部实现公司化控股，农村客运重点发展乡到村、村到村客运，发展“断头路”“盲点路”的乡村客运，以点带面逐步扩展。2006年起，全市农村客运车辆实行客运附加费减免政策。新建青神县汽车客运中心站，日发班客运量3000人次以上。2007年，全市农村客运车辆实行石油价格改革财政补贴政策，惠及农村客运经营企业、车主，缓解因油价上涨给企业、车主经营带来的影响。85台车站发班车辆安装行车记录仪。全年全市客运量7021万人次，旅客周转量18.5亿人千米。2012年，全市有道路旅客运输企业11家。客运车辆2107辆、客位4.53万座，客运站183个（农村客运站172个），开行客运线路469条（省际班车线路9条、高速公路客运线路30条、市际班车线路138条、县际班车线路21条、县内班车线路271条），日发6906班次。农村客运车辆1406辆，开行客运班线296条。全市128个乡镇客车通达率100%。客运量6770万人次，旅客周转量23.19亿人千米。1997—2012年，全市客运6.3亿人次。

二、公路货运

1997年，眉山地区有货运车辆5132辆，运力和运量受限，不能满足市场需求。全区货运量1121万吨，货物周转量5.45亿吨千米。1998年起，地区以建立有形货运市场、规范使用运单为货运市场管理重要手段，通过县乡联组启动货运单发放使用，引导运输企业和业户安全运输，规范道路货运经营业户经营行为。随着经济社会发展和道路基础设施的不断改善，道路通行能力逐步提高，相继建立货运信息中心6个，其中彭山县建成有形货运市场。建成眉山中心城区西门货运站，眉山姜氏物流、眉山祥通物流、眉山盛盟达汽车运输有限公司、丹棱吉祥汽车运输有限公司、丹棱县凤乐物流有限公司等货运公司。清理整顿货运市场，查处无证经营违法行为，规范经营，货运市场持续发展。

2010年，眉山市货运量增至3613万吨，货物周转量35.24亿吨千米。截至2012年年底，全市货运企业增至223家（普通货运企业212家、危险品货运企业11家），货运车辆增至2.37万辆、吨位8.57万吨，货运量4838万吨，货物周转量47.67亿吨千米。1997—2012年，全市运输货物2.79亿吨。

第三节　公路养护

1997年，眉山地区公路通车里程2832千米（不含村道），所辖6个县有公路养护段8个，道班109个，收费站12个，交通量观测站12个，有公路养护职工2298人，负责境内长1320.1千米国、省、县道常年养护。按照建管养并重原则，以提高公路整体服务水平为目标，推进公路养护体制改革，实行规范化管理，降低养护成本，提高养护质量，公路养护里程逐步增多。国、省、县道好路率65.8%，养护综合值69.78分。1998年，洪雅县实施养护机制转换试点。1999年，落实“养护承包责任制”，实行“五定一挂钩”（定里程、定人员、定养路经费和材料消耗、定好路率、定奖惩，与安全生产和道路畅通挂钩），推进效益工资制，逐步实行养护企业化管理。眉山、洪雅、青神等县组建路桥公司，参与市场竞争、承揽工程，转换内部机制，增加收入。至2000年，眉山市公路养护部门实行事企分开，养护与维修分离。眉山县、洪雅县、青神县养护部门分别组建公路维修公司，承担公路日常路面维修保养和公路大中修及水毁恢复工程。2001年，眉山市开展全国第二次公路普查。全市公路通车里程1.28万千米，其中国道97千米、省道292千米、县道1557千米、乡道1245千米、专用道451千米、村道9193千米。2005年，全市公路养护里程3551千米、占总里程的99.5%，公路综合好路率72.7%。2012年，全市公路养护里程3218.21千米（国道78.86千米、省道238.35千米、县道1515.24千米、乡道1112.58千米、专用道273.18千米）。截至2012年年底，全市有公路养护段7个，公路养护管理站97个，交通量观察站92个，职工1876人。国省道建成全自动连续式交通量观测站3座。公路总里程7348.16千米，公路养护里程7205.97千米（不含高速公路）。各养护机构通过维修保养，保证了公路畅通。

一、公路大中修

1997年，眉山地区加强公路养护。整治境内近1000千米的国、省、县道，完成国、省、县道公路大、中修养护169.72千米，投资515.8万元大修油路56.12千米，投资330万元新铺油路8千米，投资1424万元新铺水泥路29.6千米，投资401.3万元整治过境场镇公路9千米。1998年，全区新铺水泥路84千米，新铺油路37千米，创文明样板路20千米，改建山区公路17千米。至2002年，眉山市重点改造建设国道213线、省道103线、省道106线，各县（区）组织大中修改造县道和联网路。完成油路大中修241千米，新铺水泥路砼路面84千米，新铺油路37千米。

2003年，眉山市开展公路养护工作规范化管理达标活动。当年完成油路大修30千米。至

2007年，全市完成油路大中修149千米。2008年，受“5·12”汶川特大地震影响，全市损毁国省干线公路84.88千米、农村公路650.03千米。当年，实施地震灾后重建，抢险保通，公路恢复通畅。2009年，全市完成公路大中修工程193.3千米。2010年，采用BT模式，引入中央企业中城建投资4.1亿元，改造省道103线和省道106线仁寿至眉山段。投入1382.99万元，整治省道103线、省道106线、仁（寿）简（阳）路部分路段和峨洪路7座危桥。2012年，全市投入2.45亿元改造省道106线眉山至丹棱段和洪龙路洪雅至丹棱段路面；投入2.5亿元改造国道213线仁寿县城至井研32千米路面；投入4300万元恢复省道305线洪雅段37千米水毁路。全市主要公路路面平整，状况良好，车辆畅行。

二、公路小修保养

1997年，眉山地区小修保养以路桥为主，养护桥、涵、路桥标志，改善路况。督促检查国、省干线公路养护管理情况，加铺沥青混凝土路面4098平方米，修补坑凼路面16.67万平方米，铲路肩路面168.4万平方米，清扫路面847千米，补标线1538平方米，修复路绿带面积1.64万平方米，刷白路缘带11万平方米，清运路肩垃圾6.53万立方米，清理水沟73万平方米，浆砌护坡5282立方米，粉刷行道树506千米，修复桥面伸缩缝58米，油漆千米桩896根，增补设示警桩710根，油漆示警桩2096根。全年养护公路1535千米，国、省、县道好路率65.8%，养护综合值69.78分。1998年，全区以标美路工程和文明样板路建设为龙头，实施公路养护规范化管理，促进公路“畅、洁、绿、美”。创文明样板路20千米，改建山区公路17千米。1999年起，全区开展公路养护“百日竞赛”活动。加强公路小修保养，加铺沥青路面、泥结碎石路面，修补坑凼，铲修路肩，铲油包，清扫路面，补标线，清运路肩垃圾，粉刷行道树。

2001年，眉山市投入130万余元维护省道106线旧路仁寿至龙正段24.5千米。2002年，东坡区清理省道103线水沟，维修路缘带，清理县道水沟。洪雅县整治省道305线、井（研）洪（雅）路油路等病害，峨（眉山）洪（雅）路、雅赵路、雅洪路水泥路灌缝。2003年起，加速公路养护工程建设，重点抓国道213线、省道106线、省道103线、省道305线和重要旅游公路及主要干线公路日常管养，保证全市公路安全、畅通。2005年，加铺沥青路面、泥结碎石路面，修补坑凼，铲路肩，铲油包，清扫路面，补标线，清运路肩垃圾，粉刷行道树。投入511.07万元，整治道路隐患79处、省道106线安保工程27千米。

2007年，眉山市投资662.4万元，整治眉（山）青（神）路、丹（棱）夹（江）路、省道106线等道路安全隐患及安保工程。全年养护公路1941千米。2008年起，集中整治全市干线公路烂路。投入2246万元整治公路隐患39处。至2009年，投资1964万元，整治烂路23条，设置全市国、省干线公路标志标牌，指路信号衔接畅通，信息准确。2010年，全市加强以路面为中心的日常养护管理。投入6.22亿元改造维修列入部检的4条路段。2011年，投资718万元实施公路安保工程，设立标线、设立标志牌、防护栏、反光镜。投资200万元整治重大隐患2处。

2012年，全市投入2248万元实施安保工程291千米，实施标线路面，设立标志牌、防护栏、警示桩、波形护栏、防护墩（墙）。投资980万元，整治省道305线、省道106线重大隐患及悦兴至多悦、秦家至盘鳌等路段。投入450万元整修维护国道213线、省道106线、华青路、成黑快速通道等路面92千米。全年养护公路2487千米，全市国省干线公路综合值88.4。

三、公路桥梁隐患整治

1997年起，眉山地区排查公路桥梁。2001年，眉山市检查桥梁12次，包括国、省、县道公路桥梁57座4523.5米、涵洞40道，整治危桥8座、涵洞28道，增补标志、标牌266个。2002年，全市普查桥梁447座1.73万延米。其中国道34座1020延米、省道62座459延米、县道351座1.18万延米。青神县检查和修复青井路官厅坝危桥、青乐路金牛河危桥，并设置警示标志。2004年，建立眉山市公路桥梁管理数据库。2005年，全市投入425.5万元整治省级重点病危桥6座。2007年，排查整治公路桥梁安全隐患，检查全市国省干线、县道、主要乡道519座运行桥梁、存在病害桥梁132座，检查在建桥梁6座、整治3座；重点监控五类危桥，病危桥设置警示标志和限载限速标牌。投入资金275万元整治危桥3座。2008年"5·12"汶川特大地震后，全面排查全市桥梁。整治病危桥16座。2011年，全市投资850万元整治危桥9座902延米。2012年，全市整治公路危桥11座，其中眉山岷江一桥投资1195万元，洪雅县省道305线安溪河桥投资637万元，东坡区洪龙路象耳二桥投资800万余元。

四、公路绿化

1997年起，眉山地区每年绿化公路。至1998年，全地区已绿化公路1247千米、占公路总里程的60.33%。2000年，眉山地区组织职工，动员公路沿线群众参与种植行道树。洪雅县发动和组织群众义务投工3.5万个，种植行道树129千米，公路绿化工作被四川省绿化委员会评为"四川省绿化百佳县"。眉山地区植（补）行道树5.32万株，培育榕树苗木3.33公顷，新增绿化里程80千米。眉山县崇仁路、洪雅县洪高路成为眉山地区绿色通道示范段。2003年，全市将公路绿色通道建设融入创建生态园林城市工作中，在省道106线和省道103线植（补）小叶榕树、大叶香樟、天竺桂、巨桉、水杉、杜樱、紫薇和雪松等四季绿叶树木。栽植树木10.57万株，绿化公路137.9千米。至2005年，全市新增公路绿化里程478千米，公路绿化里程增至2553.54千米、占可绿化里程的74.1%。至2010年，全市新增（补）植公路绿化里程250千米，绿化里程增至3380千米。截至2012年年底，全市绿化里程3494.46千米、占可绿化里程的50.92%。

第二章　铁　路

1997年，眉山地区仅1971年建成的成昆铁路运输线1条，眉山段全长54.66千米。2008年，铁路部门启动成绵乐城际铁路建设，眉山段长70.7千米。2010年起，开展成昆铁路扩能改造工程前期规划，规划在眉山境内长53.88千米。规划建设川藏铁路项目，可研推荐方案眉山段长约34千米。至2012年，眉山境内还有列入规划的连汪燕铁路（眉山段长31.6千米）、雅眉乐铁路（眉山段长约40千米）、遂资眉雅铁路（眉山段长约126千米）。

第一节　铁路建设

一、铁路线路建设

（一）成昆铁路眉山段

1971年，成昆铁路全线通车，由北向南经彭山县进入眉山境内，由今眉山市东坡区崇仁镇出境，全长54.66千米。境内有青龙、彭山、太和、眉山、鲜滩、思蒙6个火车站，其中眉山站、彭山站为三等站，青龙站、太和站、鲜滩站、思蒙站为四等站。2002年，铁路部门投资480万元的3000平方米新建眉山客运站房竣工投入使用。投入1200万元改造眉山火车站货场，设计到发能力由30万吨增至50万吨。至2004年，全站列车到发线5条，装卸货物线5条，粮食专用线2条，装卸货位50余个，日均装卸车在100辆以上。40吨门吊1台，装载机2台，基本满足眉山地区货物进出的需要。

成昆铁路眉山段（摄于2009年7月）

2010年起，铁路部门和四川省开展成昆铁路扩能改造工程。工程自成昆铁路花龙门站向南，经新津、彭山、眉山、思蒙、夹江后跨青衣江至峨眉站，全长110.67千米，设计时速200千米客货共线铁路。工程估算投资106亿元，其中静态投资101.2亿元。项目由铁道部与四川省共建，四川省负责征地拆迁并承担费用，铁道部负责组织建设并筹措工程费用，工期3年。成昆铁路扩能改造工程在眉山境内长53.88千米（彭山县21.4千米、东坡区32.48千米），总投资41.6亿元。

2012年6月，思蒙站划入成都铁路局峨眉车务段。年末眉山车间有班组9个，管理青龙、彭山、太和、眉山、鲜滩5个车站。其中客运办理站2个，货运办理站5个（局控站2个）、危险货物办理站3个，专用线15条（危险品专用线5条）。

（二）成绵乐城际客运专线眉山段

成绵乐城际客运专线由绵阳江油到成都经峨眉至乐山，全长314千米，设计时速250千米，估算总投资276亿元。其中眉山段70.7千米，估算投资77亿元，眉山境内设彭山北、眉山东、青神3个站。眉山段项目于2008年启动，工期6年。至2012年，项目仍在建设中。

（三）川藏铁路眉山段

2012年，国家规划建设川藏铁路，由成都至拉萨，全长1629千米。川藏铁路预可研推荐方案眉山段约34千米，估算投资21亿元。起点由成昆铁路既有线彭山站向南引出，在东坡区悦兴设站（盘鳌争取设站），向西过蒲江，经雅安、康定入藏。川藏铁路由眉山市境内始发并设置站点。

（四）连汪燕铁路眉山段

由内江连界至乐山燕岗，全长 110 千米。其中眉山段长 31.6 千米，估算投资 18.5 亿元，2012 年开展前期工作，设识经、尖山、汪洋 3 个站。

（五）雅眉乐铁路眉山段

由雅安名山至乐山峨眉山，全长 91.4 千米。其中眉山段长约 40 千米，估算投资 36 亿元，设洪雅站。2012 年，列入国家级《芦山地震灾后恢复重建总体规划》，当年完成预可研报告编制、初审工作。

（六）遂资眉雅铁路眉山段

由遂宁船山至雅安名山，全长 254 千米。其中眉山段长约 126 千米，估算投资 75.6 亿元。至 2012 年，为规划项目，列入《成渝经济区成都城市群发展规划》上报国家发改委，完成规划报告编制。

二、铁路场站建设

2012 年，眉山市境内仅有 1971 年建成的成昆铁路运输线 1 条。设青龙、彭山、太和、眉山、鲜滩、思蒙 6 个车站，其中三等站 2 个、四等站 4 个。

（一）眉山火车站

眉山火车站是成都铁路局管辖的三等站，始建于 1965 年。1997 年，眉山火车站有客运、货运、运转、装卸等 4 个职能部门，管辖太和、鲜滩、思蒙 3 个站，负责境内及乐山部分地区的客、货运输，主要办理客、货列车出发、装卸作业、行包装卸等。2007 年，眉山火车站升格为成都铁路局眉山中心站，辖彭山、太和、眉山、鲜滩、思蒙 5 个车站及客运、货运、运转、装载 4 个职能部门。2012 年，成都铁路局眉山车站有班组 9 个，管理车站 5 个，其中客运办理站 2 个，货运办理站 5 个（局控站 2 个）、危险货物办理站 3 个，专用线 15 条（危险品专用线 5 条）。

（二）彭山火车站

成都铁路分局彭山火车站位于彭山县城西面，成昆铁路 76 千米+890 米处。彭山火车站按业务性质为客货运站，按技术性质为中间站，按查定登记为四等站。车站主要任务有行车行业（列车接发及本站调车作业）、客运作业（旅客及行包 1 发）、货运作业（整车、零担货物到发作业）。

（三）青龙火车站

青龙火车站位于彭山县境内，成昆线 65 千米+711.7 米处，设有运转室、货运室、多种经营办公室，设计到发能力 30 万吨。

（四）太和火车站

太和火车站位于眉山市东坡区太和镇西北面，距太和镇 4.2 千米，成昆线 85 千米+406.42 米处，设有运转室、货运室，按业务和技术性质划定为中间四等站，设计到发能力 1 万吨。

（五）鲜滩火车站

鲜滩火车站位于眉山市东坡区松江镇，成昆线 101 千米+961 米处，设有货运室、运转室，设计到发能力 5 万吨。

（六）思蒙火车站

思蒙火车站位于眉山市东坡区思蒙镇西面，距思蒙镇 5.2 千米，成昆线 109 千米+492 米处，设有货运室、运转室、客运室，按业务和技术性质划定为中间四等站，设计到发能力 5 万吨。2012 年，思蒙划入成都铁路局峨眉车务段。

第二节　铁路运输

1997年，眉山境内6个火车站担负境内铁路客、货运输任务。2002年，眉山境内火车站发送货物220.4万吨，旅客发送27万人次，运输收入1.39亿元。2012年，境内5个铁路火车站装车2.09万辆，发送货物123.56万吨，卸车10万辆，到达货物611.57万吨，旅客发送26.97万人，运输收入2.96亿元（眉山中心站1.81亿元、彭山火车站3705万元、青龙火车站5946万元、太和火车站442.35万元、鲜滩火车站1444.48万元）。

一、铁路客运

1997年，眉山境内6个火车站担负境内铁路客运任务。

2002年，眉山境内火车站旅客发送27万人次。其中眉山火车站19.5万人次、彭山火车站7.5万人次。2003年，眉山站开行客运列车8对（特快列车4对、进京列车1对），发送旅客16万人。2012年，境内5个铁路火车站发送旅客26.97万人。其中，眉山中心站23.15万人、彭山火车站3.82万人。

二、铁路货运

1997年，眉山境内6个火车站负责眉山地区及乐山部分地区的货物运输，主要办理货运列车出发、装卸作业、行包装卸等。

2002年，眉山境内6个火车站发送货物220.4万吨。其中眉山火车站153万吨、彭山火车站11万吨、青龙火车站40万吨、太和火车站9238吨、鲜滩火车站8.48万吨、思蒙火车站7万吨。2003年，眉山站开行货物列车28对。发送货物88万吨，装车完成1.5万车，日均装车41辆；卸车完成1.34万车，日均卸车37辆；行包装卸完成8.67万件。2012年，境内5个铁路火车站装车2.09万辆，发送货物123.56万吨，卸车10万辆，到达货物611.57万吨。其中，眉山中心站装车1.19万辆，发送货物69.33万吨，卸车2.78万辆，到达货物170.45万吨；彭山火车站全年装车2181辆，发送货物13.1万吨，卸车8679辆，到达货物55.54万吨；青龙火车站装车5477辆，发送货物32.92万吨，卸车5.12万辆，到达货物313.68万吨；太和火车站卸车4111辆，到达货物20.83万吨；鲜滩火车站装车1363辆，发送货物8.21万吨，卸车8102辆，到达货物51.07万吨。

第三节　铁路运输管理

1999年，成昆铁路眉山段开展重点整治，实行分管包干责任制，要求分段负责人10天督查一次。通过“两个明确”（明确责任、明确制度）“四个强化”（强化管理、强化整治、强化防守、强化防范），实现“六无”目标（无人为破坏铁路、颠覆列车、中断运输事件，无因工作漏岗、失职造成列车安全事故；无哄抢铁路运输物资案件；无割盗、拆盗铁路设施设备和击打列车案件；无铁路联防队员监守自盗、敲诈勒索事件；无联防队员人身伤亡事件）。实行“五包”（县包片、乡镇包块、村社包段、护路联防队包线、铁路部门包站）责任制。当年，组织专项整治行动3次，清查铁路沿线治安复杂场所38处，废旧收购站（点）25个、出租房123处，卡拉OK厅12家，收缴管制刀具8把，遣送“三无”盲流人员458人，缴获毒品海洛因10克。开展为期3个月的铁路专项整治，重点打击盗抢及窝藏销售铁路运输物资、拆盗铁路器材设施、盗抢旅客财物、危害旅客人身安全等违法犯罪活动。打击危害铁路治安刑事犯罪活动，立案并破获刑事案件32件，治安案件10件，处理违法犯罪分子5人，收缴赃物15万元，摸排治安复杂区域6个。2000年，开展眉山火车站及周边环境治安整治，重点打击盗抢、窝藏、销售铁路运输物资，拆盗铁路器材、破坏铁路设施等危害铁路行车安全，盗抢旅客财物、危害旅客人身安全违法犯罪。破获盗窃铁路物资犯罪团伙1个。2001年，实行眉山铁路沿线133名“五残人员”家庭、社会、村组干部“三位一体”“三监一”责任制，签订39名重点人口帮教责任书，落实帮教责任制。重点整治成昆铁路眉山段沿线治安，立刑事案件23件（破获19件）、治安案件16件，处罚37人，追回被盗物资18万余元，实现货盗赔偿、现行大要案件、重大伤亡事故发生三个明显减少。2002年，专项整治火车运输物资和铁路设施盗窃破坏违法犯罪行为，清查全市废旧金属收购站点98家、废旧金属加工企业58家，取缔67家、罚款114家，拘留6人。

2003年，眉山火车站落实《安全奖励及“两违”处理办法》《行车事故经济处罚及有关办法》《安全管理考核办法》《中心站站长安全管理积分考核办法》《中心站管理办法》《装卸车作业考核办法》等管理考核制度，开展安全大检查、优质服务月等活动，层层落实“五项责任制”，确保安全生产。2004年，眉山中心站以“规范管理，强基达标”为主线、围绕“安全是铁路运输永恒的主题”和“一二五”工作总体思路及铁路实现跨越式发展的方针，制定《中心站站长安全管理积分考核办法及一日工作制度》《职工安全奖励及违章违纪处罚办法》《客货优质服务制度及公约》等制度，规范企业和职工工作行为和标准。开展安全大检查、大反思和整风肃纪、优质服务月等活动，层层落实逐级负责制和责任追究制，保障安全生产及提高服务质量。2005年，眉山车站制定《眉山车站全年创建平安铁路（车站）的工作目标和实施办法》，整治站车秩序、维护站区治安稳定。推行护路承包责任制，建设平安铁道线。专项整治破坏铁路设施、盗窃铁路运输物资、拆盗铁路器材等违法犯罪活动，侦破涉路治安案件129起，立刑事案件64起。清查境内铁路沿线废旧金属收购站点114个，取缔无照经营收购点13家，停业整顿10家，督促6家搬迁。

2006年，眉山中心站制定和完善《加强安全生产的措施》《车站各岗位内控条例》《劳动安全管理考核办法》《非正常情况下作业预案和卡控办法》《车辆防溜办法及车辆溜逸防控紧急预案》等安全措施和条例，严格落实《安全责任逐级负责制》规定。加强生产现场安全卡控工作，重点对接发列车、车辆防溜、防洪工作、营业线施工及非正常情况下作业实行严格的安全卡控，每天巡视检查工作现场和车辆防溜。2007年，制定《调车作业联控办法》《货物线调车作业补充措施》《恶劣天气接发列车和调车作业补充办法》，完善补充各类预案。2008年，组建“查危防爆队”，加强“查危防爆五道防线”和对“三品”（易燃、易爆、易腐蚀）的查堵以及站场、候车厅的巡视；严肃处理工作中的安全差错和“两违”现象，加强劳动管理，优化劳动组织，做好生产第一线劳动定员、定额工作；加强职工安全法律责任意识教育，做好劳动安全专项分析，查找职工不良作业习惯及惯性违章行为，做好作业现场危及人身安全隐患的排查，严格执行《人身安全红线》和室外作业人员及道岔清扫人员人身安全防护措施，完善车站间管理制度，加强干部现场监控以及道路交通安全。加强施工管理与防洪工作，组织协调各部门、各工种，做好各类施工管理。加强登、销记工作，执行扳道员双人双岗，严把“凭证”“进路”关，做好综合维修施工的组织和协调工作，保证施工和行车安全；建立健全防洪管理体系和制度，制定眉山站防洪应急预案，组织学习培训以提高职工防洪整体意识和应变处置能力，加强在降风雨时恶劣气候下的作业安全，执行《雨量警戒值行车组织办法》《车机联控实施细则》和防洪监控工作。执行三项设备回放，发挥现有行车设备在安全管理工作中的监督检查作用。严格 TDCS、远程监控和无线调车灯显设备回放、分析，记录回放情况并公布发现的问题。及时发现车站接发列车、调车作业中存在的问题并及时处理，确保接发列车和调车作业安全。将铁路开办的运输代理作为监控重点，严禁强制代理和乱收费行为；召开货主会议，征求货主意见，到厂矿企业调查货源，落实装车计划。加强职工运输知识、服务标准、典型案例和礼仪常识教育，做好客货运职工培训，以及重点时段、重点部位卡控、重点岗位职工异地交流等。

2009 年，开展“爱路护路宣传教育示范学校”和争当“铁道小卫士”活动；打击春运“倒票”专项行动，拘留 8 人，收缴倒卖火车票 100 余张、价值 2 万余元。全年排查整治突出治安问题 55 个。2010 年，处置矛盾纠纷 249 起，突出打击“倒票”活动，治安拘留违法人员。东坡区公安分局在眉山火车站周边挡获涉嫌零包贩毒和吸食毒品嫌疑人 12 人，缴获零包毒品海洛因 1.2 克。彭山县公安局成立专案组，破获“3·11”系列盗窃城际轻轨建筑工地电缆线案，抓获犯罪嫌疑人 7 人。2012 年，开展“三排查”（涉路矛盾纠纷、突出治安问题和路外安全隐患）调处整治行动，推进“爱路护路联户代表活动”。开展创建安全文明铁道线活动，实行路地携手共建、齐抓共管，昼夜联防守护和巡逻成昆线过境铁道、火车站、桥涵、交叉路、无人看守道口、燃油库。清理整治铁路周边暂住点、出租房，拆除非法修建的临时房屋 100 余户。查处眉山火车站敲诈勒索、寻衅滋事案，批捕犯罪嫌疑人 23 人。

第三章　水　路

岷江、青衣江从眉山境内穿过，1997 年前，眉山岷江、青衣江河宽水浅，航道等级低，水源不足，大吨位船只已难通行，码头设施不全、航程短，内河航运呈逐年下降趋势。2009 年开始建设岷江航电工程。至 2012 年，眉山市有航道 29 条，航道里程 798.08 千米。

第一节　航道码头建设

一、航道建设

眉山境内通航河流主要有岷江、青衣江，岷江流经彭山县、东坡区、青神县境，岷江彭山江口至青神航段 78.7 千米，有彭山青龙渡、夏家沱车渡、眉山岷江渡、岷江太和渡、青神伐子渡等主要公路渡口；青衣江位于洪雅县境内，洪雅航段 57 千米。水库航道主要有黑龙滩、瓦屋山电站库区、陈家沟、两河口水库、天生埝、仙女湖、总岗山、梅湾、复兴等 9 个。支流航道主要有球溪河、郦江河、思蒙河、象耳河、通江河、龙水河、青水河、毛河、通济堰、东干渠、南河、周公河、倒流溪、白沙河、硝水坝河、沙溪河、筒车河等 18 条。在支小河流及水库有过河设施 112 个（桥梁 69 座、渡槽 2 个、临河设施 19 个）。

2012 年，眉山市有航道 29 条，航道里程 798.08 千米，其中河流航道 20 条 626.18 千米，库区航道 9 条 171.9 千米。河流航道中，6 级航道 78.7 千米，7 级航道 11.02 千米，7 级以下航道 708.36 千米。

二、渡口与码头建设

1997 年，眉山境内通航河流有渡口码头 84 道（个）。

2004 年，眉山市完成 50 个乡镇客渡码头建设规划。在黑龙滩水库投入 105 万元改扩建大坝码头。2005 年，建设洪雅瓦屋山库区渡口码头，其中洪雅瓦屋山库区金花桥码头投入资金 200 万元，吴庄码头投入新建资金 200 万元，东坡区太和码头改扩建投入资金 33 万元。

2012 年，全市有渡口码头 86 道（个），其中汽车渡 2 个。包括东坡区有岷江太和渡口、张坎渡口和陈沟码头 3 道（个）；仁寿县有黑龙滩大坝渡口、阴奇沟渡口、柏山渡口、梅桥铺渡口、黄家坡渡口、五里桥渡口、龙水渡口、高坡渡口、观音滩渡口、富家坝渡口、谢家塥渡口、沙墩渡口、白果坎渡口和报恩寺码头、盘龙岛上码头、盘龙岛下码头、五里桥码头、逐洞码头、大坝码头、杨柳码头、大坝囤船码头、宝飞码头、北斗码头、谢安码头等 26 道（个）；彭山县有岷江青龙任渡、青龙上渡、青龙下渡、青龙车渡、夏家沱客渡、夏家沱车渡、府河渡、两河渡、锁江渡 9 道；洪雅县有青衣江东岳孙坝渡口、三宝沙嘴渡口、瓦屋山雅女湖凤江渡口和槽渔滩十字街码头、湖心岛码头、董河码头、竹箐坝码头、幺姑岩码头、大飞水码头、城东电站水库码头、南坛码头、群贤码头、雷坪码头、金花桥码头、吴庄码头、共和码头、关帝码头、龙圣码头、复兴码头、凤江码头、沙嘴渡口码头、槽渔滩顺河码头等 25 道（个）；丹棱县有竹林寺码头 1 个；青神县有岷江筏子渡、水塘渡、汉阳渡、新路口渡、雷中坝渡、瑞峰渡、虎渡溪渡和黑沱子、城关客码头、城关货码头、南门口客货码头、新村码头、女儿渡码头、德云寺码头、中岩寺码头、慈姆溪码头、新路口右岸码头、复兴水库码头、罗波码头等 22 道（个）。

第二节　水路运输

1997 年前，今眉山境内大宗货物航运主要依托乐山大件运输码头完成。眉山航运公司、彭山航运公司、青神航运公司、洪雅航运公司等专业航运公司船只开往乐山犍为营运，往返于长江中、下游，最长航线到达上海，有拖轮 5 艘、驳船 19 艘。

1997 年，眉山地区加强航务监管，实行水上旅客运输“六定”（定船舶，对无证照、牌和设施不全的船舶取消经营资格；定航线，禁止超航区运输；定班次，重点码头、港口实行专人售票，依次排班；定码头，实行打桩定界，各类船舶分码头停靠；定客员人数，禁止超载运输；定票价，执行物价局和交通局核准的客货运价）管理。开放水运市场，发展水上客货运力，加强乡镇船舶和水运市场监督管理。各级政府重新调整、设置乡镇管船机构，配备专兼职管船员。允许偏远水域个体船舶先发展，后完备手续。支持优先发展高中档客船、旅游船。新开业水运，当地乡镇政府负责安排码头航线。乡镇船舶推行“六统一”（统一船舶图纸、尺寸、机型和建造；统一船员培训，统一牌号、证照和航线，统一运输市场管理，统一港航现场监督管理行为，统一监督检查文明用语）“五上船”（牌、证上船，安全载重线上船，安全设施上船，规章制度上船，文明服务上船）管理。开展水运“百日安全”活动，检查专业航运企业及乡镇船舶，整改隐患，增设安全设施。当年，全区水上客运量172万人次，旅客周转量475万人千米；货运量4.33万吨，货物周转量4353万吨千米。无水上运输事故。此后，随着陆上交通发展，渡口逐年减少。

2007年，瓦屋山镇政府组建船舶管理站，成立神龙航运有限责任公司，规范船只运营管理，所有船只按规定配备救生设施。2012年，眉山市有机动船246艘、4464吨、客座5111座、功率7022.62千瓦。其中客船217艘、2662吨、客座5111座、功率4626.06千瓦；拖轮9艘、170吨、功率516.7千瓦；其他船舶20艘、1632吨、功率1879.86千瓦。有非机动船舶47艘、1712吨、客座487座。水路运输客运量422万人次、旅客周转量920万人千米；货运量5万吨。

1997—2012年，眉山市水路运输客运量4720.65万人次，旅客周转量9237万人千米，货运量94.23万吨。

第四章　交通管理

1997年起，眉山地区交通管理部门启动交通建设规划编制。交通建设规划总体目标是以经济建设为中心，逐步实施公路主骨架建设和县乡路网建设。以公路、港口码头和中心城市交通枢纽建设为三大主题，在规划期内初步形成“四通八达、干支结合、布局合理、效益最佳”的区域大交通网络格局，实现交通运输“近期有所缓解、中期明显改善、远期适当超前”的渐进发展。至2012年，相继完成眉山市“九五”“十五”“十一五”公路水路交通运输计划、“十二五”公路水路交通发展规划及《眉山市区域性综合交通规划》《眉山市“十二五”农村公路建设规划》《成都眉山综合交通一体化规划》共7个重要规划的编制，为眉山市交通建设提供科学依据。通过不断完善各项规章制度，加强管理，促进交通运输有序发展。

第一节　交通规划管理

眉山市“九五”至“十二五”交通发展规划（计划），提出各五年计划期末交通建设目标。到2000年12月，形成东接资阳内江，西接雅安，南连乐山，北连成都的公路网基本骨架，初步形成一个等级结构合理、内外联运畅通和集散便捷的公路运输网络，并为全市远景公路网建设奠定基础。交通枢纽建设形成以公路为主体、以铁路和水运为辅助的综合运输网络，具有运输组织、运输中转、装卸储运、中介代理和辅助服务等基本功能的运输站场服务系统。水运建设通过对港口、码头布局的合理规划与建设，初步恢复并提高既有航道等级，扩大水上运输规模，为开发沿江自然资源和旅游资源，带动沿江区域经济发展创造条件。到“十二五”末，眉山全面实现“融入主枢纽、对接次枢纽、建成节点、内通外畅”目标，形成铁路“三纵一横”、高速公路“四纵一横”（成赤高速、雅乐高速、遂资眉高速、仁沐高速），干线公路“四纵一横”（岷江东路、成眉快速、国道213线、省道103线、省道106线）和“一纵”（岷江彭山至乐山段渠化通行）以及“农村公路通畅，外出航空便捷，水陆空并举”的综合交通新格局，建成西部综合交通枢纽的重要节点，成都主枢纽的主要组成城市，全面融入成都，形成眉山与成都同城效应。

一、交通综合规划

1997年8月，眉山地区交通局编制《眉山地区公路建设“九五”后三年及“十五”规划纲要》，提出眉山交通建设的目标是“三年树形象，五年上台阶，苦干实干求发展，建枢纽、创一流，三年时间建成成乐、成雅高速公路，五年形成区内快速通道，八年全面完成县以上公路路面铺装及出口通道建设”。“九五”后三年和“十五”前两年公路建设的重点任务是用3年~5年时间完成“三三二一”工程建设任务。完成300千米高等级公路建设。新建成（都）乐（山）、成（都）雅（安）高速公路70.7千米；省道103线眉（山）至彭（山）段59千米，按一级公路标准加宽改造；省道106线（川西环线）159千米，按一级公路标准改造；眉（山）青（神）公路25千米，按山重一级公路四车道建设。完成3条干线公路建设。成乐高速公路连接线张坎互通立交至青神连接线24千米，按一级公路标准改建；成乐高速公路眉山互通立交至眉山连接线10千米，按城市道路新建；建设眉彭成经济走廊快速通道20千米。建成3条收费公路224千米，包括川西环线、眉山至青神公路、省道103线眉彭段。新建眉山岷江二桥特大桥梁1座。

2000年，眉山地区交通局编制《眉山市“十五”交通建设计划》《眉山市中长期〈西部大开发〉交通建设规划》《眉山市三级路网建设规划》和《眉山市中心城市交通枢纽建设规划》，指导各县完成通乡、通村公路建设规划编制。2001年1月经市政府批准实施。“十五”交通建设规划明确总投资10亿元，其中，公路建设投资9.27亿元，改建385.5千米等级公路，建成“一横三纵”公路交通大通道，初步奠定“三横八纵及瓦屋山景区公路”三级路网主骨架，加强县乡路网匹配建设和技术改造。水路建设投资4620万元，重点完成眉山港、中岩寺建设，建成彭山青龙和府河、眉山张坎、青神老河街和平羌小山峡5个码头，改造仁寿黑龙滩水库和洪雅槽渔滩水库库区码头，力争开工建设洪雅城东水库南坛码头，全市港口码头客运量1226万人次，货运量92万吨。交通枢纽建设投资2700万元，重点完成眉山客运中心站建设，完成东门客运站、高速客运站和118队客运站扩建征地拆迁，汽车客运站机械设备配置，改建兴成货运站、全达货运站和源源货运停车场，筹划建设交通枢纽系统工程（包括生产服务、组织管理、通信信息和辅助服务系统）。

2004年，眉山市交通局组织编制《眉山市“十一五”公路水路交通建设发展规划》。2006年11月经市政府审议通过。“规划”围绕继续抓住国家实施西部大开发和发展农村公路的政策性机遇，完善二级路网建设，推进“千里通乡”“万里通村”工程，重点抓好“一沿江二环线三绕城”公路工程建设，建设功能齐全的车站、港口、码头，实现“干线支线公路共同提高，公路水路综合发展，交通再跨越”的总体目标。规划“十一五”期间，投资48.07亿元新（改）建公路4269千米，其中高速公路1条（新建雅眉乐高速洪雅段40千米），二级路网公路11条308千米，地方重点公路5条334千米，县际公路10条587千米，农村公路建设3000千米（县通乡和县乡联网公路500千米，乡通村公路2500千米），安保设施工程500千米。投资9372万元，建设眉山市第二客运中心站和眉山市货运中心站（一级），建设青神县级客运站1个，仁寿黑龙滩、洪雅瓦屋山重点旅游客运站2个，乡镇客运站40个。投资11275万元，建设港口5个，旅游重点码头8个，乡镇小码头50个。投资1000万元，建设交通安全保障设施500千米。

2006年，眉山市城乡规划局编制完成《眉山市综合交通规划（2004—2020）》，主要包括，在现状交通调查和分析基础上，找出城市道路交通问题产生的原因；研究城市交通建设与城市用地发展的相互关系，确定规划总体目标，提出相应的交通发展战略；根据城市总体规划和土地使用规划，预测规划期末城市客运交通结构；确定城市道路网络和交通网络系统的基本格局，城市对外交通与市内交通各种设施的用地规模和选址；规划城市公共交通网络系统，确定公交车辆数及车型、公交换乘枢纽及场站的分布和用地规模；根据现状城市物流系统及城市总体规划，确定未来城市的物流中心选址、用地结构及物流线路的组织；预测停车总量，确定停车场地的布局，并对停车设施建设及停车管理政策提出建议；在确定各旅游景点与设施基础上，重点提出旅游交通线路、交通组织路线、旅游交通管理措施等，减少旅游交通流对核心区的影响；对规划方案作技术经济评价和方案比选，并提出近期道路交通建设项目的实施计划和投资估算；提出有关城市交通发展、交通需求管理和交通投资等方面的政策性建议。《眉山市综合交通规划（2004—2020）》，在完善城区内部综合交通组织的同时，提出眉山城区对外交通组织的解决方案，为眉山城区道路系统、停车设施建设、公交发展、物流系统规划、旅游交通等提供科学依据。

2010年，眉山市发改委编制完成《眉山市区域性综合交通规划》（以下简称《区域性规划》）。《区域性规划》确定眉山市综合交通建设定位为“建成西部综合交通枢纽的重要节点城市，争取建成成都主枢纽的重要组成城市”，建设思路为“突出南北向，加强东西向，完善内环网，建设大交通”，建设目标为“融入主枢纽，对接次枢纽，建成节点，内通外畅”，全市综合交通规划布局体系基本形成。之后，眉山市不断补充、完善对《区域性规划》，坚持铁、公、水并举，重点规划建设“四横八纵”铁路网、“三横五纵”高速路网、“四箭齐发”为主的18条干线公路网，建设成都城市群1小时经济圈。重点修编完善眉山市区域性综合交通规划，补充城市干道及城市轨道交通内容，统筹布局交通项目线路走向、站点设置、功能定位等。争取成都支持，补充规划建设成都境内相关路段和接口，搞好全市重大综合交通规划项目与成都市交通规划、成都天府新区和成都新机场相关规划的衔接。做好市内干线公路和快速路、高速公路、轨道交通、岷江航运等交通通道之间节点研究，实现不同交通方式的合理衔接，提高综合运输效能，搭建产业发展平台。《区域性规划》明确2010—2030年，眉山市交通基础设施建设，总投资740亿元，其中2010—2015年，投入523亿元。全市新增铁路395千米，总里程达到450千米，增长7倍；新增高速公路391千米，总里程达到464千米，增长5倍，形成水陆空并举、内通外畅的综合交通新格局。通过高铁、高速公路，眉山与成都主枢纽形成“半小时”交通圈，与周边次枢纽、节点城市形成“1小时”交通圈；通过眉山市域路网完善，形成环状加放射网络结构，最终实现县县通高速，县县有铁路，中心城区与县（区），县（区）与重点镇、普通镇“半小时”互通，建成西部综合交通枢纽重要节点城市和成都主枢纽的重要组成城市。眉山市交通运输局完成《眉山市“十二五”公路水路交通规划》编制。以加快交通基础设施建设，完善公路水路交通网络体系，基本适应全市经济社会发展和人民群众生产、生活提出的出行要求。以构建一个“融入主枢纽、对接次枢纽，内通外畅、相互衔接、布局合理，设施完善，功能齐全，标准适用，形象优美的公路水路交通网络体系”为目标。到2015年，形成“三横五纵”的高速公路网，实现境内国、省道公路技术高等级化和路面全铺装，100%的行政村通水泥路或油路。在“十二五”期主要实施以高速公路、国省干线公路改造、县际公路和航道为主的交通基础设施建设。同时推进农村公路、安全保障工程、病危桥改造和客货运站点建设，方便群众生产生活。规划建设项目用地规模为2798公顷，建设资金需求为411.42亿元，其中公路交通建设投资352.98亿元、水路交通建设投资58.44亿元。在公路交通建设投资中，高速公路建设投资237.38亿元、国省道公路建设投资14.47亿元、农村公路建设（县、乡、村道公路）投资81.3亿元。在已有成雅、成乐高速公路基础上，新建遂资眉、雅眉乐、成自泸、仁沐新、蒲简、蒲井6条388.3千米高速公路，形成"三横"（成雅、遂资眉、蒲简高速公路）"五纵"（成乐、雅眉乐、成自泸、仁沐新、蒲井高速公路）高速公路网。改造建设国省干线公路2条6个项目167.7千米，建成国道213线仁寿二峨山隧道，实施国道213线、省道106线绕城公路。县际公路和主要县道公路，投资54.53亿元，新改建县际和主要县道公路18条766.6千米，其中市内县与县之间和区域主要通道公路6条，仁东环线、彭仁路、洪高路（复线）、眉青快速、青西路、华青路；与周边市相连的重要公路交通通道12条，岷江东路、成眉快速通道、眉蒲路、成黑快速通道二期工程、简威路、彭双快速、峨洪路、峨邛路、丹蒲快速、井洪路青神段、乐青路、丹夹路。县乡道建设，投资16.57亿元完成956.4千米，其中路面改造576.1千米、升级改造380.3千米。村道建设，投资10.22亿元完成2948.8千米，其中通村通达464.5千米、通村通畅2484.3千米。安全保障工程，投资0.68亿元完成785.9千米，其中国道78.7千米、省道126千米、县乡道581.2千米。国、省、县、乡道病危桥改造，投资0.55亿元完成43座。国、省、县道灾害防治工程，投资0.56亿元完成126.4千米。农村公路渡改桥，投资1.88亿元完成11座。新建桥梁，投资10.34亿元完成8座。国、省道道班危房改造和新建，投资0.17亿元完成12座，其中危房改造10座、新建2座。客货运站点，投资5.62亿元完成104个，其中客运站2个、港湾式车站100个、货运站2个。水路交通，投资58.27亿元，实施岷江航电工程和彭山、眉山、青神等3个港口建设，农村渡口小码头建设，33个（新建30个、改建3个）。规划实施后，眉山市将基本形成全省次级交通枢纽（节点城市）公路水路交通主骨架。全市公路总里程将由2009年6783千米，增加到2015年的7955千米；路网密度每百平方千米土地面积拥有公路里程将由2009年的94.4千米提高到2015年的110.7千米，比全省"十二五"期规划公路网密度高48.8千米；二级以上公路占公路总里程的比重由2009年的7.6%提高到2015年20.3%，比全省"十二五"期规划比例高10.3个百分点；高级路面公路所占比重由2009年的52.8%提高到2015年的89.7%；汽车客运站个数将由2009年的122个增加到2015年224个，汽车货运站（物流中心）个数将由2009年的0个提高到2015年2个；港口码头数量将由2009年的80个提高到2015年110个。眉山市城乡规划局组织修编《眉山市城市综合交通规划（2004—2020）》，新的眉山市综合交通规划按照新版《眉山市城市总体规划（2010—2020）》，确定远期到2030年城市规模达到82平方千米和85万人的要求编制。明确城市对外交通系统包括双高速（成乐高速、遂资眉高速）、双省道（省道103线、省道106线）、双快速路（成眉快速通道、岷江东岸快速通道）、三铁路（成昆铁路及复线、成绵乐城际铁路、雅眉资遂铁路）。明确城市内部道路系统包括外环规划快速通道；老城区形成"两环"；北部新区和西部工业区采用方格网布局；岷江东部顺应地形，采用组团化、方格网形式。

二、交通专项规划

（一）成眉一体公路交通规划

2005年，眉山市交通局组织编制《成（都）眉（山）一体公路交通规划》，2006年11月经市政府审议通过。规划提出成（都）眉（山）一体化发展的重大战略构想。规划年限为"十一五"规划（2006—2010 年）和“十二五”规划（2011—2015 年）共 10 年时间，以公路交通全方位、多层次、高标准、新理念、好思路规划为总体要求，构建一个“无缝对接、相互衔接、南北快捷、东西畅通、布局合理、层次清晰、设施完善、功能齐全、标准适用、形象优美”的公路交通体系。规划总体布局概括为“167353+400+30”（1 高速、6 通道、7 对接、3 旅专、5 连通、3 梯隧、400 千米乡村连接工程、30 客站）规划布局，规划总里程 1231.8 千米。近期提高主要道路标准，中期建设省道 103 线彭山和眉山中心城区绕城线，远期在成昆铁路、成乐成雅高速公路以西新建东坡至新津一级公路，以此带动铁路、高速公路以西的经济发展；新建彭山南河观音大桥，西接省道 103 线、连接府江大桥，同时考虑扩建彭山县城省道 103 线至双流黄龙溪公路为一级公路，为彭山至成都再添一条快速通道。完善网络，修建黄龙府江大桥，连接黄龙溪东西岸，使彭山北部真正接受成都辐射；适时提高东坡至蒲江、邛崃至彭山公路等级；改建眉山岷江东路。构筑仁寿北部快速通道，成都人民南路南延线已建至双流华阳，在黑龙滩至龙正之间的省道 106 线起，新建一条约 40 千米的一级公路，接双流县华阳经大林至籍田快速通道，促进仁寿北部工业基地的建立，使黑龙滩旅游真正融入成都。成都、德阳、资阳等市共同促进成都外环高速公路列入国家高速公路网，成都外环高速公路实际就是川西环线高速公路，穿越东坡区、仁寿县、丹棱县、北接成都市蒲江县，东连资阳。

2011 年 9 月，眉山市交通局组织完成“三箭齐发”（眉山到成都工业大道、岷江大道、滨江大道）规划报告编制，仁寿县完成“天府仁寿大道”规划报告编制，经眉山市规委会审查通过。形成“四箭齐发”（工业大道、岷江大道、滨江大道、天府仁寿大道）建设规划。

2012 年，眉山市按照“融入成都同城发展、无缝对接、有特色、无落差”的理念配合四川省交通运输厅完成天府新区综合交通规划，工业大道、滨江大道、岷东大道、天府仁寿大道、站华快速路南延线、红星路南沿线进入天府新区“一环九射”交通外配套路网体系。

成（都）眉（山）综合交通一体化规划建设项目（眉山市域）一览表（2011—2015 年）

表 5-2

项目名称		建设性质	建设规模及内容	建设起止年限	估算总投资（亿元）
公路建设	成自泸高速公路	新建	66.3 千米，四车道	2011—2012	36.30
	成眉快速通道	新建	全长约 60 千米，新津至象耳段为一级公路 43 千米，其余为二级公路 17.0 千米	2008—2012	9.40
	丹蒲快速通道	新建	全长 15 千米，按一级公路标准建设	2011—2013	6.90
	S106 川西旅游环线仁寿县城至资阳界段	改建	41 千米，其中改造 16 千米，升级 25 千米	2012—2013	1.52
	成都—黑龙滩旅游快速通道	新（改）建	全长约 55 千米，按二级、三级公路标准建设	2008—2014	3.50
	成仁快速通道	新建	全长约 80 千米，按一级公路标准建设	2013—2016	16.00
	眉蒲快速通道	改建	全长 31 千米，按二级公路标准建设	2014—2016	1.50
	岷江东路	新（改）建	全长 100 千米，按二级公路标准建设	2010—2013	7.60
	彭双快速通道	新（改）建	全长约 18 千米，按一级公路标准建设（彭山县城至双流黄龙溪）	2010—2012	3.00
	彭山锦江大桥	新建	桥梁 400 延米，一级公路引道 4 千米	2012—2014	1.00

续表5-2

项目名称		建设性质	建设规模及内容	建设起止年限	估算总投资（亿元）
公路建设	相邻区县对接农村公路网	新建	眉山与成都相邻区县农村公路对接总长约 121.3 千米	2008—2015	0.57
	小计				87.29
公路运输场站建设	眉山第二客运中心站	新建	一级客运站	2010—2015	0.50
	眉山现代物流信息中心	新建	二级货运站	2010—2015	4.50
	小计				5.00
水运建设	岷江航电（眉山段）	新建	7 个航电枢纽工程（青神县 3 个、东坡区 2 个、彭山县 2 个），总装机容量 28.8 万千瓦	2010—2015	58.67
	眉山港区	新建	新建客货码头	2013—2015	0.60
	彭山港区	新建	新建客货码头	2013—2015	0.50
	小计				59.77
合计					152.06

（二）工业集中区（园）公路交通发展规划

2005 年，市交通局编制《眉山市工业集中区（园）“十一五”公路交通发展规划纲要》，2006 年 11 月市政府审议通过。按照“连接产业基地、干线公路、机场、铁路，并与园区周边路网全面对接，形成布局合理、规模适当、能力充分、衔接舒畅的区域公路网络”原则，对涉及的眉山经济技术开发区、彭山经济技术开发区 2 个省级工业园区，眉山铝业城、眉山金象化工产业集中发展区、东坡松江工业集中区、仁寿文林工业集中区、仁寿视高工业集中区、彭山城西工业集中区、彭山观音工业集中区、洪雅工业集中区、丹棱民营工业区、青神眉青路工业走廊 7 个工业集中区和特色工业小区及农业产业化加工区等主要工业集中区（园）公路交通。规划到 2010 年全面实现通往工业集中区（园）的道路等级化，工业集中区（园）个个通客运班车，实现运力结构基本合理，营运车辆向高级化、专业化方向发展，公路运输能力和组织化水平明显提高。总投资 8.42 亿元，新建、改建公路 334.6 千米，新建市第二客运中心站和市货运中心站，其中新建一级公路 3 千米、二级公路 47 千米、三级公路 8 千米、桥梁 2 座 1320 延米，改建一级公路 13.5 千米、二级公路 103.9 千米、三级公路 35 千米、四级公路 124.2 千米、桥梁 117 延米。同时加强公路运输站场建设、增强服务功能，以中心城区、县级客运站点建设为核心，分层次、有重点地推进工业集中区（园）、乡镇客运站场和主干线公路港湾式客运招呼站点建设，逐步形成多层次的公路客运站场体系，提高客运的覆盖面和服务水平；加快以中心城区、县城为重点，以高速公路和干线公路、铁路为依托的快速货运站场建设，强化货运站场的服务功能，拓展快速运输，多种方式联运、特种运输、现代物流等功能，促进货运站场向专业化、现代化方向转变；强化市场监管，建立健全市场运行规则，规范运输市场秩序，加快运输结构调整，努力提高公路运输集约化经营水平。

（三）水路交通规划

1997 年，眉山地区交通局启动眉山水路交通规划编制。1998 年，完成《眉山港总体布局规划》，眉山港规划新义村、金坝子和东坡湖 3 个港区，规划在 10 年内完成眉山港、中岩港建设。

2002年，完成《眉山市“十五”客运渡口小码头建设计划》，争取到规划中的东坡区红花堰、青神县下牛寺、洪雅县三宝、丹棱县竹林寺、仁寿县宝飞5个小码头建设项目资金46万元。

2009年，眉山市交通局组织开展《眉山市“十二五”水路交通建设规划》编制，完成2010—2015年眉山市乡镇客渡（货）码头建设、2010—2015年眉山市渡改人行桥建设、眉山市港口建设、眉山市岷江（眉山段）航电枢纽工程建设4个规划。到2015年年底，计划总投资1728万元，建设农村乡镇客渡（货）码头33个，建成东坡区东坡湖公园码头、太和西岸码头，仁寿县黑龙滩白果坝码头、黑龙滩梅桥铺码头、黑龙滩繁荣码头，彭山县府河渡码头、夏家沱客码头、彭祖山旅游码头、彭祖山货运码头，洪雅县瓦屋山库区码头、城东库区码头、高风山库区码头、槽渔滩库区码头、百花滩库区码头，丹棱县罗缺口码头、大寨码头、胜利码头、黄埝码头、齐加沟码头、易沟码头、五一码头、安溪河码头、幸福码头，青神县玛瑙堰码头、乌鱼石码头、曹家凹码头、仙姑湖码头、女儿石码头、长深沟码头、栗子坝码头、黄衣岭码头、刘坝儿码头、青杜坪码头。计划投资1.6亿元，建设眉山港（由彭山、东坡、青神3个港区组成）。计划投资56.67亿元，建设7个航电枢纽工程，青神县汉阳航电枢纽工程、虎渡溪航电枢纽工程、季时坝航电枢纽工程，东坡区张坎航电枢纽工程、汤坝航电枢纽工程、尖山子航电枢纽工程，彭山县江口航电枢纽工程。“十二五”期争取完成青神汉阳、虎渡溪和东坡区汤坝航电枢纽工程建设工作。

截至2012年年底，眉山市水路建设规划有序实施，共上报水路行业交通码头建设项目80个，批准立项建设64个，总投资1529万元。其中向省上争取资金821万元。全市各项水路行业交通建设规划总投入2000万元，批准立项投资建设项目数占规划数的80%，实际投资金额占规划投资金额的76%。

（四）农村公路发展规划

2003年，市交通局编制《眉山市县乡道路通乡通村发展规划（2003—2010）》。对眉山市未来十年的县通乡、乡通村公路建设提出要求，制定详细计划和实施保障措施。同时组织编制《眉山市有旱山村的乡镇公路建设规划》《眉山市五十个重点工业乡镇公路建设规划》《眉山市旅游公路建设规划》和《眉山市公路绿化规划》，对全市有重点地科学规划和完善，为全市农村公路建设打基础。2010年，完成《眉山市“十二五”农村公路建设规划》编制，投资54.53亿元新改建县际和主要县道公路18条766.6千米，投资16.57亿元建设县乡道956.4千米，其中路面改造576.1千米、升级改造380.3千米。投资10.22亿元建设村道2948.8千米，其中通村通达464.5千米、通村通畅2484.3千米。

（五）新农村建设示范村公路建设规划

2006年，市交通局编制《眉山市社会主义新农村建设示范村公路建设规划纲要》，经市政府审议通过。在“十一五”规划期内，投资2302.74万元，新建、改建村道公路34.95千米，实现连接国、省、县、乡道公路到市委、市政府确定的39个示范村村委会所在地的村道公路全部硬化。重点建设国、省、县、乡道与村委会所在地相连接的村道公路，重点解决21个示范村到村委会所在地村道公路路基窄和路面硬化问题。坚持“量入为出，先通后畅”原则，分步实施。解决通达问题，投资566.76万元改建村道公路16.97千米，解决东坡区复兴乡西湃村、三苏乡白家村，仁寿县大化镇红塔村、高加镇银匠村、视高镇河心村和奋勇村，彭山县黄丰镇团结村、青龙镇古佛村、彭溪镇彭溪村，丹棱县丹棱镇兴隆村、双桥镇双水村，青神县瑞丰镇青杠平村、罗波乡嘉阳村、青城镇游滩村、白果乡甘家沟村等15个示范村的通达问题，达到通畅标准。实施通畅工程建设，对路基宽度3.5米~4.5米已通水泥路、油路或路面未铺装的村道公路进行加宽改造，使其路基宽度达到4.5米以上，路面宽度达到3.5米以上，路面硬化，实现晴雨畅通，解决东坡区秦家镇新星村、白马镇龚村、广济乡五一村，仁寿县文林镇春燕村、龙正镇椰江村、文宫镇石家村，彭山县凤鸣镇菱角村、洪雅县中山乡前峰村、中保镇史华村，丹棱县双桥镇石河村，青神县西龙镇江滩村等11个示范村村道公路的通畅问题。结合国、省、县、乡道改造，解决洪雅县的瓦屋山镇群贤村和射亭村、东坡区的广济乡济光村、万胜镇艾光村，仁寿县鳌陵乡正华村、曹家乡梨园村6个示范村的通畅问题。

（六）道路运输发展规划

2006年，市交通局制订《眉山市道路运输“十一五”发展规划》，“十一五”期间道路运输发展的主要目标和措施是进一步提高旅客运输的网络化和组织化程度，公路运输系统与其他运输系统的衔接和系统内各子系统之间的衔接更加紧密，以中高级车为主体的高速公路快速客运网络，以中级车为主体的干线客运网络，以中高级车为主体的旅游客运网络。以市中心汽车站和8个县级枢纽为主体的道路客货运输站场网络基本形成，新建成县级以上车站1个，新建农村客运站84个，新建港湾式车站224个，中心城区新建1个一级客运站，计划征用或划拨土地4公顷，按交通部颁布的一级客运站标准建设，总投资4000万元，建成站房面积380平方米，站前广场面积5000平方米，站场面积2000平方米。农村客运城乡一体化发展格局基本形成，通公路的乡（镇）客车通达率达到100%，行政村客车通达率达到90%以上。计划征用或划拨土地4公顷，总投资3000万元，建成集货车停放、货运信息发布、货物仓储、货物周转、物资交易为一体的货运信息服务中心。进一步优化运输车辆结构，以建立节约型行业为目标，加快运力结构调整步伐，形成高档次、大型化、低油耗车辆为主体的运力结构，中级以上客车比重达到30%以上。大力推广应用节能新技术、新标准和规范，运输生产的能耗降低20%。进一步提高运输对经济社会的服务能力，全行业总产值达到8亿元，运输从业人员达到8万人，全市社会客运量、旅客周转量、货运量、货物周转量年均增长率分别达到5.2%、5.4%、7.2%和75.%。进一步完善运输市场体系，基本建立起较为完善的运输市场准入、竞争、监督、退出和运输资源配置机制，建立起符合市场经济体制要求、比较完善的运输市场体系；道路运输产业结构得到全面改善，客运经营公司化改造基本完成，物流技术在货运业得到广泛应用，运输服务水平明显提高。进一步健全汽车维修、驾驶员培训等服务市场体系，建立和完善与汽车运输业发展相适应的汽车维修和驾驶员培训市场体系。组建眉山市汽车维修救援中心，以省道103线、省道106线为骨架，维修企业为骨干，依据既有信息网络，设置专用服务电话，实行24小时全天候值班，提供24小时全天候快捷、高效、便民服务，体现眉山道路运输服务业优质高效，保障有力，反应快捷，提高面对市场的应变能力和应对突发事件的处置的能力。组建2个~4个高品质的4S维修企业，坚持将品牌战略引导维修企业向高品质的4S店发展，建维修精品店，向社会提供更优质服务、优质修车，保障人们出行便捷、安全舒适。科学规划，合理布局，在中心城区建成1所一类驾校，分别建成全封闭的训练场4个，满足各种道路训练，同时力争5年之内在规模小、培训点没有驾校的3个县建成3所二类驾校，实现布局科学化、培训规模化，教学专业化，管理智能化，市场规范化。全面提高运输信息化水平，完成全市运政信息广域网建设，无纸化办公、网上审批、行政处罚网上公告、查询全面实现，各县（区）级运管机构的社会公众网站全部建成开通，主要客运枢纽站和物流交易中心与全省运政信息广域网实现实时联结，网上交易、预定车票等面向社会公众的便捷服务更加完善，智能运输系统起步建设并部分投入使用。

2009年，编制“十二五”运输站场规划。总体目标是：在眉山市境内建设以区、县城为中心，乡镇为终点，辐射村社，实现路通、车通，站场基础设施配套完善的安全、经济、舒适、快捷的客货配载网络体系，满足广大人民群众出行和货物运输的基本需求。到2015年，全市实现经济发达和旅客出行量大的中心城区、重要货物集散地和乡镇都建有汽车客货运输站场，形成设施完善、换乘方便、管理科学的公路运输网络，使汽车客货运输站场成为促进眉山市经济社会发展的流通中枢。2011—2015 年全市建成市中心枢纽客运站 1 个，县中心枢纽客运站 1 个，乡镇汽车客运站 100 个，乡镇通客车率达到 100%，行政村通客车率达 70%以上的目标。同时建设相应的物流中心 2 个，提高全市的货物周转和配送水平，探索物流发展新方向，为眉山的经济社会发展做出更大贡献。规划确定 2011—2015 年眉山市建设汽车客货运输站场 104 个（其中等级站 2 个、港湾式车站 100 个、2 个物流中心）。在眉山中心城区规划建设汽车客运站 1 个（一级站），站房总面积 1 万平方米，站场面积 2 万平方米；东坡区规划建设汽车客运站 21 个（全部为港湾式车站）占地总面积 1050 平方米，物流中心 1 个占地面积 20 万平方米；仁寿县规划建设汽车客运站 15 个（二级站 1 个，港湾式车站 14 个），占地面积 3. 14 万平方米；彭山县规划建设汽车客运站 10 个（全部为港湾式车站）占地面积 800 平方米，物流中心 1 个占地面积 5 万平方米；洪雅县规划建设汽车客运站 23 个（全部为港湾式车站），占地面积 6900 平方米；丹棱县规划建设汽车客运站 21 个（全部为港湾式车站），占地面积 2100 平方米；青神县规划建设汽车客运站 11 个（全部为港湾式车站），占地面积 1100 平方米。

2010 年，市交通局编制《眉山市“十二五”客运线路发展规划》。规划期内将实现全市“乡乡镇镇通客车、70%以上的行政村通客车”的总体目标。合理布局农村客运线路，加快跨省、跨市客运线路网络建设，提升全市道路旅客运输通达和通畅水平；坚持市、县为中心枢纽，以乡镇为节点，发展村、社区域旅客运输和“赶场车”，辐射乡镇的客运线路发展模式，最大效能发挥其作用。在 2011—2015 年“十二五”规划期内，眉山市拟开行省际客运线路 3 条（眉山至昆明、眉山至厦门、眉山至西安），市际客运线路 18 条（眉山至西昌、眉山至攀枝花、眉山至马尔康、眉山至汶川、眉山至石棉、眉山至什邡、眉山至马边、眉山至广安、丹棱至名山、洪雅至资中、瓦屋山至望鱼、柳江至晏场、瓦屋山至雅安、高庙至零千米、彭山至雅安、罗波至夹江、仁寿至双流、黑龙滩至成都），县际客运线路 6 条（回龙至彭山、土地至黄丰、三苏至丹棱、广济至丹棱、眉山至石桥、新庙至仁美），县内农村客运线路 54 条。

（七）城市公交发展规划

2004 年，市政府编制《眉山市城市综合交通规划（2004—2020）》。2005 年，组织编写《眉山城市公交“十一五”规划》，确定总体目标为 2010 年初步建成以城市公交为主体的城市公共交通系统，公共交通平均运营速度每小时 20 千米以上，准点率达到 90%以上，站点覆盖率按 300 米半径计算，建成区大于 70%，城市中心区大于 90%，建成任意两点间公共交通可达时间不超 35 分钟，加强研究发展市内公交智能信息系统。

2010 年，市政府编制《眉山市城市综合交通规划（2010—2030）》，其中公交系统 2010—2030 年的规划内容主要包括六个方面。公共交通的功能定位与发展目标，功能定位为“公共交通是眉山市城市客运的重要组成部分，是居民出行的主要代步工具，是引导城市可持续发展，体现历史文化名城生态安全和社会公平的交通方式”。目标有 4 个，“服务目标”（减少出行时耗，扩大服务范围，提高行车舒适度）、“经济目标”（减少个人出行费用，降低企业运行成本）、“环境目标”（抑制交通污染排放，保持可持续发展的生态环境）、“公平目标”（为最广大的群体提供公共交通服务，促进社会公平发展）。公交优先发展政策，主要有投资、管理、票价、补贴等政策。公交需求分析与车辆发展规划，公交线路发展规划包括线路布设原则、公交专用道设置、线路结构与功能、线路规划方案；公交场站发展规划包括场站功能、用地指标、建设规模、建设方式、建设计划。当年，组织编写城市公交“十二五”规划。规划到2015年，新增公交线路5条、调整旧线路5条、新增公交车100辆以上，对公交站点进行全面规范调整；争取落实公交场站用地6公顷；完善市内公交智能监控系统和语音报站系统；万人拥有市内公交车9标台以上；规划区公交线路覆盖率80%以上，城市中心区95%以上；城市运行总里程1800万车千米，旅客周转量1850万人千米，客运量1650万人次。

截至2012年年底，通过规划实施，城市公交线路发展到12条，公交客车发展到162辆，城市公交线路长度发展到195千米，年客运量达到1620万人次，建成区公交站点300米覆盖率70%，城市中心区95%，实现年递增5%规划目标。

第二节　路政管理

一、道路经营权管理

1997年，眉山地区路政管理部门整治省道103线、省道106线、乡镇过境公路占道经营、摆摊设点以及车辆乱停乱放现象，清理规范摊点514个，清除公路路障349处，清理占道维修业户185家，收缴乱放维修标牌205个。解决省道103线干线公路沿线思蒙、松江、太和、镇江等乡镇交通阻塞问题。1998年起，眉山地区每年均安排路政执法人员上路机动巡查，开展交通综合执法，清理整顿公路沿线乱搭、乱占现象，规范路边洗车场、修车店经营行为，规范管理。2000年8月起，客运汽车线路经营权实行有偿使用，市公交公司筹集资金203.4万元取得公司原18条客运线路及参营车辆113辆此线路有偿使用经营权6年。

2006年7月，运行在东坡区范围的道路客运有偿使用权结束后，眉山市对部分重叠线路作适当调整和车辆置换，相关线路和车辆全部按照调整后的方案实施运行和管理，规范管理乡镇道路运输客运市场。截至2012年年底，全市公路路政执法体系和管理长效机制健全。查处损坏公路及其设施案件2012件、占用公路及留地案件4162起、违章建筑841处、违章接道225处、非法广告牌2555处，清理路障3.65万处，案件查处率和结案率均达到99%以上。

二、超限超载运输治理

眉山市治理车辆超限超载工作会议（摄于2006年9月）

1998年起，眉山地区路政管理部门加强公路巡查，严格治理道路货物运输车辆超限超载行为，保障公路安全畅通。此后，在洪雅县省道305线，省道106线眉山至仁寿段，仁寿县新老省道106线重合段等路段设立多个检查点；宣传“治超”有关法律、法规，营造“治超”良好社会氛围；前往眉山水泥厂、建新化工厂、金象化工有限公司等重点企业，协商源头治理措施；建立和完善治超长效机制，加强超限车辆监督管理。截至2012年年底，眉山市共检查车辆213.16万辆次。其中超限超载车辆19.74万辆次，卸载1.37余万辆次、货物8.54万吨，超限超载比例由1998年的85%降至6%。全市车辆超限超载行为得以有效控制，道路安全保障能力明显增强。

三、公路“三乱”治理

1998年起，眉山地区治理公路“三乱”（乱设卡、乱罚款、乱收费）。建立健全治理公路“三乱”长效机制，完善案件举报制度、督办制度和通报制度。强化社会监督和舆论监督，实行办事公开和向社会群众公开承诺，聘请行风监督员，建立由运输企业、个体业户、车主和新闻单位参加的监督网络。交通、纪检监察、公安等部门开展监督活动，重点监控公路“三乱”易发、多发路段。建立健全查处公路“三乱”问题快速反应机制。当年，取消公路站卡3个，查处公路“三乱”案件（问题）2件。

2005年，眉山市取消机动车辆行政事业性收费、基金、摊派项目3件24.3万元；取消道路收费站（点）5个，创建省级文明执法示范路3条。2006年，市纪委、监察局调查市交警支队收费情况，追缴违纪款392万余元，党纪政纪处理相关责任人。2007年，清理违规减免车辆通行费，全市清理车辆2570辆，停止或取消941辆的“公务卡”“优惠卡”“临时通行证”，每年增收100万余元。2008年，规范省道106线车辆行驶限制标牌，撤减47个。调整撤并省道106线眉山段收费站点，减少收费站（验票点）4个。全年查处公路“三乱”1起，处理1人。2009年，全市取消和全面停止公路养路费等6项行政事业性收费。清理规范政府还贷二级公路收费站点。调查处理《华西都市报》报道的仁寿县富汪路改造过程中施工单位拦车乱收费问题；市交通局牵头纠正丹棱县一起群众在村内道路设卡收费问题。纠正车辆超载超限。全年卸载1390辆超限车辆货物7645吨。2010年，落实鲜活农产品运输“绿色通道”政策，为收费站周边村民、企业、短途客运车辆办理年（月）票，优惠通行费229万元。纠正道路施工企业在承建公路拦车收费1起。

截至2012年年底，全市在国、省干线公路和县道及乡村公路明察暗访83次，设检查点167个，纠正不规范行为46起，查处公路“三乱”行为违纪违法案件2起，处分3人。

第三节　交通费征管

一、道路交通规费

1997年，眉山地区道路交通规费包括公路交通规费和道路运输管理费。公路交通规费包括养路费、货运附加费、客运附加费、农用车养路费、车辆购置费，主要是养路费。当年，全区征收公路交通规费6392.17万元，其中养路费4348.72万元。1998年，道路交通规费实行统筹统支。1999年起，全区实行道路交通规费“八率”（综合实征率、应征实行率、追欠率、新增欠费率、新车入籍费率、交通规费漏征率、报停停征控制率、滞纳金征收率）考核，考核结果与目标奖挂钩。

2001年，眉山市道路交通规费实行收支分离制度，2003年实施“查、罚、缴”分离制度，由市财政统一管理，集中支付。2008年，全市征收道路交通规费1.16亿元、道路运输管理费1675万元。

2009 年，实行燃油税政策和税费改革，停止征收道路交通规费。

二、水路交通管理费

1997 年，眉山地区水路运输不发达，多为方便群众出行的渡船，规费收入低，仅征收船舶检验费。1998 年，全区征收水路交通管理费 6.02 万元。2012 年，眉山市征收水路交通管理费 22.2 万元。1998—2012 年，全市征收水路交通管理费 188.45 万元。

三、路桥收费管理

1997 年前，眉山境内有收费公路 4 条长 190 千米，收费桥梁 2 座。

1997 年，眉山地区收费公路管理以县为主体。有国道 213 线仁寿段、省道 106 线仁寿至富加段、仁寿富加至汪洋路、仁寿富加至民主桥公路、彭山岷江大桥、青龙立交桥、彭山东西干线谢家至双流界、洪雅洪州大桥、省道 305 线洪雅段、洪雅至炳灵公路 319 千米二级收费公路。当年，全区路桥收费 2982 万元。1998 年建成省道 106 线丹棱至蒲江段、丹棱至夹江公路 37 千米二级收费公路。2001 年，建成眉山至青神公路 21 千米二级收费公路。

2003 年，眉山市以县（区）为主体管理的行政事业性收费还贷公路项目（以下简称收费公路）上划，实行“统一收费管理、统一经费核算、统一还贷付息”，以收费公路项目为单位成立收费站所。当年，省道 103 线眉山段 59 千米二级收费公路、省道 106 线仁寿至洪雅段 91 千米一级收费公路正式收费。2004 年，全市还贷性收费公路实行“统收统支、统贷统还、总量控制”管理。2012 年，全市取消政府还贷二级公路收费。取消国道 213 线仁寿段、省道 106 线仁寿至富加段、县道仁寿富加至汪洋段、省道 305 线洪雅段、县道洪雅至炳灵段、“三山环线”洪雅肖山至高庙小楔头、省道 106 线眉山段 7 条公路 364 千米，保留省道 106 线仁寿至丹棱段和洪龙路丹棱至洪雅段 91 千米一级收费公路，设收费站 2 个。截至 2012 年年底，全市建成收费公路项目 19 个，收费站点 35 个（收费站 28 个、验票点 7 个），收费公路里程 551.7 千米，收费桥梁 2730.8 延米，收费隧道 2302 米，城市收费项目（彭祖大道）里程 6 千米，完工待批收费里程 40.86 千米，总投资 34.1 亿元。有政府还贷一级收费公路 1 个 91 千米，收费站 2 个。

1997—2012 年，全市路桥收费 11.75 亿元，还贷 1.74 亿元。

四、公交财政补贴

2006 年起，眉山市公共交通实行国家燃油补贴。2007 年 7 月起，全市公交车免征“两费”（公路养路费、公路客运附加费）。2009 年，公路养路费、公路客运附加费改为燃油税。农村客运一同免征“两费”。至 2009 年年底，全市补贴公交车和农村客车 1078 万元。2010 年，实行国家天然气价调补贴。市公交公司 127 辆公交车价调补贴 163.65 万元，86 辆农村客运价调补贴 36.24 万元。公交财政补贴制度延续至 2012 年。

第四节　运输市场管理

一、运输经营管理

1997年，眉山地区执行四川省物价局、四川省交通厅制定高档客车经营非高速公路客运的旅客运价。高档客车经营非高速公路客运旅客运价不分路面等级，统一按以上标准执行。途经高速公路分段计算。当年起，加强农村客运线路、车辆、驾乘人员管理，开展安全行车、优质服务竞赛活动，建立值班制度，检查、调度车辆，实行“五不出站”（行驶证、驾驶证、从业资格证，道路运输证、客运线路标志牌，超长客运派车通知单不全，不符合规定不出站；班车车辆安全检查不合格不出站；酒后驾驶和不按规定配合的不出站；车辆超载、超高不出站；气候恶劣不宜行车不出站）和“三品”（易燃、易爆、易腐蚀）检查。1998年，地区交通局、公安处下发《关于加强眉山城区货物运输市场管理的通告》，规定眉山城区从事道路货运业户的经营资格、停放地点、入城管理、运输线路等。2000年，成雅、成乐高速公路客运价格试行省定专线旅客运价标准。此后，全市相继实施“道路货物运单”，组织开展出租车行业“树眉山交通形象，争做文明使者”为主题的百日安全优质文明服务活动，以“依法行政、守法经营、安全优质、规范有序”为主题的“道路运输市场管理年”活动，清理整治客运市场，重点打击“无牌无证的打野车”、火三轮、小货车载客、报废车或拼装车载客等非法经营活动，以及拉客、宰客、甩客等违规行为。铲除渗入客运市场黑势力团伙，维护客运市场秩序。将清理整治与道路运输市场监管有机结合，开展清理整治客运秩序、维修企业专项整治活动，集中力量打击非法营运，集中清理危险品货物运输，实行资质等级制度。详细调查各客运车站营运客车发班时间、开行路线、班次、开行单位、车牌号、线路牌号、道路运输证等，严格“一车一牌、证牌相符”，杜绝使用各种自制线路牌，“人车分离”“五不出站”。清理登记道路运输从业人员，实施道路运输从业人员从业资格证换证工作。成立重大节假日旅客运输工作领导小组，加强重大节假日旅客运输管理。查处无证经营非法载客违法行为。

2001年起，眉山市强化道路运输市场管理，每年组织开展打击无证经营、非法载客等违法行为专项整治，规范道路运输市场。2008年，设置农村客运站。农村客运线路增至7条，车辆86辆。2010年，组织化解线路客运纠纷10余件，自筹12.9万元改造车场，实行人车分流，农村客运市场趋于稳定。截至2012年年底，全市组织道路运输市场专项整治96次，查处无证经营、非法载客违法车辆1842辆次，查处串线客运车辆2176辆次，向汽车维修企业发出违章通知书、整改通知书163份；作业停业整顿73家，行政处罚54家；取消汽车驾驶非法报名点8个。培训道路运输从业人员6.57万人次，核发道路运输驾驶员从业资格证4.41万本。

二、机动车维修企业管理

1997年，眉山地区有机动维修企业962家。其中一类9家、二类83家、三类870家。当年起，全区加强机动车维修企业内部管理，建立健全各项规章制度，公开公示经营范围、经营许可证、收费标准、工时定额、二级维护作业项目和投诉电话。相继组织维修企业开展“优质修车、优质服务”竞赛、“维修企业诚信经营优质服务活动”活动，引导维修企业走专业化规模经营路子，提高维修质量。

2002 年，眉山市制订《机动车维修管理办法实施方案》《机动车维修市场专项整治方案》等。当年起，每年开展机动车维修市场专项整顿，实行危险品车辆定点维修。在一、二类汽车维修企业中，实行“六公示两提供”（公示经营范围、经营许可证、收费标准、工时定额、二级维护作业项目、投诉电话，提供竣工出厂合格证和结算清单）。2006 年，审核全市一、二类维修企业经营行为，重点现场审查从事一、二类维修企业，大中型客车、危险品运输车辆维修经营企业，达不到开业条件的企业“分步实施，平稳过渡”，提出整改意见，限期整改，向社会公示审核情况。2007 年起，市道路运输管理处考评全市一、二类维修企业。2008 年，开展全市一类维修企业质量信誉考核。整理跨县（区）以上客运车辆、危险品货运车辆、出租汽车的车辆技术档案，实行一车一档。至 2010 年，考评全市一、二类维修企业 113 户，评出 AAA 级一类 10 户、二类 9 户，AA 级 69 户，A 级 18 户，B 级 7 户。

截至 2012 年年底，全市有汽车销售 4S 店 22 户，机动车维修企业增至 1811 户。其中一类 31 户、二类 113 户、三类 1068 户，摩托维修店 599 户。评选出维修企业 AAA 级一类 11 户、二类 9 户，AA 级 58 户，A 级 31 户，B 级 10 户。

第五节　交通安全综合监管

1997 年起，眉山地区按照“安全第一、预防为主”方针，加强道路运输源头安全管理和水上交通安全管理，综合协调全系统和各运输企业开展交通安全工作。地区交通局组织开展“安全生产月”“百日安全竞赛”、安全隐患专项整治等活动，在“春运”“五一”“十一”等节假日，汛期、冬季恶劣气候等重要时段组织开展安全大检查和安全督查。地区交警支队以客车、货车、出租车、校车和危化品运输车安全管理为重点，路面管理“白天见警车、晚上见警灯”，每天分 4 个时段指挥疏导交通，区域常态化管理，确保重点时段、重点路段有交通民警巡逻执勤，有固定、流动设卡检查。在国道、省道、城市主干道和主要旅游线路上采取武装设卡、交叉检查、“零点行动”等措施，开展“三超一疲劳”、涉牌涉证整治、校车安全管理、示范公路创建、“客运安全隐患整治”“整治酒驾”“整治毒驾”等专项行动 13 项，查处交通违法行为，纠正违章 2 万余人次。结合示范公路创建活动，将国道 213 线仁寿二峨山隧道等 9 处列为地级挂牌督办整治点，每月一排查一整治，排查突出道路隐患点段 162 处。1998 年，地区交通局印发《关于加强交通安全工作的紧急通知》，要求各级加强交通运输安全工作的领导和管理，杜绝重特大事故发生。投入资金 77 万元，购买安全设备和整治隐患，举办培训管理人员、驾驶人员、执法人员培训班和违章人员学习班，检查车站、渡口、水库、汽车维修企业、车辆安全情况。纠正违章车，消除车站（场）安全隐患，纠正违章船，消除船舶、渡口隐患，取缔“三无”船。1999 年，地区交通局印发《眉山地区交通系统安全工作职责》，建立安全管理规章制度，实行安全目标管理考核。地区交通局与县交通局、直属单位责任人签订交通安全管理目标责任书，实行安全风险抵押金制度，把安全生产指标和管理责任分解落实到车头、船头、人头，年终考评。制发眉山地区安全检查记录卡、《安全检查情况通知簿》，规范安全检查登记。当年起，全区每年组织力量监督检查车站、渡口、水库、汽车维修企业安全情况。完善交通安全工作目标管理，结合“道路运输市场管理年”“安全生产周”“百日安全竞赛”和“反三违月”等活动，加强客运企业、车站监管，严查“三违”（违章操作、违章指挥、违反劳动纪律），严禁“三超”

（超速、超载、超时疲劳驾驶），严堵“三品”。落实车站安检员制度，运管人员到各客运汽车站驻站管理，督促车站执行“安全例保”“五不出站”规定；“三不进站”（危险车辆不进站，无关车辆不进站，无关人员不进站）和“三品”检查制度。集中开展“船员专项整顿”“运输船舶违法超载专项整治”“库区水上交通安全专项整治”等活动，组织船舶航行水域勘察测量，春运、黄金周、汛期和冬季雾期等重要时段，前往重点水域、重点渡口、码头和旅游库区现场安全监督检查，跟踪整改安全隐患。2000 年，地区交通部门督促 13 户运输企业法人代表与 1757 名驾驶人员签订杜绝“三超”责任书。专项整治省道 106 线、省道 103 线坑凼及部分山区公路灾害、危险路段。运政部门组织客运车辆、船舶技术安全鉴定，港监部门鉴定机动客船。开展“水上运输安全管理年”活动，组织安全检查，检查渡口、船舶，现场处罚违章，限期整改水上安全隐患。开办交通运输培训班 102 期、培训 6187 人。

2001 年，市交通局制定《眉山市交通系统重特大安全事故应急处理预案》，作出重特大安全事故上报、处理等明确规定。组织开展道路化学危险货物和水上交通专项整治。检查有船水库、渡口、船舶。安全检查危货运输车辆，对存在的问题，限时整改。市交通局与市区县公安、水利部门和有关乡镇专项集中整治“三无船”问题，取缔岷江航段无证采砂船，取缔“三无船舶”。至 2003 年，检查船舶 818 艘次、渡口（码头）113 处次。清理取缔采砂船 169 艘，强制报废槽渔滩库区木质人力游船 47 艘，销毁非法载客“三无”船舶 1 艘。审验营运船舶 252 艘，发现隐患 8 起，纠正 7 起，罚款 1.32 万元，留滞盘查 14 人。2004 年，市交通局制发《道路运输安全生产管理的意见》，分别与区县运管所及运输企业签订安全目标责任书。做到机构、责任、制度、措施和经费“五落实”。市运管处对区县运管所实行安全责任承包。集中开展“船员专项整顿”“运输船舶违法超载专项整治”“库区水上交通安全专项整治”活动。在 65 个有船乡镇开展创建优秀乡镇船舶管理站活动。2005 年，全市开展安全知识竞赛和道路交通安全“五进、两加强”（进社区、进企业、进学校、进农村、进家庭和加强机动车驾驶员教育培训、加强道路交通隐患整治）活动。市交通局、市经贸委、规划建设局、交警支队联合印发《关于开展道路交通安全“五进、两加强”活动的实施意见》，交通运输管理部门和运输企业层层制定活动实施方案。制定《眉山市道路运输安全管理考核试行办法》《安全事故应急处理预案》，进一步健全和完善安全管理制度。按照“四不放过”（事故原因不清楚不放过、责任人未处理不放过、职工群众未受教育不放过、未增添整改措施不放过）原则，制定安全会议制度、安全检查制度、事故报告处理制度等。制定《汽车行驶记录仪使用管理办法》，加强行车安全监督管理。2006 年，开展以“两整顿、一加强”（整顿水上运输秩序、整顿监管队伍和加强宣传工作）为主要内容的“水上运输安全专项整治活动”，勘察测量船舶航行水域，认定眉山岷江流域彭山夏家沱至青神断颈佛段 89.72 千米为通航水域。春运、黄金周、汛期和冬季雾期等重要时段，开展重点水域、重点渡口、码头和旅游库区现场安全监督检查，查处安全隐患并进行跟踪整改。2007 年，印发《安全工作考评办法》《安全生产管理办法》《局安委会组成人员“一岗双责”及安全生产责任制》，落实安全生产责任制，强化“一岗双责”。各运输企业建立完善领导和部门安全工作职责，落实安全管理制度。开展水上“救生衣”行动。全市营运的 204 艘客渡船、旅游船 4825 客位全部配足救生衣 5091 件，省配套的救生浮具全部发放到全市各渡口船舶。开展“两防”（防碰撞、防泄漏）专项整治活动，对全市船舶、船运公司和水上建筑物、构筑物进行检查。四项指标（责任事故、死亡人数、受伤人数、经济损失）均低于省、市确定的控制指标。

2008 年起，全市专项治理摩托车。逐步形成“市县政府主导、乡镇政府主抓、职能部门联动、单位企业协同、群众广泛参与”摩托车交通安全管理机制。新建市交通安全宣传教育基地，在眉山电视台建“警民共建文明交通”栏目、眉山日报开辟“交通违法曝光台”等宣传，提升群众交通安全意识。加强道路运输技术防范，严格实施GPS动态监控，建立市运管处、区县运管所和二级以上客运站GPS监控平台，在客运车辆、危货运输车、集装箱车安装GPS、行车记录仪等。开展交通安全生产“贯彻法规、落实责任”专项整治活动，检查各区县交通局落实责任，突出重点，在节假日和重点时段对辖区内水上交通、道路运输市场、公路在建工程等情况，纠正发现问题。市交通局制发《进一步加强水路交通源头管理、加强行政许可服务工作若干问题的规定》，明确船舶检验、船员、行政许可办理程序、乡镇管船干部及自用船管理、船舶动力审批等规定，制发乡镇管船员、签单员培训制度，隐患通报、抄告制度，船舶安全隐患举报制度，做到“六个不发航”（船况不良不发航、证件不齐不发航、乘客超载不发航、停航封渡不发航、气候不良不发航、不穿救生衣不发航）。制发《水路交通行政执法工作六项制度》，海事管理机构违章处罚程序、水路交通行政执法监督规定、水路交通行政投诉举报制度、水路交通行政执法错案责任追究制度、水路交通行政执法责任评议考核办法、水路交通政务公开制度等。按县、乡镇、村社、船主四级，层层签订安全目标责任书制度。各乡镇管理渡口和船舶，制定管理制度。2009年，实行领导管业务与管安全相结合“一岗双责”责任制，市交通局印发《交通系统百日安全生产活动方案》《交通安全“三项行动”“三项建设”实施方案》《安全生产月活动方案》《2009年交通安全生产工作实施意见》，修订完善《道路旅客春运应急预案》《防范雨雪冰冻灾害应急方案》《防汛应急预案》，强化管理意识，加强源头管理。投入1311万元整治危（病）桥13座，投入1492万元实施安保工程162千米。开展砂石船舶专项治理，重点清理岷江彭山段、东坡区段、青神段和青衣江洪雅槽渔滩段沿江两岸砂石船舶，清理砂石船舶、作业场所，补办证照不齐船舶。

2010年，市委、市政府将农村道路交通安全管理纳入全市大安全管理，以乡镇“两站、两员”（交管办、全导站，交管员、劝导员）建设为核心，“工作机构、专职人员、工作经费、执勤装备、工作台账”五统一，构建“交管办主抓、交警中队指导、派出所协管，劝导站查纠、道安协会和安联组参与”齐抓共管的农村道路管理“精细化”模式，实现“四管目标”（农村道路在机构上有人管、职能上有权管、机制上愿意管、效果上管得住）。开展省道103线治超保通安全专项治理行动，在沿线设立联合执勤点，设治超检查点、执勤点、流动岗14个，实行24小时执勤，并安排机动巡查。开展水路交通环境综合整治，规范渡口秩序，整治渡口、渡船、码头“脏、乱、差”现象，形成文明、清洁、安全、有序的水上交通运输场所。完成49个乡镇船舶管理机构考核。2011年，全市128个乡镇交管办全部挂牌，建成县乡村三级农村交通管理机构，层层落实管理责任。乡镇交管办重点围绕农村交通安全宣传教育、协助农村道路交通安全管理、矛盾纠纷疏导化解等开展工作，确保全市农村道路安全畅通。开展严厉打击非法违法危险化学品烟花爆竹生产经营建设行为专项监察执法行动和客运秩序、安全隐患整治。在国道213线、省道106线、眉山至深圳跨省超长客运线路实施分段限速。检查危货运输车辆、客运违法行为，打击“黑车”。开展砂石船舶专项整治，东坡区清理取缔非法抽砂船。在黑龙滩库区举办眉山市2011年水上运输事故救援演练。2012年，全市425条道路、11家客运企业1803辆车全部实施分段限速，组织开展道路安全检查，检查企业、营运车辆，查处隐患、客运违法行为，打击“黑车”。推进水上交通规范化建设工作进程，进一步完善渡口“两线一牌”。检查渡口码头，船舶，销毁非法载客自用船，处置无证无照船舶，查处隐患，更新改造客渡船。

截至2012年年底，全市组织安全大检查62次，检查客运站560个次，抽查“五不出站”车辆832.3万辆次，例检例保车辆557.98万辆次，抽查“三品”车辆2.34万辆次，查处违章行为8924起，证照不齐车辆2830辆次，驾驶员不符合要求88人次，“三超”车辆4430辆次，气候不宜出车6440辆次，发现问题车2.47万辆次，查扣“三品”2.13万件次，整改车辆2.02万辆次，培训职工1.02万人次、运输企业管理人员2400人次、驾驶人员和运输从业人员1.3万人次；张贴宣传标语5.45万余幅，办安全宣传专栏2550期，向群众提供安全知识咨询2.8万人次。全市水上交通安全保持15年“三为零”（无事故、无经济损失、无死亡人数）目标，道路运输未发生较大以上源头管理责任事故，公路管理、养护、在建公路工程项目及单位内保安全未发生责任死亡事故，安全指标保持在省、市确定的目标内。

黑龙滩库区水上运输事故救援演练（摄于2011年7月）

第六篇 邮政 通信

1997年11月，成立眉山地区邮电局，负责全区的通信生产、经营工作，包括信函、包裹、电报、金融汇兑业务、报刊分拣封发、电话等业务。1998年12月，邮政电信分开营业，邮政负责传统邮电局业务，电信负责电子通信业务。1999年7月，电信、移动分离，分别经营固定电话和移动电话业务。至2012年，随着通信和互联网技术的发展，传统邮政业务份额在通信领域日渐减少。信息业的长足发展，为人们生活提供更大的便利。

第一章 邮 政

邮政业务主要经营邮件、金融汇兑、报刊分送、邮品、新寄送业务和速递、包裹等业务。2005年后速递、物流等业务开始实行专业化经营。

第一节 邮路 邮运

一、邮政网络

1999年，建设眉山邮政网络。2000年，网络机房与绿卡网机房合并。

2005年，眉山市邮政系统实现无纸化电子办公。2007年，全市电子化支局系统与中心局生产作业系统互通上线运行，营业和网运两网互联互通。2008年，改造省市广域网，网点音频专线升级为非对称数字用户环路线路，广域网扩容，主干线路升至2兆。2009年，改造60余个网点同步数字体系2兆光纤数字电路，提高传输效率，增添10兆多生成树协议光纤线路，网络结构更稳定。完善标准化机柜、防水排水设施、断电继电设备、精密控温空调；新增路由器、防火墙、交换机等网络设备；配置服务器和相关硬件，建设办公站点系统、保险业务、报刊和集邮系统等。2011年，实施网络隔离改造，金融网、综合网、办公网、视频网、互联网5个信息子网相互隔离并延伸到网点，网络安全提升；搭建各区县局分销中心及中心支局直营店分销库存预警系统；建成以市邮政局为主会场，各区县为分会场的二级会议系统。2012年，改造6个区县邮政局中心机房，建成5个县邮政局可视会议系统；搭建市中心和6个区县中心储蓄业务控制台，支撑金融网点三级密码权限管理。保险、电子汇兑系统、短信和电子商务信息平台上线，丰富网点服务功能。

二、邮运

2003年，眉山邮政增加修文“启明星电解铝厂邮政营业部”交接点，市内转趟增加“西环邮政所”交接点。2004年，丹棱县、洪雅县的《眉山日报》由眉山至洪雅精品报刊车运载改为成都至洪雅邮车运载。2006年，四川省邮政公司开通成都至眉山物流专线邮路。2007年，丹棱县、洪雅县、青神县邮政局发成都接收的特快邮件和省内其他局接收的“次晨达”“次日递”邮件转发眉山至成都邮车；青神县邮政局收寄的其他邮件转发洪雅至成都邮车；丹棱县、洪雅县、青神县邮政局收寄发成都的本、转中邮快货物流邮件，由速递物流公司转发眉山至成都邮车。2008年，成都到彭山的邮件以及彭山发往眉山市其他县的邮件均由成都至仁寿邮车带运。截至2012年年底，眉山市邮路总长2915千米，其中二干邮路1条、区内邮路2条、县以下直线邮路162条，邮运车辆19辆。

第二节　邮政业务

一、邮件

1998年，眉山地区邮电分营，寄递业务作为邮政业务一部分，划归眉山地区邮政局。2000年，设立眉山市东坡区邮政局，全市邮件分发归入东坡区邮政局。

2003年9月，调整眉山市出口普通邮件分拣封发关系，出口平常函件、挂号函件、包件按“三状”（信函状、扁平状、包裹状）封发，按新规定建立封发关系。2004年，全市出口速递总包邮件袋牌全部使用条码袋牌，所有普通邮件的封发均按照《四川省普通邮件分拣封发关系调整方案实施细则》执行，市内各区县间设立直封格口直封，省内各地市州之间建立直封格口直封，保留省际邮件的临时直封关系。2005年，市邮政局开办“次晨达”特快邮件的收寄和投递业务，各县邮政局开办此类邮件投递业务。2006年，各区县邮政局邮区中心局生产作业系统、邮区中心局子系统报刊分发系统上线，进出口总包邮件信息传递、报刊分发实现信息化处理。2007年，增加发福建省属福州、南平、三明、福清市及所经转各市、县特快航邮件。2010年，开通张坎邮政所、复兴邮政所、柳圣邮政所电子化支局系统，封发邮件。2011年，全市各邮件内部处理环节使用电子化支局系统封发至成都邮区中心局、眉山、南充、内江、西昌、绵阳、达州、雅安、宜宾、广元、广安等地的普通给据邮件实行无纸化封发，邮件信息以网上信息为准。眉山市邮件处理中心负责制作眉山、乐山、雅安、甘孜局账单（商函）。2012 年，市邮件处理中心承接全市 63 种报刊零售、20 个零售段道分拣封发，开通“国内小包”进口分拣封发、转运、运输作业。

二、汇兑

1997 年，眉山地区邮电局开办有汇兑业务。1998 年，邮电分营，汇兑业务划归邮政局。1999 年起，全区邮政开办礼仪汇款、入账汇款、特快汇款、电子汇款业务。汇款的最低汇费、退改汇费、撤回邮件和更改收件人名址手续费及撤回汇款手续费由 1 元增至 2 元。按址汇款、密码汇款手续费最高 50 元。账户汇款业务，现金（支票）向个人（单位）账户入账汇款同城免费，异地按金额的 0.5%收取，最高 50 元；账户向个人账户入账汇款同城免费，异地汇款金额在 1 万元以下（含 1 万元）每笔收取 5 元，1 万元~10 万元每笔收取 10 元，10 万元~50 万元每笔收取 15 元，50 万元~100 万元每笔收取 20 元，100 万元以上每笔按汇划金额的 0.2/万收取，最高不超过 200 元。其中，向个人入账汇款时，当为商户汇出时，按签约费率执行；军人保障卡汇出时免费。至 2001 年，眉山市汇兑业务均为手工操作，业务手续繁杂，服务水平较低。

2002 年，眉山市推出邮政电子汇兑业务。2003 年，收取国内邮政汇兑超字段附言费。2007 年，发展账户汇款业务，重点向外出打工人员开展多种形式营销。全年汇兑收入实现 166 万元。其中账户汇款收入占汇兑总收入的 62%，成为新的利润增长点。截至 2012 年年底，全市建成汇兑联网网点 82 处，开发汇票 21.73 万张 8.5 亿元，汇兑收入 161.97 万元。

三、函件

眉山市函件业务包括贺卡、商业信函、账单、旅游年票、快印相册、国内小包等品种。

1997 年，信函资费调整为首重 100 克以内，每重 20 克或其零数本埠（县）0.6 元、外埠 0.8 元；明信片资费每件 0.6 元。2006 年，国内普通信函首重 100 克内，本埠（县）资费 0.8 元，外埠资费 1.2 元；国内挂号信函资费 3 元。

2004 年，团眉山市委、市教育局、市邮政局、市少工委联合启动“致 2008 年北京奥运会的一封信”“四川省第一届少年儿童书信写作比赛活动暨首届少年儿童明信片设计大赛”活动。2005 年，举办全市第一届少儿书信文化活动；2008 年，开展“打开有礼”教师节营销活动，制作“放飞”个性化邮票 250 版，销售 2009 贺卡，函件业务收入 337 万元。2009 年，开发爱心贺卡、煤矿安全知识竞赛贺卡 1.2 万枚、反假币贺卡 9000 枚、寿险分红通知单 4000 枚。2011 年，开发大润发超市会员卡寄递商函、工行、农行账单、校园环保贺卡等项目，收入 50 万余元。截至 2012 年年底，全市共举办 8 届少儿书信文化活动，328 所学校参赛，参与学生 90 余万人。眉山邮政开通农发行账单、工行账单、农行账单及邮储银行账单，年收入 15 万元。

四、包裹

1997 年，眉山地区办理普通包裹挂号费 3 元，每 500 克为一个计费单位，按照寄递里程分区核定。快递包裹挂号费 3 元，首重 5 元或以上，根据运输距离及续重情况计费。包件业务总量不大。2000 年，国际包裹七联单代替五联单。

2001 年，眉山市推出快递包裹业务。2004 年，启动卡哈拉经济产品运营市场，包括日本、韩国、美国、澳大利亚等国家和地区进出口增强型国际航空包裹。2005 年，全市包件业务收入 291 万元。2010 年起，开发电子商务邮包。开展军营包裹、校园包裹的主题揽收活动、爱心包裹业务，业务收入 142 万元。至 2012 年，全市有特色“爱心包裹”“母亲邮包”“校园包裹”“军营包裹”“家乡包裹”及电子商务包裹等业务。

五、报刊

1998 年，眉山地区报刊业务划归地区邮政局。全区报刊主要分为党报党刊和畅销报刊。省级及以上的党报党刊主要由四川省委宣传部下达计划，市级及以上的党报党刊由市委宣传部下达计划。市邮政局上门收订，县级及以下党报党刊由县级财政部门统一划款订阅。报刊发行有订阅和零售两种方式，以订阅为主。当年，全区订阅《人民日报》《四川日报》等报刊 6000 余种，报刊订阅流转额 1700 万元，占报刊发行的 85%，业务收入 400 万余元。

2005 年，眉山市邮政代销期刊种类增至 480 余种，建设改造眉山城区邮政报刊信息亭近 20 个，报刊业务收入 466 万元。2010 年，全市报刊业务收入 700 万元。2012 年，市邮政局取得《中国人口报》《家庭与生活报》等计生类报刊发行权，《华西都市报》《成都商报》实行“买断包销”。年末市邮政局发行的报刊上万种，报刊订阅流转额 2700 万元、业务收入 1035 万元。

六、邮品

1997 年，香港回归，眉山地区邮品销售增加，成为与函件、报刊并行的主要业务。2003 年，眉山市邮政局开发制作《大江东去——一代文豪苏东坡》大型邮册和《豪放东坡》纯金纯银集邮摆件。市邮政局、市委综治委联合开发“东坡故里”见义勇为捐资贺卡，当年发行 5 万套。市邮政局、丰华纸业开发制作个性化邮票 1000 版。组织开展企业形象年册营销，揽收企业形象年册 1100 册。2004 年，市邮政局制作《彭祖养生册》1000 册。2007 年，市邮政局开发《仁寿电信》专题册、设计完成《彭祖养生》升级版邮册。2009 年，市邮政局开发《四川省商会云南分会》邮册 999 册、《仁寿一中》校庆邮折 6000 册。2011 年，市邮政局开发《彭山》1200 册、《生态洪雅》500 册。2012 年，市邮政局开发《东坡故里　天府新城——眉山》《彭祖养生册》等邮品。举行《宋词》特种邮票首发式。

第二章　通　信

1997 年，眉山地区电话交换机总容量 7.83 万线，电话总数 4.8 万户，电话普及率每百人 1.23 部。电信业务总量 1.1 亿元。2001 年起，眉山市加大通信事业投入，扩大覆盖面。电信、移动、联通三家公司加快网络建设。2010 年全市移动用户超过 143.1 万户，固定电话用户达到 50.6 万户，宽带用户达到 10.68 万户，有线广播电视传输干线网络总长 1.28 万千米，有线广播电视用户发展到 40.59 万户，广播电视综合覆盖率 100%。2011 年全市所有行政村实现“村村通”，光缆网络覆盖率 99%；400 余户规模以上企业搭建信息服务平台，覆盖面 70%以上；信息传输、计算机服务和软件企业景气指数 166.7%；眉山被四川省政府信息化办列为全省唯一的“工业信息化工作示范市”。至 2012 年，全市信息网络基础设施建设投入 4 亿元；信息传输业增加值 10 亿元；新建各类通信网络基站 340 个，网络覆盖率 99%以上。全市移动用户 220.22 万户，固定电话用户 45.28 万户，宽带接入用户 25.83 万户。电信业务总量 15.97 亿元。

第一节　经营企业

一、中国电信股份有限公司眉山分公司

1997 年 11 月，设立眉山地区邮电局，负责眉山地区所辖眉山、仁寿、洪雅、青神、彭山、丹棱 6 个县邮电局的通信生产、经营工作。1998 年 12 月，邮政电信分开营业，分设眉山地区邮政局和眉山地区电信局。1999 年 7 月，电信、移动分离。2000 年 11 月，撤销眉山地区电信局，成立中国电信集团四川省电信公司眉山市分公司，眉山电信成为主营固定电话业务，数据通信业务的国家主体电信企业。2004 年 1 月，中国电信集团四川省电信公司眉山市分公司更名为四川省电信有限公司眉山市分公司。2008 年 2 月，注销四川省电信有限公司眉山市分公司，设立中国电信股份有限公司眉山分公司。

眉山电信大楼落成仪式（摄于 1999 年 8 月）

二、中国移动通信集团四川有限公司眉山分公司

1999 年 7 月，眉山移动通信相关业务由眉山地区电信局分离，成立四川移动通信公司眉山分公司。2002 年 9 月，更名为四川移动通信有限责任公司眉山分公司。2006 年 11 月，注销四川移动通信有限责任公司眉山分公司，设立中国移动通信集团四川有限公司眉山分公司。2008 年 5 月，中国铁通整体并入中国移动通信集团公司，作为独立子公司运营，眉山移动与眉山铁通在有线宽带部分开展业务合作。2012 年，中国移动通信集团四川有限公司眉山分公司在眉山市所有乡镇及中心城区主要街道均设有营业厅，社区及村级服务网点 1000 余个。

三、中国联合网络通信有限公司眉山分公司

2000 年 8 月，成立中国联合网络通信有限公司眉山分公司，隶属中国联合网络通信有限公司四川省分公司。2008 年，中国联通集团眉山市分公司在原眉山联通与眉山网通基础上融合组建而成。至 2012 年，机构无变化。

第二节　网络建设

一、电信网络

（一）程控电话网络建设

1997年起，启动程控电话网络（有线固定电话）工程建设，电话交换总容量7.83万线。2001年，电信公司完成固定资产投资1.15亿元，建成眉山长（话）市（话）合一汇接局；连接所有端局的本地3服环网；湘7信令网、数字同步网，眉山有了长途枢纽，实现智能化管理。全市电信网交换容量增至25万余门，电话用户21.33万户，全市乡镇通光缆。固定电话每百人6.87部，城市电话每百人30.33部，农村电话每百人3.37部。2002年，新（扩）建交换、接入容量2.56万线，交换容量增至10万线。新增主干电缆1.92万线对千米，配线电缆6.36万线对千米、管道90管孔千米。2007年，通过程控网调扩容工程新增41万余线，交换容量增至51.11万线，主干电缆增至54.08万线对千米，利用率61.15%。配线电缆增至73.4万线对千米、管道增至1493管孔千米。

（二）农村"村通"网络建设

2005年起，眉山市启动农村"村通"（移动语音）工程。当年建成接入容量2万线。2006年，全市新增"村通"网络建设工程接入容量2万线。至2007年，全市"村通"网络建设工程接入容量增至6.5万线。至2008年，电信收购联通码分多址网络（简称"C网"）后，农村"村通"网络转向"C网"网络承载逐步退网。

（三）无线市话网络建设

2000年起，眉山地区实施无线市话（简称小灵通）工程，建设基站250个，接入容量1.5万线，覆盖眉山、彭山两县。2002年，眉山市启动新（扩）建工程，新建基站200个，基站增至450个，接入容量2.5万线，总量增至4万线。覆盖仁寿、丹棱、洪雅、青神四县。2005年，启动全市城区、乡镇扩展覆盖工程，新建基站412个，总数增至862个，接入容量12万线。全市城区及主要乡镇全覆盖。2008年，无线市话逐步退网。

眉山电信无线市话"小灵通"正式开通运营（摄于2000年6月）

（四）无线3G网络建设

2008年，眉山电信收购联通"C网"网络，加快第三代移动通信（3G）建设。全市建成移动通信基站163个，容量15万门，覆盖率78%。2009年移动网建设突出重点区域和重点业务，网络规模迅速扩大，基站总数增至360个，网络覆盖、质量和容量均大幅提升。2010年，全市建成基站398

个，容量增至30万门，覆盖率95%以上。2012年，全市基站1100余个（电信眉山分公司有移动通信基站600余个），容量42万门，覆盖率96%以上。天翼用户40余万户，其中3G智能机用户占80%以上。

（五）互联网及宽带网络建设

2000年起，眉山地区建设宽带网络接入端口3236线，局域网端口2500个，端口能力5736个；新建光缆635芯千米。2005年，眉山市建设宽带网络接入端口1万个，端口增至4.87万个。扩建数据传输网节点15个，总数增至71个。新增光缆3320芯千米，总数增至2.99万芯千米，光缆纤芯占用率35.82%。2007年，新增2兆端口441个。光缆增至3.5万芯千米，光缆纤芯占用率36.12%。2009年推进光（缆）进铜（芯）退，新建、改造小区316个，新建、改造宽带端口3万余个，宽带端口速率4兆达标率90%以上。2012年，试点光纤到户改造，当年建设端口8万个。全市宽带网络端口38.7万个，城区、乡镇宽带网络95%覆盖。光纤到户覆盖17万户，开通光纤宽带近4万户，享受集20兆高速上网、高清影视、3G智能手机为一体的数字化新生活。

二、移动网络

1999年，眉山地区第二代全球移动通信系统（以下简称“2G”网）工程竣工，有10万线G网交换机。此后，继续实施“2G”网工程建设。2000年，建设微蜂窝和微蜂窝转宏蜂窝，提升话务集中区通信质量。2001年，中国移动眉山分公司投资1.58亿元，新（扩）建G网八期、移动宽带传输网一期、办公网、室内分布系统、会议电视系统，完成眉山本地网一期传输工程，基站总数增至165个，载频742个，网络地域覆盖率增至75%。年末用户增至15.55万户，全市移动通信市场占有率75%。

2002年，眉山市开通移动通用分组无线业务，移动通信技术升级至2.5代，迈入全数字时代。启动“精品网络”行动，全市网络地域覆盖90%以上，交换机总容量25万线，基站203个，载频1044个。完成中国移动互联网割接，开通移动无线宽带。关闭模拟网A网。2003年，启动移动通信网和数据业务“两张精品网”工程，实施网络集中化和基础维护社会化管理方式。2004年，开启半速率功能，增加网络承载。2005年，全市启动眉山农村移动通信扶贫工程，解决全市246个未通电话村通信问题。2007年，眉山作为全省从“2G”到“3G”过渡试点市，开通各区县城区基站过渡技术功能，移动通信技术升级至2.75代。年末全市基站增至481个，光缆总长2866皮长千米。

四川移动通信有限公司眉山分公司大楼（摄于2005年12月）

2008年，整合铁通管道等资源开展网络规划建设，移动、铁通在传输、局房、管道等网络资源互通和利用。开展“5·12”汶川特大地震网络紧急扩容优化和灾后网络重建。启动3G技术储备；开通眉山市最偏远的洪雅燕远村基站。2009年5月，开通眉山外滩营业厅国有知识产权的第三代移动通信系统（简称“TD”）室内覆盖基站，完成眉山所有爱立信基站控制器和华为基站控制器2G到3G互操作升级，全年新建TD基站42个。联合眉山铁通为全市41个村提供农村宽带服务，解决农村互联网接入信息化基础问题。

2010年，眉山市通信网并入成都本地网。启动眉山移动卓越128跨越工程，提高城区网络的承载能力和质量。新建基站276个，其中TD基站102个，新增载频3217块。自主试行有线宽带运营，建成29个自有宽带小区。2011年，优化调整无线网结构。开展全业务能力建设储备，全年新建集团专线215条，新建小区宽带33个。2012年，启动TD跨越工程，提升3G时代公司流量经营网络能力。实施精细维护，开展用户投诉最多的移动通用分组无线、网络弱覆盖、短信、边界漫游四大短板专项整治。启动天府新区仁寿视高和彭山青龙片区网络专题规划，实现两大园区无线网全覆盖。

截至2012年年底，眉山移动建成基站1616个，其中TD基站185个，交换机容量270万户；光缆9971皮长千米，管道546管程千米；建成光交箱856个，集团专线1819条，小区宽带3.14万线；实现全市城区、乡镇、行政村、重要旅游风景区移动网络全覆盖，交通沿线连续有效覆盖。

三、联通网络

（一）全球移动通信网络建设

1999年，中国联通公司眉山分公司投资2亿元新建的“130”网号全球移动通信网（以下简称“G网”）开通。2000年起，“G网”工程由中国联通眉山分公司实施。当年新建光缆传输线路346千米，建成交换机5万门、基站96个。2001年，联通眉山分公司投入2.1亿元，完成“G网”工程和光缆传输工程716千米。开通基站76个，交换容量6.7万门，光缆覆盖眉山市85%的乡镇、95%以上的主要交通干线和旅游风景区，电话总用户增至8万户。至2007年，眉山市实施工程8期，建设光缆传输线路1016千米，建基站698个，交换机容量10万门。2008年起，为盲区补点。截至2012年年底，实施“G网”工程10期。网络覆盖眉山市99%和人口98%以上。

中国联通眉山分公司营业大厅（摄于2011年4月）

（二）宽带码分多址网络建设

2009年起，中国联通眉山分公司启动宽带码分多址网络（以下简称“W网”）工程。当年建成10万门“W网”交换机，光缆传输线路196千米，基站118个，覆盖眉山市主要场镇。2011年，“W网”交换机容量扩至30万门。截至2012年年底，全市实施“W网”工程9期，建光缆传输线路256千米、基站607个，“W网”交换机容量30万门。覆盖全市99%，人口覆盖率96%以上。

（三）码分多址网络建设

2001年6月起，中国联通眉山公司实施码分多址网络（以下简称“C网”）工程。当年建成光缆传输线路30余千米，“C网”分支1个，容量5万门，基站38个。2004年，用户容量扩至15万门。至2007年，眉山市实施“C网”工程5期，建成光缆传输线463千米、基站388个，用户容量15万门。2008年起，“C网”整体划归眉山电信公司。

（四）同步码分多址网络建设

2003 年，中国联通眉山分公司实施同步码分多址网络（以下简称“S 网”）工程。当年建光缆传输线路 45 千米，“S 网”网络分支 1 个，容量 1.5 万门，基站 4 个。2005 年，用户容量扩至 3 万门。至 2008 年，眉山市实施“S 网”工程 10 期，建光缆传输线 518 千米、基站 87 个，用户容量 3 万门。至 2011 年年底，“S 网”全部退网。

（五）数据与固定通信网络建设

2002 年，中国联通眉山分公司建成数据市话网总容量 2280 用户线，接入网设备总容量 1792 线。2003 年，网通建成市话网总容量 2 万用户线。2005 年，联通、网通均建成综合关口局，全网局间传输和用户接入网均实现光纤数字传输。

（六）互联网网络建设

2001 年，中国联通眉山分公司建成互联网“165”接入服务器。2005 年，联通及网通互联网宽带均建成光纤入户方式扩大接入范围。2008 年联通、网通互联网网络合并。截至 2012 年年底，眉山市实施互联网网络工程 8 期，端口容量 8 万线。

（七）寻呼网络建设

2000 年 8 月，四川国信寻呼眉山办事处并入中国联通眉山分公司，充实、完善寻呼设备和网络。至 2002 年，建成寻呼网络基站 42 个、频点 11 个、发射机 280 台。2003 年起，寻呼网络撤网，至 2006 年全部撤除。

四、数字眉山建设

2012 年，启动“数字眉山·智慧城市”总体规划编制。推进眉山市“两化融合”进程，远成物流、中车丹齿、金象赛瑞等企业实行信息化改造。全市信息基础建设投入 3.68 亿元。

第三节　业务经营

一、电信业务

1997 年，眉山地区邮电局电话交换机总容量 7.83 万线，电话总数 4.8 万户，每百人 1.23 部。营业收入 1.4 亿元。1999 年 7 月，移动通信由电信分离。

2008 年，加快第三代移动通信建设。

2009 年，眉山市启动“028”与成都市并网升位。当年完成各种业务平台、支撑系统 300 余个，“110”“120”等紧急特服号码和短号码平台 99 个，涉及 5 万个公用电话、1000 余个销售刷卡机等技术、资费、业务功用操作和服务保障问题。2010 年 1 月 31 日零时起，眉山市本地电话网升至 8 位并入成都电信网，在原固定电话号码前加“3”，长途区号由原“0833”改为“028”。升位并网后，中国电信旗下的天翼、宽带、固话、小灵通及各类新业务，整体通信资费水平下降，每年为眉山市 70 万中国电信用户减少通信支出约 1200 万元。

2010 年，中国电信眉山分公司按照“情系客户、情系员工，加快转变发展方式”理念，贯彻“强基固本、差异竞争、统筹兼顾、双轮驱动”方针，加快业务发展。全年经营收入 3.31 亿元。有线宽带净增 3.32 万户，移动用户净增 9 万户。

2011 年，中国电信眉山分公司有移动通信基站 600 余个，以“智慧眉山”建设为平台，建设综合信息服务应用项目平台。投资建设“建安网”“数字企业七个一”“智慧洪雅”等行业应用项目。全年光网小区建设覆盖 4 万余户，建成信息镇 67 个、宽带信息村 279 个、天翼信息村 297 个。通过农村 1 类至 2 类乡镇营维分离改革，农村乡镇营业网点覆盖率 90%以上，建立覆盖范围较广的村级便捷服务网点。当年营业收入 3.66 亿元，收入市场份额达到 28%，全省排名第五。移动用户超过 30 万户，全省排名第五；有线宽带用户达到 17.2 万户。

2012 年，中国电信眉山分公司主营固定电话、移动业务“天翼”、互联网、网元出租、数据、电话卡、声讯等业务。形成“商务领航”“我的 E 家”两大客户品牌和“天翼”“互联星空”“号码百事通”等业务和产品品牌。移动电话用户 36 万户，固定电话用户 40 万户，宽带用户 20 万户，主营业务收入 3.66 亿元。

1997—2012 年，眉山电信分公司营业收入 38.57 亿元。

二、移动业务

1998 年，眉山地区有移动用户 1.27 万户。1999 起，眉山移动相继为本地手机用户提供“139、138、137、136、135”5 个网号选择。向手机用户提供多样化服务，在语音通话服务基础上，相继开通主叫显示、呼叫转移、呼叫等待、呼叫限制、语音信箱、短消息、一卡双号、国内国际自动漫游、传真与数据通信等业务；建成 1860 客户服务中心，开通 24 小时免费服务热线 1860 和 1861 语言提示自动话费查询服务。至 2001 年，眉山移动电话用户增至 15.56 万户，营业收入超 1 亿元。

2002 年，眉山移动通用分组无线业务和移动数据业务品牌“移动梦网”正式商用，为移动客户提供通过手机以无线方式访问互联网的新兴服务。建立以自办营业厅、大客户服务中心、1860 为核心，特许经营店、合作营业厅为营销服务主体，电话营业厅、网上营业厅、流动营业厅为新型营销服务形式的混合型渠道模式。2003 年，推出新品牌“动感地带”，初步形成“全球通”“神州行”“动感地带”三大客户品牌，推出彩信业务。推出包月卡、神州行小康卡、亲情网、四季卡、车城卡、春雨卡、轻松卡、超灵通、漫游超灵通等本地化产品。2004 年，推出“全球通”品牌定制机，中国移动定制机——“心机”上市，由“全球通”品牌拓展到“动感地带”。2005 年，开通“农信通”服务，提供本地农业产品、农业科技、农产品买卖、就业咨询、农信广播等信息服务。建成农村服务网点 345 个。2006 年，眉山市新建移动电话村 501 个。发展气象通、农信通等便民信息业务，提高农村移动通信水平。为全市 100 余家中小学校免费搭建“校讯通”家校信息沟通平台。推出 134 网号，客户服务热线“1860”“1861”升级为 10086；年末移动用户突破 30 万户，运营收入超过 3 亿元。

2007 年，眉山移动推出飞信业务，实现短信、在线消息、网上营业厅、文件共享等通信业务和服务的整合。全球通新锐卡、商务卡相继实施单项收费。2008 年，眉山移动分公司与彭山迪美特生物科技有限公司签订全业务合作协议，探索公司全业务运营；眉山移动成立市场部数据接入组，宽带业务上线。眉山移动客户发展到 100 万户，每 3.5 名眉山人中有移动用户 1 个。2009 年，推出 3G 网络品牌标识“G3”和专属 188 号段。除基本语音业务外，还提供数据、无线音乐、IP 电话、传真、无线高速上网等增值业务，G3 上网本、G3 手机、G3 无线座机等相继面市。推出全球通新商旅套餐，实现国内接听全免费，下调套餐资费，全面升级服务价值。

2010 年，眉山移动组建电话经理团队，成立全球通摄影俱乐部、网球俱乐部。搭建“飞信招聘求职通”“电梯卫士”“烟销通”等平台，参与社会信息化建设。2011 年，眉山移动公司与新华社四川分社、眉山市政府及涉农部门，启动“新农通”“三农”信息服务平台，以手机短信、彩信等方式向全市受众发布“三农”信息。2012 年，开展集团标准信息化市场服务拓展，发展集团专线 1213 条，集团信息化收入 1396 万元，实现双“千”目标。围绕“智慧眉山”建设规划，建设本地“无线城市”应用平台，开发电影购票、车辆违章查询、客运订票等民生信息化服务。与东坡区、青神县政府签订信息化战略合作协议，加快眉山市信息化进程。年末眉山移动有营业网点 765 个，134~139、147、150~152、158~159、182~183、187~188 网号 16 个。移动用户 163.2 万户，年运营收入 8.14 亿元。

三、联通业务

中国联通眉山分公司主要经营寻呼、移动通信，国际、国内长途通信，固定电话，数据通信，互联网等业务。

1998 年 11 月，移动通信网在眉山开通试运营放号，当年入网用户 1000 户。2000 年 8 月，国信寻呼眉山分公司整体并入中国联通眉山分公司，眉山地区无线寻呼用户 12.66 万户。

2001 年起，中国联通眉山分公司开通长途业务 193、固定电话和互联网业务。年末眉山市长途业务 193 用户 1.86 万户、固定电话 900 户。2002 年，全市开通码分多址移动网，发展用户 4500 户。2003 年开通网通市话和互联网宽带，发展网通市话用户 2200 户、互联网宽带用户 400 户。2004 年，全市开通同步码分多址网络，发展用户 3700 户。2006 年，无线寻呼全部撤销。

2008 年 8 月，眉山联通与眉山网通合并，互联网宽带用户、市话用户、宽带码分多址移动用户数量大幅上升。2009 年，眉山市开通宽带码分多址移动网络，发展用户 5200 户。截至 2012 年年底，中国联通眉山分公司建成移动网、数固网和传输网，其中移动网总容量 36.7 万户，有物理站 918 个，逻辑站 1308 个。数固网容量 1.47 万户，城域网出口带宽 25G。传输网光缆 7184 皮长千米，13.35 万芯千米；管道 299 沟千米，杆路 2134.2 千米；传输设备 1199 套，传输环网 66 个，基站业务成环率 59.48%，IP 分组成环率 68%。全市有各类用户 34.26 万户，其中电话移动用户 29.86 万户、市话用户 1.6 万户、互联网宽带用户等 2.8 万户；资产规模 7.2 亿元，其中网络资产 5.6 亿元。

眉山市志 MEISHAN SHIZHI

第七篇　水利　电力

眉山市按照“防渗节水，筑堤防汛，旱片打井，抗旱保丰收、防汛保平安”和“抓水利、水土保持、水电、水产、水政”的治水思路，创新体制机制，加大投入，加快水利工程建设和加强水务管理，建设稳妥可靠的防洪减灾体系、节水高效的供水体系、生态良好的环境体系、协调发展的水利产业体系。通过加强农田水利基本建设和水利设施建设，实施防渗节水工程、农业综合开发节水配套改造等措施，完善水利设施。至2012年，全市水利建设投资21.56亿元，建成水利工程2.82万处，大中型总蓄水能力6.69亿立方米，设计控灌面积占全市耕地面积的45.8%；建成大小电站209座，总装机容量97.25万千瓦，年发电量55亿千瓦时。

第一章　水利建设

1997年，眉山地区行署提出“防渗节水，筑堤防汛，旱片打井，‘两保’（抗旱保丰收、防汛保平安）夺冠”和抓“五水”（水利、水土保持、水电、水产、水政）治水思路，加快水利设施建设。2008年，眉山市政府作出《关于加快水利发展的决定》，提出以加快工程建设和加强管理为重点，以加大投入和强化执法为保障，以创新体制机制为动力，建设稳妥可靠的防洪减灾体系、节水高效的供水体系、生态良好的环境体系、协调发展的水利产业体系。至2012年，全市建成水利工程2.82万处，其中水库301座、引水渠堰269条、山坪塘2.4万口、石河堰1226处、固定提灌工程2398处、水轮泵站1处、机电井34处。大中小型水库总蓄水能力6.69亿立方米，设计控灌面积11万公顷、占全市耕地面积的45.8%；有效供水能力5.88亿立方米。尚存在7.9万公顷耕地无水利基础设施保障；水利工程灌区的供水土保持率为75%左右，渠系水利用系数0.45；农村46万人存在程度不同的饮水安全问题。

第一节　农田水利基本建设与水土保持

一、农田水利基本建设

1997 年，眉山地区农田水利基本建设按照“自力更生，以农民投入为主体”原则，采用股份制、股份合作制、租赁、承包、拍卖等形式，盘活资产存量，增加投入。至 2000 年，全区实施农田水利工程建设项目 75.59 万个，完工 72.56 万个，投入资金 11.72 亿元，移动土石方 1.96 亿立方米，投入劳动力 2.65 亿个。新建输水渠道 255 千米，防渗 1158 千米，解决 32.5 万人、34.6 万头牲畜饮用水困难，加固、新建江河堤防 104.56 千米，挖水窖 46 万口，建蓄水池 6.2 万口，治理水土流失 121 平方千米，新增有效灌面近 6000 公顷、节水灌面 2130 公顷、蓄水能力 1528 万立方米。

2001 年起，国家加大水利建设投资。取消农民劳动积累工制度，农田水利基本建设除村组采取村民自治“一事一议”，农民自愿投工投劳外，均按照市场化运作。2003 年，彭山县青龙镇古佛村实施农田水利田园化试点项目，建格田化耕地 71 公顷，渠、路、林网网格 6 个，林网网格面积 37.47 公顷。新建渠道 1.91 千米，防渗渠道 3.1 千米，实施低压管道灌溉 44.8 公顷，新修硬化机耕道 3.82 千米，绿化道路、渠道 6.11 千米。总投资 151.24 万元。2006 年起，眉山市建立农田水利建设新机制；恢复从政府基金中提取 3%设立水利基金；开展社会投入办水利试点，出现仁寿县残疾人吴卫清自筹 200 万元新建小（二）型水库 1 座等典型民办水利工程；实施扩大内需水利项目；水利工程建设总投资 50 万元以上的项目工程质量实行强制性监督管理；市、县（区）财政按照农田水利基本建设资金不少于本级财力的 5%，用于农田水利基本建设项目的“以奖代补”资金按当年财政收入增加的同等幅度逐年增长，逐步建立农田水利基本建设等资金稳定增长机制。至 2010 年，全市水利建设投资 14.35 亿元，扩大内需水利项目涉及堤防工程、大型灌区续建配套与节水改造工程、农村安全饮水工程、水土保持项目、水产项目（农业部项目）、污水处理厂建设 6 大类 24 个，总投资 1.88 亿元。新（改）建水利设施 2.12 万处。完成 60 座病险水库除险加固和 59 座震损水库应急排险及灾后恢复重建，建成有效灌面 17.06 万公顷、节水灌面 6.59 万公顷；完成东风渠灌区东风支渠、清水支渠和通济堰、民堰灌区末级渠系改造试点项目；新建（改造）山坪塘 1652 口；新建（维修）石河堰 429 处；新建集雨工程 2074 处；渠道新建（防渗）836.1 千米；新建（整治）堤防 37.63 千米，水毁修复 5095 处；新增有效灌面 1.56 万公顷，新增节水灌面 4.38 万公顷；治理旱山村 50 个、水土流失面积 260 平方千米；新增和恢复蓄引提水能

小型农田水利工程重点项目——洪雅花溪渠将军支渠（摄于 2012 年 3 月）

力5529.2万立方米，解决农村113.2万人饮水安全问题。2012年，市财政局、市发改委、市水务局发文，要求有重点防洪任务和水资源严重短缺的县（区），从征收的城市维护建设税中提取20%，划转地方水利建设基金；市、县两级从车辆通行费、城市基础设施配套费、征地管理费和新增建设用地土地有偿使用费提取3%，纳入政府性基金预算管理，专款专用。全年全市投入资金4.2亿元、工日545.8万个，完成土石方311.63万立方米。新增和恢复蓄引提水能力2175万立方米，新增有效灌面7530公顷、节水灌面1.1万公顷，恢复和改善灌面1.71万公顷；解决农村饮水安全人口36.31万人，治理水土流失86.5平方千米。

二、水土保持

1997年，眉山地区建立水土保持基金，加强水土保持两费征收，已经发挥效益的大中型水利水电工程每年从水费和电费中提取3%～5%作为水土保持资金，水利部门从规定的小农水补助费划出10%～20%用于水土保持工作。此后，将防治水土流失同调整产业结构、增加农民收入相结合，开发与保护并重、建设与管理并重，建立以小流域为单元，全面规划、综合防治、集中治理、连续治理、因地制宜的综合防治体系。1999年，地区行署发文规定，凡眉山中心城区22.5平方千米内正建和规划要建的办公楼、生产、生活设施，必须编报水土保持方案，交纳水土保持设施补偿费，同时按批准的水土保持方案负责治理。检查砖厂、煤矿、水泥厂、芒硝厂及公路等473个生产企业和建设项目人为水土流失情况，监督252个单位办理水土保持方案批准合格证。2000年，地区水电局发文，要求各地做好广辟水源、拦溪截流、引水入库塘等工作，严禁水库弃水发电、塘池放水捕鱼、挖藕，确保水利工程蓄水保水。

2005年，市政府将水土保持执法工作纳入目标管理。办理水土保持手续并交纳水土保持规费成为项目审批前置条件。2006年，市中心城区被命名为全国水土保持生态环境建设示范城市后，相继开展水土保持专项行动，排查、登记、核实全市2003年以来的各类开发建设项目及执行水土保持法规的情况。此后，督查工作经常化、制度化、规范化。开展水土保持普查，全市水蚀面积2266.63平方千米，其中轻度993.02平方千米、中度638.54平方千米、强烈414.32平方千米、极强烈178.17平方千米、剧烈42.58平方千米。2012年，全市“两宋荣光”眉州大道改造工程等31个建设项目水土保持方案，总投资近64亿元，确定水土流失防治责任范围825.45公顷，水土保持投资1.66亿元。全年全市投入资金2505.67万元，治理水土流失面积107.39平方千米。

1997—2012年，全市投入资金1.5亿元，治理水土流失1154.94平方千米。基本农田6743.61公顷、水土保持林1.28万公顷、经济林9994.08公顷、种草3264.87公顷、封育治理2.44万公顷、其他1.28万公顷，塘坝池等小型蓄水土保持土工程1231座。

第二节 水利工程

一、蓄水工程

1997年，眉山地区蓄水量5.13亿立方米，其中，石河堰1814万立方米、山坪塘6131万立方米、小型水库1.13亿立方米、大中型水库3.21亿立方米。至2012年，眉山市水利设施总蓄水能力

6.69 亿立方米，其中小型水库 1.96 亿立方米、大中型水库 4.635 亿立方米，大中型水库蓄水量比 1997 年增长 14.95%。

（一）冬（囤）水田

眉山市境内四季雨量分布不匀，20 世纪 50 年代农村多靠冬（囤）水田蓄水，成为丘陵区一种普遍的初级水利设施。60 年代起，依靠集体力量，大兴水利，结合开沟排湿建条田，开展大规模改造冬水田工程，坝区基本成为干田。此后，随农村产业结构的调整和水利设施的配套完善，农村冬囤水田不断减少。至 2012 年，全市有冬囤水田 8670 公顷。

（二）水库

2012 年，全市有水库 301 座，其中大型水库 1 座、中型水库 7 座、小（一）型水库 50 座、小（二）型 243 座，水库总蓄水能力 6.69 亿立方米，设计控灌面积 11 万公顷，有效灌溉面积 10.13 万公顷。

黑龙滩水库（摄于 2012 年 4 月）

黑龙滩水库　是全市唯一大型水库。1970 年大坝枢纽动工，1972 年 1 月建成蓄水。水库控制集雨面积 185.5 平方千米，总库容 3.6 亿立方米，有效库容 2.36 亿立方米，为全省最大囤蓄水库。设计控灌仁寿县、乐山市井研县 7.07 万公顷，有效灌面 5.89 万公顷。建有仁寿城南、城北、城中 3 个电站，装机 4 台 4000 千瓦，设计年发电量 900 万千瓦时。至 1977 年，建成干、支、斗、农、毛渠配套的 1322 条 3693.3 千米的渠系工程。其中总干渠 2 条 135.4 千米、分干渠 5 条 236.9 千米、支渠 7 条 114.4 千米、斗渠 38 条 341 千米、农渠 335 条 1420.5 千米。有渡槽 644 处 52.2 千米、隧洞 805 处 72.1 千米、倒虹管 126 处 15.1 千米、暗渠 1144 处 94 千米，建筑物总长 233.4 千米。1992 年 6 月，水利部将黑龙滩水库列入全国第二批重点病险水库，1993 年起列入国家基本建设计划实施，总投资 5123.99 万元。黑龙滩东总干渠投运后，陆续出现隧洞、拱边、拱底、拱顶拉裂，明渠、渡槽渗漏，渠堤垮塌、滑坡等。2008 年 4 月，国家、四川省、眉山市总投资 7890 万元，整治全长 13.97 千米的马路岩隧洞出口至桥儿河渡槽出口。2010 年，黑龙滩水库枢纽续建工程完工，总投资 1400 万元。

总岗山水库　为中型水库，枢纽位于洪雅县汉王乡青衣江左岸支流香樟河。1958 年动工修建。1972 年建成库区枢纽工程，为多年调节水库。水库集水面积 28 平方千米，总库容 3186 万立方米，有效蓄水库容 2554 万立方米，死库容 40 万立方米。水库设计灌面 4700 公顷，有效灌面 3970 公顷。1985—1995 年，大坝病害整治 2 次。2011 年，投资 3274.79 万元除险加固大坝，改善和新增灌面 1233 公顷。2012 年，概算投资 4019 万元除险加固。水库配套总干渠 2.5 千米，配套支渠及斗、农、毛渠 40 条 268 千米。建电站 2 座，装机 685 千瓦，年发电量 202 万千瓦时。

洪峰水库　为中型水库，枢纽位于仁寿县洪峰乡岷江支流鲫江叉流镇江河。1958 年冬动工建设，1973 年完成枢纽与渠道配套工程。水库集雨面积 11.4 平方千米，总库容 1231 万立方米，正常蓄水库容 988 万立方米，死库容 265 万立方米。输水渠道 28 千米，配套支渠 5 条 22.1 千米。设计灌面 1740 公顷，有效灌面 1600 公顷，控灌仁寿县、东坡区 24 个村 152 个组。1994—1995 年，投资

643.67 万元实施病险整治。1999 年实际灌面萎缩到 950 公顷。2000 年，投资 608.32 万元整治左、右干渠。项目实施后，年节水 350 万立方米，恢复灌面 653 公顷，新增灌面 267 公顷，控灌面积 1870 公顷，解决或改善 2.6 万人、3 万头牲畜的饮用水条件。

黄连埂水库　位于东坡区思蒙河上游、万胜河支流与盘鳌河分流间，1970 年 12 月动工建设，1984 年 8 月竣工。坝顶高程 497.4 米，总库容 840 万立方米。正常蓄水水位高程 492.75 米，有效库容 576 万立方米，死水位高程 474.37 米，死库容 27 万立方米、集雨面积 33.8 平方千米，水库取水建筑为浆砌条石卧管接隧洞，随主坝同步修建。洪水标准为 50 年一遇设计，500 年一遇校核，最大泄洪流量每秒 519 立方米。有左右干渠各 1 条，总长 10.88 千米，支渠 6 条 30.73 千米，斗渠 12 条 20.5 千米，农渠 6 条 3.35 千米。主灌万胜、盘鳌、新四、秦家 4 乡。有效灌溉面积 1440 公顷，其中自流灌溉 1293 公顷，提水灌溉 151 公顷。灌区内有塘 149 口，蓄水 70.5 万立方米；小（二）型水库 3 座，蓄水 70.7 万立方米；石河堰 5 处，蓄水 20.5 万立方米；电力提灌站 32 处，柴油机 72 台。

两河口水库　为中型水库，枢纽位于东坡区多悦镇岷江右岸支流东醴泉江。1974 年建成主坝，1975 年配套渠道。水库集水面积 28.8 平方千米，总库容 1590.45 万立方米，正常蓄水库容 1147 万立方米，死库容 18 万立方米。主坝系均质土坝，配套干渠 1 条 16 千米、支渠 14 条 42.7 千米、斗渠 2 条 4 千米。工程总投资 607.5 万元，设计灌面 3450 公顷，有效灌面 2900 公顷。1980—1994 年，两次治理大坝枢纽病害及完善渠道配套。2002 年，投资 1368 万元，整治加固水库大坝、溢洪道、放水设施及右坝肩滑坡体。

复兴水库　为中型水库，又名“青峡湖”，枢纽位于青神县白果乡岷江左岸支流沙溪河。1970 年建成，蓄水 340 万立方米，为浆砌条石非溢流重力坝，小（一）型水库，灌溉面积 360 公顷。1977—1985 年，投资 642.07 万元扩建，1987 年完成渠道配套。水库集水面积 49.1 平方千米，总库容 1749 万立方米，正常蓄水库容 1225 万立方米，死库容 160 万立方米。灌溉面积 2020 公顷，灌溉青神县白果乡、河坝子镇、高台乡等及东坡区柳圣乡 30 余个村。主坝系浆砌条石重力坝，渠道配套完成 65.2 千米，其中干渠 27.84 千米、支渠 37.36 千米。建电站 2 座，装机 225 千瓦，年发电量 50 万千瓦时。2002—2003 年，投资 1356 万元整治病害。

梅湾水库　为中型水库，枢纽位于丹棱县双桥镇岷江右岸支流思蒙河上游丹棱河。1957 年建成小（一）型水库，1974 年出现严重病险。1975 年动工扩建，1978 年 5 月主体工程竣工。1979 年起渠道配套，至 1993 年，完成溢洪道和渠系整治配套。水库集水面积 15.3 平方千米，总库容 1008 万立方米，正常蓄水库容 758 万立方米，死库容 163 万立方米。主坝系均质土坝，配套左干渠 15.5 千米、右干渠 22 千米，支渠 23 条 60 千米，斗渠 60 条 120 千米。工程总投资 687.5 万元，总用工量 187 万个。设计灌面 1600 公顷，有效灌面 1000 公顷。2007 年，投资 1879 万元治理病害。

官斤水库　为中型水库，枢纽位于青神县白果乡，为在“红层”上建筑的浆砌条石双曲单拱坝，1977 年 2 月大坝工程建成蓄水。总库容 1290.8 万立方米，有效库容 1141 万立方米，设计灌面 1000 公顷，有干渠 20 千米、支渠 22.3 千米。2002 年，投资 521 万元整治病害。

李家沟水库　为中型水库，位于仁寿县黑龙滩水库东干渠，为囤蓄水库。1978 年建成，主坝为均质土坝。总库容 1380 万立方米，有效库容 1120 万立方米，死库容 20 万立方米。因回填土料严重违规，建成即为病险水库。2001—2002 年，投资 1051 万元改建。整治渠道 3.5 千米，新建渠道 20.5 千米。2004 年，新建方家斗渠和东升、斑竹、晓竹、英雄农渠 19.2 千米、建筑物 221 处。2005 年，投资750.08万元，新建碾子湾斗渠、光明斗渠、永红斗渠、世亨支渠13千米，整治世亨支渠2千米、暗渠12处0.98千米、计量设施2处、其他建筑物230处。新增节水灌面1120公顷，新增有效灌面1200公顷。2012年，有效灌面8200公顷。

龚家堰水库　为中型水库，位于彭山县黄丰镇共和村，距彭山县县城8千米。水库坝址位于岷江下游左岸一级支流王店河，坝址以上集雨面积7.3平方千米。水库1959年12月建成，水库集雨面积7.3平方千米，总库容323万立方米，有效库容184万立方米，设计灌面840公顷，有效灌面366.67公顷，是一座以灌溉为主的水利工程，兼有乡村人畜饮水，是彭山城区居民生活饮用水水源地。2012年，被四川省政府列入全省2012年大中型水利工程“2+10”开工重点水利项目。

（三）微型水利工程

20世纪80年代前，眉山境内塘埝设施较多，沿溪、河埝又多与筒车配套，提水灌田。90年代，实施山坪塘“精整”，以奖代补，拓宽投资渠道。在眉山县柳圣乡等召开整治现场会，交流经验，每精整一口塘经验收合格，奖组织者100元。彭山县每口蓄水0.3万立方米~1万立方米的精整塘奖组织者500元，1万立方米以上的奖组织者1000元；眉山县每年拨10万元用于奖励精整塘组织者。1995—1997年，眉山县完成小型水利建设项目4个，配套整治渠道30千米，治理“卡脖子”工程6处，整治大坝病害1处，渠道过水能力比整治前提高1倍，水利用系数由0.48增至0.8，新增灌面613公顷，改善灌面8400公顷。

农村小型蓄水工程——山坪塘（摄于2011年3月）

1998年，彭山县在邓庙乡示范微型水利建设，带动周边村组水利建设，建微水工程2850处，新增蓄水5万立方米，解决70公顷旱地用水。青神县桂花乡群众自建小微型工程，高标准防渗山坪塘10口、囤水田防渗18口、水窖800口。1999年，池、窖、井建设注重规划布局，规模大小适度，配套设施齐全；采用固定式喷灌和移动式喷灌，源水利用率由35%增至75%。眉山地区新建池、窖、井等微型水利工程19.37万处，解决近9000公顷旱地抗旱用水，新增节水灌面450公顷。2001年，眉山市新建微型水利集雨工程10.87万个。仁寿县谢家乡采取换工互助、互调劳力、整村突击等办法，修建蓄水200立方米以上水池339口，窖5084口，井511眼，改造旧井211眼，新增蓄水9.6万立方米，改变“水来就淹，水断就旱”被动局面。2002年，青神县投资1817.6万元，实施渠道防渗25条13千米，新建山坪塘1口、蓄水池380口、水凼（窖）2700处，维修山坪塘35口、石河埝48处；微型水利工程3195处。

2005—2008年，东坡区、仁寿县、彭山县下达中央小型农田水利建设项目11个，实施7个，完成5个。投资5527.01万元，新增灌溉面积153公顷，恢复和改善灌面1947公顷，发展节水灌面930公顷，年增加粮食生产能力107.24万千克。

2009—2012年，全市农村自筹资金建水塘发展养殖业，小的几亩、十余亩，大的几十上百亩，有的一湾一冲全部改建为鱼塘。有农民利用自家承包地或调换承包地集中建塘，亦有业主成片租赁农户承包地建塘，既发展养殖业，又兼顾蓄水抗旱保栽。东坡区、彭山、仁寿、洪雅4个县（区）实施中央财政小型农田水利重点县建设项目。总投资3.85亿元，新增和恢复灌溉面积1.53万公顷，改善灌面1469公顷，新增节水灌面2.45万公顷，新增节水能力9308万立方米、供水能力60万立方米，新建渠道343.28千米，整治渠道1217.8千米，渠系建筑物配套与整治4320处，整治石河堰13处、山坪塘720口、引水闸11处，新建蓄水池2339口。38.6万人受益。

（四）“旱山村”工程

1997年，仁寿县启动解决33个乡、374个村、15.73万人、13.81万头牲畜饮水困难的“饮水民心工程”，两年内新打井20万眼，整治改造12.44万眼，建水窖60万口，整治改造28万口，全面解决人畜饮水困难。2001年起，眉山市整体规划设计291个旱山村、严重缺水村，逐年实施29个村集雨节灌工程。2002年，全市按照“因地制宜，合理布局，成片集中，建管结合”原则，“坡地建渠，凹地建窖，平地建池”，形成留水于渠、积水于窖、蓄水于池、相互串联、四通八达的水路网络，突出整体规模效益，实施旱山村水利片区化建设。走“治水、治坡、治路、治窝、治愚、治惰”综合治理的路子。至2005年，全市旱山村治理工程总投资2098万元，建成工程2061处，新增水量79.6万立方米，新增旱地浇灌面积1360公顷。2006年起，全市实施旱山村集雨节灌项目。至2011年，全市安排旱山村集雨节灌项目67个，投资7538.05万元，新增、恢复蓄水166.12万立方米，新增、改善浇灌旱地2910公顷。2012年未再实施此工程。

二、引水工程

（一）小型渠堰

中华人民共和国成立后，眉山境内灌溉万亩以上的小型渠堰按“民办公助”原则，由受益农户自办，县负责技术指导。有的旧堰经过整修、扩建，灌面增至万亩以上；有的旧堰因灌区为其他工程取代而消失；有的旧堰合并成为中型渠堰。小型渠堰被合并、取代的现象在眉山县、彭山县平坝尤为显著。通济堰20世纪50年代扩建后，彭山县灌田330公顷的洪瑞堰、眉山县灌田470公顷的西来堰，及民国时期未受益的醴泉堰，灌田万亩以上的真武堰、张堰等25条渠堰均被合并。1963—1966年，洪雅县修建小型埝323条，全县渠、埝达到395条，灌溉5430公顷。至1992年，洪雅县有中、小引水渠、堰441条，引水量5352万立方米，有效灌溉面积6760公顷。至2012年，境内小型渠堰变化不大。

（二）中型渠堰

境内中型渠堰有唐代修建的眉山县蟆颐堰、青神县鸿化堰、彭山县周家埝。民国时期兴建的较大引水工程为花溪渠。中华人民共和国成立后，中型渠堰由县统筹、安排整修、配套。兴修具有独立水源的有柳新、幸福等堰5条，引都江堰东风渠水的有红光、东风等支渠4条。至2012年，眉山市有中型渠堰21条，引水能力15.46亿立方米，占各类工程控制水量的44.51%；有效灌面5.47万公顷，占全市有效灌面的20.33%。

蟆颐堰　1997年，完成进水枢纽改造工程。渠首位于东坡区城区东，于岷江左岸牛路口取水，灌溉龙泉山西麓上起东坡区蟆颐山、下至青神县杨柳咀一片冲积平坝。设计取水流量每秒40立方米，年引水能力4.5亿立方米。引水渠长11千米，干渠4条22.4千米，支渠19条69.3千米，斗渠297条228千米。工程设计灌面4670公顷，有效灌面4630公顷。2004—2006年，投资2269.3万元实施节水配套改造。此后至2012年无变化。

鸿化堰 始建于唐代。渠首位于青神县城北，于岷江右岸东坡区张坎乡无坝引水。渠道由北向南，灌溉青神县黑龙、青城、南城、瑞峰、西龙5镇农田。1998年，整治总干渠14.2千米险段，概算投资450万元。2003年，实施鸿化堰抗旱应急节水改造工程，改善灌面200余公顷。2012年，投资1520.68万元实施农业综合开发节水配套改造。年末引水能力1.62亿立方米，配套干渠3条24.4千米、支渠60条68千米。设计灌面2887公顷，有效灌面2647公顷，实灌1913公顷。

古佛堰 取水口位于成都市双流县黄伏乡，于岷江支流府河右岸低坝引水。干渠1条22千米，支渠3条8千米，灌溉双流县黄龙溪镇和彭山县牧马镇、武阳乡、锦江乡、江口镇农田。经多次整治，2012年，灌溉面积增至930公顷。

花溪渠 1942年建成，渠首位于洪雅县东岳镇，于青衣江支流花溪河牛孔滩筑坝引水，控灌止戈、三宝、将军等镇乡农田2300公顷，有效灌面1740公顷。至1957年，整修配套，扩建支渠8条26千米，新建斗渠82条89.5千米，新增灌面347公顷，改善灌面170公顷。1975年建王关渠，灌溉6个乡镇33个村2340公顷耕地，保证2.1万人、2.4万头牲畜饮用水。1977年，建柳新渠，渠首位于洪雅县柳江乡黄坪，于青衣江支流花溪河左支杨村河无坝引水，控灌青衣江右岸与花溪河左岸之间丘陵区农田面积2147公顷，有效灌面1547公顷。此后，金花堰、鱼龙堰先后并入灌区，灌面增至2430公顷。2009年，柳新渠、王关渠等灌区并入花溪渠灌区统一管理。合并后，设计灌溉总面积7098.33公顷，实际有效灌溉面积3981.8公顷。2012年，实施花溪渠取水枢纽水闸除险加固工程，概算投资2593万元。

关子门堰 1979年竣工，投资538.21万元。取水口位于青神县瑞丰镇慈母溪村洪雅滩，于岷江左岸无坝引水，设计灌面1130公顷，实灌青神县和乐山市市中区关庙、牟子两乡镇农田1647公顷。有干渠1条19.5千米，支渠2条10.5千米，斗渠36条39千米。1992年，投资256万元实施病害整治。此后至2012年无变化。

长征渠 20世纪40年代提出青衣江洪雅县罗坝引水灌溉设想，1975年10月四川省将罗坝引水工程更名为长征渠并成立建设指挥部，乐山地区、宜宾地区、内江地区、江津地区、自贡市分别成立地区指挥部，开展工作。1982年，全灌区规划控制乐山、宜宾、内江、江津四地区和自贡、重庆两市计39个县（市）93.35万公顷农田，进水口槽渔滩水位高程516.4米，引水规模每秒230立方米，渠系总长3100千米，估算总投资46.12亿元（静态）。1979年，长征渠彭山支渠囤蓄工程彭山县冷家沟水库一期工程完工，设计坝高32米，设计蓄水2160万立方米，完成坝高23.6米，能蓄当地径流614万立方米，因未全面完工限蓄300万立方米。1995年槽渔滩水利枢纽主体工程竣工。2007年4月长征渠远期补水工程的瓦屋山水库（水电站）下闸蓄水，总库容5.84亿立方米。此后至2012年无变化。

东风渠 境内都江堰灌区东风渠包括牧马山灌区、清水灌区、红光支渠灌区和东风渠东南干渠四期工程及其配套工程东风支渠灌区。控灌成都市龙泉区、双流县和眉山市仁寿县、彭山县、东坡区等县（区）田土2.72万公顷。眉彭干渠起于仁寿县黑龙滩镇杨柳社区勤劳闸，止于东坡区土地场倒虹管出口，总长18.68千米。牧马山灌区1958年建成通水，长51.3千米，控灌成都市双流县、新津县和眉山市彭山县农田9330公顷，实灌农田9530公顷，其中彭山县1287公顷。1970年完工的清水灌区由清水支渠灌区和仁寿县清水区从东风渠新南干渠直接分水的13条斗渠灌区组成，实灌仁寿县清水区农田4820公顷。1972年建成的红光支渠灌区自仁寿县里仁乡柏杨村取水，灌仁寿县、彭山县、东坡区农田1387公顷，投资170万元。东风支渠灌区属东风渠新南干渠四期工程的配套工程，分崇礼支渠、新华支渠、金花支渠，长115.9千米，斗渠长165.3千米，灌溉东坡区12个乡镇农田7073公顷，有效灌面6107公顷。灌区内建成幸福、石埂子2座小（一）型水库和7座小（二）型水库，山坪塘1527口，石河堰16处，水轮泵5处，电灌站77处，形成“长藤结瓜”，囤蓄为主，引、蓄、提结合灌区。此后至2012年无变化。

（三）大型渠堰

境内大型渠堰为流经彭山县、东坡区，灌田7000公顷的通济堰。通济堰自西汉创始，经唐代重建，宋代扩修，至清代大规模改造堰头，形成延续至近代的渠首枢纽，为岷江流域古代少有的有坝引水工程。通济堰干渠总长88.17千米，支渠65条368.86千米，斗渠304条，农渠1544条。干渠上有水闸121处，渡槽44座600.8米，倒虹管1处20米，暗渠2处1020米，其他建筑物1.28万处。设计灌面3.46万公顷，其中有效灌面2.94万公顷。1949—2012年，通济堰工程总投资5112.88万元，其中91%为自筹（主要是水费）和投劳折资，用工1075.89万个，实施渠首枢纽、渠道建筑物、东干渠改线、整治病害、灌区信息化建设等技术改造。

三、提水工程

柴油机提灌　1990年，眉山地区有柴油机提灌922台6635千瓦，抽水灌田2000余公顷。此后，大批自流灌溉工程的建成和电网覆盖面扩展至农村，耗资大的柴油机固定站被逐渐取代。至2012年，眉山市除缺电地区继续使用柴油机提灌外，多数改为电力提灌。

水轮泵站　1967年，眉山县有泵站140台，灌田1070公顷。后因耗水量大、有效灌溉水量小、生产厂家转产、电灌站发展迅猛等，水轮泵站逐渐减少。1985年，彭山县境内除通济堰灌区有11台负担灌溉任务外，其余改作农副产品加工。1992年，洪雅县仅存12台，提水28万立方米，有效灌面87公顷。至2012年，境内仅存少量泵站。

电力提灌　1958年，洪雅县将马湖山脚的机灌站改建为电灌站，装机2台28千瓦。1960年，彭山县新民乡投工投资建成垒子坡电灌站。1963—1964年，仁寿县马滩电灌站，洪雅县白塔、余坪电灌站，彭山县余石桥、同乐、五星筒电灌站，眉山县对口坡、刘祠堂、铁炉沟电灌站相继建成投运。1974年，仁寿县建成燕子岩电灌站，灌田405公顷，后扩大到730公顷，成为境内灌溉面积最大电灌站。1998年，洪雅县在青衣江新建一座电力提水站，概算投资700万元。至2002年，眉山市有农村机电提灌站2922处、3476台、6.86万千瓦，机电提灌设备总动力17.9万千瓦，正常年景下提灌能力2.2亿立方米，灌溉农田面积6万余公顷。2011—2012年，洪雅县建成以东岳镇团结村为中心和以余坪镇福宝村为中心的2个机电提灌万亩示范区，总灌溉面积1453.3公顷。截至2012年年底，由农机主管部门负责的农村机电提灌站3255座、3343处、3495台、7.33万千瓦，机电提灌设备总动力8.48万千瓦，正常年景下年提水能力2.3亿立方米左右，控灌面积6.65万公顷。

四、防洪工程

境内濒临岷江、青衣江畔的彭山、东坡、青神、洪雅等县城，中华人民共和国成立前曾建有少量护城河堤，且多系堤墙一体，城墙即堤。中华人民共和国成立后，在城市建设中新修的护城河堤一般是堤路结合，以节省投资和占地。

1979年岷江防洪大堤建成，长87千米，保护彭山、眉山两县城市和郊区防洪安全，减轻洪水对青神县城的冲刷威胁。1987—1990年，青神县、洪雅县完成城区河段防洪、管理“三线”（警戒水位线、保证水位线、江河管理范围线）划定。1989—1992年建成洪雅县止水庵河堤、滨江路堤、南坛河堤、封河坝4处河堤，长4430米，为县城和郊区防洪。

1997 年起，眉山地区加强防洪设施建设。编制《城市防洪应急预案》，每年修订完善一次，实行行政主要领导第一责任人责任追究制。每年组织疏通城区下水道和管、涵、渠，保证行洪设施畅通。眉山地区有堤防护岸 113 千米，其中岷江 94.7 千米、青衣江 18.3 千米；有救生高台 65 处 1.89 万平方米，分布于 29 个住人河心洲坝及低矮岸边坝，可供 3.76 万人防洪安全转移。1998 年，动工新建堤防 3 处 6.56 千米，整治 106 处 25.93 千米。完成堤防水毁工程修复 115 处 15.5 千米，投资 4000 万余元。投资 20 万元，建设彭山县岷江青龙镇顺河村等救生高台 10 个。眉山地区堤防护岸保护 42.07 万人、1.51 万公顷耕地和 22.02 亿元固定资产安全，减少损失 5.44 亿元。1999 年，眉山被确定为四川省重点防洪城市后，进一步加强防洪设施建设。组织编制《眉山城市防洪规划》，科学建设城市防洪设施。每年检查城市桥梁、市政排水管网及雨污水检查井盖，发现隐患及时排除，确保城区市政排水管网通畅。到 2005 年，中央、四川省下达眉山市防洪堤整治工程投资 1.14 亿元，整治加固堤防 15.13 千米，新建堤防 4.53 千米。2006 年，经重新普查后保留救生高台 58 个，总建筑面积 1.62 万平方米，可救助 2.3 万人。投入 40.8 万元维修处理保留的救生高台，重新登记、编号、建卡。2008 年，市政府发文要求三年内全面完成岷江、青衣江等重要河段堤防工程治理。至 2010 年，眉山城区城市防洪设施建设共投资 1.9 亿元，整治城区湖滨路北段和南段及南延线、通义路、通惠河中段和北段、岷江大道等，新建湖堤约 7500 米，整治排洪箱涵约 3100 米，新建堡坎约 8600 米，城市排水通畅、河流通畅、防汛安全。全市堤防工程建设投资约 8000 万元，新建堤防 9.73 千米，整治加固病险堤防 6.3 千米。岷江、青衣江沿岸建成堤防和护岸工程 159.26 千米。全市防洪能力显著增强。1998—2012 年，全市投资 2.66 亿元，加固、修复堤防和新建堤防、护岸 246 处 190.28 千米，疏浚河道 5 处 40 万立方米，河道清障 6 处 51.7 万立方米。堤防、护岸保护土地 19.05 万公顷、减灾城市 6 座、城镇 112 个、减免其他重要设施受淹 64 处、人口 388.25 万人次、单位 3.07 万个、固定资产 940.34 亿元，总经济效益 612.68 亿元。

五、节水工程

（一）防渗节水工程

眉山市防渗节水工程主要实施产粮大县万亩以下渠道配套项目、大型灌区续建配套与节水改造、中型灌区配套与节水改造工程、大中型灌区末级渠系改造工程等。1998 年，眉山地区水电局印发《眉山地区水利工程防渗节水工作及目标考评办法》，下达渠道防渗八年整治及规划任务。全区相继开展防渗节水整治。洪雅县应用节水灌溉新技术防渗整治总岗山水库右干渠；黑龙滩灌区实施续建配套与节水改造工程；实施仁寿县清水支渠、通济堰渠道防渗工程；彭山县实施节水增效灌溉示范项目；实施蟆颐堰总干渠节水改造自办工程、丹棱县胜利水库防渗整治和东坡区醴泉堰东沟支渠、陈沟水库贮蓄堰灌区整治等。2012 年，实施省级水资源费农业节水末级渠系改造项目。

产粮大县万亩以下渠道配套项目　1998 年，眉山地区实施水利工程万亩以下渠道配套项目 7 处，新建渠道 12.1 千米、整治渠道 11.1 千米，投资 635 万元，新增灌面 967 公顷，改善灌面 3233 公顷。2001—2003 年，黑龙滩水库灌区、洪峰水库、东风支渠灌区崇礼支渠投资 679.63 万元，新建渠道 61.49 千米、整治 21.74 千米，新建示范区 6.67 公顷，新增节水灌溉面积 1133 公顷。2004—2005 年，整治彭山县双凤水库高沟支渠，东坡区两河口水库正军支渠、黄连埂水库万新支渠和洪雅县红双堰 22.35 千米，新建 5 千米，节水灌面 440 公顷，其中新增灌面 280 公顷。2006—2012 年，全市投资 3048.71 万元，新建、整治洪雅县花溪渠、总岗山水库、金釜埝灌区，仁寿县李家沟水库，东坡区核桃堰水库、蟆颐堰、醴泉堰、东风支渠灌区，彭山县红光支渠灌区和丹棱县梅湾水库、党仲水库灌区渠道137.78千米。

大型灌区续建配套与节水改造　1997年起，眉山地区将振兴通济堰、巩固和发展通济堰灌溉供水效益作为基础重点工程。完成进水枢纽和总干渠大礼湃泄洪闸改建整治。1999年，国家计委、水利部将通济堰工程纳入大型灌区续建配套与节水改造项目。当年起，实施续建配套与节水改造工程整治。至2005年实现控灌面积4.53万公顷（新增灌面1.07万公顷）。至2008年，中央下达计划投资1.59亿元，实际完成投资1.32亿元，完成渠首取水枢纽工程改建和总干渠13.53千米、东西干渠53.72千米、支渠11.8千米续建配套与节水改造。2010—2011年，通济堰灌区续建配套与节水改造工程投资4108.4万元，灌溉水利用系数提高到0.62，年新增节水总量5.06亿立方米，改善灌溉面积2.78万公顷，恢复灌溉面积6887公顷，新增灌溉面积3400公顷，灌区规模3.81万公顷。

中型灌区配套与节水改造工程　项目规划总投资2.8亿元。2002—2006年，投资2268万元，实施仁寿县英头水库灌区节水增效示范项目渠系节水防渗23.15千米、东坡区节灌示范项目建设节灌面积198公顷；整治东坡区杨水碾水库防堰支渠、仁寿县黑龙滩灌区斗渠、彭山县牧马堰干渠铁路洞、洪雅县总岗山水库汉王支渠、丹棱县梅湾水库支渠、青神县蟆颐堰灌区和万坳二水库干渠21.55千米，改善灌面1520公顷，节约水63万立方米。2009年，投资220.9万元，实施东坡区太和镇醴泉堰灌区渠道配套工程，新建、配套渠道13.24千米，渠系配套建筑物518处，改善灌面294公顷。2011年，仁寿县洪峰水库、英头水库灌区、青神县鸿化堰、总岗山水库灌区投资6097.22万元，整治和配套渠道121.11千米，配套渠系建筑物759座，改善灌面5813公顷，恢复灌面1060公顷，年节水1287万立方米，年新增供水197万立方米。建补充水源工程1处。2012年，未再安排此类工程。

大中型灌区末级渠系改造工程　规划总投资7.68亿元，完成项目6个、投资3416.63万元。2008年，水利部下达东坡区东风支渠灌区、仁寿县清水灌区及通济堰西山灌区4800公顷末级渠系改造试点项目计划，整治防渗斗渠71.84千米、农渠116.79千米，渠系建筑物2251处，总投资3015.93万元，2009年完工；2011年，投资400.7万元，实施省级水资源费农业节水末级渠系改造项目3个，整治斗渠5千米、农渠12.47千米，整治和配套建筑物29处，新建人行桥14座、机耕桥3座。

（二）农业综合开发节水配套改造

2003年，实施仁寿县汪洋镇节水增效示范项目，新建山坪塘3口、防渗整治6口，新建80立方米~200立方米蓄水池30口，新建、整治渠道2.5千米。东坡区崇礼镇、三苏乡兴建节水灌溉示范工程198公顷。2004年起，眉山市实施农业综合开发节水配套改造项目。至2006年，蟆颐堰灌区项目投资2269.3万元，新增灌面973公顷，改善灌面4700公顷。2009年起，启动东坡区东风支渠项目。洪雅县总岗山水库项目通过四川省农水局审查，规划整治和配套渠道29.84千米，概算投资1580.74万元。新增（恢复）灌面767公顷，改善灌面2740公顷，灌区有效灌面达到3500公顷。至2010年，完成东坡区东风支渠项目，投资1799.8万元。恢复灌溉面积967公顷，改善灌面3620公顷，灌区灌面7073公顷。消除钉螺生长面积20.3万立方米，为工业、场镇等增加供水量723万立方米。彭山县牧马镇节水灌溉示范项目建设渠道灌溉面积143公顷，新建渠道1.2千米，整治渠道15.5千米，工程总投资154.63万元。2012年，青神县鸿化堰中型灌区项目规划整治和配套渠道25.31千米，配套渠系建筑物486座，恢复灌面293公顷，改善灌面3073公顷，渠系水利用系数由0.48增至0.72，估算投资1520.68万元。

（三）“旱山村”集雨节灌

1998 年起，眉山地区实施旱山村集雨节灌项目。2000 年，仁寿县在文宫镇建设高效农业枇杷种植基地，眉山县在金花——柳圣片区、秦家片区和正山口片区实施，整治山坪塘 35 口、电力提灌站 10 处，新建蓄水池 1842 口、水窖 2921 个、石河堰 1 处、井 250 口，新建喷灌工程 27 公顷，总投资 1297.8 万元。工程建成后，新增浇灌面积 280 公顷，恢复改善灌面 999 公顷，改善居民 8328 人、牲畜 7905 头饮水。2004—2010 年，眉山市投入资金 5717.63 万元，投劳 13.13 万个，在除洪雅县外的 5 个县（区）实施旱山村集雨节灌项目，新建、整治工程 6184 处，整治、扩建牧马山四支渠 14.3 千米。新增、改善浇灌面积 1428.8 公顷，节水灌溉面积 143 公顷。其中，仁寿县旱山村集雨节灌工程投入资金 2760.2 万元，兴建各类集雨节灌工程 3945 处，解决 37 个旱山村和严重缺水村 5054 户 1296 公顷旱地浇灌。此后至 2012 年，未安排此项目。

（四）喷灌与节水改造

1988 年，丹棱县梅湾水库建成机压与自压结合的固定式喷灌系统，喷灌果园 23 公顷。1989—1990 年，青神县在复兴水库、青龙水库建喷灌工程 2 处。2000 年，仁寿县、眉山县新建喷灌工程 27 公顷。2004 年起，眉山市实施省级水资源费节水示范项目。当年，实施项目 2 个，其中丹棱县梅湾水库渠道农业节水示范工程干渠改造 450 米，投资 66.4 万元。2005 年，彭山县黄丰镇建成固定式喷灌系统，喷灌柑橘 20 公顷。2006—2012 年，全市实施节水改造示范项目 32 个，投资 2666.68 万元，其中省级财政水资源项目补助 2059 万元。通过节水改造，全市新增灌面 793 公顷，改善灌面 5400 公顷。

第三节　水利设施治理

一、病险治理

1997 年，眉山地区有病险水库 151 座。当年起，全区每年汛前政府管理的水库均按规定报批年度防汛方案，水利主管部门按批准的年度防汛方案开展防洪调度，派员检查水库防洪安全的保障程度。重点抽查岷江堤防、青衣江堤防、黑龙滩水库、党仲水库、槽渔滩电厂、仁寿县北斗电站等重点部位。丹棱县党仲水库病害严重，地区行署拨专款 30 万余元除险加固。

2001 年，眉山市开展水库大坝安全鉴定。全市 6 座中型水库中，一类 2 座、二类 1 座、三类 3 座；50 座小（一）型水库中，一类 5 座、二类 20 座、三类 25 座。2002 年起，将水利安全生产工作纳入目标考核，实行一票否决。建立病险水库整治暨安全生产工作汇报会月报制度，加强安全督促检查。建立水利建设专项安全基金，每年拨 3 万元水利系统安全生产活动经费。全市实施病险水库整治，规划三年完成全部 155 座病险水库整治，其中中型 3 座、小（一）型 25 座、小（二）型 127 座。当年，全市投资 9626 万元，完成 5 座病险水库枢纽除险加固工程，改善灌面 3.63 万公顷，保护农田 3.21 万公顷、46.8 万人及数十亿元固定资产安全。2004 年，整治全市病害水库 199 座。水库蓄（保）水能力提高 10%~20%，新增水方 1823 万立方米，恢复改善灌面 2.22 万公顷，新增灌面 3480 公顷。此后又实行水利建设工程安全生产条件市场准入制度。至 2006 年，全市病险水库除险加固项目下达计划投资 1.11 亿元，完成投资 4104.31 万元，整治病害水库 220 座，组织安全生产专项治理检查活动 10 次，检查江河堤防、渔业船舶、水利工程设施、防汛物资、仓库、高走向沟渠、机关内保等7个方面安全情况，发现安全隐患73起，全部整改。2007年，四川省政府决定集中整治除已列入中央整治规划外的小型病险水库，未经整治的小（一）型病险水库给予平均每座不超过100万元补助；存在较大安全隐患的部分小（一）型病险水库给予平均每座不超过50万元补助；已经安全鉴定，且需立即整治的小（二）型病险水库，采取“以奖代补”“先建后补”方式，给予每座不超过30万元补助。当年，全市开展安全生产隐患排查治理专项行动、百日督查水利专项行动、打“三非”（非法生产、非法经营、非法建设）、反“三违”（违章指挥、违章作业、违反劳动纪律）活动，促进隐患排查日常化。水利部大坝安全管理中心鉴定东坡区连鳌山水库、丹棱县中观山水库大坝为三类坝。四川省下达眉山省级小型病险水库整治资金1400万元，全市整治水库11座。2008年，“5·12”汶川特大地震造成全市59座水库受损，其中高危水库6座、次高危水库53座。国家、省下达眉山市震损水库抢险投资1260万元，年内完成建设任务，实际投资1500万元；国家、省下达眉山市震损水库灾后重建投资4950万元，2009年完工，实际投资5175.02万元，恢复蓄水843.29万立方米，改善灌面2363公顷。2010年，全市列入中央专项规划整治小型病险水库124座，其中重点小（一）型20座、重点小（二）型58座、一般小（二）型46座。2012年，排查全市水库，列入整治的重点小（二）型病险水库58座。组织开展各类安全生产督促检查420余人次，发现安全隐患72处，拆除河道内违规经营茶铺摊点12处，整治有安全隐患的在建项目、生产单位、经营个体35处，整治河道内违规采砂行为6起。至2012年年底，全市小型病险水库整治工程全部开工。

二、维修养护

1997年起，眉山地区渠堰年年实施岁修。险情一经发生，组织发动群众采取除险加固措施，保证或基本保证工程安全度汛。及时修复水毁工程，当年用水影响不大的结合岁修一并修复。至1999年，全区投入资金1.01亿元、劳动力173万个，修复水毁和岁修堤防402处92.31千米。

2008年，眉山市投资2400万余元，修复水毁及“5·12”汶川特大地震震损水利工程。2012年，信息化系统投入运行，自动化监测全市灌区骨干工程关键性站点及关键性水闸、节制闸和泄洪闸的水位、流量、雨量，形成覆盖整个灌区云情、雨情、汛情的监测网络和自动化控制系统，为灌区水量综合调配、工程防汛度汛、工业用水、安全用水提供决策依据。

2006—2012年，全市投入堤防水毁修复和岁修资金2.83亿元、劳动力173万个，修复水毁堤防工程167.15千米、渠道1.65千米，新建堤防426米，疏浚河道596米，河道清障16万立方米。恢复和改善灌面5.5万公顷，新增蓄引提水能力3.93万立方米。

三、白蚁防治

眉山为全省白蚁高发区。1995—1999年水利部组织水库大坝白蚁危害普查。眉山境内279座水库中有白蚁危害的220座，其中坝内建巢危害的185座、蔓延危害的33座。堤坝白蚁危害防治，一般采用挖巢、灭蚁灵饵条诱杀、药物封闭坝面，粗砂贴面后用混凝土板等材料封闭坝面，结合坝端治理，衬砌石墙、混凝土墙或制作毒土槽切断坝体与岸坡的蚁路等措施。2002年，眉山市治理白蚁危害水库100余座，基本消除白蚁危害。2008年，仁寿县邀请湖北省麻城市白蚁防治所专职技术人员普查全县20座小（一）型水库蚁害，发现有15座建巢危害水库，均为土坝“克星”黑翅土白蚁，多处蚁道已贯通坝体。至2012年，全市重点治理白蚁高发水利设施。

第二章 电力建设

眉山市电力设施主要为水电，大型电站集中建在洪雅县。2012 年，全市有电站 209 座，装机容量 97.25 万千瓦，年发电量 55 亿千瓦时。其富裕的水电资源被全市其余 1 区 4 县消纳，仍不能满足经济社会发展对电力需求，其余负荷缺额依然需要四川主网补给。全市有 35 千伏及以上变电站 66 座，变电容量 401.85 万千伏安；35 千伏变电站 32 座，变电容量 30.6 万千伏安。35 千伏及以上线路 2090.71 千米，其中 220 千伏线路 639.32 千米、110 千伏线路 734.98 千米、35 千伏线路 716.41 千米。

第一节 发电设施建设

一、水电站

1997 年前，眉山地区建成水电站 98 座、总装机容量 11.22 万千瓦，其中小（一）型 2 座，其余均为小（二）型和微型小水电站。洪雅县 62 座、总装机容量 9.77 万千瓦，眉山县 5 座、总装机容量 1805 千瓦，仁寿县 13 座、总装机容量 8460 千瓦，彭山县 10 座、总装机容量 1540 千瓦，丹棱县 4 座、总装机容量 1835 千瓦，青神县 4 座、总装机容量 645 千瓦。

瓦屋山电站下闸蓄水（摄于 2007 年 4 月）

2012 年，眉山市有水电站 205 座、总装机容量 94.75 万千瓦，其中中型 4 座、小（一）型 3 座，其余均为小（二）型和微型小水电站。洪雅县有水电站 169 座，装机 94.5 万千瓦。其中中型、小型（一）型水电站 7 座，装机 65.91 万千瓦；小（二）型和微型小水电站 156 座，装机 26.09 万千瓦。年发电量 55 亿千瓦时。其富裕的水电资源被全市其余 1 区 4 县消纳，其余负荷缺额由四川主网补给。

1997—2012 年，眉山市建成水电站 111 座、总装机容量 67.5 万千瓦，其中中型水电站 1 座，小（一）型 2 座，其余均为小（二）型和微型小水电站。洪雅县 105 座、总装机容量 67.24 万千瓦，东坡区 1 座、总装机容量 200 千瓦，仁寿县 5 座、总装机容量 2345 千瓦。

眉山地区 1997 年以前建设的水电站统计表

表 7-1

所在地	电站名称	装机容量（千瓦）	建设年份	所在地	电站名称	装机容量（千瓦）	建设年份
洪雅县	永洪电站	320	1944	洪雅县	七里宏洋电站一级	1130	1991
洪雅县	赵河水电站	100	1951	洪雅县	大河水电站	400	1991
洪雅县	花电高庙车间水电站	2800	1966	洪雅县	花溪渠渠首电站	525	1991
洪雅县	花溪水电站	22000	1967	洪雅县	巴蕉岩二级电站	960	1992
洪雅县	红旗电站二级	125	1969	洪雅县	巴蕉岩一级站	320	1992
洪雅县	天宫电站岩湾沟分站	28	1970	洪雅县	大坪二级站	1600	1993
洪雅县	尹咀电站	125	1973	洪雅县	响水洞电站	200	1993
洪雅县	毛沟电站（吴庄电站）	410	1974	洪雅县	孔雀滩电站	400	1993
洪雅县	红旗电站 1 级站	125	1974	洪雅县	中和咀电站	5000	1994
洪雅县	五七一站	75	1974	洪雅县	高庙水秀电站	250	1994
洪雅县	柳江镇黄坪电站	160	1975	洪雅县	高庙李河电站	640	1994
洪雅县	鲜沟电站	100	1975	洪雅县	大坪一级站	1600	1994
洪雅县	柳江镇洪江电站	125	1975	洪雅县	龙虎凼电站（润丰电力）	500	1994
洪雅县	杨山电站	2240	1975	洪雅县	大河坝电站	2500	1994
洪雅县	五七二站	100	1976	洪雅县	港洪电站	2000	1995
洪雅县	大桥沟电站	125	1976	洪雅县	七里宏洋电站二级	1260	1995
洪雅县	柳新电站	5000	1976	洪雅县	洪雅县新生电站	500	1995
洪雅县	七里坪电站	1920	1976	洪雅县	吴江电站	325	1995
洪雅县	红旗电站 3 级电站	250	1977	洪雅县	龙溪电站	55	1995
洪雅县	付沟电站	100	1978	洪雅县	瓦屋岗电站	8000	1995
洪雅县	八步石电站	250	1978	洪雅县	泸洪电站	570	1995
洪雅县	桃源乡高匡岩电站	125	1978	洪雅县	龙泉电站	100	1995
洪雅县	五七三站	200	1980	洪雅县	高庙香花电站	1000	1996
洪雅县	高凤山电站	4000	1983	洪雅县	洪雅县高庙镇龙水电站	500	1996
洪雅县	洪林桥电站	100	1983	洪雅县	高庙槽沟电站	500	1996
洪雅县	石河电站	5000	1984	洪雅县	王河三级（鱼洞）电站	410	1996
洪雅县	姜嘴电站（佳憶）	640	1987	洪雅县	杨坝水电站	640	1996
洪雅县	高庙头道河电站	125	1987	洪雅县	岩盐沱电站	720	1996
洪雅县	高庙尾水电站	125	1987	洪雅县	漳河电站	250	1996
洪雅县	高庙镇方沟电站	320	1987	眉山县	小石堰电站	75	1957
洪雅县	王关电站	12600	1989	眉山县	永光电站	1280	1965
洪雅县	高庙三号机	1250	1990	眉山县	五皇电站	125	1976
洪雅县	高庙七里双溪电站	1000	1990	眉山县	永寿电站	150	1979

续表7-1

所在地	电站名称	装机容量（千瓦）	建设年份	所在地	电站名称	装机容量（千瓦）	建设年份
眉山县	野渡电站	250	1996	彭山县	洪塔寺电站	220	1967
仁寿县	北斗电站	1000	1957	彭山县	红光电站	225	1967
仁寿县	长河电站	385	1957	彭山县	四河电站	200	1988
仁寿县	中和桥电站	320	1958	彭山县	观音电站	115	1991
仁寿县	东风电站	100	1958	彭山县	凤鸣电站	175	1976
仁寿县	谢安电站	100	1958	彭山县	易埝电站	70	1977
仁寿县	倒石桥电站	175	1958	彭山县	江渔堤电站	325	1991
仁寿县	龙骨滩电站	225	1958	彭山县	鹤林电站	50	1991
仁寿县	响水电站	55	1958	丹棱县	大龙滩水电站	400	1975
仁寿县	曲江电站	250	1958	丹棱县	牛屎坡水电站	1175	1975
仁寿县	金鸡电站	250	1977	丹棱县	丹棱县双桥镇红岩水电站	100	1980
仁寿县	城南电站	2000	1979	丹棱县	丹棱县双桥镇罗山水电站	160	1986
仁寿县	城中电站	1000	1980	青神县	小南门电站	10	1956
仁寿县	城北电站	2600	1988	青神县	饶滩电站	175	1973
彭山县	公义电站	75	1957	青神县	玉皇冠电站	200	1974
彭山县	翻水口电站	160	1964	青神县	上流寺电站	260	1977

眉山市 1997—2012 年新建水电站统计表

表 7-2

所在地	电站名称	装机容量（千瓦）	建设年份	所在地	电站名称	装机容量（千瓦）	建设年份
洪雅县	洪雅县源山电站	160	1997	洪雅县	甘坪电站	2000	2000
洪雅县	洪丰电站	325	1997	洪雅县	韩坪电站	4800	2000
洪雅县	洪雅县王湾电站	100	1997	洪雅县	风斗口电站	200	2001
洪雅县	高庙河大湾电站	500	1997	洪雅县	叮铛河电站	800	2001
洪雅县	水磨沟电站	1000	1997	洪雅县	茨竹坪电站	1600	2001
洪雅县	玉屏电站	2500	1997	洪雅县	燕子岩电站	10000	2001
洪雅县	赵河乡王长沟电厂	320	1998	洪雅县	天龙二级电站	1600	2001
洪雅县	金花桥电站	400	1998	洪雅县	王河二级电站	1250	2002
洪雅县	代国槽电站	800	1998	洪雅县	遇仙电站	480	2002
洪雅县	罐坪电站	1000	1999	洪雅县	王河一级电站	2000	2002
洪雅县	城东水电站	84000	2000	洪雅县	高庙秦超水电站	250	2002
洪雅县	龙王沱电站	100	2000	洪雅县	头堆山电站	630	2002
洪雅县	团宝山电站	7500	2000	洪雅县	板凳河电站	1600	2002

续表7-2

所在地	电站名称	装机容量（千瓦）	建设年份	所在地	电站名称	装机容量（千瓦）	建设年份
洪雅县	高凤山水电站	81000	2003	洪雅县	洪雅龙岩电站	200	2004
洪雅县	黑沱子电站	700	2003	洪雅县	三瓢水电站	2500	2004
洪雅县	董河电站	125	2003	洪雅县	长河电站	6800	2004
洪雅县	立石子电站	155	2003	洪雅县	板凳河电站左站	1600	2004
洪雅县	余山电站	300	2003	洪雅县	花秋坡电站	3000	2004
洪雅县	玉岚电站	500	2003	洪雅县	头道河一级电站	3200	2004
洪雅县	高山电站	500	2003	洪雅县	王银庙三级电站	1260	2004
洪雅县	兴和电站	640	2003	洪雅县	三和一级电站	400	2004
洪雅县	洪雅县硫磺沟电站	400	2003	洪雅县	王银庙一级电站	800	2004
洪雅县	黑山三级电站	630	2003	洪雅县	王银庙二级电站	1000	2004
洪雅县	泸洪二级电站	250	2003	洪雅县	曹田坝电站	125	2004
洪雅县	洪雅县小河子电站	630	2003	洪雅县	洪雅县文笔峰电站	160	2005
洪雅县	石溪电站	500	2003	洪雅县	张岩电站	100	2005
洪雅县	孔雀河电站	500	2003	洪雅县	四方陀电站	125	2005
洪雅县	黑山电站	630	2003	洪雅县	二号桥电站	125	2005
洪雅县	天池电站	500	2003	洪雅县	燕远电站	1660	2005
洪雅县	城门洞电站	1260	2003	洪雅县	文水碾电站	100	2005
洪雅县	川溪河电站	640	2003	洪雅县	高桥沟电站	1260	2005
洪雅县	大厂河电站	800	2003	洪雅县	黑龙江电站	1320	2005
洪雅县	杨成墙电站	4000	2003	洪雅县	十米桥电站	640	2005
洪雅县	姜嘴增容电站	1500	2003	洪雅县	板凳河右站	1000	2005
洪雅县	大岩窝电站	320	2003	洪雅县	甘岩子电站	320	2005
洪雅县	佛山电站	1600	2003	洪雅县	三和二级电站	1630	2005
洪雅县	天龙电站	1600	2003	洪雅县	柳江镇彭胡电站	320	2006
洪雅县	天宫何湾电站	890	2004	洪雅县	广福电站一级站	3830	2006
洪雅县	飞水岩电站	400	2004	洪雅县	广福电站二级站	1000	2006
洪雅县	伍沟电站	320	2004	洪雅县	两合电站（高庙黑山两河电站）	320	2006
洪雅县	洪雅县明珠电站	160	2004	洪雅县	野牛河电站	1130	2006
洪雅县	广福电站	630	2004	洪雅县	两河口电站	1250	2006
洪雅县	大河坪电站	570	2004	洪雅县	百花滩水电站	120000	2007
洪雅县	陈嘴电站	950	2004	洪雅县	祁山电站	300	2007
洪雅县	王河电站	320	2004	洪雅县	裕丰电站二级	6050	2007
洪雅县	响水沟电站	200	2004	洪雅县	裕丰电站一级	6050	2007

续表7-2

所在地	电站名称	装机容量（千瓦）	建设年份	所在地	电站名称	装机容量（千瓦）	建设年份
洪雅县	白沙河一级水电站	1890	2007	洪雅县	联丰电站	1000	2012
洪雅县	白沙河三级水电站	1250	2007	洪雅县	燕尾电站	2500	2012
洪雅县	白沙河二级水电站	2500	2007	洪雅县	瓦屋山镇丁家坪电站	320	2012
洪雅县	火石沟电站	1000	2007	东坡区	盘龙电站	200	1998
洪雅县	瓦屋山水电站	260000	2008	仁寿县	吕拱桥电站	75	2005
洪雅县	庙子沱水电站	300	2008	仁寿县	毛险滩电站	125	2005
洪雅县	新桥电站	200	2008	仁寿县	枣树电站	125	2005
洪雅县	元宝岩电站	200	2008	仁寿县	跃进电站	100	2006
洪雅县	大厂河二级电站	800	2008	仁寿县	杨柳电站	1920	2007
洪雅县	赵杨水电站	840	2009	—	—	—	—

二、火电厂

眉山火电少。1976 年，仁寿县建有一座装机容量 500 千瓦的火电厂。1978 年后不久关闭。

1988 年，新建仁寿县汪洋火电厂，1991 年竣工投产。总投资 4740 万元，装机容量 1.2 万千瓦，年发电 8000 万千瓦时。1999 年，汪洋火电厂发电机组由 2 台增至 3 台。后因上网受限，汪洋火电厂年发电仅 2000 万千瓦时，成本高，连年亏损，依法破产。2001 年 7 月，被县人民水泥有限公司收购，更名为仁寿县人民水泥有限公司汪洋火电厂。经过技改扩产，年发电 8000 万千瓦时，主要供本公司水泥厂使用，年余 3000 万千瓦时上主电网。2002 年关闭。

2012 年，眉山市仅洪雅县有热电联产火电站 4 座，装机 2.5 万千瓦。

三、部分水电站简介

瓦屋山水电站　位于瓦屋山镇李湾村，1995 年列入国家“九五”计划，先后投资 841.68 万元。2002 年，四川沙湾水电公司与眉山市瓦电筹建领导小组签订开发建设协议，组建“四川瓦屋山电力实业公司”，开发建设瓦屋山水电站。后转让给华能集团注册成立“四川华电瓦屋山水电开发有限公司”。瓦屋山水电站设计蓄水高程 1080 米，相应坝高 130 米，总库容 4.84 亿立方米，装机 26 万千瓦，总投资 18 亿元，年均发电 6.88 亿千瓦时；库区面积 13.64 平方千米，淹没面积 1364.59 公顷。2008 年，两台机组全部并网发电，实际装机 26.4 万千瓦，日发电 600 万千瓦时。至 2012 年运行正常。

吴高电站　是洪雅花溪河梯级电站。由成都水电学校设计，四川省水利电力厅工程队承建。1965 年 10 月动工，由吴河电站和相距 5 千米的高庙电站组成径流式引水发电，引水渠分别长 9.88 千米、2.74 千米，水头分别高 205.4 米、215 米，1967 年 2 月高庙电站竣工，装机容量 2×1250 千瓦。1969 年 10 月，吴河电站竣工，装机容量 2×1 万千瓦。吴高电站总投资 2100 万元。1973 年，吴高电站更名为花溪电厂。

槽渔滩电站　是清衣江流域段洪雅县内开发的重点电站。1991 年设计，属特大型水利工程，

1992年3月，由乐山市槽渔滩水利枢纽工程指挥部承建施工，采用河床式开发。水头高15.3米，大坝长800米，最高处31米，正常蓄水位520米，装机容量3×2.5万千瓦，总投资4.6亿元。1994年建成投运。

城东水电站　位于洪雅县余坪镇福宝村青衣江段，1997年7月开工建设，规划装机3台7.5万千瓦，总投资4.39亿元。2000年10月建成投产，实际装机8.4万千瓦。同年，转让给大唐集团公司注册成立“大唐洪雅发电有限公司”，至2012年运行正常。

高凤山水电站　高凤水电站位于洪雅县中保镇义公村青衣江段。1998年动工，2003年5月下闸蓄水发电，12月3台机组全部并网。电站装机8.1万千瓦，静态投资4.78亿元。2001年由禾森集团转让给中国广核集团有限公司注册成立“中广核洪雅高凤山水力发电有限公司”。至2012年运行正常。

百花滩水电站　百花滩位于洪雅县止戈镇安宁村。2003年11月由四川洪雅禾森电力有限公司投资建设，电站装机12万千瓦，年发电6.05亿千瓦时，静态投资7.2亿元，大坝长460米，高22.4米，设计水头21.5米。2007年9月三台机组全部建成发电。2003年转让给中国广核集团有限公司注册成立“中广核洪雅百花滩水力发电有限公司”。至2012年运行正常。

汪洋水电厂　1986年，仁寿县集资兴建汪洋水电厂。1991年5月，汪洋电厂投运上网，两台发电机，装机容量6000千瓦。

压差发电站　1986年后，在眉山糖厂建压差发电站，装机容量2×1500千瓦；在仁寿糖厂建压差发电站，装机容量2×1500千瓦。

第二节　供电设施建设

眉山电力公司成立初期，电网结构差，电源点单一，供电可靠性差，眉山电网只是乐山至成都之间的“过路电网”。此后，根据眉山境内用电负荷增长特点，由国家电网投资，建设起来一个覆盖全市，并与四川主网相连，形成“以500千伏为支撑，220千伏为市级骨干网，110千伏为县级骨干网”的区域电网，成为四川电网不可或缺的输电配电枢纽地区。1999年，眉山地区城乡电网建设与改造完成投资2.12亿元。2007年四川省电力公司眉山公司修编完善《眉山城市电网“十一五”规划调整细化报告》《眉山电网二次规划报告》，全市35千伏及以下电网“十一五”规划报告全部通过审查，实现电网规划与各地经济和社会发展规划的有机衔接。完成13个输变电工程项目“核准”。全年完成电网投资4.08亿元，建成投入运行镇江220千伏站，柏林、松江、科工园、大勇110千伏站4座，新增220千伏线路12.8千米，110千伏线路94千米，新增变电容量36万千伏安；开工建设220千伏工程3个、110千伏工程6个。大修技术改造投资3530万元，完成大修项目113项，技术改造项目4项，集中解决部分设备老化等问题。初步形成以500千伏网架为支撑，以220千伏、110千伏输电线路为主干的环网双电源供电格局。2008年眉山电力公司完成2008—2012年眉山电网规划滚动修订。当年，完成电网投资5.4亿元。竣工投入运行500千伏扩建工程1个，220千伏项目2个，110千伏项目10个，新增110千伏及以上变电容量140.85万千伏安，线路189.2千米；新建及改造10千伏及以下线路640千米，新增10千伏配变132台。农村电网完善和农村电网专项改造工程完工。2009年，四川省电力公司和眉山市政府签署《2009—2012年眉山电网建设投资合作协议》。

500 千伏眉山Ⅱ输变电工程项目启动建设。建成投产 110 千伏输变电项目 4 个和一批城、农配网建设改造项目，新增变电容量 14 万千伏安。2010 年，眉山电力公司与眉山市政府签订智能充电站建设战略合作协议，启动 10 个充电桩布点。加快智能电表推广，换装智能电表 1.8 万只。2011 年，四川省电力公司与眉山市签订“十二五”战略合作协议，将电网规划纳入市政府详规。市政府以季度例会制加快推进电网建设。完成 220 千伏石化园等 11 个项目核准批复。国家电网四川眉山“十二五”电网建设项目建设集中启动，投资 40 亿元的“十二五”眉山电网建设项目集中奠基。2012 年，全市电力基础设施投入 7 亿元。东坡区镇江、爱国 2 个 220 千伏变电站扩建项目建成投入运行，洪雅县城南、仁寿县龙正 2 个 110 千伏变电站新建项目建成投入运行。眉山电力公司完成“十二五”期间电网规划滚动修编，500 千伏眉山Ⅲ站纳入修编。完成各县（区）城区和重点工业园区五年配电网规划。取得 220 千伏彭山化工园等 4 个项目核准批复。双河、新桥等 5 项 110 千伏及以上输变电工程投入运行，新增变电容量 37 万千伏安，新增线路长度 92.2 千米。电网投资 4.98 亿元。2006—2012 年，眉山电力公司完成电力投资 22.79 亿元。

截至 2012 年年底，眉山电网共有 35 千伏及以上变电站 67 座，主变 103 台，变电容量 7488 兆伏安，其中 500 千伏变电站 2 座，主变 4 台，变电容量 3500 兆伏安；220 千伏变电站 7 座，主变 14 台，变电容量 2010 兆伏安；110 千伏变电站 27 座，主变 44 台，变电容量 1702.5 兆伏安，35 千伏变电站 31 座，主变 41 台，变电容量 275.5 兆伏安。

一、500 千伏输变电工程

2002 年，220 千伏东坡开关站开工建设，占地 8.67 公顷，为 25 万吨电解铝工程的配套项目，2003 年 7 月，工程竣工投入运行。2005 年，四川省重点电力建设工程三相共体巨型变压器“落户”眉山 500 千伏东坡变电站，当年与 500 千伏思华线一并投入运行。2006 年，500 千伏普坡线投入运行。2008 年，500 千伏东坡变电站Ⅰ#主变投入运行，提高眉山电网输送能力。2009 年 12 月，四川省电力公司规划投资建设 500 千伏输变电工程在仁寿县花椒村开工建设。至 2012 年仍在建设中。

二、220 千伏输变电工程

2002 年，220 千伏思蒙（东坡）变电站动工建设，计划投资 8406.47 万元，220 千伏线路 3 条 39.2 千米。

2006 年，洪雅县 220 千伏天井坎变电站投入运行，仁寿县 220 千伏枣树变电站增容扩建工程暨 220 千伏东枣线新建工程投入运行，形成眉山电网 220 千伏环网。2007 年，500 千伏东坡站 220 千伏东文三线间隔扩建工程对线路（电解铝二期）充电成功；220 千伏镇江变电站投入运行。2008—2009 年，220 千伏爱国变电站、天井坎变电站#II 主变、江东三线（乐山夹江——东坡）、天能线（天井坎变电站——瑞能）、爱能线（爱国变电站——瑞能）、平锋线新建工程投入运行。2010 年，220 千伏爱镇双回线路投入运行，眉山电网东西南北中 5 个环网全部形成。220 千伏东平三线线路全光纤化改造结束投入运行，成为四川省电力公司第一个实现网内 220 千伏电网全光纤化保护单位，眉山电网所有 220 千伏高频保护退出；220 千伏东瑞一、二回线路投入运行，220 千伏天能、爱能线路改接，恢复为 220 千伏天爱二线。2011 年，500 千伏眉山Ⅱ站（彭祖站）至先锋站 220 千伏线路、220 千伏复盛变电站、220 千伏镇江变电站投入运行。2012 年，眉山市有 220 千伏变电站 7 座，变电容量 2010 兆伏安；220 千伏线路 639.32 千米。

三、110 千伏输变电工程

眉山 220 千伏变电站（摄于 2011 年 8 月）

20 世纪 60 年代后期，随着工农业生产用电需求的增加，成都供电局在眉山县境内兴修建双福、东馆两座 110 千伏变电站，由眉山供电所管理。

2003—2004 年，110 千伏王村变电站、思蒙变电站投入运行。2006 年 110 千伏何场变电站新建工程、禄加变电站扩建工程。2003—2006 年，新建 110 千伏彭山城北输变电工程（主变 40 兆伏安，线路 16.72 千米）、110 千伏东坡思蒙输变电工程（主变 40 兆伏安，线路双回 6.16 千米）。110 千伏东坡崇礼输变电工程（主变 40 兆伏安，线路 10.619 千米）。2007 年 110 千伏柏林、松江、大勇、崇义（科工园）输变电新建工程，2008 年 110 千伏庄店变电站Ⅰ号主变、崇礼变电站、兰店变电站#Ⅱ主变、大石桥新换主变、金龙变电站。2009 年 110 千伏洪川变电站及 110 千伏槽川线、天川线、仁寿县江洋建宝水泥有限公司 110 千伏大勇变电站扩建工程、110 千伏园门变电站先后竣工投入运行。2012 年，110 千伏新桥变电站、松江变电站增容扩建工程主变投入运行。至 2012 年年底，眉山市有 110 千伏变电站 27 座，变电容量 1702.5 兆伏安；110 千伏线路 734.98 千米。

四、35 千伏输变电工程

2003—2006 年，新建 35 千伏黄龙溪输变电工程、改造 35 千伏线路 1 条 5.08 千米、新建 35 千伏线路 2 条 11.04 千米、改造 35 千伏变电站 3 座。新建洪雅、丹棱、青神 3 个县调自动化，新建丹棱县调通信系统。新建彭山城西、观音 10 千伏开闭所。至 2012 年年底，眉山市有 35 千伏变电站 31 座，变电容量 275.5 兆伏安。

五、农村电网建设及改造

1967 年 1 月，成都供电局眉山供电站在象耳修建 35 千伏变电站。

1974 年，乐山电业局投资兴建 35 千伏黑龙变电站，解决眉山县广大农村用电问题。1977 年，乐山电业局在眉山兴建观音、多悦、五里山变电站，眉山县农村电网结构逐步完善。青神县有 35 千伏三岔路变电站 1 座，主变装机容量 5150 千瓦；有 36 千伏线路 10 千米，在 17 个乡镇设有 6 个电管站。低压线路有 230 千米，固定资产 479 万元，年供电量 3792 万千瓦时，年售电量 3615 万千瓦时。1994 年 3 月，眉山供电局检修青龙变电站。1995 年后，乐山电业局投资兴建青神罗坝变电站。完成成都供电局架设的从彭山青龙场变电站至仁寿清水的线路，加大支农输变电设施投入，解决农村排灌用电矛盾。

2002 年，眉山电力公司第二期农村电网建设与改造工程共完成投资 2.19 亿元（不含丹棱县），新建 10 千伏线路 320 千米，新建和改造低压线路 1.2 万千米，新增变压器 365 台，1.63 万千伏安，改造农户 54.7 万户，完成二期农村电网改造任务。东坡区、青神县实施农村电气化建设，丹棱县实施农村初级电气化建设，仁寿、彭山、洪雅3县作出农村电气化规划。

2003年，眉山电力公司在四川省电力公司系统推行农村电力体制改革，把农村电力人员纳入规范化、制度化管理。2004—2005年，各县（区）实施10千伏配网工程，县城电网建设与改造建成110千伏主变2×4万千伏安，110千伏线路31.2千米、35千伏线路16.9千米，新建和改造10千伏线路153.3千米、低压线路55.2千米，新增10千伏配变100台、3.48万千伏安。

2005—2006年，眉山市实施农村电网完善工程，总投资3900万元，完成主要工程量：改造35千伏变电站6座，主变增容1台，8兆伏安，更换35千伏开关12台，10千伏柜12面，新增箱式柜1座（1进6出）；新建及改造10千伏线路101千米，新增配变123台，5.3兆伏安，改造低压线路1300千米，改造户表2.3万户。

2007年，编制完成《眉山市"十一五"农村电网完善工程规划、无电地区电力建设规划》《眉山市大中型水库库区和移民安置区基础设施建设和经济发展规划》。全市落实农村电网完善工程资金计划2470万元。落实"户户通电"投资计划资金368万元，解决全市5个县（区），67个乡镇、360个行政村、农户945户无电农户通电。2008年，建设10千伏线路82千米，10千伏配电变压器130台，低压线路560千米，改造农户0.37万户。优化农村电网结构，解决农村电网电能损耗高，网架结构不合理，供电可靠性低问题，解决低电压台区，整改危及安全的高低压线路，排除安全隐患。至2011年，全市完成农村电网、县城电网建设与改造工程投资4.59亿元。丹棱电气化县建设通过验收。

2012年，结合全市重大项目的用电需求，调整眉山市"十二五"电力建设规划，升级改造农村电网，争取农村电网改造升级工程资金3500万元。组织青神新农村电气化县建设验收考评，达到新农村电气化县标准（B类），实现规划建设分阶段目标，通过四川省能源局考评验收。是年，完成各类农村电网工程总投资2.44亿元，新增及改造配电变压器652台，7.13万千伏安；新建和改造10千伏线路614千米、低压线路2669千米。青神县新农村电气化县建设通过验收。

六、城市电网建设及改造

1998年起，乐山电业局决定改造眉山中心城区电网，历时三年竣工并投运。

2003—2006年，眉山市实施县城电网改造工程，总投资1.32亿元，涉及6个县（区），其中110千伏输变电工程3项，投资5715万元；35千伏输变电工程8项，投资666万元；县调及通信工程4项，投资673万元；10千伏开闭所新建2项，投资200万元；10千伏以下配网工程5946万元。

10千伏及以下配网建设规模：完成单项项目111个，新建及改造10千伏架空线路180千米，新建10千伏电缆线路17.15千米，10千伏分接箱34个，新增杆架式配变119台，变电容量39兆伏安，新增箱变1台，变电容量0.63兆伏安，新建及改造低压架空线路75千米，低压电缆18.82千米。

2007年，眉山市第一批配网建设与改造项目总投资2000万元，其中：110千伏变电站10千伏配套2个项目1052万元，新建10千伏架空线路2.3千米，10千伏电缆7.3千米；10千伏城市电网改造工程5个项目948万元，新增配变6台，变电容量2.4兆伏安，10千伏架空线路17千米，10千伏电缆2.6千米。

2008年，落实城市电网建设和改造工程资金8248万元。钟祥、灵石、黑龙、藉田110千伏输变电工程建设项目立项，完善眉山110千伏电网网架，提高全市电网供电能力和可靠性。眉山Ⅱ500千伏变电站建设项目论证报告上报。是年实施全市“5·12”特大地震电力设施灾后恢复重建，项目总投资2289.09万元，2009年完工。恢复10千伏线路187千米，低压线路488.23千米。

七、岷江航电工程

岷江航电为岷江眉山至乐山大渡河汇口段航电规划。2007年启动，委托四川省水利水电勘测设计研究院和四川航运设计院规划设计，2008年，眉山、乐山两市发改委委托四川省水利水电设计院、四川省交通勘察设计院编制完成《岷江干流（眉山至乐山大渡河汇口段）航电规划报告》，通过四川省发改委评审。岷江干流彭山至乐山段规划河段全长102.4千米，天然落差68米，可设置电站8座，其中眉山市境7座，装机容量29.8万千瓦。航道规划按照四级航道标准确定通航能力，规划八个电站梯级自上而下依次为江口、尖子山、汤坝、张坎、季时坝、虎渡溪、汉阳及板桥。2009年7月起，建设岷江航电工程（彭山江口至乐山岷江三桥段）。建江口航电枢纽、尖子山航电枢纽、汤坝航电枢纽、张坎航电枢纽、季时坝航电枢纽、虎渡溪航电枢纽、汉阳航电枢纽、板桥航电枢纽8个梯级，总装机容量35.2万千瓦。年发电量14.4亿千瓦时，总投资67.7亿元。2011年，加快岷江（彭山—乐山段）渠化工程项目推进。启动青神汉阳航电工程建设，计划投资9亿元，工期4年。2012年，完成汉阳、汤坝航电工程项目核准和开工，加快虎渡溪、江口等航电工程前期工作。

岷江青神段航电枢纽工程签约仪式（摄于2010年8月）

眉山市变电站统计表

表7-3

序号	所在地	变电站名称	电压等级（千伏）	主变总容量（兆伏安）	主变台数	投运年份
1	东坡区	东坡变电站	500	1500	2	—
2	仁寿县	彭祖变电站	500	2000	2	2011
3	东坡区	爱国变电站	220	300	2	2008
4	东坡区	福盛变电站	220	300	2	2011
5	东坡区	平春变电站	220	240	2	1988
6	洪雅县	天井坎变电站	220	360	2	2006
7	彭山县	先锋变电站	220	270	2	2000
8	东坡区	镇江变电站	220	300	2	2007
9	仁寿县	枣树变电站	220	240	2	1998

续表7-3

序号	所在地	变电站名称	电压等级（千伏）	主变总容量（兆伏安）	主变台数	投运年份
10	东坡区	金龙变电站	110	80	2	2008
11	东坡区	科工园变电站	110	40	1	2007
12	东坡区	龙亭变电站	110	20	1	1997
13	东坡区	安平变电站	110	40	1	2008
14	东坡区	大石桥变电站	110	80	2	2004
15	东坡区	东馆变电站	110	63	2	1967
16	东坡区	思蒙变电站	110	80	2	2004
17	东坡区	松江变电站	110	80	2	2007
18	东坡区	庄店变电站	110	100	2	2001
19	仁寿县	仁寿变电站	110	63	2	1982
20	仁寿县	柏林变电站	110	80	2	2007
21	仁寿县	大勇变电站	110	50	1	2007
22	仁寿县	富加变电站	110	40	1	2001
23	仁寿县	视高变电站	110	50	1	2008
24	仁寿县	新桥变电站	110	80	2	2012
25	仁寿县	禄加变电站	110	63	2	1990
26	彭山县	籍田变电站	110	90	2	2010
27	彭山县	灵石变电站	110	63	2	1997
28	彭山县	彭溪变电站	110	40	1	2004
29	彭山县	青龙变电站	110	63	2	1984
30	彭山县	双河变电站	110	100	2	2012
31	彭山县	园门变电站	110	50	1	2009
32	丹棱县	丹棱变电站	110	31.5	1	1998
33	丹棱县	何场变电站	110	63	2	2006
34	青神县	兰店变电站	110	63	2	1995
35	洪雅县	福宝变电站	110	80	2	1998
36	洪雅县	洪川变电站	110	50	1	2009
37	东坡区	多悦变电站	35	16	2	1984
38	东坡区	观音变电站	35	8	1	2008
39	东坡区	广济变电站	35	5	1	2001
40	东坡区	黑龙变电站	35	8	1	2007
41	东坡区	龙兴变电站	35	5	1	2001
42	东坡区	五里变电站	35	16	2	1986
43	东坡区	象耳变电站	35	16	2	2009

续表7-3

序号	所在地	变电站名称	电压等级（千伏）	主变总容量（兆伏安）	主变台数	投运年份
44	东坡区	永寿变电站	35	10	2	1993
45	仁寿县	北斗变电站	35	5	1	1999
46	仁寿县	禾加变电站	35	10	1	1992
47	仁寿县	黑龙滩变电站	35	5	1	2002
48	仁寿县	龙马变电站	35	6.3	1	1986
49	仁寿县	龙正变电站	35	10	1	1997
50	仁寿县	满井变电站	35	8	1	2001
51	仁寿县	青岗变电站	35	4	1	2008
52	仁寿县	清水变电站	35	11.2	2	1994
53	仁寿县	天峨变电站	35	5	1	2008
54	仁寿县	文宫变电站	35	20	2	2012
55	仁寿县	咸安变电站	35	8	1	2008
56	仁寿县	杨柳变电站	35	8	1	2010
57	仁寿县	彰加变电站	35	5	1	2001
58	彭山县	保胜变电站	35	6.3	1	2011
59	彭山县	江渎变电站	35	6.3	1	2001
60	彭山县	谢家变电站	35	12.6	2	1998
61	丹棱县	双桥变电站	35	8	2	1992
62	丹棱县	杨场变电站	35	14.3	2	1997
63	青神县	罗坝变电站	35	8	1	2011
64	青神县	穆家埂变电站	35	5	1	2001
65	洪雅县	柳江变电站	35	5	1	2000
66	洪雅县	中山变电站	35	5	1	2001
67	洪雅县	城南变电站	35	15.5	2	1991

第八篇　环境保护

1997 年起，眉山地区重视环境保护，贯彻落实环保措施，加强环境质量监测、环境污染治理和生态环境建设，环境保护取得显著成效。至 2012 年，眉山市污染控制、总量减排、建设项目管理、城市和农村环境保护、生态环境保护工作全面推进，环境质量不断改善。主要污染物化学需氧量、二氧化碳削减任务全面实现四川省政府下达指标。以工业、农村规模化畜禽养殖企业限期治理为主的民生工程按期完成，全市城镇集中式饮用水源水质名列四川省市（州）前茅。农村环境保护和生态经济建设成为全省先进典型，洪雅县、丹棱县、彭山县成为全国生态示范区，洪雅县被列为全国农村环境保护试点县，丹棱县被列为全国唯一农村生态文明建设试点县。

第一章　环境状况

眉山地区建立后，设置环境监测点，监测大气、水、噪声、固体废弃物质量。各级政府通过对监测指标的分析，加强污染治理，保护生态环境。至 2012 年，眉山市环境状况逐步改善。

第一节　环境质量

一、大气环境质量

2012 年，眉山市 4 个监测点位二氧化硫浓度年均值每立方米 0.037 毫克，比 2011 年（下同）每立方米减少 0.007 毫克；二氧化氮浓度年均值每立方米 0.046 毫克，持平；可吸入颗粒物浓度年均值每立方米 0.076 毫克，每立方米减小 0.005 毫克；降尘月均值每平方千米（月）4.56 吨~5.4 吨，年平均值每平方千米（月）4.74 吨，未超标。

二、水环境质量

2012 年，眉山市监测降水点位 3 个（东坡区白马镇龚村、蟆颐观、市监测站），全年采集雨样 153 个，无酸雨样品，降水年均酸碱度 6.24。全年降水量 1108.2 毫米，无酸雨，酸雨发生频率为零。全市 23 个地表水监测断面中，一至三类水质断面 1 个、占总数的（下同）4.3%；四类水质断面 4 个、占 17.4%；五类水质断面 5 个、占 21.7%；劣五类水质断面 13 个、占 56.6%。岷江水系（眉山段）干流为重度污染，达标率为零，其中四类水质断面占 20%，五类水质断面占 40%，劣五类水质断面占 40%；支流为重度污染，达标率为零，17 个断面中，四类水质断面占 11.8%，五类水质断面占 23.5%，劣五类水质断面占 64.7%。沱江球溪河水质满足《地表水环境质量标准》（GB 3838—2002）三类水质标准要求，水质类别为三类，水质状况良好。全市城市集中式饮用水源地两个监测断面黑龙滩水库龙庙、四新村年平均水质均为二类，各月份均达到《地表水环境质量标准》（GB 3838—2002）三类标准要求，达标率均为 100%。其中黑龙滩水库龙庙断面，1 月、2 月、7 月、9 月为三类水质，其余月份为二类水质。黑龙滩水库四新村断面 1 月至 3 月为三类水质，其余月份为二类水质。

眉山东坡湖漂浮垃圾打捞（摄于 2012 年 7 月）

第二节　环境污染

一、大气污染

2012 年，眉山市环境空气污染特征为复合型污染，平均综合指数为 0.8，属于空气质量Ⅱ级。污染分担率排列顺序为，二氧化氮>可吸入颗粒物>降尘>二氧化硫。其中，二氧化氮平均浓度每立方米 0.046 毫克，可吸入颗粒物平均浓度每立方米 0.077 毫克，降尘平均浓度每立方米 4.74 毫克，二氧化硫平均浓度每立方米 0.037 毫克。

二、水污染

2012 年，岷江水系（眉山段）干流水质状况为重度污染，支流也为重度污染。主要污染河段集中在岷江干流（眉山段）的彭山县岷江大桥至眉山市白糖厂段，支流的醴泉河、府河、东坡湖。干流的主要污染物为总磷、氨氮、溶解氧等 4 种污染物，支流的主要污染物为溶解氧、高锰酸盐指数、五日生化需氧量、氨氮、石油类、化学需氧量、总磷 7 种污染物。年内污染在枯水期及枯水期后的平水期相对较重，在丰水期及丰水期后的平水期相对较轻。

三、噪声污染

2012 年，眉山市城市区域环境噪声平均值为 53. 3 分贝，噪声质量级别为“较好”。与 2011 年 53. 8 分贝相比，城市区域环境噪声质量状况有所好转，继续保持“较好”水平。全市城市道路交通噪声强度等级为一级，评价为“好”。功能区噪声昼间平均等效声级为 55 分贝，夜间平均等效声级为 48. 5 分贝，昼、夜间等效声级分别符合《声环境质量标准》（GB 3096—2008）要求。

四、固体废弃物污染

2012 年，眉山市工业固体废物产生量 139. 04 万吨，全部综合利用。其中东坡区 22. 91 万吨、仁寿县 10. 14 万吨、彭山县 16. 67 万吨、洪雅县 77. 27 万吨、丹棱县 8. 45 万吨、青神县 3. 6 万吨。危险废物排放量 6651 吨。

第二章　环境质量监测

1998 年，眉山地区环境质量监测大气布点 14 个、降水布点 6 个、降尘布点 9 个、河流水质监测断面 9 个。当年起，各县环境监测站实施县城环境功能区大气、降尘、水质、降水、噪声等例行监测。分析项目 21 个取得监测数据 215 个。2010 年，推进眉山工业集中区石化建设环境保护。

第一节　监测网站建设

1999 年，眉山县环境监测站启动三级站创建。

2003 年，眉山市环境监测站通过计量认证审查，基本具备二级站监测能力。2004 年，开通宽带网络，调整充实眉山市政府网站环保网页。当年起，在重点污染源安装自动监控系统。安装自动监控系统 12 台，实现与省、市、县三级环保部门在线监控管理系统无线连通，实施对企业远程监控。2005 年，完善污染源自动监控系统建设，装置运行正常率 95%以上。成立四川省室内环境污染检测中心眉山分中心。接收岷江府河黄龙溪、岷江南河董坝子水质自动监测站托管。2006 年，建设大气自动站 2 个。至年末，全市共安装自动在线监测装置 52 台。2007 年，蟆颐观大气自动监测点建成试运行。2008 年，全省首台在线水质生物毒性监测仪器在彭山县董坝子水质自动监测站投入运行。14 户国控废水污染源、1 户国控废气污染源安装自动监控系统。2009 年，全市安装废水在线监测设备 45 台、废气在线监测设备 1 台。黑龙滩水质自动站、通济堰入眉山水质自动站（青龙）、醴泉河下游水质自动站（松江）列为 2008 年“5・12”汶川特大地震灾后恢复重建项目。全市 14 个国控废水重点污染源完成在线监测设备安装和更新。建成东坡区白马镇龚村国家级农村空气自动监测子站。全市5个监测站取得“双证”。建成东坡区、丹棱县环境监测站。2010年，眉山市国控重点污染源监控中心与四川省环保厅监控中心联通，22家重点污染源企业与监控中心联通。建成市国控重点污染源监控中心，重点污染源安装360度视角摄像头，24小时监控。年末全市建成空气自动站4个、国家农村空气自动站1个，初步形成眉山市环境质量状况自动监测网络。2012年，升级改造国控、省控重点污染源自动监控系统，国控、省控重点企业安装自动在线监测，完善2万吨以上的污水处理厂中控系统，重点减排项目全天候监控。全市26家国控重点污染源企业23家完成达标建设并联通，通过验收。五县建设县城空气自动监测站，仁寿县、彭山县、丹棱县建成投入试运行。青龙站、松江站、黑龙滩3个水质自动监测站投入运行。

第二节　大气质量监测

1998年，眉山地区大气布点14个、降尘布点9个。当年起，各县环境监测站实施县城环境功能区大气、降尘、噪声等例行监测。2001年，眉山市选取东坡区太和镇怀安村、旭光小区等4个点位监测二氧化硫、二氧化氮、可吸入颗粒物。市中心城区环境空气二级天数达标率33.3%。

2002年起，眉山市实施城区降尘例行监测。设降尘监测点5个，每月取样监测1次。连续监测全市环境空气质量，获得监测数据1912个，向社会公布空气质量周报48期。2004年起，完成全市大气环境容量核定基础数据收集整理、22平方千米城区面积大气容量计算。连续监测全市空气质量，向社会公布空气质量周报44期。监测降尘12次、获数据165个。2008年，加强4个大气自动监测子站管理，及时报告并妥善处理数据或仪器异常情况，确保自动站正常运行。当年起，及时向社会公布眉山市空气质量日报，取得大气环境质量监测数据10.51万个，向社会公布空气质量日报306期。眉山城区空气质量二级天数占全年的87.7%。2012年，完成5个空气自动站和5个水质自动站管理维护。全年发送空气质量日报366期，取得监测数据13.18万个。2010—2012年，眉山城区空气质量二级天数占全年的90%以上。

第三节　水环境质量监测

1997年，眉山地区主要江河仅岷江彭山段设有永久性水质监测断面。眉山供排水总公司水质检测中心负责生活用水水质监测。1998年，全区设河流水质监测断面9个、降水布点6个，监测环境水质量和重点排污单位。当年起，各县环境监测站实施县内水域和县城环境功能区水质、降水等例行监测。分析项目21个，取得监测数据215个。1999年，在青衣江洪雅县城区段，岷江眉山县岷江大桥河段、青神县城区河段，黑龙滩坝前段、库中、库尾及两大干渠，思蒙河、丹棱河、醴泉河等11处设立永久性监测断面，每年定期监测4次，特殊情况随时监测。当年，例行监测彭山岷江大桥、青神罗波渡国控断面和彭山江口镇（府河）、眉山岷江大桥、白糖厂3个地控断面，分析项目19项，取得监测数据190个。

2001年起，眉山市岷江河水按丰、枯、平水期开展环境质量监测，设置监测断面4个，各水期监测1次，水质均未达到规定水域水质标准，主要超标项目有溶解氧、高锰酸盐指数、生化需氧量、非离子氨、亚硝酸盐氮、挥发酚、氨氮。2002年起，例行监测城区降水，设降水监测点1个，监测62次，每月取样监测1次。增加省控断面彭山府江大桥，眉山市省控断面增至5个。2003年起，眉山市开展饮用水水源地环境质量监测，在黑龙滩水库布设龙庙、八仙岛2个监测断面。全市1个国控断面、2个省控断面、7个市控断面实行按月环境质量监测，主要监测必测11项和选测7项，每月监测1次。12月，建立四川省城市供排水水质监测网眉山监测站，配置原子吸收分光光度计、气相色谱仪、离子色谱仪、紫外可见分光光度计、浊度仪等检测设备。负责水源水、生活饮用水、城市污水、净水剂等检测，同时为眉山周边城市供水生产单位、水质检测机构等提供技术咨询和人员培训。当年，国控、省控3个断面整体水质均属重度污染。监测彭山岷江大桥2月、10月水质情况，取得监测数据19个。黑龙滩水库2个断面除11月外，其余各月监测值均符合《地表水环境质量标准》（GB 3838—2002）三类水域标准，断面水质良好。完成水质监测月报，取得监测数据1200个。岷江流域眉山出境断面水质全年平均达到五类水质的标准要求。此后，每年实行城市集中式饮用水源地水质月报，监测黑龙滩水库进水口、取水口。2004年，收集整理水环境容量核定基础数据，编制《眉山市水环境容量核定报告书》。2005年，监测月报水质，监测27个断面，取得水质监测数据1840个。岷江评价河长49.6千米，丰水期为三类水标准；枯水期为劣五类水标准，超标物为氨氮、总磷。枯水期氨氮超标1.7倍，总磷超标0.7倍；全年期氨氮超标0.8倍，总磷超标0.7倍。

环保人员进行水质监测（摄于2012年3月）

2007年，增设岷江眉山段水质监测、2个小（一）型水库及担负中心城区饮用水源水库的水质监测。全市地表水监测调整为国控断面1个、省控断面8个、市控断面11个。开展污染源普查，普查工业、农业、城镇生活污染源。完成枯水期河水旬报监测25次，取得监测数据1433个。当年起，黑龙滩水库每年取得监测数据400个以上。2008年，全市饮用水源地及流域面积150平方千米以上的河流均纳入监测范围。增加市控断面（粤江河）1个，监测点增至18个。“5·12”汶川特大地震发生后，开展彭山大桥、罗波渡、东风渠等断面应急监测，取得监测数据828个；每天监测黑龙滩东风渠、龙庙、八仙岛水质，取得监测数据416个。开展岷江流域水质监测月报，监测断面9个12次，取得监测数据1836个。监测市控断面12个12次，取得监测数据2160个。普查全市4388个污染源。全年开展饮用水源水质监测12次，取得监测数据640个。向水质差的单位发出整改通知并督促整改。

2010年，全市增设小（一）型水库水质监测。饮用水源省控监测点位增至3个、市控监测点位4个。每月实施例行监测，取得监测数据2060个。四川省水环境监测中心乐山（眉山）分中心监测1座大型、7座中型、2座备用水源地水库及通济堰进水口水质。总体评价黑龙滩水库、总岗山水库、柏杨沟水库水质较好，复兴水库水质差，龚家堰水库、李家沟水库水质较差，梅湾水库、两河口水库、洪峰水库水质极差。岷江评价河长49.6千米，全年期四类水标准，总磷超标2倍，氨氮超标

1.5 倍；丰水期三类水标准，水质较好；枯水期劣五类水标准，氨氮超标 1.5 倍，总磷超标 2 倍，水质较差。

2012 年，全市布设监测断面 23 个，其中国控断面 1 个（彭山县岷江大桥断面）、省控断面 9 个（眉山白糖厂、青神罗波渡、金牛河口、思蒙河口、醴泉河口、桥江桥、东风桥、南河董坝子、球溪河北斗断面），市控断面 13 个（府河黄龙溪、东坡湖进口、东坡湖中心、东坡湖出口、郫江河入岷江口、岷江彭东交界、岷江东青交界、青龙通济堰、思蒙河丹东交界、思蒙河东青交界、通惠河上游、通惠河下游、醴泉河仲辉桥），每月监测地表水环境质量。全年发送水质自动站周报 53 期，取得监测数据 15.18 万个。全市 23 个地表水监测断面中，一类至三类水质断面 1 个、四类水质断面 4 个、五类水质断面 5 个、劣五类水质断面 13 个。水库水质全部达标，16 座生活饮用水源地水库水质三类，其他 139 座水库水质四类。全市供水水质监督监测，综合合格率 100%，供水水质连续五年名列全省 21 个市（地、州）前三甲单位。2009—2012 年，全市取得监测数据 2.67 万个。

第四节　噪声环境监测

1998 年，眉山地区噪声监测布点 12 个。2004 年，眉山市环境监测站开展眉山中心城区环境噪声普查，将眉山市城区划分为 500 米×500 米网格 98 个，每个网格设一个区域环境噪声测点监测。当年区域环境噪声（昼间）平均值 57.8 分贝，眉山市城区区域环境噪声质量级别（昼间）为“轻度污染”，首要因素是交通、施工等噪声。

2005 年起，眉山中心城区布设监测点 206 个，监测城市区域环境噪声。在城市道路设置测点 50 个监测交通噪声，符合国家标准。每年开展相关监测。2006 年，全市设置功能区噪声监测点 6 个。2009 年，监测城市区域环境噪声及城市功能区噪声（含交通噪声），取得监测数据 5800 个。此后，每年监测城市功能区噪声、区域环境噪声和交通干线噪声。2012 年，全市有噪声监测布点 262 个（功能区噪声省控点位 6 个、交通噪声省控点位 50 个、区域噪声省控点位 206 个），监测噪声质量级别（昼）为“较好”；城市道路交通噪声符合标准要求。全市 6 个功能区噪声监测点昼、夜间等效声级符合要求。

第五节　污染源监督性监测

2002 年起，眉山市开展重点污染源企业自动在线监测，监测污染源 115 个（次）。2003 年，全市监测污染源 176 个次，取得监测数据 1.32 万个。2005 年起，全市开展污染纠纷监测、环境评审监测。当年监测污染纠纷 2 次、环境评审监测 7 次。2007 年，开展工业污染源普查监测，全市实施污染源监测 954 个（次）、污染纠纷监测 11 次、环境评审监测 56 次。2009 年，开展重点污染源企业监督性监测，形成监测报告 193 份，现场监测采样 169 次，取得监测数据 1.84 万个。环境质量例行监测、污染源监督性监测和委托监测，取得数据 15.43 万个。2011 年，全市开展土壤环境质量监测，形成监督性监测报告 150 份。2012 年，监测辖区内涉源企业，出具监测报告 6 份。开展监督性监测全市国控、省控重点污染源企业 121 个，废气重点污染源企业 90 个，出具监督性监测报告 433 份。

出具国控和省控重点工业污染源企业在线监测仪比对报告 71 份。

第六节 应急及委托性监测

2002 年起，眉山市开展污染纠纷及本底值监测。当年，污染纠纷监测 3 起、本底值 8 次，取得监测数据 5080 个。2003 年，实施项目竣工环境保护验收监测，完成 1 户企业技改工程项目竣工环境保护验收监测，取得监测数据 770 个。2004 年，眉山市中心城区东坡湖、仁寿县通江河、通济堰因水体污染死鱼 98 吨。事件发生后，市、县环保部门迅速监测东坡湖、涉及沱江流域球溪河，完成应急监测报告 80 份，为分析事故原因及责任提供科学依据。2006 年，监测彭山死鱼事件、岷江干支流水质状况。完成污染源监测 139 次，污染纠纷监测 3 次，环境评审监测 16 次、调查监测及应急监测 25 次，仙女湖、复兴水库、梅湾水库、东坡湖水质监测各 3 次。2008 年“5・12”汶川特大地震发生后，开展应急监测，消除“上游灾区有化工厂泄漏污染下游饮用水”谣传。全年完成委托监测、环境评审监测 123 个（次），完成达标竣工验收监测 50 个（次），取得监测数据约 3 万个。开展污染纠纷监测调查，在仁寿县通江河、通济堰因水体污染死鱼、仁寿县彰加镇饮用水污染纠纷、青衣江饮用水源污染及彭山县辐射纠纷等事件中快速反应，监测数据准确全面。2010 年，市、县两级 3 个监测站为成眉石化园区开展监测服务。接受委托监测 150 个（次），验收监测 30 个。2011 年，开展环境质量监测下乡试点和对口援测。编制《2011 年农村环境监测方案》，在全市范围内布置 69 个点，监测丹棱县、东坡区饮用水源地、大气和声环境，出具监测报告 22 份。市环保部门派人赴小金县开展现场对口援测，取得数据 4343 个，出具报告 17 份。2012 年 4 月，发现岷江、通济堰水质呈黄色并伴有刺激异味异常情况，市环境监测中心迅速启动应急预案，连续采样分析境内 5 个监测断面，持续 4 天应急监测，采集断面水样 120 余次。彭山县董坝子自动监测站出现异常情况后，组成应急监测小组，赶赴事故区展开调查，采样分析各监测断面。全年完成各项委托监测 258 个（次），其中竣工验收监测 37 个。完成全市 102 个野外点位 GPS 坐标记录、现场数码照片采集、土地覆盖率估算、植被类型及功能等生态环境调查。

第三章 环境污染治理

1997 年起，眉山地区开展综合治理水环境和强化污染项目治理。1999 年，全区开展城市环境综合整治。2005 年，市委、市政府提出“百村万户生态家园建设”，开展农村污染综合治理。2008 年起，全市开展以饮用水源保护、规模化畜禽养殖限期治理、秸秆禁烧、生态系列创建、乡镇生活污水治理为主要内容的农村污染综合治理。此后，增加村庄环境综合整治、小流域污染治理、城乡环境综合治理等内容。2009 年，全市综合整治城乡环境。市环保部门督查江河沿岸 59 个乡镇（社区）和中心城区环境卫生及排污企业。整治规模以上农家乐污染。2012 年，组织各县（区）开展“十二五”农村环境整治项目库建设，筛选并建立县、市、省、中央四级项目库。加强农村环境污染防治与整治。至年末，全市环境质量根本好转。

第一节　大气污染治理

眉山市大气污染治理主要包括工业及机动车大气污染治理和农作物秸秆禁烧治理。

1999年，眉山地区开展城市环境综合整治。当年，青神县、丹棱县、洪雅县县城烟尘控制区建设初见成效。2002年起，眉山市综合整治市中心城区环境。实施餐饮煤改气工程和油烟、噪声、恶臭气体治理。2004年，眉山市启动工业大气污染源整治。清理全市超标工业大气污染源，彭山县、丹棱县、洪雅县19户企业治理达标。治理市中心城区空气质量，全年市中心城区空气质量二级标准天数287天、四级7天。2005年，市政府印发《关于深化工业污染源综合整治的实施意见》，按照“统一行动、全面清理、属地负责、分类治理、全面达标”原则，限期整治全市工业废气不达标企业。限期治理工业废气不达标企业316户，其中8户纳入省控治理，6户纳入市控治理。全年全市投资9700万元综合整治工业污染源，削减主要污染物化学需氧量320吨、氨氮55吨、烟尘1.35万吨、粉尘2.13万吨、二氧化碳4911吨。当年起，全市建立秸秆禁烧工作责任制，市政府与县（区）政府签订秸秆禁烧目标责任书，逐步解决秸秆“出路”问题。

2006年，眉山市各级政府加强农作物秸秆禁烧和综合利用，遏制随意露天焚烧秸秆现象。2007年，开展中心城区煤改气工程及餐饮行业油烟整治、在用机动车环保年检和全市首批“绿色饭店”评审等工作。2008年，全市将秸秆禁烧作为环保中心工作，组成联合执法巡查组，前往各禁烧区域宣传与巡查，保证境内“不燃一堆火、不冒一股烟”。集中治理餐饮油烟，责令城区所有大型餐饮店安装油烟净化器。清查中港大酒店等影响城区空气质量污染源。全市环境空气质量优于二级的天数89.8%。2009年起，市政府印发“关于禁止焚烧农作物秸秆的通告”，遏制秸秆大面积焚烧，控制大气污染。至2010年，中心城区空气质量达二级天数占全年的91.5%；功能区噪声和区域环境噪声质量级别为“较好”。2012年，全市防治机动车污染，启动机动车环保标志核发和补发，补发2011年以来新注册、转出和注销的5.4万辆机动车环保标志。执法检查城区居民集中住宅区、学校等敏感区域噪声污染源，严格控制建筑工地、工业企业和“三产”产生环境噪声，查处噪声扰民单位6个。将“秸秆禁烧通告”录制成磁带，发放到乡镇、村组。组成50余个工作组现场执法，打击“第一把火”。年末全市环境大气质量达到和优于二级的达标率94.1%，功能区噪声和区域环境噪声质量级别为“较好”。

第二节　水环境污染治理

一、饮用水源保护

1997年起，眉山地区加强饮用水水源地的保护和水质监测，推行整治一座病险水库还一库清水的建设管理制度，综合治理水环境。1998年，各县政府发布饮用水水源保护公告，划定保护区，树立醒目标志。

2002年，眉山市各取水口处设置水源地自动监测站，常年全天候自动监测水库水质。2003年，黑龙滩水库被列为眉山市饮用水水源地。市政府印发《眉山市黑龙滩水库饮用水水源保护管理办法》，将黑龙滩水库水质保护和生态保护纳入法治轨道。全市取消网箱和围栏养殖，搬迁省网箱养殖科研所，水源保护区内严禁乱搭乱建、种植农作物和放养畜禽，库区入口修建拦污栅。2004年，取缔黑龙滩水库围栏养鱼和网箱养鱼，水库渔业实施“人放天养”的生态养殖，严禁投放污染水库水质物质，水库水质由四类变为二类。青神县成立复兴水库饮用水水源保护管理委员会，全天候保护水源。

2005年，眉山市首批水功能区划有岷江青神保留区，彭山县江口镇工业、饮用水源区，仁寿县青石乡饮用、工业用水区，东坡区太和镇饮用、景观用水区4个。2006年，监测流入眉山境内的岷江，设3个断面水质监测点。划定龚家堰水库、青衣江、复兴水库、梅湾水库4个城市和60个农村建制乡镇集中式饮用水水源保护区。市人大、政协及相关部门监督黑龙滩水库水质保护工作。2007年，加强保护区周边群众环保法律法规知识宣传，编印《四川省饮用水水源保护管理条例》等法律、法规和文件，发放给集中式饮用水水源保护区的群众。市水利局、市环保局摸底调查全市省挂牌整治的13家工业企业及要求整治的7家规模化畜禽养殖企业。全年督查饮用水源地和乡镇供水站水质情况6次，无饮用水污染事件发生。市监察局、市环保局检查全市饮用水源保护工作，取缔清查出的排污口6个。建立水质监测月报制度和季报制度。全市大中型水库全部取缔施肥养鱼，49座小（一）型水库中45座取缔施肥养鱼。投入约4000万元，在65个城乡集中式饮用水水源保护区设立规范标志牌、界桩。2008年，以城镇集中饮用水源地水质保护为中心。开展担负城镇饮用水功能的黑龙滩水库、梅湾水库和龚家堰水库定期巡查和水质检测；定期监测乡镇集中供水站水质，发现问题及时整改。“5·12”汶川特大地震发生后，落实专人巡查饮用水源地水质，每日监测一次城市、每周监测一次农村建制乡镇集中式饮用水水源水质。开展饮用水源保护区后督察。实行5个城市集中式饮用水水源保护区水质月报制度。年末全市城镇集中式饮用水源地全部取缔保护区内的入河排污口。饮用水源水质优于国家地表水三类水质，水质达标率100%。2009年，重新划分城市集中式饮用水水源地，设置新的标志标牌。全年全市投入资金4854.56万元、人力7.86万人次，解决4.1万人安全饮水，清理江河湖库垃圾、水面漂浮物7454吨，治理湖、库237座，整治非法采砂21处，整治入河排污口107个。落实65座水库库内控污、库外截污、生态修复水质改善和保护措施。治理饮用水源水库18座和备用水源水库17座水环境。2010年，加强60个农村建制乡镇集中式饮用水水源保护监管。在东坡区试点开展村庄饮用水水源地调查与评估，建立村庄饮用水基础环境数据库。投资1650万元，实施东坡湖环境整治和水质保护工程。黑龙滩水库一级保护区建隔离网，实行隔离防护。

2011年，黑龙滩水库被列入全国重要饮用水水源地。新划定彭山县锦江乡、丹棱县石桥乡2个农村集中式饮用水保护区，全市农村集中式饮用水源地增至62个。市监察局、市环保局、市卫生局和市水务局开展全市重点饮用水源地执法检查，全市城市集中式饮用水水源地水质达标率连续五年达到100%。2012年，新划定仁寿县兆嘉乡等13个乡镇集中式饮用水源地，取缔仁寿县大化镇等4个乡镇集中式饮用水源地。黑龙滩水库水质保持在二至三类，每年向眉山中心城区、仁寿县全域、井研县大佛水库供水4600万立方米~5500万立方米，水量保障率95%以上。乡镇集中式饮用水源地水质达标率87.3%。

二、工业污染治理

1997年，眉山地区工业废水约1.32亿立方米，占污废水排放总量的63.5%，大部分废水未经处理，或虽经处理但未达到排放标准。当年，全区投入污染治理经费2500万元，强化污染项目治理。取缔、关停“十五小”（小造纸、小制革、小染料、土炼焦、土炼硫、土炼砷、土炼汞、土炼铅锌、土炼油、土选金、小农药、小电镀、土法生产石棉制品、土法生产放射性制品、小漂染）企业14家，加强新建项目“三同时”（同时设计、同时施工、同时投运）制度建设。1998年，地区水电局严格检查在河道、湖泊设置和扩大排污口行为。查处未经主管部门同意，任意设置排污口及任意堆放、倾倒、填埋、排放污染水体、废弃物；任意倾倒垃圾、渣土等造成河道淤积、堵塞影响泄洪安全等行为。1999年，眉山地区人大工委作出《关于治理境内岷江水污染的决议》，加强全区生产性新（扩、改）建项目环境管理。规定凡未经环保部门审查同意的项目，其他部门不办理有关手续，污染严重又无有效治理措施的项目不审批。地区和各县对管辖的生产性新（扩、改）建项目实行环境影响报告审批制度和“三同时”制度。治理全区工业污染源排放，重点整治造纸和芒硝化工行业。眉山县关闭小芒硝厂62家、造纸厂3家，停产治理造纸企业5家，投资2000万余元治理其余芒硝、造纸企业污染。全年审批生产性新（扩、改）建项目28个，环保投资占总投资的6%，“环境评审”“三同时”执行率均为100%。2000年，全区开展“一控双达标”（主要污染物排放量控制在国家规定的排放总量指标内；工业污染源达到国家或地方规定的污染物排放标准、空气和地面水按功能区达到国家规定的环境质量标准）专项治理行动。防治岷江、沱江流域水污染，严格枯水期禁排限排。投资7000万余元整治老污染源，182户省、市、县控重点企业通过治理、破产、关闭或自然停产，年末境内岷江丰水期水质得以改善，溶解氧、化学需氧量下降。

2002年，眉山市实行“排放污染物许可证”制度，核发排污许可证1095户，规范化整治排污口190个。完成四川省政府下达眉山市35%的重点污染源企业全面达标目标任务。2003年，全市加强已建、新建、改建、扩建入河排污口监督管理，建立水利部门先审批入河排污口，环保部门后审批建设项目环境影响评价报告书工作机制。普查辖区内排污企业。开展“关九治九”（关闭9户年产1.7万吨以下的制浆造纸企业，治理9户制浆造纸企业）行动。拆除9户规模以下制浆造纸企业蒸球32个，停产限期治理；保留6户制浆造纸企业，12户企业转产再生纸。挂牌限期治理重点排污企业215户。开展“整治违法排污企业，保障群众健康”环保专项行动，核发排污许可证100份，复查2000年获得达标合格证的企业73户，吊销8户不稳定达标企业的工业企业达标排放验收合格证。2004年，全市开展“五大行业”（食品、化工、印染、制革、再生纸）专项治理，关闭企业8户，治理71户。加强9户规模以上制浆造纸企业监管，转产2户、关闭1户、异地技改1户，3户通过省验收。清理出未达标或不稳定达标企业407户，其中列入省控限期治理企业71户，下达县（区）限期治理企业336户。至年底，列入省挂牌督办的71户“五大行业”限期治理企业全面完成治理任务。岷江眉山段入境水质平均为劣五类，出境断面水质平均达四类。2005年，市环保局复查2003年以来通过治理的18户制浆造纸企业和71户省控重点“五大行业”企业。制浆造纸企业关闭和责令停产、转产14户，限期治理并通过省级有关部门达标验收4户，报废和切割蒸球89个；省控重点“五大行业”自然停产、依法关闭、限期搬迁11户，限期治理60户全部通过验收。

2006年，眉山市政府将控制减排总量指标分解到县（区）和工业集中区。建立由同处岷江上下游的成都市环保局、眉山市环保局、乐山市环保局组成的岷江流域污染治理和环境安全互动友好协调机制，达成岷江流域污染防治、环境安全隐患查处等 8 个方面框架协议。建立境内重点小流域环境安全预警机制、部门联动机制，市和县（区）联动机制。争取国家、省工业污染治理项目 12 个。限期整改沿江（岷江、沱江、青衣江）、沿线（成乐高速、国道 213 线、省道 103 线、省道 106 线、眉青路）和重点部位（城市周边）超标排污工业企业。市经济委员会、市环保局确定四川启明星铝业有限责任公司等 7 家企业为“眉山市清洁生产第一批试点企业”。四川启明星铝业有限责任公司等 4 家企业被四川省经济委员会、四川省环保局确定为“全省清洁生产第一批试点企业”。2007 年，市政府将总量减排任务完成情况纳入党政“一把手”目标考核，“一票否决”。实行“污染者付费、利用者补偿、开发者保护、破坏者恢复”。全市投入治理资金 1.3 亿元。关闭企业 18 家，将 13 户工业企业纳入省控限期治理，44 户企业纳入县（区）控限期治理。全年完成 13 户省挂牌工业企业限期治理、造纸企业结构调整和清洁生产技术改造。2008 年，市委、市政府将污染治理纳入“民生工程”，提出“不要重污染的 GDP”，淘汰高耗能高污染项目和落后生产力的企业。建立治理主体单位、主管责任单位、督办责任单位三级责任人制度，实行限期治理“一票否决”制、实行污染治理方案专家会审和备案制度。指导企业实施循环经济和清洁生产，走可持续发展道路。实行流域水污染企业限批，限期治理流域内不能稳定达标的工业企业，关闭取缔死灰复燃的“十五小”“新五小”企业。集中整治省道 106 线沿线小糖厂，责令 2 家停产治理、4 家停产关闭。市政府将 20 户工业企业和 10 户规模化畜禽养殖企业纳入省、市控限期治理名单，年内全部完成限期治理任务并通过达标验收。全市列入省控限期治理的 17 家工业企业投入资金 1.54 亿元；争取国家、省环境保护项目资金 8036 万元，用于污染治理、能力建设、生态保护、扩大内需拉动经济增长等项目。2009 年，市政府完善污染削减“三大体系”（统计体系、监测体系、考核问责体系）。开展长江环保专项行动。实施造纸行业清洁生产，企业新增投资 1.35 亿元改造清洁系统，关闭 2 家高耗能高污染企业。全市投入 4.2 亿元，治理 6 条重点小流域污染。采取限期治理、增水治标等措施加强醴泉河流域环境综合治理，改变醴泉河流域 20 余年来劣五类水质状况。年末境内岷江流域出境断面达标率 100%，青衣江、球溪河流域水质和城市集中式饮用水源地水质均优于三类。县城以上集中式饮用水源地水质达标率 100%。

2010 年，眉山市以结构减排为重点淘汰落后生产能力。污染企业安装污染治理设施电表、建立污染设施运行台账、每月向当地环境监察机构报送污染治理设施用电情况。限期拆除整改四川启明星铝业有限责任公司擅自改变排污口设置点。全市争取项目资金 1.24 亿元，限期治理辖区内省挂牌 71 家企业污染源，主要实施涉水企业工业废气、造纸企业与泡菜行业废水的整治，省政府限期治理的 8 户工业企业 1 户停产治理，7 户通过验收。全年投资 8.84 亿元，淘汰、关停落后产能企业 40 户，形成年削减化学需氧量 1.64 万吨、二氧化碳 7732 吨、烟尘 2200 吨能力。境内流域出境断面水质常年优于入境断面水质，黑龙滩集中式饮用水源优于三类。

2012 年，市政府与各县（区）政府和市级 8 个部门签订“十二五”总量减排目标责任书，建立“纵到底、横到边”的减排工作责任体系。丹棱县、思蒙河流域被环保部、省环保厅确定为全国农村环境整治整县推进示范县、全省重点流域整治示范区域，纳入全省“四县一湖五流域”（成都市温江区、郫县、都江堰市，眉山市丹棱县，双溪水库，思蒙河、濑溪河、西充河、涪江大英段、南河新津段）示范工程建设。思蒙河流域污染治理列入市委、市政府年度“十大民生工程”。开展重点小流域污染调查，形成毛河、醴泉河、思蒙河污染治理调研报告。启动醴泉河污染综合治理，流域工业企业全面实施水污染物总量控制。全年完成重点减排项目 68 个，完成纳入国家、省政府目标责任书的重点减排项目9个。污染排放由“末端治理”向“全程控制”转变。年末思蒙河流域出境断面水质达到三类水质以上。

三、城市污水处理

1998年，眉山地区中心城区5条道路安装排污管1.2千米、排雨管2.18千米，布设钢管降水井80口。2000年，眉山地区中心城区完成南北城市排洪沟建设。2001年，眉山市中心城区完成103线（通威—辰龙段）雨污管过街埋设和50%的顺街管埋设；完成眉山市城市污水处理厂工程初步设计方案论证，并通过省级部门组织的评审。2002年，眉山市中心城区安装雨污管4500米。2004年，完成眉山市污水处理厂截污干管、设备安装及厂区供水供电专线、道路、绿化等工程。疏通新区16条农田灌溉沟，清掏和补安新区地下管沟的检查井、雨水口。2005年，眉山中心城区建排水沟1085米。年末眉山市中心城区排放水质达国家二级标准。全市污水处理率18.33%，其中市中心城区污水处理率29.44%。2006年，市委、市政府将通惠河改造纳入政府性投资建设项目和民生工程。当年起，改造通惠河南段。下起通惠桥，上至裴城路桥，南段全长2.8千米，宽18.3米，道路宽6米，绿化带宽10米，绿化面积4.2公顷，项目总投资1.2亿元。配套建设体现“三苏文化”内涵的雕塑、廊桥、喷泉等。2007年，完成通惠河、东坡湖上游截污工程和土街土巷排水管网改造。启动东坡湖污染治理，逐步完善眉山城区排水管网。整治中心城区通惠河，加强污水处理厂监管。年末眉山城市污水收集率增至71%。2012年，全市城镇居民生活废污水排放4035万吨。截至2012年年底，全市污水处理投资3.14亿元，其中市级9177万元。各县和中心城区均建成污水处理厂。污水处理率增至82.94%，市中心城区污水处理率86.81%。

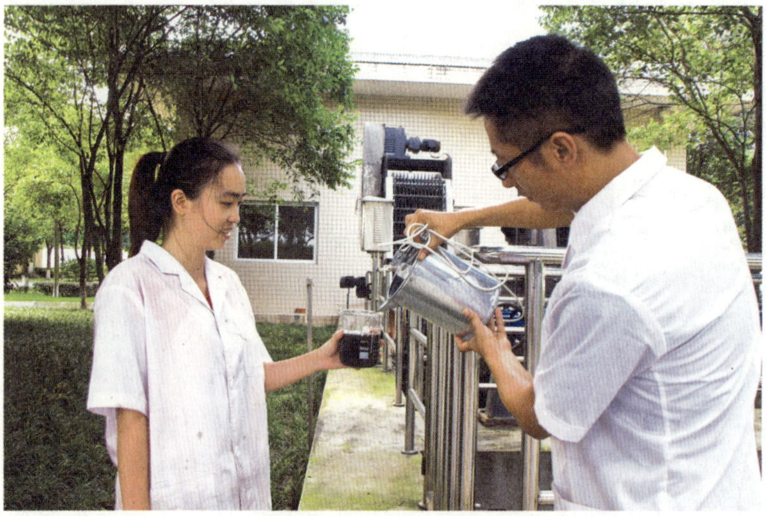

污水处理厂污水样本处理试验（摄于2012年8月）

第三节　噪声环境污染治理

1997年起，眉山地区实施高考“禁噪”。采取发布电视公告、通知噪声排污业主、公告举报电话、连续半月昼夜巡查、及时处理排除噪声污染源等形式，防治噪声污染，为考生创造安静的学习、休息、考试环境。1999年，全区处理噪声问题72件，现场检查194件，行政处罚违规单位3家。眉山中心城区、仁寿县城、彭山县城噪声达标区建设初见成效。2002年，眉山市中高考“禁噪”列入为民办实事重要内容，安排人员24小时值守电话，及时处理群众投诉，巡查城区敏感区域。现场检查64次，处理噪声扰民事件36件。2008年，整治城区娱乐、沿街商业铺面、建筑施工噪音，交通噪声比2007年降低0.5分贝。2009年，开展中高考禁噪等环境执法235次，发现和纠正问题150余个。至2012年，全市重点做好高考“禁噪”和交通噪声治理。

第四节 固体废弃物处理

一、处理设施

（一）生活垃圾处理厂

1999年，在眉山县广济乡连鳌村修建垃圾场1个。2001年，在东坡区盘鳌乡狮子山修建具有综合处理能力的垃圾处理厂，设计日处理生活垃圾400吨，使用年限15年。在丹棱县何场乡修建垃圾场。2002年，开工建设眉山市垃圾综合处理厂。2006年，眉山市垃圾综合处理厂建成投入试运行。国家补助资金2150万元，国债转贷资金400万元，实际投资3586万元。丹棱县建成垃圾中转站，面积5336平方米，总投资340万元。2007年，洪雅县垃圾中转站投入使用，投资420万元，设计日压缩处理生活垃圾60吨。2009年，仁寿县大化垃圾场建成投入使用。2010年，青神县、彭山县建成生活垃圾转运站。2011年，眉山建筑垃圾单独填埋堆放场项目立项，设计规模年5万立方米，使用年限4年，日处理量137吨，总投资499万元。全年投资1.3亿元，新建建筑垃圾处理场1个，改造垃圾地库10个、公厕5个。2012年，洪雅县生活垃圾处理工程开工，工程总投资4000万元，采用卫生埋填和污水生物处理工艺，日处理生活垃圾158吨，日污水处理120吨，服务年限19年。丹棱县在县城东门租用土地2亩，规划设置城区建筑垃圾处理场。截至2012年年底，眉山各县和中心城区均建成垃圾处理场或转运站。

（二）医疗废物集中处置中心

2005年，四川省发改委、四川省环保局将眉山市医疗废物集中处理项目列为全省首批国家补助建设项目。提出“三不变”（业主不变、设计单位不变、建设场址在市垃圾处理厂内）原则，项目总投资为786.88万元，采用高温蒸汽灭菌处理工艺，日处理医疗废物3吨。2011年，动工建设，2012年，土建工程基本完工，完成投资400万元。

（三）垃圾收集站（地库）

1997年，眉山中心城区生活垃圾收集主要以沿街设置的垃圾桶为主。2000年，仁寿县改建城区垃圾收集设施，修建密闭式垃圾围栏，将露天放置的垃圾桶放入围栏中，减少街面污染。2002年起，眉山市中心城区启动地坑式垃圾收集站（垃圾地库）建设，当年建成垃圾收集站5座。2004年，仁寿县取消城区街道老式垃圾桶及垃圾收集点，增加垃圾三轮车86辆，新建垃圾地库18座，购置垃圾车2辆，将街面垃圾全部改为地库式清运。2009年起，实施垃圾地库密闭化管理，美化城乡环境。2011年，眉山中心城区投资105万元，集中改造7座垃圾地库，新建操作房和管理房。至2012年，眉山中心城区建成垃圾收集站29座，设置临时露天集装箱收集点3处。

（四）垃圾箱（桶）

1997年，眉山中心城区部分地段设置垃圾桶，露天摆放街面收集垃圾。至2001年，眉山中心城区有果屑箱360个、垃圾桶680余个。2002年起，在城区“撤桶建站”。取缔城区主要街道沿街放置的垃圾桶，鼓励居民小区、单位自建垃圾收集站，大部分垃圾进入收集站收集，适当保留城乡接合部、开发区以及单位内部等区域垃圾桶。2007—2008年，眉山中心城区投资96万元，更换破损的垃圾桶，购置双桶分类回收果皮箱、铁木两用双桶果皮箱，城区果屑箱增至1084个，覆盖城区85%的街道。2011年，投资38.5万元，采购分类回收果屑箱。为开放式居民小区配置垃圾桶，垃圾分类、定时、定点投放。2012年，在市中心城区街道安装果屑箱，配备小型喷雾器，每天开展果屑箱及垃圾地库巡回消毒、灭蝇、除臭，喷洒灭蝇除臭药剂，在地库周边放置灭鼠药。年末眉山中心城区果屑箱增至2094个，覆盖城区95%以上街道。

（五）公共厕所

1997年，眉山城区移交环卫部门管理的水冲式公厕有5座，按照市场化运作方式，公厕全部实行承包制管理，由单位职工承包，负责公厕维护和管理，每月向单位交纳一定承包费用，自行承担公厕各种费用。每座公厕专人管理，地区环卫处与公厕管理员签订岗位目标责任书，实行公厕管理日常检查和动态报告制度。2000年起，眉山中心城区实行年满60周岁老年人免费如厕。2003年，眉山新区新建成公厕全部免费对外开放。至2006年，丹棱县建标准化水冲式公厕11座，部分公厕采取定额收费、以厕养厕。2007年，眉山中心城区由政府投资，逐步改造5座老旧公厕，新建一批公厕。仁寿县城区改12座旱厕为水冲式公厕，新建公厕2座。2009年，丹棱县投入2万元维修城区公厕7座，每座公厕专人看守，设置管理制度和明显标志，设施完善，无蝇蛆、无臭味、无尿垢、无污水。2011年，洪雅县改造公厕8座，新建公厕2座，接收公厕1座。2012年，市城管部门投入19.2万元，维修、翻新公厕41座，所有公厕无障碍。截至2012年年底，市中心城区有厕所41个，均为水冲式厕所。

二、综合处理

1997年，眉山中心城区垃圾通过垃圾桶收集后，设置集中堆放点集中掩埋处理。1999年起，在眉山县盘鳌乡建设眉山城市生活垃圾综合处理厂，2005年建成投入使用。采用生活垃圾高温堆肥和卫生填埋相结合的工艺技术，主要负责眉山市中心城区、东坡区所有乡镇以及彭山县、丹棱县、青神县、洪雅县等城区的生活垃圾处理，设计日处理生活垃圾400吨。丹棱县何场乡垃圾场，采取填埋式处理城区生活垃圾，日进场垃圾40吨，垃圾无害化处理率100%。

2006年，眉山市城市生活垃圾综合处理厂被住建部评为二级生活垃圾卫生填埋场。当年，处置原306厂遗弃的剧毒危险废物。2008年起，实行垃圾处理场垃圾收集、运输、处理全过程监管。"5·12"汶川特大地震后，及时加固市城市生活垃圾综合处理厂截污坝坝体，未因地震导致垃圾渗滤液泄漏。重点监管转移灾区伤病员的医院，确保所有医疗废物及时有效焚烧。全市固体废物95%以上实现综合利用，医疗废物无害化处置率94.91%，城市生活垃圾无害化处置率100%。2010年，排查17类二噁英类持久性有机污染物排放源，确认全市持久性有机污染物城市生活垃圾二噁英类产生源45家，二噁英持久性有机污染物排放量为零。查出全市危险废物产生单位48家，年产生危险废物6099吨。更新调查废弃物焚烧、铁矿石烧结、炼钢生产和再生有色金属等二噁英重点排放企业8家，二噁英类持久性有机污染物估算排放量每立方米4630.99毫克。2012年，建立全市重点工业固体废物申报登记及转移追踪备案制度，重点工业固体废物产生单位申报率90%以上。开展工业固体废物申报登记，涉重金属行业和固体废物产生量与贮存量在1万吨以上的工业企业纳入试点申报，市级以上重点危险废物产生、处置单位规范化考核达标率95%以上。全市危险废物产生单位18家，危险废物产生、处置单位规范化考核达标率100%。

第五节 农村生产生活污染综合治理

一、规模化畜禽养殖污染治理

2007年起，眉山市治理规模化畜禽养殖污染。当年，全市7户规模化畜禽养殖企业被列入四川省政府挂牌督办治理企业。各级环保、畜牧部门加强对企业的指导和服务，帮助企业制定治污方案，指导企业编制污染治理项目可行性研究报告，养殖企业主动治理后，全部通过省、市验收。2008年，全市投资785万元整治7户规模化畜禽养殖企业污染，达到畜禽粪便循环综合利用和达标排放，通过省、市验收。2009年，全市6户畜禽养殖企业被列为省级民生工程项目，整治后全部通过省、市验收。2010年，全市4户挂牌限期治理畜禽养殖企业全部通过验收。2011年，全市排查和整治畜禽养殖场污染，挂牌督办畜禽养殖场12户，改善农村生态环境。2012年，全市5户规模化畜禽养殖企业被列入全省挂牌限期整治企业。整治后通过省、市验收。

二、面源污染治理

1997年，眉山地区化肥、农药施放量21.8万吨。2005年，市委、市政府提出“百村万户生态家园建设，实施‘两池六改’（建设沼气池、生活污水处理池，改厨、改厕、改圈、改路、改水、改庭园）、开展‘四个结合’（生态家园建设与调整农业产业结构相结合，与促进农民增收相结合，与眉山新村、退耕还林、生态建设等工程建设相结合，与农村社会事业发展相结合）、实现‘五化目标’（家居环境清洁美化、农业生产无害化、农业产业结构优化、村社道路联网硬化、社会事业发展和谐化）”工作思路。当年起，在丹棱县、洪雅县、仁寿县、彭山县、东坡区的11个乡镇11个村每个村投资20万元实施农业部“乡村清洁示范工程”，以农村废弃物资源化利用为核心，将粪便、秸秆、生活垃圾及污水“三废”变“三料”（肥料、燃料、饲料），实现“三净”（庭院清洁干净、水源清洁干净、田园清洁干净），垃圾不出村，污水不入河。在丹棱县召开设计、建设适合眉山市农村实际情况的农村生活污水处理池现场会，邀请专家现场讲解设计原理、施工及使用注意事项。东坡区广济乡五一村被列入全省试点基地，当年建污水处理池120口。全市投入人力16万人次、资金1200万余元，综合整治水葫芦，打捞处置水葫芦面积520余公顷。2006年，全市实行山、水、田、林、路、气（沼气）综合治理。重点实施“十个一”工程建设（分户建设一口沼气池；联户或分户建设一口污水净化池，并配套改厨、改厕、改圈、改路、改庭院、改住房等；联户修整一口山坪塘；联户或分户建设一个垃圾箱；村里配备一名垃圾清运员；每40亩~50亩安装一盏频振式诱虫灯；每50亩建设一个废弃物收集桶；分户推广一项秸秆过腹还田、农田精准施药技术；村委会建设一个科技书屋；完善并分户制发一张村规民约）。全市财政安排农村户用沼气建设和“百村万户生态家园建设”专项补助资金822万元。新建农村户用沼气池1.76万户，新建城镇生活污水净化沼气池95处、8800立方米。洪雅县曲沿村、丹棱县梅湾村被农业部列为乡村清洁工程示范村，丹棱县被列为全国“农村生态文明家园试点县”。2007年，在全市17个重点示范村实施“二池六改”工程和农户生活废水“人工湿地”处理池建设示范工程。治理农家乐600余家。

2008年，全市实施“两减一控一提高”（减少农药、减不合理化肥施用量，控制高毒高残留农药的使用，提高农业“三废”资源化利用水平）。以户用沼气为纽带的人畜粪便和秸秆资源化利用模式，以保护性耕作为主的秸秆就地还田资源化利用模式，以利用沼气厌氧原理净化处理为主的农村生活污水再利用模式，以生产生活垃圾处理为主的农村垃圾资源化利用模式，以节肥、节药、节水、节膜、节能和病虫草鼠综合防治的农田清洁生产模式，实施“十大工程建设”（农业污染整治、农村垃圾整治、生活污水整治、村容村貌整治、村社绿化美化、村社道路通达、清洁能源推广、病媒生物防治、村社沟塘整治、村民素质提升）。启动建制乡镇集中式污水、垃圾处理，在仁寿县黑龙滩镇试点示范。当年，全市农村新建垃圾池（箱）2373个、垃圾房541个、湿地池9120个、沼气池2.1万口，改造卫生厕所14.2万间、厨房10.1万间，集中清理垃圾6027吨，清理乱堆乱放农户7.8万户，硬化村社道路631千米。建成省级环境优美乡镇1个、省市级生态村23个、省级生态家园40个。2009年起，全市开展城乡环境综合整治“进村社”活动。以“两池六改”和生态村创建为载体，实施“百村示范、千村整治”十大工程。建立督查制度，发现问题，迅速制定和落实整改措施。在100个新农村重点试点示范村试点后，全市所有行政村全面推进，实现城乡环境综合整治进村社活动全覆盖。全年投入2.13亿元，完善村社道路、沼气池、污水处理池、垃圾桶、果皮箱、垃圾中转站等基础设施，硬化庭院17.6万平方米，绿化植树13万株，建成清洁化、秩序化、优美化、制度化村社38个，建成丹棱县梅湾村、洪雅县青杠坪村、东坡区陈沟村等优美示范乡村。

2010年起，完成全市城乡生活垃圾布点规划选址，采用“户集、村收、乡镇转运、县（镇）处理”方式处理垃圾。启动乡镇生活污水处理，丹棱县石桥乡、彭山县谢家镇启动乡镇生活污水处理建设，散户连片畜禽养殖污染综合治理、畜禽养殖污染治理减排计算法研究两项工作被列为全省示范试点。2011年，建设丹棱县石桥乡污水处理站。2012年，建设东坡区思蒙河沿线6个乡镇环保机构。治理2.6万人生活污水和生活垃圾污染，解决近300户散户约3650头生猪养殖污染问题，直接受益群众2350人，群众满意率95%。全年全市向上争取中央农村环境连片整治资金2620.85万元。投入污染治理资金1406万元，完成丹棱县顺龙乡，东坡区白马镇、广济乡治污项目。截至2012年年底，全市完成“一池三改”2.05万户，建成无害化卫生厕所5.2万个，禽畜规范化养殖率51%，43%的村建成污水处理设施，村社沟塘整治率90%，项目区90%以上村民实现安全饮水，50%的村生产生活垃圾集中清运和处理，新建乡村机耕道269.3千米，硬化乡村道路474.6千米，农户庭院绿化率75%，乡村规划编制审批率45%，75%的村民接受素质教育，45%的村庄实现“四化”（净化、绿化、亮化、美化），建成省级生态家园436个、省级生态村17个、市级生态村49个。

第四章　环境监管

眉山市环境监管以环保宣传教育和项目环保管理为重点。1998年起，眉山地区利用媒体、组织活动等开展环保宣传教育。加强新（扩、改）项目环境保护审批管理，逐步实施事前、事中、事后全过程环境保护管理。加强环境保护执法监察，实施“网格化”环境监管。至2012年，全市29家国控企业和27家省控企业分别确定具体监管人员，建立档案，定期复查，市环保、安监、商务等部门联合对相关企业“会诊”，实施“分类别”和“痕迹化”管理。

第一节 环保宣传与项目监管

一、环保宣传教育

眉山市环保宣传教育主要利用《中国环境报》《四川日报》《眉山日报》、四川电视台、眉山电视台、四川新闻网、眉山网等传媒资源，结合“6·5”世界环境日、“4·22”地球日、“12·4”法制宣传日及创建“省级环境保护模范城市”“省级生态市”“省级生态县”和评选“全国环境优美乡镇”“环境友好学校”“环境友好社区”等活动，以及设立环保法律法规宣传咨询点，通过展板、挂图、现场发放环保法律法规宣传资料，向群众解答环境问题等形式，宣传环保法律知识，倡导节能减排低碳生活理念。

1998年，《眉山日报》和各县报刊开辟环保宣传专版。各县组织上街宣传38次，发放宣传资料4万余份。1999年，各县在县城设立固定环境保护宣传标语。眉山电视台设《人与法》《环保专题报道》专栏，《眉山日报》和各县报刊设立环保专版，宣传环境保护法律、法规和全区环保工作动态。岷江沿江各县开展“爱护岷江，保护母亲河”专题宣传，省环保局、地区领导现场指导，在中央电视台、四川电视台《今晚十分》报道。印发环境保护工作简报、信息31期，发放环保宣传资料5万余份，地、县电视台连续专题报道20余期。2000年世界环境日，地、县环保局联合召开1000人参加的环保动员大会，地委书记发表《加强环境保护，建设三苏故里》讲话，行署专员发出“2000，环境千年，行动起来”号召，举行一万人参加的环保签名等活动，四川电视台、《四川日报》和四川人民广播电台多次报道，《眉山日报》围绕环境保护发表评论员文章，刊载一系列环保文章；发动新区小学学生捡拾旧电池2000余只作无害化处理。

2002年，眉山市委党校为中青年干部学员开设环保工作讲座，组织全市执法人员119人培训。洪雅县国家森林公园瓦屋山申报为省级环境教育基地。2003年，开展世界环境日、“环保事业30周年”宣传纪念活动，市、县（区）长发表电视讲话，召开座谈会，播放环保电视、专题片，散发资料。开展环境警示教育，环保教育进入各级党校课堂，市环保局负责人为乡镇长（局长）培训班和中青年干部培训班讲授环保与可持续发展课程。2005年，组织中小学生环保征文竞赛活动，在中心城区举行大型宣传活动。组织人员在禁烧区宣传市政府的决定，《眉山日报》刊登“禁烧”文章，推动禁烧工作。眉山电视台开辟环保栏目，每天滚动播出环保宣传标语。2007年，全市开展以“绿色学校”“绿色社区”“环境教育基地”等为载体的“法律六进”活动。开辟《四川法制报》“普法专刊”和新华网眉山频道“工作专题”。编发《眉山环保》，散发环保法律法规知识及相关资料16.5万份，接受群众法律咨询，受理投诉33件。2008年起，市级、县（区）新闻媒体增设“城乡环境综合治理再掀高潮”“‘三乱’治理”“聚焦城乡接合部”等专栏13个。市级相关部门、志愿者和大学生西部计划志愿者组成“除陋习、树新风”集中治理“三乱”文明劝导队，走上大街宣传教育。中小学校园开展“小手拉大手，文明跟我走”等主题实践活动。团市委、市妇联、市文明办分别印发倡议书，号召团员青年、妇女、干部群众争做文明眉山人。实行城乡环境综合治理约谈制度和评选“十佳、优秀、较差”乡镇。暗访督查，查出的200余个问题制成短片，下发责任县（区）、单位整改。开展突出社会陋习评议活动、“七进”活动、“美环境、讲文明、树新风”主题活动等。眉山电信公司、眉山移动公司、眉山联通公司编辑短信分阶段向全市移动电话用户发送宣传短信。新闻媒体刊发新闻，采写专题报道。2011年，东坡区将环境教育延伸到学校和企业，开展环境专题教育培训活动。仁寿县举办全县乡镇干部和县级部门领导干部环境法制培训专题活动。彭山县开展环境教育培训活动。市中心城区举行《四川省城乡环境综合治理条例》（以下简称《条例》）宣传月活动启动仪式，发放《条例》和城乡环境综合治理相关知识宣传资料，接受群众咨询；印制挂历、单行本、张贴单，向县（区）、乡镇、村、城区街道办、社区、市级各部门、副县级以上领导干部发放。市级机关单位进联系社区开展结对宣传走访；向街道、社区、小区、商铺、超市、饭店、娱乐场所和住户印发倡议书、宣传画报。2012年，开办市环保局门户网站“环境新闻”栏目。采编信息899条，在市级以上媒体刊发，组织新闻采访10余期，拍摄专题片2部。世界环境日，市领导在《眉山日报》发表“倡导绿色消费，实现全域生态化”讲话。向市民发放“倡导绿色消费　实现全域生态化”环保购物袋等环境宣传资料。

二、建设项目监管

（一）项目环境评价审批

1998年，眉山地区加强新（扩、改）项目环境管理，污染严重无治理措施的项目不予审批。全区开展1000余个新（改、扩）建项目环境影响评价审批。2000年起，全区项目严格执行环境影响评价和“三同时”（同时设计、同时施工、同时投运）制度，眉山地区环保局印发《国家淘汰和禁止新上项目目录》，不符合国家产业政策和污染严重而无治理设施的项目不予审批。当年，全区审批项目40个，环保投资占总投资的5.57%，省、地审批项目“两率”均达100%。

2002年起，眉山市实行重大项目“局长”跟踪服务。当年，完成电解铝工程、瓦屋山电站等项目环保论证、环境评审工作；指导12.5万吨电解铝项目环境评审论证和审批，协助瓦屋山电站申办环保相关手续。2003年，清理未办理环保手续的项目，禁止办理国家明令禁止的项目审批手续。丹棱县环保局提出的5个明显违背国家政策，污染严重，投资额约2亿元的不宜建设的项目的建议，被县委、县政府采纳。青神县委、县政府提出“环境富县”，所有项目经环保局审批后方可办理征地手续。仁寿县环保局加强养殖业环境保护管理，严格控制在黑龙滩水库周围建设项目，保护饮用水源。2004年起，全市实行建设项目审批“环保第一公章”制度。2005年，专项清理2000年以来建设项目环境影响评价846个，全市建设项目环境影响评价执行率46%。否定彭山县酒精项目、仁寿县硫化碱项目等不符合环保要求的大项目4个。

2006年，市委、市政府确定“绿色通道”重点项目实行“特事特办”。当年，洪雅县成洪磷化工电子级磷酸、金象工业园区三聚氰胺等8个项目实行特事特办。清理2003年8月后的建设项目1108个，发出补办环保审批手续通知400余份。2007年，实行环保审批“零收费”政策。重点项目实行“一把手”负责制，提前介入，全程跟踪，缩短审批时间。2008年，实施“批项目、核总量”制度，新（改、扩）建项目未取得污染物排放总量指标的，一律不审批环境保护评审文件；项目竣工时污染物排放超标的，不予验收。全年全市审批的建设项目，环境保护评审和“三同时”执行率100%。2009年，实行重点产业项目和民生工程优先办、社会事业项目全力办、投资10亿元以上大项目创造办。办理58个重点项目的环保审批和17个项目的试生产环保手续。2010年，严格新上项目环保准入，建立环境评审审批与日常现场监察的联动机制和工作流程。实行“四个一律不批，一个限制审批”（国家明令淘汰、禁止建设、不符合国家产业政策的项目一律不批；环境污染严重，产品质量低劣，高能耗、高物耗、高水耗，污染物不能达标排放的项目一律不批；环境质量不能满足环境功能区要求、没有总量指标的项目一律不批；位于自然保护区核心区、缓冲区内的项目一律不批；对涉及饮用水源保护区、自然保护区、风景名胜区的项目，严格限制审批）。2012 年，环境行政审批采取“提前介入、并联审批、预约服务、跟踪服务、规范中介”五项举措。集中清理核查 2008 年以来省、市环保部门审批的 60 个新（改、扩）建项目。帮助 27 户企业解决 35 个环保问题，为 11 户企业出具环保手续，争取各类环保资金 5847 万元。环境评审执行率 100%。全年市级审批建设项目环境影响评价 148 个、投资 105.2 亿元，办理行政许可 263 件。

（二）规划环境影响评价及环境工程评估

1997 年起，眉山地区各县实行管辖建设项目环境影响报告审批制度，地区审查的 5 个新建项目均执行环境影响评价制度。2003 年，眉山市执行建设项目环境保护分类管理目录，全年办理项目 24 个，环境影响评价制度执行率 100%。2008 年起，全市实行环保第一公章制度。制定《眉山市环境保护局建设项目环境影响评价文件审批程序规定》。开展环境工程评估和建设项目环境影响评价文件评审，当年，起草报告、批复、标准 180 份，评审项目环境影响报告书 7 个、建设项目环境影响评价文件 2 个。截至 2012 年年底，全市评估环境工程项目 216 个。

（三）建设项目“三同时”监管

1997 年，眉山地区各县管辖的建设项目实行“三同时”制度。地区审查的 5 个新建项目均执行“三同时”制度。2002 年，眉山市环保部门跟踪监管在建项目“三同时”措施，把好竣工验收关，全市“三同时”执行率 100%。2004 年，全市开展建设项目“三同时”执行情况专项清查行动，清理 1999 年以来已建项目“三同时”情况。2005 年，市环保部门现场检查鸿源纸业、三江化工、市垃圾处理场等重点建设项目“三同时”制度落实情况，督促落实污染治理措施。专项清理 2000 年以来的建设项目“三同时”制度执行情况，清理项目 846 个，全市建设项目环保“三同时”制度执行率 37%。2006 年，跟踪服务国家环保总局、省环保局审批的 24 个重点建设项目“三同时”执行情况。2008 年，清查省和市级审批的 164 个建设项目“三同时”执行情况，执法与服务相结合，环保宣教与“三同时”监管相结合。2010 年，逐一检查项目环保设施设计、建设和投运情况，建立和完善“三同时”现场监察资料，严把新建项目“三同时”验收前现场核查关。建立“三同时”验收管理与日常现场监察的联动机制和工作流程，为市级审批的 83 家企业建立“三同时”监察登记，专项清理检查国家、省、市级审批权限建设项目环境评审和环保“三同时”制度执行情况，行政处罚 5 家不按规定申报的施工单位，向 15 家未完善“三同时”验收的企业下达限期整改通知。2012 年，加强建设项目“三同时”现场监管，所有建设项目严格对照环境评审文件及批复要求，逐一检查环保设施设计、建设和投运情况。全市“三同时”执行率 100%。

（四）试生产与竣工环保验收

2003 年，眉山市下达建设项目竣工环保验收计划，完成 4 个项目竣工环保验收。彭山县环保局清理竣工环保验收企业，督促 8 家企业补办竣工环保验收手续。2005 年，完成市级项目眉山市第三人民医院、同庆南风热电联产建设、彭山三江化工 3 万吨甲醛生产等竣工环保验收。向 10 户建成项目下发限期竣工环保验收通知书。2008 年起，全市强化建设项目试生产，重大项目或对环境敏感项目试生产或试生产延期。当年发出 21 个项目试生产，发出 7 个项目试生产延期。2009 年，全市实行媒体公示制、集体验收制、专家把关制、小组负责制、层层责任制。开展2001年以来国家、省、市审批建设项目日常监督检查、专项清理检查、试生产检查、竣工环保验收检查和信访件专项检查。向7个试生产项目发出验收批复。2010年，市环保部门加强市级建设项目试生产管理，监管企业191家。参加7个四川省环保局审批建设项目试生产管理。参加四川省环保局审批的5个建设项目竣工环保验收。2011年，全市项目试生产审批和验收征求环境监察机构意见，未通过环境监察机构现场审查的项目不予试生产或验收。市级试生产现场监管项目175余次。截至2012年年底，全市发出106个项目试生产，发出21个项目试生产延期，项目竣工环保验收111个，参加四川省环保厅审批的9个项目竣工环保验收。

第二节　环境监察

一、环保执法检查

1998年，眉山地区人大工委组织环保、监察等部门开展环保执法检查，推动各县环保工作。全区取缔、关停的17家“十五小”企业无一复工，限期治理的28家排污企业全部完成治理任务。四川省环保局牵头组成专家调查组调查眉山蟆颐堰死鱼事件，补偿养殖户160万元。全年查处污染纠纷52件，现场执法75次。1999年，加强污染防治设施、建设项目“三同时”、限期治理项目、高考禁噪和枯水期限排等现场监理执法。新闻媒体曝光拒绝环保部门检查的青神美好食品厂。环境监理由单一收费型向“三查、两调、一收费”监理型转变。

2002年起，眉山市现场检查擅自非法生产和死灰复燃企业，重点监管10户制浆造纸厂，现场检查195户次，超标排放污染物、偷排漏排污染物和埋设排污暗管的6户企业限期整改，实施行政处罚。2003年起，现场检查秸秆禁烧。开展专项执法行动，在枯水期采取禁排、限排措施，确保水环境安全。2004年，开展焦炭行业、矿山生态环境保护等专项执法行动。查处仁寿东方红纸业有限公司违法排污等案件5起。2005年，开展城市环境清查行动。督查督办各县（区）典型环境违法问题，处理东坡区再生纸厂超标排污、仁寿县汪洋镇焦化厂污染等问题。现场检查企业240余户次。2006年，清理饮用水源保护区污染隐患、工业集中区环境违法行为、建设项目环境违法行为行动。检查饮用水周围排污单位，巡查重点流域，发现异常及时处理。开展制浆纸厂、“五大行业”等重点行业监管，督促企业正常运行治理设施。2007年，拉网式清查和处理全市工业集中区及集中区内所有新（改、扩）建项目，清理工业集中区14个，建设项目197个，执行环境保护评审制度195个，执行“三同时”制度194个。清查和抽查全市65个城乡集中式饮用水水源地。2008年，以国控省控重点污染源、减排项目和危险化学品企业为重点，逐户排查生产、储存和使用危险化学品企业，督促企业整改问题。“5·12”汶川特大地震后，加强重点污染源、危险化学品企业、重点涉水企业、病险水库下游企业、重大危险源单位和尾矿坝等环境安全隐患排查和督促整治。督察全市2007年挂牌整治的17家工业企业和7家畜禽养殖场。查处“三同时”不完善，擅自停运、闲置治污设施和拖欠排污费等违法行为，向县（区）政府、环保局、企业发出监察通知23份。2009年，建立企业环保诚信承诺制度和环保上门服务企业制度。检查重点流域、重点区域。集中排查全市21户国控重点企业、26户省控重点企业污染源，逐户建立环境监察档案，47户国控、省控重点企业污染源一厂一册，动态管理。开展“三项”（“两高一资”钢铁行业涉砷行业、造纸行业、城市生活污染治理）执法检查。查处环境违法案件49起，限期治理9起，处罚金83.1万元。全年检查企业1200余户次。2010年，开展整治违法排污企业专项行动。清理不符合环境标准建设项目，清理整顿未按国家规定期限淘汰的落后生产能力、工艺和产品以及死灰复燃的“十五小”“新五小”（小水泥、小火电、小炼油、小煤矿、小钢铁）企业。立案调查环境违法案件34件，处罚金103万元，责令整改18件，关闭企业1户，将2009年的23户行政处罚案件移交银监会。建立健全环境违法约见制度，以造纸企业监管为重点，每周不少于2次现场检查，发现问题，责令限期整改。纸厂全面实施在线监控，责令限期整改33户次，行政处罚19户次，关闭死灰复燃企业13户。现场核查污染源，核查企业353户，实现污染企业动态监管。

2011年，开展环境监察执法规范年活动。专项清查和整理全市各类建设项目环境违法行为，督察指导各工业园区规划环境评审工作。立案查处环境违法行为38起，责令企业整改35件，关闭企业2户。开展环境监察稽查试点，将东坡区、洪雅县列为首批试点县（区）。2012年，加强重点污染源日常巡查。重点监管城镇污水处理厂、垃圾处理场、化工、制药、造纸等行业污染治理设施。开展联合执法，集中整治和规范夜间施工行为，立案查处夜间施工扰民工地。专项整治城区洗车场，取缔不达标洗车场16家。集中检查全市娱乐场所，取缔扰民严重音乐茶座。

二、环境应急处置与环境投诉处理

1997年，眉山地区环保部门处理眉山县崇礼镇群众反映仁寿造纸厂排放污水污染江河和眉山粮油公司汤圆粉厂烟尘、噪声扰民事件。1998年，全区各级环保部门接待、处理群众来信、来访125人次。妥善处理芒硝污染问题。2002年，眉山市一般性污染纠纷、扰民事件和市长信箱来信在3天内解决，群众反映强烈，办事难度大的信访案件在规定时间内办理。全年处理环境污染纠纷22起、信访案件18起、市长信箱来信10件。2004年，市环保部门接受群众举报投诉600件、市长信箱来信5件、市长热线电话转来的群众举报85件，市领导和四川省环保局交办件16件，人大代表建议、政协委员提案4件。市长信箱来信、市长热线转来的举报和领导交办件办理率100%，群众举报办理率96%。2008年起，强化突发环境事件防范和处置。应急值班电话和PTT对讲系统24小时开通。每年开展为期3个月环境信访集中整治行动，涉及重复信访的企业列入重点督查名单，重点信访案件实施挂牌督办。及时处理青衣江水污染事件。2009年，完善市、县（区）矛盾纠纷排查、调解、处置、督办和考核机制。建立完善回复制度、后督察制度、稽查制度和通报制度。市环保局实行矛盾纠纷排查调处动态管理，落实矛盾纠纷排查日报、月汇总、季度总结制度。完善行政调解工作流程、工作原则、调解人员行为规范等制度。市政府开展“应急宣传月”活动，结合地震灾害应急演练，组织金象化工有限公司环境污染突发事件应急演练。2011年，全市各级政府、环保部门优化和更新环境应急预案，督促相关企业及时修订和完善应急预案，配置应急机构，落实应急物资储备。按照“分级负责、归口管理”“一票否决”原则，开展环境信访积案化解，重大疑难信访案件及时报告，包案处置。建立群众信访举报“挂账销号”、网络评论员制度。2012年，市应急办组织环保应急演练，编制全省大演练工作方案，全市5家企业组织8次应急演练和演练后应急预案修订。24小时值守环保热线，按照五个“第一时间”（第一时间报告、第一时间赶到现场、第一时间开展监测、第一时间向社会公布信息、第一时间组织开展调查）要求，严格信息报告制度。妥善处理丹棱县应林化工厂周边一老上访户因企业噪声、烟尘排放等经常到北京、省、市上访问题。全年受理各类信访投诉263件，办结率、及时回复率100%，群众满意率98%。截至2012年年底，全市接受和处理群众举报投诉、市长信箱来信、市长热线电话转来群众举报、市领导和省环保局交办件，人大代表建议、政协委员提案4075件，均妥善处理。

三、排污费征管

1997年，眉山地区完成四川省环保局下达的200万元排污费征收任务，全额上缴。1998年，省环保局直接征收地属以上企事业单位排污费。至2000年，省环保局向眉山征收排污费672万元。2002年，排污收费项目由超标排污费增至三产、建筑施工、二氧化硫以及加倍收费提高增收标准。2006年，制定《眉山市排污费使用管理办法》，排污费核定和征收结果在公开栏和市环保局网站上公开，公布投诉举报电话。2007年，开展县（区）排污费征收稽查，全年征收排污费1100万元。2008年起，开展排污申报登记和审核，建立和完善数据库。排污费征收实行“罚缴分离”“收支两条线”管理，行政事业性收费和罚没收入全部上缴财政，财政纳入预算管理。2010年，全市强化排污量现场核查，拓宽新（改、扩）建项目和建筑施工项目等收费范围。2012年，启用排污费征收管理系统，建立市县两级会审、联合把关的数据会审制度，加强数据审核把关，全年征收排污费1992万元。

四、核与辐射安全监管及化学药品管理

2000年，眉山地区环保部门妥善处置眉山县金象化工公司钴-60放射源，避免辐射事故发生。2002年，眉山市组织开展危险废物摸底调查和放射源安全管理专项整治，妥善处置彭山县东升水泥厂、洪雅县雅峨水泥厂钴-60放射源污染事件。2003年，市环保局制定《剧毒、易燃、易爆化学药品、试剂管理制度》，严格管理剧毒、易爆化学药品。2004年，全市开展“清查放射源，让百姓放心”专项行动，开展涉源单位申报登记。清理涉源单位146家、非密封放射源3套、密封性放射源18枚。放射源管理相关资料由市卫生部门移交市环保部门。2005年，调查处理眉山一中学生投诉联通眉山分公司通信基站电磁辐射污染。开展稀土企业污染整治专项行动，检查境内稀土企业3家，补办环境评审手续。2006年，全市94家医疗机构、143台射线装置完成申报登记，为全市使用Ⅲ类射线装置的医疗单位颁发辐射安全许可证。2007年，启动电磁辐射设备设施申报登记，完成全市中心城区、各县（区）和乡镇，医院、疾控中心、卫生院等使用Ⅲ类射线装置的医疗机构辐射安全许可证核发。2008年，“5·12”汶川特大地震发生后，组织开展灾后应急检查，现场检查密封放射源、各类辐照装置、放射性伴生矿企业，有效评估辐照装置、密封放射源及放射性伴生矿地震灾后可能产生的次生影响。2009年，组织开展全市核技术利用单位辐射安全防护巡查，排查安全隐患，发放整改意见。2010年，眉山市辐射环境监测站取得辐射环境监测资质，辐射安全监管制度化规范化管理体系逐步形成。2011年，联合三大通信运营商及市电力公司开展电磁辐射安全防护专题宣传活动，在《眉山日报》开辟“电磁辐射安全防护知识”专栏，开设投诉电话，发放宣传资料。加强放射性同位素与射线装置安全防护监管，组织开展火车站、汽车站X射线安检仪专项检查。2012年，四川省辐射环境监测中心站为眉山市配发辐射监测设备仪器7台（套），提高辐射环境监测能力。组织开展全市辐射安全综合检查。截至2012年年底，全市有核技术利用单位120家，在用放射源16枚，射线装置使用单位111家，射线装置总数122套。乙级、丙级非密封放射性物质工作场所各1个，辐射安全许可证发放率100%。

第五章　生态环境建设

1997年起，眉山地区加强城市管理，实施岷江、青衣江、沱江沿岸自然生态保护，促进生态环境建设。2001年起，全市按照市委、市政府“坚持以人为本，发展生态经济，建设和谐眉山”总要求，开展自然保护区、生态示范区、生态功能区、优美乡镇、生态小区创建，以及生态农业产业园区、省级生态村、省级生态小区、文明生态村创建。市委、市政府作出《关于建设生态市的决定》，推动全市经济社会与环境保护协调发展。将城乡环境卫生综合治理作为美丽中国建设重要内容，纳入各级政府议事日程。至2012年，全市建成国家级生态示范县3个、省级生态示范县3个、国家级生态乡镇4个、省级生态乡镇20个、国家级生态村1个、省级生态村68个和一批生态小区、市级生态村、市级生态家园、绿色学校、绿色小区。

第一节　城乡环境治理

1997年起，眉山中心城区以书籍、报刊、电视、电台等媒体宣传城市管理。以3月法制宣传月和“12·4”法制宣传日活动为契机，组织开展专题宣传，发放城管法律法规书籍及宣传资料，解答市民提问。开展送法进工地、进校园活动，上门宣传建筑工地管理规定，控制车辆带泥出场污染路面；城区中、小学开展城管知识讲座，学校设置城管专栏、板报，提高学生城市意识；送法进社区、企业、单位，指导社区与辖区内企业、单位、门市签订责任书，组织开展“门前五包”“院内四自”等法律宣传；开展“换位体验、真情互动”活动。重点加强市容市貌、流动商贩、人力客货三轮和机动车乱停乱放、人行道上的摊位摆设、人行道和街道的挖掘、建筑占道围栏施工、户外广告等违章行为管理。1998年，四川省下达眉山城市环境质量综合整治定量考核（以下简称“城考”）的15项考核指标13项达标。汽车尾气排放、生活垃圾无害化处理率未达标。2000年，地区环保局与各县环保局签订环境保护目标责任书，将污染源治理确保达标排放列入目标管理。各县制定达标工作计划或“零点方案”。全区182家重点工业污染源治理达标169家。

2003年，专项整治眉山中心城区小街小巷。拉网式整治街巷占道经营，取缔占道经营摊点280余处，拆除私自占道搭建经营蔬菜、水产、畜禽等农副产品设施；暂扣各类占道经营物品860余件，没收销毁违章占道广告牌280个，现场处罚违规业主30余家。2005年起，仁寿县城区推行“六归一进”（坐商归店、农贸归市、广告归栏、摊点归区、车辆归点、建筑归线、炉灶进店）管理和人力客运三轮车“三·三”制运营。取缔违章占道，查处摊点乱摆、游商叫卖、骑门经商等违章行为；车辆乱行、超载、任意调头等违章行为；人力客运三轮车违法经营；渣土乱倒、污水乱排和建筑废弃物运输等违章行为。每年中、高考期间，全市加大噪声污染整治力度，查处施工工地、居民小区、学校、机关办公所在地周边的音乐厅等噪声。限期整治中心城区企业、医疗单位，眉山“城考”得分居全省第五名。2006年起，眉山市每年整治校园周边环境，维护校园周边环境秩序。当年，向学生、家长发放城市管理市民读本及创卫宣传资料1.5万份。社区城管加强校园周边业主和学生宣传教育，学校周边门市实行“门前三包”责任制。2008年，市委、市政府下发《关于城乡环境综合整治的实施意见》，决定用三年时间综合整治全市城乡环境。举行秋季爱国卫生运动启动仪式，市委书记发表讲话。重点搞好省道103线、省道106线和国道213线公路沿线30个重点场镇环境综合整治，加强道路绿化、沟渠疏通、垃圾清理等。以“喜迎奥运、洁净城乡”为主题，以“卫生城市（县城）、卫生村创建”活动为载体，重点治理小街小巷、城乡接合部、“城中村”等卫生死角；农村以沼气建设、血防改厕、卫生村建设为纽带，整治场镇污水乱排乱放、公路沿线、沿河沿江两岸、旅游景区、场镇的白色污染和垃圾的无序堆放。建立健全城乡环境综合整治长效机制。通过目标考核、编制整治规划、督查通报、奖励惩罚等措施，确保整治工作长期有效开展。当年，开展“十佳”“十差”卫生乡镇评选，被评为“十佳”卫生乡镇的市委、市政府奖励5万元~10万元，评为“十差”卫生乡镇的，惩处5万元。2009年，市委、市政府下发《中心城区环境综合整治实施意见》，市委办、市政府办印发《眉山市城乡环境综合整治考评办法》等文件。城乡环境综合整治指挥部办公室、市爱卫办每月考评眉山中心城区、各县县城和全市乡镇1次，考评结果在媒体公示。建立城市管理经费持续增长机制。以专项整治为突破点，整治城乡环境、市场、交通等，完成省道103线眉山段“6镇2城区”环境综合治理。开展“七进”活动，抓“脏、乱、差”治理“回头看”暗访，开展规范建筑工地管理专项行动，评选“十佳”“十差”工地，改变城区“工地乱象”。开展医疗卫生单位风貌整治，绿地日常管理，名木古树管理，“拆墙透绿”“见缝插绿”“屋顶增绿”活动，增摆花草，整治断头路、断头街等。市公安局、市城管执法局、东坡区政府在中心城区招募城管交通义务劝导员，开展交通劝导服务。2010年，全市将城乡环境卫生综合治理作为“美丽中国建设”重要内容，纳入各级政府议事日程。市政府制订《东坡湖污染综合治理工程类实施方案》，实施东坡湖污染综合整治。开展“工地乱象”专项治理活动，综合整治城市道路垃圾死角、乱贴乱画。成立文明劝导队，向市民宣传讲文明、讲卫生、讲秩序知识，劝导、制止、纠正在城区乱贴广告、乱发传单、乱吐口痰、乱扔果皮、纸屑、烟头、乱倒垃圾、占道经营、占道打牌、沿街算命、翻越隔离栏、乱穿公路、践踏绿地、损坏环卫设施以及各种车辆乱停乱放、违章行驶等不文明、不卫生、不讲秩序行为。整治抛洒滴漏，查处违规车辆94辆。

2011年，市委、市政府下发《关于进一步加强眉山城区环境综合治理的意见》《眉山城区环境综合治理标准》，制定社区、集贸市场、成员单位联创工作等的考核办法和实施细则，以及《监督员管理办法》《楼栋长管理职责》等。将环境治理考核纳入市委、市政府年终目标考核。组建9个专项治理组，建立网格化管理制度。以社区为单位，将城区划分为34个片区，每个片区确定相应的包片市、区、街道负责人，层层签订目标责任书，形成市、区、街道、社区全面覆盖、人人参与的管理体系，实现“两级政府、三级管理、四级联动”的城市管理新格局，城市管理基本实现以政府管理为主体向以政府为主导、群众为主体的社会化管理大转变。社区实行“一月一主题，一月一考核，一月一奖惩”制度。全面推行居民自治管理制度。通过居民代表和所在社区单位代表讨论制定《环境综合治理居民公约》，促进居民在环境综合治理中实行自我服务、自我管理、自我监督。贯彻环境治理责任区制度。社区与居民小区、门市（商铺）、单位（机关）、公园（广场）等7类责任主体分别签订环境治理责任书。建立工商、商务、城管部门组成的网格化管理市场治理队，制定“一市一策”，推行市财政以奖代补政策。建立商务、工商、交通、城管部门组成的煤炭、建材、洗车占道经营治理队，实行联合执法，规范经营秩序，取缔违法经营业主。召开居民大会，制定公约，落实垃圾清运费用，明确“环境治理、人人有责”。小区推行楼栋长管理制。市、区两级政府每年还各拿出500万元，专项考核和以奖代补治理工作。召开眉山城区环境治理提升年活动电视直播动员大会、全市城乡环境综合治理工作电视直播大会、眉山市贯彻《四川省城乡环境综合治理条例》（以下简称《条例》）深化落实月电视直播大会。《眉山日报》、眉山电视台开辟专题专栏，宣传报道，曝光“脏、乱、差”现象。各级各部门通过组织讨论会、宣讲会、文艺演出会、知识问卷调查和在城市主要街道、车站、广场、公园设立宣传标牌、宣传橱窗等形式，将宣传深入机关、学校、企业、商家和社区。眉山市将10月定为《条例》宣传月，11月定为《条例》深化落实月，印发《条例》单行本，张贴宣传单。规范网格化管理。加强开放式小区治理，市委、市政府命名示范小区47个。建设示范街道、社区、小区、楼栋、办公区、市场。出台十条示范街道标准，以标准检查工作。建设10条示范街，以“秀美街”“共产党员街”“共青街”“巾帼街”等主题命名。实施省政府提出的治理“五乱”，增加治理“三乱”（口痰乱吐、污物乱倒、砂石渣土乱洒）。重点治理城乡接合部、开发区、背街小巷等死角垃圾、建筑垃圾等环境卫生方面的突出问题，在城区10余个小区开展垃圾收集进小区试点。投资8500万余元整治东坡湖，改造通惠河。通惠河改造后，形成“五大”景观（水景观、绿化景观、夜景观、文化景观、风貌景观）。至2011年年底，东坡湖年平均水质四类，主要污染物化学需氧量、氨氮比2009年分别降17.4%、12.7%。

眉山城区环境综合治理动员大会（摄于2011年4月）

2012年，市政府下发《眉山市关于加强农村环境保护工作的意见》《眉山城区环境综合治理标准（试行）》，城区环境综合治理向纵深推进。眉山中心城区取缔个体经营户占道经营，200余户商家迁入周边农贸市场。取缔严重影响交通秩序占道经营摊点和占街设市场经营花草点；集中治理占道经营茶座（摊）等。暂扣违规占道经营物品，处罚违规占道经营业主，查扣违章车辆。开展非法运营等专项整治行动，完成城区人力客运三轮车更换。开展抛洒滴漏整治活动，教育驾驶员、处罚违章车辆。纠正牵绳挂物、占道打麻将等不文明行为。眉山城区市场周边、城乡接合部乱倒垃圾、不文明交通等现象改观。

2009—2012年，全市治理抛洒滴漏车辆1.8万辆次，处罚车辆1347辆次。

第二节　生态示范市与环境保护模范城市创建

一、生态示范市创建

1998年，彭山县政府计划用3年~12年在岷江两岸营造笋用竹8万亩，改善自然生态环境。1999年，眉山地区加快实施岷江、青衣江、沱江沿岸自然生态保护。至年底，建成种苗基地、示范林350亩。2001年，市委、市政府作出《加强生态环境建设和保护实施可持续发展战略的决定》，提出“坚持以人为本，发展生态经济，建设和谐眉山”经济社会发展总要求。2002年，东坡区完成国家西部大开发“生态家园富民计划”项目工程建设。2003年，彭山县申报国家生态示范县。洪雅县、丹棱县创建省级生态示范县。丹棱县九龙山批准为省级森林公园。

2004年，眉山市开展“三区一镇一小区”（自然保护区、生态示范区、生态功能区、优美乡镇、生态小区）创建。当年，洪雅县、丹棱县被国家环保总局批准创建国家级生态示范县。2005年，各县（区）编制生态建设规划，落实生态建设项目。开展生态农业产业园区、省级生态村创建，彭山县双凤村、丹棱县仁美镇安桥村、青神县白果乡椪柑园、青神县高台乡云翔四季花园创建省级农业生态园区，年底通过省评审。2006年，开展省级生态小区、文明生态村创建，洪雅县曲沿村、丹棱县梅湾村、彭山县团结村、东坡区五一村、仁寿县义和村等13个村被命名为文明生态村。彭山县通过国家级生态示范县验收。2007年，洪雅县被列为全省生态经济试点县，丹棱县列为全国首个生态文明建设试点县、全省生态家园建设试点县。当年，以创建国家级生态示范市、促进市域范围内经济社会等可持续发展为目标推进眉山生态示范市建设。市委要求“承接产业要继续坚持环保的基本国策，以环境保护为底线，不能承接高能耗、高污染企业”。开展农村农户生活废水生态湿地处理试点示范并推广。洪雅县、丹棱县创建国家级生态示范县通过验收。

国家级生态村洪雅县止戈镇莲花村（摄于2007年12月）

2008年，眉山市编制完成《眉山生态市建设规划》，通过专家评审和市政府常务会议审定，各县（区）修改完善生态县（区）建设规划。加强“生态细胞工程”建设。当年，环境保护部确定丹棱县为全国唯一农村生态文明家园建设试点县。丹棱县投资3900万元，重点建设5个示范带20个村生态文明家园，完成农户“两池六改一集中”（每户修建一个沼气池和一个污水处理池，改厨、改厕、改圈、改水、改路、改庭院，垃圾集中处理）1.06万户。至2008年年底，全市成功创建彭山县、丹棱县、洪雅县3个国家级生态示范区，其中2个县被列为全国农村环境保护工作试点县和全国“农村生态文明家园”建设试点示范县；创建省级环境优美乡镇11个、省级生态村22个、市级生态村 38 个、省级农业生态园区 19 个、省级工业生态园区 3 个、人居活动生态小区 2 个、国家级和省级绿色学校 10 所。2009 年，市委、市政府作出《关于建设生态市的决定》，推动全市社会经济与环境保护协调发展。构建以循环经济为核心的生态产业体系，稳定、协调、健康的生态环境体系，现代、文明、独具特色的生态文化体系，优美舒适、协调和谐的生态人居体系，保障有力的生态建设能力支撑体系。建立健全条块结合的管理体制、多元化投融资体制、环境容量总量控制体制、法律监督机制、目标考核机制。全市县（区）生态县建设规划通过专家评审。丹棱县完成“两池六改一集中”建设 1. 36 万户。洪雅县按照“四加四”模式，新建农村垃圾收运点 17 个，新建污水净化池、人工湿地等农村污水处理设施 2000 口。丹棱县、洪雅县两个国家级试点农村和生态环境保护，为全国全省示范，接待省内外参观考察 36 批次。洪雅县、丹棱县创建省级生态示范县通过验收。至 2010 年，丹棱县创建为四川省首批省级生态县，全县 85%建成省级生态乡镇，建成省级生态村 9 个、市级生态村 16 个、省级农业生态园区 8 个，全县规模化畜禽养殖污染治理全部完成。

2012 年，市政府下发《眉山市关于推进全域生态化的实施意见》，明确推进全域生态化的主要目标、工作重点和保障措施，提高园区生态文明建设水平。细化分解建设指标 20 项和建设工程 44 项。青神县通过省级生态县验收。丹棱县启动全域生态化试点。仁寿县、东坡区开展生态细胞建设，实施细胞工程。截至 2012 年年底，全市建成国家级生态示范县 3 个、生态乡镇 4 个、生态村 1 个，省级生态示范县 3 个、生态乡镇 20 个、生态村 68 个和一批生态小区、市级生态村、市级生态家园、绿色学校、绿色小区。

二、环境保护模范城市创建

（一）模范城市创建

2006—2008 年，眉山市 29 项创建省级环境保护模范城市（以下简称“创模”）考核指标完成 23 项。2012 年，全市开展创建国家级卫生城市、国家级园林城市、省级环境保护模范城市、省级文明城市宣传活动。发放宣传资料，建筑工地悬挂宣传标语。推进基础设施、保障性安居工程等项目建设。全市新型墙体材料运用率 95%，节能建筑比例 36%。完成眉山中心城区网格化管理。眉山市“创模”工作通过四川省政府验收。

（二）环境优美乡镇创建

2003 年，东坡区三苏乡、广济乡，丹棱县杨场镇申报全国环境优美乡镇，仁寿县龙桥乡、于丞乡、青神县瑞峰镇申报省级环境优美乡镇。此后，每年均有乡镇申报。2004 年，丹棱县杨场镇、青神县瑞峰镇被四川省环保局批准为省级环境优美乡镇。2006 年，开展省级环境优美乡镇创建。截至 2012 年年底，全市建成省级生态家园 436 个、省级生态村 17 个、市级生态村 49 个。

（三）环保单位（小区）创建

环保学校创建　1998 年，仁寿一中开展全省首批环保学校创建。2001 年，市环保局、市教育局下发《开展创建“绿色学校”活动的通知》，在全市开展绿色学校创建活动。当年，命名首批眉山市绿色学校 24 所。此后每年开展绿色学校评审验收。2002 年，评出仁寿一中、眉山市第一小学等 12 所学校为市级绿色学校。到 2005 年，全市创建市级绿色学校 52 所，省级绿色学校 6 所，市级环境教育基地 1 个。2006 年，仁寿一中建成国家级绿色学校，东坡区思蒙高中、眉师附小等 3 所学校创建为省级绿色学校。至 2010 年，全市创建市级绿色学校 100 余所，省级绿色学校 10 余所，国家级绿色学校 1 所，市级环境教育基地 1 个。2011 年，东坡区、仁寿县 38 所学校创建市级环境友好学校，11

所学校通过验收。东坡区2所学校、仁寿县1所学校获首届四川“美境行动”优秀方案设计奖。截至2012年年底，全市创建“绿色学校”国家级1所、省级8所，省级环境教育基地1个，市级环境友好学校11所。

环保小区创建 2004年，开展“安静居住小区”创建。当年，全市创建“安静居住小区”11个。2005年，开展首批市级“绿色社区”创建，命名市级“绿色社区”3个。2006年，洪雅县洪川镇三社区等2个社区被命名为首批省级绿色社区。2011年，东坡区、仁寿县开展环境友好社区创建。当年，东坡区4个社区申报创建市级环境友好社区，通过考核验收1个，仁寿县5个社区申报创建市级环境友好社区，通过考核验收1个。截至2012年年底，全市创建省级绿色社区2个、市级“绿色社区”12个，市级“安静居住小区”17个，市级环境友好社区2个。

眉山市生态系列创建一览表

表8-1

项目名称	建成时间	名录
国家级生态示范区（3个）	2006年	彭山县
	2007年	洪雅县、丹棱县
省级生态县（3个）	2009年	洪雅县、丹棱县
	2012年	青神县
国家级生态乡镇（4个）	2010年	洪雅县瓦屋山镇
	2011年	洪雅县东岳镇、柳江镇、槽渔滩镇
省级生态乡镇（20个）	2008年	青神县瑞峰镇，丹棱县丹棱镇，洪雅县洪川镇、瓦屋山镇
	2009年	洪雅县柳江镇、高庙镇、东岳镇、槽渔滩镇、中保镇、余坪镇，丹棱县顺龙乡、张场镇、仁美镇、双桥镇，东坡区万胜镇、崇礼镇、多悦镇
	2011年	青神县南城镇、青城镇、高台乡
国家级生态村（1个）		洪雅县止戈镇莲花村
省级生态村（68个）	2006年	东坡区广济乡五一村，洪雅县止戈镇青杠坪村，丹棱县双桥镇梅湾村
	2007年	东坡区广济乡鸭池村，仁寿县曹家乡梨树村，彭山县江口镇白蜡村，洪雅县洪川镇曲沿村、止戈镇莲花村，丹棱县丹棱镇龙滩村、仁美镇雄义村，青神县黑龙镇鸿化村
	2008年	东坡区三苏乡陈沟村、秦家镇新星村、白马镇龚村，仁寿县兆嘉乡踏桥村，彭山县江口镇茶场村，洪雅县将军乡阳坪村、中保镇史华村、中山乡前峰村，丹棱县丹棱镇观音村、丹棱镇兴隆村，青神县高台乡南坝子村
	2009年	东坡区华藏村、松林村、寿灵村、长虹村、前锋村，仁寿县太清村、石家村，彭山县双塘村、杨庙村、红石村、象耳村，丹棱县宿场村、群力村、光明村、麻柳村，青神县甘家沟村、白塔村、傅塘村、向阳村，洪雅县团结村、文山村、建设村、五龙村
	2010年	东坡区多悦镇华藏村、富牛镇松林村、尚义镇寿灵村，仁寿县文宫镇太清村，彭山县黄丰镇双塘村、义和乡杨庙村、谢家镇红石村，丹棱县双桥宿场村、丹棱镇群力村，青神县白果乡甘家沟村、南城镇白塔村，洪雅县东岳镇团结村、槽渔滩镇文山村
	2011年	东坡区土地乡长虹村、悦兴镇前锋村，彭山县锦江乡象耳村，仁寿县文宫镇石家村，丹棱县仁美镇光明村、石桥乡麻柳村，青神县高台乡傅塘村、汉阳镇向阳村，洪雅县汉王乡建设村、止戈镇五龙村

第九篇　经济综述

1997—2012 年，眉山市坚持以经济建设为中心，坚持改革开放，市（地）委、市政府（地区行署）相继提出“抓三化、建三市、五年创辉煌”发展目标，“工业强市、开放兴市、人才立市、依法治市”发展战略和“融入成都，一体发展，强工促农，繁荣城市”发展思路，作出《关于进一步扩大对外开放促进经济发展的决定》《关于举全市之力推进工业强市的决定》《关于建设“眉山新村”的决定》《关于加快第三产业发展的决定》等战略决策，开展经济转型、产业结构调整、供给侧结构性改革、发挥市场在资源配置中的决定性作用等改革。至 2012 年年末，眉山市建成配套完善设施齐备、主业突出、特色鲜明的工业园区 20 个，工业集中度 72%，荣获“中国泡菜之乡”“中国优质稻米之乡”“中国枇杷之乡”等 10 个“中国之乡”。全市经济持续增长，结构进一步优化，社会保持稳定，人民生活逐步改善。地区生产总值完成 775. 22 亿元，比 1997 年（下同）增长 6. 42 倍，人均地区生产总值增长 7. 03 倍，地方财政一般预算收入增长 11. 17 倍，全社会固定资产投资增长 23. 68 倍，城镇居民人均可支配收入增长 4. 35 倍，农民人均纯收入增长 3. 63 倍，新农合参合率 99. 93%。

第一章　经济效益

1997—2012 年，眉山经济持续快速发展，经济综合实力不断增强。1997 年，眉山地区地区生产总值（现价、下同）104. 5 亿元，人均地区生产总值 3259 元，三次产业中，第一产业占主导地位。2004 年，眉山市地区生产总值突破 200 亿元。2006 年，全市地方财政收入超过 10 亿元。2007 年和 2008 年，全市地区生产总值连破 300 亿元、400 亿元。2012 年，眉山市地区生产总值 775. 22 亿元，人均地区生产总值 2. 62 万元（按常住人口计算）；三次产业之比由 1997 年的 39 : 34. 7 : 26. 3 调整为 17. 5 : 57. 2 : 25. 3，二次产业超过一、三产业的总和，占据主导地位。

第一节 地区生产总值

一、全市

1997年，眉山地区地区生产总值增长缓慢。当年，全区地区生产总值104.5亿元，其中第一产业增加值40.77亿元、第二产业增加值36.28亿元、第三产业增加值27.45亿元，人均地区生产总值3259元。2003年起，随着中国加入世界贸易组织和加大产业结构调整，以及后来实施工业强市战略，眉山经济快速持续增长。2007年，眉山市人均地区生产总值突破1万元。2012年，眉山市实现地区生产总值775.22亿元，是1997年的7.42倍，其中第一产业增加值135.91亿元、第二产业增加值443.33亿元、第三产业增加值195.98亿元。按可比价格计算，全市地区生产总值是1997年的5.6倍。其中，第一产业对经济增长的贡献率为5.5%，拉动经济增长0.8个百分点；第二产业对经济增长的贡献率为73.1%，拉动经济增长10.6个百分点；第三产业对经济增长的贡献率为21.4%，拉动经济增长3.1个百分点。全市常住人口人均地区生产总值增加到2.62万元。1997—2012年，年均增长率12.4%。其中2002年后，每年均以10%以上速度增长，2010年最高达到15.6%。

二、地区经济差别

1997年，眉山地区各县经济发展不平衡，眉山县和仁寿县占有经济基础和人口大县等优势，占全区经济比重较大。当年，全区地区生产总值104.5亿元、人均3259元。人均地区生产总值有3个县未达到全区平均水平，彭山县最高、仁寿县最低。2007年9月和2009年7月，仁寿县、彭山县相继被纳入“扩权强县”试点县，推动县域经济快速发展。至2010年，仁寿县、彭山县地区生产总值分别为179.88亿元、65.25亿元，分别占全市地区生产总值的32.57%、11.82%。至2012年，眉山市地区生产总值775.22亿元、人均26168元，其中东坡区267.2亿元、人均32360元，仁寿县259.04亿元、人均21278元，彭山县92.85亿元、人均31158元，洪雅县77.69亿元、人均25657元，丹棱县37.11亿元、人均24043元，青神县49.19亿元、人均29456元。人均地区生产总值有3个县未达到全市平均水平，东坡区最高、仁寿县最低。

眉山市1997—2012年地区生产总值（当年价）统计表

表9-1

年份	地区生产总值（亿元）							人口总数（万人）	人均地区生产总值（元）
	眉山市	东坡区	仁寿县	彭山县	洪雅县	丹棱县	青神县		
1997	104.50	31.36	33.65	15.69	10.89	4.71	6.28	331.95	3259
1998	112.80	34.17	36.51	17.22	11.68	4.75	6.86	336.43	3509
1999	118.26	36.07	39.11	18.33	12.20	4.96	7.22	338.63	3680
2000	124.80	38.53	41.77	18.97	12.92	5.28	7.69	339.90	3879
2001	133.51	41.47	45.49	19.30	13.70	5.64	8.20	340.13	4189
2002	147.89	46.00	50.06	21.35	15.31	6.27	9.10	340.10	4690

续表9-1

年份	地区生产总值（亿元）							人口总数（万人）	人均地区生产总值（元）
	眉山市	东坡区	仁寿县	彭山县	洪雅县	丹棱县	青神县		
2003	171.78	53.14	57.38	24.65	17.87	7.26	10.50	340.66	5517
2004	210.36	65.10	71.19	30.23	22.13	9.12	12.92	340.79	6836
2005	245.07	75.58	81.49	35.29	26.38	10.44	14.97	340.74	8012
2006	280.83	88.11	93.63	34.12	30.70	12.19	17.47	342.00	9201
2007	343.75	109.33	114.13	41.65	34.02	14.82	21.21	344.52	11340
2008	414.50	136.48	138.24	52.50	40.39	20.18	26.72	346.58	13750
2009	465.33	152.29	154.45	58.07	47.87	22.88	29.98	348.07	15508
2010	552.25	186.26	179.88	65.25	54.94	25.87	34.78	349.08	18586
2011	673.34	229.66	224.04	80.49	67.91	32.08	42.82	350.81	22791
2012	775.22	267.20	259.04	92.85	77.69	37.11	49.19	350.38	26168

说明：规模以上企业1997年为独立核算企业，1998年起为全部国有工业企业及年销售收入500万元以上的非国有工业企业。2005年起，人均地区生产总值按常住人口计算

第二节　财政收入支出

一、财政收支总量

1997年，眉山地区财政收入4.41亿元，其中，一般预算收入4.01亿元；在地方财政收入中，地区本级收入372万元、占全区地方财政收入的0.84%，6县收入4.38亿元、占全区地方财政收入的99.32%。全区财政总支出6.44亿元，其中，一般预算支出6.1亿元。在支出项目上，重点加大对农业、贫困地区、结构调整、科技教育事业、城市建设等方面的投入。2012年，眉山市财政收入118.05亿元、是1997年的26.77倍，其中财政一般预算收入48.81亿元、是1997年的12.17倍；在地方财政收入中，市级收入25.75亿元、占全市地方财政收入的21.81%，六区县收入86.1亿元、占全市财政总收入的72.94%。全市财政总支出207.22亿元、是1997年的32.18倍，其中，地方财政一般预算支出143.29亿元、是1997年的23.49倍。

二、财政收入支出占地区生产总值的比例

1997—2012年，眉山市财政收入、地方一般预算收支占地区生产总值的比例逐年提高。1997年，眉山地区财政收入4.41亿元、地方一般预算收入4.01亿元，分别占地区生产总值的4.22%、3.83%；财政支出6.44亿元、地方一般预算支出6.1亿元，分别占地区生产总值的6.16%、5.84%。2012年，眉山市财政总收入、地方一般预算收入增至118.05亿元、48.81亿元，分别占全市地区生产总值的15.23%、6.3%；财政总支出、地方一般预算支出增至207.22亿元、143.29亿元，分别占全市地区生产总值的26.73%、18.48%。

眉山市 1997—2012 年部分年度地方财政收支比较表

表 9-2

年份	地方财政收入		地方财政一般预算收入（亿元）	地方财政总支出		地方财政一般预算支出（亿元）
	小计（亿元）	占地区生产总值比例（%）		小计（亿元）	占地区生产总值比例（%）	
1997	4.41	4.22	4.01	6.44	6.16	6.10
2000	4.44	3.56	4.19	9.39	7.52	9.10
2005	8.07	3.29	7.08	25.75	10.51	24.92
2010	53.18	9.63	24.69	126.84	22.97	96.53
2012	118.05	15.23	48.81	207.22	26.73	143.29

第三节　主要产品产量

1997—2012 年，眉山市工农业产品有品种的改变、增加及数量的增减，总的变化趋势是品种越来越丰富，质量越来越高。

一、农产品

眉山市种植的农产品有水稻、玉米、水果、蔬菜、茶叶、中药材、小麦、红苕、洋芋、大豆、油菜、花生、蚕桑等。其中粮食作物主要是水稻、小麦、玉米；水果主要是柑橘、枇杷、梨、桃子、李子、葡萄等；蔬菜主要是芥菜、萝卜、辣椒、豇豆等；中药材主要是泽泻、川芎等；油料作物主要是油菜。畜牧业以养生猪、奶牛、肉鸡为主，也有肉羊、肉牛、肉兔，蛋鸡、鸭、鹅、蜜蜂、鹌鹑及肉鸽等。水产养殖品种主要为鱼类，少有虾、蟹。至 2012 年，种植业规模在经济中的比重相对缩小，但是品种优化，单位面积产量提高；水果、茶叶种植规模扩大。畜牧业中，出栏肥猪 397.45 万头、占全省的 5.54%，奶牛存栏量、牛奶产量、蜂蜜产量全省第一，肉兔出栏量、蜂群数量全省第二。水产业规模逐步扩大，产量居全省第三位。粮食生产以仁寿县、东坡区为主。

眉山市 1997—2012 年部分年度主要农产品产量比较表

表 9-3

种类	单位	1997 年	2000 年	2005 年	2010 年	2012 年
粮食	万吨	168.87	168.61	166.38	156.52	162.51
油菜籽	万吨	4.98	5.70	7.21	9.25	9.39
蔬菜	万吨	67.10	73.13	72.70	109.17	130.06
水果	万吨	14.82	16.62	44.47	66.80	76.91
茶叶	吨	2342	3596	7963	16462	19037
肉类产量	万吨	25.97	30.44	43.31	27.30	27.81
奶牛存栏	头	—	6300	57367	67032	72176

续表9-3

种类	单位	1997 年	2000 年	2005 年	2010 年	2012 年
牛出栏	万头	2.32	3.14	6.41	8.77	9.15
出栏肉猪	万头	277.00	283.01	341.15	290.54	397.45
山羊出栏	万只	29.30	57.51	126.82	53.87	52.09
牛奶产量	万吨	0.71	1.09	11.74	12.65	13.61
水产品产量	万吨	2.24	3.04	6.56	10.37	9.06

二、工业产品

1997 年，眉山工业基础薄弱，总量小，列入统计口径的主要工业产品 17 种，主要分布在机械制造、电子、化工医药、农产品加工四大传统产业。2005—2007 年，市委、市政府相继提出工业强市发展战略，作出《关于举全市之力推进工业强市的决定》《关于推进四个跨越实施产业富民的决定》。以铝业、化工医药、农产品加工、机械制造四大传统产业为基础，做大产业，提升区域经济竞争力。至 2012 年，全市工业产品主要集中在铝、硅、化工、芒硝、机械、建材、食品加工、竹木加工八大行业。

眉山市 1997—2012 年部分年度主要工业产品产量比较表

表 9-4

种类	单位	1997 年	2000 年	2005 年	2010 年	2012 年
原煤	万吨	114.92	50.80	123.00	133.73	152.38
纺纱量	吨	8777	11340	24496	23809	29490
布	万米	5001	5262	8140	7840	6082
水泥	万吨	59.17	71.06	208.00	752.7	626.47
发电量	万千瓦时	60134	52865	218742	485312	218149
塑料制品	吨	12069	12972	45235	141389	134574
配混合饲料	万吨	48.56	37.72	78.00	141.79	—
机制纸及纸板	万吨	7.25	4.67	15.37	38.24	36.57
合成氨	万吨	9.36	9.86	18.32	33.91	36.64
农用化肥	折纯、万吨	4.69	8.11	—	30.26	35.70
鲜冷藏冻肉	万吨	3.89	4.60	3.00	13.60	8.85
焦炭	万吨	—	—	35.45	40.53	44.31
钢材	万吨	2.14	11.26	18.69	12.74	16.60
原铝（电解铝）	万吨	—	—	13.05	23.83	18.03

第二章　经济组织

1997—2012 年，眉山市的经济组织方式、形态发生重大变化，适应于经济的转型和生产力的发展，现代化程度大大提高。农业个体经营向专业化公司化经营发展，专业协会、专业合作社及其联合社、农业产业化基地、农村土地股份制合作社为组织形式。工商企业发展为专业协作联合体、企业集团、股份制企业和有限责任公司等。各级各类开发区也作为新的企业集群组织出现。商贸业组织形态升级优化，专业的、连锁的、综合的经营组织及大型超级市场和商贸综合体出现。

第一节　农村专业合作经济组织

眉山农村专业合作经济组织有农民专业协会、股份合作农民经济组织 2 种。农民专业协会主要由从事某种农产品专业生产或经营的农民，在生产、加工、储运、销售、供应等环节上联合组建而成。股份合作农民经济组织以“公司+农户”等形式组织起来，从事专业生产经营活动。20 世纪 90 年代初，政府扶持农户建立农村专业协会，为农户提供技术、销售等服务，实现农村经济产业化。

2001 年，眉山市实施“助农增收”工程。供销社组建棉花、水果、蔬菜专业合作社 23 个。年末全市供销专业合作社增至 200 个，有会员 2500 户，入会农户 1.5 万户，带动农户 5 万户。2003 年，市委办、市政府办印发《关于大力发展农村专业合作经济组织的意见》，加快全市农村专业合作经济组织发展，鼓励创办农业专业合作社。当年，全市供销社系统兴办各类专业合作社 45 个，行业协会 9 个，发展水果基地 5 个。至 2005 年，全市农民专业协会有洪雅县奶业协会、仁寿县文宫枇杷协会、曹家金梨协会、青神县椪柑协会、古佛葡萄协会等 114 个，协会会员 1.1 万户。2006 年，全市 10 个农业专业经济合作社列入农业专业经济组织“千点示范”省级示范。2008 年，市委、市政府印发《关于支持农民专业合作社加快发展的意见》，制定全市农民专业合作社发展目标。截至 2012 年年底，全市有登记注册合作社 1241 个，其中种植业 650 个、畜牧业 325 个、渔业 86 个、林业 64 个、服务业 91 个、其他 25 个，成员 13.7 万个。农业专业合作社以“公司+专合组织+基地+农户”为主要经营模式。

第二节　工业经济组织

眉山工业生产由独立企业生产逐步向现代产业集群、工业园区发展，形成独立企业、现代产业集群、工业园区相结合的工业生产模式。

一、有限责任公司和股份有限公司

1997 年，眉山地区有独立核算企业 880 户，其中眉山县 229 户、仁寿县 168 户、彭山县 123 户、洪雅县 110 户。从业人员 183.38 万人，资产总值 77.13 亿元；全部独立核算工业企业总产值 57.96 亿元，主营业务收入 48.79 亿元，利润总额负 1.01 亿元。1998 年，调整统计口径，全区有规模企业 192 户，其中眉山县 56 户、仁寿县 52 户、彭山县 38 户、洪雅县 11 户。此后，随企业全面改制，按照现代企业制度，建立国有资产营运监管体系和股份有限公司。2000 年，全区有规模企业 167 户，从业人员 185.26 万人，规模以上工业总产值 51.31 亿元，实现规模以上工业增加值 14.58 亿元；完成产品销售收入 49.58 亿元，实现利税 2.86 亿元、利润 0.68 亿元。

2005 年，眉山市有规模以上企业 342 家；规模以上工业总产值 241.6 亿元，完成工业产品销售收入 230.76 亿元，实现利税 14.99 亿元。2012 年，全市有规模以上工业企业 578 户，其中东坡区 129 户、仁寿县 167 户、彭山县 96 户、洪雅县 37 户，从业人员 189.52 万人，资产总值 685.34 亿元；规模以上工业总产值 822.46 亿元，主营业务收入 833.87 亿元，实现利税及附加 5.21 亿元、利润总额 67.49 亿元。

二、产业基地和产业集群

1997 年起，眉山地区国有经济进行战略性调整和资产重组，中小企业开始集聚发展。2000 年，全区工业主要以饲料、泡菜等农副产品加工为主。规模以上工业企业 167 户。

2005 年，市委、市政府提出工业强市发展战略，突出工业在经济发展中的主导地位。以铝业、化工医药、农产品加工、机械制造四大传统产业为基础，做大产业，提升区域经济竞争力。截至 2012 年年底，全市形成铝、硅、化工、芒硝、机械、建材、食品加工、竹木加工八大优势产业。规模以上工业企业达到 578 户，工业总产值（现价）830.7 亿元。规模以上工业增加值增长 18%，实现利税 86.8 亿元，工业化率 50.3%，万元工业增加值能耗下降 8%。

三、开发区和产业园区

2002 年起，眉山启动电解铝项目后，眉山市和辖县（区）陆续建立高新技术产业开发区、经济开发区。至 2012 年，眉山市设立甘眉（铝硅）工业园区、眉山金象化工产业园区、眉山经济开发区新区、四川彭山经济开发区、眉山市东坡区泡菜产业园区、仁寿视高经济开发区、仁寿县文林工业园区、洪雅县工业园区、丹棱县机械产业园区、青神县工业开发区、成眉石化园区、眉山机械产业园区等重点工业园区 12 个，其中市直管园区 2 个，即甘眉（铝硅）工业园区、眉山金象化工产业园区，其余 10 个工业园区为市托管。企业在园区内集聚，突出产业特色，培育建设产业集群。

第三节　商贸服务业经济组织

至 2012 年，眉山商贸业的组织形态向大型、综合、专业、连锁、开放方向发展，商品流通、服务市场联系更加紧密。

一、商品市场

1997年，眉山有火车站、彭山青龙2个规模粮食批发市场，全年粮食现货交易37.5万吨。满足眉山饲料企业原料用粮及食品加工、酿酒、酿造企业原料用粮，批发除仁寿、青神、丹棱、洪雅等县外，辐射到乐山市夹江县、井研县。至2000年，全区有消费品交易市场186个，棚盖市场168个，农副产品综合市场27个。年成交额18.7亿元。

2001年，眉山市各地供销社通过兴办“专业市场”，发展“农贸市场”，促进农产品流通。2003年，市政府下发《加快我市商贸流通业发展的意见》，扩展眉山造产品市场销售网络。培育发展特色商业等，市中心城区形成小香港步行街、东坡湖商城、东坡湖广场、金罗马新夜市、杭州路火锅一条街等新的消费点。全市供销社系统建立村级综合服务站1200个，城乡批发零售业、餐饮业网点发展到8万余个。2005年，国家启动“万村千乡”市场工程。构建以城区店为龙头、乡镇店为骨干、村级店为基础的农村现代流通网络。建立彭山青龙粮食批发市场。2007年，重点培育眉山市农产品批发市场、彭山以“青龙天下粮仓”为重点的3个国家或省级标准化农产品批发市场。商贸流通行业开工项目35个、投资10亿元，竣工11个、完成投资1.5亿元；规划培育10条特色商业街初具规模，新建商业示范社区3个，新增省级示范社区1个，新增社区商业网点250个；改造完善乡镇农贸市场15个，新建标准农家店409个，新增营业面积10万余平方米。2009年，升级改造生猪屠宰场。全市投入1.5亿元改造A级生猪屠宰场7家，实现城区机械化屠宰。引导生猪屠宰加工龙头企业建设大型高标准活体储备养殖场，与专业合作社和农户对接，实现产销一条龙，建成养殖规模上万头的养殖场8个。开展“绿色市场”认证及“双百市场”工程建设，修建冷库、农药检验设施等，为农产品收购、储存、运输提供更好条件。标准化改造社区菜市场。新区大市场、城北综合市场、眉东大市场被列入商务部标准化菜市场改造项目，投资500万元实施标准化改造。实施商业购物中心、酒店、旅游、农贸市场、物流等大型商贸服务业项目37个，投资9.66亿元。实施“新网工程”建设，网点发展到1615个。2010年，建设经营额10亿元市场1个、1亿元市场10个、1000万元市场100个。投入建设资金500万余元，建设村级农家店配送中心4个，为全市1581个农家店配送生产、生活物资，增加就业5000余人。彭山青龙粮食批发市场粮食交易量增至80万吨。截至2012年年底，全市建成农家店1700个，建设县域配送中心6个，区域性配送中心1个，覆盖所有区县和95%的乡镇，210万农业人口。主要经营肉、禽、蛋、豆制品、蔬菜、水产、水果、粮油、日杂及各类自产自销农副产品。

眉山小香港步行街（摄于2002年8月）

二、超市与连锁店

1997 年，眉山地区超级市场、连锁店与专卖店很少。2003 年，市政府下发《加快我市商贸流通业发展的意见》，搞好连锁经营和物流配送，提升商贸流通水平。以宏远、应林为龙头的眉山商贸企业在 6 县（区）开建连锁店、分场，红旗连锁、互惠超市等外地企业入驻眉山，形成多种流通业态，眉山企业与外地企业共同竞争，共同发展，全市新增连锁店 25 家。鼓励、帮助企业进入成都连锁店市场，扩展眉山造产品市场销售网络，培育名牌产品。全市建成市场和连锁超市 173 个。供销社系统建立村级综合服务站 1200 个。全市城乡批发零售业、餐饮业网点发展到 8 万余个。2005 年，城区建立县级配送中心 3 个，乡镇建立农家店 15 个。至 2012 年，眉山市建成县域配送中心 6 个，区域性配送中心 1 个，覆盖所有县（区）和 95%的乡镇，210 万农业人口。通过连锁配送，销向农村商品价格平均降低 3%～5%。

三、商贸服务企业

商贸业　1997 年，眉山地区有限额以上批发零售企业 25 家，实现销售总额 12. 13 亿元，其中批发额 10. 09 亿元，零售额 2. 04 亿元。2012 年，眉山市有限额以上批发零售企业 119 家，实现销售总额 145. 33 亿元，其中批发额 75. 36 亿元、零售额 69. 97 亿元。

住宿餐饮业　1999 年，眉山地区有限额以上住宿餐饮企业 2 家，拥有资产 3910 万元，营业收入 1076 万元，税金及附加 59 万元，亏损 78 万元。2005 年，眉山市有限额以上住宿餐饮企业 14 家，年均从业总人数 1397 人，营业收入 0. 78 亿元，其中客房收入 0. 18 亿元、餐费收入 0. 47 亿元。2012 年年末，全市有限额以上住宿餐饮企业 36 家，年均从业人员 3612 人；营业收入 5. 59 亿元，其中客房收入 1. 58 亿元、餐费收入 3. 24 亿元，主营业务税金及附加 0. 25 亿元，盈利 0. 31 亿元。

房地产开发业　1997 年，眉山地区列入独立核算的房地产开发企业有 3 家，购置土地 32. 59 万平方米，实施土地开发面积 23. 41 万平方米，房屋竣工 5. 82 万平方米，其中住宅 4. 09 万平方米、商业营业用房 0. 73 万平方米、其他用房 1 万平方米；商品房销售面积 3. 78 万平方米，销售收入 2200 万元，其中商品住宅销售面积 3. 14 万平方米，销售收入 1400 万元。此后，加快旧城改造，搞好城市经营。2012 年，眉山市有房地产开发企业 134 家，购置土地 128. 28 万平方米，完成房地产投资 78. 18 亿元；完成主营业务收入 641. 41 亿元，其中商品房销售收入 626. 15 亿元，实现主营业务税金 45. 41 亿元，支付员工工资福利 163. 35 亿元。

第三章　固定资产投资

1997 年起，眉山地区各级政府重视生产投资，促进民间投资，吸引外商投资，众多重点公共基础设施项目陆续开工建设，工业技术改造和产业升级步伐明显加快，房地产行业迅速崛起并快速发展，刺激固定资产投资的增长。当年，全区全社会固定资产投资 24. 75 亿元，占全区地区生产总值的 23.68%。2012 年，眉山市国有、集体经济投资比重比 1997 年有所下降，其他经济投资比重大幅度提升。全市完成全社会固定资产投资 601.72 亿元，占全市地区生产总值的 77.62%。其中：第一产业投资 13.33 亿元、第二产业投资 299.13 亿元、第三产业投资 289.27 亿元。500 万元以上项目投资 510.89 亿元、基本建设投资 320.27 亿元、更新改造投资 190.61 亿元。

第一节 投资主体

眉山市全社会投资主体多元化。国有投资在全社会投资中所占份额逐年下降，民营经济、股份制经济投资逐年增长，逐步形成国有、集体、个私及其他经济类型共同支撑的多元化投资格局。2004 年，眉山市民间投资超过国有、集体单位，成为全市固定资产投资的主力。2010 年，全市非公有制投资占总额的 78.9%，超过国有、集体单位的总和。至 2012 年，眉山市固定资产投资仍以民间投资为主。全市固定资产投资规模不断增大，投资结构日趋合理，投资渠道不断增多，投资收益逐步提高。

眉山市 1997—2012 年全社会固定资产投资统计表

表 9-5　　单位：万元

年份	总投资			按构成分		
	合计	500 万元及以上项目	住宅	建筑、安装工程	设备工器具购置	其他费用
1997	247466	—	92776	177476	48201	21789
1998	314963	—	97752	202478	72321	40164
1999	361636	—	106222	258373	65812	37451
2000	372240	—	66843	263146	68859	40235
2001	396080	188700	88124	304910	71348	19822
2002	511951	305662	91301	369997	108826	33128
2003	859722	535353	193639	545356	195901	118465
2004	1132662	864623	149828	645468	339088	148106
2005	1303306	1015453	210282	716200	443977	143129
2006	1597186	1253631	196015	825540	538043	233603
2007	2116493	1657087	320134	1117058	698361	301074
2008	2465981	1868762	490271	1364007	906381	199538
2009	3708559	2884774	763636	1918890	1254240	535429
2010	4202615	3373879	732233	2309916	1219062	673636
2011	4503481	3767325	—	2695026	1019118	689337
2012	6017203	5108865	—	3932101	1424481	660621

续表 9-5

年份	按种类分				按所有制形式分			按城乡分	
	基本建设	更新改造	其他	房地产	国有经济	集体经济	非公有制经济	城镇	农村
1997	85543	18698	6775	6809	69643	8312	169511	141740	105726
1998	153888	26625	1896	5345	162415	21620	130928	215865	99098
1999	178649	32645	7005	6270	178116	24101	159419	258427	103209
2000	184244	23526	14026	11756	177547	13222	181471	283687	88553
2001	154111	38843	22204	25299	147310	6155	242615	319239	76841
2002	258197	52260	9770	61851	204638	12192	295121	430101	81850
2003	400211	151328	1458	152062	303594	40783	515345	731198	128524
2004	616348	268556	32951	116897	352223	2877	776195	991545	141117
2005	694520	347904	13274	111145	347140	760	955406	1148525	154781
2006	900450	419447	134	144443	311830	27928	1257428	1406749	190437
2007	1169180	537220	3010	255596	407872	23393	1685228	1840185	276308
2008	1288217	623748	9767	256746	362819	20426	2086701	2084647	381334
2009	1945705	988399	25081	334635	715887	85515	2907157	2938489	770070
2010	2105102	1274577	33250	477716	837592	49208	3315815	3485908	716707
2011	2080859	1632337	—	636156	1124044	—	3379437	—	—
2012	3202748	1906117	—	781838	580014	560585	4876604	—	—

一、全民所有制单位投资

1997 年，眉山地区全民所有制投资 6.96 亿元、占总投资的 28.12%。2001 年，眉山市全民所有制完成投资额 14.73 亿元。2005 年，全市全民所有制投资额 34.71 亿元、占总投资的 26.63%。2010 年，全市全民所有制完成投资 83.75 亿元，占全市总投资的 19.93%。2012 年，全市全民所有制完成投资 58 亿元，占全市总投资的 9.64%。全民所有制单位投资逐步下降。

二、城镇集体所有制单位投资

眉山地区城乡集体单位投资额小。1997 年，眉山地区城乡集体单位投资 8312 万元、仅占总额的 3.33%。2000 年，全区集体经济投资 1.32 亿元、占总投资的 3.55%。2010 年，眉山市集体经济投资 4.92 亿元、占总投资的 1.17%。2012 年，全市完成全社会固定资产投资 601.72 亿元，其中集体经济仅 56.06 亿元，占总投资的 9.32%。城镇集体所有制单位投资逐步下降。

三、非公有制经济投资

眉山国有集体企业大批改制，民营企业及境外资金在总投资中的比例逐步提高。1997 年，眉山地区非公有制经济固定资产投资 16.95 亿元，占全社会固定资产投资的 68.5%，为全区固定资产投资的主力。在非公有制投资中，股份制和有限责任公司投资 3.41 亿元、联营经济投资 0.01 亿元，分别占20.1%、0.05%。2012年，眉山市非公有制经济投资487.66亿元，占全社会投资的81.04%，是1997年的28.77倍，非国有经济投资仍为全市投资主要力量。民间投资454.42亿元、港澳台商投资0.66亿元、外商投资4.93亿元。

第二节　投资方向

经济的快速发展及产业结构的变化推动投资结构显著变化，眉山市投资重点向第二、三产业和高新技术产业转移。1997—2012年，第一产业投资比重下降，第二产业、第三产业投资增加较快，服务业投资比重上升，尤其是房地产业增速迅猛。21世纪中期，高新技术产业成为投资培育重点。2012年，眉山市第一、二、三产业分别完成全社会固定资产投资13.33亿元、299.13亿元和289.27亿元。二、三产业是全社会固定资产投资重点方向。

2012年眉山市全社会总投资及构成分类别、分地区统计表

表9-6　　单位：亿元

类别	合计	其中房地产投资	地区	合计	其中房地产投资
总投资（按构成分）	601.72	78.18	总投资	601.72	78.18
建筑工程	359.26	56.77	东坡区	152.06	23.38
安装工程	33.95	4.77	仁寿县	158.51	16.16
设备工器具购置	142.45	1.33	彭山县	115.51	29.75
其他费用	66.06	15.31	洪雅县	60.01	4.63
—	—	—	丹棱县	34.02	1.56
—	—	—	青神县	35.01	2.70
—	—	—	铝硅园区	26.60	—
—	—	—	金象园区	15.01	—
—	—	—	岷东新区	5.01	—

眉山市1997—2012年部分年度全社会固定资产投资按国民经济行业分类统计表

表9-7　　单位：万元

指标	1997年	2000年	2005年	2010年	2012年
合计	111016	221796	1055698	3412929	5108865
农林牧渔业	1186	5177	16523	112986	102908
采矿业	3630	2895	17222	46406	65009
制造业	28682	30877	535322	1946962	2774650
电力、燃气及水的生产和供应业	29642	31632	161525	185212	144003

续表9-7

指标	1997 年	2000 年	2005 年	2010 年	2012 年
建筑业	461	1455	—	1100	—
交通运输、仓储和邮政业	13536	52216	16191	463101	88192
信息传输、计算机服务和软件业	—	—	37750	31240	1004370
批发和零售业	—	603	8000	21778	221011
住宿和餐饮业	—	22	6770	155494	11174
金融业	—	1629	520	—	—
房地产业	—	5283	60590	133655	289373
租赁和商务服务业	—	—	—	2640	62258
科学研究、技术服务和地质勘查业	—	240	—	1763	19307
水利、环境和公共设施管理业	—	49827	156437	151001	243289
居民服务和其他服务业	—	—	430	4526	6950
教育	—	4027	6163	42963	24305
卫生、社会保障和社会服务业	—	2146	11012	43003	28681
文化、体育和娱乐业	—	2572	2567	39468	7260
公共管理和社会组织	—	31195	18676	29631	16125

一、农业投资

1997 年起，眉山地区各级大规模组织实施农田水利建设、农村电网改造及农村地区通水、通路、通气、通电视等基础设施建设，增加种植养殖效益，提高农业综合生产能力，发展现代农业。当年，农业完成固定资产投资 1186 万元。2012 年，眉山市农业固定资产投资增至 10.29 亿元。1997 年和 2012 年，农业方面的投资分别为当年全社会总投资的 4.8%、1.7%。

眉山市 1997—2012 年农业投资额统计表

表 9-8　　　　单位：万元

年份	投资额	年份	投资额	年份	投资额
1997	1186	2003	14713	2009	129188
1998	628	2004	14285	2010	112986
1999	8454	2005	16523	2011	19730
2000	5177	2006	30013	2012	102908
2001	7235	2007	42931	—	—
2002	5536	2008	60812	—	—

二、工业投资

1997 年，眉山地区完成工业固定资产投资 6. 2 亿元。2012 年，眉山市工业固定资产投资 298. 37 亿元。1997—2012 年，工业投资保持在全社会总投资额的 12. 9%~58. 8%。

三、服务业投资

按照城市现代化、经济国际化要求，眉山市对交通运输、邮电通信、教育卫生、商贸流通等服务行业逐步加大投资建设力度，培育新兴服务业，提升传统服务业，增强服务业的竞争力。1997 年，眉山地区完成服务业投资 4. 74 亿元。2000 年以后，眉山各级抓住加入世界贸易组织和国际服务业加速转移的契机，促进服务业全方位、多层次对外开放，投资主要投向房地产业、交通运输及邮电通信业、水利环境和公共设施管理业、批发零售业。2006 年，服务业投资占全社会固定资产投资的比重达 23. 1%。2012 年，全市完成服务业投资 294. 31 亿元，占全社会总投资额的 48. 9%。

四、基本建设投资

1997 年起，眉山地区基本建设投资逐年增长，增速加快。当年，全区基本建设投资 8. 55 亿元，占全社会固定资产投资总额的 34. 6%。2012 年，眉山市完成基本建设投资 320. 27 亿元，占全社会固定资产投资总额的 53. 23%。1997—2012 年年均增长 27. 3%。

眉山市 1997—2012 年基础设施投资额统计表

表 9-9　　单位：亿元

年份	投资额	年份	投资额	年份	投资额
1997	8. 55	2003	40. 02	2009	194. 57
1998	15. 39	2004	61. 63	2010	210. 51
1999	17. 86	2005	69. 45	2011	208. 09
2000	18. 42	2006	90. 05	2012	320. 27
2001	15. 70	2007	116. 92	—	—
2002	25. 82	2008	128. 82	—	—

五、房地产业投资

随着城市化进程的不断加快和住房制度改革的逐步推进，眉山房地产投资规模不断扩大。

1997 年，眉山地区竣工房屋建筑面积 68. 17 万平方米。其中房地产开发投资额 6809 万元，商品房竣工面积 5. 82 万平方米。2005 年，眉山市房地产投资总额增至 11. 11 亿元，商品房竣工面积 82. 26 万平方米。2012 年，全市房地产开发投资 78. 18 亿元，竣工商品房屋 133. 85 万平方米，房地产开发投资占全社会固定资产投资的比重由 1997 年的 2. 75%增至 12. 99%。

第四章 经济结构

至2012年，眉山市经济结构发生显著变化，基本实现传统结构向现代结构、单一结构向多元结构、封闭结构向开放结构、生存结构向发展结构的转换。三次产业结构从一、二产业占主导地位向二、三产业占主导地位转变。农业结构从种植业为主向高效农业转变，工业结构从以轻、重工业为主导向以重工业为主导转变，服务业结构从商贸为主向以房地产、金融、旅游等新兴产业为主导转变。与此同时，经济的所有制结构也发生很大变化，公有制为主的格局被打破，形成民营经济为主，国有和集体经济、外商投资经济共同发展的格局。

第一节 所有制结构

1997—2012年，随着改革的深入和社会主义市场经济体制不断完善，眉山市经济结构逐步打破国有独大的格局，形成国有、集体、私营、股份合作、中外合资等多种所有制经济共同发展的局面。

一、国有、集体企业

1997年，眉山地区全部独立核算工业企业880个、总产值（现价）57.96亿元，其中国有企业21.34亿元、集体企业17.32亿元，分别占工业总产值的36.82%、29.88%。随着国有企业改制的完成，至2000年，全区规模以上工业企业167个、总产值（现价）51.31亿元，其中国有企业10.87亿元、集体企业24.22亿元，分别占工业总产值的21.18%、47.2%。国有、集体企业仍占主导地位。2012年，眉山市规模以上工业企业579个、总产值（现价）822.46亿元，其中个体私营企业376.92亿元、股份有限及有限责任公司327.05亿元、国有及国有控股企业74.21亿元，分别占工业总产值的45.83%、39.76%、9.02%。民营经济占全市经济主导地位，集体企业消失。

二、民营企业

1997年，眉山地区民营（私营）企业产值（现价、下同）8.62亿元，占全区工业总产值的（下同）14.87%。2003年，市委、市政府制定《关于大力发展民营经济的决定》，出台一系列扶持民营经济发展的政策、措施。重点做好30户年销售收入5000万元以上的民营工业、10户年营业额3000万元以上的民营商贸流通业、“三资”企业和重点民营餐饮娱乐旅游服务业的指导、协调、服务；其余民营经济由区县和乡镇分层管理。每两年表彰奖励一批纳税大户、文明经营户、光彩之星以及其他贡献突出的个体工商户、私营企业和外来企业。当年，市委、市政府表彰优秀民营企业家20户、优秀个体工商户20户、外地到眉山投资发展先进民营企业10户。全市新发展个体工商户1.5万户，新增从业人员2.09万人，新增注册资金1.72亿元，新发展私营企业476户，雇工7240人，注册资金3.79亿元，新发展外资法人企业4户，分支机构9户。有民营企业集团4个，超亿元销售收入的民营企业11户，省级名牌产品10个。至2003年年底，眉山市私营企业6.96万户，注册资本24.79亿元。民营经济从业人员12.28万人，安置下岗失业人员7352人。各县（区）工商税收一半以上来自民营企业。全市民营经济由简单生产、粗加工向科技、教育、医药、信息、农业开发、基础设施建设等领域发展，向生产型、科技型、外向型、集团化发展。2010年，全市非公有制经济增加值321.45亿元，列全省第13位。非公有制经济占地区生产总值比重58.2%，其中工业占71.7%。2012年，眉山市民营企业总产值增至376.92亿元、占全市工业总产值的45.83%。民营经济增加值483.58亿元，增长17%，占地区生产总值的62.4%，对经济增长的贡献率为70.2%，拉动经济增长10.2个百分点。民营经济占全市经济主导地位。

眉山地区发展民营经济工作座谈会（摄于2000年3月）

眉山市1997—2012年主要经济类型产值统计表（现价）

表9-10　　　　单位：万元

年份	规模以上企业工业总产值	国有及国有控股企业	国有企业	集体（联营）企业	股份合作企业	股份有限及有限责任公司	个体私营企业	外商与中国港澳台商经济	其他经济
1997	579606	213439	213439	173237	—	45812	86206	43462	—
1998	498006	141908	141908	37498	54757	120291	99229	27532	—
1999	412301	105402	105402	32883	46474	173564	112456	23745	—
2000	513130	108704	108704	24220	49916	225861	95328	25859	—
2001	588881	158821	158821	24220	28673	294745	137641	21672	—
2002	753655	189875	189875	9846	34299	315527	198776	38317	—
2003	1083264	199309	199309	10222	48419	478944	321910	54524	—
2004	1735500	394231	394231	4245	61465	898866	510710	75392	—
2005	2415992	427964	427964	220	65302	1137330	747636	147184	—
2006	2426101	510628	510628	—	80088	1043536	883739	138658	—
2007	3353543	635860	635860	—	67027	1339186	1199416	279262	—
2008	4634579	947741	277348	65512	38734	2042639	1714566	277688	18470
2009	5219825	586661	158512	—	61698	1918549	2720428	332621	28017
2010	7555475	625580	194394	5880	110590	2801286	3925711	507456	10158
2011	10536792	724976	229937	8500	125674	3441002	5894465	818624	18590
2012	8224608	742138	259959	—	73286	3270474	3769233	622700	228956

第二节　产业结构

1997年，眉山地区三次产业差别不太大，第一产业比重在三次产业中列第一位。此后，随着市委、市政府工业强市和大力发展第三产业决策，第二、第三产业快速发展。1999年，第二产业超过第一产业，列第一位。第一产业比重下降速度同时加快。至2012年年底，第二产业比重持续增加，在三次产业中居第一，超过第三产业和第一产业总和，第一产业所占比重很小。

一、地区生产总值构成

1997年，眉山地区三次产业为传统的“一二三”顺序结构，农业经济占较大比重，工业经济规模次之，服务业发展水平不高，一、二、三次产业之比为39∶34.7∶26.3。随着改革开放的深入，眉山工业化进程明显加快。特别是2005年市委、市政府提出“工业强市”战略后，第二产业快速发展。至2012年，眉山市农业稳步发展，工业特别是个体私营企业、股份制企业、外资合资企业等崛起，以现代服务业为主的第三产业快速发展。全市一、二、三次产业分别实现增加值135.91亿元、443.33亿元和195.98亿元，比例结构为17.5∶57.2∶25.3。三次产业中，第一产业由1997年的39%降到17.5%，第二产业由1997年的34.7%增至57.2%，第三产业由1997年的26.3%降至25.3%。

二、农村三次产业结构

1997年，眉山地区农业总产值在农村经济中占据主导地位。此后，经过生产方式改革，农民离开土地做工经商，农村农业产值相对于工商业比例更小。21世纪初，城乡户籍制度改革，眉山市人口流动加快，原来的二元结构被打破。农村户籍人口变为城镇户籍人口增多，从农村户籍人口就业结构的变动，可看出农村产业结构的变化。2012年，全市乡村实有从业人员170.05万人，其中农林牧渔业108.9万人，占从业总人数的64.04%。

三、从业人员构成

1997年，眉山地区社会从业人员183.38万人，其中，第一产业127.55万人、占社会从业人员的69.56%；第二产业30.38万人、占16.57%；第三产业25.45万人、占13.88%。随着城镇化进程的不断加快和服务业的迅速发展，大批农村富余劳动力向二、三产业转移。商贸餐饮、交通邮电、社会服务等行业成为吸纳就业的重要领域，促进农村人口转移和城市就业。第一产业从业人数逐年减少，第三产业从业人数逐年增加。2012年，眉山市城镇人口增至96.21万人，城市化水平提高到27.43%。第三产业从业总人数为43.3万人，比1997年增长73%，成为吸纳社会劳动力就业的主渠道。第一产业从业人员比重由1997年的69.55%降到59.31%。三次产业从业人员结构为59.31∶17.10∶23.58。

眉山市 1997—2012 年部分年份年末从业人员数及其构成表

表 9-11

年份	年末从业人员（万人）				构成（%）		
	合计	第一产业	第二产业	第三产业	第一产业	第二产业	第三产业
1997	183.38	127.55	30.38	25.45	69.55	16.57	13.88
2000	185.26	123.32	30.46	31.48	66.56	16.44	16.99
2005	182.86	117.29	32.49	33.08	64.14	17.77	18.09
2010	181.20	109.22	31.42	40.56	60.28	17.34	22.38
2012	183.60	108.90	31.40	43.30	59.31	17.10	23.58

第三节　行业结构

三次产业结构发生变化的同时，一、二、三产业内部行业结构也随之发生明显的变化。

一、第一产业

1997 年，眉山地区农林牧副渔业总产值 57.35 亿元（当年价）。其中，农业产值 31.86 亿元、占农林牧副渔业总产值的（下同）55.55%；林业产值 1.41 亿元、占 2.46%；牧业产值 22.53 亿元、占 39.29%；渔业产值 1.55 亿元、占 2.7%。以粮油生产为主的种植业在农林牧副渔业中占主导地位。此后，眉山地区各级加快农业产业结构调整，大力发展现代畜牧业和高效农业。至 2012 年，眉山市农林牧副渔业总产值增至 228.34 亿元。其中，农业产值 96.97 亿元、占农林牧副渔业总产值的（下同）42.47%；林业产值 4.58 亿元、占 2%；牧业产值 114.63 亿元、占 50.2%；渔业产值 9.52 亿元、占 4.17%；服务业产值 2.64 亿元、占 1.16%。全市畜牧业有较大发展，跃居首位。传统种植业向现代高效农业转变，以粮油生产为主的农业降至第二位。

眉山市 1997—2012 年部分年份农林牧副渔业总产值构成表

表 9-12　　单位：亿元

年份	总计	农业	林业	牧业	渔业	农林牧渔服务业
1997	57.35	31.86	1.41	22.53	1.55	—
2000	62.82	29.68	1.54	29.74	1.87	—
2005	102.63	40.87	2.09	53.76	4.19	1.72
2010	171.29	79.05	4.05	78.87	7.01	2.31
2012	228.34	96.97	4.58	114.63	9.52	2.64

二、第二产业

工业与建筑业的比例　1997 年，眉山地区第二产业总产值 70.77 亿元，其中工业总产值 57.96

亿元，建筑业总产值12.81亿元。工业总产值是建筑业的4.52倍。2005年，市委、市政府实施“工业强市”战略后，工业快速增长。同时，城市化进程推动建筑业迅速发展。至2012年，眉山市第二产业总产值增至944.57亿元，其中工业总产值822.46亿元、占总数的87.07%，工业总产值是建筑业的6.74倍，仍占第二产业主导地位。

眉山市1997—2012年部分年份社会总产值中工业与建筑业产值构成表

表9-13　　单位：亿元

年份	第二产业总产值	工业		建筑业	
		总产值	增加值	总产值	增加值
1997	70.77	57.96	28.35	12.81	7.94
2000	73.38	51.31	34.78	22.07	10.13
2005	260.55	216.94	92.60	43.61	20.50
2010	862.54	755.55	268.00	106.99	35.31
2012	944.57	822.46	390.53	122.11	52.79

工业内部结构　1997年，眉山地区推进企业改革，当年工业总产值中重工业占52.91%，轻工业占47.09%。此后，随资产重组、结构调整，工业结构发生明显变化。至2012年，眉山市工业总产值中重工业占62.74%，轻工业占37.26%，重工业占比比1997年上升9.83%。全市规模以上工业中，采矿业占工业总产值（当年价）的1.29%；制造业占17.09%；电力、燃气及水的生产和供应业占28.99%；医药制造业占27.75%；电气机械及器材制造业占55.09%；化学原料及化学制品制造业占11.63%；造纸及纸制品业占20.48%；非金属矿物制造业占18.42%。

三、第三产业

随着国民经济的快速发展、城乡居民生活水平的明显提高及服务业改革开放步伐的加快，眉山邮电通信、房地产、旅游、信息与商务服务等新兴服务行业迅速成长，优化服务业的内部结构。

第五章　人民生活

1997年起，眉山城乡居民收入持续稳定增长，消费水平不断提高，逐步由温饱生活步入小康生活，享受型、发展型消费比例显著上升。至2012年，眉山市居民生活主要消费品由彩电、冰箱、空调“三大件”发展到手机、电脑、私家车等热门消费品，城镇居民住房发展到环境优美、配套齐全的住宅小区，农村住房通过新建、改造后基础条件得到极大改善。

第一节 居民收入

1997年起，眉山城镇居民收入水平提高快，收入渠道逐渐多元化；农村居民收入来源不断拓展，非农化趋势日益明显，工资性收入逐步成为家庭收入的主要来源。城镇居民收入差别逐渐扩大。

一、收入水平

1997年，眉山地区有各类职工16.82万人，劳动工资总额8.09亿元。分布在国家机关和全民所有制单位的职工11.97万人，劳动工资总额为6.33亿元；城镇集体所有制单位（不含乡镇企业）4.85万人，劳动工资总额1.76亿元。当年，全区城镇居民人均可支配收入3698元，农村居民人均纯收入1778元。此后，随国家对行政、事业单位普调工资和工矿企业改革，人均工资逐步上升，同时居民收入渠道增多，从事第二职业、家庭财产出租、股票收入、股金（权）分红、储蓄存款利息、各种债券利息与收藏各种贵重物品增值等收入成为居民增收的组成部分。农村经济发展以脱贫致富奔小康为主线，农业生产结构不断优化，农副产品产量增加、价格提升、乡镇企业快速发展，农民进入城镇务工经商，收入渠道拓宽，收入水平快速提高。2003年，眉山市城镇居民人均可支配收入5956元，农村居民人均纯收入2497元。2012年，眉山市城镇居民人均可支配收入19766元，是1997年的5.35倍，年均递增11.82%。全市农林牧渔业总产值年均递增18.63%，非农产业收入逐年增加，农村居民人均纯收入8236元，是1997年的4.63倍，年均增长5.2%。农村居民收入增长速度快于城镇居民，城乡收入差距逐步缩小。

眉山市1997—2012年城乡居民工资及人均可支配收入统计表

表9-14

年份	城镇居民				农村居民（元）					
	职工人数（人）	工资总额（万元）	年平均工资（元）	年人均可支配收入（元）	总收入	工资性收入	家庭经营收入	财产性收入	转移性收入	年人均纯收入
1997	168200	80867	4898	3698	2936	355	2402	71	108	1778
1998	154100	77770	5014	—	2997	289	2605	14	88	1956
1999	143002	88847	6304	—	2870	489	2270	14	97	2041
2000	143592	105111	7327	—	3366	718	2500	69	78	2019
2001	140341	119210	8479	—	3448	772	2513	33	129	2194
2002	128893	124971	9743	—	3214	618	2479	15	102	2329
2003	127101	133159	10647	5956	3447	677	2652	16	102	2497
2004	126301	148670	11888	6646	4220	835	3258	20	107	2970
2005	123468	158687	12887	7707	4987	978	3837	38	134	3284
2006	120880	169449	14096	8533	5267	1166	3926	41	134	3567
2007	127895	210254	16680	10046	6129	1414	4470	66	179	4139

续表9-14

年份	城镇居民				农村居民（元）					
	职工人数（人）	工资总额（万元）	年平均工资（元）	年人均可支配收入（元）	总收入	工资性收入	家庭经营收入	财产性收入	转移性收入	年人均纯收入
2008	115715	223614	19647	11431	6942	1673	4865	75	329	4754
2009	131073	304993	19646	12981	7503	1840	5250	83	330	5135
2010	152780	417680	22897	14644	8638	2188	5969	139	342	5942
2011	158811	525570	27782	17038	10083	3402	5866	78	737	7184
2012	156780	620489	33034	19766	11176	3912	6189	93	982	8236

二、收入结构

1997年起，随市场经济的发展，眉山地区市民有了资产积累，有了投资机会和渠道，收入渠道不断拓宽，总体上工薪收入比重下降，其他收入比重上升。当年，农村居民收入主要为工资性收入、经营性收入、转移性收入，分别占总收入的12.09%、81.81%、3.68%。2003年，据中心城区400户抽样调查资料，眉山市城镇居民工薪收入占其总收入的56.25%，农村居民工薪收入占其总收入的19.64%。此后，随着行政企事业单位工薪制度的深化，各工薪阶层人员可支配收入中标准工资比重下降，奖金、津贴、浮动工资等其他工薪收入比重上升，逐步成为工薪人员的重要组成部分。2012年，眉山市城镇居民工薪收入占总收入的63.45%，比2003年增长7.2%。农村居民工资性收入、经营性收入、转移性收入分别占总收入的35%、55.38%、8.79%，工资性收入、转移性收入占比分别比1997年增长22.91%、5.11%，经营性收入比1997年降26.43%。

眉山市2000年、2003年、2012年城乡居民家庭人均收入来源构成统计表

表9-15　　单位：元

城镇居民人均收入			农村居民人均收入			
项目	2003年	2012年	项目	2000年	2003年	2012年
家庭总收入	6155	21591	全年总收入	3366	3447	11176
可支配收入	5956	19766	工资性收入	718	677	3912
工薪收入	3462	13700	家庭经营收入	2500	2652	6189
经营净收入	1366	3734	农业收入	1066	1260	2109
财产性收入	214	530	林业收入	41	45	137
转移性收入	1113	3627	牧业收入	811	1070	2586
出售财物收入	1	19	渔业收入	14	73	342
借贷收入	877	1846	工业收入	140	26	18
—	—	—	建筑业收入	19	22	75
—	—	—	交通、运输和邮电业收入	158	42	280
—	—	—	财产性收入	69	16	93
—	—	—	转移性收入	78	102	982

第二节 居民消费

1997年起，眉山地区居民家庭积蓄逐步增加，消费水平提高，居民消费支出快速增长，消费结构不断优化升级。消费模式逐步向生活质量型转变，消费品种类多，档次不断提高，食品、衣着等基本生活消费占居民家庭消费总支出的比重逐年下降，消费重点逐步转向文化教育、交通通信、医疗保健、休闲娱乐、旅游健身等领域。同时，国家经济体制改革和政策的变化，居民家庭投资日益增长。至2012年，眉山市在消费品中，城乡居民家庭拥有的电视机、电冰箱、洗衣机、摩托车等高端耐用品逐年增长。家用汽车、电话等成为新的消费热点。城镇居民消费水平步伐快于农村居民。

一、社会消费

城乡居民收入的增加推动居民社会消费量增加和消费结构改变。

社会消费总量　1997年起，在国家扩大内需、刺激消费等经济政策和居民收入稳步增长等因素的作用下，城乡消费品市场购销两旺。当年，眉山地区社会消费品零售总额34.78亿元。2012年，眉山市实现社会消费品零售总额256亿元，是1997年的7.36倍。

眉山市1997—2012年社会消费品零售总额统计表

表9-16　　单位：万元

年份	社会消费品零售总额	年份	社会消费品零售总额	年份	社会消费品零售总额
1997	347767	2003	629494	2009	1600892
1998	377147	2004	721689	2010	1885569
1999	410154	2005	836438	2011	2209820
2000	450936	2006	967759	2012	2560034
2001	500032	2007	1142923	—	—
2002	559722	2008	1392080	—	—

社会消费结构　1997年起，眉山地区居民的住房、金银珠宝等消费支出持续增加，个人享受、发展及服务性消费（如休闲、旅游等）发展快，其带动的商品销售也大量增加。尤以住房、汽车和奢侈品消费增长最快。至2012年，眉山市城镇人均住房使用面积增至38.84平方米，全市住宿和餐饮业零售额由1997年的4.11亿元增至37.55亿元。汽车保有量由2001年的5.36万辆增加到58.32万辆，当年新增5.68万辆。

恩格尔系数　消费水平的提高，降低了居民消费的恩格尔系数。2012年，市区居民恩格尔系数由2003年的42.58%降至38.73%；农村居民人均恩格尔系数由1998年的60.24%降至42.22%。

眉山市城镇和农村居民 1998—2012 年家庭恩格尔系数统计表

表 9-17

年份	恩格尔系数（%）		年份	恩格尔系数（%）	
	城镇	农村		城镇	农村
1998	—	60. 24	2006	42. 84	51. 93
1999	—	57. 04	2007	47. 71	50. 66
2000	—	55. 24	2008	48. 24	46. 34
2001	—	43. 05	2009	43. 47	43. 68
2002	—	49. 25	2010	40. 80	44. 83
2003	42. 58	54. 50	2011	39. 28	38. 60
2004	43. 19	55. 27	2012	38. 73	42. 22
2005	42. 74	53. 95	—	—	—

二、城镇居民家庭消费

1997 年，眉山地区城镇居民人均消费支出 2978 元。2003 年，眉山市城镇居民人均消费支出 4483 元。2012 年，眉山市城镇居民人均消费支出 13427 元，比 1997 年增长 350. 87%，年均递增 10. 56%。人均生活费支出中，居前 3 位的是食品、衣着、交通与通信费，分别为 5329 元、1834 元、1422 元。城市居民家庭用于食品、衣着的消费支出比重由 2003 年（下同）的 52. 49%增至 53. 35%，用于交通和通信、文化娱乐教育、医疗保健的消费支出所占比重由 31. 34%降至 24. 84%。食品、衣着、住房、设备用品支出在居民消费中所占比重呈上升趋势，娱乐文教及服务支出比重呈下降趋势。

眉山市 2003—2012 年部分年份城镇居民家庭人均消费支出构成一览表

表 9-18

年份	抽样户数（户）	人均支出（元）	食品（元）	衣着（元）	居住（元）	设备用品及服务（元）	医疗保健（元）	交通与通信（元）	教育文化娱乐服务（元）	杂项商品和服务（元）
2003	—	4483	1909	444	414	223	298	478	629	87
2004	—	4939	2137	545	473	235	306	485	633	125
2005	—	5976	2756	647	488	356	279	555	734	161
2006	—	6517	2875	668	635	390	274	684	809	182
2007	—	7042	3382	744	603	408	306	651	741	207
2008	—	8292	4039	884	713	480	361	743	792	280
2009	930	9191	4072	1129	889	851	569	452	875	354
2010	930	10386	4352	1333	975	669	512	1059	1067	419
2011	690	11818	4742	1646	1045	1124	961	653	1154	495
2012	690	13427	5329	1834	1287	1051	760	1422	1153	592

食品消费　1997—2012年，眉山地区城镇居民食品消费结构变化较大，在吃饱吃好基础上更注重健康、科学和安全。1998年，农村居民恩格尔系数60.24%。2003年，眉山市城镇居民人均食品支出1909元，占消费支出的比重42.58%。2010年，城市居民食品消费结构，主食和副食消费比重此消彼长，居民在外饮食消费支出逐年攀升；人均消费大米77千克，人均消费鲜蛋、鲜果、鲜奶分别增至17千克、55千克和13千克。2012年，全市城镇居民吃好、吃精、注重营养、求方便的倾向十分明显，农村居民食品消费中，主食消费下降，其他食品消费逐步上升。全年城镇居民食品消费支出5329元、占食品消费支出的39.69%。食品消费种类依次为蔬菜、粮食、猪牛羊肉、水果。

眉山市2005—2012年部分年份城镇居民主要食物人均消费量比较表

表9-19

指标	2005年	2010年	2012年	指标	2005年	2010年	2012年
恩格尔系数（%）	42.74	40.80	38.73	鲜蛋（千克）	9.25	16.91	12.51
大米（千克）	58.22	76.94	76.42	鱼类（千克）	7.16	11.91	15.04
食用植物油（千克）	9.58	14.14	12.06	虾类（千克）	0.05	0.45	0.38
猪肉（千克）	30.47	38.09	42.96	蔬菜（千克）	140.97	204.83	224.52
牛肉（千克）	2.32	4.13	4.73	白酒（千克）	3.95	4.35	4.48
羊肉（千克）	0.39	0.94	0.94	啤酒（千克）	2.85	2.95	5.21
鸡肉（千克）	7.33	9.6	13.51	碳酸饮料（千克）	0.56	1.74	0.79
鸭肉（千克）	3.49	4.73	7.24	茶叶（千克）	0.17	0.48	0.64
鲜乳品、酸奶（千克）	5.97	13.33	5.22	鲜果（千克）	35.55	54.92	50.36

眉山市2005—2012年部分年份农村居民主要食物人均消费量比较表

表9-20

项目	2005年	2010年	2012年	项目	2005年	2010年	2012年
恩格尔系数（%）	53.95	44.83	42.22	蛋类及蛋制品（千克）	4.00	4.02	5.82
稻谷（千克）	179.51	149.42	138.43	鱼类（千克）	3.58	4.73	4.49
食用植物油（千克）	1.81	1.65	7.35	虾类（千克）	0.01	0.01	0.01
猪肉（千克）	40.78	27.83	21.81	蔬菜及菜制品消费量（千克）	127.90	113.94	90.05
牛肉（千克）	0.12	0.17	0.31	白酒（千克）	4.73	4.40	4.83
羊肉（千克）	0.07	0.03	0.06	啤酒（千克）	2.00	4.60	4.95
家禽（千克）	6.10	4.11	7.01	茶叶（千克）	0.14	0.16	0.13
鲜乳品、酸奶（千克）	0.32	1.24	4.14	水果（千克）	17.90	13.57	12.82

衣着消费　1997年，眉山地区城镇居民衣着随着经济快速发展和开放，居民服装消费逐步向时尚化、多样化、品牌化、高档化发展。2003年，眉山市城镇居民人均衣着支出444元，占总支出的9.9%。2005年，眉山市城镇居民人均衣着支出647元，占总支出的10.83%。2010年，眉山市城镇居民人均衣着支出1333元，占总支出的12.83%。2012年，城市居民人均衣着支出1834元，占总支出的13.66%。

居住消费　1997年前，眉山城镇居民住宅自来水、卫生间、厨房等功能设施不够完善。1997年后，城市居民家庭浴室、卫生设备、厨房、自来水、天然气等设施逐步完善。随着住房制度改革，城市居民住房自有率迅速提高，住房面积逐渐扩大，新型厨房、卫生设施进入普通居民家庭，居住条件极大改善。2003年，眉山市城镇居民人均居住消费414元，占全年总支出的9.23%。2005年，眉山市城镇居民人均居住消费488元，占全年总支出的8.17%。2010年，眉山市城镇居民人均居住消费975元，占全年总支出的9.39%。2012年年底，眉山市拥有自有产权住房的城市居民达94.01%，人均住房使用面积由1997年的13.7平方米增至39.5平方米；有97.62%的家庭拥有齐全卫生设施，全部家庭拥有独用自来水，使用管道天然气的家庭占53.73%，罐装液化石油气的家庭占7.96%。人均居住消费支出增至1287元，是2003年的3.11倍。

交通与通信消费　1997年前，眉山地区居民主要交通工具为自行车和公交车，出门难、行路难、坐车难矛盾比较突出。1997年后，城市道路交通设施逐步改善，城区主要交通干道拓宽改造，公交线路逐年增加，居民出行选择自行车、电动车、摩托车和私家车，或乘坐公交车和出租车，出行效率明显提高。随着购买能力的增强和道路条件改善，私家车增多。2003年，眉山市城镇居民人均交通与通信消费支出478元，占全年总支出的10.66%。2005年，眉山市城镇居民人均交通与通信消费支出555元，占全年总支出的9.29%。2010年，眉山市城镇居民人均交通与通信消费支出1059元，占全年总支出的10.2%。2012年，眉山市每百户城市居民家庭拥有家用小汽车16辆、摩托车19辆、助力车23辆。居民人均交通与通信支出1422元，交通与通信支出占居民家庭消费总支出的10.59%。

生活耐用品消费　1997年，眉山地区城镇居民家庭耐用品有彩色电视机、自行车、电冰箱、洗衣机、摩托车、空调等。之后，城镇居民耐用消费品需求由普及型向娱乐型和享受型转变，新潮高档、功能齐全的家电产品受到居民青睐，手机、家用电脑拥有量迅速增加。至2012年，眉山市城区人均家庭设备用品及服务支出1051元、占总支出的7.83%，彩色电视机、电冰箱、摩托车、空调、淋浴热水器、电话和移动电话基本普及，家用电脑、汽车、摄像机、健身器材、高档乐器增多。每百户城市居民家庭拥有彩色电视机135台、电冰箱97台、洗衣机99台、空调124台、照相机24台、家用电脑69台、固定电话69部、移动电话205部。

眉山市2005—2012年部分年份城镇居民家庭每百户耐用消费品拥有量比较表

表9-21

指标	单位	2005年	2010年	2012年	指标	单位	2005年	2010年	2012年
摩托车	辆	16	21	19	钢琴	架	2	1	1
助力车	辆	1	17	23	其他中高档乐器	件	3	2	1
家用汽车	辆	2	6	16	微波炉	台	26	46	55
洗衣机	台	94	98	99	空调	台	47	103	124
电冰箱	台	76	96	97	淋浴热水器	台	72	97	100
彩色电视机	台	118	126	135	消毒碗柜	台	13	15	16
家用电脑	台	22	50	69	健身器材	套	3	2	3
组合音响	套	19	13	19	固定电话	部	91	86	69
摄像机	架	1	3	3	移动电话	部	115	175	205
照相机	架	21	18	24	—	—	—	—	—

其他消费　1997年起，眉山地区城镇居民随着生活质量的提高，更加注重身体健康，增加医疗保健支出。居民在教育文化娱乐服务方面支出逐渐加大，家庭文娱用品日趋增多，旅游等休闲娱乐方式逐步成为时尚。2003年，眉山市城镇居民人均娱乐教育及服务支出629元、人均家庭设备用品及服务支出223元，分别占全年总支出的14.03%、5.2%。2012年，眉山市城镇居民人均医疗保健支出760元、人均娱乐教育文化服务消费支出1153元，分别占总支出的5.66%、8.59%。

三、农村居民家庭消费

1997年，眉山地区农村居民人均消费支出1454元。主要消费支出是饮食、居住、文化娱乐。2000年，农村居民家庭人均生活消费支出1152元，居前3位的为食品361元、居住224元、文化娱乐用品及服务167元，分别占消费支出的31.34%、19.44%、14.56%。2012年，眉山市农村居民消费水平提高，农民消费结构不断变化，农村居民家庭人均消费支出4936元。列入调查的8类主要消费中，居前3位的为食品2237元、交通通信528元、居住512元，分别占消费支出的45.32%、10.7%、10.37%。在消费支出中，基本生存类（吃、穿、住）消费及医疗保健、交通通信等消费比重上升，消费结构序列由吃、居住、娱乐教育文化服务、家庭设备用品及服务为主转变为吃、交通通信、居住、医疗保健为主。

眉山市1997—2012年部分年度农村居民人均消费水平及构成表

表9-22

项目	1997年	2000年	2010年	2012年
调查户数（户）	—	930	930	690
人均总支出（元）	1497.0	2911.6	6902.0	8120.0
家庭经营费用支出（元）	—	1112.6	2522.0	2526.0
购置建造生产用固定资产支出（元）	—	23.6	47.0	91.0
税费支出（元）	—	115.3	7.0	8.0
生活消费支出（元）	—	1152	3933	4936
食品（元）	45.32	361.00	1861.00	2237.00
衣着（元）	7.56	100.00	272.00	373.00
居住（元）	10.37	224.00	396.00	512.00
家庭设备用品及服务（元）	7.21	108.00	308.00	356.00
医疗保健（元）	9.06	70.00	227.00	447.00
交通和通信（元）	10.70	85.00	488.00	528.00
文化娱乐（元）	7.84	167.00	340.00	387.00
其他商品和服务（元）	1.94	38.00	41.00	96.00
其他非借贷性支出（元）	—	47.2	393.0	559.0

食品消费　1997年，眉山地区农村家庭食品中消费数量最多的5个品种是粮食、蔬菜、猪牛羊肉、鲜蛋、食用油，水果消费少。2012年，眉山市农村居民家庭食物结构向多样化和注重营养价值转化，主食份额下降，副食类食物份额上升并超过主食份额，其中油脂类食物增长53.04%，肉类增

长 1.6 倍，蛋类增长 2.05 倍，水产品增长 4.04 倍。食品消费数量最多的 5 个品种依次为粮食、蔬菜、猪牛羊肉、水果、酒类，乳制品消费增加。

眉山市 2012 年农村住户人均基本消费品量统计表

表 9-23

品名		单位	数量	品名		单位	数量
粮食	小计	千克	168.39	肉禽及其制品	小计	千克	30.88
	谷物	千克	162.55		猪肉	千克	21.81
	小麦	千克	6.45		牛肉	千克	0.31
	稻谷	千克	138.43		羊肉	千克	0.06
	薯类	千克	2.31	蛋类及蛋制品	小计	千克	5.82
油脂类	小计	千克	8.93		奶和奶制品	千克	4.14
	植物油	千克	7.35	酒类	小计	千克	9.79
蔬菜及菜制品	小计	千克	90.05		白酒	千克	4.83
	鲜菜	千克	89.54		啤酒	千克	4.95
	干菜	千克	0.36	家禽		千克	7.01
	鲜菌	千克	0.09	水产品		千克	4.52
	瓜类	千克	1.51	水果类		千克	12.82
豆类		千克	3.52	食糖		千克	1.31
豆制品		千克	0.63	—		—	—

住房和耐用品消费　1997 年，眉山农民家庭耐用品以电视机、自行车、电冰箱、洗衣机、摩托车为代表。至 2012 年，录像机、空调、淋浴热水器、电话和移动电话基本普及，汽车开始进入家庭；人均住房由 1998 年的 31.6 平方米增至 41 平方米。每百户农村居民家庭拥有彩色电视机 104 台，洗衣机 93 台，电冰箱 80 台，摩托车 56 辆，照相机 4 台。村村通公路、村村通电话。摩托车进入农户家中，少数农户拥有汽车。

衣着　1997 年，眉山地区农村居民衣着仍以简朴为主。2000 年，人均消费 100 元，占消费总支出的 8.68%。2012 年，眉山市农村居民衣着人均消费 373 元、占消费总支出的 7.56%，是 2000 年的 3.73 倍。衣着由“一衣多季”转向“一季多衣”，逐渐时装化、成衣化，从过去低档、耐用型向高档、时髦型转化。自然、休闲和舒适成为时尚。

眉山市 2000—2012 年部分年份农村居民人均住房和每百户耐用品拥有量统计表

表 9-24

指标	单位	2000 年	2005 年	2010 年	2012 年
人均住房面积	平方米	42.1	34.1	37.9	41
摩托车	辆	16.8	31.0	47.0	56.0
洗衣机	台	14.0	58.0	79.0	93.0
电冰箱	台	4.4	11.0	38.0	80.0

续表9-24

指标	单位	2000年	2005年	2010年	2012年
黑白电视机	台	68.3	27.0	—	—
彩色电视机	台	40.0	85.0	104.0	104.0
录像机	台	2.9	—	—	—
收录机	台	10.3	—	—	—
照相机	台	1.2	2.0	2.0	4.0
固定电话	部	—	94.9	241.9	51.8
移动电话	部	—	73.1	19.9	186.7

四、家庭理财

1997年前，眉山地区城乡居民手中的余钱少，有余钱的居民基本以储蓄方式理财。1997年后，居民收入增加，国家鼓励居民投资，并提供多种投资渠道和方式，居民有更多的钱用于理财，把手中的积蓄用于投资，防止贬值。

储蓄　眉山地区人们习惯将钱存入银行防病、养老。1997年年末，眉山地区城乡居民人民币储蓄存款余额54.1亿元、人均1629元，城乡居民人民币储蓄存款余额占全区地区生产总值（104.5亿元）的51.77%。至2012年年末，眉山市城乡居民人民币储蓄存款余额增至649.59亿元、人均18539元，分别是1997年的12倍、11.38倍；城乡居民人民币储蓄存款余额占眉山市地区生产总值（775.22亿元）的83.79%。

眉山市1997—2012年部分年份城乡居民家庭人均收支、借贷对照表

表9-25　　单位：元

类别	指标	1997年	2000年	2005年	2010年	2012年
城镇居民人均存取款额	人均可支配收入	3698	4723	7707	14644	19766
	人均消费性支出	2978	3535	5976	10386	13427
农村居民家庭人均储蓄	人均纯收入	1778	2019	3284	5942	8236
	人均生活消费	1497	1645	2437	3933	4936

房地产投资　1997年起，眉山地区房地产逐渐成为城乡居民投资热潮，部分年份甚至掀起炒房热。同时，农村居民涌入城市，对住房的需求增加。2005年起，眉山市商品房价格快速上涨，至2012年，商品房均价上涨1倍~2倍。经济富裕的居民家庭有的持有多套房子。

此外，眉山市居民还有证券投资、商业保险消费。

第十篇　农业和农村工作

1997—2012年，眉山市农业产业化快速发展。2000年，眉山撤地建市后，全市加强耕地质量建设，改革耕作制度，加大农业综合开发力度，大力调整农业产业结构，实施产业化经营，加快高效农业生产基地、农业优势产业带（区）建设，发展农民合作经济组织，以多种经营为主的高效农业长足发展。通过不断完善农村基础设施，实施城乡统筹，加强农村经营管理，完成第二轮土地承包，促进农村经济快速发展。政府强化农产品质量建设，逐步建立健全农产品质量安全监管机制，制定扶持优势农产品基地建设的政策，推行农业标准化，加快无公害农产品、绿色食品、有机食品（简称“三品”）认证，强化农产品全程质量安全监控监测，培育开发优势、特色、品牌农产品。启动农产品质量安全建设，以种子、农药、化肥、饲料、兽药等为主，加强监管与监测。农业迈向现代化，科技管理服务进入规范化。至2012年，全市农林牧渔业总产值228.32亿元，是1997年的3.98倍。农民人均纯收入8236元，是1997年的4.63倍。农村公路通达率100%、畅通率80%，农网改造覆盖到村100%，广播和电视宽带实现村村通。建成新农村综合体6个，各类新村聚居点426个。新农合参合率99.93%。先后获“中国枇杷之乡”“中国椪柑之乡”“中国脐橙之乡”“中国优质稻米之乡”“中国藤椒之乡”“中国泡菜之乡”称号。

第一章　农业生产要素和现代农业发展

1997年起，眉山地区开展农村土地二轮承包，颁发农村土地使用权证，加快推进农村土地承包经营权合理流转，保护农民土地承包经营权。逐步取消农业税，及时兑现各项强农惠农政策，减轻农民负担。清理整顿农村合作基金会，妥善处理农村矛盾纠纷，保护农民合法权益。积极发展农民专业合作社，促进农业组织化程度提高，搭建小农户与大市场之间桥梁。促进农村社会长期稳定，农村经济长足发展。当年，眉山地区农林牧渔业总产值57.35亿元（当年现价），农业、林业、牧业、渔业产业结构比为55.62∶2.46∶39.29∶2.70。农民人均纯收入1778元。2012年，眉山市农林牧渔业总产值228.32亿元，比1997年增长298.12%，农业、林业、牧业、渔业产业结构比为44.98∶2.64∶45.12∶5.29，农业比重下降，牧业与渔业比重上升。农作物产量粮食181.4万吨、油料9.74万吨、茶叶1.9万吨、水果76.91万吨、蔬菜130.06万吨，奶牛存栏7.98万头、出栏生猪397.45万头、肉羊83.4万只、专用肉鸡4484万只、肉兔3514万只；专业村经济总收入129亿元，农民人均纯收入8236元。

第一节　耕地与耕作制度

一、耕地

（一）耕地面积

1997年，眉山地区有耕地20.02万公顷，农作物播种面积43.94万公顷，粮食作物种植面积31.94万公顷，复种指数219%。其中稻田面积12.6万公顷，小麦（油菜）水稻连作免耕面积4.8万公顷；旱地面积7.41万公顷。2012年，眉山市耕地面积17.07万公顷，农作物播种面积44.4万公顷，复种指数257%，比全省平均复种指数高7%~8%。耕地利用率较高，高产作物水稻比重占粮食作物种植面积的37.9%，其次为小麦、油菜、玉米等。其中，水田面积11.71万公顷、旱地面积5.4万公顷；小麦（油菜）—水稻连作免耕面积7.33万公顷。一年一熟面积3067公顷，占稻田面积的（下同）2.62%；一年二熟面积5.32万公顷，占45.43%；一年三熟面积6.03万公顷，占51.49%。

（二）耕地质量建设

耕地质量建设采取工程措施、生物措施和化学措施改善土壤的理化特征特性、生物或环境条件，以提高土壤综合生产能力，变低产土壤为高产稳产土壤。耕地质量建设业主开发主要通过民间个体在农村以承包、租赁等方式规模经营土地，投资深度改造土地。1998年，眉山地区田地沟渠老化，骨干工程完好率32%；田间工程配套率低，灌溉保证率61%；水利设施老化，渗漏严重，渠系水利用率40%；旱地土壤障碍因素多，坡、薄、陡、蚀，中低产田土面积占耕地面积的80%；土壤有机质含量低。截至2012年年底，眉山市建成高产田土（农田基础设施完善、土壤肥沃）8.21万公顷、占田土面积的47%，标准粮田3.33万公顷，高标准农田1.97万公顷。

坡改梯　1997年起，眉山地区对旱地10°~25°的坡薄土和具有耕地开垦条件的荒草地实施坡改梯、薄改厚工程。主要包括地型调整、增厚土层、地块平整、地埂筑砌，建立“三沟”（引水沟、排水沟、横山沟）“三池”（蓄水池、沉沙池、山粪池）等坡面水系，发展集雨节灌设施，建成“平、厚、壤、固、肥”水平梯地。实施农业综合开发项目，仁寿县在文宫改坡薄地种植枇杷，洪雅县在余坪、中山、东岳等改坡薄地种植茶叶；东坡区在白马、修文，彭山县在黄丰、净皇、江口等乡镇改坡薄地种植水果。至2012年，眉山市在东部的龙泉山和西部的长秋山实施坡改梯2.4万公顷。

中低产田土改造　测土配方施肥和育土工程建设。2005年起，国家投资在仁寿县开展测土配方施肥试点。当年投资100万元，试点面积2.67万公顷。2006年，国家投资在洪雅县开展测土配方施肥；在丹棱县投资50万元开展育土工程建设。2007年，测土配方施肥扩大到东坡区、彭山县；育土工程建设扩大到彭山县、青神县。眉山市测土配方施肥面积扩大到12万公顷。2009年，测土配方施肥和育土工程建设扩大到眉山市六区县。2011年，测土配方施肥技术仁寿、彭山两县覆盖335个村，免费服务34.4万农户，全市推广测土配方施肥11.6万公顷，应用配方施肥4.6万公顷。截至2012年年底，全市测土配方施肥和育土工程建设国家共投资1901万元。

土壤有机质提升项目建设。2006年起，国家投资在眉山市实施土壤有机质提升项目。当年，投资344万元，在东坡区、彭山县、青神县、丹棱县实施土壤有机质提升项目建设，开展技术培训和指导，推广稻田秸秆还田技术。2009年，在东坡区和仁寿县开展秸秆还田腐熟技术推广1.07万公顷。2010年，在仁寿县开展土壤有机质提升项目建设。2012年，国家投资525万元，在东坡区、仁寿县、彭山县、丹棱县开展土壤有机质提升项目建设。截至2012年年底，眉山市土壤有机质提升项目建设国家共投资1349万元。推广秸秆还田腐熟技术1.74万公顷。

农田建设　眉山市农田建设经历改田改土（1989—2000年）、标准粮田建设（2000—2010年）和高标准农田建设（2011—2012年）三个阶段。1997年起，眉山地区实施业主开发改田改土。2006年，东坡区实施优粮工程标准粮田建设项目。投资973万元，建成标准粮田2666.67公顷，配套建设田间工程和地力监测系统，购置数据采集设备、处理设备、取样称量设备、控温设备27台（套）。2007年，仁寿县实施优粮工程标准粮田建设项目，包括治水、修路、培肥，新建蓄水池、贮粪池、沉沙池310个，新增农田引水渠、灌渠20.95千米，桥、涵、闸等配套设施1531处；新建机耕道等8.37千米，土地平整1266.67公顷，秸秆覆盖1266.67公顷，配套完善田间工程。建成眉山市粮食高产示范基地。2011年，彭山县、丹棱县实施田型调整、地力培肥和“三网”（田网、路网、渠网）配套建设。仁寿县实施“六良”（良种、良法、良壤、良灌、良制、良机）配套，新建及整治田间排灌渠系249千米，桥涵闸、农田制口等渠系建筑物4880处。形成“田成方、渠相连、旱能灌、涝能排、路相通、机能进”的现代丘陵粮食生产示范基地。东坡区整合国家财政新增农资综合补贴资金集中用于粮食基础能力建设项目、产粮大县奖励等，投入资金2755.4万元，沿成乐高速公路两侧，建设东坡区永丰片区“稻—菜”轮作万亩蔬菜产业示范园区和东坡区悦兴镇片区“蔺草—晚稻”为主要栽培模式的万亩蔺草产业示范园区。“稻—菜”轮作亩收入4500元左右，“蔺草—晚稻”模式每亩年收入6000余元，比“水稻—油菜”传统种植方式增收约4000元。2012年，眉山市被列为四川省高标准农田验收认定试点市，制定高标准农田验收认定工作方案和技术规程。国家投资889.4万元，在彭山县、仁寿县、丹棱县实施高标准农田建设项目，改造中低产田667公顷。国家投资1751.4万元，在东坡区实施农业综合开发高标准农田示范项目，治理松江镇土地。截至2012年年底，眉山市农田建设共投资9219.2万元。业主开发改田改土3万公顷，建设高标准农田1.97万公顷。建成仁寿县珠嘉乡、东坡区太和镇、彭山县观音镇等高标准农田，仁寿珠嘉乡建成全省丘陵区现代粮食产业示范基地。形成以东坡稻—菜、稻—草粮经复合和加工蔬菜，彭山县葡萄，仁寿县粮食，丹棱县不知火，青神县椪柑，洪雅县茶叶为代表的独具眉山特色的现代农业产业示范带。

开沟排湿　1997年起，眉山地区开展下湿田“冷、烂、毒、串、渍”农业生产障碍因子改造，建立田间排、灌网络，配套桥、闸、涵、池、井、路等渠系建筑物，实现能灌能排，调控土壤水、热、气、肥，建成旱涝保收高产稳产农田。包括完善田间灌溉渠、排湿渠、排洪渠及配套建筑物的建设；新建或完善山坪塘、提灌站和蓄水池，提高蓄水能力；修建田间耕作道，便于机械耕作。实施农业综合开发项目，在仁寿县大化镇、文林镇，洪雅县余坪镇、中山乡、止戈镇，东坡区修文镇、永寿镇，彭山县江口镇、谢家镇等实施开沟排湿，改造下湿田。2007年，洪雅县实施优质杂交稻良

种繁育基地建设项目，投入资金 543.04 万元，在止戈镇、中保镇开沟排湿，改造下湿田 713.27 公顷；东坡区实施标准粮田建设项目，投入资金 766.6 万元，在修文、思蒙、三苏、广济、万胜等乡镇开沟排湿，改造下湿田 2666.67 公顷。2009 年，彭山县观音镇 2 个村实施农业综合开发土地治理项目。建设农田灌排渠系，开挖并衬砌渠道 44 条 20 千米，建成农田制口、湃、梯步、桥涵等渠系附属建筑物 1393 处，实行规范化土地治理，改善除涝面积 433.33 公顷，新增节水灌溉面积 300 公顷，年节约用水量 3 万立方米，促进现代农业葡萄产业基地建设。截至 2012 年年底，眉山市改造下湿田 3.18 万公顷。

秸秆覆盖 2001 年，市农业局调研彭山县观音镇秸秆覆盖（小麦免耕连作）示范现场，提出技术上采用固定厢沟，免耕覆盖，开好田内三沟，亩覆草量 300 千克。当年，全市完成秸秆免耕覆盖 4 万公顷。2002 年，市农业局调研彭山县江口镇、东坡区思蒙镇“晚秋覆盖秋洋芋”示范现场，提出大力发展晚秋覆盖秋洋芋。2006 年，眉山市“水稻—秋洋芋—油菜”新三熟种植模式及秸秆还田项目的秋洋芋核心示范片通过专家现场验收。至 2010 年，全市完成秸秆覆盖 40 万公顷次。2011 年，全市实施稻田秸秆还田腐熟技术。截至 2012 年年底，全市实施稻田秸秆还田腐熟技术 6.67 万公顷次。

眉山市 1997—2012 年耕地情况统计表

表 10-1

年份	实有耕地（公顷）	水田面积（公顷）	旱地面积（公顷）	化肥施用量（吨、折纯）	农药施用量（吨）	农村用电量（万千瓦小时）
1997	200153	126029	74124	113758	3637	31883
1998	199328	125333	73995	115487	4082	33773
1999	197900	125000	72900	115200	3892	40507
2000	194200	120500	73700	132100	4006	44720
2001	191969	119453	72516	124820	4148	48122
2002	184124	120613	63511	118653	3911	47256
2003	176286	116142	60144	113619	3729	49331
2004	174469	115467	59002	115874	3920	49411
2005	173218	115292	57926	120478	4004	49529
2006	172479	114802	57677	124569	4096	51565
2007	172395	116720	55675	129076	4318	53352
2008	172388	116311	56077	130767	4477	58900
2009	170889	116250	54639	142107	4710	61261
2010	171194	117748	53446	145425	4717	63126
2011	170879	117399	53480	149428	4785	64896
2012	170693	117062	53631	148930	4657	67008

二、耕作制度

眉山境内农作物耕作，20 世纪 80 年代稻田新三熟起步，形成麦（油）—稻—菜、大豆、红苕、洋芋等三熟模式，大部分稻田仍以麦（油）—稻两熟为主。90年代，旱三熟规范发展，形成5尺~6尺开厢对半带距分带轮作模式。旱一熟、旱二熟面积较大，稻田晚秋利用进展缓慢。

（一）稻田耕作制度

眉山境内稻田分为冬水田和两季田，前者一年一熟为主，后者一年两熟为主。主要作物水稻、小麦、油菜实行水旱轮作。一年一熟以冬水田—中稻模式为主；一年二熟主要模式为小麦（油菜）—中稻、绿肥（饲料、蔬菜）—中稻；一年三熟主要模式为小麦（油菜）—中稻—秋粮、秋菜。

1997年，眉山地区小麦（油菜）水稻连作免耕面积4.8万公顷。一年一熟稻田占稻田总面积的（下同）18.41%、一年二熟占61.35%、一年三熟占20.08%。2000年，眉山地区扩大推广旱地宽厢新模式，加强冬季预留行利用的措施，扩大示范推广蔬菜—蔬菜—水稻、蔬菜—春洋芋—水稻、秋洋芋—早玉米—迟中稻、蔬菜—玉米—玉米等稻田新三熟模式。稻田耕种改变传统小麦（油菜）—水稻两熟模式，探索秋洋芋—早春玉米—中水稻、秋蔬菜—春洋芋（春玉米）—秋玉米等新模式。2001年，眉山市扩大示范推广蔬菜—蔬菜—水稻、蔬菜—洋芋—水稻、秋洋芋—早玉米—迟中稻、蔬菜—玉米—玉米等稻田新三熟模式。2002年，扩大示范春麦—中稻—晚秋作物新模式。2004年，推广稻田新三熟模式，采取小春与晚秋作物套作，延长晚秋生育期，提高晚秋作物产量和效益。彭山县江口镇、江渎至府河近10千米形成1万亩秋洋芋种植带，东坡区伏东、仁寿县中农、龙正等乡镇制种基地形成成片秋大豆种植带，彭山县彭溪镇、洪雅县三宝镇形成成片晚秋蔬菜种植带，洪雅县洪川镇、将军乡、三宝镇形成秋红苕种植带。2012年，全市小麦（油菜）—水稻连作免耕面积增至7.33万公顷。一年一熟占稻田总面积的（下同）2.62%、一年二熟占45.43%、一年三熟占51.49%。

（二）旱地耕作制度

眉山市旱地耕作制度多样化，一年一熟、一年二熟、一年三熟、一年三熟四作以上等种植制度并存。

1997年，眉山地区一年一熟种植面积占旱地耕地面积的（下同）2.52%，分布在高山、坝土和河滩地，主要是冬闲土—玉米（芋或苕）、单作甘蔗；一年二熟耕地面积占旱地耕地面积的44.94%，主要模式有小麦（油菜）—棉花，小麦（油菜）—玉米（苕），小麦（油菜）—花生等；一年三熟耕种面积占旱地耕种面积的52.23%，主要模式是小麦—玉米—红苕。一年三熟四作以上种植模式在境内大量试验、示范，旱地推广宽厢、中厢对半带距分带轮作技术，在小麦（油菜）—玉米—红苕旱三熟基础上，通过增、间、套种植模式，实现一年三熟四作以上。1998年，眉山地区除棉花改制地外全部规范改制。两冬开发，变一熟为两熟；耕地改制，提高预留行地利用率；高土旁“望天田”改走旱路，变麦稻两熟为麦玉苕三熟；推广旱育秧、抛秧、节约秧田种小春；开发利用田坎、地角等。当年，眉山地区规范改制3.33万公顷，规范带比，以麦玉苕为主作的，推广6尺开厢“双三零”或5尺开厢“双二五”对半带距种植，试验推广1.2丈开厢“双六尺”宽厢改制新模式，实现一年三熟六七作，提高旱地效益。引进推广新模式，眉山地区示范推广宽厢带植新技术（1.2丈对半带距）2733公顷，利用采取分区指导，城郊区大力发展蔬菜，粮产区发展大麦、菜饲兼用蔬菜和青饲料，提高空行利用率，眉山地区空行利用面积2.53万公顷，其中种粮1.03万公顷、蔬菜1.01万公顷、饲料4833公顷，空行利用率63%。1999年，眉山地区推广“旱地宽厢带多熟持续高产高效种植技术”1万公顷，主要模式是小麦—洋芋（豌胡豆）—春玉米、冬大豆—红苕—二季玉米、小麦

(蔬菜)—春玉米—蔬菜(红苕)、二季玉米。仁寿县示范73公顷，粮粮型全年粮食平均亩产964.5千克，比中厢带植全年粮食亩产增产116.5千克；粮经型全年粮食亩产734.7千克，蔬菜亩产3500千克，全年农作物产值2575.52元，比中厢带植全年亩产值增加1218.88元。2000年，全区推广旱地改制宽厢新模式1.67万公顷，青神县示范宽厢模式，增加夏季空行利用，栽花生、生姜、茄子等，亩收入300元~500元，全年三季空行利用每亩新增纯收入300元~500元。

2001年，眉山市推广规范化改制4万公顷，其中6尺开厢对半带距中厢规范改制2.33万公顷，1.2丈开厢对半带距宽厢新模式1.67万公顷。2003年，全市推广旱地规范化改制4.4万公顷，其中6尺开厢对半带距中厢规范改制2.35万公顷。截至2012年年底，全市旱地5.4万公顷，占耕地面积31.63%。境内种植作物种类多，复种指数较高。

第二节　农村基础设施建设

1997年起，眉山地区相继开展以沼气为纽带，以“一池六改”(沼气池或生活污水处理池，改厨、改厕、改圈、改路、改水、改庭园)为主要内容的生态家园建设，防治农业面源污染。实施农村机耕便民道、测土配方施肥项目、植保工程、种子工程等基本建设。

一、农村机耕便民道建设

1997年起，眉山地区各县拟定乡村道路建设规划和年度计划，制定具体实施方案、组织管理办法和技术规程。1998年起，各级财政逐年加大资金投入，发动群众自筹资金、投工投劳，掀起兴修乡村机耕道建设热潮。至2002年，眉山市投入资金1.8亿元，投工830万个，新建乡村道路3000余千米(硬化2107千米)。2004年，全市推行“政府引导、部门服务、群众自主、统筹规划、建养并重”机制，按照“村民自治、一事一议”“民建、民管、民受益”原则，建设机耕道。2009年，全市投入乡村机耕道建设资金2.66亿元，投工45万个，投入机械2569台套、3.25万千瓦，新建乡村机耕道218条547千米，硬化乡村机耕道310条769千米。全市乡村机耕道总长超过2万千米，其中硬化乡村机耕道超过1万千米，全部行政村通达机耕道。2011年，全市以构建“进组、入院、到田”的机耕便民道网络，掀起加快推进农村机耕便民道建设高潮。至2012年，全市乡村道路和机耕便民道总长增至2.6万千米，90%以上社通达机耕道。

二、农村机电提灌站建设

1990年，境内建有机电提灌站2086座、总功率4.34万千瓦。

1997年起，眉山地区将91千瓦以上68座大型骨干提灌站列为重点改造和维护对象，其他提灌站按实际功用和损毁程度，分轻重缓急，有计划有步骤维修改造。至2012年，眉山市农村机电提灌站形成相对完善的管理体系，有农村机电提灌站3397座，总装机容量7.53万千瓦。年提水能力2亿立方米，有效保证全市农业生产。

三、沼气建设与厕所改造

（一）沼气建设

农村户用沼气建设　2002年起，中央和地方共同投资建设农村户用沼气。当年，眉山市投资60万元实施东坡区生态家园富民工程项目，试点建设沼气400口。2003年扩大到仁寿县，2004年扩大到洪雅县。2005年，投资1564.8万元，在东坡区、仁寿县、彭山县、洪雅县开展“一池三改”建设沼气池5900口。2008年，国家投资农村沼气赈灾修复项目80万元，在仁寿县修复地震灾害损毁沼气池1000口。2009年起，利用扩大内需和灾后重建项目，加大投资力度，加快农村沼气池建设。当年，投资2547.63万元，实施农村户用沼气扩大内需项目建设沼气池6100口；投资1365万元实施农村沼气灾后重建项目，在仁寿县补助建设农村户用沼气3400口和养殖小区小型沼气工程70个。2010年起，全市实施巩固退耕还林成果农村户用沼气池等项目，成为沼气池建设高峰期。当年全市建设沼气池8574口。截至2012年年底，全市共投资1.71亿元，建设沼气池5.31万口。

农村户用沼气国债项目　2006年起，眉山市每年实施农村户用沼气国债项目。当年投资3384.6万元，实施“一池三改”建沼气池1.16万口。2010年，在东坡区和仁寿县、洪雅县、青神县总投资1550万元，建设沼气池5000口。至2012年，全市共实施农村户用沼气建设国债项目建户用沼气池5.53万口，总投资1.53亿元。

农村户用沼气省级项目　2006年起，眉山市实施农村户用沼气省级项目。当年，四川省财政投资126万元，在仁寿县、青神县、丹棱县补助建设沼气池430口。2008年，农村户用沼气省级项目覆盖眉山市所有区县。2012年，四川省财政投资364.4万元，在东坡区、彭山县、丹棱县、青神县补助建设沼气池1590口；在东坡区、洪雅县、丹棱县建设新村联户沼气池。截至2012年年底，四川省财政投资1666.05万元，在眉山市建设农村户用沼气池2.05万口。

大中型沼气工程　2006年，投资194.6万元，实施洪雅县阳坪共发奶牛公司大中型沼气项目，建设大中型沼气池及配套设施。在东坡区、洪雅县、丹棱县建设沼气物化管理站4个。2007年起，实施养殖小区和联户沼气工程项目。国家投资在东坡区、仁寿县、彭山县、洪雅县、丹棱县补助建设农村沼气村级服务网点。当年，投资77.9万元，建设农村沼气村级服务网点41个。投资64.01万元，在仁寿县龙马镇、大化镇、洪雅县洪川镇三个养殖场建沼气工程各1个，供气165户。2009年，大中型沼气工程扩大内需项目总投资790.37万元，在东坡区、仁寿县和丹棱县建设大中型沼气工程3个。2011年，国家投资449万元，实施东坡区国瑞奶牛养殖场、彭山县南方养殖场大型沼气项目，分别建设处理500头奶牛厌氧装置、储气柜；建丹棱县袁山牧业大型沼气工程，向40家农户供气。2012年，国家投资228.5万元，实施仁寿县玉泉养殖有限公司猪场粪污处理沼气工程；眉山市建设沼气服务网点13个。截至2012年年底，眉山市共投入项目资金1905.28万元（国家1160.9万元），实施大中型沼气池工程11个及养殖小区及联户沼气工程，建设沼气服务网点485个。

（二）农村厕所改造

2004年，国家、省、市、县各级政府安排资金，在眉山市血吸虫病流行农村地区建设无害化卫生厕所。2005年起，全市采取统一技术标准、统一规划设计、统一招标采购、统一组织施工、统一检查验收措施修建三格化粪池、三联式沼气池等无害化卫生厕所。至2012年，全市修建三格化粪池、三联式沼气池等无害化卫生厕所24.75万座，农村卫生厕所普及率占全市农村总户数的66.24%。

第三节　农业综合开发

眉山市通过川中农业、商品粮基地建设、优质粮食产业工程、沼气工程等基础设施建设，建立一批优质农产品基地，整治农田排灌渠系，完善农作物病虫防治体系，扩大优质良种生产推广。全市形成东部丘陵“南梨北枇”伏季水果、中部平坝优质粮油、中部浅丘优质柑橘、岷江沿岸优质蔬菜、西部山区优质茶叶和中药材等5个具有明显资源优势和地方特色的产业作物带。每个产业形成一批有较强实力和带动能力的农业产业化龙头企业、农民专业合作经济组织。农村适宜农户沼气普及率60%以上，建成一批产业发展环境优美生态村，农业基础设施得以改善，农业综合生产能力提高。仁寿县和东坡区分别成为“全国十大粮食生产先进县”“全国粮食生产先进县”，眉山市成为水稻制种基地。

一、商品粮基地建设

1999年起，眉山地区实施商品粮基地建设项目。当年，投资360万元分别在眉山县和洪雅县实施。眉山县实施三元结构种植示范基地建设项目。建设蚕豆良种基地200公顷，引种专用饲草2000亩，建设青贮设施1000套（口），修建仓库700平方米。洪雅县实施旱作农业示范基地建设项目。在符场乡、余坪镇建成坡耕地综合治理示范基地5000亩，扩建专用配肥站，购置土壤检测及培训仪器设备。2001年，洪雅县实施优质稻生产基地建设项目，建成优质稻生产基地2万亩，开展优质稻引种及示范栽培。2003年，仁寿县实施国家商品粮生产示范基地建设项目，建优质稻标准化示范区1万亩，整治沟渠、机耕道21千米，购置设备。2005年，仁寿县实施优质小麦良种推广项目，推广种植优质专用小麦15万亩。2009年，投资5604.6万元，实施现代农业东坡区洋芋、仁寿县玉米、青神县洋芋种植基地及产业化建设项目。2010年，投资9808.1万元，实施粮油高产创建项目。在洪雅县、青神县实施现代农业玉米种植基地及产业化建设项目；在东坡区、青神县、丹棱县实施现代农业水稻和洋芋种植基地及产业化建设项目；在仁寿县实施全国新增1000亿斤粮食生产能力规划田间工程及农机服务体系建设项目；在东坡区实施全省新增100亿斤粮食生产能力建设项目；在眉山市实施巩固退耕还林成果基本口粮田建设项目，建设口粮田3.44万亩。2011年，国家投资5286.3万元，实施粮食生产能力建设项目。仁寿县建设玉米基地2万亩，洪雅县建设水稻基地8000亩；在东坡区实施新增1000亿斤粮食生产能力建设项目，建设高产良田2万亩、区域水利服务站1个、购置仪器设备12台套；在仁寿县、彭山县实施农业高产创建项目；在东坡区、仁寿县实施粮油高产创建及新品种新技术新模式推广应用项目；在6县（区）实施巩固退耕还林基本口粮田建设项目，建设基本口粮田3.65万亩。仁寿县整合国家产粮大县奖励资金、全国新增1000亿斤粮食生产能力建设、全省新增100亿斤粮食生产能力建设等项目资金8000万余元，发动农民自筹资金4000万余元，集中建设珠嘉乡7个村1.3万亩现代粮食产业基地。2012年，国家投资6055.05万元，实施东粮棉油高产创建项目。在仁寿县实施省级财政现代粮食产业示范基地建设项目，主要用于基地高标准农田建设、示范区农机作业补贴、示范区高产创建、粮食专业合作社建设等；在东坡区、仁寿县、彭山县、青神县实施新增100亿斤粮食生产能力建设项目；在仁寿县、彭山县实施现代种业提升工程项目；在东坡区、仁寿县实施产油大县奖励资金项目，主要用于粮油高产创建；在眉山市6县（区）

实施巩固退耕还林基本口粮田建设项目，建设基本口粮田3.65万亩。截至2012年年底，眉山市商品粮基地建设共投入3.99亿元，其中国家和四川省2.95亿元。

二、“农村大变样”工程

2008年，市委作出《关于深入推进农村改革奋力实现农村大变样的决定》，提出用三年时间完成农业结构调整、农业产业化经营、现代畜牧业发展、农村基础设施建设、农业科技支撑、农村社会事业发展、农村环境整治、农村经济发展等八个方面82项目标，实现农村大变样，提前完成四川省委提出的“六个上台阶”目标。至2010年，眉山市农村大变样工程82项目标任务全面完成，粮食产量176.8万吨，连续7年增产；农业增加值突破100亿元；农民人均纯收入突破5500元。全国、全省涉农工作现场会20余次在眉山市召开，全市30余项涉农工作经验在全省、全国交流推广。至2012年，未再实施此工程。

第四节　农业产业化

一、农村品牌建设

（一）“一村一品”工程

2006年，市政府印发《发展一村一品推进产业富民方案》《发展一村一品产业强村富民推进方案》，将发展“一村一品”作为推进农业产业化，建新农村的主要抓手。全年集中培训“一村一品”专业村支部书记475人和下派干部150人。2007年，市委印发《关于推进四个跨越实施产业富民的决定》，明确实现传统农业向现代跨越的核心是产业支撑，是强力推进农业产业化，坚持城乡统筹，一、二、三产业互动，以工业化带动农业产业化，以农业产业化带动农民增收。提出大力发展龙头企业和“一村一品”“一乡一品”。规划到2011年，眉山市“一村一品”达到30%。2012年，东坡区思蒙镇镇南村（蔬菜）、思蒙镇花池村（商品鱼）、万胜镇天乐村（肉兔）；仁寿县文宫镇石家村（枇杷）、高家镇鹰头村（枣子）、鳌陵乡正华村（枇杷）；彭山县锦江乡正华村（蔬菜）、黄丰镇团结村（柑橘）；洪雅县中山乡前锋村（茶叶）、中保镇史华村（长毛兔）、止戈镇莲花村（奶牛）；丹棱县双桥镇梅湾村（柑橘）；青神县白果乡甘家沟（柑橘）被列为四川省“一村一品”示范村。全国一村一品示范村镇授牌和村企对接会、全国“一村一品”示范村镇揭幕仪式在眉山市举行，眉山市“一村一品”建设经验在全国会议上交流。截至2012年年底，全市建成“一村一品”专业乡镇40个（种植业类28个、养殖业类5个、水产2个、林竹2个、其他类3个）、“一村一品”专业村466个（种植业类363个、养殖业类39个、水产19个、林竹40个、其他类5个），占行政村总数的39.3%；种植面积7.47万公顷，奶牛存栏5.8万头、出栏生猪218万头、专用肉鸡4484万羽、肉兔3461万只；水产品养殖面积2067公顷；专业村经济总收入129亿元，农林牧渔业总产值95亿元，主导产业总收入71亿元；专业村农民人均纯收入8471元，主导产业从业农户人均纯收入8551元。

（二）“中国之乡”品牌创建

1997年起，眉山地委、行署提出发展眉山特色效益农业，发展农业品牌。1999年，眉山县被中国特产之乡推荐暨宣传活动组织委员会（下同）授予“中国脐橙之乡”、青神县被授予“中国椪柑之乡”；2000年青神县被授予“中国竹编艺术之乡”；2001年东坡区被授予“中国优质稻米之乡”；2005年，仁寿县被授予“中国枇杷之乡”；2006年洪雅县被授予“中国藤椒之乡”、东坡区被授予“中国泡菜之乡”；2009年仁寿县被授予“中国清见之乡”；2011年仁寿县被授予“中国优质柑橘（不知火）之乡”。至2012年，全市形成枇杷、脐橙、竹编、椪柑、优质稻米、藤椒、泡菜、清见、不知火等一批优质农产品品牌。

二、农业产业结构调整

1999年9月，地委、行署印发《关于进一步深化农业产业结构调整的意见》，确定全区农业产业结构调整目标。调整种植业面积50万亩，实现“稳9保3”（稳定眉山地区人均占有粮食900斤，粮食总产确保30亿斤）。大力发展畜牧业生产，实现生猪三元杂交化。加快速生丰产用材林和笋竹兼用林以及经济林发展步伐，提高林业经济效益。至2004年，全面淘汰水果低劣品种，新发展优质水果和干果10万亩；实施生猪“DLY”品改工程，出栏“DLY”生猪250万头，新增牧草种植面积20万亩；实施“一二三”工程，新增经济林10万亩、速丰林20万亩、竹林30万亩。2010年，市委、市政府印发《关于掀起特色效益农业基地建设高潮的实施意见》，明确特色效益农业基地建设目标任务，分解落实到各县（区）和眉山市级相关部门。至2012年，全市实现农林牧渔业总产值228.33亿元，其中农业102.7亿元、林业6.03亿元、牧业103.01亿元、渔业12.08亿元、服务业4.5亿元。实现农业增加值135.91亿元，其中农业67.86亿元、林业3亿元、牧业57.73亿元、渔业5.93亿元、服务业1.39亿元。粮食总产量181.4万吨，油料总产量10.93万吨，茶叶总产量1.9万吨，水果总产量76.91万吨，蔬菜总产量130.06万吨，出栏生猪397.45万头；农民人均纯收入8236元。全市农业、林业、牧业、渔业产业结构比由1997年的55.55∶2.46∶39.29∶2.7优化到42.5∶2∶50.2∶4.2。

眉山市1997—2012年农村经济统计表

表10-2

年份	农业总产值（当年价、亿元）					农民人均纯收入（元）
	合计	农业	林业	牧业	渔业	
1997	57.35	31.86	1.41	22.53	1.55	1778
1998	60.71	31.61	1.46	25.92	1.72	1956
1999	61.49	30.47	1.54	27.71	1.77	2041
2000	62.82	29.68	1.54	29.74	1.87	2109
2001	64.61	28.63	1.51	32.44	2.03	2194
2002	69.70	29.00	1.59	35.53	2.20	2329
2003	74.66	30.11	1.74	38.60	2.78	2497
2004	93.18	37.92	1.85	48.23	3.55	2970
2005	102.63	40.87	2.09	53.76	4.19	3284
2006	108.84	42.29	2.19	58.03	4.53	3567
2007	138.35	50.62	2.36	78.23	5.24	4139

续表10-2

年份	农业总产值（当年价、亿元）					农民人均纯收入（元）
	合计	农业	林业	牧业	渔业	
2008	159.86	57.12	2.68	91.45	6.48	4754
2009	160.95	74.59	3.74	74.37	6.02	5135
2010	171.28	79.05	4.05	78.86	7.01	5942
2011	202.48	92.51	5.49	86.29	10.40	7184
2012	228.32	102.70	6.03	103.01	12.08	8236

三、农业产业化经营

2000年，市政府印发《关于农产品加工企业创建省级以上农业产业化经营重点龙头企业奖励的通知》，推动全市农业产业化经营。2002年，市委、市政府印发《关于大力推进农业产业化经营促进农民增收的意见》，确定“十五”期间全市农业产业化经营形成“五大产业”，建设“十大基地”，发展壮大50户龙头企业，培育50个知名品牌，发展5000户农村经营大户，促进农业增效和农民增收，农产品深加工实现较大突破，农业龙头企业建设有一个大发展，农产品市场建设水平有较大提高，科技兴农达到新的水平，农业经营的组织形式和经营机制不断创新，加速推进全市农业产业化经营进程。2003年，市政府办公室印发《眉山市农业产业化经营重点龙头企业管理暂行办法》，要求各地各单位按照市委、市政府“农业挖潜力，工业挑重担，三产多贡献”的指导思想，积极扶持农业产业化龙头企业，拓展农业产业链条，推进眉山农业产业化工作。明确市级重点龙头企业申报标准为直接从事农产品生产、加工或销售，年产值或销售收入在2000万元以上，或带动农户2000户以上的企业和“五专”组织。2006年，市农业产业化领导小组办公室制订《眉山市“十一五”农业产业化发展规划》，明确“十一五”期间全市农业产业化建设培育五大产业，建设十大基地，发展壮大100个龙头企业，10个知名品牌，发展400个农村专业合作经济组织。农业产业化的主要组织模式主要有公司企业带动型、协会组织带动型和市场带动型三种类型。2012年，全市新培育现代农业业主1661户，注册家庭农场113家，专合组织524户，市级以上龙头企业9户。规模以上农产品加工龙头企业增至223户，其中国家级3户、省级20户、市级101户、县级99户。资产总额7.47亿元，固定资产2.88亿元，生产加工型企业销售收入167.06亿元，市场交易型企业交易额8.76亿元，交易利润2437万元。建设基地11.2万公顷，带动农户101万户，解决5.08万人就业。全年泡菜产业年销售收入突破100亿元。奶产量24万吨，建成国家级标准化奶牛示范场8个，均居全省第一。青神县竹编被列为“全省五大特色产业”，新建竹产业基地4000公顷。休闲观光农业实现收入16.8亿元。截至2012年年底，全市3户企业被命名为国家级农业产业化经营重点龙头企业，20户企业被命名为省级农业产业化经营重点龙头企业，101户企业被命名为市级农业产业化经营重点龙头企业。

四、农业产业化龙头企业

1997年起，眉山地区实施“科技兴农”战略，优化组合各种生产要素，延长农业产业链条。实施“丹棱出口优质蔬菜，洪雅奶业，仁寿枇杷、山羊，眉山优质稻，青神杂交竹”等示范工程，形成“公司+农户”产业化模式。2002年，中科院农业高新技术产业化中心、中科院成都分院与眉山市政府签订《关于建立中国科学院农业高新技术产业化中心眉山农业发展基地的合作协议》。采取“政府+科研机构+农业业主”模式，以中国科学院高新技术产业化中心眉山农业综合发展基地为载体，联合眉山市大田作物、经济作物、水产养殖、生物科技领域的中小企业和农业园区，按照市场原则建立科学运行的经济实体，促进农业科技龙头企业发展。至2005年，全市建成联结农户500户以上的专业大户带动型等多种模式的龙头企业300户以上，建设规模在千亩以上的各具特色的农产品商品生产基地500个以上，农产品商品率70%以上。

2006年起，全市围绕优质粮油、畜禽、果蔬等优势大宗农产品，开展农产品商品化处理和深加工关键技术与设备、农副产品综合利用关键技术与设备、加工贮运质量标准及品质分析检测技术等的研究及产业化开发。实施农产品精深加工科技专项、科技富民推进行动和科技富民强县专项行动，采用“龙头企业+基地（专合社）+农户”发展模式，通过科技项目示范园区和龙头企业带动，推进“四大拳头产品”生产基地建设，壮大特色种养殖基地规模。确定奶业、生猪、果蔬、家禽4个重点产业，重点扶持龙头企业20户，实施一批国家和省级科技项目。至2009年，建成“洪雅奶业、东坡泡菜产业、丹棱优新柑橘和仁寿高端蔬菜”省级农业科技园区4个；“青神椪柑、仁寿曹家梨、彭山葡萄、丹棱山地鸡业”市级农业科技园区4个；“青神椪柑、洪雅青衣江”省级新农村建设示范片农业科技园区2个。洪雅奶业科技园区有新希望、蒙牛等20家企业入驻，辐射全市其余5个县（区）及乐山市夹江县、雅安市临近地区。东坡泡菜科技园区有吉香居、味聚特、李记等龙头企业5家，有农业生产示范区200公顷，无公害蔬菜生产示范区8000公顷，农村城镇化科技示范区6个，带动眉山地区蔬菜播种2.2万公顷，蔬菜产业发展重点村28个，年产加工型和鲜销型蔬菜81万吨，蔬菜产业年总产值超过30亿元。丹棱柑橘科技园区有四川丹棱中友优新柑橘母本园、丹棱县生态源果业等3家企业入驻，建成核心区40公顷、示范区400公顷、辐射区8000公顷，园区年产值2亿元，净利润250万元。仁寿高端蔬菜农业科技园区由成都田牧科技股份有限公司牵头，占地333公顷，其中核心区200公顷，涉及2个村15个经济社1447户，初步形成区域化布局、专业化生产、集约化经营模式。青神椪柑科技园区有金和农业、祥云果业等企业3家和专合组织10家，建成核心区67公顷、示范区333公顷、辐射区1.07万公顷，年产量10万吨以上，年产值1.5亿元，椪柑产值占全县农民人均纯收入25%。仁寿曹家梨农业科技园区由曹家水果专业合作社牵头，规模种植梨树333公顷，辐射周边3村11社。丹棱山地鸡业科技园区由县生态山地鸡业专合社牵头，核心区养殖农户1500余户，示范区养殖农户2120余户，辐射区养殖农户1100余户。彭山葡萄科技园区核心区67公顷，引进业主20个，辐射周边村社10个、农户1135户。2011年，全市建设洪雅奶业、东坡泡菜、丹棱优新柑橘、仁寿高端蔬菜和青神椪柑5个省级农业科技园区，完善各园区路网、电网、水网等基础设施建设，建成5大省级园区核心区3486公顷，示范

年产能24万吨的蒙牛乳业（眉山）有限公司（摄于2012年3月）

区 1.31 万公顷。

2012 年，眉山市强化园区建设，将洪雅奶业、东坡泡菜、丹棱优新柑橘、仁寿高端蔬菜和青神椪柑 5 个省级园区纳入全市特色效益农业基地，新建眉山市级农业科技园区 6 个。全市 5 个省级园区核心区蔬菜种植面积 4720 公顷，示范区 1.55 万公顷。有省级重点农业产业化龙头企业 9 户（四川李记酱菜调味品有限公司、四川眉山天天渔业食品有限公司、四川彭山县庆丰食品有限公司、四川省吉香居食品有限公司、四川仁寿碧海实业有限公司、四川省味聚特食品有限公司、四川宁氏农业发展有限公司、四川省恒泰食品添加剂实业有限公司、四川省丹棱国荣丝绸有限公司），农业产业化经营重点龙头企业果蔬产业龙头企业 11 户，畜禽水产产业龙头企业 14 户，粮油产业龙头企业 17 户，茶药产业龙头企业 6 户，竹木产业龙头企业 3 户，其他产业龙头企业 5 户。

第二章　种植业

眉山市农作物主要有水稻、玉米、小麦、红苕、洋芋、大豆、油菜、花生等，其中粮食作物主要是水稻、小麦、玉米，油料作物主要是油菜、花生。1997 年，眉山地区粮油作物播种面积 43.94 万公顷、总产 174.9 万吨，其中粮食作物 31.94 万公顷、总产 168.87 万吨。2000 年，地区行署提出“面向眉山市场、调整结构、依靠科技、发展优质、量质并重、提高效益”原则发展粮食生产，“以发展大众优质稻为主，以销定产成片发展特优稻，搭配发展特种稻”发展和推广优质稻。2001 年，眉山市探索无公害粮食生产，建立无公害粮食生产基地，实行“订单”生产。2002 年，全市发展“双低”（菜油中芥酸含量低于 3%，菜饼中硫代葡萄糖甙含量低于 30 微摩尔/克）油菜。2004 年，全市围绕增加农民收入、确保粮食安全两大任务，确保粮食面积恢复性增加，粮食产量恢复性增长，保护和提高粮食综合生产能力，遏止粮食总产量下滑趋势，确保粮食安全。至 2012 年，全市通过落实国家粮食补贴强农惠农政策，实施粮食良种工程，推行测土配方施肥，加快农业产业结构调整。依靠提高耕地质量和推广良种良法，实现单产增高，带动总产稳定增长。全市粮油作物播种面积 36.9 万公顷、总产 192.32 万吨，其中粮食作物 31.4 万公顷、总产 181.39 万吨。

第一节　粮油作物生产

一、生产概况

眉山市粮食作物有水稻、玉米、小麦、红苕、洋芋、大豆等，其中水稻、小麦、玉米是境内主要粮食作物；油料作物有油菜、花生等。

1997 年，眉山地区粮油作物播种面积 43.94 万公顷、总产 174.9 万吨，其中粮食作物 31.94 万公顷、总产 168.87 万吨。2000 年，全区粮食生产发展贯彻“三靠”（靠政策、靠科技、靠投入），扩大复种，主攻单产，增加总产，改善品种，提高效益；突出大春，抓小春，重视晚秋；稳定提高水稻，大力发展玉米，抓好小麦，不放松薯类。实施粮食区域平衡发展战略，巩固发展沿江冲积平原，川西平原边缘及黑龙滩灌区自流灌溉部分粮食高产区，重点发展龙泉山脉、荣威山脉、总岗山脉及洪雅山区低产区，稳定提高浅丘中产区，实现眉山地区粮食平衡发展。地区行署提出“面向眉山市场、调整结构、依靠科技、发展优质、量质并重、提高效益”粮食生产原则。优质稻发展“以发展大众优质稻为主，以销定产成片发展特优稻，搭配发展特种稻”，制定分县发展规划。当年，全区推广优质稻4.49万公顷，建立县级优质稻品种展示片6个，眉山县松江镇试验示范新品种（组合）28个。探索“公司+体系+农户”产业化开发模式，仁寿县陵阳区集中订单生产Ⅱ优7号733公顷。全区粮食作物播种面积31.26万公顷，总产168.61万吨。

东坡区悦兴镇高标准农田示范区（摄于2012年8月）

2001年，眉山市探索无公害粮食生产，建立无公害粮食生产基地，实行“订单”生产。仁寿县、东坡区依托农药安全管理技术项目，实现无污染、低农药残留优质稻保优栽培1120公顷。洪雅县发展有机农业，在东岳镇千丘村、余坪镇生产AAA级绿色大米。仁寿县与国家粮食储备库陵阳粮站合作，订单生产优质稻5万亩。2002年，全市油菜种植向双低油菜方向发展。全市建立无公害水稻生产基地1.68万公顷。建立新品种展示片8个，展示优质稻新品种35个，发展优质稻6.67万公顷、优质蛋白玉米6667公顷、专用红苕3000公顷。选育出的3个优质稻品种分获四川省第三届“稻香杯”评比五、六、七名。东坡区获“中国优质稻米之乡”称号。洪雅县依托生态环境条件，通过引进培育龙头企业，以“公司+农户”形式建立优质稻生产基地，实行标准化生产，创立绿色食品品牌。建成绿色水稻生产基地1667公顷，生产的千秋贡米、中华香米等获绿色食品标志使用权，产品畅销省内外。2006年，市农业局制订《眉山市农业发展“十一五”规划》，提出加快传统农业向现代农业的转变，不断提升农业产业化水平；依托“中国优质稻米之乡”品牌加大优质稻发展步伐。2009年，市政府提出农业工作力求在粮食生产能力建设、优势特色效益农业发展，突出稳粮、增收，以提高综合生产能力为核心，稳定发展粮食生产为目标。2010年，提出全市农业工作重点是以提高农业综合生产能力，促进农民增收为首要任务，稳定发展粮食生产，夯实农业基础条件，提升综合生产能力，扎实抓好粮油生产。2012年，全市实施“四新联动”（新品种、新模式、新技术、新机制）“六良配套”（良种、良法、良制、良壤、良灌、良机）高产创建工程，依靠提高耕地质量和推广良种良法，实现单产创新高，带动总产稳定增长。建设四川省现代粮食产业仁寿示范基地，规划鳌陵乡、板燕乡、古佛乡全域，以及高家、文宫、珠嘉、方家、宝马、富加等乡镇的部分村组，共12个乡镇50个行政村，面积2.61万公顷。全市耕地面积逐年减少。粮油作物播种面积36.9万公顷、总产192.32万吨，其中粮食作物31.4万公顷、总产181.39万吨。

眉山市 1997—2012 年主要农作物种植情况统计表

表 10-3

年份	农作物总播面（万公顷）	粮食作物		水稻		玉米		小麦		薯类	
		面积（万公顷）	产量（万吨）	面积（万公顷）	产量（万吨）	面积（万公顷）	产量（万吨）	面积（万公顷）	产量（万吨）	面积（万公顷）	产量（万吨）
1997	43.94	31.94	168.87	12.66	99.19	3.54	15.84	9.74	36.07	4.50	14.41
1998	44.32	32.21	170.62	12.58	99.66	3.94	17.54	9.65	34.52	4.54	15.89
1999	44.33	32.41	171.12	12.51	99.34	4.20	17.98	9.60	34.33	4.58	16.26
2000	43.60	31.26	168.61	12.32	97.05	4.07	17.02	8.79	32.75	4.47	17.95
2001	42.65	30.10	151.52	12.05	89.15	3.93	14.69	8.31	29.25	4.38	15.80
2002	41.54	29.16	156.52	11.85	92.16	3.87	16.21	7.94	29.27	4.20	16.22
2003	40.29	27.95	152.85	11.54	90.10	3.75	16.25	7.36	27.29	4.03	16.39
2004	41.46	29.25	160.55	11.67	91.87	3.97	18.19	7.35	28.16	4.75	18.95
2005	42.02	30.12	166.38	11.78	92.53	4.04	19.37	7.71	29.93	4.93	20.63
2006	42.60	30.57	163.41	11.66	87.27	4.04	18.39	7.99	32.13	5.12	21.55
2007	42.89	30.97	167.21	11.63	89.85	4.22	20.44	8.05	31.02	5.24	21.60
2008	43.57	31.01	171.48	11.71	91.14	4.40	21.88	7.66	30.97	5.32	22.87
2009	45.91	31.21	175.20	11.89	93.12	4.55	22.90	7.75	31.65	5.21	23.05
2010	44.20	31.48	176.80	11.90	92.57	4.62	24.47	7.74	31.79	5.35	23.39
2011	44.35	31.48	179.75	11.88	93.32	4.64	25.76	7.66	32.22	5.36	23.60
2012	44.40	31.40	181.39	11.88	94.24	4.66	26.14	7.52	32.07	5.42	24.03

二、技术项目

粮食种植技术项目包括粮食丰收计划项目、粮食“三百”工程项目、粮食高产创建项目及新增百亿斤粮食生产能力建设项目。

丰收计划项目　1997 年起，眉山地区实施粮食丰收计划项目。青神县试验示范红苕新品种川薯 101，平均亩产 1.48 吨，比同田南薯 88 亩产高出 260 千克。1998 年，在仁寿县、洪雅县、丹棱县实施玉米杂交良种及地膜覆盖为主的配套增产技术。地区农业局在仁寿县宝飞镇、始建镇建立丰产示范片 907 公顷，在印河村、古耳村、明星村建立中心示范片 147 公顷。全区种植 1.96 万公顷，平均单产 357.1 千克，新增产值 1508.1 万元。其中地膜玉米 1.16 万公顷、亩均单产 361.6 千克，旱地多熟制 8033 公顷、亩均单产 357.1 千克。经项目测产验收，丰产示范片平均亩产 403.7 千克，中心示范片平均亩产 484.5 千克，其中地膜玉米亩产 500 千克以上。1999 年，实施甘薯高产综合配套技术、小麦高产综合配套技术、水稻高产综合配套技术 7.81 万公顷，粮食增产 7720 吨。玉米增产技术、甘薯高产配套技术分获四川省农业厅丰收计划二、三等奖。2000 年，在仁寿县、东坡区、彭山县、丹棱县 61 个乡镇 518 个村 3180 个社 21.62 万户农户中推广水稻高产综合配套技术 7.12 万公顷，平均亩产552.8千克，比项目实施前三年平均亩产增产34.7千克。主要技术包括选择优质高产良种；统一育秧，提高秧苗素质；推广以免耕栽培为核心的节本增效技术；合理密植，协调个体群体关系。水稻高产综合配套技术2001年获农业部全国农牧渔业丰收三等奖。

“三百”工程项目　2004年起，眉山市实施“三百”（水稻、玉米、苕豆“三个一百万亩”粮食高产优质科技示范）工程。仁寿县、东坡区、彭山县被列入“三百”工程实施范围。在仁寿县龙正镇启动眉山市“111”粮食高产优质科技示范工程。随后“三百”工程拓展到全市，沿“两江三线”（岷江、青衣江、省道103线、省道106线、国道213线）交通主干道建立10万亩水稻、10万亩玉米、10万亩苕豆高产示范片。建大春各种优质、高产示范片38.4万亩，核心示范片3万亩。其中仁寿县水稻示范片4.48万亩，核心示范片涉及14个村8000亩；玉米—红苕—大豆高产示范片8.83万亩，核心示范片涉及29个村251个经济社1066.67公顷。东坡区水稻高产示范片3万亩，核心示范片7700亩。彭山县落实水稻高产示范片1.6万亩。2005年，仁寿县、东坡区建立9万亩高产优质水稻示范片，3万亩玉米—红苕—大豆示范片；实现水稻订单20万亩、玉米订单8万亩。2006年，仁寿县、东坡区承担四川省“三百”科技示范水稻项目各4.5万亩，洪雅县承担玉苕豆示范3.5万亩，彭山县承担洋芋示范4万亩。全市“三百”工程涉及37个乡镇17.55万亩，其中水稻涉及10个乡镇9.5万亩、平均亩产552.9千克，玉米涉及14个乡镇3.5万亩、平均亩产586.2千克，洋芋涉及13个乡镇4.5万亩。彭山县建成川西平原万亩秋洋芋生产示范基地。青神县列入洋芋科技示范推广及良种繁育项目。2007年，东坡区列为水稻高产优质示范工程项目县。仁寿县、彭山县、青神县进入四川省洋芋提升行动，建立优质专用洋芋标准化生产示范基地。2008年，东坡区、仁寿县、丹棱县列入增粮增收“三百”水稻项目科技示范工程项目县，确定仁寿县陵阳国家粮库米业有限公司、东坡区禾辉米业有限公司、丹棱县粮油加工厂为订单收购水稻龙头企业，订单面积25.95万亩。

高产创建项目　2008年，农业部、四川省农业厅确定仁寿县为2008—2009年小麦高产创建项目县，东坡区为2008—2009年油菜高产创建项目县。规划在眉山市分区域和作物重点建设11个万亩优质粮油高产创建示范片。当年，市政府现场验收彭山县凤鸣镇承包田0.94亩，亩产701.88千克。验收折算，130亩高产攻关田亩产700千克以上，1026亩核心示范片亩产600千克以上。彭山县5个乡镇集中连片建立水稻高产示范1万亩，其中凤鸣镇菱角村示范优质高产水稻新品种宜香4106。仁寿县在里仁乡实施高产创建小麦项目1305亩，种植川农17；建立龙正镇油菜高产示范片1095亩、卓家村核心示范片100亩。2009年，四川省实施“粮食作物良种良法到田入户工程”，东坡区被四川省农业厅确定为水稻项目实施县，仁寿县被四川省农业厅确定为玉米项目实施县。市农业局组织现场验收测产仁寿县里仁乡100亩小麦高产攻关田，亩产386.49千克。2010年，验收彭山县农业部整县推进水稻高产创建工作，全县平均亩产606.4千克。当年，眉山市国家粮油高产创建项目全覆盖，每个县（区）、大小春粮油生产均有高产创建项目，共实施粮油高产示范片20个（水稻10个、玉米3个、小麦4个、油菜3个），占全省创建片数和资金总量的7%。彭山县成为四川省唯一整县制水稻高产创建县，建立水稻高产示范片13个，其中集中示范片万亩10个、2000亩3个、100亩高产攻关田1个，示范面积10.6万亩。2011年，全市以水稻、小麦和洋芋等主要粮食作物和重要紧缺品种为重点，强化行政推动，依靠科技进步，加大资金投入，集成技术、集约项目、集中力量，高产创建万亩示范片成功的技术模式、组织方式、工作机制向整乡、整县等整建制推进，集中建设规模化、集约化、标准化高产示范区。全市建高产创建示范片15个（水稻7个、玉米1个、油菜4个、小麦3个），仁寿县为整县推进县，主攻“麦—玉—豆”三熟栽培模式，彭山县主攻稻麦两熟和稻油两熟栽培模式，仁寿县玉米整建制平均亩产 638.2 千克，彭山县水稻整建制平均亩产 634 千克。截至 2012 年年底，全市建粮油高产创建万亩示范片 55 个（农业部万亩高产创示范片 47 个），其中仁寿县为整县制高产创建，东坡区、彭山县为整乡建制水稻高产创建。彭山县整乡水稻高产创建平均亩产 616.4 千克，仁寿县整县水稻高产创建平均亩产 634.48 千克，东坡区整乡水稻高产创建平均亩产 617.8 千克。

新增百亿斤粮食生产能力建设项目　2008 年，实施全省新增 100 亿斤粮食生产能力建设。眉山市分解落实新增的 121 万吨粮食生产能力，东坡区、仁寿县、彭山县为重点县。2009 年，全市投入新增粮食生产能力建设资金 2996.3 万元，其中高产创建 288 万元、农技体系建设 77.2 万元。2010 年，东坡区投资 200 万元，在太和镇 6 个村建立水稻标准化生产示范基地 2 万亩。彭山县建立 4 个水稻标准化生产示范基地 2 万亩，在公义镇和谢家镇各建 2000 亩基地 1 个；在公义镇红旗村建水稻"两新一高"展示田和新品种展示田各 10 亩，开展超高产攻关和新品种展示试验。截至 2012 年年底，仁寿县在宝马乡、珠嘉乡建设水稻标准化生产示范基地 2 万亩；在宝马乡、珠嘉乡建核心示范区 4000 亩。

三、示范基地

水稻抛秧示范基地　1995 年，丹棱县引进水稻翻耕抛秧栽培技术，采用两季田平作免耕抛秧模式。1997 年，眉山地区农业局、丹棱县农业局投资 65 万元在丹棱县仁美镇创建水稻抛秧示范基地，推广应用水稻抛秧技术。示范面积 1000 亩，试验示范采用翻耕抛秧与手栽秧、免耕抛秧与翻耕抛秧同田对比试验。翻耕抛秧比手栽秧增产 8%～10%；免耕抛秧比翻耕抛秧增产 3%～5%，比手栽秧增产 10%以上；免耕抛秧不同密度栽培试验，免耕抛秧比翻耕抛秧增加 10%的基本苗为最佳；免耕抛秧不同施肥方式栽培试验，底肥占 70%、追肥占 30%产量最高；免耕抛秧不同秧龄栽培试验，以 35 天以内秧龄为最佳，随着秧龄的延长而产量有降低的趋势；新品种的引进栽培试验，冈优 725 产量最高每亩 521 千克。至 1999 年，培训农民 27 场次，受益农户 2200 余户，引进优良品种 18 个，推广配方施肥技术和病虫绿色防控技术。示范面积增至 8000 公顷，两季田免耕节水定抛技术推广 100%。2008 年后，眉山市每年通过 11 个水稻高产创建示范片带动水稻抛秧技术的示范推广。

免耕栽培示范基地　20 世纪 90 年代初，彭山县凤鸣镇示范基地推广水稻免耕撬窝栽培技术、水稻塑料软盘免耕抛秧技术，眉山县太和镇示范基地开展小麦免耕栽培示范、油菜免耕栽培示范、水稻免耕栽培示范。凤鸣镇示范基地 2001 年引进"旱育保姆"种衣剂试验示范（200 亩）获得成功；2002 年推广水稻"旱育保姆"旱育免耕抛秧 816.67 公顷；2004 年推广应用水稻"旱育保姆"免耕旱育、无盘免耕抛秧技术 2000 余公顷；2005 年示范推广水稻连免高桩抛秧新技术；2006 年水稻苗床免（少）耕旱育秧技术获四川省科技厅成果奖，全县水稻免（少）耕旱育、免耕抛秧栽培 5333 公顷，免耕栽培 1.1 万公顷；2007 年建立水稻苗床免（少）耕旱育秧、免耕抛秧技术示范片，供全国专家、学者和领导参观指导；2008 年开展水稻、洋芋"百亩攻关、千亩展示、万亩示范"免耕栽培示范，带动和规范全县 1.2 万公顷水稻免耕栽培，免耕栽培面积占粮油作物播种面积的 75%。至 2012 年，凤鸣镇示范基地试验示范面积增至 200 亩，带动面积增至 10 万亩。东坡区太和镇推广农作物免耕栽培 573.33 公顷。

水稻强化栽培示范基地　2000 年，眉山地区科技研究所在松江镇开展水稻三围立体超高产强化栽培技术研究试验和示范，试验面积50亩。至2005年，水稻现场验收亩产均超过700千克，最高亩产超过800千克。中国水稻研究所院士袁隆平2次到松江镇实地考察水稻三围立体超高产强化栽培。在松江镇水稻三围立体超高产强化栽培技术的示范影响下，东坡区水稻强化栽培面积逐年扩大。至2012年，松江镇推广8000亩，占全镇水稻总面积的25.8%。

旱地地膜玉米示范基地　眉山市旱地地膜玉米示范基地为仁寿县钟祥镇、宝飞镇、珠嘉乡旱地地膜玉米基地。1996年，创建钟祥镇旱地地膜玉米基地。1997年起，宝飞镇开展地膜玉米栽培示范，建立沿齐加乡、鹤立乡、宝飞镇公路沿线村社的1万亩示范片，推广小春规范改制、开沟施肥、春玉米地膜覆盖实用技术，改小改制为规范“双三零”改制，改浅施或窝施底肥为沟施底肥，最高亩产480千克，平均亩产420千克。至2001年，钟祥镇旱地地膜玉米基地试验玉米新品种20个，筛选出适合仁寿种植的新品种3个。通过播期试验，总结出适宜仁寿春玉米播种时段为3月底至4月初。2003年，建立珠嘉乡旱地地膜玉米基地。2005年，钟祥镇1000亩旱地地膜玉米基地建成。2008年后，眉山市通过9个玉米高产创建示范片示范推广地膜玉米技术。至2010年，珠嘉乡旱地地膜玉米基地面积增至1000亩，主要开展以规范改制、开沟施肥、育苗移栽、定向栽植、地膜覆盖等配套的实用技术推广运用。示范基地实现最高亩产740千克，平均亩产520千克，比大面积增产180千克。

饲草玉米示范基地　2006年，在洪雅县洪川镇建立饲草玉米试验示范基地100亩，引进饲草玉米品种试验示范，探索配套完善其栽培技术。玉草1号种植每年可收获2次，亩产饲草6吨以上。2007年，洪雅县洪川镇建饲草玉米试验示范基地100亩、三宝镇2000亩。2008年，建立核心示范片三宝、止戈、洪川3个镇4个奶牛小区600亩。2009年，洪雅县实施饲草玉米生产示范1500亩，平均亩产饲草5.6吨。2010年，在槽渔滩镇饲草玉米试验示范，品种3个，每亩饲草玉米收入2300元以上。截至2012年年底，洪雅县饲草玉米基地增至3万亩。

旱地高效新模式示范基地　2008年起，建设仁寿县珠嘉乡旱地高效新模式基地。当年，新模式大豆最高亩产210千克，大豆平均亩产135千克，比大面积种植增产50千克。2009年，仁寿县与四川农业大学在珠嘉乡共建旱地现代农业示范园，示范探索旱地粮食作物（小麦、玉米、大豆）机械生产，推广旱地高效节本增效现代农业新科技。2010年，基地建成，规模1000亩，开展旱地“小麦—玉米—大豆”新三熟模式示范推广运用。2012年，旱地新三熟制示范基地增至3000亩。

秋大豆示范基地　1990年，丹棱县引进秋大豆宁镇1号，种植10亩，栽培方式为翻耕点播。后改为免耕直播，栽培区域由坝区的水稻制种田发展到山区的旱玉米地，相继引进浙春3号、湘春10号等新品种。1992年种植400余公顷，亩产90千克。2012年种植134公顷，亩产130千克。

秋洋芋示范基地　1999年，彭山县锦江乡秋洋芋示范基地采取稻草覆盖秋洋芋套作油菜的种植模式，主要推广3个品种。开展4个秋洋芋品种及4种种植密度试验；开展水稻—洋芋—油菜套作方式，水稻—洋芋—油菜土壤耕作模式试验，秋洋芋免耕稻草覆盖带状栽培、秋洋芋免耕稻草覆盖简化栽培试验；开展秸秆腐熟剂和土壤营养平衡剂试验，探索出秋洋芋高产配套技术。2006年，示范片秋洋芋平均单产在1000千克左右，比非示范区亩产增产150千克以上，比当地农户自留种薯亩产增加200千克。2012年，基地常年种植洋芋200余公顷，带动全县种植秋洋芋4000余公顷。

第二节　水果蔬菜及其他作物生产

一、生产概况

眉山市经济作物主要种植水果、蔬菜、茶叶、药材等。其中，水果包括脐橙、不知火、清见、椪柑、爱媛等柑橘和甘蔗、枇杷、葡萄、梨、桃、猕猴桃等100余个品种；蔬菜有青菜、萝卜、洋芋、榨菜、番茄、豇豆、茄子、辣椒、黄瓜、苦瓜、秋葵等30余个品种；茶叶有本地白茶、福鼎大白、安吉白茶、黄金芽、老川茶、平阳特早、乌牛早等10余个品种；中药材有泽泻、黄连、川芎、天麻等近10个品种。

1997年，眉山地区经济作物规模小，产量低，种植分散，品种老化，管理粗放，名优产品不多，产业化程度低。当年，地委、行署提出“稳粮调结构，增收奔小康”生产方针，调整种植业结构，在确保粮食安全前提下，发展经济作物，促进农民增收。1998年，全区加强水果蔬菜基地建设与新品种新技术、良繁体系建设为主的调整种植业结构。全年种植水果3万公顷、产量14.2万吨，蔬菜2.67万公顷、产量65万吨，茶叶2133公顷、产量2200吨，甘蔗7667公顷、产量12万吨，棉花1.12万公顷、产量1.12万吨。2000年起，全经济作物产业注重优势区域重点发展，以大示范、大样板、建设大基地，建设全省最大枇杷生产基地、椪柑生产基地、优质脐橙生产基地和重要的生态茶叶生产基地。仁寿县集中在文宫、陵阳、龙马、清水等乡镇发展枇杷，在曹家、钟祥、满井、龙正、北斗等乡镇发展梨，在省道106线龙正镇安排发展优质梨、桑园、柑橘。青神县增加白果、高台椪柑优势产区规模，形成中心优势，辐射带动全县。东坡区在省道106沿线的广济、三苏、白马、象耳等乡镇发展优质柑橘。洪雅县依托丘陵与山地生态条件优势，发展茶叶1万亩~2万亩，建设生态茶叶基地。

2001年起，开展水果分布、种类、品种、品质、自然环境与适应性、栽培技术研究等，提出特色效益农业区域化、规模化、特色化发展方向；重点建设东部丘陵优质伏季水果基地，中部丘陵优质柑橘基地、岷江沿江优质蔬菜基地，西部山区以洪雅为重点建设生态茶叶基地，整体推进全市特色效益农业发展。每年推广“高接换种、合理修剪、果园生草栽培、秸秆覆盖、疏花疏果、套袋技术、大棚设施栽培、配方施肥、留树保鲜、病虫防治”十大经济作物栽培技术100万亩。2003年，以新品种引进、示范和品种改良为结构调整重点。引进推广天草椪柑、21世纪脐橙、黄金梨、曙光油桃、红提葡萄等水果新品种20余个。樱桃番茄亩产4吨~5吨，产值6000元~8000元；“白秋”南瓜亩产值2万元以上。成为全市效益显著的特色效益农业产业。2005年，市委提出加快蔬菜产业化发展，建设“中国泡菜之乡”，建设全市“十一五”期间重点拳头产品。以“公司（协会）+农户+基地”模式，促进农业产业化经营。东坡区为李记酱菜调味品有限公司定向建立优势蔬菜基地3.5万亩，为吉香居食品有限公司建立蔬菜基地1万亩。洪雅县依托道泉茶叶有限公司，建立无公害茶叶基地2000亩。仁寿县为神龙脱水蔬菜厂建立原料基地5000亩，为四川元宝生态资源开发有限公司发展1万亩元宝树。青神县椪柑协会、东坡区脐橙协会指导农户发展市场对路品种，改换市场效益较高的太田椪柑、新世纪、21世纪等优质品种。年末全市经济作物面积增至9.33万公顷，总产200万吨，总产值24亿元。

2006年起，眉山市发展“一村一品”。特色效益农业向区域化、专业化、特色化、标准化、高效化方向发展。至2010年，全市建成全省重要茶叶生产基地。每个产业培育加工营销企业和专业合作社，创建品牌。水果平均亩产增至929.4千克，优质果率70%以上；优质蔬菜率95%以上，优质茶产值占茶叶产值的95%。柑橘种植规模和产量均为全省第一。2012年，市委、市政府作出《关于加快都市近郊型现代农业发展的决定》，规划建设万亩示范基地30个。成立岷江现代农业示范园区、四川现代粮食仁寿示范园区、天府花海观光农业示范园区3个县级现代农业园区。推广葡萄避雨设施栽培技术，亩均产值2.2万元，最高7.5万元；推广水稻—蔺草粮经复合种植模式，产量500千克以上，产值1万元以上。截至2012年年底，全市形成“三园一城”“两纵一横”“三个走廊”现代农业示范带、园区和基地，示范带动眉山市近郊型现代农业发展。成为四川省最大的柑橘、枇杷、泽泻、蔺草生产基地。形成东坡蔬菜、仁寿枇杷、彭山葡萄、洪雅茶叶、丹棱不知火、青神椪柑产业。年种植水果9.74万公顷、产量117.83万吨，蔬菜6.73万公顷、产量249.9万吨，茶叶2.19万公顷、产量2.26万吨，中药材4280公顷、产量1.22万吨。全市经济作物产值86.3亿元，人均增收3138元。

眉山市1998—2012年经济作物生产情况统计表

表10-4

年份	油菜籽		水果		蔬菜		茶叶		药材		甘蔗		棉		花卉	
	面积（万公顷）	产量（万吨）	面积（万公顷）	产量（万吨）	面积（万公顷）	产量（万吨）	面积（公顷）	产量（万吨）	面积（公顷）	产量（万吨）	面积（公顷）	产量（万吨）	面积（万公顷）	产量（万吨）	面积（公顷）	产值（万元）
1997	3.76	4.98	—	—	—	—	—	—	—	—	—	—	—	—	—	—
1998	3.79	5.03	3.00	14.20	2.67	65.00	0.21	0.22	—	—	7667	12.00	1.12	1.14	—	—
1999	3.84	4.59	3.13	17.71	3.00	90.00	0.26	0.23	—	—	6667	12.10	1.11	0.92	—	—
2000	4.01	5.70	3.60	18.80	3.20	67.30	0.41	0.27	—	—	—	—	0.79	0.73	—	—
2001	4.11	5.90	4.00	20.91	3.35	80.86	0.41	0.27	—	—	2267	11.20	0.79	0.68	—	—
2002	4.21	6.51	4.67	20.48	3.40	84.94	0.59	0.37	2400	0.98	2067	15.00	0.37	0.43	—	—
2003	4.22	6.64	6.15	25.69	3.25	89.49	0.90	0.41	2967	1.24	2187	13.80	0.33	0.38	—	—
2004	4.23	7.10	5.67	39.79	3.53	80.56	1.23	0.69	3493	2.74	1700	9.69	0.15	0.09	—	—
2005	4.29	7.21	6.59	53.70	3.71	87.60	1.27	0.94	3720	0.96	1507	7.98	0.13	0.08	—	—
2006	4.08	7.19	6.61	57.30	4.31	111.70	1.37	1.10	3640	1.01	1647	6.29	0.12	0.06	—	—
2007	4.22	7.46	6.83	68.60	4.47	142.90	1.40	1.24	3740	1.88	1593	9.96	0.23	0.23	—	—
2008	4.92	8.94	7.55	79.88	5.10	164.50	1.48	1.12	3020	2.25	1467	9.50	0.23	0.23	93	1858
2009	5.05	9.26	8.29	89.57	5.33	183.60	1.84	1.87	3573	0.93	667	4.20	0.22	0.23	227	2900
2010	4.86	9.26	8.93	94.56	5.90	205.50	2.09	2.04	4013	1.03	667	4.30	0.22	0.20	300	3500
2011	4.81	9.39	9.23	103.22	6.36	228.15	2.16	2.17	4020	1.10	667	2.87	0.22	0.20	133	2800
2012	4.86	9.37	9.74	117.83	6.73	249.90	2.19	2.26	4280	1.22	580	2.47	0.19	0.18	147	3000

二、基地建设

2000年起，地区行署制定经济作物生产基地扶持政策，解决基地建设面临的问题。各县农业主管部门牵头做好规划编制、协调服务、督促检查等工作。将基地建设目标纳入政府目标考核，加强督促检查。此后，眉山市、各县（区）财政设立现代农业产业基地建设专项资金，重点建设县（区）资金不低于500万元，主要用于良种推广、标准化生产示范、规模化设施栽培等，提高基地综合生产能力。综合运用直接补助、贷款贴息、参股、担保、以奖代补等手段，引导龙头企业和社会资金投入基地建设。鼓励企业参与产业基地建设，引导企业、业主参与特色效益农业基地建设。引导企业到乡镇建立自己的原料生产基地，基地建设和企业发展相结合，依靠龙头企业带动基地建设。引导农民专业合作组织、业主等通过土地流转，科技人员以技术入股、技术承包等形式参与特色效益农业基地建设。市委、市政府相继出台《关于进一步发展一村一品推进“三村”建设的决定》《一村一品产业强村富民推进方案》《眉山市农产品品牌建设行动计划》《一村一品示范村考评办法》及系列配套文件24个。实施一个产品“三个一”（一套推进措施、一套工作班子、一个市级领导负责）制度，建立全市一村一品工作联席会议制度、市县领导和部门帮扶联系制度，市县机关干部下派驻村任职指导制度，多次召开全市工作会议和一村一品现场会，举办乡镇党委书记、乡镇长、村支部书记一村一品专题培训班，动员干部群众调结构、兴产业、拓市场、创品牌、促增收。建立激励机制，市政府每年拨专款100万元奖励带动作用发挥好的龙头企业、专合组织、农村工作先进乡镇和优秀村干部。2007年起，引导和鼓励农民积极投资投劳参与“一村一品”建设，鼓励和支持外出务工人员回乡创业。争取国家、省级农业项目，整合涉农项目，打捆用于基地建设。“金土地工程”和土地整理项目优先安排基地建设重点区域。至2010年，全市用于“一村一品”发展的财政资金3亿元，仁寿县补助发展“一村一品”种苗和基础设施建设资金8000万元。全市农民投入“一村一品”发展资金近10亿元。建成“一村一品”村430个，包括东坡区以枇杷、柑橘等水果为主要产业的广济乡五一村、鸭池村，以蔬菜为主要产业的太和镇三江村、永丰村、三苏乡明光村、思蒙镇镇南村、尚义镇全意村；仁寿县枇杷专业村文宫镇太清村，桃子产业村文宫镇石家村，优质梨专业村曹家乡梨树村，蔬菜专业村龙正镇花龙村；彭山县千亩设施蔬菜专业村锦江乡正华村，优质葡萄专业村观音镇果园村，葡萄专业村青龙镇古佛村；洪雅县万亩优质茶基地中山乡、茶叶专业村止戈镇青杠坪村；丹棱县万亩柑橘基地丹棱镇梅湾村；青神县优质椪柑生产基地高台乡、白果乡等特色示范基地。2012年，眉山市特色效益农业形成“三线一片”经济作物生产基地。东部优质伏季水果基地以仁寿县为重点建立优质枇杷1.33万公顷。北以仁寿县文宫镇为中心，建设优质枇杷生产基地1万亩，南以曹家乡为中心，建设优质梨生产基地6666.67公顷，形成北枇南梨格局。中部以彭山县、东坡区、丹棱县、青神县丘陵区建4万公顷优质柑橘基地。以彭山县黄丰，东坡区尚义、白马、三苏、多悦、广济，丹棱县双桥、顺龙等乡镇为重点建设优质脐橙基地，以青神县高台、白果等乡镇为重点建设优质椪柑生产基地。以岷江沿江及中部平坝建设4万公顷优质蔬菜生产基地。以彭山县江口、东坡区太和、崇礼、尚义、松江、白马、三苏、象耳、思蒙，青神县黑龙、南城等乡镇为重点建设优质蔬菜生产基地。西部山区以洪雅县适茶区建设1.33万公顷优质生态茶叶基地。

蔬菜基地　2006年，眉山市农业局制订《加快蔬菜产业化发展打造“中国泡菜之乡”实施方案》，明确全市发展加工蔬菜生产基地20万亩。东坡区建设500亩以上连片蔬菜基地政府扶持1万元，1000亩以上政府扶持2万元，3000亩以上政府扶持5万元；仁寿县建设蔬菜钢架大棚的每亩政

府扶持8000元。市财政安排泡菜产业推进专项资金500万元，整合涉农项目打捆使用，县（区）政府相应投入资金，重点支持建设蔬菜生产基地的龙头企业、业主、农民专业合作社。推广“公司+基地+农户”或“公司+合作组织+基地+农户”经营模式，鼓励全市泡菜加工企业参与基地建设。当年，全市建成加工蔬菜基地8933公顷。2007年，通过土地流转集中尚义镇全意村农户土地1000亩，建成眉山市东坡区现代农业示范基地，合作社通过与农户签订种植指导收购合同，建立“农户+合作社+龙头企业（鲜销眉山市场）”利益风险一体化机制，带动周边5000余农户种植蔬菜580余公顷，年产值7000万元。合作社获“无公害农产品产地认证书”，为省级无公害蔬菜基地，农产品质量达A级绿色食品标准。2008年11月开工建设仁寿县龙正高端蔬菜示范园，规划面积5000亩，其中核心园区3000亩。龙正镇政府通过农业招商引资，引进业主2个，在花龙村、大铧村流转土地143.41公顷。投入资金7000万元，实施标准化建设，集大棚蔬菜、餐饮旅游为一体，全部按照销售订单组织生产，主要种植紫色洋芋、果蔬洋芋、碧秀苦瓜、水果黄瓜、辣椒等蔬菜品种。至2010年，全市43家企业建基地1.25万公顷，味聚特、吉香居、李记等重点泡菜企业均建设有万亩加工蔬菜原料基地，参与基地建设的农民专业合作社发展到52家。2012年，东坡区在崇礼镇光华村、白马村、大定桥村和永寿镇永德村、永江村5个村，以“建设绿色蔬菜（泡菜原料）标准化生产基地、优质高效现代农业产业基地、中国泡菜城农耕文化旅游体验基地”为主要内容，示范带动东坡泡菜企业“第一车间”建设及眉山地区蔬菜新品种、新技术推广应用。建成“三网”（田网、渠网、路网）配套的现代农业基地400公顷，配套建设集约化育苗中心、喷滴灌系统、“三诱”绿色防控设施等。带动基地内农户发展“稻—菜”高效轮作466.67公顷。仁寿县龙正高端蔬菜示范园基地面积减至80公顷，眉山市富农合作社蔬菜基地面积减至33.33公顷。截至2012年年底，全市加工蔬菜基地面积增至2.49万公顷。建成三江、永丰、三苏、思蒙四大万亩示范区，栽种青菜、榨菜、萝卜、大头菜、豇豆、辣椒等泡菜加工主要原料蔬菜品种。

水果基地 1998年，仁寿县文宫区被中国特产之乡推荐暨宣传活动组织委员会授予“中国枇杷之乡”称号。以“大五星”为主栽品种，以龙头企业和专合组织带动枇杷生产。被国家质检总局命名为“全国农业标准化枇杷综合标准项目示范县”，被四川省农业厅授予“名优产品称号”，获农业部“农产品地理标志登记证书”“四川省无公害农产品基地证书”“四川省绿色食品基地证书”“全国绿色食品原料（枇杷）标准化生产基地”。1999年，眉山县被中国特产之乡委员会命名为“中国脐橙之乡”。形成农民专合组织带动，产前品种引导、产中技术指导、产后果品销售，龙头企业积极从事商品化处理和营销的局面。注册有“三苏”“宏鹰”等商标，“宏鹰”获有机水果（转换）认证。东坡脐橙畅销全国20余个大中城市。建立青神县椪柑基地，青神县被中国特产之乡推荐及宣传活动组织委员会命名为“中国椪柑之乡”。椪柑基地为四川省无公害农产品基地，青神椪柑获四川省无公害农产品认证、中国绿色食品发展中心认证为绿色食品A级产品、中国产地证明商标。2005年，丹棱县梅湾村以实施乡村“清洁工程”，依托梅湾水库发展特色家农乐，形成以“赏花品果、吃农家美味、享湖光山色、参观新农村”为特色的梅湾湖生态休闲旅游产业。建成省级无公害水果生产基地，绿色食品生产基地。改良脐橙品种“不知火”“清见”等品种，成为丹棱县“中国桔橙之乡”核心产区，“丹棱桔橙”农业部地标保护标志，丹棱县脐橙先后获四川省优质果奖、第二届全国农业博览会银奖，丹棱不知火通过绿色食品认证。仁寿县新店清见通过四川省无公害农产品认证、通过国家绿色食品A级认证，中国特产之乡推荐暨宣传活动组织委员会授予“中国清见之乡”称号。2009年，建立彭山县果园村葡萄产业基地。引进示范新品种13个，主推美人指、红提、紫提、矢富

罗莎等高端葡萄品种。投产葡萄亩均产值 2.6 万元。2012 年，全市有枇杷、脐橙、葡萄、椪柑、不知火、清见等水果基地。仁寿县有文宫枇杷协会等农民专业合作社 24 个；枇杷种植面积 1.08 万公顷，产量 5.3 万吨，产值 3.7 亿元，带动农户 6 万户，果农年均增收 2900 元，是全省最大的枇杷生产基地。东坡区脐橙种植面积 8567 公顷，产量 13.58 万吨，产值 2.24 亿元，带动农户 5.4 万户。彭山县果园村葡萄产业基地核心区面积 666.67 公顷。丹棱县梅湾水果及休闲农业基地主要水果种植面积 90 公顷。青神县椪柑种植 1.07 万公顷，产量 12 万吨，产值 2 亿元，带动农户 5 万户，为全省最大的椪柑生产基地。仁寿县新店乡种植清见 749 公顷，年产量 1.75 万吨，产值 5000 万元。

茶叶生产基地 2012 年，洪雅县有青杠坪茶叶生产基地和中山乡生态茶叶基地。青杠坪基地集中且规模大，有茶园 827 公顷，茶农 1016 户 2100 人。眉山市级龙头企业尚林生物资源开发有限公司集茶叶粗制、精致、深加工为一体，开发茶叶知名品牌。中山乡生态茶叶基地面积 1405 公顷，茶农 2352 户 8965 人。基地全面普及绿色食品种植技术。

藤椒基地 2006 年，中国食品工业协会授予洪雅县“中国藤椒之乡”称号。洪雅县在止戈、洪川、将军、中山等乡镇建立规模化基地，带动周边县发展藤椒，藤椒种植面积逐步扩大。2012 年，有幺麻子食品、兴江食品等龙头企业和“幺麻子”“涛胖”“雅椒源”等注册商标，藤椒油加工、销售呈良好发展态势。洪雅县藤椒种植面积 2667 公顷，投产面积 1200 公顷，产量 2300 吨，年产值 2000 万余元，带动农户 6000 户。

三、加工营销

经济作物加工营销注重品牌建设，支持和指导有关企业、合作社、基层组织注册和申报商标，创建知名品牌。2012 年，眉山市注册农产品商标 800 余个，获得中国驰名商标 5 个，产地证明商标 1 个，国家地理标志保护产品 1 个，国家农产品地理标志产品 2 个，省市名牌产品和著名（知名）商标 30 余个；经认证的“三品”245 个（无公害农产品 111 个、绿色食品 120 个、有机食品 14 个）。

水果商品化处理与加工 眉山市水果加工产业以商品化处理初加工为主，深加工发展相对较慢。全市水果商品化处理主要包括柑橘清洗、分级、打蜡、包装，以及枇杷、梨等水果的分级、包装。2012 年，全市有柑橘打蜡生产线 20 条，年加工量 30 万吨左右，规模最大为东坡区三苏柑橘合作社的柑橘打蜡厂，年处理柑橘 3 万吨。知名品牌包括文宫枇杷、青神椪柑、古佛葡萄等。全市水果深加工量约占水果总产量的 2%，主要生产枇杷饮料和水果蜜饯，有仁寿县福仁源食品有限公司、卓宇制药、江陵食品厂等水果深加工企业。全省最大的枇杷饮料生产企业福仁源食品有限公司年加工“福仁源”牌枇杷饮料 3000 余吨。

茶叶加工 2012 年，眉山市茶叶加工量 2 万吨，产值 9 亿元。名茶品牌主要有道泉、尚林、芽集、总岗山、蜀乡玉岚等。年产值 500 万元以上的茶叶加工龙头企业 12 家。茶叶产品以绿茶为主，有少量红茶和黑茶（边茶）。茶叶龙头企业以道泉茶叶、峨眉雪芽、雅雨露、金兴茶叶为代表，主要以生产名优绿茶为主，产品畅销国内外。大量小加工作坊生产的茶叶，主要以初加工产品的形式销往江浙一带。其中位于洪雅县的尚林生物资源开发有限公司，建茶叶初、精加工生产线 3 条，深加工生产线 1 条，年产名优茶叶 2500 吨、深加工产品 1500 余吨，实行“公司+基地+农户+科研院校”，建立高产、优质、生态、高效、示范茶园 4 万亩，开建万亩有机茶园；生产的无酯儿茶素、绿茶提取物、茶黄素等茶叶深加工产品销往欧美和日本等国。康嘉生物有限公司加工设备和工艺国际领先，主要开展速溶茶、茶多酚、茶黄素和高纯儿茶素等茶叶深加工。

蔺草加工　眉山市蔺草加工企业主要集中在东坡区。有幸达、丰和、森田、海丰、华腾等 7 家，年加工能力 9 万余吨，产值近 2 亿元，为东坡区农业出口创汇支柱产业之一。东坡区建成以秦家、尚义、万胜、白马等乡镇为中心的蔺草产业带。2012 年，蔺草种植面积 2020 公顷，生产品种以冈山 3 号、宁波 1 号为主，产量 8 万余吨。重点企业幸达工艺品有限公司年加工蔺草席子 70 万条，产值 3000 万余元，产品主要销往日本、韩国及东南亚地区。

中药材加工　眉山市中药材种植主要集中在彭山县和洪雅县。彭山县利用适宜种植川泽泻的优势，建立生产基地 1733 公顷，占全省近一半的面积，产量 5200 吨。建立川芎种植基地 1.6 万亩，年产 2800 吨。洪雅县建立黄连生产基地 5000 亩。到 2012 年，全市建有雅达药业、利好科技等药材龙头企业。

第三章　畜牧业

1997 年，眉山地区畜牧业以分散养殖和家庭副业为主。2001 年，眉山市实施畜牧业大样板行动计划和畜牧业“211”优势产业工程［200 万头 DLY（三元杂交）生猪工程、10 万头奶牛工程、100 万只肉羊工程］，配套建设畜禽良种繁育体系和无公害畜产品安全保障体系。2003 年，市政府印发《眉山市奶业发展规划纲要》，启动西南奶业大市建设工程。2007 年，眉山市被列为全省现代畜牧业试点市。2011 年，四川省委副书记、省长蒋巨峰专题调研眉山现代畜牧业三年试点工作，要求再实施为期三年（2011—2014 年）的深化试点。2012 年，眉山市被列为全省现代畜牧业深化试点市，全市畜牧业基本实现由分散养殖方式向规模化、标准化养殖方式转变，由传统家庭副业向农业和农村经济支柱产业的转变，构建“以生猪为基础、奶牛为特色、肉鸡肉兔为优势”的现代畜牧产业体系，畜牧业综合实力增强，产业结构进一步优化，抗风险能力提高。全市农区人工优质牧草种植面积、DLY 生猪出栏比例和数量、奶牛存栏和奶产量均居全省第一，工业饲料生产能力居全省第二，肉鸡、肉兔年出栏数分别居全省第二位和第三位，建成西南奶业大市和中国南方主要奶源基地。年末全市畜牧业产值 114.63 亿元，比 1997 年（下同）增长 747.7%，占农业总产值的 50.2%。奶牛存栏 7.51 万头；生猪、家禽、肉兔分别出栏 397.45 万头、4712 万羽、1984 万只，分别增长 43.48%、10.69%、143.73%；肉、蛋、奶产量 41.46 万吨、6.65 万吨、15.02 万吨，分别增长 59.65%、105.25%、2002.83%。

眉山市 1997—2012 年畜牧业生产情况表

表 10-5

年份	大牲畜存栏（头）	奶牛（头）	牛出栏（头）	出栏肉猪（头）	生猪存栏（头）	能繁母猪存栏（头）	羊年存栏（只）	山羊出栏（只）	出售和自宰家禽（万羽）	兔出栏（万只）	牛奶产量（吨）	肉类产量（吨）			禽蛋产量（吨）	蜂蜜产量（吨）	蚕茧产量（吨）
												总产量	猪肉	猪牛羊肉			
1997	94864	—	23179	2769967	2192171	155573	195293	293005	4257	814	7145	259656	181536	190413	32395	4013	2585
1998	92565	—	24627	2780289	2041638	156510	263521	378123	4760	896	9417	278107	185508	194440	37519	4668	2951
1999	91100	3200	26700	2780200	2063800	148000	334600	511700	5234	1016	9922	292174	194600	204800	40273	5339	2574
2000	93300	6300	31400	2830069	2070405	148523	372581	575127	5478	1146	10850	304413	199800	211323	42983	5137	2783
2001	96947	13932	34830	2861331	2098300	156462	400435	614538	5804	1225	17812	325695	201741	214425	46236	6576	3414
2002	106240	19966	38846	3009900	2181569	176317	424466	677765	6132	1296	28435	351064	216966	231192	47977	6994	3631
2003	126044	35772	47556	3052383	2213469	171836	464281	799002	6572	1374	50793	368278	221884	238760	50841	7852	3609
2004	133361	46912	54772	3146404	2256575	194356	583825	984651	7310	1523	90771	394416	229586	249882	54886	8174	3005
2005	143765	57367	64126	3411459	2327276	212986	720630	1268150	7887	1718	117404	433095	251144	276609	58472	8804	3527
2006	149332	59909	73519	3691363	2446418	226433	788621	1404858	8507	1902	124037	472069	271990	300884	62697	10836	3652
2007	108600	41228	66600	3417800	2456800	242871	290000	572800	3734	1420	95104	343569	242800	259900	29001	12211	3685
2008	133500	51091	78100	3672700	2516300	293881	350100	731300	3973	1621	111620	371182	260600	281000	49400	12796	3863
2009	137347	58941	83289	3871304	2634437	310955	387010	768795	4216	1722	133352	392879	276824	298283	55335	14120	3806
2010	144556	67032	87734	3991647	2676634	315251	415871	824948	4494	1856	140164	409893	286754	309690	59066	15088	3951
2011	149304	73036	88183	3875613	2661155	317074	444242	829238	4542	1907	145403	403198	278400	301450	62588	15471	4686
2012	149877	75147	91540	3974465	2693984	320626	451351	834059	4712	1984	150247	414644	285424	308963	66455	15858	4754

第一节 牲畜饲养

一、养猪

眉山境内生猪品种分为地方品种和引进品种。地方品种有“雅南猪”“内江猪”“荣昌猪”等，引进品种有长白猪、杜洛克猪、约克猪、“PIC”（五系配套）猪等。20世纪80年代初，辖内养猪均为农户散养，采用传统“吊架子”育肥，饲料以青粗饲料（猪草）为主，搭配适当粮食和潲水，掺水煮熟后稀喂，生长到50千克左右增加精料，催肥出槽，催肥期1个月~2个月。一头猪一般饲养1.5年~2年，出栏率30%~40%。农民养猪重积肥。此后，推广生长快、耗料少、瘦肉率和屠宰率高的二元杂交育肥猪。用引进的外种长白或约克公猪与本地猪杂交，生产的二元杂交肉猪缩短育肥期30天~60天，屠宰率提高3%~5%，胴体瘦肉率提高10%以上。1995年，眉山地区开展生猪三元杂交（用长白或约克公猪与本地母猪杂交，生产杂交母猪，再用杂交母猪与长白或约克公猪配种生产三元杂交育肥猪）项目。

1997年，眉山地区出现养猪专业户和专业大户、养猪场，眉山养猪业向标准化、工厂化饲养迈进。当年，全区出栏肥猪227万头、出栏率119.3%，生猪存栏219.22万头。2000年，全区实施生猪外三元杂交工程（用纯外种长白、约克、杜洛克猪杂交）“PIC配套系育肥猪”项目。

2001年起，眉山市推广三元杂交良种猪，当年出栏23.22万头，占出栏总数的8.12%。2003年，全市养猪过剩，猪价下跌，养猪亏本，部分农民和专业户放弃养猪。2006年，全国猪肉供应紧缺，猪肉价大幅上涨。国家和各级政府加大生猪生产投资力度，出台鼓励政策，实施良种母猪饲养补贴，扶持和培养规模养猪。至2009年，仁寿县、东坡区相继被列为全国生猪调出大县和生猪良种工程项目县。全市建成一级种猪扩繁场1个、二级种猪扩繁场12个，饲养外纯种母猪1.52万头。截至2012年年底，全市生猪三元杂交及改良面93%，生猪良种化96.1%。建成规模种畜禽场81个，有养猪专业户3.03万户、生猪人工授精站（点）80个。年出栏肥猪397.45万头。养猪专业户中出栏肥猪50头~99头的2.43万户、100头~499头的4988户、500头~999头的801户、1000头~2999头的130户、3000头~9999头的19户、1万头以上的8户。生猪存栏269.4万头，其中能繁母猪32.06万头。

二、养牛

1992年，洪雅县阳坪种牛场引进并建成西门塔尔标准养殖场，并在国际小母牛基金会奶业项目扶持下引进部分荷斯坦牛，开启奶业发展之路。1997年，眉山地区有奶牛1.95万头，牛奶产量7145吨。至1998年，洪雅县阳坪种牛场由金融部门、政府、奶农“三个三分之一”出资共同发展奶业，阳坪种牛场兴办奶牛加工企业，带动产业发展，其养殖方式以散户养殖为主，生产技术水平较低。此后，探索奶牛保险、保单抵押贷款的金融扶持政策，探索建立奶牛养殖小区。企业带动能力提高，转变养殖方式，注重生产技术水平和养殖经济效益。2003年，市委、市政府作出《关于加快奶业发展的决定》，推进奶业发展。市政府印发《眉山市奶业发展规划纲要》，确立以省级奶业科技示范园区——洪雅县为中心，以70个乡镇为奶业发展重点乡镇，创建西南奶业大市。四川省委、省政府给予眉山奶业发展18个项目2700万元资金支持。眉山市政府与四川农业大学教授李学伟为组长的奶业专家组达成共同合作建设奶业大市的协议。四川妙士乳业有限公司、四川菊乐食品有限公司眉山分公司、新希望乳业公司相继入驻眉山。年末全市建成奶牛小区55个，奶业存栏3.58万头，牛奶产量5.44万吨。洪雅县建成奶牛产业基地，年产牛奶4万吨。2004年，市政府印发《关于全面开展奶牛养殖保险试点的意见》，市县（区）财政每年分别补助参保奶牛每头50元，全市投保奶牛增至1.03万头，建收奶站18个，至2005年，全市鲜奶日加工能力增至500吨，奶牛存栏5.74万头，牛奶产量11.74万吨，建成奶牛小区62个。2007年，眉山市被确定为全省以奶业为特色的现代畜牧业试点市，形成以洪雅县为核心区，辐射全市的产业发展格局。市政府提出力争3年将眉山建成中国南方优质奶源基地和牛源基地。2008年，眉山市引进加拿大爱德牛业集团良种奶牛500头、澳大利亚奶牛1500头。2009年，蒙牛乳业（眉山）有限公司和现代牧业洪雅牧场建成投产。2011年起，眉山市再实施为期3年深化试点。截至2012年年底，全市争取到国家和省级现代奶业发展项目34个、资金8940万元；引进蒙牛集团、现代牧业、爱德牛业等奶业加工、养殖等龙头企业，投资建设大中型规模化奶牛场近20个；获国家、省级奶牛标准化示范奶牛场7个；实施循环发展，引进国外奶牛4997头、国内9300头。全市奶牛存栏7.51万头，鲜奶产量15.02万吨，均居全省第一。出栏肉牛5.3万头。

现代牧业洪雅牧场奶牛车间（摄于2012年）

三、养羊

眉山农民历来有饲养山羊的习惯。1995年，仁寿县成立仁寿县团结乡养羊专业技术协会，有会员816人、股民112人，建成良种羊繁殖场、羊改站各1个，存栏波尔羊、努比羊、南江黄羊和波本种羊108只。1996年，仁寿县参与实施国家“948”项目（1994年8月，国家决定1995—2000年安排1亿美元，引进波尔肉用山羊，加速全国山羊产业化进程）。历时4年，仁寿县累计出栏山羊87万只，新增出栏14万只，发展养羊示范户120户，山羊杂交改面43.63%，全县平均出栏率155%，新增总产值2530万元，新增纯收益1120万元。

1997年，眉山地区推广以南江黄羊、波尔山羊为主的杂交改良、饲养技术，山羊存栏和出栏量增加，平均胴体重16.25千克。1998年，四川省阳坪种牛场成立四川省波尔山羊合作种羊场，从新西兰引进成年波尔山羊103只。实施畜牧科技助农增收计划，眉山地区实施优质肉羊生产综合配套技术推广项目，采取杂交改良、肥育补饲、驱虫防疫及圈舍改造等措施，发展肉羊示范户570户，新增肉羊出栏57.53万只，新增总产值4335万元。2000年，四川省种草养羊科技示范园在仁寿县团结乡启动，推广优良牧草品种及种植模式、牧草贮加工技术、山羊短期育肥技术、高床养羊技术、优良山羊品种及杂交改良技术、适度规模饲养及规范化饲养管理6大技术，建成种植优质人工牧草66.67公顷，发展存栏基础母羊10只以上，出栏山羊30只以上的适度规模示范户100户，高床饲养面80%以上，新增养羊收入245万元。

2001年，眉山市实施100万只肉羊工程，在仁寿县团结乡、黑龙滩镇、文宫镇等重点乡镇建立肉羊改良站20个。2003年，市畜牧局印发《关于加快肉羊产业发展的意见》，提出健全良种繁育体系、推行标准化生产和创建优势品牌等工作重点，全市建成养羊重点乡镇40个，人工授精站20个，杂交改良面50%以上。2006年，四川瑞亨食品有限公司建成投产，生产熟食羊肉快餐制品。2007年起，将肉羊发展列为全市重点工程，依托天然草原建设和秸秆养畜项目，发展种草养羊，抓50个养羊2万只重点乡镇发展，形成仁寿县富民羊业有限责任公司、仁寿县正美农牧有限公司等肉羊生产一体化龙头企业。至2012年，全市肉羊出栏52.1万只，居全省第四。

四、养兔

养兔历来是眉山农户的副业。20世纪70年代末，眉山境内农村出现养兔专业户，养兔步入商品生产。1983年，洪雅县联合乡合江村由雅安引进长毛兔200余只，后又从上海市、浙江省等地引进镇海等优良长毛兔种，养兔成为合江村支柱产业，带动全县长毛兔产业发展。至1989年，洪雅县成立长毛兔协会5个，发展会员2450户，培育兔毛加工龙头企业2家，年加工兔毛600余吨，产品销往浙江省、上海市等地。2003年，成立东坡区养兔协会，在白马、多悦、富牛等14个乡镇成立养兔分会，会员1000余人，年出栏2000只以上的大户500余户，会员生产能力150万只。2004年，东坡区白马镇建现代化肉兔加工线1条，常年冷冻容量500吨冻库1个，年加工肉兔400万只以上。2005年，彭山县实施无公害肉兔生产综合技术示范推广项目，当年全县出栏肉兔324万只，年出栏1000只以上的养兔专业户193户。东坡区获全国兔业产业化大区称号，东坡区养兔协会被评为全国肉兔养殖百强基地。2006年，东坡区白马镇桥楼村建立东坡种兔繁育场，种兔繁育场与养兔户签订订单，免费培训养殖户，保底收购商品肉兔。青神县成立青神县众鑫养兔专业合作社，采取“合作社+农户+眉山市场”模式，发展社员252户实行公寓式分户集中养殖，带动肉兔养殖集中成片发展。2007年，市畜牧局印发适度规模兔场《肉兔笼舍具建设标准》《肉兔生产技术标准》。四川九升食品有限公司开展肉兔精深加工和休闲熟食品研发、生产，年屠宰加工能力600万只，产品供应成都、重庆等中心城市和旅游市场。受雪灾影响，东坡区种兔繁育场兔舍全部倒塌，损失种兔及商品兔10万余只，海顺食品有限公司及东坡种兔繁育场停止生产经营。至2010年，东坡区连续四年实施“农业综合开发肉兔良繁和规模饲养”项目，发展存栏种兔100只、自繁自养年出栏商品肉兔4000只的规模养殖户533户，年新增出栏商品肉兔213.2万只，户平年均养兔纯收入1.6万元。东坡区尚义镇寿灵村、白马镇新建原种兔场2个，改扩建原种兔场1个，年提供优良种兔8.2万只。2011年，洪雅县建成长毛兔养殖专业村8个。青神县新平肉兔养殖基地建成标准化肉兔养殖小区11个，兔笼4万余孔，常年存栏母兔2.2万只，年出栏肉兔100万只以上，户均纯收入2万元以上。2012年，全市肉兔出栏3513.94万只，规模养殖户9804户。肉兔出栏量、兔毛产量分列全省第二、第三位。

第二节　家禽及桑蚕饲养

一、家禽饲养

眉山市家禽养殖主要有鸡、鸭、鹅、鹌鹑及肉鸽。1998 年，眉山地区农户多数养殖鸡鸭鹅等家禽。当年，全区出栏鸡 2035.5 万只。此后逐年递增。2004 年，市畜牧局印发《关于促进家禽业发展的意见》，加快家禽业发展。眉山温氏、巨星等企业采取“公司+农户”养殖模式，青神县白庙肉鸡养殖基地采取“合作社+农户”养殖模式，建立规模养殖基地。年末全市出栏鸡增至 3352.46 万只。2011 年，眉山市级财政下拨 400 万元用于林地鸡发展。各县（区）落实配套资金，协调解决项目实施中具体问题。市畜牧局印发《林地鸡养殖技术规范》，指导县（区）落实。当年，全市年新增出栏优质林地鸡 50 万只，带动林地鸡养殖，养殖户户均年出栏林地鸡 2000 只以上，增收 3 万元以上。销售收入 4000 万元，年新增经济效益 750 万元。2012 年，全市家禽出栏 1.51 亿只，其中鸡 9048.3 万只、鸭 4456.8 万只、鹅 1604.4 万只，禽蛋产量 9.4 万吨。

20 世纪 80 年代初，眉山开始养殖鹌鹑，均为私人经营，在全省“养鹑热”高潮中，种源较缺，价格高，多以卖种盈利。后价格下跌，养鹑数量减少。2010 年，在四川九升食品有限公司带动下，眉山市发展存栏鹌鹑 1 万只左右的适度规模养殖户 50 余户，饲养鹌鹑 60 万只左右。2012 年，全市饲养鹌鹑 100 万只左右。

20 世纪 90 年代前，眉山地区有零星菜鸽饲养，一般养几只至几十只，后逐步向规模化饲养发展。1999 年，仁寿县永宁乡从大邑县引种 100 余对发展养鸽；次年从广州引种在促进乡养殖肉鸽。2000 年，由广州、云南引种，形成仁寿王鸽优质品种，当年存栏 4000 对左右。2008 年，养鸽效益每只 12 元以上，仁寿县规模养鸽增至 80 万对以上，养殖户近 200 户。此后，稳步扩建，带动外县发展，仁寿县乳鸽市场基本打开。2012 年，眉山市肉鸽养殖主要集中在仁寿县。全县饲养肉种鸽约 100 万对，规模最大的存栏 30 余万只，年出栏肉鸽 1500 万只左右，产值 1.8 亿元，产品主要销售到成都等地。

二、养蚕

眉山是川西南片区重点养蚕基地之一。早在唐宋时期，古眉州城便有了蚕的种、茧、丝、縠的交易中心，即流传至今的古纱縠行，外地商贾在此坐庄收购，运销蓉、湘、沪等地，州城于每年农历二月二十五日举办“蚕市会”，苏辙的《蚕市诗》“去年霜降斫秋荻，今年箔积如连山。破瓢为轮土为釜，争买不翅金与纨”便反映了蚕市盛况，蚕桑业的发达兴旺延续至今。岷江流域的青神县，就是为纪念蜀先王蚕丛氏青衣教民农桑而得名，青神县汉阳镇的“汉阳丝”自古享有盛名，汉阳古丝市与成都簇桥丝市齐名，是清代中国四大丝市之一。20 世纪 90 年代初，境内提出栽桑养蚕“小蚕共育、统防统治、省力化蚕台、优良蔟具”总体技术路线。

（一）桑园建设

1997 年起，眉山地区逐步推广普及桑园成园一步化（春育夏排一步定植成园，当年育成壮苗，冬季采用螺旋形嫁接培育成丰产树型）。至 2000 年，全区有桑园 2080 公顷。2001 年，稳定和巩固桑园。2004年，实行栽桑补贴。2005年，按照择优发展和“谁发展、谁受益”原则，扶持基地乡（镇）、专业村（社）及专业大户集中成片发展优质高产桑园。青神县在西龙镇歇马村建设蚕桑“一村一品”桑园23公顷。2007年，在洪雅县中保镇史华村开展桑园间作种草发展养兔业试点、东坡区崇仁镇桂树村开展桑园间作种植泡菜试点，提高土地综合使用率，增加蚕农收入。探索桑叶、桑枝、桑果、蚕沙等蚕桑资源综合利用，开发蚕桑旅游资源，改变传统单纯栽桑养蚕模式，增加桑园综合利用价值，稳定和巩固桑园基础。2008年，丹棱县双桥镇中山村建成全市蚕桑标准化示范区53公顷。东坡区崇仁镇试点将蚕桑、蔬菜产业结合，动员蚕农利用桑园发展桑园间作蔬菜，提高亩桑效益。至2010年年底，眉山市新发展桑园基本应用“一步成园技术”。桑园间作蔬菜推广到丹棱县杨场镇、仁寿县宝飞镇等蚕桑基地，面积933公顷，蚕农增收2700万余元。丹棱县仁美镇建成桑园266.67公顷；东坡区盘鳌乡建成桑园近200公顷。2012年，全市桑园面积1867公顷。

（二）蚕茧生产

1997年起，眉山地区重点抓蚕种第四次更新换代和栽桑养蚕主体技术路线推广。小蚕共育专业化（将小蚕集中在有桑叶来源、饲育技术过硬、设备较好的蚕桑生产单位或专业户饲养，直至3龄起蚕给桑后分发给各农户饲养的一种分段养蚕技术）、消毒防病统一化（根据蚕前、蚕中、蚕后消毒防病要求和桑树病虫防治要求，组织专业化消毒防病队伍，进行统一时间、统一药品、统一程序、统一标准、统一制度的全面彻底的防病治虫，从而达到养蚕无病、桑树无虫、环境优良的养蚕条件）、大蚕饲养省力化（为减少大蚕饲育空间、降低劳动强度、降低蚕茧生产成本、增加经济效益而采用的省劳力、省投资并保证蚕茧高产的大蚕饲养形式）、上蔟营茧良蔟化（使用方格蔟上蔟，推动“营茧良蔟化”）逐步推广普及。当年年末全区有养蚕乡128个、蚕农7.52万户。此后，地区丝绸公司调整养蚕布局，建设蚕桑生产基地，集中培养蚕桑专业户和重点户。各县探索产业经营模式，丹棱县推行“公司茧站+共育室+蚕农”，眉山县推行“蚕种场+蚕农”，青神县推行“公司+丝厂+蚕农”等模式，蚕农只承担生产风险，龙头企业承担经营风险，通过眉山市场纽带将二者连接起来，风险共担。

2000年，眉山地区实行以种控蚕，确保农民放心养蚕。严把蚕种质量关，销毁不合格蚕种，所有种场生产的蚕种全部镜检合格。新蔟具在眉山地区基本普及，蚕茧质量普遍提高，解舒率49%以上。全区有养蚕乡镇84个，蚕农3.71万户，生产蚕茧1.02万吨，养蚕产值1.15亿元。2001年，撤销眉山市丝绸公司，蚕桑生产划归市农业局管理，主要扶持蚕业产业化龙头企业及蚕业专合组织，加强优质蚕桑生产基地建设，提高蚕茧质量和单产，加快蚕业产业化进程，通过推行“龙头企业+农户”经营模式、订单方式，将蚕农与大市场连接起来，形成以蚕业生产单位及专业经合组织为核心的蚕桑生产技术指导、服务网络和经营体系。制定眉山市蚕业自律公约，规范蚕业生产单位行为。2003年起，丹棱县、东坡区、洪雅县集中成片发展优质高产桑园，提高户均养蚕数量，建设优质蚕茧生产基地，提高整个产业生产水平。全市以岷江西岸为中心的优质蚕茧区域优势更加明显。全年全市发蚕种10.14万张，生产蚕茧3276.6吨。2004年，依托市级农业产业化龙头企业青神坤元丝业有限公司发展协会会员2431人，建立县、乡、村、社四级服务网络，为养蚕户提供产前、产中、产后一条龙服务，搭建公司与蚕农联系与交流平台。青神坤元丝业有限公司无偿开展技术指导和培训，蚕茧销售返利和蚕茧最低保护价。专项整治原蚕区，在洪雅县原蚕区开展行政执法，查处跨区域供种。2005年，按照择优发展和“谁发展、谁受益”原则，以岷江西岸（东坡区、丹棱县、洪雅县）优质茧主产区和岷江东岸优质茧主产区（青神县）为重点，培育“一村一品”，提高户均养蚕数量，建设优质蚕桑基地；以建设蚕桑专业村（社）为重点，逐步转向集约化经营，蚕桑生产成为蚕业基地乡镇的支柱产业之一。通过培植龙头企业，扶助专业经合组织，推广“龙头企业（蚕种场、协会、合作社）+农户”多种经营模式，发展产业化经营。青神县西龙镇歇马村蚕桑纸板方格蔟普及率80%以上。

2007年，青神县、仁寿县实施滚动养蚕（一年5季至6季）试点，示范统防统治桑园病虫害。东坡区查处非法供种，紧急召回2550张。2010年，眉山市处理蚕业事件26起。至2010年年底，全市小蚕共育面60%以上，蔟具优良率90%。建立蚕业农民专业合作社16家。建成东坡区崇仁、秦家、盘鳌、万胜，丹棱县仁美、杨场、双桥、张场，洪雅县洪川、中保、中山蚕业重点基地乡镇。丹棱县仁美镇养蚕农户1500余户，产茧近500吨，为全市蚕业生产第一镇，以蚕桑为主的“一村一品”专业村12个。东坡区盘鳌乡养蚕农户1700余户，年发种量1万张左右，产茧300吨，成为全省“蚕种场+农户”示范乡。东坡区蚕种场、洪雅县蚕种场生产一代杂交蚕种104.6万张，除满足眉山市部分蚕种供应外，还供应到广西壮族自治区和省内其他市州。2012年，全市有蚕业农民专业合作社17家。蚕农1.25万户，养蚕乡镇69个，生产蚕茧2231吨，蚕业产值1.17亿元。东坡区、洪雅县蚕种生产单位停产。

第四章　林　业

1997年起，眉山地区加强林地保护管理，通过植树造林，发展笋竹林，优化培育速丰林，适当发展经济林，以及实施“长江防护林，天然林资源保护，退耕还林，林业血防”工程、自然保护区建设等，大力发展林业。至2012年，眉山市森林覆盖率由1997年的30.1%增至44.62%，自然生态环境得到改善。

第一节　植树造林

1997年，眉山地区有林业用地19.87万公顷，活立木蓄积1241.52万立方米，森林覆盖率30.1%。地委、行署将全区划分为3个片区（西部洪雅片区、中部片区、东部仁寿片区）实施植树造林。西部洪雅片区除洪雅外，还包括丹棱总岗山脉的王场、张场、仁美、仁兴等乡镇，营造林树种主要选择杉木、柳杉、桤木及楠竹、杂交竹、麻竹等；中部片区为岷江河谷地带，包括彭山、东坡、青神和丹棱的部分地区，营造林树种主要选择巨桉等速生丰产树种以及杂交竹、麻竹等笋材兼用林；东部仁寿片区营造林树种主要选择较为耐旱的藏柏、桤木和杂交竹等。1999年，地委、行署下发《关于进一步深化农村产业结构调整的意见》。按照“大力发展笋竹林，优化培育速丰林，适当发展经济林”思路，提出“林业123工程”（1999—2004年，在眉山地区新发展优质经济林10万亩，速生丰产用材林20万亩，笋竹兼用林30万亩）。2001年，眉山市完成“四旁”（村旁、宅旁、水旁、路旁）零星植树984.1万株，新建义务植树基地15个，新办乡镇级以上绿化示范点225个

1093.33公顷。眉山市被四川省委、省政府命名为“实现全面绿化达标市”。2007年起，全市实施“双百万工程”（2008—2010年，全市建设100万亩木质工业原料林基地和100万亩竹质工业原料林基地）。截至2012年年底，全市造林17.92万公顷。其中用材林7.63万公顷、经济林2.39万公顷、防护林7.9万公顷。完成退耕还林7.35万公顷，其中坡耕地还林3.57万公顷、配套荒山造林3.61万公顷、封山育林0.16万公顷；天保人工造林1.59万公顷；封山育林10.57万公顷次；中幼林抚育33.99万公顷次；零星植树1.34亿株。全市林业用地面积30.9万公顷，其中有林地28.33万公顷、灌木林地2.3万公顷；活立木总蓄积2197.44万立方米。森林覆盖率44.62%。

一、种苗

眉山市树种包括乡土用材树种、经济林（干果）树种、珍稀树种和引进用材树种。常见乡土用材树种有柳杉、川柏、臭椿、香椿、慈竹、桤木、香樟、马尾松、冷杉、杉木、云杉、铁杉、楠木、枫香、椴树、泡桐、毛竹、水竹、苦竹、方竹、栎类、华西枫杨、珙桐等。经济林（干果）树种主要有核桃、板栗、枇杷、柑橘、桃、银杏、李、柿、梨、枣、油茶、杜仲、黄檗、曼地亚红豆杉、厚朴、油桐、花椒、茶叶等。有国家重点保护的珍稀树种22科37种，包括国家一级重点保护树木峨眉拟单性木兰、蓝果树科、银杏、南方红豆杉、钟萼木、水杉6种。其中水杉原生种是国家一级保护植物，眉山市作为四旁树广泛引种。还有桫椤（主要分布于洪雅县等地）、珙桐、银杏、桢楠。

1978年前，眉山境域引进的树种有大叶桉、刺槐（洋槐）、柳杉、泡桐、桂圆、荔枝、杨树、黄杨、小叶榕、海棠、蓝桉、细叶桉等26种。此后至2012年，眉山市还引进雪松、国外松、日本柳杉、黑荆树、墨西哥柏、藏柏、日本落叶松、台湾相思、秃杉、紫穗槐、巨桉、撑绿杂交竹、棉竹等树种19种。引进的用材树种主要有巨桉、杨树、藏柏、檫树、国外松、台湾桤木、撑绿杂交竹、广西麻竹、桦木等。

1997年前，眉山境内林木种苗生产相对分散，多以临时苗圃为主，育苗生产设施设备相对较简单。1998年，容器苗在造林中广泛使用，规范化的专业苗圃和采种基地开始建立。眉山地区林业部门有骨干苗圃、中心苗圃15个，育苗167.59公顷，其中，当年新育苗137.8公顷。出圃各类苗木2775.57万株，其中容器育苗538.9万株，良种苗木2368.1万株。主要品种有巨桉、藏柏、柳杉、杉木、湿地松、板栗、竹种等。1999年，眉山地区种苗工作围绕天然林保护、退耕还林、野生动物保护及自然保护区工程和林业结构调整，加强种苗基地建设。眉山县建立优质干果类经济林育苗基地；彭山县建成府南仙山竹海工程种苗基地；洪雅县从宜宾市南溪等地引进杂交竹、麻竹、楠竹等新品种；丹棱县引进和推广日本甜柿、罗田大板栗、银杏丰产园培育等新品种，完成史密斯桉、雷桉、耐桉与巨桉对比试验。2000年，全区育苗主要品种有巨桉、良种竹、板栗、蜜柚等。出圃各类苗木4474.05万株，其中容器育苗475.4万株，良种育苗3782.63万株。2001年，重点培育天然林苗圃基地建设，建成苗木育种基地2个，市级中心苗圃1个，县级骨干苗圃6个。洪雅县骨干苗圃引进天演速生杨、三倍体毛白杨、南抗杨等品种育苗实验，选出适合当地发展的南抗杨，并建立育苗示范点。彭山县引进广西优质竹。丹棱县引进广西麻竹、清甜竹，引进成都市新津县天演速生杨，在各乡镇推广。2007年，全市将“为原料林基地建设提供数量充足、优良品种、质量优良、价格平稳的种苗”作为目标，做好工业原料林种苗工作。2012年，全市育苗118.67公顷。总育苗量3997万株；其中容器育苗813万株、良种育苗1689万株，良种使用率42.3%，造林实际用苗量1869万株。主要育苗树种有香椿、银杏、香樟、桂花、桢楠、杉木、柳杉、臭椿等。主要珍贵用材林树种

1125 万株（桢楠 115 万株、香樟 460 万株、桂花 100 万株、银杏 200 万株、香椿 250 万株）。全市苗圃生产单位逐步完善，发挥各自技术优势，利用苗圃基地大量繁殖各类乔木、灌木及草花投入眉山市场。1998—2012 年，全市育苗 6.08 亿株，其中容器育苗 9594 万株。

二、长江防护林建设

1990 年，仁寿县被纳入四川省第一期长江防护林工程。启动建设以防护林为主体的多林种有机结合的防护林体系，涵养水源，保持水土，净化水质，减少输入长江泥沙量，为绿山、富民、奔小康创造条件。完成造林 3.05 万公顷，工程建成后，活立木蓄积增加 227.8 万立方米，年均增加木材 11.39 万立方米，获柴 3.3 万吨，水果产量 5.4 万吨，年均直接经济效益 3892.7 万元；年水土流失量减少 1157.4 万吨，年侵蚀模数减到每平方千米 5000 吨，全县森林覆盖率增至 20%，生态、经济和社会效益显著。2008 年，洪雅县被纳入四川省第二期长江防护林工程，实施重点公益林抚育 133.33 公顷。此后未再实施此项目。

三、天然林保护

1998 年，眉山地区启动天然林资源保护工程（以下简称“天保”工程）。全区实行天然林保护的政府首长负责制和林业部门领导双向责任制，在工程区推行承包责任制和法人责任制。至 2000 年，全区完成天然保护封山育林 1.07 万公顷，人工促进更新 2866 公顷，新造林 1666 公顷，森林管护 20 万平方米；中央投入天保工程专项资金 2792 万元。

2001 年，眉山市落实管护人员 909 人，层层签订森林管护责任书，明确管护目标、任务、职责。按定岗、定员、定责任、定期检查、定报酬将责任落实到山头地块，不留空挡。仁寿、洪雅、丹棱等县设置天保工程建设区、封山育林标牌。“天保资金”专户存储，一个项目单位一个专户。至 2003 年，全市天然林面积 1900.45 平方千米得到有效保护。2009 年，全市落实森林管护人员 1230 人，常年管护森林 250.67 万公顷。开展“林区专项行动”“绿盾三号”行动，查处各类涉林案件 377 起，处理各类违法犯罪嫌疑人 408 人。

2011 年起，全市实施“天保”二期工程，工程区林地总面积 29.58 万公顷。主要任务是继续停止天然林商品性采伐，确保全市森林生态功能修复；管护森林面积 9.58 万公顷；保质保量完成人工造林和封山育林目标；完成国有中幼龄林抚育 3733.33 公顷；实施集体所有公益林生态补偿 3.28 万公顷；完善国有林业单位职工基本养老、基本医疗、失业、工伤、生育等五项社会保险和政策性社会性支出补助政策。通过落实政策和工程项目，增加林区就业，提高职工和林农收入，健全社会保障体系，职工收入和社会保障接近或达到社会平均水平。全市天保二期工程总投入资金 2.57 亿元（国家 1.85 亿元、四川省 246.2 万元）。

1998—2012 年，全市建成公益林、封山育林、人工造林和发展苗圃面积 5.14 万公顷。无重大盗伐滥伐林木案件、森林火灾，森林病虫害成灾率控制在省控制指标内。

四、退耕还林

1999 年起，眉山县、仁寿县、洪雅县、青神县纳入退耕还林试点县。地区行署提出以村为单位，建立退耕还林档案卡片，制发分户卡片，签订合同，明确权利、责任、义务、编制乡镇作业说明书。全区 63 个乡镇、564 个村、3084 个组、8.3 万农户试点；与退耕还林农户签订退耕还林合同 4.18 万份，建卡 4. 18 万户；兑现退耕还林补助粮食 1. 43 万吨，种苗补助费 475 万元，生活补助费 190 万元。2000 年，全区印制《退耕还林试点工程宣传提纲》5 万余份散发到退耕农户，利用《眉山日报》、眉山电视台广泛宣传。青神县、仁寿县、眉山县召开退耕还林会议 141 次，参会 2. 5 万人次，举办培训班 8 期，培训专业人员 300 人次、农民 1. 5 万人次。全区完成退耕还林 6333 公顷，其中生态林 5480 公顷、经济林 853 公顷。2001 年，彭山县被纳入试点县。至 2003 年，眉山市完成 1999—2002 年 1. 87 万公顷退耕还林和 1. 23 万公顷配套荒山造林抚育和管护任务，保证成林覆盖。洪雅县、丹棱县 1999—2002 年度退耕还林工程通过省级复查。眉山市、县（区）财政部门均开设国家储备粮油专户，实行退耕还林粮食补助资金专户储存、专款专用。检查全市退耕还林粮食补助资金拨付、供应费用安排、归还农发行本息情况。

2004 年，东坡区、仁寿县、彭山县、洪雅县、丹棱县被列入《全国预防控制血吸虫病中长期规划（2004—2015 年）》。市林业局印发《致全省退耕还林农户的公开信》。纠正全市退耕还林“个别地方林粮间作、保存率不高、政策兑现代签字”等问题，各县（区）采取措施，限期整改。结合“粮改现”政策调整，搞好县级自查验收，严格执行“先验收，后兑现”制度，实行“谁验收、谁签字、谁负责”的工程质量验收终生责任制。洪雅县利用全球卫星定位仪，复检核查 1999—2004 年退耕还林工作，加快验收进度和准确度；仁寿县对退耕还林成活率、保存率不合格的发出书面整改通知，合格后再兑现政策补助。2005 年，四川省林业厅下达眉山市在血吸虫病流行区退耕还林任务 1280 公顷。实际完成 3023. 06 公顷、投资 1269. 69 万元。此后，每年国家和四川省均向眉山下达“血吸虫病退耕还林”工程任务。2006 年，眉山市争取到“血吸虫病退耕还林”工程 2. 73 万公顷。全市以疫区四旁植树为义务植树重点，动员社会各界参与生态灭螺。青神县、洪雅县、丹棱县、东坡区、彭山县相继实现“血吸虫病防护林”传播控制目标，仁寿县“四下降”（有螺面积下降 50%，人畜感染下降 2%以下，不发生急血和晚血病人）。2007 年，全市退耕还林工程按照“科学规划、完善政策、加强协调、突出重点、巩固成果、稳步推进”思路，加强后续产业发展，落实兑现退耕还林新政策，巩固建设成果，维护农村稳定。仁寿县实现“血吸虫病防护林”传播控制目标。至 2008 年，各县（区）及相关部门完成《眉山市巩固退耕还林成果专项规划》编制。全市退耕还林 7. 35 万公顷，兑现种苗费 5488 万元；医疗、教育补助 7048. 8 万元；封山育林补助 175 万元；粮食补助 7. 24 亿元。

2009 年，全市完成到期退耕还林县级自查验收，并通过省级复查和国家核查。2011 年，开展全市退耕还林政策兑现监督检查。2012 年，全市完成巩固退耕还林 3. 57 万公顷，造林 700 公顷，种植 1. 31 万公顷；开展退耕还林阶段验收县级自查，并通过国家林业局阶段验收。

1999—2012 年，眉山市实施退耕还林 8. 97 万公顷，其中坡耕地还林 3. 57 万公顷、配套荒山造林 3. 61 万公顷、封山育林 0. 16 万公顷、“血吸虫病防护林”工程 1. 62 万公顷。

五、义务植树

1997 年起，眉山地区各级党政机关积极参加义务植树。当年，全区 147. 6 万人义务植树 633. 1 万株，适龄公民尽责率 90%。2000 年，眉山市新建义务植树基地 52 个 225. 67 公顷，新办乡镇以上绿化示范点 96 个 684 公顷。2001 年起，每年市直机关工委、市总工会、团市委、市妇联、市教育局发动党员、团员、妇女、学生、职工，建设党员林、青年林、希望林、巾帼林、工会林、公仆林等。2003 年，市委提出“让中心城区绿起来”目标，大力开展义务植树。截至 2012 年年底，全市建立义务植树基地230余个，各级绿化示范点170余个。义务植树7614.48万株，参加2808.21万人次。

六、自然保护区建设

1993年，眉山境内建成瓦屋山省级自然保护区。保护区面积3.65万公顷，以大熊猫及森林生态系统为主要保护对象。保护区物种丰富，起源古老，种群繁多，生态系统完整，原始状态保护完好，被列为生物多样性A级优先保护单位。至2012年，重点保护保护区物种和生态系统，保持生物多样性。

眉山市1997—2012年林业生产情况表

表10-6

年份	其中成片造林面积（公顷）				零星植树（公顷）	封山育林（公顷）	森林覆盖率（%）
	小计	用材林	经济林	防护林			
1997	3294	1263	916	1115	3264	833	30.10
1998	3603	1730	594	1280	2923	2963	30.20
1999	5182	2630	517	2036	3159	9822	31.20
2000	12419	6423	2353	3645	3316	4747	32.50
2001	13847	4667	1647	7533	2939	10333	32.60
2002	20047	3453	3013	13647	980	3040	33.40
2003	20713	813	2720	17180	829	4027	34.60
2004	8067	1253	530	6284	960	2967	36.60
2005	7306	2347	1760	3198	939	5080	37.40
2006	2633	2576	57	2126	525	3380	38.70
2007	8373	2154	807	5413	2809	1840	39.10
2008	7673	3075	—	4598	873	2947	38.40
2009	15861	11896	—	3965	971	2467	43.10
2010	10431	8962	19	1450	1080	2067	43.70
2011	3569	2865	98	606	773	666	44.12
2012	1999	1799	47	153	830	1200	44.62

第二节　林政管理

一、森林资源调查

1997年起，眉山地区开展森林资源二类调查，2005年5月完成。眉山市总用工量2.83万个，投入经费130万元，形成森林资源数据、林相图、森林分布图等成果资料。2007年，开展全市森林分类经营区划界定。经森林分类区划界定，全市林地总面积29.51万公顷，生态公益林与商品林比例为2.94∶7.06。森林覆盖率不含四旁森林资源折合面积38.42%、含四旁森林资源折合面积42.91%。

认定工业原料林5.53万公顷，其中未成林造林地5533.33公顷、蓄积530万立方米。2008年，以森林资源二类调查数据为基础，完成森林分类区划界定。全市林地总面积29.51万公顷、占辖区面积的41.07%，其中生态公益林8.68万公顷、商品林20.83万公顷，生态公益林与商品林比例2.94∶7.06。不含四旁森林资源折合面积，森林覆盖率38.42%；含四旁森林资源折合面积，森林覆盖率42.91%。有林地27万公顷、疏林地263.42公顷、灌木林地2.13万公顷、未成林地3232.31公顷（为未成林造林地）、苗圃地23.43公顷、无立木林地27公顷、宜林地278.6公顷（为宜林荒山荒地）。活立木总蓄积1921.35万立方米，其中公益林762.87万立方米、商品林1069.45万立方米、散生木1.58万立方米、四旁树87.45万立方米。

二、林权管理

2002年起，眉山市确认退耕还林农户的林地使用权或森林、林木所有权。将林权证发放与退耕还林“目标、任务、资金、粮食、责任”同时作为退耕还林工程检查验收内容及县（区）政府“硬任务”。按照“还林一块，验收一块，登记一块，确权一块”要求，各县（区）向1999—2002年退耕还林农户发放林权证。至2003年，全市完成1999—2002年187平方千米退耕还林和洪雅县50平方千米配套荒山造林林权证发放，发林权证12.11万本，应发尽发。

2007年，全市启动集体林权制度改革（以下简称“林权改革”），将集体林权制度改革纳入“2008年眉山市政府督查事项”。市政府下发《关于推进全市集体林权制度改革的实施意见》等，推进试点。利用广播电视、电子显示屏、标语等形式宣传“林权改革”，印发“致林农公开信”4万余份。当年，全市争取到国家财政支持307.58万元。丹棱县组织林权勘界登记面积1.11万公顷，占应改面积1.71万公顷的64.6%，调处林权纠纷23起。2008年，市政府将“林权改革”纳入年度工作目标督查内容，实行领导联系制，市政府督查室、市林业局督查指导县（区）68次，组织技术培训2万余人次。2009年起，全市实施林权流转，四川省登悦林木种植开发有限公司以47.4万元竞买仁寿县高家镇安全村1组12.6公顷人工林地50年林地使用权、林木使用权和所有权。全年全市新增8户林权证持有人向金融机构办理林权抵押贷款，抵押林权面积425.2公顷，贷款1770.5万元，主要用于营林公司规模化发展、林业产业化龙头企业基地建设和林产企业增扩建等项目。至2010年，全市“林权改革”结束，涉及乡镇126个、村1143个，纳入林改面积19.27万公顷（含经济林），已确权集体林地面积19.25万公顷；林权证发证18.45万公顷；应林改60.69万户，发放林权证63.97万本；林权纠纷发生824件、调处807件；争议面积798.7公顷、调处580.1公顷。

2012年，各县（区）探索森林保险模式，11.78万公顷森林纳入保险。全市新增林农专业合作社13户，总数增至73户。截至2012年年底，全市森林资源流转面积1.47万公顷。发展林禽养殖模式400公顷，年出栏生态土鸡1000万余只、土鸡蛋2000万余枚，产值超过3亿元，发展林畜养殖66.7公顷，年产量2.1万头，产值2200万元。

三、林木采伐

1997年，眉山地区实行森林资源消耗目标责任制管理。各地按政府首长任期目标责任制考核要求和内容，层层签订责任书。当年，全区森林采伐限额35.46万立方米，实际采伐27.24万立方米。1998年，全区林木采伐和木材生产实行采伐限额和木材生产计划“双线”管理。全年安排采伐限额43.65万立方米，木材生产计划7.5万立方米。集体林成片低产林改造报地区审核后发放林木许可证。实施天保工程后，停止天然林采伐。1999 年，完成眉山地区林木资源调查修正，基础数据材料上报省林业厅。地区林业局组织各编限单位完成 2001—2005 年森林采伐限额编制，确定每年森林采伐限额 24. 4 万立方米。每 5 年由各县（区）政府编制采伐限额，经国务院批准后实施。2003 年，四川省林业厅确定洪雅县为人工商品林采伐试点县。

2004 年，眉山市纳入人工商品林采伐试点单位，下达人工采伐试点计划 6. 06 万立方米。批准试点采伐小班 327 个，采伐蓄积 5. 23 万立方米。实际采伐小班 318 个，采伐蓄积 5. 05 万立方米。完成洪雅试点采伐小班伐区检查验收，验收小班 179 个，合格小班 178 个；验收面积 688. 9 公顷，合格 687. 6 公顷，凭证采伐量 2. 97 万立方米，凭证采伐率 100%。2006 年，四川省政府下达眉山市“十一五”期间年商品林采伐限额 15. 47 万立方米，年非商品林采伐限额 20. 37 万立方米。全市严格采伐作业设计、伐前伐后公示、伐区拨交、青山检尺、现场监管、木材流通等关。当年完成商品林采伐 9. 2 万立方米、非商品林采伐 2. 86 万立方米。2009 年，眉山市被国家林业局列为全国森林采伐管理改革试点单位。各县（区）编制县级森林经营规划和经营方案，建立森林经营管理指导体系和森林经营管理实施体系。全年全市完成林木采伐 22. 9 万立方米。2011 年，四川省政府下达眉山市“十二五”期间年森林采伐限额 65. 98 万立方米。2012 年，全市有木材检查站 8 个，负责木材检查管理。全年林木采伐 18. 8 万立方米。其中主伐 15 万立方米、抚育间伐 2. 2 万立方米、其他采伐 1. 6 万立方米。各项指标未突破省政府下达的森林采伐限额。

四、古树名木保护

1997 年起，眉山地区开展古树名木调查登记、鉴定分级、建立档案、设置标志、管护技术指导，按照“统一管理，分别养护”原则，详查和复查眉山市中心城区 100 年以上古树名木资源，整理古树名木目录。2000 年后，眉山市城管、林业部门与古树名木管护责任单位签订管护责任书，管护单位具体负责古树名木养护，明确古树名木管护责任。机关、部队、学校、团体、企事业单位和公园、风景名胜区、寺庙等用地范围内古树名木，由所在单位负责；城市街头绿地、广场、小游园和道路用地范围内的古树名木，由城市园林绿化管理部门负责；住宅小区、居民院落内的古树名木，由物业管理单位或街道办事处、镇乡人民政府负责；铁路、公路、河堤用地范围内的古树名木，分别由铁路、公路、河道管理部门负责；城市规划区以外和森林公园的古树名木，由县（区）林业行政主管部门指定的单位负责。2009 年，仁寿县挂牌管理 130 余株名木古树。2012 年，制定《眉山市城市古树名木保护管理实施细则》，加强古树名木的保护和管理，详查登记全市区古树名木，尚存古树古木 21 科 24 属 24 个树种 141 株，其中树龄 500 年以上的 7 株，300 年~499 年的 32 株，100 年~299 年的 102 株。市城管局分别与古树名木所在单位签订管护责任书。中心城区古树名木有楠杉、柏树、银杏、黄连木、无患子、香樟、丝棉树、榆树、朴树、刺楸、黄桷树、紫薇、海棠、桂花、墨壳楠、合欢、黄檀、罗汉松、重阳木、乌柏、白蜡、栾树、苏铁、银桦。

五、森林病虫害防治

眉山市各区县建有森林病虫害测报站，乡村建立测报点，固定测报人员，实施森林病虫害长期测报和短期测报。

1998 年，眉山地区实施天然林保护工程，各级完善森林病虫害测报体系。建立国家级中心测报点（洪雅），乡镇测报点 30 余个。1999 年 5 月，洪雅县将军乡、天宫乡、止戈镇、洪雅林场八面山林区大面积暴发柳杉长卷蛾。当年，加强森林病虫害测报和检疫执法。监测覆盖率 82.8%，治理森林病虫害面积 1.21 万公顷，防治率 96.3%，检疫率 95%，森林病虫害成灾率控制在 0.5‰以下。2000 年，全区森林发生病虫鼠害 1.81 万公顷。其中病害 235.33 公顷、虫害 9000 公顷、鼠害 8800 公顷。虫害中以柳杉长卷蛾、松毛虫和舞毒蛾为主。柳杉长卷蛾主要分布在洪雅县；松毛虫主要分布在青神、彭山两县；舞毒蛾主要发生在仁寿、彭山两县。洪雅县集体林区和洪雅林场发生大面积赤腹松鼠危害。当年，全区开展虫情调查，调查代表面积 6.1 万公顷。全年防治病虫鼠害 1.78 万公顷。重点开展产地检疫、调运检疫和无检疫对象苗圃建设，实施 37.3 吨林木种子、2906.5 万株苗木、3.96 万立方米木材、5.64 万株花卉产地检疫，产地检疫率 99.7%；调运检疫 37.51 吨林木种子、150 万株苗木、8.44 万立方米木材、75.41 万根竹材、5 万株花卉，调运检疫率 99.9%。四川大学、四川农业大学、省林科院分别在洪雅县开展柳杉长卷蛾和赤腹松鼠生物学特性课题研究。

2004 年，仁寿县采用化学和人工相结合，防治舞毒蛾和蜀柏毒蛾；彭山县防治杂交竹竹蝗和国外松赤枯病。洪雅县采取人工物理防治和化学防治相结合防治柳杉长卷蛾和赤腹松鼠，控制病虫鼠害蔓延。当年起，眉山市开展全国第二次林业有害生物普查，2005 年结束，采集标本 193 号 579 件，初步鉴定出林业害虫 47 种，疫病害 15 种，鼠害 1 种。2006 年，仁寿县建立省级中心测报点。2008 年，全市发生林业有害生物 1.68 万公顷。投入经费 155.11 万元，防治 1.52 万公顷。处理违章案件 2 起。2010 年，眉山市开展“利剑 2010”林业植物检疫执法专项行动，严防危险性林业有害生物传播。全年发生各类林业有害生物 1.63 万公顷，开展有效防治 1.62 万公顷。2012 年，全市发生各类林业有害生物 1.45 万公顷，防治林业有害生物 1.36 万公顷，无公害防治 1.31 万公顷；预测发生 1.44 万公顷，实际发生 1.45 万公顷；实检苗木 128.7 公顷，种苗产地检疫率 99.74%；未成灾。加强松材线虫病监测防控，未发生松材线虫病及其疑似松树枯死。

六、森林防火

1997 年，眉山地区及各县成立森林防火指挥部。当年起，全区以悬挂、张贴防火标语、电视宣讲、宣传车、宣传品等形式开展森林防火宣传。2000 年起，全区森林防火实行有偿服务，由气象部门在防火期发布当日火险天气预报，2 级以上火险等级提前做好准备工作，为各地实施森林防火及时提供科学依据。2000 年年末，眉山市有森林防火指挥部成员单位 24 家。2006 年，各县（区）建成森林防火报警体系，落实值班室、专职人员，实行 24 小时值班，记录火灾要素，及时掌握、汇报火情，规范、迅捷、程序严格。至 2009 年，各级气象局（站）为森林防火提供短期预测 124 期，中长期预报 30 余期。全市建各类防火隔离带 969 千米，防火公路 250 千米，瞭望台 13 座，林区用火站 50 个，防火水池 500 余个，防火物资储备库房 50 余个 1000 平方米，高特频电台 166 部，防火机具 2 万余件（套）。2011 年，仁寿县投入经费 123 万元，彭山县投入 15 万元为重点林区乡镇配备风力灭火机等扑火机具。全市森林防火工作“五子登科”、防火知识进校园“六个一”等做法，在全省森林防火基层基础建设推进会暨春季森林防火工作总结会议上交流。2012 年，眉山市防火办为县（区）配发防火机具 12 台。东坡区建立防火物资储备库房 20 个，每个乡镇购置防火机具 300 余件；其余县（区）参照东坡区加快建设森林防火应急机制。截至 2012 年年底，全市森林防火指挥部体系完善，有半专业和义务扑火队 180 余支 1.85 万人。张贴防火标语 1.63 万条，短信宣传 3.5 万条，电视宣讲 400 课时，送宣传单、宣传品、入户通知书等各类资料 110 万余件，新闻媒体宣传报道森林防火 1000 余次。森林防火教育全覆盖。通过卫星监测到热点 6 个，均查明原因，无森林火灾。眉山市成为全省唯一未发生森林火灾的市州，连续 47 年无较大森林火灾，森林火警扑救率 100%。

七、林业执法

1998 年，眉山地区组织开展林区专项整治和“保卫绿色行动”，清理 1994 年以来的非法占用林地和毁林开垦情况。侦破刑事案件 2 起，查处违法占用林地案件 74 起，征收林地补偿、植被恢复等费用恢复林地原貌。处罚违法犯罪嫌疑人 95 人，罚款 3 万余元。2000 年，全区查处森林刑事案件、治安案件、林业行政案件 557 起，处罚违法人员 660 人次，收缴木材 613. 6 立方米，没收野生动物及其制品 2223 只（头），挽回经济损失 100 万余元。2001 年，眉山市人大、市政协组织专题调研组专题调研退耕还林工程实施情况，形成专题调研报告。市退耕还林领导小组组成督察组专业性检查指导退耕还林，审计全市退耕还林工程、退一还二荒山造林工程资金使用及工程实施情况，通报各试点县（区）存在的问题，提出整改意见，责令限期整改。市林业、监察、财政、粮食、公安部门召开“两大工程”（天然林保护工程、退耕还林工程）执法监察工作联席会议。检查督促全市“两大工程”建设、资金使用、政策兑现、林地征占用、天然林保护及森林管护责任落实情况。全市抽查乡镇 12 个、村 24 个、农户 120 户，实地检查洪雅县林场 2 个工区天然林保护情况。开展“天保行动”，打击森林和野生动植物资源违法犯罪活动。清理违法乱占林地 189. 52 公顷。2003 年，市森林公安分局开展“绿剑行动”，以打击破坏森林资源违法犯罪为主要内容，集中整治主要交通干道，森林案件多发区、木材加工厂。全市开展林地专项检查行动，核查已批复占地 15 宗。2004 年，市委、市政府下发《关于进一步加快林业发展的意见》，强化“依法治林”，开展“绿浪行动”，打击破坏森林和野生动植物资源违法犯罪活动。市公安局在洪雅县开展“洪雅行动”，打击破坏森林资源违法犯罪活动，阻截运往各非法收购窝点木材，清查乱收乱购和非法运输木材。东坡区上网追逃犯罪嫌疑人，侦破滥伐林木案件 1 起。2005 年，全市开展“打击破坏森林资源专项行动”，清理查处东坡区滥伐林木行为。开展全市 1999—2005 年退耕还林工程执法监察。2006 年，市林业局等 8 部门开展执法监察。仁寿县代表眉山市接受省林业厅退耕还林复查并顺利通过检查；洪雅县代表眉山市接受省“两大工程”执法监察交叉检查，受到检查组肯定。全市开展“绿盾二号”林业执法和治理整顿专项行动，清理木材经营加工场所 53 个。清查自然保护区 1 个、森林公园 3 个、国有林场 2 个、木材加工市场 6 个。2007 年，全市实施“零点行动”“区域性严打专项整治行动”“火案查处专项整治行动”。查处森林火警案件 21 起，查处野外违法用火案件 269 起，处理违法人员 290 人。2008—2010 年，全市开展“破大案挖积案抓逃犯保平安”专项行动、“飞鹰”林业执法和治理整顿专项行动、“林区专项行动”“绿盾三号”行动、“春季行动”“夜鹰行动”“打击非法移栽活立木专项行动”“2010 年严打整治行动”。2011 年，全市森林公安开展“春季攻势”“亮剑行动”，实施专项整治。打掉犯罪团伙 1 个。2012 年，全市开展“利剑行动”。查获珍稀植物楠木 23 立方米，立刑事案件 2 起，查处行政案件 4 件。截至 2012 年年底，全市查处林业案件 2286 起，处理人员 2090 人次，逮捕 22 人，拘留 9 人，收缴非法木材 3848 立方米，罚款及木材折价款 100. 72 万元。收缴野生动物及其制品 7830 余只（头），挽回经济损失 100 万余元。

第五章　渔　业

眉山市为四川省渔业主要产区之一。全市水域面积6万公顷，占四川省水域面积的8.4%。2012年，全市有经济性鱼类63种，其中主要经济鱼类40种，形成较大养殖规模。黄颡鱼（黄辣丁）水花年产量保持全国首位。还有牛蛙、中华绒螯蟹养殖。

第一节　渔业生产

眉山为全省渔业生产大市和渔业资源重点市。

一、生产概况

1997年，眉山地区水产养殖面积8992公顷，总产量2.24万吨，名列全省第六位，人均6.7千克，渔业生产总值1.55亿元。至1999年，全区水产养殖面积、产量分别占全省水产养殖面积、总产量的9.8%、11.4%，水产品产量年均增长12%。2000年起，全区调整水产业内部结构，引进、开发优良品种，推广新技术，发展水产养殖基地、协会及龙头企业。至2005年，眉山市水产品产量6.56万吨；渔业产值占大农业总产值比例增长3%，达到6.2%；年均外销鲜活水产品3万吨、种苗7亿余尾，实现产值4亿元、利税4000万余元。有100亩以上规模水产养殖示范基地20余个，带动8万余户渔农发展。

2006年起，市委、市政府将水产业作为“眉山第五大拳头产品”重点建设。当年，全市直接从事渔业生产人员7.19万人，间接从事渔业生产服务人员15万人。建成渔业特色专业示范村3个。有各种水产协会组织25个，渔业户3960户，会员6000余人，辐射渔农3.5万人。2008年，受“5·12”汶川特大地震波及，全市渔农1456户受灾，受损423公顷，损失成鱼375.5吨、水花鱼苗2.8亿尾、规格鱼种98.5吨，直接经济损失3478.6万元。青神县沙溪河流域千亩规模化无公害水产养殖基地获得银行信贷渔业项目担保资金500万元。成立渔业专业合作社12个。至2009年，全市形成以“休稻精养鱼模式”为主，水库大水面养殖、渠道流水高密度养殖以及河沟、稻田辅养鱼业生产模式。东坡区名优水产种苗繁育、“一村一品”示范建设，仁寿县休稻精养化养鱼、山坪塘、水库大水面养殖，彭山县泥鳅、黄鳝等精品小水产，青神县名优商品鱼集约化养殖，丹棱县新品种试验、示范，洪雅县冷水鱼试验养殖等渔业区域发展形成特色。2012年，全市实施基层水产技术推广体系改革与建设项目，建立并完善乡镇级水产技术推广机构99个。眉山市水产科技示范园区固定资产投入1200万余元，水产养殖面积83公顷，园区规划建设框架基本形成；仁寿县“塘生牌”生态甲鱼获“国家有机农产品认证证书”。年末全市水产养殖面积1.58万公顷，水产品产量12.06万吨，居全省第三位；渔业经济总产值38.44亿元，其中渔业产值17.78亿元；生产各类优质鱼苗63.6亿尾，优质鱼种 1.73 万吨。渔农人均渔业产值 2.12 万元，纯收入 9000 元左右。

眉山市 1997—2012 年渔业生产情况表

表 10-7

年份	水产品年总产量(吨)	其中养殖产量(吨)	渔业社会总产值(亿元)	渔业养殖产值(亿元)	养鱼面积(万公顷)	稻田面积(万公顷)	鱼苗产量(亿尾)	鱼种产量(吨)	其中名优鱼		农民人均渔业养殖纯收入(元)	养殖渔民渔业年产值(元)	养殖渔民人均年渔业纯收入(元)
									产量(吨)	产值(亿元)			
1997	22435	21909	3.68	1.83	1.24	2.61	5.59	2353	3365	0.38	25	2989	1140
1998	25800	25233	3.86	2	1.46	2.09	6.16	3918	6450	0.58	28	3186	1260
1999	28850	28283	4.14	2.31	0.93	1.70	6.53	4244	7789	0.69	34	3637	1545
2000	30390	29853	6.50	2.49	0.96	1.26	6.16	4807	9153	0.97	38	4590	1950
2001	35560	25010	9.79	3.80	1.01	1.06	6.97	5648	10685	1.16	49	5594	2280
2002	42361	41764	12.79	4.84	1.04	0.96	7.34	7255	14978	1.83	60	7083	2690
2003	50780	50112	15.27	5.50	1.05	0.95	7.47	8235	19163	2.15	77	7997	2980
2004	57580	56892	16.87	5.73	1.06	0.91	8.07	9176	21592	2.48	90	8104	3260
2005	65641	64774	19.17	6.19	1.07	0.91	8.99	9609	26169	3.15	105	8729	3400
2006	73206	72289	22.60	8.97	1.18	0.95	10.65	12119	29994	3.85	142	12160	4860
2007	80660	79644	26.30	9.92	1.25	0.80	20.83	11960	31286	4.72	173	14185	5815
2008	88252	87192	28.30	10.80	1.40	0.67	30.90	13480	36404	5.37	195	15560	6068
2009	95861	94921	30.40	11.80	1.41	0.69	42.30	15440	40741	6.92	220	17495	6648
2010	103700	102816	34.70	14.90	1.46	0.65	57.80	16120	45400	8.62	262	19980	8100
2011	114325	113458	36.50	16.60	1.52	0.62	61.18	16745	51774	9.60	288	20052	8310
2012	120623	119654	38.44	17.78	1.58	0.37	63.62	17262	50555	9.25	300	21190	8980

二、养殖

眉山传统渔业养殖方法为天然放养，养殖限于稻田、池塘。饲养粗放，品种多系鲤、鲫，产量低。

1996 年起，眉山境域相继开展内塘精养、稻田养鱼和稻鱼果工程、水库网箱养鱼、集约化养鱼、溪河围栏养殖、滩涂养殖。1997 年，眉山地区稻田养鱼 1.21 万公顷，产量 4686 吨。至 2012 年，池塘养鱼成为主要渔业生产发展方式。稻田养殖面积减至 6700 公顷。用于渔业生产的水库面积 4424 公顷，年产量 5 万吨。河沟养殖 51 公顷、产量 680 吨。利用沿江（河）水域滩涂建成养殖场 30 余个 133 公顷。

（一）新品种引进

20 世纪 60 年代，今眉山境内引进青、草、鲢、鳙四大鱼种。1976 年引进日本白鲫，1977 年引进非洲鲫鱼，1982 年引进荷元鲤，1984 年引进埃及革胡子鲶。1995 年，境内云斑鮰养殖形成一定规模，甲鱼、大口鲶、长吻鮠（江团）等名特优品种进入生产性养殖阶段，主要推广云斑鮰、斑点叉尾鮰、甲鱼、中华鳖、罗氏沼虾、南方大口鲶、武昌鱼、长吻鮠、虹鳟、多瑙河六须鲶、珍珠等新品种。开展大鲵驯养繁殖试验，多瑙河六须鲶塘内繁殖成功并批量生产，长吻鮠人工繁殖在黑龙滩水库获得成功。至1996年，眉山县引进、推广名特优水产新品种近20种，其中云斑鮰、斑点叉尾鮰、加洲鲈、黄颡鱼等8个品种成为主导品种。2000—2006年，丹棱县先后引进青鱼、鳜鱼、彭泽鲫、蓝鳃太阳鱼、中华倒刺鲃（青波）、加州鲈、中华绒螯蟹、金鳜等10余个养殖品种，其中斑点叉尾鮰、武昌鱼、彭泽鲫形成一定的养殖规模。2008年，东坡区尚义镇云阁村养鱼农户引进四川白甲。2009年，洪雅县引进三文鱼，东坡区引进乌苏里拟鲿。2010年，东坡区万胜镇养鱼农户引进俄罗斯鲤鱼。2011年，洪雅县引进史氏鲟和达氏鳇。截至2012年年底，眉山市引进新品种18个。

（二）鱼种繁殖

1995年，仁寿县鱼种场开展名特优新品种培育，步入全省先进场站行列。1998年，眉山地区繁育鱼苗300余万尾，培育鱼种50吨，产商品鱼100吨，年产值330万余元。1999年，仁寿县在蜂蜜渔场扩建名特优水产养殖池0.67公顷，推广示范面积33公顷，生产加州鲈鱼、江团、大口胭脂鱼苗种，年产苗种200万尾。当年，全区生产鱼苗6.2亿尾、鱼种3300吨。

2005年，眉山市水利局公布首批市级水产种苗生产场7个、水产种苗定点生产单位10个。当年，全市繁育斑点叉尾鮰卵黄苗1.8亿尾，居全国第二位；繁育黄颡鱼3亿尾，培育长吻鮠种苗7600万尾，繁育云斑鮰种苗4亿尾，居全省首位。2007年，市水利局确定第二批市级水产种苗定点生产场4个。眉山成为中国西部最大的名优水产种苗生产基地，全年繁育鱼苗20.8亿尾，生产鱼种1.2万吨，其中黄颡鱼繁育8亿尾，居全国第一；斑点叉尾鮰3亿尾，居全国第二位、西部第一位；云斑鮰苗种产量居中国西部第一；杂交鲶、江团、鲈鱼、丁鲹的繁育能力和养殖技术水平居全省第一；武昌鱼、中华倒刺鲃、翘嘴红鲌、美国青蛙也形成较大规模。2008年，市水利局公布第三批市级水产种苗定点生产场7个。2009年，东坡区推行苗种生产许可制度，颁发苗种生产许可证85个，主要开展斑点叉尾鮰、黄颡鱼、鲶鱼、鲤鱼、草鱼等苗种生产。全市水产苗种繁育面积2000公顷，产各类水花鱼苗26亿尾、鱼种1.5万吨，产品销往辽宁、新疆、广西、云南、陕西、贵州、重庆、浙江、上海、天津、北京、湖北等省（市、自治区）及韩国、泰国、日本等国家。从国内外引进优质鱼苗11亿尾、鱼种400吨，其中引进斑点叉尾鮰原种幼鱼50万尾，选育后备亲鱼2万组。2011年，鲟鳇鱼在洪雅县人工孵化获得成功。2012年，全市生产各类优质鱼苗63.6亿尾、优质鱼种1.73万吨。东坡区产量最高，黄颡鱼产量最大。产品销往周边市州及江苏、浙江、湖南、湖北、山东等20余个省（市、自治区）。

（三）名特优水产品及标准化养殖

眉山境内江河不多，水源缺乏，眉山旧县志载“鲫鱼最古，鲫江因以命名”。二三月桃花开时鱼多，眉山县姜家渡、鸿化山等处产江鳟，为鱼中珍品。

1996年，眉山境内繁殖斑点叉尾鮰50万尾、白乌鳢100万尾，新增养殖品种鳜鱼和银鱼。江团、六须鲶、斑点叉尾鮰等鱼苗人工繁殖获得成功。1997年，调整水产品养殖结构，增加名特优水产养殖品种和比重。眉山地区虾类养殖场开展虾苗繁育、成虾养殖、虾病防治和配合饲料等试验研究，年产虾苗200万尾、成虾5吨，填补境内虾类养殖空白。1999年，全区名特优水产养殖面积2000公顷，占全区水产养殖总面积的20.9%；年产优质水产品1万吨，占总产量的34.58%，产值4200万元。至2000年，重点推广斑点叉尾鮰、云斑鮰、大口黑鲈、长吻鮠、黄颡鱼、鲶鱼、武昌鱼、新疆丁鲹、中华倒刺鲃、翘嘴红鲌、鳜鱼、美国青蛙等名优水产优良品种的无公害试验、示范养殖。开展长江中华胭脂鱼、白斑狗鱼、甲鱼、乌鱼、青石爬鮡、宝石斑、蓝鳃太阳鱼、红罗非鱼等新型名贵品种人工繁养试验，部分品种获得成功。

2002年，眉山市开展无公害水产品的发展规划、产地认证、产品认证和无公害标志申报。至2005年，全市申报为无公害水产养殖示范基地12个、产品35个，无公害养殖面积3200公顷。名优水产养殖面积4400公顷，产量2.62万吨，分别占全市水产养殖总面积和总产量的41%、39.9%。2006年，东坡区被列入全国水产健康养殖示范区。2007年，全市重点推广和发展黄颡鱼、斑点叉尾鮰、武昌鱼、鲈鱼、江团、丁鲹、鲶鱼、泥鳅、黄鳝等优良品种养殖。眉山"无公害斑点叉尾鮰标准化养殖技术"作为行业地方标准在全省推广。东坡区"无公害江团（长吻鮠）高产高效养殖技术推广"项目获全国农牧渔业丰收计划二等奖。仁寿县被全国水产技术推广总站确定为全国水产健康养殖示范区，眉山市成为全国开展水产健康养殖技术推广先进地区。眉山市水产渔业协会、仁寿县方家镇水产协会与四川省水产局、通威集团、芳草药业、凤凰集团、三友药业等部门及企业开展鱼病防治、科技培训、品种改良、水产投入品的使用、水产品市场开拓等合作，邀请省内外知名水产专家、教授到眉山开展渔农水产健康养殖、无公害水产标准化养殖技术培训4.25万人次。东坡区生产的斑点叉尾鮰、黄颡鱼、鲶鱼、江团，仁寿县方家镇水产协会生产的方家牌通威鱼，黑龙滩水库生产的花白鲢，青神县的美蛙，丹棱县的云斑鮰、土凤（花鲭），洪雅县的雅鱼、三文鱼，彭山县的鳝鱼、泥鳅等成为全省水产行业知名品牌，其中成都市、眉山市水产批发市场85%以上的鲶鱼由眉山市供应。全市申报认证无公害水产示范养殖基地10个、产品10个；发展市级水产龙头企业2个。全市无公害水产标准化养殖技术推广面积8000公顷，年产无公害水产品4.18万吨，产值2.85亿元，无公害水产养殖示范基地增至20个4040公顷，无公害水产品43个。2008年，东坡区国家级淡水鱼标准化示范区项目、仁寿县方家镇全国水产健康养殖示范场通过验收。申报国家级无公害水产基地4个，获国家认证无公害水产基地2个。

眉山水产科技示范园高低位池生态循环水养鱼基地（摄于2012年5月）

2009年，全市名优水产养殖面积5200公顷，产量4.3万吨，分别占全市水产养殖面积和产量的41%、44%；名优水产产值5.8亿元，初步形成以斑点叉尾鮰、云斑鮰、鲶鱼、黄颡鱼、江团、丁鲹等为主，鲈鱼、武昌鱼、中华胭脂鱼、美国青蛙等为辅，四川白甲、岩原鲤、俄罗斯鲤、瓣鲇鱼、裸鲤、蓝鳃太阳鱼、花鲭、中华倒刺鲃、虹鳟、金鳟、大西洋鲑等新品种试验推广的名优水产业发展格局。市水利局制定《云斑鮰养殖技术规范》等18个水产健康养殖地方标准，经四川省质量技术监督局批准后在全省实施。至2010年，全市无公害水产养殖基地增至20个4530公顷，产品45个，国家级水产健康养殖场4个。2个鱼饲料生产企业4个水产投入品被四川省水产局推荐为全省"无公害水产投入品推荐使用产品"，3个水产健康养殖示范场通过部、省质检及省水产局组织的国家级水产健康养殖示范场验收。眉山市成为全省无公害水产标准化养殖技术推广试验示范区，全国斑点叉尾鮰新品种选育、试验、示范和推广重点市；东坡区、仁寿县成为农业部全国水产技术推广总站授予的国家级淡水鱼标准化示范区、全国首批无公害水产健康养殖示范区和水产病害防控示范区，四川省水产产业化示范重点县。截至2012年年底，全市有国家级水产健康养殖示范场5个，无公害养殖基地24个、产品52个。四川省眉山天天渔业食品有限公司生产的“外婆家醉鱼”、仁寿县方家水产协会生产的“方家淡水鱼”、黑龙滩水库的“花白鲢”、东坡区思蒙镇花池村的“鲶鱼”等成为全省水产行业知名品牌。受名优品种的价格大幅波动影响，部分渔民转产价格相对稳定的大宗水产品，全市名优产品产量比重降至42.65%，产量5.05万吨。

（四）鱼饲料、鱼药

眉山市各种水域中的鱼类历来靠天然饲料为主，很少人工投喂。后养殖面积不断扩大，属草食性和杂食性品种逐渐增多，开始投喂青饲料。20世纪80年代，兴建洪雅、眉山、黑龙滩、通威等鱼饲料厂，按配方生产配合饲料，年产饲料2万吨~3万吨。

1997年，眉山地区调查登记鱼饲料、鱼药生产厂家，抽查市场销售和养鱼户使用的饲料和鱼药。1998年，仁寿县、眉山县、彭山县采用浮性饲料在稻田、池塘、网箱中养殖斑点叉尾鮰、鲤鱼、鲫鱼，饵料系数下降22.6%。2000年，全区推广使用浮性饲料2000吨，养殖美国斑点叉尾鮰、武昌鱼（池塘、稻田、网箱、流水养殖）各67公顷，产鱼1200吨，产值1600万元，利税600万元以上。以通威鱼饲料为代表的鱼饲料工业发展迅速，年生产鱼饲料18万吨，产值7亿元以上。至2005年，眉山通威、华森、永丰、蜀夏、倍斯特、仁寿三联、彭山新希望、丹棱金陆捌等鱼饲料生产企业年产量大幅增长。

2010年，眉山市渔用饲料产量31.6万吨，产值12.9亿元以上，成为中国西部地区最大的水产饲料集散中心。全市年产鱼饲料上万吨的鱼饲料厂家10家，年产5000吨以上的20余家。2012年，全市生产各类鱼饲料30万余吨，饲料产值13.57亿元。

（五）鱼病防治

眉山境内常见鱼病有细菌性肠炎、烂鳃病、赤皮病、打印病、白头白嘴病、水毒、氮气病等30余种。多发生在集约化养鱼池、塘，以鱼苗、鱼种发病率最高。其中草鱼肠炎病最为严重，发病率约占30%。

1999年，眉山地区开展水产养殖病害及防治工作情况调查。仁寿县、眉山县、彭山县因病害遭受损失600万余元。2000年，全区投资38万元，建立以眉山地区水产渔政局为中心，县级水产技术推广站为骨干，乡镇水产站为基础的水产病害防治网络体系，加强水产病害监测、预报、防治和技术培训等；依靠各级渔政管理机构加强水产品流通的病害检疫。

2003年起，眉山市开展法律法规宣传及水生动物防疫检疫、疫病防治。2005年，彭山县因水域环境污染和渔业病害及鱼药使用不当造成水产业直接经济损失800万余元。2007年，加强重点水产养殖品种斑点叉尾鮰、云斑鮰、黄颡鱼、鲶鱼等病害检测，农业部全国水产技术推广总站将眉山市列为全国斑点叉尾鮰病害检测和良种选育重点地区予以规范。至2007年年底，全市水生动物防疫检疫机构开展法律法规宣传活动100余次，张贴标语1500余幅，出墙报、黑板报76期，发表广播电视讲话、宣传20余次，印发各类宣传资料2万余份。开展水生动物防疫检疫3000余次，检验检疫水产商品鱼1000批次、水产种苗2000批次、运载工具3000批次。重点渔业乡镇、渔业产区开展水生动物防病治病386次，诊断出对水生动物危害较大疾病12起、一般疾病96起。眉山市水产渔政局与四川省水产局水产品质量监测中心开展水生动物疫病监测68次，独立开展水生动物病害测报239次。未发生水产品重特大安全生产责任事故，全市水产源头食品合格率98.6%。2008年起，眉山承担全国斑点叉尾鮰及大宗水产品的病害监测预报。2012年，全市投入经费83万元，完善水产养殖病害监测预报基层机构建设。

三、捕捞

眉山市境内专业捕捞，库、塘捕捞以人工或渔网捕捞为主，少数水库使用拖网，部分山坪塘采取放水捕捞。业余捕捞用农闲或工休时间，在江、河、塘、田、堰、库等水域用网、罩、虾耙、钓竿、发竿、箭子、幌钩、鱼叉、黄鳝夹等工具捕（钓）捞，所捕之鱼或自食或出售。江河捕捞从当年5月起至次年2月止。3—4月为禁渔期，严禁捕捞。塘、库及稻田养鱼无禁渔期，捕捞多视眉山市场需求及放养季节安排而定。塘、库养鱼的大量捕捞一般安排在下半年及重大节日。稻田养鱼捕捞结合水稻收割进行。

1997年起，眉山地区实行捕捞许可证制度。以渔船捕捞为主。全年捕捞526吨。1998年起，受工业废水、城市、农村生活污水影响，江河鱼类资源逐渐衰退，渔业天然捕捞量锐减，传统捕捞渔民部分外出务工或转产转业，渔船数量相应减少。至2005年，眉山市天然鱼类捕捞量867吨。2010年，四川省水利厅确定眉山市捕捞限额为捕捞渔船287艘，其中机动捕捞渔船58艘、806千瓦。截至2012年年底，全市有渔船298艘（机动104艘、非机动194艘）。年捕捞鱼增至969吨。

四、渔民专业合作社

从事鱼类及其产品生产、经营的渔（农）民按照民主管理原则自愿联合起来，通过产、供、销一体化服务，促进合作社社员共同发展。

1997年，眉山地区、县水电部门引导渔（农）民联合起来成立专合组织。2004年，眉山市发展水产专业合作经济组织（协会）2个、水利专业合作经济组织（协会）3个。年末全市有各类协会组织18个，会员2000余人。2007年，全市成立水产专合组织（协会、合作社等）25个。开通信息网站，组织水产品销往辽宁、江苏、福建、广西、湖南、重庆等国内10余个省（市、自治区）。2010年，全市渔民专业合作经济组织（协会）增至39个，有社（会）员1.57万人，辐射渔农2.78万户。至2012年年底，眉山市注册的水产专业合作社78个，专业协会15个，有社（会）员1.39万人，注册资金4000万余元。

第二节　渔政管理

1997年，成立眉山地区水产技术推广站、渔政管理站、渔业船舶检验站、水生动物防疫检疫处，负责境内渔业船舶检验和安全管理、水生动物防疫检疫、水生野生动物保护及渔政管理和执法工作。2007年，撤销原眉山市水产技术推广站、眉山市渔政管理站、眉山市渔业船舶检验站、眉山市水生动物防疫检疫处，合并组建眉山市水产渔政局，主管全市水产渔政工作。

一、水生动物保护

眉山市水生动物保护主要采取鱼种增殖放流、江河禁渔、经营管理、建立水生动物疫病防疫体系等措施，保护境内水生动物。

1997年前，眉山县、洪雅县向江河投放草鱼、鲤鱼等鱼种，增殖放流，以增加江河鱼种及数量。1997年，眉山地区规定自然水域鱼类繁殖洄游场所为春季“禁渔区”，禁渔期和禁渔区内禁止捕捞作业，保护鱼类安全繁殖。每年3月1日至4月20日，境内江河自然水域封江禁捕。

2001年，市政府发文规定，捕捉、驯养繁殖、运输、经营和利用国家、省重点保护的水生野生动物及其产品的单位或个人，须申请水生野生动物利用特许证件，禁止无证捕捉、驯养繁殖、运输、经营和利用国家、省重点保护的水生野生动物及其产品。任何单位和个人不得向渔业水域排放超标污染物，禁止向渔业水域排放、倾倒、弃置有害物质。规定每年2月1日至4月30日为全市所有天然水域禁渔期。2002年，四川省政府设立周公河（眉山市洪雅县、雅安市雨城区境内）珍稀鱼类省级自然保护区，保护区河流总长141千米，保护区面积4953平方千米，主要承担国家二级重点保护水生动物大鲵及省重点保护水生动物隐鳞裂腹鱼和重口、齐口裂腹鱼等的保护、救护和增殖任务。市政府发文规定，禁渔期和禁渔区内，禁止制造、销售、使用禁用的渔具；运输、销售、收购非法捕捞的渔获物；捕捞作业、游钓和水禽放养，扎巢取卵、挖沙采石等活动。当年起，洪雅县开展秋季禁渔，保护境内天然水域的雅鱼、石爬子及其他秋季繁殖珍稀鱼类。2003年，全市开展水生动物病害监测、预警预报及水生动物疫病防治。市水利局、市公安局、市工商局发布“春季禁渔通告”，禁止境内春季捕捞。2005年起，收取水生动物检疫费。建设全市水生动物疫病防疫体系。至2006年，全市取得水生野生动物经营许可证的鱼类餐饮业主36家。新办理驯养繁殖许可证2家，办理水产种苗生产许可证48家。开展水生野生动物经营行为执法检查1200余人次，查处违法经营水生野生动物354千克，行政处罚15人，赔偿资源费近万元。至2008年，东坡区、仁寿县水生动物疫病防治站先后建成投入使用，提供渔业水域环境监控、水产种苗及鱼类病害防疫检疫、水产品质量检测等多功能服务，开展渔业监测、检验项目近2万次，减少渔业经济损失1000万余元。周公河珍稀鱼类省级自然保护区完工，总投资344.68万元。2009年起，彭山县、青神县水生动物疫病防治站纳入农业部管理，丹棱县、洪雅县纳入四川省动物疫病防控体系建设规划。2010年，眉山农产品（水产品）质量安全检测中心落户仁寿县，纳入全省农产品质量安全检测体系。当年起，全市开展禁渔宣传、渔业法律法规咨询活动。在岷江和青衣江投放鱼苗。2011年，国务院公布设立岷江长吻鮠国家级水产种质资源保护区（岷江青神小三峡核心江段至岷江乐山境内江段）。2012年，东坡区建成全国水产健康养殖病害预防示范区，成为全国县级水生动物疫病防疫站建设重点区。截至2012年年底，全市开展禁渔宣传176期（次），发放宣传资料12.4万份，发放《禁渔告知书》1000余份，渔业法律法规咨询12.7万人次。在岷江和青衣江投放鱼苗2000万尾、鱼种45.86吨，品种有鲤鱼、鲫鱼、黄颡鱼、大鲵、雅鱼、鲢鳙鱼、长吻鮠、裂腹鱼、长薄鳅、岩原鲤等。

二、渔政执法

1997年，眉山地区开展鱼类春繁禁渔保护、水生野生动物经营许可、渔业水域环境保护、水域养殖发展规划、江河（水库）渔船安全管理及打击电、毒、炸鱼行为等专项工作。检验江河、水库从事养殖、捕捞的机动和非机动船只。全区有机动渔船178艘，吨位469吨，动力218千瓦；非机动渔船897艘，吨位1240吨，机动渔船大部分系国管水库管理单位所有；非机动渔船中，国有渔业单位490艘，吨位482吨。库区常年下水作业渔船办证率100%，年检率90%以上，渔政案件查处率85%以上。1998年起，全区实行渔业船舶检验和登记制度，办理渔政船注册登记。至2000年，全区发布政府渔业通告4个、规范性文件3个，禁止水库施肥养鱼，规范水库网箱养鱼。

2002年，眉山市开展渔业船舶安全专项治理，查处水库“三无”渔船53艘，销毁江河“三无”渔船8艘。2003年起，全市推行水产养殖证制度。举办船员培训班4期300人次，落实“五定（定责任、定人头、定岗位、定措施、定奖惩）、一杜绝（杜绝事故发生）、六落实（领导落实、责任落实、经费落实、措施落实、检查落实、处理落实）”等安全工作制度。处理渔船违章 207 次、渔船船员 240 人次。至 2004 年，全市发放水域滩涂养殖证 90 本，其中国有、集体所有水域滩涂养殖证各 45 本。2005 年，中国渔政指挥中心、长江渔业委员会、四川省渔政船检港监管理处检查洪雅县、东坡区开展打击电、毒、炸鱼情况，肯定眉山市专项整治工作。在全市已认定的无公害水产基地实行无公害水产投入品推荐使用管理制度，强化生产全程质量监管，从源头保障水产品质量安全。各级渔政部门查获违禁捕捞船 86 艘、经营电捕鱼器业主 8 户，取缔并销毁违禁渔具“迷魂阵”326 张，缴获电捕鱼器 1860 台，没收违法捕捞渔获物 390 千克，查处违法销售渔获物 891 千克，行政处罚 158 人。2006 年起，全市开展春季禁渔执法检查。市政府办公室下发《关于建立乡镇船舶安全管理“四个责任体系”的实施意见》。建立乡镇船舶安全管理“四个责任体系”［船主自治、船员自律的乡镇船舶安全生产主体责任体系，县（区）、乡镇政府负责的乡镇船舶安全管理责任体系，主管部门对乡镇船舶安全管理的责任体系，乡镇船舶安全监督责任体系］。2007 年，全市取缔施肥养鱼水库 89 座，占全市水库总数的 30%。开展禁用渔药专项整治。建立渔业水域污染事故应急预案和处理机制，监测渔业水域环境状况。渔业船舶实行“一船一档”规范化管理。在东坡区试点办理水产养殖许可证 53 本。2008 年，普查、登记和清理违法违规水产养殖设施，确定用于水产养殖的水域范围。全市饮用水水库全部取缔施肥养鱼，非饮用水库逐步取缔施肥养鱼，改善水库水质。开展水产投入品违规使用、国家禁用药物滥用、水产品药物残留的抽检和专项整治，专项检查水产投入品生产、销售以及使用环节，整治水产品生产源头，建立健全鱼药、鱼饲料及鱼饲料添加剂、水质改良剂、保鲜剂、除垢剂等水产投入品生产、经营和使用监督管理制度。全市水产品质量抽检合格率 98%。清理全市低质量渔船，实行超期渔船、水泥渔船年限淘汰制。划出不是主要从事渔业生产服务、捕捞渔船，全市渔船数量逐步减少。2009 年，检查全市水产养殖场，水库、无公害水产示范基地、流水养鱼场 250 余户，吊销违规使用违禁药物的 4 家苗种生产场和 1 家成鱼养殖场苗种生产许可证，无害化处理药残超标产品。2010 年，市渔政主管部门制定《眉山市优质水产品基地建设标准》及 18 个主要水产养殖品种市级地方行业养殖技术操作规程。全市办理渔业水域滩涂养殖许可证 86 本，发证面积 3580 公顷。督促休稻化池塘养鱼养殖业主（20 亩以上）办理养殖许可证 216 本，从事水产种苗集约化生产的业主办理水产种苗生产许可证 83 本。2011—2012 年，开展水产品质量安全抽检，抽检品种 156 个、样品 240 个，合格率 97. 6%。截至 2012 年年底，全市有渔船 298 艘（机动 104 艘、非机动 194 艘）。组织渔业检查 140 次，查处案件 14 起，查获违禁捕捞船 72 艘、经营电捕器业主 12 户，取缔并销毁违禁渔具“迷魂阵”、网具，没收电捕鱼器，将违法捕获鱼 529 千克放归江河，查处违法销售渔获物 446 千克、违规经营利用野生河鱼餐饮酒店 2 家，行政处罚 183 人。开展水产品质量安全监督检查及水产健康养殖执法行动，检查重点渔业生产场、水产养殖示范基地、水产种苗生产单位 446 户，查处违规养殖渔业 6 处，抽检水产养殖品种 12 种，取样 24 个，合格率 98. 6%。

第六章　农业服务

眉山市农业管理机构，重点搞好农业生产资料供应，加强动植物保护，推广先进农业机械，加强动物疫病防控和植物检疫，为农业生产提供良好环境。

第一节　种子　肥料　农药

一、种子

（一）品种

眉山市是四川省重要杂交水稻制种基地。具有健全的良种繁育推广体系和巩固的种子生产基地，种子仓库、晒坝、营业及生活用房基本满足需要。眉山在省内各制种基地中地理位置靠南，成熟期相对其他市州早7天~10天，既可以避开8月中下旬阴雨天气，确保种子色泽好、产量高、质量优，又可提前上市，赢得市场主动。眉山水稻种子享有“川种代表”美誉。

1997年起，眉山地区建立种子管理站、种子质量监督检验站和种子公司，各县农业局建有种子管理站、种子质量监督检验站。全区依托裕丰公司、三丰公司、洪雅川农高科公司、应林公司等种子生产龙头企业，重点以国标二级以上的优质稻为发展目标和研究方向，先后培育出眉糯1号、K优130、G优130、宜香800、岗优169等12个受用户好评的优质杂交水稻品种。建立水果、蔬菜、茶叶等良种繁育体系，引进新品种试验示范。2000年，全区推进种子管理体制改革，加强市场监管。通过产权转让、股份制改造、兼并、破产、出售等形式改革国有种子企业产权制度。

2002年，眉山市研制的科香优1号、超级1号、裕香优2号荣获四川省第三届“稻香杯”优质米称号。至2008年，市种子公司及5县（区）种子公司全部改制，原国有种子公司全部撤销或被民营企业、个人收购。常年有20余家种业公司在境内制种，制种最高年面积近10万亩。建立眉山市农作物种子质量监督检测分中心。至2012年，全市水稻制种面积4667公顷，东坡区、彭山县获国家级杂交水稻制种基地认定。选育高产组合“辐优130”、优质糯稻“眉糯1号”、适合旱片死角地区种植的迟栽早熟品种“汕窄8号”以及裕香优2号、内香128、岗优169等11个优质杂交水稻品种，其中科香优1号、超级1号、宜香99E—4获四川省“稻香杯”优质米称号。眉山市杂交水稻种子除满足本地生产用种外，销往云南省、贵州省、广东省、湖北省、安徽省、河南省等地和越南、缅甸等东南亚国家，产销率95%以上。全市建立经济作物良繁基地7个，面积134公顷。眉山市柑橘良繁园引进优质杂柑品种爱媛系列6个及玲珑柚、早熟杂柑等品种60个，是全省品种最多柑橘良繁园；培育的新品种“眉红脐橙”，通过省品种委员会审定，成为全省品质优、产量高的脐橙品种之一。青神县椪柑繁育基地培育的“中岩早”优质椪柑，通过省品种委员会审定通过，成为省优和推广面积大的早熟椪柑品种。

（二）种子基地建设

眉山市杂交水稻基地以岷江、青衣江、通济堰自流灌溉区和黑龙滩保灌区为重点，主要分布在东坡区广济、三苏等5个乡镇，仁寿县清水、大化等4个乡镇，彭山县义和、谢家等5个乡镇，洪雅县止戈、将军等5个乡镇，丹棱县丹棱、仁美等5个镇，青神县南城、高台等5个乡镇，发展成片集中基地。

2004年，东坡区投资638万元实施油菜良种繁育基地建设，建成优质油菜良种繁育基地1万亩、检验检测用房、种子加工厂及晒场仓库，购置检验检测及加工仪器设备。眉山市实施“双低”油菜良种繁育基地建设，投资73万元，建设“双低”油菜亲本繁育基地、制种基地86公顷，原种繁育网室。2005年，仁寿县实施杂交水稻良种繁育基地建设，建设杂交水稻良种繁育基地1000公顷。东坡区实施超级优质稻品种核心种源繁殖基地建设，建成核心种源繁育基地33.33公顷和人工温室、网室、田间排灌渠系。眉山市实施优质水果良种苗木繁育基地建设项目，建成良种苗木繁育基地20公顷。2006起，全市各制种县（区）农业部门将制种企业基地分别落实到具体乡镇，基本做到一个地方一个企业，防止基地管理混乱和企业争夺基地。洪雅县实施杂交水稻良种繁育基地建设，建杂交水稻良种繁育基地713.27公顷。丹棱县实施优质水果苗木繁育基地建设，建成水果苗木繁育基地6.67公顷，引进新品种10个。彭山县实施优质寿柑苗木繁育基地建设，建成寿柑苗木繁育基地10公顷。2007年，市政府下发《关于大力推进水稻种子产业发展的意见》，规定制种面积4万亩以上、年销售量1000吨以上的种子龙头企业，可享受所得税优惠、品种研发奖励、名牌产品创建奖励等扶持政策，推动种子产业发展。2009年，彭山县被确定为四川省优势特色效益农业杂交水稻制种基地。建成水稻良种繁育基地461.67公顷。有种子生产企业6家，杂交水稻制种生产面积常年万亩以上，制种基地覆盖义和、谢家、公义等7个乡镇27个村，涉及农户7000余户，总产量近3000吨，产值近4000万元，种子销往孟加拉、越南、印度等国家以及中国云南、湖南、湖北、安徽等省。彭山县成立制种专业合作社，辐射义和乡3个村27个农业社，通过“公司+合作社+农户”形式发展制种生产，合作社适时开展业务培训，为专业合作社社员提供产、供、销全方位服务。东坡区实施蔬菜良种繁育基地建设，建成蔬菜良种繁育基地6.67公顷，建设生产性基础设施温室4.02万平方米。截至2012年年底，全市农作物种子基地建设共投资4845万元，其中东坡区、彭山县投资1450万元实施四川省现代农作物种业提升工程项目。

（三）质量管理

1997年起，眉山地区加强收贮检验。合格种子方可入库，入库后的种子，半个月检查一次温度、水分，三个月做一次发芽试验，保证种子质量符合国家二级种以上要求。2003年起，眉山市、县（区）农业部门指导、协调各种制种企业加强行业自律，严格执行种子收贮“五统一”（统一价格、统一收购范围、统一质量要求、统一开秤、统一结算）管理办法。农业、工商、公安等部门集中开展联合执法行动，打击假冒侵权套购种子违法行为，全市种子入库率增至90%以上。2005年，种子收贮期间因连续阴雨天气影响种子质量，全市农业部门和相关种子企业迅速检测种子净度、水分、发芽率等指标，开展品种真实性和纯度鉴定，禁止不合格种子入库和上市销售，确保种子质量。2006年起，未经审查的企业不得在境内建立基地、开展制种，禁止无证生产和乱繁乱制行为。以上制度延续至2012年。

二、肥料

（一）肥料种类

农家肥　境内农家肥主要类型有堆肥、沤肥、土杂肥，厩肥较少，每年资源总量106.18万吨，年总用量73.78万吨。至2012年，养殖业在全市迅速发展，有机肥资源丰富。各种粪便总量577.2万吨，其中猪粪占总量（下同）的77%、羊粪占14%、鸡粪和牛粪占9%。

农作物秸秆　1997年，眉山地区农作物秸秆80%作为肥料利用。利用方式有直接还田、过腹还田、焚烧后还田和其他方式还田4种。不同作物秸秆作为肥料的利用方式不同，薯类秸秆大多过腹后还田，玉米、油菜秸秆多为焚烧后还田。2010年后，眉山市机械粉碎还田逐步扩大，水稻秸秆直接还田量占50%以上。2011年，秸秆年产生量270万吨，主要分为农业化利用和工业化利用，以农业化利用为主。其中农业化利用主要有肥料化利用、饲料化利用、基料化利用，工业化利用主要有能源化和原料化。2012年，主要作物秸秆机械化示范4000公顷，秸秆腐熟还田3.33万公顷。

化肥　眉山境内常用化肥主要有氮肥、磷肥、钾肥3种。氮肥有碳酸氢铵、硫酸铵、氯化铵、硝酸铵、硝酸钠、尿素等。钾肥施入主要通过复合肥形式，还有氯化钾和硫酸钾2种，分别占总量的12%、11%。硫酸钾在常绿果树、落叶果树、花生等作物中的施用量较大。1997年，眉山地区每年氮肥投入量8万吨左右。磷肥施用量处于低水平。2011年，眉山市氮肥投入量增至10.77万吨。施用形态以尿素和碳酸氢铵为主，分别占总氮肥施用量的41%、50%。至2012年，全市施用磷肥3.8万吨，其中普通过磷酸钙占60%、钙镁磷肥占10%、复合肥占30%；施用钾肥2.9万吨。

（二）肥料施用

传统农业施肥重视化肥轻视有机肥、重视氮肥轻视磷钾肥、重视大量元素肥轻视微量元素肥问题突出，表施和撒施现象较为普遍，经济条件较好地区施肥量过多，经济条件差的施肥量不足。2005年，眉山市实施国家测土配方施肥项目。包括测土（测试土壤）、配方（养分的搭配）、配肥（生产、加工肥料）、供肥（建立供肥体系）、施肥（施肥方式方法）五个环节。2008年，全市实施小麦、油菜硝酸铵磷复合肥肥效区域试验。每个县（区）土肥站选择能代表当地土壤肥力水平的上、中、下等地各1块，示范面积2公顷以上。开展对比试验18个，示范面积12公顷。通过试验，施用四川金象赛瑞化工有限责任公司生产的“象”牌硝酸铵磷复合肥比常规施肥区小麦增产4%~15%，平均增产9.2%；油菜增产6%~36%，平均增产20%。2010年，全市开展“3414”（氮磷钾3个因素、4个水平、14个小区）试验，评价地力，制作土壤养分图、配方施肥分区图，有针对性地提升土壤肥力。2011年后，按照测土配方施肥工作要求，每年开展主要农作物肥效试验，进一步完善施肥指标体系和施肥配方。截至2012年年底，眉山市实施测土配方施肥面积88.13万公顷次。

三、农药

20世纪90年代中期，仁寿、彭山等县开展新农药试验示范，逐步开展农药登记试验。化学防治是应急防控的主要手段。

1997年起，眉山地区探索科学合理用药，提高农药的利用率和防治效果。结合农作物病虫害发生发展规律，制订防治方案，在病虫发生初期，将病虫消灭在为害之初；减少农药使用次数与用量，保护天敌，维护田间生态环境。掌握农药性能，对症用药。改进喷雾技术，保证施药质量，改大容量喷雾为低量、超低量喷雾，配合施药器械改进推广小孔径喷雾技术等，采用涂茎、滴心等隐蔽施药法，或使用种衣剂及药剂拌种等，发挥药效，减少农药浪费和对环境的污染。此后，各县均承担农药试验、示范任务。包括农业部、四川省农药检定所下达的农药登记田间药效试验任务；筛选农药组合和配方，为大面积病虫防治提供参考。1999 年，全区农药经营实行经营许可证和营业执照（以下简称“一证一照”）管理。当年，开展上岗培训、办理农药经营资质的网点 1645 家，农药管理工作逐步走上正轨。

2001 年起，眉山市农业、卫生、工商、爱卫、公安等部门联合开展鼠药市场整治、打击毒鼠强等剧毒鼠药违法销售专项行动。至 2004 年，全市检查整顿各类农药经营市场 192 个，经营单位 490 个，取缔非法经营摊点 118 个；收缴毒鼠强原药和毒饵 194.85 千克，销毁 194.25 千克；查破涉及毒鼠强案件 49 件，处理涉案人员 59 人，查实河南省、安徽省等地转来的案件线索 12 条，查破案件 9 件。试点“鼠药指定销售点”资格核准，全市鼠药定点销售网点完成布点 152 个，净化鼠药市场，控制剧毒鼠药泛滥。2010 年后，全市取消农药经营主体限制。至 2012 年，各级植保站承担四川省农药检定所和四川省植保所的农药登记试验、四川省植保站的推广型农药示范任务，每年试验 80 个～120 个，试验农药品种包括各类杀虫剂、杀螨剂、杀菌剂、除草剂、杀鼠剂、生物农药、植物生长调节剂、农药抗性试验以及昆虫性诱剂、物理杀虫器具的试验测试等内容。全市基本制止高毒农药违禁使用，科学使用农药知识得到基本普及，农药使用量呈下降趋势，推广生物农药、开展绿色防控技术示范、培育新型经营主体开展病虫害统防统治后，农药销售和使用均呈双降低趋势。

第二节　动（植）物保护

眉山市农作物常见的主要病虫害 100 余种，每年损失粮食 15%左右，果品、蔬菜损失 25%以上。全市搞好队伍建设和技术研究与应用，加强自然控制和人为防治，采取综合防治，提高植保防灾减灾能力。利用化学防控、生物防控、现代设备使用等，通过成立农作物病虫害防控指挥部、病虫预测预报，建设病虫防治示范片，加强农药使用和管理，重视植物检疫。2012 年，全市农作物发生病虫害 78.79 万公顷次，比 1997 年（下同）下降 10.28%。其中病虫害 42.57 万公顷次、下降 12.21%，农田鼠害 9.4 万公顷次、下降 51.75%，农田草害 25.7 万公顷次、增长 29.47%。

一、植保体系建设

眉山市重视植保体系建设。至 2012 年，全市投入资金 1242 万元实施中央植保工程项目 6 个。建立植保专业防治组织 117 个，从业人员 1945 人，机具装备 2159 台，专业防治作业面积 9.2 万公顷次，占全市病虫害应防治面积的 20%以上。形成上下对口的、较为完善的病虫测报体系。

病虫测报体系　1997 年，眉山地区农业局设立地区植保植检站，建立眉山地区病虫测报体系、区域性病虫测报站。2001 年，眉山市实施修订后的《农药管理条例》。病虫防治和植保技术服务由病虫预测预报和防治技术指导、农资供销独家销售，向农资部门主渠道、农技植保部门技物配套阶段过渡。全市相继出现庄稼医院、植保公司、植物医院和专业防治队等私营企业和群众性组织，为农民和业主提供防治技术咨询、开展防治作业等社会化服务，农业植保机构承担病虫预测预报、植保新技术储备和推广职责，促进农业安全、农民增收。

农业有害生物监测与预警建设　2002 年，中央财政投入 250 万元建立眉山市小麦条锈病综合治

理试验站。2005年起，眉山市实施农业有害生物监测与预警建设项目。至2010年，仁寿县、彭山县、东坡区、洪雅县先后实施农业有害生物监测与预警建设项目，形成监控网络的区域科学分布。全市农药产品销售企业（点）增至1350个，开展农药批发零售业务、开方卖药、植保技术咨询等社会化服务。

二、病虫（鼠）害防控

（一）农作物病虫害防控

眉山市农作物主要病虫害常见的有水稻23种、麦类6种、玉米6种、油菜7种、柑橘9种、蔬菜25种，还有杂食性害虫23种，贮粮害虫8种。有农田害鼠近10种、杂草100余种。稻田病虫害主要有稻瘟病、纹枯病、稻曲病、螟虫、飞虱叶蝉、稻纵卷叶螟、稻蝗、福寿螺以及杂草等；玉米病虫主要有纹枯病、玉米螟、黏虫、地下害虫等。至2012年，全市常年建立大、小春重要农作物病虫综合防治示范片20个，小麦药剂拌种示范片3个，小麦条锈病综合治理示范片2个，毒饵站灭鼠技术示范片3个，水稻、枇杷、寿柑、脐橙、茶叶IPM病虫综合治理示范片12个，蔬菜、茶叶、柑橘、水稻、葡萄、枇杷绿色防控示范片15个，总面积3.33万公顷。

病虫预测预报　主要对具有流行性、气候性、突发性特点的预防性病害，具有迁飞性、迁徙性的虫害和鼠害以及具有可能入侵风险的农业检疫性有害生物，及早发现、适时预警，及时向基层农业部门和植保站通报外省、大区发生流行的病虫情报，供各级部门指导农业生产。发出突发性病虫警报后，通过电视预报、广播电台、互联网、手机短信等形式，向有关领导、基层干部、农药经销人员和广大农户业主发布病虫发生信息和防治技术。2009年，成立眉山市农作物病虫害防控指挥部。会商大小春病虫发生趋势，统一部署和指挥病虫防控。全市主要病虫害中等至偏重发生，总面积35.82万公顷次。至2012年，全市5个单位列入全国和四川省重点站监测站点管理。全市农业部门常年发布预报70余期，准确、及时预报各种病虫特别是小麦条锈病、赤霉病、蚜虫，水稻稻瘟病、水稻螟虫等重大病虫发生趋势。

眉山市列入全国和四川省重点监测站点统计表

表10-8

类别	单位	承担监测任务内容
全国区域站	彭山县	小麦条锈病*、水稻螟虫*、柑橘病虫*、洋芋病虫
	仁寿县	小麦白粉病*、稻瘟病*、棉花病虫、洋芋病虫
四川省重点监测站	东坡区	水稻螟虫、水稻纹枯病、赤霉病、柑橘病虫
	洪雅县	稻瘟病、玉米纹枯病、玉米大小斑病、油菜菌核病
	彭山县	小麦条锈病、水稻螟虫、柑橘病虫、洋芋病虫
	仁寿县	小麦白粉病、棉花病虫、稻瘟病、洋芋病虫
重大病虫实时监测	眉山市、彭山县、仁寿县	条锈病实时监测
	洪雅县	稻瘟病实时监测
	东坡区、彭山县	水稻螟虫实时监测
	仁寿县	土蝗实时监测

说明：带*号的为同时向省、国家报告

病虫害防治　随着农业生产条件的改善和各种高产栽培措施的推广应用，眉山地区农作物病虫害的发生亦呈加重趋势，表现为发生范围和面积扩大、程度加重；突发性病虫时有发生；不断有危险性病虫疫情传入风险。2001 年起，眉山市开始建设病虫防治示范片。试点推广生物制剂，替代化学农药，减少化学农药的施用量。通过保护耕地、园地的生物多样性，保护和利用蜘蛛、瓢虫、草蛉、蚜狮等自然天敌控害，在果园实行自然留草或种植三叶草植物、实行水稻杂糯间栽、麦豆间作等；释放人工天敌和寄生蜂，控制主要害虫，在果园、茶园释放捕食螨控制柑橘害螨，玉米地释放生物导弹（赤眼蜂）控制玉米螟；施用苏芸金杆菌、井冈霉素、阿维菌素、浏阳霉素、纹枯宁、农抗 120 等生物制剂。2003 年起，在彭山县江口镇远景村 66.67 公顷彭祖寿柑基地，示范频振杀虫灯物理控制害虫技术、捕食螨生物控制害螨技术、果园生草栽培综合利用技术。每亩增收 300 元以上，改善果园生态环境，减少农药施用量，彭祖寿柑被认证为全省无公害农产品。青神县引进和推广以螨治螨技术，面积稳步发展，推广捕食螨数量为全省第一，被确定为农业部全国农技推广中心“以螨治螨”示范县。2004 年起，实施农业有害生物预警与控制区域站建设项目。当年仁寿县投资 361 万元，建成标准病虫观测场。2006 年 10 月，全国以螨治螨生物防治现场会议在眉山市召开，推动全市以螨治螨生物防治和绿色防控深入发展。彭山县投资 285 万元，建成标准病虫观测场。2007 年起，全市推广以作物为中心的、全生育期的、绿色防控技术示范行动，将绿色防控技术作为农作物病虫害防治技术推广重要方向。在仁寿县建立玉米绿色防控示范区 166.67 公顷。在彭山县开展村级植保专业合作组织建设试点，发展村级植保专业合作组织 62 个。2008 年，全市示范推广生态控制、生物防治、物理防治等非化学防治技术，在柑橘、蔬菜、玉米、水稻、茶叶五大作物上重点示范推广，每个县（区）重点建设一种作物实施绿色防控的示范点。在东坡区修文镇、尚义镇蔬菜基地建立绿色防控示范区 133.33 公顷，农药施药次数和施用量减少一半以上，蔬菜和土壤中的农药残留降低，蔬菜达到 A 级绿色食品标准，成为北京奥运会餐饮特供蔬菜基地。在洪雅县止戈、中山、东岳等茶叶主产区建立茶叶绿色防控示范片 133.33 公顷，茶园平均用药次数由每月 3 次~4 次减至 1 次~2 次，鲜叶每亩增收 420 元，绿色防控示范区茶农增收 80 万元。全年全市实施绿色防控面积 806.67 公顷。至 2010 年，东坡区投资 269 万元，建成标准病虫观测场；洪雅县投资 597 万元，建成标准病虫观测场。全市有统防专业队 108 个，参与病虫害防治面积 13.71 万公顷次，占全市病虫害应防治面积的 16.53%；在粮油高产创建区和现代农业示范基地全部实施综合统防。通过专业防治示范带动，实现群防群治。2012 年，全市生物防治面积 1.65 万公顷，主要病虫害未产生抗药性，长期控害效果稳定提升，农药使用量持续降低、农药残留检测合格率高、农产品绿色品牌附加值较高。专业化防治面积增至 14.74 万公顷次，绿色防控面积增至 1.65 万公顷。除丹棱县外，全市其余 5 县（区）各建标准病虫观测场 1 个，总投资 1602 万元。

小麦病虫防控　小麦条锈病是境内小麦生产中重要的大区流行性病害。2001—2002 年，彭山、青神等县发现小麦条锈病、面积 5.94 万公顷。实施眉山市小麦条锈病菌源地综合治理试验站建设项目，投资 300 万元，建成土建工程 1009 平方米及附属设施、田间观察圃 1 公顷，生态控制示范区 66.67 公顷及农田整治，购置设备 1861 台（套）。推广药剂拌种，开展条锈病普查，搞好药械准备，实施分类指导防治，实行专群结合、统防统治，控制条锈病流行成灾。此后，全市小麦条锈病发生面积逐步减少。2003 年，投资 300 万元，建设眉山市小麦条锈病综合治理试验站。建设小麦条锈病综合治理示范区。彭山县实施区域病虫测报站建设项目，投资 60 万元。2006 年起，全市小麦条锈病进入常态化监测防控。在防控措施上，加强栽培管理，推广药剂拌种、种子消毒处理等预防性技术措施，突出抓好以小麦条锈病防治为中心的小春田间管理，防控穗期病虫。使用立克秀、粉锈宁等处理种子3.33万公顷，小麦条锈病流行态势逐步得到控制。2008年，全市小麦病虫害加重，面积达到15.28万公顷次。2012年，全市小麦条锈病发生面积降到0.83万公顷，危害损失率控制在2%以下。

水稻病虫防控　2007年7月，受外地输入虫源量大、周边地区稻飞虱发生重、气候条件有利繁殖等因素影响，眉山市各地稻飞虱快速蔓延。各主要稻区均有大量稻飞虱虫源迁入危害，部分乡镇有虫田块率100%，个别田块百丛虫量1万头以上，有的田块出现局部“通火”现象，1.13万公顷水稻受灾。随后，四川省稻飞虱防控指挥部专家到青神县、彭山县考察指导稻飞虱防控，认定眉山属于稻飞虱的严重波及区，建议波及区加强培训，解决农民识别难题。眉山电视台连续一周滚动播出稻飞虱防控专题片，普及稻飞虱科普知识。市农业局指导稻飞虱防控。《眉山农业》三期连续通报全市有关县（区）开展稻飞虱防控工作的动态。全市出动专业防治队55个，统防统治3.52万公顷，成功防控，未发生大面积灾害损失。2008年，彭山县建立“稻鸭共作”示范片66.67公顷，推广以“稻鸭共作”为核心，以生物农药井岗霉素防治纹枯病、纹曲宁防治稻曲病等配套的绿色防控技术。不喷农药，不用薅秧，以鸭治草防虫，减少两次施药，每亩节约农药防治和人工成本90余元，每亩养鸭增收600元。2009年，全市发生水稻病虫15.25万公顷次。2010年，全市示范推广病虫绿色防控技术，在特色效益农业示范区建立绿色防控点。2012年，全市水稻稻瘟病发生重于常年，稻曲病发生3.39万公顷。继续在水稻、柑橘、蔬菜、玉米、茶叶、葡萄等作物上，示范推广以农耕农艺措施、生物防治、物理防治、人工防治等非化学防治为重点的绿色防控技术，每个县（区）建1个~2个重点产业和作物绿色防控点，全市建立示范片12个2.33万公顷。

眉山市1997—2012年农作物病虫害发生情况统计表

表10-9　　单位：万公顷次

年份	合计	病虫害	农田鼠害	农田草害	农田螺害
1997	87.82	48.49	19.48	19.85	—
1998	77.68	43.14	15.71	18.83	—
1999	67.16	43.77	12.65	10.75	—
2000	64.27	37.66	17.17	9.45	—
2001	67.73	35.91	17.68	14.14	—
2002	74.35	47.35	20.43	6.57	—
2003	62.42	38.94	16.79	6.69	—
2004	65.42	38.92	20.80	5.68	—
2005	66.78	40.29	21.51	4.97	—
2006	66.07	37.74	19.81	8.52	—
2007	60.29	32.23	8.27	19.79	—
2008	72.99	47.54	8.79	16.67	—

续表10-9

年份	合计	病虫害	农田鼠害	农田草害	农田螺害
2009	81.89	44.34	8.90	27.94	0.71
2010	78.77	44.35	10.17	23.62	0.63
2011	81.82	47.76	8.26	25.10	0.66
2012	78.79	42.57	9.40	25.70	11.11

（二）鼠害控制

彭山县为农业部、四川省农业厅确定的鼠情监测点，长期为农业部、四川省和眉山市各地提供农田鼠情发生监测动态信息，为鼠害防控提供依据。2000 年，四川省农村鼠害控制技术项目研讨会在彭山县举行。会议决定在彭山县启动联合国粮农组织四川省农村鼠害控制技术项目，将彭山县作为基础研究点，开展农村鼠害控制项目基础性研究，主要研究鼠害控制技术、持续控制措施、防止环境污染等课题，将研究成果运用在仁寿县示范验证。项目获得联合国粮农组织爱德华·萨乌马奖。2005 年，联合国粮农组织驻中国代表莫纳实地考察彭山县观音镇利用竹筒毒饵技术控制农村鼠害项目进展情况。2008 年，市农业局与各县（区）签订“灾后农村灭鼠协议书”，组织地震受灾区开展灭鼠防疫工作。向洪雅县茶叶专合组织赠送植保机具，帮助企业灭鼠防疫。全年实施科学灭鼠 10.93 万公顷次，杜绝震后鼠传疾病发生的源头，有效控制鼠害发生。四川省植保站向眉山市下发防鼠器具 3860 台（件）、防鼠药（剂）1.66 吨、燃油 5365.85 公升。至 2012 年，全市通过科学防控和改善农村、农舍、农田基础设施条件，农村鼠害呈下降趋势，鼠害危害损失率稳定在 2%以下。

三、野生动物保护

1993 年，洪雅县瓦屋山建立以保护大熊猫及珍稀的野生动物为主的森林和野生动物类型自然保护区，主要改善大熊猫栖息环境，稳定和发展大熊猫种群，面积 3.65 万公顷，由四川省瓦屋山自然保护区管理处管理。随后，洪雅县林业局专设野生动物保护机构，专人负责日常工作，在将军、三宝、天宫、罗坝、槽渔滩、汉王、中保、花溪、柳江、赵河、高庙、吴河、张村、吴庄、瓦屋山、桃源 16 个乡镇设立野生动物保护管理站，建社团性质野生动物保护协会 1 个。

1997 年起，眉山地区主要加强洪雅县瓦屋山自然保护区野生动物保护。洪雅县林业局和洪雅林场瓦屋山保护区管理局、各乡镇政府每年均签订野生动物保护责任书；每年爱鸟日，在乡村宣传《中华人民共和国野生动物保护法》；划定青衣江两岸、高岩烈士陵园、柳江古镇、槽渔滩电站库区、总岗山水库区、县林场经营区内为禁猎区，确定每年 3 月至 7 月为全县禁猎期。

2001 年，眉山市开展“猎鹰行动”。检查宾馆、饭店、酒楼、市场 69 处，查处非法收购、经营野生动物及其产品案件 18 起，处理 18 人；端掉无证驯养繁殖野生动物窝点 1 个；收缴野生动物及其产品 1184 只（头）286 千克。2002 年起，每年以 2 月“世界湿地日”、4 月“爱鸟周”、10 月“野生动物保护宣传月”、12 月“法制宣传日”活动为契机，在全市开展宣传活动。市林业局、东坡区林业局、眉山电视台摄制爱鸟护鸟专题片在《法制经纬》栏目中播放，《眉山日报》以多个栏目报道野生动物保护图片。2003 年“非典”疫情发生后，市人大常委会作出《关于禁止食用国家保护的野生动物的决议》，全市暂停所有驯养繁殖和经营活动。2004 年，全市开展“候鸟二号”行动，打击破坏鸟类资源违法犯罪活动。洪雅县设立野生动物保护站，负责野生动物宣传、保护、救治等。

成立四川省瓦屋山自然保护区管理局，保护区编制巡山员和森林警察24人，每天巡山检查。2005年，举办全市“爱鸟周”宣传活动，洪雅县救护大熊猫1只。在黑龙滩、槽渔滩、岷江、青衣江等野生鸟类栖息地和候鸟迁飞线路设置监测点45个，保证信息畅通。2006年，市林业局、市文化馆举办野生鸟类标本展览。全市监测到死亡、受伤、掉队野生鸟类19只，均及时报告当地县（区）防控高致病性禽流感指挥部，送检或无害化处理。2007年起，全市相继开展“利剑”专项整治行动、“飞鹰”林业执法和治理整顿专项行动、“林区专项行动”“绿盾三号”行动、“利剑四号”集中打击破坏野生动物资源专项行动，打击违法经营野生动物行为。至2011年，受理查处森林行政案件65起，刑事案件2起，处理违法犯罪人员18人次，收缴野生动物7365头（只）。2012年，全市以“爱鸟护鸟观鸟、共享自然之美”为主题，组织各县（区）林业局和洪雅林场以县为单位开展以保护野生动物、保护鸟类、防止各种病毒在野生动物和人类之间相互传染的宣传教育活动。截至2012年年底，全市发专题报道6篇，办板报4期，张贴大幅标语104幅，展出鸟类标本115件、图片100余张，举办鸟类知识专题讲座2次，拍摄专题电视片1部，发放鸟类知识、湿地保护等宣传资料2.5万份，参与活动3.49万人。查处野生动物案81起，收缴活体1.77万只（条）。清查集贸市场9处，宾馆、饭店、酒楼77家；收缴国家二级、省级保护鸟类死体280只，果子狸等野生动物死体20余只。

第三节　农业机械服务

1997年，眉山地区有各类拖拉机及配套机具3306台，联合收割机2台，农机总动力73.79万千瓦。有微耕机1200台。1998年起，全区在丘陵地区推广割晒机，平坝地区推广化肥机动深施机和联合收割机。2000年起，平坝地区引进示范秸秆还田机、小麦精少量播种机、破胸催芽机、气流抛秧机。年末全区有收割机械5.74万台（套），其中机动脱粒机5.72万台（套）。

2001年起，眉山市平坝地区推广秸秆打捆机，技术改造小麦精少量播种机。丘陵地区推广水稻抛秧机、多功能经济作物机械。引进示范开沟犁、植树挖坑机、农副产品深精加工机械等。在丘陵地区推广节水喷灌机具。2002年起，相继推广微型保鲜冷库设备，节水微喷与固定喷灌设施、移动喷灌机组，秸秆气化处理设备。国家实施农机购置补贴政策，中央财政补贴农民和农村经济合作组织购买农业机械。2006起，全市实施“以机代牛”工程，防止血吸虫病传播。当年，在血吸虫病防疫区推广耕机1130台。2007年起，推广机械化插秧机，当年全市新增机械耕作能力1.33万公顷。至2008年，全市实施农机购置补贴，补贴

眉山市青神县油菜机收暨秸秆还田现场会（摄于2011年5月）

资金逐年递增，促进农业机械化发展。2009 年，全市以机械替代耕牛 9482 头。2010 年起，全市推广稻麦油菜脱粒多功能脱粒机。年末全市建成或初步建成农机特色产业基地 53 个，有新式脱粒机 1.45 万台。2011 年，建立农机特色效益产业基地 18 个。

至 2012 年，全市开展农业机械化示范演示会 22 场次。彭山县 4 个粮食机械化示范镇基本实现粮食作物生产主要环节机械化；洪雅县养牛示范小区和养殖企业基本实现畜牧机械化；建立茶叶机械化示范区 6 个，采茶、运输、制茶主要环节实现机械化；建成水产养殖机械化示范区 6 个，推广应用水产养殖机械，新增养殖机械 3000 余台（套）；基本实现蔬菜生产耕作、植保、采收、运输、加工等环节机械化；洪雅县研发先进实用的牛粪固液分离机和牛粪气化炉，减少牛粪牛尿对环境的污染。新增微耕机 6942 台。年末全市有拖拉机 6688 台、农用运输车 6669 辆、耕整机 3 万台、旋耕机 8039 台、农用排灌动力机械 2.65 万台 26 万千瓦、农用水泵 30184 台、农副产品加工机械 3.87 万台、收割机械 10.08 万台（套），农机总动力 215 万千瓦。彭山县成为无耕牛县。

眉山市 1997—2012 年农业机械统计表

表 10-10

项目 年份	农机总动力（万千瓦）	拖拉机（台）	农用排灌动力机械		农产品初加工动力机械		畜牧养殖机械	
			数量（台）	动力（万千瓦）	数量（台）	动力（万千瓦）	饲草料加工机械（台）	畜产品采集加工机械（台）
1997	73.79	6454	—	—	—	—	—	—
1998	76.18	8324	—	—	—	—	—	—
1999	81.87	6366	18752	16.25	—	—	—	—
2000	85.09	6372	19111	16.86	17050	17.60	14714	10
2001	87.84	6218	20861	17.72	19132	19.17	14769	17
2002	90.68	6022	22757	18.66	21203	20.72	14862	24
2003	92.65	5778	23569	19.61	22535	22.01	15520	34
2004	105.17	7281	27746	30.09	25326	25.81	18682	85
2005	123.98	5142	28791	34.23	26551	26.71	18731	105
2006	139.76	5679	22449	23.80	27868	25.78	20087	114
2007	150.76	5906	23549	24.62	29940	26.76	16464	130
2008	159.37	6066	26059	24.95	30714	28.98	17605	263
2009	173.36	6618	26365	26.19	32683	30.24	18072	775
2010	182.54	6885	26485	26.43	38664	32.57	18229	1521
2011	198.59	6665	28551	26.87	41465	36.29	18999	2107
2012	215.19	6688	29641	27.56	42226	37.14	19340	2193

第四节　动（植）物防疫检疫

一、动物疫病防疫

眉山市动物防疫重点防治病种包括猪、牛、羊口蹄疫，高致病性禽流感，猪瘟，高致病性猪蓝耳病，鸡新城疫，狂犬病，动物血吸虫病，奶牛布鲁氏菌病和结核病等。

1997年，狂犬病、动物血吸虫病为眉山地区重点防控的人畜共患病病种。全区动物疫病免疫实行政府主导的策略，免疫疫苗有猪三联、牛巴氏杆菌、羊三联、鸭瘟、小鹅瘟、兔病毒性出血症（兔瘟）等。当年起，在眉山县、仁寿县、洪雅县推行生猪户口和免疫证管理，实行“春秋普防、季防月补、市场补打”免疫制度。重点防治猪瘟、鸡瘟、鸭瘟、兔瘟、小鹅瘟和口蹄疫病、狂犬病、布病、血吸虫病。

1999年起，地区建立动物防疫工作目标任务管理和新闻媒体负面曝光事件“一票否决制度”和“春秋集中普免，月月补打”免疫制度。口蹄疫列入全区重点防控的动物疫病之一。2001年，眉山市实行数字化动物免疫耳标管理制度。2002年起，全市动物养殖场、屠宰加工厂等实施动物防疫合格证管理。2003年，开展“免疫质量年”活动，加强基础免疫。审查生产、加工、销售、经营、储运畜禽及其产品的单位和个人防疫条件，合格者发给动物防疫合格证。实施动物报检制度和24小时值班制度；执行引种申报制度，严格动物引种层级申报，强化检疫监督，堵截重大动物疫病传入，控制人畜共患病发生。

2004年，成立眉山市防治高致病性禽流感指挥部，制发《眉山市高致病性禽流感应急预案》，实行“五不漏”（县不漏乡、乡不漏村、村不漏社、社不漏户、户不漏畜）免疫密度保证措施。2005年起，全市实施亚洲一型口蹄疫普查和防堵。重点防控地区生猪实施猪二型链球菌疫苗免疫。2006年，市政府办印发《眉山市突发重大动物疫情应急预案》，完善动物疫情应急预案体系建设。2008年，市委、市政府将重大动物疫病应免密度和犬只免疫率列入“民生工程”，年度考核县（区）政府。市畜牧局开通动物防疫热线电话，印发《村级动物防疫员管理办法》，制发“加强规模场防疫监督管理”专题文件。“5·12”汶川特大地震灾害发生后，全市畜牧系统紧急启动应急机制，实行24小时值班，下发专题文件10个，指导各县（区）开展灾后动物防疫。调运消毒药物27.12吨，消毒机具150台，下发养殖场消毒。全市建立1114人组成的动物防疫应急分队140支，无害化处理因震灾死亡畜禽167.4万头（只），强化免疫畜禽30.04万头（只），使用35.6吨消毒药消毒养殖环境943.4万平方米，保证灾后无人畜共患传染病和重大动物疫病。2009年，完成兽医管理体制改革，市、县（区）均设立兽医管理行政机构，组建动物卫生监督所和动物疫病预防控制中心，强化动物疫病防控行政管理、监督执法和技术支持职能。当年起，重点防控的人畜共患病病种增加奶牛布病和结核病。2010年，眉山市代表中国接受世界动物卫生组织官员哈伯特、技术专家安娜考察。2011年，建立眉山市动物疫病预防控制中心实验室分子生物学检测室。眉山市及5个县（区）动物疫病预防控制中心实验室取得农业部兽医实验室考核合格证。2012年，眉山市作为四川省定点流行病调查实验室，承担省级定点流调监测任务。全市重点防控的人畜共患病为狂犬病、动物血吸虫病、奶牛布病和结核病。动物诊疗机构、畜禽养殖场、畜禽及其产品加工厂（场）发放动物防疫条件合格证375个、动物诊疗许可证8个，应发尽发。全市未发生重大动物疫情。

眉山市 1997—2012 年政府主导与强制免疫病种免疫数量一览表

表 10-11

<table>
<tr><th>年份</th><th>猪瘟
（万头）</th><th>口蹄疫
（万头）</th><th>高致病性
猪蓝耳病
（万头）</th><th>高致病性
禽流感
（万羽）</th><th>鸡新城疫
（万羽）</th><th>狂犬病
（万只）</th><th>年度特殊
病种</th><th>特殊事件备注</th></tr>
<tr><td>1997</td><td>568. 00</td><td rowspan="2">未纳入
强制免疫</td><td rowspan="10">未纳入
强制免疫</td><td rowspan="7">未纳入
强制免疫</td><td>1231. 5</td><td>3. 00</td><td>无</td><td>台湾爆发口蹄疫疫情</td></tr>
<tr><td>1998</td><td>497. 06</td><td>1284. 3</td><td>3. 00</td><td>无</td><td>—</td></tr>
<tr><td>1999</td><td>872. 54</td><td>19. 50</td><td>1308. 62</td><td>3. 14</td><td>无</td><td>—</td></tr>
<tr><td>2000</td><td>846. 04</td><td>14. 09</td><td>2012. 47</td><td>4. 04</td><td>无</td><td>—</td></tr>
<tr><td>2001</td><td>529. 61</td><td>478. 54</td><td>2597. 65</td><td>9. 89</td><td>无</td><td>—</td></tr>
<tr><td>2002</td><td>515. 27</td><td>—</td><td>3378. 02</td><td>9. 94</td><td>无</td><td>—</td></tr>
<tr><td>2003</td><td>—</td><td>637. 21</td><td>3573. 15</td><td>10. 36</td><td>无</td><td>香港发生 2 例人感染 H5N1 禽流感，死亡 1 例</td></tr>
<tr><td>2004</td><td>601. 32</td><td>730. 38</td><td>15. 39</td><td>3768. 95</td><td>12. 42</td><td>无</td><td>广西、湖北发生家禽禽流感疫情</td></tr>
<tr><td>2005</td><td>502. 53</td><td>719. 97</td><td>1342. 56</td><td>2038. 75</td><td>22. 15</td><td>猪链球菌病：152. 14</td><td>四川省发生人感染猪 2 型链球菌疫情</td></tr>
<tr><td>2006</td><td>809. 20</td><td>1024. 22</td><td>4683. 91</td><td>2425. 50</td><td>32. 76</td><td>猪链球菌病：86. 81</td><td>中国南方多省发生猪“高热病”</td></tr>
<tr><td>2007</td><td>711. 94</td><td>916. 48</td><td>192. 00</td><td>4461. 45</td><td>2574. 21</td><td>31. 17</td><td>无</td><td>—</td></tr>
<tr><td>2008</td><td>565. 59</td><td>651. 94</td><td>489. 93</td><td>3768. 85</td><td>2324. 14</td><td>43. 11</td><td>无</td><td>—</td></tr>
<tr><td>2009</td><td>416. 52</td><td>485. 36</td><td>416. 52</td><td>3071. 92</td><td>2024. 68</td><td>49. 32</td><td>无</td><td>—</td></tr>
<tr><td>2010</td><td>520. 27</td><td>558. 98</td><td>488. 35</td><td>3942. 04</td><td>2922. 41</td><td>52. 33</td><td>无</td><td>—</td></tr>
<tr><td>2011</td><td>490. 60</td><td>564. 90</td><td>477. 80</td><td>4198. 80</td><td>2884. 40</td><td>59. 02</td><td>无</td><td>—</td></tr>
<tr><td>2012</td><td>496. 76</td><td>575. 06</td><td>468. 97</td><td>4363. 19</td><td>3041. 40</td><td>53. 90</td><td>无</td><td>—</td></tr>
</table>

二、检疫

（一）动物检疫

眉山市动物检疫主要有产地检疫、屠宰检疫、交通运输检疫和市场检疫。

20 世纪 50 年代起，境内开展活畜禽市场检疫。90 年代起，各县实行驻场到点检疫，各屠宰场、点均设立检疫办公室，派驻检疫员，开展屠宰检疫。

1997 年起，眉山地区实施“售前报检点”制度，在乡镇畜牧兽医站或村社和交通要道口设立“报检点”实施产地检疫，杜绝病害畜禽进入流通、市场、屠宰加工等环节。规范屠宰检疫。全区有屠宰厂（场、点）294 个、发放兽医卫生合格证 294 个、检疫畜禽 92. 57 万头（只）、检验肉品 6. 17 万吨、发放检疫检验合格证 9. 22 万份。当年，全区检疫生猪 150. 33 万头、牛 1. 12 万头、羊 18. 97 万只、禽兔 2372. 65 万羽（万只）。此后，严格控制畜禽交易市场，畜禽凭动物检疫合格证明入市，无检疫证的补检后加倍收取检疫费。

2002 年，在仁寿县视高镇、龙江镇，彭山县青龙镇、府河乡，洪雅县竹箐镇等 4 个乡镇，青神县罗波镇和丹棱县顺龙镇设立公路动物防疫监督检查站10个，检查过往运载动物及动物产品车辆，查处违法运载动物及产品的违法行为，无害化处理不合格的动物及产品。2003年起，眉山市实施畜禽屠宰、市场、运输、产地检疫，统一实施动物检疫“五证”（动物产地检疫合格证、动物产品检疫合格证、出县境动物产品检疫合格证、动物及动物产品运载工具消毒证、出县境动物检疫合格证）管理。全市推行屠宰检疫“三关六岗”（入场监督关、屠宰检疫同步关、出厂签证关；入场监督岗、头部检疫岗、胴体检疫岗、内脏检疫岗、旋毛虫检疫岗、总检岗）制度。每个定点屠宰场均实行驻场检疫制度，随宰随检、有宰必检，检疫与屠宰同步进行。全年全市检疫活畜禽128.5万头（只、羽）。2005年，全市有屠宰厂（场、点）246个，年检疫畜禽3469.42万头（只、羽）、检验肉品17.52万吨、发放检疫检验合格证68.8万份。2010年，洪雅县竹箐检查站接受农业部和世界动物卫生组织检查并受到肯定。全市检疫活畜禽127.54万头（只、羽）。2011年，市畜牧局督查丹棱县、洪雅县、彭山县、仁寿县和青神县的5个公路动物防疫监督检查站，责令县（区）整改存在问题。全市在省公路“三乱”（乱设站卡、乱罚款、乱收费）检查中，无公路“三乱”行为。

眉山市畜产品安全暨突发动物疫情应急处置市县联合演练（摄于2012年10月）

2012年，全市设“售前报检点”210个。检疫生猪533.51万头、牛16.47万头、羊246.76万只、禽兔1.46亿羽（只）。所有屠宰场点全部派驻官方兽医，生猪屠宰企业严格凭《动物检疫合格证明》并佩戴耳标收购生猪，待宰生猪经官方兽医宰前检疫合格后方可屠宰。屠宰中同步检疫检验，不合格生猪产品按规定处理。建立生猪产品安全责任可追溯体系。7户食品企业获上海、北京、天津等市注册资格。全市有屠宰厂（场、点）202个、发放兽医卫生合格证700个，年检疫畜禽5745.03万头（只、羽）、检验肉品19.16万吨、发放检疫检验合格证39.55万份。全市有公路动物防疫监督检查站9个，年检疫活畜禽166.35万头（只、羽）。产地检疫率100%；屠宰检疫、交通运输检疫合格。

（二）植物检疫

眉山市植物检疫以“三杂”种子制种基地、水果苗木和果品生产基地、中药材生产基地为重点。

1998年，眉山地区开展斑潜蝇普查，眉山县、洪雅县、丹棱县三地城郊800公顷蔬菜基地发生危害，以豆类、瓜类受害最重。2001年，眉山市110个乡镇开展农业植物有害生物疫情普查，以水果类、水稻、蔬菜、棉花等作物为重点。详查水稻1266公顷，发现四川省补充检疫对象白叶枯病有5县28个乡镇417公顷；水果详查2055公顷，未发现检疫对象疫情，新发现柑橘桔实瘿蚊有2县6乡镇145公顷；蔬菜详查1334公顷，发现检疫对象美洲斑潜蝇有6县30乡镇333公顷；棉花详查20公顷，发现检疫对象棉花黄萎病有1县2乡镇10亩，为零星发生；花生详查67公顷，新发现花生根结线虫有1县2乡镇1.6公顷；油菜新近发现十字花科根肿病有5县30乡镇167公顷，为轻发生。

2004年，将市级保留管辖的有关植物检疫审批办证事项，全部进入市行政服务中心，实行一站式服务，原则上即时办理，推进植物检疫的规范化执法和标准化管理，降低疫情入侵风险，保护农业生产安全。2008年，全市普查大实蝇情况，检查柑橘种植乡镇77个，果园面积2.51万公顷，普查蜜橘、红橘、椪柑、脐橙、寿柑、青见、天草、不知火、柚类等品种，未发现检疫对象。调查7户柑橘批发商、5家超市、102个零售摊点的广西砂糖橘、海南绿橙、福建琯溪蜜柚等，未发现检疫对象。至2012年，每年均开展疫情普查，未发现有国家规定的检疫性有害生物和四川省规定的补充检疫性有害生物。全市常年实施种子产地检疫4000余公顷，签发合格种子1万吨；实施苗木产地检疫面积40公顷，签发合格苗木500万株；实施植物产品类产地检疫面积533公顷，签发合格产品300万千克。常年调出省外经检疫的种子800余批次5000吨，从省外调入经检疫的种子50批次30吨；种子调出市外1500批次3000吨，市外调入种子500批次800吨。

第七章　农业管理

20世纪90年代，今眉山境内基层农村经营管理由各乡镇农村经营管理站承担，主要负责农村土地承包及承包合同管理、农村集体经济项目管理、农村集体资产和财务管理、农村合作基金会的管理、农民负担管理、农业及农经统计、土地经营管理、农民专业合作经济组织管理等工作。2002年，眉山市成立乡镇农业服务中心，承担农村经营管理和农业技术推广职能。2006年，农村经营管理由各乡镇人民政府承担，工作转向对农村资金、资产、资源管理。除基层对农村经营管理外，市、县（区）人民政府从政策上指导农村经营管理。

第一节　农经服务体系建设和城乡统筹发展

一、农经服务体系建设

眉山农村经营管理机构是一支体系较为完整，延伸到村组，职能较为稳定的职能机构。

1997年，眉山地区乡镇均建有农村经营管理站，作为县级农业局在乡镇设立的法人事业单位，实行“条块结合、以条为主”管理模式。主要负责农村土地承包及承包合同管理、农民负担管理、农村集体资产和财务管理、农村合作基金会的管理、农业及农经统计等工作。2002年，眉山市乡镇事业单位机构改革中，撤销乡镇农业经济管理站和农业技术站，成立乡镇农业服务中心，由农业服务中心承担农村经营管理和农业技术推广职能。乡镇农业经济和农村技术干部大部分划入农业服务中心，部分调整到乡镇劳务保障所、文化服务中心等单位。2006年，全市乡镇农业服务中心调整为乡镇管理的事业单位，不再承担农经管理职能。农村土地承包及承包合同管理、农民负担监督管理、农村集体资产和财务管理等职能从农业服务中心剥离，由乡镇人民政府承担，具体由乡镇经济发展办公室或财政所承担。原从事农业经济工作的干部多数留在农业服务中心，经乡镇指定仍然兼职农经工作。此机制延续至 2012 年。

二、城乡统筹发展

2007 年，市委办、市政府办印发《眉山市统筹城乡经济社会发展试点工作实施方案》，明确眉山市统筹城乡经济社会发展试点工作重点。包括统筹城乡产业发展，实施工业强县战略，大力发展现代农业；统筹城乡基础设施建设；统筹城乡公共服务；统筹城乡社会保障。当年起，全市开展城乡产业统筹、城乡社会管理统筹。2012 年，实施城乡基本公共服务统筹。全市建成基层人力资源公共服务平台，构建城乡医疗卫生服务体系。建立规范统一的城乡一体人力资源市场，实现就业服务管理信息网 4 级联网。东坡区、彭山县义务教育均衡发展通过四川省政府评估认定。全市新（改、扩）建校舍 5 万平方米。新（续）建卫生项目 130 个，农村急救体系初步建成，全市人均基本公共卫生服务经费 30 元，40%投入村卫生室。截至 2012 年年底，全市构建起由土地利用、城镇发展、产业发展、交通发展、社会事业发展、文化和生态绿地组成的乡镇规划体系，编制完成乡镇规划 113 个，新村聚居点规划 1307 个，新农村综合体规划 122 个。所有社区和行政村均成立监督委员会，村（居）务全部公开率，规范率 90%。建成农村社区 60 个。全市集体土地所有权证发证率 98.7%；集体建设用地使用证发证率 100%；宅基地使用权证发证率 99.1%；林权证发证率 96%。实现城乡居民养老保险全覆盖，城乡居民养老保险参保人数 110.4 万人，占全市总人口的 32%。城镇居民基本医疗保险全覆盖，新农合参合农民 260.5 万人，参合率 99.93%，所有县级公立医院取消“以药补医”。全市农村地区银行营业网点 318 个，实现银行业网点乡镇全覆盖；发展银行卡助农取款服务点 4274 个，覆盖所有行政村，城乡金融服务差距逐步缩小。

第二节　农村土地经营管理

一、土地承包

1997 年，眉山地区实行稳定和完善家庭联产承包为基础、统分结合的双层经营体制。眉山县完成二轮土地承包。当年，总结眉山县龙兴乡等地盘活农村土地资源经验，在全区实施农村土地承包经营权流转。流转土地以“四荒”山地、鱼塘等集体机动地为主；流转对象以本集体经济组织内部成员为主；流转规模较小，一般 100 亩以下；流转用途主要用于经济水果种植和水产养殖；流转的承包期限没有政策界限，双方自行约定；流转租金每亩年租金 50 元~300 元；流转合同约定双方的权益义务不太明晰，但合同纠纷较少；流转一般通过竞标承包，及时交纳租金。1998 年，仁寿县、彭山县、丹棱县、青神县实施农村土地二轮承包，承包期 30 年。2000 年，全区 216 个乡镇、2339 个村有集体统一经营项目 2.45 万个，经营产值 2.85 亿元，村社集体净收入 6214 万元。全区无一个集体经济“空白村”。至 2007 年，眉山市第二轮土地承包完成，1186 个村 9188 个社与农户签订二轮承包合同 85.95 万份，承包土地 20.02 万公顷。第二轮土地承包以第一轮承包为基础，按土地份数与现有承包人口顺延为第二轮承包。东坡区将到期农村土地承包合同自动顺延 20 年，执行 30 年不变政策。截至 2012 年年底，全市承包农户 86.06 万户，承包土地 17.47 万公顷，人均承包土地 0.91 亩，户均承包3.04亩。

二、土地承包经营权证颁证

2003年，在青神县青城乡城东村开展土地承包经营权证颁证试点，次年完成。各县（区）开展土地承包权属界定、承包纠纷调处和农村土地承包经营权证颁发。界限不清、权属不明、一时不能确认的承包地，暂不颁证；列入征地拆迁等规划用途的承包地，不颁证。2007年，全市建立农村产权制度。开展农村土地确权登记颁证。至2009年，全市承包地（田）块、面积、合同、证书“四到户”，颁发农村土地承包经营权证77.37万本，占应颁权证的93.7%，除部分属可暂不发证情况外，全部颁发到位。截至2012年年底，全市集体土地所有权证发证率98.7%；集体建设用地使用证发证率100%；宅基地使用权证发证率99.1%；林权证发证率96%。

三、土地流转

进入二轮土地承包期，允许农村土地承包经营权流转。2000年起，眉山地区土地流转按照“依法、自愿、有偿”“三个不得”和规模经营、提高土地利用率原则。试点和推广入股流转、委托流转、抵押流转、大园区小业主流转等形式。培育流转市场，依托农村土地流转中心建立农村土地流转信息网、交易大厅等场所，为农村土地流转提供交易平台。规范流转程序，遵循确权登记、平等协商、订立合同、备案归档四步骤；完善流转资质审查机制，指导和协助农户审查业主的主体资格、资信情况、履约能力、经营项目等；完善流转价格指导机制，结合不同产业布局和区域条件，提出不同区域的流转指导价，供流转当事人协商流转价格时参考；完善流转风险保障机制，每年业主和农户缴存一定比例的信用保证金，用于市场风险防范；完善流转纠纷调处机制，建立农村土地承包纠纷仲裁委，负责农村土地流转纠纷仲裁；完善流转激励机制。探索和推行农村土地使用权有偿转让，建立土地使用权流转使用制度。当年，全区租赁（承包）农村土地开发的业主2061户，其中农民1812户、机关干部115户、城市职工75户、其他59户。租赁（承包）土地6.7公顷以上的148户3447公顷，租赁（承包）时间30年以上的1471公顷。业主经营门类分为种植业、养殖业、加工业和建材业等，投入资金8484.23万元。2001年，眉山市加快土地流转，促进土地向种田能手适当集中，增加农业投入，推动农业产业化经营，促进农村经济发展和农民增收。农村土地流转从范围、规模、价格、期限等取得突破。

2008年，市委决定将土地流转列入县（区）党委、政府工作目标。2009年，市政府下发《关于加快推进农村土地承包经营权规范有序流转的意见》，要求乡镇建立农村土地流转服务站，明确职责，配备管理人员，落实工作经费。提出大力引进业主，鼓励适度规模经营，鼓励大园区小业主的政策措施，进一步促进土地流转。当年，建立市、县（区）农村土地流转中心7个，乡镇土地流转服务站71个，未建立农村土地流转服务站的乡镇配备专职工作人员。彭山县观音镇果园村、仁寿县龙正镇高端蔬菜产业园、洪雅县高庙镇七里坪村等通过土地流转发展农业特色产业园区。截至2012年年底，全市土地流转4.71万公顷，占承包耕地面积的26.95%。流转土地中，出租、转包、股份合作、转让、互换、其他形式分别占总量的60.31%、29.84%、3.91%、3%、1.26%、1.69%；农户、企业、合作社、其他主体分别占总量的48.22%、20.33%、15.87%、15.58%。受理土地纠纷9件，裁决结案4件、调解结案5件，结案率100%。

第三节　农业项目和农村资金财务管理

一、农业项目管理

1997 年起，眉山地区从立足大农业、发展大农机、服务新农村战略出发，争取农业项目资金，实施农业项目。相继开展以沼气为纽带，以“一池六改”（沼气池或生活污水处理池、改厨、改厕、改圈、改路、改水、改庭园）为主要内容的生态家园建设，防治农业面源污染。实施测土配方施肥、植保工程、种子工程等基本建设项目。当年，全区争取国家投资 82.3 万元，实施农业项目 13 个。1998 年起，加强项目管理。地区农业局制定并实施项目申报评审跟踪制度、项目实施监管制度、项目资金管理制度、项目储备制度。搞好项目核定和备案，地区、县建立纪检、维护社会稳定跟着项目走工作制度，与项目工作同安排、同推进、同落实；实行项目实施集约化、项目推进精细化、项目考核制度化。

2004 年起，国家实施农机购置补贴政策，中央财政补贴农民和农村经济合作组织购买农业机械，至 2008 年，眉山市实施农机购置补贴，补贴资金逐年递增，促进农业机械化发展。2009 年，专项督促检查全市农业系统实施中央扩大内需项目，重点检查监督项目投向、招投标程序、资金拨付、资金使用等，确保扩大内需项目按时保质完成，得到财政部专项检查组肯定。截至 2012 年年底，全市农业项目申报数量、落实投资的规模逐年增长。1997—2012 年，全市实施农业项目 638 个，争取国家投资 28.19 亿元。

二、农村税费改革与“三资”管理

农村资金、资源、资产（以下简称“三资”）管理是眉山市农村经济资源管理重点。

1995 年，国务院提出已经取消的项目一律不得恢复；暂停一切涉及加重农民负担项目的审批；农民承担的提留统筹费不允许突破上年农民人均纯收入的 5%。取消大批涉及农民负担的收费项目。

1997 年，眉山地区农民负担主要有“三提八统”（村社“三提”包括公益金、公积金、管理费；乡镇“八统”包括教育费附加、计划生育费、军烈属优抚费、广播维修费、交通统筹费、民兵训练费、卫生防疫费、文体活动费）及生产、公益性收费（民工建勤费、家用作物统防费、畜禽防疫费）。当年起，全区推广农民负担监督卡、涉农收费备案审查制度，实行农民负担执法检查和责任追究制度，逐步将农民负担监管纳入法治化、制度化轨道，减轻农民负担。采取乡镇设农业经营管理站、村设专业会计、组设出纳员的管理体制，加强农村财务管理。当年，地区纪委等部门开展全区减轻农民负担检查。专题调查 12 个乡镇 20 个村。清理取消涉农负担项目 10 个，查处涉农典型案件 9 件、违纪金额 289.3 万元，给予党纪政纪处分 6 人，批评教育 4 人。农民人均负担均控制在上年农民人纯收入的 5%以内。1998 年，中央提出农民负担一定三年不变，遏制农民税费。当年，地区人大工委、地区纪委、监察局、农业局执法监察、督查全区 20 个乡（镇）、40 个村、56 个社、230 余户农民负担情况。清理取消涉农负担项目 22 个。1999 年，地委决定在每个县选择一个乡镇开展农村税改试点。2001 年，眉山市 1209 个村配备专业会计。乡镇机构改革和村组撤并整合后，乡镇主要由财政所负责监管，村社会计、出纳一般由村组长兼任。在东坡区富牛镇、彭山县义和乡、青神县南城镇、洪雅县余坪镇等地试点后，逐步在全市推广村务公开、村财乡管等模式。当年，清退农村中小学多收费97.7万元，农村电网改造、电价和农民建房中违规收费700万余元。

2002年，全市启动农村税费改革。7月，市委、市政府印发《关于推进全市农村税费改革试点工作的实施意见》。按照“人人减负，户户受益”指导思想，开展农村税费改革试点。以1999—2001年农民人均收入为依据，以乡镇为单位计算税费提取基数，农业税计提比例按6%执行，农业税附加按农业税的20%计提，取消提留统筹、教育集资、公益性和生产性收费、农业特产税及税附加。全市由农户签字认可计税面积、计税常产面95.65%。当年起，收费的项目、范围、标准通过农民负担监督卡发放到农户，乡村凭监督卡向农民收取。未经批准的项目不填入农民负担监督卡，未经农民负担监督卡公示的费用农民有权拒交。每年至少组织开展农民负担执法检查2次，及时纠正发现的问题。加强农村税费改革转移支付资金监管，转移支付资金全部落实到乡镇、严格按规定支出范围使用。明确规范和完善乡镇财政管理体制“三原则”（财权与事权相结合原则，统筹兼顾、适当向乡镇财政倾斜原则，保持体制相对稳定和区别对待原则）。全年全市向农民计提农业税、生产税收附加和农村“两工”折资1.73亿元，人均56.84元、比税改前的1999年减少52.89%。改革后，全市农民负担人均由117.03元减至50.47元。落实农村税费改革转移支付资金1.3亿元，保证农村义务教育需要和农村基层政权、基层组织正常运转。基层干部由“催粮、催款”转移到思考经济发展，助农增收，为农服务上来。解决大批历史遗留问题，促进农村经济发展和社会稳定。2004年起，国家出台粮食直补、农资综合直补、良种补贴以及农机具购置补贴等强农惠农政策，给农民的补贴逐年增加。当年，全市农业税下调3%，农业税附加按减轻后的农业税的20%执行。农业税及附加由2003年的8.4%降为4.8%。全市农民人均税负21.85元，处于低水平。2005年，全市停止征收农业税及农业税附加，取消农村两工及以劳折资。农民负担监管主要转移到建立减负长效机制、严防农民负担反弹上。村按“程序合法，村民受益，民主管理”原则开展一事一议筹资筹劳。规范生产服务性收费，将农业生产用水收费列入农民权益义务监督卡，公示收费。规范涉农收费项目审查备案和公示制度，涉农收费由政府批准。全市统一印制农民权利义务监督卡，县（区）统一组织填发，年初发放到农民手中，未上“卡”涉农收费项目不向农民收取。市监察局、市农业局等部门监督检查全市农民负担工作情况。走访15个乡镇、29个村、29个组、300余户农户，督促落实免征农业税政策，减少农民负担9405.5万元，落实农民补助4364.4万元，向农民退还各种乱收费14.5万元。当年，全市免征农业税，实施粮食直补。至2006年，全市“一事一议”筹资总额650万元，人均2.39元。2007年起，全市重点加强农民土地权益问题、粮食直补款涉农资金及乱收费乱罚款和集资摊派、哄抬农资价格、制售假劣农资等坑农害农行为管理。当年查处相关案件等121起，其中抵扣等不落实惠农政策问题11个88.67万元。2008年，专项检查粮食直补等涉农项目，查处和纠正损害农民土地权益问题7个，查处损害农民利益案件34件。

2010年，市政府制订《眉山市村集体经济组织财务管理办法》，规范农村集体财务管理行为。在彭山县义和乡、洪雅县余坪镇胜利村、青神县南城镇沙河村开展农村集体资金资产资源规范化试点，重点健全“三资”管理制度，完善以村民会议、村民代表会议和村民理财小组为主要形式的村民主监督、民主管理机制。监督检查全眉山市905个项目14.85亿元财政强农惠农资金拨付、管理和使用情况；农村土地承包、流转、征收和征地拆迁；哄抬农资价格、制售假劣农资坑农害农行为；乱收费、乱罚款、乱摊派等损害农民利益问题。监督检查“家电下乡”“汽车、摩托车下乡”补贴政策落实情况。2012年，全市实行“五统一专，钱账分管”（统一档案管理、统一账表据册、统一财务人员、统一财务核算、统一集体办公、专人管理）管理制度，进一步规范农村“三资”管理。截至 2012 年年底，全市受理农民工工资举报投诉案件 543 件，调解 507 件，追发工资、经济补偿等 1.68 万人 2146.3 万元，清欠农民工工资 9300 余人 1.19 亿元。受理调解土地承包流转权益纠纷 858 件。纠正和查处涉农问题 307 件，涉及金额 1795.6 万元，给予党纪处分和责任追究 25 人。

三、经济责任审计

2003 年起，市农业局每年组织乡镇和村社集体会计核算，严格管理集体财务。每年选择 10 余个乡镇，开展集体经济总量大、干部管理能力弱、群众反映较多村组集体经济审计。2008 年起，由审计部门牵头，农业部门主要承担，开展村社干部经济责任审计。2010 年，审计全市 1071 个农村基层组织村干部 2142 人，审计金额 6.4 亿元，查处违纪单位 21 个、违纪金额 262 万元。2012 年，开展任期和离任审计，审计 672 个村村干部 680 人，涉及金额 6.29 亿元，查出违纪金额 29.3 万元，退赔 11.1 万元。

四、乡镇债务化解

1999 年，眉山地区行署按照“集中清理，锁定债务，审计核实”清理全区乡村两级不良债务。2001 年，眉山市 216 个乡镇均有债务，平均负债 340 万元，比全省平均水平高 60 万余元。一半以上的村负债，平均负债 4.2 万元，比全省平均高 7.73 万元。清理资产后，移交同级财政部门。市委、市政府制发《关于进一步做好化解乡镇村两级债务工作的意见》，将消解乡镇债务工作纳入目标责任制考核。至年底，全市通过财政部门使用国债资金 2.68 亿元（无偿资金 1.87 亿元、有偿资金 8102 万元）；锁定村级债务 2.23 亿元，村均 8.9 万元。2002 年，市委办公室、市政府办公室下发《关于进一步做好化解乡镇村两级债务工作的意见》，要求各区、县委和政府落实化解乡镇村两级负债措施，遏制不良债务继续增加，开展乡镇村债权债务专项审计，实行化解乡镇村负债目标管理责任制。落实专人，党政“一把手”负责，层层分解任务。至 2004 年，全市化解乡村不良债务 1.22 亿元。此后，全市化解村级债务进入常规化推进阶段，通过上级转移支付资金、发展集体经济、催收债权、盘活存量资产等途径逐步化解，严格控制新债，村级举债严格按照《中华人民共和国村民委员会组织法》等规定的民主议事程序决策并予以公开，村级债务得到有效控制，管理更加规范。2007 年，四川省建立省、市、县（区）三级共同负担的农村义务教育债务化解机制，债务化解实行锁定债务、多方筹资逐步化解；严格“八不准”纪律、坚决制止新债发生；加强监控管理，建立眉山市、县（区）两级激励约束制度。当年化解农村义务教育债务 8774 万元。2008 年，完善债务考核机制，每年以 2005 年年底债务余额为依据考核各县（区）化解乡村债务情况。截至 2012 年年底，全市村集体经济组织资产总额 6.77 亿元，其中流动资产 2.46 亿元、农业资产 0.05 亿元、固定资产 4.08 亿元、长期资产 0.18 亿元；负债总额 3.02 亿元，其中流动负债 2.05 亿元、长期负债 0.97 亿元；所有者权益总额 3.75 亿元；资产负债率 44.54%。

五、农村合作基金会清理整顿

20 世纪 80 年代末，境内各县为管好用活集体资金，聚集农户间闲散资金，为农村提供资金互助合作，依托乡镇农村经营管理站开办农村合作基金会。后期，许多农村合作基金会偏离办会宗旨，违规放贷严重，酿成金融风险，影响社会稳定。

1997 年，眉山地委、行署下发《关于进一步加强农金会管理的意见》，要求加强农村合作基金会管理，规避挤兑风险。1998 年，彭山县 19 个农村合作基金会中，有 11 个出现资金困难处于停业状态。地区农业局制发《关于进一步加强农金会规范化管理的意见》，要求农业部门强化风险防范，强调维护农村社会稳定。至 1999 年，全区乡镇农村合作基金会 230 个，经营网点 273 个，吸取社会资金 10.15 亿元（个人股金 8.1 亿元、村组集体股金 2.05 亿元），投放借款 7.94 亿元，其中“双呆”借款 1.3 亿元，经营亏损 1700 万元；农金会从业人员 1380 人（临聘人员 517 人）。四川省委副书记杨崇汇等到眉山调研农村合作基金会问题后，决定在眉山开展农村合作基金会清理整顿试点，为全省清理整顿探索经验。3 月，停止农村合作基金会一切营业活动，全面转入清理整顿阶段。6 月，全区完成农村合作基金会清理，将农村合作基金会债权债务划转并入农村信用社。青神县、彭山县清盘关闭农村合作基金会，由政府负责股金兑付。清理整顿后，230 个农村合作基金会中的 189 个划转并入农村信用社，农金会并入农村信用社的个人存款，转入常规存取；清盘关闭的 41 个农村合作基金会股金 1.03 亿元，分批兑付。农村合作基金会从业人员，属临聘人员一律解聘，正式人员回归原单位，原单位不存在的由当地政府统一安排。四川省委、省政府划拨眉山地区清理农村合作基金会整顿工作经费 1000 万元，协调专项贷款 2 亿元，推动全区农村合作基金会清理整顿和农村经济社会发展。至 2000 年，全区农村合作基金会个人股金兑付 96%以上，清理整顿工作基本结束。

第四节　农业经济合作

一、农业产业合作

2000 年，市委提出“融入成都、错位发展、追赶跨越、强工稳农、富民升位”方针，眉山市农业融入成都市。主要在项目上承接成都市农产品加工企业转移。至 2004 年，四川希望集团、四川美联生物科技、大业奶牛场、大业梅花鹿养殖场等成都农产品加工企业落户眉山。2006 年，成都市政府与眉山市政府签订《成都眉山合作发展框架协议》《农产品合作发展协议》《农产品配送基地建设项目协议》。至此，成都、眉山两市在农业上多层次、宽领域合作。包括规划对接、资源共享、产业合作、市场共融、信息交流、人才交流、民间交流、共同发展农产品配送基地等，建立联席会议制度和工作衔接落实制度。

2007 年，眉山市政府与四川农业大学签署市校合作协议。市校合作中，眉山市发挥资源优势，四川农业大学发挥教学科研优势，建立起学研用结合的创新体系，加速科技成果转化，推进传统农业向现代农业跨越。

2008 年，眉山市政府在成都举办首届农业项目招商引资推荐会。推出项目 105 个，现场签约项目 11 个，协议资金 7.35 亿元。成都市组织农业产业化重点龙头企业负责人一行 40 人到眉山考察农业产业化，对接产业转移；眉山市政府在成都南站农产品批发市场举行眉山农产品成都准入仪式，82 个农民专合组织农产品获得成都市场准入，涉及蔬菜、水果、水产、茶叶、林竹等六大类农产品。2009 年，成都、眉山两市在彭山县天下粮仓农产品批发市场举办“首届四川眉山土特产商品节”，组织土特产商家、专合组织 300 余家参加展销。成都市组织相关县（区）和部门负责人参加“成都—眉山农业区域合作研讨会”。与眉山就加强农业区域合作、促进两地现代农业共同发展展开磋商，双方达成共识。2010 年，眉山市政府在成都举办农业招商引资项目推介会，邀请 50 余成都客商参会，签约协议 6 个，引资 4.45 亿元；成都眉山农业合作研讨会在眉山召开，两市农业合作重点达成一致。2011 年，成都市、眉山市农业部门组织开展农（产品）超（市）对接、农（产品）批（发）对接，眉山市 30 余家农产品加工企业、专业合作社与成都连锁超市、农产品批发市场实现对接，建立长期供销合作关系，销售眉山优质特色农产品 160 余万吨，销售收入 280 亿元。眉山市以丰富的农业资源为依托，引进和承接成都农业企业，达成合作项目 10 个，协议投资 7 亿元以上。截至 2012 年年底，眉山市 10 余类农副产品进驻成都 10 余家大型连锁超市、批发市场，配送优质特色农产品 120 万余吨，销售收入 80 亿余元。全市 6 个县（区）与四川农业大学签署县（区）校合作战略框架协议，编制完成《眉山市都市近郊型现代农业总体规划》《眉山市都市近郊型现代农业发展规划纲要》。促进眉山产业转型升级和经济发展方式转变。

二、农民合作社建设

眉山市农民专业合作经济组织有农民专业协会、股份合作农民经济组织 2 种。农民专业协会由从事农产品专业生产或经营的农民，在生产、加工、储运、销售、供应等环节上联合组建而成。股份合作农民经济组织农户以资金、实物、技术、劳务等折股，自愿组织起来，从事某种专业生产经营活动。

2001 年，眉山市实施“助农增收”工程。供销社组建专业合作社 23 个。年末全市供销专业合作社增至 200 个，有会员 2500 户，入会农户 1.5 万户，带动农户 5 万户，收入 1 亿元。2003 年，市委办、市政府办印发《关于大力发展农村专业合作经济组织的意见》，加快全市农村专业合作经济组织发展，鼓励创办农业专业合作社。当年，全市供销社系统兴办各类专业合作社 45 个，行业协会 9 个，发展水果基地 5 个。竹草编协会带动农户 4000 户，年购销草编 100 万余条、竹编 40 万余件，农户户均创收 580 元。泽泻专业合作社覆盖彭山县 4 个乡镇，建成泽泻基地 733.33 公顷、带动农户 4000 余户，户均专项收入 1800 余元。2004 年，洪雅县组建联合乡长毛兔协会，发展会员 2109 户，年销售收入 4125 万元，户均创收 7300 元；洪雅县蔬菜水产有限公司采取“企业+基地+农户”模式，发展无公害蔬菜基地 66.67 公顷，带动农户 2000 余户，专项户均收入 1000 元。仁寿县供销社组织农民兴办专业合作经济组织 50 个、行业协会 2 个，入户社员 3000 户，辐射带动农民上万户；仁寿县北斗薯业协会发展种植户 200 余户，农民每亩增收 330 元。丹棱县盐渍菜专合组织种植的主要蔬菜遍布全县 10 个乡镇，涉及农户 1000 户。全年全市供销社系统创办、领办、合办农村专业合作经济组织 106 个，涉及种植、养殖、加工、销售、社区综合服务等领域，入户会员 9865 户，带动农户 2.85 万户，帮助农民实现收入 1.2 亿元，户均创收 880 元，成为农民致富增收主要平台和载体。至 2005 年，全市农民专业协会有洪雅县奶业协会、仁寿县文宫枇杷协会、曹家金梨协会、青神县椪柑协会、古佛葡萄协会等 114 个，协会会员 1.1 万户；有股份合作农民经济组织 122 个，参与农户 9000 余户；供销系统共发展农村专业合作经济组织 171 个，有会员 6014 户，带动农户 13.12 万户，收入 2.33 亿元。8 个农村专合组织被各县（区）政府评为“十佳农村专合经济组织”，洪雅县蔬菜生产示范专业合作社被市政府授予“十佳农村专合经济组织”称号。2006 年，全市 10 个农业专业经济合作社列入农业专业经济组织“千点示范”省级示范。2007 年，全市供销社农资企业与农民结成利益共同体，开展配方施肥，指导农民生产，方便农民购肥。年末供销社农村农资店遍布农村，有农资销售门店 1700 余个，销售农资 5000 万余元。

2008 年，市委、市政府印发《关于支持农民专业合作社加快发展的意见》，制定全市农民专业合作社发展目标。2009 年，全市供销系统采取多种形式发展农民专业合作社，吸收农民入社。领办农民专业合作社 11 个，规范发展蔬菜、蛋鸡、生猪等各类专业合作社 167 个，带动农户近 2 万户。2011 年，市供销社引导、培育“龙头企业+专业合作社+基地+农户”农产品产销对接模式。鼓励蔬菜、水果专业合作社与中心城区大型超市对接，直接将基地生产的蔬菜、水果送进超市。中心城区 6 个农贸市场设置专区直接销售蔬菜基地蔬菜。全市 8 个专业合作社被四川省供销社认定为省级专业合作组织示范社，建成草编收购、梨树和柑橘种植、养兔、泽泻中药材种植等有影响力的专业合作社。截至 2012 年年底，全市有登记注册合作社 1241 个，其中种植业 650 个、畜牧业 325 个、渔业 86 个、林业 64 个、服务业 91 个、其他 25 个，成员 13.7 万个（农民成员 13.57 万个、团体成员 201 个）。农业专业合作社以“公司+专合组织+基地+农户”为主要经营模式。农业专业合作社带动农户 68 万户，占农户数的 78%；带动非成员农户 27.75 万户。全市合作社成员生产农产品总值 37.41 亿元，统一组织销售农产品 25.34 亿元，统一组织购买农业生产投入品 6.64 亿元，统一培训成员 21.67 万人次。合作社年销售收入 500 万元~1000 万元的 178 个、1000 万元~2000 万元的 37 个、2000 万元~5000 万元的 1 个、5000 万元以上的 1 个。合作社有注册商标的 88 个、通过农产品质量认证的 69 个，其中无公害产品 27 个、绿色产品 33 个、有机产品 9 个；开展农超对接的合作社 32 个，年向超市提供农产品总值 1.68 亿元；创办加工实体的合作社 76 个，产品增值收入 5445 万元；参与信用合作组建资金互助的合作社 14 个，入社股金 580 万元；获得财政扶持资金的合作社数 30 个，各级财政专项扶持资金 657 万元。

第五节　农业行政执法

1997 年，眉山地区尚未建立专门的农业法制与执法机构，实行分散执法，相关执法职能分别由地区植保植检站、种子站、土肥站等事业单位承担。2001 年起，眉山市农业局实施农业综合执法。

一、行政审批与综合执法

（一）行政审批

1997 年，眉山地区种子、化肥、农药、植保植检由农业部门有关业务机构分散办理。2005 年起，眉山市农业行政许可项目全部进入市行政服务中心统一办理。建立并实施行政许可办理一章制、一费制、收费公示制、办证时限制等。2007 年起，眉山市协助瑞能多晶硅等大中型工程建设项目办理征用占用林地审批手续。当年，全市批征占用林地 2000 亩。2008 年，全市加强林地保护管理法律、法规宣传，主动为七里坪风情古镇、眉山职业技术学院等大中型工程建设项目服务，协助办理征用占用林地审批手续。2010 年，全市办理各种许可和服务事项 1800 件，群众满意率 99%以上。2012 年，全市设立（保留）植物检疫合格证、农作物种子经营许可证、农作物种子生产许可证、蚕种生产经营许可证、城镇生活污水净化备案等行政许可项目，全部进入全市统一的电子政务大厅，列入网上预审项目，行政权力公开透明运行。完成全市《县级林地保护利用规划》编制和林地落界。审核、查验龚家堰水库扩建工程、全市城市建设用地等工程建设项目征用占用林地 121.36 公顷，缴纳森林植被恢复费 509 万元。推行行政审批办事制度与政务服务标准化建设，市政务服务中心农业局窗口受理案件1139件，全部办结；审核、勘验审核、勘验大型工程建设项目征用占用林地979.1公顷。确保项目集中率、窗口受理率、按时办结率、群众满意率“四个100%。”

（二）农业执法

1997年，眉山地区种子、化肥、农药市场监管由农业部门有关业务机构分散办理。2005年起，眉山市实行综合执法，每年开展农资打假专项治理行动。加强重点季节、重点场所、重点产品（种子、农药、肥料）市场检查。抽检重点产品、重点区域、重点监控单位。重大案件执法查处率100%。在全市开展高毒禁限用农药专项治理。禁止使用甲胺磷、甲基对硫磷、对硫磷、久效磷、磷胺等23种农药，限制使用氧乐果、三氯杀螨醇、氰戊菊酯等19种农药。禁止在蔬菜、茶叶、瓜类、果树和中药材上使用水胺硫磷等16种农药。2007年起，全市将农产品质量安全监督管理责任纳入工作目标考核。农业部门开展农产品质量安全专项整治，2008年6月结束。检查各农药市场、经营网点，检查农药销售市场（门市）2498个次，查处案件14起，查获不合格农药116千克。抽检农药样品277个，检测合格272个。集中检查全市88个无公害农产品、80个绿色食品、3个有机食品标识与认证情况，鼓励企业使用“三品”标志，维护“三品”品牌形象。2009年起，开展农产品质量安全专项整治行动。以城区农资市场、城郊接合部和农资集散地为重点区域，开展市场拉网式检查，清理整顿市场主体，规范农资经营秩序，严厉查处假冒伪劣农资和违法生产经营甲胺磷等五种禁用农药行为。2010年，整治“三品一标”基地、现代农业基地，以及蔬菜、水果、茶叶等经济作物种植区域。查处甲胺磷等5种高毒农药销售使用，扩大放心农资下乡进村覆盖范围，提高农民农资识假辨假能力和维权意识。市农业局开展深化行政执法责任制示范活动，重点查处生产经营高毒高残留农药和禁用、限用农药行为。检查全市生产经营企业8078个次，查处农资案件31起。2011年，开展种子、食品非法添加剂、禁限用农药分类专项治理活动。检查农资经销企业、商铺1147个，立案查处5件，查获违法农资产品695千克。开展农产品生产单位和农药经营单位大检查，检查农资门市及企业2779个次，整治重点区域193个次，查获销售假劣农资行为24起，收缴假劣农资3352千克，受理举报案件42起；抽取蔬菜、水果样品1704个，合格率99.5%。2012年，眉山市农业、公安、工商等部门排查全市农资批发市场和农资集散地，检查农资批发市场313家，7个乡镇农资零售网点55家，立案调查4起违规违法案件，警告整改2起。全市抽检涉嫌违法农业投入品，抽样送检样品53个，肥料养分不合格5个，农药质量不合格10个，农药标签问题3个，立案查处15个，罚款4.9万元。全年受理举报案件8起，解决8起，办理一般程序案件56件。调解农资纠纷58起。

二、农产品质量安全监管

1997年前，眉山地区农产品质量安全监管体系不够完善。随着农产品的种类、数量的增加，农产品质量安全成为市民关心的重点，农产品质量安全监管部门加强农产品质量检查，以保证上市流通农产品的食用安全。2010年，眉山市各县（区）全部通过无公害农产品基地省级认定。至2012年，全市经认证的标志农产品284个，其中无公害农产品135个、绿色食品129个、有机食品17个、农产品地理标志3个。仁寿县曹家梨、文宫枇杷，洪雅县绿茶获全国农产品地理标志认证。制定并发布眉山市县级农业地方标准140项。全市获“中国枇杷之乡”“中国椪柑之乡”“中国脐橙之乡”“中国优质稻米之乡”“中国藤椒之乡”“中国泡菜之乡”称号。

（一）农业标准化

农产品质量标准　2003年，眉山市农业局组织有关专家和技术人员，制定并实施水稻、玉米、小麦、油菜、白菜、豇豆、莴苣、芹菜、洋芋、甘蓝类、茄果类、瓜类、萝卜、柑橘、枇杷、梨、葡萄、西瓜、茶叶、食用菌20个主要农产品和特色农产品的无公害生产技术规程。2009年，修订完善并实施36项无公害农产品生产技术规程地方标准，其中，粮油6项、蔬菜23项、水果6项、茶叶1项。

标准化基地认定　2002年起，眉山市开展农业“三品”（无公害农产品、绿色食品、有机食品）生产基地创建。当年，东坡区白马镇脐橙基地，仁寿县文宫镇枇杷基地，彭山县水果、蔬菜基地，洪雅县将军冬瓜、南瓜基地，青神县椪柑基地等18个农产品基地3.57万公顷被四川省农业厅认证为无公害农产品生产基地。2003年，东坡区广济乡、太和镇蔬菜基地被四川省农业厅认证为无公害农产品生产基地。2006年，东坡区广济乡、思蒙镇5个农产品1467公顷被四川省绿色食品发展中心认定为绿色食品生产基地。仁寿县成功创建国家级绿色食品原料（枇杷）标准化生产基地，面积8200公顷，涉及文宫、鳌陵、大化等16个基地乡镇。2008年，仁寿县获无公害农产品生产基地整体认定，面积7.33万公顷。2009年，启动无公害农产品基地“以眉山市为主，整体推进”工作。彭山县开展农业标准化示范县创建。至2010年，眉山市通过无公害农产品基地整体认定。6个县（区）均通过无公害农产品基地认定，面积26.23万公顷、占耕地面积的95%。2011年，东坡区被农业部批准为全国绿色食品原料标准化基地，面积1.23万公顷，包括豇豆、榨菜、萝卜、辣椒4种作物，涉及眉山地区13个乡镇、72个村、13.2万农户，对接绿色食品加工企业9家，获证绿色食品产品69个。彭山县被农业部授予全国农业标准化示范县。

洪雅县无公害茶叶生产示范基地（摄于2011年3月）

（二）绿色有机食品认证

至2012年，眉山市被认证的标志农产品284个，其中无公害农产品135个、绿色食品129个、有机食品17个、农产品地理标志3个。

绿色有机食品　1997年，眉山地区尚未开展绿色有机食品认证工作。2002年起，眉山市农业部门引导全市企业、协会、农民专业合作组织开展“三品”申报、认证。当年，仁寿县、彭山县、洪雅县、青神县11个农产品获得无公害农产品认证，包括仁寿县丰水梨、金花梨，彭山县葡萄、辣椒，洪雅县将军蔬菜冬瓜、优质南瓜，青神县超甜玉米。2006年，洪雅县道泉茶厂、汉旺茶厂，青神县青竹茶厂有机茶获有机食品认证。

农产品地理标志　2008年，眉山市启动农产品地理标志申报，市农业局登记各县（区）优势、特色农产品，指导县（区）申报。2009年，仁寿县“文宫枇杷”获农业部“农产品地理标志登记证书”，为全市首个获此殊荣农产品。“曹家梨”获农业部“农产品地理标志认证”。“青神椪柑”获国家工商总局“产地证明商标”。2010年，东坡泡菜入选国家质量监督检验检疫总局“地理标志产品专用标志”保护目录。至年底，全市被认证的无公害农产品111个。14个有机食品得到认证。2011

年，“洪雅绿茶”获农业部农产品地理标志登记证书。

（三）农产品质量检测

2007年起，眉山市例行抽检蔬菜。全市例行抽检蔬菜2次，每次抽检60个蔬菜生产基地、农贸市场、批发市场、超市销售的六大类蔬菜，抽取大白菜、小白菜、黄瓜、西红柿、苦瓜、四季豆等16种蔬菜60个样品，检测合格率均为95%。四川省农业厅专项抽检眉山食用菌样品15个，合格66.7%。全省批发市场统一抽检的眉山5个抽样全部合格。2008年，在四川省例行抽检中，眉山抽检蔬菜3次，前2次每次抽取样品80个，合格率均为97.5%。2010年，农业部组织例行抽检眉山5次，涉及6个县（区）生产基地，农产品批发市场、农贸市场、超市，抽检品种包括蔬菜、水果、茶叶、食用菌、油菜、稻谷、水样、土样，共抽取472个样。其中农业部例行监测抽取样品43个（蔬菜30个、水果5个、食用菌8个），蔬菜农药残留合格率96.7%，位居全国87个大中城市第17位；水果、食用菌农药残留合格率100%，排名并列第一位；在四川省农业厅例行监测中，蔬菜、水果、食用菌、获证的无公害农产品，抽检合格率100%。2011年，攀西无公害农产品监测中心例行监测眉山蔬菜、食用菌4次，抽检样品280个，茶叶、水果专项检测2次，抽检样品55个，全年合格率97.5%。2012年，遂宁市农产品质量监测中心抽检眉山水稻、小麦，抽检样品144个；乐山市农产品质量检测中心专项抽检眉山玉米，抽检样品22个；雅安市农产品质量监测检验中心专项抽检眉山外销蔬菜，抽检样品100个；德阳市农产品质量检测中心例行检测眉山5次，抽检样品325个。全年总体合格率98.2%。

三、农机监理

1997年前，眉山境内农机安全监理以抓事故善后处理为主。1997年起，眉山地区每年利用会议宣传和安排部署农机安全生产，组织农机监理人员学习农机法律法规；组织农机从业人员学习农机安全生产文件和事故通报、情况简报等，收看安全生产录像，增强安全生产意识；开展百日安全竞赛活动。制作宣传展板，赴各乡镇巡回宣传。开展乡镇农机安全生产检查，重点检查农机管理站安全生产情况。地区农机、公安、交通、安全监察部门，每年开展安全执法检查。以主要道路上运行的拖拉机为重点，查处拖拉机超速、超载、酒后驾车和无证驾驶等违法行为。当年查出安全隐患10余处，责令限期整改。1998年，地区农机管理部门负责办理农机号牌、驾驶证；组织开展农用拖拉机及驾驶员年度审验。全区宣传贯彻《四川省农业机械安全监理和事故处理条例》《四川省人民政府关于我省农用拖拉机道路交通管理问题的通知》等，印发农机安全宣传资料、工作简报，组织农机人员学习。为农机供油站发放安全生产挂图，张贴警示标语。为农机人员及农机经营户订阅《中国农机安全报》8000份。向农机经营户印发《四川省农业机械管理条例》。规范拖拉机和驾驶员档案。当年起，每年全区采取集中分片年检年审拖拉机、驾驶员。培训考核农机驾驶员2161人。1999年起，地区农机监理所每年组织交叉上路检查各县（区），打击“黑车非驾”等违法行为。检查农田作业机械8500台次安全状况。当年，仁寿县安全检查重点加油站21个，排除隐患20处，通报批评违章现象，限期整改。普查全区农机机具，监理自走式3.75千瓦以上农用动力机械。2000年起，全区农用运输型拖拉机装配490发动机的机型实施入户管理。路检路查拖拉机，重点检查无牌无证、准驾不符、违法载人、擅自拼改装、超速超载等严重交通违法行为。全年检查拖拉机3300台，纠正违章920件。

2001年，眉山市安全生产检查乡镇农机管理站站办企业和农机生产、销售企业，查出隐患167处，限期整改。开展农机生产、经营企业、农机修理点大检查。检查营业执照；假冒他人注册商标、伪造产地、假冒他人厂名和农业机械推广许可证；产品包装等。此后，每年“双抢”前检查农机市场，查处无证生产、无证经营和经营假冒伪劣商品问题。2004 年，开展拖拉机驾驶员、联合收割机驾驶员职业技能鉴定，办理职业资格证书。全市换发全国统一拖拉机号牌、行驶证和驾驶证。当年，市农机局、仁寿县宝飞镇确定 4 所中小学为安全教育学校，为全镇 5360 户家庭发放安全生产宣传资料。全市完成职业技能鉴定 1213 人。2005 年 4 月，市农机局停止运输型拖拉机上户，5 月前入户的在外地入籍的运输型拖拉机和三轮转回眉山市。年末全市入户的运输型拖拉机（含三轮）3248 台。2007 年 5 月 24 日后在外地入籍的运输型拖拉机和三轮停止转回眉山市。

2010 年，东坡、洪雅、丹棱、青神四县（区）配置移动检测设备，提高年检质量和检验率。年检年审实行“五公开”（服务项目、收费项目、办事人员、办事程序、收费标准）的“阳光操作”。全市排查重点路段 1.23 万处，检查拖拉机 2.65 万台次，纠正违章 8455 台次。检验拖拉机 6380 台，检验率 98%。2011 年，建立持证上岗制度，实行农机安全监理执法岗位人员培训考核常态化管理。举办四川省眉山片区农机安全技术检验员、事故处理员和考试员培训班，全市农机监理人员 75 人参训。开展拖拉机交通违法行为专项整治行动，检查上道路行驶拖拉机 935 台、违法车辆 313 台。市农业部门引导农机机手到人保财险公司购买“交强险”。按照“低保额、广覆盖、机手自愿”原则，为拖拉机驾驶员提供菜单式商业保险服务，增强农机手抗御事故风险能力。2012 年，四川省农业厅检查仁寿县、丹棱县节前农机安全生产情况。重点检查开展“百日安全活动”、清查治理违规发放拖拉机牌证行为专项工作、配合有关部门加强拖拉机农村道路交通安全监管、农机加油站消防安全等情况。要求做好安全隐患排查，确保农机安全生产。

眉山市志 MEISHAN SHIZHI

第十一篇 工业与建筑业

眉山市工业起步晚，总量小，基础薄弱，发展不足。1997 年，眉山地区全部工业企业利税负 16 万元，亏损面 48%。2005 年，市委、市政府提出“工业强市”发展战略，突出工业在经济发展中的主导地位。以铝业、化工、食品与饲料加工、机械电子四大传统产业为基础，做大产业，提升区域经济竞争力。2006 年，市委、市政府作出《关于举全市之力推进工业强市的决定》。全市各级党委、政府重点抓工业，将投资拉动作为促进工业经济发展重要手段，抓项目和招商引资，调整产业结构，优化发展环境。将主抓 50 个重点工业乡镇发展思路调整为主抓工业园区发展，引导工业向集中集约方向发展。2007 年，市委、市政府提出 2008 年实现工业大变样工作目标，作出《关于推进四个跨越实施产业富民的决定》、“奋力实现工业大变样”的决定，突出工业跨越重点，将工业大变样作为“四年四个大变样”核心，以工业大发展促进经济协调发展，确保“规模以上工业增加值在 2005 年的基础上，到 2008 年实现翻一番，到 2011 年实现第二个翻番”。至 2008 年，眉山市累计实施投资 500 万元以上工业项目 620 个，其中投资上千万元项目 403 个，亿元项目 48 个。规模以上工业增加值、销售收入、利润、税金等主要指标均在 2005 年基础上翻番，工业数量、质量和效益大变样。至 2012 年年底，全市规模以上企业增至 578 户。规模以上工业增加值增长 18%，入库税金 28 亿元，工业化率 52%，万元工业增加值能耗下降 8%。形成铝、硅、化工、芒硝、机械、建材、食品加工、竹木加工八大优势产业。建筑企业由 1997 年的 71 个增至 157 个，建筑业总产值由 1997 年的 12.81 亿元增至 122.1 亿元，建筑劳务输出 9.8 万人。

第一章 工 业

眉山市抓住机遇，大力发展工业。从 2001 年起，市委、市政府决定扶持和壮大重点优势产业，2006 年，市委、市政府下发《关于调整和完善产业集群推进工作的意见》，提出眉山市重点培育铝业、化工、机械、食品加工四大产业集群。2007 年，市政府制订铝、化工、农副产品、芒硝、水电五大优势资源转化实施方案，明确转化目标和措施。2008 年，市委、市政府推进机械、建材产业发展。当年，全市铝、硅、化工、芒硝、机械、建材、食品加工、竹木加工“八大优势产业”发展良好。2010 年，将电子信息、装备制造、能源电力、油气化工、钒钛钢铁、饮料食品、现代中药、汽车制造、生物工程、新材料十大产业列入眉山市重点建设产业。全市初步形成以优势产业、骨干企业为主体的多点支撑的局面。“八大优势产业”规模企业 492 户、占规模企业总数的 82%，销售收入 627 亿元、占规模企业销售收入总量的 84.34%。2012 年，眉山市发展电子信息、新能源、新材料等战略性新兴产业。全市大企业主要分布在装备制造业、农产品加工业、化工产业、建材产业、能源产业 5 大产业。工业行业集中在冶金工业、化学工业、医药工业、建材工业、电子机械工业、食品与饲料工业。

第一节 工业综述

1997 年起，眉山地区按照“做大工业总量，优化工业结构，提升工业发展质量和效益”总体部署，加强招商引资，加大工业投入，工业逐步进入快速发展阶段。到 2012 年，眉山市工业由机械制造电子、化工、食品与饲料加工、纺织服装为主转变为铝、硅、化工、芒硝、机械、建材、食品加工、竹木加工八大优势产业。全市工业生产总值由 1997 年的 57.96 亿元，增至 822.46 亿元。

一、工业总产值与工业投入

（一）工业总产值

1997 年起，眉山地区有独立核算企业 880 户，工业总产值 57.96 亿元、占地区生产总值的 55.46%，工业增加值 15.65 亿元，占全部工业增加值的 43.14%，销售收入 48.79 亿元，资产总额 77.3 亿元，负债总额 61.78 亿元，资产负债率 80%，利润总额负 2.14 亿元，亏损企业亏损额 3.16 亿元，亏损面 48%，利税总额负 16 万元。全区 8 户地属企业平均资产负债率 151%，仅芒硝厂正常生产，3 户停产，4 户半停产。1998 年统计口径调整后，眉山地区有规模以上工业企业 192 户，其中营业销售收入 3000 万元以上重点调度企业 38 户，年工业总产值 26 亿元。至 2000 年，全区各种经济类型企业工业总产值（现价、下同）111.64 亿元，工业增加值 34.31 亿元。其中规模以上企业 167 户、总产值 51.31 亿元，销售收入 49.58 亿元，工业增加值 14.58 亿元，资产总额 68.77 亿元，负债 46.89 亿元，资产负债率 59.9%，利润总额 6818 万元，利税总额 2.86 亿元，工业入库税金 2.3 亿元。亏损企业亏损 5254 万元。工业性固定资产投资 6.3 亿元。

2001 年，眉山市工业综合经济效益指数 97.98，超过全省平均水平。2002 年，全市规模以上工业增加值占全部工业的 50.7%，首次超过规模以下工业。2004 年，全市产值上亿元的企业增至 31 户，其中外来企业占一半以上。电解铝一期工程、维国公司二期扩建工程、仁寿康师傅方便面等 200 余个工业重点项目建成投产，成为全市经济发展新的经济增长点。眉山以轻工业为主导的工业格局初步确立，轻重工业比例由 2003 年的 50∶50 调整到 57∶43。年末全市工业税收占财政税收 50%以上。2005 年，全市全社会工业增加值 92.61 亿元，占地区生产总值的 37.79%，工业对地区生产总值增长的贡献率 51.73%，拉动地区生产总值增长 7.55%。有规模以上工业企业 342 户，规模以上工业企业增加值72.36亿元，增幅比全省平均水平高8%。利润7.65亿元，利税总额14.99亿元，工业经济效益综合指数161.3，企业亏损额下降1.7%。总资产贡献率9.34%，每人万元全员劳动生产率9.4%，资本保值增值率113.51%，成本费用利用率3.75%。50个重点乡镇工业增加值86.49亿元，利润12.24亿元，入库税金5.49亿元，工业投入65.87亿元。全市总产值上亿元的企业净增16户，达到47户，其中启明星和金石油粕公司产值突破20亿元大关。亿元企业实现产值146.87亿元，占全市总量的72%。工业对地区生产总值增长的贡献率68.7%，工业化比重37.8%。

2006年，市委、市政府将工业强市作为眉山市发展第一战略，举全市之力推进工业强市。全年工业企业投入技术创新资金2亿元，新创中国名牌产品1个、四川省著名商标4个。2009年，全市开展产业推进、园区建设、项目投资、企业发展和要素保障等重点工作，确保工业经济平稳较快增长。至2010年，眉山市564户规模以上企业工业总产值755.55亿元，工业增加值214.6亿元，比全省平均水平高5%，占全市地区生产总值的38.9%。规模以上企业利润45.64亿元，入库税金15.36亿元，工业化率48.5%。眉山市综合实力评价77.72分，列全省第七位。

2012年，眉山以工业园区为载体，按照“一园一主业、园区有特色”，发展特色产业，延伸产业链条，培育产业集群，园区集聚效应和承载能力有效提升。全市12个正县级园区完成固定资产投资235.3亿元，实现主营业务收入545.9亿元，工业增加值121.9亿元，工业入库税金14.3亿元。推进科技创新成果与产业对接，建成国家级企业技术中心1家、省级工程技术研究中心6家、国家传统知识产权试点县1个、国家知识产权试点企业3个、国家和省重点实验室2个、博士后研究工作站1个。全年全市新增规模以上企业35户，总户增至578户，年产值过1亿元企业为242户，9户企业被列为四川省2012年度“小巨人”企业，13户企业被列为四川省2012年度“成长型”企业。50户企业进入拟上市企业储备库，其中金象赛瑞、吉香居、德恩机械等3户企业被列入四川省重点改制上市企业名单。味聚特、李记酱菜等13户企业被列入全市“十二五”期间重点培育改制上市名单。截至2012年年底，眉山市年销售收入超4亿元的企业29家（40亿元~50亿元企业1户、20亿元~30亿元企业1户、10亿元~20亿元企业3户、4亿元~10亿元企业24户），占规模以上工业企业户数的5%。规模以上工业增加值增长18%、列全省第四位，入库税金28亿元。工业化率52%。万元工业增加值能耗下降8%、降幅列全省第二位。

眉山市1997—2012年规模以上工业企业情况统计表

表11-1

年份	企业数（户）	总产值（现价、亿元）	增加值（亿元）	销售收入（亿元）
1997	880	57.96	15.65	48.79
1998	192	49.80	11.87	45.94
1999	175	48.37	13.51	45.87
2000	167	51.31	14.58	49.58
2001	175	58.89	17.73	56.10
2002	204	75.37	25.75	71.92
2003	237	108.33	35.02	107.48

续表11-1

年份	企业数（户）	总产值（现价、亿元）	增加值（亿元）	销售收入（亿元）
2004	285	169.91	55.73	163.49
2005	342	216.94	72.36	230.76
2006	382	246.75	75.29	237.43
2007	438	335.35	118.11	318.66
2008	491	443.50	145.51	437.37
2009	560	521.98	173.60	507.70
2010	564	755.55	214.60	743.40
2011	543	1053.68	271.40	1022.45
2012	578	822.46	245.90	833.87

说明：1997 年企业数量为独立核算企业数量，从 1998 年开始企业数量为规模企业数量，即国有工业企业及年销售收入 500 万元以上的非国有工业企业

眉山市 1997—2012 年规模以上工业企业经济情况统计表

表 11-2

年份	资产总额（亿元）	负债总额（亿元）	资产负债率（%）	利润总额（亿元）	亏损企业亏损额（亿元）	利税总额（万元）
1997	77.13	61.78	80.00	-2.14	3.16	-16.00
1998	69.97	51.75	74.00	-2.11	2.80	-0.14
1999	67.98	47.70	70.00	0.15	0.94	2.44
2000	68.77	46.89	59.90	0.68	0.55	2.86
2001	83.10	51.36	61.80	1.15	0.49	
2002	95.46	56.02	58.68	1.56	0.31	3.13
2003	127.36	72.33	56.79	3.05	0.36	4.65
2004	146.04	93.30	58.04	3.37	0.74	11.39
2005	205.40	120.72	58.77	7.65	0.83	14.99
2006	208.68	119.92	57.47	12.77	1.01	10.93
2007	280.96	164.19	58.44	27.55	0.63	12.66
2008	359.03	220.38	61.38	24.97	1.10	15.70
2009	464.02	293.54	63.26	24.31	4.06	15.10
2010	504.43	313.82	62.21	45.64	7.49	18.00
2011	576.04	330.79	57.43	91.48	5.72	—
2012	685.34	396.49	57.85	67.49	6.96	—

（二）工业投入

1997年，眉山地区工业生产性固定资产投资6.2亿元、占全社会固定资产投资总额的25.05%，工业技术改造投资1.87亿元、占工业生产性固定资产投资的30.16%。至2001年，眉山市工业固定资产投资和技术改造投资变化不大。

2003年，眉山市工业投入大幅增加，固定资产投资48.4亿元，技术改造投资15.13亿元、比2002年工业投入增长425.83%。全年全市70个列入考核的重点工业生产性投资项目开工67个，竣工25个，投资额9.49亿元。72个投资额1000万元以上的项目投资总额13.76亿元。2003年，加大工业技术改造投资，眉山市65个列入市考核项目、85个上1000万元的重点项目，实行一月一督查，督促开工和抓进度建设，列入考核的65个重点考核项目，开工61个，投资27.52亿元；85个投资上1000万元的项开工77个，投资总额32.27亿元，8个省重点技改项目投入2.33亿元。10个市场前景好，7个有发展潜力和效益的重点技改项目被列入省技改贴息支持项目，争取资金500万余元。全年全市工业技术改造投资比2002年增长189.29%。2005年，全市工业生产性固定资产投资75.38亿元、占全社会固定资产投资总额的57.83%，其中技术改造投资34.79亿元。100个重点项目中68个项目竣工投产。

2006年，全市12个重点工业集中区建成投资500万元以上工业企业154户，8个工业集中区被列入四川省小企业创业基地。2008年，全市重点抓投资上1000万元的在建项目服务，强化要素协调和进度监管，403个投资上1000万元项目竣工投产127个，做好技改项目登记备案、核准、转报立项和争取工作，落实14个省重点技改项目建设责任制，构建项目投资“绿色通道”。2010年，全市工业固定资产投资额首次超过200亿元，技术改造投资额首次超过100亿元，达到130亿元。新开工投资1000万元以上的工业项目280个、竣工230个，在建投资亿元项目60个。工业固定资产投资220亿元、占全社会投资的52.38%，技改投资130亿元。技改投资总量、增速分列全省第八、第九位。2012年，全市审批工业项目440个、总投资金额614.1亿元，当年投资230.7亿元。其中工业生产性固定资产投资211.94亿元，主要为技术改造投资163.23亿元、占工业生产性固定资产投资的77.02%。

1997—2012年，全市工业生产性固定资产投资1552.7亿元，重点用于技术改造投资，投资额占总投资的53.84%。

眉山市1997—2012年工业投入情况统计表

表11-3　　单位：亿元

年份	固定资产投资	技改投资	年份	固定资产投资	技改投资
1997	6.20	1.87	2005	75.38	34.79
1998	4.84	2.66	2006	92.03	41.94
1999	4.67	3.26	2007	124.44	53.72
2000	6.54	2.35	2008	143.00	62.00
2001	6.70	3.48	2009	197.60	98.80
2002	48.30	5.23	2010	220.00	130.00
2003	48.40	15.13	2011	298.37	163.23
2004	64.29	26.86	2012	211.94	190.61

二、工业结构

（一）所有制结构

1997—2012 年，眉山市工业经济中，国有经济、集体经济所占份额大幅度下降，个体私营、股份制、合营、外资、合资等经济所占份额大幅上升。

1997 年，眉山地区工业经济以国有经济和集体经济为主，分别占总额的 38%、32.8%。随国有企业改制和集体经济改革，股份制企业和个体私营经济迅速发展，至 1998 年，集体经济大幅萎缩，股份制企业和个体私营经济接近国有企业，占经济总量的二、三位。1999 年，股份制企业和个体私营经济均超过国有企业，分列经济总量的第一、二位。至 2004 年，集体经济基本消失，仅占经济总量的 0.3%。此后，国有经济大幅萎缩，个体私营、股份有限及责任公司快速发展，外商（眉山市以外企业，下同）投资逐步增加。至 2005 年，眉山市工业经济中，股份有限及责任公司、个体私营企业、外来企业、国有企业分别占经济总量的 92.4%、47.07%、30.94%、17.72%，居前四位。外商企业占经济总量的 6.09%，比 2004 年增长 95.22%。2009 年，民营经济成为眉山市经济主体，股份有限及责任公司和个体私营企业工业产值占总量的 88.87%，其中个体私营企业占总量的 52.12%，跃居第一位，占据眉山市工业经济半壁江山。至 2012 年，眉山市工业经济中，个体私营经济、股份制经济、国有经济、外商与中国港澳台商经济占前四位，分别占工业经济总量的 43.29%、37.56%、8.52%、7.15%，民营经济仍为全市工业经济的中坚力量。

眉山市 1997—2012 年主要经济类型产值统计表（现价）

表 11-4　　单位：万元

年份	国有及国有控股企业	国有企业	集体（联营）企业	股份合作企业	股份有限及责任公司	个体私营企业	外商与中国港澳台商经济	其他经济
1997	213439	213439	173237	—	45812	86206	43462	—
1998	141908	141908	37498	54757	120291	99229	27532	—
1999	105402	105402	32883	46474	173564	112456	23745	—
2000	108704	108704	24220	49916	225861	95328	25859	—
2001	158821	158821	24220	28673	294745	137641	21672	—
2002	189875	189875	9846	34299	315527	198776	38317	—
2003	199309	199309	10222	48419	478944	321910	54524	—
2004	394231	394231	4245	61465	898866	510710	75392	—
2005	427964	427964	220	65302	1137330	747636	147184	—
2006	510628	510628	—	80088	1043536	883739	138658	—
2007	635860	635860	—	67027	1339186	1199416	279262	—
2008	947741	277348	65512	38734	2042639	1714566	277688	18470
2009	586661	158512	—	61698	1918549	2720428	332621	28017
2010	625580	194394	5880	110590	2801286	3925711	507456	10158
2011	724976	229937	8500	125674	3441002	5894465	818624	18590
2012	742138	259959	—	73286	3270474	3769233	622700	228956

（二）行业结构

1997年，眉山地区工业以重工业为主导。全区轻、重工业总产值分别为27.29亿元、30.67亿元，轻、重工业比为47.1∶52.9。2000年，初步形成机械、电子、化工、医药等比较齐全的产业门类，培育4大支柱产业（化工医药、机械电子、食品饲料、能源）和5个骨干企业（眉山车辆厂、成都邮电通信设备厂、川西制药股份有限公司、丹甫制冷压缩机有限公司），其中眉山车辆厂列入国家520户重点企业名单，成都邮电通信设备厂和四川丹甫制冷压缩机有限公司列入四川省结构规划纲要82户重点优势企业名单。

2002年起，眉山市重点工业项目逐步增加。至2004年，全市工业项目累计投资130.59亿元，重点龙头企业金石油粕、启明星等符合新型工业化特征的企业相继投产，成为驱动眉山工业高速增长主力军。新增企业贡献突出，核心竞争力提高。全市重工业总产值42.46亿元，重工业增加值23.55亿元，轻重工业比例为42.7∶57.3。

2006年，眉山市重点培育铝业、化工、机械、食品四大产业集群，安排小巨人（四川省对产值达到一定规模企业的称号）资金、中小企业发展资金、技术创新资金、安措资金等1578万元。四大产业产品销售收入147.66亿元（铝业35.46亿元、化工业31.7亿元、机械制造业25.7亿元、食品业54.8亿元），占全市总量的61.02%。四大产业对工业增长的贡献率68.9%，拉动工业生产增长21.2%。截至2012年年底，全市轻重工业总产值分别为289.78亿元、532.69亿元，轻重工业比调整为35.2∶64.8，仍以重工业为主导。

眉山市1997—2012年轻工业、重工业总产值统计表（现价）

表11-5　　单位：亿元

年份	轻工业	重工业	轻重工业比	年份	轻工业	重工业	轻重工业比
1997	27.29	30.67	47.1∶52.9	2005	103.57	138.03	42.9∶57.1
1998	25.32	24.48	50.8∶49.2	2006	85.14	161.61	34.5∶65.5
1999	23.44	24.93	48.5∶51.5	2007	110.25	225.10	32.9∶67.1
2000	23.80	27.51	46.4∶53.6	2008	153.12	290.38	34.5∶65.5
2001	27.28	31.61	46.3∶53.7	2009	200.52	321.47	38.4∶61.6
2002	32.91	42.46	43.7∶56.3	2010	267.36	488.18	35.4∶64.6
2003	51.66	56.67	47.7∶53.3	2011	392.62	661.06	37.3∶62.7
2004	76.16	102.17	42.7∶57.3	2012	289.78	532.69	35.2∶64.8

（三）区域结构

1997年，眉山地区独立核算工业企业880户，工业总产值57.96亿元，但独立核算工业企业数量各县分布不平衡，最多的眉山县229户，工业总产值25.77亿元，最少的丹棱县33户，工业总产值1.84亿元。1998年，全区有规模以上工业企业192户，工业总产值49.8亿元。规模以上工业企业最多的眉山县56户，工业总产值25.2亿元；规模以上工业企业数量最少的丹棱县7户，工业总产值9261万元。2004年，各县（区）工业增加值增速均达到38%以上，其中高于眉山市的东坡区增长52.9%，彭山县和洪雅县均增长51.3%；经济效益综合指数均达到120%以上，列前2位的彭山县、东坡区分别达到181.3%、171.5%。工业增加值总量中，东坡区、彭山县、仁寿县分别占37%、

25.7%、15.7%，彭山县、洪雅县分别比2003年增长1.5%、1.6%；工业增加值净增量中，东坡、彭山、仁寿3个县（区）的贡献率，分别达到37.8%、26.5%、15.7%；利润总额增量中，东坡、彭山、洪雅3个县（区）贡献率分别为64%、12%、8.5%；工业入库税金增量中，东坡、洪雅、彭山3个县（区）的贡献率分别为67%、44%、40.3%。各县（区）工业发展主要指标在全省180个县（区）的排位中，销售收入全部上升，但利税、利润等效益指标总体略有下降。其中销售收入由67位升至61位，东坡区最高达到19位，彭山县跻身30强、列第29位，升位最快的彭山、青神分别上升13位和10位；利润总额由平均69位降至71位，排位最靠前的东坡区列第25位，升位最快的丹棱县由129位升至115位，彭山县由48位升至42位。2006年起，建设工业集中区，眉山市11个重点工业集中区完成基础设施投入2.76亿元；工业生产性固定资产投资42.1亿元；新上工业项目144个；投资上亿元项目22个，基本建成9个。欧尔雅家私、赐富机关聚酯膜、广颖都彭服装生产等投资上亿元的项目落户集中区。全市12个重点工业集中区建成投资500万元以上工业企业154户，有8个工业集中区被列入省小企业创业基地。

2012年，全市有规模以上工业企业578户、工业总产值822.46亿元。其中，东坡区129户148.36亿元，仁寿县167户247.8亿元，彭山县96户163.73亿元，洪雅县37户31.44亿元，丹棱县45户36.77亿元，青神县53户48.55亿元，金象园区、铝硅园区、开发区51户145.81亿元。

眉山市1997—2012年规模以上工业企业统计表

表11-6　　单位：户

年份	眉山市	东坡区	仁寿县	彭山县	洪雅县	丹棱县	青神县	开发区	金象园区	铝硅园区
1997	880	229	168	123	110	33	217	—	—	—
1998	192	56	52	38	11	7	28	—	—	—
1999	175	55	53	31	9	8	19	—	—	—
2000	167	51	48	31	12	10	15	—	—	—
2001	175	52	46	32	18	12	15	—	—	—
2002	204	64	51	34	18	20	17	—	—	—
2003	237	70	53	40	25	21	28	—	—	—
2004	285	81	58	53	32	22	39	—	—	—
2005	342	99	83	60	33	26	41	—	—	—
2006	382	106	78	68	33	31	45	21	—	—
2007	438	129	91	70	32	34	55	27	—	—
2008	491	138	107	75	48	38	55	30	—	—
2009	560	153	132	92	52	40	56	35	—	—
2010	564	145	149	90	34	44	53	34	—	15
2011	543	141	144	91	33	41	47	19	6	21
2012	578	129	167	96	37	45	53	19	8	24

眉山市 1997—2012 年规模以上企业工业总产值统计表（现价）

表 11-7　　单位：亿元

年份	眉山市	东坡区	仁寿县	彭山县	洪雅县	丹棱县	青神县	开发区	金象园区	铝硅园区
1997	57.96	25.77	12.76	9.23	3.67	1.84	4.68	—	—	—
1998	49.80	25.20	11.36	6.88	2.66	0.93	2.77	—	—	—
1999	48.37	22.24	11.84	7.27	2.83	1.38	2.80	—	—	—
2000	51.31	23.16	11.80	8.09	3.47	1.38	3.41	—	—	—
2001	58.89	26.12	11.91	9.74	5.64	1.53	3.96	—	—	—
2002	75.37	33.36	13.45	14.55	6.43	2.42	5.15	—	—	—
2003	108.33	44.10	18.28	27.42	7.89	3.32	7.31	—	—	—
2004	169.91	70.24	32.75	35.45	13.99	5.77	11.712	—	—	—
2005	216.94	92.09	40.39	40.64	19.44	8.88	15.50	—	—	—
2006	246.75	107.04	49.04	37.59	19.97	10.73	17.77	4.59	—	—
2007	335.35	147.44	68.77	50.79	19.51	14.76	26.47	7.62	—	—
2008	443.50	183.62	95.24	70.92	32.31	20.92	30.62	9.87	—	—
2009	521.98	174.00	131.09	91.86	43.10	25.48	43.29	13.17	—	—
2010	755.55	196.71	189.04	128.49	40.72	37.09	59.75	15.54	88.22	—
2011	1053.68	244.57	276.74	196.44	54.64	50.59	71.24	16.47	101.16	41.83
2012	822.46	148.36	247.80	163.73	31.44	36.77	48.55	15.93	81.72	48.16

三、产业　企业　产品

（一）优势产业

2001 年起，眉山市委、市政府决定扶持和壮大重点优势产业，培育新的经济增长点。

2006 年，市委、市政府下发《关于调整和完善产业集群推进工作的意见》，提出“眉山市重点培育铝业、化工、机械、食品加工四大产业集群。在‘十一五’期间，将铝产业集中发展区、市经济开发区、金象化工产业集中发展区、松江工业集中发展区建成‘百亿园区’，将铝产业、食品产业建成‘百亿产业集群’”。加快四大优势产业和工业集中区发展，培育工业强市新的增长极和主战场。市经贸委前往重点工业集中区研究、协调基础设施建设、项目引进、体制创新等方面存在的问题，相关部门落实集中区机构编制、财政支持政策和重点项目，促进眉山市集中区健康发展。当年，全市四个重点工业集中区完成基础设施投资 3.16 亿元；引进并开工项目 123 个，完成投资 41.8 亿元；8 个工业集中区被列入首批“四川省小企业创业基地”。2007 年，依托优势资源，建设优势产业，培育经济优势。市政府制订“铝、化工、农副产品、芒硝、水电五大优势资源转化实施方案”，明确转化目标和措施。依托铝资源优势，引进四川普瑞达铝业有限公司、四海铝业有限公司、四川华恒祥金属科技有限公司、四川瑞能硅材料有限公司等企业和项目，铝硅产业初具规模；以四川金象化工股份公司、胜科电子有限公司为产业龙头，实施四川金象赛瑞年产 13 万吨合成氨、15 万吨硝酸、3 万吨双氧水，四川金象化工股份公司年产 30 万吨尿素、胜科电子有限级磷酸等项目；依托芒硝资源优势，实施川眉芒硝年产 60 万吨元明粉扩能、100 万吨元明粉技改、眉山市应林集团年产 30 万吨元明粉、汇祥化工年产 10 万吨洗衣粉等项目，眉山市元明粉生产能力增至 300 万吨，洗涤用品生产能力增至 23 万吨；依托农副产品资源，实施鲁洲生物科技葡萄糖淀粉生产线、四川新希望乳业利乐威灌装生产线技改、庆丰食品 1 万吨优质猪肉深加工、龙都集团茶叶加工生产线等项目，农副产品加工产业规模进一步壮大；依托水电资源，建成水电站 171 座，总装机 95 万千瓦，年发电 47 亿千瓦时，装机 13 万千瓦的百花滩电站投入运营，瓦屋山电站基本建成，启动岷江河水电梯级开发。全市铝硅、机械、化工、芒硝、农副产品加工、建材 6 大产业发展迅速，规模企业增至 316 户、占企业总数的 72%，销售收入 264.67 亿元、占全部企业销售收入的 83%；工业税收 7.42 亿元、占全部企业工业税收的 58.6%。其中铝硅产业 6 户、销售收入 51.3 亿元、工业税收 2.41 亿元；机械制造产业 43 户、销售收入 39.41 亿元、工业税收 1.82 亿元；化工产业 23 户、销售收入 28.17 亿元、工业税收 0.57 亿元；芒硝产业 17 户、销售收入 13.51 亿元、工业税收 1.06 亿元；农副产品加工业 146 户，销售收入 88.18 亿元、工业税收 1.06 亿元；建材产业 81 户，销售收入 44.1 亿元、工业税收 0.5 亿元。2008 年，市委、市政府下发《关于加快推进八大优势产业发展的政策意见》，将产业推进与园区发展、与承接产业转移相结合，制订发展规划，与各县（区）签订目标责任书，推进机械、建材产业发展。至 2009 年，全市“八大产业”（铝、硅、化工、芒硝、机械、建材、食品加工、竹木加工）中规模企业 441 户，占总规模企业户数的 79%；销售收入 443.84 亿元，工业增加值 134.58 亿元，利润 15.1 亿元，入库税金 11.51 亿元。完成工业固定资产投资 108 亿元。其中食品加工产业销售收入 130 亿元，为眉山市唯一“百亿产业”和销售收入最多企业。铝产业、芒硝产业各项指标均有所下降。

2010 年，将电子信息、装备制造、能源电力、油气化工、矾钛钢铁、饮料食品、现代中药、汽车制造、生物工程、新材料十大产业列入全市重点建设产业，按照“统筹考虑、分类指导”原则，编制和完善重点优势产业发展规划，制定发展扶持政策，引导重点优势产业快速、健康发展。优先保障重点优势产业的重大项目、大企业大集团、成长性中小企业发展。眉山总投资 210 亿元的 20 个项目列入全省八大产业调整和振兴行动计划年度重点项目，总投资 197.6 亿元的 12 个项目列入全省“7+3”产业年度重点项目。提出“把四川泡菜，打造成国内的知名地域品牌”，眉山市泡菜产业园区列入全省重点发展的 12 个以饮料食品为主的工业园区。四川省财政厅、四川省经济和信息化委员会下达眉山市（不包括扩权县）新兴产业发展专项资金项目 3 个，各安排专项资金 80 万元。全市初步形成以优势产业、骨干企业为主体的多点支撑的局面。“八大优势产业”规模企业 492 户、占总规模企业的 82%，销售收入 627 亿元、占规模企业销售收入总量的 84.34%，工业增加值 172 亿元，入库税金 13.6 亿元。销售收入上亿元企业 187 户，3 户企业进入全省 100 户大企业大集团行列。2011 年，食品产业进入全省“十二五”发展的 5 条万亿产业带中的食品产业带，味聚特食品公司等 11 户企业被列入全省“农产品加工重点龙头企业”。

2012 年，瞄准高端产业和产业高端，发展电子信息、新能源、新材料等战略性新兴产业，全市新兴产业呈现出“四高”（产值增长高、配套比例高、争取资金高、项目中标率高）发展势头。战略性新兴产业实现产值 112 亿元，项目资金配套比例 25%，争取的战略性新兴产业发展资金项目、资金额度分列全省第四、第七位。全市大企业主要分布在装备制造、农产品加工、化工、建材、能源 5 大产业，其中装备制造业 12 户，年销售收入 99.85 亿元。四川金象赛瑞股份有限公司作为眉山金象化工产业园区的核心企业，带动上游、下游化工企业发展超过10家。以四川启明星、眉山启明星为核心的铝硅产业园区，带动25户下游铝业加工企业入园建设发展。

（二）企业培育

2006年起，眉山市激励企业家做大做强工业企业、加快非公有制经济发展和改善发展软环境。确定70户企业为成长计划企业重点培育。四川美琪乐食品有限公司等6户企业被评为四川省成长型中小企业。年末全市规模以上企业比2005年增加40户，亿元产值以上企业增至54户。工业企业投入技术创新资金2亿元，新创中国名牌产品和四川省著名商标，获四川省科技进步奖二等奖、三等奖。2007年，市政府筛选确定26户重点企业，实行“五个一”（一户重点培育企业、一个目标责任、一套激励政策、一个服务内容、一套服务班子）工作机制，管理机关赴企业现场办公，实施重点企业动态管理。制定“千户规模企业培育计划”。落实招商引资发展一批、小企业成长进入一批、资源转化催生一批、全民创业新产生一批措施。加强规模以下企业扶持，筛选发展上规模、上档次的企业进入规模企业。抓优势资源转化，新上龙头企业配套项目，培育深加工企业进入规模企业。鼓励和支持外出务工人员返乡举办工业，一、三产业业主投身工业，促进全民办工业。2008年，市政府确定铝深加工、多晶硅、电子级磷酸和三聚氰胺等重点培育产品，支持企业优化产品结构，提高市场占有率。培育企业大集团发展。四川启明星铝业公司被科技部、国资委、全国总工会确定为国家“创新型试点企业”。至2009年，四川启明星铝业、四川金象化工股份有限公司、眉山启明星铝业有限公司和南车眉山车辆有限公司4户企业列入四川省大企业大集团。至2010年，全市规模以上企业增至564户。其中亿元以上企业180户以上，增加50户。

2011年，市政府重点解决企业土地、环评、融资和生产要求保障等问题，确保企业满负荷生产。全市8户企业被列为全省“小巨人”（四川省对产值达到一定规模企业的称号）企业，13户企业被列为全省“成长型”企业。截至2012年年底，全市有50户企业进入拟首次公开发行股票并在证券交易所上市交易（以下简称上市）企业储备库，其中金象赛瑞、吉香居、德恩机械3户企业被列入四川省重点改制上市企业名单。味聚特、李记酱菜等13户企业被列入眉山市“十二五”期间重点培育改制上市名单。

（三）产品培育

1997年起，眉山地委、行署制订《鼓励争创和评选名牌》办法，鼓励企业争创省优、部优、国优产品和知名、著名、驰名商标，创“眉山造”产品。至2000年，洪雅县金釜雅纸厂生产的雅纸获“国之宝”称号，眉山李记食品厂生产的泡菜在新疆维吾尔自治区参展，受到客户青睐；彭山昌泉科农公司小麦拌种剂和仁寿汪洋瓷厂生产的青花瓷碗参加中国名优特新产品博览会。昌泉小麦拌种剂被农业部农技推广总站列为小麦增产措施在全国推广。

2001年，眉山市组织彭山昌泉科农公司生产的“利乐利”保健胶囊和仁寿汪洋瓷厂生产的青花瓷碗参加农业博览会。当年，全市有国家驰名商标14件、省级著名商标27件、省名牌产品24件。其中农产品加工业有国家驰名商标8件、省级著名商标12件、省名牌产品11件。2004年，全市工业开发各类新产品60余项。2005年，全市新产品产值36.29亿元，比2004年增长48.88%。59种重点工业产品中49种产品产量增长，增幅超过50%的15种，超过30%的25种。

2006年，全市工业企业投入技术创新资金2亿元，新创中国名牌产品1个，四川省著名商标4个，获四川省科技进步奖二等奖1个、三等奖4个。至年底，全市有中国名牌产品1个，中国驰名商标1件，国家免检产品2个，四川省名牌产品16个，四川省著名商标14件。兴大工贸被评为全国乡镇企业创名牌重点企业。2008年，眉山市实施名牌战略，依托龙头企业和优势产品，培育著名商标和名牌产品。四川丹甫制冷压缩机股份有限公司的“建川”牌压缩机被评为四川省著名商标，中车集团四川丹齿零部件有限公司的“丹齿”“军齿”零部件和爱尔门业的“大卫”牌防盗门被评为眉山市知名商标。2009年，重点从科学规划、质量提升、品种开发、品牌创建、品牌宣传、品牌保护和招商引资等方面培育产品。发展和引进力达水力发电设备、风瑞能源、瑞能多晶硅等能源装备制造企业，形成水电、火电、风电、太阳能发电等设备制造能力；四川瑞能一期第一条年产1500吨多晶硅生产线投产。至2009年年底，全市主要工业产品有68种，重点产品25种。27件商标获四川省著名商标，24种产品被评为四川名牌产品。四川通威股份有限公司的饲料“通威”、吉香居食品的“吉香居”、恒泰投资的“恒泰”、川眉芒硝的“川眉”和八百寿酒业的“八百寿”等14件商标获中国驰名商标，中国驰名商标总数位居四川省第二位。至2010年，眉山市41种产品被评为四川名牌产品，“四川老字号”称号企业8户。

眉山启明星铝业有限公司的电解铝产品（摄于2003年10月）

2012年，眉山市新申报商标121件，新增知名商标20件、著名商标5件。培育中国驰名商标2件，四川省著名商标4件，国家免检产品3个，中国名牌产品2个，四川名牌产品6个。

四、民营（非公有制）经济

1997年，眉山地区私营企业是民营企业主体。全年私营企业产值（现价、下同）8.62亿元，占全区地区生产总值的（下同）8.25%。2003年，眉山市委、市政府作出《关于大力发展民营经济的决定》，出台一系列扶持民营经济发展的政策、措施。重点做好30户年销售收入5000万元以上的民营工业、10户年营业额3000万元以上的民营商贸流通业、三资企业和重点民营餐饮娱乐旅游服务业的指导、协调、服务；其余民营经济由县（区）和乡镇分层管理。每两年表彰奖励一批纳税大户、文明经营户、光彩之星以及其他贡献突出的个体工商户、私营企业和外来企业。当年，市委、市政府表彰优秀民营企业家20户、优秀个体工商户20户、外地到眉投资发展先进民营企业10户。全市新发展个体工商户1.5万户，新增从业人员2.09万人，新增注册资金1.72亿元，新发展私营企业476户，雇工7240人，注册资金3.79亿元，新发展外资法人企业4户，分支机构9户。有民营企业集团4个，超亿元销售收入的民营企业11户，省级名牌产品10个。年末全市私营企业6.96万户，注册资金24.79亿元。其中500万元以上规模的65户、1000万元以上规模的18户。民营经济从业人员12.28万人，安置下岗失业人员7352人。民营经济增加值80.37亿元，对全市经济增长的贡献率57.1%，拉动经济增长7.8%，成为眉山经济增长重要支柱。各县（区）工商税收一半以上来自民营企业。民营经济由简单生产、粗加工向科技、教育、医药、信息、农业开发、基础设施建设等领域发展，向生产型、科技型、外向型、集团化发展。

2005年，全市新增个体工商户1.22万户，新发展私营企业483户，新增投资者651人，新增雇工7791人，新增注册资金6.8亿元。2010年，全市非公有制经济增加值321.45亿元，列全省第13位。非公有制经济占地区生产总值的58.2%。2006—2010年，全市争取国家和四川省各类资金2.5亿元，其中2009—2010年为132户非公有制企业、163个项目争取创新、节能减排、中小企业等资金1.3亿元，直接带动社会投资82亿元，投资放大倍数63倍。至2011年3月，全市个体工商户7.77万户，从业人员12.11万人，注册资金10.11亿元；民营企业8438户，投资者1.93万人，雇工10.48万人，注册资金151.15亿元。民营企业从业人员25万人。申报各类项目95个，到位4160万元。2012年，全市民营企业产值增至376.92亿元，是1997年的43.73倍。

五、乡镇企业及中小企业

乡镇企业在眉山市民营经济中占有重要地位。1997年起，地委、行署制订促进乡镇企业发展政策，各县制订灵活和适当优惠的招商引资政策，吸引投资者兴办、购买、租赁、承包或参股合作、合资经营乡镇企业。实行全区50户工业重点乡镇企业挂牌保护。

1998年起，地区经委帮助企业争取四川省财政资金。组织召开各种银企协调会，解决企业急需资金。地区经委、地区外经委前往洪雅县维国公司、成洪磷化工厂、彭山县银河化工厂研究企业申报自营进出口权问题。帮助7个企业争取四川省财政周转金570万余元。至2000年，地委、行署制订促进乡镇企业发展政策21条。地区经委协调解决企业急需资金近2亿元。金融部门前往30余个企业现场办公，落实资金近亿元。全区乡镇企业系统个体、私营企业增至4.96万个，占乡镇企业总数的98.13%；总产值139.82亿元、占全部乡镇企业总产值的91.63%；乡镇企业系统个体、私营企业完成增加值78.13亿元，占全部乡镇企业增加值的86.72%；乡镇企业系统个体、私营企业营业收入126.12亿元，占全部乡镇企业营业收入的91.38%；乡镇企业系统个体、私营企业完成利润2.78亿元、占全部乡镇企业总利润的94.46%；实现增加值27.81亿元。农民从乡镇企业中人均增加纯收入42元。彭山县全力集团、眉山李记食品厂、眉山应林集团、仁寿县兴大工贸公司、青神县元亨日化厂、丹棱县三致工业公司、洪雅县维国光学元件厂等乡镇企业“小巨人”逐步崛起。通过实施“4525”工程（培育四大支柱产业、抓好50个重点乡镇、培植20个“小巨人”企业、联系50户重点企业），全区乡镇企业逐步向交通沿线、小城镇、工业小区和资源富集地集中，国道213仁寿沿线和成（都）乐（山）公路沿线的彭山县青龙、观音，眉山县太和、东坡、象耳、松江等乡镇出现企业群、企业带。一批乡镇企业示范区、工业小区初具规模；丹棱县城至何场、杨场公路两旁，汇集陶瓷生产企业39家，形成区内最大瓷砖生产走廊。

2001年，眉山市实行乡镇企业发展目标管理，市、县（区）、乡镇层层签订目标责任书，严格考核和奖惩。各县（区）实行“窗口式”办文，“一站式”审批，“一条龙”服务，“阳光作业”；清理企业注册登记审批中的各种收费，采取减、免、缓等政策措施。全市乡镇企业通过开展二次创业，调整结构，转换机制，强化管理，推行“4525”工程。主导产业中建筑建材和资源性产业增长幅度超过25%；吉香居、神农、李记酱菜等农业产业化龙头企业崛起；小城镇、乡镇企业示范区、交通干线的集聚效应显现；应林集团、华威电器、用久工贸、人民水泥、昌泉科农、川西制药、维国实业、兴大工贸、恒泰食品等骨干、重点企业的带头作用和骨干作用得以发挥。全年乡镇企业为农民人均创收28元，转移农村剩余劳动力4000人。2002年，市委、市政府《关于加快工业发展的决定》中，提出“壮大市级，带动县（区）级，激活乡镇级”三个板块的工业经济发展思路，实行50个重点乡镇工业发展单项目标管理，每年排名公布主要指标完成情况。全市50个重点乡镇（以下简称“重点乡镇”）工业投入11.41亿元，比2001年（下同）增长55%；重点乡镇工业总产值104亿元，增长28.65%，重点乡镇工业增加值28.07亿元（占全市乡镇企业的63%），增长58.46%，重点乡镇工业利润总额3.11亿元（占全市乡镇企业的82%），增长47.7%，重点乡镇入库税金2.64亿元，增长16%。2003年，全市50个工业重点乡镇配备专职工业副书记、副乡镇长和工业干事；市级机关抽调优秀科级干部50人到重点乡镇专职抓工业。建立工业发展述职追究制，实行考核奖惩制。市委、市政府实行重点工业乡镇一季一通报、一年一排位、动态考核、年末淘汰、顺位递补制。市、县（区）两级财政每年从工业对财政的增量贡献中，安排不低于10%的资金支持工业发展，进入基金，保证财政投入工业发展资金不低于同级财政预算支出的3%。改革县（区）与乡镇财政解缴办法。当年，全市乡镇企业施工项目728个，投资25.99亿元，新增固定资产22.45亿元。50个重点工业乡镇工业固定资产投入24.3亿元，比2002年（下同）增长113%，重点工业乡镇工业营业收入139.84亿元、增长34.4%，重点工业乡镇工业增加值44.63亿元、增长59%，重点工业乡镇工业利润5.72亿元、增长83.92%，重点工业乡镇工业入库税金3.75亿元、增长42.05%。全市乡镇企业增至5.25万户，出口产品交货值1.62亿元、增长280.18%。有带动作用的农业产业化龙头企业23个，务工人员1.34万人，带动农户30万户。农民人均获益750元，占全市农民人均纯收入的33.3%。2005年，全市50个重点乡镇工业增加值86.49亿元，营业收入271亿元，利润总额12.24亿元，入库税金5.49亿元，工业固定资产投入65.87亿元。

2007年，眉山市争取四川省中小企业发展资金245万元，帮助企业技术改造、技术创新和建设创业基地。年末全市有小企业创业基地9个，新增企业41户，中小企业产业集群7个，总销售收入85.66亿元。至2008年，全市乡镇企业以批发零售业、工业企业、社会服务业为主体。2009年，市农业和中小企业担保有限公司获得信用担保补足资金540万元。5户受助企业产值1.35亿元，销售收入1.3亿元，增加就业岗位480个。乡镇企业增至1.63万户，其中农业218户、工业4336户、建筑业752户、交通运输业1553户、批发零售业5583户、住宿及餐饮业1258户、社会服务业1703户。吸收城镇下岗失业人员4.32万人。出口产品交货值4.54亿元。2011年，全市争取国家和省上中小企业发展专项资金项目22个1130万元。400余户工业企业得到市内外金融机构贷款支持。依托30个工业园区和11个小企业创业基地，通过招商引资、全民创业、资源转化等方式，发展小微企业。年末全市小微企业增至9764户，平均从业人员超过33万人。其中中小工业企业5318户，从业人员21.4万人。

2012年，市政府建立小微企业发展工作成员单位例会制度，解决小微企业政策扶持、要素保障、加快发展等方面问题。市委办、市政府办印发《促进眉山市工业企业做大做强的若干政策》，从支持企业技改升级、规模扩张、技术创新、完善质量管理体系、开拓国内外市场、引导和培育高端人才、上市融资等方面予以扶持。开展中小微型企业“服务年”活动。市经信委、眉山联通公司启动眉山市中小企业窗口服务平台项目建设，落实省中小企业发展支持资金50万元，市财政配套资金100万元。组织13家企业参加第七届亚太经济合作组织中小企业技术展览会，签订意向性协议3个，投资金额2.3亿元。争取中小企业发展资金1099.3万元。推进企业上市培育，重点培育金象化工、吉香居食品等企业。年末全市有中小企业9977户（中小微工业企业3476户）。中小微企业贷款余额194.8亿元。

第二节　工业生产

一、冶金工业

1997 年，眉山地区冶金工业规模小。至 2001 年，眉山市有规模以上冶金工业企业 9 户，工业总产值（90 不变价）3.17 亿元，销售产值（当年价）3.77 亿元，工业增加值 5333 万元，资产 1.52 亿元。2002 年，眉山市以实施 25 万吨电解铝项目为龙头建设铝业城，建成全国重要的电解铝生产基地和铝材加工基地，25 万吨电解铝项目概算总投资 37.7 亿元，年产重熔铝锭 25 万吨。当年投产，投资 3 亿元，生产铝锭 7709 吨，销售铝锭 6581 吨，销售额 1.02 亿元。

四川华恒祥金属科技有限公司（摄于 2008 年 8 月）

2006 年，市委、市政府在市铝业城建设眉山市铝产业集中发展区。全年签约投资项目 11 个，合同总投资 123.7 亿元，项目用地 1.36 平方千米。在建项目 20 个，完成工业投资 9.15 亿元，其中电解铝项目续建工程完成投资 6.27 亿元。年末园区内主导产业增至 11 个，工业总产值 41.3 亿元。2008 年，园区建成 4 平方千米，被列为四川多晶硅太阳能光伏产业基地。至 2010 年，四川启明星铝业有限公司 336 台电解槽全部复产，下游企业铝水得到充分供应，12 户铝加工企业全面投产，奥深达、华恒祥等企业新上项目，生产规模不断扩大。

2012 年，甘孜州和眉山市政府达成合作协议，在眉山市铝硅产业园区基础上共建甘眉工业园区。整合存量资源，发展增量资源。全年园区完成工业性固定资产投资 26.6 亿元，规模以上工业增加值增长 18.9%，销售收入 94 亿元，税收 1.2 亿元，招商引资 27.4 亿元，新增规模以上企业 4 家。

眉山市铝硅园区 2006—2012 年统计表

表 11-8　　单位：亿元

年份	投资				工业总产值	工业增加值	工业销售收入	净利润	税收
	合计	项目投资	基础设施	其中：工业性固定资产投资					
2006	9.55	9.15	0.40	8.76	41.30	10.35	39.77	3.58	1.68
2007	15.03	14.73	0.60	14.13	59.30	7.28	56.23	3.16	3.70
2008	16.10	15.10	1.00	15.10	66.70	4.27	65.19	−2.90	0.90

续表11-8

年份	投资				工业总产值	工业增加值	工业销售收入	净利润	税收
	合计	项目投资	基础设施	其中：工业性固定资产投资					
2009	16.68	15.80	0.88	15.80	46.20	6.68	37.40	-3.90	0.90
2010	19.50	18.00	1.50	18.00	91.40	28.70	104.5	-8.50	0.70
2011	19.88	18.20	1.68	18.20	102.00	19.20	106.00	-7.90	1.20
2012	28.40	26.60	1.80	26.60	93.00	18.40	94.00	-5.80	1.20

二、化学工业

1997年，眉山地区仅有小规模化工企业。1999年，四川金象化工公司日产20吨液体二氧化碳工程和年产6万吨硝酸、硝铵工程竣工投产，形成以川眉芒硝公司、金象化工公司、同庆南风公司、全力集团彭山洗涤剂厂为代表的骨干企业，全区化工工业具备一定的基础，重点化工产品有元明粉、氮肥、硝酸类化肥、洗涤用品。年末全区化工企业24户，工业总产值（90不变价）8.49亿元，占全区工业总产值的20.5%，工业增加值2.53亿元，占全区工业增加值的19%，出口交货值1.18亿元、占全区出口交货值的70.7%，资产总额12.39亿元，利税总额3304万元、占全区利税总额的13.5%。2000年，四川金象化工公司通过项目建设，每年新增合成氨6万吨。四川同庆南风公司5万吨洗衣粉项目立项，总投资6500万元。调整产业结构，关停小芒硝厂62个后，眉山市有化学原料及制品业企业20家，工业总产值（当年价）8.32亿元，工业增加值（生产法）5793万元，资产总额12.18亿元，产品销售收入1.47亿元，利润656万元。

成眉石化园区四川金恒通化工有限公司灌区装置（摄于2011年3月）

2002年，四川同庆南风公司开发低钙镁元明粉，填补市场空白，年生产元明粉29.7万吨，实现利润155万元；开发出中性低钙镁产品。四川同庆南风洗涤用品公司的“奇强”洗衣粉被国家质量监督检验检疫局授予“质量免检产品”“中国名牌产品”称号。四川金桐石油化工公司投产，生产磺酸2.95万吨。四川金象化工公司生产合成氨10.35万吨、尿素12.35万吨；销售收入2.12亿元，上缴税金1071.9万元，利润995.6万元。有废旧轮胎综合利用企业1户，主要从事各种汽车轮胎翻新加工、垫带等产品生产。年末全市有化学工业企业34家，化学工业成为眉山重要的工业主导产业。2003年，四川金象化工股份有限公司，销售收入2.25亿元，列入当年全国化工500强。至2010年，眉山市金象化工产业园区（以下简称金象园区）销售收入28亿元，上缴税金1.8亿元，工业增加值13

亿元，工业固定资产投资 7.7 亿元，完成全社会投资 8.25 亿元。

2011 年，眉山市推进“工业强市”战略，发展园区经济，金象园区工业总产值 41.6 亿元；工业增加值 11.6 亿元；完成全社会固定资产投资 13.4 亿元；招商引资 18 亿元，园区基础设施投资 1.5 亿元。四川省眉山市交通翻胎厂翻新轮胎生产标条 12 万条，工业产值 665 万元，综合能耗 14 千瓦时 7 标条。2012 年，眉山市金象园区销售收入 55.5 亿元，规模以上工业增加值增长 18.2%，固定资产投资 15.01 亿元，入库税金 2.5 亿元，招商引资 20 亿元，基础设施投入 2.5 亿元。全年园区在建工业项目 15 个，总投资 41.5 亿元。有规模化学纤维制造业企业 1 家，资产 3015 万元，产品销售收入 2.21 亿元，利润 2846 万元。有四川金象赛瑞化工有限责任公司、青神县中岩复合肥厂、四川省仁寿县江阳龙复合肥厂等主要化肥生产企业 10 家。当年生产复合肥（混培肥）11 万吨，尿素、碳铵等化肥 45 万吨，基本满足全市生产需求。全市规模以上化工企业主营业收入 200.89 亿元，利润 17.73 亿元，税金及附加 1.27 亿元。

三、医药工业

1997 年，眉山地区医药工业产值 4000 万元。1998 年，启动实施振兴全区医药经济“313”工程。全区医药生产经营企业中推行《生产质量管理规范》《药品经营质量管理规范》。重点扶持川西、雅达、辰龙等骨干制药企业实施技术改造，开发新药品种，开拓市场。1999 年，地区卫生局督导各县推动各医药工业、商业企业加快结构调整、技术进步、产品开发、市场营销和《生产质量管理规范》《药品经营质量管理规范》达标进程，组建地区医药经营联合集团并举行第二届全区药品洽谈会。四川川西制药公司投资 750 万元建成国家三类新药扁桃清颗粒生产线。形成以四川川西制药公司、雅达制药公司、辰龙制药公司为代表的医药骨干企业。主要生产中成药、医用材料等。全区有医药企业 5 户，工业总产值（90 不变价）1.54 亿元、工业增加值 5527 万元、资产总额 2.38 亿元、利税 2219 万元。2000 年，加快医药生产企业的产品结构调整，注重质量安全，完善企业管理机制。总投资 1680 万元的川西制药股份公司小儿扁桃清颗粒项目完成投资 300 万元，产品生产工艺成熟，市场前期工作基本完成。全年全区医药企业实现工业产值 1.55 亿元，医药商业销售 4455 万元。

2001 年，通过政策扶持，眉山市医药产业较快发展，涌现川西制药、雅达药业、辰龙制药等明星企业。至 2002 年，四川青神康华制药有限公司引进“新型能化剂合成冰片新工艺”项目建成投产，为全国唯一开发使用此新工艺企业，冰片年产量 200 吨、销售收入 1000 万元、上缴税金 70 万元，形成全国冰片产业（眉山市、广州、湖南 3 家）三足鼎立局面。四川川西制药股份有限公司开发“沙棘产业化项目”，建立“良好农业规范”沙棘种植基地，利用沙棘果制成沙棘果汁、沙棘晶和沙棘酒，利用沙棘果渣提取治疗心血管疾病的沙棘黄酮，利用沙棘籽和沙棘树皮提取抗肿瘤药物。全市有医药生产企业

四川科伦药业股份有限公司仁寿分公司（摄于 2010 年 7 月）

19户，其中药品生产企业9户，中药饮片加工企业5户，药包材企业5户。有医药商业企业14户，药品零售经营企业（网点）近800户，医疗器械经营企业192户。医药工业销售收入1.8亿元、利税2323万元；医药商业企业销售收入7000万元、利税1500万元。2003年，市经贸委、市药监局、市科技局修订《眉山市医药产业2003—2005发展纲要》，推进医药产业结构调整和上档升级。全市有医药生产企业16户（药品生产企业9户、中药饮片加工企业5户、药材包装企业2户），销售收入2.3亿元，利税1996万元；有医药商业公司17户、药品零售经营企业（网点）680户，销售收入5199.58万元，利税177万元。至2005年，全市有医药生产企业9户，总资产3.9亿元，负债1.9亿元，主营业收入2.4亿元，利润总额840万元，税金及附加82万元，全部从业人员年平均人数1502人。2010年，全市有医药生产企业总资产7.46亿元，负债4.1亿元，主营业收入15.19亿元，利润总额1.62亿元，税金及附加696万元，全部从业人员年平均人数2369人。

2012年，眉山市有医药生产企业12户（药品生产企业8户、中药饮片加工企业4户），总资产12.29亿元，负债3.11亿元，主营业收入19.65亿元，利润总额2.38亿元，税金及附加2748.8万元，全部从业人员年平均人数2943人。

四、建材工业

（一）水泥

1997年，眉山地区水泥产量59.17万吨。2000年，调整水泥产业结构，关闭年产5万吨以下的国有小水泥企业4户，安置企业全民所有制职工1293人。至2002年，眉山市有水泥类建材企业15家，总产值（现价）2.92亿元。其中年产水泥50万吨以上的企业2户，其余生产能力均在50万吨以下。全市13家水泥企业（其中，3家未获得生产许可证、10家换发生产许可证）。6户水泥厂的废水、废气、废渣排放均达到享受国家产业政策的标准，获得免交增值税的优惠政策。2003年，显明水泥公司25万吨水泥生产线改造项目投入2900万元。2007年，仁寿县人民水泥有限责任公司被四川省政府表彰为全省工业节能优秀企业。全市水泥产量325.16万吨。2012年，全市水泥产量641.31万吨。

（二）瓷砖

2002年前，眉山市仅有洪雅县四川新乐雅陶瓷有限公司一家陶瓷生产企业，年产值2100万元。2002年，全市瓷砖陶瓷企业增至43家，总资产约18亿元，年营业收入22亿元。陶瓷企业主要集中在丹棱县，有陶瓷企业28家，为丹棱县工业支柱和主要财政来源。当年，4户企业实施生产线技术改造和引进新的生产线，提升产品质量和档次。有日生产能力1万平方米以上的企业4户、5000平方米以上的企业18户。2003年，丹棱富彩瓷厂投资1850万元技改扩建；华天瓷业的技改扩建工程完成投入1850万元。2004年以后拥有瓷砖生产企业2家，四川新乐雅陶瓷有限公司和四川欧冠新型建材有限公司，年产值3000万元。2011年，四川省汪洋瓷业有限公司年产1000万件高档日用瓷生产线技改项目投资3000万元。2012年，眉山市瓷砖产业产值8000万元。仁寿县有瓷砖陶瓷企业7家，青神县有瓷砖生产企业1家。

（三）其他建材

2002年，眉山市有其他建材工业企业26家，主要是以生产耐火材料、预制构件、钢材、供排水管为主。四川派普塑胶有限公司投入1.52亿元实施技术改造；四川青龙耐材有限公司投资2000万元实施JA-95型耐磨耐火材料技术改造；眉山市泰鑫华塑建材有限公司投资3000万元建成塑钢门窗生

丹棱陶瓷建材产业园区陶瓷生产车间（摄于2011年4月）

产线；胡林建材厂投资1500万元实施年产6万吨轧钢生产线技术改造等。2003年，眉山市泰鑫华塑建材有限公司塑钢门窗项目投入1000万元。全市重点企业有四川派普塑胶有限公司、四川青龙耐材有限公司、眉山市泰鑫华塑建材有限公司、胡林建材厂等。2004年，仁寿县有其他建材工业企业12家。2011年，四川鑫统领建材科技有限公司年产5万吨第三代高性能减水剂项目投资2300万元。2012年，全市其他建材工业企业主要以生产耐火材料、砖瓦、石材、水泥助磨剂、供排水管等为主。

五、机械电子工业

1997年，机械电子工业是眉山地区主要工业之一。至1999年，全区统计口径内机械制造企业15户，电子企业4户，工业总产值（90不变价）8亿元，工业增加值3.44亿元，总资产15.33亿元，负债8.61亿元，资产负债率56.16%，销售收入9.91亿元，利税9142万元。国营4501厂研制的无氟压缩机进入整机寿命试验阶段，产品质量优于日本、韩国同类产品。全区机械重点企业有眉山市车辆厂、四川丹甫制冷压缩机有限公司、四川丹齿实业有限公司等；电子重点企业有成都邮电通信设备厂、国营星华仪器厂。机械行业主要产品有各类敞车、篷车等铁路货车车厢及各型制动机，压缩机产品，摩托车、汽车齿轮及微型车变速箱等。电子行业主要产品有光同步传输系列设备、光纤接入网设备，线路复用设备，无源光器件，时统设备，铷原子振荡器，石英晶体振荡器、谐振器，开关电源、模块电源，半导体老化测度仪等。至2000年，全区有规模普通机械制造企业5家，工业总产值1.17亿元（当年价，下同），工业增加值4720万元，资产3.15亿元，产品销售收入9735万元，利润负562万元。有规模电气机械及器材制造企业4家，工业总产值4888万元，工业增加值1199万元，资产5619万元，产品销售收入5166万元，利润负5万元。有规模电子及通信设备制造企业4家，工业总产值1.46亿元，工业增加值7682万元，资产3.61亿元，产品销售收入1.42亿元，利润负2万元。

2002年，眉山市有销售收入500万元以上规模的机械电子企业20户，机械工业主要涉及车辆配件、压缩机、齿轮及变速箱、光学元件、农用机械等。电子工业主要涉及通信、电子产品和光学元件等。车辆及配件企业有眉山车辆厂，主要生产铁路货车及制动装置；通信企业主要生产传输、接入系列设备、光纤电视系列设备、网络系列设备等通信设备；电子企业主要生产铷原子振荡器、晶体振荡器、晶体谐振器、电源模块系列产品。上亿元企业有3户。

2006年，成立眉山机械产业集中发展区，眉山同升经贸有限责任公司、同盛物流有限责任公司、同升建筑安装工公司3家车辆厂改制企业挂牌入驻集中区。年末集中区内有企业10家，税收6100万余元。2008年，市经委制订《眉山市机械产业推进方案》，明确产业推进目标规划、推进措施等，

眉山第一家上市公司丹甫股份有限公司压缩机生产车间一角（摄于 2006 年 4 月）

并组织实施。督促各县（区）筛选符合条件的规模以下企业进入统计口径，壮大产业规模。新增眉山市衡锋铸钢有限公司、四川依江机械铸锻有限公司等规模企业 7 户。承接江苏省、浙江省、重庆市等地的机械产业转移，促进一批机械重点项目签约和开工建设。全市机械产业完成工业投资 15 亿元，新开工投资上 1000 万元的项目 40 个，包括总投资 10.37 亿元的风瑞风力发电设备制造、总投资 1.3 亿元的南车眉山市车辆有限公司铁路专用坚固件、总投资 1 亿元的金蓉齿轮盆角齿生产线项目。机械产业新增从业人员 1680 人，专业技术人才 902 人获眉山市人才补助资金 129.48 万元。机械产业规模企业增至 50 户，实现工业增加值 15 亿元，销售收入 52 亿元，入库税金 2.5 亿元、居全市八大产业首位，利润总额 3.4 亿元、居全市八大产业第三位。

2012 年，眉山市有规模电气机械及器材制造企业 20 家，资产 13.8 亿元，产品销售收入 37.99 亿元，利润 4.94 亿元，总资产贡献率 55.09%，资产负债率 49.7%。有规模计算机、通信和其他电子设备制造企业 5 家，资产 2.27 亿元，产品销售收入 1.98 亿元，利润 722.6 万元，总资产贡献率 9.27%，资产负债率 48.35%。

六、食品工业

1997 年，眉山地区食品行业主要有肉食品、火腿肠、骨素、骨奶、奶粉及保健品、饮料、白酒生产与加工。1999 年，全区食品行业重点企业有眉山金锣肉食品公司、仁寿双汇肉食品有限公司、眉山美琪乐有限公司、青神美好肉食品有限公司、洪雅阳坪乳制品公司、彭山八百寿酒业有限公司、眉山三苏酒厂等。年产鲜、冻畜肉 6 万吨。2000 年，眉山金锣食品公司骨素生产项目立项，项目固定资产投资 6000 万元，全部自筹，形成年产 4000 吨骨素生产能力。全区有规模以上食品加工企业 29 户，工业总产值（当年价，下同）13.21 亿元，工业增加值 2.67 亿元，资产 7.56 亿元，产品销售收入 12 亿元，利润 2618 万元；规模以上企业食品制造企业 3 户，工业总产值 1.09 亿元，工业增加值 2458 万元，资产 9268 万元，产品销售收入 7040 万元，利润 877 万元。

2001 年，眉山市规模以上食品企业产品发展到鲜冻畜肉、乳品、食品油、酱菜、米面多种产品。仁寿双汇肉食品公司、眉山金锣肉食品公司为集生猪屠宰、火腿肠、骨素、炼油生产、销售于一体。2003 年后，全市食品行业主要有肉食品、乳制品、调味品、粮食加工、糖果制造、食品添加剂、冷饮品等产品。肉食品企业有眉山市金锣肉食品有限公司、仁寿双汇肉食品有限公司、青神美好肉食品有限公司，主要生产保鲜肉、冷冻肉，火腿肠、骨素等产品。乳制品企业主要有四川新阳坪乳业股份有限公司。调味品企业主要有四川李记酱菜食品有限公司、四川吉香居食品有限公司等。粮食

眉山千禾味业有限公司酱油生产线（摄于2012年11月）

加工企业主要有眉山市恒泰公司、金石油粕有限公司、星星米业有限公司、眉山市禾辉米业有限公司、茂华食品厂等。2006年，眉山市四川美琪乐食品有限公司等6户企业被评为四川省成长型中小企业，四川省味聚特食品有限公司（以下简称味聚特食品）被评为全国乡镇企业创名牌重点企业，恒泰食品、味聚特食品被评为“首批全国农产品加工示范企业”。2008年，全市5户食品企业被评为“四川省农产品加工业示范企业”，东坡区太和镇经济开发区被评为“四川省农产品加工业示范基地”。至2012年，全市有规模以上农副产品加工企业72家，资产60.38亿元，主营销售收入127.75亿元，利润11.77亿元，总资产贡献率56.29%，资产负债率40.59%。其中食品加工企业15家，资产16.79亿元，产品销售收入21.95亿元，利润1.64亿元；酒、饮料和精制茶企业7家，资产4亿元，产品销售收入5.07亿元，利润3622.8万元。

（一）泡菜产业

泡菜产业是眉山市经济发展的重要支柱产业，对农业增效和农民增收发挥重要作用。

泡菜原料基地建设　2005年，眉山市委将蔬菜作为“十一五”期间重点建设的四大拳头产品之一，提出“加快眉山市蔬菜产业化发展，打造中国泡菜之乡”。四川李记酱菜调味品有限公司、四川省吉香居食品有限公司、四川省味聚特食品有限公司等10余家龙头企业发起成立眉山市蔬菜产业协会，市农业部门抽调技术人员39人组成10个定点服务小组，实行年产值1000万元以上的重点泡菜龙头企业定点服务，协调解决企业生产中的问题。四川省农业厅将眉山市纳入全省“十一五”蔬菜产业优势区域规划，支持眉山建设标准化蔬菜生产基地和集约化育苗中心。此后，开展规模化、标准化、无公害化加工型蔬菜基地建设，建立眉山市蔬菜新品种试验园，推动泡菜产业发展。2006年，市农业局制订《加快蔬菜产业化发展　打造“中国泡菜之乡”实施方案》，规划发展加工蔬菜生产基地20万亩。将基地建设纳入政府目标考核。东坡区实行建设500亩以上连片蔬菜基地政府扶持1万元，1000亩以上政府扶持2万元，3000亩以上政府扶持5万元；仁寿县对建设蔬菜钢架大棚的每亩政府扶持8000元。市财政安排泡菜产业推进专项资金500万元，县（区）政府相应投入资金，重点支持建设蔬菜生产基地的龙头企业、业主、农民专业合作社。推广“公司+基地+农户”或“公司+合作组织+基地+农户”经营模式，鼓励全市泡菜加工企业参与基地建设。当年，全市建成加工蔬菜基地8933公顷。2009年，市委、市政府提出到2011年全市蔬菜种植面积发展到100万亩，建成标准化蔬菜生产基地50万亩。当年，全市新建加工蔬菜基地5000公顷，新增加工量15万吨。至2010年，全市43家企业建基地1.25万公顷，味聚特、吉香居、李记等重点泡菜企业均建有万亩加工蔬菜原料基地，参与基地建设的农民专业合作社发展到52家。2012年，眉山市加工蔬菜基地面积增至2.49万公顷。在东坡区广济、松江、修文、崇礼、太和、三苏、尚义、象耳等重点乡镇，建设太和三江、永丰、三苏、思蒙四大万亩示范区，栽种青菜、榨菜、萝卜、大头菜、豇豆、辣椒等泡菜加工主要原料蔬菜品种。

生产与销售　1991 年，创办四川李记酱菜调味品有限公司，以生产酱腌菜、调味品、红油系列小菜为主，是眉山地区具有较大规模的现代化泡菜龙头企业。2001 年，建立四川省吉香居食品有限公司，研究生产高档泡菜、调味品系列现代化科技型食品，是农业产业化国家级重点龙头企业，年加工蔬菜能力 12 万吨。至 2004 年，眉山市有加工企业 33 户，年蔬菜加工量 19.48 万吨、产值 3.47 亿元。泡菜产值 3.8 亿元。2006 年，全市有泡菜加工企业 60 余家，泡菜加工量占全省的 50%以上，有农业产业化龙头企业国家级 1 个、省级 4 个、市级 13 个。2007 年，市政府举行首届“东坡泡菜文化节”，展示东坡泡菜历史文化内涵和创新发展潜力。至 2008 年，全市泡菜生产企业增至 68 户，其中规模以上企业 36 户，年产万吨以上企业 8 户，泡菜企业年加工蔬菜 50 万吨，占四川省蔬菜加工能力 40%以上。泡菜年产值增至 20 亿元，产品进入北京、上海、广州等国内市场，出口美国、英国、法国、韩国、澳大利亚、荷兰、加拿大、新西兰、新加坡等 20 余个国家和地区。2 平方千米的泡菜产业园初具规模，集聚泡菜加工龙头企业 68 户、相关配套企业 13 户、年销售收入上 1000 万元龙头企业 36 户。李记集团、味聚特、吉香居等大型泡菜企业，引领眉山市泡菜。2009 年，市委、市政府作出《关于加快眉山市泡菜产业发展的决定》，提出到 2011 年泡菜年加工量和销售收入实现翻番，分别达到 100 万吨、40 亿元；带动农民增收 8 亿元以上，建成“四川・东坡泡菜产业园”，建立“四川・东坡泡菜”产业品牌，建成泡菜产业强市和以蔬菜为特色的全省特色效益农业示范市。制发《四川・东坡泡菜产业园建设方案》等配套实施方案 7 个，明确全市加快泡菜产业发展的具体措施。建成“东坡泡菜产业园区”，实现泡菜加工量 80 万吨，销售收入 30 亿元，带动农民增收 5 亿元。举办首届中国四川泡菜国际论坛，邀请国家有关部委和四川省委、省政府领导、26 国外宾、专家学者、各界代表 400 余人出席会议，以“四川泡菜与健康”为主题展开研讨，将四川泡菜建成国际知名品牌。组织 8 户泡菜生产重点龙头企业参加中国食品博览会并举办四川眉山市泡菜产业推介会，向全国展示眉山泡菜，销售眉山泡菜，境内参展企业与北京市、天津市、浙江省等地的销售企业签约结成长期合作关系，签约金额 3000 万余元。当年，泡菜年加工量 65 万吨，占四川省的 50%以上。销售收入 30 亿元，产品远销欧美、日本、韩国等 41 个国家和地区；“东坡泡菜”产品相继进入中央会议餐桌。2010 年，眉山市举办以“四川泡菜品鉴、宣传及促销”为主题的“中国・四川泡菜国际品鉴会”，品鉴四川泡菜，农业部、国家质检总局领导为获得国家农产品地理标志和国家地理标志保护产品的“四川泡菜”“东坡泡菜”颁证。在城区岷江东岸崇礼镇启动“中国四川泡菜城”建设，规划面积 10 平方千米，以泡菜加工为主体，集“泡菜加工、质量检测、研发培训、旅游观光、文化博览、产品交易、仓储物流、配套服务”为一体，以“一中心、六基地”（中国四川泡菜加工中心，中国泡菜交易展示基地、中国泡菜质量检测基地、中国四川泡菜研发基地、中国四川泡菜教育培训基地、中国泡菜文化旅游博览基地、中国四川泡菜有机原料生产基地）为重点。当年，投入资金 2.1 亿元，建设道路、水电、通信等配套基础设施；

眉山泡菜产业园区泡菜包装车间（摄于 2012 年 3 月）

引进泡菜食品及相关企业14家，6家泡菜加工龙头企业和配套服务企业建成投产；园内占地53公顷的“水天花月”湿地公园成为眉山市城市旅游特色和亮点。眉山泡菜加工量占全省50%以上，成为全国三大泡菜生产基地之一。全国防震减灾工作会议、全国两会期间，眉山市开展东坡泡菜宣传推介活动，并作客央视农业频道向全国观众介绍东坡泡菜。东坡泡菜成为北京军区部队专供产品和全国两会代表馈赠礼品、人民大会堂国宴食品和全国各大城市超市、学校、工地、宾馆入驻食品。全年泡菜企业签订订单27.28亿元。2011年，东坡区获“国家级绿色食品（蔬菜）原料标准化生产基地”“中国泡菜原料辅料基地”称号，眉山市政府与四川省农科院签订合作协议，吉香居食品有限公司与韩国希杰集团签订合作协议。2012年，眉山市建成以泡菜为主题的专业性博物馆“中国泡菜博物馆”、中国泡菜城文化广场以及标志性建筑“中华菹坛”。在眉山举行“第四届中国四川泡菜国际展销会”，展示泡菜系列200余个、品种800余个。东坡泡菜走进全国两会和中共十八大，走上中央电视台《味道》栏目，中国泡菜城获全国休闲农业创意精品大赛金奖。截至2012年年底，全市有泡菜加工企业68户，年加工泡菜125.4万吨，销售收入84.28亿元。年产值1000万元以上的泡菜加工龙头企业36户。四川李记酱菜调味品有限公司、四川省吉香居食品有限公司等17户企业获得国家级、省级、市级农业产业化重点龙头企业称号。

品牌建设与市场开发　2005年，眉山市委、市政府奖励获“国字号”品牌的泡菜企业各10万元；组织东坡区创建和申报“中国泡菜之乡”，农业、工商、质监等部门申报“东坡泡菜”产地证明商标和地理标志保护产品。2006年，东坡区被中国特产之乡委员会命名为“中国泡菜之乡”。眉山泡菜加工企业获四川名牌产品企业6户，通过危害分析的临界控制点认证6户，质量管理体系认证18户，具有进出口经营资格5户。有“吉香居”“乐宝”“味聚特”“惠通”“川南”中国驰名商标5个，获四川省名牌6个，四川省著名商标7个，四川名牌农产品3个，四川泡菜精品5个；获中国健康食品认证4个，绿色食品认证73个，有机食品转换产品认证10个，国家专利6项。2007年，“吉香居”牌泡菜通过司法程序认定为“中国驰名商标”，成为全国泡菜行业和眉山本土企业首个“驰名商标”。四川李记酱菜调味品有限公司“乐宝”牌被评为四川省著名商标。至2008年，眉山成为全国蔬菜加工业驰名商标最集中的地区。2010年，“东坡泡菜”获得国家质监总局颁发的“国家地理标志保护产品”称号。新获国家地理标志保护产品认证，眉山泡菜标准成为省级标准，5个泡菜商标荣获“中国驰名商标”。眉山泡菜销往全国各大城市超市、学校、工地、宾馆，出口美国、英国、法国、韩国、澳大利亚、新西兰等20余个国家和地区。

（二）酿酒业

1997年，眉山地区酿酒行业多为小作坊。至1999年，全区酿酒行业重点企业有彭山县四川八百寿酒业有限公司、眉山三苏酒厂，年产白酒4502升。2002年，眉山市有酿酒企业43户，总体规模较小，销售收入500万元以上的企业有仁寿佳泉曲酒厂、四川八百寿有限公司、眉山市三苏酒厂3家。“八百寿”酒和“苏轼”酒形成地方品牌，企业借助“彭山长寿文化”“三苏文化”做强做大。2003年，眉山市酿酒企业产量1.87万吨，销售1.48万吨。主要产品为白酒。企业总体生产规模较小，销售收入500万元以上企业有四川八百寿有限公司、眉山市三苏酒厂、眉山市华威酒业有限公司3家。至2012年，洪雅县有白酒企业11家，有花溪源和高庙两个眉山市知名商标，高庙白酒是国家地理标志证明商标。高庙白酒传统酿造工艺是眉山市非物质文化遗产。彭山县四川八百寿酒业有限公司的“彭祖”“八百寿”两个产品获ISO 9001质量管理体系认证，“彭祖”品牌荣获中华老字号，“八百寿”被认定为中国驰名商标，“彭祖·八百寿”酒是市政府确定的眉山市酒和政府接待专用酒。公司产品先后荣获四川省优质产品、第三届和第四届四川名酒、原中商部优质产品金爵奖等荣誉称号。

七、饲料工业

1997 年，眉山地区有饲料生产企业 124 个，年产饲料 91. 37 万吨、产值 24. 96 亿元。其中配合饲料 67. 93 万吨、浓缩饲料 18. 56 万吨、添加剂预混合饲料 2. 91 万吨、添加剂 1. 91 万吨。此后，企业不断优化，企业数量逐步减少，生产能力逐步扩大。至 2000 年，全区有规模以上饲料生产企业 4 家，工业总产值（当年价）1835 万元，工业增加值 795 万元，资产 6087 万元，产品销售收入 3919 万元。

2003 年，眉山市饲料企业主要有眉山市通威饲料公司、统一饲料公司、仁寿三联饲料公司、国全饲料公司、四川金仁饲料有限公司、华森饲料公司、庆林饲料公司等，生产猪、鸡、鱼等饲料和饲料添加剂。有产值上亿元企业 5 户。截至 2012 年年底，全市有饲料生产企业 105 个（国有 1 个、私营 89 个、股份有限公司 5 个、股份有限责任公司 3 个、股份合作制企业 2 个、港澳台 3 个、外商 1 个、其他 1 个），年生产饲料 180. 52 吨、产值 67. 33 亿元。其中，饲料原料工业生产企业 5 家，主要产品有酒精蛋白粕、菜籽粕、玉米，生产能力 2. 8 万吨，年产量 28. 19 万吨，产值 1. 1 亿元；添加剂、预混饲料工业生产工业 17 家，生产能力 10. 5 万吨，产量 4 万吨，产值 1. 01 亿元；浓缩饲料生产企业 80 家，生产能力 111. 8 万吨，产量 39. 96 万吨，产值 21. 99 亿元；奶牛精料补充料工业生产企业 7 家，生产能力 6 万吨，产量 3. 5 万吨，产值 1. 25 亿元；动物原性饲料生产企业 9 家，生产能力 6 万吨，产量 2. 4 万吨，产值 1. 11 亿元；配合饲料生产企业 45 家，生产能力 263. 7 万吨，产量 129. 55 万吨，产值 40. 87 亿元。初步形成以饲料原料工业、饲料添加剂工业、配合饲料工业为主体以及饲料机械、饲料质量监测为一体的饲料工业体系。

眉山市 1997—2012 年饲料产品产量表

表 11-9

年份	企业数（个）	饲料产品（万吨）	配合饲料（万吨）	浓缩饲料（万吨）	添加剂预混合饲料（万吨）	添加剂（万吨）	其他（万吨）	产值（亿元）
1997	124	91. 37	67. 93	18. 56	2. 91	1. 91	0. 07	24. 96
1998	123	93. 93	69. 38	18. 84	3. 41	2. 15	0. 15	27. 26
1999	121	100. 01	75. 86	18. 28	3. 74	1. 85	0. 27	28. 05
2000	117	104. 18	78. 76	19. 52	3. 55	2. 06	0. 30	29. 77
2001	112	107. 07	82. 15	19. 80	2. 74	2. 01	0. 37	30. 51
2002	111	111. 73	84. 45	21. 81	3. 14	1. 96	0. 37	33. 16
2003	109	118. 12	91. 41	19. 58	2. 82	3. 93	0. 39	35. 12
2004	106	116. 30	91. 90	18. 61	3. 23	2. 00	0. 55	34. 94
2005	105	129. 61	97. 05	21. 22	4. 75	3. 93	2. 66	39. 75
2006	100	122. 65	92. 13	20. 63	4. 25	2. 00	3. 64	37. 27
2007	99	113. 38	83. 92	17. 29	3. 89	4. 04	4. 25	41. 11
2008	99	119. 68	90. 99	17. 90	3. 08	3. 86	3. 84	42. 82

续表11-9

年份	企业数（个）	饲料产品（万吨）	配合饲料（万吨）	浓缩饲料（万吨）	添加剂预混合饲料（万吨）	添加剂（万吨）	其他（万吨）	产值（亿元）
2009	100	127.65	95.99	20.29	3.42	4.05	3.90	64.04
2010	102	155.22	118.32	28.91	3.42	2.05	4.80	51.22
2011	105	161.23	99.16	18.39	3.01	10.80	29.87	58.71
2012	105	180.52	129.55	39.96	4.00	1.98	5.03	67.33

八、电力工业

眉山地区水力资源理论蕴藏量约110万千瓦，技术可开发量90余万千瓦。水力资源主要聚集在青衣江流域洪雅县境内。洪雅县有河流330条，总水量2.68亿立方米，水能资源理论蕴藏量100万千瓦，技术可开发量80余万千瓦，均占眉山地区的90%左右。

至2000年，眉山地区建成水电站137座，装机容量约28万千瓦，年发电量13.1亿千瓦时，年售电收入1.6亿元，利税5000万元。已开工建设的水电站装机容量约12万千瓦，设计年发电5.5亿千瓦时。在建的高凤山电站，装机量2.5万千瓦，设计年发电量3.8亿千瓦时，总投资5.56亿元。有规模以上电力、热水生产和供应企业7家，工业总产值（当年价）1.93亿元，工业增加值（生产法）9555万元，资产10.43亿元，产品销售收入2.72亿元，利润833万元。2002年，瓦屋山电站开工建设。至2007年，装机13万千瓦的百花滩电站投运，瓦屋山电站基本建成，启动岷江河水电梯级开发。年末眉山市建成水电站171座，总装机95万千瓦，年发电量47亿千瓦时。截至2012年年底，全市有规模以上电力、热力生产和供应企业10家，资产49.18亿元，主营销售收入16.08亿元，利润9716.8万元，总资产贡献率6.36%，资产负债率70.46%。洪雅县建成大小水电站160余座，装机容量90万千瓦，年发电量55亿千瓦时。220千伏瓦屋山电厂、百花滩电厂、110千伏槽渔滩电厂、鱼洞电厂作为全市网内电源，为眉山市电网区域内的供需平衡起到重要作用。

大唐洪雅发电有限公司城东电站发电厂房（摄于2012年4月）

2012年，眉山市争取到甘孜州留存电量15亿千瓦时，每年为企业减少电力成本2.5亿元。

九、采矿工业

1997年，眉山地区地矿业弱小。至2000年，全区有规模非金属矿采选企业1家，工业总产值（当年价）1344万元，工业增加值521万元，资产3768万元，产品销售收入1093万元。2002年，眉山市有地质勘察单位7家。其中水文地质勘察业2家、工程地质勘察业4家、地球物理和地球化学勘察业1家。2012年，全市有规模有色金属矿采选企业1家，资产5533.3万元，产品销售收入2360.8万元，利润71.2万元，总资产贡献率1.29%，资产负债率70.5%；有非金属矿采选企业5家，资产2.24亿元，产品销售收入7.18亿元，利润6349.5万元，总资产贡献率56.59%，资产负债率40.59%。

（一）煤炭工业

1997年，眉山地区原煤产量114.92万吨。2000年，关闭非法和布局不合理煤矿26个，保留煤矿15个（仁寿县13个、洪雅县2个），压减煤炭产量13万吨。全市煤炭生产能力100余万吨，实际原煤产量50.8吨。有规模以上煤炭采选企业4家，工业总产值（当年价）7221万元，工业增加值3952万元，资产2.02亿元，产品销售收入5182万元，利润负298万元。

2002年，市经贸委组织专业技术人员核定矿井生产能力，眉山市15户煤炭企业核定年生产能力180.5万吨。较大规模的有四川汪洋能源股份有限公司、仁寿峨电能源有限公司、仁寿洪发煤业有限公司、仁寿县复合煤矿。年实际产煤109.94万吨，工业产值1.5亿元，利税1500万元，从业人员2000余人。2005年，市经委组织调查全市煤炭资源，在汪洋井田、石龙桥井田、胡家沟井田、高庙矿区中累计探明工业储量2860万吨。境内尚有远景储量（D级）1.06亿吨。其中，仁寿县境内工业储量2600万吨，可采储量2440万吨，远景储量800万吨；洪雅县境内工业储量260万吨，可采储量170万吨，远景储量9770万吨。开展矿井瓦斯等鉴定，洪雅县境内花溪煤矿、白石沟煤矿为突出矿井，仁寿县天峨等5户煤矿为瓦斯等级低瓦斯矿井，其余为高瓦斯矿井，全市15户煤矿企业有从业人员5680人，有煤炭经营企业19户，其中煤炭批发、零售经营企业15户，煤炭型加工经营企业4户。产原煤123万吨。规模以上工业企业用煤332吨，年外调煤约200万吨。2006年，全市年产原煤123.89万吨，销售收入2.54亿元，入库税金2820万元，利润1000万元。2010年，全市有矿井14个，核定年生产能力162万吨，实际生产原煤148.05万吨。

2012年，眉山市正常生产矿井“五证一照”齐全、合法、有效，矿井采掘、通风、提升、运输、供电、排水、监测监控、人员定位、压风系统等较为完善，高瓦斯矿井建立抽放系统，安全生产规章制度健全，各矿均与矿山救护队签订救护协议。有规模以上煤炭开采和洗选企业14家，核定年生产能力156万吨，资产10.99亿元，产品销售收入16.61亿元，利润2.58亿元，总资产贡献率36.84%，资产负债率27.33%。

（二）钙芒硝

从成都市双流县至眉山市洪雅县有一条钙芒硝矿区带，其中眉山市东坡区境域为最富集中地段，分布西山各乡镇，矿层厚度30余层，累计厚度45米。钙芒硝硫酸钠含量平均35%以上。工业远景储量100亿吨以上。眉山地区建立前为四川省眉山芒硝厂负责组织开采和原料加工，年产元明粉15万吨，为全省的“出口创汇先进企业”。眉山地区建立后，企业改制，建四川川眉芒硝有限责任公司，开采工艺由传统的人工抽硝水经草蓬沥水后于“牛尾灶”熬制工艺全部改为机械化操作，产量翻番。产品销往国内外。

（三）石膏

石膏矿区分布于眉山市东坡区岷江东岸各乡镇，工业储量约3亿吨。矿物埋藏不深，易开采，平均年产1000吨以上，同时可得副产物红土（红砖和裁衣划片的原料）、白土（耐火材料）。石膏开采，主要由矿区的乡镇企业负责组织和经营。眉山地区建立前，由国有眉山石膏粉笔厂组织原料收购和加工，以生产粉笔为主。眉山地区建立后，企业转制，成立眉山有机化工厂，其中收购石膏，销往省外，同时加工生产粉笔、裁衣划片、制件铸模、工艺美术品、建筑用装饰板等。

十、轻纺及服装工业

1997年，眉山地区产纱8777吨。2000年，眉山云光纺织公司年产220万套平网印花生产线投产。全区有规模以上纺织工业企业9户，工业总产值（当年价）2.81亿元，工业增加值7138万元，资产3.52亿元，产品销售收入3.01亿元，利润789万元。

2002年，眉山市最大的纺织企业四川仁寿纺织有限责任公司有5万纱锭、1200台布机，为国际质量体系认证企业，年产纱1万吨、坯布3500万米、产值1.53亿元。青神裕华纺业有限公司总资产1.5亿元，有5万纱锭，800台布机、2000万米印染生产线1条；可年产纺纱1万吨、坯布2400万米，印染布2000万米。企业主要生产经营各类纯棉、涤棉纺纱、织布以及服装面料的印染。公司有自营进出口权，产品主要出口非洲和东南亚等国家和地区。2003年，全市产纱2.76万吨，国有销售收入500万元以上的规模轻纺企业12户，主要产品有纱、坯布和成品布。年末产值上亿元的企业有川棉纺织公司、青神裕华纺织公司。2012年，全市有规模以上纺织企业20家，资产15.9亿元，产品销售收入22.18亿元，利润9862.8万元，总资产贡献率13.12%，资产负债率43.62%；有纺织服装、服饰企业5家，资产1.03亿元，产品销售收入3.3亿元，利润1382.4万元，总资产贡献率23.69%，资产负债率23.86%。

十一、丝绸业

1997年起，眉山地区实行蚕茧保护价政策，地区丝绸公司以自身亏损保护蚕农利益，防止蚕桑生产下滑。关闭规模小、质量差、效益低的丝绸企业，破产、拍卖丝绸企业11家。保留的4家企业，采取技改上档次、上质量、上效益等方法，扭转长期亏损局面。为2家国有缫丝厂争取国家专资压缩资金134.4万元。2000年，地区丝绸公司按市场价格收购蚕茧，蚕农普遍增收，调动蚕农积极性。各县公司组织蚕桑专业技术人员技术指导蚕农，实行“县公司—乡蚕桑员—村中心技术员—小蚕共育户及专、重户”蚕桑生产服务体系。全区有蚕茧收购站57个，年烘炕鲜茧能力万吨以上。丝绸企业15家有缫丝规模5.46万绪，年丝生产能力2000吨。丝织机210台，年产绸能力200万米以上。至2000年年底，全区生产白厂丝492.06吨、双宫丝66.6吨、丝织品39.78万米，工业产值9643.8万元。

2002年，眉山市丝绸行业提出“坚持稳定、巩固、提高、持续、健康发展，促进‘公司+农户’‘工厂+农户’模式，使眉山市丝绸行业稳步发展”方针，推进国有丝绸企业改革和发展，重点发展洪雅县、丹棱县、东坡区等优质鲜茧产区。整顿和规范全市蚕茧收购市场秩序。审查收购公司资格，检查、指导和协调收购期间市场秩序。统一定检各茧站计量器具，加强鲜茧收购质量监测。调整结构，增加品种，提高丝绸产品技术含量和附加值，争创白厂丝和鲜茧名牌，增强抵御国际国内市场风险能力。四川省眉山市鑫悦丝绸厂投入200万元实施技术改造，新增自动缫2880绪。年末全市有茧站（点）69个，蚕茧烘炕155副。立缫装机1.35万绪，自动缫4080绪；白厂丝年生产能力540吨。白厂丝价格持续低迷，每吨由20万元降至10万元。各丝厂亏损严重。全年白厂丝产量229吨，工业总产值3355万元、销售2553万元、上缴税金307万元、出口交货值1978万元、增加值544万元。2003年，严格审查眉山市丝绸公司鲜茧收购资格证书，通过审查的茧站证书53份，收购点证书

11 份，未通过审查证书 4 份。复审缫丝企业生产准产证，3 户通过复审上报，1 户申办新证。眉山市缫丝装机能力 1.19 万绪，设计年生产能力 500 吨。2005 年，开展支农服务，搞好农资供应，发放蚕茧 3.35 万张，收购 800 吨，蚕农创收 1700 万元。2008 年，全市发放蚕种 10 万余张，收购蚕茧 2000 余吨，蚕农直接收入 3000 万余元。至 2012 年，眉山市培育发展省级龙头企业丹棱县国荣丝绸有限公司、市级龙头企业青神县坤元丝业有限公司、仁寿县舒氏丝业有限公司。

十二、印刷包装工业

1997 年，眉山地区印刷包装工业规模小。至 2000 年，全区规模以上印刷业、媒介复制企业仅 1 家，工业总产值（当年价）646 万元，工业增加值 15 万元，资产 54 万元，产品销售收入 647 万元，利润 3 万元。此后，迅速发展。2002 年，眉山市包装印刷工业增至 127 家，其中包装类企业 42 家，印刷、打字复印类企业 85 家，包装印刷工业总资产 7.2 亿元，年营业收入 8.1 亿元。2012 年，全市有规模以上印刷和记录媒介复制企业 5 家，资产 2.2 亿元，产品销售收入 1.63 亿元，利润 1095.6 万元，总资产贡献率 7.87%，资产负债率 58.33%。

十三、造纸业

1997 年，眉山地区机制纸及纸板产量 7.25 万吨。2000 年，全区有规模以上造纸及纸制品工业企业 12 家，工业总产值（当年价）2.04 亿元，工业增加值 4274 万元，资产 2.44 亿元，产品销售收入 1.89 亿元，利润负 728 万元。

四川青神丹尼纸业有限公司生产车间（摄于 2008 年 12 月）

2002 年，眉山市丰华纸业有限公司、鸿源纸业有限公司、西龙纸业有限公司和新吉鸿纸业有限公司实施碱回收技术改造项目，治理污染。年末全市有造纸企业 53 家，其中制浆造纸企业 18 家、再生纸厂 35 家。企业总资产 5.8 亿元，负债 3.2 亿元，职工 6500 人，生产能力 25 万吨，年总产值 7.5 亿元，占全市工业总产值的 10.2%；产量 15.95 万吨。企业主要以生产打字纸、静电复印纸、文化用纸、包装纸为主。制浆造纸企业在全市造纸企业中占有主要位置，企业总资产 4.6 亿元，负债 2.8 亿元，职工 5730 人，生产能力 17 万吨，年总产值 6.9 亿元、占全市工业总产值的 9.2%。2003 年，全市开展制浆造纸企业蒸煮系统的关闭和停产限期治理。关闭 9 户年产 1.7 万吨以下的制浆造纸企业蒸煮系统，拆除并切割其 32 个蒸球；停产限期治理 9 户年产 1.7 万吨以上，不具备碱回收、中段废水处理和造纸白水封闭循环利用等治污设施的制浆造纸企业。整治后，境内岷、沱江流域制浆造纸企业基本完成四川省政府下达的“关九治九”目标任务。4 户企业 1.71 亿元实施碱回收技术改造。

2012 年，眉山市有规模以上造纸及纸制品企业 32 家，资产 24.93 亿元，产品销售收入 35.38 亿元，利润 3.6 亿元，总资产贡献率 20.48%，资产负债率 45.21%。

十四、钢铁业

1997年，眉山地区无钢铁企业。2012年，眉山市有钢铁行业四川华腾焦化有限公司年产100万吨捣固机焦及副产品综合利用技术改造项目，计划投资10亿元，属于焦化类项目。

第三节 重点工业企业简介

四川金象化工产业集团股份有限公司　四川金象化工产业集团股份有限公司始建于1970年，位于眉山城郊。2003年，列全国化工500强。主导产品“象”牌尿素获“四川名牌”“国家免检产品”“中国著名品牌”荣誉称号。2012年，集团拥有四川金圣赛瑞化工责任有限公司、四川哥伦泰克生物工程有限公司、四川玉象蜜胺科技有限公司、勐腊金象中寮进出口贸易有限公司、老挝金象国际农林科技发展有限公司、老挝金象制药有限公司等多家控股公司，形成尿素、硝酸、硝酸铵、硝铵系列肥、亚硝酸钙、高浓度甲醛、碳酸氢铵、食品级二氧化碳等多品种结构，职工2000余人，是川蜀高新技术企业、中国氮肥制造百强企业、全国化工优秀民营企业、全国化工环保先进单位。年销售收入41亿元，利润总额3.9亿元，上缴税金2.7亿元。

南车眉山车辆有限公司　南车眉山车辆有限公司是设计、制造各型铁路货车及机、客、货车制动机和配件的国有企业。1997年为铁道部眉山车辆厂。2000年，眉山车辆厂划归中国南方机车车辆工业集团总公司，由铁道部整体移交中央企业工委管理。2007年，中国南方机车车辆工业集团公司重组改制为中国南车股份有限公司，2008年，中国南车集团眉山车辆厂更名为南车眉山车辆有限公司。2012年，南车眉山车辆有限公司占地79.42万平方米，有员工4044人，固定资产9.79亿元。全年销售各型铁路货车4481辆，机车车辆配件339.46万套（组、件），销售收入24.11亿元，利税总值1.85亿元。产品出口缅甸、越南、泰国、巴基斯坦、纳米比亚、委内瑞拉、澳大利亚、苏丹、瑞士、安哥拉、坦桑尼亚、赞比亚、摩洛哥、俄罗斯等国家。

四川李记酱菜调味品有限公司　四川李记酱菜调味品有限公司前身为眉山县川菜调味品厂，1997年在松江工业区组建四川李记酱菜调味品有限公司，采用“公司+基地+农户”农业产业化模式，实施订单农业。在东坡区、丹棱县和洪雅县等县（区）及周边市、县建绿色食品蔬菜基地30余个，涉及农户1.8万户，种植青菜、萝卜、藕笋、豇豆、辣椒等2000公顷，年加工各类蔬菜8.2万吨，为产业化龙头企业。依托高等院校开发出百余种泡菜、酱菜及调味品系列产品，通过国际质量体系认证，生产的“李记乐宝”“李记枭雄”系列产品获得无公害农产品认证和标志。“李记乐宝”牌酱腌菜产品通过中国绿色食品发展中心“绿色食品”认证，获准使用绿色食品标志，随后连续三届被授予“四川省名牌产品”称号。其“乐宝牌”酱腌菜、调味品获“四川省名牌产品”称号。2006年“李记乐宝”荣获中国驰名商标，以“乐宝牌”酸菜鱼调料为主导的100余种泡菜、酱菜及调味品系列产品，畅销全国，出口到日本、韩国、东南亚等10余个国家和地区。四川李记酱菜调味品有限公司将传统工艺与现代科技有机融合，拥有5家分厂、3家公司，年产值上亿元。是四川省农业产业化经营先进单位、四川省科技型先进企业。

四川省味聚特食品有限公司　四川省味聚特食品有限公司建于2004年，占地14.53公顷，注册资金1066万元，总投资规模1.2亿元，年设计产能6亿元~7亿元，是以专业生产高档、特级四川特色小菜和调味品而闻名全国的现代化科技型食品工业企业，国家首批农产品加工业示范企业，四川省农业产业化经营先进龙头企业，国内唯一只生产特级产品的四川特色食品航母企业。公司年设计单季处理蔬菜3.3万吨，年可处理蔬菜7.5万吨、辣椒制品1.5万吨，带动近2万亩无公害蔬菜的种植。公司用“公司+农户”农业产业化模式与上万农户签订蔬菜收购合同，要求农户严格按公司规范生产。依托科研院所，多方引进人才，开发6大系列近40个畅销产品。公司有符合出口标准的高标准车间和国内一流的菜类、调味品自动精加工生产线，所有产品质量等级均定为特级，实行标准化生产，不添加任何防腐剂。公司被农业部授予全国首批农产品加工业示范企业、全国食品工业优秀龙头食品企业、全国食品安全示范单位、中国食品行业奥斯卡奖、中国驰名商标。产品出口美国、英国、法国、韩国、澳大利亚、荷兰、加拿大、新西兰、新加坡等几十个国家和地区。

四川省吉香居食品有限公司　四川省吉香居食品有限公司（以下简称吉香居）成立于2001年，位于眉山市东坡区太和镇。占地8公顷，注册资金2600万元，是专业研究生产高档泡菜、调味品系列的现代化科技型食品加工企业，中国驰名商标农产品深加工企业，国家级农业产业化重点龙头企业，年加工鲜蔬菜能力12万吨。2002年获自营进出口企业经营权。签订的万亩蔬菜种植基地通过“无公害农产品”基地认证。产品销往美国、日本、英国、加拿大、澳大利亚等20余个国家和地区。“安全、健康、快乐”为吉香居食品永恒的主题。是眉山市重点龙头企业、守合同重信用企业，全国泡菜产业中国驰名商标。2012年，销售收入2.5亿元，上缴税金2500万元。

通威股份有限公司四川分公司　通威股份有限公司四川分公司建于20世纪90年代初期，位于眉山市城区，总资产2.27亿元，主要生产鱼、鸡、鸭、猪常规饲料；特种鱼、蛙兔、宠物饲料，还经营添加剂、浓缩料、浮塑料、膨胀型料。年生产能力36万吨，产品畅销西南各省、市。通威股份有限公司四川分公司是银行AAA级企业，市、区纳税大户。通过国际质量体系认证和国家产品质量认证。“通威牌”饲料商标为“四川省著名商标”，被公众推举为中国十大名牌饲料。通威集团公司是以饲料、电子工业为主的大型民营科技企业，获得国家私营企业进出口权，中国饲料前10强企业。2012年，通威股份有限公司四川分公司有遍布全国各地及东南亚地区110余家分（子）公司，年饲料生产能力超过1000万吨，是全球最大的水产饲料生产企业及中国主要的畜禽饲料生产企业，系四川销售收入过百亿的农业上市公司和全国农、林、牧、渔板块销售规模最大的农业上市公司之一，水产饲料市场占有率超过20%，连续20多年位居全国第一。

四川金石油粕有限公司　四川金石油粕有限公司是大连华良企业集团在四川投资兴建的股份制企业，位于彭山县观音镇，占地总面积近8.67公顷，注册资金5650万元。2002年10月投产。企业以加工大豆、菜籽为主业，主要原料为东北和进口大豆及中西部地区油菜籽，可日处理大豆、菜籽各1500吨。分为初加工和深加工，主要产品有大豆粕、菜籽粕、大豆油、菜籽油、磷脂系列及脂肪酸、皂脚等产品。是油脂行业全国工业产品生产许可证企业，通过ISO 2000国际质量体系认证。是西南地区极大规模的油脂加工企业、四川省重点龙头企业、四川省企业质量工作先进企业、眉山市优秀外来投资企业、眉山市最大的食品油生产企业、眉山市纳税大户、眉山市农行四川分行AA级企业、彭山区产值十强企业第一名。2010年并入“中纺粮油（四川）有限公司”，隶属中粮集团，是中国中粮集团公司的三级生产企业。2011年，改造和新建中、小包装油生产车间，推出“溢满香”牌系列油品。2012年，产值12.89亿元，税收1811万元。

眉山市金锣食品有限公司　眉山市金锣食品有限公司是集生猪屠宰、火腿肠、软骨素炼油生产、销售于一体的大型肉类加工企业。位于眉山市东坡区修文镇，公司占地9.33公顷，总资产9215万元，职工400余人。主要产品为冻肉、火腿肠、骨素、炼油，产品主要销往上海市、广州市、昆明市、成都市、重庆市等地。是AAA级企业。每年可生产高低温产品5万吨，综合加工能力居四川省同行业前列，销售网络遍布全国，产品畅销于全国几十个大中城市。建立生产食品安全体系等，保证食品卫生安全。2012年，产值3.7亿元，税收751万元。

四川新阳平乳业有限公司　四川新阳平乳业有限公司是西南地区集科研、乳品加工于一体的综合型乳品企业，位于洪雅县，资产1.2亿元，注册资本7000万元，是四川省食品工业科技进步优秀企业。四川新阳平乳业有限公司通过国际技师管理体系、质量管理体系、环境体系认证，获四川地区乳品企业绿色食品证书及四川省著名商标、四川省名牌产品称号，是中国西南地区集种草、养牛、乳品加工及科研于一体的最大综合型乳品企业和国家级守合同重信用企业、四川省质量信誉AAA级企业、四川省科技进步先进企业、四川省农业产业化重点企业、眉山市农业产业化重点龙头企业、眉山市乳业工程龙头企业、食品行业百万市民喜爱的诚信品牌、四川省名牌产品。以“公司+农户”模式，规模化生产，种植优质牧草1.13万公顷，养奶牛2.8万头。公司有技术专业人员100余人，有现代奶牛场4个，装备有先进的转盘式挤奶机和全自动饲喂车，是现代化农业规范养牛场。从瑞典、丹麦、荷兰、德国引进世界先进8条常温奶全自动生产线，可日处理400余吨鲜奶。生产“阳坪”牌奶粉和天然液态奶两大产品30余个品种及灭菌乳、调制乳、乳饮料、复合蛋白饮料及奶粉5大类产品，年产奶粉5000吨、液态奶5万吨和澳特兰系列、牧场系列、香蕉系列、享你饮料系列、学生奶系列乳制品等50余个品种7万吨，产品畅销省内外。2012年，收购合格鲜奶2.66万吨，生产液态奶6.07万吨，奶粉431吨。销售液态奶5.78万吨、奶粉427吨，销售收入3.56亿元，利润1188万元，缴纳税金490万元。

成都邮电通信设备厂　成都邮电通信设备厂是中国普天信息产业集团公司的全资子企业。主要生产传输、接入系列设备、光纤电视、配线分线、网络设备、塑钢门窗等8大类产品。2012年，有资产2.8亿元，注册资本6752万元，有产品研究中心、产品开发中心各1个，职工3000余人，专业技术人员1000余人。工业总产值1.14亿元，销售收入5531万元。

四川省冶金地质勘察局六〇五大队　四川省冶金地质勘察局六〇五大队1964年成立，拥有地质矿产勘察资格证、实验室国家级计量认证证书、测绘及地质灾害治理勘察设计乙级资质证书等。取得地球物理勘查甲级、地球化学勘查乙级、固体矿产勘查丙级、地质灾害危险性评估乙级、地质灾害治理工程勘查乙级、地质环境影响评价6个资质证书和国际质量管理体系证书。主要从事工程地震勘探、面波谱分析、测井和商密度电法勘探，以及找金、铅锌矿、铬铁矿，物化探找矿、矿山环境评价、矿山储量核实等业务，涉及水坝、铁路、公路、桥梁等工程领域，有冶金、地矿、煤田、建材、有色、高等院校及中南、西北等合作伙伴。开展有地质灾害评估、路桥地质灾害治理等项目30余个。

四川丹甫制冷压缩机股份有限公司　2004年起，四川丹甫制冷压缩机股份有限公司（以下简称丹甫公司）采用R600a制冷剂开展研制和试验。实现CFCs工质替代，符合环保要求。公司压缩机产品通过欧盟RoHS认证、德国VDE认证，欧盟CE、IEC认证及认证标志。技术中心还研发出110伏~120伏电压系列压缩机，通过美国UL认证。至2012年，丹甫公司冰箱、饮水机等制冷产品向小型化、节能化方向发展，压缩机作为制冷电器设备的动力源和心脏，体积更小、重量更轻、能耗更低、性能更高。在国内小规格制冷压缩机，市场占有率超过50%。客户包括美的、万宝、奇迪、TCL等知名电器制造商，直接或间接出口包括美国、英国、欧盟等30余个国家和地区。

四川瑞能硅材料有限公司 2007年，在铝硅产业园区设立的中外合资企业，总投资7.4亿美元，注册资本2.5亿美元。2012年，有员工1000人。通过ISO 9000、ISO 14000和ISO 18000体系认证及国家多晶硅准入认证的企业。瑞能分两期建设，一期年产3000吨多晶硅项目投资26亿元，2009年建成投产；二期年产3000吨多晶硅项目投资11亿元，采用先进的冷氢化技术及自有知识产权36对棒还原炉技术，2012年在建设中。一二期合并产量8000吨以上，为世界最具竞争力的多晶硅企业之一。

四川省尼科国润新材料有限公司（以下简称四川尼科） 为世界500强企业摩根士丹利和沃尔玛德同资本等企业在彭山县设立的中外合作企业。四川尼科投资总额7000万美元，注册资本2928万美元，2012年，有职工900余人，主要从事拥有自主知识产权的镍、钴、锂、锰、锌盐等系列产品研发、生产、销售及矿产资源开发，年产电解镍3万吨、电解钴1000吨、锂盐产品1.5万吨，年产值近60亿元。

四川省川眉芒硝有限责任公司 2005年，在眉山设立的港商独资企业，总投资2804万美元，注册资本1717万美元，专注于普通元明粉、特种元明粉、药用芒硝及芒硝相关领域的开拓发展，建有中国芒硝行业唯一的省级企业技术中心，生产的元明粉系列产品，有“四川省名牌产品”称号，“川眉”牌为“中国驰名商标”，产品畅销全国各省，远销东南亚、中东、欧美、澳洲、日本等地。

四川川眉特种芒硝有限公司 成立于2007年，是专业化、规模化生产特种元明粉的港商独资企业，总投资2.25亿美元，注册资本7500万美元，在眉山市拥有大型优质硝矿3座、全球规模最大的元明粉生产线1条以及规模化生产元明粉特殊高端产品工艺装置。生产的产品“川眉”牌元明粉（工业无水硫酸钠）获“四川名牌”产品称号、“川眉”牌为四川省著名商标、中国驰名商标。产品畅销全国，远销东南亚、中东、欧美、澳洲、日本等地。

四川金桐石油化工有限公司 2001年，由金桐石油化工有限公司投资兴建。产品为十二烷基苯磺酸。2003年通过ISO 9001质量认证。2012年销售收入4.6亿元，上缴税收1100万元。2005年，投资建设四川金桐精细化学有限公司。年生产能力磺酸6万吨、丙烯腈1.5万吨、烯烃磺酸盐1万吨。

第四节 工业管理

眉山市通过制订工业发展规划和管理制度，加强工业管理。重点规划各县（区）工业产业结构调整和发展方向，加强全市经营经济发展软环境建设，强化综合协调能力，加强市场建设，变直接行政管理为间接指导、协调、服务，为民营经济发展创造空间。健全工业目标考核管理体系，完善激励机制，加强重点工业乡镇服务。以项目为抓手，加强工业管理，提出工业发展以项目和投资为中心，项目和投资以招商引资为中心，将工业投入和项目作为工业发展关键，把工业投入作为单项责任目标考核，对项目实行动态管理。促进眉山工业发展。

一、企业改制

1997年，眉山地委、行署下发《关于进一步深化县属企业产权制度改革的意见》，制订《眉山地区地属企业改革发展方案》，实施工业企业改制。实行一厂一策，改革产权制度和转换职工身份，以企业净资产转换国有职工身份。利用优化资本结构试点城市政策，推进资产重组。各级行政管理机构协助、指导、督促地属企业搞好自身发展规划，逐步建立现代化企业产权制度。1998年，地区经贸委参与和帮助企业引进资金2.35亿元。全区10户地属企业采取重组、兼并、破产、分离和出让形式完成改制任务，基本完成公司化改造4户、破产3户、兼并1户、出让1户、移交管理1户。全区列入改制计划的516户县属企业改制面85%。1999年，全区按照资产重组、引进国内、国外优势企业嫁接、改造全区大型轻工企业，引进项目12个、投资3.58亿元。引进山东金锣食品有限公司收购眉山肉联厂、河南双汇公司盘活仁寿鑫龙肉联厂、山西南风化工股份有限公司兼并四川同庆有限公司、彭山化学工业总公司、希望集团组建青神美好食品有限公司，通过引进改造盘活企业资产10亿元。列入改制统计的大轻工企业改制94%。建川机器厂8062万元和意达铝材厂6580万元被列入全国优化资本结构破产核呆计划。四川槽渔滩电力股份有限公司、川眉芒硝有限公司列入国家经贸委债转股名单，债务5.93亿元转为股权，减轻企业债务。全区8户企业列入全国优化资本结构试点城市享受有关优惠政策。2000年，以产权换身份解决企业3项制度改革不彻底遗留问题，完成地属企业产权改革和职工身份转换，公司化改造3户、破产6户、出售1户、兼并1户。结转破产项目1个，核销呆坏账7919万元。全区5户企业列入全国企业兼并破产和职工再就业工作计划。破产项目核销银行贷款呆坏账2.81亿元，兼并项目消除银行贷款利息约8000万元。

2001年，仁寿鑫龙食品总厂破产项目、建川机器厂破产结转项目、仁寿棉纺织厂兼并结转项目，核销银行呆坏账和免除贷款利息1.8亿元。2002年，完成市级电力工业政企分开改革。

2006年，仁寿棉纺厂转制后成立金利公司，当年销售收入1.15亿元。争取省政府政策性资金690万元，实施国营星华仪器厂破产，迁入市经济技术开发区。全市国有企业改制结束。

二、项目管理

1997年起，眉山地区以国家西部大开发为契机，争取中央和四川省项目政策、资金发展工业。通威企业集团申报列入省扩张型企业，四川金象化工公司申请列入省小巨人计划企业。1998年，全区多数重点项目开工建设，9个竣工投产，6个完成进度计划的80%以上。1999年，实行地级重点项目和省“双优”项目跟踪制度，每月跟踪了解项目进度，协调解决存在问题。2000年，12个项目列入四川省经济贸易委员会向国家的申报项目。争取中央兼并、破产和债转股项目8个，享受优化资本结构试点城市的兼并免息和破产核呆指标4.67亿元；争取国家和省上无偿的技改基金、安措基金和科技创新资金1656万元；争取四川省财政周转金借款1430万元，争取国家债权转股权6.26亿元。争取中央和省优化资本结构试点兼产破产、技改基金、安全措施资金、科技创新资金、债转股等政策、资金50余项，获政策资金12亿元，为全区企业减负近15亿元。

2001年，眉山市加强结构调整和技术创新，扶持重点产品，培植支柱产业，产品上档次，创品牌。市委、市政府围绕培育机械电子、医药化工、食品饲料、水能资源四大支柱产业，确定重点建设项目65个，作为投入考核范围，每月检查，抓落实。65个重点项目完成投资7.52亿元。各县（区）和市级重点经济部门建立项目库。争取年产25万吨电解铝项目落户东坡区修文工业园区。向上级争取政策、引进资金2.1亿元。2002年，眉山车辆厂每小时120千米活动侧墙棚车项目列入国家新产品试产项目计划，争取国债1.2亿元。上报4户企业列入全省农业产业化龙头企业贴息资金项目。跟踪2001年以来列入四川省重点资金计划的数字用户接入设备等12个项目。引进500千伏变

天府新区重大项目集中开工仪式（摄于 2011 年 10 月）

电站、瓦屋山电站、四川金石油粕有限公司、成都市新筑路桥机械股份有限公司、浙江吉龙公司和浙江宏图建筑工程有限公司等重点项目。2004 年，市委、市政府提出工业发展以项目和投资为中心，项目和投资以招商引资为中心；将工业投入和项目作为工业发展关键，要求全市投资积累率不低于全国全省平均水平；工业投资不低于全社会投资的 60%；技术改造投资不低于工业投资的 30%；市级每年投入 1000 万元以上的工业项目不少于 100 个。将工业投入作为单项责任目标考核，每月督查、每季通报列入市级考核的 100 个重点项目。至 2004 年年底，全市新增规模以上企业 95 户，外来企业占一半以上。电解铝一期工程、维国公司二期扩建工程、仁寿康师傅方便面等 200 余个工业重点项目建成投产，成为眉山新的经济增长点。启明星铝业公司、四川金石油粕有限公司产值分别突破 18 亿元和 16 亿元，结束眉山无 10 亿元产值企业历史。2005 年，市经委组织部分企业家和重点乡镇前往清华大学选项目，利用高校科技优势寻找适合眉山发展的项目。在全国九省市泛珠三角区域经贸洽谈会上眉山市举行项目和投资发布会，加强宣传。引进四川金圣赛瑞化工有限公司硝氨磷复肥技改项目、同升专用汽车公司每年 1500 辆生产线等。围绕“工业强市”战略，加强企业技术创新。加快 7 户省级企业技术中心建设。申报技术创新计划项目 31 个，4 个被四川省经委列为重点项目，配套资金 40 万元，四川启明星铝业创建为省级技术中心。至 2005 年年底，全市亿元以上的重大工业投资项目 38 个，总投资 147 亿元。工业总量增至 76 亿元，四川启明星铝业有限公司、四川金石油粕有限公司成为全市仅有的 20 亿元以上规模企业。省级技术创新企业达到 8 户。

2006 年，眉山市开展“项目年”“落实年”活动。引进申宇木业中纤板、鲁洲生物科技农产品深加工、金纬氧化锌、三圣蔺草加工、光明厨卫、丹琪电信科技等工业项目 423 个，到位资金 65.79 亿元。重点组织实施 100 个投资上 1000 万元重点项目，完成投资 45.1 亿元，31 个项目竣工投产，7 个项目投资上亿元。全市工业生产性固定资产投资 92 亿元。2007 年，向上级争取项目 48 个 2170 万元。完成工业性固定资产投资 124.44 亿元。眉山市四川启明星铝业年产 12.5 万吨电解铝、四川鑫星铝业年产 7.5 万吨铝合金扁锭、嘉施利化肥年产 30 万吨高塔造粒复合肥、人民水泥年产 100 万吨干法水泥生产线等重大项目建成投产。2008 年，全市筛选确定 95 个计划总投资 61.5 亿元的储备项目重点包装、推介。加强投资 1000 万元以上的在建项目服务，强化要素协调和进度监管，瑞能多晶硅、风瑞风电、雅森水泥、蒙牛乳业等 35 个投资上亿元的重大项目建设进展顺利。向国家、四川省申报优势产业振兴行动计划项目 144 个，计划总投资 268 亿元。争取扩大内需项目，3 个企业获“国家三峡库区及其上游水污染防治规划”和资源综合利用项目资金 2400 万元。全年新开工投资 1000 万元以上工业项目 31 个。2009 年，市经信委编制《眉山市优势产业振兴行动计划项目库》，加强项目储备，入库项目 227 个，总投资 433.7 亿元。督促大项目开工建设、竣工投产。全市总投资 59.4

亿元的8个项目列入省重大项目计划，当年投资17.2亿元。2006—2009年，眉山投资1000万元以上工业项目竣工723个，其中亿元以上工业项目74个。

2011年起，市经信委每月定期收集和整理全市投资1000万元以上工业项目，实行动态管理。落实重大项目代办制、绿色通道制、责任追究制等，跟踪重点项目。筛选、包装新兴产业重点项目38个，列入四川省优势产业及新兴产业重点项目计划。眉山储备投资5亿元以上工业项目25个，计划总投资397亿元。列入成渝经济区规划的工业项目180个、投资709亿元，列入全省2012年新兴产业重点项目计划的12个、计划投资30.7亿元。全年争取项目资金99个8592.9万元。投资500万元以上工业项目497个、投资365亿元。2012年，全市90余户企业争取项目117个1.26亿元。大企业大集团科研投入占营业销售收入的2%以上。

三、行业管理

（一）工业发展环境建设

1997年起，眉山地区行署对企业由按所有制和隶属关系管理变为按生产规模和影响力管理。年销售收入3000万元以上的38户工业企业纳入地级重点调度范围，年销售收入500万元以上的企业由各县计划经济局重点调度，建立跨行业和所有制的地级重点企业调度计算机网络系统；变直接行政管理为间接指导、协调、服务；变以抓工业生产为主实施“大经贸”战略，速度、效益、资金为市场一齐抓，重点抓市场，注重发展质量，强化综合协调能力。1998年起，地委、行署将发展工业经济放在首位，将企业改革、改组、改造与加强管理相结合。实行党政“一把手”抓亏损企业制度，健全扭亏目标责任制，重点指导帮助大中型亏损企业制定扭亏脱困规划，加强亏损大户跟踪监控。按照“三个一切”（一切围绕地区生产总值增长10%，一切服从地区生产总值增长10%，一切服务地区生产总值增长10%）要求，打好工业发展总体战，抓工业百日奋战。实行三级责任制管理，分级负责（地属企业由地区经济贸易委员会负责，地级领导联系；省属企业由地县两级领导共同抓；县属企业由县委书记、县长负责）。地级主要负责38户销售收入3000万元以上的重点调度企业和各县整体目标的完成；各县重点负责销售收入500万元以上的列入新口径统计考核的企业。地区、县将任务落实到企业；企业将任务落实到车间、班组、职工。以重点抓亏损小户的扭亏为突破口，降低企业亏损面和亏损额，提高企业经济效益。开展“企业管理效益年”活动。推进企业结构调整，特别是水泥、造纸等受国家产业、环保政策限制的企业，分别提出调整、发展意见，要求产品老化、产品结构单一的企业更新产品、开发新品。1999年，地区行署与各县和地属以上重点企业签订目标责任书，落实目标责任人。地、县级领导定点联系亏损企业，落实扭亏目标责任。优化资本结构，推进企业产权制度改革。按照“资产重组、引进国内、国外优势企业嫁接、改造”眉山地区大轻工业企业。为12个引进项目落实流动资金贷款3亿元。2000年，地委、行署制订《眉山地区工业经济发展规划》《眉山工业经济跨世纪发展战略》《眉山工业“十五”发展计划》《眉山工业名牌战略实施方案》《眉山地区工业结构调整纲要》，印发《眉山地区工业迎接西部大开发意见》，规划各县工业产业结构调整和发展方向。在全区开展企业基础管理工作和全面质量管理达标活动，促进企业规范管理，提高产品质量。眉山县组织全县企业厂长经理开展国际质量体系认证培训，2户企业获认证资格证书。

2001年，眉山市、县（区）党政“一把手”抓工业制度延伸到乡镇，要求有条件发展工业的乡镇，党政“一把手”主要精力由抓农业为主转向抓工业为主。各县调查排出有条件的发展工业乡镇

50个，配备专职工业副乡（镇）长和工业干事。市委、市政府和各县党政，落实重点骨干企业、重点改制企业、重点投资项目、重点扭亏企业联系领导，建立责任制，加强考核督查。全市重点行业机械、电子、医药、食品、能源持续快速发展，拉动工业增长10.7个百分点。2002年，市委、市政府作出《加快工业发展的决定》。加强1000万元以上投入重点项目管理，由少数领导、一个部门抓工业转变为全党、全政、全社会抓工业。2003年起，市委、市政府实施工业项目单列目标考核、重大项目督查、工业重点乡镇末位淘汰、领导述职追究制、财政定比分成、年度考核奖励等激励和促进措施，建立促进工业持续快速发展的内在动力机制。市政府下发《眉山市促进民营经济发展九要九不准》，考评眉山市经营经济发展软环境，为民营经济发展创造空间。健全工业目标考核管理体系，制定《眉山市50个重点乡镇自然淘汰递补实施办法》《眉山市工业目标综合考核奖励办法》《眉山市重点乡镇工业目标管理考核办法》，完善激励机制，加强50个重点工业乡镇服务。市经贸委服务和指导重点工业乡镇项目落实、项目包装、项目引进。建立行政许可事项责任追究制，所有行政审批（核）事项全部进入行政服务窗口。2004年，市委、市政府决定，县（区）分管工业的副县（区）长一律进常委、强化分管工业领导在党委最高决策层中的地位和作用。至年底，50个有条件发展工业的重点乡镇配齐配全专抓工业的副书记、副（乡）镇长和工业干事，实现工作重心向工业转移。50个乡镇实现工业增加值55.84亿元，占眉山市全部工业总量的74%，相当于全市规模以上工业增加值；上缴税金4.86亿元，占全市规模以上工业的75%。3个乡镇被淘汰出局。2005年，眉山市设立工业发展资金，健全机制，增进工业发展合力，营造推进工业发展环境。

2006年，市委作出《关于举眉山市之力推进工业强市的决定》，按照全党抓经济，重点抓工业，将投资拉动作为促进工业经济发展重要手段，抓项目和招商引资。制订《拓展产业链培育产业集群的实施意见》《工业项目投资的政策扶持意见》《加快工业集中区发展的意见》等文件，走新型工业化道路。制订《关于进一步发展非公有制经济的实施意见》《关于激励企业家加大投入做大做强工业企业的若干政策意见》，市财政投入1.13亿元用于工业发展，全市金融机构对企业贷款余额175.59亿元。全年两个省级开发区和10个工业集中项目点完成基础设施投入3.16亿元，新引进项目123个，完成投资41.8亿元；完成工业生产性固定资产投资34.13亿元，销售收入122.8亿元。集中区产业链条逐渐形成并不断延伸，以产业招商、以商招商优势明显，集中区的孵化器效应凸显。眉山市8个集中区被列为全省首批小企业创业基地，位居全省第一。2007年，全市开展冶金安全专项整治，重点检查冶金企业11家，查出安全隐患35处，全部整改。2008年，清理涉企收费单位54个、收费项目204个；专项治理影响工业发展的违规执法和“三乱”行为；清理整顿中介机构涉企收费和服务。开展安全隐患治理年活动，实行安全事故隐患排查整治常态化管理。开展食品药品安全、保护知识产权、房地产市场、建筑行业、税收和震后市场秩序等专项整治。开展“平安企业”创建达标，全市60%以上规模企业达到“平安企业”标准。

2011年，全市开展稀土生产秩序专项整治行动。专项检查2户稀土冶炼分离企业稀土生产秩序。要求企业自查，依法生产。不具备生产条件的2户企业停产。2012年，实行工业运行预警监测，市经信委与各县（区）、园区签订目标责任书，建立40户重点企业运行监测机制，组织人员前往园区、企业督促检查、指导，协调解决相关问题。全年全市规模以上工业增加值增长18%，列全省第四位。

（二）企业减负

眉山市企业减负主要采取治理乱收费、减少收费项目、降低收费标准、减免运输费用等途径实现。

1997年起，眉山地区治理向企业乱收费、乱罚款和各种摊派等问题，减轻企业负担。各级纪检监察机关清理预算外资金、年审行政性收费检查等。1999年，地委、行署将减轻企业负担列入对部门考核目标。严禁越权出台收费项目、审批收费标准。清理、取消不合理企业收费项目225项，降低收费标准66个，取消各项基金45项，减轻企业负担446.8万元。为26户参加联合联检的三资企业发放明白卡，明确所有收费项目。至2000年，全区清理废止涉及企业收费文件2个，降低收费项目126项、降低收费标准428个，暂停收费项目6个，取消涉及企业收费等340项，减轻企业负担3736万元。

2001年，眉山市实行重点企业挂牌保护、分管领导联系制度，调查处理“三乱”问题。专项治理电力、工商、建设等部门收费。以减轻乡镇企业负担为重点，清理收费项目，各县（区）收费部门实行亮证收费，收费标准公示制，设立监督举报电话，接受企业和群众监督。当年，全市暂停收费项目17项，降低收费标准463个，取消收费项目126项，为企业减轻负担近1000万元。查处影响投资环境和乱收费等问题41起，纪律处分6人，组织处理5人，批评教育21人，典型通报4个。企业抵制乱收费行为40次34万元。2002年起，眉山市将减轻企业负担工作纳入各县（区）、部门综合目标考核。将乡镇企业、民营企业减负工作列入各县（区）议事日程，选聘企业监督员，强化监督与制约机制。以整治向机动车辆乱收费、整顿道路收费站点和乡镇企业治乱减负、开展“三查”（查基层单位、查薄弱环节、查突出问题）为重点，提出减轻企业负担措施16条。当年取消向企业收费项目65项625万元。2003年，市级部门取消行政事业性收费19项、行政审批项目8项，县（区）取消不合理收费项目102项，暂停收费项目11项，降低收费标准337个。全年减轻企业负担597.1万元，减免8大行业收费项目1589万元。2005年，市委、市政府下发《改善投资环境促进跨越升位的决定》，实行重大投资项目绿色通道制度。设立市非公有制经济维权投诉中心，动员社会各界监督。降低准入门槛，工商部门注册登记实行“五放宽”（放宽市场准入、注册资本、企业集团、经营范围及经营方式限制和冠省名市名条件；放宽市场准入限制，实行“非禁即入”；放宽经营范围及经营方式的核定，按照国民经济大类、中类核定等）。市发改委、市经委、市商务局等发文，规定放宽民营企业投资项目、范围和进出口权限，促进民间资金向民间资本转变。清理市级部门行政许可事项6次，取消市级部门行政许可事项140项、下放38项、保留347项。保留的行政审批事项，通过媒体向社会公开。

2006年，市委、市政府下发《关于进一步改善发展软环境的决定》，按照“谁主管、谁负责”原则，层层落实企业治乱减负工作责任制。全市企业减负工作与经济工作同部署、同检查、同考核、同奖惩。实行收费下限制，凡收费标准有弹性的一律按“下限”收取，一次性罚款1000元以上的向眉山市改善发展软环境办公室报告，实行责任追究制。取消涉企收费项目81项417.4万元。开放绿色通道，“四大产品”免费通行，超限车辆收费由每车每日50元降至30元，减轻运营车辆负担500万元。查处涉企软环境案件10起。2007年，全市实行“首问负责制、否定报备制、一次投诉查实待岗制、AB岗无缺位工作制、首查不罚制、社会服务承诺”六项制度。市委书记蒋仁富率市级相关部门负责人赴企业现场办公，挂牌督办26户重点企业。全市建立企业负担监测联系点113个，形成监督网络。取消收费项目25项，涉及金额150万余元；取消涉企评比达标表彰项目2项。2008年，实行“一站式”为企业服务，清理54个涉企收费部门的204个收费项目及其收费标准，取消收费项目1个45万元。减免抗震救灾运输车辆通行费155万元。2010年，清理各级出台的惠企政策184项28.5亿元。清理市级118个各类社会中介机构收费、涉企行政事业性收费，取消收费项目3个，取消不合理收费文件 8 个、涉企行政事业性收费项目 15 个 153 万元。各部门为企业减免费 859.92 万元。在 9 个重点工业园区设立软环境监测站，确定 46 家企业为软环境监测点，重点监督政府部门行政效能和软环境建设，及时纠正和查处损害软环境的行为。

2011 年，眉山市加强企业负担监控，严管要求企业捐赠和赞助行为。审核市级 49 个涉企收费单位的 173 个涉企收费项目和标准；清理涉企经营性服务收费，取消 22 项，降低标准 6 项，停止 16 项，划出定价管理 7 项，减轻企业负担 1000 万余元。2012 年，清理规范涉企收费行为，纠正和查处面向企业的乱检查、乱收费、乱罚款、乱摊派等问题。停止收费 470 项，调低收费标准项目 257 个，减免收费 166.12 万元，清退不合理收费 19.02 万元。开播“阳光政务”政风行风热线减轻企业负担专题节目，与听众交流相关政策。

（三）企业技术改造

1997 年起，眉山地区按照产业结构调整要求，精选技改项目，抓重点项目的技术进步和改造。当年，四川省经贸委安排眉山地区 5 户企业技改基金 600 万元。四川省农业发展银行专项技改贷款 180 万元投入 1 户企业。落实 2 个项目资金 400 万元。全区上报技改工程项目总投资 7087 万元。规划全区技改项目 50 项，计划总投资 14.1 亿元，筛选 5 个重点项目提交在眉山现场办公的四川省政府领导审批。1998 年，地委、行署制定《眉山地区工业迎接西部大开发实施方案》，筛选出 50 个西部大开发工业技改项目，总投资 47 亿元。地区经委编制《眉山地区重点技术改造项目计划》，筛选出 43 个项目，计划投资 15.3 亿元。全区争取在省立项项目 17 个、技术改造基金 800 万元，1 个项目列入全省“双优”计划，1 户企业列入“小巨人”计划，争取到发展资金 50 万元。协调银行贷款，调动企业自筹资金搞技改积极性。全年全区工业企业技改投资 2.61 亿元。1999 年，地区将技改投资完成额纳入工作考核目标分解到各县并签订目标责任书，制定奖惩措施。实行地级重点项目和省“双优”项目跟踪制度，每月跟踪了解项目进度，协调解决存在的问题。筛选重点项目 40 个，选出 10 个地级领导重点联系项目。全区 4 个项目被列入省“双优”技改项目。筛选仁寿棉纺、川西制药、505 厂、867 厂等企业 10 个项目上报四川省。通过招商引资改造现有企业，引进山东金锣集团、山西南风集团、河南双汇集团等 12 户区外企业 2.69 亿元到眉山投资、嫁接改造现有企业，盘活闲置存量资产。建成装饰布和中西式床单生产线 1 条。全年全区技改投资 3.25 亿元。2000 年，眉山车辆厂城市轨道车辆、新型电机制动系统、谢菲尔转向架 3 个技改项目列入四川省结构调整规划。建立四川通威饲料集团技术中心、眉山车辆厂技术中心、成都邮电通信设备厂技术中心 3 个省级技术中心。通过组织实施技术创新工程，全区以企业为主体的技术创新体系初步建立，形成一批技术创新成果，推动产业升级，提高企业市场竞争力。全年技术创新项目总产值占全区工业总产值的 28.48%。

2001 年，眉山市申报各类技术创新项目 40 余项；申报省级技术创新项目 37 项，全部列入四川省 2001 年度技术创新项目计划；申报 5 项省级技术创新资金项目中的 3 项列入资金项目计划，争取到资金 32 万元；申报省级技术中心 3 个，通过省级技术中心现场考评组现场考评；组织、推荐、审核、上报四川省“九五”技术创新管理先进工作者和技术创新优秀项目。四川金象化工股份有限公司硝铵、眉山车辆厂制动机、川西制药公司小儿扁桃清等项目被国家、省列入重点技术改造项目。洪雅卫国公司、眉山市李记酱菜食品有限公司、眉山艺精芒硝有限公司和恒泰食品被四川省科学技术委员会、四川省乡镇企业局评为科技型企业。2001—2004 年，全市技改投入 47.2 亿元，占工业投入的 36%，重点技改项目 156 个。开发新产品 60 余项、产值 26.62 亿元，产值率 15.3%。通过企业投入和技术改造，眉山企业整体技术装备水平得以提高，逐渐形成四川启明星铝业、四川金象化工股份有限公司、867厂等具有国际先进水平和国际竞争力的企业及眉山车辆厂、四川丹甫制冷压缩机股份有限公司等国内同行业技术领先企业。至2005年，全市开发新产品200余项。188个项目列入四川省技术创新项目计划。9个项目基本实现投产，12个技改贴息资金项目投产后，每年新增销售收入8.95亿元，新增利税1.55亿元。8户技术中心企业销售收入45亿元，占全市规模以上企业销售收入总量的20%。292户规模以上工业企业新产品产值36.29亿元、产值率15.4%。

2006年，眉山市15个项目列入省重点技改项目计划，总投资9.65亿元。28个重点项目争取技改、节能、创新、“小巨人”和安全措施等专项资金1578万元。四川金象化工股份有限公司被四川省科技厅、四川省经济委员会等部门列为“四川省建设创新型企业培育企业”；眉山启明星铝业有限公司的氧化铝干法吸附净化含氟烟气和焙烧沥青烟循环燃烧等技术的研发和推广，实现高效、节能、环保和低成本运行，被列为四川省产业化科技推进行动节能示范企业；四川尼科国润新材料有限公司被列为四川省产业化科技推进行动中小企业培育型企业。实施科技型中小企业成长路线图计划，选择眉山市力达电子有限公司、四川青龙耐火材料有限公司、四川尼科国润新材料有限公司、四川用九生化制品有限公司为试点企业，为4家试点企业协助引资1800万元，争取国家及省技术创新资金124万元，培养技术及管理人才96人次，建立产学研示范基地2个，开展咨询服务20余次。2007年，全市筛选上报技术改造、技术创新等7方面专项资金项目54个，争取资金2170万元。其中25家企业参与“重点企业知识产权试点工程”，转化实施专利技术293项。眉山车辆厂技术中心被评为国家级企业技术中心，全市省级企业技术中心增至8个。全年全市投资500万元以上的技术改造项目255个，投资52.9亿元。42户重点用能企业节能31万吨标煤。万元工业增加值综合能耗下降6%。2010年，全市实施国家中小企业技术改造专项项目2个、国家重点产业振兴和技术改造专项项目3个、国家中小企业技术改造专项项目4个。竣工项目27个，总投资41.13亿元。至2010年年底，全市开发新产品、新技术508项，其中达到国际领先水平28项、国际先进水平33项、填补国内空白19项，达到国内领先水平57项、国内先进水平61项。发明专利214项，申请专利1051项。

2011年，全市技改项目333个，总投资182亿元，完成投资123亿元。24个全省重点推进技术改造项目完成投资16亿元。列入眉山市成渝经济区规划的工业项目180个，总投资709亿元。2012年，启动数字眉山建设，实施远成物流、中车集团四川丹齿零部件有限公司、四川金象赛瑞化工股份有限公司等工业企业信息化改造。全年实施1000万元以上工业技改项目260个。技改投资190.6亿元。至年末，眉山建成国家级企业技术中心1家、省级工程技术研究中心6家、省级企业技术中心14家、省级产学研联盟2个、省级科技企业孵化器1个、国家传统知识产权试点县1个、国家知识产权试点企业3个、国家和省重点实验室2个、国家高新技术企业6个、博士后科研工作站1个。

（四）煤炭业监管

1997年，眉山地区行署下发《关于关闭非法和布局不合理煤矿有关问题的通知》，地区经济贸易委员会制定《眉山地区关井压产实施方案》，关闭非法和布局不合理煤矿。至1999年，仁寿县、洪雅县关井26处、压产13万吨，并通过眉山地区煤炭行业关井压产领导小组验收。2000年，清理整顿煤矿企业，加大煤炭行业关井压产力度，全区所有煤矿持证上岗。投资1200万余元，完善安全设施，关闭资源枯竭、无“两证”煤矿20个，压产6万吨，煤炭生产秩序好转。

2001年，眉山市专项整治乡镇煤矿，关闭小煤矿。拉网式检查仁寿、洪雅两县煤矿业安全生产。重点检查关闭小煤矿，全市已关闭的乡镇煤矿中，大部分关闭较彻底，无开采作业迹象。查出安全隐患 12 条，决定仁寿县境内已停产整顿的 11 家乡镇煤矿，未经四川省、眉山市验收合格，不得恢复生产。全年拉网式检查各类煤矿安全生产 35 次，关闭煤矿 55 个，吊销煤炭生产许可证 70 个。2002 年，全市开展“送技术到矿井，送知识给矿工”活动，组织煤矿安全知识竞赛。开展煤矿“安全生产月”活动和地方煤矿专项整治。在煤矿企业推广“五个一”（一个新《煤矿安全规程》学习、定好一个发展改造方案、开展一次支护革命、建设一支人才队伍、坚持一个经常性的安全检查）工程经验。学习新颁布的《煤矿安全规程》，各县与煤矿企业签订定性化、定量化《安全责任书》。推行金属摩擦支柱法，仁寿县新购金属摩擦支柱 6800 余套，使用率 75.6%。全年查出各类隐患 900 余处，整改 861 处，限期完成 39 处。评估 4 户地方国有煤矿安全隐患，查出安全隐患 80 余处。投入资金 550 万余元整改。

2006 年，仁寿、洪雅县煤炭管理部门清理各企业特种作业人员，培训煤矿统计员、监控人员。眉山市专项整治 15 户煤矿企业瓦斯。各矿制订有关瓦斯治理措施 520 余份，下发安全资料 2000 余份，放映电影 11 场，培训特殊工种 1000 余人次。煤矿企业重新清理或修订各项管理制度，建立瓦斯监测监控联网平台，监控井下作业点瓦斯。全年煤矿企业更换设备 6 台，新增瓦斯监测监控设备 5 台、传感器 157 个，投入 400 万余元改造主要回风巷 5 千米，完善通风系统。拉网式检查 15 户煤矿安全生产情况，查出安全隐患 625 处，责令停产整改矿井 1 对，停产整改的采掘工作面 7 台，关闭煤矿 1 户。2007 年，市政府督查全市煤炭经营市场整顿情况。调整各县（区）新办煤炭经营资格证指标，各县（区）重新确定布点位置和经营户数。强制关停非法煤炭加工企业 14 户。当年起，年检煤炭经营资格证、矿井煤炭生产许可证、营业执照等。2010 年，眉山市检查 13 户煤矿企业。取缔无证无照经营企业 7 户，注销煤炭经营企业 3 户。全市煤炭经营企业资产增长 10 倍以上，经营量增长 5 倍以上。2011 年，年检煤炭生产许可证，检查煤矿企业 14 户。年末全市有煤炭经营企业 47 户，其中煤炭经营批发企业 19 户、煤炭经营零售企业 8 户、民用型煤加工企业 20 户。2012 年，仁寿县、洪雅县检查 11 户正常生产煤矿企业，全部符合要求。

四、工业节能

（一）用能节能

1997 年，眉山地区企业基础薄弱，主要企业一部分是原有中小国有企业，一部分是乡镇企业。工业能耗偏高、资源浪费大、单位排放强度偏高。全区化工、建材、钢铁、有色金属等 4 大高能耗行业占工业总能耗的 81.6%。

2005 年，眉山市单位工业增加值能耗每万元 5.2 吨标煤。2006 年，全市规模以上企业产值 253 亿元，其中高耗能企业产值 185 亿元。用能 3000 吨标煤以上企业 121 户，能耗总量 392.57 万吨标煤，主要集中在冶金、化工、水泥、焦化行业。其中化工行业企业 26 户，能耗 143.7 万吨标煤；冶金行业企业 11 户，能耗 95.8 万吨标煤；水泥行业企业 8 户，耗能 50.4 万吨标煤；焦化行业企业 7 户，能耗 55 吨标煤。全市规模以上企业万元总产值综合能耗下降 6%。2007 年，眉山市考核 15 户省百户重点用能企业，节约标煤 9 万吨。其中 12 户企业完成或超额完成目标任务，3 户企业未完成目标任务。2008 年，全市近 20 家企业改造电机变频技术；以开展清洁生产、发展循环经济和资源综合利用为重点，加大重点节能工程建设。省、市、县节能监察中心现场监察 18 户重点用能企业。全年市级以上重点用能企业 42 户，其中 4 户“千家企业”节能 5.24 万吨标煤。16 户省重点用能企业节能 9.01 万吨标煤，21 户市重点用能企业节能 12.86 万吨标煤。16 户省重点用能企业中的 14 户企业完成或超额完成节能目标任务。符合综合能耗5000吨标煤以上的工业重点用能企业119户。全市有省级循环经济试点工业园区3个、省级循环经济试点企业6户、省级清洁生产试点企业14户。有享受国家资源综合利用税收优惠政策企业22户，税收优惠近2000万元。2009年，全市4个园区、6户企业被列为省级循环经济试点园区、试点企业，清洁生产试点企业14户。15户“省百户重点用能企业”节约标煤9.14万吨，19户企业淘汰落后工艺实现节能15.96万吨标煤。2010年，全市万元工业增加值能耗3.85吨标准煤，比2005年下降25.96%。万元工业增加值水耗102立方米。2012年，14户试点企业实施清洁生产，节能18万吨标准煤。全市规模以上单位工业增加值能耗2.64吨标准煤。100户省“千户企业节能行动”企业节能量15万吨标准煤，其中66户国家“万家企业节能行动”企业实现节能量12万吨。全市“千户企业”节能量18.49万吨。

（二）淘汰落后企业及工艺

2001年，眉山市淘汰、关闭“五小”（浪费资源、技术落后、质量低劣、污染严重的小煤矿、小炼油、小水泥、小玻璃、小火电等）企业，限期治理9户造纸企业，关闭蒸煮系统（车间）。关闭、淘汰落后小企业93户（煤矿76户、国有小水泥企业4户、轧钢厂5户、小糖厂4户、纸厂4户）。煤炭、水泥、生铁、食糖、纸分别减产113.4万吨、12.52万吨、17万吨、2万吨、6万吨，煤炭减少销售收入1.1亿元、税收1235万元。2003年，治理规模以上制浆造纸企业废水排放，其中2户企业废水达标排放，4户企业基本完成治污工程土建和设备安装，进入调试生产运行，3户企业在建设中。市经贸委、市环保局督查18户制浆造纸企业关闭和限期治理工作。列入四川省政府关闭蒸煮系统名单的9户制浆造纸企业全部按要求关闭蒸煮系统。违规建设的化学机械制浆生产线停止制浆。2004年，四川省政府限期治理食品、化工、制革、印染和再生纸五大行业，眉山市涉及企业407户，其中被四川省政府列入目标考核的71户，恒泰食品列入省挂牌督办企业。眉山按照“分级负责、分类指导、保护环境、促进发展”原则，开展污染治理。市经贸委、市环保局督查制浆造纸企业“关九治九”（18户制浆造纸企业实施关闭9家、治理9家）工作。年末全市省控71户企业验收52户，投入试运行8户，关闭4户，自然停产5户，搬迁2户。2005年起，眉山市清理整治高耗能、高污染钢铁企业，开展钢铁行业调查摸底。通过技改扩能和优化升级，帮助企业谋求新的发展空间。严格执行差别电价政策，引导企业加快淘汰步伐，完成5户省级污染源企业限期治理。

2007年，眉山市专项检查各县（区）节能减排实施情况。市政府与各县（区）政府签订“关、停、调改”目标责任书，14户高污染企业和4户高耗能企业（生产线）列入淘汰对象，9户企业（生产线）列入调改对象。严格行业准入和筛选新上项目，杜绝新上高耗能高污染项目。年末全市关闭治理的18户制浆造纸企业，应关闭的9户全部关闭；治理的9户中5户关闭、转产、停产，4户通过省经委、省环保局达标验收。71户五大行业高耗能和高污染企业中，自然停产、依法关闭、限期搬迁11户，限期治理60户全部通过验收。2008年，市政府将规模企业万元工业增加值能耗指标纳入眉山市经济社会发展目标考核，与各县（区）签订工业单位增加值能耗下降比例目标责任书，向占全市总能耗70%的42户重点用能企业下达节能目标任务并签订责任书，分解节能36万吨以上标煤任务。为近20户企业争取上级节能资金3200万余元。新增中央投资节能减排重点项目3个、投资9395万元。市委、市政府启动“节能减排全民行动”。眉山被四川省政府列入淘汰落后生产能力企业10户全部淘汰。8家炼钢企业全部拆除。2009年，市经委、市质监局制定《眉山市工业企业能源计量评价规范》地方标准。将规模企业万元工业增加值能耗指标及企业淘汰落后情况纳入眉山市经济社会发展目标考核。全市被列入省节能专项资金项目企业5户，总投资8110万元，四川省财政投资 260 万元。争取国家节能资金 3750 万元。被省政府列入淘汰落后生产能力的企业 19 户，18 户企业基本淘汰，年节约标煤 15. 06 万吨。有 21 个省节能专项资金项目，计划总投资 5. 16 亿元，补助资金 1717. 6 万元。争取到中央财政节能奖补资金项目 9 个。2010 年，开展落后钢铁、焦炭、铁合金、有色金属、平板玻璃行业落后产能调查。申报 14 户小企业关闭补助资金 2372. 99 万元。组织 46 户水泥、空心砖、二氧化碳、中纤板等生产企业申报资源综合利用认定，综合利用煤矸石、粉煤灰、硫酸渣、锯末等三废资源 150 余万吨，减免税金 6000 万余元。关、停、调、改各类高污染、高耗能企业 88 户，节能 76. 2 万吨标准煤。四川省政府下达眉山市淘汰落后生产能力任务 33 户全部完成，其中关停企业 30 户，淘汰落后工艺设备企业 3 户。全市 8 个项目获国家财政节能技术改造奖励资金支持，完工 5 个。有重点节能工程 36 个，总投资 31. 8 亿元，可节能 50 万吨。

2011 年，眉山市实施县（区）和重点用能企业工业节能目标管理；开展钢铁、有色、水泥等行业能效水平“对标”试点活动；建立淘汰落后产能部门联席会议制度，逐年分解落实目标，开展督导检查。排查和清理规模以上重金属及有毒化合物生产加工企业。排查企业 6 户，企业产能符合现行国家产业政策。排查铝硅、建材、造纸、机械、乳业等重点行业工业污染源企业 83 户，未发现重大环境污染隐患。完成 9 户列入省政府淘汰落后产能企业目标任务。2012 年，眉山市争取国家和省重点节能、淘汰落后、关闭小企业等资金项目 30 个。组织年综合能耗 5000 吨标煤以上耗能大户开展“百户”企业节能行动，开展能源审计。建立重点企业节能统计分析系统和能源利用状况报告制度。节能监察 66 户国家“万家”企业。确定重点行业 12 项重点产品（工序）先进能耗标准和限额指南，建立工业节能技术标准体系。以铝硅产业、金象化工产业园区等园区为重点，建立工业节能应急调控机制。实施“双高”（高污染、高耗能）行业准入制，停止审批、核准和备案电石、焦炭、铁合金等行业扩大产能项目。开展重点行业用能企业能效对标检查，检查企业 66 户。核查节能产品惠民工程推广信息。眉山被四川省政府列入年度淘汰落后生产能力的企业 17 户，其中 15 户为淘汰落后工艺设备、2 户为关闭小企业。累计淘汰落后水泥产能 26 万吨、焦化产能 30. 5 万吨、造纸产能 19. 65 万吨、酒精产能 3 万吨，年节约标煤 30 万吨以上，对工业节能贡献率 50%。

五、生产销售

1998 年，眉山地区加强企业产品销售，搞活营销，提高产品产销率。组织企业参加省政府、省经贸委举办的省内、外和国外大型经贸展销会，建设“眉山”品牌。组织 6 户企业 13 个产品参加“’99 四川名优特新产品博览会”，签订销售合同 3665 万元，6 个产品获金奖，5 个产品获银奖。组织 18 户企业 70 个产品参加“’99 南宁・四川工业产品博览会”，签订销售合同 1. 7 亿元。调查全区近 190 户企业货款拖欠情况，查出拖欠货款 5. 75 亿元。全年规模以上企业销售收入 45. 94 亿元。2000 年，全区 167 户规模以上企业产品销售收入 49. 58 亿元，其中 13 户国有及国有控股大中型工业企业销售收入 9. 78 亿元，年产销率 97. 8%。

2001 年，举办眉山市第一届春交会，组织参加各类商品博览会，提升“眉山市”产品知名度。全年工业产品销售率 97. 39%，出口交货值 1. 26 亿元，新产品产值率 10. 52%。50 个乡镇实现销售收入 104. 1 亿元，占全市工业总量的 69%。2005 年，全市规模工业销售产值 230. 76 亿元，产销率 99. 47%，居全省第二位。2006 年，眉山市重点培育铝业、化工、机械、食品四大产业集群。年末四大产业产品销售收入 147. 66 亿元，占全市销售收入总量的 62. 19%。其中铝业 35. 46 亿元、化工业 31. 7 亿元、机械制造业 25. 7 亿元、食品业 54. 8 亿元。四大产业对眉山工业增长的贡献率为 68. 9%，拉动全市工业生产增长21.2%。重点骨干企业成为支撑眉山工业经济发展的主要力量。2009年，全市八大产业规模以上工业企业销售收入443.84亿元、比2008年（下同）增长23.85%。机械、建材、化工、食品加工、木竹加工产业销售收入370亿元，增长30.1%，占全市的74%。其中化工产业52亿元、建材产业89亿元、机械产业70亿元、食品加工产业130亿元。2010年，铝硅产业销售收入102亿元、彭山经开区销售收入55亿元；其他园区均在30亿元以上，工业产销率99%。

2012年，全市六大产业销售收入750亿元，其中精细化工130亿元、新能源新材料55亿元、农副产品精深加工230亿元、电子信息55亿元、机械140亿元、建材140亿元。29户亿元企业占规模以上工业企业总数的（下同）29.7%，销售收入242.94亿元；利润总额14.5亿元，占22.5%；税收总额7.6亿元，占33.9%。重点园区销售收入365亿元（铝硅园区130亿元、金象园区57亿元、眉山市经开区新区17亿元、眉山机械产业集中发展区29亿元、彭山经开区120亿元、成眉工业集中发展区12亿元）。

第二章　建筑业

眉山市委、市政府高度重视建筑业发展，支持建筑业发展。1997年，眉山地区有建筑企业71个，建筑业总产值12.81亿元，建筑劳务输出5.44万人。2007年，眉山市建筑业从业人员5.26万人，劳务收入10.5亿元。2010年，全市建筑业企业实现总产值106.99亿元，居全省第五位；建筑业增加值30.59亿元，居全省第五位；成建制输出劳务人员约26万人，实现劳务收入约30亿元，居全省第四位。至2012年，全市建筑企业增至102个，建筑业总产值增至122.1亿元，建筑劳务输出9.8万人。眉山市从勘察设计、市场监管、工程质量监管、建筑节能与新材料新技术使用推广等方面加强建筑业管理。

眉山市1997—2012年建筑业情况表

表11-10

项目 年份	企业单位数（个）	从业人员（万人）	建筑业总产值（亿元）			房屋建筑施工面积（万平方米）		房屋建筑竣工面积（万平方米）		竣工房屋价值（亿元）
			小计	竣工产值	在外省完成的产值	小计	国有及国有控股	小计	国有及国有控股	
1997	71	4.77	12.81	7.33	—	263.64	32.58	180.48	16.30	—
1998	71	5.81	20.28	13.72	1.02	347.89	34.24	246.93	14.32	—
1999	66	6.09	22.44	11.58	—	372.19	16.45	260.06	6.76	—
2000	68	5.93	22.07	12.83	5.05	381.94	6.43	247.13	5.04	—
2001	74	6.19	31.75	26.28	5.39	516.29	14.39	400.36	4.20	—
2002	76	6.03	36.41	28.71	7.59	532.09	18.01	341.07	8.26	—

续表11-10

年份＼项目	企业单位数（个）	从业人员（万人）	建筑业总产值（亿元）			房屋建筑施工面积（万平方米）		房屋建筑竣工面积（万平方米）		竣工房屋价值（亿元）
			小计	竣工产值	在外省完成的产值	小计	国有及国有控股	小计	国有及国有控股	
2003	80	6.08	36.58	29.06	6.41	565.28	13.23	385.33	11.18	18.73
2004	99	5.97	41.16	29.59	8.62	515.54	8.21	363.86	7.43	19.25
2005	87	5.62	43.61	29.60	2.00	642.94	2.97	409.31	2.97	22.49
2006	84	5.61	49.19	35.47	8.92	655.39	23.75	335.38	9.80	19.11
2007	83	5.26	58.84	32.35	15.86	657.33	8.79	337.11	7.19	21.65
2008	83	5.28	64.92	29.87	16.92	678.70	15.76	297.59	12.43	21.28
2009	104	6.33	93.66	63.83	22.60	715.90	8.16	399.49	6.30	33.89
2010	101	6.66	106.99	59.10	29.85	715.49	8.68	428.43	7.03	38.67
2011	99	5.96	87.50	71.02	1.41	877.23	1.02	479.26	1.02	50.80
2012	102	6.72	122.11	87.41	3.76	945.04	1.90	529.49	0.09	62.25

第一节　建筑企业与施工队伍

1997 年，眉山地区列入统计的建筑企业有 71 户，从业人员 4.77 万人。1998 年起，全区开展建筑技术人员培训。当年举办项目经理培训班两期，培训项目经理 123 人，培训岗位人员 83 人。2000 年起，全区开展建筑技术操作人员培训。

2001 年，眉山市组织建设系统职工和二、三级建筑企业从业人员 2300 余人次参加建设部、四川省建设厅召开的关于贯彻落实整顿规范建筑市场秩序的电视电话会，开展规范建筑市场秩序整顿。2004 年，组织培训施工管理人员 1700 人次、农村工匠 280 人，提高建筑从业人员业务水平。2007 年起，全市开展建造师培训，培训 17 人。2008 年起，开展建造员培训，当年培训 449 人。2011 年，依托上海同济大学培训管理人员 47 人，邀请专家、教授专题讲座 4 次，组织培训特种作业人员、国家职业资格等人员 6582 人次。其中培训农民工国家职业资格 2163 人，建设类职业技能鉴定 1946 人，岗位培训 966 人，特种作业人员培训 851 人，继续教育培训 400 人，物业管理培训 195 人。2012 年，全市列入统计的建筑企业 102 户，从业人员 6.72 万人。截至 2012 年年底，眉山市举办培训班 34 次，培训人数 1.19 万人。其中岗位人员 8024 人、操作人员 1.09 万人；项目经理 966 人，一级建造师 93 人，二级建造师 814 人，建造员 788 人。

第二节　建筑业管理

一、勘察设计管理

（一）勘察设计机构监管

1997 年起，眉山地区加强勘察、设计单位管理。严禁勘察、设计、施工图审查单位转让、租借资质证书、图签和印章，禁止挂靠承揽勘察设计业务行为；严厉查处挂靠、转包、违法分包及无资质、超越资质承揽业务等违法违规行为，净化市场环境。2002 年，完成建筑工程初步设计审查和施工图初设审查。2004 年，加强勘察设计市场管理。年检勘察设计单位，开展勘察设计质量专项检查，加强建设工程初设审查，杜绝质量安全事故。2005 年，开展勘察设计单位年检，对眉山市勘察设计单位年检进行初审。2009 年，眉山市 9 家勘察设计单位完成转制。至 2012 年，全市有勘察设计企业 12 个，全部规范开展业务。

（二）建筑工程测绘审查

1997 年起，眉山地区开展测绘项目备案登记，严格审查测绘资质单位备案资料，依法测绘。监督检查测量现场，保证测绘项目顺利实施。严厉查处无证测绘，超资质超范围测绘、非法采集提供地理信息、侵权盗版和不正当竞争等行为。实行测绘成果汇交制度。每年各测绘资质单位按时汇交本年度测绘成果目录。2002 年，完成东信花园等 20 家单位地界测量放线、玫瑰园等 30 个单位单体建筑工程放线；新区市政道路放线 5.1 千米、单位和个人征地地形图测绘 3.1 平方千米，补测旧城范围 1∶500 地形图 2 平方千米。完成测绘单位资质年审换证。2007 年，禁止新津县津房房地产测绘公司眉山分公司在眉山开展业务。2008 年“5·12”汶川特大地震后，眉山市从四川省测绘局争取到四川省测量标志灾后普查维护项目和 5 万元普查维护经费，委托眉山市三维数字测绘科技有限公司开展全市测量标志普查，并将保存完好的测量标志委托给测量标志所在地乡镇人民政府保管。至 2009 年，眉山市向四川省测绘局汇交测绘成果目录 593 项；为眉山市城市总体规划、岷江中游航电开发建设等项目及时提供测绘成果服务；向眉山市园林局提供眉山城区 1∶500 电子地形图，加快眉山中心城区绿化普查。2010 年，处罚仁寿县精益房地产测绘有限公司违规测绘。2011 年起，启用“2009 眉山城市坐标系统”，为眉山城区唯一合法的相对独立的平面坐标系统。2012 年，全市有测绘资质单位 16 家，从业人员 120 余人。

（三）施工图审查

2002 年，眉山市开展建筑工程施工图审查。当年，审查并核发施工图审查批准书 88 份，审查施工图设计 248 项。2004 年，全市加强建设工程施工图审查，完成规模以上施工图审查 395 项。2005 年，全市实行施工图审查和备案管理。当年，完成施工图审查 420 项，颁发施工图审查备案书 115 项。2006 年，完成施工图审查备案 197 项，保证设计质量和工程安全。2007 年，完成初设审查 20 项，施工图备案 250 万平方米，备案率 100%。2008 年，施工图审查备案率 100%，落实建筑质量、节能、消防、防雷、抗震各项技术指标按规范要求。2012 年，眉山市有施工图审查企业 5 个，资质等级均为一类。

二、建筑市场监管

（一）企业资质管理

1997 年，眉山地区有建筑业 71 个；国有及国有控股企业 5 个、集体企业 66 个；股份合作企业 3 个、股份制企业 1 个。当年起，每年年检各建筑、装饰及园林绿化施工等建筑行业企业，规范建筑施工行业管理，提升企业竞争力。1999 年，加强建筑市场主体管理特别是施工企业资质管理，实行市场准入。开展建筑企业、砼预制构件企业资质审查、年检。当年，全区资质审查、年检建筑企业 106 家、砼预制构件企业 130 家；为 32 家建筑企业、30 家砼制构件企业办理资质变更手续，16 家原乐山市建委颁发资质证书的企业换发新证，接管原轻工总会主管的装饰装修企业 2 家。2000 年，加强施工企业和项目经理资质管理，年检全区 110 家施工企业，复查复训 1998 年 12 月 30 日以前取得资质的项目经理 653 人，新申报项目经理 118 人，完成预算员 160 人资格年审、换证。

2004 年，眉山市加强建筑企业信用档案管理。2007 年，强化建筑市场准入制度建设。开展建设工程东坡杯和优秀企业评选活动，提升工程质量。表彰信誉好、实力雄厚、诚信经营的优秀建筑施工企业。加强不良行为记录企业监管，核销严重违规者资质。2011 年，全市 2 家企业取得建筑工程总承包一级资质，2 家企业获住建部审批。完成一级建造师 35 人、二级建造师 112 人注册。2012 年，高起点培育建筑企业。全年全市新增建筑企业资质 12 户。26 个工地通过省标化工地初审，33 个工地通过市标化工地初审，其中 1 个工地获“天府杯”银奖，2 个工程获省优质结构工程。年末全市建筑业企业有资质等级的 157 个，其中总承包 67 个，专业承包 47 个，劳务分包 43 个；一级 23 个，二级 66 个，三级 68 个。

眉山市 1997—2012 年建筑业企业情况表

表 11-11

年份	企业数（个）								利润总额（万元）
	小计	国有及国有控股	国有企业	集体企业	股份合作企业	股份制企业	私营企业	港澳台商投资企业	
1997	71	5	66	66	3	1	—	—	3463
1998	71	5	48	48	5	4	11	—	6901
1999	66	4	39	39	1	10	8	—	4870
2000	68	4	28	28	6	10	25	—	4644
2001	74	4	12	12	2	17	35	—	9263
2002	76	6	9	9	1	27	34	1	12562
2003	80	6	7	7	—	32	36	1	14949
2004	99	11	7	7	1	25	58	1	14679
2005	87	8	4	4	—	23	51	1	16540
2006	84	8	4	4	—	23	45	1	18275
2007	83	8	3	3	—	24	47	1	23263
2008	83	8	—	—	—	—	—	—	—
2009	104	7	6	3	—	22	71	1	2532

续表11-11

年份	企业数（个）								利润总额（万元）
	小计	国有及国有控股	国有企业	集体企业	股份合作企业	股份制企业	私营企业	港澳台商投资企业	
2010	101	6	6	3	—	5	86	1	1544
2011	99	5	—	—	—	—	—	—	60532
2012	102	5	—	—	—	—	—	—	75101

说明：因中铁二局迁入成都退出眉山统计，2011年起建筑业指标数据减少

（二）建设项目审批

1997年，眉山地区城乡建设环保行政审批项目有建设项目选址、建设工程施工许可证等7项；公共服务项目有测绘单位资质转报等3项。2000年，地区城建委组建眉山地区建设工程报建办公室，将行政审批项目和公共服务项目集中办理。

2001年，市规划建设局制发《眉山市建设工程项目报建管理办法》，规范建设工程项目报建管理程序。所有涉及行政审批项目和公共服务项目全部纳入市政务服务中心集中办理。全年受理工程报建38项，办理《建设工程选址意见书》84份，颁发建设工程用地规划许可证、建设工程规划许可证、建设工程施工许可证75份。2002年，全市工程报建按照“便民、高效、廉洁、规范”原则，简化办事程序，提高办事效率，全年办理承诺件3461件，即办件55件。2006年，实施“一章制”“一费制”，凡与行政许可、审批、公共服务有关的许可证、通知、备案书、合格证等统一加盖“眉山市规划和建设局行政审批业务专用章”；建设项目应缴纳“城建规费和基金”在窗口统一为一项收费集中收取。避免企业多头跑路，提高行政效能。2011年，优化行政审批网络。所有行政审批项目应尽全尽，进一步优化网络审批流程。全年办理行政审批服务项目1906余件。2012年，市住房和城乡建设部门有行政审批项目28项。1997—2012年，眉山市市级受理建设项目行政审批1.8万件。

（三）工程造价管理

市场管理　1997年起，眉山地区每年开展工程造价咨询单位、造价人员检查，纠正和整改发现的违规违纪行为和执业质量问题。开展工程造价人员继续教育及培训。当年，全区有工程造价职业资格人员78人。2000年，贯彻国家和四川省颁发的建设工程造价管理方针、政策，地级完成东西干道、南北干道、湖滨路等工程的投资预决算。2001年起，眉山市逐步开展竣工结算备案、建设工程施工合同备案、劳务分包合同备案和造价咨询合同备案。2003年，全市推行工程量清单计价，完成市中心城区双凤街、黄州路、启明星花园南侧人行道等14项工程结算审查，审减金额100万余元。2005年，完成市中心城区眉州大道绿化带、西门入口处标志性建筑、文定街与文安路交叉路口等工程结算审查，审减金额780万余元。2006年，眉山市建筑工程造价协会成立。至2012年，全市有注册造价咨询机构4家，市建筑工程造价协会有团体会员162个，工程造价职业资格人员510人（全国注册造价工程师31人）。注销造价员资格20余人，勒令造价咨询单位停业整改1次。眉山市连续8年备案率100%，有效维护建筑市场秩序、杜绝黑白合同、减少合同纠纷、防止拖欠工程款和农民工工资。

工程价差系数调整　2001年，眉山市贯彻推行“2000年定额”，测算并发布眉山市建筑工程、市政工程、安装工程等“2000年定额”的材料综合调整系数和人工费用调整系数。2003年，加强工程造价管理，测算并发布眉山市建设工程材料价差综合调整系数2000-（Ⅱ）、眉山市《二〇〇〇定

额》人工费调差系数（三）等规范。至2012年，眉山市发布建筑工程综合价差调整系数5期，为合理确定工程造价奠定基础。

工程造价信息　1999年起，眉山地区加强工程造价信息化建设，建立信息收集、整理、上报体系。收集发布全区造价信息。2006年，眉山市及时发布造价信息，指导工程预决算。2011年，发布预拌砂浆信息。至2012年，共编辑发布材料价格等信息55万余条，出版发行《眉山市建设工程造价信息》125期。与全省各市州达成信息交流。

工程造价指数　1997年起，眉山地区造价站分别测算发布多层建筑、小高层建筑、高层建筑、市政工程的造价指数。及时反应各个时期价格变化对工程造价的影响程度，方便投资人了解眉山建设市场和估算投资项目成本，帮助施工单位控制成本，防范风险。2011年，重新发布多层建筑、小高层建筑、高层建筑及市政工程四种类别的建设工程造价指数。至2012年，眉山市测算发布多层建筑、小高层建筑、高层建筑、市政工程的造价指数64次。

（四）建设工程招投标与工程交易

招标投标　1997年，眉山地区建设项目执行建设部1992年发布的《工程建设施工招标投标管理办法》，由招标代理机构编制招标文件组织开标、评标。当年起，投入资金30万元以上的基建工程和投入20万元以上的装修工程实行招投标。当年，全区174个项目全部实行招投标。地区纪委、地区建委开展建设工程项目执法监察，清理整顿全区建筑市场。自查自纠和重点抽查在建30万元以上建设工程项目，“拉网式”检查1996年以来竣工和在建的218个工程质量、安全，发现案件线索14条，立案检查8件，处理16人，查处违纪金额387.6万元，挽回经济损失639.6万元。32个有质量问题的工程提出整改方案，有严重质量问题的18个工程停建。1998年，地区建委制订《眉山地区建设工程招标投标实施办法》，推行工程建设中工程、廉政双合同制度。当年，地区住宅小区、地区第一小学教学楼等工程实行公开招标。全区开展省道106线工程、地区第一小学、眉山县中央直属储备粮库等7个重点建设工程执法监察。1999年，建立“眉山地区建设工程交易中心”。全年全区建设工程招投标173个（公开招标102个、邀请招标71个）。抽查岷江二桥工程、眉山县中央直属储备粮库工程等基础设施建设项目11个。处理眉山县四建司项目经理违规挂靠行为停止一年投标资格；处眉山县五建司出借资质等问题罚款1万元、停止一个季度投标资格。2000年起，建设项目执行《中华人民共和国招标投标法》。地区建委、地区监察局转发《四川省建设工程招标投标异议或投诉管理办法》，查处违规操作行为。地县均建立“建设工程交易中心”，全区166个项目进入“中心”开标。开展建筑市场综合执法检查，检查13个在建工程项目执行招投标制度、监理制度、工程质量监督制度等情况。地区纪委、监察局、地区招投标办调查核实眉山县庄店开发区城市路桥工程招投标不规范等问题，责成按程序重新招标，避免经济损失56万元。查处洪雅中学教学楼、住宅楼及仁寿文林镇政府住宅楼违纪违规案件。2001年，市规划建设局制定招投标“纠正并查处项目法人规避招标和搞假招标行为，不履行法定建设程序”等为主的8项内容和“依法查处所有在建工程违反基本建设程序进行建设的问题，依法查处所有在建工程规避招标、不执行国家工程建设强制性标准问题，有关责任单位和责任人依法受到处理”等为主的6项目标，加强招标投标监管。全年市级完成施工招标19个，监理招标2个，指导各县（区）完成工程招标87个。受理招标投诉1件，标底复查申请1件。2002年，市纪委、监察局制定建设工程招投标备案管理制度，市、县（区）招标办与建设工程交易中心从“机构、职责、人员、财务”四方面剥离，实行机构分设、职能分离、人员单设、财务单独核算（彭山未剥离）。2004年，全过程监督招标公告发布、投标企业资质预审、发标、答疑、开标、评标，推行工程清单计价招标、无标底招标和投标报价最高限价等，完成招标61个，工程造价2.97亿元。2007年，全市重点开展省评标专家库规范化管理，清理上报辖区内有公务员或行政管理职能事业单位身份的评标专家30余人。2008年，成立眉山市公共资源交易中心，推进政府投资工程管理体制改革，深化管理权、执行权、监督权“三权分立”招投标监管模式，完善中心评标现场管理办法和核心文件保密管理办法。全市国有投资项目均核为自主招标，委托市交易中心编制招标文件，组织开标、评标。当年，眉山市实施招标核准、招标文件事前备案、招投标资格审查等制度。市级发包工程86个，发包总价约14亿元，招标备案、合同备案率100%，无招投标投诉。2009年，市政府下发《关于加强政府投资工程建设项目监督管理的意见》，进一步规范全市政府投资项目的决策、审批、招标投标和资金管理。市纪委、监察局完善项目全程跟踪制度，跟踪监督重点建设工程项目。实行重点项目决算公示制，政府重点投资项目在工程决算审计完结后公示结算情况，接受监督。市公共资源交易中心推行电子招标。建设工程招投标实行网上操作运行。市监察局开展全市扩大内需和2008年“5·12”汶川特大地震灾后重建工程项目招投标检查，检查2008年8月至2009年9月已实施的招标、比选及应急工程项目，对招标公告发布不规范、招标文件编制不规范、擅自改变招标方式、合同履行不健全、部分项目档案资料不完整等问题提出整改意见，调查处理较典型的仁寿县卫生院灾后重建合同不规范和东坡区太和子堤项目未经报批擅自增加投资325万元问题。立案调查岷江大道园林景观工程建设有关工程量变更超过合同数千万元问题，挽回经济损失4650万元。全年全市两级招监办开展同步监督133项，专项检查5次，受理投诉19项。查处串通投标案件2起。2010年，市政府制订《眉山市治理政府投资工程建设项目挂靠、转包及违法分包行为实施办法（试行）》《眉山市国家投资工程建设项目压证施工管理办法》，督促项目加强后期监管，完善和创新压证施工制度。建立招投标联席会议制度，发挥招监委在招投标监督管理中的综合协调、决策职能，凡涉及规范制订、行政处理、专项治理以及其他带普遍性、共通性的问题提交联席会议集体研究，以会议纪要形式下发执行。建设工程网上操作运行，网上收退保证金，利用第三方支付平台为招投标过程的各类资金提供安全保障。2011年，建立以电子评标系统为主体、集网上招标、投标、开标、评标于一体的新电子交易服务平台，实现招投标全流程信息化、无纸化。市纪委监察局、市发改委制发《眉山市政府投资工程建设项目招标投标活动现场监督管理办法（试行）》，明确招投标现场监督人员职责，以及市公共资源交易中心管理职责。实行政府投资工程施工企业约谈制度，招投标和施工管理环节存在轻微违法违规行为、可不必实施行政处罚的投标企业与施工企业实行集体约谈。2012年，技术标和商务标均采取暗标评审方式评标。以招投标会员诚信库建设为载体，实现投标人诚信行为动态管理。开通网上受理、备案和网上在线监察功能。全年监管市级发包工程52个，发包总价14.7亿元，建筑面积155.3万平方米。通过招标监管的国有投资工程节约投资1.4亿元，节资率19.1%。招标备案、合同备案率100%，无招投标投诉问题。1998—2012年，眉山市市级建设工程实施招标投标1011个、中标价239.81亿元。其中公开招标235个、中标价22.08亿元；邀请招标776个、中标价217.73亿元。

工程交易 1999年，眉山地区加快有形市场建设，投资90万余元组建眉山建设工程交易中心。当年，市政中心等工程在眉山建设工程交易中心交易。2002年，完成进眉山建设工程交易中心交易工程项目29个，交易造价1.17亿元，交易建筑面积17.66万平方米。2004年，眉山建设工程交易中心开通信息网，为建设工程交易提供良好工作环境。严格实行交易准入制度，全年为75个工程提供交易服务。2005年，严格实行交易准入制度，眉山建设工程交易中心发布工程信息810条。全年

60个工程进场交易，建筑面积73.5万平方米，工程造价3.2亿元。2006年，强化工程交易管理，67个项目进场交易。2007年，规范工程交易，89个工程进场交易，工程造价14.7亿元。此制度延续至2012年。

（五）工程款及农民工工资清偿

2004年，眉山市通过多种手段和途径，清偿拖欠农民工工资。当年，全市清偿拖欠农民工工资7507万元。2005年，眉山市清偿建设领域政府性项目拖欠工程款。将清理拖欠工程款纳入目标考核内容，及时处理“隐形拖欠”，不断规范用工行为和建筑劳务交易市场，严格查处不具备法人资格的包工头的散杂农民工承接工程行为。建立项目资本金制度、农民工工资保证金制度、用工情况检查等制度，清偿政府性工程拖欠工程款5.7亿元。2006年，清偿政府性工程拖欠工程款5.7亿元，清偿拖欠农民工工资5439万元。2007年，建立清欠工作长效机制。按照“工作重心由清理旧欠向预防新欠转变，工作内容由大规模集中清理向强化日常监管转变”思路，制定农民工工资支付保证金、项目基本金、企业信誉惩戒等制度，有效遏制新欠产生。2009年，推行农民工工资担保制度，担保机构介入后让农民工工资有保证。2010年，全市开展工程建设领域突出问题专项治理。市规划、房管、城建、市政等部门和县（区）规划和建设局逐一排查34个（市级21个、省级13个）2008年以来3000万元以上政府投资和使用国有资金项目。收集、整理、上报资料，接受省建设厅和市纪委2次检查。调查处理农民工工资投诉事件105起，涉及农民工4118人，涉案金额1033万元。至2012年，仍延续此办法。

（六）建筑劳务市场管理

1997年起，眉山地区组织建筑劳务输出。年末全区建筑劳务输出5.44万人。2004年，在拓展北京市、新疆维吾尔自治区、西藏自治区、甘孜藏族自治州等劳务基地基础上，继续开拓新的劳务市场，新组建规范的建筑劳务公司5家，年劳务输出10万余人次。2005年，加强建筑劳务公司管理，全年劳务输出15.6万人次。2012年，眉山市成建制劳务输出10.6万人次，实现建筑劳务收入16.8亿元。1997—2012年，眉山市建筑劳务输出89.24万人次。

三、工程质量监管

（一）建材、地基检测

1998年，眉山地区投入24万余元建立地区材料检测中心，与九一五地质勘察公司合作成立地区桩基无损检测中心，保证新区建设工程材料常规检测和地基基础安全。1999年起，全区实施质量安全强制性标准监督、建筑生产材料质量检测。每年结合建设工程质量大检查专项整治见证取样送检和混凝土试块标准养护情况，重点查处假试样、假见证、假检测等违法违规行为。2012年，眉山市将质量安全、建筑执法、“三新”推广、散装水泥运用、农民工工资管理等内容统一到“建安网”平台，实施统一管理和指挥，利用“建安网移动终端”加强施工现场的实时监管和全过程监管。

1997—2012年，眉山市完成各类建筑材料类检测和市政道路检测61.38万号、地基低应变5.86万根、静载2393点、室内环境检测4.42万点。开展见证取样送检和混凝土试块标准养护情况专项整治13次，通报检测机构2家。

（二）质量安全监管

1997年起，眉山地区贯彻落实《中华人民共和国建筑法》《建设工程质量管理条例》《建设工程安全生产管理条例》，加强建设工程质量安全监督管理，规范各责任主体单位和人员的质量安全行为，逐步形成以建设工程质量安全为核心的建筑市场管理长效机制，促进眉山市建设工程质量安全管理工作稳步健康发展。当年，地级相关部门监督检查在建工程项目21个、建筑面积12.79万平方米；工程竣工单体15个、建筑面积8.79万平方米；工程竣工备案单体15个、建筑面积8.79万平方米。1998年，眉山新区开展“四抓”（抓建筑材料、抓压证上岗、抓操作规范、抓安全措施）活动，确保建设工程全部受监，保证建设工程质量。1999年起，地区相继制发《眉山地区建设工程质量监督、检验、验收、管理制度》《关于在新区建设工程中推行现场管理制度的通知》《在建工程质量监督抽测实施方案》《眉山市建设工程质量安全巡查管理办法》《眉山市房屋建筑工程质量保修制度》等，推行《见证取样制度》《质量终身负责制》《工程监理制度》等新规范、新标准，工程质量安全监督逐步进入法治化轨道。地区建委加强砼及砼预制构件、标准试件管理。全年全区工程质监率100%、工程质量合格率100%。2000年，制定《眉山地区建设工程眉州杯奖（区优质工程）评审办法》，开展文明优质工地评选活动，促进建设工程质量的提高。

2001年，眉山市各建设单位自查自纠，向当地建设行政主管部门报送自查自纠书面报告。开展集中整治。仁寿、丹棱、彭山3个县抽查在建工程79个，责令整改安全设施不完善、单包挂靠施工工程2个、无地勘报告进行设计工程2个；其余3县（区）检查所辖在建工程，纠正存在问题。眉山城区被评为省结构优质工程1个，市政府大楼获“天府杯”金奖。2004年，全市强化工程质量监督，所有报建工程按规定时限办理质监手续。中心城区工程报建率100%，500万元以上的工程受监率100%，建设工程合格率100%，优良率30%以上。

2005年，市中心城区被评为四川省标准化工地2个、市标化工地3个。2008年，全市实行工程质量巡查、稽查和抽样检测制度，加强住宅工程质量监督。“5·12”汶川大地震后，开展质量安全大检查4次，检查在建工地38个，发出“建设工程质量安全隐患整改通知书”22份。2009年，开展违法、违规项目集中整治。查处眉山市德胜建筑工程公司、东坡区第三建筑公司、广安昌兴建筑工程公司等15家建筑企业承建的18个违法违规项目及监理单位2家，处罚金118.1万元。

2010年，全市工程质量抽测465次，发出“质量整改通知书”88份，报建工程监督率、工程竣工验收合格率、用户质量投诉处理率均达到100%。纠正在建工地违法违规16次，处罚案件19起、罚款146万元。受理信访件532件，办结96%。2011年，全市开展专项监督检查8次，安全抽查650余次、质量抽测527次，竣工验收工程242项，查处违法工地27次，发出各类通知书737份，约谈建筑、开发、监理企业23家，处罚款68万元。2012年，加强建筑市场、房地产市场、燃气市场监管和处罚力度，维护良好秩序。市级监督检查在建工程项目119个、建筑面积183.2万平方米；工程竣工单体300个、建筑面积183.41万平方米；工程竣工备案单体300个、建筑面积183.41万平方米。全年行政处罚21次，发出责令限期改正（拆除）通知书5份，暂时停止施工通知书7份，处罚款264万元。

截至2012年年底，组织开展监督检查4450次，质量大检查45次，发出“建设工程质量整改通知书”776份。检查市中心城区工程项目1847个、面积2053.07万平方米，建设工程质量监督管理覆盖率100%，无重大质量事故。竣工验收单体工程3271个、面积2000.03万平方米（工程竣工备案单体3271个、建筑面积2000.03万平方米）。创建省结构优质工程15个、省级标化工地24个、市级标化文明工地46个。

眉山中心城区 1997—2012 年建设工程情况一览表

表 11-12

年份	受监工程项目（个）	工程面积（万平方米）	质量安全监督率（%）	工程竣工单体数（个）	工程竣工面积（万平方米）	工程面积竣工率（%）	竣工备案单体数（个）	竣工备案面积（万平方米）
1997	21	12. 79	100	15	8. 79	100	15	8. 79
1998	67	56. 72	100	48	46. 52	100	48	46. 52
1999	26	34. 33	100	72	76. 23	100	72	76. 23
2000	65	57. 83	100	45	48. 92	100	45	48. 92
2001	52	48. 10	100	50	46. 24	100	50	46. 24
2002	109	79. 53	100	110	28. 76	100	110	28. 76
2003	126	72. 62	100	174	54. 16	100	174	54. 16
2004	103	81. 93	100	176	62. 27	100	176	62. 27
2005	150	100. 05	100	213	134. 43	100	213	134. 43
2006	201	142. 58	100	238	88. 22	100	238	88. 22
2007	192	348. 56	100	314	111. 34	100	314	111. 34
2008	122	143. 83	100	450	166. 29	100	450	166. 29
2009	175	262. 63	100	344	149. 46	100	344	149. 46
2010	161	171. 10	100	409	637. 45	100	409	637. 45
2011	158	257. 25	100	313	157. 54	100	313	157. 54
2012	119	183. 22	100	300	183. 41	100	300	183. 41
合计	1847	2053. 07	100	3271	2000. 03	100	3271	2000. 03

（三）建设监理

1997 年，眉山地区有监理企业 2 家，开展建设工程监理。2001 年起，眉山市相继印发《眉山市建设工程监理管理规定（试行）》《眉山市建设工程施工阶段项目监理机构人员配备暂行办法》《眉山市建设工程项目监理工作质量检查评分办法》，规范监理市场管理和监理单位、从业人员监理行为，实行压证上岗制度，建立不良行为记录档案。至 2012 年，眉山市从事监理活动的企业 29 家（外地 25 家、本地 4 家）。工程监理行业形成总监理工程师、专业监理工程师、监理员三个层次的人才队伍。各监理单位通过履行质量安全监理责任，有效制约参建各方违反质量安全生产的行为，保证眉山市质量安全生产。

眉山中心城区 1997—2012 年建设工程质量安全监督情况一览表

表 11-13

年份	质量监督检查（次）	质量整改通知书（份）	安全监督检查（次）	安全整改通知书（份）	建筑材料委托检测（号）	低应变（根）	空检（点）	静载（点）
1997	42	12	114	61	12585	680	—	—
1998	104	21	128	65	15662	950	—	—

续表11-13

年份	质量监督检查（次）	质量整改通知书（份）	安全监督检查（次）	安全整改通知书（份）	建筑材料委托检测（号）	低应变（根）	空检（点）	静载（点）
1999	52	13	107	72	28641	1000	—	—
2000	13	17	213	76	23446	880	—	—
2001	104	19	218	69	28648	1200	—	—
2002	218	21	402	77	33526	1060	—	—
2003	222	26	437	163	38269	3500	1500	230
2004	220	30	126	147	32547	4081	4581	220
2005	232	55	603	168	50757	3889	4041	252
2006	248	78	621	157	64300	4258	4579	218
2007	248	67	610	145	55000	4556	4927	229
2008	261	61	620	78	50943	4198	4628	307
2009	340	36	650	130	34451	5091	5129	326
2010	465	88	660	365	46404	8228	5430	247
2011	828	106	672	465	51197	6647	4345	170
2012	853	126	926	456	47440	8354	5087	194
合计	4450	776	7107	2694	613816	58572	44247	2393

四、建筑节能与新材料新技术推广

（一）建筑节能

1997年起，眉山地区开展建筑节能宣传活动，加强建筑节能行政管理。推进技术标准和规范实施，将建筑节能纳入工程设计、施工图审查、施工许可、施工监理、工程质量监督、竣工验收、房屋销售等各个环节。相继建立健全建筑节能《设计审查制度》《备案稽查制度》《开工许可制度》《产品见证取样制度》《竣工验收制度》《节能建筑公示制度》等。加强建筑节能标准实施监督管理，加大建筑节能执法力度。专项检查建筑物主体完工、竣工验收两个环节建筑节能，查处不执行国家建筑节能标准的开发单位、设计单位、施工单位、工程监理单位等相关主体。加强施工图审查和竣工验收，严格管理城镇新（改、扩）建房屋用水器具，促进使用符合国家政策要求的用水器材器具。2003年起，仁寿县推广使用散装水泥。2004年，仁寿县通过招商引资，建成眉山市首家商品混凝土搅拌站。市散装水泥管理办公室下发《加强散装水泥使用管理的通知》，在全市开展散装水泥宣传，散装水泥应用率大幅提高。2007年，严格建筑节能设计备案管理。当年，建筑节能设计备案率100%。2009年，加强建筑节能管理和工程勘察质量管理，确保建筑质量、节能、消防、防雷、抗震各项技术指标按规范要求落实。此制度延续至2012年。

（二）新材料新技术推广

2005年起，眉山市推广使用新型墙体材料和散装水泥，征收散装水泥专项资金。当年，推广新型墙体材料3万立方米标砖、新型输水管材28万米、散装水泥19.95万吨、商品混凝土5.8万立方米。2006年，按照“建设资源节约型、环境友好型社会”目标，市规划建设部门指导全市新型墙体材料、新技术、新工艺、新产品推广应用，鼓励和推动墙材企业技术改造和革新。使用新型墙材与墙改基金返还挂钩，促进业主使用节能型墙材。实行墙材使用现场验收制度，监督使用情况。当年，眉山市建工程使用新型墙材验收43项，征收新型墙材专项资金371万元。全市节能墙体材料推广应用率90%以上，涌现出金府丽景等一批节能环保小区。全年征收散装水泥专项资金87万元。2007年，现场验收新型墙材30项，新型墙材使用率65%，征收新型墙材专项基金618万元。至2009年，全市节能墙材推广应用率增至95%。

2010年，开展建筑市场调查，新增材料价格信息400余项。投资365万元，建成占地面积1公顷的新型农村“推广散装水泥”公司。通过新材料新技术推广，全市节约优质木材10.04万立方米，节电2651.7万度、节水552.5万吨、节标煤3.42万吨、减排粉尘1.5万吨、二氧化碳减排量13万吨、实现综合经济效益12.9亿元。2011年起，仁寿县恢复散装水泥基金征收。当年，眉山市散装水泥推广使用397.91万吨，比2010年增长38%，水泥散装率34%；全市使用商品混凝土86.9万立方米，城市禁现（禁止现场搅拌）率95%以上，预拌混凝土供应总量和“禁现”率居全省前列。2012年，眉山市散装水泥推广使用量232.21万吨，散装率37.06%。与袋装水泥相比，仅推广散装水泥一项全市节约包装纸袋6000万个，节约包装纸2.3万吨，相当于节约11.2万个立方的优质木材、节电2800万千瓦时、节约标煤2.12万吨，减少碳排放20.8万吨，减少粉尘排放1.6万吨，创社会效益、经济效益、环境综合效益2.4亿元。仁寿县使用商品混凝土散装率44%以上。截至2012年年底，新型墙材在眉山市广泛应用。眉山中心城区建设项目新型墙材使用率96%，各县新型墙材使用率86%。

第十二篇 开发区 产业园区

为加快眉山经济社会发展，发挥专业化、集约化优势，眉山市设立新区，整合原有各类园区，加快新区和专业园区建设步伐。设立岷东新区、天府新区眉山区域，以及在原有经济园区基础上，整合资源，确立各类园区发展目标和方向，壮大各类经济园区，促进经济发展。

第一章 开发区

1999 年 10 月，成立眉山经济技术开发区。2007 年，眉山市整合眉山经济开发区东区，确立机械制造、食品包装、电子信息三大主导产业。2011 年 9 月，市委、市政府落实“跨江东进、拥江发展”的城市发展战略，作出《关于设立岷东新区的决定》，按照“政府主导、统筹规划、多方参与、市场运作、自主经营”开发模式，高起点规划、高标准、高品位建设岷东新区。岷东新区采取“政园合一”体制。岷东新区成立之初，区域包含眉山经济技术开发区，岷东新区成立后，眉山经济技术开发区管委会与岷东新区管委会合署办公，实行两块牌子、一套班子。

第一节 岷东新区

一、管理机构

1999 年 10 月，地委、行署决定设立经济开发区——眉山科技工业园。2000 年 4 月，省政府批准为省级经济开发区。设立办公室、招商引资部、建设发展部、科技创新部，承担国土、城建、环保、

眉山经济开发区办公楼（摄于 2006 年 8 月）

规划、工商、计划、经贸、科技、组织、人事、劳动等职能。2001 年 2 月，省政府确定为重点经济开发区。10 月，市编办核定管委会编制，设办公室、招商投资处、建设国土处、科技产业处、财务处。2003 年 5 月，建立眉山科技工业园工商分局。2004 年，眉山科技工业园被四川省政府批准为符合设立条件、建设成效显著、发展前景较好的 47 个省级开发区之一。设立眉山科技工业园地税分局，筹建眉山科技工业园国税分局。2006 年 4 月，建立眉山市委经济开发区工作委员会和眉山市纪委经济开发区工作委员会。成立开发区国土资源分局、社会事业局、市政管理处、房屋及建筑质量管理处、后勤服务处等内设机构。2011 年 9 月，设立中共眉山市岷东新区工作委员会（以下简称岷东新区党工委）、眉山市岷东新区管理委员会（以下简称岷东新区管委会）等新区管理机构，分别作为市委、市政府的派出机构，机构级别正县级，授予岷东新区党工委、管委会行使市级管理权限，赋予岷东新区干部人事自主权。岷东新区党工委、岷东新区管委会分别和眉山市经济开发区党工委、眉山市经济技术开发区管委会实行两块牌子、一套班子。2012 年 5 月，新区管委会设办公室、经济发展局、拆迁安置办公室（挂群众工作局牌子）、招投标管理办公室、财政局（挂国有资产管理局牌子）、招商引资局、社会事业局等 7 个内设机构。成立眉山市岷东新区工会联合会、眉山市岷东新区项目服务中心、眉山市岷东新区土地储备中心。设立眉山市国土资源局岷东新区分局、眉山市城乡规划局岷东新区分局、眉山市住房和城乡建设局岷东新区分局、眉山市公安局岷东新区分局，为市局派出机构，实行条块结合、以条为主的管理体制。

岷东新区建立独立运行的财政体制，建立投融资平台，配套完善税收、规费、财政补贴、资源配置、建设用地、投资政策、人才机制等配套政策。2012 年 4 月，设立眉山岷东开发投资有限公司，为国有独资有限公司，出资人为岷东新区管委会，授权岷东新区国有资产管理局履行出资人职责。

1999—2005 年，宋铭、李俊先后任管委会主任。2006—2011 年，市委常委、常务副市长蒋辅义任眉山市委经济开发区党工委书记。

二、园区规划

岷东新区位于眉山市城区岷江东岸，短期规划范围 23 平方千米，其中建设用地 13 平方千米，市政及配套基础设施投入 100 亿元。

2000 年，眉山经济开发区完成科技工业园总规和 A 区控制性详规。经济开发区面积 4.9 平方千米。其位于南北干道以西，成昆铁路以东，东西干道以北，分 A、B 区，A 区 3.1 平方千米，以发展综合型科技工业为主；B 区 1.8 平方千米，以发展外向型加工贸易为主。2004 年，完成园区 A 区剩余 1.9 平方千米土地利用总体规划调整。2005 年，眉山经济开发区制定“十一五”发展目标。“十一五”期间将规划面积扩大 30 平方千米；工业投入和产值每年增长 40%，税收增长 30%。到 2010 年，争取实现工业年投入 11.5 亿元，年产值 24.2 亿元，年税收 7400 万元。到“十一五”末，区内高新技术产品的比重提高到 30%以上，科技进步对工业经济的贡献率达到 50%以上；名优产品产值占工业总产值的30%以上；年出口创汇达到5000万美元。五年全区工业固定投入40亿元，将开发区建设成为眉山市工业新城。

2006年，编制《开发区发展循环经济“十一五”发展规划》《2006-2008年经济发展规划》。2010年，按照“总规导向、适当调整、疏通主干、拾遗补阙、尽快完善”要求，启动总体规划修编。确定西南交通大学建筑勘察设计研究院为《眉山城市西北片区控制性详细规划》编制单位。规划方案获市规委会批准。

岷东新区长期规划范围69平方千米。2012年，完成《眉山市岷东新区经济社会发展（2011—2020年）战略规划（讨论稿）》《眉山市岷东新区经济社会发展五年规划（2013—2017）》编制，开展非建设用地、南北组团安置区、岷东新区照明亮化等10项规划编制。完成控制性详细规划修编和城市设计方案优化及岷东大道、中部组团安置区、东坡养生植物园、眉州大道多色谱林业景观带4个重点项目规划设计。启动亮化工程、滨江公园、富牛大道和中部组团市政主干道等6项规划设计项目。完成城市策划、分区规划、城市设计、中部组团安置区、行政园区多色谱林业景观带、植物园等6项规划编制。完成石埂子水库水域面积核实和确定。

三、基础设施建设

2000年，眉山经济开发区建成标准厂房1300平方米。园区有3条（东西3延伸段、东西3附一道、南北3附一道）道路，长2千米，动工面积4万平方米。2002年，完成景观大道、南北三附一道北延段、东西五道2千米道路建设工程硬化、绿化、亮化，完成东西三道、东西三附一道、南北三附一道道路绿化工作，完成东西三道和南北三附一道接口工程。开工建设眉山科技创业服务中心、企业家广场。2003年，完成东西三道西延段1340米道路路基工程和部分硬化工程；南北三道路1000米开工建设，完成东西五道、南北干道北延段1600米绿化、亮化，南北干道北延段排洪工程改造，创业广场一期工程。2004年，完成3250米道路建设及水、电、气、通信等配套工作。包括南北三道、科工园二路西延段、科工园一路西延段。2005年，新开工建设道路、水、电、气、通信网络等配套设施。先期开发的1.1平方千米园区基本建成。完成科工园一路西段剩余道路、景观大道西段1.4千米道路建设，形成三横两纵7.2千米园区道路网络骨架。2006年，开发区投入9140万元，建设科工园三路西延段、文忠街北延段、阜城路西延段、玉屏街北延段和科工园二路西延段等5条道路6.6千米。完成南北五路、科工园二路西延段、四川岷河管件有限公司、三圣工艺品有限公司等道路建设。科工园二、三路西延段和南北四、五路竣工，开发区“四纵三横”道路格局形成。全年开发区新增路灯236盏，绿化面积5万平方米。投入130万余元改造鱼山村、白玉村以及867厂和家属区农排线。完成区内1324.6米道路倒虹管、529座雨污水井、505座雨水口清淤。2008年，投资400万余元修建长庚街和栖云路市政道路1千米。2009年，投入资金62万元，清理、维护疏通园区农灌沟和市政道路雨水口及雨（污）水井，维修路灯设施，改善园区生产生活环境质量。制定《经开区城乡环境综合治理两年规划》建立城乡环境综合治理长效机制巩固治理成果。2010年，启动文忠街北延段、科工园四路、大雅街北延段、拱极街和栖云西路5条4.4千米城市道路建设。投入30万余元美化、亮化园区环境，建成垃圾地库2座，清理雨水井727座，污水口734座，雨水口1318座。创建为“市级园林式单位”，9家企事业单位被评为“市级园林式单位”。2011年，园区规划投资8000万元建设5条道路。投入资金80万余元，打围6000余平方米，整治摸黑路1.8千米，整治街道乱搭乱建20余处近800余平方米，维修破损路面6千米，安置果皮箱218个，新建垃圾地库2座。

四、征地拆迁

2002年，眉山经济开发区为西贝化工公司、西岭食品厂、人和实业公司、菲迪袜业公司、脑血管医院、海威耐火材料厂、眉山车辆厂、宏腾食品厂、科学技术学校、多能公司、元宝公司、牛迈公司、科瑞森公司等项目拆迁、安置农户750人，征地53.87公顷。2003年，确定农民安置区安置方案，实施白玉临时安置区建设。完成烟草公司、易通公司、重庆市金山鑫泰包装有限公司、车辆厂科技大楼、阿依喜魔芋食品有限公司、国营星华仪器厂、四川会凌科技有限责任公司等项目用地、拆迁、安置。2004年，征地18.67公顷，拆迁安置农户80户500人。2005年，确定农民安置区建设方案。征用安置区土地，平整场地，完成规划设计。培训园区农民90人，安置失地农民就业600人。2006年，征地117.53公顷，租地18.13公顷，出让工业用地17宗61公顷，拍卖商业用地2宗13.2公顷，土地收益2400万余元。清理闲置土地，收回眉山车辆厂长期闲置办公用地2.67公顷和元宝树项目1.67公顷闲置用地。开办技能培训班培训失地农民585人。发放再就业优惠证333份，安置失地农民315人就业，将拆迁完成的5个村民组、1500余名失地农民纳入低保范围。完成农民安置区首期安置房建设。2007年，金杯星苑小区一期工程完工，可安置960人，占地5.78公顷的碧华林小区完成住房户型选择。办理失地农民低保620人、社保655人、法定劳动年龄以外失地居民养老保险655人。完成失地居民培训320人，推荐就业800人。2008年，金杯星苑安置小区一期竣工安置房3.8万平方米，入住白玉村居民500人。碧华林安置小区2.75万平方米安置竣工，完成安置户选房工作。培训失地居民150人，推荐就业360人次，办理社会养老保险1327人。2009年，投入2030万元，推进安置。白玉社区居民650人全部成建制入住金杯星苑安置区。鱼山社区碧华林小区5.77万平方米安置房竣工，确认裕丰苑和金杯星苑安置户型。培训失地居民400人。推荐就业500人。2010年，按统一部署、分步实施原则，启动180.67公顷土地征地拆迁，完成土地征收52公顷。启动科工园四路、文忠街北延段、大雅街北延段、拱极街和栖云西路5条道路用地13.33公顷拆迁。鱼山社区安置960人。2011年，园区计划投资8000万元的5条道路建设完成16.67公顷用地拆迁。15万平方米的裕丰苑安置小区主体工程竣工，完成工程量的65%；金杯星苑二期7.5万平方米的安置小区完成地勘和施工图设计，开工建设，完成工程量的40%。拆迁道路用地18公顷，宗地拆迁23.33公顷。成建制安置居民430户1050人。培训失地居民就业520人，就业150人。

五、招商引资

1999—2000年，眉山经济开发区引进企业10余个，总投资1亿元以上。入园的企业主要有眉山三苏建材PP-R管生产线、眉山泰鑫华塑塑钢门窗生产线、中国联通眉山信息枢纽、眉山汉迪科莱特竹编生产基地，眉山惠阳保鲜生产线、眉山科泰仪器生产线和眉山力达通信器材生产线。

2002年，眉山经济开发区管委会组织小分队赴广东、上海、浙江、重庆、甘肃以及川内各地招商。实行招商引资目标责任制。管委会职工年初下达目标任务，交相当数额风险抵押金，年终考核，完不成任务的不退抵押金，超额完成任务的按一定比例适当奖励。全年引进项目20个，实现净投入2.3亿元。包括四川元宝资源开发有限公司投资1.2亿元的元宝生态产业化工程、眉山车辆厂投资2亿元的制动机及专用汽车、四川菲迪袜业有限公司投资2000万元的袜制品、四川多能电力有限公司投资3000万元的电力、辽宁省海城市耐火材料厂投资5000万元的新型耐火材料、重庆大方金属材料公司投资1500万元的商务中心、四川科瑞森生物工程有限公司投资2500万元的生物农药、香港远东集团投资有限公司投资1亿港币的电子铝箔、眉山牛迈科技开发有限公司投资1500万元的锂离子材料、美信发展有限公司投资1100万元的眉山民营企业园、投资1500万元的眉山市科学技术学校、汉迪科莱福特公司投资2600万元。2003年，眉山经济开发区引进项目16个，签约资金4.14亿元。当年开工建设项目12个。成都鼎新公司投资2500万元的快淬钕铁硼项目、投资2000万元的特种变频器项目建成投产，北京妙士乳业投资3500万元的奶制品项目进入设备调试，重庆金山鑫泰包装有限公司投资6500万元的包装项目、投资6000万元的亚都生物科技项目、投资6000万元的钢化玻璃项目、投资6500万元的数字工控设备项目开工建设。2004年，招商引资净投入6.6亿元，新签约项目15个，协议金额5.85亿元，其中投产6个。四川泛美玻璃有限公司投资6000万元的钢化玻璃制作项目建成投产，四川秋麟制药有限公司投资6000万元的生物制药项目、四川菊乐食品有限公司投资1.2亿元的乳制品加工项目动工。2005年，眉山经济技术开发区引进浙江赐富集团有限公司、攀枝花钢铁集团有限公司、金顶机械有限公司等项目12个、资金7.23亿元。动工项目6个；勘探和设计前期准备项目6个，履约率100%。全年1家企业建成投产。867厂、攀钢集团冷弯型钢、恒康油脂公司、多能电力公司、金山鑫泰公司、中达机械公司、行知教育发展公司实践基地、宇福来公司、爱家工贸公司、秋麟制药等开工建设，总投资6.1亿元。

2006年，园区引进赐富集团聚酯膜深加工生产线、广颖集团服装生产线、华升公司蔺草加工生产线、麦克集团在线设备生产线等项目27个，协议资金22.13亿元（实际到位9.11亿元），其中投资上亿元的项目2个，5000万元以上项目16个，外资项目1个，国内民营企业100强1户，国内企业500强1户，高科技产业项目2户，出口创汇企业4户。攀钢工业园一期、宇福来包装、秋麟药业、麦克在线、恒康油脂、九扬玻璃、岷河管件、金顶机械模具有限公司、星华仪器厂等企业建成投产，浙江赐富集团、香港广颖集团、金山鑫泰等项目开工建设。2007年，引进蒙牛乳业集团、恒丰印务、飞普科技、美琪乐4个亿元工业项目。全年招商协议引资24.7亿元（实际到位9.7亿元），其中工业项目到位资金7.46亿元。2008年，眉山经济开发区管委会围绕三大主导产业，做好优质工业项目引进，扶持优势企业发展。全年协议引资24.9亿元（实际到位15.8亿元）。省级重点项目蒙牛乳业（眉山）有限公司总投资3.2亿元的年产18万吨液体奶项目开工建设，市级重点项目四川飞普科技有限公司投资1.2亿元的光纤通信器件项目投产。2009年，园区协议引资19.7亿元（实际到位18.4亿元）。签约项目8个，其中亿元项目3个，分别是四川祥瑞机械有限公司投资3亿元的年产4000万套中小齿轮汽车变速箱生产线汽车后桥生产线项目、四川新路桥机械有限公司投资1.4亿元的高速铁路支柱板机械加工项目和深圳炬飞科技投资1.5亿元的节能产品生产项目。全年在建项目32个，完成投资12.5亿元，其中工业性固定资产投资11.5亿元（技改投资6.1亿元）。投资3.2亿元的蒙牛乳业液态奶生产项目、投资1.15亿元的普天毅力多层电路板项目和投资1.2亿元的王家渡食品调味品项目等三个亿元重点项目建成投产。2010年，园区招商引资到位资金2.2亿元。启动企业技改扩建项目，技改投资1亿元。新增4户销售收入过亿元企业蒙牛乳业、攀钢冷弯型钢、飞普科技、同升专汽，园区亿元企业增至6户。培育新增规模工业企业3家，总数增至38家。巨蛙服饰、眉州学大通讯、鑫茂钢材、三圣蔺业投产。至2011年，眉山经济技术开发区招商引资累计到位资金51.43亿元。

2012年，岷东新区举办重点项目推介会，运用以资源换项目等多种合作方式，签约项目10个、金额 100.5 亿元，到位资金 11.4 亿元。引进中鼎国际工程有限公司、重庆巨能建设集团、河南省地矿建设工程（集团）有限公司、成都金河绿州、成都七中实验东坡学校、四川师范大学成都学院和四川城市职业学院、青岛冶通和鑫统领等；承接石埂子水库周边旅游综合开发项目，协议投资 50 亿元。眉山岷东开发投资有限公司通过招商融资 12.5 亿元，通过中部组团农民安置小区建设项目向四川省农业发展银行争取项目贷款 3 亿元；通过成立实体子公司和参股实体公司，逐步向实现投资业务多元化、配套化、组合式方向发展。

六、项目建设

2005 年，眉山经济技术开发区内 867 厂、攀钢集团冷弯型钢、恒康油脂公司、多能电力公司、金山星泰公司、中达机械公司、行知教育发展公司实践基地、宇福来公司、爱家工贸公司、秋麟制药等企业开工建设，在建项目总投资 6.1 亿元。2006 年，攀钢工业园一期、宇福莱包装、秋麟药业、麦克在线、恒康油脂、九扬玻璃、岷河管件、金顶机械模具有限公司、星华仪器厂等企业建成投产；浙江赐富集团、香港广颖集团、金山鑫泰等项目开工建设。2007 年，新开工投资上 1000 万元项目 21 个，其中投资亿元以上项目 5 个，建成投资 1000 万元以上工业项目 14 个。2008 年，推进省级重点项目蒙牛乳业（眉山）有限公司总投资 3.2 亿元年产 18 万吨液体奶项目建设；市级重点项目四川飞普科技有限公司投资 1.2 亿元的光纤通信器件项目 7 月投产运行。2009 年，在建项目 32 个、投资 12.5 亿元，其中工业性固定资产投资 11.5 亿元。投资 3.2 亿元的蒙牛乳业液态奶生产项目、投资 1.15 亿元的普天毅力多层电路板项目和投资 1.2 亿元的王家渡食品调味品项目 3 个亿元重点项目建成投产。2010 年，启动园区企业技改扩建项目，实现技改投资 1 亿元。巨蛙服饰、眉州学大通讯、鑫茂钢材、三圣蔺业投产。2011 年，园区启动新建项目 10 个。其中工业性技改投资项目 5 个，非工业项目 5 个。

2012 年，启动岷东新区西片区建设，其中重点大型建设项目包括眉州大道、岷东大道、植物园、中部组团安置区、石埂子水库周边旅游度假综合开发、川师大眉山校区、成都七中实验东坡学校、四川城市职业学院眉山校区等 9 项。

七、房地产开发

2009 年，加大园区闲置和低效利用土地处置力度。通过关停、并、转、收，盘活闲置和低效利用土地 18.64 公顷。园区土地集约利用评价成功通过省国土资源厅专家组评审验收。2010 年，园区出让商住用地 4 宗 11 公顷。碧华林一期 5.6 万平方米安置小区竣工、二期 5.6 万平方米商品房开工，书香庭院二期 3 万平方米商品房竣工，阳光新城 1 号 7.6 公顷 20 万平方米房地产项目开工建设，南车眉山车辆有限公司 2 万平方米国家级研发中心开工。对攀钢公司两宗 10.67 公顷土地，美琪乐公司 7.33 公顷土地，按法定程序收储；拆除和制止违法建设 7.6 万平方米，挽回直接经济损失 3000 万余元。2011 年，眉山经济开发区土地储备 3 宗。启动房地产开发项目 3 个。其中阳光新城 1 号投资 1.95 亿元，金杯星苑二期和碧华林二期安置小区投资 2 亿元，裕丰苑一期完成投资 1.15 万元。

八、经济运行

2004 年，眉山经济开发区四川制动科技股份有限公司、眉山车辆厂同升专用汽车公司、四川妙士乳业有限公司等项目陆续投产。全年园区企业实现工业总产值4.16亿元，工业销售收入4.41亿元，利润3909万元，上缴税收1994万元，解决就业约2600人。2005年，园区有企业47家，投产28家，实现工业固定资产投入3亿元，总产值4.9亿元，工业销售收入5亿元，上缴税收2680万元。2006年，园区全社会固定资产投资12.98亿元，其中工业性固定资产投资11.35亿元，招商引资到位内资11.94亿元，上缴税收5098万元，地区生产总值增长114%，规模以上工业企业增加值增长45%。2007年，园区按照“以项目带动、规范管理、高效服务、和谐发展”思路，整合眉山经济开发东区，确立机械制造、食品包装、电子信息三大主导产业。全年新开工投资上千万元项目21个，其中投资亿元以上项目5个，建成投资1000万元以上工业项目14个，规模以上企业产值7.38亿元，入库税金7100万元。2008年，园区全社会固定资产投资11亿元，其中工业固定资产投资9.5亿元、技改投资4.78亿元，有规模企业30户，销售收入12.6亿元，实现增加值3.01亿元；外贸出口278万美元。财政入库税金0.9亿元，其中工业入库税金6200万元。2009年，园区完成全社会固定资产投资12.5亿元，规模以上工业增加值增长27%，其中工业固定资产投资11亿元。全社会销售收入38.5亿元，工业销售收入增长27%；入库税金1.03亿元，其中工业入库税金7200万元。消化负债3455万元、外贸出口120万美元。2010年，新增蒙牛乳业、攀钢冷弯型钢、飞普科技、同升专汽销售收入过亿元企业4户，全区亿元企业6户；培育新增规模工业企业3家，总数增至38家。全年完成全社会固定资产投资2.24亿元，其中工业性固定资产投资1.28亿元。实现税金1.28亿元；外贸出口555万美元。税收收入1.28亿元，其中工业入库税金实现8100万元。外贸出口555万美元。2011年，园区启动新建项目10个，完成全社会固定资产投资5.1亿元。其中工业性技改投资项目5个5230万元，工业入库税金0.85亿元。2005—2011年，眉山经济开发区完成全社会固定资产投资58.92亿元，其中工业性固定资产投资46.85亿元，技术改造投资8.94亿元，上缴税金5.55亿元。

九、服务企业

2002年，眉山经济开发区完成四川眉山富山达工程机械公司、眉山西贝化工有限公司、眉山英华塑料制品有限公司、眉山金精装饰材料有限公司、四川眉山舒尔保洁企业有限公司、四川科瑞森生物工程有限公司、四川眉山皇星高温耐火材料有限公司、四川眉山联友通信设备有限公司、四川眉山菲迪科技有限责任公司、眉山市脑血管医院、眉山科学技术学校等公司工商登记。及时帮助解决厂区及住宿地的水、电、气、电视、电话等问题。2003年，完成皇星高温材料有限公司等项目的环境评价并通过专家评审。确定农民安置区安置方案，实施白玉临时安置区建设。完成烟草公司、易通公司、重庆市金山鑫泰包装有限公司、车辆厂科技大楼、阿依喜魔芋食品有限公司、国营星华仪器厂、四川会凌科技有限责任公司等项目用地、拆迁、安置。2004年，完成开发区内多家企业环境评估及通过专家评审，开展园区整体区域环评。完成四川眉山中达机械有限公司、四川恒康植物油脂有限公司、四川爱家工贸有限公司、金山鑫泰眉山包装有限公司、四川菊乐食品眉山分公司等16家企业注册登记或变更。完成四川制动机科技股份有限公司、四川汉迪公司、四川会凌科技股份有限公司、四川科泰自控科技有限公司等多家园区企业“省级高新技术企业”“省2005年重点科技企业”“市制造业信息化管理先进单位”“市制造业信息化管理示范单位”等认证。2007年，开展政府投资项目招标投标；公开经济开发区投诉电话，启用意见投诉箱。加强投资软环境建设，推行领导负责制、“一站式”服务制、限时办结制、首问责任制、投诉答复制，为企业提供优质服务。2010

年，落实首问责任制、限时办结制、责任追究制，健全管委会工作重心战略转型后相关工作制度，提高行政效能，改善发展软环境。建立安全生产工作“约谈制”，确保园区安全生产零事故，妥善处理来信来访30件（人次）。

十、国土管理

（一）土地调查

2012年，岷东新区完成23平方千米起步区用地调查，开展67宗82.4公顷国有土地调查，对存在问题的5家企业、6名个人21宗38.67公顷土地提出处理意见。调查清理规划区范围内地质灾害和矿产资源情况。开展流转土地清理，改变68家单位和个人使用流转土地83宗，面积269.1公顷流转土地用途。开展闲置等五类土地清查，规划区内共有国有河滩地9.28公顷，未利用地50.55公顷。配合地税部门开展耕地占用税清理，逐宗核查征收，欠缴税款足额上缴国库。建立用地审批、土地登记、动态巡查、征收储备等台账，完成土地管理文件资料和档案分类装订、立卷归档等管理工作，初步实现土地信息化管理。

（二）土地储备与供应

2012年，岷东新区完成5宗11.84公顷国有土地收储颁证；完成眉州大道岷东段涉及11宗3.05公顷国有土地征收，拆除、搬迁、改建、迁改通信线路23千米，迁改10千伏高压线4.6千米；开展土地开发储备和投融资，争取市机动规划指标300公顷，完成起步区土地规划调整布局；组织142.86公顷建设用地上报，其中44.91公顷取得批文。

（三）拆迁安置

岷东新区拆迁方式为整体拆迁，以《眉山市岷东新区管委会办公室关于印发岷东新区城市规划区征收土地补偿安置办法的通知》《眉山市岷东新区管委会关于对岷东新区城市规划区征地青苗和地上附着物补偿标准进行调整的通知》为依据，按照“依法拆迁、阳光拆迁、平安拆迁”原则实施拆迁。严治抢搭抢建，清除违章建筑372户5.2万平方米。注重拆迁工作科学管理，及时兑付拆迁相关款项。2012年，拆迁面积176.67公顷，动迁群众486户1200余人、搬迁企业、土地流转户42户。

十一、财政管理

眉山市委、市政府赋予岷东新区10年自主财政期，建立独立运行的财政体制。

2012年7月，设立岷东新区金库。建立财务及资产管理制度、固定资产登记管理制度，完成岷东大道（岷东新区南段）、岷东大道（岷东新区北段）、岷东新区中部组团安置小区（西区）、岷东大道（岷东新区段）北二段、岷东新区中部组团安置小区（东区）财政评审工作。当年完成财政收入1952万元，其中一般预算收入1948万元、基金预算收入4万元。一般预算收入中，上划中央346万元、省级105万元、地方一般预算收入1494万元。国税部门完成一般预算收入522万元，地税部门完成一般预算总收入986万元。争取到地方政府债券资金7000万元，市财政下达2012年省级城市新区建设专项补助资金2600万元、市公安局业务技术用房和市司法局业务用房等整体搬迁项目用地征地拆迁款2100万元。向眉山岷东开发投资公司注入1.52亿元注册资本金，解决中部组团安置小区项目贷款问题。

第二节 天府新区眉山区域

天府新区总体规划项目涉及3市、7县（市、区）、37个乡镇，规划面积1578平方千米，其中仁寿县视高镇50.4平方千米，彭山县青龙镇42.8平方千米整体纳入天府新区规划范围。

2010年9月，四川省委、省政府提出规划建设天府新区，再造一个“产业成都”，眉山市随即成立天府新区眉山市建设委员会。2011年11月，按照省政府《四川省成都天府新区总体规划(2010—2030)》，眉山市仁寿县视高镇、彭山县青龙镇总体纳入天府新区。眉山市委、市政府随之出台《关于启动天府新区眉山区域规划建设工作的意见》，提出“高起点、高标准、高速度”“大思维、大手笔、大动作”，突出优势和特色，科学编制控制性详规和城市设计。启动天府新区眉山区域建设，确定“一年出形象、两年大变样、三年成规模”目标。明确彭山县青龙镇以新材料、节能环保等战略性新兴产业和科技研发为主，仁寿县视高镇以机械制造、电子信息、农副产品深加工等重点产业为主。市委在市第三次党代会上明确提出实施“四箭齐发”，强力推进工业大道、岷江大道、滨江大道、天府仁寿大道等重大基础设施项目建设，加快实现与成都交通的无缝对接。12月，天府新区眉山区域建设全面启动，开工项目100个，总投资498亿元。2012年，市委办、市政府办制订《天府新区眉山区域项目管理和服务办法》，从项目范围、原则、准入、审查、服务、推进、退出、监督、奖惩机制等9个方面对项目管理和服务作出规定。市委、市政府印发《2012年天府新区眉山区域建设推进工作方案》《眉山市支持天府新区眉山区域发展政策》，授予天府新区仁寿区域和彭山区域管理机构市级经济管理权限，设立新区发展专项资金，实行最优财政支持，保障建设用地需求，激活投资融资机制，充分保障生产要素，扶持重大产业项目，激励企业发展。截至2012年年底，天府新区眉山区域开工项目145个，总投资623.5亿元。完成工业固定资产投资8亿元，基础设施建设投资2.2亿元。

一、天府新区仁寿视高园区

天府新区仁寿视高园区主要发展高端装备制造和新一代电子信息产业，是眉山市12个重点园区之一、四川省知识产权试点园区、知名品牌示范园区和“51025”重点产业园区、成渝经济区最具投资价值产业园区。园区以工为主、统筹城乡，两化互动、产城一体，着力高端装备、通信电子、LED光电、新能源电动车“四大产业集群”，推进项目投资、产业转型升级、城市建设和发展环境“四大攻坚”，实现与成都产业同链、基础同网、区域同城。2012年，天府新区仁寿视高园区入驻企业148户，其中规模以上企业54户。

（一）管理机构

2006年5月，成立仁寿县视高工业集中区。2008年9月，撤销仁寿县视高工业集中区管委会，成立仁寿县视高工业园区管委会。2011年11月，四川省政府将仁寿县视高镇整体纳入四川省成都天府新区总体规划区域。2012年8月，仁寿县视高工业园区管委会更名为天府新区仁寿视高管理委员会。

（二）规划和建设

规划　2006年仁寿县视高工业集中区规划面积12平方千米。2008年仁寿县视高工业园规划面积20平方千米。2011年视高镇整体纳入天府新区总体规划后，天府新区仁寿视高园区规划面积50.4平方千米，天府新区仁寿视高区域由小到大，由弱变强，由工业集中区到产城一体。完成天府新区仁寿视高片区控制性详规及城市设计和天府新区仁寿区域1∶500地形图测绘。2012年，形成《天府新区仁寿视高片区控制性详细规划》。规划建设20万人、500亿元产值的天府视高新城。坚持与成都相比有特色、无落差和现代产业、现代生活、现代都市“三位一体”规划建设理念，2012年完成视高区域首期20平方千米控制性规划和城市设计，完成产业发展规划编制。

基础设施　2006年起，视高区域（含视高镇、清水镇）按照“五统一”（统一规划、统一设计、统一标准、统一建设、统一安置）和与城市无落差要求建设安置小区，奋勇、兴家安置小区实现全面入驻。采用农民信用按揭贷款方式，创新推进货币化安置工作，首期550户拆迁农户1500余人完成安置。2008年，建成5千米的视高大道和兴安大道，结束园区沿国道线形布局产业的格局。此后，天府新区仁寿视高园区以产业城市融合发展，以产业支撑，加快视高新城建设。2012年，加速城市功能集中布局和城市基础设施的集中配套，增强视高新城产业承载能力和人口聚集吸附效应。对接成都天府新区配套公路网体系，引进成渝路桥股份有限公司、四川路桥股份有限公司，采用BT模式加快园区基础设施建设，建成腾飞大道、中建大道、天府（仁寿）大道、视高大道、景观大道、花海大道大学路、兴家路、兴园路、同心一街、同心二街等50余千米，初步形成“三横三纵”的园区骨干道路网络。天府（仁寿）大道起于成都天府大道南延线双流和仁寿县交界处，止于仁寿县城的仁寿大道，全长31.3千米，总宽度180米，双向8车道，设计时速每小时80千米。全年投资7000万元，建成园区产业大道，全长1.9千米，宽30米，以及长3.5千米，宽30米的视高大道一标段。建成日供水2万立方米的视高自来水厂、蓄水30万立方米的龙池寺水库储备水源工程和日处理5000吨的污水理厂。建成35千伏冒顶山变电站、兴家35千伏变电站、110千伏视高变电站。建成日供60万立方米的天然气配气站1座，天然气主管网46千米。建成景观节点绿化工程和天府（仁寿）大道绿化工程，推进柴桑河、泉龙河生态湿地项目建设。

天府新区仁寿视高园区云端核电和中天丹琪通信项目开工奠基仪式（摄于2012年5月）

项目建设　园区大力发展战略性新兴产业，培育以恒重压缩机、桑尼机械、鼎润科技为龙头的高端装备制造产业集群，以中天丹琪、伟易达科技为龙头的通信电子信息产业集群，以倍特电动车为龙头的新能源电动车产业集群，以莱福德、艾英特为龙头的LED光电产业集群。投资10亿元的恒重压缩机成套装备制造项目竣工投产，投资18亿元的中建钢构西部制造基地、投资22.6亿元的新能源电动车产业基地加快建设。开展产学研合作，搭建LED芯片检测中心、新能源电动车检测中心、四川油田井控设备检测中心等公共服务平台；设立园区质监工作站、知识产权工作站、商标工作指导站，与四川省机械工程学会、四川省质量协会、四川化工职业技术学院等单位签订合作协议，创建省级知识产权试点园区和知名品牌示范区。2012年，园区有20余户企业建立科研团队和研发机构，拥有专利183项，连续保持30%以上增长。推进创新创业攻坚，设立园区创新创业孵化中心，启动人才公寓建设，入驻泉州欧讯电子有限公司、四川大京元实业有限公司、深圳创动科技有限公司等企业研发机构7家。扶持大学生创业、外出务工人员回乡创业，四川莱福德科技有限公司成为眉山市回乡创业的典范。推进土地节约集约利用，严格亩均投资强度、亩均产出强度、亩均税收要求，根据项目建设进度分期供地，鼓励建设多层厂房，强化项目用地绩效考核。持续采取“腾笼换鸟”方式，加大低效闲置用地清理工作，建园以来共清理腾退22个项目低效利用地100余公顷。加快传统产业改造升级，加大原有家私、建材、化工、食品等传统产业改造力度。全年签约项目协议资金120亿元，其中投资80亿元的项目1个，投资5亿元~10亿元的项目4个；签约总投资10亿元的中天丹琪通信项目，引进总投资10亿元的通用能源（香港）有限公司电子电器研发与生产项目，实现引进世界500强企业零的突破。投资6.5亿元的天府国际城完成14万平方米商业和一期住宅楼建设，投资5亿元的西蜀桦苑项目完成8.35万平方米商业和一期住宅楼建设，投资10亿元的家园佳居国际材料城项目进展顺利；成都信息工程学院天府校区、四川科技职业学院整体迁建；规划设计天府新区仁寿视高医院新建项目，2平方千米城市起步区整体推进。

（三）经济运行

2006年，仁寿县委提出“工业强县、招商强县”战略，选定视高镇为全县工业集中区，大力发展机械电子、家具制造、农副产品深加工，引进深圳欧尔雅家私有限公司、四川丹琪电信科技有限公司、四川欧瑞特光电科技有限公司等高发展水平企业13户。2008年，重点发展机械电子、生物制药、家具制造产业，引进通胜电缆、新达粘胶、西部鞋业城等56户企业，实现产值36亿元，税收350万元。2010年，按照“融入成都，同城发展”思路，仁寿县委建议将视高镇、高家镇纳入天府新区规划区域，面积107平方千米。2011年，园区坚持“县城牵引、四区支撑、十级突破、全域发展”路径，以工为主、统筹城乡，两化互动、产城一体，奋力打造仁寿北部经济增长极、天府新区南大门。重点发展高端装备制造、新一代电子信息和农副产品深加工。

截至2012年年底，天府新区仁寿区域开工项目26个，总投资143.18亿元。其中云端核电项目，总投资80亿元，占地面积2.14平方千米，总建筑面积370万平方米。竣工投产项目36个。累计实施技改项目37个、投资近50亿元。引进成都信息工程学院、四川科技职业学院，设立建行、农行、民富村镇银行等金融机构5家。园区规模以上企业41户，实现产值87亿元、利税1.25亿元。视高区域128户在建和投产企业用工总数1.52万人，其中本地工人1.11万人。

2006—2012年，视高区域国有建设用地拍卖价格由每亩20万余元增至224万元，房价由每平方米500元增至3600元；视高城镇规模由1平方千米拓展至5平方千米，城市人口由0.5万人增加至5万人。新批宅基地3.74万平方米。拆迁1980公顷，涉及4340户，1.29万人，安置2560人。

二、天府新区彭山青龙园区

1992年6月，在彭山县灵石镇成立彭山县经济技术开发区。2001年7月，彭山县经济技术开发区被列为四川省省级经济开发区。2006年2月，园区分设县城区、青龙园区两个区，规划面积25平方千米。2011年10月，园区所在的42.8平方千米全域纳入四川天府新区规划范围，是天府新区37个产城一体单元之一，定位为成都眉山战略新兴产业功能区。规划建设用地25平方千米，其中工业及物流用地16平方千米、城市建设及公共设施用地9平方千米，规划人口15万人~20万人。至2012

年，建成区面积9平方千米，其中工业区面积6平方千米、城镇区面积3平方千米，人口约5.5万人。

（一）管理机构

1992年6月，在四川省彭山县灵石镇成立彭山县经济技术开发区。2001年7月，彭山县经济技术开发区更名为四川省彭山经济开发区；2006年2月，四川省彭山经济开发区更名为四川彭山经济开发区，分设县城区（即灵石区，2007年年底撤销）、青龙园区两个区。2011年10月，四川彭山经济开发区所在的青龙镇全域纳入四川天府新区规划范围。

（二）基础设施

天府新区彭山青龙园区（摄于2012年9月）

天府新区彭山青龙园区交通便利。北距成都双流国际机场27千米，距成都市区40千米，成（都）乐（山）、成（都）雅（安）高速公路、省道103线、彭（山）双（流）快速通道、成（都）眉（山）快速通道均可直达，成昆铁路彭山站和青龙货运站，年吞吐货物能力1100万吨，川藏铁路在彭山接轨，成（都）绵（阳）乐（山）城际轻轨在彭山县城、天府新区彭山经济开发区分别设站，彭山经济开发区距乐山大件码头75千米，距宜宾港码头225千米。水路运输可直达重庆、武汉、上海、广州等地。

2006年，国土资源部核定彭山经济开发区面积6.1平方千米，其中县城区3.6平方千米、青龙园区2.5平方千米。2011年，园区所在的青龙镇42.8平方千米被全域纳入四川天府新区规划范畴，其中建设用地面积20平方千米，规划人口20万人。2012年，天府新区彭山青龙园区规划建设10条道路。当年，基础设施建设完成投入约5亿元。开工建设道路8条，建设集拆迁安置、商业配套为一体的龙都新苑项目、天府青龙湿地公园和集商务写字楼、五星级假日酒店、会展中心为一体的天府青龙会展中心，完成铁建小区主体工程。加强水、电、气、光纤、通信、路灯等城市基础设施建设，实施旧城改造和老场镇道路黑化、亮化工作。以无线网络、数字信息平台、移动通信为载体的“智慧青龙”项目，与移动公司签订框架协议。截至2012年年底，园区征用面积1390公顷；供应土地面积427.09公顷；建成面积687公顷。园区电信、移动、联通等通信网络完毕，有日产4万立方米自来水厂1座、110千伏变电站2座、220千伏变电站1座、省级联网天然气配气站1座。

（三）招商引资

2006年，四川彭山经济开发区引进项目13个，投资总额13.25亿元，形成以机械、化工、医药、食品、轻纺、建筑建材为主体的工业体系。2011年后，按照天府新区成眉战略性新兴产业功能区产业板块定位，以新材料新能源、日用化工、智能制造和现代物流为主导产业。引进德国巴斯夫公司、华润万家、青岛海尔股份有限公司、当当网、普洛斯、联合利华公司、林德气体、鲁洲生物、新筑机械、青龙国际物流园、苏宁云商、中建、格力电工、摩根士丹利、山西焦煤、吉龙化学、尼科国润等国际国内知名企业126户，其中：规模企业60户、世界500强企业9户、国内外知名企业和上市公司17户，年产值上亿元企业36户。2012年，宏亚机械、巴斯夫化学建材、君利电器、通光机电、保罗包装等10个项目竣工投产。加快青龙国际物流中心、天府青龙会展中心、台湾研创触模型计算机生产线、蓉海合金材料精密制造加工生产线、诺宜生药业等重大项目建设。总投资20亿元的海尔（天府新区）创新产业园与电子部11所签订EPC协议。投资5亿美元的联合利华（四川）全球生产基地项目完成销售公司注册。投资15亿元的台湾研创科技公司触摸型计算机生产线项目投产后每年将实现税金1亿元。天府新区三大物流园区之一的青龙物流园，项目计划总投资25亿元，建设年吞吐货物量970万吨元，提供就业岗位1万个。

（四）经济运行

彭山经济开发区为彭山开放的窗口、招商引资的平台和载体，实施融入成都发展战略的前沿、彭山北部工业新城区。2006年，确定为省级经济开发区并启动建设，是省级经济开发区、省级化工高新技术产业园区、循环经济示范园区。当年，园区固定资产投资5.9亿元，工业生产性投入2.67亿元，有规模企业23户，工业总产值18.27亿元，工业增加值5.1亿元，入库税金4100万元。2010年，园区发展初具规模，主导产业发展方向逐渐明晰。2012年，园区所在青龙镇整体纳入天府新区后，定位为成眉战略性新兴产业功能区的重要组成部分和发展新材料、生物医药、节能环保及现代物流产业为主的新型产城综合体。全年天府新区彭山区域完成固定资产投资33.01亿元，实现工业总产值125.4亿元，工业增加值35.7亿元，入库税金2.3亿元。

天府新区彭山青龙园区2006—2012年主要经济指标对比表

表12-1

年份	规模企业数（户）	固定资产投资（亿元）	工业从业人员（人）	工业总产值（亿元）	工业增加值（亿元）	工业企业税金（亿元）
2006	23	5.90	2129	18.27	5.1	0.41
2007	30	9.40	3857	24.60	6.8	0.55
2008	38	18.80	5525	30.20	8.5	0.69
2009	44	23.90	7986	35.40	9.9	0.83
2010	49	25.20	8253	65.30	19.1	1.31
2011	55	27.10	8896	105.80	30.2	1.36
2012	54	33.01	9886	125.40	35.7	2.30

第二章 产业园区

2002年，眉山市实施25万吨电解铝项目，初步建成铝业城后，彭山县、丹棱县分别建立彭山县经济技术开发区、丹棱县工业园区，由此拉开全市工业园区（集中区）建设的帷幕。2005年，市委、市政府决定加强园区建设，培育产业集群，下发《眉山市工业园区（集中区）发展实施意见》，修改完善《眉山市新型工业化发展规划》，壮大提升工业园区和工业集中区。引导已建企业、规定新建企业向眉山经济技术开发区、铝业城等工业集中发展区集中，构建产业发展平台。以形成特色产业、降低营运成本，推动全市工业园区规范发展。2006 年，是全市工业园区发展的高峰期，眉山铝产业集中发展区、眉山金象化工产业园区、眉山泡菜产业园区、仁寿县视高工业集中区、仁寿县文林工业园区、青神县工业集中区相继开工建设，彭山县经济技术开发区发展为四川彭山经济开发区、丹棱县工业园区更名为丹棱县城东工业集中区。全年全市 11 个重点工业集中区累计完成基础设施投入 2.76 亿元，完成工业生产性固定资产投资 42.1 亿元。新上工业项目 144 个，其中竣工项目 59 个；投资上亿元项目 22 个，基本建成 9 个。8 个工业集中区被列入省小企业创业基地。2007 年，进一步明确“新引进工业项目原则上全部进入工业集中集约发展项目点，投资上 1000 万元的一律进项目点”，解决工业发展“村村点火”不良格局。仁寿县、洪雅县、丹棱县、青神县等工业集中集约发展项目点被列为四川省中小企业创业基地；铝产业项目点、松江项目点分别被省政府确定为“十一五”期间重点发展和重点培育的 100 亿元产业集群。2009 年，全市工业发展重点调整为重点抓工业园区建设，明确园区管理体制，完善发展政策和措施，对园区投资密度、亩均税收、财税分成、产业定位等作出具体要求，促进工业园区规范化发展。2010 年，按照“工业为重、工业为大、工业为先”，将工业经济发展作为经济发展重点，推进区域经济发展。东坡区以园区为载体促进县域经济快速发展；仁寿县抓工业项目引进和企业技术改造，促进企业做大做强，提升企业综合竞争力；彭山县在推进石化项目前期工作上取得重大突破；洪雅县采取 BT 模式融资 6600 万元推进工业园区基础设施建设；青神县培育全市首家上市公司；铝硅产业园区跨入百亿园区行列。2011 年，市委印发《关于启动天府新区眉山区域规划建设工作的意见》《关于设立岷东新区的决定》等，进一步明确工作重点和思路。彭山县青龙镇、仁寿县视高镇全域归入天府新区规划。同时落实“跨江东进，拥江发展”的城市发展战略，整合资源，全面启动岷东新区建设，全市园区建设步入新起点。2012 年，建立都市近郊型现代农业示范园区。全市按照“一园一主业、园区有特色”，发展特色产业，延伸产业链条，培育产业集群，实现“建成一个园区，形成一个产业集群，聚集一方人气，带动一个新城”，园区集聚效应和承载能力有效提升。全市 16 个园区实现主营业务收入 790 亿元。工业集中度 75%，两化协调度 0.82。12 个正县级园区完成固定资产投资 235.3 亿元，主营业务收入 545.9 亿元，实现工业增加值 121.9 亿元，工业入库税金 14.3 亿元。

第一节　甘眉（铝硅）工业园区

甘眉（铝硅）工业园区地处东坡区修文镇，占地 102.28 平方千米，辖行政村（社区）15 个，总人口 4.3 万人。2002 年，眉山市实施 25 万吨电解铝项目，铝业城初具规模。2005 年，东坡区成立铝业城集中区。2006 年，在眉山铝业城建设眉山铝产业集中发展区。2008 年 4 月，眉山市成立眉山铝硅产业园区。2012 年，甘孜藏族自治州和眉山市合作，在眉山铝硅产业园区基础上建立甘眉（铝硅）工业园区，打造四川最具活力和竞争优势的“飞地”工业园区。园区主导产业以有色金属、新能源、新材料为主，配套发展精细化工、机械、再生资源回收利用、轻工、生产性服务业。年末园区入园企业 82 户，规模以上企业 25 户，产业工人 9500 人，实现工业总产值 93 亿元，规模以上主营业务收入 94 亿元，入库税金 1.21 亿元。

一、管理机构

2002年，四川启明星铝业有限责任公司投资20.4亿元在东坡区修文镇建设电解铝厂；2005年，建成电解铝产业基地。东坡区成立铝业城集中区管委会。2006年5月，成立由市直管、市区共管的铝产业集中发展区管理委员会，为眉山市政府派出直属事业机构。

2008年4月，成立眉山铝硅产业园区，组建园区管委会，为市政府正县级派出机构。2009年8月，成立眉山铝硅产业园区建设开发有限公司，为园区管委会全资国有公司，注册资金1.75亿元。2010年3月，园区实行“政园合一”。以东坡区修文镇为中心，将松江镇光荣村、龙堰村、君乐村中的5个组、1400人、448.8公顷成建制划归修文镇。以新修文镇行政区划，作为政园合一的基础。政园合一后，实行市级市管、以市为主的管理体制。园区内党群行政管理权、经济管理权、行政执法权、财税金融管理权、社会事业管理权、农业管理权、政权组织管理由园区负责，社会事业中的教育、卫生、社会保障、民政事业和司法、人民武装维持原有管理体制。

2012年5月，甘孜藏族自治州政府与眉山市政府签署合作协议，组建甘眉（铝硅）工业园区。设立中共甘眉（铝硅）工业园区工作委员会和甘眉（铝硅）工业园区管理委员会，与眉山铝硅产业园区党工委和管委会实行两块牌子、一套班子。7月，成立四川甘眉工业投资发展有限责任公司，为国有有限责任公司，注册资金2亿元（甘孜州0.9亿元、眉山市1.1亿元），公司税后利润甘孜州与眉山市平均分配。

二、规划和建设

（一）规划

2002年，眉山市建立铝业城，实施25万吨电解铝项目，初步规划5平方千米。2006年，以眉山铝业城为基础，建设眉山铝产业集中发展区，规划面积15.6平方千米。2008年，成立眉山铝硅产业园区，修订《眉山铝硅产业园区总体规划及控制性详细规划》，铝硅产业园区规划面积30平方千米。2010年，东坡区全国第二轮土地利用总体规划（2010—2020年）修编，眉山铝硅产业园区30平方千米规划区范围内，符合土地利用总体规划面积899公顷，现已建设面积约为466.67公顷（含修文镇集镇）。2011年，完成铝硅产业园区30平方千米“两化互动，产城一体”总体规划修编。2012年，成立甘眉（铝硅）工业园区，规划面积31.48平方千米（符合规划面积1271公顷，基本农田面积789.9公顷，建成区522.9公顷），年末有土地1.02万公顷，其中农用地8708.6公顷、耕地5556.53公顷、园地1523.53公顷、林地1628.53公顷、建设用地1153.33公顷、未利用地338.07公顷。

（二）征地折迁和基础设施建设

征地拆迁　2006年起，园区每年均实施征地拆迁。当年征拆项目用地3宗，涉及东坡区修文镇铝城、松江镇光荣、眉青3个村7个组土地103.44公顷，拆迁127户370人。截至2012年年底，园区共征拆项目用地55宗，涉及东坡区修文、松江两镇422.37公顷，拆迁826户2267人。

基础设施建设　2002年9月，思蒙（张坎）500千伏变电站开工。2006年，建设首期2.29千米的道路、管网和路灯等，修文220千伏变电站开工建设。2007年，竣工基础设施项目16个，在建项目7个，规划建设项目8个，完成基础设施投资1.22亿元，初步建成较完善的道路、供水、供电、供气及通信线路管网。2008年，建设市政道路1.59千米。启动松江安置区场平工程，完成修文安置区、瑞和化工等4个项目92.97公顷场平工程。完成瑞能一期年产3000吨多晶硅工业供水、生活供水、临时供电线路等配套设施建设，筹建污水处理厂及供电、供气线路。2010年，开工建设污水处理厂外排水工程、10千伏电力线路改造工程、修文松江安置区市政道路、水、电工程等10个基础设施，竣工项目8个，投资1.5亿元。2011年，投入1.68亿元用于基础设施建设。至年底，铝硅产业园区建成市政道路、110千伏变电站、220千伏变电站、日供100万立方米天然气供气站、日供4.8万方工业供水厂、日供5000方生活供水厂、日处理1万方污水处理厂等。2012年，甘眉（铝硅）工业园区基础设施投入1.8亿元。中国电信、中国移动、中国联通入驻园区，提供优质网络，建成10兆~1000兆宽带数据传输系统。建成"四横三纵一环线"公路设施和成都昆明铁路专线，园区路网完善。

三、招商引资和项目建设

2006年起，眉山铝业集中发展区大力招商引资和加强项目建设。当年，签约投资项目11个（铝产业类7个、多晶硅2个），合同投资123.7亿元，项目用地面积136.4公顷。园区以铝和硅产业为主，围绕四川启明星铝业有限责任公司铝锭（液）和多晶硅项目延伸产业链，开发深度加工，发展相关产业，培育产业集群。两大主导产业加工项目16个，总投资30亿元；配套项目4个，投资4.7亿元。2008年，园区在建项目13个。奥深达年产2.5万吨钢芯铝绞线项目、中能年产2万吨铝合金制作加工项目、派普供水项目完成投运。华臣合金及其他铝加工产品项目、瑞和亚氨基二乙腈项目、士达碳素项目、派普污水处理项目开工建设。实施四川启明星电解辅助系统综合节能技改项目，1.6万吨料仓改造。2009年，总投资5.49亿元，落实技改项目7个。总投资28亿元年产3000吨的奥光多晶硅项目备案。四川瑞能多晶硅公司多晶硅项目完成投资近23亿元，建成第一条生产线。士达碳素项目完成投资1.5亿元。挖掘企业自身潜力，培育技改项目8个，完成投资3.3亿元。2010年，光伏产业基地项目纳入《四川省光伏产业发展建设规划》。四川瑞昱光伏材料有限公司投资5.6亿元，年产1.68万吨切割钢丝和9万只坩埚项目开工建设。四川瑞昱光伏材料有限公司投资37亿元的多晶硅项目、四川瑞欣光伏材料有限公司投资20亿元的太阳能电池用硅片项目立项。全年10个工业项目开工，士达、诚丰、威翼、鑫佳盛、飞云等8个项目进入生产调试期。开工技改项目8个，完成投资9亿元。2011年，眉山铝硅产业园区建成试生产项目4个，建成投产项目5个，在建企业20家。园区平台公司签订工程项目19个，完成新威能源等9个项目场平、围墙工程。完成投资1000万元以上项目27个。其中新开工16个（亿元项目4个）。2012年，第十三届中国西部国际博览会上，甘眉（铝硅）工业园区、眉山铝硅产业园区签约项目9个，当期合同金额27.12亿元。甘眉（铝硅）工业园在建项目32个。投资1000万

四川启明星铝业有限责任公司（摄于2008年8月）

元以上工业项目27个（新开工19个，亿元项目5个）。截至2012年年底，园区共签约招商引资项目79个，协议投资530.6亿元，实际到位资金120.32亿元，利用外资7984万美元。

四、经济运行

2002年，四川启明星铝业有限公司建设年产12.5万吨电解铝和19万吨阳极企业，2005年投产，形成电解铝产业基地。2006年，眉山铝产业集中发展区内有主导产业企业7家，工业总产值41.27亿元，销售收入36.3亿元，工业增加值10.65亿元。其中规模以上企业实现利税5.37亿元。2008年，完成固定资产投资16亿元，电解铝上游企业生产铝锭（液）18万吨，下游铝企业消化铝水12万吨，铝资源就地转化率约67%；规模企业11户，工业销售收入66.5亿元，入库税金9000万元，亏损4.5亿元。2008年后，启明星铝业有限责任公司电解铝生产持续巨额亏损，导致企业利润总额负运行并持续下滑。

2009年，四川瑞能硅材料有限公司年产3000吨多晶硅项目建成投产，眉山铝业产业园区形成新能源、新材料产业。"小五金之乡"东坡区修文镇原有企业多以机械加工为主。2010年，在铝、硅两大主导产业带动下，机械、模具等配套企业投入生产，销售收入2000万元以上的规模企业17家。工业固定资产投入18.19亿元，技改投入9.06亿元；规模以上工业增加值增长60.2%；工业销售收入104.5亿元，成为全市首个"百亿园区"。"政园合一"后，园区工业结构迈向多元化发展轨道，有色金属产业工业总产值占甘眉（铝硅）工业园工业总产值的比重不断下降，新能源、新材料比重逐年上升。

2012年，完成固定资产投资26.6亿元，新增规模以上企业4户，销售收入138亿元，税收1.51亿元，外贸出口610万美元。截至2012年年底，甘眉（铝硅）工业园区形成以铝、硅为两大优势主导产业，工业集中度96%，工业以有色金属产业为主，新能源、新材料产业次之，轻工、机械、再生资源回收利用和生产性服务业为辅助。高载能行业主要为有色金属冶炼及延压加工、多晶硅及黑色金属冶炼及延压加工等。其中，启明星铝业电解铝设计年产能33万吨，实际年产能25万吨；再生铝年产能10万吨，熔铸合金建成生产规模14万吨。园区有四川瑞能硅材料有限公司1万吨多晶硅产能，设计年产能1.2万吨，居世界第六。有色金属产业依托甘孜藏族自治州矿产资源，引进控股亚洲最大锂辉石矿（甘孜藏族自治州呷基卡矿）的广州路翔股份有限公司年产2.2万吨电池级锂业项目，以电池级锂盐为龙头，培育锂电池、金属锂等精深加工项目。有铝加工及配套企业30余家，主要产品有铝板、铝锭、铝棒、铝线、钢芯铝绞线、铝型材、铝轮毂、汽车压铸件、阳极、石墨等。

2006—2012年，园区基础设施建设投资7.7亿元，工业固定资产投资116亿元。企业投入产出率最低为2009年的277%，最高为2010年的469%，2012年下降到296%。产出强度最大为2010年，每亩295万元。规模以上工业增加值2006年增长35.29%，2009年负增长32.7%，2010年回升到27.6%，2012年回落到17.6%。工业企业利润总额由2006年的盈利3.58亿元下跌到亏损7.1亿元。万元工业增加值综合能耗连续7年下降，2012年甘眉（铝硅）工业园区单位工业增加值综合能耗每万元2.44吨标准煤。

眉山甘眉（铝硅）工业园区 2006—2012 年工业经济规模及结构变化情况表

表 12-2

年份	入园企业（户）				从业人员（人）	工业总产值（亿元）				工业增加值（亿元）				主营业务收入（亿元）			
	小计	有色金属产业企业	新能源、新材料产业企业	配套产业企业		小计	有色金属产业	新能源、新材料产业	配套产业	小计	有色金属产业	新能源、新材料产业	配套产业	小计	有色金属产业	新能源、新材料产业	配套产业
2006	7	3	—	4	2466	41.27	39.02	—	2.25	10.42	10.12	—	0.30	39.77	39.77	—	2.48
2007	14	7	1	6	3064	59.33	56.47	—	2.86	7.28	6.87	—	0.41	56.23	53.71	—	2.52
2008	21	11	1	9	3586	66.65	63.00	—	3.65	4.27	3.70	—	0.57	65.19	59.85	—	5.34
2009	28	15	1	12	3936	46.21	40.90	0.48	4.83	6.68	5.18	0.24	1.26	39.38	33.25	0.48	5.65
2010	56	19	2	35	5473	91.36	69.75	7.26	14.36	28.70	16.40	6.74	5.56	104.55	82.61	8.49	13.45
2011	74	28	4	42	8692	102.40	71.90	19.70	10.80	19.20	14.39	1.73	3.09	106.00	74.24	19.94	11.82
2012	82	32	4	46	9497	93.00	65.97	11.55	15.48	18.42	10.88	3.55	3.99	94.00	68.64	11.76	13.60

眉山甘眉（铝硅）产业园区 2006—2012 年工业经济效益情况表

表 12-3

年份	利润总额（亿元）	工业成本费用利润率（%）	规上工业企业增加值增速（%）	工业增加值率（%）	入库税金（亿元）	宏观税负（%）	总资产贡献率（%）	产品产销率（%）	投入产出率（%）	污水处理率（%）	万元工业增加值综合能耗下降率（%）
2006	3.58	11.60	—	25.20	1.69	16.19	13.55	96.37	453	32	1.00
2007	3.16	6.98	35.29	12.30	3.69	50.73	10.61	94.77	421	48	3.75
2008	-2.85	-2.70	-41.35	6.41	0.90	21.08	-2.89	97.80	399	75	2.78
2009	-3.93	-9.06	-32.70	14.50	0.92	13.80	-2.12	85.21	277	86	6.86
2010	-4.15	-8.50	27.60	9.52	0.68	7.77	-0.70	103.70	469	100	4.42
2011	-3.60	-7.90	18.90	7.06	1.17	16.27	-1.10	98.60	366	100	7.02
2012	-7.10	-5.80	17.60	9.05	1.22	14.47	-3.40	100.40	296	100	7.98

第二节　眉山金象化工产业园区

眉山金象化工产业园区成立于 2006 年 4 月，位于眉山中心城区西南，规划面积 20 平方千米，是眉山现代工业新城核心组成部分，工业区建成面积 4 平方千米。以四川金象赛瑞化工股份有限公司为龙头，重点发展天然气化工、石油化工、新能源化工、新材料化工产业。园区先后引进项目 60 余个。通过走“资源—产品—废弃物—再生资源—产品”的循环经济路线，形成以四川金象化工产业集团股份有限公司为中心的高效循环经济产业链。2010 年，在原规划 7.32 平方千米基础上调整为 20

金象赛瑞化工有限公司三聚氰胺化工装置（摄于2010年5月）

平方千米。将产业发展规划调整为以天然气化工、硝基化工为主导，以新能源、新材料为支撑。至2012年，园区先后被评为四川省小企业创业基地、四川省循环经济试点园区、四川省知识产权试点园区、四川省培育成长型特色产业园区中的百亿产业园区，四川省新型工业化产业示范基地，四川省油气化工新材料高新技术产业化基地。建成国家级重点实验室、省级技术研发中心各1个，拥有国家专利技术50余项，获省级科技进步奖9项。为全球最大的三聚氰胺生产基地和全国最大的硝基复合肥生产企业。

一、管理机构

2006年4月，成立眉山金象化工产业集中发展区管委会，实行“企区合一、业主办区、同区同权、市区共管”管理体制。2008年4月，成立眉山金象化工产业园区管理委员会。2010年2月，园区实行“市级市管、市区联办、以市为主”的“政园合一”管理体制，规划与基层政权组织管辖“三位一体”的运行模式。东坡区将象耳镇委托眉山金象化工产业园区管委会管理。赋予园区管委会党群行政管理权、经济管理权、行政执法权、财税金融管理权、社会事业管理权、农业管理权、司法和人民武装、政权组织管理等权限。至2012年，机构无变化。

二、规划和建设

规划　2006年5月，眉山金象化工集中发展区规划范围为5平方千米。近期（2006—2008年）用地66.67公顷，中期（2008—2010年）用地200公顷，远期（2010—2020年）用地500公顷。发展方向为通过金象化工产业集中区的建设，吸引中、下游产品链的生产性企业投资，形成天然气化工产业链，实现“资源—产品—废弃物—再生资源”的循环经济目标，推动眉山市经济发展。2007年，完成《金象化工产业集中发展区控制性详细规划》《金象化工产业集中发展区区域环境评价大纲》《安全条件论证报告》的编制、审批。2008年，园区规划范围调整至7.32平方千米后，完成园区控制性详细规划，2平方千米区域环境评价大纲、安全条件论证报告的编制、审批。2010年，按照市委、市政府“政园合一”规划调整方案，在园区往西沿工业环线两侧扩展，调整为20平方千米，完成园区控制性规划初步方案及研究论证。“政园合一”后将产业发展规划调整为以天然气化工、硝基化工为主导，以新能源、新材料为支撑。规划结构为“一核四轴一环”（一核指由工业区入口两侧的公共绿地和行政办公用地共同组成的整个工业区的门户；四轴指工业区中部的一条主要的横向道路和三条主要的纵向道路；一环指工业区外部的环形道路，规划在工业区入口处规划2个入口广场，在广场一侧规划以行政办公用地，用于服务整个工业集中区）。2011年12月，“园区控制性规划初步方案”通过专家会审查，注重园区全域产业化、生态化、景观化，将园区与象耳镇有机结合，进一步修改完善控制性详规和城市设计。

基础设施建设　2006年，眉山金象化工产业园区平整场地46.67公顷。完成投资300万余元的日供5000吨自来水工程主管铺设，110千伏变电站建设规划调整方案及场平和部分设备安装；完成铁路专线建设调研和项目建议书。2007年，硬化园区道路1.6千米，改造天然气输气管道3.9千米。2008年，完成110千伏金象变电站建设和园区1.5平方千米土地变更调查，启动高速公路以西8.87公顷土地平场以及建设垃圾处理站、污水集中处理站、消防特勤站筹备工作。完成农林村二组农安房和配套基础设施建设。2009年，形成用地2.3平方千米，完成金园中路至大堰沟边道路铺设，高速公路以西已征地、三聚氰胺国际研发中心平场工程，货运铁路运输专线铁道部接轨行政许可。硬化道路400米、铺设道路2.5千米、改造电力线路1.2千米、铺设天然气管网约2千米，完成金象大桥设计招标和园区二期22.53公顷征地工作，启动园区二期基础设施及路网建设。2010年，基础设施建设投资1.21亿元，启动园区道路交通、环保、消防等园区基础设施建设，完成公共服务平台项目、三聚氰胺国际研发中心配套项目。2011年，征收征用集体土地29.87公顷，涉及农户133户。投资1065.41万元建设跨成乐高速公路的金象大桥，建成金园西路等道路4条4.5千米。完成铁路专用线项目立项、土地征用、安评、环评，以及18.47公顷场地平整；修建农林168户1.82万平方米、红旗一期119户1.14万平方米农民拆迁安置小区。2012年，征收项目用地40公顷，安置农林村、红旗村705户1540人，安置面积8.65万平方米。完成3平方千米项目用地建设，硬化道路、临时便道8千米，修建道路4.5千米。开工建设6条道路。建成道路10条。

三、招商引资

2006年，眉山金象化工产业园区（以下简称园区）与浙江龙盛集团股份有限公司、深圳市芭田生态工程股份有限公司、四川新都化工股份有限公司等20余户企业达成10个3000万元以上合作项目，其中亿元以上项目6个，引进高新技术企业1户、复合肥龙头企业1户，注册资本全部到位。全年新开工项目9个，总投资3000万元以上的工业项目7个。包括三废整治资源综合利用项目和项目建设完成并投入运行；启动年产18万吨合成氨、年产30万吨尿素、年产40万吨硝酸铵、钛材化工设备制造等项目。2007年，园区派员前往北京、长三角、珠三角开展产业招商，引进年产2×5万吨三聚氰胺、特种材料和年产10万吨液氩液氮及液体二氧化碳等10个项目。建成年产30万吨高塔造粒复合肥、年产1.5万吨三聚氰胺、年产25万吨硝酸铵、年产3万吨双氧水、清洁发展机制二氧化氮减排、天然气管线、公用工程等8个项目。2008年，年产18万吨合成氨、15万吨硝酸、3万吨二甲醚、10万吨食品级液体二氧化碳和110千伏金象变电站、循环水工程等项目建成。2009年，引进二甲醚新型燃料、15万吨硝酸、10万吨硝酸铵、三聚氰胺国际研发中心、高温环保技术研发中心、成都中益燃气冲装等项目7个。初步形成较为系统的天然气→合成氨→尿素→三聚氰胺→三聚氰胺尾气→硝酸铵→硝基复合肥方向的天然气循环经济产业链。园区利用国际领先水平的三聚氰胺生产技术，引进德国巴斯夫公司、德国鲁奇公司、台湾椿桦、清华大学共同建设三聚氰胺国际研发中心，研发三聚氰胺下游产品生产技术，延伸三聚氰胺产业链。实施项目12个，实现固定资产投入6亿元。建成年产10万吨三聚氰胺项目，单线日产量168吨，全球规模最大。开工钼镍冶金、蜜胺纤维、150万吨矿渣微粉、三聚氰胺衍生物研发、金象大桥等24个项目。2010年，承接成都市化工产业转移，签约蜜胺纤维中试、青海中浩天然气化工有限公司甲醇油库及其下游产品项目、三聚氰胺衍生物、钼镍冶金、8万吨丙烯、10万吨矿渣微粉、园区铁路专用线等8个项目，协议资金近14亿元。全年引进到位资金16.3亿元。2011年，开工及续建投资千万元以上年产1万吨六羟甲基三聚氰胺、8万吨丙烯、8万吨聚丙烯、2500吨钼镍新材料综合利用等项目13个，其中亿元项目5个。省级重点项目年产8万吨丙烯项目投入3.2亿元。2012年，签约100万吨硝基复合肥、30万吨药肥、100万吨蒸汽热能供应、油气田催化剂、三聚氰胺催化剂等8个项目，合同投资总额21.3亿元。全年引资到位资金26.5亿元。在建工业项目15个，总投资41.5亿元。年产60万吨复合肥项目、年产8万吨丙烯及产业链项目完成立项、环评、能评等手续。投资2.4亿元年产20万吨塔式高浓度复合肥和尿硝基复合肥项目主体工程完工。

四、经济运行

2006年，眉山金象化工产业集中区完成固定资产投资3.77亿元，工业固定资产投入3.55亿元，工业总产值8.04亿元，销售收入7.63亿元，规模以上工业增加值2.24亿元，入库税金3619万元。此后，加大投入，推动经济发展。2012年，眉山金象化工产业园区固定资产投资16.7亿元、工业固定资产投入11.71亿元、基础设施投入2.5亿元。工业总产值47.7亿元、销售收入55.4亿元、规模以上工业增加值13.71亿元、入库税金2.5亿元。2006—2012年，眉山金象化工产业园区完成固定资产投资59.45亿元、工业固定资产投入48.46亿元、基础设施投入6.95亿元。实现工业总产值184.28亿元、销售收入182.02亿元、规模以上工业增加值62.55亿元、入库税金9.87亿元。

2006—2012年眉山金象化工产业园区经济运行情况表

表12-4　　单位：亿元

年份	全社会固定资产投资	工业固定资产投入	基础设施投资	工业总产值	实现销售收入	工业增加值	工业利润	上缴税金	招商引资到位资金
2006	3.77	3.55	0.22	8.04	7.63	2.24	1.41	0.36	1.20
2007	6.21	5.90	0.31	12.72	13.2	4.00	2.28	0.47	3.30
2008	4.47	4.00	0.47	18.64	18.00	6.00	2.88	1.03	3.70
2009	6.60	6.00	0.74	21.73	22.50	9.60	2.00	1.43	9.03
2010	8.30	7.80	1.21	33.41	28.00	13.00	3.44	1.78	14.00
2011	13.40	9.50	1.50	42.04	37.29	14.00	5.34	2.30	16.30
2012	16.70	11.71	2.50	47.70	55.40	13.71	7.1	2.50	26.50
合计	59.45	48.46	6.95	184.28	182.02	62.55	24.45	9.87	74.03

第三节　眉山岷江现代农业示范园区

一、管理机构

2012年7月，设立中共眉山岷江现代农业示范园区工作委员会、眉山岷江现代农业示范园区管委会，分别为市委、市政府派出机构。管委会内设办公室、产业发展部、规划建设部，下设眉山岷江现代农业示范园区服务中心。

二、规划

眉山岷江现代农业示范园区以成（都）乐（山）高速公路青龙至眉山中心城区段为主轴，东至省道103线，西至规划建设的工业大道，北至新津地界，南至眉州大道。园区核心区规划范围为东坡区太和镇、悦兴镇、尚义镇和彭山县青龙镇、观音镇、凤鸣镇、彭溪镇、公义镇8个镇的22个村，面积81.9平方千米；辐射区规划范围为东坡区和彭山县的8个镇69个行政村（社区），面积259.1平方千米。策划和总规明确园区发展目标为三年建成国内领先的都市近郊型现代农业示范园区，战略定位为打造连接成（都）眉（山）的都市阳台，主题定位为发展“1产业+1产业=4产业”的城乡体验经济，主打口号为“千里婵娟、三苏人家——绣农业、品东坡、醉眉山”，总体布局为“1（指代标志景观一轮圆月和园区）2（高速和旅游通道轴线）3（粮经复合、特色果蔬和花卉苗木产业）4（四个游客集散中心）”。

岷江现代农业园区（摄于2012年8月）

第四节 眉山经济技术开发区新区

眉山经济技术开发区新区成立于2010年3月，规划面积50.5平方千米，近期开发面积25平方千米。北至眉山市东坡区科工园北一路，南、西至眉山经济技术开发区总部，东至成（都）乐（山）高速公路。园区内道路网络、水、电、通信等市政设施配套完善，成乐高速眉山进出口位于园区内。园区以生物医药产业为主导产业，集中连片规划733.33公顷生物医药产业区，同时兼容电子信息、现代物流，着力建设西部药谷。按照产城一体要求，园区功能分区主要为生物医药区、现代物流区、综合产业区、配套商住区、配套商业区，发展定位为打造“两化互动”示范园区、投资环境一流园区、生物医药特色园区、安居乐业和谐园区。

一、基础设施

2012年，眉山经济技术开发区新区获准建设用地面积136.81公顷。全年供应土地33.3公顷，收入2.26亿元。投入1.2亿元，建道路6条，创业服务中心主体工程完工。投资883万元铺设自来水管道6条，投资1165万元建成七里安置区一期配电工程、10千伏庄乐线亚马逊备用电源工程等4条电力线路，投资755万元建成天然气管道4条。

二、招商引资

2012年，眉山经济技术开发区新区项目协议引资60.6亿元，到位资金40.1亿元。新入驻项目19个。签约项目中，有投资2.5亿元的华西医院转化医学中心眉山分中心、投资12亿元的亚马逊眉山电子商务运营中心、投资3亿元的高分子消毒杀菌剂、投资2.4亿元的成都森科制药有限公司生产基地整体搬迁、投资2亿元的药物产业化生产基地、投资12亿元的科创制药二期技改工程建设、投资1亿元的动物保健药品生产、投资8亿元的高效节能电机制造、投资3亿元的氨基酸衍生物、多肽原料药及系列产品生产、投资6亿元的成都利康实业有限责任公司华西医药产业园、投资1.5亿元的口服制剂、注射剂生产、投资5亿元的成眉国际汽车博览城、投资1.2亿元的华信恒富汽车产业园等亿元项目13个。

三、经济运行

2012年，眉山经济技术开发区新区有规模以上工业企业16户。全年园区企业实施技术改造项目8个，计划总投资5.05亿元，实际完成投资2.88亿元。实现工业产值12.4亿元，主营业务收入11.5亿元，销售收入18.8亿元，固定资产投资完成24.9亿元，利税2.01亿元，从业人员年平均人数2154人。规模以上企业中，有重点生物医药企业、电子信息企业、现代物流企业各1户，年销售收入4.72亿元，占总数的25.11%；税收2028万元，占总数的10.09%。

第五节　眉山市东坡区泡菜产业园区

原为岷江东岸（东坡）工业发展集中区。总体规划面积20.9平方千米，重点发展泡菜食品，同步发展机械电子、生物医药产业。为眉山市六个重点工业园区之一和四川省中小企业创业基地。

一、管理机构

原为岷江东岸（东坡）工业发展集中区。2006年3月，成立眉山泡菜工业园区。2007年4月，更名为眉山经济开发区东区。2012年3月，更名为眉山市东坡区泡菜产业园区。

二、基础设施建设

2006—2012年，眉山市东坡区泡菜产业园区投入基础设施建设资金4.4亿元，建成4.5平方千米的工业集中区。园区内有“四纵五横”道路28千米，排水全部实行雨污分流，建成排洪管网35千米，配套污水管网10千米，绿化面积40公顷。园区规划110千伏变电站2座、220千伏变电站1座，建成110千伏变电站1座、10千伏双回电力线路3条、日供气30万立方米天然气配气站1座、日处理5万吨污水处理厂1座。有中国电信、中国移动、中国联通、中国网通电讯网络。

三、招商引资

眉山泡菜工业园区建园前有投资1800万元建成的眉山瑞丰纸业有限公司1户。2006年，园区引进高档木艺门、商品混凝土、饲料等机械设备及配件生产，紧固件制造，调味品及泡菜、休闲食品及各种小食品生产，兔肉深加工，精密金属件机械加工，调味品、酱腌菜产品生产，塑料配件生产及包装等项目15个，总投资5.27亿元。2007年，引进密封制品生产，年产抗抑郁药文拉法辛中间体6吨、抗病毒药剂利福布汀中间体2吨等医药中间体生产，胆酸生产，5万吨涂布白板纸和10万吨高强瓦楞纸生产项目4个，总投资人民币2.1亿元、美元2400万元。2008年，引进贵细中药饮品、保健食品生产、年产1万吨生物洗涤剂、环保卫生复合胶及树脂生产等项目5个。2009年，引进年产2万吨异型钢模板，雷达设备、航天通信设备等微波通信器件生产，年产4.3万吨泡菜及川菜调味品生产，年产 1 万吨合成革处理剂等项目 8 个。2010 年，引进泡菜、调味品生产，精制中药饮片、中成药生产，泡菜、调味品、调味油生产，年产 200 万平方米强化实木地板，年加工蔬菜 30 万吨，农产品深加工，食品包装生产，机械加工、机械制造，年产 3000 吨精品泡菜及休闲食品加工等项目 15 个，总投资 11.15 亿元。2011 年，引进年产 1.5 万吨水溶性聚酯浆料，原料药、成品药生产，年产 200 万件服饰加工，羟乙基淀粉、冻干和小容量注射剂，年 1.5 万吨粮油精加工生产，年产 15 万件高档音响及 5 万台消毒柜，药品制剂及中药提取物生产线，年产 2 万吨泡菜深加工，年产 5 万吨泡菜深加工等项目 16 个。2012 年，引进泡菜、调味品及休闲食品生产，新型环保型醇溶性油墨树脂生产，汽车发动机消隙机构及无级变速器生产，高低压电器成套设备生产，大型公共建筑和高层建筑消防设备及构件生产，特种电力电缆生产，年产 5 万吨绿色蔬菜深加工，年产 3 万吨泡菜、1.5 万吨调味品生产，年产 4 万吨泡菜深加工，年产 2 万吨肉骨粉深加工，年产 36 万台电机生产，年产 3 万吨高性能水性树脂，年产 2 万吨泡菜深加工等项目 15 个，总投资规模 16.2 亿元。

2006—2012 年，眉山市东坡区泡菜产业园区引进项目 78 个，其中泡菜食品及相关企业 24 个、机械电子及相关企业 19 个、生物医药及相关企业 13 个、其他企业 19 个，总投资 61.72 亿元、美元 2400 万元。

四、经济运行

2006 年起，眉山泡菜工业园区加大招产引资力度，加强基础设施建设，推动园区经济快速发展。此后，按照“一园一主业”要求，以泡菜食品产业为主导产业，全力打造泡菜食品产业，机械电子产业和生物医药产业三大产业集群。至 2012 年，眉山市东坡区泡菜产业园区共入驻企业 75 家（规模以上企业 28 家）。有泡菜食品及相关企业 24 家，其中规模以上企业 9 家，亿元以上产值企业 4 家，泡菜企业员工 2000 余人，有专业生产线 10 余条，泡菜食品企业获得中国驰名商标企业 2 家、四川省著名商标企业 2 家、全国农副产品加工示范企业 2 家、中国进出口资格企业 3 家；机械电子及相关企业 19 家（规模以上企业 9 家）；生物医药及相关企业 13 家（规模以上企业 5 家）；其他产业企业 19 家（规模以上企业 5 家）。园区从业人员 3641 人，其中泡菜食品产业 2200 人。泡菜产业年销售收入突破 100 亿元，形成集泡菜原料蔬菜种植、加工、包装、印刷、盐业、物流等一体发展的泡菜产业集群，成为园区支柱产业。

2007—2012 年，园区全社会固定资产投资 80.72 亿元，工业固定资产投入 76.32 亿元。实现工业总产值 76.68 亿元，其中泡菜食品行业产值 18.2 亿元、占总数的（下同）23.81%；机械电子产业产值 26.7 亿元、占 34.92%；生物医药产业产值 11.54 亿元、占 15.08%；其他产业产值 20.1 亿元、占 26.19%。实现工业增加值 20.2 亿元，主营业务收入 76 亿元，利润总额 12.6 亿元，入库税金 1.56 亿元。规模工业增加值年均增长 23%，万元工业增加值综合能耗下降 1.98 吨标准煤。

眉山市东坡区泡菜产业园区 2007—2012 年经济数据情况表

表 12-5　　　　单位：亿元

年份	招商引资到位资金	全社会固定资产投资	工业固定资产投入	基础设施投资	工业总产值	实现销售收入	工业增加值	上缴税金
2007	4.60	4.80	4.50	0.30	5.50	5.48	1.20	0.06
2008	5.10	6.20	5.70	0.50	5.65	5.61	1.30	0.07

续表12-5

年份	招商引资到位资金	全社会固定资产投资	工业固定资产投入	基础设施投资	工业总产值	实现销售收入	工业增加值	上缴税金
2009	5.30	9.00	7.80	1.20	5.71	5.70	1.40	0.07
2010	5.50	14.00	13.75	0.25	11.80	11.80	3.50	0.08
2011	18.00	17.93	17.90	0.03	26.11	26.08	6.50	0.54
2012	32.20	28.79	26.67	2.12	21.91	21.90	6.30	0.75
合计	70.70	80.72	76.32	4.4	76.68	76.57	20.20	1.56

第六节　仁寿县文林工业园区

仁寿县文林工业园区位于仁寿县城城南，是仁寿县“两化互动、产城一体”示范园区和“一心四区”县域经济增长极中的核心增长极。2006 年 5 月明确为市级重点工业园区，2007 年 8 月四川省政府批准为四川省小企业创业基地。

一、管理机构

2006 年 3 月，成立仁寿县城工业集中区管委会。5 月，撤销仁寿县城工业集中区管委会，成立仁寿县文林工业集中区管委会，为县政府派出机构。2008 年 9 月，撤销仁寿县文林工业集中区管委会，成立仁寿县文林工业园区管委会，为县政府派出机构。2012 年 3 月，眉山市编委会批准仁寿县文林工业园区党工委和管委会为仁寿县委、县政府派出机构，升格为正县级园区，市政府委托仁寿县委、县政府管理。

二、规划建设

2006 年，园区依托仁寿县城，解决就业，提供产业支撑。把培育支柱产业、特色产业作为园区发展的重点和方向，引导工业企业、产业开始向园区集中集聚发展。2007 年 6 月，按四川省城乡规划设计院编制的《仁寿县文林工业集中区总体规划》，集中区总体规划面积 10 平方千米，详细性规划 6.23 平方千米，2012 年 3 月，园区 15 平方千米的总体规划和 7.23 平方千米的控制性详细规划由同济大学规划设计院修编。截至 2012 年年底，园区建成区面积 2 平方千米。产业功能分为农副产品深加工发展区、医药化工发展区、纺织服装发展区。仁寿县的 500 千伏变电站、2 座 220 千伏变电站、3 座 110 千伏变电站保证园区电力供应可靠率 99.6%。园区有日供水 8 万立方米自来水厂、日供天然气 100 万立方米配气站 1 座、日 3 万吨污水处理厂 1 座。总投资近 5 亿元建成园区大道、干道、电商大道等道路，形成园区“三纵二横”道路体系，绿化、通信、管网等园区生产生活配套体系完善。园区共获批征收乡镇建设用地 3148 亩，其中工业项目用地 2300 亩、基础设施项目用地 460 亩、存量土地 388 亩。工业项目用地出让 28 宗，其中协议出让 13 宗、挂牌出让 15 宗。征拆项目用地 32 宗 3198 亩，涉及仁寿县文林镇佐桥村、群英村、叶桥村、火箭村，拆迁 669 户 2027 人，拆迁人员在县城南区集中修建安置房安置。

三、招商引资

2006年起，仁寿县文林工业集中区围绕主导产业及配套产业，主动招强引优，加强招商引资。当年引进江陵食品、康和科技、福仁缘科技、隆权机械、昆仑实业、瑞旗机械、世圣生物等项目，总投资4.2亿元。2007年，引进钰鸿光电、星源针织、菲迪袜业中隆柱邦等项目。2008年，引进远大浆料、科伦药业、金利纺织等项目。2009年，引进雅森特木业、嘉碧新材料、精彩服装、蓉生药业等项目。2010年，引进大全制衣、玉泉食品等项目。2011年，引进四川欣康坦生物科技有限公司、歌利玛酒业等项目，总投资20.8亿元。2012年，引进欣蓝光电、思利德碳碳复合材料等项目，总投资43亿元。2006—2012年，引进项目总投资82.5亿元。

四、经济运行

仁寿县文林工业园区以生物医药、电子信息及电子商务为主导产业。2006年，仁寿县文林工业园区完成工业固定资产投资2.75亿元，工业主营业务收入5.85亿元，入库税金670万元，解决就业3000人。至2010年，园区重点发展以四川科伦药业有限公司、四川卓宇药业有限公司、四川久泰实业有限公司为龙头的医药化工产业；以四川福仁缘农业发展有限公司、四川玉泉集团为龙头的农副产品深加工产业；以四川金利纺织有限公司、四川金鹅纺织有限公司为龙头的纺织服装产业。2011年后，园区重点发展以四川欣蓝光电科技有限公司、四川思利德碳碳复合材料有限公司为龙头的新能源、新材料产业；以四川科伦药业有限公司、四川欣康坦科技有限公司为龙头的生物医药产业。2012年，园区入驻企业38户，其中规模以上企业18户。完成工业固定资产投资14.8亿元，工业主营业务收入46.28亿元，入库税金1.05亿元。

2006—2012年，园区工业固定资产投资47.85亿元，工业主营业务收入164.88亿元，实现入库税2.89亿元，解决就业2.43万人次。

第七节　成眉石化园区

成眉石化园区（前身为成眉工业集中发展区）地处成都经济区核心圈，是四川省三大石化基地之一、四川省重点发展的天然气化工及能源基地，是国家发改委、国土资源部确认的省级经济开发区，是成都、眉山两市专门为承接彭州石化下游项目环保特殊要求而“量身打造”的专业园区。园区以石油化工、天然气化工及天然气加工利用、精细化工和化工新材料为主导产业。总体规划面积21.5平方千米，其中产业区16.8平方千米、生活配套区4.7平方千米。成眉石化园区涉及彭山区凤鸣镇、谢家镇、义和乡3个乡镇，6个村。产业园区主要利用中石油配置的年16亿方天然气资源及彭州石化基地提供的原料发展天然气化工和石化下游产业及相关产业。

一、管理机构

2011年9月，成立成眉石化园区党工委和管理委员会，为眉山市委、市政府派出机构，委托彭山县委、县政府代管，管委会内设办公室、财务融资局、规划建设局、经济发展局、招商局、信息服务中心。

二、规划建设

2010年4月，四川省政府将园区16.8平方千米用地调为一般农田；5月，四川省住建厅将园区核心区4.33平方千米用地调为建设用地。园区报批土地89公顷。2012年，完成园区5平方千米竖向规划，启动园区和谢家集镇21.5平方千米总规修编和控规维护；签订供水厂及污水处理厂相关协议；开工首期200公顷土地场平整理和建设首条长2989米、宽50米，双向6车道的石化大道。

成眉工业集中发展区（摄于2010年10月）

三、招商引资

2012年，园区吸引社会资本和民间资金参与园区建设，融资1亿元建设园区场平和道路，争取发展引导资金200万元。

第八节　丹棱机械产业园区

丹棱机械产业园区距丹棱县城1千米，为眉山市首批县级工业集中区，产业发展以通用机械制造产业和新兴产业为主导。2006年，成为眉山市重点园区，被四川省中小企业局确定为四川省首批“小企业创业基地”。到2012年，园区规划面积增至7.5平方千米，建成面积2平方千米。入驻企业58家，其中规模企业16家。园区实现工业总产值14亿元，销售收入13亿元，入库税金6000万余元。

一、管理机构

2003年3月，成立丹棱县工业园区管委会，为县政府直属科级事业机构。6月，更名为丹棱民营工业园区管委会。2006年2月，更名为丹棱县工业集中区。5月，丹棱县工业集中区确定为眉山市重点工业园区，管委会被确定为副县级事业单位。11月，更名为丹棱县城东工业集中区。12月，丹棱县城东工业集中区设立党工委。2007年2月，丹棱县城东工业集中区管委会明确为县政府派出机构。2010年9月，丹棱县城东工业集中区管委会更名为丹棱县机械产业园区管委会，为县政府特设机构。2011年7月，丹棱县机械产业园区管委会调整为县政府派出机构。2012年，丹棱县机械产业园区管委会确定为正县级单位。内设机构调整为办公室、规划建设局、经济发展局；设下属事业机构群众服务中心、项目招商服务中心。

二、基础设施

丹棱县机械产业园区建有“一横四纵”道路骨架，自来水日供水能力 2 万吨，天然气日供能力 30 万立方米，水电气及通信设施完善。劳动力资源丰富，用工成本较低。

三、招商引资

2003 年起，丹棱县工业园区管委会实行边建设边招商。当年引进项目 2 个、引资 1050 万元。丹棱明宏光学有限公司投资 800 万元的光学元件生产线建成投产。2004 年，引进喜洋洋光学仪器有限责任公司、明宏光学有限责任公司、四川汇康中药有限责任公司等项目 7 个。2005 年，引进万平纸业、四川鑫顺生物有限公司等项目 3 个。全年固定资产投入 4200 万元，主要实施四川省丹棱汇康中药有限公司、四川鑫顺生物科技有限公司等项目。2006 年，引进丹棱申宇木业有限责任公司中密度纤维板项目，首期投资 1.1 亿元；签约国荣丝绸蚕蛹、蚕沙综合开发项目，投资 1.2 亿元。2008 年，引进瑞迪佳源齿轮生产、威力机械制造生产、四川柯美特建材等项目 4 个。2009 年，引进兴晟锂业氢氧化锂生产、红源成光学零件及深加工、万平年产 2.5 万吨低克重施胶瓦纸生产等项目 4 个。2010 年，引进祥云工业港百亩标准厂房项目投资 1.8 亿元、四川柯美特建材集团有限公司新建 3 万吨化学建材生产线项目投资 1.2 亿元、眉山润业工业港及配套商住项目投资 15 亿元、丹棱明宏光学年产 10 万台光电投影仪及配套商住项目投资 1.5 亿元等项目 9 个，协议资金 22.6 亿元。2011 年，引进宇钛体育用品生产线投资 1600 万美元等项目 8 个，实现丹棱外资引进零的突破。2012 年，引进柯美特年产 8 万吨铝材生产线投资 4 亿元、泰力智能起重机制造生产线投资 1.2 亿元、年产 6000 吨电池级碳酸锂（氢氧化锂扩能）和年产 1000 吨高纯碳酸锂（氢氧化锂）生产线及年产 2000 吨钛酸锂生产线投资 5 亿元、诺尔电气设备制造投资 1 亿元、宏源医药包装材料生产线投资 1.5 亿元等项目 8 个，协议资金 19.9 亿元。2003—2012 年，园区引进项目 52 个，协议资金人民币 60.99 亿元、美元 1600 万元。

柯美特建材集团有限公司铝材生产车间（摄于 2006 年 5 月）

四、产业发展

2003 年 3 月，丹棱县委、县政府确立“超常投入，集中发展，做大做强，提速增效”工业发展思路，确定园区主导产业为光学器件、齿轮机械、农副产品深加工、化工建材四大主导产业。2011 年，按照眉山市委、市政府要求，园区主导产业变更为通用机械制造产业和新兴产业。至 2012 年，园区初步形成以机械制造、新兴产业为主的产业结构。两个产业占园区经济总量的 62.5%，其中机械制造占 30.7%、新兴产业占 31.8%。

机械产业　2012年，丹棱县机械产业园区形成齿轮及通用传动件、特种机械、仪器仪表三条主要产品链，有企业30余家，其中规模以上企业6家，主要产品有汽车零部件、通用传动零部件、起重机、建筑工程机械、望远镜等；主要装备有美国格里森齿轮测量中心、德国卡帕蜗杆磨齿机、奥地利爱协林箱式多用炉、连续炉、自动压淬机、箱式盐浴多用炉等国际一流、国内最先进的核心技术装备、精密检测装置；主要工艺为使用三轴以上联动的高速、精密数控机床生产，制齿技术达国内先进水平、优势明显。重点企业有中车集团四川丹齿零部件有限公司、四川瑞迪佳源机械有限公司、四川莱斯特机械制造有限公司、四川省丹棱明宏光学有限公司等。

新兴产业　2012年，丹棱县机械产业园区形成新型建筑材料、锂材料产品链，其中规模以上企业3家。主要产品有节能型塑料型材，基础锂盐（氢氧化锂）；新型建筑材料生产主要装备有日本挤压机、挤出机、韩国氧化设备、瑞士喷涂线等，锂材料生产主要装备有回转窑、冷却窑、压滤机、沸腾锅炉、真空蒸发浓缩结晶系统等，采用低温分离工艺生产氢氧化锂。重点企业有四川柯美特建材有限公司、四川兴晟锂业有限责任公司等。

五、经济运行

2003年起，丹棱县工业园区加大资金投入，促进经济发展。当年，完成固定资产投入2702万元，包括丹棱明宏光学有限公司、丹棱三月饲料厂2个项目。至2006年，园区完成固定资产投资3.14亿元。

2007年，丹棱县城东工业集中区完成销售收入2.55亿元，实现利润149万元，上缴税收303万元；规模企业增加到8家。2009年集中区规模以上企业实现工业产值8.35亿元，完成销售收入7.05亿元，实现利润1717万元，上缴税收2576万元；丹棱明宏光学有限公司获省级创新型示范企业称号。2010年中车丹齿公司“丹齿”牌商标被评为省著名商标，成为园区第一个“省著名商标”，中车丹齿公司成为丹棱县首个年入库税金超千万的企业。2012年，丹棱县机械产业园区入驻企业增至58家，其中规模以上企业16家；形成以中车丹齿公司为龙头的通用机械设备制造产业，以四川柯美特建材集团有限公司为龙头的新兴产业。园区规模以上企业实现工业总产值14亿元，销售收入13亿元，实现利润8721万元，上缴税收6000万余元。

第九节　青神县工业开发区

青神县工业开发区位于青神县城城北、城西和城南片区，范围包括丹甫工业区、眉青路工业走廊集中区、西龙纸业工业区和城南工业区，园区占地约7平方千米，规划面积约15平方千米。2010年，园区大力发展产业集群，实现小而全，并向“专、精、特、新”的企业集群发展，属眉山市重点工业园区、四川省高新技术产业化基地、四川省小企业创业基地。至2012年，园区内有规模以上工业企业48户（上市公司1户），重点发展机械及其配套产业。规模以上企业工业增加值增速年均增长20%以上，工业产值和增加值分别占全县工业的90.53%、90.2%，其中机械产业增加值5.1亿元。

一、管理机构

2006年3月，建立青神县工业集中区，由眉（山）青（神）路工业走廊集中区和西龙纸业工业区组成。同时成立青神县工业集中区管委会，为正科级单位。2010 年，青神工业集中区更名为青神县工业开发区。2012 年 2 月，丹甫机械产业园区和鞋业园区划归县工业开发园区管理。8 月，青神县工业开发区管委会晋升为处级单位。

二、基础设施建设

2006 年，青神县工业园区完成基础设施投入 1001 万元，建设主干道 1.26 千米。架设 10 千伏电力专线 0.95 千米，安装自来水管道 1.7 千米、天然气管道 1 千米、通信管线 1.2 千米。此后，逐步完善园区配套设施。2007—2011 年，建成压缩天然气加气站 1 个，黑龙 110 千伏变电站建成投入使用，总投入 1 亿余元。至 2012 年，投入 1.5 亿元，建成园区市政道路 2.2 千米，形成“三纵三横”道路体系，眉（山）青（神）路和青（神）乐（山）路穿园区而过，以及水、电、燃气、通信管网等园区生产生活配套体系。

三、招商引资

2006 年，青神县工业园区引进项目 13 个，计划投资 4.9 亿元，入驻工业企业 11 个，9 个项目开工建设，完成投资 5000 万元。全年固定资产投资 3.09 亿元，其中德恩机械 5 万吨铸造和数控生产线完成投入 5510 万元，青城木工机械精密总装生产线完成投资 3050 万元，裕华纺织漂白生产线完成投资 1645 万元。

2007 年后，采取以企招商、补链招商、乡情招商、资源招商等途径加强园区招商。至 2011 年，共引进工业项目 120 余个，招商到位资金 140 亿余元。2012 年园区内 1000 万元以上重点工业项目 36 个，其中亿元项目 5 个，完成工业投资 15.4 亿元。2006—2012 年，园区出让土地 87.65 公顷、总价款 7647.22 万元，出让年限均为 50 年，保障机械园区、鞋业园区、丹甫工业园区用地需求。征地拆迁 352 户 1952 人，征地范围为青城镇游滩村、黑龙镇龙女村、高墩村、羊埝村。

四、产业发展

青神县工业开发区有机械制造加工、竹纸业、轻纺织和医药化工等优势产业，另有鞋业、食品加工业和其他产业。2009 年，青神县工业集中区被列为四川省知识产权试点园区。青城机械、丹甫公司获“国家级高新技术企业”称号；依托德恩机械有限公司成立“大学生创业园”；四川久源实业有限公司被评为“农业经营省级重点龙头企业”；园区工业企业获得授权专利 11 项。2010 年 3 月，四川丹甫制冷压缩机股份有限公司在深圳上市，成为眉山市首家独立上市公司。

眉山市第一家上市公司——丹甫股份有限公司（摄于 2010 年 1 月）

机械产业　2006 年，园区内有机械产业 13 户，主要生产木工带锯机、冰箱压缩机、机械动力传动件等产品。2010年，丹甫机械、青城机械、强力机械被评为国家高新技术试点产业。2012年，园区内有丹甫股份、青城机械、德恩精工等龙头企业，以及巴斯迪科、津鑫机电、奥信紧固件等重点企业20户，年产铸件15万吨、加工（初、精）产品20万吨、自主产品4000万台（件）。青神成为全国机械产业集群百强县之一。

医药化工业　2006年，园区内有医药化工企业5户，主要生产合成洗涤剂、洗衣粉、中成药、塑料制品等，年产各类产品14万吨。至2012年，园区有民众日化、彩虹制药等医药化工企业7家。民众日化发展为集自行开发、生产、销售和对外加工服务为一体的洗涤用品生产企业，是西南最大日化加工产品生产基地，可年产洗衣粉15万吨、餐具洗涤剂6万吨、皂类产品2万吨。彩虹制药为青神县医药企业龙头企业，获国家批文医药品种37个，主要生产复方板蓝根颗粒、玄麦柑橘颗粒、川贝枇杷糖浆等50余种医药产品，在全国有较高知名度和市场。

纺织产业　2008年，园区有纺织业8户，可年生产布、棉布、混纺织布7704万米，针棉织品折用线纱线量7371吨。2011年，园区有纺织业7户，其中外商及港澳台商企业2户，有进出口业务企业6户，出口创汇能力增强。宽庭环保被指定为世界500强瑞典宜家公司的供货商；裕华纺织实施服装生产线技改、纺织蜡染生产技改等项目。坤元新业丝织品和丝制品远销南亚印度等地。2012年，园区有裕华纺织、亚鑫纺织、宽庭环保、坤元丝业等8家纺织企业。裕华纺织（集团）公司发展成一家集纺纱、织布、印染为一体的综合性纺织企业，拥有纺纱5万锭，织布机1000台和二条蜡染印花布生产线，具有年纺纱1.2万吨、织布2800万米、综合印染5000万米生产能力，产品主要出口非洲。

竹纸产业　2006年，园区内仅有丹妮纸业1户竹加工企业，主要生产卷纸等。2007年起，工业集中区规划范围扩大，竹纸产业企业增加。至2011年，园区形成竹纸产业，从原纸生产到深加工的完整产业链，其中丹妮纸业形成以“花间集”系列产品为主的自主品牌，同时研发欧美风情、富贵、简约、抽象等系列生活用纸。美联家居企业为瑞典宜家在中国西南地区指定的第一家供应商，其生产的灯饰全部销往全球50余个国家和地区。2012年，园区有云华竹旅、美联家居、丹妮纸业、西龙纸业等竹纸企业5家。云华竹旅企业带动大批竹编艺术品编织和竹制品加工销售企业的发展。西龙纸业是全国首个本色纸浆生产企业，以创新的生物质竹纤维精炼技术及其应用为核心，形成斑布等两大品牌，成为绿色生态竹纤维材料产业引领者。

食品加工业　2006年，园区有久源酒业、远景米业、波姬江酒业、久源实业食品加工企业4户，主要生产白酒、饮料酒等。2007年起，食品加工业逐渐萎缩，生产加工产品发生变化。至2012年，仅存真诚油脂、大有食品2家食品加工企业，主要生产加工精制食用植物油和鸡精等。

其他行业　2006年，园区有红运皮鞋企业1户，年产皮鞋27万余双。2007年起，随着工业开发区规模和范围的扩大，行业也逐步增加。至2012年，园区内有其他企业6家，其中鞋业企业年生产皮鞋33万余双。

五、经济运行

2006年，青神县委、县政府将培育支柱产业、特色产业作为县工业集中园区发展的重点和方向，重点打造眉（山）青（神）路工业走廊集中区和西龙纸业集中区，工业企业产业开始集聚。年末青神县工业集中园区有国有企业1户、股份制工业20户、私营工业7户、港澳台厂商投资企业1户、外商投资企业3户。从业人员8300余人、占全县工业的69.16%。工业总产值13.24亿元，占全县工业总产值的56.1%；主营业务收入10.72亿元，占全县工业主营业务收入的73.17%。实现工业增加值3.97亿元，其中机械产业1.69亿元、纺织产业1.32亿元、医药化工业0.69亿元；销售收入12.96亿元，其中机械产业5.5亿元、纺织产业4.29亿元、医药化工业2.28亿元；上缴税金3638.14万元；实现利润6532.9万元。此后，入驻园区工业企业逐年增加。新增加占地16.67公顷的鞋业园区。至2009年，县工业集中区逐步形成机械制造加工、轻纺和医药化工三大优势产业。此后，园区重点发展机械制造及配套产业，建设“五大基地”（全国最大的小型压缩机生产研发生产基地、标准传动件研发生产基地、西南最大的木工机床研发生产基地、机场地面设备研发生产基地、火车接触系统设备研发生产基地），争创百亿元产业园区和省级工业园区。至2012年，园区重点发展机械及其配套产业，形成集铸造毛坯、粗加工、精加工、自产产品的产业链。依托全国机械产业集群百强县，围绕省级高新技术产业化基地建设，形成以特色机械产业为主，以医药化工产业、纺织产业、竹纸产业等为辅的产业格局。青神县工业开发区全部为私营工业企业，共48户。工业经济效益综合指数为120.55，完成工业总产值57.62亿元，占全县规模以上工业总产值的93.25%；主营业务收入44.57亿元，占全县规模以上工业主营业务收入的74.59%；职工平均人数1.45万人，比2006年增长55.9%；入库税金2.3亿元，实现利润2亿元，分别比2006年增加5.39倍、2.06倍。

第十节 现代工业新城

2011年11月，眉山市委规划建设以铝硅产业园区等为组团的眉山现代工业新城。2012年1月，市委、市政府作出《关于强力推进眉山现代工业新城建设的决定》，配套出台《眉山现代工业新城产业发展指导目录》（2012年）等7个实施方案，确定新城区域以成眉工业集中发展区、彭山经济技术开发区、成眉石化园区为北组团，以四川眉山经济技术开发区新区、金象化工产业园区、铝硅产业园区、眉山机械产业园区为南组团，规划区面积300平方千米，“一城多园”，组团布局。明确总体思路：坚持现代产业、现代基础设施、现代城市“三位一体”，产业高端切入，基础设施建设适度超前，以产兴城，以城促产，加快推进“两化互动、产城一体，三化联动、城乡统筹”，将眉山现代工业新城建设成竞争力在全省一流、影响力在全国一流的工业发展高地、现代产业新城和两化互动示范区。

2012年，现代工业新城主营业务收入401亿元，比2011年（下同）增长29%；规模以上工业增加值增长16%；固定资产投资完成132亿元，增长21%；招商引资实际到位资金149亿元，增长20%；入库税金9.8亿元，新增规模企业16户，农民转变为产业工人2.5万人。

眉山市志 MEISHAN SHIZHI

第十三篇　商贸服务业

1997 年，眉山地区有商贸流通企业和商办工业企业 193 个，在职职工 1.79 万人。1998 年起，全区国有商业、物资企业及供销合作社企业按照“产权明晰、责权明确、政企分开、管理科学”原则，以国有粮食企业改制为重点，加快企业改革，建立现代企业制度。通过国有商贸企业改革，眉山地区零售商业、批发商业企业和商贸管理体制所有制结构发生重大变化，消费品市场逐步向特色化、规模化、多元化和规范化发展。同时，加强招商引资，积极参加国内经济贸易洽谈和商品交易会，调整结构，经营构成明显变化。至 2012 年，眉山市市场秩序不断规范，市场体系不断完善。全市有限额以上商贸零售企业 282 家。社会消费品零售总额增至 256 亿元，比 1997 年（下同）增长 6.36 倍，社会消费品零售总额增速居全省第五位；城镇居民人均消费支出 1.34 万元，年均递增 10.56%；农村居民家庭人均消费支出 4936 元，增长 239.48%，年均递增 8.49%。

第一章　企业体制改革

1997 年起，眉山地区以国有商业、物资企业及供销合作社企业等国有商贸企业改革为重点，实行一厂一策，改革产权制度和转换职工身份，逐步建立现代企业管理制度。1998 年 7 月，启动国有粮食企业改制，清核企业资产，鉴定权属关系，实施产权制度改革，采取撤、破、转、解体等形式，国有资产全部退出，职工以转变身份为重点，与企业解除劳动关系为核心。至 2010 年，全市国有粮食企业完成改革任务。

第一节　改革综述

1997 年，眉山地区贸易系统有商贸流通企业和商办工业企业 193 个。企业亏损面广，总负债 10.69 亿元。按规范化要求管理商贸流通企业和商办工业企业的生产、经营，不断完善基础管理制度。1998 年，地委、行署提出“横向到边、纵向到底”“思想大解放，机制大转换，结构大调整”，加快国有商贸企业改革。全区国有商业、物资企业按照“产权明晰、责权明确、政企分开、管理科学”原则及地委《关于加快商业企业产权制度改革的意见》精神，实施以产权制度为核心的企业改革。争取到全国核销企业所欠银行呆坏账指标 8006 万元。1999 年，四川电影洗印厂有效经营性资产以 800 万元整体出让给四川省金石投资管理有限公司组建四川琼宇影视文化有限公司。地委制发《关于大力推行厂务公开制度的实施意见》，实行厂务公开。当年，全区实行厂务公开的国有、集体、国有控股企业 111 户、占应公开总数的 91%，其中 85 户企业实行规范化运作、占总数的 71%。至 2000 年，全区列入应改制范围的 470 户企业（国有企业 244 户、城镇集体企业 226 户）改制 468 户，其中通过产权制度改革组建股份有限公司 8 户、改为有限责任公司 126 户、成立股份合作制企业 77 户、出售拍卖 29 户、企业解体 89 户、破产 114 户、其他形式 25 户。改制后，企业资产负债率由平均 128.7%降至 83.52%，按同企业同口径比较负债减少 6.5 亿元，企业一年少支付银行利息近 3500 万元。

2001 年，眉山市开展已改制 526 户重点企业“回头看”，制定现代企业制度量化考核标准。10 户企业实施现代企业制度试点，20 户企业进一步规范公司制。2002 年，全市列入规划的 10 户建立现代企业制度和 20 户规范公司制改造企业的转机建制通过验收。23 户国有企业采取破产重组、转让股权、整体出让等方式退出。12 户市县属一般竞争性企业中 4 户企业通过整体出让或破产重组，退出国有经济，职工得到妥善安置。11 户公益性企业中 6 户采取产权换身份、减持国有股、经营者持大股办法实施公司化改造。中央拨款 500 万元调迁重组 867 厂。至 2002 年年底，全市商贸企业通过破产、重组、兼并、联合和股份制及股份合作制改造等，国有经济逐步退出，173 户国有企业和供销社企业转制基本结束。3350 名离退休人员“一次性”转入社保部门，9700 余名在职职工与原企业解除原有劳动关系，成为股份制或股份合作制企业员工或加入个体、私营等非公有制经济行列。全市商贸企业在职职工 8141 人。2003 年，市属 867 厂下岗职工出“中心”、子弟校剥离基本完成，组建眉山星华电子有限公司。彭山、丹棱、洪雅、青神四县地方国有电力企业改制。彭山天然气管理站、16 户供销社企业及仁寿县、青神县、丹棱县 3 户丝绸公司完成改制。2004 年，开展国有企业、重点城镇集体企业和乡镇企业“回头看”，全市 27 户国有独资和参股控股企业，6 户省部属企业自主改制，川眉公司等 21 户国有企业国有股份退出。列入改制计划的 11 户国有企业完成改制。2006 年，全市国有企业、重点城镇集体企业和乡镇企业改制结束。至 2012 年，全市解决转制职工 3100 余人医保费。

第二节　供销企业改制

1998 年，眉山地区供销合作社所属企业按照“产权明晰、责权明确、政企分开、管理科学”原则及地区行署《关于深化供销合作社改革的通知》精神，实施以产权制度为核心的企业改革。

2001年，眉山市供销社所属企业全部实现扭亏为盈。2002年，全市供销社所属企业按照市政府“处置资产，安置职工，清偿债务，企业重组”和“三减两优重创新”改革思路，实行一企一策，21户社办工业企业完成转制，分流安置在职职工1389人。60户供销社企业转制基本结束，在职职工与原企业解除原有劳动关系，成为股份制或股份合作制企业员工或加入个体、私营等非公有制经济行列。至2003年，全市供销社系统企业基本完成改革任务，1.01万名职工中，粮油购销系统实现转岗分流，全部转换身份，重新按新机制吸纳劳动力4000人到供销社归口管理的企业工作。2004年，全市供销社创新体制和机制，服务“三农”。2011年，全市供销社6家企业转制后实行股份制，300余人身份得到置换。已解除身份的供销社职工自己创业。转制企业利用农业综合开发项目和庄稼医院建设项目组建新企业6家，增加销售额5000万余元。

第三节　国有粮食企业改制

1997年，眉山地区有国有粮食企业77户。其中粮油、食品、饲料、饲料添加剂、粮机等生产制造型18户，跨行业的建筑、建材、化工等生产型7户，运输、商贸企业5户。在册职工6910人。企业普遍经营效益差，多数企业连年亏损。尤以工业、运输和商贸企业严重。1998年7月，全区启动国有粮食企业改制。24个独立核算粮办工业企业15户纳入改制目标。30户国有粮食工业企业实施产权制度改革。采取撤、破、转、解体等形式，国有资产全部退出，职工以转变身份为重点，与企业解除劳动关系为核心。清核企业资产，鉴定出权属关系。按照“一县一策，一厂一策，不搞一刀切”原则，实行“先安置，后破产”或“先安置，后解体”。国有企业破产的17户、解体的13户。至年底，全区粮食企业改制14户，分流人员1476人。

中央储备粮眉山直属库（摄于2012年3月）

2001年，眉山市国有粮食购销企业改制以调整劳动关系和转换企业经营机制为重点，建立市场化用工机制。鼓励职工跨系统流动，调出粮食系统的职工，企业给予一次性奖励5000元，不再享受其他补偿。返聘职工先办理转换身份手续后，再向所在企业书面申请，一次性缴纳责任保证金后参与招聘。至2002年，全市购销企业分流人员3389人，其中置换身份1349人。办理离退休手续的253人实行托管，与企业脱离供给关系。参加改制的国有工业企业职工1994人，全部发放一次性补偿金。2003年，各粮食购销企业采取处理闲置资产、职工交上岗保证金、向民营企业借款、企业盈余公积金、包干的粮食风险基金等筹措资金5172万元。全市国有粮食购销企业置换身份职工增至3393人，占在职职工的72%。内部退养414人。一次性支付职工经济补偿金5172万元。至2008年，全市30户粮油工业企业全部退出国有。至2010年，全市国有粮食企业完成改革任务。5894人有偿解除国有企业职工身份、人均领取安置补偿费1.76万元，621人保留国有企业职工身份实行内部退养。

第二章　国内经济贸易

1997年起，眉山地区加强国内商贸体制改革，调整经营结构。通过举办商品交易会、餐饮文化节等会节，以及组织企业参加国际博览会、西部博览会等招商引资，大力发展批发零售业和餐饮服务业。至2012年，眉山市市场秩序不断规范，市场体系不断完善。社会消费品零售总额由1997年的34.78亿元增至256亿元、增长6.38倍。

第一节　商贸市场与网点建设

一、商贸市场建设

1997年，眉山地区有火车站粮食批发市场、彭山县青龙粮食批发市场2个规模粮食批发市场。全年粮食现货交易37.5万吨。全区消费品市场成交额16.2亿元。2000年，全区有集贸交易市场186个，其中消费品市场176个、生产资料市场10个。棚盖市场168个，农副产品综合市场27个。各类市场年成交额18.7亿元。彭山县青龙粮食批发市场粮食现货交易量增至50万吨。

2003年，市政府印发《加快我市商贸流通业发展的意见》，搞好连锁经营和物流配送，提升商贸流通水平。以宏远、应林为龙头的眉山商贸企业在全市6县（区）开建连锁店、分场，红旗连锁、互惠超市等，外地企业入驻眉山市，形成多种流通业态，眉山企业与外地企业共同竞争、共同发展，全市新增连锁店25家。鼓励、帮助企业进入成都连锁店市场，扩展眉山制造产品市场销售网络，培育名牌产品。全市建成市场和连锁超市173个。2007年，眉山市重点培育农产品批发市场，彭山县重点培育以“青龙天下粮仓”为重点的3个国家或省级标准化农产品批发市场。商贸流通行业开工项目35个、投资10亿元，竣工11个、完成投资1.5亿元。

青神城南集贸市场（摄于2010年7月）

2009年，眉山市升级改造生猪屠宰场。全市投入1.5亿元改造A级生猪屠宰场7家，实现城区机械化屠宰。引导生猪屠宰加工龙头企业建设大型高标准活体储备养殖场，与专业合作社和农户对接，实现产销一条龙，建成养殖规模上万头的养殖场8个。开展“绿色市场”认证及“双百市场”工程建设，修建冷库、农药检验设施等，为农产品收购、储存、运输提供更好条件。标准化改造社区菜市场。眉山中心城区新区大市场、城北综合市场、眉东大市场被列入商务部标准化菜市场改造项目，投资500万元实施标准化改造。实施商业购物中心、酒店、旅游、农贸市场、物流等大型商贸服务业项目37个，投资9.66亿元。全年全市认定绿色市场2家，创建国家级示范社区1个、省级示范社区2个、市级示范社区8个，示范店30个。建成省级特色商业街2条、市级特色商业街6条。2010年，全市建设经营额10亿元市场1个、1亿元市场10个、1000万元市场100个。

2011年，市中心城区湖滨路餐饮美食一条街被评为全省特色商业街、四川省十条最美街道之一。总投资980万元的东坡区现代粮食物流中心建成投入使用。彭山县青龙粮食批发市场现货交易辐射到成都、雅安、眉山、乐山四市的20余个区、县，成为西南最大的粮食批发市场，批发市场交易的现货粮食货源来自全国各地。东坡区现代物流建设项目一期工程完成投资2200万元。2012年，圣丰国际农商中心建设项目开工，主要规划水产、水果、蔬菜等7大交易区，检验检疫、物流、冷链等8大全功能配套。洪雅县建设茶叶交易中心。年末全市有农贸市场149个、占地面积77.22万平方米，固定经营户1.51万个。

二、商业网点建设

2001年，眉山市建成农资综合服务站45个，涉及农户8000余户、户均增收500余元。各地供销社通过兴办“专业市场”，发展“农贸市场”，促进农产品流通。供销社经营农资网点800余个，农资市场占有率80%以上，建成棉花产业服务体系。2003年，供销社系统建立村级综合服务站1200个。全市城乡批发零售业、餐饮业网点发展到8万余个。2004年，眉山市加快现代流通网点建设，发展副食品便民店，调整部分商业网点。供销社系统以创办社区综合服务社为主要形式，整合农资经营网络资源，发展以连锁配送为主要形式的新型农资经营体系。年末全市有社区综合服务站780个，农资网点1156个，实现农资连锁配送，供应各种化肥、农药20余万吨。2005年，国家启动“万村千乡”市场工程。全市构建以城区店为龙头、乡镇店为骨干、村级店为基础的农村现代流通网络。3户企业被商务部列入“万村千乡”市场工程试点企业。城区建立县级配送中心3个，乡镇建立乡镇农家店15个。

2006年起，眉山市实施“放心农资进乡村”等工程。东坡区、仁寿县等3个试点县和7户试点企业被商务部列为“万村千乡”市场工程试点县和试点企业。当年全市投资1800万余元，建成乡级店105家、村级店409家、配送中心3个、乡村改扩建农资店310个。2007年，全市规划培育10条特色商业街初具规模，新建商业示范社区3个，新增省级示范社区1个，新增社区商业网点250个；改造完善乡镇农贸市场15个，新建标准农家店409个，新增营业面积10万余平方米。东坡区岷江大市场投入300万余元在东坡区崇礼镇建冷藏库，为崇礼及周边乡镇70余个村近万亩蔬菜基地菜农及100余个蔬菜经纪人提供保鲜、储存场所。“万村千乡”市场工程试点范围扩大到所有县（区）。2009年，实施“新网工程”建设，网点发展到1615个。至年底，全市建成“万村千乡”市场工程农家店1581家，覆盖所有乡镇，65%的行政村，农家店全覆盖。新增商业营业面积1.5万平方米，销售收入2.5亿元，新增实现利税500万余元，增加就业5000人，为涉及农户增收2600万余元，惠及农业人口210万人。形成以城区连锁企业为龙头，乡镇店为骨干，村级店为基础的农村现代流通网络。2010 年，全市投入建设资金 500 万余元，建设村级农家店配送中心 4 个，为全市 1581 个农家店配送生产、生活物资，增加就业 5000 余人。实施农村社会化服务体系建设，建成庄稼医院 37 个。2012 年，全市 5 户企业被四川省供销社认定为农村社会化服务体系建设项目承办企业，发展社会化服务体系“庄稼医院”门店 180 余个，扩大农资销售 2000 万余元。截至 2012 年年底，全市共建设农家店 1700 个，验收合格 1580 个，建设县域配送中心 6 个，区域性配送中心 1 个，覆盖所有县（区）和 95%的乡镇，210 万农业人口。通过连锁配送，销向农村商品价格平均降低 3%～5%。

第二节　重要商贸与招商活动

一、招商引资

1999 年，眉山地区加强招商引资，全年全区协议引进资金 16.58 亿元，实际到位 7.24 亿元。2000 年，组织开展招商项目“2030”工程（每年确定 20 个项目作为招商引资的重点项目，选择 30 个项目作为储备项目，一年一更新，动态管理），会议招商、网上招商、上门招商、以商招商相结合。5 次组成党政和企业代表团外出访问和考察，赴清华大学、上海市、广东省、福建省、江苏省、天津市开展招商引资活动，与广东省惠州市签订友好城市合作协议。当年，全区新办外来投资企业 36 家，利用内资 5.2 亿元。其中 13 家投资 500 万元以上的企业落户眉山，主要为引进眉山车辆厂、成都邮电通信设备厂、统一饲料有限公司等区外内资企业。至 2000 年，全区有投资企业香港 13 家、台湾 9 家、澳门 2 家。新办外来投资企业 64 家，协议引进外地资金 35.9 亿元，到位 22.6 亿元。有山西南风、山东金锣、河南双汇、广东立白、成都九龙、四川新希望、成都彩虹、泰港、四川全兴集团等国内知名品牌、企业，投资项目涉及电子、化工、农业、食品、旅游、城市建设基础设施、药品生产等领域。

2002 年，眉山市建立招商引资项目网站，开展网上招商。全年推出项目 150 余个，签订国内经济协作项目 180 个，协议引进资金 64.81 亿元，到位资金 19.78 亿元。新办外来投资项目 79 个，到位资金 1000 万元以上企业 9 个，其中四川省启明星铝业有限责任公司 25 万吨电解铝项目，到位资金 4 亿元。2003 年，市委、市政府主要领导率队，组织部分企业赴上海市、江苏省、浙江省考察、招商，签订合作项目协议 18 个，协议引资 10.2 亿元。引进眉山鸿源纸业有限公司、江山纸业有限公司等 1000 万元以上项目 85 个。巩固香港特别行政区市场。引进和昌化工（彭山）公司、金圣赛瑞化工公司等大型项目。2004 年，市委书记、市长率团赴香港开展以文化、旅游和经贸合作为主要内容的招商引资。全年引进投资项目 473 个，投资 44.6 亿元。主要分布于能源、化工、机械、农产品加工等行业。2005 年，眉山市建立健全网络招商平台。搭建成渝经济圈、泛珠三角区域、长江三角区域、环渤海区域等招商平台。全年市领导率队组织有关部门及企业赴 10 余个省 20 余个市开展招商引资活动 520 余次。引进投资项目 375 个，完成投资 55.42 亿元。2006 年，眉山市以珠三角、江苏省、浙江省、成都市等地为重点开展招商活动。重点引进高科技、低污染、低能耗的规模型工业企业。引进投资上亿元项目 38 个，其中工业项目 33 个。新引进的工业项目 76%以上落户全市各工业集中区。2007 年，眉山市参加四川省委、省政府组织的赴沿海四省（市）招商，签约项目 42 个，总投资 187.25 亿元，到位 9.33 亿元。铝产业和食品项目郑州推介会签约项目 14 个，投资 14 亿元；

赴香港推出眉山市优势企业，实现银企合作、帮助企业融资上市，签约3个项目，投资41亿元。2008年，市委、市政府印发《关于强力推进承接产业转移工作的实施意见》，提出全员招商、全方位招商、全民招商，将招商引资作为“一号工程、一把手工程”。在广东省、福建省、上海市、江苏省、浙江省、重庆市、天津市建立驻外招商分局7个，承接发达地区产业转移。全年签约项目108个，协议资金393.81亿元、3.5亿美元。2010年，全市7个驻外经合局引进项目76个，协议资金203亿元。新签约项目294个，协议投资总额873亿元，新引进美国百胜餐饮、美国纳帕、中国大唐电力等世界500强企业。投资235亿元的光伏产业基地项目、投资43亿元的三岔湖水上运动旅游开发项目、投资20亿元的立白工业园项目等重点项目落户眉山。全市引进到位资金330亿元。当年，眉山市金桐石化、协兴纺织、强力机械等具有市场、技术、管理优势的企业相继建成投产和统一企业、亚新科丹齿等企业产品结构调整取得突破，外来企业整体经济规模和效益水平上新台阶。

2011年，市委、市政府印发《关于强力推进招商引资新突破的决定》《眉山市利用外资考核管理办法（试行）》等文件，健全外资引进工作机制和目标考核制度。市委书记率东坡区、彭山县、市商务局等相关部门主要负责人拜访上海联合利华，加强联合利华项目跟踪跟进。7个驻外经合局引进项目93个，协议资金总额281亿元。新签约项目194个、合同金额431.6亿元。其中世界500强、国内500强企业投资的项目以及投资额10亿元以上的重大项目19个。全年引进项目593个，到位资金375.8亿元。组织眉山市经贸代表团赴日本、韩国开展贸易投资促进活动。签订投资项目3个、贸易合同8项，合同总额7.4亿元。驻外经济合作局引进项目36个，合同金额132亿元。全年引进项目478个、到位资金500.3亿元。其中重大项目29个，世界500强7家、中国500强2家。

1999—2012年，眉山市引进项目到位资金人民币2517.12亿元和外资6.47亿美元。

二、参加贸易活动

1997年起，眉山地区积极参加国内经济贸易洽谈和商品交易会。1999年，参加四川—北欧投资贸易洽谈会。参加1999年四川—香港投资贸易洽谈暨名牌产品推介交流会，签订4000万元的环保项目意向协议和115万美元的出口合同。2000年，组织企业、项目发起单位参加国家、四川省举办的投资贸易洽谈会。参加西南六省七方（成都）投资洽谈商品博览会、第九届中国西部商品交易会、中国西部投资贸易洽谈会、中国（厦门）投资贸易洽谈会等经贸洽谈活动，成交金额上亿元。

2002年，眉山市组建展团9个，设展位524个，参展商品上万种，成交额2.23亿元。组织10余家企业参加第三届中国西部国际博览会；组织县（区）、企业参加“四川—广东、深圳经济合作座谈会”“四川—华东地区对口洽谈会”“荷兰祖特梅尔市投资说明会”等。组织眉山车辆厂参加在柬埔寨金边举办的投资贸易洽谈会。2003年，组织30户企业参加第四届中国西部国际博览会、香港—四川合作发展、第三届西部服装博览会，组团参加西安西部投资贸易洽谈会、广州出口商品交易会等。2004年，参加在北京举办的“京川合作周”活动。2005年，第六届中国西部国际博览会期间，组织30余家企业和机构参加韩国、美国及中国香港、江苏省、浙江省等区域经贸专题活动。2006年，组织有关部门和企业参加“四川·国内500强企业（北京）座谈会”“泛珠三角区域经贸合作洽谈会”等全国性和省级大型招商活动。2007年，组织100余家企业参加中国西部国际博览会、广州商品交易会、昆明商品交易会、厦门投资贸易洽谈会等，签订合作投资协议14个51.4亿元。2008年，参加四川省委、省政府组织的赴北京市、上海市、广东省、浙江省、重庆市、香港、澳门、成都市等地的“三大招商活动”——2008年“5·12”汶川特大地震灾后重建大招商，第九届中国西部国际博览会，赴香港、澳门致谢投资促进。2009 年，全市组织 100 余户次企业参加中国西部国际博览会、广州商品交易会、糖酒会、昆明商品交易会、厦门投资贸易洽谈会、东盟博览会等大型经贸活动。签约 71 个项目 513.87 亿元。2011 年，组织参加第十二届中国西部国际博览会，签订招商引资项目 48 个 402.7 亿元；外资签约项目 2 个 4.93 亿美元。

2012 年，组织参加第十三届中国西部国际博览会，举办投资推介会暨项目签约仪式，到会世界 500 强、行业知名企业 150 余家，签订项目 87 个 559.6 亿元。组织参加在成都举行的第八届中国食品博览会，设 8 个展区 8 万平方米展场，展出泡菜、调味品、糖果、冷冻肉、特色预包装食品等 10 余类 1000 余种产品。来自国内外企业 3042 家，贸易成交 125 亿元。参加天府四川・日韩行、第八届食博会等展会 10 余次。

三、举办贸易活动

2002 年起，眉山市每年举办春季商品交易会。2003 年，举办眉山市第三届春季商品交易会，成交额 9.9 亿元。2004 年，在成都举办“眉山市经贸合作项目推介暨投资说明会”，推出项目 89 个。承办在西安举办的“中国西部投资贸易洽谈会”。2006 年，在成都市、浙江省杭州市、宁波市、广东省深圳市、东莞市、佛山市等举办“项目推介会”，签约项目 43 个，总投资 34.07 亿元。2007 年，眉山市举办“东坡国际文化节”，邀请外地客商 150 余人到眉山考察，签约 21 亿元。2010 年，眉山专场举行优势产业项目推介会暨现场签约仪式。来自包括国内 500 强在内的企业 100 余家，总投资 25 亿元的岷江（东坡区段）水电航运项目、20 亿元的广东小家电四川生产基地项目等 8 个重点优势项目集中签约，投资金额 370 余亿元。2012 年，眉山市举办四川省异地商会和办事处走进眉山投资推介会、“天府新区・眉山区域”推介会、金融走进眉山推介会、工业企业进入眉山行动产业推介会、深圳眉山项目推介会等活动。全年全市举办第四届中国四川泡菜国际展销会、眉山市第三届“5・1”汽车嘉年华等大型展会活动 200 余次。

眉山市“2012・新春东坡美食之旅”启动仪式（摄于 2011 年 12 月）

四、经贸协作

1999 年，眉山地区与清华大学研究生部签订《眉山地区、清华大学地校合作意向协议书》、与广东远成储运贸易有限公司兴办眉山地区外商投资服务中心。眉山地区加入成都经济协作区，成为市长、州长、专员联席会成员。至 2000 年，眉山地区与广东省惠州市达成建立友好地市关系协议，开展经济技术合作。眉山地区与清华大学、四川大学建立地校合作关系，开展研究生社会实践基地、远程教育、教师培训、企业经理、厂长在职培训等合作。2005 年，眉山市与山东商业集团、澳柯玛集团、旺旺集团等知名企业建立高层往来关系。与香港厂商会、大韩贸易商会、新加坡商会保持联系，畅通海外招商渠道。2010年，推进成都与眉山区域合作，引进区域合作项目35个，投资105.91亿元。

第三节 商品贸易

一、社会消费品零售

1997年，眉山地区社会消费品零售总额34.78亿元。其中批发零售业24.73亿元、住宿餐饮业4.11亿元、其他业5.94亿元。社会消费品零售中国有经济5.89亿元、集体经济7.55亿元、私营个体经济19.35亿元、股份制及其他经济2亿元。商品销售总额11.81亿元。至2000年，全区社会消费品零售总额增至45.09亿元。其中批发零售业31.72亿元、住宿餐饮业6.4亿元、其他业7亿元。社会消费品零售中国有经济4.13亿元、集体经济7.21亿元、私营个体经济29.26亿元、股份制及其他经济4.5亿元。商品销售总额9.08亿元，其中农资供应1.47亿元。商办工业产值4.53亿元，其中酒类936万元、肉食品类2.45亿元、纺织品类1527万元、其他类1.34亿元。

2005年，开展支农服务，搞好农资供应。全市供销系统开展农资"两放心""三到户"活动，检查经营的主要农资商品，农资连锁经营店实行"四统一"（统一建设标准、统一店标、统一配送商品、统一服务标准），建立服务台账。全年全市社会消费品零售总额83.64亿元，拉动地区生产总值增长2个百分点。2006年，以春节、"五一"国际劳动节、"十一"国庆节、元旦等节日为重点，开展购物月和购物周活动，以商贸为主线，文体、旅游活动配合，激活消费市场。

2008年起，开展家电下乡，中央和地方财政按销售价格的13%以直补方式补贴农民购买商务部批准的家电企业的试点产品。包括彩电、冰箱（含冰柜）、洗衣机、手机。在全市建设规范家电下乡补贴类产品销售网点700余个，全年销售家电下乡产品4.53万台，财政补贴3.65万台710.9万元。此后，相继开展汽车摩托车下乡和家电、汽车以旧换新。2009年，引导企业参加食品博览会、中国西部国际博览会、广州商品交易会等品牌会展。组织泡菜企业参加中国食品博览会，拓宽泡菜企业市场，全年销售额30亿元，比2008年增长50%。2010年，全市开展迎春购物节、桃花节、枇杷节、柳江古镇文化节等会节活动。组织企业参加世界博览会等。2011年，建设3个物流园区。引进"当当网"西南物流中心等7个物流项目。利用全市1000余个农资销售网点，开展送货上门，拆零销售，以农副产品换农资商品等方式，方便农民购买农资，稳定农资市场。截至2012年年底，全市销售家电下乡产品82.91万台（件），销售金额19.92亿元，兑付补贴金额2.43亿元。财政补贴汽车摩托车下乡3.88万辆3960万元；办理汽车以旧换新1200余辆财政补贴近1000万元。惠及全市农民200余万人，80余万户农村家庭户均增收8元；家电下乡销售网点覆盖全市35%的行政村。全市限额以上商贸零售企业282家，社会消费品零售总额256亿元，增速居全省第五位，提升四位。

二、粮油购销储运

1998年，眉山地区实施粮食流通体制改革。按照"四分开、一完善"（实行政企分开、中央与地方责任分开、储备与经营分开、新老财务挂账分开，完善粮食价格机制）原则，中心任务是"三项政策，一项改革"（按保护价敞开收购农民余粮、坚持顺价销售、收购资金全面实行封闭运行、搞好粮食企业自身改革）。转换粮食企业经营机制，按中央与地方责任分开原则实行地、县行政首长负责制，完善储备粮管理制度，实行储备与经营分开，新老财务挂账分开，妥善解决粮食财务挂账。建立和完善政府调控下的市场粮食价格机制。

（一）粮油收购

1997 年，眉山地区粮食收购有定购价粮收购、保护价粮收购，以定购价粮收购为主，为贸易粮。全年收购粮食 20.71 万吨。此后，定购价粮收购逐步减少，保护价粮收购逐步增多。2002 年起，列入统计口径收购的粮食为原粮。启动市场收购，并逐步成为眉山市粮食收购主体，为全市提供充足粮源。至 2012 年，眉山市国有粮食经营企业共收购粮食 200.44 万吨。

粮食定购　1997 年起，眉山地区粮食收购以定购价粮收购为主。确定全区粮油定购计划 18.49 万吨、市场粮价收购计划 4.6 万吨。实际定购价粮收购 18.49 万吨，为贸易粮。此后，定购价粮收购逐步减少。至 2001 年，眉山市共收购定购任务粮食 67.26 万吨。每年均完成国家下达的定购粮食任务。2002 年，取消粮食定购任务，结束近 50 年的计划收购政策。

保护价粮收购　1997 年前，粮食议价收购为市场敞开收购，市场粮价低于国家牌价，购销价格倒挂，粮食销售不能顺价，保护价粮敞开收购补贴政策未落实。1997 年起，眉山地区实行保护价粮敞开收购农民余粮，保护农民种粮积极性。当年收购粮食 2.22 万吨。2001 年，玉米退出收购保护价粮，实行随行就市收购（不低于最低保护价粮）。2002 年，小麦退出收购保护价粮，实行随行就市收购。至 2003 年，全市共实施保护价收购粮食 47.67 万吨。2004 年，粮食市场全面放开，取消所有粮食品种保护收购政策。此后，眉山市粮食收购主要以订单收购为主。

最低收购价收购　2004 年，启动稻谷最低价格收购。眉山市 47 个国有粮食购销企业，设收购点 627 个，收购粮食 18.18 万吨。2005 年，眉山市动员具备收购资格市场主体入市收购，满足农民售粮需要。2009 年，全市按最低收购价收购粮食 1.5 万吨。此后未再启动最低收购价收购粮食。至 2009 年年底，眉山市共实施最低收购价收购粮食 3 次，收购粮食 36.03 万吨。

市场收购　2002 年起，调整粮食收购政策，实行市场收购。当年收购粮食 4.32 万吨。2005 年起，全市非国有粮食经营企业逐步成为粮食收购主体。2006 年，增设收购网点 600 余个。非国有粮食经营企业收购粮食 12.7 万吨，占全市收购总数的 63.8%。2007 年，引导和鼓励取得收购资格的 239 家社会粮食经营者和加工企业入市收购，搞活粮食流通。2012 年，全市粮食收购以非国有粮食经营企业收购为主。年收购粮食 26.16 万吨，其中国有粮食经营企业收购 5.91 万吨。2002—2012 年，全市国有粮食经营企业市场收购粮食 49.47 万吨，占收购总数的 24.68%。

订单收购　1999 年起，四川省实施“川粮优化工程”，眉山县被列入全省“川粮优化工程”基地县。当年，眉山县发展优质粮食生产，改造老化品种，逐步形成规模，实现粮食产业化经营，走科研、龙头企业、基地三结合之路。全区各县粮食局引导农民改善商品粮品种老化和质量。2000 年，眉山县被列为“川粮优化工程”优质稻开发基地县。全区推广优质稻谷品种 12 个 1000 公顷。2003 年，彭山县列入全省粮食行业发展专业合作经济组织试点县。发展优质粮食合作经济组织，改造老化品种，推广优质品种。2004 年，推进粮油产业化经营，引导农民发展优质专用粮油品种生产。全市粮食收购转变为以订单收购为主。2012 年，全市龙头企业与农户签订粮油订单面积 8.64 万公顷、收购 11.21 万吨，农民增收 2242 万元。建成便民连锁店 539 个。截至 2012 年年底，眉山市粮油订单面积 64.84 万公顷，收购粮食 72.93 万吨。

油菜籽收购　东坡区、仁寿县是四川省政府确定的全省油菜籽生产基地县。1997 年起，眉山地区油菜籽经营实行多渠道，参与经营的有供销部门、乡镇企业、个体商户，市场竞争激烈。当年，全区收购油菜籽 1.48 万吨。1998 年后，粮食部门收购油菜籽的数量逐年下降。2004 年起，国家全面放开粮食收购市场，眉山市购销企业按照“收得进、卖得出、有利润”原则参与油菜籽经营。2009 年，采取由委托收购企业按规定挂牌价格向农民收购。全年全市收购油菜籽 3.65 万吨、食用油脂（油料）1.28 万吨。2010 年，四川省下达眉山市省级储备油菜籽托市收购计划 3600 吨，实际收购 4.34 万吨。2012 年，启动中央临时储备油菜籽收购，完成中央临时储备油菜籽收购 8.2 万吨，保护农民生产积极性。全年全市收购油菜籽 10.93 万吨。1997—2012 年，眉山市国有粮食经营企业收购油菜籽 35.18 万吨，折菜籽油 7.63 万吨。

（二）粮油销售

2001 年，眉山市实施粮食购销市场化改革。各国有粮食购销企业遵守粮食销售定价原则，以顺价销售促销，减轻库存压力和财政负担，各区、县粮食主管部门按月检查顺价销售。2004 年，粮食行政管理部门，采取粮食价格日报制、周报制和粮食库存旬报制等措施关注市场动态，保证市场粮食供应。

计划供应　1997 年，眉山地区市镇定量人口实行粮油凭证、限量、限价供应政策。当年，全区销售粮食 15.39 万吨。2001 年 5 月起，眉山市取消市转证（市镇粮食供应转移证）。居民户口在全国范围内迁移，不再办理市转证，结束长达 50 年的粮食供应证管理制度。此后，取消计划供应。

敞开销售　1997 年，眉山地区执行调整粮食销价行动，确保粮价回升到合理区间。建立和完善粮食价格市场体系，以仁寿县价格信息点为基础，全区形成价格信息网络，为分析市场、了解市场提供依据。全年销售定购粮 3.69 万吨。1998 年，全区以各收储企业为单位制定顺价销售价格实行敞开销售。全年销售粮食 12.28 万吨。1999 年起，放开城乡口粮价格，实行市场调节随行就市供应。建立促销队伍和激励机制，拓宽粮食销售渠道，减轻库存压力。2000 年，发挥加工优势，将小麦、稻谷加工成适应市场需要的优质米、面、粉，参与市场竞争，抢占市场。2002 年，眉山市粮食局向县（区）下达粮食销售目标任务。实行购销并举，边购边销，勤进快销，薄利多销，实现购销平衡。2003 年，眉山市与凉山州、甘孜州分别签订建立长期稳定的粮食购销关系。2006 年，眉山市与粮食主销区甘孜州、阿坝州、凉山州、成都市、乐山市等签订粮食供应协议书，建立长期稳定购销关系，翌年签订粮食产销合作购销协议 15.75 万吨，实现产销粮食安全和粮食勤进快销，产销“双赢”。2008 年，眉山市与乐山市、雅安市、攀枝花市、宜宾市等市订粮食产销合作购销协议 1.83 万吨。2010 年，核查粮食经营者粮食收购资格，核定和监管其最高库存量，督促履行相关义务。截至 2012 年年底，眉山市共销售粮食 488.48 万吨、食用油 36.1 万吨。

应急供应　1997 年，眉山地区遭受严重旱灾。安排救灾粮销售计划 500 吨，帮助灾民渡过灾荒。2004 年，眉山市建立粮食供应应急网络，确定定点粮油加工厂 9 个，定点国有粮食购销企业 6 个，定点粮店、连锁店、超市等粮油销售点 12 个。2008 年，“5·12”汶川特大地震后，全市受灾群众按每人每天 1 斤救济粮（成品粮）发放 3 个月，其中稻谷 80%、小麦 20%，大米折率 65%、面粉折率 69%。眉山市本地抗震救灾粮源由中央储备粮眉山直属库无偿划拨。全市救助受灾群众 27.02 万人次，国家下达救灾粮计划 6548.75 吨，每月发放救灾面粉 276.28 吨，大米 1158.63 吨，连续发放 3 个月。调拨市境外受灾县（区）抗震救灾粮 3627.75 吨、菜籽油 74 吨。至 2008 年，全市共供应救灾粮 1.89 万吨，帮助受灾群众恢复生产、重建家园。此后未再实施救灾供应。

退耕还林地区粮食销售　退耕还林本地粮食供应和对外调拨粮食均属政策性计划销售。本地粮食供应按照当地政府和林业部门核准的品种、数量供应。每年分两批供应补助粮。退耕还林地区粮食销售分眉山市内销售和眉山市外销售，退耕还林对外调拨粮食主要外调甘孜州和乐山市。1999年起，眉山地区实行退耕还林试点。当年，全区退耕面积6333公顷，每公顷补助原粮2.25吨、现金300元。钱粮补助还草2年、还经济林5年、还生态林8年。2003年，将退耕还林补助粮管理列入年度工作重点，纳入目标管理。建立健全退耕林粮食供应档案，内卡外证、分户造册，账目清楚、账实相符，不漏供一户，不多供一斤。当年，眉山市有退耕还林粮食供应点143个，退耕还林2.58万公顷，供应粮食5.08万吨。涉及156个乡镇1249个村6096个社17.89万户。2004年，四川省下达眉山市退耕还林粮食调拨计划4.14万吨，涉及甘孜州12个县、凉山州2个县。至2004年，中央财政共向眉山市退耕还林本地粮食供应和调拨拨补金额836万元。眉山市外调甘孜州和乐山市粮食11.32万吨。此后，此项工作随退耕还林停止而停止。

以工代赈供应　1997年，眉山地区以工代赈主要用于新建改建部分公路和大中型桥梁、航道码头、水畜饮水工程等专用粮。当年起，全区粮食指标分季下达，按工程进度拨粮，竣工验收合格结算。至2008年，眉山市以工代赈供应粮食120吨。此后至2012年，未再实施此项工作。

经营性粮食销售　经营性粮食销售包括国有粮食购销企业销售和非国有粮食经营企业销售。1997年，眉山地区国有粮食购销企业销售粮食6.54万吨。非国有粮食经营企业销售粮食未列入统计。2005年起，非国有粮食经营企业的购销情况纳入统计范围。眉山市国有购销企业自主经营的粮食年末周转库存开始下降。年末，全市粮食库存10.79万吨。2006年，眉山市粮食企业参与社会主义新农村建设，发展乡村粮油超市和连锁店。各粮食企业利用现有粮库、粮管所及农村粮油购销网点资源，开展物流配送和连锁经营，建立粮油连锁经营网点257个，配送中心9个，改善消费环境。2008年，丹棱县、洪雅县、青神县便民连锁店投入运行，服务农民，促进粮食市场稳定。截至2012年年底，眉山市粮食经营企业共销售粮食555.62万吨。

陈化粮销售　20世纪90年代中期，国家实施农业生产惠农政策，多次提高粮食收购价格，调动和提高种粮农民积极性，粮食产量连年增产，收购粮食数量不断增加，眉山境内粮食购销企业仓容爆满，有的企业外租民仓解决储粮难题。出现阶段性粮食生产供大于求，造成粮食购销企业库存超期储存。1999年，眉山地区陈化粮销售按照先质量鉴定，后销售处理，再核实价差补贴。原则上在县级以上粮食批发市场公开拍卖（竞价交易）。陈化粮主要销售给酿造、饲料等工业用粮大户，禁止销售给国有粮食购销企业或直接作口粮销售。2000年，全区销售陈化粮11.41万吨。至2000年末，全区粮食平均库存时间5年，粮食品质下降，不同程度地逐渐陈化。陈化粮主要是周转粮，粮权属企业，中央储备粮和省储备粮均按储存期限予以轮换，基本无超期储存。全区有陈化粮5.9万吨，约占储粮总量的13%。此后，眉山市粮食局制定和建立陈化粮鉴定和销售管理制度。与鉴定机构四川省粮油检测中心、乐山市粮油检测站主动衔接，委托2家机构鉴定全市购销企业需要检测的粮食，鉴定后，经分级报批，全市有陈化粮6.5万吨。2003—2004年，全市销售陈化粮6.5万吨。至2007年，眉山市完成陈化粮销售，未发生违纪违规事件。

（三）粮油储藏

眉山市储粮种类有备战备荒的甲字粮、中央储备粮、省储备粮、市储备粮、县储备粮、周转库存粮等。粮食储藏以“四无粮仓”为目标，不断改善仓储条件和环境，保障粮食储藏安全和粮食品质质量。

（四）粮油管理

安全管理　1998年，眉山地区将粮食安全生产纳入行业目标管理。单位交纳安全保证金，年终考评。按照“三不放过”（事故原因分析不准不放过、事故责任者和群众没有受到教育不放过、没有防范措施不放过）原则，实行“一票否决”。各级粮食保防人员“以防为主，综合防治”，落实“一符、三专、四落实”。粮食部门制定防洪应急预案，储备防范物资，制定防洪抢险应急预案。1999年，全区建立保管员责任制、粮油进出库、粮油轮换等6项制度。实行“六统一”（仓外标识、仓号、仓内摆设资料、储粮技术、品质检测、管理制度统一）。按规定检查粮情，检查情况有记录、有分析、有处理问题记载。粮油进出库建账卡。2000年，全区各粮食企业与职工签订“安全合同”。2003年，眉山市开展春、夏、秋季粮油普查和经常性粮情抽查，整改发现隐患。开展防汛、防火、防盗演练，预防突发事件。推广科学储粮新方法，有条件的承储单位，采取环流熏蒸、机械通风、冷却储粮、电脑测温、管道施药等先进储粮技术，全市以机械通风为主的科学储粮技术仓15万吨，占总储粮的25%。2006年，市政府下发《眉山市粮食应急预案》，推广低温、准低温储粮和无公害储粮先进技术，确保储粮品质。建立眉山市粮油应急网点46个。2007年，建立粮食预警机制，组成全市粮食应急管理组织体系，明确职责。县（区）粮食部门与定点企业签订粮食应急供应责任书，明确粮食应急预案启动时双方应尽的职责。2008年，修订完善《眉山市粮食应急预案》，制订《眉山市市级储备油管理制度》。建立市、县（区）、库三级粮油检测体系。规范小麦收购、储存、加工、销售等粮食经营者及检验机构工作。2009年，组织“安全生产科技活动周”“劳动安全防护知识竞赛”“百日安全生产活动”等。2010年，建立市、县（区）、库三级粮油检测体系。当年起，定期检测市县级地方储备粮及军供粮等政策性粮食质量。开展粮食收获质量调查与品质测报，完成省级原粮卫生调查样品信息和基础样品收集和送检。2011年，建立健全质量管理体系。三级粮油检测体系“人员、仪器、场地”三落实。2012年，启动储备粮远程监管和应急预警信息系统建设。组织开展消防、救灾应急演练。开展安全检查12次，检查单位400余个次，查出需整改隐患44处。开展粮食质量监督执法检查18次。市粮油监测站加入国家粮食质量体系（区域站），取得食品检验资质，技术参数由16个增至78个。

粮油调运　眉山市粮油调运分为省外、省内、市内、县内四级调运及少量进出口调运。1999年起，上级下达眉山地区退耕还林粮食调运任务。粮食调出，主要调往甘孜州17县和凉山州美姑县、雅安市天全县。至2003年，眉山市调出退耕还林粮食4.61万吨；市内调剂调入小麦8250吨。供应市内退耕还林粮食1.88万吨。2008年，“5·12”四川汶川特大地震后，全市调出成品粮3672.75吨、菜油74吨。眉山市市内受灾困难群众发放贸易粮9.45万人次4304.74吨。此后至2012年，未再开展此项工作。

粮食财务挂账　1998年，眉山地区组织审计全区粮食商业企业1992年4月至1998年5月新增财务挂账和其他不合理占用贷款情况；审计调查1992年年底以前老挂账的消化情况。审计出新增粮食政策性财务挂账4.23亿元；1994年各县企业消化后，新增粮食购销企业财务挂账4.08亿元；1992年年底以前老挂账已消化5557万元、未消化1.05亿元。认定全区新增经营性粮食财务挂账8764万元。至2000年，四川省下达眉山市1996—2000年应消化1991年度末粮食政策性财务挂账目标任务1.32亿元，全部完成消化目标任务。此后，中央、省财政逐步取消政策性财务挂账利息补贴。2004年，眉山市政策性亏损财务挂账5.04亿元。2005年，审计国有粮食购销企业1998—2004年财务挂账。全市尚未消化的粮食财务挂账9.12亿元。尚未消化的财务挂账全部从购销企业剥离，划入县（区）粮食主管部门集中管理。2006年起，眉山市启动粮食购销企业政策性粮食财务挂账消化工作。经四川省政府认定，全市政策性粮食财务挂账9.2亿元、经营性粮食财务挂账余额3268万元。2011年，中央财政一次性帮助眉山消化1992—1998年新增粮食政策性财务挂账本金1.5亿元。全市1992—1998年形成的新增粮食政策性财务挂账余额4967万元，剩余部分挂账金继续由眉山市（扩权县）政府负责消化。2012年，眉山市消化1992—1998年粮食财务挂账本金5413.4万元。截至2012年年底，全市核销和消化1992—1998年粮食财务挂账本金3.86亿元。全市政策性粮食财务挂账本金余额5.35亿元。经营性粮食财务挂账余额3268万元。

粮食财政补贴　粮食财政补贴有中央财政补贴、省财政补贴、市财政补贴、县财政补贴四类。1997年起，中央、省、地区财政实施粮食销售价差补贴、国家储备粮油费用和利息补贴、政策性财务挂账利息补贴。地方财政主要补贴地方粮食储备。眉山地区每年粮食生产风险基金直补给国家粮食收购部门，以最低保护价向粮农收购农民粮食。当年，中央、省级财政补贴眉山粮食资金1796万元，地区财政补贴全区粮食资金1164万元。1999年，实行粮食风险基金包干，包干期限3年。2002年起，国家给予粮食生产流通环节补助的同时，补贴种粮农户。眉山市向种粮农民每亩补助10元，按户种粮面积，以“一卡通”直补到户。2004年起，财政按农民种粮面积给予种粮农民现金补贴，每公顷151.65元。2005年，改革风险金使用制度，停止对粮食流通领域补贴，补贴直接发至生产粮食农户。实行市长负责制下的县（区）长责任制，保证补贴及时到位。2006年起，眉山市对县（区）实行粮食风险基金定额包干补助。地方财政主要补贴地方粮食储备，其他补贴逐步取消。2007年，开展政策性农业保险试点。中央、省财政补助眉山市政策性农业保险财政保费补贴803万元。全市承保玉米5140公顷，保费收入182.88万元。2009年，政策性农业保险试点扩大到稻谷、玉米、生猪、奶牛、能繁母猪。2011年，洪雅县开展森林保险试点。全市兑付粮食直补和综合性直补资金2.66亿元，涉及乡镇71个，惠及农户81.78万户278.54万人。截至2012年年底，中央、省财政共向眉山市下拨粮食补贴4.97亿元。地方财政共对粮食补贴2.59亿元。

粮食流通监管　1998年，眉山地区工商部门清理从事粮食经营活动的企业和个体户。各县清理整顿粮油加工、经营户，变更登记不具备经营资格单位和个人。查处违法收购、变相收购等粮食案件114件，没收粮食451.11吨，强制收购粮食1831吨，罚款12.4万元。1999年，全区建立完善粮食收购资金管理制度，按照“库贷挂钩、钱随粮走”原则，做到收一斤粮、贷一斤粮的款，销一斤粮、归还一斤粮占用贷款本息，无挤占挪用现象，确保收购资金封闭运行。加强市场监管，按照“管住收购、规范批发、搞活零售、保护合法、打击非法”原则，清理审查全区粮食经营企业和个体粮商，重新核发“粮食批发准入证”。2002年起，眉山市重点加强粮食生产、流通、加工各环节的质量监督和安全监督，严格市场准入和退出制度，维护正常流通秩序，保护经营者和消费者合法权益。2006年，全市开展粮食流通监督检查，专项检查地方储备粮、军供、粮油质量。监督检查粮食收购资格，企业亮证收购。督促收购企业公示收购品种、质量标准和收购价格。2009年，开展粮油加工、批发、零售等重要环节经营行为监督检查，巡查大型粮油批发市场、超市和农贸市场。2010年，开展全社会粮食供需平衡调查、粮食流通统计执法大专项检查，检查粮食经营者1916个次，查处案件209件。2012年，开展“维护市场秩序，保障国家粮食安全”“小麦粉的营养与健康”主题宣传。开展打击违法添加非食用物质和滥用食品添加剂活动。检查辖区内商品粮库存，核查储备粮轮换情况。检查企业1630个次，查处违法案件2件，责令改正。

三、烟草专营

销售　1990年后，眉山境内消费的卷烟品牌主要有玉溪、中华、红塔山、阿诗玛、红梅、红河、宏声、白芙蓉、恭贺新禧、天下秀、娇子、五牛、凉烟、佛兰等。1997年，眉山地区卷烟营销实行销售人员与客户面对面收集订单。全年销售卷烟7.76万箱，收入3.47亿元，单箱均价5226元。实现税金740.35万元、利润671.45万元。此后，卷烟销量呈增长态势。2000年起，全区在收取现金方式基础上推行银行代扣卷烟销售货款，与金融机构、零售客户合作，签订三方协议，委托金融机构代扣卷烟货源。全市消费的卷烟品牌主要有娇子、玉溪、中华、云烟、红河、五牛、双喜、黄果树、天下秀、天子、红塔山、红梅、宏声、黄鹤楼、白沙、利群、黄山、雄师、哈德门、龙凤呈祥等。全年全市卷烟销售收入3.25亿元，实现税金892.91万元、利润1428.13万元。2002年起，眉山市改革卷烟流通体制，取消全省县级烟草公司法人资格，收回县级公司卷烟三级批发权，卷烟经营主体由县级公司初步转向市级公司，由市公司统一组织货源向县级企业分配，统一与各烟厂开展商品调拨和货款结算，县级企业自行到市公司运送分配的货源，然后送到基层各批发网点。此后，全市卷烟销售逐步实行电话订货员集中采集订单。2005年起，实行网上订货、手机订货。全市实行卷烟销售“三集中”（集中呼叫、集中营销、集中配送）改革，分片管理，市级公司完全成为卷烟营销主体，全市卷烟零售客户的订货业务由市公司呼叫中心电话访销员统一电话订货，保留客户经理。2006年，全市实行“两个主体”（建立以市公司为中心的生产经营主体和以县级企业为中心的专卖执法主体）试点改革，将归县级企业代管的卷烟营销业务直接收归市公司营销中心管理，设立县级卷烟营销片区。市公司营销中心负责全市卷烟营销计划、营销方案、营销策略的制定和宏观管理，统一调剂卷烟货源，县级营销部承担服务营销职能。改革卷烟配送，取消县级企业库存，有条件的卷烟零售客户实行电子结算，“先款后货”。集中营销取消卷烟销售的“专销合一”，实行专销分离，专卖只管市场，营销只管销售，互相协作，相互监督。至2012年，眉山市建立起“网上订货、电子结算、网上配货、现代物流”的现代卷烟经营模式，由商业向现代流通转变。有卷烟零售客户7365户，卷烟销售量增至9.5万箱，销售收入21.14亿元，单箱均价2.59万元。实现税金2.95亿元、利润3.12亿元。全市网上订货率95.14%、电话订货率4.86%。电子结算扣款金额比例96.66%。

执法管理　1997年，眉山地区烟草专卖局负责境内晾（晒）烟的收购、复烤、分配及卷烟、雪茄烟的收购、调拨、批发业务。全区烟草专卖、公安、工商、检察院、法院等部门建立卷烟打假联席机制，查处无证经营、假冒卷烟、走私贩私、内部违章。重点打击制售假卷烟活动，破获大案要案，打击具有较大规模、影响恶劣的制售假烟网络，严惩制假售假违法犯罪分子，维护烟草市场秩序和生产经营秩序。1998年，地区烟草专卖局开展烟草专卖零售许可证换证，全区换发新证5777个，占原发证总量的63%。1999年，集中清理地区所辖各县卷烟经营户。无证经营者，劝令补办烟草专卖零售许可证，拒不办理者给予处罚，清理回收未重新办理烟草专卖批发许可证和已撤销的下伸网点原有证件、吊牌、挂牌等证件及标志物。全年全区补办烟草专卖零售许可证1367个，烟草专卖零售许可证办证总数7144个。2000年后，全区卷烟经营户实行“户籍式”管理，专卖管理及市场服务延伸到零售摊点。建立零售户档案，完善管理各项制度和措施，全区发证户数稳定在7000户以上。2009—2012年，市烟草专卖局查处案件3455起，罚款366.84万元，提请司法机关刑事拘留120人、逮捕77人、判刑58人。

四、食盐专营

销售　1997年起，眉山地区做好食盐调运、销售及售后服务，普供碘盐，保证盐的正常运销，满足人民生活需要。全年全区销售食用盐8800吨，利润115.75万元。2001年，眉山市销售食用盐1万吨。2008年，全市销售食用盐6万余吨。2012年，全市销售食用盐5万余吨。

市场管理　1997年起，眉山地区重点打击非法贩运、经销、制售私盐行为，保证盐产品质量，维护盐业市场流通秩序。每年“3·15”“5·15”宣传日，利用广播、电视、宣传车、立加碘盐经销点等形式，通过发放资料、接受咨询等方式开展盐政宣传。2002年，眉山市查处盐业违法案件8起，查获违法盐产品35.85吨，罚款6250元。2005年，查办案件13件，现场处罚11件，收缴非碘盐724千克。2011年起，全市重点检查辖区各乡镇大型副食批发市场、农贸市场、食品市场、城乡接合部食盐市场、腌腊制品加工场所、集体食堂、餐饮饭馆，锅炉软水、皮革、日化等企业。调查各用盐户盐产品进货渠道和碘盐合格率，维护食盐流通秩序，保护群众身体健康。截至2012年年底，眉山市共出动执法车辆7020台次，盐政执法人员3.58万人次。发放宣传资料6.72万份，接受咨询3.24万人次。

五、成品石油经营

1997年，中石油在眉山地区有加油站点6座。至2002年，眉山市加油站增至242座（中石油46座、社会196座）。2007年，全市有加油站226座，其中，中石油加油站63座（营业50座）、中石化加油站10座、社会加油站153座（营业148座）。2010年，全市有加油站259座。2012年，中石油有加油站58座。

网点建设　1998年，四川省石油集团眉山有限公司投入294万元收购加油站2座、改造加油站10座。此后，四川省石油集团眉山有限公司加大投资力度，建设、收购和改造油库、加油站（点）。1999年，投资263万元统一建设加油站12座。整改部分加油站、油库隐患。接管原隶属于新疆石油管理局在眉山的油库、加油站各1座。2004年，关闭加油站2座。2005年，新增投入运营加油站4座，关闭加油站1座，停业技改加油站3座。至2005年年底，投资7027.65万元，完成加油站新建28座、收购14座、技改59座。实际运营加油站52座。2009年，争取项目资金3742.4万元，实施汶川特大地震灾后重建加油站5座，非生产区域汶川特大地震灾后重建项目8个。2010年，省公司批建项目14个，储备项目18个。全市建成油库4座，库容量5万吨，年销售成品油30万吨以上。2011年，新增项目8个（其中新增立项加油站5座、撬装加油站3座）。取得遂资眉洪雅段、乐雅高速洪雅段、成赤高速仁寿段出入口加油站3座。2012年，取得成赤、乐雅、遂资眉等3个过境高速公路出入口网点。等价置换1座加油站（含液化天然气）。解决仁寿县已投运4座加油站未取得土地使用权证历史遗留问题。2座撬装加油站投入运营。截至2012年年底，公司投资1.08亿元建设加油站36座、加气站1座，收购加油站15座、租赁加油站6座、技改加油站61座。实际运营中石油58座、加气站1座。

经营销售　1997年，眉山地区销售各类油品2.57万吨（批发1.38万吨、零售1.19万吨），缴纳税金159万元。2005年，四川省石油集团眉山有限公司与四川金大通运输服务有限公司签订承担运营合同，推行第三方承担运营。2007年，眉山石油销售量及利润完成进度、销售量同比增幅、零售比重、零售吨油现金营销成本、单站日加油量、单站创利、零售吨油利润、期末库存单价等9项指标排名均进入全省前10位。公司由三类企业升为二类企业。2009年，四川省石油集团眉山有限公司制定的“4W菜单管理”项目获全国石油石化企业管理现代化创新优秀成果（部级）二等奖，并作为唯一石油销售企业在全国石油企协年会上作经验交流发言。2011年，中国石油四川销售分公司首座汽车美容中心眉州汽车美容中心开业。2012年，眉山市销售石油油品21.72万吨（零售18.05万吨），销售收入17.25亿元，利润1899万元。1997—2012年，全市销售石油油品176.76万吨，其中零售125.48万吨。

非油业务　2008年起，眉山市在43座加油站开展便民车和堆头销售6大类56个品种，推开面90%以上。当年销售收入57.44万元，毛利6.2万元。2009年，全市非油销售收入285.7万元，其中50万元销售额便民店1座。2012年，全市非油业务收入2709.9万元，利润255.25万元。2008—2012年，全市非油业务收入5152.58万元，利润501.27万元。

成品油经营管理　1997年，眉山地区工商部门检查清理已取得成品油资格的经营单位，取缔非法加油站和路边加油桶，检查成品油经营单位215个，取消经营资格6个。1999年起，眉山石油有限公司等六部门开展全区成品油流通秩序清理整顿。地区经委清理整顿成品油流通企业，保留符合基本条件的零售加油站（点），关闭不符合基本条件的零售加油站（点）。保留的加油站（点）持证经营。检查4个企业消防安全工作。发现消防安全警示标志不醒目、消防泵房记录不详等问题，限期整改。严格市场准入，制止重复建设，新建加油站统一由石油、石化两大集团在眉山的销售企业负责建设，地区经贸委、规划建设、国土资源、工商管理、质量技术监督、公安消防等部门验收。拉网式排查全区加油站，处理违法违规建设和经营行为。2002年，眉山市检查全市成品油批发企业3户、加油站242个，责令限期补办手续58户（次），取缔无证照的非法加油站18处，立案查处18件，没收成品油15.43吨，罚款2.5万元。至2002年年底，全市242个加油站办证220个、无证22个，经整改符合条件需补办手续的22个。2006年起，国家实施石油价格改革财政补贴。当年，全市分两次兑付石油价格改革财政补贴资金519.35万元。此后，每年按四川省当年政策结合全市补贴对象实际情况，制发《石油价格改革财政补贴资金实施意见》，组织实施补贴工作。2007年，石油价格补贴补助对象为从事内陆捕捞及养殖并使用机动渔船的渔民和渔业企业、国有林业企业和林场苗圃，市公交企业，农村道路客运经营者和城市出租汽车司机。市经委向四川省经委、中石油四川销售分公司报告并协调，解决重点项目、重点企业、重点单位用油需求。优先保证国家机关、公安政法、城市公交、市政车辆、农用摩托、救灾救助及农业用油。加强市场监管，防止扰乱成品油经营事件发生。2008年，年检全市256户成品油零售企业，合格226户。截至2012年年底，眉山市检查成品油经营单位218个（次）、加油站872个（次），抽检成品油4次，责令限期补办手续58户（次），取缔无证照的非法加油站24处，立案查处38件，没收成品油16.93吨，罚款98.14万元。累计发放石油价格补贴1.36亿元。

六、烟花爆竹经营

1986—2000年，仁寿县开展烟花爆竹业安全检查，检查企业54个，查处事故隐患88处，责令2个企业停产整改。2000年，眉山地区专项检查治理烟花爆竹生产经营情况，规范生产及流通秩序。2004年，眉山市供销社系统按照“预防为主、安全第一”方针，加强烟花爆竹安全监督检查，加大安全投入，抓专项落实和防范体系建设，700个专销点烟花爆竹全部配送经营。2005年起，每年市供销、安监、公安等部门开展烟花爆竹市场检查，加强经营户年检。当年，组织市场检查240余次，取缔不合格经营户25家，捣毁非法生产窝点5个、非法批发点4个、非法经营户20家。2007年，全市各级供销社建立健全安全规章制度，打击烟花爆竹非法生产、运输、销售行为。2010年，投资100万元安全整改全市民爆仓库。2011年起，改扩建烟花爆竹经营企业储存仓库。统一烟花爆竹经营企业安全制度，做好夜间巡查，加强节日值班。市供销、安监、公安等部门开展明察暗访3次，联合检查4次。至2012年，全市投入资金1500万余元，6个烟花爆竹经营企业改扩建储存仓库达标。组织市场检查1400余次。

七、二手车与报废汽车经营管理

（一）二手车经营管理

1997年，眉山地区二手车交易市场仅有在中心城区的眉山金属回收有限公司旧机动车交易市场。1999年，地区工商局制订《眉山地区旧机动车交易管理办法》，明确规定旧机动车交易的手续、程序、监督管理。至2000年，全区有旧机动车交易市场2家。2001年起，眉山市开展以取缔非法市场、打击非法交易活动为主要内容的旧机动车市场专项整治活动。清理整顿全市旧机动车交易市场，代购代销、信息中介服务等企业，检查旧机动车交易市场2个，代购代销店（点）、为旧机动车交易提供信息中介服务的业主等28个。保留交易市场2个、业主14个，取缔业主14个、给予一定处罚。2005年，新批仁寿县二手车交易市场1个。全年二手车市场及公司交易近1000辆。2007年，新批中心城区二手车交易市场2个，更名二手车交易市场1个。2010年，彭山县新批二手车市场1个。截至2012年年底，全市有二手车市场7个（中心城区3个）。共交易二手车1.5万辆。

（二）报废汽车经营管理

1997年，眉山地区有从事报废汽车回收拆解业务企业1户。2002年，眉山市金属回收有限公司在仁寿县、洪雅县、彭山县、丹棱县设立报废汽车回收站4个。2003年，四川省下达眉山市老旧汽车报废70辆（大型货车17辆、大型客车53辆）、补贴资金28万元，全部按规定补贴。2004年，全市清理符合2003年补贴范围而未领取补贴的老旧汽车，清理出符合补贴政策的老旧废汽车10辆。当年，国家下达眉山市老旧汽车报废10辆、补贴资金4万元，全部补贴到位。2005年，新增仁寿县报废汽车回收企业1户。全市回收报废汽车625辆。2006年，建立青神县报废车回收站，丹棱县报废车回收站开建。至2012年，全市有报废汽车回收拆解企业2户。

第四节　贸易市场管理

2000年，眉山地区开展生猪屠宰、酒类执法检查，查处生猪屠宰违法案件86件、假冒伪劣酒180瓶。专项检查治理民爆器材、烟花爆竹、化学危险产品5次。

2001年，眉山市商贸部门开展打击私屠乱宰和经营假冒伪劣白酒行动，整顿农资棉花市场，让市民吃上“放心肉”“放心酒”，使用“放心化肥”“放心农药”。2002年，全市年检市场178个，年检率97.8%。组织检查全市食品综合批发市场、酒类专销点、大中型商场、超市及宾馆，查处假冒名白酒100瓶，各种劣质酒500余千克。2005年，专项整治民爆、烟花爆竹、二手车、报废车等行业。2006年，专项整治酒类、肉类市场，打击假冒伪劣和商业欺诈行为。2007年，开展生猪猪肉质量专项整治。检查全市定点屠宰企业和部分市场、超市和集体食堂用肉。检查定点屠宰场1458

次、酒类生产经营单位2000余次、集贸市场350余次、中小学195次、餐饮企业及集体食堂320余次。查处违法行为100余起，查获假冒国家名优白酒510瓶，劣质酒800余升。发出限期整改通知书30份，取缔、撤并条件较差屠宰场13个，取缔私屠滥宰窝点11个，查获私屠滥宰生猪20头，病害猪肉3.33吨，基本实现猪肉质量安全可追溯。

2010年，眉山市开展猪肉质量检查和打击侵权假冒专项行动。调整完善市场监测点，新增市场监测企业4户。检查全市全部212个定点屠宰场，查处违法行为16起，销毁不合格猪肉3吨。开展酒类市场专项整治，重点监控名酒眉山总代理专卖店。2012年，审核清理全市生猪定点屠宰资格，审核清理22家A类生猪定点屠宰场（厂）资格，192家B类生猪定点屠宰点完成自查。以“瘦肉精”为检查重点，检查全市屠宰企业200余户。打击各种侵犯知识产权和制售假冒伪劣商品行为。截至2012年年底，全市有监测样本企业44个，涉及生活必需品、重要生产资料和重点流通企业三大类，监测商品包括11大类82种消费品和15大类100余种生产资料，以及3户百县监测、2户应急保供企业和眉山商务预报信息平台，基本形成较为完善的市场监测体系。检查文化出版物经营单位8000余家次，责令改正57家次，警告11家次，取缔流动摊点22余家次，销毁侵权盗版及非法书刊、光盘4800册（盘）。立案调解4件专利侵权案件。检查农资经营单位1340户次，整顿市场668次，抽样送检农资产品51个，立案查处一般程序案件40起，查获问题农药160千克，不合格种子、肥料4.5吨。检查生产单位128家次，经营单位1800家次，使用单位1000家次，立案284件，取缔无证经营1个，捣毁制假售假窝点2个，吊销药品经营许可1家。查获制售假药案件7件，查处无证行医、游医、巫医97个，立案76起，破案79起，抓获犯罪嫌疑人92人，逮捕51人，捣毁制售假窝点31个，打掉犯罪团伙5个。市检察机关批捕侵犯知识产权和制售假冒伪劣商品犯罪案件5件12人，起诉案件7件12人。受理制售假冒伪劣商品刑事犯罪案件12件，判处有期徒刑16人。罚款173.3万元。

第三章　对外贸易

1997年起，眉山地区积极拓展海外市场，培育扶持进出口企业，坚持对外贸易发展以出口为主。至2012年，眉山市出口商品结构进一步优化，出口产品从机电产品、冻猪肉、元明粉、农副产品、纺织品等扩大到电子元器件、光学元件、机械产品等高科技含量、高附加值的机电产品、高新技术产品为主，改变以农副产品等低附加值为主的局面。全市进出口总额由1998年的639.05万美元增至1.95亿美元。通过核准的境外投资企业25户、投资总额12.41亿美元。正常运营的外商投资企业增至111家，知名跨国公司和世界500强为外商投资主力。

第一节 外贸进出口

1997年，眉山地区多以代理、委托方式办理出口贸易。各市场主体积极拓展海外市场，通威企业集团、金象公司、川西制药厂、洪雅成洪磷化工厂等企业分别在国外设立分支机构，开展经济技术合作。部分企业开展“三来一补”（来料加工、来样加工、来件装配，补偿贸易）“以进养出”以及到国外投资建厂等国际贸易。通过广州商品交易会、昆明商品交易会、中国厦门投资贸易洽谈会和各种专业性交易会，开展对外贸易进出口，出口金额大于进口金额。当年对外贸易进口成交金额占出口总额的80%。年末全区10家企业获进出口经营权。3家出口企业出口额600万美元。1998年，以新机制组建地区进出口有限公司。全年全区进出口总额639.05万美元（出口631.3万美元、进口7.75万美元），其中外资企业进出口额70.4万美元（出口62.64万美元、进口7.75万美元）。1999年，全区培育扶持出口企业。新获进出口经营权企业2个，眉山车辆厂成为全区首家获得对外贸易权的企业。组织“三资”企业联合年检。搞好机电产品、冻猪肉、元明粉、农副产品、纺织品等大宗商品出口。开拓中东、东欧、南美、非洲市场，扩大出口产品品种和数量。组织24家企业、58个项目参加5次国内外投资贸易洽谈会和商品交易会，签署外贸出口合同3个，成交额4000万元。

2002年，芒硝成为眉山市主要出口产品，占全年出口总额的58%。稀土出口企业，受配额限制，出口量减少。全市外贸出口以传统的化工产品、纺织品占主要份额，缺乏拳头出口产品和知名品牌，农产品出口没有优势，多数企业委托专业外贸公司代理出口。2003年，全市巩固美国、日本、韩国等市场，开拓欧盟、非洲市场，出口快速增长。出口商品结构进一步优化。全年对外贸易进出口总额8854.18万美元。主要以电子元器件、光学元件、机械产品等高科技含量、高附加值的机电产品、高新技术产品为主，改变过去以农副产品等低附加值为主的局面。传统的以稀土、氧化铈为主的资源密集型产品和化肥、磷酸、食品添加剂为主的化工产品出口稳定增长。全市获进出口经营权企业151家。至2004年，全市外贸直接出口1.17亿美元，外贸出口产业对全市地区生产总值的贡献率16.7%，拉动经济增长2.5个百分点，拉动全市工业增长25个百分点。提供直接就业岗位7000余个。

2005年，眉山市以铝锭、机车、芒硝、纺织、特色农产品等为主的外贸骨干企业迅速壮大，新推出4个产品出口国际市场。出口企业涉及机电、食品、化工、农产品、工艺品等行业。全年全市外贸进出口额1.63亿美元。2007年，调整出口产品结构，促进机电产品和高新技术产品出口。完成外贸出口1.15亿美元。

2010年，眉山市化工、机电等产品占外贸总额比例大幅提升。蔺草、三聚氰胺、泡菜等产业成为全国性出口基地。年末全市进出口企业250余家。2011年，全市推进机电产品、蔺草、服装、农畜深加工产品等产业出口。组织企业参加天府四川宝岛行、广州商品交易会、中国西部国际博览会等活动，通过展会交流平台，帮助企业开拓国际市场。全市6家泡菜加工营销企业获全省“十佳泡菜国际市场开拓先进企业”称号。2012年，组织100余家企业参加日本千叶食品展、韩国首尔食品展、广州商品交易会等展会。全年新增出口1000万美元以上企业1家、500万美元以上企业1家、100万美元以上企业8家。全市进出口总额1.95亿美元，其中出口额1.56亿美元、进口额3834万美元。1998—2012 年，全市进出口总额 14.85 亿美元，其中出口 10.21 亿美元、进口 4.64 亿美元。外资企业进出口 4.52 亿美元，其中出口 1.51 亿美元、进口 1.71 亿美元。

第二节　外来投资与对外经济合作

一、外来企业投资

1997 年，眉山地区外来投资企业少。1998 年，全区外商投资企业实际到位资金 303 万美元。1999 年，眉山地区新批外商投资项目 7 个，合同金额 3708.16 万美元，实际利用外来资金 1167.2 万美元。新批准 40 万美元缴费来料加工合同 1 项。开展外商投资企业联合年检。至 2000 年，全区外来投资国家（地区）分布为美国 4 家，日本、维尔京群岛、以色列、南非、韩国、菲律宾各 1 家。合同资金总额 8289.19 万美元，实际利用外来资金（直接）6142.37 万美元。

2002 年，眉山市新批外商投资企业 13 个，合同资金 1.44 亿美元，实际利用外来资金 1570.15 万美元。全市在册外商、投资企业及分支机构增至 57 家，项目总投资 2.69 亿美元，注册资本 2.15 亿美元。投资企业及分支机构营业销售收入 7.41 亿元，外汇总收入 380.13 万美元，提供就业岗位 3901 个。2004 年，全市获进出口经营权企业 75 家，新增加 13 家，新获进出口权的企业出口 3400 万美元，占出口总额的 30%。2005 年，全市新办外商投资企业及分支机构 13 家，销售收入 16 亿元，净利润 5000 万元，创税 4000 万元，提供就业岗位 6000 余个。2007 年，全市 88%的外来资金投资于化工、新材料、能源、农副产品加工等优势、支柱产业，64%的到位投资来自世界 500 强和知名跨国公司，摩根士丹利、花旗金融集团签约落户。全年采取网上年检和集中办公相结合，年检“三资企业”36 户。2008 年，联合利华合作企业与洪雅、青神两县签订投资 1.5 亿元茶叶深加工，全市利用外来资金 1.55 亿美元。2010 年，全市新批外商投资项目 6 个，合同金额 2000 万美元，实际使用外来资金 1.36 亿美元。

2012 年，联合利华（四川）全球生产基地落户眉山。引进亚马逊、高盛、韩国 SK 境外世界 500 强企业 3 户。全市到位 2.01 亿美元。外资企业提供稳定就业岗位 1.7 万个。年检独立法人企业 42 家。截至 2012 年年底，全市有正常运营的外商投资企业 111 家，独立法人企业 43 家，分支机构 68 家。知名跨国公司和世界 500 强为外来商家投资主力，包括巴斯夫、联合利华、摩根士丹利、花旗集团、皇家壳牌、林德气体、高盛、欧尚、SK 集团、百胜 10 家，眉山成为除成都市外境外世界 500 强落户最多的市州。外来商家投资企业主要集中在新能源、硝基化工、农副产品深加工等支柱产业。部分外资企业成为眉山新能源、新材料、芒硝化工、精细化工、硝基化工、农副产品深加工、食品、现代服务业 8 大产业的代表和龙头。

二、境外投资

2007 年，四川金象化工集团公司（以下简称金象化工）获准在老挝乌多姆赛省投资资源开发。其水泥项目通过核准。2010 年，眉山宏达农业开发有限公司在老挝种养殖项目通过核准。金象化工在老挝的制药项目通过核准。2012 年，四川迪美特生物科技有限公司获批准在巴拉圭投资 1750 万美元建设一个农业项目。截至 2012 年年底，全市通过核准的境外投资企业 25 户，投资总额 12.41 亿美元，注册资本 5. 23 亿美元。

三、对外承包工程和外派劳务

1997 年起，眉山地区陆续向海内外输出劳务人员。全区外派劳务主要有远洋捕捞、电子装配、机械加工、农业种养殖、建筑等。2003 年，眉山市优化外派劳务结构，增加高级家政服务、医疗护理等种类。2004 年，仁寿县被四川省授予省级外派劳务基地县称号。市外贸经济局完成东坡区外派劳务人员培训基地筛选，与眉山职业技术学院、眉山工业学校、眉山蜀艺裁剪学校、仁寿县求实职业介绍所、洪雅县劳动和社会保障局达成建立外派劳务人员培训站地合作意向。与具有外派劳务经营权的成都天顺劳务开发有限责任公司达成合作。全市外派劳务（含研修生）296 人次，主要以渔工为主。对外工程承包 60 万美元。2007 年，全市对外承包工程和外派劳务营业额 141. 44 万美元。2008 年，处置东坡区民工 11 人赴吉尔吉斯斯坦、青神县等民工 17 人赴韩国务工前期缴费参与培训引起的群体性劳务纠纷事件。2010 年，全市外派劳务 1200 人次。对外承包工程营业额 110 万美元。2011 年，地矿眉山工程勘察院获对外经济合作经营资格。2012 年，眉山和创外派劳务有限公司获外派劳务资格，成为全市首家外派劳务中介机构。中国水电七局高级技工学校、眉山巧一思人力资源服务有限公司获市政府授权，成为全市首批承担外派劳务培训基地。

1997—2012 年，眉山市外派劳务 7000 余人次，工种涉及农业工、建筑、机械、厨师、伐木等，分别派往日本、新加坡、韩国、加拿大、美国、沙特阿拉伯、阿联酋、利比亚、赞比亚等国家。对外工程承包和劳务合作营业额 935 万美元。

第四章　住宿餐饮业

住宿餐饮业是眉山市服务业的重要组成部分。1997 年起，眉山地区加快宾馆、酒店等旅游服务设施建设，2007 年起加快高档次宾馆、酒店建设。截至 2012 年年底，眉山市有星级旅游饭店 9 家，银叶级绿色旅游饭店 6 家。住宿餐饮服务业经营快速发展，逐渐形成以个体私营为主，多种经济形式并存，高、中、低档协调发展的格局。

第一节　宾馆饭（酒）店

一、宾馆饭（酒）店建设

1997 年，眉山地区有旅游定点宾馆饭店 10 余家，其中二星级宾馆饭店 2 家。当年起，全区加快宾馆、酒店等旅游服务设施建设。至 1999 年，引资 1. 4 亿元建成彭山兴铁宾馆、仙女湖度假村、洪雅瓦屋山大酒店、眉山银鹏大酒店。2001 年，四川中岩风景区旅游开发有限责任公司投资 57 万元改造旅客接待中心。2004年，黑龙滩风景区管委会引进资金2000万元，建成黑龙滩景区旅客接待中心、步行街、停车场；洪雅九天大酒店投资2000万元完成一期改造工程。2005年，投资1050万元建成丹顶湖宾馆、建设洪州宾馆；黑龙滩景区完成游客接待中心和广场建设。2006年，投资9800万元按四星级标准改扩建瓦屋山大酒店、建设仁寿华生宾馆，按三星级标准修建老峨山宾馆。

2007年起，眉山市加快高档次宾馆、酒店建设。当年，四川圣山仙茶有限公司投入3000万元完善老峨山景区设施。2008年，眉山市三苏祠旅游有限公司投入1200万元建设游客接待中心、停车场；眉山岷江东湖饭店、东坡国际大酒店等星级酒店建成营业。至2009年，全市投入资金19.6亿元，新建五星级标准的岷江东湖饭店，四星级标准的东坡国际大酒店、彭山福一大酒店、瓦屋山大酒店、洪雅华生生态国际酒店、青神大酒店；新发展滨江花园、凯莱金荷花等较高档次的商务酒店。2010年，投资1.2亿元的青神大酒店开业；眉山岷江东湖饭店创建为五星级饭店，彭山兴铁宾馆创建为三星级旅游饭店。年末全市旅游宾馆饭店增至70家，标准间总床位2万余张。其中星级饭店9家。按四星级标准修建的宾馆饭店7家。另有较高档次商务酒店20余家。2011年，由成都文旅集团投资43亿元的三岔湖仁寿景区现代旅游项目启动建设。2012年，仁寿嘉斯曼宾馆、黑龙滩长岛天堂洲际酒店建成投运。青神大酒店创建为四星级旅游饭店。全市改造宾馆、农家乐（乡村酒店）、特色餐饮店133家。截至2012年年底，全市有星级旅游饭店9家（五星级1家、四星级1家、三星级3家、二星级4家），银叶级绿色旅游饭店6家。

二、部分宾馆酒店简介

岷江东湖饭店　位于眉山市中心城区，是集商务、会议、度假、旅游为一体的超大城市公园酒店。南枕岷江，北临东坡湖，占地17.5万平方米，建筑面积4.6万平方米，有客房187间。内设各型布局会议中心12间，最大的无柱全景结构国际会议中心可容纳500人。饭店环境优美、会议策划水平与个性化服务专业，会议设施先进，是举办各类商务谈判、政务会议、学术交流等活动的理想之地。2012年，营业收入5164万元。

眉山宾馆　位于眉山市中心城区，占地1.3万平方米，毗邻三苏祠博物馆。宾馆设有大宴会厅、西餐厅和各类具有三苏文化特色的豪华雅间20间，能同时容纳1200人用餐。有客房217间，床位340个。有多功能厅、接见厅等综合性会议室7个，能同时满足500余人会议需要。设有茶楼、棋牌室、康乐中心等。2012年，营业收入3475万元。

东坡国际大酒店　位于眉山中心城区，毗邻东坡湖，是集现代都市特点和古典文化魅力于一身的豪华商务酒店。酒店集住宿、中西式餐饮、娱乐、会议为一体，设商务中心、会议厅、停车场、中餐厅、咖啡厅、大堂吧、茶室、卡拉OK厅、棋牌室、按摩室、桑拿浴室、

东坡国际大酒店（摄于2008年11月）

夜总会。

华生宾馆　位于仁寿县城区，距黑龙滩风景区 16 千米。宾馆设宴会厅、海鲜火锅餐厅及精品川菜和粤味餐厅，装修豪华、不同风格包间 22 个，可同时容纳 1370 人就餐。设商务中心、咖啡吧、西餐厅、商场、销售部、会议室、多功能厅，配茶楼、浴足、洗浴、棋牌室。主要提供商务宴会、婚宴、生日宴等。有客房 141 间。2012 年，营业收入 2542 万元。

彭山兴铁宾馆　位于彭山县城区，占地 20 余亩。有常规接待餐位 500 余个，以传统长寿菜和川菜系列引领彭山餐饮。设会议厅 4 个，可容纳 200 人开会。有客房 110 间、床位 200 余个。设娱乐中心，装修豪华。2012 年，营业收入 1306 万元。

青神大酒店　2010 年建成开业。建筑面积 1.88 万平方米，是功能齐备、配套完备的标准四星级酒店。楼高 13 层，有高级标准间、商务单间、豪华套房等客房 122 间。设多功能厅、宴会厅、会议室和生态茶房及棋牌包间、康体娱乐等配套设施。2012 年营业收入 1832 万元。

双天酒家有限公司　中国饭店协会会员，中国食文化研究会会员，四川省饭店与餐饮娱乐行业协会常务理事会会员，四川省商务厅重点联系企业，有营业场所双天酒家、金马宾馆。年营业额 1000 万余元。双天酒家营业面积 5000 平方米，专业经营中餐，能同时接待近 1000 人进餐；其大众化消费特色，川味佳肴和地方名小吃，是家宴、婚宴和朋友聚会的理想场所。金马宾馆建筑面积 1.2 万平方米，是集餐饮、住宿、会议、娱乐于一体的多功能宾馆。能同时接待 1200 人进餐，菜品丰富、环境优雅，既有地道的地方风味名菜，又有经名厨主理融川粤风格于一体的创新特色菜和各式小吃。荣获“中国饭店协会优秀会员”“四川餐饮名店 100 强”“全国行业质量示范企业”“绿色健康餐饮名店”称号。

第二节　住宿餐饮经营

1997 年，眉山地区住宿餐饮业零售额 3.87 亿元。2000 年，全区住宿餐饮业零售额 5.68 亿元。

2002 年，眉山市组织参加成都第十二届“中国（成都）厨师节”，应林酒店、眉山宾馆、仁寿双天酒家、华凌宾馆等单位厨师 40 余人参赛，银鹏酒店、苏轼酒楼夺得团体银奖、金厨奖 2 个、银厨奖 3 个。全市饮食服务业快速增长，比全市社会消费品零售总额增长速度高出 3 个百分点；形成以个体私营为主，多种经济形式并存，高、中、低档协调发展的格局。提供就业岗位，解决下岗职工再就业和消化农村剩余劳动力。2003 年，眉山市烹调协会举办首届火锅餐饮文化节，组织 16 户眉山火锅企业、大型酒店、市外火锅企业参展，设展位 40 个，营业额 100 万元，金罗马卖出商铺 9000 平方米，意向性引资 500 万元。其间举办激活三产招商座谈会和打造眉山火锅餐饮文化座谈会，100 余家商家参会。全年全市餐饮业营业额 9.92 亿元。餐饮业向现代经营方式转变，外来餐饮企业纷纷进入眉山。2004 年，举办眉山市首届美食节，邀请欧洲美食家协会到会指导，开辟火锅、名小吃、特色菜等版块，日均人流量 1 万人次。编印《眉山市名食、名菜、名店》口袋书。组织评选认定名优旅游产品，评出李记“乐宝牌”酱菜、青神云华竹编等全市名优旅游产品 44 个。

2006 年，市委、市政府作出《关于加快第三产业发展的决定》，印发《关于促进第三产业快速发展的若干政策意见》，将第三产业发展主要指标纳入对县（区）政府的考核体系。确定商贸流通、旅游、房地产、金融保险、通信、交通运输、教育、文化体育、医疗卫生 9 大行业为重点发展行业，制定市场准入、税费、就业等优惠政策。带动住宿餐饮经营发展。市政府与9个市级部门、6个县（区）签订2006年第三产业工作目标责任书。当年，全市第三产业固定资产投资64.6亿元，占全社会投资的40%。第三产业实现增加值76.2亿元。2007年，建成东坡区外滩精品餐饮一条街、杭州路大众餐饮消费一条街。举办全市100家餐饮企业参与的“东坡国际文化节美食文化周”，餐饮住宿业销售收入4500万元，主要宾馆、酒店入住逐年提高。20户重点商贸流通企业完成销售收入17.5亿元。2008年，市政府印发《加快服务业发展的意见》，明确加快服务业发展目标、重点、政策措施、机构。召开第三产业企业座谈会，协调解决企业生产经营中遇到困难。举办“2008四川眉山啤酒节”及美食文化节。2009年，开展“一月一节庆”活动。组织美食文化节、消夏啤酒节、桃花节等节庆会节活动60次。其中2009四川眉山啤酒消夏节就餐客源40万人次，销售额1000万元；丹棱县桃花节旅游收入4175万元，餐饮收入1133万元；迎春购物美食节活动，总成交额2400万元，主会场人流量50万人、商务酒店入住率100%。全年全市生活性服务业增加值144.16亿元；连锁率19%；服务业税收占总税收的52.29%；服务业从业人员占全社会就业人员的27%。商贸20强企业营业额10亿元。

2012年，眉山市住宿餐饮业零售总额33.8亿元，比2011年增长17.4%。

第三节　美食和土特产品

一、土特产品

眉山泡菜　选用优质蔬菜，传统川味制作工艺，辅以上乘辣椒、色拉油、香辛料秘制而成。具有鲜嫩、营养、方便、低盐、鲜脆味美、酸辣爽口、开胃生津等特点，畅销全国，远销海外10余个国家。有“惠通”“吉香居”“味聚特”“李记”等知名品牌。

眉山龙眼酥　状似龙眼，底部圆实，表面千层重叠，造型美观精致，醇香可口，入口化渣，是眉山传统食品之一。

眉山脐橙　个大，皮薄，肉甜，属橙中极品。因质量上乘、年产量100万吨，眉山被评为“中国脐橙之乡”。

东坡翠竹　“东坡翠竹”是北宋大文豪苏东坡创制的一款绿茶，外形扁平直滑，两端尖细，形似竹叶，叶绿均匀，内蕴馥郁，汤色碧绿，味甘醇鲜，入口香馥如兰，素有“色绿、香郁、味醇、形美”四绝之美誉，深得消费者喜爱。

生态腊肉　洪雅县生态腊肉采用洪雅“十雅”之生态雅南猪为主原料，以家传配方和现代化科技相结合的制作方式精制而成。产品肉质纯正、口感肥而不腻、味道鲜美。在民间有“席中东坡肉，案上雅南猪”的美誉，与古眉州东坡饮食文化相辅相成，流传于世。有“雅嫂”“雅妹子”等知名品牌。2007年“雅嫂”获“四川省魅力农产品三十强”“眉山市特色旅游商品”奖项，2008年评为四川省“特色旅游商品”。2010年“雅妹子”系列产品“生态大礼包”“精装软竹篮”分获大赛设计银奖、铜奖；雅妹子醉心肝、青羌生态腊肉获“四川特色旅游商品”称号。

幺麻子藤椒油　洪雅县幺麻子藤椒油色泽亮丽，口味清爽，麻香浓郁，麻味绵长，比花椒油更香、更麻。具有散寒解毒、散瘀活络、开胃健脾、增进食欲等特点。适用于拌菜、火锅、面食、鱼类烹制等调味，也是生产方便食品和调味品的新型添加剂。经国家检测，富含脂肪、蛋白脂、氨基酸、钙、铁、碘、B 胡萝卜素等营养成分，不含任何添加剂、防腐剂，被农业部命名为无公害农产品。获 2002 中国西部名优产品、深圳 2003 大京九农博会创新产品金奖、2005 国际农博会银奖产品称号。2006 年获中华人民共和国发明专利及中国绿色食品认证。

洪雅野山珍　洪雅地形多样，植被丰富，可食用的野菜有蕨苔、竹叶菜、刺笼包、冬苋菜、白刺巅、红春苗、洪州笋干（川方竹笋）等 148 种。洪州笋干远销重庆、上海，为宴筵之“山珍”。

丹棱冻粑　选用优质灿米、糯米、白糖、红糖、植物油、黄豆等原材料，以传承百年的工艺精制而成。有花生、芝麻、红糖、白糖、玉米、核桃、玫瑰、豆沙等不同口味 10 余种，以味道鲜美、甜而不腻、香而不粘的特点深受大众喜爱。

仁寿张记芝麻糕　仁寿县张记芝麻糕曾在清朝时期为皇帝贡品，系“百年老店”“四川老字号”“眉山市非物质文化遗产”仁寿芝麻糕正宗嫡系第三代传人，是仁寿张记芝麻糕手工技艺的创始和起源，以其百年经典传承工艺精制而成，选用天然优质原料，无添加防腐剂，糕质细嫩，柔熟化渣，甜而不腻，以其独特的传统风味，成为仁寿县历史悠久的名优特产，是馈赠亲朋好友，居家旅游之佳品。张记芝麻糕先后被评为“中国国家地理标志保护产品”“眉山市非物质文化遗产”“四川名特产”“眉山市知名商标”“四川优秀旅游商品”“眉山市十大知名旅游商品”“眉山知名旅游产品”“乐山地区知名商标”“中国著名商品”“中国消费者满意名优特品牌”“消费者首选十大品牌”等。

仁寿干巴牛肉　具有型如纸片、条粒成型、入口化渣、麻辣爽口、老少咸宜等特点。1995 年获四川省政府主办的’95 工业博览会金奖，1997 年获全国双新会国家级金奖。

汉阳花生　青神县汉阳花生果型中等，籽粒饱满，加工后的炒花生因其细酥爽口、香里带甜而受到顾客青睐。

彭祖寿柑　彭山县彭祖寿柑果实大，色泽鲜红，质地细软，肉质纯甜，果香味浓，品质上乘，无核或少核，系引进改良选育而成的新品种。

丹棱不知火　果实外形美观，皮色鲜艳，皮薄多汁，甜酸可口，清香无核，质脆化渣，风味浓厚。

仁寿文宫枇杷　文宫土壤和气候条件适宜枇杷生长，种植历史近 100 年。文宫镇种植有国内优良的大五星、美张 77-1、大元种、解放种、美二 5 等优质枇杷，果实硕大，风味独特，具有很高的营养和药用价值。文宫镇为“中国枇杷之乡”。

青神椪柑　皮薄、光洁、汁多、核少、温和、不燥火，果肉脆甜酥香，风味独特，品质上乘，已有千年历史。曾为皇室之贡品，被誉为川西坝子“一枝独秀”。

老峨山圣山仙茶　丹棱县老峨山种茶历史逾 2000 年，所产茶品质优，香味长耐冲泡，芽嫩形美色微黄，以维生素、氨基酸含量高而名扬省内外，是名茶中的极品。

道泉茗茶　道泉茶叶采自洪雅县瓦屋山国家级森林公园特选的有机茶基地。精选优质鲜嫩茶芽，按照国家有机茶生产技术规程精制而成。色、香、味、形俱为茶中珍品。饮之，味真意幽，气静神宁，颇得“天人合一”之趣味。

酒　眉山水质甘甜，具有得天独厚的酿酒条件，著名的酒类品牌有“苏东坡”“眉山人酒”“八百寿黄金酒”“高庙白酒”“红粮液”等。

二、美食

东坡肘子　系眉山传统名菜、正宗川菜。东坡肘子色泽红亮，肥而不腻，粑而不烂，老少皆宜，被称为“美容食品”，因用大文豪苏东坡炖肉的要诀创制而得名。据载，苏东坡贬官黄州，看到猪肉价格便宜，但吃法不讲究，便写了《猪肉颂》：“黄州好猪肉，价钱如粪土，富者不肯吃，贫者不解煮。”并创新做法，于晚年在黄州写下他炖肉的十三字诀“慢著火、少著水，火候足时它自美”。此十三字诀，被后世作为炖肉参考。

钵钵鸡　“钵钵”是指盆子一类的器皿。洪雅人把鸡肉切成片，用竹签串起来，放进勾好佐料的钵钵里浸泡，待其入味后慢慢品尝。钵钵鸡取材独特，选用打鸣公鸡和洪雅藤椒油，“麻辣不见椒，肉鲜不见膘”。清代四川学政何绍基赞之“鲜香嫩爽，神仙美食”。

洪雅蒸饺　皮薄如纸，馅多肉嫩，肥而不腻，亦称“玻璃饺子”，吸引无数食客慕名而来，以陈大案饺子最出名。

东坡鱼　制作时选用活鲤鱼，在鱼体上划五道口子，因此又被东坡称为“五柳鱼”，肉质鲜美，味道可口。

汉阳鸡　青神县汉阳鸡食当地土特产汉阳花生等食物，肉质特佳，独具特色，肥嫩爽口。民间谚语有“嘉腐雅鱼汉阳鸡”之说。

彭祖养生菜　彭祖养生菜展示和弘扬了彭祖膳食养生文化，传承彭祖“调和五味、平衡阴阳、药食同源、以食养生”的膳食养生术。特色养生菜肴有天下第一羹、羊方藏鱼、真龙吉祥骨、仙女卤汁鱼、彭祖长生酥等。

彭山甜皮鸭　又称“贡鸭”。沿用清朝御膳工艺制作，后由民间发掘、改进，卤水别具特色。卤熟之鸭色泽红亮、入口咸甜、回味悠长。自创的“钟鸭子”“潘鸭子”“王福华甜皮鸭”等深受消费者喜爱。

大雅刘记白宰鸡　丹棱县大雅刘记白宰鸡以生态鸡为主料，拌以藤椒、辣椒等配料，肉质鲜美，麻辣爽口。

青神中岩烤全羊　青神中岩寺景区推出生态香木烤全羊。外脆内爽、风味独特、声名远播，为中岩一绝。

青菜圆子　眉山青菜圆子用精心熬制的汤锅，加入牛肉、猪肉、鱼肉圆子，配以时令蔬菜做成，具有味道鲜美、清香不油腻的特点。

黑龙滩全鱼席　仁寿县黑龙滩全鱼席以黑龙滩水库纯天然花白鲢鱼为原料，通过拌、炒、烧、焖、炸、蒸，可烹饪几十种味道不同的全鱼席，特别是由花白鲢制作的鱼豆花、鱼丸、鱼头汤更是鲜嫩、爽滑、甘美，享有盛誉。

菌类火锅　菌类有“山珍”之称，入锅后久煮不烂，食后齿颊留香，口感清爽柔滑。眉山菌类火锅与传统火锅相比，还具有低脂肪、高蛋白质、不肥不腻的特点。

清汤雅鱼　雅鱼是青衣江流域特产。清汤雅鱼汤鲜肉嫩，清淡可口。雅鱼形似鲤而鳞细如鳟，体形肥大，肉质细嫩。正宗雅鱼头上有块剑骨，形如“宝剑”。

清蒸江团　肉质细嫩，肥而不腻，是席上珍品，有“千里送名鱼，皇家席上珍”之说。苏轼诗赞江团“芽姜紫醋炙银鱼，雪碗擎来二尺余，尚有桃花春气在，此中风味胜纯鲈。”

第五章　物　流

随着交通事业发展，眉山市物流产业步入快速发展轨道。分别在2004年、2005年、2010年制订眉山市物流发展规划，规划建设和新增物流产业园区。2012年，全市新建物流企业近200家、中介信息单位近万家，物流企业营业额约15亿元。

第一节　物流规划及物流企业

一、物流规划

2004年，眉山市城乡规划设计研究院编制完成《眉山市中心城区火车站片区控制性详细规划》，确定沿成昆铁路线东侧至铁环路为仓储物流区。2005年，编制《眉山市城市商业网点规划》，建设眉山现代物流配送中心。2010年，眉山市委、市政府制定《眉山市产业园区“十二五”发展规划》《眉山市城市总体规划》。规划新增建设眉山中心物流区等3个物流产业园区。

二、物流区及企业

1997年起，总投资25亿元的省级现代物流业聚集区和省级重点物流项目青龙国际物流城开始建设。

1998年，建成眉山姜氏物流、眉山祥通物流、丹棱县凤乐物流有限公司等。

2006年，成立同盛物流有限责任公司。2008年，仁寿供电局试点的生产物流中心投入运行。

2010年起，眉山市建设物流园区。当年，投入1.58亿元，完成眉山中心、彭山青龙、仁寿文林等重点物流园区基础设施，引进玮星物流、东创建国、当当网西南物流中心等7个物流项目，投资3.26亿元。第三方物流企业营业额比2009年增长20%。2011年，仁寿县视高镇推进物流中心建设。全市建设3个物流园区。总投资980万元的东坡区现代粮食物流中心建成投入使用。2012年，眉山中心物流园区、彭山青龙物流园区、仁寿县视高物流中心投资13亿元。建设彭山青龙国际物流中心，项目计划占地面积1.8平方千米，总投资25亿元，设计年吞吐货物量970万吨。川南酿造有限公司申报省级电子商务示范企业，眉山市飞跃电器有限公司等5家企业为市级电子商务示范企业，亚马逊、当当网等电子商务区域总部基地落户眉山。东坡区现代物流建设项目一期工程完成投资2200万元。截至2012年年底，全市新建物流企业近200家、中介信息单位近万家。

第二节 物流管理

随着现代交通和信息技术发展，物流获得高速发展，眉山市加大物流管理力度。

1997 年，眉山地区开办特快专递业务。

2003 年，眉山市政府印发《加快我市商贸流通业发展的意见》，做好农村物流配送。2004 年，市邮政局、市交警支队签订特快专递邮寄车牌证照协议书，邮寄车牌证照。2005 年，全市速递业务实行专业化经营和管理。主要办理中邮快货、协作零担两类业务。当年起，全市物流业务实行专业化经营和管理。

2006 年，四川省邮政公司开通成都至眉山物流专线邮路。全市粮食企业发展乡村粮油超市和连锁店。各粮食企业利用现有粮库、粮管所及农村粮油购销网点资源，开展物流配送和连锁经营，建立粮油连锁经营网点 257 个（城区 13 个、乡镇 56 个、村 188 个），配送中心 9 个。2007 年，实行速递专业市、县一体化经营改革，将速递、国际及中国台港澳包裹业务整合到速递物流公司，建立市县一体化速递物流专业经营体系，实现与其他邮政业务的分业经营、独立核算；市邮政局将速递业务发展相对较好的彭山、仁寿纳入市县一体化。全市推出“二代身份证”邮政特快专递服务。各办证派出所设置邮政寄递服务专柜，专人受理，全年寄递“二代身份证”34 万余件。2008 年，全市各区县邮政局开办“西南区域次日递”特快专递邮件收寄业务。在仁寿县邮政局、彭山县邮政局叠加物流业务，实行速递物流专业市县一体化经营。2009 年 1 月，成立眉山市邮政速递物流公司。将快递业务纳入邮政市场监管范围，明确和强化邮政管理部门监管责任。市邮政局代理其速递物流业务。2011 年，全市第三方物流业营业额突破 20 亿元。

2012 年，重新整合速递物流省内产品，将原有速递物流省内异地业务的产品体系梳理成两个业务板块三个子产品组成的产品体系。逐步停止运作中邮快货省内业务。推出“家乡特产速递”服务，以特快方式优惠邮寄礼品、年货。国际特快专递业务、国内特快专递、同城特快专递、经济快递、“e 邮宝”、代收货款等业务整合为速递、物流 2 个业务板块 3 个子产品组成的产品体系。当年，眉山 11 个市级部门和 6 县（区）政府牵头实施商贸物流会展企业、农产品批发企业等“成眉合作十大行动”，签订商贸物流合同 8 亿元。在东坡区、仁寿县、彭山县共建成粮食、蔬菜等农副产品配送基地 7333 公顷。专项整治物流领域乱收费，发放责令整改通知书 11 份，规范商铺 3100 余家、农贸市场 20 余个。受理群众关于交通运输、物流收费等举报 29 件。截至 2012 年年底，全市物流企业营业额约 15 亿元。物流全程建立加工、养护系统和信息化管理系统。市烟草专卖局（公司）辖东坡、仁寿、彭山、洪雅、青神、丹棱等 6 个县级烟草专卖局（分公司）及 1 个物流中心。实行“统一领导、垂直管理、专卖专营”的国家专卖管理体制。全市建立起“网上订货、电子结算、网上配货、现代物流”的现代卷烟经营模式，由商业向现代流通转变。

第十四篇　旅游业

眉山市是省级历史文化名城。北距成都、南距乐山60余千米，是川西南旅游“金三角”和“黄金旅游线”重要节点。境内三苏文化、长寿文化、生态文化源远流长。有“南州胜迹古祠堂”三苏祠、“长寿养生福地”彭祖山、“休闲度假天堂”瓦屋山、“川西第一海”黑龙滩、“天然氧吧”峨眉半山·七里坪、洪雅县柳江古镇、中国泡菜城、老峨山等特色景区（点）。2012年，有国家级旅游景区AAAA级1个、AAA级2个、AA级3个。年接待旅客1560万人次，旅游收入110.2亿元、占全市地区生产总值的14.22%。旅游业成为全市新的经济增长点和国民经济重要的支柱产业。

第一章　旅游资源

2012年，眉山市有风景名胜区120余处，历史文化名城、名镇和古镇9个。包括以三苏祠为代表的历史文化景观，彭祖山为代表的长寿文化景观，瓦屋山、黑龙滩、槽渔滩为代表的生态文化景观，中国竹艺城为代表的竹艺文化景观。

第一节　旅游景区景点

一、三苏祠景区

三苏祠位于眉山中心城区，分别距成都、乐山60余千米，是北宋著名文学家苏洵、苏轼、苏辙的故居，明洪武元年（1368）改宅为祠，祭祀三苏。三苏祠一直是文人墨客和广大民众拜祭圣贤的聚集场所，是四川特色的古典式园林建筑。三苏祠占地面积7.06万平方米，建筑面积2.5万平方米，主要建筑有南大门、前厅、飨殿、启贤堂、来凤轩、东西厢房、云屿楼、披风榭、瑞莲亭、百坡亭、消寒馆、抱月亭、快雨亭、式苏轩、景苏楼、绿洲亭、半潭秋水一房山、南堂、绿筠轩、西大门、船坞、天香亭、听荷轩廊亭、楚颂亭、晚香堂、东园碑廊、海棠亭、八风亭、好竹亭等。正殿有苏洵、苏轼、苏辙塑像，东侧由池水将绿洲亭、抱月亭、云屿楼连成一组园林。三苏祠文物、文献及古籍善本收藏丰富，拥有馆藏文物4019件（套），馆藏文物以纸、绢、竹木、金属、角器、陶、石等材质为主，尤其以与苏东坡相关的书籍、善本、字画、书法藏品为其特色。历代文人字画有1000余件，三苏文献版本完整，清朝道光以前的三苏文献就有58种、827册、1994卷。1980年7月，三苏祠被省政府公布为四川省重点文物保护单位。1984年4月成立“眉山三苏博物馆”。2002年，三苏祠与峨眉山、乐山大佛组成黄金旅游线，成为四川旅游亮点。2006年5月，三苏祠被国务院公布为“第六批全国重点文物保护单位”。2009年，三苏祠博物馆被国家文物局批准为“国家二级博物馆”。2010年，三苏祠景区被国家旅游局批准为国家AAAA级旅游景区。三苏祠博物馆获得首届“四川特色文化旅游品牌企业”称号。

国家AAAA级旅游景区——三苏祠（摄于2004年5月）

二、瓦屋山景区

瓦屋山国家森林公园位于四川盆地西沿的洪雅县境内，距成都220千米、峨眉山92千米、乐山大佛130千米，与乐山大佛、峨眉山构成川西南旅游“金三角”，处于大香格里拉旅游圈外围地带。总面积700平方千米，最高点海拔3227米。有瓦屋山原始森林猎奇探险景区、玉屏人工林海度假区、八面山寻古揽胜区3个景区23个景点。瓦屋山系中国历史文化名山，道教发源地。

中国最美“桌山”——瓦屋山（摄于2004年10月）

瓦屋山从任何角度望去，整体上均状若瓦屋，因此得名，被有关地质专家认定为中国最高、最大“桌山”。瓦屋山集雄、奇、险、秀、幽、珍于一体。以原始、古朴、神奇著名，唐宋年间就与峨眉山并称“蜀中二绝”。山顶高耸入云，原始森林茫茫苍苍，72条飞瀑直泻而下，其中兰溪瀑布高1040米。野牛街、燕子洞、大发洞、陆地上的“百慕大”——迷魂凼，神秘莫测。山上有植物3500余种，其中天然杜鹃林4万公顷、天然珙桐林2万公顷，被子植物科数占世界被子植物总数的60%，被誉为“世界杜鹃花王国”“中国鸽子花故乡”“世界被子植物的摇篮和分化中心”。冬春两季，山上冰雪蔚为壮观，苏东坡有诗句“瓦屋寒堆春后雪，峨眉翠扫雨余天”赞美。山上有动物1000余种，包括大熊猫、牛羚等野生动物470余种。瓦屋山是中国道教发源地，四季可观日出、云海、神光、圣灯“三个太阳”等奇观。春看万亩杜鹃，夏观飞瀑流泉，秋赏满山红叶，冬看南国冰雪。玉屏人工林海度假区绿浪接天。海汇塘、玉屏叠瀑；樱桃湖中，小舟摇渡。山顶象尔岩为观景最佳位置。清朝诗人何绍基有“须臾白雾起，如绵如浪。溶作一天云，匿尽千重嶂”描绘。瓦屋山瓦鱼，形似大鲵，被列为国家二级保护动物。兰溪冰瀑，晶莹剔透，被称为“西南一绝”。

1993年5月，瓦屋山被林业部批准为国家森林公园。1999年，被列为全国重点生态旅游景区和国家林业总局定点联系的三个国家森林公园之一。瓦屋山森林公园管理委员会将瓦屋山作为全市旅游龙头建设，修建旅游索道、瓦屋山大酒店、珙桐山庄、游客接待中心、玉屏度假村、青羌民俗博物馆和太清宫、蜀王殿、三清殿，修建和拓宽金（花桥）—古（佛坪）、金（花桥）—钱（窝子）水泥路。日接待能力1500人次。2001年，瓦屋山通过国家AAA级旅游景区评审。2002年，获全国森林公园十大标兵单位、全国文明森林公园称号。至2012年，瓦屋山旅游逐渐成为生态旅游、休闲度假、科普研究、探险考察、摄影写生以及举办会议理想场所。

三、中岩寺景区

中岩寺位于青神县瑞峰镇，距眉山35千米、成都120千米。始创于东晋，分为上、中、下三寺（岩），彰显于唐、宋。中岩寺为著名佛教圣地，是第五罗汉“诺巨那尊者”道场，古与峨眉山齐名，有“先游中岩，后游峨山”之说，被范成大誉为“西川林泉最佳处”，陆游赞为“川南第一山”。北宋大文豪苏东坡年少时，曾在古中岩书院求学三年，并与恩师之女王弗“唤鱼联姻”，成就千古佳话。1994年，青神县政府将中岩景区列为县级风景名胜区。

中岩寺风景区（摄于2006年3月）

中岩寺在青神城东黄金旅游线上，水陆交通方便。中岩风景名胜区依山傍水，环境幽雅。常年气候温和，历代名人雅士留下石刻诗篇，摩崖造像遍布风景名胜区岩壁。景点有唤鱼池、牛头洞、千佛长廊、仙人床、玉泉岩、伏虎石、石笋三峰、诺巨那尊者石窟、东坡读书楼、猴头石、“桫椤”花谷、古涧道等数十处。景区内植被丰富，有国家一级保护植物——桫椤、银杏等。苏东坡题名的“唤鱼池”三个大字于丹岩苍壁之上，留下唤鱼联姻千古佳话。黄山谷玉泉品茗，刻《玉泉铭》于石壁上，文人雅士，达官显宦纷至沓来，吟诗品茗，形成玉泉碑林。范成大、陆游、杨慎等留下诗篇石刻。中岩是成（都）乐（山）水路逍遥游必游之重点景区。景区内餐饮、住宿、会议等配套设施完善。1999年，“中岩黄金旅游线”开通，接待游客数量上升。2005年，中岩寺创建为国家AA

级旅游景区。

四、彭祖山风景区

彭祖山位于彭山县江口镇，距县城6千米、眉山25千米、成都45千米。原名仙女山，古称彭亡山、彭女山，因八百寿星商贤大夫彭祖在此生息而得名。1993年被省政府批准为省级风景名胜区，国家AA级旅游景区。2004年，彭祖山被评为国家AA级旅游景区。是以长寿养生为特色的文化旅游风景名胜区。

彭祖山采气场（摄于2012年9月）

彭祖山海拔高度610米，垂直高差158米，被尊为中华养生文化第一山。景区处岷江岸边，北起净皇九股泉，南到县城关刀山公园，总面积约30平方千米。区内山峦环抱，四季空气清新、气候宜人；有神秘奇绝、举世无双的天然太极地；全国养生文化最丰富齐全、最成体系的陈列馆（中华养生文化第一殿——养生殿）；坐高28米、立高32米的世界第一大双佛（齐山双佛）。彭祖山山不高、台阶缓，满山绿树成荫，修竹滴翠。《辞海》定义彭祖为“传说故事人物”。相传彭祖820余岁（现计年136岁）。《中华养生始祖》石碑后为养生殿，彭祖养生图，将彭祖养生秘诀概括为房室术、膳食术和气功导引术。后为三部分的细化、图文并茂，而彭祖养生十三法图解被算为“集古代房室养生之大成”。彭祖山仿佛是两山相抱互为旋转带动天地阴阳之气所致。清晰可见彭祖山丘与寿泉山沟组成阴阳两条相互追逐的鱼。阳鱼的鱼眼正好是彭祖墓，茶树沟则是两鱼间的“S”分界线，顺应阳气上扬，阴气下沉的太极原理。山顶慧光寺，殿宇金碧辉煌。双佛建于唐开元年间，早于乐山大佛，站佛高度居世界第六位，两座大佛并肩一处，独一无二。独具特色的采气场，按天圆地方64柱格局，配合立体天然太极灵气而建。养生殿形象生动地诠释彭祖长寿养生之道的精华。殿外有自然生长的“夫妻树”，又名阴阳树，为同根香樟树与乌柏树，香樟伟岸挺拔，乌柏娇小玲珑，相拥于此暗合彭祖阴阳之道。殿内有几十龛浮雕像，再现彭祖“房中术”，揭示彭祖养生奥秘。

五、黑龙滩风景区

黑龙滩风景区位于仁寿县城西16千米的龙泉山南麓，距成都市68千米、眉山市27千米、乐山市100千米。20世纪70年代初，将都江堰来的流水拦截围堵起来，建成黑龙滩水库，被誉为“川西第一海”“成都后花园”。1986年，黑龙滩被四川省政府确定为首批省级风景名胜区。

黑龙滩水库蓄水能力3.6亿立方米。在236平方千米的水面上，85座群岛星罗棋布，似水上盆景。碧波万顷，水天一色，回环掩映。景观较集中的区域有10余处。三大湾蓬莱岛是湖区腹部最大的岛群，由小连山、阿弥陀佛山、花果山、风披山等组成，山山相连，峰巅露出湖面。岛上绿树成荫，可以赏花、观景、垂钓。阴溪沟龙洞，在湖区东南部，传说曾有黑龙栖息。龙洞长1.5千米，直贯湖底。距龙洞1千米左右的陈姑山，三面环水，高出水面188米，是临湖制高点。登上峰巅，水上风光尽收眼底。湖区北部太乙坝有许多文物古迹。那摹崖石刻龙长10米，鳞甲鲜明，跃然崖上。龙崖附近两块光滑的石壁以水泼之，书画即呈现眼前，为不解之谜。有明代所造大佛，高15米、宽12米，巍然坐落在岸边。湖西部的双燕子景区，水面宽阔，白浪滔滔。栖息着野鸭、白鹭、灰鹤、天鹅等上百种鸟禽。湖区中部的青龙嘴是省林业试验场，有国内外珍稀林木和奇花异卉数百种。

黑龙滩风景区（摄于2006年12月）

六、中国竹艺城景区

中国竹艺城位于青神县城南2千米的南城镇兰沟村，占地100余亩。是“中国竹编艺术之乡”，国际竹藤组织指定的青神竹手工艺培训基地，国家AA级旅游景区。园内种植观赏竹、食用竹50余种。竹艺城主要开展竹编艺术品生产、展览、销售、餐饮、娱乐、休闲和旅游等。产品销往全国各地，以及国外10余个国家和地区。

20世纪80年代初，青神竹编艺人胡志海、吴德全、罗华灿和竹编能手殷超、陈云华等人，在传统竹编艺术基础上，创新工艺，用“坐标编织法”编织书画艺术品。1987年，在自贡“龚扇”创始人龚道林指导下，制作薄如蝉翼、细如发丝竹丝，发明编织细竹丝用“钩针”工艺。1989年，用每厘米48丝竹丝编出“中国百帝图”“隐形观音”“百子图”等。此后，陈云华随中国民间艺术表演团前往香港、澳门、台湾地区表演竹编技艺和展销竹编艺术品。1993年，云华竹旅有限公司征土地6公顷，新建中国竹艺城。2000年，青神县被文化部命名为“中国竹编艺术之乡”。2001年，竹艺城被国际竹藤组织确定为“国际竹藤组织青神竹手工艺培训基地”。2002年，竹艺城被评为国家AA级旅游景区，举办首届竹艺博览会。2005年，被评为全国农业旅游示范点。2007年，被评为省AAAA级旅游购物点。2008年，国际竹藤组织网络中心在竹艺城成立。陈列竹编艺术精品3大类7个系列3700余件，其中编织细腻、精美雅致的“竹编舞动巨龙”“清明上河图”“中国百帝图”“隐形观音”“百子图花瓶”等珍品荣获国际金奖3个、国内金奖5个，被誉为中国民间艺术的一朵奇葩。2010年，竹艺城向游人开放。青神县以竹艺城为核心建立竹艺旅游园区。2011年，青神竹编被评为四川省“特色旅游商品。”

中国竹艺城景区（摄于2005年7月）

七、老峨山景区

老峨山位于丹棱县张场镇，距县城22千米。老峨山坐落在总岗山脉中段，海拔1200米。占地面积11.8平方千米，其中林区面积867公顷。2005年5月，四川圣山仙茶有限责任公司开发建设老峨山，重现佛教、道教、茶道、大雅文化。2007年5月，老峨山对外开放，接待游客。至2009年，建成三星级老峨山宾馆、景区游山道和舍身崖、万年寺等景点。在《成都商报》联合省内27家媒体开展“四川自驾游十大旅游目的地”评选活动中，老峨山风景区当选为“四川省自驾游十大目的地之四川最佳山水休闲目的地”。为国家AAA级旅游景区。

老峨山（摄于2006年5月）

八、其他景区

（一）七里坪国际度假旅游区

七里坪国际度假旅游区地处洪雅县高庙镇，位于洪雅县城西南、峨眉山西麓，距洪雅县城65千米、眉山115千米、峨眉山3.5千米、瓦屋山58千米。占地面积10余平方千米。平均海拔1300米，森林覆盖率95%，年均气温12℃。交通便捷，道路通畅，环境优美，气候宜人，适合休闲度假，被誉为“天然生态氧吧”。2012年，七里坪作为首批省级旅游度假区进行培育，培育期1年。

2007年，洪雅县委、县政府通过招商，引进峨眉华生实业有限公司、四川金杯集团、半岛酒店等企业投资开发建设七里坪国际度假旅游区、云水间度假中心、四星级华生生态国际酒店。七里坪国际度假旅游区规划面积266.67公顷。2008年启动建设，至2010年，建成溪谷栈道和温泉体验中心主体工程，完成景观绿化和风情小镇、人工湖、运动场、旅游度假房建设等项目，对外开放。

（二）野鸡坪

野鸡坪位于洪雅县柳江镇洪雅林场玉屏山风景区腹地，平均海拔1200米。景区自然环境优美，峡谷纵深，溪瀑流淌，上万亩柳杉林遮天蔽日，空气清新，是大型无蚊景区。

2007年，洪雅县林场新植树木近万株，铺设绿地3万余平方米，建有生态全景会议室、露天音乐水吧、标准运动场、康体步道、天体浴场和蝉院别墅。2009年，玉屏山野鸡坪度假营地开营。2010年，洪雅县林场开发营地，建茵台广场、沐翠园、上林居、鸟巢和室内乒乓球馆等配套娱乐设施，是集会议、游憩、健身、野外宿营于一体的休闲度假场所。

（三）恒大·金碧天下国际旅游度假中心

恒大·金碧天下国际旅游度假中心位于彭山县东北牧马镇莲花村，东濒锦江，西依南河，地处成都市第二圈层，距成都市中心38千米、双流国际机场28千米、彭山县城18千米，是彭山黄龙生态宜居城核心建设区域。启动恒大金碧天下建成区400公顷，有五星级恒大酒店、五星级康体中心、国际会议中心、商业中心，为业主提供服务，有国际幼儿园、小学、中学教育配套。恒大景观大道成雅高速普兴出口经“川西旅游环线”至恒大·金碧天下国际旅游度假中心景观大道3.27千米。

（四）槽渔滩风景名胜区

槽渔滩风景名胜区位于有“绿海明珠”美誉的洪雅境内青衣江上游，景区面积 18 平方千米。距洪雅 30 千米、乐山 95 千米、成都 168 千米、峨眉山 70 千米、雅安 28 千米、眉山 84 千米，旅游交通条件得天独厚，是巴蜀旅游新星。风景区内古老的桫椤树群倒映在碧绿水面，山水交相辉映，构成独特的江峡风光。怪石嶙峋、飞瀑悬挂、鹰翔山谷、鹤立江畔。可观赏自然景观和人文景观。有与恐龙同时代生长的国家一类保护植物桫椤树；栩栩如生的神龟饮水既同出一源又各具特色，人称“笑佛”；传说中二郎神斩妖治水留下的“砍断山”“龟都府”；古代南方丝绸之路通道之一的“竹箐关”古栈道及许多明、清时代遗留下来的古石刻和寺庙，利用天然岩石开凿建造长 45.3 米、高 12.5 米大型卧佛 1 尊；描绘雕刻 80 余幅释迦牟尼生平佛传故事和摩崖造像壁画；仿建国内 108 座名塔于一处，构成千塔佛国；恢复重建洪雅名胜“奎星阁”等古建筑 4 个。利用槽渔滩自然人文景观，开发出 6 大景区 40 处景点。其中苍山翠岭中的“雅江书院”依照原清代建筑风格而建。景区建有宾馆、疗养院、度假别墅等。槽渔滩风景区与乐山大佛、峨眉山、眉山三苏祠、夹江千佛岩等风景名胜区形成环状旅游网络。

（五）九龙山省级森林公园

九龙山省级森林公园位于丹棱县杨场镇东南端，与夹江县、东坡区接壤，省级森林公园，距丹棱县城 18 千米、眉山 45 千米，占地面积 5.2 平方千米。“九龙山”因金牛湖两岸有 9 座山峰延绵起伏，远看犹如卧龙汲水，近观青山映绿水、碧波荡群山而得名。九龙山海拔 450 米～692 米，气候温和，光照充足，土地深厚肥沃，适宜多种动植物生长，有马尾人工林、常绿阔叶林、翠竹林、古榕树，杜鹃、山茶、扁竹叶、蔷薇、兰草等植物，以及豪猪、松鼠、杜鹃、啄木鸟、白鹭等野生动物。青山、绿水、奇石、古寺为九龙山森林公园主要景观。九龙山用森林、青山、绿水、翠竹、雾景、佛教文化组合旅游产品，建成有区域代表性公园，集游览观光、休闲度假、文化娱乐、科普教育为一体。

九、古镇

（一）柳江古镇

柳江古镇位于洪雅县城西南 35 千米，距成都 150 千米、瓦屋山 50 千米、峨眉山后山门 30 千米，是成都至瓦屋山旅游干线上的重要节点。古称“明月镇”，始建于南宋绍兴十年（1140）。清代中期，因柳、姜两姓族人合资修建一条石板长街而更名为“柳姜场”，清乾隆四十五年（1780）建乡定名为柳江场，1988 年撤乡建镇更名为柳江镇，是四川十大古镇之一。

2007 年 4 月，洪雅县引进四川禾森电力有限责任公司投资开发改造古镇。包括古镇牌坊、游客中心、河堤石板路改造整治，杨村河西岸风貌改造，重力坝、橡胶坝、汀步桥、原木桥、曾家园水码头、排污系统改建和景观绿化、新街风貌改造、曾家园保护维修、古榕客栈及柳江别院改造、临江栈道建设、老街风貌改造和水景打造、环境卫生整治等。2009 年竣工。改造后的柳江古镇“修旧如旧”，中西合璧曾家园、川西风情吊脚楼、仿古寻幽水码头、百年民居汇老街、临江古栈道、千年古树，均在完善设施基础上保持“原汁原味”，既体现百年古镇清雅古朴，又展现现代化旅游服务。

（二）江口古镇

江口古镇北距成都 45 千米，南距眉山 25 千米，地处彭山县城东北，南接东坡区太和镇，西临彭溪镇，东毗黄丰镇。因其地处府南二河交汇处，故名江口，是四川省 30 个历史文化名镇之一。镇内遍布古遗址、古墓群、古店铺、吊脚楼、古榕树。全镇五里长街依山傍水，吊脚楼房伸入河面，茶房酒肆鳞次栉比。镇场口的轿楼子一带，即西汉王褒《僮约》中所载“武阳买茶，扬氏担荷”之武阳茶肆，是世界较早的茶叶市场之一。

（三）高庙古镇

高庙古镇位于洪雅县，距眉山中心城区 104 千米，始建于明代，因老街市最高处古有土地庙而得名。高庙古镇四面环山，终年云遮雾绕。张河、李河在此交汇。河上有古铁索桥 2 座。鸟瞰高庙古镇，房屋青瓦盖顶，木楼连着木楼。镇上有一条青石板铺砌而成的老街，两边屋檐几乎并拢，仰望可见长长的“一线天”。古镇有万寿宫古江西会馆、五圣公戏楼、花溪源石刻、烈士桥亭、极乐寺石雕、二峨山等景观。

2007 年，高庙镇党委、政府加大古镇开发力度，统一规划，将农户房屋，改造为青砖白瓷仿古墙面、青铜瓦脊、斜坡吊檐，具有川西民俗风格的建筑。

第二节　乡村旅游

一、农家乐

农家乐是农民出资在家中开办以餐饮和棋牌等娱乐项目为主的个体服务业，独资经营或合伙开办，始于 20 世纪 90 年代。最早开办具有一定知名度的农家乐有丹棱余家花园、西林三合院，洪雅桃花苑休闲村、老渔翁鱼庄，仁寿郊之风山庄等。2000 年后，随新农村建设和乡村旅游发展，全市农家乐逐年增多。

2003 年，东坡区广济乡举办首届桃花节。农家乐兴起，为城里人提供休闲度假，开辟农民增收途径，眉山市农家乐参照成都市龙泉驿区、郫县模式，按市场经济规律逐步建立市场准入机制，规范管理，配合乡镇，提供服务。至 2010 年，全市有规模和档次农家乐 600 余家，其中四星级农家乐 1 家、三星级农家乐 7 家、二星级农家乐 15 家。仁寿创建为省级乡村旅游示范县。

2012 年，彭祖山、黑龙滩作为国际养生休闲文化度假区，被列入大成都旅游增长极。星级农家乐（乡村酒店）项目纳入全市“民生工程”。全年全市投入资金 5000 万元，改造宾馆、农家乐（乡村酒店）、特色餐饮店 133 家。年末全市有规模和档次农家乐 80 家，其中四星级农家乐 1 家、三星级农家乐 12 家、二星级农家乐 60 家、一星级农家乐 7 家。

二、生态家园与农业旅游示范点

洪雅县曲沿村　位于洪雅县城九龙山下，环境优美，交通便利，紧靠省道 106 线，距县城 2 千米。按照洪雅县委、县政府生态农业规划，曲沿村率先发展水果种植和奶牛养殖，村民户户养奶牛，家家种水果，养鸡养鱼养鸭，建立川西农居风格生态园。全村山清水秀，民风淳朴，山、水、林、人和谐发展，成为住农家房、吃农家饭、体验农家生活、享受乡村田园风光地。2005 年被国家旅游局评定为全国农业旅游示范点。2009 年建成特色乡村旅游经济区，接待游人 4.3 万人次。2012 年，通过农业和乡村旅游融合发展，促进曲沿村旅游业发展。

东坡区广济乡鸭池沟村　东坡区广济乡鸭池沟村，距眉山市中心城区 25 千米，紧邻省道 106

线。1999 年起，广济乡立足当地资源优势，发展林果产业，逐步形成规模。鸭池沟村成片种植桃树。每年春暖花开时节，游人到此休闲赏花。至 2002 年，全乡发展桃林 200 余公顷，投资 2600 万余元，建起农家乐 50 余家，硬化村组户路、观光道 13.2 千米，新建文化活动中心等。2003 年 3 月，广济乡鸭池沟村举办首届桃花节，当日接待游客 2 万余人，取得良好经济效益和社会效益。此后，广济乡进一步调整产业结构，扩大水果种植面积。2005 年，鸭池沟村创建为“全国农业旅游示范点。”

丹棱双桥镇梅湾村　丹棱城西双桥镇梅湾村有梅湾水库，距丹棱县城 7 千米，20 世纪 70 年代修建的人工湖。集雨面积 15.3 平方千米，总库容 1015 万立方米，设计灌面 2107 公顷，属中型水利工程，居丹棱水利工程之首。控灌丹棱镇、中隆乡、杨场镇等地区，承担丹棱县城供水任务。中共十一届三中全会后，梅湾湖风景区所在的梅湾村将原主要种植水稻等粮食作物改为成片栽种桃树、脐橙、椪柑、柑橘等经济作物。1999 年，梅湾村被列为全县新农村建设示范村。村民在县级部门帮扶下，集资修建村通水泥路，多数农户盖起楼房，部分村民开办农家乐。成为水果专业村。2000 年起，发展观光旅游。拓宽、硬化进湖公路，改造梅湾湖堤，整治湖周卫生环境。至 2007 年，全村 8 个村民小组种植水果 164 公顷，占耕地面积的 98.4%，人均产果 3 吨、收入 6600 元。每年春暖花开时，梅湾湖周边千亩桃花、万亩橙花相继绽放，花香四溢，令人陶醉。梅湾湖创建为国家级农业生态旅游示范点、省农村清洁工程示范村。年接待游客 37.7 万人次。2008 年，梅湾湖举办“生态家园、快乐梅湾”为主题的生态桃花节。2009 年，举办为期一月的“齐乐桃花源，丹棱乡村游”活动。开幕当天接待游客 6 万余人。2010 年，梅湾湖举办第二届“齐乐桃花源 · 丹棱乡村游”活动，接待游客 27 万人次，旅游收入 1.42 亿元。

丹棱县梅湾村乡村旅游（摄于 2012 年 3 月）

阳坪生态家园　阳坪生态家园位于洪雅县将军乡、止戈镇境内，成都至瓦屋山旅游干道旁，包括阳坪、丁沟、青杠坪三个村和新阳坪乳业公司、阳坪种牛场乳业科技园区。园区为典型浅丘台地，呈带状，海拔 700 米左右，植被完好，环境宜人。其中雷锋区占地 4 平方千米，有草场 234 公顷、茶园 667 公顷、奶制品工业用地 33 公顷。有规模化奶牛养殖场 3 个、奶牛 3000 头、一流现代化转盘式机器挤奶设备。有农户 166 户 900 余人。以喝生态牛奶、品生态茶、吃绿色食品为特色。建有茶业观光体验区、奶业观光体验区和旅游产品购物商店。游客可体验茶叶种植、生产、加工、茶园风情和茶文化，以及奶文化、牛文化、草文化。购物商店陈列绿色食品、有机食品、无公害土特产品供游客购买。园区定期举办具有地方民俗特色的农村节庆活动、农民文化演出、挤牛奶比赛、清明采茶节、极品春茶拍卖会、雅女采茶等活动。2006 年，园区举办“新希望阳坪生态之旅”，吸引游客。游客参观自动挤奶生产线，品尝生态奶，体验田园生活。2008 年，阳坪生态家园“春天之旅”活动，接待 1.5 万人。2009 年，建成特色乡村旅游经济区，年接待游人 7.3 万人次。2012 年，完善旅游服务设施，提升服务档次。年接待游人 6.45 万人次。

水天花月旅游区　位于东坡区，是集旅游、娱乐、休闲、度假、会议、农业观光于一体的东坡水文化园林旅游区，被四川省环保局、四川省农业厅授予“农业生态园区”称号。园区投入3亿元，按国家AAAA级旅游景区建设，以“一调、二韵、三居”为主线，按“吃、住、行、游、娱”空间布局，突出水和花，有雾霭瑞莲坞、水上排球、休闲茶坊、乌木广场等景点和设施。2010年，水天花月旅游景区举办首届“国际亲水节”、中国内衣模特大赛成都赛区外景拍摄活动和摸鱼大赛。全年接待游客7.96万人次，旅游收入76.2万元。2011年，举办“第一届新春喜乐汇”活动。2012年，举办“首届水天花月荷花文化艺术节”“七夕浪漫嘉年华”等活动，接待游客63.94万人，旅游收入1018.35万元。

青神县江湾神木园　位于青神县，占地10.6万平方米，房屋建筑面积约3.8万平方米，绿地覆盖率62%。景区以岷江文化为灵魂，以生态休闲为主调，以水上旅游为延伸，集会展、餐饮、住宿、娱乐、度假为一体，按国家AAAA级旅游景区标准建造。创办于2005年，由青神县一名企业家投资建造。总投入2.6亿元，建成神木艺术馆、迎江楼、枕水别墅、网球场、临江长廊、东坡长廊、绿茵长廊、岷水轩、洄水轩、园林和道路基础设施等。馆内珍藏有神奇乌木及热带雨林大型木雕工艺品，旅游产品主要为红木雕刻家俱，摆件和佩饰；迎江楼为仿古船型建筑，集餐饮、住宿、棋牌、会议为一体。2012年，举办赏花会，现场表演《变脸》《好日子》《缅甸火把舞》等节目。

第二章　旅游基础设施建设

1997年起，眉山地区引进和投入资金，加强旅游基础设施建设。至1999年，全区引进和投入旅游设施建设资金4.4亿元。2009年起，眉山市委、市政府印发《关于振兴旅游产业实现2009年旅游大变样的意见》，围绕融入成都、一体发展，编制“四大规划”（旅游产业、旅游产品、旅游线路、市场营销规划），构建“一中心”（东坡老家城市旅游中心）“两区”（黄龙溪、彭山县、黑龙滩成南旅游经济区，瓦屋山—七里坪生态旅游区）“三线”［成南养生度假旅游线、成（都）—眉（山）—乐（山）旅游线、峨眉山—瓦屋山—周公山“三山”环线］旅游产业发展格局。市、县（区）整体联动招商，组团参加旅游洽谈会16次，举办专题招商推介会10场；设立旅游专项发展资金，引导民间资金投入。投入31.8亿元，带动旅游建设项目65个。至2012年，全市建设旅游项目207个，投入185.7亿元。实施七里坪国际旅游度假区、黑龙滩长岛、柳江古镇综合开发、三岔湖仁寿景区、仁寿嘉思曼酒店、丹棱锦江饭店、江湾神木园、水天花月等重点项目。

第一节　旅游交通建设

1997年起，眉山地区加强旅游交通设施建设。至1999年，投资1150万元完成彭山县城至彭祖山5千米、洪雅县城至瓦屋山90千米、青神县城至中岩寺11千米、峨眉山至瓦屋山50千米的混凝土路面铺筑。

2000—2006 年，眉山市投资 20 余亿元，改造省道 106 线、国道 213 线和眉（山）青（神）路、丹（棱）蒲（江）路，改建洪雅至瓦屋山、青神至中岩寺、青神至中国竹艺城、彭山至黄龙溪、彭山至彭祖山、洪雅至槽渔滩、丹棱至九龙山、丹棱至龙鹄山、眉山至大旺寺、106 线至三苏湖等通往景区的主干道 10 余条，新修瓦屋山、黑龙滩和槽渔滩景区公路 48 千米，完善各景区的水、电、通信等基础设施。启动瓦屋山道路、“三山环线”瓦屋山段道路工程建设。2007—2009 年，全市投入资金 12 亿元，改造江口古镇道路，修建彭祖山至黑龙滩景区旅游通道，建成成（都）黑（龙滩）快速通道，“三山环线”、彭山南河大桥、洪（雅）瓦（屋山）路、青神竹艺大道、彭祖大道、老峨山道路等旅游通道，总里程 286.4 千米。改善景区交通状况，提高全市景区通行能力。

2010—2012 年，黑龙滩长岛观光大道、黑龙滩环湖路、曹家至钟祥旅游通道、老峨山盘山公路扩建、老峨山快速通道、瓦屋山景区环山公路等旅游通道建成通车，总投资 21.4 亿元，总里程 361.7 千米。

第二节 旅游项目建设

1959 年成立三苏纪念馆，1984 年 4 月成立“眉山三苏博物馆”。1992 年起，彭山县政府出资建设彭祖山景区，相继修复齐山双佛、采气场、养生殿、彭祖祠等人文景点。

1997 年起，眉山地区以“一山（瓦屋山）二滩（黑龙滩、槽渔滩）三文化（三苏文化、彭祖长寿文化、瓦屋山道教文化）”为重点和载体，加强项目招商、精品景区打造、接待设施建设。当年，开发建设中岩寺，建成中岩保健娱乐中心，修建“观石亭”等，购置生活用船，改造梅园客房部。1999 年，瓦屋山森林公园管理委员会将瓦屋山作为全区旅游龙头建设，投资 8000 万元，修建旅游索道 1.64 千米、瓦屋山大酒店、珙桐山庄、游客接待中心、玉屏度假村、青羌民俗博物馆和太清宫、蜀王殿、三清殿，修建和拓宽景区水泥路 41 千米。2001 年，四川泰港集团出资 600 万元购买中岩寺 50 年经营权，成立“四川中岩寺风景区旅游开发有限责任公司”，投资 600 万元购买土地 133.33 公顷，投资 57 万元改造旅客接待中心。

2003 年，市委、市政府决定将苏祠中学 10 余亩土地划拨给三苏祠，三苏祠面积增至 100 亩。建立九龙山森林公园，面积 380 公顷，由丹棱县林业局负责经营管理和开发建设。2004 年，引进成都海斯凯公司投资 1200 万余元开发彭祖山，维修改造老景区，启动养膳斋和“天下第一寿”等新景点的建设，完成彭山至黄丰一级公路修建。中岩航务疗养院投资 470 万元修建航务宾馆，维修改造中岩寺景点和接待设施。丹棱县投资 200 万余元，完成九龙山旅游交通道路和景区水电设施改造，并对外开放。2005 年，市委、市政府将三苏祠创建国家 AAAA 级旅游景区列入重要工作日程，向全体市民发出“关于打造三苏祠致全市人民的一封信”。黑龙滩风景区管委会投入 3000 万余元，建设黑龙滩景区入口通道、生态公园、供水工程、游客接待中心和广场。彭祖山养膳斋和“天下第一寿”等新景点建成对外开放。四川圣山仙茶有限责任公司开发建设老峨山，重现佛教、道教、茶道、大雅文化。完成景区总体规划，完成投资 500 万元。2006 年，黑龙滩风景区项目招商签约资金 6.71 亿元。

2007 年，眉山市政府与成都世纪城新国际会展中心有限公司签订联合建设黑龙滩南湖生态旅游城项目框架协议。青神县城至中岩寺景区道路改扩建工程竣工。洪雅县委、县政府通过招商，引进峨眉华生实业有限公司、四川金杯集团、半岛酒店等企业投资开发建设七里坪国际度假旅游区、云水间度假中心、华生生态国际酒店。洪雅县林场投入资金2000万余元，硬化野鸡坪景区道路30千米，新植树木近万株，铺设绿地3万余平方米，建成生态全景会议室、露天音乐水吧、标准运动场、康体步道、天体浴场和蝉院别墅。4月，洪雅县引进四川禾森电力有限责任公司投资开发改造柳江古镇，总投入6000万元。包括古镇牌坊、游客中心、河堤石板路改造整治，杨村河西岸风貌改造，重力坝、橡胶坝、汀步桥、原木桥、曾家园水码头、排污系统改建和景观绿化、新街风貌改造、曾家园保护维修、古榕客栈及柳江别院改造、临江栈道建设、老街风貌改造和水景打造、环境卫生整治等。2008年，国际竹藤组织网络中心投资800万余元占地3300平方米续建竹编艺术博物馆。青神县以竹艺城为核心建立竹艺旅游园区。投资300万余元改造竹艺城，投资2000万余元建成竹艺大道。

2009年，三苏祠博物馆将景区创建与环境综合治理相结合，完善卫生、环保等规章制度，改造、改善景区环境。柳江古镇和黑龙滩启动国家AAAA级旅游景区创建，老峨山启动国家AAA级旅游景区创建。黑龙滩景区引入投资30亿元的长岛生态项目和投资上亿元的平安家园、龙湖国际项目，当年投资4.56亿元。洪雅七里坪引入的四川金杯集团、峨眉华生实业有限公司、半岛酒店等企业投入近6亿元。柳江古镇、玉屏山野鸡坪、老峨山等景区完成投资1.65亿元，配套完善景区基础设施建设和功能。启动恒大金碧天下国际旅游度假中心建设项目。总投资80亿元，项目建成区400公顷，有五星级恒大酒店、五星级康体中心、国际会议中心、商业中心，国际幼儿园、小学、中学教育配套。恒大景观大道3.27千米，总投入1.5亿元。当年完成投资10亿元，供水站、配气站、供电站、污水处理厂等配套基础设施部分投入使用。瓦屋山景区完成投资2亿元，按四星级标准改建瓦屋山大酒店，修建瓦屋山道路、“三山环线”（峨眉山、瓦屋山、周公山）瓦屋山段，完善景区基础设施，启动瓦电库区旅游开发。丹棱县政府、企业投入6500万余元，硬化景区道路6.6千米，新建三星级老峨山宾馆，修建景区游山道，建成舍身崖、万年寺等景点。彭山县投入500万元改造江口古镇至彭祖山过境通道。至2010年，三苏祠博物馆投入8500万元，新建文物库房（精品文物展览馆）、三苏纪念馆、游客接待中心、公共停车场和碑廊，完成纱縠行复建等工程，完善祠内各种服务功能，成功创建为国家AAAA级旅游景区；景区面积增至7.07公顷。老峨山被省旅游局批准为国家AAA级旅游景区。长岛生态旅游项目完成投入13.56亿元，建成运动公园、会议度假中心、特色旅游小镇、湿地公园、旅游码头等。七里坪国际度假旅游区投入9.8亿元，建成溪谷栈道和温泉体验中心主体工程，完成景观绿化和风情小镇、人工湖、运动场、旅游度假房建设等项目，对外开放。洪雅县林场投资2000万元，开发野鸡坪度假营地，修建筑茵台广场、沐翠园、上林居、鸟巢和室内乒乓球馆等配套设施，建成集会议、游憩、健身、野外宿营于一体的休闲度假场所。

2012年，黑龙滩风景区开发建设度假天堂、休闲胜地黑龙滩。老峨山景区新建快乐大道、景区观光车道等设施，进一步完善景区配套旅游项目。槽渔滩风景区管理委员会投资6000万余元，完成槽渔滩风景区景区旅游干道、观音寺佛教场所改造、桫椤湖休闲中心主体工程等建设项目。四川省荣基园林绿化工程有限公司与丹棱县政府签订“中国·眉山大雅花涧生态文化旅游度假区”项目，总投资5.6亿元人民币，占地533.33公顷，分五期建设九龙山森林公园。景区设计“楼、台、亭、阁、廊、桥、塔”几十个景观，山水交融、情景合一，都市现代化观光农业与乡村自然美丽相结合。老峨山景区投入1500万元，新建快乐大道、景区观光车道等设施，进一步完善景区配套旅游项目。洪雅县林场投入539万元修建野鸡坪度假区餐厅综合楼、开心农场房屋、游泳池、停车场等。

第三节　中心旅游城市建设

1997年起，眉山地区按照“完善老城、繁荣新区、北拓南延、跨江东进、拥江发展”思路，围绕“建设精品城市”目标，推进眉山中心城市建设，体现城市特色、增强城市功能、提升城市形象品位和市民幸福指数。至2000年，建成东坡大道、眉州大道和湖滨路等城市主干道路9条，完成与之配套的水、电、气、通信等设施建设。

2004年，眉山市委、市政府启动“中国优秀旅游城市”创建，将创建目标分解落实到市级部门和县（区），确定责任领导和责任部门。至2005年，建成“龙水引眉”和日5万吨净水厂工程，整合川西、川南电网改造并网供电，实施城市交通数字化管理工程，改造旧城小街小巷、断头路。2006年，投入3.92亿元，新建市政道路14条，改造城西铁环路、三苏大道、城东苏湖路、东坡大道南延线等道路30条，建成旧城供水管网，增设公交路线和车辆，城市公交线路路网有效覆盖率70%。

2007年起，市委、市政府将“创优”与城市建设、城市管理、社区建设、东坡区社会治安集中整治相结合，作为“民心工程”。启动55条市政道路建设，打通老城通往新区道路；加强城市绿化、亮化、净化和文化景观、水景观建设；改造三苏祠，整治通惠河；实施小区内“道路、绿化、亮化、水景观”设计审批标准，政府建设大环境，业主建设小环境。市旅游局组织实施城市旅游标牌标识、城市配套设施等项目建设，加强旅游行业管理，健全规范宾馆饭店旅行社内部管理、劳务合同、消防等制度。东坡区委宣传部、区精神文明办公室印制《眉山市东坡区文明市民手册》5万册，发送至各街道、社区、小区居民手中，开展“创建周”主题宣传活动。城管部门整治和规范占道经营。在60余条街道划定机动车停车泊位，增设非机动车停放点和候车点；专项整治车辆乱停乱放；清理不规范广告牌、店名牌及横幅广告，整治城市违章建筑。环卫部门按一类标准改造市区公厕。至2007年年底，改造中心城区土街土巷10条，修建公交站台11处（22个）。投入资金8.2亿元，建成公园、体育馆、会议中心、东坡中学、市创伤外科医院、综合市场和水、电、气等不同层级的城市配套服务体系，城市综合承载力增强。改造城区污水收集管网10.7千米，污水收集率75%。完成眉象路、通惠河、西象桥小游园、蓬莱小广场、老城区主要街口和广场绿化工程。新建诗书城公园、东坡湖广场、远景楼、巨型水车等市民休闲场所和标志性景观景点。建成杭州路、赤壁路、外滩等休闲、餐饮、娱乐特色街区和杭州路美食一条街、湖滨路啤酒一条街、沙縠行古玩字画一条街。完善东坡国际大酒店、岷江东湖饭店等旅游服务设施，改造和新建一批星级酒店。建成眉山义乌商贸城。整治城市环境和风貌，形成“古城古韵，新城新貌”特色。建成东方首座一期、碧辉园·山水园林、阳光·森林半岛、玫瑰园等精品生态住宅。2008年，建成全长2.4千米连接新老城区的岷江大道，形成岷江大道两条12米宽的带状休闲景观游园，丰富城市景观。建成岷江东湖饭店、东坡国际大酒店等旅游接待单位10余家，新增床位近2000个。国家制定新的优秀旅游城市评定标准后，眉山创建优秀旅游城市工作暂时停止。截至2012年年底，市中心城区不断完善基础设施，改善城市功能，提升旅游服务质量。

第三章 旅游服务与管理

1997 年起，眉山地区旅游服务围绕“吃、住、行、游、购、娱”六要素，建设旅游产业链。至 2012 年，眉山市开辟通达瓦屋山国家森林公园、黑龙滩风景区、彭祖山景区、中岩寺景区、老峨山景区、中国竹艺城、柳江古镇、槽渔滩景区旅游交通线路 8 条。全市旅游产业体系逐步形成，景区配套功能日趋完善。

第一节 旅游服务企业

1997 年，眉山地区有洪雅县瓦屋山森林旅行社 1 家。1998 年，成立四川眉山地区旅行社，为股份合作制企业，注册资金 150 万元，总投资 162 万元。2000 年，成立眉山市康辉旅行社、眉山假日国际旅行社、眉山市青年旅行社。至年底，眉山地区有旅行社 4 家、旅行社分社 3 家、旅行社点 8 个。

2002 年，成立眉山市仁寿县交通旅行社、四川省银鹏旅行社、四川省眉山市宏远旅行社。眉山地区旅行社更名为眉山市旅行社。2004 年，四川省康辉国际旅行社在洪雅县设立分社。成立眉山市环球旅行社。2005 年，市政府综合整治全市旅行社，注销四川省康辉国际旅行社洪雅县分社、四川省银鹏旅行社、眉山市仁寿县交通旅行社、眉山市旅行社。全市有旅行社 5 家。2006 年，成立眉山市华夏旅行社，撤销瓦屋山森林旅行社。眉山市假日旅行社更名为眉山市假日国际旅行社。2007 年，成立眉山市远大旅行社。2008 年，眉山市青年旅行社被评为四川省一级旅行社。2009 年，成立眉山市大自然商务旅行社、眉山市信天游旅行社、眉山市阳光假期旅行社。眉山市假日国际旅行社、眉山市康辉旅行社被评为四川省一级旅行社。2010 年，成立世纪风旅行社青神分社，眉山市华夏旅行社申报为四川省二级旅行社。全市旅行社增至 9 家，其中国际旅行社 1 家、省一级旅行社 3 家、省二级旅行社 1 家。2012 年，全市有旅行社 9 家、旅行社分社 34 家、旅行社网点 23 个。

第二节 旅游线路

2008 年，眉山市与成都市、乐山市等川西南 11 市（州）签订共同建设成都南旅游经济区框架协议，三苏祠、彭祖山、黑龙滩为成都乐山旅游线路重要节点，打破旅游宣传营销传统模式，组合式营销。2009 年，眉山市与成都市、资阳市、乐山市签订四市旅游区域合作协议，每季度轮流召开一次联席会议。在组织召开的第三次成都旅游圈旅游局局长联席会议上，增加德阳市、绵阳市、雅安市、遂宁市四市，形成成都旅游圈“4+4”区域合作机制。2010 年，眉山市与成都市、乐山市、资阳市等 8 市和川南 11 市（州）建立旅游联盟，推出精品线路 9 条，融入全省旅游大格局中。至

2012 年无变化。

一、东坡主题纪念游

串联眉山市、浙江杭州市、广东惠州市、河南郏县、江苏常州市等地关于苏东坡的故事，联合建设寻古问今的东坡旅游线路。彭祖文化主题游，联合彭山县的彭祖山、临安市八百里养生园、江苏省徐州市彭园等有关彭祖的景点，建设彭祖文化、养生文化的旅游线路。开发规划全市景区景点特色，市旅游局推出旅游线路 5 条。

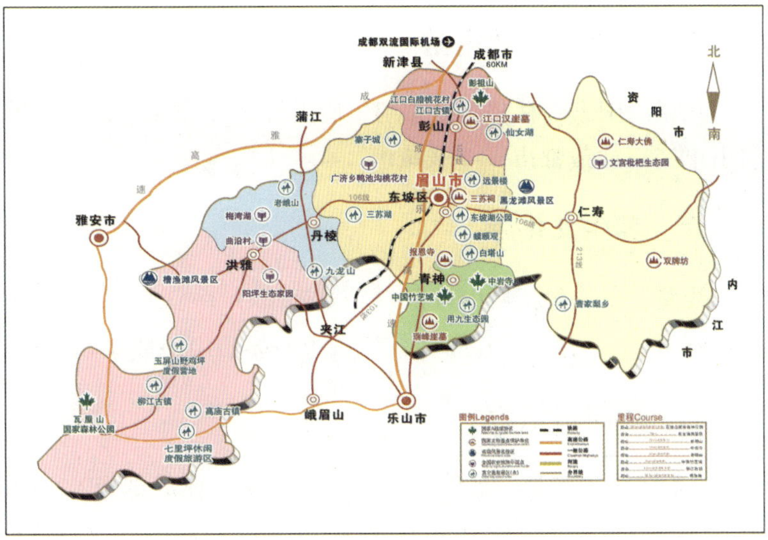

图 14-1　2012 年眉山市旅游线路图

二、三苏文化游

三苏祠→蟆颐观→苏坟山→中岩寺，线路为进三苏祠领悟文豪人生之路，到苏坟山拜谒三苏墓，登中岩寺体味东坡唤鱼联姻之趣。长寿体验游，江口汉崖墓→江口古镇→彭祖山→仙女湖，线路包括观汉崖墓，登长寿梯，瞻彭祖墓，踩太极场，进养生殿，品长寿宴，拜齐山双佛，绕九曲林廊，赏仙女美姿。休闲度假游，有柳江古镇→瓦屋山→七里坪和黑龙滩→老峨山→槽渔滩 2 条线路，包括体味瓦屋生态风情，观黑龙滩千岛风光，穿槽渔滩桫椤长峡，感受老峨山禅林文化。田原生态游，成都→东坡区→广济桃花山→中国竹艺城→丹棱梅湾湖→洪雅曲沿村，沿线赏花品果，吃生态菜，住生态家园，游竹编艺术之乡，体验竹编艺术工艺，叹竹编艺术之精湛。古镇风情游，彭山江口古镇→洪雅柳江古镇→高庙古镇，线路为参观曾家大院，寻清代风情，赞百年古榕，品幽香芝兰，听哗哗流音，叹柳江佳境。

眉山市区（或成都市）→三苏祠→蟆颐观→苏坟山→三苏湖→连鳌山一日游；眉山市区（或成都市）→蟆颐观→苏坟山→三苏祠→三苏湖→连鳌山→中岩寺二日游。

三、岷江文化水上游

成都→彭祖山汉崖墓→三苏祠→中岩寺→竹艺城→乐山大佛。生态文化游，成都→乐山→峨眉→瓦屋山→成都。养生休闲游，成都→黄龙溪→彭祖山。三山环线游，成都→碧峰峡→周公山→瓦屋山→峨眉山→成都。

四、休闲度假游

休闲度假游包括城市、湖泊、生态、养生、温泉休闲度假游。

城市休闲度假游为眉山市区（或成都市）→东坡外滩。湖泊休闲度假游，眉山市区（或成都市）→黑龙滩（或瓦屋山水库，或槽渔滩）。生态休闲度假游，眉山市区（或成都市）→瓦屋山景区（或老峨山）。养生休闲度假游，眉山市区（或成都市）→彭祖山景区。温泉休闲度假游，眉山市区（或成都市）→柳江古镇及桃源温泉。

五、生态观光休闲游

瓦屋山国家森林公园生态游，眉山市区（或成都市）→柳江古镇→瓦屋山景区；老峨山生态游，眉山市区（或成都市）→老峨山。

六、养生文化游

线路2条，包括眉山市区（或成都市）→江口汉崖墓→江口古镇→彭祖山一日游；眉山市区（或成都市）→江口汉崖墓→江口古镇→彭祖山→仙女湖二日游。

七、乡村古镇游

4条线路，均为一日游。包括眉山市区（或成都市）→洪雅县柳江古镇→洪雅县高庙古镇；眉山市区（或成都市）→江口古镇→彭祖山；眉山市区（或成都市）→中岩寺→汉阳古镇；眉山市区（或成都市）→广济桃花山（或文宫枇杷之乡、梅湾湖农业观光旅游区）。

第三节　旅游市场建设

眉山市通过开展“东坡老家，快乐眉山”主题宣传，立足成渝、带动周边、重点国内、适度境外营销，集中人力、物力、财力，通过编发资料、办节办会、组团参展、张挂广告、区域合作等形式和渠道，不断拓展旅游客源市场。

一、旅游宣传

1998年，眉山地区旅游部门组织撰写宣传眉山旅游稿件投寄各级刊物，全年被刊用20余篇。在《眉山日报》开辟专栏，编印《眉山旅游指南》《眉山地区旅游线路精选》《眉山地区旅游情况简介》，促进旅游消费。1999年，制作《三苏两岸故里情》电视专题片，在《西南旅游》举办旅游宣传栏目，宣传中岩寺景区。制作《方兴未艾的眉山地区旅游业》展板。2001年，出版发行《走进眉山》VCD旅游风光碟。2004年，在《眉山日报》推出旅游专版，制作《眉山旅游专题片》。制作《东西沟通三人谈——长寿之道》专题片在中央电视台播放。在香港《文汇报》开辟旅游专版。2005年，围绕东坡遗迹，推出11条旅游线路，在眉山电视台、《眉山日报》刊播。2006年，委托四川省锋行国际旅行社代理新加坡游客市场，在新加坡《联合早报》刊登眉山旅游产品。2007年起，眉山市以“东坡老家，快乐眉山”为宣传主题，“以节促销，以销促游”。推出“和谐城乡游”精品旅游线路4条，自驾游精品线路10余条，在新加坡《联合早报》、中央电视台、四川电视台、《四川华西都市报》、成都《出发》杂志等媒体刊播。2008年，制作《眉山旅游手册》，投放成渝两市。2009年，组织旅游企业参加中国国际旅游交易会网上博览会和“魅力四川·2009”网络宣传活动。拍摄《眉山旅游形象宣传片》，制作《彭祖颂歌》。至2010年，全市形成旅游线路产品20条，纳入四川省旅游局“千条旅游线路产品”；推出洪雅县柳江古镇、七里坪等5个新景点纳入《2011年四川旅游新景点》手册。开展为期3个月“网游眉山”活动，全国1000余家网络媒体转载，网上点击100余万人次。2011年，接待媒体来访9次，组建眉山市旅游营销联盟，建立眉山市旅游营销联盟专题网站 1 个，突出宣传眉山旅游信息。

二、参会参展

1998 年，眉山地区组织旅游机构参加重庆旅游交易会、上海国际旅游交易会、泉州旅游交易会。2001 年，眉山市组织全市旅游企业参加在成都举办的全国国内旅游交易会；组织 9 家旅游企业代表赴绵阳市、德阳市、成都市等地举办“眉山市旅游推介会”；组织东坡区、彭山县、洪雅县旅游局赴香港、澳门参加旅游宣传促销活动。2002 年，组团参加中国国内旅游交易会，在成都举办眉山市“夏之旅”及“第三届瓦屋山杜鹃节”推介会。2003 年，组织县（区）旅游局和旅行社参加中国国内旅游交易会。当年起，每年组团参加在成都举办的“中国西部博览会”。2004 年，组团参加杭州国内旅游交易会、上海国际旅游交易会、四川省第二届旅游发展大会旅游商品交易会、四川精品旅游图片展。在成都举办“中国诗书城——眉山旅游推介会”。2005 年，组织全市旅游企业参加国家旅游局在广西桂林举办的全国旅游交易会、在广州举办的“泛珠三角‘9+2’城市旅游论坛”以及四川省委、省政府在北京人民大会堂举办的“四川红色旅游宣传月”等活动。组团赴新加坡、马来西亚参加旅游项目推荐会。2007 年，组织参加在成都举办的第十届海峡两岸旅游行业联谊会，马来西亚、新加坡国际旅游展览会；组队赴重庆市、云南省开展旅游宣传促销；在成都“第八届中国西部博览会”期间举办彭祖山景区产品推荐会。2008 年，组团参加中国国内旅游交易会、中国国际南方丝路文化旅游节。2009 年，组织各县（区）参加中国（大连）国内旅游交易会、“百城”旅游宣传周、北京国际旅游博览会、第一届西部旅游博览会、中国・四川旅游文化节、中国国际旅游商品博览会等旅游展会。2010 年，在成都、重庆召开专题推介会，组织参加中国国内旅游交易会、重庆城际国际旅游交易会、韩国首尔国际旅游展、中国国际旅游商品博览会等展会 4 次，组织参加中国 2010 年上海世界博览会“四川活动周”活动。2011 年，成立眉山市旅游营销联盟，建立眉山市旅游营销联盟专题网站，宣传眉山特色旅游商品及企业。

三、会节活动

眉山市以办节办会活动推动旅游产业发展。

（一）主题活动

1998 年起，仁寿县每年举办“文宫枇杷节”，推出特色旅游文化项目，吸引游客和商家。1999 年，眉山地区外侨旅台办举办庆祝“9・27”世界旅游日文艺会演。彭山县举办“’99 长寿探秘彭山行”活动。2000 年，眉山地区开展“眉山人游眉山”活动。2001 年，眉山市举办眉山“冬之旅”及瓦屋山第六届冰雪节、瓦屋山杜鹃节、中岩寺春节游山庙会、彭祖山游山会、青神县江团节、中岩景区“世界旅游日”、东坡唤鱼文化旅游节、三苏祠国庆文化旅游周、纪念苏东坡逝世 900 周年等节庆活动。2003 年，市、县（区）举办“眉山人游乐山，乐山人游眉山”“眉山攀枝花旅游互动”“首届中国竹编艺术博览会”“眉山市东坡区首届桃花会”“仁寿县曹家梨花会（后改为梨花节）”“爱我家乡—东坡人农家生态游”“仁寿人游黑龙滩”“彭祖山健康长寿游”“爱我家乡—健康安全洪雅之旅”“爱我青神—蚕丛故里健康游”“仁寿洪雅万人互游”“瓦屋山森林锐舞狂欢夜”“中国首届竹编艺术博览会”“广济之夏篝火晚会”“东坡区首届尚义橙乡旅游文化节”等旅游宣传促销活动。2004 年，全市辖县（区）举办“周山坡竹园之春歌舞晚会”“苏公陵清明祭扫活动”“彭祖山三月三朝山会”“洪雅第二届生态文化节”“洪雅生态家园认亲攀亲活动”等促销活动。

2005年，举办“东坡文化游”、彭祖长寿文化节、青神县竹文化艺术节、“中国诗书城·眉山首届东坡国际文化经济艺术节”“中岩之秋”旅游宣传暨商品巡展活动，发放旅游宣传资料6万余份、旅游宣传光碟5000余张。眉山市旅游局邀请四川省内十大旅行社、市内7家旅行社、所有景区负责人以及各县（区）旅游局局长，召开“中华第一家——东坡文化游促销座谈会”，形成景区推销与线路营销互动。2008年，举办“喜迎国庆·东坡老家游暨雪花啤酒节”等15个旅游节庆活动。举办“东坡老家·快乐眉山”“东坡老家·春之旅”旅游专场推介会，泰国、成都40余家旅行社负责人和媒体记者到眉山考察。2009年，全市开展“旅游大变样”活动，“以节促销、以销促游、以游促投”。举办迎春大型灯会、东坡美食文化节、纪念苏洵1000年诞辰、公祭三苏、“万车自驾”快乐游眉山、齐乐桃花源·丹棱乡村游、柳江古镇文化节、第一届全国定向运动大会暨洪雅国际避暑节、中岩首届登山节、瓦屋山南国冰雪节等40个旅游节庆活动。举办成都和重庆市场专场推介会3次。2010年，眉山市将“好看、好吃、好喝、好耍”等旅游信息纳入“四川好玩”产品体系宣传。瓦屋山旅游区“国庆”期间举办秋赏红叶、高原赏月、帐篷露营和“冰雪童话、快乐瓦屋”为主题的首届国际冰雪节、第二届老峨山茶文化节、第三届旅游文化节暨六月六朝山会、槽渔滩第三届人体艺术摄影创作活动、青羌民俗风情巡游等活动。2011年，七里坪国际度假旅游区举办“避暑养生季”“中国峨眉半山七里坪第二届冰雪温泉养生嘉年华”活动。

2012年，眉山市推出“东坡故里·四川眉山”品牌，按照“立足成渝、带动周边、重点国内、适度境外”营销策略，以“春季赏花、夏季避暑、秋季养生、冬季冰雪”为主题，采取整合营销、展会营销、央视媒体宣传等形式强化营销，以省、市、县（区）联办等形式，举办眉山新春东坡美食之旅活动、仁寿曹家梨花文化旅游节、第39届世界旅游小姐四川赛区眉山分赛区选拔大赛、眉山首届相亲会暨第四届东坡初恋地旅游文化节等旅游节庆活动34个。组织联盟企业参加2012中国国内旅游交易会、“四川旅游宣传月”眉山专场活动、国际旅游展等展会活动。

（二）重要会节

洪雅“台会”　“台会”是一种造型艺术，一台会即一出戏剧场景或一传说故事。洪雅台会，起源于唐朝时期的灯会、地会、庙会。每年农历五月二十七日举办城隍会，台会期间物资交流。1953年，洪雅县政府举办为期7天的物资交流大会，展游“台会”13台，吸引观众数万人。此后，每年如期举行。“文化大革命”期间，“台会”被废止。改革开放以后，传统庙会得以恢复。1986年，洪雅县政府将其定名为“五月台会”，每年举行1次。1987年，洪雅民间台会赴成都参加首届中国艺术节四川·贵州分会场开幕式巡展夜游，夺下“首届中国艺术节”头彩，赢得“洪雅台会、享誉蓉城”锦旗。香港《大公报》以“山沟里飞出金凤凰”为题专门报道。此后，洪雅台会被誉为“艺苑奇葩”，多次应邀参加乐山国际龙舟节、国际大佛节和眉山市东坡文化节。2000年，洪雅制作3台艺术彩车台会，参加眉山地区庆祝建区三周年文化巡游。2005年，洪雅制作《火焰山》《飞天》《劈山救母》《船舟借伞》四辆独具特色的“雅女台会”，参加“蜀风神韵·第三届四川旅游发展大会民族民间艺术巡演”。“白娘子”长袖飘飘、“铁扇公主”凌空起舞、“孙悟空”翻上云霄。围观者驻足欣赏，受到四川省委领导和大会民族民间艺术展演评比团赞誉，获大会金奖。2012年，洪雅省级“非遗”保护项目5月台会——文化止戈·和平之源，在洪雅县城区主要街道、柳江古镇巡游，共28台，筹集资金28万元。展示“远古文明”“武侯止戈”“赤壁见洪州”“哪吒闹海”“绣儒纪”等传统文化，得到业内人士认可、群众好评。

公祭三苏大典　东坡区苏坟山是苏洵夫妇和苏轼发妻王弗墓地。每年清明节，东坡区在苏坟山举办公祭三苏大典，各界人士齐颂三苏名篇，悼念苏氏文豪。2008 年 4 月，在土地乡苏公陵举办的戊子 2008 年东坡区清明公祭三苏活动中，东坡区推出“四个首次”（首次免费开放三苏祠、首次举行公祭三苏文艺演出、首次推出乡村坝坝宴、首次推荐苏东坡旅游线路）以迎接国内外游客，此举得到游客和市民纷纷赞扬。2011 年，眉山市决定定期举办东坡国际文化节、公祭三苏大典、“千年英雄——苏东坡”国际论坛等节庆活动，传承东坡文化，加强文化交流。

青神“东坡初恋地”旅游文化节 青神县中岩寺是苏东坡早年求学、与爱妻王弗相识相恋的地方。“东坡初恋地”旅游文化节，形式灵活多样、内容丰富，旨在纪念一代文豪苏东坡和王弗，弘扬坚守爱情、忠贞不渝的传统美德。2008 年 9 月，青神县举办首届“东坡初恋地”旅游文化节暨唤鱼池联姻婚庆活动。中央、省、市 10 余家媒体报道，被眉山市委、市政府评为“2008 年旅游文化节庆活动一等奖”。至 2012 年，在中岩景区共举办“东坡初恋地旅游文化节”四届。

彭山“彭祖长寿文化节” 彭山，因彭祖而得名。彭祖，上古颛顼氏后裔，陆终氏第三子。自尧时举用，历夏至殷末，在世 136 岁，为天下第一寿星。彭祖“三术”（膳食、导引、房中术）长寿之道，对社会影响深远。1991 年起彭山县举办“寿星节”（后改称“彭祖长寿文化节”），每五年一届。“寿星节”展示彭祖长寿文化，挖掘长寿文化内涵，建设彭山长寿宜居城市品牌，提升彭山知名度。2010 年 10 月，中国老年学会、彭山县政府联合主办第五届彭祖长寿养生文化节。举行登山祈长寿、CCTV 大型综艺晚会、彭氏宗亲会、“百岁寿星宴”“亚洲车神”陈双全激情穿越亚洲第一长寿牌坊等活动。参加活动 1 万余人，其中来自海内外贵宾、彭氏宗亲 2000 余人。彭祖山景区举办“彭祖山三月三朝山节”，开展万人转山会、开心一转摇奖、大型彭祖祭典、文艺专场表演、硬功表演等活动，游客 6 万人次，旅游收入 2200 万元。2012 年，景区用以节养节、以会养会方式，动员八百寿酒业、三苏酒业，开展三月三朝山会、新春大庙会、迎中共十八大红歌大家唱等活动，景区企业“双赢”。三月三朝山会、九九登山节成为每年全县性民俗节日。

青神“竹编文化艺术节” 青神为“竹编之乡”，其历史可追溯到明代，至清代已崭露头角。“竹乡之春暨竹编文化艺术节”，是青神县规模较大的群众性经贸文化艺术活动，既是竹编文化大展示，亦为经济贸易盛会。2012 年，“竹乡之春暨竹编文化艺术节”更名为“青神县竹编文化艺术节”，旨在传承竹编艺术、弘扬竹编文化、宣传竹编艺术品。

丹棱老峨山“六月六”朝山会 丹棱县张场镇老峨山“六月六”朝山会，起源于西晋，迄今已 1700 余年。每年农历“六月六”为朝山会日，“文化大革命”时期亦未完全禁绝。20 世纪 80 年代初，地方政府利用老峨山“六月六”朝山会，将游山活动与经济贸易活动相结合，举办七届老峨山游山文化经贸交易会。2007 年起，丹棱县委、县政府每年举办旅游文化节暨六月六朝山会 1 次。2010 年 7 月，老峨山举行第三届旅游文化节暨六月六朝山会，相邻县（区）万人齐朝老峨山。2011 年，举办六月六朝山会、国庆旅游文化节等活动。2012 年，举办多次文化节活动，带动地方旅游产业发展。

丹棱唢呐艺术节 丹棱县民间唢呐艺术历史悠久，独树一帜。丹棱唢呐艺术节举办时间不定期，形式灵活多样，歌、舞、乐交相辉映，浑然一体，旨在传承唢呐艺术，弘扬唢呐文化，展现地方风情。2009 年 3 月，“齐乐桃花源 · 丹棱乡村游”开幕，丹棱县城区小学、杨场镇小学等 9 所小学 1000 名学生组成方队，使用 1000 只标准 D 调唢呐，在 7 名唢呐非物质文化遗产传承人领奏下，演出《春闹梅湾》《希望的田野》曲目。此活动被上海大世界吉尼斯总部初审通过为同类活动全国之最。2010 年，丹棱举办“中国（丹棱）民间唢呐英雄汇”。来自甘肃省、湖北省、陕西省、贵州省、山东省、山西省、河南省、新疆维吾尔自治区、河北省等12个省（自治区）的民间唢呐艺人，与丹棱县本地11组选手争夺中国民间唢呐王。至2012年，经文化艺术家挖掘整理，丹棱唢呐参加全国、省、市艺术节和大型经贸活动演奏10余次。

东坡国际文化节　始称“东坡文化节”，每五年举办一届，旨在弘扬东坡文化、传承东坡精神，纪念一代文豪苏东坡，规模宏大，形式多样，内容丰富。1997年9月，地、县两级共同举办“苏东坡960周年诞辰纪念活动暨第三届东坡文化节”。三苏博物馆举办“第九届苏轼学术研讨会”，来自日本、韩国等地及国内17个省份专家学者60余人参加。文化部副部长潘震宙到会祝贺。全国政协副主席杨汝岱发来贺电。2007年，眉山市委、市政府举办首届“中国·眉山东坡国际文化节”。此后十年举办一届。

仁寿文宫枇杷节　仁寿县文宫镇有千亩枇杷园，1998年被国务院发展研究中心、中国农学会、中国特产报社联合推荐命名为“中国枇杷之乡”。当年起，每年5月枇杷成熟时，仁寿县即举办文宫枇杷节，推出特色旅游文化项目，吸引游客和商家。2000年5月，第三届文宫枇杷节开幕式在仁寿县城举行，1.2万人演唱，鼓乐队、牌匾队、礼仪队、彩旗队、鲜花队色彩斑斓，舞龙队、秧歌腰鼓队行进间激情表演，抬工号子队抬着牛角寨大佛和文宫枇杷等模型及配有毛泽东手迹“伟哉虞公，千古一人”虞允文塑像。2010年，仁寿县举办以“金色枇杷，幸福仁寿”为主题的第十届文宫枇杷节。举行招商推介暨签约活动、房地产交易会、枇杷交易会及仁寿县文宫镇中国枇杷园和黑龙滩风景区生态两日游活动。全县接待游客20余万人，旅游综合收入1200万余元；文宫镇接待县内外游客12万余人，旅游收入840万元。

洪雅瓦屋山杜鹃节　瓦屋山有杜鹃花40余种，面积4万公顷，被誉为“世界杜鹃花王国”。每年4月至5月，瓦屋山杜鹃竞相绽放，如染如织，将瓦屋山变成“空中花园”。2001年，洪雅县举办首届瓦屋山杜鹃节。此后每年举办1次，形式多样，内容丰富。2009年，瓦屋山举办以“瓦屋仙台，杜鹃花海”为主题的瓦屋山杜鹃节。2010年，瓦屋山杜鹃节推出首届“雅女—杜鹃”摄影大赛、“杜鹃花美食节”等活动，景区三天接待游客1.2万人次，门票收入38万元。2012年，瓦屋山景区举办“2012年瓦屋山杜鹃摄影采风活动”，各地摄影、书画爱好者齐聚瓦屋山摄影、书画创作。展现瓦屋山美丽自然风光。

洪雅瓦屋山冰雪节　瓦屋山每年11月至次年5月，被厚厚积雪覆盖，银装素裹。1996年，洪雅举办首届瓦屋山冰雪节，成为南国冰雪节重要分会场。此后每年举办1次，推出赏雪、玩雪、滑雪等项目。2010年，瓦屋山举办首届“国际冰雪节”，向游客推出瓦屋山童话冰雪盛宴。2012年，举办“2012·瓦屋山冰雪节”，推出踏雪游园、趣味滑雪、赏雪摄影、篝火联欢、民俗展示等活动，接待游客3.6万人。

洪雅避暑节　洪雅县气候温和，生态环境良好，是夏季避暑旅游胜地。2008年7月，洪雅举办首届为期50天的避暑节，推出避暑旅游产品和文化旅游项目。接待游客14.05万人次，旅游收入3050万元。2009年7月，在七里坪和柳江古镇举办首届全国定向运动大会暨中国·洪雅第二届避暑节。2010年7月，洪雅举办第三届避暑节。

东坡桃花节　2003年3月，东坡区广济乡鸭池沟村举办首届桃花节。此后，每年举办桃花节，发展乡村旅游，推出春季赏花旅游产品。2005年，广济乡鸭池沟村举办桃花会，游客登山赏花、品乡村美食。2008年，丹棱县委、县政府在梅湾湖举办“生态家园、快乐梅湾”为主题的生态桃花节。2009年，举办为期一月的“齐乐桃花源，丹棱乡村游”活动。开幕当天接待游客6万人。2010

年，梅湾湖举办第二届“齐乐桃花源·丹棱乡村游”活动，接待游客27万人次，旅游收入1.42亿元。广济乡鸭池沟桃花山举办第五届桃花会。增加游人参与山歌、情歌对唱，趣味活动比赛、风筝放飞比赛及猜谜活动，观赏篝火晚会、电影和文艺演出。全市桃花节活动延续至2012年。

洪雅柳江古镇旅游文化节　2009年“五一”节期间，洪雅县柳江镇举办以“山水秀场，印象柳江”为主题的柳江古镇旅游文化节。开展茶道、洪雅地方戏曲和民俗表演，百年老宅百桌九大碗，游客歌手大赛，“亲情耀柳江”摄影（绘画）比赛，“情锁柳江”婚纱摄影秀等活动，受到游客青睐。2011年，柳江古镇曾家园举办“书画名家绘柳江”“手谈柳江全国象棋大赛”活动。邀请洪雅县知名书画家到柳江古镇采风、现场书画，书画名家17人留下墨宝；来自全国18个省市的象棋爱好者140人参加象棋大赛。广东象棋网、东萍象棋网等6家网站报道比赛讯息，网上点击率上万，网名留言数千条。

仁寿梨花节　仁寿县曹家乡有百年梨树栽植历史。1998年起，全乡成片栽植优质梨1667公顷，冬枣、寿桃167公顷，年产水果3500余吨，水果产业成为全乡经济支柱，“曹家梨”成为全省知名商标。2004年起，曹家乡每年举办一届为期5天的“梨花节”。当年接待游客20余万人次。2008年，全乡梨树重点村建设通达各农户水泥路，兴办“农家乐”，日接待2400余人。曹家乡党委、政府举办以“以花为媒、文化搭台、全面推进新农村建设”为主题的第五届“梨花节”。2010年3月，仁寿县举办第七届曹家梨花文化旅游节，开幕当天3万余游客前往赏花、观看演出。节日期间接待游客14万余人，自驾车2100余辆，旅游收入1210万元，农户人均增收310元。此活动延续至2012年。

四、旅游商品开发

2001年起，眉山市旅游部门在景区开发建设和功能配套完善同时，以传统品牌为依托，开发旅游商品和培育重点旅游商品生产企业，组织旅游企业参加全省、全国旅游商品展示、设计评比等活动。2004年，鼓励旅游商品生产企业加强研发，扩大规模，抢占市场，全市开展“眉山市知名旅游产品”评定活动，评出李记“乐宝牌”酱菜、青神云华竹编等眉山市知名旅游产品44个。2005年，推出东坡诗意竹贴画、竹墙纸、“东坡宋笔”、千足金《陈情表》等旅游商品。其中竹墙纸作为新型装饰材料，批量生产并出口欧亚地区，不少商品实现产业化。全市旅游商品开发取得突破性进展。至2009年，全市重点培育旅游商品生产企业50余家，新开发旅游商品37种，特色旅游商品41件，设立特色旅游商品购物点20余个，推出以青神彩色竹编、东坡肘子、眉山泡菜、雅妹子腌腊制品、仁寿芝麻糕等为代表的优秀旅游商品，7件被评为四川省“特色旅游商品”。市中心城区形成杭州路美食一条街、湖滨路啤酒一条街、沙縠行古玩字画一条街等特色街区。2010年，推出以东坡文化为主题的邮票册、盖碗茶具等旅游产品。青神竹编“隐形观音”、雅妹子生态大礼包等5件产品分获全国全省铜奖、银奖。2011年，评选出东坡肘子、龙眼酥、东坡泡菜、仁寿干巴牛肉、瓦屋山岩蜂蜜、丹棱冻粑等“眉山市最具东坡文化特色的旅游商品、眉山市最具养生文化特色的旅游商品、眉山市最具生态文化特色的旅游商品”各1个，“眉山市2011年十大特色旅游商品”10个，“眉山市2011年最受群众喜爱的旅游商品”20个。

第四节　旅游队伍建设

一、专业教育

旅游教育主要是培养在各级旅游管理部门和旅游企业中从事基层管理和具体业务工作的复合型、应用型人才。

2002 年，眉山职业技术学院（以下简称眉职院）旅游系开设酒店管理、旅游管理、旅游英语三个专科专业，招收旅游专业学生。此后，眉职院立足于服务地方经济和社会发展需要，探索“工学结合、校企合作”人才培养模式，相继与北京市、上海市、成都市、江苏省无锡市等酒店公司和眉山市假日国际旅行社、眉山市环球旅行社、岷江东湖饭店等开展“校企合作，工学结合”，培养“高素质、技能型”现代服务业人才。

2005 年，市旅游局、眉职院举办四川大学网络教育旅游管理专业专、本科学历教育班，为四川大学在眉山的校外教学点，招收高中起点专科、专科起点本科学生。基本学制三年，采用网络教育与面授辅导相结合、电子教材与文字教材配合、课堂学习与自主学习相结合学习形式。学生修完教学计划规定全部课程，成绩合格的颁发国家承认学历的四川大学网络教育本、专科毕业证书，电子注册，达到学位标准的颁发学位证书。2008 年，眉职院与江苏省无锡市旅游协会联合组织涉外导游考试培训。2009 年，眉职院选送学生 5 人前往无锡市顶岗实习，全部通过涉外导游资格考试。全院 2007 级旅游英语班学生参加外语导游培训考试，过级率 98%。4 人在全省 18 所高等院校参加的“2009 四川省旅游院校饭店服务技能大赛”中，分获第 9 至 13 名。全年全院 250 人被北京市、上海市、眉山市等企业招聘，顶岗实习。

此工作延续至 2012 年。

二、从业人员培训与考核

眉山市旅游行业通过开展各类业务培训和技能竞赛活动，提高旅游从业人员职业道德素养，提升旅游服务质量。

1998 年，眉山地区举办首期旅游管理人员培训班。培训宾馆（饭店）、旅行社、旅游定点管理单位、景区管理人员等。1999 年，举办眉山地区质量管理人员培训班。选派专人前往青神宾馆、中岩寺等培训旅游行业人员。2000 年，全区报考全国导游资格证的 53 人。

2001 年，眉山市举办旅游业务年检和上岗资格培训班。取得执业资格导游人员、各旅行社有关人员、景区景点讲解员等参训。四川省旅游局将报考全国导游资格证笔试下放到市组织。当年眉山市组织 178 人参加全国导游资格考试，合格 115 人。经全省统一现场导游考试，85 人合格。此后，全市每年组织全国导游人员资格考前培训和试考。2002 年，全市举办旅游企业高层管理人员培训班，培训 123 人。2003 年，市旅游局举办星级饭店新标准全员培训班。16 家饭店 2000 余人参训。2004 年，全市旅游系统举办安全知识培训，旅游企业主要管理人员、特种作业人员、业主、车主、船主 90 余人参训。组织全市持有导游证的导游、取得全国导游资格准备新办导游证人员年审培训暨新办导游证人员岗前培训。内容包括眉山市情、旅游政策法规、导游讲解艺术、普通话等。当年，全市

781 人参加全国导游人员资格考试，为 1997—2012 年中最多的一年。2005 年，经过综合考评，全市导游 63 人通过年审。

2006 年，开展"首届眉州好导游"技能竞赛。2008 年，举办"眉州好导游、好讲解员评比活动"。参评选手 10 人，3 人获"眉州好导游"称号、2 人获"眉州好讲解员"称号。全市旅游系统创建全国青年文明号 1 家、市级青年文明号 6 家、市级巾帼示范岗 5 家。2010 年，组建全市乡村旅游讲师团，开展乡村旅游管理、餐饮、礼仪、卫生、安全等培训 6 期 3000 人次。举行全市旅游饭店服务技能大赛，全市 7 个代表队 41 名选手参赛。中式铺床和中餐宴会摆台 12 人获奖。举行眉山"水天花月杯"导游、讲解员大赛暨 2010 年四川导游、讲解员、景区形象大使眉山选拔赛。评出"眉山好导游""眉山优秀讲解员""景区形象大使""最佳人气奖"等 23 人。至 2012 年，全市每年举办导游年审培训，实施导游年审。

第五节　旅游市场监管

1998 年，眉山地区确定全区旅游定点单位（含宾馆、餐饮点、购物点和涉外单位）23 家。地区旅游部门检查区内旅游企业和外来旅行社 30 余次，取缔成都天马旅行社仁寿社等非法机构，纠正少数企业促销不规范行为。确定 15 家旅游企业为眉山地区"讲文明，树新风"活动示范单位，并设置旅游投诉牌。1999 年，实行督促检查制度，平时全面检查、景区旅游服务质量达标年度检查和星级宾馆年度复核相结合，年度检查眉山县、彭山县两家星级宾馆，发专文督促仙女湖度假村改进游船安全问题。

2001 年，眉山市旅游、公安、工商部门开展严厉打击非法经营旅游业务和无证从事导游活动不法行为，取缔无证、无照经营旅行社（点）6 个。开通旅游投诉电话，旅游黄金周期间 24 小时值班制度，受理游客投诉，处理投诉 4 起。专项整治全市旅游安全，开展重点景区和宾馆等涉旅安全大检查。2003 年，整顿和规范全市旅游市场。检查旅行社、景区、宾馆服务质量和服务规范，排查景区、宾馆、旅行社安全隐患。发书面整改通知 18 份，受理旅游投诉 9 起，全部办结。2004 年，专项治理全市旅游行业消防安全。督促检查警民共建安全文明区创建活动。全市所有景区无打架斗殴、治安案件和刑事案件发生。瓦屋山景区被省文明办评为全省首批文明景区。

2005—2007 年，全市加强旅游市场监管，健全执法监督体系。旅游、工商、公安等部门组成联合执法组，执法检查各景区、星级宾馆和旅行社，打击无证无照经营，欺客宰客、随意降低服务标准等行为。开展"绿盾行动Ⅱ""绿盾行动Ⅲ"旅行社及"零负团费""绿盾行动Ⅴ"专项整治。受理游客投诉 12 起，全部处理。取缔非法经营"黑社、黑导、黑车、黑店"和彭山县"野人谷"表演点。

2008 年，加强旅游客运车辆文明运营指导，规范旅行社租用旅游车辆行为。开展奥运旅游市场执法检查，检查发现问题 5 个、安全隐患 2 个，现场指导并督促整改，发出整改意见 2 份。"5·12"汶川特大地震发生后，全市迅速启动《眉山市旅游局应对旅游突发公共事件应急预案》和《旅游次生灾害应急预案》，抗震救灾，前往彭山县观音机场接收重灾区转移至眉山的游客 124 人，妥善做好灾区转移到眉山市游客的疏散工作。2009 年，全市开展清理违法使用对讲机专项行政执法活动，清理星级饭店、A 级景区、农家乐在用对讲机，督促规范使用。开展"百日安全生产活动"、旅游安全警示教育活动和旅游安全生产行动，全年组织检查 22 次，发现并整治隐患 86 处。2010 年，开展为期7个月的“绿盾行动Ⅵ”旅行社合同及服务网点专项治理，检查40个旅行社（网点）。限期整改未办理备案旅行社分社2家。开展节日期间旅游安全检查，发现并督促整改隐患68个。2011年，分别在“五一”小长假和“十一”黄金周期间开展执法检查周活动，在春节黄金周期间开展重点检查，对1家旅行社和1家旅行社分社进行诫勉谈话，对3家旅行社和2家旅行社分社提出整改意见。联合公安、工商、药监、质监、安监等部门开展“绿盾行动Ⅶ”旅游团队运行专项治理、旅游景区及周边旅游市场秩序暨治安环境专项治理、旅游市场重点环节检查等3次专项治理。妥善处理旅游投诉4件，调解处理旅游纠纷5件。2012年，开展“绿盾行动”旅行社合同及超范围经营、旅行社分社（分公司）、查堵淫秽色情和政治性有害出版物等3次专项治理。向15家分社提出整改意见，约见3家分社负责人诫勉谈话，收缴超范围宣传资料1000余份。开展“打非治违”专项行动、“安全生产年”等安全生产活动。

中国诗书城·眉山

眉山市志

MEI SHAN SHI ZHI

中册

眉山市党史和地方志编纂中心 编

方志出版社

目 录

第十五篇　财政　税务

1997年，四川省对眉山地、县实行“划分税种、核定收支、分级包干”和“分税制”财政运行体制，地区对县实行包干制财政体制。2000年，实行省、地县财政税收分享。2003年以后年份的分享比例按实际情况确定。此后，眉山市多次调整市、县两级财权和收入范围，调整市级参与工商税收增量分成，通过体制集中县（区）财力，各级财政规模逐年提高。至2012年，全市财政总收入由1997年的9.07亿元增至244.84亿元、增长25.99倍，其中上级补助收入91.48亿元、占财政总收入的37.36%。全市财政自给率34.06%，主要靠中央和省财政的转移支付、税收返还和补助弥补。全市财政总支出由1997年的7.78亿元增至208.49亿元、增长25.8倍，其中一般预算支出143.29亿元、占财政总支出的68.73%。全市税收收入由1997年的4.4亿元增至69.69亿元、占全市财政总收入的28.46%。增值税、营业税、所得税为全市主要税种。

第一章　财　政

1997—2012年，眉山市加强税源控制，保证应收尽收。通过实行财政零基预算、综合预算等措施，以及国库集中支付，严把基本支出和项目支出关，不断优化支出结构。加强财政监督，保证财政资金安全运行，实现财政收支平衡，保证了全市各项事业经费支出。

第一节　财政体制

一、中央与地方分税制

1997年，四川省对眉山地、县实行“划分税种、核定收支、分级包干”和“分税制”（以下简称“双轨”制）运行体制。2000年，眉山地区实行省、地县财政税收分享。金融保险业营业税（地方部分）；省级企业所得税、企业所得税退税、国有企业计划亏损补贴、国有资产经营收益；固定资产投资方向调节税；省级企事业单位参与投资的港澳台和外商投资企业缴纳的所得税；由省级企事业单位参与组成的股份制企业、联营企业按投资比例、股份（或协议分利比例）分享的所得税；省级单位缴纳以及纳入省级预算管理的行政性收费收入、罚没收入、其他收入为省级财政固定收入。眉山地区原地级8户企业所缴纳的企业所得税、企业所得税退税、国有企业计划亏损补贴、国有资产经营收益；上划企业、地级其他新办企业等地级纳税户所缴纳的城市维护建设税、土地增值税、车船使用和牌照税、筵席税、耕地占用税；地区所属企事业单位参与组成的股份制企业、联营企业按投资比例、股份（或协议分利）分享的所得税；海域场地矿区使用费收入，专项收入，地属单位纳入预算管理的行政性收费收入、罚没收入、其他收入为地级财政固定收入。增值税（25%部分）、营业税（不含金融保险营业税）、个人所得税、资源税、房产税、印花税、城镇土地使用税、契税，省与地县共享。省分享35%，地县分享65%。基金预算收入暂维持原有规定不变。地区对县税收返还收入基数不再执行原递增包干体制的递增上解办法，规范结算事项。以1999年为基期年，将各县原体制上解额和补助额，与省财政分享税收收入、省地财政下划收入、上划“金融保险业营业税”、固定结算上解和补助数品迭后的数额，相应调整1999年各地税收返还收入基数。各地税收返还收入以调整后的1999年税收返还收入为基数，逐年递增，递增率按各地上划中央增值税和消费税的实际增长率的1∶0.3系数确定。当年实际完成上划中央“两税”数达不到上年上划“两税”收入基数的，相应扣减税收返还收入。地级按原比例参与县级工商税收增量分成，以1997年收入按省分享比例扣除后的数字为基数，地级得增量。眉山县、彭山县的递增包干上解，洪雅县定额上解并轨后，地区参与三县的工商税收增长分成比例由原来的30%调整为25%。地区适当调整体制中地区对县上划企业基数补助不列入税收返还基数。除上述税种分成外，其他各税归县级收入。

眉山市财税工作会（摄于2010年9月）

2002年，眉山市实行所得税“五·五”分享。市县地方企业所得税的50%上划为中央收入；

市县个人所得税上划 32.5%为中央收入；原属中央级的利息所得税的 32.5%下划为市县收入，17.5%作为省级收入；中央下划地方的中央企业所得税 50%，作为省本级收入。2003 年，中央与地方所得税按“六·四”分享。以后年份的分享比例按实际情况确定。其中个人所得税地方部分维持原省与市、县分享办法。县（区）固定收入的企业所得税地方部分，全部留归县（区），省、市暂不参与分享；因所得税分享改革，上级财政增加的转移支付补助，主要用于对各地特别是财政困难地方的转移支付补助。县（区）一般个人所得税地方部分仍按现行体制规定，省、县（区）按 35%、65%比例分享；中央下划的储蓄存款利息所得个人所得税作为省与县（区）共享收入，省、县（区）按 35%、65%比例分享。市级的一般个人所得税、中央下划的储蓄存款利息所得个人所得税按省与市级 35%、65%比例分享。改革后，县（区）以后年度的所得税收入完成数达不到2001 年基数，市财政按中央、省有关规定相应扣减对县（区）的基数返还或调增其基数上解。此体制延续至 2012 年。

二、市对县（区）财政体制

1997 年，眉山地区实行包干制财政体制。与乐山地区分家建立眉山地区时，平移乐山市对 6 县的包干制财政体制，眉山县、彭山县递增包干上解，仁寿县、洪雅县定额上解，丹棱县、青神县定额补助。1998 年起，地区行署调整地县两级财权和收入范围，8 户地级企业除缴省分享外的财政收入划入地级财政。地级集中财力 650 万元用于维护社会稳定和新区基础设施建设。地级参与各县工商税收增量（眉山县、彭山县、洪雅县 20%，其余县 10%）、城维税分成（均为 10%），年终通过财政结算上解。地级参与对洪雅县青衣江流域总装机容量 1 万千瓦以上电站企业上划中央增值税 75%部分返还收入增量的 40%分成，通过年终结算上解。此次调整上划各县 62 户地级及地级以上企业的地方财政一般预算收入，上划收入基数 2933 万元。其中原眉山县 57 户、青神县 3 户、彭山县 2 户。此次财政体制调整影响县级收入基数部分，地级财政每年通过年终结算补助各县，每年补助 5710 万元。1999 年起，地区对各县政府实行粮食风险基金包干，包干基数采取一次核定、三年不变。2000 年，地区行署将地级参与眉山县、彭山县、洪雅县的工商税收增量分成比例由 20%调整为 25%，其余 3 县仍维持 10%。

2001 年，眉山市市级参与工商税收增量分成比例，东坡区、彭山县由 25%调整为 38%，洪雅县由 25%调整为 35%，仁寿县、青神县、丹棱县由 10%调整为 15%。2002 年，工商税收增量分成比例调整为东坡区、彭山县、洪雅县 25%，其余县 10%。从东坡区上划纳税户 29 户，上划基数 73 万元。2006 年，市国有资产经营有限公司持有的四川丹甫制冷压缩机公司（以下简称丹甫公司）国有股无偿划转青神县，丹甫公司税收级次调整为县级。2007 年，调整市级参与工商税收增量分成，取消城维税市级分成。以 2006 年为基数，各县上解市级的工商税收增量部分作为县对市的定额上解，对以后年度各县工商税收超过 2006 年部分，分成比例洪雅县、彭山县由 25%调整为 15%，仁寿县、丹棱县、青神县调整为 5%。东坡区救助管理站整体上划组建眉山市救助管理站和眉山市流浪未成年人救助保护中心，原东坡区救助管理站 2006 年支出基数由东坡区上解市财政。2010 年，调整市与东坡区财政体制，市通过年终结算扣解东坡区工商税收增量。至 2012 年，未再调整县（区）财政体制。

三、集中财力与补助县（区）

1999 年起，眉山地区每年通过体制从各县集中财力，规模逐年提高。当年，各县上解 1151 万元，2006年最高达到6102万元、占县（区）当年财力的3.1%。1999—2006年，眉山市从各县（区）集中财力2.63亿元。

2004年起，上级加大对县（区）资金调度、专款补助力度，四川省下拨的转移支付和专项资金足额计算拨付到县（区），帮助县（区）缓解财政困难。当年补助县（区）7201万元。2006年补助1.09亿元。集中财力大幅返还，支持县（区）教育、卫生、社会保障等公共产品和公共服务的供给。2007年起，逐步建立对县的激励约束机制，实行专项转移支付补助。通过建立市对县（区）经济发展状况和财政收支管理的动态综合考核体系，客观评价县（区）财政履行责任的情况和县级财政自身努力程度，并相应在此项补助中体现奖惩。至2012年年底，均按制实施补助县（区）财力。

四、体制上划

1998年5月，眉山地区县级工商行政管理部门实行地区直接领导，其财政体制上划眉山地区工商局。1999年起，省以下技术监督部门体制上划省质量技术监督局垂直管理，财政体制上划四川省。2001年起，省以下药品监督管理部门及直属机构上划省药品监督管理局实行垂直管理。

1997年起，眉山地区各县部分企业上划地区。1998年，上划的企业中8户地级企业全部关闭破产或改制。至2004年，眉山市上划的企业全部完成转制。

五、扩权县及乡镇财政体制

（一）扩权县财政体制

2007年9月，仁寿县被纳入“扩权强县”试点县。调整眉山市与仁寿县财政体制。四川省对仁寿县实行与眉山市相同的分税制财政管理体制，眉山市与仁寿县互不参与税收和非税收入的分享。明确各项收支基数、债务的划转。2009年7月，彭山县被确定为“扩权强县”试点县。彭山县财政体制由四川省直接管理，实行与眉山市相同的分税制财政体制。至2012年，扩权县财政新体制运转正常。

（二）乡镇财政体制

1999年，仁寿县启动财政体制改革。实行“划分收支范围，核定收支基数，递增包干递减，收支自求平衡”新体制。按照以收定支和结合地方实际原则，确定区（镇）财政收支范围，确保收支大体平衡并略有富余。在各区（镇）设立金库，配备专职人员，保证新体制顺利运行。此后，眉山地区推广仁寿县下划收支范围、科学界定乡镇财政收支范围做法，探索乡镇财政体制改革。2002年，眉山市政府下发《关于进一步规范和完善乡镇财政管理体制的意见》。规范和完善乡镇财政管理体制“三原则”（财权与事权相结合原则，统筹兼顾、适当向乡镇财政倾斜原则，保持体制相对稳定和区别对待原则）。按照“一级政府、一级财政”管理目标，合理确定乡镇财政体制模式。明确收支划分内容。规范和完善乡镇财政管理。全市县（区）对乡镇按照分税制改革要求，核定乡镇收支范围，明确收入任务基数和分成比例。2003年，眉山市推行乡镇财政体制改革。东坡区实行“划分税种，核定基数，递增包干，超收全留，体制一定五年不变”乡镇财政管理体制。仁寿县实行“划分收支范围、核定收支基数、收入增长分成、超收全留乡镇”乡镇财政管理体制，将区工作委员会作为县财政的一个预算单位，不再作为一级财政对待，斩断区财政与乡镇财政的上下级关系。彭山县实行“划分收支，核定基数，自求平衡，增量超收分成，一定两年”乡镇财政管理体制。洪雅县实行“划分收支范围，核定收支基数，确定递增比例，收入递增包干，超收全留，一定五年不变”乡镇财政管理体制。丹棱县实行“划分收支范围，核定收支基数，定额上解（或补助），体制内超收全留，欠收自负，一定三年”乡镇财政管理体制。青神县实行“划分收支范围，核定收支基数，定额上解（或补助），超收分成，欠收自补”乡镇财政管理体制。2004 年，乡镇财政实行“县管乡用”体制。乡镇预算编制实行县乡共编，乡镇资金实行集中收支结算，分级分户核算收支，乡镇政府采购纳入县级采购中心统一采购。2007 年，健全适应统筹城乡发展的财政管理体制，构建符合统筹城乡发展要求的公共产品供给体系和财政运行机制。2008 年，按实事求是、因地制宜、分类指导原则，科学界定县乡事权范围，明确县乡政府支出责任，合理划分县乡政府财政收入，提供县乡基本运行财力保障。进一步完善和健全乡镇财政管理制度，调动乡镇增收节支、自求平衡积极性。此体制延续至 2012 年。

第二节 财政收入

眉山市财政总收入包括地方财政收入、上级补助收入、其他收入及上划中央、省收入。

1997 年，眉山地区财政总收入以税收收入、上级补助收入及上划中央、省收入为主。全年财政总收入 9.07 亿元，其中地方财政一般预算收入 4 亿元，上级补助收入 2.74 亿元，上划中央、省收入 1.78 亿元。此后，各项收入逐步增长。2012 年，眉山市财政总收入 244.84 亿元，比 1997 年（下同）增长 25.99 倍，其中地方财政一般预算收入 48.81 亿元，上级补助收入 91.48 亿元，其他收入 7.66 亿元，基金收入 71.24 亿元，上划中央、省收入 25.65 亿元。

眉山市 1997—2012 年财政总收入统计表

表 15-1　　单位：万元

年份	地方财政收入		级补助	其他收入	上划中央、省	合计
	地方财政一般预算收入	基金收入				
1997	40074	4484	27416	964	17789	90727
1998	43286	2771	26836	3224	9155	85272
1999	45870	3244	37336	2251	18687	107388
2000	41914	4718	51364	4283	28999	131278
2001	42792	4132	76875	2356	33777	159932
2002	46028	3817	103975	5049	38323	197192
2003	56460	6385	108840	6793	46283	224761
2004	64885	11985	154078	8580	53763	293291
2005	70822	15794	180726	6750	66875	340967
2006	85342	25194	239494	8819	86415	445264
2007	119289	88504	337523	10364	111440	667120
2008	146129	159971	639889	15842	130941	1092772
2009	184398	247467	655072	32217	146547	1265701

续表15-1

年份	地方财政收入		级补助	其他收入	上划中央、省	合计
	地方财政一般预算收入	基金收入				
2010	246863	351145	679975	76206	185371	1539560
2011	340541	461545	842616	59505	225947	1930154
2012	488088	712362	914820	76648	256477	2448395
合计	2062781	2103518	5076835	319851	1456789	11019774

一、地方财政收入

眉山市地方财政收入包括地方财政一般预算收入、基金预算收入。

1997年，眉山地区地方财政收入4.41亿元，其中财政一般预算收入4亿元、基金预算收入4068万元。2012年，眉山市地方财政收入111.85亿元，比1997年（下同）增长24.36倍。其中地方财政一般预算收入48.81亿元（列全省第11位），基金预算收入63.04亿元。

眉山市1997—2012年分县（区）地方财政收入统计表

表15-2

年份	全市（万元）	占GDP比重（%）	市级（万元）	县(区)小计（万元）	东坡区（万元）	仁寿县（万元）	彭山县（万元）	洪雅县（万元）	丹棱县（万元）	青神县（万元）
1997	44142	4.22	372	43770	11490	17221	5613	4870	2604	1972
1998	44752	3.97	3929	40823	10053	15882	6099	4829	1493	2467
1999	47972	4.06	5120	42852	11595	15341	6302	5192	1830	2592
2000	44372	3.56	4761	39611	13860	12707	4615	4423	1698	2308
2001	44326	3.32	5764	38562	12035	12521	5022	4857	1874	2253
2002	47513	3.21	6624	40889	12088	12833	5672	5499	2347	2450
2003	60754	3.54	9348	51406	14523	15084	7864	7448	3587	2900
2004	71626	3.40	14341	57285	15242	16302	9652	9876	3083	3130
2005	80720	3.29	21004	59716	15637	15530	10267	11728	3095	3459
2006	101887	3.63	27887	74000	18550	22186	12099	13109	3889	4167
2007	187562	5.46	72615	114947	24606	27926	25168	25205	4742	7300
2008	266537	6.46	112948	153589	40918	38665	23446	31005	6870	12685
2009	378893	8.14	104670	274223	56570	109753	56802	30618	8076	12404
2010	531795	9.63	167062	364733	95214	111001	67967	50942	13662	25947
2011	720582	5.06	190113	530469	128780	160761	132646	62846	18865	26571
2012	1118452	6.30	257469	860983	163371	420072	139077	64079	34682	39702
合计	3071303	5.81	813914	2257389	515752	863024	385665	273680	93532	125736

（一）地方财政一般预算收入

眉山市地方财政一般预算收入包括税收收入、非税收入。

1997 年，眉山地区财政、国税、地税部门建立联席会议制度，指导全区财税部门组织收入。实行财税收入目标责任制，完善地级财政体制，保证财政正常运转。实行“收支两条线”和预决算制度，督促应纳入预算管理的行政性收入、基金项目及时上缴国库。当年，全区完成地方财政一般预算收入 4 亿余元，其中税收收入 3.3 亿元、非税收入 7100 万元。1998 年，全区实行财政增收目标管理。地委行署将目标任务分解到各县和国税、地税部门，明确各县县长、地级部门负责人为第一责任人。2000 年，按照“加强管理、堵塞漏洞、清缴欠税、惩治腐败”财政工作方针，加强财源建设，强化税收征管，严格控制行政一般经费、非生产性开支，建立政府收付中心体制和政府集中采购制度，加强财政监督检查，财政收入稳定增长。2002 年起，眉山市加强税源监控，力清欠税。开展税收大检查，依法治税。加强非税管理，严禁部门、单位设立“小金库”。2005 年，加强财税检查，重点加强纳税大户监控，确保税收均衡入库。2007 年，实行财政收入提前报告制度和跟踪分析制度，及时掌握动态，增添增收措施。2008 年，加强行政性收费收入、罚没收入、国有资产转让收入和专项收入等非税收入管理。开征天然气价格调节基金。2009 年，市政府规范和加强土地收储资金监督管理，推动眉山城区供地实现“熟地”出让和提高土地经营收益。清理应缴未缴资金，保证应入尽入。全市地方财政一般预算收入 18.44 亿元，比 2008 年增长 26.19%，高于全省平均水平。截至 2012 年年底，全市财政一般预算收入增至 48.81 亿元。税收收入增速低于非税收入。

税收收入　眉山市税收收入包括增值税、营业税、企业所得税等 16 种税种收入。1997 年，眉山地区税收收入 3.3 亿元，其中工商税税种 12 个 2.26 亿元、农业税税种 4 个 1.03 亿元。至 2000 年，全区工商税、农业税收入有升有降。2001 年起，眉山市税收收入稳定增长。2003 年起，全市停征屠宰税。2004 年起，全市停征农业特产税。2005 年起，全市停征农业税。此后，耕地占用税、契税逐年增长。2012 年，眉山市税收收入 32.96 亿元、占一般预算收入的 67.53%，是 1997 年的 10.58 倍。

眉山市 1997—2012 年税收收入统计表

表 15-3　　单位：万元

年份 项目名称	1997	1998	1999	2000	2001	2002	2003	2004	2005	2006	2007	2008	2009	2010	2011	2012
增值税	5528	5521	5837	4170	4960	5657	7035	7478	10375	13101	16299	18218	18630	22183	25838	26865
营业税	8176	9499	11440	6240	6352	7117	7928	9542	10203	14319	21797	25657	39566	58451	77630	89105
企业所得税	3031	1550	2446	2583	6597	2313	1894	2652	4361	7104	10531	13329	13744	21912	34069	39168
企业所得税退税	—	—	—	—	-3	—	—	—	—	-133	-263	—	-83	-129	—	—
个人所得税	1080	1794	2241	1715	2343	2380	1981	2490	2897	3618	4457	5501	5602	7836	7456	8126
资源税	363	552	486	356	450	501	565	628	765	942	1212	1526	1445	1765	1902	3361
城市维护建设税	1197	1311	1385	1860	773	2470	3339	5110	5804	5665	7732	8260	8727	11548	15226	17609
房产税	921	1125	1091	755	785	926	966	970	1039	1237	1305	2451	2445	2585	3852	6051
印花税	120	110	83	103	134	172	225	397	479	657	1054	1403	1657	2258	2750	3206
城镇土地使用税	93	94	99	225	233	311	321	558	612	735	1571	6632	6231	6611	9848	16587
土地增值税	4	7	6	31	1	14	1265	2680	4725	3119	5139	4869	10026	13646	20444	24491

续表15-3

项目名称＼年份	1997	1998	1999	2000	2001	2002	2003	2004	2005	2006	2007	2008	2009	2010	2011	2012
车船税	116	119	131	157	91	269	558	797	862	598	776	1872	2103	2756	3689	4384
屠宰税	2008	2321	2023	2719	3574	550	—	—	—	—	—	—	—	—	—	—
农业税	9189	8894	7798	6326	4671	10099	11091	5604	—	—	—	—	—	—	—	—
农业特产税	695	797	830	839	398	264	41	—	—	—	—	—	—	—	—	—
耕地占用税	175	211	102	417	152	628	1883	1422	1916	3350	2886	6236	6672	10346	21818	57552
契税	278	331	559	467	534	359	733	1232	1478	3307	6134	8250	12918	17080	23154	33083
滞纳金、罚款	20	—	—	—	—	—	—	—	—	—	—	—	—	—	—	—
合计	32994	34236	36557	28963	32045	34030	39825	41560	45516	57619	80630	104204	129683	178848	249687	329588

非税收入　眉山市非税收入包括国有资产经营收益、国有资源（资本）有偿使用收益、国有企业计划亏损补贴、行政事业性收费收入、罚没收入、专项收入及其他收入。1997 年，眉山地区非税收入 7080 万元，占一般预算收入的 17.67%。主要为行政事业性收费收入、罚没收入及其他收入。2005 年，眉山市取消国有企业计划亏损补贴。2012 年，全市非税收收入 15.85 亿元，占一般预算收入的 32.47%，是 1997 年的 22.39 倍。

眉山市 1997—2012 年非税收入统计表

表 15-4　　单位：万元

年份	国有资产经营收益	国有资源（资本）有偿使用收益	国有企业计划亏损补贴	行政事业性收费收入	罚没收入	专项收入	其他收入	合计
1997	212	202	-58	1096	3407	—	2221	7080
1998	555	39	-52	1747	4476	761	1524	9050
1999	494	6	-52	1753	4573	933	1606	9313
2000	3141	—	-40	2895	4871	1056	1028	12951
2001	2102	—	-22	2296	3940	1040	1391	10747
2002	928	—	-16	2992	4030	1475	2589	11998
2003	3768	—	-16	6069	4184	1700	930	16635
2004	4988	—	-16	9177	5238	2473	1465	23325
2005	3975	—	—	10282	7094	3384	571	25306
2006	4441	—	—	11667	4246	5731	1638	27723
2007	4704	1729	—	17912	6915	6525	874	38659
2008	4710	3511	—	16675	4976	10159	1894	41925
2009	4548	6601	—	21315	10353	8079	3819	54715
2010	987	21635	—	26951	6627	9564	2251	68015
2011	1766	27721	—	31633	14264	12341	5140	92865
2012	935	48319	—	59083	21359	18056	10748	158500
合计	42254	109763	-272	223543	110553	83277	39689	608807

（二）基金收入

眉山市基金收入包括基金预算收入、上级补助、结算补助、上年结余和调入资金。

1997 年，眉山地区基金收入 4484 万元。其中基金预算收入 4068 万元、上级补助 36 万元、上年结余 380 万元。此后，基金收入有所减少。

2003 年起，眉山市基金收入大幅增加。2010 年，全市地方财政基金预算收入 28. 49 亿元。2012 年，全市基金收入 71. 24 亿元。其中基金预算收入 63. 04 亿元、上级补助 3. 53 亿元。

二、上级补助

眉山市上级补助包括返还收入、财力性转移支付收入、专项转移支付收入、地震灾后恢复重建补助收入，是全市主要财政收入。

1997 年，上级补助眉山地区财政资金 2. 74 亿元，占财政总收入的 35. 71%。其中返还收入 1. 25 亿元、财力性转移支付收入 7118 万元、专项转移支付收入 7797 万元。分别占上级补助收入的 45. 76%、25. 96%、28. 44%。此后，逐年增长。2008 年“5 · 12”汶川特大地震后，中央、四川省补助眉山抗震救灾和灾后重建资金 38. 2 亿元。为全市抗震救灾和灾后重建提供财力支持。2012 年，眉山市上级补助收入增至 91. 48 亿元，占地方财政收入的 81. 79%。其中返还收入 5. 04 亿元、财力性转移支付收入 48. 9 亿元、专项转移支付收入 36. 43 亿元。

眉山市 1997—2012 年上级补助收入表

表 15-5 单位：万元

科目名称 / 年份	返还性收入	财力性转移支付收入	专项转移支付收入	地震灾后恢复重建补助收入	小计
1997	12501	7118	7797	—	27416
1998	12487	4178	10171	—	26836
1999	12709	7127	17500	—	37336
2000	20069	12350	18945	—	51364
2001	21190	23993	31692	—	76875
2002	24682	44666	34627	—	103975
2003	27321	47693	33826	—	108840
2004	28802	60960	64316	—	154078
2005	30599	89989	60138	—	180726
2006	32412	126124	80958	—	239494
2007	34874	170440	132209	—	337523
2008	36028	206302	191503	206056	639889
2009	45723	246088	252485	110776	655072
2010	48287	275360	291177	65151	679975
2011	50154	461199	331263	—	842616
2012	50428	488986	364346	11060	914820
合计	488266	2272573	1922953	393043	5076835

三、上划中央及省税收收入

1997 年，眉山地区上划中央两税资金 1.68 亿元，上划四川省税收资金 1044 万元。此后，上划中央、四川省税收逐步增长。2000 年，四川省对眉山地、县财政体制调整。当年，全区上划四川省八个税种预算收入 7555 万元。2012 年，眉山市上划中央税收 13.5 亿元、上划省税收 12.15 亿元。1997—2012 年，眉山市上划中央税收 91.43 亿元、上划省税收 54.25 亿元。

四、其他收入

其他收入包括转贷财政部代理发行地方政府债券收入、调入其他资金、上年结余。

1997 年，眉山地区其他收入 964 万元。其中调入其他资金 745 万元、上年结余 219 万元。2009 年起，眉山市转贷财政部代理发行地方政府债券。当年收入 1.5 万元。

1997—2012 年，眉山市其他收入 32 亿元。其中转贷财政部代理发行地方政府债券收入 11.61 亿元、调入其他资金 3056 万元、上年结余 20.07 亿元。分别占财力性转移支付其他收入的 36.28%、0.96%、62.72%。

第三节　财政支出

眉山市财政支出包括一般预算支出、出口退税专项上解、专项上解、其他支出、基金支出。上划税收按年度税收实行中央、四川省、眉山市分成，中央、四川省分享部分直接缴入中央金库。预算及基金支出为保障全市经济社会发展的各项经费支出。

1997 年，眉山地区财政总支出 7.78 亿元。其中一般预算支出 6.1 亿元、出口退税专项上解 2979 万元、专项上解 2136 万元、其他支出 8319 万元、基金支出 3399 万元。2012 年，眉山市财政总支出 208.49 亿元，比 1997 年（下同）增长 25.8 倍。其中一般预算支出 143.29 亿元、增长 22.5 倍，基金支出 63.93 亿元、增长 187.09 倍。预算支出和基金支出为财政主要支出，占总量的 99.39%。

1997—2012 年，眉山市财政支出 907.12 亿元。其中地方财政支出 717 亿元、基金支出 182.33 亿元。

眉山市 1997—2012 年财政支出统计表

表 15-6　　单位：万元

年份	一般预算支出	出口退税专项上解支出	专项上解支出	其他支出	基金支出	合计
1997	60967	2979	2136	8319	3399	77800
1998	69425	3143	3743	—	1894	78205
1999	77617	3316	2843	—	1742	85518
2000	90968	—	5615	—	2976	99559
2001	117046	—	4701	—	2389	124136
2002	145286	—	4733	—	2676	152695

续表15-6

年份	一般预算支出	出口退税专项上解支出	专项上解支出	其他支出	基金支出	合计
2003	162006	—	3858	—	4838	170702
2004	220203	—	590	—	9339	230132
2005	249155	334	573	—	8312	258374
2006	325226	248	761	—	18428	344663
2007	450229	277	828	—	64545	515879
2008	783443	218	982	—	129163	913806
2009	831405	213	1234	4740	213948	1051540
2010	965266	139	1742	4500	303165	1274812
2011	1188867	117	2360	—	417130	1608474
2012	1432902	305	12415	—	639315	2084937
合计	7170011	11289	49114	17559	1823259	9071232

说明：不含上划中央、省税收收入部分

眉山市 1997—2012 年地方财政预算支出统计表

表 15-7

单位：万元

年份	地方财政支出									其中：地方财政一般预算支出								
	全市	市级	县（区）小计	东坡区	仁寿县	彭山县	洪雅县	丹棱县	青神县	全市	市级	县（区）小计	东坡区	仁寿县	彭山县	洪雅县	丹棱县	青神县
1995	45540	—	45540	14271	13974	5805	5038	3139	3313	45575	—	45575	14271	13974	5805	5073	3139	3313
1997	64366	5521	58845	15684	21488	7295	6788	3862	3728	60967	5521	55446	14621	19658	7198	6606	3781	3582
1998	71319	11580	59739	15779	20681	8304	7464	3169	4342	69425	11550	57875	15506	19648	8039	7292	3100	4290
1999	79359	12923	66436	17286	22307	8755	9315	3953	4820	77617	12923	64694	16844	21559	8598	9071	3899	4723
2000	93944	18177	75767	23749	22480	8413	10605	4160	6360	90968	18038	72930	22387	21709	8119	10352	4086	6277
2001	119435	21555	97880	25214	33914	11170	13036	5612	8934	117046	21458	95588	24329	33427	11049	12425	5557	8801
2002	147962	25473	122489	29131	41712	14625	19627	8100	9294	145286	25303	119983	28140	41266	14295	19376	7766	9140
2003	166844	25935	140909	32763	49136	17632	20964	9701	10713	162006	25579	136427	31678	47924	17484	20030	8743	10568
2004	229542	43941	185601	37521	63979	22942	33331	13193	14635	220203	41348	178855	36879	61368	22685	30868	12630	14425
2005	257467	51135	206332	44313	73205	25380	31630	15834	15970	249155	48028	201127	44024	71112	24618	30819	14960	15594
2006	343654	61674	281980	60836	107733	33725	40359	19294	20033	325226	56230	268996	59286	99358	32690	39576	18483	19603
2007	514774	111597	403177	88405	155055	46747	60097	24936	27937	450229	82930	367299	85353	141258	44010	46962	23808	25908
2008	912606	152503	760103	142508	355169	74342	89266	46748	52070	783443	85985	697458	128670	339441	67813	73032	42837	45665
2009	1045353	169578	875775	182737	366985	110740	103615	53127	58571	831405	114239	717166	163956	280970	78100	91949	48312	53879
2010	1268431	227880	1041035	223676	412207	142131	127441	63409	72171	965266	139265	826001	178911	331018	93709	102623	55908	63832
2011	1605997	292276	1313721	294008	462186	210474	162739	83319	100995	1188867	183838	1005029	231668	363900	126943	128603	72135	81780
2012	2072217	363754	1708463	335939	772371	218996	165366	109282	106509	1432902	233387	1199515	267313	446100	157285	147071	89806	91970
合计	9038810	1595502	7443792	1583820	2994582	967476	906681	470838	520395	7215586	1105622	6109964	1363836	2353690	728440	781728	418950	463350

一、一般预算支出

1997 年，地区行署提出“艰苦创业、发展经济、强化管理”方针，贯彻“实施全省财政消赤平衡、规划奖惩办法”。建立健全财政管理制度，堵住支出漏洞，确保刚性、重点建设支出。利用中央国债资金、外国政府贷款和国际金融组织贷款，支持全区基础建设、农村合作基金会整体并转和兑付。当年，全区净结余 1415 万元，用于消化以前年度赤字。全区一般预算支出 6.1 亿元。1998 年，调整财政支出结构，压缩非生产性开支，保证“两保”（保基本、保民生）、教育、公检法经费使用。严格控制车辆、通信、燃油费。当年，全区教育、公检法支出分别比 1997 年增长 17.5%、25.9%。实现财政收支平衡。1999 年，贯彻“调结构、保重点、压一般、强管理”精神，在“调整、控制、管理”上做文章，合理调整支出结构。重点保工资兑现、企业改革、社会稳定和农业、教育、科技按法定比例增长，压缩一般性和非生产性支出。2000 年，按照“一保吃饭、二保建设”原则，各级财政部门实行总量平衡，有保有压。全区使用中央国债资金 1.1 亿元，利用外国政府贷款和国际金融组织贷款 888 万元，支持交通、水利和城市建设。县级财政向四川省担保专项贷款 2.3 亿元，向金融机构贷款 1.3 亿元，支持农村合作基金会整体并转和兑付，缓解地方财政金融风险，维护社会稳定。2002 年，眉山市实施农村税费改革，全市农村税费改革转移支付补助 1.29 亿元。此后每年补助农村税费改革转移支付。2003 年，强化行政经费和建设性经费管理核算，实行消除财政赤字目标责任制。2004 年，实行市、县（区）部门综合预算，推进乡镇国库集中支付改革，健全数据库管理体系、优化国库资金支付流程、创新账户管理制度等。调整财政支出结构。城镇低保对象 3.9 万人应保尽保。贯彻中央“降低农税三个万分点”部署，实施农民粮食补贴，农户户均受益 107 元。取消农业特产税，降低农业税率，实施转移支付补助。2006 年，实施缓解县乡财政困难转移支付补助和农村义务教育补助。实行财政支出分类改革，全市财政支出分为一般公共服务、国防、公共安全、教育、科学技术、文化体育与传媒、社会保障和就业、医疗卫生、环境保护、城乡社区事务、农林水事务、交通运输、商业服务业等事务及其他支出 14 个类。2007 年，重点保障新型农村合作医疗、城乡居民低保、征地农业农民保险、教职工工资、救助贫困学生、农林水业和农粮直补等民生支出。2010 年，全市各级财政积极拓宽融资渠道，多方筹措资金，促进扩大内需和 2008 年“5·12”汶川特大地震灾后重建项目早开工、快建设，尽快形成实物工程量。坚持“民生、发展、运转”支出两升一降总体取向，将改善民生作为保增长的出发点和落脚点，确保民生工程、教育、社会保障和就业、环境保护、医疗卫生支出。惠农政策惠及农户 80.9 万户。至 2012 年，全市一般预算支出增加粮油物资储备管理等事务、金融监管事务支出等 9 个科目。财政支出增至 143.29 亿元，是 1997 年的 23.49 倍。其中农村税费改革转移支付补助 17.06 亿元。

基本建设支出　1997 年，眉山地区基本建设支出 2717 万元，占当年一般预算支出（下同）的 4.46%。为全区主要支出之一。此后，逐年增长。至 2005 年，眉山市基本建设支出增至 3.11 亿元、占 12.5%。1997—2005 年，全市基本建设支出 13.87 亿元。2006 年，随政府收支分类科目调整，基本建设支出按新科目转换。

企业挖潜改造资金支出　1997 年，眉山地区企业挖潜改造资金支出 1102 万元，占当年一般预算支出（下同）的 1.8%。至 2005 年，眉山市企业挖潜改造资金增至 4990 万元。1997—2005 年，全市企业挖潜改造支出 2.34 亿元。2006 年，随政府收支分类科目调整，企业挖潜改造资金支出按新科目转换。

支援农业生产支出　1997 年，眉山地区支援农业生产支出 1282 万元，占当年一般预算支出（下同）的2.1%。此后有增有减。至2005年，眉山市支援农业生产减至431万元。2006年，随政府收支分类科目调整，支援农业生产支出按新科目转换。

行政管理费支出　1997年，眉山地区行政管理费支出1.12亿元，占当年一般预算支出（下同）的18.43%。为全区主要财政支出。此后逐年增加。至2005年，眉山市行政管理费支出增至4.55亿元、占18.26%。仍为全市财政重要支出。1997—2005年，全市行政管理费支出21.44亿元。2006年，随政府收支分类科目调整，行政管理费支出按新科目转换。

一般公共服务支出　主要为党政事业机关事业费支出。2006年，眉山市一般公共服务支出7.12亿元，占一般预算支出（下同）的21.89%。为全市主要支出之一。此后，逐年增加。2012年，全市一般公共服务支出17.72亿元、占12.37%。为全市财政主要支出。

国防支出　眉山国防支出量小。1997—2012年，全市国防支出4966万元。

公共安全支出　眉山市公共安全支出主要为政法系统事业支出。1997年，眉山地区公安检察法院司法部门（以下简称公检法司）支出4726万元，占当年一般预算支出（下同）的7.75%。此后逐年增加。至2005年，眉山市公检法司支出增至1.93亿元，占7.74%。2012年，全市公共安全支出8.22亿元、占5.74%。

教育支出　1997年，眉山地区教育事业支出1.38亿元，占当年一般预算支出（下同）的22.62%。为全区主要财政支出之一。此后，逐步增长。2000年起，实行中小学教师工资转移支付补助，当年转移支付补助中小学教师工资1629万元。2001年，眉山市优化支出结构，重视教师工资按月兑现，不留缺口，工资户口严审专管，纳入银行统支。2004年，落实义务教育“两免一补”政策，确保人员工资和退休金支出。2012年，全市教育支出增至26.16亿元、占18.26%。

科学技术支出　1997年，眉山地区科学技术支出446万元。2012年，眉山市科学技术支出5761万元。

文化体育与传媒支出　1997年，眉山地区文化体育与传媒支出1573万元、占当年一般预算支出（下同）的2.58%。此后，逐步增加。2012年，眉山市文化体育与传媒支出1.98亿元、占1.38%。

行政事业离退休经费支出　1997年，眉山地区行政事业离退休经费支出1413万元，占当年一般预算支出（下同）的2.32%。此后逐年增加。至2005年，眉山市行政事业离退休经费支出增至9056万元，占3.63%。比1997年增长5.41倍。2006年，随政府收支分类科目调整，行政事业离退休经费支出按新科目转换。

社会保障和就业支出　1997年，眉山地区社会保障和就业支出2883万元，占当年一般预算支出（下同）的4.73%。此后，逐步增加。2012年，眉山市社会保障和就业支出16.88亿元、占11.78%。1997—2012年，全市社会保障和就业支出96.5亿元。

医疗卫生支出　1997年，眉山地区医疗卫生支出4235万元，占一般预算支出（下同）的6.95%。此后，逐步增加。2004年，眉山市支持农村新型合作医疗体系建设。2012年，全市医疗卫生支出16.32亿元、占11.39%。

环境保护与国土资源气象支出　2006年，眉山市环境保护与国土资源气象支出1.77亿元，占一般预算支出（下同）的5.45%。为全市主要支出之一。此后，逐年增加。2012年，全市环境保护与国土资源气象支出4.76亿元、占3.32%。

城乡社区事务支出　2006年，眉山市城乡社区事务支出2.17亿元、占一般预算支出（下同）的6.67%。为全市主要支出之一。此后，逐年增加。2012年，全市城乡社区事务支出9.6亿元、占6.7%。

农林水事务支出　1997年，眉山地区广义农业（后改称农林水事务）支出5473万元、占一般预算支出（下同）的8.98%。为全区重点支出之一。此后，逐步增加。2012年，眉山市农林水事务支出20.81亿元、占14.52%。

交通运输支出 1997年，眉山地区工业交通等部门事业费支出432万元。至2006年，眉山市交通运输支出3475万元，占一般预算支出（下同）的1.07%。2012年，全市交通运输支出6.61亿元、占4.61%。成为财政主要支出。

商业服务业等事务支出 2006年，眉山市商业服务业等事务支出1.08亿元，占当年一般预算支出（下同）的3.31%。此后逐年增加。2012年，全市商业服务业等事务支出1.76亿元、占12.39%。

资源勘探采掘电力信息等事务支出 2009年，眉山市资源勘探采掘电力信息等事务支出2.83亿元。2012年，全市资源勘探采掘电力信息等事务支出3.3亿元。

地震灾后恢复重建支出 2008年，“5·12”汶川特大地震后，眉山市地震灾后恢复重建支出21.04亿元。此后每年安排灾后恢复重建和扩大内需资金。至2012年，全市地震灾后恢复重建共支出40.45亿元。

政策性补贴支出 政策性补贴支出主要包括国家储备粮油利息、费用补贴、粮食财务挂账利息补贴、市镇居民肉食价格补贴等。1997年，眉山地区政策性补贴支出3288万元，占一般预算支出（下同）的5.39%。此后，逐步减少。2005年，眉山市政策性补贴支出184万元。

其他支出 1997年，眉山地区其他支出4057万元，占一般预算支出（下同）的6.65%。此后，其他支出有增有减。2006年最高达到2.22亿元。2012年，眉山市其他支出6962万元。

还有粮油物资储备管理等事务、住房保障、国债还本付息等支出，在全市财政支出中比例小。

眉山市1997—2005年一般预算支出分类明细表

表15-8 单位：万元

项目＼年份	1997	1998	1999	2000	2001	2002	2003	2004	2005	合计
基本建设	2717	4792	7258	11024	16273	17932	16021	31492	31142	138651
企业挖潜改造资金	1102	569	1610	3039	4124	1846	2569	3589	4990	23438
科技三项费用	325	244	295	427	441	502	424	375	302	3335
支援农村生产	1282	1968	1628	1380	1897	1967	679	336	431	11568
农业综合开发	1138	1781	1645	1303	2124	2412	1340	1228	2718	15689
农业、林业、水利、气象	3053	3769	3986	4048	7864	11618	9986	30311	24678	99313
工业交通等部门事业费	—	—	—	—	—	—	669	1612	3268	8450
流通部门事业费	—	—	—	—	—	—	646	712	951	4403
文体广播事业	1573	1925	2136	2155	2459	3497	4358	5191	7818	31112
教育事业	13755	15598	18324	19377	26360	31016	33308	36585	40525	234848
科学事业费	121	148	141	214	192	251	302	241	351	1961
医疗卫生费	4235	4589	4579	4779	5126	4561	6639	7479	8622	50609
其他部门事业费（外交）	3281	3088	1766	1498	1642	2085	3335	4564	5803	27062
抚恤和社会福利救济费	1470	1923	2211	2522	3229	5210	7054	8135	9711	41465
社会保障补助支出	—	878	2096	3943	5289	9075	9120	8187	11276	49864

续表15-8

年份 项目	1997	1998	1999	2000	2001	2002	2003	2004	2005	合计
国防	12	52	21	22	17	4	6	—	6	140
武装警察部队	34	179	222	184	163	271	225	213	298	1789
行政管理费	11235	13499	13669	14840	19608	26182	31857	38064	45494	214448
公检法司	4726	6300	6318	7411	8043	9836	12050	16346	19297	90327
城市维护费	1608	1567	1521	1477	1398	1978	2970	3720	4469	20708
政策性补贴	3288	2315	1516	2937	828	636	290	210	184	12204
专项支出	—	797	689	830	859	779	1161	1471	3221	9807
其他类	4057	1034	3098	2829	3340	6144	9644	11787	14544	56477
行政事业离退休经费	1413	1760	2054	3730	4770	6514	7353	8355	9056	45005
合计	60967	69425	77617	90968	117046	145286	162006	220203	249155	1192673

眉山市 2006—2012 年一般预算支出明细表

表 15-9　　单位：万元

年份 项目	2006	2007	2008	2009	2010	2011	2012	合计
一般公共服务	71180	83636	92426	111479	116960	142803	177249	795733
国防	9	305	274	624	1268	1332	1727	5539
公共安全	25003	32410	36856	51030	58018	73094	82194	358605
教育	54202	82755	107727	111812	147298	176909	261640	942343
科学技术	1113	2112	3572	3448	3528	4789	5761	24323
文化体育与传媒	5201	5973	4754	7825	8164	13074	19803	64794
社会保障和就业	37155	61285	88701	112072	132154	171173	168794	771334
医疗卫生	16809	29361	41899	70294	89537	129555	163155	540610
环境保护	17734	22051	28748	40117	39545	32207	47594	227996
城乡社区事务	21675	24416	29873	28055	47428	84743	96025	332215
农林水事务	38691	62611	79043	90479	123057	175263	208052	777196
交通运输	3475	7164	9443	26678	26878	63880	66054	203572
资源勘探采掘电力信息等事务	—	—	—	28278	36301	29941	32977	127497
商业服务业等事务	10769	29975	38137	—	26378	20593	17559	143411
粮油物资储备管理等事务	—	—	—	16049	3808	3672	5294	28823
金融监管事务支出	—	—	—	682	1222	2527	3977	8408
地震灾后恢复重建支出	—	—	210431	117150	64999	810	11061	404451
国土资源气象等事务	—	—	—	—	6775	11092	9538	27405
援助其他地区支出	—	—	—	—	—	—	120	120

续表15-9

项目＼年份	2006	2007	2008	2009	2010	2011	2012	合计
住房保障支出	—	—	—	—	24022	35498	47186	106706
国债还本付息支出	—	—	—	517	3443	2519	1500	7979
储备事物支出	—	—	—	—	—	364	—	364
其他支出	22210	6175	11559	14816	4483	13029	5642	77914
合计	325226	450229	783443	831405	965266	1188867	1432902	5977338

二、财力转移支付支出

财力转移支付支出包括原体制上解、出口退税专项上解支出。

1997 年，原体制上解为眉山地区财力支出之一。当年，上解支出 2979 万元。至 1999 年，全区共上解支出 9438 万元。2000 年起，取消原体制上解支出科目。2005 年起，实施出口退税专项上解支出。当年，眉山市上解支出 334 万元。此后，支出量逐年减少。截至 2012 年年底，全市出口退税专项上解支出 1851 万元。

三、专项转移支付支出

眉山市专项转移支付支出包括专项上解支出、国债转贷收入安排的支出、国债转贷收入结余。

1997 年，专项上解支出为眉山地区专项转移支付支出之一。当年，上解支出 2136 万元。1998 年起，国债转贷收入安排的支出、国债转贷收入结余列入眉山地区专项转移支付支出。当年，支出 3095 万元。至 2006 年，眉山市国债转贷收入安排的支出逐步下降。此后，全市无国债转贷收入安排的支出、国债转贷收入结余。截至 2012 年年底，全市专项转移支付支出有升有降，数量变化不大。共专项转移支付支出 4. 91 亿元，其中专项上解支出 3. 56 亿元。

四、基金支出

眉山市基金支出包括预算支出、上解支出、调出资金。

1997 年，眉山地区基金支出 3399 万元，均为预算支出。此后，眉山市基金支出也以预算支出为主。2012 年，全市基金支出 63. 93 亿元。

（一）一般预算基金支出

眉山市一般预算基金支出主要包括农业部门、国有土地有偿使用、地方财政税费附加、城市基础设施配套及公用事业附加、地方教育附加等基金支出。

1997 年，眉山地区一般预算基金支出 3399 万元，在总支出中占比小。其中地方财政税费附加 2184 万元、文化教育部门基金支出 933 万元。至 2003 年，增减幅度不大。2004 年起，全市基金支出迅速增长。当年支出 9339 万元。至 2012 年，全市基金支出增至 63. 93 亿元。其中国有土地使用权出让金支出增至 55. 15 亿元，为基金主要支出。1997—2012 年，全市基金支出 182. 33 亿元。其中国有土地使用权出让金支出 148. 19 亿元。

（二）其他基金支出

眉山市其他基金支出包括上解支出和调出资金。全市仅 2008 年、2010 年上解支出基金 510 万元，因上级调整补助扩权县的结算方式。2010 年调出资金 211 万元，仁寿县应按政策缴库入彩票公益金科目，故调出资金，调入彩票科目。

五、其他支出

眉山市其他支出包括社会保障基金支出、安排预算稳定调节基金。1997 年，眉山地区社会保障基金支出及结余 8319 万元。1997—2012 年，眉山市其他支出 1.76 亿元。

第四节　财政管理

一、预算管理

1997 年，眉山地区地、县级财政实行“基数加增长”编制年度收支预算。2000 年起，全区实行部门综合预算，确定财政供养人员经费、公用经费口径和标准。实行“零基预算加项目预算”。以“人员经费按标准、一般公用经费按定额、专项经费按项目”原则编制年度预算，建立财政预算资金以项目为核心的预算安排约束机制。市、县两级年度预（决）算每年向本级人民代表大会报告，提请大会审议通过后执行。

2001 年，眉山市市级行政事业单位实行预算外资金综合财政预算外管理，细化支出预算，按人员经费零基化、公用经费定额化、专项支出项目化原则编制部门预算。资金拨付按年初审批的部门预算计划，按收入进度及时核拨资金。至 2002 年，市级和 6 个县（区）级基本实行部门综合预算。2005 年，实施财政综合预算管理，统筹安排政府非税收入、优化非税收入支出结构。

2006 年，改革公安交警系统财政管理体制。全市交警系统经费由自收自支改为财政全额预算拨款，实行收支完全脱钩，取消罚没收入返还政策，交警系统收费收入和罚没收入纳入财政综合预算，由财政统筹安排。取消全市交警部门银行账户，各项收支纳入同级国库集中支付中心核算。至 2008 年，眉山市逐步建立预算绩效评价体系。建立人大对部门、政府对部门、财政对部门、社会公众对部门的多方监督机制，初步实现阳光预算。市级部门综合预算提交市人民代表大会审查单位增至 53 个，占市级一级预算单位的 54%，资金占市级部门综合预算资金总量的 64%。2009 年，建立“明确责任、分类负担、收支脱钩、全额保障”政法经费保障机制，实施分项目、分区域、分部门的政法经费保障政策。中央和省级财政设立政法转移支付资金，重点用于县级政法机关办案业务费和业务装备经费。

2010 年，改革中小学校预算编制制度，部门综合预算直接编制到校。学校按“量入为出，收支平衡，统筹兼顾，科学合理”原则编制预算草案，维持学校基本运转的日常经费和保证事业发展的建设经费全部编入预算。教师绩效工资、生均公用经费、寄宿生生活费补助等应由财政负担的经费在编制支出预算时打足，不留缺口；其他教育事业发展和建设经费列入预算。2011 年，眉山市政府下发《关于试行国有资本经营预算的实施意见》《眉山市市级国有资本经营预算编制和管理试行办法》，完善公共财政预算、政府性基金预算；完善内容、细化科目、扩大提交市人民代表大会审议部门预算范围；编制社会保险基金预算。推进财政预算公开。2012 年，上年结转结余资金纳入部门预算编制。规范预算编制内容，按零基预算、综合预算原则，严把部门申报的基本支出和项目支出关，控制公款出国（境）、车辆购置及运行、公务接待等费用管理，保证重大政策或重点工作资金。实行部门预算"二上二下"（各单位按预算口径初步编制的部门预算；市财政局审核下达部门非税收入建议计划、基本支出预算控制数、项目支出预算控制数；各单位对基本支出预算和项目支出预算作进一步分解和调整后报送正式预算。市财政局提请市人民代表大会审议通过年度预算，市财政局将市人民代表大会批准的部门预算下达市级各相关预算单位）编制程序，市级提交市人民代表大会审议综合预算部门增至65个。

二、会计事务管理

1997年，眉山地区宣传贯彻执行《中华人民共和国会计法》、企业财务、行政事业财务会计制度，推行会计建账监管试点，组织培训财会人员和注册会计师资格考试。开展会计法专项检查，指导建立完善全区会计电算化，规范各单位会计基础工作。1998年起，全区实施《中华人民共和国财政总预算会计制度》《中华人民共和国事业单位会计制度》《中华人民共和国行政单位会计制度》，改革预算会计制度，做好新旧会计制度衔接。

2002年，眉山市贯彻执行新《中华人民共和国会计法》。会计人员"会计证"换发为"会计从业资格证书"，整顿清理虚假职称、学历等。2004年，开展会计人员继续教育，培训8620人。2005年起，全市小企业执行《小企业会计制度》、民间非营利组织执行《民间非营利组织会计制度》、村执行《村集体经济组织会计制度》。举办全市乡镇财政所会计统一集中学习。培训村集体会计2584人次。全市会计电算化工作274个单位通过验收合格。组织1110人报考会计专业技术资格考试，合格194人。利用报纸、电视、广播等新闻媒体宣传会计法。至2005年7月，通过规范并轨，实现集中支付和集中核算有机统一，眉山市市级、各县（区）和131个乡镇、街道办事处单位会计核算由国库集中支付中心统一代理实施。2006年，调整政府收支分类科目，2005年决算及2006年预算数据按新科目转换。完整、清晰地反映政府收支规模和政府重要职能活动。2007年，组织参加"会计法"知识竞赛，开展"会计法"执法检查。组织会计人员9120人参加"全国会计知识大赛网上答题"。2009年起，开展会计信息质量检查，纠正会计基础工作、会计核算、财务管理方面存在的问题。2011年，全市基层医疗机构143户全部实施基层医疗机构新会计制度。开展农村集体"三资"双代理。制订《眉山市村集体经济组织财务管理办法》《眉山市农村集体"三资"管理规范化试点方案》，全市124个乡镇1203个村中，实行"三资"双代理乡镇102个村935个。2012年，彭山县、东坡区被列入四川省农村财务管理试点县，东坡区被列入全国农村财务管理试点县。全市培训中小企业会计人员1.2万人次，培训农村财务人员1756人次。

三、国库管理

2001年，眉山市市级行政事业部门启动国库集中支付制度改革试点。在保持预算单位财务管理权基本不变基础上，实行市级部门"零户统管"（清理市级行政事业单位预算内外账户，取消单位在金融机构各类存款账户，统一归并到市财政在各专业银行开设的存款账户，实行统一管理）。取消收入过渡户，预算收入直接缴入国库，各类征缴结算或退库一律通过财政账户结算缴拨。行政事业单位所有非税收入一律通过银行代收点直接缴入财政专户，属于应缴预算的非税收入，由市财政从非税收入专户中及时缴入国库。当年，清理纳入集中支付的市级行政事业单位存款账户，清理出账户295个。各单位沉淀资金集中管理，调剂4000万元支持国道213线仁寿段扩建。2002年，眉山市国库集中支付改革全面推开，市县两级全部取消预算单位在商业银行开设的基本账户、一般存款账户、专用账户等各类账户，由国库集中支付中心统一开设财政零余额账户、单位零余额总户等国库单一账户体系，实行国库集中支付与会计核算相结合的彻底的改革模式，实现财政资金的统一管理、支付流程的统一规范、政策尺度的统一把握。2003 年，全市县（区）均成立国库集中支付中心，推进国库集中支付改革。建立国库单一账户体系，清理整顿各金融机构单位存款账户，撤销、归并单位银行账户，在保持“三权”（单位财务自主权、预算编制权、资金使用权）不变的同时，将单位资金拨付到国库集中支付中心的单一账户，由支付中心统一支付各单位资金。纳入国库集中收付的资金实行集中代理会计核算。彭山县、洪雅县、青神县实行乡镇国库集中支付，其余县（区）开展试点。

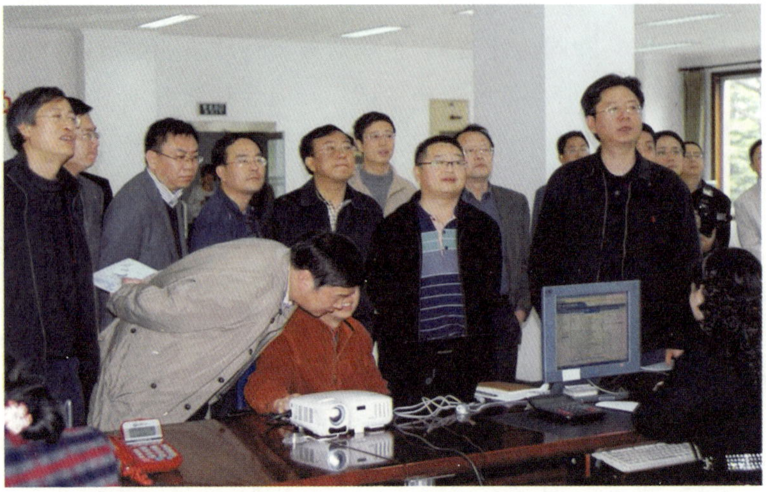

财政部领导调研眉山国库集中支付中心金财工程大平台运用情况（摄于 2010 年 4 月）

2004 年，非税收入资金全纳入国库统筹支付。2005 年，通过“规范”“并轨”，国库集中支付实现“统一模式、统一支付软件、统一核算”，市、县、乡全部使用金财综合业务系统。眉山市各县（区）和 130 个乡镇实现国库集中支付。2010 年，推行财政资金清算制度。推行将资金纳入各县（区）财政国库集中支付中心为重点的中小学财务管理改革。全市国税系统全面上线实施电子缴库，签约率 34%。建立健全现金管理机制和风险控制机制，推进科学规范的国库集中支付运行机制。2011 年，启动会计集中核算向国库集中支付转轨，整合市级国库科和集中支付中心业务。推进财税库银横向联网，全市国税、地税系统上线运行。各级财政部门实行账户备案制度，全市有账户 491 个，归并和撤销 304 个。2012 年，开设“眉山市国库集中支付中心”专户。国库按照资金、单位、账户、流程“四个完整”的规定，所有单位、所有资金和所有账户全部纳入集中支付。集中支付成为财政支出管理监控器、蓄水池、防腐墙、观察窗，有效提高财政资金作用效益。

四、预算外资金与非税收入管理

1997 年，眉山地区地级行政事业单位预算外资金实行财政专户管理，预算外收入进入财政专户，支出由财政专户划拨到单位银行账户。实行“收支两条线”和预决算制度，加强行政事业性收费票据管理。非税收入实行财政专户管理。当年，预算外资金纳入财政专户管理的地级行政事业单位 9 个。1998 年，地区财政局、物价局制发《眉山地区地级预算外资金票款分离实施细则》，成立行政收费大厅，政府非税收入纳入集中收费，实行执收单位收费“票款分离、大厅收费、财政专户”管理。收费“统一制票、统一审验、统一收缴、统一核算、统一专户、统一划拨”。当年，全区应缴财政专户 607 户 2.87 亿元，实缴 2.7 亿元。通过自查补缴财政专户资金 379 万元。地级及 6 县 7 个收费大厅共收取政府性非税收入 1.65 亿元，财政专户率 97.7%。1999 年，除洪雅县外，地级和其余五县均实行“单位开票、银行代收、财政统管、联网运行”的银行代收制管理办法。全区有代收银行网点22个，银行代收制单位573个，财政专户率96%。市级非税收入执收部门开票，现金由财政指定专业银行收取。清理全区预算外资金账户，查处乱设账户行为，取消账户344个。2000年起，凡眉山地区行政区域内的国家机关、社会团体、企业、事业单位和其他组织实行建账监管。地区财政、物价部门年审全市行政事业性收费及收费许可证，取消收费1000万余元。

2001年，眉山市实行市级行政事业单位预算外资金综合财政预算外管理，细化支出预算。眉山市“单位开票、银行代收、票款分离、财政统管”模式，成为全省非税收入管理模式雏形。2004年，非税收入资金纳入政府综合财政预算，实行目标管理。城市公用事业附加费按“先收后支、统筹安排、合理使用”原则管理。治理机动车辆乱收费和整顿道路收费站点，清理涉及机动车辆行政事业性收费和政府性基金，取消违规收费项目。广播电视广告收入、出租汽车经营权收入、公共交通线路经营权收入、汽车号牌使用权收入以及行政事业单位资产出租、出售收入等纳入征管范围。清理非税收入分成管理政策，取缔违规参与下级收入分成或集中下级收入，属政策许可范围内分成或集中下级收入，统一纳入非税收入专户管理。当年，全市预算内非税收入2.33亿元，比2003年增长40.21%。2006年，加强罚没物资罚没收入管理，取消罚没收入返还办法，规范处理变现罚没物资、实行罚缴分离、使用处罚专用票据等管理。2007年9月起，全市土地出让金收入纳入基金预算管理，实地核算。实行征地拆迁支出宗地成本核算、土地出让金收支决算和项目资金审批制。2009年，建立规范非税资金安排体系。市财政局发文规定市级非税资金安排支出拨款的审核审批程序、审核要素、对账与清算等。市政府办发文规范政府非税收入减免缓审批程序，增强收费基金执收环节监督管理，防止政府非税收入流失。实施成品油价格和税费改革，涉及全市交通收费的公路养路费、航道养护费、公路运输管理费、公路客货运附加费、水路运输管理费、水运客货运附加费6项收费。当年，全市（不含扩权强县）减收3930万元。2011年，除教育收费外的所有预算外资金纳入预算管理，做好政策性专项资金计提，强化水利、教育、交通、涉农涉企等非税收入管理。2012年，建立健全政府非税收入管理体系。拓展非税收入项目征管范围，全市城市路牌广告经营权收入、公共场地停车泊位收入、旅游景点门票收入、污水处理费收入等纳入非税收入征管范围。

五、专项资金管理

（一）债务管理

1998年起，眉山地区争取国债转贷资金项目。1999年，检查全区国债专项资金项目使用情况。眉山地区行署向四川省财政厅贷款2亿元，分5年归还本金，每年还本4000万元，付息473.76万元。至年底，全区向上级争取岷江流域水土保持重点治理工程等项目6个，总投资5.1亿元。国债转贷资金管理按照专户管理、专账核算，无挤占、挪用国债专项资金现象。2000年，四川省下达眉山供销社股金兑付再贷款3000万元，贷款本金分8年偿还，每年利息5万元。利用外国政府贷款和国际金融组织贷款888万元，支持全区交通、水利和城市建设。2005年，眉山市清理出市级刚性负债4.29亿元，其中农村合作基金会省财政贷款2亿元、供销社股金贷款3000万元、国债转贷资金1.12亿元。至2008年，全市政府性负债总额17.9亿元，其中工程欠款8.31亿元、项目贷款本息9亿元、项目借款本息6260万元。

2009年，四川省财政厅核定转贷眉山市（非扩权县）3年期地方政府债券资金1.5亿元，资金使用期限3年，票面年利率2.71%，发行费为转贷金额的0.5‰。债券资金优先用于扩大内需地方配套缺口部分，包括保障性住房建设，民生工程和农村基础设施，医疗卫生、教育文化等社会事业基础设施，地震灾后恢复重建，生态建设工程等项目。通过四川发展控股有限公司转贷仁寿县6000万元、彭山县2000万元。2010年，四川省财政厅核定转贷眉山市地方政府债券资金4.19亿元，资金使用期限为3年期和5年期，票面年利率2.36%、2.67%，发行费为转贷金额的0.5‰。债券资金主要用于民生工程、保障性住房建设、铁路建设和重点基础设施建设等项目。眉山市加强处于还款期内或正在执行的7个世界银行贷款项目、3个外国政府贷款项目管理。全市有6个项目使用世界银行贷款，核定贷款总额1045.4万个特别提款权（SDR），累计使用918.4万个SDR，已使用资金的本金、利息、承诺费折合人民9909万元。2011年，四川省财政厅核定转贷眉山市地方政府债券资金2.71亿元，资金使用期限为3年期和5年期，票面年利率2.74%、3.13%，3年期发行费为转贷金额的0.5‰，5年期发行费为转贷金额的1‰。债券资金主要用于铁路建设、保障性住房建设等项目。2012年，四川省财政厅核定转贷眉山市地方政府债券资金3.21亿元，资金使用期限为3年期和5年期，票面年利率4.01%、4.3%，3年期发行费为转贷金额的0.5‰，5年期发行费为转贷金额的1‰。债券资金主要用于民生工程、农村基础设施、铁路建设和生态建设工程等项目。至2012年年末，眉山市政府性债务100亿元。重点交通市政项目工程款、BT融资应付款项和其他政府性负债还本付息压力沉重，各级财政收支平衡均面临挑战。是年，四川省审计厅锁定债务1.54亿元化解完毕。

（二）行政事业单位工资发放

2000年7月起，眉山地区地级行政事业单位和大部分县实行工资财政集中发放。取消工资由各部门分别发放办法，实行国家公务员、教师工资直接支付，地区财政将工资直接划拨到职工所在银行开设的个人账户。保证行政事业人员工资按时足额发放。暂时无条件实行工资直接支付的县，实行财政工资专户制度，并逐步实行工资财政集中发放。至2012年，眉山市通过工资财政集中发放，有效防止拖欠工资。

六、乡镇财政管理

1997年5月，仁寿县在重点区镇实行收费票款分离。1998年，眉山地区乡镇自有资金、各项收费、各项统提款纳入乡镇财政专户管理。2000年，全区推进乡镇财政改革。实施乡镇综合预算管理，推行“零户统管”办法，乡镇所有财政性资金纳入乡镇财政统一管理；结合农村税费改革，清退超编人员，压缩乡镇编制，减少财政供养人员；实行乡镇财政政务公开，强化乡镇财政职能，健全运行机制，逐步缓解乡镇财政困难。

2003年，眉山市重新核定乡镇财政收支范围，保证乡镇财政真正成为一级独立、完整的财政。改革后，各县（区）向乡镇让出财力2200万元。县（区）对乡镇财政实行超收全留或高比例超收分成政策，让乡镇真正感受到抓发展的好处，激发乡镇招商引资、培植财源积极性。全市50个重点乡镇新增发展项目161个，协议投资10.17亿元。2004年，实行乡镇财政“乡财县管乡用”。乡镇预算编制实行县乡共编，乡镇财政资金实行集中收付，分级分户核算收支，乡镇政府采购由县级财政部门统一组织实施。2009年，加强财务和会计管理，指导和监督乡镇财政严格执行国家有关规定，不得举债或为企业、建设项目担保。以上制度延续至2012年。

第五节 财政监督

1997年，眉山地区各级财政加强企业、单位财务监督，帮助企业降低财务费用，督促单位贯彻《事业单位财务规则》。加强重点财政资金使用情况及基建投资工程概算、预（决）算监督管理。地区行署组织开展税收、财务、物价大检查，查出违规资金2430万元。1998年，组织检查组重点检查单位232个，查出违规违纪金额1771.3万元。补缴资金300.3万元。1999年，全区清理涉农收费，纠正2个县民政部门和计生部门“以证代票”和个别乡搭车收取村社道路维护管理费问题。2000年，重点开展1997年以来全区彩票发行检查。

2001年，眉山市财政部门组织开展贯彻《中华人民共和国会计法》大检查，检查省确定的7个行业，及时处理存在的问题。以“执行收支两条线”为重点开展财政监督检查。2002年，开展“治乱减负”重点监督检查。清理收费项目，取消不合理收费项目，降低部分收费标准。暗访、检查国省道、主要干线公路、旅游线路，责成仁寿县交通局撤销仁寿县里仁乡罗家村擅自设立收费点收取过往运输车辆过路费行为。2003年，财政监督改集中性监督检查为经常性监督检查，范围由单一监督检查企业财务收支和财政收入征缴情况拓展到财政收支管理全过程；建立财政内外监督相结合，行政监督和社会监督相结合，事前、事中、事后监督相结合，经常监督和重点检查相结合，多层次、全方位的市级财政监督检查机制。开展行政事业性收费年审、“收支两条线”执行情况检查及教育、涉农、建筑企业、林业企业收费等专项检查。查处违规资金3065万元，及时处理、纠正行政事业性收费不缴财政专户、违规坐支、自立项目收费、超标准收费、违规使用非税收入票据等问题。2007年，全市清理土地出让收入管理情况和中央义务教育保障经费。督查“十大惠民行动”资金及各县（区）上年查出的社保专项资金违规违纪整改情况。检查12个单位会计信息质量。建立政府采购专家评审机制和集中采购机构考核办法。建立对县（区）住房公积金管理部门的绩效考评体系。制定《市级财政资金支付内控管理暂行办法》，规范基本支出、项目支出、指标管理，完善报账审核监督制度，前移财政监督关口。

2008年起，开展扩大内需和“5·12”汶川特大地震灾后重建资金项目专项监管。核查四川省财政厅转来的电话举报，纠正部分进展较慢、资金管理不规范项目问题，提出建议意见6条。2009年起，开展治理小金库检查。当年，全市1358个单位开展自查。重点检查全市160个党政机关和事业单位，向7个存在问题单位发出财政检查整改通知，责令限期整改。查出小金库5个。2010年，完善工业园区财政保障机制、政园合一财政管理体制及驻外招商机构、市级金融机构信贷目标考核激励、市级部门融资以奖代补等经费管理办法。重点监督检查社保资金、扶贫资金、强农惠农资金、扩大内需和“5·12”汶川特大地震灾后恢复重建资金及财政专项资金管理使用情况。2011年，组织开展扩大内需和灾后恢复重建资金项目、农村安全饮水工程、现代农业生产发展资金等专项检查。至2011年年底，连续3年专项治理“小金库”。检查扩大内需和灾后恢复重建项目269个，项目金额4.61亿元，查出违规金额4415.51万元，纠正金额2804万元，发现问题104个，提出整改建议55条。督促相关责任单位建立项目监管台账，加强项目和资金管理。2012年，加强财政专户管理，全市撤销财政专户79个。市财政、市科技部门组织开展全市科技项目资金监督检查，涉及科技计划项目26项1605万元；组织开展支农培训补助资金使用情况监督检查。首次向社会公开市级“三公”经费预决算总额和33个市级部门“三公”经费预（决）算，接受公众监督。

第二章　税　务

1997年，眉山地区税收由国税、地税部门共同征收。国税部门征收的有增值税、消费税、所得税3个税种；地税部门征收的有营业税、个人所得税、土地增值税等17个主要税种及其他税收。当年，全区税收收入4.4亿元、其中国税征收2.41亿元、地税征收1.99亿元。2002年，眉山市停征固定资产投资方向调节税。2004年，停征农业特产税。2005年，停征农业税。2012年，眉山市有税种15个，税收收入69.69亿元，占全市财政总收入的28.46%。其中增值税、营业税、所得税为全市主要税种，分别占总税收的27.4%、22.26%、19.64%。1997—2012年，全市组织税收347.09亿元，其中国税165.33亿元、地税181.76亿元。

眉山国家税务局成立大会（摄于1997年10月）

第一节　征收方式

征收方式主要包括定期定额征收、查账征收与核定征收、代扣代缴、委托代征、查验征收、查定征收、自报自核自缴等。

一、定期定额征收

地税系统各基层单位统一采取由纳税人自行申报、典型调查、集体审定、下达定期定额通知书、张榜公布等程序，实施定期定额征收。个体工商户税收征收普遍采取此方式。1997年，眉山地区有定期定额征收户数2.61万户。1999年，服务业从业人员个人所得税实行定期定额管理。2001年，眉山市实行挂靠、承包、租赁方式经营的营运车辆、个体营运车辆和摩托车，其应纳的公路运输业营业税实行定期定额征收。2002年，实行定期定额管理的个体工商业户纳税定额调整为不低于20%，调整纳税定额4208户，月增税款48万余元。2006年，执行自行申报、核定定额、定额公示、上级核准、下达定额、公布定额6个程序，防止和杜绝定额核定“关系税”“人情税”。2009年，推行个体工商户税收定额核定管理系统。各征收机关在核定起征点后，建立健全管理纳税户清册，动态监控定期定额纳税户，加强营业税定额调整后未达到起征点的纳税户日常管理和纳税服务。至2012年，全市定期定额征收户减至1.02万户。

二、查账征收与核定征收

1997年，眉山地区实行建账户查账征收。暂不建账或不设置账簿的业户，按核定定额程序，重新核定和调整定额，平衡建账户与定额户的税收负担。1999年，全区实行个体工商户分经济类、分行业定额、定率征收个人所得税，民营企业所得税实行查账征收与定期定率（额）征收相结合征管。推行印花税纳税申报和购销合同印花税核定征收，工业企业按不低于购销金额60%的比例核定计税依据；商业企业采购环节按不低于采购金额60%、销售环节按不低于销售收入20%的比例核定计税依据；其他企业按不低于购销金额60%的比例核定计税依据。2000年，实行查账征收的企业建立纳税信誉等级制度，实行核定征收企业所得税方式的企业不享受企业所得税各项优惠政策。饮食、茶馆业营业税采取查账征收或定期定额征收。

2002年，眉山市重点建账和全面建账相结合，分步实施和整体规划相结合，查账征收与定期定额相结合，加快个体工商户建账建制。全年审定中小企业1370户，其中查账征收企业519户、核定征收企业851户。2004年，实行查账征收的纳税人，上年应纳所得税额500万元（不含500万元）以上的，实行按月预缴；上年应纳所得税额500万元以下的，实行按季预缴。实行核定征收的纳税人，一律按季预缴企业所得税。2007年，房地产开发企业实行“查账征收”与税务机关核定计税依据相结合征收管理，所得税不事先核定征收。核定征收的应税所得率为中心城区及郊区13%~17%、其他地区10%~15%。2008年起，执行《企业所得税核定征收办法（试行）》，国家税务总局《核定征收企业所得税暂行办法》同时废止。全市查账征收企业474户。核定应税所得率征收企业231户，按收入核定223户。2010年，加强印花税核定比例征收。全市所得税查账征收企业616户；核定定率征收企业393户。2011年，月营业额（销售额）5000元以下的个体工商户，个人所得税核定征收率为零。2012年，全市实行查账征收企业2259户、核定征收企业1287户。所得税查账征收企业717户，核定定率征收企业834户。

三、代扣代缴

为资源税、个人所得税、车船税主要征收方式。1998年，眉山地区地税局转发《中华人民共和国资源税代扣代缴管理办法》，在全区范围内使用“资源税管理乙种证明”。2001年，眉山市各县（区）城所在地的行政事业单位、社会团体的在职工作人员的工资薪金所得个人所得税，实行“核定税额、按月预扣预缴、年终汇算清缴”扣缴办法。将全市首批120名高收入者纳入重点管理，全面推行支付个人收入明细表制度，建立个人所得税扣缴义务人台账，推广纳税人自行申报收入试点。2004年，市地税局下发《关于加强个人所得税征收管理工作的通知》，以行政事业单位实行“增收节支奖”“削峰填谷奖”等政策为契机，强化个人所得税代扣代缴工作。2007年，市政府下发《关于进一步加强行政事业单位社会团体个人所得税代扣代缴工作的通知》，加强行政事业单位个税代扣代缴工作。2008年起，推进个人所得税全员全额扣缴申报。当年，专项检查全市8家保险公司及其分公司，抽查保单4.4万份，对未按规定代收代缴的部分车辆上年未补征的车船税要求全面补征入库。2010年，加强车船税代收代缴，抽查8家市级财产保险公司的车船税代收代缴情况，随机抽查1600余份机动车交强险保单，全年保险单位代征车船税2600万余元。2011年，全市代扣代缴单位发展到1298户，通过代扣代缴方式征收的个人所得税款占个人所得税收入总额的68%以上，全市有815个单位使用全国统一的个人所得税信息管理系统，近8万名纳税人实现全员全额扣缴明细申报。2012年，眉山市实行车船税代收代缴。

四、委托代征

1997年起，眉山地区生猪屠宰税采用委托代征。2002年，眉山市委托代征范围只限于少数零星分散和易于源泉控管的税收，以及部分集贸市场税收；代征单位按地税机关规定的代征范围和要求征收税款。市地税局清理整顿委托代征，规范委托代征范围、委托代征权限、委托代征程序和委托代征行为，委托代征逐步向以自征为主方向转移。当年，公路运输业税委托稽征部门代征。2005年，加强邮政申报及委托代征，全年代征税款333万元。2008年，交通运输业税收改为自征与委托代征相结合方式征收；工会经费和残疾人保障金改由地方税务机关代征。代征邮政税款、城市维护建设税、教育费附加。2010年，启用城市维护建设税综合征管软件，委托国税代征。城市维护建设税实征率4.7%。全年市级保险单位代征税款2600万余元。

第二节　税收收入

一、增值税

增值税为眉山市国税主要税种。

1997年，眉山地区增值税收入2.3亿元，占税收总额的52.27%。2000年，全区国税系统加强增值税征前、征中和征后稽核，制定增值税稽核管理办法，明确稽核工作的机构、力量、内容、手段、程序、考核等。

2003年，眉山市增值税实行“一四六小”（加快推进增值税申报纳税“一窗式”管理，加强“票表稽核”比对，优化纳税服务；加强对农副产品收购发票、废旧物资收购发票、交通运输营业税发票、海关代征增值税专用缴款书四张发票的管理，运用计算机和网络手段比对审核发票进销项的一致性和纳税情况，防止骗取抵扣税款；以“一窗式”管理为突破口，实现增值税管理中防伪税控开票系统、认证系统、交叉稽核系统、协查系统、申报纳税系统和发票、会计、统计、评估管理系统六个系统的工作联系和信息共享；加强小规模纳税人管理，降低小规模纳税人标准，加强小规模纳税人的征收管理）管理，减少税收流失。2005年，加强增值税一般纳税人管理，集中清理税收优惠企业、不用专用发票企业、税负过高企业、商业企业等应认定而未认定、不该认定而认定、应注销未注销等情况。市国税局制发“全市生猪税收管理工作意见”，落实生猪税收政策。当年，全市电力、化工、有色金属、机械及运输设备、煤炭、纺织品等主要工业行业税收完成情况良好，入库增值税4.27亿元，比2004年增长38.19%。2006年，制订造纸、化工两个重点行业增值税行业管理办法。2008年，全市国税系统免征4户资源综合利用企业增值税100万元；办理10户水泥厂即征即退增值税4500万元，支持企业发展和“5·12”汶川特大地震灾后重建。2009年，加强固定资产进项税额抵扣管理，审核固定资产进项税额，建立固定资产备案、抽查管理制度，落实增值税转型政策，防止管理漏洞。加强金属矿和非金属矿等税率调整变化行业的税收管理，加强涉及税率变化的矿产品生产经营企业日常监管，防止隐瞒销售收入、账外经营、不及时申请认定、非法代开发票等问题。加强纳税人预收账款等资金往来账户日常监管，防止不按规定转为销售收入、迟记销售导致税款滞后征收和流失。强化农产品加工及经营企业、汽车修理、火车站粮食经营、机砖等行业增值税管理。全市机砖、水泥企业补缴增值税 647 万元。53 户废旧物资回收经营企业增收增值 839.3 万元；19 户资源综合利用企业入库增值税 2907 万元；27 户民政福利企业入库增值税 1173 万元，退税 904 万元。2010 年，市国税部门审核申请抵扣固定资产进项税额 2.43 亿元，实际抵扣 7776 万元。专项核查 2009 年度已抵扣固定资产进项税额，检查固定资产 1.74 万件，涉及固定资产抵扣税额 3.14 亿元，查补不符合规定抵扣的税款 2947.36 万元。遏制农产品加工企业“三虚”（虚开收购凭证、虚列抵扣费用、虚增抵扣金额）行为，全市涉农行业税收负担率提升近 1%。2011 年 11 月，个体增值税起征点由 5000 元调为 2 万元。全市 1.4 万个体户中，纳税人由 7600 户降至 1000 户以下，征税面由 54% 降至 7%以下，税收由近 5000 万元降至不足 1000 万元。

2012 年，全市专项核查增值税低税负商业企业，核查中药批发、煤炭及制品批发等 9 个批发明细行业中筛选的 25 户低税负企业，查补增值税 116.15 万元，移交稽查 2 户。逐户清理“两头在外”（货源来自于外地，商品销售往外地）商贸企业尤其是使用农产品收购发票的“两头在外”企业，查补增值税 40.58 万元、企业所得税 5 万元。在液体乳及乳制品、酒及酒精、植物油等 3 个农产品加工行业的 13 户一般纳税人企业试行农产品增值税进项税额核定扣除，辅导并核实扣除标准，转出进项税额 780.96 万元。全年全市征收增值税 16.65 亿元，占税收总额的 23.89%。1997—2012 年，全市征收增值税 122.99 亿元。

二、土地增值税

1994 年，辖内各县开征土地增值税，由地税部门负责征收。

2001 年，眉山市实行从事房地产开发转让的增值税纳税人“先预缴，后清算”征管办法，以 1.5%的预征率按所收款预征土地增值税。

2006 年，调整土地增值税征收比例。转让旧房及建筑物没有评估价格又不能提供发票的实行核定征收，按照旧房交易额和眉山市核定的征收率征收土地增值税。全年普通房产征收入库土地增值税 20 万余元。2007 年，不符合土地增值税清算条件的企业，按照 2%的税率征收。土地使用者转让、抵押或置换土地只要享有占有、使用、收益或处分该土地的权利，且有合同等证据表明其实质转让、抵押或置换土地并取得相应经济利益，土地使用者及对方当事人应当依照税法规定缴纳土地增值税。2012 年，实行核定征收土地增值税的房地产开发企业，将拆迁还房部分视同销售收入并入应税收入总额，按当地确定的核定征收率计征。1997—2012 年，全市征收土地增值税 9.05 亿元。

三、消费税

消费税为眉山市国税税种。1997 年，眉山地区征收消费税 162 万元，占税收总额的 0.37%。2008 年，市国税局加强消费税纳税申报管理，清理遗漏征税户和遗漏征税管理户小酒厂、木地板厂和金银首饰经营户。2009 年 5 月起，烟草批发环节征收 5% 消费税，全市消费税增至 3766 万元。2010 年，全市以增值税管理为基础，开展“三税”（增值税、消费税、企业所得税）数据关联分析，强化酒类消费税管理。建立税源户籍档案，评估 6 户白酒生产重点税源企业、白酒一般纳税人企业和小作坊，以评促管，补缴“三税” 8.14 万元，调增税额 28 万元，辅导小作坊自查补税 4 万元。

2012 年，采集全部 16 户应采集的消费税纳税人信息。全年全市征收消费税 1.1 亿元，占税收总额的 1.58%。1997—2012 年，全市征收消费税 3.47 亿元。

四、营业税

营业税是眉山市主要税收之一。主要由地税征收。

1997 年，眉山地区以不动产作为股、利进行分配的，按“销售不动产”征收营业税。以不动产、土地使用权投资入股，与投资方不共同承担风险、只收取固定利润的，按“租赁业”征收营业税；以商标权、专利权、非专利技术、著作权、商誉等投资入股，与投资方不共同承担风险、只收取固定利润的，按“转让无形资产”征收营业税。邮电部门取得的话费、管理费收入，代办人取得的劳务费（或手续费等）和兼办人取得的收入，分别按“邮电通信业”“代理服务”税目征收营业税。当年，全区营业税征收 8851 万元，占税收总额的 20.13%。1998 年，从事兼办公用电话业务的单位和个人每月付给邮电部门的电信费视同营业额，综合征收率 5.7%。路桥工程公司承包工程属独立核算的，或同本单位结算工程价款的，及承担管段外的路桥工程的收入；金融机构从事代理业务所取得的各种手续费，及手续费性质的其他业务收入；单位或个人从事艺术品的雕塑取得的收入；经营按摩、桑拿浴、美容、洗脚房、氧吧、水吧、酒吧业务所取得的收入，征收营业税。只从事电梯保养维修的专业公司对安装运行后的电梯进行保养、维修取得的收入，征收营业税。1999 年，有线电视台向用户收取有线电视安装费、收视维护费、广告费等提供应税劳务取得的收入，外商投资的宾馆、饭店、商务楼等经营电信业务取得的收入，物业管理企业代有关部门收取的水费、电费、燃气费、维修基金、房租的代理行为收取的手续费，交通设施有偿服务收取的过路费、过桥费、过洞费、过渡费，交通部门转让公路、桥梁收费权取得的收入，拍卖行向委托方收取的手续费，学历教育单位和非学历教育单位或个人所提供的非学历教育劳务，非风景区的索道、渡船收入，风景区内的索道、渡船等游览设施未单独制票、单独收费取得的收入，实行全额承包的建筑安装工程作业承包合同总金额与实际工程总造价的价差部分，公路桥梁收取的车辆通行费等征收营业税。2000 年，金融保险业的贷款业务、融资租赁、金融商品转让、金融经纪业务和其他金融业务、保险业务纳入征税范围。

2001 年，眉山市交通、建设部门贷款或按照国家规定有偿集资修建路桥、隧道、渡口、船闸收取的车辆通行费、船舶过闸费，且实行收支两条线管理的，不征收营业税。企业以承包或承租形式将资产提供给内部职工和其他人员经营，企业收取固定的管理费、利润或其他价款，承包或承租人领取营业执照，企业所收取的全部价款属于从事租赁业务取得的收入，按“服务业—租赁”的税率征收营业税。学校收取的选校费、建校费、教育成本补偿费、城区调剂费、借读生费、赞助费等征收营业税。房地产开发企业从事房屋拆迁补偿的，偿还面积与拆迁面积相等部分的营业税按同类住宅房屋的成本价核定征收。2003 年，全市按月纳税的营业税起征点由 400 元调整为 1500 元，按次纳税起征点由 50 元调整为 100 元。

2004 年起，营业税由地税征收，国税停止征收。当年，农村信用社取得的金融保险业应税收入，按 3%的税率征收营业税；台球、保龄球减按 5%的税率征收营业税。2005 年，商场出租场地不参与经营对商家收取固定的管理费、市场开发方收取的房屋保证金，按“服务业—租赁”征收营业税；公路经营企业收取的高速公路车辆通行费收入统一减按 3%的税率征收营业税。2006 年，个人将购买不足 5 年的住房对外销售的，全额征收营业税；个人将购买超过 5 年（含 5 年）的非普通住房对外销售的，按其销售收入减去购买房屋的价款后的余额征收营业税。2007 年，水利工程单位向用户收取的水利工程水费，按“服务业”税目征收营业税。5 年内出售住房全额计征营业税，超过 5 年的分普通、非普通按差额征收营业税。当年，符合条件 4 类人员实行税收优惠，对以前个体工商户全免税收改为每年只享受 8000 元定额优惠，堵塞纳税户套取税收优惠政策漏洞。2010 年，农村信用社、村镇银行、农村资金互助社、由银行业机构全资发起设立的贷款公司、法人机构所在地在县（区）及县以下地区的农村合作银行和农村商业银行的金融保险业收入减按 3%的税率征收营业税，执行期限为 2009—2011 年。2011 年 11 月起，调整营业税起征点，按期纳税的，调整为月营业额 2 万元；按次纳税的，调整为每次（日）营业额 500 元。2012 年，执行新的营业税税率，高尔夫球按 20%的税率，歌厅、舞厅、卡拉 OK 歌舞厅、音乐茶座、网吧按 10%的税率，其他娱乐业征税项目适用 5%税率。全年全市征收营业税 15. 51 亿元，占税收总额的 22. 26%。1997—2012 年，全市征收营业税 67. 79 亿元。

五、所得税

所得税主要为企业所得税和个人所得税。1994 年税制改革，取消按企业所有制形式设置所得税的办法，实行统一的内资企业所得税制度。是眉山市主要税种。

1997 年 8 月，原乐山市地税局直接征管的 9 户市属及以上企业移交眉山地区地税局。当年，国税征收所得税 4116 万元，占总税收的 9. 36%。1998 年，经国家有关部门批准依法注册、登记的事业单位和社会团体取得的生产经营所得和其他所得，一律征收企业所得税。从事医疗服务活动的个人，凡不能提供真实、合法、有效凭证，且不能进行财务、会计核算的个体行医者，实行定额或定率征收个人所得税，实行定率征收个人所得税征收率统一为 3. 5%。生猪屠宰个人所得税按每头 1 元~5 元征收。当年，全区征收所得税 2511 万元，其中地税收 2227 万元、国税 284 万元。1999 年，事业单位、社会团体、民办非企业单位取得的生产、经营所得和其他所得，应当缴纳企业所得税，计税工资的人均月扣除限额由 550 元调整为 800 元。经县以上地税机关批准暂不建账或虽建账但账务不健全，不能准确核算收益的从事服务业、交通运输业、建筑业、文化体育业、娱乐业、房地产开发、工业、商业及工业性作业的个体工商业户、企事业单位承包承租经营的个人，依法实行定率、定额征收个人所得税。11 月起，地区国税开征储蓄存款利息所得个人所得税。2000 年起，设在中西部地区的外商投资企业 3 年内按 15%税率征收企业所得税。实行定率征收的，应税所得率按收入的10%~30%，由各县地税局分类确定。公益性青少年活动场所暂免征收企业所得税；账证不全及按规定应采取核定征收企业所得税的电子游戏厅，调高定额或应税所得率，幅度为 20%~50%。个人独资企业和合伙企业停征企业所得税，只征收投资者经营所得个人所得税，实行核定应税所得率征收方式的，其应税所得率工业、交通运输业、商业 5%~20%；建筑业、房地产开发业 7%~20%；饮食服务业 7%~25%；娱乐业 20%~40%；其他行业 10%~30%。

2001 年，眉山市国税局开展所得税汇算清缴，重点检查 54 户，重点检查面 38. 8%，调增应税所得额 147. 5 万元，查补所得税额 21. 4 万元。给予眉山车辆厂 2001 年新技术开发费 676 万元所得税前扣除。核销金融、农村信用社贷款呆账及金融、保险、移动等企业坏账和固定财产损失 4548 万元，解决企业后顾之忧。2002 年，全市建立年纳税额 100 万元以上的涉外重点税源定期上报和跟踪管理制度。设在西部地区、以国家规定的鼓励类产业项目为主营业务且其当年主营业务收入超过企业总收入 70%的企业，经税务机关审核确认后，企业可减按 15%税率缴纳企业所得税。地税部门汇算企业 1394 户，查补税费 1974.77 万元。完善企业抵免资格认证、抵免程序、申报资料、审批机关、抵免数额计算等，简化审批手续，提高征管效率和质量。生猪经营者个人所得税核定为收购贩运环节、鲜销环节每头各 5 元。2003 年，调整有关企业技术开发费税前扣除政策规定的适用范围，范围扩大到所有财务核算健全、实行查账征收企业所得税的各种所有制工业企业。2004 年，加强重点项目、重点纳税人、薄弱环节税源管理，重点管理工资、薪金所得，通过工会经费、职工教育费、各种津补贴、应收款项、实物等方式和渠道支付个人收入的，纳入收入总额予以征税；二级核算单位支付的奖金、分成收入，必须提供真实有效的人员名单和具体的支付金额。推行个人所得税全员全额双向申报管理，各地年销售收入在 1000 万元以上的个体私营业户和垄断行业的企业法人、高层管理人员以及个人年收入在 10 万元以上的个人独资或合伙企业投资者，必须主动自行申报。商品营销活动中，企业和单位对营销业绩突出人员以培训班、研讨会、工作考察等名义组织旅游活动，通过免收差旅费、旅游费对个人实行的营销业绩奖励（包括实物、有价证券等），根据所发生费用全额计入营销人员应税所得，依法征收个人所得税。

2005 年起，纳税人取得全年一次性奖金，单独作为一个月工资、薪金所得计算纳税。2006 年起，不符合条件的企业实行核定征收企业所得税。建立起市、县两级重点税源管理体系，确定市级重点监控管理企业 60 户。全面推进所得税规范化建设，调整应纳税所得额 5150 万元，补缴企业所得税 1494 万元。开展企业所得税征收方式鉴定，在水电行业和饲料行业开展纳税评估试点，将纳税评估、税务约谈同日常检查相结合。减免 61 户企业所得税 9423 万元。2007 年，调整核定征收企业所得税应税所得率，农、林、牧、渔业 3%，制造业 5%，批发和零售贸易业 4%，交通运输业 7%，建筑业、饮食业 8%，娱乐业 15%，其他行业 10%。生猪生产流通环节停止征收个人所得税。建立高收入行业和有影响行业代扣代缴个人所得税全员全额申报管理试点，建立纳税人收入、完税情况基础资料统计，搞好个人所得税管理信息软件系统应用培训和安装试运行。全市受理自行纳税申报人数 186 人，申报年所得总额 1.17 亿元，申报应缴税款 1565.14 万元。全市个人所得税全年入库 1.01 亿元，比上年增长 25.45%。

2008 年，施行新的《中华人民共和国企业所得税法》。符合非营利组织条件的孵化器的收入享受企业所得税优惠政策。因新企业所得税法、“5·12”汶川特大地震灾后税收优惠政策，全市企业所得税政策性减收 7600 万余元。3 月起，纳税人实际取得的工资、薪金所得，适用每月 2000 元的减除费用标准，计算缴纳个人所得税。3 月前实际取得的工资、薪金所得，均应适用每月 1600 元的减除费用标准，计算缴纳个人所得税。个体工商户业主、个人独资企业和合伙企业投资者的生产经营所得计征个人所得税的费用扣除标准调整为每年 2.4 万元。三者合理的工资、薪金支出自是年起允许税前扣除，其允许扣除的工会经费、职工福利费、职工教育经费标准依次为工资薪金总额 2%、14%、2.5%；三者广告费、业务宣传费不超过销售（营业）收入 15%的部分准予扣除，超出部分准予结转来年扣除；三者发生的业务招待费按照实际发生额 60%扣除，最高不超过当年销售（营业）收入的 5‰。2009 年起，符合条件的电信企业用户应收话费，可作为资产损失在企业所得税税前扣除。符合条件的金融机构农户小额贷款的利息收入和保险公司为种植业、养殖业提供保险业务取得的保费收入在计算应纳税所得额时，按 90%计入收入。房地产开发项目完工前的预售收入按销售进度预征企业所得税。2010 年起，以“公司+农户”经营模式从事农、林、牧、渔业项目生产的企业，享受减免企业所得税优惠政策。符合条件的高新技术企业就其来源于境外的所得按照 15%的优惠税率缴纳企业所得税，在计算境外抵免限额时，可按照 15%的优惠税率计算境内外应纳税总额。全年查账征收企业1710户，查账面61.64%。年缴纳企业所得税200万元以上企业29户，入库2.04亿元，占所得税收入的77.58%。全市行业入库情况差异明显，工业企业所得税、批发及零售业所得税、房地产税分别占企业所得税总数的23.39%、30.4%、32.38%，国有企业、私营和其他有限责任公司、股份公司以及外资企业入库的企业所得税占主导地位。

2011年起，符合规定的节能服务企业享受企业所得税“三免三减半”（自项目取得第一笔生产经营收入所属纳税年度起，第一年至第三年免征企业所得税，第四年至第六年减半征收企业所得税）税收优惠政策。年纳税所得额低于3万元（含3万元）的小型微利企业其所得，减按50%计入应纳税所得额，按20%的税率缴纳企业所得税。企业持有2011—2013年发行的中国铁路建设债券取得的利息收入，减半征收企业所得税。工资薪金所得减除费用标准由每月2000元提高到3500元；涉外人员附加减除费用标准由每月2800元调减为1300元；承包承租经营者、个体工商户、独资和合伙企业的投资者的必要减除费用标准由每月2000元调整为3500元。代开货运发票的个人所得税纳税人，统一按开票金额的1.5%预征个人所得税。至全市个人所得税代扣代缴单位增至1298户，通过代扣代缴方式征收的个人所得税款占个人所得税收入总额的68%以上，815家单位使用全国统一的个人所得税信息管理系统，近8万名纳税人实现全员全额扣缴明细申报。2012年，年应纳税所得额低于6万元（含6万元）的小型微利企业，其所得减按50%计入应纳税所得额，按20%的税率缴纳企业所得税。符合条件的中小企业信用担保机构担保赔偿准备、未到期责任准备，国有工矿企业、国有林区企业和国有垦区企业棚户区改造资金补助支出，企业和自然人向宗教界成立的符合税收法律法规规定条件的公益性社会团体的公益性捐赠支出，体育类非营利组织收入，企业发生的符合条件的广告费支出，企业通过公益性社会团体或者县级以上人民政府及其部门对残疾人托养服务机构进行捐赠在其年度利润总额12%以内的部分，准予在企业所得税前扣除；设在天府新区的鼓励类产业企业减按15%的税率征收企业所得税。分片拉网式清理各类保险公司、金融机构、中介机构、商场、加油站等，全市企业所得税征税面76.87%。全年全市征收所得税13.69亿元，占税收总额的19.64%。1997—2012年，全市征收所得税65.22亿元。

六、车辆购置税和车船使用税

1997年，眉山地区地税局印发《机动车辆实行统一完税标志的通告》，要求各县地税局做好两轮摩托和拖拉机登记检查，防止车船使用税流失。车辆购置税由交通部门代征。

2001年，眉山市地税局制定《眉山市公路运输业税收征收管理办法》，明确车船使用税每年1—5月一次征收。2002年，委托稽征部门全面代征。2004年，客货两用车载人部分按乘人汽车税额减半征收，载货部分按机动载货汽车税额征收。至2004年年底，全市征收车辆购置税1.53亿元。2005年起，车辆购置税由市国税局征管，载货汽车车船使用税按整数吨位征税。2006年起，取消囚车免税政策，公安部门车辆均按规定申报纳税。2007年，车辆购置税分局入驻市政务服务中心，开设窗口办理缴纳车辆购置税。建立全市地税系统车船税“税源库”，采取委托保险公司代扣代缴与税务机关直征相结合方式征收车船税。2008年，推行《车辆购置税征收风险系数管理办法》，规范车辆购置税征收管理。在太和镇开展“为纳税人上门服务活动”，将摩托车纳税手续办好后送到纳税人手中。严格纳税申报代理人员管理，办理车购时车主必须到场，防止违规操作。全年全市征收车船税1872万元，比上年增长2.42倍；办理免税车辆32台126.87万元、车辆转籍3623台。2009年，实施减半征收小排量汽车车辆购置税等优惠政策。彭山县、仁寿县车船税减免审批事项比照市地税局的税收管理权限自行审批、管理。当年办理应税车辆2.16万台，入库车辆购置税1.02亿元。2010年，购置1.6升及以下排量乘用车，暂减按7.5%的税率征收车辆购置税。主管税务机关辖区内企业车辆实行自征等方式加强车船税征收管理。2011年，市国税局、公安部门规范摩托车上牌、缴税等问题。车辆购置税申报车价低于最低计税价格的异常发票信息下发各县（区）国税局逐笔核查，堵塞车购税征管漏洞。2012年，市国税局排查5个县国税局车辆购置税征管情况，发现不规范问题，督促整改。全年办理免税车辆105台，免税金额492.1万元。全市征收车辆购置税3.2亿元，占税收总额的4.59%。1998—2012年，全市征收车辆购置税14.89亿元。

七、城镇土地使用税

1997年，眉山地区凡在城市、县城、建制镇、工矿区范围内使用土地的单位和个人是城镇土地使用税的纳税义务人。

2003年起，眉山市政府下发《关于调整城镇土地使用税税额标准的通知》，执行税额等级标准。2005年，更新统计全市城镇土地使用税税源数据库，当年全市有城镇土地使用税纳税户3731户，应税面积612.5万平方米，应纳税额937.08万元。2006年9月起，位于城镇土地使用税征收范围内的煤炭企业已取得土地使用权、但未利用的塌陷地，恢复征收城镇土地使用税。2007年9月，明确眉山市市区城镇土地使用税等级划分及定额标准。一级区域，东面以岷江河堤为界，南面以一环路、苏湖路和岷江河堤交界为限；西面以一环路、通义路、文忠与眉州大道交界为界，北面以齐通路东段以南至岷江河堤为界；东面以东坡大道北段以西，南面以眉州大道西段以北，西面以省道103线以东为界以内的土地（每平方米税额为16元）。二级区域，西面以火车铁路以东，北面以眉州大道西段以南，南面以二环南路与一环路交界为界；东面以省道103线以西、南面以眉州大道西段以北、西面以铁路线以东为界内的土地（每平方米税额为12元）。三级区域，市规划建设25.4平方千米以内除一、二级区域以外的土地和太和镇、崇礼镇、象耳镇、修文镇、松江镇、崇仁镇（每平方米税额为6元）。四级区域，东坡区范围内除一、二、三级区域以外的其他城镇（每平方米税额为3元）。

2009年起，公园、名胜古迹内的索道公司经营用地，缴纳城镇土地使用税。城镇土地使用税纳税义务截止时间截止到房产、土地的实物或权利状态发生变化的当月末。5月，通过公开拍卖取得土地使用权的企业，因拆迁安置问题未获得土地的，可延期到交付土地之日起征收城镇土地使用税。12月起，在城镇土地使用税征税范围内单独建造的地下建筑用地，按规定征收城镇土地使用税。其中已取得地下土地使用权证的，按土地使用权证确认的土地面积计算应征税款；未取得地下土地使用权证或地下土地使用权证上未标明土地面积的，按地下建筑垂直投影面积计算应征税款。上述地下建筑用地暂按应征税款的50%征收城镇土地使用税。2011年，微利企业和亏损企业的土地征收城镇土地使用税。2012年，物流企业自有的大宗商品仓储设施用地，减按所属土地等级适用税额标准的50%计征城镇土地使用税。农产品批发市场、农贸市场给予免征房产税和城镇土地使用税的，可继续按原免税政策执行。全年全市征收城镇土地使用税2.55亿元、占税收总额的3.66%。1997—2012年，全市征收城镇土地使用税7.82亿元。

八、城市维护建设税

1998年，眉山地区依据“三税”（增值税、消费税、营业税）征收城市维护建设税，加大清欠力度，防止新欠产生，确保税款入库；密切部门联系，做好信息交换等。

2001 年，眉山市城市维护建设税以纳税人实际缴纳的营业税税额为计税依据。市地税局制定《眉山市公路运输业税收征收管理办法》，账务健全、实行收支统一核算，真实、准确反映营运收入的运输企业和单位，其应纳的公路运输业城建税实行查账征收，由地税部门自行征收管理；实行挂靠、承包、租赁方式经营的营运车辆、个体营运车辆和摩托车，其应纳的公路运输业城建税实行“定期定额”征收，统一由地税部门委托稽征部门代收代缴。

2003 年，眉山市除纳税确有困难的，不再享受城市维护建设税减免政策。2005 年，经国家税务局审核批准的当期免抵的增值税税额纳入城市维护建设税的计征范围。“三税”（增值税、消费税、营业税）实行先征后退、先征后返、即征即退的办法，随“三税”附征的城市维护建设税一律不予退还。外商投资货物运输业代开票纳税人征收的城市维护建设税不退还。2010 年，全市启用城市维护建设税综合征管软件，加强房地产市场及重点工程项目税收管理。全年城市维护建设税入库 1. 15 亿元。2012 年，育养服务免征城市维护建设税。全市征收城市维护建设税 1. 76 亿元，占税收总额的 2. 52%。1997—2012 年，全市征收城市维护建设税 9. 73 亿元。

九、房产税

1997 年，眉山地区征收房产税 921 万元。1998 年起，全区国有企业一律按固定资产重估价值征收房产税。房屋出租房产税实行核定征收。1999 年，企业出售给职工的房产在财务上未下账，仍继续计提折旧的，征收房产税；企业已经不提折旧的，免征。房产经评估并入账后，均按房产评估值计征房产税。2000 年，外商投资企业将房屋内的柜台出租给其他经营者并收取租金的，按租金收入计征城市房地产税。

2002 年，眉山市个人按市场价格出租的居民住房，用于居住的，房产税暂按 4% 征收；用于生产经营的，按 12% 征收。2003 年起，房地产开发企业开发的商品房在出售前不征收房产税；出售前房地产开发企业已使用或出租（借）的商品房征收房产税。购置新建商品房，自房屋交付使用之次月起计征；购置存量房，自办理房屋权属转移、变更登记手续，房地产权属登记机关签发房屋权属证书之次月起计征；出租、出借房产，自交付出租、出借房产之次月起计征；房地产开发企业自用、出租、出借本企业建造的商品房，自房屋使用或交付之次月起计征。2005 年，凡以房屋形态表现的财产征收房产税，包括各类地面以下的房产。纳税人按财务会计制度要求将土地出让金并入房产原值后，增加的房产原值部分征收房产税。2006 年，自用的地下建筑，工业用途的房产，以房屋原价的 50% 作为应税房产原值；商业和其他用途的房产，以房屋原价的 70% 作为应税房产原值。2007 年起，居民住宅区内业主共有的经营性房产，由实际经营的代管人或使用人缴纳房产税。

2009 年起，眉山市外商投资企业、外国企业和组织以及外籍个人，依照房产原值计税的房产，按房屋原价计算缴纳房产税。纳税人未按国家会计制度规定核算并记载的，按规定予以调整或重新评估。开征“三资”企业房产税。2010 年，分户建立房产税管理台账。修正调整房产原值不真实的情形，严格招商引资企业房产税征收管理。2011 年，残疾人福利企业确有困难的，减免房产税。出租房产，租赁双方签订的租赁合同约定有免收租金期限的，免收租金期间由产权所有人按照房产原值缴纳房产税。宗地容积率低于 0. 5 的，按房产建筑面积的 2 倍计算土地面积并据此确定计入房产原值的地价。2012 年，全市征收房产税 9309 万元。1997—2012 年，全市征收房产税 4. 14 亿元。

十、资源税

1997年，眉山地区征收资源税361万元。1998年起，四川石油管理局的天然气资源税适用税额由每万立方米120元调至130元。1999年，地区地税局制定《眉山地区资源税征收管理暂行办法》，采取“以票管税、源泉控管、代扣代缴、定额征收”征收管理办法。征收额为芒硝生产企业采用旱采方式生产的每吨3元、采用水采方式生产的每吨4元；自采自用的水泥厂生产水泥每吨2.5元~3.5元；页岩砖厂生产砖每万匹22元~30元，其他砖厂生产砖每万匹18元~25元；石灰厂、水泥厂、公路护养段、公路建设单位等白石（石灰石）每吨2.5元~3.5元；建筑业按“95定额”计算耗用的砂石资源，按建筑工程面积每平方米2元~3元。

2002年，眉山市煤矸石资源税调整为每吨0.6元。2003年，调整石灰石大理石资源税税额，调整后按石灰石每吨2.5元，大理石、花岗石每立方米10元计征。2004年，开征硅矿石等资源税，硅矿石、天然沥青矿、泥炭分别按每吨10元、15元、5元征收。2005年，开采利用的山泉水，凡含符合国家标准的矿物质元素，按每吨3元定额征收资源税。

2006年9月起，调整煤炭资源税定额，调整后按每吨2.5元征收。凡开采钒矿石的单位和个人按每吨12元缴纳资源税。实行矿石资源源泉控管办法，税务机关对需用炸药开采的矿山业主，按炸药用量核定其矿石开采量、销售量和应纳资源税税额，委托仁寿县民用爆炸物品专营有限责任公司代征。全年仁寿县征收入库资源税377万元。2007年，焦煤税额调整为每吨8元。建筑行业不能提供资源税管理证明单的纳税人实行定额征收沙石资源税。铅锌矿石矿山单位税额调整为每吨10元~20元，铜矿石矿山单位税额调整为每吨5元~7元，钨矿石矿山单位税额调整为每吨7元~9元。建筑行业纳税人使用砂石资源又不能提供“资源税管理证明”的，按建筑工程面积每平方米2元~3元定额征收砂石资源税。当年，全市建筑业沙石资源税征收入库300万余元。2008年，以煤炭销量确定其生产量征税，全市入库煤炭资源税305万元。收购、使用未税矿产品的单位和个人实行“代扣代缴”资源税，凡销售方不能提供“资源税管理证明单”的，一律视同未税矿产品，由扣缴义务人代扣代缴资源税；建筑业使用砂石资源不能提供“资源税管理证明单”的，按建筑面积定额征收沙石资源税，陶瓷行业按生产量核定其黏土用量征收资源税，水泥行业按生产水泥量计算矿石耗用量征收资源税等。调整硅藻土、珍珠岩、磷矿石、玉石等资源税税额标准，调整后硅藻土、玉石每吨20元，磷矿石每吨15元，膨润土、沸石、珍珠岩每吨10元。2011年，稀土资源税税额标准调整为轻稀土每吨60元、中重稀土每吨30元。开采与铁矿共生、伴生的氟碳铈矿、独居石矿等稀土矿，除征收铁矿石资源税外，按规定税额标准征收稀土资源税。2012年，资源税征收标准调整为沙、石、普通黏土、芒硝原矿每吨1元，膨润土每吨10元，石灰石、煤炭每吨2.5元，石英砂、矿泉水每吨3元。天然气，从价计征，税率5%。确定元明粉、水泥、页岩砖、普通黏土砖、商品混凝土、干混砂浆、房屋建筑、公路修筑耗用资源定额标准。税率标准锡矿石矿山调整为每吨12元~20元，钼矿石矿山调整为每吨8元~12元，菱镁矿每吨15元，滑石、硼矿每吨20元。铁矿石资源税由减按规定税率的60%征收调整为减按规定税率的80%征收。全市征收入库砂石资源税5171万元。1997—2012年，全市征收资源税2.47亿元。

十一、印花税

1997年，眉山地区征收印花税120万元。1998年起，征收国有企业固定资产重估后新增价值部分印花税。2000 年，接收农村合作基金会的房屋、土地等财产转移所办理的产权转移书据免征印花税。凡不能按期向主管地税机关如实申报应税购销合同贴花金额的或财务部门不能如实汇总本单位的购销合同向主管地税机关集中申报缴纳印花税的，均按购销金额一定比例核定征收印花税，实行“一厂一定，一年一定”。

2001 年，眉山市商品房购销合同按产权转移书据征收印花税。2002 年，买卖合同按购销金额的一定比例核定征收印花税，单位和个人的其他合同及其有合同性质的凭证和新增资本金按规定征收印花税。2003 年，实行公司制改造的企业在改制过程中成立的新企业，其新启用的资金账簿记载的资金或因企业建立资本纽带关系而增加的资金，凡原已贴花的部分不再贴花，未贴花的部分和以后新增加的资金按规定贴花；以合并或分立方式成立的新企业，其新启用的资金账簿记载的资金，凡原已贴花的部分可不再贴花，未贴花的部分和以后增加的资金按规定贴花；企业债权转股权新增加的资金、企业改制中经评估增加的资金、企业其他会计科目记载的资金转为实收资本或资本公积的资金按规定贴花。2004 年，商品房购销合同按产权转移书据依 5/万计征印花税。未按规定建立《印花税应税凭证登记簿》，或未如实登记和完整保存应税凭证的；拒不提供应税凭证或不如实提供应税凭证致使计税依据明显偏低的，采用按期汇总缴纳办法的纳税人未按主管地方税务机关规定期限报送汇总缴纳印花税情况报告，经地方税务机关责令限期报告，逾期仍不报告的或者主管地方税务机关在检查中发现纳税人有未按规定汇总缴纳印花税情况的以及主管地方税务机关认为其他需要核定计税依据的情形等情形之一的，主管地方税务机关对其核定计税依据征收印花税。2006 年，全市工业购销企业按实际购销金额 90%、商业购销业务（买卖业务）按实际采购金额 90%、销售业务按实际销售金额 40%的比例核定计征。2007 年，纳税人以电子形式签订的各类应税凭证按规定征收印花税；发电厂与电网之间、电网与电网之间签订的购售电合同按购销合同征收印花税；土地使用权出让合同、土地使用权转让合同、商品房销售合同按照产权转移书据征收印花税。2009 年，企业集团内部具有平等法律地位的主体之间自愿订立、明确双方购销关系、据以供货和结算、具有合同性质的凭证，征收印花税。企业集团内部执行计划使用的，不具有合同性质的凭证，不征收印花税。2012 年，全市征收印花税 4932 万元。1997—2012 年，全市征收印花税 2. 26 亿元。

十二、农业税

1997 年，眉山地区征收农业税 919 万元。1999 年，农业税征收既可征实，也可以折征代金。2000 年，农业税计税价格统一按市物价局、粮食局规定的中等稻谷收购价每千克 1. 04 元计算，减收部分由同级财政自行负担。

2002 年，农村税费改革后，眉山市农业税税率统一确定为 7%，计税价格按中等稻谷每千克 1. 07 元执行。农业税征收粮食实物的，可采取“实物征收，货币结算”方式，农民在当年内可一次或分夏秋两次缴纳。2004 年，省政府决定，全省农业税税率降低 3 个百分点。1997—2004 年，眉山市征收农业税 4. 76 亿元。2005 年起，停征农业税及附加，农业税及附加历年尾欠一律挂账暂不征收。

十三、农业特产税

1997 年，眉山地区征收农业特产税 695 万元。1999 年，水产种苗生产经营收入暂减按应纳税额的 5%征收农业特产税。

2001 年，眉山市受自然灾害影响，农业特产税各品目的应税收入、计征税额、实征税额均呈大幅下降态势，全年税收比上年下降 52%。2002 年，调整农业特产税政策，各地工作重点转移到收购环节征税，生产环节农业特产税基本停征。农村税费改革后新颁布的农业特产税税率大幅度降低，全市农业特产税入库下降 35.7%。2003 年 6 月起，停征农业特产税（除烟叶外），全年入库税款 40.7 万元。1997—2003 年，全市征收农业特产税 3184 万元。2006 年，废止《国务院关于对农业特产收入征收农业税的规定》。施行《中华人民共和国烟叶税暂行条例》。

十四、契税

1997 年，眉山地区征收契税 278 万元。1998 年，全区契税税率统一按 4%计征。1999 年，国有土地使用权出让、土地使用权转让应缴纳土地契税，分四类计算。1997 年 10 月前签订土地使用权属转移合同而未办相关手续的，按原政策（不征土地契税）执行。个人购买自用普通住宅，暂减半征收契税；6 月前建成未出售的空置商品房，8 月后销售的，在 2000 年前予以契税免税优惠；8 月前销售的商品住房，包括 8 月前已入住的商品房，按规定未办理产权过户手续和缴税的单位和个人，在补办产权过户手续时补交税款。

2001 年，眉山市契税由委托代征改为自征，提高征管效率。2003 年，土地、房屋被县以上人民政府征用、占用后，被征用、占用者重新承受土地、房屋权属的，在核定契税税额时实行货币补偿的，被拆迁人以政府给予的补偿费重新购置房屋，其房屋价格在补偿费标准以内的免征契税；其房屋价格超过补偿费标准的，超过部分依法征收契税。实行产权调换的，按照土地、房屋权属交换的有关规定计征契税。集团公司内部不同分公司或行业系统内部不同的单位之间无偿划拨或有偿划拨（象征性给予部分补偿）土地、房屋权属的，应照章征收契税；土地使用权赠予、房屋赠予的计税依据，由征收机关参照市场价格核定；对个人购买自用普通住宅享受减半征收契税仅限一套，对个人购买多套普通住宅用于出租或办公，不得给予减半征税优惠。

2006 年，眉山市地税局制发《房地产税收一体化管理实施意见》，以契税管理先缴纳税款、后办理产权证书为抓手，从土地征用、出（转）让、建筑安装、房地产销售到房地产保有的一体化管理，逐步实现房地产税收精细化管理。企业改制重组若干契税政策执行期限延长两年。2007 年，建立房屋交易最低计税价格管理制度，由省级税务部门制定房屋交易最低价格管理办法，市级及以下税务部门制定本地区房屋交易最低计税价格。2010 年起，个人首次购买 90 平方米以下改造安置住房征契税；购买超过 90 平方米，但符合普通住房标准的改造安置住房，按法定税率减半计征。个人取得的拆迁补偿款及因拆迁重新购置安置住房，可按有关规定享受契税减免。农村信用社在企业改制过程中，将原划拨用地改为出让用地补交的土地出让金，无论政府采取免征土地出让金还是先征后返等其他方式，均应照章缴纳契税。个人购买普通住房，且为家庭唯一住房的，减半征收契税。2011 年，已缴纳契税的购房单位和个人，在未办理房屋权属变更登记前退房的，退还已纳契税；在办理房屋权属变更登记后退房的，不予退还已纳契税。2012 年，全市征收契税 5.09 亿元。1997—2012 年，全市征收契税 16.79 亿元。

十五、耕地占用税

1997 年 4 月起，暂停批地一年，眉山地区批地大幅度下降，耕地占用税受到一定影响。当年，成（都）乐（山）高速公路耕地占用税比照成（都）渝（重庆）高速公路标准征收，在报批征地手续时先缴纳40%的耕地占用税，其余待建成通车后补交。1998年起，耕地占用税征收转移到清收历年尾欠上，缩小因暂缓批地而造成的税源缺口。2001年，眉山市清收历年耕地占用税尾欠1000万余元。

2004年，眉山市耕地占用税全面自征。全市专项检查耕地占用税，查补耕地占用税820万元。2005年，建立耕地占用税减免申报制度、逐级备案制、重点税源上报制、征管难点上报制、部门之间资料传递查询制和税收政策公示，耕地占用税征管逐步规范。2007年，全市凡占用一年以上耕地，纳入耕地占用税征收范围。将耕地占用税作为房地产税收专项检查重点，严厉打击偷逃税。2008年起，东坡区、彭山县耕地占用税额执行标准调整为每平方米25元，仁寿县、洪雅县、丹棱县、青神县23元。乡镇之间差别较大的县（区）可分别确定乡镇适用税率标准，具体标准由县（区）政府同意确定后报市政府审批。2009年，全市专项检查耕地占用税，清缴入库1200万元。

2012年，清理岷东新区2008年—2012年7月占用耕地应依法申报缴纳税款而未申报缴纳税款的单位和个人，以及根据国家有关规定批准减征、免征耕地占用税后改变耕地用途的纳税人。全年全市征收耕地占用税5.76亿元。1997—2012年，全市征收耕地占用税11.6亿元。

十六、其他税

1997年，眉山地区专项检查固定资产投资方向调节税，清理入库5万元。1998年，国有统配煤矿建设职工住宅的投资恢复征收。三线脱险调整项目征收固定资产投资方向调节税。按规定适用5%税率征税的项目，减按零税率计征；适用15%税率征税的项目，减按5%税率计征；适用30%税率征税的项目，仍照章征税。全区生猪屠宰税自宰自食部分按每头4元，经营部分统一为每头12元~15元计征。1999年，经济适用住房按“城乡个人住宅”建设零税率项目征收固定资产投资方向调节税。7月后的投资项目减半征收固定资产投资方向调节税。2000年，停征固定资产投资方向调节税。

2001年，眉山市农民自宰自食部分的生猪屠宰税作为全省农村税费改革的一部分停征，5月恢复征收。2002年，收购和宰杀自养自食环节的屠宰税均停止征收，个人所得税和随增值税附征的附加按原来的政策征收管理，各地不得再以任何名义、方式向收购、屠宰生猪、菜牛、菜羊等原应税牲畜的单位和个人征收、变相征收或平摊屠宰税。2006年2月，《屠宰税暂行条例》废止。

眉山市 1997—2012 年税收统计表

表 15-10

单位：万元

项目	年份	1997	1998	1999	2000	2001	2002	2003	2004	2005	2006	2007	2008	2009	2010	2011	2012
总局口径税收	增值税	23006	24697	25453	27838	32466	36836	46484	55262	71058	84985	109874	123959	133723	152677	181153	190958
	营业税	8851	4789	10183	12198	12761	13387	14410	17227	18840	25783	38844	46425	68167	99213	131721	155128
	所得税	4116	2511	3051	7475	14420	13556	14342	18123	23715	35268	47486	59595	60634	90074	120959	136862
	消费税	162	165	174	186	201	202	205	218	184	353	318	427	3766	7695	9432	11006
	资源税	361	199	460	548	692	771	869	966	1177	1449	1865	2348	2223	2715	2926	5171
	固定资产投资方向调节税	83	472	152	217	153	—	—	—	—	—	—	—	—	—	—	—
	城市维护建设税	1133	972	1095	1860	773	2470	3339	5110	5804	5665	7732	8260	8727	11548	15226	17609
	房产和城市房地产税	921	456	986	1161	1207	1425	1486	1492	1599	1903	2007	3771	3762	3977	5926	9309
	印花税	120	132	69	159	206	265	346	611	737	1011	1622	2158	2549	3474	4231	4932
	城镇土地使用税	232	110	197	346	359	479	494	859	942	1131	2417	10203	9586	10171	15151	25519
	车购税		414	82	2127	2349	3660	4208	4799	5213	6590	9361	12230	16229	22398	27238	32003
	其他税收	2803	3225	1782	2719	3574	550	—	—	—	—	—	—	—	—	—	—
	小计	41788	38142	43684	56834	69161	73601	86183	104667	129269	164138	221526	269376	309366	403942	513963	588497
农业各税	农业税	919	3134	5764	6326	4671	10099	11091	5604	—	—	—	—	—	—	—	—
	农业特产税	695	283	664	839	398	264	41	—	—	—	—	—	—	—	—	—
	耕地占用税	292	277	125	417	152	628	1883	1422	1916	3350	2886	6236	6672	10346	21818	57552
	契税	278	221	149	719	821	552	1128	1896	2274	5088	9437	12692	19874	26277	35622	50897
	小计	2184	3915	6702	8301	6042	11543	14143	8922	4190	8438	12323	18928	26546	36623	57440	108449
合计		43972	42057	50386	65135	75203	85144	100326	113589	133459	172576	233849	288304	335912	440565	571403	696946

第三节　基金（附加、费）征收

眉山市基金（附加、费）项目包括教育费附加、四川省地方教育附加、四川省交通建设费附加、文化事业建设费、四川省教育费、中小学改善办学条件附加费、四川省残疾人就业保障基金、四川省工会经费、地方电网移民后期扶持基金、大中型水库库区基金、重大水利工程建设基金等16种。

一、教育费附加

1986年开征。1994年，教育费附加修改为“以各单位和个人实际缴纳的增值税、消费税、营业税的税额为依据，附加率3%，分别与增值税、消费税、营业税同时缴纳”。由各级地税机关负责征收，全额缴入地方金库，纳入预算管理。

1998年，眉山地区教育费附加在生猪屠宰中按运销环节每头0.24元、鲜销环节每头0.54元征收。教育费附加随增值税、营业税、消费税的减免而减免，一般无单独减免规定，只对一些行业或项目的特殊情况给予特殊照顾。当年，全区征收教育费附加254万元。2012年，眉山市征收教育费附加9729万元。1998—2012年，全市征收教育费附加5.16亿元。

二、交通建设费附加

1992年开征。以各纳税人实际缴纳流转税（产品税、增值税、营业税）税额为计征依据（10元以下免征），计征率4%，随流转税一并缴纳。1993年实行新税制，取消产品税。2003年停止征收。

三、文化事业建设费

1997年开征，征收范围为各种营业性歌厅、舞厅、卡拉OK厅、音乐茶座、高尔夫球、台球、保龄球的营业收入及广播电台、电视台、报纸、刊物、户外广告经营单位的广告业务收入，征收率3%。当年眉山地区征收7万元。2002年，眉山市网吧行业列入征收范围。中央所属单位及其所属企业事业单位征收的文化事业建设费，全额上缴中央金库；地方单位和个人征收的文化事业建设费，全额缴入省级金库。2012年，全市征收文化事业建设费333万元。1998—2012年，全市征收文化事业建设费1271万元。

四、四川省工会经费

2003年起，眉山市地方税务局代征四川省工会经费。市政府办公室印发《眉山市市级工会经费解缴办法（试行）》，明确代收范围、缴费标准和时间、代收过程中各方的法律责任。建立工会组织的企业、事业单位和机关，不论其所有制性质和经费来源、渠道，均按每月全部职工工资总额的2%向工会拨缴经费；个体工会联合会所属个体工商户每年每人一次性上缴工会经费30元。未建立工会的企业，在登记注册领取营业执照后，企业行政每月向市总工会缴纳全部职工工资总额2%的工会筹备金；开业一年后仍未建立工会组织，除每月继续向市总工会缴纳职工工资总额2%筹备金外，缴纳5‰的补偿金。筹备金待企业建立工会时按规定比例返还给企业工会。工会经费由市地税局代收，并开具全国统一的《工会经费拨缴款专用收据》。2010年，市政府办《关于印发眉山市工会经费解缴办法的通知》，建立工会组织的企业、事业单位和其他社会组织，按每月全部职工工资总额的2%计提、拨缴工会经费，除基层工会应留成60%外，其余40%全额委托地税部门代征。此办法延续至2012年。

五、残疾人就业保障金

2003年，眉山市地税部门代征残疾人就业保障金。市残联发文明确征收依据、征收范围、征收数额、征收程序、征收期、入账方式、征收票据等。2004年，市政府办发文规定，凡境内安置残疾人就业人数未达到在职职工人数1.5%比例的各级行政机关、社会团体、企业事业单位及其他经济组织和个体工商户，均以独立法人为核算单位，缴纳残疾人就业保障金。征收标准为每少安排1名残疾人就业，每年度按统计部门公布的上年度本地区职工平均工资数缴纳，不足1名的按比例差额缴纳。季节性、临时性用人单位，劳动用工合同未订满1年或未订劳动用工合同，职工总数难以确定的，累计折合全年用工计征，或按年产值每6万元1个工计征产值。代征代扣工作每年7月前完成。此制度延续至2012年。

六、职工个人教育费

1995年开征。征收范围及对象为国家机关、人民团体、全民所有制企事业单位以及其他所有制单位工作且具有城镇户口的职工。2004年4月，停止征收。

七、教育费

1994年开征。解决普及九年制义务教育经费不足。征收范围和对象为凡住进省境内的宾馆、饭店、招待所、旅社等的国内外团体和个人，以住宿费为计征依据，住宿费每日10元以下的每人每天收0.5元，每日10元（含）至20元的每人每天收1元，每日20元（含）以上的每人每天收2元。2004年4月，停止征收。

八、旅游市场拓展费

1999年5月开征。征收范围和对象为凡在市境内从事旅游经营活动的各类单位，按计税营业额计征，征收标准1.3%，由眉山地区和各县地税部门负责征收营业税时一并征收。2003年6月眉山市停征。

九、中小学改善办学条件附加费

1993年起，眉山境内将原按建筑税应税额计征的中小学危房改造附加费调整为按固定资产投资方向调节税征收中小学改善办学条件附加费。缴纳投资方向调节税的单位和个人，除部分因国家急需发展享受零税率照顾者外，按应税投资额的1%缴纳中小学改善办学条件附加费，由地方税务部门在征收固定资产投资方向调节税时一并征收。2000年，停止征收。

十、“三高”农业发展资金

1996年开征。眉山境内乡办企业、村办企业、农村股份合作企业、乡镇和村企业投资的联营企业、年销售收入或营业额30万元以上的农村私营企业中务工的人员，以及中外合资（合作）企业的中方务工人员，月平均工资150元以上的，均为“三高”（高产、高优、高效）农业发展资金的义务缴纳人。乡办企业的务工人员、中外合资（合作）企业的中方务工人员、乡村联营企业的务工人员每人每月交纳5元，其余村办企业等的务工人员每人每月交纳3元。从事养殖业的农业企业不征收。先征后返办法，按月征收，省与各地、市、州按4.5∶5.5分成。1997年，眉山地区将原分成比例调整为省级不参与分成，哪一级征收的就增加哪一级的农业投入，县与乡镇分成由县自定，专项用于农业，收归财政管理。

十一、四川省农网还贷资金

2002年，眉山市开征四川省农网还贷资金，征收范围为各级电网经营企业销售电量扣除免征电量后的全部电量，标准为每千瓦时0.02元，免征范围为农业排灌、抗灾救灾及氮肥、磷肥、钾肥和原化工部颁发生产许可证的复合生产用电。各地方电力公司应缴纳的农网还贷资金由企业按月向当地财政部门申报缴纳。此政策延续至2012年。

十二、地方电网移民后期扶持基金

2005年，眉山市开征地方电网移民后期扶持基金，征收对象、范围为四川省各地方电力公司扣除生产用电和农村居民用电后的全部售电量，标准为每千瓦时0.35分，由各地方电力公司代扣并向当地地税部门按月集中申报缴纳。2008年7月后停征。

十三、地方教育费附加

2004年，眉山市开征，按单位和个人缴纳的增值税、营业税、消费税的1%计征。2011年，按单位和个人缴纳的增值税、营业税、消费税的2%计征。

十四、煤炭价格调节基金

2008年8月，眉山市开征煤炭价格调节基金。按煤炭开采、洗选、炼焦企业实际销售的原煤（含洗混煤）、洗精煤、焦炭数量分别征收每吨40元、60元、70元，不按时按量申报、缴纳的，追缴并从欠缴之日起按欠缴金额的2‰加收滞纳金。2009年，修改计征依据。原煤征收比例为每吨销售价格的4%，自采原煤加工的洗精煤3.5%，自采原煤加工的焦炭3%。按照“税、费统征”原则征收，在按月征收当期税费时统一使用《四川省煤炭价格调节基金专用票据》征收。不能准确提供产量和销售价格的煤炭生产经营企业，由所在县（区）煤炭价格调节基金管理办公室会同相关部门核定。至2012年未变。

十五、大中型水库库区基金

2007年5月，眉山市开征大中型水库库区基金。2008年，省政府制定实施细则，从省行政区域内有发电收入的大中型水库（装机容量2.5万千瓦及以上有发电收入的水库和水电站）发电收入中筹集，按水库和水电站实际上网销售电量每千瓦时8厘标准征收。基金收入全额缴入省级国库，纳入财政基金预算。至2012年未变。

十六、重大水利工程建设基金

2010年，眉山市开征重大水利工程建设基金。凡四川境内拥有自备电厂企业、地方独立电网企业均缴纳重大水利工程建设基金，征收范围包括利用水、煤、油、气、风等各种资源生产形成的全部自发自用电量和销售电量，以扣除国家扶贫工作重点县农业排灌用电后的全部销售电量按每千瓦时7厘标准计征。至2012年未变。

第四节　税务管理

一、日常管理

主要通过税收宣传、户籍管理、税务检查、清理欠税、发票管理、汇算清缴等方式，加强税收日常征管。

1997年起，眉山地区将税收宣传月活动纳入目标考核，开展以“税收与文明”为主题及讲税法、学税法和执行税法系列税收宣传活动，举办“打击偷、骗税成果展”。青神县“夕阳红”艺术团编制群众喜欢、寓意深刻的税收宣传节目，在广场、街道、乡镇等宣传。地区国税部门按照“以小补大，以查促收，清欠压欠，加强联系，搞好平衡，确保完成”思路，组织税收。采取“一企一策”清理欠税入库，验证清理漏征漏管理纳税户。全区开展企业所得税汇算清缴和“两金”（农村合作基金、供销社股金）停征后的财务清理。当年，收回欠税1500万余元。1998年，全区采取税收宣传“五进”（税收宣传进党政机关大院、党校、教育系统、经济主管部门、工厂企业），开展以“税收管理与依法治国”为主题的税收宣传月活动和日常税收宣传及党政领导参加税法宣传一条街、党政领导参加税收宣传领导小组、经济主管部门与国税部门共同表彰纳税先进企业和个人、举办重点纳税企业座谈会、争当小小税收宣传员等活动30余个。当年起，地区国税局挖掘潜在税源，改善现实税源，盘活存量税源。重新逐户登记企业欠税情况，层层建立企业欠税和清理欠税入库台账，采取以票管税、暂停支付银行存款、拍卖企业财产、设立企业税款过渡账户、税收检查等措施清理欠税入库，清理“拉网式”漏征漏管理纳税户。全年清理出漏征户505户、漏管理纳税户1192户，收回欠税、补税991.6万元。1999年，地区国税部门加强运费抵扣管理，遏制虚开骗抵；加强生猪税收管理。推行“行业管理”“区域平衡管理”，落实个体私营业户税收建账建制。开展税源大普查，将换证与日常税收征管相结合，与调整部分个体“双定户”纳税定额相结合，强化税收征管，堵塞征管漏洞。地税部门应税资源实行“以票管税、源泉控管、代扣代缴、定额征收”征管，促进地方税收税政管理规范化。2000年，全区国税部门采取“月定进度、季定目标”和“以月保季，以季促年”管理办法，重

市国税局在三苏雕像广场举行三苏故里创建诚信纳税示范街发布会（摄于2003年3月）

点清理电力、化工、白酒等行业欠税。形成日常检查制度，全年检查所有建账户 1 次，每月抽查个体户 5%；定期清理漏征漏管理纳税户。推进万元版增值税防伪税控系统应用，安装到户 148 户，推广应用面 20%。

2002 年，眉山市国税局制定实施《增值税一般纳税人规范化管理暂行办法》，明确规定增值税一般纳税人的资格认定、发票管理、纳税申报、税收优惠等。市地税局开展集贸市场税收专项整治行动，严格税务登记管理，加大清理遗漏征税户和遗漏征税管理户力度。加强农村税费改革后农业税收征管，推行税银合作模式、完善农业税自征体系、制定支持民营经济发展若干税收优惠政策，全市采取“税银合作，便民纳税，优势互补，规范操作”方式征管农业税。2003 年，全市国税系统开展以“四比四看”（比谁发现的问题多，看谁提出的对策准；比谁的行动快，看谁的措施新；比谁的征管工作力度大，看谁的工作质量高；比谁的工作细，看谁的工作更规范）为核心的征管竞赛。市国税局制发《眉山市国税系统企业欠税公告办法》，加强征管、墙塞漏洞、惩治腐败、清缴欠税。建立欠税公告制度，定期公告欠税纳税户。税收会计登记核算批准缓缴税款和欠税企业分户，加强税源监督管理。利用计算机网络动态监控 140 家重点企业生产经营及缴纳税款情况。就地纳税企业应汇汇算户 171 户全部汇算。2004 年，市政府下发《关于加强全市生猪税收管理的意见》，专项整治生猪税收代征、税务代理监管，纠正生猪税收代征中存在的问题。组织开展征管工作“回头看”活动，检查征管档案资料、多元化申报、数据管理、税务行政性收费、生猪税收、税务稽查、旧机动车专用发票管理等 12 个大类 42 个项目 79 个内容。开展征管基础检验，围绕 11 个大类 53 个子目 168 个细项指标逐项检查征管工作情况，现场为各单位解决各类问题 60 余个。专项检查和整顿全市税务代理监管情况，规范国税机关与税务代理关系。至 2004 年年底，全市相继开展“依法治税、强国富民”“税收与未来”“税收与公民”“诚信纳税，利国利民”“依法诚信纳税，共建小康社会”税收宣传月主题活动，将税收知识列入党政干部培训班培训课程，开展“警民共建税法宣传风景线”、税法宣传“三下乡”“税企联手大开发行动计划”“红领巾工程”“税收宣传进农家”“税收宣传进老年大学”“税收宣传进部队”“依法诚信纳税如实说”“三苏故里创建依法诚信纳税示范街”“纳税人知法工程”、眉山税企共建“诚信纳税诗书城”等税法宣传活动，创作《纳税人之歌》《诚信的纳税人》，创建税收宣传教育示范“基地”，制作《偷税抗税国法不容》等电视专题片，开展税收知识竞赛、“诚信纳税示范户”等活动，将税收知识送到千家万户。重点宣传涉农、下岗职工再就业、西部大开发税收优惠政策等，向全市所有手机用户发送“依法诚信纳税，共建小康社会”“向共和国纳税人致敬”等短信息，散发宣传资料、接待咨询人员、接受法律救助申请。2005 年，市地税部门优化纳税服务，加强户籍管理、税源监控、纳税申报、税款缴纳、发票管理、资料档案存储管理等工作，细化税收管理员工作职责。在全市开展税收管理员制度试点。当年起，全市税务部门结合“税收宣传月”“四五”普法、“五五”普法、法制宣传日等，开展税企共建“税收优惠进万家”“税务之春全省中学生足球赛”“网送税法”“打造依法诚信纳税车市，共建和谐繁荣眉山”“十年辉煌路，赤诚聚财心”眉山国税十年成果展、“眉山市自主创业税宣行”及“税收·发展·民生”“税收管理与依法治国”“依法治税、强国富民”“税收与公民”“诚信纳税，利国利民”“依法诚信纳税，共建和谐社会”等主题税收宣传活动，制作《百姓视角话国税》《走进国税》《优化税收服务，国税与你同行》系列报道专题片，建立纳税实务教学基地、“眉山税务网校”、纳税人学校，成立“涉农税收政策服务中心”。

2007 年，全市以彭祖山朝山庙会，仁寿县梨花会和枇杷节，仁里寿乡税收情大型广场文艺演出，丹棱县广场文化税收宣传周等为载体开展税收宣传，参与近100万人次，四川电视台、眉山电视台报道。市国税局组织检查全市内外资企业所得税政策执行情况，重点检查税前扣除项目的审核审批、享受优惠政策企业的确认、计税工资调整、个人利息所得税率的变化等，发现主管国税机关未按规定时限上报审批10户。开展“清欠税、查问题、找隐患、堵漏洞、保安全”征管主题活动。排查出问题131个，市、县两级国税局严格督查督办，逐个检查验收，促进问题整改。实行领导直线管理，全市县（区）国税局班子成员27人直接管理企业41户，涉及行业20余个。市地税部门将税收政策和相关法律法规的执行情况、税收征管业务流程和征管基础资料的规范化管理、发票管理以及税收票证管理方面内容纳入考核范围，统一全市征管质量量化标准，实现粗放型向精细化考核转变。组织开展全市征管质量A级达标检查验收，全市各县（区）地税局、直属单位19个申报A级达标基层单位，达标16个。

2008年，实行所得税纳税户汇算清缴计算机软件信息管理，全市508户安装自动汇算清缴软件。市国税部门督促催缴入库，审核上报欠缓缴税款113户（次），缓缴金额1.36亿元。2009年，市国税、地税、工商等部门。明确欠税管理目标，分单位制定清欠计划，以2008年年末余额为基数，按季压欠率不低于5%，全年压欠率不低于20%，按季实行目标管理考核。开展2002年以来管理纳税户大清理、“回头看”。开展查漏补缺、专项核查、欠税清理等活动。市国税局组织辖区内征税管理户清理。全市企业所得税登记户应参加汇算清缴企业1947户全部汇算。汇算清缴调增应纳税所得额5.76亿元，纳税调减3.64亿元，净调增应纳税所得额2.12亿元。2010年，国税部门在全市开展拉网式户籍清理，查出遗漏征税户和遗漏征税管理户近1000户，依法处置后及时纳入管理。建立所得税汇算清缴工作考核制度，安装自动汇算清缴软件企业增至808户。加强催报催缴，控制欠税，严格缓缴税款，全市申报的19亿余元税款全部征收入库。地税部门开展欠税“五个结合”（遗漏征税户和遗漏征税管理户清理工作与税源管理、税法宣传、定期定额调整、规范管理、欠税清理相结合）专项清理和“税收管理质量年”活动，加强欠税清理核算、欠税清理监控管理、欠税查处；实施行政绩效管理、税源税基精细管理、房地产业税收“一体化”管理、稽查阳光管理、税收优惠民生管理等“十项管理”。至2010年年底，全市国税税收征税面由2009年46%增至53%，工业税负保持3.1%，商业税负2.61%，高于全省1.58%水平；历年陈欠余额压缩8.2%；在近万户用票单位中，每月查验已使用发票率99.99%，全市20余户大型商场、超市均纳入卷式发票控税。全市评查力度指标4.61%，高于全省2.78%水平，全市纳税评估补税4200万余元，入库率100%。2011年，农产品加工经营企业税收监控预警指标体系上线运行。市地税部门开展全市23户农产品加工企业农产品预约定耗抵扣管理试点，规范农产品收购发票开具。重点核查申请抵扣固定资产进项税额金额较大、增长幅度较大以及与建筑物、构筑物和地面附着物划分较为困难的机器设备。指出问题60余个，提出措施建议50余条。地税系统深化“税收管理质量年”十项措施，实现“三基”［基础管理链条从市地税局到县（区）地税局、到所、到组、到员的全面连通；基层管理这个重中之重的环节的全面规范和精细化、专业化；基本要素即“人才”的合理调动和有效配置，最大限度发挥人才的专长］有机统一结合。2012年，市国税局分解落实10项税收征管指标，明确每月征前、征中、征后重点工作任务，形成全员参与、整体联动态势。抽查各主管国税机关存根联滞留票核查、固定资产进项抵扣核查、专用发票开具管理等，通报存在问题并限期整改。

1998—2012年，眉山市国税局检查业户2687户，查补税款3.56亿元、占国税总收入的2.17%。

二、税源管理

（一）分类管理

2000 年，眉山地区推行行业管理、区域平衡管理，落实个体私营业户税收建账建制。当年全区个体、私营税收入库 8100 万元。

2002 年，眉山市实行纳税企业分类管理，分户建档，提高税收征管质量和效率。市国税局重点联系年应纳税 50 万元以上、有发展前景、经济效益较好企业；各县（区）国税局跟踪管理年应纳税额 10 万元的企业和年应纳税额 1 万元以上的个体户，落实具体人员监控税源，掌握企业的生产经营情况，加强企业财务监督。2005 年，市国税局制定《眉山市所得税征收方式管理办法》，明确所得税分类管理的条件、程序、标准。2008 年，市国税局将纳税人亏损大、所得税贡献率低、实际税收负担率低的企业分类，列入所得税重点评估对象。实施重点行业分类管理，房地产行业强化部门协作，实施重点管理。全年全市企业确定为甲类的 20%、乙类的 45%、丙类的 35%。2010 年，加强白酒生产企业分类管理，分户设立户籍管理登记台账，建立白酒重点生产企业税收情况分析和预测机制。2011 年，全市连续亏损 3 年的企业，不能说明正常事由的调整为定率方式征收。开展税源专业化管理试点，东坡区为房地产行业，经济开发区为汽车销售行业，洪雅县为电力生产行业，彭山县为饲料加工行业，青神县为机械制造行业，仁寿县为建材行业，丹棱县为连续亏损两年以上企业的行业。加大定率征收比例，控制核定额征收比例在 20% 以内。落实预缴税款比例不低于 75% 要求，保证税款及时足额入库，全市预缴税款比例 76%。2012 年，全市纳税人亏损大、所得税贡献率低、实际税收负担率低的企业分类后列入所得税重点评估对象。全市企业确定为甲类的 55%、乙类的 34%、丙类的 11%。

眉山税收优惠进万家启动仪式（摄于 2005 年 4 月）

（二）税源监控

1997 年，眉山地区实行年纳税超 100 万元的企业动态跟踪管理。全年重点企业缴纳“两税”（增值税、消费税）9705.8 万元，占全区“两税”总收入的 41.09%。1998 年，全区分类别监控小税源，以小补大。参与企业转制，加强企业转制过程中的税收管理，防止和减少企业转制对税收的影响。1999 年，地区国税局加强年收入超 1000 万元的税务所（分局）和 30 户年纳“两税”100 万元以上重点税源企业的监管，建立健全重点税源税务所（分局）及企业的经济、税收档案，纳入计算机动态管理，各县国税局直接监控年纳税超 20 万元的企业，形成地区国税局、县国税局和税务所（分局）三级阶梯性的税源监控管理网络。30 户重点税源企业全年入库“两税”1.15 亿元，占全区“两税”总额的 44.87%。2000 年，地区国税局组织分行业、税种和项目摸底测算全区税源。取得成品油经营许可资格的加油站196户中167户349台加油机安装税控装置。

2002年，眉山市加强改转制企业、关联企业、汇总缴纳企业税收监控。各级国税部门利用计算机网络，动态监控全市171户重点企业的生产经营及缴纳税款情况，年纳税500万元的8户重点企业，其产品销售收入、进项税金、入库“两税”、期初存货已征税款余额、留抵税金实行计算机动态监控。2003年，建立年纳税额100万元以上的涉外重点税源定期上报和跟踪管理制度。43户年纳“两税”上100万元企业专人联系管理。2005年，市国税局制定《眉山市重点税源管理办法》，实行重点税源事前预警、事中监督、事后分析管理。清理53户年纳税超100万元以上的重点企业的生产经营和缴纳税情况，全年入库税收收入4.48亿元，占收入总额的55.72%，增收1.14亿元，实现税收收入的均衡入库，防止大起大落。至2007年，依托县、市两级计算机数据处理中心，通过网络申报、邮政网点和电话申报缴税，全市一般纳税人和个体户2.06万户进入计算机网络税务处理系统，运用计算机网络技术征收管理税源。重点企业税收收入占税收收入的71.71%。私营企业年税额为1997年的150余倍，股份公司为16倍，国有企业稳步上升，涉外企业异军突起。2008年起，工商、民政、地税、国税部门信息联动，将年应纳企业所得税20万元以上的企业全部纳入重点税源监控，动态跟踪管理企业纳税情况和主要财务指标。当年，全市国税征收增值税11.91亿元、消费税427万元、企业所得税1.99亿元。至2010年，142户重点企业税收收入入库10.73亿元，占全市税收收入的55.45%。2012年，全市实行税源监控及分析预测规模以上重点企业增至221户。全年国税收入中工业税额15.61亿元、商业5.67亿元、服务业4488万元、其他4.47亿元；国有企业3.99亿元、股份公司12.77亿元、涉外企业1.47亿元、集体企业672万元、私营企业4.91亿元、其他企业711万元、个体税收2.92亿元；国税征收增值税16.65亿元、消费税1.1亿元、企业所得税5.68亿元。主要为商业、电力、化工产品、房地产业、机械及运输设备、纺织品、批发和零售业、建材、烟等。

（三）税源调查

税务统计调查分为税务统计报表调查和专门调查两种。

1998年，眉山地区地方税收2.98亿元，其中国有企业5472.5万元、集体企业4897.2万元、股份合作企业645.5万元、私营企业750.8万元、个体1.8亿元。2001年，眉山市地方税收2.91亿元，其中第二产业7648万元、第三产业2.14亿元。2012年，全市地方税收45.55亿元，其中第一产业914万元、第二产业16.68亿元、第三产业26.72亿元；国有企业1.88亿元、集体企业3213万元、股份合作企业7592万元、股份公司2.96亿元、私营企业1.26亿元、其他3.18亿元、港澳台投资3251万元、外商投资5539万元、个体7.61亿元。

三、税务登记与年审

1997年，由乐山市划转移交眉山地区国税局管辖的国税纳税户2.8万户。当年，眉山地区税务部门开展税务登记验证及一般纳税人年审，年审一般纳税人1212户，验证5.49万户，其中地税2.91万户。1998年，眉山地区年审增值税一般纳税人1230户，合格859户，限期整改90户，取消不合格的企业一般纳税人资格281户，直接查补入库税款32.9万元，重新确定A类企业27户、B类企业387户、C类企业535户。至1999年，全区国税系统纳税业户登记率100%，换证2.83万户、占应换证户数的93.51%。2000年，地区税务部门开展企业欠税情况逐户重新登记，检验税务登记证6.28万户，清理出遗漏管理纳税户647户。

2004年，眉山市清理出漏征漏管理纳税户850余户，补办税务登记证600余套，变更104户证照内容不符纳税人的税务登记内容，定额调整实际销售额与核定营业额不相符的 70 户。全市税务登记率 100%，申报率增至 99%以上，入库率增至 99.5%。2007 年，国税部门组织核查 2002—2006 年新办企业，重点清理企事业单位、社会团体、民办非企业单位注册登记。地税部门开展税务登记证换发抽查，重点抽查是否存在未换发最新税务登记证、违规收费或未开具发票现象。2008 年，全市规范一般纳税人认定，新认定增值税一般纳税人 296 户，注销增值税一般纳税人 66 户。联合年检外资企业 43 户，年检率 100%。为地震企业补办和新办税收登记证 1500 户。2009 年，国税部门清理遗漏征税户和遗漏征税管理户，补办税务登记户 935 户，注销 189 户，变更纳税人基本信息 2352 条。清理认定达标未认定企业 137 户。地税部门将新开业纳税人纳入登记，完整录入纳税人基础信息。新办税务登记 2266 户。联合年检全部外商投资企业 43 户。2010 年，国税征税管理户增至 1.93 万户，新增税务登记率 100%。企业所得税征税管理纳税户主要集中在东坡区、彭山县，占总户数的 63%；企业经营性质主要分布在私营、股份制企业，占总户数的 89%；户数集中主要行业为工业、商业，占总户数的 73%。2011 年，全市地税系统实施税务登记和工商登记信息交换共享，定期向同级工商行政管理机关及相关部门通报未办工商执照或未经有关部门批准设立的无照纳税人，核发临时税务登记证件信息。

2012 年，全市国税系统联合年检全部外资企业 63 户。地税部门清理零申报户、非正常户、外出（来）经营户，清理漏征漏管理纳税户 149 户。年末地税纳税户 2.64 万户，其中企业 6655 户、个体 1.97 万户、其他 14 户。

四、纳税申报

1997 年，眉山地区地税部门明确纳税申报对象和申报范围。重申凡有条件、有能力申报的纳税人，自行到主管税务机关直接申报，直接申报有困难或财务制度不健全的可委托税务代理机构申报或邮寄申报。全年全区纳税申报率城市 87.4%、农村 68%。1998 年，地税部门按地方税收纳税人生产经营规模、财务管理水平、纳税申报、缴纳税款、建账建制及税收违法违规等综合情况将纳税人划分为 A、B、C 三类，分别实施不同的管理方法。眉山县地税局试点纳税申报分类管理，后全区逐步推广。1999 年，地税部门推行建筑安装税收“动工申报、竣工结算、以票管税、甲方代扣代缴、按工程进度缴税”征管方式，建立 100 万元以上的工程全部台账；实行交通运输业税收“统一定额、源泉控管”，减少税收流失。2000 年，地税系统推广征收、管理、稽查统一征管模式，规范农村税收征管规程，建立健全市、县、镇、村、社、街道协税护税网络。年末全区纳税申报率企业 91.1%、个体 77%。

市地税局纳税申报大厅（摄于 2009 年 7 月）

2001 年，眉山市国税系统推行以电话申报纳税为主的多元化申报纳税方式，6000 余户个体“双定户”（定期、定额）和小规模纳税人同国税部门签订电话申报纳税协议。地税系统开展电子申报纳税试点，在市地税局直属征收分局、东坡区地税局试点电子、电话申报。2002年，采取“集中受理，分散处理”模式，投资100万余元开通“17967”电话报税系统，通过电话报税的纳税户1.72万户，占可纳入电话报税户的89.6%。开展网络报税、邮寄申报、代理申报试点，当年，158户企业申报。至2004年，电话申报、邮政网点申报以及网络申报成为纳税人主要申报方式，全市国税申报8084户，占达起征点以上纳税户的90%。

2006年起，营业税中的交通运输业、建筑业、餐饮业、娱乐业税收及其查账征收的纳税人实行新的纳税申报，定期定额征收的双定户，每个行业、每个县开展5户新的纳税申报试点，次年在新的纳税申报基础上实施。稳步推进扣缴单位全员全额扣缴申报制度，建立起完整、准确的纳税人档案体系，归集和整理纳税人的收入和与其纳税事项有关的各种信息，实行动态管理。2007年，国税推行网点申报、网络申报，全市纳税人1.46万户通过网点申报、网络申报纳税，占总数的90%以上。2008年，推行“一窗式”票表自动化比对系统，简化一般纳税人企业申报程序。市国税系统与农业银行、工商银行和邮政银行建立信息中心与各相关部门重点联系工作制度，拓展网络申报和远程认证推行面，减少纳税人缴税集中排队。2010年，全市开展纳税人依法申报、及时缴税大整治和申报真实性大检查。逐户清理异常申报情况，教育和处理不及时申报缴税业户125户，纠正400余户一般纳税人、小规模企业长期零负申报问题。至2011年，全市1.7万户纳税人主动申报率99.8%，及时入库率99.95%。2012年，全市各县（区）地税局办税大厅设立个人所得税申报窗口，负责受理申报。市国税部门通过短信平台告知纳税人税前扣除等相关政策的变化，辅导纳税人正确申报。

五、纳税评估

2004年，眉山市税务部门清理征管数据，建立征管软件运行管理办法。市国税局制订《纳税评估管理办法》，建立纳税评估机制，开展纳税评估和纳税约谈，中国南车集团眉山车辆厂等28户企业为2004年度纳税信用A级纳税人，全市经纳税评估出税款1000万余元。2005年，市国税系统开展造纸等行业税收预警管理试点，选择与生产经营密切相关的指标，设定和运用指标值，明确全市所得税评估采取通用分析指标和特定分析指标两大类。东坡区国税局发出预警通知28份，进入约谈、评估程序企业28户，入库税金142万元。2007年起，市国税局每季度举办一次增值税、内外资企业所得税纳税评估案例分析会，每个区、县国税局每次准备1个案例参加讲评，评出优秀案例。国税系统评估276户，评估补税4140万元。通过评估，形成行业指标控制体系，建立20余个行业税收管理办法。地税系统建立健全企业、个人偷逃骗税和其他涉税违法违章记录；完善纳税信用等级评定，推进税收诚信机制建设。地税纳税信用等级评定评选出A级纳税人60户、B级纳税人928户、C级纳税人146户，实现分类管理。

2008年，市国税局制发《关于开展对省定两行业纳税评估的实施意见》，分析研究陶瓷行业、汽车销售行业，形成全市统一行业管理办法，两个行业税负提升。全市开展低税负行业整治，12个低税负行业达到省国税局平均税负水平。全年评估行业11个、外商投资企业19户，评估纳税户171户，移交稽查部门查处1户。评估入库税款662.24万元，抵减留抵税额175.95万元，调整应纳税所得额306.57万元。2009年，开展年销售收入2000万元以上的煤炭开采、洗选及水泥制造企业、中成药制造业、包装装潢及其他印刷业纳税评估。重点评估连续3年亏损企业48户，年销售收入5000万元以上、连续3年亏损的3户企业移送稽查。评估检查享受企业所得税优惠政策企业91户中的81

户。2010年，东坡区、洪雅县重点以造纸业、水力发电、房地产为主，开展增值税、企业所得税联评；洪雅、仁寿、彭山县采取从源头控管，对房地产行业强化部门协作，实施重点管理，实行“先税后证”；市国税局重点评估房地产、医药等行业。选择谷物磨制、元明粉生产、纸业制造128户开展货物和劳务税纳税评估。评估检查全市享受企业所得税优惠政策企业286户中的30户，调增应纳税所得额1.96亿元，调整亏损1.37亿元，补税436万元。全年评估行业15个，评估入库所得税2832.67万元。2012年，全市开展集中纳税专项评估。集中评估税收同比下降较大的重点税源企业、固定资产进项税额抵扣金额巨大的企业等4类异常企业。调查一户房地产反避税案件，补税2900万元。全年评估行业13个企业552户，补税8797.92万元，调减增值税留抵税额247万元，弥补亏损6685万元。

六、税收减免

1997年，眉山地区实施新税制税收优惠政策，支持地方经济发展。为56户企业办理减免欠缴“两金”980.6万元。当年，全区享受减免户3260户，减免税额8950万元。1999年，为全区企业办理期初存货已征税款抵扣2313万元，提前两年消化企业存货已征税款抵扣包袱。为校办、民政福利企业及三线企业办理税收退库和返还1324万元。2000年，公布税收优惠政策64条、工作措施10条，为15户外商投资企业减免税款1800万元。

2003年，眉山市增值税起征点调高后，纳税户由2002年的2.07万户减至6878户，年纳税额由3871万元减至2471万元，免征税款1400万元，为2600余人提供较为稳定就业机会，为4.2万人基本生活提供一定保障。全市审批调减企业应税所得1.08亿元，为213户企业办理减免税款手续，企业直接享受免税销售额2.66亿元，国税部门减免和退还税款2218万元。2005年，市国税系统重大减免税审批事项实施集体审批。全市办理各类减免税8634户次，减免税额3.68亿元。至2011年，全市审批各类减免税资格186户次，办理企业财产损失税前扣除审批25户次1.38亿元。2012年，抽查2008—2010年部分纳税人扣除税收优惠政策执行情况，通报和整改企业研究开发费用归集不准确，所得税管理台账不完善和规范等问题。全年全市税收优惠8.07亿元，其中增值税转型1.3亿元、支持金融资本市场6826万元、鼓励高新技术类7415万元、改善民生1.47亿元、西部大开发1.12亿元、支持农业1.28亿元、促进中小企业发展等1.49亿元。1997—2012年，全市减免税102.24亿元，其中国税87.56亿元、地税14.68亿元。

七、票证管理

（一）发票管理

1997年，指定眉山县万胜装潢印刷厂、眉山县印刷厂为眉山地区发票印刷企业，分别制定发票管理规定及安全保卫、保密、厂纪厂规、票证库房保管、门卫等制度。原乐山市地税局印制的普通发票继续使用到当年年底止，1998年起统一使用眉山地区地税局印制的普通发票，旅游风景区门票统一由地区地税局印制。1998年，眉山地区核准39类地方税普通发票收费标准，规范收费行为。旅馆业统一使用定额发票，保险企业建立健全保险业发票领、用、存、销制度。当年起，加强发票行政执法。破获制造、贩卖定额发票大案1起，收缴假定额发票1.29万本，票面金额1038.58万元，挽回税款损失近100万元。1999年，全区清理检查发票，重点检查餐饮娱乐、建筑安装、交通运输、社会中介机构等。检查1457户，占用票户数的81%，查出有问题的208户，罚款、补税24万元。

2000年，专项检查各级国税机关委托税务中介机构代开增值税专用发票情况，发现违法违纪问题1个，涉及2人，提出合理化建议32条，帮助建章立制13项。当年起，开展地方税收发票专项检查和“蓝盾”发票打假行动，检查业户2134户，查出有问题96户，处罚109户，收缴违章票据93份，罚款、补税13.16万元。此后，每年开展“蓝盾”发票打假行动。2004年，眉山市地税局制定《即开型有奖发票管理试行办法》，推行有奖发票管理新机制，印制服务业有奖定额发票、税控收款机专用发票805万份，向全市手机、小灵通用户发送短信2万余条。启用“税务机关代开统一发票”、新版“公路、内河货物运输业统一发票”。2005年，全市散发宣传资料2万份，鼓励消费者主动索取发票，提高纳税人依法纳税和规范发票管理法律意识。全年发票用票量增加29.87万份，增长21.78%。清理检查旧版发票，统一使用含发票分类代码和发票号码的普通发票，以县为单位集中销毁旧发票。邮政、电信、移动、保险、交通等行业发票统一交省地税局印制，实行微机开票。2007年起，统一实施货物运输新版软件。每年随机增设2个万元大奖和若干小奖。当年，全市有奖发票中奖率6.1%。2009年，以工商税务信息交换系统为基础，逐户核查纳税发票开具、保管等情况，开票金额大于核定定额的纳税人，限期补缴应纳税款并调整其定额核定。2010年，眉山被确定为建筑业、销售不动产和通用机打发票自开票软件试点地区，确定3个县级税务机关为试点单位，选择试点对象30户。

2012年，全市开展打击发票违法犯罪活动。查处违法发票6647份，捣毁制假犯罪窝点2个，收缴短信群发器50台、制售的假发票（假税票）1.18万份，缴获国家税务局和地方税务局征税专用章409枚，抓获犯罪嫌疑人9人，涉案电脑、电器、短信群发器60余台，电话卡数万张。1998—2012年，全市检查纳税户12051户次，查出有问题的950户次，收缴假发票1.36万份，查补税款、罚款65.35万元，处置涉嫌犯罪人11人、违法违纪4人。

（二）税票管理

1997年，地区地税局严格税收票证领销、检查、使用、保管等制度。当年，全区印花税出售1.72万枚，税收票证填用1.27万套。1998年起，原乐山市地税局印制的农业税完税证、农业特产税完税证停止使用，统一收缴集中销毁，由地区地税局统一印制。1999年起，启用包括税收通用缴款书、固定资产投资方向调节税专用缴款书在内的15种新版税收票证。全区统一使用地区地税局印制全省统一规定的农业税纳税通知书，一户一份，农业税税票开票到户，一户一票；凡涉及地区地税局统一编号印制的票证及通知书，由地区地税局统一印制，不涉及的由各县印制。2000年，全区印花税出售5.39万枚，税收票证填用168.44万套。

2002年，眉山市加强地方税收票证管理，建立完善地方税收票证监督机制。车船使用税纳、免税标志纳入税收票证管理和核算，年终将结存标志统一造册登记上交，由市或省地税局销毁。清理回收屠宰税完税证，回收税票造册登记，统一封存。2003年起，启用新印制的农业税收票证、文书、章戳。农业税完税证、耕地占用税完税证、契税完税证、农业税收税款退税凭证、农业税收纳税保证金收据、农业税收罚款收据（统称农业税收票证），由省地税局统一印制，其余纳税通知书等统一由市地税局印制。停用固定资产投资方向调节税零税率项目凭证、固定资产投资方向调节税专用缴款书等6个证书。2005年起，停止使用车船使用税纳、免税标志。2007年，开展契税、耕地占用税票证清理核对移交。清理已停征的农业税、农业特产税、牧业税有关账簿、票证资料，按规定保存或销毁契税、耕地占用税、烟叶税等有关票证。2008年，检查县（区）地税局及税务所税收票证，清理回收旧版契证322本。启用新版契证。2009年，停止使用税收通用完税证、税收通用缴款书、罚款收据等8种税收票证。2012年，开展以税收资金安全为重点的税收会计和税收票证检查。全年全市印花税出售2.52万枚，税收票证填用32.56万套。1997—2012年，眉山市印花税出售48.07万枚，税收票证填用1448.29万套。

八、国际税收管理

2006年，眉山市地税部门检查涉外企业纳税情况，重点检查“三资”企业城市维护建设税优惠情况，查补彭山金石豆油、晨祥铁厂城市维护建设税200万余元。2007年，清理“三资”企业城镇土地使用税税源情况，查明“三资”企业38户，占地114.72万平方米，应税面积84.75万平方米，免税面积29.97万平方米。2008年，市地税、市国税、市外汇管理部门联合发文，确定《境内机构服务贸易对外支付税务备案》《服务贸易对外支付税务备案试点情况统计表》实际传送过程中的具体程序。单位和个人从事技术转让、技术开发业务和与之相关的技术咨询、技术服务业务取得的收入，免征营业税。外商投资企业和外国企业暂不征收城市维护建设税和教育费附加。联合年检外商投资企业，全市参检43户均合格，补缴城镇土地使用税205万元。2010年起，以境内、境外全部生产经营活动有关的研究开发费用总额、总收入、销售收入总额、高新技术产品（服务）收入等指标申请并经认定的高新技术企业，其来源于境外的所得可以按照15%的优惠税率缴纳企业所得税。境外单位或个人执行跨境设备租赁老合同取得的收入，符合条件的免征营业税。2011年，中国国际贸促会收取的不可抗力证明书费、商标注册认证费、对外经济贸易单证认证费等5项收费，转为经营服务性收费管理。2012年，恒大鑫丰由“三资”企业变为内资企业，全市国际税收税源锐减。全年入库国际税收8790万元，比2011年下降16.16%。

九、涉税举报及奖励

涉税举报的受案包括偷税、逃避追缴欠税、骗税和虚开、伪造、非法提供、非法取得发票，以及其他税务违法行为。

1997年，眉山地区执行涉税案件举报最高奖励1.5万元。1999年起，按实际追缴税款数额的5%以内掌握计发奖金；无应纳税款的，按照实际追缴罚款数额的10%以内掌握计发奖金，每案奖金最高数额不超过10万元。2000年，国税系统收到涉税举报17件，查补税款和罚款57.8万元。2006年，眉山市地税局稽查局设立涉税案件举报中心，专人负责违法案件举报受理，实行办案主查责任制。2007年，开通地税纳税服务热线，向社会各界提供税收政策咨询、涉税违法行为举报和税务投诉等服务。2012年，全市受理涉税举报案7件，查处5件，查补税款707万元。各县（区）地税局受理举报案4件，查处3件，查补税款277万元，加收滞纳金48万元，处罚款40万元。2003—2012年，全市受理涉税举报案151件，查补入库收入4456.48万元。

十、出口退税管理

1997年，眉山地区出口产品退税439.3万元。2000年，各县国税局建立并运行出口退税电子信息系统，信息录入率由9.4%增至100%。地区国税部门严格审核每笔退税业务，为企业办理出口退税699万元。

2001年起，眉山市联合年检全市外商投资企业和外国企业。市外经贸委等8个部门调查和核实全市在册的外商投资企业及其分支机构37家。2003年，全市出口退税企业全部实行计算机审核和软盘申报。重点调查新办企业、出口额激增企业及长期只有退税而无免抵税金生产企业，防范和打击骗税行为。2005 年，开展 2004 年度出口退税清算。发现 3 户企业存在违规行为，追交税 13 万元。取消 1 户企业出口退税，调增免抵税额 333 万元，补交增值税 481 万元。

2006 年，全市实行出口退税预警管理，落实出口退（免）税单证备案制度，加强征、退税衔接。2008 年，变单一出口退税管理为出口征、退税管理并重，管理重心向基层转移，逐步实现对出口产品进、产、销全程跟踪和多环节监控。预警评估出口退税企业 28 户次。检查 7 个县（区）局出口货物退（免）税管理情况，清理核查有出口业务未办理退（免）税认定企业 4 户，补征税款 25 万余元，处罚未按规定及时变更认定企业 2 户。取消全市支柱性出口产品电解铝、芒硝、非合金铝制品出口退税，涉及出口企业 16 户。对取消退税货物出口征税 6146 万元。2009 年，开展出口应征税货物专项核查。核查企业 34 户，查补税 21 户 79.07 万元。2010 年，扩大出口退税提醒服务项目和企业范围，利用 QQ 群、出口退税咨询网站等手段，为企业搭建便捷交流平台，促进企业开展有效互助。2012 年，全市简化退税申报程序、减轻出口企业负担，升级退税服务提醒等优化服务措施。清理出口视同内销征税的管理和落实情况，补征应提未提增值税 128 万元。全市出口退（免）税企业 45 个，货物包括机车车辆、车厢、机械设备、芒硝、蔬菜罐头、包装材料、泡菜、肉类罐头食品、齿轮、压缩机等。全年全市出口产品退税 7062 万元。1997—2012 年，全市出口退税 6.05 亿元。

十一、税务检查

税务检查主要采取日常检查、专项检查、专案检查协调办法，促进依法治税、依法行政、征收管理。

（一）日常检查

1997 年，眉山地区重点清理邮电、粮食、电力、饲料、自来水、天然气等行业税收政策落实情况，发现购进、销售不全额入账，以少部分购进、销售入账，大部分账外经营，账务上象征性地反映应交税金等 5 方面问题，提出整改措施 5 条，催欠入库 904 万元，处以罚款 458 户，移送司法机关处理 1 人。全年国税系统检查纳税户，查补税款罚款。1998 年，开展选案、稽查、审理、执行等环节分离探索试点，税收检查由突击性转变为经常性、具体化，适时有针对性地开展各项税收专项检查。开展所得汇算清缴和邮电、医药、石油等行业税收专项检查。重点调查测算实施新的增值税政策后对组织收入的影响，提出确保组织收入的措施和办法。地区国税局抽查企业纳税情况，查补税款。全年检查行业 21 个企业 343 户和个体私营大户税收，查补税款和罚款 3399.5 万元。检查税务部门制发文件 1708 份、外部门制发文件 338 份，查出并纠正问题 1 份、企业改变税基 169 户、超权限审批企业缓交税款 6 户。地区地税局组织调查北斗镇出租房屋拒不缴纳税款暴力抗法事件，举行全区首例税务行政处罚听证会，抓捕暴力抗税人。地区地税局将仁寿县作为全区协税护税试点县，城市以街道办事处为单位建立协税护税组织；较大的集贸市场及专业市场，在纳税人中选择较有威信个体私营者作为协税护税积极分子，建立协税护税组织；在农村以乡（镇）为单位，建立以乡（镇）长为组长的协税护税领导小组，各行政村建立协税护税小组。试点后全面推行，建立县（区）、乡镇、村三级协税护税组织，构建广泛协税护税网络。1999 年，开展税收执法大检查，税收执法检查自查面、重点检查面、整改纠正率均为 100%，查出与税收法律、法规不符的《议事纪要》3 份，少加收滞纳金 3649 元，纠正税务处理决定书 9 份。地区国税局制发《重大案件会审制度》《关于报送税务行政案件有关材料的通知》等管理办法，细化税务行政赔偿、税务案件会审及材料备案，统一规范执法制度。2000 年，专项执法监察 1999 年以来的已稽查税收案件查补的税款、滞纳金、罚款组织入库、擅自减免等情况，制订整改措施 3 项，清理检查并纠正税务处理决定。地区税务局确定眉山县为全区执法责任制试点县，其余县各确定 1 个地税所试点。

2001 年，眉山市国税局开展以所得税执法范围、管理权限等为重点的内部检查。检查县级国税单位 8 个、税务所（分局）级单位 30 个，检查规范性文件 826 件，查出并纠正违规文件、执法违规行为。市地税抽查税务所（分局）、乡镇，查阅地税机关及党政部门涉税文件，清理越权减免税文件，纠正个别地方党政部门越权减免或变相制定税收优惠政策，以收定支，层层加码下达税收计划现象。仁寿对富家镇 4 户从事出租运输业务长期拒不缴纳相关税收业户依法采取强制执行措施，现场扣押出租车 4 辆。2003 年起，全市推行行政执法责任制，开展行政许可“三项清理”，检查地税系统贯彻执行《中华人民共和国行政许可法》情况。至 2005 年，地税系统以房地产开发、水利电力行业、股份制企业、货物运输企业、医药企业和举报案件为稽查重点，检查重点纳税单位。稽查“一面五率”（检查面、处罚率、滞纳金加收率、查补税款入库率、结案率 100%、案件公告率）6 项指标达标。进行“同城一级稽查”改革试点，试行“稽查约谈制”和查前纳税辅导，通过约谈纳税人主动申报纳税 800 万余元。2006 年，市国税部门开展代保管资金账户、代征代扣手续费支付和税收优惠政策执行等执法监察。此后，每年均开展税收执法检查。市地税部门检查各县（区）地税局、市地税局直属单位税收执法情况，发出限期整改通知 9 份，整改事项 27 项。2008 年，全市地税稽查由“收入型”向“执法型”转变，由“就案查案”向“职能发挥”转变。当年起，市国税局使用协查系统开展协查举报。市国税局从稽查的选案、检查、审理、执行各环节全面查找稽查工作风险源、风险点。

2010 年，全市推行征管、执法、三大风险防范一体化，同安排、同部署、同检查、同考核，统一制定风险防范手册，建立运行机制，综合提升识别、评估、防范税收风险能力。开展征管风险大排查，查出征管风险问题 15 类 43 个，主要反映在核算监控、登记管理、申报审核、发票控制、税源管控、评估质量、征收方式、征管程序等方面。地税部门实施阳光管理，开展市属房地产及建筑安装业、中介机构、营利性医疗与教育机构、汽车行业、市属各大专院校等 5 大行业企业以及重点税源企业、欠税企业自查，查补入库 7138 万元。至 2010 年年底，全市国税系统税收执法检查 14 次，专项检查 19 次，市、县（区）两级按月按季税收执法日常检查 76 次。检查范围涵盖税收执法检查、税收执法监察、内部财务审计、经济责任审计等 8 大类 60 余个小项。检查执法单位 13 个、执法人员 507 人、执法岗位 62 个。发现问题 195 个，全部纠正，执法过错 160 人次被追究，预警 72 次。印发执法检查情况专报 25 期，对有问题的执法单位下发《执法检查处理决定书》19 份，限时整改。委托协查 10 次 87 户，涉及增值税专用发票 480 份 3295.32 万元；接到受托协查 19 次 31 户，涉及增值税专用发票 245 份 5481 万元。2011 年，确定丹棱县国税局为全市税收风险管理示范单位，以对纳税人分级、分类管理排序为重点，制订税收风险识别排序工作实施方案，将全市纳税人分为自觉遵从、辅导遵从、督促遵从、强制遵从 4 类，提出不同类别纳税人相对应的征管和服务措施办法。建立重点税源企业税收风险评估模型，市、县两级对年纳税排前 5 位的重点企业建立评估模型，依据模型随时比对企业申报，发现风险，暴露问题。2012 年，市国税局执法督察东坡区国家税务局、彭山县国家税务局 2009—2011 年税收政策执行和税收执法情况，涉及出口货物退（免）税管理、纳税评估、税务稽查、企业所得税管理、金融保险、房地产等 9 个方面。下发执法督察整改意见书 2 份，检查发现有问题纳税人户数 57 户，整改 57 户。地税部门督察全市税务系统各县（区）、市局各直属单位、税务所24个。市国税部门核查全辖企业存在的股权交易风险。催办变更税务登记191户次，催报有关资料152户次。通过采集、运用第三方信息，对辖区25户企业存在的用电量与销售收入弹性的风险下发评估任务。经核查，排除风险，查补入库税款9.25万元。全市通过协查系统发出委托协查88起，查补税额45.8万元，按期回复率100%。1997—2012年，全市地税部门检查纳税人1.89万户次，查补收入5.53亿元。

（二）专项检查

1997年，眉山地区专项检查商业企业税收，查补税款和罚款199.5万元，集中整治一批零申报、负申报商业企业，取消一批财务制度不健全、管理混乱的商业企业一般纳税人资格。1998年，彭山县专项检查全县餐饮、娱乐、服务业227户发票使用情况，查出违法违规使用发票117户，查获假发票1493份，票面金额26万元。全区专项检查企业运费抵扣情况，查出提前抵扣、违反规定抵扣、将填写不规范的运费发票申请抵扣、超抵扣标准抵扣等问题，查补税款150万余元。1999年，专项检查商业企业的铝合金行业、天然气行业、沙石行业、电力企业内部职工用电等税收。

2001年，眉山市专项检查商贸企业增值税一般纳税人、汇总缴纳企业所得税、酒类行业。发现税源不清、偷逃税款税收政策不能严格执行到位等现象，提出改进措施和建议3条，查补税款50万元。2003—2006年，专项检查增值税、企业所得税及“免、抵、退”税等，发现企业产销不入账，价外费用不申报，存货不实，推迟记收入或实现销售不反映收入等问题。检查企业851户，查补税款4200万余元。

2007年，全市专项检查农副食品加工、汽车摩托车销售、药品制造业、电力4个行业以及区域专项整治106户税收。组织税收征管执法、税收优惠政策执行、税务稽查执法、民政福利企业和资源综合利用企业、高耗能高污染行业、房地产业市场秩序、建筑业税收征管质量和税收政策执行情况专项检查各1次。检查纳税人152户，查补税收1860万元。2008年，开展房地产业及建筑安装业、烟草行业、餐饮业及娱乐业、矿产业、有色金属冶炼业、证券业、中介服务业、品牌营销总代理商等税收专项检查。国税部门开展农副产品收购行业尤其是生猪收购行业税收专项整治，查找梳理出税收征管、税收执法中存在的4大类98个问题，查出仁寿双汇公司不符合增值税抵扣范围的进项税额1418万元，涉及农户440户、生猪12.25万头。地税部门查出有问题53户，查补税款1019万元。2009年，专项检查大型连锁超市及电视购物企业、建筑安装业、办理出口货物退（免）税业务的重点企业、水泥和煤炭生产企业、包装行业等企业62户，重点检查省国税局和市国税局圈定的23户企业。整治低税负行业，核查低税负企业、一般纳税人连续3个月申报销售收入为零业户207户，查补税款及滞纳金237万元。全市查结专项检查案件和区域专项整治案件51户，有问题45户，查补入库税收2255.86万元。2010年，市国税局专项整治通信器材行业，各县（区）专项整治园区企业、纺织业、瓷砖生产业、机械加工业、重点税源等税收。全市查结各类纳税人73户，有问题71户，查补收入1855万元。2011年，专项检查资本交易项目，广告业，办理电子、服装类产品等出口退（免）税的10户企业，指导性检查房地产和建筑安装业、金融行业非居民企业14户。市国税专项检查化工、建材、食品等6个行业。全市检查纳税人47户，查补收入2001万元，入库1960万元，冲减增值税留抵税金16万元，调减亏损企业申报亏损额986万元。

2012年，检查接受成品油专用发票企业、家具出口企业、房地产、建筑安装、铝产业、食品、造纸等行业。全市检查纳税人235户，有问题235户，查补入库3387万元。抽查2008—2010年部分纳税人部分年度加计扣除税收优惠政策的执行情况，检查调增应纳税所得额370万余元。仁寿县开展化工、建材、商贸、房地产等4个行业7户企业税收专项整治，洪雅县开展高耗能行业检查，丹棱县开展非金属矿物制品业、光学制品制造业的检查，青神县开展机械行业检查。

（三）案件审理

2001年起，眉山市地税局组织审理全市重大税务案件。审理标准为涉税10万元以上的案件、罚款额超过涉税额50%（不含50%）以上的案件、处以2倍以上罚款的案件、拟进行曝光的案件、社会影响面广、案情复杂或与纳税人有重大争议的案件、市地税局稽查局认为需要提请审理委员会审理的案件。当年审理重大案件3起。2004年起，全市国税系统开展重大案件审理。当年，审理重大案件71件。2005年，市地税部门将农业税停征政策贯彻执行纳入重点督办事项和目标考核，实行“一票否决”。2006年，市国税局重大案件审理委员会审结案件7件，县级法规部门审结案件18件，稽查定案为偷税的4件，依法移送司法机关1件。全市国税系统稽查税务案件209件，提交市（县）重大案件审理委员会审理的25件。指导彭山县一起先税务行政复议、后行政诉讼案，最终法院判决税务部门胜诉。2007年，组织开展“重大案件商请检察机关提前介入”，防范和化解税收执法风险。全市国税系统稽查税务案件150件，稽查定性为偷税6件，依法移送司法机关2件，提交市（县）重大案件审理委员会审理案件23件，重大案件审理件数占当年案发数的15.33%。处理纳税人行政复议申请2起，申请人撤回申请1起，撤销原行政机关作出税务处理决定1起。

2008年起，市国税局将重大税务案件审理率纳入目标考核指标，加强重大税务案件审理政策性指导。市地税推行调账检查、交叉检查，依法开展大要案件、典型案件、群众举报案件、上级交办案件、部门转办案件检查。2009年，调整眉山市地税系统重大案件审理标准，市地税局重大案件审理标准为查补税款100万元（含100万元）以上的案件，县（区）10万元~20万元的案件。至2009年年底，全市国税系统稽查税务案件223件，稽查定案为偷税7件，提交市（县）重大案件审理委员会审理63件。2012年，市国税系统查处税额100万元以上的大要案件6件，入库收入798万元。市重大案件审理委员审理眉山市金府房地产开发有限公司等3户案件，补税收391.6万元。截至2012年年底，全市地税部门审理重大税务案件40件，无错案和诉讼发生。

眉山市志 MEISHAN SHIZHI

第十六篇 金 融

1997年起，眉山地区银行系统不断改善公共金融服务，支持重点企业、交通、通信业发展，加大对农业的投入和购房消费的贷款力度。各级金融监管机构认真履行征信、反洗钱、反假货币等监管职责，推动金融事业健康发展，维护眉山金融稳定。至2012年，眉山市有银行机构16家，存款余额由1997年的66.06亿元增至932.78亿元、增长13.12倍；贷款余额由1997年的73.96亿元增至427.95亿元、增长4.79倍；不良贷款余额由1998年的38.89亿元降至15.92亿元。全市有保险公司22家，保费收入31.78亿元，其中财产险收入7.62亿元、人身险收入24.16亿元。

第一章 金融机构

2012年，眉山市有银行机构16家（含县域法人）、保险机构18家、证券机构2家。

第一节 金融监管机构

2012年，眉山市金融监管机构有中国人民银行眉山市中心支行、中国银行业监督管理委员会眉山监管分局、眉山市人民政府金融办公室。保险、证券业的监管机构分别是中国保险监督管理委员会四川监管局、中国证监会四川监管局管理。

一、眉山市政府金融办公室

2009年3月，组建眉山市政府金融办公室，为核定收支、全额管理、定额补助的事业单位。至

2012 年，机构无变化。2009—2012 年，王岳、邓见文先后任主任，滕波、马向荣先后任副主任。

二、中国人民银行眉山市中心支行和国家外汇管理局眉山市中心支局

1997 年 12 月，撤销中国人民银行眉山县支行，设立中国人民银行眉山地区分行，机构级别为正处级，下辖中国人民银行仁寿、彭山、洪雅、青神县支行。1999 年 1 月，中国人民银行眉山地区分行更名为中国人民银行眉山地区中心支行。2001 年 2 月，眉山撤地设市后更名为中国人民银行眉山市中心支行。2003 年 12 月，中国人民银行眉山市中心支行划出银行业监督管理职能，金融监管科、合作金融机构监管科整体随同划转。2004 年 8 月，撤销彭山县支行发行库。至 2012 年，中国人民银行眉山市中心支行下辖仁寿、洪雅、彭山、青神 4 个支行，其中仁寿、洪雅支行设发行库，东坡区、丹棱县分别由中国人民银行眉山市中心支行和洪雅县支行代为行使中国人民银行职责。

中国人民银行眉山地区分行（摄于 1998 年 8 月）

1998 年 4 月，撤销国家外汇管理局眉山支局设立国家外汇管理局眉山分局，为二级分局，隶属国家外汇管理局四川分局。1998 年 5 月 26 日前，眉山地区的外汇管理由国家外汇管理局乐山分局负责。1998 年 6 月，成立国家外汇管理局眉山地区分局，1999 年 1 月更名为国家外汇管理局眉山地区中心支局，2001 年 11 月更名为国家外汇管理局眉山市中心支局。至 2012 年年底，机构无变化。中国人民银行眉山市中心支行与国家外汇管理局眉山市中心支局合署办公。

1997—2012 年，郭光辉、何明生、董峰、李玉辉先后任中国人民银行眉山市（地区）中心支（分）行行长、国家外汇管理局眉山市（地）中心支局局长，徐建荣、董峰、周忠文、鲁剑雄、谢红、楼航、杨淮、杨惠来先后任副行长，徐建荣、董峰、鲁剑雄先后任国家外汇管理局眉山市（地）中心支局副局长。

三、中国银行业监督管理委员会眉山监管分局

2003 年 12 月，中国银行业监督管理委员会眉山分局由中国人民银行眉山市中心支行划出分设，中国人民银行眉山市中心支行金融监管科、合作金融机构监管科整体划转。辖彭山、仁寿、洪雅、青神 4 个监管办事处。2004 年 3 月，眉山市农村信用社行业管理办公室纳入分局编外内设机构管理。至 2012 年无变化。2004—2012 年，唐延华、罗崇东先后任中国银行业监督管理委员会眉山分局局长，杨久横、邓小阳、刘凡、陈光忠、赵国明、罗崇东先后任副局长。

第二节 银行业金融机构

2012年，眉山市有5种类型银行业金融机构16家，其中法人机构8家，包括政策性银行1家（农业发展银行眉山市分行）；国有银行5家（工商银行眉山分行、农业银行眉山分行、中国银行眉山支行、建设银行眉山分行、邮政储蓄银行眉山市分行）；城市商业银行2家（成都银行眉山分行、乐山市商业银行眉山分行）；农村合作金融机构6家（东坡、仁寿、彭山、洪雅、青神、丹棱农村信用联社）；新型农村金融机构2家（仁寿民富村镇银行、彭山珠江村镇银行）。全市银行业机构执证网点422个。

一、中国工商银行股份有限公司眉山分行

1999年6月，中国工商银行眉山县支行升格为中国工商银行眉山地区分行。下辖仁寿、彭山、洪雅、青神、丹棱5个支行。10月，青神县支行降格为分理处。2001年2月，中国工商银行眉山地区分行更名为中国工商银行眉山市分行。2005年10月，中国工商银行眉山市分行更名为中国工商银行股份有限公司眉山分行（以下简称工商银行眉山分行）。2011年3月，青神分理处升格为支行。至2012年年底，机构无变化。

1999—2012年，鲁在书、田志平、吴显仁、康枝富、姜海清先后任工商银行眉山分行（眉山地区分行）行长，莫金华、杨景辉、刘海、雷涛、姜海清、孙念书、宋燕、杜丹、陈德庆、刘天勇先后任副行长。

二、中国农业银行股份有限公司眉山分行

1998年1月，成立中国农业银行眉山地区分行。2001年2月，更名为中国农业银行眉山市分行（以下简称农业银行眉山分行）。2009年6月，更名为中国农业银行股份有限公司眉山分行。至2012年年末，全市农行机构总数48个，其中市分行营业部1个、县支行5个、网点支行13个、分理处29个。

1998—2012年，周远濮、全贵松、任国顺、钱月红先后任中国农业银行股份有限公司眉山分行（眉山地区分行）行长，任国顺、王树涛、张冀忠、刘静、张利民、李建军、李建华、王应秀、张刚先后任副行长。

三、中国建设银行股份有限公司眉山分行

1997年，眉山境内有建设银行眉山县支行、仁寿县支行、彭山县支行、洪雅县支行，归建设银行乐山分行管理。2003年7月，中国建设银行改为中国建设银行股份有限公司。撤销建设银行洪雅县支行。眉山市境内建设银行股份有限公司眉山支行、仁寿支行、彭山支行上划建设银行四川省分行管理。2008年12月，建设银行股份有限公司眉山支行升格为二级分行，更名为中国建设银行股份有限公司眉山分行。为中国建设银行股份有限公司非独立核算的分支机构，不具有独立法人资格，在总行授权范围内依法开展业务。2009年1月挂牌。辖眉山分行本部、仁寿支行、彭山支行，9个储蓄所，12个网点。2012年，建行眉山分行有眉山分行本部、仁寿支行、彭山支行，5个储蓄所，7

个网点型支行。全辖有网点 15 个，能办理对公业务的网点 5 个。

2009—2012 年，梁渝平任中国建设银行股份有限公司眉山分行行长，余伟、周英、曾猛先后任副行长。

四、中国银行股份有限公司眉山支行

1999 年 5 月，成立中国银行眉山支行，2000 年更名为中国银行眉山市支行，2004 年更名为中国银行股份有限公司眉山支行（以下简称中国银行眉山支行）。2006 年 4 月，隶属关系由乐山分行管理变更为由中国银行四川省分行直接管理。2010 年，成立仁寿支行。2011 年，成立彭山支行。至 2012 年，管辖营业网点没有变化。

中国银行眉山支行（摄于 2010 年 7 月）

1998—2012 年，张仲华、李平、崔培华、吴飞雪先后任中国银行眉山支行行长；于跃、伍莉、张进、张伟、张晓东、阳曦、梅斌、吴飞雪、鲁立国、翟春、付江英先后任副行长。

五、中国农业发展银行眉山市分行

1998 年前，眉山地区辖属的眉山、彭山、仁寿、青神、洪雅、丹棱 6 个农业发展银行县支行的人员和业务由乐山市分行管辖。1998 年 1 月，农业发展银行眉山县支行行使地区二级分行职责，实施独立经营管理。1999 年 1 月，成立中国农业发展银行眉山地区分行，撤销眉山县支行。辖彭山、仁寿、青神、洪雅、丹棱 5 个农业发展银行县支行。2001 年 1 月，更名为中国农业发展银行眉山市分行（以下简称农发行眉山市分行）。至 2012 年，机关无变化。

2002—2012 年，陈远东、尹怀德、李军、万永利先后任行长；1998—2012 年，周建国（1998 年—2002 年 5 月主持工作）、陈兆全、李军、苟安国、刘继忠、杨柯、袁野先后任副行长。

六、四川省农村信用社联合社眉山办事处

1997 年 6 月按合作制原则改革农村信用社管理体制。按合作制原则改革农村信用社管理体制。1999 年 3 月，妥善解决农村合作基金会问题。2001 年，城市信用合作社改制，各县农村信用社吸收合并城市信用合作社。2003 年 6 月，改革信用社体制，将信用社的管理交由地方政府负责。2005 年 12 月，眉山市农村信用社行业管理办公室（2001 年 5 月成立）更名为四川省农村信用社联合社眉山办事处（以下简称省联社眉山办事处）。2012 年，全市辖东坡区、仁寿县、彭山县、洪雅县、青神县、丹棱县 6 个独立法人县级联社。

2006—2012 年，马德雄任省联社眉山办事处主任，周海、周巍、杨宁远先后任副主任。

七、中国邮政储蓄银行股份有限公司眉山市分行

2007年，邮政储蓄机构开展存单小额质押贷款业务试点，年末贷款余额352万元。2008年1月，成立中国邮政储蓄银行有限责任公司四川省眉山市分行。6月，更名为中国邮政储蓄银行有限责任公司眉山市分行。辖6个一级支行、46个二级支行，推进小额信用贷款试点和对公业务。2012年5月，更名为中国邮政储蓄银行股份有限公司眉山市分行。

中国邮政储蓄银行眉山分行开展金融知识宣传（摄于2010年11月）

2008—2012年，杨文新、刘强先后任行长，王勇、刘强、刘伟、王永效先后任副行长。

八、成都银行股份有限公司眉山市分行

2010年12月28日，设立成都银行股份有限公司眉山市分行，为城市商业银行。

至2012年，机构无变化。张沛任分行行长，周利勇任副行长。

九、乐山市商业银行眉山分行

2010年2月，设立乐山市商业银行眉山分行，为城市商业银行。2011年12月，成立乐山市商业银行彭山支行。廖光武任分行行长，彭臣任副行长。

2012年，在城区新设支行全部建成为服务小微企业的特色专营支行，建成汽车金融服务及白领贷款中心、泡菜企业金融服务中心、微小贷中心和个体工商户专营支行，其中定位为泡菜专营支行的乐山市商业银行环路支探索出的“两机制、一发挥”的运作模式。

十、仁寿民富村镇银行

2007年，成立村镇银行试点工作领导小组，按照村镇银行、贷款子公司、农村资金互助社3种新设机构类型，各初选一个试点县、乡（镇）、行政村试点。2008年12月16日，仁寿民富村镇银行挂牌开业。2009年，仁寿民富村镇银行与世界银行集团国际金融公司、德国复兴信贷银行签署投资协议和股东协议，成为中国首家中外合资的村镇银行。

十一、彭山珠江村镇银行

2010年，广州农村商业银行到彭山县设立村镇银行进入实质性筹建阶段。2011年，新设立彭山珠江村镇银行，董事长黄文洲，行长陈展杨。

第三节 证券机构

2012 年，眉山市有华西证券股份有限公司、申万宏源证券有限公司 2 家证券公司，辖 4 个营业部。

一、华西证券股份有限公司

2009 年 7 月，设立华西证券有限责任公司眉山湖滨路证券营业部，在华西证券股份有限公司体系内，属于零售财富服务业务线条下分支机构。2012 年 2 月，设立华西证券有限责任公司仁寿阳光路证券营业部，由眉山湖滨路证券营业部代为行政管理，独立核算。

二、申万宏源证券有限公司

1997 年 10 月，申万宏源证券股份有限公司收购四川省信托投资有限公司眉山股票交易厅，更名为申万宏源证券股份有限公司眉山三苏路营业部。

2000 年 10 月，成立申银万国证券股份有限公司眉山东坡镇证券营业部彭山县证券服务部。

2009 年 11 月，申银万国证券股份有限公司眉山东坡镇证券营业部彭山县证券服务部升级为申银万国证券股份有限公司眉山市彭山县紫薇路证券营业部。

第四节 保险机构

2012 年，眉山市有保险公司 18 家，其中财险公司 9 家、寿险公司 9 家。

一、中国人民财产保险股份有限公司眉山市分公司

1997 年 11 月，成立中国人民财产保险有限公司眉山地区分公司筹备组。1999 年 9 月，撤销原中国人民保险公司眉山县支公司，成立中国人民保险公司眉山地区分公司，下辖仁寿、青神、洪雅、彭山、丹棱 5 个支公司，分公司内设营业部。2003 年 7 月，中国人民保险公司眉山分公司更名为中国人民财产保险股份有限公司眉山市分公司（以下简称财保眉山分公司）。2012 年，财保眉山分公司有分支机构 50 个（市级公司 1 个、县级支公司 6 个、营销服务部 43 个）。

1999—2012 年，姚保清、陈军先后任总经理，葛建清、肖瑛、陈军、欧阳瑛、杨泽兵先后任副总经理。

二、中国人寿保险股份有限公司眉山市分公司

1997 年 12 月，中保人寿保险有限公司眉山地区分公司筹备领导小组成立。1999 年，中保人寿保险有限公司眉山地区分公司筹备领导小组改建为中国人寿保险公司眉山地区分公司筹备领导小组。2001 年 4 月，设立中国人寿保险公司眉山中心支公司。2003 年 12 月，中国人寿保险公司眉山中心支公司更名为中国人寿保险股份有限公司眉山市分公司。至 2012 年，机构无变化。

1997—2012年，吴佐文任总经理（组长），吴佐文、黄明生、马明、刘凤先、汪元和、谢升琪、吴超先后任副总经理（副组长）。

三、中国平安财产保险股份有限公司眉山分公司

2002年9月，设立中国平安财产保险股份有限公司眉山营销服务部。2006年11月，成立中国平安眉山中心支公司筹备小组。2007年4月，成立中国平安保险股份有限公司眉山中心支公司。至2012年，中国平安保险股份有限公司眉山中心支公司辖洪雅营销服务部、仁寿支公司、彭山支公司。

2009—2012年，谭荣富任总经理，李晓彬、吴曦先后任副总经理。

四、中国平安人寿保险股份有限公司眉山分公司

2001年12月成立筹备组。2002年12月，成立中国平安人寿保险股份有限公司四川分公司眉山营销服务部、青神营销服务部。2003年3月，成立中国平安人寿保险股份有限公司四川分公司仁寿营销服务部、彭山营销服务部、洪雅营销服务部；5月成立丹棱营销服务部。2009年1月，眉山营销服务部改建为中国平安人寿保险股份有限公司眉山中心支公司。2012年9月，洪雅营销服务部改为洪雅支公司。

2002—2012年，李伟、文斗、曾毅先后任中国平安人寿保险股份有限公司四川分公司眉山营销服务部负责人，曾毅、唐艳秋先后任中国平安人寿保险股份有限公司眉山中心支公司总经理。

五、中国太平洋财产保险公司眉山分公司

2002年8月，成立中国太平洋财产保险股份有限公司眉山营销服务部。2011年8月，撤销中国太平洋保险股份有限公司眉山营销服务部，成立中国太平洋保险股份有限公司眉山中心支公司。下辖仁寿、青神、洪雅、彭山4家支公司。2002—2012年，唐宁蓉、许雪莉、高卫东先后任总经理（主持工作），吴穹、凌刚先后任副总经理。

六、中国太平洋人寿保险股份有限公司眉山中心支公司

2002年1月，成立中国太平洋人寿保险股份有限公司眉山中心支公司筹备领导小组。7月，设立中国太平洋人寿保险股份有限公司眉山中心支公司。2012年，中国太平洋人寿保险股份有限公司眉山中心支公司辖仁寿、洪雅、丹棱、彭山、青神5家支公司和眉山中心城区营销服务部。

2002—2012年，毛杰任总经理，周德念、李劲松、何三川、廖晓林先后任副总经理。

七、泰康人寿保险有限责任公司四川眉山中心支公司

2001年12月，成立泰康人寿保险股份有限公司眉山中心支公司筹备领导小组。2002年6月，成立泰康人寿保险股份有限公司眉山中心支公司。至2012年，机构无变化。

2002—2012年，袁炜、马哲杨、谭燕、黄冬梅、胡鹏、冯毅、马骏、刘才高先后任总经理。

八、太平人寿保险有限公司眉山中心支公司

2005年8月，设立太平人寿四川分公司眉山营销服务部。2009年12月，太平人寿四川分公司眉山营销服务部升级为太平人寿四川分公司眉山中心支公司。至2012年，机构无变化。曾文祥、裴志

丹、伍诗迁、罗勇、莫江林先后任眉山中支总经理。

2005—2009 年，曾文祥、裴志丹任眉山营销服务部经理；2009—2010 年，伍诗迁任眉山中支副总经理（主持工作）；2010—2012 年，罗勇任眉山中支总经理。

九、新华人寿保险股份有限公司眉山中心支公司

2004 年 6 月，成立新华保险公司眉山营销服务部；2009 年 3 月，成立新华人寿保险股份有限公司眉山中心支公司。

2004—2009 年，李磊、胡君、钟继波、傅克江、杨军任眉山营销服务部经理；2009—2012 年，符强、唐建、张俊任眉山中支总经理。

十、阳光财产保险股份有限公司眉山中心支公司

2007 年 5 月，成立阳光财产保险股份有限公司眉山中心支公司。在仁寿县设立营销服务部。2012 年，中支设总经理室、综合管理部、客户部、理赔服务部、直属业务团队、车商团队、综合开拓团队，下辖仁寿营销服务部。税俊、杨忠军先后任眉山中支总经理。

十一、永安财产保险股份有限公司眉山中心支公司

2004 年 3 月，撤销原永安财产保险股份有限公司眉山营销服务部，成立永安财产保险股份有限公司眉山中心支公司，2004 年 6 月开业。至 2012 年，梁茂林、杨军先后任总经理。

十二、安邦财产保险股份有限公司眉山中心支公司

2006 年 3 月，成立安邦财产保险股份有限公司眉山中心支公司。至 2012 年，安邦财产保险股份有限公司眉山中心支公司下辖洪雅营销服务部、青神营销服务部、彭山营销服务部、仁寿营销服务部、汪洋营销服务部。2009—2012 年，罗志勇、方永川先后任总经理。

十三、中国人民人寿保险股份有限公司眉山中心支公司

2010 年 3 月，成立中国人民人寿保险股份有限公司眉山中心支公司。至 2012 年，彭关雷、骆麟、高岷先后任总经理。

十四、富德生命人寿保险股份有限公司眉山中心支公司

2011 年 7 月，成立富德生命人寿保险股份有限公司眉山中心支公司筹备小组。12 月，成立富德生命人寿保险股份有限公司眉山中心支公司。至 2012 年，罗曼兰任总经理。

第二章　银行业

1997—2012 年，眉山地区银行系统认真贯彻落实积极的货币政策，创新服务理念，拓宽业务种类，不断改善公共金融服务，充分运用国家信贷政策，加大投资和消费贷款力度，支持地方经济发展。严格金融监管，维护眉山金融稳定。

第一节　存贷款

一、存款

1997 年，眉山地区金融机构开办活期储蓄存款、整存整取定期储蓄存款、零存整取定期储蓄存款、存本取息定期储蓄存款、整存零取定期储蓄存款、定活两便储蓄存款。年末全区金融机构存款余额 66.06 亿元，其中储蓄存款 54.1 亿元。2000 年，实行个人存款账户实名制。

2002 年，眉山市银行机构开办教育储蓄存款业务。2005 年，以居民储蓄整存整取定期存款的期限档次和利率水平为标准，统一个人存款、单位存款的定期存款期限档次。2012 年，全市金融机构存款余额 931.07 亿元，其中财政存款 35.28 亿元、储蓄存款 649.34 亿元、企业及农业等存款 245.63 亿元、其他存款 5691 万元。外汇存款 2724 万美元。

眉山市 1997—2012 年银行系统存款余额统计表

表 16-1

年份	人民币存款（亿元）								同业往来（亿元）	外汇存款（万美元）
	小计	财政存款	储蓄存款	企业存款	机关团体存款	农业存款	委托存款	其他存款		
1997	66.06	—	54.10	—	—	—	—	—	—	—
1998	81.11	—	65.19	—	—	—	—	—	—	—
1999	95.30	—	77.20	—	—	—	—	—	—	—
2000	106.83	—	85.18	—	—	—	—	—	—	—
2001	121.05	—	98.81	—	—	—	—	—	—	—
2002	140.90	—	115.76	—	—	—	—	—	—	—
2003	163.29	—	135.06	—	—	—	—	—	—	—
2004	191.48	—	157.58	—	—	—	—	—	—	—
2005	222.03	—	185.63	—	—	—	—	—	—	—

续表16-1

年份	人民币存款（亿元）								同业往来（亿元）	外汇存款（万美元）
	小计	财政存款	储蓄存款	企业存款	机关团体存款	农业存款	委托存款	其他存款		
2006	262.84	—	214.61	—	—	—	—	—	—	—
2007	309.21	6.50	241.59	32.61	13.32	5.73	0.51	8.98	0.04	—
2008	412.53	27.16	304.30	44.71	14.22	8.25	3.02	10.88	0.31	582
2009	508.94	24.64	364.84	65.61	27.65	13.58	2.08	10.53	0.10	2596
2010	615.24	19.49	612.67	119.76	31.40	294.30	16.42	3.03	6.36	616
2011	761.90	29.94	521.65	208.33	1.49	0.36	1.83	1343	—	—
2012	931.07	35.28	649.34	245.63	0.01	0.57	0.83	2724	—	—

二、贷款

1997年，眉山地区金融机构贷款余额73.96亿元，其中农业贷款13.32亿元。1998年，全区各金融机构适度加大信贷投入，支持地方经济建设。1999年，开展个人消费信贷，推行消费扩大内需政策。2001年，眉山市金融机构优化信贷结构，中长期贷款迅速增长，资产质量明显提高。2006年，全市银行业机构开展“工业强市银行做贡献”活动，落实项目储备、争取政策支持，精简审批程序、提高服务效率等9项措施，主动融入全市新型工业化进程。支持重大项目和重点骨干优势企业，新增水电开发、机械制造、纺织化工等领域工业贷款12.68亿元。2008年，全市银行业机构对接信贷项目261个，向232个项目发放贷款50.14亿元，支持瑞能多晶硅、成（都）绵（阳）乐（山）城际铁路、雅森水泥等重点骨干项目。2009年，市政府制定《眉山市金融机构信贷投放奖励办法》，建立健全银政企定期联席会议制度，每月通报信贷投放情况，按月在媒体上通报金融机构信贷投放进度，每季度召开金融座谈会，金融部门定期与融资平台和企业进行项目对接。2010年，重点项目实行专行负责、专人负责、限时办结制度，引进异地金融机构支持眉山经济发展。全年向“八大支柱”产业发放贷款20.74亿元。年末全市银行业各项贷款余额增至281.58亿元，比2009年新增贷款52.31亿元、增长22.82%，贷款增幅连续两年超过存款增幅和GDP增速，贷款余额和新增额在四川省均排名12位。2012年，全市举办银政企对接会14次，支持117个签约项目，累计投放贷款70.2亿元。分别与国家开发银行、国家进出口银行、中国农业发展银行四川省分行、中国农业银行四川省分行、中国工商银行四川省分行、成都银行、乐山市商业银行等签订700亿元的战略合作协议，为相关项目推进提供后续资金支持。年末全市金融机构各项贷款余额427.63亿元（个人贷款及透支179.67亿元、单位普通贷款及透支229.31亿元、银团贷款16.83亿元），比1997年增长4.79倍，增长率居四川省第三位。

眉山市 1997—2012 年银行系统贷款余额统计表

表 16-2

年份	人民币贷款（亿元）										外汇贷款（万美元）
	小计	工业贷款	商业贷款	建筑业贷款	农业贷款	乡镇企业贷款	私营企业及个体贷款	基本建设贷款	技术改造贷款	其他贷款	
1997	73.96	—	—	—	13.32	—	—	—	—	—	—
1998	77.42	—	—	—	17.31	—	—	—	—	—	—
1999	85.85	—	—	—	18.69	—	—	—	—	—	—
2000	90.02	—	—	—	20.75	—	—	—	—	—	—
2001	95.98	—	—	—	22.58	—	—	—	—	—	—
2002	105.55	—	—	—	25.44	—	—	—	—	—	—
2003	116.28	—	—	—	28.82	—	—	—	—	—	—
2004	130.26	—	—	—	31.28	—	—	—	—	—	—
2005	127.89	—	—	—	37.41	—	—	—	—	—	—
2006	142.89	—	—	—	34.29	—	—	—	—	—	—
2007	160.66	17.99	18.14	0.55	35.84	13.30	0.63	21.67	—	40.03	—
2008	170.08	15.58	18.30	0.58	38.01	19.71	1.98	19.74	—	55.43	15
2009	229.10	14.93	23.46	0.53	48.67	27.65	6.98	34.49	—	65.72	250
2010	281.58	35.60	2.55	62.89	62.64	0.24	179.12	31.23	56.29	91.60	0
—	—	个人贷款及透支			单位普通贷款及透支			银团贷款	贸易融资		—
2011	344.17			143.96			181.13	15.13		2.78	351
2012	427.63			179.67			229.31	16.83		0.90	523

（一）农业信贷

农业贷款包括农业产业化贷款、“两高一优”（高产、高效、优质）农业贷款、扶贫贷款、城镇建设贷款等。

1997 年，眉山地区涉农贷款余额 13.32 亿元。此后，金融机构加大农业信贷投放，以支持农业发展。1999 年，全区信用社发放 58 万余户农民田间生产贷款 2.32 亿元，帮助农民购买耕牛、肥料、种子、农药农膜、各种农机具等。2000 年，农业银行眉山分行发放短期、长期农业贷款和农村电网长期贷款 3.44 亿元，乡镇企业贷款 7442 万元，农产品采购贷款 3106 万元；专项发放农业综合开发贷款 2570 万元、林业贷款 1200 万元。2002 年，眉山市农村信用社全面推广农户小额信用贷款，创建信用村镇。2006 年，全市农村信用社加大农户和种养殖大户信贷投放，推动农业产业化发展。2007 年，中国人民银行眉山中心支行印发《金融支持眉山市城乡统筹实施意见》，加强农村信用担保体系建设，信贷向城乡统筹项目倾斜。农业银行眉山分行实行“三集中、三到位”（集中精力、思想认识到位；集中规模、信贷资金落实到位；集中优惠政策，信贷优质服务到位），支持企业上规模、上台阶、创品牌。2008 年，农业发展银行眉山市分行拓展商业性信贷业务，发放农业科技项目贷款。市农村信用社推广中小企业贷款、农村专业大户生产经营贷款、失地农民创业贷款、公共事务农户贷款、观光旅游业贷款、农户建房贷款等业务新品种。2009 年，以集体林权制度改革和眉山市实施双“百万”林业基地建设（100 万亩木质工业原料林基地、100 万亩竹质工业原料林基地）为契机，推动林权抵押贷款业务。2011 年，信贷资源进一步向“三农”领域倾斜。2012 年，全市金融机构加强支农再贷款管理，明确农村信用社支农再贷款使用额度一般不超过净资产的 60%，村镇银行一般不超过注册资本金的 50%。信用联社推进“惠农兴村”和农业产业化经营模式，投放涉农贷款 94.48 亿元，年末涉农贷款余额 150 亿元，占贷款总额的 92.36%，位列全市金融机构第一。年末全市涉农贷款余额增至 286.53 亿元，是 1997 年的 21.52 倍。

粮棉油储贷款　1997 年，眉山地区粮棉收购企业贷款余额 14.37 亿元。1998 年起，全区粮棉油收购、储备资金贷款实行“封闭运行”管理，通过“钱随粮走、购贷销还、库贷挂钩、全程监管”，全过程控制，实现贷款本息按期足额收回。粮棉油收购资金贷款实行“四制”（收购资金“报账制”、粮棉油调销“报告制”、回笼资金“分解制”、粮棉油库存“核查制”）管理。全区清查棉花信贷资金，清理棉花采购站（点）14 个，清理贷款 1.37 亿元，发现挤占挪用贷款 9010 万元。农业发展银行发放收购费用贷款和建仓建罐贷款，缓解国有粮食购销企业粮油存储能力不足，改善存储条件。当年，农业发展银行眉山分行实行粮棉油敞开收购、顺价销售。全区金融机构向眉山粮棉企业发放贷款 3.8 亿元，收购、调入粮食 39.54 万吨、油脂 5300 吨、棉花 6.65 万担。发放专项费用、建仓建罐贷款 2560 万元。2000 年起，各县国有粮食企业分散代理储备的中央和地方粮油集并到眉山地区、仁寿县、彭山县、洪雅县四川省级粮食代理储备库，贷款实行集中管理。简易建仓贷款实行本金由企业归还、利息由财政负担，贴息到贷款全部归还为止。当年，向仁寿县棉麻公司和仁寿县良种棉加工厂发放 4200 万元贷款购进新疆棉经营。至 2004 年，眉山市发放粮油收购、调销贷款 23.84 亿元；储备粮油贷款 4.65 亿元，专项费用贷款、建仓建罐贷款 2850 万元。贷款余额增至 2.73 亿元。此后，不再发放粮油专项储备贷款。2005 年，发放贷款 8838 万元，支持市、县两级建立粮油储备，向中央、四川省、市、县粮油储备体系全方位贷款。当年起，粮棉油贷款实行政策性和准政策性分类经营管理。简易建仓贷款更替为“仓储设施贷款”，农业发展银行眉山市分行原贷款余额纳入财务挂账后无新发放。此后，不再发放棉花贷款。至 2009 年，向四川省级储备猪肉发放贷 5200 万元、国家粮油跨四川省移库放贷 6.23 亿元、国家临储油放贷 9.46 亿元、政府调控最低价收购本地粮油放贷 2.64 亿元。截至 2012 年年底，全市发放粮油贷款 29.81 亿元（专项储备贷款 11.29 亿元、收购调销类贷款 18.52 亿元）。其中农业发展银行眉山市分行政策性粮棉油农副产品贷款余额 24.05 亿元、占贷款总额的 44.6%。

农业产业化贷款　2004 年，农业发展银行眉山市分行筛选调查论证 5 户国家级、3 户四川省级、40 户市级粮棉油农业产业化龙头企业。2005 年，在准政策性贷款内，择优支持粮棉油产业化龙头企业、加工企业。当年，眉山市新增农业产业化龙头企业贷款、粮油加工企业贷款和其他粮食企业贷款等贷款客户 22 户，发放新业务贷款 8800 万元。2006 年，全市农村信用社加大农户和种养殖大户信贷投放，采取“公司（合作社）+基地+农户+信用社”模式，支持龙头企业带动相关产业链和产品链，全市生猪、奶业、蔬菜、竹业等涉农支柱产业初具规模。农业发展银行发放商业性贷款 25 户、余额 2.67 亿元，支持四川味聚特食品有限公司、彭山县华港饲料有限公司等农产品龙头企业和加工企业。开展粮棉种子、化肥和地方糖、肉、烟叶、羊毛、丝储备信贷业务和农业科技贷款业务，扩大贷款范围，开办委托贷款业务。2007 年，开办农村基础设施建设、农业综合开发和农业生产资料贷款业务，渗入奶业、泡菜业、生猪养殖业、竹编业以及化工、粮食加工等特色产业开展客户营销，重点培育 8 户四川省、市级农业产业化龙头企业。向四川金圣赛瑞化工投放全国最大单笔农业科技贷款5.14亿元，发放农村基础设施建设贷款1.7亿元。年末全市新业务贷款企业33户、贷款余额5.22亿元。2008年，将饲料、纺织、农副产品加工等产业作为业务营销支持和发展重点，采取“快营销、快申报、快投放”措施，提高办贷及投放效率。2010年，开办新农村建设贷款业务。2012年，营销水利建设中长期政策性贷款客户，投放贷款9500万元。年末全市农村产业化类贷款余额29.9亿元、占贷款总量的55.4%，基本实现“三农”经济发展需求全覆盖。

（二）中小企业信贷

眉山市中小企业信贷主要支持工业强市，金融资源向工业集中发展区和铝业、化工、机械制造、食品加工四大工业产业集群聚集。

1998年，眉山地区金融机构重点支持科技含量较高、发展前景较好的乡镇企业，全区发放流动资金贷款2.4亿元。2000年，支持工业科技开发技改项目，促进中小企业向“小而特、小而专、小而精”方向发展。工商银行眉山分行为重点企业丹棱玉祥工业集团公司、丹棱齿轮有限公司、彭山川西制药有限公司、地区电信局、眉山金象化工有限公司等企业办理银行承兑汇票等1.38亿元，发放流动资金贷款7.52亿元。2001年，农业银行眉山分行开辟信贷“绿色通道”，信贷投入向优势区域、优势产业、优良客户、优质产品和新产品开发倾斜。信贷计划由区域配置改为以优良客户配置，新增优良客户31户、贷款1.88亿元。

2002年起，眉山市各金融机构及时向企业和重点工程项目提供急需贷款。农业银行眉山分行按先评级、后授信、再发放原则，向55户AA级以上优良客户和优良项目增加贷款3.49亿元。2003年，全市金融机构重点支持行业龙头、重点工程。全年向143户中小企业增加贷款8.89亿元。2006年，市委、市政府下发《关于进一步做好中小企业融资工作的意见》，中小企业信用体系建设纳入政府工作目标考核。当年，全市中小企业信用信息数据库登记企业358户。2007年，眉山银行业监督分局要求各银行业机构拓展中小企业信贷业务。调查全市小企业客户资源，在200户小企业中甄别选择优良小企业50户充实项目储备库，对111户农贷客户评级和授信。全年银行业机构与小企业融资洽谈2次，参会企业60户，达成融资意向的企业（项目）23个，融资金额9360万元；签订融资协议的企业（项目）13个；实际授信的企业（项目）10个，授信金额2753万元。2008年，召开“银政企”座谈会，邀请国家开发银行和异地9家股份制商业银行参加，现场签订12.25亿元银企合作协议。实行矿产权质押贷款与担保贷款、应收账款质押贷款等贷款新方式。农业发展银行眉山市分行拓展商业性信贷业务，向四川金圣赛瑞化工有限责任公司发放农业科技项目贷款额度3.2亿元。市农村信用社推广“跨越通”中小企业贷款。年末全市工业贷款余额66.78亿元，实现工业增加值145.51亿元。

2009年，组建眉山市会员制中小企业担保有限公司。开展诚信中小企业信贷辅导，改善中小企业融资难问题。全年金融机构新增5000万元以上重点项目、融资平台、基建项目贷款35.9亿元，占全市新增贷款的69.56%。2011年，开展小企业融资专项调查和金融服务自评，28个对接项目获授信16.54亿元。金融机构贸易融资2.32亿元，向资信良好的小企业发放30万元以内的小企业经营业主信用贷款。2012年，全市开展对小微企业金融支持。筛选100户贷款有困难的中小企业实施信贷辅导和信用培育，其中82户获得贷款7.9亿元。组织召开大型银企对接会2次，签署项目85个，签约资金71.79亿元，到位资金35亿元。开展眉山首届银行业“小微企业金融服务宣传月”活动，推出小微企业、个体工商户“助小贷”“扶微贷”“富商贷”三大系列助小金融产品。全市信用联社支持中小企业782户，贷款余额66.48亿元。成都银行眉山分行中小企业贷款余额7.8亿元，贷款户数63户，占全行企业贷款总户数的92.65%。年末全市金融机构中小企业贷款余额211.07亿元，发放小型企业贷款1244户、贷款余额120.43亿元。

（三）消费和房地产业信贷

1999年，眉山地区金融机构增加信贷投量，开展住房抵押、按揭等消费信贷业务，拉动经济增长。2000年，开拓农村消费市场和加快小城镇建设，全年个人住房消费贷款余额1.89亿元，汽车消费贷款余额287万元。2001年，农业银行眉山分行推行个人消费、商业门面抵押、个人存单质押及自然人生产经营性贷款等成熟产品，扩大个人贷款市场占有份额，全年个人贷款净投放2.33亿元，占各项贷款增量的68%，年末余额3.77亿元。

2002年，眉山市中长期贷款以住房按揭、汽车消费贷款为中心的个人中长期消费贷款快速增长，金融机构短期贷款与中长期贷款的比重降至4∶1。2007年，农业银行眉山分行将个人住房贷款作为优化资产业务的重要信贷品种，新开办住房公积金贷款，个人住房贷款3.19亿元。2008年，全市金融机构贯彻落实各项房地产宏观调控政策措施，严格执行《商业性房地产政策规范》，避免房地产信贷风险。2010年，全市新增房地产开发贷款、个人购房贷款16.89亿元，占全部新增贷款的35.39%，房地产相关贷款占全市贷款余额的25%左右。2011年，金融机构落实差别化住房信贷政策，实施居民购买第二套房最低首付款比例及利率下限政策。全年新增房地产贷款11.47亿元。至2012年年末，全市金融机构房地产贷款余额82.29亿元，占贷款总额的19.23%。居民汽车消费贷款余额6677万元。

（四）小额担保贷款

2001年，农村信用社调整信贷结构，面向农户推行小额担保贷款产品，全年向眉山市30.07万户农户发放小额贷款7.7亿元，占农户贷款的35.7%。2002年起，农村信贷工作由重工业、重企业逐步转向服务“三农”，配合政府产业结构调整政策，实行信贷承包制，支持发展“公司+基地+农户”特色农业。眉山市农村信用社以全面推广农户小额信用贷款、创建信用村镇为载体，改进贷款方式，简化贷款手续。发放“农户贷款证”55.23万户、占全市农户总数（下同）的74.47%，建立经济档案农户42.65万户、54%，评定信用户农户7.72万户、占10%。发放支农再贷款4.99亿元，支持农户15.3万户发展“三高”农业，涌现出规模水果种植等新的农村经济增长点。年末信用社再贷款支持特色种、养殖业贷款余额2.64亿元，全市农户贷款余额17.21亿元、占总贷款余额的44.09%。

2006年，恢复办理下岗失业人员小额担保贷款业务。2007年，推动“信用社区”试点工作，农村信用社与政府相关部门建立信用社区、创业培训与小额担保贷款联动机制。全市万名干部“一帮一”结对帮扶，协调农村信用社将小额担保贷款受益范围从城镇下岗失业人员扩大到大中专毕业生、征地拆迁居民、城镇复员转业退役军人等五类人群。眉山签订高校国家助学贷款合作协议，东坡区农村信用社成为眉山市职业技术学院国家助学贷款经办机构。当年助学贷款学生46人16.4万元。全市新增小额担保贷款1474万元，小额担保贷款余额1510万元。2008年，全市金融机构建立“小额担保贷款+创业培训+信用社区创建”工作联动机制。仁寿县农业银行开展包括以惠农卡为载体的小额农户贷款和小企业简式贷款在内的多项支农惠农服务，在《眉山日报》开辟专栏宣传。东坡区依托国家级农业产业化龙头企业温氏集团，运用小额担保贷款，向失地农民规模养殖提供资金支持。市农村信用社推广“致富通”农村专业大户生产经营贷款、“产销通”

“公司+客户”贷款、“创业通”失地农民创业贷款、“小康通”公共事务农户贷款、“农家乐”观光旅游业贷款、“安居乐”农户建房贷款等业务新品种。2009 年，四川省政府将小额担保贷款纳入对眉山市政府目标考核，眉山市政府将四川省下达的 2400 万元小额担保贷款任务分解到区县，要求区县补充担保基金 550 万元，筹措贴息资金 300 万元。小额担保贷款扶持范围扩大到农村居民和小规模种养殖业。当年起，中国人民银行眉山中心支行、市委组织部联合开展“大学生村干部金融春雨行动”，将大学生村干部创业纳入小额担保贷款支持范围，由地方财政解决贷款贴息和担保事项。推动林权抵押贷款业务。全市林权抵押贷款 6513 万元，抵押林权面积 3560 公顷。农业银行眉山分行向 44 户农业及县域涉农企业新增贷款 4. 69 亿元、15 户存量客户新增贷款 1. 7 亿元，新营销 29 户、贷款 3 亿元。

2010 年起，邮政储蓄银行发展小额信用贷款、个人商务贷款、二手房按揭三大信贷产品；民富村镇银行发放 200 万元以下小企业贷款和个人贷款等零售业务，年末全市小额贷款余额 2. 22 亿元。2011 年，小额担保贷款向劳动密集型小企业倾斜。东坡区社保局、东坡区农村信用联社签订新的小额担保贷款合作协议，将小额担保贷款支持就业政策性与金融机构个人贷款业务市场化相结合，向创业者 377 人发放小额担保贷款 6763 万元、21 户小企业发放劳动密集型小企业贷款 4200 万元。农村信用社对单笔额度低于 10 万元的林权抵押贷款，采用免评估、由双方协议确定抵押物价值的方式提高贷款效率，6 家农村信用社林权抵押贷款余额增至 1. 51 亿元。2012 年，以妇女创业小额贷款为重点，推动“政府主导、妇联配合、多方协作、共同推进”妇女创业小额贷款长效工作机制。眉山市妇联、市农工办、市商务、市工商、市劳动保障部门和金融机构开展妇女创业重点工程建设，在全市创建“农村妇女创业示范园区”“城镇妇女创业示范街”，帮助创业妇女“找准一个创业项目、参加一次创业培训、确定一个创业场所、筹集一笔创业资金、解决一个创业难题”。发放妇女小额担保贷款 11. 8 亿元、城乡居民小额创业贷款 3. 54 亿元，惠及城乡居民 2. 7 万人。年末全市妇女小额担保贷款 10. 24 亿元，帮助妇女 1. 96 万人创业，带动群众 7. 62 万人就业。

（五）基础建设与节能环保信贷

2000 年，眉山市金融机构支持交通（省道 106 线）、能源、通信、新区城市基础设施建设及“一山二滩三文化”旅游业发展。2008 年，金融机构将全市 17 家四川省控限期治理企业、3 家市控限期治理企业、3 家环境行为优秀企业纳入征信系统，加强化学需氧量减排项目、二氧化硫减排项目节能环保企业信贷支持。2011 年，发展绿色信贷，实行环保年检合格企业、受到环保处罚的企业、有节能减排和淘汰落后产能任务企业贷款差别定价、信贷限制等政策措施，支持低碳节能产业发展，眉山金象化工清洁发展机制项目列入工商银行眉山市分行、建设银行眉山市分行的跟进开发低碳金融产品。2012 年，全市金融机构加大节能减排企业信贷支持以及落后产能实施信贷退出。

（六）其他信贷

2008 年“5·12”汶川特大地震发生后，眉山市金融机构实行农房重建贷款利率优惠，支持救灾和灾后重建信贷。农村信用社青神联社对受损困难户基准利率下浮 10%；部分区县财政贴补农房重建利息，丹棱县、东坡区政府第一年利息补贴 50%。当年，市农村信用社发放灾后受损农房重建贷款 1. 52 亿元、企业灾后重建贷款 1930 万元。2009 年，结合扩大内需和灾后重建，中国人民银行眉山中心支行配合眉山市经委、市发改委、市项目办等政府部门编制《眉山市项目推荐书》，2 次向金融机构推荐重点项目。全市金融部门配合仁寿县政府成立困难农户灾后住房重建贷款担保基金。2010 年，眉山市发生洪灾，全市国库及时开通地方财政救灾资金拨付绿色通道，优先拨付抗洪救灾资金1100万元，支持灾区群众和受灾企业生产自救。围绕“加快城镇化进程”，采取社团贷款方式向市宏大公司发放贷款3亿元，支持眉山市农民安置小区项目工程建设。至年底，全市发放灾后重建贷款2亿元。

2011年，建设银行眉山分行推广非贷款类信贷产品，向南车眉山车辆有限公司推广国内保理和电子承兑汇票业务，向四川瑞能有限公司推广国内信用证议付业务，发展境外筹资转贷款业务和出口信保贷款业务等贸易融资新业务。中国银行眉山支行拓展国内信用证福费廷业务，办理全市首笔跨境人民币结算业务。乐山市商业银行眉山分行设立泡菜金融服务中心、微贷中心和汽车金融中心，开展特色化、专业化金融服务。工商银行眉山分行开办网贷通、贸易融资新业务，青神县农村信用联社、东坡区农村信用联社创新抵押担保方式，在动产质押第三方监管贷款业务方面取得零突破。

第二节 支付结算

一、支付设施建设

1997年，眉山地区银行机构基础设施薄弱。2004年，眉山邮政储蓄开设绿卡联网网点7个、电子汇兑网点4个、小绿卡网点36个。2005年，眉山市金融机构大额支付系统上线运行，资金汇划实时清算，农村信用社开户单位异地跨系统资金汇划畅通。新增邮储网点45个，与原有网点一并统一网点标牌、标识，建立“邮储”“绿卡”品牌。2008年起，全市同城特约跨行委托收款定期借记业务全部通过小额支付系统办理。各银行业金融机构投入2383.8万元用于网点安全改造，建立金融机构要害岗位人员档案2357份，全市银行业达标网点增加50个。2009年，开通东坡区社保、医保的小额定期借记业务，新增大小额支付系统业务通汇网点1个。全年农村地区新发银行卡约40万张。

2010年，全市推广非现金支付工具，重点向农业产业化龙头企业推广电子银行业务，网上支付跨行清算系统上线运行，手机支付、网上支付等新型支付业务健康发展。建设银行眉山分行在农村地区新增企业电子业务客户500余户，个人电子业务活跃客户2万余户。2011年，实施农村支付结算“迅通工程”建设，开展POS助农取款业务，投放POS助农取款机具3321台，实现乡镇全覆盖，行政村覆盖率75%，全年办理取款业务6.9万笔1925万元、办理查询2.85万笔。2012年，增加和优化农村地区银行机构网点布局，支付清算网络往农村地区延伸。年末全市在1270个行政村发展助农取款服务点3091个，占行政村总数的95.8%。

二、支付工具应用

（一）银行卡

1998年，农业银行眉山分行推广发行峨眉卡。1999年，工商银行眉山分行发行“牡丹灵通卡—银证转账”卡。推广银行信贷登记咨询系统，全区发卡628张、配号455张、虚拟贷款卡451张，占应发卡企业的96.23%。2000年起，工商银行眉山分行开通与银行卡业务相关的银证转账系统、POS（销售终端）系统、ATM（自助存取款机）系统、电话银行系统，组织开展“卡折通助学行动”

大型营销活动、“白衣天使项目”专项营销、“2·22”牡丹卡办卡有礼宣传日活动等“以客户为中心”的回馈、优惠等活动，鼓励持卡人用卡消费。农业银行眉山分行推出峨眉卡外出务工汇兑卡、水电费转账卡、代发工资卡、银企联营卡，发行金穗借记卡。至2001年，中国银行眉山分行发行长城借记卡，当年团体开户3800张，增卡7000张。农业银行眉山分行实现金穗借记卡跨省取现、消费交易。全行发卡12.37万张，卡存款余额3亿元，“POS”消费3100万元。

2003年，开展银行卡联网通用工作。眉山市发卡的工商银行、农业银行、中国银行、建设银行、邮政储蓄银行均布放ATM机，实现银行卡联网通用。农业银行眉山分行金穗借记卡停止发行，峨眉卡停止使用；建成“银联卡”业务平台，开通电话银行和网上银行业务。年末全行发卡量32.8万张，卡存款额7.4亿元，卡消费额4.5亿元。2005年起，全市每年开展银行卡联网通用测试。当年支持和开放跨行消费、消费撤销、预授权、预授权撤销、预授权完成、预授权完成撤销等跨行交易，成功率72%。2006年，启动异地跨行交易，方便居民持卡消费。随定期借记业务的推广应用，银行卡业务发展迅速。全市金融机构银行卡发卡量增至144万张。

2007年起，农业银行眉山分行发行金穗公务卡、金穗银联贷记卡和金穗银联香港旅游贷记卡，四川省农村信用社发行“蜀信卡”，工商银行眉山分行发行公积金卡，建设银行眉山分行向农村营销“龙卡通”借记卡及华西健康龙卡。至2011年，全市金融机构累计有效借记卡333万张、贷记卡14.4万张，ATM机344台，银行卡特约商户2607户，POS机具3211台，刷卡交易117亿元。2012年，农业银行眉山分行将银行卡助农取款业务延伸到村组，全市发展银行卡助农取款服务点4185个，消除支付服务空白村1278个，行政村整体覆盖率98%。全市公安机关立银行卡诈骗案件45起，破案31起，为客户追回资金6.4万元，抓获犯罪嫌疑人39人。截至年末，全市农村信用社发行信用卡169.1万张、余额2.2亿元。工商银行眉山分行发行信用卡6.53万张，消费交易额7.59亿元。邮政储蓄银行眉山分行发行绿卡32.27万户、存款余额6.1亿元。

（二）电子银行

企业网银　2000年，工商银行眉山分行开办企业网上银行业务。当年仅眉山车辆厂开通，交易额900万元。至2005年，工商银行眉山分行相继开通大客户支持热线，推出中小企业客户普及版的企业网上银行及网上银行票据管理、委托贷款、专业版银企互联、通用缴费、网上银财通、企业定期存款等新产品。2006年，中国银行眉山分行企业网银新增客户数6户，网上银行交易额3.2亿元。2007—2008年，工商银行眉山分行实行“客户经理上门营销，产品经理零时段安装维护”，重点推广网上缴费、网上企业年金、代发工资等产品。2011年，农业银行眉山分行新增企业电子银行客户1499户，新布放转账电话5720台，新增付款通12户，交易额1.6亿元。农村信用社开通企业网上银行服务。乐山市商业银行眉山分行网上银行上线试运行。截至2012年年底，工商银行眉山分行企业网银客户增至3085户，交易额874.1亿元。农村信用社企业网上银行247户交易金额42.01亿元。乐山市商业银行眉山分行开通网上银行批量转账业务。

个人网银　2002年，工商银行眉山分行开办个人网上银行业务，当年开户85户，交易金额200万元。2003年起，工商银行眉山分行相继推出“金融@家”、个人网上银行新增通用缴费、网上个人跨境汇款、电子银行口令卡等新功能，建立电子银行分层服务机和个人网上银行数据定期分析、“两卡一电”联动营销机制，将个人中高端客户发展成个人电子银行核心客户，个人电子银行产品快速发展。2010年，中国银行眉山分行开展“中银产品高校行，暑期天天享优惠”系列营销活动，现场办理网银570户，意向签约1500余户；邮政储蓄银行眉山分行个人网银柜面注册客户1.17万户。

2011年，农村信用社开通个人网上银行服务，农业银行眉山分行新增个人电子银行客户26.4万户。截至2012年年底，工商银行眉山分行个人网银客户开户19.92万户，交易额300.5亿元；农村信用社开通个人网上银行6776户，交易12.04亿元。

电话银行 2002年，工商银行眉山分行开办电话银行业务。当年开户154户，交易额9000元。2003年起，工商银行推出电话银行全国异地漫游功能，为客户提供统一规范的服务。2006年，工商银行眉山分行开展电子银行“跑马圈地运动”、结算账户争大工程和“跑马圈地”二次创业，开通贵宾专线服务，拓展电话银行个人客户。2008年，农村信用社开通电话银行，提供账户查询、密码修改、口头挂失、业务咨询等服务。2010年，邮政储蓄银行眉山分行电话银行柜面注册客户2.5万户。2012年，工商银行眉山分行新开电话银行客户2.51万户，年末电话银行开户10.68万户，交易额452万元。

手机银行 2005年，工商银行眉山分行开通手机银行业务。当年开户1510户，交易额291万元。至2010年，工商银行眉山分行相继3G手机银行服务，新增国债、购汇、手机银行理财、贷款、分期付款等功能。2011年，农村信用社开通电话支付终端服务、短信银行服务。2012年，中国银行眉山分行通过信用卡带动批量新增网银手机银行约6000户。截至2012年年底，工商银行眉山分行手机银行开户13.61万户，交易额3.07亿元；农村信用社布放电话支付终端2040台，开通短信银行服务4.86万户，交易2.27亿元。

（三）电子商业汇票

2000年起，工商银行眉山分行办理银行承兑汇票。2009年起，工商银行眉山分行办理签发、兑付、再贴现等所有电子商业汇票业务。全年签发银行承兑汇票2.41亿元，办理贴现12.18亿元。2010年起，成都银行眉山分行签发票据承兑。2011年，建设银行眉山分行开办电子商业汇票业务；农业银行眉山分行试办支票影像业务；中国银行眉山分行办理首笔人民币境外代付业务。2012年，乐山市商业银行设立票据中心，代签成都蒲江民富村镇银行及仁寿民富村镇银行票据和受理贴现业务，银行承兑汇票余额37.94亿元，业务量占眉山市场的一半。全市登记出票电子商业汇票7笔1.53亿元。

2000—2012年，工商银行眉山分行银行承兑汇票发生额16.39亿元，贴现发生额8.51亿元，再贴现发生额2302万元，转贴现发生额4.01亿元。成都银行眉山分行签发票据承兑6.17亿元，兑付3.91亿元，签发保函433.54万元。

（四）同城票据清算

1999年，眉山地区银行票据交换所实现同城票据清算电子化。2000年，加强密押、重要空白凭证、涉及资金类电报和联行业务管理，同城电子票据清算系统实现票据交换电子化。2002年，中国银行眉山分行为青神县华明纺织印染公司办理一笔8万美元“出口商业发票贴现”业务。2003年，眉山市金融机构规范票据交换业务，制定同城票据清算岗位责任制，提高同城票据当日抵用率。2004年，中国银行眉山分行完成国际结算业务量5608万美元，进口、出口业务各占全市银行结算市场的93%、72.13%。2008年，调整县级同城票据交换业务，只受理国库类凭证，其他同城跨行会计类凭证全部通过支付系统资金清算。2009年起，撤销县级同城票交换所，国库业务全部实行柜台交换，同城跨行资金通过支付系统汇划和清算。2010年起，取消市级同城票据交换业务，金融机构间跨行同城资金汇划业务全部通过支付系统或银行本票等支付渠道处理。

（五）银行本票

2009年起，眉山市各银行机构利用行内系统或通过小额支付系统跨行办理银行本票业务。此办法延续至2012年。

第三章 保险业

1997年起，眉山地区保险业严格转授权制度，按法律规定从事经营活动，围绕“发展、管理、服务”方针，快速、高效地开展各项工作。至2012年，眉山市保险机构增至22家，开办机动车辆保险、企业财产保险、货物运输保险、家庭财产保险及责任保险等险种20余个。覆盖社会生产和人民生活的各领域，为眉山的发展和稳定提供全方位保障。全市保费收入31.78亿元，其中财产保险保费收入7.62亿元、寿险保费收入24.16亿元；保险业累计赔款及给付6.38亿元，其中财产险赔付3.71亿元、人身险赔付及给付金额2.67亿元。

第一节 财产保险

一、车辆保险

（一）车商业务

1997年，车辆保险是眉山地区财产保险主要险种。

2001年，中国人民保险公司眉山市中心支公司拓展摩托车险市场，当年，眉山市摩托车险保费收入111万元。全市机动车辆险保费收入4599万元。2002年，承保机动车辆1.6万辆，占车险市场份额的91.7%。2004年，中国人民财产保险股份有限公司眉山市分公司（以下简称财险眉山市分公司）调整和完善核保制度，制定《分级分险核保制度》，严格承保条件，合理调整费率，限制高风险业务，提高效益型附加险业务比重。2005年，以提高盈利能力为车险业务发展重点，扩大车险业务规模。全年机动车辆保费收入5012.24万元，比2004年增长8.68%。车险承保利润581.06万元。2007年，市、县两级保险公司在市级机关2007—2009年行政公务用车车辆保险投标业务中中标。全年机动车辆险承保5.93万辆，其中汽车2.95万辆、摩托车2.98万辆；保费收入1.03亿元（汽车保费收入9720.71万元）。2008年，财险眉山市分公司拓展农村摩托车业务，推出“随我行——摩托车安全驾驶组合险”竞赛。2009年起，每月定期整理并下发各承保公司下月续保业务清单，防止脱保、漏保。严格执行折扣率管理，改善业务结构，控制经营风险。当年，新车保险零折扣。2010年，制订实施销售费用差异化承保政策指引，销售费用跟单制度上线运行。全年承保新车2.4万辆、占全市新车业务的48.23%，收取保费7426.17万元、占全市车辆保费的53.09%。2011年，推行车险专管专营，推进“四化”（专业化、标准化、集中化、差异化）建设。全年签约车行60家、车队59

家，车险保费收入2.89亿元，其中家庭自用车1.2亿元。2012年，全市开展车商业务专管专营清理，完成71家汽车经销商、34家综合类汽车修理厂信息收集、送修资源赋码、授权与转授权及授权备案、上报、系统导入。年末全市累计推荐送修码的经销商92个、修理厂35个。车商业务代理保费8303万元。

（二）电销业务

2010年9月，财险眉山市分公司推行“电销”，在市公司营业部、科技工业园区和彭山、丹棱、青神、仁寿、洪雅5县分设出单机构7个，各县区就地出单。2011年，财险眉山市分公司制定区县电子商务集中运营有关制度规范。彭山、丹棱、青神、洪雅、仁寿5家县级支公司上线运行。市级保险公司分别设立营业部、科技工业园区、销售一部3个引导电销机构，取消差异化承保政策的管控，放宽政策争取业务。2012年，全市电销保费8072.38万元。

（三）出单业务

2001年，中国人民保险公司眉山市中心支公司增强新业务大系统、“黄金客户”，在按揭贷款等新兴领域设立代理机构，开展汽车按揭保险及保证保险等新业务，新增保费3007万元。分散性业务或公司直销能力查漏补缺，每台续保车责任到人，续保率93%以上。2008年9月起，实施机动车保险“见费出单”。2009年，调整险种结构。全年核保保单14.89万笔，核批批单3.37万笔。商业险业务口径保费收入2.32亿元；农村商业保险保费收入7449.26万元。2010年，制订传统业务差异化承保政策以及电销业务承保政策，实施销售费用跟单制度。2012年，全市统一出单运行流程、出单网点建设和出单服务标准，明确出单操作规范，建立标准化出单运营平台，成立出单中心。清理全市远程出单点，批复远程出单点36家。全年核保保单18.33万笔，核批批单2.62万笔。总保费收入4.56亿元，全险种承保利润2984.34万元。其中商业险保费收入4.56亿元（机动车辆险2.92亿元、非车险6006万元、政策性农险1.04亿元）。

（四）交通强制保险

2006年7月，眉山市实施交通强制保险（以下简称交强险）制度。当年交强险保费收入1375.49万元，赔款支出42.85万元。2007年，实施拖拉机交强险制度。2008年，交强险承保3147辆，占全市新车交强险的42.78%；收取保费2926.26万元，占全市新车交强险的42.94%；交强险利润亏损556.57万元。至2012年，全市仍按规定征收车辆交通强制保险。

二、非车辆保险

2003年起，眉山市调整非车辆保险险种结构，拓展效益型险种和分散型险种市场。2004年，财险眉山市分公司明确摩托车、家庭财产、企业财产、货运、责任5个险种发展目标及奖惩办法。全年非车险毛保费收入1366万元（除奶牛险外），占公司业务总收入的23%。2005年，财险眉山市分公司印发《非车险业务考核办法》，在全系统内开展非车险劳动竞赛活动。2008年，开展家庭财产险、货运险、意外险、企业财产险、优秀营销网点评选等竞赛活动，扩大新型农村合作医疗、社保补充医疗保险等。2009年起，制定非车险黑（灰）名单，规定黑（灰）名单承保条件及手续费标准，连续3年已报告赔付率70%以上、100%以上的业务分别列为灰名单、黑名单，承保时在上年费率的基础上分别上浮30%、50%。2010年，企业财产险、家庭财产险、公货险、责任险、意外险5大险种实行手续费差异化管理，费用最高28%、最低5%，涉及险种20余个。企财险业务实行验险承保，全年验险承保企业10余家。全市非车险实收保费5007万元，比2009年增长31.13%。2011

年，全市财产险中人寿保险占66.78%、太平洋保险占19.88%；责任险中人寿保险占71.77%、阳光保险占9.33%、太平洋保险占8.92%。2012年，全市非车险收入保费6055.09万元（起保口径），比2011年增长22.37%，市场占比63.86%。

三、农业保险

2000年起，眉山地区开办奶牛保险。由于严重亏损，2002年年底停办，2003年3月重新开办。2004年，市政府下发《关于全面开展奶牛养殖保险试点的意见》，明确奶牛养殖保险试点目标，按照“封闭运行、以险养险”“放宽险种，梯度续保”“利益共享，风险共担，不赔不赚，扶持发展”原则开展承保。采用小额起步、风险共担方式，保险责任包括奶牛非正常死亡，保额遵循成数承保原则，大约为每头奶牛市场价值的50%~60%，政府补贴每头参保奶牛100元。奶牛小区、奶牛养殖协会组织会员养殖的奶牛集中投保，每头每年交纳保险费240元；散户由乡、镇、村统一组织投保，每头每年缴纳保险费400元。当年，全市承保奶牛1.03万头，收取保险费183.61万元。赔款287.41万元，赔付率156.53%。2006年起，财险眉山市分公司制定开展奶牛保险新办法，推动政策性农业保险发展。

2007年，全面开展农村保险业务。财险眉山市分公司与财政、畜牧、农业等部门合作，在全市开展水稻、玉米、育肥猪、能繁母猪、奶牛政策性农业保险。各乡镇建立农村营销服务部36个、三级农村保险咨询站100余个，招收农村营销人员300余人，每个乡镇建立政策性农业保险代办站，形成完整的服务网络。以“低保额、低保障、低保费、广覆盖”产品为突破口，开发适合农民需求、具有可保利益、符合农民消费能力和消费偏好、通俗易求、投保和理赔简便的组合保险产品。全市的114个乡镇办理政策性农业保险，承保生猪57.64万头（能繁母猪18.42万头）、玉米2.01万公顷、水稻1.84万公顷，提供5.4亿元农业风险保障，保费规模居全四川省第六，财险仁寿县公司开展政策性农业保险工作经验在全四川省交流。全年保费收入992万元，赔付生猪6000余头。2008年，市政府将玉米、能繁母猪和奶牛3个品种纳入对各区县的单项目标考核。推进商业性农险，财险眉山市分公司制定《2008年度政策性农业保险承保规则》，明确规定承保方案、签单方式、输机方式、单证要求等。雨雪冰冻灾害和“5·12”汶川特大地震发生后，公司快速查勘、迅速定损、及时理赔，能繁母猪、生猪、农房等涉农保险赔案处理特事特办。2009年，市政府制定《眉山市政策性农业保险管理暂行办法》，明确财政、农业、畜牧等有关部门和乡镇村等政府基层组织在政策性农业保险工作中的职责和工作要求。财险眉山市分公司取得全市政策性农业保险的独家承办权，支付农险直接赔款8000万元，20万户农民受益。农业保险参保户增至178.2万户、保费7449.26万元。2010年，财险眉山市分公司规范承保、理赔操作等。5月，爆发高热病猪瘟疫情，青神县、东坡区能繁母猪死亡9814头、赔款1500万元。7月、8月暴风雨灾害致全市水稻、玉米受灾1.12万公顷，赔付1850万元。全年商业农险保费收入1267.1万元，农险赔款4532万元，综合简单赔付率58.69%。2012年，实施“种植业无赔款续保优待”政策，全市支付优待金952.24万元，农险签单保费1.05亿元。年末应收保费清零。至年底，全市建成营销服务部36个、乡镇农村保险服务站131个、村级服务点1259个，形成“中心场镇有服务部，乡镇有服务站，村级有服务点”的农村保险服务网络体系。

2007—2012年，全市实施水稻、玉米、育肥猪、能繁母猪、奶牛政策性农业保险，承保农户近600万户次，提供农业风险保障85亿余元。

2007—2012年眉山市政策性农业保险情况统计表

表16-3

项目		年份	2007	2008	2009	2010	2011	2012
承保数量	水稻（万公顷）		1.84	4.19	5.17	5.55	9.45	9.79
	玉米（万公顷）		2.01	1.90	2.30	2.78	4.26	4.63
	油菜（万公顷）		—	—	0.99	2.31	4.43	4.48
	洋芋（万公顷）		—	—	—	—	0.56	0.54
	林木（万公顷）		—	—	—	—	—	10.31
	奶牛（万头）		—	1.96	2.82	2.70	3.90	5.43
	生猪（万头）	能繁母猪	18.42	22.81	31.39	21.38	27.11	29.68
		育肥猪	—	—	89.75	101.55	104.22	70.27
		小计	57.64	49.81	121.14	122.93	131.33	99.95
承保农户（万户次）			43.68	156.32	178.2	72.29	100.38	102.35
提供农业风险保障（亿元）			5.40	9.34	14.09	14.29	17.87	24.30
保费收入（万元）			992	5021.21	7449.26	7432.08	10286.88	10458.68
种植受灾面积（万公顷）			—	—	1.44	1.32	1.26	—
养殖受灾（万头）			—	—	3.98	2.95	2.73	—
赔款（万元）			—	—	33.85	4206.77	4645.15	4114.26
简单赔付率（%）			—	—	45.44	—	45.16	—

第二节　人身保险

1997年，眉山地区仅中保人寿保险有限公司眉山分公司经营寿险业务，保费收入1.78亿元。2003年，眉山市意外险保费收入237.8万元。2007年起，在东坡区和彭山、丹棱、洪雅、仁寿4县开展社保补充医疗保险服务。2008年起，承保全市校园方责任保险。推进城市、农村网点业务发展，开展“能者无疆”业务竞赛活动，列出32种组合保险竞赛。全市42个二级网点中37个网点发生竞赛险种业务，收取保费75.51万元。2009年，为全市学生65万人提供388.74亿元保险保障，支付赔款410万余元；为15.2万人提供180.5亿元医疗保险保障，支付赔款896万元。2011年，学生险保费收入611.5万元，经纪渠道保费收入374万元，个人代理渠道保费收入237.5万元；校责险保费收入140.9万元。意外健康险中人寿保险占60.9%、阳光保险占6.76%、太平洋保险占9.26%、平安保险占8.3%、中华联合保险占7.38%。2012年，眉山市保费收入24.16亿元，满期给付1.67亿元。

一、个险业务

1997年，中保人寿保险有限公司眉山分公司有营销分部5个、营销人员160人，营销保费收入

400万余元。1998年，调整险种结构，营销险、简身险、子教险和短期险分别实现保费收入2356万元、863万元、1016万元、533万元，占全年保费收入的75.6%。新单保费1.98万件2096万元。1999年，推进授权经营，发展效益型险种，营销业务保费总收入比1998年（下同）增长43.5%，短期险保费收入增长24%。2002年，推出国寿鸿泰两全保险（分红型）。2009年，以10年期以上为主，适度发展新险种，10年期以上保费4159万元。举行“双庆六十华诞客户答谢会”11场，现场签单695人，累计签单《美满一生年金保险》12年期交保费1043万元。2010年，中保人寿保险有限公司眉山中心支公司（以下简称人寿保险眉山支公司）通过“四送”（送理念、送险种、送理财、送服务），举办高端客户联谊会，现场签单客户482人、累计保费678万元。2012年，个险渠道长险首年标准保费3891万元；首年期交保费6711万元；10年期以上首年期交保费3769万元；短期意外险保费1325万元；短期险保费2923万元。

二、银保业务

2000年，中国人寿保险公司眉山地区分公司与银行、邮政签订兼业代理业务长期合同，兼业代理业务保费收入310万元。2003年，中国人寿保险有限公司眉山市分公司走城市业务专业化经营路子，与银行、邮政主动沟通，全年实现银行、邮政保费收入1500万元。2004年，多家寿险公司进入眉山市场，银行代理业务竞争突出。寿险眉山分公司以“三移”（服务前移、回访前移、理赔前移）法争取客户，全年银行代理业务保费收入2377万元，占市场代理业务份额的49.4%。2005年，全市14家财险、寿险抢占银行、邮政代理市场，寿险眉山分公司保费9200万元，总量列全四川省前五位。2009年，以10年期以上期交业务为主，发展新险种，银保首年期交保费1472万元，趸交保费2.95亿元。2012年，银保渠道长险首年标准保费1009万元，首年期交保费4748万元，首年保费2.69亿元。

三、团体业务

2003年，中国人寿保险有限公司眉山市分公司加强团险人力和队伍建设，获得眉山市职工补充医疗保险业务。2004年，巩固学生险、补充医疗保险口子业务，“国寿学生、幼儿平安保险”保费收入583万元，占市场份额的37.22%。2005年，加强短期意外险业务指导，短期意外险卡折式销售，收取短期意外险保费2682万元。2010年，在全市5个区县39个乡镇272个行政村开展农村小额人身保险试点。试点区域84.35万人，参保15.57万人，参保率18.46%，保费收入560.48万元。2012年，全市参保33.64万人，参保率12.74%，保费收入1211.07万元，为全市参保农民提供77.37亿元的风险保障。

眉山市1997—2012年人寿保险情况统计表

表16-4 单位：万元

年份	保费收入						
	合计	首年保费	续期保费	短险保费	长险保费	首年期交保费	趸交保费
1997	5616	—	—	300	5316	—	—
1998	6325	—	—	542	5783	—	—

续表16-4

年份	保费收入						
	合计	首年保费	续期保费	短险保费	长险保费	首年期交保费	趸交保费
1999	7075	—	—	764	6311	—	—
2000	8679	3202	5477	924	7755	6412	—
2001	11291	3959	7332	1161	10130	—	—
2002	17828	8919	8909	1414	—	1733	5770
2003	23358	12266	11092	1857	21501	3211	7198
2004	23441	13838	9503	1991	21350	3942	7905
2005	28981	16497	12484	2682	26299	4679	9136
2006	33591	18744	15207	3206	30745	5034	10504
2007	37941	20655	17286	3683	34258	5936	11036
2008	64294	39748	24546	4086	60208	6152	29510
2009	64981	41314	23666	5028	59952	6373	29913
2010	82319	55023	27296	5915	76404	14732	34376
2011	80140	44115	36025	6888	73252	12092	25135
2012	85434	41222	44212	7129	78305	11653	22440

第三节 保险赔付

一、查勘定损

（一）财险查勘定损

1997年起，中国人民保险公司眉山地区分公司建立完善的行业系统服务规范和标准，实行接报案制度，提供快速查勘和施救、生命绿卡紧急救援、及时估损与修车自主、限时理赔、小案现场定损理赔、电话预约上门和廉洁自律电话举报等服务。2001年，中国人民保险公司眉山分公司加强核保核赔，严格设定自动核保权限，把好“入口关”。加强查勘定损人员教育、培训和考核，提高查勘定损人员技能。搞好事后监督复查，发现问题及时纠正。2002年，推行承诺制，所有服务工作在“三个中心”（客户服务中心、业务处理中心、财务中心）集中处理；实行365天开门营业。全年受理种类报案9926个、投诉13个、举报电话5个、种类咨询电话万余个，电话回访3173户。中国人民保险公司流动查勘车体系全国范围内异地出险，就地查勘定损的“代查勘代定损”双代服务。当年起，人保财险眉山市分公司采用事故车辆定损系统定损，提高定损准确性。实行查勘定损东坡区和彭山、丹棱、青神3县同城管理，仁寿、洪雅2县授权管理办法。全市处理车险案7796个、非车险案818个。现场到位率10%。查处假案和拒赔案近100件，拒赔200万元。

2008年，人保财险眉山市分公司实现业务处理电子化、办公自动化和信息网络化，从承保、出单到定损、理赔，建立起覆盖全部业务流程的电子化管理系统。全年处理“理场直赔”案件 2896 件。2010 年，财险眉山市分公司“95518”实现四川省集中，公司原“95518”改为二级调度岗。提前理算案件实行市级保险公司集中理算、全市范围内通赔。2011 年，全面推进理赔标准化建设，所有客户接触点的服务标准化。推出“车险非人伤、物损案件万元以下单证齐全 1 小时通知赔付”服务；推行分级管理体系，建立差异化理赔服务流程。当年，全市万元以下车险 1 小时赔付服务承诺达成率 99.05%，居全四川省第三名。至 2012 年，财险眉山市分公司连续七年列全四川省客户满意度调查第一。

（二）寿险营销

1999 年 7 月，寿险眉山地区分公司开展“中国人寿伴随您”客户大回访活动。2001 年，寿险眉山市中心支公司设立客户服务专线，实行咨询、查询、投诉受理、报案登记、客户回访等“一站式”服务。制定《客户服务工作质量考核办法》，量化考核各岗位的内部管理流程、资料要素、权限管理、归档保存等。2005 年，眉山市开展“诚信·沟通·维权”客户服务活动，实现“移动 95519”短信服务，新增主动服务客户平台，提供宣传、告知、查询、祝贺等服务。2007 年，实施客户服务向农村营销延伸。2008 年，开展“国寿 1 + N 附加值服务”，建立“健康好帮手——医保通”，普及“国寿资讯通”，开展“国寿特惠超值”等优先、优惠服务。举办以“牵手国寿·健康生活”为主题的“国寿大讲堂”健康知识巡讲活动。2010 年，举办以“关爱国寿儿童”为主题的“国寿儿童杯”书画比赛。2011 年，举办“牵手国寿　绿动中国——低碳·环保”为主题的知识讲座。2012 年，举办以“牵手国寿，品味生活”为主题的专题讲座。

二、核保核赔

（一）财险理赔

1997 年起，中国人民财险公司眉山地区分公司实行接报案制度，开展快速查勘和施救、生命绿卡紧急救援、及时估损与修车自主、限时理赔、小案现场定损理赔、电话预约上门和廉洁自律电话举报等活动。至 2000 年，人保财险公司眉山地区分公司共支付各种赔款 1.1 亿元，缴纳税金 1862.5 万元，为群众战胜灾害、重建家园发挥稳定器作用。

2002 年，中国人民保财险公司眉山市分公司建立健全核保制度，实行单单核保。规范赔案流转、上报案登记，限定流转环节时间。手续齐全的、在 2 万元以下的赔案半小时内赔付；2 万元~10 万元的赔案，3 个工作日内赔付。全年处理伤人案 1235 例，剔除不合理费用 56.4 万元。理算赔案 8919 件 3152.4 万元。处理赔案 3393 件。其中 2 万元以上赔案 269 件、赔付 1342.4 万元。2003 年，加强重要客户展业承保指导和赔案监督管理。2005 年起，实行每天清理未决赔案，保证未决赔案数量及金额的真实性。全年赔款支出比 2004 年减少 1.6 亿元、下降 10%，提取未决赔款准备金 5.8 亿元，占自留保费的 25%；香港口径利润总额 1.8 亿元；单险核算险种全部盈利。2008 年起，加强无现场报案复查，重点查处酒后驾驶、无证驾驶、肇事逃逸、改变车辆使用性质等案件，落实查勘出假骗赔案奖励制度，从严把握定损尺度。加强人员伤亡案件管控，常见伤情费用与医疗机构达成事前约定。全年查勘案件 9880 件，定损 9248 件，处理拒赔案 31 笔，挽回经济损失 180 万余元；核损 1.82 万件，发现不符合查勘定损质量要求案件 1016 件，剔除不合理医疗费用 272 万元；理算核赔 9915 件 4518.25 万元。全市理赔考核指标综合赔付率 69.42%；案件处理率 100.54%；车险理赔周期 24.83 天；限时立案率 81.46%；车险赔款估损偏差率 1.27%；未决滞案率 2.5%；未决发展比率 99.34%；

理赔无忧服务承诺实现率 99.77%。2009 年，加大“打假、防骗、反保险欺诈”力度，查处拒赔案 8 件，挽回经济损失 47.3 万元。2010 年起，实行车险中超规定权限案件、赔付率较高的案件、通赔案件、使用自定义车型或自定义配件及工时规定金额以上的案件由四川省公司集中核损。

2012 年，眉山市新车险理赔系统运行，核损岗每案人工核损，大案提前会商。每月提取全市案件调度、查勘、定核报、理算核赔、支付环节时效数据，通报并按“理赔工作时效考核办法”处理。简易赔案试行人伤费用定损包干机制，推进小额人伤快速理赔和理算标准化服务。全年调解处理人伤案件 127 笔。查处假骗赔案 33 件，避免损失 210 万余元。

（二）寿险理赔

1997 年，眉山地区人寿保险及时足额给（赔）付保险金。全年赔付 1831 万元，其中理赔金额 307 万元、给付金额 1308 万元、退保金额 216 万元。2012 年，全市人寿保险赔付 2.47 亿元，其中理赔金额 4675 万元、给付金额 1.2 亿元、退保金额 8042 万元。

眉山市 1997—2012 年人寿保险理赔、给付情况统计表

表 16-5　　单位：万元

年份	合计	理赔金额	给付金额	退保金额	短险赔款	满期给付	分红金额
1997	1831	307	1308	216	162	1308	—
1998	1811	—	—	—	247	—	—
1999	1751	480	908	362	292	880	—
2000	2598	752	1209	637	404	981	—
2001	3625	1140	1949	536	699	1335	—
2002	3956	1339	1566	991	941	1089	—
2003	4850	1662	1841	1347	1151	876	—
2004	3765	1621	488	1156	1300	—	127
2005	4254	1934	425	1895	1455	—	214
2006	5029	2378	482	2196	1694	430	475
2007	15910	2661	6608	6641	1942	6582	1066
2008	14368	3436	6783	4149	2321	6758	3714
2009	10196	3298	3495	3412	2195	3282	1214
2010	18114	3780	10378	3947	2657	9821	1259
2011	22582	4561	12021	6000	3296	11481	3481
2012	24719	4675	11998	8042	3256	11504	1893

三、追偿与诉讼

2002—2009 年，中国人民财险股份有限公司眉山市分公司参与诉讼案件 164 件，胜诉率 80%。2012 年，中国人民财险股份有限公司眉山市分公司规范公司外聘律师管理，加强诉讼案件全流程管理，全年新立案诉讼案件 338 件，调解率 80%。

第四节　保险管理

一、营销管理

1997年起，中国人民保险公司眉山地区分公司加强队伍培训，提高员工素质。举办经理学习培训和专业培训，开展职业道德教育。2001年，财险眉山分公司实行推行竞聘上岗、干部聘任制。建立新型个人代理营销体制。财险眉山市分公司组织营销综合培训，建成一支近200人的营销团队，开展个人代理营销制试点。2002年，眉山市6个保险支公司均建立个人代理营销部。财险眉山市分公司制发《个人代理营销管理办法（试行）》。个人代理人持“双证”上岗，个人代理人资格考试取得双证51人。全市个代营销保费收入884.86万元，占同期公司总保费收入的15.1%。全年发展个人代理营销员97人。规范兼业代理管理，全市具有兼业代理资格的机构33家。全年开展兼业代理资格申报4次30家、代理关系申报1家。2003年，人保眉山市分公司印发《眉山分公司个人代理营销管理实施细则（暂行）》，明确各公司与个人代理人之间的关系、代理合同的签订（换签）办法、个人代理人管理办法。

2004年，全市开通代理保险业务。财险眉山市分公司个人代理营销业务1905万元，占保费总量的33.63%。在财险总公司“精英在行动之鲲鹏展翅”竞赛活动中，竞赛业绩1404.43万元。2005年，眉山市邮政局与太平洋保险、泰康保险、中国人寿保险、新华保险4家保险公司合作，代理规模由各局正式网点逐渐向代办网点延伸，年末保险业务完成保费3664万元，形成邮储主要业务之一。2008年，财险眉山分公司与各银行、信用社合作，及时完善到期合同的签订。清理全市兼业代理单位，重新签订新版兼业代理合同，进一步规范业务流程。开展“保险进社区”业务宣传活动，现场咨询2000余人次。当年，与市公司有业务合作并具有兼业代理资格的兼业代理单位48家。持证营销员全部归入营销员管理系统统一管理。2010年，建立和完善理赔人员出入机制，推行岗位人员等级评定上岗制度，实行理赔工作指标量化考核。保监局重新申报车商新增兼业代理单位，提交申报材料的3家。建立市、县级公司领导分片包干联系制度，县、乡镇职场经理结对，主管帮带的搭对帮扶机制。销售人员纳入公司目标管理。2012年，财险眉山市分公司组织员工各环节业务技能、反洗钱知识、反保险欺诈工作等专题培训，规范专业技术职务管理及评聘工作，建立专职专业理赔队伍。加强个人代理资格证及展业证管理。全市保险系统有个人代理人员693人，个人代理保费1.37亿元、直销保费1.38亿元、银行渠道业务保费293万元、经纪渠道业务保费763万元、专业代理渠道业务保费850万元、幸福通保业务保费77万元。全市保险兼业代理机构70余家，专业代理机构、经纪公司10家。保费新增3.47亿元，市场占有率33%，点均保费439万元。

二、日常管理

1997年起，中国人民保险公司眉山地区分公司完善责任制执行情况考核。人寿保险公司眉山地区分公司调整险种结构，推行险种品牌战略，注重营销人身险和意外险等效益型险种和基础险种的发展。1998年起，人保财险眉山地区分公司加强稽核审计监督，防范违规运用资金、越权擅自对外担保、违规经营业务等行为。2000年，人保财险眉山地区分公司清理1989年至2000年5月储金。

人寿保险公司眉山地区分公司由纯保障型转向保障、储蓄和投资三合一型；由纯死亡赔付的险种转向医疗、伤残、教育和养老等多功能险种；由以团体业务为主过渡到团体业务和个人业务同步发展。全年营销和意外险等业务占保费收入的75%以上。

2001年，人保财险眉山市分公司建立健全单证管理制度。2002年，推出新的车险条款，由原来1个主险条款和若干个附加险条款变为8个主险条款和13个附加险条款。根据客户风险特征和实际承受能力制定不同条款，打破单一条款体系，新产品中增加车身划痕损失险、特约救助险等附加险种。构建承保中心、财务中心、理赔（客户服务）中心，实行标准化、制度化、精细化、规范化管理。人保眉山市分公司实现业务处理电子化，主要险种全部上机处理，建立起综合财务管理系统，用机单位延伸到各县支公司、营业部，建立承保、出单到定损、理赔覆盖全部业务流程的电子化管理系统。

2007年，制订《眉山市保险行业机动车辆旧车保险自律公约》，凡眉山市车管上户车辆一律按新车保险条例办理，杜绝恶性竞争。2008年，实施“合规创造价值、合规提升效益”经营策略，建立“见费出单”制度，严格控制虚假退费和折扣率。财险眉山市分公司实施新渠道编码试点，按照新编码规则重新规范全市对兼业代理、银行代理、交叉销售等渠道编码，理顺各系统人员归口，确保业务、个代营销等系统数据等真实有效。全市强化依法合规与内控执行力，做好新、旧车险行业自律，控制车险展业和保单获取成本。集中整治摩托车，市政府将其纳入政府目标考核。眉山市保险行业协会制发《眉山市保险行业机动车辆保险自律公约》，统一规定新旧车辆承保细则。当年，全市商业车险折扣率低于四川省平均折扣率2.31个百分点。财险眉山市分公司在6个城市、36个农村二级网点中开展“评选2008年度优秀营销网点”竞赛活动，35家营销网点发生业务，其中保费收入20万元以上的18家、100万元以上的10家。新车保费收入1936.85万元，占车险业务的16.68%，新车市场份额48.55%。商业险、交强险手续费分别控制在8%、4%以内。新车集中保险中心承保新车19774辆，占全市新车总数的44.65%。收取保费5926.6万元、占全市新车的48.54%。车险利润204.16万元。商业性保费收入4715万元。2009年起，财险眉山市分公司以提升车险盈利能力建设为车险管理重点，全市车险业务分类并制定相应核保管理方案，盈利能力较好的实行费用倾斜，高额亏损业务实行承保条件的限制和手续费的控制。财险眉山市分公司制发《眉山分公司车险业务风险分类及承保政策调整办法》等文件，提高机动车辆承保质量。将全市600余人的信息全部录入销售管理系统。加强与各汽车销售商、修理厂、银行、信用社之间等中介渠道合作，完善到期合同的签订。当年，年审到期兼业代理单位18家。2010年，全市各经营单位实行差异化核保政策，防范经营风险和提高经营利润。财险眉山市分公司与寿险眉山市中心支公司举行交叉销售启动会，在东坡区、仁寿县、彭山县开展场地人保寿险合作；与人保健康险公司合作家财“一卡通”、车险等。2011年起，全市推行车险专管专营，检查承保签单、理赔、财务、数据质量、未决管理等经营情况。不同险种实行差异化费用政策和激励办法，加大新增保单和竞回业务服务和督导。开展车险“双进”（进单位、进社区）活动，建立“双进”服务对象24个（单位或小区）。当年，全市约90%以上的车行、综合修理厂与市财险公司建立“一对一”合作关系，对车行派驻签单员、承保协调员、理赔协调员做好投保、出单、理赔一条龙保险服务，家庭自用车保费收入1.08亿元，车行贡献率61.79%。眉山市财险、寿险公司开展寿代产运作模式、网点建设、组织架构、激励机制、人员培训考核等合作。车险保费收入2.89亿元，消化上年车险遗留保费4250万元。

2012年，财险眉山市分公司实施行业自律，遏制车险市场高手续费、高成本、不合理折扣的非理性竞争行为。调整全市中介、专业、经纪、个代渠道的代理合作协议中涉及车险佣金比例，做到跟单比例、支付比例与协议比例一致，做好中介业务管控。在各县级支公司成立银保专营分团队 7 个，“一对一”开展企业贷款抵押企业财产保险、房贷险和借款人意外伤害保险等银保合作。与市工商银行、农业银行、中国银行、建设银行、农业发展银行、农村信用合作社 6 家商业银行开展业务往来，主要合作企财险，包括基本险和综合险。全年完成产代健保费 390 万元、健代产保费 430 万元、产代寿保费 3.89 万元、寿代产保费 301 万元。全年车险保费收入 2.92 亿元（业务核保口径），财险眉山市分公司车险市场份额 59.05%，其中新车市场份额保持在 70%以上。

三、风险防范

财险眉山市分公司　1997 年起，人民保险公司眉山地区分公司加强内控制度建设。落实“三防一保”责任制。搞好稽核审计监督，防范违规运用资金、擅自越权对外担保和违规经营业务等行为。1998 年起，建立统一法人制度，严格按经营权限从事各种经营活动。2002 年起，规范机动车辆保险管理制度及协议内容，资信调查、核实每车。完善法定分保、商业分保内控制度。2009 年，建立从基层展业人员到市级保险公司非车险部、承保中心层层把关的风险评估体系，承保和核保有效分离。承保时严格控制劣质业务，防灾、防损检查中不符合要求的业务限期整改，予以限制承保或提高承保条件，防止高风险业务进入。2010 年，明确“先分保、后出单”业务规程。2011 年，开展车险、非车险费率测算、定价。全市分出风险相对较高小合约业务 23 笔，分出保费 45.9 万元，摊回已决赔款 7.81 万元。分出高保额机动车辆 208 笔，分出保费 215.33 万元，摊回已决赔款 82.87 万元。2012 年，量化考核和通报各出单人员出单情况，完成全四川省生产系统迁移南中心、新收付费和佣金系统上线，承保质量明显好转。

寿险眉山市分公司　1998 年，寿险眉山地区分公司实行审计式风险管理，通过对承保、保全、理赔等环节的监督审查，增强自我约束力。1999 年，建立信访监督机制，加强内部管理，从粗放型管理向集约型管理转变。2004 年，寿险眉山市分公司开展效能监察，检查短期险赔案 720 件，提出整改建议；检查有价单证、重要单证，提出单证管理建议。2008 年，以规范管理为目标，以内控评估为切入点，逐步建立起以流程为基础、以风险为导向的内部控制长效机制。2009 年，举办反洗钱法律法规和公司规章制度培训，印刷《反洗钱知识 26 问》宣传手册，业务管理严格执行客户身份识别和客户身份资料及交易记录保存制度、大额交易及可疑交易报告制度、涉及恐怖融资报告制度等。全年识别新客户 3363 人客户身份，重新识别客户 5872 人客户身份，识别续期、退保、赔偿和给付保险金客户 3075 人客户身份，登记客户身份基本信息。2010 年，落实五部委下发的《企业内部控制基本规范》，营造全程控制、全员参与的内控氛围。以上制度延续至 2012 年。

第四章　证券和其他金融业

第一节　证券业

眉山市证券业包括股票交易和债券发行与兑付。2007 年起，全市股票交易量逐渐活跃，交易金额不断增大。2012 年，眉山市首次启动企业债券发行工作。

一、股票交易

2007 年前，眉山市证券交易量小。2007 年，申万宏源证券有限公司眉山湖滨路证券营业部抓住证券市场暴涨契机，深化客户服务，做大市场份额。当年，全市股票交易客户 3.14 万户、资产 23.82 亿元，利润 8977.54 万元。2009 年，华西证券眉山营业部建立证券经纪营销团队，开业 4 个月客户资产突破 1.5 亿元。申万宏源证券有限公司眉山湖滨路证券营业部邀请申巴基金公司、申万期货公司等组织大型报告会，展开多方位宣传，突出品牌效应；优化营业部服务手段，建立短信服务客户 1.46 万户，探索客户服务分类管理。2010 年 7 月，申万宏源证券有限公司眉山湖滨路证券营业部取得融资融券业务资格，做大融资融券余额。组建营销员队伍，开展营销工作。至 2011 年，全市证券交易量 382.66 亿元，开户 1.04 万户。

2012 年，申万宏源证券有限公司眉山湖滨路证券营业部推进报价回购业务与约定购回业务等创新业务，开发机构业务，营销保险机构交易单元落户营业部，与乐山市商业银行合作，开展资产管理业务。全市证券交易量 293.48 亿元，开户 2603 户。

二、债券发行与兑付

1998 年，中国人民银行眉山地区分行清理 1982—1988 年应兑未兑国债 3 次，眉山地区发行凭证式国债 4601 万元，兑付国债本息 308.49 万元。2000 年起，全区商业银行将尚未兑付的国债收款单经清理后全部移交中国人民银行国库部门，由中国人民银行眉山市中心支行直接办理兑付业务。2005 年，暂停在证券市场进行国债买卖和回购业务，只能通过银行间债券市场和银行柜台市场进行。2012 年，眉山市启动企业债券发行工作，提出“到 2016 年企业债券发行规模达到 100 亿元以上”，确定银河证券为 20 亿元宏大公司债券主承销商。将全市 31 户企业纳入债券融资企业后备库。当年，全市发行凭证式国债 2804 万元，兑付国债 1.02 万元。

1998—2012 年，眉山市组织发行凭证式国债、电子国债 6.52 亿元。兑付国债 5400.1 万元，其中无记名国债 5205.35 万元、国债收款单 194.75 万元。

第二节 其他金融行业

眉山市其他金融业有典当公司、拍卖公司。2002 年成立首家典当企业和拍卖企业，此后行业规模持续扩大，至 2012 年，全市有典当企业 12 家、拍卖企业 9 家。典当和拍卖业务量较小。

一、典当

2002 年，眉山市会凌典当有限责任公司成立，为全市首家典当企业。2005 年后平均每年设立一家典当企业，行业规模持续扩大。2012 年，全市有典当企业 12 户，其中中心城区 10 户、洪雅县、青神县各 1 户。注册资本金 1.3 亿元，资产总额 1.36 亿元，流动资产 1.34 亿元，负债总额 90.62 万元。典当余额 5429 万元，典当业务 98 笔，典当总额 7371 万元，营业性收入 838.94 万元，上缴税金 80.15 万元，净利润 234.29 万元。

二、拍卖

2002 年，眉山诚信拍卖有限责任公司成立，为全市首家拍卖企业。以后逐年增加。至 2012 年，全市有拍卖企业 9 家。主要开展房地产、机动车、股权拍卖等业务。拍卖企业利润 10 万以上的 3 家、能正常运行的 3 家、运行困难的 3 家。2002—2012 年，全市成交拍卖 78 场（房地产 27 场、土地使用权 33 场、机动车 10 场、无形资产 4 场、其他 4 场），成交额 38.32 亿元，上缴营业税及所得税 59.84 万元。

三、彩票

1999 年，成立眉山地区体育彩票管理站，由四川省体育彩票管理站中心直接管理，眉山地区文体局协助管理。眉山地区文体局负责全区体育彩票的发行、宣传、营销、兑奖、安全运营等。在 4 县城区开始销售电脑型体育彩票。至 2010 年，眉山市体育产业初具规模，通过市场运作筹集资金 300 万元，基本保证赛事正常运转。累计销售体育彩票 4.2 亿元，销售体育彩票在线终端数量增至 180 家左右，电彩累计中出 500 万元大奖 7 注，100 万元~500 万元大奖 23 注；即开累计中出 100 万元大奖 1 注，25 万元大奖 2 注，10 万元大奖 12 注。体育产业增加值达到全市国内生产总值的 1%以上。至 2011 年，全市有体彩销售网点 208 个，累计销售体育彩票（含即开型）5.14 亿元。筹集体彩公益金 3500 万余元用于全市体育事业发展。2012 年，全市销售体彩 1.02 亿元，突破 1 亿元大关。截至 2012 年年底，全市主要从业机构有各体育协会、俱乐部、体育场馆、健身房等，各类培训机构 150 余家（个）。

1999—2012 年，销售体育彩票 6.16 亿元。

第五章 金融监管

1998年起，眉山地区逐渐理顺金融监管机制。通过优化金融机构布局，强化归口管理，加强业务监管、合作金融监管和内控制度建设，有效贯彻金融监管任务，维护境内金融稳定、健康发展。

第一节 金融业改革

1998年，按照分业经营、分业监管原则，中国人民银行眉山地区分行与所办金融机构、经济实体脱钩。按照“业务重点向大中城市转移”要求，撤销建设银行青神、丹棱两县支行，其业务移交给当地农村信用社。撤销农业银行眉山地区分行、农业发展银行眉山地区分行县以下分支机构27个。1999年12月，保险机构监管职能移交保险监管部门（保监办），中国人民银行专门负责银行金融机构、中小金融机构、邮政储蓄机构金融监管。2003年12月，中国人民银行眉山市中心支行与眉山银监分局分设，银行业监管职能划归银监部门。2004年，开展国有商业银行股份制改造，撤并机构，分流人员，整合业务，调整信贷权限，加快处置不良贷款，完善内控制度，建立有效的激励机制等。2005年，眉山市国有商业银行整合管理流程，实施扁平化管理，启动股份制改革风险应急处置方案。工商银行清产核资，财务重组，通过改制剥离不良贷款2.18亿元。2008年，农业发展银行眉山市分行逐步建立完善与之配套的商业性贷款管理体系、资金管理体系和风险控制机制，在增加农业发展后劲和农村可持续发展方面发挥积极作用。2009年，农业发展银行眉山市分行以提升经营细胞活力为重点，将农业银行仁寿、洪雅支行作为深化“三农”金融服务重点行，将彭山、丹棱、青神支行作为扩大“三农”金融服务试点行，围绕“抓重点、带全面，抓典型、带一般”经营思路，推进县域支行综合改革，加强县域支行功能建设，提升县域支行市场竞争能力。2010年，中国银行眉山支行开办国内信用证福费廷业务，新设仁寿县支行。建设银行眉山分行推出“连贷联保”和“速贷通”“成长之路”两种期限灵活的小企业融资新产品。农业发展银行眉山市分行建立“三级督导、一级经营”事业部管理架构和相对单独的信贷、会计核算、资金平衡、考评激励约束等运营机制，新设立眉山分行营业部，专门承担东坡区所辖营业网点经营管理职能。至2012年，未再实施新的改革。

第二节　银行业监管

一、金融机构管理

（一）市场监管

1998年，眉山地区社会乱集资、乱办金融、农村合作基金会集资、供销社吸收股金总额逾16亿元，眉山县、彭山县、仁寿县、青神县农村基金会、供销社股金出现不同程度挤兑现象。当年，中国人民银行眉山地区分行监控“两金”（农村合作基金、供销社股金），制止金融“三乱”（乱办金融、乱集资、乱提高利率），治理违规开办金融机构、违规开办各种基金会、违规提高存贷款利率等行为，协助地方政府处理彭山县农村合作基金会，仁寿县、眉山县、丹棱县部分供销社股金支付困难，查处洪雅县乡镇企业基金会、洪雅县电影公司变相发行“彩票”、成都泰来股份公司擅自在眉山募集股金等活动，依法取缔中国银行在华森饲料厂设点现金收付、眉山邮政局在邮政网点违规办理邮储业务。查处建设银行丹棱县支行1996—1997年擅自账外违规经营涉嫌金额7758万元，高息揽存余额9.26亿元；吊销擅自非法从事向社会不确定对象吸收资金4700万余元，将大量资金违规放贷投资企业的眉山县金穗典当行法人许可证，清退股金2387万元；清理彭山县泰安典当行，全部清退资本金，作出关闭处理。年末全区农村合作基金会吸收资金余额10.31亿元，比1997年（下同）减少1.53亿元、下降15%；供销社股金余额由1.51亿元减到0.89亿元；乱办金融吸收资金余额由0.89亿元减到0.85亿元；乱集资余额由2.91亿元减到2.58亿元。全区撤销金融机构29个，其中县级支行2个，机构降格、迁址、更名6个；建立眉山地区城市信用社联络组，城市信用社牵头和业务实行行业归口管理职能。至1999年，全区乱办金融网点18个，集资余额7600万元，借款余额6707万元。2000年，全区打击、取缔涉嫌非法集资活动，查处金融案件3起3人，涉案金额68.1万元。年末全市非法集资余额1.95亿元。

2001年，眉山市清查农村信用社“三外”资金，严防新的金融“三乱”。完成四川省信托投资公司彭山县办事处的市场退出、5家城市信用社改制更名。2002年，建立金融行政管理制度，推行监管行政审批制和备案制，严把金融机构市场准入、退出关，支持商业银行、农村信用社按市场和效益原则调整机构网点布局。以消化历史财务包袱、提高经营效益为重点，清理国有商业银行贷款损失与非贷款类资产损失。撤销农村信用分社10个，撤销商业银行、农村信用社储蓄网点13个，批准农业银行金融超市开业。2003年，中国人民银行眉山中心支行向全市农村信用社发放支农再贷款10亿元，解决支农资金不足，全市中小金融机构摆脱支付困境，步入良性发展轨道。2004—2005年，全市批准撤销国有商业银行网点30个、调整网点布局6个、机构更名20个、机构升格23个。2007年，完成大型银行机构、业务、高管市场准入新系统录入和对大型银行86个网点的新金融许可证换发，开展行政许可监督检查，核发基本存款账户许可证2006户、临时存款账户许可证117户、预算专用存款账户许可证186户；审查变更基本存款账户290户、审查撤销银行结算账户996户；年审贷款卡470张。2009年，开展“案件治理”专项活动，开展风险排查和整改。建立银行间市场企业债券融资辅导制度，向20户企业宣传银行间市场短期融资券、中期票据等直接融资工具，鼓励企业运用直接融资方式解决资金需求。引导、帮助和培育企业利用银行间市场债务融资工具拓宽融资渠道。组织现场检查金融机构外汇业务、存款准备金缴存、货币市场、反假货币、个人征信、反洗钱、银行卡等业务开展情况26次，提出整改意见。2011年，开展金融机构自律评估和非现场监管评估，核实24家机构相关情况，现场走访机构14家，收到金融机构重大事项报告120项。至2011年年底，全市新设金融机构17个，迁址（更名）43个，迁址筹建5个，升格13个，退出10个，降格15个，初审设立自助银行2个。2012年，建立以中国人民银行为主，银行业金融机构广泛参与的金融消费者权益保护工作体系。核准机构新设23项、变更24项、初审自助银行2项；回访6个新设机构，后评估1个新设机构。加强金融业改革效果评价。组织全市中国人民银行县支行开展所在地“三农金融事业部”改革现场检查评估，重点检查评估“三级督导、一级经营”管理体制、“六个单独”运行机制建设情况和上年检查问题的整改落实情况。加强农村信用社改革成效评价和后续监测，选择仁寿民富村镇银行开展稳健性评估，发现存款稳定性差、资本金补充缓慢、潜在信贷风险较大等问题。全年抽查金融机构6家营业网点156个，现场检查金融机构6家营业网点48个。检查验证金融业机构20家。全市金融机构受理金融消费者投诉46起，投诉处理率和消费者满意率100%。

2003—2012年，眉山市核准机构设立48项，机构变更270项，机构终止125项；批准辖内银行业金融机构新开办业务4项，事前报告准予开办新业务13项，备案同意新开办业务9项。

（二）机构年检

1998年起，眉山地区金融机构年检由中国人民银行眉山地区分行负责。当年，年检农村信用社，机构合格344个、基本合格13个。1999年，开展政策性银行、国有商业银行分支机构及邮政储蓄机构年检。参检机构596个，其中合格562个、基本合格33个、不合格1个。年检发现机构名称不规范、擅自变更营业场所、资产质量差、信贷管理监督制度不落实等问题，发出《整改通知书》，限期整改。

2001年，中国人民银行眉山市中心支行以各金融机构信贷资产质量状况、内控制度的建设和执行上级银行历次检查整改意见情况为重点。检查发现资本充足率普遍偏低和18个机构安全设施未达到规定要求。2002年，年检全市农村信用社机构及网点332个，受检率100%。现场检查县联社3个、信用社65个、信用分社71个、储蓄所25个，占受检机构的49.4%，年检合格法人机构112个、非法人机构207个，年检基本合格法人机构12个、非法人机构2个。发现农村信用社存在资本充足率偏低、安全防范意识不强等问题，发出整改意见书15份。2007年，全市大型银行86个网点换发新金融许可证。年检制度延续至2012年，通过年检发现和纠正存在的问题。

（三）任职资格管理

1998年，眉山地区金融监管机构取消2个信用社主任任职资格，调整交流主要负责人66人。1999年，全区加强国有银行分支机构高级管理人员任职资格审查和管理，严格初审和审批金融机构高级管理人员任职资格。全年审查批准变更国有商业银行、政策性银行主要负责人13人，全部合格；农村信用社主要负责人19人，符合任职条件3人、基本符合条件16人；约见联社、信用社主要负责人60人次。2001年，中国人民银行眉山中心支行检查各金融机构《金融机构高级管理人员任职资格管理办法》贯彻执行情况。发现主要负责人任职资格不符合规定条件20人（占法人机构数的16.2%）。2002年，中国人民银行眉山中心支行组织考核国有商业银行不良贷款比例高、经营业绩差、任期已过两年的主要高管人员任职资格和全部农村信用社高级管理人员任职资格，提出部分不符合任职条件高级管理人员调整意见。指导农村信用社完成信用社主任和理事长分设，督促农村信用社建立健全信贷审批委员会、财务审批委员会、资产负债管理委员会和内部审计委员会，完善法人治理结构。完善金融机构高级管理人员档案管理办法，专人专档，规范管理。2009—2011年，核准高管人员任职资格 99 人，1 人不符合要求未予核准。2012 年，核准高管任职资格 23 人，向其他分局征求监管评价意见 4 人次；履职评价高管 7 人。截至 2012 年年底，全市核准高管人员任职资格 393 人。

二、信用风险监管

1998 年，中国人民银行眉山地区分行开展信贷管理大检查，各商业银行、城乡信用社等金融机构开展自查，抽查国有商业银行 2 家、眉山县农村信用社 13 家，提出整改意见和措施，促进金融机构依法、合规、稳健经营。年末全区银行业金融机构不良贷款 38. 89 亿元，不良贷款占 50. 23%。经营亏损金额 3. 35 亿元。1999 年，建立和实施国有商业银行、政策性银行分支机构月度金融监管快报制度，定时搜集上报城乡信用社经营状况、支付头寸变化情况，适时采取措施化解支付风险。非现场监管全区城乡信用社，发现农村信用社资产负债比例管理超标，重新测算确认全区农村高风险信用社 65 个。完善高风险信用社“一社一策”档案，按旬考核监管指标，及时发出监测预警。至 2000 年，全区银行业金融机构不良贷款 36. 24 亿元，经营亏损金额 1. 31 亿元。

2001 年，中国人民银行眉山市中心支行引导和督促金融机构增加信贷投入，优化信贷结构，支持经济结构调整和经济平稳增长。开展“监管年”活动，制发《金融监管工作考核评比办法》，实行监管责任追究制。国有商业银行分级建立不良贷款监管台账，按月考核，按季通报，适时跟踪。加强农村信用社“三性一比例”（数据真实性、准确性和及时性，资产负债比例）指标监测，注重新增贷款投向、投量和结构及风险度，关注资产质量水平。组织现场检查 1997—2000 年新增贷款质量及管理状况、支农再贷款使用情况。当年，向东坡区农村信用联社发出预警通知书 22 份。全市金融系统发生各类经济案件 10 件（均在农村信用社），涉及金额 70. 91 万元。2002 年，清理国有商业银行贷款损失与非贷款类资产损失，从实现账面利润与消化历史财务包袱两方面综合考核经营业绩。指导、督促商业银行实行贷款五级分类管理，督促其完成不良贷款下降指标任务。建立分层次、递进式监管模式，按被监管对象经营情况、风险程度及违法违规问题性质，分别采取常规检查、约见谈话、下达监管意见书、调整高级管理人员、停办部分或全部业务直至撤并 6 个档次，逐级监管。以金融机构经营尤其是不良贷款“双降”和盈亏的考核、通报、跟踪、监测、分析为重点，农村信用社支付风险得到有效控制，备付金比例低于 3%的信用社均暂停发放贷款。年末全市商业银行不良贷款率 23. 13%，比 2001 年下降 4. 17%。其中，工商银行不良贷款率 17. 54%、下降 2. 2%，农业银行不良贷款率 28. 84%、下降 6. 5%，中国银行不良贷款率 1. 66%、下降 0. 82%，建设银行不良贷款率 18. 41%、下降 6. 73%。至 2003 年，全市银行业金融机构实现利润 157 万元，首次扭亏为盈。2004 年，加强国有商业银行不良资产监控，通过月、季度风险分析、风险警示、监管情况通报、约见高管诫勉谈话等措施，督促辖内银行业金融机构建设内控制度的长效机制，提出内控建设“换观念、明要求、析现状、强管理、严考核、抓落实、强监管、严问责”8 项要求。

2005 年，专题调研国有商业银行改革期间盈利模式的变化及其对区域金融稳定可能产生的影响，及时预警和提示银行业机构突出风险，按季考核银行业金融机构不良贷款余额和占比下降情况。提出监管意见和措施 5 条。编发《眉山银行业风险警示》4 期，发出《风险预警通知书》26 期、监管意见书 29 份，提出监管意见 91 条、整改落实 68 条。年末全市银行业金融机构不良贷款余额 34. 88 亿元，经营利润 1. 12 亿元。2006 年，加强大额贷款风险监测。建立银行业机构贷款余额和不良贷款余额前 20 户企业，以及国有商业银行分支机构贷款余额在 50 万元以上、农村信用社 10 万元以上客户监测台账，建立国有商业银行分支机构贷款余额 3000 万元以上、农村信用社 500 万元以上企业档案。加强农村合作金融机构大额授信与大额贷款监控。重点检查授权卡、空白凭证、查询对账、轮岗休假等环节，辖内银行业机构自查出问题 391 个，整改 323 个，眉山银监分局抽查出问题 110 个，整改 80 个。全年约谈高管 40 人次，发出金融监管意见书 19 份、风险预警通知书 53 份、银行业风险警示 3 份，及时通报集团授信、存单质押贷款等风险问题。2007 年，建立“事前预防、事中控制、事后监督纠正”风险动态防控机制。实施银行业不正当交易行为自查自纠工作检查评估，参评 14 家金融机构，自评为 A 档 11 家、B 档 3 家。组织辖内 14 家金融机构开展代理保险业的排查和整改。开展案件风险排查发现问题整改落实情况后续检查、大额资金走账热线查询执行、案件治理措施落实等现场检查和调查。辖内银行业机构两年安排岗位轮换 1605 人次，强制休假 451 人次。2008 年，修订印发《眉山市银行业突发事件应急预案》《眉山银监分局自然灾害防治应急预案》，完善非法集资查处工作机制。现场调查工商银行、农业银行、中国银行、建设银行、农业发展银行 16 个基层网点柜面操作风险管理情况，发现 6 个方面 28 个问题，提出整改意见 13 条。

2010 年，推进平台贷款规范清理和风险化解。全市银行业完成地方政府融资平台贷款“解包还原”“六项清查”（分解数据、四方对账、分析定性、汇总报告、统一会谈、现场检查）工作，遏制平台贷款快速增长。当年起，强化泡菜、房地产、产能过剩行业贷款风险分析，开展“数据质量年”和报表数据竞赛活动。开展现代农业、现代物流、小企业融资等课题调查，提升非现场监管的风险监测、分析、识别和预警作用。年末全市银行业金融机构不良贷款余额 22.56 亿元，经营利润 7.51 亿元。2012 年，搞好自助机具、信贷领域、柜面操作、大额支付、银行业机构员工参与民间借贷和非法集资等环节风险管控。清理全市 1000 万元以上大额不良贷款，市金融监督机构、市公安部门联合侦破公安部批办的涉案金额近 5 亿元的“3·15”特大网络传销案和仁寿县益农种养殖公司非法吸收公众存款案。市农村信用社与市检察院开展“检社共建预防职务犯罪”活动，签订《共建预防职务犯罪协议》。追究违规人员责任 836 人次。开展偿债风险专项排查，17 家融资平台公司签订补正合同，融资平台信用风险敞口减至 2.25 亿元，非全覆盖的融资平台由年初的 20 家减至 15 家。不良贷款余额较年初减少 2500 万元，实现平台贷款零不良。开展房地产业专项调查，按季加强房地产上下游相关行业风险监测。截至 2012 年年底，全市银行业金融机构不良贷款余额 15.92 亿元，比 1998 年减少 22.97 亿元，占比由 50.23%降至 3.72%，实现利润 11.94 亿元。

三、信贷管理

（一）信贷调控

1999 年，中国人民银行眉山地区分行加强商业银行信贷资产质量、投向等监控，促进其提高信贷资产质量，经营状况明显改善，各银行实现扭亏增盈或亏损大幅下降。2005 年，中国人民银行眉山市中心支行围绕“三农”、中小企业和非公有制经济信贷支持重点，做好全市电解铝、房地产、水电等行业信贷风险提示，促进信贷资金合理流动和均衡投放。2006 年，中国人民银行眉山中心支行印发《关于促进金融业发展的实施意见》《金融支持眉山市新农村建设的指导意见》《金融机构支持“工业强市”八大举措》等，全市金融机构将贷款重点投向“工业强市”、社会主义新农村建设和服务业 3 个重点领域。2007 年，控制中小法人金融机构信贷投放过快增长。农业银行眉山分行强化为“三农”服务的市场定位和责任，支持县域经济发展。年末全市金融机构各项贷款余额比 2006 年增长 12.53%。2008 年，选择仁寿县、洪雅县支行开展服务“三农”试点，分别代表丘陵人口大县、资源富集县，有侧重地明确服务“三农”的市场定位。2011 年，以地方法人金融机构信贷调控为信贷调控重点，召开全市信贷调控工作会议4次，妥善处理信贷增长较快、大量发放社团贷款等问题，确保信贷投放均衡适度增长。2012年，综合运用合意贷款、支农再贷款等货币政策工具，做好地方法人金融机构信贷调控。增加天府新区4家地方法人金融机构合意贷款7800万元，增加“三农”、中小企业贷款发放多的4家农村信用社合意贷款1.54亿元。截至2012年年底，全市地方法人金融机构新增贷款22.85亿元，为全年合意贷款额度的98.36%，信贷投放节奏总体平稳，符合调控预期。

（二）贷款管理

客户统一授信管理　1998年，农业银行眉山分行在信用评级基础上，实行法人客户统一授信管理。1999年，工商银行眉山分行将法人客户信用等级划分为6级，将评级对象分为金融机构法人、事业单位法人、政府投资类法人、小企业法人等6类，单一客户提供的本外币贷款、承兑、贴现等信用额度之和不得超过最高授信额度，法人客户授信方案的有效期限原则上为一年，AA+（含）级以上客户授信有效期可以为两年。2000年，农业银行眉山分行统一授信管理91户法人客户，授信额度12.58亿元。2003年起，农业银行眉山分行取消各县级支行的授信审批权，所有客户实行内部统一授信，确定年度最高授信额度和信用品种，办理最高抵押担保，分笔使用。工商银行眉山分行将公司法人客户统一授信审批权集中在二级分行，最高综合授信额度及客户授信额度审批通过后，由信贷综合管理系统对客户融资刚性控制授信额度。2006—2007年，农业发展银行眉山市分行实施47户信贷客户内部授信，商业性授信额度3.78亿元。将统一授信客户种类分为基本授信、特别授信，各经营行办理信贷业务按“先授信、后用信、严授信、使用信”原则，未实行统一授信管理的客户不得使用信用额度。2012年，农业发展银行眉山市分行对53户企业授予信用额度62.52亿元。至年末，工商银行眉山分行有评级客户127户，全部纳入统一授信管理，实行信贷管理系统刚性控制管理。

贷款分类管理　1998年，农业发展银行眉山地区分行对粮棉收购、储备贷款均实行政策性贷款管理，油脂收购贷款视同政策性贷款管理。农业银行眉山分行贷款质量分类以四级分类（正常、逾期、呆滞、呆账）为主，实行四级分类和五级分类（正常、关注、次级、可疑、损失）“双轨运行”。建立信贷业务从借款申请受理到贷前调查、审查、发放、贷后检查等操作环节的工作流程，实行贷款业务程序化管理。1999年起，农业发展银行眉山地区分行棉花购销体制市场化改革，从新棉上市开始，实行“购得进、销得出、有效益”的商业贷款发放原则。工商银行眉山分行对公司法人客户的贷款实行五级分类管理，将法人客户逐户建立信贷台账，适时监测。2000年，信贷重点支持基础设施建设、生态环境建设、科技开发和技改项目、旅游业发展、小城镇建设。农村信用社重点支持农业结构调整，培育现代农业产业。2001年，贷款客户实行信用等级评定和贷款资格认定试点。2004年，农业银行眉山分行建立客户分层经营管理制度和项目审查责任制，实行谁审查、谁负责，规范贷款审批会议审议行为，贷款质量以“五级分类”为主。2005年，农业发展银行眉山市分行对贷款类信贷产品实行政策性贷款、准政策性贷款、商业性贷款分类管理。2008年，在五级分类基础上，工商银行眉山分行执行综合分析违约风险和债项特定的交易风险，将信贷资产质量细分为12个等级。2009年，农业银行眉山分行改革贷审会运作规则，建立分层审批制度，实行独立审批人制度，设立信贷审查审批中心，配备独立审批人，取消行长信贷业务审批权。2011年，农业银行眉山分行细化和规范贷款风险分类及减值测试。

贷后管理　1998年，农业发展银行眉山地区分行实行粮棉油收购储备政策性贷款业务时期贷后管理，重点为清仓查库和加强企业回笼销货款管理，以及防止企业降价销售、挤占收购资金支付企业改制成本，造成贷款逾期和产生新的亏损财务挂账等；实行粮棉油敞开收购、顺价销售，向农业银行划转附营业务贷款2.26亿元，发放收购贷款3.41亿元。1999年，工商银行眉山分行接收从乐山市分行划转的原眉山、仁寿、彭山、青神、丹棱、洪雅6个县支行的信贷资产，其中不良贷款5.26亿元，占总额的44%。工商银行眉山分行将所有企业分类，区别对待，实施“保、支、限、降、消”信贷策略，当年核销呆账贷款本息2.08亿元，向华融资产公司剥离84户企业不良贷款2.38亿元。年末不良贷款余额3.06亿元，占总额的26%。2000年起，工商银行眉山分行实行贷款全封闭、双挂钩、两分离考核管理办法，经常性跟踪检查企业贷款使用情况、客户经营状况等，上级行对下级行内部检查。2002年，农业银行眉山分行建立信贷自律监管制度和客户重大事项报告制度，实行定期检查和重点抽查，推广应用信贷综合系统二期工程。农业发展银行眉山市分行建立业务经营按月分析、工作计划报告、重大事项报告等制度。2003年，工商银行眉山分行启动贷后管理，实行经营主要责任人负责制，建立分层次的贷后管理体系，设置专职风险经理，重点客户实施贷后管理，建立统一的信贷档案管理制度，组织调查、审查、审议、贷款发放、贷后管理等环节存在问题自查自纠。2005年，工商银行四川省分行上收信贷管理权限。工商银行眉山分行每日监测分析信贷数据，视情况采取核查、预警或整改措施，严格控制信贷风险。2006年，农业发展银行眉山市分行设置借款客户内部管理、经营状况、财务状况、其他非财务因素、担保状况5大类81种风险预警信号，实行贷款风险预警和报告处置制度。年末全行不良贷款首次清零。2008年，开展不良贷款清收处置，市政府印发《眉山市逃废金融债务认定与惩戒办法（试行）》《关于做好农村信用社专项央行票据兑付工作的实施意见》，提出帮助农村信用社清收不良贷款8条措施，农村信用社政府不良贷款清收处置效果明显。至2009年，全市银行业金融机构不良贷款余额33.97亿元，比2008年（下同）减少3.69亿元，降9.79%。2011年，农业发展银行眉山市分行建设二级分行经营管理基础平台，落实贷款营销评估、贷款审查审议、风险案件管控、资源配置考核和员工队伍建设5个平台，形成内部风险防控组织管理体系基本框架。至2012年，工商银行眉山分行清收、转化不良贷款3.7亿元。农业发展银行眉山市分行收回新增财务挂账贷款本金5413万元，年末尚余5.8亿元。

贷款卡核发与年审　1999年，中国人民银行眉山地区中心支行实施全科目统计制度，组织年审贷款证，发放贷款卡1251张，占应发卡数量的95%，辖区内中国银行、农业发展银行、建设银行近50户企业的10余亿元贷款数据进入中国人民银行数据库。2005年，中国人民银行眉山市中心支行核查正常贷款卡信息，发现信息不完整、程序不规范、检查监督不到位等问题。2010年，新发放贷款卡264张，年审贷款卡636张，为企业贷款担保的自然人配发卡号59张，查询企业和个人信用报告1736份，处理个人异议及投诉13笔。2012年，全市发放贷款卡377张，年审贷款卡1145张，为企业贷款担保的自然人配发卡32张，查询企业和个人信用报告3639份，妥善处理企业和个人异议8件。

应收账款质押登记　2007年，眉山市金融机构应收账款质押登记公示系统上线运行。2009年，推广应收账款质押登记公示系统，审核通过7家常用户机构。全市登记在册应收账款质押融资业务3749万元。至2012年，全市审核通过9个机构注册为应收账款质押登记系统常用户，登记质押信息166笔；金融机构办理质押贷款18.52亿元。

（三）账户管理

1998年，中国人民银行眉山地区分行按“银行账户管理办法”严格管理账户的新开及年度审核。1999年，抽查16家金融机构银行账户管理情况，撤销违规开立账户3户。

2001年，中国人民银行眉山市中心支行核发基本存款账户开户许可证957户，审查备案账户811户，清理、撤销不合规账户43户。2002年，审查批准开设基本账户1182户、其他账户1546户，堵住各种违规账户43户，解决结算纠纷22起。2004年，专项检查人民币结算账户开立、使用情况，查处和纠正部分信用社存在的账户管理意识淡薄、开户手续不完善等问题，防范和打击利用多头开户逃废债务行为。2005年，银行结算账户管理系统投入运行。2007年，年检区县及农村信用社开立的账户3627户，合规3464户、不合规163户、撤销23户。2008年，现场检查4个县级支行及21个银行业金融机构网点、4110余个人民币银行结算账户管理、使用情况，查出备案类银行结算账户未向账户管理系统报备、账户用途定义错误等问题，及时提出整改要求，行政处罚农业银行青神、洪雅支行2万元。2009年，核实存量单位结算账户法人代表或负责人身份信息真实性，核实账户8050户，占应核的99.96%。2012年，落实账户实名制。农村信用社中止虚假、假名、匿名账户和无法核实账户交易，涉及金额25.7万元；邮政储蓄银行眉山市分行清理、规范各类结算账户393户，审核和上报中间业务230份，接收处理各类业务问题单48份。年末除33户不符合销户规定久悬账户外，全市存量基本存款账户客户和新开基本存款账户客户赋码工作全部完成。

（四）信贷市场企业主体信用评级

2007年起，中国人民银行眉山市中心支行开展信贷市场企业主体信用评级及信用报告拓展运用。将外部信用评级工作纳入眉山金融生态建设内容。中诚信信用管理公司四川省分公司、四川椰都信用评级公司到眉山开展业务，农村信用社向两家评级机构推荐参评企业，其中5户企业形成评级报告。2008年，中介评级机构评定信用等级企业18户。2009年，中国人民银行眉山市中心支行与市经委、市招商局、市住房公积金管理中心协作，促进信用报告在其部门工作运用。全市信用报告拓展运用工作的企业信用报告查询量34件，个人信用报告查询量1507件。2010年，引导企业参加外部信用评级。全市新增8家企业参加评级，参加外部信用评级企业增至40家。至2012年，中介评级机构对全市43家企业作出评级报告。

四、调查统计

20世纪90年代末，金融统计监测管理信息系统主要用于规范数据管理、加强金融监管、提高金融电子化水平等。2012年，形成包含经济、金融和综合3大类、20余项经济金融数据指标统计体系。中国人民银行眉山市中心支行数据集中系统涉及金融机构表单逾30张，收集全科目指标3404个。

（一）制度性调查

工业景气调查　1999年起，中国人民银行眉山地区分行抽取眉山车辆厂等4户企业为景气调查企业。2003年，中国人民银行眉山市中心支行组织开展企业景气调查，规范农村信用社网下融资业务。至2012年，全市共发放并收回有效问卷288份，均形成分析报告，被中国人民银行成都分行引用42份。

城镇储户问卷监测　2006年起，中国人民银行眉山市中心支行按季开展眉山市城镇储户抽样调查。主要调查储户基本情况、金融资产与负债状况、储蓄动机与消费意向、对收入和物价的判断与预期4个方面，每次调查样本量100个。至2012年，全市共发放问卷2500份，收回有效问卷2400份，形成分析报告24份，被中国人民银行成都分行引用16份。

农村住户调查　2007年起，中国人民银行眉山市中心支行抽选全市2个县中经济发展相对较好、一般和较差的6个村调查。收集全村每个住户人均纯收入、每户常住人口，选出农户100户为调查对象。每年各季度末月现场调查农村居民家庭基本情况，生产、投资、人口与劳动力就业基本情况，收入、消费和积蓄基本情况等。分析研究农民收入和消费变化特点及成因，形成分析报告，为上级银行决策提供依据。农村住户调查网点样本定期轮换，每年轮换50%的调查户。2009年，重点关注粮食生产状况及粮食、生猪、农业生产资料价格变化情况，跟踪宏观经济变化情况下农民工就业形势新变化、家电下乡等新政策对促进农村消费的效应等，追踪反映以眉山车辆厂、制动机公司等企业为主的机械制造运行状态和趋势。开展100户农户金融需求问卷调查，围绕特色研究领域开展调查，加强农村金融机构服务产品创新、农村土地承包经营权流转、农村专业合作组织及其融资功能拓展方面研究。2012年，在仁寿县、青神县开展农村住户调查的样本点更新，季度调查重点转向农民工就业与收入、农村小城镇建设、农村土地流转、沿海地区农民工回流、农村金融服务等农村经济热点问题。发放问卷3060份，形成统计分析报告32份，被中国人民银行成都分行引用或采用13份。

企业调查　2007年起，中国人民银行眉山市中心支行选取车辆厂工业公司等4户企业为全市装备制造业调查对象。通过问卷调查，掌握企业主要产品在国内外市场中的地位和份额，企业生产经营情况，提出产业发展建议。2011年起，按季开展眉山市外向型企业汇率变动承受能力调查，选取味聚特食品、眉山车辆厂等7户为全市外向型企业调查样本。至2012年，全市共收回装备制造业企业监测调查问卷96份，撰写分析材料24份；外向型企业调查问卷63份，撰写分析材料9份。

生猪行业调查　2009年起，中国人民银行眉山市中心支行每年各季度末月开展眉山市生猪行业监测调查，每次调查样本数量44份。当年，问卷调查生猪养殖农户20户、生猪养殖专业大户20户、生猪加工企业4户。形成调查报告，1篇上报中国人民银行总行。2012年，增加月度生猪调查。当年，调查样本45户。截至2012年年底，回收调查问卷1066份，撰写报告24份。

民间融资调查　2010年起，中国人民银行眉山市中心支行按季开展眉山市民间融资监测调查。当年，选定企业20户和中介机构4户。至2012年，回收问卷312份，撰写报告13份。

银行家问卷调查　2004年起，中国人民银行眉山市中心支行选取农业发展银行、工商银行、农业银行眉山市分行行长或主管信贷业务副行长为调查对象，每年每季末月，现场问卷调查银行基本情况、银行高级管理人员对宏观经济形势和货币政策实施状况的本季判断和下季预测、银行高级管理人员对银行业景气状况的本季判断和下季预测。2010年，调查对象增加仁寿县农村信用联社负责人。至2012年年底，全市共发放问卷120份，形成分析报告36份。

快速调查　2007年起，中国人民银行眉山市中心支行开展快速调查，向上级银行反馈微观经济主体行为变化。调查全市250个乡镇级以上金融机构开展农村金融发展情况，2篇调查成果被金融媒体刊用。2009年，建立完善全市电解铝、多晶硅、芒硝、蔬菜加工、水电、生猪、房地产、装备制造及农村住户等特色调查制度，开展全市金融机构支持地方经济发展情况调查、全市多晶硅产业发展情况调查、农村土地流转情况调查、农业政策性保险情况调查等专项调查，部分意见和建议被市委、市政府采纳。至2012年，全市开展快速调查93次，形成调查报告近100份。

金融统计检查　2004年，中国人民银行眉山市中心支行开展金融统计大检查，重点检查涉农贷款、贷款按行业分类、房地产贷款、下岗失业人员小额贷款、助学贷款等专项统计报表数据真实性。至2012年，全市共检查金融机构及网点30余个，发出现场检查通知书、整改通知书各30余份。

（二）金融研究与分析

1999年，中国人民银行眉山地区分行调查研究经济金融运行情况及货币政策执行情况，全年上报信息45条，被上级行采用5条。2002年，中国人民银行眉山市中心支行专题调研固定资产投资增长情况、中小企业融资环境、农业产业化信贷政策、洪雅奶业发展状况等。2004年，中国人民银行眉山市中心支行专题调研金融机构存贷差、农民收入情况、宏观调控成效、中小企业融资情况、贷款利率浮动区间扩大对金融机构的影响、房地产投资下降原因等，1篇调研文章在《金融时报》等国内多种刊物上发表。2006年，中国人民银行眉山市中心支行、市委政研室、市农工办开展金融支持工业强市战略分析，开展对眉山市融入成都一体发展的思考、农村消费市场启动的金融对策、新农村建设的金融支持等调查。1篇调查报告获四川省金融优秀成果二等奖。2010年，完成市委、市政府重点课题“眉山市现代金融业发展课题研究”。2011年，重点开展农村经济金融发展、特色产业、成渝经济区、天府新区规划及金融支持等课题调研。2012年，7篇调研报告被上级行采用。

1998—2012年，中国人民银行眉山市中心支行完成金融信息718篇、调查与分析214篇。其中被四川省级刊物采用96篇，国家级刊物采用12篇，7篇调研报告获四川省金融学会优秀成果奖。

第三节 货币管理

一、货币流通

（一）人民币

1998年，眉山地区投放现金243.68亿元、回笼现金238.83亿元，净投放现金4.85亿元（国有银行4.12亿元）。2000年，开展第三套人民币退出流通领域兑换。至2001年，眉山市发行基金调进56.74亿元，调出31.39亿元。销毁残损人民币16.21亿元、国库券570万元。2002年，加强大额现金支付管理，建立完善大额现金支付登记备案、非基本账户支现审批、异常大额现金支取报告等制度。完成第五套人民币纸币5元、硬币5角发行。重点搞好10元以下小面额人民币回收、销毁，全年金融机构兑换残损人民币258万元，销毁假人民币、假国债178万余元。

2003年，防治非典型性肺炎期间，加大原封新券投放力度，回笼入库现金和发行库每日消毒、灭菌。2004年，取消中国人民银行眉山市中心支行残损人民币销毁资格，回收残损人民币经复点后调拨中国人民银行成都分行钞票处理中心。第四套人民币1元以上面额只收不付。2006年起，实行残损人民币回收计划管理。当年，加大10元及以下面额钞票原封新券投放力度，优化流通中券别结构。组织金融机构开展现金管理制度执行情况现场检查，检查金融机构17个、账户1.05万个、现金业务1.72万笔，发现违规账户52个、违规业务443笔。复点残损人民币5.1万捆12.87亿元。2007年，残损人民币复点、抽查监督实行动态静态结合、事中事后结合、多部门监督制约机制。组织手工清分回笼完整券5.44亿元，缴存残损人民币复点9.13亿元。2010年，全市金融机构现金支出1168.5亿元、收入1209.9亿元，净回笼现金41.4亿元。至2010年年底，全市手工清分回笼完整券40.48亿元，复点、调出残损币36.58亿元。

2011年，眉山市停止向商业银行出库1999年版第五套人民币100元、50元、20元、10元、5元纸币原封新券和2分硬币。接收中国人民银行乐山市中心支行调入的残损人民币，复点8万余捆。年末全市1999年版第五套人民币100元、50元、20元、10元、5元纸币原封券和纸分币库存均为零。2012年，单独考评人民币收付业务，现场检查金融机构营业网点人民币收付管理工作。开展回笼券质量和残损人民币复点、抽查等环节制度执行情况自查，残损人民币净回笼量增长21.34%。

（二）纪念币（钞）

2002年，中国人民银行眉山市中心支行完成世界文化遗产万里长城、秦始皇兵马俑坑特种纪念币调运、发行。2010年，中国人民银行眉山市中心支行调入2010年贺岁币、世博币、和字币、环保币保管品11.6万元，金融机构营业网点向社会公开兑换纪念币。2011年，调入纪念币64箱，全市设兑付点25个，完成纪念币发行兑付。历史遗留的纪念币全部上缴中国人民银行成都分行。

二、中央银行再贷款、再贴现

1998年，中国人民银行眉山地区分行规范和发展票据承兑、贴现和再贴现业务，加强票据商品交易真实性、合法性审查和再贴现限额管理，改善银行资产结构。全区办理再贴现3737万元，发放再贷款7860万元。1999年，中国人民银行眉山地区中心支行向城乡信用社发放保支付再贷款13.5亿元，发放接收“农金会”资产专项再贷款8.9亿元，全区各信用联社动用存款准备金近5亿元，缓解城乡信用社支付压力；向农村信用社发放支农再贷款3.8亿元，缓解农村信用社支农资金压力；开展票据承兑、贴现、再贴现业务，向国有商业银行再贴现1312万元，优先支持全区支柱产业发展。2001年，眉山市农村信用社支持全市农村经济发展和农业产业结构调整，帮助农民抗灾保收，解决农民贷款难题。当年，全市新增支农再贷款1.3亿元，信用社动用存款准备金2亿余元。办理金融机构再贴现1485万元，结束负增长局面。至年底，全市共发放支农再贷款15.47亿元。2002年，中国人民银行眉山市中心支行建立支农再贷款三级台账登记制度，督促农村信用社建立支农再贷款台账和明细台账。2003年，全市开展中国人民银行1984—2002年再贷款管理情况专项审计。发现专业银行贷款和专项贷款存在资金管理过于集中，形成中央银行对专业银行的资金供应制；金融机构之间相互融通不规范等问题。提出改进建议4条。专项检查全市支农再贷款，发现个别农村信用社违规向461户非农户使用支农再贷款1442万元。2005年，开展全市支农再贷款管理和使用情况检查，收回资金宽裕的信用社部分再贷款，重点支持发放农户贷款资金不足的信用社。

2008年，中国人民银行眉山市中心支行建立再贷款管理信息系统。逐月录入支农再贷款数据，从“总量、结构、节奏、风险”四个方面建立农村信用社信贷规划执行情况监测制度。2010年，中国人民银行眉山市中心支行恢复办理再贴现业务，实行再贷款、再贴现业务办理“四优先”（优先对支持县域经济力度大的金融机构办理业务、优先支持农村金融和中小企业信贷创新业务有亮点的金融机构、优先支持地方中小法人金融机构、优先支持配合中国人民银行货币信贷重点工作推动的金融机构）原则，为青神县农村信用社办理7500万元再贴现。2011年，向存贷比较高、涉农贷款比例高的部分农村信用社新增支农再贷款9000万元。限制信贷偏离度大、信贷结构不合理、未及时调整信贷行为的2家信用社办理再贷款和再贴现，提前收回信贷增长过快的4家农村信用联社支农再贷款1.45亿元。年末全市支农再贷款余额7.38亿元。2012年，中国人民银行眉山市中心支行开展支农再贷款管理情况专项审计，提出审计意见和建议4条。全年发放支农再贷款8.51亿元，建成“支农再贷款引导支持示范基地”6个。

三、存款准备金管理

1999年，中国人民银行眉山地区中心支行强化金融机构存款准备金管理，严格审批动用手续。农村信用社动用存款准备金1.52亿元，缓解农村信用社支付压力。2000年，全区农村信用社动用存款准备金，其中地级动用100%，仁寿、洪雅、丹棱、青神、彭山5县动用50%，以保证金融机构支付稳定和地方经济发展资金需求。2008年，人行眉山市中心支行开展全市农村信用社存款准备金管理现场检查，督促其严格执行存款准备金缴存各项规定。2011年，做好地震灾区存款准备金优惠政策到期后的资金安排，开展存款准备金缴存情况执法检查，行政处罚透支存款准备金的青神、东坡区农村信用社。行政处罚存款准备金不足农村信用社 2 家、村镇银行 1 家。2012 年，处罚存款准备金缴存不足的彭山珠江村镇银行、彭山县联社。

四、利率监管

1998 年，中国人民银行眉山地区分行加强利率政策宣传，宣传《中国人民银行关于严格执行法定存款利率的公告》，调解相关纠纷 55 起，纠正个别金融机构对保险公司存款执行同业往来利率的错误做法。查出高息存款 10.6 亿元，其中城乡信用社 10.3 亿元。消化高息存款余额 6.5 亿元。1999 年，全区各金融机构开展高息揽存自查自纠。检查金融机构 44 个，查出高息违规揽存 9.26 亿元，通报批评违规突出金融机构 7 个，全区利率恢复正常。

2005 年，中国人民银行眉山市中心支行建立完善贷款利率月度和季度监测制度，扩大利率监测面，制定《眉山市民间借贷监测实施办法》，启动民间借贷监测，跟踪监测 24 户企业民间借贷情况，掌握民间借贷利率水平和投向结构。眉山市农村信用社制定《贷款利率浮动管理办法》，执行利率浮动政策。在仁寿县文宫农村信用社、洪雅县花溪农村信用社、东坡区农村信用联社营业部开展利率定价模式改革试点。按照“区别对待、择优扶持、差别计息”原则，各试点单位制订新的利率定价模板。2006 年，实施利率市场化改革，完善利率监测制度，掌握各类利率水平，将金融同业存款利率、内部资金调剂利率等市场化利率纳入监测体系，增加民间借贷监测样本量。2008 年起，中国人民银行眉山市中心支行按月向政府和银行通报全市金融机构同业存款、贴现、住房贷款和商业贷款的最高、最低、平均利率，公布近期上海银行间同业拆放利率，指导金融机构利率定价。2009 年，通过《眉山日报》、眉山政务信息网向企业和社会公众披露实际利率水平，增强利率意识。规范金融机构执行养老保险基金、医保基金优惠利率。2010 年，向全市 4 家国有商业银行开展直贴式票据贴现业务，将其纳入电子利率报备系统监测。农村信用社及村镇银行开展转贴和直贴业务，最高贴现利率 5.25%，最低 2.28%。2011 年，现场评估东坡区、洪雅县、仁寿县农村信用联社利率定价能力，召开“打击非法集资防范民间借贷风险”专题会议，纠正发现的问题。2012 年，开展利率政策调整效应监测，完善以货币市场利率为基准的定价机制建设。

第四节　联行管理

1999 年起，人行眉山地区中心支行加强电子联行和手工联行业务管理，防止盗用联行资金案件发生。办理联行资金汇划查询查复 269 笔，5179 万元资金及时到位，堵住两笔重复拍发电报，避免资金损失 12 万元。2000 年，农业银行眉山分行取消支辖联行，启用 2000 版中国农业银行银行汇票、银行承兑汇票、商业承兑汇票凭证、支票凭证。

2001 年，眉山市电子联行业务到县运行，日汇划往来资金在 200 笔以上，金额和笔数成倍增加。2002 年，开展安全大检查，组织复查已撤销的中国人民银行青神、彭山、仁寿、洪雅 4 个县支行小站当年电子联行业务，无差错。2003 年，建立起“卡资源共享、业务联合发展、竞争公平有序、服务质量提高”工作机制。2005 年，检查县支行会计营业网点、会计核算中心和事后监督中心会计联行业务，未发现重大违规行为。2008 年起，现场检查会计联行制度执行情况，发现部分会计核算人员无会计从业资格证书、登记簿记载不规范等问题。

2011 年，全市银行机构所有网点实现支付系统直接通汇，农村信用社和邮政储蓄银行跨行汇划业务通过其营业部转汇快速到账。全年各银行机构通过大额支付系统处理业务 50.5 万笔 3555.31 亿元，通过小额支付系统处理业务 68.53 万笔 232.34 亿元。2012 年，现场检查全市会计联行工作，发现无会计从业资格证书 7 人、中国人民银行洪雅县支行登记簿登记不规范、开户资料要素不全等问题，及时纠正。

第五节　合作金融监管

1998 年，成立眉山地区农村金融体制改革办公室，加强农村信用社行业管理。全区 6 个农村信用社县联社完善《县联社章程》及“三会”制度，充实资本金，实现规范化。中国人民银行眉山地区分行制定《眉山地区农村合作金融监管工作考核评比暂行办法》，建立定期报告、大额贷款备案、大要案报告登记等制度。向农村信用社备付金比例低于 3%的彭山县、青神县支行发出“支付风险提示书”，调集资金解决农业银行仁寿县支行清水营业所、杨柳农村信用社存款挤提问题。加强短期融通资金统一调度和规范管理，发放短期融通资金 3160 万元。1999 年，眉山地区有农村合作基金会（以下简称农金会）229 个，其中县级联会 6 个、区级联会 14 个（主要集中在仁寿）、乡镇 209 个；从业人员 1446 人。3 月，清理整顿农金会。全区 229 个农村合作基金会账面总资产 10.87 亿元，总负债 10.72 亿元（会员股金 7.27 亿元）。通过清理，扣减资产 4.32 亿元，其中呆账 1.69 亿元、财政借款 1.66 亿元；有效资产 6.66 亿元，其中借款资产 3.19 亿元、其他资产 2.15 亿元。总负债中会员股金 7.27 亿元、代管金 1.39 亿元、应付利息 2366.87 万元、拆入资金 1.54 亿元、应付款 2888.9 万元。资产确认后，眉山、仁寿、洪雅、丹棱 4 县由政府注入资金或剥离部分负债后，整体并入农村信用社，彭山、青神 2 县 40 个农金会由农村信用社收购符合条件的借款，由政府清盘关闭，政府承诺会员股金分年还本付息。清产核资后，229 个农金会整体并入农村信用社的农金会 185 个，全市农村信用社接收农金会资产 7.54 亿元，负债 7.54 亿元，资产负债等额置换。其余 4 个农金会实行置换、40 个农金会实施收购。妥善解决股民股金兑付问题，保证如期兑付、平稳过渡。

2000 年，完成农村信用社清产核资，有效资产小于负债的信用社 104 个，比清产核资前增加 15 个；全市资不抵债金额 4.55 亿元，比清产核资前增加 7047 万元。2001 年，重点改革中小金融机构，5 家独立核算的城市信用社改制更名为农村信用社。全市“农金会”并入信用社机构 189 个，各项存款余额 1777.68 万元，比接收时减少 5.21 亿元，其中单位存款余额 7 万元，减少 4761.12 万元；储蓄存款余额 1770.68 万元，减少 4.74 亿元。各项贷款余额 2.05 亿元，减少 3045.32 万元；不良贷款余额 1.82 亿元，增加 4358.91 万元。农村信用社将已接收的“农金会”资产列入信用社账表核算，建立专门台账管理。全市农村信用社接收的“农金会”资产 2.28 亿元，其中各项贷款余额 2.05 亿元、固定资产余额 2304.46 万元。

2002 年，以农村信用社风险防范和化解为监管重点，加强农村信用社法人管理，审查高级管理人员任职资格 19 人，约见农村信用社高级管理人员 85 次。现场检查 30 个农村信用社 6 月末单户大额贷款情况，发现发放单户大额贷款的 30 个信用社，其最大一户借款客户贷款比例和最大 10 家借款客户贷款比例均分别超过资产负债比例管理 30% 和 1.5 倍管理规定等问题，提出建议，处罚机构 104 家。2005 年，开展信用社增资扩股检查，完成全市农村信用社专项中央银行票据申报，全市区县农村信用社全部获中央银行票据发行，发行额度6.38亿元。检查全市金融机构同业存款和同业拆借情况，责成3个违规拆借资金联社整改。至年底，全市农村信用社股本金3.04亿元，增加1.71亿元；区县联社均实现盈利，盈利1418万元；不良贷款余额减少5.27亿元，占比降至21.9%。全社各项业务指标呈“四增一降”（各项存款余额、各项贷款余额、股金余额、利润增加，不良贷款占比下降）。2008年，眉山市政府下发《关于做好农村信用社专项央行票据兑付工作的实施意见》，将农村信用社改革纳入各区县政府年度工作目标考核。彭山县国有资产管理公司出资200万元收购县农村信用联社3户有债务纠纷难以处置的票据置换资产2645万元；仁寿县政府补贴农村信用社股金分红1074万元，以每年10%的比例逐年落实到位。

2010年，眉山市各区县农村信用联社建立社员代表大会、理事会、监事会机构，明确各自职责和义务，逐步建立起决策、执行和监督相互制衡机制。年末全市农村信用社股本总额7.15亿元，均为投资股（一般自然人股4.86亿元、职工股1.13亿元、企业法人股1.16亿元），各农村信用合作联社全部实现资格股转换。不良贷款余额9.2亿元，清收专项中央银行票据置换不良贷款4.47亿元。2012年，全市按照现代商业银行标准制定改革规划，年度考核6家农村信用社，指导农村信用社深化改革，提高内部管理水平，提升风险控制能力，增强服务“三农”能力。

第六节　内控管理

一、会计管理

1998年，眉山地区各金融机构组织对重要空白凭证及有价单证进行自查，中国人民银行眉山地区分行组织抽查，被查单位管理基本符合要求。1999年，各金融机构严格执行联行印、押、证、机分管分用原则，按制度管理和使用编押机。审查金融机构呆账准备金、表内外应收未收利息、应付未付利息，督促金融机构完善内控制度，防范支付风险。工商银行眉山分行实施“大机延伸”系统工程，构建综合业务处理技术平台，满足不同客户和市场需求。全年全区办理业务8.76万笔、联行资金汇划78.5亿元。2000年起，中国人民银行眉山地区中心支行制发《会计财务工作操作规范实施细则》《会计财务工作若干规定》，统一规范会计岗位设置、会计核算、内部管理。

2001年，农业银行眉山分行开展行内50万元以上大额汇划款项转汇业务，通过电子汇兑系统、实时汇兑系统处理。2002年，中国人民银行眉山市中心支行启用中央银行会计集中核算系统。实行会计核算管理“四集中”（会计集中核算、集中事后监督、集中查询、集中档案管理）。全年办理各项业务9.23万笔，联行资金汇划604亿元，业务往来资金汇划681亿元。工商银行眉山分行投资700万元建立“核算中心”，提高资金汇划速度。推行纵向的核算体制改革，构建“三大业务中心”（业务处理中心、现金运营中心和事后监督中心），实行账务核算上收。2004年，中国人民银行眉山市中心支行修改和完善会计岗位责任制，会计工作逐步由核算型向管理型过渡。农业银行眉山分行上线运行跨中心汇兑、新汇票、漫游汇款和柜面安全认证系统。2007年，建立眉山市金融机构支付结算联席会议制度，搭建支付结算信息互动平台，加强支付结算管理。工商银行眉山分行将复杂业务、高风险业务的处理集中到后台，实现账户集中审核、大额挂失集中核保、代发工资集中传输、自动柜员机集中加钞。中国人民银行眉山市中心支行探索建立“大会计”工作机制，建立会计工作联席会议制度，按季组织核算中心、国库、发行、事后监督、内审、人事等部门通报和沟通会计核算、会计制度建设、会计人员管理等情况。2009 年，中国人民银行眉山市中心支行打击窃取信用卡犯罪活动，侦破眉山首例盗窃客户信用卡诈骗巨额存款案。2010 年起，加强金融机构缴存款管理。邮政储蓄银行眉山分行完成全行电子缴库横向联网，业务会计稽核系统上线。工商银行眉山分行远程授权业务、个人客户信息业务集中处理、单位结算账户集中管理等 7 个系统投产。2011 年，农业银行眉山分行推广全国支票影像交换业务、银行本票等新型支付结算工具，全辖 48 个营业机构开通中国人民银行大额支付系统。健全货币金银会计制度，制订相关实施细则，规范货币金银会计核算账务。当年起，中国人民银行眉山市中心支行现场检查全市金融机构支付结算管理情况。2012 年，中国人民银行眉山市中心支行建立季度会计工作协调联席会机制，共同研究会计管理和会计核算中需要协调和解决的会计事项。开展会计核算网点、事后监督会计基本制度执行情况及人员履职情况检查，纠正部分营业网点会计资料交接不规范、开户单位提交的开户申请书上未加盖开户银行业务公章等问题。农业银行眉山分行上收全市所有对外营业机构的汇兑业务，实现集中作业对全市营业机构的全覆盖。截至 2012 年年底，中国人民银行眉山市中心支行现场检查 17 家金融机构支付结算管理等情况，督促整改存在问题。

二、审计监督

1999 年，中国人民银行眉山地区中心支行专项检查眉山地区银行业金融机构 11 次。2000—2004 年，专项审计眉山地区农村合作基金会体改办管理费的筹集、使用，中国人民银行眉山市中心支行 1999 年度紧急贷款和支农再贷款的发放与管理，会计财务决算，支农再贷款管理，养老保险统筹基金，“国家金库会计核算系统”及国库会计核算业务，电子化设备管理，中央银行会计核算运行情况等，提出整改建议，督促整改。2005 年，中国人民银行眉山市中心支行现场检查全市银行业金融机构，实施内审检查项目 11 个，检查发现各类不规范问题 104 个，提出整改建议近 100 条。2007 年，组织实施内审检查项目 13 个，现场记录存在问题，督促整改。2010 年，中国人民银行眉山市中心支行加强领导干部审计监督，发现制度不够完善、检查监督不到位、业务操作不规范等问题 27 个，提出整改建议 16 条。截至 2012 年年底，中国人民银行眉山市中心支行共开展内部审计 70 次，发现并纠正违规问题 312 个。

三、事后监督

1999 年，工商银行眉山分行设立资产风险处，主要针对信贷资产质量差、“三项贷款”占比连年上升等情况，采取财产保全措施或通过法律途径保障银行债权。当年介入各支行诉讼案件，清收贷款 3 笔 1350 万元。

2002 年，中国人民银行眉山市中心支行设立事后监督中心，把好会计核算质量关、促进会计核算规范化、防范资金风险和其他风险。2004 年，督促辖内金融机构建设内控制度长效机制，提出内控建设“换观念、明要求、析现状、强管理、严考核、抓落实、强监管、严问责”八项要求。2006 年，重点检查授权卡、印鉴密押、空白凭证、金库尾箱、查询对账、轮岗休假、录像检查、枪支弹药和票据业务管理等环节，辖内银行业机构自查出问题 391 个，整改 323 个，监管分局抽查出问题 110 个，整改 80 个。国有商业银行分支机构通过自查堵截利用假存单质押贷款案件 2 起。2007 年，检查评估全市银行业不正当交易行为自查自纠工作，参评金融机构 14 家，自评为 A 档的 11 家、B

档的3家。组织辖内14家金融机构开展代理保险业的排查和整改。开展大额资金走账热线查询执行、农村信用社临时验资账户等现场检查和调查，强化持续监管。全辖商业银行支付密码总体推广率由30%增至80%。改造达标营业网点38个，全市安全达标网点增至80个。2008年，抽查全市银行业机构银行卡欺诈专项整治工作，检查业务2367笔，发现违规问题12个，提出12条整改要求并督促整改落实到位。现场调查工商银行、农业银行、中国银行、建设银行、农业发展银行的16个基层网点柜面操作风险管理情况，发现6个方面问题28个，提出整改意见13条。2011年，全市银行业机构堵截诈骗案件4起、伪造履约保函案件1起，辖内农村信用社稽核处罚217人次。

2012年，眉山市各银行业机构推广使用违规积分管理，支付密码器总体推广率99.9%。眉山市农村信用社与市检察院开展“检社共建预防职务犯罪”活动，双方签订《共建预防职务犯罪协议》。全年追究违规人员836人次责任。2003—2012年，中国人民银行眉山市中心支行事后监督会计核算56.86万笔、国库核算171.22万笔、发行1.08万笔，发现差错51笔。

第七节 外汇管理

一、综合管理

1997年，中国人民银行眉山地区分行清理和修订新中国成立以来各项外汇管理法规，初步形成由行政法规、部门规章和规范性文件三个层次构成的法规体系。1999年，启用海关、银行、外汇局之间的进口报关单联网核查系统，防止骗汇等违法活动。2001年，国家外汇管理局眉山市中心支局启动“口岸电子执法系统”，简化企业核销手续。2002年，试运行“境内居民个人购汇管理信息系统”，放开办理个人售汇业务的银行限制。2011年，推进外汇管理制度改革和跨境人民币结算，方便对外贸易和投资。当年，全市企业、居民跨境外汇收支总额1.94亿美元，比2010年增加3878.66万美元。2012年8月起，停止进出口核销制度，实施新的货物贸易外汇管理制度。全市有进出口实绩的100家企业全部签署《货物贸易外汇收支业务办理确认书》，完成在市外汇管理局的名录登记。

二、国际收支

1997年，眉山地区国际收支统计由外汇管理局乐山支局代办。工商银行眉山市分行成立国际业务部以前，眉山仅中国银行眉山县支行一家县级外汇指定银行，只开办经常项外汇业务。1998年起，眉山办理外汇收支。1999年，外汇管理局眉山地区中心支局明确划分辖内国有独资商业银行、政策性银行分支机构外汇业务监管职责和审批权限。检查中国银行眉山支行外汇业务，纠正存在的问题。2000年起，完善国际收支统计申报制度。工商银行眉山市分行取得开展外汇业务经营资格。2001年，全市外汇指定银行涉外收支568.37万美元，其中收入460.81万美元、支出107.56万美元。2004年，工商银行眉山市分行、中国银行眉山支行、农业银行眉山市分行开办结售汇业务。2006年，建设银行眉山支行开办结售汇业务。

2008年，国家外汇管理局眉山市中心支局审批、核准邮政储蓄银行眉山市分行开办结售汇业务，核准工商银行眉山市分行2个网点停办结售汇业务。至年底，全市5家外汇指定银行29个网点开办结售汇业务。通过电子数据核查发现银行申报错误117笔，通知银行修改；抽查纸质申报单约1400

份。全市有主要出口铝锭、元明粉、磷酸、纺织品、机车车厢、传动件等出口企业近40家。年出口6900万美元。2009年起，强化外汇指定银行外汇业务监督检查和用汇企业用汇真实性监管，防止逃汇、骗汇、非法流出流入外汇等违法行为。至2010年，国家外汇管理局眉山市中心支局非现场核查银行纸质申报单1.49亿美元。2012年，开展外汇指定银行国际收支申报数据非现场监测和分析，及时通知银行核对确认可疑和错误信息。开展进口付汇企业贸易进口与外汇支出定期非现场核查，实施分类管理。非现场核查后，及时修改错误或可疑外汇申报数据约220笔。全年全市外汇指定银行涉外收支2.71亿美元。

三、经常项目

进口付汇管理　2000年，眉山地区新开办进口付汇业务。2001年，国家外汇管理局眉山市中心支局做好进出口收（付）汇核销，帮助企业尽快出口退税。办理进口付汇业务应核销8笔。2003年，开展外付汇进口名录管理资格审查，全市办理“进口付汇名录”登记企业12家，进口商品主要为大豆、机械设备等。2004年，国家外汇管理局眉山市中心支局为进出口企业新开立经常项目外汇结算账户26个，限额208万美元；按照新的外汇结算账户限额实施标准，为10户企业增加限额258.2万美元。2005年，新办理出口收汇企业登记备案16家，新开立经常项目结算项目19个，限额4205万美元。2010年，推广进口付汇核销制度改革。完成全市119家进出口企业档案的清理、系统录入上线准备。审查办理进口付汇异地备案表16份159万美元。2012年，全市涉外企业发生进口付汇137笔3854万美元；对外付汇124笔4040万美元。1999—2012年，全市进口付汇5.04亿美元。

出口收汇管理　1998年，眉山地区进出口公司出口猪肉违反出口收汇核销管理规定，给予当事人警告处分。1999年，国家外汇管理局眉山地区中心支局举办出口收汇核销培训，内容涉及企业出口的海关报关、银行收汇、外汇局核销以及税务局退税等。2001年，国家外汇管理局眉山市中心支局运行“口岸电子执法系统”，停止使用旧版出口核销单，将报关有效期2个月调整为长期有效。至年底，全市出口企业增至15家，出口收汇核销金额1092万美元。办理进口业务5笔114.4万美元。2003年，全市开办自营出口企业35家。自营出口收汇核销1761万美元，出口商品主要是芒硝、磷化工制品、机械部件、工艺品等。2005年起，实施出口收汇网上核销，简化核销手续。办理出口收汇核销1.11亿美元、出口收汇1.36亿美元。2008年，向6家企业的76笔进出口逾期未核销情况发出催核通知书8份，涉外企业发放出口收汇核销单2076份，办理出口核销2073笔8410万美元。2010年，全市新增出口企业核销备案登记26家，账户信息备案4家，网上核销开户11家。办理出口核销3175笔9676万美元。2012年，按照新货物贸易外汇管理政策法规，开展108家进出口企业名录登记，并开通企业网上业务。全年发放出口收汇核销单1647份；办理出口收汇核销单注销及挂失65份、出口收汇核销6384万美元。1999—2012年，全市出口收汇10.26亿美元，出口收汇核销8.78亿美元，出口企业490户次，核销单数2.13万份。

贸易信贷　2008年，国家外汇管理局眉山市中心支局办理出口贸易信贷业务362.45万美元。2009年，企业预付货款比例增至30%，预收货款、延期付款和预付货款的控制金额由等值3万美元（含）以上提高到等值5万美元（含）以上，等值3万美元（含）以下的预收货款、延期付款和预付货款不再纳入审批控制。2012年，贸易信贷业务均通过应用服务平台访问贸易信贷系统办理。全年办理贸易信贷125.47万美元。

非贸易用汇　2000年起，眉山地区非贸易用汇逐步增加。当年售汇5万余美元。2003年起，国家外汇管理局眉山市中心支局审核办理居民个人用汇。当年办理收入164.67万美元，支出15.21万美元。2007年2月起，限额5万美元以下凭身份证可直接到外汇指定银行办理个人外汇，基本满足个人因私购汇需求。2009年起，每笔业务实行一人经办、一人复核、分管行长审批把关制度。2010年，每周核查大额、可疑个人结售汇业务。2012年，推动跨境人民币结算，全年办理个人跨境收入1355.85万美元，支出1619.82万美元，办理人民币远期结汇1162万美元。2001—2012年，全市办理个人跨境收入7851.81万美元，支出5241.04万美元。

服务贸易外汇管理　2004年起，眉山市办理服务贸易外汇业务，量较小，当年支出25万美元。2007年，服务贸易外汇大幅增加，主要是华西混凝土外加剂有限公司红利汇出、巴斯夫化学建材有限公司支付专利技术使用费。全年全市服务贸易外汇收入3万美元，支出1027万美元。2012年，改革货物贸易外汇管理制度，引导有进出口实绩的108户企业签署“货物贸易外汇收支业务办理确认书”，登记名录。受理行政许可项目121笔，90%以上业务现场办理。全市服务贸易外汇收入100万美元，支出116万美元。

四、“三资”企业管理

1998年，国家外汇管理局眉山地区分局清理核实外汇管理局乐山分局移交的36家“三资”（外商投资、台港澳侨投资）企业档案，缺漏的18家档案资料相继追补备案。办理外商投资企业外汇登记证1家，注册资本金240万美元；开设外汇账户4户，撤销外汇账户17户。联合年检“三资”企业。全区应检企业54家，实际参检企业27家（含乐山代检8家），年检合格企业26家。参检企业开设外汇账户14户，投资总额5629万美元，注册资本金5411万美元。未参检的27家“三资”企业多数为1992—1994年设立，长期不出资或出资很少，多已停产停业。此后，每年按政策年检“三资”企业。

2002年，执行外商投资企业投资外汇登记、开立资本金账户、B股证券投资、外汇境内原币划转等。国家外汇管理局眉山市中心支局办理外商投资企业8个，注册投资1255.49万美元，开立资本金账户8户，结汇11笔802.56万美元。新增办理外汇登记的“三资”企业8家，实际到位资金821万美元。至年底，全市办理外汇登记外商投资企业47家，实际到位4752万美元。2007年，眉山金象化工公司赴老挝投资煤炭开采、造纸和水泥厂建厂，投资金额998万美元，实现境外投资零的突破。2010年，利用直接投资外汇管理信息系统，提高外资业务水平。办理外资（商）登记等业务51笔4314万美元。2012年，办理新设（变更）外商投资企业外汇登记18笔，注册资本金1526万美元，登记外资1368万美元。核准开立资本金账户3个1379万美元，办理资本金账户限额变更7笔2373万美元、外商投资企业验资询证14笔2930万美元。年检外资企业40家、境外投资企业1家。

2000—2012年，眉山市“三资”企业新登记投资总额13.01亿美元、新登记外资7.3亿美元、流入资金4.57亿美元。

五、外债

1998年，国家外汇管理局眉山地区分局接收整理并核实外汇管理局乐山分局移交的8个外债项目档案。办理外债登记1家24万美元。至1999年，眉山地区外债总额1064.7万美元，其中外商投资企业借款785万美元，地区财政局向世界银行转贷款279.7万美元。2000年，全区外债新开户9

个，外债还本付息66.6万美元，外债982万美元。2005年，眉山市外债转贷款项目6项，均为通过财政部门转贷的世界银行外汇转贷款，转贷总额305万美元，实际提款金额265万美元。2012年，全市办理直接外债登记1笔50万美元；核准直接外债还本、付息、承诺费购付汇业务11笔1214万美元；核准直接外债结汇业务16笔458.93万美元。年末全市登记外债余额8316万美元。

第八节 金融调控

一、金融生态环境建设

1999年，眉山地区行署在洪雅县、彭山县开展创建金融安全区试点。2000年，全区开展金融安全区创建，实施“信用、内控、排险、服务”4大工程。当年，建成洪雅县、丹棱县B级金融安全区。2001年，眉山市银行及信用社按照“安全性、流动性、效益性”原则评估风险，自主决定贷款发放。企业主管部门、政法部门与金融部门协作，通报故意拖欠、逃废银行债务首批企业74户，通过诉讼收回贷款本息2149.2万元。当年，彭山县、东坡区、仁寿县、青神县建成B级金融安全区，全市建成B级“金融安全区”。2002年，中国人民银行眉山市中心支行牵头制定“创建金融安全区”工作制度7项，向全市金融机构发出风险警告书110次，警告邮政储蓄银行眉山分行违规揽储行为并没收违法所得6.48万元。至年底，洪雅县建成A级金融安全区。2004年，全市开展以创建“信用企业”“信用村镇”为主要内容的诚信工程建设。年末，仁寿县、彭山县建成A级金融安全区。

2005年，眉山市被中国人民银行成都分行确定为金融生态环境建设试点市，市政府印发《关于加强全市金融生态建设的意见》。建立《眉山市金融生态环境测评指标体系》，定期测评各区县金融生态情况。至2006年，眉山市连续2年为金融生态环境中等地区，洪雅县为金融生态环境优秀县。2007年，市委将金融生态环境建设工作纳入全年“十个突破”工作任务，提出建设“金融生态市”“金融生态环境示范县”具体要求。市委、市政府下发《关于进一步加强全市金融生态环境建设工作的意见》，将金融生态环境建设各项工作分解落实到领导小组成员，纳入市委、市政府工作督查。制订眉山市金融突发事件应急预案，开展清理农村合作基金会锁定再贷款8000万元、供销社社员股金兑付专项再贷款3000万元的使用管理情况专项检查，预防新的金融风险。

2008年，四川省将洪雅县作为全四川省首批金融生态环境重点推动县，中国人民银行眉山市中心支行逐家评估全市金融机构信贷支持地方发展经济需求，农业银行四川省分行将流动资金贷款权限由1000万元调升到2000万元。2009年，市委、市政府印发《关于加大不良贷款清收处置，加强金融生态环境建设的实施意见》，市政府组织清查全市政府类、企业类、个人类恶意逃废金融债务行为，全年2.5亿元不良贷款转变为正常贷款，比年初减少3.69亿元，其中处置转化政府性不良贷款4670万元，公务员不良贷款下降192万元。2010年，建立眉山市金融机构重大事项报告制度，要求金融机构第一时间报告信贷管理、风险控制、增资扩股等重大事项，以及重大金融案件和金融突发事件等情况。启动眉山市农村信用体系建设，建立农户信用档案4.2万户，评定信用农户177户，发放农户贷款5409万元。至2011年，全市农村信用体系建设覆盖乡（镇）117个，覆盖面91.4%。2012年，全市各级政府帮助金融机构清收化解不良贷款2.42亿元。

二、反假币

1998年起，眉山地区开展反假币宣传，建立和完善反假币工作制度。2000年，彭山、洪雅各破获假币案1起。全区金融机构柜面收缴假币51.72万元。2002年，眉山市公安机关破获假币案4起，收缴假人民币15.5万元、假美元2.03万元。销毁假人民币178.58万元、假国债55万元，堵截非法销售纪念币、人民币、外币装帧册4起。2005年，市、县成立农村反假货币联络小组，各乡镇以村为单位建立反假货币义务信息员，及时向当地公安部门报告本村反假货币动态。2009年，全市金融机构、公安部门联合开展打击假币犯罪专项行动，收缴假人民币144.7万元、假美元1.5万元。2012年，开展银行业金融机构反假货币业务检查。收缴假人民币49.3万元。1997—2012年，收缴假人民币918.99万元、假美元30.15万元。

三、反洗钱

2004年，建立中国人民银行内部和金融机构外部两个反洗钱工作协调机制，制定反洗钱工作实施细则，设置专岗专人专事反洗钱工作。中国人民银行眉山市中心支行重申反洗钱工作规定、制度，要求各银行机构共同打击洗钱犯罪。2005年，建立金融监管部门反洗钱合作机制与市公安局的可疑线索调查合作机制。鼓励社会公众运用电话、互联网举报涉嫌洗钱等犯罪行为。至2006年，反洗钱工作联席会议单位增至24个。2007年起，开展可疑资金交易信息监测。建立反洗钱非现场监管制度，按季和按年收集银行、证券、保险业金融机构的相关反洗钱非现场监管信息，评估各金融机构反洗钱工作情况。2008年，中国人民银行眉山市中心支行将金融机构反洗钱组织机构设立、反洗钱内控制度建设、客户身份识别、重点可疑交易报告、反洗钱宣传培训、非现场监管报表报送时间和质量等项目作为评估指标，年末考核，奖惩兑现。至2009年，全市接收可疑交易报告400余份，向中国人民银行成都分行专题报送可疑交易报告9份；配合眉山市公安局协查眉山润川进出口有限公司涉嫌“地下钱庄”违法犯罪活动，协助中国人民银行成都分行开展彭山县华友粮油商贸部单位账户行政调查。2010年，全市纳入反洗钱非现场监管的金融机构62家，其中银行业金融机构35家、证券业金融机构2家、保险业金融机构25家。银行机构向公安部门提供资金交易线索，协助破获贩毒案件1起；协助公安部门调查1起涉嫌网络赌博案资金，组织7家金融机构开展行政调查，调查涉案账户43户，交易明细286笔，公安部门依此冻结犯罪嫌疑人存款243.5万元。2012年，中国人民银行眉山市中心支行指导辖内农村信用社完善反洗钱内控制度。指导辖内村镇银行相关机构细化流程，实现反洗钱可疑交易监测“总对总”报送。配合公安机关开展“破案会战”，侦破案件107件；金融机构向公安机关提供和移送涉及金融诈骗、假币犯罪等犯罪案件线索53条，破案37件，其中“3·15”特大网络传销案和仁寿县益农种养殖公司非法吸收公众存款案涉案金额近5亿元。

第九节　金融服务

一、经理国库

（一）国库会计核算

1997年，眉山地区国库办理预算收入6.26亿元、预算支出7.67亿元。2000年，全区地方财政在国库开设“工资专户”。在“按日对账”的基础上，每月向财政、税务部门提供各级预算收入对账单。2003年起，眉山市国库会计核算实行“四级岗位责任制”（经办人向会计主管、会计主管向科长、科长向分管行长、分管行长向行长逐级签订岗位责任书），以责定岗、以岗定人。2008年，“5·12”汶川特大地震发生后，建立国库资金汇划“绿色通道”，优先办理救灾资金往来业务。全市国库办理抗震救灾款项上级财政拨入资金28亿元、捐赠收入资金1233万元，救灾资金款项拨付38亿元。2012年，完成国库会计数据集中系统在全市5个国库核算主体的切换，实现收入直达入库、支出即时到账、数据集中摆放，国库资金汇划报解“零差错”，国库资金收支“零风险”，国库服务社会“零投诉”。1997—2012年，全市办理国库业务330.35万笔、预算收入入库850.61亿元、预算收入退付31.35亿元、财政支拨1110.15亿元。

（二）国库监管

业务监管　1998年，中国人民银行眉山地区分行实地检查洪雅、仁寿、彭山县支库国库会计，抽查支库数60%，发现外来凭证不规范等问题。纠正基层信用社在办理国库经收业务中存在的国库会计科目使用不当、缴款书填制要素不全等问题。撤销预算收入过渡户6户227万元。全区金融机构罚款实行收缴分离。1999年，财政拨款和预算收入退库凭证实行专人送达国库并签收。撤销违规开设账户344个，确认保留账户897个，纳入专户管理资金3.11亿元，专户率96%。2000年，中国人民银行眉山地区中心支行制定《财政拨款管理办法》，跟踪检查大额财政拨款。加强交通建设费附加管理。堵住不合理缴款243万元，办理更正业务8378万元。2001年，中国人民银行眉山市中心支行清理行政事业单位在银行开设的账户，撤销不符合规定市级行政单位账户164个、事业单位账户429个。2003年起，建立出口退税、亏损补贴和农业“五税”退库微机台账，实行严格指标管理。实地检查县支库和代理支库业务。发现岗位设置、人员分工制度执行不到位等问题，及时整改。2004年，推行财政国库单一账户改革，中国人民银行眉山市中心支行与市财政“金财网”联网。2006年，完善国库集中支付改革，实行“集中核算和集中支付相结合”的财政集中支付模式。2007年，指导和督促仁寿县支库、县财政局完成已缴入市级收入调整和“国家金库核算系统”相关参数设置，“扩权强县试点县”国库业务管理顺利运行。强制撤销“东坡区地方税务局直属税务所”“国家税务局直属征收分局”过渡户。2008年，市、县级预算单位830个纳入国库集中支付改革，取消所有预算单位在各商业银行开设的单位存款户。2010年，推行银行卡刷卡缴税，所有税种均可用银行卡刷卡办理。全年办理国库业务38.39万笔；办理国库直接收付业务。“7·29”“8·19”特大洪涝灾害中，国库及时开通政府救灾资金拨付“绿色通道”，优先拨付救灾资金2300万元。2012年，办理各类预算收入资金退付2.19亿元，堵住不合规缴款书726笔1.66亿元、不合规拨款23笔9711万元、不合规退库73笔2463万元。1998—2012年，全市堵住或发现不合规业务6609笔65.9亿元。

经收处及乡镇金库管理　2000年，中国人民银行眉山地区中心支行检查各乡镇金库，针对存在的问题，采取以会代训、专题讲座、学习班、现场辅导等方式，提高乡镇国库人员业务素质。至2002年，检查国库经收处90个、乡镇金库16个、征收机关6个、纳税大厅5个资金入库情况，检查各类凭证1.19万笔2.95亿元；查出延解、积压税款396笔。2003年，眉山市乡镇金库建立健全国库内控制度，规范乡镇金库操作。仁寿县以区为单位的财政核算体制改为以乡镇为单位核算，16个区（镇）金库全部被撤销。2005年，注销农业银行彭山县青龙支行代理青龙镇金库业务资格。2007年，市、县两级中国人民银行抽查国库经收处26个，检查各类账表凭证2.85万笔2.97亿元，发现存在会计科目使用不规范、使用已过期的临时账户、开设税收过渡户、征收机关延解积压税款等问题。2008—2011年，现场检查眉山城区5个金融机构国库经收业务，建设银行眉山分行、邮政储蓄银行眉山市分行和东坡区农村信用合作联社的国库经收业务，中国银行眉山分行国库经收业务和集中支付业务。2012年，现场检查农业银行眉山分行国库经收业务和集中支付代理业务，纠正其缴款书不规范等问题。

代理支库监管　眉山市代理支库仅丹棱县1个。2001年，中国人民银行眉山市中心支行检查工商银行丹棱县代理支库国库业务，责令其报解税款由旬报改为日报，所有国库账务经国库专柜人员审核后交工商银行统一会计核算系统临柜人员办理，避免国库业务处理“一手清”。2002年，检查丹棱代理支库以及个别乡镇金库的国库基础工作和规章制度执行情况。实行行库往来、分账并表、单独核算办法，规范操作。2003年起，代理支库与中国人民银行各县支库同步启用新系统，实现“点对点”联网报解，加快代理支库资金报解速度。至2012年，中国人民银行眉山市中心支行每年均检查丹棱代理支库，促进其代理支库工作规范化、制度化，防止或减少差错。

二、征信管理

（一）基础建设

2002年，中国人民银行建成地市、四川省市和总行三级银行信贷登记咨询系统数据库体系，实现以市级数据库为基础的四川省内数据共享。主要从商业银行等金融机构采集企业基本信息、在金融机构的借款、担保等信贷信息，以及企业主要的财务指标。2004年，眉山市金融机构利用信贷咨询系统信息资源摸底调查全市征信业发展状况、征信业从业人员情况。2005年，银行信贷登记咨询系统由原有的三级分布式数据库升级为全国集中统一的企业信用信息基础数据库。实行全国集中建库，各金融机构一口接入，实现全国所有金融机构在全国范围信息共享。数据采集项由300余项增至800余项。

2007年，全市国有商业银行、政策性银行及农村信用合作联社接入全国企业征信系统。6家农村信用合作联社完成存量数据及增量数据测试上报。2009年，开展社会信用体系建设，市法院、税务、环保、劳动保障、住房公积金中心5个部门非银行信用信息进入中国人民银行征信系统。青神县农村信用体系建设采集农户信用档案6400份，评定信用农户23户。实施“百户诚信中小企业培植计划”，选定培植对象96户，金融机构开展“一对一”信贷辅导。农村信用合作联社通过农户基础信用数据发放农户小额信用贷款。年末全市企业信用信息数据库收录中小企业1208户信息入库，金融机构将征信系统企业信用数据作为贷款审核重要依据。评定信用村367个、信用镇10个。

2010年，中国人民银行县级支行及眉山市住房公积金中心征信系统接入上海数据中心切换。乐山市商业银行眉山分行、仁寿民富村镇银行、邮政储蓄银行眉山市分行等新机构规范接入征信系统。

至2012年年底，全市企业信用信息基础数据库接受企业信用报告查询985次，处理企业异议118次。

（二）信用体系建设

2006年，眉山市被列为四川省征信工作重点联系市。当年，启动全市中小企业信用体系建设，建立中小企业信用信息数据库和网络工作平台，全面反映中小企业经营状况和信用记录。2007年，中国人民银行成都分行将眉山市列入信用报告拓展试点地区。当年，全市中小企业信用体系入库企业1162户，入库率96.2%，9户中小企业获银行贷款2579万元。2008年，四川省农村信用合作联社确定洪雅县农村信用合作联社为四川省联社信贷管理系统试点社。眉山市开展各区县农村信用合作联社贷款卡信息核对。全市审核通过5个机构注册常用户，其中洪雅农村信用联社办理以电费收费权及公路收费权为质押的贷款3笔3.65亿元。启动农村信用体系建设。选取青神县试点，开展信用村、信用乡镇创建，重点开展农村居民信用档案征集及信用评分，组织试点乡（镇）9个村的党支部书记、村主任及农村信用社相关人员开展农户信用档案指标征集培训。2009年，加强中小企业档案征集及更新，完善中小企业信用信息数据库。全市纳入中小企业信用档案1240户，更新信息1007户。接受企业信用报告查询140次、个人信用报告查询920次、办理企业异议及个人异议20次。2010年起，开展金融诚信建设，规范经营行为；举办眉山市金融机构诚信服务公约签约仪式，向社会承诺，严格恪守“诚信服务公约”，营造公平正义、依法竞争金融诚信环境；每两年组织开展“眉山市银行业诚信服务明星”评选活动；筛选列入培植计划企业纳入征信体系建设，提供融资平台服务，指导企业完善财务报表和办理贷款卡业务，当年筛选企业95户；全市建农户信用档案4.2万户，评定信用农户177户，发放农户贷款5409万元。2011年，全市开展信用农户、信用村、信用乡镇创建；开展征信岗位风险隐患排查，防范操作风险和征信涉诉案件，妥善处理企业和个人异议案件23件；为企业贷款担保的自然人配发卡号38张，查询企业和个人信用报告4909次；全市企业贷款余额数据入库率97.7%，个人信贷余额数据100.64%。2012年，建设农村信用体系试验区，选定仁寿县中岗乡、珠嘉乡试点，按照信息共享、信用评定、信用增级、信用对接、信用文化“五位一体”建设，发放机构信用代码证1.33万个。全市农村信用体系建设覆盖乡镇117个，依托农村信用社小额农贷系统征集有信贷关系的农户信用档案22.7万户，评定信用农户2.6万户、信用村9个、信用乡镇1个，向符合贷款条件的14.5万建档农户累计发放贷款18.2亿元。筛选列入培植计划企业186户纳入征信体系建设。

（三）非银行信息采集

2005年，眉山市开展工商、税务、公积金等非银行信息采集。2007年，中国人民银行眉山市中心支行与工商、质监、劳动保障、环保、规划建设、科技等部门签订非银行信用信息采集协议，搞好非银行信息采集。2008年，全市建设工程领域拖欠工程款信息、企业和个人诉讼案件信息、科技部门评定的高新技术企业信息、市中级人民法院提供判决书或调解书信息进入征信系统。市住房公积金中心通过省住建厅间接接入征信中心个人征信系统，联网查询个人信用报告。2009年，市公安局交通警察支队道路交通违法信息进入征信系统。全年上报法院诉讼信息25条、环保信息36条。2010年，采集法院企业诉讼信息3条、环保处罚企业信息1条。此制度延续至2012年。

三、金银管理

1999年，中国人民银行眉山地区分行加强金银饰品市场监管，做好黄金配售工作，严格市场准入，严禁金店扩大经营范围开展业务。做好金银零售价调价和黄金配售。2000年，年审全市黄金饰品零售企业并换发许可证；为开办黄金饰品零售和旧饰金回收的2户企业颁发许可证，规范黄金饰品零售企业的经营行为。2002年，中国人民银行眉山市各县支行金银对牌和机具集中移交中国人民银行眉山市中心支行保管。2003年起，改革金银管理体制，黄金饰品零售企业管理市场化。

2008年起，工商银行眉山分行开办贵金属业务，销售品牌金产品20克~1000克6个规格。中国银行眉山分行销售奥运彩色银条、火炬传递金银条。当年，工商银行眉山分行销售品牌金1.55千克，中国银行眉山分行销售104.41万元。2010年起，工商银行眉山分行开展个人网上银行“如意金”积存业务，当年积存41.18克。中国银行眉山分行通过交叉营销，支行大单笔贵金属销售133万元；2011年，工商银行眉山分行与世界黄金协会联合推出“积存金”业务。当年积存500克。

第十七篇　综合经济管理

1997年起，眉山地区逐步建立健全系统的国土、工商、物价、统计、审计等经济管理网络，经济管理行为逐步规范化。眉山建市后每年编制国民经济和社会发展五年规划及其他中长期发展规划，处理好局部与全局、近期与远期、经济发展与资源开发环境保护的关系，大力引进资金和项目，加快工业化进程，推进城镇化，实现经济“跨越式”发展战略目标。国土部门加强土地管理，保证市场供应，工商部门加强个体工商户、私营企业管理，保护消费者合法权益，推动工农业生产标准化和计量标准化，质量监管部门、食品药品监管部门、工商部门加强企业生产经营监管，维护市场秩序，制止垄断和反不正当竞争，保证价格总体水平基本稳定。统计部门每年发布国民经济和社会发展公报，对部门经济社会发展专题发布分析预测报告，全市经济监督管理体制逐步完善。

第一章　发展和改革管理

改革开放后，国家指令性计划逐步减少，计划工作管理由直接下达任务转向宏观指导，从单纯的计划管理转向社会的综合平衡，从直接管理转向重大、宏观、长远问题的协调。1997年眉山地区制定地区总体规划，提出“三年树形象，五年大变样，齐心协力创辉煌”的奋斗目标。2000年起，相继制定“十五”计划、“十一五”规划、“十二五”规划，确定发展目标，部署经济发展任务，有力促进经济快速发展，眉山市增长速度和效益明显提高，向全省经济强市、经济大市迈进。

第一节 经济发展规划

一、眉山地区总体规划

1997年，眉山地委提出“三年树形象，五年大变样，齐心协力创辉煌”奋斗目标。明确三年内树立经济建设和社会事业迅速发展的形象，城乡文明的形象，干部勤政、廉洁、创业的形象；五年内实现综合经济实力大变样，基础设施建设大变样，经济结构大变样，城乡面貌大变样和人民生活大变样。深化企业产权制度改革，加快工业经济发展，推进全区工业化水平；抓以“一横三纵”为主骨架的交通建设和城市新区建设，加快全区城市化进程；大力发展民营经济和混合所有制企业，使之成为眉山新区的经济增长点。地委、行署组织带领干部群众艰苦创业，苦干兴区。抓住国家发展重心向西部转移以及对外开放由沿海向内地延伸和扩大的机遇，加大开放和发展力度；抓住四川省委、省政府把眉山地区纳入“成都平原经济圈”的机遇，制定面向成都、依托成都、服务成都的发展思路。利用农业基础好、资源丰富的优势，大力发展农副产品加工业、资源转化型工业和旅游业，开发水能资源。进一步夯实农业基础，加大农田水利基本建设；大兴交通、能源、通信事业；大力实施“科教兴区”战略，发展个体私营经济，培育新的经济增长点。提出“三放”“三不变”“六不限”原则，发展个体私营经济。制定“一横三纵”的高等级公路改建方案和眉山城区总规修编。制定全方位对外开放战略，大力引进资金和项目。推进企业产权制度改革。提出横向到边、纵向到底、资产大重组、机制大转换、结构大调整的企业改革目标。大力发展民营经济，着力培植符合国家产业政策，科技含量高，市场竞争力强，品牌优势明显，效益显著的民营企业。制定全方位对外开放战略，加强对外合作与交流。深化农村改革，推进农民负担分流，减轻种田农民负担，调动保护农民的生产积极性；推动农业产业化，促进农业增长方式转变。聚集多方人才，建立干部任用管理新机制，引入竞争机制，打破区域界限选拔人才。推进依法治区战略。建立完善维护社会稳定的责任制，妥善处理企业集资、文化娱乐场所和破产企业等有关问题。加强文化市场建设，发掘民族民间文化艺术资源，抓文化网络和文化设施建设，促进科技、教育、文化、体育、卫生等社会事业协调发展，丰富群众的生活。

二、五年规划

（一）“十五”计划

2000年，眉山市制订《眉山市“十五”发展计划（2001—2005年）》。主要目标是，经济总量不断增加，经济效益不断提高，国内生产总值保持年均增长8%以上，经济结构不断优化，财政状况明显好转，城乡基础设施和生态环境明显改善，社会事业全面进步。城乡居民收入和生活水平不断提高。加快经济结构调整，大力推进经济体制和经济增长方式两个根本性转变。强化农业基础，重点发展工业，大力发展旅游业和商贸业、改造传统产业，发展高科技产业和新型产业，大力发展非公有制经济。健全市场经济体制，创新经济运行机制和经营理念，加快市场化步伐，加大对外开放力度。重视知识、技术、信息对现代经济的推动作用，以科技进步为动力，提高经济素质，实现生产经营规模化、产业技术高端化、产品营销市场化、市区县发展一体化、市场协作专业化。经济社会发展的主要预期目标是：到 2005 年，全市按 2000 年价格计算的地区生产总值（以下简称 GDP）达到 185 亿元，人均 5270 元。其中第一产业增加值年均增长 3.3%，达到 48.6 亿元；第二产业增加值年均增长 11%，达到 74.4 亿元，工业增加值年均增长 11.1%，达到 58 亿元；第三产业增加值年均增长 10.1%，达到 62 亿元。地方财政一般预算收入比 GDP 增长速度高 1 个百分点，市级高于 GDP 增长速度 2 个百分点。经济结构战略性调整取得较大进展，一、二、三产业增加值的比例由 2000 年的 33.2∶36∶30.8 调整为 26.3∶40.2∶33.5，非公有制经济比重有较大提高；城镇化水平“十五”末达到 25%。退耕还林还草取得明显成效，工业“三废”得到有效治理，生态环境明显改善，森林覆盖率达到 33%，城镇绿化率达到 25%，中心城市绿化率达 30%，城镇环境更加优美。人口自然增长率控制在 6‰以内，总人口控制在 351 万人以内。城镇职工基本养老、基本医疗和失业保险制度进一步完善，城镇登记失业率控制在 4%以内，巩固和完善城市居民最低生活保障制度，推进城镇社区建设。城镇职工年均可支配收入达到 8000 元，农民人均纯收入达到 2650 元。城镇居民人均住房面积增加到 15 平方米，农村住宅砖混结构比重大幅度提高。全市电话普及率达到 30%以上，眉山中心城市和县城家庭电话普及率达 60%以上，广播电视覆盖率达 100%，城市燃气普及率达到 60%。

（二）“十一五”规划

2006 年，眉山市制订《眉山市国民经济和社会发展第十一个五年规划纲要（2006—2010 年）》，提出“十一五”期间，全市经济社会发展坚持以科学发展观统领经济社会发展全局，按照立足科学发展，着力自主创新，完善体制机制，促进社会和谐的要求，解放思想、创新举措，坚定不移地推进“三个转变”和“工业强市、开放兴市、人才立市、依法治市”的发展战略实施，厉行资源节约，加强环境保护，推进科技进步，转变增长方式，加快建设社会主义新农村，加快旅游商贸特色三产发展，全面提升综合竞争力，为建设惠及全市人民的小康社会奠定坚实基础。基本原则是坚持促进经济社会更快更好发展，坚持加快经济结构调整和经济增长方式转变，坚持提高区域创新能力，坚持统筹城乡区域协调发展，坚持加强和谐社会建设，坚持深化改革扩大开放。总体目标是全面提升全市综合竞争力，努力将眉山建设成为成都经济区的工业新城，东坡文化特色浓郁的中国诗书城，优美和谐的生态宜居城。经济社会发展的主要预期目标是：全市 GDP 年均增长 12%以上，到 2010 年达到 450 亿元（按 2005 年价格计算，下同）以上，人均 GDP 实现翻番；三次产业比重达到 19.5∶52∶28.5，工业化、城镇化进程进一步加快，规模以上工业增加值达到 150 亿元；地方财政一般预算收入年均增长 12%；实施“千亿”工程，五年累计完成固定资产投资 1000 亿元以上，其中工业生产性固定资产投资 500 亿元以上。城镇化率达到 35%以上。全市总人口控制在 352.2 万人以内，人口自然增长率控制在 4‰以内。研发经费占 GDP 的 2%以上，科技对经济发展的贡献率达 50%以上。城镇居民人均可支配收入和农民人均纯收入分别达到 1 万元和 0.46 万元以上。城镇登记失业率控制在 4.5%以内，就业水平明显提高。建设资源节约型、环境友好型社会，资源利用效率显著提高，万元 GDP 能耗下降 20%。社会主义市场经济体制进一步完善，非公有制经济比重达到 60%以上，逐步改善城乡二元结构。对外贸易和招商引资规模明显增加，年均到位内资 100 亿元以上，到 2010 年，实现外贸出口 2.1 亿美元。

（三）“十二五”规划

2011 年，眉山市制订《眉山市国民经济和社会发展第十二个五年规划纲要（2011—2015 年）》。发展目标是，经济快速发展，增长质量和效益明显提高。向全省经济强市、经济大市迈进。全市地区生产总值年均增长13%以上，2015年经济总量比2010年翻一番；地方财政一般预算收入年均增长15%以上，2015年突破50亿元。工业主导作用进一步增强，工业集中度不断提高。工业化对农业现代化的带动能力明显提高，三次产业中二、三产业比重进一步提高。三次产业结构由19∶54∶27调整为17∶53∶30。新型城镇化进程进一步加快，城镇化率突破50%。现代城镇网络体系不断完善，城镇基础设施进一步改善，城镇发展的承载能力和综合服务功能进一步提高。城乡协调发展，就业持续增加，中等收入群体持续扩大，贫困人口显著减少，城乡居民收入差距逐步缩小，人民幸福指数不断提高。城镇居民人均可支配收入年均增长12%以上，期末突破2.6万元；农民人均纯收入年均增长10%以上，期末突破0.9万元。物价基本稳定，就业稳步增长，城镇登记失业率控制在4.4%以内。覆盖城乡居民的基本公共服务体系、社会保障体系和人才体系不断完善，城乡三项医疗保险参保率提高到95%以上，人口自然增长率年均控制在5‰以内。生态建设、水土保持和城乡环境综合治理全面推进。节水、节地、节能工作取得明显成效，生态环境进一步好转，区域环境质量进一步改善，全面完成污染物排放总量控制目标。到2015年，森林蓄积量、万元工业增加值用水量、耕地保有量、单位生产总值能源消耗和二氧化碳排放、化学需氧量及氨氮、二氧化硫、氮氧化物排放量等指标均达到省上要求，非化石能源占一次能源消费量的比重明显提高。

三、专项规划

1997年起，眉山地区计委与有关部门共同编制专项社会发展规划，为全区社会发展战略导向。当年，编制1998年《申报省重点科学技术计划》《眉山地区重点科学技术计划》《眉山地区债券发行计划》《眉山地区中等专业学校招生计划》《眉山地区基本建设项目计划》《眉山地区重点基础设施建设项目计划（草案）》和《非农业建设项目用地计划》《全区农业产业化项目计划》。1998年完成《眉山地区社会事业跨世纪发展战略》。2000年，编制《眉山地区实施西部大开发项目计划》，涉及项目144个，投资总额220.53亿元，有16个项目挤进国债盘子。

2003年，完成《眉山市中心城区文化、旅游、休闲业规划与发展策略》编制。2009年，眉山市整合灾后重建与扩大内需项目，形成《眉山市及5区县汶川特大地震灾后恢复重建项目规划》。完成全市《统筹城乡发展工作实施方案》。市发改委、市畜牧局编写《眉山市优质商品猪战略保障基地建设实施意见》。2010年，编制完成《眉山市区域性综合交通规划》，按照铁、公、水并举，重点规划建设“四横八纵”铁路网、“三横五纵”高速路网、“四箭齐发”为主的18条干线公路网，建设成都城市群1小时经济圈。重点修编完善眉山市区域性综合交通规划，补充城市干道及城市轨道交通内容，统筹布局交通项目线路走向、站点设置、功能定位等。争取成都支持，补充规划建设成都境内相关路段和接口，搞好全市重大综合交通规划项目与成都市交通规划、成都天府新区和成都新机场相关规划紧密的衔接。编制完成东坡区、仁寿县全国新增1000亿斤粮食生产能力四川省实施规划2010—2012年实施方案。2011年，编制全市“十二五”水利发展规划、“十二五”农业农村发展规划、“十二五”农村饮水安全工程规划、“十二五”第一批农村饮水安全实施方案、区域卫生规划(2011—2020年)。

2012年，编制2011—2016年眉山市“文化立市”战略事业类、产业类项目一览表。其中事业类项目47个，总投资48.77亿元，产业类项目35个，总投资384.2亿元。眉山市博物馆项目列入全国地市级公共文化设施建设规划，规划面积6000平方米。

第二节 国民经济综合管理

一、经济运行情况

1997 年，眉山地区地区生产总值 104.5 亿元，地方财政收入 4.41 亿元，其中财政地方一般预算收入 4.01 亿元，农民人均纯收入 1778 元，全社会固定资产投资 247.47 亿元，社会消费品零售总额 32.8 亿元。2000 年，全区地区生产总值 124.8 亿元，地方财政收入 4.44 亿元，其中财政地方一般预算收入 4.2 亿元，农民人均纯收入 2109 元，全社会固定资产投资 372.24 亿元，社会消费品零售总额 40.06 亿元。

2005 年，眉山市地区生产总值 245.07 亿元，地方财政收入 8.07 亿元，其中财政地方一般预算收入 7.08 亿元，城镇居民人均可支配收入 7707 元，农民人均纯收入 3284 元，全社会固定资产投资 130.33 亿元，社会消费品零售总额 73.47 亿元。2010 年，全市地区生产总值 552.25 亿元，地方财政收入 53.18 亿元，地方财政一般预算收入 24.69 亿元，城镇居民人均可支配收入 14644 元，农民人均纯收入 5942.5 元，全社会固定资产投资 420.26 亿元，社会消费品零售总额 180.28 亿元。

2012 年，眉山市地区生产总值 775.22 亿元，地方财政收入 111.85 亿元。其中地方财政一般预算收入 48.81 亿元，农村居民人均纯收入 8236 元，全社会固定资产投资 601.72 亿元，社会消费品零售总额 247.82 亿元。

眉山市 1997—2012 年主要经济指标（绝对值）统计表

表 17-1

主要指标	单位	1997 年	1998 年	1999 年	2000 年	2001 年	2002 年	2003 年	2004 年	2005 年	2006 年	2007 年	2008 年	2009 年	2010 年	2011 年	2012 年
总数	亿元	104.50	112.80	118.30	124.80	133.50	147.90	171.80	210.40	245.00	280.83	343.75	412.70	465.30	522.25	673.30	775.22
第一产业	亿元	40.77	41.87	41.62	41.52	41.45	41.92	44.91	59.21	64.66	67.50	84.55	97.71	97.55	103.80	121.40	135.90
第二产业	亿元	36.28	39.05	41.68	44.91	48.06	57.30	71.57	89.66	113.1	137.09	169.32	212.40	236.70	303.31	379.60	443.30
第三产业	亿元	27.45	31.89	34.97	38.37	44.00	48.67	55.31	61.49	67.30	76.20	89.88	102.60	131.10	145.14	172.30	195.90
人均地区生产总值	元	3259	3509	3680	3879	4189	4690	5517	6836	8012	9202	11340	13691	15508	—	22433	25841
固定资产投资额	亿元	24.75	31.50	36.20	37.22	39.61	51.20	85.97	113.30	130.30	159.70	211.65	246.60	370.90	420.26	451.20	601.72
居民消费价格指数	%	100.20	98.17	97.68	99.20	102.70	101.20	101.90	105.60	—	—	—	105.20	101.20	—	105.70	102.70
社会消费品零售总额	亿元	32.71	34.72	37.13	40.06	43.64	48.21	55.39	63.52	73.47	84.80	100.03	121.40	152.70	180.28	213.00	247.82
实际到位内资	亿元	—	—	—	—	13.10	22.72	34.75	44.60	59.40	81.00	141.80	143.40	271.00	320.00	—	—
外贸出口总额	万美元	540	1700	1106	740	1260	1304	2427	11670	12370	11300	11500	6544	7715	9048	13577	19457
实际利用外资	万美元	—	—	1000	1334	1031	1570	1929	1772	1576	1842	10622	15534	15400	13600	16600	20102
农民人均纯收入	元	1778	1956	2041	2109	2194	2329	2497	2970	3284	3567	4139	4754	5135	5942	7184	8236
城镇登记失业率	%	—	—	4.8	4.0	4.2	—	4.1	4.4	4.4	4.3	4.3	4.4	≥4.4	4.3	<4.4	<4.4
人口自然增长率	‰	3.58	3.15	3.90	3.07	1.10	1.38	1.60	1.26	1.65	1.34	1.65	1.67	1.73	2.15	2.18	3.13
地方财政一般预算收入	亿元	4.00	4.33	4.59	4.19	4.28	4.60	5.65	6.49	7.08	8.53	11.93	14.61	18.44	24.69	72.10	111.85
粮食总产量	万吨	168.9	170.6	171.1	168.6	151.5	156.5	152.9	160.6	166.4	163.4	170.1	171.5	174.7	—	179.8	181.4
万元 GDP 能耗	吨标煤	—	—	—	—	—	—	—	—	2.16	2.10	2.01	—	—	—	—	—
单位工业增加值能耗	吨标煤	—	—	—	—	—	—	—	—	—	4.95	—	—	—	—	2.97	2.64
城镇化率	%	15.60	16.70	17.50	18.70	19.80	21.20	22.40	23.50	26.00	27.50	29.30	31.10	34.10	—	35.77	37.57

二、农村经济发展管理

1997 年，眉山地区争取农业项目资金 345 万元，其中东风渠五期工程资金 100 万元、仁寿洪峰水库 100 万元、黑龙滩水库渠系配套资金 75 万元、眉山县商品粮基地建设 70 万元。1998 年起，全区大力发展农村沼气。眉山县、洪雅县、丹棱县、青神县以粮代赈工程等项目相继列入国家或省投资计划。实施黑龙滩水库除险加固整治，岷江堤防整治，通济堰节水整治，仁寿县、眉山县、青神县岷江流域及洪雅青衣江流域水土保持工程等项目列入国家或省投资计划。岷江流域水土保持治理工程（仁寿）、黑龙滩水库整治工程列入国家计委基础设施重点项目建设。仁寿生态工程项目列入国家或省投资计划。2000 年，地区编制《实施西部大开发项目计划》，涉及项目 144 个，投资总额 220.53 亿元，16 个项目进入国债计划。至 2000 年年底，全区争取天然林保护工程、退耕还林工程、林业血防工程等项目补助资金 1.2 亿元。

2003 年，眉山市争取上级农村能源建设补助资金 5875 万元。2005 年，丹棱县党仲水库、黑龙滩水库灌区双马水库两个市级重点建设项目开工建设；梅湾水库枢纽除险加固项目通过省上立项审批。2006 年起，全市向中央、省争取畜牧业补助资金，推进现代畜牧业发展和建设，促进生猪和奶牛养殖标准化和规模化。投资 9716 万元，实施农村饮水安全工程，解决 26.34 万人饮水安全问题。洪雅县中保镇史华村进入全省首批新农村建设试点村，补助省预算内资金 100 万元。2007 年，眉山市被列为全省建设现代畜牧业试点市，争取到项目中央补助资金 1450 万元。仁寿县被列为安全饮水试点县。2008 年，丹棱县被列为全省生态建设示范县和国家级农村生态文明家园建设示范县。争取到农业项目补助资金 1.97 亿元，带动农业投入 4.62 亿元。2010 年，东坡区、仁寿县纳入全国新增 1000 亿斤粮食生产能力四川省实施规划，编制 2010—2012 年实施方案，项目总投资 3.96 亿元（东坡区 1.48 亿元、仁寿县 2.48 亿元），解决全市 31.09 万人安全饮水问题。2011 年，实施 36.17 万农村居民饮水和 3.56 万农村学校师生饮水问题。2012 年，仁寿县实施“一洞五厂六线全域供水”工程，实现农村供水城市化、城乡供水一体化目标。洪雅县被列为全国生态文明示范试点县；青神县被列为西部农民创业促进工程试点县。

1997—2012 年，眉山市争取到中央、省农业项目补助资金约 26 亿元，实施农村经济发展、民生改善和新农村建设。其中农村饮水安全项目涉及总投资 8.31 亿元（中央 6.26 亿元），解决 183.46 万人农村饮水安全问题；畜牧业涉及总投资 2.83 亿元（上级补助 1.7 亿元）；建成农村户用沼气池 8.54 万口，投资 1.97 亿元（中央 9400 万元）。

三、社会事业发展管理

1997 年起，四川省向眉山地区下达社会事业资金。2001 年，眉山市向四川省争取卫生国债资金 500 万元建设市中心血站。争取教育国债资金 240 万元，改造中小学危房。2002 年，眉山一中高中扩招、仁寿县一中创国家示范高中建设等项目批准立项。全市实施 8 所中小学危房改造国债项目。瓦屋山景区旅游基础设施项目立项，争取资金 1500 万元。2004 年，争取眉山市传染病医院 2112 万元、眉山市紧急救援中心 265 万元。仁寿县第二高级职业中学教学实验楼到位国债资金 250 万元，中小学危房改造到位省财政预算内资金 530 万元。市级及东坡区、仁寿、青神、洪雅 4 个县级疾病预防控制中心和瓦屋山基础设施建设项目竣工。

2009—2010年，眉山市卫生项目争取资金9260万元，其中眉山市中医院1400万元、仁寿县人民医院2150万元、仁寿县中医院2200万元、洪雅县人民医院2150万元。校安工程争取资金7093.5万元。2011年，全市卫（计）生系统争取项目总投资1.32亿元。建设东坡区人民医院、仁寿县精神病医院、丹棱县人民医院、眉山市精神病医院。教育系统争取中央及省专项资金3135万元。基层就业和社会保障争取到位项目总投资1283万元。2012年，眉山市争取到位卫生社会事业项目137项、总投资1.4亿元，教育系统争取中央及省专项资金项目11项、总投资3771万元，养老和社区服务项目4项、总投资5655万元。中央追加项目15个、总投资5670万元（中央预算内投资3900万元）。编制2011—2016年眉山“文化立市”战略事业类、产业类项目82个、总投资432.97亿元（事业类项目47个48.77亿元、产业类项目35个384.2亿元）。当年，眉山市博物馆项目列入全国地市级公共文化设施建设规划，规划面积6000平方米。

1997—2012年，眉山市争取到社会事业项目中央预算内补助资金7.53亿元，省预算内补助资金2911万元，主要包括教育、体育、文化、卫生、计生、旅游、养老、就业等行业。其中校安工程资金1.22亿元。

四、统筹城乡发展管理

2006年起，眉山市加大农村土地开发综合整治。开展“金土地工程”和城乡建设用地“双挂钩”试点，彭山县建立土地开发整理专项资金。2007年，彭山县确定为全省统筹城乡经济社会发展试点县，东坡区确定为市级试点区。2008年，统筹城乡发展纳入眉山市“十二五”经济社会发展规划。至2009年，全市农业与非农产业增加值结构由2008年的26∶74调整为21∶79。工业化由初期迈入中期，初步具备以工促农、以城带乡能力。粮食总产量174.9万吨，连续6年增产；农民人均纯收入5135.7元，居全省第5位。特色效益农业蓬勃发展。启动泡菜产业园区建设，眉山成为全省泡菜主产区。畜牧业产值占农业总产值的60%。奶牛存栏5.89万头，奶产量15.5万吨，成为西南地区最大的奶业生产加工基地。主要畜禽规模化养殖占总量的43%以上，良种化水平90%以上。农业产业化稳步推进，食品和木竹加工产业规模以上企业200余户，销售收入160亿元以上；“一村一品”专业村400个，有农民专合经济组织842个。全市村村通公路硬化率65%，农村电网改造率90%，农村安全饮水率60%，农村有效灌面93%。农村社会事业体系逐步建立。新型农村合作医疗全覆盖，参合率96.5%，农村义务教育全部实行“两免一补”，农村广播电视覆盖率93%。建立城乡一体化的劳动力市场和公共就业服务体系，促进城乡居民充分就业。洪雅县成为国家级生态县，丹棱县成为全国生态家园试点县。城乡建设累计投入188.34亿元，非农劳动力就业比重由35.9%增至39.2%，城镇化率由29.3%增至34.1%。全市农村土地流转面积3万公顷，占总承包面积的17%；承包地规模经营总面积2.07万公顷，土地规模经营率11.81%，水果、蔬菜、茶叶等特色效益农业基地长足发展。全市农村建设用地完成核权颁证，在丹棱县开展集体建设用地使用权流转试点。完成土地开发整理项目38个，投入资金3.77亿元，整理土地2.13万公顷、新增耕地2627公顷。全市城镇人口113.2万人，眉山中心城区建成面积26.2平方千米。

2011年，眉山市统筹城乡产业发展，促进城乡基本公共服务均等化，推进农民向城镇和新村集中、工业向园区集中、土地向规模经营集中，逐步建立城乡一体的管理体制和运行机制。2012年，探索眉山特色的“以城为主、统筹城乡，以工为主、统筹城乡，以农为主、统筹城乡，以游为主、统筹城乡”四种模式，推动农民向城市居民、产业工人、农业业主、三产经营者转变。

第三节　综合交通发展管理

一、综合交通体系规划

2009 年，眉山市委、市政府做出《关于积极融入西部综合交通枢纽掀起交通建设新高潮的决定》。2010 年，编制完成《眉山市区域性综合交通规划》（以下简称《规划》）。《规划》确定眉山市综合交通建设定位为“建成西部综合交通枢纽的重要节点城市，争取建成成都主枢纽的重要组成城市”，建设思路为“突出南北向，加强东西向，完善内环网，建设大交通”，建设目标为“融入主枢纽，对接次枢纽，建成节点，内通外畅”，全市综合交通规划布局体系基本形成。之后，眉山市对《规划》不断补充、完善。综合交通体系按照铁、公、水并举，重点规划建设“四横八纵”铁路网、“三横五纵”高速路网、“四箭齐发”为主的 18 条干线公路网，建设成都城市群 1 小时经济圈。重点修编完善眉山市区域性综合交通规划，补充城市干道及城市轨道交通内容，统筹布局交通项目线路走向、站点设置、功能定位等。争取成都支持，补充规划建设成都境内相关路段和接口，搞好全市重大综合交通规划项目与成都市交通规划、成都天府新区和成都新机场相关规划的紧密衔接。做好市内干线公路和快速路、高速公路、轨道交通、岷江航运等交通通道之间节点研究，实现不同交通方式的合理衔接，提高综合运输效能，搭建产业发展平台。《规划》目标是，2010—2030 年，眉山市交通基础设施建设，总投资 740 亿元，其中 2010—2015 年，投入 523 亿元。全市新增铁路 395 千米，总里程达到 450 千米，增长 7 倍；新增高速公路 391 千米，总里程达到 464 千米，增长 5 倍，形成水陆空并举、内通外畅的综合交通新格局。

“十二五”期间，眉山规划建设“四横八纵”［川藏铁路成康段、连汪燕铁路、眉山至简阳城际铁路、遂资眉雅铁路；成昆铁路、成绵乐铁路、成昆铁路扩能改造工程、雅眉乐铁路、蒲丹洪市域铁路、天府新区轨道交通 K2（TF5）眉山支线（双流黄龙溪—眉山主城区）、K3（TF1）仁寿延伸线（双流大林镇—仁寿县城）以及 TF6 延伸线（新津邓双—彭山青龙镇）］轨道交通网、“三横五纵”高速公路网，形成由国、省、县 18 条干线公路［省道 106 线、省道 103 线、国道 213 线、“四箭齐发”项目（工业大道、滨江大道、岷东大道、天府仁寿大道）、眉山绕城快速路、洪雅至峨眉山旅游快速路、成都站华路南延线、红星路南延线等］组成的纵横交错干线路网，规划建设 7 个梯级的岷江航电工程和彭山、眉山、青神 3 个水运港口。力争通过 5 年左右时间，在眉山城区与区县已实现半小时互通基础上，形成内通外畅、层次分明、功能互补的综合交通体系，形成“大交通、大口岸、大物流”的格局。通过（城际）铁路，眉山到成都东客站 18 分钟，到双流机场 15 分钟，到乐山 18 分钟，到重庆 90 分钟，到西安、贵阳 3 个小时。力争通过 5 年左右时间，在眉山城区与区县已实现半小时互通基础上，进一步实现眉山到周边次枢纽和节点城市 1 小时互通。进一步实现眉山到周边次枢纽和节点城市 1 小时互通。实现县县通高速、县县有铁路、县县多高等级通道。

二、综合交通建设

2009年起，眉山市掀起综合交通建设高潮。2010年，全市纳入考核的23个重点综合交通项目，完成投资53.5亿元，占全社会固定资产投资的13.01%。

2012年，全市开展综合交通大会战，市委、市政府明确目标、组织攻坚、加强协调、强化落实。眉州大地上万人的建设大军参与交通建设，呈现宏大施工场面。征地拆迁、安置补偿、项目协调、建设推进等各项工作整体平稳推进。

2010—2012年，全市实施重点综合交通项目56个，完成投资196.75亿元，每年增长10%以上，每年投资额占全社会固定资产投资总额10%以上，保持强劲增长态势。完成1条高速公路建设、1条物流园区铁路专用线建设、4条干线公路改造，1338千米县乡村道建设。

第四节　能源建设

一、电力设施建设

2007年，眉山市实施农网完善工程资金计划，投入2501万元。提高户表改造率，解决农网低压台区问题，排除安全隐患。落实“户户通电”投资计划资金368万元，工程涉及5个区县，67个乡镇、360个行政村、农户1037户。全市945户无电农户实现通电。全面启动岷江航电规划，初步形成岷江干流水电和航运规划中间成果报告。瓦屋山电站工程完成蓄水安全鉴定、大坝工程等审查和验收。向省发改委申请核准金龙、枣树、兰店等14个输变电站工程建设项目，取得10个项目批复。2008年，优化农村电网结构。落实农网完善资金2680万元，建设10千伏线路82千米，10千伏配电变压器130台，低压线路560千米，改造农户3700户。整改危及安全高低压线路，排除安全隐患。完善110千伏电网网架。钟祥、灵石、黑龙、籍田4个110千伏输变电工程建设项目立项。落实城网建设和改造工程资金8248万元。推进眉山500千伏变电站建设。《岷江干流（眉山至乐山大渡河汇口段）航电规划报告》通过评审。航道规划按照四级航道标准确定通航能力，自上而下依次规划江口、尖子山、汤坝、张坎、季时坝、虎渡溪、汉阳、板桥8个梯级电站，总装机容量35.2万千瓦。其中眉山市7座，装机容量29.8万千瓦。收集编报全市电力扩大内需项目28个，总投资5.65亿元。启动电力设施灾后恢复重建，编制《眉山市电力设施恢复重建规划》，全市恢复重建项目总投资2289.09万元，恢复10千伏线路187千米，低压线路488.23千米，修复电力设施生产用房总面积5700平方米。

2009—2012年，眉山市争取农网中央预算内资金1.12亿元，升级改造农网。岷江干流（彭山江口至乐山岷江三桥段）虎渡溪和汉阳航电工程项目规划获得省发改委批复，完成汉阳、汤坝航电工程项目核准和开工建设，加快虎度溪、江口等航电工程前期工作。调整全市“十二五”电力建设规划。组织验收考评青神新农村电气化县建设工作，达到新农村电气化县标准（B类），实现规划建设分阶段目标，并通过省能源局考评验收。

二、生物质能产业发展

2007 年，眉山市整合优势资源，发展生物质能产业。确定年产 10 万吨燃料乙醇项目、洪雅蒙牛现代牧场有限公司大型沼气发电示范项目、眉山市凯迪绿色能源开发有限公司生物质发电项目、丹棱县东升建筑工程公司生物质固化成型燃料项目 4 个。

三、石油天然气发展

2009 年，市发改委编制并印发《眉山市压缩天然气保障应急预案》。2010 年，编制《眉山市城区加油加气站布点规划》，规划中心城区“十二五”期间新增压缩天然气加气站 5 座，经市政府批准实施。加快佳程燃气有限责任公司压缩天然气加气站和中石油压缩天然气加气站建设。加强压缩天然气加气站、改装厂、天然气汽车安全监管，推进清洁汽车产业健康发展。2011 年，搞好压缩天然气加气站安全监管。检查全市压缩天然气加气站安全情况，发现问题，落实措施整改。

第五节　产业发展管理

一、工业发展管理

2005 年，编制《眉山市“十一五”省重点项目规划》，项目 287 个，计划总投资 865.6 亿元，“十一五”规划完成投资 597.7 亿元。按照“抓项目、抓进度、抓落实、抓资本”思路，以重点建设为主导，引导和利用民间投资，围绕国家投资重点和导向，实施一批重大骨干项目。全年安排市重点建设项目 51 项，总投资 124 亿元。2007 年，全市重点建设项目 50 个，总投资 157.7 亿元，当年计划投资 60.6 亿元。核准外资、合资企业 6 户，总投资 8002 万美元。办理确认书 4 件，为企业减免税费 220 万美元。办理工业项目 30 个，总投资 72 亿元。完成备案、核准和转报项目 40 个，总投资 74.29 亿元。

2010 年，市委、市政府制定《眉山市产业园区“十二五”发展规划》（以下简称《规划》），《规划》在全市形成四大类 42 个产业园区，在“7+3+1” 11 个工业产业园区基础上，筛选、培育已初具规模且发展潜力大的产业集群，规划新增 9 个工业产业园区、9 个农业产业园区、10 个旅游产业园区和 3 个物流产业园区。在产业基础较好，具有一定集中度和发展前景，但又不具备设立产业园区，规划发展 25 个产业点、19 个农业观光园区。实施《四川眉山经开区、眉山铝硅产业园区和眉山金象化工产业园区“政园合一”方案》。全年申报工业中小企业技术改造项目、重点产业振兴和技术改造项目、农网改造项目、空白乡镇邮政所建设项目。争取资金 1.75 亿元。

2011 年，市发改委牵头起草《眉山市“十二五”农产品精深加工产业发展规划（2011—2015 年）》，规划建设食品饮料、竹木制品项目 31 个，总投资 81.5 亿元，其中食品饮料项目 26 个、投资 31.5 亿元，竹木制品 5 个，投资 50 亿元。眉山市泡菜质量检测中心项目，获得国家服务业补助资金 160 万元。2012 年，制订《眉山市七大产业推进工作方案》。推进重大工业建设项目。为 6 家企业争取 8000 万余元战略性新兴产业发展专项资金，争取空白乡镇邮政局（所）补建资金 64 万元，省预算内基本建设投资资金 150 万元。

二、第三产业发展管理

2006年，市委、市政府作出《加快第三产业发展的决定》，提出市场准入、税费、就业、土地、人才、激励、政务、保障8个方面具体政策意见。当年，眉山市第三产业增加值实现76.2亿元、列四川省排第14位，社会消费品零售总额84.82亿元、列四川省第15位，接待旅游人数507.7万人，旅游总收入20.04亿元。分别比2005年增长11.2%、15.5%、11.9%、41.1%。2007年，市委、市政府制订《关于加快发展现代服务业实施方案》，完善旅游业发展政策。每年将投资上1000万元的三产服务业项目作为重点项目管理，督促进度、协调解决建设中的问题，促进项目投资的快速发展。当年，全市第三产业增加值89.88亿元，列全省第三位。2008年，市委、市政府下发《关于扩大内需繁荣城区第三产业的意见》，市政府下发《关于加快服务业发展的意见》《关于促进房地产市场健康发展的意见》，落实一系列三产服务业扶持和优惠政策。当年，全市第三产业增加值102.6亿元，列全省第三位。2011年，市委、市政府制订《眉山市第三产业"十二五"发展规划》《关于加快旅游三产服务业发展优化经济结构的决定》。全年全市第三产业增加值172.33亿元，列省第一位。眉山市第三产业发展步入快车道。

2012年，眉山市第三产业增加值195.98亿元，列全省第一；社会消费品零售总额247.82亿元；接待国内外游客1560万人次；旅游总收入110.2亿元，86个市级三产服务业重点项目投资130亿元。三产服务业投资速度超过一产和二产投资速度，三产服务业投资占全社会投资的45%以上，成为全市投资重要支撑。

眉山市2006—2012年第三产业发展项目情况统计表

表17-2

年份	第三产业增加值（亿元）	社会消费品零售总额（亿元）	年接待国内外游客（万人）	旅游总收入（亿元）	市级三产重点项目投资（亿元）
2006	76.20	84.82	507.70	20.04	—
2007	89.88	100.30	531.82	26.12	33.20
2008	102.60	121.00	—	—	21.00
2009	131.05	152.70	—	46.80	30.70
2010	145.00	171.00	—	64.70	61.40
2011	172.33	212.99	—	—	62.98
2012	195.98	247.82	1560.00	110.20	130.00

第六节　项目投资管理

眉山市每年编制年度固定资产投资计划、重点项目计划，建立重大项目储备制度，实施以重点项目带动固定资产投资发展战略。对重点项目实施进行跟踪检查、分析和协调，建立重点项目挂钩联系责任制度，促进项目投资的快速发展。

一、固定资产投资项目建设

1997 年，眉山地区全社会固定资产投资 24.75 亿元，此后，逐年增长。2003 年增至 85.97 亿元。

2004 年起，眉山市规范项目建设程序。加强扩大内需、灾后重建以及工程领域突出问题治理监督检查，全市政府投资项目按照“发展规划、项目储备、项目建议书或可行性研究报告、初步设计、施工图、编制预算清单、财政评审、招投标、开工建设”等基本建设程序执行。全社会固定资产投资规模逐年扩大，当年达到 113.27 亿元。

2005 年，市发改委制订《眉山市市级政府投资工程项目管理暂行办法》，并以《加快眉山发展若干重大问题决定》的配套文件印发。2006 年，市政府印发《眉山市政府投资建设项目代建制管理办法（试行）》，寻找合适项目试点，推行代建制。2007 年，市委印发《眉山市市级政府投资工程项目管理办法》。2008 年，实行政府投资建设工程项目投资财政评审制度，制定《关于进一步规范市级财政性资金审批管理的意见》，减少投资随意性。印发《眉山市市级政府投资建设重大项目公示试行办法》，推行重大项目公示制，符合条件的项目在全市指定媒体上公示。2009 年，市政府印发《眉山市政府投资建设工程项目立项管理办法》《眉山市市级重点政府投资工程建设项目结算公示试行办法》《眉山市关于进一步加强党政机关办公楼审批管理的通知》，进一步规范政府投资项目决策机制，严禁违规审批建设党政机关办公楼。明确投资 50 万元以下、50 万元以上、200 万元~500 万元（含 500 万元）、500 万元以上的政府投资项目审批程序和办法，从源头减少违规行为。市委办、市政府办印发《关于全力抓好项目投资开门红的紧急通知》，明确有关建设项目减费和财政补贴办法。

2010 年，眉山市实行年度计划制度，不再上会决策，简化立项程序，缩短立项审批时间，提高效率。2011 年起，政府投资项目实行年度计划。市级各单位（部门）每年 9 月底前，申报次年项目计划，逐级审查后报市委、市政府审定。列入年度计划投资的项目，不再上会决策，由市发展和改革委办理立项。2012 年，市委办、市政府办印发《2012 年全市重点项目推进工作方案》，加强全市重点项目工作的领导、统筹和服务。市政府办印发《眉山市重点项目建设推进不力问责办法》，明确对省市重点项目因政府部门政务服务低效、外部建设环境恶劣等原因造成重点项目不按期开工、建设进度滞后、不按期竣工的，给予重点项目建设推进有关的各级行政机关、公共企事业单位及其工作人员问责处置。当年，全市全社会固定资产增至 601.72 亿元，是 1997 年的 24 倍。市级政府投资项目 170 个，估算总投资 255.3 亿元，2012 年计划投资 79.2 亿元。全市投资规模达到较高水平。

1997—2012 年，眉山市全社会固定资产投资完成 3012 亿元。

眉山市 1997—2012 年全社会固定资产投资情况表

表 17-3　　单位：万元

年份	固定资产投资	第一产业	第二产业	第三产业	基本建设投资	更新改造投资
1997	247466	—	—	—	85543	18698
1998	314963	—	—	—	153888	26625
1999	361636	—	—	—	178649	32645
2000	372240	—	—	—	184244	23526

续表17-3

年份	固定资产投资	第一产业	第二产业	第三产业	基本建设投资	更新改造投资
2001	396080	—	—	—	157011	48843
2002	511951	—	—	—	258197	52260
2003	859722	—	—	—	400211	151328
2004	1132662	—	—	—	616348	268556
2005	1303306	—	—	—	694520	347904
2006	1597186	—	—	—	900450	419447
2007	2116493	—	—	—	1169180	537220
2008	2466000	34.95	143.23	68.41	129.07	62.12
2009	3708600	17.48	200.55	152.85	195.57	98.84
2010	4202600	14.73	219.84	185.69	210.51	127.46
2011	4512000	2.00	235.3	204.00	208.10	163.20
2012	6017200	33.60	299.13	289.27	320.27	190.61

二、项目资金争取

1997年起，眉山地区向上级争取建设项目资金。加强农村基础设施、城市基础设施、教育、卫生等薄弱环节建设，带动和促进全区经济社会协调发展。围绕“两化”互动、统筹城乡总体战略，加强酝酿、储备、论证“两化”互动、统筹城乡的项目，重点申报城市和重点小城镇基础设施建设、政法基础设施建设等项目。每年争取上级项目资金。

2008年，眉山市抓住“5·12”汶川特大地震灾后恢复重建和扩大内需机遇，全市掀起扩大内需跑项目、争资金、保增长热潮。全年争取资金5.42亿元（中央预算内资金5.31亿元、省预算内资金0.11亿元）。其中中央2008年新增扩大内需项目19个、到位资金2.5亿元。2012年，围绕“两化”互动、统筹城乡总体战略，加强酝酿、储备、论证“两化”互动、统筹城乡的项目，重点申报城市和重点小城镇基础设施建设、政法基础设施建设等项目。全年争取资金7.81亿元（中央预算内资金7.41亿元、省预算内资金4028万元）。

1998—2012年，全市向上争取项目资金52.93亿元（中央51.2亿元、省1.73亿元）。

眉山市1998—2012年争取到位资金统计表

表17-4　　单位：万元

年份	小计	中央预算内资金	省预算内资金	年份	小计	中央预算内资金	省预算内资金
1998	4317	—	—	2003	19586	—	—
1999	10488	—	—	2004	19637	—	—
2000	19944	—	—	2005	17621	—	—
2001	29387	—	—	2006	30123	—	—
2002	39166	—	—	2007	27850	—	—

续表17-4

年份	小计	中央预算内资金	省预算内资金	年份	小计	中央预算内资金	省预算内资金
2008	54140	53069	1072	2011	54548	49498	5050
2009	46675	44265	2410	2012	78117	74089	4028
2010	77654	72958	4696	—	—	—	—

三、招投标管理

2008年，眉山市按照“政府引导市场、市场公开交易、交易规范运作、运作统一管理”总体思路，整合集中交易平台，分立招投标管理权、监督权、执行权等措施，成立集工程建设招投标、土地（矿权）出让、政府采购、国有产权出让“四位一体”的公共资源交易中心。2009年，市招管办在市交易中心设立窗口，管理进入市交易中心的工程建设项目招投标。建立招监委联席会议制度，各招投标行政监督、管理部门定期作经验、信息、案件查处交流，促进工作开展，形成长效机制。招管办、交易中心、招监办理顺决策协调、日常管理、行政监督和具体操作的关系，形成管理权、执行权、监督权既相互协调又相互制约的“三权分立”招标投标监管组织体系。市政府印发《市公共资源交易中心工程建设项目招标投标工作流程（试行）》《眉山市市级政府投资工程建设项目新增不可预见工程和突发工程管理暂行办法》《眉山市国家投资工程建设项目招标投标不良行为处理暂行办法》《眉山市市级政府投资工程项目立项暂行管理办法》，招管委制发《进入市公共资源交易中心招标投标活动规范文本》，制定《眉山市市级政府投资项目新增不可预见工程和突发工程管理联席会议制度实施细则的通知》，建立新增工程、不可预见工程变更管理联席会议制度。全市项目建设从规划、可研、立项到招投标、施工、结算，形成既规范又简化的流程，保障各级各部门严格依法有序监管。2010年，制定《眉山市国家投资工程建设项目压证施工管理办法》，工程建设项目压证后发放施工许可，合同标的主体工程完工后退还，防止挂靠投标、转包和违法分包行为。至年底，市公共资源交易中心完成交易项目346项，总投资额34.11万元，中标金额27.92亿元，节约资金6.17亿元，节支率18.08%。

2011年，制定《眉山市政府投资工程建设项目招标投标活动现场监督管理办法（试行）》。强化现场监督人员对递交文件、专家抽取、评标行为等12项监督职责，以及市公共资源交易中心对签到登记、受理文件、移送资料等11项管理职责，推进政府投资工程建设项目监管向纵深发展。2012年，制定《眉山市市级政府投资工程建设项目固定价比选操作规程》《市级政府投资项目前期工作操作办法》《眉山市政府投资项目承包商名录库管理办法》《政府投资工程电子招标投标管理暂行办法》《眉山市市级政府投资项目立项管理办法》《眉山市市级政府投资工程建设项目新增不可预见和突发工程管理办法》《眉山市国家投资工程建设项目投标人不良行为处理办法》，进一步规范市级政府投资项目范围、年度计划、立项审批、新增工程处理、投标人不良行为等招投标行为。核准公开招标的国家投资工程建设项目86个；办理符合招标确认项目120个；完成招标比选项目146项，总投资18.96亿元，中标金额15.46亿元，节约投资3.49亿元，平均节资率18.45%；参与现场监督80余项次；合同备案52个。

四、重点项目管理

2006年起，眉山市实施以重点项目带动固定资产投资发展战略。当年，明确市级重点项目标准为工业项目1亿元以上，非工业项目3000万元以上。2008年，将重点项目门槛调为总投资1亿元以上且当年投资3000万元以上的项目。2012年，市政府实行每两月一次项目集中开工。主会场与分会场同时举办，每次明确一个区县或园区作为全市重点项目集中开工仪式主会场，由市委、市政府与区县（园区）共同主办。其他区县、园区作为分会场。全年举办全市重点项目集中开工仪式4次，开工总投资1000万元以上项目256个，总投资489.02亿元。其中，投资亿元以上项目43个，总投资256.11亿元；投资10亿元以上特别重大项目5个，总投资125亿元。

洪雅县雅森200万吨干法水泥二期建设项目开工典礼（摄于2009年3月）

眉山市2006—2012年重点项目投资情况表

表17-5

年份	项目总数（个）	计划总投资（亿元）	当年完成计划投资（亿元）	新建项目数（个）	亿元以上项目数（个）	10亿元以上项目数（个）	当年全社会投资目标（亿元）	重点项目占全社会投资比（%）
2006	42	98.90	33.37	29	20	3	159.72	20.90
2007	73	309.88	84.06	43	54	6	211.65	39.70
2008	55	392.22	60.32	48	55	8	246.60	24.50
2009	109	685.57	150.00	72	109	14	370.86	40.40
2010	90	876.07	161.43	33	90	14	410.00	39.40
2011	85	1081.20	157.80	45	85	16	450.00	34.97
2012	101	1085.80	197.69	49	101	19	600.00	32.90

五、部分重点项目简介

“两宋荣光”眉州大道改造工程项目　道路全长16.2千米，建设内容包括市政、交通、园林景观、桥梁、建筑、亮化等，总投资13.86亿元，为眉山市建立以来投资最大、类别最多的市政项目。项目逼真再现眉山两宋辉煌、诗书千载的深厚文化底蕴，为眉山市标志性景观文化大道。2012年开工建设。

IBM和IT及电商产业园项目　项目占地1412亩，投资105.3亿元，集生态公园、网贸产业、IT产业和电子商务产业为一体，是产城一体典型代表。其中IBM卓越云计算中心投资5.3亿元，是西南地区唯一电子商务物流集散平台；西南IT产业园到2014年年底集聚软件代表企业20余家，建成涵盖6万平方米的研发中心，4万平方米的教育培训中心、展示中心和配套设施的IT产业总部基地；

电商产业园集聚10家以上年销售额1亿元以上的大型电商企业，建设9万平方米平行仓、5万平方米电商实体店、专业产品体验店等，争取小型电商及从业者5000人以上。2012年开工建设。

亚马逊（眉山）电子商务运营中心建设项目　2012年落户眉山经开区新区并开工建设。总投资12亿元，占地150亩，建筑面积30.2万平方米，是亚马逊中国第二大电子商务运营中心。年销售收入60亿元，年上缴税收2亿元，提供就业岗位2500个。

瑞能多晶硅项目　四川瑞能硅材料有限公司成立于2007年8月，占地1274亩，职工900余人。是英国、美国两地上市公司（昱辉阳光公司）的全资子公司，昱辉阳光公司下辖浙江昱辉、江苏佳诚、四川瑞能等多个实体，已形成从多晶硅到太阳能电池组件的一体化产业链。单晶硅片产量位居世界第一，硅片产量位居世界第三，是中国最具活力和发展潜力的太阳能企业之一。四川瑞能公司的多晶硅生产关键设备从德国、美国引进，使用世界先进的大还原炉节能技术、德国氢化技术、美国干法回收技术等，获得国际国内专利技术20余项，国家专利成果10余项。2012年，实现多晶硅产量3440吨，销售收入9.6亿元，上缴税金1025万元，是四川省唯一达产超产的多晶硅企业。

启明星电解铝项目　启明星铝业有限责任公司成立于2001年11月，是由四川省电力公司、山东鲁能集团等投资建设的大型股份制企业。公司主要从事电解铝、阳极和其他高新技术产品的研发生产，主要生产电解铝锭、合金铝锭、阳极等系列产品。公司电解铝项目引进GY300KA特大型预焙阳极电解槽等15项国际先进设备，采用氧化铝吸附干法净化、电流强化、大电流开关和双平衡控制等32项国际先进技术。能源物料消耗、经济技术指标和环保指标均处于国内先进水平。公司花园式工厂获得中国建筑行业最高荣誉“鲁班奖”，建有省级企业技术中心和国家级实验室，通过ISO 9001、ISO 14001、OHSAS 18001、ISO 10012标准化认证，获得全国五一劳动奖章、全国创新型企业试点单位、全国创建节约型先进单位、全国用户满意企业、全国“工业生态园区”、四川省质量信誉AAA级企业、四川省著名商标等荣誉称号。公司电解铝及阳极生产项目占地1700亩，总投资37.7亿元。公司年产能电解铝25万吨、再生铝10万吨、熔铸合金资源14万吨。每年销售收入55亿元，解决就业3000人。2012年，启明星实现销售收入19.7亿元，税收5300万元。

岷江汉阳航电枢纽工程项目　项目占地837.06公顷，工程总投资10.49亿元，装机7.2万千瓦，年平均发电量3.01亿千瓦时，可通航2×500吨能力。2012年开工建设。

金象化工三聚氰胺项目　川金象于2006年进入三聚氰胺领域，通过技术合作，开发出具有自主知识产权的加压气相法生产工艺和年产5万吨大型化生产新技术、专用催化剂及自动化控制系统，全部设备国产化，使中国三聚氰胺生产技术走在国际前列，由技术进口国转变为技术输出国。其投资仅为国外先进技术的20%~60%；综合能耗仅为国外先进技术的30%~60%；生产成本为国外先进技术的50%~70%。分别荣获中国氮肥工业协会技术进步特等奖和四川省政府科技进步一等奖。2012年开工建设。

六、重大项目稽查

重大项目稽查，是由市政府组织，向国家和省市出资的重大项目派出稽查特派员，监督检查重大项目的工程招标、建设进度、工程质量、资金使用及投资概算的控制。

2008年，眉山市在实施扩大内需和灾后重建工程项目中，招投标检查与项目实施同部署、同检查。当年，开展重大项目安全隐患排查整改专项检查。检查彭山县凤鸣镇、江口镇、牧马镇、谢家镇、观音镇、青龙镇6个镇，排查易发生安全隐患的重点企事业单位、码头、渡口、桥梁、矿山等，查出的安全隐患和突出问题，集中整改。重点检查瑞能多晶硅、蒙牛液态奶、洪雅现代农场、彭山迪美特草甘膦和川眉芒硝5个省重点项目。全市重点项目严格建设工程安全设施“三同时”制度。2009年，市招监办制定《全市扩大内需和灾后重建工程项目招投标专项检查方案》，专项检查全市扩大内需和灾后重建项目，帮助项目业主及时改正不合要求内容。2011年，眉山市治理工程建设领域突出问题工作领导小组印发《眉山市工程建设领域突出问题专项治理工作实施方案》的通知，提出治理建设领域突出问题工作方案，要求以政府投资和使用国有资金项目特别是重大项目为重点，用两年左右时间，全面排查2008年以来投资100万元以上的项目，查处违纪违法案件，解决工程建设领域存在的突出问题。专项治理9个方面42项。经排查，全市投资500万元以上的政府投资和使用国有资金项目101个（不含扩大内需项目），其中市级项目8个、东坡区11个、仁寿县56个、洪雅县11个、青神县5个、彭山县6个、丹棱县4个。101个项目中，3000万元以上项目19个，项目总体比较规范。市监察局查处眉山城区花园干道市政工程中的绿化工程因违规变更设计、增加工程量等问题。开展挂靠转包违法分包专项治理，检查在建项目40余个，指出问题100余个，督促相关单位限期整改。开展工程建设项目弄虚作假专项整治，抽查在建项目173个、占总数的54.7%，组织监察、住建等整治成员单位督查各县（区）、市级部门。受理投诉举报件6件，均在规定时效内作出处理。取消中标（中选）资格6件，没收投标保证金62万元。开展压证施工情况专项检查，集中核查在市招管办压证的项目经理、主要技术负责人、项目总监的证件，收缴仿制建造师证件13个，分别予以3万元经济处罚，通报批评、集中约谈注册企业。2012年，围绕调结构、惠民生方面选择涉农项目、保障性住房、卫生教育方面重大项目开展重点稽查，专项检查全市在建政府投资工程重点项目20个，指出问题100余个，督促相关单位限期整改，收缴仿制证件11本，责令限期提交真实证件，予以经济处罚。检查2012年度中央预算内投资项目执行“四个完毕”情况，检查项目132个，开工项目99个，开工率75%，完成投资5.44亿元。进展缓慢的落实推进措施。纠正招标文件提高投标企业资质、伪造投标文件等问题。

第七节　区域合作

一、成都眉山区域合作

2005年，眉山市委、市政府按“融入成都，同城发展”发展思路和“区域同城，产业同链，基础同网”要求，借力天府新区，全面对接成都，开展成眉区域合作。成都、眉山两市合作形成《关于推进成都眉山一体发展的调研报告》；眉山市委印发《关于融入成都、一体发展的实施意见》，确定“融入成都、一体发展、强工促农、繁荣城市”的战略思路，全面融入成都。眉山市六区县与成都市12个区县签订合作协议；6个市级部门与成都对口部门签订合作协议。2006年，四川省政府协调解决并网中（跨5地3市）眉山市难以协调解决的困难。成都、眉山两市党政领导在成都召开联席会议，签署《成都眉山合作发展框架协议》12条，确定两市合作发展的领域和发展方向；由两市发展改革委员会牵头，推进合作。确定共建“成黑旅游快速通道”。2007年，成眉两市开展交通、干部交流、劳动保障合作，电话区号并网升位。2008年，召开两市党政领导联席会议，确定共建成眉工业集中发展区、成眉农业合作项目、成眉交通合作项目、成眉三点一片旅游区。成眉工业集中区完成投资3亿元，引进11个项目，协议投资13亿元；成眉农业合作签署3个专项协议，眉山市60%的农副产品进入成都市场，启动6个农业园区中的2个。两市交通一体规划通过评审，城际轻轨进展顺利；成眉快速通道完成前期工作，进入政府非经营性基础设施建设项目融资运作程序。成眉《三点一片旅游发展规划大纲》通过评审；成都经济区8市签署共建旅游景区景点合作框架协议。“成黑旅游快速通道”建成通车。2010年，成都国家统筹城乡综合改革试验区升位并网。召开眉山、成都两市党政领导第三次联席会议，签署《成眉工业合作协议》《成眉农业合作协议》《成眉商贸合作协议》《双流仁寿经济社会民展战略合作协议》《成眉蒲丹快速通道建设项目合作协议》；确定8个方面合作项目，岷江河渠化工程列入工业“十二五”规划，加强成昆铁路项目建设合作，加快成自泸高速公路建设。规划建设六个农副产品配送基地；眉山融入成都旅游“十二五”规划，共同编制5条旅游线路。共建购物中心和会展活动。双流县与仁寿县合作全面展开。土地整理和文化合作深入推进。实施《成渝经济区区域规划》，筛选成渝区域合作项目，主动对接成渝经济区、天府新区各类规划和项目，实现全面无缝对接。出台成渝合作招商项目指南、眉山市支持天府新区眉山区域建设等8条支持政策、《天府新区眉山区域项目审批办法》。《成渝经济区区域规划》明确成都是川渝建设双核之一，建设天府新区又是双核建设重中之重，其目标是再建一个产业成都。眉山市彭山县青龙镇、仁寿县视高镇94平方千米区域纳入天府新区，作为川渝建设的新经济增长点，发展迅速。省天府新区“一城六区”（天府新城、成眉战略新兴产业功能区、空港高技术产业功能区、龙泉高端制造产业功能区、创新研发产业功能区、南部现代农业科技功能区及两湖一山国际旅游文化功能区）中，眉山青龙区域、视高区域分别位于成眉战略新兴产业功能区和南部现代农业科技功能区范围内。青龙区域和视高区域控制性详细规划经省天府新区规划建设委员会审议通过。

2012年，眉山11个市级部门和六区县政府牵头实施投融资公司、工业企业、房地产企业、旅游企业、商贸物流会展企业、农产品批发企业、金融机构、教育、交通和县域合作“成眉合作十大行动”。工业企业入眉行动集中推介会现场签约项目7个，总投资45亿元。承接成都产业转移，东坡区引进成都华西医学转化中心眉山分中心、四川省仿创药研发中心眉山分中心等生物医药类项目及关联项目13个，总投资43.9亿元。仁寿县引进投资80亿元的云端核电设备、投资10亿元的中天丹琪等5个上亿元工业项目。洪雅县引进四川弘川投资有限公司投资30亿元建设弘川工业城。丹棱县引进西部泰力智能起重机项目、蓉沪机电生产项目等8个成都机械产业转移项目，总投资10.7亿元。成眉石化园区、成眉工业集中发展区建设加快推进。都市近郊型现代农业招商引资项目推介会两市合作项目10个，投资52.1亿元。组织东坡区、仁寿县等区县21个专业合作社的柑橘、葡萄等12类产品进驻成都沃尔玛、家乐福等10余家大型连锁超市，销售200余万吨、收入300亿元。在东坡区、仁寿县、彭山县共建成粮食、蔬菜等农副产品配送基地7333公顷。眉山与成都达成旅游意向性合作协议12个，引进成都环球国际旅行社、四川和邦国际旅行社等6家旅行社入驻眉山。签订商贸物流合同8亿元，通过成都总部引进联合利华服务（合肥）有限公司四川分公司、彭山恒大酒店有限公司、成都国铁酒业有限公司、成眉国际汽车博览城4户知名企业。东坡区引进投资12亿元的亚马逊电子商务运营中心。成眉两市按“统筹规划、统一标准、协调时序、同步推进”原则，统筹规划建设连接两市的公路、城市轨道交通和岷江水域开发的项目，争取到成都地铁K3线延伸至仁寿县城、天府新区TF5线延伸至眉山岷东新区、天府新区TF6线向南连接彭山县城。仁寿县实施双流支持仁寿毗邻乡镇30千米村道建设。成（都）眉（山）石化大道、成（都）彭（山）大道加快建设。银政企对接会签约项目85个，签约金额71.8亿元；眉山市政府与6家省级银行机构签署银政战略合作框架协议，“十二五”期间将获550亿元信贷支持。引进四川城市职业学院眉山校区、四川师范大学成都学院眉山校区、成都七中实验东坡学校、成都艺术职业学院青神校区4所学校签约入驻眉山。眉山市中医院挂牌成都中医药大学附属眉山医院；启用《成都经济合作区域通用门诊病历》。成眉两市逐步构建人口计生服务管理一体化体系。建立成眉大案要案查处联动机制，签订校地合作框架协议，服务成眉医药合作项目建设。

二、甘孜眉山区域合作

2012年，甘孜州、眉山市签署《共建工业园区合作协议》，明确共建甘眉工业园区发展投资有限责任公司，注册资本5亿元，眉山占资本金的55%；两市（州）园区建设规模30平方千米，首期建设10平方千米；眉山负责解决园区用地指标，甘孜负责引进浙江方面对口帮扶的项目，园区享受西藏各项优惠政策；园区封闭运行，各项经济指标所得收益按5∶5分享；甘孜确保甘眉工业园区留存电量在2012年基础上逐年增加。

第二章　国土资源管理

眉山市国土资源管理包括对土地、矿产、水、能源等自然资源的调查、评价、规划、保护与合理利用等。经过由分散管理到集中管理的发展历程，逐步走向集约化、精细化、城镇化、规范化。

第一节　国土规划与开发整治

一、土地利用规划

（一）1997—2010年土地利用总体规划

1997年9月，地区国土局组织编制《眉山地区土地利用总体规划（1997—2010年）》（以下简称《规划》），1998年完成并通过四川省政府评审验收。《规划》按照“十分珍惜、合理利用和切实保护耕地”基本国策，实行区域内农地和非农地用途管制，占用耕地与开发复垦挂钩，“占一造一”，做到耕地总量动态平衡，建设用地实行指标规模控制和布局管制，提高土地利用率和产出率，保证国民经济可持续发展。《规划》期间，耕地实现总量动态平衡，占用补充相抵后，耕地略有增加。1997年，全区基本农田保护面积21.96万公顷，规划到2010年基本农田保护面积21.89万公顷。1997—2000年建设占用耕地2047.94公顷，退耕还林1600公顷，期间，灾毁减少耕地2393.77公顷，耕地面积保持在26.01万公顷。2000—2010年建设占用耕地2699.73公顷，通过土地整理、开发、复垦增加耕地 3106.23 公顷，全地区耕地面积 25.59 万公顷。1997—2010 年，全市新增建设用地 7551.91 公顷，其中占用耕地 4747.67 公顷。

城市发展目标。1996 年，眉山县县城面积 1070 公顷，有非农业人口 9.4 万人，居住人口 13.3 万人，人均用地 80.45 平方米。至 2010 年，行署所在地规划城市用地 2220 公顷，人口 26.7 万人，人均用地 83 平方米。其中眉山城市新区城北区占用耕地 866.67 公顷。其余五县县城为地区内二级中心城镇，1996 年占地 2225 公顷，人口 23.92 万人，人均用地 93.02 平方米，至 2010 年规划用地 3605 公顷，人口 44.91 万人，人均占地 80.27 平方米。农业用地水土流失得到基本控制，非农建设实现集约化，城市工矿区"三废"污染得到有效治理。森林覆盖率 2000 年达到 29%，2010 年达到 31.5%，土地环境质量得到提高，生态环境逐步实现良性循环，土地实现可持续利用。

《规划》将全区分为 4 个土地利用区。包括农业用地区 41.78 万公顷、占辖区面积（下同）的 58.16%；林业用地区 22.4 万公顷、占 31.18%；城镇建设用地区 6.7 万公顷、占 9.33%；自然和人文景观保护区 8562.5 公顷、占 1.2%。

（二）2006—2020 年土地利用总体规划

2005 年，市国土资源局组织编制《眉山市土地利用总体规划（2006--2020 年）》（以下简称《规划》）。《规划》围绕眉山市全面建设小康社会，保护历史文化遗产，建设最佳创业环境和人居环境，实现"跨越式"发展战略目标，正确处理局部与全局、近期与远期、经济发展与资源开发环境保护的关系，加快工业化进程，推进城镇化，促进经济结构的战略性调整，实现土地资源的优化配置，提高土地资源对全市经济社会可持续发展的保障能力。2005 年耕地保有量 24.08 万公顷、基本农田保护面积 21.96 万公顷，2010 年基本农田保护面积不低于 21.24 万公顷。2006—2010 年，全市因建设占用、农业结构调整、自然灾毁等减少耕地控制在 536 公顷，土地开发整理复垦补充耕地不低于 1800 公顷，耕地面积不低于 24.03 万公顷。新增建设用地 3000 公顷，其中占用耕地 1600 公顷。2011—2020 年，全市因建设占用、农业结构调整、自然灾害等减少耕地控制在 2500 公顷，通过土地整理、开发、复垦增加耕地不低于 2870 公顷，全地区耕地面积不低于 23.78 万公顷。新增建设用地 5415 公顷，其中占用耕地 2700 公顷。

提出城市发展目标是：眉山市中心城区控制范围，总面积约 7023 公顷。控制范围包括东坡区崇礼、大石桥办事处、通惠办事处、富牛、太和、象耳、悦兴等乡镇。2005 年，在划定市中心城区规模边界内，现状建设用地规模 2871 公顷，人口规模 25 万人，人均建设用地约 115 平方米。规划到 2020 年中心城区建设用地规模 4076 公顷，城区人口规模 42 万人，城市人均建设用地 97 平方米。协调土地利用与生态环境保护，按照土地开发和生态建设并重原则，从源头上处理好土地利用与生态环境保护的关系；构建环境友好型土地利用模式，逐步

市国土资源局在青神县土地整理项目现场办公（摄于 2011 年 10 月）

改善和提高土地生态环境质量，促进经济社会可持续发展。

《规划》将全市分为8个土地利用分区。包括基本农田集中区36.41万公顷、占总面积（下同）的50.75%；一般农业发展区9.39万公顷、占13.09%；林业发展区17.16万公顷、占23.92%；城镇村发展区3.41万公顷、占4.75%；自然与文化遗产保护区3.61万公顷、占5.03%；生态环境安全控制区9802公顷、占1.37%；风景旅游用地区7126公顷、占0.91%；独立工矿区703公顷、占0.1%。

二、耕地和基本农田保护

（一）耕地保护

1997年起，眉山地区运用法律、行政、经济、技术等手段和措施保护耕地的数量和质量。耕地保护以基本农田保护为重点。当年，全区耕地资源26.14万公顷，人均耕地面积0.08公顷。1999年起，全区建立耕地占补平衡市级联席会议制度，明确责任，落实任务，共同协调、研究、解决各部门和各地区耕地占补平衡工作中出现的问题。严格控制耕地转为非耕地，实行占用耕地补偿制度。当年，全区完成耕地占补平衡15.47公顷。2002年，眉山市加强耕地占补平衡规范化管理，建立台账、后备资源库、项目库、补充耕地储备库等，实行建设用地项目与补充耕地土地开发整理项目挂钩管理，补充耕地数量和质量符合要求的，及时土地变更调查和登记。每年采取全面检查、按比例抽查、实地核查等办法考核区县建设占用耕地占补平衡，考核较好的区县、乡镇在占补平衡项目和土地利用年度计划指标的安排上予以倾斜，考核不合格的暂停安排占补平衡项目和土地利用年度计划指标，责令限期整改完善。当年，全市耕地占补平衡86.92公顷。2004年，市政府下发《关于加强基本农田保护的实施意见》。市国土资源局、市农业局检查验收区县基本农田保护自查工作。2007年，全市制订耕地和基本农田保护工作实施方案和计划，明确保护责任，采取有效保护措施，全面完成耕地和基本农田保护目标任务。2008年，市国土资源局制定《耕地保护暨国土资源管理目标考核办法》，加强各县区考核。2012年，全市完成耕地占补平衡788.6公顷。

1999—2012年，全市建设占用耕地占补平衡3569.11公顷，耕地总量动态平衡。

（二）基本农田保护

1997年，眉山地区结合全区经济、社会发展战略目标，以及人口、经济、城镇建设、土地等主要相关因素，划定基本农田保护区，作为全区人民“保命田”，实施特殊保护。在兼顾城镇、交通、水利等非农建设用地的情况下，将稳产、高产农田、保灌农田、中低产农田土改造片和区以上粮、油、棉生产基地、蔬菜基地、名特农产品基地、良种繁育基地纳入一级保护，作为重点保护对象。年末全区基本农田保护面积21.96万公顷。1999年，全区建立基本农田保护责任制。将耕地和基本农田保护纳入政府领导任期目标考核内容，签订责任书，明确地方政府对耕地保有量、基本农田保护面积和质量负责，定期目标考核并兑现奖惩。设立基本农田保护区永久性标志233块，地区、县、乡镇、村、社、农户，层层签订基本农田保护责任书，明确保护范围、面积、地块和措施，以及责任人的权利、义务、奖励与处罚。实行农用地用途管制，严禁占用基本农田建房、挖沙、采石、建坟、取土等，严格审批制度，凡占用基本农田的，补划数量、质量相当的耕地；各类工程项目建设、城镇建设及农业产业化、“一村一品”、新农村建设和直截流转，执行“五不准”［不准非农建设占用基本农田（法律规定的除外）；不准以退耕还林为名违反土地利用总体规划减少基本农田面积；不准占用基本农田进行植树造林，发展林果业；不准在基本农田内挖塘养鱼和进行畜禽养殖，以及其他严重破坏耕作层的生产经营活动；不准占用基本农田进行绿色通道和绿化隔离带建设］。加强基本农田环境保护，防止工业“三废”污染。非农建设用地实行“六不报批”（土地市场秩序治理整顿工作验收不合格的不报批；未按规定执行建设用地备案制度的不报批；城市规模已经达到或突破土地利用总体规划确定的建设用地规模，年度建设用地指标已用完的不报批；已批准的城市建设用地仍有闲置的不报批；未按国家有关规定进行建设用地预审的不报批；建设项目不符合国家产业政策的不报批）。加强耕地特别是基本农田执法监察和动态监管，加强事前防范，及时发现、制止和纠正非法占用耕地特别是基本农田的土地违法行为。追究有令不行、有禁不止，造成耕地和基本农田破坏或损毁责任。情节严重涉嫌犯罪的，移送司法机关依法处理。

2004 年，眉山市国土局、市农业局联合检查验收区县基本农田保护自查工作，促进基本农田保护。2009 年，眉山市要求各区县选择经济条件较好，基本农田集中连片、优质耕地比例较高的区域建立基本农田示范区。至 2010 年，全市建立示范区 20 个。市政府适当补助建立达标的非扩权县，通报批评不达标准的区县，暂停有关土地整治项目的安排和申报。2012 年，全市基本农田保护面积 21.24 万公顷，每年均完成四川省政府下达的耕地和基本农田保护目标任务。

眉山市 1997—2012 年基本农田保有面积及耕地占补平衡统计表

表 17-6

年份	耕地保有面积（万公顷）	基本农田保有面积（万公顷）	完成耕地占补平衡（公顷）	年份	耕地保有面积（万公顷）	基本农田保有面积（万公顷）	完成耕地占补平衡（公顷）
1997	26.14	21.96	—	2005	24.08	21.96	34.88
1998	26.14	21.96	—	2006	24.07	21.44	120.85
1999	26.14	21.96	15.47	2007	24.07	21.44	381.16
2000	26.14	21.96	25.96	2008	24.07	21.44	790.12
2001	26.14	21.96	82.29	2009	24.10	21.44	365.61
2002	26.14	21.97	86.92	2010	24.21	21.89	82.29
2003	26.14	21.96	62.15	2011	24.17	21.74	571.80
2004	26.14	21.97	161.02	2012	24.16	21.24	788.60

三、国土开发整治

1999 年起，眉山地区组织实施土地复垦项目、土地开发项目、土地整理项目。各级政府成立“金土地工程”领导小组，由政府主要负责人任组长，分管领导任副组长，国土资源、水利、财政、交通、农机、农业、林业、监察、审计等部门及项目区乡镇主要负责人为成员。通过各种建设项目，增加耕地面积，贯彻落实“占用耕地补偿制度”。2004 年，眉山市加强和规范土地开发整理，各区县国土资源局提高土地开发整理程序化、标准化和信息化管理水平。2006 年起，推进“金土地工程”和城乡建设用地“双挂钩”试点，彭山县制发《关于进一步明确土地开发整理和城乡建设用地增减挂钩工作相关事项的通知》等配套文件，建立土地开发整理专项资金。2008 年，按照“统一规划、统一投入、统一实施、统一验收”原则，结合农村基础设施建设和山、水、田、林、路、气、电、园、房综合整治，组织实施土地整理。当年起，全市实施城乡建设用地增减挂钩，上报城乡建设用地增减挂钩项目 2 个，挂钩周转指标 81.5 公顷。2009 年，市国土资源局加强项目监督管理，确保项目有序、稳定实施。利用2008年“5·12”汶川特大地震灾后恢复重建特殊支持政策，做好全市城乡建设用地增减挂钩，组织区县申报城乡建设用地增减挂钩项目。全市上报城乡建设用地增减挂钩项目5个，挂钩周转指标181.52公顷。截至2012年年底，全市经省国土资源厅立项批复城乡建设用地增减挂钩项目共37个，挂钩周转指标1446.07公顷。其中经省国土资源厅验收项目28个，归还挂钩周转指标728.74公顷，城镇建新可用指标581.99公顷。

1999—2012年，全市组织实施土地开发整理复垦项目139个，涉及乡镇81个、村199个，开发、整理、复垦土地6.4万公顷，新增耕地7889.91公顷，投入资金11.03亿元。其中国家、四川省投资项目22个，整理土地1.65万公顷，新增耕地2052.66公顷，投入资金3.4亿元；市、县投资项目117个，整理土地4.76万公顷，新增耕地5837.25公顷，投入资金7.63亿元。人均增加耕地0.01公顷~0.02公顷。新建、整治渠道1498.2千米，配套提灌站95座，新建蓄水池1367个，整治山坪塘475个，建成高产稳产农田（高标准基本农田）4.49万公顷，粮食每亩增产40千克~100千克。新、改建田间道、生产路1584.5千米，主干道、田间道、生产道网络和灌排渠系网络形成，旱涝保收面积增加，机械化程度提高。农业生态环境向良性循环发展。

眉山市1999—2012年土地开发利用及建设用地增减挂钩情况统计表

表17-7　　　　单位：公顷

年份	开发整理复耕面积	新增耕地面积	建稳产高产农田	城乡建设用地增减挂钩周转规模
1999	303.27	290.14	181.96	—
2000	116.78	112.48	70.07	—
2001	119.88	107.96	71.93	—
2002	140.35	115.93	84.21	—
2003	238.25	190.65	142.95	—
2004	2091.67	350.74	1255.00	—
2005	1956.89	233.72	1174.13	—
2006	3493.92	408.82	2096.35	—
2007	3893.72	523.37	2336.23	—
2008	8621.58	1061.20	5172.95	81.50
2009	6236.53	760.03	3741.92	181.52
2010	11844.65	1289.82	7106.79	903.78
2011	11383.12	1160.27	6829.87	45.07
2012	13603.29	1284.78	14666.67	277.38
合计	64043.90	7889.91	44931.03	1489.25

第二节　建设用地管理

眉山地区建设用地包括国有建设用地和集体建设用地。建设用地实行计划指标控制，每年年初由上级国土管理部门下达当年用地计划，控制建设用地的总量，调节土地市场，指导各地有计划地审批建设用地和出让土地。四川省国土资源厅批准下达眉山地区，眉山地区再分到各区县。1998 年，眉山地区建设用地 11.47 万公顷，其中居民点工矿用地 6.52 万公顷、交通运输用地 7879 公顷、水利设施用地 4.16 万公顷。2012 年，全市建设用地 11.27 万公顷，其中居民点工矿用地 6.21 万公顷、交通运输用地 1.28 万公顷、水利设施用地 3.78 万公顷。

一、建设用地报批

1997 年，眉山地区征用耕地 3 亩以下、其他土地 10 亩以下的，由县级政府批准，其余由四川省政府批准。当年，全区上报建设用地 20 公顷，其中农用地 19.51 公顷（均为耕地），全部批准。1999 年起，建设占用土地涉及农用地转为建设用地的，需办理农用地转用审批手续。由同级政府上报地区行署审查并转报省政府审批后，发布征收土地公告，国土局发布征地补偿、安置公告，被征地村组到国土资源局办理征地补偿登记，开展征地拆迁补偿安置。当年，全区上报建设用地 27.06 公顷，其中农用地 24.11 公顷。此后，眉山市建设用地逐步增加。2012 年，全市上报建设用地 1565.3 公顷，其中农用地 955.12 公顷。批准 2485.52 公顷，其中农用地 1782.89 公顷。

1997—2012 年，全市上报建设用地 343 批次 1.07 万公顷，其中农用地 8356.79 公顷。批回 281 批次 8685.94 公顷，其中农用地 7108.61 公顷。

二、征地补偿

征地补偿包括土地补偿、青苗及地上附着物补偿、安置补助费。

1997 年，眉山地区征地拆迁、安置补偿，执行 1986 年《中华人民共和国土地管理法》标准。耕地为征用此耕地的前三年平均年产值 3 倍~6 倍，年产值按被征用土地前三年的平均产量和国家规定的价格计算。青苗及地上附着物补偿按规定标准执行，安置补助费标准为：征用耕地的，每一个农业人口的安置补助费标准为被征用耕地每亩年产值的 2 倍~3 倍，需要安置的农业人口数按被征地单位征地前农业人口和耕地面积计算的比例及征地数量计算。每亩耕地的安置补助费最高不得超过其年产值的 10 倍。征用园地、鱼塘、藕塘、林地、牧场草原等土地，按规定并参照一般耕地安置补助标准计算安置补助费。特殊情况，按上述标准尚不能保证群众原有生产和生活水平的，经四川省政府批准，适当增加安置补助费，但土地补偿安置补助费的总和不得超过被征地年产值的 30 倍。当年，全区征地面积 40.83 公顷。

2008 年 4 月，四川省政府调整征地补偿相关标准，征收耕地的土地补偿费按前 3 年平均年产值的 10 倍计算，安置补助费人均耕地 1 亩及以上的按前 3 年平均年产值 6 倍计算，安置补助费人均 1 亩以下的每个安置人口按前 3 年每亩平均年产值 6 倍计算，青苗和地上附着物补偿按四川省政府《关于同意眉山市征地地上附着物和青苗补偿标准的批复》标准执行。因“5·12”汶川特大地震灾后恢复重建，全市征收农村集体土地 1592.34 公顷。

2010年起，全市实行统一年产值标准，土地补偿费和安置补助费的计算标准由前3年平均年产值改为统一年产值。征收集体土地，青苗补偿费每年每亩大春900元~1200元、小春（旱地）600元~1000元、其他经济作物2000元~2500元。房屋重置补偿每平方米砖混结构720元~750元、砖木结构500元~550元、土木、木结构380元~400元、简易结构150元。2012年5月，青苗和地上附着物按照不低于四川省政府《关于同意眉山市青苗和地上附着物补偿标准的批复》标准执行。规范全市重点建设项目征地拆迁工作及补偿资金管理，严格履行征地拆迁手续和程序，规范财务收支行为，保证建设资金安全、合规、有效使用，从源头预防建设领域腐败行为。市财政统筹安排东坡岛、交通中心、“四箭齐发”等重大项目征地拆迁安置资金14.92亿元。全市征收农村集体土地2154.76公顷。

1997—2012年，全市征收农村集体土地面积1.18万公顷。

三、征地安置

1997年起，眉山地区因征地造成的剩余劳动力由地区、县国土局组织被征地单位、用地单位和有关单位分别负责安置。安置主要包括发展农业生产，适当开荒或用地单位造地，由被征地单位兴办乡村社会企业，移民安置，“农转非”招工安置，社会保险，自谋职业。征地“农转非”人数按1982年颁布的《四川省土地管理暂行条例》执行。征地后每人平均耕地不足四分（菜地不足三分）的，由建设单位报经省人民政府批准，可以按征地前耕地面积与劳动力的比例，安排与征地数量相适应的和符合招工条件的社员到集体所有制单位就业，或者到全民所有制单位当工人。当年，全区安置被征地农民479人。

2008年，眉山市在城（镇）规划区范围内实施征地的，按照征地面积除以征地前被征地集体经济组织人均占有土地的数量确定被征地农民在城镇安置的数量，纳入城镇就业范围，实施就业培训，多途径就业，重点解决零就业家庭的就业，建立相应的社会保障制度；城镇规划区外单独选址项目征地的，征地后人均耕地资源较多的，在尊重被征地农民意愿基础上实施农业安置并纳入农村社会保障范围；征地后人均耕地资源少的，不具备基本生产生活条件的，将被征地农民纳入城镇就业体系并建立相应的社会保障制度；征收土地涉及住房拆迁的，按有关规定采取有效措施，保障被征地农民的基本居住条件。政府提供的基本住房建筑面积不少于每人30平方米。被拆迁的农民在基本住房建筑面积内不支付购房费用，不享受原住房拆迁补偿。原被拆迁住房面积超出基本住房面积的部分按附着物补偿标准给予补偿。统一修建安置用房的，安置房建设提前准备，原则上先建房，后拆迁。确需过渡的，落实过渡房源，支付过渡费，保证被拆迁人在过渡期内基本居住和生活条件。拆迁过渡期不得超过1年，超过1年的过渡费加倍支付。当年，全市安置被征地农民1.87万人。2012年，全市安置被征地农民2.25万人。1997—2012年，全市安置被征地农民12.13万人。

第三节　土地市场

一、土地使用制度改革

改革开放前，眉山境内国有土地使用均采用行政划拨方式，无偿、无限期、无流动。1997年，眉山地委决定“以地换基础设施”，启动眉山新区23条主干道4条主排洪沟渠基础设施建设。实行土地有偿使用。1998 年，全区土地每亩均价 13.8 万元。1999 年 9 月，成立眉山新区土地交易市场，将各开发商掌握的土地纳入土地市场交易，实施各开发商土地转让及价格监控。以地换基础设施解决新区建设缺资金问题，执行中，有的擅自改变用途，地价不能显化、土地收益流失。

2002 年，眉山市建立有形土地市场，建立和完善基准地价体系、土地储备体系等基本制度。2003 年，集中开展土地市场治理整顿，建立眉山市土地交易中心和土地储备中心。全市改革国有土地有偿使用制度，由行政划拨为主转向市场配置为主，由按项目供地转向设定用地条件，引导项目用地为主，逐步建立出让、租赁、作价入股、授权经营等多种形式的土地有偿使用制度。2006 年起，眉山城市规划区的经营性用地实行招拍挂出让，商品住宅用地全部实行拍卖出让，工业用地全部挂牌出让。2012 年，经营性土地出让价格每亩均价 192.45 万元。

二、地价评估与管理

1997 年，眉山地区基准地价沿用《四川省国有土地使用权出让价格管理办法》和《四川省1995—1996 年城镇区域性基准地价价区安排》规定。城市规划区土地出让和收取土地出让金使用的基准地价按眉山县政府公布实施的基准地价，分商业、住宅、工业和综合用地 4 类。其中商业用地分 3 个级别，每平方米最高 1776.53 元、最低 549.72 元；住宅用地分 4 个级别，每平方米最高595.62 元、最低 214.79 元；工业用地分 4 个级别，每平方米最高 474.33 元、最低 158.39 元；综合用地分 4 个级别，每平方米最高 1114.01 元、最低 320.04 元。1998—1999 年，通过收集资料、整理、科学测算，形成符合眉山地区城区实际的土地定级估价成果。

2003 年起，眉山城市规划区使用的基准地价执行市政府公布的基准价。分综合、商业、住宅、工业用地 4 类。每类用地除工业外分 5 个级别，其中综合用地每平方米最高 1147.4 元、最低 272.4 元；商业用地每平方米最高 1745.5 元、最低 366.2 元；住宅用地每平方米最高 583.4 元、最低195.7 元；工业用地一级为限制区、二级最高每平方米 295.2 元、五级最低每平方米 141.1 元。2004 年 7 月，实施市中心城区土地级别与基准地价。2007 年，市政府公布实施更新后的眉山城区土地级别及基准地价。分综合、商业服务、住宅、工业用地 4 类。其中综合用地 5 个级别，每平方米最高1852 元、最低 370 元；商业服务用地分 5 个级别，每平方米最高 2333 元、最低 378 元；住宅用地分4 个级别，每平方米最高 881 元、最低 361 元；工业用地分 2 个级别，每平方米最高 180 元、最低143 元。2009 年，市政府下发《关于规范眉山城市规划区土地出让管理的实施意见》。按照《城镇土地估价规程》，评估拟出让地块的土地价格，合理确定出让底价；采取招标、拍卖、挂牌方式出让土地，有基准地价的区域，出让地价不得低于基准地价的 70%。土地基准地价一般每三年调整 1 次，每年修正 1 次。2010 年，基准地价分商业服务、住宅、工业用地 3 类。其中商业服务用地分 5 个级别，每平方米最高 3474 元、最低 541 元；住宅用地分 5 个级别，每平方米最高 1573 元、最低 527元；工业用地分 2 个级别，每平方米最高 216 元、最低 172 元。至 2012 年，眉山市土地基准地价未再调整。

三、土地取得方式

（一）划拨

土地使用权划拨主要为国家机关用地和军事用地、城市基础设施用地和公益事业用地、国家重点扶持的能源交通水利等基础设施用地、法律行政法规规定的其他用地，由用地单位向国土资源部门提出建设用地申请，报市政府批准后使用，除道路等城市基础设施采用无偿划拨外，其他土地划拨价款以征收土地成本计算每亩30万元，此制度延续至2012年。

1998年，眉山地区划拨土地7宗3.23公顷。2012年，眉山市划拨土地26宗61.81公顷。1998—2012年，眉山市划拨土地171宗233.92公顷。

（二）出让

眉山市国有土地使用权出让由市、区县政府负责，土地管理部门组织实施。主要有招标出让、协议出让、挂牌出让、拍卖出让四种方式。招标为有偿出让的重要形式。

1997年，眉山地区供地方式以划拨土地和协议出让为主。各地存在开发区“以地换工程”“以地换基础设施”等现象，供地方式不规范。当年起，国有土地使用权实行挂牌出让。发布挂牌公告，按公告规定的期限将拟出让宗地的交易条件在规定的土地交易场所挂牌公布，接受竞买人的报价申请并更新挂牌价格。招拍挂出让范围包括供应商业、旅游、娱乐和商品住宅等经营性用地以及有竞争要求的工业用地。全年全区协议出让土地176宗141.61公顷。挂牌出让土地3宗3.56公顷，收取土地出让金64万元。

2002年，眉山市经营性土地使用权出让招标拍卖26宗，面积5.14公顷，收益745.3万元。2003年起，以协议出让供地方式逐渐减少。当年，市中心城区挂牌出让土地2宗1.19公顷。全市经营性用地出让42宗116.74公顷，出让合同价款4.98亿元。2004年起，全市实行土地招拍挂制度。2005年起，主要以拍卖、挂牌为主，仅部分工业用地采用协议出让供地。当年，全市拍卖出让土地41宗71.87公顷，收取出让金2.45亿元。至2006年，全市出让土地面积630.42公顷，总收入13.6亿元，总收益9.3亿元。2008年，市政府下发《关于规范眉山城市规划区土地出让管理的实施意见》，规范协议出让范围。2009年全市协议出让土地39宗20.24公顷。2010年起，工业用地全部实行挂牌出让。2012年，全市挂牌出让土地151宗500.52公顷，收取土地出让金10.69亿元；拍卖出让109宗205.47公顷，合同价款31.57亿元。全年土地出让合同价款50.9亿元。

1997—2012年，眉山市土地出让合同价款189.71亿元。其中挂牌出让土地457宗1171.07公顷，收取土地出让金24.52亿元；协议出让土地696宗1518.15公顷，收取出让金11.94亿元；拍卖出让土地661宗2304.74公顷，收取出让金144.18亿元。

四、土地转让

（一）土地使用权出租

1997起，眉山地区土地使用权出租由随租人向出租人支付租金。土地使用权出租，出租人为通过出让依法取得的国有土地使用权的受让人，持有国家土地使用证。同时具有地上建筑物，其他附着物的所有权证。土地使用权人和房屋所有权人保持一致。土地使用权出租，不能违背土地使用权出让合同的规定。以划拨方式取得的土地使用权，不得出租。划拨土地使用权出租，需补办土地出让手续。集体土地使用权不得出租用于非农业建设，集体所有的荒山不得以租赁使用权的方式进行非农业建设。此制度延续至2012年。

（二）土地使用权抵押

1997年起，眉山地区实行土地使用权抵押。土地使用权抵押额一般不高于土地评估额的80%，划拨土地或集体土地抵押额不高于土地评估额的70%。当年，全区办理土地抵押登记7宗。2012年，眉山市办理土地抵押登记2432宗。1997—2012年，眉山市办理土地抵押登记2.54万宗。

五、土地和矿产出让

2003 年，眉山市土地统一征用中心、土地储备中心和土地交易市场成立。当年，清理整顿中心城区土地市场。2007 年，市财政局、市国土资源局、人民银行眉山市中心支行制发《国有土地使用权出让收支管理办法》，全市国有土地出让收支纳入地方基金预算管理，实行实地核算。收入全部缴入地方国库，支出一律通过地方基金预算安排，实行“收支两条线”管理。推行征地拆迁支出宗地成本核算、土地出让金收支决算和项目资金审批制。落实工业用地招标拍卖挂牌出让制度。2008 年，眉山市公共资源交易中心成立，统一土地交易市场。2009 年，限定划拨用地范围。工业用地和经营性用地，以及同一宗土地有两个以上意向用地的，均实行招标拍卖挂牌公开出让，执行工业用地最低限价标准和工业用地用途管制制度。当年起，实行土地、矿权交易网上报名。

此制度延续至 2012 年。

第四节　地籍管理

地籍管理主要包括土地调查、土地登记、土地统计、土地分等定级。

一、土地调查

土地调查包括全国土地调查、土地变更调查和土地专项调查。

（一）全国土地调查

1987—1992 年，眉山县、仁寿县、洪雅县、彭山县、青神县、丹棱县开展第一次全国土地调查，查清各县境内土地数量、质量、地、分布、权属等状况。

2007 年，眉山市开展第二次全国土地调查，2009 年 12 月 31 日统一时点更新。全市落实经费 2625 万元。青神县被确定为全省第二次土地调查试点单位，为全省第二次土地调查提供方法和经验。全市第二次土地调查形成 7139.85 平方千米农村土地调查数据库、188.34 平方千米城镇土地调查数据库、21.87 万公顷基本农田图斑落实成果、1980 西安坐标系 1∶5000 和 1∶10000 影像资料共 742 幅。调查成果包括图件成果、文字成果、数据成果、数据库系统成果。

第二次土地调查查清全市各地类面积，耕地 24.03 万公顷、园地 7.74 万公顷、林地 24.92 万公顷、草地 0.27 万公顷、城镇村及工矿用地 5.83 万公顷、交通运输用地 1.11 万公顷、水域及水利设施用地 3.92 万公顷、其他土地 3.58 万公顷。通过第二次土地调查，全面查清全市土地利用现状和权属情况，掌握真实的土地基础数据，更新土地利用现状图形和属性数据，实现图形数据、属性数据、实地状况三者一致的目标，建成土地调查数据库和土地调查数据库管理系统，实现土地资源信息的社会化服务。

2010 年起，在第二次全国土地调查的基础上，眉山市每年开展土地利用现状变更调查，掌握最新土地利用现状。2012 年 11 月，眉山市第二次土地调查成果通过省级验收。

（二）城镇地籍测绘调查及信息系统建设

1998 年起，眉山地区开展县级城镇地籍测绘。1999 年，全区完成县级 15.86 平方千米的外业控制测图和权属调查。完成眉山中心城区近 15 万宗国有土地的变更调查和登记，掌握城区内土地利用现状。建立眉山城区国家坐标系统，查清城区土地的坐落、位置、面积、用途等基本情况。2007年，建立眉山市城镇地籍管理信息系统，形成包括105平方千米地籍平面控制性测量成果，城区61.78平方千米范围1∶500地籍图1226幅宗地的土地权属调查成果。2008年，全市开展建成区及规划发展区地籍地形测绘，建立城镇地籍数据库。2009年，城镇土地调查数据库系统更新升级。2011年，开展眉山城区城镇土地调查修补测。2012年，更新市级地籍信息系统。

二、土地登记

1997年，眉山地区沿袭过去土地使用权登记制度，当年颁发国有土地使用证6933本。至2003年，眉山市颁发国有土地使用证8.17万本、集体建设用地使用权证839本、宅基地使用权证73.16万本，抵押登记1393宗。2004年起，全市颁证速度加快。实行微机化管理地籍档案公开查询。当年，颁发国有土地使用证3.53万本、集体土地使用权证147本，办理抵押登记2915宗。受理土地公开查询2203件次（中心城区458件次）。2005年起，全市颁发他项权利证明书，当年颁发1916本。2009年，启动全市集体土地所有权和集体土地建设用地使用权登记发证。在丹棱县仁美镇试点，涉及村民小组5个、农户396户，登记颁发集体土地所有权证5本和集体土地建设用地使用权证381本。各区县分别在各自选定的乡镇试点后，在全市铺开。2012年，全市颁发国有土地使用证3.3万本、土地他项权利证明书3015本。完成全市集体土地确权登记发证工作。

1997—2012年，全市颁发国有土地使用证40.08万本、集体土地所有权证9276本、集体建设用地使用权证4631本、宅基地使用权证73.16万本、土地他项权利证明书3.07万本。提供土地登记查询4.72万人次，查询档案5.11万份。

三、土地权属争议调查处理

1997年起，眉山地区国土管理部门调查处理土地权属争议。当年，受理土地争议5件，全部处理。1998年起，全区国土管理部门受理国有土地使用权之间争议。当年，受理并处理3件。此后，土地权属争议逐年增多。2005年，眉山市受理土地争议183件，处理182件。其中国有土地与集体土地争议69件、集体土地所有权之间争议39件、国有土地使用权之间争议34件、集体土地使用权之间争议41件。2007年，市国土资源局处理1户集体土地拆迁安置案，作出“按集体土地补偿安置标准安置”的决定，双方满意。2008年起，受理宅基地使用权争议。当年，受理并处理4件。2012年，眉山市受理土地争议10件，处理9件。

四、土地统计

1998年起，眉山地区按每年土地变更台账作年终汇总统计。全区总面积71.4万公顷，其中耕地25.99万公顷、园地4万公顷、林地22.39万公顷、牧草地182公顷、居民点工矿区6.18万公顷、未利用土地7.86万公顷、交通运输用地7879公顷、水域用水利设施用地4.16万公顷。2002年，土地统计增加其他农用地类别。当年，眉山市其他农用地8.76万公顷。2003年，增加其他土地类别。2009年起，土地利用现状按新分类标准调查统计。其他农用地、居民点工矿、未利用土地合并称为城镇村及工矿用地。2012年，全市总面积71.4万公顷，其中耕地24.12万公顷、园地7.52万公顷、林地24.72万公顷、草地2646公顷、城镇村及工矿用地6.21万公顷、交通运输用地1.28万公顷、水域用水利设施用地3.78万公顷、其他土地3.49万公顷。

眉山市 1998—2008 年土地利用现状变更表

表 17-8　　　　单位：公顷

年份	总面积	耕地	园地	林地	草地	其他农用地	居民点工矿	未利用土地	交通运输用地	水域用水利设施用地	其他土地
1998	717271	259905	39965	223872	182	—	65232	78613	7879	41623	—
1999	717270	258283	40847	223785	182	—	65802	78524	8308	41539	—
2000	717270	253421	43444	226639	182	—	65999	77620	8400	41565	—
2001	717272	252162	43958	227349	182	—	66690	77159	8419	41353	—
2002	717270	252381	42916	227015	182	—	67608	77661	8165	41342	—
2003	717382	243485	47028	232332	333	87616	67847	9162	3917	6722	18940
2004	717382	241489	48049	233787	333	87291	67900	9022	3918	6727	18866
2005	717381	240836	48073	234539	333	87214	67986	8999	3926	6727	18748
2006	717382	240774	47979	234700	333	87168	68495	8492	4092	6727	18622
2007	717382	240855	47966	234740	333	87118	68477	8493	4051	6727	18622
2008	717382	240380	47936	234726	332	87000	69318	8273	4090	6727	18600
2009	713986	240348	77374	249176	2732	—	—	58252	11118	39176	35811
2010	713986	242049	74513	249001	2704	—	—	60235	12011	37919	35554
2011	713986	241673	75855	247529	2664	—	—	60998	12220	37887	35160
2012	713986	241217	75225	247224	2646	—	—	62137	12841	37821	34876

眉山市 2009—2012 年土地利用现状变更表

表 17-9　　　　单位：公顷

年份	总面积	耕地	园地	林地	草地	城镇村及工矿用地	交通运输用地	水域及水利设施用地	其他土地
2009	713986	240348	77374	249176	2732	58252	11118	39176	35811
2010	713986	242049	74513	249001	2704	60235	12011	37919	35554
2011	713986	241673	75855	247529	2664	60998	12220	37887	35160
2012	713986	241217	75225	247224	2646	62137	12841	37821	34876

第五节　矿产资源开发利用和保护

1997 年，眉山地区矿产资源由地区计划委员会管理。2002 年起，矿产资源管理职能划归市国土资源局。

一、矿产资源规划

2003年，市国土资源局组织编制《眉山市矿产资源总体规划》。规划以2001年为基准年，规划至2005年，展望到2010年，是2001—2005年眉山市矿产资源勘查和开发利用的指导性文件。2005年规划目标：加强铜、铅、锌、铁、磷的地质勘查，开展砖瓦用页岩、建材类砂石矿产的勘查。钙芒硝矿石开采控制在624万吨以内。大型芒硝矿山企业达到2个，中型芒硝矿山企业仍维持在4个左右，中型煤矿企业达到3个；培育1个~2个上规模的建材砂石、页岩开采企业；各类小型矿山企业数量在现有基础上减少30%。到2005年，矿山“三废”治理率达到国家要求，矿山生态环境恢复治理率达到40%以上；全市矿产资源平均采选总回收率提高5%。2010年远景目标：到2010年，以公益性勘查为基础、商业性勘查为主体的勘查新局面全面形成；市审批采矿权全部竞争出让；矿产资源利用方式和管理方式根本转变；保护与合理利用矿产资源步入规范化、法治化轨道，形成适应新形势要求、市场完善、保护生态的新型矿业；矿业经济进一步壮大，为全市经济社会发展提供更强有力的保障；矿产资源开发利用结构和布局进一步调整和优化；大型矿山企业达到4个，中型矿山企业达到6个，对资源储量有保证的矿床基本实现规模开采；资源利用效率进一步提高，矿山生态环境恢复治理率达到50%以上。

2005年，眉山市境内发现矿产煤、地热、天然气、铁、铜、铅、锌、锰、沙金、钙芒硝、硫铁矿、磷、石膏、膨润土、白云岩、玄武岩、菱镁矿、脉石英、水泥用灰岩、饰面用花岗岩、石英砂岩、建筑用砂、建筑用砂岩、砖瓦用黏土、砖瓦用页岩、矿泉水26种。全市原矿总产量（不含石油、天然气和放射性矿产）1634.57万吨，产值8.09亿元，有矿山企业326个。2007年，市国土资源局组织编写《眉山市第二轮矿产资源总体规划》。2008年组织专家审查。重要矿产为钙芒硝，其次为煤、砖瓦用页岩、建筑用砂、水泥用灰岩等。其中钙芒硝探获资源量106.62亿吨，占全省的45.6%。2012年，全市主要有煤、天然气、铁、锰、铜、铅、锌、钙芒硝、硫铁矿、石膏、膨润土、饰面用花岗岩、冶金用脉石英矿、水泥用灰岩、白云岩、磷矿、砖瓦用页岩矿、黏土矿、石英砂岩、建筑用砂石、矿泉水矿产21种。全市原矿总产量（不含石油、天然气和放射性矿产）1020.25万吨，产值11.2亿元，有矿山企业247个。

眉山市2012年主要矿产资源储量表

表17-10

矿产名称	资源储量单位	储量	基础储量	资源量
煤	原煤万吨	1748	2765	5551
天然气	亿立方米	21	—	>21
铁矿	矿石万吨	—	—	129
铁锰矿	矿石万吨	—	—	12
锰矿	矿石万吨	—	—	11
铜矿	金属万吨	—	—	0.3
铅锌矿	金属万吨	—	25	76
菱镁矿	矿石万吨	—	—	1165

续表17-10

矿产名称	资源储量单位	储量	基础储量	资源量
钙芒硝	矿石亿吨	15.36	18.64	72.62
硫铁矿	矿石万吨	—	7	12
石膏	矿物万吨	—	—	367
膨润土	矿石万吨	3	4	25
饰面用花岗岩	矿石万立方米	—	—	3992
冶金用脉石英矿	矿石万吨	—	—	4
水泥用灰岩	矿石亿吨	—	—	>1
白云岩	矿石亿吨	—	—	>1
磷矿	矿石万吨	—	1591	3814
砖瓦用页岩矿	矿石万立方米	332	11069	19992
黏土矿	矿石万吨	—	—	>191
石英砂岩	矿石万吨	—	616	10255
建筑用砂石	矿石万立方米	—	—	>2047
矿泉水	允许开采量（立方米/日）	3000	—	>3000

二、矿产资源勘查

2001年起，眉山市芒硝限制勘查，可耕地黏土禁止勘查，重点鼓励铜、铅、锌、煤、磷、石膏、膨润土、页岩、砂石、天然气、矿泉水的勘查。禁止在自然保护区核心区、文物古迹区、城市规划区、地质灾害危险区内从事商业性勘查；禁止在水利、防洪、水电工程安全保护区以及山区有自然灾害的河段从事矿产勘查；禁止在其他禁采区域从事商业性勘查。全市自然保护区及文物古迹区主要有彭山仙女山、洪雅槽渔滩、瓦屋山、东坡三苏祠、仁寿黑龙滩、青神竹艺城、中岩寺等。限制勘查区有彭山—洪雅区（芒硝）。行政区域包括彭山县、丹棱县、东坡区成昆铁路以西，洪雅县青衣江以北。全市原则上不批准芒硝矿勘查，其他矿种鼓励勘查。鼓励勘查区包括东坡仁寿区、洪雅南部区。东坡仁寿区行政区域包括东坡区成昆铁路以东、仁寿县、青神县，此区重点鼓励石膏、膨润土的勘查；洪雅南部区行政区域包括洪雅县青衣江以南地区，此区重点鼓励铅、锌、煤、磷勘查，鼓励区内矿产资源的勘查，寻找新的基地，扩大已有矿区资源储量。东坡仁寿区的龙泉山区石膏膨润土勘查小区，行政区域包括东坡区成昆铁路以东、仁寿县北部和西部地区，为龙泉山分布位置，此区有石膏、膨润土，为全市优势矿产，市场供不应求，但其资源量少，鼓励石膏、膨润土的商业性勘查。仁寿南部煤炭勘查小区（仁寿南部地区），包括大联乡、碗厂乡、复合乡、大洪乡、天峨乡等，此区煤炭质量好，成矿条件好，鼓励找煤。洪雅南部区的炳灵高庙煤炭勘查小区，位于洪雅县包括炳灵乡、吴庄乡、赵河乡、吴河乡、高庙镇等，全区煤炭资源丰富。洪雅南部有色金属勘查小区位于洪雅县最南端，包括张村乡、冷桶山等，此区矿产种类多，主要有铜、铅、锌、铁、锰、磷、花岗石、脉石英、菱镁矿等，重点鼓励铜、铅、锌、磷的勘查。至2005年，眉山市有商业性勘查项目29个。

2007年，四川省国土资源厅授权眉山市国土资源局组织专家审查探矿权扩大范围变更的勘查设计。2008 年，市国土资源局组织专家审查四川通缘工贸有限公司申请扩大四川省洪雅县刘沟—毛沟铜矿普查探矿权勘查范围。2009 年，组织专家审查扩大四川省洪雅县三公桩矿区铅锌矿预查探矿权勘查范围。2010 年，四川省国土资源厅授权眉山市国土资源局，对申请新立、延续、变更探矿权的矿产资源勘查设计，除国家投资的矿产勘查项目、省内国有地勘单位申请登记探矿权和化工、盐业、建材等省内国有地勘单位的矿产资源勘查设计外，其他项目均由市国土资源局组织具有中级职称以上专家审查。当年，市国土资源局组织专家审查勘查设计 13 次。2012 年，组织专家勘查审查勘查设计方案 19 次。年末全市有商业性勘查项目 37 个。

三、矿产开发

（一）探矿权出让

2004 年起，眉山市组织实施探矿权有偿出让。当年，挂牌出让 2 宗，成交价款 12.1 万元。2005 年起，全市实施探矿权拍卖。当年拍卖 2 宗，成交价款 91 万元。此后，每年探矿权有偿出让未超过 2 宗。2009 年，全市探矿权拍卖 1 宗，价款 828 万元。截至 2012 年年底，全市出让探矿权 12 宗，成交价款 4865.4 万元。

（二）采矿权出让

2003 年起，眉山市组织实施采矿权有偿出让。当年，出让采矿权 80 宗，成交价款 362.1 万元，其中挂牌出让 10 宗 95.7 万元、拍卖 4 宗 237 万元。2004 年起，办理采矿权出让延续和变更。当年，全市延续 7 宗、价款 145.18 万元；变更 7 宗、价款 165.28 万元。2009 年，全市采矿权出让 70 宗、价款 142 万元，征收矿业权价款 970 万元，矿补费征收入库 119 万元。2012 年，眉山市有采矿权持证矿山 247 个。全市拍卖出让采矿权 8 宗，成交价款 6474.23 万元。

2003—2012 年，全市采矿权出让 436 宗，成交价款 1.79 亿元，其中挂牌出让 172 宗 1419.15 万元、拍卖 127 宗 1.32 亿元。

四、矿产资源保护

（一）日常监管

1999 年起，眉山地区专项执法检查全区小煤窑关井压产、整顿煤矿秩序，关闭小煤窑 26 个，压减煤炭产量 13 万吨。2002 年起，眉山市组织实施采矿审批登记发证和采矿权转让审批登记，调查处理重大采矿争议、纠纷，监督管理矿产资源开发、利用与保护，征收矿产资源补偿费等。探矿权人是否按勘查设计实施，主要由县级国土资源部门的日常监督管理。2008 年，省国土资源厅将探矿权年检下放到市国土资源局。2009 年，全市专项清理 2006 年以来探矿权、采矿权招标拍卖挂牌出让制度执行情况，市国土资源局年检探矿权。全市有探矿权 34 个，应检 31 个，实际年检 26 个，合格 26 个，5 个探矿权未参与年检。参加年检的 26 个探矿权勘查面积 542.5 平方千米，完成勘查投资 1455.16 万元，完成钻探 971 米，坑探 6268 米，槽探 9547 立方米，浅井 849 米，地质测量 414.82 平方千米。7 个探矿权项目提交探明或预测的储量或资源量，均未经省矿产资源评审中心评审备案。

2012 年，勘查投资 1576.18 万元，完成钻探 4254 米。坑探 5601 米，槽探 9976 立方米，地质测量 128.69 平方千米。年末全市有探矿权 37 个，应年检 32 个，实际年检 31 个。

（二）开采保护

2007 年，市国土资源局组织编制《眉山市煤矿区矿业权设置方案》（以下简称《方案》）。经省国土资源厅批复实施。《方案》对眉山市境内已颁证的煤矿采矿开发利用作出布局调整和资源整合，建设矿业权市场。全市煤矿设置采矿权 15 个［仁寿县洪发煤业有限责任公司、四川仁寿红星煤业有限公司红星煤矿、仁寿县天峨乡红光煤矿、四川仁寿复合能源有限公司复合煤矿、仁寿县天峨煤矿、仁寿县天峨乡兴厂湾煤矿、仁寿县天峨乡协合煤矿、仁寿县全富煤矿、仁寿县天峨乡复兴煤矿、仁寿县联合煤矿、仁寿县杉树煤矿、四川汪洋能源股份有限公司（汪洋煤矿）、四川仁寿峨电能源有限公司（石龙桥煤矿）、洪雅县白石沟煤矿、洪雅县花溪煤矿］、详查探矿权 1 个（四川省洪雅县瓦屋山胡山—石梯子煤矿）。2008 年起，眉山市征收采矿权人矿山地质环境恢复治理保证金。2009 年，设置高庙蜈蚣包煤矿探矿权。2010 年，设置瓦屋山胡山-石梯子煤矿采矿权，更名洪雅县安顺煤矿。2012 年，眉山市国土资源局委托四川省煤炭设计研究院编制《眉山市矿业权设置方案》，共 34 个重要矿种，经省国土资源厅批复同意。截至 2012 年年底，全市收取地质环境恢复治理保证金 1456.22 万元。

第六节　国土资源行政许可与执法监察

一、国土资源行政许可

1997 年，眉山地区国土资源行政许可项目办理，由地区国土局负责人或行署领导审批。2004 年，市国土资源局清理行政审批项目，确定 30 项行政审批项目、公共服务项目全部进入市行政服务中心办理重大投资项目，实行“绿色通道，特事特办”。当年，办理行政审批（服务）项目 915 件。2007 年，国土行政审批项目调整为 18 项、服务项目 12 项。市国土资源局建立地籍数据库，实行网上审批，简化审批环节，缩短办结时间。2008 年，精减归并保留的 30 项行政许可和服务项目，调整为行政审批项目 9 项、服务项目 4 项，承诺办结时限由 23 天压缩为 5.9 天。2009 年，清理 13 个许可（服务）项目，规范项目名称、设定依据、办事程序、申报资料、承诺时限、收费标准、收费依据 7 项内容。2010 年，创建“标准化窗口”，开展“五心”（以安心、热心、耐心、诚心、贴心赢得办事群众暖心、舒心、顺心、开心、称心）活动，全年办理行政审批（服务）项目 2.43 万件，发证 2.37 万本。2011 年，窗口人员开展无偿上门服务、代办服务。2012 年，落实“两集中，两到位”（所有行政许可项目向行政许可科集中，所有行政许可科向政务中心集中，授权到位，全程在政务中心办理到位）。市国土资源局将报政府审批、预审、备案等 11 个项目清理为公共服务项目，行政许可项目仅保留建设项目临时用地审批和采矿权审批 2 项，全年办理行政审批（服务）项目 2.02 万件。

2004—2012 年，市国土资源局办理国土资源行政审批（服务）项目 14.19 万件。

二、国土资源执法监察

（一）“三无”乡镇创建

2000 年，丹棱县被四川省明确为全省“土地执法模范县”。2001 年，市国土局加强执法监察和土地信息网络建设。开展土地执法监察动态巡查和“三无”（无越权审批土地、无非法买卖土地、无乱占滥用土地）乡镇创建活动，经考核评审，全市 96 个乡镇达标、占乡镇总数的 47.5%。2003 年，全市 113 个乡镇创建“三无”达标。至 2012 年，全市“三无”乡镇达标率 74%。

（二）土地与矿产执法检查

1997 年起，眉山地区国土管理部门每年立案查处国土资源违法案件。当年，全区立案 29 件，全部结案。2004 年，市国土资源系统清查违法案件 103 件，结案 98 件。2005 年，市国土资源局对丹棱县政府非法批地行为进行立案查处，责令改正，没收违法所得 42.27 万元，罚款 2.11 万元，给予相关责任人行政处分。2007 年，市国土资源局对仁寿县人民水泥有限责任公司擅自租用仁寿县宝飞镇花湾村集体土地 14.2 公顷建厂房和其他设施进行了立案查处。开展土地执法百日行动、土地违法违规案件专项行动和国有土地使用权出让情况专项清理。自查清理土地违法违规问题，拉网式排查“三项整治”工作，查出以租代征、未批先用、违反土地利用总体规划等违法违纪案件 49 宗 173.84 公顷，追究 6 名县级干部在内的 11 名领导干部政纪责任。2008 年，查处青神县红梅炮厂非法擅自租用青神县瓮家乡瓮家村集体土地 8 公顷修建烟花爆竹厂案件，依法没收非法占用土地上的建筑和其他设施，罚款 1.2 万元。查处彭山县牧马镇政府非法批地行为，撤销镇政府与彭山县原武阳乡莲花村村民委员会、莲花村 5 个社及恒大鑫丰（彭山）置业有限公司签订的《基础设施共建协议书》和《新农村建设共建协议》，责令镇政府收回非法批准的 58.88 公顷集体土地使用权，并组织复耕，给予相关责任人行政处分。查处土地矿权典型案例 8 起，纪律处分 19 人。纪律处分彭山县政府对牧马镇政府非法批地给恒大项目监管不严、处置不力责任人 5 人。2011 年，加强国土部门建设用地审批、土地出让等监督检查。市纪委、市国土局调查丹棱县杨场镇政府违法批地问题，纪律处分 3 人、行政告诫 1 人，责成丹棱县政府作出书面检查。市纪委、国土、人力资源社会保障部门约谈 12 个乡镇负责人，督促指导乡镇正确履职。2012 年，加强土地规划利用监督检查，前移关口。市政府建立国土资源管理共同责任机制联席会议制度，定期通报国土资源管理相关情况，追究土地管理秩序混乱、违法占用耕地问题严重的地方责任。加强土地规划利用专项监管，建立土地规划利用专项监管联席会议机制。市、区县监察机关专项检查天府新区眉山区域土地规划利用情况，查处违法用地 165 宗 1.5 万平方米，收回经济效益差、达不到用地控制指标的土地 7 宗 100 公顷，清理低效和闲置土地 34 宗 134.47 公顷。市国土资源系统立案查处国土资源违法案件 54 件，结案 48 件。

1997—2012 年，全市立案查处国土资源违法案件 679 件，结案 673 件。其中非法批准占用土地案件 26 件，全部结案。

（三）征地与违章建筑查处

2002 年起，市国土局组织开展眉山中心城区抢搭抢建整治。当年，拆除湖滨路延伸段 5 户违章建筑物 1327 平方米，减少征地拆迁赔偿 20 万元。至 2005 年，清除中心城区违章建筑物 3.21 万平方米，减少拆迁补偿投入 65 万元。2006 年起，重点查处抢搭抢建。2007 年，清理处理违法占地 475 处 8.46 万平方米。2009 年，开展执法监察动态巡查，集中整治中心城市规划区非法建设。至 2009 年年底，共处理抢搭抢建 3301 户 75.45 万平方米，强行拆除 2166 户，责令 461 户完善手续，节约征地拆迁成本 7400 万余元。2011 年，市执法监察支队、公安、维稳、城管、规划和建设等部门处理非法建设 38 万平方米，节约征地拆迁成本 9000 万余元。2012 年，开展动态巡查 3671 次，有效制止非法占地建设 15 件 37.82 公顷。

（四）卫星照片执法检查

土地卫星照片执法检查　2009 年起，国土资源部每年下发眉山市土地卫星照片执法检查图斑，市国土资源局组织开展土地卫星照片图斑执法检查。当年，国土资源部下发眉山市土地卫星照片执法检查图斑221个，分割合并成265个地块，面积515.94公顷。眉山市25个新增违法地块和18个实地伪变化违法地块立案调查下达行政处罚决定书，没收地上建筑物22.6万平方米，拆除建筑物1070平方米，复耕0.72公顷，罚款593.91万元，党纪政纪处分21人，法院强制执行3件。2010年，市国土部门开展“两整治一改革”（土地和矿业权交易市场专项整治、整纪纠风专项整治和深化国土资源管理制度改革）专项行动，查处土地卫星照片执法检查中发现的违纪违规案件17件，纪律处分23人。2012年，国土资源部下发眉山市土地卫星照片疑似违法用地图斑697个，面积512.12公顷，耕地面积276.43公顷；全年批准建设图斑和未批先建图斑面积1237.79公顷，耕地面积793.32公顷；批而未建图斑77个79.64公顷，耕地面积46.21公顷。分割合并成267个地块，经核查，眉山市违法用地38宗28.81公顷，耕地面积16.13公顷。立案查处29宗23.84公顷，耕地面积12.6公顷，全部结案。罚款270.37万元，没收违法建筑物12.1万平方米，提出行政处分建议26人；非立案查处9宗4.97公顷，耕地面积3.54公顷。2009—2012年，国土资源部下发眉山市土地卫星照片图斑8533个，面积3328.43公顷，耕地1698.38公顷；疑似违法图斑798个，面积602.41公顷，耕地面积418.65公顷；批而未建图斑203个，面积756.23公顷。分割合并成1711个地块。经核查，违法用地161宗，立案查处108宗188.34公顷，耕地103.02公顷。

矿产卫星照片执法检查　2011年起，国土资源部下发眉山矿产卫星照片图斑6个。当年，眉山市国土资源局核查后，5个无证开采主体下达《行政处罚决定书》，没收矿产资源违法所得2.25万元，罚款2500元。至2012年，国土资源部下发眉山市矿产卫星照片执法检查图斑26个，眉山市立案查处7件，没收矿产资源违法所得25.91万元，罚款6.17万元。

（五）土地信访

1997年起，眉山地区土地信访按照“属地管理，分级负责”原则，登记、解答、办理、转办、回复群众来信来访，件件落实和回复。地区国土局建立群众信访件督办制度，一月一排查，一月一汇总。1998年，全区接待群众来访264人次，受理群众来信624件。2003年，市国土局督办丹棱县白塔村、东坡区太和镇新村等老上访户上访问题，调查并妥善解决仁寿县龙正镇椰江村村民反映征地费过低集体访问题。2007年，督办洪雅县土地权属争议案件，向诉求人颁发国有土地使用证。2008年，继续排查处置土地纠纷案件，全年排查矛盾纠纷52件，化解37件。2009年，市国土资源局处理东坡区太和镇三江村村民与彭山县江口镇双桥村村民砂石开采边界纠纷问题，消除双方冲突。2010年，市国土资源局督办仁寿县黑龙滩镇海洪村10组村民因长岛项目征地拆迁补偿问题集体到市上访问题，责成仁寿县国土局及时解决。当年，全市接待群众来访206人次，受理群众来信81件。2012年，全市国土信访“零进京、少到省、不出事”，未发生因国土资源问题引发的群体性事件。当年，全市接待群众来访591人次，受理群众来信57件。1998—2012年，全市接待群众来访4527人次，受理群众来信2484件。

（六）土地行政调解与复议

2008年，眉山市建立“三级”（市、区县、乡镇）调解网络机构。调查处理原眉山中心血站集资户与开发商的土地权属问题，要求开发商办理集资户城镇住房用地土地证。经三次协调，开发商交回该集资楼的土地证，集资户全部办理土地使用权证。全年全市国土资源系统受理行政调解394件，达成协议376件。2009—2010年，受理行政调解498件，达成协议459件。2012年，拓展“为民服务创先争优”活动，组织干部下访1000人次，收集社情民意100余条，下访干部解决矛盾纠纷20余次。经验文章《“联创齐争”化解基层矛盾的新探索》被国土资源部《调研与参考》刊登。

2006年起，市国土资源局受理土地行政复议案。当年，受理行政复议案1件，复议后维持原处理。截至2012年年底，眉山市受理行政复议案12件，维持原裁定7件，申请撤回复议5件。

第三章　国有资产管理

1999年起，眉山地区加强国有企业转制管理，防止国有资产流失。2008年，组建眉山市公共资源交易中心（以下简称中心），将建设工程发包、国有产权转让、政府采购、土地矿权出让工作集中到中心办理。2010年，土地交易电子报名平台试运行，实现建设工程、政府采购和土地（矿权）三大交易的网上操作运行。至2012年，市公共交易中心完成各类交易项目1295个，涉及交易金额126.04亿元，节约资金29.89亿元，节资率23.72%。市场禁入违法违规投标企业8家，责成存在违规行为的项目重新招标9个，取消第一中标候选人资格2个，党纪处分2人，政纪处分2人，移送司法6人。

第一节　行政事业单位及国有企业国有资产监督

1997年，眉山地区完成4501厂剥离资产评估立项和确认；四川电影洗印厂、4501厂、四川槽渔滩水电股份公司资产评估立项，支持企业置换经营机制。1998年，全区有国企46户、城镇集体企业410户、供销企业54户、医药行业企业3户、行政事业单位429户，总资产13.67亿元。汇编企业类100户，国有资产总额2.33亿元。2000年，完成国有资产年报统计和产权登记、年检、换证。建立健全企业、行政事业单位清产核资制度，清产核资制度化、日常化、规范化；清理整顿党政机关办企业问题，查处物资有限公司在转制期间利用隐瞒等手段导致国有资产漏评160万余元问题。地区财政、监察部门清理通信工具，加强公费使用通信工具管理。

2001年，眉山市评估国有及国有控股企业资产，实行立项备案制。2002年，制定《眉山市产权交易管理暂行办法》，依托市拍卖公司开展国有产权交易，市拍卖公司与党政机关脱钩，规范产权交易方式、程序、行为。全年举行国有产权公开拍卖5次，收益100万元，平均增值30%。全市有国有和国有控股企业106户，资产总额6.72亿元，负债总额3.8亿元，主营业务收入1.85亿元，利润总额负5722万元，亏损35户，国有工业上缴税利净入库4992万元。2003年，加强国有资本投入审计。完成川眉芒硝国有股权转让，引进四川华拓实发展有限公司1617万元收购川眉芒硝有限公司股权。成功划转乐山电力股份有限公司股份。全市举行国有产权公开拍卖27次，收益2048万元。2005年，加强国有产权转让审批管理和监督。建立国有资产审计、财务和监事会制度。查处彭山同庆公司转制中的国有资产流失案件和原眉山县种子公司经理低价转让商场问题。企事业单位国有资产、特许经营权转让21项，评估价1.17亿元，转让价1.45亿元，增加收入3000万元。全市公开转让国有产权 19 宗，实现国有资产转让增值 402 万元。

2006 年，资产、产权转让收入缴入国有资产收益专户，实行收支两条线管理。2008 年，市监察局参与市汽车运输总公司转制的监督，通过拍卖以 5869 万元转让给富临集团公司，实现保值增值。市政府回购四川富临集团公司对市第一人民医院的投资，与市第二人民医院重组经营。2009 年，全市通过公开拍卖和置换，企业国有资产和行政事业单位国有资产处置收入 1844. 4 万元。至 2010 年，全市 18 户市属国企资产总额 47. 2 亿元，比 2005 年增长 1. 2 倍。2012 年，整合市宏大公司、市资产经营公司资产，眉山发展公司旗下拥有 2 家全资子公司和 1 家参股公司，公司资产规模 50 亿元；市资产公司优化资产结构，完善公司法人治理结构，资产规模 30 亿元。全市有国有企业 79 户，资产总额 184. 3 亿元，国企资产负债率 38. 5%。

第二节　项目融资和招商引资

2008 年，眉山市国有资产管理委员会为 6 个政府性建设项目、29 家中小企业及“5・12”汶川特大地震抗震救灾落实项目融资贷款 4. 07 亿元。包括东坡湖通惠河环境整治、市经济技术开发区彭山滨江路道路建设、成仁快速通道等 29 家中小企业项目。2009 年，政府性融资 4. 25 亿元，全市市属国有企业资产总额 44. 7 亿元，净资产总额 20 亿元，国有资产保值增值率 178. 5%。为 4 个重点建设项目落实贷款 3. 4 亿元。2010 年，为政府性投资项目落实贷款资金 1. 5 亿元。引进四川省铁投集团投资成绵乐城际铁路客运专线项目。四川省铁投集团代替眉山市向四川兴蜀铁路投资有限公司出资 14. 91 亿元，成绵乐城际铁路项目股权转让，有效缓解全市财政出资压力，确保项目建设。2011 年，供排水总公司与四川省开发银行签订 1 亿元借款协议。2012 年，完成污水处理厂（二期）项目贷款 3000 万元融资工作。举办“投融资企业入眉行动”暨重点项目推介会，到会企业 134 户，其中央属、省属、成都市属企业 70 余户；签约项目总投资额 233 亿元。引进成都七中眉山分校、蒙牛二期工程等项目，招商引资 12. 2 亿元。

第三节　政府集中采购

1999 年，地区行署下发《眉山地区政府采购暂行办法》，逐步建立健全规章制度，规范政府采购。当年，地级实行政府集中采购。地级单位使用财政性资金采购，通过政府采购中心统一实施。全年采购价款 700 万元，资金节约率 15%。2000 年，地县两级均成立政府采购中心，制定政府采购实施办法及采购目录，配备专人负责政府采购工作。地区财政局发文对购买小汽车、大轿车等商品作出明确规定，要求各级加强政府采购，引导集团消费。政府采购范围由办公设备逐步扩展到建筑装饰材料、电梯设备、制冷设备、摄录器材、编辑设备、小汽车、车辆保险等，渐成规模。当年，地级采购 49 次，采购资金 2895. 32 万元，节约资金 465. 33 万元，节约率 13. 85%。此后，每年考核集中采购机构（采购中心）、社会代理机构。

2001 年，市政府办印发眉山市市级政府采购专家、采购评估、采购金拨付、采购招标、采购合同等管理办法、细则，进一步规范政府采购。2002 年，采购管理机构和采购机构分设，职能分开。

按照“三公”（公开、公平、公正）、“四个坚持”（坚持公开招标、坚持专家评标、坚持采购过程监督、坚持做好考察定货），严把“三关”（价格关、质量关、售后服务关）加强采购管理。当年，开展市级机关公务用车加油和保险采购公开招标，实行定点加油和保险，定点加油节约资金8%。2006年起，采购管理分离。市级预算单位编制政府采购预算，规范采购行为。市财政、市监察、市审计部门邀请采购单位代表和供应商代表组成考核小组考核市政府采购中心，在四川政府采购网上公布考核结果。2007年，加强专家管理，政府采购项目评审专家由政府采购评审专家库网络终端统一抽取，确保专家独立、公正开展政府采购评审。推行市级部门车辆定点维修制度，加强市级单位公务用车定点保险和定点加油监管。集中采购和公开招标成为政府采购主要组织形式和采购方式。

2008年，市级行政事业单位推行办公设施标准化配置试点工作，按照“公开、公平、公正、诚信”原则，全程监控单位采购资金，规范单位采购行为，财政资金节约率10%以上。主要将办公用房装修、办公家具配置、办公设备配置和公务用车配置4大类近30个小项纳入标配范围。市财政、市监察、市审计部门专项检查全市政府采购执行情况，纠正发现的问题，查出问题数额较大的，扣减其经费预算。2009年，扩大政府采购规模，规定范围内的政府采购项目应采尽采。完善政府采购监管与执行分离机制，市、区县均建立公共资源交易中心，行使政府采购执行职能。组织市级政府采购检查，抽查市交易中心代理的项目，规范政府采购中招标文件编制不够科学、合理、采购方式的变更不健全，采购程序不规范等问题，督促整改。当年起，实行通用货物定点采购。2010年，市委办印发《眉山市市级机关和部门办公设施标准化配置限额》，要求编制预算和实际采购金额不得突破。利用国库集中支付平台，将政府采购监管环节由事后监督变为事中监督。重大采购项目派人参与，现场监督。市财政、市监察部门重点检查2009年以来各区县政府采购监管部门履职、集中采购机构工作开展等情况，抽查公开招标、邀请招标项目，竞争性谈判、询价、单一来源采购等。抽查市人民医院、高职院、公安局、广电局、城管局政府采购开展情况。纠正职责不分、采购方式不规范等8类问题，督促各区县制定整改措施，加强整改。2011年起，建立和规范特殊事项采购运行机制。将紧急采购、涉密采购、特殊采购等《中华人民共和国政府采购法》和有关法律法规没有涉及的问题纳入其中。部分专业性强、采购人有特殊需求的医疗设备等采购，不再实行政府集中采购。将协议供货限额标准调整到5万元，并扩大协议供货范围，增加协议供货供应商。加强市级单位公务用车定点保险、定点加油、定点购车和通用货物定点采购监管。实行公务用车协议供货制度。

2012年，完善政府采购监管与执行分离机制，加强政府采购监管，监督检查协议供应商17家。市监察局、市财政局制发《关于加强市级政府采购工作的通知》，深化管采分离，推进廉政风险防控管理体系建设。全年全市政府采购2606次，实际采购金额4.41亿元，资金节约率12%。采购范围不断扩大，呈现出政府采购规模化和效益化。

第四节　公共资源交易

2008年，成立集工程建设招投标、土地（矿权）出让、政府采购、国有产权出让“四位一体”的眉山市公共资源交易中心。当年起，清理《招标投标法实施条例》贯彻实施情况。市公共资源交易中心开展眉山市国有资产转让和特许经营权等其他社会公共资源交易。依法核准公开招标的国家投资工程建设项目。至2010年，市公共资源交易中心交易项目346项，总投资额34.11万元，中标金额 27.92 亿元，节约资金 6.17 亿元，节支率 18.08%。至 2011 年，清理全市制定涉及招投标的规范性文件 13 个，包括招投标行政执法监督、项目立项管理、重大项目公示、现场监督、压证管理、不良行为处理、治理挂靠、转包及违法分包行为等，其中 10 个继续有效。废止并修订完善《立项管理暂行办法》《招投标不良行为处理暂行办法》《新增不可预见和突发工程管理暂行办法》。核准公开招标的国家投资工程建设项目 67 个，办理符合招标确认项目 115 个，参与现场监督 70 余项次，全市进入市公共资源交易中心的招标比选项目 132 项，平均节资率约 18.37%。2012 年，产权交易系统在新电子交易服务平台运行，实现网上发布信息、网上报名、网上缴纳保证金等电子信息化。当年 7 家中介拍卖机构入围登记。清理与招标投标相关的行政权力事项 91 项。其中行政审批（行政许可）9 项、行政处罚 74 项、行政确认 1 项、其他行政权力 7 项。核准公开招标的国家投资工程建设项目 86 个；办理符合招标确认项目 120 个；完成招标比选项目 146 项，总投资 18.96 亿元，中标金额 15.46 亿元，节约投资约 3.49 亿元，平均节资率约 18.45%；参与现场监督 80 余项次；合同备案 52 个。记录 17 家企业招投标活动中不良行为，给予全市 10 家企业禁入一年的行政处罚。2008—2012 年，市级组织实施产权交易 9 项，起拍价 5648 万元，成交价 7923 万元，增收 2369 万元。

市公共资源交易中心开标会现场（摄于 2011 年 8 月）

第五节　政府投资评审

2004 年起，眉山市开展财政投资评审。加强财政预算支出管理和政府投资项目管理、提高财政资金使用效益、促进节约型社会建设，实行三级审核（经办人员初审、副主任复审、主任再审）和评审意见反馈程序，提高评审工作透明度。评审项目由建筑工程、市政工程范围增加到电力、水利、交通等行业。承担监管市级国债重点基本建设项目和财政管理专业审核。市级政府性项目投资监督控制纳入评审范畴，评审覆盖面逐年扩大，评审环节逐步前移。当年，实施新区东西干道、南北干道及延线和湖滨路等建设工程项目工程结算、决算审计。调查核实该范围内土地使用权抵划、抵押和出让收入，作出评审财务结算。2007 年起，财政投资评审工作在全市区县全面推开。逐步建立健全“三先三后”（先评审，后施工；先评审，后支付；先评审，后结算）工作机制，实行三级审核程序，评审工作涉及项目概算、预算、决算，参与制定和审核重大项目招标上限控制数，提高资金使用效益。

2010 年，建立财政支出绩效评价体系，重点开展省级财政支出在眉山现场绩效考评。至 2010 年年底，政府性投资项目评审审定金额增至 8.54 亿元，比 2004 年增长 159.9 倍。2011 年，深化财政投资项目评审制度改革。建立项目库、专家库、材料价格库和项目绩效评价指标体系“三库一分析”

制度。2012 年，落实“先评审，后招标”制度，杜绝“三边”（边勘测、边设计、边施工）工程，退回超投资批复项目预算 12 个，退回施工图和工程量清单编制有重大错误和漏洞项目 27 个。市级评审各类项目 117 个，送审总金额 34.32 亿元，审减金额 3.82 亿元。

2004—2012 年，市财政投资评审中心审核工程概（预、结、决）算项目 855 个，审核金额 85.36 亿元，审定金额 75.04 亿元，审减金额 10.32 亿元，平均审减率 12.09%。

第四章　工商行政管理

1997 年，眉山地区工商行政管理部门在企业开展“重合同，守信用”活动。当年，地区行署出台鼓励企业创商标品牌政策措施。加大执法监督，查处广告违法违规、侵害消费者合法权益案件，保护消费者权益。至 2012 年，眉山市认定知名商标 4 次；244 件注册商标为眉山市知名商标；40 件注册商标为四川省著名商标；15 件注册商标被认定为中国驰名商标；查处广告违法违规案件 1907 件、侵害消费者合法权益案 2698 件，为消费者挽回经济损失 1124.54 万元。全市流通领域商品合格率 87.9%。

第一节　工商户登记

工商户登记包括对境内的内资企业，个体户、私营企业和农民专业合作社，外资及中国港澳台资企业登记。

1997 年，眉山地区工商局开展外资企业初审和登记注册。每年检查上一年度个体户的登记事项及经营情况。开展私营合伙企业登记，个体户登记管理由县级工商行政管理部门办理。当年起，重新注册登记改制的大中型国有企业。年末全区有外商企业 51 户，注册资本金 7274 美元。1998 年起，全区工商系统开展无照经营综合治理。当年，限期补办营业执照 1750 户，取缔 230 户。清理整顿“三无”（无人员、无资金、无场地）企业，查出“三无”企业 208 户，注销或吊销营业执照 188 户，限期整改 20 户。1999 年，实施个人独资企业登记。清理军队、武警部队和政法机关所办企业，未发现违规行为。完成全区改制的 8 家大中型国有企业重新注册登记工作。2000 年，各县工商局设立专门“窗口”，开辟港澳居民申办个体户登记“绿色通道”，专人专管。全区开展新登记注册企业回访。当年，回访率 60%以上。

2001 年起，眉山市实行企业工商所属地管理，承担除外资企业外的各类企业和个体户的登记注册，动态监管登记注册事项变更、生产经营、违法违章情况。市工商局检查“三无”经营户 2.71 万户（次），吊销“三无”企业和逾期未年检企业的营业执照 283 户。开展关闭国有煤矿矿办小井和乡办煤矿停产整顿；检查房地产和建筑企业虚假出资、抽逃出资（以下简称两虚一逃）。当年，全市关闭不具备安全生产条件的煤矿 55 个，国有煤矿限期整改 2 个、停产整顿 2 个，吊销小煤矿营业执照21户。查处两虚一逃案件10件，罚款72.66万元。2002年起，全市具备条件企业试行免检。推行实地年检，工商行政管理部门现场年检煤矿企业。建立经济户口，实行一个市场主体建立一个经济户口档案。至2004年，全市企业登记注册基本信息静态的“经济户口”全部建立。2005年起，清理职业中介机构、民办社科研究机构登记注册情况。年检采矿许可证、煤矿生产许可证、安全生产许可证齐全有效煤矿企业，统一换发营业执照。当年，查处超范围经营的职业中介机构1户，罚款2000元，变更登记社科研究机构（企业）1户。年末全市免检企业260户。2006年，全市工商行政管理系统推行网格化监管，按照街道、乡村、市场分布特点，完成网格划分，设定网格责任人，形成市工商局、县（区）工商局、工商所三级联动的市场巡查网络体系，构建工商执法网。清理国家机关工作人员和国有企业负责人投资入股煤矿情况。全市国家机关工作人员和国有企业负责人27人在两户煤矿企业中投资入股。责令其撤出投资，办理相关变更登记手续。2007年，实施农民专业合作社登记。至2008年，全市建立个体户登记注册基本信息静态的经济户口。2009年起，个体户信用实施分类监管。全市7.35万户个体户，认定为A级的6.66万户、B级的443户、C级的6户、D级的1户，余下的户数未评级。至2010年，全市工商系统查处取缔无照经营案1.28万件，发出责令整改通知书1614份，补办营业执照2170户，罚款227.93万元，限期补办证照6978户，取缔无照经营4787户。开展“两虚一逃”专项整治，查处违法案件80件，取缔无照经营207户，罚款162.66万元。清理职业中介机构，检查中介机构、个体户、劳务中介公司377户，规范44户，与行政事业单位脱钩2户，注销中介企业5户，查处非法从事劳务中介活动个体户18户。

2012年，眉山市新注册登记内资企业1918户，其中私营企业1665户、农民专业合作社253户。新登记注册外商投资企业11户，新增投资总额7800万美元，注册资本2710万美元。注册台湾个体工商户1户，主要从事化妆品零售。截至2012年年底，全市登记在册的内资企业1.33万户，其中私营企业1.05万户、农民专业合作社1241户。登记在册的外商投资企业113户，投资总额13.04亿美元，注册资本5.54亿美元。全市个体户验照率90%以上。

第二节 市场监管

1997年前，今眉山各县城和大的乡镇所在地建有市场，其余乡镇多为沿街沿路交易。集贸市场经营户以杆秤为计量工具。

1997年起，眉山地区各级政府鼓励个人、企业兴办市场，市场数量增加，多数经营户进入市场经营。当年，全区工商部门查处商品交易市场违法违章案件。清查全区经营汽车业务单位，取缔6户经营资格。清理整顿成都至乐山高速公路沿线、仁寿县龙正、眉山县秦家卡拉OK厅。查处商品交易市场违法违章案件185件，假冒伪劣商品总值325.14万元，罚没金额54.23万元。检查农资经营户1225户，取缔无照经营106户，查扣假冒伪劣种子12.43吨、化肥31.92吨、农药1.63吨。检查验收全区文明集贸市场，推荐1个市场为国家级文明市场、9个市场为省级文明市场，评出地区级文明市场21个、县级文明市场44个。年末全区有商品交易市场248个（含以路为市、以街为市），占地面积73.89万平方米，建筑面积48.52万平方米，集市贸易成交额15.11亿元。1998年起，清理整治粮食市场。2000年起，加强旅游、文化市场监督管理。检查全市景区经营户，取缔无照经营2

户；处理消费者投诉6件。整顿校园周边环境，清理学校周边200米范围内设立的卡拉OK厅、电子游戏室、录像室，取缔37户，吊销营业执照9户。至2000年年末，眉山中心城区全部取缔以街以路为市。

2001年，东坡区、丹棱县、青神县、洪雅县将市场和市场服务中心人员整体移交给县（区）政府或政府指定的部门。市工商系统分别向当地县（区）政府或政府指定的部门移交市场63个，拍卖市场48个，移交市场服务中心6个。完成市场管理和经营脱钩工作。当年起，每年工商行政管理部门和质量技术监督部门检查集贸市场内计量工具。开展“金轮行动”，整顿和规范汽车、旧机动车交易市场，取缔报废车拆解市场，打击拼装车行为。检查经营企业和个体户。专项检查毒鼠强等剧毒鼠药。

2003年，市工商部门打击利用防治“非典”违法经营活动，建立应急处理机制。检查市场主体1.49万个（次），立案查处各类违法案件44件。重处仁寿县用兽用体温计冒充人用体温表销售，洪雅县、彭山县销售劣质口罩等8起。2004年，市工商部门停止办理市场登记证。建设企业信用体系，对3261户企业信用状况初次分类，确定A级企业2237户、B级企业791户、C级企业113户、D级企业120户。打击“黑导游”“黑旅行社”“黑车”“黑店”，低价招徕、强迫购物、中途甩客等违法违规行为。当年起，整治营利性医疗机构的经营资格、无照经营、擅自设立的医疗网点、虚假广告。2005年，专项清查《中国废片》等非法出版物。查办盐业案件13件，现场处罚11件，收缴非碘盐724千克。资阳市、内江市等地发生“人感染猪链球菌病”疫情后，每天查验上市猪肉检验检疫情况，与屠宰场（点）、市场业主、生猪贩运、加工、销售经营户签订《承诺书》，防止病死猪牛羊肉进入市场。检查市场4256个（次），经营户6.8万户（次），屠宰场（点）1337个（次），查获病死猪142头。全市未发生高致病性禽流感。

2006年起，全市实施市场“三化”（标准化、制度化、规范化）建设。2008年“5·12”汶川特大地震后，启动市场监管应急预案，落实灾后市场监管措施，制止和处理饮用水、小青瓦等涨价案件5起，纠正违章行为50余起。加强上市销售畜禽产品检查登记，确保全市市场秩序稳定，货源充足，价格平稳。2009年，整治全市160个市场，采取“一市一案”整改方案，做到“六归”（坐商归店、行商归市、商品归区、车辆归位、广告归栏、垃圾归桶）要求。检查全市景区经营户2181户（次），取缔无照经营90户，处理消费者投诉100件。至2010年，全市个人和企业投资修建市场62个，占地面积33.15万平方米，建筑面积15.5万平方米。全市有消费品市场、生产资料市场等157个，占地面积103.39万平方米，建筑面积68.96万平方米，集市贸易成交额31.71亿元。2012年，开发面向工商监管的互联网舆情监测指挥系统，做好“3·15”网络传销案网络舆情监测。全市建成省级示范市场9个、市级示范市场16个、县级示范

市工商局启动“红盾春雷”行动（摄于2012年12月）

市场32个。有消费品市场143个，其中消费品综合市场62个、农副产品市场72个、工业消费品市场3个。

1997—2012年，全市开展“打假护农”“红盾打假护农”等专项行动，取缔无照经营1000余家，捣毁制假售假窝点200余个。检查集贸市场230个（次），农资、成品油、鼠药、营利性医疗机构等经营户2212户次，加油站872个次，清理整顿黑网吧4次。查处违法违章案5743件，罚款1250.16万元。取缔无照经营165户、无证照非法加油站24处、“黑网吧”238户，吊销营业执照9户，责令138家无证无照娱乐场所停业整顿，没收粮食1779.05吨、成品油16.93吨。

第三节　合同监管

一、守合同重信用企业认定

1997年，地区工商行政管理部门在企业中开展“重合同，守信用”活动。当年，全区44户企业获省级“重合同，守信用”称号。2003年，市工商行政管理局在全市评选认定眉山市“守合同，重信用”企业。分为国家级、省级、市级、县级，每三年认定一次，已命名的“守合同，重信用”企业，每年复查；县以上工商行政管理机关（或“协会”）考核，县级以上人民政府或工商行政管理机关命名。至2012年，全市获国家级称号企业27户、获省级称号企业423户、获市级称号企业936户、获县级称号企业1253户。

二、合同鉴证

1997年起，地区工商局开展合同鉴证业务。当年，全区鉴证经济合同7715份9.95亿元，发现违法合同74份，避免经济损失440.27万元。至2002年，眉山市鉴证经济合同4.07万份47.81亿元，发现违法合同296份。此后至2012年未再开展此项工作。

三、合同行政调解

1997年起，地区工商行政管理机关受理法人、个人合伙、个体户、农村承包经营户及其他经济组织之间发生的以实现一定经济目的为内容的合同争议。县一级工商局设有经济合同仲裁庭。1999年，调整工商行政管理部门对合同管理的职能，仲裁庭不再设在工商行政管理部门，工作由仲裁转为行政调解。截至2012年年底，眉山市办结合同纠纷案127件，涉及金额600万元，解决争议金额600万元。

四、合同违法查处

1997年，地区工商局查处全区违法合同案74件，违法金额440.27万元，罚款19.51万元。2000年，打击利用合同骗买骗卖行为，维护企业合法权益；实行订单农业，促进农产品购销。2003年，眉山市工商系统指导1895户企业签订合同4294份，涉及金额11亿元，查处合同欺诈案件39件，挽回经济损失136.5万元。2005年，市工商行政管理局结合“红盾护农行动”和旅行社整治等专项行动，开展打击合同欺诈专项执法行动。全市各级工商部门检查合同9368份，合同金额8.94亿元。2009年，全市各级工商部门检查工业品买卖、建设工程、涉农企业等合同1.68万份，合同金额6.96亿元。查处合同违法行为5件，合同金额68.5万元，罚款0.58万元。2012年，检查合同8524份，合同金额7.57亿元，发现不规范合同24份，合同金额515.85万元。查处合同违法行为5件，罚款7.2万元。

五、动产抵押物登记

1997年起，眉山地区实施企业设备、原辅材料、产品或商品和其他可以依法抵押的动产登记。当年，办理企业动产抵押物登记229件，抵押物价值10.59亿元，被担保主债权金额3.21亿元。2000年，全区确定310户企业为眉山首批“合同解忧”工程帮扶企业。帮助融资难的企业办理动产抵押物登记，为企业融资服务。至2003年，眉山市房地产抵押662件、金额4829.6亿元，被担保主债权金额3.51亿元。2007年，动产抵押登记扩大抵押人范围，个体户、农业生产经营者也可以办理动产抵押登记。截至2012年年底，眉山市受理企业动产抵押物登记3819件，被担保主债权金额146.62亿元。

六、拍卖监管

2000年，眉山地区登记注册首家拍卖公司。2002年，眉山拍卖公司备案拍卖委托书15份，合同金额702.55万元，拍卖成交确认书15份，合同金额499.8万元。2003年，眉山市各拍卖企业举办33场拍卖会，备案拍卖委托书82份，合同金额1亿元，拍卖成交确认书42份，合同金额4763.2万元。2004年，建立拍卖企业“一户一档”的拍卖备案档案。全市6家拍卖企业从事拍卖活动，备案拍卖委托书64份，合同金额5493.21万元，拍卖成交确认书42份，合同金额3577.67万元；现场监督拍卖11次。2012年，现场监督3次，备案拍卖活动46次，备案拍卖委托书69份，合同金额5870.94万元；备案拍卖确认书76份，合同金额4900.25万元，拍卖活动全部备案。

第四节　商标监管

商标监管主要培育眉山市知名商标、四川省著名商标、中国驰名商标；打击商标违法行为，保护注册商标专用权。

一、注册商标

1999年，眉山地区工商行政管理局验证全区1997年年底前的注册商标。应验836件，实验499件，依法使用注册商标369件，改变注册商标文字、图形及组合的3件，改变注册人名义、地址的29件，连续3年停止使用注册商标的43件，超出核定使用商品范围的1件，未标注册商标标记的6件，伪造、涂改商标注册证或商标注册证遗失的11件，未签订商标使用许可合同的3件，应续展而未续展的34件。此后至2012年未再开展此工作。

二、商标品牌培育及认定

1997年起，地区行署出台鼓励企业创商标品牌政策措施。年末，全区有原乐山市认定的知名商标4件。2000年，地区首次认定知名商标。当年，认定“三苏泉”等26件注册商标为眉山地区知名商标。2002年，召开眉山市知名商标授牌大会，决定创立中国驰名商标、省著名商标、市知名商标，财政分别给予5万元、3万元、2万元奖励。2006年，市政府印发《关于进一步实施名牌发展战略的意见》，规定新获得中国驰名商标，市政府奖励企业法人代表20万元。认定为驰名商标、著名商标的企业，列入市规划发展的重点企业推进技术改造，给予财政补贴。争取的省重点技术改造资金、省中小企业发展资金和市工业发展资金优先安排扶持创牌企业，给予技术引进、技术开发和贷款等倾斜。2007年，召开眉山市创建品牌工作暨表彰大会，表彰1997年来获得中国驰名商标、四川省著名商标的企业14户，奖励四川省仁寿县天府坩埚器材厂等6户省著名商标企业每户10万元。

2010年，市政府制订《眉山市知名商标认定和保护办法》。市政府奖励获中国驰名商标的金象化工法定代表人15万元，获四川省著名商标企业的丹齿公司、宏腾佳味公司、度身公司法定代表人各8万元。2011年，洪雅县汉王茶厂“总岗山”等45件眉山市知名商标通过复审认定。2012年，加强地理标志证明商标培育保护。洪雅县“高庙白酒”“洪雅藤椒”证明商标注册成功；丹棱县冻粑协会申报“丹棱冻粑”证明商标进入初审公告。四川丹甫制冷压缩机股份有限公司成功转让“丹甫”商标，在6个类别上申请注册，准备申报商标国际注册。指导企业办理商标变更、续展5件。开展“绿海明珠千湖之城”“天府花园文化名城”商标注册申报。

2000—2012年，眉山市认定知名商标4次，“阳坪”“开创”“叩康”“眉州远景楼”等244件注册商标为眉山市知名商标；“川眉”“三苏泉”“彭祖”“阳坪”“八百寿”“青城”“千禾”“仁凤”“幺麻子”等40件注册商标被认定为四川省著名商标；“通威”“吉香居”“HT+拼音+图案”“川眉”“惠通+拼音+图案”“味聚特+图案”“象及图”等15件注册商标被认定为中国驰名商标。

三、商标印制企业管理

1997年，眉山地区指定印制商标单位35户。1998年，地区工商局检查全区商标印制企业2次。发现非法印制商标，责令停止无证印制行为。1999年，全区53户商标印制企业通过验证、换证，确定为“指定印制商标单位”的22户。

2002年，眉山市开展打击印制、销售假商标、假发票、假证件的违法活动，检查印刷企业150户，未发现违法行为。2003年，取消印制商标单位审批，商标印制监管工作重心由资格审核转变为监管。2009年，建立商标印制企业名录，加强商标印制企业日常巡查，遏止假冒商标等违法行为。2010年，开展商标印制企业专项整治。严厉查处违法印制、出售商标标识及包装、装潢的行为。立案查处涉嫌违法印制注册商标案2件。

四、执法监督

1998年，眉山地区工商系统查处商标案件38件，假冒11件，侵权21件，罚款10.63万元，收缴和销毁商标标识7.03万件。2001年起，眉山市开展保护绿色食品证明商标“红盾执法”行动，检查绿色食品生产经营企业、个体户424户。2004年，开展“查处侵犯法国皮尔·卡丹公司合法权益违法行为专项执法检查”，检查全市165家经营服装、皮具的商场（店）；立案查处案件4件。立案查处商标假冒侵权案件65件；收缴和消除商标标识4.04万件；查处侵犯外国及中国港澳台商标注册人权益案件14件。2007—2008年，全市开展查处擅自使用奥林匹克标志专项检查，查处侵犯奥林匹克标志专用权违法案件34件。至2009年，全市立案查处商标一般违法案件224件。

2010年，开展“打击侵犯知识产权和制售假冒伪劣商品红盾百日执法行动”，检查经营主体381个（次），检查商场、超市103户，集贸、批发零售市场47家，网络监测商品销售130余条，立案查处商标假冒侵权12件，罚款60.55万元。加强农产品商标和证明商标保护，重点保护“文宫枇杷”“青神椪柑”等证明商标。2011年，开展“双打”（打击侵犯知识产权和制售假冒伪劣商品专项行动）专项行动，检查经营主体8900户（次），检查零售市场、集贸市场等各类市场543个（次），检查商场、超市684户（次），整治重点区域106处（次），网络监测商品销售信息2105条，查处各类违法案件53件，罚款81.4万元，受理和处理消费者申诉207件、举报17件，为消费者挽回经济损失46.5万元。开展“农达”“云南白药”“日丰”“国窖”等注册商标专用权行动。检查药品、建筑、建材、农药、摩托车（自行车）轮胎、办公用品销售门市（店）、超市、副食店、酒类专卖店526家，集贸市场89个（次）。2012年，开展酒类、农资、服装、家用电器、汽车配件、装饰装修材料专项整治行动，打击侵犯地理标志专用权的违法行为，取缔无证照印刷复制“黑窝点”。检查各类经营主体1.05万户（次），受理消费者申诉和投诉56起，为消费者挽回经济损失6万余元，立案查处制售假冒伪劣商品案件35件，罚款13万元，查处商标侵权案件29件，罚款32.46万元。

第五节　广告监管

1997年，眉山地区有广告经营户98家，从业人员790人，经营额450万元。1998年起，开展广告市场巡查，户外广告监管纳入市场巡查。

2003年，眉山市工商系统开展广告经营单位资格检查。检查媒体单位12家，医疗机构88家，收缴“包治百病”印刷品医疗广告4000份，药品门市2100余个，责令停止发布“非典”药品广告52条。2004年，广播电视台、电视台、报刊出版单位领取广告经营许可证后方可从事广告经营活动。非事业单位经营广告不再发广告经营许可证。取得广告经营许可证的事业单位，每年检查。开展“食品、药品放心广告工程建设”，专项整治食品、药品广告，检查药品经营店124个，取缔违规药品广告34条，收缴药品广告宣传单5000余份。开展“严禁在商业广告中使用国家机关名义”专项整治。责令眉山交通医院停止使用“军队干休所”名义发布广告。2005年起，全市监测媒体发布的广告，向省工商局报送监测报告。2006年，监测各类广告612条，规范广告用语31条，发出《责令改正通知书》5份，行政建议书2份，约见广告经营单位负责人20余人次。2008年，监测药品、保健食品、医疗、化妆品广告953条。发现眉山电视台播放的“帮力士”“鸿茅药酒”“康优”保健品广告存在违规行为，市工商局向眉山电视台发出行政指导告诫书。“三聚氰胺”问题奶粉事件发生后，全市专项清理广告中使用“免检”内容。2011年，开展清理整顿部分商品滥用“特供”“专供”标识专项行动。2012年，开展医疗广告专项整治行动。立案查处医疗服务违法广告6件，罚款7.4万元，责令停止发布6件。截至2012年年底，全市有广告经营户565家，从业人员2356人，经营额1.04亿元。监测各类广告1.49万条，立案查处电视违法广告7件，发放《责令改正通知书》28份。规范广告用语129条，责令停止发布44件。约见广告经营单位负责人40余人次。对监测到的违法广告采取行政告诫、责令整改、停止发布以及行政处罚等处理。

2001—2012年，全市查处广告违法违规案件1850件、虚假广告57件、其他319件，罚款314.03万元。吊销证照1户，停止宣传违规医疗、药品广告62条，纠正不规范广告用语27条，收缴广告牌21个。

第六节 流通领域商品质量监管

2001年，眉山市专项检查饮用水市场，发现推后打印生产日期、厂名厂址不实问题。2002年起，市工商部门抽查监测全市流通领域商品，合格率35.6%。2003年，市工商部门开展查处利用工业用化学品生产加工有毒有害食品专项行动，查处案件203件，案件总值194.52万元，罚款66.01万元。此后，全市流通领域商品合格率每年有所上升。2004年，开展农药残留和甲醛含量定性检测，确保“餐桌安全”。2005年，清查“苏丹红（一号）”。2007年，专项整治农村食品市场，查处食品安全案件1549件，罚款477.76万元。至2012年，全市流通领域商品合格率87.9%。

第七节 消费者权益保护

1997年起，地委宣传部、地区工商局、共青团地委将眉山县小北街作为“打假维权、消费者满意文明一条街”示范街，开展经营者文明经营教育。建立“全国工商行政管理机关与名优企业联手打假维权协作网络四川分网络”，四川省阳平乳制品厂入四川分网络。2000年，全区工商行政管理局开通消费者申诉举报专线电话。2004年，眉山市执法巡查“SK-Ⅱ”化妆品。没收假冒“SK-Ⅱ”化妆品91支，罚款3万元。查获加工潲水油2.5吨。2005年，调查四川川霸调味食品有限公司，查出其生产的“麻辣鲜”辣酱含有苏丹红。查获含苏丹红“辣椒红”色素566千克，含苏丹红食品445.1千克。查处青神县一银行储蓄纠纷，裁决银行按规定支付利息。2006年，全市开通“三进三出”（三条打进专线，三条打出专线）受理专线电话。受理消费者在购买、使用商品或接受服务过程中合法权益受到侵害时的申诉；受理侵害消费者权益、制售假冒伪劣商品及其他违反工商行政管理法律、法规和规章的咨询服务。洪雅县工商局查封使用工业玉米淀粉生产的豆瓣15吨，市工商局查扣工业玉米淀粉3.78吨，就地封存10.75吨。2008年，处理仁寿县一水泥厂销售短缺问题，责令补偿水泥6吨。查处文林镇假鱼药案致养殖户鱼死问题，责令厂方补偿养鱼户4.5万元，鱼药经营户补偿3万元。2009年，全市工商部门加强家电下乡、汽车摩托车下乡监管。开展专项执法检查，取缔1户无照经营，查处1户虚假广告，取消5户“家电下乡”经营资格。截至2012年年底，眉山市消费者申诉举报指挥中心接到申述案1.77万件，举报案1095件，咨询16.82万件，为消费者挽回经济损失1124.54万元。查处侵害消费者合法权益案2698件。

第八节　执法监督

一、反不正当竞争

1997 年，眉山地区工商部门查处不正当竞争案件 36 件。洪雅县工商局查处强行搭售案，罚款 8 万元。1999 年，全区工商部门收缴仿冒商标标识 3200 张。

2001 年起，眉山市工商部门专项整治重点垄断性行业限制竞争行为，检查经营单位 142 家，立案查处 7 件，罚款 15 万元。查处彭山县天然气公司限制用户购买燃气具，强制收取检测费；中国人寿保险公司东坡区支公司、丹棱县支公司强制学生保险的不正当竞争行为。2002 年，专项整治保险、医院、金融、通信、邮政等公用企业的不正当竞争、限制竞争，立案 12 件，罚款 20.24 万元。查处东坡区 9 户食品加工企业，仿冒“老干妈”风味豆豉知名商品不正当竞争行为。2003 年，查处四川省烟草公司眉山分公司东坡区卷烟配送中心限制竞争行为案。2004 年，开展查处仿冒四川李记酱菜调味品有限公司“李记”酸菜鱼佐料专项行动、侵犯“中国石油”和侵犯“金利来”“金盾”“梦特娇”“袋鼠”等注册商标专用权违法行为。查处全市 3 家仿冒企业，收缴销毁仿冒包装袋及标识 15 万余套，罚款 16.1 万元。2005—2008 年，全市查处反不正当竞争案件 233 件。

2010 年，开展“金叶维权”烟草市场专项整治行动、商标侵权案。检查烟草经营主体 6018 户（次），查获案件 184 件。查处仿冒知名商品不正当竞争案件 140 件，罚款 191.92 万元。2011 年，开展“双打”行动，查处“傍名牌”、虚假宣传等不正当竞争案 85 件。查处四川省丹棱县强华陶瓷有限公司侵犯成都大丰花都陶瓷有限公司“花都”牌瓷砖注册商标专用权案、邓某销售假冒百威啤酒注册商标案。查处公用企业及其他依法具有独占地位的经营者限制竞争行为，查处不正当竞争案件 42 件。2012 年，开展“双保”（保护知名企业、知名品牌知识产权）行动，协助办理驰名商标“味聚特”泡菜企业在湖北、江苏省维权，为企业挽回经济损失 13 万元。查获假冒“五粮液”“茅台”等名酒 219 瓶。查处仁寿县妇幼保健院违规收费、四川有线网络电视有限公司丹棱分公司乱收费案。查处“傍名牌”、虚假宣传等案 44 件，罚款 102.69 万元。

二、传销治理

1999 年，眉山地区开展打击传销活动。2001 年，眉山市工商、公安、人民银行、民政等部门建立打击、防范传销工作机制。查处传销案件 4 件，驱散、遣返传销人员 400 余人，其中“全球得利计划”传销案，被列为全国十大传销案之一。2003 年，加强安利、雅芳、中山完美等外商投资转型企业监管，防止传销和变相传销行为。2004 年，市工商局、彭山县公安局、彭山县工商局查处取缔彭山县长寿山庄非法传销“圣安泰奇保”保健品案。2005 年，查处取缔深圳世纪网电子商务有限公司在仁寿县黑龙滩宾馆从事传销案，驱散从事传销活动的人员 200 余人。至 2009 年，全市捣毁传销窝点 213 个，驱散从事传销人员 2221 人。2010 年，专项整治全市传销活动。通过发放、张贴宣传数据、图片，悬挂横幅、标语，发送手机短信，新闻报道，开展打击传销行动，捣毁传销窝点 59 个，教育、遣返传销人员 725 人。约见安利、雅芳、玫琳凯、康宝莱、南方李锦记、完美等直销企业在川负责人 8 次，检查部分直销店铺。2012 年，查获四川省幸福缘农业开发有限公司利用网络组织传销案，涉案金额4.88亿元、涉及全国31个省（自治区、直辖市）157万人次登记注册为会员。

1997—2012年，全市传销案逮捕23人，判刑21人，免于刑事处罚2人。

三、治理商业贿赂

2001年，眉山市调查旅游业、房地产业和建筑行业商业贿赂，查处商业贿赂案件6件，罚款2.2万元。2005年，查处医药商业贿赂案1件，罚款0.5万元。2006年，全市工商部门建立举报投诉网络，公布举报电话18部；市工商、纪委监察局、检察院、公安局、食品药品监管局等，联合查办商业贿赂案件。查处商业贿赂案件33件，办结23件，罚款73.11万元，涉及保险代理、网络服务、图书发行、商业零售、建筑工程、医药购销、运输、旅游等领域。2011年，以医药、工程建设、商业零售等领域为重点，加强日常监管。截至2012年年底，眉山市查处商业贿赂案件65件，涉案金额643.07万元，罚款174.59万元。

四、打击走私贩私

1998年，眉山地区整治全区汽车、进口照相机、通信、卷烟交易市场，查扣走私汽车1辆。1999年，全区开展反走私联合行动和专项斗争，查办私贩手机、私贩香烟案2件。2001年，眉山市查处走私贩私案8件，罚款6000元。税务、银行、工商等部门组织打击骗取出口退税、逃汇、骗汇的专项行动和联合检查。2008年，工商部门打击走私贩私行为逐渐变为处罚经营主体、产品质量、产品包装装潢和产品标识等违法经营进口商品行为。此活动延续至2012年。

五、案件处置

1998年起，眉山地区开展核审案件工作。1999年起，开展案件听证工作。各县工商局评查行政处罚案件60件，均达到办案质量要求。2002年，市工商局组织行政处罚类档案抽查38卷、企业登记类档案抽查32卷。2003年，受理行政复议案。实行12类违法违章行为首次不罚；8类违法违章行为情节轻微、未造成社会危害后果的依法减轻或从轻处罚。当年，受理行政复议案1件；向人民法院提起的行政诉讼4件，当事人撤诉2件，胜诉2件。至2006年，举行涉嫌商业贿赂等案听证4次。2008年，自查市级2007—2008年行政处罚类案件731件。市政府法制办抽查案卷4个。2010年，督促不够条件的125户食品经营户转行或歇业。2012年，开展行政指导检查，市工商行政管理局为109户重大投资项目企业提供行政指导，对市场主体的轻微违法行为进行行政约见306次，行政建议270次，行政告诫167次。

1998—2012年，全市核审案件2.85万件。受理复议行政处罚案32件，维持原处罚决定的19件，改变和部分改变原处理决定的1件，撤销原处罚决定重新处罚的2件，要求被申请人履行（告知）义务的2件。向人民法院提起的行政诉讼13件，维持原行政处罚的4件，当事人撤诉6件，胜诉2件。

第五章　物价管理

眉山市通过推行和完善价格收费公示制度和行政事业性收费许可证管理，加强收费价格监督检查和价格检测与认证等规范收费行为，管理和调控全市资源价格，价格总水平保持相对稳定。至2012年，全市由市场形成价格为主、政府间接调控为辅的市场经济价格形成机制初步建立。

第一节　资源价格及价格调控

眉山市价格管理实行“统一领导、分级管理”模式。各级政府按价格管理权限分级管理，市场价格分为市场调节价、政府定价、政府指导价。至2012年，政府定价和政府指导价的商品和服务品种由68种减至15种，市场调节价在社会商品零售总额中占95.6%，在农产品收购总额中占95%，在生产资料销售总额中占89%；政府定价、政府指导价所对应的比重分别为4.4%~5%和11%。

一、农业和农村价格

粮食价格以市场价格为主，国家最低收购价格为补充。

1993年起，眉山境内试点放开粮食购销价格，国家定购与专项储备粮食实行收购保护价制度。1998年起，眉山地区实施以“三项政策、一项改革”（按保护价敞开收购农民余粮，国有粮食购销企业实行顺价销售，农业发展银行收购资金封闭运行。稻谷、玉米、小麦等主要粮食作物价格全部由市场自主形成，为保护农民的利益和调动农民种粮的积极性，实行稻谷、小麦最低保护收购价政策）为核心的粮食流通体制改革。至2012年，实行政府定价或政府指导价，被列入《四川省定价目录》的农产品有稻谷、小麦、烟叶、甘蔗、鲜茧的收购价格和干茧、蚕种销售价格。

（一）粮食价格

1998年，四川省对粮食定购价和保护价作出不同的政策规定。粮食合同定购价与1997年基本相同，每50千克定购价中等品质小麦68元、中籼杂交稻72元、玉米70元。全省不分价区，执行统一定价。2000年起，眉山地区稻谷、小麦实行保护价收购，取消合同定购价收购。玉米取消最低收购价。至2012年，眉山市稻谷、小麦实行保护价收购，每50千克中等稻谷、小麦分别为125元、102元。

眉山市 1997—2012 年粮食收购价格表

表 17-11　　　　单位：50 千克、元、中等

年份	稻谷		小麦		玉米	
	定购价	收购保护价	定购价	收购保护价	定购价	收购保护价
1997	72	—	68	—	70	—
1998	72	62	68	64	70	59
1999	65	56	66	62	—	47
2000	—	53	—	50	—	取消最低收购价
2001	—	53	—	50	—	
2002	—	48	—	未定	—	
2003	—	48	—	未定	—	
2004	—	72	—	未定	—	
2005	—	72	—	未定	—	
2006	—	50	—	69	—	
2007	—	72	—	69	—	
2008	—	79	—	72	—	
2009	—	92	—	87	—	
2010	—	97	—	86	—	
2011	—	107	—	93	—	
2012	—	125	—	102	—	

（二）油菜籽价格

1997 年，眉山地区中等品质油菜籽收购指导价执行每 50 千克 130 元。2000 年，四川省决定油菜籽收购由各地制定收购价，并注意各毗邻地区的价格衔接。眉山地区油菜籽收购价格由各县物价局按照省定原则制定。2000 年后，油菜籽价格价格逐步放开由市场定价。

（三）蚕茧价格

蚕茧价格实行政府指导价，眉山市按省规定价格执行。

1997 年，国家对干茧（10 级、出丝率 33%）实行最高限价，最高供应价为每吨 4.5 万元。四川省桑蚕鲜正茧收购价按干壳量 8.8 克、上车率 92% 为中准级，每千克收购价格 9.2 元（不含农业特产税）。四川省每年制定蚕茧中准收购价格，根据品种质量型号等确定交易参考价格。至 2004 年，四川鲜茧收购分季定价。2005 年起，鲜茧合并定价。眉山市实行收购指导价。当年，桑蚕鲜茧收购每千克 12.6 元。2012 年，眉山市桑蚕鲜茧收购每千克 30 元。

（四）化肥价格

眉山化肥价格经历由政府定价、政府指导价、市场调节价的转变。

1997 年，眉山地区尿素及专项尿素均实行全省综合统一零售价格，每吨 1740 元。议价尿素零售价格实行分县的综合零售价格。1999 年，年生产能力 5 万吨以上的中型氮肥厂的尿素中准出厂价为每吨 1300 元，上下浮动幅度 15%。硝酸铵、磷肥、复合（混）肥等其他化肥出厂价格放开。2002

年，眉山市合成氨生产能力5万吨以下的小型氮肥企业生产的尿素、硝酸铵出厂基准价格由市政府制定，5万吨以上的企业分别由国家计委、省物价局制定。2004年，打击化肥囤积居奇、牟取暴利、扰乱市场违法行为。实行化肥价格临时干预措施，尿素零售限制最高价。调整化肥价格，允许下浮，暂不实行上浮，取消尿素最高限价，出厂价到零售价的经营差率最高不超过7%。2007年起，全市试点放开化肥价格定价，由市场自主定价。2008年，国家取消尿素政府定价。2009年，国家取消化肥价格限制政策，由企业自主定价。至2012年，由于生产和需求保持基本稳定，化肥价格除春秋耕种期间小幅波动以外，保持基本稳定。

二、能源价格

（一）煤炭价格

眉山市煤炭资源相对贫乏，洪雅县和仁寿县有部分储量。国家对煤炭价格实行市场调节价，由企业自主定价；发电用煤实行政府指导价。

1997年，眉山地区提高电煤指导价格水平。煤炭企业供电力企业发电用煤指导价格在1996年9月底实际结算价格基础上，每吨最高提价额12元，具体价格水平由供需双方在规定的最高提价额度内协商确定。此政策延续至2012年。

（二）成品油价格

成品油价格由政府定价过渡到政府指导价。眉山执行上级统一价格政策。

1997年，四川省物价局管理眉山地区所在地成品油批发、零售价格；眉山地区物价部门管理全区各县成品油批发、零售价格。1998年，汽油、柴油零售由政府定价改为政府指导价，国家发改委制定并公布各省、自治区、直辖市汽油、柴油（标准品）零售中准价格，由中石油和中石化两个集团公司在上下5%的幅度内制定具体零售价格。1999年，四川省物价局对全省成品油销售划分不同的价区分别执行统一零售价格，眉山地区为一价区。2000年5月起，国内成品油价格随国际市场变化每月调整一次。2006年，国家调整成品油价格形成机制，国内成品油价格实行政府指导价，零售基准价以出厂价格为基础，加流通环节差价确定，允许企业在此基础上上下浮动8%确定具体零售价格。2008年，实施成品油价格市场化改革，国内成品油出厂价格以国际市场原油价格为基础，加国内平均加工成本、税金和适当利润确定。当国际市场原油一段时间内平均价格变化超过一定水平时，相应调整国内成品油价格。至2012年，成品油价格变化较大，国家多次调整成品油价格。

三、交通运输价格

交通运输价格主要包含城市公共交通票价、农村客运票价、出租汽车运价、公路运输价格、内河航运价格等。内河航运实行市场调节价，渡口过渡费由四川省物价局授权当地价格主管部门定价，公路客运价格及附加由四川省物价局会同四川省交通运输厅定价，汽车客运站收费一级由省物价局定价，二级及以下由市价格主管部门定价。

（一）城市公共汽车票价

眉山城市公交发展起步较晚，1997年，执行眉山县公交上车一元票价。2006年，明确开行的6条公交线路票价，其中1条1元~2元，5条1元。每年5月1日至9月30日空调公交开放冷气时票价上浮0.5元。2010年后，4条开往乡镇的公交票价实行分段计费，最高票价1.5元、2元不等。

（二）出租汽车运价

1999年，眉山城区由眉山县物价局、交通局制定出租汽车运价。起步价每车次2元，运价每千米1.2元。2007年，市政府决定，眉山中心城区出租汽车试行每车每次加收0.5元的燃料附加费。2009年，经听证，报市政府同意，眉山中心城区出租汽车起步价由2元调整为3元，取消每车次0.5元燃料附加费，运价由每千米1.2元调整为1.4元。2010年7月起，市政府决定，在运价以外征收临时燃料附加费每车次1元。其他五县出租汽车运价自行制定。

（三）道路运输价格

1997年，眉山地区执行省物价局制定的长途普通货物运价、公路汽车旅客运价、汽车长途货物运价等。2005年，省物价局调整道路旅客运输价格，四川省省际、市州际普通客车一般等级道路基础运价调整为每千米0.11元，规定运价和油价联动机制方案，以2005年8月燃油价格为基数，价格上下浮动幅度每超过10%（含10%），运价相应上下浮动每人每千米0.005元。省交通厅、省物价局发文规定计费里程、运价单位、半票全票、车辆通行费、运费单位、运费计算公式、运价管理权限等。2006年5月起，省物价局调整运价联动幅度累计每千米0.03元，眉山主要客运线路运价按运营里程每次联动波动幅度每人0.5元~10元。

（四）客运站收费

2003年，眉山市车辆站务费、旅客站务费，车站（客运中心）收费实行分级管理，一级汽车客运站收费由省物价局、省交通厅审批，二级及以下委托市县物价、交通部门审批。眉山市客运中心站属一级客运站，由市价格、交通运输部门报请省物价局、省交通厅审批。2004年8月，省物价局、省交通厅核定眉山市客运中心站收费标准，包括车辆站务收费10项、旅客站务收费9项。至2012年未变。

四、公用事业价格

（一）水价

水利工程供水价格　水利工程供水价格实行政府定价、分级管理。1997年前，眉山境内各县水利工程执行《四川省水利工程供水收费标准和使用管理规定》的标准，工业用水、循环水、城镇生活用水水价各异。2005年，省物价局、省水利厅调整黑龙滩灌区供工业消耗水价格为每立方米0.25元，供自来水用原水为每立方米0.18元；调整通济堰管理处灌区供工业消耗水价格为每立方米0.24元，供自来水用原水为每立方米0.1元。2009年，省物价局、省水利厅再次调整黑龙滩供工业消耗用水价格为每立方米0.27元，供自来水水厂原水价格为每立方米0.2元；调整通济堰管理处灌区供工业消耗水价格为每立方米0.26元，生活用原水价格为每立方米0.11元。至2012年未变。

城市供水价格　城市供水价格实行政府定价、分级管理。1997年，眉山中心城区自来水价每吨居民生活用水0.8元，工业用水1.08元，商业和服务业用水1.28元，基建、涉外和娱乐用水1.38元。1998年8月起，调整为每吨居民生活用水1.2元，工业用水、行政事业用水1.4元，商业、服务业用水1.6元，基建、涉外、娱乐用水1.7元。2002年7月，眉山中心城区自来水价格标准调整为每吨居民生活用水1.8元，工业用水、行政事业用水2元，经营服务业用水2.2元，特种用水2.3元。2007年，眉山市居民生活用水实行阶梯价格，居民生活用水一户一表用户12吨以下部分每吨1.75元，12吨~18吨部分每吨2.63元，18吨以上每吨3.5元，合表用户每吨1.8元；其他用水价格相应调整，工业行政事业性用水每吨2元，基建、涉外、娱乐行业每吨2.3元。城乡低保人员每人每月用水量3吨内的每吨优惠0.05元。2010年，完善眉山城区供水价格管理，居民生活用水一户一表用户12吨以内部分每吨2.05元，12吨~18吨部分每吨3.08元，超过18吨部分每吨4.1元，合表用户每吨2.1元；低保人员每人每月3吨内的用水每吨优惠0.3元；简化其他用水分类，将工业行政事业性、商业服务业用水合并为非居民用水，洗车洗浴桑拿及其他行业归并为特种行业用水，价格分别为非居用水每吨3元，洗车行业每吨5.55元，洗浴（桑拿、浴足、浴室等）行业每吨8.25元，其他特种行业每吨5.05元。

污水处理费　污水处理收费实行政府定价、分级管理。2008年12月起，眉山中心城区征收污水处理费，居民生活用水每吨0.5元，工业和行政事业用水每吨1元，经营服务用水每吨1.5元，特种用水每吨1.8元。污水处理费通过自来水销售终端与水价一并收取。2010年，低保家庭免收污水处理费。至2012年未变。

（二）电力价格

东坡区、仁寿县属省网直供区，其余四县属地方电网供区。

1997年起，四川电网实行统一销售电价。1998年起，将每年划分为丰水期（6—10月）、枯水期（1—4月，12月）、平水期（5月、11月），每天划分为高峰时段（7：00—11：00，19：00—23：00）、低谷时段（23：00—7：00）、平时段（11：00—19：00），上网电价丰水期下浮25%，枯水期上浮50%，平水期不变；高峰时段上浮33.5%，低谷时段下浮50%，平时段不变。销售电价丰水期下浮10%，枯水期下浮20%，平水期不变；高峰时段上浮60%，低谷时段下浮60%，平时段不变。1999年，眉山、乐山两地、市代购销电量和电价划网均摊。眉山地区大工业电价相原价每千瓦时下降近0.02元，年节省电费400万余元。地区物价局推行农村综合电价管理，实行一县一价或一片一价及“三分开”“五统一”管理。全区农村实行分类综合电价，农村居民生活电价每千瓦时0.66元~0.76元，比原电价每千瓦时降低0.1元左右，农民每年节省电费2000万余元。

2005年，眉山市城乡居民生活用电同网同价。2006年，在城乡电网同价基础上，全市实行居民生活用电阶梯价格。纳入民政部门管理的“低保户”和农村“五保户”月用电60千瓦时以内的电量每千瓦时优惠0.05元。彭山县、青神县居民生活用电和天府新区青龙区域全部用电与四川电网同价，居民生活用电单价降低每千瓦时0.06元以上。2010年，调整丰枯、峰谷电价，上网水电企业丰水期下浮24%、枯水期上浮30%，火电企业丰水期下浮16.5%、枯水期上浮10%；高峰时段上浮33.5%，低估时段下浮37%，平时段不变。供电企业销售电价丰水期下浮10%，枯水期上浮20%；平水期不变；高峰时段上浮50%，低谷时段下浮50%，平时段不变。安装分时计量电表的居民生活用电，执行低谷时段优惠电价政策。2012年，丹棱县居民生活用电与四川电网同价，执行新的阶梯价格。甘眉工业园区使用甘孜州留存电量，当年使用留存电量18亿千瓦时。

（三）天然气价格

天然气价格为政府定价，包含城镇管道天然气销售价格、车用压缩天然气销售价格等。市核定各地天然气销售价格。2007年12月起，眉山市开征天然气价格专项调节金。2008年起，市政府决定，运用天然气价格专项调节金补贴城市公交和农村客运。至2012年，全市用天然气价格专项调节金补贴城市公交和农村客运3610.33万元，缓解相关企业和经营者气价上调增加成本压力，促进眉山城市公交稳定发展。

城镇管道燃气销售价格　1997年起，国家多次调整天然气短距管道运输费。2006年4月，眉山市调整居民用气价格。调整后每立方米1.45元~1.55元。低保户每立方米优惠0.1元。洪雅县、彭山县最高每立方米1.55元，青神县最低每立方米1.45元。2010年，全市“低保户”居民用气每立方米优惠0.15元。2012年，居民生活用气外新增用气实行外购气价格政策。取消外购气单独作价，实行综合作价政策。调整全市居民和非居用气销售价格。全市12户供气企业非居民生活用气价格每立方米2.77元~2.89元。11户供气企业居民用气价格每立方米1.92元~1.98元，低保户每立方米优惠0.15元。

车用压缩天然气销售价格　1999年起，省物价局制定车用压缩天然气销售基准价格，各地在基准价格上下浮动10%~15%核定。2007年，车用压缩天然气销售价格调整为每立方米2.7元，暂不实行上浮，全省统一销售价格，各地不再单独制定销售价格，此次调价幅度每立方米0.6元，扣除供气企业增加的成本因素后，由政府掌握。征收眉山市市级天然气价格专项调节金每立方米0.47元。2010年7月，车用压缩天然气价格调整为每立方米4元，市级天然气价格专项调节金调整为每立方米1.04元。至2012年未变化。

第二节　收费管理

一、收费改革与治理

1997年起，每年地区物价局、财政局年审上年度行政事业性收费及收费许可证。1998年，实施《眉山地区收费及资金管理暂行办法》，设立行政事业收费大厅，推行票款分离，改进和加强收费管理。2003年起，眉山市推行和完善价格收费公示制度，公示涉企、涉农和社区的收费项目、标准和依据。以涉企收费为重点，将收费政策文件等相关资料印制成《眉山市企业缴费价格（收费）指南》《眉山市市级涉企收费目录》等送到企业，为企业提供价格（收费）政策咨询服务，规范收费行为。2005年，市物价局在全市开展行政事业性收费政策及许可证管理“互查互纠”清理，互查互纠、互帮互助，互相查找收费管理工作中存在的问题。2007年，利用软件系统探索新的收费年审方式，建立收费许可证网上年审申报。至2012年，全市年审收费许可证2.62万本（次）。

二、教育收费

（一）中小学收费

1997年，眉山地区学校收费有中小学杂费（每生每期小学10元~20元、初中15元~25元、高中25元~50元）、高中学费（每生每期一般高中20元~40元、市重点高中40元~60元、省重点高中80元~100元）。2000年，调整中小学学杂费。包括水电费、文娱班费、实习实验费、体检费、健康防疫费、公寓住宿费、普通住宿费、计算机学习费、语音教学费、高中择校生费。公寓住宿费由学校申请，县审查，经地区物价、财政、教育主管部门批准后执行。高中择校生费每生每年省重点高中2000元~4000元、市重点高中1000元~2000元、一般高中350元~1000元。

2001年春季学期起，眉山市调整全市中小学收费项目和收费标准。其中普通高中择校生费按“限分数、限人数、限钱数”原则，每生每期省重点高中不超过2500元、市重点高中不超过1500元、一般高中不超过1000元。学校收费项目统一规范为杂费（学费）、住宿费、借读费、课本费。住宿费（80元以下的）、借读费委托学校所在地物价、财政部门审批。借读生的条件由学校所在地的县（市）教育行政部门审批，借读生缴纳借读费后，不再缴纳杂费；住宿费80元以上的，由学校申请，县物价、财政、教育局审查后，报市物价、财政、教育部门批准执行。实行家庭经济贫困学生学杂费减免。减免金额以学校为单位控制在10%以内，减免学生数比例应大于减免金额比例。实施义务教育的各类公办学校，禁止招收“择校生”，不准收取择校费。不准举办面向在校学生的各种收费补习班、超长班；不得以录取学生和改善办学条件等为由，要求学生家长捐资、赞助；捐资助学必须按自愿原则，不准与招生、入学和考试成绩挂钩，禁止地方政府和部门通过学校“搭车”收费，保险机构不得通过学校向学生推销保险业务，学校及其教职人员也一律不准代办。

2004年秋季，全市中小学推行“一费制”收费。将杂费、课本费、作业本费、信息技术教育费合并为一费收取。范围为全市政府举办的普通小学和普通初中（含义务教育阶段特殊学校及特教班，以及国有企事业单位义务教育阶段子弟校）。收费标准为小学每生每期大中城市为260元、县城240元、乡镇215元、村小205元，初中大中城市为395元、县城365元、乡镇340元。服务性收费为每生每期补习费初三实习学生城区120元、农村100元，高三140元；蒸饭学生蒸饭费20元；初中学生自行车寄存费城区15元、农村10元；参加集体体检的中小学生体检费3.5元；城市小学学生托管费大中城市60元、县城50元。教辅资料费小学每生每期不超过35元、初中每生每期不超过75元。农村义务教育阶段学校农民子女免收借读费。农村进城务工人员子女，由流入地教育主管部门统一安排学校就读，其负担的学校收费项目要与当地学生一视同仁，不收取借读费。住宿费只向住校学生收取，具体收费标准由各区县物价、教育、财政部门核定。原各区县已报市批准的学生公寓住宿费标准相应废止，由各区县按规定核定。2005年春季学期起，调整收费标准。小学每生每期乡镇210元、村小200元；初中学生自行车寄存费城区10元、农村6元；参加集体体检的中小学生体检费8元。2006年春季学期起，凡享受免收学杂费政策的学生，学校只收取课本费、作业本费两项代收费和寄宿制学生住宿费。课本费、作业本费仍按原标准执行。高中阶段教育学校招生报名考试费每生60元。2008年8月，取消部分学校收费，包括杂费、信息技术教育费、初三实习费、蒸饭费、教辅资料费及农村义务教育阶段住宿费、义务教育借读费。

2011年，调整中小学服务性收费和代收费项目及标准。义务教育阶段学校每生每期课本费城市小学为75元、城市初中为155元，作业本费小学为15元、初中为20元，自愿托管费城市小学为62元；高中阶段学校课本费为300元，作业本费为30元；自愿入伙费按实收取，不得盈利；城镇居民基本医疗每生每年城市小学、初中及高中阶段学校均为20元；自行车停放费每生每期城市初中、高中阶段学校为10元。

（二）幼儿教育收费

幼儿园保育费（保教费）实行政府定价。1997年，眉山地区幼儿园保育费每期200元。眉山地区第一幼儿园2000年秋季开始招生，保教费每期200元。2008年秋季起，眉山市幼儿园保教费收费标准调整至每期730元，2010年秋季，保教费标准调整为每期880元，2012年春季起，保教费标准调整至每期 1250 元（寒暑假办班的可上浮不超过 30%）。

（三）民办学校收费

1997 年，眉山地区社会力量举办的中小学校收费项目统一为学费、住宿费、代管费。物价部门按成本并考虑其滚动发展审核最高收费标准；代管费按代收代支，不赢利原则由学校自行确定。2005 年，眉山市社会组织或个人，利用非国家财政性经费，面向社会举办的各级各类民办教育学校和教育机构（以下简称民办学校）学历教育收费项目有学费、住宿费、代收费。制定或调整学费、住宿费标准，由民办学校提出书面申请，按学校类别隶属关系报教育行政部门或劳动和社会保障部门审核，由教育行政部门或劳动和社会保障部门报价格部门批准。代收费遵循“学生自愿，按实收取，及时结算，定期公布”原则，不与学费、住宿费一并统一收取。民办学校对非学历教育的其他受教育者收取的学费、住宿费、代收费标准，由民办学校自行确定，报价格部门备案。此办法延续至 2012 年。

（四）职中及大中专院校收费

1997 年，眉山地区仅有中专学校。收费项目有学费、住宿费、代收费。1998 年，每生每年专业学费普通中专（师）为 1100 元～2900 元，国家级、省部级重点中专可按上述标准上浮 5%；职业中专为 600 元～1800 元，国家级重点职业中专可按上述标准上浮 5%；职业高中为 400 元～1400 元。住宿费普通中专、中师、职业中专为 200 元～400 元、职业高中为 100 元～300 元。公寓住宿费报同级教育、物价部门审定。代收费代收代支、期末结算、多退少补。1999 年，每生每年专业学费普通中专（师）为 1300 元～4000 元，国家级、省部级重点中专可按上述标准上浮 5%；职业中专为 750 元～2200 元，国家级重点职业中专可按上述标准上浮 5%；职业高中为 500 元～1900 元。

2002 年，眉山市两所中专学校合并建立眉山职业技术学院。调整学生收费标准。1999 年招收的学生收费标准为学费每生每年文法财经类为 2000 元～2400 元、理工医类为 2600 元～2900 元、外语类为 2800 元～3300 元、医药院校中的七年制专业为 3500 元；杂费（农、林、师范、民族、体育）为 1800 元～2100 元。2000 年招收的学生收费标准为学费每生每年理工医类为 2600 元～3500 元，杂费为 1800 元～2700 元。

2011 年，市物价局、教育局发文明确眉山职业技术学院学费标准。每生每年大专学前教育等 20 个专业为 3600 元，音乐教育专业为 4900 元，生物技术与应用等 8 个专业为 4000 元，园林工程技术专业为 4100 元，物业管理专业为 3700 元，建筑装饰工程技术等 5 个专业为 5000 元；中专学前教育专业为 3500 元，计算机应用等 5 个专业为 3000 元，农业机械化等 3 个专业为 2500 元。

三、游览参观点门票

2000 年，地区物价局印发《眉山地区游览参观点门票价格管理办法实施细则》，确定全区游览参观点门票价格。明确免票范围、半价票范围及其他收费标准，保证旅游事业健康发展。2008 年，市物价局发文规范眉山市游览参观点门票价格。至 2012 年标准未变。

四、医疗收费

规范调整医疗服务价格是整体推进城镇职工基本医疗保险制度、医疗机构和药品生产流通体制“三项改革”的政策要求，眉山市各级医院按《全国医疗服务价格项目服务规范》（不同年版）要求，按省级、市级两级分级对医疗服务项目定价。医疗服务价格均要求进行价格和收费公示，通过固定公示栏、电视播放系统、电子触摸显示查询系统等向病人公示。

1998年，眉山地区对7个大项、687个标准的医疗服务价格制定指导价。1998年按全省统一政策，取消境内外患者实行的两种医疗服务价格，实行统一收费。2001年对眉山市人民医院、彭山县人民医院等医疗机构新增医疗服务制定指导价。

2004年，全市开展成本调查和测算，分类和归并医疗项目，实施价格听证，规范医疗服务价格项目2659项，《眉山市医疗服务价格（试行）》制定，实行统一规范管理，分类管理、分级定价。2007年，眉山市出现一些新的医疗服务项目及医疗服务收费，陆续制定相关的医疗服务收费标准。13所县级以上人民医院、中医院实施“药品价格、医疗服务价格公示制”和“门诊、住院费用清单制”。集中公示与分散公示相结合，公示药品价格、医疗服务价格。2011年，眉山市在政府举办的乡镇卫生院、中心卫生院和城市社区卫生服务中心（站）实施一般诊疗费。项目包括在门诊诊治中的挂号费、诊查费、注射费以及药事服务成本、价格标准及报销，全省统一执行每门诊人次10元。新型农村合作医疗、城镇职工基本医疗保险、城镇居民基本医疗保险对参保（合）对象就医发生的一般诊疗费全额报销支付。全市村卫生室执行一般诊疗费执行定价每门诊人次3元。参加新型农村合作医疗的农村居民，纳入新型农村合作医疗支付范围，全额报销。2012年，村卫生室一般诊疗费项目收费标准调整为5元，其中新农合将4.5元纳入报销范围，个人负担0.5元；职工医保、城镇居民医保将5元纳入支付范围，按规定报销。洪雅县人民医院试点公立医院改革。取消药品加成，改变“以药补医”现象。眉山市发改委、卫生局通过成本测算，适当调整床位费、住院诊察费标准。

五、其他收费

1998年，眉山地区规定，有线电视收视维护费每户每月11元。1999年，地区物价局、地区财政局、地区城建环保委印发《眉山地区环境卫生服务收费管理办法》，规范环境卫生服务收费。2000年，地区物价局、地区建委印发《眉山地区城市物业管理服务收费暂行规定实施细则》，规范城市物业管理服务收费行为。有线电视收视维护费调整为每户每月13元。750兆有线电视系统城区新入户每户480元（含两个用户终端），每增加一个终端加收100元。2002年，市政府印发《眉山市中心城区环境卫生服务收费管理办法》，规范中心城区环境卫生服务收费。2003年，全市物价部门加强防“非典”药物、人民生活必需品价格以及各种行政事业性收费、服务性收费管理及市场监管，处罚借“非典”之机乱涨价、乱收费违法案件，市场未出现价格异常波动。组织检查农村医药服务器械及相关商品生产、批发、零售企业和经营者商品价格，检查卫生防疫等部门收取的消毒费、体验费、检疫费等。防治“非典”期间，减免全市受“非典”影响较大的餐饮、娱乐、旅游、公路客运、出租车等收费866万元。2007年，眉山市750兆有线电视系统城区新入户每户调整为650元（含2个用户终端），每增加一个终端加收100元。以后至2012年未再出台新政策。

六、减负及收费项目管理

1997年，眉山地区加强行政事业性收费管理，推行企事业单位、个体工商户（私营企业）缴费登记册制度，取消不合理收费。当年，取消收费58项。1998年，督促落实减负政策，治理乱收费，编辑《治乱减负收费文件选编》《现行收费项目标准汇编》，公布乱收费举报电话。各县物价局专项清理政府、部门出台的收费项目（标准），取消收费 15 项、降低标准 19 项。当年起，清理、认定建区前乐山市有关部门制定的各项收费政策，处理越权制定的各项收费规定，取消收费项目 52 项、基金 1 项，减轻企业（社会）负担 500 万元以上。1999 年，地区物价部门编辑《涉农收费目录》并向社会公布，重新为乡（镇）颁发收费许可证。2000 年，全区取消不合理收费 238 项、各种基金 30 项，暂停收费 6 项，降低收费标准 197 项，减轻地级社会负担 2000 万余元。其中，取消建区前乐山市有关部门制定的各项收费项目 69 项、基金 1 项，规范 65 项，涉及 16 个部门。

2002 年，建立市级 18 个重点企业收费和相关价格监测点。2004 年，眉山市清理收费项目、标准，规范收费许可证管理，市物价局废止和规范部门文件 25 个。2005 年，取消不合理收费文件 15 个，为企业和群众减轻负担 300 万余元。2006 年，建立重点企业联系制度，开展"价格服务进企业"活动，建立"一牌（收费公示牌）、一册（涉企收费政策汇编成册）、一卡（价格监督员联系卡）"制度，为企业降低成本、提高效益出谋划策。2008 年，梳理全市涉农价格和收费政策文件，清理涉农收费单位 16 个 58 项，督促收费单位在收费现场公示。清理涉企收费单位 54 个项目 204 个，涉及金额 1.46 亿元。2009 年，清理涉及企业行政事业性收费、中介服务收费和经营服务收费，市级清理社会中介机构 118 个，涉及 18 个行业的 58 项服务性收费。

1997—2012 年，眉山市取消不合理收费 582 项、各种基金 30 项，降低收费标准 203 项，减轻收费负担 4000 万余元。

第三节　价格管理

一、价格监测与认证

（一）价格监测

价格监测包括全社会零售物价指数、居民消费品零售价格指数，主要监测化肥、生猪、仔猪、水泥、粮食中的大米、面粉价格。

1998 年，眉山地区全社会零售物价指数 98.94%、居民消费品零售价格指数 98.17%。

2004 年，眉山市、县（区）两级价格部门均制定《应对价格异常波动工作方案》，加强价格异常波动监测。2007—2009 年，市物价局制定《眉山市价格监测预警制度》《眉山市重要商品和服务价格监测报告制度》《眉山市价格监测预警工作机构》等制度和《眉山市价格监测工作考核评比办法》，完善价格监测体系。2012 年，全市监测商品主要涉及《四川省重要商品和服务价格监测报告制度》和特色农产品价格监测等各项常规价格，包括城市居民食品零售价格监测、经济作物收购价格监测、农业生产资料价格监测、能源和工业生产资料价格监测、城市居民服务价格监测等 7 项 100 余个品种。应急监测涉及节假日市场监测、农资应急监测、流感疫情监测、"5·12"汶川特大地震监测等，其中"5·12"汶川特大地震监测频率高、品种多、时间最长，监测实行日报和周报制，时间跨度从 2008 年 5 月至 2012 年 2 月，监测商品主要涉及粮油、肉禽蛋奶、蔬菜、生猪、玉米、建材等重要商品。至2012年年末，逐步构建起以市、县、乡三级价格监测网络体系，7个价格监测机构，46个监测点为基础，300余个社会价格信息员为补充的覆盖全市各行业的监测预警体系。

1998—2007年，眉山市全社会零售物价指数平均为101.5%。1998—2010年，眉山市居民消费品零售价格指数平均为101.8%，价格总水平保持相对稳定。

眉山市1998—2010年社会零售物价指数汇总表

表17-12　　单位：%

年份	全社会零售物价指数	居民消费品零售价格指数	年份	全社会零售物价指数	居民消费品零售价格指数
1998	98.94	98.17	2005	103.43	101.77
1999	98.12	97.68	2006	101.84	101.59
2000	99.44	99.60	2007	105.30	106.86
2001	101.32	101.38	2008	105.20	107.06
2002	100.65	100.10	2009	101.20	100.48
2003	101.43	101.12	2010	104.70	102.95
2004	104.25	104.20	—	—	—

说明：2008年7月原物价局执行新的价格指数算法后不再算全社会零售物价指数。2011年国家统计局眉山调查队算价格指数后原物价局不再统计

（二）价格认证

1998年，眉山地区成立价格认证机构，为全区刑事、民事、经济、行政以及仲裁案件涉及的各种扣押、追缴、没收进行价格鉴定以及价格水平合理性认证。当年，地级物价部门办理价格鉴证13件、标的金额5772万元。2012年，眉山市有价格认证机构7个。全市价格认证系统办理价格鉴证561件、标的金额7.93亿元。1998—2012年，全市价格认证系统办理价格鉴证2.38万件、标的金额53.63亿元。

二、价格监督检查

1997年，眉山地区物价局以电力、邮电等价格收费为重点，检查各县乱涨价、乱收费行为，查出违纪金额200万余元。1998年，以行政事业性收费为重点，检查公安、交警、卫生、教育、交通、城建等地级有收费项目的部门31个。专项检查药品、税务为主的全区性价格（收费），查出医疗机构药品价格违规金额1000万元，税务系统违纪乱收费546.33万元。检查农业生产资料价格，整顿公用电话收费，罚没处理无证经营和不按规定收费公话代办点120余户。全区查处价格违法行为和案件187件，收缴罚没款177.04万元。

2001年，眉山市专项检查教育收费、药品和医疗服务价格、涉农价格、土地和住房建设收费4次。2002年，专项检查全市农村电价和农网改造收费、工商系统收费、药品和医疗服务价格、粮价、畜牧行业收费，查处违法金额127.84万元，收缴财政60.25万元，退还用户9.27万元。以反价格欺诈为重点，加强明码标价，制止不正当价格行为。开展“价格、计量信得过”活动，全市三苏博物馆等12家单位和商家被评为眉山首批市级“价格、计量信得过”单位。2004年，全市加强涉农价格和收费监管，检查涉农收费单位173个、农业生产资料经营单位111个，查处价格违法金额32.86

万元。检查医疗、供电、教育单位267个，查出医疗单位存在自立项目收取护士处置费、清洁消毒费、扩大差率收取一次性卫生材料费、重复收取手术材料费等价格违法行为，及时纠正。2008年“5·12”汶川特大地震后，采取临时价格干预措施等，保持全市价格稳定。2012年，重点加强专项检查与市场价格监管。全市查处价格违法案件22件，经济处罚177.69万元。受理群众价格政策咨询举报176件，查处价格违法案件17件。截至2012年年底，眉山市每年均开展价格检查。查处价格违法案件1551件、退还消费者577.21万元，没收401.98万元，罚款208.99万元。受理群众价格政策咨询举报1206件，立案查处251件。

第六章 质量技术监督管理

1997年起，眉山地区质检系统开展企业质量监督管理、标注监督管理、计量认证监督管理、认证认可、名牌创建活动、特种设备安全监管和市场执法监督，抓质量、保安全、促发展、强质监，加强基层基础建设，开展消灭无标生产、质量兴市、抗震救灾、灾后重建、“三鹿奶粉”事件处理、“蒙牛牛奶”事件处理等工作；在企业中开展“质量监管、质量提升”示范推广等活动，加强质量监督管理。

第一节 质量监督管理

一、企业质量认证

2003年，眉山市启动质量兴市（县）活动。4户企业通过质量管理体系认证。5户企业获省级质量管理先进企业称号。2004年，15户企业通过质量管理体系认证，全市获认证企业增至67户。2005年，各区县政府出台“质量立区”“质量兴县”战略规划或实施方案。至2006年，全市21户企业获省级质量信誉A级、AA级、AAA级企业称号。2007年，引导全市企业加强质量管理体系建设，帮扶支持市内60余户企业开展质量管理体系认证。2008年，全市开展质量信誉等级评定，34户企业评定为AAA级、AA级和A级质量信誉等级企业。完成全市24户四川名牌、6户工业产品生产许可证和2户“3C”认证企业质量档案建档。至2008年年底，全市34户企业获省级质量管理先进企业。2012年，眉山质监局确定180户规模企业和20户质量短板企业作为示范推广企业。启动眉山市首届政府质量奖评选，四川金象赛瑞化工股份有限公司等4户企业获奖。截至2012年年底，全市推荐质量信用等级AAA级企业4户、AA级企业6户、A级企业16户。帮助丹棱陶瓷园区创建国家级知名品牌示范区。

二、名牌创建

1997年，眉山地区有3户企业的产品获四川省名牌产品称号，2000年增加到6户。2003年，取消同庆南风“同庆牌”工业无水硫酸钠名牌资格。2004年，四川启明星铝业有限公司、四川吉香居食品有限公司、四川金象化工集团公司等9户企业产品争创四川省名牌。

2006年，眉山质量技术监督局（以下简称眉山质监局）以“四大产业集群”为核心，开展名牌、免检培育和地理标志产品保护。制定名牌、免检滚动培育争创规划，选取四川“八百寿”酒业有限公司等16户企业重点培育，支持企业争创名牌。通威集团“通威牌”饲料列入“中国名牌”。2008年，眉山质监局培育20户优势企业产品争创四川省名牌。洪雅县“雅连”获国家地理标志保护。

2009年，眉山质监局建立眉山市名牌展示厅，展示“眉山造”名牌产品。全市有16户企业的16个产品被评为四川省名牌产品，三苏祠博物馆获四川省服务名牌。东坡区“东坡泡菜”获得国家地理标志产品保护，10户企业获得东坡泡菜地理保护产品专用标志的使用。2010年，眉山市开展重点产品专项整治、实验室能力验证、技术机构大比武大练兵等活动40项。2011年，眉山质监局帮助王家渡食品、仁寿碧海粮业等10户企业实施亮点打造。培育32户企业的32个产品争创四川省名牌产品。获得质量信用等级AAA级企业11户、AA级企业25户和A级企业25户。丹棱县“丹棱冻粑”获得国家地理标志产品保护，成为丹棱县食品工业支柱产业，全县生产企业96户，年产值1.06亿元，利税总额约2100万元。青神县“青神竹编”获国家地理标志产品保护。洪雅县建才雅连种植中心获得雅连地理保护产品专用标志的使用。2012年，洪雅县“洪雅藤椒油”获得国家地理标志产品保护。截至2012年年底，四川通威股份有限责任公司“通威”牌畜禽饲料、“通威”牌水产饲料2个产品被评为中国名牌产品，四川新希望乳业有限公司“阳坪”牌乳制品等49个产品被评为四川省名牌产品。全市5个产品获国家地理标志保护。

眉山市1993—2012年获名牌企业及产品名录表

表17-13

级别	企业名称	产品名称	时间
国家级	四川通威股份有限责任公司	“通威”牌畜禽饲料	2006年
	四川通威股份有限责任公司	“通威”牌水产饲料	2007年
省级	四川省川眉芒硝有限责任公司	“川眉”牌工业无水硫酸钠	第一届（1993年）
	四川省青城机械有限公司	“中岩”牌木工带锯机	
	四川省眉山市圆牌粮油食品厂	“圆”牌汤圆粉	第四届（1999年）
	四川新希望乳业有限公司	“阳坪”牌乳制品	
	四川李记酱菜调味品有限公司	“乐宝”牌酱腌菜	第五届（2001年）
	四川李记酱菜调味品有限公司	“乐宝”牌调味品	
	四川金象赛瑞化工股份有限公司	“象”牌尿素	
	四川省青城机械有限公司	“青城”牌四面刨、单片锯	第六届（2003年）

续表17-13

级别	企业名称	产品名称	时间
省级	四川金象赛瑞化工股份有限公司	“象”牌硝酸铵	第七届（2005年）
	成都市新筑路桥机械股份有限公司	“新筑”牌桥梁伸缩装置、多功能道路材料摊铺机	
	四川丹甫制冷压缩机股份有限公司	“建川”牌小型全封闭压缩机	
	四川省吉香居食品有限公司	“吉香居”牌酱腌菜	
	四川省味聚特食品有限公司	“味聚特”牌酱腌菜	第八届（2007年）
	四川省川南酿造有限公司	“川南”牌调味料	
	四川省惠通食业有限责任公司	“惠通”牌东坡烘肘	
	千禾味业食品股份有限公司	“恒泰”牌焦糖色素	
	千禾味业食品股份有限公司	“千禾”牌酿造酱油	
	四川省眉山丰华纸业有限公司	“丰华”牌干法静电复印纸	
	四川金象赛瑞化工股份有限公司	“象”牌复合肥料	
	四川省丹棱县华康化工有限公司	“川金”牌工业硫化钠	
	四川汉超食品有限公司	“汉超”牌酱腌菜	第九届（2009年）
	四川省宏腾佳味食品有限公司	“宏腾”牌酱腌菜	
	四川省惠通食业有限责任公司	“惠通”牌酱腌菜	
	四川三苏矿泉有限公司	“三苏”牌天然矿泉水	
	四川茂华食品有限公司	“巧巧”牌核桃糕	
	四川仁寿碧海粮业有限公司	“正统”牌小麦粉	
	四川仁寿金凤食品有限公司	“仁凤”牌分割冻猪肉	
	四川金象赛瑞化工股份有限公司	“象”牌工业过氧化氢	
	四川金象赛瑞化工股份有限公司	“象”牌三聚氢胺	
	四川恒丰印务有限公司	“彭恒丰”牌高温蒸煮保鲜包装袋	
	四川吉龙化学建材有限公司	“吉龙”牌高效减水剂	
	四川新乐雅陶瓷有限公司	“乐雅”牌陶瓷墙地砖	
	四川省丹棱县强华瓷业有限责任公司	“圣弗尔”牌陶瓷墙地砖	
	四川省用九工业有限公司	“用九”牌环形混凝土电杆	
	四川省青神县云华竹旅有限公司	“云华”牌竹编	
	眉山三苏祠博物馆	景区	
	四川省川南酿造有限公司	“川南”牌酱腌菜	第十届（2012年）
	四川王家渡食品有限公司	“王家渡”牌肉制品	
	四川茂华食品有限公司	巧巧牌糖果	
	四川仁寿玉泉食品有限公司	“钰泉”牌冻猪分割肉	
	四川八百寿酒业有限公司	“八百寿”牌白酒	

续表17-13

级别	企业名称	产品名称	时间
省级	四川云贵办公家具有限公司	“云贵”牌办公家具	第十届（2012年）
	四川省眉山市鸿源纸业有限公司	“雅竹”牌生活用纸	
	四川华西德顿塑料管道有限公司	“华西”牌塑料管材管件	
	四川鸿鑫国泰电缆有限责任公司	鸿鑫国泰牌35千伏及以下电力电缆、架空绝缘电缆	
	四川仁寿铁马焦化有限公司	“铁马”牌焦炭	
	四川省洪雅青衣江元明粉有限公司	“青衣江”牌工业无水硫酸钠（元明粉）	
	中车集团四川丹齿零部件有限公司	“丹齿”牌齿轮	
	四川省亿佛瓷业有限公司	“亿丹”牌陶瓷砖	
	四川柯美特建材有限公司	“柯美特”牌门、窗用未增塑聚氯乙烯（PVC-U）型材	

三、产品监督

1997年，地区质监局开展水泥、汽油质量抽查，制订眉山地区质量振兴纲要，加强产品质量监督。开展生产许可证新办、换证工作。当年，全区新办、换证水泥生产许可证20余个，20余户水泥企业实验室升级，审查发放生产企业出具产品质量检验合格证明资格证162张。全区商品质量抽检合格率为72%。2000年，加强白酒产品生产许可证管理。抽检企业989个，抽检产品2868批次，产品抽检合格率89.6%，报告发放率100%。至2000年年底，全区质监部门共监督检验1450户生产企业和89类产品7328个批次，整改帮扶企业1321户，发放生产企业出具产品合格证和资格证1200份，帮助企业制修订产品标准726个。14家企业通过ISO 9000系列认证。

2001年，眉山市5户企业获国家颁发的冷轧带肋钢筋生产许可证，开展陈化粮、大米、小麦粉、食醋等抽样，全年计划完成率93%，复查率100%，重点企业产品质量等级品率89.6%。2002年，全市通过质量体系认证企业28户，重点企业产品质量等级品率86%，产品质量损失率0.5%，监督抽查整改复查率100%。2003年，全市10类食品实行市场准入制度，通过生产许可证认证标志的企业45户，产品质量抽查合格率99.12%，生产企业质量稳定提高率85.31%，产品质量等级品率94.15%；录入汇总1168户企业档案，建立数据库；企业质检机构审查认可253户。2004年，专项整治腌腊制品、乳制品、桶装饮用水、酱油、醋、酱腌菜、肥料7类产品。2005年，现场审查195户食品生产企业市场准入。将食品加工企业划分为A、B、C、D四类，建立质量等级信息档案；启动茶叶、饮料等新13类食品市场准入，全市通过生产许可证认证审查食品生产企业113户；抽查企业560余户，产品783批次，合格率90.12%。2007年，专项整治酱腌菜行业，检查酱腌菜生产企业55户，抽检酱腌菜产品165批次，合格率85.5%。2008年，记录企业质量行为，将违规企业纳入质量信誉“黑名单”，以记分结果作为质量信用评价依据运用到银行贷款信用审查中。向社会公开动态监管信息，增强企业和群众对产品质量的关注度。2009年，专项整治全市食品、建材、农资、特种设备安全等。2012年，开展“质量监管、质量提升”示范推广活动。全年实施工业产品质量监督抽查644批次，合格613批次，合格率95.19%；省、市两级食品监督抽查1671批次，合格1593批次。

第二节　标准监督管理

一、农业标准化

1998年起，眉山地区开展消灭无标准生产工作，并检查和验收各县。至2000年，全区生产企业标准覆盖率97.84%。

2002年起，眉山市农业标准化工作起步。仁寿县枇杷被国家标准委批准列入国家级农业标准化示范建设项目，东坡区广济乡、修文镇蔬菜，白马镇、秦家镇脐橙，彭山县江口镇彭祖寿柑、义和乡金条辣椒，洪雅县汉王乡茶叶，青神县白果乡椪柑列入省级标准化示范建设项目。当年，收集国家、行业、地方无公害农产品强制性标准118项，审查发布农业标准23项，李记、通威、华森3户企业获无公害农产品标志认可证。2003年，完成无公害农产品认可发证7家。完成农业标准化示范项目标准体系创建3个（包括各级标准144项）。起草农业标准化示范项目标准体系1个。完成洪雅县"国家生态奶业标准化示范区"规划、申报。检查农业标准化工作2次。2004年，国家级洪雅生态奶业标准化示范建设启动，建立县乡村三级组织保障体系。眉山质监局制发县级地方标准4项、企业标准2项，修订企业标准21项，初步形成生态奶业标准体系。建立标准化奶牛饲养小区19个，存栏奶牛3.42万头，产奶奶牛1.2万头，日产鲜奶146吨，年产鲜奶4.39万吨，人工种草1.11万公顷，奶制品产值1.1亿元。2005年，仁寿县枇杷国家级、东坡白马脐橙等8个省级农业标准化示范项目通过验收。建设洪雅奶业国家级、仁寿波杂肉羊、东坡永寿镇蔬菜、丹棱脐橙省级标准化示范项目。2006年，洪雅生态奶业通过国家级农业标准化示范区建设考核验收。2007年，眉山质监局组织验收丹棱县丹棱镇脐橙、石桥乡枇杷，东坡区永寿蔬菜和仁寿县团结肉羊4个省级农业标准化示范乡，成绩均为优秀。2008年，组织验收丹棱枇杷、东坡优质水稻和淡水鱼3个国家级农业标准化示范区和仁寿蘑菇省级农业标准化示范乡，验收成绩优秀；完成农业地方标准备案9项。眉山质监局制定并发布眉山市地方标准《东坡调味泡菜》，上升为四川省地方标准。2009年，四川省质监局组织验收彭山泽泻、晒烟和青神慈竹杂交竹3个国家级农业标准化示范区，验收成绩优秀。眉山质监局制定《泡菜产业准入规范》和54个种植和水产业系列地方标准。

2010年，东坡区三苏乡无公害蔬菜、仁寿县"PIC生猪养殖"、彭山县观音镇葡萄、洪雅县中山乡无公害茶叶、丹棱县双桥镇无公害藤椒和青神县河坝子乡淡水鱼6个项目申报四川省农业标准化示范项目。眉山质监局制定农业地方标准9项，新建农业标准体系5个。眉山申报为低碳城市标准化试点。制定《工业企业能源计量评价规范》《低碳名词术语》《低碳城市管理规范》等区域性地方标准。建立宏观碳指标、政策与管理、城市经济、建筑和交通5个领域低碳城市指标体系框架。聘请中国科学院专家专题讲座，丰富低碳标准化知识。2011年，眉山质监局健全川芎、油菜、茶叶、肉兔、生猪种养殖和风景旅游区服务标准体系6个。监督检查4个农业标准化示范项目进展情况。制定《青神竹编》标准，完善青神竹编种植、加工、销售标准技术体系。建立《林地鸡技术标准体系》，保证林地鸡产品安全。启动5个省级农业标准化示范区建设。2012年，洪雅县将军茶叶、仁寿县河口不知火、丹棱县顺龙山地鸡3个项目被省质监局确定为省级农业标准化示范项目。青神慈竹杂交竹省级农业标准化示范精品项目通过考核验收。丹棱镇无公害不知火橘橙、无公害食品，青神茶叶、巨星生猪标准化养殖，仁寿新店青见、仁寿曹家梨等8项省级农业标准化示范项目通过验收。发布《食品添加剂硫酸钠》等国家标准3项。

二、工业安全质量标准化

2005年，眉山市在眉山车辆厂和眉山自动科技有限责任公司实施企业安全质量标准化试点，并申报国家安全质量标准化二级，其中眉山车辆厂同时纳入四川省机械制造企业安全质量标准化工作试点企业。2006年，加强煤矿和非煤矿山、危险化学品、烟花爆竹等高危行业安全质量标准化建设指导，眉山车辆厂和眉山自动科技有限责任公司均通过省级安全质量标准化二级企业验收。至2007年，全市11家煤矿企业通过省、市安全质量标准化验收，2户非煤矿山企业、2户危化生产企业、3户烟花爆竹生产企业开展试点。

2010年，市安监部门现场安全诊断全市烟花爆竹生产企业在执行安全生产技术规程和标准中存在的问题、隐患和薄弱环节，提高企业安全质量标准化建设质量。2户冶炼公司通过安全标准化三级达标验收。水力发电企业实施安全生产标准化建设。2011年，眉山市6户道路客运企业完成安全复评。眉山车辆有限公司通过国家一级安全标准化验收。2012年，实施企业安全生产信用等级评定管理工程，推进企业安全生产标准化建设，评先奖优、项目审批、金融支持、财政扶持等七个方面对达标企业实行差别化管理。市安监局制定《企业安全生产标准化评审工作程序规定》，规范企业安全生产标准化建设评审。年末全市13户煤矿企业全部达标，14户非煤矿山企业达到二级标准，13户危险化学品企业达标，7户烟花爆竹批发企业全部达标，110户工贸企业启动标准化创建。

三、监督管理

（一）标准清理

1997年起，眉山地区清理全区企业产品标准。至2002年，清理行业15个企业1004家产品1553个，其中1540项标准被认定为有效产品执行标准，6项标准因停产认定为废止标准，7项标准因过期被责令限期修订重新登记。1540项有效标准中，国家标准789项、行业标准285项、地方标准88项、企业标准378项。800余家生产性企业未清理登记，主要是散酒生产、间歇性生产等小作坊企业。为企业制修订企业标准360余项，备案企业标准378项。

2004年，眉山市查验有标准生产企业422户，新颁发执行标准证书174套，换发执行标准证书268套，查处无标生产企业28户，行政处罚15户。企业标准清理整改服务145项。2006年，四川金象化工有限公司编制的硝酸铵锌肥企业标准通过四川省专家组审查和四川省质监局备案。四川云华竹旅有限公司编制企业标准。2009年，眉山质监局调研全市泡菜行业执行标准、企业生产能力、主要销售市场及年销售量，清理企业标准115项。免费为企业提供标准服务89人次，提供标准文本158项。2010年，眉山质监局汇编泡菜生产法规标准资料。指导黑龙滩风景旅游区完善并建立标准体系。制定丹棱县《农村生态文明家园建设规范》地方标准，规范和指导丹棱农村生态文明家园建设。2011年，全市10户企业4户检验检测机构成为标准化信息平台会员，近300户食品、化工等企业通过标准化信息平台查阅检索标准信息技术。2012年，全市42户食品生产企业建立基础标准、产品标准和检验方法标准配套技术标准体系。新制定并备案企业标准34项，修订企业标准45项。截至2012年年底，眉山市清理企业产品标准3172项，备案产品标准656项，修订产品标准310项，废止企业标准43项。

（二）产品采标

1997 年起，眉山地区开展产品标准修改工作。至 2002 年，眉山市 312 个产品修改采用国际标准，其中 3 户企业办理采标标志证书，3 户企业申请复审换证。

2003 年，眉山质监局深入 13 户企业开展采标宣传动员，完成 7 项产品采标审查发证。2004 年，开展采标技术宣传服务 29 户，认可和备案采标产品 9 项，复查认可和备案采标产品 1 项。2008 年，颁发采用国际标准产品认可证书和标志证书各 10 份。2012 年，完成采标 9 项。截至 2012 年年底，眉山市共认可采标产品 393 项，颁发采用国际标准产品认可证书和标志证书各 22 份，19 个采标产品到期重新申请换证，采标 43 项。

（三）商品条码

1997 年起，眉山地区为企业办理商品条码。至 2002 年，眉山市 110 户企业办理商品条码，5 户印刷企业取得条码印刷许可证。办理代码 6000 余个。

2003 年起，眉山市逐步发展条码成员，加强条码管理。当年，全市发展条码成员 30 户，续展条码 76 户（含注销 25 户），变更登记 11 户，数据采集 44 户。抽查医药企业条码情况 2 户。2010 年，眉山质监局组织开展条码印刷企业资质认定，复审条码印刷企业 1 户，新办条码印刷企业资格证 1 户。开展商品条码执法检查，重点查处生产企业、商场、超市、药店违规使用商品条码违法行为，规范商品条码市场行为。2011 年，全市监督抽查条码使用企业 25 户，6 户不合格企业整改。2012 年，眉山质监局申办商品条码 50 户，续展 100 户，复查考核换证 3 户条形码印刷单位，开展商品条码执法检查 3 次，重点查处生产企业、商场、超市、药店违法行为。截至 2012 年年底，眉山市共发展条码成员 357 户，续展条码 692 户，变更登记 11 户，数据采集 44 户。

第三节 计量监督管理

1997 年，眉山地区无企业通过 ISO 9000 标准系列认证。1999 年，彭山、眉山、洪雅三县完成质检机构复查、增项认证，增加检测项目 21 个。地区交通局公路工程检测中心完成计量认证。4 户生产企业通过 ISO 9000 质量体系认证，全区获 ISO 9000 系列质量体系认证企业 11 户。全区复查考核 6 个计量所 31 项标准器具，完善技术档案建档。开展强制检定，检查计量器具 2.54 万台（件）。2000 年，加强定量包装企业监督管理，抽检合格率 100%；安装 195 个加油机税控装置 400 余台。至 2000 年年底，全区 14 户生产企业通过 ISO 9000 标准系列认证。强制检定加油机、台秤、地秤、水电、气表、出租车计价器、电话计费器及医用计量器具等 86321 台次，周检率 95%。

2001 年，眉山质监局增项认证仁寿县、东坡区质检所 7 项 182 个参数，认证仁寿县、洪雅县、丹棱县建设工程质检站及仁寿县质检所、眉山市种子公司 16 大类 327 个检测参数。2002 年，全市开展“价格、计量信得过单位”活动，39 户企业获市（县）级“双信”荣誉称号。青神县聚兴职能水表厂通过计量器具生产条件考核，获 2 个产品的制造计量器具许可证；丹甫制冷压缩机有限公司 13 个产品通过认证考核，在全国首批获得“3C”认证标志。2003 年，开展计量监督检查，查封不合格定量包装商品 36 批次 976 件，责令限期送检计量器具 840 件。2004 年，开展定量包装产品测试。专项整治集贸市场、加油站等计量。2005 年，检查定量包装生产企业 120 户、大中型超市 35 户、经销门店 280 户，检查商品 256 批次，合格率 98.3%。检定出租车计价器、汽车里程表等 10 余类重点计量器具2013台。2007年，开展商贸、医用、眼镜专用等强检计量器具检定，强检计量器具检定率95%，加油机检定率100%，集贸市场商用衡器检定率88%。检查生产企业3户，经销商200余户，规范全市强制性产品产销行为。督促全市23户获证实验室按照新准则建立质量体系。新阳坪奶牛基地取得农业规范GAP（良好农业规范）认证证书。21户企业通过质量体系认证。2008年，四川启明星铝业有限责任公司等10户企业制定测量管理体系认证规划，5户企业通过体系确认。建立企业最高计量标准11项，10户企业通过ISO 10012计量体系确认和计量免检“C”标志。修复损坏、失准血压计58件。2010年，全市21户企业通过ISO 9000体系认证。2011年，开展企业能源计量评价和单位能源环保计量调查。开展“加强诚信计量，推进和谐城乡”活动，检定校准计量器具5.79万台（件），检定车速里程表4.41万台件。2012年，眉山质监局检查在用电子计价秤990台件，计量收费汽车动态衡81台，合格率100%；抽查27户企业87个产品限制过渡包装，合格率95.4%。

第四节　特种设备安全监督管理

1997—1999年，元旦、“五一”、国庆等重大节假日期间，眉山地区开展安全大检查，检查特种设备使用单位440户，检查特种设备1100余台，发出督办通知50份，提出整改问题124项。2000年，重要节日期间，开展旅游景区、气瓶充装站、化工行业及宾馆饭店、商场超市使用的锅炉、电梯执法检查。检查设备使用单位340户，巡查特种设备560台（件），发出督办通知34份，提出整改问题1200项。

2001年，眉山市开展特种设备普查登记，注册登记锅炉545台，压力容器961台，压力管道63千米，工业气瓶2503只，电梯90台，起重机械310台，客运索道1条，厂内机动车辆65台。专项整治天然气、液化石油气充装、销售。专项治理特种设备定期检验，向198户企业发出监察意见书。现场巡查特种设备，检查企业30余户，设备安装工地12个，发出隐患整改通知书44份，提出整改问题152项。2003年，开展“安全生产月”“质量月”等活动，学习贯彻《特种设备安全监察条例》。开展特种设备安全专项执法检查156次，检查企业994户，提出整改问题713项，发出重大隐患整改通知220份。2005年，眉山质监局将特种设备安全监管纳入基层县区质检局工作目标。排查仁寿县“土锅炉”，查封取缔13户豆腐作坊使用的“土锅炉”。专项整治全市铁路罐车、汽车罐车、长管拖车和罐式集装箱汽车罐车。2006年，全市普查登记长输、公用压力管道，登记压力管道437.84千米，全部实行计算机动态管理。受理锅炉、压力容器等特种设备告之600余台，发放特种设备使用登记证400余份，特种设备安全运行。全年全市开展安全检查50余次，检查特种设备1350台（次）。集中整治彭山县“海伦休闲庄”等13户娱乐场所违规安装使用“土锅炉”情况，全部取缔；监督检察特种设备1072台（件），设备注册登记率和报检率97.5%以上。2007年，开展特种设备安全执法检查、夜间巡查，发出责令限期整改通知书510份，责令停止运行105台，定期监检各类特种设备1153台（件），定检率98%以上，组织特种设备事故应急救援演练2次。组织排查特种设备2672台，压力管道54.55千米，客运索道1条。2008年，全市6个压缩天然气充装站实行气瓶电子标签动态监管，完成电子标签粘贴4687只，粘贴车辆3698辆。“5·12”四川汶川特大地震后、奥运会期间，眉山质监局开展特种设备隐患排查专项整治行动50余次。

2009年，全市完成在用特种设备数据库建档，全部录入动态监管系统。开展电梯安全联体责任保险，组织全市5户维保单位372台电梯参加电梯安全联体责任保险。开展特种设备安全“三项行动”（安全执法行动、治理行动和宣传教育行动），全市两会及“中国四川国际泡菜文化论坛”期间，专项执法大检查宏远商场、洪雅县瓦屋山索道等300余个公共场所、旅游景区及重点企业特种设备6次。在全市25户企业开展锅炉节能试点，组织市内11户企业开展锅炉房“达标争先”活动。2010年，全市推广应用“电梯黑匣子安全预警系统”，企业制定发布电梯运行记录仪企业标准。眉山质监局与中国太平洋保险公司签订372台电梯安全责任“联保”，新增97台电梯参加电梯安全责任保险。采用粘贴电子标签模式，动态监管全市工业气瓶1.38万只。安全检查偏远农村、城郊接合部使用的“土锅炉、土起重机械”，抽查特种设备2690余台（件），排查安全隐患230处，消除230处，下达《特种设备安全监察指令》160份。2011年，推进县（区）、乡（镇）政府安全责任考核体系落实，构建特种设备“大安全”工作机制。全市开展重点工程项目集中执法检查，消除安全隐患，下达《特种设备安全监察指令》190余份。至2012年，基本实现电梯维保、检验数据适时上传和远程控制。特种设备“打非治违”实现常态化、长效化。

第五节　市场执法监督管理

1997年，地区技术监督局开展全区农资商品质量专项检查，检查全区农资销售网点100余处，检查三大类36种农资商品，查处不合格化肥50余吨、农药3吨、农膜2.1吨、农机配件351件，存在质量问题的农用水泵、潜水泵140余台，不符合标识规定的农用脱粒机60余台，无证生产的复混肥147吨。1998年，抽查饲料、食品、电器、汽油、汽车零配件、重点化工产品等。1999年，开展“查市场、保两节”“查农资、保春耕”“查建材、保建设”等执法检查，建立和执行行政执法案件回访制度。至2000年，全区质监部门查办各类制售假案件2500件，其中责令整改784件，现场处罚860件，立案查处856件，累计价值近3000万元，罚没收入上缴财政320万元。

2001年起，眉山市每年开展打假专项整治行动。当年，开展40余种名优产品打假专项整治，组织打假保名联合行动，专项重点整治制假售假者。拉网式检查全市农资市场、商品市场、饮用水市场，检查经销商家6230户，立案查处违法案件482件，违法货值金额3477万元，行政处罚232万元。2002年，检查全市钢厂，专项整治洪雅县18户违法生产“地条钢”生产企业和眉山昌达钢铁厂，铲除劣质钢材根源。2003年，专项治理食品、农资、建材、汽车配件、电线电缆以及日用品等27类危及人身健康和安全的商品。专项整治防“非典”产品，专项执法检查口罩、消毒用品等，杜绝假冒伪劣产品流入市场。2005年，集中开展“苏丹红”执法整治行动，检查各类食品生产企业358户，检查食品添加剂280余批次。2006年，开展农资市场专项整治行动，检查农资生产企业70余户，销售门市200余个，抽取样品50余个，查处制售伪劣和不合格农资案件40余件，查获伪劣和不合格农资产品货值金额10万余元。2007年，检查和整治全市食品生产加工企业（作坊）。与食品生产加工小作坊签订质量安全承诺书415份；帮助42户食品企业取得生产许可证，帮助31户食品生产企业扩项取得市场准入资格，帮助4户食品企业的5个产品获得四川名牌称号。取缔非法生产经营窝点3个，关停证照不全企业（作坊）9个，吊销证照3个，曝光非法生产经营企业3个。2010年，开展乳制品、农资、食用油、家电（汽摩）下乡、节能检查、泡菜、清新居室、建材、无证经营、液化石油气掺混二甲醚专项检查。检查生产企业、销售门市1100余户，立案查处各类违法案件

171 件，查获假冒伪劣产品货值金额 450 万余元，挽回经济损失 37.4 万元。受理各类举报投诉及咨询 55 起。2012 年，全市开展“质检利剑”行动和“双打”（打击侵犯知识产权和制售假冒伪劣产品专项行动），受理举报投诉 105 起，处理调解 13 起，查处案件 56 起。

第七章　食品药品监督管理

1997 年起，眉山地区食品药品监督管理采取日常监管与专项监督检查相结合，查处假劣药品大案要案。逐步建立有效的食品安全综合监管和组织协调工作机制，推行食品卫生监督量化分级管理，将食品安全工作纳入各级政府目标管理考核，整顿规范医药市场秩序。组织实施药品生产经营质量管理。实施农村药品两网（监督网和供应网）建设，构筑县、乡、村三级药品监管网络，实现农村药品监督全覆盖，加强医疗机构药品管理，建设“规范药房（柜）”。至 2012 年，眉山市有药品生产企业 26 户，药品经营企业 1459 户，药品使用单位 2564 户；医疗器械生产经营企业 114 户；餐饮服务企业 5844 户，化妆品经营企业 687 户，保健食品经营企业 1777 户。医药工业产值由 2001 年的（下同）不足 5000 万元增至 10 亿元，医药商业销售额由 6000 万元增至 6 亿元，食品医药经济成为眉山工业的重要产业。

第一节　食品安全监督管理

一、综合监督管理

2001 年，眉山市举办“食品卫生需要消费者参与”为主题的“食品卫生法宣传周”活动，举行卫生法律法规、卫生知识有奖竞猜，公示卫生安全食品，展示违规食品和食品卫生投诉。查处洪雅县、彭山县和东坡区发生的 3 起学校学生食物中毒事件，结案后向全市通报。当年起，市卫生部门承担在市境内举行的重大会议、外事活动、重大节日食品卫生安全保障任务。2002 年，以“食品卫生法就在你身边”为主题，公示假冒伪劣食品实物和图片，开展电视宣教，发放《中华人民共和国食品卫生法》资料。洪雅县实施农村家宴卫生监督管理，农村群体性食品卫生事件显著降低。2003 年，市中心城区开展食品卫生监督量化分级管理试点，有条件的食品生产企业，成熟一批，验收一批，评出首批量化分级管理 A 级单位 4 户。2004 年，全市推行食品卫生监督量化分级管理纳入常规卫生许可申办证过程，新办证的食品生产经营单位严格按照食品卫生监督量化分级管理审查卫生许可，已经卫生许可的食品生产经营单位加强指导与服务，学校、幼儿园和大中型餐饮单位经重点培训后，有计划开展监督管理与评审。各餐饮单位和学校、幼儿园食堂投入资金 800 万余元，补充完善基础设施。31 户达到标准，其中 A 级 10 户、B 级 13 户、C 级 8 户。

2005 年，食品安全纳入市、县区政府目标考核体系，实行目标管理。市、县区、乡镇、村（居委会)，监管部门与监管对象，层层签订目标责任书。市中心城区的餐饮业、幼儿园、学校食堂全部实行量化分级管理。883户餐饮业，评为A级12户、B级19户、C级29户，评级率为6%；幼儿园、学校食堂实施量化分级管理56家，实施率100%，评级52所；食品生产加工单位91户，实行量化分级管理91户，实施率100%。眉山被确定为全省实施食品卫生管理员制度试点市。全市在食品生产经营单位建立食品卫生管理员队伍，落实食品卫生管理员工作职责，明确食品卫生管理员日常工作内容。通过试点，全市卫生许可证持证率、从业人员持健康证上岗率、餐具抽检率、食品索证率大幅增加。

2006年起，市卫生局将食品卫生监督量化分级管理工作纳入年度目标考核，建立量化分级单位台账，评级单位实行动态管理，评级结果向社会公示。全市建设农村食品安全监督网，各县区及180个乡镇成立食品安全协调委员会办公室，落实食品安全协管员、食品安全信息员。在食品生产经营单位设立食品卫生管理员及其职责公示栏，印发食品卫生管理员手册；健全食品卫生管理五个"档案"(食品原料索证档案、人员健康管理档案、人员培训档案、卫生监督监测资料档案、制度化管理和奖惩档案)。当年起，快速检测重大活动、重要会议接待酒店、宾馆的食品、公共场所和生活饮用水卫生安全，制订《眉山市重大活动卫生监督快速检测方案》，检测蔬菜农药残留量、注水猪肉和瘦肉精含量、食用油脂的酸价和过氧化值、消毒液的余氯含量、紫外线强度、豆浆生熟度、食品中心温度、湿度、风速、二氧化碳浓度等项目10余个。2007年，建立应对突发事件的应急物资保障机制。市商务局制订《眉山市生活必需品市场供应应急预案》，各区县制定相应应急预案，建立应急商品供应重点联系企业制度。开展三级食品安全事故应急演练。以餐饮消费安全整治行动为主要内容，分类、分片、分街道，集中培训餐饮单位和学校食堂负责人及从业人员，重点强化各单位食品原材料索证制度的建立和量化分级管理制度的实施；通报市中心城区餐饮业和学校餐具消毒效果不合格单位，曝光违法违规行为的餐饮单位，设置咨询台、假冒伪劣食品展示台、企业形象展示台，组织餐饮单位和学校代表向全市餐饮业和学校发出餐饮消费安全倡议书，新闻媒体对餐饮消费安全整治追踪报道。专项检查全市农家乐，检查持有效食品卫生许可证、从业人员持有效健康证明上岗、食品生产经营场所卫生状况、食品及原料进货索证情况。将食品卫生管理员食品卫生安全履职作为卫生执法现场监督检查重要要内容，与新开业的大中型餐饮卫生许可审查同步实施。建立农家乐档案，纳入食品卫生日常监督管理。2008年，"三鹿"婴幼儿奶粉事件发生后，眉山市启动《生活必需品市场供应突发事件应急预案》。市商务、市工商、市物价部门组成市场整治工作小组，专项检查、整治婴幼儿奶制品市场。拉网式检查商场、超市及奶粉批发企业，专项整治奶粉经营市场。检查经营主体1.26万户(次)，下架退市不合格"三鹿"奶粉2.15吨、其他奶1吨。受理和处理有关问题如奶粉咨询、申诉和举报693件，为消费者退还不合格奶粉419.5千克。洪雅县建成省级食品安全示范县。

2010年，市卫生部门完善食品安全综合协调机制，建立食品安全联席会议制度，修订食品安全应急处理预案，加强食品安全投诉调查，加快食品安全风险监测预警体系建设。当年起，每年制定下发食品安全目标任务和工作考核要点，开展创建食品安全示范区县，组织开展节日食品安全检查，连续6年无重(特)大食品安全责任事故发生。至2010年年底，全市相继开展重大会节食品安全专项检查、"苏丹红"事件查处、"地沟油"及不合格一次性筷子检查、违法添加非食用物质和滥用食品添加剂整顿、学校食堂食品安全专项整顿等。农家宴现场指导并登记备案2.45万起，开展食品安全综合监督检查2433次，发现并消除较大食品安全隐患1050起，执法部门办案80件。2011年，市政府领导与各区县政府和市级成员单位签订《目标管理责任书》，各区县政府将目标管理延伸到与乡镇政府、食品安全监管部门。区县监管部门与食品生产、经营和餐饮消费单位签订食品质量安全承诺书，明确食品安全主体责任。全市有食品安全监测机构3家，可开展食品安全监测项目148项。2012年，眉山市承担四川省下达的冻猪分割肉入库计划任务，按时、保质入库1300吨。

2001—2012年，全市办理餐饮服务许可项目3238件。监督抽检样品500个，合格样品457个，合格率91.4%；抽检不合格的餐饮服务单位，组织约谈，诫勉企业，责令限期整改，消除餐饮服务安全隐患，处罚餐饮服务单位337户，警告137户次，罚款213户次49万元，没收违法食品1.53吨，移送司法机关案件1件。

二、食品质量安全监督管理

1997年起，眉山地区各级卫生防疫机构建立餐饮、食品生产加工企业档案，开展餐饮从业人员培训、从业人员健康体检，查处违法案件。食品卫生监测主要是糕点类、冷饮类、调味品类、酒类、肉类肉制品、乳品类、粮食类、麻辣烫级汤料、保健食品类、一次性卫生用品。至2000年，全区监测食品种类10类，抽检样品948件，合格样品79.7%；培训餐饮从业人员6.2万人次，从业人员健康体检95%以上，审证发证3.3万个，查处违法案件669起。

2001年，眉山市建立食品安全综合监管和组织协调工作机制。开展“食品放心工程综合评价”“食品安全信用体系建设”“农村食品安全监督网建设”。抽检市中心城区糕点、月饼生产企业，大中型餐饮业，餐具的卫生质量，抽检结果在《眉山日报》公告，处罚不合格单位。开展全市旅游景区卫生、学校卫生安全大检查，专项执法检查市中心城区学校、幼儿园。市卫生、公安、工商、技监、城管等部门在市中心城区开展食品专项打假执法活动。捣毁仁寿县全通食品加工厂制售假冒伪劣酱油窝点，现场销毁违规食品3吨。2002年起，开展集中打击制售假冒伪劣食品违法犯罪“突击行动周”和专项打假活动，春运期间“舒心旅途、放心食品”专项检查，学校食品卫生安全大检查，餐饮业卫生专项整治行动，副食店、药品经营店经营保健食品专项检查，食品添加剂生产单位专项监督检查。查处眉州食品厂味达牌酸菜鱼佐料添加剂苯甲酸钠超标。2004年，全市开展调味品食品卫生监督管理、食品生产企业使用食品添加剂、肉类食品卫生、劣质奶粉、酱腌菜、非食品原料生产加工食品清理整顿、保健食品、食品生产企业卫生许可证、餐饮业、学校等食品安全综合整治行动等专项检查整治18项。

2007年，开展餐饮消费安全专项整治行动，通报眉山市中心城区餐饮业和学校餐具消毒效果不合格单位。建立各单位食品原材料索证制度和实施量化分级管理制度。推行食品卫生管理员、食品原料采购索证索票和进货验收台账、全面实施食品卫生监督量化分级管理、餐饮安全承诺制、卫生监督员分片包干和责任制五项制度。全市学校食堂和大中型餐饮业建立食品卫生管理员制；向县城以上餐饮单位和食堂发放《食品原料进货索证登记本》；县城以上餐饮业和食堂卫生信誉度评级实现100%；难以达到卫生许可要求的155户小餐饮、小饭店，建立餐饮消费安全承诺制。开展“眉山市产品质量和食品安全专项整治行动”，查处违法案件359件，取缔违法生产经营及私屠滥宰。2008年，眉山质监局自主研发食品安全监管信息系统，将生产企业和小作坊分类监管，实现食品生产加工动态巡查、视频监视、检测报告实时上传等。当年起，开展节前食品安全检查、桶装饮用水监督检查、学校周边环境整治、餐饮业专项整治、食品卫生专项检查等专项活动，专项整治食品添加剂生产企业无证生产、餐饮经营单位违法添加非食用物质和滥用食品添加剂，行政处罚不符合卫生要求单位。“5·12”汶川特大地震后，眉山质监局驻厂监管四川新希望乳业有限公司等12户救灾食品生产企业，免费检测大米、水、挂面、乳制品、酱腌菜等食品223批次，确保运送到灾区的“眉山造”食品的质量安全。在北京奥运会期间，组织开展食品生产质量安全集中整治行动，确保奥运期间全市食品生产质量安全。开展打击违法添加非食用物质和滥用食品添加剂专项整治行动。全年抽查食品500个批次，不合格43个批次，合格率为91.4%；完成省级定期监督检验计划820个批次，合格787个批次。2009年，全市规模以上（食品类）生产企业开展“保证食品质量安全，向社会公开承诺活动”。规模以上食品企业全部签署《眉山市食品生产加工企业食品质量安全公开承诺书》，在《四川经济日报》向社会公示。开展泡菜生产企业实验室比对检验和泡菜专项整治行动，助推“东坡泡菜”品牌国际化。全年开展食品监督检验2810批次，合格2692批次。完成食品加工小作坊定期监督抽查654批次；完成酱腌菜、调味品等重点食品专抽466个批次。乳制品专抽和定检的合格率均为100%。

2010年，眉山质监局开展乳制品生产企业质量安全主体责任落实情况检查行动。处理不合格产品生产企业。监督检查大米产品生产企业，抽检大米22批次。开展县级质监局食品生产监管和特种设备安全监察整顿。96户食品生产企业产品出厂检验数据上传电子监管系统。监督检查全市90户使用辣椒及其制品生产加工食品的获证生产企业。专项抽检42批次，未发现问题。吊销1户纯净水厂生产许可证。拉网式检查餐饮单位，检查旅游景点、农家乐以及集中大中型供餐单位食品卫生，实行5桌以上“农家宴”备案登记管理检查制度，培训农村食品安全联络员、协管员、信息员和乡村厨师。开展全面清缴问题乳粉专项整治，乳粉生产和经营单位与属地政府监管部门签订承诺书。全市检查乳粉生产企业47户、奶站33户、餐饮和乳粉经营单位6764户，未清查出问题乳粉。市质监部门开展监督抽查不合格后处理98起，责令召回不符合食品安全标准的食品。2011年，全市餐饮服务单位推行网格化管理，建立监管信用信息档案，实行信息公开制度。推行约谈制度，约谈存在严重违法违规行为的餐饮单位主要责任人。开展无证从事餐饮经营活动专项整治行动，指导无证餐饮服务单位取得餐饮服务许可证。2012年，眉山质监局制订《眉山市大米生产企业原料进厂验收报告制度》，要求大米生产企业进购稻谷污染物限量指标“镉”、真菌毒素限量指标“黄曲霉毒素B1”为原料进厂验收重点指标，验收情况实行月报。实施餐饮服务食品安全监督量化分级管理制度，开展动态评定3259户。市质监部门开展彻查严打非法使用工业明胶加工食品违法行为专项行动，排查可能使用明胶使用食品企业40户，查明使用食品添加剂明胶生产食品企业3户；开展食品中铬专项风险监测，抽检25批次，全部合格。截至2012年年底，全市有持证餐饮服务单位5844户。其中学校、机关食堂960户，大型以上餐馆72户，中型餐馆794户，小型餐馆4018户。全市建成省级餐饮服务食品安全示范县2个，示范街4条，示范店7个，市

市食品药品监督管理局开展餐饮服务环节食用油专项检查（摄于2012年8月）

级餐饮服务食品安全示范店 64 户，县级餐饮服务食品安全示范店 153 个，市级示范乡镇（街道）25 个；组织开展食品安全集中宣传 100 次，媒体宣传报道 275 次，印发宣传资料 10 万余份，开展餐饮服务执法人员、餐饮经营者法律法规和专业知识培训 4.87 万人次。

第二节　药品安全监督管理

一、生产监督管理

（一）生产企业监督管理

2001 年，眉山市有药品生产企业 14 户，药品经营企业 694 户。组织实施药品生产质量管理规范认证，全市 23 户企业通过国家药品生产质量管理规范认证，取得药品生产市场准入资格。药品批发（连锁）公司、零售药店及连锁门店全部通过国家药品经营质量管理规范认证。实施农村药品两网（监督网和供应网）建设，基本构筑起县、乡、村三级药品监管网络，实现农村药品监督全覆盖，乡村药品配送面 100%。加强医疗机构药品购进、验收、养护、使用等环节管理，全市近 1800 家医疗机构达到“规范药房（柜）”要求。整顿规范医药市场秩序。日常监管与专项监督检查相结合，查处一批假劣药品大案要案。2007 年，市食品药品监管局向高风险药品生产企业派驻药品驻厂监督员，加强高风险产品（大输液）生产企业监管，制定药品驻厂监督员制度、督察员制度和药品生产企业联络员制度。2009 年起，开展为期 2 年的药品安全专项整治。截至 2012 年年底，全市有药品生产企业 26 户。除辅料生产企业外，其余 23 户药品生产企业全部通过质量管理规范认证，取得国家药品批准文号 225 个，地方批准文号 4 个，3 户药品生产企业主导品种“石膏、芒硝、冰片”取得国家批准文号。全市未发生药品安全事故。

（二）医疗机构制剂监督管理

2002 年，眉山市药品监管局开展医疗机构制剂专项检查。2003 年，开展医疗机构制剂整改情况复查。2005 年，清理具有原批准文号和备案制剂品种。2008 年，市食品药品监管局与 6 家医疗机构签订制剂配制质量安全责任书，建立医疗机构制剂配制网上报告管理系统，完善全市医疗机构制剂品种数据库。2010 年，3 家医疗机构换发取得新的制剂标准，2 家中医医院 6 个新制剂取得省食品药品监管局核发的批准文号。2012 年，开展药品生产流通领域集中整治，立案查处 1 家医院制剂配制违法违规行为，责令整改。

（三）特殊药品监督管理

2002 年，眉山市实施麻醉药品专用处方、专册（账）、专用登记管理办法，推行麻醉药品、一类精神药品分类管理制度，建立严格的审批制和备案制。2004 年，在全市重点医疗机构开展麻醉药品杜冷丁使用核查。2005 年，完成 5 家医疗机构申请使用麻醉药品“购用印鉴卡”的审核、现场验收及发卡。2006 年，开发应用特殊药品网上监管系统，特殊药品经营企业实行网络平台全天候动态监管。2007 年，市食品药品监管局与全市 9 户特殊药品经营企业及 3 户使用特殊药品原料药的药品生产企业签订特殊药品生产经营安全管理责任书。2008 年，检查药品生产企业和药品批发企业麻黄碱原料药经营、使用情况，未发现问题。北京奥运会期间，全市开展兴奋剂产品生产经营排查。2009 年，检查全市 98 家县级以上医疗机构和乡镇卫生院使用放射性药品情况，未发现违法违规行为。2010 年，开展含麻黄碱类复方制剂联合专项检查、社区维持治疗中心美沙酮专项检查，监督检查 63 家次，注销 1 户企业二类精神药品定点批发资格。至 2012 年，全市特殊药品监管严谨有效，无特殊药品流弊问题。

二、流通监督管理

（一）日常监督管理

2001 年，眉山市有药品批发企业 12 户、药品零售企业 682 户，无《药品经营质量管理规范》（以下简称 GSP）认证企业。全市药品经营企业改制重组，推行医药零售企业连锁经营试点，组建首家跨地区连锁企业四川迪康药房连锁有限公司。2002 年，鼓励和支持药品零售药店加盟连锁经营，组建 3 户药品零售连锁经营企业。2003 年，全市实施药品零售经营企业 GSP 认证。2004 年，市药监部门开展药品分类管理，县级城市、乡镇及以下零售药店（连锁门店）实行药品分类管理。2005 年，全市开展县城以上（含县城）零售药店（连锁门店）药品分类管理检查验收，318 户符合药品分类管理标准。1217 户药品经营企业中，1102 户建立安全信用档案。至 2005 年年底，全市 GSP 认证连锁公司 12 户县以下门店 793 个、县以下药品零售企业 8 户，认证率 100%。2006 年，全市实施药品经营企业市场退出机制，实行药品零售连锁门店委托管理制度。2007 年，开展药品经营企业 GSP 认证跟踪检查，防止认证后“管理回潮”和连锁门店“连而不锁”问题，推行连锁门店委托管理办法，健全药品经营企业市场退出机制。2011 年，全市建立健全基本药物配送企业档案和日常监管工作档案。施行驻店药师规范管理办法。至 2012 年，全市通过 GSP 认证的药品批发企业 18 户，药品连锁总部 11 户，药品零售（连锁）企业 1459 户。有药品（医疗器械）使用单位 3000 余户。洪雅县获省级药品安全示范县称号。

（二）农村药品网络和规范药房建设

2002 年，眉山市药品监管局构建农村药品市场监督管理网络体系，在乡镇卫生院和药品经营、使用单位中选聘专业人员为农村基层“药品监督协管员”。仁寿县、洪雅县开展农村医疗机构创建“规范药房”试点，次年全市全面开展。2004 年，全市所有乡镇建立药品监督网，2316 个村中 2181 个村建立药品监督网点。药品供应到乡镇，行政村药品供应网络覆盖率 95% 以上。全市 216 家乡镇卫生院中 73 家创建“规范药房”，1262 家村卫生站中 292 家创建“规范药柜”，84 家个体诊所创建“规范药柜”。2008 年，全市乡镇和行政村药品监督网、供应网全覆盖。至 2010 年，全市“规范药房”创建面 95% 以上。2011 年起，在市食品药品监管局门户网站公示医疗机构“规范药房”复查情况。2012 年，全市聘任乡镇药品协管员 330 人、村级药品监督信息员 1029 人。乡镇协管员开展市场巡查 3 万余户次，检查药品和医疗器械经营企业、医疗机构 4500 余家，药品监管、网格化管理全覆盖。

（三）广告监督管理

2003 年起，眉山市加强药品广告监督管理。实行药品广告检查情况报告制度，监督检查药品广告。2007 年，市食品药品监管局、市工商行政管理局、市广播电台等单位协作，实行药品广告监督联席会议、定期通报等制度，加强药品广告监管。2009 年，规范违法违规广告处理程序。投入 10 万元更新广告监测设备，落实专人管理，制定广告监测管理制度，加强广告监测。至 2012 年，全市集中监测药品、保健食品广告 73 次，发现违法违规药品、医疗器械、保健食品广告 346 起，没收（拆除）违法药品广告宣传单、广告牌 6453 张（个）。

（四）药品与医疗器械监督管理

2001年起，眉山市开展药品（医疗器械）稽查。开展药品经营许可审批。当年，审批药品许可项目451件。2002年，市药品监管局指导新建3户连锁经营无菌医疗器械企业，发展家用医疗器械经营企业258户。2003年起，开展医疗器械生产经营使用单位日常监管。加大医疗器械产品质量监督抽验，监督抽样200余批次。开展医疗器械不良事件监测，上报可疑医疗器械不良事件264例。开展打击制售假劣医疗器械违法犯罪专项行动、防治“非典”所需医疗器械监督检查和无证医疗器械、隐形眼镜、牙科义齿等专项检查整治。

2006年起，全市开展药品（医疗器械）不良反应（事件）监测。药品不良反应监测病例57例。2011年起，监测药物滥用。当年，全市药物滥用监测报告337份。2012年，市食品药品监管局开通投诉举报热线电话。受理群众投诉举报15件；药品不良反应监测病例2293例，医疗器械不良事件监测病例172例，药物滥用监测报告1022份。年末全市有医疗器械生产企业4户，医疗器械经营企业110户，药品（医疗器械）使用单位3000余户。

市食品药品监督管理局销毁假药现场（摄于2012年3月）

2001—2012年，全市办理药品许可项目7614件、医疗器械许可项目103件。开展药品和医疗器械整治“狂飙”行动、“非典”期间专项检查整治、一次性无菌医疗器械、疫苗、藏药、邮售假药、中药材（中药饮片）、兴奋剂、含麻黄碱药品、物理治疗设备、隐形眼镜、非药品冒充药品、药品广告、工业氧冒充医用氧、国家基本药物、制售假冒伪劣药品、妊娠药品、铬含量超标胶囊等专项检查整治70余次，立案2907件，结案2741件，罚款590万余元，取缔无证经营户225户，移送公安机关案件19件；药品不良反应监测病例6831例，医疗器械不良事件监测病例264例，药物滥用监测报告1359份。

第三节　保健食品与化妆品监督管理

2001年起，眉山市开展药品检验。当年，拉网式监督检查化妆品经营单位。全市药品监督检验1229批次。2002年起，开展日常监督和从业人员卫生知识培训。2003年，新增空气净化监测能力。2005年，全市专项整治美容院（店）卫生。检查中心城区美容院（店）普通化妆品713种，特殊化妆品41种，进口化妆品23种。发现过期产品7种，无批准文号特殊化妆品1种，无卫生部批件备案证书复印件的进口化妆品1种，当场销毁不符合卫生要求产品并给予警告；警告、限期整改和罚款违规经营单位4家。2006年，全市开展化妆品销售店、美容美发店化妆品专项卫生监督检查，抽检宣称有祛斑功能化妆品10个和烫发类、染发类产品30种。2007年，专项整治化妆品市场，检查化妆品经营单位经营的化妆品产品，检查美容美发店、化妆品经销店 241 家，检查化妆品 507 种。行政处罚有违法行为单位，没收不符合卫生要求的化妆品。

2010 年，全市开展保健食品化妆品生产经营调查摸底，建立数据库。建立保健食品化妆品生产企业监管档案。帮助 2 户企业取得过渡时期生产许可。开展保健食品违规广告监测。专项整治保健食品生产经营秩序、广告审批、违法添加化学药物成分及宣传疗效、夸大宣传，化妆品违法使用禁限用物质、违规标识、美白产品重金属超标等。2011 年，建立保健食品生产企业网上动态监管平台。推行“两书一报告”（市食品药品监督局与保健食品生产企业签订责任书、保健食品生产企业递交质量承诺书，年终企业递交质量分析报告）制度，强化企业主体责任意识。每月巡查季度检查企业，监督检查生产企业原料采购、生产和记录查验制度落实情况。开展保健食品化妆品生产经营普查，全市有保健食品经营企业 1777 户，化妆品经营企业 687 户，企业基本信息登记建档。新增餐饮环节食品、保健食品、饮用水、化妆品检测 4 个领域检测能力和资质认证。2012 年，全市药品监督检验 1048 批次，不合格药品 104 批次，完成委托检验 71 批次，接受省所委托的药品评价性检验 50 批次。食品监督检验 176 批次，保健食品监督检验 35 个批次。眉山市食品药品检验所具备药品、空气净化监测、食品、保健食品、饮用水、化妆品 6 个领域 269 个参数检验检测能力和资质认证。

截至 2012 年年底，全市药品监督检验 8073 批，不合格药品 841 批次；委托检验 260 批次；送检 240 批次；接受四川省药检所委托的药品评价性检验 50 批次；食品监督检验 276 批次，保健食品监督检验 55 批次。保健食品抽样 112 批次，立案查处其中 2 个批次不合格减肥类产品。检查保健食品、化妆品生产经营企业 278 家次，下达监督意见书 732 份，取缔无证经营 2 家，责令整改 278 家，立案查处保健食品案件 28 件、化妆品案件 1 件。市工商局查处监测到的 13 起违法保健食品广告。

第八章　安全生产监督管理

1997 年，眉山地区重视安全生产监督管理。2001 年起，眉山市安全工作实行“五抓、五到位”（抓组织体系，领导到位；抓制度建设，责任到位；抓基层基础，措施到位；抓专项整治，监控到位；抓宣传教育，认识到位）。开展安全生产基本条件、基础设施、技术装备、作业环境、规章制度、现场管理等重点排查。至 2012 年，眉山市事故起数、死亡人数、受伤人数和直接经济损失 4 项指标逐年下降，安全生产形势稳定，经济和社会事业快速发展。

第一节　安全基础设施建设

2004 年，眉山市依托市安全生产协会，组织科技人员和干部职工开展学术交流和研讨活动，协助参与在建项目（工程）的安全评价、竣工验收安全评审，开展安全生产科技咨询、信息交流、安全评价咨询等活动，推广应用安全生产技术等。当年起，加强道路路面监控系统建设。新增道路交通管理雷达测速枪，高速车、旅游车、超长客运车安装全球卫星定位仪。2005 年，全市投入 125 万元新购雷达测速仪、酒精测试仪，建立监控平台，客运中心站试行“汽车行驶记录仪次日首班读取制”。各区县中心城区加油、加气站推广使用阻隔防爆技术。

2006 年，组建眉山市安全生产专家库。聘请 7 个行业专家 15 人，参与安全生产隐患排查、安全生产条件评估、安全培训等。2007 年，全市推广道路和水上交通安全科技设备应用，安装行车记录仪 1110 台，超长客运车辆全部安装移动通信设备。在岷江重点渡口建立网络视频监控系统。2008 年，在煤矿、非煤矿山、危险化学品、烟花爆竹等行业推广安全科技项目，组织宣传推广启明星铝业公司安全文化科技项目、非煤矿山地下中深孔爆破技术、HAN 防爆技术。汪洋煤矿和峨电能源建成瓦斯抽采系统。各县（区）配备烟花爆竹探测仪。在危险化学品槽车充装场所推广使用陆用流体装卸臂。2010 年，全市煤矿开展井下人员定位系统建设。至 2011 年，全市煤矿安全避险“六大系统”除避难硐室在按规划实施外，其余五大系统建成。7 户烟花爆竹生产企业全部建立视频监控系统，实时监控危险工房。纪检、建设、安监等部门联合推进建设工程质量安全数字化监控平台（建安网）建设，实现在建房屋建筑工地实时监控。全市旅游包车、三类以上客运班线车辆及危险品车辆全部安装 GPS，实施动态监控。

2012 年，眉山市矿山企业淘汰落后工艺、设施，芒硝矿全部实现中深孔爆破，道路、客运企业车辆实行分段限速监控。仁寿县烟花爆竹生产企业视频监控系统实现与县中心平台联网运行，实现远程监控。

第二节 综合监督

一、日常监管

2000 年起，地区公安局、地区经委、地区交通局、地区消防支队、地区教委组成 7 个检查组检查全区安全生产。主要检查煤矿、易燃易爆物品的生产、运输和经销生产及交通安全等经营安全。2001 年，按照“谁主管、谁负责”原则，实行安全生产目标责任制。眉山市安全生产办公室制定安全生产例会、安全生产信息反馈、安全生产监督检查、安全生产考核奖惩四项制度。市、区县定期召开安全生产专题会议。每月上报安全生产报表，每季度总结上报安全生产工作情况。建立点与面结合、抽查与普查相结合的安全生产监督检查工作制度。重点监查重点区域、重点环节和部位、重点景区景点、重点公众聚集场所和重点单位。组织市、县、乡领导干部参加全省县乡领导干部安全生产管理培训班学习。各安全生产监督执法部门按照市政府“五不准”（凡未达到消防要求标准的娱乐场所一律不准营业；未达到安全标准的小煤矿一律不准恢复生产；未经批准，一律不准从事易燃易爆物品的生产、运输和经销；未经安全检查许可的特种设备，尤其是缆车等公共设施，一律不准投入运行；农用车、农业拖拉机一律不准载客、搭人）要求，开展安全生产大检查，查处和纠正违章行为。

2002 年起，市政府每年与县（区）政府和市级行业主管部门主要负责人签订安全生产工作目标责任书。实行安全生产“一票否决”。当年，全市签订安全生产工作责任书 973 份。31 个乡镇开展“安全生产示范乡镇”活动，确定 5 个乡镇建设省级示范乡镇。每个安全委员会成员单位负责联系一个乡镇，对口服务。市政府组织安全生产检查8次，查处隐患1585处，整改983处，发出整改通知书24份，停业整顿2个，取缔车辆10辆，拘留11人。2003年，实行6名市政府领导对六区县安全生产包干制。市委书记、市长38次对全市安全生产工作作出重要批示，要求人人重安全、处处讲安全、时时抓安全、事事保安全，严格落实制度和责任，采取切实措施，避免和减少各种事故，最大限度地保护人民群众的生命财产安全。市人大常委会以交通安全为重点，视察106线、103线、213线公路沿线等10余处交通隐患整治情况。眉山市安全生产委员会每月专项督查。仁寿县复合乡“勒紧裤带抓投入，负债也要保安全”做法在全省“安全生产示范乡镇”工作经验交流会上交流。全市建成省级“安全生产示范乡镇”5个、市级“安全生产示范乡镇”26个、区县级“安全生产示范乡镇”48个、“交通安全示范乡镇”51个。2004年，各区县和市级有关部门采取领导包干负责，与分管范围内部门、企业单位、乡镇签订年度《安全生产责任书》。全市所有乡镇建立安全生产基层执法网络。11个乡镇被市政府评为“优秀安全生产示范乡镇”。2005年，全市387个重大危险源挂牌、建档、制定监控预案、制作提示卡管理。各区县和市级部门以“六个100，双十万”（创建100个交通安全企业、100所交通安全学校、100个交通安全乡镇、100个交通安全社区、管理好100条乡村道路、治理100处道路交通安全隐患、创建10万户交通安全家庭、教育和管理好10万名机动车驾驶员）为载体，落实“五进”（道路交通安全进社区、进企业、进学校、进农村、进家庭）“两加强”（加强机动车驾驶员教育培训、加强道路交通隐患整治）。排查整治森林火灾隐患17起，处罚违章用火人员11人。道路交通执法监察纠正摩托车违法行为2.1万人次，督促办证8500人次，查扣无牌无证车1350台次，查处超速、超载、酒后驾驶、疲劳驾驶、无牌无证、非法载客等交通违法行为15万余起。查处矿权违规企业、农用报废车、液化气经营门市、烟花爆竹违法案，关闭无证采矿点、责令停产整顿145家、立案查处4家。捣毁烟花爆竹非法生产窝点11个，取缔非法采砂船114艘。办理消防案件114件，责令停产停业28家，取缔不符合消防安全综合市场。查处重大交通事故、重大坍塌事故3起。责任追究9人，拘留、治安处罚97人。

2007年，市政府实行安全生产工作单项考核，市委、市政府综合目标考核“一票否决”。以省（市）级安全生产示范乡镇建设为重点，安全生产监管工作关口前移，重心下移。市政府、市安委会组织开展“以案说责”，安排事故责任县和相关管理部门作述职检查。开展建筑、煤矿、非煤矿山、交通等行业安全生产专项执法，查处安全生产违法行为，向煤矿和非煤矿山下达隐患整改指令书126件，整改隐患946处。2009年，全市加强农村安全生产监管体系建设，完善村级安全生产监管制度，开展村级安全监管体系建设试点并逐步推广。启动“安全文化示范企业”创建活动，确定13家示范创建企业。构建“专家查隐患、政府搞督查、部门抓监管、企业抓落实”工作机制，市政府召开全市安全生产工作会议安排部署“三项行动”，细化重点行业和领域专项整治工作目标，明确工作重点、工作目标和责任单位。

2010年，市委、市政府将安全生产工作与国民经济和社会事业同规划、同部署、同实施、同考核。开展安全生产集中大排查大整治、百日安全生产专项整治等。因洪雅县发生重大道路交通事故，眉山在全省安全生产目标考核中被“一票否决”。全市40个乡镇规范化建设达标。开展“百日安全生产”活动，强化企业停产、复产期间安全。组织烟花爆竹“打非”，打掉非法生产窝点，取缔非法销售摊点、收缴非法烟花爆竹及设备，查获非法运输、储存的烟花爆竹，抓获嫌疑人37人。消防安全检查单位（场所），查处火灾隐患328处，责令“三停”25家，临时查封1家。至2011年，全市乡镇安全监管机构向村级延伸。80%以上的乡镇挂牌成立乡镇交通管理办公室、机动车驾驶人分会。

市政府在洪雅县开展企业安全生产信用等级评定管理工作试点，评估考评企业开展安全标准化情况，实行分类分级管理。当年评定授牌企业 116 户。2012 年，市政府办公室制定《眉山市安全生产“十二五”规划》。建立安全生产联席会议制度和联合执法机制。全市启动安全社区创建，纳入安全生产综合目标考核。全年 7 个乡镇启动省级、2 个乡镇启动国家级安全社区创建活动。青神县奖励命名为“全国安全社区”“省级安全社区”的乡镇 8 万元。

截至 2012 年年底，眉山市共检查生产经营单位 7.18 万个次、销售网点 500 余个、公众聚集场所 4884 个次，检查车辆 28.93 万辆次、船舶 5328 艘次，查处违法行为 114 起、隐患 4.25 万处，整改 4629 处，下达安全生产行政处罚决定 678 份，发出整改通知书 5931 份，关闭非法违法企业 10 户、停业整顿 68 个，取缔非煤矿山 51 个、车辆 818 辆、船舶 820 艘、公众聚集场所 13 个，责令停产停业停止建设 367 户。暂扣和吊销许可证、职业资格证 148 个。责任追究 15 人，拘留、治安处罚 480 人。

二、专项整治

2001 年，眉山市开展煤矿和非煤矿山、道路和水上交通、消防、烟花爆竹和民爆物品、学校、旅游和建筑施工 7 项专项整治。排查事故隐患 2500 余个，采取整改措施 300 余项，投入整改资金 9200 万余元。制定《安全生产专项整治检查评估工作实施办法》，检查评估安全生产专项整治工作。公众聚集场所消防安全通过四川省专项整治验收。2002 年，开展“春季百日安全生产活动”。危险化学品、水利、特种设备和森林防火纳入专项整治。强防洪期间，取缔眉山至青神县岷江河内所有采砂船只。开展“消防安全月”活动，检查重点公众聚集场所，整改隐患。省（市）级重大隐患整治实行“挂牌制”管理。改造学校危房 8 万平方米。市级领导干部 29 人联系重点病险水库 32 座，整治病险水库 47 座。2003 年，全市开展“交通安全年”活动。创平安大道、交通安全村、交通安全学校等，推广仁寿县文宫镇、东坡区白马镇警地联合，开展交通安全宣传教育和隐患整治经验，重点抓整治国道 213 线、省道 106 线、省道 103 线、眉青路的交通安全和沿线 51 个“交通安全示范乡镇”活动。市消防系统集中整治 231 个加油站、28 幢高层建筑和重点人员密集场所的消防、安全通道等；专项治理液化气充装站、销售场所、造纸、网吧等行业消防。取缔非法幼儿园，限期整改办学条件和设施较差的幼儿园。清理整顿渔业船舶 576 只，整治 52 座病险水库，堤防水毁修复等。整治省（市）级重大事故隐患 34 个。2005 年，市规划和建设局、市安监局、市质监局、市公安局、市消防支队联合开展城市燃气专项安全检查。市气象局、市安监局联合专项治理雷电防护设施。全年组织安全大检查 1560 次，发现隐患 1.12 万处，整治 9800 余处，整治省、市、区县三级重大隐患 971 处。2007 年，市交警部门组织开展“剿酒”专项行动和无牌无证机动车、摩托车、危险化学品运输车专项整治，查处各类严重交通违法行为。安全监控容纳 50 人以上的歌舞娱乐场所、网吧、电子游戏厅等重点文化市场。

2008 年起，实行隐患排查整治常态化管理。市政府以安全生产基本条件、基础设施、技术装备、作业环境以及思想认识、工作作风、规章制度、劳动纪律、现场管理等为排查重点，事故隐患每月一暗访、一督查、一通报，发现事故立即整改。2010 年，全市以 18 个大类、119 个小类隐患排查为重点组织开展“百日安全生产”活动。整治省级重大隐患洪州大桥桥面隐患。拉网式检查辖区内人员密集场所、易燃易爆场所，专项检查建筑工地外墙保温材料。全年全市排查治理事故隐患 3.85 万处、重大隐患 70 处。2011 年，全市运用物联网技术实行工业气瓶电标签监管，电梯实施安全责任联保。开展道路客运“打非治违”专项行动，查处客运违法行为。开展“三超一疲劳”、酒驾专项整治、“春季攻势”“冬季行动”“城区交通秩序整治”等交通秩序专项整治行动。以中小学和幼儿园周边交通安全为重点，开展“护卫天使行动”。开展建设工程质量安全生产及建筑市场监督执法检查。专项执法检查成绵乐高铁、成赤高速、乐眉雅高速等重大交通建设项目安全。2012 年，对排查出的隐患实行 ABC 分类差级管理。市级领导督办 A 类隐患，B 类隐患由区县和市级部门负责督办，C 类隐患由区县部门督办。全年整治隐患 3.3 万处。全市学校排查整治安全隐患 1151 个，投入整改资金 1.43 亿元，校车实行重点安全监管。完成 28 座小型病险水库除险加固工程。

2001—2012 年，眉山市投入隐患整治资金 9.03 亿元，整治危桥 29 座、病险水库 155 座，加固江河堤防 39.28 千米，新建码头 38 个、江河堤防 2.4 千米、水毁和岁修 45 千米。整治省、市、区县三级重大隐患 2605 处。改造中小学危房 29.77 万平方米。

三、生产安全事故及处罚

2001 年，洪雅县 2 个煤矿发生事故致 4 人死亡。对相关煤矿责任人追究责任，关闭煤矿。2002 年，仁寿县文宫鞭炮厂爆炸，死亡 2 人。取缔鞭炮厂。眉山市停产整顿烟花爆竹企业。2003 年，洪雅县 2 个煤矿发生瓦斯窒息事故，死亡 6 人，受伤 1 人。追究相关责任人责任。全市纪检监察机关给予党纪、政纪处理安全事故责任人 54 人。2005 年，青神县发生房屋拆除坍塌事故，洪雅县青衣江化工公司发生爆炸重大伤亡事故，青神县政府、仁寿政府向市政府作安全述职，对相关责任人追责。2006 年，中国石油西南油气田分公司仁寿县富加输气站发生特大（管道）爆炸伤亡事故。仁寿县政府向市政府作出检查。2008 年，打击生产安全事故涉及的刑事犯罪和瞒报、逃匿等违法行为，建立重大、较大生产安全事故责任追究沟通协调工作局际联席会议制度。蓉兴化工在办公区域违规储存雷管，构成重大事故隐患，给予彭山县公安局干警 3 人行政处分。截至 2012 年年底，眉山市发生较大交通事故 23 起、煤矿事故 5 起、其他较大事故 9 起，2 人被判刑，8 人被追究其刑事责任附带民事责任，拘留 1 人，党纪、政纪处分 95 人，组织处理 26 人。

第三节　行业安全管理

一、矿山安全管理

2000 年，眉山地区有煤矿 88 家，其中洪雅县 69 家、仁寿县 19 家，其余区县无煤矿企业。

2001 年，眉山市开展煤矿和非煤矿山安全专项整治。关闭小煤矿 73 家，专项检查保留的 15 家煤矿，查出隐患 200 处，立即整改 169 处，限期整改 31 处，投入整改资金 154 万元。投入 50 万余元整治省挂牌督办的仁寿县威远片区煤矿水患。专项整治全市 300 余个非煤矿山，查出隐患 500 余条，投入资金 350 万元，立即整改 400 余处，限期整改 100 余处。东坡区关闭无序、无证开采石膏矿 98 个。东坡区、彭山县和丹棱县整治芒硝矿，全市保留规模上档次的芒硝矿 15 家。2002 年，明确全市 1064 个非煤矿山安全生产管理责任，组织非煤矿山矿长资格培训。核实非煤矿山办证情况，全市非煤矿山采矿许可证办证率 70%。2003 年，全市矿山开展以安全投入和隐患整治为重点的专项整治。专项审计全市 15 户煤矿企业 2001—2003 年安全投入情况、上级拨付专项安全经费使用情况。2004 年，整顿矿业秩序，251 户非煤矿山企业通过验收，32 户继续整治，关闭非煤矿山企业和非法采砂场51个。全市煤矿企业配备瓦检员。2005年，重点治理煤矿通风瓦斯。全市10家高瓦斯矿井全部安装瓦斯监控系统，5家低瓦斯矿井安装“三专两闭锁”，仁寿县建成煤矿数字化瓦斯远程监控系统。2006年，打击煤矿非法开采行为，清理和处理国有企业负责人和国家机关工作人员投资入股煤矿。停产整顿5家矿山企业。邀请专家现场指导煤矿和非煤矿山安全质量标准化建设。2007年，督促煤矿企业投入3000万余元建设煤矿安全质量标准化，整治隐患。以实施“双机械化”（露天矿山机械化装卸、硐采矿山机械化通风）为重点整治非煤矿山。

2009年，专项治理全市煤矿通风、瓦斯、顶板、机运，检查倒风季节“一通三防”（通风，防尘、防瓦斯、防火），安全高效矿井建设，安全质量标准化建设，井下人员定位系统建设。洪雅县、仁寿县建立煤矿安全工作联席会议制度，每季度审查、公示和上报煤矿安全生产条件。全市年产6万吨及以上煤矿企业安全高效矿井建设通过验收，仁寿县2户企业建成瓦斯抽采系统。仁寿县汪洋煤矿建成国家级瓦斯治理工作体系建设示范矿井，并通过四川省验收。全市煤矿企业均建成人员定位系统。2010年，加强煤矿“六大系统”建设（安全高效矿井建设、安全质量标准化建设、水患治理、煤矿井下安全避险），提升煤矿安全保障能力。仁寿县4个年产9万吨及以上煤矿建成瓦斯治理示范矿井，仁寿县煤矿瓦斯治理工作体系示范县建设通过省验收。洪雅县开展非煤矿山安全标准化试点。2011年，开展煤矿“一矿一策”专项治理，专项整治煤矿瓦斯、顶板、机电运输等。2012年，眉山市落实市包县、县包乡、乡包煤矿安全生产责任制。实行煤矿瓦斯三级超限报警立案追查处理机制。全年督查、检查煤矿148矿次，排查隐患1586件，责令整改627件，全面停产整改16矿次。查处非煤矿山无证开采违法行为16起，责令停止开采16次，责令停产停业1家。推进非煤矿山安全标准化建设，14座矿山被四川省命名二级标准化企业。全市露天页岩矿山均实现挖掘机采装矿石，芒硝矿和石灰石矿山均实现中深孔爆破。

二、危险化学品安全管理

2001年起，眉山市每年整治危险化学品安全。当年，专项整治危险化学品运输安全。市政府规定，未经批准，一律不准从事易燃易爆物品的生产、运输和经销。对企业危险化学品分类、审查、建档。2002年，专项整治加油站和有毒有害化学品生产、销售和使用。驾驶员、押运员、管理人员持证上岗。2004年，开展危险化学品“五整顿、两关闭”（生产工艺和设备、储存方式和设备不符合国家规定标准的；压力容器未按期检验或者经检测检验不合格的；企业主要负责人、特种作业人员、关键岗位人员未经正规安全培训，没有取得任职和上岗资格的；经安全评价、评估，确认没有达到安全生产条件的；当年发生重特大事故的5类危险化学品生产经营单位一律责令停产整顿。非法从事危险化学品生产、经营、储存、运输等活动的；经停产整顿后仍然不具备安全生产条件的2类危险化学品生产经营单位一律关闭）专项整治，重点对1个省级、5个市级重大危险源监控企业安全管理，完善危险化学品生产经营单位应急救援预案。市安监局组织在四川金象化工股份集团公司举行应急救援演练，全市危险化学品生产经营单位负责人现场观摩。全市210户危险化学品生产经营单位通过安全评价，取缔不符合安全生产条件的危险化学品企业5户。

2005年，各区县中心城区加油、加气站推广使用阻隔防爆技术。开展危险化学品专项整治，检查认定危险化学品运输企业资质，取消不具备安全运输条件企业资质。检查全市危货运输车技术情况，取缔、更新不达标危险货物运输车辆。2006年，集中专项整治石油天然气管道设施安全。指导企业安全质量标准化建设，打击非法生产、储存、运输、销售行为。

2008年，“5·12”四川汶川特大地震后，市安办迅速赶赴重点高危企业查看灾情，处理隐患，协助企业开展抗震救灾工作。非药类易制毒化学品的生产、经营颁证情况实行季报制。2009年，建立危险化学品项目审查专家组，解决危险化学品监管技术力量缺乏问题。制定《眉山市化工企业安全生产专家检查办法》，严格审查危险化学品建设项目“三同时”。开展危险化学品企业达标建设和危险化学品生产、储存企业自动化控制及安全连锁技术改造。2010年，开展危险化学品百日安全生产专项整治行动，检查全市生产经营单位，发现隐患372处，整改367处，发出限期整改指令7份、停止经营通知书2份，查处非法经营企业1户，责令停业整顿企业2户，处罚经营企业1户。仁寿县10户企业、加油站投入2030万元，整改安全隐患。2011年，全市开展危险化学品生产企业安全标准化创建。当年，18户企业开展标准化工作，3户生产企业达到国家安全标准化二级。2012年，全市开展危险化学品企业百日安全生产大检查，检查企业42户，查出隐患485条，关闭非法生产企业3户，停产1户。专项检查油库安全生产。

三、烟花爆竹安全管理

2001年，眉山市按照“适量适度、合理布局”原则清理整顿原有3000余个烟花爆竹销售网点，将总数限制在500处以内。各销售网点重新审批发证，全部迁出城区。开展烟花爆竹专项整治，治安拘留1人，销毁火药、土炮等，关闭销售网点6个，没收无证经营烟花爆竹。经市公安局复查后，全市16个烟花爆竹生产企业恢复生产。2004年，集中整治全市烟花爆竹企业、经营公司、销售网点。烟花爆竹企业通过安全评价。2005年，停止烟花爆竹生产企业带药生产。市公安、安监、工商、交通等部门联合执法打击非法生产、存储、运输、销售烟花爆竹行动。彭山县查处一起非法存贮烟花爆竹案，收缴花炮、礼花、花炮台、魔术弹，取消涉案业主经营资质。市安监局向社会公开聘请30名烟花爆竹监督员，加强社会监督。2007年，全市开展氯酸钾、“三超”和“打非”专项行动。取缔烟花爆竹非法生产窝点，收缴销毁非法爆竹4万饼、半成品3.9万饼、烟花1440余支，查获非法运输车辆13辆、非法生产原料7吨，收缴非法生产设备57台，抓获嫌疑人125人，逮捕3人，治安拘留42人，判刑2人。2008年，市委决定调整全市烟花爆竹产业结构，将14户生产企业整合为7户，不再新增，不再扩大现有企业生产规模，并逐步取缔。2009年，市长李静率队暗访彭山县和东坡区的烟花爆竹等10个重点单位和行业，查出隐患28处，限时整改。

2010年，全市取缔或搬迁不符合安全距离的零售网点312个，规范化管理烟花爆竹零售摊点1368个。打掉非法生产窝点2个，取缔非法销售摊点36个，收缴非法烟花爆竹6.8万饼，查获非法运输、储存的烟花爆竹4车，抓获嫌疑人37人。2011年，7户烟花爆竹生产企业投入800万余元建设危险工房视频监控，仁寿县改造5户生产企业机械化装兑药，实现本质安全。2012年，全市7户烟花爆竹批发企业通过标准化建设，验收全部达标，实现机械化装兑药。仁寿县投入60万元建成烟花爆竹视频监控中心。查处非法储存经营烟花爆竹，刑事拘留1人，纠正违规违章行为100余起。

四、职业安全健康管理

2010年，眉山市开展《中华人民共和国职业病防治法》（以下简称《职业病防治法》）知识竞赛。调查涉及粉尘的非煤矿山、水泥制造、陶瓷、机械加工和涉及有毒有害物质的化工、制鞋、木质家具制造企业的基本情况和石棉开采、石棉制品制造业职业危害状况。4户企业完成职业危害申报，职业健康体检从业人员2985人，10户企业开展作业场所职业危害因素检测。2011年，全市开展矿山、危险化学品生产企业及存在职业危害的重点企业职业健康监督管理专项执法监察。业务培训企业310户640余人，完成职业危害申报268户、从业人员职业健康体检9852人、作业场所职业危害因素检测247户。2012年，开展以“贯彻《职业病防治法》关注职业安全健康”为主题的《职业病防治法》集中宣传周活动。市安委会监督检查各区县和园区管委会职业健康监管工作开展情况、企业主体责任落实情况，检查水泥、陶瓷、冶金、纺织、机械、家具、化工7个行业24户企业。全市195户企业开展职业危害因素检测，职业健康体检1.6万人，新增申报企业107户，试点开展职业健康规范化管理企业26户。

第九章　审计管理

1997年起，眉山地区相继开展金融机构、企业单位审计，行政事业和预算执行和财政决算审计，各类专项审计。逐步构建“财政审计大格局”，以预算执行审计为龙头，统领其他专项审计工作，探索实施财政管理审计。至2012年，眉山市完成审计项目1940个、单位1015个，查出违规问题及管理不规范金额230.02亿元，决定处理处罚4801万元，指明要求纠正2.44亿元，应交财政8.81亿元，应归还原资金渠道14.31亿元，调账处理资金7.56亿元，追还被侵占挪用专项资金3287万元，减少财政拨款4.65亿元，核减工程投资2.42亿元，出具审计报告和报送审计调查报告787个，提出审计建议930条，被采纳908条。建议纠正地方部门不当规定10条，协助有关部门查处案件10件。查出经济案件30件，其中移交纪委监察7件，受党纪政纪处分8人，移交司法机关15件，被判处有期徒刑3人。

第一节　预算执行和财政决算审计

1998年起，眉山地区审计机关每年组织审计地、县上年度预算执行及其他财政收支。当年，审计地级、县级1997年度预算执行及其他财政收支。审计单位58个。查出违纪违规问题金额1345.8万元、占审计总金额的1.74%，处理违规资金737.4万元、占违纪金额的54.8%。提出意见29条，大部分被采纳。至2000年，全区审计机关组织审计地、县1997—1999年各年度预算执行及其他财政收支。完成财政预决算审计53个，延伸审计及调查单位92个，查出违规行为金额1.12亿元。主要涉及行政事业单位、工商业和房地产行业等，重点审计预算收入的收缴、国有资产管理和使用、税收的征管、下岗就业资金的使用等。审计地级财政1999年度预算执行情况；审计仁寿县、青神县1999年度财政决算。

2001年，眉山市审计县级财政决算2个、乡镇财政决算23个。审计查出挤占、挪用专项资金210.8万元，欠缴税费279.2万元，截留财政收入238.7万元，乡级不合规发票列支各种费用173.9万元，乡级税收过渡户301万元，垫缴税款提前作收入218万元，乡级虚列支出12.2万元，其他违纪98.2万元。2003年，审计财政预决算38个。查出违规行为金额2718万元，管理不规范金额1.28

亿元，查出应缴未缴预算收入732万元、挪用预算资金813万元、虚列支出542万元。延伸审计市级单位8个，查出违规资金422万元、应交财政22万元、应纠正资金269万元。2007年，重点审计部门预算执行不严格、挤占挪用专项资金等问题。查出违规金额3040万元，损失浪费金额184万元，管理不规范金额1.25亿元。提出审计建议18条，被采纳审计建议3条。2009年，重点审计规模大、预算资金多、有收费权等重要部门（单位），延伸审计二级预算单位。审计市国土局、市民政局、市交通局、市中级人民法院、市教育局等7个部门及下属单位预算执行情况。提出审计意见，促进被审计单位完善相关政策措施。

2010年，加强财政管理、税收征管审计。重点检查和分析城镇土地使用税、房地产行业税收等重点税种、重点行业及重点纳税企业纳税申报、税款解缴、税收政策执行情况。部分审计项目将政府决算审计与领导干部经济责任审计相结合、上审下与同级审相结合、财政审计和其他专项资金审计相结合，查找行业存在的普遍性、机制性问题，帮助单位完善管理制度、办法10余项，促进催收企业欠税1699万元，追收土地出让金2903万元，清收城市基础设施配套费等非税收入1179万元。全年审计43个单位部门预算执行，审计应上缴财政5115万元，应减少财政拨款或补贴4088万元。2011年，市、县（区）审计全市工商系统预算管理与财政财务收支情况、职业技术学校财政财务收支情况。促进建立健全制度10余个。2012年，市级完成预算执行审计项目7个，审计查出管理不规范资金、违规资金和损失浪费资金等问题金额9387万元。

第二节 金融和企业审计

1997年，地区审计局参加眉山地区肉联厂（以下简称眉山肉联厂）破产清算。督查眉山县、洪雅县、青神县“三大”（财务、税收、物价）检查。承担863厂、867厂、眉山芒硝厂、眉山肉联厂“三大”检查。1998年，地区审计局组织审计（调查）全区政策性粮食商业企业1993—1997年新增财务挂账，核查造成财务挂账的因素。就地审计中国人民保险集团公司眉山地区各支公司1997年度资产、负债及损益的真实性、合法性及效益性。查出违纪违规金额706.24万元，查实不良营运资金391.9万元。提出审计建议意见6条。1999年，审计近40个乡镇农村合作基金资产负债、损益，查出违规放贷、单位和个人非法担保或单位个人借款等问题。审计全区1998年企业职工基本养老保险基金（以下简称养老金）情况，审计调查部分欠费企业。查出企业混岗大集体职工养老金及利息收入109.75万元记入账外账挪用、少计养老金等问题。责成归还原资金渠道和补记入账。2000年，各县审计部门审计和审计调查国有和国有控股旅游企业19户、旅游主管部门私营企业46户，查出违规行为金额1078万元，全部纠正处理。

2001年，眉山市审计全市供电系统9个单位资产、负债、损益情况。查出违纪违规问题金额2901万元，全部纠正处理。提出财务管理存在问题、规章制度不完善改进措施。2004年，开展眉山市农村信用合作联社2003年至2004年6月末资产、负债、损益清产核资。调减呆账贷款783.78万元。2008年，调查审计全市企业经营效益情况。调查项目134个，查出违纪金额1502万元，审计增产节约资金317万元，挽回经济损失1.68亿元，提出建议219条。2010年，审计市自来水公司2007—2009年度资产、负债、损益，重点查清投入资金效益使用情况，查找影响投资效益原因和投资体制方面存在的问题。2012年，审计眉山岷江东湖饭店有限公司2011年度资产负债损益，查出问题金额485万元。

第三节 行政事业审计

1998年，地区审计局审计全区公安机关1996—1997年财务收支情况。查出应缴未缴财政经费111.6万元。决定处罚款1万元，自立名目收费47.53万元全额清理退还个人，未按规定纳入专户管理184.21万元缴财政预算外专户存储。提出整改建议意见3条。1999—2001年，审计地区法院、地区检察分院1997—1998年财务收支情况和地区社会保险局、地区农业发展办公室、地区建设委员会、房管处、质检站等10个单位1998年财政财务收支情况；地区工商行政管理局、眉山县工商行政管理局1999年度行政性财务收支；地区及彭山县、洪雅县1998—1999年环境保护资金；市交通局、市计划生育委员会、市教育委员会、市第一小学、洪雅县退耕还林财务收支。查出违纪违规资金1140.23万元，分别作出审计决定，出具审计意见书，提出审计意见、建议7条，处罚113万元，要求纠正61万元。2003年，审计全市23个行政事业单位财务收支，大循环交叉审计全市公安系统2002年度财政财务收支情况。查出违纪违规资金2117.82万元，作出违纪违规资金限期解缴同级财政、调账等处理，提出行政事业单位财务管理问题建议。2004—2007年，审计市经济贸易委员会、市检察院系统、市科技工业园、市粮食局、地税局、市法院系统、市科技局、市农业局、眉山职业技术学院等16个市级部门财务收支情况，核减工程投资金额42.4万元，分别出具审计意见书、审计决定、审计报告。2009年，审计全市人口和计生系统、教育系统、公安系统和法院系统行业，分别向市政府报送综合报告，提出行业性存在问题的审计建议。

2010年，审计城市规划建设系统行业等行政事业项目2个，查出违规金额9612万元，管理不规范金额2.75亿元，应上缴财政4625万元。2011年，完成职业教育学校财务收支审计、"两基"迎国检、全市工商行政管理系统行业审计、市交警支队财政财务收支审计等行政事业审计项目15个，查处违规金额13万元，管理不规范金额4155万元，应上缴财政金额41万元。

第四节 固定资产投资项目审计

1998年，地区审计局审计基建工程项目12个，查出多计建筑工程造价458万元、未缴税费1649.9万元、建设单位向施工单位多付工程款258万元、超计划投资4396万元、违规违法金额7906万元、无资质取费340.95万元。审计决定多计建筑工程造价全部核减，未缴税费收缴60.79万元、其余部分在当地税务部门自行申报解缴，提出整改建议意见2条。1999年，全区固定资产投资审计项目48个，审计建设系统单位65个。审计投资5.7亿元，核减工程投资4759万元，查出未缴税费916万元、超计划投资4150万元。2000年，审计眉山地区粮食储备库综合工程竣工决算、省道106线、国道213线、彭州大道、洪州大桥等项目44个，审计投资额5.35亿元，核减工程投资2750.29万元，查出违规行为金额2668万元、未缴税费568万元、超计划投资620万元、挤占挪用建设资金350万元。审计决定处理处罚886万元，指明要求纠正1782万元。

2001年，眉山市审计局加大重点项目审计。揭露违反工程管理和截留、挪用及损失浪费资金等问题。审计全市农村电网建设与改造、市政中心等项目40个。审计投资3.8亿元，核减工程投资

2750万元，查出未缴税费362万元、超计划投资1200万元、挤占挪用农网专项资金970万元等问题。2002—2004年，审计全市固定资产投资项目75个。查出违规金额8380.15万元，管理不规范金额7919万元，核减工程投资6038.79万元，应交财政462万元，应归还原渠道资金1369万元，指明要求纠正143万元，罚没金额915万元。制止和纠正建设项目中高估冒算、偷工减料、高套费用等违法行为；揭露建设项目在概算管理、工程管理、工程造价、财务核算中的不真实、不合法、不规范等问题，提出处理问题意见、建议。

2005年，审计通济堰灌区续建配套与节水改造工程、洪雅林场基础设施项目、眉山市第一小学工期工程、眉山市诗书城公园等工程竣工决算项目10个。2006年，加大重点建设项目和国债资金项目审计力度，全年市级完成审计项目8个，送审工程投资1.82亿元，审计核减工程投资1246.2万元，开展省道106线丹棱至蒲江段改建工程和眉山市社保业务用房及劳动力市场建设工程投资效益审计调查，提出审计建议意见。2008年，市政府印发《眉山市市级政府投资项目审计暂行办法》，进一步明确规范政府投资审计监督制度。全年审计政府性投资总额10.38亿元，审计核减投资额1.69亿元；审计抗震救灾资金5.46亿元。出具审计报告243个，提出审计建议427条，被采纳427条，审计后挽回损失1.71亿元。

2009年，实行500万元以上政府投资项目按审计规范程序审计、500万元以下政府投资项目按简易程序审计、100万元以下项目审核备案制度，提高审计覆盖面，提高审计效率。2010年，实行政府性投资项目凡投必审制度。2011年，修订《眉山市政府投资项目审计实施办法》，逐步推行项目前期审计、跟踪审计、竣工决算审计三位一体审计模式。建设周期长、财政性资金投入大或关系国计民生的重大建设项目，审计机关全程跟踪审计。政府性投入市级1000万元以上、区县200万元（仁寿县500万元）以上的投资项目实施全程跟踪审计。增量变更工程实行分类申报、审批。2012年，推行事前、事中、事后全过程审计。事前预算审计控制工程基本总价，事中跟踪审计全面监控工程质量和增减工程量，事后竣工决算审计为工程结算价提供最终依据。投资审计分类制与限时审结制相结合，提高审计覆盖面和工作效率。全年跟踪和决算审计省道106线路面改造工程、两宋荣光眉州大道路面改造工程、市污水处理二厂、仁寿县职业教育中心、丹棱县人民医院等重大项目和灾后恢复重建港澳援助项目，提出审计建议意见26条，促进建设单位建立和完善工程建设相关制度10余个，节约建设资金800万余元。

2004—2012年，市级审计项目286个，送审工程投资42.97亿元，审计核减工程投资4.31亿元，查出应缴未交税及附加2303.7万元，查处其他违纪违规金额2801.45万元，工程超计划投资654.62万元，应缴建筑安装营业税及附加32.63万元，工程损失浪费56万元。

第五节　经济责任审计

1997年起，地区纪委加强任期经济责任审计监督，将审计结果报告作为出具干部党风廉政意见依据。1998年，加强国有企业领导干部监督，任期经济责任审计地属企业法人代表2人。1999年，地委、地区行署印发《眉山地区党政领导干部任期经济责任审计办法》，开展党政领导干部任期经济责任审计。当年，全区审计党政领导干部离任经济责任29人，地县组织部门和纪检监察机关运用审计结果提拔7人，平调10人，降职12人。

2001年，市委、市政府印发《关于眉山市党政领导干部和企业领导人员任期经济责任审计的办法》，进一步规范经济责任审计。建立眉山市经济责任审计工作联席会议制度。2002年，组织部门采用审计成果分别与有关人员谈话，提出整改要求。2004年，市委办印发《眉山市党政领导干部经济责任审计结果运用管理实施办法（试行）》，审计结果运用规范化、制度化。分析和通报2001年以来县级领导干部26人任期经济责任审计结果。2005年，市政府办印发《眉山市审计结果公告暂行办法》，对审计结果公告作出明确规定。加大经济活动运行的期中审计，前移审计监督关口。变审计事后监督为事前、事中、事后全方位监督。从离任审计为主逐步转变为任中审计为主。加强县级党政主要领导干部任中经济责任审计，领导干部任中经济责任审计成为经济责任审计主要内容。2006年起，市纪委派员参加经济责任审计见面会。2008年，全市经济责任审计由财政财务收支审计为主逐步向财政财务收支审计与决策权、管理权、执行权审计并重转变；由“审什么、评什么”向“评什么、审什么”转变；由审计为主向审计与审计调查并重转变。延伸和扩展审计内容。

2009年，在全省率先推行市级领导干部离任经济责任事项交接，领导干部经济责任审计结果单项公告纳入日程，加强行政权力监督和制约，提高经济责任审计透明度。全市法院、计生系统实行市县两级上下联动同步审计，查找共同性、普遍性、倾向性问题，从制度层面提出建设性意见。拓展经济责任审计对象，青神县、彭山县、丹棱县探索试点村（社）干部经济责任审计。2010年起，全市普遍开展村（社区）干部经济责任审计。审计955个村、131个社区干部2079人，审计覆盖面仁寿县70%、其余区县100%。规范农村集体资产和财务管理。试点领导干部经济责任告知。2011年，完善离任交接、任前经济责任告知、结果运用、结果公告、考核考评、村社区干部经责审计等制度和办法50余个。重点部门和主干线上领导两年一审，市、区县检察院检察长任期经责实行上下联动同步审计。2012年，全市经济责任审计完成审计项目78人，查出违规金额10.61亿元，领导干部1人移送纪检监察机关；被批示采用审计报告和审计结果报告12篇；提出审计建议181条，被采纳161条；提交审计信息6篇。村（社区）干部任期经济责任审计村（社区）559个1098人，查出管理不规范、违规金额1530.87万元。党政纪处分5人，立案2人。村（社区）干部政策水平和法纪意识增强。

1999—2012年，全市实施任期经济责任审计917项，查出违规、管理不规范金额35.87亿元。建议有关部门处理1件，受党纪政纪处分2人，移送司法机关案件4件，移送纪检监察机关案件7件。运用党政领导干部任期经济责任审计结果提拔、平调、继任、晋升、免职、降职、撤职397人。审计市级任期经济责任项目118项，查处各种违纪违规金额25.87亿元。移送司法机关案件2件，移送纪检监察机关案件5件，发出审计专报2期。村（社区）干部任期经济责任审计村（社区）1993个次干部3869人次，查出违规、管理不规范金额3542.85万元。经济责任人被移送司法机关1人，移送纪检监察机关2人，党政纪等处分1人，其他人员移送司法机关2人。

第六节　专项资金审计

1998年，地区审计局审计地区卫生局世界银行贷款“传染病与地方病控制项目”1997年度项目执行情况、地区林业局世界银行贷款森林资源发展和保护项目1997年度项目执行情况。各县审计本县1995—1997年残疾人献爱心捐赠财务收支情况，未发现大的违纪行为。1999年，审计地区1998年度川中农业综合开发项目计划执行和资金情况，地区卫生局世界银行贷款卫生V项目1998年项目执行情况，地区外资项目1998年度执行情况，提出审计意见、建议4条。审计地级和眉山县、仁寿县、丹棱县、彭山县“卫生V”“中国农业支持服务”“森林资源发展和保护”“世界银行贷款畜牧”项目4个，会审“森林资源发展和保护”项目。2000年，审计环保排污费专项审计和农业综合开发资金。审计环保排污费7个、农业专项资金9个，查出违规金额206.1万元，大部分环保资金未用于治理污染。专项审计地区1996—1999年农业税减免指标落实情况；眉山地区1999年度税务经费来源、税收征管纳税登记情况；眉山地区财政支出预算执行及调整情况。查出未落实减免1.04万公顷，多征农税643.01万元，年初预算数未全部批复到部门金额5898万元、占年初预算近10%，出具审计报告并提出审计建议。

2001年，眉山市审计局审计东坡区、洪雅县、仁寿县、青神县政府1999—2000年退耕还林（草）试点示范工程资金，查出违规金额142万元，要求纠正142万元，归还侵占挪用资金6万元。专项审计市教育委员会、部分中小学等26个单位普教经费。重点检查有关部门及部分中小学2000年普教经费收支、分配拨付和管理使用情况，审计资金2.73亿元，查出违规金额406万元，决定处理处罚66万元，指明要求纠正340万元，提出问题改进建议。2002年，审计农业综合开发项目资金、三峡移民资金6个及市农发办川中农业综合开发资金等情况，提出建议意见2条。2003年，审计扶贫专项资金分配、管理和使用情况；防治非典型性肺炎专项资金和社会捐赠款物管理使用情况；天然林资源保护工程资金和农业专项资金情况；养老保险基金惩处缴情况等。查出违纪违规资金410万元、管理不规范金额995万元，应上缴财政21万元，提出问题审计建议意见。2004年，审计国土、民政专项资金、眉山市住房公积金，出具审计意见书、审计决定。揭露土地出让管理中存在的主要问题，及时向市政府汇报。2005年，审计农业综合开发土地治理专项资金、土地流失治理专项资金、眉山市粮食企业亏损。2007年，开展冰雹救灾等专项资金审计和审计调查。专项审计调查“十大惠民行动”资金，促进惠民政策落实。全年审计和审计调查涉及民生项目44个（市级10个）。审计专项资金9.53亿元，促进拨付资金到位5306万元，挽回损失133万元。

2009年，开展扩大内需和灾后重建审计。1000万元以上项目纳入市级全过程跟踪审计监督范畴，200万元以上项目纳入区县跟踪审计监督范围，全过程监督项目资金的拨付、管理和项目建设、工程结算等。审计抽查检查农房重建、维修加固项目，形成全市灾后恢复重建综合审计结果报告。全市专项审计项目172个，审计抗震救灾资金13.1亿元，查处违规、管理不规范金额2.56亿元，提出审计建议29条。2010年，审计城市低保、退耕还林、“金土地”工程及医院财务收支、自来水公司资产负债损益等项目资金。专项检查灾后重建、农村安全饮水、百姓安居工程、农村沼气池项目和扶贫项目，审计“特殊党费”资金发放管理使用情况。全年审计扩大内需和灾后恢复重建项目222个、民生工程项目119个，项目投资41.17亿元，查出问题资金4298.64万元，规范资金527.39万元，核减3241.84万元，提出相关审计建议18条，移送纪委案件1件。发现部分项目建设进度迟缓，未按批复要求建设、招投标不够规范等问题，提出审计建议，限期整改。2011年，审核“两基迎国检”财政教育经费投入政策落实情况，清核锁定全市高中债务。开展土地整理、特大洪水地质灾害、三峡移民工程、养老保险基金等项目资金审计。跟踪审计民生工程项目109个、资金23.46亿元，查出管理不规范等问题资金8.84亿元，审计后规范问题资金2.17亿元，移送纪委案件1件。提出相关审计建议17条。2012年，审计专项社保资金，涉及社会保险基金、社会救助资金和社会福利资金3类18项。促进县（区）政府和相关部门建立《全市社会保险基金和就业专项资金监督管理制度》《城乡医疗救助实施办法》等制度20余项，促进整改到位资金2.93亿元，移送纪检监察机关处理3人。抽查民生项目41个，完成审计署统一组织的农村中小学布局调整审计、城镇保障性安居工程跟踪审计、三峡移民资金决算审计。

第七节　审计调查

1998年，地区审计局专项审计调查仁寿县林业局“八五”“九五”期间林业生态建设资金的投入及管理使用情况。2000年，审计调查地区丹甫压缩机有限公司、眉山芒硝厂等单位税源征管及非国有企业参加养老保险情况。

2002年，眉山市审计局审计调查2001年年末政府外债情况。揭示挪用项目资金、配套物资损失浪费大、配套资金到位差、拖欠债务等问题，提出引进政府外债项目要做好可行性研究、健全物资设备招投标机制、资金必须专款专用等审计建议。审计核实乡村债权债务，审核结果通过四川省乡村债权债务核实领导小组检查验收。2003年，专项调查全市财力状况。揭示虚增一般预算收入、应缴未缴预算等问题。提出改善县级财政状况对策性建议。2004—2007年，审计调查东坡区、仁寿县2003年财政财务收支状况，三苏祠博物馆经营状况以及眉山市农村信用联社2003年至2004年6月末资产、负债、损益；市级2001—2004年农村社会养老保险专项审计调查、四川无华会计师事务所有限公司审计省道103线工程有关情况；市政设施配套费、乡镇卫生院资金、农村学校两免一补资金、固定资产投资、矿产资源费；村干部经济责任等项目。专项审计调查仁寿县、洪雅县红层丘陵找水打井工程项目、农村改水改厕项目、实施工业强市战略、东坡区和仁寿县2007年冰雹救灾资金等7个审计项目，分别提交审计调查报告。2008年，全市审计部门实施效益审计调查项目134个，查出问题金额1.95亿元，审计提出建议219条，均被采纳。其中，市级审计调查4个园区工业发展资金使用情况，发现资金管理运行存在未设置专账核算等问题，提出审计建议5条。2009年，审计调查培训机构59家、城镇失业人员34人、农民工575人，实地调查乡镇22个、单位15个、农户47户。2010年，专项调查“特殊党费”资金管理使用情况，核实94个乡镇7349户受助农户，并审计调查发放“特殊党费”的代理农村信用社。专项审计调查退耕还林工程资金，审计主管部门20个，抽审乡镇29个，调查202户农户，总金额5.93亿元，巩固退耕还林工程成果。2011年，专项审计调查市级工业发展专项资金和工业园区财税政策执行情况。揭示管理和使用中存在的主要问题，促进市工业园区健康发展。开展养老保险基金审计调查。延伸审计调查市财政局、市税务局、市国土资源管理局、市公安局等7个单位。

第十章　统计管理

1997年起，眉山地区重视统计调查工作，加强统计信息自动化建设。2007年起，开展居民消费价格等调查。至2012年，眉山市所有乡镇建成乡镇统计信息网站。开展人口普查、全国经济普查、全国农业普查各2次。

第一节　统　计

一、统计宣传教育

2003年，眉山市开展统计“四五”普法考核验收，组织2200余人参加统计普法知识考试。2004年，在《眉山日报》开辟普法专栏，开展统计普法宣传，组织市、区县统计人员上街咨询，发放《中华人民共和国统计法》（以下简称《统计法》）及有关法律法规资料汇编手册，解答有关统计法律法规问题。2006年，组织全市统计执法培训。培训各区县统计局局长、统计执法干部、32个重点工业乡镇分管统计工作副乡镇长120人。在《眉山日报》刊登《全国农业普查条例》主要内容；在市广播电台设立《全国农业普查条例》栏目。2008年，市统计局向企业赠送《统计法》及相关法规手册，播放《统计法》《四川省统计管理条例》录音磁带、开展现场咨询、发放宣传资料等，向群众宣传统计法律法规知识。开展以“加强综合治理，建设平安眉山”为主要内容的“综治和法治”宣传活动。开展全市社会治安状况和安全感社会测评，汇总和分析问卷调查等数据，为平安建设提供科学参考。2012年，全市开展“第三届中国统计开放日”“世界统计日”集中宣传日活动。

二、统计信息自动化

1997年，眉山地区启动统计信息自动化，完成计算机与服务器的局域网连接。2000年，通过电话拨号网络建立市、县（区）两级数据传输。2002年起，全市开展统计网络建设、数据库开发、数据处理环境营造和技术培训、各种大型普查的计算机数据处理技术工作等。2003年6月，眉山市各县（区）统计局与全国、全省各级统计局联网。2005年起，开发网上企业数据报送平台并在企业试点，成功后推广应用，实现企业网上直报。2012年，眉山市所有乡镇建成乡镇统计信息网站并完成网络升级。截至2012年年底，统计信息网完成全市全国人口普查2次、全国经济普查2次、全国农业普查数据处理。

三、统计普查

2003年前，国家普查项目包括人口普查、农业普查、工业普查、第三产业普查和基本单位普查5项。人口普查、第三产业普查、工业普查、农业普查每10年一次，逢0、3、5、7年份实施；基本单位普查每5年一次，逢1、6年份实施。2003年，普查项目改为农业普查（每10年一次，由逢7改为逢6年份实施）、人口普查（每10年一次，逢0年份实施）、经济普查（工业普查、基本单位普查、第三产业普查、建筑业普查合并为经济普查，每10年两次，逢3、8年份实施）。

（一）经济普查

第一次全国经济普查　2004年起，实施眉山市全国经济普查。普查全市二、三产业发展规模、结构和效益等信息，建立健全覆盖国民经济各个行业的基本单位名录库及其数据库系统。普查对象为全市从事第二产业和第三产业的全部法人单位、产业活动单位和个体工商户。法人单位及产业活动单位普查标准时点为2004年12月31日，普查时期资料为2004年度；个体经营户的普查标准时点为2004年10月31日，普查时期资料为2003年11月1日至2004年10月31日。2006年结束，共普查法人单位9098个、产业活动单位1.17万个、个体经营户11.44万户。

第二次全国经济普查　2008年起，实施眉山市第二次全国经济普查。普查结果，全市有从事第二、三产业的法人单位9484个，产业活动单位1.23万个，有证照的个体经营户7.43万户。

（二）农业普查

1995年，全国开展农业普查。1997年，地区统计局成立农业普查领导小组，建立农业普查工作制度，于1998年11月发布《眉山地区第一次农业普查主要结果的公报》。

2005年，开展眉山市第二次全国农业普查。普查涵盖农村、农业、农民的基本信息，主要为市内所有从事第一产业活动的单位和农户，所有农村乡镇和行政村。完成全市1.87万个普查小区71.15万普查户、580个农业生产经营单位、131个乡镇级单位和2217个行政村级单位的入户登记。

四、统计成果使用

眉山市通过统计调查分析，形成统计公报等成果，为党委、政府提供决策依据。

1997—2000年，地区统计局组织编写《区县综合统计年报》，包括自然资源，乡镇个数、人口和劳动力，农村经济，工业，交通运输、邮电通信，固定资产投资，建筑业，国内贸易、对外经济和旅游，人民生活和劳动工资，财政、金融，文化、教育、科技、卫生，市政公用事业12个方面。每年编写发布《眉山地区国民经济和社会发展统计公报》，编纂出版《眉山地区统计年鉴》。为地区党代会、人代会、政协会、经济工作会、《政府工作报告》等提供相关统计资料，按月（季）提供经济形势分析、专题分析、统计专报和统计信息，按季编印《主要经济指标对比表》，按季为地区行署召开的经济形势分析会提供统计分析及相关统计资料。围绕全区经济社会发展热点、难点、焦点等问题适时开展专题调研，形成专题调研报告。1999年，编辑出版《半个世纪的辉煌——眉山地区五十年历史资料》，形成《眉山地区50年发展概述》《从数量比较中看眉山的变化》等综合报告。

2001年起，眉山市统计局在《眉山日报》发布《眉山市国民经济和社会发展统计公报》，出版《眉山统计年鉴》。每月编印《眉山统计月报》。2006年起，每年市政府新闻办组织召开季度经济形势新闻发布会，市统计局新闻发言人发布全市主要经济数据并现场解读经济形势。2008年，编辑出版《眉山改革开放30年》历史资料，形成《眉山改革开放30年　经济社会成就辉煌》等综合报告；完成《眉山改革开放30年》工业部分编撰。2009年起，市统计局每年编写《城市年报》，包括行政区划、人口、从业人员、土地及水资源，综合经济，工业，交通运输、邮电通信及能源电力，贸易、外经及旅游，固定资产投资，教育、科技、体育、文化及卫生，人民生活和社会保障，公共管理，市政公用事业，环境保护11个方面。编辑出版《眉山经济社会发展六十年》历史资料，形成《建国六十年　眉山大发展》等综合报告。2010年，完成《建市10周年眉山经济社会发展综述》等综合报告。2011年10月起，按月（季）度开展《县级经济综合统计监测》编写《县级经济综合统计监测》，指标包括生产、投资、消费、财政、金融、居民生活等经济发展情况。2012年，《市县综合统计年报》调整为自然资源，人口和劳动力，农村经济，工业、交通运输、邮电通信、能源，固定资产投资，建筑业，国内贸易、对外经济和旅游，人民生活和劳动工资，社会保障，财政、金融，教育、科技、文化、卫生，社会治安，资源、环境与可持续发展14个方面。

五、统计监督检查

1998年，眉山地区开展统计执法大检查。2001年，眉山市查处统计违法案件46起，市统计局立案10件。2004年，检查彭山县、仁寿县等县工业统计工作，抽查数据质量。全年检查单位392个，查出违法单位40个，经济处罚2个单位7000元，通报批评3个单位，限期整改19个单位。

2005年，全市立案查处21个单位，罚款9.3万元，全省通报曝光2件。2006年，全市开展农村统计数据质量大检查，检查区县、乡镇、部门及调查户的农村统计调查基础工作、2005年年报等数据质量。检查10户亿元以上工业企业数据质量情况和统计基础工作落实情况，处理企业4户。执法检查全市计划总投资5000万元及以上和当年新开工投资项目，抽查项目30个，处理项目建设单位2户。全年查处87个单位，在《眉山日报》公开曝光虚报、瞒报统计资料等单位17个。2007年，开展全市规模以上工业，固定资产投资、房地产和建筑业，批发零售、住宿餐饮业，乡镇统计，部门统计五大领域426家报表单位统计执法检查，查处违法行为44起，其中立案调查6个单位，经济处罚3件6万元；各区县统计局检查404个单位，查处38个单位，通报批评20件。2010年，全市开展统计从业资格专项执法检查，检查统计调查对象738个，现场法治宣传教育，下发《责令整改通知书》。开展《中华人民共和国统计法》和统计违法违纪行为处分规定执法检查。抽查区县、部门、乡镇和企业58个，立案查处10个，限期整改39个。2011年，抽查洪雅县、彭山县6个环境统计报表企业，核查企业环境统计基础工作建设、“三废”排放数据统计台账，提出统计不规范行为整改意见。2012年，全市开展建筑企业统计专项执法检查，提出存在问题整改意见，立案3个，处罚3个。

第二节　调　查

一、居民消费价格指数调查

居民消费价格指数调查包括食品、烟酒、衣着、家庭设备用品及维修服务、医疗保健和个人用品、交通和通信、娱乐教育文化用品及服务、居住8个大类。

2008年，国家统计局眉山调查队（以下简称眉山调查队）在眉山城区、仁寿县首次开展居民消费价格指数调查。眉山调查队、市物价、工商、商务、卫生等部门开展全市零售企业、农贸市场基本情况调查摸底，确定119个销售点为全市价格调查点、规格品800余种。结合周边市州权数资料，确定符合眉山实际的权数资料。“5·12”汶川特大地震后，启动每日价格应急预测，监测主要食品、药品和建材等，为抗震救灾提供资料。2009年，在仁寿试点推行“价格监测定点单位”挂牌制。建立每季数据会审制度。2010年，通过《眉山统计调查月报》、眉山市党政网等平台向地方党政领导、相关部门提供居民消费价格调查指数数据信息。通过《眉山日报》、新华网眉山分频道、四川在线等新闻媒体，向社会公众介绍居民消费价格调查指数知识、市场物价运行情况。2012年，启用新手持数据采集系统，现场采集商品价格，录入手持数据采集系统并发送数据，原始数据同步发送至眉山调查队和国家统计局管理系统。当年，眉山居民消费价格指数调查全部移植到新的采集系统，所有调查价格全部采用新采集系统。

二、主要畜禽监测调查

2008年起，眉山市在农村开展以生猪为主的畜禽监测调查，专项监测调查部分生猪调出大县，监测数据作为发放中央财政奖励资金依据。在全市生猪规模户、生产单位，以及仁寿县抽中的30个监测普查小区、东坡区抽中的5个监测普查小区所有农户中开展生猪监测调查。建立规模户和生产单位调查名录库，实行定期全数调查。当年，全市监测调查生猪期末存栏散户4115头、规模户4.8万头、单位1.5万头，其中能繁母猪散户404头、规模户7227头、单位2904头；期内增加散户404

头、规模户 7227 头、单位 1.63 万头；期内减少散户 9598 头、规模户 11.37 万头、单位 2.03 万头，其中自宰散户 365 头、规模户 269 头，出售散户 5428 头、规模户 9.67 万头、单位 1.52 万头。

2012 年，在全市生猪规模户、生产单位，以及样本轮换后抽选的新样本中开展生猪监测调查。新样本包括抽中的东坡区 20 个、仁寿县 20 个监测普查小区的所有农户。全年全市监测调查生猪期末存栏散户 7557 头、规模户 7.2 万头、单位 7.06 万头，其中能繁母猪散户 847 头、规模户 9057 头、单位 8437 头；期内增加散户 1.62 万头、规模户 14.83 万头、单位 11.75 万头；期内减少散户 1.5 万头、规模户 15.88 万头、单位 12.29 万头，其中自宰散户 318 头、规模户 290 头、单位 76 头，出售散户 1.05 万头、规模户 14.33 万头、单位 8.27 万头。

三、工业生产者价格调查

眉山市工业生产者价格调查企业为 85 家，覆盖 24 个行业大类，代表产品 94 种，基本涵盖全市工业主导产品。

2009 年，眉山市工业生产者价格调查样本数量 85 家，涵盖眉山工业重要行业，优化样本，指数测算质量明显提高，与全省、全国趋势吻合度有所增加。2010 年起，调查数据由区县统计局收集上报改为企业直接向市调查队上报，独立调查、独立汇总。2011 年起，调查方式由纸质传真改为网上直报。2012 年，工作重点转移到数据审核及成果运用。

眉山市 2009—2012 年工业生产者出厂价格环比指数表

表 17-14　　单位:%

月份	2009 年		2010 年		2011 年		2012 年	
	环比指数	同比指数	环比指数	同比指数	环比指数	同比指数	环比指数	同比指数
1	100.64	97.32	103.29	104.16	102.70	106.50	100.20	100.10
2	98.90	97.93	99.41	103.66	100.60	107.40	100.60	100.10
3	99.11	96.56	100.27	102.44	100.10	106.90	100.00	99.90
4	100.99	90.91	101.09	104.51	100.10	106.40	100.20	100.10
5	99.32	91.56	100.93	105.90	99.60	105.20	99.50	100.00
6	98.03	89.74	99.58	105.39	100.50	106.80	99.30	98.90
7	100.24	88.75	99.30	104.38	100.00	107.80	98.80	97.60
8	101.42	90.11	102.57	102.57	101.00	108.60	98.70	95.40
9	100.94	92.59	100.09	103.14	100.70	109.50	99.80	94.60
10	100.31	96.17	100.55	104.38	99.80	108.80	100.00	94.80
11	100.33	96.86	102.72	107.15	98.70	104.70	99.50	95.60
12	100.56	99.74	101.51	106.92	98.80	102.50	100.30	97.10

四、规模以下工业抽样调查

规模以下工业抽样调查范围是年主营业务收入 2000 万元以下的工业企业和目录中的全部个体经营工业单位。调查内容包括企业（个体）的从事行业、法人、地址等基本情况，以及从业人数、产值、税金、利润、固定资产、订单、借贷等生产经营状况。调查周期为每个季度一次。

2007 年，眉山调查队制订眉山规模以下工业调查工作方案，建立工作流程。2008 年，全市每季度开展一次主要调查数据评估。2010 年，轮换样本。轮换后，全市规定国家样本量 56 个。其中企业样本 45 个、个体样本 11 个。2012 年，加强眉山规模以下工业宣传力度，开展调研分析。

五、采购经理调查

眉山市采购经理样本有 98 家，其中国级家 6 家、省级 65 家、市级 27 家。

2009 年起，眉山市开展采购经理调查。规范企业数据采集，建立网上直报系统和规范的长效监测机制。2011 年，建立定期走访和调研座谈工作制度。每月到 2 个~3 个采购经理调查样本企业走访和调研，了解企业意见建议；每季度召开一次以上采购调查企业座谈会。

六、规模以下服务业抽样调查

眉山市规模以下服务业企业调查包括交通运输、仓储和邮政业，信息传输、软件和信息技术服务业，租赁和商务服务业，科学研究和技术服务业，水利、环境和公共设施管理业，居民服务、修理和其他服务业，教育，卫生和社会工作，文化、体育和娱乐业；以及物业管理、房地产中介服务等 30 个行业大类，涉及 9 个行业门类和 2 个中类。

2008 年起，眉山调查队开展全市服务业调查。调查 11 个行业大类的服务业企业，企业规模小，占经济比重小，样本数 5 家，调查代表性不足。2009 年，服务业调查样本量增至 40 家。2010 年，调查报表收集由纸质报改为网络直报。2012 年，调查样本增至 55 家，纳入国家统计局系统一套表。

七、专项调查

2007 年起，眉山调查队组织开展洪雅县林业产业发展现状等专项调查。至 2009 年，相继开展眉山市群众安全感调查、东坡区社会治安群众满意度民意调查、眉山市卷烟零售户满意度调查、眉山市食用油专项调查、洪雅县社会治安社情民意调查、新时期群众工作调查、眉山市社会民生调查、治理拉票行为工作情况和新任用干部满意度调查。2010 年，开展眉山市服刑人员未成年子女生活状况调查、眉山市青少年网络使用情况调查、新生代农民工精神文化生活状况调查。2011 年，组织开展城市环境综合治理、农户生猪养殖意向、房产新政对眉山房地产影响等调查。当年起，开展眉山市中心城区城市公共文明指数测评调查。2012 年，开展垂管部门行风测评。

八、城镇住户调查

城镇住户调查是全面了解城镇居民生活现状及变化情况。调查对象包括户口在本地区的常住非农业户；户口在本地区的常住农业户；户口在外地，居住在本地区半年以上的非农业户；户口在外地，居住在本地区半年以上的农业户，其中包括单身户和一些具有固定住宅的流动人口。主要调查内容包括城镇居民家庭成员基本情况、城镇居民家庭基本情况、城镇居民家庭现金收支、城镇居民家庭消费支出、城镇居民家庭非现金收入等。采用日记账方法来收集，每季上报一次；个人基本情况、收入和社会保障支出等内容按家庭成员分别记账，消费支出以家庭为单位记账。

2010 年，眉山市被纳入城镇住户国家调查网点。当年起，眉山调查队开展调查工作，涉及 100 户调查户。2012 年年底，全国对住户调查进行城乡一体化改革，城镇住户调查并入新的城乡一体化住户调查工作。

眉山市志 MEISHAN SHIZHI

第十八篇　中国共产党组织

1997年起，中共眉山地区委员会、中共眉山市委员会相继成立。中共眉山市（地）委带领全市（地区）各级党组织和广大党员干部艰苦奋斗，抓精神文明建设，发展经济，提高人民生活水平。通过开展党建活动，切实加强和改进党的组织建设、思想建设、作风建设、廉政建设和执政能力建设，扎实推进党的纪律检查、宣传教育、统一战线、台侨、信访、党校党史等工作，使党的组织成为眉山经济建设、政治建设、文化建设、社会建设和生态文明建设的坚强领导核心。各级党组织以经济建设为中心，把握改革、稳定、发展的大局，抢抓机遇，集中力量推进眉山经济社会持续健康发展，眉山综合实力显著增强，人民群众生活水平大幅度提升。

第一章　党员和党员代表

党员是党的细胞，党员的质量关系到党的事业的健康发展。眉山市重视中国共产党的建设，锐意创新改革，党员数量和质量不断提升，党的战斗力不断增强。通过吸收社会先进分子加入党的队伍，党员的构成和代表结构更趋科学和先进。

第一节　党　员

1997年，眉山地区有党员12.18万人，其中女党员1.72万人，占党员总数的（下同）14.1%，大专及以上学历党员7558人，占6.2%。2000年，地委组织部下发《关于实行发展党员公示制度的意见（试行）》，实行党员发展工作公开，加强监督。新发展党员中，女党员占30.9%，35岁及以下占 70%，大专及以上学历占 22.9%。年末全区有党员 12.79 万人，其中女党员 1.91 万人、占 14.9%，大专及以上学历党员 1.14 万人、占 8.9%。

2001 年起，眉山市加大非公有制经济组织党员发展力度，当年全市非公有制经济组织党员 2814 人。2010 年，全市新发展党员中，女党员占 34.6%，35 岁及以下占 75.2%，大专及以上学历占 40.9%。年末党员总数增至 14.75 万人，其中女党员 2.91 万人、占 19.7%，大专及以上学历党员 3.64 万人、占 24.7%。至 2012 年，眉山市党员队伍结构不断优化，女党员及非公有制经济组织党员队伍逐步壮大。党员总数增至 15.51 万人，其中女党员 3.15 万人、占 20.3%；非公有制经济组织党员 5516 人、占 3.55%；大专及以上学历党员 3.98 万人、占 25.7%。

第二节　党员代表

眉山建市前，地区只选举省党员代表参加省党代会。各县按届别分别选举党代表参加本县党的代表大会。

2000 年眉山建市后，市党代表由中共四川省委组织部确定总员额，眉山市组织选举。

2003 年，中共四川省委组织部确定眉山为全省市、县、乡党的代表大会常任制三级联动试点单位，眉山市、洪雅县、青神县为党的代表大会常任制试点工作单位。眉山在 2 个县（洪雅县、青神县）、4 个乡镇（洪雅县止戈镇、赵河乡，青神县西龙镇、高台乡）开展党的代表大会常任制试点。确立党代表在党内实质上的主体地位。采取按照代表条件要求，组织本届党代会代表资格审查，以确认的方式产生常任制代表，任期与党委一致。落实代表职责，赋予代表权利。建立代表年会制度、视察制度等八项制度。洪雅县、青神县成立党代表联络办公室，直接受县委领导。市委下发《眉山市党的代表大会常任制运行制度（试行）》，规范党的代表大会常任制运行机制。市委印发《关于确认和增选中国共产党眉山市第一次代表大会常任制代表的通知》，全市确定的党的代表大会常任制代表 360 名，由 22 个选举单位分别初审确认和眉山市第一次党代表会代表资格审查委员会审查及大会通过，确认常任制代表 349 名，任期与市委届期相同。2007 年，中共眉山市第二次代表大会第三次会议通过《眉山市党代会代表任期制实施办法（试行）》，建立党代表活动保障机制、党代表退出增补机制。市委下发《关于实行“三联”制度的意见》，决定在开展常任制试点的地方和单位实行“三联”（党委委员联系党代表、党代表联系党员、党员联系群众）制度，要求每名党委委员结合实际情况，分别联系 3 名左右基层党代表，每位党代表在本选举单位联系 3 名以上普通党员，每名党员联系 5 户以上群众。2008 年，全市县（区）

出席四川省第八次党代会的眉山代表团合影（摄于 2002 年 5 月）

全部纳入党的代表大会常任制试点，暂时终止乡镇党代会常任制试点。2009 年，中共眉山市第二次代表大会第五次会议通过《中国共产党眉山市代表大会年会制度》《中国共产党眉山市代表大会代表任期制实施办法》《中国共产党眉山市代表大会代表罢免、辞职、暂时停止执行职务、资格终止实施办法（试行）》，进一步规范党代表任期制。2011 年，中共眉山市第三次代表大会审议通过《眉山市深化党代会常任制试点工作办法（试行）》，进一步细化党代表条件、产生、任期、权利、职责、管理，健全相关运行机制。

第二章　重要会议

中共眉山市（地）委主要通过召开党的代表大会、全委（扩大）会议、常委会议等实施组织领导。讨论、研究并决定召开历届历次中共眉山市代表大会、市委全体（扩大）会议，讨论、研究眉山市实施“工业强市、开放兴市、人才立市、依法治市”“融入成都、同城发展、三化联动、统筹城乡”的发展战略，深化经济体制改革、政治体制改革，加快开放步伐，推进经济建设、政治建设、文化建设、社会建设和生态建设与党的自身建设、民主法治建设、精神文明建设，组织实施重要工作、重大项目、重要人事安排等事项，集思广益，进行民主科学决策，研究制定组织带领全市干部群众付诸实践的政策措施。

第一节　党员代表大会

2000—2012 年，召开中共眉山市代表大会 3 次，出席会议的代表由基层党组织选举产生。大会主要审议上届市委的工作，提出今后五年的目标任务，组织动员全体中共党员带领全市人民团结奋进；选举产生新一届中共眉山市委员会和中共眉山市纪律检查委员会。每次代表大会召开后召开中共眉山市委员会、中共眉山市纪律检查委员会的第一次会议，分别选举产生市委常委会委员、书记、副书记及中共眉山市纪律检查委员会委员、书记和副书记。

一、中共眉山市第一届代表大会

第一次会议　2000 年 11 月 29 日至 12 月 1 日召开，出席会议代表 356 名。会议听取审议和通过李吉荣代表中共眉山地委作的《高举邓小平理论伟大旗帜，牢记“三个代表”重要思想，努力开创新世纪眉山现代化建设新局面》工作报告、地委纪委工作报告，并作出相关决议。大会选举产生中共眉山市第一届委员会委员 39 名、候补委员 7 名；选举产生中共眉山市第一届纪律检查委员会委员 23 人、候补委员 7 人。大会提出“抓‘三化’、建‘三市’、五年创辉煌”发展战略。

第二次会议　2003 年 12 月 8 日至 9 日召开，参加会议代表 349 名。大会审议通过余斌代表市委作的《践行“三个代表”，推行“三个转变”，努力实现眉山富民升位》工作报告、市委关于《贯彻执行〈党政领导干部选拔任用工作条例〉情况的报告》《眉山市党的代表大会常任制运行制度（试行）》、市纪委工作报告，并作出相关决议。

第三次会议　2004 年 12 月 17 日召开，应参会党员代表 339 名，实际到会 286 名。大会审议通过余斌代表市委作的《坚持科学发展观，切实提高执政能力，为实现富民升位目标而努力奋斗》工作报告、《中共眉山市委关于加强党的执政能力建设全面推进富民升位工作的意见》《中共眉山市委关于贯彻执行〈党政领导干部选拔任用工作条例〉情况的报告》、市纪委工作报告等，并作出相关决议。

第四次会议　2005 年 12 月 29 日至 30 日召开，应参会党员代表 343 名，实际到会 304 名。大会审议通过了蒋仁富代表市委作的《加快发展，造福人民》工作报告、市纪委工作报告、崔保华《关于制定国民经济和社会发展第十一个五年规划建议的说明》等，并作出相关决议。大会提出“工业强市、开放兴市、人才立市、依法治市”的发展战略和“融入成都、一体发展、强工促农、繁荣城市”的工作思路。

二、中共眉山市第二届代表大会

第一次会议　2006 年 11 月 11 日至 13 日召开，出席会议代表 365 名。大会听取审议和通过市委书记蒋仁富作的《聚精会神抓发展，同心同德促和谐》工作报告、市纪委工作报告，并作出相关决议。大会选举产生中共眉山市第二届委员会委员 48 名、候补委员 9 名；选举产生新一届中共眉山市纪律检查委员会委员 33 名。

第二次会议　2007 年 4 月 5 日召开，出席会议代表 348 名。会议选举产生眉山市出席四川省第九次党代会代表 21 名（中共四川省委提名到眉山市选举的 2 名）。

第三次会议　2007 年 12 月 16 日至 18 日召开，出席会议代表 369 名。大会听取审议和通过蒋仁富代表市委作的《深入贯彻党的十七大精神，奋力推进科学发展观，倾情造福眉山人民》工作报告、市纪委工作报告、《眉山市党代会代表任期制实施办法（试行）》等，并作出相关决议。与会代表首次对眉山市委全委会 2007 年度工作进行满意度测评，满意的 341 票、占总数的（下同）92.41%，基本满意的 28 票、占 7.59%。

第四次会议　2008 年 12 月 29 日至 30 日召开，出席会议代表 322 名。大会听取审议和通过市委书记蒋仁富作的《坚定信心，团结奋斗，奋力实现眉山又好又快发展》的工作报告、市纪委工作报告等，并形成相关决议。与会代表对市委 2008 年度工作进行满意度测评。

第五次会议　2009 年 12 月 27 日至 28 日召开，出席会议代表 337 名。大会听取审议和通过蒋仁富代表市委作的《坚持科学发展，推进四大目标》工作报告、市纪委工作报告等，并形成相关决议；审议通过《中国共产党眉山市代表大会年会制度》《中国共产党眉山市代表大会代表任期制实施办法》《中国共产党眉山市代表大会代表罢免、辞职、暂时停止执行职务、资格终止实施办法（试行）》等。与会代表对市委 2009 年工作进行满意度测评。大会号召掀起产业园区建设、特色效益农业基地建设、旅游目的地建设和会节经济、综合交通建设、城镇化建设、承接产业转移“六大高潮”。

第六次会议　2010 年 12 月 29 日至 30 日召开，出席会议代表 318 名，20 名普通基层党员列席会议。大会听取审议通过蒋仁富代表市委作的《坚定不移推进又好又快发展，奋力实现“十二五”良好开局》工作报告、市纪委工作报告等，并作出相关决议。与会代表对市委 2010 年度工作进行满意度测评。

三、中共眉山市第三届代表大会

第一次会议　2011年11月21日至23日召开，实到代表401名。大会听取审议通过市委书记李静作的《抢抓千载机遇，推进跨越发展，建设富裕美好眉山》工作报告、市纪委工作报告、全市党代会常任制试点工作情况报告、眉山市深化党代会常任制试点工作办法（试行）等，并作出相关决议。大会选举产生中国共产党眉山市第三届委员会委员49名、候补委员9名；选举新一届市纪律委员会委员35名。大会提出“工业强市、文化立市、环境兴市、依法治市”发展战略，实施“融入成都、同城发展、三化联动、统筹城乡”的发展思路。

第二次会议　2012年3月27日召开，出席会议代表368人。会议听取审议和通过李静代表中共眉山市委作的《主动作为，奋力跨越》工作报告、市纪委工作报告，并作出相关决议。与会代表对市级97个部门（单位）主动作为创一流情况进行满意度测评。会议提出“高位求进，跨越发展”，努力实现“经济跨越、文化繁荣、环境一流、人民幸福”四大目标。

第三次会议　2012年4月9日召开。会议选举产生眉山市出席中共四川省第十次代表大会的代表21名（其中，中共四川省委提名到眉山市选举的代表2名）。

第二节　市（地）委全委（扩大）会议

1997—2012年，中共眉山市（地）委通过召开市（地）委全体（扩大）会议，实现党委集体领导和民主决策，贯彻落实上级党委重大决策，研究解决当地政治、经济、文化、社会事业中的重大问题。

一、中共眉山地委全委（扩大）会议

1997—2000年，举行中共眉山地委全委（扩大）会议25次。会议主要专题学习省委书记谢世杰等《致各地市州党政“一把手”的一封信》《江泽民在中国共产党成立七十八周年座谈会上的讲话》等；传达贯彻上级会议、讲话、文件精神，包括全省维护社会稳定工作会议、全省统战工作会议、全省国有企业下岗职工基本生活保障和再就业工作会议、全省粮食流通体制改革工作会议、全省军队转业干部安置工作会议、全国落实“收支两条线”规定电视电话会议、全省国有企业党建工作座谈会、全省进一步发挥纪检监察两项职能工作座谈会、全省基层“创安”（创建安全文明小区）经验交流会、全省乡镇企业工作会议、全省打击走私工作会、中共四川省委政协工作会、全省农村基层组织建

中共眉山地委扩大会（摄于1997年9月）

设会、全省经济工作会议、全省组织工作会议、全省政法工作会议、全省宣传工作会议、中共四川省纪委三次全会和全省党风廉政建设工作会、全省铁路护路工作会、民政部区划司司长勒尔康对眉山撤地建市的意见、全省小企业改革工作会、全省党风廉政建设责任制工作座谈会等；审议《中共眉山地委关于地委委员分工的意见》《地委自身建设制度》《眉山地级党政机关人员编制及领导职数拟配意见》《眉山地区机构编制委员会关于眉山地区机构设置和人员编制方案的实施意见》《中共眉山地委眉山地区行署关于大力发展民营经济的意见》《中共眉山地委眉山地区行署关于进一步深化县属企业产权制度改革的实施意见》《眉山新区建设方案》《关于开展思想解放大讨论的实施方案》《眉山地区社会主义精神文明建设1998—2000年规划纲要》《眉山地区教育发展规划》《中共眉山地委眉山地区行署关于进一步扩大对外开放促进经济发展的意见》《眉山地区招商引资奖励办法》《眉山地区鼓励外来投资优惠政策》《眉山地区县级领导干部诫勉制度》《眉山地区社会事业跨世纪发展战略》《关于"三讲"中群众提出若干主要问题的责任落实意见》《关于在西部大开发中加快发展的意见》等文件298件；作出《中共眉山地委眉山地区行署关于组建眉山地区广播电视局的决定》《中共眉山地委眉山地区行署关于加强国家安全工作的决定》《中共眉山地委关于依法治区的决定》《中共眉山地委眉山地区行署关于进一步加强计划生育工作严格控制人口增长的决定》《中共眉山地委眉山地区行署关于深化卫生体制改革加快卫生事业发展的决定》《中共眉山地委眉山地区行署关于实施科技"五十亿"工程的决定》《中共眉山地委关于加强跨世纪人民政协工作的决定》《中共眉山地委眉山地区行署关于开展"眉山新村"建设的决定》《中共眉山地委眉山地区行署关于进一步加强学校德育工作的决定》9件；研究处理建立眉山地区的系列问题、"眉山精神"的课题研究和表述问题、金穗典当行融资负债引发的社会稳定问题、国营建川机器厂破产引发的职工稳定问题、眉山撤区建市的系列问题等事项。

第一次会议　1997年8月28日至29日召开。会议传达学习中共四川省委领导在眉山地区成立大会及现场办公会上的讲话精神；讨论通过《中共眉山地区委员会自身建设制度》；会议确定眉山地区经济发展的基本思路为"抓住历史机遇，依托省会成都，加速两个转变，夯实三产基础，建设四根支柱（化工、农产品加工、商贸、旅游），保持社会稳定，实现经济跨世纪发展。"

第二次会议　1998年10月22日召开。会议传达中共十五届三中全会和中共四川省委七届二次全委会会议精神；研究部署眉山地区的工作。

第三次会议　1999年1月14日召开。会议讨论中共眉山地委1999年工作要点。

第四次会议　1999年4月27日召开。会议传达贯彻中共四川省委扩大会议精神；部署眉山地区工作。

第五次会议　2000年2月15日召开。会议传达中央文件和中共四川省委领导讲话。地委书记李吉荣发表《抓住机遇，振奋精神，积极投入西部大开发》的讲话，围绕讲话精神，讨论眉山发展机遇，通过《关于在西部大开发中加快发展的意见》。

第六次会议　2000年6月27日至28日召开。会议传达贯彻中共四川省委七届七次全委会精神；地委书记李吉荣发表《认真实施西部大开发战略，为实现我区历史性跨越而努力奋斗》的讲话；会议讨论关于学习贯彻落实"三个代表"重要思想的实施意见；通过《关于在西部大开发中加快发展的意见》。会议要求全区党员干部"振奋精神，集中精力，在抓落实上狠下功夫"。

二、中共眉山市委一届全委（扩大）会议

第一次全委会议　2000年12月1日召开。会议选举产生中共眉山市委员会第一届常务委员（以姓氏笔画为序）阳金和、牟刚俊、刘定富、李吉荣、苏灿、余斌、宋建新、周成仕、卓明安、黄峰、黎兵11人，李吉荣为书记，余斌、牟刚俊、卓明安、苏灿为副书记。

第二次全委（扩大）会议　2000年12月21日至24日召开。会议传达中共四川省委七届八次全会主要精神；讨论中共眉山市委员会2001年工作要点和关于制定眉山市国民经济和社会发展第十个五年计划；回顾2000年全市经济工作，安排部署2001年经济工作。

第三次全委会议　2001年11月16日召开。会议传达贯彻中共四川省委七届九次全委会议精神；审议《中共眉山市委贯彻落实〈中共中央关于加强和改进党的作风建设的决定〉的意见》《中共眉山市委关于推进眉山市二次创业的决定》。

第四次全委会议　2002年1月25日召开。会议选举产生眉山市出席省第八次党代会代表候选人预备人选。

第五次全委（扩大）会议　2002年12月30日至31日召开。会议传达中共四川省委八届二次全委会议精神，总结2002年全市工作，安排部署2003年全市工作。市委书记晏永和、市长余斌分别讲话，大会讨论通过《中共眉山市委2003年工作要点》；各区县和市级有关部门分别在会上发言。

第六次全委会议　2003年12月7日召开。会议传达中共四川省委八届三次全委会议精神，审议通过中共眉山市第一届代表大会第二次会议有关事项、《市委工作报告》《中共眉山市委关于执行〈党政领导干部选拔任用工作条例〉情况的报告》。市委书记余斌作《中国共产党眉山市第一次代表大会第二次会议上的报告》起草情况的说明；安排部署贯彻落实中共四川省委八届三次全会精神、千方百计完成或超额完成2003年各项目标任务、2004年工作。

第七次全委会议　2004年12月16日召开。会议传达贯彻中共四川省委八届四次全委会议精神，审议《中共眉山市委工作报告》《中共眉山市委关于执行〈党的执政能力建设全面推进富民升位工作的意见〉》、中共眉山市第一次代表大会第三次会议有关事项。市委书记余斌主持会议并说明市委工作报告的起草情况。

市委中心组（扩大）学习会议暨市委一届八次全委（扩大）会议　2005年9月23日至29日召开。中共四川省委宣传部副部长郑晓幸作“用科学发展观统领全局”报告、西南财经大学副校长丁任重作“县域经济发展战略问题”报告、市委书记蒋仁富作“开放兴市”辅导报告。会议讨论通过《中共眉山市委关于加快发展若干重大问题的决定》《关于眉山市国民经济和社会发展“十一五”规划和2020年远景目标的基本思路的决议》。递补一届市委候补委员张金明、黄玉蓉、李茂全、彭光荣为委员，表决通过8名区县党委、政府和市级部门领导班子正职人选。

第十次全委会议　2005年12月29日召开。会议讨论通过召开一届第四次党代会工作报告、主席团设置、代表资格审查、代表增选、会议日程等相关事项。

第十二次全委会议　2006年4月6日召开。会议传达贯彻全省工业强省工作会议精神；审议市委、市政府《关于进一步改善发展软环境的决定》（讨论稿）。

第十三次全委会议　2006年7月14日召开。会议审议《中国共产党眉山市第一届委员会第十三次全体会议关于召开中国共产党眉山市第二次代表大会的决议（草案）》。

第十五次全委会议　2006年11月8日召开。会议审议中共眉山市一届委员会工作报告，酝酿二

届市委委员、候补委员和市纪委委员候选人预备人选，审议市第二次党代会有关事项。

三、中共眉山市委二届全委（扩大）会议

第一次全委会议　2006 年 11 月 13 日召开。会议选举产生中共眉山市委员会第二届常务委员（以姓氏笔画为序）王影聪、刘十庆、李静、吴小可、余治平、周成仕、贺文、蒋仁富、蒋辅义、樊强 10 人，蒋仁富为书记，李静、贺文为市委副书记。

第三次全委会议　2006 年 12 月 13 日召开。会议审议通过《中共眉山市委 2007 年工作要点》《中共眉山市委关于完善市党代会常任制的意见（试行）》《中共眉山市委关于完善市委全委会制度的意见（试行）》《中共眉山市委关于完善市委常委会工作制度的意见（试行）》《中共眉山市委关于党政协调运行的意见（试行）》。

第四次全委会议　2007 年 1 月 12 日召开。会议推选 10 名党员作为全市出席中国共产党第十七次代表大会代表候选人初步人选。

第五次全委会议　2007 年 2 月 1 日召开。会议传达中共四川省委书记杜青林在省政协闭幕会上的讲话精神，审议市政府 2006 年工作报告、市人大常委会工作报告、市政协工作报告、市中级人民法院工作报告、市人民检察院工作报告、市国民经济和社会发展计划及执行情况报告、市财政预决算报告。

第七次全委会议　2007 年 3 月 8 日召开。会议讨论通过《中共眉山市委关于强力推进现代农业发展全面建设社会主义新农村的决定》《中共眉山市委关于构建和谐眉山的决定》。

第八次全委会议　2007 年 4 月 5 日召开。会议审议通过中共眉山市第二次代表大会第二次会议议程（草案）、中共眉山市第二次代表大会第二次会议日程（草案）、《中国共产党眉山市第二次代表大会第二次会议全市出席省第九次党代会代表选举办法》。

第九次全委会议　2007 年 4 月 26 日召开。会议讨论《中共眉山市委关于推进四个跨越实施产业富民的决定》《中共眉山市委关于加强领导干部作风建设，推进科学发展的决定》。

第十次全委会议　2007 年 7 月 19 日召开。会议学习中共中央总书记胡锦涛 6 月 25 日在中央党校省部级干部进修班上的重要讲话精神和中共四川省委书记杜青林在中共四川省委九届二次全委会议上的讲话。

第十一次全委会议　2007 年 11 月 1 日召开。会议学习贯彻中共十七大精神。

第十二次全委会议　2007 年 12 月 14 日召开。会议传达中央经济工作会议精神、中共四川省委书记刘奇葆在中共四川省委常委（扩大）会议上的讲话，讨论市委工作报告、眉山市党代会代表任期制实施办法（试行），审议关于改进市党代会年会召开办法的建议、召开市二次党代会第三次会议的相关事项，听取市委常委会关于基层党的建设工作情况汇报。

第十三次全委会议　2007 年 12 月 18 日召开。审议市第二届党代会第三次会议有关事项、《眉山市党代会代表任期制实施办法（试行）》。

第十四次全委会议　2008 年 1 月 14 日召开。会议讨论中共眉山市委《关于深入学习贯彻中共四川省委九届四次全会精神的决定》。

第十五次全委（扩大）会议　2008 年 7 月 15 日召开。会议传达贯彻中共四川省委九届五次全体会议精神，研究部署灾后重建和下半年全市经济社会发展及维护社会稳定工作。

第十六次全委（扩大）会议　2008 年 11 月 7 日召开。会议审议并表决《中共眉山市委关于进

一步深化改革的意见》《中共眉山市委关于深入推进农村改革发展奋力实现农村大变样的决定》《关于召开中国共产党眉山市第二届代表大会第四次会议的决议》《关于召开中国共产党眉山市第二届代表大会第四次会议的实施方案》。

第十七次全委会议　2008年12月28日召开。市委常委会作2008年度工作报告，满意度测评常委会工作；审议将在二届四次党代会上作的市委工作报告、市纪委工作报告及相关决议，讨论召开二届四次党代会其他相关事项。

第十八次全委会议　2008年12月30日召开。会议听取各代表团讨论情况汇报；审议并通过关于代表提出提案、意见和建议处理意见的报告；通过关于市委工作报告的决议（草案）、关于市纪委工作报告的决议（草案），提交各代表团讨论。

第二十次全委会议　2008年4月30日召开。会议审议《中共眉山市委关于坚持科学发展造福眉山人民的决定》。

第二十二次全委（扩大）会议　2009年10月25日召开。会议传达中共十七届四中全会精神和中共四川省委九届七次全会精神，审议《中共眉山市委关于加强和改进新形势下党的建设的意见》及其配套文件，安排部署全市加强和改进新形势下党的建设工作。

第二十三次全委（扩大）会议　2009年12月24日召开。会议听取和审议市委常委会2009年度工作报告；对市委常委会2009年度工作进行满意度测评；通过关于市委常委会2009年度工作报告的决议；审议市委、市纪委在市二届党代会第五次会议上的工作报告；表决通过市委提交市二届党代会第五次会议审议的工作报告，原则同意市纪委工作报告并提交市二届党代会第五次会议审议；审议市二届党代会第五次会议有关事宜；审议《眉山市党代会代表罢免、辞职、暂时停止执行职务、资格终止实施办法（试行）》。

第二十四次全委会议　2009年12月28日召开。会议听取各代表团讨论情况汇报；通过关于市委工作报告的决议（草案）、关于市纪委工作报告的决议（草案），提交各代表团讨论；审议通过关于代表提出提案、意见和建议处理意见的报告、《市党代会年会制度（草案）》《市党代会代表任期制实施办法（草案）》《市党代会代表罢免、辞职、暂时停止执行职务、资格终止实施办法（试行）（草案）》。

第二十五次全委（扩大）会议　2009年12月30日召开。市委常委会作干部选拔任用工作报告；民主评议市委干部选拔任用工作和新选拔任用干部。

第二十六次全委会议　2010年8月9日召开。会议无记名投票表决市委机构编制委员会办公室主任等15名市级部门领导班子正职拟任人选和推荐人选。

第二十七次全委会议　2010年9月3日召开。会议无记名差额投票表决市城市管理行政执法局局长拟推荐人选。

第二十八次全委（扩大）会议　会议分两个阶段进行。第一阶段会议2010年12月21日至12月22日召开。会议听取审议市委书记蒋仁富作的《市委常委会2010年度工作报告》，审议《市委常委会2010年度干部选拔任用工作报告》（书面），满意度测评市委常委会2010年度工作、2010年度干部选拔任用工作、2010年度新提拔正县职干部，审议通过关于市委常委会2010年度工作报告的决议；学习中央纪委、中央组织部、监察部《关于严厉整治干部选拔任用工作中行贿受贿行为的通知》，省委组织部《关于转发中央纪委、中央组织部〈坚决刹住用人上的不正之风——关于12起违规违纪用人典型案件的通报〉的通知》精神，中共中央、国务院《印发〈关于实行党风廉政建设责任制的规定〉的通知》精神，中共十七届五中全会和省委九届八次全会精神；讨论眉山市委《关于制定国民经济和社会发展第十二个五年规划的建议》。第二阶段会议2010年12月27日召开。会议审议拟在市二届六次党代会作的市委工作报告（审议稿）、市纪委工作报告（审议稿），审议《关于市二届五次党代会代表提案办理情况的报告》、市二届六次党代会有关事宜。

第二十九次全委会议　2010年12月30日召开。会议听取出席市委第二届六次代表会各代表团讨论情况汇报；通过《关于市委工作报告的决议（草案）》《关于市纪委工作报告的决议（草案）》；审议并通过《关于代表提出提案、意见和建议处理意见的报告》。

第三十次全委会议　2011年8月18日召开。市委副书记、组织部部长宋朝华就《中国共产党眉山市第二届委员会第三十次全体会议关于召开中国共产党眉山市第三次代表大会的决议（草案）》作说明；会议通过《中国共产党眉山市第二届委员会第三十次全体会议关于召开中国共产党眉山市第三次代表大会的决议》。

第三十一次全委会议　2011年11月15日召开。会议审议二届市委工作报告和市纪委工作报告；酝酿三届市委委员、候补委员和市纪委委员候选人预备人选；审议市第三次党代会有关事宜。

四、中共眉山市委三届全委（扩大）会议

第一次全委会议　2011年11月23日召开。会议选举中共眉山市委员会第三届常务委员（以姓氏笔画为序）刘十庆、李酌、李静、杨勇、杨秀彬、吴小可、宋朝华、张志伦、宣迅、祝云、黄跃11人，李静为书记，宋朝华、刘十庆为副书记；听取并通过中国共产党眉山市第三届纪律检查委员会第一次全体会议选举结果的报告；新当选的市委书记讲话。

第二次全委会议　2011年12月21日召开。会议审议票决28人的任职事项。

第三次全委会议　2012年2月9日召开。会议选举产生出席中共十八大代表候选人推荐人选38名，其中党员领导干部2名，生产和工作一线党员36名。

第四次全委会议　2012年2月29日召开。会议选举产生眉山市出席省第十次党代会代表候选人预备人选。

第五次全委会议　2012年3月26日召开。会议审议通过《中共眉山市第三届委员会工作规则》、拟提交市三届二次党代会审议的《市委工作报告》《市纪委工作报告》；审议市三届二次党代会有关事宜。

第六次全委会议　2012年3月27日召开。会议听取市三届二次党代会各代表团讨论情况报告；通过《关于市委工作报告的决议（草案）》《关于市纪委工作报告的决议（草案）》，提交各代表团讨论。

第七次、第八次全委会议　2012年4月9日召开。会议审议通过市三届三次党代会日程；听取《市三届三次党代会各代表团会议情况报告》；审议《市三届三次党代会选举出席省第十次党代会代表办法（草案）》；通过《选举出席省第十次党代会代表办法（草案）》、监票人建议名单和出席省第十次党代会的正式候选人名单。

第九次全委（扩大）会议　2012年8月26日召开。会议传达中共中央政治局委员、中央书记处书记、中央组织部部长李源潮批示精神；总结汇报眉山市前一阶段直接联系服务群众工作，安排部署深入持久开展干部直接联系服务群众工作。市委书记李静主持会议并讲话，中共四川省委组织部副部长周国庆到会讲话。

第三节　市委常委（扩大）会议

一、中共眉山市委第一届常委（扩大）会议

2001—2006年，中共眉山市第一届委员会举行常委（扩大）会176次。会议组织专题学习（以时为序，下同）中共中央总书记江泽民“七一”讲话、“三个代表”重要思想、《党政领导干部选拔任用条例》《关于严禁国家公务员经商、办企业的通知》《中共中央办公厅关于印发〈党政领导干部选拔任用工作监督检查办法（试行）〉的通知》《中国共产党党内监督条例（试行）》《中国共产党纪律处分条例》、中共十六届五中全会《公报》《中共四川省委四川省人民政府关于实施工业强省战略的决定》《中共中央关于进一步加强人民法院、人民检察院工作的决定》《胡锦涛同志在庆祝中国共产党成立85周年暨保持共产党员先进性教育活动大会上的讲话》等。传达贯彻上级会议、领导讲话、文件精神，包括全国全省政法工作会、全省纪检工作会、全省统战工作会、全省组织工作会、全省宣传工作会、全省财政工作会、全省人事工作会、全省知识分子工作暨市县党政一把手第一生产力经验交流会、省编办对眉山市机构改革方案的意见、全省军转干部档案交接工作会、全省劳务开发工作会、全省“四五”普法工作会、全省扶贫开发工作会、全省组织部长会议、中共四川省委省政府对眉山市目标考核的反馈、中共四川省委农村工作会、中共四川省委副书记秦玉琴在仁寿县“三个代表”重要思想学习座谈会上的讲话、全省农村税费改革试点工作会、全省体制创新工业强县现场会、全省党风廉政建设和反腐败成果巡展工作会、全省再就业和增收节支工作会、全省岷江和沱江治污工作会、全省换届工作座谈会、全省经贸工作会、全省民营经济发展工作会、全省政治工作座谈会、全省农村专业合作经济组织座谈会、全省国有企业改革和发展现场会、全省“三个代表”重要思想理论研讨会、全省职业教育工作会、全省旅游工作会、全省再就业工作会、全省丘陵地区经济发展工作会、全省市州长会、全省城市规划工作会、中共四川省八届三次全会、中共四川省委政协工作会、全省民办教育和农村教育工作会、全省卫生工作会、全省检察长会议、全省统战部长会议、全国纠风工作会、全国全省人才工作会、全省繁荣发展哲学社会科学工作会、全省维护稳定工作会、全国全省集中处理信访突出问题及群体性事件电视电话会、全省深化农村信用社改革工作会、中共四川省委书记张学忠在眉山调研时的讲话、中共四川省委八届五次全会、中共四川省委八届六次全会、全国人大十届四次会议、全国血吸虫病防治工作会、全省市县领导班子换届工作座谈会等。审议通过《眉山市参加全省第七届“三优一学”创建文明城市竞赛活动实施规划》《眉山市市县乡机构改革方案》《眉山市党政领导班子和领导干部推荐、考察、决定责任制试行办法》《眉山市党政领导干部和企业领导人员任期经济责任审计办法》《关于眉山市国有企业经营管理者市场化工作的实施意见》《眉山市党政领导干部任前公示办法》《眉山市党风廉政建设责任制责任追究办法（试行）》《眉山市公民道德建设实施细则》《眉山市农村扶贫开发实施意见》《眉山市实施畜牧业跨越式发展行动方案》《关于禁止领导干部大操大办婚丧嫁娶的暂行规定》《关于进一步做好下岗失业人员再就业工作的实施意见》《关于严肃纪律确保民营经济发展的暂行办法》《眉山市市区县政府机构改革方案》《眉山市国民经济和社会发展“十一五”规划和2020年远景目标的基本思路》《眉山市坚持科学发展观全面建设小康社会规划纲要》《关于深化农村基层党风廉政建设推进社会主义新农

村建设健康发展的意见》，市委、市政府《关于在全市进一步深化政务公开工作的意见》《关于加快农业科技发展的意见》《关于进一步转变工作作风的若干规定》《关于加快城镇化进程的意见》《关于大力发展第三产业的意见》《关于加快人才资源向人才资本转变的实施意见》《关于加快推进新型工业化的意见》《关于加快发展文化经济的意见》《关于加强推进对外开放的实施意见》，市委《关于发挥市级民主党派、工商联和无党派人士作用的意见》《关于试行党的代表大会常任制的意见》《关于加强和改进党的建设的意见》《关于深入开展“争当爱民书记和爱民干部”活动的意见》《关于加强党的执政能力建设全面推进富民升位工作的意见》《关于进一步加强党委对政法工作领导的意见》，市政府《关于促进和引导民间投资的意见》等重要文件523件。作出《关于表彰眉山市计划生育先进集体和先进工作者的决定》《关于在全市深化财政改革的决定》《关于依法治市的决定》《关于推进眉山二次创业的决定》《关于加快奶业发展的决定》《关于加强中心城市规划区土地管理的决定》《关于实施经营城市战略的决定》《关于进一步加快县乡村公路建设的决定》《关于进一步改善投资环境促进跨越升位的决定》《关于建设中国诗书城的决定》《关于加快培育旅游支柱产业的决定》《关于进一步加强项目投资工作的决定》《关于进一步加强环境保护工作的决定》《关于加快发展若干重大问题的决定》《关于进一步抓好班子带好队伍的决定》《关于重组市公安局交警支队领导班子的决定》《关于进一步改善政法机关执法环境的决定》等18件。研究处理建市后与前眉山县事权划分的若干问题、三苏博物馆的机构级别及建设经费渠道问题、彭山县碱厂破产引发的系列问题、眉山的“市树”与“市花”评选问题、乡镇干部的“走读”问题、中央电视台《焦点访谈》报道仁寿县文宫区供销社农产品采购站收购加工销售“黑心棉”问题、《眉山日报》出现重大差错问题、防治非典型性肺炎问题、处置对社会有害气功组织问题、中央人民广播电台《内参》刊发的《四川眉山近千亩农田被抢占，失地农民生计无着落》问题、防治高致病性禽流感问题等应急、突发事件。

二、中共眉山市委第二届常委（扩大）会议

2006—2011年，中共眉山市第二届委员会举行常委（扩大）会议192次。会议组织专题学习，包括中共第十七次代表大会文件、《中共中央关于进一步完善地方党委领导班子配备改革后工作机制的意见》、中共十七届四中全会《中共中央关于加强和改进新形势下党的建设若干重大问题的决定》《中共中央关于印发〈中国共产党党员领导干部廉洁从政若干准则〉的通知》、中共中央和国务院办公厅《关于印发〈关于领导干部报告个人有关事项的规定〉的通知》、中共十七届五中全会《公报》及《决议》、中共十七届六中全会文件、《中共中央纪委关于严格禁止利用职务上的便利谋取不正当利益的若干规定》《中纪委、中组部关于深入整治用人上不正之风进一步提高选人用人公信度的意见》、中共中央办公厅《关于印发〈党政领导干部选拔任用工作责任追究办法（试行）〉的通知》、胡锦涛在中央纪委第七次全体会议上的讲话，在四川调研时的讲话、在纪念《告台湾同胞书》发表30周年座谈会上的讲话，国务院总理温家宝在四川省干部会议上的讲话、调研四川时的讲话，省委九届四次会议文件、省委《关于建立促进科学发展的党政领导班子和领导干部考核评价机制的意见》、省委九届七次、八次全委会文件、省委《关于牢固树立以人为本执政为民理念在面向群众改善民生中转变党员干部作风的意见》、省委九届九次全会文件，省委书记杜青林关于“加快发展、又好又快发展”主题讲话、调研眉山时的讲话，省委书记刘奇葆调研眉山时的讲话精神等；传达上级会议、文件精神包括全省市（州）信访联席会议、全省推进公安“三基”工程建设会议、全国全省政法工作会、全省县域经济工作会、全省组织部长座谈会、省纪委九届三次全委会、全省领导班子思

想政治建设电视电话会、《全省对台工作会议传达汇报提纲》、四川省党管武装暨国防动员委员会十次全体（扩大）会议、省委人大工作会、全省第三批学习实践活动办公室主任座谈会、全省安全生产工作会、全省干部监督工作座谈会、全省基层党建工作暨党员示范行动现场会、全省道路抢通保通和地质灾害防治工作会、全省完善大调解体系和健全工作运行机制会、《中共四川省委关于制定国民经济和社会发展第十二个五年规划的建议》、省天府新区规划工作会、全省建设学习型党组织工作座谈会、全省统战部长会议、全省工资集体协商工作经验交流现场会、全省惠民帮扶中心工作推进会、全省推进新型工业化新型城镇化工作会、全省招商引资工作会、全省学习推广文建明工作法培训会等；审议《眉山市2007年及2007—2011年国民经济和社会发展计划表（草案）》，市委、市政府《关于推进全市农村综合改革的意见》《关于加强和改进新时期群众工作的实施意见》《关于强力推进承接产业转移工作的实施意见》《关于眉山市对接省"一枢纽、三中心、四基地"及"一主、三化、三加强"实施方案》《关于加强机关效能建设的实施意见》《关于发扬"三自精神"切实抓好灾后重建工作的意见》《关于进一步加强党风廉政建设责任制工作的意见》《关于实施工业发展"777"百亿工程的意见》《关于进一步加强社会矛盾纠纷"大调解"工作体系建设的实施意见》，市委《关于全民创业的实施意见》《关于加强资源转化推进工业跨越发展的意见》《关于"富民惠民、改善民生"作风建设活动的实施意见》《关于深入贯彻党的十七大精神推进眉山又好又快发展的意见》《关于市委常委班子深入学习实践科学发展观活动整改落实方案》《关于坚持科学发展观推进"四大目标"实现的意见》《关于加强和改进新形势下党的建设的意见》《关于进一步加强人大工作的意见》《关于制定国民经济和社会发展第十二个五年规划的意见》、市委办、市政府办《关于进一步完善领导干部定期接待群众来访的意见》等365件；市委、市政府作出《关于坚持科学发展造福眉山人民有关问题的决定》《关于强力推进泡菜产业发展的决定》《关于积极融入西部综合交通枢纽掀起交通建设新高潮的决定》，市委作出《关于推进四个跨越实施产业富民的决定》《关于深入推进农村改革发展奋力实现农村大变样的决定》《关于实施"文化立市"战略的决定》；研究处理的应急、突发事件有"东坡国际文化节——纪念苏东坡970周年诞辰活动"筹备工作、关于筹备召开市委第二届第三次代表大会事宜、关于终止与四川富临集团联合办院问题、抗震救灾和灾后重建工作、市城市管理委员会办公室直属大队部分职工非法到省集访问题、洪雅县"8·7"重大交通事故问题等。

三、中共眉山市委第三届常委（扩大）会议

2011—2012年，眉山市第三届委员会举行常委（扩大）会议30次。会议组织专题学习中组部副部长王秦丰在眉山调研时的讲话、省委副书记、省长蒋巨峰在眉山调研时的讲话、中共中央组织部和省委组织部领导在眉山市基层党的建设专项述职会上的讲话、省委书记王东明在眉山调研时的讲话等；传达贯彻全国总工会工资集体协商工作经验交流会、全省惩防体系建设及廉政风险防控机制建设推进会、省委经济工作会、四川省第十一次人民代表大会第五次会议、政协四川省第十届委员会第五次会议、省纪委九届九次全会、全省统战部长会、中纪委和中组部召开的"严肃换届纪律深入整治用人上不正之风工作推进会议"、全省宣传部长会议、四川省关心下一代工作会议、十一届全国人大五次会议、省委农村工作会议、全省对台工作会议、全省深化社会稳定风险评估暨"大调解"工作会议、省委地方政协工作经验交流会、全省民营企业转变发展方式现场会、全省项目工作会、全国基层组织建设年工作推进视频会、省委地方人大工作经验交流会、全省党风廉政建设经验交流

会、全省维稳综治信访工作电视电话会、全省非公有制企业党的建设工作会、全省创先争优总结表彰大会等上级会议精神；审议通过《市委书记、市长、副书记、常委、副市长工作分工》《中共眉山市第三届委员会工作规则》《眉山市现代畜牧业深化试点发展规划》《关于加强和创新社会管理的实施意见》《关于强力推进招商引资“376”战略的实施意见》《眉山市农村基层组织建设和干部直接联系服务群众工作“三结合”试行办法》《眉山市防范和处置群体性事件暂行办法》《关于进一步加快推进“两化”互动、统筹城乡的意见》《中共眉山市第三届委员会常务委员会关于加强自身建设的意见》《眉山市主动作为创一流目标绩效考核办法》《关于进一步加强和完善园区新区管理的意见》《关于创新“四种模式”加快“四个转变”的实施意见》《眉山市鼓励工业企业做大做强若干政策（试行）》等文件79件；作出《关于强力推进眉山现代工业新城建设的决定》《关于主动作为创一流为民服务当先锋的决定》《关于创建国家卫生城市的决定》《关于加快新村建设的决定》4项。

第四节　市纪委全体会议

2000—2012年，眉山市纪委召开全体会议25次，其中第一届11次、第二届12次、第三届2次。

一、市纪委一届全体会议

第一次全会　2000年11月19日，中共眉山市第一届纪律检查委员会第一次全体会议在眉山召开。会议选举第一届中共眉山市纪委领导班子，选举宋建新为中共眉山市第一届纪律检查委员会书记，滕为民、陈桂花、朱建文为副书记，黄绍平、刘建华、杨建林、徐启明为常委。

第二次全会　2001年2月15日，中共眉山市第一届纪律检查委员会第二次全体会议在眉山召开，出席会议市纪委委员23人。会议以邓小平理论、党的基本路线和“三个代表”重要思想为指导，学习贯彻中共中央总书记江泽民在中央纪委第五次全会上的重要讲话和中央纪委、省纪委第五次全会精神，回顾总结2000年全市党风廉政建设和反腐败工作，分析和认识当前反腐败斗争的形势，研究部署2001年党风廉政建设工作，推动反腐败斗争深入开展，更好地为实施西部大开发战略，促进全市跨越式发展服务。会议审议通过市委常委、市纪委书记宋建新作的《着力治本，狠抓落实，不断取得反腐败斗争的新胜利》工作报告。

第三次全会　2001年11月16日，中共眉山市第一届纪律检查委员会第三次全体会议在眉山召开，出席会议市纪委委员23人，实到20人。会议学习贯彻中共十五届六中全会、中央纪委第六次全会、省委第七届九次全会和省纪委第六次全会、市委第三次全会精神，以中共中央总书记江泽民“七一”重要讲话和“三个代表”重要思想为指导，研究如何保证六中全会决定和市委一届三次全会精神的落实。会议审议通过市委常委、市纪委书记宋建新作的《认真贯彻六中全会〈决定〉，切实推进全市党的作风建设》工作报告。

第四次全会　2002年2月25日，中共眉山市第一届纪律检查委员会第四次全体会议在眉山召开，出席会议市纪委委员23人。各区县纪检监察机关、市级部门和市属企事业单位的纪检监察负责人列席会议。会议学习贯彻中共中央总书记江泽民在中央纪委第七次全体会议上的重要讲话和中央纪委、省纪委第七次全体会议精神，回顾总结2001年党风廉政建设和反腐败工作，研究部署2002年党风廉政建设和反腐败任务。会议审议通过市委常委、市纪委书记宋建新代表市纪委常委会作的

《围绕中心，开拓创新，不断取得党风廉政建设和反腐败斗争新成效》工作报告。

第五次全会　2003年3月11日，中共眉山市第一届纪律检查委员会第五次全体会议在眉山召开，出席会议市纪委委员23人。各区县纪检监察机关、市级部门和市属企事业单位的纪检监察负责人列席会议。会议学习贯彻中共中央总书记胡锦涛在中纪委第二次全体会议上的讲话和中纪委、省纪委二次全会精神，总结回顾全市2002年党风廉政建设和反腐败工作，研究部署2003年党风廉政建设和反腐败任务。大会审议通过市委常委、市纪委书记宋建新代表市纪委常委会作的《服务中心，狠抓落实，为推进眉山市跨越式发展提供坚强的政治保证》工作报告，审议通过中共眉山市纪律检查委员会第五次全体会议决议。

第六次全会　2003年12月7日，中共眉山市第一届纪律检查委员会第六次全体会议在眉山召开，出席会议市纪委委员24人，不是市纪委委员的区县纪委书记列席会议。全会审议通过宋建新代表市纪委常委会作的《以"三个代表"重要思想为指导　不断推进党风廉政建设和反腐败工作》报告，并同意提交中共眉山市第一次代表大会第二次会议审查。

第七次全会　2004年3月22日，中共眉山市第一届纪律检查委员会第七次全体会议在眉山召开，出席本次会议的市纪委委员24人。市委书记余斌，市长崔保华出席会议并讲话。各区县党政主要负责人，市级各单位主要负责人，各区县纪检监察机关和市级部门、市属企事业单位纪检监察部门的负责人列席会议。会议传达省纪委三次全会精神，回顾总结2003年党风廉政建设和反腐败工作，研究部署2004年全市党风廉政建设和反腐败工作。会议审议通过市委副书记、市纪委书记宋建新代表市纪委常委会所作的《求真务实，开拓创新，深入开展党风廉政建设和反腐败工作，为推进眉山富民升位提供坚强的政治保证》工作报告。

第八次全会　2004年12月16日，中共眉山市第一届纪律检查委员会第八次全体会议在眉山召开，出席会议市纪委委员24人，不是市纪委委员的区县纪委书记列席了会议。会议讨论《市纪委工作报告》，并同意提交中共眉山市第一次代表大会第三次会议审查。

第九次全会　2005年2月5日，中共眉山市第一届纪律检查委员会第九次全体会议在眉山召开，出席会议市纪委委员23人，列席112人。市委书记余斌，市委副书记、市长崔保华出席会议并讲话。市委常委，市人大常委会主任、副主任，市政府副市长，市政协主席、副主席以及市法院院长、市检察院检察长等出席会议。各区县委、政府和市级各单位主要负责人，各区县纪检监察机关和市级部门、市属企事业单位纪检监察部门的负责人列席会议。会议贯彻落实中纪委第五次全会、省纪委第五次全会和市第一次党代会第三次会议精神。总结2004年工作，研究部署2005年党风廉政建设和反腐败任务。会议审议通过市委副书记、市纪委书记宋建新代表市纪委常委会所作的《坚持惩防并举，加大预防力度，为实现富民升位提供坚强的政治保证》工作报告。

第十次全会　2005年12月29日，中共眉山市第一届纪律检查委员会第十次全体会议在眉山召开。会议讨论《市纪委工作报告》，并同意提交中共眉山市第一次代表大会第四次会议审查。

第十一次全会　2006年11月8日，中共眉山市第一届纪律检查委员会第十一次全体会议在眉山召开，市纪委委员33人出席会议。会议审议并通过市纪委向中共眉山市第二次代表大会提交的《工作报告》。

二、市纪委二届全体会议

第一次全会　2006年11月13日，中共眉山市第二届纪律检查委员会第一次全体会议在眉山召开，市纪委委员 32 人出席会议。吴小可、邱炳光、周立平、钟维钦、刘建华、杨建林、胡宝林、周吉勋、俞红梅 9 人当选为中共眉山市纪委第二届纪律检查委员会常务委员会委员，吴小可当选为中共眉山市第二届纪律检查委员会书记，邱炳光、周立平、钟维钦当选为中共眉山市纪律检查委员会副书记。

第二次全会　2007 年 2 月 9 日，中共眉山市第二届纪律检查委员会第二次全体会议在眉山召开，出席会议市纪委委员 30 人，列席 102 人。市委常委、市纪委书记吴小可作工作报告。会议表彰了 2006 年度全市纪检监察系统先进集体。

第三次全会　2007 年 12 月 16 日，中共眉山市第二届纪律检查委员会第三次全体会议在眉山召开，会议讨论通过市纪委向市二届三次党代会提交的《工作报告》。

第四次全会　2008 年 2 月 4 日，中共眉山市第二届纪律检查委员会第四次全体会议在眉山召开，市委书记蒋仁富出席会议并讲话。李静、苏灿、贺文等市领导，市纪委委员出席会议，各区县党政主要领导，市级各部门和有关人员参加会议。市纪委书记吴小可传达中纪委十七届二次全会和省纪委九届二次全会精神，并向大会作工作报告。会议审议并通过市纪委二届四次全会工作报告和决议。

第五次全会　2008 年 8 月 21 日，中共眉山市第二届纪律检查委员会第五次全体会议在眉山召开，出席会议市纪委委员 25 人，列席 131 人。会议主要任务是，贯彻省纪委九届三次全会和市委二届十五次全委（扩大）会议精神，总结 2008 年以来工作，部署当前及以后一个时期全市反腐倡廉建设主要任务。会议审议通过市委常委、市纪委书记吴小可所作的《围绕中心，履行职责，为全市加快发展、灾后重建、信访稳定工作提供有力的纪律保障》工作报告。

第六次全会　2008 年 12 月 28 日，中共眉山市第二届纪律检查委员会第六次全体会议在眉山召开。会议审议通过市纪委常委会向市二届四次党代会提交的《围绕中心，服务大局，为实现眉山又好又快发展提供坚强的纪律保障》工作报告。

第七次全会　2009 年 2 月 20 日，中共眉山市第二届纪律检查委员会第七次全体会议在眉山召开。市委书记、市人大常委会主任蒋仁富出席会议并讲话。市委常委、市纪委书记吴小可代表市纪委常委会作《深入贯彻落实科学发展观，坚定不移推进全市反腐倡廉建设》工作报告。会议审议通过《中国共产党眉山市第二届纪律检查委员会第七次全体会议决议》。

第八次全会　2009 年 10 月 26 日，中共眉山市第二届纪律检查委员会第八次全体会议在眉山召开，市委常委、市纪委书记吴小可出席会议并讲话。全会传达中央纪委十七届第四次全体会议精神，研究部署具体贯彻措施。

第九次全会　2009 年 12 月 24 日，中共眉山市第二届纪律检查委员会第九次全体会议在眉山召开，会议讨论通过市纪委向市二届五次党代会提交的工作报告。

第十次全会　2010 年 2 月 26 日，中共眉山市第二届纪律检查委员会第十次全体会议在眉山举行。市委书记蒋仁富出席大会并讲话。市委常委、市纪委书记吴小可主持会议并传达中纪委十七届五次全会和省纪委九届六次全会精神。在第二次会上，仁寿县委书记李酌、洪雅县县长黄国清、市规划建设局局长周立平、市水务局局长陈明芳、市公共资源交易中心主任杨帆向全会述廉，并现场接受市纪委委员提问和无记名民意测评。

第十一次全会　2010 年 12 月 28 日，中共眉山市第二届纪律检查委员会第十一次全体会议在眉山市会议中心召开，会议讨论和审议《市纪委向市二届六次党代会的工作报告（讨论稿）》，并表决通过《报告》。

第十二次全会　2011年2月18日，中共眉山市第二届纪律检查委员会第十二次全会在眉山市召开，市委书记蒋仁富出席第一次大会并讲话。市委常委、市纪委书记吴小可主持会议并传达省纪委九届七次全会精神。在第二次大会上，东坡区委书记李晓宇、彭山县县长孙剑、市经济和信息化委主任鲁建伟、市交通运输局局长龙学渊、市国土资源局局长李永高向全会述廉，并现场接受市纪委委员的提问和无记名民意测评。

三、市纪委三届全体会议

第一次全会　2011年11月23日，中共眉山市第三届纪律检查委员会第一次全体会议召开，选举产生第三届纪律检查委员会常委班子、书记、副书记。祝云当选为中共眉山市第三届纪律检查委员会书记，魏文彪、王世林、陈卫东当选为副书记，宋梅、陈开军、杨燕昭、袁利民、梁昌秋当选为市纪委常委。祝云当选三届市委常委。

第二次全会　2012年2月16日，中共眉山市第三届纪律检查委员会第二次全会在眉山召开，会议传达学习中纪委十七届七次全会和省纪委九届九次全会精神，总结2011年全市反腐倡廉工作，安排部署2012年全市党风廉政和反腐败工作。市委书记李静出席会议并讲话，市委常委、市纪委书记祝云主持会议并传达中纪委、省纪委全会精神。仁寿县委书记冉登祥、洪雅县县长阳运良、市教育局局长徐井万、市民政局局长余自生、市城乡规划局局长刘友洪向全会作述责述廉，并现场接受市纪委委员的提问和无记名民意测评。

第三章　中共眉山市（地）委组织机构

1997年5月30日，国务院批准，由乐山市划出眉山、仁寿、彭山、洪雅、丹棱、青神6县设立眉山地区。8月26日，中共四川省委书记谢世杰到眉山向中共眉山地委授牌。2000年6月10日，国务院批准撤销眉山地区设立地级眉山市。撤销中共眉山地区委员会（以下简称眉山地委），建立中共眉山市委员会（以下简称眉山市委），12月挂牌。至2012年，中共眉山市委机构无变化。

第一节　中共眉山市（地区）委员会

1997年，由四川省委任命眉山地委领导成员。2000—2012年，经中共眉山市代表大会选举产生中共眉山市第一届、第二届、第三届委员会。

一、中共眉山地区委员会

1997年7月，四川省委任命李吉荣为中共眉山地委书记；尹志君、牟刚俊、杨仕祥、卓明安为副书记；王光四、阳金和、苏灿为委员。任期为1997年7月至2000年12月。

1998 年 8 月，郑家才任眉山地委委员。9 月，周成仕任眉山地委委员。2000 年 7 月，余斌任眉山地委副书记。

中共眉山地区委员会领导人名录表（以任职时间先后为序）

表 18-1

职　务	姓　名	任职时间
书　记	李吉荣	1997. 07—2000. 12
副书记	尹志君	1997. 07—2000. 08
	余　斌	2000. 07—2000. 12
	牟刚俊	1997. 07—2000. 12
	杨仕祥	1997. 07—2000. 12
	卓明安	1997. 07—2000. 12
委　员	王光四	1997. 07—1998. 06
	阳金和	1997. 07—2000. 12
	苏　灿	1997. 07—2000. 12
	郑家才	1998. 08—2000. 12
	周成仕	1998. 09—2000. 12
秘书长	周成仕	1997. 08—2000. 12

二、中共第一届眉山市委员会

任期为 2000 年 12 月至 2006 年 11 月。2000 年 12 月，中共眉山市第一届第一次全体会议选举李吉荣为市委书记；余斌、牟刚俊、卓明安、苏灿为市委副书记；阳金和、牟刚俊、刘定富、李吉荣、苏灿、余斌、宋建新、周成仕、卓明安、黄峰、黎兵为市委常委（以姓氏笔画为序）；周成仕为秘书长。2001 年 12 月，晏永和任中共眉山市委委员、常委、书记，王影聪任市委常委。2002 年 7 月，宋宏任市委常委。2003 年 3 月，宋建新任眉山市委副书记。9 月，余斌任中共眉山市委委员、常委、书记。10 月，崔保华任市委副书记。2004 年 1 月，徐爱婷任市委常委。2 月，樊强任市委常委。10 月，刘十庆任市委常委。2005 年 7 月，蒋仁富任中共眉山市委委员、常委、书记，吴小可任市委常委。8 月，王影聪任市委秘书长。12 月，蒋辅义任市委常委。2008 年 8 月，贺文任市委副书记。

中共眉山市第一届委员会领导人名录表（以任职时间先后为序）

表 18-2

职　务	姓　名	任职时间
书　记	李吉荣	2000. 12—2001. 12
	晏永和	2001. 12—2003. 08
	余　斌	2003. 09—2005. 07
	蒋仁富	2005. 07—2006. 11

续表18-2

职　务	姓　名	任职时间
副书记	余　斌	2000. 12—2003. 09
	牟刚俊	2000. 12—2005. 03
	卓明安	2000. 12—2005. 03
	苏　灿	2000. 12—2006. 11
	宋建新	2003. 03—2006. 11
	崔保华	2003. 10—2006. 06
	李　静（女）	2006. 06—2006. 11
	贺　文	2006. 08—2006. 11
常务委员	阳金和	2000. 12—2006. 10
	周成仕	2000. 12—2006. 11
	黄　峰（女）	2000. 12—2004. 07
	宋建新	2000. 12—2006. 11
	黎　兵	2000. 12—2005. 12
	刘定富	2000. 12—2002. 07
	王影聪	2001. 12—2006. 11
	宋　宏	2002. 07—2004. 02
	徐爱婷（女）	2004. 01—2006. 01（下派）
	樊　强	2004. 02—2006. 11
	刘十庆	2004. 10—2006. 11
	吴小可	2005. 07—2006. 11
	蒋辅义	2005. 12—2006. 11
秘书长	周成仕	2000. 12—2005. 08
	王影聪	2005. 08—2006. 11

三、中共第二届眉山市委员会

任期为2006年11月至2011年11月。2006年11月，中共眉山市第二届委员会第一次全体会议选举蒋仁富为市委书记；李静、贺文为市委副书记；王影聪、刘十庆、李静、吴小可、余治平、周成仕、贺文、蒋仁富、蒋辅义、樊强为市委常委（以姓氏笔画为序）；王影聪为秘书长。2007年7月，徐瑞柏任市委常委。8月，杨勇任市委常委。2008年8月，宋朝华任市委常委。2009年2月，赵荣任市委常委。10月，付康任市委常委。2010年8月，宣迅任市委常委。10月，宋朝华任市委副书记。2011年2月，祝云任市委常委。7月，张志伦任市委常委。8月，李静任市委书记。10月，杨秀彬任市委常委。

中共眉山市第二届委员会领导人名录表（以任职时间先后为序）

表 18-3

职　务	姓　名	任职时间
书　记	蒋仁富	2006. 11—2011. 08
	李　静（女）	2011. 08—2011. 11
副书记	李　静（女）	2006. 11—2011. 08
	贺　文	2006. 11—2010. 03
	宋朝华	2010. 11—2011. 11
常务委员	蒋辅义	2006. 11—2008. 06
	周成仕	2006. 11—2011. 02
	余治平	2006. 11—2009. 02
	王影聪	2006. 11—2011. 11
	樊　强	2006. 11—2009. 02
	刘十庆	2006. 11—2011. 11
	吴小可	2006. 11—2011. 11
	徐瑞柏	2007. 07—2009. 07（下派）
	杨　勇	2007. 08—2011. 11
	宋朝华	2008. 08—2010. 11
	赵　荣	2009. 02—2011. 07
	付　康	2009. 10—2010. 05
	宣　迅	2010. 08—2011. 11
	祝　云	2011. 02—2011. 11
	张志伦	2011. 07—2011. 11
	杨秀彬	2011. 10—2011. 11
秘书长	王影聪	2006. 11—2011. 11

四、中共第三届眉山市委员会

任期为 2011 年 11 月至 2016 年 11 月。本志以下限 2012 年 12 月止。2011 年 11 月，中共眉山市第三届委员会第一次全体会议选举李静为市委书记；宋朝华、刘十庆为市委副书记；刘十庆、李酌、李静、杨勇、杨秀彬、吴小可、宋朝华、张志伦、宣迅、祝云、黄跃为市委常委（以姓氏笔画为序），黄跃为秘书长。2012 年 9 月，王光彩任市委常委。

中共眉山市第三届委员会领导人名录表（以任职时间先后为序）

表 18-4

职　务	姓　名	任职时间
书　记	李　静（女）	2011. 11—
副书记	宋朝华	2011. 11—
	刘十庆	2011. 11—
常务委员	吴小可	2011. 11—
	杨　勇	2011. 11—
	宣　迅	2011. 11—
	祝　云	2011. 11—
	杨秀彬	2011. 11—
	张志伦	2011. 11—
	黄　跃	2011. 11—
	李　酌	2011. 11—
	王光彩	2012. 9—
秘书长	黄　跃	2011. 11—

第二节　中共眉山市纪律检查委员会

一、市纪检委（监察局）

1997 年 8 月，设立眉山地区纪律检查委员会和行署监察局，其机构和职能实行一套工作机构、两个机构名称体制，内设办公室、执法监察纠风工作室、党风廉政教育调研室、信访室、纪检监察室、案件审理室。2000 年 7 月，眉山地区纪律检查委员会、地区监察局更名为眉山市纪律检查委员会（以下简称市纪委）、眉山市监察局（以下简称市监察局），工作体制不变。2001 年 10 月，调整市纪委、市监察局内设机构，设办公室、信访室、纪检监察室、党风廉政建设室、纠风工作室、执法监察室、宣传教育调研室、案件审理室。2004 年 1 月，成立眉山市招投标监督委员会（以下简称市招监委），市招监委办公室设在市纪委、市监察局。2005 年 12 月，从市纪委办公室分设干部管理室。2007 年 4 月，市纪委纪检监察室分设纪检监察一室、纪检监察二室。11 月，设立招投标监督工作办公室，为市纪委监察局中层机构。2008 年 5 月，成立市招标投标管理办公室。2009 年 8 月，市纪委增设案件监督管理室。2010 年 9 月，市纪委增设预防腐败室。2012 年，市纪委、监察局内设办公室、干部室、信访室、纪检监察一室、纪检监察二室、党风室、纠风室、执法监察室、行政效能监察室、招投标监督办公室、宣教调研室、案件审理室、电教中心、案件管理室、预防腐败室行政机构 15 个，市监察局公开信访举报中心、市纪检监察电教中心、市纪检监察干部教育培训中心 3 个事业机构。

1997—2012 年，阳金和、宋建新、吴小可、祝云先后任市（地）纪委书记，滕为民、陈桂花、张宝林、朱建文、邱炳光、周立平、钟维钦、杨建林、江昌淆、唐亚平、王世林、魏文彪、陈卫东先后任副书记；滕为民、陈桂花、邱炳光、周立平、杨建林、魏文彪先后任市监察局局长，黄绍平、刘建华、杨建林、胡宝林、吴山、宋梅、周吉勋、杨燕昭、宋章华先后任副局长。

眉山市（地）纪委领导人名录表（以任职时间先后为序）

表 18-5

机构名称	职　务	姓　名	任职时间
眉山地区纪委	书　记	阳金和	1997.07—2000.12
	副书记	滕为民	1997.08—2000.12
		陈桂花	1997.08—2000.12
		张宝林	1997.08—2000.12
	委　员	黄绍平	1997.08—2000.11
		刘建华	1997.08—2000.11
眉山市第一届纪委	书　记	宋建新	2000.12—2006.11
	副书记	滕为民	2000.12—2004.12
		陈桂花	2000.12—2005.08
		朱建文	2000.12—2005.08
		邱炳光	2004.12—2006.11
		周立平	2005.08—2006.11
		钟维钦	2005.11—2006.11
	常　委	2000 年 12 月选举黄绍平、刘建华、杨建林、徐启明。以后王里、康勤、江昌淯、胡宝林任职	
眉山市第二届纪委	书　记	吴小可	2006.11—2011.11
	副书记	邱炳光	2006.11—2006.12
		周立平	2006.11—2009.05
		钟维钦	2006.11—2008.01
		杨建林	2007.10—2011.11
		江昌淯	2008.04—2009.05
		唐亚平	2009.08—2011.11
		王世林	2009.08—2011.11
	常　委	2006 年 11 月选举刘建华、杨建林、胡宝林、周吉勋、俞红梅。以后刘志彬、陈卫东任职	
眉山市第三届纪委	书　记	祝　云	2011.11—
	副书记	魏文彪	2011.11—
		王世林	2011.11—
		陈卫东	2011.11—
	常　委	2011 年 11 月选举宋梅、陈开军、杨燕昭、梁昌秋、袁利民、徐正刚。以后徐正刚任职	

二、市级部门纪检监察组织

1998年2月，地区公安处等3个部门设立纪委和监察室；地区直属机关工作委员会设立纪律检查委员（以下简称纪委）；地区计划委员会等27个单位设立纪检组和监察室；地区体制改革办公室等16个单位配备纪检员。2001年12月，市发展计划委员会等11个单位派驻纪检组、监察室；市公安局设纪委、派驻监察室；市中级人民法院等31个单位内部设置纪检组、监察室；市总工会、眉山日报社内部设置纪检组；共青团市委等7个单位内部配备副县级兼职纪检员。2004年4月，调整市级各部门、企事业单位纪检组织设置。市直机关工委设纪工委；市公安局等19个单位设纪委；市中级人民法院等29个单位设派驻纪检组；市人大常委会机关等26个单位内设纪检组；市委办公室等8个单位设副县级专职纪检员。2006年8月，市纪委统一管理市中级人民法院等34个派驻纪检组；派出市直纪工委、眉山市经济开发区纪工委、铝产业集中区纪工委、黑龙滩风景区纪工委、金象化工集中区纪工委、市公安局纪委、市司法局纪委。2008年2月，成立市纪委（监察局）派出第一、第二纪工委监察分局。第一纪工委联系市发改委、市经委、市国土资源局、市规划和建设局、市交通局、市环保局、市城管执法局、市国资委、市安办（安监局）9个部门（单位）；第二纪工委联系市工商局、市质监局、市药监局、市邮政局、市国税局、市地税局、市气象局、市烟草专卖局、电信眉山公司、联通眉山公司、移动眉山公司、网通眉山公司12个部门（单位）。撤销市纪委派驻市发改委、市经委、市规划和建设局、市交通局、市环保局、市城管执法局、市国资委7个纪检组。9月，设立市纪委派驻市公共资源交易中心纪检组。2010年5月，市纪委（监察局）派出第一、二纪工委监察分局合并为纪工委（监察分局）；恢复市发展改革委员会、市经济委员会、市交通局、市规划和建设局、市环境保护局、市国有资产管理委员会、市城管执法局7个部门派驻纪检机构。2010年9月，撤销市纪委派驻市人事局、市劳动和社会保障局、市规划和建设局、市广播电视局纪检组；市经济委员会纪检组更名为市经济和信息化委员会纪检组、市交通局纪检组更名为市交通运输局纪检组、市水利局纪检组更名为市水务局纪检组、市文化体育局纪检组更名为市文体影视新闻出版局纪检组；新增市纪委派驻市人力资源和社会保障局等6个纪检组。2012年，全市市级部门设置纪检组织83个，未设置纪检组织的单位由市纪委监察局派出纪工委、监察分局联系。

眉山市市级部门1998—2012年纪检监察组织设置情况表

表18-6

设置时间	机构名称	设置单位
1998年	纪委和监察室	地区公安处、地区安全局、地区司法局
	纪　委	地直机关工委
	纪检组和监察室	地区计划委员会、地区经济委员会、地区教育委员会、地区财政局、地区劳动局、地区民政局、地区人事局、地区建设委员会、地区交通局、地区农业局、地区水电局、地区广播电视局、地区卫生局、地区地税局、地区国税局、地区烟草局、地区邮电局、地区中级人民法院、地区检察分院、地区人民银行、地区农业发展银行、地区人寿保险公司、地区财产保险公司、地区石油公司、眉山日报社、地区文化体育局、地区工商局
	纪检员	地区体制改革办公室、地区计划生育委员、地区审计局、地区畜牧局、地区统计局、地区贸易局、地区乡镇企业局、地区粮食局、地区国土局、地区林业局、地区科学技术委员会、地区工会办事处、地区外经委、地区外事侨务旅游台湾事务办公室、地区农机局、地区丝绸公司

续表18-6

设置时间	机构名称	设置单位
2001 年	纪委、派驻监察室	市发展计划委员会、市经济贸易委员会、市教育局、市财政局、市人事局、市劳动和社会保障局、市国土资源局、市规划和建设局、市交通局、市卫生局、市水利局
	纪委、派驻监察室	市公安局
	纪检组、监察室	市中级人民法院、市人民检察院、市广播电视局、市科技局、市司法局、市民政局、市农业局、市林业局、市文化体育局、市计划生育委员会、市审计局、市统计局、市环境保护局、市城管局、市畜牧局、市粮食局、市外经局、市农机局、市旅游局、市外侨台办、市行政服务中心管委会、市机关事务管理中心、电信眉山公司、市国税局、市地税局、市气象局、市烟草专卖局（分公司）、市工商局、市质量技术监督局、市药监局、眉山科技工业园管委会
	纪检组	市总工会、眉山日报社
	兼职纪检员	共青团市委、市妇女联合会、市科学技术协会、市工商联、市残疾人联合会、市安全办公室、市法制办
2004 年	纪工委	市直机关工委
	纪　委	市公安局、市司法局、眉山国安局、市邮政局、眉山车辆厂、眉山通信设备厂、丹甫公司、星华仪器厂、605 地质队、眉山监狱、联通眉山公司、移动眉山公司、眉山职业技术学院、黑龙滩管理处、通济堰管理处、市第一人民医院、市第二人民医院、川眉芒硝公司、四川阳坪乳业集团
	派驻纪检组	市中级人民法院、市人民检察院、市政府办公室、市计划委员会、市经济贸易委员会、市教育局、市民政局、市财政局、市人事局、市劳动和社会保障局、市国土资源局、市规划和建设局、市交通局、市水利局、市农业局、市林业局、市外经贸局、市文化体育局、市卫生局、市计划生育委员、市审计局、市环保局、市广播电视局、市统计局、市城管局、市粮食局、市畜牧局、市行政服务中心管委会、眉山日报社
	纪检组	市人大常委会机关、市政协机关、市科技局、市旅游局、市外侨台办、市法制办、眉山科工园管委会、市体制改革办公室、市安全办公室、市工商局、市质监局、市药监局、市国税局、市地税局、市农机局、市气象局、市总工会、共青团市委、市妇女联合会、市科学技术协会、市工商联、市残疾人联合会、市级机关事务管理中心、电信眉山公司、市烟草专卖局、网通眉山公司
	专职纪检员	市委办公室、市委组织部、市委宣传部、市委统战部、市委政法委、市委政研室、市农工办、市委党校
2006 年	纪工委	市直机关工委、眉山市经济开发区、铝产业集中区、黑龙滩风景区、金象化工集中区
	纪　委	市公安局、市司法局
2008 年	派驻纪检组	市公共资源交易中心
2010 年	派驻纪检组	市人力资源和社会保障局、市住房和城乡建设局、市城乡规划局、市安全生产监督管理局、市食品药品监督管理局、市总工会

第三节 市委工作部门和直属机构

一、市委办公室

1997 年 11 月，设立中共眉山地委办公室（挂政策研究室、地区目标管理委员会办公室、地委信访办公室牌子），为中共眉山地委办事机构，内设秘书科、综合科、信息科、调研科、督查科、行政科、保卫科、地委信访办公室、地区目标管理委员会办公室、地委机关党委，代管地委保密委员会办公室，管理地委、行署接待办公室，地委机要局、地委党史研究室。2000 年 12 月，中共眉山地委办公室更名为中共眉山市委办公厅。2001 年 8 月，中共眉山市委办公厅更名为中共眉山市委办公室，内设督查室（挂市委督查室牌子）、市委常委办公室、综合科、秘书科、信息科、调研科、行政科、保卫科 8 个中层科室和市委机关党委；管理并入市委办公室的市委保密委员会办公室（挂眉山市国家保密局牌子）、市委市政府信访办公室、市委机要局（挂四川党政网眉山管理中心和机关文印服务中心牌子）、市目标办；管理市委、市政府接待办公室，市委党史研究室。2009 年，调研科更名为综合调研室，综合科更名为干部管理科。秘书科分设秘书一科、秘书二科、秘书三科。2011 年 12 月，成立眉山市政府绩效管理委员会办公室。2012 年，市委办增设内设机构秘书四科、秘书五科。成立眉山市主动作为创一流考评委员会。眉山市目标管理委员会（市政府绩效管理委员会）更名为眉山市目标绩效管理委员会。眉山市目标管理委员会办公室（眉山市政府绩效管理委员会办公室）更名为眉山市目标绩效管理委员会办公室。

1997—2012 年，杨勇、周成仕、付庆一、李永高、宋仕祥先后任市（地）委办公室主任，龙学渊、付庆一、田禾、熊英、贺建文、邓见文、李述清、宋仕祥、宋梅、杨成芬、胡建辉、杨志华、王麒铭、李祝才、阮永忠先后任副主任。

二、市委组织部

1997 年 8 月，设立中共眉山地委组织部，归口管理地委老干部局，地委党建工作领导小组办公室挂靠地委组织部。2000 年 12 月，中共眉山地委组织部更名为中共眉山市委组织部。2001 年 10 月，地委经委政治部承担的企业班子建设、党的建设等职能，移交给市委组织部、市委党建办。2003 年 4 月，增设市人才开发工作领导小组暨知识分子工作领导小组办公室。2004 年 8 月，成立市党代会常任制代表联络办公室。2008 年 2 月，撤销市委组织部党员电化教育中心，其工作职能、领导职数和人员编制划到市委农村党员干部现代远程教育管理中心。2010 年 11 月，设立中共眉山市非公有制经济组织和社会组织工作委员会，为市委派出机构，归口市委组织部管理。2012 年，挂靠和下属事业单位有市委党建领导小组办公室、市人才工作领导小组办公室、市党的代表大会常任制代表联络办公室、市非公有制经济组织和社会组织党工委、市委农村党员干部现代远程教育管理中心、市党员干部宣传信息管理中心。

1997—2012 年，苏灿、黄峰、刘十庆、宋朝华、杨秀彬先后任市（地）委组织部部长，宋建新、宋思彬、付康、黄跃、张茂成、阚朝元、万俊才、冉涛、张利铭、龙学渊、于忠平、刘友洪、熊明、黄玉蓉、胡彬、王强、肖忠良、刘红、王晓丽、何万高、唐亚平、杨志华先后任副部长。

三、市委宣传部

1997 年 7 月，成立中共眉山地委宣传部。10 月，眉山地区精神文明建设委员会与中共眉山地委宣传部实行两块牌子、一套工作班子，精神文明建设委员会下设办公室。2000 年 12 月，中共眉山地委宣传部更名为中共眉山市委宣传部（以下简称市委宣传部），挂市精神文明建设办公室、市委对外宣传办公室暨市政府新闻宣传办公室牌子。2006 年，成立眉山市三苏文化研究院，归口市委宣传部代管。2008 年 9 月，市精神文明建设办公室单设，归口市委宣传部代管。2009 年 6 月，增设市网络文化建设和管理办公室，与市委对外宣传办公室（市政府新闻办）合署办公。2012 年 3 月，撤销市网络文化建设和管理办公室，设立市互联网信息办公室，在市委外宣办挂牌。

1997—2012 年，卓明安、王影聪、周成仕、祝云、李酌先后任市（地）委宣传部部长，王影聪、宋明刚、胡舒、曾丽霞先后任常务副部长，宋明刚、徐井万、傅兆勤、陈付生、李显平、阳运良、熊英、廖仁军、余明德、邓敏先后任副部长。

四、市委统战部

1997 年 10 月，成立中共眉山地委统战部。12 月，成立眉山地区民族宗教事务局，并入眉山地委统战部办公。2000 年 12 月，撤销中共眉山地委统战部，设立中共眉山市委统战部（以下简称市委统战部）。2001 年 10 月，市委统战部内设办公室、党派无党派党外知识分子科、干部科、经济统战港澳台海外联络科、民族宗教科（挂市民族宗教事务局牌子）5 个科室。市民族宗教事务局并入市委统战部，对外挂市民族宗教事务局牌子。市委统战部受市委委托，领导市工商联党组，指导市工商联工作。至 2012 年，机构无变化。

1997—2012 年，金之孝、黄玉琏、李亚非、黄玉蓉先后任眉山市（地）委统战部部长，何德全、杨波先后任常务副部长，唐述权、林凤鸣、杨大兴、杨开锡、赵永东、何德全、刘坤、王怀端、何忠先后任副部长；唐述权、杨大兴先后任市（地）民族宗教事务局局长。

五、市委政法委

1997 年 8 月，成立中共眉山地委政法委员会，与地区社会治安综合治理委员会办公室合署办公。2000 年 12 月，中共眉山地委政法委员会更名为中共眉山市委政法委员会（以下简称市委政法委），眉山地区维护稳定领导小组办公室更名为眉山市委维护社会稳定领导小组办公室（以下简称市委维稳办，为市委政法委中层科室）。2001 年 10 月，市委政法委机关与眉山市社会治安综合治理委员会办公室（以下简称市委综治办）合署办公。2006 年 12 月，市委维稳办单设，挂靠市委政法委。2007 年，市委政法委代管市法学会。2009 年 6 月，设立市矛盾纠纷"大调解"协调中心（以下简称市大调解中心），挂靠市委政法委。8 月，市委防范和处理邪教问题领导小组办公室（以下简称市委防邪办）由市委办公室代管变更为由市委政法委代管。2012 年 3 月，眉山市社会治安综合治理委员会办公室更名为眉山市社会管理综合治理委员会办公室。

1997—2012 年，牟刚俊、阳金和、杨勇先后任市（地）委政法委书记；杨立建、耿学贵、袁胜平、胡国民、徐智勇、张燕斌、崔秀娟、雷建勇、胡波、王加宾先后任副书记；袁胜平、蔡仕华先后任政治部主任。

六、市委政研室

1997年12月，设立中共眉山地委政策研究室，内设综合科、农村经济科、城市经济科。2001年10月，中共眉山地委政策研究室更名为中共眉山市委政策研究室（以下简称市委政研室），内设办公室、城市经济科、农村经济科、社会事业科4个科室。至2012年，机构无变化。

1997—2012年，黄跃、王澄琳、赵志明、张利铭、王军先后任市（地）委政研室主任，赵志明、王世林、周光普先后任副主任。

七、市直机关工委

1997年9月，成立中共眉山地区直属机关工作委员会，内设办公室、组织部、宣传部、纪律工作委员会办公室。2000年12月，撤销中共眉山地区直属机关工作委员会，设立中共眉山市直属机关工作委员会（以下简称市直机关工委）。2007年4月，增设群团部。至2012年，机构无变化。

1997—2012年，王学文、田禾、吴英先后任市（地）直机关工委书记，周静、罗瑶、梁建军先后任副书记。

八、市委群工部

1997年11月，成立中共眉山地委信访办公室，为地委办公室内设副县级机构。1998年1月，成立眉山地区行署信访办公室，为行署办公室内设职能科室。2000年8月，地委、行署信访办公室机构编制单列，归口地委办公室管理。12月，中共眉山地委信访办公室、眉山地区行署信访办公室合并，更名为中共眉山市委、市政府信访办公室。2001年10月，设立中共眉山市委、眉山市人民政府信访办公室，为市委办公室内设机构。2004年9月，在市委市政府信访办设眉山市处理信访突出问题及群体性事件联席会议办公室。2008年6月，设立中共眉山市委群众工作局（以下简称市委群工局），为市委工作部门，同时挂眉山市人民政府信访局牌子，实行一个机构、两个牌子。市委群工局下设市群众工作中心。2009年6月，设立市信访群众疏导调解中心，挂靠市委群工局。12月，撤销中共眉山市委群众工作局，设立中共眉山市委群众工作部（以下简称市委群工部），为市委工作部门，同时挂市人民政府信访局、市信访群众疏导调解中心牌子，实行一个机构、三块牌子，内设办公室、办信科、接访科、办案科、督查督办科、政策法规科6个职能科室。2012年8月，市群众工作中心增设调解科、疏导科。

1997—2012年，袁铭权、杨成芬、彭惠琴、杨志忠先后任市委信访办（信访局、群工部）主任（局长、部长），彭建刚、王福香、杨成芬、彭惠琴、杨乐园、余平、胡刚先后任副主任（副局长、副部长）。

九、市委编办

1997年11月，成立眉山地区事业单位登记管理服务处；12月，设立眉山地区机构编制委员会办公室，是地区机构编制委员会的常设办事机构。2000年12月，撤销眉山地区机构编制委员会办公室，设立眉山市机构编制委员会办公室。是市机构编制委员会的常设办事机构，挂靠市人事局。2005年4月，不再使用眉山市事业单位登记管理服务处名称，只保留眉山市事业单位登记管理局名称。2010年8月，设立中共眉山市委机构编制委员会办公室（以下简称市委编办），为市委工作部门，内设综合科、党群机构编制科、政府机构编制科、事业机构编制科、督查调研科5个科室。

1997—2012 年，宋思彬、张茂成、冉涛、于忠平、刘红、唐亚平先后任市（地）委编办主任，曾丽霞、罗瑞、李贤军、郑高庆、戴中、李晓莉先后任副主任。

十、市委农工委

1997 年 8 月，设立中共眉山地委农村工作办公室（以下简称地委农工办），与眉山地区农业局实行两个牌子、一套工作班子，机关合署办公。9 月，眉山地委农村工作办公室与眉山地区农业局单独分设。11 月，成立眉山地区行署抗灾救灾办公室，抗灾救灾办公室设在地委农工办。12 月，设立中共眉山地委农村工作办公室、眉山地区农村工作办公室，地区抗灾救灾办公室牌子挂在农工办。2000 年 12 月，撤销中共眉山地委农村工作办公室，设立中共眉山市委农村工作办公室，撤销眉山地区农村工作办公室，设立眉山市政府农村工作办公室。2001 年 7 月，成立眉山市劳务开发领导小组，在市农工办挂市劳务开发办牌子。10 月，设立中共眉山市委、眉山市人民政府农村工作领导小组办公室、眉山市扶贫开发领导小组办公室，两办合署，挂眉山市人民政府救灾办公室牌子。原市移民办公室工作职能移交市国土资源局。2006 年 11 月，市农工办承担的市劳务开发工作职能交由市劳动和社会保障局，撤销内设劳务开发科。2007 年 7 月，成立眉山市农业产业化办公室。2008 年 4 月，撤销市政府救灾办公室，市委农村工作领导小组办公室下设的救灾农建科更名为农建科。2012 年 3 月，撤销中共眉山市委、眉山市人民政府农村工作领导小组办公室，设立市委农村工作委员会。

1997—2012 年，彭光荣、李永高、袁世金、陈明芳先后任市（地）农工办（农工委）主任，王志敏、陈竹、吴运新、卢守权、陈青松、李秀英、钟涛、王英哲先后任副主任。

十一、市委老干部局

1997 年 9 月，设立中共眉山地委老干部局，内设办公室、综合科。2000 年 12 月，中共眉山地委老干部局更名为中共眉山市委老干部局。2001 年，中共眉山市委老干部局由市委组织部管理。至 2012 年，机构无变化。

2003—2012 年，阚朝元、李志勇、王强先后任市（地）委老干部局局长；1997—2012 年，阚朝元、李志勇、艾小林先后任副局长。

十二、市委保密办

1997 年 11 月，成立中共眉山地委保密委员会。设立地委保密委员会办公室，挂眉山地区国家保密局牌子，与地委办公室机关合署办公，内设综合科。2000 年 12 月，中共眉山地委保密委员会办公室更名为中共眉山市委保密委员会办公室，眉山地区国家保密局更名为眉山市国家保密局。2003 年 1 月，市委保密办增挂市保密技术检查中心牌子。2007 年 7 月，市委保密委员会办公室单设市保密技术检查中心，为正科级全额拨款事业单位。至 2012 年，机构无变化。

1998—2012 年，黄玉琏、黄绍平、李树伦先后任市（地）保密办（局）主任（局长）。1999 年 8 月至 2005 年 7 月，罗廷军任副主任（副局长）。

十三、市委党校

1998 年 7 月，设立中共眉山地委党校。11 月，成立中共四川省委党校函授学院眉山分院。2001 年 4 月，四川省干部函授学院眉山分院并入中共眉山市委党校，实行与党校一套工作班子、两块牌子。10 月，眉山地委党校更名为中共眉山市委党校，与眉山市行政学院、四川省干部函授学院眉山分院实行三块牌子、一套工作班子，为市委、市政府直属事业单位。2005 年 7 月，成立眉山市社会主义学院，与中共眉山市委党校、眉山市行政学院、四川省干部函授学院眉山分院合校（院），实行“一校三院，四块牌子，一套工作班子”体制。至 2012 年，机构无变化。

1998—2012 年，牟刚俊、刘十庆、宋建新、周成仕、宋朝华、杨秀彬先后任市（地）委党校校长，苏灿、吕伟利、李中毅、李建伟、林晓、张素文、胡永恒先后任副校长；牟刚俊、刘十庆、宋建新、周成仕、宋朝华、杨秀彬先后任中共四川省委党校函授学院眉山分院院长，苏灿、林晓、吕伟利、李中毅、张素文、李建伟、胡永恒先后任副院长；黄玉琏、李亚非、黄玉蓉先后任眉山市社会主义学院院长。

十四、眉山日报社

1997 年 8 月，设立眉山日报社，为中共眉山地委直属事业单位。2000 年 12 月，眉山日报社明确为市委直属事业单位。至 2012 年，机构无变化。

1997—2012 年，陈林森、徐井万、胡鲜明先后任眉山日报社总编辑（党组书记），胡鲜明、徐井万先后任党组副书记，熊明、赵建加、刘川眉、王军、吴仲渊、胡鲜明、王永刚、姚永亮、朱卫红先后任副总编辑。

十五、市委、市政府接待办公室

1997 年 8 月，设立中共眉山地委、眉山地区行署接待办公室。2000 年 12 月，撤销中共眉山地委、眉山地区行署接待办公室，设立中共眉山市委、眉山市人民政府接待办公室。至 2012 年，机构无变化。

1997—2012 年，杨成平、杨帆、刘友洪、胡建辉先后任市（地）委、市政府（行署）接待办公室主任。

十六、市委党史研究室

1998 年 3 月，成立中共眉山地委党史研究室，为地委直属事业单位，归口地委办公室管理。2000 年 12 月，撤销中共眉山地委党史研究室，设立中共眉山市委党史研究室，为市委的直属事业单位，归口市委办公室管理。至 2012 年，机构无变化。

1998—2012 年，杨勇、刘朝臣、高万春、徐永利先后任市（地）委党史研究室主任。

第四章　党务工作

市委组织部、市委宣传部、市委统战部、市委编办、市委政法委、市委纪委等部门承担的组织、宣传、统一战线、政法、编制、干部培训教育、执纪检查等工作，各部门围绕中心，服务大局，发扬改革创新，锐意进取精神，各项党务工作有序推进。眉山市立足基层夯实组织基础，深化干部人事制度改革，聚集发展人才；立足大团结，促进大联合，整合、凝聚民主党派、各界人士的智慧和力量；加强社会综合治理，加强预防腐败和治理，强化监督管理，为眉山经济社会发展提供坚强的保障。

第一节 组织工作

1997 年起，眉山地区各级党委组织部门面对全区经济社会发展的新形势、新任务和新要求，以执政能力建设和先进性建设为主线，围绕科学发展大局，更新理念、改进方法，健全制度、完善机制，立足基层夯实组织基础，探索规律抓实工作创新，着力建设干部队伍，选拔领导干部，配备领导班子，聚集发展人才，深化干部人事制度改革，加强党员教育培训，为眉山的党建工作、改革开放、经济建设、社会发展和民主法治建设提供坚强的组织保障和人才支撑。眉山地区党的组织建设以“让党满意、让人民满意”为最高价值追求，围绕中心、服务大局、深化改革、务实创新，组织工作质量和服务水平不断提高。干部选任制度进一步完善，强化干部监督管理，干部队伍充满活力，干部队伍整体素质不断提升。基层组织保障水平全面提高，基层党建惠民措施更实。党内基层民主蓬勃发展，党代会常任制试点全面推进。人才工作运行机制更加完善，人才培养资助体系切实健全，人才队伍创造活力有效激发，组工干部队伍能力素质不断提升。2001 年，眉山市被确定为全国干部人事制度改革试点单位，相继推出干部任免党委票决制、“赛场练马、赛场选马”、大规模合并乡镇和村组、科技特派员创业服务行动、“两票制”公推直选乡镇党委书记、干部选任初始提名非定向预推、打破身份限制统筹公选科级领导干部、围绕目标选人用人、干部直接联系服务群众等在全省乃至全国产生重大影响的改革创新举措。

一、基层组织工作

（一）农村基层党组织工作

村级组织活动场所建设 2006 年起，眉山市按每个活动场所建筑面积不小于 90 平方米新建村级组织活动场所。至 2009 年，全市新建村级组织活动场所 787 个，基本实现村村有活动场所。2010 年，市委办、市政府办下发《关于推进全市村级组织活动场所规范化建设的意见》，要求到 2015 年全市村级组织活动场所要全部达到规范化标准，建筑面积不少于 150 平方米，内部设施达到“十有”（有标牌、有党旗国旗、有办公桌椅、有文件书柜、有电教设备、有电话、有学习资料、有文体器材、有党务和村务公开栏、有阅报架），建立完善活动场所管理使用制度，广泛组织开展各类活动，实现日常管理制度化、作用发挥最大化，成为党员群众“教育站”“议事站”“便民站”“致富站”“文体站”。至 2011 年，全市新建村级组织规范化活动场所 93 个。2012 年，市委提出推进村级组织活动场所规范化建设，确保新增 240 个村级组织活动场所规范化建设达标，全年建成规范化活动场所 359 个，全市村级组织活动场所规范化达标率由 37.6%增至 50%。全市 1184 个村（加不规范的）、127 个社区有组织活动场所。

农村党组织设置 1997 年，眉山地区有乡镇党委 216 个、村级总支 2 个、村级支部 2342 个。2005 年，乡镇区划调整后，眉山市有乡镇党委 128 个、村级总支 4 个、村级支部 2313 个。2006 年，全市按照“加强引导、尊重意愿，因地制宜、分类指导，严格程序、依法办事，相近相邻、整撤整并”原则，采取“建立机构、宣传发动、锁定债权债务、制定合并方案、组建临时班子、开展换届选举”步骤，调整村级党组织。2007年，全市合村并组后，村级党组织合并为1186个。2012年，眉山市有乡镇党委128个、村级总支1个、村级支部1184个、社区党总（支）部127个。

农村基层党建工作　1999年，眉山地委下发《关于地级部门联系后进村的通知》，要求每个地级部门联系一个后进村，为后进村解决问题、办实事，争取用1年~2年改变后进村面貌。2000年，在全区农村基层组织中开展“三级联创”活动，县、乡（镇）、村开展创建“五好”（好班子、好队伍、好路子、好机制、好制度）村党支部、“六好”（好班子、好队伍、好路子、好制度、好作风、好格局）乡（镇）党委和农村基层组织建设先进县活动。2002年起，眉山市在党员队伍中实施“党员先锋工程”。通过双向培养、农村党员信息技术培训、党员示范行动、党员先进性教育、党员分类管理和建立健全党员激励机制等，提高党员队伍素质，组织和激励全市党员在实现眉山跨越式发展中自觉实践“三个代表”重要思想，争做“时代先锋”。在全市农村开展以“科技兴村、民主管村、依法治村”为主要内容的“三村建设”活动，加快农业现代化进程和农村跨越式发展，促进农村改革、发展、稳定。2003年，在青神县和东坡区三苏乡、尚义镇，仁寿县文宫镇、曹家乡，彭山县青龙镇、观音镇，洪雅县东岳镇、止戈镇，丹棱县丹棱镇开展“一制三化”（党支部领导的村民自治工作机制；支部工作规范化，村务工作法治化，民主监督程序化）运行机制试点，形成《农村村级组织“一制三化”实施办法》。2006年，全市开展“部门帮村、党员帮户”结对帮扶活动，市、县（区）两级机关，市属以上事业单位，中央、省在眉山单位及所在单位党员干部结对帮扶。市级部门帮扶39个新农村建设示范村、103个血吸虫病流行村和185个省级重点贫困村；市、县（区）两级帮扶村互不交叉。党员帮户实行“一帮一”或“二帮一”，市级机关县处级以上领导干部（区县机关科级以上领导干部）每人帮扶一户困难户，其他党员每两人帮扶一户困难户。在市、县（区）、乡（镇）三级机关和事业单位中选派优秀党员干部100人到村担任党支部书记，任职三年。2007年，开展“机关干部驻村行动”，选派市、县（区）机关干部300人到村任职，下派期间每年在基层工作和吃住时间不低于全年工作日的90%。要求下派干部做到“六个一”（制定一个发展规划、壮大一个支柱产业、培养一批农村人才、探索一条村集体经济发展路子、健全一套制度机制、解决一些群众最急最盼的突出问题）。市委开展创建以“五个好”（领导班子好、干部队伍好、工作机制好、小康建设业绩好、农民群众反映好）为主要内容的村党组织、乡镇党委和农村基层组织建设先进县活动。年末全市建成市级“三村建设”示范村50个，县级示范村占总数的10%以上，“三村建设”达标面90%。2009年，四川省财政下拨眉山市“特殊党费”援建资金1.77亿元，补助4.65万户农房损毁户重建住房。2010年，全市开展“领导挂点、部门包村、党员帮户”活动，市委、市政府领导和市直部门（单位）负责人分别联系一个乡（镇），并在联系乡镇中确定一个联系

市委组织部召开全市合村并组工作座谈会（摄于2007年3月）

村，县（区）直部门（单位）负责人分别联系一个村；市、县（区）部门（单位）分别确定1个~2个村作为帮扶村，市、县（区）直部门（单位）有帮扶能力的干部职工，在本部门（单位）联系村内，采取“一帮一”“几帮一”帮扶一户困难家庭。在全市村级组织探索推行“四议两公开一监督”（村党组织提议、村“两委”商议、党员大会审议、村民会议决议；决议内容公开、实施结果公开；民主评议监督）制度，完善党组织领导的村级民主自治机制。彭山县被确定为全省创建“三级联创”综合示范县。2011年，眉山市领导干部154人建立联系点，658个部门和单位结对联系764个村、40个社区，干部2214人结对帮扶4254户困难群众，投入资金3313.53万元。采取“两票制”方式完成1186个村党组织和161个社区党组织换届选举。面向社会公开选聘大学生190人到村任职，从大学生村干部中定向招录公务员21人。

（二）街道社区党组织工作

2001年，眉山市委将解决街道社区党支部、居委会办公用房纳入城区改造整体规划，按城市公共建设配套规定统筹解决。旧城改造和新区建设按“拆一返一”原则，被拆迁的社区办公用房及其服务设施由建设单位原面积偿还，规定开发方配套提供党支部和居委会的办公用房，使用面积不少于50平方米。社区党员活动室配备必要的电化教育设备。各县（区）中心城区设立街道办事处，建立党的工作委员会。当年，全市建立社区党支部25个。2006年，全市街道社区开展以“有组织、有人员、有阵地、有资金”为主要内容的“四有”建设，“一社区一支部”率100%。实施“社区示范建设工程”，建立完善社区党建工作议事协调机制、单位党组织和单位党员参与社区建设的激励和约束机制，试行在职党员社区登记、参加社区活动、社区表现反馈和党员领导干部联系社区贫困户等制度，开展“四项服务”（面向下岗失业人员的再就业服务、面向困难群众的社会救助和福利服务、面向居民的便民利民服务和面向社区单位的社会化服务），以及“一帮一”“几帮一”等结对帮扶活动，组织党员志愿者服务队开办家政服务、维修服务、基层法律咨询、医疗保健等，培育“五好”社区党组织。在社区推行“公招公选”“公推直选”制度，新进社区居委会干部“公招公选”率100%，新进社区党支部委员“公推直选”率100%，社区党支部班子成员年龄、文化等结构逐步改善。2007年，市委规定党员人数在50人以上的社区，原则上建立党总支。推行公开选聘、竞争上岗、公推直选等制度，吸纳机关事业单位分流人员、大学生、退伍军人从事社区工作。推行社区党组织书记和社区居委会主任“一肩挑”，实行社区“两委”成员“交叉任职”。2009年，全市开展社区党建“三有一化”（有人管事、有钱办事、有场所议事和构建城市区域化）建设，采取政府投入、开发置换、帮扶共建、政策争取、社会筹资、市场运作等方式建设社区活动场所。具备条件的居民小区、商务楼宇、集贸市场、“两新”组织，采取单独、挂靠、联合等形式建立党组织，形成区域化全覆盖组织体系。至2012年，眉山市全面完成社区活动场所建设，每个社区办公用房面积不少于120平方米。全市有街道党工委3个、社区党组织127个、党员1.39万人。

（三）机关党组织工作

1997年，地区直属机关设立党组49个，成立直属机关党工委，下设地委机关党委（辖1个党总支、12个机关党支部）、行署机关党委（辖2个党总支、30个机关党支部）。地区公安处设党委，直属地委领导。组织市级部门开展“四个教育”（理论教育、政治形势教育、党性教育、党风廉政教育）。学习邓小平理论和中共十五大报告，中共中央、中共四川省委、中共眉山地委扩大会议精神，中共十五届三中全会精神及新的《中国共产党章程》。1998年，建立健全基层党组织，配备党务干部，建机关党委2个、直属机关党委4个、直属总支14个、基层支部54个。实施党支部工作目标管理，开展党支部达标活动。民主评议党员1259人，新发展党员22人。在部门开展领导班子创“四好”活动。1999年，举办党务干部网络知识培训班、培训党务干部60人。各基层党组织每两月分析一次机关党员、干部思想状况，加强党员教育和管理。2000年，提出加强机关基层党组织建设建议和对策措施。完成101个基层党支部换届选举。实行发展党员公示制。

2001年，眉山市直属机关设立党组（党委）48个。更名部门党组8个，撤销党组5个，新建党组10个。2002年，组织市直机关党员干部学习《论“三个代表”》《论党的建设》等著作及中共中央总书记江泽民“5·31”重要讲话。开展民主评议党员和民主评议支部，党员参评率100%。组织市级机关基层党组织开展党员实践“三个代表”重要思想示范行动。开展党政机关、行业管理部门、事业单位党员示范活动。市直机关确定党员示范科室94个，党员示范岗155个，占党员数9.5%。2003年，全市实施党员先锋工程。开展“三心一保持”（与党同心，与群众贴心，让人民放心，保持共产党员先进性）活动。市委组织部授牌示范单位12个，示范岗120个。以党组（党委）中心组和科级以上干部为重点，组织党员干部学习中共十六大精神。组织市级机关参与全省“三个代表”重要思想和中共十六大精神知识竞赛活动。2004年，市委印发《眉山市市级部门党组（党委）决策重大事项议事规则（试行）》，要求市级部门党组（党委）按“集体领导、民主集中、个别酝酿、会议决定”原则，研究决定重大事项。加强窗口服务行业党建工作，开展党员“示范岗”“示范班组机组”“示范科室”“示范车辆”“示范单位”“示范行业”等示范活动，明确市行政服务中心、市国库支付中心、市国（地）税局直属征收分局、市供排水总公司惠民安装有限公司等7个单位（部门）为城市党建工作的重点单位和部门。将党员示范活动成效纳入党员、基层党组织、党委领导班子目标考核重要内容。2006年，市直机关调整组织设置，成立市司法局机关党委、市人大机关党委、市国安局机关党委、市烟草专卖局机关党委、市气象局机关党总支。选举市直机关出席中共眉山市第二次党代会代表74人。推荐中共十七大代表初步人选3人。2007年，开展市直机关“双十佳”评选活动，评选“十佳优秀共产党员”“十佳优秀党务工作者”各10人。开展“‘人人都是投资环境’党员示范行动”，市直机关各基层党组织设置示范岗173个、“党员示范窗口”102个，命名示范岗40个、示范窗口20个。2009年，市委制订实施《机关、企事业单位党组织领导班子公推直选试点工作办法》，各县（区）委、经开区和工业园区党工委、市直机关工委选择部分机关、企事业单位党组织通过公开报名、民主推荐、组织考察、党（工）委决定的办法，产生基层党组织委员、书记和副书记候选人，由党员大会直接差额选举产生党组织委员、书记和副书记。组织市直机关深入学习实践科学发展观活动，贯彻落实机关党建工作责任制。开展县级领导班子“四好”创建活动。举办党务干部培训班，培训党务干部220人。表彰优秀党务工作者101人，优秀共产党员608人；表彰先进党组织41个、先进“四好”活动班子28个。

市委组织部领导与大型谈话节目《入党时刻》参与者合影（摄于2001年7月）

2011 年，开展创先争优活动，开展“亮牌示范”“岗位奉献”“我承诺、你监督”“机关社区结对共建创先争优”等活动。建立监督与考评体系，建立健全党组织书记负责制、双向述职、目标管理、联系群众、创先争优等制度，完善机关党的工作会议制度和经验交流制度。2012 年，开展基层党组织现状大调查，实施“三分类三升级三挂钩”（在全面进行基层党组织现状大调查的基础上，分类制定考评标准，将基层党组织划分为先进、一般、后进三类，分别确定升级目标，实施转化升级工程，推动先进党组织上水平、一般党组织上台阶、后进党组织换新貌，在年度检查验收考核中将党组织的晋位升级情况与党组织工作经费、党组织领导班子成员待遇和党组织书记使用挂钩）活动。市直机关基层党组织划分为先进基层党组织 260 个、一般 117 个、后进 35 个。指导各机关党组织制定晋位升级方案，推动后进升先进，先进争创旗帜工程。新成立机关党委 2 个、公司党委 1 个，增设党总支 1 个、党支部 21 个。新发展党员 95 人。指导和督促 3 个企业党委、2 个机关党总支完成换届选举。年末，眉山市有机关基层党组织 1306 个和党组 281 个，党员 1.48 万人。截至 2012 年年底，市直机关工委组织党务干部培训 804 人次，培训入党积极分子 917 人次，发展党员 1078 人，民主评议党员 3120 人次。

（四）企业党组织工作

1998 年，眉山地委对地属以上企业实行“党建”目标管理。将促进企业扭亏解困、下岗职工基本生活保障和再就业的实际成效，作为检验企业党建工作、发挥党组织政治核心作用的重要标准。地委组织部规定，企业党组织设置和调整与企业改组、改制同步进行；依法申请破产的企业，在进入破产程序至破产终结期间，党组织认真履行职责，继续发挥政治核心作用；企业改组后，党组织的领导关系按有利于加强党的领导和开展党的工作，有利于纯净企业改革和发展的原则，根据不同情况确定。加强下岗职工党员教育管理，对减员下岗、外借外派、停薪留职、内退、辞退、辞职党员和企业破产后党员组织关系转接，以及党员参加党内重大活动、过组织生活作出明确规定。加强乡镇企业党的建设，乡镇集体经济组织投资办的企业，正式党员 3 人以上的建立党支部；党员 50 人以上的建立党总支；党员 100 人以上的建立党的基层委员会。正式党员不足 3 人的，与邻近企业联合建立党支部。村集体经济投资办的企业，党员 3 人以上的设立党小组，所在村已建立总支部的建立党支部。其他类型乡镇企业，凡有正式党员 3 人以上的建立党组织，暂时不具备条件的创造条件建立党的组织。2000 年，在全区国有企业党员干部中开展以中共十四届四中全会精神为主要内容的集中培训；加强转制企业党组织的设置调整，充实企业党委班子成员；调查国有企业党组织参与重大问题决策情况和国有大中型企业及兼并、破产、停产、关闭企业党组织建设状况，加强企业党建工作指导。加强个体和私营等非公有制经济组织党的建设，已建立党组织的非公有制企业和县列重点非公有制企业逐个建立档案卡。2003 年，眉山市委提出市级党员领导干部联系重点非公有制企业党建工作，市级领导 28 人分别联系 28 个规模以上非公有制企业，重点指导党建工作规范化、制度化建设，促进企业党组织达到“六个好”（贯彻方针政策好、遵章守法好、自身建设好、团结凝聚好、维护权益好、推动发展好）。2004 年，市委党建领导小组制定《非公有制经济组织党建工作联席会议制度》《非公有制经济组织党建工作联席会议成员单位主要职责》《非公有制经济组织党建工作联席会议联络员主要职责》，规范非公有制经济组织党建工作。2005 年，市委组织部制发《国有企业先进性教育活动实施意见》，开展以“与党同心，与群众贴心，提升企业核心竞争力”为主题的教育活动，提高党员素质、解决突出问题。2006 年，全市国有企业以提高“六种能力”为重点，加强党组织建设，努力达到“四好”（政治素质好、经营业绩好、团结协作好、作风形象好）目标。

2007 年，按照“发展一个、辅导一个，成熟一个、建立一个”原则，加快非公有制企业党组织建设。建立健全党组织活动保障机制、党组织作用发挥机制、党员作用发挥机制、党建工作动力机制。全市 270 个规模以上非公有制企业全部单独建立了党组织，3932 个非公有制企业中，建党组织的 328 个。开展党员责任区、党员示范岗、岗位比武、党员“师带徒”等活动，发挥党员先锋模范作用。2008 年，建立健全非公有制经济组织党建工作基础台账，督促检查非公有制经济组织党建工作。在“5·12”汶川特大地震抗震救灾战斗中，眉山市广大非公有制企业党组织快速反应，全力组织党员和职工抗震救灾，帮助企业迅速恢复正常生产，发动党员职工特别是业主向灾区群众捐助物资 3000 万余元。2009 年，市委制订《眉山市在“两新”组织中建立党组织、实现全覆盖的办法》，提出规模以上“两新”组织全部单独建立党组织。各区县要求落实每个“两新”组织党支部每年不少于 1000 元的工作经费，保证党组织活动正常开展。2012 年，市委采取组织大联管、队伍大联建、工作大联带、管理大联抓、品牌大联创“五联机制”，加强和改进“两新”组织党建工作。选派 600 人指导 1780 家“两新”组织。年末，眉山市有非公有制企业 1821 个，建立非公有制经济组织党组织 757 个、党员 6594 人；有新社会组织 1190 个，建立新社会组织党组织 480 个、党员 5217 人；国有企业 74 个，建立党组织 99 个、党员 1986 人。

二、党内民主建设

（一）党员权利保障

2009 年，市委制订《眉山市乡镇党委班子及成员党员民主评议试点工作办法》，在全市 8 个乡镇试点，由乡镇全体党员分别评议乡镇党委班子及成员年度履职和党风廉政建设情况。乡镇党委班子民主测评满意率低于 70%的，对乡镇党委班子诫勉谈话，乡镇党委书记向区县委书面检查；满意率低于 60%的，调整乡镇党委书记，整顿党委班子。乡镇党委班子成员民主测评满意率低于 70%的，年度考核时不得评定称职以上等次；满意率低于 60%的，年度考核评定为不称职。其中，乡镇党委书记、乡镇长民主评议满意率低于 70%的，本人向区县委作书面检查，区县委对其诫勉谈话；满意率低于 60%的，引咎辞职，拒不辞职的，责令辞职。市委制订《眉山市保障党员“知情权、参与权、选举权、监督权”办法（试行）》《眉山市党内情况通报制度》，党内重大部署、重大决策、重大问题和情况，采取党内会议、文件、新闻媒体等形式，向党组织、党代表、党员通报。市委制定《眉山市基层党务公开制度》，推行党务公开，增强党务活动透明度。2010 年，市委办公室下发《关于印发〈眉山市党员旁听基层党组织会议制度〉的通知》，乡镇（街道）、机关、企事业单位等基层单位召开党委（党总支、党支部）会议，涉及本地本单位经济、文化、社会、生态建设和党的建设重大问题以及社会普遍关注的热点难点问题、与群众生产生活密切相关的民生问题，原则上邀请本地、本单位普通党员参与旁听。2011 年，市委办下发《关于党的基层组织实行党务公开的实施意见》，进一步规范党务公开，以增进党内和谐促进社会和谐。

（二）基层党组织领导班子成员民主选举

1998 年，地委组织部下发《关于在农村党支部换届选举中开展“公推公选、竞争上岗”工作的意见》，按照“先部分试点，后全面推开”原则，在农村党支部换届选举中，实行公推公选、竞争上岗。地委组织部下发《关于认真搞好乡镇党委换届选举工作的意见》，要求条件成熟的乡镇，采取“公推公选、竞争上岗”选举产生乡镇党委班子。当年，青神县南城乡通过“公推直选”产生乡党委书记。

2001 年，眉山市委办转发《市委组织部关于做好乡镇换届选举工作的意见》，要求各区县 50%

以上的乡镇以“公推公选”方式产生乡镇党政班子候选人预备人选。丹棱县12个乡镇党委书记全部采用“公推直选”产生。2004年，市委组织部下发《关于认真做好村（居）党支部换届选举工作的意见》，村（居）委会党支部换届采取“公推直选”选举产生村（居）委会党支部班子。2006年，眉山市乡镇党委班子成员原则上采取“公推公选”方式选举。2007年，眉山市村（社区）党组织换届采取“两票制”选举村（社区）党组织书记，先召开村（居）民大会，投票产生候选人，然后由党员大会直接差额选举产生村（社区）党组织书记。2008年，东坡区在富牛镇等5个乡镇开展“两票制”公推直选乡镇党委书记试点。2009年，市委制订《眉山市“两票制”公推直选乡镇党委书记办法》，在全市推行“两票制”选举产生乡镇党委书记。全市机关、企事业单位党组织领导班子亦采取公推直选选举党组织委员、书记和副书记。此制度延续至2012年。

东坡区“两票制”公推直选富牛镇党委书记投票现场（摄于2008年2月）

（三）民主集中制建设

1999年，眉山地委决定全区各县县委讨论任命干部一律实行“票决制”，发扬党内民主，体现干部任免决策的民主性和科学性。2003—2005年，眉山市委制订《关于市委常委会决定重大事项的暂行办法》《市委常委会讨论干部任免投票表决实施办法》《市委全体会议决定区县党政领导班子正职拟任人选和推荐人选实施办法》《市级部门党组（党委）决策重大事项议事规则（试行）》《市委全体会议对县（区）党委、政府领导班子正职、市级部门领导班子正职拟任人选和推荐人选表决办法》，完善领导班子贯彻执行民主集中制原则各项制度，规范领导班子议事决策机制，修改和完善市委全委会表决干部办法。市委全委会以无记名投票方式，表决通过15名区县党政正职、市级部门正职拟任人选和推荐人选。2006年，市委将扩大党内民主贯穿县乡换届全过程。在推荐提名环节，推行民主推荐、民主测评和民主评议制度，扩大群众参与面，全市六县（区）参加全额定向民主推荐人员1146人，二轮民主推荐813人，面上个别谈话637人。在组织考察环节，注意综合运用民主测评、发放征求意见表、个别谈话等多种方式，扩大考察谈话范围。当年，考察县（区）45名拟提拔人选，个别谈话761人，参加民主测评1377人，参加民意调查1054人。全市参加乡镇换届民意调查的党员群众和各级“两代表一委员”7000余人。在选举环节，改进候选人排名办法，探索候选人介绍方式，适当扩大差额推荐（选举）党代表比例和改进代表产生方式，将选举权交给党员、群众。市、县（区）两级党代会代表候选人差额比例20%以上，代表中各类专业技术人员和各条战线的先进模范人物占党员总数的32%。县级班子换届后，洪雅县开展党政协调运行机制试点。2008年，市委组织部制发《关于开展市级部门党组（党委）会议讨论干部任免投票表决试点工作的通知》《眉山市市级部门党组（党委）会议讨论干部任免投票表决试行办法》《中共眉山市委员会全体会议对部分市级部门正职拟任人选和推荐人选差额票决办法（试行）》，在市政府办公室、市公安局试点，扩大干部选任民主化、科学化。2009年，建立常委会向全委会报告干部选任工作制度，全委会对干部选任工作及新提拔正县职领导干部进行评议和民主测评。民主推荐、民主测评情况由测评单位随机安排人员监督，当场统计并公布结果，确保干部选任“在阳光下运行”。全市全面推行“一报告两评议”制度。2010年，市委决定采取“常委会差额提名、全委会差额票决”方式产生推荐人选。选拔部门负责人1人。此后未作推广。

三、党员干部队伍建设

（一）干部选拔任用

县（科）级及非领导职务干部　眉山市领导干部选拔任用主要采用提名、民主推荐、组织考查、酝酿、讨论决定、公示、任职的程序。干部选拔任用提名主要采用公开推荐、正职推荐副职、全额定向“海推”、非定向差额预推、全委会署名推荐等方式。1998年，地委办公室制订《组织部门在提请地委讨论决定提拔任用副县级以上领导干部前征求纪委（纪检组）意见的实施办法（试行）》，明确提拔任用副县级领导干部时，书面征求纪委（纪检组）意见。地级部门推行中层干部竞争上岗。1999年，地委制订《关于新提拔县级领导干部实行任前公示制的暂行办法》，全区实行新提拔县级领导干部任前公示制。建立公开选拔领导干部制度。2000年，地委作出《关于对新提拔县级领导干部实行试用期制度的暂行规定》，实行新提拔县级领导干部一年试用期，试用期满后，经考核胜任者正式任职。至2000年年底，按照个人报名、资格审查、笔试、面试、组织考察、地委审定办法，眉山地区公开选拔副县级领导干部8人。2001年，眉山市实行县级党政领导班子、领导干部考察预告制度、党政领导干部任前公示和党政领导职务拟任人选差额考察。2002年起，眉山市试行拟任县处级党政领导职务政治理论水平任职资格考试制度，统一规定学习教材、考试标准、命题方式、考试方式等。2004年，市委组织部制定《党政领导干部民主推荐实施细则》，实行干部考察民主测评数量线性分析，量化干部民主测评的各项指标。在市畜牧局采用“两推一述”办法产生拟交流提拔的考察对象。2005年，市委制订《选拔任用市政府工作部门正职征求市人大常委会、市政协党组意见的暂行办法》，规定由市人大常委会任命的市政府工作部门正职的拟任人选，分别交由市人大常委会和市政协酝酿讨论。市级机关配备县级非领导职务干部一律实行竞争上岗。2006年，眉山市县（区）换届实行考察工作公告制和考察对象公示制，通过当地电视台、党政网等媒体向社会公告。在市级部门班子调整中，市委拿出48个市级党政部门、事业单位正职职位，在全市正县级以上领导干部168人参加的民主推荐会上实行全额定向“海推”后，结合职位要求和工作需要安排。在

眉山市公开选拔部分市级部门正职人选竞职陈述现场（摄于2011年11月）

受到县（区）委以上表彰的优秀村党组织书记中定向公开选拔乡（镇）副科级领导干部 15 人。2007 年，市委提出实行“非定向差额预推”制度，不针对具体职位空缺，在一定范围内民主推荐近期可提拔或交流的县级领导干部预备人选。采取测试与考察相结合“3+2”模式（基本知识、基本能力、专业能力测试+民主测评、综合评价）面向全国公开选拔县级领导干部，当年公开选拔副科级领导干部 29 人。2008 年，市委组织部制订《市级部门委任制干部民主推荐权重暂行办法》，提出在 50 人以上的市级部门新提拔委任制县级领导干部民主推荐时，将参加的人员分两类（A 票，本部门领导成员；B 票，县级非领导职务干部、内设机构领导成员、直属单位主要领导成员和其他参加推荐人员）设置推荐票，分别按 40%、60%赋予不同的权重统计推荐结果。市委完善市级部门科级领导职务竞争上岗组织实施、资格条件、方法和程序、纪律与监督等。在市政府办、市公安局开展市级部门党组（党委）会议讨论干部任免投票表决、会议讨论干部任免投票表决试点。优先提拔使用在项目争取、园区建设、招商引资、维稳等工作中表现突出、作出较大贡献的干部。注重选拔连续 2 年以上受到市委表彰的优秀乡镇（街道）党委书记担任市级部门副职、区县副县级领导职位。2009 年，推进干部初始提名改革，将民主与责任相结合，试行全委会署名推荐市级部门正职。市委制订《眉山市县级领导干部选拔任用提名工作暂行办法》，提出采取非定向预推、公开推荐、全委会署名推荐、单位党组织推荐、领导干部推荐、个人自荐和公开选拔等多种提名方式，形成干部选任提名推荐机制。当年推荐上报副厅级后备人选 16 人，县（区）委书记、县（区）长后备人选各 12 人。提拔县级领导干部 10 人、科级领导干部 26 人、扩大内需和园区建设成绩突出干部 6 人。2010 年，市委试行“一述两推”（个人陈述，第一次民主推荐、第二次民主推荐）民主推荐县级党政领导干部，在会议投票推荐前，确定职位，不确定人选，采取公开报名、资格审查、个人陈述、个别谈话推荐方式，了解掌握符合职位的人选，再采取会议投票推荐方式民主推荐，从制度上防止民主推荐中的违规“拉票”行为。市纪委、市委组织部制订《眉山市拟提拔任用市管干部征求党风廉政情况意见的实施办法》，拟提拔任用市管干部人选在提请市委常委会讨论决定前，由市委组织部向市纪委征求党风廉政情况意见。当年推荐产生县级领导干部人选 26 人，科级领导干部 22 人。采用测试与考察相结合面向全省或全国公开选拔副县级领导干部 10 人。面向眉山市公开选拔乡科级领导干部 30 人。完善乡镇干部激励保障机制。至 2010 年年底，全市共提拔乡（镇）党委书记、乡（镇）长或曾担任过乡（镇）主要领导的干部 62 人担任县（区）或市级部门县级领导职务。截至 2012 年年底，眉山市共在各行业统筹公选县级领导干部 47 人、科级领导干部 155 人。

年轻干部　1997 年，眉山地委组织部明确规定公开推荐优秀年轻干部基本条件，按照组织推荐、领导干部个人推荐、群众推荐、系统（行业）推荐和个人自荐相结合的方式，通过推荐、单位审查上报、组织部门审定等程序，储备优秀年轻干部。1998 年，眉山地委提出五年内每个地级部门领导班子至少有 35 岁左右的干部 1 人；到 2003 年，县党政领导班子中各有 35 岁以下的干部 1 人，至少有 1/5 的县配备 35 岁左右党政“一把手”，35 岁以下的年轻干部占整个后备干部队伍总数的 50%以上。2002 年，眉山市公开选拔优秀中青年干部到经济建设一线工作锻炼。当年选派 38 岁以下、大专以上文化程度、在乡镇工作时间不满 1 年的中层干部，到全市 50 个工业发展重点乡镇帮助工作，挂职时间 1 年~2 年。2003 年，区县党政领导班子中，各配备 35 岁以下的年轻干部至少 1 人；市级部门中，一半以上领导班子至少配备 35 岁左右的年轻干部 1 人，35 岁左右的正职数量有所增加；区县级部门中，一半以上领导班子至少配备 30 岁左右的年轻干部 1 人，30 岁左右的正职数量有所增加；乡镇党政领导班子中，30 岁左右的年轻干部至少 1 名，30 岁左右的“一把手”数量有所增加。县级后备干部一般以35岁左右的干部为主体，30岁以下的干部有一定数量；科级后备干部一般以30岁左右的干部为主体，28岁以下的干部有一定数量。2007年，眉山市选派年轻干部150人到村任职、335人到工业园区（企业）挂职。选派年轻副县级后备干部34人参加全市信访工作组，到维稳一线锻炼。及时提拔工作表现优秀、成绩突出、贡献显著的年轻干部到领导岗位。2009年，在驻外经合局工作或工作过的年轻干部26人提拔为科级领导干部。截至2012年年底，全市35岁以下公务员1881人，其中副县级10人、正科级99人、副科级395人、其他1377人，36岁~40岁正县级3人、副县级46人。

妇女干部 1998年，眉山地委提出五年内一半的地级部门领导班子有女干部；到2003年时，县级党政领导班子中至少有女干部1人，实现1/3力争2/3的县党政班子配备女干部2人。全区有女县委书记或县长1人~2人。县级后备干部中妇女干部不少于25%。1999年，地委下派首批女干部12人到乡（镇）任乡（镇）长。2003年，眉山市委提出，县（区）党委、人大、政府、政协领导班子各配备女干部1人以上；市、县（区）级党委、政府工作部门50%以上的领导班子配备女干部；乡（镇）党政领导班子中至少配备女领导干部1人；后备干部中女干部比例应占25%以上。2008年，市委组织部建立培养选拔女干部年度工作报告制度和工作通报制度，提出培养选拔女干部目标，要求市、县（区）党委政府工作部门50%以上的领导班子中至少有女干部1人；部门正职和重要岗位女干部数量有所增加；乡（镇）党政领导班子正副职干部中至少配备女干部1人，其中各区县乡镇党政领导班子"一把手"中至少有女干部1人；各级领导班子后备干部队伍中，女干部应占30%以上。至2012年，眉山市有科级以上女干部1385人，其中厅级7人、县级220人。市委、市人大、市政府、市政协领导班子中配备女干部1人以上，其中党委正职1人；六区县党政班子中配备女干部1人以上；128个乡镇党政班子中108个配备女干部。55个市级部门配备女领导干部；县（区）级部门中，担任正职的女干部73人。

党外和少数民族干部 1998年，眉山地委下发《关于培养选拔党外干部工作的意见》，明确党外后备干部的选拔标准。要求除公安、安全部门外，检察院、法院和其他政府综合部门应逐步配备党外干部。用3年~5年时间，全区配备党外领导干部的部门达到应配备数的70%。2003年，眉山市委提出，区县政府、人大领导班子至少配备党外干部1人，政协领导班子中配备的党外干部应多于中共党员干部；市、区县法院、检察院领导班子逐步配备党外干部；市、区县政府职能部门除公安部门外，积极选配党外干部担任领导职务，符合条件的可以担任正职；乡镇政府领导班子积极选配党外干部。有适当数量的党外后备干部储备。2008年，市委组织部建立培养选拔党外干部、少数民族干部年度工作报告制度和工作通报制度，规划培养选拔党外干部、少数民族干部工作；提出市人大常委会工作机构中至少有党外干部2人担任主任或副主任，区县人大常委会工作机构中至少有党外干部1人担任主任或副主任；市人大常委会中至少有党外干部1人担任副秘书长，区县人大常委会办公室中至少有党外干部1人担任副主任；市、区县政府工作部门除公安外，选配党外干部担任领导职务，保持1/4以上的政府工作部门配备有党外干部。在市政协中至少有党外干部2人担任专委会主任或副主任，在区县政协中至少有党外干部1人担任专委会主任或副主任。市政协中至少有党外干部1人担任副秘书长，区县政协中至少有党外干部1人担任办公室副主任。市中级人民法院、市人民检察院领导班子中有党外干部；区县法院、检察院领导班子积极选配党外干部。注意选配党外干部担任政府部门科室负责人，高校的系领导班子中保持适当数量的党外干部。重视培养选拔少数民族干部工作，同等条件下优先使用少数民族干部；仁寿县青岗乡党政领导班子中至少配备一名少数民族干部。2012年，眉山市有县处级以上党外干部67人，其中市人大常委会副主任1人、副市

长 1 人、政协副主席 4 人；县（区）人大常委会副主任 7 人、副县（区）长 6 人、政协副主席 12 人；市级 19 个部门配备党外副县级以上干部，4 个事业单位或群团组织配备党外副县级干部；有副科职以上少数民族干部 20 人，其中副厅级 1 人。

后备干部　1998 年，眉山地委提出，在全区建设一支素质较高、数量充足、结构合理、门类齐全的后备干部队伍；配备县级党政正职后备干部 60 人，比较成熟、近期能进班子的后备干部 100 人，经过较长时间培养能进班子的后备干部 200 人；后备干部队伍中学自然科学、经济管理和从事过经济管理、专业技术工作的占 50%以上，35 岁以下的后备干部占 50%以上，大学本科以上文化 50%以上；县级后备干部中妇女干部不少于 25%，有一定数量的非中共党员后备干部。2007 年，眉山市委组织部明确副县级后备干部集中调整标准，副县级后备干部一般不超过 40 岁；一般应是科级正职，特别优秀、发展潜力大的科级副职，也可以列为副县级后备干部；应当具有大学专科以上文化程度；拟任县处级党政领导职务政治理论水平任职资格考试成绩合格；身体健康；35 岁以下的干部，市级各部门一般有 1 人以上，各区县一般有 4 人以上；现代工业、现代农业、经济管理、外经外贸、现代科技、国际金融、法律专业知识和从事过企业经营管理、城市经营等经济工作经历的占 50%左右，大学本科以上文化程度的一般占 50%以上；区县党政领导班子副县级后备干部中的女干部比例应不少于 20%，市级各部门领导班子后备干部中有一定数量的女干部；有适当数量的非中共党员干部；后备干部推荐按县级领导班子副职职数与副县级后备干部人选之比 1∶1 的比例确定。2009 年，市委组织部结合年度考核集中补充调整县级后备干部队伍。按县级领导班子正职职数与正县职后备干部人选之比不超过 1∶2 的比例提出建议人选名单；副县职后备干部由各区县委和市级各部门党组（党委）组织实施，按县级领导班子副职职数与副县职后备干部人选之比 1∶1 的比例确定建议人选名单。2011 年，采取非定向预推方式，全市建立 149 人的副县职拟提名人选储备库。

选调生　1983 年起，四川省每年选调一批应届优秀大学毕业生，到基层重点培养锻炼，几年后择优选拔到适当的领导岗位。2003 年，眉山市委决定将选调生工作纳入培养选拔年轻干部工作整体规划。德才素质好、有发展潜力的，及时列入后备干部名单进行培养管理；条件成熟的，及时提拔到基层领导岗位；适合做机关工作的，有计划地补充到县级以上党政机关。2006 年，眉山市选调生一般分配到乡镇（街道）等基层单位工作，博士和硕士研究生和部分紧缺专业大学本科选调生直接分配到县（区）、市级机关工作；分配到县（区）、市级机关工作的选调生，参加工作 2 年内，有计划地安排到乡（镇）锻炼 1 年~2 年，结合所学专业和个体情况，锻炼单位拓宽到工业集中区、企业及专业性较强的部门下属事业单位。每年召开选调生工作座谈会，了解选调生工作、生活情况，交流工作经验，研究选调生工作。市委组织部每 3 年评选表彰一批优秀选调生，各县（区）适时表彰优秀选调生。市委组织部每 2 年举办一次科级选调生培训班，各县（区）委组织部适时举办选调生培训班。加大选派选调生外派、上挂、下派、轮岗交流锻炼力度，定期选派选调生到上级机关或经济发达地区挂职锻炼，在同一岗位工作 2 年~3 年的科级以下选调生，及时轮岗交流或跨单位交流。提拔使用德才兼备、群众公认、发展潜力大的选调生，特别优秀的，破格提拔。县级以上党政机关补充人员，优先从选调生中挑选。2012 年，眉山市有选调生 409 人。

村干部　2006 年起，眉山市建立面向村（社区）干部、大学生村干部定向招考乡镇（街道）副科级干部和公务员制度，畅通村（社区）干部上升通道。当年在优秀村支部书记中定向公选乡（镇）副科级干部 15 人。2007 年起，在大学生中选聘村干部。当年，选聘 350 人。2008 年起，在西部计划志愿者中转聘村干部，当年转聘村干部 7 人。2011 年起，在大学中定向推荐大学生任村干部，当年推荐25人。2012年，全市村（社区）书记、主任26人和大学生村干部8人通过定向公选担任乡镇副科级领导干部；村（社区）书记35人、主任和大学生村干部54人通过定向招考进入公务员队伍；录用大学生村干部1578人，其中选聘1506人、转聘34人、定向推荐38人。截至2012年年底，全市录用大学生村干部182人，其中选聘167人、转聘2人、定向推荐13人；村（社区）书记、主任7人通过定向公选担任乡镇副科级领导干部；大学生村干部17人通过定向招考进入公务员队伍。

（二）领导班子建设

1999年，眉山地区在县以上领导班子中开展“四好”（学习好、团结好、勤政好、廉洁好）活动，在区县开展争当“爱民书记、爱民干部”活动。2003年，眉山市各区县领导班子换届中，重点搞好优秀年轻干部、妇女干部和党外干部选拔配备，优秀中青年干部64人进入区县领导班子，区县新一届党政领导班子均配有35岁以下的年轻干部和妇女干部，班子成员平均年龄40.2岁，比换届前（下同）降4.8岁；大学以上文化程度占80.2%，提高27%，新一届区县领导班子年龄、文化、知识结构明显改善。配齐配强分管经济副书记和分管工业副县（区）长，重点乡镇选配分管工业副书记或副乡（镇）长。重点调整充实市城建、国土、经贸、外经等综合经济部门领导班子，面向全市公开选拔市属土地经营运作机构负责人4人。2004年，市委调整区县、市级部门和市级事业单位领导班子55个、班子成员87人，充实市级经济部门领导班子成员22人，5名工业副县（区）长担任县（区）委常委；为50个工业发展重点乡镇和70个奶业发展重点乡镇配齐专管工业、奶业经济的副书记、副乡（镇）长和专干。新提拔40岁以下的优秀年轻干部18人、妇女干部3人进入区县和市级部门领导班子，改善领导班子年龄、文化、专业结构。

2005年，市委注重选用优秀年轻干部和优秀基层干部，重用实绩突出干部。当年，全市新选拔的5名县委书记、县长平均年龄40.2岁，提拔赴汉源工作表现出色的副县级领导干部1人担任市级部门“一把手”，提拔40岁以下年轻干部38人、现任或曾任乡镇党政“一把手”的优秀基层干部9人、女干部8人和党外干部2人担任副县级领导职务。2006年，眉山市实施领导班子配备改革，精简领导班子职数、减少副书记职数、适当扩大党政领导成员交叉任职、规范任职年龄界限、实行常委分工负责，优化领导班子结构。市、区县党委常委与政府副职普遍交叉任职5人，区县换届、市级部门班子调整交流干部237人，选拔党政主干线、急难险重岗位和维稳一线干部20人到部门任职，提拔优秀乡镇党委书记和曾任乡镇党委书记的干部28人。2007年，市委实行以常委分工负责制为重点的新的党委领导体制和运行机制，常委分工“不重叠、不交叉，党政分工通盘考虑，党政议事不重复，明确办结时限”。以决策、执行、工作、会议、办文和重要活动等为重点，全面系统地搭建党政协调运行构架。完善2个省级经济开发区和黑龙滩风景区领导体制，调整补充各区县和41个市级部门领导班子，调整补充县级干部254人，其中新提拔154人，从经济主战场选拔县级干部21人。2008年，围绕“工业大变样”配强各级领导班子，提拔和重用在推进工业经济发展中表现优秀的干部80人。从经济建设主战场、维稳工作第一线和基层提拔县级领导干部25人，占全市新提拔县级领导干部人数的34.2%。2009年，开展区县领导班子及成员民意调查、县级领导班子运行情况和领导干部履职情况定期分析，开展32名新提拔的任职满半年和一年的县级领导干部任职回访评鉴。2010年，市委将党政正职的选拔放在首位，调整补充县（区）和53个市级部门县级领导干部399人，首次配备女县长1人。2012年，市委调整补充3个县（区）和56个市级部门领导班子，集中完成8个群团组织换届，共调整补充县级干部344人，其中新提拔县级干部205人；调整补充园区班子18个、领导干部45人；提拔政法系统县级干部42人；一次性充实团职及以下军转干部39人到市、县（区）政法系统。

（三）党员及干部教育

教育设施建设　党员教育设施以电化教育网点为主，电教片主要依托各级播放网点，以联网供片方式播放、收看。1997年，眉山地区乡镇网点建点率、联网率和“五有”（有基地、有设备、有人员、有记录、有制度）率约60%，村级近30%，城镇基层党委建点率、联网率和“五有”率约20%。1998年起，建立健全以省级联网为主的供片体制，形成有效的地区、县、乡（镇）、村四级电教网络。年末全区所有乡（镇）、村均建立了电教站（点）、实现“五有”，规范率54.4%，地属企事业单位党委（党组）建点率超过50%。1999年，加快村级网点“五有”（有专或兼职播放员、有播放场地、有播放设施、有管理活动制度、有播放收看工作登记簿）规范化建设。年末全区农村村级电教网点全部建立，建成临时播放点1730个。2001年，眉山市建立党员电教播放中心户。扩大和普及城镇基层党组织网点拓展建设，逐步实施和扩大在非公有制企业中建立党员电教播放点。“五有”标准率93%，新增党员电教播放中心户430户；城镇基层党委播放点“五有”标准率90%，非公有制企业中建成31个播放点，党员受教育面90%以上。2003年，实施“三机”（乡镇配备微机、VCD机、电视机）和“双机”（村级播放点自配VCD机、电视机）配备，年末全市90%的乡镇自配“三机”，65%自配“双机”播放点。城镇机关、企事业单位党委、党总支建点率100%，“五有”率95%。全市建成电教科技示范点省级3个、市级15个、县（区）级38个、乡（镇）级188个，科技示范基地54个，电教科技示范户2400余户。218个乡（镇）、63个村、86户党员专业户连接互联网，建立自己的网页，实现市、县（区）、乡（镇）、村四级党员电教网络互动。市委组织部电教中心片库存量1436部（盘），县（区）中心片库存量均在400部（盘）以上，形成书库式供片和管理体制。电教网点基本实现纵向以《四川党建》为主教材，横向以市、县提供相关辅助教材的供片体系。2005年，眉山市被确定为四川农村党员干部现代远程教育试点市。眉山市委将农村党员干部现代远程教育列入目标管理，建设现代远程教育终端站点。至2006年，建成现代远程教育规划点1731个，整合形成远程教育站点2061个，覆盖全市89%的行政村；村级站点选配管理员和操作员3462人。全市各级电教播放网点逐步被农村党员干部现代远程教育终端接收站点替代。2007年，市委远教中心调整远程教育终端站点，按“一村一点、解决空白点、打造示范点”原则，全市整合形成终端站点1485个，建立扩展型站点50个。站点基本覆盖全市乡镇（街道）、村（社区）。2008年，眉山市以“远教+学校”“远教+企业”“远教+协会”“远教+基地”“远教+大户”等模式，开展互联互帮活动。建成村校共享站点330

眉山市召开庆祝中国共产党成立84周年暨保持共产党员先进性承诺宣誓大会（摄于2005年7月）

所，村企联建站点15个，合作基地18个，依托全市15个村企联建站点、18个合作基地，传授种养技能。实行远程教育操作员持证上岗制度。2009年，发挥大学生村干部、西部志愿者服务远程教育作用，充实和优化远程教育骨干队伍，完善站点人员选配、管理、考核机制。2010年，全市整合形成远程教育终端接收站点1472个。实现乡（镇）、村远程教育终端接收站点全覆盖。2012年，开展远程教育“百千万”示范站点创建和“双创双争”（创建先进教学服务平台、创建示范终端站点、争当优秀站点管理员、争当学用标兵），分类定级全市1472个站点，确定优秀站点322个，一般站点899个，后进站点251个。年末全市进入各级示范站点280个，申创各级示范站点47个，提升率14.6%，一般站点升级为优秀站点194个，升级率21.6%，251个后进站点全部转化升级，升级率100%。

教育　电化教育。1998年，眉山地区利用电化教育网点实施党员教育。当年播放电教片360余部、2.29万场次，录音讲座1780余次，党员受教育面95%。1998年，地委组织部、地区广播电视局在地区电视台联合创办《党建新风》栏目，每周星期一黄金时段分两个频道播出。2001年，眉山市各级党组织开辟“三个代表”重要思想学习教育活动专栏、中国共产党成立80周年纪念专栏和“党员电教科技致富工程”活动专栏。此后，“党建新风”栏目结合全市党员干部教育重点，进行改版和调整，突出栏目整体性、主题性、连续性和计划性。2009年，各区县利用远程教育平台开展农村党员干部群众农村适用技术和农民工技能等培训。全市开展服装制作、厨艺等农民工专题培训58期，培训人员5300人次，发放资料2000余册，60%的参训人员走上新的工作岗位。2010—2011年，利用远程教育终端站点、“眉山党员干部现代远程教育网站”宣传报道“第三批学习实践活动”“学习沈浩先进事迹”“创先争优”“纪念中国共产党成立90周年”“领导班子换届”等党的重大活动，指导各站点及时下载相关学习课件，向全市各乡镇、村下发1500余张《第三批学习实践科学发展观活动声像材料》光碟，组织党员干部群众集中学习1.3万场次，受教育党员干部群众30余万人。2012年，全市利用远程教育终端站点组织党员干部群众学习8000场次，受教育党员干部群众25万人次。

集中教育。1999年，眉山地区在县级以上党政领导班子、领导干部中开展以“讲学习、讲政治、讲正气”为主要内容的党性党风教育。学习邓小平理论和中共十五大精神，促进党员领导干部坚定建设中国特色社会主义信念和全心全意为人民服务宗旨意识。2000年，全市开展“三个代表”重要思想学习教育活动。各县（区）委举办乡镇和县（区）部门的主要领导干部培训班，市委组织部、市委宣传部牵头成立“三个代表”重要思想学习教育宣讲团，前往各县（区）巡回宣讲。2001年，眉山市在村党支部、村委会和村集体经济组织领导班子及其成员、乡镇站所全体干部职工中开展“三个代表”重要思想学习教育活动。通过学习、对照检查、召开民主生活会，查找存在的突出问题，搞好整改落实。2002年，在全市党员队伍中实施“党员先锋工程”，通过双向培养、农村党员信息技术培训、党员示范行动、党员先进性教育、党员分类管理和建立健全党员激励机制等，提高党员素质，组织和激励全市党员在实现眉山跨越式发展中自觉实践“三个代表”重要思想，争做“时代先锋”。全市在农村和街道培育党员示范户233户、党员示范窗口5000个，示范村（街道）200个，示范班组100个。2005年，市委下发《关于开展以实践“三个代表”重要思想为主要内容的保持共产党员先进性教育活动的意见》，分三批在全市223个党委、168个党总支、5385个党支部、13.4万名党员中开展以学习实践“三个代表”重要思想为主要内容的保持共产党员先进性教育活动（以下简称“先进性教育”）。主要对象为党政机关、街道（社区）、社会团体、学校、医疗卫生等企事业单位，以及农村基层党组织和党员。至2006年6月活动结束。“先进性教育”采取领导讲党课、专家讲理论、典型讲事迹、自己讲体会和开展保持共产党员先进性大讨论等方式，组织党员开展学习培训。开展征求意见、交心谈心、撰写党性分析材料、召开专题组织生活会（支委会）、意见反馈、通报评议等，开展党员作风政风行风教育整顿。全市建立党员领导干部联系点2100余个，抽调党员干部4958人驻村，落实市县部门联系村，乡科级党员干部讲党课1366场次，1400余支宣讲团、文艺宣传队开展宣传辅导4000余场次，党员受教育面100%。开展“部门帮村、党员帮户”活动，全市各级党员干部捐款捐物161万元，走访慰问困难群众2万余户，发放慰问物资499万元；结对帮扶困难群众1.8万户，解决实际困难1.3万个。各级领导班子制定落实整改措施7622条，各级党委、政府投入资金1.85亿元，为群众做好事、办实事、解难事2.6万件，群众满意率97.55%。2009年，在全市开展学习实践科学发展观活动。市委作出《关于坚持科学发展造福眉山人民的决定》，提出“经济繁荣、政治清明、社会和谐、人民幸福”四大目标。在900余名副县级以上党员干部中开展“讲党性、守纪律、保廉洁”专项教育等活动；建立党员领导干部联系点1285个，加强活动具体领导和指导；举办各种形式的集中学习1.18万场次，辅导报告4800余场次；市委召开13个座谈会，征求发展、稳定、民生等方面的意见建议102条；查找并解决问题1万余件，出台“保增长、保民生、保稳定”政策措施2800余项。各地各单位整顿软弱涣散、作用发挥不明显党组织125个。参加单位3759个、基层党组织2235个、党员24.2万人，各参学单位学习实践活动群众满意率95%以上。2010年5月，以“深入贯彻科学发展观、强力掀起‘六大高潮’、奋力推进‘四大目标’”为主题，开展“创先争优”活动。市委、市政府下发《关于深化创先争优活动加强乡镇建设的意见》，全市县（区）党政机关与社区，市、县（区）党政机关党员与社区党员开展结对共建，各级党员领导干部前往2198个联系点指导点评4600余人次，帮助解决活动开展等困难和问题1600余个；设置党员示范窗口3452个，示范岗2.24万个，示范车间、班组1328个。至2012年，全市5000余个基层党组织、15万余名党员履职尽责创先进、立足岗位争优秀。四川丹甫制冷压缩机股份有限公司党委被评为全国先进基层党组织、四川达宽律师事务所党支部被评为全国创先争优先进基层党组织、吴菊芬等6人被中共四川省委表彰为创先争优优秀共产党员、东坡区白马镇龚村村党支部等16个基层党组织被中共四川省委表彰为创先争优先进基层党组织、彭山县委被中共四川省委表彰为创先争优先进县委。

（四）干部培训

干部培训包括组织调训、主体培训、专题培训、自主选学、在线学习。

组织调训　组织调训指四川省委组织部或省级以上部门组织的培训。2002年，市委规范领导干部参加省及其以上培训审批权限，规定厅级、正县级领导干部调训由市委书记、市长审批，副县级、科级干部调训由市委组织部部长审批。2009年起，中共四川省委组织部分批调训乡（镇）党委书记。截至2012年年底，四川省及其以上部门调训眉山市干部1070人次，其中乡镇党委书记64人。

主体培训　主体培训由市委组织部牵头，市委党校或其他干部培训基地承办。1997年起，地委组织部门牵头举办主体培训活动。举办的主体培训班有清华大学高级研修班、中国浦东干部学院县处级领导干部培训班、四川大学科级领导干部培训班、新任副县级干部培训班、党内党外中青年干部培训班、区县部门局长（正职）轮训班、乡镇党委书记轮训班、选调生培训班、科级女干部培训班。选调生培训班、科级女干部培训班原则上每两年举办一次。2010年起，眉山市不再专门举办县（区）部门局长（正职）轮训班和乡（镇）党委书记轮训班，有计划地选派乡（镇）党委书记、乡（镇）长、县（区）部门局长参加四川大学科级领导干部培训班培训。截至2012年年底，全市共举办各类主体培训班76期，培训科级以上领导干部6475人。

专题培训　专题培训通常由组织部门计划，市级相关部门组织实施。1997—2012年，眉山市市级各部门举办各类专题培训2000余期，培训干部112万余人次。培训内容包括学习贯彻中共十七届四中全会精神、构建社会主义和谐社会、社会主义新农村建设、新型工业与可持续发展、企业融资、企业改革与发展、扩大内需和灾后恢复重建项目引进暨招投标、人才战略与人力资源开发、依法行政、统筹城乡发展、招商引资、文化旅游、现代畜牧业、世界贸易组织知识与规则、应急管理、社会管理以及各个时期中共中央、四川省委重大会议精神学习贯彻培训等。

自主选学　2006年，眉山市建立干部自主选学机制。通过建立点题听课、比选培训、数字化选学等机制，丰富培训载体，拓宽培训渠道，扩大培训覆盖面。2009年，市委组织部鼓励引导基层党员干部参加高等教育乡村管理专业自学考试。2010年，市委组织部、市委党校采取集中授课方式，在市级部门县级干部中开展自主选学，要求县级干部从组织提供的10门课程“菜单”中，自主选择3门培训课程。开发自主选学网上选课报名系统，将自主选学信息在选课系统上公布，由干部自主选择培训课程、培训师资、培训时间。举办“东坡讲坛”10期，邀请四川省委党校、四川大学等专家学者到眉山授课，培训市级部门县级干部3000余人次。东坡区创办“眉州大讲堂”，彭山县创办“锦江大讲堂”“视频课堂”，丹棱县创办“为学堂”“大雅讲堂”，洪雅县创办“洪州大讲堂”，青神县深化“干部大讲堂、小讲堂”，市委政法委深化“政法大讲堂”。来自国家行政学院、清华大学、浙江大学等著名高校和干部院校的专家学者60余人到眉山讲学，培训干部10余万人次。2011年后，按照经济社会发展需要和干部培训需求，“东坡讲坛”拓展规模和内容。市委组织部、市经信委创办“工业大讲堂”，4个单位分期承办；市委组织部、市农工委创办“三农大讲堂”，8个单位分期承办。2012年，市委组织部、市财政局创办“财经大讲堂”，8个单位分期承办；市委组织部、市委宣传部创办“文化大讲堂”，8个单位分期承办。

在线学习　2005年，以省委组织部“四川干部在线学习城”为载体，推行干部在线学习培训。眉山市委组织部每季度结合全市经济社会发展需要和中心工作推荐学习篇目，引导干部在线自学。科级以上干部规定每月至少访问在线学习城5次以上，年访问次数60次以上的，积分3分。2010年，将在线学习作为“东坡讲坛”重要学习形式，规定县级干部参加在线学习1学时积0.5分。每年督查通报全市干部在线学习情况2次。2012年，试行应用全省干部教育培训综合智能化信息管理平台并逐步推广在线学习。截至2012年年底，全市累计点击50万余次。

干部教育激励约束　2000年，眉山地区在各级党组织中开展“西部大开发，党员怎么办”大讨论活动，鼓励党员争做“五个模范”（学习贯彻中央、四川省委、地委关于西部大开发和眉山大发展重大决策和方针政策的模范；解放思想，更新观念，开拓创新的模范；刻苦学习科学理论和现代科技知识，努力提高建功立业本领的模范；艰苦奋斗，真抓实干，争创一流业绩的模范；做弘扬社会主义道德，推进社会主义精神文明建设的模范），实现“五个一”［农村党员提一条合理化建议、掌握一门“高、特、新”实用技术、发展一个生产项目、办一件群众满意的实事、联系一户困难户；企业党员提一条建设性意见和建议、熟练掌握一门岗位技能、办一件党组织和企业满意的实事、联系一名下岗（困难）职工、参与一项企业宣传活动；机关党员提一条合理化建议、精通一门岗位业务、办一件勤政为民的实事、联系一名失学儿童（下岗职工、贫困户）、参与一次服务基层的调研行动；学校、科研单位党员提一条合理化建议、培养一批优秀学生、联系一名贫困学生、办一件党组织和人民群众满意的实事、参与一项“科教兴眉”行动］目标。2001年，市委组织部制订《眉山市干部教育培训积分管理暂行办法》，建立干部培训积分登记卡，实行“一人一卡，一年一结”，量化考核干部培训情况，将干部培训积分作为单位领导班子年度考核，干部使用和奖惩重要依据之一。所在单位未完成培训任务和未按规定履行职责的，当年领导班子年度考核不得评为优秀；干部本人未完成培训积分的，暂缓提拔使用，不得评先评优。市委在全市基层党组织和党员中开展“我为党旗添光彩”活动。2002年，全市试行拟任县处级党政领导职务政治理论水平任职资格考试制度。2005年，全面推行拟任县处级党政领导职务政治理论水平任职资格考试。2006年，市委组织部、市财政局制发《关于市级机关在职工作人员参加学历教育的补充规定》，鼓励在职干部参加学历教育，采取财政、所在单位、干部个人各负担1/3的学费补助政策和干部参加自学考试、职业资格考试2000元政策奖励，调动干部学习积极性。2009年，市委组织部制定《眉山市深化干部教育培训改革实施办法》，将理论素养和学习能力作为选拔任用领导干部重要依据，干部学习培训情况作为领导班子和干部考察、年度目标考核重要内容，规定理论素养差、学习能力弱的干部不得提拔使用。截至2012年年底，全市3135人次报名参加拟任县处级党政领导职务政治理论水平任职资格考试，合格2067人次。县级干部230人取得研究生以上学历，占全市县级干部总数的23.4%。

（五）干部监管

1999年，眉山地委组织部建立干部监督联系通报制度，建立地委组织部、纪委、监察局、人事局等部门联席会议制度，交流、通报领导干部任期经济责任审计情况，研究、解决领导干部任期经济责任审计中出现的问题。2003年，眉山市委组织部建立干部监督工作督查员制度。从离开领导岗位的厅（局）级、县（处）级领导干部中聘请干部监督工作督查员，加强党政领导干部选拔任用工作监督检查。至2012年，市委组织部聘请干部监督工作督查员5批20人次。

干部选拔任用监督　1998年，眉山地委组织部设立干部监督举报电话和举报信箱。受理反映领导班子、领导干部以及组织人事部门违反党的路线方针政策和纪律，特别是违反干部选拔任用工作有关规定的举报。当年，地委抽调组织、纪检、人事部门人员集中检查各县贯彻执行《四川省党委组织部门干部监督管理工作办法（试行）》情况。1999年，全区实行提拔担任县级领导职务的干部相关情况任前公示，接受群众监督。地委组织部建立有选择地列席县委常委会讨论任免会议的制度。当年，地委组织部列席眉山县、仁寿县、洪雅县、丹棱县四县县委常委会讨论任免干部会议。2002年，眉山市委组织部建立群众举报来人来访登记、案件调查、回避等制度，规范群众举报调查处理工作。2003年起，市委组织部每年集中检查部分县（区）委、市级部门（单位）党组（党委）干部选拔任用工作情况。在眉山电视台和《眉山日报》公告干部监督举报信箱和举报电话，指导各县（区）设立举报信箱和举报电话，加强对领导干部的群众和社会监督力量。2005年，市委组织部综合检查监督干部选拔任用工作全过程，明确每一个工作环节的监督工作重点和相应的监督制度。市管干部实行任前公示。2006年，全市实行严重违规用人问题立项督查制度，立项督查群众反映领导干部严重违反组织人事纪律，特别是性质严重、内容具体、线索清楚的举报。2007年，市委组织部有选择地列席下级党委（党组）讨论干部任免会议制度范围扩大到市级部门党组（党委），规定列席讨论干部任免会议每个区县原则上一年不少于一次。2008年，市委开展干部选拔任用工作“一报告两评议”（地方党委常委会向全委会报告年度工作时专题报告干部选拔任用工作情况；全委会委员对干部选拔任用工作情况和本年度新提拔的党政主要领导干部进行民主评议）。由市委全委会市委委员、候补委员审议市委干部选拔任用工作情况报告，民主评议和无记名投票测评市委干部选拔任用工作及新提拔的正县职干部。2009年起，市委组织部每年随机抽查30个左右市级部门党组（党委）

干部选拔任用工作的情况；开通互联网“监督举报箱”，构建信访监督、电话监督和互联网监督“三位一体”举报平台。各县（区）委和74个有用人权的市级部门（单位）开展干部选拔任用“一报告两评议”。2010年起，县（区）委常委会每年向全委会报告工作时，专题报告年度干部选拔任用工作情况，并在一定范围内接受对本级党委干部选拔任用工作和新选拔任用领导干部的民主评议。民主评议满意度明显偏低、干部群众反映强烈的，经组织考核认定后，按照规定追究有关人员的责任，并督促整改。市委组织部组织将交流任职的洪雅县委书记和丹棱县委书记离任检查，及时向离任县委书记、继任县委书记和所在县委反馈检查情况，整改检查中发现的不足。2011年，眉山市严格执行县（区）乡（科）级领导干部职务任期规定，在一个任期内因工作特殊需要调整的乡镇党政正职人数，一般不得超过乡（镇）党政正职总数的1/3。

党员和领导干部日常监管　1997年，眉山地委制定《县级领导干部谈话制度》，地委和地委组织部负责对提拔、停职、免职、降职、撤职和其他正常工作变动副县级以上干部和地属企业正职任免谈话一次；地区纪委负责对新提拔的干部进行廉政谈话。地委、地委组织部及相关干部主管部门负责对够不上党纪、政纪、法律处分，但影响不好的县级领导干部实行诫勉谈话。1998年，地委制定《县级领导干部思想作风建设四项制度》，规定县级领导干部涉及个人建房、买卖商品房等事项，须以书面形式向地委组织部报告；申报收入情况。2004年，眉山市委组织部制订《眉山市新提拔县级领导干部任职承诺暂行办法》，实行新提拔的县级领导干部就职时作任职承诺，未履行承诺或履行承诺不好的领导干部，作“黄牌”警示、取消试任职务、引咎辞职、责令辞职、降职、免职等处理；建立县级领导班子和领导干部“黄牌”警示制度，实行县级领导班子和领导干部有贯彻落实市委、市政府工作部署不力，抓工作不落实，半年未完成市委、市政府下达的主要目标任务等9种情形，给予“黄牌”警示。2007年，眉山市实行党员领导干部个人有关事项报告制度，每年集中报告一次上年度个人有关事项。当年，全市县处级领导干部661人集中报告个人有关事项。2009年，市委制订《眉山市县级领导干部谈心谈话暂行办法》，市委书记每年与县（区）委书记、县（区）长至少谈心谈话1次；分管市领导与其分管的市级部门正职每年至少谈心谈话1次，根据需要与分管部门副职谈心谈话；县（区）委书记、市级部门正职每年与班子成员至少谈心谈话1次。谈心谈话主要包括领导干部交心谈心、组织约请谈心谈话、提醒谈话、激励谈话、任免谈话、诫勉谈话。以上制度延续至2012年。

经济责任审计　1999年，眉山地委办、行署办印发《眉山地区党政领导干部任期经济责任审计办法（试行）》，明确党政领导干部任期经济责任审计范围。2000年起，地委组织部委托地区审计局开展党政领导干部经济责任审计。2001年，眉山市企业领导人员纳入审计范围。2002年，全市进一步明确审计对象的管辖权限，原则上对任职期较短，所在单位会计核算不独立等审计对象不再安排审计。2003年，全市首次公告县处级领导干部经济责任审计结果，向市委政法委集中通报政法系统县级领导干部16人经济责任审计情况。2005年，市委决定，县（区）委书记、县（区）长，以及财政、交通、规划建设等19个资金流量较大的市级部门主要领导干部，原则上每两年任中审计一次。至2006年，通过市级新闻媒体向社会公开领导干部15人任期经济责任审计发现的主要问题。2009年起，开展全市村（社区）干部任期经济责任审计试点。市委管理的党政机关、审判机关、检察机关、群众团体和事业单位主要负责人调任、转任、免职、辞职等，必须及时办理离任经济责任事项交接手续。2010年，全市实行县级领导干部任期经济责任告知，由市委组织部以书面形式告知领导干部任期内应当履行的经济责任。乡（镇）政府（街道办事处）在相关职能办公室挂审计站牌子，审查村（社区）干部任职期间财务收支、个人有无侵占集体资产、村（居）民个人资金、违纪违规行为。要求仁寿县完成50%村（社区）干部任期经济责任审计。2012年，召开眉山市经济责任审计工作联席会议，规范村（社区）干部任期经济责任审计操作程序。截至2012年年底，全市共开展领导干部经济责任审计172人次，其中企业法人代表4人，延伸审计县（处）级领导干部4人。

干部考评　1999年起，眉山地区实施党政干部政绩考核。2005年，眉山市委半年分析和年度分析县级领导班子和领导干部情况，德才素质和现实表现与履行岗位职责不相适应的领导干部，或者因客观原因难以胜任现职岗位要求的领导干部，经考察、考核认定后调整。当年起，眉山市每年评选表彰“四好”领导班子10个、优秀正县级领导干部10人、优秀副县级领导干部20人；每2年评选表彰优秀乡（镇）党委书记和优秀乡（镇）长各10人，及时提拔使用。2008年，市委对新提拔县级领导干部，在任职满半年和一年后实施任职回访评鉴，任职回访评鉴结果运用到领导班子建设和领导干部管理，重点关注、重点培养优秀年轻干部和干部任职后出现的倾向性、苗头性问题；不适宜担任现职的交流调整。当年起，结合年度考核，开展领导班子和领导干部民意调查。县（区）党政领导班子和领导干部每年一次；市级部门县级领导班子和领导干部每两年一次，市政府具有行政审批和与群众生产生活密切相关的部门每年一次。市委每年在全市在任且连任1年以上的乡镇（街道）党委书记中评选表彰优秀乡镇（街道）党委书记10人。2009年，全市建立促进科学发展的党政领导班子和领导干部考核评价机制，进一步完善考核评价内容，健全考核评价方式，扩大考核评价民主，强化考核评价结果运用。2011年，市委建立和完善领导班子和领导干部定期民意调查、新提拔任职领导干部任职回访评鉴、领导班子运行情况定期分析、委任制干部民主推荐权重制等配套办法10余个，初步形成系统配套、科学规范的领导班子和领导干部考核评价制度体系。在全市评选表彰“四好”领导班子22个、优秀县级领导干部43人、优秀乡镇（街道）党（工）委书记10人。2012年，眉山市探索干部“德”的考核评价机制，将干部“德”作为单项内容，所有交流提拔对象谈话考察，突出对干部“德”的了解。当年新提拔的干部205人和县级党政领导干部700余人实行“德”的考核考察评价反向测评，考核结果作为使用干部重要依据。

落实村（社区）干部待遇　1997年起，眉山地区逐年增加全区村（社区）干部基本报酬和村（社区）办公经费。2003年，眉山市建立村组干部专项救助资金，及时救助遇到特殊困难的村组干部。各县（区）按照大县20万元、中等县15万元、小县10万元标准筹集救助资金，采取滚动方式，每年救助资金基数不降低。2007年，全市建立村（社区）干部基本报酬正常增长机制，各县（区）在落实省定最低标准基础上，结合村（社区）经济发展水平等因素，确定村（社区）干部误工补贴具体标准，并随经济发展适时提高补贴标准。2008年，各区县制定政策，采取财政适当补助方式，为在职村主要干部5000人办理基本养老保险，实现村干部“离职有保障”。2009年，全市分平原、丘陵、山区三类不同标准确定村干部基本报酬。2010年，各县（区）建立村（社区）干部离职生活补助制度，按照每任职一届每月不低于10元标准，为中华人民共和国成立以来正常离职村（社区）干部发放生活补助。村（社区）书记、主任每任满一届每月12元~15元，其他干部每任满一届每月10元，受县（区）、市委、省（部）和国家级表彰的每月增加1元~20元不等。2011年4月起，增加村（社区）干部月基本报酬。各区县村干部基本养老保险缴费基数均按上年度全省城镇职工平均工资的100%，财政补助额度按保费总额的60%执行。2012年，全市分平原、丘陵、山地和少数民族地区四种类型分别确定村干部基本报酬及办公经费补助标准，每村按4职核定，每月平原地区书记1220元、主任1100元、其他干部980元；丘陵地区书记1000元、主任900元、其他干部

800元；山地地区书记900元、主任820元、其他干部720元；社区书记2400元、主任2200元、其他专职干部2000元。每个社区核定3职，村（社区）组干部按平原及少数民族地区每月400元、丘陵地区每月365元、山地地区每月350元，每组按组长1职核定。

四、老干部工作

1997年起，地（市）委老干部局严格执行干部离退休制度，建立老干部“两费”（离休费、医药费）落实和“三个保障机制”，不断加强退休干部服务管理，组织引导离退休干部活动和发挥作用，让广大离退休干部“老有所养、老有所乐、老有所学、老有所为”。

（一）离退休干部数量

1997年，眉山地区有离休干部499人，其中老红军2人、老八路49人、（市）厅级12人、县处级198人、其他238人。县处级及以上退休干部145人。2012年，眉山市有离休干部231人，其中（市）厅级34人、县处级43人、其他154人。县级及以上退休干部845人，其中正厅级13人、副厅级25人、县处级807人。

（二）离退休干部管理机制

1997年，地委老干部局主要管理地属企事业单位离休干部，各县委老干部局主要管理离休干部和担任过实职的县级退休干部以及部分机构改革退下来享受副县级的退休干部。地委建立老干部工作领导负责制，明确市委书记负总责，分管副书记具体负责，班子成员按分工负责，成立地委老干部工作领导小组，由分管党务的副书记任组长，组织部部长任副组长，劳动局、财政局、人事局、卫生局、民政局、经委、老干部局负责人为成员。各县建立相应领导负责制，成立领导小组。书记、副书记每年至少专题听取、研究老干部工作两次，领导小组每年至少召开两次会议研究老干部工作。2000年起，地（厅）级退休干部纳入地委老干部局管理。2003年起，市属破产转制企业和部分事业单位离休干部移交市委老干部局直接管理。2012年，市委老干部局直接管理9个市属企事业单位35名离休干部。

（三）离休干部政治生活待遇

政治待遇　1997年起，一般每月政治学习。学习传达中央、省、市重要文件、会议精神。为离休干部订阅一报一刊。每季度或半年组织一次情况通报，由党委、政府领导通报经济建设和社会发展情况。重要会议和重大庆典等邀请老干部参加或列席，重大决策征求老干部意见，重要干部推选请老干部投票。一般每届组织一次省外参观考察。开展离休干部走访慰问。2000年春节，地区“四大班子”领导与地级有关部门负责人分成两个慰问组，分别慰问全区33名老红军、红军遗孀和地（厅）级老干部。2001年后，每名市级领导联系1名~2名老干部，每年逢年过节登门拜访，生病住院看望慰问，帮助排忧解难。2003年，每年春节市领导对老干部的慰问改为走访和茶话会的形式交替进行。2004年起，市委老干部局每年走访或以座谈会形式慰问直接管理的离休干部。2005年，市委老干部局组织直接管理的离休干部22人前往北京参观考察。至2012年，组织3次离休干部到峨眉疗养院疗养。

生活待遇　主要包括离休费、生活补贴、护理费、交通费、电话费等。1997年起，眉山地区按中央和省上文件规定适时调整离休干部生活待遇标准。全区行政和全额拨款事业单位离休干部的离休费列入财政预算安排，由原单位按月发放；差额和自收自支事业单位及市（地）属企业离休干部的离休费全部按每人5万元~6万元的标准一次性纳入社会统筹，由社保部门按月发放。医药费列入财政预算安排，由医保部门（财政局）按规定实报实销。差额和自收自支事业单位及市（地）属企业离休干部的医药费按每人7万元的标准实行单独统筹，由医保部门按规定实报实销。财政对破产转制企业、特困企业和部分效益不佳的事业单位离休干部的“两费”拖欠实行兜底；对破产转制企业在清偿过程中欠缴的离休干部“两费”统筹资金实行补贴；对破产转制企业和部分事业单位离休干部非统筹项目费用（包括地方生活补助和年终慰问金）实行包干。当年，财政担保向银行贷款解决部分地属企业离休干部“两费”拖欠40万余元。1998年，探索建立离休干部“两费”落实保障机制，1999年，按照“分级负责，分级管理，区别对待，一厂一策”原则，对企业离休干部离休费、医药费实行一次性社会统筹和单独统筹。各县参照建立相应“两费”保障机制。2000年，补充完善破产转制企业离休干部在“两费”统筹过程中出现的问题。2003年起，眉山市对市属事业单位离休干部“两费”落实作出规定。至此，眉山老干部“两费”落实“三个保障机制”得以确立和完善。2006年起，离休干部享受地方生活补助，2009年按机关退休人员同职级、同标准、同步执行原则调整。2010年9月，全市建立老干部特殊困难帮扶机制。市级每年由财政落实帮扶资金18万元，用于解决老干部临时性的特殊困难。青神县委老干部局采取财政出一点、民政拿一点、党费给一点的办法，筹集5万元帮扶专项资金，设立专户，独立核算，结余留用，次年补足。其他区县建立相应困难帮扶机制。2011年起，离休干部每年按在职干部目标奖的一定比例发给慰问金。至2012年，眉山市为老干部206人提供帮扶资金46.53万元。

（四）退休干部管理

市（厅）级退休干部管理　2000年起，眉山地委、地委组织部对市（厅）级退休干部的服务管理和逝世后丧事办理的有关问题作出规定，明确市（厅）级退休干部纳入老干部局管理，其政治待遇不变，生活待遇适当照顾；厅级退休干部逝世后，丧事从简，不开追悼会。规定管理活动费、电话费、交通费、年终目标奖等待遇。老干部局每个月组织市（厅）级退休干部学习、活动一次，每年组织就地就近参观工农业建设一到两次，每年组织出省参观考察、健康疗养一次。

县处级退休干部管理　2002年6月，市委组织部明确县级退休干部日常服务管理工作由原单位负责。2008—2010年，市委组织部连续三年发文规范市级县处级退休干部服务管理工作，要求对县处级退休干部政治上关心，生活上照顾，待遇上按有关规定执行，明确县级退休干部的报刊费、活动费、外出参观考察费和年终目标奖的发放标准。2009年3月，市委对部分正县级退休干部的医疗待遇提出照顾意见。

（五）重要活动

1998—2000年，眉山地区连续3年组织全区老干部门球和棋牌等比赛。举办全区离退休干部庆祝中华人民共和国成立50周年大型文艺演出。2004年，眉山市举办老干部书画联展，展出作品1016幅。2005年，召开全市纪念抗日战争暨世界反法西斯战争胜利60周年老干部座

眉山市举行重阳节厅级退休老干部座谈会（摄于2006年10月）

谈会，为14名抗日战争时期参加革命工作的老同志颁发抗日战争勋章和慰问金。2011年，开展纪念中国共产党成立90周年主题活动，编纂、出版回忆录《激情岁月·光辉历史》。2012年，开展迎接中共十八大召开系列活动。举办川中南七市老年书画联展和全市第四届老年人运动会。召开纪念干部退休制度建立30周年座谈会，表彰奖励专职老干部工作人员和“老有所为先进个人”“为老服务先进集体和先进个人”。举办“老年人永远跟党走”大型文艺演出和“喜迎十八大·翰墨抒情怀”书画作品展，中央电视台等媒体记者关注。

（六）作用发挥

1997年起，地委老干部局通过构建平台，创新载体，开展活动，典型引领等途径，组织老干部发挥作用。2012年，成立14支老干部志愿者服务队，开展“送文化下乡”“老干部牵手留守儿童”、进社区宣讲中共十八大精神、宣传《中华人民共和国老年人权益保障法》等活动。截至2012年年底，全市有各种涉老组织31个，有80余名离退休老同志在各涉老组织任职，200余名老干部担任离退休党支部书记、副书记、校外辅导员和党纪、党风廉政监督员；80余人参加老年民事纠纷义务调解队，提供免费法律咨询服务；48人从事种植、养殖业技术服务。

第二节　纪律检查工作

1997—2012年，眉山市纪检监察机关加强监督检查，强化监督管理，严肃办信查案，始终保持惩治腐败高压态势。查处一批在省内有影响的大案要案，为国家和集体挽回大量经济损失。坚持纠建并举，深入开展专项治理，纠正损害群众利益的不正之风。着力解决乱收费、乱罚款、乱摊派、上学贵、看病难、拖欠农民工工资、环境污染等问题，减轻农民负担和企业负担，维护群众合法权益，增强群众对反腐倡廉建设的信心，密切党和政府与人民群众的联系，促进全市经济社会快速健康发展。

一、反腐倡廉宣传教育

1997—2012年，眉山市（地）纪委、监察部门加强反腐倡廉宣传组织领导，强化队伍、阵地和制度建设，运用多种手段和方式开展反腐倡廉宣传，营造“廉荣贪耻”氛围。

（一）反腐倡廉宣传

全市通过报纸、电视、互联网、党政网开辟专栏宣传反腐倡廉工作，正面引导社会舆论。

1999年，地区纪委、监察局在《眉山日报》开设反腐专栏，在眉山电视台开设“警钟”栏目。2002年，在四川党政网上制作“中共眉山市纪委、眉山市监察局”网页，公开发布眉山纪检监察工作信息。在眉山市举行四川省党风廉政建设和反腐败成果巡展，多家新闻媒体跟踪报道。2003年，眉山市将反腐倡廉宣传教育工作纳入部门党风廉政建设责任制年度考核。建立反腐倡廉宣教工作联席会议制度，明确相关部门职责。2004年起，在互联网建立“眉山市纪委、市监察局”网站，在眉山市党政网开辟“廉政影院”，播放党风廉政教育片。2005年，市纪委、监察局重点宣传贯彻《建立健全教育、制度、监督并重的惩治和预防腐败体系实施纲要》（以下简称《实施纲要》）。组织部门、党校将《实施纲要》列入培训课程。各级新闻媒体刊登宣传眉山党风廉政建设的稿件1870篇（次）。2006年，中央电视台、新华社刊载、报道眉山“树荣辱观、唱正气歌”主题活动、《四川洪雅县对乡镇离任干部测口碑》等反映党风廉政建设新闻和严肃换届纪律、加强廉政文化建设、治理发展软环境、“眉山建市五周年庆专页”等宣传稿件。以“保持党的建设先进性”为主题，在纪检系统开展征文比赛，形成理论文章566篇，评选优秀论文18篇。

市纪委在青神县瑞峰镇天池村开展反腐倡廉教育宣传（摄于2012年6月）

2008年，重点宣传2008年“5·12”汶川特大地震抗震救灾期间纪检监察干部全力监管救灾物资事迹。2009年，在《眉山日报》新增“监督在线”栏目。改版升级原有互联网页，开通“眉山廉政网”。东坡区、青神县等区县在互联网开通专门纪检监察网站，开展网上宣传。2011年，改版升级“眉山廉政网”，办好《眉山日报》“监督在线”“廉政建设”等专栏。宣传中共十七届中央纪委六次全会、中共中央总书记胡锦涛重要讲话和中共四川省纪委九届七次全会精神、市三次党代会精神。2012年，制订《眉山市党风廉政网络舆情信息管理及处置办法（试行）》《眉山市反腐倡廉突发网络舆情处置应急预案》，将人民网、央视国际等18个网站列为重点监控网站，将群体性突发性事件中涉腐涉纪问题等6个方面列为重点监控内容，健全完善党风廉政网络舆情监控、引导、处置机制。市纪委、市监察局重点开展规范砂石资源市场秩序、文化市场整治、软环境建设重点工作专题宣传。

2000—2012年，全市各级纪检监察机关在中央、省、市、县报刊、电台刊播、发表各种文章、新闻、消息等稿件4785篇。其中中央级新闻媒体刊播发253篇、省部级新闻媒体529篇、市级新闻媒体2219篇、县级347篇；公开发表理论研究文章30余篇。

（二）反腐倡廉教育

1997年起，眉山地委、地区行署制定领导干部廉洁从政法规知识考试、党风党纪主题或专题教育活动、领导干部廉政学习教育情况记入个人廉政档案、党政主要领导讲廉政党课等党风廉政教育制度。建立健全教育制度，开展法规教育、主题教育、典型教育，提高教育针对性和实效性。1998年，地区监察局在全区开展《中华人民共和国行政监察法》知识竞赛活动。1999年，全区将4月定为“党纪条规学习月”，在眉山电视台播发《中国共产党纪律处分条例》电教片。地区行署举办学习《中华人民共和国行政监察法》知识讲座。2000年，地区纪委、监察局组织全区县处级干部452人参加法纪考试，参考率98%。组织地级机关干部接受爱岗敬业和艰苦朴素教育；利用当地勤政廉洁的典型教育广大党员干部；利用书刊、影视作品开展警示教育，全区征订《警钟》《标本兼治》等书籍1500余册、《胡长清案警示录》等电教片100余盘（碟），组织观看《生死抉择》等。

2002年，眉山市纪委、市委组织部制作警示教育电教节目3期在眉山电视台播出，向市级部门和区县下发电教片。2003年，全市组织勤廉兼优“十佳先进个人”事迹报告会，宣传刘国民、林顺双、邓全春、陈文俊等先进人物，党员干部参加报告会接受教育。组织全市科级以上干部廉洁从政知识测试。2004 年，市委集中市级领导干部、市级部门和区县党政“一把手”召开警示教育大会，观看中共四川省纪委录制的警示片《覆辙之鉴》，市委书记余斌作警示教育讲话。2005 年，市纪委、市监察局组织开展理想信念、权力观、革命传统、反腐倡廉形势教育。向全市县级领导干部寄发“廉政贺卡”；在全市科级以上领导干部中开展“读书思廉”“廉洁从政”征文、“访贫思廉”等活动，组织党员、干部观看电教片《汉源事件的背后》。2006 年，反腐倡廉教育纳入全市公务员、后备干部、初任公务员轮训培训考核计划，开设专门课程，强化教育；将“八荣八耻”作为党员干部思想教育主要内容，在领导干部中开展权力观、政绩观教育。各级党组织集中组织观看《居安思危》《忏悔录》《慎权》等警示片和反腐倡廉大型话剧《春寒惊雷》。2007 年，眉山市实行各级党政主要领导以反腐倡廉建设为主题讲廉政党课。建立“眉山监狱”廉政警示教育基地，组织干部接受警示教育；每月向全市副县级以上领导干部发送廉政短信，教育警醒干部。至 2008 年，全市各级党政主要领导讲廉政党课 100 余场次。

市廉政警示教育基地揭牌仪式暨首场警示教育活动在眉州监狱举行（摄于 2012 年 5 月）

2009 年，市委印发《关于加强和改进新形势下党的建设的意见》，完善领导干部党风廉政教育制度。市委在全市开展“讲党性、守纪律、保廉洁”专项教育，提出“廉洁是硬纪律”“干成事、不出事、出经验”。2010 年，全市将廉政准则纳入各级党委（党组）中心组学习内容和各级党校教学计划。2011 年，建立“领导干部苗头性问题早发现、早提醒、早纠正”预警机制，推行上级纪委负责人给下级四大班子成员集体谈话等教育监督模式；组织全市党员干部收看警示教育专题片 800 余场，发放警示教育片 2000 余部。2012 年，在全市开展“能力素质建设、思想作风建设、基层组织建设”及廉政警示教育和保持党的纯洁性主题教育活动。开展示范教育、警示教育和岗位廉政教育，将培育廉洁价值理念贯穿于党员干部培养、选拔、管理和使用的全过程。

二、腐败预防与惩治

（一）廉政文化建设

2004 年，四川省纪委将眉山作为全省廉政文化进农村示范点，实践与探索廉政文化建设。2005 年，眉山市被中共四川省委确定为“廉政文化建设省级示范点”。市委下发《关于贯彻落实〈建立健全教育、制度、监督并重的惩治和预防腐败体系实施纲要〉的实施意见》，各级党委将推进惩防体系建设列入重要议事日程。开展农村廉政文化建设，编辑富有地方特色的农村廉政文化干部读本和群众读本，举行群众喜闻乐见的廉政文化活动，建设廉政文化阵地，建立健全廉政信访举报和处理机制，开展廉政文化建设先进典型的公开评比、表彰和宣传活动。开展廉政文化“五进”（进学校、进家庭、进社区、进农村、进企业）活动，举办廉政文艺演出，廉政文化主题竞赛活动，设廉政公益广告牌，建廉政文化教育基地，建立和完善廉政网站。2006 年，眉山市各级机关开展读廉书、唱廉歌、办板报、听报告、发短信、送台历等系列活动。全市纪检监察干部参加廉政优秀歌曲传唱，参加群众 3.28 万人次。中小学校举办“廉洁清风进校园”文艺会演，开展经常性廉洁教育。丹棱县创建“农村廉政文化大院”，青神县举办廉政书画展，作品送下乡。

2007 年，眉山市开展廉政文化“六进”（进机关、进家庭、进农村、进学校、进社区、进企业）活动。市妇联发出《给全市党员干部的一封信》倡议书，给领导干部家属公开签订“廉洁家庭”承诺书，部分区县评比表彰“十佳廉内助”。2008—2009 年，建立党务公开监督员制度和考核评价体系，开展干部选任工作“一报告两评议”，推行目标选人用人管人机制。成立市廉政文化宣讲团，分设机关分团、学校分团、企业分团、社区分团和农村分团，开展廉政文化宣讲活动，6 万余人受教育。建立三苏祠廉政教育基地，编写廉政教育读本《清廉东坡》2 万册印发党员干部，将苏东坡廉政思想和廉政事迹增添到三苏祠讲解词中，让游客“赏景知廉、聆听明廉、游后思廉”。建立廉政文化示范点和廉政文化大院。丹棱县实现廉政文化大院村村覆盖。组织机关单位和学校 100 余个 1.17 万人次参观三苏祠教育基地。2010 年，眉山市在乡（镇）、村（社）创办“廉政文化阅览室”“农村廉政夜校”，开辟“廉政文化学习园地”，设立“廉政文化宣传橱窗”“廉政回音壁”；在县城、市中心城区建设廉政公益广告一条街，利用街道电子屏幕和显示屏滚动播放廉政文化相关内容。2011 年，开展廉政文化进景区、进医院活动。在全市举办“纪委开放日”专题活动，邀请来自基层一线的党代表、人大代表、政协委员、教师、企业代表和社区居民、村民代表到纪检监察机关参观、座谈，制作工作成果、党纪政纪条规宣传展板在全市 131 个乡镇（街道）巡展，征求各方面对加强纪检监察干部队伍建设的意见和建议 56 条，接访 89 件（次），解答群众咨询问题 280 个。在沙坪劳教所建立眉山市青少年廉政警示教育基地，开展青少年廉政警示教育。三苏祠被中共四川省纪委命名为四川省廉政教育示范点。2012 年，党风廉政建设纳入市委“主动作为创一流”目标绩效考核。市政府将反腐倡廉工作列入年度目标任务，将牵头和参与的政务公开、机关行政效能建设等工作任务分解成 8 大项 62 小项。每年开展督促检查，将其纳入巡视工作重要内容。截至 2012 年年底，市纪委监察局组织党员干部 8000 余人前往眉州监狱廉政警示教育基地接受警示教育。全市建立健全廉政文化建设目标管理、考核评价和激励机制。

（二）腐败预防

眉山市通过实施厂务、党（政）务公开，建立行政服务中心、公共资源交易中心，加强行政审批和公共资源交易监管，实行联式审批、“一站式”服务，提高监督效能和办事效率，从源头治理腐败。

1999 年，眉山地区推行厂务公开。当年，全区 119 户国有、集体、国有控股企业实行厂务公开方案的 111 户。

2001 年起，眉山市建立行政服务中心，实行行政审批集中办理和逐步清理减少行政审批项目，实行项目绿色通道制度，规范减少办事程序。将市级部门保留的行政审批事项全部纳入市行政服务中心办理，市级 22 个单位 179 项审批事项集中到市行政服务中心，实行并联式审批、“一站式”服务。审查和确认市计划委员会等 15 个部门行政审批事项 260 项，取消审批事项 79 项，下放审批事项 28 项。眉山市被中纪委监察部确定为全国政务公开工作试点市，重点推行县级政权机关政务公开。2002 年，眉山市市级两次清理规范行政审批事项 386 项，保留 233 项，取消 115 项，下放 38 项。县（区）清理审批事项 2116 项，取消 229 项（自立项目 37 项全部取消）。至 2005 年，行政权力事项凡不涉及秘密的均公开。清理并公布全市保留的行政许可项目，保留行政许可296项，行政审批112项。2008年，眉山市被确定为四川省派出纪检监察机构改革试点市。成立眉山市公共资源交易中心，集工程建设招投标、土地矿权出让、政府采购、国有产权出让于一体。全面清理行政审批和公共服务事项，保留行政审批项目233项，减少342项，核减59.58%。实行重大投资项目全程代办的绿色通道制度，规定凡在眉山市境内投资500万元以上的基础设施项目和民生项目，1000万元以上的工业项目、农业项目，2000万元以上的商业项目，3000万元以上的房地产项目，均实行代办制。市监察局全过程监督项目办理。至2010年，全市所有乡镇（街道）均建立便民服务中心，村（社区）全部建立便民服务站，居民小组全部建立便民服务点，群众办事“大事不出村，小事不出门”。2011年，全市实行党务公开。当年，全市所有乡镇和1186个行政村中的1156个实行党务公开。至2012年，市交易中心实现网上报名、网上投标、网上缴纳保证金、网上开标、网上评标、网上公示等全程电子化和无纸化绿色交易。市公共交易中心完成交易项目1295个，交易金额126.04亿元，节约资金29.89亿元。

三、案件查处

1998—2012年，眉山市（地）纪检监察机关案件举报、案件审理和案件查处，审结案件2775件，处分3079人。公开审理案件10件，协作审理案件178件。受理不服党纪政纪处分申诉案件33件，办结30件，办结率90.91%。

（一）案件举报

眉山市主要通过信访、电话、网络等线索查处违法违纪问题。

1997年，眉山地区纪委、监察局建立来信来访登记办理等制度。开展信访监督，严格审批需要信访谈话和发信访通知书的信访件。当年，全区受理信访举报件1655件（次）。2000年起，地区纪检监察系统开展入基层、访民情“下访”活动，收集群众信访举报和建议，处理信访案件和信访问题，查处、督办典型案件，纠正违纪违规行为。当年，全市受理信访举报件1814件（次），党纪政纪处理56人，其他处理47人，挽回经济损失391万元。

2001年起，眉山市开辟领导信箱、市长热线、农村信箱、专项举报电话、公开举报电话、网上举报等新渠道。市、县（区）设立市、县（区）长信箱，受理群众举报。至年末，全市建立下访工作队235个，专兼职工作队员2000余人，形成市、区县、乡镇三级下访网络。收集群众信访举报，初核违纪线索48件。2003年，市纪委、监察局在四川党政网开设网上举报栏目，开通损害民营经济举报电话，专项举报、专项登记，优先办理。2004年，市纪委、监察局建立信访举报工作责任追究制度，推行署（实）名举报“回执卡”制度，群众满意率97.3%，兑现署（实）名举报有功人员奖金1万元。开通“改善投资环境投诉中心”举报专栏和“治理领导干部收受现金、有价证券”专项举报电话。全市所有乡（镇）、115个社区、1804个村建立信访接待室，配备信访监督员。

2005年起，市纪委、市监察局建立定期排查群众反映突出问题机制，规范公开受理、听证及诬告认定等，实行举报件动态管理。2008年起，市纪委、市监察局建立信访联席会议制度。市纪检监察、公安、检察、法院、司法、国土资源、劳动和社会保障等部门召开联席会，研究信访工作。“5·12”汶川特大地震后，市纪委、市监察局公布抗震救灾监督举报电话，实行信访绿色邮政、领导干部接访和下访等畅通信访诉求渠道，在市电视台和市广播电台开通“农村信箱”，建立群众监督基层干部和接受群众咨询、诉求的平台。2012年，全市受理信访举报927件（次）。初步形成信访举报制度体系，信访举报工作逐步走向规范化、制度化。

1997—2012 年，眉山市（地）纪检监察机关受理信访举报件 3.18 万件（次）。其中来信 2.17 万件（次）、来访 4506 人（次）、来电 3015 件（次）、网络举报 558 件（次），属于纪检监察业务范围内的 1.58 万件（次）。

（二）案件检查

1997 年，眉山地区纪检监察机关重点查办腐败案件。采用“常委包案”“全员办案”等方式落实办案责任，制定并完善目标考核和办案奖励等制度。重点查办少数地方和单位贪污挪用公款、私设“小金库”、乱发补助等违纪问题。1998 年起，地区纪检监察机关以制止奢侈浪费行为为案件检查重点，梳理、排查行政机关滥发补贴、公职人员以权谋私等违纪违法线索。当年，全区纪检监察机关初核线索 312 件，立案 173 件，结案 167 件，涉案 179 人，纪律处分 168 人，挽回经济损失 251.14 万元。1999 年，市纪检监察、市财政部门清查整顿全区各级各单位行政性收费和罚没收入，严肃处理违反“收支两条线”问题。

2001 年起，眉山市纪检监察机关、司法机关联合办案，重点查处党员领导干部在企业改制过程中侵吞国有资产、通过工程发包捞取个人利益、违反财经纪律、失（渎）职等违纪问题，集中力量查处贪污、失（渎）职等案件。2002 年，市纪委、市监察局推行案件查处目标考核责任制，将乡镇办理信访案件纳入目标管理考核，加强乡科级干部违纪违法问题查办。当年，全市乡（镇）办理信访案件 124 件，立案 34 件，党纪处分 28 人。2004 年，全市纪检监察机关重点查办县处级领导干部贪污、受贿、挪用公款案件，土地使用权出让、城市规划、企业重组改制和破产中国有资产严重流失案件，以及违反组织人事纪律和失（渎）职案件。2005 年，推行大要案件督（交）办制度，大要案件线索由市纪委、市监察局确定挂牌督办或交办，重点查处行政机关和国有企业在处置国有资产过程中的违纪违法行为。2007 年，全市重点查办大要案件，尤其是涉案人员级别高、涉案金额大、社会影响广的案件，严肃查办县处级领导干部滥用职权、贪污贿赂、腐化堕落、失（渎）职、买（卖）官案件。

2008 年，眉山市重点查处“5·12”汶川特大地震后违反救灾资金物资管理使用规定、贪污挪用救灾专项资金和以“跑指标”为名收取“好处费”等违纪案件，立案查处 26 件，纪律处分 27 人，移送司法机关 7 人，保证救灾款物及时用于受灾群众。2009 年，开展查处土地违法违规案件行动，专项治理非法批地、未批先建、批少用多、骗取和违规使用土地补偿款、非法低价出让国有土地使用权等问题。2010 年，各县（区）改案件线索定期排查为随时排查、定量排查、全部排查和多层面反复排查。市纪委建立案件线索台账分类管理和集体排查制度，实行书记“首批制”，受理的每件举报信，主要领导阅批，提出办理意见。重点监督检查领导干部遵守廉洁自律规定情况，治理收受红包礼金、公款旅游、私驾公车等突出问题。2012 年，全市以“县乡联动、以乡为主、联片推动”为查办案件总体思路，构建起“市纪委总体抓、区县纪委配合抓、乡镇纪委具体抓”的办案组织模式。重点查处文化市场腐败问题，立案查处 17 件，挽回经济损失 2902.2 万元。清查和专项整治全市砂石资源开采领域，查找建立违规出让、低价中标、超量开采等 120 个具体问题台账并逐一整改，查处违法违纪案件 8 起，追缴历年拖欠税费 2599.58 万元，挽回经济损失 8551.3 万元。全年全市纪检监察机关初核线索 373 件，立案 311 件，结案 267 件，涉案 328 人，纪律处分 280 人，挽回经济损失 1048.71 万元。区县及以下纪检监察机关立案 293 件，占全市立案总数的 94.21%，乡镇纪委立案 117 件。

1997—2012 年，眉山市初核线索 4074 件，立案 2933 件，结案 2818 件，涉案 3316 人，纪律处分 3079 人，挽回经济损失 9940.6 万元。收到上级转交办件 4860 件（次），其中要求查报情况或结果的

144 件，均在规定时间内办结。收到领导交办件和市（地）委、市政府（行署）、市（地区）人大等转交办信访件 79 件，全部按时办结。

（三）审理工作

1997 年起，地区纪检监察机关严肃处理申诉复查案件。1998 年起，全区纪检监察机关重点审理私设小金库案、问题责任追究案、贪污案、贪污受贿、挪用公款案等重大案件。当年，地区纪检监察机关开展处分执行情况自查和抽查。2001 年，眉山市组织检查全市 1996—2000 年纪律处分执行情况，整改处分决定未装入档案等问题。2002 年，市纪委将处分决定执行工作纳入目标考核。2003 年起，市纪委、市监察局实行部分案件公开审理、协作审理、申诉听证，将审理方式改革创新纳入对区县案件审理工作的目标考核。将有重大影响或典型警示教育意义的案件，有较大争议的复查、复议（复审、复核）案件和集体访、越级访三类案件纳入公开审理选择范围，公开审理实行纪检监察机关举证制度。2004 年起，试行党政纪申诉案件公开听证。当年，全市首例党政纪申诉案件公开听证会在洪雅县举行，市监察局公开听证 1 起不服洪雅县监察局复审申诉。2005 年，市纪委、监察局整合部门纪检机构和乡镇案件审理力量，开展案件协作审理。2008 年起，全市试行申诉复查案件异地交叉复审。当年区县纪委受理申诉案件 3 件，全部异地交叉复审。2012 年，市纪委监察局、市委组织部等 5 部门，开展近五年受到司法机关判决定罪和受到党政纪处分人员执行有关政策情况监督检查。发现执行中的问题 31 个，分别发函督促整改，降低受处分公务员职务 8 人，降低受处分事业单位人员岗位级别 5 人，降低受处分人员工资待遇 13 人，解除劳动关系 1 人，更正年度考核结果 4 人，追缴或扣减多发工资福利 6.28 万元。

四、纠风工作

（一）专项治理

眉山市主要通过减轻农民（企业）负担、公路“三乱”、教育收费、医药购销和医疗服务等专项治理，纠正行业不正之风。

1997 年起，眉山地区纪委等部门开展全区减轻农民负担检查，治理向企业乱收费、乱罚款和各种摊派等问题。清理预算外资金、年审行政性收费等各类检查。开展治理公路“三乱”行动、医药购销和医疗服务检查，治理教育乱收费。当年，专题调查 12 个乡（镇）、20 个村农民负担；查处涉农案件；立案查处教育违规收费；取缔医疗网点，无证或者证照不齐的药品经营店，吊销出租、转让的药品证照，捣毁地下药物批发窝点，收缴销毁假药价值 1020 万元，查封假、劣药 150 种，党纪政纪处分 9 人。1998 年，全区纪检监察机关试行重点乡镇企业挂牌保护。1999 年，检查全区 18 所学校收费工作，查处中小学校乱收费信访案件 119 件，纠正违规收费 149 万元，党纪政纪处分 5 人。2000 年，开展全区县级以上医疗机构、药厂、经营企业药品质量监督检查。取缔非法私人诊所，清理取缔虚假广告。至 2000 年年底，全市纪检监察机关挂牌保护乡镇企业、民营企业、纳税大户 398 户，查处企业负担违法违纪案件 22 件 136.4 万元。

2001 年，眉山市纪检监察机关受理群众反映企业负担“三乱”信访，查处违规违纪问题。开展“打击非法行医，清理、整顿医疗机构”专项治理。清理整顿全市医疗机构 2000 余家。2004 年，开展全市医疗机构收受“红包”、科室承包等突出问题专项整治，查处医药购销和医疗服务中违纪违规案件；取缔对外承包科室 24 家、违规医疗广告 86 家、无证许可 41 家，纠正不规范审批 406 家。2005 年，治理整顿行政机关及其所属单位乱办班、乱收费、乱发证，取消培训办班 10 个。2008 年，市纠风办、市卫生局组织开展“新农合”专项治理，全市定点医疗机构主动上缴违规资金 230 万余元，审查定点医疗机构资格，限期整改 8 家，取消 2 家定点资格。开展住房公积金专项治理，督促检查全市公积金归集、贷款、财务管理等，全市增加住房公积金新开户单位 73 个（非公有制企业有 17 个），因“控高保低”提高缴存比例单位 294 个，降低缴存比例单位 25 个，降低缴存基数单位 6 个。2009 年，市纪委牵头清理规范评比达标表彰，严格审查申报的各类评比达标表彰项目，应列入清理规范的 294 个项目中，145 项提请上级决定去留，撤销 149 项。2010 年，监督检查全市 905 个项目、14.85 亿元财政强农惠农资金拨付、管理和使用情况，纠正和整改违规问题涉及金额 1015 万元，查处问题 9 个。纠正和查处农村土地承包、流转、征收和征地拆迁中损害农民土地权益问题。监督检查“家电下乡”“汽车、摩托车下乡”补贴政策落实情况。开展“六项资金”（强农惠农富农资金、救灾救济资金、住房公积金、社保基金、住房维修专项基金、新型农村合作医疗基金）监管突出问题专项治理。

2011 年，以党政机关为重点清理和从严规范庆典研讨会论坛活动，精简庆典研讨会论坛活动项目 16 项，减幅 88.89%，节约财政资金 291.51 万元；专项治理公务用车问题，清理违规车辆 228 台。2012 年，专项整治物流领域乱收费，规范商铺 3100 余家、农贸市场 20 余个；撤销违规及不合理公路收费站 6 个，减少收费金额约 1600 万元；受理群众关于交通运输、物流收费等举报 29 件；纠正违法违规征地拆迁问题，开展动态巡查，制止各类土地、矿产违法行为 314 宗；专项治理银行业金融机构乱收费、电信领域侵害消费者权益问题，各银行机构停止收费 470 项，调低收费标准项目 257 个，清退不合理收费 184.87 万元。

1997—2012 年，眉山市各级纪检监察机关查处农民负担、企业负担、公路“三乱”、教育收费等问题 1362 件，仲裁机构受理调解纠纷 883 件，纠正违法和不规范执法行为 50 起，涉及金额 1892.97 万元，收缴和清退违规资金 699.81 万元。取消公路站卡 19 个，党纪政纪处分和其他处理等 269 人，移送司法机关 1 人。

（二）政风行风建设

1997 年起，眉山地区在部分执法监督部门和公共服务行业开展职业道德建设、社会服务承诺和行风评议等活动。重点联系邮电、交通等 10 个部门，突出重点，集中治理。邮电、税务部门开设营业大厅和办税大厅，公开办事程序等，向社会作出承诺，开展行风评议活动等。1998 年，全区行风评议部门（行业）13 个，评议代表 187 人；整顿基层窗口单位 137 个，参加整顿 2230 人；推行承诺制试点单位 7 个。2000 年起，各级党政机关开展“创文明机关，做人民满意公务员”活动，组织各部门、各行业开展以“精心履行职责”为主题的岗位讲文明、行业树新风活动。至 2006 年，民主评议市卫生局、市质监局、市公安局、市民政局、电信公司、农业银行眉山分行等 32 个市级部门和行业政风行风，均为合格单位。3 个单位“一把手”通过电视向社会公开承诺，接受社会监督。市人口和计生委入选全国人口和计生系统行风建设先进事迹报告团。12 个部门和行业开展创建优秀政风行风单位活动，政风行风建设“回头看”。51 个与人民群众生产生活密切相关的部门和行业上线，接听群众行风热线 295 个，现场解答问题 264 个，约定回答 31 个。县（区）在当地电台、电视台开通行风热线，听取群众意见和建议，解决群众反映的问题 76 个。

2007 年，市公安局开展创建“无违纪所队”活动，全市民警违纪违规率比 2006 年下降 50%。在眉山电视台开通互动点播频道——《眉山阳光政务》，将在市政务服务中心办理的 497 项行政许可、行政审批、公共服务项目的详细信息纳入点播台免费点播。2008 年，开展政风行风测评，建立部门政风行风定期评估、督促体系，测评市级部门68个。仁寿县将全县859个基层站所全部纳入评议，认定“基本满意单位”4个、“基本称职”1人。2010年，市纪委公开热线栏目组QQ号、电子邮箱，通过行风热线实现诉求群众、主持人和职能部门连线“三方通话”。截至2012年年底，全市民主评议市规划建设局、市广电局、农行眉山市分行、市供排水总公司等单位12个，测评44个市级部门（单位）政风行风。通过群众行风热线解决群众诉求1745个。

五、党风廉政建设

（一）党风廉政建设责任制

1997年起，眉山地区每半年检查全区落实党风廉政建设责任制情况，结果在全区通报，及时推广好的做法，向落实责任不力的牵头单位发督办通知。1998年起，地委、行署每年专题研究党风廉政建设和反腐败工作制度。1999年，地委制订《关于党风廉政建设责任制的考核办法（试行）》，明确党风廉政建设责任制的组织领导、考核内容、考核步骤和方法及结果运用。实行党风廉政建设“一票否决”制，按照“纵向到底、横向到边”原则，层层分解到科室、乡镇和每个领导干部，全县（区）、54个地级部门及乡（镇）、县级部门建立党风廉政建设责任制。每年统一组织考核，年度考核成绩排名后三位的单位，对其党委（党组）书记和分管领导诫勉谈话，对民主测评中差票率超过30%的领导干部实行诫勉谈话；责任制年度考核成绩低于80分的单位“一票否决”。2000年起，地区纪委、监察局为地级党政领导制作党风廉政建设责任提示卡。地委、行署制订《县级党政班子及其成员执行党风廉政建设责任制考核办法》，加强县（区）落实责任制工作指导。

2002年起，眉山市委书记、市长每年与各县（区）委书记、县（区）长签订年度党风廉政建设和反腐败工作目标责任书，明确目标责任。2006年，市委、市政府下发《关于深化农村基层党风廉政建设推进社会主义新农村建设健康发展的意见》，以“民主、公开、规范、廉洁”为主要内容，推进农村基层党风廉政建设。2008年，市纪委、市监察局制发《关于领导干部问廉问责的暂行办法》《对重大违纪违法案件责任领导进行责任倒查的试行办法》，对在党风廉政建设方面存在情节轻微问题、尚不够党纪政纪处分条件的县级领导干部发送问廉问责书，督促其说清问题，认识错误，限期整改；对重大违纪违法案件直接责任人的责任领导或责任领导班子进行责任追究。2009年起，眉山市实行重大违纪违法案件责任倒查。2012年，市委将党风廉政建设社会评价工作15项指标分解落实到38个市级部门。分类梳理群众反映强烈的问题，限期整改落实，并将党风廉政建设社会评价工作作为核心指标纳入市委目标绩效考核，严格奖惩，对集体存在三种情形和个人存在四种情形的，取消其年度考核评优和评选各类先进的资格。截至2012年年底，市（地）委、市政府（行署）常委会专题研究党风廉政建设和反腐败工作173次。表彰落实党风廉政建设责任制好的单位377个，共对党风廉政建设责任制年度考核较差的1个县和11个市级部门领导班子和“一把手”诫勉谈话，对考核中民主测评较差的领导干部34人诫勉谈话，责令限期整改。责任追究88件315人，党纪政纪处分208人，组织处理35人。

（二）领导干部廉洁自律

1997年起，眉山地区贯彻中央和省领导干部廉洁自律规定，制订领导干部从业、职务消费、作风等规定，规范领导干部从政行为。1998年起，在地属以上企业中实行领导干部个人收入申报制度和礼品、礼金登记制度以及重大事项报告制度。地区纪委、监察局专项清理地、县党政机关公费配备通信工具，减少会议、检查和各种庆典活动，严格执行公务接待标准，政法机关经商办企业情况。

全区清理出公费安装住宅电话2628部、公费配备移动电话1533部；压缩会议410个，取消庆典活动51个，取消达标升级检查活动123个，节约经费1238.6万元。538个单位制定公务接待标准，559个单位实行接待费单项列支，恢复机关伙食团264个，接待费比1997年减少416.9万元。清理地级机关新购车78辆，纠正违规购车，重申只能购买国产轿车的规定。全区政法机关清理出企业12家，作出撤销9家、移交1家、解除挂靠关系1家、保留1家处理。1999年，严格审查公务出国（境），压缩制止公费出国（境）团组2个10人，节约经费40万余元。2000年，清理新购车辆，清退违规借（占）用下属单位4辆小车，清理党政机关干部借用小汽车、党政机关违规购置小汽车、党政机关违规使用警车牌照问题，纠正违规使用39辆警车牌照问题。

2001年，规范县处级以上领导干部离职和退（离）休后从业行为。建立乡镇干部转变作风的“干部去向公示制”“首问负责制”“民情民事挂牌督办制”等6项制度。当年起，眉山市每年实行述职述廉和党风廉政建设责任制考核，“一把手”口头述职述廉，其他班子成员书面述职述廉。清理领导干部配偶、子女经商办企业问题，领导干部持有的因私护照和本人及其配偶办理的前往港澳通行证、外国居留证，清查全市厅、处级领导干部以及市属以上国有企业领导人员384人，未发现违规问题。专项治理基层领导干部廉洁自律情况，调研县（区）农村、城镇街道领导干部及基层站所负责人作风状况，解决全市乡（镇）干部农村遗留问题2533件。调查处理1名县长和1名县政协主席公车私用造成损失案件。2002年，眉山市实行领导干部办婚事及直系亲属婚丧事报告制度，不准通知有关单位和人员参加，不得接受其赠送的现金、物品，不准搞封建迷信，不准使用公车。重点治理领导干部“走读”问题。2003年起，全市推行乡（镇）领导干部职务消费货币化改革，采取“限额控管、额度到人、超支自理”，将通信费、县内差旅费、下乡补贴和公务接待费等职务消费划给乡（镇）领导干部个人支配，健全相关制度和纪律。2004年，市纪委、市监察局开展治理领导干部收送现金、有价证券问题行动，全市领导干部498人主动上交现金349.98万元，股权证2万股。清理党政领导干部兼任企业领导职务、拖欠公款和单位用公款为个人购买商业保险问题，纠正违反规定兼任企业领导职务党员领导干部34人；清理出领导干部203人拖欠公款97.33万元和单位用公款为472人购买商业保险17.44万元，均按规定处理。2005年，全市重点治理“五股歪风”（放任、纵容配偶、子女及其配偶和身边工作人员利用领导干部职权和职务影响经商办企业或从事中介活动谋取非法利益；违反规定收送现金、有价证券和支付凭证；跑官要官；利用婚丧嫁娶等事宜收钱敛财；参与赌博）。2006年，市纪委、市监察局、市委组织部发文，严肃组织人事和换届工作纪律，要求换届工作严格执行财经纪律、干部人事和工作纪律，干部调动一律不准带走原单位车辆，严禁突击花钱和用公款相互请吃、送礼。开展“四项清理”[私设“小金库”、干部入股煤矿、领导干部及其配偶子女违规经商办企业、财政专项资金管理使用和党政机关、事业单位工作人员及离退休人员参与村（居委会）集体利益分配]。全市干部9456人自查，发现违规经商办企业、私设“小金库”、虚报冒领、截留挪用专项资金等问题，涉及资金数千万元。县（区）交叉检查和对市级机关部门检查，新发现问题43个，涉及资金2100万元。2008年，市纪委、市监察局开展书面质询和网上质询，东坡区纪委制定《东坡区纪委委员质询制度》。2009年，市委、市政府印发《眉山市领导干部八小时外行为规范》《加强对一把手的监督管理办法》《眉山市重点领域、重点岗位监督办法》，提出领导干部须遵守坚持严守秘密、坚持清正廉洁、坚持勤俭节约、坚持谨慎交友、坚持健康的生活情趣、坚持讲文明树新风6条规范。市委制订《关于加强干部组织纪律性的若干规定》，制定公车管理、干部人事、办公用房管理等七个方面16条纪律。2010年起，实行党政正职领导向市纪委全会述廉。当年，县委书记、县长、市级部门负责人5人在市纪委全会述廉，现场接受市纪委委员提问和无记名民意测评。2012年，开展党政机关公务用车问题专项治理，清查出违规车辆243辆，调剂使用32辆，退换40辆，公开拍卖7辆，报废6辆。

2004—2012年，全市领导干部1.08万人次报告个人重大事项。领导干部述职述廉3.22万人次，新提拔县级领导干部43人作出任职廉政承诺。查出“小金库”资金654.84万元，涉及问题单位14个，党纪政纪处分6人，组织处理5人。查处公款旅游案件1起。清退违规使用的公安警车12辆、公安专段号牌车81辆。

（三）干部监督

眉山市纪检监察机关通过指导民主生活会、干部廉政审查、廉政谈话、经济责任审计等方式，加强党员领导干部监督，督促、提醒、警示领导干部勤政廉政。

民主生活会指导　1997年起，地区纪委将民主生活会监督作为重要监督方式，每年确定主题开好民主生活会。1999年，地委班子和成员收集意见和建议800余条。各县和地级部门召开以党风廉政建设为主要内容的专题民主生活会，地区纪委派出48人次重点参加各县和24个地级部门的民主生活会，通报未按规定时间召开会议的3个单位及民主生活会质量不高的个别单位。2009年，眉山市在“讲党性、守纪律、保廉洁”专项教育活动中，召开专题民主生活会，查问题、找差距、添措施。2010年起，市纪委每年派员指导和监督区县和市级部门领导班子民主生活会。此制度延续至2012年。

廉政审查　1997年，眉山地区纪委派员参与干部考察，全程监督干部选拔任用，防止“带病提拔”。重要职位领导干部平级交流调动，向纪检监察机关了解其廉政意见。2000年起，地区纪委向地委提供拟提拔县（处）级领导干部、试用期满的领导干部的党风廉政情况，市审计局提供拟任期经济责任审计的领导干部的党风廉政情况。至2001年，眉山市纪委向市委提供拟提拔县（处）级、试用期满、拟任期经济责任审计的领导干部130人党风廉政情况。2002年起，市纪检监察机关审查全市拟提拔干部党风廉政情况，派员参加拟提拔干部考察。2009年起，眉山市完善领导干部廉政档案制度，建成领导干部电子廉政档案系统。提高廉政审查的效率和质量。2010年起，拟提拔任用市管干部人选，在提请市委常委会讨论决定前，市委组织部向市纪委征求党风廉政情况意见。至2012年，市纪委牵头审查领导干部1.68万人次、单位1928个，组织对拟提拔干部党风廉政情况考察69批次1512人次，提出暂缓或否定意见75人次。

廉政谈话　眉山市纪检监察机关实行纪委领导班子成员同下级党组织领导班子主要负责人谈话、干部任前廉政谈话和诫勉谈话三项制度，促进领导干部廉洁从政。1998年，地区纪委同新提拔的副县级以上干部116人廉政谈话，组织领导干部学习《廉洁从政准则》（试行）。2000年，新提拔的县（处）级领导干部实行法纪考试、集中谈话，辅以新闻舆论公开报道，电视台、报社现场采访。2003年起，眉山市所有新提拔的县、科级领导干部均在任职前组织党纪政纪、法规考试及任前廉政谈话、诫勉谈话。至2012年，全市纪检部门组织新提拔的领导干部任前廉政谈话8943人次，市、县（区）纪委负责人同下级党政主要负责人谈话2315人次，对领导干部诫勉谈话607人次，对领导干部81人信访摘转回复，日常廉政谈话588人次，函询9人次。

任期经济责任审计　1997年起，眉山地区加强领导干部任期经济责任审计监督，审计结果报告作为干部党风廉政依据。1998年，全区加强国有企业领导干部监督，实施2个地属企业法人代表任期经济责任审计。至2012年，眉山市共审计县（区）和市级政府部门主要负责人128人，企业法人

8 人。发现较为突出问题 12 个，降职 1 人，党纪政纪处分 2 人，移交司法机关 1 人。

领导干部作风整顿　2002 年，眉山市纪委集中开展市级机关作风整顿活动。公开曝光机关不良作风，批评教育单位 39 个、工作人员 100 余人，民主测评和通报市级部门作风。至 2003 年，教育和通报市级机关县、科级领导 12 人上班时间打牌，给予纪律处分。2006 年，市纪委暗访市规划和建设局、市国税局等部门春节假后出勤情况，并在全市党风廉政建设大会上通报。通报市交警支队乱设点、乱检查、乱罚款问题。2007 年，市委在全市各区县、75 个市级部门和单位副县级以上领导干部中开展领导干部作风整顿建设活动，解决部分领导干部开拓不足、形式主义、弄虚作假等问题。2008 年，市纪委组织调查洪雅县、青神县、东坡区领导干部 6 人失（渎）职造成群众非正常去北京上访，严肃处理直接责任人。“5·12”汶川特大地震发生后，市纪委督查全市干部履职和到岗情况，查处传播地震谣言案、违反抗震救灾工作纪律案 6 起、违纪违规党员 8 人，全部作出党纪政纪处分、组织处理。2012 年，市纪委组成群团换届风气督查组，监督检查群团换届纪律执行情况。

廉政风险防范　2009 年，眉山市纪委在市发改委、市财政局、市交通局等 7 部门开展廉政风险防范管理试点，完善预防腐败工作制度，推进权力运行程序化和公正透明。市国税局等 3 个单位自行开展试点，县（区）结合实际开展试点。加强项目、资金、工程、行政审批监管，市国税系统查找风险项目 106 个，查找风险问题 214 个，提出廉政建设等建议 42 条、整改措施 207 条，建立完善制度办法 40 个；市经委、市国土资源局、市水务局制定制度 9 项，清理制度 19 项，废除 3 项、修改完善 48 项，新建制度 31 项。纪检监察工作由“事后监督”转向“事前和全过程监督”。2010 年，全市党政机关、事业单位、人民团体和垂管部门全面推行廉政风险防范管理，市纪委督促检查各县（区）和市级各部门（单位）廉政风险防范管理工作情况。2012 年，全市组织廉政风险防控管理工作专项检查考核。修正、完善、巩固廉政风险防控机制，形成内部管理有制度、岗位操作有标准、出现问题能修正、事后考核有依据的廉政风险防控管理体系。

（四）农村基层民主监督

眉山市通过完善农村基层党务、政务、村务和基层站所办事公开，采取“两票制”选举村党支部书记、乡镇党委书记等措施，逐步扩大基层民主。

2006 年，仁寿、青神等县制发《基层干部廉洁从事公务的暂行办法》《村干部廉洁自律规定》和村干部廉政谈话等制度。洪雅县实行“村干部用钱村民批、村干部决策村民审、村干部办事村民评”制度。2007 年，眉山市实行“两票制”（群众投信任票、党员投选举票）选举村党支部书记，合村并组以“两票制”产生村支部书记 1157 人。推行以村民委员会或村民代表会议为主要形式的民主议事制度，以村务公开、民主评议和村委会定期报告工作为主要内容的民主监督制度。各县（区）制定乡（镇）、村（社）干部廉洁从政行为规范。建立村（社）党员干部廉政档案，设立村级纪检员和组廉情监督员，完善县、乡、村、组四级监督网络，逐级监督。将民主评议政风行风工作延伸到乡（镇）站所，评议不合格的站所，责成限期整改。开展廉政文化进农村，举办廉政文化活动 458 次，建设廉政教育基地 10 个，干部群众受教育面 70% 以上。开展“基层干部能力作风建设年”活动，治理乡镇干部“走读”。重点查办截留、挪用、侵占、贪污支农资金和征地拆迁补偿费案件，侵占集体资金、资产、资源案件，利用职权非法牟利案件，涉及农民负担恶性案件，欺压群众，选举中拉票贿选等严重违反组织人事纪律案件。县（区）完善农民负担预警机制，实行涉农收费项目备案审查制。2008 年，完善以村“两委”联席会、党员大会、村民代表会议为载体的“三会民主决策”机制，理顺村党组织和村委会关系。深化政务、村（居）务和基层站所办事公开。加强农村基层党风廉政建设示范点建设，推荐洪雅县和仁寿县龙正镇为中共四川省纪委党风室农村基层党风廉政建设示范点，市纪委在各县（区）设立乡（镇）示范点，加强示范指导和引导。2009年，各县（区）制定基层干部行为规范，干部结（离）婚、子女出国（境）等内容纳入基层干部重大事项报告范围。建立领导干部离任经济事项交接办法和经济责任审计结果公告办法，“交接办法”延伸至村级。实行农村基层干部任前廉政谈话、诫勉谈话和函询等制度。市纪委专项检查中央、省、市农村改革发展重大决策部署等政策落实情况。《农村信箱》栏目受理群众咨询投诉217件次，群众满意率100%。2010年，各县（区）各选择1个~2个行政村开展建立村民监督委员会试点。市纪委在全市开展村务公开专项检查。当年，全市19个行政村试点建立村民监督委员会。至2010年年底，全市开展农村基层干部任前廉政谈话5582人次，日常廉政谈话155人次，诫勉谈话728人次。2011年起，全市所有行政村全面实施“四议两公开一监督”（村级重大事项由村党组织提议、村“两委”商议、党员大会审议、村民会议决议，决议内容公开、实施结果公开，民主评议监督）工作法。2012年，建立健全农村惩治和预防腐败体系，工作任务分解成30项，分别落实牵头单位和协办单位。开展农村基层党风廉政建设廉洁履行职责若干规定培训，培训乡镇干部1.15万人次。全市所有乡（镇）、行政村全部实行“三资”网络化监管。

2008—2012年，眉山市所有乡（镇）、行政村均建立便民服务机构，服务范围涵盖建房、计生、低保、家电下乡等20余项，接受群众咨询22.5万人次，受理行政审批、公共服务项目45万余件，办结率100%，群众满意率99%以上。纪检监察机关受理群众反映农村基层党员干部违纪案件、廉洁履职方面的信访举报744件次570人。立案80件，纪律处分108人，移送司法机关13人，挽回经济损失236.94万元，收缴违纪款584.5万元。

第三节　宣传工作

1997年起，眉山地区宣传系统高举旗帜，围绕中心，服务大局，正确导向新闻舆论宣传，广泛开展地方文化建设；在宣传工作中“以科学的理论武装人，以正确的舆论引导人，以高尚的精神塑造人，以优秀的作品鼓舞人”，完成理论武装、内外宣传、文化发展、精神文明建设、思想政治等工作。至2012年，眉山市获第八届“三优一学”（优质服务、优良秩序、优美环境，学英模树新风）创建文明城市活动一等奖，在全国首创党委新闻发言人制度，眉山公共文明指数测评中在全省名列第一。

一、理论研究和宣传

1997年起，眉山地区将思想建设放在首位，用中国特色社会主义理论体系武装党员、教育群众，开展解放思想大讨论，深化学习型党组织建设，坚定党员干部的社会主义理想信念，增强党员干部的理论素养和解决实际问题的能力。至2012年，眉山市加强党的思想理论建设的经验受到中央学习型党组织建设调研组肯定，新华社专题报道，中共四川省委宣传部13次总结推广。

（一）队伍建设

眉山市理论队伍主要由高校、党政研究系统、专门社科研究机构、学会、基层宣教队伍组成。其中，高校主要是眉山职业技术学院和四川大学锦江学院；党政研究系统主要是市、区县宣传部门、组织部门、党校、政策研究室等；专门社科研究机构主要是三苏文化研究院；基层宣传教育队伍主要由乡镇、企业、社区、学校的宣传员组成。

1997年起，眉山地区每年组织地、县社会科学联合会（以下简称社科联）工作人员参加全省基层社科联培训会，选派哲学社会科学骨干参加四川省委宣传部、四川省委党校举办的哲学社会科学骨干研修班。地委宣传部、地委党校举办专题培训班，培训理论宣传和研究人员。此后，眉山市相继举办中共各届党代会精神专题培训。2007年，举办眉山市学习贯彻中共十七大精神宣讲骨干培训班，培训县级领导干部；市级部门干部（人事）科长；市级部门驻村干部；县（区）委组织部、研究室、宣传部、机关工委、人事局、党校相关人员。市委党校培训科级选调生学员820人，四川省委党校专家和眉山市市级领导主讲。至2008年，眉山市成立思想政治工作研究会、法学会、档案学会、组织工作研究会、青少年研究会、新闻工作者协会、精神文明研究会、审计协会、金融学会等学会、协会27个，会员2000余人。学会开展社会科学活动，搭建学习交流平台。至2012年，眉山市举办中共十五大至十八大精神专题培训班20次，参训1万余人。形成老、中、青相结合，理论工作者和实际工作者相结合的理论人才队伍。

（二）理论研究

1997年起，中共中央、四川省委、眉山地委重要会议召开和重大决策部署出台后，眉山地委宣传部均开展理论研讨活动。针对关系眉山发展的全局性、前瞻性问题，组织力量开展研讨。领导干部带头参与，广大干部积极撰稿，献计献策，形成有价值的成果。组织参加省级以上专项研讨会。1998年，地区行署设立哲学社会科学优秀成果奖。组织首届哲学社会科学优秀成果评审，评出优秀成果55项。此后，每两年评选表彰一次。2000年，《发展特色农业，调整农业产业结构》《邓小平农村人力资源开发思想与眉山地区的实践》2个课题分别被列入2000年度四川省精神文明建设“五个一工程”理论文章重点课题和四川省邓小平理论研究中心重点研究课题。2001年，眉山市课题《西部特色农业：西部农村经济发展的必然选择》获“五个一工程”奖。2005年，眉山市开展“解放思想、更新观念”研讨。《坚持科学发展建设和谐眉山》作为四川省精神文明建设“五个一工程”重点立项课题。2006年，开展“工业强市我该怎么办”研讨。2008年，开展“纪念改革开放30周年”研讨。至2012年，市委宣传部共举办理论研讨会150余场次。围绕市委“始终坚持以经济建设为中心，努力实现眉山跨越式发展”“实践‘三个代表’，推进‘三个转变’”“建设中国诗书城”“学广安，升两位，推进经济社会全面发展”“工业强市”“四个大变样”“提高行政效能”“坚持科学发展推进四大目标”“实现十大跨越建设富裕美好眉山”等开展专题调研，撰写理论文章和调研文章1.1万篇，其中在市级以上报刊发表2200余篇。包括《坚持实施工业强市战略　进一步加快工业发展》《加速眉山市农业产业化进程的调研报告》《大力发展眉山旅游的对策研究》《进一步抓好投入和项目工作的对策调研》《保持社会稳定的问题、原因及对策研究》《重心下移加快区县经济发展研究》等重点课题8个；50余篇论文参加省级以上专项研讨会；3篇获四川省政府哲学社会科学三等奖，2篇获省社科联奖。

（三）理论宣传

眉山市通过举办理论专家学者报告会和专题讲座，帮助干部群众加深对形势的认识和理解。邀请清华大学教授孙立平、国防大学教授杨阳等30余名专家学者到眉山主讲。开展理论上讲台活动，组织理论工作者在新任公务员、基层宣传委员、入党积极分子、军队转业干部、中青年干部等培训班上宣讲科学理论。

市委宣讲团在彭山县宣讲中共十八大精神（摄于2012年12月）

1997年起，眉山地委宣传部利用《眉山日报》《眉州学刊》及各（区）县、企业报刊和广播电视等平台，刊发重点理论文章和系列评论。1998年，《新风》杂志创刊，为双月刊。2000年起，地委宣传部每季度编辑《学习参阅》1期，作为基层学习党的路线方针政策，提高思想政治水平的重要辅导资料，发放全区各级党组织供领导干部学习参考。内容涵盖中共中央、中共四川省委重大会议精神、重要文件解读、国际国内形势、观察与思考、人生哲理、美文欣赏等。《眉山日报》每月开辟两期“眉州论坛”和“实践与探索”理论专版。至2003年，刊发《新风》杂志66期。2004年，《眉州学刊》改为季刊。2006年起，组建由市委、区县委主要领导挂帅的宣讲团，赴基层开展宣讲活动。市委常委和各县（区）委书记、县（区）长带头宣讲，各级干部前往基层宣讲。2012年，中共十八大召开后，眉山市选调党政干部、社科理论学者组建市委宣传团和县（区）宣讲团，前往全市农村、社区、企业、机关、学校宣讲，实现中共十八大精神全面覆盖。截至2012年年底，眉山市委宣传部共编发《学习参阅》《眉州学刊》各48期。开展理论宣讲800余场次，直接听众60万余人次。利用报刊发表理论文章3000余篇。

二、思想政治宣传

（一）中心组学习

2001年，眉山市健全党委（党组）中心组理论学习制度，制定《眉山市党委（党组）中心组理论学习管理办法》《市委中心组学习制度》《中共眉山市委常委学习会议制度》《中共眉山市委关于进一步加强和改进市委中心组学习的实施意见》《眉山市区县委中心组理论学习考核办法》《眉山市市级部门党组（党委）中心组理论学习考核办法》等文件，明确各级党委（党组）中心组的性质、成员构成、组织机构，并制定学习计划、学习考核等制度。确定学习时间、学习内容和学习方式。规范考核内容、考核方式，以及考核结果的运用等。每两个月精读一本书。2006年起，市党委（党组）中心组每月举办一次专题讲座，由专家主讲，为干部“充电”。每年组织中心组成员赴沿海发达地区和省内兄弟市州考察，“开放式”学习和现场观摩，专题研讨符合眉山实际的发展之路。2008年，各县（区）委、市级各部门参照市委中心组学习做法，制定具体实施意见。中心组成员围绕工作思路创新，研究对眉山发展带有全局性、战略性、前瞻性的重大问题，寻找破解各类问题的有效措施，为市委科学决策提供参考。2010年，市委中心组成员赴山东青岛、潍坊、济宁等地学习考察工业、现代农业、文化旅游、城市建设、交通等发展情况，赴德阳、绵阳学习灾后重建、新村建设经验。2011年，市委中心组学习贯彻中共中央总书记胡锦涛“七一”重要讲话、中共十七届六中全会和中共四川省委九届九次全会、省第十次党代会精神，谋划“十二五”规划、“实现十大跨越建设富裕美好眉山”等主题，举行专题学习会、务虚会、研讨会16次。市委中心组成员读书学习与思考调研相结合，每位成员每两个月至少读一本新书，每年读书笔记至少1万字。全年中心组成员在省级以上刊物发表调研文章33篇，其中10篇专题报告被中共四川省委和眉山市委采用。全市各级领导干部积极参与各类主题学习活动，带头讲党课、作报告、写文章，带动各级学习型党组织建设开展。2012年，市委中心组成员赴成都、资阳等地学习城市建设经验。市委中心组举办“中共十八大精神专题报告”等专题讲座12次。

2001—2012年，市委中心组举办专题讲座70余场，中央农村工作领导小组办公室副主任唐仁健、国家体委原副主任刘吉、东莞市委常委江凌、清华大学教授李忠等专家学者先后到眉山授课。中心组成员通过研究，形成《城市化问题研究》《集约发展问题研究》《民营经济发展问题研究》《人民幸福问题研究》《通道经济发展研究》等课题报告。

（二）学习型机关建设

2005年，眉山市委下发《关于在市级机关建设学习型机关的实施意见》，要求机关干部树立“终身学习”理念，形成多层次、全方位学习网络，培养和造就高素质机关干部队伍。2007年，市委下发《进一步推进学习型机关建设实施方案》，实行学习积分制管理，要求每名干部每月至少访问“在线学习城”5次以上。当年起，在市级部门中层以上干部中开展“社会化选学”培训，陆续开设选学培训课程。各地各部门将学习型机关建设纳入重要议事日程，做到“六落实”（领导、责任、计划、制度、考评、保障落实）。各部门实行集中学习日制度，每月举办专题讲座或报告会，部门主要领导、中层干部轮流讲课，组织等部门开设“东坡讲坛”“文化大讲堂”“政法大讲堂”“三农大讲堂”“财经大讲堂”。开展读书活动，向干部职工推荐优秀图书、光碟和影视片，定期开展交流讨论。机关干部参加党校、电大函授、自学考试、脱产学习等学历教育，提高学历层次。实施多元化培训，通过外出参观考察、选派干部“上挂下派”，提高干部综合素质，提升实战能力。当年全市开展公务员《公共经济》《普通话知识》《知识产权知识》培训和考试。2009年，市委下发《眉山市市级机关学习型机关建设制度》《眉山市学习型党组织建设制度》，重申学习型机关建设的组织领导、制定计划、营造氛围、学习保障、学习考核相关要求，拓展学习型机关建设的广度和深度；明确各级党组织集体学习每月不少于1次，参学率不低于95%，下级党组织每年年底向上一级党组织书面报告学习型党组织建设情况。党员个人学习纳入评先评优重要内容。市委宣传部、市直机关工委每年专项督查1次，督查结果作为评选优秀党组织重要依据。市委每两年表彰各个层次学习型党组织建设先进单位。2011年，市委下发《关于深化学习型党组织和学习型领导班子建设的意见》，要求建设学习型党组织、学习型领导班子，带动全市干部成为学习型干部。鼓励著书立说，加强学习交流，培养学习型干部。2012年，市级部门和各县（区）举办专题讲座和报告会。组织外出考察学习，开阔干部视野。眉山市联合清华大学、浦东干部学院、四川大学等举办县处级和科级培训班18期，组织干部600余人赴井冈山、延安和沿海发达地区党校开展异地分段式培训。推进干部轮岗和交流，到基层、外地、重大任务、重点工程和复杂环境中锻炼。以眉山网和眉山远程教育网为主要依托，通过网上座谈会、新闻专题、在线访谈、“网上党校”等方式，推动理论宣传普及，形成党报党刊言论、评论、特写，电视广播讲座、访谈、专题，网络手机博客、论坛、短信，提高学习吸引力。

（三）党性教育

1998年，眉山地区开展“学习贯彻中共十五大精神”大讨论。1999年，地委印发《关于在县级以上党政领导班子、领导干部中深入开展以“讲学习、讲政治、讲正气”为主要内容的党性党风教育的意见》，开展党性党风教育。要求县级以上党政领导班子和领导干部学习邓小平理论和中共十五大精神，联系实际，开展党性分析、自查自纠和民主评议，提高党员领导干部政治素质和党性修养。纠正个人凌驾于组织之上、独断专行、各自为政、拒绝党的教育与监督管理等错误思想和行动，以及追逐个人名利，弄虚作假，欺下瞒上以及只图形式、不重实效等不良习气。2000年，市委下发《关于在全市农村开展“三个代表”重要思想学习教育活动的实施意见》，在县（区）部门、乡（镇）、村级领导班子和基层干部2700余个单位、2万余名党员中开展“三个代表”重要思想学习教育活动。2001年，眉山市开展“抓三化、建三市，我们怎么办”思想解放大讨论。2002年，全市加强农村基层组织建设，开展“解难、助困、增收”活动，巩固“三个代表”重要思想学习教育活动成果。“党员先锋工程”通过双向培养、农村党员信息技术培训、党员示范行动、党员先进性教育、党员分类管理和建立健全党员激励机制等重点工程，提高党员素质，激励全市共产党员自觉实践“三个代表”重要思想，争做“时代先锋”。全市在农村和街道培育党员示范户233户、党员示范窗口5000个、示范村（街道）200个、示范班组100个。在全市机关干部中开展作风教育整顿活动。全市农村“三个代表”重要思想学习教育活动结束，乡（镇）和县（区）部门领导班子和领导干部教育3个月；村党支部、村委会和村集体经济组织领导班子及其成员、乡（镇）站所全体干部职工集中学习45天。2005年1月至2006年6月，在全市党组织、党员中开展以学习实践“三个代表”重要思想为主要内容的保持共产党员先进性教育活动。市委下发《关于开展以实践“三个代表”重要思想为主要内容的保持共产党员先进性教育活动的意见》，教育主要对象为市县两级党政机关中具有公务员身份或参照管理的党员干部，以及党政机关职工党员、部分下属企事业单位党员；街道社区、国有企业、非公有制企业和社会团体、社会中介组织、民办非企业单位、高等学校、中等专业学校、各类中小学校、医疗卫生单位、乡（镇）机关及其直属单位、县（区）派驻乡（镇）的基层单位；农村基层党组织和党员。2006年，先进性教育活动结束，全市建立党员领导干部联系点2100余个，抽调党员干部4958人驻村，落实市县部门联系村，全市乡科级党员干部讲党课1366场次，组织宣讲团、文艺宣传队1400余支开展宣传辅导4000余场次，党员全部受教育。开展“部门帮村、党员帮户”活动，组织农村党员开展“建设新农村，我该怎么办”大讨论，开展亲民爱民为民下访、“双深入”等主题实践活动，各级党员干部捐款捐物161万元，走访慰问困难群众2万余户，发放慰问物资499万元；结对帮扶困难群众1.8万户，解决实际困难1.3万个。组织开展以“班长抓班子，班子带队伍，队伍促发展”为主题的“找差距”活动，市委常委带头查找问题30个，各级领导班子制定落实整改措施7622条，各级党委、政府投入资金1.85亿元，为群众做好事、办实事、解难事2.6万件，群众满意率97.55%。2008年，眉山市开展以“加快发展、科学发展、又好又快发展”为主题的解放思想大讨论活动，纪念改革开放30周年。主要内容是“四个破除、四个强化、四个树立”（破除盆地观念、内陆观念、自满观念、休闲观念；强化开放意识、前沿意识、进取意识、爬坡意识；树立理性精神、进取精神、创新精神、奋斗精神）。2009年3月，全市开展学习实践科学发展观活动。市、县（区）党政机关、人民团体机关、企事业单位、学校及乡镇（街道）、村（社区）、新经济组织和新社会组织等3759个单位、近14万名党员参加。市委作出《关于坚持科学发展造福眉山人民的决定》，提出以“坚持科学发展，造福眉山人民”为主题，实现“四大目标”十条举措（坚持产业富民、促进经济繁荣；坚持投资拉动、加快经济发展；坚持工业强市、提升发展水平；加快城镇建设、统筹城乡发展；坚持集约发展、转变发展方式；坚持全民创业、发展民营经济；坚持开放兴市、承接产业转移；加强政治建设、追求政治清明；加强社会建设、促进社会和谐；坚持群众满意、造福眉山人民）。围绕“坚持科学发展、造福眉山人民”分5个专题开展大讨论。在副县级以上党员干部中开展“讲党性、守纪律、保廉洁”专项教育。建立党员领导干部联系点 1285 个，加强活动的领导和指导。各县（区）分别成立“非公有制经济组织和社会组织”党工委；各地各单位整顿软弱涣散、作用发挥不明显党组织 125 个，重点研究完善经济社会发展评价、干部实绩考核、改善民生评价、促进优势产业发展和重大项目建设、突发事件应急管理、行政效能建设、投融资“七大机制”。举办各种集中学习 1. 18 万场次，辅导报告 4800 余场次。发放调查问卷 1. 27 万份，征求发展、稳定、民生等意见建议 102 条。查找解决问题 1 万余件，出台“保增长、保民生、保稳定”政策措施 2800 余项。全市各参学单位学习实践活动群众满意率 95%以上。2010 年，全市基层党组织、党员以“深入贯彻科学发展观、强力掀起‘六大高潮’、奋力推进‘四大目标’”为主题，开展“创先争优”和创一流、出经验、机关社区“结对共建创先争优”等活动，市、县（区）党政机关与社区、市、县（区）党政机关党员与社区党员结对共建。在重要路口、主要交通要道悬挂宣传标语 5000 余幅，设立活动宣传栏 2000 余个；各级党员领导干部赴 2198 个联系点指导点评 4600 余人次，帮助解决活动开展等困难和问题 1600 余个；表彰先进基层党组织 100 个，优秀共产党员 255 人；设置党员示范窗口 3452 个，示范岗 2. 24 万个，示范车间、班组 1328 个。

三、新闻宣传

（一）主题新闻宣传

1997 年起，眉山地区加强地委、行署中心工作宣传，围绕地委“三年树形象，五年大变样”奋斗目标和市委“抓三化、建三市”“二十字”（融入成都，错位发展，强工稳农，追赶跨越，富民兴市）工作思路，以及“树形象、创辉煌”“学广安、升两位”、推进眉山跨越式发展等工作开展宣传，宣传眉山工业、农业、交通、民生等建设及各区县情况。1999 年，宣传中共十五届四中全会、庆祝中华人民共和国成立 50 周年、中国政府对澳门恢复行使主权。2001 年，眉山市宣传中共十五届六中全会精神和“三个代表”重要思想。2002 年，宣传四川省第八次党代会精神，贯彻落实跨越式发展的目标和思路。2003 年，宣传市委、市政府扎实开展“非典”防治工作部署和重大举措。2004 年，宣传纪念邓小平 100 周年诞辰，在省级报刊和新华社、人民日报发表宣传眉山新闻作品 48 篇。2005 年，设立“保持共产党员先进性教育活动”宣传专栏，开展“亲民、爱民、为民”活动宣传。宣传纪念反法西斯战争胜利 60 周年和红军长征胜利 70 周年，刊发稿件 200 余篇（幅），加强爱国主义教育。2007 年，利用市级媒体宣传全市 8 个富有时代精神的优秀典型人物。宣传“十大见义勇为勇士”先进事迹，弘扬社会正气。2008 年，开展喜迎北京奥运会、纪念改革开放 30 周年主题宣传。“5・12”汶川特大地震后，组织市级新闻单位全方位宣传报道抗震救灾情况，正确引导舆论，喊响“三自精神”。中宣部新闻局常务副局长率采访团专程到眉采访，新华社刊发《眉山市发扬“三自精神”积极进行生产自救》一文。中央电视台《新闻联播》等栏目 3 次采访市委书记蒋仁富、市长李静，《焦点访谈》栏目制作 2 期眉山抗震救灾专题报道。2009 年，《眉山日报》刊登长篇通讯《让眉山发展　让人民满意》，展示眉山市工作。开展新中国成立 60 周年报道宣传。2010 年“8・19”洪灾发生后，全市各新闻单位快速赴灾区现场报道，及时向中央电视台、新华社、《四川日报》等中央、省级主流媒体提供新闻线索和外宣稿件，中央电视台 8 次聚焦眉山，中央电视台、新华社、人民网、中新网、中新社、四川日报、四川电视台等中央、省级主流媒体刊登眉山市受灾情况、救灾中涌现的典型事件稿件 100 余条。2011 年，开设《风清气正换届　崇尚实干用人》专栏，开展“三会”宣传、建党宣传和“庆祝中国共产党成立 90 周年”宣传。2012 年，宣传中共十八大、四川省第十次党代会。组织联合利华北京签约、西部博览会、全省电视新闻工作年会在眉山召开等重大宣传活动。开展眉山民营企业发展、“艰苦创业、苦干新区”典型、舍身勇救幼儿教师陈英、“三优一学”创建文明城市、“中国诗书城”建设、“抓落实　创一流”工作、“举全市之力　建工业强市”工作、改善发展软环境、大调解出大和谐、行政效能建设、打造奶业大市、十大惠民行动、全民创业、东坡国际文化节、城乡环境综合治理、“掀起六大高潮　促进四大目标”工业园区建设、三城联创（创建省级文明城市、创建国家园林城市、创建国家卫生城市）工作等主题宣传活动，为全市经济社会发展营造良好舆论氛围。

（二）新闻发布

眉山市新闻发布注重挖掘亮点和媒体感兴趣的话题，保证对外发稿量，提高新闻发布影响力。

2003 年，眉山市委办、市政府办制发《关于进一步加强新闻发布会管理的意见》，明确规定新闻发布会的内容、审批、要求。2004 年，眉山市参加京川合作发展周活动并召开新闻发布会。逐步建立四级（市政府、市级部门、区县、区县部门）新闻发布会制度，定期以市政府新闻办名义发布新闻，全年向社会发布新闻 19 次。2005 年，彭山县举行四川彭山“中国长寿之乡”新闻发布会。市委副书记、市长崔保华发表讲话并接受新华社、人民日报、香港大公报等记者提问。市政府新闻办公室召开新闻发布会，通报眉山建市五周年・中国诗书城・文化经贸旅游活动周有关情况。全年组织和批准举办新闻发布会 10 余次，推动各部门建立和规范新闻发言人制度，市公安、市环保形成工作机制。2007 年，市委在北京人民大会堂举行纪念苏东坡 970 周年诞辰新闻发布会，新华社、中央电视台、人民日报等国内知名媒体和美国、加拿大等国外宾参加。2008 年，开展县（区）委书记和市级部门、重点企事业单位负责人新闻发言人工作会培训。抗震救灾期间，及时召开新闻发布会，平息谣言，维护社会稳定。2009 年，市委制订《中共眉山市委新闻发布制度》，召开首次党委新闻发布会。将党委新闻发布纳入目标考核，激励各地各部门扎实开展相关工作。当年起，每年表彰奖励新闻发布工作、应对媒体、维护群众知情权等工作成绩突出的个人和集体，处分发布工作不力、造成重大负面影响的单位和个人。2010 年，市委下发《关于进一步完善党委新闻发布制度的意见》，规范新闻发言人的设置、新闻发布基本原则、新闻发布任务和内容、新闻发布形式、时间安排、归口管理等。制订《眉山市人民政府新闻发布制度》，明确目标考核、新闻发言人培训、经费保障等。政府新闻发布进入常态化，季度新闻发布成为“规定动作”，应急新闻发布成为“自选动作”。市政府将新闻发布会开到东坡湖污染治理现场，让群众直观感受治理进度。及时公开群众关注的食盐、东坡湖污染整治等问题。2011 年，召开中共眉山市第三次代表大会新闻发布会，中央、省、市主流媒体现场专访眉山市委书记，报道市党代会成果。全年市政府举行季度新闻发布、政府工作项目化管理、省道 103 线、省道 106 线整治情况、公招科级领导干部、洪雅激情山水、东坡湖污染整治、国际泡菜展销会、“中国大雅家园”总规评审等新闻发布会 16 次。《四川省眉山市新闻发布制度逐步走向成熟》一文被中央外宣办《对外宣传通讯》采用。2012 年，市政府主要召开两会、知识产权保护、公安单项案件等新闻发布会。

（三）新闻管理

1997 年起，眉山地区每季度定期召开新闻外宣工作联席通气会。2009 年起，每年召开在眉山新闻工作者学习通报会、新闻外宣工作交流会和重大题材新闻策划会等，明确宣传重点，把握舆论方向。

市级媒体　1998 年，《眉山日报》创刊。眉山广播电视报、眉山人民广播电台、眉山电视台重点报道中央、省、地各项重要工作、重大活动。2009 年，《眉山日报》按照“做厚、做美、做精”要求，升级为八版双面彩印，新办《博周刊》。眉山网开通上线，涵盖市委机关党政网栏目 50 余个，综合点击率 70 万余次。眉山电台、电视台全新改版，《每日快报》《新周刊》《1840 龙门阵》等自办节目受到群众喜爱。市级媒体将重要版面和时段让给基层和群众，基层关注度上升。2010 年，眉山广播电视台有 1 个广播频率、3 个电视频道和 1 份广播电视报等媒体。广播自办节目 19 个、时长 720 分钟；电视自办节目有《眉山新闻联播》《每日快报》《1840 龙门阵》《快乐眉山》《生活全接触》等 7 个、时长 161 分钟。至 2012 年，眉山建成市级新闻单位“两报、两台、一网”（眉山日报、眉山广播电视报、眉山人民广播电台、眉山电视台、眉山网），其中眉山日报、眉山网合署办公，眉山人民广播电台、眉山电视台、眉山广播电视报合署办公。《眉山日报》年发行量 3 万份。

省级驻站媒体　2005 年，建立两月一次的驻眉山新闻单位联席会议制度，建立驻眉山新闻单位档案。每年召开在眉山新闻工作者学习通报会，明确宣传重点和思路，把握舆论方向。至 2012 年，眉山市有省级以上驻眉山新闻单位 6 家（四川日报、四川经济日报、华西都市报、四川新闻网、四川在线、四川法制报），中新网、成都商报记者常驻眉山。以四川日报为代表的驻眉山记者站，是全市舆论宣传重要阵地之一，及时向全省各地传递眉山动态。

新闻工作者协会　2002 年，召开“眉山市新闻工作者协会”第一次代表大会，通过《眉山市新闻工作者协会章程》，选举眉山市新闻工作者协会领导成员，颁发“眉山市第一届十佳新闻工作者”“优秀新闻工作者”证书。当年起，举办“宣传眉山好新闻”评比活动，两年一届。每年“市新协”、市级有关部门开展专项节目评比活动。2006 年，眉山市举办第三届“宣传眉山好新闻奖”评比活动，各县（区）委宣传部、市级新闻单位、驻眉山记者站及市新协各会员推荐新闻作品，评出一等奖 24 件、二等奖 27 件、三等奖 33 件。2007 年，眉山市举行第一届“四名”（名记者、名编辑、名栏目、名主持人）评选活动，每项评选 10 名。2011 年，眉山市举行“五名”（名记者、名编辑、名栏目、名主持人、名评论员）评选活动，评选优秀敬业新闻工作者。举办第六届“宣传眉山好新闻奖”评比活动，评出特别策划奖 4 件、特等奖 5 件、一等奖 18 件、二等奖 32 件、三等奖 66 件。2012 年，眉山市举办第七届“宣传眉山好新闻奖”评选活动，评出奖项 184 件。

四、对外宣传

1997 年起，眉山地区对外宣传围绕地委、行署整体目标，按照“积极主导舆论，提升眉山影响”外宣思路，精心策划，在众多境内外知名媒体上刊发大量宣传稿件，不断提高眉山知名度，为全市经济社会发展营造良好舆论环境。

（一）报刊

眉山主要通过《人民日报》、新华社、《经济日报》《中新社》《四川日报》等报刊开展对外宣传。

1998 年，新华社发表《眉山新区干部艰苦创业，东坡故里观延安作风》电讯通稿，《经济日报》刊发《眉山地区农民负担管理走向规范》，《四川日报》发稿 3 篇，《人民论坛》、香港《经济导报》发稿 2 篇。2000 年，《人民日报》刊发《青山幽幽情意浓——眉山车辆厂思想政治工作纪实》《深化干部制度改革，坚持群众举贤荐能——眉山地区不拘一格选用人才》，《四川经济日报》发稿 5 篇。2003 年，新华社刊发《眉山经济发展步入快车道》通稿。香港《大公报》以整版推介眉山。2004 年，《人民日报》刊登眉山市委书记余斌、市长崔保华《打造诗书城，建设新眉山》署名文章，介

中共十八大代表、市委书记李静（左）做客新华网，接受媒体记者采访（摄于2012年11月）

绍眉山的农业、工业、交通、旅游、教育、文化、城市建设等取得的成就。香港《大公报》《文汇报》等媒体推出眉山专版，介绍眉山建设“中国诗书城”举措。2006年，《人民日报》刊登眉山稿件3件。新华社通稿2件报道眉山稿件被多家媒体转载。2008年，《人民日报》、新华社、《经济日报》刊发眉山稿件7件。其中《眉山市发扬“三自精神”积极进行生产自救》一文，受到中央政治局常委李长春、中宣部部长刘云山肯定性批示。2010年，《人民日报》、新华社、中新社刊发眉山稿件9件。《四川日报》刊发反映眉山工作的稿件260余篇。2011年，《人民日报》、新华社、《经济日报》《中新社》发稿73篇，《四川日报》刊发眉山稿件300余篇。反映全国两会期间眉山人大代表认真履职、倾情为民的工作作风，涉及交通、农业、文化、医疗卫生、税务等方面。2012年，《人民日报》、新华社、《经济日报》《中新社》发稿149篇，《四川日报》发稿390篇。《北京商报》《文汇报》等媒体刊发稿件近3000篇。新西兰《镜报》开辟“东坡故里　魅力眉山”专栏，集中介绍眉山市情概况、自然及旅游资源。台湾《旺报》整版报道眉山。市委书记李静“关于区域经济”的言论在《人民日报》头版头条刊登。《李静代表：群众最需要什么　让群众自己说》，被人民网、新华网等数百家媒体转载。

（二）电视

2002年，四川省省长张中伟到洪雅县天宫乡大安村接受中央电视台《中国实录——四川篇》栏目采访，肯定眉山市奶业工作。2006年，中央电视台《新闻联播》播发《唱响“正气歌”　树立“荣辱观”》《帮扶困难大学生》。2007年，邀请中央电视台《走遍中国》栏目组到眉山，拍摄《三苏祠与三苏》等专题片7个，通过央视第四套向140余个国家播出，提升眉山外宣工作档次。2008年，中央电视台《新闻联播》《焦点访谈》《聚焦三农》播发《四川眉山：自救互助　重建家园》《依法稳定灾区物价》《一村一品盘活棋》等节目，市委书记、市长分别接受专访。2009年，中央电视台刊播《四川眉山：党代会新举措　当面给市委打分》《又是一年春来到——关注灾区重建》《小丫跑两会　采访李市长》等。2010年，中央电视台播发《四川构建大调解工作体系》《小坛子如何泡出大产业》《眉山“8·19”洪灾的报道》。四川电视台播发《抢抓新机遇　绘就新蓝图——市州书记访谈》《省道103线、106线眉山段路面改造工程全面启动》等稿件400余篇。2011年，中央电视台47次报道眉山，涉及6个频道23个栏目。《焦点访谈》2次聚焦眉山，《新闻联播》5次报道眉山，头条2次。四川电视台发稿262篇，报道眉山工业经济、项目签约、招商引资、民生工程等。2012年，中央电视台5个频道、8个栏目45次（条）报道眉山。其中播出《代表委员议国是　统筹兼顾　协调发展》《创新形式　做好十八大代表候选人初步人选推荐提名工作》《四川：43万干部“结对联户”服务群众》等优质稿件。《四川新闻》刊播《推进重大项目落地，眉山西博会签约项目履约率 100%》《眉山：实施工业强市战略，促进区域经济发展》等稿件 314 条。

（三）专项外宣活动

专项宣传主要围绕节庆活动、东坡文化、重点项目、亮点工作、专项教育、先进人物等开展，主流媒体聚焦眉山、报道眉山。

1998 年，眉山地区组织开展建区 1 周年专题宣传活动，《人民论坛》《中外文化交流》《香港经济导报》以及《人民日报》、新华社、中央人民广播电台等驻川媒体采访报道眉山建区 1 周年工作和成效，专访地委、行署主要领导，推出眉山新区系列报道，刊发（播）稿件 60 余篇（条）。编印《眉山地区简介》，对外宣传眉山。1999 年，宣传仁寿县龙马区凤梧乡初级中学为抢救险遭车祸儿童献出年轻生命的女教师陈英。眉山配合省级媒体推出一系列宣传稿件。2000 年，5 家省级期刊、电视台组团到眉山采访陈英事迹，《四川日报》头版头条刊登长篇通讯《青春如诗，生命如歌》，并配发评论员文章《向青年教师陈英学习》，四川电视台、《四川青年报》、四川有线电视台、四川人民广播电台等分别报道。眉山市组织策划、拍摄一批电视宣传片，通过中央电视台、四川电视台等主流媒体对外展示眉山音像画面。出版画册《眉山》，宣传眉山历史、文化、风光、矿产等。

2001 年，眉山市开展“眉山招商引资年”“改善投资环境年”宣传活动，加强和境内外新闻媒体单位的联系，邀请中央、省级新闻单位和港澳记者 50 余人次访问眉山。2002 年，组织策划并配合拍摄“城市平台·眉山特辑”在中央电视台播出，推介眉山，时长 50 分钟。邀请中央电视台《中国实录　四川篇》栏目在洪雅录制，宣传洪雅的乳业发展。2004 年，制作外宣画册《今日眉山》，统一眉山对外宣传形象和内容。《西部名城——眉山》获中央电视台西部频道最佳创意奖。制作出版外宣画册《中国诗书城——眉山》，完成《四川外宣丛书——眉山分册》。多媒体宣传片《健康眉山》《数字化眉山》、外宣招商专题片《东坡故里》《长寿之乡——彭山》、外宣电视散文《心中有佛》《寻找净土》、外宣音乐电视《中国有座诗书城》、招商电视宣传片《中国诗书城——四川眉山》等外宣片分别在中央电视台、四川卫视等播出。2006 年，出版《锦绣四川——东坡故里·眉山》。2007 年，举办东坡国际文化节、东坡足迹行重大外宣活动。“东坡国际文化节”在互联网上查询词条 22 万余条，《香港大公报》推出 2 个眉山专版，凤凰卫视、《香港商报》等境外媒体上刊发多篇关于眉山的消息、通讯。开展“东坡老家、快乐眉山”等城市标志、名片、主题词解读宣传。当年起，眉山市每年举行东坡泡菜节，多家中央、省级媒体到眉山采访。2008 年，新华社专门推出眉山市抗震救灾《新华时评：不等不靠　重建家园》，中央、省级主流媒体刊播稿件 20 余条，介绍眉山市软环境建设情况，《四川行政效能建设为灾后重建提速》在省内外引起反响，《泸州日报》专门派出记者到眉采访，后刊发 3 万字长篇通讯。眉山在成都举办承接产业转移重点项目签约暨推介会，邀请人民日报、新华社等 10 余家中央、省级主流媒体参加。眉山市参加四川省在北京举行的震后投资说明会，邀请到中央媒体和港澳媒体聚焦眉山，现场采访市委书记蒋仁富，宣传眉山灾后良好的投资环境。市委、市政府举行主题为“春天，我们相约眉山”新闻媒体座谈会，《人民日报》、中央电视台、新华社、《光明日报》等 27 家媒体的上百名记者参加，市委书记、市人大常委会主任蒋仁富介绍眉山市情，通过座谈、实地参观，宣传眉山。当年起，眉山每年汇编出版中央、省级媒体发表的重要稿件，集中展示外宣成绩。相继出版《媒体看眉山》《记者眼里的眉山》《2010 年眉山影响》《创业眉山人》。2010 年，新华社、人民网、中新社、川报、川台等中央、省级主流媒体刊登稿件 100 余条，报道眉山“8·19”受灾情况、救灾典型。中央电视台、中央人民广播电台等中央、省级媒体采访眉山大调解工作，在重点版面和时段刊播眉山大调解经验，中央电视台《焦点访谈》采访市委书记蒋仁富。眉山市借助西博会平台，推介眉山，宣传眉山；人民网刊载《西博会签约项目52个眉山市产业推介结硕果》、新华网刊载《四川眉山市西博会上集中签约8个重点项目金额371亿元》省级媒体刊载相关主题报道20余篇。

2011年，“千里共婵娟——东坡文化交流会”在台北举行，中国台湾网、中国网络电视台等媒体刊载《四川眉山市长李静在台北拜会台商》《四川眉山市在台北举行企业界联谊会》等文章5篇。《四川日报》、新华网四川频道、中新网四川新闻等10余家省级媒体刊发《“爬格子”的政府工作报告变得很实在》《眉山市政府工作“项目化”管理　“台账”普通群众也能看懂》《〈政府工作报告〉项目化管理　四川眉山全国首创》，报道眉山市政府工作项目化；《四川日报》、中新网、《成都商报》等多家媒体跟进报道。策划眉山建设工程质量安全数字化监控管理系统（以下简称建安网）宣传，中央、省级媒体刊发《眉山市住建局自主研发建安网》等稿件30余篇。2011年，出版《2011年眉山影响》《全国两会之眉山影响》《中国四川泡菜国际展销会之眉山影响》。2012年，举行第四届中国四川泡菜国际展销会，《人民日报》、新华社、中央电视台、《香港大公报》等42家中央、省级主流媒体、权威门户网站和境外媒体现场报道，发稿100余条，百度新闻关键词搜索35万余条相关信息。中央、省级主流媒体50余家参与眉山西博会相关活动宣传，报道200余篇次，数百家网络媒体转载报道，百度搜索西博会眉山相关内容12.5万次，媒体关注度持续时间近三个月。天府新区眉山区域外宣报道50余篇。中央、省级媒体刊发眉山“直接联系服务群众”工作稿件110余篇，报道联合利华与眉山市在北京举行的签约仪式，数百家网络媒体转载报道。组织“走进东坡故里　聚焦今日眉山”中央主流媒体眉山行采访活动，邀请6家中央主流媒体到眉山采访，重点关注眉山的工业发展、城市建设、文化立市、天府新区建设、都市近郊型现代农业、党建工作、基层组织建设、基层文化建设等亮点工作。出版《2012眉山影响》《巴蜀万里行之眉山影响》《基层组织建设年之眉山影响》《十八大宣传之眉山影响》《2012全国两会之眉山影响》。

五、社会宣传

（一）典型宣传

1997年起，眉山地委宣传部门每年结合“五一”“五四”“七一”等重大节日，宣传劳动模范、道德模范、先进基层党组织等先进个人、先进集体。2008年，眉山市委作出《关于开展向市公安局交警支队学习活动的决定》，通过报刊、广播、电视和互联网等媒体，宣传其优秀事迹，号召市民学习交警。2009年，在全市宣传先进典型21人，系列报道余德槐、陈丽英等10名眉山市首届道德模范，四川电视台播出爱亲孝老模范陈丽英事迹。市纪委、市委组织部、市委宣传部发文，在全市开展向大邑县公安局民警谭东、南江县纪委书记王瑛学习活动，组织新闻单位转载、转播其事迹。2010年，推出眉山的全国劳模卿和、优秀青年柴志强、先进基层党组织玉龙村、石家村等单位和个人，中新社、四川电视台等媒体专题宣传全国劳模卿和事迹。《四川日报》《华西都市报》等报道东坡区万胜镇党委、政府和思蒙镇镇长邹和良，宣传眉山抗洪抢险典型。发行《创业眉山人》10万册，组织全市机关、学校、乡（镇）、村（社）、企业学习。2011年，省、市级媒体报道全省第二届道德模范郑毅见义勇为先进事迹，市纪委在全市纪检监察系统开展学习郑毅活动。宣传全国“五一劳动奖章”获得者李晓苹先进事迹。10家省级媒体专题报道东坡区白马镇龚村的新农村建设情况、环境治理情况等，专题报道眉山省级优秀环卫工人张文成。市委作出“向吴菊芬同志学习的决定”

后，《眉山日报》、眉山网开设“学习吴菊芬做人民满意的干部”专栏，眉山电视台、眉山人民广播电台连续播放吴菊芬先进事迹。开展主题讨论活动200余次、巡回演讲70余场，党员干部撰写学习体会1万余篇。

（二）主题宣传教育

1998—2012年，眉山市结合不同时间节点、不同主题，开展主题宣传教育320余次。包括“禁毒日”、食品安全、消防条例、创建文明城市、世界艾滋病日、城乡环境综合治理、未成年人“远离网吧”等。

2004年，眉山市委宣传部举办“认识眉山、热爱眉山、建设眉山”主题宣传教育活动，机关干部企事业单位职工、驻眉山官兵、城区师生和居民代表7000余人参加，市委副书记、市长崔保华出席启动仪式并讲话。眉山中心城区各级文明单位发出“打造诗书城，从我做起”的倡议，眉山车辆厂、徐启斌等单位和个人捐款捐物，举行“人人争做文明可爱的诗书城主人”签名活动。2008年起，开展城乡环境综合治理宣传。全市新闻媒体增设“城乡环境综合治理再掀高潮”“‘三乱’治理”“聚焦城乡接合部”等专栏13个，将暗访督查查出的200余个问题制成短片，下发责任县（区）、单位整改，电信、移动、联通公司编辑短信分阶段向全市移动电话用户发送宣传短信。2009年，市委组织开展纪念中华人民共和国成立60周年活动，围绕建设社会主义核心价值体系，开展革命历史和革命传统教育、爱国主义教育、社会主义理想信念教育、改革开放教育。

眉山市“送文化下乡”启动仪式在东坡区修文镇修文广场举行（摄于2009年3月）

2011年，以“读书、明理、感恩、奋进”为主题，在仁寿县文宫镇太清村举行眉山市“2011年农民读书节”启动仪式，给当地农民群众赠送价值6万元的书籍，引导农民爱读书、读好书，培养有文化、懂技术、会经营的新型农民。开展“光辉历程”征文活动，举办“眉山市青年党史知识网络竞赛”，各地各部门通过挂党旗、贴标语、办宣传栏，营造庄重、隆重、热烈的良好氛围。开展灾后恢复重建感恩文明教育有奖征文活动，收到征文200余篇。组织收看中共中央总书记胡锦涛在纪念辛亥革命100周年大会上的重要讲话。开展《四川省城乡环境综合治理条例》宣传月活动，发放宣传资料，接受群众咨询；印发挂历、单行本、张贴单。78个市级机关单位前往联系社区开展结对宣传走访，印制倡议书、宣传画报7万份，干群知晓率100%。至2012年，眉山市新闻媒体刊发城乡环境综合治理新闻1500余条，采写专题报道130余篇，免费发放“除陋习、树新风、治三乱”宣传手册2万册。

（三）基地教育

1997年起，眉山地区通过组织青少年前往烈士陵园扫墓等形式，开展爱国主义教育。1999年，全区命名首批爱国主义教育基地三苏祠博物馆、仁寿黑龙滩、仁寿烈士陵园、彭山烈士陵园、洪雅林场、洪雅烈士陵园、丹棱烈士陵园、青神中岩寺9个。2003年，四川省委命名彭山县汉崖墓博物馆为省级爱国主义教育基地。2005年，眉山市命名爱国主义教育基地东坡区烈士陵园、东坡区苏公陵、仁寿虞允文墓、仁寿奎星阁、彭山李密故里5个。2010年，省级“廉政建设教育基地”、爱国主义教育基地三苏祠博物馆向全市免费开放，扩大爱国主义教育受众面。截至2012年年底，全市有省级爱国主义教育基地2个、市级爱国主义教育基地12个。每年接待受教育者120万余人次，其中接待未成年人和大学生免费参观30万人次，免费150万余元。

六、精神文明建设

1997年起，眉山地区精神文明建设以社会事业发展为主要内容，制定《眉山地区1998—2000年社会主义精神文明建设规划纲要》，加强公民思想道德建设。按照“学理论、转观念、导方向、聚力量、抓载体、育新人”总体要求，以培育“四有”（有理想、有文化、有道德、有纪律）公民为重点，以“三优一学”（优质服务，建立优良秩序，创造优美环境，学雷锋、学先进）创建文明城市为载体，深入拓展群众性精神文明创建活动。突出未成年人思想道德建设，开展以“认识眉山、热爱眉山、建设眉山”“弘扬伟大民族精神，全面建设小康社会”等主题教育活动。至2012年，眉山市六区县建成省级卫生县城2个，一星级文明县城、二星级文明县城各2个。建成全国文明单位3个，省级最佳文明单位18个、省级文明单位88个，市级最佳文明单位48个、市级文明单位382个；省级文明社区4个，市、县（区）级文明社区建成率60%、中心城区80%；全国文明村（镇）4个，省级文明村（镇）14个，市级文明村镇创建率77.6%，“三户”创建率87.5%。

（一）公民思想道德建设

公民道德实践 1997年起，眉山地区以每年3月“公民道德建设宣传教育月”、“9·20”公民道德宣传日为契机，组织各级文明单位开展“知荣辱、讲正气、促和谐”主题教育实践活动，开展形势政策和法制教育。2006年，眉山市以加强思想道德建设特别是未成年人思想道德建设为重点，全面贯彻《公民道德建设实施纲要》，深入开展社会主义荣辱观学习教育，组织“八荣八耻”知识竞赛、开展“新童谣”传唱活动。2008年，围绕“抗震救灾、生产自救”主线，开展“宣传和弘扬社会主义新风尚”主题活动。倡导“三自”（自力更生，自救互助，自强不息）精神，鼓舞全市人民。开展以“知荣辱、讲正气、促和谐”主题教育为重点的公民思想道德建设，以“迎奥运、讲文明、树新风”为主线，组织全市青少年参与全省“迎奥运、促和谐”爱国主义读书教育活动；参与全省“迎奥运、讲文明、树新风”文明礼仪知识川南片区竞赛。开展“眉山市首届道德模范”评选表彰活动，宣传报道获奖的10大道德模范的先进事迹，在全市掀起向道德模范学习热潮。2009年，组织全市青少年学生参与全省爱国主义读书教育活动、“向国旗敬礼、做一个有道德的人”等活动。2010年起，围绕“讲文明、树新风、除陋习”主题，开展“做一个有道德的人”主题实践、维护消费者权益、“志愿服务在眉山”主题实践、义务植树、妇女法治宣传、“三八”维权周宣传等活动，推动社会公德、职业道德、家庭美德、个人品德建设，提高城乡居民文明素质和社会文明程度。

志愿服务组织 2009年7月，开展志愿服务队伍调查摸底，眉山市有星火志愿者协会、大学生服务西部计划、应急志愿者服务队、关爱留守学生志愿服务队、中国人寿志愿者协会眉山分会、市无偿献血志愿者服务、市慈善总会、巾帼志愿者、富民惠民服务队、学雷锋志愿服务队、市志愿者协会等各级各类志愿服务组织30支，涉及医疗卫生、抗震救灾、扶贫助困、社区服务等行业，注册志愿者2800人。2010年，市文明办、团市委联合在全市开展“志愿者心得”征集活动，收到志愿者心得体会文章 135 篇，获奖征文在《眉山日报》刊载。2011 年，组建眉山网络传播文明志愿者工作队。当年，市文明办组织志愿者参与道德模范、先进典型事迹等评论、博文撰写工作，弘扬社会新风。

道德模范评选　2008 年，眉山市启动首届道德模范评选表彰。全市 30.16 万人直接参与投票评选，评选出助人为乐道德模范余德槐、陈丽英，见义勇为道德模范杨大友、李兴述，诚实守信道德模范朱建明、李跃忠，敬业奉献道德模范郑华芳、谭后根，孝老爱亲道德模范孙艳、黄志英 10 人，眉山市委、市政府给予命名表彰。2009 年起，组织全市干部群众参与四川省首届、第二届道德模范暨全国第二届、第三届道德模范宣传、推荐、投票评选，青神县老河街居民孙艳被评为四川省首届孝老爱亲道德模范，彭山县国税局纪检组组长郑毅被评为四川省第二届见义勇为道德模范。组织实施“好人工程”，余德槐、李兴述、谭后根 3 人入选全国“好人榜”名录。2010 年，眉山市第二届道德模范评选出助人为乐道德模范卿和、刘泽庸，见义勇为道德模范周文利、余建勇，诚实守信道德模范袁学斌、胡文刚，敬业奉献道德模范刘树军、朱桦，孝老爱亲道德模范汪丽容、王秀珍 10 人。2012 年，市文明办组织道德模范巡讲团，赴四川大学锦江学院、眉山职业技术学院开展道德模范高校巡讲，师生 8000 余人聆听报告。组织推荐“身边好人”，推荐彭山县农民李兴述、丹棱县农技专家谭后根入选首批“四川好人”。

（二）群众性精神文明创建活动

文明城市创建　1997 年起，眉山地区将文明城市创建活动作为眉山精神文明建设龙头工程组织实施。重点创建文明社区、文明小区、文明片区，启动星级文明县城创建。仁寿县、洪雅县、青神县、丹棱县相继建成一星级文明县城，眉山县、彭山县建成二星级文明县城。洪雅县、丹棱县建成省级卫生县城。2001 年，眉山市结合“三优一学”创建文明城市，市建设环保委员会牵头开展综合整治活动。2002 年起，眉山参加四川省第七届、第八届“三优一学”创建文明城市竞赛活动，荣获第七届创建竞赛活动进步奖、第八届创建竞赛活动一等奖。2003 年“非典”期间，眉山市开展环境卫生治理，市级各部门形成卫生大扫除制度，眉山城区清除卫生死角 4000 余处、垃圾 1 万余吨，疏通阴阳沟和下水道 11.58 千米。对果屑箱、垃圾桶及环卫工作用车每日消毒，垃圾处理场所每天一消毒、三天一覆盖，改变垃圾成堆、蚊蝇乱飞现象。2004 年，市中心城区整治占道经营、车辆乱停乱放、乱设乱贴广告活动，清除广告 3.23 万张，处理违规占道经营户、摊点 2100 余户（个），规范“三防”（防鼠、防蝇、防尘）设施不全餐饮店 100 户，疏通新区农灌沟 16 条，清掏城区窨井、管网。2007 年，眉山参加四川省文明城市工作先进城市创建活动，荣获全省二等奖。2011 年，眉山启动省级文明城市创建，按照《四川省文明城市测评体系》测评项目，摸底调查各城区、街道、社区、农村、执法部门、“窗口”行业。市委印发《眉山市创建四川省文明城市三年工作规划》，建立健全指挥部和东坡区分指挥部工作制度、运行机制和目标考核办法。召开创建四川省文明城市千人动员大会，部署创建工作。东坡区组建创建文明城市分指挥部和办公室，组织领导东坡区创建活动。建立市级 40 个单位组成的公共环境组、公共秩序组、公共文化组、公共服务组、公共关系组、公益活动组。每月督查、通报，查漏补缺；实施问题管理，加强问题整改，严格考核。当年，发放《创建文明城市宣传手册》《宣传画》2100 张。前往店铺、广场、工地、广告商中开展“创建”走访宣传。眉山市通过作为创建文明城市前置条件的未成年人思想道德建设工作测评，成绩列全省参评市州第一。114 项指标中 86 项指标基本达到测评标准。2012 年，市中心城区设置公益广告牌 30 余处约 4000 平方米，引导市民积极参与创建文明城市活动。主要街道临街店铺、工地逐户走访宣传，发放

《市民文明手册》和宣传画1000余套，在城区各广场、开放式公园、阅报栏、宣传栏张贴创建文明城市宣传画。组织人员前往社区、街道开展文明创建宣传。眉山测评成绩列全省第一。

文明行业（单位）创建　1997年起，眉山地区开展“讲文明、树新风”、争创“文明行业”等创建活动。2000年后，逐年加大力度。全市文明行业创建以文明单位创建为基础，以窗口行业和行政执法部门为重点，按照《市级文明行业建设与管理办法》，抓规范、管理、监督，以“共铸诚信”活动为载体，加强行业诚信体系建设；以“服务人民，奉献社会”为宗旨，推行行业优质服务；以行风评议、检查监督、分类指导为措施，纠正和治理行业不正之风。涌现出市国税、人民保险、电信、地税、电力、农行等11支示范作用强的行业系统。市稽征系统被四川省文明委表彰为四川省首批创建文明行业示范系统。注重细胞建设，推动文明单位创建。创建领域覆盖各级党政机关、社会团体、企事业单位、街道和居民区、农村村社等。创建成功的各级文明单位实行动态管理，每两年复查考核，实行审批命名公示制和复查确认末尾处分制。截至2012年年底，眉山市建成全国文明单位3个、省级最佳文明单位18个、省级文明单位88个、市级最佳文明单位48个、市级文明单位382个。

文明社区、村（镇）创建　1998年，眉山地区建立社区共建制度，实行地、县领导联系社区工作制度，促进文明社区建设制度化、规范化、科学化。2005年起，眉山市农村精神文明建设以农户为基础，以农村集镇为重点，以“生产发展、生活宽裕、乡风文明，村容整洁、管理民主”为目标，以文明村镇创建为途径，组织开展“三户”（遵纪守法户、五好家庭户、双文明户）评选等细胞工程和文明小城镇、文明乡镇机关、文明集镇等创建活动。建设文明村民学校，培育“有文化、懂技术、会经营”的新型农民。开展军民共建、警民共建、城乡共建等活动。组织各级文明单位与社区开展共建活动，与文明村、贫困村开展“以城带乡，城乡共建”活动。各级文明单位与文明村、贫困村结对500余对。在省道103线、省道106线沿线的4个县城、26个乡（镇）和临线开展连片创建活动。倡导和鼓励市内有一定规模的非公有制单位、旅游景区积极参加文明单位、文明小区、文明窗口等创建活动。截至2012年年底，眉山市建成省级文明社区4个，市、县（区）级文明社区70个，文明社区建成率60%，中心城区80%。建成全国文明村（镇）4个，省级文明村（镇）14个，市级文明村镇26个，全市998个村（镇）达到文明村镇标准，创建率77.6%，91.06万户达到“三户”标准，创建率87.5%。30个非公有制单位建成市、县（区）级文明单位，瓦屋山风景区建成为首批四川省文明风景旅游区。

（三）未成年人思想道德建设

阵地建设　2004年，眉山市向未成年人免费开放公益性文化体育设施。三苏祠博物馆、彭山汉崖墓博物馆、青神中岩寺、东坡区苏公陵、仁寿虞允文墓、仁寿奎星阁、彭山李密故里等爱国主义教育基地、博物馆、文化馆、图书馆、烈士陵园等场所向未成年人免费开放。2011年，在青神县学道街小学等4所学校启动学校少年宫项目建设试点。东坡区太和初级中学、仁寿县大化中心小学、彭山县曾红小学、洪雅县三宝中心小学、青神县学道街小学、丹棱县仁美小学获得首批中央专项彩票公益金支持乡村学校少年宫项目，争取资金270万元。按照“五有”（有场地、有设备、有师资、有活动、有制度）要求建设，为农村未成年人拓宽课外活动阵地。至2011年年底，全市建成家长学校716所，青神县学道街小学等12所学校评为“四川省示范家长学校”。2012年，按照分级负责原则、以区县为主推进实施建设，自主建设27个。当年，东坡区松江镇初级中学、仁寿县满井镇中心小学、仁寿县禾加镇初级中学、仁寿县汪洋镇中心小学、彭山县公义镇中心小学、洪雅县东岳镇中小学校、丹棱县双桥镇初级中学获得中央彩票公益金支持乡村学校少年宫项目支持。东坡区太和初级中学、仁寿县大化中心小学、彭山县曾红小学、洪雅县三宝中心小学、丹棱县仁美镇小学、青神县学道街小学少年宫项目验收合格。截至2012年年底，眉山市共投入600万余元，建设青神县、丹棱县、洪雅县青少年宫，全市青少年宫6所，成为集爱国主义教育、法治教育、军事训练、体验实践为一体的青少年多功能教育基地，配备少年读物。建设“农家书屋”1186个，覆盖全市。建成学校心理健康辅导咨询室47个，青少年校外心理辅导中心8个，配备专职心理健康辅导教师14人、兼职心理健康教师300余人。26个社区和46个乡镇建成公益性免费上网场所，配备电脑2000余台。

思想教育　眉山市发挥学校教育的阵地作用、家庭教育的基础作用和社会教育的平台作用。制定《眉山市中小学素质教育评价细则》，把中小学思想道德建设列入教育督导内容；坚持把社会主义核心价值体系学习教育作为首要任务，严格执行思想品德课程计划，推进学校德育工作；开展9月“中小学弘扬和培育民族精神月”宣传教育活动，开展各类艺术节、读书节活动以及城乡环境综合治理“进学校”活动，丰富校园文化，培养学生兴趣和动手能力，提高学生综合素质。2004年，眉山市委、市政府下发《关于进一步加强和改进未成年人思想道德建设的实施意见》，加强中小学生思想道德建设、共青团和少先队工作、家庭教育、道德实践活动、爱国主义教育基地场所建设使用管理、营造良好社会氛围、净化未成年人成长环境、加强组织领导等工作。2009年，市发改委将未成年人思想道德建设纳入《眉山市国民经济和社会发展第十一个五年规划纲要》，每年将关爱留守学生、救助残疾儿童、资助贫困学生等列入政府为民办实事的“民生工程”项目。按全市总人口数人均0.1元标准，落实未成年人工作经费。2010年，邀请教育专家张玉仁举办报告会165场，帮助家长树立正确育人观念。开展“五好文明家庭”“学习型家庭”等评选活动，营造和谐家庭环境，家庭暴力万户投诉率逐年下降。加强社区阵地管理，社区图书室、活动室、农家书屋等配备少儿优秀读物，面向未成年人免费开放。开展思想道德、助学帮困、法治宣传、心理辅导、网吧监督、文艺宣传等关爱未成年人活动，为学校教育提供补充。2011年，全市围绕“学做合格父母，培育合格人才”主题，开展“家庭教育宣传实践月”活动。

文化产品和文化服务　眉山市电视台抓好中央电视台少儿频道和四川电视台妇儿频道落地工作，分别开设“未成年人思想道德建设”专栏专题，报道全市乡村学校少年宫建设等未成年人思想道德建设重点工作动态。先后购买《虹猫蓝兔》《天眼神牛》等动画片和《亮剑》《地雷战》等优秀电视剧，弘扬主流价值。2009年，全市“人防”和“技防”相结合，整治网络低俗之风。各级文化部门建立举报限时稽查制度，要求稽查执法人员及时稽查，净化文化市场环境。严格实名登记上网制度，“实名刷卡系统”安装率100%，查处未成年人上网和“黑网吧”。吸纳“五老”（老干部、老专家、老战士、老教师、老模范）志愿者4.23万人和青年志愿者开展义务监督，每年开展义务监督1万人次以上。开展“创建绿色频道频率”活动，严把节目制作关、审查关、播出关，清理不良广告，打击“涉性”广告，停播药品广告20余条。开展学校周边文化市场治理专项行动、暑期文化市场专项治理行动，清查中小学校周边200米范围；突击检查校园周边的营业性文化娱乐场所，打击违规接纳未成年人和违法违规经营行为。拉网式排查中心城区、学校周边等重点区域游艺娱乐场所。常年开展“扫黄打非”行动，以校园周边图书店和音像店为重点，开展低俗文化专项整治、打击违法音像制品专项行动，清查音像、书报刊、电子出版物销售市场。眉山市“扫黄打非”工作连续九年获全省表彰。2010年，举办首届“故事大王”少儿才艺电视大赛，以“为童年创造精彩，给梦想构筑舞台”为主题，吸引全市4岁~11岁少儿2000余人参赛。开展《快乐眉山之缤纷校园》《快乐眉山之少儿舞蹈大赛》等系列电视活动，丰富少儿荧屏节目。创作《雪飞》《远山远水》等反映教育工作的电视长片，获四川省政府一等奖。少儿舞蹈《人间大爱》《邵多丽》《旦角》获全国少儿艺术舞蹈大赛金奖和四川赛区金奖，舞蹈《踏青》获省第六届中小学生艺术节金奖。

未成年人救助　1999 年，眉山地区教委下发《关于做好进城务工人员子女接受义务教育的通知》，按照“相对就近”原则，做好进城务工人员子女接受义务教育工作。2006 年，眉山市投入 400 万余元，建成眉山市救助站、市流浪未成年人保护中心，配备儿童教育培训室、医疗室、活动室、图书室、心理辅导室、矫正室等设施，建立健全流浪儿童生活、教育、管理、返乡和安置制度，妥善救助和保护流浪儿童。开展流浪未成年人流浪原因调查，配合公安部门严厉打击组织、操纵、强迫流浪儿童乞讨行为。2011 年，眉山市妇联下发《关于在全市开展“留守学生”关爱行动的实施意见》，采取“留守学生之家”、寄宿制学校、亲情活动室、亲情电话等方式，开展关爱“留守学生”行动。2012 年，全市建成“留守学生之家”223 个。探索出以“留守儿童”为中心，家庭、学校、社会、儿童共同参与的“青神模式”，受到全国妇联、国务院妇儿工委肯定，获亚洲开发银行资金援助；制定《眉山市中小学生学籍管理细则》，做好流出学生学籍管理工作。截至 2012 年年底，全市先后接纳外来务工人员子女 1.92 万人到公办学校就读。救助流浪未成年人 4959 人。

（四）社会主义道德风尚

眉山市弘扬社会主义核心价值观，传播正能量，摒弃自私自利陈腐观念，涌现出大批践行社会主义核心价值观的舍己救人、无私奉献、见义勇为、助人为乐、尊老爱幼、爱岗敬业的先进人物。

1997—2000 年，有舍己救人英雄彭山县青龙镇桂林村八组青年杨文超烈士、仁寿县凤梧乡初中教师陈英烈士。无私奉献的在瓦屋山采集大熊猫粪便、研究大熊猫冬季生活习性中殉职的郑明全。见义勇为与歹徒做斗争牺牲的眉山县松江镇鲜滩村三社女社员彭松梅。仁寿县李家坝残疾人金少林，靠卖凉水和省吃俭用积攒下来的 18 万元修桥，被国务院全国残疾人工作委员会评为“全国自强模范”。太和镇公安交警中队女交警曹莉，在出差途中拾得松江镇齐心村二组管齐能丢失的现金 1 万余元，如数归还。苏轼酒楼服务员陈建英捡到一个皮包，将其中 5000 元现金、手机及其他物资主动归还失主。林家饭店拾 5 万元存单归还失主，谢绝报酬。环湖路中学学生李荣智、吴权友拾得手机 1 部归还失主。眉山实验中学学生李季雨到简阳中学学习绘画期间，拾得一个内装 600 余元现金及证件等物的钱包及时归还。眉山地区机关事业单位开展公民无偿献血活动，仅彭山县 2000 年就有 640 人无偿献血 13.24 万毫升。

2008—2012 年，眉山市优秀教师，“感动洪雅”十佳人物，洪雅县槽渔滩镇中心小学教师、荣誉校长李溥婕，在“5·12”汶川特大地震时，临危不惧，有序组织学生疏散，前往重灾区都江堰市、绵竹市慰问灾民，送赈灾物资，联系多个慈善组织向受灾严重的洪雅槽渔滩镇竹箐小学捐资 76 万元及设施帮助恢复重建，被全国妇联授予“全国三八红旗手”称号。洪雅县 42 个企业与县内 29 所学校“联姻”，捐赠助学金 100 万余元。企业家陈志忠、黄锐等设立“助学金”，常年坚持资助贫困高中生升大学。仁寿县城堰乡赵家村党支部书记刘菊仙带领村民采取集资等修路 8.9 千米，种植“不知火”（水果名）致富，被全国妇联授予“全国三八红旗手”称号。东坡区应林大酒店厨师李志林苦心钻研烹调技术，培训烹调技工，被全国总工会授予全国五一劳动奖章。东坡区松江镇山坝村党支部书记刘建华捐资 3 万元用于老年协会村分会基础设施建设，被东坡区委、区政府评为“道德模范。”

第四节　统一战线工作

眉山市统一战线工作立足大团结，促进大联合，整合、凝聚民主党派、各界人士的智慧和力量，建立眉山市党外知识分子人才库，实行市级领导干部联系重点非公有制企业制度。逐步建立健全与统一战线工作联系紧密的侨办、侨联、台办、民族宗教工作机构，形成由党委统战部牵头协调的大统战工作格局，促进经济建设、政治建设、文化建设、社会建设和生态文明建设。

一、参政议政

（一）民主协商

1997年起，地委统战部每年召开民主协商会、座谈会、情况通报会，通报党委、政府重要工作，听取民主党派、工商联、无党派人士建议意见。2001年起，眉山市各民主党派开展群众关心的热点、难点问题调查研究，市工商联界别各级人大代表、政协委员积极撰写提案、议案、调研报告，每年两会（人代会、政协会）上提交提案议案，建言献策。2002年，组织市级民主党派、工商联领导班子成员视察市重点工程电解铝在建项目。各民主党派向市县人大、政协提出议案、提案19件，调研报告5篇。2003年，召开市领导参加的协商会、情况通报会6次，民主党派、工商联负责人和无党派代表人士234人次参加，通报全市两会重要人事安排、抗击“非典”工作情况、中共四川省委书记张学忠到眉山讲话和市委工作会议精神、奶业发展、经营城市暨数字城建设、实行党代表常任制和市委书记余斌在市委一届二次会议上的工作报告等情况。建立市政府领导、市政府有关部门同各民主党派、工商联对口联系的制度。各民主党派6篇主题发言被市委、市政府领导肯定和有关部门采纳。2004年，党外市人大代表、党外市政协委员《关于继续整治黑龙滩水库网箱养鱼净化生活用水》的建议被采纳，市委、市政府开展专项整治，全部取消黑龙滩网箱养鱼，党外市人大代表、党外市政协委员《关于加大眉山市中心城区市政基础设施资金投入的建议》被市政协作为重要督办提案。2005年，市长崔保华等市领导就《政府工作报告》、上半年全市经济社会发展情况、市人大市政协人事安排、党风廉政建设、旅游经济发展、社会保障、“三农”工作、新型工业化建设、政法工作等协商通报，听取建议意见。2006年，通报协商党代会工作报告、市政府工作报告、市级重要人事安排、卫生、纪委工作、市级班子换届安排情况。2007年，召开眉山市统一战线建言献策大会，收集民主党派、工商联和无党派代表人士建议意见80余条。围绕新农村建设开展调查研究，

市委统战部考察学习天府新区仁寿视高区域建设（摄于2012年7月）

撰写调研文章8篇。近30条建议意见被市委、市政府采纳。2008年，市委书记、市长出席协商会、通报会，市委书记蒋仁富与市级各民主党派组织负责人交心谈心，民主党派、工商联和无党派代表人士提出建议意见126余条，市委、市政府及其工作部门采纳20余条。各党派围绕眉山实现“工业大变样”“旅游大变样”，开展调查研究，撰写调研文章11篇。2010年，以建言眉山“十二五”规划为议政重点，提交调研报告12篇；围绕加速推进工业化进程、加快中心城市发展等开展调研，形成调研报告30篇。提交全国人大建议、政协提案15件，省人大建议、政协提案25件，其中《关于规范高考加分政策的建议》《关于增加惩罚危险驾驶机动车罪的建议》等被《人民日报》、中央电视台、国务院法制办公室等刊载、报道。2012年，市、区县召开民主协商会、情况通报会和座谈会40余次。民主党派和无党派人士提交调研报告42篇，反映社情民意60余条，得到市委、市政府主要领导多次肯定批示。两会期间，提交全国人大建议意见14件，省人大代表建议、省政协委员提案12件。市人大建议39件，提交并立案的市政协提案178件。

1997—2012年，眉山市召开民主协商会、情况通报会和座谈会180余次，各民主党派通过会议参政议政。2001—2012年，全市各民主党派、无党派、工商联界人士向全国、省、市人大、政协提建议、提案1419件，提交调研报告227篇，反映社情民意79余条。其中，提交全国人大建议意见、全国政协提案48件，四川省人大代表建议、四川省政协委员提案56件；市人大建议、市政协提案1315件。反映社情民意被党派中央采用14篇、党派省委采用27篇。

（二）民主监督

眉山市党外人士对政府工作开展民主监督。1997年起，眉山地区地、县两级政府部门和司法机关聘请党外特约人员，开展民主监督。至2000年，地、县两级政府部门和司法机关聘请党外特约人员116人。2003年，眉山市市、县（区）统战部推荐民主党派成员11人为市政法系统作特邀监督员、特约审判监督员、特约监察员、特约审计员、特约教育督导员、特约检察员、特约警风监督员，加强民主监督。2004年，党外市人大代表、党外市政协委员《制止违规统筹中小学杂费行为加强保障学校正常运转措施》被市政协作为重要督办提案。当年起，建立健全民主党派成员担任政府部门特约员制度。2007—2008年，眉山市各党派就眉山新农村建设、实现“工业大变样”“旅游大变样”政策措施制定、贯彻落实情况，向眉山市委、市政府提出19条建议意见全部被采纳。2010年，以眉山“十二五”规划为议政重点，提交建议；围绕加速推进工业化进程、加快中心城市发展等开展调研，提交建议。2012年，民主党派和无党派人士提交各类建议，得到市委、市政府主要领导多次肯定批示。23个市级政府部门和司法机关聘请民主党派成员、无党派人士80人任特约人员，六区县54个政府部门和司法机关聘请党外人士115人任特约人员。

二、党外代表人士工作

（一）教育培训

1997年起，眉山地委统战部按照成熟一个、组建一个原则，支持筹建民主党派地级基层组织。组织民主党派成员学习邓小平理论，特别是新时期统一战线理论。每年组织党外人大代表、政协委员、民主党派骨干或成员培训。1998年起，选派党外干部、非公有制经济代表人士、统战干部参加省社会主义学院培训。1999年，开展全区民主党派成员爱国主义、社会主义教育，以提高广大民主党派成员政治思想觉悟。2000年，地委统战部组织各民主党派、各界人士开展“西部大开发，我们怎么办”大讨论，动员其发挥参政议政作用，为西部大开发提建议、献良策。举办全区党外中青年干部培训和县级党外干部培训。至2000年年底，全区共组织党外干部556人参加培训。

2002年，眉山市委统战部组织各民主党派学习中共中央总书记江泽民“5·31”讲话、“江泽民论有中国特色社会主义”“三个代表”重要思想等；组织各民主党派、工商联负责人和无党派代表人士学习贯彻中共十六大精神。组织召开市级民主党派、工商联领导班子培训学习会，学习《各民主党派中央关于加强自身建设若干问题座谈会纪要》，市委副书记苏灿发表“切实加强自身建设，不断提高参政议政水平”讲话。2003年，市委统战部选派副科级党外干部4人下基层挂职锻炼。组织各民主党派、工商联负责人等10余人赴广安、南充考察学习。2005年，市委统战部选派80人参加清华大学、中央党校、四川省社会主义学院和中央及中共四川省委统战部、四川省宗教局培训。举办全市统一战线教育培训34期1790人次。学习贯彻《关于进一步加强中国共产党领导的多党合作和政治协商制度建设的意见》精神、加强多党合作制度建设和廉政建设等。全市各党派学习中共十六届五中全会公报、市委“关于加快发展的决定”等，坚定走社会主义道路信念。2006年，开展“工业强市，党派怎么办”大讨论活动。2007年，各民主党派和无党派人士开展以坚持走中国特色社会主义政治发展道路为主题的“政治交接学习教育活动”，组织成员撰写读书笔记500余篇，交流学习体会150余人次。开展“红色教育活动”，组织民主党派成员和无党派人士前往川西重走红军长征路。2008年，市委统战部开展统一战线“千人培训”工程，培训已安排的党外代表人士和统战干部1100人次。统战部领导与各民主党派主委、副主委谈心，引导各党派以思想建设为核心提高自身素质；在民主党派成员、无党派人士中开展“统一战线解放思想”大讨论和纪念“五一口号”我该怎么办大讨论；举办统一战线“感恩30年”图片展，撰写心得体会100余篇。2009年，开展以“走进灾区、感受重建”主题学习教育等活动，组织近700人赴“5·12”汶川特大地震都江堰地震重灾区、井冈山、延安、重庆特园中国民主党派历史陈列馆参观学习。2010年，开展践行社会主义核心价值体系教育活动，组织民主党派成员200余人走进地震重灾区北川、上海世博园、陕西延安、重庆特园接受教育。组织全市党派成员收看《建国大业》《民主之澜》《黄炎培》《袁隆平》等影视剧，举办观后感座谈会。2011年，组织全市统一战线“身边的榜样”报告会、收看中共四川省委书记刘奇葆专题形势报告会、“百色革命传统教育行”“全市统一战线纪念辛亥革命100周年专题报告会”“汶川灾后重建行”等活动，组织观看《建党伟业》《辛亥革命》等影片，参与2000余人。2012年，市委统战部组织学习中共十八大和省市党委政府重要会议、文件精神。各民主党派开展庆祝新中国成立60周年和多党合作制度确立60周年座谈会、招待会、文艺演出等活动，引导各党派开展政治交接主题教育活动。通过培训、考察、谈心等形式加强“同心”教育。将民主党派干部培训班纳入市委主体班。选派党外代表人士、统战成员300余人参加中央、省、市社会主义学院等培训和井冈山、延安、西柏坡等地参观学习。开展统战部部长与党外代表人士交心谈心活动。洪雅县创新建立组织部部长和统战部部长与党外干部谈心机制。党外代表人士3人获第三届眉山市杰出人才贡献奖。

1998—2012年，全市组织党外代表人士、统战成员1495人次参加培训和革命传统教育。举办党外中青年干部培训班4期246人次。培训民主党派成员、科级党外干部、统战干部5154人次。全市新建非公有制经济党组织56个、发展党员159人。市工商联编发《百企联百村专报》73期、《商会简讯》40期、《民营经济发展协调小组工作专报》3期，出版《眉山商界》杂志12期，眉山商会网点击420万人次，在中央、省、市平面、网络、电视媒体刊发信息300余篇。

（二）实职安排与挂职锻炼

眉山市（地）委统战部参与各县（区）班子和市（地）级部门班子中党外干部考察工作，参与各县（区）政协换届工作指导。

1998年，眉山地区在换届中，推荐党外人士18人。1999年，地委统战部向地委推荐地级后备干部13人、近期县级后备干部30人、中期县级后备干部43人。跟踪调研新提拔13名县级后备干部。2000年，地区和六县政府及司法机关配备党外领导干部61人。地级机关选派党外干部8人赴乡镇任职。2001年，眉山市做好党外后备干部培养、党外人士在人大和政协中的政治安排、在政府和司法机关中的实职安排，规范党外干部管理职责。2002年，全市新提拔科级党外干部24人，县（处）级党外干部24人。各县（区）人大、政府、政协领导班子中配备党外干部31人。建立全市县级、科级党外干部及县级党外后备干部登记制度。2003年，市人大常委会配党外副主任1人；市政协配党外副主席5人，占市政协副主席总数的83.3%。4个县（区）分别选配党外人大常委会副主任1人，5个县（区）政府班子选配党外副县（区）长6人；县（区）政协副主席中党外副主席19人，占政协副主席总数的59.4%。6个县（区）工商联会长均由县（区）政协党外副主席兼任，东坡区为民营企业家。全年新增县级党外领导干部23人，占全市县级党外干部的59%，新增科级党外领导干部31人。2004年，实行党外后备干部动态管理。全市安排地厅级党外干部6人，县（处）级党外干部39人。市级机关下派党外人才到基层挂职锻炼24人、占总数的22%；县（区）下派党外人才到乡（镇）或村挂职锻炼31人、占总数的9%。2005年，全市有党外领导干部副厅级6人、县级40人、科级170人。至此，全市一区五县政府领导班子配齐党外领导干部。青神县各乡（镇）政府领导班子均配备党外领导干部。2006年，市委统战部参与市、县（区）人大、政府、政协换届中党外人士推荐安排，市人大常委会、市政府领导班子配齐党外领导干部，新配备市人大常委会党外副主任、党外副市长各1人，市政协配备党外副主席3人。各县（区）人大、政府、政协领导班子全部配齐党外领导干部。健全党外代表人士数据库，建立党外干部、民主党派干部、无党派代表人士、非公有制经济人士等党外新的代表人物后备名单。2007年，推荐全国、四川省人大代表和政协委员以及市人大、政府及政协党外副职后备人选33人。丹棱县选派优秀党外后备干部5人任重点企业总经理助理。2011年，全市换届中，市、县（区）人大、政府、政协领导班子中党外干部配备全部达到规定的数量和比例，安排市人大常委会副主任、副市长各1人、政协副主席4人；县（区）人大常委会副主任、副县（区）长各7人、政协副主席12人。2012年，引导全市党外干部参与非定向推荐副县级干部后备人选、市政府驻外经合局局长等竞争选拔，在市级民主党派中推荐出副县级党外干部后备人选5人。全市提拔县级党外干部9人、科级党外干部16人。选派县级党外干部3人参与中共四川省委派驻甘孜州色达县群众工作组，7人赴阿坝州金川、小金县挂职。公开遴选年轻党外干部24人到园区、信访等挂职锻炼。市级机关下派科级党外干部5人到重点工业乡镇挂职锻炼。截至2012年年底，全市选派党外干部和人才56人挂职。有县级以上党外干部75人（厅级8人、正县职6人、副县级61人；党外女干部28人；区县26人；市政府19人）。

2007—2012年，全市提拔县级以上党外干部39人，其中副厅4人、正县7人、副县28人。

（三）人大代表政协委员推荐

全国（省）代表推荐　眉山市委统战部按时完成全国人大、省人大、省政协党外代表人选和党外委员人选推荐考察。1997年后，眉山地区党外人士7人任第八届省政协委员。2002年，眉山市委统战部走访看望党外第八届省政协委员和省第九届人民代表，听取意见。完成眉山市十届全国政协委员推荐人选和全国第十届人大党外候选人考察，完成眉山市九届省政协委员、省第十届人大党外代表候选人22人考察。2003年，推荐、协商安排党外人士18人为全国人大代表、省人大代表、省政协委员。2007 年，推荐党外人士 9 人为全国、省人大代表建议人选，其中民主党派成员、无党派人士 7 人，非党群众 2 人。推荐省第十届政协委员建议人选 10 人，其中中共党员 3 人、民主党派成员 2 人、无党派人士 5 人。全市党外人士 1 人任第十届全国人大代表、8 人任省第十届人大代表、第九届省政协委员 8 人。至 2012 年，眉山市党外人士任第十一届全国人大代表 1 人、省第十一届人大代表 9 人、第十届省政协委员 10 人。

眉山市 1997—2012 年党外人士任全国、省人大代表、政协委员名录表

表 18-7

全国人大代表	第十届	吴爱玲
	第十一届	夏绩恩
省人大代表	第十届	陈志忠、黄翠蓉、邓世明、王利清、夏绩恩、黄玲、廖新蓉、杨常沙
	第十一届	陈志忠、管国如、黄玲、王晓明、徐燕、王福华、梁勇、陈静辉、张容
省政协委员	第八届	张继先、曹瑞良、李龙凌、曹继华、姚震、徐小灵、宋学镰
	第九届	陈东翔、周开烽、毛咏梅、王莉茹、周强、何久伦、宋学镰、童应林
	第十届	吴爱玲、杨玉仙、立胡左格、童应林、陈宏斌、陈东翔、刘小川、黄尚彬、雷永志、吕英

市人大代表推荐　2000 年，选举眉山市第一届党外人大代表 113 名，占代表总数 363 名的 31%，其中民主党派成员 12 名、无党派人士和非党群众代表 101 名；党外人大常委 8 名、占人大常委总数的 33.3%。2003 年，市人大中党外人士安排达到规定比例，党外市人大代表 128 名、占市人大代表总数 363 名的 35.3%；党外市人大常委 10 名、占市人大常委总数的 30.3%。2006 年，市第二届人大换届。选举产生市第二届党外人大代表 102 名，占代表总数 367 名的 27.8%，其中民主党派成员 19 名；市第二届党外人大常委 11 名，占市人大常委总数的 35.5%。2011 年，市第三届人大换届。选举产生市第三届党外人大代表 111 名，占代表总数 372 名的 29.8%，其中民主党派成员 16 名；市第三届人大党外常委 11 名，占常委总数的 36.7%。

市政协委员推荐　2000 年，四川省委批准政协眉山市第一届委员会人事安排界别 23 个、委员 360 名、常委 70 名。政协眉山市筹备组按 23 个界别、332 名委员、63 名常委安排，留一定名额待以后充实。大专以上学历 255 人，中高级技术职称 129 人，中共党员 133 人，非中共党员 199 人，妇女 80 人，民主党派成员 31 人。第一届市政协常委 63 人，其中中共党员 24 人、民主党派成员及无党派人士 39 人。2003 年，市委统战部加强县（区）人大、政协换届工作中人事安排的指导，协助区县人大、政府和政协做好党外人士安排。六区县换届人大代表中非中共代表 377 名，占总数的 27.5%；人大常委中非中共常委 22 名，占 20.6%；政协委员中党外委员 656 名，占 60.2%；常委中党外常委 106 名，占 66.25%。2006 年，中共四川省委批准政协第二届眉山市委员会人事安排界别 25 个、委员 360 名、常委 75 名。比第一届委员会增加中国民主同盟眉山市委员会、中国民主促进会眉山市委员会 2 个界别。经市政协第一届常委会确定，产生第二届市政协委员 339 人，留 21 名待增补。市政协委员中，党内 133 人、党外 206 人；党外市政协常委 42 人，占 65%；大专以上学历 318 人；中高级职称 134 人；民主党派成员 73 人；继任 110 人；女委员 77 人。市第一届政协副主席 7 人中有党外副主席 3 人；市政协常委 65 人中中共党员 23 人。民主党派成员和无党派人士 42 人。2011 年，中共四川省委统战部批准政协第三届眉山市委员会人事安排界别 27 个、委员 360 名、常务委员 62 名。比第二届委员会增加中国民主建国会眉山市委员会、九三学社眉山市委（筹备组）2个界别。政协第二届眉山市委员会常委会决定，产生第三届市政协委员350人。其中，大专以上学历339人，中共党员141人，非中共党员209人，继续提名123人，民主党派成员58人，妇女委员91人。常务委员62人中，中共党员22人、民主党派成员及无党派人士40人，继任市政协常委15人。各区县委统战部共推荐考察区县政协委员建议人选并协商为政协委员656人，占总数的60.2%；政协常委党外人选106人，占66.5%；提名县（区）人大党外代表候选人并当选377人，占27.5%，党外常委22人。

三、联络工作

（一）党外知识分子

2002年，建立眉山党外知识分子人才库。全市有党外高级知识分子488人，占总数的56%，主要分布在教育、卫生、农林、水利等部门和市属企业。其中女性102人、占25.6%。在全市党外知识分子中推荐考察十届全国人大党外代表候选人、十届全国政协委员党外建议人选各1人，十届省人大党外代表候选人、九届省政协委员党外建议人选各8人。2003年，建立眉山市区县党外知识分子干部花名册，全市规模500万元以上民营企业164户中有高级党外知识分子255人，建立党外高级知识分子人才信息库。建立市、区县领导干部联系党外知识分子制度，市委统战部、市监察局聘用党外知识分子2人为特邀监察员。12名优秀党外知识分子被市委、市政府授予“眉山市优秀创业人才”称号。2004年，市委、市政府评选党外知识分子7人为第二批拔尖人才，授予12人“眉山市优秀创业人才”称号。各县（区）统战部建立中高级党外知识分子人才信息库，入库党外优秀“土专家”“田秀才”及“中高级职称”“研究生（硕士）”以上人员400余人。2005年，实行市、县（区）领导联系党外知识分子，帮助解决困难和问题，其中青神县级领导联系党外知识分子28人。加强与高校、中介组织中党外知识分子联系，掌握高校及法律、会计等领域中高级党外知识分子情况。2007年，全市党外人才9人被表彰为眉山市第三批有突出贡献的拔尖人才。2008年，党外人士3人获“眉山市杰出人才贡献奖”。2009年，全市非公有制企业家11人入选市委编写的《创业眉山人》，党外代表人士16人被评为第四批“眉山市有突出贡献的拔尖人才”。2012年，全市有党外知识分子3.5万人。其中高级知识分子438人，占全市高级知识分子总数的57%，主要分布在教育、卫生、农林、水利等部门和行业。女性高级知识分子112人，占党外高级知识分子的25.6%。全市党外知识分子中，有副厅级干部1人、副县级干部25人，担任省人大代表、政协委员6人，市人大常委、政协常委14人，市人大代表、政协委员52人，区县人大代表、政协委员83人。

（二）非公有制经济人士

2001年起，实行市级领导干部联系重点非公有制企业。2002年，市委统战部调查全市台（侨）资企业、黄埔同学会情况。市级领导干部定点联系重点非公有制企业34户。2003年，市级领导干部联系非公有制经济代表人士。市、县侨联委员李寿黔促成香港怡宝投资有限公司与仁寿县人民政府签订在文林镇建设经济技术开发区合作协议，首期投资2亿元。四川宏科有限公司董事长、台胞翁国维，在仁寿城郊投资5000万元创办电子元件厂。2004年，成立四川省黄埔军校同学会眉山联络组。团结、带领黄埔同学和黄埔后代，开展对台湾、港澳及海外同学的联络宣传，促进祖国统一、致力振兴中华。2005年，市工商联成立眉山市非公有制经济维权投诉中心，在全省推广非公有制维权“眉山经验”和“仁寿模式”。2007年，成立眉山市黄埔军校同学后代联谊会，鼓励、引导、组织、协调、推动优秀黄埔后代积极参与眉山经济和社会事业发展。组织侨胞、侨属和黄埔代表前往延安开展教育。每名市级领导干部联系非公有制企业。2008 年“5·12”汶川特大地震灾后，争取香港基金会、企业、法国华人进出口商会及四川海外联谊会捐资 1166.5 万元重建洪雅县、彭山县中小学 8 所，在彭山县和洪雅县修建新农村医疗点 15 个；捐资 20 万元资助青神县贫困母亲抗震救灾。2011 年，市委统战部参与编纂《眉山黄埔》。

四、服务社会

1997 年起，眉山地区开展定点合作，地委统战部组织民主党派、工商联会员致富思源、回报社会，直接参加经济建设。当年，建立农作物优良品种科学种植示范基地和特种养殖基地 8 公顷。2003 年，眉山市委统战部组织民营企业和非公有制经济代表人士捐款捐物 405 万元抗击“非典”、建设乡村道路、修建学校。彭山县建立“陈希虞奖学金分会”“彭山县慈善分会”，资助优秀学生、教师和贫困生 85 人。2004 年，民主党派及其成员通过助农、助学、助残等活动服务社会。当年，捐款 326 万元，送化肥 12 吨，义诊 800 人次，发科技资料 3.6 万份；免费体检小学儿童 6.5 万人次，赠送价值 5000 元的图书和学习用品；培训下岗职工 2000 余人；资助贫困生 113 人。2005 年，各民主党派及其成员举办果树栽培、养殖等科技讲座 72 场次，受益群众 5700 余人。党外知识分子企业家参与光彩活动。民营企业家黄远成、陈志忠、黄锐捐款 770 万余元助学、建桥。全市非公有制经济企业安置下岗职工 400 余人。2007 年，建立眉山市光彩事业促进会。市级 6 个民主党派和市知联会分别与 9 个村结成“一对一”服务。陈志忠等 68 名企业家向光彩事业直接捐款 1435 万元；220 个非公有制企业结对帮扶 231 个行政村，向联系村累计投入近 3300 万元。2008 年，“5·12”汶川特大地震后，全市非公有制企业及个人捐款 8841 万元，组建“眉山统一战线抗震救灾灾后重建突击队”，赴北川县、青川县、都江堰市、什邡市、安县等，送去救灾物资，调集装载机、挖掘机等机械设备 7 台，参加重灾区义务抢险 60 余天。2009 年，全市民主党派、知联会开展定点帮村和智力扶贫。当年帮扶 13 个村 50 万元。2012 年，全市各民主党派、无党派人士以产业帮扶、集中帮扶、持续帮扶为重点，定点帮扶和直接联系服务群众，开展送技术、送文化、送健康活动。分别与 50 个村结成“一对一”定点帮扶，落实帮扶项目 28 个，投入帮扶资金 340.8 万元；参与扶贫济困助学等公益慈善活动，培训群众 5 万人次，义诊群众 2 万人次，发放各类书籍 10 万余册。

1997—2012 年，全市各民主党派、无党派、工商联协调和组织非公有制经济人士捐款筹集资金 5.07 亿元，用于抗震救灾、培训农民、扶贫济困、修路、产业结构调整等，建设种养殖基地 108 个，修路 504.37 千米，安置下岗职工 2400 余人；义诊 2.52 万人次，发放科技资料、学生读物 24.07 万份；免费体检小学儿童 11.79 万人次；培训下岗职工、农村中小学教师 2800 余人；培训农民 12.38 万人次，解决农村就业 2.9 万人；资助贫困生 2691 人。

五、民族宗教工作

（一）民族工作

少数民族扶持　眉山市开展散居少数民族贫困户、“无墙户”调查，动员有关单位、社会各界通过“一帮一”“结对帮”等方式开展帮扶。2001 年，眉山市专题调查回族群众相对集中居住的仁寿县青岗乡发展民族经济问题。当年起，启动市级部门对口支援项目，加强民族乡青岗乡基础设施建设。13 个市级部门对口支援，下拨经费 15 万元为青岗乡修路和清真寺维修。次年落实扶持项目 9

个，到位资金77.3万元，救助青岗乡贫困回族学生40人。2004年，眉山市88个单位、干部210人及社会各界人士参与帮扶，落实帮扶资金18万元，救助少数民族失学儿童78人，为35户少数民族“无墙户”修建住房，帮助565户少数民族贫困户脱贫致富。2006年，开展一名县级领导干部重点负责1户少数民族贫困户帮扶行动，每名市级部门中层干部落实帮扶资金每户500元。2007年，11个市级部门向青岗乡11户少数民族无墙户每户资助建房资金1万元。仁寿县级部门支持资金25万元改善青岗乡教育、卫生条件。四川省民族委员会（以下简称四川省民委）下拨项目资金10万元，建沼气321口。2008年“5·12”汶川特大地震后，启动《眉山市民族宗教突发公共事件应急预案》，将少数民族群众456人纳入政府救助范围，完成124户严重损毁的少数民族房屋重建。向青岗乡下拨灾后重建资金385万元重建乡中、小学教学楼2929平方米，争取资金566.1万元整治水渠2.5千米，硬化村道16.3千米，引进县瓜苕协会投资145万元建成蔬菜基地10公顷。2009年，建立市级民族资金项目库。2010年起，全市组织动员民营企业、社会团体、民主党派和社会各界人士走访慰问少数民族贫困户。当年走访慰问116户，送慰问金和慰问品14.6万元。2011年，市级统战系统在青岗乡启动“同心工程”，募捐教育款项134万元。四川省民委下拨民族项目资金25万元扶持养殖肉牛3000头。2012年，实施民族资金项目84个129.8万元，帮扶少数民族贫困户580户，解决生产生活难题128件，赠送种鸡2400只、种兔1300只。2004—2012年，全市实施民族资金项目696个，筹集资金（物资）4341.69万元，其中青岗乡实施项目56个3431.2万元。帮助青岗乡加强基础建设，帮扶少数民族贫困户3088户，资助贫困学生和残疾人487人，为44户少数民族“无墙户”修建住房。

服务管理　2005年，眉山市建立民族工作数据库，包括少数民族人员、民族宗教干部和民族代表人士政治安排情况三部分。2006年，健全副科级以上少数民族干部和市人大代表、市政协委员中少数民族人士数据库。市民族宗教、公安、教育、卫生、计生等部门配合，引导少数民族群众合理流动，加强治安和计划生育管理，协助解决流动少数民族群众劳动就业、子女入学、权益保障和法律援助等问题。市民族宗教事务局（以下简称市民宗局）制订民族方面突发性公共事件应急预案，建立健全社会预警体系。市民宗局、市城管执法局规范彝族群众在城区主要街道摆摊设点问题，处理涉及民族方面矛盾纠纷24件。2012年，建立不稳定因素排查调查处理工作机制，调查处理涉及少数民族因素矛盾纠纷48起，化解涉及少数民族因素突发性事件9起。敦促南车集团按照有关政策要求妥善解决少数民族职工伙食费补贴问题。

（二）宗教事务

宗教类别　眉山市宗教有佛教、道教、伊斯兰教、天主教、基督教五类。

佛教。唐朝传入，明朝大发展，清朝鼎盛，传道光年间各乡（镇）均建有寺庙。民国32年（1943）眉山成立四川省佛教协会眉山分会，眉山专区所辖10县成立支会，协助政府管理佛教相关事宜。20世纪50年代，佛教组织和寺庙停止活动，多数寺庙被改建为学校、仓库，僧尼大多还俗、回乡。改革开放以后，落实中国共产党的宗教政策，修复、保护知名寺庙建筑，有序开放寺庙，保护宗教活动，治理乱建小庙、乱塑神像，打击邪教组织及其违法犯罪活动。成立佛教协会，定期召开代表大会，总结佛教工作，协助政府管理宗教事务，保证佛教活动正常开展。2012年，眉山市有政府批准开放的佛教寺庙53座，有比丘、比丘尼154人，信教群众约16万人。佛教寺庙不仅满足信教者佛事活动需要，也是旅游观光场所。眉山市辖区县一批唐代、明代知名寺庙经修葺，既有佛事活动，也接待旅游者，东坡区的法宝寺、三峰寺、圣泉寺、华藏寺，仁寿县的跨鳌寺、佛陀寺、松峰寺、铁佛寺、觉华寺、青林寺、开元寺，彭山县的慧光寺、璧山寺、象耳寺、天皇寺、千佛寺，洪雅县的慈航寺、西京寺、三华寺，丹棱县的龙鹄寺、竹林寺、千佛寺，青神县的中岩寺等，大都坐落在山林之中，风景秀丽。

道教。道教传入眉山辖域较早，唐时在今东坡区蟆颐山建重瞳古观（因供奉四目仙翁神像得名），号“仙灵观”。洪雅县清嘉庆《洪雅县志》记载有“张道陵碑在易俗乡（今槽渔滩镇）”“汉，李阿真人炼丹金釜山”“晋，葛洪至花溪居岩洞，槭神养气，白日上升”。明朝时辖区县均建有道观，如眉山的蟆颐观、东岳庙、三清观、纯阳宫、南岳庙、息台庵，仁寿县的右清观、王皇观，洪雅县的金釜观、真武观、回龙观、万寿观等。境内道教，后分为两派，一派为“全真”，道士全出家，多住在道观，修炼于丹鼎，传播成仙得道；一派为“正一”，多不出家，俗称“火居道士”，修炼于符篆，主要为病人念咒、画符、退煞，为主家打蘸、做法事道场，或为孝家主持办理丧葬事务，从事看阴阳、占卦算命等活动。民国时期各县成立道教会，时为专署驻地的眉山县成立四川省道教协会眉山分会。解放后，道教组织解散，道士多还俗成家。改革开放后有序开放道观。2012 年，眉山市有道教宫观 10 处，道士 16 人，信教群众约 5 万人。

伊斯兰教。眉山市境内唯仁寿县有伊斯兰教会组织。清康熙年间，回族从四川省隆昌县传入，定居仁寿县青岗乡，并建清真寺，有田地 9 亩，招佃收租，作为教务经费。民国 28 年（1939）组建回民救国总会仁寿支会，次年成立中国伊斯兰青年会仁寿分会。各清真寺每年按教规举行活动。解放后伊斯兰教会活动停止，改革开放后有序恢复活动。1984 年 12 月 9 日回族群众和伊斯兰教民 500 余人在青岗乡清真寺举行圣纪节。2012 年，仁寿县青岗乡有清真寺 1 座，阿訇 1 人，信教群众 1000 人。

天主教。明崇祯十五年（1642），意大利天主教传教士利雷斯到成都传教，随即将天主教传到青神县。清光绪十六年（1890），法国天主教传教士白若琴（雅安教区神甫）到眉州传教，发展教徒。此后，天主教传入今眉山境内。眉州天主教会在今东坡区思蒙镇花池村处建教堂，面积 10 亩，平房 43 间，有可容纳 500 余人的讲经堂 1 座，教堂附设诊所、孤儿院和小学校，还有田地 70 亩。另外，在县城大东街建天主教堂 1 座，有街房 100 余间，菜园地 4 亩，招佃收租。眉州天主教堂管理眉州、青神两地教民。辖区各县均建有天主教堂，开展讲经、礼拜等活动。有的天主教会在县城建“永生堂”医馆，对外行医治病，办小学校，供少儿免费读书。解放后至改革开放前，基本停止宗教活动。1984 年前后，今眉山市各县（区）成立天主教爱国小组，负责组织发展和其他教务，多县的天主教堂整修或恢复重建，有序开展活动。2012 年，眉山市有天主教堂 21 座，神父 3 人、修女 2 人，教友 9000 余人。

基督教。基督教于清光绪初传入眉州，在眉山县城下西街由美国人建福音堂，属成都教区。此后，基督教亦相继传入今眉山市辖各县（区），建福音堂或“礼拜堂”开展宗教活动。各县基督教大都设立浸礼会，隶属于眉州传教区。传教区设执行委员会常务委员会，所属分会为执行委员会常务委员会办公室，每年开年会选举执行委员。执行委员或常委办分为布道、教务、财务、妇女、主日学、外务、社交等活动负责人。布道神职人员负责教务，兼售《圣经》四福音等书籍、图画，进行宣传。每个星期日，在福音堂、礼拜堂由牧师主持诵经、祈祷等礼拜活动。解放后，基督教在一些县自行消失。2010 年，东坡区基督教神职人员和信教群众在太和镇新建基督教堂，成为眉山市基督教标志性建筑物。2012 年，眉山市有基督教堂（固定活动处所）25 个，有牧师、传道员 5 人，信教群众约 7500 人。

宗教管理　宗教政策宣传及教职队伍建设。1999 年，眉山地区民宗局召开宗教界代表人士座谈会，谴责李登辉分裂祖国言论。2001 年，眉山市组织宗教教职人员及信教群众培训会 2 期 160 人次，学习《国务院宗教事务条例》（以下简称《宗教事务条例》）。东坡区组织全区佛教场所主要负责人及信教群众代表 45 人集中培训。洪雅县、彭山县将《宗教事务条例》及有关宗教法规文件编印成册，向宗教场所和信教群众发放 1.1 万册。2002 年，彭山县组织宗教教职人员、教友骨干、信众代表召开学习会 12 次 300 余人次。2005 年，眉山市在宗教工作重点乡镇、重点寺观教堂确定宗教工作信息员，建立畅通信息渠道和网络；召开宗教界代表人士、爱国宗教团体负责人座谈会、培训会，加强爱国爱教教育，抵御渗透。2006 年，眉山市“法制宣传月”活动中，市民宗局翻印发放宗教法规 2000 余本、宣传资料 9000 余份。全市 70 个宗教活动场所将“八荣八耻”内容制成镜框上墙；组织宗教活动场所 3.5 万人次集体收看电视报道，办板报 62 期，悬挂标语 135 幅；开展宗教教职人员和信众社会主义荣辱观专题辅导 16 次，邀请信徒 30 人现身说法，受训听众 1.5 万人次。2007 年，市民宗局举办眉山市首届宗教论坛，围绕贯彻《宗教事务条例》、建设和谐宗教活动场所主题，组织教职人员学习交流，18 篇文章受到表彰奖励。区县开展培训教职人员和信教群众代表宗教法律法规集中培训 28 场次 2480 人次。2008 年，全市组织宗教界召开座谈会 23 场次，揭批达赖集团分裂国家、破坏民族团结行径。2010 年，全市开展宗教政策法规宣传教育“四进”（进机关、进学校、进民族宗教界、进基层）活动，宣传中国共产党的民族宗教政策和法律法规。市民宗局等 5 部门发文规定，男年满 60 周岁、女年满 55 周岁的教职人员允许以一次性缴费方式参加养老保险，并从缴费次月起享受规定的待遇。当年全市宗教教职人员 83 人参保。2011 年，市统战、民宗、宣传、司法、教育等部门组成法治宣传小分队，前往党政机关、学校、宗教场所、社区等单位宣讲民族宗教政策理论和法律法规 40 场次。开展宗教教职人员认定备案，全市宗教教职人员 175 人按流程按期完成申报程序，上报四川省宗教局备案。2012 年，眉山市举办宗教教职人员和信教群众代表宗教政策法规集中培训 8 期 1880 人次；开展集中宣传活动，发放宣传资料 3.86 万份，接受群众咨询 3870 人次。

宗教活动场所管理。1999 年，恢复开放眉山县千佛寺、观音堂、华藏寺，彭山县龙门寺，青神县中岩寺、玉蟾寺、玉皇观、火神庙，洪雅县瓦屋山太清宫 9 处宗教活动场所。眉山地区开放宗教活动场所按照“遵纪守法好、自我管理好、服务社会好”要求，开展“文明宗教活动场所”创建活动。治理“两乱”（乱建小庙、乱塑神像）。当年，拆除非法建庙 39 处，乱塑神像 109 尊，捣毁迷信窝点 6 处，取缔全区非法聚会点 9 处。2000 年，恢复开放仁寿县高家镇大华寺、富加镇白塔寺、始建镇三慧寺、曲江乡高狮庙、里仁乡多音寺、汪洋镇金泉寺为合法宗教活动场所。在洪雅县召开眉山地区争创“文明宗教活动场所”现场会，洪雅县云峰慈云寺、天主教堂负责人现场交流经验。当年，眉山县极乐寺、仁寿县华严寺、彭山县基督教堂、彭山县天主教堂、青神县德云寺、丹棱县竹林寺、洪雅县天主教堂被四川省宗教局授予“文明宗教活动场所”。全区取缔佛教学习接缘联络组 7 个，取缔非法聚会点 32 个，教育处理自封传道人 18 人。2001 年起，眉山市每年年检年审全市依法登记的宗教活动场所和教职人员。当年，年检年审活动场所 54 处、教职人员 130 人，排查出 35 个场所隐患 45 处，落实 41 条整治措施、责任人 60 人次。2002 年，各县（区）利用广播、电视、报纸等形式宣传“全市争创‘文明宗教活动场所’现场会”会议精神，健全宗教事务管理网络。2005 年，市委、市政府将治理乱建寺庙、滥塑神像工作纳入目标考核。全市组织宗教活动场所安全大检查，查出安全隐患 47 处，全部整改。2006 年，眉山市完成宗教活动场所规范编号、统一换证。仁寿县报恩寺等 4 个场所评为眉山市“文明宗教活动场所”。市民宗、公安、国土、城建等部门，开展基督教私设聚会点较多、工作难度大的乡（镇）整顿治理，取缔基督教私设聚会点 14 个。2007 年，眉山市、各县（区）制定完善《涉及民族宗教事务突发公共事件应急预案》，建立健全矛盾纠纷和安全隐患排查整治长效工作机制，组织民宗干部下访。2008 年，青神县玉佛寺、仁寿县铁佛寺、洪雅县天主教堂被四川省委统战部、省宗教局评为省级“和谐宗教活动场所”。2009 年，解决仁寿县基督教房产遗留问题，解决东坡区蟆颐观用地。眉山市宗教界投入“5·12”地震灾后重建资金 1000 万元，103 处宗教活动场所全部恢复正常宗教活动。仁寿县华严寺、洪雅县云峰慈云寺、青神县德云寺评为省级“和谐宗教活动场所”。2010 年，市民宗局组织检查创建成果，命名表彰首批县级“和谐寺观教堂”30 个。2012 年，眉山市拆除乱建小庙，捣毁神像，治理基督教私设聚会点，排查调查处理宗教领域矛盾纠纷，排查整治安全隐患，取缔彭山县江口镇台湾籍人员非法设立的宗教活动点，全市 106 个宗教活动场所创建“和谐寺观教堂”达标，占总数的 91.4%；其中优秀场所 66 个。1999—2012 年，眉山市拆除和制止乱建小庙 192 处，改作他用 87 处，捣毁神像 1135 尊，治理基督教、天主教私设聚会点 143 处，排查调查处理宗教领域矛盾纠纷 22 起，息访息诉 8 起，排查整治安全隐患 165 处，教育处理违规人员 52 人。

宗教界公益慈善活动。1997 年起，眉山地区引导宗教爱国组织、寺观教堂和宗教界人士主动参与当地修桥筑路、救助孤寡和失学儿童等公益事业。1999 年，全区宗教界捐资 40 万元、衣物 3000 余件、粮食 7.2 吨，救助贫困失学儿童 27 人次，收养孤儿 2 人。2001 年，东坡区法宝寺投资 50 万元、极乐寺赞助 5 万元修建村道水泥路；洪雅县云峰慈云寺为特困生 7 人捐款 6000 元。2008 年“5·12”汶川特大地震后，眉山市宗教界组织宗教团体举办祈愿法会，向灾区捐款捐物 780.7 万元。2009 年，眉山市宗教界人士为台湾“莫拉克”台风受灾同胞捐款 3.16 万元。2010 年起，全市宗教界开展“宗教慈善周”活动，当年捐款捐物 26.1 万元。截至 2012 年年底，全市宗教各界捐资（捐物折款）1081.56 万元、衣物 3000 余件、粮食 7.2 吨。修建村道水泥路、救灾和救助特困生 428 人次、孤寡老人（残疾人）187 人，收养孤儿 2 人。

第五节　机构编制工作

眉山市严格按照国家、四川省机构编制要求，控制机关、事业机构数量和人员规模，实行机构编制规范化管理。1997—2012 年，全市实施 3 次机构改革，精简机构编制，合理配置机构编制，规范各级机关及事业单位编制和人事管理，调动干部干事创业的积极性和创造性。

一、党政机构改革

市、县（区）机构改革　1997 年，地委制订《眉山地区地级党政机构设置和人员编制方案》，地级行政机关设置地委办事机构 6 个，行署办事机构 33 个，部门管理机构 5 个，议事协调机构的办事机构 3 个，其他机构 13 个。按照“职能不重不漏、职责清楚，权限明确”原则，审核地级机关纳入“三定”范围的部门 60 个。批准 56 个部门“三定”方案。通过“三定”确定各部门主要职责、内设机构、人员编制及领导职数，理顺交叉职能，为各部门开展业务，行使职权提供依据。2001 年 7 月，眉山市市级、县（区）机构改革。下放权力，改革行政审批制度，进一步明确、调整和规范党委、政府职能，理顺市、县（区）各部门之间的职责关系以及市区两级、县（区）与乡镇之间的事权关系；精简机构编制，合理核定领导职数。2002 年 3 月结束，市级设置市委工作机构 8 个、市政府工作部门31个，设置议事协调机构的常设办事机构3个，设置部门管理机构2个。市委、市政府工作机构由49个减至44个。各县（区）设置党委工作部门7个（其中，青神县设6个、丹棱县设6个）。东坡区、仁寿县各设置政府工作部门24个；彭山县、洪雅县各设置政府工作部门20个；丹棱县、青神县各设置政府工作部门16个。改革后，县（区）党委、政府工作机构（含部门管理机构）由229个减为171个。全市党政群机关内设机构由1117个减至986个。市级党政群机关行政编制减少20%；六县（区）党政机关行政编制减少20%；全市党政群机关核定部门领导职数减少14%。2005年，眉山市政府机构改革。市经济体制改革办公室职责划入市发改委；市政府授权市国资委履行工业经营性国有资产出资人职责；国内贸易管理、对外经济和重要工业品、原材料进出口计划组织实施和流通行业管理及农产品进出口计划组织实施职能交由市商务局负责；市卫生局承担的食品、保健品、化妆品监管职能划入市食品药品监管局；市城管执法局行使市容环境卫生、城市规划、城市绿化、市政、环保管理等方面法律、法规规定的行政处罚权。2010年，眉山市政府机构改革。市政府设置工作部门33个、挂牌机构6个。仁寿县、彭山县、洪雅县设置工作部门25个、挂牌机构7个；东坡区、丹棱县设置工作部门24个，挂牌机构7个，青神县设置工作部门24个，挂牌机构6个。全市精简机构39个，撤销挂牌机构30个，撤销自定行政机构10个。

乡镇机构改革　2001年，眉山市实施乡镇机构改革，乡镇行政机构由573个减为390个；行政编制减少19%；党政群机关实有人数减少18.3%；领导职数减少11.2%。2003年，全市乡镇事业单位机构改革，规范乡镇事业单位机构设置。跨流域性、跨区域性设置水利水保水产片区站24个、林业站73个、计生服务站90个；综合设置农业服务中心、宣传文化服务中心、劳动保障所；保留村镇建设环卫所、已实行经费自筹的农技站、畜牧兽医站、乡镇中小学校和卫生院。除上述机构外，其他所有设在乡镇的事业机构一律撤销。规范设置后，全市乡镇事业单位由1666个减至1013个。2007年，眉山市合村并组，精简乡镇行政事业编制，2008年3月结束。全市设置乡镇综合行政机构375个。

二、编制管理

机关行政（事业）编制　1997年，完成乐山市事业单位编制划分，按乐山市65%、眉山地区35%比例划分。完成与乐山市行政编制、军转干部编制划分。2000年，眉山地区各县委、县政府，地级各部门开展清退乡镇机关和事业单位临时人员。2006年，市编委规范管理事业编制和人员控制数。使用事业编制和人员控制数的事业单位，事业编制出现空缺时，除配备管理人员、专业技术骨干和关键岗位人员需继续保留事业编制外，其余空缺编制转为人员控制数，由市编办备案。市属事业单位空缺事业编制转为人员控制数的，已明确依照、参照公务员制度管理的事业单位，不转换编制；使用四川省下达专项教职工编制的市第一小学，不转换编制；其他市属事业单位原则上全部空缺事业编制转换为人员控制数；在人员控制数内，根据工作需要，由市组织、人事部门公开考聘的中层以上领导人员或特需的具有中级以上专业技术职称的人员，按现有事业单位编制人员管理办法聘用。2007年，规范市级部门及事业单位申请调整机构编制程序。明确市级部分部门通过公开招聘或组织、人事部门调入，占人员控制数但保留事业身份的部分人员，将使用的“人员控制数”置换为事业编制。各单位“人员控制数”只能用于临时聘用人员，需公开招聘或调入人员，先报市编委办置换编制。2008年，市编委收回市属各事业单位尚未使用的“人员控制数”指标，从严控制“人员控制数”总量，有计划地用事业编制置换已使用的“人员控制数”。全市加强和规范全市机关事业单位财政供养人员管理，控制行政编制，消化党政机关超编人员。以县（区）为单位，每年将不少于 1/3 的自然减员空出的行政编制，用于消化超编人员；制定鼓励性政策，注重盘活行政编制存量，实行动态管理。2009 年，全市加强参照公务员法管理事业单位机构编制管理，包括审批管理、日常管理、职能管理，市编委办审核后，报省级机构编制管理机关批准。2010 年，实行机构编制实名制管理。市级机关事业单位自聘临时人员纳入编制管理范围，锁定临聘人员基数，只减不增。市委编办、纪检等部门开展财政供养人员清理，清理各类“问题”人员 208 人，每年节约财政开支 210 万元。2011 年，眉山机构编制与中央编制委员会办公室机构编制实名制管理软件实现对接。跨层级调整全市各县（区）行政编制。跨层级调整的行政编制由所在县（区）在本行政区域内按要求调剂使用，确保调整后的有关乡镇和街道办事处均不超编。跨层级调整行政编制后，所需行政编制仍不足的，由所在县（区）在同级行政编制总额内调剂解决。2012 年，市委编办专题调研乡镇事业单位。通过清理中介机构、整合事业单位，收回事业编制 260 名。收回编制用于解决市救助站、市社会福利院等民政福利单位人员编制问题。完成市级机关事业单位机构编制信息导入系统操作。调整机构编制台账，“账目清楚，心中有数”。清理单列管理的行政编制及人员、工勤编制及人员。

自聘人员管理　2008 年 7 月，市编委印发《眉山市市级部门使用“临时用工控制数”聘用驾驶员管理暂行办法》《眉山市市级机关事业单位使用“临时用工控制数”聘用服务性、辅助性岗位临时工作人员管理暂行办法》，明确聘用条件、办理程序、人员待遇和人员管理相关规定。2010 年，市委编委加强单位自聘临时人员管理，要求锁定现有人员，各机关事业单位不得自行聘用临时人员，已聘用的按照“只减不增”原则逐步消化，新聘用临时人员的，须向市委编委报批。严格工资支付，加强纪律监督，维护临聘人员权益，禁止部门随意临聘人员。2012 年，市级机关事业单位自聘临时人员辞职、解聘 168 人，批准新聘用和调整聘用 377 人，自聘人员总量增加 209 人。市级机关事业单位实有在岗自聘临时人员 3739 人。

三、事业单位管理

事业单位登记管理　1997 年，眉山地级事业单位按照“自收自支事业单位放宽，差额和全额拨款事业单位从严控制”“按需设置，急需先建，分步实施”原则组建。2000 年，地级各部门、地属各事业单位开展事业单位初始登记。地级直属事业单位、地级各部门举办的事业单位、地级使用财政性经费的社会团体举办的事业单位、地级国有企业及其他组织利用国有资产举办的事业单位、依照法律或有关规定，应当由地级登记管理机关登记的其他事业单位，及上述事业单位举办的下属事业单位，均到地级登记主管机关初始登记。登记申请、受理、审查、核准、发证、公告 6 个环节和名称、住所、宗旨和业务范围、法定代表人、经费来源（开办资金）等。2010 年 12 月，市委编办启动事业单位网上登记管理，规范登记管理机关行为。2011 年，市委编办组织市属事业单位法定代表人和部分人事干部 120 人开展登记管理知识培训，加强事业单位全方位动态监管。2012 年，市委编办审核事业单位提供的各种材料，确保登记质量。截至 2012 年年底，市级登记事业单位 226 家，各县（区）登记事业单位 2177 家。全部完成年检，合格率 100%，事业单位网上登记率 100%。

事业单位分类改革　2011 年起，眉山市实施事业单位分类改革。各县（区）完成事业单位清理上报和审核批复。2012 年，市级开展事业单位分类改革，216 个市属事业单位分成依据充分没有争议的事业单位、没有依据列为行政类事业单位但对应省上是作为行政机构或者行政机构的内设处室的事业单位、没有依据列为行政类事业单位但已明确为参公管理的事业单位、没有依据列为行政类事业单位但代行政机构履行行政职能的事业单位和情况复杂不宜界定的事业单位5类，再根据分类逐个解决，逐步缩小范围。撤销承担的特定工作任务已经完成或履行职责的法定依据已经消失的事业单位9个；主要职能萎缩、任务严重不足、设置过于分散或重复设置的61个事业单位整合为28个；保留其余事业单位2500个。职责任务萎缩或大量空编两年以上的事业单位，相应核减事业编制245名。逐步消化个别事业单位存在的超编人员。适当充实和强化涉及服务民生和提供基本公共服务的事业单位。通过清理规范，全市减少事业单位42个、编制245名。

第六节　市直机关党组织建设

一、思想文化建设

1997年，眉山地直机关开展送温暖工程活动，为困难企业职工献爱心。1998年，20个眉山地直机关创建文明单位、文明科室，考核验收符合条件单位4个。1999年，开展“讲文明树新风，创三优树形象”活动。考核、验收符合地直机关县级文明单位条件单位30个，授予奖牌。组织机关党员干部学习市场经济理论、现代科技、经济管理知识、法律知识，参加业务知识和岗位技能培训、法律知识讲座。2000年，地直机关党组织学习贯彻“三个代表”重要思想。组织全体党员学习中央实施西部大开发战略和四川省委、眉山地委有关精神。

2001年，眉山市直机关工委组织市级机关参加全省第七届“三优一学”创建文明城市竞赛活动，与69个市级部门签订责任书，以专刊、报刊、简报、信息等形式推进宣传教育活动。开展“三个一”（创建一个好班子，联系一个乡镇，帮扶一个企业）活动。2004年，在市级机关开展学习型机关和文明机关创建活动。召开市级机关党建理论研讨会。2006年，组织市直机关开展“工业强市，我们怎么办”大讨论活动，宣传30余个部门讨论情况。组织市直机关创建学习型机关活动经验交流会。市级领导带头讲党课。邀请市外专家、市内领导、先进典型授课或作报告35场次。2007年，举办市直机关拔河、跳绳比赛。举办迎春文艺活动、组织市直机关参加“全民健身日”健步走活动、市级机关党员干部体质健康标准测试，参加活动4500人次。2009年，开展廉政文化进机关活动。2010年，市级机关举办培训班、上党课、举行报告会、专题研讨等1800余次，党组织开展集中学习5000余人次。2011年，开展在市直机关创先争优活动，开展“亮牌示范”“岗位奉献”“我承诺、你监督”“机关社区结对共建创先争优”等活动。开展城区环境综合治理“共产党员街”活动，组织32个直属党组织参与，开展每月巡察制度。开展城乡环境综合治理“进机关”活动，组建“党员志愿者”服务队27支，开展“环境治理先锋行动”志愿活动162次。2012年，市直机关工委开展学习型机关建设，市直各部门“一把手”带头讲党课，市级机关举办培训班、上党课等1200余次。建设活力机关，开展机关群众性文化体育活动，参加单位500个次1.2万人次。

二、帮扶工作

1998年，眉山地直机关党工委组织36个地级部门向助贫助学示范点眉山县张坎镇捐资7.6万元，新建住房28间570平方米，9户无墙特困户住上新房，品学兼优特困学生16人受到地区领导扶助。1999年，组织地直机关开展“眉山新村”试点。组织试点村党员、干部、群众代表200余人次

眉山市召开主动作为创一流为民服务当先锋直接联系服务群众工作电视直播大会（摄于 2012 年 2 月）

参观郫县、温江等地，解放思想，转变观念。试点村兴崇村农民自筹投入现金 247 万元，投工 2000 个，85%的农户完成“四改”（改水、改厨、改厕、改圈），户均投入 500 元，新建房屋 34 户，全村务工人员月均增收 400 元。村道全部硬化，开通有线电视、电话。2000 年，开展“与党同心，与群众贴心，让人民放心”活动，地直机关各级党组织围绕增强政治意识、大局意识、服务意识、改革意识、清正廉洁开展“三心”活动，制定实现“五个一”［提一条科学化建议，精通一门岗位技能，办一件勤政为民的实事，参与联系一名失学儿童（下岗职工、贫困户），参与一项服务基层的调研活动］目标。2002 年，组织市级机关干部、职工参加全省第七届“三优一学”创建文明城市竞赛活动。2003 年，市直机关工委组织基层党组织参加抗击“非典”。帮扶彭山县凤鸣镇发展奶业，动员市直机关力量为凤鸣镇提供信息、政策、技术、物资，扶持规模化奶牛饲养小区建设。2004 年起，市直机关各级党组织开展“双深入”（深入困难企业、深入贫困农户）活动。开展争当“爱民党员和爱民干部”活动，帮带贫困对象，50 个市级部门和单位出台便民、利民措施。2005 年，市直机关工委组织市直机关党员参加“先进性教育”活动。各级党组织加强领导和分类指导。市级机关前往贫困村、困难企业蹲点调查，访贫问苦，为民办实事。2006 年，市直机关开展“部门帮村、党员帮户”结对帮扶活动。至 2007 年，市直机关 115 个部门（单位）、党员 2426 人前往新农村建设示范村、血吸虫流行村和省级重点贫困村，联系贫困户，提供致富信息，培训农村实用技术，落实项目资金 7155 万余元，帮助解决具体问题，新修村办公场所，新修和整治村社道路、水渠、山平塘，打井打窖，调整种植结构，畜牧养殖，帮助就业、捐资助学。2008 年，组织市直机关募捐 232 万余元、266 个基层党组织 4478 名党员缴纳“特殊党费”100 万余元抗震救灾。组织“送温暖、献爱心”捐赠活动，87 个部门（单位）捐赠现金 10.9 万余元、衣物等 7403 件。2009 年，组织“情系台胞　四川感恩”募捐活动，组织市直机关党员干部、市直部门（单位）捐款捐物，投入资金物资价值 4.45 亿元为民办好事实事 3422 件。2010 年，全市开展“领导挂点、部门包村、党员帮户”活动。帮助发展“一村一品”专业村、农民专业合作社，建设种植基地、木竹基地、水产品基地，筹资 3408.03 万元，为村（社）建设活动场所、建办公场所，新建和整治村（社）道、水渠。市、县级领导带队到联系村，帮助解决具体热点、焦点、难点问题，协调解决遗留问题，化解矛盾纠纷，市直机关结对帮扶 2348 户。2012 年，组织市直机关干部直接联系服务群众“万千百”行动，2.2 万名干部直接联系服务 7.1 万户群众，3000 名科级干部再联系 3000 个村（居）民小组，300 名市、县级干部同时联系 900 个基层单位。帮助联系单位制定发展规划 8956 个，落实帮扶项目 5078 个，协调落实项目资金 6.7 亿元；帮助联系村新建、改建村级公路 1018 千米、便民小道 390 千米、桥梁 133 座，山坪塘 830 口、蓄水池 1480 口、提灌站 321 个；发展优质粮油 4.67 万公顷、优质果树 2.33 万公顷、优质蔬菜2.67万公顷；协调解决信访问题2530个，化解矛盾纠纷1.5万起；收集整理惠民政策46条，涉及项目经费36.9亿元，惠及群众395万人次。

1998—2012年，眉山市（地）直机关工委通过引进项目、捐资等渠道，筹集资金58.89亿元，用于修乡村公路、助学、扶贫助困、帮扶困难企业等帮扶活动。

第七节　政策研究工作

1997—2012年，眉山市委政策研究室以宏观战略研究为重点，开展农业和农村工作、工业经济、三产服务业和社会事业研究。完成调研材料335件，其中宏观战略研究75件、农业和农村工作50件、工业经济101件、三产服务业25件、社会事业75件、城镇化9件。调研课题1篇受到四川省委领导肯定，3篇被中央刊物刊用，52篇被省委政研室、省农工委等刊物刊用，17篇被省委政研室等部门评为优秀调研成果，17篇获眉山市首届哲学社会科学优秀成果奖。

一、宏观战略研究

1997年起，地委政策研究室开展宏观战略研究。当年，向地委、行署提出《眉山县农村小康建设工作会建议方案》。1998年，开展全区贯彻扩大内需政策、全区社会事业跨世纪发展战略、启动城乡市场情况调研，形成《狠抓基础设施建设，努力开拓城乡市场，促进新区经济快速健康发展》《眉山地区社会事业跨世纪发展战略》总报告及其11个子课题报告、“改革与发展”课题《壮大地级财力研究》。1999年，调研地委、行署“改革与发展”10个课题和眉山地区国民经济跨世纪发展战略27个子课题。2000年，调研“改革与发展”13个重点课题。研究加快新区建设、“西部大开发，眉山大发展”等课题，形成《发展四条产业链　融入成都经济圈》《抓住机遇　更新观念　明确思路　实现追赶式　跨越式大发展》《加强决策研究　加速新区建设》《抓住历史机遇　促进经济发展》《按西部大开发要求确立加快发展思路》《西部大开发关键在实干》《眉山如何实现经济超常规发展》。

2001年起，眉山市委政研室组织协调市委、市政府重点课题的拟题、选题、调研。当年，完成市委、市政府2001年“改革与发展”19个课题的拟题、选题、调研等，参与《用好西部大开发政策的对策研究》《非公有制经济发展对策研究课题》等课题调研。重点调研“抓三化，建三市，五年创辉煌”。调查国有企业改革、农村税费改革、财政体制改革、机构改革、招商引资与对外贸易情况、投资环境建设等情况，形成《关于“改革开放”专题的研究报告》《眉山经济融入成都经济发展的思考》《发展地方经济增强区域合作》《抓三化　建三市　五年创辉煌随想》等成果。2003—2005年，市委政研室牵头完成《努力推进民间资金向民间资本转变　大力促进眉山市民营经济跨越式发展》《论农村税费改革的实践》等3个课题调研，承担眉山发展重大问题5个专项课题调研和贯彻市委《关于加快发展若干重大问题的决定》的63个实施意见的收集整理、文稿初核及《贯彻落实〈中共眉山市委关于加快发展若干重大问题的决定〉的实施意见》一书的编撰。开展经营城市加快城镇化进程调研、融入成都的对策研究、眉山“融入成都、一体发展”调查研究。完成《影响眉山经济增长的因素分析研究》课题、《四川省情与政策》（2003年版）眉山市部分。形成《眉山市融入成都加快发展的对策建议》《解决各区县问题的意见》《专项课题调研报告汇编》《关于眉山融入成都一体发展政策问题的对策研究》等成果。协调完成市委、市政府97个重点课题的拟题、选题、调研。2006—2010 年，市委政研室调研全市软环境建设中存在的突出问题，形成《关于眉山市发展软环境问题及成因的调查》。考察昆山市富民工程、对外开放、工业集中区建设，形成《对昆山市实施富民工程的考察及建议》《对昆山市实施对外开放的考察及建议》。完成《从错位发展到一体发展析融入成都》《对企业家进行奖励的启示》等典型案例分析。开展东坡区醴泉河流域补偿机制专题调研，形成《眉山市东坡区醴泉河流域生态补偿项目调研报告及实施建议》，被列入中共四川省委政研室重点研究项目。开展“政园合一”机构编制、乡镇财政管理等事项研究，提出“政园合一”涉及的财政基数划转、园区税收返还政策问题建议等。2011—2012 年，市委政研室开展深入实施西部大开发战略研究，被省委政研室《调查与决策》采用。解读市第三次党代会报告、《关于强力推进招商引资新突破的决定》《关于设立岷东新区的决定》，撰写并发表《宝贵经验当倍加珍惜》《催人奋进的“四大”目标》《建设岷东新区　共建共享生活品质之城》等文章。专题调研全市近几年对外开放合作情况、农民“四个转变”（向城市居民、产业工人、农业业主、三产服务经营者转变），形成《眉山市深入推进开放合作战略的研究报告》《关于开展统筹城乡政策清理及加快“四个转变”政策研究的情况报告》。理论研讨文章《以产兴城　以城促产　产城一体　走出“两化”互动、统筹城乡的眉山路径》收入《科学发展的四川实践——四川省“两化”互动、统筹城乡总体战略理论研讨会优秀论文集》。

二、农业和农村工作研究

1997 年起，眉山地委政研室每年开展农业和农村工作研究。当年，调查影响农村稳定存在的问题，形成《关于眉山地区农民负担情况的调查报告》。2002—2006 年，市委政研室参与农村税费改革工作，代拟市委、市政府关于税费改革工作相关材料。编纂发行《眉山市农村税费改革的实践》一书。开展“取消农业税后农村工作机制变革的研究”总课题和 6 个子课题调研，形成《取消农业税后农村工作机制变革研究》总报告和市委主要领导专题研究报告在内的 14 个专题研究报告。《取消农业税后农村工作机制变革综述》上报四川省委、省政府。调研 2005 年乡（镇）区划调整以来存在的问题和村社干部报酬问题，提出的相关建议意见。2008—2009 年，开展全市政策性农业保险试点工作情况、黑龙滩管理处、通济堰管理处及部分水利工程建设、新农村示范片建设调研和全市 33 个乡镇 110 个村 500 名返乡农民工问卷调查，形成《关于政策性农业保险试点情况的调查报告》《关于眉山市加快水利发展的调研报告》《眉山市成功争取省级新农村建设示范片的启示和建议》《眉山市返乡农民工情况调查报告》。截至 2012 年年底，市委政研室共撰写农业和农村工作研究调研材料《搞好土地流转促进农业产业结构调整》《推进效益型生态农业工程努力建设绿色生态经济强县》《关于眉山经营城市的思考和建议》《夯基础　调结构　促进农民增收》《关于推进农村专业合作经济组织发展的对策研究》《关于对眉山市畜牧业产业专题调研的情况汇报》《眉山市推进社会主义新农村建设的实践与探索》《关于眉山市土地流转情况的调查与建议》《眉山泡菜产业可持续发展研究》《关于我市农村综合体建设情况的调查与建议》等 50 件。

三、工业经济研究

1997 年起，眉山地委政研室每年开展工业经济研究。至 2000 年，完成“改革与发展”课题《眉山地区民营经济发展之探索》。跟踪调查民营经济发展和县属企业产权制度改革，形成的调查报告中提出的对策建议有的直接转化为地委、行署工作意见予以贯彻落实。调研民营经济发展情况、小企业以及公司制改革与发展情况等，形成全市民营企业发展情况和各县目标任务完成情况的报告、《眉山地区地属工业企业改革与脱困的实践与思考》《眉山县个体工商户数减少的原因及对策》等，提出深化小企业改革和公司制企业规范运作的意见。2001—2005年，市委政研室开展企业问题，眉山市改革开放现状、投资环境建设、工业经济，大力发展民营经济，新型工业化、民营经济发展环境，工业的规模与效益调研，形成《抓国企党建　促国企发展》《加强区域协作促进经济发展》《加强投资环境建设扩大对外开放》《扩大开放是眉山实现跨越式发展的唯一途径》《建立市级创新体系　促进工业经济发展》《发展民营经济政府该做什么》《实施工业强市战略　加快新型工业化进程——眉山市大力发展工业经济促进富民升位的实践》《眉山新型工业发展思路及对策研究报告》《努力推进民间资金向民营资本转变　大力促进民营经济跨越发展》《坚持管理与规模并重　着力提高工业发展效益——关于眉山市工业企业效益状况的调查与思考》等成果。调查公司改革10年发展情况及经验做法，形成《金象公司坚持科技进步打造核心竞争力的调查》报告。2006—2009年，市委政研室开展"工业强市"战略、全市房地产开发与建设情况综合分析、"土地增值税清算"政策变化、工业园区以商补工政策、金融支持工业发展情况调研，形成《加快眉山工业发展政策问题的调查报告》《关于推行业主开发推进工业集中区开发、建设与发展的建议报告》《关于眉山经济技术开发区财税政策有关问题的研究报告》《关于眉山中心城区房地产开发与建设情况的调查》《关于"土地增值税清算"政策对眉山市房地产市场的影响分析及对策建议》《龙潭都市工业集中发展区和成都现代工业港以商补工情况的考察报告》《关于金融支持工业发展情况的调查》等成果。专题调研全市近年来经济体制改革工作情况、工业企业循环经济发展问题、有关太阳能光电建筑应用财政补助政策，形成《关于眉山市经济体制改革工作情况的调查》《关于眉山市节能减排工作的调查与建议》《国家太阳能应用补助政策的影响与眉山市大力发展光伏产业的对策建议》。2011—2012年，专题调研仁寿县委、县政府推行的"五自一规范"经营工业园区模式，形成《转变园区办园模式　提升园区经营效益——仁寿县推行"五自一规范"经营园区的探索与实践》。专题调研彭山县清理盘活闲置土地的成功案例，形成《清理盘活闲置土地　缓解工业用地之困——对彭山县开展企业和项目用地闲置清理的专题调查》，并以《工作交流》形式印发区县党政一把手、市级园区一把手、市级相关部门一把手参阅。开展泡菜产业可持续发展研究，形成《眉山泡菜产业可持续发展研究》，被省委政研室《调查与决策》采用，省委政研室主要领导率队到眉山开展泡菜产业发展调研。调研区县、园区、企业，形成《部分区县、园区、企业对全市工业发展的建议意见》，转化为《促进工业企业成长壮大的若干政策》文件。开展眉山工业新城发展和工业园区体制机制调研，形成《关于加大眉山工业新城产业统筹发展的建议》《关于市管工业园区"政园合一"体制运行有关问题的调研报告》，为眉山市制定《关于进一步加强和完善园区管理的意见》提供决策依据。截至2012年年底，市委政研室共撰写工业经济研究调研材料101件。

四、第三产业研究

1997年起，地委政研室开展第三产业经济研究。至2000年，开展彭山县防范农村合作基金会风险情况、旅游综合开发等调研，形成《化解农村金融风险　确保农村社会稳定》《眉山地区清理整顿农村合作基金会工作的情况》《瓦屋山旅游综合开发研究》《瓦屋山旅游开发须突出自身特色》等成果。2003—2005年，市委政研室开展"非典"对眉山经济发展影响调研，梳理国家和省出台的解决

“非典”以后迅速激活第三产业的政策，在《眉山日报》公布。完成《加快眉山商品批发市场建设的研究报告》课题调研。专题调研近年全市中介组织发展及运行情况，形成《眉山市中介组织发展情况的调查与建议》。研究繁荣城市工作，形成《繁荣眉山城市产业的研究》。2006—2010 年，市委政研室开展“落实年”“项目年”旅游政策落实情况、全市全民创业的推进情况、全民创业、全市信贷支持农村经济发展情况、黑龙滩、彭祖山等景区开发与建设情况、乡村旅游发展、以农业保险质押贷款情况、全市各融资担保机构、旅游大变样政策措施的贯彻落实情况、民富村镇银行运行情况、全市旅游产业发展情况等调研，形成《旅游产业发展政策落实情况的调研》《关于大力推进全民创业的建议意见》《关于信贷支农情况的调查与建议》《对眉山市乡村旅游发展情况的调查》《关于建立银保互动机制的调查与建议》《关于进一步加快中小企业融资担保机构发展的对策建议》《加强农村金融建设增强服务三农能力——对仁寿民富村镇银行运行情况的调查》等成果，其中《眉山市旅游业发展调研报告》用于市委中心组（扩大）学习会议学习讨论。截至 2012 年年底，市委政研室共撰写第三产业研究的调研材料 25 件。

五、社会事业研究

1998 年起，地委政研室开展社会事业研究。当年，完成“改革与发展”课题《发展和完善眉山地区农村合作医疗保障制度的调查与思考》。调研规范各项奖励和补贴，形成试行意见。2003—2005 年，市委政研室开展知青参加社会基本养老保险问题、眉山特色文化、化解乡（镇）债务情况、车辆厂分离办社会职能、黑龙滩取消围栏养鱼问题、影响构建和谐眉山的突出问题、眉山“黑恶势力犯罪”问题、政府性工程投资负债问题、取消农业税后农业税尾欠问题等调研，综合调查和分析全市 6 个县（区）18 个村、1240 户农户 1998—2002 年农村社会保障情况。形成《知青问题处理意见》《眉山围绕农村社会保障体制开展调研与决策》《关于影响眉山构建和谐社会突出问题的研究报告》《关于眉山市黑恶势力犯罪情况的调研报告》《关于解决政府性工程投资负债问题的报告》，其中《建设一个文化中心突出四大特色文化战略的调研报告》上报省委政研室。协助市水利局做好黑龙滩水产公司改制。部分调研后，提出相关建议和意见。2006—2010 年，市委政研室开展眉山市农业水费收取有关问题、眉山农村金融机构准入面临的困难和问题、理顺市区县关系问题、市第一人民医院系列问题、“一帮一”小额担保贷款工作、社会组织管理制度调研，形成《放宽农村金融机构准入政策的研究报告》《关于进一步完善市县体制问题的调查报告》《关于市第一人民医院职工上访问题的调查报告》《关于改进和完善小额担保贷款工作的建议》《关于推进社会组织管理制度创新的建议》。其中《眉山市农业水费收取有关问题的调查报告》上报中纪委和四川省委、《眉山市保障性住房建设情况报告》上报省委政研室。《仁寿县新型农村社会养老保险试点工作的实践与思考》被省委政研室《调查与决策》采用。2011—2012 年，市委政研室开展全市作风建设情况、社会养老服务体系建设、仁寿县“挂包帮”活动、农村医疗卫生服务体系建设调研，形成《为了人民满意——在加快发展、改善民生中转变作风的眉山实践》《加快眉山社会养老服务体系建设的对策研究》《挂在心上　包到实处　帮出实效——对仁寿县以“挂包帮”活动促贫困村脱贫的调查》《关于我市农村医疗卫生服务体系建设情况的调查》等文稿，其中《坚持群众满意标准　深入推进作风建设——眉山市坚持不懈抓党员干部作风转变的探索与实践》被《四川日报》、《廉政瞭望》、省委政研室《调查与决策》、《眉山日报》采用。截至 2012 年年底，市委政研室共撰写社会事业调研材料 75 件。

六、城镇化研究

1998年，地委政研室调查眉山县太和镇小城镇建设情况，形成《依托城市新区　建设卫星城镇》。2001年，市委政研室开展城镇化建设、中心城区建设、旅游业发展、经营城市等调研，形成《走眉山特色的城镇化路子》《谈眉山中心城区生态绿地建设的着力点》《大力推进旅游业与眉山城镇建设协调发展》《以“三个代表”重要思想为指导　加快眉山城镇化进程》。2008—2012年，市委政研室开展全市工业化城镇化联动发展、眉山城市化问题、洪雅县汉王乡新村建设和小集镇建设情况、新农村综合体建设调研，形成《眉山市工业化城镇化工作当前存在的主要问题及影响工业化城镇化联动发展的重大障碍》《关于眉山城市化问题的研究报告》《洪雅县汉王乡农民集中居住区建设的四点经验》《关于我市新农村综合体建设情况的调查与建议》等。截至2012年年底，市委政研室共撰写城镇化研究调研材料9件。

七、其他研究

1997—2000年，地委政研室完成《关于加强和改善科协工作领导，充分发挥科协作用的意见》《关于加强新经济组织工会工作的意见》研究。调查乡镇领导干部的难处与苦衷及乡镇干部“走读”等情况，形成《关于区乡镇领导的难处与苦衷》《关于乡镇领导干部购房住县城、乡镇办伙食团、修办公楼等问题的调查报告及建议意见》。2001—2003年，市委政研室开展仁寿县在乡镇机构改革中撤区面临的几个问题、“当前影响眉山社会稳定的几个突出问题”中涉及乡镇负债较重的问题、影响农村基层干部积极性的6个方面问题、黑龙滩管理体制改革问题、区县领导班子换届等调研，形成《关于仁寿县在机构改革中撤区问题的报告》《关于中共四川省纪委〈反腐败专报信息〉第93期所反映问题的情况报告》《关于开展调动农村基层干部积极性的调查报告》《关于黑龙滩管理体制改革的建议方案》《关于区县工作调研的情况汇报》。2006—2010年，市委政研室开展热点难点问题、全市“5·12”汶川地震受灾情况、新时期群众工作、“两票制”方式选举村党组织书记做法等调研，形成《换届之中的干部职工思想状况报告》《关于103线车辆通行情况的调查》《关于如何做好新时期群众工作的调研报告》《对我市“两票制”公推直选乡镇党委书记的调查与建议》。市委对有关事项及时下发相关规定。向市委提出的“贯彻落实国家、四川省支持汶川地震灾后重建设的实施建议”，作为市委督办事项予以落实。

第八节　信访工作

一、工作机制

眉山市通过设立市（区县）委书记、市（区县）长信箱，开通市（区县）长热线电话、“网上信访”、群众来信免费绿色邮政等方式畅通信访渠道，发挥信访部门吸纳消化矛盾主渠道作用，听取民意，有效吸纳和化解矛盾。

1998年，眉山地区建立健全信访工作目标责任制，信访工作领导小组和信访联席会议制度，领导干部定期挂牌接待群众制度，来访接待制度，来信登记、摘报、送批、转办制度，信访催办、督办制度，信访办案制度，信息报送制度，信访工作人员廉洁制度等。2003 年起，眉山市公开“市长电话”，设置“市长信箱”，接受群众来电来信反映情况。2006 年，市政府设立“市长接待日”，将每月 15 日定为市长接待日，副市长轮流值班一天，并将其确定为各县（区）长接待日，形成全市上下互动、统一行动的大信访格局。2007 年，建立领导干部定期接待群众制度，实行目标考核和责任追究。在《眉山日报》开办“市长热线”栏目，刊登市长公开电话和市长信箱办理情况。建立健全信访和群众工作基层网络，推广仁寿县满井镇“三三”调解代理制度。各乡镇建立群众工作办公室，村（社区）建立群众工作站，社（居民小组）均设立信息员，初步形成横向到边、纵向到底的基层信访工作网络，有效处理基层信访问题。2008 年，按照“一岗双责”要求，全市各级干部实行信访工作责任追究制度。2009 年，制订《眉山市规范市级信访事项复查复核实施细则（暂行）》，规范和完善信访事项复查复核三级终结机制。完善领导干部定期接待群众来访，敞开大门接访，解决好群众反映强烈的热点难点问题。2010 年起，抽调 8 个信访量较多的市级部门业务骨干入驻市群众工作中心，实行群众诉求统一登记、归口办理、综合协调、各负其责、限时办结的“一站式”服务，构建来访、疏导、处理“三位一体”工作运行机制。

二、信访处置

1999 年起，眉山地区各级加大“信访老户”治理。2002 年，眉山市开展上访老户问题集中处理。2003 年，“市长电话”接到群众有效来电 5500 余个，解释、答复 1740 余个，登记交办 3860 个，办理回复 3810 个，办结率 98.7%；“市长信箱”受理信件 152 件，办理回复 149 件，办结率 98%。2004 年，市公安局、市信访办制发《眉山市关于维护信访秩序的通告》，引导群众依法有序文明信访，依法依政策解决问题，规范信访行为，维护信访秩序、社会治安秩序和国家机关的正常工作秩序。2005 年起，市信访办承担信访复查复核。开展信访老户专项治理。2007 年，集中整治全市信访。当年起，开展“信访三无乡镇（街道）创建活动”“信访重点乡镇（街道）治理活动”（以下简称“两项活动”）。每年确定 20 个重点乡镇集中整治，提出工作目标，年终组织验收。每天通报重点乡镇进京到省上访案件办理情况，暗访已息诉案件，实现“降量退位”目标。2008 年，组建由 6 名副厅级干部任组长的 6 个市信访稳定工作督导组和由市级部门领导担任组长的 11 个专项信访稳定工作指导组。各县（区）组建下访工作队，开展下访活动，抽调机关干部 2000 人组建下访工作队 192 个，排查化解矛盾纠纷 6082 件。重点乡镇市委直接考核，在全市所有乡镇和街道开展以“无进京到省、无到市到县集访、无上访总量增加”为主要内容的信访“三无”乡镇（街道）创建活动。2009 年，建立群众来电、来信“首问首办责任制度”，规范交办、催办、反馈、归档程序，保证群众与政府沟通渠道畅通。市信访稳定工作督导组和信访稳定问题工作指导组每季度下访 1 次，指导组每月下访 1 次。未成立指导组的行业和部门，抽调人员组成下访工作队，由本部门负责人带领，开展下访活动。市中院、市检察院、市教育局、市公安局、市民政局、市国土局、市住建局、市卫生局、市城管执法局等涉及信访问题较多部门主要领导或分管业务领导每周一原则上不得外出，做好市领导接待日工作。排查梳理信访积案，排查出的信访积案实行领导包案。按照“案结事了”目标，实行领导带案下访、带案约访，采取“五定”（定领导、定方案、定专人、定质量、定时限）措施，落实“四包”（包掌握情况、包思想教育、包解决化解、包息诉息访）责任制，推进信访积案化解进度。2010—2011 年，组织市国土资源局、市民政局、市环保局、市公安交警支队等 10 余个部门开展“市长热线电话”办理培训，制定市长公开电话流动红旗评比办法，细化热线电话办理流程，实行每月通报、每季度分析，提出分析建议意见。2012 年，市信访局按照“教育疏导、宽严相济、属地管辖、依法处理”原则处理违法上访行为。全年全市受理有效市长公开电话群众来电 1.98 万个、有效市长电子邮件 361 件，全部办结。

1997—2012 年，全市受理、转送、交办、办理群众来信 1.67 万件，接访群众 1.36 万批 5.1 万人次，办理人民网网民留言、“省长信箱”留言和国家投诉受理中心办公室留言 1239 件。其中市级领导接待群众 1238 批 5233 人次。受理信访复核案件 128 件、梳理排查办结信访积案 776 件。受理群众有效市长公开电话、有效“市长信箱”信件（电子邮件）18.86 万件、眉山网网络问题 77 件，办结 17.04 万件。

第九节　保密工作

1997 年起，眉山地区认真贯彻《中华人民共和国保守秘密法》，2000 年，地委保密委印发《地级机关实行保密工作奖的意见》，建立保密工作奖励机制。此后，眉山市不断加强保密教育和培训，提高保密技术，加强保密管理。至 2012 年，全市未发重大失泄密事件，眉山市被评为全省保密工作综合目标管理先进单位。全国《保密工作》杂志刊载《东坡故里话保密》，专题报道眉山保密工作经验。

一、领导和工作机制

1997 年 11 月，成立眉山地委保密委员会（以下简称保密委），全面领导全地区保密工作，地委副书记牟刚俊任主任，地委副秘书长黄玉琏、地区行署秘书长范智能任副主任。1998 年，全地区贯彻落实中央关于保密工作决策部署，在地、县两级党政机关建立保密工作责任制，将落实情况纳入各级领导干部民主生活会和年度考核内容；11 月，制订地委保密委工作规则（试行）。2002 年，市委保密委员会办公室、市国家保密局［以下简称市委保密办（局）］组织各区县和市级部门主要领导与市委保密委主任签订保密责任书。至 2006 年，市（地）委保密委主任由市（地）委副书记担任。2007 年 1 月，市委书记任市委保密委主任，市委常委、市政府常务副市长，市委常委、秘书长任副主任；修订市委保密委工作规则，进一步完善市委保密委的领导机制和工作制度。当年起，市级部门主要负责人与市委保密委主任签订《眉山市市级部门负责人任期保密工作目标责任书》。至 2012 年，机制无变化。

二、宣传教育和培训

1997—2012 年，眉山市（地区）通过实施“三五”保密法制宣传教育规划，制订和落实“四五”“五五”“六五”保密法制宣传教育规划，将保密法制宣传教育纳入制度化、法治化轨道。同时，不断加强保密意识、知识和技能培训。

法治宣传　通过召开纪念会和座谈会、印发宣传资料、开展知识竞赛、在广播电视报刊开辟专栏和编发手机短信等多途径、多形式，广泛宣传保密法律法规。1998 年起，每年 3 月和 12 月 4 日，眉山地区开展保密法制宣传月、宣传日活动。至 2008 年，相继开展《中华人民共和国保守国家秘密法》（以下简称《保密法》）颁布 10 周年、15 周年和 20 周年纪念活动。2009 年，开展庆祝中华人

民共和国成立六十周年保密法规知识百题竞赛。2010 年，全市开展新修订的《保密法》学习宣传活动；《保密工作》杂志社主编王吉胜莅眉作专题采访报道；市委书记蒋仁富在《四川日报》发表署名文章《切实肩负起保密工作领导责任》。2009—2012 年，市委保密办（局）和 6 个县（区）保密办（局）连续四年被评为全省“学刊用刊”活动先进集体。

警示教育　1999—2012 年，眉山市（地）组织市（地）委保密委成员、各县（区）委、政府和市级机关单位负责人观看警示教育片和“失泄密案例警示教育图片展”12 次。1999 年 8 月，组织地级各单位收看中央电视台《焦点访谈》播出的关于海南省政府发生的席世国重大窃密案件专题报道；2001 年 7 月，组织领导干部和涉密人员到成都观看全国“警钟长鸣—窃密案例展览”；2004 年 3 月，组织市委保密委全体成员集体收看保密形势教育资料片《筑牢保密防线》；2009 年 3 月，在市级机关和 6 个县（区）巡回举办“全国窃密泄密案例警示教育展”，观展 7000 余人次，市委书记蒋仁富在警示教育展启动仪式上讲话。

四川省保密工作会在眉山召开（摄于 2012 年 9 月）

知识和技能培训　1997 年起，地委保密办（局）每年安排干部到机关、单位上保密课。1998 年起，眉山地区将保密教育纳入各级党校干部培训内容。地委保密办（局）编印《保密法规辅导材料》，作为地区县级干部培训班教材。1999 年起，地委保密办（局）举办业务知识、技能培训班和培训会，加强保密干部和涉密人员培训。2006 年 11 月，市委保密委、市委组织部、市委党校印发《关于在党校（行政学院）培训中切实加强保密教育的意见》。2008 年，举办保密法律法规和保密知识培训 22 期（次），培训干部 2000 余人次。2010 年，举办新修订的《保密法》宣传教育专题培训班 5 期，培训干部 1000 余人次。2012 年，启动“全市保密干部全员培训”工作。截至 2012 年年底，全市开展保密培训 50 余次 1 万余人次。

三、保密管理

涉密人员管理　2000 年 6 月，地委保密委印发《地级机关实行保密工作奖的意见》，建立保密工作奖励机制。2004 年，眉山市保密工作先进评选活动，由 5 年一次改为 3 年一次。8 月，全市重点涉密人员，实行登记备案，加强因私出国（境）管理。2009 年，实行保密承诺，全市 1.38 万人签订承诺书。此制度延续至 2012 年。

涉密载体管理　1997—2012 年，眉山市（地区）机关单位的涉密载体由纸介质扩展到计算机硬盘、U 盘和光盘等电磁介质。2000 年 12 月，市委保密办（局）印发《保密工作指南》读本，指导机关单位加强涉密载体管理。2001 年，市级机关单位实行国家秘密载体定点印制。2006 年，全市建立涉密文件专管员登记制度。2008 年 2 月，市委办、市政府办印发《眉山市上网信息管理规定》，强化网络信息发布保密管理。2011 年，加强党政机关、涉密单位网络与手机使用保密管理。确保涉密信息不上网，上网信息不涉密。

重要部门和重大活动管理　2004 年，市委保密办（局）组织检查各县（区）招考办的试卷保密室，认定合格后颁发合格证书，规范试卷保密管理。2006 年，加强新形势下涉外部门和涉外活动保密管理。2008 年，加强要害部门部位和重要会议、重大活动保密管理。2011 年，重点督促指导全市党政机关做好换届期间的保密工作。

涉密文件销毁管理　1998 年 8 月起，眉山地区实行废旧涉密文件资料定点销毁。2006 年和 2009 年，2 次调整定点销毁点。此制度延续至 2012 年。

四、保密技术

1998 年，眉山地区保密机构购置保密技术设备，推动保密科学技术应用。2001 年 8 月，建立眉山市委保密办（局）党政网站。2002 年，市委办、市政府办制订《眉山市保密工作五年发展规划》，逐年加大保密技术投入。2007 年起，全市 6 个县（区）保密办（局）相继增设保密技术检查中心，新增编制 11 个，全市保密技术干部队伍发展壮大。2008 年起，全市相继建立政府互联网门户网站保密检查等 6 个保密管理平台。2012 年 9 月，全省保密系统信息化工作会议在眉山召开，全省 21 个市（州）及眉山市各县（区）保密局局长参加会议，眉山市在大会上作经验交流发言。

五、保密检查

1998 年起，地委保密办（局）每年组织开展保密检查，综合检查全区各级党政机关和涉密单位的保密工作开展情况。开展高考、自考、成考和司法、导游考试等全国统一考试的保密检查和专项检查。2005 年，省、市人大内司委执法检查组开展眉山市《中华人民共和国保密法》（以下简称《保密法》）贯彻实施情况执法检查。2010 年，开展新《保密法》学习贯彻情况大检查。2012 年 9 月，市人大常委会执法检查组检查全市贯彻落实新修订的《保密法》情况。截至 2012 年年底，全市未发生重大失泄密事件。

第十节　党史研究工作

1998—2012 年，眉山市（地）委党史研究室围绕市（地）委工作中心，发挥党史“以史鉴今资政育人”功能，扎实做好党史征编、研究、宣传、教育工作。

一、党史征编研究

1998—2012 年，市（地）委党史研究室按照工作职能开展党史资料征集、基本著作编写、党史专题研究，编写出版党史正本、党史专题资料等 9 本。2012 年，启动《中国共产党眉山组织史（1997—2012）》和《中国共产党眉山地区历史（1997—2000）》编写。指导区县党史部门加强党史征编研究，至 2012 年年底，全市各区县全面完成党史正本一卷、二卷的编写出版。

资料征集　眉山市（地）委党史研究室通过多种渠道，全面系统完整征集党史资料。通过省、市、县党史工作部门，征集到眉山民主革命时期和眉山成立地区前的社会主义时期党史资料。资料征集以眉山建区后改革开放和现代化建设新时期为重点，为研究编写新时期中共眉山地方史积累资料。市（地）委制发文件要求加强对党史工作的领导，明确职责，健全制度，提高党史工作水平。市（地）委办公室印发具体工作职责制度和征集报送党史资料的通知，确保党史资料全面及时准确收集报送。通过加强领导和部门单位协作，构建党史资料征集良好格局。至2012年，市（地）委党史研究室共征集党史资料800万余字，图片5000余张，实物、音像等100余件。

基本著作　2001年12月，内部出版《建国初期中共眉山地方党史资料（1949.12—1953.03）》，记述眉山解放和1950年1月至1953年3月眉山设置专区的历史，收录了建国初期中共眉山地委、专署的有关史料、部分党政领导的回忆录和组织史等资料。2004年3月，内部出版《眉山新区纪实（1997.05—2000.12）》，由市委党史研究室和市地方志办公室共同编写。全书52万字，收录图片70余张。记录了眉山地区发生的大事、要事和政治、经济、文化、军事建设等情况。2011年8月，中共党史出版社公开出版《中国共产党眉山历史（1927—1949）》，为眉山市首部党史正本。全书18万字，收录图片30余张，全面、系统、完整、客观地记述眉山第一个党支部的建立到1949年全境解放的历史。获四川省第十五次党史学科优秀成果一等奖及眉山市第七次哲学社会科学优秀成果二等奖。2012年，启动《中国共产党眉山专区历史（1950—1953）》编写。市委党史研究室前往成都、乐山、雅安等市及原眉山专区所辖区县征集文字资料100万余字，完成书稿15万字。

大事记编写　眉山市（地）委党史研究室实行当日大事次日记，落实专人，及时全面完整记录眉山大事要事。每年将上年的大事记汇编成册。至2012年，共编写《中国共产党眉山历史大事记》50万余字，并适时汇编出版。2008年5月，内部出版《中国共产党眉山历史大事记（2000.06—2007.12）》，全书42万字，客观地记录眉山2000年6月至2007年的大事、要事，反映全市经济、政治、文化、社会及党的建设中取得的重大成就。2009年4月，内部出版《眉山工业发展大事记（1997.8—2008.12）》，记录眉山工业发展中的大事、要事，反映眉山工业发展的思路和决策、政策和措施、工作和成效，特别是市委、市政府提出的"三年三个大变样"的"工业大变样"的工作措施和成效。

专题史料　2006年12月，内部出版《青山放歌——眉山人口和计划生育发展纪实》。全书1.2万字，收录图片130余张。全面、客观地反映1997—2006年眉山市人口和计划生育工作取得的成就，记述眉山人口和计划生育事业的发展历程和广大计生工作者付出的艰辛劳动。2009年2月，内部出版《眉山城市大变样——眉山城市发展纪略》。全书14万字，收录图片140余张，全面系统地记述市委提出的"三年三个大变样"的"城市大变样"，展示眉山市1997—2008年在城市决策、城市规划、城市建设、城市管理、城市经营工作方面取得的突出成就。2010年11月，由中央文献出版社公开出版《辉煌历程——眉山建市十周年》。全书50万字，收录图片280余张，全面客观地反映眉山建市10年中的发展历程和物质文明、政治文明、精神文明、生态文明建设取得的成就。获眉山市第六次哲学社会科学优秀成果一等奖。2011年12月，由作家出版社公开出版《风雨西山》。全书20万字，以章回体小说形式，配以插图，记述1934年12月发生在眉山青神县的西山红军起义，再现许本达、毛慈影、邱骏等革命英烈的英雄事迹。获眉山市第五届苏东坡文艺奖百花奖二等奖。同年，启动《四川省革命遗址通览》（眉山市乐山市合卷），在开展全市革命遗址普查基础上组织编写。至2012年，完成书稿编写，收录全市新民主主义革命时期革命遗址遗迹及纪念设施28处，并提出保护和利用意见。

二、党史宣传教育

1998—2012年，党史宣传教育工作主要着力于举办和参与党史纪念活动，撰写理论研讨文章，开展党史相关调查研究，出版发行党史刊物，开办党史网站等，出版的党史书籍杂志向全市机关、企事业单位、学校、乡镇免费赠阅1.8万册，以发挥党史资政育人作用。

党史纪念活动 2001年，在眉山市纪念中国共产党成立80周年系列活动中，市委党史研究室、市委宣传部、市委组织部、市委党校举办纪念中国共产党成立80周年理论研讨会。全市党史部门撰写文章7篇。市委党史研究室撰写的《"三个代表"是邓小平理论的继承和发展》获一等奖。《城市化与西部大开发》推荐参加全省理论研讨活动中获四川省纪念中国共产党成立80周年理论研讨会优秀论文奖和四川党史学界纪念中国共产党成立80周年学术研讨会特别奖。市委党史研究室、市委宣传部、市广电局举办庆"七一"党史党建知识书面竞赛、电视抢答赛，全市5000余个党支部、10万余名党员参加党建知识书面竞赛。市委机关、县（区）委8个代表队参加党史党建知识电视抢答赛，在眉山电视台连续3天播出。2003年，市委党史研究室、市委宣传部等举办眉山市"三个代表"重要思想理论研讨会。全市党史系统撰写文章7篇，获优秀论文奖4个。2004年，市委党史研究室、市委宣传部、市委党校等举办眉山市纪念邓小平100周年诞辰理论研讨会。全市党史系统撰写文章14篇，推荐11篇参加市级研讨活动，获优秀论文奖2个，9篇入选研讨会。推荐6篇参加四川省党史学界纪念邓小平100周年诞辰生平与思想研讨会，获优秀论文奖6个。2005年，市委党史研究室、市委宣传部、市委统战部、市委党校等7部门举办眉山市纪念中国人民抗日战争暨世界反法西斯战争胜利60周年学术研讨会。收到论文80余篇，评选出优秀论文一等奖16篇、二等奖29篇。2010年，市委党史研究室、市社科联、眉山军分区政治部举办眉山市庆祝抗日战争胜利65周年座谈会。2011年，市委党史研究室、市委宣传部、团市委举办眉山市青年党史知识网络竞赛，引导全市广大青少年学党史、知党情、跟党走，1500余人参加。至2012年年底，市委党史研究室组织参加全国、全省纪念毛泽东110周年诞辰、纪念朱德120周年诞辰、纪念杨尚昆100周年诞辰学术研讨会，全省党史学界及全市纪念改革开放30周年学术研讨会，省委党史研究室和省中共党史学会纪念新中国成立60周年理论研讨会，全省党史学界纪念中国共产党成立90周年学术研讨会等，获一等奖1个、二等奖1个、三等奖2个、优秀奖若干。在眉山市第一至第七届哲学社会科学优秀成果评奖中，获二等奖1个、三等奖3个、社科奖1个。

调查普查 2007年11月，市委党史研究室开展抗日战争时期人口与财产损失调查。向区县党史部门转发省上通知并深入区县调研督导。全市查阅档案1326余卷、文献资料800余册，复印档案资料500余页，走访知情人士40余人，形成10万余字的调研成果上报省委党史研究室，获全省抗损课题研究奖。2008年4月，开展革命遗址普查。结合第三次全国文物普查，采取拉网式普查，摸清全市烈士陵园、烈士碑林、烈士纪念馆的基本情况。2009年，复核审查形成的《抗日战争时期人口与财产损失调查》调研成果，形成B卷材料上报省委党史研究室。2010年，调研、挖掘和复核眉山地区1919—1949年新民主主义革命时期革命遗址，补充革命遗址旧址内容。

三、党史刊物

2011年6月，创办《眉山党史》，为季刊。设重要言论、史海拾贝、革命先辈、峥嵘岁月、以史为鉴、党史文苑、党史简讯等栏目。刊物围绕市委中心工作，栏目先后调整有依法治国、红色西山、理论研讨、大事回放等。至2012年，《眉山党史》共发行7期7000册。

四、党史网站

2005年9月，眉山市开通党史网站，设组织机构、党史动态、党史大事、资政育人、党史人物、推荐文章等栏目。2012年，优化网站，增加眉山党史、党史研究、革命遗址、党史成果等栏目。截至2012年年底，共上传文字资料150万余字，成为全市干部群众开展党史学习教育的载体。

1998—2012年眉山党史研究室编写出版的党史书刊（摄于2012年5月）

第十一节　党校工作

眉山市委党校主要担负党员干部、公务员、党外干部轮培训及全市各系统各部门干部轮（培）训服务。2008年起，停止函授大专招生。2012年，函授本科停止招生。主要集中精力做好四川省委党校研究生招生与教学管理工作。

一、干部培训

（一）教学内容

1998—2012年，眉山市（地）委党校主要开展基本政治理论和中央重大决策教育，以新理论新思想武装学员头脑。教学内容主要包括“三基本理论”（马列主义基本理论、毛泽东思想基本理论、邓小平建设有中国特色社会主义基本理论）、“五当代”（当代经济、当代政治、当代文化、当代科技、当代社会思潮）等课程；中央召开的重要会议、重大决策教育；革命传统教育、职业道德教育等专题讲座。常设《中国共产党执政经验研究》《领导干部要讲党性、重品行、作表率》《公务员职业道德与能力建设》等专题。邓小平理论、“中国特色社会主义道路和理论体系”系列专题、中共十二大以来的历次党的代表大会精神等，均为主体班轮（培）训必修课内容。每期学员撰写党性分析材料，学员相互开展点评式党性分析。安排学员到革命根据地现场教学，听先进事迹报告，监狱现场警示教育等。学制长班设置地方经济社会发展板块并辅以调研考察和学员论坛，学制短班设置有针对性的《眉山社会事业发展现状与前瞻》《眉山以工为主统筹城乡对策研究》等专题讲座。

（二）培训

主体班培训　为眉山市综合性干训基地，由市委组织部调训。1998年，眉山地委党校举办首期中青年领导干部培训班，学员60人，培训3个月。1999年，地委党校举办地级部门“一把手”研讨班，学员30人。举办首期乡镇党委书记、乡镇长培训班，60人参训。地委党校受地区检察院委托举办检察长培训班，40人参训。2001年，眉山市委党校举办首期区县级部门负责人培训班，57人参训。2002年，市委党校在上海市普陀区委党校设立主体班远程教育点；在陕西省延安市委党校设立主体班革命基地教育点。2003年，市委党校举办科级选调生培训班，31人参训。举办全市重点工业乡镇领导干部培训班，50人参训。承办县级领导干部“三个代表”重要思想轮训班3期，324人脱产轮训。2010年起，市委党校举办眉山市《东坡讲坛》——干部选学型培训班。至2012年，市委党校主体班培训学员1.37万人次。其中市级中青年干部747人、县级领导干部939人、科级干部884人、乡镇党政干部1062人、科级选调生71人、选调生397人，各类专题培训3001人、干部选学型培训6631人次。

公务员培训　由眉山市人力资源社会保障局调训。1999年，眉山地委党校举办首期地级部门政工人事科长培训班，60人参训。2002年，眉山市行政学院举办首期科长（公务员）任职培训班，60人参训。举办眉山市2001年乡镇新录用国家公务员培训班，62人参训。2003年，市委党校举办全市纪检监察干部培训班，303人参训。举办全市办公室主任培训班，160人参训。市人事局调训全市公务员“世界贸易组织、依法行政、电子政务”培训15期800余人。2004年，市委党校承办四川省上半年拟任党政干部政治理论水平资格考试眉山考场，116人参考。截至2012年年底，市委党校培训各级各类公务员1.6万人次。其中新录用公务员2466人、新任科长166人、市级机关公务员专题培训1.28万人次、军队转业干部213人、其他292人。

党外干部培训　由眉山市委统战部调训。2000年，眉山地委党校承办党外中青班、党外县级干班各1期，分别培训54人、62人。截至2012年年底，眉山市委党校培训党外干部700人次。其中党外县级干部60人、党外中青年干部144人、基层统战干部和党外干部496人。

二、学历教育

1998年11月，成立四川省委党校函授学院眉山分院，眉山地区六个县的县委党校函授教育辅导站由省函院乐山分院划转眉山分院。眉山党校负责全区党校系统函授学历教育招生与管理。眉山分院函授教育实行“统一领导、分级管理、联合办学、资源共享”管理体制。党校函授教育以党员干部为主要培训对象，以培养高素质干部队伍为战略目标的干部在职在岗教育。

1999年，眉山地委党校函授分院（以下简称眉山地区分院）举办本科函授，增设研究生教学点。向地级、县级、各企事业单位招收函授大专、本科、研究生。招收函授学历三年制大专班，启动学历教育。2000年起，眉山地区开展党政干部国民教育系列学历教育，录取1598人。至2002年，眉山市委党校学历教育招生2238人，为13年中招生人数最多年份。此后，招生人数逐步减少。2004年起，眉山市创办农村村干部学历班，招生村干班学员430余人。申办面向全市各类教师举办的四川省委党校教育本科专业班。2005年，市委党校系统毕业生1144人通过毕业论文答辩。2008年起，停止函授大专招生，函授本科面向党校函授大专招收“专本连读”新生。当年，完善校（院）“五位一体”办学新格局，稳步发展党校函授和四川文产院等学历教育。至2011年，市委党校学历教育招生302人，其中四川省委党校242人、省干函院60人。2012年，函授学历教育停止招生，集中精力做好在读本科班生和研究生教学管理。眉山分院办学层次由建校初的大专延伸到本科、研究生，专业设置由单一的行政管理专业扩展到经济管理、法律、汉语言文学、教育学等专业。由举办普通大专、本科班拓展到农村村干部大专班等行业特色班，形成多层次、多专业、多格局的函授办学形式。1999—2012年，四川省委党校、四川省干函院在眉山招收函授学员1.27万人。四川省委党校眉山在职研究生教学点招生 13 年，录取注册在职研究生学员 525 人，毕业 470 人。

三、教学科研

2001 年，眉山市委党校教学科研成果 1 项获省政府二等奖。2003 年，市委党校立项四川省委党校、四川省行政学院调研课题 2 项。2005 年，市委党校完成四川省委党校重点调研课题立项 3 项，参与市委、市级有关部门调研课题立项 2 项，组织全市党校课题立项 21 项。2007 年，成立马列、经济、法学等 5 个学科教研组。2008 年，市委党校开展经济社会重大理论和现实问题调研，完成眉山承接产业转移、统筹城乡发展等重大课题调研任务。2010 年，《对我市廉租住房建设的思考》及《打造东西向高压绿化走廊的建议》获市长肯定性批示。2012 年，眉山市党校系统在全市第七次哲学社会科学优秀科研成果评奖中，获市政府二等奖 3 项、三等奖 2 项、社科优秀奖 2 项；在第二届成都经济区建设与发展论坛征文评奖中，荣获省社科奖三等奖 1 项；在 2012 年眉山市法学会开展社会管理创新征文活动中，获二等奖 2 项、三等奖 3 项、优秀奖 1 项。

2001—2012 年，眉山市党校系统参与和申报四川省委党校、四川省行政学院及省社科院课题 66 项，立项 35 项；申报市社科课题 20 项，立项 19 项。完成四川省党校系统研究课题 24 项、省社科规划研究课题 1 项、市级研究课题 22 项，其中获四川省委党校等科研评奖二等奖 2 项、三等奖 5 项、优秀奖 4 项，结题 12 项，获得市社科联成果奖 8 项。

眉山市志 MEISHAN SHIZHI

第十九篇 人民代表大会

1997年8月，设立四川省人民代表大会常务委员会眉山地区工作委员会（以下简称眉山地区人大工委）。2000年12月，撤销四川省人民代表大会常务委员会眉山地区工作委员会，设立眉山市人民代表大会常务委员会（以下简称市人大常委会）。至2012年，眉山市人大常委会（眉山地区人大工委）通过听取和审议市人民政府（地区行署）、市人大常委会（眉山地区人大工委）、市（地）中级人民法院、市人民检察院（四川省人民检察院眉山地区分院）的工作报告，审议批准经济和社会发展规划计划、财政预算草案和执行情况的报告；受理市人大代表议案和建议、批评、意见；选举市人大常委会组成人员和市人民政府、市中级人民法院、市人民检察院的领导人，选举出席四川省人民代表大会的代表。在市人民代表大会闭会期间，市人大常委会把加强民主法治建设，推动经济发展和社会全面进步作为首要任务，紧紧依靠全体人大代表和全市人民，认真履行宪法和法律赋予的各项职权，坚持按民主集中制办事，大胆探索有利于社会主义民主和法治建设的形式和途径，扎实有效地工作，保障和促进了眉山改革开放、社会主义现代化建设顺利进行。

第一章 人大代表的产生

眉山市人民代表大会代表由人民群众逐级选举产生。2000—2012年，先后选举产生第一、二、三届眉山市人民代表大会代表。人民代表大会闭会期间，由人民代表大会推选出的常务委员会主持日常工作。每届人民代表大会原则上每年一次，五年为一届。

第一节　眉山市第一届人民代表大会代表

2000年11月10日至16日，眉山县、仁寿县、彭山县、洪雅县、丹棱县、青神县分别召开人民代表大会会议，部队召开军人代表大会会议，选举产生眉山市第一届人民代表大会代表363名，经眉山市第一届人民代表大会筹备组代表资格审查委员会审查，并报眉山市第一届人民代表大会筹备组确认。

眉山市第一届人民代表大会代表情况表（以姓氏笔画为序）

表19-1

代表团名称	代表
东坡区（94名）	万仲科、万淑蓉（女）、卫能翔、王勇、王光辅、王尚先、王贵忠、方述安、方晓云、邓刚、甘志宽、甘虹祯（女）、左性智、叶仲芬（女）、冯超、朱东（女）、朱德君（女）、伍中一、伍兴明、伍超全、刘毅（女）、刘文方、刘文德、刘玉彬（女）、刘淑芳（女）、刘朝惠（女）、庄毅、牟佑君（女）、杨学英（女）、杨贵银、杨晓玲（女）、杨家麟、李小英（女）、李志惠（女）、李国斌、李建军、李继华、李智义（女）、吴相田、吴爱玲（女）、何德明、余斌、邹汝林、邹志明、冷青峰、汪光大、宋联柱、张君跃、陈霞（女）、陈永义、陈丽华（女）、邵玉君（女）、林青（女，藏族）、范洪义、范智能、罗学明、岳志军、岳志红（女）、金徐凯、周开伦、周孝平、周国全、胡年勇、赵仕强、赵成荣、赵炳富、赵晓明、姚保清、耿学贵、袁贵安、郭巧容（女）、郭裔安、唐明眉、黄怡、黄玉琏（女）、黄宇康、黄泽元、宿留华、梁志信、谌怀儒、彭怀林、彭学丽（女）、辜中华、辜爱平、鲁建伟、童应林、窦佳纯（女）、僧会如（女）、管亚伟、廖新蓉（女）、阚朝元、黎兵、潘志辉、薛景涛
仁寿县（121名）	马兆云、马康华（女）、王英（女）、王元青（女）、王志勇、王荣木、王美元、王超英、王新棱、邓康荣、叶文钦、叶建红、叶明忠、叶海泉、卢光华、由书铭（女）、冯君祥、兰长金、边亮、代超群（女）、朱六林、刘书文、刘开权、刘伟英（女）、刘光钦、刘俊清、许书华（女）、杨勇、杨茂军、杨忠德、杨俊甫、杨维秀（女）、杨喜明（女）、苏莉（女，回族）、李伦、李长久、李文学、李吉荣、李华富、李秀英（女）、李寿黔、李忠国、李泽民、李淑霞（女）、李超儒、吴长明、吴仲根、吴栋才、何发森、佟铁城、余丽（女）、余治平、闵英（女）、汪卡敏（女）、宋岩、宋明刚、张勇、张康、张子江、张文艺、张东升、张伟成、张宗文、张金明、张质彬、张陵川、张景华、张群华（女）、陈子琴（女）、陈宏斌、陈林森、陈和久、陈癸权、林俊、易孝清、罗志中、罗明光、罗建英（女）、罗俊清、周子群（女）、周建中、周尊登、郑夕斌、郑云峰、封秋香（女）、胡登明、赵国基、赵晓忠、赵树明、贺水清、夏玉林、夏付长、徐文科、徐建荣、徐秋林、徐俊明、郭火儒、郭华安、郭述才、高泽兰、唐中海、黄名松、黄金文、黄翠容（女）、韩俊清、彭兰英（女）、彭光荣、彭俊良、彭翠英（女）、蒋军、蒋玉清、程啸经、曾志文、曾建忠、谢六一、谢吟春（女）、赖志勇、廖文超、廖祝文、谭勇、潘德贵
彭山县（42名）	刁枫、万春英（女）、马晓骏、王光荣、王澄林、史苏东（女）、伍绍明、向荣、刘波（女）、杨甲贵、苏灿、李海、李小平、李文根、李建章、李晓东、李福明、肖成新、吴宗银、何文华、余纪桦、沈丽文（女）、宋一飞、张齐贵、张晓娟（女）、张熙武、罗永田、郑海清、胡高元、赵仕洪、徐谦、徐成明、徐智勇、黄学美（女）、梁则栋、韩清明、喻金元、程地维、鲁在书（女）、谢正华、熊英（女）、黎岭
洪雅县（40名）	万剑波、马朝洪、王宗会、王影琴（女）、戈祥培、尹道源、史君刚、吕正蓉（女）、刘勇、刘进明、刘克福、阳金和、牟刚俊、杨乔均（女）、杨泽君、杨继禄、杨维国、李文祥、李辛毅、李良全、李明宇、邱炳光、余玲（女）、宋建新、宋银祥、张启林、张茂成、张诗君、周静（女）、周远璞、郑夕君、封昌明、赵樱（女）、赵成礼、祝安丽（女）、祝明洪、徐开群（女）、徐启斌、曹邦富、释果锐（女）

续表19-1

代表团名称	代表
丹棱县（26名）	王利群（女）、王影聪、王燕群（女）、古安勤、叶进祥、刘义芳、杨健、杨仕祥、杨常沙、李庆培、严军、邱昌宪、邱洪秀（女）、何春海、张理全、陈大权、陈建川、罗达生、金之孝、周玉君（女）、周成仕、底远明、赵唯佳（女）、候永昌、梁大卿、温定勤
青神县（29名）	王云清、王晓明、王莉茹（女）、王润清、卢兴仁、付康、白丁、兰云良、伍声容（女）、刘泽利、杜家乐、李保华、李敬华、严文清、何久伦、余国民、张惠明、陈明芳（女）、陈国华（女）、陈桂花（女）、林凤鸣、卓明安、周明华、孟光安、黄跃、彭蜀宁、程学华（女）、游仲文、曾丽霞（女）
驻眉山部队（11名）	刑吉华、刘定富、刘炳林、李永新、李茂炎、何永良、张溢明、陈升培、陈建州、郑家才、黄国祖

2001年2月，洪雅县选出的万剑波调离眉山，其代表资格终止；丹棱县补选的黄峰（女）、钟建初、张仲华，青神县补选的于忠平、李小中、蓝家纯等6名代表资格有效；实有代表368名。2002年1月，彭山县选出的鲁在书、丹棱县选出的张仲华调离眉山，仁寿县选出的张勇被罢免，3人代表资格终止；仁寿县补选的晏永和、张万成，青神县补选的唐承忠3名代表资格有效。11月，仁寿县选出的张东升、赵晓忠，驻眉山部队选出的黄国祖、刘炳林、李永新调离眉山，仁寿县选出的谢吟春（女）被罢免，6人代表资格终止；仁寿县补选的刘永年、青神县补选的冉涛、驻眉山部队补选的宋宏3名代表资格有效；实有代表365名。2003年2月，仁寿县补选的徐学明，彭山县补选的袁世金、汪文毅，洪雅县补选的李学文、罗德军，丹棱县补选的张敏、王国华、叶章贵，青神县补选的杜紫平、李天祥10名代表资格有效；实有代表375名。2004年2月，仁寿县选出的晏永和、彭山县选出的李海、丹棱县选出的张理全、王国华调离眉山，彭山县选出的李福明、洪雅县选出的赵成礼去世，6人代表资格终止；仁寿县补选的崔保华、洪雅县补选的赵勤2名代表资格有效。7月，仁寿县选出的徐建荣、驻眉山部队选出的刑吉华调离眉山，2人代表资格终止；东坡区补选的滕为民代表资格有效，实有代表370名。2005年1月，仁寿县选出的曾治文，洪雅县选出的刘克福、马朝洪，丹棱县选出的黄峰（女）调离眉山，驻眉山部队选出的宋宏辞去代表职务，东坡区选出的李建军、彭山县选出的张齐贵被罢免，7人代表资格终止；仁寿县补选的李茂全、彭山县补选的刘十庆、洪雅县补选的何厚毅、丹棱县补选的徐爱婷（女）、张成华，驻眉山部队补选的樊强等6名代表资格有效。2月，洪雅县选出的赵勤调离眉山，其代表资格终止。8月，仁寿县选出的王荣木调离眉山、黄金文去世，2人代表资格终止；仁寿县补选的蒋仁富、洪雅县补选的唐建明代表资格有效，全市实有代表368名。2006年2月，东坡区选出的黎兵、丹棱县选出的徐爱婷（女）、部队选出的李茂炎调离眉山，仁寿县选出的张文艺辞去代表职务，丹棱县选出的黎岭被罢免，5人代表资格终止；东坡区补选的蒋辅义、胡刚，仁寿县补选的李酌，彭山县补选的谢永华（布依族）、杜晋川、张齐贵，洪雅县补选的魏文彪，丹棱县补选的吴小可、李俊，青神县补选的陈万忠代表资格有效。6月，仁寿县选出的崔保华、彭山县选出的刁枫调离眉山，仁寿县选出的朱六林去世，3人代表资格终止；丹棱县补选的岳燕代表资格有效；实有代表371名。

第二节　眉山市第二届人民代表大会代表

四川省第十届人大常委会第二十二次会议决定，眉山市第二届人民代表大会代表名额为 375 名。眉山市第一届人大常委会第四十四次会议研究决定眉山市第二届人民代表大会代表名额分配和选举时间等有关事宜，将代表名额分配和部分结构比例印发各区县和眉山军分区，指导各区县人民代表大会和驻眉山部队选举市二届人大代表。各区县人民代表大会和驻眉山部队分别于 2006 年 10 月下旬、11 月上旬完成眉山市第二届人民代表大会代表的选举，实际选出代表 367 名。眉山市第一届人大常委会第四十六次会议听取和审议代表资格审查委员会《关于眉山市第二届人民代表大会代表资格的审查报告》，确认当选的 367 名代表的代表资格有效。

眉山市第二届人民代表大会代表情况表（以姓氏笔画为序）

表 19-2

代表团名称	代表
东坡区（96 名）	丁文军、卫能翔、甘志宽、龙泽秀（女）、叶建昆、冉涛、付康、冯超、朱典祺、朱德君（女）、伍超群、刘玲（女）、刘月清、刘正龙、刘玉奇、刘成儒、刘纪兵、刘桂英（女）、刘淑芳（女）、刘朝惠（女）、江林（女）、许洪林、杜义（女）、杨勇、杨华国、杨家麟、杨梁相、苏旭燕、李忠、李静（女）、李上策、李永攀、李华明、李明德、李国斌、李建文、严仕桦、何康蜀、邹义平、邹成双、邹镜洋、汪光大、宋骥、宋思凤（女）、张彬（女）、陈建、陈贤云、陈泽文、邵玉君（女）、林青（女，藏族）、范智能、罗万东、岳志军、岳志红（女）、岳家军、周琴、周开伦、周东海、周成仕、周国全、周建军、周建国、郑少洪、郑玉华（女）、孟维新、胡年勇、赵志明、姚建生、贺俊明、袁贵安、袁铭权、夏绩恩、郭勇、唐亚平、黄怡、黄勇、黄宇康、黄定国、梁志信、梁国强、彭怀林、彭国明、彭雪丽（女）、彭德方、蒋辅义、辜中华、辜爱平、释仁炼（女）、童应林、雷农田、管国如、廖伦轩、廖新蓉（女）、阚朝元、黎洪义、滕为民
仁寿县（130 名）	于忠平、马兆云、马康华（女）、王泉、王玉泉、王茂槐、王晓丽（女）、王继伟、王碧仙（女）、毛晓芳（女）、石文、申亚辉、冉登祥、兰凤英（女）、兰世玉、吕学权、朱万建、朱云华、朱文良、朱建明、任国太、向洪武、刘伟、刘剑、刘意（女）、刘文年、刘汉勋、刘秀英（女）、刘建国、刘俊辉、刘健康、汤建平、杜丛雪、杨杰、杨运良、杨建文、杨建清、杨政文、苏莉（女，回族）、苏海清、李酌、李莉（女）、李少军、李文彬、李光丽（女）、李竹君（女）、李明舟、李忠国、李学辉（女）、李建新、李彬贤、肖青（女）、吴君（女）、吴小可、吴少云、何久伦、何建军、余丽（女）、余国民、邹汝林、汪峰、汪茂君（女）、汪相成、宋铭、张红（女）、张劲、张容（女）、张敏、张子江、张宗文、张帮福、张陵川、张新国、陈刚、陈兵、陈宏斌、陈学文、邵治国、罗艳红（女）、岳玉连（女）、周建忠、周尊登、郑绍飞、胡刚、胡兰英（女）、胡国民、胡碧英（女）、赵国基、钟建成、钟建初、钟维钦、骆三勇、袁泉、袁贵发、聂桂芳（女）、夏放（女）、夏建成、夏帮云、徐燕（女）、徐文科、徐孝贵、徐忠义、徐学明、郭火儒、郭建英（女）、高世全、高泽蓝、黄勤（女）、黄名安、黄翠英（女）、黄翠容（女）、梁红（女）、梁英（女）、梁晓英（女）、彭兰英（女）、彭安全、彭国成、彭森茂、董峰、蒋仁富、蒋晓辉（女）、辜文超、辜盍铭、辜翠花（女）、曾文君、曾乐斌、雷雪梅（女）、廖文祥、廖仲良、谭勇
彭山县（45 名）	王晓鸣（女）、叶秀兰（女）、叶忠文、伍绍明、刘琦（女）、杜晋川、杨玉仙（女）、杨甲贵、杨成元、杨里成、苏灿、李显平、李晓宇、吴超、何文华、余纪桦、余利平、余治平、余玺樟、宋玉英（女）、张彦（女）、张勇、张齐贵、张晓娟（女）、张富学、陈义志、陈永跃、罗永田、罗德敏、郑海清、赵仕洪、姜凌云、耿学贵、袁世金、袁胜平、徐春桂（女）、郭祚达、高茜（女）、黄玲（女）、黄学美（女）、符洪林、梁磊、游中印、谢永华（布依族）、熊明
洪雅县（37 名）	王加明、王宗会、王影琴（女）、文春艳（女）、邓继敏、尹道源、吕正蓉（女）、朱建文、刘明、牟刚俊、孙国勤（女）、李曦、李文祥、李文新（女）、李辛毅、李良平、李知易、李学文、吴永建、吴辉林、张红燕（女）、张启林、张诗君、张旗林、陈大伟、罗永铜、罗德军、郑夕君、胡彬、封昌明、夏容（女）、唐廷华、黄跃、黄国清、黄淑蓉（女）、梁勇、梁星枝（女）

续表19-2

代表团名称	代表
丹棱县（22名）	马小林、王岳、王鲁、王福华、王影聪、王燕群（女）、甘晓红（女）、刘十庆、齐勇、杨仕祥、李俊、肖巍、肖玉全（女）、何卫刚、邱昌宪、张成华、周仲明、周孝平、周明华、底远明、宿正伟、程林
青神县（27名）	王云清、王进儒、王志中、王晓明、王晓梅（女）、龙学渊、刘泽利、杜桂英（女）、杨成学（彝族）、宋云章、宋建新、宋章华、张仕兵、张勇勤、陈大权、陈万忠、陈桂花（女）、卓明安、罗志中、周正华、周立平、孟光安、侯锐（女）、贺文、蔡刚、谭永忠、熊英
驻眉山部队（10名）	王利洪、刘曰勇、李域安、何永良、张成国、张益明、陈爱皖（瑶族）、耿建同、曾绍权、樊强

2007年1月9日，眉山市第二届人大常委会第二次会议通过眉山市第二届人大常委会代表资格审查委员会组成人员名单，宋建新为主任委员，张诗君、罗德敏为副主任委员，委员（按姓氏笔画为序）龙学渊、江林（女）、陈义志、夏绩恩。4月，眉山市第二届人大常委会第五次会议确认补选何光进、郑伦容的代表资格有效，眉山市第二届人民代表大会代表张成华调离眉山，终止其代表资格，实有代表368名。11月，眉山市第二届人大常委会第十二次会议确认补选市人大代表范继洪代表资格有效，市人大代表周东海调离眉山，终止其代表资格，罢免钟建初人大代表职务。2008年1月，眉山市第二届人大常委会第十五次会议确认补选的付庆一、王再奎、黄健、杨建林、曾丽霞的代表资格有效，实有代表372名；此后，眉山市第二届人民代表大会代表蒋辅义调离眉山、周开伦去世，罢免郭祚达，6月，眉山市第二届人大常委会第十八次会议决定终止上述3人代表资格。10月，眉山市第二届人大常委会第二十二次会议确认补选的彭杰、宋朝华、赵晖的代表资格有效，罢免眉山市第二届人民代表大会代表游中印，宋云章去世，刘曰勇、陈爱皖调离眉山，终止上述4人的代表资格，眉山市第二届人民代表大会至此实有代表368名。12月，眉山市第二届人大常委会第二十三次会议确认眉山市第二届人民代表大会代表宋铭调离眉山，终止其代表资格。2009年1月，眉山市第二届人大常委会第二十四次会议确认补选的张志伦、赵荣的代表资格有效，熊明调离眉山，杨成元被罢免，终止2人的代表资格，实有代表367名。3月，眉山市第二届人大常委会第二十五次会议确认补选的门俊良的代表资格有效，眉山市第二届人民代表大会代表梁志信辞职，李彬贤去世，罢免周明华，依法终止3人的代表资格，实有代表365名。6月，眉山市第二届人大常委会第二十七次会议确认赵晖因调离眉山，终止其代表资格，实有代表364名。12月，眉山市第二届人大常委会第三十一次会议确认补选的董乡君、杨毅、罗莉、廖德生、李庆堂、张峰的代表资格有效；眉山市第二届人民代表大会代表邓继敏去世，王利洪、李域安、张益明辞职，依法终止4人的代表资格，实有代表366名。2010年4月，眉山市第二届人大常委会第三十三次会议确认补选的阳金和、孙健、王金顺、曾永中代表资格有效，罢免眉山市第二届人民代表大会代表余治平、范继洪、封昌明、李学文；陈爱民、唐廷华调离，终止6人的代表资格。6月，付康调离眉山，眉山市第二届人大常委会第三十四次会议确认终止其代表资格。8月26日，眉山市第二届人民代表大会代表李建文、胡刚调离眉山，黄宇康去世，眉山市第二届人大常委会第三十六次会议确认终止3人的代表资格。12月，眉山市第二届人民代表大会代表杨梁相、董乡君调离眉山，眉山市第二届人大常委会第三十八次会议确认终止2人的代表资格。2011年2月，眉山市第二届人大常委会第四十次会议确认终止调离眉山的赵荣代表资格。4月，眉山市第二届人大常委会第四十一次会议决定暂时停止王志中执行市人大代表职务。6月，终止张敏眉山市第二届人民代表大会代表资格。8月，冉涛、罗莉、廖德生调离眉山，代表资格终止，实有代表354名。

第三节　眉山市第三届人民代表大会代表

四川省第十一届人大常委会第二十五次会议决定眉山市第三届人民代表大会的代表名额为375名。2011年11月，东坡区、仁寿县、彭山县、洪雅县、丹棱县、青神县和驻眉山部队选出代表372名（东坡87名、仁寿132名、彭山45名、洪雅45名、丹棱25名、青神28名、驻眉山部队10名）。

眉山市第三届人民代表大会代表情况表（以姓氏笔画排序）

表19-3

代表团名称	代表
东坡区（87名）	丁文军、万荷君（女）、卫能翔、马丽（女）、毛晓麟、王刚、王元芬（女）、王永树、王玉安、王国康（藏族）、王晓明、王爱民、宁汉明、伍超群、刘玲（女）、刘玉奇、刘纪兵、刘利平（女）、刘劲松、刘桂英（女）、刘朝慧（女）、孙剑、江林（女）、许洪林、严士桦、严达美（女）、余继祖、余崇强、余德槐、吴爱玲（女）、张劲、张潇引（女）、李华、李珂、李群、李静（女）、李仙寿、李丽萍（女）、李国斌、李明舟、李胜华、李福明、李镇义、杜娟（女）、杜晓琳（女）、杨勇、杨毅、杨玉仙（女）、汪永康、汪保明、邵玉君（女）、邵琴涛（女）、陈建、陈其军、陈贤云、陈泽刚、陈蜀黔、陈豫川、周玉忠、周立平、周志军、周国全、周建国、孟光安、孟维新、岳志成、岳志红（女）、岳家军、罗金福、郑策、郑玉华（女）、姚建生、柳强、祝智强、柴华（女）、秦文兆、翁汨、顾贵鹏、曹绍明、黄怡、彭国明、童应林、辜爱平、释圣宽（女）、詹智勇、管国如、魏金涛
仁寿县（132名）	于忠平、尤青海、尹志君、毛晓芳（女）、王正祥、王玉泉、王仲成、王建军、王继伟、代翔、兰凤英（女）、冉登祥、叶淑芳（女）、石一文、刘伟、刘丽（女）、刘波（女）、刘剑、刘子才、刘开权、刘俊辉、刘益德、刘崇清、朱云华、朱雪瑛（女）、江昌淆、汤建明、何久伦、何建军、余丽（女）、吴君（女）、吴念容（女）、宋建新、宋朝华、张红（女）、张容（女）、张永丽（女）、张宗文、张勇勤、张帮福、张雪立（女，回族）、李酌、李巍（女）、李书铭、李文学、李永高、李竹君（女）、李志高、李忠国、李明元、李德章、杨建、杨红兵、杨君群（女）、杨秀彬、杨建文、杨建国、杨明荣、肖去仙（女）、苏明金、闵禄君、陈刚、陈宏、陈文华、陈宏斌、陈学文、陈建国、陈静辉（女）、陈德宽、明宇、林晓、林梅（女）、罗艳红（女）、范优俊、郑夕君、胡蛟、胡启文、胡建勇、胡碧英（女）、骆三勇、唐涛、唐强、唐群容（女）、夏建章、夏帮云、徐燕（女）、徐佳玉（女）、徐智勇、秦彪、聂桂芳（女）、袁贵发、郭建英（女）、高旭霞（女）、高秀彬（女）、高翠珍（女）、商志忠、梁红（女）、梁金华（女）、黄勤（女）、黄世文、喻敏慧（女）、彭锋、彭兰英（女）、彭安全、彭旭东、彭学先（女）、彭贤刚、彭森茂、曾艳（女）、曾翔（女）、曾乐斌、舒乾渊、董峰、蒋竞、蒋晓辉（女）、谢六一、辜学良、辜盍明、辜菊香（女）、辜翠花（女）、鲁建伟、赖小英（女）、雷文忠、廖毅（女）、廖长明、廖明清、谭勇、阚吉国、潘德贵、颜登明、黎静（女）、魏泽安
彭山县（45名）	门俊良、王岳、王涛、王世林、王再奎、王佑泽、王晓丽（女）、邓志勇、付庆一、刘琦（女）、向坤、何念文、何勇来、余勤（女）、余纪桦、余利平、吴忠建、宋玉英（女）、张勇、李文莉（女）、李吉荣、李如心（女）、李志强、李建章、李知易、陈兵、陈琪、周惠（女）、罗永田、郑建英（女）、俞红梅（女，彝族）、宣迅、赵飞宇、钟华（女）、钟建成、凌茂君、梁磊、符洪林、黄玲（女）、黄健、曾永中、曾晓萍（女）、游德华、辜永忠、蔡刚
洪雅县（45名）	毛英（女）、王丹（女）、王毅、王开东、王加明、王光彩、白兰（女）、龙科、伍建伟、伍秋军、刘楠、吕正蓉、牟洪、阳运良、阳金和、余自生、况明德、吴小可、宋仕祥、宋银祥、张利铭、李康、李文祥、李文新（女）、李明清、李春梅（女）、李继成、李康平、杨曲冰、邱炳光陈万忠、陈泽林、周孝平、周敬东、罗永铜、郑亚娟、胡宇、夏蓉（女）、徐井万、殷良平、袁敏（女）、曹晓琳（女）、黄跃、黄淑蓉（女）、彭远畅
丹棱县（25名）	王枫、王惠（女）、王福华、王影聪、王燕群（女）、邓棱、甘晓红（女）、刘萍（女）、刘十庆、刘平然、吉君福、朱莉（女）、齐勇、何光进（土家族）、吴学明、宋远军、李俊、杨建林、肖玉全（女）、罗朝运、钟毅、钟维钦、唐本清、彭红勤（女）、樊正祥

续表19-3

代表团名称	代表
青神县（28名）	王利清、王晓梅（女）、王富民、龙学渊、刘蓉生、牟敏、宋麒麟、李天祥、李秀仙（女）、杨德志、汪志超、陈大权、陈桂花（女）、罗志中、祝云、胡国民、贺文、唐容（女）、夏成刚、徐琳（女）、徐志祥、徐炳全、郭亚君（女）、黄国清、雷英（女）、雷永志、熊英、滕文学
部队代表团（10名）	王全中、孙碧红、何永良、宋廷学、张志伦、张显斌、李钟民、陈正华、姚明、潘勇

第二章　市人民代表大会（地区人大工委）会议

1997—2000年，眉山地区人大工委召开全体会议17次，审议议题17个，作出决定2个，评议地级部门工作3个。2000—2012年，眉山市人民代表大会召开人民代表大会17次，每次会议主要听取、审查和批准《眉山市政府工作报告》《眉山市国民经济和社会发展的执行情况及国民经济和社会发展计划草案的报告》《眉山市财政预算执行情况及财政预算草案的报告》《眉山市人大常委会的工作报告》《眉山市中级人民法院的工作报告》和《眉山市人民检察院的工作报告》；适时选举市人大常委会和“一府两院”领导成员；受理代表建议、批评和意见等的工作报告，审议批准经济和社会发展规划计划、财政预算草案和执行情况的报告；受理市人大代表提出的议案和建议、批评、意见；选举产生市人大常委会领导成员和领导及出席四川省人民代表大会的代表；任免市人大“一府两院”工作人员。

第一节　眉山地区人大工委全体会议

1997年8月，成立四川省人民代表大会常务委员会眉山地区工作委员会（以下简称眉山地区人大工委）。至2000年12月，眉山地区人大工委召开全体会议17次，审议议题37个，作出决议2个，评议地级部门工作3个，述职评议一个地级部门负责人。

第一次全体会议　1997年10月24日召开。地委书记李吉荣到会讲话。会议学习《四川省人大常委会地区工作委员会工作条例》，讨论通过《四川省人大常委会眉山地区工作委员会全体会议议事规则（试行）》。会议提出，坚持和依靠党的领导，是做好人大工作的根本原则；坚持党的基本路线，紧紧围绕经济建设中心履行职责，是人大工作的根本方向；坚持和加强社会主义民主法治建设，是人大工作的根本任务；“外树形象，内抓建设”，是做好人大工作的基本保证。

第二次全体会议　1997年12月30日召开。会议讨论通过《四川省人大常委会眉山地区工作委员会1998年工作要点》，听取和讨论眉山地区行署副专员黄峰所作的《关于全区卫生医药规划情况的汇报》，传达四川省第八届人民代表大会常务委员会第三十次会议精神。

第三次全体会议 1998年2月26日至27日召开。会议听取和讨论眉山地区行署副专员黄峰所作的《关于眉山地区1997年财政预算执行情况和1998年财政预算草案的汇报》、眉山地区计委《关于眉山地区1997年国民经济、社会发展情况及1998年国民经济、社会发展计划安排的汇报》和眉山地区建委《关于眉山城市规划编制及实施情况的汇报》。

第四次全体会议 1998年4月21日至22日召开。会议听取和讨论眉山地区行署副专员黄峰所作的《关于开展“三五”普法工作的情况的汇报》和眉山地区行署副专员杨世荣所作的《关于贯彻实施〈中华人民共和国水法〉的情况汇报》，讨论通过《四川省人大常委会眉山地区工作委员会关于依法治区的决议》。

第五次全体会议 1998年6月25日召开。会议听取和讨论眉山地区农业局《关于贯彻实施〈中华人民共和国种子管理条例〉情况的汇报》、眉山地区交通局《关于贯彻实施〈中华人民共和国公路法〉情况的汇报》和眉山地区旅游局《关于〈眉山地区旅游发展战略规划〉有关情况的汇报》。

第六次全体会议 1998年8月27日至28日召开。会议听取和讨论眉山地区工商局《关于全区贯彻实施〈中华人民共和国公司法〉情况的汇报》、眉山地区教委《关于我区开展职业教育情况的汇报》和四川省人民检察院眉山地区分院《关于全区查办贪污贿赂等职务犯罪大案要案情况的汇报》。

第七次全体会议 1998年10月28日召开。会议听取和讨论眉山地区行署副专员黄峰所作的《关于实施科教兴区工作情况的汇报》。

第八次全体会议 1998年12月28日召开。会议听取和讨论眉山地区行署关于打击刑事犯罪、维护社会治安情况的汇报，讨论通过眉山地区人大工委1999年工作要点。

第九次全体会议 1999年3月16日至17日召开。会议听取和讨论眉山地区计委《关于眉山地区1998年国民经济和社会发展计划执行情况及1999年计划安排情况的汇报》、眉山地区财政局《关于眉山地区1998年财政预算执行情况和1999年财政预算草案的报告》和眉山地区中级人民法院《关于对人大代表评议意见进行整改的情况汇报》。

第十次全体会议 1999年4月26日召开。会议听取和讨论眉山地区国土局《关于贯彻实施〈中华人民共和国土地管理法〉的情况汇报》、眉山地区监察局《关于贯彻实施〈中华人民共和国行政监察法〉的情况汇报》和眉山地区建环委《关于贯彻实施〈中华人民共和国环境保护法〉治理岷江污染情况汇报》，讨论通过《四川省人大常委会眉山地区工作委员会关于治理境内岷江水污染的决议》。

第十一次全体会议 1999年6月17日至18日召开。会议听取和讨论眉山地区行署副专员黄峰所作的《关于农村合作医疗制度实施情况的报告》、眉山地区水电局《关于贯彻实施〈中华人民共和国水土保持法〉的情况汇报》和四川省人民检察院眉山地区分院《关于民事行政检察工作情况汇报》。

第十二次全体会议 1999年8月30日至31日召开。会议听取和讨论眉山地区行署副专员黄峰所作的《关于贯彻落实〈中华人民共和国村民委员会组织法〉情况的汇报》、眉山地区行署副专员汤建平所作的《关于地属国有企业改革工作情况的汇报》和眉山地区工商局《关于贯彻实施〈中华人民共和国消费者权益保护法〉情况的汇报》。

第十三次全体会议 1999年12月16日至17日召开。会议听取和讨论眉山地区计划生育委员会《关于贯彻实施〈四川省计划生育条例〉情况的汇报》、眉山地区水电局《关于眉山地区人大工作委员会评议地区水电局后的整改情况汇报》和眉山地区行署《关于落实部门行政执法责任制情况的汇报》，讨论通过眉山地区人大工作委员会2000年工作要点。

第十四次全体会议　2000年2月29日召开。会议听取和讨论眉山地区行署副专员鲜雄所作的《关于眉山新区规划建设情况的汇报》和眉山地区计委《关于眉山地区1999年国民经济和社会发展计划执行情况及2000年计划安排情况的汇报》。

第十五次全体会议　2000年4月27日召开。会议听取和讨论眉山地区行署《关于贯彻实施〈中华人民共和国防洪法〉情况的汇报》和《关于眉山地区1999年财政预算执行情况及2000年预算安排情况的汇报》。

第十六次全体会议　2000年7月4日召开。会议听取和讨论眉山地区行署副专员鲜雄所作的《关于贯彻实施地区人大工作委员会〈关于治理境内岷江水污染的决议〉情况的汇报》和四川省人民检察院眉山地区分院《关于全区检察机关刑事检察工作情况的汇报》。

第十七次全体会议　2000年8月29日至30日召开。会议对眉山地区经济贸易委员会进行工作评议，对眉山地区广播电视局局长进行述职评议。

第二节　眉山市人民代表大会会议

一、第一届人民代表大会会议

2000—2006年，眉山市第一届人民代表大会召开会议8次。

第一次会议　2000年12月2日至6日在眉山召开。大会应到代表363名，实到代表350名。会议选举李忠国为眉山市人民代表大会常务委员会主任，杨仕祥、王宗会、金之孝、陈和久、黄学美为副主任，委员24人；选举余斌为眉山市人民政府市长，黎兵、于唯多、赵国基、孟光安、宋思彬、余治平为副市长；选举王勇为眉山市中级人民法院院长；选举王新棱为眉山市人民检察院检察长。会议审议通过建立市人大内务司法委员会、财政经济委员会、城乡建设环境保护委员会的决定。

第二次会议　2001年2月19日至22日在眉山召开。大会应到代表368名，实到代表356名。会议听取、审查和批准《眉山市政府工作报告》《眉山市2000年国民经济和社会发展的执行情况及2001年国民经济和社会发展计划草案的报告》《眉山市2000年财政预算执行情况及2001年财政预算草案的报告》《眉山市人大常委会的工作报告》《眉山市中级人民法院的工作报告》和《眉山市人民检察院的工作报告》，讨论通过市人民代表大会议事规则。大会收到10名以上的代表联名提出的议案16件，并决定将其中的3件作为议案办理，要求市政府加快省道106线仁寿段的建设、尽快修通省道106线和加强城市管理。会议期间收到建议、批评和意见34件。

第三次会议　2002年1月29日至2月1日在眉山召开。大会应到代表368名，实到代表350名。会议听取、审查和批准《眉山市政府工作报告》及其他报告；会议补选市人大常委会委员；通过杨仕祥、王宗会、陈和久辞去各自所任专委会主任委员的决定；选举胡高元为市人大内务司法委员会主任委员、李辛毅为市人大财政经济委员会主任委员。会议收到10名以上代表联名提出的议案6件，大会主席团决定将其全部转作建议、批评和意见办理。会议期间收到代表建议、批评和意见40件，闭会后收到5件，共45件，均交由市政府和有关机关、组织研究办理。

第四次会议　2002年12月4日至6日在眉山召开。大会应到代表365名，实到代表338名。会议选举出出席四川省第十届人民代表大会的代表令狐大玉（女）、李荣伟、陈历伟、孟俊修、郭晓黎、熊兴苹（女）、马志珍（女）、王加宾、王利清、王荣木、邓世明、叶志华、苏旭燕、李忠国、杨常沙、邱学清、何之友、余斌、陈志忠、陈明芳（女）、夏春生、夏绩恩、晏永和、徐刚才、黄玲（女）、黄翠蓉（女）、雷林、廖新蓉（女）28人；补选余纪桦为眉山市人大常委会秘书长。

第五次会议　2003年3月25日至28日在眉山召开。大会应到代表375名，实到代表351名。会议听取、审查和批准《眉山市政府工作报告》及其他报告；补选眉山市人大常委会副主任和委员，补选宋铭为眉山市人民政府副市长。会议收到10名以上代表联名提出的议案12件。决定将其中2件作议案处理，分别是：关于取缔黑龙滩水库中的网箱养鱼和关于加强黑龙滩水质保护，其余10件转作建议、批评和意见办理。会议期间收到建议、批评和意见73件，会后代表提出建议1件，共74件，均交由市政府和有关机关、组织研究办理。

第六次会议　2004年2月23日至27日在眉山召开。大会应到代表371名，实到代表346名。会议听取、审查和批准《眉山市政府工作报告》及其他报告；补选崔保华为眉山市人民政府市长。会议收到10名以上代表联名提出的议案10件。大会主席团决定将其中关于加大治污力度、切实改善岷江水质作为议案处理，其余9件转作建议、批评和意见办理。会议期间共收到代表建议、批评和意见82件，均交由市政府和有关机关、组织研究办理。

第七次会议　2005年2月23日至28日在眉山召开。大会应到代表368名，实到代表347名。会议听取、审查和批准《眉山市政府工作报告》及其他报告；选举市人大常委会副主任、市人大常委会秘书长、市人大常委会委员，通过了部分专委会主任委员名单。收到10名以上代表联名提出的议案12件，大会主席团决定将其中的关于进一步加大血吸虫病防治力度作为议案处理，其余11件转作建议、批评和意见办理。收到代表的建议、批评和意见82件，均交由市政府和相关部门按规定办理。

第八次会议　2006年2月20日至24日在眉山召开。大会应到代表373名，实到代表347名。会议听取、审查和批准《眉山市政府工作报告》《眉山市国民经济和社会发展第十一个五年规划纲要草案报告》及其他报告。决定接受因任职年龄到限的金之孝辞去市人大常委会副主任职务。补选赵国基为市人大常委会副主任、杨勇为市人民政府副市长、郑夕君为市人大常委会秘书长。会议收到10名以上代表联名提出的议案19件，大会主席团决定将其全部转作批评、建议和意见办理。连同代表们所提的68件，大会共收到代表建议、批评和意见87件。

眉山市第一届人民代表大会历次会议报告人一览表

表19-4

会议次数	政府工作报告	人大常委会工作报告	中级人民法院工作报告	人民检察院工作报告
第二次	余斌	李忠国	王　勇	王新棱
第三次	余斌	李忠国	王　勇	王新棱
第五次	余斌	李忠国	王　勇	王新棱
第六次	崔保华	李忠国	王　勇	王新棱
第七次	崔保华	李忠国	王　勇	王新棱
第八次	崔保华	李忠国	王　勇	王新棱

二、第二届人民代表大会会议

2000—2011 年，眉山市第二届人民代表大会召开公议 7 次。

第一次会议　2006 年 11 月 19 日至 21 日在眉山召开。大会应到代表 367 名，实到代表 359 名。会议选举蒋仁富为市人大常委会主任，宋建新、孟光安、何久伦、余纪桦、范智能、滕为民为副主任，郑夕君为秘书长，委员 31 人；选举李静为市人民政府市长，杨勇、杨玉仙（女）、余治平、宋铭、黄跃、蒋辅义为市人民政府副市长，杨成学为市中级人民法院院长，陈兵为市人民检察院检察长。

第二次会议　2007 年 2 月 6 日至 8 日在眉山召开。大会应到代表 367 名，实到代表 343 名。会议听取、审查和批准《眉山市政府工作报告》及其他报告。会议收到 10 名以上代表联名提出的议案 4 件，经议案审查委员会审查，大会主席团决定将其全部转作批评、建议和意见办理。连同代表们提出的 47 件，会议共收到代表所提出的建议、批评和意见 51 件。

第三次会议　2007 年 12 月 25 日至 26 日在眉山召开。大会应到代表 367 名，实到代表 344 名。会议选举王建、王宇坤、王筠权、刘玉顺、李荣伟、陈焕祥、黄新初、彭柏林、王学民、王晓明、王雪梅（女）、王福华、邓智林、苏旭燕、李静（女）、宋建新、张容（女）、陈志忠、陈泽文、陈静辉（女）、岳家军、夏春生、徐燕（女）、郭亚君（女）、黄玲（女）、黄国清、梁勇、蒋仁富、雷林、管国如等 30 人为眉山市出席四川省第十一届人民代表大会的代表。

第四次会议　2008 年 2 月 18 日至 20 日在市会议中心召开。大会应到代表 369 名，实到代表 343 名。会议听取、审查和批准《眉山市政府工作报告》及其他报告。大会补选市人大常委会委员。会议收到 10 名以上代表联名提出的议案 5 件，经议案审查委员会审查，大会主席团决定将其全部转作批评、建议和意见办理，连同代表们所提出的 72 件，会议共收到代表建议、批评和意见 77 件。

第五次会议　2009 年 4 月 9 日至 10 日在眉山召开。大会应到代表 363 名，实到代表 334 名。会议听取、审查和批准《眉山市政府工作报告》及其他报告。大会补选门俊良、陈桂花、陈大权为市人大常委会副主任。会议收到 10 名以上代表联名提出的议案 8 件，经议案审查委员会审查，大会主席团决定将其全部转作批评、建议和意见办理。连同代表们提出的 63 件，会议共收到代表建议、批评和意见 71 件。

第六次会议　2010 年 4 月 15 日至 16 日在眉山召开。大会应到代表 366 名，实到代表 329 名。会议听取、审查和批准《眉山市政府工作报告》及其他报告。大会选举贺文为市人大常委会主任，阳金和为副主任，补选委员 3 人；会议决定接受蒋仁富辞去市二届人大常委会主任、孟光安辞去副主任职务。会议收到 10 名以上代表联名提出的议案 12 件，经议案审查委员会审查，大会主席团决定将其全部转作批评、建议和意见办理。连同代表们提出的 82 件，会议共收到代表建议、批评和意见 94 件。

第七次会议　2011 年 2 月 24 日至 25 日在眉山召开。应到代表 359 名，实到代表 331 名。会议听取、审查和批准《眉山市政府工作报告》及其他报告。大会未收到代表团或者 10 名以上代表联名提出的议案，共收到代表提出的建议、批评和意见 73 件。

眉山市第二届人民代表大会历次会议报告人一览表

表 19-5

会议次数	政府工作报告	人大常委会工作报告	中级人民法院工作报告	人民检察院工作报告
第二次	李　静	蒋仁富	杨成学	陈　兵
第四次	李　静	蒋仁富	杨成学	陈　兵
第五次	李　静	宋建新	杨成学	陈　兵
第六次	李　静	蒋仁富	杨成学	陈　兵
第七次	李　静	贺　文	杨成学	陈　兵

三、第三届人民代表大会会议

2011—2012 年，眉山市第三届人民代表大会召开会议 2 次。

第一次会议　2011 年 11 月 28 日至 29 日在眉山召开，应出席会议代表 372 名，实际出席 367 名。会议选举贺文为市人大常委会主任，何久伦、门俊良、陈桂花、陈大权、于忠平、郑夕君为副主任，鲁建伟为秘书长，市人大常委会委员 31 人；选举宋朝华为市人民政府市长，吴小可、辜永忠、王光彩、吴爱玲（女）、钟毅、周孝平、付庆一为市人民政府副市长，刘楠为市中级人民法院院长，陈兵为市人民检察院检察长。

第二次会议　2012 年 3 月 30 日至 31 日在眉山召开。应出席会议代表 372 名，实际出席会议代表 341 名。会议听取、审议和批准《眉山市政府工作报告》《眉山市 2011 年国民经济和社会发展计划执行情况及 2012 年计划草案的报告》《眉山市 2011 年财政预算执行情况和 2012 年财政预算草案的报告》《眉山市人大常委会的工作报告》《眉山市中级人民法院的工作报告》《眉山市人民检察院工作报告》。会议未收到代表 10 人以上联名提出的议案，会议期间共收到代表建议、批评和意见 82 件。

眉山市第三届人民代表大会历次会议报告人一览表

表 19-6

会议次数	政府工作报告	人大常委会工作报告	中级人民法院工作报告	人民检察院工作报告
第二次	宋朝华	贺　文	刘　楠	陈　兵

第三章　人民代表大会常务委员会

第一节　人大常委会会议

一、常委会议

眉山市人民代表大会常务委员会（以下简称市人大常委会）常委会议每两个月至少召开一次。

（一）第一届人大常委会会议

2001年1月至2006年11月，市一届人大常委会共举行常委会议46次，审议议题143个，作出决议、决定44个，任免国家机关工作人员35次。

第一次会议　2001年1月15日至16日召开。会议学习《中华人民共和国地方各级人民代表大会和地方各级人民政府组织法》《中华人民共和国全国人民代表大会和地方各级人民代表大会代表法》；审议通过《眉山市人民代表大会常务委员会议事规则》《眉山市人民代表大会常务委员会任免国家机关工作人员办法》《眉山市人民代表大会常务委员会关于办理人大代表建议、批评和意见的办法》《眉山市人民代表大会常务委员会关于加强同市人大代表联系的办法》《眉山市人民代表大会常务委员会组成人员守则》；讨论通过眉山市人民代表大会常务委员会2001年的工作要点；审议通过召开眉山市第一届人民代表大会第二次会议的决定和眉山市第一届人民代表大会常务委员会代表资格审查委员会名单；依法进行人事任免。

第二次会议　2001年2月14日至15日召开。会议讨论修改《眉山市人民代表大会常务委员会工作报告》；听取副市长于唯多所作的《眉山市国民经济和社会发展第十个五年计划纲要》（草案）的说明；审议《眉山市国民经济和社会发展第十个五年计划纲要》（草案）；听取并审议眉山市第一届人民代表大会常务委员会代表资格审查委员会关于代表资格的审查报告；审议通过眉山市第一届人民代表大会第二次会议议程（草案）、主席团与秘书长名单（草案）和议案审查委员会名单（草案）；决定列席眉山市第一届人民代表大会第二次会议的人员名单。

第三次会议　2001年4月18日召开。会议听取审议副市长赵国基所作的关于贯彻实施《中华人民共和国环境保护法》和对全市工业企业污染源实施达标排放“零点行动”的情况汇报及副市长于唯多所作的改善投资环境实施西部大开发战略进展情况的汇报；讨论通过市人大常委会《关于全面推进依法治市的决议》《讨论决定重大事项的规定》《关于建立被任命干部年度述职制度的意见的决定》；依法进行人事任免。

第四次会议　2001年6月20日召开。市人大常委会主任李忠国传达四川省第九届人民代表大会常务委员会第二十三次会议精神。会议听取审议市政府关于加快眉山市个体私营经济发展的情况汇报、市中级人民法院关于眉山市中级人民法院执行工作情况的报告和市审计局关于2000年眉山市级预算执行和其他财政收支的审计工作报告；讨论通过眉山市人民代表大会常务委员会关于开展“四五”普法和进一步加强社会治安综合治理的决议；依法进行人事任免。

第五次会议　2001 年 8 月 30 日至 31 日召开。市人大常委会副主任杨仕祥传达四川省第九届人民代表大会常务委员会第二十四次会议精神。会议听取审议市财政局关于眉山市 2000 年财政决算及 2001 年 1 至 6 月财政预算执行情况的报告、市计委关于眉山市 2001 年上半年国民经济和社会发展计划执行情况的报告和市建设环境保护委员会《关于贯彻执行〈中华人民共和国城市规划法〉加强小城镇建设情况的汇报》；依法进行人事任免。

第六次会议　2001 年 10 月 18 日至 19 日召开。市人大常委会副主任金之孝传达四川省第九届人民代表大会常务委员会第二十五次会议、四川省人民代表大会常务委员会述职评议大会和全省乡镇换届选举工作会议精神。会议听取审议市水利局关于贯彻实施〈中华人民共和国水土保持法〉的情况汇报，市政府关于眉山市第一届人民代表大会第二次会议代表建议、批评和意见办理情况的汇报，市检察院关于全市检察机关查办职务犯罪工作的情况报告。

第七次会议　2001 年 12 月 20 日至 21 日召开。市人大常委会主任李忠国传达四川省第九届人民代表大会常务委员会第二十六次会议精神。会议听取审议副市长于唯多所作的关于部分变更眉山市 2001 年国民经济和社会发展计划的报告，并通过相应的决议；听取审议市财政局关于变更全市 2001 年财政收支预算的报告，并作出相关的决议；听取审议副市长宋思彬所作的关于眉山市农村初级卫生保健工作的情况汇报；听取审议市综治办关于社会治安综合治理的情况汇报、市交通局关于贯彻《中华人民共和国公路法》的情况汇报；审议通过市人大常委会财政经济委员会、城乡环境资源保护委员会关于眉山市第一届人民代表大会第二次会议主席团交办议案审议结果的报告；根据市政府提案，作出认定眉山市市树市花的决定；通过追认主任会议，许可市检察院拘留市人大代表张勇和召开眉山市第一届人民代表大会第三次会议的决定；依法进行人事任免。

第八次会议　2002 年 1 月 21 日召开。会议听取市人大常委会副主任杨仕祥关于眉山市第一届人民代表大会第三次会议筹备工作情况的报告和副主任金之孝关于补选眉山市第一届人民代表大会代表的代表资格审查报告；讨论、修改市人民代表大会常务委员会工作报告、市人民代表大会常务委员会 2002 年的工作要点、眉山市第一届人民代表大会第三次会议预备会议议程（草案）和主席团与秘书长的名单（草案）；决定列席眉山市第一届人民代表大会第三次会议的人员名单；依法进行人事任免。

第九次会议　2002 年 2 月 27 日召开。会议审议通过眉山市人民代表大会常务委员会关于依法监督重大经济事项促进跨越式发展的决定；听取眉山市人大常委会人事代表、外侨工作委员会 2001 年度被任命干部述职情况的汇报。

第十次会议　2002 年 3 月 12 日召开。会议听取市人大常委会副主任金之孝关于眉山市第一届人民代表大会常务委员会补选眉山市出席四川省第九届人民代表大会代表的说明，审议通过眉山市第一届人民代表大会常务委员会第十次会议的选举办法；选举晏永和为四川省第九届人民代表大会代表。

第十一次会议　2002 年 4 月 29 日召开。会议听取审议副市长于唯多所作的关于中心城区城市管理工作情况的汇报、市教育局关于实施《中华人民共和国义务教育法》的情况汇报；依法进行人事任免。

第十二次会议　2002 年 6 月 25 日至 26 日召开。会议听取审议副市长孟光安所作的关于贯彻实施《中华人民共和国农业法》的情况汇报、市审计局关于眉山市 2001 年市级财政预算执行和其他财政收支的审计工作报告，审议通过眉山市第一届人民代表大会常务委员会关于优化发展环境的决议；依法进行人事任免。

第十三次会议　2002年8月28日召开。市人大常委会副主任杨仕祥传达四川省第九届人民代表大会常务委员会第三十次会议精神。会议听取审议市计委关于眉山市2002年上半年国民经济和社会发展计划执行情况的报告、市财政局关于眉山市2001年财政决算及2002年1至6月财政预算执行情况的报告，审议通过市人大常委会关于追认主任会议许可眉山市人民检察院拘留眉山市第一届人民代表大会代表谢吟春的决定；依法进行人事任免；决定接受卢兴仁辞去眉山市第一届人民代表大会常务委员会委员职务。

第十四次会议　2002年10月29日召开。会议听取审议市中级人民法院关于刑事审判工作的情况汇报、市政府《关于眉山市第一届人民代表大会第三次会议代表建议、批评和意见办理情况的报告》；依法进行人事任免；决定接受王宗会辞去眉山市第一届人民代表大会常务委员会秘书长职务。

第十五次会议　2002年11月28日召开。会议通过市第一届人民代表大会常务委员会代表资格审查委员会关于补选代表的代表资格审查报告；审议通过关于召开眉山市第一届人民代表大会第四次会议的有关事项，并决定列席会议人员的名单；听取关于眉山市第一届人民代表大会第四次会议筹备工作的情况汇报；依法进行人事任免。

第十六次会议　2002年12月25日召开。会议听取审议市政府《关于部分变更眉山市2002年财政预算的报告》，并作出关于批准变更眉山市2002年财政预算的决定；听取审议市检察院关于预防职务犯罪工作的情况汇报；通过市人大常委会2003年的工作要点；依法进行人事任免。

第十七次会议　2003年2月20日召开。会议通过推迟举行眉山市第一届人民代表大会第五次会议的决定和眉山市第一届人民代表大会代表资格审查委员会补选代表的代表资格审查报告；审议通过眉山市第一届人民代表大会第五次会议的议程（草案）、主席团和秘书长名单（草案），并决定列席会议的人员名单；听取市人大常委会副主任王宗会关于召开眉山市第一届人民代表大会第五次会议有关筹备工作和人事代表外侨工作委员会关于2002年度被任命干部述职情况的汇报；讨论修改市人民代表大会常务委员会的工作报告。

第十八次会议　2003年4月29日召开。会议听取审议市政府《关于贯彻实施〈中华人民共和国食品卫生法〉的情况汇报》《关于发展奶业的情况汇报》；依法进行人事任免。

第十九次会议　2003年5月12日召开。会议通报全市防“非典”工作的进展情况。听取副市长宋思彬所作的关于非典型性肺炎防治工作情况的汇报；依法进行人事任免；决定接受因任职年龄到限的杨仕祥、陈和久辞去眉山市第一届人民代表大会常务委员会副主任职务。

第二十次会议　2003年6月25日至26日召开。会议听取审议市政府贯彻执行市人民代表大会常务委员会《关于优化发展环境的决议》《中华人民共和国土地管理法》和2002年市级财政预算执行及其他财政收支审计的情况汇报；审议通过市人大常委会《关于加强民事行政检察工作的决议》《关于禁止食用法律保护的野生动物的决议》；依法进行人事任免。

第二十一次会议　2003年8月26日至27日召开。会议听取审议市政府2003年上半年国民经济和社会发展计划执行情况的报告、2002年财政决算及2003年上半年财政预算执行情况的汇报；表决通过关于批准眉山市2002年市级财政决算的决议；听取审议市中级人民法院关于开展行政审判工作和市中级人民法院与市人民检察院关于集中教育整顿的情况汇报。

第二十二次会议　2003年11月11日召开。会议听取审议市政府关于眉山市第一届人民代表大会第五次会议代表建议、批评和意见的办理情况及加快发展无公害农产品的情况汇报；表决通过市人大常委会关于加快发展无公害农产品的决议；依法进行人事任免。

第二十三次会议　2003 年 12 月 24 日至 25 日召开。会议听取审议市人大常委会城乡环境资源保护委员会督办代表提出的保护黑龙滩水质议案的情况汇报和市政府办理该议案的工作汇报及市人民政府关于加快全市民营经济、旅游发展的情况汇报；作出关于加强市级预算审查监督和召开眉山市第一届人民代表大会第六次会议的决定；依法进行人事任免。

第二十四次会议　2004 年 2 月 9 日召开。会议讨论修改市人大常委会的工作报告，听取市人大常委会副主任王宗会关于召开眉山市第一届人民代表大会第六次会议筹备工作和人事代表外侨工作委员会关于 2003 年度被任命干部述职情况的汇报；通过眉山市第一届人民代表大会代表资格审查委员会关于补选代表的代表资格审查报告。

第二十五次会议　2004 年 4 月 27 日至 28 日召开。会议听取审议市政府关于《中华人民共和国传染病防治法》贯彻执行情况的汇报、“四五”普法情况的报告；审议通过《眉山市人民代表大会常务委员会〈四川省各级人民代表大会常务委员会司法案件监督条例〉实施办法》、市人大常委会城乡环境资源保护委员会关于眉山市第一届人民代表大会第六次会议主席团交办议案审议意见的报告；依法进行人事任免。

第二十六次会议　2004 年 7 月 5 日至 6 日召开。会议听取审议市政府 2003 年市级财政预算执行和其他财政收支审计的情况报告、关于贯彻实施《眉山市人大常委会关于加快发展无公害农产品的决议》《眉山市人大常委会关于禁止食用法律保护的野生动物的决议》的情况汇报及关于《中国诗书城规划纲要》编制情况的报告；审议通过眉山市第一届人民代表大会常务委员会代表资格审查委员会关于补选代表的代表资格审查报告；分别作出关于追认主任会议许可山东省博兴县公安局和眉山市公安局东坡区分局分别刑事拘留眉山市第一届人民代表大会代表张齐贵和李建军的决定；依法进行人事任免；决定接受陈桂花、胡高元辞去眉山市第一届人民代表大会常务委员会委员职务。

第二十七次会议　2004 年 8 月 30 日至 31 日召开。会议听取审议市政府贯彻执行《中华人民共和国水污染防治法》、办理眉山市第一届人民代表大会第六次会议代表的议案、2004 年上半年国民经济和社会发展计划执行情况、眉山市 2003 年财政决算及 2004 年上半财政预算的执行情况报告；批准 2003 年市级财政决算的报告；听取审议中级人民法院关于集中处理涉法上访专项活动情况的报告；依法进行人事任免。

第二十八次会议　2004 年 10 月 28 日召开。会议听取审议市检察院关于查办职务犯罪情况的汇报和市政府办理眉山市第一届人民代表大会第六次会议期间代表所提建议、批评和意见情况报告；依法进行人事任免。

第二十九次会议　2004 年 12 月 23 日召开。会议听取审议市政府关于贯彻实施行政许可法的情况汇报、市级 2004 年地方财政支出预算调整情况的报告，并作出相应的决议；通过关于召开眉山市第一届人民代表大会第七次会议的决定；依法进行人事任免；决定接受刘克福辞去眉山市第一届人民代表大会常务委员会委员职务。

第三十次会议　2005 年 1 月 14 日召开。会议审议通过眉山市第一届人民代表大会代表资格审查委员会关于补选代表的代表资格审查报告；依法进行人事任免。

第三十一次会议　2005 年 2 月 17 日召开。会议讨论修改市人民代表大会常务委员会的工作报告，并审议通过其 2005 年的工作要点；审议通过代表资格审查委员会关于代表资格审查的报告；听取人事代表外侨工作委员会关于2004年度被任命干部述职情况、关于召开眉山市第一届人民代表大会第七次会议筹备工作的汇报；决定召开眉山市第一届人民代表大会第七次会议有关事项；依法进行人事任免；决定接受余纪桦辞去眉山市第一届人民代表大会常务委员会秘书长职务。

第三十二次会议　2005年2月28日召开。会议审议通过眉山市第一届人民代表大会第七次会议主席团交付审议的《关于进一步加大血吸虫病防治力度的议案》的处理意见，决定将此议案列入眉山市第一届人民代表大会常务委员会6月的会议议程；依法进行人事任免。

第三十三次会议　2005年4月27日召开。会议听取审议市人民政府关于贯彻实施城市居民最低生活保障条例、矿产资源法和治理整顿矿业秩序情况的报告；依法进行人事任免；决定接受黄玉琏辞去眉山市第一届人民代表大会常务委员会委员职务。

第三十四次会议　2005年6月28日至29日召开。会议传达四川省第十届人民代表大会常务委员会第十五次会议精神。听取审议市检察院关于开展民事行政检察工作情况、政府关于农业投入和市政府关于进一步加大血吸虫病防治力度情况的报告；听取市人大城环资委关于因故推迟审议《市人民政府关于眉山市城市总体规划修编情况的报告》的报告；审议市人大常委会主任会议关于许可眉山市人民检察院拘留市人大代表黎岭的报告；依法进行人事任免。

第三十五次会议　2005年8月30日至31日召开。会议传达四川省第十届人民代表大会常务委员会第十六次会议的精神，听取审议市政府关于2004年市级预算执行和其他财政收支的审计工作报告；听取审议眉山市2004年财政决算及2005年1月至6月财政预算执行情况的报告，并批准2004年的市级财政决算；听取审议市政府关于眉山市2005年上半年国民经济和社会发展计划执行情况和市人大常委会代表资格审查委员会关于补选代表的代表资格审查的报告；审议市人大常委会主任会议关于许可仁寿县人民法院刑事审判市人大代表张文艺的报告；依法进行人事任免。

第三十六次会议　2005年10月31日召开。会议传达四川省第十届人民代表大会常务委员会第十七次会议的精神，听取审议市政府关于全市艾滋病防治工作情况和市一届人大七次会议代表所提建议、批评和意见办理情况的报告；依法进行人事任免。

第三十七次会议　2005年12月28日召开。会议传达四川省第十届人民代表大会常务委员会第十八次会议的精神；审议市政府关于2004年市级预算执行和其他财政收支审计处理整改与办理市人大常委会关于贯彻实施矿产资源法、整顿矿业秩序、农业投入、防治血吸虫病和艾滋病及检察院开展民事行政检察工作情况等审议意见的报告；听取审议并批准市政府关于2005年财政支出预算调整情况的报告；审议通过市人大常委会2006年的工作要点；修改《眉山市人民代表大会常务委员会任免国家机关工作人员办法》；依法进行人事任免。

第三十八次会议　2006年1月12日召开，会议依法进行人事任免。

第三十九次会议　2006年1月27日召开。会议审议表决关于召开眉山市第一届人民代表大会第八次会议的决定；讨论修改眉山市人民代表大会常务委员会的工作报告。

第四十次会议　2006年2月15日召开。会议传达省十届人大常委会第十九次会议和省十届人大四次会议的精神。听取市政府关于《眉山市国民经济和社会发展第十一个五年规划纲要（草案）》的说明，听取审议市人大常委会代表资格审查委员会关于补选代表代表资格的审查和市一届人大八次会议筹备工作情况的报告；审议表决市一届人大八次会议的议程（草案）、主席团和秘书长名单（草案），决定市一届人大八次会议的列席人员名单；依法进行人事任免；决定接受张茂成辞去眉山市一届人大常委会秘书长职务。

第四十一次会议　2006年4月26日召开。会议传达省十届人大常委会第二十次会议的精神，听取审议市人民政府关于贯彻实施药品管理法情况的报告；审议通过市人大常委会关于进一步加强黑龙滩水库饮用水源保护、补充市一届人大常委会代表资格审查委员会组成人员和接受杨常沙辞去市人大常委会委员职务的决定；依法进行人事任免事项。

第四十二次会议　2006年6月27日至28日召开。会议传达省十届人大常委会第二十一次会议的精神，听取审议市政府关于认真做好“落实年”工作、推进农业产业化和眉山城区城市管理行政执法工作的情况报告，审议表决市人大常委会代表资格审查委员会关于补选代表资格的报告；依法进行人事任免。

第四十三次会议　2006年8月29日召开。会议传达省十届人大常委会第二十二次会议的精神；听取审议市政府关于眉山市2006年上半年国民经济和社会发展计划执行情况和2005年市级财政预算执行情况及其他财政收支审计工作的报告；审议关于加强血吸虫病源头治理的决议；听取审议市政府关于眉山市2005年财政决算及2006年1月至6月财政预算执行情况的报告，并审查批准2005年的市级财政决算；审议表决眉山市人民代表大会常务委员会评议工作办法（试行）（草案）；依法进行人事任免。

第四十四次会议　2006年9月29日召开。会议听取审议市政府关于眉山市第一届人民代表大会第八次会议代表所提建议、批评和意见办理情况的报告；审议表决眉山市人大常委会关于眉山市第二届人民代表大会代表名额分配和选举时间的决定；依法进行人事任免。

第四十五次会议　2006年10月30日召开。会议传达省十届人大常委会第二十三次会议的精神。听取审议市政府关于市2006年地方财政支出预算调整情况的报告；审议通过市人大常委会关于召开眉山市第二届人民代表大会第一次会议的决定。

第四十六次会议　2006年11月14日召开。会议听取审议眉山市第一届人大常委会代表资格审查委员会关于眉山市第二届人民代表大会代表资格的审查报告和眉山市第二届人民代表大会第一次会议筹备工作情况的报告；审议表决眉山市第二届人民代表大会第一次会议的议程（草案）、主席团和秘书长名单（草案）。

（二）第二届人大常委会会议

2006年11月至2011年11月，市二届人大常委会共举行常委会议46次，审议议题129个，测评市政府办理的43项工作的满意度情况，作出决议、决定50个，任免国家机关工作人员34次，评议市级部门工作2个。

第一次会议　2006年12月7日召开。会议听取市人大常委会常务副主任、党组书记宋建新所作的学习监督法的辅导报告；传达省十届人大常委会第二十四次会议的精神；通过关于接受周立平辞去眉山市第二届人民代表大会常务委员会委员职务请求的决定；通过人事任免事项，市人大常委会向被任命干部颁发任命书并举行宣誓仪式；决定接受周立平辞去眉山市第二届人大常委会委员职务。市委书记、市人大常委会主任蒋仁富发表讲话。

第二次会议　2007年1月9日召开。会议表决通过《眉山市人民代表大会常务委员会关于加强东坡区社会治安整治的决议》《眉山市人民代表大会常务委员会关于深入开展第五个五年全民普法教育的决议》《眉山市人大常委会2007年工作要点》《眉山市人民代表大会常务委员会关于召开眉山市第二届人民代表大会第二次会议的决定》《眉山市第二届人民代表大会常务委员会代表资格审查委员会组成人员名单》和人事任免事项。市人大常委会向被任命干部颁发任命书并举行宣誓仪式。

第三次会议　2007年1月19日召开。会议审议市政府《关于2005年市级财政预算执行和其他财政收支审计处理结果的报告》；通过废止《眉山市人大常委会〈四川省各级人民代表大会常务委员会司法案件监督条例〉实施办法的决定》《关于延期举行眉山市第二届人民代表大会第二次会议的决定》；审议市二届人大二次会议主席团和秘书长名单（草案）、计划预算审查委员会名单草案和议案审查委员会名单草案，决定列席市二届人大二次会议人员名单；通过市人大常委会《关于提高常委会会议质量的暂行办法》等5项制度；表决通过人事任免事项；听取审议市二届人大二次会议筹备工作情况的报告；讨论修改市人大常委会的工作报告。

第四次会议　2007年3月13日召开。会议通过人事任免事项；通过关于追认主任会议许可市人民检察院刑事拘留市人大代表杨成元的决定。

第五次会议　2007年4月24日召开。会议通过关于接受张成华辞去眉山市人民代表大会常务委员会委员职务的决定；传达十届全国人大五次会议和省十届人大常委会第二十七次会议的精神，听取审议市人民政府关于文化产业发展情况和市人大常委会执法检查组关于检查水污染防治法执行情况的报告；通过市人大常委会主任会议关于追认市公安局刑事拘留市人大代表游中印和关于废止《眉山市人民代表大会常务委员会工作评议办法（试行）》的决定、代表资格审查委员会关于选举市人大代表的代表资格的审查报告和人事任免事项，修改通过《眉山市人民代表大会常务委员会议事规则》等4项工作制度；决定接受张成华辞去眉山市第二届人大常委会委员职务。

第六次会议　2007年5月30日召开。会议通过眉山市人民代表大会常务委员会关于追认主任会议许可西安市公安局雁塔分局对市人大代表郭祚达采取强制措施的决定和人事任免事项。

第七次会议　2007年6月26日召开。会议传达省十届人大常委会第二十八次会议的精神，测评市政府办理市人大常委会听取文化产业发展专项工作报告和水污染防治法执法检查报告审议意见的情况，听取审议市政府关于全市农业产业化工作情况和关于东坡区社会治安整治专项工作的报告，通过关于增加听取和审议眉山市2007年“十大惠民行动”专项工作报告的决定及人事任免事项。

第八次会议　2007年7月26日召开。会议通过人事任免事项。

第九次会议　2007年8月23日召开。会议传达省十届人大常委会第二十九次会议的精神。测评市政府办理市人大常委会关于农业产业化和东坡区社会治安两个专项工作报告审议意见的情况；听取审议市政府关于2007年上半年国民经济和社会发展计划执行情况、2006年财政决算及2007年1至6月财政预算执行情况、2006年市级财政预算执行情况和其他财政收支审计情况的报告；通过关于批准眉山市2006年市级财政决算的决议；听取审议市政府关于实施“十大惠民行动”工作情况的报告；审议并通过许可市检察院对市人大代表钟建初采取强制措施的决定；通过人事任免事项。

第十次会议　2007年9月30日眉山召开。会议通过人事任免事项。

第十一次会议　2007年10月25日召开。会议传达省十届人大常委会第三十次会议的精神；测评市政府办理市人大常委会关于“十大惠民行动”审议意见的情况；听取审议市人大常委会执法检查组关于检查动物防疫法执行情况和市政府关于开展国家级卫生城市、国家级园林城市、中国优秀旅游城市、省级文明城市先进市、省级环境保护模范城市创建工作的情况报告；听取市政府关于黑龙滩风景名胜区总体规划编制情况的报告，并审查同意该总体规划；听取审议市政府关于市级2007年地方财政支出预算调整情况的报告；通过市人大常委会关于批准调整市级2007年地方财政支出预算的决议。

第十二次会议　2007年11月16日召开。会议通过关于召开眉山市第二届人民代表大会第三次会议的决定、召集眉山市第二届人民代表大会第三次会议的有关事项、眉山市第二届人民代表大会代表资格审查委员会关于代表资格的审查报告和人事任免事项。

第十三次会议　2007 年 12 月 6 日召开。会议传达省十届人大常委会第三十一次会议的精神，听取审议 2006 年市级财政预算执行和其他财政收支审计处理的报告；测评市政府办理市人大常委会关于开展国家级卫生城市、国家级园林城市、中国优秀旅游城市、省级文明城市先进市、省级环境保护模范城市创建工作和动物防疫法执法检查报告审议意见的情况；通过关于规范性文件备案审查规定的修正案；听取审议市人大常委会执法检查组关于检查人口和计划生育法实施情况及市人民政府关于代表所提建议、批评和意见办理情况的报告；通过人事任免事项。

第十四次会议　2007 年 12 月 14 日召开。会议通过眉山市人大常委会 2008 年的工作要点和延期举行市二届人大三次会议的决定。

第十五次会议　2008 年 1 月 18 日召开。会议通过关于召开市二届人大四次会议的决定及有关事项与人事任免事项；审议通过眉山市第二届人民代表大会代表资格审查委员会关于代表资格的审查报告；审议市人大常委会的工作报告；听取审议市二届人大四次会议筹备工作的报告。

第十六次会议　2008 年 3 月 26 日召开。会议通过关于办理执法检查劳动合同法议案的决定和人事任免事项；测评市政府办理市二届人大二次会议代表所提建议、批评和意见和人口计生法执法检查报告审议意见的情况。

第十七次会议　2008 年 4 月 22 日召开。会议听取关于省十一届人大常委会第二次会议情况的报告；听取审议市政府关于退耕还林工作情况的报告。

第十八次会议　2008 年 6 月 6 日召开。会前，全体与会人员默哀一分钟以悼念在“5・12”地震中遇难的同胞。会议听取市政府关于抗震救灾工作情况的报告；听取审议市人大常委会执法检查组关于检查《中华人民共和国劳动法》《中华人民共和国劳动合同法》《中华人民共和国就业促进法》《中华人民共和国安全生产法》实施情况的报告；通过人事任免事项。

第十九次会议　2008 年 6 月 26 日召开。会议通过市人大常委会接受杜晋川、龙学渊辞职的决定；听取审议市政府开展省级环境保护模范城市创建和农村环境保护民生工程和市检察院开展审判监督工作情况的报告；审议通过代表资格审查委员会审查代表资格、主任会议许可市检察院对市人大代表周明华采取刑事强制措施的报告及人事任免事项。

第二十次会议　2008 年 8 月 28 日召开。会议测评市政府办理市人大常委会关于退耕还林工作情况报告审议意见的情况；听取审议市人大常委会执法检查组检查《中华人民共和国水土保持法》实施情况的报告；审议市政府 2008 年上半年国民经济和社会发展执行情况的报告（书面）；听取审议市政府 2007 年财政决算及 2008 年 1 月至 6 月财政预算执行情况的报告，并通过《眉山市人民代表大会常务委员会关于批准眉山市 2007 年市级财政决算的决议》；听取审议市政府 2007 年市级财政预算执行和其他财政收支情况的审计工作报告。

第二十一次会议　2008 年 9 月 2 日召开。会议通过人事任免事项，决定任命宋朝华为眉山市人民政府副市长。

第二十二次会议　2008 年 10 月 30 日召开。会议测评市人民政府办理市人大常委会关于检查《中华人民共和国劳动法》《中华人民共和国劳动合同法》《中华人民共和国就业促进法》《中华人民共和国安全生产法》及创建环境保护模范城市和农村环境保护民生工程与市检察院关于办理审判监督工作报告的审议意见的情况；听取审议市政府关于全市教育工作情况、市人大常委会执法检查组检查《中华人民共和国城乡规划法》实施情况和市政府关于市级2008年地方财政收支预算调整情况的报告，并通过市人大常委会批准调整市级2008年地方财政收支预算的决议；审议通过市人代会会议纪律和常委会会议纪律的有关规定（试行）、代表资格审查委员会关于代表资格的审查报告；通过市中级人民法院和市检察院提请的人事任免事项。

第二十三次会议　2008年12月11日召开。会议审议市政府2007年市级财政预算执行和其他财政收支审计处理结果的报告（书面）；测评市政府办理市人大常委会关于水土保持法执法检查报告审议意见的情况；听取审议市人大常委会执法检查组关于检查《中华人民共和国突发事件应对法》实施情况及市政府关于市二届人大四次会议以来代表所提建议、批评和意见办理情况的报告；听取市政府2008年《国民经济和社会事业发展计划》部分项目进度等情况的说明和市二届人大五次会议筹备工作的报告；审议通过市人大常委会2009年的工作要点、召开市二届人大五次会议和眉山市人大常委会关于接受宋铭辞职的决定及代表资格审查委员会关于代表资格的审查报告；讨论修改眉山市人民代表大会常务委员会的工作报告；通过市二届人大五次会议主席团和秘书长名单草案、议案审查委员会名单草案、计划和预算审查委员会名单草案，并决定列席人员名单。

第二十四次会议　2009年1月12日召开。会议审议通过人事任免事项、代表资格审查委员会关于代表资格的审查报告和延期举行市二届人大五次会议的决定。

第二十五次会议　2009年3月27日召开。会议测评市政府办理市人大常委会关于城乡规划法执法检查报告和教育工作审议意见的情况；听取审议眉山生态市建设规划编制情况；审议通过关于追认许可对市人大代表封昌明、李学文采取刑事强制措施的决定草案；调整市二届人大五次会议议程草案、主席团名单草案和列席人员名单；审议通过人事任免事项；审议通过代表资格审查委员会关于代表资格的审查报告；听取审议终止梁志信眉山市第二届人大常委会委员职务的公告。

第二十六次会议　2009年5月14日召开。会议测评市政府办理市人大常委会关于突发事件应对法执法检查报告的审议意见和市二届人大四次会议以来代表所提的建议、批评和意见报告审议意见的情况；听取审议市人大常委会执法检查组检查传染病防治法和残疾人保障法实施情况的报告；审议通过追认主任会议许可对3名市人大代表采取刑事强制措施的决定和人事任免事项。

第二十七次会议　2009年6月25日召开。会议听取审议市政府关于农民专业合作社发展情况和旅游工作情况的报告、市人大常委会执法检查组检查《中华人民共和国公路法》实施情况的报告；审议通过代表资格审查报告和人事任免事项。

第二十八次会议　2009年7月7日召开。会议决定接受宋建新、范智能、滕为民辞去眉山市第二届人大常委会副主任职务。

第二十九次会议　2009年8月27日召开。会议测评市政府办理《中华人民共和国残疾人保障法》《中华人民共和国传染病防治法》执法检查报告审议意见的情况；听取审议市政府2009年上半年国民经济和社会发展计划执行情况的报告、2008年财政决算及2009年1月至6月财政预算执行情况的报告、2008年市级财政预算执行情况和其他财政收支情况的审计工作报告；审议通过人事任免事项。

第三十次会议　2009年11月3日召开。会议审议通过冉涛任眉山市政府副市长等人事任免事项；测评市政府办理市人大常委会关于农民专业合作社发展情况报告、旅游工作报告和公路法执法检查报告审议意见的情况；听取审议市中级人民法院开展审判质量监督管理工作情况的报告和市人大常委会执法检查组检查《中华人民共和国农村土地承包法》实施情况的报告。

第三十一次会议　2009年12月31日召开。会议审议2008年市级预算执行和其他财政收支审计处理结果的报告；听取审议市政府关于市二届人大五次会议以来代表所提的建议、批评和意见办理情况的报告；审议通过主任会议关于提请门俊良为市二届人大常委会代表资格审查委员会主任委员的报告、眉山市人民代表大会常务委员会任免国家机关工作人员办法和市二届人大常委会代表资格审查委员会关于代表资格的审查报告；通过人事任免事项。

第三十二次会议　2010年2月9日召开。会议通过人事任免事项；审议通过召开市二届人大六次会议的决定、市人大常委会2010年的工作要点和市人大常委会的工作报告草案。

第三十三次会议　2010年4月8号召开。会议测评市政府办理《中华人民共和国农村土地承包法》执法检查报告审议意见的情况；听取审议市人大常委会执法检查组关于检查《中华人民共和国建筑法》实施的情况、市政府关于科技工作的情况和市二届人大六次会议筹备工作的报告；审议通过代表资格审查委员会关于代表资格的审查报告和人事任免事项；通过市二届人大六次会议议程草案、主席团和秘书长名单草案、议案审查委员会名单草案、计划和预算审查委员会名单草案，并决定列席人员名单。

第三十四次会议　2010年6月24日召开。会议测评市政府办理《眉山市人大常委会关于市政府办理市二届人大五次会议以来代表建议批评和意见工作情况报告的审议意见》的情况；审议通过《眉山市人大常委会关于开展全国法治城市创建活动的决议》、人事任免事项和代表资格审查委员会关于代表资格的审查报告；听取审议市人大常委会执法检查组关于检查《中华人民共和国国防教育法》《中华人民共和国兵役法》实施情况和市政府关于特色效益农业基地建设情况的报告。

第三十五次会议　2010年8月10日召开。会议表决通过人事任免事项。

第三十六次会议　2010年8月26日召开。会议决定任命宣迅为市人民政府副市长；通过主任会议关于提请袁铭权为市二届人大常委会代表资格审查委员会副主任委员的报告、市二届人民代表大会常务委员会关于接受胡刚辞职请求的决定、市二届人民代表大会代表资格审查委员会关于李建文等3名市人大代表的代表资格的报告及眉山市人大常委会关于批准眉山市2009年市级财政决算的决议；测评《眉山市人大常委会关于对市中级人民法院开展案件质量监督工作的审议意见》《眉山市人大常委会关于检查〈中华人民共和国建筑法〉实施情况报告的审议意见》《眉山市人大常委会对市人民政府关于全市科技工作情况报告的审议意见》的办理情况；审议市人民政府关于2010年上半年国民经济和社会发展计划执行情况的报告；听取审议市政府关于2009年财政决算及2010年1月至6月财政预算执行情况的报告、市政府关于2009年市级财政预算执行情况和其他财政收支情况的审计工作报告和市检察院关于开展监所检查工作的情况报告；研究2010年市人大常委会开展专项评议工作。

第三十七次会议　2010年10月29日召开。会议通过人事任免事项；测评《眉山市人大常委会关于〈中华人民共和国国防教育法〉〈中华人民共和国兵役法〉实施情况报告的审议意见》和《特色效益农业基地建设情况报告审议意见》的办理情况；听取审议市政府关于土地综合整治情况和市人大常委会执法检查组关于检查《中华人民共和国渔业法》实施情况的报告；评议市政府的公安和农业工作。

第三十八次会议　2010年12月20日召开。会议审议2009年市级预算执行和其他财政收支审计处理结果的报告；测评《眉山市人大常委会关于对市人民检察院开展监所检察工作的审议意见》的办理情况；听取审议市级2010年地方财政收支预算调整情况的报告、关于市二届人大六次会议以来市人大代表建议、批评和意见办理情况的报告及代表资格审查委员会关于杨梁相、董乡君代表资格的审查报告；依法进行人事任免。

第三十九次会议　2011年1月5日召开。会议补选省十一届人大代表1名，审议表决人事任免事项。

第四十次会议　2011年2月11日召开。会议审议通过代表资格审查委员会关于代表资格的审查报告、市人大常委会工作的报告草案及其2011年工作要点的草案；作出召开市二届人大七次会议的决定，通过市二届人大七次会议议程草案、主席团和秘书长名单草案、主席团常务（执行）主席名单草案、议案审查委员会名单草案、计划和预算审查委员会名单草案，并决定列席人员名单；听取审议市人民政府关于眉山市城市总体规划修编情况的报告。

第四十一次会议　2011年4月28日召开。会议听取审议市人大常委会执法检查组关于检查《中华人民共和国防洪法》和《地质灾害防治条例》实施情况和市政府关于宗教工作情况的报告；测评市政府关于办理渔业法执法检查审议意见和土地综合整治审议意见的情况；审议通过暂停王志中执行代表职务的报告；表决通过人事任免事项；书面审议关于农业工作和公安工作评议意见整改落实情况、2010年规范性文件备案审查情况和许可市检察院对王志中采取刑事强制措施的报告。

第四十二次会议　2011年6月29日召开。会议测评市政府关于办理代表建议、批评和意见审议意见情况的报告，听取审议市人大常委会执法检查组关于检查《中华人民共和国文物保护法》实施情况的报告，审议通过关于终止张敏代表资格的报告。

第四十三次会议　2011年8月22日召开。会议测评市政府办理《中华人民共和国防洪法》执法检查审议意见、《国务院地质灾害防治条例》执法检查审议意见和宗教工作情况报告审议意见的情况报告；听取审议市人大常委会执法检查组关于检查《中华人民共和国律师法》实施情况、市政府关于2010年财政决算及2011年1月至6月财政预算执行情况、市政府关于2010年市级财政预算执行情况和其他财政收支情况审计工作的报告；书面审议市政府2011年上半年国民经济和社会发展计划执行情况的报告；审议通过代表资格审查委员会关于代表资格的审查报告；表决通过有关人事任免事项。

第四十四次会议　2011年10月26日召开。会议测评市政府办理《中华人民共和国文物保护法》执法检查审议意见情况的报告；听取审议市政府关于全市发展现代畜牧业工作情况、市人大常委会执法检查组关于检查《中华人民共和国选举法》《中华人民共和国代表法》和《中华人民共和国消防法》实施情况的报告；审议通过市人大常委会《关于进一步加强法治宣传教育的决议》。

第四十五次会议　2011年11月7日召开。会议审议通过关于召开市三届人大一次会议、市三届人大代表名额分配和选举时间的决定；表决通过有关人事任免事项。

第四十六次会议　2011年11月21日召开。会议审议通过市政府关于审查眉山市城乡环境综合治理"十二五"规划的报告；表决通过关于市三届人大代表资格的审查报告、召开市三届人大一次会议的有关事项和有关人事任免事项。

（三）第三届人大常委会会议

2011年11月至2012年12月，市三届人大常委会共举行常委会议8次，审议议题25个，测评市政府办理的9项工作的满意度情况，作出决议、决定2个，任命国家机关有关人员4次，评议市级部门工作1个。

第一次会议　2011年12月23日召开。会议测评市政府关于办理《中华人民共和国律师法》执法检查审议意见情况的报告；书面审议2010年市级预算执行和其他财政收支审计处理结果的报告；

听取审议市级2011年地方财政支出预算调整情况、市政府办理代表建议和批评及意见情况的报告；表决通过代表资格审查委员会组成人员的报告、接受熊英辞去市三届人大常委会委员职务请求的决定和有关人事任免事项。

第二次会议　2012年2月3日召开。会议表决通过有关人事任免事项。

第三次会议　2012年3月22日召开。会议测评市政府关于办理《眉山市人大常委会关于检查消防法实施情况报告的审议意见》《眉山市人大常委会关于市人民政府现代畜牧业工作发展情况报告的审议意见》情况的报告；表决通过人事任免事项和召开市三届人大二次会议的事项；审议眉山市人民代表大会常务委员会工作报告的草案。

第四次会议　2012年4月26日召开。会议测评市政府关于办理《市二届人大七次会议以来市人大代表建议批评意见办理情况报告的审议意见》情况的报告；听取审议市人大常委会执法检查组关于检查《中华人民共和国非物质文化遗产法》实施情况、市人民政府关于消费者权益保护工作情况的报告；审议通过《眉山市人民代表大会常务委员会议事规则》《眉山市人民代表大会常务委员会关于提高常委会会议质量的办法》《眉山市人民代表大会常务委员会听取和审议专项工作报告办法》《眉山市人民代表大会常务委员会关于组织执法检查的办法》《眉山市人民代表大会常务委员会关于规范性文件备案审查的规定》5个工作制度的修订稿。

第五次会议　2012年6月28日召开。会议听取审议市人大常委会执法检查组关于检查《四川省城乡环境综合治理条例》实施情况和市中级人民法院关于刑事审判工作情况的报告；审议通过《眉山市人民代表大会会议纪律规定》；表决通过人事任免事项。

第六次会议　2012年8月29日召开。会议测评市政府办理《眉山市人大常委会关于非物质文化遗产法执法检查情况报告的审议意见》《眉山市人大常委会关于市政府开展消费者权益保护工作情况报告的审议意见》情况的报告；审议市政府2012年上半年国民经济和社会发展计划执行情况的报告；听取审议市政府2011年财政决算及2012年1月至6月财政预算执行情况、2011年市级财政预算执行和其他财政收支情况审计工作、市人大常委会执法检查组关于检查《中华人民共和国农产品质量安全法》实施情况的报告；表决通过有关人事任免事项。

第七次会议　2012年10月25日召开。会议测评市政府关于办理《眉山市人大常委会关于〈四川省城乡环境综合治理条例〉执法检查情况报告的审议意见》情况和市中级人民法院办理《眉山市人大常委会关于市中级人民法院刑事审判工作情况报告的审议意见》情况的报告；表决通过代表资格审查委员会关于董峰代表资格的审查报告、接受董峰辞去市三届人大常委会委员职务请求和授予石应康、王莉"眉山市荣誉市民"称号的决定及人事任免议案；听取审议市人大常委会执法检查组检查《中华人民共和国保守国家秘密法》实施情况的报告；专项评议市政府的人力资源社会保障和卫生工作。

第八次会议　2012年12月28日召开。会议测评市政府办理《眉山市人大常委会关于农产品质量安全法执法检查情况报告的审议意见》情况的报告；审议市政府贯彻落实市人大常委会《关于进一步加强法治宣传教育的决议》《关于开展全国法治城市创建活动的决议》情况的督查报告以及2011年市级预算执行和其他财政收支审计处理结果的报告；表决通过代表资格审查报告、人事任免议案和召开市三届人大三次会议的有关事项；听取审议市级2012年地方财政支出预算调整情况的报告、市政府关于办理市三届人大二次会议以来市人大代表所提建议和批评及意见的情况报告。

二、主任会议

眉山市人民代表大会常务委员会主任会议一般每月举行一次。会议负责处理常务委员会日常工作，主要决定常委会会议举行的日期及日程、决议、决定草案，讨论决定以主任会议名义向常委会提出的议案，讨论“一府两院”和人大常委会各工作委员会向常委会提出的、在常委会职权范围内的议案，并提请常委会会议审议。

1997 年 9 月至 2000 年 11 月，眉山地区人大工作委员会召开主任会议 62 次，研究讨论有关事项及听取汇报 149 项。2000 年 12 月至 2006 年 10 月，市一届人大常委会召开主任会议 108 次，审议议题 59 项，研究讨论有关事项 144 项，听取汇报、报告 80 项，民主测评、领导干部评议 3 项。2006 年 11 月至 2011 年 11 月，市二届人大常委会召开主任会议 86 次，审议议题 259 项，研究讨论有关事项 83 项，听取汇报、报告 136 项。2011 年 11 月至 2012 年 12 月，市三届人大常委会共召开主任会议 15 次，审议议题 18 项，研究讨论有关事项 7 项，听取汇报、报告 40 项。

第二节　人大常委会组织机构

一、眉山市人大常委会（眉山地区人大工委）

（一）四川省人民代表大会常务委员会眉山地区工作委员会

1997 年 8 月 19 日，四川省第八届人大常委会第二十八次会议决定设立四川省人民代表大会常务委员会眉山地区工作委员会，为四川省人大常委会派出工作机构；任命李忠国为主任，王宗会、王尚先、陈和久、吴宗银为副主任，王澄琳为秘书长，秦文兆、刘进明、卢兴仁为委员。1998 年 8 月，四川省第九届人大常委会第四次会议决定增补宋建新、郭裔安、程啸经为四川省人大常委会眉山地区工作委员会委员。

（二）眉山市第一届人大常委会

2000 年 12 月，撤销眉山地区人大工委，设立眉山市人民代表大会常务委员会。眉山市第一届人民代表大会第一次会议选举李忠国为眉山市人民代表大会常务委员会主任，杨仕祥、王宗会、金之孝、陈和久、黄学美为副主任，王宗会为秘书长（兼），王影琴、左性智、叶仲芬、卢兴仁、付康、刘进明、刘克福、杨健、杨常沙、杨维国、李辛毅、李秀英、何发森、宋明刚、陈升培、陈宏斌、陈桂花、罗志中、胡高元、郭裔安、黄玉琏、辜爱平、程啸经、管亚伟 24 人为委员。

2001 年，眉山市第一届人大常委会第一次会议决定，设立眉山市第一届人大常委会代表资格审查委员会，金之孝任代表资格审查委员会主任委员，杨健、叶仲芬、付康、陈桂花、胡高元、何发森、杨常沙、李秀英为委员。

2002 年 2 月，眉山市第一届人民代表大会第三次会议补选张诗君、白丁为市人大常委会委员。8 月，卢兴仁辞去眉山市第一届人民代表大会常务委员会委员职务。10 月，眉山市第一届人大常委会第十四次会议决定接受王宗会辞去眉山市第一届人民代表大会常务委员会秘书长职务。12 月，眉山市第一届人民代表大会第四次会议补选余纪桦为眉山市人大常委会秘书长。

2003 年 3 月，眉山市第一届人民代表大会第五次会议补选余纪桦、胡年勇为市人大常委会副主任，补选郭火儒、梁志信、彭怀林为市人大常委会委员。5 月，眉山市第一届人大常委会第十九次会议决定接受杨仕祥、陈和久因任职年龄到限辞去眉山市第一届人民代表大会常务委员会副主任职务。

2004 年 7 月，眉山市第一届人大常委会第二十六次会议决定接受陈桂花、胡高元辞去眉山市第一届人民代表大会常务委员会委员职务。12 月，眉山市第一届人大常委会第二十九次会议决定接受刘克福辞去眉山市第一届人民代表大会常务委员会委员职务。

2005 年 2 月，眉山市第一届人民代表大会第七次会议选举范智能、滕为民为市人大常委会副主任，张茂成为市人大常委会秘书长，李茂全、李敬华为市人大常委会委员，李茂全为市人大常委会城乡环境资源保护委员会主任委员。眉山市第一届人大常委会第三十一次会议决定接受余纪桦辞去眉山市第一届人民代表大会常务委员会秘书长职务。4 月，眉山市第一届人大常委会第三十三次会议决定接受黄玉琏辞去眉山市第一届人民代表大会常务委员会委员职务。

2006 年 2 月，眉山市第一届人大常委会第四十次会议接受张茂成辞去眉山市第一届人民代表大会常务委员会秘书长职务。2 月 20 日，眉山市第一届人民代表大会第八次会议决定接受因任职年龄到限的金之孝辞去眉山市第一届人民代表大会常务委员会副主任职务；2006 年 2 月 23 日，市第一届人民代表大会第八次会议补选赵国基为市人大常委会副主任、郑夕君为市人大常委会秘书长。4 月，眉山市第一届人大常委会第四十一次会议决定接受杨常沙辞去眉山市第一届人民代表大会常务委员会委员职务。

（三）眉山市第二届人大常委会

2006 年 11 月 19 日至 21 日，眉山市第二届人民代表大会第一次会议选举蒋仁富为市人大常委会主任，何久伦、余纪桦、宋建新、范智能、孟光安、滕为民为市人大常委会副主任，郑夕君为秘书长，马兆云、王影琴、甘晓红、龙学渊、江林、杜晋川、李辛毅、李显平、吴超、张成华、张诗君、陈义志、陈宏斌、陈贤云、邵治国、罗德敏、周正华、周立平、孟维新、胡刚、赵志明、袁胜平、袁铭权、夏绩恩、黄玲、梁志信、辜爱平、童应林、曾乐斌、管国如、阚朝元等为委员。12 月，眉山市第二届人大常委会第一次会议决定接受周立平辞去眉山市第二届人大常委会委员职务。

2007 年 4 月，眉山市第二届人大常委会第五次会议决定接受张成华辞去眉山市第二届人大常委会委员职务。

2008 年 2 月，眉山市第二届人民代表大会第四次会议补选王再奎、杨建林为市人大常委会委员。6 月，眉山市第二届人大常委会第十九次会议决定接受龙学渊、杜晋川辞去眉山市第二届人大常委会委员职务。

2009 年 3 月，眉山市第二届人大常委会第二十五次会议按有关法律规定，梁志信的眉山市第二届人大常委会委员职务相应终止。4 月 10 日，眉山市第二届人民代表大会第五次会议补选门俊良、陈桂花、陈大权为市人大常委会副主任。7 月 7 日，眉山市第二届人大常委会第二十八次会议接受宋建新、范智能、滕为民辞去眉山市第二届人大常委会副主任职务。8 月 27 日，眉山市第二届人大常委会第二十九次会议接受杨建林辞去眉山市第二届人大常委会委员职务。

2010 年 4 月，眉山市第二届人民代表大会第六次会议选举贺文为市人大常委会主任，阳金和为市人大常委会副主任，唐亚平、黄玉蓉、王金顺为委员；会议决定接受蒋仁富、孟光安辞去市人大常委会主任、副主任职务。8 月 26 日，眉山市第二届人大常委会第三十六会议接受胡刚辞去眉山市第二届人大常委会委员职务。

（四）眉山市第三届人大常委会

2011 年 11 月 28 日至 29 日，眉山市第三届人民代表大会第一次会议选举贺文为市人大常委会主任，何久伦、门俊良、陈桂花、陈大权、于忠平、郑夕君为市人大常委会副主任，鲁建伟为市人大常委会秘书长，王刚、王世林、王再奎、王仲成、王晓丽、王晓明、王爱民、甘晓红、江林、李康、李志强、李镇义、杨毅、杨建林、邱炳光、张利铭、陈琪、陈宏斌、陈静辉、林晓、罗志中、姚明、袁敏、徐智勇、翁汨、黄玲、董峰、曾乐斌、管国如、廖明清、熊英为委员。12 月，眉山市第三届人大常委会第一次会议召开，会议决定接受熊英辞去市三届人大常委会委员职务。

2012 年 8 月，眉山市第三届人民代表大会常务委员会第六次会议决定接受姚明、杨毅、李镇义辞去眉山市第三届人大常委会委员职务。10 月，眉山市第三届人大常委会第七次会议召开，会议决定接受董峰辞去眉山市三届人大常委会委员职务。

眉山市人大常委会（地区人大工委）1997—2012 年领导及秘书长、副秘书长任职表

（以任职时间先后为序）

表 19-7

机构名称	职务	姓名	任职时间
眉山地区人大工委	主　任	李忠国	1997. 08—2000. 12
	副主任	王宗会	1997. 08—2000. 12
		王尚先	1997. 08—2000. 12
		陈和久	1997. 08—2000. 12
		吴宗银	1997. 08—2000. 12
	秘书长	王澄琳	1997. 08—2000. 12
眉山市第一届人大常委会	主　任	李忠国	2000. 12—2006. 11
	副主任	杨仕祥	2000. 12—2003. 05
		王宗会	2000. 12—2006. 11
		金之孝	2000. 12—2006. 02
		陈和久	2000. 12—2003. 05
		黄学美（女）	2000. 12—2006. 11
		余纪桦	2003. 03—2006. 11
		胡年勇	2003. 03—2006. 11
		范智能	2005. 02—2006. 11
		滕为民	2005. 02—2006. 11
		赵国基	2006. 02—2006. 11
	秘书长	王宗会	2000. 12—2002. 12
		余纪桦	2002. 12—2005. 02
		张茂成	2005. 02—2006. 02
		郑夕君	2006. 02—2011. 11

续表19-7

机构名称	职务	姓名	任职时间
眉山市第二届人大常委会	主　任	蒋仁富	2006. 11—2010. 04
		贺　文	2010. 04—2011. 11
	副主任	宋建新	2006. 11—2009. 07
		孟光安	2006. 11—2010. 04
		何久伦	2006. 11—2011. 11
		余纪桦	2006. 11—2011. 11
		范智能	2006. 11—2009. 07
		滕为民	2006. 11—2009. 07
		门俊良	2009. 04—2011. 11
		陈桂花（女）	2009. 04—2011. 11
		陈大权	2009. 04—2011. 11
		阳金和	2010. 04—2011. 11
	秘书长	郑夕君	2006. 11—2011. 11
眉山市第三届人大常委会	主　任	贺　文	2011. 11—
	副主任	何久伦	2011. 11—
		门俊良	2011. 11—
		陈桂花（女）	2011. 11—
		陈大权	2011. 11—
		于忠平	2011. 11—
		郑夕君	2011. 11—
	秘书长	鲁建伟	2011. 11—

二、眉山市人大常委会（地区人大工委）工作机构

1997 年 12 月，眉山地区人大工作委员会下设办公室、财政经济工作处、社会发展工作处 3 个正县级机构。1999 年 9 月，眉山地区人大工作委员会增设法制工作处（正县级）。2000 年 12 月，撤销眉山地区人大工作委员会，建立眉山市人民代表大会常务委员会（以下简称眉山市人大常委会），并设立眉山市第一届人民代表大会财政经济委员会、内务司法委员会、城乡建设环境资源保护委员会。眉山市人大常委会设 5 个办事工作机构：农业委员会、教育科技文化卫生民族宗教委员会、办公室、研究室、人事代表外侨工作委员会。2005 年 5 月，眉山市人大常委会办公室政保信访科更名为眉山市人民代表大会常务委员会信访办公室。2006 年 11 月，市人大常委会换届后，不再设专门委员会而改设市人大常委会内务司法、财政经济、城乡建设环境资源保护、农业、教育科技文化卫生民族宗教、人事代表外侨 6 个工作委员会。2009 年 12 月，眉山市人大常委会办公室增设省人大代表联络处。2011 年 11 月，更名为眉山市人大常委会代表联络处。截至 2012 年年底，机构无变化。

眉山市人民代表大会及其常委会（地区人大工委）1997—2012 年委室领导任职表

表 19-8

机构名称	职　务	姓　名	任职时间
地区人大工委社会发展工作处	处　长	杨　健	1997.12—2000.12（兼）
地区人大工委法制工作处	副处长	张诗君	1999.09—2000.12
地区人大工委财政经济工作处	副处长	白　丁	1997.12—2000.12
市人大常委会办公室	主　任	王宗会	2001.01—2002.10（兼）
		余纪桦	2002.10—2004.07（兼）
		范智能	2004.07—2005.02
		张茂成	2005.02—2006.03（兼）
		张诗君	2006.06—2010.12
		廖明清	2011.01—
市人大常委会办公室	副主任	杨　健	2001.01—2002.11（兼）
		张诗君	2001.01—2001.08（兼）
		王再奎	2001.08—2007.01
		宋　骥	2004.07—2005.08
		袁铭权	2007.01—2010.08
		易洪涛（女）	2011.01—
研究室	主　任	张诗君	2003.05—2006.06
		王再奎	2007.01—2011.11
		黄　玲（女）	2011.12—
	副主任	张诗君	2001.08—2003.05（兼）
		廖明清	2007.12—2011.01
市人大常委会人事代表外侨工作委员会	主　任	叶仲芬（女）	2001.01—2006.12
		罗德敏	2006.12—2010.06
		袁铭权	2010.08—2011.11
		王仲成	2011.12—
	副主任	叶忠文	2006.06—2009.06
		朱亚明	2009.11—2011.11
市人大内务司法委员会	主任委员	王宗会	2000.12—2002.01（兼）
		胡高元	2002.01—2004.07
		滕为民	2005.02—2006.11（兼）
	副主任委员	胡高元	2000.12—2002.01
		滕为民	2004.07—2005.02
		唐建明	2005.08—2006.08

续表19-8

机构名称	职　务	姓　名	任职时间
市人大常委会内务司法工作委员会	主　任	陈义志	2007.01—2011.12
		李　康	2011.12—
	副主任	黄燕英（女）	2007.03—
市人大财政经济委员会	主任委员	杨仕祥	2000.12—2002.01（兼）
		李辛毅	2002.01—2006.11
	副主任委员	李辛毅	2000.12—2002.01
市人大常委会财政经济工作委员会	主　任	李辛毅	2006.12—2010.06
		周正华	2010.08—2011.11
		杨建林	2011.12—
	副主任	冯　超	2007.01—2010.04
		李志勇	2010.08—2011.11
		金玉康	2010.10—
市人大城乡建设环境资源保护委员会	主任委员	陈和久	2000.12—2002.01（兼）
		李茂全	2002.01—2006.11
	副主任委员	祝明洪	2001.04—2006.11
		岳　燕（女）	2006.06—2006.11
市人大常委会城乡建设环境资源保护工作委员会	主　任	马兆云	2006.12—2010.06
		赵永东	2010.08—2011.12
		王再奎	2011.12—
	副主任	岳　燕（女）	2006.12—
		邓　策	2010.10—
市人大常委会农业工作委员会	主　任	白　丁	2003.05—2006.12
		赵志明	2006.12—2011.11
		邱炳光	2011.12—
	副主任	白　丁	2001.01—2003.05
		李玉生	2004.07—2006.08
		张先康	2005.06—2006.08
		李建辉	2009.12—
市人大教育科技文化卫生民族宗教工作委员会	主　任	杨　健	2001.01—2002.11
		李敬华	2005.02—2006.12
		邵治国	2007.01—2011.11
市人大教育科技文化卫生民族宗教工作委员会	主　任	林　晓	2011.12—
	副主任	邓　刚	2001.01—2003.06
		李四清	2004.07—2007.01
		吴小萍（女）	2007.01—2010.06
		袁　敏（女）	2010.04—

续表19-8

机构名称	职　务	姓　名	任职时间
市人大常委会信访办公室	主　任	黄燕英（女）	2005. 08—2008. 12
		易洪涛（女）	2008. 12—2011. 01
		余荣霞（女）	2012. 09—

第四章　履行职责

眉山市人大常委会采取多种形式组织人大代表通过视察调研，开展执法检查，搞好代表建议、批评、意见及人民来信来访办理，监督“一府两院”落实各项工作，指导辖县（区）、乡（镇、街道）人民代表大会开展工作，促进眉山经济社会发展。

第一节　依法行使重大决策决定权

市人大常委会（地区人大工委）结合市政府、市中级人民法院、市检察院的工作报告，市人大代表的议案、建议、意见等，组织人大代表视察调研，听取相关方面的意见后，作出决定或决议。1997—2012 年，作出决议、决定 98 个。

一、做出决定

1997—2000 年，地区人大工委会做出的决定主要有《关于批准眉山地区行署 1997—1999 年地区本级财政决算的决定》3 次，《关于加强法制教育，维护安定团结的决定》《关于市人大代表视察的试行方法》等。

2000—2006 年，市人大常委会做出的决定主要有《关于批准眉山市 2000—2005 年市本级财政决算的决定》（5 次），《关于批准建立市人大内务司法委员会、财政经济委员会、城乡建设环境保护委员会的决定》《召开眉山市第一届人民代表大会第二次至第八次会议的决定》《关于建立被任命干部年度述职制度的意见的决定》《认定眉山市市树市花的决定》《关于依法监督重大经济事项促进跨越式发展的决定》《关于批准变更眉山市部分年度财政预算的决定》《关于取缔黑龙滩水库中的网箱养鱼的决定》《关于加强黑龙滩水质保护的决定》《推迟举行眉山市第一届人民代表大会第五次会议的决定》《关于加强市级预算审查监督和召开眉山市第一届人民代表大会第六次会议的决定》《关于加大治污力度、切实改善岷江水质的决定》《关于召开眉山市第二届人民代表大会第一次会议的决定》《关于开展“四五”普法的决定》等。

2007—2012 年，市人大常委会做出的决定主要有《关于召开眉山市第二届人民代表大会第二次会议的决定》，废止《眉山市人大常委会〈四川省各级人民代表大会常务委员会司法案件监督条例〉

实施办法的决定》《关于延期举行眉山市第二届人民代表大会第二次会议的决定》、《眉山市人民代表大会常务委员会工作评议办法（试行）的决定》《关于增加听取和审议眉山市2007年“十大惠民行动”专项工作报告的决定》《关于代表资格的审查报告和延期举行市二届人大五次会议的决定》《关于召开市三届人大一次会议、市三届人大代表名额分配和选举时间的决定》等。

二、做出决议

1997—2000年，地区人大工委会作出《关于依法治区的决议》《关于治理境内岷江水污染的决议》。

2001—2006年，市人大常委会作出的决议主要有：《关于全面推进依法治市的决议》《关于进一步加强社会治安综合治理的决议》《关于同意部分变更眉山市2001年国民经济和社会发展计划的报告决议》《关于同意变更全市2001年财政预算的决议》《关于优化发展环境的决议》《关于加强民事行政检察工作的决议》《关于禁止食用法律保护的野生动物的决议》《关于批准眉山市2002年市级财政决算的决议》《关于加快发展无公害农产品的决议》《关于贯彻实施行政许可法的情况汇报的决议》《市级2004年地方财政支出预算调整情况的报告的决议》《关于加强血吸虫病源头治理的决议》。

2007—2012年，市人大常委会作出的决议主要有：《关于加强东坡区社会治安整治的决议》《关于深入开展第五个五年全民普法教育的决议》《关于批准眉山市部分年度市级财政决算的决议》《关于进一步加强法制宣传教育的决议》《关于开展全国法治城市创建活动的决议》等。

第二节　依法行使监督权

2001—2012年，眉山市人大常委会对全市38部法律法规贯彻实施情况开展执法检查，分别提出建议，交市政府办理。

一、工作监督

行政法律监督　2004年，眉山市人大常委会开展《中华人民共和国行政许可法》执法检查，提出“继续清理规范行政许可事项和与实施行政许可相关的中介组织、加强对实施行政许可的监督检查、加强政府法制部门和行政服务中心建设、不断探索创新改革行政许可方式”等建议6条，交市政府办理。2005年，检查全市贯彻执行《中华人民共和国税收征收管理法》（以下简称《税收征收管理法》）及相关法律法规执法情况。检查组深入东坡区、仁寿县、科工园检查，听取市政府对贯彻执行《税收征收管理法》工作情况汇报，提出“进一步贯彻实施《税收征收管理法》，强化税收征收管理，提高服务水平，建设和谐纳税环境”的建议意见，转市政府及税务机关办理。

产业经济法律监督　2001年，市人大常委会专题调查全市贯彻《国务院建设工程质量管理条例》情况，督促丹棱20余家陶瓷企业整改工程建设存在的突出问题。检查洪雅凤凰山芒硝厂、彭山同庆南风公司开发、利用和保护矿产资源情况，向省人大城环资委提交检查报告。2002年，检查《中华人民共和国烟草专卖法》贯彻落实情况，组织市政府分管领导、工商、公安、质监、烟草专卖局、法制局，深入市烟草专卖局、仁寿县、东坡区执法检查烟草专卖市场。听取市烟草专卖局及两地政府汇报，提出加大烟草专卖法律法规的宣传和贯彻落实力度，重点打击查处假、私、非、无卷烟案件，彻底改变卷烟市场混乱的局面意见。解决存在执法难的问题，提出改变执法环境的意见，维护消费者合法权益，市政府下发《关于进一步整顿和规范卷烟市场秩序的通知》，规范卷烟市场秩序。检查调研全市贯彻执行《四川省旅游管理条例》（以下简称《条例》）情况，召开委员会议听取市旅游局、彭山县和三苏祠关于贯彻《条例》的情况汇报，学习考察蒲江县石象湖旅游开发、经营、管理经验。要求市区县各级政府和职能部门进一步加强《条例》宣传贯彻，按旅游发展总体规划的要求，重点搞好开发项目，充分运用市场机制，筹集资金，加大投入，加快旅游基础设施建设，理顺旅游管理体制，建立健全旅游执法队伍，强化旅游市场管理。2003 年，市人大常委会听取和审议市人民政府关于贯彻实施《中华人民共和国土地管理法》，政府垄断土地一级市场，经营性用地实行招标拍卖挂牌出让工作情况汇报。提出进一步加强领导，加大协调力度，用比清查土地工作更大的劲头和魄力，通力合作，对清理出的问题，严格按照市委、市政府关于眉山中心城区清理整顿土地市场秩序若干问题的处理意见和有关政策规定，加快处置进度，力争年底前基本逐宗处理落实到位，确保清查处理收到实效；加快土地有形市场的建立，进一步规范交易行为；加快土地储备制度的建立；认真研究解决土地经营管理的机构、编制、人员、经费的落实，为搞好土地经营工作提供有力保障审议意见 4 条。2005 年，市人大常委会开展《中华人民共和国矿产资源法》（以下简称《矿产资源法》）执法检查，听取、审议市人民政府关于贯彻实施《矿产资源法》，治理整顿矿业秩序工作情况汇报。提出“加大监管力度、加强矿权市场建设、加强生态环境保护、健全矿产资源管理机构”等建议 5 条。2010 年，市人大常委会听取审议关于检查《中华人民共和国建筑法》实施情况的报告。提出“切实保证工程质量和安全；强化招投标监管，规范招投标行为；加强建筑市场管理，维护建筑市场秩序；规范劳务用工，保障民工合法权益；培育统一开放，竞争有序的建筑市场”审议意见 5 条。

“三农”工作法律监督　1998 年，地区人大工委组织开展《四川省农民负担管理条例》（以下简称《条例》）执法检查，发现农民负担监管存在强行以劳折资现象普遍存在，违反中央、国务院有关加强农民负担管理的规定；普遍存在农民负担监督卡制度执行不力，填写不规范；理顺农民负担监管体制出现反复和回潮，集体提留和统筹费财务管理制度难以执行；生产性服务收费合同签约率差；教育集资不规范问题 5 个。提出加强农民负担管理意见和建议，加大贯彻执行《条例》力度，坚持依法治国，督促有关部门查处个别乡镇乱收费问题。2001 年，眉山市人大常委会开展《中华人民共和国水土保持法》执法检查，提出“建立健全水行政综合执法队伍、狠抓三同时制度实施、加大综合治理力度”等建议 5 条。促成省道 106 线、省道 103 线、眉青路、城东电站等重点工程和丹棱县部分瓷砖厂办理和补办水保方案，交纳有关规费。2002 年，在《中华人民共和国农业法》执法检查中，提出“增加投入、建立健全综合执法机构、加大规费征收力度”等建议 5 条。2004—2005 年，开展贯彻实施《中华人民共和国农村土地承包法》（以下简称《农村土地承包法》）执法检查，提出妥善解决农转非、逐步向农民补发农村土地承包经营证，依法规范和引导农村土地承包经营权合理流转；保护农民合法权益等 5 条建议，形成《关于贯彻实施〈中华人民共和国农村土地承包法〉情况报告》。2009 年，开展《农村土地承包法》执法检查，着重检查区县、乡镇政府贯彻实施农村土地承包法所做的工作及取得的成效、存在的主要问题，农村承包土地依法流转的现状。形成《关于〈中华人民共和国农村土地承包法〉执法检查报告》，客观评价 2003 年《农村土地承包法》颁布以来，全市依法管理农村土地所做的工作以及取得的成效，针对存在的问题提出建议意见。常委会审议后形成《关于〈中华人民共和国农村土地承包法〉执法检查报告审议意见》，向政府提出“切实加强农村土地承包管理工作，积极推进农村土地经营依法、自愿、有偿流转，深入开展学习、培训、宣传”3条审议意见。审议以后，迅速督促政府有关部门研究审议意见的落实。审议意见办理情况书面报市人大常委会。2006年，开展《中华人民共和国渔业法》贯彻实施情况执法检查，形成关于贯彻实施《中华人民共和国渔业法》的情况通报，提出“以科学发展观统揽渔业经济，创新发展思路，加强渔政管理，加大水污染查处力度，提高执法队伍素质，增加渔业投入，推进水产区域化、标准化、产业化，为新农村建设作”等建议。市水利局随后组织渔政执法人员深入辖区内主要江段；水库及其天然水域开展执法检查，依法治渔、以法兴渔。在全市水库水域禁止施肥养鱼，保护渔业水域环境，清理整顿全市水库船舶，清理船只，销毁危船；禁渔期间，查处违禁打捞，取缔并销毁捕鱼工具。2010年再次执法检查《中华人民共和国渔业法》实施情况，形成《关于〈中华人民共和国渔业法〉执法检查报告》，向市政府提出“加大执法力度、加强质量安全监管、提升水产产业化水平、配套完善政策措施”审议意见4条。市政府及有关部门及时办理审议意见，将办理情况书面报市人大常委会。2012年，开展《中华人民共和国农产品质量安全法》贯彻实施情况执法检查。会议听取并审议市人大常委会执法检查组关于检查《中华人民共和国农产品质量安全法》贯彻实施情况的报告。提出“强化深入宣传工作、强化标准化推广、强化监管体系建设”审议意见3条。

社会事业法律监督　1999年，地区人大工委听取、讨论行署关于贯彻实施《四川省计划生育条例》，落实部门行政执法责任制情况的汇报。提出计划生育工作加强对流动人口的计划生育管理；进一步落实计生事业经费投入建议意见2条。2002年，眉山市人大常委会开展《中华人民共和国义务教育法》执法检查，提出“深化教育体制改革、加强教师队伍和学校干部队伍建设、改善办学条件”等建议5条。听取审议市教育局《关于实施中华人民共和国义务教育法》的情况汇报后，提出“采取综合治理措施控制中小学生辍学、多渠道筹资排除中小学危房、认真研究解决生均公用经费严重不足问题、重视和加强教师队伍建设”等建议意见4条。2004年，开展《中华人民共和国传染病防治法》（以下简称《传染病防治法》）执法检查，提出“减少传染病传播人为因素的影响、突出抓好农村传染病防治工作、加强公共卫生建设”等建议5条。2009年，开展《传染病防治法》执法检查，听取区县政府情况汇报，召开市卫生局、市财政局、市畜牧局等相关部门座谈会，掌握情况，写出执法检查报告和提出相关建议，提出建议意见4条。市二届人大常委会听取和审议市人大常委会执法检查组关于检查《中华人民共和国传染病防治法》实施情况的报告。提出“加强宣传，完善预案；综合治理传染病源；逐步加大经费投入，强化疾控队伍建设；市县两级卫生主管部门按月向本级人大常委会报告传染病发病情况表”等审议意见。向市政府发出通知，市政府书面报告审议意见办理情况。市人大常委会满意度测评办理情况，总体评价满意。2011年，市人大常委会组织全市贯彻实施《中华人民共和国文物保护法》情况执法检查，听取东坡区、仁寿县、彭山县政府关于贯彻实施文物保护法的情况报告，实地检查部分文物保护单位。委托洪雅县、丹棱县、青神县人大常委会在所辖区域内开展执法检查，形成执法检查报告。市人大常委会听取和审议文物保护法执法检查报告。将审议意见送市政府加强执法体系建设，确保文物安全，保障经费和加强队伍建设。市人大常委会测评市政府办理情况，总体评价满意和基本满意率96%。2012年，开展《中华人民共和国非物质文化遗产法》贯彻实施情况执法检查。听取并审议市人大常委会执法检查组关于检查《中华人民共和国非物质文化遗产法》实施情况的报告，提出“加强宣传教育，提高保护意识；突出政府主导，形成保护合力；落实政策措施，保护项目传承；发展文化产业，重视产业文化；提供工作保障，增强保护实力”审议意见5条。

民生保障工作法律监督　1998年，地区人大工委组织开展《中华人民共和国消费者权益保护法》执法检查。检查后，协调地区邮电局、工商局建立“3·15”消费者举报电话。组织有关部门组成调查组，调查乐山市井研县，眉山仁寿县、洪雅县生猪税收征管情况，学习借鉴井研执行生猪税费征收“五统一”经验，找出存在问题，提出全区生猪税费代征、财政监督、税费同收的建议。2002年，眉山市人大常委会检查《中华人民共和国药品管理法》（以下简称《药品管理法》）贯彻实施情况。听取仁寿、洪雅、彭山县县政府及市药监局关于贯彻实施《药品管理法》情况的汇报，深入药品生产企业、经营企业、县乡村医疗机构，抽查上百种药品。要求进一步加大执法力度。2003年，市人大常委会开展《中华人民共和国食品卫生法》贯彻实施情况执法检查，提出“加大查处力度、建立健全食品卫生监督制度、抓好执法部门自身建设”等建议4条。执法检查《中华人民共和国传染病防治法》实施情况，检查市中心城区和彭山县、仁寿县、东坡区。深入市疾病预防控制中心、市卫生执法监督所、传染病防治医院及区县卫生防疫站、学校、车站码头、餐馆饭店、黑龙滩水库等地检查，召开有各级人大代表、区县相关部门、学校、乡镇政府等负责人参加的座谈会，形成执法检查报告。2005年，开展《国务院城市居民最低生活保障条例》执法检查，会议听取和审议市人民政府关于贯彻实施情况报告后。提出“加强领导、开展就业培训、加快多层次救助体系建设”等建议4条。2006年，检查《药品管理法》贯彻实施情况，提出“进一步整顿和规范药品市场秩序、提高药监队伍素质、积极向上级部门反映法律实施中需要解决的问题”等建议4条。2008年，开展《中华人民共和国价格法》贯彻实施情况执法检查。检查组深入眉东市场、应林超市、摩尔玛商场和相关农资市场，重点检查粮食、植物油、蔬菜、农资等与民生相关的商品价格，听取市政府及物价部门工作汇报。促进市、区县政府加强市场价格调控管理，控制价格总水平过快上涨，保护消费者和经营者的合法权益。开展《中华人民共和国劳动法》《中华人民共和国劳动合同法》《中华人民共和国就业促进法》执法检查。针对贯彻实施“三法”中存在的法治宣传不够、损害劳动者权益、执法力量薄弱、就业和再就业工作形势严峻等问题，形成人大常委会审议意见，测评办理情况。2009年，开展市人民政府贯彻实施《中华人民共和国残疾人保障法》的情况执法检查，重点检查市政府在建立完善残疾人康复服务、社会保障和劳动就业等方面的情况，形成执法检查报告。

城建环保法律监督　2001—2002年，眉山市人大常委会开展《中华人民共和国城市规划法》执法检查，执法检查组提出“落实小城镇建设各项优惠政策、运用市场机制筹措资金、培育小城镇经济支撑产业、加大投入力度、理顺规划管理体制、完善规划管理机构和队伍”等建议10条，并交市政府办理。听取和审议市人民政府关于贯彻实施《中华人民共和国城市规划法》的情况汇报，建议市人民政府加强对规划工作的领导，完善管理机构，充实管理队伍，制定管理办法；对眉山中心城区150平方千米规划控制区的规划权实行高度集中，统一管理；抓紧编制和调整近期建设规划；落实城乡规划编制和管理工作经费；建立健全规划实施的监督机制。2003年，督促检查市、区县政府和有关职能部门贯彻落实四川省政府《关于进一步加快岷沱江污染治理的通知》《关停岷江沱江流域规模以下纸浆造纸企业蒸煮系统和限期治理造纸废水污染的通知》，深入东坡区、洪雅县、青神县，逐户检查造纸厂6家；听取市区县关停工作情况汇报。全市18家造纸企业按要求于3月底前全部关停。组织市级机关常委会组成人员视察岷江水污染防治工作和市垃圾处理场，提出的意见和建议，及时督促有关部门研究落实。2004年、2007年，2次对《中华人民共和国水污染防治法》贯彻实施情况进行执法检查，检查组检查黑龙滩水库、复兴水库等城市集中式饮用水源和仁寿文宫镇、青神河坝子乡等乡镇集中式饮用水源的保护情况，抽查市污水处理厂运行情况。提出“落实工作责任、严格执行新改扩建项目‘环评’和‘三同时’制度、推进纸业结构调整”“加大宣传力度、保证饮用水源安全、加快污水处理厂建设步伐、解决农村水源污染、加大环保执法监督和资金投入”等12条审议意见并交市政府办理。随后，为检查水污染防治法执法检查报告审议意见的办理落实情况，市人大常委会又重点察看黑龙滩水库上游杨柳镇生活垃圾和生活污水处理情况，黑龙滩水库取水口水源保护情况，要求有关部门切实解决杨柳镇生活垃圾和生活污水污染水源问题。市政府及其职能部门根据审议意见制定整改方案，逐条整改落实。省人大专项检查组检查眉山饮用水源保护工作情况时，肯定眉山饮用水源保护工作。在水土保持法执法检查中，重点检查经开区、金象化工集中区、铝产业集中区和六区县贯彻实施水土保持法的情况。提出强化基本国策意识、严格“三同时”制度、加大投入、严格执法4条审议意见并交市政府办理落实。市政府当年向39个开发建设项目业主发送限期办理水土保持手续的律师函，到14个开发建设项目现场宣传、调研水土保持工作。2008年，执法检查全市贯彻实施《中华人民共和国城乡规划法》（以下简称《城乡规划法》）情况。听取市、区县人民政府和市级有关部门贯彻实施《城乡规划法》自查情况的汇报，实地查看中心城区、仁寿县、洪雅县、丹棱县规划展示、城市基础设施、公共设施项目，新农村建设等22个点，检查城乡规划编制、规划管理和规划实施等情况。常委会听取审议执法检查报告后，提出“进一步加大城乡规划法的学习宣传力度、加快规划编制和修编工作、加强城乡规划实施力度、强化规划执法、加大规划经费投入和加强队伍建设”等建议意见，整理出书面审议意见交市政府办理。2012年，按照《眉山市城乡环境综合治理“十二五”规划》，眉山市人大常委会听取市政府贯彻实施《四川省城乡环境综合治理条例》的情况汇报，前往东坡区、彭山县、青神县开展执法检查，进行集中审议，提出“持续开展宣传教育，引导全民积极参与；深化治理，巩固提升城乡环境综合治理水平；完善基础设施，打造宜居之城；强化保障，联动治理”等审议意见，督促市政府及有关部门贯彻落实。

交通运输法律监督　2001年，眉山市人大常委会开展《中华人民共和国公路法》检查，提出“解决协调配合问题、解决眉山进出口问题”等建议3条，交市政府办理。2009年，在公路法执法检查中，重点查看省道103线东坡区境内路段和省道106线仁寿县境内路段状况。提出“进一步贯彻实施好公路法；加快全市公路建设；加强公路管护”等审议意见。随后，市政府召开全市综合交通枢纽建设动员大会，组建重点交通工程建设推进办公室，进一步加大融资和项目建设管理力度，掀起综合交通建设新高潮。

眉山市人大代表督查省道103线、106线路面改造工程建设，听取市交通运输局工作汇报（摄于2011年1月）

安全法律监督　2003年，眉山市人大常委会检查全市开展《中华人民共和国安全法》（以下简称《安全法》）贯彻执行情况。检查组深入部分区县重点调查。在听取市政府贯彻《安全法》工作汇报后，提出“改善交通、企业安全生产条件，改变执法环境，维护劳动者的合法权益”的意见。2005年，执法检查全市贯彻《中华人民共和国保守国家秘密法》的情况。听取政府和相关部门工作汇报，深入4个县和12个基层单位现场检查。发现机构设置不尽合理，人员配备薄弱，经费保障困难等问题，及时与市政府交换意见，提出整改要求。随后，六区县中，除东坡区外全部落实2人以上保密工作人员，六区县均投入3万元购置涉密网络检查仪；市保密局落实保密车辆编制，市财政安排保密设备购置经费6.5万元，促进全市保密工作开展。2008年开展《中华人民共和国安全生产法》贯彻实施情况执法检查，听取市政府及其有关部门关于《安全生产法》贯彻实施情况的汇报，深入各区县重点检查道路交通、矿山企业、石油化工等部门行业、企业安全生产。形成关于《安全生产法执法检查报告》，市二届人大常委会听取和审议后，作出关于《安全生产法执法检查报告》的审议意见，要求市政府研究执法检查报告中提出的建议意见，全面贯彻实施《安全生产法》，加快全市经济社会发展。2010年，开展《中华人民共和国兵役法》贯彻实施情况执法检查。听取审议市人大常委会执法检查组关于检查《中华人民共和国国防教育法》和《中华人民共和国兵役法》实施情况的报告。提出“加大宣传力度，提高全民国防意识；认真做好新形势下征兵工作；抓好民兵预备役工作；完善落实优抚政策；提高国防教育工作实效；切实开展好全国‘双拥模范城’创建工作”审议意见6条。2011年，检查市人民政府贯彻执行《中华人民共和国消防法》情况，形成检查报告，提出审议意见。市政府成立眉山市消防安全委员会，进一步完善消防安全工作责任制度；建立规范重大火灾隐患立案、判定、挂牌督办、复查和销案的长效机制；中心城区补建消防车取水码头5个、消防栓1001个、配备压缩空气泡沫车、大功率水罐车、多功能抢险救援车等建设项目纳入规划；探索农村消防工作，将农村消防工作纳入社会治安综合治理、平安创建等范畴同部署、同检查；消防支队、市发改委等部门开展“清剿火患”行动，收缴不合格消防产品359件，发现火灾隐患6326处。2012年《中华人民共和国保密法》执法检查中，听取审议市人大常委会执法检查组关于检查《中华人民共和国保守国家秘密法》实施情况的报告，提出“加强宣传教育，提高保密意识；健全规章制度，强化管理措施；加大检查力度，提高防范能力；加强保密队伍建设，加大技术投入”审议意见4条。

突发事件法律监督　2008年，眉山市人大常委会开展《中华人民共和国突发事件应对法》贯彻实施情况执法检查，提出的建议交市政府办理。2011年，在防洪法执法检查中，向市政府提出“加强领导、抓好防洪规划修编、加大防洪投入、严格执法”4条审议意见。市政府对审议意见办理实行进度月报制，向常委会组成人员报送《信息专报——落实市人大常委会审议意见专刊》5期，跟踪报道落实市人大常委会审议意见的工作进展情况。常委会组成人员32人对市政府此项工作进行满意度测评，满意31票，基本满意1票。

司法和财政监督　1998—2012年，市人大常委会（地区人大工委）强化对司法机关的监督，每年听取和审议法院、检察院关于刑事、民事、经济审判等有关情况的汇报，促使司法机关加强队伍建设，提高执法水平，依法办案。每年听取和审议财政计划预算执行情况的汇报和对决算草案的审计报告，督促政府加强本级预算监督，促进计划预算由程序性监督向实质性监督的转变。2008年，市人大常委会组织调研市人民检察院开展审判监督情况，听取监督部门与被监督部门的意见，对市人民检察院开展法律监督专项工作进行审议，提出审议意见5条。检察院、法院建立工作协调机制，建立和完善检察长列席常委会的制度、与法院案件协调制度、公检法联席会议制度、量刑建议制度及判决裁定后及时审查机制、抗诉前沟通机制，强化检察院的审判监督职能。促进办理抗诉案件15件。市人大常委会议测评办理情况，满意率100%。2010年，跟踪监督市人大常委会《关于对市中级人民法院开展案件质量监督工作的审议意见》办理落实情况，市法院在全省率先设立诉讼服务中心、立案调解中心和司法调解中心，建立完善立案审批制度、案件办理审限每月通报制度和对基层法院、中院各办案部门的业务目标考核制度等一批案件质量监督管理制度，实现局域网审判流程全程案件质量监控和审判质效考评工作信息化，加强一线办案力量。常委会会议测评办理情况，满意度81%。2011年，开展市人民政府贯彻实施《中华人民共和国律师法》情况执法检查，重点检查律师执业权利保障、律师队伍建设和法律服务市场管理情况。形成检查报告，提出审议意见。市政府在办理审议意见中，进一步规范律师在侦查阶段会见犯罪嫌疑人制度，完善会见设备设施，建立定期召开法官、检察院、律师座谈会制度，解决律师执业中的“四难”（会见难、阅卷难、调查取证难、立案难）问题；推进全市律师行业发展和事务所规模化、品牌化建设，加强律师思想教育和业务培训，建立《律师事务所和律师年度考核当事人意见征集制度》《律师事务所主任年度述职制度》《律师职业道德和执业纪律评查制度》；及时查处对律师的投诉案件，全年受理群众投诉3起，教育惩戒有过错责任律师2名，责令整改管理不规范基层法律服务所4家，全市律师办理法律援助案件317件，调解矛盾纠纷1597件。2012年，督查市政府贯彻落实市人大常委会《关于进一步加强法制宣传教育的决议》《关于开展全国法治城市创建活动的决议》情况，要求各级各部门继续按照人大常委会两个“决议”要求，进一步强化法治意识，扩大普法宣传教育面，提高普法工作针对性和实效性，强化法治建设的组织领导，完善普法教育考核体系，加大投入，全面落实普法工作保障。

二、工作评议

政法工作评议　1998年，地区人大工委评议地区检察分院工作。听取地区检察分院关于接受人大代表评议检察工作整改情况的汇报，地区人大工委党组向地委提出《关于评议全区法院工作安排意见的报告》，报地委批准后转有关部门执行。评议地区中级人民法院工作。全区39个法庭、县乡人大代表2663人参加评议，占全区县乡两级人大代表总数的23%。组织代表调查组511个，调查走访单位2584个，召开座谈会814次，座谈走访9122人，收集意见348条。地区人大工委向法院提出四个“狠抓”（狠抓队伍建设、狠抓严肃执法、狠抓法院改革、狠抓制度建设）建议。代表评议意见和代表反映的案件归纳整理后交地区中级人民法院办理，地区人大工委及时批复地区中级人民法院的整改方案。1999年全区各级人大组织人大代表评议全区法院工作。各级人大要求法院开展近两年来所办案件自查，自查案件13151件，回访考察案件1666件，收集意见598条。全区4300余名人大代表参加评议，座谈走访1.6万人次。全区各级人大共评议地区中级法院及法庭35个、基层法院6个。各级法院按照“未评先改、边评边改、集中整改、重在于改”原则，主动整改，措施有力，较好地完成整改。评议达到“五个促进”（促进指导思想的端正、促进司法水平的提高、促进队伍建设的加强、促进各项制度的完善、促进监督职能的发挥）。

政府部门工作评议　1999年，地区行风办牵头，地区人大工委、地区政协工委、地区国税局评议国税系统行风建设情况。检查青神、彭山、眉山3个国税分局开展行风建设情况。深入洪雅、丹棱、眉山等县检查评议地区国税局和地区工商局开展行风建设情况。实地查看基层所创建文明行风情况，提出队伍建设要继续强调一个“严”字；执法中要继续突出一个“敢”字；为民办实上要继续坚持一个“实”字；创建行业工作要继续注重一个“新”字建议4条。评议地区水电局工作。组成两个评议调查组分赴6县和黑龙滩、通济堰管理处、地区水电局机关各科室、地级有关单位，走访行署分管领导和省水电厅调查研究。召开评议大会，指出工作中不足和今后努力方向，采取无记

名方式投票评议地区水电局工作，被评议为“满意”。地区人大工委归纳整理人大代表评议意见，督促地区水电局制定出整改方案，及时批复整改意见。通过评议促进班子队伍建设，促进执法力度加大，促进争立项、争投入。2000年，对地区经贸委进行工作评议。认为地区经贸委围绕建立现代企业制度和“两个根本性转变”，以产权、人事、机制“三大改革”为突破口，全面实施“资产大重组，结构大调整，机制大转换”，推动全区工业经济的持续发展。针对存在的问题，提出建议。出席会议的全国、省人大代表和地区人大工委组成人员共26人对地区经贸委的工作投了评议票。2003年，市人大常委会开展全市教育系统行风评议。市人大评议组深入六区县、市教育局及直属单位和市级有关部门调查了解情况，发现教育行政主管部门管理存在城区学校普遍存在班额大等6个问题、学校管理存在有些学校片面追求升学率等问题、存在有些学校收费项目不规范乱收费、存在教师师德、师风个别教师敬业精神不够问题。提出“进一步加大对教育乱收费的督查力度；进一步加强教师师德师风教育，加强对教师综合素质的培养；进一步提高学校教育质量，提升办学品位；进一步加大宣传力度，让更多人理解、支持教育事业；进一步加大改革力度，多渠道筹措教育资金”建议。开展眉山市药监系统民主评议，现场调查市中心城区和仁寿县县城的部分医院、药品批发点、零售点，召开相关部门负责人和药监系统服务对象的座谈会，暗访服务对象。发现存在推行处方药和非处方药过程中执行不严格等问题并提出建议。2004年，评议市国土资源系统政风行风。调查组深入仁寿县、丹棱县、青神县、东坡区和市级有关部门，调查全市国土资源系统开展政风行风建设情况。提出“进一步加强国土资源管理法律法规和政策的宣传贯彻力度；要进一步抓好队伍的建设；进一步转变工作作风，提高办事效率；要严格执行征地、拆迁、安置、补偿制度，切实维护群众的根本利益；规范土地供应秩序，强化土地市场监管；要切实保护耕地，正确处理好耕地保护与经济发展用地的矛盾”建议意见6条。开展眉山市地方税务局所属四个基层税务机关同城执法评议。评议组采取走访企业，召开相关部门、个体私营业主座谈会，发放调查问卷、评分表等形式，了解市、区地税单位执法工作情况，召开执法评议大会，由纳税人代表给予城区地税执法部门工作现场评分，地税4个单位执法人员平均得分97.3分。2005年，市人大常委会、市纪委纠风办评议检查市农业局、粮食局、劳动和社会保障局的政风行风情况。开展好“两风”建设创建；开展“两风”建设调查。深入“五县一区”开展评议调查，对三个局“两风”建设工作分别提出整改意见；组织有关人员检查验收，三个局均达到合格标准。2010年，制定《眉山市人大常委会专项工作评议办法（试行）》，拟定眉山市人大常委会专项评议市政府公安、农业工作方案，组织评议调研。实施专项评议。评议市政府公安工作，参会29人，评议满意23票，基本满意6票。提出“继续加强对公安工作的领导、加大治安防控和整治力度、强化社会管理、高度重视维护社会稳定工作、进一步加强公安队伍建设”建议意见。2011年，开展市人保财产公司、市城管执法局行风民主评议。2012年，评议市政府卫生工作。评议组深入六区县开展卫生工作情况调研，组织市人大常委会部分组成人员集中视察市人民医院、市中医医院和市疾控中心运行情况。实地查看全市各级医疗卫生机构19个，多种渠道收集对卫生工作的建议和意见。市人大常委会听取审议市政府关于卫生工作情况的报告和市人大常委会关于市政府卫生工作情况的调查报告；测评市政府卫生工作情况的满意度，满意率和基本满意率97%。要求市政府及其卫生行政主管部门深入贯彻落实科学发展观，从医疗卫生需求急剧膨胀的现实情况出发，将医疗卫生工作作为社会事业发展的突出工作抓，在城乡建设规划、土地资源供给、财政资金安排等方面给予大力支持，进一步强化医疗卫生工作保障、推进医药卫生体制改革、完善城乡医疗服务体系、提升公共卫生服务水平、优化医疗卫生发展环境，加快区域医疗中心建设，尽快实现市人民医院建成三级甲等综合医院的目标，努力推动全市卫生工作再上新台阶。开展市政府人力资源和社会保障局工作专项工作评议。评议小组深入仁寿、彭山两个县开展调研，实地查看两县人力资源和社会保障机构，其余各区县开展自查。集中视察市人力资源和社会保障局机关运行情况。形成评议市政府人力资源和社会保障情况调查报告初稿和评议意见草案。听取审议市政府关于人力资源和社会保障情况的报告和市人大常委会关于市政府人力资源和社会保障情况的调查报告；测评市政府人力资源和社会保障情况的满意度，满意率和基本满意率97%。

眉山市人大常委会评议眉山市人民政府人力资源和社会保障工作（摄于2012年10月）

组织干部述职　2000年，对地区广电局局长进行述职评议。提出建议。出席会议地区人大工委组成人员和全国、省人大代表23人投述职评议票，获优秀票17票、称职票6票。2001年，试行被任命干部年度述职，探索监督事与监督人相结合新路子。按市人大常委会《关于建立任命干部年度述职制度的意见》，确定15名由市人大常委会任命的内务司法干部为2001年度书面述职人员，提出述职具体要求，向市人大常委会述职。2002年，眉山市人大常委会作出《关于建立被任命干部年度述职制度的决定》，确定每年1/4的“一府两院”被任命干部向市人大常委会书面述职。专题审议《关于2001年被任命干部述职情况汇报》，评议被确定的“一府两院”述职干部23人履行职责情况，肯定成绩，指出问题，明确要求，增强述职人员公仆意识和接受人大监督的自觉性。2005年，召开对联系部门年度述职人员述职评议会，口头述评市中院法官2人、市检察院检察官2人，审评年度述职人员23人的书面述职报告。至2005年年底，市人大常委会听取和审评72名干部述职报告。以后至2012年未再开展此项工作。

第三节　依法行使人事任免权

1998年起，眉山地区人大工委按照“党管干部”原则、“四化”方针和德才兼备标准任免干部。组织拟任命干部参加以宪法和地方组织法等为主要内容的法律知识考试，考试成绩存入个人档案，作为考核和任用干部的依据之一。

2002年起，眉山市人大常委会按照《眉山市人大常委会任免国家机关工作人员办法》规定，严格审查“一府两院”干部任免材料，召开新任命干部颁发任命书大会。当年，依照法定程序任免干部40人次。2003年起，市人大常委会在干部任前召开党内、党外委员通报会，统一思想认识。当年任免国家机关工作人员25人次。2004年，市人大常委会召集市政府办公室、市人事局及“两院”政治部的有关人员座谈，总结交流眉山建市以来人事任免服务工作取得的成绩和经验，针对个别任免材料质量不高、报送不及时和工作不够细致的问题，提出在今后工作中突出政治性、法律性和程序性，要求工作再细一点、质量再高一点。全年任免干部22人次。2007年，市人大常委会把好“六个环节”（制度环节、考试环节、供职发言环节、通报环节、任命后续环节、公布环节），加强和改进人事任免工作。全年任免干部59人次。2008年，市人大常委会严把干部任免“四关”（资格审查关、法律考试关、审议表决关、任后公布关）。全年任免干部40人次。2012年，市人大常委会任免全市国家机关工作人员123人次。截至2012年年底，市人大常委会共任免国家机关工作人员526人次。

第四节　组织指导人大换届选举

1998年，眉山地区各县人大换届选举时，眉山地区人大工委加强督促检查，搞好组织协调。10月，眉山地区217个乡（镇）人大换届选举工作全面铺开，翌年1月结束。有229.55万名选民参加投票选举，参选率95.2%。选出省九届人大代表28名，县级人大代表1370名，县人大常委会主任6名、副主任26名、委员75名，县长6名，副县长37名，县人民法院院长6名，县人民检察院检察长6名。选出乡（镇）人大代表1.07万人，占应选数的99.3%，其中中共党员6714人，占（总数的，下同）62.6%；非中共党员4014人，占37.4%；妇女代表2604人，占24.3%；少数民族11人，占0.1%；工人114人，占1.1%；农民8013人，占74.7%；干部2270人，占21.1%；其他331人，占3.1%。选举产生的乡（镇）人大代表中，具备大专以上文化程度的有914人，占8.5%；中专（高中）文化程度3238人，占30.1%；中学以下文化程度6567人，占61.4%。35周岁以下的有2857人，占26.6%；36至55周岁的有7224人，占67.3%；56周岁的有647人，占6.1%。党员代表、非党员代表、妇女代表所占比例均符合上级提出的要求。在乡（镇）班子选举方面，全区选举产生乡（镇）人大主席、副主席，乡（镇）人民政府乡（镇）长、副乡（镇）长1019人，占应选数的99.3%。其中专职主席113人、兼职主席104人、专职副主席59人、兼职副主席2人，占应选数的99.6%。乡（镇）长217人、副乡（镇）长524人，占应选数的99.1%。新选举产生的乡（镇）领导班子，按照干部“四化”要求，达到“政治坚定、勇于改革、团结协调、廉洁务实、结构合理、精干高效”总体目标。

2002年，眉山市人大常委会报市委批转《关于全市区县人大换届选举工作及选举出席省第十届人民代表大会代表有关问题的意见》，撰写《关于今冬明春区县人大换届选举面临的问题及对策的调研报告》，制定县（区）换届选举工作计划；做好召开全市区县人大换届选举工作会议的筹备工作；开展县（区）换届选举专门培训。2005年，市人大常委会指导乡（镇）人大搞好乡（镇）撤并后的人大代表的重新选举。在彭山县召开专题座谈会，学习相关法律法规，提出重新选举工作的指导意见，加强工作指导。2006年，市、县、乡三级人大换届选举。市人大常委会开展调查研究，就“三级人大换届选举时间衔接问题、代表结构和县、乡两级人大常委会组织建设问题、选举经费问题”向市委呈送书面报告。在县、乡两级人大换届选举工作铺开后，常委会领导深入六区县检查、指导，总结经验、纠正问题、推进工作。当年，完成县乡两级的人大换届选举，选举产生乡级人大代表3043名，县级人大代表1372名。2011年，市人大常委会指导县乡换届选举，筹办市三届人大一次会议。各县（区）将坚持党的领导、充分发扬民主、严格依法办事贯穿于县乡两级人大换届选举工作全过程。全市依法划分区县人大代表选区 586 个、乡（镇）人大代表选区 2697 个，按每一选区选举 1 名~3 名代表要求，分配区县人大代表 1377 名，乡（镇）人大代表 3058 名，当年完成县乡人大换届选举工作。

第五节　视察调研

一、视察

1998 年起，眉山地区人大工委每年组织眉山的全国、省人大代表视察。当年，视察仁寿县团结乡养殖业、文宫镇五马果场，眉山县通威公司、双拥集团，眉山新区住宅小区建设，洪雅槽渔滩电站、高凤山电站，省道 106 线，让代表了解眉山，为新区建设和发展献计献策。1999 年，围绕实施可持续发展战略、国企改革、基础设施建设、农业产业化等内容，视察岷江眉山段沿岸的重点排污企业同庆南风公司、吉鸿纸厂、仲辉纸厂、西城纸厂、西龙纸厂。军转民重点改制企业丹甫压缩机公司，青神县交通建设情况，仁寿县旧城改造情况，中国枇杷之乡文宫区枇杷基地及仁寿县果王公司。听取地区行署关于《眉山地区 1 月至 10 月国民经济和社会发展计划完成情况》《岷江流域眉山段水污染防治工作》情况汇报。听取眉山县、仁寿县、彭山县、青神县政府有关工作情况汇报。提出进一步加大环保工作力度，为有发展前景的企业融好资，推动基础设施建设进一步加快，以产业化为载体，加快农业现代化进程等建议。2000 年，视察彭山县牧马乡元宝树种植基地、吉鸿纸厂、省道 106 线建设情况，洪雅维国光学仪器厂、眉山新区建设情况、仲辉纸厂、西龙纸厂。提出加大岷江污染治理，确保 2000 年 12 月 31 日前达标排放，加快推进眉山地区基础设施建设和农业产业结构调整等建议意见。

眉山市人大常委会主任贺文（左二）率队视察省道 106 线工程建设（摄于 2011 年 1 月）

2001 年起，眉山市人大常委会每年组织部分常委会组成人员、市人大代表视察。当年，视察省道 106 线丹棱段、仁寿段建设进展情况和市经贸大厦建设情况，了解建设规模、投资情况以及工程建设中存在的问题，与施工单位交换意见；视察眉山中心城区城市规划建设工作，参观新区街道建设，东坡湖开发区和湖滨花园、东信花园、汇丰花园等商住小区开发，龙水引眉净水厂等重点工程，听取市规划建设局关于建市以来眉山中心城区规划建设情况汇报；视察国土管理工作，现场察看旭光农房安置小区、湖滨路造地建设和新区土地交易市场，听取市国土局关于土地管理工作和新区建设拆迁工作汇报。2002 年，视察重点新建项目电解铝、饮水工程、省道 106 线公路建设情况，了解建设规模、进度情况、投资情况以及工程建设中存在的问题，加强工作监督；组织部分常委会组成人员、城环资委委员视察龙水引眉工程和城市污水处理厂、湖滨路连接段以及绿岛华庭等城市建设重点工程，推进工程建设进程。2003年，视察省道103线、省道106线交通安全隐患，了解交通安全情况，指出存在的问题，提出解决措施建议意见。2004年，视察岷江水污染防治工作，提出“市区县和有关部门整体联动，打好治污总体战；切实抓好食品、化工、印染、制革以及再生纸五大行业重点污染企业治理”等建议意见，督促有关部门研究落实。2005年，视察中国诗书城建设，提出严格执行城市规划、加快新老城区建设对接步伐、加大生态宜居城宣传力度等建议意见；视察市公安局队伍、装备建设；视察取缔黑龙滩网箱养鱼工作，提出建立监管工作长效机制，依法依规保护黑龙滩水质，在年底前彻底取缔网箱养鱼等建议意见，并组织黑龙滩水库污染治理、城区环境卫生、道路交通安全等视察活动。2006年，视察市中级人民法院庭审工作、市检察院监所检察工作、市民政局福利院救助站建设，提出视察意见，督促被视察单位及时整改，特别是市检察院完善3个区县检察院监所检察科，配强工作人员，解决工作待遇，加强监控设施建设；视察中国诗书城建设情况、市体育馆（会议中心）在建工程、金府丽景房地产开发工程、通惠河改造工程、三苏大道改建工程和污水处理厂；视察通济堰渠林区改造工程和渠道改造、取缔黑龙滩网箱养鱼情况，督促市水利局拆除黑龙滩库区最后3只网箱；视察经济开发区、集中区重点建设项目；视察全市道路交通安全“五进”“两加强”工作，提出关于加强道路交通安全工作建议意见。2007年，视察市移动公司农村移动信息化建设情况，形成《关于市移动公司反映需解决的几个问题的函》送市政府研究处理。视察创建省级文明城市工作，提出加大宣传力度、明确目标、查漏补缺、落实责任、增加投入、完善设施、规范行为等建议意见，有力推动创建工作。2008年，视察东坡湖污染治理工作，形成《中共眉山市人大常委会党组关于东坡湖污染情况的视察报告》报市委。市委、市政府高度重视，专题研究东坡湖污染治理问题。2009年，视察城乡环境综合治理工作，提出持久宣传、搞好结合、建好机制、常态化管理、不断提升城乡环境建设和管理水平等建议意见，并形成书面报告，市委书记在视察报告上作出重要批示。常务副市长在全市城乡环境综合治理攻坚月表彰会上传达市人大常委会视察情况及建议意见。视察全市创建省级环境保护模范城市工作，提出总结经验、查漏补缺、强化宣传、联动配合、建立长效机制等建议，推动“创模”工作。2010年，视察东坡区电力营业大厅、共产党员服务队和“95598”调度中心；视察通济堰环境生态供水情况；视察眉山市行政效能建设情况；视察市监管中心，均形成视察意见送市政府研究办理。2011年，视察省道103线和省道106线眉山段建设情况；视察农村面源污染治理工作；视察农机化相关工作，均形成视察意见送市政府研究办理。2012年，视察天府新区眉山区域的建设情况，听取市政府关于相关的报告，提出以全新理念科学规划、突出基础先行的建议。视察城市给水工程二期项目的相关工作，提出建议意见3条，形成《关于视察眉山市城市给水工程二期项目建设的建议意见》并送市政府办理。实地察看中心城区管网建设和东坡区崇礼镇净水厂建设的情况，听取市政府有关工程进展情况的汇报。

二、调研

1998年起，眉山地区人大工委每年开展“一府两院”工作调研，提出建议。当年，调研全区水电工作、“三五”普法工作情况调查、公安机关打击刑事犯罪情况、检察机关查办职务犯罪情况、生猪税费征管情况、实施“科教兴区”工作情况、贯彻实施《中华人民共和国公路法》《中华人民共和国公司法》情况、旅游业发展情况、职业教育发展情况及彭山县种子联营公司非法生产经营稻种情况。在职业教育情况调研中提出“提高认识，加强领导；改革管理体制，搞活办学机制；统筹专业设置，适应市场需要；提高职教师资素质，加强职教队伍建设”等建议。在彭山个协基金会和企业集资到期兑现困难以及农村合作基金会问题调研中提出“加强农村合作基金会管理，化解农村合作基金会可能出现的挤兑风险，维护社会稳定”等建议。1999 年，调研全区农村合作基金会运行情况，提出“提请上级尽快出台妥善处理农村合作基金会的政策、措施；由各级政府按比例分摊农村合作基金会最终损失；依法从重处理基金会运行中行贿、渎职、贪污违法行为”等建议。调研全区贯彻实施《中华人民共和国土地管理法》《中华人民共和国行政监察法》《中华人民共和国水土保持法》《中华人民共和国村委会组织法》《中华人民共和国消费者权益保护法》情况、地属国有企业改革情况、农村合作医疗试点情况调研，分别提出建议意见。2000 年，调研全区刑事检察工作情况、眉山新区建设情况、贯彻实施《中华人民共和国防洪法》《中华人民共和国环境保护法》和治理岷江污染情况。提出“加快治理全区环境污染，确保‘一控双达标’任务完成；进一步实施《眉山城市总体规划》，加快新区建设”等建议。

地区人大工委主任李忠国（左二）到国营 867 厂调研（摄于 1999 年 1 月）

2001—2005 年，眉山市人大常委会开展“一府两院”45 项工作调研，分别提出建议。包括每年市级财政预（决）算执行和其他财政收支审计工作情况、全市国民经济和社会发展计划执行情况及相关工作情况等。2001 年调研全市改善投资环境情况、法院执行工作、小城镇建设情况、社会治安综合治理等 10 项工作。在个体私营经济发展情况调研中，提出“建立健全激励机制、抓好重点骨干企业、营造良好发展环境”等 4 条建议；在检察机关查办职务犯罪工作调研中，提出“狠抓督查、提高素质、搞好预防”等建议 5 条；在农村初级卫生保健工作调研中，提出“理顺乡镇卫生院管理体制、加强对农村合作医疗制度的研究和探索”等建议 4 条。2002 年，在中心城区城市管理工作调研中，提出“强化政府协调职能、建立完善城市管理机制和手段、加强联合执法”等建议 6 条；在法院刑事审判工作调研中，提出“注重提高刑事审判法官素质、加快改革步伐、加强人大监督”等建议 5 条；在检察机关预防职务犯罪工作调研中，提出“形成和完善社会化预防职务犯罪网络、探索新的预防措施、加大惩处力度”等建议 5 条。2003 年，开展全市非典型性肺炎防治工作情况、市政府贯彻实施《眉山市人民代表大会常务委员会关于优化发展环境的决议》情况、政府垄断土地一级市场经营性用地实行拍卖挂牌出让工作情况、全市检察机关开展队伍集中教育整顿情况等 11 项工作调研。在全市奶业发展情况调研中，调研组提出理顺体制关系、抓好质量、搞好防疫、做大龙头企业等建议 5 条；在全市法院行政审判工作调研中，调研组提出强化现代司法理念、深化行政审判的改革创新等建议 4 条；在加快发展无公害农产品工作调研中，调研组提出净化生产环境、严把产品质量关、生产过程标准化等建议 5 条。2004 年，开展全市旅游发展情况、市政府贯彻实施《眉山市人民代表大会常务委员会关于加快发展无公害农产品的决议》《眉山市人民代表大会常务委员会关于禁止食用法律保护的野生动物的决议》情况、《中国诗书城规划纲要》编制情况、全市法院集中处理涉法上访专项活动情况等11项工作调研。在全市民营经济发展情况调研中，提出“放宽政策、突出招商、优化服务、营造良好的发展环境”等建议5条；在全市“四五”普法教育工作情况调研中，提出“增添措施、注重学用结合、加大经费投入”等建议4条；在全市检察机关查办职务犯罪工作调研中，提出“加大查办力度、加强队伍建设、加大经费投入”等建议4条。2005年，开展全市检察机关民事行政检察等7项工作调研。在市政府农业投入情况调研中，提出“突出重点项目投入、构建全方位农业投入体系”等建议4条；在血吸虫病防治工作调研中，提出“坚定目标任务不动摇、切实加大投入、整合项目资源加强综合防治”等建议5条；在艾滋病防治工作调研中，提出“建立完善预防控制机制、加大对艾滋病预防和监管力度、加强艾滋病防治专业技术队伍建设”等建议5条。

2006—2010年，眉山市人大常委会开展“一府两院”36项工作调研，分别提出建议或调研报告，供市委决策参考。包括每年市级财政预（决）算执行和其他财政收支审计工作情况、全市国民经济和社会发展计划执行情况等。2006年，开展眉山城区城市管理行政执法等6项工作调研。在“落实年”工作调研中，提出“继续加大发展软环境治理力度、突出抓好招商引资、加大组织协调力度”等4条建议；在农业产业化工作调研中，提出“构建全方位农业产业化投入体系、加快农业产业化步伐、提高农民群众农业科技水平”等4条建议。2007年，开展“十大惠民行动”进展情况、“五个创建”进展情况、城市管理经费定额标准及垃圾处理情况、新型农村合作医疗情况、加强东坡区社会治安整治情况、政府采购制度实施情况、市区事权划分情况、民营经济发展情况、旅游业发展情况、文化产业发展情况、人民调解工作情况等13项工作调研，形成调研报告，大部分获市委主要领导肯定性批示。在调研城市重点建设项目中，调研组深入市委“十大突破”所涉及的重点城建项目和旅游项目，召开座谈会，了解实际情况，形成《关于城市大变样的督查报告》，全面反映城市重点建设项目进展情况，市委书记在“报告”作出“以市委办名义转发这个报告，加编者按，请有关领导和部门全力配合，加强工作，务使今年城市实现大变样”批示。2008年，开展创建省级环境保护模范城市和农村环境保护民生工程进展情况、广播电视工作情况、教育工作发展情况、工业大变样情况、侨台工作情况、“一村一品”建设情况、水利发展情况、城区客运三轮车有关情况、加强内部建设改善发展环境等10项工作调研。在退耕还林工程调研中，调研组调研20个退耕还林村，12户退耕还林户，以及6个区县和市级相关部门，形成《眉山市森林防火的现状、问题及对策》，市委书记、市人大常委会主任要求以市人大常委会名义印发市政府办理落实并报告。2009年，开展农民专业合作社发展情况、乡镇人大工作开展情况、残疾人就业情况等4项工作调研。其中，《关于加快眉山现代畜牧业发展的调研与思考》得到市委主要领导肯定。2010年，开展政府特色效益农业基地建设情况、科技工作发展情况、全市河道及沿岸沙石开采情况等调研。

2011年，市人大常委会开展现代畜牧业发展情况、城市总体规划修编情况、全市宗教工作情况、现代农业发展情况、中心城区环境综合治理工作、建筑法贯彻实施情况、全市旅游重点项目建设推进情况等调研，形成调研报告并送市政府办理落实。2012年，市人大常委会前往仁寿县、青神县专题调研全市上半年经济运行情况和财政预算执行情况，提出“抓企业管理、组织税收、加强部门预算管理”等建议意见。专题调研市法院刑事审判监督工作。针对法院和检察院基层基础工作中群众关心的办理质量、司法便民、司法公开、大调解与信访等几个热难点问题，听取审议市法院开展刑事审判监督工作情况的报告。开展卫生工作调研，实地查看全市19个医疗卫生机构；召开区县人大常委会、政府、相关职能部门负责人和市人大代表参加的座谈会6次；听取市政府卫生工作情况专题汇报；向病患者家属、医务工作者和座谈会与会人员发放问卷调查表1500份，收回1389份；调阅文件和档案资料，收集群众对卫生工作的建议和意见，形成调研报告。

第六节 信访工作

眉山市人大常委会（地区人大工委）将做好人民来信来访作为密切联系群众、发挥民主、了解民意、关心民生重要工作，建立起领导批阅、文明接待、及时转办和催办、定期分析等信访工作制度。

1997年起，眉山地区人大工委将信访工作作为人大工作重要任务。对人民群众的来信来访，做到件件有登记、事事有着落，按照“分级负责，归口管理”原则，认真办理。群众来信来访反映的重大问题和涉及检举、控告个别领导干部的问题，地区人大工委及时批转并督促有关部门处理。地区人大工委通过办理信访，督促有关部门解决人民群众的问题，纠正错案。1998年，地区人大工委受理代表和群众来信141件次，接待来访97人次；协调处理乐山蜀港日化有限公司依法实施破产有关事宜，维护社会稳定。至2000年，地区人大工委共收到人民群众来信690余件，接待群众来访610余人次。

2001年，眉山市人大常委会接待来访90余人次；处理来信208件，其中经审查转市中级人民法院93件、转市检察院20件、转市公安局20件、转区县人大常委会49件、转其他部门16件。2002年，市人大常委会督促查处一妇女被骗卖淫、跳楼逃跑摔伤信访件，公安机关提请逮捕2人，并责令犯罪嫌疑人承担医药费4万元。2003年，市人大常委会对眉山高职院一退休教师反映其爱人退休工资问题、仁寿县富加区退休教师来信反映区教办的有关问题，市人大常委会要求相关部门查清实事，消除矛盾。2005年，全市各区县人大常委会均设立信访工作机构，配备专兼职信访工作人员。当年，在市、县两级人大常委会信访办、内司委、法工委共同监督，公安机关将外逃的“彭山县义和乡一居民上访反映其13岁女儿被强奸案”犯罪嫌疑人抓捕归案。全年受理人民群众来信来访653件次，督办90件。市人大常委会办理信访工作经验在彭山县召开四川省人大信访工作会上交流。2006年，市人大常委会实行领导信访接待日，要求市人大常委会予以监督。当年，市人大常委会信访办、城环资委督促市环保局办理东坡区列神村村民集体反映电解铝厂生产中污染周边生活环境并造成农作物减产问题，向企业提出治污方案。全年市人大常委会领导接待来访群众11批，受理信访件47件，通过审查，监督有关部门办理，促进一批信访热（难）点问题解决。2007年，市人大常委会督办仁寿县华南建筑公司300余名民工关于承包工程款兑付的集体信访件后，仁寿县政府支付部分工程款项。2010年，市人大常委会对于东坡区尚义镇群众反映醴泉河尚义段纸厂环境污染问题，督促市环保部门投入治理资金1.2亿元，改造污染环境，水质由三类改善为四类，消除当地20年来水质常年为五类的历史。全市人大信访发函督办纠正69件，件件落实。2011年，市人大常委会综合分析每季度信访情况，提出建议12条，并及时催办；全年办理省人大常委会转办信访件51件；督办东坡区、仁寿县等地23人联名举报陈某川夫妇诈骗集资案。市人大常委会签批转市公安局办理，东坡区公安分局对陈某川实施抓捕。仁寿县曹家镇勤劳村20名村民反映修建乐群水库占用该村土地，造成当地群众生活困难。对此，市人大常委会到仁寿县人大常委会听取相关部门对办理工作的情况汇报，要求县级各部门组织专人开展调查，由县政府制定解决方案，研究小型水库移民政策，为上级解决此类问题提供依据。2012 年，省两会期间，眉山驻蓉信访稳定工作组接待上访群众 3 起 29 人次，及时劝返上访群众，未发生影响社会稳定事件。

第七节　议案建议办理

每次召开人代会后，市人大常委会整理人大代表对全市各方面工作提出建议、批评、意见。需要办理的交由市委、市政府相关部门办理。

2001—2006 年，市一届人大代表对全市各方面工作提出建议、批评、意见 417 件，市人大常委会均转市政府相关部门办理。2001 年，眉山市人大常委会转交市人民政府办理洪雅县代表团 10 名代表和仁寿县代表团 14 名代表提出的“加快省道 106 线仁寿段的建设步伐”议案。市政府迅速制定措施，保证按时通车。2003 年，市一届人大第五次会议期间，人大代表对全市各方面工作提出建议、批评、意见 73 件。市人大常委会督办其中 20 余名代表提出的“关于加强黑龙滩水质保护和取缔黑龙滩水库网箱养鱼的议案”。对此，市政府召开市水利局、环保局、仁寿县政府、县人大常委会、黑龙滩管理处等负责人座谈会，制定《黑龙滩水库城市饮用水源保护管理暂行办法》，决定投资 40 万余元在水库进水口建设拦污栅一处、取缔水库中的围栏养鱼和网箱养鱼、加强游船管理和水上漂浮物打捞。在杨柳镇兴建沼气池 3000 余口，设立垃圾中转站和临时堆放点 2 个，落实清洁工 3 人，添置垃圾运输车 1 辆，代表对议案的办理和审议督办工作表示满意。市人大常委会审查市人大代表提出的 82 件建议、批评和意见，并将办理任务落实到东坡、仁寿、彭山、洪雅区县政府和 24 个相关的市级部门。市人大常委会跟踪督办，加大代表关于治理水和大气污染的建议意见办理督查力度。当年市政府关停造纸厂 11 个、整治污染企业 71 户。代表对市人大常委会督办议案和市政府办理建议意见的满意率 100%。

2006—2011 年，市二届人大代表对全市各方面工作提出建议、批评、意见 368 件，市人大常委会均转市政府相关部门办理。2008 年，市人大代表提出涉及城市管理执法、环境保护和规划建设等建议意见 77 件，市人大常委会组织提出建议的 11 位代表视察市卫生局、市城管局、市交通局办理“加强新农合管理”“公园广场增设垃圾桶”“撤销部分公路收费站”等建议情况，代表们基本满意。2010 年，市人大代表围绕市委“经济繁荣、政治清明、社会和谐、人民幸福”四大目标提出建议、批评和意见 73 件，其中市人大常委会交由市政府有关部门办理 70 件，交市委有关部门办理 3 件。当年，73 件建议全部按时办结，代表对办理结果的满意或基本满意率 100%。其中督办关于治理东坡区水污染的意见，市政府提出综合整治方案，在省道 106 线北侧建设一条截流渠，将上游来水绕过东坡湖而入岷江；在东坡湖下游建设拦水设施，抬高湖水水位，东坡湖成为眉山名片。2011 年，市人大常委会重点督办加大废品收购行业管理力度建议，市公安局、商务局、工商局在东坡区开展中心城区废旧金属收购业专项整治行动，检查废旧金属收购站点 214 家，打掉一个盗窃通信设施的犯罪团伙并抓获犯罪嫌疑人 3 人。

2012 年，市三届人大代表对全市各方面工作提出建议、批评、意见 82 件。市人大常委会交市政府有关部门办理 75 件、市委有关部门办理 7 件。市人大常委会前往单位督办人大代表提出的建议、批评和意见办理情况。办复的 82 件建议中，A 类建议 48 件、占总数的（下同）58.5%；B 类建议 29 件、占 35.4%；C 类建议 5 件、占 6.1%。82 件办复件全部收到领衔人大代表的反馈意见，满意率和基本满意率 100%。

第二十篇　人民政府

1997—2012 年，眉山市各级政府按照“解放思想、实事求是、艰苦创业、苦干兴区”“三年树形象、五年大变样、齐心协力创辉煌”“融入成都、一体发展”的发展思路，坚持以经济建设为中心，坚持改革开放，解放思想，求实创新，推动“法治型、责任型、服务型、效能型、廉洁型”政府工作，推进依法行政，提高行政效能，改进和加强行政监督，转变机关工作作风；带领全市人民抗击洪灾旱灾雪灾和汶川特大地震，大力招商引资，加快城市、交通等基础设施建设，实施工业强市战略和城乡统筹，大力发展现代农业、现代畜牧业，加快发展第三产业，加快构建社会主义市场经济体系，推动经济社会协调发展，至 2012 年年末，彭山、仁寿县跨入中国农村综合经济实力百强县行列。全市综合实力快速提升，城乡面貌日新月异，人民生活水平逐步提高，地区生产总值完成 775. 22 亿元，是 1997 年的 7. 42 倍；三次产业增加值之比由 1997 年的 39∶34. 7∶26. 3 调整为17. 5∶57. 2∶25. 3；全社会固定资产投资 601. 72 亿元，是 1997 年的 24. 31 倍；地方财政一般预算收入完成 48. 81 亿元，是 1997 年的 12. 2 倍；城镇居民人均可支配收入 19766 元，是 1997 年的 5. 34 倍；农民人均纯收入 8236 元，是 1997 年的 4. 63 倍；新农合参合率 99. 93%。

第一章　政府机构

1997—2012 年，眉山市经过 2001 年、2010 年政府机构改革和 2005 年合并乡镇 3 次较大的党政机构改革，进一步优化政府机构，政府职能由以管理为重点向市场监管部门、社会管理和公共服务转变，初步建立与社会主义市场经济相适应的政府管理体制和管理方式。

第一节　政府领导机构

1997年5月30日，国务院批准由乐山市划出的眉山、仁寿、彭山、洪雅、丹棱、青神六县设立眉山地区，8月26日挂牌。2000年6月10日，国务院批准撤销眉山地区和眉山县，设立地级眉山市，管辖仁寿、彭山、洪雅、丹棱、青神五县和以眉山县行政区域设立东坡区，12月19日挂牌。截至2012年年底，眉山市建置无变化。

1997年，由四川省委、省政府任命眉山地区行署领导成员。2000—2012年，经眉山市人民代表大会选举产生眉山市第一届、第二届、第三届人民政府。

一、眉山地区行署

任期为1997年8月至2000年12月。尹志君、余斌先后任行署专员，杨仕祥、王光四、杨世荣、汤建平、黄峰、鲜雄、于唯多先后任副专员，宋铭、王彬、李后强、缪立新先后任专员助理，秘书长余治平。

眉山地区行政公署领导名录表（以任职先后为序）

表 20-1

职务	姓名	任（离）职时间	备注
专　员	尹志君	1997.08—2000.08	
	余　斌	2000.08—2000.12	
副专员	杨仕祥	1997.08—2000.12	
	王光四	1997.08—1998.06	
	杨世荣	1997.08—2000.12	
	汤建平	1997.08—2000.11	
	黄　峰	1997.08—2000.12	女
	鲜　雄	1998.06—2000.07	
	于唯多	2000.07—2000.12	
专员助理	宋　铭	1998.07—2000.12	
	王　彬	1998.07—2000.10	
	李后强	1999.05—2000.12	
	缪立新	2000.10—2000.12	下派
秘书长	余治平	1997.08—2000.12	

二、眉山市第一届人民政府

任期为2000年12月至2006年11月。余斌、崔保华、李静先后任市长，于唯多、赵国基、宋思彬、余治平、李后强、黎兵、孟光安、宋铭、徐爱婷、蒋辅义、杨勇先后任副市长，宋铭、缪立新、杨玉仙、徐辉先后任市长助理，范智能、黄跃先后任秘书长。

眉山市第一届人民政府领导人名录表（以任职先后为序）

表 20-2

职务	姓名	任（离）职时间	备注
市　长	余　斌	2000.12—2003.11	
	崔保华	2004.02—2006.06	2003.11—2004.02 代理市长
代理市长	李　静	2006.06—2006.11	女
副市长	黎　兵	2001.12—2006.02	
	于唯多	2000.12—2002.12	
	赵国基	2000.12—2006.02	
	孟光安	2001.12—2006.11	
	宋思彬	2000.12—2006.11	
	余治平	2000.12—2006.11	
	李后强	2001.01—2004.01	
	宋　铭	2003.03—2006.11	
	徐爱婷	2004.04—2006.01	女，下派
	蒋辅义	2006.01—2006.11	
	杨　勇	2006.02—2006.11	
市长助理	宋　铭	2001.01—2003.03	
	缪立新	2000.12—2006.11	下派
	杨玉仙	2001.01—2003.03	女
	徐　辉	2001.11—2003.12	女，下派
秘书长	范智能	2001.01—2004.07	
	黄　跃	2004.07—2006.11	

三、眉山市第二届人民政府

任期为2006年11月至2011年11月。李静任市长，蒋辅义、余治平、宋铭、杨玉仙、杨勇、黄跃、徐瑞柏、付康、宋朝华、冉涛、宣迅、刘十庆、辜永忠先后任副市长，缪立新、杨玉仙先后任市长助理，冉涛、付庆一先后任秘书长。

眉山市第二届人民政府领导人名录表（以任职先后为序）

表 20-3

职务	姓名	任（离）职时间	备注
市　长	李　静	2006.11—2011.11	女
副市长	蒋辅义	2006.11—2008.06	
	余治平	2006.11—2009.03	
	宋　铭	2006.11—2008.12	

续表20-3

职务	姓名	任（离）职时间	备注
副市长	杨玉仙	2006. 11—2011. 11	女
	杨　勇	2006. 11—2007. 08	
	黄　跃	2006. 11—2011. 11	
	徐瑞柏	2007. 07—2009. 08	下派
	付　康	2007. 09—2010. 06	
	宋朝华	2008. 09—2011. 01	
	冉　涛	2009. 11—2011. 08	
	宣　迅	2010. 08—2011. 11	
	刘十庆	2011. 01—2011. 11	
	辜永忠	2011. 08—2011. 11	
市长助理	缪立新	2006. 11—2007. 05	下派
秘书长	冉　涛	2006. 12—2007. 07	
	付庆一	2007. 07—2011. 11	

四、眉山市第三届人民政府

任期为2011年11月至2016年11月（本志以下限2012年12月止）。市长宋朝华，副市长吴小可、辜永忠、王光彩、吴爱玲、钟毅、周孝平、付庆一、汪树槐，市长助理杜官印、谷金山，秘书长肖忠良。

眉山市第三届人民政府领导人名录表（以任职先后为序）

表20-4

职务	姓名	任（离）职时间	备注
市　长	宋朝华	2011. 11—	
副市长	吴小可	2011. 11—	
	辜永忠	2011. 11—	
	王光彩	2011. 11—2012. 10	
	吴爱玲	2011. 11—	女
	钟　毅	2011. 11—	
	周孝平	2011. 11—	
	付庆一	2011. 11—	
	汪树槐	2012. 10—	
市长助理	杜官印	2011. 11—	
	谷金山	2012. 02—	
秘书长	肖忠良	2011. 12—	

第二节　政府工作机构及直属单位

1997 年，眉山地区行署设立地区行政公署办公室、地区计划委员会、地区经济委员会、地区教育委员会、地区科学技术委员会、地区公安处、地区民政局、地区司法局、地区财政局、地区人事局、地区劳动局、地区国土局、地区城乡建设环境保护委员会、地区交通局、地区水利电力局、地区农业局、地区林业局、地区贸易局、地区文化体育局、地区广播电视局、地区卫生局、地区计划生育委员会、地区审计局、地区统计局、地区外事侨务旅游台湾事务办公室、地区粮食局、地区畜牧局、地区档案局（馆）、地区地方志编纂委员会办公室、四川省眉山工商局、地区技术监督局、地区国家税务局、地区地方税局 33 个工作机构和直属机构。此后，机构有增减和调整。

2012 年，眉山市政府辖行政机构市政府办公室、市投资促进委员会、市招商引资局、市发展和改革委员会、市经济和信息化委员会、市教育局、市科学技术局、市公安局、市民政局、市司法局、市财政局、市人力资源和社会保障局、市国土资源局、市环境保护局、市住房和城乡建设局、市交通运输局、市水务局、市农业局、市林业局、市商务局、市文化广播影视新闻出版局、市卫生局、市人口和计划生育委员会、市审计局、市统计局、市旅游局、市外事侨务台湾工作办公室、市法制办公室、市城市管理行政执法局、市粮食局、市畜牧局、市城乡规划局、市国有资产监督管理委员会、市安全监管局、市食品药品监督管理局、市人民政府政务服务中心 36 个。市政府双重垂直管理单位四川省眉山市工商局、四川省眉山质量技术监督局、四川省眉山市国家税务局、四川省眉山市地方税务局、四川省眉山市气象局、眉州监狱 6 个；议事协调机构市农工办、眉山现代工业新城办公室、市食品安全委员会办公室 3 个。市政府派出机构岷东新区管理委员会、眉山经济开发区新区管理委员会、眉山铝硅产业园区管理委员会、眉山金象化工产业园区管理委员会、眉山岷江现代农业示范园区管理委员会、黑龙滩风景区管理委员会 6 个；市政府直属事业单位市邮政管理局、市公共资源交易中心、市机关事务管理局、市档案局（馆）、市地方志编纂委员会办公室、市扶贫和移民工作局、市政府金融办公室、市广播电视台、市政府金融办公室、市人民防空办公室、市住房公积金管理中心、市城乡环境综合治理办公室、眉山职业技术学院 12 个。

一、政府行政机构

2012 年，眉山市市政府有行政机构 36 个。

眉山市人民政府（眉山地区行政公署）办公室　1997 年 8 月，设立眉山地区行政公署办公室，内设 11 个中层科室；成立眉山地区经济体制改革委员会。2000 年 12 月，撤销眉山地区行政公署办公室，设立眉山市人民政府办公厅；撤销眉山地区经济体制改革委员会，设立眉山市经济体制改革委员会办公室。2001 年 7 月，眉山市人民政府办公厅更名为眉山市人民政府办公室。2005 年 4 月，撤销眉山市经济体制改革委员会办公室。8 月，组建眉山市政府信息中心，挂眉山市经济信息中心牌子，直属市政府管理。2006 年 4 月，设立眉山市人民政府应急管理办公室。2007 年 7 月，撤销信息调研科，设立眉山市人民政府研究室和信息技术科。2008 年 4 月，撤销原市政府应急管理办公室和市政府救灾办公室，新组建市政府应急管理办公室，为市政府办公室内设行政机构。2009 年 6 月，眉山市政府信息中心更名为眉山市信息化工作管理办公室。2010 年 9 月，市信息化工作管理办公室

不再挂市经济信息中心牌子，增设政府网站管理科。10 月，市民防局挂靠市政府办公室。2012 年 5 月，设立市政府信息公开办公室（挂市效能建设办公室、市政务公开领导小组办公室牌子），为市政府办公室内设机构；成立天府新区眉山市建设委员会办公室。1997—2012 年，范智能、黄跃、黄健、万俊才、徐成良先后任主任，苏东荣、郝继和、黄健、徐成良、肖忠良、张岷、陈瑞林、胡屏、袁大可、李永康先后任副主任，尹曦、李军先后任纪检组组长。

眉山市投资促进委员会（眉山市招商引资局）　2005 年 10 月，撤销挂在眉山市商务局的眉山市招商引资局牌子，组建眉山市招商引资局（挂眉山市经济合作办公室牌子）。2008 年 4 月，设立广东省、福建省、上海市、江苏省、浙江省、重庆市 6 个招商引资分局；成立眉山市现代畜牧业招商分局，为眉山市招商引资局派出机构，由眉山市畜牧局管理。2009 年 7 月，眉山市现代畜牧业招商分局更名为眉山市招商引资局七分局；8 月，成立眉山市投资促进服务中心。2010 年 5 月，撤销眉山市招商引资局六分局（重庆），眉山市招商引资局广东省、福建省、上海市、江苏省、浙江省分局分别更名为眉山市人民政府驻广东省、福建省、上海市、江苏省、浙江省经济合作局，隶属于眉山市招商局领导和管理；新组建眉山市人民政府驻成都经济合作局；新组建眉山市人民政府铝硅产业经济合作局和眉山市人民政府化工产业经济合作局，分别由眉山铝硅产业园区管委会和眉山金象化工产业园区管委会负责，在园区增挂牌子，与园区招商部合署办公。2012 年 5 月，撤销眉山市招商引资局（眉山市经济合作办公室），组建眉山市投资促进委员会，内设办公室、综合科等 10 个科室。下设眉山市投资促进服务中心、眉山市投资促进信息中心 2 个事业单位；设派出机构眉山市人民政府驻北京、成都、广东、上海、江苏、浙江、武汉 7 个经济合作局。1997—2012 年，蔡刚、鲁建伟、阳运良、罗万东先后任招商引资局局长，梁小林、李伟、周荣华、廖宇勇、梁秀华、王泽文、周吉勋、赖刚、赵勇先后任副局长，赵勇、刘光友先后任纪检组组长。2012 年，宣迅兼任市投资促进委员会主任，立胡左格兼任第一副主任，罗万东任常务副主任，罗瑞、贺俊明、王泽文、钟云胜兼任副主任，周吉勋、赖刚任副主任，刘光友任纪检组组长。

眉山市发展和改革委员会（眉山地区计划委员会）　1997 年 12 月，设立眉山地区计划委员会，挂地区物价局和地质矿产局牌子；成立地区物价检查所，隶属地区物价局管理。2000 年 12 月，眉山地区计划委员会更名为眉山市发展计划委员会，设立眉山市以工代赈办公室、眉山市经济动员办公室、眉山市重大项目稽察特派员办公室。2003 年 9 月，眉山市物价检查所更名为眉山市物价局价格监督检查分局，并增挂眉山市价格举报中心牌子。2005 年 6 月，眉山市发展计划委员会改组为眉山市发展和改革委员会（以下简称市发展改革委），挂眉山市以工代赈办公室牌子。2006 年 4 月，设立眉山市项目工作领导小组办公室（以下简称市项目办）；7 月，设立眉山市第三产业领导小组办公室。2009 年 1 月，成立眉山市招投标管理办公室，为市发改委内设行政机构；8 月，在市项目办增挂市铁路、机场建设办公室牌子。2010 年 1 月，在市铁路、机场建设办公室增挂市综合交通枢纽办公室牌子；8 月，眉山市发展和改革委员会挂眉山市物价局牌子。2011 年 6 月，在市发改委社会发展科挂眉山市医疗卫生体制改革领导小组办公室牌子。1997—2012 年，余纪桦、马骁骏、周仲明、李建章先后任主任，邵治国、陈万忠、李九安、王涛、周强、兰华、李红、黄海波、杨大兴、牟长海、杨波先后任副主任，隋敏杰、黄海波、何健、余永忠、张敏、余冬梅先后任纪检组组长，罗雪梅任总经济师。

眉山市经济和信息化委员会（眉山地区经济委员会）　1997 年 8 月，设立眉山地区经济委员会和地委经济委员会政治部，实行一套班子、两块牌子管理。2000 年 12 月，眉山地区经济委员会更名为眉山市经济委员会，挂眉山市供销合作社牌子。2001 年 10 月，设立眉山市经济贸易委员会，挂眉山市供销社牌子。2005 年 6 月，组建眉山市经济委员会（以下简称市经委），挂眉山市国有资产监督管理委员会牌子（以下简称市国资委），实行一套班子、两块牌子。2006 年 10 月，市经委增挂眉山市中小企业局牌子，眉山市乡镇企业局牌子由中小企业科改挂市经委。2010 年 8 月，设立眉山市经济和信息化委员会（以下简称市经济和信息化委），挂眉山市中小企业局牌子。市政府办公室内设的无线电管理处及所属事业单位“连人带编”整体划转到市经济和信息化委员会机关及下属事业单位。截至 2012 年年底，眉山市经济和信息化委员会内设 17 个职能科室。1997—2012 年，周仲明、马骁骏、李明舟、冉登祥、鲁建伟、王岳先后任主任，贺学文、肖成新、王建武、吴光鉴、陈泽轩、余敏为、刘忠志、鲁建伟、胡波、李付贵、周强、魏才兵、付畅文、周荣华、何健、黄锦鸿、王元华、艾晓兵、张仕兵先后任副主任，齐勇、邓德均先后任纪检组组长，徐庆中任总经济师。

眉山市教育局（眉山地区教育委员会）　1997 年 8 月，设立眉山地区教育委员会，为市政府工作部门。11 月，设立眉山地区广播电视大学，眉山地区大学中专招生、自学考试委员会办公室，眉山地区教育科学研究所。1998 年 12 月，眉山电大正式挂牌，迁入转型的眉山师范学校合署办公。2000 年 12 月，眉山地区教育委员会更名为眉山市教育委员会。2001 年 10 月，眉山市教育委员会更名为眉山市教育局。2005 年 8 月，市教育局增挂眉山市人民政府教育督导室牌子。2006 年 10 月，眉山市人民政府教育督导室更名为眉山市人民政府教育督导团，不再挂市教育局普教科牌子。2012 年 6 月，划入由原市文体影视新闻出版局负责的体育行政管理工作职能。眉山市教育局内设 12 个中层机构。下设眉山市招生办公室、眉山市教科所、眉山市教育技术装备站、眉山市学生资助管理中心、眉山市学校后勤管理中心、眉山市第一小学、眉山市第一幼儿园、眉山市电大、眉山科学技术学校 9 个直属机构。1997—2012 年，李为果、于忠平、徐井万先后任眉山地区（市）教委（教育局）主任（局长），林晓、宋俊安、吴为、刘敏、何久伦、罗瑞、王晋祥、周俸贵、曾维刚、彭敏、陆卫江、严树文、姚小虎、赵晓明先后任副主任（副局长），宋俊安、李红、尹曦先后任纪检组组长。

眉山市科学技术局（眉山地区科学技术委员会）　1997 年 9 月，设立眉山地区科学技术委员会（以下简称地区科委）。下辖事业单位有地区科技信息中心、地区专利事务所、地区科技培训中心和地区科技情报所。1998 年，增挂眉山地区地震工作办公室牌子。2001 年 10 月，眉山地区科学技术委员会更名眉山市科学技术局。截至 2012 年，机构无变化，下设（挂靠）眉山市知识产权管理处、眉山市科技情报研究所、市科技培训中心、眉山市防震减灾局。1997—2012 年，钟建初、杨静萍、唐承忠、邱炳光、陈付生先后任眉山地区科委（市科技局）主任（局长），李俊、蔡刚、张刚、杨健、左永成先后任副主任（副局长），张刚、左永成、刘天舒先后任纪检组组长。

眉山市公安局（眉山地区公安处）　1997 年 8 月，设立眉山地区公安处，内设机构 23 个。2000 年 12 月，眉山地区公安处更名为眉山市公安局。2001 年 10 月，眉山市公安局内设机构 29 个。2005 年 6 月，设立眉山市城市管理警察大队。2007 年 3 月，市公安局法制科增挂眉山市公安局直属分局牌子。2008 年 1 月，组建眉山市关押中心（眉山市公安局监所管理支队）。2009 年 7 月，市公安局以“科”设立的内设机构更名为“处”。2010 年 3 月，设立市公安局园区直属分局。2011 年 1 月，撤销眉山市城市管理警察大队；6 月，市公安局园区直属分局更名为市公安局园区分局、市公安局巡警支队更名为眉山市公安局特巡警支队；7 月，市公安局成立岷东新区公安分局；8 月，恢复法制支队挂“眉山市公安局直属分局”牌子；11 月，公共信息网络安全监察支队增挂“眉山市公安局互联

网信息监控中心”牌子。2012年3月，市公安局行动技术侦察支队更名为技术侦察支队；7月，市公安局“装备财务处”更名为“警务保障处”。年末，市公安局内设机构27个，其中副县级部门10个；派出机构园区公安分局、岷东新区公安分局。1997—2012年，李海、陈兵、马宏、辜永忠先后任眉山市公安局（处）局（处）长，朱树钧、尹志、张学林、徐增泉、马宏、晏长林、王中富、黄国清、叶建昆、王志刚、杨云峰、胡国民、王加宾、金育林、李文彬、杨林、王怀轩、刘长林、王正祥先后任副局（处）长，林泽明、金育林、陈仲文、何升俊先后任政治部主任，徐增泉、罗达生、时正权、刘志彬先后任纪委书记，汪学军、管生文先后任机关党委书记。

眉山市（地）民政局 1997年9月，设立眉山地区民政局。挂地区国际减灾十年委员会办公室牌子、拥军优属拥政爱民领导小组办公室牌子。1998年，设立眉山地区老龄委员会办公室，由地区劳动局管理。1999年，设立眉山地区老龄委员会。2000年12月，眉山地区民政局更名为眉山市民政局；眉山地区老龄工作委员会办公室更名为眉山市老龄工作委员会办公室。至2012年，眉山市民政局内设11个中层机构。管理眉山市老龄工作委员会办公室。1997—2012年，李小中、陈桂花、余自生先后任眉山市（地）民政局局长，周志云、钟建国、王义权、余浩、隋敏杰、李述清、杨海涛、谌俊平先后任副局长，周志云、王义权、覃海东、郑剑坤先后任纪检组组长。

眉山市（地）司法局 1997年9月，设立眉山地区司法局。2000年7月，眉山地区司法局更名为眉山市司法局。2009年，设立眉山市人民调解指导中心，挂靠市司法局。2012年，市司法局内设10个中层机构。1997—2012年，胡志军、张宝林、耿学贵、赵樱先后任眉山市（地）司法局局长，李华刚、柯杉、刘学锋、李德超、雷建勇、彭惠琴、祝明洪、朱海波、叶忠文、赵明刚先后任副局长，牟建霖、刘长明、谭谢伟、牟锐先后任纪委书记，吕光进任政治部主任，徐勇任机关党委书记。

眉山市（地）财政局 1997年8月，设立眉山地区财政局。2000年12月，眉山地区财政局更名为眉山市财政局。2001年，成立眉山市国库集中支付中心，隶属市财政局领导。2008年，眉山市财政局监督检查科更名为眉山市财政监督检查局。至2012年，眉山市财政局内设［办公室、综合科、预算科、国库科、非税收入征收管理科、行政政法科、教科文科、经济建设科、农业科、社会保障科、企业科、投资管理科、会计科（行政许可科）、政府采购管理科、眉山市农业综合开发办公室、人事科］16个科室和眉山市财政监督检查局。1997—2012年，张启林、黄健、宋仁祥先后任局长，毛文远、陈泽文、邹明君、王国华、邱云祥、覃建华、王平、蒋会强、张勇先后任副局长。秦霞、徐燕茹先后任纪检组组长，张勇、胡明军任总会计师，李光任机关党委书记。

眉山市人力资源和社会保障局（眉山地区人事局、眉山地区劳动局） 1997年8月，设立眉山地区人事局，挂眉山地区军队转业干部安置办公室、工考办、地区职称改革领导小组办公室牌子；设立眉山地区劳动局。2000年12月，眉山地区劳动局更名为眉山市劳动局。2001年10月，设立眉山市人事局，挂市军队转业干部安置办公室牌子；眉山市劳动局更名为眉山市劳动和社会保障局。2010年8月，市人事局、市劳动和社会保障局合并，设立眉山市人力资源和社会保障局，为市政府工作部门。内设17个科室，挂眉山市引进国（境）外智力工作办公室、眉山市职称改革领导小组办公室、眉山市劳动人事争议仲裁委员会办公室、眉山市军队转业干部安置工作办公室牌子。至2012年无变化。1997—2010年，宋思彬、张茂成、冉涛、于忠平先后任市（地）人事局局长，罗瑞、刘红、曾丽霞、于星文、周静、李贤军、郑高庆、陈亚先后任副局长，罗瑞、钟少云先后任纪检组组长；李茂全、刘红先后任市（地）劳动局、市劳动和社会保障局局长，余浩、兰华、郭强宁、邓宁、周静、何丹丹、朱亚明、钟云胜、庞红梅先后任副局长，余浩、谭谢伟、李鑫刚先后任纪检组组长。2010—2012年，于忠平、何万高先后任市人力资源和社会保障局局长，郭强宁、钟云胜、庞红梅、

戴中、陈亚先后任副局长，钟少云任纪检组组长，尹万军任机关党委书记。

眉山市国土资源局（眉山地区国土局）　1997 年 8 月，设立眉山地区国土局。2000 年 12 月，眉山地区国土局更名为眉山市国土局。2001 年 10 月，设立眉山市国土资源局（挂市移民办公室牌子）。2003 年，成立眉山市土地统一征用中心、眉山市土地储备中心、眉山市国土资源执法监察支队。2004 年 10 月，成立眉山市地质环境监测站。12 月，市、县国土资源主管部门实行上一级国土资源主管部门党组（党委）管理为主、地方党委协助管理的双重管理体制。2005 年 4 月，单独设立眉山市移民安置办公室，仍由眉山市国土资源局管理。2007 年 4 月，市移民安置办公室由市国土资源局划出，为市政府委托行使行政职能的直属事业单位。2008 年 7 月，增设眉山市国土资源局直属分局。2012 年，眉山市国土资源局辖眉山市土地管理事务所、眉山市土地统一征用中心、眉山市土地储备中心、眉山市国土资源执法监察支队、眉山市地籍地政事务所、眉山市地质环境监测站、眉山市国土资源档案信息中心、眉山市土地开发整理中心、眉山市城区国土资源站 10 个事业单位。1997—2012 年，黎岭、陈大权、李永高先后任眉山市（地）国土资源局局长，张发根、王仲成、廖小宁、胡昆明、胡明述先后任副局长，曾艳任纪委书记，何萍任机关党委书记，吴建清任总工程师。

眉山市（地）环境保护局　1997 年 8 月，设立眉山地区城乡建设和环境保护委员会，下设环境保护科（对外挂眉山地区环保局牌子）。1999 年 4 月，环保科升格为地区环保局，副县级单位，归口地区城乡建设和环境保护委员会管理。2000 年 12 月，撤销眉山地区环境保护局，设立眉山市环保局，为市政府序列局。至 2012 年，市环保局设 13 个科室及眉山市环境监察执法支队、眉山市环境监测中心（工程评估中心）。1997—2012 年，钟建初、门俊良先后任眉山地区城乡建设和环境保护委员会办公室主任；张勇、张伟、陈万忠、门俊良、江昌淆先后任眉山市（地）环境保护局局长，郭才文、李启明、陈万忠、吴光鉴、张明、李智勇、李言先后任副局长，赵勇、邱永贵先后任纪检组组长，李智勇、许政先后任总工程师。

眉山市住房和城乡建设局（眉山地区城乡建设环境保护委员会）　1997 年 8 月，设立眉山地区城乡建设环境保护委员会。2000 年 12 月，环保局职能整体划出，单设市环保局，撤销眉山地区城乡建设环境保护委员会，设立眉山市城乡建设委员会。2001 年 5 月，眉山市城乡建设委员会更名为眉山市规划建设局。11 月，城市管理职能划归市城市管理局。2002 年 1 月，原东坡区建设局下设 13 个事业单位整体上划市规划建设局。市园林绿化管理、市路灯管理、市政工程管理、市环境卫生管理机构由市规划建设局划转市城市管理局。2005 年 6 月，眉山市规划建设局更名为眉山市规划和建设局。2006 年 7 月，市农能办划归市农业局；2007 年 6 月局属市交易中心划归市政府公共资源交易中心。2009 年 2 月，市风景园林建设处划归市城管执法局，10 月，市供排水总公司、市节水处划归市水务局。2010 年 8 月，市公交公司划归市交通运输局；市城乡规划职能整体划出，单设市城乡规划局；10 月，市人防办划归市政府办公室，为市政府直属事业单位。新设立眉山市住房和城乡建设局。2012 年，眉山市住房和城乡建设局内设 15 个科室，挂眉山市住房保障办公室牌子。下属事业单位市房地产管理局、市市政工程建设处、市建设工程质量安全监督站、市城市建设监察支队、市散装水泥推广使用办公室、市东坡湖公园管理处、市建设工程招标投标管理办公室、市建设工程造价管理站、市城乡建设档案馆、市建设教育培训中心、市房地产信息中心、市国有土地上房屋征收与补偿中心 12 个。下设市住房保障办公室、市房地产管理局（副县级）。1997—2012 年，钟建初、门俊良先后任眉山地区城乡建设环境保护委员会主任，杨建中、崔宏才、张伟、刘先杰、彭全刚任副主任；刘先杰任眉山市城乡建设委员会主任，杨建中、崔宏才、张伟任副主任；刘先杰任眉山市规划建设局党组书记，崔宏才、杨建中、邓策任副局长；杨建中、李学文、周立平先后任眉山市规划和建设局局长，崔宏才、邓策、张乐勤、洪卫刚、伍明辉、胡徐、吴山先后任眉山市规划和建设局副局长；周立平任眉山市住房和城乡建设局局长，胡徐、伍明辉、王新东、吴山、张旭冬先后任眉山市住房和城乡建设局副局长，刘伯政、王新东、杨光华先后任纪检组组长，刘伯政、周文强先后任机关党委书记，刘德怀、伍明辉、张旭冬先后任总工程师。

眉山市交通运输局（眉山地区交通局） 1997年8月，设立眉山地区交通局。2000年12月，眉山地区交通局更名为眉山市交通局。2010年8月，眉山市交通局更名为眉山市交通运输局，内设眉山市交通战备办公室（眉山市保护通信线路安全办公室）。市规划和建设局管理的市公共交通客运公司划归市交通运输局。2011年，市高速公路建设领导小组办公室设在市交通运输局，与市交通重点工程建设推进办公室合署办公。至2012年，市交通运输局下设眉山市交通战备办公室、市（地）公路管理局、四川省眉山交通技工学校（眉山交通职业技术学校）、眉山市交通重点工程建设推进办公室、眉山市（地）道路运输管理处、眉山地区港航监督处、眉山市地方海事局。1997—2012年，马兆云、周明华、龙学渊先后任眉山市（地）交通运输局（交通局）局长；冯国元、易红兵、何保元、刘小伶、徐启明、汪文毅、覃建伟、韩顺江先后任副局长；牟德明任总工程师；易红兵、简福林、卓红梅、陈行任纪检组组长。

眉山市水务局（眉山地区水利电力局） 1997年8月，设立眉山地区水利电力局。2000年，眉山地区水利电力局更名为眉山市水利电力局。2001年8月更名为眉山市水利局。2009年，眉山市水利局更名为眉山市水务局。挂市节约用水办公室牌子。至2012年，市水务局辖市政府防汛抗旱指挥部办公室、市水利管理处、市地方电力管理处、市水利水电工程质量监督站、市水土保持预防监督管理站、市水土保持办公室、市河道疏浚队、市水政监察支队、市水利工程水库移民办公室、市水产渔政局、四川省渔业船舶检验局眉山检验处、中国渔船船东互保协会眉山代办处、市农村供水建设管理总站、市水利水电勘测设计所、市城镇节约用水管理处；直属或代管四川省都江堰黑龙滩灌区管理处、四川省通济堰管理处、眉山市供排水总公司、四川省洪雅七里沟联办电厂。1997—2012年，周明华、陈明芳、朱建文、李俊先后任眉山市（地区）水务（电、利）局局长，李玉生、李永高、张先康、钟相友、王大全、胡庆、易红兵、陈明芳、兰文军、卢明春、郑绍飞、梁启明、李正清先后任副局长，尹大发、艾阳泉任总工程师，朱润祥任纪检组组长，文琼任机关党委书记。

眉山市（地）农业局 1997年8月，设立眉山地区农业局，地区农业局与地区农工办合署办公，实行一套班子、两块牌子。设立眉山地区农机事业局。2000年12月，眉山地区农业局更名为眉山市农业局，眉山地区农机事业局更名为眉山市农机事业局。2004年8月，市农村能源管理办公室从市规划建设局整体划归市农业局管理。2010年8月，市农机事业局行政管理职责划入市农业局，市农机事业局由市政府直属事业单位调整为市农业局管理的事业单位（保留牌子）。2012年4月，市农机事业局划归市农业局管理。辖参公管理事业单位市农村能源管理办公室、市农业行政执法支队、市农村经营管理站、市农机事业局、市农机监理所；事业单位市农业技术推广站、市植保植检站、市经济作物站、市泡菜产业推进办公室、市土壤肥料工作站、市农业科技教育站、市农业质量检测中心、市种子管理站、市蚕业管理站。1997—2012年，彭光荣、王志敏、熊英先后任局长，王志敏、陈竹、耿毅、钟利东、余茂军、白炼、潘志辉、刘艺先后任副局长，程军任总农艺师，陈智红、李军、刘云东、王英哲、魏众侪先后任纪检组组长。李超、张相荣、张伟、宋骥、熊英先后任眉山市（地）农机事业局局长，高万春、张万洪、汪建军先后任副局长。

眉山市（地）林业局 1997年8月，设立眉山地区林业局。2000年，眉山地区林业局更名为眉山市林业局。至2012年，眉山市林业局设7个科室、挂市绿化委员会办公室牌子；辖眉山市森林病虫害防治站，眉山市护林防火站、野生动植物保护站，眉山市林木种苗站，眉山市林业科技推广中心，眉山市森林公安局。1997—2012 年，刘泽军、李小中、封昌明、王澄琳先后任眉山市（地区）林业局局长，马朝洪、杨晓宁、钟利东、严明宇、杨忠、洪建明、胡宝林、叶志远先后任副局长；李群尧任纪检组组长。

眉山市商务局（眉山地区贸易局）　1997 年 12 月，设立眉山地区贸易局。2000 年 12 月，撤销眉山地区贸易局，挂酒类专卖事业管理局和物质行业管理办公室、商贸安全办公室牌子。2001 年 10 月，撤销眉山市贸易局，设立眉山市经济贸易委员会，挂市供销社牌子。2005 年 6 月，组建眉山市商务局，挂市供销社、市招商引资局牌子。12 月，成立市招商引资局，划出招商引资职能。2012 年 1 月，成立眉山市博览事务局。2012 年，眉山市商务局内设 8 个科室；辖眉山市丝绸公司、眉山市对外贸易经济合作局、中国国际贸易促进委员会眉山市委员会、眉山市博览事务局。1997—2001 年，李辛毅任眉山市（地）贸易局局长；于忠平任眉山地区对外经济贸易委员会主任，龚宗跃任眉山地区对外经济贸易委员会副主任。2001—2005 年，周仲明先后任眉山市经济贸易委员会主任；刘欣、蔡刚任眉山市对外经济合作局局长，龚宗跃、杨文任副局长。2005—2012 年，蔡刚、陈维辉、罗瑞先后任眉山市商务局局长，龚宗跃、刘继桂、杨美凭、张文清先后任副局长，杨美凭、陈勇先后任纪检组组长。2003—2012 年，余敏、龚宗跃先后任供销社主任，李崛任供销社副主任。2012 年，刘继桂任眉山市博览事务局局长。

眉山市文化广播影视新闻出版局　1997 年 9 月，设立眉山地区文化体育局。10 月，增挂“眉山地区体育运动委员会”“眉山地区新闻出版局”牌子；撤销眉山县广播电视局，组建眉山地区广播电视局，原眉山县广播电视局管理的广播电台、电视台、有线电视台和全部在编人员一并收归地区广播电视局管理和使用。2001 年 1 月，眉山地区文化体育局更名为眉山市文化体育局；眉山地区广播电视局更名为眉山市广播电视局。2004 年 7 月，眉山市文化体育局更名为眉山市文体新闻出版（版权）局。2010 年 8 月，眉山市文体新闻出版（版权）局和眉山市广播电视局合并建立眉山市文体影视新闻出版局。2012 年 6 月，体育行政管理职能划入市教育局，市文体影视新闻出版局更名为眉山市文化广播影视新闻出版局。辖事业单位市文化馆（挂市文艺创作中心牌子）、三苏祠博物馆（挂市文物局牌子）、市文化市场综合执法支队、市图书馆、市非物质文化遗产保护中心、市东坡书画院（挂市美术馆牌子）、市电影发行放映公司。1997—2012 年，李宗明、李显平、龙学渊、李建章先后任眉山市（地区）市文体局局长，周全方、郭怀巧、李国莲、王晋川、王岷、杨常沙、李攀伦、姚小虎任副局长，袁卫彬、朱龙飞任纪检组组长；徐明利、朱建文、王澄琳、周小川先后任市（地）广电局局长，李显平、蔡心华、夏炬光、吕泓、师征、彭蜀宁、雷金贵任副局长，蔡心华、吴福顺任纪检组组长。田禾任市文化广播影视新闻出版局（市文体影视新闻出版局）局长，彭蜀宁、杨常沙、李攀伦、吕泓、师征、姚小虎、邓敏、曲红、朱龙飞先后任副局长，朱龙飞、徐松先后任纪检组组长。

眉山市（地）卫生局　1997 年 8 月，设立眉山地区卫生局。2000 年 12 月，眉山地区卫生局更名为眉山市卫生局。2001 年 10 月，眉山市卫生局承担的原市劳动局职业卫生监督职能，药政、药检职能交市药品监督管理局，医药管理办公室职能移交市经贸委，市公医办管理公费医疗的职能移交市社会保险局。2004 年 10 月，眉山市卫生局疾病控制科增挂卫生应急办公室（眉山市突发公共卫生事件应急指挥中心）牌子。2010 年 8 月，市食品药品监管局综合协调食品安全、组织查处食品安全重大事故的职责划入市卫生局；餐饮服务许可，餐饮业、食堂等消费环节食品安全监管和保健食品、化妆品卫生监督管理的职责划归市食品药品监管局。至 2012 年，市卫生局内设 11 个科室，挂卫生应急办公室、药品招标办公室牌子；辖眉山市爱国卫生运动委员会办公室、眉山市人民医院、眉山市妇幼保健院、眉山市疾病预防控制中心、眉山市卫生执法监督支队。1997—2012 年，朱万建、李康、彭锋先后任眉山市（地）卫生局局长，张正华、陈念勇、陈建民、薛红、夏炬光、谌俊平、王吉宏、黄大贤先后任副局长，王建兰、徐容先后任纪检组组长。

爱国卫生运动委员会办公室　1997 年，眉山地区爱国卫生运动委员会下设办公室（以下简称爱卫办），挂靠地区卫生局，由地区卫生局局长兼办公室主任。1999 年 10 月，配备爱卫办专职副主任。2001 年 10 月，爱卫办挂靠市卫生局疾病控制科。2012 年 1 月，改为正县。1997—2012 年，朱万建、夏炬光先后任市爱卫办主任，薛红、彭家兴先后任副主任。

眉山市人口和计划生育委员会（眉山地区计划生育委员会）　1997 年 8 月，设立眉山地区计划生育委员会。2000 年 12 月，撤销眉山地区计划生育委员会，设立眉山市计划生育委员会。2005 年 6 月，眉山市计划生育委员会更名为眉山市人口和计划生育委员会，内设 5 个科室。至 2012 年，机构无变化。1997—2012 年，李亚非、刘泽军先后任主任，王晋祥、宋俊安、王泽文、胡志中、梁小林、李晓萍先后任副主任，向丕元、罗敏、李亚斌先后任纪检组组长。

眉山市（地）审计局　1997 年 8 月，设立眉山地区审计局。2000 年 12 月，撤销眉山地区审计局，设立眉山市审计局。2006 年，成立眉山市审计信息中心；眉山市审计局经济责任审计科更名为经济责任审计分局。2007 年，市审计信息中心更名为市审计局直属分局。2012 年，固定资产投资审计科更名为固定资产投资审计分局。至 2012 年，内设眉山市审计局经济责任审计分局、眉山市审计局投资审计分局。1997—2012 年，罗德敏、周开伦、钟建初、陈泽文、彭惠琴先后任局长，邓晓松、陈国通、王杰、邹明君、魏聂、兰可、刘志勇、张征先后任副局长，万义任纪检组组长，周京慧、张亚平先后任总经济师。

眉山市（地）统计局　1997 年 8 月，设立眉山地区统计局。设立眉山地区社会经济调查队，隶属地区统计局领导。2001 年 1 月，眉山地区统计局更名为眉山市统计局；撤销眉山地区社会经济调查队，设立眉山市社会经济调查队。至 2012 年，机构无变化。1997—2012 年，余自生、郭才文先后任眉山市（地）统计局局长，余自生、张万洪、严军、程志春、余素芬、蔡卫东先后任副局长，程志春、胡琦、胡玲先后任纪检组组长，严军、邹水清先后任总统计师。

眉山市旅游局　1997 年 8 月，设立地区外事侨务旅游台湾事务办公室，内设 5 个科室。2001 年 7 月，单设眉山市旅游局。2010 年，市旅游局内设 5 个科室。2012 年 8 月，市旅游局增加旅游服务中心。2001—2012 年，黄玉蓉、陈维辉、黄劲松先后任眉山市旅游局局长，廖民生、辜多好、何万高、罗万东、毛林、李四清、高萍、涂勇先后任副局长，王学芳、孙丽琴先后任纪检组组长。

眉山市外事侨务台湾工作办公室（眉山地区外事侨务旅游台湾事务办公室）　1997 年 8 月，设立眉山地区外事侨务旅游台湾事务办公室。2000 年 12 月，撤销眉山地区外事侨务旅游台湾事务办公室，设立眉山市外事侨务台湾事务办公室（挂中共眉山市委台湾工作办公室牌子）。2010 年 12 月，眉山市外事侨务台湾事务办公室更名为眉山市外事侨务台湾工作办公室，实行外办、侨办、台办合署办公，代市委管理市友协、市侨联、市台联 3 个群团机构。2010 年 12 月，更名为眉山市外事侨务台湾工作办公室（以下简称市外侨台办）。1997—2012 年，潘俊华、时翠华、曾丽霞先后任主任，时翠华、辜多好、刘毅、刘艺、杨涛先后任副主任，施丹任纪检组组长。

眉山市法制办公室　1998 年 4 月，眉山地区行署办公室内设法制科（挂地区法制局牌子）。2000 年 12 月，撤销眉山地区行署办公室法制科，设立眉山市政府办公室法制科（挂市法制局牌子）。2001 年，单设眉山市法制办公室，为市政府工作部门。2009 年，设立市行政调解指导中心，挂靠市法制办。至 2012 年，机构无变化。1998—2012 年，杨波任市（地区）法制局局长；杨波、何万高先后任市法制办主任，白刚任副主任。

眉山市城市管理行政执法局（眉山市城市管理局）　2001年11月，设立眉山市城市管理局。2002年1月，市园林绿化管理、市路灯管理、市市政工程管理、市环境卫生管理职能从市规划建设局划入。2005年8月，眉山市城市管理局更名为眉山市城市管理行政执法局，同时组建眉山市城市管理委员会，办公室设在市城市管理行政执法局内合署办公。2008年12月，市园林绿化管理处升格为市园林局。2009年2月，市规划和建设局下设的市风景园林建设处整体划入市园林局。2012年，市城市管理行政执法局内设7个科室；下设市城市管理行政执法支队、市园林局、市路灯管理处、市市政管理局、市环卫处。2001—2012年，徐世斌、范继洪、钟维钦、兰文军先后任眉山市城市管理行政执法局（眉山市城市管理局）局长，梅斌、吴英、牟建霖、胡抗、万廷建、袁卫彬、陈仲池、时正权、罗敏先后任副局长，帅劲东任纪检组组长。

眉山市（地）粮食局　1997年8月，设立眉山地区粮食局。2000年12月，眉山地区粮食局更名为眉山市粮食局。2010年，明确眉山市粮食局为市政府工作部门。至2012年，机构无变化。1997—2012年，刘川峨、魏文彪、钟建国先后任眉山市（地区）粮食局局长，孙小奔、兰文军、杨兴彦、刘毅、孙绍全先后任副局长，管志祥任纪检组组长。

眉山市（地）畜牧局　1997年8月，设立眉山地区畜牧局。9月，设立眉山地区饲料工业办公室，与地区畜牧局合署办公。2000年12月，眉山地区畜牧局更名为眉山市畜牧局，为市政府机构序列。2003年10月，成立眉山市奶业发展办公室，挂靠市畜牧局。2012年，市畜牧局内设（办公室、计划财务科、生产科教科、畜产品安全监管科、奶业发展管理科、兽医兽药管理科）6个科室，直属事业单位为畜牧站、饲草饲料站、动物卫生监督所和动物疫病预防控制中心。1997—2012年，张万成、李敬华、董望年、万俊才先后任眉山市（地区）畜牧局局长，李文辉、谢智明、陈竹、彭远畅、蔡健、耿毅、向丕元、刘云东、余明鑫、苏学文先后任副局长，杨忠、白炼、余明鑫、赵敏先后任纪检组组长。

眉山市城乡规划局　2005年7月，眉山市住房和城乡建设局原规划科升格为规划局，下属建设局。2010年8月，眉山市城乡规划局从市住房和城乡建设局划出。内设7个科室，下设市城乡规划设计院、市城市规划监察支队、市城乡规划信息中心3个事业单位。2010—2012年，刘友洪任局长，张乐勤、曾涛、张光志先后任副局长，舒平任纪检组组长，苏品文任总规划师。

眉山市国有资产监督管理委员会　2005年11月，撤销原挂在市经委的市国有资产监督管理委员会，单独组建眉山市国有资产监督管理委员会。2006年1月挂牌。至2012年，机构无变化，内设5个科室；管理眉山市开发性金融合作办公室、眉山市董监事会办公室。2005—2012年，邓晓松、贺俊明先后任市国资委主任，秦彪、李付贵、岳志云、张岷、武靖宇先后任副主任，岳志云、周文军先后任纪检组组长。

眉山市安全生产监督管理局（眉山市安全生产委员会办公室）　2001年7月，设立眉山市安全生产委员会办公室。2003年5月，市安全生产委员会办公室增挂眉山市安全生产监督管理局牌子，实行一套工作班子、两块牌子。煤矿安全监督职能从市经贸委划归市安全生产监督管理局。2010年8月，成立眉山市安全生产监督管理局挂眉山市安全生产委员会办公室牌子。2001—2012年，肖成新、邓策、吴光鉴先后任局长（主任），刘坤、张帆、洪卫刚、陈一江先后任副局长（主任），杨梅任纪检组组长。

眉山市食品药品监督管理局（眉山地区药品监督管理局）　1999年10月，设立眉山地区药品监督管理局，与眉山地区卫生局实行一套班子、两块牌子。2000年12月，撤销眉山地区药品监督管理局，设立眉山市药品监督管理局。2001 年 6 月，设立四川省眉山药品监督管理局，为省药品监督管理局的直属机构，实行省以下垂直管理体制。2005 年 9 月，更名为四川省眉山食品药品监督管理局。2010 年 8 月，取消食品药品监管系统省以下垂直管理体制，市政府设立眉山市食品药品监督管理局，为市政府工作部门，辖市食品药品检验所和市食品稽查支队 2 个事业单位，内设 7 个科室，下设药品稽查支队。至 2012 年，机构无变化。2001—2012 年，曾治文、彭锋、杨云峰先后任市（食品）药品监督管理局局长，彭锋、郑晓、蔡永华、吴甚儒、蒋卫东、曾扬先后任副局长，侯永昌、胡抗、邹泽香先后任纪检组组长。

眉山市人民政府政务服务中心　2001 年 7 月，设立眉山市行政服务中心。市行政服务中心分别由行政服务中心管理委员会（以下简称管委会）、服务窗口和投诉受理窗口组成。2004 年 7 月，市行政服务中心更名为市 365 行政服务中心管理委员会。2005 年 10 月，市 365 行政服务中心更名为眉山市人民政府政务服务中心。2007 年，市政府政务服务中心增挂市全民创业服务中心、市全民招商服务中心、市惠民帮扶中心牌子。至 2012 年，机构无变化。2001—2012 年，李保华、张相荣、阳运良、陈付生、康勤先后任眉山市政务服务中心主任，康勤、彭国超、朱学军、陈智红、阚建军、余加建先后任副主任，陈智红、刘朝臣、曾翠仙先后任纪检组组长。

二、政府双重垂直管理单位

2012 年，眉山市政府有双重垂直管理（眉山市政府与四川省级部门双重管理）单位 7 个。

四川省眉山市工商局（四川省眉山工商局）　1997 年 8 月，设立四川省眉山工商局。2002 年 3 月，四川省眉山工商局更名为四川省眉山市工商局。2012 年，眉山市工商局有内设机构 16 个、直属机构 3 个。1997—2012 年，张金明、唐成远、邓朝忠先后任局长，黄建国、袁晓东、余国民、罗春、杨国芳、马国平、王北、卓红梅先后任副局长，汤学清、郑贤惠、伍志勇先后任机关党委书记，汤学清任纪检组组长。

四川省眉山质量技术监督局（眉山地区技术监督局）　1997 年 9 月，设立眉山地区技术监督局。1999 年 8 月，眉山地区技术监督局更名为四川省眉山质量技术监督局，由四川省质量技术监督局实行垂直管理。2006 年 5 月，设立四川省乳制品质量监督检验中心。2009 年 1 月，眉山市质量技术监督检测中心分设为计量检定测试所和质量监督检验所。2012 年，眉山质监局内设 17 个科室；管理眉山市质量技术监督检测中心、眉山市特种设备监督检验所、眉山市纤维检验所 3 个直属事业单位。1997—2012 年，陈永义、巫小波、韩全国先后任眉山地区技术监督局、四川省眉山质量技术监督局局长，张洪玖、张平、李永林、袁勤、刘文泉、瞿泽林先后任副局长，王文忠、刘江平、杜平先后任纪检组组长，刘宗和、瞿泽林、宋忠宁先后任机关党委书记。

四川省眉山市（地）国家税务局　1997 年 10 月，设立四川省眉山地区国家税务局，内设 5 个科室，下设四川省眉山地区国家税务局直属分局、税务稽查分局、计算机信息管理中心 3 个直属机构。2000 年 12 月，撤销四川省眉山地区国家税务局、四川省眉山县国家税务局，分别设置四川省眉山市国家税务局、四川省眉山市东坡区国家税务局。2004 年，眉山市国家税务局征收局更名为眉山市国家税务局直属分局。2005 年，眉山市国家税务局直属分局改名为眉山市国家税务局直属税务分局。2009 年，实施国税系统机构改革，设 11 个内设机构，稽查局和车辆购置税征收管理分局、直属税务分局 3 个直属机构，信息中心、机关服务中心、票证中心 3 个事业单位。2012 年 9 月，成立大企业管理科。1997—2012 年，张兵、刘波、任晓先后任局长，饶长恩、杨旭松、徐萍、宋世永、郭英雷、苟茂林、刘辉、杨映平先后任副局长，饶长恩、周春云、张君梅先后任纪检组组长，杨映平、张学锋先后任总经济师，范新民任总会计师。

四川省眉山市（地）地方税务局　1997年8月，设立眉山地区地税局。1999年7月，眉山地区地方税务局直属征收分局、眉山地区地方税务局稽查局挂牌运行。2001年1月，四川省眉山地区地方税务局更名为眉山市地方税务局。增设眉山市地方税务局科技工业园区征收分局。保留市局直属征收分局、稽查局。2002年4月，眉山市地方税务局更名为四川省眉山市地方税务局（以下简称市地税局）。2003年5月，成立四川省眉山市地方税务局科技工业园区征收分局。至2012年，机构无变化。1997—2012年，罗学明、陈友辉、王开东先后任眉山市（地）地方税务局局长，谢世林、王洎、杨绍明、余晓峰、韦一新、蒲明才、李祥、卓玉梅先后任副局长，程俊勇、吴春发、侯江浩先后任纪检组组长，吴春发、李祥、肖山先后任总经济师，卓玉梅、傅畅江先后任总会计师。

眉山市（地）气象局（台）　1998年8月，设立眉山地区气象局（台）。2000年12月，眉山地区气象局更名为眉山市气象局。2001年1月，眉山县气象局更名为眉山市东坡区气象局。至2012年，机构无变化。1997—2012年，黄连清、李顶洪先后任眉山市（地）气象局局长，李顶洪、邓永清、岳永良、杨静、杨义彬、尧登宇先后任副局长，刘升炳、曾建中、孙洪述先后任纪检组组长。

国家统计局眉山调查队　2007年2月，设立国家统计局眉山调查队。为国家统计局实行垂直管理的政府统计调查机构。至2012年，国家统计局眉山调查队内设6个科室。程志春任队长，贾恒、任世明任副队长，干晓艳任纪检组组长。

四川眉州监狱　四川眉州监狱为1954年建的眉山监狱和1952年建的兴文监狱合并于2010年10月组建而成。至2012年机构无变化。

三、政府议事协调机构

市农工办　1997年12月，设立中共眉山地委农村工作办公室、眉山市地区农村工作办公室，眉山地区抗灾救灾办公室牌子挂在农工办。2000年12月，中共眉山地委农村工作办公室更名为中共眉山市委农村工作办公室，眉山地区人民政府救灾办公室更名为眉山市人民政府救灾办公室。2001年7月，成立眉山市劳务开发领导小组，在市农工办挂市劳务开发办牌子。2001年10月，设立眉山市扶贫开发领导小组办公室。2002年5月，设立中共眉山市委农村工作领导小组办公室、眉山市人民政府农村工作领导小组办公室。挂眉山市扶贫开发领导小组办公室和眉山市人民政府救灾办公室牌子。2007年7月，成立眉山市农业产业化办公室。2010年8月，撤销眉山市扶贫开发领导小组办公室。2012年3月，眉山市委农村工作领导小组办公室更名为市委农村工作委员会。1997—2012年，彭光荣、李永高、袁世金、陈明芳先后任市（地）农工办（农工委）主任，王志敏、陈竹、卢守权、吴运新、陈青松、钟涛、李秀英、王英哲先后任副主任。

眉山市食品安全委员会办公室　2012年8月，设立眉山市食品安全委员会办公室，内设综合协调科、监督检查科。杨国芳任眉山市食品安全委员会办公室主任。

四、政府派出机构

眉山现代工业新城办公室　2012年1月，成立眉山现代工业新城办公室，为市政府派出机构，内设综合科、产业发展科、投资促进科。主任梅斌，副主任冯献忠。

眉山市岷东新区管理委员会　2011年9月，设立中共眉山市岷东新区工作委员会、眉山市岷东新区管理委员会，分别为市委、市政府的派出机构，正县级建制。岷东新区党工委、管委会和四川眉山经济开发区党工委、管委会实行一套班子、两块牌子。2012年，岷东新区管委会内设办公室、经济发展局、拆迁安置办公室、招投标管理办公室、财政局、招商引资局、社会事业局。下设眉山市国土资源局岷东新区分局、眉山市城乡规划局岷东新区分局、眉山市住房和城乡建设局岷东新区分局、眉山市公安局岷东新区分局、眉山市岷东新区项目服务中心、眉山市岷东新区土地储备中心及眉山岷东开发投资有限公司。白灵贵任党工委书记（管委会主任），王毅任党工委专职副书记，向加琪、邓世虎、邹和良、向涛先后任管委会副主任，罗维任纪工委书记。

眉山铝硅产业园区管理委员会（眉山铝产业集中发展区管理委员会）　2006年10月，组建眉山铝产业集中发展区管理委员会。2008年4月，眉山铝产业集中发展区管理委员会更名为眉山铝硅产业园区管理委员会。2010年2月，眉山铝硅产业园区管委会实行“政园合一”，规划与基层政权组织管辖“三位一体”的运行模式，东坡区将修文镇委托眉山铝硅产业园区管委会管理。管委会内设8个中层机构。2012年5月，甘孜藏族自治州人民政府与眉山市人民政府签署合作协议，共同组建甘眉工业园区。设立中共甘眉工业园区工作委员会和甘眉工业园区管理委员会，与眉山铝硅产业园区党工委和管委会实行一套班子、两块牌子。2006—2012年，余治平、冉涛、刘文德先后任党工委书记，周仲明、秦彪、伍红先后任管委会主任，周凌峰任党工委专职副书记，伍红、苏旭燕、粘建军、邹成双、康勤、郭建华、何文华、彭盆、冷青峰先后任管委会副主任，何文华、王龙还先后任纪检组组长。

眉山金象化工产业园区管理委员会（眉山金象化工产业集中发展区管理委员会）　2006年4月，设立眉山金象化工产业集中发展区管理委员会。2008年4月，眉山金象化工产业集中发展区管理委员会更名为眉山金象化工产业园区管理委员会。2010年，眉山金象化工产业园区管委会实行“政园合一”，东坡区将象耳镇委托眉山金象化工产业园区管委会管理。管委会内设8个中层机构。至2012年，机构无变化。2006—2012年，刘十庆、宋骥先后任党工委书记，余浩、付畅文、王风先后任党工委副书记，余浩、付畅文先后任管委会主任，李伟忠、李胜华、王鹏、杨志刚、范旺、王风、张亮先后任管委会副主任，吴吉会任纪工委书记。

眉山岷江现代农业示范园区管理委员会　2012年7月，设立中共眉山岷江现代农业示范园区工作委员会、眉山岷江现代农业示范园区管委会，分别为中共眉山市委、眉山市人民政府派出的正县级机构。宋良勇兼任党工委书记（管委会主任）。

黑龙滩风景区管理委员会　2001年，建立黑龙滩开发区，辖黑龙滩镇、杨柳镇、分水乡、光相乡。2005年5月，乡镇优化组合，将原黑龙滩开发区管委会所辖的黑龙滩镇、杨柳镇、分水乡、光相乡撤并合建新的黑龙滩镇。2006年9月，成立眉山市黑龙滩风景区管理委员会，与仁寿县黑龙滩镇人民政府合署办公，实行区镇合一管理体制，一套班子、两块牌子。

五、政府直属事业单位

眉山职业技术学院　眉山职业技术学院前身是创建于1927年的四川省眉山国民师范学校和创建于1958年的四川省乐山专区农业学校。眉山国民师范学校1953年定名为眉山师范学校。乐山专区农业学校1972年更名为乐山地区农业学校，1985年5月更名为乐山市农业学校，1997年9月更名为眉山农业学校，是省部级重点中专学校。2002年4月，四川省眉山农业学校、四川省眉山师范学校合并组建眉山职业技术学院。为专科层次普通高等学校，实施全日制高等职业教育。眉山职业技术学院隶属眉山市政府管理。至2012年，机构无变化。2002—2012年，李为果、胡亮、徐井万先后任院长，王华清、刘晓琼、胡亮、邓永前、赵晓明先后任副院长。

眉山市邮政管理局　1998年10月，眉山邮政电信分营，设立眉山地区邮政局。2000年12月，撤销眉山地区邮政局，设立眉山市邮政局。2008年，邮政实施专业化改革，1月划出邮政储蓄。成立中国邮政储蓄银行眉山分行，眉山市邮政局代理其金融储蓄业务。2009年1月，设立眉山市邮政速递物流公司。将快递业务纳入邮政市场监管范围，明确和强化邮政管理部门监管责任。市邮政局代理其速递物流业务。2012年8月，设立眉山市邮政管理局，内设办公室和行业管理科。1998—2012年，吕庆民、何厚毅、柴华、覃建伟先后任局长，何建伟、杨文新、柴华、李庚云、张祥勇、黄勇军、黄天勇先后任副局长，李明贵任工会主席。

眉山市公共资源交易中心　2008年3月，组建眉山市公共资源交易中心，为市政府直属事业单位。原市政府采购中心、市土地矿权交易中心和市招标投标交易中心职能划入市公共资源交易中心。2008—2012年，杨帆任主任，王岷、余永忠、邓艳梅先后任副主任，郭静任纪检组组长。

眉山市机关事务管理局　2001年6月，设立眉山市市级机关事务管理中心，下设市政中心管理处和旭光小区物业管理处。2007年4月，眉山市市级机关事务管理中心更名为眉山市机关事务管理局；设立眉山市会议中心，归市机关事务管理局管辖；设立眉山市体育馆，由市文体局管理调整为市机关事务管理局管理。2009年4月，市机关事务管理局内设7个中层机构。至2012年，机构无变化。2001—2012年，杨成平、刘云福、贺建文先后任眉山市机关事务管理局（市级机关事务管理中心）局长（主任），金荣扬、刘云福、余清洪、杨文、陈智红、杨大勇先后副局长（主任），谌俊平、郑贤柱先后任纪检组组长。

眉山市（地）档案局（馆）　1997年12月，设立眉山地区档案局（馆），实行局馆合一，为地委、行署直属事业局。2000年12月，撤销眉山地区档案局（馆），设立眉山市档案局（馆）。2011年，设立眉山市档案信息服务中心。截至2012年年底，机构无变化。2006—2012年，文浩、庞红梅先后任局（馆）长。2002—2012年，文浩、刘光伟先后任副局（馆）长。

眉山市（地）地方志编纂委员会办公室　1997年11月，设立眉山地区地方志编纂委员会办公室。2000年12月，撤销眉山地区地方志编纂委员会办公室，设立眉山市地方志编纂委员会办公室，为市政府直属事业单位。2008年4月，市地方志办参照公务员法管理。至2012年，内设2个科室。1998—2012年，黄健、徐成良、刘云福、杨文先后任市（地）地方志办主任，余明鑫、徐强先后任副主任。

眉山市扶贫和移民工作局（眉山市移民安置办公室）　2000年7月，设立眉山市移民安置办公室，由市农办管理。2001年11月，设立眉山市扶贫开发领导小组办公室，与中共眉山市委、眉山市人民政府农村工作领导小组办公室、眉山市人民政府救灾办公室实行三块牌子、一套工作班子、合署办公，由市人民政府管理。2005年4月，单设眉山市移民安置办公室，为副县级事业单位，由市国土资源局管理。2007年4月，市委、市政府单设市移民安置办公室，为市政府直属事业单位。2009年5月，市移民安置办公室参照公务员法管理。2010年9月，市移民安置办公室与市扶贫开发领导小组办公室合并成立眉山市扶贫和移民工作局（简称市扶贫移民局），增挂眉山市扶贫开发领导小组办公室牌子。2007—2012年，陈维辉、杨大兴先后任眉山市移民安置办公室（眉山市扶贫和移民工作局）主任（局长）；胡昆明、刘俊辉、魏忠鑫、陈青松先后任副主任（副局长）。

眉山市政府金融办公室　2009年3月，设立眉山市政府金融办公室，是眉山市人民政府负责全市金融业发展的协调服务的直属事业单位，行政级别正县级。至2012年，机构无变化。王岳、邓见文先后任主任，滕波、马向荣先后任副主任。

眉山市广播电视台　2010年8月，设立眉山市广播电视台，为市政府直属事业单位。至2012年，机构无变化。周小川任台长，雷金贵、吴福顺、张剑、乐俊清先后任副台长，古伯良任总编辑，李长虹任总工程师。

眉山市人民防空办公室（眉山市民防局） 2007 年 7 月，设立眉山市人民防空办公室，为市规划和建设局内设机构。2010 年 10 月，确定眉山市人民防空办公室为市政府直属事业单位，眉山市人民防空局挂靠市政府办公室，与市人民防空办公室合署办公，实行一套班子、两块牌子，内设 3 个科。至 2012 年，市人民防空办公室增设民防应急科。刘德怀、李攀伦任主任，邓洪刚任副主任。

眉山市住房公积金管理中心 2003 年 5 月，组建眉山市住房公积金管理中心，2004 年 7 月挂牌。至 2012 年，机构无变化。张征、王杰先后任主任，詹梁任副主任。

眉山市城乡环境综合治理办公室 2012 年 6 月，设立眉山市城乡环境综合治理办公室，为市政府直属事业单位，内设综合科、督查科、宣教科 3 个科室。万廷建任主任，杨琴任副主任。

六、政府直属企业

眉山发展（控股）有限责任公司 2011 年 6 月，成立眉山发展（控股）有限责任公司。为眉山市人民政府授权国资委履行出资人职责的国有独资公司。有眉山岷江东湖饭店有限公司、眉山市宏大建设投资有限责任公司、眉山市资产经营有限公司 3 家全资、控股子公司和参股公司。肖巍任董事长，彭晓宇任总经理，万义兼任监事会主席，黄远强任财务总监，徐继红任岷江东湖饭店董事长。

南车眉山车辆有限公司（眉山车辆厂） 1966 年 11 月，铁道部成立眉山车辆工厂。1972 年 10 月，更名为交通部眉山车辆工厂。1975 年 2 月，更名为铁道部眉山车辆工厂，隶属于铁道部工业总局。1986 年 2 月，隶属于铁道部机车车辆工业总公司。1989 年 9 月隶属于中国铁路机车车辆工业总公司。1994 年 2 月，铁道部眉山车辆工厂更名为眉山车辆厂。2000 年，眉山车辆厂划归中国南方机车车辆工业集团总公司。2002 年 7 月，眉山车辆厂更名为中国南车集团眉山车辆厂。2008 年 1 月，中国南车集团眉山车辆厂更名为南车眉山车辆有限公司。2009 年 11 月，公司下属机构调整，设置 20 个综合管理部室和 10 个直属分（子）公司、车间。至 2012 年，机构无变化。张泽民、薛景涛、夏春生先后任中国南车集团眉山车辆厂（眉山车辆厂）厂长，吴惠春、饶庶、孟维新先后任党委书记，孟庆远、唐复兴、夏春生、李香林、王志强先后任党委副书记，贾庆德、杨永林、董与民、董如福、孟维新、吴晓东、孟庆远、雷自原先后任副厂长，饶庶、肖颖先后任总工程师，周宏民、李铁生、赵世军先后任总会计师，唐复兴、孟庆远、李香林、王志强先后兼任纪委书记，李香林、王志强先后兼任工会主席。2008—2012 年，夏春生、张作、孟维新先后任南车眉山车辆有限公司总经理，孟维新、郑平先后任党委书记，王志强任党委副书记，孟庆远、雷自原、吴岱滨、肖颖、潘树平、危勇先后任副总经理，肖颖、潘树平任总工程师，赵世军、吴岱滨、危勇任财务总监，王志强兼任纪委书记、工会主席，王云东任厂长。

四川省电力公司眉山公司 2001 年，成立四川省电力公司眉山公司。至 2012 年，机构无变化，四川省电力公司眉山公司辖 1 个直供直管供电局（仁寿供电局），4 个由省公司委托眉山电力公司代管的地方县级供电企业。赵勤、胡刚、李义镇、陈云辉先后任总经理，赵勤、雷江海、陈强、金富怀先后任党委书记，罗忠华、王经纬、何勇、雷江海、闵向东、李科峰、陈强、苗锋、杨迎春、金富怀先后任副总经理，曹吉成、刘开金先后任纪委书记，曹吉成、程文艺、刘晓宇、罗亘先后任工会主席，詹迎雪、孙志远先后任总会计师，张昀、夏军先后任总工程师。

眉山市（地）烟草专卖局（分公司） 1997 年 12 月，成立眉山地区烟草专卖局（分公司），实行“两块牌子，一套班子”政企合一运行机制。下辖眉山、彭山、丹棱、洪雅、仁寿、青神 6 个县级烟草专卖局（公司）和眉山烟叶复烤厂。2000 年，眉山地区烟草专卖局（分公司）更名为眉山市烟草专卖局（分公司）。同年，眉山烟叶复烤厂因资不抵债停产。2005 年 8 月，眉山市烟草分公司更名为四川省烟草公司眉山市公司，保留眉山市烟草专卖局。2012 年 11 月，省烟草专卖局（公司）增名“眉山市烟草公司”。至 2012 年年底，眉山市烟草专卖局（公司）辖仁寿、东坡、彭山、洪雅、青神、丹棱 6 个县级烟草专卖局（分公司）及 1 个物流中心。实行“统一领导、垂直管理、专卖专营”的国家专卖管理体制。王光林、叶章贵、四朗彭措先后任眉山市烟草专卖局（公司）局长（经理）；叶章贵、王晓刚先后任党组书记；陈青川、薄冀川、谌泽俊、青志勇、周平先后任市烟草公司副经理；张东升、薄冀川、陈青川、周平、杨海智先后任市烟草专卖局副局长；谌泽俊、杨海智、张六一先后任纪检组组长。

四川省冶金地质勘查局六〇五大队　1964 年，组建冶金工业部四川省冶金地质勘探公司六〇五大队，隶属于冶金工业部四川省冶金地质勘探公司（为四川省冶金厅派出机构）；1984 年 10 月，更名为冶金工业部西南冶金地质勘探公司六〇五大队，隶属于冶金工业部西南冶金地质勘探公司；1990 年 6 月，更名为冶金工业部西南地质勘查局六〇五大队，隶属于冶金工业部西南冶金地质勘查局。2001 年 4 月，冶金工业部西南冶金地质勘探公司六〇五大队更名为四川省冶金地质勘查局六〇五大队，隶属于四川省冶金地质勘查局。至 2012 年，机构无变化。覃家芳、刘怀彬、谭宏、杨伟寿先后任队长，陈胜凯、罗云、叶国新、胡正文、覃定明先后任副队长，杨平、叶国新、徐明超先后任纪委书记。

四川省地质矿产勘查开发局九一五水文地质工程地质队　1984 年 2 月，中国人民解放军基本建设工程兵第九一五团成建制撤销部队番号，集体就地转业组建地质矿产部九一五水文地质工程地质大队。1999 年 4 月，地质矿产部九一五水文地质工程地质大队更名为四川省地质矿产勘查开发局九一五水文地质工程地质队。至 2012 年，侯金武、范崇荣、赵德富、黄勇、莫裕科先后任（大）队长，刘玉忠、赵德富、杨六岗、黄明忠、曹仲明、熊勇、王作堂、刘祥、王志平、周明伟、张涛先后任副队长。

中国石油天然气股份有限公司四川眉山销售分公司　1997 年 10 月，组建四川省石油集团眉山有限公司。12 月挂牌，直接管辖仁寿、彭山、洪雅、丹棱、青神 5 个县公司。1998 年 7 月，四川省石油集团眉山有限公司及其所辖的支公司随四川省石油集团有限公司划入中国石油天然气集团公司。2000 年 11 月，公司正式更名为中国石油天然气股份有限公司四川眉山销售分公司。至 2012 年，公司设置部门 8 个，直属机构有信息中心 1 个，附属机构有非油（润滑油）经营部 1 个，有太和油库、新蜀油库 2 座油库，机关所在东坡片区、洪雅片区、青神片区、仁寿片区、彭山片区 5 个片区。万剑波、王国华、刘苏、黄斌先后任四川省石油集团有限公司经理（中国石油四川眉山销售分公司总经理），李敬华、韦奇、周志君、李洪、高佳宾、郑井平先后任副经理（副总经理），陆明全、郑井平、金利歆先后任总会计师。万剑波、王国华、刘苏、黄斌、郑井平先后任党委书记，董晓安、张学梁、李洪、黄斌先后任党委副书记，董晓安、李洪、郑井平先后任纪委书记。

四川省有线广播电视网络股份有限公司眉山分公司　2007 年 4 月，组建眉山市广播电视网络有限责任公司。2011 年 1 月，成立四川省有线广播电视网络股份有限公司眉山分公司。至 2012 年，雷金贵任董事长，李长虹任总经理。

第二章　重要会议

1997—2012 年，眉山市政府（地区行政公署）按期召开政府组成人员全体会议（以下简称全体会议）、常务会议和专员、市长办公会议，共召开全体会议 29 次、市政府常务会议 233 次、市长办公会议 189 次，讨论研究全地区、全市政治、经济、文化和社会等方面的重要政策措施、工作事项及其部署，安排政府（行政公署）重大活动，对经济社会依法进行民主决策，实施科学管理；讨论修改政府（行政公署）工作报告，定期分析经济社会发展形势，部署、检查阶段性工作，克服建设发展中的各种问题、矛盾和障碍，保障和促进眉山经济社会各项事业持续健康发展。

第一节　政府组成人员全体会议

1997 年，地区行署制定《眉山地区行政公署工作规则》《眉山地区行政公署常务会议制度》《眉山地区行政公署专员办公会议制度》《眉山地区行政公署全体会议制度》，明确行署组成人员全体会议由专员或委托常务副专员召集和主持，行署全体组成人员参加，每半年召开 1 次；主要传达贯彻中央、省和地委、地区人大及其常委会的重要决定和工作部署，讨论决定行署工作的重大问题和重要部署，审议行署工作报告，通报部门工作情况，交流经验。1998—2000 年，地区行署召开全体会议 6 次，传达贯彻中央、省、地委重要指示、决议、决定和重要会议精神。决定和部署行署的重大工作举措和重大改革决定。通报全地区政治、经济形势，讨论通过按照法律规定需由行署全体会议决定的其他重大问题，总结、部署行署工作。2001—2005 年，市政府召开全体会议 10 次，研究眉山市人口与计划生育“十五”计划，讨论市级机关自建办公楼、眉山科技工业园建设项目管理，全市农业、农村经济发展和生态建设“十五”计划等问题。贯彻落实四川省第八次党代会精神，讨论市委跨越式发展战略、瀑布沟水电站外迁农村移民安置工作、全市税费改革、征地拆迁安置、清理整顿土地市场、经济普查、地质灾害、矿产资源开采、城市用水等。2006—2012 年，市政府召开全体会议 15 次，通报全市经济社会形势和重大事件，研究决定全市经济和社会发展目标、贯彻落实省政府关于支持汶川地震灾后重建、国务院和省政府廉政工作、全省经济工作会议精神等，研究“九五”计划、“十二五”人才发展、政府自身建设、全市开放型经济发展第十二个五年规划、市级重点项目工作、行政机关效能监察、企业改制等重大问题。

第二节　政府常务会议

眉山市政府（地区行署）、常务会议一般每月召开 1 至 2 次，由市长（专员）或委托常务副市长

（常务副专员）召集和主持，副市长（副专员）、秘书长参加，副秘书长、市政府（行署）办公室正副主任列席，需要时安排有关部门主要负责人列席。主要讨论决定市政府（行署）工作中的重大问题，讨论由市政府（行署）发布的规范性文件，讨论决定各县（区）人民政府、各部门（单位）请示市政府（行署）的重要事项，依照法律和有关规定讨论决定市政府（行署）各部门（单位）干部的任免、奖惩。

一、眉山地区行政公署常务会议

1997—2000 年，眉山地区行署召开常务会议 38 次，主要讨论决定行署工作中的重大问题、由行署发布的规范性文件和其他重要事项。

眉山地区行署 1997—2000 年常务会议主要议题一览表

表 20-5

类别	审议通过的规范性文件	讨论研究、部署的重点工作、重大事项
综合	眉山地区行政公署工作规则、眉山地区行政公署常务会议制度、眉山地区行政公署专员办公会议制度、眉山地区行政公署全体成员会议制度等	行政公署工作会议制度、成乐高速公路眉山境内建设、省道 106 线改建工程建设、建立眉山地区国家农业生态环境保护试验区、地区地级机关单位工作人员养老保险、各年度财政预决算等
产业经济	关于做好大春农副产品收购资金供应工作的通知，关于印发《眉山地区收费及资金管理办法》的通知、关于搞活金融促进经济发展的通知、关于加强眉山城市新区土地交易市场管理的通知、关于进一步深化流通体制改革的通知、关于切实做好 1998 年小春粮油收购资金供应和管理工作的通知、关于印发《眉山地区建设工程招投标实施办法》的通知（试行）、关于深化基层供销社改革的意见等	组建眉山电业局、省道 106 线改建工程开始征地拆迁、眉山新区建设，建立眉山地区国家级农业生态环境保护试验区、水资源和水利设施补偿费征收、煤炭工业、劳动力调整、厂长负责制试点、工业企业推行承包经营责任制、地区工业管理机构改革等
城乡建设	关于认真贯彻落实四川省城市市容和环境卫生管理条例强化城市管理的通知、关于印发《眉山地区 2000 年重点工业企业污染物达标排放工作方案》的通知、关于印发《眉山地区禁止焚烧农作物秸秆规定》的通知、关于印发眉山地区贯彻《四川省爱国卫生管理办法》的实施意见的通知、关于对全区工业企业污染源达标排放实施“零点行动”的决定等	眉山新区建设、强化城市管理、环境保护、爱国卫生、防止污染、通惠河整治、新农村建设等
社会发展	关于将眉山地区列为四川省农村教育综合改革试验区的请示、关于发布《眉山地区科学技术进步奖励办法》的通知、关于印发《眉山地区地级机关、事业单位工作人员养老保险暂行办法》的通知、关于进一步加强职业教育工作的通知、关于印发《眉山地区职工个人教育费征收管理使用办法》的通知、批转《关于发展和完善农村合作医疗保障制度的实施意见》的通知、关于印发《眉山地区教学成果奖励办法》的通知、关于批转地区科委关于进一步加强科教兴农工作的意见的通知、关于印发《眉山地区深化城镇住房制度改革加快住宅建设发展的实施方案》的通知、关于调整企业基本养老保险缴费比例的通知、关于贯彻实施《失业保险条例》有关问题的通知、关于在全区开展敬老优待服务的通知、转发地区公安处关于眉山地区创建平安大道实施城市交通畅通工程的方案的通知、关于表彰命名眉山首批文化先进县的决定、关于 2000 年为教师办实事的通知、关于实施村村通有线广播电视工程的通知、关于印发《眉山地区流动人口计划生育工作管理暂行规定》的通知、关于《印发眉山地区科学技术奖励办法的通知》等	教育科技、医疗卫生、住房制度改革、人口计划生育、郊区无地队撤队转居、军队转业干部住房、颁发居民身份证、专业技术职务聘任等

二、眉山市政府常务会议

2001—2012 年，眉山市政府召开常务会 195 次。

2001—2005 年，市政府召开常务会 67 次，主要讨论重要规范性文件、工业与城建重大项目，经济、社会等其他全市性重要工作事项；2006—2010 年，市政府召开常务会议 60 次，讨论经济社会工作及人事任免，审议一批规范性文件及其贯彻意见，研究部署年度财政预算、教育发展和改革、新区财政体制、“十一五”规划等重点工作；2011—2012 年，市政府召开常务会议 68 次，研究投资、科技、安全生产、市级重点项目、建立五星级政务服务中心等工作。

眉山市政府 2001—2012 年常务会议主要议题一览表

表 20-6

时段	类别	审议通过的规范性文件	讨论研究、部署的重点工作、重大事项
2001—2005 年	综合	关于印发《眉山市人民政府工作规则》的通知、《眉山市人民政府市长信箱工作制度（试行）》的通知、《眉山市人口与计划生育“十五”计划》的通知、《眉山市鼓励外来投资优惠政策》的通知、解决治理农村中小学乱收费的通知、下达眉山市 2002 年、2003 年国民经济和社会发展计划的通知、关于贯彻落实四川省第八次党代会和市委跨越式发展思路的意见、关于进一步加强农村教育工作的意见、关于印发《中共眉山市人民政府党组保持共产党员先进性教育活动整改实施方案》的通知、关于印发《眉山市人民政府全民推进依法行政五年规划（2006—2010 年）的通知》等	成立市行政服务中心，现场办理审批事项。将市行政服务中心更名为眉山市“365”行政服务中心，把政务提高到眉山发展环境建设的高度。落实市委《关于进一步改善发展软环境的决定》，12 个与群众联系密切的部门主要负责人向全市人民公开承诺。提出“加强四大建设、改善四大环境”的任务，依法行政
	产业经济	关于贯彻执行《四川省工程建设项目招投标管理若干规定》的通知、关于进一步加强竹产业发展的通知、关于印发《眉山市奶业发展规划纲要》的通知、关于加快商贸流通业发展的意见、关于促进和引导民间投资的意见、关于加快民营经济发展的决定、关于进一步实施名牌发展战略的意见、关于印发《眉山市土地储备资金运作管理暂行规定》的通知	新一轮经济体制改革、开发区建设、城北工业村建设、清理固定资产投资规模和党政机关经商办企业、建立特区窗口、眉山新产品交易会、工业管理体制、技术进步、建立洪雅奶业、仁寿文宫枇杷基地和曹家梨子基地、青神竹编基地、东坡区泡菜基地等
	城乡建设	关于印发眉山市农业、农村经济发展和生态建设“十五”计划的通知、关于加强生态环境建设和保护实施可持续发展战略的决定、关于在全市实施“净化、绿化、亮化、美化”工程的通知、关于在中心城区实施城市光彩工程的通知、关于印发《眉山市城市夜景灯饰设置管理办法》的通知、关于印发《眉山市中心城区创建省级园林城市实施方案》的通知、关于溶化工业污染源综合整治的实施意见、关于印发《眉山市“十一五”期间主要污染物排放总量控制计划》的通知等	市区总体规划调整、城市维护费安排，公路交通与城市基础设施建设，房地产开发归口管理等
	社会发展	关于贯彻四川省城镇医药卫生体制改革实施意见的通知、印发关于深化办学体制改革大力发展民办教育的意见的通知、关于表彰全市“知名教师”等优秀教育工作者的通报、关于公布第一批市级重点文物保护单位的通知、关于印发科技工业园建设项目管理规定的通知、印发眉山市关于调整农村中小学校布局和精简优化教职工队伍的实施意见的通知、关于进一步加强非典型性肺炎防治工作的通知、关于全面加强禽流感防控工作的紧急通知、关于印发《眉山市科学技术奖励办法》的通知等	教育卫生、劳动制度、蔬菜产销体制改革、生猪价格改革、教育质量、人口计划、城镇居民收入、农民人均收入等。2005 年，科技对经济增长的贡献率提高 7 个百分点；公共卫生体系初步建立，有效防控“非典”等重大疫情；教育事业蓬勃发展，高中阶段教育普及率提高，教育质量，人口计划。城镇居民收入，农民人均纯收入等

续表20-6

时段	类别	审议通过的规范性文件	讨论研究、部署的重点工作、重大事项
2006—2010年	综合	关于确保实现2007年经济社会又好又快发展的意见、关于落实《眉山市国民经济和社会发展第十一个五年规划纲要》主要目标和任务分工的通知、关于进一步完善新型农村合作医疗试点工作的意见、关于印发《扩权强县市赋予仁寿县经济管理权限项目》的通知、关于开展国家级卫生城市创建工作的通知、关于加强质量工作的意见、关于促进循环经济发展的实施意见、关于搞活流通扩大消费的实施意见、关于进一步加强国土资源管理工作的通知、关于扎实推进制度巩固深化年工作的意见、关于印发眉山市“十二五”政府自身建设规划的通知。关于进一步加强房地产市场管理的意见、关于推进农业机械化又好又快发展的实施意见、关于印发《眉山市人民政府工作规则》的通知等	财政预算、行政事业单位预算、外资金管理、整顿金融“三乱”、土地供应机制改革、政府采购制度等。2007年，仁寿县被列入全省首批扩权强县试点县。2009年，市政府赋予仁寿、彭山县182项经济管理权限。全力推动“法治型、责任型、效能型、廉洁型”政府建设工作，将2009年确定为“制度建设年”、2010年为“制度执行年”、2011年为“制度巩固深化年”等
	产业经济	关于2007年全市安全生产工作的意见、关于做优工业产品的实施意见、关于印发眉山市现代畜牧业发展方案及配套文件的通知、关于促进循环经济发展的实施意见、关于进一步促进房地产业加快发展的意见、关于加快现代农业基地建设的实施意见、关于加快现代畜牧业发展的意见、关于印发眉山市“十二五”循环经济发展规划的通知、关于促进“十二五”非公有制经济发展的实施意见、关于印发眉山市“十二五”农产品精深加工产业发展规划的通知等	农业标准化“十五”发展计划、企业资产重组、乡镇企业改革与发展、控减乡镇和企业负担、经济开发区建设等，解决区县发展中的困难和问题，对重点工业乡镇和奶业发展重点乡镇下放部分权限等
	城乡建设	关于印发《眉山市城市规划区征地拆迁居民就业培训和社会保险暂行办法》的通知、关于加快江河堤防工程建设的通知、关于印发《眉山市城市生活垃圾处理收费管理办法》的通知、关于加强政府投资工程建设项目监督管理的意见、关于印发《眉山市城市绿化管理实施办法》的通知、关于加快推进城乡绿化工作的意见、关于印发《眉山市“十二五”公路水路交通规则》的通知、关于印发《眉山市城市园林绿化管理办法》的通知	城市规划、水利建设、环境卫生、行业改革、城市建设、投资公司组建和运营方案、市行政中心建设、行政审批服务中心筹建、市中心区商业步行街改造、城市道路畅通工程等
	社会发展	关于加快发展城市社区卫生服务的实施意见、关于开展政策性农业保险试点工作的通知、关于进一步做好贫困母亲救助工作的实施意见、关于认真做好地震灾后疾病防控工作的紧急通知、关于开展国家级卫生城市创建工作的通知、关于免除城市义务教育阶段学生学杂费的实施意见、关于进一步加强科技工作的意见、关于实施国家基本药物制度推进基层医药卫生体制综合改革的意见、关于印发《眉山市“十二五”教育事业发展规划》的通知、关于做好驻眉山部队干部随军家属就业和子女入学工作的实施意见、2011年冬季征兵命令等	抗洪赈灾、法律援助工作试点、医疗制度改革、义务教育、科技工作、市区居民最低生活保障制度等
2011—2012年	综合	关于做好2012年投资工作的意见、关于2012年安全生产工作的意见、关于做好2012年市级重点项目工作的通知、关于建设五星级政务服务中心的实施意见（试行）等	年度计划执行和安排工作、政府工作报告和目标管理、“十二五”规划编制、行政审批制度、眉山建市十二周年、《眉山市国民经济和社会发展第十二个五年规划纲要》目标任务和“高位求进、跨越发展”的战略措施等

续表20-6

时段	类别	审议通过的规范性文件	讨论研究、部署的重点工作、重大事项
2011—2012年	产业经济	关于印发《眉山市开发型经济发展第十二个五年规划》的通知、关于加快建设现代畜牧业经济强市的实施意见、关于印发《眉山市战略性新兴产业发展专项资金项目申报和管理办法》的通知等	开放型经济、现代畜牧业发展、产业结构调整、培育大企业大集团、促进旅游业发展、深化农村税费改革、免征农业税、政策性农业保险试点、粮食直补和粮种补贴等，组建三个现代农业示范园区，建成万亩以上连片发展的重点产业基地，生态特色农业观光园区，中国泡菜博物馆和国家级泡菜质检中心、青神竹编基地等
	城乡建设	关于印发《眉山市城乡环境综合治理“十二五”规划》的通知、转发《省政府关于加快长江等内河水运发展的实施意见》的通知、关于加强农村环境保护工作的意见、关于印发《眉山市“十二五”节能减排综合性工作方案》的通知、关于推进全域生态化的实施意见等	城乡环境综合治理、城市行政中心、落实城市长效综合管理机制、创建国家园林城市、数字化城市管理试点、主要道路市容与水环境综合整治等
	社会发展	关于印发《眉山市“十二五”老龄事业发展规划》的通知、关于印发《眉山市全民健身实施计划（2011—2015）》的通知、关于印发《眉山市残疾人事业“十二五”发展纲要》的通知、关于印发《眉山妇女发展纲要（2011—2020年）》的通知、关于建立全科医生制度的实施意见、关于扶持和促进中医药事业发展的实施意见等	老龄事业、全民健身、残疾人事业、妇女、全科医生制度、交通建设、民生工程、文化立市、实施教育“六大工程”等

第三节　市长（专员）办公会议

眉山市人民政府（地区行署）市长（专员）办公会议（例会、专题会）原则上每两周召开1次，由市长（专员）或分管副市长（副专员）召集，有关副市长（副专员）和有关秘书长、办公室主任参加，可通知有关部门负责人参加。主要是通报情况，听取国务院、省政府工作会议的汇报，讨论决定各副市长（副专员）分工职权范围内的重要专题性事项，研究贯彻上级有关专业性的工作部署和市政府（行署）全体会议、常务会议的决定，听取所分管部门的工作汇报，协调处理重要问题和上级交办的有关事项。会议的议题、时间由主持会议的市长（专员）或市长（专员）委托的副市长（副专员）确定。会议的组织、准备工作由市政府（行署）办公室负责。

一、眉山地区行署专员办公会议

1997—2000年，眉山地区行署召开专员办公会议35次，主要研究、讨论和审议环境保护、税收征管、教育科技、征地拆迁、新区建设、交通、养老保险、市场建设、建设工程招投标、产权制度改革、农村信用基金会并入农村信用社有关问题、治乱减负、安全生产、社会稳定、农田水利建设等重要工作、重大问题。

眉山地区行署 1997—2000 年专员办公会议研究的重大工作议题一览表

表 20-7

产业经济	城乡建设	社会发展
企业税收改革、区划调整后财政的划转衔接、民营科技企业、调整眉山地区茧丝绸管理体制、建设眉山地区农业科技产业化园区，组织参加’99四川名优特新产品博览会、编制眉山地区文化旅游资源数据、建设眉山地区农业科技产业化园区等	新区建设破土动工，城市建设总投资 8 亿余元，首期开发新区建设 6.5 平方千米，建成市政道路 33 条、城市排洪沟 4 条。完成眉山水厂技改工程，铺设新区供水主管网 6.5 千米，城市 5 万吨净水厂建成投入使用。建成供气配气站、调压站各一处，铺设输气管道 5.5 千米。新区安装箱式变压器 17 个，铺设电缆 120 千米、完成新区电信和闭路电视安装，全区 100%乡镇通光纤、60%村通电话	成都到乐山高速公路眉山地区境内北段起彭山县青龙镇，经彭山、眉山两县，全长 54.2 千米，建成通车，省道 106 线眉山城区段建成通车，“一横三纵”的主骨架公路网初步形成。实施“科教兴区”战略。全区组织实施各级各类重大科技项目 795 项，科技成果推广产值由 1997 年的 4.8 亿元增长到 2000 年的 42.39 亿元。全区“科技 50 亿”工程实现产值 53 亿元。全区幼儿园由 1997 年的 254 所增加到 393 所，小学由 1372 所减少到 1302 所，普通中学由 237 所增加到 249 所，有中等专业学校 3 所，建成 6 个广播电视台、3 座有线广播电视台、12 座有线电视站、7 个乡镇电视站、6 座发射台、卫星地面站 153 座。全区建成医疗卫生机构 3137 个，发展医院 286 所。全区 58660 人参加基本养老保险，建成福利院 166 个。乡镇及其以上新建房屋征收地方教育费附加、建立再就业服务中心、市区菜市场改造等

二、眉山市政府市长办公会议

2001—2012 年，眉山市政府召开市长办公会议 154 次。

2001—2005 年，市政府召开市长办公会议 57 次。主要研究讨论眉山市国民经济和社会发展计划、制止乱收费、自建办公楼、省道 103 线施工和过境场镇拆迁改造、省道 106 线建设、“龙水引眉”工程、防灾减灾、抗击“非典”、换届选举、科技工业园建设、深化行政审批制度、移民安置、整顿开发区建设用地、依法行政、中国诗书城建设等。2006—2010 年，市政府召开市长办公会议 65 次。主要研究讨论《眉山市国民经济和社会发展第十一个五年规划纲要》、新农合、政策性农业保险、农村饮水安全工程建设、奶业发展、扩权强县、质量兴市、新农村建设、新型农村合作医疗试点、国家级卫生城市、中国优秀旅游城市和省级园林城市创建、中国诗书城建设等。2011—2012 年，市政府召开市长办公会议 32 次。主要研究投资工作、安全生产、“十二五”规划等。

眉山市政府 2001—2005 年市长办公会议研究的重大工作议题一览表

表 20-8

时间	产业经济	城乡建设	社会发展
2001—2005 年	企业改革脱困、眉山车辆厂实施战略转移、863 厂资产移交、眉山石油公司网点建设、关闭洪雅县小煤窑、粮食清仓查库、国营建川机器厂破产清算终结及资产重组、清理整顿电信市场秩序、眉山车辆厂制动机项目落户眉山科工园、867 厂与四川三通合作、成都市新津筑路桥机械有限责任公司收购西南冶金机械厂、发展无公害农产品、中国义乌小商品城建设、中心城区城市建设和城市经营、国营星华仪器厂调迁改制，组建中小企业担保公司、江山纸业竹浆造纸项目落户东坡区、组建市级烟花爆竹公司、精英国际投资眉山、市交通技工校转制与发展、四川奶业现代化生产技术集成与产业化开发研究、上海埃力生合作及调迁、4501 厂破产等	重心下移抓县域经济发展、集中力量抓工业、建设“眉山新村”、自建办公楼、眉山城市新区街道巷地名标牌设置、岷江航道眉山段复航整治、新区南北干道整治、省道 103 线、106 线建设、眉山中心城区南北过境公路建设、市区危旧房和公厕改造、岷江二桥西桥头上游河堤治理及绿化、新农村建设等	公共卫生体系初步建立，有效防控“非典”等重大疫情。加强中小学收费管理、制止乱收费，教育事业蓬勃发展，高中阶段教育普及率提高 13 个百分点，教育质量保持全省前列。人口计划生育水平稳定。城镇居民收入增长 81%，农民人均纯收入增长 49.4%，有 5.6 万人实现就业和再就业，解决 8000 名绝对贫困人口的温饱问题。“龙水引眉”、行政区划调整、仁寿县撤区建区工委、中小学信息技术教育基础设施建设、规划建设眉山市群众艺术馆和图书馆、解决全市学龄盲童和弱势儿童就学、四川大学科华学院筹建、民办学校管理、东坡体育中心建设、殡仪馆选址建设、“中国诗书城”建设、市医疗废物集中处理、广电系统改革、流动人口管理、城市部分区域整治、城北通道建设、基础设施建设、发展城市公共交通、天然气供应、城镇居民低保、医保扩面、技工学校调整、科技信息网“村通工程”，组团参加第三届四川旅游发展大会民族民间艺术巡游展览、中国优秀旅游城市和省级园林城市创建、省级卫生城市创建、高校毕业生到“三州”和乡镇工作、新型农村合作医疗试点、建设眉山市社会和儿童福利院、新建眉山职业技术学院、建设残疾人康复中心、高校毕业生就业创业等

续表20-8

时间	产业经济	城乡建设	社会发展
2006—2010年	改善和优化经济发展软环境的决定、提升提速民营经济、奶业发展、人才引进、丹棱县农村生态万美家园建设、机械产业集中发展、眉山义乌商贸城、融资担保、两个启明星铝业公司全面复产、泡菜产业发展、洪雅县瓦屋山绿耳韭林铅锌矿探矿权、瓦屋山和七里坪、眉山铝硅产业园区建设、彭祖山和中岩寺旅游开发、开放型经济发展政策、政府职能转变，财政体制、投融资体制和国有企业改革、河道采砂管理等	统筹城乡发展、眉山城区环湖西路公厕改建、创建省级环境保护模范城市、丹棱县农村生态文明家园建设、东坡区太和子堤建设、青龙火车站货运站改扩建、东坡湖上游水污染防治、城市信息化、快速公交建设、城市交通建设管理、城乡防汛、东坡湖创五星级有关整改等	行业协会改革发展、户籍准入登记暂行规定、食用农产品质量安全管理、市区菜市场改造、消防事业发展、眉山职业技术学院建设、狂犬病防治和犬只管理、新型农村合作医疗试点、奖励市文学艺术体育成就突出者、旅游开发、建设市精神病院、四川省红十字会博爱老年康复中心项目建设、政府网站建设和政府信息公开工作、劳教戒毒所完善戒毒功能、做好婴幼儿奶粉事件处置应对工作、促进农民增收、科技工作、安全生产、社会保障、征地拆迁、被征地农民和农村居民基本（最低）生活保障制度等
2011—2012年	开放型经济发展，拓展国际经济合作领域和空间，打造承接产业转移基地，举办眉山市优势产业推介会、第四届中国四川泡菜国际展销会、市重点项目集中开工暨“两宋荣光”眉州大道改造工程项目开工、联合利华集团与眉山市正式签约、岷东新区项目集中开工、建设现代畜牧经济强市等	城乡环境综合治理、东坡公园改造提升、建成省级生态市等工作议题	文物保护、卫生惠民、经济适用房货币化补贴、市区廉租房公共租赁房建设等。市政府授予“大型铝电解槽四场优化节能技术”等3项成果，“新型高性能MJ系列全自动木工多片锯”等11项成果，眉山市科学技术一、二、三等奖等

第三章　政府效能建设

1998年起，眉山地区行署实施“五型”（法制型、责任型、服务型、效能型、廉洁型）政府建设，推动依法行政、依法治区。建立四川党政网眉山管理中心，成为全市政府信息公开第一平台。2001年，眉山市政府实行行政许可科整体进驻行政服务中心集中办公，现场办理审批事项，提高行政效能。市县两级政府实行政务公开，实施简政放权，推动政府效能建设。

第一节　电子政务及网站建设

1998年，建立四川党政网眉山管理中心，实行网站文件传阅运行。将党政网工作纳入党委、政府目标管理。1999年，改造四川省至眉山地区通信线路，建设多媒体会议室。2000年，建成以计算机网络为传输平台，上联四川省政府，横联地区各部门，下联各区、县、乡镇信息传输网络。2002年，全市加强办公自动化建设，开展网上收发文，基本实现办公无纸化。至2004年，政府规范性文件一律从《眉山日报》和政务信息网公布刊登。2008年，建立政府信息专网和上网信息管理规定，设置政府信息网上查阅系统，全年网上处理公文5930件，全部办结。2009年，各县（区）政府全部接入电子政务外网平台，政府网站实行动态管理，每天及时更新信息。2010年，全市新增子网站50个。2011年，完成以三苏文化为背景的眉山人文文化和地方特色的市政府门户网站改版。包括教育、医疗、社保、交通、就业、旅游等多方面的个人和企业办事网上服务内容。完成全市统一的电子政务外网运维支撑体系，实现与国家和省外、网运维平台互联互通。至2012年，市县（区）乡镇电子网络系统全覆盖，年网站访问量200万余人次。政府网站信息发布5.4万条，成为全市政府信息公开第一平台。

第二节　公文与会议管理

1997年起，地区行署办公室制发《公文处理暂行规定》《十五天办文制度》《机要交换制度》等，建立健全公文起草、审核、传阅、管理、保密、交换等13项制度，规范文秘管理。至2000年，地区行署办建立会议规章制度18个164条。政府性会议由计划350余次压缩到不足300次。2001年，市政府办公室规定10天办文制度，部门之间征求意见或会签文件，协办部门应在7个工作日内回复。2002年，全市提倡开电视电话会、套会；精简文件，控制总量，一个会议原则上只印发主题报告。当年发文数量比2001年精简1/3。2005年，改10天办文为5天办文。实行“无会日”制度。规定每周一、二、三不召开有各区县党政负责人参加的会议，提出一般会议不设主席台。提倡领导自拟讲话稿，领导不陪会。2007年，市委倡导召开一小时会议。分管领导讲话控制在30分钟内，一个会议只由一个主要领导讲，时间不超过20分钟。2009年，进一步厉行节约提高行政效能，要求除请示、报告外，下发会议通知等可用便笺文头。督查或检查工作情况原则上以《督查通报》等形式印发。限定上报市委、市政府的文件、材料字数。制定会标、欢标、花草摆放及会议材料印发规定。市政府实行政府常务会、全体会邀请人大代表、政协委员、群众代表旁听制度，涉及民生的重大会议通过电视媒体向全体市民直播。2012年，在全市实行开短会、讲短话，以及5月“无会月”制度。2001—2012年，市委、市政府联合制发重要文件174件，市委办、市政府办联合发文1225件。

第三节　“五型”政府建设

1998年起，地区行署实施“五型”（法制型、责任型、服务型、效能型、廉洁型）政府建设。推动依法行政依法治区。地委、行署明确县和县以上党政机关、工会等社会团体及大中型企业领导干部要建立联系职工生活困难制度，帮助解决“自强、自立、摆脱贫困，支持种植、养殖、加工”等服务业发展，建立联系群众的服务型政府。地委办、行署办严格控制检查、考核、评比活动。1999年，地委、行署制订《关于党风廉政建设责任制考核办法》。规定各种会议和庆典活动不发纪念品、严禁到风景名胜区开会，要求严格执行接待标准，减少陪餐人员，严查和压缩公务出国活动，杜绝公费出国（境）旅游。2000年，全区推行“六项制度”（建立民情日记制度、为民排忧解难服务队制度，实行乡镇机关首问责任制度、双向选择驻村服务队制度、乡镇干部住乡镇制度、规范乡镇政务公开和机关管理制度），切实转变乡镇干部作风。至2000年年底，地区行署制订《眉山地区行政执法责任制实施办法》等行政法制管理制度，审查发布规范性文件86件。开展行政执法监督检查，规范行政执法行为，受理行政复议申请56件，培训行政执法人员9000余人次，加强法制型队伍建设。2001年，市政府实行“两集中”（市级有审批职能的部门将行政审批职能向行政许可科集中；行政许可科整体进驻行政服务中心集中办公），现场办理审批事项，提高行政效能。全市推行“银行代收、财政统管、集中支付、全程透明”集中支付，取消部门银行账户和机关干部“阳光补贴”等财政管理制度改革，实行财政综合预算、国库集中收付、会计集中核算，市级取消单位银行账户213个。市县两级政府实行政务公开。市中心城区公共场所设置文件公开栏11个，将上网公开的政府文件同时在公开栏上公开，通过政务公开栏、电子显示屏、公开办事指南等形式，重点公开涉及民生工程、城市建设、交通管理、教育卫生、社会保障等信息。每年将社会经济计划制订与落实、为群众办实事的进展、财政资金安排使用、领导干部任免、重大工程建设、领导政务活动等向社会公开。2004年，市行政服务中心365天全天候为群众提供服务。2006年，全市开展软环境建设，提出“加强四大建设、改善四大环境”。市委、市政府作出《关于进一步改善发展软环境的决定》，所有执纪执法部门都作出改进服务、促进发展公开承诺，健全工作机制。实施收费下限制、检查申报制、罚款报告制、培训统筹制、责任追究制，规范行政行为；实行“一章制、一费制、一站制、限时办结制”。开展“整治道路执法、清理整顿规范中介组织、整顿虚报浮夸风、加强执行力、社会治安综合治理、治理商业贿赂”等专项整治。眉山电视台开办《纠风热线》直播节目，组织50个市直部门轮流上线与业主市民互动。组成督查组明察暗访，开展行风评议和软环境测评活动。以整治交警作风为切入点，治理“乱设点、乱检查、乱罚款”问题，促进行政效能建设。2008年，在全市推行首问责任制、限时办结制、重大投资项目代办制、责任追究制。市委、市政府制发《关于加强机关行政效能建设的实施意见》，实行“六个率先”（率先在全省提出并实施行政审批项目五统一，实现行政审批项目由被动、零散清理向依法清理、规范统一的转变；率先在全省实施两集中、两到位，市、区县政务服务中心，全民创业服务中心、惠民帮扶中心、全民招商服务中心实现“四心合一”；率先在全省开展市政府工作部门职能清理；率先在全省提出并实施两引导；率先在全省实施重大投资项目代办制，率先提出并实施对审批决定权、审核上报权、电子印章使用权的三授权，以及局长值班制、行政审批专用章制度，积极开展并联审批试点）。市政务服务中心审批项目平均办理时限由24.4个工作日压缩为实际平均办理时限1天以内；在全省率先实现便民服务全覆盖。2009年，全市将灾后重建、十大民生工程项目、农民增收的政策措施、农村公共事业发展、涉农补贴、补偿资金发放等列入乡镇政务公开主要内容，建立群众质询制度和“回音壁”，随时公开群众关心的问题。政务服务中心实施服务（大厅接待服务、全程代办服务、延时办理服务、预约办理服务、上门办理服务、信息查询服务、政策法规咨询服务）类型标准化体系。“横向拓展、纵向延伸”，推进市、县（区）、乡镇（街道）、村（社区）、组五级便民服务体系建设。政法系统推行司法公开、警务公开、审判旁听、信访案听证、回访和公开接待制度等，遏制“推、拖、抹、压、哄”现象和“人情案、关系案、油水案”。实行区县和市政府部门“一把手”通过媒体向社会公众报告工作制度。探索通过社会公示、听证和专家咨询、论坛、群众旁听等，公开行政决策过程和结果。全市形成“四公开”（“三权”公开、政府信息公开、办事程序公开、重大决策公开），从源头遏制腐败。市级将工程发包、国有产权转让、政府采购、经营性土地使用权转让等集中到交易中心公开交易，交易结果向社会公布。2010 年，全市实施“拆衙门、建中心”，推进政务服务向基层延伸，健全完善市、区县、乡镇（街道）、村（社区）、组（居委会）五级政务服务体系，形成“集中办文、一门受理、全程服务、限时办结”的乡镇便民服务模式和“三级代办”模式。全市所有乡镇（街道）、村（社区）、居民小组全部建立便民服务中心（站、点）。五级便民服务体系创立“三个一”（一道门槛，办好所有事；一支队伍，服务到家门；一张网络，延伸到村社）服务模式。建设电子政务，推行网上受理、网上预审，鼓励具备条件的行政审批事项实行全程网上审批。2012 年，市政府提出“务实创新，建设五型政府”，丰富和完善“五型政府”内容。要求依法行政、高效勤政、阳光行政、从严治政，推行政府管理创新。实施政府投资项目监管、政府资金管理、中心城市管理、新农合、效能建设五方面制度体系评估，促进“五型政府”建设。市级行政审批项目由 2007 年的 586 项减至 231 项，核减 61%。

第四节　简政放权

2007 年，眉山市委、市政府将工作重心下移抓区县。向区县“简政放权”（放手、放权、放活），帮助区县解决发展中的困难和问题，向 50 个重点工业乡镇和 70 个奶业发展重点乡镇下放部分管理权限。仁寿县被列入全省首批扩权强县试点县后，市政府印发《扩权强县市赋予仁寿县经济管理权限项目》，赋予仁寿县 214 项经济管理权限。2008 年，市委、市政府作出《关于赋予区县经济社会管理权限的决定》，参照省级扩权强县试点的标准，赋予仁寿外 5 个区县相应的经济社会管理权限，下放七大类权限 37 项。2009 年，彭山被列为全省第二批扩权强县试点县，市政府下发《关于印发眉山市赋予扩权县经济管理权限目录的通知》，新赋予仁寿、彭山县 182 项经济管理权限。

第五节　行政监察

一、执法监察

眉山市执法监察重点集中在集资建房、楼堂馆所建设、粮食流通体制改革，整顿农村合作基金会，社会保障资金管理使用，新型农村合作医疗资金管理使用，天然林保护工程和退耕还林工程，工程建设领域突出问题专项治理、砂石资源管理，以及环保、农村电网建设和改造、移民资金管理使用、扩大内需灾后恢复重建政策和加快转变经济发展方式等方面。

1997 年，地区监察局重点开展安全生产执法监察，专项检查重特大生产安全事故责任追究落实情况。1998 年，清理新建、装修办公楼和干部住房，查处违规项目 8 个，分别作停建和按规定办理重新审批手续处理；全区清理 1.21 万名干部的住房，查出违规人员 377 人，两处以上住房 219 人、超面积购房 158 人，按房改政策规定以市场价补购房款或退房、处理违规人员 373 人。1999 年起，地区监察局等9个部门联合开展粮食流通体制改革情况执法监察，重点检查1998年6月以来，各地执行按保护价敞开收购农民余粮、粮食收储企业实行顺价销售、粮食收购资金封闭运行、粮食收储企业自身改革的“三项政策、一项改革”和粮食市场管理情况。地区纪委、有关部门清理整顿农村基金会，发出催款通知书、告诫书1246份，重点对象重点谈话。2000年，开展全区国债资金、社会保障资金管理使用情况执法监察。重点检查资金管理、工程建设进度、招投标等。市监察、财政、林业等5部门联合检查全市天然林保护工程和退耕还林工程（以下简称林业“两大工程”）情况。至2001年，眉山市粮食流通体制改革情况执法监察结束，清仓查库粮食购销企业47户、粮管所（库）210个、粮仓1739个；立案查处涉粮违法案件393件，没收粮食592吨，罚款43.83万元。

2002年，市纪委监察局、市计划委员会、电力公司开展农村电网改造工程执法监察，受理群众投诉12起，纠正和处理借农网改造搭车收费和违规收取生活费问题。至2003年，全市林业“两大工程”检查乡（镇）20个、村41个、农户176户和洪雅林场，处理洪雅县3户村民弄虚作假骗取退耕还林钱、粮食补助，纠正青神县桂花乡粮站以粮折资、东坡区万胜镇将集体耕地造林作为退耕还林等问题。2004年，市纪检监察、旅游、物价等部门开展全市旅游市场执法监察，监督检查旅游产业发展总体规划、法律法规、目标责任制、重大决策等贯彻落实情况，开展旅游市场打假打非整治和“四黑”（制售假劣食品药品的“黑作坊”、制售假劣生产生活资料的“黑工厂”、收赃销赃的“黑市场”、涉黄涉赌涉毒的“黑窝点”）清理。规范旅行社经营行为、导游从业行为、星级饭店和景区内饭店的经营行为、整治旅游景区（点）的游览环境、宗教旅游秩序等。2007年，清理违规集资合作建房和楼堂馆所项目11个，对其中越权审批、面积超标等7个项目提出处理意见并督促整改。开展瀑布沟电站移民安置房建设专项监察2次，指导区县分类梳理和处置移民反映的问题。至2008年，全市专项检查市中心血站、彭山县岷江堤防整治、市污水处理厂、垃圾处理厂等国债资金和开行贷款项目41个。2009年，市监察局与有关单位开展社保基金专项清理，涉及28家单位、85个账户、基金76亿元，解决社保基金未实行优惠利率问题，银行到账利息238万元；上报核销、制定归垫计划等妥善处理1867万元历史遗留问题资金；以物抵费形成的基金资产，采取公开拍卖或政府接管，变现953万元。2010年，市纪委监察局、市住房城乡建设局专项检查保障性安居工程情况。开展工程建设领域突出问题专项检查，发现问题508个，整改397个。

2012年，市纪检监察、水务、国土、公安等部门组成联合检查组，专项检查全市2007年以来岷江、青衣江河道内外砂石资源管理情况，查处青神县收受砂石业主贿赂案1件。受理民工工资举报投诉案件543件，调解507件，追发工资、经济补偿等2146.3万元，涉及职工1.68万人。全年清理拖欠农民工工资1.19亿元。截至2012年年底，眉山市开展扩大内需和“5·12”汶川特大地震灾后恢复重建项目监督检查20次，查处违纪违规案件18件，纪律处分13人。重特大生产安全事故责任追究32起，党政处分相关责任人78人。

二、廉政监察

2006年起，眉山市各级党委、政府以纠正不正当交易行为、营造公平竞争的市场环境为目标，将治理商业贿赂专项工作作为党风廉政建设重点任务，督促检查各级各部门抓落实。当年，全市各级各部门主动上缴商业贿赂违纪违规资金44.24万元，查处商业贿赂案件41件，涉案金额1305.48万元，查处涉案人员8人。全市医疗机构让利于群众800万元以上，清理2001年以来药品、设备、耗材让利折扣收入7616.36万元，群众平均满意率97%以上。

2007年，眉山市治理商业贿赂，重点开展自查自纠、大要案查办、建立健全长效机制三项工作，进一步堵塞监管漏洞。督促重点部门在电视、报刊等媒体公开投诉举报电话，发动群众提供商业贿赂案件线索。市治贿办组织成员检查评估全市各县（区）和14个重点部门自查自纠工作情况，督导自查自纠不力单位。查处医药购销、工程建设、土地出让等重点领域大要案，立案查处商业贿赂犯罪案件25件，涉案金额1350万元，结案14件，判决7件7人。全市各地、各部门在工程建设、土地出让、产权交易、医药购销、政府采购及资源开发和经销6个重点领域和9个重要方面，建立健全财会、金融、投资、信用管理等相关规章制度，从制度源头防止商业贿赂。全市治贿自查自纠阶段工作通过省检查组检查评估，受到“领导重视、宣传广泛、措施创新、注重督查、整改有力、成效明显”评价。2008年，成立市公共资源交易中心，丹棱县、洪雅县等4个区县成立公共资源交易中心，在工程建设、土地出让、产权交易和政府采购等重点领域及行业加强监督和治理。各区县和重点部门采取公开举报电话、设立举报箱、设立专栏、发放宣传资料等措施引导群众广泛参与贿赂治理；派出督察组、联合检查组督促检查各部门治贿工作情况。市政府制发《眉山市公共资源交易暂行办法》《眉山市政府投资工程建设项目招标投标实施意见（试行）》，市发展改革委员、市财政局建立《眉山市市级政府投资建设重大项目公示制》，市监察、国土资源、公安部门制定土地违法案件查处协作制度，市财政局修订《眉山市市级政府采购监督管理办法（试行）》。市卫生局建立9项制度进一步规范医务人员诊疗行为。全年全市在查的重大商业贿赂案件7件10人，涉案金额240.6万元。2009年，全市围绕“5·12”汶川特大地震灾后重建和扩大内需工作，查办商业贿赂案件22件30人，涉案金额1550万元。组建市招投标管理办公室，形成管理权、执行权、监督权既相互协调又相互制约的“三权分立”招标投标监管新模式。市政府制定《投资工程建设项目招标投标不良行为处理暂行办法》，认定、处罚、记录、公示招标人、招标代理机构、投标企业以及监督部门不诚信行为。市政府制发《关于加强政府投资工程建设项目监督管理的意见》《眉山市市级政府投资工程建设项目结算公示试行办法》等，市财政局制定《眉山市市级政府采购基本规程（试行）》《关于进一步加强市级政府采购监督管理工作的意见》，市国土资源局制定《国土资源系统政府投资工程项目监督管理办法》，严格落实工业用地、经营性用地招拍挂制度，规范“金土地”工程、矿权出让行为；建立健全相关制度，预防和治理商业贿赂。

三、效能监察

2002年起，眉山市加强发展软环境建设。将30个市级重点执收执法部门和窗口单位纳入投资环境评议对象、党风廉政建设责任制考核和行政效能监察考核奖惩。当年，全市纪检监察机关走访企业65户，征集企业对全市经济软环境意见建议130余条，查处损害经济发展软环境案件22件，处理7人，批评教育4人，行政告诫6人。2003年，市委、市政府将投资环境评议结果纳入目标考核。2006年，查处市交警支队违规设卡检查等问题，解除全市全部交警协管员428人劳动合同关系，清退运管、稽征、路政临时人员140人，从源头根治公路“三乱”（乱设卡站、乱罚款、乱收费）。市纪委、市监察局开展城乡规划效能监察，设立城乡规划意见箱15个，受理群众举报8起。2008年起，开展政风行风暨发展软环境测评。建立三级联网的电子政务系统和行政效能数字监察系统。实现行政效能量化监督和服务行为视频监控有机结合。将68个单位列入测评对象，纠正处理行政效能问题58个，行政审批事项承诺提速59%，办理提速98%。在重点工业园区和企业建立软环境监测点29个，协调解决企业反映的困难和问题7个。

2010年，检查市委、市政府2009年制定的5项重点制度执行情况。开展“除陋习树新风治三乱”专项活动效能监察，在市级媒体曝光问题230余个，发暗访通报10份，约谈问题突出乡（镇）6个，通报批评单位11个。市纪委、市政府督查室督促检查全市乡（镇）便民服务中心建设情况2次，通报建设进度滞后、项目入驻不到位、标准化建设不到位等问题。日常巡查政务中心窗口人员工作状态，纠正县（区）政务服务中心窗口工作人员违反工作纪律行为5起，责令3人作出书面检查；及时指出并督促区县按期办结2件超时预警件，问责丹棱县政务服务中心林业局窗口模拟办件“超时未办结”问题。2011年，市纪委、市监察局开展城乡环境综合治理、“庸、懒、散”治理、机关行政效能建设、重点制度执行情况专项监察和行政效能案件查处。建立电子监察台账，将电子监察情况纳入行政效能专项目标考核。开展行政审批和公共服务事项办理情况专项监督检查，发现群众评议度参与不高和办件批量录入等问题，责成相关部门整改。全年开展专项监察217次，提出整改措施418条，纠正问题576个，提出整改措施62条，问责单位11个，问责16人。2012年，市纪委、市监察局开展49个市级部门（单位）行政审批办件绩效评估，纳入市委年度目标考核体系。纠正市区县政务服务中心违规行为6起，问责工作人员3人。集中开展软环境专项治理行动，重点治理党政机关工作人员不作为、慢作为、乱作为，乱检查、乱收费、乱罚款、乱设卡等行为和违反政务服务“五项制度”（首问负责制度、限时办结制度、职位代理制度、一次性告知制度、责任追究制度）等问题。收到各类举报157件，问责单位49个，问责100人，提出整改措施182条，纠正问题385个。参加督查12次，纠正问题75个。

第四章　政府法治工作

1997年以后，随着改革开放的深入和社会主义民主法治建设的推进，眉山市政府法治建设不断发展。至2012年，全市政府法治工作机构基本形成网络体系，认真贯彻落实依法治国、建设社会主义法治国家的基本方略，以全面推进依法行政为重点，主动参与加强制度建设、转变政府职能、行政审批制度改革、构建科学民主决策机制、完善行政监督机制等工作，对保障和促进经济社会发展发挥重要作用。

第一节　制度建设

1997年起，眉山地区行署完善政府制度体系，为推进依法行政、建设法治政府提供制度保证。2000年，眉山市政府制定《眉山市规范性文件制定程序暂行规定》，建立健全规范性文件征求意见制度、公示制度、专家咨询制度、论证制度、听证制度、备案审查制度。2004年，市政府印发《眉山市人民政府工作规则》《眉山市行政执法责任制实施办法》《眉山市行政执法责任制考核办法》，形成行为规范、运转协调、公正透明、廉洁高效的行政管理体制，建设法治化、开放式、服务型政府；要求各行政执法部门制定相应的内部约束和监督措施，明确规定行政许可岗位、许可人员的权限、责任及义务，违法许可或因工作失职造成许可失误的，严肃追究当事人责任。2005 年，市政府印发《眉山市政府部门行政首长问责暂行办法》《社会公共事务行政决策听证制度》，加大政府部门行政首长以及工作人员履职的有效制约与监督，增加人民群众对政府决策的参与和了解，形成“群众参与，专家论证，政府决策”的决策机制。制订《眉山市行政执法责任制实施办法》《眉山市行政执法责任制考核办法》，加大政府工作人员履职不到位、不在状态、乱作为等行为查处力度。至 2012 年，眉山市共建立依法行政制度 14 项。

第二节　执法队伍建设

1997 年起，眉山地区开展执法人员上岗培训和资格认证，未经培训或考试不合格的人员不颁证，执法不严、违法不究、执法违法的，吊销执法证件，调离执法队伍。至 2000 年，全区清理和调整不符合条件的行政执法人员 466 人。2001 年起，眉山市加强执法人员管理。健全行政执法人员资格认证管理制度，执法人员通过全市统一组织的通用法律知识考试和各系统、各部门组织的专业法律知识考试的，办理行政执法证。2004 年，市法制办、市人事局组织全市行政机关公务员和依照公务员管理单位的工作人员 7600 余人进行《中华人民共和国行政许可法》培训和考试考核，提高政府工作人员依法行政能力和水平。2010 年，全市执法证件纳入四川省行政执法证件管理系统，实行网上申领、层层审核、统一发证、定期年检等规范化管理。截至 2012 年年底，眉山市持有省法制办颁发的行政执法证件的行政执法人员 2837 人，持有各部委颁发的行政执法证件的行政执法人员 2629 人。培训各级行政执法人员 3 万余人次。

眉山市举办行政执法人员培训班（摄于 2011 年 8 月）

第三节　行政复议调解仲裁及政府法律援助

一、行政复议与行政应诉

2000 年，眉山地区法制局在全国法制周活动中，开展宣传，发放行政复议资料。2002—2003 年，眉山市政府法制办收到行政复议申请 37 件，依法受理 29 件，经审理，作出维持决定 14 件。2005 年，健全和完善行政复议案件的接待、登记、立案审批、决定审批、统计分析等工作制度，推进行政复议工作制度化、规范化。2009 年，全市开展行政复议法十周年宣传活动，全年办理行政复议申请 29 件，结案 28 件。2012 年，全市贯彻《中华人民共和国行政复议法》，建立健全复议配套制度 13 项，全年受理行政复议案件 68 件，结案 68 件。处理涉法事务 18 件，为政府挽回经济损失近 1000 万元。截至 2012 年年底，妥善处理星野绿洲遗留问题，仁寿县农村信用合作联社诉四川春潮贸易有限公司、眉山市农业和中小企业担保公司借款合同纠纷一案，四川炜烨律师事务所诉眉山市通能公路有限公司委托代理合同纠纷一案，美琪乐公司涉税 250 万元的遗留问题，四川金顶（集团）股份有限公司转让仁寿县人民水泥公司的股权法律纠纷案（涉案标的 2.7 亿元）等案件，依法审理遂资眉高速公路招投标合同纠纷案。全市收到行政复议申请 531 件，受理 481 件（维持 267 件，终止、驳回申请、撤销、变更、调解 214 件），不予受理 40 件，责令限期履行和重新作出具体行政行为 10 件。

二、行政调解及信访复核复查

2009 年，市政府制定《眉山市行政调解工作暂行规定》，启动和规范全市行政调解。2010 年，眉山市受理行政调解 1.85 万件，成功调解 1.76 万件。2011 年，加强信访复查复核，建立完善行政复议与信访在受理环节的协调配合机制，对向复议机关反映的事项属信访处理事项的，及时告知当事人依法信访。2012 年，受理行政调解案件 5810 件，成功调解 5553 件。截至 2012 年年底，眉山市共受理行政调解案件 4.37 万件，成功调解 4.2 万件，平均成功率 96.1%，办理信访复查复核案件 32 件。

眉山行政调解制度及工作机制获得第二届"中国法治政府提名奖"（摄于 2012 年 12 月）

三、民商事仲裁

2006 年起，眉山市仲裁委受理仲裁案件。当年受理 1 件，经仲裁调解双方当事人达成和解。2009 年，受理仲裁案件 18 件，办结 14 件。2012 年，受理仲裁案件 7 件，办结 6 件。截至 2012 年年底，眉山仲裁委收到仲裁申请 56 件，受理 56 件（撤回申请 14 件、调解结案 17 件）。通过仲裁，促进社会稳定。

四、政府法律援助

2001 年，眉山市政府成立法律顾问团，受市政府委托或指派，主要负责对政府重大决策进行法律论证和提供法律方面的意见；参与处理涉及政府的尚未形成诉讼的民事、经济、行政和其他重大纠纷等，为市政府决策提供法律意见和法律咨询服务。2005—2012 年，全市聘请 4 家律师事务所主任作为市政府法律顾问，为政府重大行政决策提出法律意见 16 件，参与解决重大疑难问题 24 件，参与政府接访 480 余次。

第四节　行政执法监督

1999 年起，眉山地区每年开展行政执法监督检查，将检查情况列入行政执法责任制考核内容，纳入目标管理，严格奖惩。年审执法证件，把好执法人员入口关。指导各部门落实行政执法责任制，形成制度保障机制。2001 年，眉山市纠正行政执法活动中存在的乱收费、乱罚款、乱摊派、不作为和乱作为；协助解决群众关心的热点难点问题；及时发现和查处行政执法活动中存在的有法不依、执法不严、以权谋私和徇私枉法等问题。2002 年，市政府检查考核各区县和市级部门行政执法责任制执行情况。督促行政执法部门建立健全有关行政执法工作制度。检查东坡区、仁寿县、彭山县、青神县等区县和市国税、地税、工商、卫生等部门行政执法情况。备案审查市级行政执法管理部门规范性文件 36 件，督促纠正不正当的具体行政行为 3 起。至 2004 年，全市组织开展执法监督检查 203 次。2005 年，全市各行政执法部门将行政执法人员、执法程序、执法纪律等向全社会公示。行政执法中实行告知制度，告知行政管理相对人执法依据、享有的权利等。2007 年，市政府开展区县、市级各部门行政执法检查和评议考核。2008 年起，市政府规范行政处罚自由裁量权，评查全市有行政处罚案卷单位 18 个，评查卷宗 142 件，通报评查结果。2009 年，细化市级部门 3059 项行政处罚自由裁量权，全年收到市级部门重大行政处罚备案 11 份，评查全市有行政处罚备案的 32 个行政执法部门卷宗 189 卷。2010 年，开展部门行政执法责任制示范活动，确定市公安局、市农业局等 8 个部门为示范单位。2011 年，清理执法部门行政执法主体、依据、权限、内容。审验行政执法人员 4505 人资格，办理执法人员新式执法证 1860 人。全年接受群众举报 500 余件，全部办结，群众满意度 100%。2012 年，眉山市评查市级有行政处罚卷宗 305 件，提出建议意见 72 条。市级各行政执法部门组织系统内行政处罚案卷评查，评查案卷 945 件。

第五节　规范性文件管理

1997 年，地委、地区行署制定《眉山地区规范性文件备案审查制度》，凡规范性文件，必须经行署法制局审核，未经审核的，概不审议。2002 年起，眉山市加强规范性文件制订和审查，确保抽象行政行为的合法性。建立健全规范性文件管理制度，所有规范性文件统一由市法制办审查修改，涉及公共利益公共安全的，由市政府提出或利害关系人申请，举行听证会，经审定后提请市政府常务会决定，以政府名义发布实施，规范性文件一律公开。2009 年，清理 2008 年 5 月 1 日前制发的规范性文件，继续有效 69 件，需修订 64 件，废止失效 23 件。2010 年，清理 2010 年 7 月以前市政府制定的规范性文件，保留 80 件，需修订 9 件，废止 2 件，宣布失效 4 件。2012 年，清理规范性文件中与《中华人民共和国行政强制法》相抵触的内容，清理规范性文件 1718 件，废止 83 件，修改 10 件。

1997—2012 年，眉山市经法制机构审查后发布规范性文件 474 件，行政合同 53 件，审查政府涉法文件 77 件，提出建议意见 184 条，备案审查、登记区县政府和市级部门规范性文件 318 件。经省政府法制办备案审查，无一件瑕疵文件，保证规范性文件质量。

第五章　行政审批

2000年起，眉山地区清理行政审批与行政权力和规范行政审批事项。2001年，眉山被中纪委、监察部确定为全国政务公开工作试点市，眉山市建立市行政服务中心，清理规范市级行政审批事项。2004年起，全市开展“三项清理”（行政许可项目、行政许可规定、行政许可实施机关）。2010年，市政府明确各行政审批部门调整审批项目时，必须按照申请、审核、批准、公布的程序进行。全市行政审批项目动态管理进入常态化。

第一节　行政许可项目

一、行政审批项目

2001年，眉山市清理规范市级行政审批事项386项，保留233项，取消115项，下放38项，取消下放153项，市政府公布目录。2004年起，全市开展“三项清理”。当年，清理规范市级42个部门和单位行政审批项目，通过取消、下放转变管理方式、修改和完善等办法确认保留行政许可项目358项。2005年，保留市级46个行政机关、16个法律法规授权组织共296项行政许可事项，其中112项按实施主体纳入市、区县行政服务中心集中审批。

2008年，清理行政审批项目，眉山市保留区县36个部门行政审批和公共服务项目333项、市级30个部门公共服务项目145项。2010年，市政府制订《眉山市市级行政审批项目动态调整和后续监管试行办法》。明确各行政审批部门根据法律法规变化等情况需要调整审批项目时，必须按照申请、审核、批准、公布的程序进行，未经审核批准擅自增加、调整、取消项目的，由监察部门依法追究责任。全市行政审批项目动态管理进入常态化。当年，清理市级部门行政审批和公共服务项目变动情况，项目总数减少1项，保留231项，公共服务减少8项，保留137项。2012年，规范项目运行机制，实施投资项目、企业注册登记和其他涉及两个以上部门的并联审批，建立相应的会商、会审、会签流程，并在政务服务中心窗口和市政府网站公示，将行政审批项目和部分公共服务事项下放到工业园区和乡镇，整合进便民服务中心办理。全市下放行政审批权力56项，取消行政审批事项17项。市法制办、市委编办、市政务服务中心清理市级部门报送的行政权力事项，清理出市级行政权力5724项（行政处罚4764项、行政许可259项、行政确认32项、行政强制185项、行政裁决4项、其他行政权力480项），清理结果通过政府门户网站向社会公布。

二、项目审批

2001年，眉山市市级部门保留的行政审批事项纳入市行政服务中心（以下简称“中心”）办理，市纪委、市监察局在市行政服务中心设立投诉处，监督行政审批执行情况。市法制局清理市级有关部门保留的行政审批事项，市政府确定并公告首批进入“中心”的部门 22 个（审批办事部门 19 个）项目 71 个。清理市政府公布保留而尚未纳入“中心”办理的行政审批事项 82 个，经市政府审定，确定暂不纳入“中心”办理的范围和具体审批事项 29 项，明确其管理原则。市法制办审查和确认市计委等 15 个部门 260 项行政审批事项，取消审批事项 79 项，下放审批事项 28 项。当年，市级行政单位 17 个行政审批事项 114 项入驻市行政服务中心办理，占市政府公布首批保留事项的 75.5%，分解为子项目 257 个。市行政服务中心办理审批服务件 5185 件，办结 5155 件。2002 年，市行政服务中心实行管委会职能和窗口单位基本情况、审批项目等“五公开”，接受社会监督。各区县清理审批事项 2116 项，取消 229 项（区县自立项目 37 项全部取消）。经审定的审批事项全面向社会公开审批条件、程序、时限和审批结果。逐项审定审批事项“六公开”（服务事项、办事程序、申报材料、法定与服务承诺、收费标准和法规依据）内容，9 个部门的 45 项审批事项纳入中心办理。当年起，一个申办事项涉及两个以上部门审批的，市政务服务中心组织有关部门按照“一窗受理、提前介入、信息共享、抄告相关、同步审查、限时办结”要求并联审批、“一站式”服务。东坡区、彭山县、洪雅县、仁寿县建立行政服务中心，作为实施行政审批制度改革的窗口，建立“首接责任制、并联审批制”。2003 年，实行联合年检，建立回访制度。当年，市级并联审批 12 件，特事特办 238 件。2004 年，实行“两集中、两到位”（所有行政部门审批职能全部集中到行政许可科、行政许可科成建制进驻政务中心集中办理），眉山市有行政许可权的 38 个市级部门 42 个单位 387 个项目全部入驻“中心”。实行“阳光审批、一站式服务”。推行并联审批、联合年检、特事特办、全程代办，转变作风、提高效率。平均办件时间由过去 24 天缩减为 4.5 天。2005 年，市政务服务中心实行节假日办理行政许可（审批）事项预约服务制度。全市保留行政许可（审批）项目除“公民出入境审批”外，全部纳入“中心”统一受理、统一收费、统一送达。市招投标交易中心、政府采购中心整体进入政务服务中心，规范运行。

四川省联动审批（眉山）现场会在政务服务中心召开（摄于 2011 年 12 月）

2006 年，市政务服务中心升级换代政务服务软件系统和政务服务中心网站。实施重大投资项目绿色通道制度，每个项目由政务服务中心一名领导牵头，“集中会审，资料共享；同步审批，全程跟踪；限时办理，一次办结”。市发改、市环保、市工商等部门接受企业的申请资料“白条”，先办理行政许可（审批）手续，后补相关资料，受到投资者或申请人赞扬。2007 年，全市开通惠民帮扶网上办理，实行市、县（区）、乡镇（街道）、社区（村组）四级联动。实施“工业服务年”，建立两支工业服务小分队，由中心领导带队为企业开展上门服务。全年特事特办 1700 余件。2008 年，全市清理行政审批和公共服务事项，无法律法规依据的审批事项一律取消；适用同一依据由同一部门实施的同类型审批项目或同一类事项不同阶段、不同环节、不同区域的审批事项一律合并；不属于审批的行政行为一律排除或调整；项目名称按照法律法规的正式提法一律统一。全市40个具有行政审批权限的部门保留行政审批项目233项，减少342项；取消市级24个部门审批职能14项、下放职能或管理权限226项，明确和强化11个部门21项职能。按照“五统一”（项目名称、项目内容、办理流程、办结时限、收费标准统一）要求及时向社会公布，省、市、区县政务服务中心三级联网。抓“两集中”“两引导”（引导公共服务部门入驻市政务中心、引导中介服务机构进入政务中心开展配套服务）。开展网上审批，窗口办件全部网上运行，直接生成问责。实行会商、会审、会签制度，“全部办、全程办、全力办”。当年，市、区县和131个乡镇（街道）全部实现计算机联网运行；680个村（社区）完成组网工作。

2009年，眉山市被确定为四川省并联审批模式试点单位。市委、市政府提出“全覆盖、无缝隙”，推进市、区县、乡镇（街道）、村（社区）、组五级便民服务体系建设，以及公共企事业单位办事项目集中入驻市政务服务中心。市政务服务中心实行“一站式”窗口服务，“进一道门，办所有事”。实施项目清理“三统一”（省、市、县三级“统一项目名称、项目内容、办理流程、办结时限、收费标准”）。全市建立乡镇便民服务中心87个，村社便民服务站357个。市级大厅入驻部门增至63个，具有审批职能的部门41个，入驻率100%，公益服务部门入驻18个。市政务服务中心达到省一级中心标准。区县中心部门入驻率95%以上。2010年，以市发改委牵头的投资项目并联审批、市工商局牵头的企业登记注册并联审批、市建设局牵头的建设工程并联审批项目为重点，实行“七个办”（办项目“立即办”、承诺项目“提前办”、开通服务直通车“上门办”、推进并联审批“集中办”、投资项目“代为办”、节假休息日“预约办”、远程审批“网上办”），达到“四化建设”标准（办公标准化、管理规范化、服务体系化、工作优质化）。项目实行分类管理，建立后续监管制度，实行动态管理，及时调整更新。全市所有乡镇建成便民服务中心、村级便民服务站、居民小组服务点。项目入驻率、项目授权率、现场办结率、群众满意率四个100%，场地、人员、项目、网络、方式、制度“六统一”。群众办事“大事不出村，小事不出门”，三级代办制、人才超市、企业服务队等创新性举措在全省推广。眉山市乡镇便民服务中心累计受理58万余件，接受群众咨询35万余件，群众满意度100%。

2011年，市政府决定将45项行政审批项目和有关公共服务事项下放到乡镇，进入便民服务中心办理，部分乡镇（街道）下放项目30余个到村（社区）便民服务站办理。全市开通电子政务大厅，市、县（区）电子政务大厅同步运行。其中市级电子政务大厅除收费项目外的所有项目在线办理，占总事项的98%，其中网上预审381项。年末电子政务大厅访问总量10万余次，日均访问量1000余次，申请材料点击量4.92万次，实现网上虚拟大厅和实体大厅双轨运行，全天候“网上服务”。截至2012年年底，全市清理涉及招投标的规范性文件27个，涵盖招投标行政执法监督、项目立项管理、重大项目公示、现场监督、压证管理、不良行为处理、治理挂靠、转包及违法分包行为等，其中18个继续有效，失效6个，废止并修订完善《立项管理暂行办法》等3个文件。清理与招标投标相关的行政权力事项91项。其中，行政审批（行政许可）9项，行政处罚74项，行政确认1项，其他行政权力7项。市政务服务中心办事大厅服务窗口56个、行政审批项目231项、公共服务137项、公益服务项目46项。仁寿县、青神县电子政务大厅、业务通用软件延伸到乡镇。实现五级服务体系整体联动，群众办事更加方便、快捷和满意。

眉山市市级 2001—2012 年行政审批办理情况统计表

表 20-9

年份	受理事项（万件）	办结事项（万件）	平均办件时间（天）	评议群众满意率（%）
2001	0.52	0.52	24.00	—
2002	2.59	2.56	11.00	—
2003	1.40	1.39	6.00	100
2004	8.14	8.08	4.50	99
2005	17.91	17.90	2.30	—
2006	15.97	15.95	2.30	—
2007	23.53	20.52	2.50	—
2008	25.99	25.99	0.37	100
2009	30.64	30.64	0.15	100
2010	172.93	172.93	0.84	100
2011	197.56	197.56	0.75	100
2012	238.48	238.48	0.47	100

第二节　政务公开

2001 年，眉山市被中纪委、监察部确定为全国政务公开工作试点市。当年，全市重点推行县级政权机关政务公开。2002 年，全市政务公开内容增加“办事结果”“对内公开”，通过建立党政网、互联网实施政务公开，市级部门建立和完善政务公开反馈制度、责任制度、监督制度和评价制度。建立新闻发言人制度，及时发布政府出台的重要政策、重大改革方案、经济发展状况、突发事件处理等事项。创建阳光政务点播台，方便群众查询政务信息。《眉山日报》开辟“政务公开广角”“市长信箱”“市长热线回音壁”专栏，公开决策程序和结果。城市规划、重大建设项目、公益项目收费标准等决策过程中，采取召开听证会、座谈会等形式广泛征求意见。公开土地征用和补偿安置等热点问题实行“两公告一登记”（公告征地范围及补偿安置方案，逐户登记造册）制度。规范政务公开工作。

2003 年，眉山市拓宽政务公开范围，由乡镇、区县向市级机关延伸，由政府系统向党委、人大、政协、司法机关、群团组织拓展，由行政领域向公用事业领域发展。行政权力事项不涉及秘密的均公开，重大决策向社会公开。2005 年，市政府制订《眉山市政务公开目录管理办法（试行）》和《眉山市政务公开责任追究办法》，规范各级行政机关政务公开内容。聘请党政机关干部、人大代表、政协委员、民营企业家和群众政务公开监督员 13 人，授权监督检查全市政务公开工作开展情况。2007 年，推广“点播政务”，在电视台开设《阳光政务》专栏，将政府信息编辑成视频资料供群众免费点播查看，每天两个固定时段滚动播出政务信息。

2009 年，眉山市政务公开工作纳入目标考核。实行重大项目公示制和结算公示制。制定《眉山市市级政府投资工程建设项目结算公示试行办法》，在市公共资料交易中心网站、市政府信息中心网站以及市发改委网站，网上公示符合公示条件的眉山市一环路及杭州北路市政道路整治工程等。向社会公示项目业主、项目主要负责人、项目具体负责人、项目施工进度等事项。在市中心城区公共场所设置公开栏，公开涉及城市建设、民生工程、交通管理、教育卫生、社会保障等政府文件。编制乡镇政务公开、村务公开目录，明确公开内容，并建立群众质询制度，随时公开答复群众关心的问题。全年在市政府网站公布政府信息1.6万条。2010年，开展招投标不良行为记录公示。记录17家企业在招投标活动中的不良行为，6家给予眉山市范围内禁入一年行政处罚，将其不良行为在《眉山日报》、市公共资料交易中心网站、市政府信息中心网站以及市发改委网站上公示。打击投标人虚增业绩、弄虚作假、骗取中标等行为，规范招投标活动。实行党员旁听基层党组织会议制度，规范党务公开的内容、程序和形式，开放基层党组织会议。建立乡镇政务公开和村务公开联动机制，开展村务公开和民主管理“难点村”治理。全市所有乡镇、行政村均建立固定的公开栏。市纪委在全市一、二、三类乡镇中各选取一个乡镇2个~3个村，实地检查村务公开情况。

2011年，开通市委党务公开网。确定眉山市中国共产党的基层组织党务公开一级目录9个、二级目录29个、三级目录80个。完善党务公开制度机制，建立健全基层组织党务公开工作推进制度和权力运行监督机制，党务公开工作规范化、制度化、科学化。制定《眉山市发展和改革委员会工程建设领域项目信息公开和诚信体系建设实施细则》，严肃查处招投标违规违纪行为。市发改委、市纪委监察局开通“项目在线监控系统”，总投资200万元以上公开招标的政府投资工程建设项目，立项、核准、招标、备案、施工、竣工验收等实行全程监控。当年，全市所有乡镇、1156个（占总数的97.47%）行政村实行党务公开。2012年，实行市政府常务会、全体会公开，凡涉及群众利益议题的均邀请“两代表一委员”列席、市民代表旁听，直接听取群众建议意见。全年市政府网站公开政府信息5.4万条，市政府信息公开专栏公开信息1.17万条；收到政府信息申请114件，办结率100%。政府和各工作部门网站均开设“政府信息公开”栏。

第三节　政务服务管理

2001年，眉山市行政服务中心履行“管理、协调、服务、监督”职能，将审批办件服务规范化管理放在首位。实行审批事项“五公开”，内容输入电子触摸屏，办事客户通过查询，接受公众监督。2002年，试行“首接责任制”，建立健全“三大机制”（约束机制、监督机制、激励机制）及窗口管理制度14项。2003年，建立回访制度，实施“满意度”测评，规范工作人员服务行为。加强入驻项目办理情况检查，市监察局、市法制办、市财政局、市行政服务中心组织检查8个市级部门项目进驻和项目办理情况，其余16个部门自查。实行外商投资企业集中年检年审，当年年检年审外商投资企业28家。2004年，实行行政许可“365”服务，全年双休日、节假日平均每天办理事项近10件，即办件比例由2001年（下同）的40%增至57%；平均承诺时限由24个工作日降为11个工作日，实际平均办理时限降至4.8个工作日。2005年，清理行政许可（审批）项目办理情况，压缩审批承诺时间。实行特事特办、快事快办。开展督查95件（次）126项，重点督促落实政府性工程拖欠工程款清欠、失地农民补偿安置、为民办“十件实事”等重点督查事项。2007年起，政务服务工作纳入市委、市政府年度目标考核。实行节假日预约服务及值班长、片区负责、月考评、并联审批等制度，完善“一章制、一费制、限时办结制”等，简化办事程序。专项督查省政府布置的事项14

项、市委市政府布置的事项68件。2008年，实行领导对窗口充分授权，保障现场办结率90%以上。2009年，眉山市开通投资服务热线。全市政务服务中心实施“三授权”、领导值班制、重大投资项目并联审批和代办制、上门服务制等。2010年，眉山市各级政务服务中心开展窗口“五心”（安心、热心、耐心、诚心、贴心）服务活动和“十佳服务标兵”“十佳办件能手”评选活动，提高窗口服务质量。彭山县政务服务中心推出预约服务、代办服务、上门服务、金融咨询服务、法治宣传服务等，形成“三个一”（一道门槛，办好所有事；一支队伍，服务到家门；一张网络，延伸到村社）服务模式。2012年，实施“五星级”政务服务中心建设，设定区县中心创建“五星级”77项标准、市级部门窗口创建“五星级”27项标准。创建工作和办事对象满意度测评纳入考核内容。落实“三个一”（一个工作日内组织窗口上门服务；节假日、双休日企业有办件需求时，一个工作日内组织窗口开展服务；园区入驻企业或项目审批的主体涉及省级部门时，一个工作日内开展协调，做好“代为办理、带领办理”服务）工作法，变企业“跑腿”为窗口“跑腿”。开通“政务服务直通车”，市政务服务中心制定《对接工业园区开展政务服务的办法》，实现政务服务中心、审批部门窗口和园区企业三方互动，提供高效优质服务。全年市级办理许可（审批）项目23.48万件、平均办件时间0.47天，其中电子政务大厅办理2858件。邮政储蓄银行、广电网络公司收费窗口实行无节假日营业。截至2012年年底，督办市委、市政府有关城镇建设、交通枢纽、承接产业转移和社会事业9项，市政府“扎实推进制度巩固深化年”管理干部重大督办事项48项、重点专项督办46项，督查常务会议事项205件、例会议定事项125件，按时办结率100%。

第六章　应急管理

1997年起，眉山地区主要加强重特大安全事故应急处理。2003年成功战胜“非典”疫情。2008年汶川特大地震后，眉山市委、市政府高度重视应急管理工作，贯彻落实中共中央、国务院和省委、省政府“以人为本、预防为主，预防与应急并重、常态与非常态结合”的方针，推进应急体系建设，全市防范和处置突发事件能力与水平显著提升。

第一节　应急体制机制

2001年，市政府办印发《眉山市重特大安全事故应急处理预案》，明确重特大事故的确定、上报与现场保护、现场组织、处理程序和措施、职责分工和救援力量及器材配置等事项。各区县和市级有关部门制定特大事故预防措施和特大事故应急处理预案。2004年，编制完善《眉山市人民政府重特大事故应急预案》《眉山市事故灾难突发事件应急预案》，规定重特大事故发生后成立现场指挥机构、开展救援、情况通报和事故调查。市政府办印发《眉山市生产安全应急救援体系建设方案》，规划生产安全应急救援体系建设。2005年，市政府印发《关于实施眉山市突发公共事件总体应急预案的决定》，各地各部门制订和完善各类专项预案和部门预案。2006年，建立和完善应急值班制度，实行24小时值守，领导带班。2007年，各区、县政府成立应急管理机构，应急管理工作纳入目标考核。全市制定市级专项应急预案20个，区县专项应急预案98件，部门（乡镇）应急预案233个，企业和学校应急预案294个，形成“横向到边、纵向到底”应急预案体系。2008年，市、区县政府成立应急指挥机构和办事工作机构，应急管理工作机构延伸到部分乡镇。形成“纵横联运”应急管理工作网络。市应急办修订完善专项应急预案，重新修订印发市级专项应急预案4个。2009年，建立政府行政首长负责的应急管理“一岗双责”责任制。建立信息会商、通报和信息发布制度，突发事件信息实行动态管理。2010年，市政府制订《眉山市应急避难场所建设实施方案》。全市组织编写市级总体应急预案、专项应急预案、部门应急预案235个，制定应急预案计划，完善应急预案制度。2011年，建立全市行政首长负责的市、区县、乡镇（街道）应急管理组织体系。修订完善《眉山市特种设备安全事故应急救援预案》。2012年，市政府制定《眉山市“十二五”突发事件应急体系建设规划》，完善突发事件应急体系。

第二节　应急救援队伍

2004年，眉山市公安交警按照支队—大队—中队的框架建立道路交通安全应急救援体系。汪洋煤矿、峨电能源、复合煤矿、联合煤矿、花溪煤矿等煤矿企业建有10人以上矿山救护队伍（兼职），配备应急救援装备。川眉公司、建新化工厂等芒硝企业建有矿山救护队，有较完备的装备。全市建立医疗应急救援队伍，有专（兼）职医疗救护人员281人（市级101人、县级180人）。2008年，矿山、危险化学品、重大危险源等高危行业生产经营单位成立应急管理机构，配备专职或兼职人员。2010年，全市开展校（院）长校园突发事件应急安全培训，参训1100余人。市、县区、乡镇四级突发事件信息员增至7509人。2011年，全市开展应急培训246次，5.2万人参训，组织开展应急知识竞赛、讲座活动237次。至2012年，市、区县、乡镇、街道、居委会全部落实应急管理机构和人员，企业、学校、村（社区）等基层单位突发事件信息员成为全市应急管理工作的主要力量。

第三节　应急宣传与演练

一、应急宣传

2008年，眉山市市级部门开展应急知识竞赛和讲座556次，制作宣传展板20万个，向公众发放宣传资料98万份。2009年，全市开展送应急管理知识进学校、进社区、进村组、进企业活动。《眉山日报》刊载应急知识试题，通信部门向全市公众发送应急管理宣传短信5万余条。举行应急管理宣传月启动仪式，设置宣传点印发《眉山市公众应急知识手册》1万册、资料30万余份，悬挂标语890余幅、摆放展板280余个、发送应急管理宣传短信5万余条、展示应急车辆20台次、开展专题培训55次。开展安监人员应急科普知识有奖竞答，现场播放《灾难的启示》《危机的应对》等宣教片。2011年，全市发放应急宣传资料149.12万份，制作宣传展板2.67万个。

二、应急演练

应急演练主要开展森林火灾、地质灾害、水上救援、地震综合处置、校园疏散等演练。

2006 年，眉山市重点行业主管部门和生产经营单位组织开展安全生产应急救援培训和应急救援演练，提高应急自救能力。2007 年，市应急办、市林业局、市水利局组织洪雅县、东坡区按照Ⅲ级响应标准开展森林防火、防汛抗洪应急演练。在金象化工组织开展危险化学品灾难事故应急演练；组织市级部门开展通信应急演练。全年全市组织开展防汛、消防安全实战演习 70 余次，开展自然灾害、事故灾难、公共卫生和社会安全四类应急演练 253 次。2008 年，全市各煤矿企业、芒硝企业和石油、化工等高危企业定期组织开展应急救援预案演练。中石油雅石司油库举行综合演练 5 次、专项演练 18 次，参演 240 人。金象化工举行综合演练 4 次，参演 500 人。2009 年，市安监局建立应急事件处置流程，开展模拟演练。眉山市举行首次地震应急综合演练，模拟眉山城区范围内发生里氏 5.5 级地震后启动应急预案，按《眉山市地震应急预案》三级响应实施。彭山县、洪雅县等县区组织公安、消防、卫生防疫、民政、学校等部门开展地震应急综合演练。2010 年，金象化工管委会组织参加甲醇泄漏应急演练。汪洋煤矿、峨电能源、眉山电力公司、眉山石油公司等分别组织开展日常应急演练。在彭山县江口镇茶场村，承办四川省地质灾害应急演练。2011 年，眉山市在 2 所小学组织开展校园避震疏散演练，各区县中小学校组织开展校园避震疏散演练。开展煤矿、危险化学品、水上、森林防火、地质灾害、特种设备、消防、防汛等应急救援演练。川西战区（眉山）石油化工灭火救援联动实战演练在彭山县青龙油库举行。建成“农村民居地震安全示范点”13 个，涉及 55 个乡镇、376 个村，开展各级各类地震应急演练 80 余次。全年全市开展各级各类地震应急演练 126 次。2012 年，在眉山职业技术学院和水天花月景区开展学生疏散、地质灾害、医疗救治、水上救援、消防抢险等防灾救灾大演练。丹棱县组织开展突发地质灾害、防汛突发事件预案综合演练 2 次。全年全市开展矿山、化工、交通、森林防火、特种设备、防火、防汛综合实战演练和专项演练 3000 余次。乡镇（街道）、学校、企业、村（社区）等基层单位开展森林防火、避险逃生等应急演练 1064 次，各类应急队伍 1.93 人次、群众 11.63 万人次和 689 台（套）装备参演。

东坡中学组织学生进行应急疏散演练（摄于 2011 年 3 月）

第四节　应急救援

2008 年“5·12”汶川特大地震发生后，眉山市迅速启动应急预案，派员赴高危企业和规模以上企业了解灾情，查清地震对厂房、设备及井下巷道等基础和安全设施的破坏程度，所有企业和在建工程项目立即停工停产；集中全市有关行业专家，安全鉴定房屋、市政公用设施和在建项目，组织专业技术人员全面检查公路、桥梁、车站码头。眉山市矿山救护队赶往市外重灾区开展抗震救灾工作。全市消防官兵扑救油管车燃烧事故，排除险情，未造成重大人员伤亡。全年应急救援仁寿县较大道路交通事故1起。2010年青海玉树发生“4·14”地震后，市矿山救护队迅速组织人员前往灾区开展抗震救灾工作。处理洪雅县汉王乡联合村30万立方米滑坡，安全撤离67人，无一伤亡。市矿山救护队参与威远县八田煤矿透水事故现场救援，成功救出全部29名被困遇险人员。2012年，仁寿县委、县政府，市、县公安局、交通运输局、卫生局现场紧急救援处置国道213线重大交通事故1起。

“5·12”地震后，接运地震伤病员的车队在市卫生局整装待发（摄于2008年5月）

第五节　减灾防灾

一、减灾防灾体系建设

2009年，四川省确定眉山市综合减灾救济应急指挥体系建设项目7个、眉山市救灾物资储备仓库建设项目1个、市级避难场所8个、减灾防灾志愿者队伍建设项目1个。

（一）应急指挥体系

2002年起，眉山市每年编制年度地质灾害防治方案。内容包括眉山市地质灾害区域分布情况，地质灾害威胁对象、范围和重点防范期，明确地质灾害防治措施和工作要求，公布地质灾害的监测、预防责任人。至2007年，丹棱县制定总体应急预案1个，专项应急预案22个，部门应急预案35个，乡镇应急预案7个，国有控股企业应急预案9个，规模以上非国有企业应急预案18个，学校应急预案27个，初步构建全县应急预案体系框架。2008年，青神县防震减灾局组织编制《青神县地震应急预案》《青神县防震减灾“三网一员”建设方案》。2009年，四川省发展和改革委员会批准眉山市综合减灾救济应急指挥体系建设项目7个（市级1个、区县6个），总投资2092万元，争取中央灾后重建基金1222万元。项目分土建工程和信息系统工程两部分，建设内容包括应急指挥大厅、指挥中心机房、应急指挥软件、高端计算机服务器和网络、安全、存储、备份等相关设备和移动应急指挥平台、通信设备等。洪雅县投入30万元建立洪雅县应急指挥中心。2010年，市政府编写（修订）《眉山市地震应急预案》，全市备案地震应急预案175个，其中市县总体预案7个；部门预案99个；防震减灾系统预案7个；重点学校、企业、医疗机构预案62个；最新修订预案8个。搭建眉山地震应急基础数据库平台，收集基础数据1300份（条、幅），更新各类基础数据300余份（条、幅），建立数据更新长效机制，保证应急救援之需。建立应急联动机制，乐山市、雅安市、眉山市防震减灾系统初步达成“地震应急”联动协议。丹棱县完成71个行政村和5个社区及所有企业、学校、矿山、商场、酒店等单位的基层应急预案编制，编制各类应急预案126个。2011年，建成市级及各区县应急指挥大厅和机房。信息系统工程全市统一设计、统一招投标、统一建设。2012年，彭山县、青神县被国家列入山洪灾害防治县级非工程措施建设新增县，中央和省级财政补助专项资金940万元。建成信息系统工程，实现国家、省、市、县四级项目对接、畅通运行，延伸开发应急指挥报灾软件至乡镇，系统通过智能手机上报灾情，结合计算机依托报灾网络处理数据，分析报灾数据，自动生成当前灾情态势图，依据政策调用相关应急预案辅助决策。

（二）救灾物资储备

2009年，眉山市政府投资36万元购置地震应急物资。2010年6月，启动眉山市救灾物资储备仓库建设项目，包括市级储备仓库1县、县级分库2个。建设内容为办公室、仓储及附属设施、购置安装传送、运输、消防、智能控制等设施设备和智能控制软件系统，总投资3355万元。2011年完工，眉山市救灾物资储备库建筑面积6000平方米，库容2万立方米；仁寿县救灾物资储备分库建筑面积1200平方米；洪雅县救灾物资储备分库建筑面积1500平方米。至2012年，丹棱县有应急救援车辆266辆，抢险装备、救灾器材1.26万件（套、具、吨）。

（三）避难场所

2010年6月，启动眉山市应急避难场所建设。项目规划投资2400万元，建设避难场所8个（一类4个、二类4个）。综合利用储备库相关资源增设2000平方米，用于储备避难场所相关设备设施及物资，提供组织指挥、就医、就餐、心理抚慰、五保及残疾人员等避难场所。避难场所、场地设施投资1280万元，其中一类每个195万元、二类每个125万元；避难场所物资储备及服务中心投资1120万元，其中场地建设2000平方米、装修及配套设施800万元，物资及其他设置储备320万元。一类避难场所投资10万元，配置应急篷宿区设施、医疗救护和卫生防疫设施、应急供水设施、应急供电照明设施、应急排污系统、应急厕所、应急垃圾储运设施、应急通道、应急标志、应急广播及应急消防设施、应急指挥管理设施、应急停车场、应急洗浴设施、通风设施和功能介绍设施等；二类避难场所投资5万元，配置应急篷宿区设施、医疗救护和卫生防疫设施、应急供水设施、应急供电照明设施、应急排污系统、应急厕所、应急垃圾储运设施、应急通道、应急标志、应急广播及应急消防设施、应急指挥管理设施、应急停车场、应急洗浴设施、通风设施和功能介绍设施等。避难场所在物资储备中心储备价值322.2万元应急物资，预备应急食品预定资金100万元。2012年9月竣工。

（四）救灾队伍

2009年8月，眉山市招募志愿者，建立志愿者数据库，实行网络化管理，总投资95万元。团市委、市卫生局、消防支队、市水务局、市政府应急办等部门联合开展市级应急志愿者首次培训。2010年，开通眉山志愿者网站。当年，建立青年志愿者标准化服务站15个，服务基地28个，专业服务队56支，注册志愿者4万人。健全服务队章程和有关管理规章制度，确立相对固定的志愿服务项目和发展规划，组织开展抗洪救灾、城乡环境综合治理、关爱农民工子女、建设低碳城市、服务市第二届残运会等大型志愿服务行动12次，服务人群10万人次。2011年，依托公安消防部队组建地震灾害救援专业救援队伍；市防震减灾主管部门组建由防震减灾、民政、国土资源、住房城乡建设、交通运输、卫生、通信等行业专家组成的20人地震现场工作队。至2012年，丹棱县建立应急救援专业抢险（专家）队伍25支529人、业余抢险队伍138支5982人。

2007—2012年，建立全市地震应急预案管理信息系统和公安消防、矿山救护等专业救援队伍89支3000余人，兼职救援队伍2万余人，志愿者队伍6支620人。

二、灾害防治

（一）防灾知识宣传

1998年起，眉山地震工作办公室在全区开展地震防御减灾宣传。通过“科技三下乡”“科技活动周”“计划生育三结合”“法制宣传日”“世界地球日”等活动，宣传地震防御基本常识。2004年，全市开展山洪灾害防御普及宣传教育，增强群众识灾、避灾、报灾、救灾意识，提高自救能力。2005年起，每年向居住在地质灾害点受到地质灾害威胁的群众分户发放地质灾害避险防灾明白卡，向地质灾害负责单位和负责人、相关责任单位和隐患点监测人员发放地质灾害防灾工作明白卡，让群众明白地质灾害的基本信息、诱发因数、发生灾害时的预警信号、避让路线、防范措施、报警电话。眉山市第一小学及各区县7所学校列为眉山市防震减灾科普示范学校。当年，发放地质灾害防灾工作明白卡1995份，发放地质灾害防灾避险明白卡4141份。

2009年，市防震减灾局在全市举办纪念“5·12”抗震救灾周年图片巡展。市机关干部、中小学生以及社会各界群众数万人参观展览，普及地震知识。彭山县鹏利小学列为省级防震减灾科普示范学校。举办防震减灾助理员培训班，培训区县防震减灾工作主管部门负责人和乡镇防震减灾助理员。至年底，全市建成市级防震减灾科普示范学校19所。2010年，全市开展科普讲座40余场，接受地震知识及防震减灾知识咨询100万人次。认定市级防震减灾科普示范学校8所、社区2个。东坡区3所小校列为省级防震减灾科普示范学校。2011年，市防震减灾局组织应急预案培训、防震减灾知识普及问答竞赛等活动。丹棱县防震减灾局、县电信公司、县教育局在全县27所中小学开展“天翼3G杯·防震减灾知识竞赛活动”，1万余名中小学生参加竞赛。2012年，眉山市18所科普示范学校开展“平安中国”防灾宣导系列公益活动，1.4万中小学生参加。认定市级防震减灾科普示范学校建设5所、社区2个、乡镇3个。3所学校列为省级防震减灾科普示范学校。全年发放地质灾害防灾工作明白卡5370份、发放地质灾害防灾避险明白卡2.12万份。

（二）建筑设防

1997年起，眉山地区建筑抗震设计单位执行《建筑抗震设计规范（GB 50011—2010）》《建筑工程抗震设防分类标准（GB 50223）》强制性标准。建筑抗震设防烈度仁寿县为6度，其余5县为7度。施工图备案时，业主须提供由气象部门出具的《筑防雷评估报告》，以保证建筑防雷。

2008年“5·12”汶川特大地震后，眉山市开展“农村民居地震安全示范工程”。市防震减灾局等部门将农村民居地震安全工程与社会主义新农村和灾后恢复重建有机结合，开展防震减灾科普知识和农居建房知识宣传，强化农村安居工程建设监督检查。青神县明确全县防雷装置设计审批流程、提交材料、收费依据和标准、办理时限。丹棱县安全排查鉴定27所中小学校校舍、28家单位建筑和全县居民房屋防震情况，出具房屋安全鉴定报告27份。2009年，市防震减灾局排查、鉴定全市579所中小学校舍地震安全性，发现部分已建校舍未达到抗震设防要求。要求相关部门和单位按重点设防类抗震设防标准新建校舍，维修加固或重建不符合要求校舍；加强建筑工程抗震设防和地震安全性评价监督管理。城镇规划选址避开自然灾害危害地段，预防减轻地震可能引发的次生灾害；重点工程建设项目开展地震安全性评价。开展2006年以后竣工及新（改、扩）建的各类建设工程地震安全性评价摸底调查。当年，完成2个重点工程项目地震安全性评价。至2010年，眉山市建成“农村民居地震安全示范村”13个，共1.9万户，涉及55个乡镇、376个村。规划改造校舍项目443个、面积198.4万平方米，开工161个，完工109个。2011年，市防震减灾局、市政府应急办、市教育局向10所省级、市级科普示范学校配送价值约100万元的教学防震减灾素质教育工程设备和授牌。将农村防震保安工作纳入新农村建设，13个村创建“农村民居地震安全示范点”，5个乡镇评为市级地震安全示范乡镇。执法检查洪雅瓦屋山水库地震监测台站和仁寿油罐顶地震监测中继站环境2次。截至2012年年底，全市完成14个大型工程地震安全性评价，创建“农村民居地震安全示范点”6个。

（三）灾害监测与调查评估

1997年，洪雅县开设有地震测报。

2002年起，眉山市逐年建设、完善地质灾害监测预报预警系统和群测群防网络系统，市、县（区）国土资源部门与气象部门合作，完善地质灾害气象预警预报系统。采用手机短信、网络、传真等多种手段预报地质灾害信息；适时调整播报日期，每年汛期开始到结束全程开展汛期地质灾害气象预警预报。2004年，全市设立地质灾害监测点71处。在山洪灾害危险区，村组落实专人负责汛期山洪、地质灾害监测。2005年，眉山在洪雅县建成地震自动监测站。

2007年，四川地矿局九一五水文地质工程地质队承担东坡区地质灾害调查与区划和洪雅县、沐川县两县地质灾害补充调查与区划工作，完成调查面积3227.84平方千米，核实地质灾害隐患点224个。眉山市地震观测基本为模拟观测和经验性预测。2008年，建立眉山地震监测台网中心。“5·12”汶川特大地震余震期间，全市“三网一员”上报宏观异常情况11次，经查实后协助省、市、县排查6次。四川地矿局九一五水文地质工程地质队完成眉山市东坡区、仁寿县地质灾害巡查和排查，发现地质灾害254处，制订地质灾害点应急处理方案5份，完成建设项目（城镇居民集中安置点）地质灾害危害性评估4个、居民过渡（临时）安置点三级评估122个、地质灾害应急勘查项目4个，为灾区地质灾害防范提供技术咨询服务。2009年，在总岗山—柳江—峨眉山断裂带和龙泉山断裂带东南部新建2个无人值守地震自动监测台站，设省级地质灾害隐患点1个。2010年，眉山市有地质灾害隐患点476个（省级1个、市级25个）。平时地质灾害险情巡查每月不少于1次，重点防范期巡查每周不少于1次，重点防范期暴雨时实行24小时监测。当年，成功预警洪雅县汉王乡联合村一社山体滑坡，5分钟后30万立方米山体滑落。2011年，监测台网中心记录到地震事件355次。新建地震数字监测台站2个，改建地震监测台网中心1个，基本达到全市地震监测无盲区。2012年，眉山市在每个监测点落实预防责任人、监测责任人、监测电话和监测措施，在重大隐患点安装滑坡伸缩仪34台、裂缝报警器480台，设立警示牌，保证通信畅通，报警锣、哨齐备。系统升级全市新建的20个地震监测预警点，市台网中心最快提前10秒~20秒发出预警，市气象局及时发布天气预警，形成自上而下、从下至上的监测预防报警网络。截至2012年年底，眉山市128个乡镇设置防震减灾助理员128人、宏观监测员61人，有地质灾害监测点42个（市级29个）。全市地震监测台网中心共记录到地震事件5082次，其中眉山境内240次，现场排查震情异常4次，接听来电咨询1000余次；编印《地震工作动态》120期。

（四）人工降雨防雹

1971年7月，仁寿县发生严重干旱，成都军区派高炮部队在境内发射催化剂炮弹1000余发，实施人工降雨，有一定效果。1986年6月5日、9日，成都军区某团在仁寿县高店、龙马、玉龙等乡镇实施人工降雨，发射炮弹137发，随后普降中雨。1990年6月，成立仁寿县人工降雨防雹指挥部，购高炮3门，由退伍炮兵组成龙马、文宫、文林炮班，连续3天实施人工降雨作业，6月17日降雨量90毫米~110毫米，旱情得到缓解。1999年，仁寿县进购高炮1门，充实人工降雨防雹队设备。此后至2012年，仁寿县境内一旦有严重旱、雹情，即开展工作。

三、灾害救助

（一）地质灾害应急处置及救援

2000年，眉山地区财政下达山地灾害防治补助费28万元，用于监测洪雅县山地滑坡，治理彭山县、仁寿县滑坡。2002年起，眉山市出现地质灾害险情，各级政府迅速实施临灾避险，疏散受灾害威胁群众。当年，仁寿、东坡、洪雅、彭山等区县遭受狂风、冰雹、暴雨袭击，仁寿县发生4.6级地震。全市转移被围困群众2621人。市规划建设局投资40万元，完成仁寿县千合乡中心小学震后重建。2004年，山洪等地质灾害的防御预案纳入眉山市《防洪总体预案》。在全市山洪和地质灾害危险区，预警、预报、转移撤离方案等层层落实到村、组、户。2006年，眉山市启动防灾避险搬迁安置工程。2007年起，对地质灾害隐患点较大，难于治理或治理需大量经费的，实施避险避让搬迁。全市有地质灾害危险点415处，其中受威胁群众10人及以上灾害危险点217处、50人及以上地质灾害监测点36处。全年实施地质灾害避险搬迁安置42户155人（彭山县26户85人、青神县16户70人）。

2008年起，实施地质灾害工程治理，清除松软体、开沟排水、砌护坡。“5·12”汶川特大地震后，市政府成立抗震救灾指挥部，启动地震应急预案，进入抗震救灾应急状态，组织抢险救灾。市国土资源局分赴各区县排查险情，指导救灾。国土资源部、省国土资源厅的地质专家到洪雅县、丹棱县排查地质灾害隐患。全市排查地质隐患点546处。在市区和彭山、丹棱、仁寿四个灾民救助站设置中医药服务点，为灾民提供中药汤剂、中成药及院内制剂、针灸推拿、心理咨询等服务，服务灾民500人次。2009年，全市开展地质灾害调查，查清地质灾害分布区域，全市有高易发区、中易发区、低易发区和非易发区4个区21个亚区，高中易发区主要分布在高山、深丘地区。排查出全市水电工程建设项目安全隐患2处、吊桥安全隐患1处、渠道易垮塌点35处，并及时处置。完成“5·12”汶川特大地震4.65万户受灾住户灾后重建，15.54亿元灾后农房重建和维修加固资金全部发放到位。为重建农户发放“特殊党费”援助资金1.77亿元。完成1068户农村特困无房户建房任务。2010年，市防震减灾局实地调查党仲水库水持续一个月变黑现象、洪雅县洪川镇塘坎村七组一村民秧苗田冒气泡现象，现场解答群众疑虑。7月、8月，连续遭受洪涝灾害，全市发生地质灾害175起，组织46个乡镇群众432户1471人转移，无一伤亡。2012年，全市实施地质灾害避让搬迁121户387人，完成倒塌房屋恢复重建503户1400间、损毁房屋维修加固2250间。

2007—2012年，眉山市发生地质灾害395起，投入地质灾害治理经费2452.2万元，治理隐患点84个，实施地质灾害避让搬迁394户1484人，省财政补助搬迁资金218.4万元。

（二）防汛

岷江由北向南纵贯境内彭山县、东坡区、青神县，流长113.56千米（含府河14.3千米）；青衣江纵贯境内洪雅县，流长58.82千米。境内江河均属雨洪河流，受岷江上游鹿头山和青衣江两大暴雨中心的影响，岷江、青衣江干流眉山段和市域内的主要支流洪涝灾害频繁而严重，历来被列为全省防汛工作的重点，其中东坡区、彭山县两县城被列为全省重点防洪城市。全市防汛实行“三定五包”（定领导、定范围、定责任，包堤防、包水库、包城镇、包电站、包山洪易发区），分工明确、责任落实。

预案编制　1997年，眉山地区编制《城市防洪应急预案》，每年修订完善一次，实行行政主要领导第一责任人的责任追究制，每年汛期到来前适当演练，城区连续暴雨出现内涝隐患苗头时，及时启动应急预案。2000年，地区建委组织编制《眉山市城市防洪规划》，科学建设城市防洪设施。2001年，市政府防汛抗旱指挥部印发《眉山市防汛总体预案》，作出防御江河洪水、水库防洪调度、山地灾害防治、防汛物资储备、抢险队伍组织、群众撤离转移、调用部队抢险等规定。

队伍及设备　1997年，眉山地区加强防洪队伍及设施建设。组建抢险队伍180支1.9万人，落实麻袋3万条、编织袋4万余条、草袋3万余条、铅丝30余吨及汽车、装载机、救生船200余台（艘）等防汛抢险物资和设备。2003年，投资508.86万元、全长973米的青神县黑龙堤防城区段续建工程完工。2005年，眉山市建立抢险队伍528支2.04万人；购置储备麻袋、草袋、编织袋55.89万条，砂石料20.4万立方米、汽柴油、水泥等1044.85吨和救生船只91艘、救生衣（圈）7644件、抢险机具150辆、抢险工具1.89万件、发电机77台、照明设备1678套。2010年，眉山市储备省级防汛物资麻袋16.44万条、草袋3万条、编织袋31.95万条、砂石料20.52万立方米、桩木392立方米、救生衣（圈）7720件、救生船只38艘，落实防汛抢险队伍347支1.13万人。2012年，全市储备麻袋18.04万条，草袋、编织袋33.9万条，铅丝32.75吨，防洪石23.28万立方米，木料150立方米，救生衣（圈）8195件，救生船只88艘，落实防汛抢险队伍428支2.29万人。

汛情处置　1997年，眉山地区开展城市防洪检查，杜绝隐患，确保安全度汛。彭山县每年组织疏通城区下水道和管、涵、渠，保证行洪设施畅通。1998年，汛期眉山地区防汛机动抢险队出动机械740台班、人员642人次，转移群众2100人，抢救洪水围困群众32人，抢运防汛物资3.33万吨，减灾6150万元。1999年，眉山被确定为四川省重点防洪城市。眉山县白虎滩堤防出险，地委、行署迅速组织抢修，投资52.74万元。岷江“7·13”洪水致眉山县张坎镇田池村堤段基部塌陷350米，经及时抢险，控制险情扩展。2000年起，全区每年检查城市桥梁、市政排水管网及雨污水井盖，发现隐患及时排除。排查摸底内涝隐患，汛期预警期间安排人员夜间值班巡查。全面疏浚城区排水管网，雨水口无杂物。重点清疏易淹易涝地段的下水管道，处理路面地质塌陷积水问题，解决易积水地段排水不畅问题，确保城区市政排水管网通畅。2001年，眉山市组织驻眉山部队、武警和公安干警，现场抢险和救援东坡区伏东、修文两镇和洪雅县柳江镇被洪水围困群众数百人。2002年，市武警支队、眉山军分区及区县武装部、驻眉山部队出动官兵，疏散转移被洪水围困、山地滑坡危及的彭山县、东坡区、丹棱县群众近3000人。丹棱县卫生防疫站启动抗洪救灾预案，组织防疫人员指导救灾防疫，组织消杀灭队93个，给水井、街道、村民庭院、房间消毒；投放灭蝇药品、消毒剂、白矾，确保大灾之后无大疫。2003年7月、8月，眉山市两次遭受暴雨洪涝、风雹等灾害，接受社会捐赠现金70.71万元、物资（衣物）2.39万件。2005年，眉山中心城区遭受严重内涝，东坡区出动抢险人员4430人，投入近100万元，转移被洪水围困群众50余人。2007年4月14日，眉山市遭遇风灾和雹灾，灾情发生后，民政部救灾专员柳永发到眉山勘测灾情，指导抗灾救灾。省委书记杜青林赶赴灾区慰问受灾群众。2009年，组织150余人封堵东坡区石埂子水库卧管漏水，消除水库安全隐患。2010年7月、8月特大洪灾后，市委、市政府组织部队、公安、武警、消防、民兵预备役人员1.23万人到一线抢险救灾，出动冲锋舟158艘次；紧急避险转移7.27万人，设集中安置点8个，集中安置3018人；下拨救灾资金200万元，发放救灾棉被、衣服、粮油食品，保障灾区群众基本生活需求。仁寿县疾控中心启动自然灾害卫生应急预案，开展卫生宣传教育，环境消毒，群体卫生防护，流行病学调查，实行区域疫情日报，未发生疫情。至2010年年底，市中心城区投入城市防洪设施建设资金1.9亿元，整治城区湖滨路北段和南段及南延线、通义路、通惠河中段和北段、岷江大道等，新建湖堤7.5千米，整治排洪箱涵3.1千米，新建堡坎8.6千米，实现城市排水通畅、河流通畅、防汛安全。2011年，眉山市遭遇"5·1"雷雨冰雹灾害后，迅速启动防汛应急响应，分片区实施内涝排水，疏通管道，清掏杂物，清掏严重积水路段雨水口6000余座，排涝50余处。彭山县以排水管网50年不落后为目标，启动城市排水工程建设，实施建设路、柏华路道路改造和排水工程，采用盖板涵工程解决城市内涝问题。

（三）抗旱

20世纪90年代，眉山境内推广应用抗旱节水新技术。

1998年，成立眉山地区抗旱服务队。1999年，地区行署提出分阶段实现的抗旱减灾控制目标。全区水利部门投入抗旱提水设备3.76万台（套），提水3600万立方米。投入抗旱人员46.5万人、资金450.57万元，抗旱浇灌面积5.1万公顷。推广旱育秧3.33万公顷，落实抛秧面积2.33万公顷、地膜玉米1.67万公顷。至2002年，眉山市及各区县均成立抗旱服务队，共22个；创建省抗旱服务示范县2个。全市抗旱服务队形成每小时2.04万立方米抽（提）水能力。至2003年，全市各级抗旱服务组织投入抗旱资金1640.57万元、抗旱机具11万余台套，抗旱浇灌面积6.6万公顷，推广实施"FA旱地龙"抗旱节水增产剂5000余公顷。2005年，仁寿县被省抗旱办列为"FA—旱地龙"抗旱增产试点基地，全县落实并推广"旱地龙"试点示范面积800公顷。2006—2007年，全市投入抗旱128.8万人次、机具7.88万台套、资金3007万元，抽水1.14亿立方米，解决68万人、101.7万头牲畜饮水困难。2009年，全市投入抗旱63.21万人、机具23.95万台套、资金3106万元，抗旱浇灌面积6.79万公顷，解决17.8万人、牲畜20.55万头饮水问题。仁寿县形成以县为龙头，乡镇为主体，带动村社的抗旱服务网络体系。建成各级抗旱服务组织126个（县级1个、乡镇110个）。2010—2012年，眉山市旱情不重，仅有小规模抗旱。

（四）应急通信保障

2006年1月20日，仁寿县富加镇发生天然气管道爆炸事故，通信基站受损并导致通信中断。眉山移动公司迅速组织抢险，恢复基站运行并提供应急通信保障。2008年，"5·12"汶川特大地震后，眉山移动公司紧急调集人员、物资，全力投入抢险，采取话务分流、关闭数据业务功能、限制边远非重点基站等措施，解决网络严重拥塞问题，网络当日恢复正常；飞行航道上严重受损的2个基站航行灯恢复照明，专人夜巡，全力保障军机起降安全和机场通信畅通。2010年8月19日，眉山市发生雷暴雨天气，造成147个基站停电，37个基站断站，传输2个汇局环、1个支链中断，传输干线铁路备用光缆中断，数据渠道中断15个点，集团中断1个点。眉山移动公司启动防汛三级应急预案，实行传输网管24小时值班，节点站24小时发电保障，无法处理的隐患点派人蹲守盯防，迅速组织抢险恢复，保障受灾群众和抢险队伍通信畅通。

第六节　抗击汶川特大地震

2008年“5·12”汶川特大地震发生后，市委、市政府快速反应，组织4.83万人投入抢险救灾，紧急转移受灾群众，救治伤员；动员社会各界捐款捐物，保证受灾群众日常生活，搞好灾后恢复重建，确保眉山无疫情发生，经济持续发展。

一、灾情

2008年5月12日14时28分，四川省阿坝州汶川县（北纬31度、东经103.4度）发生里氏8.0级特大地震，震中距眉山市政府所在地约132千米。据乐山市地震监测中心监测，眉山发生里氏5.0级~5.5级地震，烈度8度。为眉山75年来最大地震灾害，全市六区县不同程度受灾，其中仁寿县为一般重灾县。全市131个乡镇、140余万人受灾，因灾死亡10人、受伤351人。农村居民房屋倒塌和严重受损6.28万户22.51万间、一般受损33.94万户，敬老院房屋倒损66所2103间；城镇居民住房倒塌1.69万户7.76万平方米、严重损坏6.99万户39.94万平方米；受灾学校516所，受损校舍99.82万平方米，其中倒塌（含因灾形成D级危房、需拆除重建）66所628间3.25万平方米、一般受损450所1.27万间96.57万平方米；受灾医疗卫生机构148个12.16万平方米；受灾经济作物8580公顷（大棚设施25.09万平方米）；损毁农田2060公顷、农户沼气池3.72万口、道路84.88千米、桥梁258座、渠系210.35千米、防洪堤11.82千米、供水站56处、管网103.23千米；震损水库59座（高危水库6座、次高危53座），损坏输电线路1.32千米，损毁电站2座；林业损毁1138公顷；出现滑坡41处，崩塌28处，地面塌陷2处，地裂2处；中国电信小灵通基站317个停止工作、基站倒塌27个、3个村通基站中断、模块局全阻6个点、电杆倒伏20根。直接经济损失60.6亿元，需政府救助21.7万人。

仁寿县禾加镇初级中学受损校舍

彭山县彭祖山慧光寺大雄宝殿损坏情况

彭山县宝胜乡天柱村受损民房

洪雅县止戈镇青杠坪村震毁农房

“5·12”地震眉山受灾情况组图（摄于2008年5月）

二、抢险救灾

2008年“5·12”汶川特大地震发生后，市委、市政府在震后15分钟即成立抗震救灾指挥部，启动《眉山市地震应急预案》二级响应，明确提出“立足自己，不等不靠，自力更生，抗灾自救”的工作思路和确保受灾群众“五有”（有饭吃、有衣穿、有干净水喝、有安全地方住、伤病有救治）的工作目标。分三条线作战，一条线抓抗震救灾，一条线抓恢复生产，一条线抓社会稳定。全市各级党委、政府和4000余个基层组织第一时间疏散群众、抢救伤员，公安干警、武警、消防官兵3000余人，民兵预备役1.53万人，基层党员、干部、团员青年3万余人奋战在抗震救灾前沿，快速抢险救人，同时做好死难人员善后工作，紧急转移受灾群众57.36万余人，救治伤员1556人（含重灾区转移救治伤病员）。全市8.15万名党员交纳“特殊党费”389.92万元，社会募集救灾资金1.28亿元、物资价值800万余元。抗震救灾期间，收治眉山市伤员625人，下拨药品、设备价值600万余元、3994件（台）次，发放救灾粮3624.75吨。消毒500万平方米，确保眉山无疫情发生。11月，市委、市政府隆重表彰抗震救灾先进集体82个、先进个人306人，捐款捐物献爱心先进集体51个、先进个人126人。

“5·12”汶川地震后，眉山卫生监督突击队在第一时间深入震中青川县开展灾后救援工作（摄于2008年5月）

（一）组织指挥

地震后15分钟，成立市委副书记、市长李静为指挥长，市委副书记贺文、市委常委、常务副市长蒋辅义为副指挥长的眉山市委、市政府抗震救灾指挥部。成员单位有市委办、市政府办、市科技局、市地震办、市民政局、市发改委、市经委、市教育局、市公安局、市财政局、市国土资源局、市规划和建设局、市交通局、市水利局、市卫生局、市农业局、市环保局、市广电局、市旅游局、市食品药品监督管理局、市商务局、市物价局、市质监局、市邮政局、市气象局、市新闻办、市电力公司、电信眉山分公司、移动眉山分公司、人民银行眉山市中心支行、武警眉山支队、市公安消防支队。指挥部下设治安稳定组、房屋鉴定除险组、宣传报道组、交通通信保障组、医疗保障组、水利监控组、办公室。

5月12日14时38分，指挥长李静指示地震部门了解地震情况，调集应急通信设备。市政府办公室人员、车辆集中待命，派人到学校了解受灾情况和学生撤离情况；通知市政中心所有工作人员撤离市政大楼。征用简易帐篷10顶，搭建临时办公地点；铺设电话线路5条、宽带线路2条。成立指挥部办公室，开始应急值班，收发文电、指令、处理信息。确定副指挥长贺文和市委常委、政法委书记杨勇负责社会稳定工作，组织应急救援、治安防控；副指挥长蒋辅义召集建设等部门，前往市区街道、学校、医院等了解城乡住房、重要房舍受损情况；市委秘书长王影聪负责机关秩序；副市长杨玉仙前往市安监局安排部署调查重点行业和危险行业受灾情况，检查市级医疗机构。成立6个工作组，分别由市委常委、组织部部长刘十庆、市委常委、市纪委书记吴小可、副市长宋铭、黄跃、市人大常委会副主任余纪桦、市人大秘书长郑夕君、市委统战部部长李亚非带队赴东坡区、仁寿县、丹棱县、农口部门、经济开发区（以下简称经开区）、青神县、洪雅县了解地震受灾情况。12日14时45分，武警眉山市支队安排人员在市中心城区巡逻。

市政府下发《关于切实做好抗震救灾工作的紧急通知》，要求各区县和有关市级部门高度重视，全力投入抗震救灾工作；全市各级各部门把抗震救灾作为当前头等大事和首要政治任务，立即启动应急预案，主要领导亲临一线，靠前指挥，周密部署，迅速动员和组织广大党员干部全力投入到抗震救灾工作中。要求迅速行动，全力保护人民群众生命财产安全，党政主要领导和有关部门主要领导深入灾区第一线，处置灾情，排查隐患；把群众生命安全放在第一位，迅速摸清人员伤亡情况，无条件救治伤员；迅速做好病险水库、矿山，受损桥梁、道路和重点工程排查整治；岷江、青衣江沿线区县做好防汛工作；洪雅县加强青衣江流域梯级水电站的值班督查，做好防汛协调工作，重要情况随时上报；采取一切措施，最大限度减少灾害损失，同时做好应付余震和防雷雨、防风暴、防大汛等其他自然灾害的准备；尽最大努力确保人民群众生命财产安全，组织水、电、气、通信等安全检查，确保畅通；组织搞好市场物资供应，维护物价稳定，严禁哄抬物价；保证受灾群众有临时住所、有饭吃、有水喝、有衣穿、有伤有病及时得到救治，保障人民群众的正常生活；迅速组织机关、乡镇、街道社区开展安全守护，特别要加强重要机关、金融场所的安全值守；乡镇、街道社区要组织守楼护院；公安、武警、消防要加强巡逻，确保重要机关、重要场所的安全和社会正常秩序。

5 月 13 日起，各区县和市级城建、城管、房管等部门迅速开展房屋受损情况排查鉴定，及时消除安全隐患。加强学生安全工作，学校停课 2 天~3 天，学校房舍全面排除险情后再使用。各区县和市应急、民政、救灾等部门迅速组织力量汇总核查灾情，登记造册，据实上报。加强社会面控制，全力维护社会稳定。各地及时准确公布灾情，宣传党委、政府抗震救灾的信心和决心，最大限度地降低和消除恐慌情绪，防止谣言传播。各级各部门坚守岗位，加大公共区域和重要场所巡逻防控，严防少数别有用心的人借机扰乱和破坏社会秩序。维护交通秩序，防止引发交通事故，保障抗震救灾车辆顺利通行。各监狱、劳教所、看守所加强安全检查和监所秩序控制，防止出现在押人员骚乱和安全事故。各区县、乡镇（街道）、村组（社区）在抗震救灾期间，落实专人 24 小时值班，并向社会公布值班人员手机号码、值班电话和值班地点，确保通信畅通。值班人员名单和联系电话、值班地点分级报上一级抗震救灾指挥部办公室。

5 月 14 日，在市区东坡湖广场召开眉山市抗震救灾广播电视动员大会。市委、市人大常委会、市政府、市政协领导、秘书长，市级各部门、市属以上事业单位、东坡区部分党员干部和社会各界人士代表等 2000 余人参会。大会号召全市人民行动起来，万众一心、众志成城，坚定信心，坚决打胜抗震救灾这场硬仗，发扬“一方有难，八方支援”优良传统，献出爱心，举行现场募捐活动。

（二）灾区群众转移安置

“5・12”汶川特大地震后，市级领导分赴六区县农村、企业、学校、医院、街道、水利工程、建筑工地等灾情一线，靠前指挥。采取帐篷、活动板房、自建过渡性简易房、投亲靠友等方式转移安置受灾群众。5 月 17 日，四川省下达眉山市受灾群众紧急转移安置应急资金 230 万元；眉山市及时拨付转移安置资金，保证安置。全市紧急转移 57.37 万人，其中转移安置 9.18 万户 29.31 万人；设集中安置点 5 个，安置 223 户 778 人，分散安置 9.16 万户 29.53 万人。未发生因疏散撤离秩序混乱致人死亡事件。

眉山市“5·12”汶川特大地震农村受灾群众安置情况统计表

表 20-10

眉山市	安置途径											
	合计		帐篷安置		活动板房安置		自建过渡性简易房安置（包括彩条布、篷布等）		投亲靠友安置		其他方式安置	
	户数（户）	人数（人）	户数（户）	人数（人）	户数（户）	人数（人）	户数（户）	人数（人）	户数（户）	人数（人）	户数（户）	人数（人）
东坡区	12353	42282	—	—	—	—	—	—	12204	41760	149	522
仁寿县	52606	166461	57	228	14	14	23585	70755	28715	94783	235	681
彭山县	4323	15582	—	—	—	—	4316	18558	7	24	—	—
洪雅县	14476	50666	910	4567	—	—	5886	20603	7214	25252	69	244
丹棱县	4880	9100	—	—	—	—	620	2108	4260	6920	—	—
青神县	3150	8978	—	—	—	—	56	161	—	—	3094	8817
合计	91788	293069	—	—	—	—	34463	112185	52400	168739	3547	10264

（三）遗体处理

“5·12”汶川特大地震中，眉山市处理因灾死亡者 25 人。市殡仪馆火化本地遗体 10 具、外地遗体 15 具。眉山市公安局抗震救灾突击队刑警 9 人前往震中汶川映秀镇，现场对 10 余具高度腐败的尸体作身份辨认和 DNA 检材提取。眉山市民政局安排殡葬车前往都江堰等地帮助处理遗体。

（四）社会捐赠

政策措施　2008 年 5 月 14 日，眉山市抗震救灾指挥部下发《关于规范抗灾自救社会捐赠的通知》，规定，坚持就近就地捐赠，以现金捐赠为主，也可捐赠救灾急需的物资；对要求上门接受的单位和群众要给予明确答复并及时作出安排，不得以任何理由拒收捐赠物品；对接收捐赠的款物的使用做到公开、公平、公正，由市抗震救灾指挥部统筹安排，每天采用电视、报刊等形式向社会公布接受和发放捐赠款物的情况，并随时接受有关部门的审计和检查。全市抗震救灾社会赈灾活动由市抗震救灾指挥部统一组织管理。具体工作由市纪发（监察局）、市委组织部、市民政局、市财政局、市教育局、市卫生局、市审计局、市统计局、市红十字会、市慈善总会等负责。市纪委（监察局）、市民政局、市财政局、市卫生局、市审计局、市统计局负责救灾款物的捐赠、发放、使用监管。市委组织部、市民政局、市红十字会、市慈善总会、市工会、团市委、市妇联、市残联等部门负责救灾款物的捐赠登记、接收。市民政局、市财政局、市红十字会、市慈善总会等部门负责救灾款物的发放、使用管理。各区县参照市有关文件，建立相应机构。

社会赈灾组织发动　2008 年 5 月 13 日，市慈善总会、市红十字会印发宣传标语、募捐倡议书宣传单，制作募捐箱，通过电视、政府网站、眉山日报、手机短信对外公布募捐电话、联系人、募捐地点。市慈善总会在市区三苏雕像和市政府南门各设置募捐点 1 个，供社会各界捐赠。在设置固定募捐点的同时，组织发动市内外各界捐赠活动，并接收和调拨捐赠资金、物资。市红十字会发动红十字志愿者 20 余人参与募捐工作，当日募集抗震救灾款 20 万余元；相继在市区三苏雕像、宏远商场、摩尔玛超市、中心汽车站等 8 处设置募捐点，接受募捐。全市市民个人捐赠主要由市红十字会、市慈善总会在市区设置的10个捐赠点接收；市党政机关、企事业单位的个人捐款由单位组织收集，上缴慈善机构；市外个人捐赠转入市红十字会、市慈善总会捐赠账户。5月14日，在市区东坡湖广场召开全市抗震救灾广播电视动员大会，号召全市人民行动起来，献爱心。市领导带头捐款，市级各部门、残疾人、少年儿童、老干部代表纷纷捐款，现场收到捐款760.74万元和捐物牛奶价值100万元、饲料价值70万元、大米价值3.5万元、手机价值5万元等，总价值1239.24万元。市民政部门及时将捐赠款物送达重灾区和眉山市受灾群众手中。此后，市慈善总会、市红十字会迅速组织社会捐赠活动。市委组织部、市总工会、团市委等部门相继发文，号召全市党员积极参与捐赠活动，帮助受灾群众。市委组织号召党员、干部开展捐赠“特殊党费”等捐助活动。全市市直机关、部队单位、职工捐款634.5万元（其中“特殊党费”403万元）。市商务局、工商联等在市内外企业组织开展募捐活动，共得善款3114.83万元。其中，福耀玻璃工业集团股份有限公司执行董事兼首席行政总裁曹德旺到眉山考察灾情，向龙正中学和文林镇星光小学各捐赠200万元用于学校灾后重建。

眉山军分区官兵向灾区群众捐款　武警眉山支队向灾区捐款
2008年5月14日，眉山市公安民警向灾区捐款　眉山公安消防支队向重灾区捐款

“5·12”地震眉山捐款现场组图（摄于2008年5月）

“5·12”汶川特大地震中，东坡区复兴乡山祠村受灾群众拒绝接受上级救灾款，并现场向重灾区捐款3772元。青神县汉阳镇向阳村三组家庭困难村民魏志敏收到募集资金6300元后，用5300元买成大米送到重灾区。至2009年9月，全市收到捐款1.05亿元（市慈善总会9441.76万元、市红十字会772.97万元、其他市级部门240.36万元）。其中市内外企业捐赠资金3114.83万元（市红十字会资金1056.61万元、物资价值248.1万元，市光彩事业促进会慈善捐助款387万元，市直机关和部队单位和职工捐款634.5万元，社会捐款141.74万元）、接收市外捐款1519.57万元（市外机关单位和慈善会捐款123.1万元、其他慈善捐款266.57万元）。

捐赠款物使用　“5·12”汶川特大地震后，市慈善总会接收的捐赠资金主要用于全市各区县救助和安置受灾群众、医院救助伤员、学校等灾后重建。其中拨付区县灾民暂住费用20万元、地震灾害救助款275万元、慈善总会地震捐助、救灾款1071.2万元（东坡区110万元、仁寿县77.7万元、彭山县163万元、洪雅县260万元、丹棱县100万元、青神县360.5万元）、团委救助款30万元、慈善会敬老院独寡老人御寒用品费10万元、救助站救助50万元、学校建设2067.55万元、市医疗机构救治受灾人员170万元、市畜牧局救灾慰问8万元、购买帐篷6万元、市招商局和妇幼保健补助17万元。市红十字会募集资金1056.61万元，其中拨付区县红十字会502.5万元（东坡区100万元、仁寿县100万元、彭山县70万元、洪雅县100万元、丹棱县92.5万元、青神县40万元），划拨市卫生局医疗救助款50万元，彭山县武阳乡牧马初级中学灾后重建款300万元，东坡区黄家小学、盘鳌乡卫生院维修款45.46万元，洪雅县止戈卫生院维修款20万元，市三医院医疗救助款20万元，市中医院医疗救助款10万元，东坡区松江小学灾后重建款30万元，市、区县卫生局紧急救灾款21万元，眉山军分区购买药品2.48万元，定向援助西南油气田分公司川西北气矿工会委员会10万元、东坡区学校维修款12.67万元、市医院等医疗救助款10万元、市总工会紧急救助款7.5万元和德阳、阿坝等重灾区紧急救灾款15万元。市农业局向仁寿县满井镇、龙正镇冲天村、宝马乡石联村、丹棱县丹棱镇龙滩村受灾群众发放手动喷雾器1860台、机动喷雾器300台、鼠药1.1吨、杀菌杀虫剂8.5吨等价值55万元的救灾物资。深圳华唐公司捐赠眉山市的40部手机分配市福利院2部、市救助站1部、东坡区6部、仁寿县9部、彭山县6部、洪雅县6部、丹棱县5部、青神县5部。救灾物资（冰柜）分配市救助站2台、市福利院10台、东坡区10台、仁寿县20台、彭山县10台、洪雅县10台、丹棱县10台、青神县10台、市福利院储备32台。眉山接四川省民政厅一批抗震救灾捐赠物资，随即分配各区县和市部分单位。

眉山市救灾物资分配表

表20-11

单位	物资分配情况
驻眉山部队	矿泉水400件，饮料类400件（王老吉、奶茶），榨菜100件，肥皂20件
市福利院	食用油0.68吨，大米1吨，棉被320床
市一医院	常用药9件
东坡区	矿泉水60件，饮料类368件，大米3吨，食盐0.4吨，饼干、面等食品46件
仁寿县	矿泉水126件，饮料类600件，大米5吨，食盐1吨，榨菜155件，蜡烛5件
彭山县	矿泉水55件，饮料类330件，大米2.5吨，食盐0.4吨，榨菜100件，蜡烛4件
洪雅县	矿泉水55件，饮料类330件，大米2.5吨，食盐0.4吨，榨菜100件，电筒1件，电池6件
丹棱县	矿泉水40件，饮料类320件，大米1.5吨，食盐0.3吨，榨菜100件，电筒1件，电池5件
青神县	矿泉水40件，饮料类320件，大米1.5吨，食盐0.3吨，榨菜100件

（五）抗震救灾粮加工及调运

“5·12”汶川特大地震后，四川省粮食局下发《关于动用跨省移库最低收购价粮和中央储备粮紧急加工为成品粮的通知》，确定眉山市紧急完成1.48万吨（稻谷1.09万吨、小麦3971吨）救灾粮的加工生产和调运任务。市粮食局与加工生产企业签订委托加工合同，迅速转运原粮到加工企业加工。各加工点24小时作业，运输车辆日夜兼程，将救灾粮及时安全送到马尔康、茂县、雅安、绵阳等重灾区。全市完成外调（市外）抗震救灾粮3913.43吨（大米2560吨、面粉1353.43吨）、菜油5吨；市内救灾粮加工、调拨完成调运加工原粮1.22万吨（稻谷8952.84吨、小麦3250.65吨）、成品粮7599.5吨，确保全市受灾困难群众每人每天一斤粮供应。

（六）救助

受灾群众基本生活需求　“5·12”汶川特大地震造成眉山市143万余人受灾，其中25.09万人需粮食3624.75吨（东坡区473.92吨、仁寿县1634.45吨、彭山县408.02吨、洪雅县415.97吨、丹棱县407.84吨、青神县284.56吨），按每千克3元计，折合经费5437.12万元。需菜油74吨，受灾的6.53万户18.75万人需衣被类21.62万件（套）。2786人需医疗救助经费260.3万元。

眉山市生活困难群众衣被需求统计表

表 20-12

县市区	需救助户数		衣被类					
	户数（户）	人数（人）	棉被（床）	棉絮（床）	棉大衣（床）	棉衣裤（套）	衣裤（套）	毛毯（床）
东坡区	10160	25400	2500	2690	2309	—	1500	1817
仁寿县	41000	126000	30000	30000	30000	30000	—	25000
彭山县	4045	8390	4636	3725	4345	4490	4220	4282
洪雅县	2594	6790	1124	259	300	272	556	308
丹棱县	6391	18860	5957	3351	5205	3490	3700	5683
青神县	1080	2026	1200	1200	850	—	—	1200
合计	65270	187466	45417	41225	43009	38252	9976	38290

应急期救助　“5·12”汶川特大地震后，四川省下达眉山市抗震救灾资金 15.17 亿元（退 1670.3 万元），其中遇难人员家属抚慰金 5 万元、中央自然灾害生活补助资金 1.14 亿元、农房重建中央和省财政各项补助资金 14.12 亿元［永久房 7.17 亿元、农村过渡房、维修加固 2.92 亿元、新“三孤”（孤儿、孤老、孤残）人员和散居无房五保对象集中建房 3.24 亿元、倒塌损毁农村敬老院恢复重建及维修加固 6890.5 万元］、抗震救灾物资（人员）等转运经费 25 万元。市政府紧急下拨抗震救灾应急资金，保障抗震救灾需要。全市下拨市军分区等 23 个市级单位抗震救灾应急资金 599 万元。市政府以市级预备费补助区县抗震救灾款 560 万元。

过渡期救助　2008 年 5 月 23 日起，市抗震救灾指挥部先后制发《关于切实做好救灾粮食药品等救灾物资发放到村到户工作的通知》《关于进一步加强抗震救灾食品安全工作的紧急通知》，市委办、市政府办制发《关于规范七、八月救灾钱粮发放管理工作的意见》。要求各区、县，市级有关部门加强粮食、药品等救灾物资发放，确保粮食、药品等救灾物资到村到户，贯彻党中央、国务院和四川省委、省政府一系列决策，切实保障灾区人民群众食品安全；规范救灾钱粮发放管理；准确、严格执行政策，做细工作，妥善解决有关具体问题，严肃工作纪律。

钱粮发放对象按“本人申请、村民评议、村组公示、乡镇审核、区县审定”五个程序确定，实行公开、公正、公平，以乡镇为单位登记造册、建立台账；各区县制定发放方案，成立发放工作小组，明确各级党委、政府主要负责人为“第一责任人”，落实具体责任和发放要求，进村入户发放；要求各区县按标准先计发 1 个月救助钱粮。按照因灾造成的倒房户、严重损房户和“三孤”人员三类受灾困难群众登记。倒房户、严重损房户每人每天 10 元补助金和 1 斤成品粮，补助期限 3 个月；“三孤”人员每人每月补足 600 元，补助期限 3 个月。受灾困难群众实施临时生活救助钱粮发放于 2008 年 10 月初结束。四川省拨付眉山市 3 个月受灾群众生活救助金 1.04 亿元、中央储备粮抗震救灾计划 1.35 万吨、菜油 74 吨。眉山市实际发放受灾群众生活救助资金 25.09 万人 8737.63 万元（结余 1670.37 万元），救灾粮 3624.75 吨、菜油 74 吨。

后续生活救助　2008 年 11 月 18 日，市民政局制发《关于切实做好散居五保户等困难群众越冬工作的紧急通知》，要求各区县民政局精心组织、排查到位、多措并举、保障到位、强化督查、落实到位；确保灾区困难群众，特别是散居五保户安全温暖越冬。四川省政府决定自 2008 年 9 月起，向

地震灾区"三孤"人员，生活困难的遇难、重伤残者家庭人员，异地安置人员以及因灾住房倒塌或严重损坏且生活困难的受灾群众发放后续生活救助，月人均 200 元。四川省下拨仁寿县中央自然灾害生活补助资金 1037 万元。

2009 年元旦、春节前，为全市城乡困难群众发放一次性生活补贴，补贴对象为城乡低保对象、农村五保对象、享受国家抚恤补助的优抚对象以及中华人民共和国成立前入党的农村老党员和未享受离退休待遇的城镇老党员（简称中华人民共和国成立前老党员），补贴标准分别为农村低保、五保对象每人 100 元、城市低保对象每人 150 元、享受国家抚恤补助的优抚对象和中华人民共和国成立前老党员每人 180 元，所需资金全部由中央财政负担。全市发放补助 21.57 万人（农村低保 11.01 万人、城市低保 5.87 万人、农村五保 2.09 万人、优抚对象 2.6 万人、中华人民共和国成立前老党员 28 人）、补贴资金 2658.93 万元（东坡区 713.03 万元、彭山县 230.25 万元、洪雅县 236.83 万元、丹棱县 156.12 万元、青神县 175.69 万元、仁寿县 1147.01 万元），上级实际补贴资金 2492.37 万元。

医疗救助 "5·12"汶川特大地震后，紧急启动《眉山市突发公共事件医疗卫生救援应急预案》，启动二级响应。成立医疗卫生抗震救灾指挥部，下设综合协调组、医疗救治组、疾病控制组、宣传报道组、后勤保障组 5 个专业组和彭山观音机场、市第一人民医院、市第二人民医院、眉山三医院 4 个驻点联络小组，做好地震伤病员的救治和卫生监督检查、自来水监测、公共场所消毒等工作。各级医疗机构迅速转移病人，在市、县医院和各中心、乡镇卫生院住院的 3000 余名病员被迅速疏散出病房至安全地点，无法撤离的危重病人在医护人员陪护下持续治疗。市第二人民医院用救护车和屏风搭成 2 个临时手术室。市第一人民医院、市第二人民医院、市中医院、仁寿县人民医院 12 台正在进行的外科、妇产科手术和急诊手术在余震中完成。

5 月 13 日，市卫生局确定市第一人民医院、市第二人民医院、市中医院、眉山三医院、仁寿县人民医院、仁寿县中医院、仁寿县骨科医院、彭山县人民医院、彭山县中医院、彭山县血防医院 10 个医疗机构为眉山市接收重灾区伤病员定点医院，其他县级医院作为补充。成立医疗救治专家组，负责全市地震伤员会诊、转诊工作。各医院成立医疗救治组，抽调配备医护人员，增添设备、药品，安排落实地震伤员预留床位 650 张。至 5 月 21 日，出动救护车 113 台次、医护人员 510 人次，接诊伤员 100 人、受灾群众 10 人。每天接诊的伤员在积极救治同时，为其添置新衣服及生活必需品，开通报平安电话，组织志愿者为伤病员服务。抗震救灾期间，全市收治地震伤病员 925 人，其中接收绵竹、北川、都江堰、什邡、江油、汶川等重灾区伤病员 613 人，重伤员 318 人，手术 368 台次，无就诊死亡病例。

市政府在东坡区和丹棱县设置救助站 2 个，负责接收来自北川、绵竹、什邡、安县、彭州、都江堰等重灾区的受灾群众。市中医院和丹棱县人民医院、中医院在救助站设立"中医药服务点"，每天轮流安排医务人员到救助站开展健康体检、心理咨询、按摩针灸推拿、中医药诊治服务，健康体检 695 人次，心理咨询 227 人次，诊治呼吸道感染 300 余人次、肠道感染 260 余人次，服预防性中药汤剂 600 余人次，提供中成药 310 瓶（盒、袋）。

市卫生局派出卫生监督员，拉网式监督指导和检查中心城区市民露天聚集区域，确保食品安全。地震当晚巡查人群集中露天场所和街道 28 处，检查食品供应点和小餐饮 86 户。市疾病预防控制中心采样监测眉山自来水厂水质。抽调 12 人组成消毒小组，出动工作人员 1400 余人次，车辆 500 余台次，开展城区人群聚集场所消毒 500 万余平方米。

市疾控中心、市卫生监督所组织卫生防病应急工作队、外援突击队奔赴重灾区开展医疗卫生救助。市疾控中心承担汉旺、九龙、遵道、绵远四个乡镇灾后防病，出动车辆165台次、应急队员560人次。市卫生执法监督支队赴青川抗震救灾一线，开展灾区饮用水卫生、食品卫生、环境消杀、尸体消毒处理及传染病防控等监督指导。市疾控中心、市卫监督所全体人员连续作战40天，确保灾后无大疫和公共卫生事件发生。

志愿者队伍　2008年5月13日，在市红十字会登记报名志愿者20余人。由乡村医生12人自发组织的洪雅县志愿者医疗服务队在县红十字会、县卫生局支持、组织下奔赴重灾区开展医疗救助，被省红十字会安排到都江堰市奎光派出所灾民点开展医疗救助。由于灾情重，带去的药品很快用完，志愿者便帮助派出所卸车、分发救灾物品。后又转辗青城后山搬运伤员，到虹口镇开展消毒工作、八角庙村瓦子坝点开展医疗救助。14日，全市登记志愿者100余人，包括司机、工人、学生、企业员工等。志愿者主要参与募捐款物的清点、登记，救灾物资的搬运、分发，照顾重灾区转至眉山的伤病员，红十字志愿者最多时200余人。

（七）支援重灾区

“5·12”汶川特大地震发生后，市委、市政府号召全市发扬“一方有难、八方支援”精神，向绵阳市、德阳市、广元市、阿坝州等重灾市（州）伸出援助之手。组织公安、消防、卫生、民兵预备役人员等2000余人次，调度车辆400余辆（次），募集物资近2000万元支援重灾区；救治重灾区伤病员613人，调配血液7.85万毫升。眉山市消防部队向重灾区绵竹市派出突击队，转战九龙小学、东方汽轮机厂等10余个救灾现场，救出50余人，挖掘遗体200余具。派出“送水队”，行程1万余千米，为灾区群众送水4000余吨。

伤员调（转）运　5月13日上午10时起，来自重灾区绵竹市、都江堰市、北川县的94名伤员陆续抵达眉山市第一人民医院、第二人民医院、眉山三医院和眉山市中医院接受治疗。5月14日，市卫生局派出联络组在彭山观音机场接诊重灾区伤员。贵州省医疗救援队102人，吉林省医疗队148人抵达眉山，并迅速参与伤员救治。5月16日，组织26辆伤病员救治运输车、医务人员120余人及志愿者服务队奔赴重灾区绵竹市、德阳市开展现场救援，接回伤员132人，分送仁寿县、彭山县和眉山三医院救治。5月27日和31日，出动救护车辆137台次，将伤员262人、家属195人全部安全转运到南宁、大连、福州等地。

物资调（转）运　5月13日，市商务局组织矿泉水1000件、方便面1500件、棉被600床、大米10吨、编织袋3000条、饼干等食品500件、搭建帐篷用棚布、薄膜等物品运至成都市、绵阳市、德阳市等重灾区。市中心血站为灾区（绵阳市中心血站）紧急运送悬浮红细胞4.36万毫升、血浆3.5万毫升。组织价值20万元的手电筒、食品等救灾物资送往绵阳市、德阳市等重灾区。将联合利华捐出的6000箱价值100万元的奶茶分发到眉山市战斗在重灾区的部队官兵、医护人员及转移到眉山安置的伤病员手中。将联合利华、金佰利捐赠的价值60万元的口罩、棉被、消毒水、安全防护服转赠对口支援重灾区都江堰。台资企业眉山市牧昱养殖场、仁寿福满多食品有限公司、青岛统一记通过眉山公司向重灾区捐赠棉被、方便面、卤蛋，并运往灾区。眉山市捐赠价值248.1万元的食品、棉被、药品等物资分批送往绵阳市、德阳市、都江堰市重灾区及眉山市市级医疗机构、区县红十字会。5月16日至6月18日，眉山市协助四川省指挥部驻彭山机场工作组开展转运救灾物资，接送地震灾区伤员、灾民等。由彭山县征用货车7辆、征调社会车辆139台次，组织调动民工、志愿者3593人次，转运机场救灾物资460吨；征用客车21辆运送志愿者、部队官兵等。调运大米10吨、食用油0.5吨、食盐3吨、挂面0.25吨、肥皂20件、彩条布6捆及部分急需药品；接送伤员507

人、灾民377人、游客130人。截至救灾结束，眉山市支援重灾区（绵阳市、德阳市、成都市、雅安市、广元市、阿坝州）粮食5286.84吨（大米3430.72吨、面粉1856.12吨）和价值550万余元的抗灾生活物资。

定向捐助　“5·12”地震后，眉山市定向捐助阿坝州汶川县5万元、江油市10万元、什邡灾区重建款12.5万元、德阳物资款10万元、江油云集小学灾后重建款150万元。

对口支援　2008年6月20日，眉山市市长李静率工作组实地调查对口援建的阿坝州九寨沟县，了解受灾和灾后重建情况。决定落实援建资金400万元；冬季前完成房屋倒塌户的住房重建，确保安全过冬；启动受地质灾害影响严重的学校搬迁，严防二次灾害发生；组织专业人员开展房屋鉴定，立即拆除危房和维修、加固一般性受损房屋，确保群众生命财产安全；加强通村公路等基础设施建设，迅速恢复当地交通。至2010年6月，眉山市投入资金1005.47万元，对口支援九寨沟县草地乡全额援建项目4个和定额援建项目2个。截至2012年年底，眉山市共派出专业技术人员45人参加汉源县、九寨沟县、小金县、茂县、壤塘县、江油市、都江堰市、金川县灾后重建工作。

三、恢复重建

2008年，“5·12”汶川特大地震后，市委、市政府高度灾后恢复重建。逐步将灾后重建转向以提升灾区发展能力为重点的新阶段。通过“部门帮村、党员帮户”“百企联百村”等形式推进灾后重建，当年，全市地震灾后恢复重建支出2.1亿元。此后每年安排灾后恢复重建和扩大内需资金。至2010年5月，全市向上级争取资金31.68亿元，支出40.45亿元。拉动投资约60亿元投入灾后重建，完成4.65万户农房和3441户城镇住房重建及2.67万户城镇住房维修加固，新建和重建敬老院125所、学校176所、医院73所，加固震损病险水库59座。至2012年，全市各项灾后重建工作基本完成；受灾群众生产生活条件、各项社会事业和基础设施水平得到极大提高和改善。

（一）农房灾后重建

政策措施　2008年5月26日，市委、市政府号召各县（区）、市直有关部门不等不靠，抓恢复重建；明确灾后农房重建政策补助对象和标准、工作程序和时间要求、相关问题、职责与要求；对全市敬老院灾后重建土地、招投标、规费、监管、规划设计、运行管理等问题作出规定；全市上下联动，采取结对帮扶形式，重点扶持20个重灾村。自建过渡期安置房的农村居民，市、县政府给予每户1000元现金补助。7月7日，市委办、市政府办制发《关于做好“5·12”地震灾后农房重建工作的实施意见》。要求各区、县委和人民政府，市级各部门，组织实施好全市灾后农房重建工作。7月9日，市委书记蒋仁富率队调研东坡区大石桥街道办事处旭光社区、象耳镇农林村，召开现场办公会，提出具体处理意见10条。8月10日，召开全市灾后重建工作会议。市委决定全市不发放“5·12”地震过渡安置房补助资金。9月，市政府办制发《关于全市敬老院灾后重建有关问题的通知》，要求各区、县政府，市级有关部门切实解决全市地震灾后农村五保户居住问题；市委办、市政府办制发《关于开展扶持贫困户灾后房屋重建活动的通知》，要求各区、县委和政府，市级各部门，有关企事业单位，在全市开展扶持贫困户灾后房屋重建活动；明确规定“活动”基本原则、责任主体和扶持方式、工作要求；决定组成督查组，督查扶持贫困户灾后房屋重建活动开展情况。10月23日，市委、市政府在仁寿县大化镇召开全市灾后农房重建暨救灾救助工作现场会，市委常委、秘书长王影聪到会讲话，副市长宋铭就恢复重建、受灾群众和困难群众基本生活保障、救灾救助资金物资捐赠、城乡社会救助体系的健全和完善、救灾救助的组织领导工作作出安排。10月24日，市抗震救灾和灾后重建领导小组印发《关于做好“5·12”汶川地震灾后城镇住房重建工作实施意见》，要求各区县、市级有关部门制定城镇住房重建具体实施办法，认真贯彻执行。12月12日，市委办、市政府办制发《关于快速推进灾后农房重建工作的实施意见》，要求各级、各有关部门做好重建工作保障；抓薄弱环节，全力以赴推进重点乡镇的重建工作；在保证建设质量的前提下，加快重建进度；强化督促检查和宣传，营造良好的工作环境。

2009年5月12日，全国首所“侨爱工程”——东坡区尚义镇中心小学落成

灾后重建的仁寿县星光小学

2010年3月24日，由广西壮族自治区工商联捐资400万元、建筑面积达6000平方米的眉山市富牛（光彩）初中灾后重建工程完成

灾后重建的仁寿县文林二小

“5·12”地震眉山灾后重建组图

实施情况　2008年7月起，眉山市实施农房灾后重建，2009年6月结束。住房重建、加固农户补助标准按每户一般户1人~3人1.6万元、4人~5人1.9万元、6人及以上2.2万元；建卡绝对贫困户和低保户1人~3人2万元、4人~5人2.3万元、6人及以上2.6万元；敬老院倒塌毁损2.5万元、一般损坏5000元；分散供养“三孤”五保户（集中建敬老院）2.5万元；加固维修户3000元。完成重建、加固维修32.11万户、上级（中央、省）补助资金21.05亿元，其中永久性住房4.65万户8.67亿元、加固维修25.41万户7.62亿元、“三孤”五保1.63万户4.07亿元、敬老院4233户6890.5万元。

表 20-13

眉山市“5·12”汶川地震灾后住房重建政府补助资金明细表

眉山市	永久性住房						加固维修		“三孤”五保住房		敬老院重建					
	资金（万元）	按“两类三档”，中央1万元，省、市、县5：2：3（仁寿县省、县7：3）					户数（户）	补助金额（万元）	户数（户）	补助金额（万元）	户数（户）			补助金额（万元）		
		户数（户）	金额（万元）								合计	倒塌损毁	一般损坏	合计	倒塌损毁	一般损坏
			中央	省	市	区县										
仁寿县	54053.4	28717	28717	17735.48		7600.92	95109	28532.7	12576	31440.0	2694	1206	1488	3759.0	3015.0	744.0
东坡区	16035.2	8706	8706	3664.60	1465.84	2198.76	51192	15357.6	820	2050.0	396	293	103	784.0	732.5	51.5
彭山县	6834.0	3774	3774	1530.00	612.00	918.00	24592	7377.6	859	2147.5	334	254	80	675.0	635.0	40.0
洪雅县	2821.0	1560	15600	630.50	252.20	378.30	48152	14445.6	895	2237.5	342	285	57	741.0	712.5	28.5
丹棱县	5619.0	3036	3036	1291.50	516.60	774.90	14571	4371.3	416	1040.0	242	180	62	481.0	450.0	31.0
青神县	1358.4	714	714	322.20	128.88	193.32	20493	6147.9	716	1790.0	225	169	56	450.5	422.5	28.0
合计	86721.0	46507	46507	25174.28	2975.52	12064.20	254109	76232.7	16282	40705.0	4233	2387	1846	6890.5	5967.5	923.0

（二）生活和公益配套设施临时恢复

社会福利设施　眉山市儿童福利院位于东坡区，占地 10 亩，建筑面积 5076 平方米，设计床位 200 张，2007 年 6 月动工修建。“5·12”汶川大地震中已建成的三楼主体严重受损、部分垮塌，直接经济损失 200 万元，需重新修建。东坡区、仁寿县、洪雅县等社会福利院均不同程度受到损坏。

农村五保供养设施　“5·12”汶川地震造成眉山市无房五保对象（敬老院）2.06 万户受损，其中敬老院倒损床位 2387 张、一般受损 1846 张。地震受损敬老院倒塌损毁重建补助按每张床位 2.5 万元，一般损坏维修加固为每张床位 5000 元。四川省下达眉山市无房散居五保对象住房（敬老院）重建资金、地震受损敬老院补助资金 4.76 亿元。眉山市下拨五区县无房散居五保对象住房（敬老院）重建资金、地震受损敬老院补助资金 1.24 亿元。其中无房散居五保对象（敬老院）1.63 万户、上级补助资金 4.07 亿元；受损敬老院床位倒塌、受损重建（加固维修）4233 张、上级补助资金 6890.5 万元。一般受损床位完成修复。至 2009 年，全市房屋倒塌的 1.63 万户散居五保户新建、改（扩）建敬老院 125 所全面建成。

卫生设施重建　市红十字会争取到中国红十字会总会灾后重建项目 10 个，中国红十字基金会灾后重建项目 4 个，使用眉山市资金开展灾后重建项目 2 个，总资金 1469 万元。

四、抗震救灾监督管理

（一）措施

2008 年 5 月 14 日，市纪委、市监察局制发《关于严肃抗震救灾工作纪律的紧急通知》，要求各级党组织和广大党员干部切实增强做好抗震救灾工作的使命感和责任感，不得擅离职守，临危退缩；坚决服从统一指挥，认真落实岗位责任制和值班制度，确保政令畅通，全市副县级以上干部必须保持 24 小时通信畅通，随时接受市委、市政府救灾工作任务；妥善安排受灾群众衣、食、住、行和就医问题，严厉打击哄抬物价、弄虚作假、编造传播谎言等行为，维护社会稳定；救灾款物及时足额发放到灾民手中，不得以任何理由推诿、延误抗震救灾工作；全市各级纪检监察机关要切实履职，加强对各级党员、干部抗震救灾履职情况的监督检查，严肃查处不作为、乱作为和效能低下的人和事，为抗震救灾工作提供坚强的纪律保障。市抗震救灾指挥部下发《关于做好生产自救和预防次生灾害发生的紧急通知》，要求各区县委和政府、市级各部门做好生产自救和预防次生灾害发生。5 月 15 日，市纪委、市监察局、市民政局、市财政局、市审计局制发《关于严肃纪律加强抗震救灾资金、物资管理使用情况监督检查的紧急通知》，要求各地各部门严肃纪律，加强抗震救灾资金、物资的管理使用和监督检查，确保抗震救灾资金、物资及时全部用于灾区和群众；作出加强组织领导、严格灾情统计申报、严格抗震救灾资金物资接收、严格规范抗震救灾资金物资的拨付、严格公开公示抗震救灾资金物资收支情况、严格加强对抗震救灾资金物资监督检查、坚决查处顶风违纪的案件 7 项规定。5 月 20 日，市民政局、市监察局、市审计局、市财政局联合制发《眉山市救灾款物监督管理办法（试行）》，将救灾资金监管工作纳入年终目标管理考核，建立健全监管制度。市民政局与相关部门联合下发《关于严肃纪律加强抗震救灾资金、物资管理使用情况监督检查的紧急通知》《关于定期清理报送抗震救灾捐赠资金接收及安排使用情况的紧急通知》等文件，要求各区县加强受灾困难群众生活救助工作的组织领导，制定发放工作方案，明确各级党委、政府主要负责人为“第一责任人”，做好受灾困难群众生活救助的组织实施；各区县迅速组织力量，深入受灾乡镇、村组，严格按照“本人申请、村民评议、村组公示、乡镇审核、区县审定”五个程序，审核确定救助对象，并以乡镇为单位登记造册、建立台账，不漏不重；规范救灾钱粮发放管理，实行专账核算，专款专用，建立救灾款物监督制度，各级党委政府和民政部门及时派出工作组，全程监督检查救助钱粮的发放；加强粮食、药品等救灾物资发放工作，确保粮食、药品等救灾物资到村到户。6月4日，市抗震救灾指挥部下发文，要求各区、县立即停止使用敌敌畏杀虫剂。7月8日起，全市建立受灾农民永久性住房建设情况日报制度，制发《受灾农房恢复重建情况统计日报表》；各区县抗震救灾指挥部、市级有关部门建立受灾农民永久性住房建设情况日报制度，明确报送内容和报送要求。8月22日，市财政局、市民政局制发《关于转发地震灾后农房重建政府补助拨付和管理问题的通知》，明确重建补助资金配套比例、重建补助资金的筹集、政府补助资金实行专户管理和专账核算、重建补助资金兑现和发放、重建补助资金监督管理等事宜。9月9日，市政府办制发《关于全市敬老院灾后重建有关问题的通知》，要求各区县政府、市级有关部门切实解决全市地震灾后农村五保户居住问题，明确规定全市敬老院灾后重建土地、招投标、规费、监管、规划设计、运行管理等问题，要求各区县加强管理，建立健全敬老院管理制度和长效机制，确保有效运行。

（二）监管

抗震救灾期间，市抗震救灾指挥部、市级相关部门相继发文，强化管理职能，严格规范资金接收和拨付。规范款物接收，加强上级下拨抗震救灾资金、物资的管理，将所有接收资金全部纳入监管范围，专户专账、专款专用，详细登记接收的每一笔资金、物资，建立台账，及时汇总，重点规范社会募捐活动，合理设置捐赠物资接收点，公开名称、地址、银行账号和接收捐赠情况，确保救灾款物全部捐赠到位。救灾款物拨付、发放做到及时、足额、公正拨付。通过眉山电视台、《眉山日报》、网络等媒体，及时向社会和受灾群众公开、公示资金、物资接收和发放情况，做到账务清晰，公开透明，群众知情，主动接受社会各界监督。

突出重点监管，及时查处违规违纪现象。资金物资监管部门深入各区县、乡镇，走村入户了解救灾款物发放情况，听取群众意见，加强指导。全过程监督管理救灾资金物资接收、管理、调运、分配、使用、结果等重要环节，重点监督检查关系群众切身利益、资金物资集中、容易发生问题的领域。调查各类上访案件和群众诉求，严肃查处东坡区友家超市假借慈善捐赠名义将职工捐款据为己有和青神县西龙镇长池村党支部书记冒领抗震救灾资金案件等，切实管好用好救灾资金物资。各区县政府向社会公开征集社会监督员，开展抗震救灾资金、物资管理使用情况社会监督。市纪检监察机关协同相关部门加强各级各部门监督检查，保证抗震救灾资金、物资有效管理和正确使用。市审计局在《眉山日报》和眉山电视台公布汶川地震救灾款物审计举报电话，加强抗震救灾款物审计监督。

市审计局跟踪审计各区县抗震救灾款物管理和使用情况，完成全市147个单位审计和调查，核查197户农户领取受灾补助情况，向省审计厅等有关部门提交审计报告或汇报6份，审计专报1份。协助审计署核查救灾款物群众举报案件8件，完成上级审计机关交办举报案件11件，自行核查4件，核查举报案件1件。通过审计，规范全市救灾款物的筹集、分配、拨付、使用情况及其效果的监督，促进建立健全救灾资金和物资管理制度。

五、眉山市发扬“三自精神”抗震救灾纪实

在抗击汶川特大地震中，眉山各地群众不等不靠、舍己助人，谱写一曲自力更生、自救互助、自强不息的抗震救灾壮歌。

（一）自力更生，向“等靠要”说不

“5·12”地震灾害发生后，市委、市政府在初步了解全省、全国灾情后，明确提出“立足自己、不等不靠、自力更生、抗灾自救”的工作思路。在5月16日市委召开常委扩大会议上，市委书记蒋仁富指出：“在这次地震灾害中，尽管眉山损失巨大，但主震区损失更加惨重，我们要顾全大局，不等不靠，自救为主，为党中央和省委分忧”。市委提出“顾全大局，为国分忧，消除等靠要思想，主要依靠自己的力量来战胜灾害，渡过难关，恢复生产，重建成家园”，下发《关于发扬“三自精神”切实抓好灾后重建工作的意见》，发出《致全市党员干部群众的公开信》。全市各级党组织利用电视、广播、报纸、农村党员干部现代远程教育网等媒体，采取会议、标语、公开栏等形式宣传贯彻市委精神和灾后重建中“不等不靠、自力更生”先进典型，稳定情绪、鼓舞斗志、坚定信心，使“三自精神”深入人心，成为全市上下自觉行动。5月21日，东坡区复兴乡山祠村村民代表和党员代表不仅将上级下拨的3000元救灾款捐给重灾区，还捐款3772元，一起转给重灾区。洪雅县青杠坪村伍淑琼家价值20万元楼房被地震破坏，仍坦然道：“20万元眨眼间成了砖头瓦片，确实心痛，但只要人在，还可以从头再来!”

在筹资自救方面，眉山采取“政府补一点、社会捐一点、群众筹一点、银行贷一点”办法解决灾后重建资金关键问题。5月13日，市财政安排1210万元抗震救灾经费；企业、机关干部和广大市民纷纷捐款捐物、农民群众自发组织为灾区捐蔬菜、粮食等，有的流浪乞讨人员也主动捐款。

在确保抗灾重点方面，眉山提出救灾工作“五有、五防”（受灾群众有饭吃、有衣穿、有干净水喝、有安全地方住、伤病有救治，防震、防汛、防风、防疫、防盗），重点解决农村学校和农民倒房危房，确保9月开学前全面完成学校危房整治。

在恢复生产方面，开展辖区工厂厂房抗震分析检测，动员企业复工，迅速转入生产。

（二）自救互助，甘当重灾区“大后方”

5月15日，市委书记蒋仁富在全市抗震救灾广播电视动员大会上，详细通报绵阳、德阳、广元等兄弟城市受灾情况。指出：与这些市州相比，眉山的灾情相对要轻一些，重灾区更需要支持。要求全市在主要依靠自身力量战胜灾害的同时，以实际行动支援重灾区人民，展现眉山人民的风格、自信和力量。至5月27日，全市相继派出部队、武警、消防官兵、民兵预备役、卫生防疫等人员2000余人、组织400余辆救灾车辆支援重灾区。组织价值890万元生活物资支援绵阳、德阳、阿坝重灾区。

各级各部门、广大党员干部带头并发动社会各界踊跃向受灾群众和重灾区伸出援助之手。各级领导干部发挥表率作用，深入一线，帮扶指导受灾重点乡镇、村（社区）、企业、学校和重灾户。市、区县672个部门（单位）联系帮扶受灾村，其中40个市级部门（单位）“结对帮扶”20个重灾村。1万余名机关党员干部参与“联户帮扶”，从资金、信息、技术等方面，帮助受灾群众搞好灾后重建。组成党员服务队、助耕队543支1.53万人，帮助3000余户缺劳力户翻修房屋，帮助抢收抢种567公顷。市委组织部下拨党费30万元帮助基层组织和受灾群众渡难关，市委常委、组织部部长刘十庆10余次深入受灾重点乡镇、村了解灾情、慰问受灾户、指导和帮助基层解决灾后重建中的具体问题。

青神县汉阳镇向阳村三组村民魏志敏，家庭负债3万元，仍将深圳同胞捐助的5300元善款买成大米，送往重灾区。“我是一个普通农民，支援灾区能力有限，但我一定会尽自己最大的努力。”东坡区太和新桥村村民仅用1个小时，就筹集黄瓜、西红柿、茄子等新鲜蔬菜5吨，全部捐给重灾区群众。在市第二人民医院接受治疗的赵祥云、王文会夫妇，伤情稍有好转后，就主动要求到救助站，将床位和更好的救助留给其他伤员。青神县金花村邓刚将自己大棚里黄瓜30吨全部无偿捐献给重灾区。家中还欠信用社20万元贷款的彭山县茯苓村农民康先奎，驾车将筹集的8000元购买救灾物资、3000元捐款送到都江堰。

（三）自强不息，灾后重建风生水起

灾情发生后，市委、市政府提出抗震救灾工作要实现“两个确保”（确保抗震救灾工作胜利，确保经济增长目标全面实现）。

生产自救、灾后重建发挥组织引导，党员示范作用。灾情发生后，各级党委、政府快速反应，在抓好抢险救灾、安抚受灾群众的同时，迅速组织力量，修复水电气、交通、通信等基础设施，开展学校校舍、居民住房、企业厂房等建筑安全排查鉴定，组织农资生产和供应，科学制定灾后重建规划，开展灾后重建。广大党员带头复工复产、生产自救、重建家园，用实际行动带动广大群众不等不靠、自力更生，迅速投入灾后重建。

地震发生次日，许多受灾群众没有向党委政府伸手，主动修葺房屋。彭山县武阳乡大塘村，400户受损房舍仅用4天时间，就全部修复。地震发生仅3天，阳光置业施工队伍开工援建东坡区思蒙镇娴婆中心小学。青神县高台乡高台小学学生在村民会议室内复课。“竹林课堂”“帐篷课堂”“院坝课堂”在全市各地应运而生，中小学迅速复课，实现“一个都不能少”。丹棱县张场镇年逾70的代明军带领家人下田插秧，表示：“不能因地震误了农时。”东坡区圣乡八井村村支书汪长带领干部群众苦战四昼夜修复120米倒塌渠道，确保全乡433公顷土地用水。仁寿县凤陵乡100余名党员自筹资金30万元，震后10天将自家受损房屋、鱼塘修复，在党员带动下，全乡地震中受损的100余口池塘、3000余间受损房屋全部修复。5月13日，福满多食品、尼科国润等81家非公有制企业的党员943人和往常一样到工作岗位，当天恢复正常生产。

至6月5日，全市小麦收割完毕，粮食比2007年同期（下同）增产2656吨，油菜增产12%。水稻栽插面积完成进度的95%，玉米种植全部完成。全市350户因灾停产企业91.4%恢复生产，规模以上企业94.6%恢复正常生产。

面对灾后重建工作，市委书记蒋仁富认准一个道理“我们的主要精力要放在抓发展上，抓发展就是增强我们自救的能力”。

“荷尽已无擎雨盖，菊残犹有傲霜枝。”1000年以前，眉山人苏东坡写下如此名句。1000年之后，眉山人民诠释灾难面前傲霜斗寒的眉山精神。

眉山尽管自己受灾，就是靠不等不靠，爱心筑起精神家园。仍发扬“一方有难、八方支援”精神，援助重灾区。紧急调动部队官兵、武警、消防、民兵预备役人员1000余人、卫生防疫人员50余人、车辆400余辆开赴重灾区参与救援，向重灾区运送大米、矿泉水、方便面等价值123万元救灾物资。收治绵阳、德阳等重灾区伤员568人，安置和救助灾区转移群众587人。财政部副部长王军在听取眉山自立自强汇报后感慨道：“爱心是比金子还要宝贵的东西，在眉山，我感受到了这份让人感动的爱心，这份爱心帮助我们筑起了无论什么也摧不毁的精神家园。”

第七章　外事　侨务　港澳台事务

眉山市外事、侨务和港澳事务工作主要开展外事接待、因公出国出境、友好城市、国际交往、归侨侨眷、涉侨工作、侨务经济和涉港涉澳事务管理和服务。

第一节　外　事

1997—2012 年，眉山市与美国、日本、挪威、马来西亚、德国、澳大利亚、英国、孟加拉国、以色列、法国、韩国、泰国、巴勒斯坦、老挝、柬埔寨、瑞士、新西兰等国家政府机构和企业友好交往，开展合作。

一、来访

1997—2000 年，联合国有关官员考察东坡区白马乡、太和镇居民委员选举。美国驻成都总领事馆、美国大通银行天津分行官员、美国太平洋电力公司代表访问眉山，到洪雅考察合资办电厂事宜。马来西亚企业代表到眉山洽谈投资事宜。日本邮政省官员到眉山考察计划免疫工作，日本市川市议长川下佳节 3 次访问眉山，与眉山地区达成投资、结好等共识；日本驻华大使访问眉山，参观三苏祠；日本广岛县日中亲善协会事务局局长仲藤武信访问眉山。比利时农业研究中心、苏格兰作物研究院教授考察眉山甘蔗线虫和柑橘线虫情况；世界银行代表考察洪雅柳江林场世行贷款使用情况。澳大利亚昆士兰州交通贸易代表团、青年政治交流理事会代表团和澳大利亚众议院议长、西澳大利亚州帕斯市皮尔选区议员、公共工程联系法律委员会主席、澳大利亚前妇女部长朱迪·莫兰访问眉山，朱迪表示在眉山建立“朱迪教育基金”，资助眉山地区失学儿童。德国植物学家考察洪雅县瓦屋山，德国北威州工会代表团访问眉山。加拿大国际友人、加拿大约克大学退休教授一行访问眉山。

2002—2005 年，英国西北地区议会前议长率代表团访问眉山，商谈眉山市与英国西北地区一城市建立友好关系事宜；英国亚特兰学院学生访问眉山，参观三苏祠。美国俄亥俄州州立大学城市规划系教授率联合国计划开发署专家考察眉山；美国动物蛋白及油脂提炼协会向彭山一中捐赠防治“非典”物资。日本大使馆官员到眉山调研农村选举、村民自治情况等；日本早稻田大学中国古籍文化研究所考察团访问眉山，参观三苏祠；日本国众议院议员大野一二访问眉山，达成日本富里市丸和组合每年接收眉山市农业研修生合作意向。新加坡经济发展部副部长、新加坡国际企业局有关人员访问眉山，考察交通投资合作项目。马来西亚文林集团金泉成控股有限公司经理杨明芝考察眉山。孟加拉共和国金鼎实业投资有限公司总经理柳辉到眉山洽谈招收赴孟加拉务工人员事宜。澳大利亚赫维湾市政府和辽湾水务局代表首席执行官李·本纳特 2 次访问眉山，与市建委、市环保局等部门洽谈城建、环保、自来水净化、污水处理、垃圾处理等合作项目。“世界银行全球扶贫大会”民营部门发展与扶贫考察团考察洪雅县柳江镇红星奶牛小区及洪雅新阳坪乳业公司。彭山籍华侨郑建华率日本商界、宗教界知名人士访问眉山，在彭山举行捐资助学仪式。国际沼气代表团考察眉山沼气和能源技术，与市沼气部门建立联系。加拿大前外交官埃德蒙斯考察仁寿县。巴勒斯坦法律事务部司长率巴勒斯坦经济管理代表团考察眉山新城规划、环保建设和参观畜牧业养殖基地等。德国信息技术有限公司总裁访问眉山，考察新阳坪乳业有限公司；德国驻成都总领事馆总领事葛思茂一行考察眉山投资环境，寻求经济合作。加拿大魁北克省马斯卡传动件公司总裁考察眉山，与青神县强力机械厂签署合作协议，在强力机械厂扩大规模，生产汽车传动件。

2006—2010 年，英国罗奇代尔市政府国际事务代表穆文·史蒂文森、英国贸易投资总署伦敦国际贸易部部长罗伯特·赫利访问眉山，参观四川大学锦江学院、蒙牛集团眉山公司、青神县中国竹编艺术城等。日本航空学院代表团、日本 JAA 航空财团理事长梅泽重雄访问眉山，同眉山市政府举行友好会谈，参观日本航空学院友好合作学校眉山科学技术学校、眉山职业技术学校，洽谈两校合作事宜，达成日语软件开发专业和汽车专业领域合作意向；日本“中国归国者·日中友好之会”理事长池田澄江一行 88 人出席在仁寿县始建镇举行的中日友好太山村小学校落成典礼暨捐赠仪式。老挝总理波松·布帕万率老挝政府代表团访问眉山，与市委、市政府主要领导和金象化工负责人共同栽种象征中老友谊的“常青树”；老挝副总理宋沙瓦、老挝中央委员、乌多姆赛省省长访问眉山，参观眉山市重点企业四川金象化工集团和四川启明星铝业有限公司，同眉山市政府和金象化工股份有限公司企业代表举行会谈，达成继续推动经贸合作一致意见。法国、韩国、泰国三国驻成都总领事馆官员到眉山参加东坡国际文化节。加拿大学校代表团参观访问仁寿县。美国和声实业有限公司业务代表访问眉山，同有关部门签订《磁悬浮轨道交通研发应用项目合作框架协议》，确定彭山县观音镇为研发项目地址；美国佛罗里达州参议长率商务考察团访问眉山，走访、参观眉山市职业技术学院、社会福利院及三苏祠，希望为眉山市在佛罗里达州寻找一个相当城市建立友好城际关系。德国西格里集团业务代表卜鲁明考察眉山铝硅产业园区，磋商西格里集团在眉山年产 4.5 万吨电极项目事宜。世界旅游振兴与危机应对国际会议考察团访问眉山，考察三苏祠。荷兰弗里斯兰省副省长盖里马访问眉山，参观蒙牛集团、爱德奶业、美联公司、洪雅现代牧业万头牧场等，希望同眉山市在奶牛场粪污处理、良种奶牛繁育、奶产业技术人员互访交流等方面开展合作。德国、美国、法国三国驻成都总领事馆官员到瓦屋山参加观鸟活动并向获奖队和个人颁发奖状。韩国、泰国、法国驻成都总领事馆、丹麦驻重庆总领事馆、马来西亚对外贸易发展局、澳大利亚贸易委员会等代表参加眉山首届“中国·四川泡菜国际论坛”。瑞士驻华使馆发展参赞沃尔特·梅尔率瑞—中低碳城市合作项目官员、专家一行考察眉山，寻找合作项目示范城市；出席首届“夏至低碳日”活动并发表演讲，认同眉山低碳工作。柬埔寨王国参议院秘书长欧姆·沙瑞斯率团访问眉山。澳大利亚昆士兰州易普斯威齐市前议会主席凯文·比安奇率团出席在市金象化工产业园区举行的 8 万吨丙烯工程项目奠基仪式。美国驻成都总领事馆商务领事马仕戈出席眉山中国西南纳帕·马立可项目签约仪式。

2011—2012 年，中国韩国商会会长朴根太一行访问眉山，市长李静会见朴根太并就加强韩国企业与眉山市合作，共同促进发展举行友好会谈。新西兰唐明集团董事长董燕一行访问眉山，实地参观、考察洪雅、丹棱两县畜牧及旅游发展状况，同洪雅县签署投资畜牧观光项目合作纪要。7 个驻成都总领事馆官员参观洪雅新农村建设，考察洪雅县旅游资源和发展状况。欧盟项目创新中心竹产业投资考察团考察眉山商务，签订合作意向协议 5 个，协议投资 8000 万元。日本 JAA 财团理事长梅泽重雄访问眉山，为实训基地建设及人才培训、国际低空产业科技开发区建设及城市综合体建设等项目寻求合作，市委书记李静会见梅泽重雄。阿根廷探戈若糜公司总经理卡梅拉斯考察四川新希望集团阳坪奶牛场养殖基地，为养殖基地交流阿根廷奶牛养殖技术。

二、眉山市出访

1997—2012 年，眉山市政府相关人员出国考察访问，开展招商引资引智和经贸洽谈等友好交流活动。

2002 年，眉山市市长余斌率眉山市城市环卫考察团赴欧洲访问，同罗马省政府友好会谈并达成合作交流意向。2003 年，市委书记晏永和率眉山市经贸友好代表团赴澳大利亚、新西兰访问。

2006 年，副市长杨勇率团赴印度尼西亚、菲律宾考察，开展招商引资引智和经贸洽谈等活动。2009 年，眉山组织部分外向型骨干企业赴老挝考察，探讨眉山在老挝创建老挝眉山工业园区可行性和合作方案，促进“走出去”战略实施；组织 5 家有意愿到欧洲发展的外向型非公有制企业前往俄罗斯、波兰，与两国有关政府部门负责人座谈交流、实地考察、与外方企业对接等，学习成功经验，帮助企业家建立与波兰、俄罗斯的直接商务联系。2010 年，市长李静赴澳大利亚、新西兰考察畜牧业，了解两国畜牧业发展情况，拜会澳大利亚环球畜牧出口有限公司，达成该公司同眉山在奶牛及乳制品加工方面合作意向。

2012 年，市委常委宣迅率团赴日本、韩国开展贸易投资促进活动，签订高活性乳酸菌发酵泡菜全自动生产线、鹅去氧胆酸扩产增资、高分子消毒杀菌剂生产线投资项目 3 个，四川华升蔺业、丰和草业、幸达工艺、尿素等贸易合同 8 项。

三、国际友好城市往来

1998—2012 年，眉山市与俄罗斯、法国、美国等国家城市友好往来。

与俄罗斯莫斯科州克林斯基区　1998—2000 年，眉山地区副专员黄峰率政府代表团访问俄罗斯克林斯基区，双方同意在经济、贸易、科技、教育、文化等领域开展互利合作，签署《友好合作意向协议书》，确认两城市建立姊妹友好区际关系。俄罗斯克林斯基区克区政府代表团考察眉山，签署《中国四川省眉山地区同俄罗斯莫斯科州克林斯基区缔结友好合作区际关系协议（草案）》，讨论工业、商贸、文化教育、劳务输出等领域内的合作。副专员汤建平率眉山地区政府代表团访问克林斯基区，讨论文教、贸易、餐饮服务等合作，确认互派中学生交流，在贸易来往中互相提供优惠与便利等若干事宜，眉山顺发饮食服务有限公司与克林斯基区股份有限公司以股份制形式在克区共同投资经营一家中餐馆达成合作意向。两城市还达成分别派出由对方政府官员、企业界人士共同组成双边合作负责委员会，专门负责接受本地商会或企业委托，从事有关贸易事宜。2001—2005 年，俄罗斯莫斯科州克林斯基区政府代表团访问眉山，两市、区举行会谈，确认 1999 年 3 月双方签订的建立友好城市关系协议，同意建立经贸文化合作交流联合委员会，委员会中、俄方主席分别由两市、区行政首长担任。明确在经贸、医疗卫生和教育方面的合作范围。眉山市政府常务副市长黎兵率政府代表团访问克区，商谈加强两市区友好合作事宜，签订医疗、教育、经贸等合作意向协议。克林斯基区政府代表团，与眉山市政府洽谈经贸、卫生、餐饮等合作，签署相关合作协议。市委副书记卓明安率眉山市政府代表团出访克林斯基区，双方明确继续执行两区、市在 1999 年 3 月签订的《关于中国四川省眉山地区行署与俄罗斯莫斯科州克林斯基区政府建立姊妹友好关系》协议，承诺继续执行以往签订的各项合作协议，加快各项未尽事宜落实。2006—2009 年，俄罗斯莫斯科州克林斯基区

政府代表团访问眉山，签订两市区友好合作协议，正式建立友好合作城市关系。眉山市政协主席严文清率团赴俄罗斯克林斯基区考察访问，同“克区”议会、政府举行全面开创两地经济文化友好合作会谈，设立友好城市标志，考察分别在眉山和克林市建立文化艺术展览馆事项，商定互派医务人员及文化艺术团组互访事宜。市委书记、市人大常委会主任蒋仁富率团赴俄罗斯访问，与克林斯基区政府达成劳务派遣、租赁土地等一致意见，与圣彼得堡市政府商谈加强轻工产品和肉类贸易合作。

与美国城市　2006 年，美国姊妹城市协会代表团访问眉山，与眉山市政府举行向眉山推荐一座相当城市建立友好合作会谈。2010 年 11 月，美国新泽西州萨德尔布鲁克市市长路易·德阿米尼奥一行到眉山考察，与眉山市签署《中华人民共和国四川省眉山市与美利坚合众国新泽西州萨德尔布鲁克市建立友好城市意向书》；美国佛罗里达州布利瓦德郡参议长率团考察眉山职业技术学院、眉山市福利院和三苏祠，双方就两市结为友好城市达成意向。

与法国城市　2007 年，法国驻成都总领事馆总领事杜满希访问眉山，杜满希表示推荐法国相当城市与眉山建立友好城市关系，推动法国与眉山在经济、文化、教育、旅游等交流与合作。

四、对外合作交流

1998—2000 年，眉山车辆厂、青神丹甫制冷压缩机有限公司选派工业研修生 2 人赴日本研修。青神县竹编工艺民间艺人殷超赴韩国举办个人竹编工艺展。

2001—2004 年，国际竹藤组织在青神县竹艺城举办国际竹编培训班，来自 18 个国家和地区相关人员参加。3 名眉山民间摄影艺术家个人摄影成果参加在日本举办的中日文化艺术交流照片展。眉山市向日本派遣农业研修生、行政研究生 90 人。眉山市向日本选派 50 名农业研修生。眉山市向日本选派农业、工业研修生 69 人。

2007—2009 年，日本航空学院与眉山科学技术学校建立友好合作校际关系并在专业开设、学生实践等开展合作。洽谈与眉山科学技术学校在航空商务专业领域教学管理、学生实习、教师进修等事宜，达成日语软件开发专业和汽车专业领域合作初步意向。眉山市组织 6 个区县招商局及市金象化工产业园区、市铝硅产业园区等单位和企业代表参加“纽约—四川首届投资融资研讨会”。组织市内 7 家农副产品龙头企业，参加第十届西博会“欧盟国家农业合作项目推荐会”，眉山企业代表与来自荷兰、英国、法国、奥地利等欧盟国家农业部官员、驻华使节、地方政府代表、专家学者和农业企业代表交流，寻求农业项目合作。

第二节　侨胞侨眷

一、组织侨务活动

2000 年，眉山地区侨务部门邀请美国农业部专家王健到眉山举办农产品保鲜专题讲座。2002—2005 年，市外侨台办组织部分侨资企业负责人参加在凉山州举办的 2002 年中国四川魔芋国际研讨会。欧洲华侨华人社团联合会第十届主席、丹麦中联投资有限公司董事长曹燕灵一行到眉山洽谈利用外国政府贷款事宜。欧洲美食家协会主席李满全，新加坡华侨及新西兰华人、新西兰工党华人领袖国家资源保护部委员卿太行一行考察眉山投资环境。组织市外经局、市科技局等部门和项目单位负责人参加成都国家会展中心 2004 年海外高科技洽谈会。加拿大华侨王桐发引荐全球 200 强的加拿大铝业公司有关人员到眉山考察启明星铝业。组织 5 家企业参加在昆明举办的“第三届东盟投资西南项目推介会”和在成都召开的世界华商峰会，接待世界 500 强企业加拿大铝业。

眉山市侨联举行换届选举大会（摄于 2012 年 12 月）

2006—2010 年，缅甸华商会会长赖松生考察眉山商务投资。英国中华文化协会访问团访问眉山，参观考察三苏祠及城市建设。菲律宾顶峰集团地产投资部经理任云妮考察眉山城市建设和食品加工企业。印尼东爪哇省企业家代表团杨宗庆访问眉山；华侨大学党委书记吴承业访问眉山。市外侨台办组织 3 家企业参加东盟投资西南项目推介会，签订项目合作意向书，合同金额 1000 万美元。眉山市政府、四川省政府侨务办共同主办以“合作发展，共建和谐”为主题的“四川首届华侨华人社团大会眉山分会场会议”在眉山中心城区举行，来自世界 30 余个国家和地区的 140 余名华侨华人社团领袖、海外华商及专家学者参会。美国百人会理事、晓龙基金会执行长、国际著名市场营销和人力资源开发专家曾宪章博士在市委中心组（扩大）学习会上作题为《人力资源与竞争力提升》的主题报告。宏基集团主席、中华中文学校校长、中华协会会长莫添来率英国华校赴川交流考察团访问仁寿府君中学。眉山举办 2007 海外华裔青少年“中国寻根之旅”夏令营活动，来自美国、加拿大、法国的海外华裔青少年 53 人与彭山县灵石镇侨兴小学师生交流联欢。市长李静率队赴厦门参加“2008 海外华商中国投资推介会”，作推荐发言，并与海外华侨领袖、知名侨商参加中央电视台高端访谈。市外侨台办组织市级相关部门和 3 家规模以上企业参加由国侨办、四川省政府在成都举办的“2008 年海外华侨华人高新科技洽谈会”。美国、巴西、澳大利亚、马来西亚等 10 余个国家和地区 50 人组成的海外侨商考察团到眉山考察眉山铝硅产业区和金象化工产业区，参加眉山市举办的投资推荐会。来自世界 18 个国家和地区的知名侨资企业家、27 家海外华文媒体 190 人到眉山，参加全国灾后重建竣工“侨爱学校”（东坡区尚义小学教学楼）落成典礼。美国《侨报》总裁谢一宁考察眉山灾后重建学校。

2011—2012 年，市委书记蒋仁富率部分区县党政“一把手”、市级部门负责人赴印尼开展侨务联谊。眉山市政府与四川省侨务办举办“眉山市优势产业推介会”，90 余家知名华商企业负责人应邀出席，眉山市政府与四川省侨务办签署《发挥侨务优势，共建天府新区重要增长极战略合作协议》；眉山市政府与四川省归国华侨联合会在眉山举办“天府新区眉山区域推介会”招商引资活动，邀请 90 余家知名华商企业负责人及 40 余名侨商会会长及企业家代表出席。市侨办、眉山经开区新区举办“海外生物医药高端人才和高科技项目眉山洽谈会”，邀请美国、加拿大等北美国家生物医药行业专家和海外生物医药企业家代表等 42 人，促成美国华人生物医药科技协会与眉山经济开发区新区签订《加强生物医药产业海外人才与项目合作协议》。市外侨台办组织 11 家在眉山侨资企业参加

“2012 华侨华人商会峰会”“2012 年海外高科技暨高端人才洽谈会”；15 家侨资企业参加在成都举行的“天府眉山·产业新城”——眉山市投资推介会暨项目签约仪式。

二、侨资企业

1997 年，眉山地区有侨资企业 1 家。2012 年，眉山市有投产的侨资（侨属）企业 22 家，投资总额 62.77 亿元，主要涉及新材料、化工、农副产品、机械制造、纺织、饲料等行业。

三、侨务事务

2002 年，眉山市开展侨情普查，全市有归侨侨眷 3850 人。帮助眉山映天学校解决办学许可证事项，退还违规收取的办证费；帮助侨眷、侨属子女解决拆迁补偿、就读华侨大学事项。2003 年，市人大常委会组织检查东坡区、彭山县、洪雅县贯彻执行《中华人民共和国归侨侨眷权益保护法及其实施办法》（以下简称侨法）、《四川省归侨侨眷企事业权益保护条例及华侨投资保护条例》情况。全市帮助旅居加拿大华侨解决彭山元明粉厂集资款未按协议返还事项。2009 年，开展侨情普查，构建涉侨工作网络，全市有侨居美国、日本、墨西哥、印尼、加拿大、澳大利亚等 30 余个国家的眉山籍海外侨胞等 3578 人，归侨 4 人，归侨侨眷 7.52 万人。主要因婚姻、学业、事业、关系等移居国外。2011 年，在东坡区建立眉山市“全国侨法宣传角”，开展侨法宣传，悬挂标语 12 幅、制作宣传展板 3 个、发放宣传资料 1000 余份。2012 年，设置侨法法律法规公开栏、宣传栏，发放宣传资料宣传侨法。2002—2012 年，眉山市帮助侨眷、侨属 15 人解决经济纠纷、医疗纠纷、子女上学等事宜。

第三节　港澳台事务

一、交流活动

1997 年起，眉山地区与台湾两地民众互相往来，交流、交往日趋频繁，人员往来除探亲、旅游外，主要开展经贸、文化、医疗卫生、教育、食品、计生、工会等交流交往。1999—2000 年，地委、行署主办，地区台办承办“川台港澳眉山书画交流笔会”，来自台湾、香港和澳门及省内书画家 25 人现场交流。台湾专家学者访问团参观考察眉山，参观眉山新区东西干道、三苏祠等。

2002—2005 年，台湾工业总会常务理事林伯丰率台湾工业总会四川投资环境考察团考察眉山，市委书记晏永和与林伯丰一行座谈、交流。市委副书记卓明安率团赴台湾开展经贸交流考察。市委书记余斌率团赴台湾交流考察，重点考察台湾和桐、统一、旺旺集团、兆丰农场等。市台办组织科工园管委会、彭山县、青神县有关企业负责人参加四川—台湾企业高层论坛会。台湾忠信学校创办人兼董事长高震东到眉山科学技术学校讲学。

2006—2010 年，市长崔保华率团赴台湾开展经济考察与交流。市委副书记苏灿率有关区县、单位负责人赴台湾开展两岸科技产业及资讯交流考察。青神竹编工艺师陈蒿赴台湾表演竹艺，展销竹编工艺品。组织部分侨台资企业代表参加第九届“西博会”，与台商开展交流合作。市委常委、常务副市长宋朝华率队赴台湾开展经贸考察，考察台湾和桐化学集团、润泰集团、曾发宝业集团等，达成深化扩大眉台经济往来合作意向。市委副书记贺文率队赴台湾开展农业交流考察，考察台湾统一集团、大成集团和台湾“中华两岸农业交流发展协会”等，达成加强眉台农业交流与合作意向。彭山县委书记蔡刚率队赴台湾参加“2010年海峡两岸石油化工科技及经贸合作大会”活动，访问台湾石油化学工业同业公会、大成集团、和桐集团，开展彭山农业经济与旅游经济产业优势项目推介活动。彭山县人大常委会组织赴台湾开展彭祖长寿养生文化等交流访问。台湾南投县菩提长青村村长陈芳姿参观三苏祠；台湾诚信创业投资集团总经理沈志隆考察眉山。

2011—2012年，市长李静率团随省长蒋巨峰赴台湾交流考察。在台湾举办“企业界（台北）联谊会”“千里共婵娟——东坡文化（台北）交流会暨联谊晚宴”“苏氏宗亲（高雄）联谊会”“乡村（台南）结对交流活动”“生态农业（台东）交流会”等活动，拜访国民党荣誉主席连战、国民党智库永发委执行长陈世圮、台湾工业总会理事长陈武雄等台湾名流，访问台湾统一、和桐、大成等企业，双方达成进一步的交流与合作共识。向台湾民众发放《经贸合作眉山行》《眉山旅游》等宣传画册、《东坡故里——眉山》光碟等13种；在台湾《旺报》《中国时报》等主流媒体刊载眉山市情，展示眉山。台湾花莲县县长傅崐萁一行参观访问眉山，参观三苏祠。“情系巴蜀——两岸文化联谊行”大型两岸文化交流活动嘉宾参观考察眉山，为眉山与台湾文化交流合作搭建平台，扩大眉山影响。眉山市经贸考察团赴台湾开展经贸考察、交流，开展“眉山优势产业推荐”等活动，拜会台湾工业总会、新竹科学园区、泰映科技等20余家重要台企及负责人，重点对接、洽谈和桐集团日化项目、纳米电池项目、咖啡屋建设等涉台投资项目。青神县经贸考察团赴台湾考察、交流，考察彰滨秀传纪念医院等，开展“青神县优势产业推荐会”，对接、洽谈合作项目。

二、港澳台资企业

1998年，眉山地区注册台资企业2家。此后，入驻台资企业逐步增多；部分企业注销或转资。1999年，解决台企“乐山统一饲料更名为眉山统一饲料”名称问题。2002年，香港台湾商会会长、远东集团投资有限公司与眉山科工园管委会签订铝业品深加工项目协议。2003年，引进香港凯胤集团在眉山发展大头麻竹、杂交竹233公顷。2004年，眉山市交通部门投资24万元解决1家台企交通和火车运输问题。2007年，眉山市帮助解决2户台资企业征地、产品包装、饲料添加剂使用违规受罚问题，以及土地使用税缴纳问题。2012年，眉山市协调解决6户台资企业土地使用证、缴纳残保金、用电、办证等事宜。截至2012年年底，眉山市共注册登记台资企业（项目）48户、总投资7.9亿美元。其中投资额1000万美元以上企业（项目）6户，主要有台湾和桐集团投资建设的四川金桐石油化工有限公司、台湾大成集团建设的四川大成农牧科技有限公司、台湾润泰集团旗下的大润发超市项目等；投资行业主要涉及化工、纺织、饲料、商贸、五金、餐饮娱乐、农业、建材等。帮助16户台资企业解决经营中的税收、征地等问题。

三、台务管理

教育和宣传　1999—2000年，眉山地区利用党校、老年大学宣传中共中央对台方针政策。地委、行署举行“眉山地区纪念江泽民主席对台八项主张发表五周年座谈会”。2001—2005年，四川省台办主任张兴定到东坡区作《两岸形势》专题报告，全区副局级及以上领导干部参加报告会。眉山市台办组织批判陈水扁“台独”言论。台湾三立电视台记者到眉山拍摄东坡故居、《东坡宴》专题节目，在台湾风光专题节目中播出；中央电视台《两岸万事通》栏目摄制组制作《西部采购——眉山》专题片。眉山市赴台经贸考察团在台湾考察期间送《眉山》画册30份。黄埔同学会仁寿联络组，邀请台胞参加校庆80周年活动，举行展览，宣传中共对台方针政策及祖国大陆经济发展形势等。市台办组织区县台办主任参加《两岸关系》四川研讨会；组织召开学习《中华人民共和国反分裂国家法》座谈会；组织在眉山台商学习反分裂国家法。2009—2010年，国台办选点眉山拍摄《投资西部——川台农业合作商机无限》入岛宣传片开机，在眉山拍摄2集，每集30分钟，重点宣传全市农业、农村发展建设亮点和招商引资项目。开展涉台经济资源与信息摸底调查，梳理筛选和包装汇总一批符合台商需求、切合台商投资意愿的招商引资项目和产品采购信息等，向台湾适时发布，在中国台湾网开辟眉山市对台招商引资项目专栏，发布招商项目40余个；开展“台资企业在眉山”系列宣传报道活动，报道台企在眉山投资发展情况。2011—2012年，眉山市召开对台工作会议，市长李静为全市副科级以上机关干部举行“宝岛归来”报告会；组织眉山科研高校、高职院和川大锦江学院等院校参与“两岸大交流、你我共参与”网络作品大赛。市台务系统开展“台胞张平宜参评央视‘感动中国’人物评选”宣传、投票工作。

管理　1997—2000年，眉山地区建立健全涉台部门联合办公制度，开展涉台调研、走访，为台胞、台属和台资企业服务，帮助解决实际困难和问题，依法维护其正当权益。协调处理台胞台属病亡善后、房产事宜。各县台办看望和慰问全区台商、台胞，解决台商企业缴费事宜等。2003—2005年，眉山市为台籍学生5人办理高考加分手续，为1名离乡62年台胞找到妻女，帮扶、慰问贫困台胞台属3万元。解决4名台商台胞纠纷、生产经营困难。2006—2010年，协调处理1名台企员工受人身威胁事宜，解决台属上访问题。解决台胞台属处理购房纠纷、修房、继承遗产咨询、子女入学、独生子女证明、追回借款等问题，解决退伍军人补偿金事宜。2011—2012年，协助处理6名台胞台属病逝善后、遗产继承、房产、返台治病、核实台胞身份、驾驶证等问题。处理台属家庭纠纷、退休、台胞证续签、机动车驾驶证、签证等事宜。1997—2012年，全市登记在册的眉山籍在台人士1029户4116人，其中去台人员686人、眉山籍台胞3430人，在眉山台属1.99万户7.96万人，在眉山定居及常住台胞53人，往返于眉台两地的台胞年均200人次。在眉山定居及常住台胞主要为在眉山台资企业的台籍管理人员及其家属，少部分为返乡定居台胞。

第四节　援　助

一、助困

2001年，引进“香港回归扶贫基金”29万元，以无息小额贷款方式扶持洪雅县4个乡镇200户贫困户养殖奶牛和长毛兔。2002年，台湾慈心慈善基金会董事长谢政达向仁寿县500户贫困户发放价值3万元的大米、食用油。2003年起，市外侨台办慰问贫困归侨侨眷。当年慰问73户，发慰问资金2万元。2007年，眉山市建侨务扶贫点2个，发放侨务扶贫款2.8万元，重点帮扶散居农村贫困归侨侨眷15户69人。2008年，台胞蒋正雄向东坡区23个乡镇及3个街道办事处捐赠10万元资金和物资，慰问贫困老人和孤儿300余人。市外侨台办为1户侨眷担保贷款2万元帮助创业。2009年，市外侨台办向15户贫困归侨侨眷发放生产扶持资金3.3万元，争取资金2万元将2户特贫户纳入重点帮扶对象。全市组织捐款54万余元帮助台湾受灾同胞。2010年，全市侨资企业投资140万元，帮助6个帮扶村提供就业培训，为贫困户20人免费安装天然气，解决560户农业生产用水和村民270

人就业问题。2011 年，眉山市重点帮扶贫困侨眷 15 户。仁寿 1 户侨眷纳入低保救助和医疗救助范围。2012 年，侨资企业四川华恒祥金属科技有限公司与铝硅产业园区铝城村开展手拉手帮扶，投入 10 万元结对帮扶铝城村贫困户 10 户，解决生产生活、用水、房屋改造等问题。

2003—2012 年，全市看望慰问贫困归侨侨眷 172 户（次），送去慰问金 10.35 万元。

二、捐资助学

1997 年起，港澳台同胞及侨胞向眉山学校、学生捐资助学。当年，澳门何厚铧、冯志强捐资 150 万元建仁寿县铧强中学。台胞罗志文捐资 10 万元在仁寿清泉乡兴建幼儿园 1 所。2001 年，美籍华人刘桂珍在洪雅县设立“刘桂珍扶贫助学基金”，帮助 10 名贫困失学儿童重返校园。2003 年起，香港福慧慈善基金会、印尼企业资助眉山孤儿上学。当年资助孤儿 20 人、提供全额奖学金名额 6 个。2004 年起，台商王永庆在眉山市捐资实施“明德小学”项目。日本南真会教育基金代表团捐资 2.5 万元帮助彭山县贫困学生 50 人上学。加拿大华侨捐资 150 万元建设洪雅县义务教育阶段校舍，捐资 20 万元资助贫困生。2005 年起，台湾“中航伟联集团”董事长彭荫刚每年资助眉山贫困学生完成小学学业。当年资助学生 40 人 1.2 万元。2009 年，香港福慧慈善基金会副会长罗志华一行 5 人看望香港慈善基金会资助的 45 名孤儿，赠送 45 套学习用具。为贫困归侨侨眷和贫困学生捐赠手套、围巾、棉帽等。马来西亚《星洲日报》在眉山实施“爱心助学计划”，资助贫困学生 150 人 10.5 万元。浙江省新华爱心教育基金会为眉山市 5 所学校捐赠“爱心图书室”，每所学校获赠图书 3000 册。香港周大福慈善基金会、法国法华工商联联合会为 9 所学校捐赠“爱心电脑室”，每所学校获赠电脑 18 台，价值 88 万余元。2010 年，在仁寿县始建镇举行中日友好太山村小学校落成典礼暨捐赠仪式，日本“中国归国者・日中友好之会”理事长池田澄江一行 88 人出席。至 2010 年年底，“明德小学”项目共捐资 665 万元，建小学 13 所。2011 年，香港小平教育基金将仁寿一中纳入“小平助学金计划 2011—2014 年四川高中助学金项目”，资助学生 100 人 10 万元。2012 年，香港福慧慈善基金会资助眉山市孤儿 35 人 3.15 万元，马来西亚《星洲日报》“爱心助学计划”资助贫困学生 140 人 9.8 万元。澳大利亚华贸协会定向捐赠 30 万元援建仁寿县始建中心小学教学楼。截至 2012 年年底，曹德旺、田家炳、尹集均、王永庆等港澳台同胞、海外侨胞及基金会共向眉山市 54 所学校（幼儿园）捐资人民币 1.89 亿元、港币 136.61 万元，用于学校基础建设，改善办学条件。资助贫困（孤儿）1835 人次 144.53 万元，帮助贫困儿童上学。

三、援建灾后恢复重建

2008 年“5・12”汶川特大地震发生后，香港、澳门特区政府向眉山市捐赠灾后恢复重建资金 1.54 亿元，包括青龙初级中学 1455.66 万元、仁寿县宝飞初级中学 943 万元、书院初级中学 1012 万元、仁寿县精神卫生保健院 1400 万元、仁寿县职教中心 7888 万元、丹棱县人民医院 2695 万元；台湾同胞捐资 650 万元用于灾后重建，包括仁寿县北斗镇初级中学 75 万元、仁寿县曲江乡初级中学 75 万元、彭山县武阳二小莲花村小学 100 万元、洪雅县花溪中学 100 万元、丹棱县张场镇小学 100 万元、东坡区永寿镇初级中学 100 万元、青神县汉阳中学 100 万元；海外华侨华人、港澳基金会等捐资 611.69 万元在眉山实施 15 所学校教学楼灾后重建项目；英国斯高特巴德公司、美国东西方文化交流中心、日本中国友好协会广岛支部等向地震受灾洪雅县 3 所学校捐赠课桌椅 1140 套。在眉山台胞向市慈善总会捐款 20.11 万元、棉被 300 床，用于抗震救灾。2009 年，全美韩华联合会主席崔仁泰考察眉山受灾学校和看望受灾群众，捐资24万元帮扶100户贫困受灾户和3所中学购买教学仪器。

第八章　扶贫移民管理

2000年起，四川省委、省政府向眉山下达三峡库区外迁移民、大中型水利水电工程移民1万余人。移民工作政策性强，眉山市妥善处理移民问题，实现移民“零进京、零到省、不发生群体性事件”，入住移民正常生产生活。2001年起，眉山市实施扶贫“五大工程”（新村扶贫工程、移民扶贫工程、教育扶贫工程、卫生扶贫工程、牧区扶贫工程）。2006年起，市启动扶贫“六大工程”（新村扶贫工程、产业扶贫工程、劳务扶贫工程、村道扶贫工程、定点帮扶工程、社会帮扶工程）。2008年起，全市实施移民后扶、扶贫开发项目。2011年，市扶贫办、团市委、市慈善总会发起援助贫困学生活动。至2012年，眉山市完成移民接收任务。向上级争取资金3.58亿元，减少贫困人口22.58万人。以工代赈完成项目投资1.97亿元，项目直接受益3万余户4.5万余人。

第一节　移民安置

2000年，四川省委、省政府下达眉山地区接收安置三峡库区重庆农村外迁移民800人。眉山地区财政安排3万元作为移民安置工作经费。安置实行全区统筹布局，采取不太集中方式，调整移民安置用地，统一安置政策。至2001年，青神县、丹棱县、洪雅县12个乡镇12个村接收安置三峡库区农村外迁移民229户857人，另有45人随迁，入住移民正常生产生活。2006年，眉山市有水利水电移民6.13万人。其中水利移民4.08万人，瀑布沟电站（以下简称瀑电）移民3399人，三峡移民944人，其他移民1.62万人。移民人口最多的仁寿县3.3万人，最少的彭山县987人。2012年，市委、市政府妥善处理三峡移民“两金”（淹没土地新增补偿资金、生产安置费结算补差资金）使用、贫困人口核定登记、溪洛渡移民自发成批到丹棱流转土地等问题，实现移民“零进京、零到省、不发生群体性事件”。

一、瀑布沟水电站移民安置

2004年，四川省政府下达眉山市瀑布沟水电站外迁农村移民2000人安置计划。丹棱县300人安置试点运行。各接收安置区县同汉源县政府组织移民代表、移民户主分期分批到各安置点对接考察，各接收安置区县分管县（区）长率队赴汉源县与移民户主协商建房事宜。眉山市实际安置瀑电移民939户3455人，分别安置在东坡区、彭山区、仁寿县、丹棱县和青神县，涉及28个乡镇74个村131个组，共87个移民安置点，2006年8月底前全面完成搬迁入住。2007年3月，部分移民非正常集体返乡事件发生后，市委召开县（区）委书记、县（区）长及相关部门负责人紧急会议，责成区县梳理移民反映的问题，逐一整改。各区县分别召开紧急会，梳理政府作出的承诺、协议和群众反映的各项问题，逐条提出整改方案和整改时限。确定区县委书记为瀑布沟电站移民安置工作第一责任人，区县长为第二责任人，做好工作，防止非正常返回原籍汉源。2009 年瀑电移民返库；2011 年瀑电、洪雅县槽渔滩移民集访。眉山市均妥善处理。

洪雅县吴庄瓦电移民安置新村（摄于 2012 年 7 月）

二、瓦屋山电站移民安置

瓦屋山电站涉及瓦屋山镇 18 个村 88 个社，初核移民 9388 人。移民全部确定安置去向，落实建房宅基地 1901 户、占总数的（下同）96.1%；动工建房 1490 户、占 75.3%；迁入新居 735 户、占 37.2%；房屋及附属物补偿确认签字到户。2006 年，市移民部门为瓦屋山电站首批移民 5875 人办理移民后期项目扶持资金卡，按月及时足额将后期扶持资金发放到每户移民手中。完成第二批非全搬迁移民 5804 人核定登记和后期扶持方式确定。

第二节　农村扶贫

一、日常扶贫

2001 年起，眉山市实施扶贫“五大工程”。2002 年，市委、市政府印发《关于农村扶贫开发的实施意见》，制定眉山市扶贫开发目标。全市扶贫开发实施新村扶贫、卫生扶贫、社会扶贫 3 个工程，在全市贫困人口相对集中地行政村建设 317 个扶贫新村；在全市贫困人口比较集中的贫困山区改扩建 52 个乡镇卫生院；由地方各级党政机关、企事业单位、社会团体及个人等筹资或捐资及群众筹资，扶持全市 317 个重点贫困村以外的 3.5 万贫困人口实现脱贫逐步致富。当年，全市实施 33 个村新村扶贫工程和 8 个乡镇卫生院卫生扶贫工程。2006 年起，全市启动农村扶贫开发“六大工程”。当年，实施新村扶贫工程、产业扶贫工程、村道扶贫工程。启动 31 个新村扶贫工程建设；实施彭山县优质生猪产业化扶贫项目、洪雅县长毛兔产业扶贫项目、仁寿县优质水果产业化扶贫项目；投入 372 万元完成村道扶贫工程 22 千米。制订《眉山市大中型水库移民后期扶持政策实施方案》，向上争取扶贫移民项目资金，加强后期扶持。实行移民人口变动情况动态管理，落实每人每月补助 50 元，解决移民基本生活问题。2007 年，全市实施劳务扶贫工程、定点帮扶工程、社会帮扶工程。当年，完成农村扶贫劳动力转移培训 1625 人，全部获初级以上职业技能证书，转移就业 1560 人，就业率 96%以上。全市市、县级领导 352 人和市县级单位 347 个定点帮扶贫困村；党员干部 7000 余人结对帮扶贫困户 5500 余户；市级机关派出优秀年轻干部 153 人到贫困村担任村党支部副书记开展驻村帮扶。市、县两级定点帮扶单位直接投入帮扶资金1091万元，帮助引进项目251项、资金1243万元、技术521项，资助贫困学生1061人。开展农村安居行动，动员市县各部门和单位投入2400万元，为全市1822户农村无房户、危房户改建住房1.12万间15.4万平方米。村道扶贫工程投入497万元修路27千米。全市组织开展大中型水库移民后期扶持人口登记核定，核定登记移民2.13万人；新增在籍农业人口1.32万人。无法登记到人的移民后期扶持人数规划水平年1.53万人，现状1.95万人。可享受后期扶持2.13万人。完成4.08万人登记、审核、编制、上报等工作，移民后扶直补资金按时发到移民手中。开展村级发展互助资金试点，试点村48个，吸收入社农户5666户，互助金869.67万元。至2007年年底，全市新村扶贫工程投入资金5904万元；产业扶贫工程投入资金480万元，完成彭山县在皇陵乡歇马村、象耳村实施的生猪产业化扶贫项目，发展三元杂交优质生猪2400余头，两村农民人均增收700余元。

2008年起，全市实施移民后扶、扶贫开发项目，主要包括交通建设和水利建设。实施移民产业发展项目。组织移民和贫困群众开展实用技术和就业技能培训。当年，举办种养殖业培训15期1253人次、就业培训6期462人次，转移劳动力346人。完成道路修建109.9千米，新建桥梁1座；整治渠道19.3千米，整治山坪塘9座，新建提灌站5座，打水井4口，新建蓄水池4口。建立专合组织2个，发展经济作物43.33公顷。2010年9月起，推进“部门帮村、党员帮户”行动。全市市县级领导107人挂点帮扶；585个单位结对帮扶787个村，党员干部4200人结对帮扶4560户贫困户。开展“百企联百村”行动。601户企业自愿参与企村结对，投入帮扶资金3350万元，实施帮扶项目742个，带动农户数8.51万户。2012年，市扶贫移民局完成农村贫困人口重新识别、核定登记和建档立卡。按照国家年人均纯收入低于2300元的标准，识别出贫困农户21.28万户、贫困人口45.51万人，市级贫困村316个（省定贫困村4个），贫困发生率17.66%。其中：连片贫困村266个，分布于龙泉山脉、长丘山脉、荣威山脉、总岗山脉、青衣江流域五大区域；插花贫困村50个。贫困人口规模最大的仁寿县23.93万人，最小的丹棱县2.23万人；贫困村个数最多的仁寿县146个，最少的丹棱县21个。

截至2012年年底，眉山市向上级争取资金3.58亿元（扶贫资金1.14亿元、移民资金2.44亿元）。兑现大中型水库农村移民资金6.05万人2.31亿元。移民后扶和扶贫项目新（改）建道路627.4千米，新建桥梁3座，整治渠道159.6千米、山坪塘101座，新建提灌站15座，打水井28口，新建蓄水池536口。在移民区和贫困区发展农民专业合作社26个，发展产业示范基地19个。发展经济作物1420公顷、林木413公顷。养殖家畜6210头、家禽25万羽。实施水果种植、林地鸡养殖等种养业培训7924人次；电工、焊工、厨师、汽车及家电维修、美容美发、数控等就业技能培训3226人次，转移劳动力2418人。在全市贫困人口相对集中地行政村建设317个扶贫新村；在全市贫困人口比较集中的贫困山区改扩建52个乡（镇）卫生院。募集资金414.48万元，帮助贫困学生1813人入学。全市减少贫困人口22.58万人，尚有22.93万人未脱贫。

二、以工代赈

以工代赈项目为在眉山市贫困乡镇、村建设农业农村小型基础设施，改善贫困群众生产生活条件，增加贫困群众收入，促进贫困区农业产业结构调整和经济发展。主要建设内容为县乡村公路、农田水利、人畜饮水、基本农田、草场建设、小流域治理等与农民脱贫致富相关的农村小型基础设施工程。

2002 年，眉山市以工代赈项目投资 2222 万元，建设乡村道路 766 千米、小型水利工程及人畜饮水工程 90 处，改造基本农田 246. 67 公顷，建设特色农业基地 573. 33 公顷。解决 54 个村 7. 7 万人行路难问题，新增和改善农田灌溉面积 106. 67 公顷，解决 7200 人、1. 13 万头牲畜饮水难题。当年，71 个项目竣工验收，全部合格。至 2003 年，全市建设乡村道路 1374 千米，建设小型水利及人畜饮水工程 154 处，改造基本农田 1693. 34 公顷，建设特色农业基地 1013. 33 公顷，新增和改善农田灌溉面积 573. 34 公顷。150 个项目竣工验收，全部合格。2007 年，全市首个以工代赈示范村建设在洪雅县止戈镇实施。2008 年，在洪雅县柳江镇两河村和仁寿县钟祥镇中华村实施以工代赈示范村建设，各投入以工代赈资金 150 万元，整合资金和群众投入均在千万元以上。2009 年，全市首个以工代赈新农村示范片落在洪雅县东岳镇并通过建设规划评审，总投资 2277 万元，以工代赈补助资金 550 万元。“十一五”期间，全市投入国家以工代赈资金 2580 万元，完成道路建设 186. 2 千米；建设以工代赈项目示范村 3 个，示范片 1 个，项目直接受益人口 9000 余户 2. 7 万人，实际项目总投资 1. 01 亿元。3 个示范村农民人均纯收入比项目实施前增加 1000 元以上，以工代赈项目让农民群众脱贫致富。2011—2012 年，东坡区和青神县各实施 1 个以工代赈示范村。

2002—2012 年，眉山市以工代赈完成项目投资 1. 97 亿元，完成乡村道路建设 1600 千米；建设以工代赈项目示范村 5 个，示范片 1 个，项目直接受益 3 万余户 4. 5 万人。

第九章　机关事务管理

2001 年起，眉山市机关事务管理部门加强公车、办公用房管理，搞好后勤服务和市政中心安全保卫，确保机关办公有序进行。

第一节　公共服务管理

一、公务用车管理

2009 年起，眉山市公务用车编制管理职能由市政府办划归市机关事务管理局。主要管理公务用车编制，统计市级机关（部门）公务用车信息。全年审核报市政府批准 57 个单位 80 辆（占编 44 辆）公务用车编制，无违规违纪批编购车。2010 年，将一般性公务用车采购标准降至 15 万元以内，节省财政资金。2011 年，眉山市专项治理党政机关公务用车。各县（区）和市级部门开展清理登记工作，建立全市公务用车数据库，逐一认定违规车辆。2012 年 6 月，市委办、市政府办印发《眉山市党政机关公务用车配备使用管理实施细则》，要求各类汽车一律实行编制管理，编制核定标准由原来的人员编制数每 10 人 1 辆公务用车编制调整为每 15 人 1 辆；分级管理，分级负责；轿车配备标准由原排气量 2 升以下、车价 20 万元以内调整为排气量 1. 8 升（含）以下、车价 18 万元（含）以内；

有关违规问题纳入党纪政纪处分。2012年，审核报省管局、市政府审批购置公务用车33辆，认定和部分处理全市违规车辆228辆，退回违规借车32辆，拍卖2辆，经上级批准调剂留用117辆。建成眉山市行政事业单位公务用车信息化管理平台并试运行。

二、办公用房管理

2001年，眉山市委、市政府将市级机关办公楼建设纳入年度目标管理，市级机关办公楼用地实施统一规划，优先安排。市规划和建设局代市政府履行市级机关办公楼管理。当年，列入计划的市级机关及单位45个，至2005年，35个市级工作部门和相关单位完成办公楼建设。含市政府办公楼和市政务服务中心总用地面积0.4平方千米，总建筑面积30万平方米。2007年，市委办、市政府办印发《关于进一步加强党政机关办公楼建设审批管理的通知》，规定，市级党政机关办公用房按编制定员每人平均建筑面积为20平方米~24平方米，使用面积12平方米~15平方米，编制定员超过200人时，取下限；区县、乡级党政机关办公用房，按编制定员人平均建筑面积16平方米~18平方米，使用面积为10平方米~12平方米，编制定员超过100人时，取下限；市级党政机关办公楼综合造价（不含土地有关费用、市政建设费）每平方米不得超过3000元，区县、乡级办公楼综合造价每平方米不得超过2500元；党政机关办公楼建设项目初步设计实行限额设计，初步设计概算应报同级发展和改革部门审查，初步设计确定的建设规划、标准、投资等控制指标不得超过批准的项目建议书或可行性研究报告范围。2008年，清理市级机关办公用房，摸清底数，调剂12个市级单位和部门办公用房5000余平方米，装修改造3000余平方米，承办市政务服务中心一、二楼购买签约，改进市政中心办公用房登记办法。2010年，完成政府机构调整改革后办公用房调配和登记，为10个单位调配办公用房13间，建设金茂大厦职工食堂。2012年，为29个市级单位和部门调配办公用房266间8870平方米，装修改造办公用房15间330平方米。

三、后勤服务

2001年，眉山市政府住宅小区旭光小区实施一户一表供电、供水工程；为小区住户安装单元防盗对讲系统及小区红外线报警装置；选取两个绿化公司养护管理小区绿化。2003年起，市政中心卫生实施社会化服务管理，向社会公开购买服务，将市政中心保洁工作外包给眉山市美好洁净有限公司。市政府机关食堂实行目标管理，购置消毒柜和餐桌，设立小卖部，全天为干部职工服务，旭光小区食堂实行承包。2004年起，服务员实行双重管理，四大家办公室与市机关事务管理中心共同管理服务员，平时工作由四大家办公室安排，机关事务管理中心负责服务员业务培训和督促检查。2009年，市政中心和旭光小区分别被省规划建设厅评为“省级园林式单位”“园林式居住小区”。2010年，旭光小区处理网科门、自来水管、污水管、楼道灯、屋面漏水等问题；定期做好电梯、中央空调、消防系统等特种设备及重要设施维护保养；市政中心食堂定期排查食品添加剂；严格管理集中办公区和生活区绿化与卫生。2012年，市政中心食堂实行分段分时小炒单炒，满足不同需求，提供个性化服务，增加早餐供应，增设菜品保温设备。

四、市会议中心和市体育馆管理

2007年起，眉山市会议中心和市体育馆划归市机关事务管理局管辖，主要负责接待大型会议（市党代会、人代会和政协会）、演出等，以及承办体育赛事。截至2012年年底，共接待会议、演出

2000 余次，其中大型会议 23 次，演出、晚会 26 次。体育馆承办体育比赛国家级 6 次、省级 10 次、市级 50 余次，包括国际乒乓球公开赛、全国排球联赛、四川乒乓球专业队集训、市二运会；协办中俄男子篮球对抗赛、全国男子排球精英赛等。为 60 万余人次提供健身服务和指导，保障全民健身活动。接待参加运动人员 5 万余人次。

第二节　安全保卫

2002 年，旭光小区实行封闭式管理，实行 24 小时保卫制度，危及住户安全处设立明显标志和防范措施。市政中心安装消防报警系统，周界围墙安装红外线报警系统。2003 年，集中办公区、生活区严格检查、登记进出车辆和人员，依规护门。2004 年，完善市政中心门卫制度，市政中心和旭光小区增加可视监控系统，在市政中心两个大门、主楼大厅、东西附楼门厅等处安装摄像镜头 8 个，以提高技防能力。2005 年，在市政中心办公楼安装防感应雷装置。至 2007 年，补装市政中心摄像监控 8 处盲点。完成旭光小区四大门挡车臂系统安装。2008 年，旭光小区改造四大门道闸及监控设备，实施重点地段围墙加高“防盗爪”处理。2009 年，改革保安队伍体制，市政中心、投资促进大厦、市会议中心、市体育馆、旭光小区安保监控系统同时联网监控查看，安防系统改造工程竣工投入使用。2010 年，做好市政中心群众非正常上访引导和管理；协调交警科学规划市政中心和旭光小区行车路线和停车位，规范车辆停放；协调武警节假日值勤，加强重大节日保卫。2011 年，落实“一岗双责”制和“一票否决制”，层层签订《安全目标责任书》，开展“百日安全”“安全生产月”活动。2012 年，完善安全生产和安全保卫工作机制，落实“一岗双责”、领导带班值班、24 小时值班巡查和信息通报等制度，全年管理区域秩序良好，无安全责任事故发生。

眉山市志 MEISHAN SHIZHI

第二十一篇 人民政协

政协眉山市委员会（地区工委）高举爱国主义、社会主义旗帜，把团结、民主贯穿政协工作全过程。加强与全市各民主党派、人民团体和无党派人士的团结合作，认真履行人民政协政治协商、民主监督、参政议政主要职能，围绕贯彻党和国家的大政方针、全市经济社会发展中的重点以及事关民生的热点，组织开展全体会议的总体协商、常务委员会会议的重点协商、主席会议的专题协商、专门委员会的对口协商。支持政协委员参与国家重大方针和地方的重要举措协商讨论，以其所属党派、团体的名义在政协会议上发表政见，提出提案等；协助党委和政府做好化解矛盾、协调关系、理顺工作；认真贯彻党和国家的民族宗教工作政策，促进不同民族、不同宗教信仰群众的和睦相处，维护社会稳定；加强与港澳台同胞、海外侨胞及国际友人的联系交往。不断创新履职形式，就重大问题开展多形式民主协商、建言献策。组织委员视察调研，开展民主评议，提出建议等。选派委员列席市政府常务会议，参与全市有关重点工作的监督、考评，促进政府工作落实。至 2012 年，政协眉山市委员会（地区工委）获四川省政协和眉山市委、市政府表彰 99 项，18 项工作在全国、全省政协有关会议上交流经验。

第一章 政协委员

1997 年 8 月，成立政协四川省委员会眉山地区工作委员会，工委党内委员人选由地委组织部提名，党外委员人选由地委统战部提名，地委审定。2000 年，成立政协眉山市委员会后，市政协委员人选党内委员由地委组织部推荐，党外委员由地委统战部推荐。经过协商推荐出初步人选，报经中共眉山地委批准后，召开工作会议审议通过。2006 年 11 月起，政协第二届、三届市政协委员人选党内委员由市委组织部推荐，党外委员由市委统战部推荐，经过协商推荐出初步人选，报经中共眉山市委批准后，召开政协常委会议审议通过。至 2011 年，政协眉山市委员会组成界别由第一届的 23 个增至第三届的 27 个，政协委员名额由 332 名额（含保留名额）增至 350 名。

第一节　政协委员的产生

一、政协四川省委眉山地区工委委员的产生

眉山地区成立后，地区政协工委相应成立，作为省政协的派出机构。1998 年 5 月，筹建地区政协工委，并启动委员协商工作。按照《中国人民政治协商会议章程》《政协四川省委员会地区工作委员会工作条例》有关规定和省委对设立地区工委的指示精神，地区工委委员最多设 20 名，党内党外委员比例合理。党内委员人选由地委组织部提名，党外委员人选由地委统战部提名。人选名单由地委统战部汇总，征求地委组织部、地区政协工委党组的意见，综合平衡后报地委审定。最后，政协眉山地区工委共设置委员 21 名，未明确划分界别。

二、政协第一届眉山市委委员的产生

2000 年 6 月，眉山撤地设市。按照《中国人民政治协商会议章程》有关规定和省委对设立政协眉山市委员会的指示精神，在中共眉山地委领导下，政协眉山市委员会筹备组协商产生第一届市政协委员，按 23 个界别、320 名委员、60 名常委安排，留一定余地待以后充实完善。协商工作按中央有关政协委员协商产生规定，实行党内委员由地委组织部推荐，党外委员由地委统战部推荐，由地委统战部汇总，征求政协工委党组意见，报中共眉山地委和政协眉山市筹备组审定。经过分配名额、筛选摸底、征求各方意见、反复协商、专题审议、确定名单等民主协商程序后，2000 年 11 月 27 日召开政协眉山市第四次筹备工作会议，审议通过一届市政协委员人选，共 332 名，其中常委 63 名。任期为 2000 年 12 月至 2006 年 11 月。

2001 年 12 月，增补黄玉琏、姚国庆、伍超群、王宏毅（女）、李玖长、钟建明、林敏、黄锐 8 人为市政协委员。2003 年 2 月，增补何德明、李德全、周云福、周述明、芦献平、彭尔明、杨仕贵、何春海、罗泽志、李东霞（女）、黄劲松、鲁斌（女）、马宁、皮瑞刚、江林（女）、刘玉奇、郭伟、刘遂、王刚 19 人为市政协委员。2005 年 12 月，增补钟维钦、彭光荣、陈林森、罗德敏、宋明刚、袁兴杰、邓洪刚、陈映红、黄远成、廖伦万 10 人为市政协委员。

政协第一届眉山市委员会委员名录表

表 21-1

界别	人数	名单
中国共产党眉山市委员会	43	王俊清、王晋祥、邓晓松、尹志、尹大发、朱建文、任正元、刘波（女）、刘先杰、刘泽军、孙小奔、杨世荣、杨荣安、李志国、李淑群（女）、严文清、吴子明、何建伟、但用能、余敏为（女）、张万成、陈泽文、陈泽轩、陈学明、邵志国、金之孝、周静（女）、周仲明、郑夕君、胡舒、侯清富、耿学贵、袁晓东、徐井万、翁世林、郭强宁、郭培贤、黄锐、黄健、龚宗跃、董峰、辜多好、谢世林

续表12-1

界别	人数	名单
无党派人士	5	文学华、邓世明、陈国治、陈维富、周鹏
青年团眉山市委员会	8	马湘君（女）、王小琼（女）、王学芳（女）、朱莉（女）、杨昌勤、豆成杰、李忠云、陈永红
眉山市总工会	8	田玉科、杨乔龙、杨海顺、李香林、罗德明、周惠芳（女）、赵治均、梁新民
农业界	23	王成宏、王建华（女）、尹桂芳（女）、白灵贵、朱玉英（女）、伍加修、刘书琴（女）、李水清、何建松、张志敏（女）、罗伦生、周玉忠、周忠华、周尊银、胡志中、赵长久、钟世伟、钟相友、秦卫东、耿毅、梁晓英（女）、潘志成、薛培元
驻眉山部队	2	何太禄、陈大清
眉山市妇女联合会	12	毛洪芬（女）、龙惠（女）、帅素彬（女）、刘琦（女）、刘淑琼（女）、李琴（女）、陈伟红（女）、陈亚琴（女）、赵君（女）、赵翠莲（女）、姚秀英（女）、熊福芝（女）
眉山市青年联合会	3	毛咏梅（女）、甘晓红（女）、黄玲（女）
眉山市工商业联合会	30	马志珍（女）、王利全、先玉（女）、刘建均、杨建、杨玉安、苏华清、苏学文、李子高、李仲奇、李学良、李志春、余佑祥、闵泽华、汪保明、张学如（女）、张昌龄、张旗林、陈忠荣、林凤鸣、苟荣光、周水明、周国良、段昌泉、姚建君、聂桂芳（女）、殷安宁、郭豫川、唐建平、戴万洪
眉山市侨联	3	任必能、陈克敏、舒鹿
文学艺术界	12	王国荣、朱丽芬（女）、伍中一、向斌、刘小川、邱江涛、邹成元、宋奔、张忠全、金梅（女）、周华君、夏菊如（女）
经济界	35	王星、王萍（女）、王成碧、王利清、王爱民、邓君成、冯素华（女）、兰建林、吕英（女）、朱渝、刘太清、刘怀彬、杜诚斌、杜高建、杨建文、李庆、李全东、李福贵、吴润清、宋云禄、宋祥辉、沈坤年、张小红（女）、陈云华、罗正友、周强、周成灿、庞正益、梁学军（女）、彭远畅、曾翔（女）、曾俊超、雷永志、管国如、魏佑源
科学技术协会	16	毛文建、冯云祥、宁志怀、朱文才、杨开锡、杨克能、李如竹、李志惠（女）、张杰、金朝德、夏容（女）、倪永惠（女）、卿明高、陶汝君、梁成穗（女）、黄金灶
科学技术界	30	万成章、王永珉、王朝池、叶彬、朱天建、朱开均、刘长虹、刘明禄、杜明生、李树林、何国源、何清海、闵忠、宋洪芳（女）、张仲安、张再学、张洪涛、陈琳、周惠（女）、钟卫国、夏辉民、徐天武、高顺伦、陶启雄、黄世忠、常峥嵘、彭华碧、辜文超、谢仲良、廖文祥
社会科学界	5	王华清、王晓丽（女）、孙开中、李昌明、何为
教育界	37	丁清（女）、王建强、王尊友、代式英（女）、邝文英（女）、立胡左格（彝）、刘卫东（女）、杨玉仙（女）、李觉悟、何久伦、汪志超、汪丽辉（女）、宋世光、张晓琼（女）、陈文斌、陈世光、陈丽辉（女）、陈贤云、罗莉莎（女）、胡亮、胡文兴、赵月菱（女）、侯丽筠（女）、段勋、段培林、秦光明、夏炬莹（女）、徐树成、徐春桂（女）、高鉴、梅国清、程长刚、韩玉君（女）、辜子勤（女）、谢志良、熊文芬（女）、阚菊芳（女）
体育界	5	方德志、李显平、陈陆云、郭怀巧、赖永毅
新闻出版界	5	王晋川、李红（女）、李长虹、赵建加、徐明利
医药卫生界	14	毛俊英（女）、邓继敏、李晓萍（女）、吴江河、张正华、陈东翔、陈建明、周福生、赵滨生、夏绩恩、徐蜀东（女）、喻旭（女）、湛俊平、谢雍

续表12-1

界别	人数	名单
社会福利	3	李利红（女）、罗润香（女）、曾乐斌
少数民族	2	马文才（回）、曹瑞良（回）
宗教界	8	余爱琼（女）、张中伦（回）、张理伟、罗雪刚、常远、释昌德（女）、释通凡、蹇登贵
特别邀请人士	23	冯国元、刘学文、刘德辉、杨朝君、李德辉、吴子林、吴成孝（女）、吴明发、余浩、余自生、沈登柱、宋思彬、张发根、张德明、张燕斌、陈义志、周志云、胡志军、徐守勤、高万春（女）、唐述权、鲁在书（女）、谢先琴（女）

三、政协第二届眉山市委委员的产生

按照《中国人民政治协商会议章程》和省委关于认真做好市（州）领导班子换届工作的通知精神，2006年7月市委统战部拟出二届市政协换届人事安排方案（草案），送市政协党组、市委组织部征求意见后，送中共眉山市委常委会审定，报省委统战部批复同意。按照市委和省委统战部要求，市委统战部、市委组织部、市政协党组推荐、协商、提名政协委员人选，通过分配名额、提名推荐、反复协商，有120余个单位推荐委员人选。市委统战部按上下、左右、条块结合方式，按照界别，将委员人选名单分别送10余个单位征求意见，再将意见反馈区县、有关单位协商，并分别征求市政协党组和市委组织部意见，形成“政协第二届眉山市委员会委员建议名单”。建议名单再次征求市政协党组和市委组织部意见后，2006年11月6日经中共眉山市委常委会审议通过。本届政协委员339名，常委65名，留一定余地待以后增补。二届市政协任期为2006年11月至2011年11月。

2007年6月，增补刘艺、李国莲（女）、李小中、杨晓宁、祝明洪、彭德芳6人为市政协委员。2008年12月，增补毛林、毛太忠、代贤军、阳金和、阳运良、陈强、陈文斌、余大波、辛建平、张亚平、周立平、周学梅（女）、胡彬、徐艳红（女）、徐洪刚、郭文冰、黄子良、魏一平18人为市政协委员。2010年4月，市政协二届五次会议增补王淑华（女）、刘一平、宋祥徽、吴庆华、张艳春、李钟民、何升俊、邱晓宁、金慧如（女）、钱月红10人为市政协委员。

政协第二届眉山市委员会委员名录表

表21-2

界别	人数	名单
中国共产党眉山市委员会	28	万俊才、马骁骏、王勇、王世林、邓见文、刘川眉、刘学锋、刘泽军、何德明、宋思彬、张茂成、张素文（女）、张燕斌、苏灿、李天祥、李德全、芦献平、陈付生、周云福、周述明、岳永良、罗瑶（女）、罗达生、贺建文、赵樱（女）、钟维钦、黄玉琏（女）、黄光全
民盟眉山市委员会	10	文玉林（女）、甘虹桢（女）、刘长江、李义、李冬梅（女）、李贤进、杨常沙、胡志中、赵晓容（女）、崔兴柏
民进眉山市委员会	10	王建强、宋波（女）、宋恒吾、杨正南、闵泽华、周强、赵相田、徐仲华、桂忠、梁勇
无党派人士	9	王利清、王莉茹（女）、邓绍祥、兰可、先玉（女）、吕勇、钟相友、程旭辉、雷建军

续表21-2

界别	人数	名单
共青团眉山市委员会	6	王连军、王鹏程、刘霞霞（女）、张兵、邱敏（女）、常伟
眉山市总工会	9	申魁林、吴秉成、李东霞（女）、李学银、汪泳（女）、周惠（女）、胡桂琼（女）贺圣国、曾翔（女）
农业界	24	李秀英（女）、尹大发、毛咏梅（女）、王成宏、刘勇义、许远明、严明宇、吴秀章、张伟、张书明、张正军、张继平、李先芬（女）、李维强、杨忠、汪波、陈永华（女）、周玉忠、岳建国、钟利东、钟建明、秦维东、袁兴杰、彭远畅
驻眉山部队	5	丁军、罗军、徐金华、贾来朝、彭涛
眉山市妇女联合会	9	王宏毅（女）、田静（女）、刘晓玲（女）、余娅莉（女）、吴志花（女）、杨建敏（女）、杨喜明（女）、袁敏（女）、袁晓霞（女）
眉山市青联	5	宋玲（女）、陈蜀黔、张明星、罗勇、郑勇彬
眉山市工商业联合会	37	王刚、邓智林、伍加修、刘永红（女）、刘成俊、朱友胜、余佑祥、吴胜利、吴爱玲（女）、张昌林、李祥、李子高、李全东、李振东、李福贵、杨重喜、杨维国、汪保明、苏长元、陈志忠、陈建忠、周水明、庞正益、郑立新、姚国庆、贺朝军、赵永东、唐建平、徐志祥、郭豫川、黄锐、彭德红、曾俊超、窦小川、廖伦万、管亚伟
侨台联	6	刘毅（女）、刘遂、吴健伦、陈春龙、喻旭（女）、谢仲良
文艺界	7	刘小川、吕应鑫、江南（女）、何学斌（女）、李坤林、顾伶俐（女）、蔡心华
经济界	42	王力克、王有来、王作堂、王昭琴（女）、叶章贵、皮瑞刚、石勇、任国顺、刘波（女）、朱德新、严伟、何天赞、余自生、吴英（女）、吴春发、张娅（女）、李军、李九安、李昌明、杨戈、杨中杰、杨伟寿、杨兴彦、陈瑞林、明强、欧阳瑛（女）、罗代容（女）、罗正友、祝智强、倪永惠（女）、唐敏、秦彪、郭志川、梁小林、梁学军（女）、黄斌、黄远成、龚宗跃、董峰、辜多好、赖崇华（女）、雷江海
科学技术协会	9	兰建林、向斌、余见文、赵豫、钟林、曹晓莉（女）、梁成穗（女）、程国根、魏学明
科技界	14	王爱民、刘志彬、吕英（女）、宋洪芳（女）、李君堂、杜丽斌（女）、杨卫东、肖华平、陈永义、陈静辉（女）、罗希立、陶汝君、唐承忠、康己元
社科界	6	文浩、吴梁红（女）、张忠全、周渔、涂勇、赖永毅
教育界	19	王尊友、刘建中、何清海、吴红蔚（女）、张国庆（女）、张桂芳、旷文英（女）、李觉悟、汪志超、沈丽文（女）、罗瑞、段勋、赵晓明、黄尚彬、龚志平、彭论、彭敏、辜子琴（女）、阚菊芳（女）
体育界	7	王晋川、刘沫、吴忠建、李仕雄、周建松、周晓燕（女）、钟晓（女）
新闻出版界	4	刘卫东（女）、胡鲜明、黄耀聪、魏佑源
医卫界	21	干尧鳌、王小明（女）、王吉宏、邓世明、史艾玲（女）、龙惠（女）、汤学全、吴敬陵（女）、张正华、李谋、杨玉祥、陈东翔、陈建明、林敏、郑华芳（女）、夏良辉（女）、彭洪、彭锋、彭雪梅（女）、窦树林、廖世勇
社会福利与保障界	7	邓宁西、刘永毅、余浩、陈碧容（女）、郭伟、郭强宁、曾国林
少数民族	5	马文才（回）、立胡左格（彝）、但明芳（女、藏）、张中伦（回）、周华（仡佬）
宗教界	8	何宗辉、余爱琼（女）、罗雪刚、释了空、释心护（女）、释昌德（女）、释智能、蹇登贵
特邀界	32	于星文、王仲成、邓洪刚、刘小伶、何建伟、何春海、何德全、余清洪、吴山、张仁华、张相荣、张德明、李正禄、李亚非（女）、杨帆、杨波、杨开锡、杨仕贵、杨克能、肖成新、邱云祥、宋俊安、邵旭东、邹明君、陈映红（女）、林凤鸣、罗泽志、唐成远、耿学贵、郭才文、黄绍平、彭蜀宁

四、政协第三届眉山市委委员的产生

政协第三届眉山市委委员仍按照市委统战部、市委组织部、市政协党组推荐、协商、提名政协委员人选，通过分配名额、提名推荐、反复协商，市委统战部提出“政协第二届眉山市委员会委员建议名单”报市委批准后，2011 年 11 月 11 日，市政协二届二十二次常委会，讨论协商产生三届市政协委员。三届市政协委员 350 名，任期为 2011 年 11 月至 2016 年 11 月。

政协第三届眉山市委员会委员名录表

表 21-3

界别	人数	名单
中国共产党眉山市委员会	30	万超、王强、王志敏、王影聪、朱建文、李军（女）、李亚非（女）、李光祥、李志国、李启明、李国莲（女）、李学权、李树明、何中、何丹丹（女）、何德全、余明德、汪建章、宋思彬、张晓勇、陈卫东、陈泽文、周光普、郑高庆、胡彬、黄玉蓉（女）、梁建军、彭惠琴（女）、雷建勇、谭福轩
民盟眉山市委员会	8	任学东、刘建中、杨常沙、李义、李贤进、吴兴华（女）、周建伟、彭论
民建眉山市委员会	6	王成宏、张宗成、陈永华（女）、祝明洪、黄志强、童应林
民进眉山市委员会	9	阳鹏军、杨国芝（女）、邹平、宋波（女）、周强、桂忠、梁勇、彭勇、喻旭（女）
九三学社眉山市委员会	7	邓洪刚、邓颖贵、皮瑞刚、邹文伦、陈东翔、郑华芳（女）、赖崇华（女）
无党派人士	16	王利清、毛咏梅（女）、邓世明、兰可、吕勇、刘勇义、吴少云、吴秀章、汪志林、宋章华、张娅（女）、张亚平、张继平、陈建中、夏放（女）、蒋菊芬（女）
共青团眉山市委员会	6	张洪亮、陈惠莘（女）、周梅（女）、袁琳（女）、徐良才、黄丹玫（女）
眉山市总工会	7	王志强、王艳丽（女）、兰云祥、李娟（女）、余建兵、喻英（女）、喻素彬（女）
农业界	19	尹大发、伍艳霞（女）、刘毅（女）、刘俊辉、杨晓宁、李先芬（女）、李秀英（女）、李学洪、李福贵、汪建军、胡宝林、钟利东、钟建明、袁兴杰、唐萍（女）、涂成钢、梁英（女）、彭远畅、蔡健
驻眉山部队	4	刘厚斌、李健、何升俊、周开友
眉山市妇女联合会	10	邓艳梅（女）、杜丹（女）、李晓萍（女）、巫玉娇（女）、罗洁（女）、周雁（女）、周学梅（女）、曹煦（女）、梁晓英（女）、廖新蓉（女）
眉山市青联	5	刘张麟、何俊华（女）、陈蜀黔、黄娥（女）、释发禅
眉山市工商业联合会	37	于建波、王永树、王进儒、毛太忠、邓智林、白伟、白智俊、伍加修、伍超群、向斌、刘坤、杨松、杨黎（女）、杨中杰、李丹妮（女）、李振东、严光玉（女）、严道量、汪茂君（女）、张明星、张岳良、陈岚、陈文彬、周明仁、郑立新、赵国、赵学谱、姚国庆、贺圣国、徐慧（女）、陶晓、黄锐、彭程、雷建军、廖伦万、黎洪义、瞿家地
侨台联	5	刘艺、刘遂、李玲（女）、吴链、舒鹿
文艺界	6	王雪梅（女）、何学斌（女）、钟晓（女）、顾伶俐（女）、彭蜀宁、赖永毅
经济界	47	万永福、马克、王有来、韦志永、邓增辉、兰华、朱锡全、刘成俊、刘旭明、刘继桂、杨戈、杨瑞彬、李宇、李军、李祥、李曦、李子高、李四清、李仲安、严军、何健、何雅玲（女）、余浩、张岷、张齐贵、张志平、张俊文、陈强、邵永义、范旺、罗代容（女）、罗尚勇、罗崇东、金杯、周莉（女）、胡志良、赵勇、赵建华、贺朝军、唐印、唐国桥、黄斌、盛非、覃建华、辜文超、魏毅、魏一平
科学技术协会	8	李伟、余见文、宋祥徽、陈豫川、庞杰、赵豫、徐碧兰（女）、熊学辉

续表21-3

界别	人数	名单
科技界	14	王康明、石勇、李燕（女）、李智勇、汪虹（女）、宋洪芳（女）、张乐勤、张晓燕（女）、邵家华、周尧达、祝季敏、徐洪刚、游新华、廖文祥
社科界	7	马湘君（女）、王莉茹（女）、刘云福、刘光伟（女）、刘志鸿、刘清泉、刘霞霞（女）
教育界	14	万德轩、王金顺、母晴晖、旷文英（女）、宋红芳（女）、张泽军、张素文（女）、赵晓明、段勋、徐长华、徐春桂（女）、黄尚彬、龚志平、辜英智
体育界	5	张萍（女）、陈永跃、林大学、周建松、徐晓虹
新闻出版界	5	朱卫红（女）、夏萍（女）、黄耀聪、雷金贵、魏佑源
医卫界	18	干尧鳌、王娜（女）、王小明（女）、龙惠（女）、白庆秋（女）、朱开均、汤学全、杨志明、李谋、肖贤玉（女）、陈建明、郑晓、段彬如（女）、夏良辉（女）、夏绩恩、彭旭东、彭雪梅（女）、谢晓龙
社会福利与保障界	8	刘永毅、李述清、张征（女）、陈碧容（女）、彭洪、曾国林、廖世勇、戴中
少数民族	7	马明（回）、马文才（回）、叶秀兰（女、藏）、立胡左格（彝）、杨世龙（藏）、张中伦（回）、周华（仡佬）
宗教界	8	何宗辉、余爱琼（女）、释了空、释心护（女）、释印惠、释胜和、潘永华、蹇登贵
特邀界	34	王泊、王碧仙（女）、田中文、四郎彭措、代贤军、任明康、白刚、刘小伶、刘泽利、杨文（女）、杨云峰、杨光华、杨国芳（女）、李建全、李攀伦、吴山、吴光鉴、何建伟、邹明光、张晓娟（女）、邵旭东、卓德松、胡昆明、胡建辉、赵樱（女）、袁卫彬、黄绍平、彭国超、彭和均、程勇、程志春、曾晓宇（女）、曾祥康、潘志辉

第二节　政协委员的构成

一、政协第一届眉山市委委员构成

2000年12月，政协第一届眉山市委员会设界别23个，委员332名。其中中国共产党眉山市委员会43人、无党派人士5人、青年团眉山市委员会8人、眉山市总工会8人、农业界23人、驻眉山部队2人、眉山市妇女联合会12人、眉山市青年联合会3人、眉山市工商业联合会30人、眉山市侨联3人、文学艺术界12人、经济界35人、科学技术协会16人、科学技术界30人、社会科学界5人、教育界37人、体育界5人、新闻出版界5人、医药卫生界14人、社会福利3人、少数民族2人、宗教界8人、特别邀请人士23人。

二、政协第二届眉山市委委员构成

2006年11月，政协第二届眉山市委员会设届别25个，委员339名。其中中国共产党眉山市委员会28人、民盟眉山市委员会10人、民进眉山市委员会10人、无党派人士9人、共青团眉山市委员会6人、眉山市总工会9人、农业界24人、驻眉山部队5人、眉山市妇女联合会9人、眉山市青联5人、眉山市工商业联合会37人、侨台联6人、文艺界7人、经济界42人、科学技术协会9人、科技界 14 人、社科界 6 人、教育界 19 人、体育界 7 人、新闻出版界 4 人、医疗卫生界 21 人、社会福利与保障界 7 人、少数民族 5 人、宗教界 8 人、特别邀请人士 32 人。

三、政协第三届眉山市委委员构成

2011 年 11 月，政协第三届眉山市委员会设界别 27 个，委员 350 名。其中中国共产党眉山市委员会 30 人、民盟眉山市委员会 8 人、民建眉山市委员会 6 人、民进眉山市委员会 9 人、九三学社眉山市委员会 7 人、无党派人士 16 人、共青团眉山市委员会 6 人、眉山市总工会 7 人、农业界 19 人、驻眉山部队 4 人、眉山市妇女联合会 10 人、眉山市青联 5 人、眉山市工商业联合会 37 人、侨台联 5 人、文艺界 6 人、经济界 47 人、科学技术协会 8 人、科技界 14 人、社科界 7 人、教育界 14 人、体育界 5 人、新闻出版界 5 人、医疗卫生界 18 人、社会福利与保障界 8 人、少数民族 7 人、宗教界 8 人、特别邀请人士 34 人。

第三节　政协委员学习培训

1998—2000 年，政协眉山地区工委采取以会代训，组织工委委员有计划地学习毛泽东、邓小平和以江泽民为核心的第三代领导集体关于统一战线和人民政协工作的一系列论述、知识，学习中共十五大精神、地委扩大会议精神、李瑞环在全国地方政协主席座谈会上的讲话，学习《省政协地区工委暂行工作条例》《政协眉山地区工委贯彻省政协地工委工作条例的实施意见》；组织委员专题研讨“西部大开发，政协怎么办”和“眉山精神”，开展人民政协知识宣传月活动；把“讲学习、讲政治、讲正气”作为工委委员学习主线，通报“三讲”进展情况，结合边整边改，提出整改要求，提高工委委员政治素质和参政议政能力，促进委员履职和政协工作开展。

2002 年，眉山市政协开展全市政协委员“人民政协性质、地位、作用”“政协委员的权力与义务”“认真贯彻《公民道德建设实施纲要》”等专题培训。2003 年，组织全市各级政协委员参加省、市、县（区）举办的“三个代表”重要思想学习班、培训班、研讨班。2005 年，市政协开展保持共产党员先进性教育活动与培训。市政协主要领导利用每年全委会，作“人格、道德、修养、奉献、和谐、作为”专题讲话，加强委员素质培养，增强委员履职责任感和事业心。

2008 年 8 月，第二届市政协主席会议审议通过《政协眉山市委员会学习规则》，要求市政协及其委员，把学习作为一项长期战略任务和基础工作抓紧抓好，具体规定学习培训的主要内容和形式、组织实施和保障，以提高委员履职能力和水平。2010 年 1 月，市委办公室印发《关于加强市政协委员管理与服务工作的实施意见》，进一步明确政协委员学习培训制度。市政协编撰《政协委员学习读本》，委员人手一册。至 2011 年，市政协组织委员集中培训 6 次，安排专题讲座和时事政治报告会 10 次，举办专题理论研讨会 4 次，各委员活动组开展委员集中学习活动 65 次。培训主要内容包括政协委员如何撰写提案、如何做好反映社情民意工作，如何做好政协宣传工作，人民政协的主要职能和履行职能的基本要求，辅导学习中共中央总书记胡锦涛在人民政协成立 60 周年大会上的讲话精神等。

第二章　政协全体会议

政协眉山市委员会（地区工委）全体会议一般每年召开一次。全体委员出席，党委、人大、政府、军分区领导应邀参会，市法院、市检察院、驻眉山部队和市级单位、部门负责人、相关企事业单位负责人，驻眉山省政协委员列席会议。会议由主席或主席委托的副主席主持，主要任务是，听取并审议政协常委会工作报告、提案工作报告，协商讨论“一府两院”工作报告、计划和财政报告，及经济社会发展中长期规划。换届时，会议由主席团执行主席主持，选举产生新一届主席、副主席、秘书长和常务委员，组建常务委员会，届中增补主席会议成员和常务委员，也需全体会议选举产生。

第一节　政协眉山地区工委全体（扩大）会议

1997—2000 年，政协眉山地区工委共召开全体（扩大）会议 9 次。主要学习政协章程、省委政协工作会议精神、省政协地工委暂行工作条例、政协眉山地区工委贯彻省政协地工委工作条例的实施意见；通报“三讲”教育情况；围绕眉山地区政协工委在西部大开发中如何充分发挥作用开展讨论；筹备部署撤地设市工作会议；总结每年度政协工作，提出新一年度工作要点。

政协眉山地区工委第一次全体会议（摄于 1998 年 8 月）

第二节　政协第一届眉山市委全体会议

政协第一届眉山市委员会共召开全体会议 7 次。一届一次会议选举产生政协眉山市第一届委员会。市政协一届二次至七次会议是每年一度的例会，主要听取《政协眉山市第一届委员会常务委员会工作报告》《政协眉山市第一届委员会常务委员会提案工作情况的报告》；全体委员列席市人代会，听取和协商“一府两院”等工作报告。

第一次会议　2000 年 12 月 8 日至 12 日召开，出席会议市政协委员 332 人，市县领导 101 人列席会议。会议审议大会议程和日程安排；选举产生市政协主席严文清，副主席杨世荣、陈学明、翁世林、李仲奇、何久伦、张忠全、钟相友，秘书长胡舒和常务委员 71 人；省政协常务副主席郝振贤代表省政协向大会致贺词；严文清致开幕词和闭幕词；市委书记李吉荣、市委副书记牟刚俊出席会议并讲话。

第二次会议　2001 年 2 月 18 日至 21 日召开。会议听取审议市政协主席严文清作的《政协眉山市第一届委员会常务委员会工作报告》、副主席陈学明作的《政协眉山市第一届委员会常务委员会提案工作情况报告》；通过《市政协一届二次会议决议》《政协眉山市第一届委员会提案委员会关于一届二次会议提案审查情况的报告》；市委书记李吉荣讲话，严文清致闭幕词。全体委员列席市人大一届二次会议，听取并协商讨论“一府两院”等工作报告。

第三次会议　2002 年 1 月 28 日至 2 月 1 日召开。会议听取并审议市政协副主席杨世荣作的《政协眉山市第一届委员会常务委员会工作报告》、副主席陈学明作的《政协眉山市第一届委员会常务委员会关于一届二次会议以来提案工作情况报告》；通过《市政协一届三次会议决议》；市政协主席严文清作的《提高认识，认真履职，促进政协工作健康向前发展》、副主席杨世荣作的《充分发挥委员作用，为政协全面履职打下基础》辅导报告；市委书记晏永和讲话，严文清致闭幕词。全体委员列席市人大一届三次会议，听取并协商讨论“一府两院”等工作报告。

第四次会议　2003 年 3 月 22 日至 28 日召开。会议听取并审议市政协主席严文清作的《政协眉山市第一届委员会常务委员会工作报告》和副主席陈学明作的《政协眉山市第一届委员会关于一届三次会议以来提案工作情况报告》；表彰奖励优秀提案、提案先进承办单位、先进提案工作者；增选杨玉仙为市政协副主席；通过《市政协一届四次会议决议》。市委书记晏永和讲话，严文清致闭幕词。全体委员列席市人大一届四次会议，听取并协商讨论“一府两院”等工作报告。

第五次会议　2004 年 2 月 22 日至 26 日召开。会议听取并审议市政协主席严文清作的《政协眉山市第一届委员会常务委员会工作报告》、副主席翁世林作的《政协眉山市第一届委员会常务委员会关于一届四次会议以来提案工作情况的报告》；会议表彰奖励市政协“三个一”活动先进个人；通过《市政协一届五次会议决议》；市委书记余斌发表《团结鼓励　建言献策　打好富民升位攻坚战》讲话，严文清主席致闭幕词。全体委员列席市人大一届五次会议，听取和协商讨论“一府两院”等工作报告。

第六次会议　2005 年 2 月 22 日至 27 日召开。会议听取并审议市政协主席严文清作的《政协眉山市第一届委员会常务委员会工作报告》、副主席张忠全作的《政协眉山市第一届委员会常务委员会关于一届五次会议以来提案工作情况的报告》；会议表彰奖励优秀提案、先进承办单位和先进提案工作者；增选黄玉琏为市政协副主席；通过《市政协一届六次会议决议》；市委书记余斌发表《围绕中心　发挥优势　努力为实现富民升位贡献力量》讲话，严文清致闭幕词。全体委员列席市人大一届六次会议，听取并协商讨论“一府两院”等工作报告。

第七次会议　2006 年 2 月 19 日至 23 日召开。会议听取并审议市政协主席严文清主席作的《政协眉山市第一届委员会常务委员会工作报告》、副主席杨玉仙作的《政协眉山市第一届委员会常务委员会关于一届六次会议以来提案工作情况的报告》；会议表彰奖励“三个一”活动优秀委员；通过《市政协一届七次会议决议》；市委书记蒋仁富讲话。全体委员列席市人大一届七次会议，听取并协商讨论“一府两院”等工作报告。

第三节　政协第二届眉山市委全体会议

政协第二届眉山市委员会共召开全体会议6次，二届一次会议选举产生政协第二届眉山市委员会。市政协二届二次至六次会议是每年一度的例会，主要听取并审议《政协第二届眉山市委员会常务委员会工作报告》《政协第二届眉山市委员会常务委员会提案工作情况的报告》；听取并协商“一府两院”等工作报告，眉山市“十二五”规划纲要，提出意见和建议603条；会议开展“一府两院”报告满意度测评，提出提案700余件。

第一次会议　2006年11月23日至24日召开。会议应到委员339人，实到委员338人。市政协领导出席会议，市委、市人大常委会、市政府、眉山军分区、市纪委、市法院、市检察院主要领导，在省上任职的原市级老领导、市级老领导、市级部门负责人、市属以上企事业单位负责人、驻眉山部队负责人、驻眉山省九届政协委员136人应邀列席会议。会议选举产生二届市政协委员会；市委书记蒋仁富讲话。

第二次会议　2007年2月4日至7日召开。会议听取并审议市政协主席苏灿作的《政协第二届眉山市委员会常务委员会工作报告》、副主席宋思彬作的《政协第二届眉山市委员会常务委员会关于提案工作情况的报告》；传达省政协九届五次会议精神；举行提案知识培训；通过《政协眉山市委员会工作规则》《关于政协第二届眉山市委员会提案审查委员会关于市政协二届二次会议提案审查情况的报告》；列席市人大二届二次会议并协商讨论“一府两院”及财政、计划报告（征求意见稿）；通过常委会工作报告的决议、提案工作情况报告的决议、政协眉山市委员会工作规则的决议、市政协二届二次会议决议；市委书记蒋仁富发表“强力推进和谐眉山建设”讲话。

第三次会议　2008年2月14至16日召开。会议传达省政协十届一次会议精神；听取和审议市政协主席苏灿作的《政协第二届眉山市委员会常务委员会工作报告》、副主席王勇作的《政协第二届眉山市委员会常务委员会关于二届二次会议以来提案工作情况的报告》；表彰“五个一”活动先进委员小组和先进政协委员，优秀提案、先进承办单位和先进提案工作者；听取并协商“一府两院”工作报告（征求意见稿）；协商计划和财政报告（征求意见稿）；通过《关于协商讨论政府工作报告等五个报告的情况报告》《市政协二届三次会议提案审查情况报告》、政协常委会工作报告的决议、提案工作情况报告的决议、市政协二届三次会议决议；市委书记蒋仁富发表“抓住机遇求发展，团结奋进创辉煌”讲话。

第四次会议　2009年4月7日至8日召开。会议听取并审议市政协主席苏灿作的《政协第二届眉山市委员会常务委员会工作报告》、副主席张忠全作的《政协第二届眉山市委员会常务委员会关于二届三次会议以来提案工作情况的报告》；听取并协商“一府两院”工作报告（征求意见稿），协商计划和财政报告（征求意见稿）；参加“科学发展观与人民政协事业的发展”专题讲座；会议增选阳金和、李亚非为市政协副主席；会议通过《关于协商讨论政府工作报告等五个报告的情况报告》、市政协二届四次会议提案审查情况报告、市政协二届四次会议决议；市委书记蒋仁富发表“坚持科学发展、造福眉山人民”讲话。

第五次会议　2010年4月11日至14日召开。会议听取并审议市政协主席苏灿作的《政协第二届眉山市委员会常务委员会工作报告》、副主席钟相友作的《政协第二届眉山市委员会常务委员会关

于二届四次会议以来提案工作情况的报告》；听取并协商“一府两院”工作报告（征求意见稿），协商计划和财政报告（征求意见稿）；学习“胡锦涛总书记在庆祝中国人民政治协商会议成立六十周年大会上讲话的体会”专题辅导报告；会议补选梁勇、立胡左格为市政协副主席，增补部分市政协常委；民主评议市级部门政风行风建设情况；满意度测评“一府两院”报告；通过《关于协商讨论“一府两院”等五个报告的情况报告》、市政协二届五次会议提案审查情况报告、市政协二届五次会议决议；市委书记蒋仁富发表“掀起六大高潮、促进四大目标”讲话，主席苏灿发表“发挥三个作用，助推眉山发展”讲话。

第六次会议　2011 年 2 月 20 日至 22 日召开。会议听取并审议市政协主席苏灿作的《政协第二届眉山市委员会常务委员会工作报告》、副主席黄玉琏作的《政协第二届眉山市委员会常务委员会关于二届五次会议以来提案工作情况的报告》；听取并协商“一府两院”工作报告，协商计划、财政报告和眉山“十二五”规划纲要（草案）；邀请国家发改委国家信息中心综合部副主任蒲宇飞作“十二五及后金融危机时代的宏观经济走向”专题报告；补选周成仕为副主席，周仲明为秘书长；满意度测评“一府两院”报告；表彰市政协优秀提案和政协委员“五个一”活动先进个人；通过市政协二届六次会议提案审查情况报告、《关于协商讨论“一府两院”等五个报告的情况报告》、市政协二届六次决议；市委书记蒋仁富发表“高位求进，加快发展，为推进四大目标建设经济强市而努力奋斗”讲话。

第四节　政协第三届眉山市委全体会议

至 2012 年，政协第三届眉山市委员会共召开全体会议 2 次。

第一次会议　2011 年 11 月 23 日至 25 日召开。会议选举产生政协第三届眉山市委员会。市委书记李静讲话。二届、三届市政协主席会举行工作交接会，市政协二届主席苏灿向新班子提出建议。市政协三届主席王影聪讲话。

第二次会议　2012 年 3 月 28 日至 29 日召开。会议听取并审议《政协眉山市委员会常务委员会工作报告》《政协第三届眉山市委员会常务委员会提案工作情况报告》，听取并协商“一府两院”工作报告和计划、财政报告，委员代表作大会发言，满意度测评“一府两院”工作报告，审议通过《政协第三届眉山市委员会提案委员会关于三届二次会议提案审查情况的报告》《政协第三届眉山市委员会第二次会议决议》。市委书记李静讲话。市政协主席王影聪致闭幕词。10 名委员作大会发言，对政府工作提出意见和建议，受到市委、市政府主要领导肯定。

第三章　政协常务委员会

政协常务委员会是市政协履职的重要形式。在市政协全体会议闭会期间行使全委会职权，一般每季度召开一次。会议主要内容有协商决定下届政协委员会的参加单位、委员名额、委员人选及界别设置；政协各专委会向常委会报告工作，满意度测评；听取党风廉政建设、法院和检察院工作情况通报；听取市政府办理政协提案情况的通报；专题议政等。2000—2012 年，召开市政协一届常委会 31 次、二届常委会 22 次、三届常委会议 5 次。

第一节　政协常务委员会的产生

1997 年 8 月，成立政协四川省委员会眉山地区工作委员会，为政协四川省委员会的派出机构。严文清任主任，徐启斌、吴子明、金之孝、陈学明、翁世林任副主任，胡舒任秘书长，常务委员 21 人。

2000 年 9 月，成立政协眉山市委员会筹备组，第四次筹备工作会议审议通过，一届市政协委员 332 名。12 月，市政协一届一次会议选举产生主席严文清，副主席杨世荣、陈学明、翁世林、李仲奇、何久伦、张忠全、钟相友，秘书长胡舒，常务委员 71 人。2003 年 3 月，市政协一届四次会议增选杨玉仙为市政协副主席。2005 年 2 月，市政协一届六次会议增选黄玉琏为市政协副主席。2006 年 3 月，市政协一届七次会议增选张茂成为市政协副主席。

2006 年 11 月，市政协一届 31 次常委会，讨论协商产生二届市政协委员名单，委员 339 名。市政协二届一次会议选举产生主席苏灿，副主席王勇、宋思彬、张忠全、钟相友、黄玉琏、张茂成、吴爱玲，秘书长马骁骏。2009 年 4 月，市政协二届四次会议增选阳金和、李亚非为市政协副主席。2010 年 4 月，市政协二届五次会议增选梁勇、立胡左格为市政协副主席。2011 年 2 月，市政协二届六次会议增选周成仕为市政协副主席，周仲明为秘书长。

2011 年 11 月，市政协二届二十二次常委会，讨论协商产生三届市政协委员名单，委员 350 名。市政协三届一次会议选举产生主席王影聪，副主席李亚非、梁勇、立胡左格、黄玉蓉、王志敏、朱建文、祝明洪、杨常沙，秘书长陈泽文，常委 62 人。

政协眉山市委员会（地区工委）1997—2012 年领导名录表

表 21-4

机构名称	职务	姓名	任职时间	备注
政协眉山地区工作委员会	主任	严文清	1997. 08—2000. 12	
	副主任	徐启斌	1997. 08—1999. 05	
		吴子明	1997. 08—2000. 12	
		金之孝	1997. 08—2000. 12	
		陈学明	1997. 08—2000. 12	
		翁世林	1997. 08—2000. 12	
	秘书长	胡　舒	1997. 08—2000. 12	
政协第一届眉山市委员会	主席	严文清	2000. 12—2006. 11	
	副主席	杨世荣	2000. 12—2006. 11	
		陈学明	2000. 12—2003. 06	

续表21-4

机构名称	职务	姓名	任职时间	备注
政协第一届眉山市委员会	副主席	翁世林	2000.12—2006.03	
		李仲奇	2000.12—2006.11	
		何久伦	2000.12—2006.11	
		张忠全	2000.12—2006.11	
		钟相友	2000.12—2006.11	
		杨玉仙	2003.03—2006.11	
		黄玉琏	2005.02—2006.11	
		张茂成	2006.03—2006.11	
	秘书长	胡　舒	2000.12—2005.06	
		徐明利	2005.06—2006.04	
		马骁骏	2006.04—2006.11	
政协第二届眉山市委员会	主席	苏　灿	2006.11—2011.11	
	副主席	阳金和	2009.04—2010.04	
		王　勇	2006.11—2011.11	
		宋思彬	2006.11—2011.11	
		周成仕	2011.02—2011.11	
		张忠全	2006.11—2010.08	
		钟相友	2006.11—2010.08	
		黄玉琏	2006.11—2011.11	
		张茂成	2006.11—2011.11	
		吴爱玲	2006.11—2011.11	
		李亚非	2009.04—2011.11	
		梁　勇	2010.04—2011.11	
		立胡左格	2010.04—2011.11	
	秘书长	马骁骏	2006.11—2010.06	
		周仲明	2011.02—2011.11	2010.08—2011.02 代理秘书长
政协第三届眉山市委员会	主席	王影聪	2011.11—	
	副主席	李亚非	2011.11—	
		梁　勇	2011.11—	
		立胡左格	2011.11—	
		黄玉蓉	2011.11—	
		王志敏	2011.11—	
		朱建文	2011.11—	
		祝明洪	2011.11—	
		杨常沙	2011.11—	
	秘书长	陈泽文	2011.11—	

政协眉山市委（地区工委）常务委员名录表

表 21-5

机构名称	人数	姓名（以姓氏笔画为序）
政协眉山地区工作委员会	21	严文清、徐启斌、吴子明、金之孝、陈学明、翁世林、胡舒、付康、宋明刚、何发森、黄劲松、黄玉蓉、林凤鸣、杨开锡、刘汉元、杨常沙、王华清、陈忠荣、苏学文、钱晃、周水明
政协第一届眉山市委员会	71	马志珍（女）、马骁骏、马湘君（女）、王华清、王利清、文学华、立胡左格（彝）、兰建林、甘晓红（女）、冯素华（女）、皮瑞刚、伍中一、伍加修、刘先杰、江林（女）、朱建文、李子高、李觉悟、李树林、李琴（女）、李德全、杨开锡、杨世荣、宋奔、杜明生、沈坤年、汪保明、芦献平、张万成、张茂成、张忠全、张洪涛、张旗林、何德明、郑夕君、周云福、庞正益、陈东翔、周述明、陈琳、罗雪刚、周强、周惠（女）、赵月菱（女）、赵长久、胡舒、胡志中、侯清富、徐井万、徐明利、钟维钦、何太禄、余爱琼（女）、倪永惠（女）、殷安宁、耿学贵、夏绩恩、卿明高、唐述权、高顺伦、郭培贤、郭强宁、黄玲（女）、黄跃、黄健、韩玉君（女）、谢先琴（女）、喻旭（女）、舒鹿、鲁在书（女）、廖新蓉（女）
政协第二届眉山市委员会	72	万俊才、王刚、王有来、王利清、王莉茹（女）、邓智林、叶章贵、立胡左格、龙惠（女）、刘遂、刘志彬、朱友胜、何学斌（女）、何清海、何德明、余爱琼（女）、吴山、宋洪芳（女）、张兵、张娅（女）、张正军、张艳春、张桂芳、张燕斌、李子高、李天祥、李全东、李德全、李维强、芦献平、杨开锡、杨重喜、汪志超、肖成新、阳运良、陈强、陈东翔、陈文彬、陈付生、陈永义、陈志忠、周立平、陈建忠、庞正益、林凤鸣、罗希立、罗雪刚、周云福、周述明、姚国庆、胡彬、胡志中、赵永东、钟维钦、唐敏、徐志祥、耿学贵、袁敏、袁兴杰、贾来朝、梁勇、黄斌、黄锐、黄尚彬、彭远畅、彭德红、董峰、雷江海、廖世勇、廖伦万、管亚伟、魏一平
政协第三届眉山市委员会	62	万永福、王永树、王利清、王金顺、王莉茹（女）、四朗彭措、兰云祥、汪建章、宋洪芳（女）、张泽军、张洪亮、张晓勇、陈卫东、陈东翔、陈蜀黔、陈豫川、罗崇东、金杯、周雁（女）、周强、周尧达、赵建华、胡彬、姚国庆、袁兴杰、夏绩恩、唐印、黄斌、黄绍平、吕勇、伍超群、向斌、刘遂、刘成俊、李伟、李志国、李秀英（女）、李启明、李学权、李晓萍（女）、杨世龙、杨晓宁、杨瑞彬、吴山、何学斌（女）、何德全、余浩、余明德、余爱琼（女）、彭论、彭远畅、辜英智、程志春、童应林、曾国林、谢晓龙、雷建军、廖世勇、廖伦万、谭福轩、释洪法、潘志辉

第二节　政协常务会议和主席（主任）会议

一、政协常务会议

眉山市政协常务委员会在市政协全体会议闭会期间行使全委会职权，一般每季度召开一次。2000—2012 年，召开市政协一届常委会 31 次、二届常委会 22 次、三届常委会 5 次。会议主要协商决定下届政协委员会的参加单位、委员名额、委员人选及界别设置；政协各专委会向常委会报告工作，满意度测评；听取党风廉政建设、法院和检察院工作情况通报；听取市政府办理政协提案情况的通报；围绕中心工作开展专题议政等。

（一）政协第一届眉山市委常委会议

2001—2006 年，政协第一届眉山市委员会召开常委会 31 次，审议议题 50 个，作出决议、决定 5 个，人事事项 7 次。

政协第一届眉山市委常委会议情况表

表 21-6

时间	次别	主要内容
2001 年	第 2 次	审议市政协一届二次会议相关议题；通过市政协一届二次会议议程（草案）、《常务委员会工作报告》（草案）、《提案委员会关于一届一次全会以来提案工作情况的报告》（草案）、召开市政协一届二次会议的决定和列席范围、《政协眉山市委员会工作规则》、市政协工作机构设置方案、人事事项
	第 4 次	通过《政协眉山市委员会工作规则》、市政协工作机构设置方案、人事事项
	第 5 次	学习中共中央总书记江泽民“七一”重要讲话，通过《政协眉山市委员会提案工作条例》《政协眉山市委员会关于评选表彰优秀提案、先进承办单位和先进提案工作者的办法》，设立市政协农业委员会、教文体医卫委员会、民族宗教港澳台侨外事委员会的方案和相关人事事项，市委副书记牟刚俊通报全市机构改革推进情况，市委副书记苏灿通报全市学习江泽民“七一”重要讲话情况
	第 6 次	听取市委常委、政法委书记阳金和《关于开展“严打”整治斗争，维护全市稳定》的情况通报，通过《市政协一届三次会议议程（草案）》《关于召开市政协一届三次会议的决定》《政协眉山市第一届委员会常务委员会工作报告》、市政协委员和提案委委员增补方案及相关人事事项
2002 年	第 7 次	通过市政协一届三次会议提案情况的报告（草案）、市政协 2002 年工作要点
	第 8 次	学习中共中央总书记江泽民“5·31”重要讲话、省第八次党代会精神和市政协《关于努力推进眉山跨越式发展的通知》，副市长李后强通报贯彻落实全国、全省宗教工作会议精神情况，通过《政协眉山市委员会关于政治协商、民主监督、参政议政的实施细则》
	第 9 次	学习省政协主席秦玉琴在省政协学习研究会上的讲话、眉山市副市长宋思彬通报眉山职业技术学院建设情况、市政府秘书长范智能通报政协提案办理情况
	第 10 次	传达学习中共十六大精神，审议《政协眉山市第一届委员会常务委员会工作报告》（草案）、《政协眉山市第一届委员会常务委员会关于一届三次会议以来提案工作情况的报告》（草案），市委副秘书长郑夕君通报党委系统办理市政协一届三次会议提案的情况
2003 年	第 11 次	协商通过部分委员辞去职务和委员增补名单、市政协一届四次会议选举工作等有关事宜
	第 12 次	协商通过部分政协委员、常委辞去职务及一届委员会委员、常委增补的建议
	第 13 次	通过增补杨玉仙为一届市政协副主席的建议方案，市委副书记牟刚俊介绍拟任市政协副主席的有关情况
	第 14 次	通过市政协一届四次会议决议（草案）、提案审查情况报告（草案）
	第 15 次	学习中共中央总书记胡锦涛到川调研重要讲话，市政府通报全市防治“非典”工作情况，并听取委员意见和建议，通过陈学明辞去市政协副主席的申请及有关人事事项
	第 16 次	市政府领导通报全市经营城市工作情况，讨论审议《加快黑龙滩综合开发对策研究》《眉山市民办教育发展现状与对策》调研课题报告
	第 17 次	传达中共四川省委政协工作会议精神，审议《政协眉山市委员会第一届委员会常务委员会工作报告》《政协眉山市第一届委员会常务委员会关于一届四次会议以来提案工作情况的报告》、召开市政协一届五次会议的有关事项、《关于撤销赵治均市政协委员职务的建议》
2004 年	第 18 次	通过市政协一届五次会议决议（草案）和一届五次会议提案审查情况报告（草案）
	第 19 次	学习新修订的《中国人民政治协商会议章程》，市政府副市长宋铭通报“打造中国诗书城规划”实施情况，市政协副主席翁世林通报全市民营经济发展环境评议情况
	第 20 次	省政协港澳台侨外事委员会特邀副主任张兴定作《陈水扁连任以后的台湾形势与反“台独”斗争》专题报告，审议《关于全市生猪税费征管情况的调查与建议》《眉山市公民旁听市政协常务委员会会议试行办法》《部分市政协委员辞职和终止部分市政协委员职务的建议》

续表21-6

时间	次别	主要内容
2004 年	第 21 次	通过一届市政协常委会工作报告（草案）、一届五次会议以来提案工作情况报告（草案）、《弘扬三苏文化，建设中国诗书城》调研报告和召开市政协一届六次会议的建议
2005 年	第 22 次	通过市政协副主席候选人人选和市政协一届六次会议选举办法（草案）
	第 23 次	通过市政协一届六次会议决议、提案审查情况报告，通过有关人事事项
	第 24 次	市委副书记苏灿通报落实省委书记张学忠调研眉山讲话精神的情况，学习《中共中央关于进一步加强中国共产党领导的多党合作和政治协商制度建设的意见》《政协四川省委员会常务委员会工作规则》《政协四川省委员会专门委员会通则》，审议《政协眉山市委员会专门委员会通则》（草案）和《眉山市经济社会发展重大事项听取社会各界意见的暂行办法》（代拟稿）
	第 25 次	市政府副市长宋铭通报中国诗书城建设情况，学习《中共四川省关于贯彻〈中共中央关于进一步加强中国共产党领导的多党合作和政治协商制度建设的意见〉的意见》，通过有关人事事项
	第 25 次	市政府副市长宋思彬通报创建省级卫生城市的情况，审议一届市政协常委会工作报告、一届六次会议以来提案工作情况报告（草案）、《政协眉山市第一届委员会提案工作条例修正案》《影响构建和谐眉山的几个突出问题及对策》《全市农村经济合作组织的现状与发展》调研报告、增补委员、常委候选人名单和一届七次会议议程（草案）
2006 年	第 27 次	通过增补市政协委员名单、市政协常委和副主席候选人名单、一届七次会议选举办法（草案）
	第 28 次	通过市政协一届七次会议决议（草案）、提案审查情况报告（草案）
	第 29 次	学习《中共中央关于加强人民政协工作的意见》，市委通报“项目年、落实年”有关情况，听取委员发言
	第 30 次	市政协主席严文清代表一届市政协主席会议作《一届市政协工作总结报告》，审议市政协各委室调研报告及有关人事事项
	第 31 次	通过政协眉山市委员会换届工作方案、二届市政协委员名单、市政协二届一次会议议程（草案）和主席团成员、选举办法（草案）

（二）政协第二届眉山市委常委会议

2006—2011 年，政协第一届眉山市委员会共举行常委会 22 次，审议议题 54 个，作出决议、决定 11 个，人事事项 8 次。

政协第二届眉山市委常委会议情况表

表 21-7

时间	次别	主要内容
2006 年	第 1 次	通过《提案工作情况的报告》（草案）、关于召开市政协二届二次会议的决定及有关人事事项
2007 年	第 2 次	通过关于延期召开市政协二届二次会议的决定、《政协眉山市委员会和常务委员会组成人员出席例会暂行规定》，听取《关于市政协提案办理情况的报告》；三次常委会议通过市政协提案委《关于二届二次会议提案审查情况的报告（草案）》《市政协常委会工作报告的决议（草案）》《市政协常委会提案工作报告的决议（草案）》《政协眉山市委员会工作规则（草案）》《市政协二届二次会议决议（草案）》
	第 4 次	通过市政协委员增补名单，主席苏灿点击开通眉山政协网
	第 5 次	传达省政协九届十九次常委会议精神，听取《中共十七大精神辅导报告》
	第 6 次	苏灿报告市政协主席会 2007 年工作，市政府秘书长付庆一作《关于市政协二届二次会议以来提案办理工作情况的报告》，审议《市政协常委会工作报告（草案）》《市政协二届二次会议以来提案工作情况报告（草案）》《关于召开市政协二届三次会议有关事项的建议》《关于评选表彰优秀提案、先进承办单位和先进提案工作者的办法》

续表21-7

时间	次别	主要内容
2008年	第8次	市政府秘书长付庆一作关于政协提案办理情况的报告，通过关于协商讨论“一府两院”等五个报告的情况报告、提案审查情况报告（草案）、关于市政协常委会议工作报告决议（草案）、市政协二届三次会议决议（草案）、有关人事事项
	第9次	传达全国政协十一届一次会议精神，通过《奋力实现工业大变样》《全市民生工程调研报告》两个系列调查报告及有关人事事项
	第10次	市政府通报全市抗震救灾及捐款捐物使用情况，听取全市政协系统抗震救灾工作情况报告，通过《抗震救灾专项视察报告》《全市中小学D级危房视察报告》《关于积极围绕灾后重建经济发展社会稳定建言献策的决议》（草案）；参加法治专题讲座学习，听取眉山市争取扩大内需项目资金情况通报，通报市政协二届三次会议提案办理情况，审议市政协常务委员会工作报告（草案）、市政协二届三次会议以来提案工作情况报告（草案）、市政协2009年工作要点（审议稿）、关于召开市政协二届四次会议的决定（草案）、市政协各专委会2008年工作总结和2009年工作要点，通过市政协委员增补名单及有关人事事项
2009年	第11次	审议通过补选二届市政协副主席、常务委员候选人名单、市政协二届四次会议选举办法（草案）、总监票员和监票员建议名单、《政协第二届眉山市委员会第四次会议提案审查情况的报告（草案）》《关于协商讨论“一府两院”和财政及计划报告（征求意见稿）的情况报告》（草案）、市政协二届四次会议决议（草案）；通报眉山综合交通枢纽规划建设情况，通报全市扩大内需情况，举办关于旅游资源开发利用专题讲座，通过有关人事事项
	第13次	视察民生工程实施情况并专题议政，市委常委、常务副市长宋朝华通报全市民生工程实施情况
	第14次	市政府秘书长付庆一作《关于市政协二届四次会议以来提案办理情况》的报告，通报全市反腐败和党风廉政建设的情况，通过《政协第二届眉山市委员会常务委员会关于二届四次会议以来提案工作情况的报告》（审议稿）及报告人、《关于召开政协第二届眉山市委员会第五次会议的决定》（草案）、市政协二届五次会议日程（草案）、市政协二届五次会议秘书长、副秘书长建议名单、关于授权主席会议审议市政协二届十四次常委会议未尽事宜的决定，听取政协各专委会2009年工作报告并进行满意度测评
2010年	第15次	通过《政协第二届眉山市委员会常务委员会工作报告》（审议稿），《政协第二届眉山市委员会第五次会议提案审查情况的报告》（草案），市政协二届五次会议日程议程，补选二届市政协副主席、常务委员候选人名单，《关于协商讨论“一府两院”和财政及计划报告的情况报告》（草案），市政协二届五次会议决议（草案）；通报全市掀起“六大高潮”实施情况，举办《二十一世纪城市规划》专题讲座，通报、讨论眉山市城市总体规划修编情况，审议通过相关人事事项
	第17次	学习中共十七届五中全会精神和中共眉山市委西部大开发工作会议精神，举办“十二五”规划编制的专题报告，通报、讨论全市“十二五”规划编制情况；通报市政协二届五次会议以来提案办理情况，通报2010年全市党风廉政建设和反腐败情况，通过《政协第二届眉山市委员会常务委员会工作报告》《政协第二届眉山市委员会常务委员会关于二届五次会议以来提案工作情况的报告》、市政协2011年工作要点，听取各专委会述职报告并进行测评
2011年	第19次	通过调整及增补政协第二届眉山市委员会委员名单，市政协二届六次会议议程（草案），补选二届市政协副主席、秘书长候选人名单，市政协二届六次会议选举办法（草案），《政协第二届眉山市委员会提案委员会关于二届六次会议提案审查情况的报告》（草案），《关于协商讨论“一府两院”、财政及计划报告和“十二五”规划纲要（草案）的情况报告》（草案），市政协二届六次会议决议（草案）
	第20次	视察全市综合交通建设情况并专题议政，通报全市综合交通建设情况，审议通过相关人事事项
	第21次	视察全市教育、医疗、就业、社会保障等民生工程实施情况并专题议政，通报全市教育、医疗、就业、社会保障等惠民政策落实情况，通过《我市民生工程实施情况调研报告》及政协第三届眉山市委员会人事安排方案
	第22次	审议通过政协第二届眉山市委员会五年工作总结报告、政协第三届眉山市委员会委员名单、召开政协第三届眉山市委员会第一次会议时间和议程的建议及有关人事事项，市政协各专委会报告五年工作情况

（三）政协第三届眉山市委常委会议

2012 年，政协第三届眉山市委员会共举行常委会 5 次，审议议题 11 个，作出决议、决定 2 个，人事事项 2 次。

政协三届眉山市委常委会议情况表

表 21-8

时间	次别	主要内容
2012 年	第 1 次	总结市政协上年工作，听取市政府关于市政协二届六次会议以来提案办理情况通报，审议《政协第三届眉山市委员会常务委员会工作报告》《政协第三届眉山市委员会常务委员会关于提案工作情况的报告》《关于召开政协第三届眉山市委员会第二次会议的决定》等和人事任免事项等
	第 2 次	审议《政协第三届眉山市委员会提案审查委员会组成人员建议名单》（草案）和人事事项，审议通过政协第三届眉山市委员会提案委员会关于三届二次会议提案审查情况的报告、政协第三届眉山市委员会第二次会议决议
	第 3 次	传达省第十次党代会精神和省政协十届十八次常委会议精神，围绕“文化立市”专题议政，传达省第十次党代会精神和省政协十届十八次常委会议精神，听取市委宣传部关于“文化立市”战略实施情况的通报，审议《关于眉山城区创建国家历史文化名城的调研报告》，审议通过《政协眉山市委员会提案工作条例》（修订本）、《政协第三届眉山市委员会委员管理办法》（审议稿），与会人员还分别围绕“文化立市”“眉山实体经济发展”作大会发言，市政协主席王影聪作题为《文化立市与发展实体经济》讲话
	第 4 次	主要围绕天府新区眉山区域建设开展专题议政，传达省政协学习会精神，通报天府新区眉山区域规划建设情况，5 位政协常委围绕天府新区眉山区域建设作大会发言；市政协主席王影聪讲话
	第 5 次	主要总结 2012 年工作，围绕全市民生工程作专题议政，学习贯彻中共十八大精神，听取市政府通报市政协三届二次会议提案办理情况、市纪委通报全年全市党风廉政建设和反腐败工作情况、市政府通报全年全市民生工程推进情况，市政协常委围绕民生工程作专题议政发言，会议审议《政协第三届眉山市委员会常务委员会工作报告》（审议稿）、《政协第三届眉山市委员会常务委员会关于三届二次会议以来提案工作情况的报告》（审议稿）、关于召开政协第三届眉山市委员会第三次会议的决定（草案）、关于授权主席会议审议市政协三届五次常委会议未尽事宜的决定（草案）

二、主席（主任）会议

政协眉山市主席（主任）会议由主席、副主席、秘书长组成，负责处理常务委员会的日常工作；履行全体会议、常务委员会会议闭幕期间的协商监督职能，决定重大事项；研究专门委员会的工作和机关建设。主席（主任）会议一般每月召开一次。2000—2012 年，第一届市政协召开主席会议 77 次，第二届市政协召开主席会议 61 次，第三届市政协召开主席会议 14 次。

主席会主要组织学习了中共中央总书记江泽民“七一”重要讲话、中共四川省第八次党员代表大会精神、中共十六大至十八大会议精神、中共中央办公厅转发的《中国人民政治协商会议章程》《关于调整市级部门和企事业单位纪检组设置的通知》《关于严禁用公款组织外出旅游的紧急通知》《纪念邓小平 100 周年诞辰人民政协理论研讨》《中共中央关于进一步加强中国共产党领导的多党合作和政治协商制度建设的意见》《政协四川省委员会主席会议工作规则》《中共十六届五中全会公报》《中共中央关于加强人民政协工作的意见》、市委书记李静、中组部副部长王秦丰莅眉讲话等。传达市委常委会议精神、十七届中央纪委第七次全会、省纪委九届九次全会、市纪委三届二次全会精神、省委地方政协工作经验交流会议精神、省政协“加快天府新区建设”专题协商暨重点提案督办会会议精神。

主席会上讨论年度政协工作要点、《政协眉山市委员会议事规则》《政协眉山市委员会提案工作条例》《政协眉山市委员会关于民主党派、人民团体提案征集办理的规定》《关于市政协办公厅与各专委会职能划分的意见》《市政协机关作风教育整顿安排意见》《关于市政协领导督办重要提案的安排意见》《关于加强委员联系充分发挥委员作用的意见》《市政协“无题座谈会”实施办法》《市政协委员列席市政协常委会议试行办法》《政协眉山市委员会专门委员会通则》《政协眉山市第二届委员会换届方案》《市政协二届一次会议选举办法》《政协眉山市委员会工作规则》《政协眉山市委员会视察工作规则》《政协眉山市委员会委员小组组织与活动办法》《政协眉山市委员会关于市政协联系各界人士工作制度》《政协眉山市委员会工作项目评比表彰办法》《建设“五型”机关方案》《市政协各专委会对口联系单位建议方案》《关于对区县党政、市级部门政协共同目标考核分值安排的建议方案》《政协眉山市委员会车辆管理制度》《政协眉山市委员会机关退休人员管理服务工作制度》《政协眉山市委员会财务管理制度》《市政协宣传信息稿酬奖励办法》《关于市政协重点工作和重点提案督办建议方案》《关于天府新区起步阶段建设情况专项视察的建议方案》《政协眉山市委员会提案工作条例（修订本）》《政协眉山市委员会委员管理办法》《政协眉山市委员会关于新形势下发挥界别作用的实施意见》《关于切实加强人民政协提案办理工作的实施意见（代拟稿）》《政协眉山市委员会重点提案遴选与督办暂行办法（讨论稿）》《政协眉山市委员会提案委员会提案审查工作细则（讨论稿）》等。

审议通过市政协各专门委员会的调研报告或建议。包括《关于加快农村广播电视传输覆盖网建设的建议案》《关于编写〈街道名称溯源〉一书的意见》《关于建设青神“中国竹艺旅游城”的对策》《关于全市林业工作的综合评议意见》《眉山市私营工业的主要特点、存在问题及对策建议》《关于眉山市“调整所有制结构，加快民营经济发展”调研的情况报告》《关于“文化四基”的调查报告》《关于农村税费改革后的有关情况调查报告》《眉山市民营经济发展环境民主评议意见》《建立双向流动机制，促进民办教育发展——眉山市民办教育师资现状的调查》《视察中心血站、卫生监督所的报告》《保障失地农民长远生计的建议》《关于视察禁毒工作情况的报告》《加强国有资产管理和市场化配置对策的调研报告》《影响构建和市场化配置对策的调研报告》《影响构建和谐眉山的突出问题及对策措施》的调研报告、《构建生猪产业化服务体系的建议》《提升眉山城市新区商气、人气的建议》的调研报告、《“融入成都，一体发展，交通先行”的调查》《眉山市宗教活动管理情况的调查》《关于加强三苏祠博物馆保护和开发的建议》《切实做好群体上访工作的调研报告》《关于我市职能教育与新农村建设的调研报告》《关于铝产业集中区发展区基础设施建设融资问题及对策建议的调查报告》《东坡区社会治安民意调查报告》《关于义务教育经费保障机制改革后我市农村中小学出现的新情况新问题调研报告》《关于城区征地拆迁安置工作的视察报告》《关于“东坡精神”表述的研究报告》《工业大变样视察报告》《全市农民专业合作经济组织发展情况的调查报告》《关于我市县级领导干部保持艰苦奋斗作风情况的调查报告》《关于对醴泉河环境保护问题实行个案监督的调研报告》《关于文昌宫经书楼的视察报告》《关于我市融入成都平原都市圈的调研报告》《关于我市蔬菜基地的建议》《关于全市工业园区建设情况的视察报告》《关于深入推进眉山“和谐寺观教堂”创建活动的调研报告》《关于我市城乡环境综合治理情况的视察报告》《关于我市社区矫正工作情况的视察报告》《关于眉山市公共文化服务建设的现状、问题与建议》《关于我市水资源供求状况及对策建议》《退休、离岗待退领导活动及经费管理办法补充规定》《关于我市发展都市近郊型现代农业的调研报告》《关于切实加强人民政协提案办理工作的实施意见》（代拟稿）、《政协眉山市委员会重点提案遴选与督办暂行办法》（讨论稿）《政协眉山市委员会提案委员会提案审查工作细则》（讨论稿）、《政协第三届眉山市委员会常务委员会工作报告》《政协第三届眉山市委员会关于提案工作情况的报告》《市政协各专委会对口联系单位建议方案》《关于对区县党政、市级部门政协共同目标考核分值安排的建议方案》《政协眉山市委员会车辆管理制度》《政协眉山市委员会机关退休人员管理服务工作制度》《政协眉山市委员会财务管理制度》《市政协宣传信息稿酬奖励办法》《关于市委书记李静在市政协三届二次会议上讲话精神的贯彻建议》《关于市政协三届二次会议期间及闭会后提案征集审查情况报告》《关于市政协重点工作和重点提案督办建议方案》《政协眉山市委员会办公室办文工作制度》（讨论稿）、《政协眉山市委员会办公室办会工作制度》（讨论稿）、《关于天府新区起步阶段建设情况专项视察的建议方案》《退休、离岗待退领导活动及经费管理办法补充规定》《政协眉山市委员会提案工作条例》（修订本）、《政协眉山市委员会委员管理办法》《关于我市发展都市近郊型现代农业的调研报告》《市政协中心组（扩大）学习会议建议方案》《政协眉山市委员会关于新形势下发挥界别作用的实施意见》、政协第三届眉山市委员会三届第二次会议有关事项等。

第三节　政协工作机构

一、政协眉山地区工委

1997 年 8 月，成立政协四川省委员会眉山地区工作委员会，为政协四川省委员会的派出机构。12 月，政协四川省委员会眉山地区工作委员会（以下简称政协眉山地区工委）设办公室，下设秘书科、行政科、经济科技科、社会工作科。1999 年 2 月，政协眉山地区工委增设社会工作处和经济科技处 2 个正县级机构。

二、政协眉山市委

2000 年 12 月，成立政协眉山市委员会。政协眉山市委员会机构按照政协章程并参照政协四川省委员会的组成设置，组织构架为全体会议、常务委员会、主席会议。下设办公室、研究室、专门委员会（以下简称专委会）等工作机构。2001 年 1 月，设立眉山市政协办公厅（县级），下设秘书处、综合处、行政处（科级）。5 月，一届市政协第四次常委会审议决定，设立市政协提案委员会（以下简称提案委）、经济科技人口资源环境委员会（以下简称经科委）、法制群团委员会（以下简称法群委）、学习宣传文史委员会（以下简称文史委），均为市政协正县级工作机构。8 月，眉山市政协办公厅更名为眉山市政协办公室，下设处更名为科。9 月，一届市政协第五次常委会审议确定，设立市政协农业委员会（以下简称农业委）、教育文化医疗卫生体育委员会（以下简称教文委）、民族宗教港澳台侨外事委员会（以下简称民宗委），均为市政协正县级工作机构。

2002 年 3 月，市政协增设研究室。2006 年 11 月，市政协办公室增设老干部管理科。2008 年 1 月，市政协研究室下设信息调研科。11 月，学习宣传文史委员会更名为学习文史委员会；专委会内设办公室调整为市政协办公室内设机构，由室改为科，包括提案科、经济科技人口资源环境科、农业科、教文体医卫科、法制群团科、学习文史科、民族宗教港澳台侨外事科；市政协研究室增设宣传网络科；设立市政协书画院，为市政协办公室管理的事业单位。

2010 年 4 月，市政协书画院更名为市政协书画室。2011 年 1 月，增设市政协信息中心。2012 年 9 月，市政协书画室更名为市政协书画院。

政协眉山市委员会（地区工委）1997—2012 年工作机构及其负责人名录表

表 21-9

<table>
<tr><th colspan="2">机构名称</th><th>职务</th><th>姓名</th><th>任职时间</th></tr>
<tr><td rowspan="4">政协眉山地区工作委员会</td><td rowspan="2">办公室（厅）</td><td>主　任</td><td>胡　舒</td><td>1998. 04—2000. 12</td></tr>
<tr><td>副主任</td><td>陈伯良</td><td>1998. 04—2000. 12</td></tr>
<tr><td>社会工作处</td><td>副处长</td><td>赵永东</td><td>1999. 02—2000. 12</td></tr>
<tr><td>经济科技处</td><td>副处长</td><td>胡泽继</td><td>1999. 02—2000. 12</td></tr>
<tr><td rowspan="23">政协眉山市委员会</td><td rowspan="13">办公室（厅）</td><td rowspan="5">主　任</td><td>胡　舒</td><td>2001. 01—2005. 06</td></tr>
<tr><td>徐明利</td><td>2005. 06—2006. 04</td></tr>
<tr><td>马骁骏</td><td>2006. 04—2006. 12</td></tr>
<tr><td>李国莲</td><td>2006. 12—2011. 12</td></tr>
<tr><td>刘云福</td><td>2011. 12—</td></tr>
<tr><td rowspan="8">副主任</td><td>陈伯良</td><td>2000. 12—2001. 04</td></tr>
<tr><td>赵永东</td><td>2001. 04—2002. 11</td></tr>
<tr><td>黄光全</td><td>2002. 05—2006. 12</td></tr>
<tr><td>邹明光</td><td>2002. 12—2009. 01</td></tr>
<tr><td>杨成平</td><td>2006. 12—2009. 01</td></tr>
<tr><td>梁启明</td><td>2009. 01—2011. 12</td></tr>
<tr><td>刘雪萍</td><td>2009. 01—</td></tr>
<tr><td>高　鹏</td><td>2011. 12—</td></tr>
<tr><td rowspan="4">研究室</td><td>主　任</td><td>代贤军</td><td>2010. 12—</td></tr>
<tr><td rowspan="3">副主任</td><td>刘川眉</td><td>2003. 06—2005. 09</td></tr>
<tr><td>郑绍飞</td><td>2005. 09—2006. 08</td></tr>
<tr><td>代贤军</td><td>2006. 12—2010. 12</td></tr>
<tr><td rowspan="6">提案委</td><td rowspan="4">主　任</td><td>陈学明</td><td>2001. 05—2006. 02</td></tr>
<tr><td>王学文</td><td>2006. 02—2006. 12</td></tr>
<tr><td>黄光全</td><td>2006. 12—2011. 12</td></tr>
<tr><td>刘　坤</td><td>2011. 12—</td></tr>
<tr><td rowspan="2">副主任</td><td>胡志中</td><td>2001. 12—2009. 07</td></tr>
<tr><td>李贤军</td><td>2009. 04—2012. 01</td></tr>
</table>

续表21-9

机构名称		职务	姓名	任职时间
政协眉山市委员会	经科委	主　任	罗德敏	2005. 08—2006. 12
			杨开锡	2006. 12—2011. 06
			余　浩	2011. 12—
		副主任	胡泽继	2000. 12—2007. 02
			隋敏杰	2008. 03—
	农业委	主　任	彭光荣	2005. 02—2006. 12
			杨晓宁	2006. 12—
		副主任	钟建明	2003. 05—2012. 12
	法群委	主　任	耿学贵	2006. 12—2010. 08
			张燕斌	2010. 08—2012. 01
		副主任	陈伯良	2001. 05—2006. 09
			张燕斌	2006. 12—2010. 08
			王元华	2010. 08—
	教文委	主　任	宋明刚	2005. 06—2006. 12
			刘川眉	2006. 12—2012. 01
		副主任	苏东荣	2004. 06—2006. 08
			廖伦轩	2006. 12—2011. 12
			李昌明	2011. 12—
	文史委	主　任	张忠全	2001. 05—2005. 02
			陈林森	2005. 02—2006. 12
			林凤鸣	2006. 12—2010. 08
			王莉茹	2010. 08—
		副主任	喻　旭	2006. 12—2008. 01
			王莉茹	2009. 04—2010. 08
			李　勇	2011. 11—
	民宗委	主　任	林凤鸣	2005. 06—2006. 12
			李小中	2006. 12—2010. 08
			李保华	2010. 08—2011. 12
			何德全	2011. 12—
		副主任	唐述权	2001. 08—2006. 09
			周利芳	2007. 04—

第四章　履行职责

1997 年起，四川省政协眉山地区工委突出中心，服务大局、履行职能，为发展眉山政协事业，进行开创性的探索。2001 年起，政协眉山市委员会高举旗帜，突出主题，认真履职，为推进全市物质文明、政治文明和精神文明建设做贡献。2007 年起，政协第二届眉山市委员会健全履职机制，扎实履行“三大职能”。2012 年，政协第三届眉山市委员会主动作为，同心同德助发展、促和谐。开展协商、调研、视察、民意调查等活动，形成各类建议、报告，多项报告得到市委、市政府领导批示。征集提案 240 件，立案办理 226 件。截至 2012 年年底，市政协获得省政协和市委、市政府表彰 99 项，18 项工作在全国、全省政协有关会议上交流经验，《人民日报》头版头条报道眉山政协工作的创新举措。《人民政协报》头版报道眉山市政协专题议政。

第一节　政治协商

政协眉山市委员会（以下简称市政协）以文函形式和专题会议与中共眉山市委、市人民政府就发展、维稳、民生工程等重大问题进行协商、建言献策。

一、建言献策

2001 年，眉山市政协向市政府报送《关于加快农村广播电视传输覆盖网建设的建议》《关于牵头开展眉山城市新区街道命名工作情况的复函》；向市委报送《建设青神“中国竹艺旅游城”的对策建议》。2002 年，市政协向市委统战部回复《关于八届省政协委员退留转意见和推荐十届全国政协、九届省政协委员的函》。2008 年，市政协向市委、市政府报送《关于市政协二届三次会议协商讨论〈政府工作报告〉等 5 个报告（征求意见稿）的情况报告》，提出意见建议 11 类 144 条。2009 年，市政协向市委、市政府报送《市政协二届四次会议期间委员协商讨论〈政府工作报告〉等 5 个报告（征求意见稿）提出的意见建议》，提出意见建议 7 类 221 条。2010 年，市政协向市委、市政府报送《关于市政协二届五次会议协商讨论〈政府工作报告〉等 5 个报告（征求意见稿）的情况报告》，提出意见建议 9 类 196 条。2012 年，市政协向市委、市政府报送《关于协商讨论政府工作报告和计划、财政报告的情况报告》，提出意见建议 7 类 132 条；向市委报送《关于三苏祠向市民免费开放后存在的问题及整治意见的报告》，提出 4 类突出问题及 6 条整改建议。

二、工作协商

2002 年起，市政协法群委组织政协委员专题协商市中级人民法院、市人民检察院工作报告（征求意见稿）。2003 年，市政协向市委统战部回复《对增补市政协委员、常委建议人选方案》。2004

年，召开全市政协民族宗教港澳台侨外事协商工作座谈会。协商讨论2004年主要工作任务；对口联系单位及区县政协座谈交流工作情况。2006年，召开联席会议，征询意见，互通信息，协商有关工作。至2006年年底，市政协法群委共组织政协委员专题协商市中级人民法院、市人民检察院工作报告（征求意见稿）5次。

2007年，市政协向市委报送《关于协商讨论市委关于贯彻省委〈关于建立和完善体现科学发展观要求的领导班子和领导干部考核评价体系的试行意见〉的实施意见情况》《关于协商讨论〈中共眉山市委关于进一步创新和完善干部选拔任用工作的意见〉的情况》。2008年，市政协向市政府报送《关于协商讨论〈省政府工作报告（征求意见稿）〉的情况》。2010年，市政协复函市政府，反馈协商讨论《眉山市金融业“十二五”战略发展研究》的情况。

《人民日报》刊登眉山市政治协商经验（摄于2009年4月）

三、学习通报

2007年，市政协召开全体委员会议，学习《中共眉山市委关于进一步加强人民政协工作的实施意见》，讨论《铝产业集中区发展基础设施建设投融资问题及解决对策》调查报告。召开工作通报会，通报全体委员开展“五个一”活动情况，安排部署如何发挥政协委员作用，积极支持和参与全民创业活动。传达省政协提案工作座谈会暨理论研讨会精神，通报政协提案办理工作情况，听取委员对政协提案工作的意见。召开对口联系部门工作通报会，通报全市党风廉政建设和反腐败工作情况。2009年，市政协听取市农机局《关于全市农机大变样工作情况的汇报》。召开联系部门市教育局、卫生局、食品药品监督管理局、文体局等通报工作情况。召开市级对口联系部门负责人联席会议，市委宣传部、市委党校、眉山日报社、眉山电视台、方志办、党史办等部门通报工作情况。2010年，市政协举行市法制办工作通报会，通报政府法治工作情况。2011年，市政协向市委、市政府报送《关于协商讨论〈政府工作报告〉等5个报告及“十二五”规划纲要（草案）的情况报告》，提出意见建议6类128条。复函市政府《关于市政协协商一致赞成彭山撤县设立彭山区的意见》，认为“彭山县撤县设区符合发展趋势，有利于全市融入成都、加快发展；有利于提升城乡统筹发展的质量和速度；有利于合理利用土地等有限资源，加快眉山市及彭山的整体发展”。市政协召开农业界别委员会议，邀请市国土资源局通报全市国土资源管理工作情况。2012年，市委书记李静对报告作出“建议意见切实可行，请相关部门共同研究解决，学习乐山经验，加强文物保护，改进开放方式”批示。

第二节　民主监督

政协眉山市委员会（地区工委）围绕全市中心工作，组织委员就重大工程、重点项目和市级有关部门工作有针对性地开展民主监督，逐步形成日益健全的民主监督机制。通过考察、视察、调研等形成建议案、专题报告、情况通报；组织委员民主评议机关部门政风行风；建立涉及发展、稳定、民生的重大事项个案监督制度。市一届政协起，实行特约监督员制度，市政协一届 11 名、二届 22 名、三届 30 名政协委员被发改委、教育局、法院等市政府部门和司法机关聘请为特约监督员。

一、建议案

2001 年，眉山市政协通过调研视察、广泛协商，形成并报送《政协眉山市委员会关于加快农村广播电视传输覆盖网建设的建议》。指出全市“村通工程”存在思想认识有差距，资金投入不足，队伍不能适应发展需要，体制未完全理顺等问题，分析实施“村通工程”的意义，提出“要进一步提高认识，加强领导，落实配套政策，编制发展目标，加强督促检查，营造发展氛围，充分发挥广电部门的职能作用，建立奖励机制”等建议 8 条。市政府召集计委、广电、财政、地税、物价、城建、交通等部门负责人专题研究落实该建议案，形成市政府《议事纪要》，采纳政协建议 8 条。督促落实，形成市政府组织，全社会关心，有关部门齐心协力抓广播电视村通工程局面。此后，以《民情与建议》、《政协专报》、提案督办等形式，及时反映各类社会问题，履行民主监督职能。

二、听取情况通报

市政协通过常委会议、主席会议听取市委、“一府两院”和市政协有关工作情况通报，实施民主监督。

听取市委有关工作情况通报　2001 年，市政协听取市委政法委全市严打整治工作情况通报。2002 年，听取市委党委系统办理市政协一届三次会议提案情况通报。2005 年，听取市委贯彻落实省委书记张学忠莅眉调研重要讲话精神情况通报。2009 年，听取市纪委、监察局全市党风廉政建设和反腐败工作情况通报。2010 年，听取市纪委、监察局 2010 年全市党风廉政建设和反腐败情况。2012 年，听取市委宣传部关于“文化立市”战略实施情况的通报，市政协围绕“文化立市”“眉山实体经济发展”作专题议政发言。听取市纪委关于 2012 年全市党风廉政建设和反腐败工作情况通报。

听取“一府两院”有关工作情况通报　2001 年，市政协听取市政府全市机构改革情况通报。2002 年，听取市政府贯彻落实全国、全省宗教工作会议精神情况、眉山职业技术学院建设情况、政协提案办理情况通报。2003 年，听取市政府全市防治“非典”工作情况、全市经营城市工作情况通报。2004 年，听取市政府打造中国诗书城规划及实施情况、市政府加强自身建设情况通报。2005 年，听取市政府中国诗书城建设情况、创建省级卫生城市情况、全市优化乡镇行政区划结构工作情况通报。2007 年，市政协听取市政府全市上半年经济社会发展情况和“十大惠民行动”实施情况、市政协二届二次会议以来提案办理情况通报。2008 年，听取市政府全市抗震救灾及捐款捐物使用情况、市政协二届三次会议以来提案办理情况、市发改委关于“眉山市扩大内需，抓项目、抓资金进展情况”、市检察院“关于市政协二届三次会议以来委员非书面的建议意见办理情况”通报。2009

年，听取市政府眉山综合交通枢纽规划建设情况、全市扩大内需情况、全市民生工程实施情况、市政协二届四次会议以来提案办理情况。2010年，听取市政府全市城市总体规划修编情况、全市掀起“六大高潮”实施情况、全市“十二五”规划编制情况、市政协二届五次会议以来提案办理情况、市中级人民法院2010年工作情况、市检察院2010年工作情况通报。2011年，听取市政府全市教育、医疗、就业、社会保障等惠民政策落实情况通报。2012年，市政协听取和协商市人民政府工作报告、市中级人民法院和市检察院的工作报告，以及计划报告、财政报告，提出意见和建议，受到市委、市政府主要领导肯定。听取市政府关于“天府新区眉山区域规划建设情况”的通报，5名政协常委围绕天府新区眉山区域建设作大会发言。听取市政府关于全市民生工程推进情况通报，市政协常委围绕民生工程作专题议政发言。

三、民主评议

2002年，市政协评议市地税局、文体局行风，形成《眉山市地税系统行业作风的评议意见》，拓宽民主监督新途径；评议眉山市林业依法行政、依法治林，天然林资源保护，退耕还林还草试点工作以及其他林业工作情况，形成《关于全市林业工作的评议意见》报市委、市政府参阅，提出“进一步加强林业法规和天然林保护基本政策宣传教育，强化林业执法力度，加快科技林业发展，积极探索和推广先进林业发展模式，强化地方政府对林业的投入机制，加强林业队伍自身建设，理顺林场领导体制，加快企业改制和人员分流”建议6条。随后，组织委员跟踪视察林业工作，检查所提意见建议整改落实情况，巩固民主评议成果。2003年，市政协分赴区县、25个乡镇、30余个村和100余户农户以及14个单位，以听取汇报、走访询问、座谈了解、实地查看、问卷调查等方式，评议全市林业工作，形成评议报告，推动全市林业工作发展。

2004年，市政协组织民主评议眉山市民营经济发展环境，走访调研全市76个有关部门、140家民营企业，召开民营企业座谈会14次，发放企业调查问卷91份。重点评议市发改委等10个市级部门及贯彻落实四川省委、省人民政府《关于进一步加快民营经济发展的决定》和眉山市委、市政府《关于大力发展民营经济的决定》情况，形成《关于眉山市民营经济发展环境民主评议的报告》，指出存在的7个问题，提出“进一步优化政策环境；改善民营经济发展的政务环境；认真帮助民营企业解决融资困难；消除制度歧视，进一步建立和完善扶持政策；着力交通软环境建设，改变新的‘蜀道难’问题；加强宣传，大力营造民营经济发展的良好舆论环境”对策建议6条，被市委、市政府和有关部门采纳。

2010年，市政协民主评议眉山市城镇居民廉租住房建设和分配、中心城区征地拆迁居民安置房建设和安置工作，形成《关于民主评议城镇居民廉租住房建设分配工作的报告》《关于民主评议征地拆迁居民安置房建设和安置工作的报告》，报市委、市政府参阅。市政协办印发《市政协全体会议对“一府两院”工作报告及财政、计划报告进行满意度测评的实施办法》，满意度测评被列为市政协全体会议单独议程。“政府工作报告”满意度99.9%，“法院和检察院工作报告”满意度97%，政协委员提出9个方面意见建议196条，市政府选出83条建议分解下达给区县政府和市级有关部门办理。

2011年，市政协组织政协委员视察眉山市教育、医疗、就业、社会保障等惠民政策落实情况，形成评议报告，助推民生工程实施。组织委员满意度测评“一府两院”工作报告，提出建议意见126条，送市政府和有关部门研究办理。2012年，市政协组织委员满意度测评“一府两院”工作报告，提出建议意见132条，送市政府和有关部门研究办理。

四、个案监督

工作监督　2004 年，市政协调研视察眉山市农村公路建设情况，建议尽快兑现落实农村公路建设补助。2009 年，市政协实施醴泉河流域环境污染问题监督，专题调研醴泉河环境保护问题，主席会议讨论审议形成的《关于对醴泉河环境保护问题实行个案监督的调研报告》；组织部分政协委员视察醴泉河环境保护问题，形成《关于对醴泉河环境保护问题实行个案监督的情况报告》。2010 年，市政协视察醴泉河污染综合整治工作，市政协主席会议审议《关于对醴泉河环境保护实行个案监督的调研报告》，个案监督视察醴泉河流域环境综合整治情况并形成“视察报告”。市政府采取严格环境准入促整治、抓限期治理促整治、限畜牧养殖促整治、抓城镇环境促整治、严监管执法促整治、调整产业结构促整治等措施，治理醴泉河流域水质，由劣五类改善为平均达五类、接近四类目标。组织市政协委员满意度测评醴泉河环境整治工作，满意率 100%。市政协组织部分市政协委员监督东坡湖污染整治，督促市政府落实《东坡湖污染综合整治工作方案》，环保部门加强工业企业监管和湖水水量、水质监测。至 2011 年，东坡湖水污染恶化趋势得到有效遏制，化学需氧量和氨氮比 2010 年分别下降 17. 4%、12. 7%。

重点工程监督　2002 年，市政协开展龙水引眉工程监督，实地察看关键段隧洞工地引水管焊接现场，要求施工单位认真做好引水管的试压和检测工作，确保引水畅通，做好引水工程的善后工程和今后的管理工作，抓好龙水引眉的水质检测，让市民真正喝上放心水。2005 年，市政协监督市污水处理厂工程，市政协在视察创建省级卫生城市过程中，了解到市污水处理厂由于经费不足一直未能正常运行情况后，提出“解决拖欠污水处理厂建设工程款；采取措施筹集污水处理费，保证污水处理厂正常运行”建议。建议按照“谁污染、谁治理”原则，采用“市财政补贴一点、城市维护费承担一点、市供排水总公司通过挖潜改造增收节支弥补一点、市民承担一点”筹集资金，解决污水处理运行费用问题；市民生活污水征收标准由每立方米 0. 12 元提高到 0. 4 元。得到市委、市政府领导重视，为解决污水处理厂问题提供重要参考。2012 年，市政协监督天府新区眉山区域、眉山现代工业城、岷东新区 60 个重大项目。

五、信访

2009 年起，市政协主席参加群众信访接待值班，接待上访群众，化解社会矛盾。至 2012 年，市政协主席参加群众信访接待值班 17 次，接待上访群众 47 批 164 人次，无重复上访。

第三节　参政议政

一、列席会议

2000 年起，眉山市政协领导列席市委常委会议、市人大常委会议、市政府常务会议。至 2006 年，一届市政协领导列席市委常委会议 176 次、市人大常委会议 10 次、市政府常务会议 54 次。

2007 年起，改革全委会和常委会开会方式，建立政协委员大会发言制，全会安排 5 名政协委员大会发言，围绕全市改革、发展、稳定、民生等重大问题发表政见。至 2011 年，二届市政协领导列席市委常委会议 182 次、市人大常委会议 24 次、市政府常务会议 67 次。

2012 年，三届市政协领导列席市委常委会议 15 次、市人大常委会议 1 次、市政府常务会议 15 次。政协委员 28 人代表各民主党派和界别大会发言，提出建议 110 余条，市委、市政府主要领导现场作出批示。

二、提案工作

市政协主要围绕市委、市政府中心工作和人民群众普遍关心的问题，通过提交提案的方式，积极建言献策。每年政协全会后，提案审查委员会对收到的提案审查立案。立案的提案经市委办、市政府办、市政协协商后，落实主办、会办单位，并召开提案交办会议，落实到各办理单位。限期办理。

2001 年起，政协第一届眉山市委员会制定《政协眉山市委员会提案工作条例》《政协眉山市委员会关于评选表彰优秀提案、先进承办单位和先进提案工作者的办法》《政协眉山市委员会关于民主党派人民团体提案征集办理的规定》《政协眉山市委员会关于重要提案阅示督办的暂行规定》，促进提案工作制度化、规范化、程序化。2003 年，市委办、市政府办转发《政协眉山市委员会办公室关于办理政协提案的意见》，明确政协提案交办、承办、催办、答复、总结以及评比表彰的具体要求。各承办单位结合工作实际，制订相应的提案办理制度。2005 年，修订《政协眉山市委员会提案工作条例》，进一步规范提案工作。至 2006 年，一届市政协委员提交提案 701 件，其中委员提案 603 件、民主党派 79 件，市工商联、人民团体 4 件，市政协各专门委员会 15 件。提出提案的委员 1540 人次。经市政协提案委审查立案的提案 660 件，立案率 94.2%。筛选出重要提案 49 件。经主席会议审议同意后，由市政协主席、副主席、党组成员督办，促进提案办理质量。对于不予立案的 41 件提案以建议或意见形式全部转交有关部门研究参考。每年各办理单位按时办复提案，办复率 100%。委员满意率和基本满意率 100%。其中，一届三次会议上提出的《关于眉山城区环境卫生的建议》《关于加强城市垃圾清运工作》提案，市城管局研究后，改革现行管理体制，垃圾清运实行招标管理，分片包干，分街负责，积极探索解决根本问题的办法和措施。投资 60 万余元，在眉山中心城区环中巷、赤壁路、三苏大道等处修建地库式集装箱垃圾转运站 8 座，撤除中心城区主要街道破旧、脏、乱垃圾桶 200 余只，受到市民和省“三优一学”创建检查组高度评价。民进眉山市总支在一届五次全会上提出的《彝族流动人口的问题与对策》提案，市政府有关领导率市公安局、卫生局等有关人员赴各区县调查研究，提出相应措施和办法，加强彝族流动人口管理。一届政协共表彰评选出优秀提案 43 件、先进承办单位 18 个、先进提案工作者 20 人。

2006—2011 年，政协第二届眉山市委员会修订《政协眉山市委员会提案工作条例》《政协眉山市委员会提案委员会工作规则》《政协眉山市委员会关于评选表彰优秀提案、先进承办单位和先进提案工作者的办法》，市政府制发《眉山市人民政府办理人大代表建议、政协委员提案的暂行规定》，进一步完善提案工作制度。二届市政协收到提案 719 件，经审查立案 669 件，立案率 93.05%。其中民主党派 86 件、工商联 31 件、人民团体 3 件、政协专门委员会 13 件、无党派知识分子联谊会 6 件、委员界别小组 1 件、委员个人和联名提案 579 件。对于不予立案的 50 件提案全部转交有关部门研究参考。筛选出 30 件重要提案，经主席会议审议同意，由政协主席、副主席、党组成员督办。所有提案办结办复率均为 100%，委员满意和基本满意率 100%。二届二次会议上提出的《关于进一步加大我市农村信息化建设的建议》得到市委、市政府重视，把构建农村信息网络平台，作为农村信息化的基础性工程来抓。全市初步形成眉山农经网、眉山联通“天府农业信息网”、眉山移动“农村经济信息网”等信息平台，促进农产品流通和农村产业结构调整，促进网上招商引资工作，推进农村信息化发展进程。二届三次会议上提出的《关于切实抓好103线、106线交通秩序治理工作的建议》，对省道103线、106线收费站点设置不合理等问题提出建议。2008年7月，市委主要领导前往交通部门调研，市政府第60次常务会议议定106线收费站点调整工作有关事宜，市交通局制定具体实施方案上报省政府同意后，迅速组织实施。当年11月撤除象耳、新义、蒙子坳3个主线收费站和白马镇、七里村2个支线验票点。

2012年，三届市政协征集提案240件，审查立案226件，立案率为94.17%。其中，委员和委员联名提案199件，各民主党派提案25件，工商联提案13件，团市委提案1件，市政协专门委员会提案2件，提出提案的委员共277人次。所有立案的提案全部按时办理完毕，委员满意和基本满意率100%。未立案的转化为建议送有关部门参阅。其中《关于融入天府新区建设 实现眉山跨越发展的建议》，市委、市政府组织编制天府新区仁寿视高片区、彭山青龙片区控制性详细规划和城市设计，多次和成都对接，强化基础同网规划，后通过四川省成都天府新区规划建设委员会审查。

三、调研

2000年，政协眉山地区工委组织地委政研室、地区文化局等10余个部门，开展青神竹文化研究，形成《建设青神“中国竹艺旅游城”的对策》，为中国竹艺城建设和产业发展提供决策参考。

2001年起，市政协围绕市委、市政府经济社会中长期发展规划和重大战略决策及工作部署，开展专题调研。2002年，市政协召开各区县政协分管副主席和市级相关部门负责人会议，专题研讨农村土地使用权流转问题。市政协副主席翁世林率队前往各区县部分乡镇和农村，实地调研，总结和分析全市农村土地使用权流转情况、存在的问题，提出加强管理，规范流转行为、流转规模要适度、政府及有关部门搞好配套服务、建立制度，防止土地撂荒等建议，报市委、市政府参考。2004年，市政协结合市委、市政府作出《把眉山建设成“中国诗书城”的决定》，开展“弘扬三苏文化，建设中国诗书城”课题调研，形成《弘扬三苏文化，建设“中国诗书城”》研究报告，报市委、市政府决策参考。2006年，市政协围绕交通融入成都的有关问题开展调查，形成《调查报告》报市委、市政府决策参考。至2006年年底，一届市政协组织开展专题调研36次，形成专题调研报告《三苏文化与眉山现代化研究》《建设青神“中国竹艺旅游城”的对策》《眉山市农村土地使用权流转的调查与建议》《加快黑龙滩综合开发对策研究》《关于我市台资企业生产经营状况的调查》《关于青少年学生道德建设的调查报告》等36篇。

市政协主席严文清（左三）调研重点工程项目（摄于2005年7月）

2007年，市政协成立全民创业课题调研领导小组，开展全民创业调研。在全市开展县级以上领导干部作风建设问卷调查，收到市政协委员“关于改进全市领导干部作风”的建议意见45条。至2011年，二届市政协组织开展专题调研48次，形成《东坡区社会治安状况民意调查报告》《关于铝产业集中区基础设施建设投融资问题及解决对策的调研报告》《眉山市县级以上领导干部作风状况民意调查分析报告》《眉山传统农业向现代农业跨越面临的主要问题及其对策》《关于全市人民传统调解机制的调查报告》《全市工业企业节能减排问题调查报告》等48篇。完成《鼓励城市居民创办个体工商户的问题与建议》《鼓励外出务工人员返乡创业的问题与建议》《鼓励个体私营户创办私营企业的问题与建议》《鼓动房地产商投资工业和农业产业化的问题与建议》《区县建立创业指导服务中心的问题与建议》《区县建立全民创业小额贷款担保中心的问题与建议》《乡镇、街道、社区逐步建立便民创业服务机构的问题与建议》《有条件的乡镇建立全民创业园区的问题与建议》《鼓励事业单位工作人员保留身份领办、创办、参股企业，从事农业综合开发的问题与建议》《全民创业服务行动存在的问题与对策建议》课题调研10个，针对全民创业中存在的问题向市委提出50余条建议。

2012年，市政协调研视察三苏祠向市民免费开放情况，形成2个《建议报告》，得到市委主要领导批示，要求相关单位采纳和解决；调研市级工业园区建设、都市近郊型农业发展情况，形成的《调研报告》得到市委书记李静批示。市政协、国家统计局眉山调查队开展全市22个垂直管理部门政风行风民意调查，调查人数410人，有效问卷394份，调查内容17项，满意度平均超过80%，对发现的问题和意见，反馈市政府，督促整改。全年组织完成调研课题9个，包括散居贫困人口的扶助、全市发展都市近郊型现代农业、加强三苏祠古建筑保护工作、市级产业园区建设的调查、推进全市“两化”互动、眉山市垂直管理部门政风行风民意调查、关于眉山市首轮修志工作等重点调研课题，每个课题均形成专题调研报告，经主席会审定后报市委、市政府决策参考，引起市委、市政府领导重视。

2000—2012年，市政协专题调研成果多数被市委、市政府及市级有关部门采纳，应用于经济社会建设。其中《新区和公路建设同岷江河整治相结合的调研建议》提出的7条意见，政府全部运用到新区建设规划之中；《关于加强眉山中心城区城市管理问题的建议》的调研报告送市委、市政府后，市政府制定《眉山市城市管理暂行规定》《关于全民创业课题调研情况报告》，调研报告分送至制定全民创业服务行动方案的有关部门参考。

四、视察

2001年起，市政协将组织政协委员视察列入年度工作计划，形成制度，作为政协参政议政重要内容。至2006年，市政协共组织政协委员视察50余次，形成《关于我市农村公路建设的视察报告》《农村贫困残疾人住房状况亟待改善视察报告》《关于中心血站卫生监督所的视察报告》等视察报告40余份，提出意见建议200余条。

市政协主席王影聪（中）视察新筑智能工程装备制造有限公司（摄于2012年4月）

2009年，市政协视察全市城乡

环境综合治理环境卫生“十差乡镇”中的7个乡镇的整治情况，提出明确工作目标、建立长效机制、完善整治方式、保障经常性经费建议4条。2010年，市政协视察全市城乡环境综合治理情况，提出强化宣传，树立长期作战思想；加大资金投入力度；充实力量，搞好规划；建立长效机制，巩固治理成果建议4条。2011年，二届市政协组织委员视察工作50余次，形成《关于全市十大惠民行动的视察报告》《关于全市公安交警工作的视察情况报告》《关于“城市建设大变样”情况的视察报告》《全市地震灾情的视察报告》《关于全市金融机构支持地方经济发展情况的视察报告》等视察报告53份。

市政协主席苏灿率“东坡足迹万里行”考察团回到眉山，与市领导在三苏祠门前合影（摄于2007年6月）

2012年，市政协组织委员视察全市政务服务环境、金融机构支持地方经济发展情况，与国家统计局眉山调查队联合开展全市垂直管理部门政风行风民意调查，《调查报告》得到市委书记李静批示，并在《眉山日报》全文公布，推动全市发展软环境改善。全年开展视察活动6次，包括眉山泡菜产业发展情况、天府新区起步阶段建设情况、进一步优化政务环境、城市给水工程（二期）项目建设、眉山市人民医院创“三甲”建设情况、蟆颐观道教文化区打造情况等。每次视察均形成视察报告，经主席会议审定通过后报市委、市政府决策参考。还组织和谐宗教场所创建工作、粮食储备、粮油监测、水产科技园区、观音镇果园村万亩优质葡萄产业园等都市近郊型现代农业典型、教育体育工作、餐饮服务食品安全监管工作等专项视察活动。

2001—2012年，市政协视察报告多数被市委、市政府认同，市委书记和市长在部分视察报告上作出批示，供相关部门参考采纳。其中《关于我市农村公路建设的视察报告》提出的建议，市委、市政府组织力量，在仁寿县开展试点；《农村贫困残疾人住房状况亟待改善视察报告》反映的情况，市政府及时组织有关职能部门研究出具体解决办法，列入农村住房改造整体工作计划；市委、市政府对《关于全市十大惠民行动的视察报告》作出重要批示后，市惠民办认真研究“报告”的5条建议，清理、调整不符合实际情况的项目申报和下达的指标。

五、咨询论证

按市委命题，由眉山市政协牵头组织咨询论证，其成果为眉山地方优秀传统文化的认知教育、为市委和市政府经济社会发展战略构思提供参考资料。

1998年，政协眉山地区工委牵头组织“眉山精神”咨询论证。地级单位、县、乡镇600余人次直接参与咨询论证，8000余人参加讨论，表述投票2000余份，形成文字材料，报经地委审定。地委将“眉山精神”表述为“坚韧图强、求是创新、团结进取、苦干兴眉”。地区政协工委牵头组织“三苏文化与眉山现代化”专题研究，提交专家鉴定通过，报地委、行署审定。为眉山市委“文化立市”战略提供依据。以后至2012年，未再开展此项工作。

六、社情民意工作

2002年7月起，市政协创办内刊《民情》，用以“贴近百姓生活、关注热门话题、反映社情民意”。至2006年，出刊22期，反映《城区停水问题不容忽视》《苏祠中学校址问题亟待解决》《我市动物防疫存在问题》《农村“垫税”问题值得重视》《农村专业合作经济组织发展的对策建议》《规范网吧管理，促进健康发展》《农村基层党组织建设亟待加强》等民情信息30条，提出建议120余条。

2007年，市政协将内刊《民情》改版为《民情与建议》，至2011年，出刊124期，反映《塔岩村“富民桥”修了四年至今未通建议市交通部门助一臂之力》《眉山中心城区部分中小学、医院附近路灯问题值得重视》《近年来城区中小学班额普遍过大教育资源配置问题亟待解决》《民英村“一村一品”又好又快发展面临诸多问题》《完善人民法院诉讼调解机制的建议》《乡村卫生院人才严重匮乏农村公共卫生服务能力亟待加强》等民情信息156条，提出建议200余条。

2012年，市政协编发《民情与建议》9期，其中被四川省政协采用3期。

2002—2012年，市政协内刊反映的社情民意得到市委、市政府领导重视，在许多信息上作出批示，责成相关部门办理，促成一大批民生问题及时解决。内刊反映的黑龙滩水库污染问题、中心城区防洪堤安全问题、土地整理新增耕地面积指标留存问题、城区路灯不明问题等，市委、市政府领导批示后，相关部门立即行动，有的项目市委、市政府领导主持办理。部分《民情与建议》被全国政协和四川省政协采用，被所办刊物转载。

第四节　文史编纂

1999年，政协眉山地区工委组织编纂出版《三苏文化与眉山现代化》，获2000年省哲学社会科学优秀成果三等奖。2003年，市政协组织编纂的《眉山城街名溯源》出版，记述眉山城228条街道名称的由来，获眉山市哲学社会科学优秀成果一等奖，被国家新闻出版总署评为优秀图书。2004年，市政协组织编纂的《眉山名人》出版，记述眉山历史杰出人物104人，获眉山市哲学社会科学优秀成果二等奖，被国家新闻出版总署评为优秀图书。2005年，市政协组织编纂《三苏文化与中国诗书城》。

2007—2008年，市政协组织编纂出版《千年英雄——苏东坡图传》《东坡足迹万里行》《抗震救灾政协在行动》。2009年，市政协创办《眉山文史》，出版《岁月如歌》《苏轼为官之道》。2011年，市政协组织编纂出版《眉山记忆——眉山建区设市13年文史资料选编》《眉山黄埔》《岷江眉山百里堤》《苏轼遗迹遗址》。至2011年年底，《眉山文史》出刊11期，刊用文史资料242篇、近100万字，图片372幅，文史培训讲话材料5篇。

第五节　政协委员联系

2002 年，市政协建立市政协领导及各专委会工作联系制度，完善市政协领导及各专委会联系区县政协和市级部门工作制度，开展对口联系和协商活动。市政协各专委会与省政协专委会和眉山市县（区）政协专委会联系沟通，重点加强对口市级部门的联系，建立对口视察、调研、会议协商等制度；建立与对口单位政协委员的联系网络，建立与对口界别的日常联络服务制度等。

眉山市政协成立 10 周年书画摄影展（摄于 2010 年 10 月）

2007 年，市政协制订《关于进一步加强同区县政协联系的意见》《主席会议成员联系民主党派、工商联、无党派人士暂行办法》《建立政协委员联系各界人士工作制度》。市政协主席、副主席、秘书长建立分工定点定期联系制度，县（区）政协的重大活动，联系领导坚持到场指导或调研、视察。主席、副主席分别联系市委、市人大、市政府；分管政协各专委会主席、副主席联系专委会对口市级部门。市政协主席、副主席、秘书长参加所联系的民主党派、工商联、相关社会团体的重要活动，加强沟通与合作。政协委员联系各界人士工作形成规范化、制度化。政协委员有明确的联系对象、任务，能及时听取各方面的意见和建议，推进履职。2008 年，市政协制订《关于充分发挥界别作用的实施意见》，市政协主席、副主席、秘书长按界别组织分工，定期联系，参加界别重要会议和活动。政协委员联系制度延续至 2012 年。

眉山市志
MEISHAN SHIZHI

第二十二篇　民主党派　社会团体

眉山市各民主党派、社会团体在市委领导下，解放思想、加强自身建设。各民主党派以坚持走中国特色社会主义道路为主题，深入开展政治学习教育活动，提高履职能力。部分民主党派成员被政府部门聘任为国土资源系统行风监督员、特约审计员、特邀税务监督员等，履行参政监督职责。围绕经济和社会发展的重大热点难点问题，开展民主监督和社会服务。加强调研，建言献策，参加市委、市政府座谈会、情况通报会，提交提案，形成一批影响较大的调研成果和提案，其中很多意见和建议被中央、四川省、眉山市相关部门重视和采纳。各群众团体结合自身特点，组织开展各类活动，充分发挥在各领域的桥梁纽带、组织协调等作用，为眉山市经济社会发展贡献力量。

第一章　民主党派

1997年，眉山地区部分民主党派的基层组织隶属各自的省级组织或乐山市的市级组织。此后，相继建立眉山市民主党派。至2012年，眉山市有民主党派7个、成员494人，其中省人大代表、省政协委员18人，市人大代表、市政协常委51人，担任县级以上职务36人。1997—2012年，眉山市各民主党派以坚持走中国特色社会主义道路为主题，深入开展政治学习教育活动，提高履职能力。

第一节　中国国民党革命委员会组织

一、组织机构

1996 年 4 月，成立中国国民党革命委员会四川省委员会直属眉山县学习小组。1998 年 8 月，成立中国国民党革命委员会四川省委员会直属眉山县支部。2001 年，成立民革四川省委直属眉山市机关企事业单位支部（以下简称直属市支部）和民革四川省委直属东坡区支部（以下简称直属东坡区支部）。2005 年 12 月，成立中国国民党革命委员会四川省委员会直属眉山市总支委员会（以下简称直属眉山市总支），下设民革眉山市级机关企事业单位支部（以下简称市支部）和民革东坡区支部（以下简称东坡区支部）。至 2012 年，机构无变化。

1998—2001 年，左性智任直属眉山县支部主委。2001—2005 年，赵月棱、王晓明先后任直属市支部主委；吴爱玲任直属东坡区支部主委。2005—2012 年，吴爱玲、王晓明先后任直属眉山市总支主委。

2000—2012 年，民革眉山市总支委员会党员中有全国人大代表 1 人，省人大代表 1 人，省政协常委 1 人，市人大常委 1 人、人大代表 2 人，市政协常委 2 人、政协委员 5 人。

二、主要工作与活动

建言献策　2001 年起，民革四川省委眉山市直属支部中的人大代表、政协委员调研群众关心的热点、难点问题，建言献策，每年提交两会提案议案。2004 年，民革东坡区支部向全国人大提交的《关于中央加强对西部地区血吸虫病防治力度的建议》引起中央、省、市卫生部门重视，被列为全国人大和卫生部重点督办建议。2005 年，民革东坡区支部提出的《关于加强眉山市血防工作力度的建议》被列为 2005 年市人代会议案。2006 年，民革党员 7 人分别被政府部门聘为国土资源系统行风监督员、特约审计员、特邀税务监督员。截至 2012 年年底，民革四川省委直属眉山市总支共向各级提交提案议案 90 余件，其中 24 件提案议案受到政府重视，部分被采纳。

眉山市举行庆祝中国国民党革命委员会成立 60 周年纪念大会（摄于 2007 年 12 月）

服务社会　1998 年起，民革眉山县支部党员捐款帮助扶贫、救灾、助学等公益事业。“一对一”资助贫困生。从四川农业大学引回 6 个优良小麦品种，在眉山县崇仁镇示范种植。2002 年，民革眉山市级机关企事业单位支部开展《中华人民共和国专利法》宣传，散发资料 3000 余份，接待咨询人员 96 人。2007

年，眉山民革党员创办的“四川大学华西口腔医院眉山门诊部”，为眉山特殊学校残疾儿童200余人免费作“氟化泡沫防龋齿”治疗。2008年，民革四川省委直属眉山市总支全体党员为“5·12”汶川特大地震灾区捐款捐物13万元，总支援建丹棱县石桥乡麻柳村受灾户2户。参加灾后房屋安全性评估，救灾物资发放，救灾应急物质运送等工作。2012年，牵头联系象耳镇，帮助贫困户改造危房；为庄店社区城中村募集危房改造资金100万余元；开展“关爱残疾儿童送健康送温暖活动”，送价值2000余元体育器械。截至2012年年底，眉山民革党员共资助贫困生51人，为扶贫、救灾、捐资助学等公益事业捐款30万余元，募集资金200万元改造危房。

第二节　中国民主同盟组织

民盟眉山市委带领全市盟员积极履行政治协商、民主监督、参政议政职能，为眉山政治、经济、文化和社会建设发挥应有作用。

一、组织机构

1997年，民盟眉山县支部和民盟彭山县支部，隶属于民盟乐山市委。1998年9月，眉山建立地区，经民盟四川省委批准，民盟眉山县支部更名为民盟四川省委直属眉山县支部委员会，民盟彭山县支部更名为民盟四川省委员会彭山县直属支部委员会，由民盟四川省委直接领导。2002年5月，成立民盟四川省委直属眉山市总支委员会。2006年10月，成立中国民主同盟眉山市委员会。2012年，民盟眉山市委员会辖市直机关总支委员会、东坡区总支委员会、彭山县总支委员会，有盟员131人。2006—2012年，杨玉仙、杨常沙先后任中国民主同盟眉山市委员会主委。

二、主要工作与活动

建言献策　2007年起，眉山市民盟组织开展调查研究，形成调研报告。采写反映社情信息。盟员中的省、市、县（区）各级人大代表、政协委员两会期间提出提案建议。2010年，民盟眉山市委《关于在民族称谓上“增强共性、保留个性”的建议》被中央统战部《每日汇报》采用，2011年1月在《中国民族报》刊载，引起社会关注。2007—2012年，民盟眉山市委两会期间提出提案建议254件，其中《关于农村垃圾亟待解决》得到副省长刘晓峰肯定性批示，《关于对中小企业加大财政金融扶持力度的建议》被民盟省委作为集体提案提交省政协全会，引起省委、省政府重视。撰写调研报告30余篇，其中5篇被民盟中央采用，3篇获民盟省委“金盘杯”奖项。采写反映社情民意信息近40条，其中5条被民盟中央所采用、2条被全国政协采用、2条被省政协采用、31条被民盟省委采用。

服务社会　2004年，眉山市民盟组织捐资1900元，资助一名贫困白内障患者实施复明手术，看望“英雄母亲”。2005年起，开展民盟农村教育烛光行动。当年，为仁寿县特殊学校筹集资金15万元。通过市残联向10名白内障患者捐赠4800元，帮助其实施复明手术。2006年，开展向贫困职工、贫困居民、贫困党员、贫困优生献爱心活动，资助现金6600元；协调解决资金3万元修复山平塘、蓄水池，解决近900人饮水难题；帮助东坡区崇礼镇瘫痪老人。2008年，与农村学校建立“一对一”帮扶计划，启动“烛光行动”捐赠支教活动，筹资149万元用于汶川地震后学校灾后重建、农村居民安全用水、硬化道路等。为东坡区松江镇登云村协调落实安全饮用水项目，解决全村 510 余户农民饮用安全自来水和 1500 余亩农田灌溉问题。109 名盟员捐款 17.79 万元、衣物 200 余件，部分盟员义务献血，支援受灾群众。2010 年，向玉树地震灾区、东坡区洪灾群众捐款 4400 元。为彭山县观音镇果园村道路建设协调解决资金 20 万元。2011 年，实施“同心工程”，协调市、县教育局等部门，落实 28 万余元的图书、教学设施设备，帮扶仁寿县青岗乡中心小学改善教学环境。参与全市城乡环境综合治理，联系企业家为平春社区捐资 2 万元；组织爱心人士为东坡区 17 岁残疾女孩捐赠价值 2 万余元物资和资金。截至 2012 年年底，民盟眉山市委协调资金 142 万余元，帮助 6 所学校和乡村道路等建设；向 5 所学校初三前 10 名优秀学生、5 名贫困学生家长颁发奖（助）学金 1.91 万元。组织农业专家深入仁寿县古佛乡、汪洋镇、涂家乡、东坡区多悦镇等地开展送科技下乡活动。盟员何清海教授发挥杂交稻制种科技优势，建立万余亩水稻制种基地，创造社会价值数千万元，农民增收近 1000 元。民盟中的医务人员组织医院医务人员开展义务就诊和送医下乡活动，为农民群众义诊和健康咨询 5000 余人次，发放健康宣传手册万余册。

第三节　中国民主建国会组织

民建眉山市委围绕中共眉山市委、市人民政府中心工作，发挥会员中人大代表、政协委员、特约员作用，围绕广大群众关心的热点、难点问题开展调查研究，积极参政议政，建言献策，就民营企业发展环境、产业发展、宏观调控等课题提出的建议，受到民建中央、民建四川省委、中共眉山市委、市政府的高度重视和采纳，市委会立足自身，抓好组织建设、社会服务工作，内练素质，外树形象，为眉山经济社会发展发挥积极作用。

一、组织机构

1997 年，眉山民建从民建乐山市委分出，有会员 18 人。1998 年，组建民建四川省委直属彭山县支部。2000 年，组建民建四川省委直属东坡区支部。2002 年 5 月，成立中国民主建国会四川省委员会直属眉山市总支委员会（简称民建四川省委员会直属眉山市总支），下设彭山县支部和东坡区基层支部。2007 年 12 月，建立中国民建眉山市总支市级机关支部。2008 年，根据中国民主建国会会章要求，完成眉山市总支委员会换届。2009 年 12 月，成立中国民主建国会眉山市委员会，下设市级机关支部、东坡区支部、彭山县支部。市委机关编制 2 人。2002—2008 年，黄学美、祝明洪先后任民建四川省委直属眉山总支委员会主任委员。2009—2012 年，祝明洪任民建眉山市委员会主任委员。

二、主要工作与活动

建言献策　1997 起，中国民主建国会眉山县支部和彭山县支部每年围绕市（地）、县党委政府中心工作，发挥会员中人大代表、政协委员、特约员作用，开展群众关心的热点、难点问题调查研究，建言献策。2002 年，中国民主建国会会员、全国人大代表黄学美的提案《关于峨眉山、瓦屋山、周公山旅游大环线公路建设的建议》《关于县、乡政府负债情况及建议》被四川省有关部门采纳。2008—2010 年，中国民主建国会眉山市委员会（以下简称民建眉山市委）的《客观判断当前经济形势，平稳推进宏观调控的建议》《加大政策全国政协会上扶持支持民营经济度过危机》等提案、建议得到国家发改委、北京市政府回复和感谢；提交四川省人大《关于加强主要江河交接断面监控，实行生态补偿机制的建议》被四川省委、省政府采纳；《关于进一步加强黑龙滩水库水质保护的建议》被眉山市委、市政府采纳；《针对社区矫正问题　建议修改〈刑事诉讼法〉部分内容》《农民对即将召开的全国两会的期待》等稿件被民建中央采用。2012 年，民建眉山市委的《我市芒硝产业举步维艰，应引起高度重视》调研报告，得到眉山市政协重视，促成相关部门协商解决；《抢抓机遇　强化防汛应急管理能力建设》获四川省水利学会防洪减灾专委会 2012 年度论文“三等奖”；《对制约民主党派履行参政议政职能的原因浅析》被民建四川省委采用。截至 2012 年年底，民建眉山市委组织视察活动 67 次，撰写调研报告 58 篇。其中配合民建省委完成《建立和推行新型农村合作医疗制度》《粮农增收》《农业技术推广体制问题》《发展我省竹产业》《工业节能降耗》等调研课题，受到四川省政府及有关部门重视和采纳。《建立和推行农村合作医疗制度》的调研报告促成省政府在眉山扩大试点；《关于建设“数字眉山”的调查与思考》《关于加快眉山物流业发展的建议》等调研成果被眉山市委市政府相关部门采用。民建眉山市委会员在全国、省、市、县（区）召开的人大、政协两会上提交提案、议案、建议意见 472 件，其中国家级 33 件、省级 35 件。被各级人大、政协表彰的优秀提案、建议 56 件。

服务社会　民建眉山市委以服务“三农”、抗灾救灾、扶贫助困、捐资助学等为重点服务社会，突出智力扶贫。1997 年起，眉山民建组织引导会员向社会捐款捐物，服务“三农”。2003 年，民建总支组织会员投身光彩事业，筹集资金 200.7 万元，修建希望小学，帮扶贫困学生，安置下岗职工 3990 人。2006 年起，会员企业通威公司每年捐赠 500 万元，用于“思源工程”——太阳能清洁能源的研发、投入，解决偏远山区农村生产生活用电问题，4 年共捐资 2000 万元。部分会员企业开展农民工、社会富余人员及下岗失业人员培训，稳定职工队伍。至 2007 年，捐款 303 万元帮扶彭山县 4 个村修建水泥路，帮助贫困群众解决生产、生活问题。2008 年，向汶川地震灾区捐款捐物 1956 万元（通威集团公司 1600 万元、眉山应林集团 250 万元、眉山宾馆 30 万元、四川亨达实业有限公司 20 万元）。民建眉山市总支争取报喜鸟集团公司董事长吴志泽父女捐资 35 万元援建丹棱县张场镇小学。为 700 余名学生送价值 2 万余元学习用品。支持彭山县莲花村新村建设，开展实用农技知识培训。2012 年，民建眉山市委在农村开展信息咨询 841 人次，专家调研 27 人次，科技培训 2052 人次，安置城镇下岗职工和转移农村剩余劳动力 1531 人，培训就业 309 人；捐资 61.2 万元援建人畜饮水工程、修建公路、帮扶村民养老、为村民购买医疗保险和发展养殖、种植业。会员和会员企业参加“同心工程”活动，捐款 35.3 万元支持仁寿县青岗乡建中心小学教学综合楼。截至 2012 年年底，民建眉山市委组织会员及会员企业向社会共计捐款捐物 6412 万元，用于抗击 2003 年“非典”、2008 年汶川地震、眉山“光彩事业”等社会公益活动。援建希望小学 4 所、其他学校 7 所，帮扶优秀贫困学生 1800 余人。

第四节　中国民主促进会组织

中国民主促进会眉山市委员会团结、组织、带领全体民进会员，积极履行政治协商、民主监督、参政议政职能，为眉山政治、经济、文化和社会建设发挥积极作用。

一、组织机构

1997 年，民进眉山设立总支委员会，1998 年，眉山撤县建立地区后改为民进四川省委直属总支部，2005 年 10 月成立民进眉山市委筹备委员会。

2006 年，成立民进眉山市东坡区总支委员会、民进眉山市彭山县总支委员会。10 月，召开民进眉山市第一次代表大会，成立民进眉山市委员会。下设直属机关事业支部及民进东坡区总支、民进彭山县总支两个总支委员会。至 2012 年，机构无变化。张忠全、梁勇先后任民进眉山市委（总支）主委。

二、主要工作与活动

建言献策　2007—2012 年，眉山民进通过两会渠道提交市级议案、提案 53 件，区县级议案提案 97 件，撰写调研报告 6 件。其中 2007 年专题发言《关于进一步抓好工业集中区发展的建议》受到眉山市李静市长批示。提出的《关于规范眉山通信行业资费的建议》和《关于加快解决眉山一中校园建设已征用土地问题的建议》提案，被列为当年重要提案并由政协副主席督办。2008 年提案《关于降低殡葬服务收费的建议意见》《关于规范眉山城区电动三轮车管理的建议意见》得到办理单位重视，纠正不规范收费行为，促进城市环境改善和市民交通安全保障。提出的《眉山中学校门外周围秩序乱隐患大建议有关部门尽快整治》在市政协《民情与建议》刊出，得到市委、市政府领导批示有关部门迅速整治。2009 年大会发言《关于沿 106 线打造文化旅游休闲产业带的建议》，受到好评。集体提案《岷江河堤毁损严重，规范河道砂石开采》，受到市政协重视并列入当年市政协工作要点。提交的《当前基础教育师资水平滑坡的问题与建议》《关于对眉山市区门牌号变更进行统一规范登记工作的建议》社情民意信息，先后被市政协网站和民进四川省委会网站刊用。2010 年大会发言《农业观光旅游建议》，获市委、市政府主要领导批示，推动出台《关于加快发展全市农业观光旅游业的建议意见》。集体提案《当前基础教育师资水平滑坡的问题与建议》获民进四川省委的重视并采用为省政协会集体提案。2011 年大会发言《关于加快彭祖山文化旅游开发的建议》，被确定为市政协 2011 年重点提案由副主席督办。《岷江河堤毁损严重，规范河道砂石开采》《关于规范眉山城区电动三轮车管理的建议》《关于加快旅游目的地建设的建议》3 件提案被评选为市政协优秀提案。

服务社会　眉山民进按照“求真务实、量力而行、服务社会、讲求实效”原则，组织开展社会服务活动。2007—2012 年，眉山民进开展科技扶贫、智力支教、文化卫生下乡活动 37 次，培训乡村教师 1000 余名，慰问孤寡老人 210 余人，服务、培训群众 400 余人，为 1100 余名困难群众捐助、捐赠生活、教学、农技、医疗设备折合人民币 26.3 万元，引进各类助学资金 67.5 万元帮助贫困学生完成学业。争取海外基金“东海爱心助学基金”对洪雅三保镇、余坪镇 150 名贫困学生每人每年 200 元的助学捐款 15 万元。2008 年汶川特大地震发生后，各总支、支部全体会员投入抗震救灾活动，组织全体会员捐款 1.49 万元，交纳“特别会费”8000 元，支援灾区重建。争取民进四川省委灾后重建资金 30 万元，投入青神县汉阳镇小学重建教学综合楼。为青海玉树地震灾民和干旱灾区捐款 6500 元。

第五节　中国农工民主党组织

农工党眉山市总支坚持中国共产党领导的多党合作和政治协商制度，认真履行参政议政、民主监督职能，对全市经济建设、社会发展提出许多提案、意见和建议。组织专家围绕中共眉山市委、市政府和群众关注的经济建设、社会发展热点、难点问题，积极建言献策。农工党眉山市委每年向市政协大会提交大会发言和集体提案，多件提案得到市领导的批示和重视，多项建议被政府及其相关部门以市政府文件和改进措施等方式采纳。

一、组织机构

1989 年 4 月，成立中国农工民主党乐山市委会眉山县支部。2001 年 12 月，中国农工民主党眉山县支部由农工党乐山市委会划出，归农工党四川省委会领导，分设中国农工民主党四川省委员会直属眉山市机关支部、中国农工民主党四川省委员会直属眉山市东坡区支部。2005 年 12 月，成立中国农工民主党四川省委员会眉山市总支委员会，下设市直机关支部、东坡区支部。至 2012 年，机构无变化。

1997—2001 年，陈永昌任中国农工民主党乐山市委会眉山县支部主委；2001—2005 年，夏绩恩任中国农工民主党四川省委员会直属眉山市机关支部主委；2005—2012 年，夏绩恩任中国农工民主党四川省委员会眉山市总支主委。

二、主要工作与活动

建言献策　2001 年起，中国农工民主党四川省委会直属眉山市机关支部组织党员协助市委、市政府和市级有关部门开展民情调查，就群众关注的热点难点问题提出建议，向各级人民代表大会和市政协全会提交议案提案。相继参加启明星电解铝工程建设、新区科技园建设、组建眉山职业技术学院、建设中国诗书城、疾病预防控制体系、传染病防治、突发公共卫生事件应急处理、加快培育旅游支柱产业、眉山古镇保护、关注人的健康与实现人与自然的和谐发展、加快发展奶业等课题调研，分别形成相关调研报告。其中《关于治理公路运输车辆超载的建议》《关于整顿眉山市医疗市场秩序的建议》被市政协评为优秀提案；《建立医疗垃圾废弃物处理场的建议》被省政府采纳，写入省人代会《政府工作报告》，4 件议案提案被新华网全文刊载；《关于加强对城市养犬管理的建议》被市人大常委会列为 2007 年重点督办建议之一；《关于促进住房价格合理回归的建议》等 4 件议案提案受到全国人代会重视，提案者接受中央电视台《焦点访谈》栏目、《新华每日电讯》等近 100 家新闻媒体和网站刊载；《关于医药卫生体制改革的建议》《关于进一步保障粮食安全的建议》等议案提案被多家国家新闻媒体刊载；《关于严格执行警车管理规范警车开道的建议》《关于加强对药品集中招标采购的有效监督切实降低药品价格的建议》等被中国人大网、《法制日报》等报刊网站刊载。2012 年，全国人大代表、农工党眉山市总支主委夏绩恩应邀参加全国人大环境资源委员会《中华人民共和国土地管理法》执行情况专题调研。农工党眉山市总支组织党员、干部参加市政协组织的“全市‘文化立市’，创建中国历史文化名城”专题调研。《关于取消移动电话现有计费模式，实行按秒计算的建议》受到国家信息产业部重视，被凤凰网评为“全国十大议案提案”。《眉山社会各界群众对2012年全国两会的十大期盼》被中央统战部、农工党中央采用。截至2012年年底，农工党四川省委会直属眉山市机关支部、农工党四川省委会眉山市总支委员会向各级人民代表大会和市政协全会提交议案提案218件；报送社情民意100余条，其中被全国政协、农工党中央、中央统战部采用10条，省政协、农工党四川省委采用46条，市政协采用35条。

服务社会　2002年起，农工党四川省委会直属眉山市机关支部每年组织党内中高级医学专业技术人员协同有关部门开展“三下乡”（科技、卫生、文化下乡）活动。部分党员兴办企业，解决下岗职工再就业。向贫困农户送化肥送种子，资助困难户，向群众免费送药。2003年，农工党眉山机关支部组织医院业务骨干和学科带头人参与抗击“非典”。农工党东坡区支部开展“共建”活动，帮助张坎镇种植麻竹6.67公顷，帮助龙兴乡建立奶牛场，并传授奶牛饲养技术和经验。2005年，3次赴仁寿县彰加镇、东坡区多悦镇等乡镇，义诊义检950人次。2008年“5·12”汶川地震发生后，农工党四川省委会眉山市总支委员会积极投入抗震救灾和灾后重建工作，党员缴纳“特殊党费”5400元，向灾区人民捐款捐物5万余元。总支委员黎洪义出动车50余台次，免费向北川、青川、绵竹、江油等重灾区运输抗震救灾急需物品。截至2012年年底，农工党眉山市总支每年免费义务诊治病人100人以上、健康咨询150余人次、发送宣传资料1000余份、技术培训100人次以上，帮助群众植树1万余株。东坡区支部副主委许远明率队赴阿坝州九寨沟县8个乡镇讲授农技知识8场次。

第六节　九三学社组织

1997年，九三学社四川省委直属眉山支社成立后，积极履行民主党派政治协商、参政议政、民主监督职能，积极组织基层调查研究，在眉山市人大、政协两会上积极建言献策；发挥科技人才集中的优势，开展科技咨询、社会办学、专家下乡和对外联络等富有本社特色的社会服务活动，为眉山和谐社会建设做出贡献。

一、组织机构

1997年，成立九三学社四川省委直属眉山支社。2001年，九三学社四川省委直属眉山支社分设市级机关、企事业支社和东坡区支社。2005年，成立九三学社眉山市基层委员会，下设支社3个。2009年，九三学社眉山市基层委员会更名为九三学社四川省委直属眉山委员会。2011年，九三学社眉山市委筹备小组成立。

1997—2012年，廖新蓉任眉山支社、东坡区支社主委，陈东翔任眉山市级机关、企事业支社、基层委员会和直属眉山委员会主委，皮瑞刚、郑华芳分别任第一支社、第二支社主委，陈东翔任九三学社眉山市委筹备小组组长。

二、主要工作与活动

建言献策　1997年起，九三学社四川省委直属眉山支社社员前往基层调查研究，在市人大、政协两会上积极建言献策。2012年，九三学社四川省委直属眉山委员会撰写两会议案、提案74件，《建立完善我市农村合作医疗保障制度的对策建议》《关于解决仁寿县农村民办学校存在的有关问题的建议》等提案被政府有关部门重视与采纳；《拯救“中国竹编艺术之乡”》等提案被列为市两会重要提案。2000—2012年，九三学社四川省委直属眉山委员会在市两会上提案170余件。

服务社会　1997年起，九三学社四川省委直属眉山支社开展捐资助学、扶贫帮困、“三下乡”活动，搞好社会服务。2003年，九三学社眉山市支社和东坡区支社“三下乡”活动中，发放宣传资料1000余份，为群众200余人义诊，为群众500余人解答农牧业生产、生活问题。2008年，九三学社眉山市基层委员会开展灾后重建地区扶助残疾，帮助弱势群体，捐款21.6万元，捐赠生活用品、衣物价值35万元，无偿提供优质核桃树苗5万余株、种兔100对、饲料1吨，减免特困病员医疗费用15万余元。2011年，九三学社四川省委直属眉山委员会组织社员、医务人员、摄影家35人5次赴汶川灾区开展“从悲壮走向豪迈”捐助和义诊活动。捐赠书籍、文具、体育用品数百套，发放药品20箱，赠送书籍1000余册。至2012年，九三学社四川省委直属眉山委员会组织捐款75.78万余元、资助贫困学生45人、捐赠图书3000余册。组织农技专家“送科技下乡”活动17次，发放科普资料23.58万份、药品近204箱，培训2500余人次，涉及10个乡镇。专家社员免费群众义诊9.86万人次，减免门诊费、体检费、医疗费近372万元。

第七节　无党派组织

眉山市党外知识分子联谊会充分发挥智力密集、人才荟萃优势，团结和带领广大党外知识分子，认真履职，参与全市经济社会发展、改善民生、参政议政等，为全市科学发展、跨越发展做贡献。

一、组织机构

2006年6月，成立眉山市党外知识分子联谊会（以下简称眉山市知联会），分为市级机关、东坡、仁寿、彭山、洪雅、丹棱、青神等7个组，设有15个单位理事和108个个人理事，其中常务理事30人；2007年8月21日召开一届二次理事大会后，将原来的7个组改为联谊部，增设1个单位理事联谊部。2012年，有个人理事184人，其中常务理事58人。2006—2012年，陈宏斌任会长。

二、主要工作与活动

建言献策　眉山市知联会成立后，围绕眉山经济发展、社会和谐和民生热点问题深入基层开展调研，发挥党外人士在民主政治建设中的独特作用，做到践行本职有成效，建言献策有质量。截至2012年年底，共完成调研报告75篇，提交政协提案246件、人大建议136条，作专题发言15次，反映社情民意32条，受到领导数十次肯定批示，许多建议意见转化为市委、市政府的决策参考。其中在市政协二届二次全会《关爱留守学生，构建和谐眉山》的发言，引起强烈反响。提交的社情民意《关于双人自行车出租业务隐患大，有关部门应加强监管的建议》，获眉山市政协2007年度社情民意信息评比二等奖，并在《民情与建议》上刊登。《关于生猪产业持续发展的对策建议》的发言，受到市政府领导批示。《关于大力推进党外干部在政府职能部门任正职的提案》受到省委组织部重视；《眉山市中心城区公厕问题调研报告》得到李静市长重要批复。《关于眉山的城市地图要加快更新的建议》被《眉山日报》专栏全文采纳；《关于加强农产业安全的对策与建议》《关于狂犬病防治的对策与建议》《关于加强农村寄宿制学校的建议》《关爱农村留守老人》4件集体提案入选眉山市政协优秀提案。调研报告《新型农村合作医疗政策实施后农村医疗机构存在的问题和建议》上报省物价局后受到相关部门重视，全文刊登在四川省物价局网站上。

服务社会　眉山市知联会积极参与市委、市政府惠民行动，关注民生、扶贫济困。2006—2012年，眉山市知联会资助下岗职工、失地农民、留守儿童等困难群众，向灾区捐款捐物近2000万元。其中，筹措资金40万余元在全市6个区县的12个村开展种兔、瘦肉猪、冷水鱼、鳝鱼、山地鸡等养殖项目扶贫，免费培训受助农户，免费为养殖户提供技术咨询和技术服务，免费组织养殖户外出参观学习，并落实专人负责后续工作，为养殖户挂牌服务，促进当地农村经济发展。向保胜乡渔业合作社及5户鳝鱼、泥鳅养殖带头人捐助资金1万元；向仁寿一中、洪雅县中山中学、丹棱县贫困学生捐资近5万余元，并向丹棱县中隆乡中心小学和青神县罗波学校留守儿童捐赠价值5万余元的品牌童装300套；向眉山市东坡区特殊学校捐款2万元。向“5·12”汶川地震灾区捐款捐物1260万余元。向仁寿县玉龙乡大山村村道水泥路建设筹资10万余元，向台湾灾区捐款6万元，向洪雅中山中学20名优秀贫困生捐助学金8000元。向青海玉树地震灾区捐赠30万余元，向金川县委统战部捐赠藏区工作经费5万元、向金川县学校灾后恢复重建捐助资金20万元。向全市“栋梁工程”助学活动捐款33万元。向丹棱县双桥镇贫困户、仁寿县青岗乡盘龙村村民送去价值16万元慰问品、慰问金及家禽种，邀请养殖专家开展养殖技术培训，向残疾儿童、抗美援朝老兵遗孀捐款5000元。

第二章　社会团体

1997—2012年，眉山市各社会团体结合社团自身的特点，组织开展各类活动，充分发挥在各领域的桥梁纽带、组织协调等作用，为眉山市经济社会发展贡献力量。

第一节　工会组织

眉山市总工会围绕中心、服务大局，充分发挥桥梁和纽带作用，团结动员全市广大职工，认真贯彻落实全国总工会“扩大覆盖面，增强凝聚力”“组织起来，切实维权”的工作方针，组织职工参与经济建设，推进企业改革，协调劳动关系，畅通企业民主管理和民主监督渠道，维护职工合法权益。至2012年，眉山市工资集体协商、构建和谐劳动关系等多项工作在全国、全省交流推广，工会维权、职工培训等工作获得全国总工会表彰。

一、组织机构与代表大会

（一）组织机构

1997年8月，成立四川省总工会眉山地区办事处，9月挂牌。内设组织宣传部、经济保障部、财务女工部、办公室。10月，成立眉山地区教育财贸产业工会。2001年，撤销四川省总工会眉山地区办事处，建立眉山市总工会。2007—2009年，成立下属眉山市困难职工帮扶中心、眉山市职工教育培训中心（眉山市职工文化活动中心）。至2012年，机构无变化。

1997—2012年，周成仕、吴小可、祝云先后任眉山市总工会（眉山地区工会办事处）主席（主任）；何发森、周正华、张利铭先后任常务副主席（副主任）；李东霞、缪川勋、喻素彬先后任副主席；李东霞、陶建文先后任纪检组组长。

（二）工会代表大会

眉山市工会代表大会由市总工会负责召集，每5年举行一次，代表名额和代表选举办法由市总工会按照有关规定决定。工会代表大会主要审议和批准同级工会委员会工作报告、经费收支情况报告和经费审查委员会工作报告，选举同级工会委员会和经费审查委员会。

眉山市总工会第一次代表大会（摄于2001年4月）

第一次代表大会　2001年4月21日至22日在东坡区召开。出席大会正式代表170名，特邀代表30名，列席代表20名。大会选举产生眉山市总工会第一届委员会和经费审查委员会，协商产生市总工会第一届女职工委员会；四川省总工会党组书记、常务副主席胡先春到会并讲话；市委委员、市总工会主席周成仕致辞；市总工会常务副主席何发森作筹备工作报告；市委副书记苏灿作《充分发挥工人阶级主力军作用，为实现眉山市“抓三化、建三市、五年创辉煌”的发展目标而努力奋斗》的报告；团市委书记黄劲松代表群团组织向大会致辞；市委副书记、市长余斌讲话。市总工会第一届委员会共召开全委会9次，主要选举眉山市总工会第一届委员会、市总工会经费审查委员会和增（替）补市总工会委员会成员；总结和安排部署工会工作；传达贯彻全国总工会十四次代表大会精神。

第二次代表大会　2006年9月1日至2日在眉山市银鹏大酒店召开，出席大会正式代表200名、特邀代表14名。大会主要总结工会五年的工作，提出今后五年的工作任务；选举产生眉山市总工会第二届委员会、经费审查委员会和协商产生市总工会第二届女职工委员会；表彰一批工会工作先进单位和优秀工会工作者；团市委书记郭建国代表群团部门向大会致辞；会议听取眉山市委书记蒋仁富，四川省总工会党组书记、常务副书记罗林书，市委副书记、市纪委书记宋建新讲话；审议通过吴小可代表眉山市总工会第一届委员会所作的《团结动员全市职工，当好工业强市的主力军》工作报告和市总工会的《财务工作报告》《经费审查工作报告》。

第三次代表大会　2012年3月22日至23日在市会议中心召开。出席大会正式代表241名，列席代表30人。团市委书记王艳代表群团组织向大会致辞，四川省总工会党组书记、常务副主席罗茂乡代表省总工会向大会致辞，眉山市委书记李静出席大会并讲话。大会审议通过《工会工作报告》《经审工作报告》《财务工作报告》；选举产生眉山市总工会第三届委员会、经费审查委员会、女职工委员会，协商产生市总工会第三届；表彰“党工共建、创先争优”先进集体和先进个人。

（三）基层工会

产业工会　1997 年 10 月，建立眉山市教育财贸产业工会，为全民所有制区（科）级事业单位，隶属眉山地区工会领导。由于财贸系统不健全，教育工会实际上是眉山地区唯一的产业工会。市级教育工会在市总工会设立。至 2012 年，各区县均在教育局成立教育工会。全市教育工会基层工会组织 522 个，会员 3 万余人。

市属企事业（机关）工会　1997 年眉山地区工会成立后，眉山车辆厂工会、成都邮电通信设备厂工会、青神星华仪器厂工会、青神丹甫公司工会、彭山地堪局六〇五大队工会、彭山通济堰管理处工会、彭山新筑公司工会、眉山川眉芒硝有限公司工会、仁寿黑龙滩管理处工会、眉山岷江水文管理处工会随区划调整，从乐山市总工会划归眉山地区办事处领导。此后相继建立眉山第一人民医院工会、眉山第二人民医院工会、四川省电力公司眉山分公司工会、四川电信公司眉山分公司工会、眉山移动公司工会、眉山联通公司工会、中国人民银行眉山分行工会、中国工商银行眉山分行工会、眉山启明星铝业公司工会，并且在全地区党政机关和社会团体广泛建立工会组织。

“两新组织”工会　眉山市重视“两新组织”工会建设。市委、市政府提出“凡未建工会的企业，推优评先实行一票否决；不得享受市和县（区）政府对企业的各项优惠政策；企业工商年检时必须附建立工会批复及工会主席任职批复”。工会组建纳入市委、市政府专项督查和专项目标考核重要内容。1997 年，眉山地区推广彭山县总工会经验，加强新经济组织建立工会工作。2000 年，眉山地区工会采取“先搭台、再挂牌、后充实、逐步规范、逐步完善”建立工会模式，实现“大多数企业建立工会，绝大多数职工入会”目标。2001 年，市委提出“坚持发展，开展活动，把新建企业工会工作搞得有声有色”思路，全市涌现出南星村工会、同庆南风公司工会等先进典型。2006 年，成立眉山市烟草行业工会联合会，2008 年转由省总工会直属的省烟草集团工会管理。当年，建立全市出租车行业工会联合会，在册出租车司机 836 人全部入会，眉山市依托市律师事务所协会，组建律师事务所工会联合会。工会在职工维权、职工教育培训、困难职工帮扶和配合政府处理各种突发性事件等方面做了大量工作。2009 年，市总工会提出从 2010 年起，用 3 年时间开展“广普查、深组建、全覆盖”集中建立工会行动，加快“两新组织”工会建设。2011 年起，全市开展非公有制企业建立工会普查工作，明确每年 10 月为集中建立工会月。2012 年，市总工会实地核查数据库内所有预置企业和库外正常经营企业，将 10 人以下企业通过基层联合工会方式覆盖建立工会。截至 2012 年年底，全市 4511 家企业建立工会的 4493 家。基本实现“依法普遍建立工会组织”目标。

乡镇（街道）工会　2004 年，在彭山县观音镇开展建立乡镇总工会试点。2005 年，全市乡镇建立总工会扩大试点工作现场会在彭山县召开后，全市扩大试点全覆盖。四川省总工会在彭山县召开全省工会基层组织建设现场会，总结推广眉山乡镇建立工会的经验做法。当年，全市建立乡镇总工会 51 个、街道总工会 2 个，占全市乡镇（街道）总数的 40%。至 2012 年，全市所有乡镇（街道）全部建立工会，有牌子、有印章、有办公室、有制度。其中乡镇（街道）总工会 59 个、其他形式乡镇工会 72 个。乡镇（街道）工会主席由乡镇（街道）党委副书记兼任，彭山县乡镇工会还配备专职工会副主席，享受副科级待遇。

村（社区）工会　2006 年起，推进全市村级工会建设和发展农民工会员。市总工会制发《关于规范化建设村工会的意见》，规范村工会建设内容。当年，全市建立村（社区）工会 1419 个（村工会 1376 个），彭山县、洪雅县、丹棱县、青神县全部建立村工会。2007 年，全市合村并组，暂停村级建立工会，当年仅仁寿县14个村建立工会。合村并组后，全市有438个村未建立工会。2008年10月，全市按合并后的行政村规范村工会名称。

(四) 会员发展与会籍管理

会员发展 1997年起，四川省总工会眉山地区办事处在外资企业、乡镇企业、私营企业中发展会员。2001年，眉山市在各类所有制企业和个体经济等新经济组织中发展工会会员。年末全市在新建企业和个体工商户中发展会员5.09万人，并颁发新的中华全国总工会会员证。2004年，按照“凡在各种所有制企业、事业单位及机关从业，与用人单位建立劳动关系的劳务工，都依法把他们组织到工会中来”原则，全市发展各种所有制企事业单位和机关劳务工为工会会员。至2005年，全市工会会员增至16.3万人。2006年，在农村逐村、逐社登记在外务工农民工。至2008年，全市发展农民工会员60.86万人。2010年，组织劳务派遣工加入工会。劳务派遣工会会员接受派遣期间，加入用工单位工会组织；劳务派遣工人工会经费由用工单位按规定比例上缴上级工会。至2012年，全市工会有会员103.66万人，建立工会面80%以上。

会籍管理 1999年，眉山地区加强全区改制企业会员会籍管理。在企业待岗、未外出会员，会籍由原单位基层工会管理。再就业后，其工会关系转入新就业单位工会组织。被出售、租赁或兼并企业的会员，由所在企业工会管理。破产企业会员、买断工龄职工会员，保留会籍，再就业后转入就业单位。退休或不再就业的会员，保留会籍，并转入居住地（社区）工会管理。至2012年，会员退休（含提前退休）后，在原单位工会办理保留会籍手续。退休后再返聘参加工作的会员，保留会籍不作变动。内部退养的会员，其会籍暂不作变动，待其按国家有关规定正式办理退休手续后，办理保留会籍手续。会员失业的，由原用人单位办理保留会籍手续。原用人单位关闭或破产的，可将其会籍转至其居住地的乡镇（街道）或村（社区）工会。重新就业后，由其本人及时与新用人单位接转会员会籍。已经加入工会的职工，在其服兵役期间保留会籍。服兵役期满，复员或转业到用人单位并建立劳动关系的，应及时办理会员会籍接转手续。

二、主要工作与活动

(一) 职工维权与帮扶

劳动安全保护 1997年起，眉山地区在企业中开展“安康杯”竞赛活动。每年四川省总工会眉山地区办事处、地区安全生产委员会联合表彰一批“安康杯竞赛活动先进单位”。当年，参赛企业8个。至2005年，眉山市参赛企业增至240余户、参加职工5万余人。2008年起，全市20余个煤矿和非煤矿山设立群众安全监督员，开展群众监督员培训。建立健全职工伤亡报告制度，参与重大事故调查处理。2010年，全市劳动保障、安监、卫生部门开展安全生产、职业病预防等执法检查16次，维护职工权益。截至2012年年底，全市185户高危行业企业中95%签订高危行业职业病防治专项集体合同，覆盖企业职工4.11万人。筹集资金118.1万元，购买防暑降温用品走访慰问职工（农民工）20.3万人次，开展安全生产监督检查329次，参与安全生产检查和事故处理443余次。

女职工权益保护 1997年起，眉山地区各级工会女职工委员会主任均进入组织参与平等协商。2002年起，市总工会连续四年聘请四川省妇科专家到市级机关和市属企业开展妇科疾病预防和治疗讲座，利用“6·26”禁毒日、“12·1”艾滋病宣传日、“12·4”法制宣传日等开展宣传。2010年，市委办、市政府办下发《关于进一步推进全市企业工资集体协商工作的实施意见》，女职工权益保护专项集体合同随工资集体协商工作一并展开、考核和奖励。2011年，市总工会组织困难女职工350

人“两癌”（宫颈癌、乳腺癌）筛查，组织开展女职工劳动保护和特殊利益维护情况调查。2012 年 7 月，市中医医院车城分院建立眉山市总工会职工心灵驿站，开展职工人文和心理疏导工作，接待职工咨询 26 人，开展心理卫生讲座 3 次，参加讲座人员 120 人，发放资料数量 185 份。截至 2012 年年底，全市建立工会女职工权益保护专项集体合同签订率 90%。

市总工会困难职工帮扶中心挂牌仪式（摄于 2006 年 4 月）

职工帮扶　困难职工救助。1998 年起，眉山地委推行领导干部联系职工生活困难户，在全区开展“一帮一，送温暖”活动，地级机关部门副职及以上干部每人联系 1 户困难职工。元旦、春节期间，组织各级工会开展以“不让一个职工因生活困难而过不下去”“进万家门、知万家情、解万家难、暖万家心”“心系职工情，温暖万家心”“帮扶解困送温暖，情系职工惠民生”等为主题的送温暖活动。2002 年起，市总工会实施困难职工救助。2003 年，市级单位为送温暖活动捐赠资金 5.97 万元，市总工会筹资 83 万元，慰问困难企业 73 户、困难职工 2100 余人。至此，全市基本实现困难职工有领导联系，送温暖活动经常化、制度化。2007 年，建立全市困难职工系统档案，实行动态管理。2008 年起，全市每年开展“送清凉”活动，发放防暑降温用品，走访企业、职工、高温作业职工等。截至 2012 年年底，眉山市困难职工 1.98 万人建立档案，与惠民帮扶中心实现资源共享，救助困难职工全覆盖。各级工会筹集送温暖资金 1229.7 万元，走访慰问困难企业 1023 户、困难职工 2.01 万人、困难劳动模范 230 人、农民工 5716 人。为职工健康体检 2690 人次。

困难职工子女助学。2002 年起，每年眉山市各级工会开展以“伸出一双手，捐献 5 元钱，救助困难职工子女”为主题的帮扶救助活动。当年，捐助就学款 20 万元，捐物 1.2 万件，救助特困职工子女 346 人。此后，全市逐年加大帮扶救助力度，扩大救助覆盖面。2003 年，全市为考上大学的特困职工子女 22 人每人发放助学金 1000 元，资助在校困难职工子女 16 人。2005 年，捐资助学活动改称“金秋助学活动”。至 2012 年，金秋助学活动成为工会品牌活动，全市总工会“金秋助学”活动救助 9638 人 513.02 万元。

就业培训。1997 年起，四川省总工会眉山地区办事处以青神县原国营 867 厂技工校作为下岗职工技能培训基地，免费开展下岗职工计算机基础知识与应用等实用技术技能、《中华人民共和国劳动合同法》等法律法规培训。全区各级女职工委员会（以下简称女工委）以举办培训班、知识讲座、演讲比赛、心得交流等形式，组织女职工开展“学习成才争当标兵”系列读书活动，学科学、学文化、学技术，带动和促进爱学习、求知识、讲文明新风尚。2001 年起，眉山市为下岗失业职工、农村富余劳动力、失地农民提供就业培训。2002 年，市总工会组织全市女工委主任参加省总工会女工干部业务培训，车辆厂女职工 134 人参加电大、函授和自考学习，成都邮电通信设备厂女工委举办《中华人民共和国工会法》、世界贸易组织知识培训，川眉芒硝公司举办计算机培训班、专业技术培训班。全年全市女职工参加职业教育培训7900余人，参加业余学历学习2786人，学习结业798人。至2005年，就业培训5893人次。2008年，市政府建立市职工教育培训中心。当年，市总工会培训下岗职工55人。2009年，实施农民工援助行动，组织农民工参加技能和基础性培训4823人。丹棱县总工会举办“新生活、新女性”魅力女人知识讲座。2011年，全市各级工会举办电工、焊工、家政服务、餐饮服务等培训班85场次，参训9542人。南车眉山车辆有限公司确定为全省工会女职工培训示范点，每年培训女职工60%以上。2012年，全市举办培训班12期，培训下岗职工（农民工）821人。市职工教育培训中心被评为全国职工教育培训示范点。

就业帮助。2001年起，眉山市多渠道、全方位帮助下岗职工再就业。2006年起，组织开展各种招聘活动。2010年，眉山市县（区）工会和就业局分别与福建省泉州市21个品牌企业签订输出劳动者3万人意向协议。眉山市总工会组织南车眉山车辆有限公司等规模以上企业参加“爱心圆梦——2010四川大学生创业暨家庭困难大学生就业援助行动”招聘会，招聘大学生100余人。眉山市县（区）工会、劳动保障部门开展招聘会和职介活动78次，帮助1050人就业和再就业。1997—2012年，全市为下岗职工、农民工等3.48万人提供再就业机会；帮助困难下岗职工6636人实现就业和再就业。

职工医疗互助保险　2002年起，眉山市在女职工中实施“女职工大病互助保险计划”，眉山市总工会组织广大女职工参加工会系统女职工大病互助保险。2005年起，在全市职工中实施四川省职工住院医疗互助保险。2007年，市总工会给予困难企业一定资助，准许参保费用在工会经费中列支，全市参保职工人数迅速增加，搭建起互帮、互助、自我保障体系。2012年10月起，全市实行职工医疗保险预赔付机制。市级单位职工可现场获得预赔付，县（区）职工三日内可获得预赔付。当年预赔付210人16.33万元。截至2012年年底，眉山市女职工大病互助保险计划参保4.36万人，签订保单5.56万份，赔付人数153人203万元。职工住院医疗互助保险计划参保6.38万人，赔付人数1664人119.32万元。

职工消费帮助　1998年，成立眉山地区职工消费合作总社，为社员和困难职工提供质优价廉生活必需品和其他生活消费服务。眉山车辆厂职工消费合作分社销售62万元，给职工让利15万元。此后，相继成立丹棱分社、洪雅分社、星华分社、西南冶金机械厂分社、彭山分社等12个分社，实现社会效益和经济效益双丰收。至2003年，市职工消费合作社各分社开展平价商品销售活动，五年销售1000万余元，受惠职工2万余人次。随着经济社会形势变化以及对工会职工消费合作社的工商限制，职工消费合作社运营逐渐萎缩。至2005年，职工消费合作社基本停止运营，2007年机构注销。

（二）经济技术活动

职工劳动竞赛　1997年起，眉山地区开展以提高经济效益为中心，加强内部管理为重点的劳动竞赛。在女职工中开展以提高女职工素质为重点的“女职工双文明竞赛”。2002年，市总工会组织眉山车辆厂、成都邮电通信设备厂等企业参加四川省百强工业企业争跨越竞赛活动。组织全市50户企业开展劳动竞赛，以一年为一个考核评比阶段，三年为一赛程，带动其他企业实施创新工程，促进眉山经济发展。2003年，在眉山车辆厂召开全市创新工程经验交流会，推动全市经济技术创新竞赛。2005年，全市各级工会组织企业开展“当好主力军，建功‘十一五’，和谐奔小康”、创建“工人先锋号”“我为节能减排做贡献”等活动，引领职工在建设眉山新区、全民创业、强力推进工业强市、推动城镇改造、推动社会主义新农村建设中做贡献。至2008年，全市组织11.7万人次参加各类劳动竞赛，为企业献计献策提合理化建议 7.61 万条，节约和创经济价值 3.5 亿元。技术革新技术攻关活动开发新产品 1.25 万余项，创经济价值 6.5 亿元。开展岗位练兵和技能比赛 6950 次，参加职工 5.5 万人次。2009 年起，全市开展“保增长、促发展、建功立业”“当好主力军，建功‘十二五’”等劳动竞赛活动。截至 2012 年年底，眉山市工会组织开展 10 万职工立功竞赛活动；围绕全市重点工程和重点项目开展各种竞赛活动；围绕人才培养开展 7 万职工技能大培训、大练兵、大比赛活动；围绕群众性经济技术创新工程开展 10 万职工提合理化建议和技术改进活动，在重点项目、重点工程中组织职工开展劳动技能竞赛 2121 项（次），参赛职工 64.12 万人次。

技术创新与技术比赛　1997 年起，眉山地区各级工会组织开展“三改一加强”“学邯钢、降成本、促生产”“争先进、创一流、当主人、做贡献”和窗口服务行业优质服务等群众经济技术活动。推广眉山车辆厂“创新工程”典型经验，涌现出“创新能手”“新型劳动者”125 人、“创新示范岗”219 个。2002 年，眉山市 942 个女职工委员会组织开展技术革新、技术比武 373 场次，提合理化建议 2930 条，被采纳 835 条，创造经济价值 742 万元，参赛女职工 1.31 万人次。至 2005 年，组织职工参加全国职工计算机知识普及、应用竞赛活动，选派代表参加全国暨省职工职业技能大赛等，4 人获“四川省职工职业技能大赛优秀选手奖”“四川省十佳标兵”。2006 年，各级工会在全市规模以上企业中组织开展钳工、磨工、天车工、铣工、电工、计算机操作和窗口服务等 20 余个工种的竞赛活动 780 余次，参赛职工 11.58 万人次。2007 年起，市总工会、市劳动和社会保障局举办全市首届职业技能竞赛，7 支代表队 164 人参加 11 个项目竞赛。2009 年，举办眉山市第二届职工职业技能大赛，设置维修电工、数控车工、服装定制等 10 个比赛项目，9 支代表队 216 人参赛。选拔 6 人参加四川省第三届职工技能竞赛决赛，取得好成绩。南车眉山车辆有限公司铸锻公司机械车间探伤班被评为“全国女职工建功立业标兵岗”。2010 起，在全市开展节能减耗等群众性合理化建议活动。至 2012 年，全市设立职工节能减排义务监督员队伍的企业 576 个，聘请义务监督员 3200 人。企业职工提合理化建议 3.53 万条，采纳、实施 2.02 万条（次），创经济价值 2.5 亿元，促进企业自主创新。在全省女职工中“我学、我练、我能”示范岗和岗位能手评选中，眉山市人民医院消毒供应中心、四川省电力公司眉山公司客户服务中心营业班、眉山市妇幼保健院医学影像科被评为示范岗。南车眉山车辆有限公司机械车间探伤班获四川省五一巾帼奖状，四川金利纺织有限公司织造分公司织布甲班被评为四川省五一巾帼标兵岗，四川制动科技股份有限公司制动机车间数控班被评为四川省女职工建功立业标兵岗，全市 10 人被评为四川省女职工建功立业标兵、岗位能手、四川省五一巾帼标兵、四川省妇女创先争优先进个人。

技术协作　1998 年，成立眉山地区职工技术协会，组织开展技术协作、技术交流、技术比武和提合理化建议活动。以分会间“传、帮、带”等形式，开展送技术、送项目等帮扶活动，帮助 20 余家企业扭亏为盈。采取优势互补实施技术帮扶，帮助困难企业强化管理、引进先进技术和技术人才。眉山车辆厂工会技术协会开发的“肥力高”高效生物肥料效益明显。2005 年起，市职工技术协会围绕眉山“经济跨越发展”“融入成都，一体发展”开展职工技术协作创新活动，促进企业增效、产品质量提升、工艺流程创新和营销管理。截至 2012 年年底，眉山市共组织技术协作创新活动 2000 余场次，参与职工 6.7 万人，创造经济效益 3 亿元。

劳模工作　评选表彰。1999 年，眉山地委、行署开展全区首届劳模评选和表彰活动，授予宋斌等 23 人地区劳模称号。2004 年，眉山市委、市政府开展眉山市第二届劳模评选表彰，评选表彰苏旭燕等市级劳模 32 人。2005 年，眉山市体育学校皮划艇教练向东率队夺得全国运动会 6 项奖牌，被市委、市政府授予“眉山市劳动模范”荣誉称号。2008年，市委、市政府授予在北京奥运会上荣获女子曲棍球银牌的眉山籍运动员张益萌“眉山市劳动模范”称号。四川省总工会授予彭山县游翎瀚“抗震救灾四川省五一劳动奖章”称号。2009年，市委、市政府评选表彰眉山市第三届劳动模范，评选市级劳动模范98人。2010年，市政府授予在四川省第十一届运动会上取得优异成绩的陈树武、秦祥峰“眉山市劳动模范”称号。1997—2012年，全市5人获全国劳动模范、18人获四川省劳动模范、12人获全国“五一劳动奖章”、21人获四川省“五一劳动奖章”。

眉山地区工会召开庆祝新中国成立50周年暨劳模表彰大会（摄于1999年4月）

典型宣传。2008年，市总工会、市文体局、市广电局、南车眉山车辆有限公司联合举办“弘扬劳动模范精神，构建和谐眉山”劳动模范事迹报告会暨庆“五一”职工文艺会演。全国劳模仁寿县曹家乡梨树村村支部书记余新民，四川省劳模余德槐、杨云峰、高建孝，四川省“五一劳动奖章”获得者朱艳丽分别作先进事迹报告。2011年，在全市开展向“全国五一劳动奖状”获得单位眉山市电力公司和“全国五一劳动奖章”获得者李晓萍学习活动，掀起“尊重劳动、尊重知识、尊重创造”热潮。当年召开座谈会21场次，劳动模范宣讲5场。2012年，召开全市劳动模范代表座谈会，在主要媒体设专栏宣传10名劳动模范的典型事迹。截至2012年年底，眉山市通过各大媒体宣传各级劳动模范的先进事迹230余人次，举办座谈会、演讲会、报告会360余场次，组织劳动模范前往企业、工地宣传报告80余场次，组织参观新建工地、企业100余家。

管理服务。2002年，市政府重点解决省级以上离退休职工“劳动模范”荣誉津贴，改善省级以上职工“劳动模范”住房条件。为符合享受生活和住房补助条件的退休“劳动模范”解决住房补贴3.7万元，兑现享受“劳动模范”荣誉津贴2人2400元。2003年，为全国劳动模范5人每人发放补助金2000元、月工资低于1118元的全国劳动模范8人发放补助1.98万元、省部级困难劳动模范20人发放补助1.44万元。2006年，市政府办转发市总工会《关于切实解决市级以上劳动模范医疗问题的意见》，筹集资金24万元为省部级以上劳动模范16人办理基本医疗保险。2007年，落实市级劳动模范生活困难补助和特殊困难救助，给予家庭人均月收入低于200元的市级劳动模范每人每月120元生活困难补助、家庭人均收入低于500元的市级劳动模范每人每月60元生活困难补助；市级劳动模范遭遇突发灾害、事故和患重大疾病的，给予特殊帮扶救助。2011年，走访慰问劳动模范110人次。2012年，统一办理22名全国劳动模范帮扶资金发放个人银行账户，为省部级以上劳动模范178人发放四川省劳动模范医疗证。截至2012年年底，每年组织走访慰问劳动模范，走访慰问全市各级“劳动模范”1419人次，为省部级劳动模范每人发放慰问金700元，为全国劳动模范每人发放慰问金2000元。共向各级劳动模范发放补助金46.29万元。

（三）民主管理

职工代表大会　2004 年，市总工会指导企业开展民主管理工作，建立完善职工代表大会制度，探索非公有制企业职工代表大会的基本形式及职工民主管理的有效制度、途径和方法。全市国有独资、国有控股公司和混合所有股份公司全面建立职工民主管理和民主监督机制。2005 年起，市国有企业改制方案和国有控股企业改制为非国有企业的方案，必须提交企业职工代表大会或职工大会审议，听取职工意见。职工安置方案须经企业职工代表大会或职工大会审议通过后方可实施改制。2007 年，市总工会制定《职工代表大会实施细则》《职工代表大会工作流程》，引导企事业单位完善职工代表大会制度，规范职工代表大会程序，将厂务公开内容纳入职工代表大会相应职权。2009 年，各企事业单位通过职工代表大会落实职工各项民主权利，推行职工代表大会表决方式“票决制”。2010 年，市总工会在区域相对集中、企业规模较小、职工人数较少的非公有制企业密集的经开区、工业园区，探索区域（行业）性职工代表大会制度。在经开区试点，召开区域性职工代表大会，审议通过区域性集体合同、工资集体合同和女职工专项保护协议等议案。2012 年，市总工会提出民主管理创新方向：试行职工代表竞选制；提高职工代表的广泛性，职工代表中企业劳务派遣工占有一定比例；职工代表向职工代表大会、所在选区述职，接受监督，并形成制度；股份制企业实施职工董事或职工监事制度；职工代表大会民主评议企业领导班子成员；试行职工代表大会和工会会员代表大会两会合一（一起召开，分段进行，分别履行各自职权）。

民主评议　1998 年，眉山地区健全落实职工代表大会民主评议和民主监督企业领导人员制度的意见，四川省总工会眉山地区办事处、地委组织部、经贸委制发《关于民主评议和民主监督企业领导人员制度》，规范民主评议工作。推广眉山车辆厂、成都邮电通信设备厂的经验做法。2009 年，眉山市开展会员评议职工之家活动，各级工会建立完善会员对基层工会开展工作、建设职工之家情况和工会主席、副主席履行职责情况。组织召开职工代表大会民主评议企业行政负责人。

厂务公开　1997 年起，四川省总工会眉山地区办事处推行企业厂务公开。1999 年，眉山地委将厂务公开列入重点工作，成立全区厂务公开领导小组。2001 年，眉山市 119 户国有及国有控股企业全部实行厂务公开，国有、集体及其控股企业厂务公开率 100%。其中 102 户达到“四川省厂务公开工作规范”要求，规范率 86%。2003 年，全市厂务公开向非公有制企业拓展，向学校校务公开和医院院务公开延伸。全市学校、医院校务（院务）公开率 98%，839 户规模以上非公有制企业实行厂务公开。2008 年，全市推进公司制企业建立职工董事、监事制度，推动建立区域行业职工代表大会制度。2010 年，眉山市规模以上非公有制企业厂务公开建制率 73%，公司制企业职工董事建制率 85%，职工监事建制率 55%。企事业单位 2 户被评为“全国厂务公开民主管理先进集体”、6 户被评为“全省厂务公开民主管理先进集体”。2012 年，在全市企事业单位中开展“公开解难题、民主促发展”主题活动。市委办、市政府办下发《眉山市厂务公开民主管理专项考核办法》，将厂务公开民主管理工作纳入党风廉政建设重要内容。截至 2012 年年底，眉山市国有及国有控股企业厂务公开建制率 100%；已建立工会的非公有制企业中，50 人以上企业厂务公开建制率 95%以上，100 人以上企业厂务公开建制率 100%。

集体合同　1997 年起，四川省总工会眉山地区办事处搞好平等协商集体合同工作。丹棱县总工会落实企业工会与行政平等协商制度，新建企业平等协商签订集体合同率 85.5%，覆盖职工 90%以上。至 2005 年，眉山市国有、集体及国有控股企业集体合同签订率 98%，规模以上非公有制企业集体合同签订率逐步提高。2009 年，市总工会、市劳动保障局、市企业联合会、市企业家协会联合开展“要约协商，工资共决”工资集体协商“百日攻坚”行动。市总工会发文，进一步明确工资集体协商目标任务、检查验收标准和奖励办法。2010年，眉山市推进企业工资集体协商，提出“凡未开展工资集体协商的企业，企业党组织、经营者和工会等主要负责人不得参加区县及其以上各种先进推荐评选；建立约谈企业负责人制度；凡未开展工资集体协商的企业不得享受市和区县政府的优惠政策；把签订工资集体协商纳入企业年检内容之一；市、县（区）人社部门将企业签订工资集体协商文本审查备案情况列入工作目标考核”。此举措得到省委常委、省总工会主席李登菊肯定性批示。2011年，市委将工资集体协商工作纳入对区县党委、政府和市级相关部门目标考核体系。眉山市在全省工资集体协商工作现场会、全国工会工资集体协商工作会议上交流发言。在接受全国总工会、省总工会工资集体协商调研督导组检查时，眉山市工资集体协商工作受到检查组肯定。2012年，市、区县、乡镇总工会对96家3100人以上企业逐户走访检查。截至2012年年底，眉山市新（续）签订工资专项集体合同2068份，覆盖企业4855家，企业工资集体协议签订率99.5%。

职工之家建设　2000年起，眉山地区在国有和规模以上非公有制企业中开展“双爱双评”“企业关爱员工、员工热爱企业”职工之家建设活动，将建会、建制、建家相结合。2004年，眉山市开展新形势下建设职工之家活动，规范建家活动。2008年，市总工会授予眉山市房地产管理局工会等53家工会组织“眉山市模范职工之家”称号，授予四川金象化工产业集团股份有限公司机电仪分公司铆焊班工会小组等9个工会小组“眉山市模范职工小家”称号。2009年，市总工会开展会员评议职工之家活动，推进基层工会群众化民主化建设，提高基层工会工作整体水平。2010年，市总工会获“四川省模范职工之家”称号。2012年，全市企业建家工作面80%以上，基层工会每年通过会员（代表）大会，民主评议单位工会建家活动，以提高建家活动水平。

（四）工会经费管理

眉山市各级工会经费主要为工会会员缴纳的会费，企事业单位、机关和其他社会组织向工会拨缴的经费或者建立工会筹备金，工会所属企事业单位上缴的收入，人民政府和企事业单位、机关和其他社会组织的补助等。

1997年起，全区工会经费支出按照“服务大局、服务基层、服务职工”宗旨，在保证完成上缴经费任务的同时，压缩机关行政经费开支比例，统筹兼顾，保障重点，量入为出。市总工会用于职工活动、维权、补助下级的支出占总支出（扣除上缴经费）的28%。1998年起，四川省总工会眉山地区办事处组织开展财务大检查，规范工会财务管理。2000年，地区工会对区县工会上解经费实行按比例回拨补助。2001年，市总工会开展《中华人民共和国会计法》执行检查及账户清理，组织开展县以上工会财务干部素质和从业人员资格调查、新建企业工会经费收缴及管理调查。2003年，市总工会聘请专业审计师、注册会计师协助完成市级和基层工会经费审计。区县工会聘用社会专业人员加入工会审计小组，审计监督工会经费。2006年，市总工会调查区县工会及部分企业工会财务状况，检查2001—2005年工会经费拨缴款专用收据的使用管理情况。2008年起，眉山市每年召开工会经费审查工作会议，专题调研经费审查工作，形成调研报告。2010年，加强工会经费财务管理规范化建设，各区县实现会计电算化。市总工会用于职工活动、维权、补助下级的支出占总支出的比例增至58%。2012年，全市修（制）订《区县工会经审工作规范化建设考核评比办法》《基层工会经审工作规范化建设考评办法》《眉山市总工会审计结果集体谈话实施办法》等，促进审计结果落实。市总工会用于职工活动、维权、补助下级的支出占总支出的比例增至58%。

第二节　共青团组织

眉山市共青团加强团的组织建设，坚持以活动为载体，开展面向城市青年的思想教育、就业创业、文明素质培养、职业技能提高等活动，引导农村青年脱贫致富，维护青少年合法权益，加强学校团队工作和青年统战工作，为眉山市经济社会发展贡献力量。

一、组织机构与代表大会

（一）组织机构

1997 年 7 月，设立共青团眉山地委，内设办公室、组织宣传部、工农青年部。2000 年 12 月，共青团眉山地委更名为共青团眉山市委。2001 年 10 月，共青团眉山市委内设办公室、组宣部、工农青年部、学少部。

2009 年 2 月，增设市关工委办公室。2011 年 6 月，市关心一下代工作委员会办公室由团市委原内设机构调整为团市委下属核定收支、全额管理、定额补助科级事业单位。

1997 年，李建章任共青团眉山地委书记，黄劲松任副书记。1998—2000 年，黄劲松任共青团眉山地委副书记（主持工作），马湘君任副书记。2000 年，黄劲松任共青团眉山市委副书记（主持工作），马湘君任副书记。2001—2012 年，黄劲松、郭建国、王艳先后任共青团眉山市委书记，马湘君、郭建国、常伟、王艳、田波、梁宁先后任副书记。

（二）代表大会

共青团眉山市委第一次代表大会　2001 年 4 月 27 日至 28 日召开，会议选举委员 29 人、候补委员 12 人、常委 9 人，黄劲松当选为共青团眉山市第一届委员会书记，马湘君当选为副书记。

共青团眉山市委第二次代表大会　2006 年 9 月 2 日至 3 日召开，选举委员 29 人、候补委员 12 人、常委 9 人，郭建国当选为共青团眉山市第二届委员会书记，常伟、王艳当选为副书记。

共青团眉山市第三次代表大会　2012 年 3 月 25 日至 26 日召开，选举委员 29 人、候补委员 12 人、常委 11 人，王艳当选为共青团眉山市第三届委员会书记，田波、梁宁当选为副书记。

二、主要工作与活动

（一）青少年权益维护

1998 年起，眉山地区各单位设立青少年维权岗，组织开展青少年法治教育活动。1999 年，共青团眉山地委、地区司法局、地区教委等 10 个部门在全区开展优秀“青少年维权岗”评比表彰活动。2001 年，成立眉山市未成年人保护委员会，负责未成年人保护委员会的日常事务。2004 年，成立眉山市预防青少年违法犯罪工作委员会。当年起，全市每年开展重点青少年群体服务管理和预防犯罪活动，共青团与人大代表、政协委员面对面活动，青少年法治宣传教育工作等。加强人大代表、政协委员与青少年的联系，帮助青少年解决学习生活中遇到的困难和问题，维护青少年合法权益。2006 年起，共青团眉山市委开通青少年服务热线，以热线咨询、网络咨询和现场活动等方式倾听青少年心声，维护青少年权益，陪伴青少年成长。开展“成长大讲堂”“‘12355’阳光公益行动”等品牌公益活动，营造青少年健康成长良好环境。截至 2012 年年底，开展共青团与人大代表、政协委员面对面座谈会3次，形成相关提案、议案25件；创建优秀“青少年维权岗”国家级1个、省级21个、市级120个；接受青少年热线咨询200余人次，帮助青少年解决困难180余人次。

（二）青年工作

城市青年　眉山市开展面向城市青年的思想教育、就业创业、文明素质培养、职业技能提高等活动，指导社区、企业和机关事业单位团的组织建设。1997年，全区开展青年文明号创建活动。1998年，成立眉山地区下岗青年工人创业行动指导组办公室和4个再就业服务中心，安置下岗青年工人340人。当年，表彰地区青年文明号30个、地区十佳青年文明号10个、地区首届十大杰出青年10人、优秀青年18人。2000年起，全区每年开展“青年文明号”年度检查。2003年确定仁寿县第二职业中学、眉山县职业技术学院为“眉山市青年劳务开发中心”。当年，培训青年427人，其中免费培训城镇贫困无业、待业青年120人并帮助其就业。2009年，命名南车集团眉山车辆厂等10家单位为眉山市大学生就业创业见习基地、应林集团等30家单位为眉山市青年就业创业见习基地。至2012年，眉山市相继开展青年文明号巡礼电视系列节目活动、眉山首届青年创业大赛、眉山市2011年度青年安全生产示范创建等活动，举办眉山市青年大讲堂。全市共命名眉山市青年文明号、眉山市十佳青年文明号、眉山市旅游系统青年文明号171个。命名眉山市青年突击队60支。表彰眉山市（地）十大杰出青年、十大杰出技术能手、十大杰出青年岗位能手、眉山市优秀青年文明号负责人、旅游系统青年岗位能手等286人。其中省级以上“青年文明号”6个，推荐产生省“十佳青年文明号”2个。3人被评为四川省优秀青年企业家。1人被评为四川省十大杰出青年岗位能手，享受四川省劳动模范待遇。

农村青年　1997年起，眉山地区各级团组织引导农村青年脱贫致富奔小康。丹棱县唐河乡团委特种水产养殖项目被共青团四川省委、四川省青年教育办公室评为共青团四川省服务万村脱贫致富奔小康行动领办科技推广项目。相继开展“服务万村行动”、农村团干部“三个代表”重要思想学习教育、“眉山市乡村青年文化节”等活动，举办全市农村青年实用技术培训班。截至2012年年底，眉山市共建立市级“青年科技培训基地”14个，扩大6个市级“保护母亲河重点工程”规模、面积1万亩。领办特种鱼养殖、棉田综合利用、果树种植等青年科技项目76个，建立青年科技示范基地188个。培养表彰市级青年文明号18个、省级青年文明号1个，“眉山市青年文明户”2户、“眉山市服务农村青年增收成才先进集体”22家、“眉山市服务农村青年增收成才先进个人”22人、“十佳”青年专合组织10个，眉山市（地）优秀青年星火带头人、眉山市农村青年星火带头人等2738人，农村青年致富能手99人。

共青团眉山市委书记参加中国青年代表团访问朝鲜（摄于2001年10月）

青年统战　1999年，青年联合会眉山地区工作委员会接待澳大利亚联邦国会议员朱迪·莫伊伦为团长的澳大利亚政治交流理事会代表团一行访问眉山。2001年，共青团眉山市委书记黄劲松被选为中国青年代表团成员，访问了朝鲜民主主义人民共和国。2002年，共青团眉山市委书记黄劲松被选派到美国密苏里州大学学习和密苏里州政府实习。2004年，市青年联合会组织政法、财税、部队、旅游界别委员前往县（区）开展法治宣传和经济、社会治安综合治理调研。2005年，组织教育、科技、卫生界别委员前往仁寿调研教育和中医事业发展状况。2010年，在市消防支队东坡大队开展“走进警营，体验消防”活动，省、市青年联合会委员20余人参加活动，向市消防支队捐赠价值3000元的书籍。2011年，市青年联合会赴德阳地震灾区开展“走进新家园，感受新生活”活动。2012年，眉山市青年联合会常委、深圳弘亮光电有限公司总经理张凯率深圳企业家7人到眉山考察希望工程项目并捐款23万元。市青年联合会联合日本青年企业家佐佐木裕太、四川力兴投资公司开展“爱心跨越国界、情系眉山学子”捐助活动，向25名贫困学生发放助学金5万元。

（三）学校团队工作

青少年教育　1997年，眉山地区组织团员青年2500余人、少先队员志愿者开展“为眉山城区综合整治做贡献”活动。1998年，组织少先队员100人参加团中央青少年教育培训基地举办的眉山地区第一期夏令营。当年起，每年组织少先队员参观眉山市爱国主义教育基地，祭扫革命烈士纪念碑，激发队员爱国之心和报国之志。开展“校园拒绝邪教活动”，教育少先队员崇尚科学，提倡文明，反对邪教。2000年，全区开展“迎接西部大开发，保护母亲河”活动，“缅怀革命先烈，弘扬民族精神”主题团日活动，“学抗震救灾英模、争做时代先锋”等活动。2001年，眉山市少先队组织开展“党在我心中”主题队会活动。2002年，开展“城乡少年手拉手”活动，全市参与学校40所，城区普及率40%。涌现出四川省十佳辅导员、优秀少先队辅导员、优秀少先队员11人、眉山市优秀少先队辅导员、优秀少先队员108人。2003年，共青团眉山市委、市教育局制发《眉山市少先队工作委员会工作条例》《眉山市少先队辅导员管理条例》，推动学校团队工作发展。2004年，眉山市特邀团中央“知心姐姐”心理辅导团到全市各小学，开展少年儿童心理健康问题讲座和心理咨询。全市共青团、少先队组织在未成年人中开展“远离网吧，拒绝毒品”活动、眉山市首届“中国诗书城形象大使”评选活动。举办全市首届“红领巾主持人大赛”。2008年，市委、市政府下发《关于进一步加强和改进未成年人思想道德建设的实施意见》，加强全市未成年人思想道德建设。至2009年，全市在20.43万名青少年中举办“红领巾主持人”大赛3次。2010年，全市开展评选“十佳四好少年”活动。2011年，全市开展“抗旱救灾，我们有责任”主题队会活动、“红领巾心向党”主题队会活动，3.5万名中小学生参加活动并捐款；全省万名青少年夏令营启动仪式。组织眉山籍留守儿童30人赴京参加“爱心圆梦、亲情团聚”夏令营活动。2012年，以关爱留守学生、外出农

四川省委副书记秦玉琴(右一)接见眉山地区共青团代表(摄于1997年12月)

民工子女为重点，开展首次全市大型公益“六一”游园活动，3000余名儿童到诗书城公园欢度节日。截至2012年年底，全市建立青少年读书俱乐部、青少年书屋和青少年读书基地50余处，眉科校实践基地、青神青少年廉洁教育基地等素质拓展基地8个。举办成长成才讲座12次、社会专业培训50次、实践活动80次，参与学生2万余人。

学生救助　1998年，眉山地区有失学青少年4533人。当年，眉山地委启动“希望工程”，建成希望小学3所，在建2所，希望小学在校学生1886人、教师100人。救助青少年2178人。2000年，全区开展“1+1”救助失学儿童、爱心储蓄活动。2005年，眉山市争取四川禾森电力公司分期捐资100万元设立“禾森电力、启明星——眉山青少年成才基金”。2008年，组织全市青少年5000余人开展“我为灾区献爱心”义演募捐活动，募集资金30万元。2011年，眉山市在全省率先发起“暖冬眉山——衣加衣温暖行动”，收集、整理旧衣物9700件，募集新衣服2921套、帽子250顶、体育用品458套，活动惠及学校115个学生6744人。截至2012年年底，全市整合社会资金900万余元，持续救助青少年及贫困大、中、小学生850人6210人次，近200人完成学业走上工作岗位；帮助大学新生670人上学；帮助贫困青少年2500人温暖过冬。向边远山区学校捐赠图书10万余册，帮助建立图书室24个。

（四）青年志愿者行动

眉山市举办“我参与、我奉献、我共享”创卫志愿服务活动（摄于2012年5月）

2001年，眉山市有青年志愿者服务队4000余支、青年志愿者6万余人。当年起，全市青年志愿者以“奉献、友爱、互助、进步”为主题，在农村、城市广泛开展义诊、扶贫助困、帮孤助残、农技咨询、环保宣传、卫生清扫、送法律下乡、“希望工程”等活动。2002年，全市选派青年优秀教师6人为志愿者到会理、甘洛、金阳支教扶贫。2003年起，眉山市青年志愿者参加“学英模、树新风暨保护母亲河宣传活动”。“非典”期间，全市共青团组织派出志愿者4.8万人，为外出务工经商人员抢收油菜、小麦387公顷，播种秧苗653公顷。2004年，全市启动“学英模，树新风”暨济困助学。2005年，大学生志愿者参与“网吧监督”“手拉手”爱心助学、“留守学生关爱行动”等活动，其事迹被《中国青年报》《四川日报》等媒体报道22次。浙江商业职业技术学院、西南农业大学等23所高校大学生志愿者560人到眉山乡村开展“三下乡”活动。全年全市青年志愿者队伍10万人参加社会公益活动。2008年，市政府下发《加强志愿者组织工作的意见》，作出建立高效实用领导机制，充实加强志愿者常规队伍，加强志愿者培训和日常管理规定。“5·12”汶川特大地震后，全市动员青年志愿者5300人参与抗震救灾，筹集资金375万元。2010年，成立眉山市青年志愿者协会，下设应急救援、医疗卫生、法律服务、环保、便民等青年志愿者队伍10支。全市组织万名志愿者以“城市环境共清洁，革除陋习我行动”为主题，发放宣传资料4000余份，制作专栏6期，清除“牛皮癣”小广告2万余张，制止不文明现象3.51万人次。组织志愿者实施中心学校周边安全巡逻。“7·25”“8·19”眉山特大洪灾发生时，全市98支志愿服务队3000余人奔赴一线。

2011年，市青年志愿者协会设立心理咨询志愿服务、法律志愿服务队、反扒志愿服务、医疗志愿服务队、应急志愿服务队、宣传志愿服务队、环保志愿服务队、无偿献血志愿服务队。2012年，眉山市有共青团员、少先队员、志愿者服务队225支，青年志愿者6万余人。

2001—2012年，眉山市派遣青年志愿者82万余人参加社会公益活动。开展敬老助残、访贫问苦、扶贫助耕、爱心捐助、义务劳动等青年志愿者活动1.2万次，参与青年240万人次，受助群众2300万人次。组织青少年开展志愿者活动14万人次，为群众提供医疗卫生、法律咨询、电器维修、环保绿化等服务700万人次。

第三节　妇女联合会组织

1997—2012年，眉山市各级妇联加强妇女组织建设，加强妇女思想工作，维护全市妇女儿童的合法权益。推进“双学双赛”“两纲实施”“巾帼建功”活动，组织和带动妇女在经济建设和精神文明建设中发挥“半边天”作用，教育引导妇女增强“四自”（自尊、自信、自立、自强）精神，开展妇女职业技术培训和妇女干部培训，促进妇女人才成长，为妇女儿童服务。

一、组织机构与代表大会

（一）组织机构

1997年11月，四川省妇女联合会眉山地区办事处设立，机构级别为正县级。12月成立眉山地区妇女儿童工作委员会，下设眉山地区妇女儿童工作委员会办公室。2000年12月，撤销四川省妇女联合会眉山地区办事处，设立眉山市妇女联合会。眉山地区妇女儿童工作委员会更名为眉山市人民政府妇女儿童工作委员会。

（二）代表大会

眉山市第一次妇女代表大会　2001年4月29日至30日召开。应到代表170人，实到代表170人。其中专职妇女工作者76人、各界代表90人、特邀代表4人；非中共代表39人、先进妇女代表22人、少数民族1人。黄玉蓉作工作报告，通过眉山市第一次妇女代表大会工作报告的决议、《眉山市第一次妇女代表大会选举办法》。选举眉山市妇女联合会第一届执行委员会（以下简称执委会）委员9名，黄玉蓉当选为主席，李秀英为副主席。

眉山市第二次妇女代表大会　2006年9月4日召开，应到代表180人，实到代表180人，特邀代表10人。正式代表中专职妇女干部、各条战线妇女代表、少数民族代表、非中共代表各占总数的50%、50%、10%、25%。邓艳秋作工作报告，四川省妇联副主席陈芳、眉山市委书记蒋仁富到会致辞。大会选举眉山市妇联第二届执委会委员31名、执委会常委11名，邓艳秋当选为主席，蒋国珍、袁敏为副主席。

眉山市妇女第三次代表大会　2012年3月24日至25日召开，应到代表200人，实到185人，应邀28人。市委书记李静到会讲话，四川省妇联党组书记、主席陈芳致辞。李秀英作工作报告，部署未来五年工作。会议选举眉山市妇联第三届执委31名、常委11名，李秀英当选为主席，王学芳、曹煦为副主席。

1997—2012年，黄玉蓉、李秀英先后任眉山市妇女儿童工作委员会办公室主任。

二、主要工作与活动

（一）女干部配备

1997年，眉山地区有女干部264人，县级以上干部1人，科级领导11人，科级非领导12人，其中，党委系统26人，人大系统15人，政协系统4人。1999年，全区推荐后备女干部1800人和基本符合入党条件的妇女积极分子。加强女干部培养选拔，所有乡镇配备女领导干部，鼓励女干部参与公选副县级干部。2000年，建立优秀女性人才库，在全区优秀年轻干部公推中向组织部门推荐优秀女干部55人，在地级机关选派第二批优秀女干部到乡镇任职锻炼。

2001年，眉山市第一届党代会、人代会、政协会中，女代表分别占总数的17.13%、22.01%、23.5%，市人大常委中女委员占20.83%，市政协常委中女常委占20.63%。2002年，眉山市委下发《加强女干部培养选拔工作的意见》，各级妇联注重后备干部队伍建设，建立党政女领导、企业女精英管理者、女科技人才库4个，储备优秀女性人才158人。区县换届调整中，市、县妇联向组织部门推荐优秀女干部62人；“四大班子”各配备女干部1人，各乡镇女干部配备率100%。全市2345个村，153个居委会，村妇代会主任2345人，居委会妇代会153人，117个企业女职工委员会，269个机关事业单位妇委会，村妇代会主任进村两委2027人，有专职妇联干部112人，兼职妇女工作者2725人。2006年，眉山市第二届党代会、代表会、政协会中，女代表分别占总数的18.6%、23.1%、22.3%，市人大常委会组成人员中女性占16.2%、政协常委中女常委占12.9%。至2010年，眉山市女共产党员占党员总数的18.1%。6个区县人大常委会组成人员中女性占19.5%、人大代表中女性代表占23.9%。2011年，眉山市第三届党代会、人代会、政协会中女代表占比分别增至22.19%、26.88%、26%，2012年，市委书记李静、仁寿县吴菊芬当选为中国共产党十八次代表大会代表。女性较好地起到参政议政作用。截至2012年年底，眉山市有妇联干部1386人。

（二）建言献策

2003年，眉山市政协委员鲁斌、张发根、刘泽军等在市政协第一届四次会议上提出《关于修建市妇女儿童活动中心的建议》，被市政府采用，纳入《眉山市政府2001—2010年妇女发展纲要》《眉山市政府2001—2010年儿童发展纲要》。2006年，眉山市第一届人民代表大会代表王莉茹提出的《关爱农村留守妇女》议案被市政府采纳。市政协委员夏绩恩提出《关于提高出生人口素质恢复婚前医学检查的建议》，市妇女儿童工作委员会向市人大常委会提交《关于提请审议〈中华人民共和国婚姻登记条例〉执行情况和对婚前医学检查实行政府补贴及限价的建议》，建议实行限价婚检和政府专额补贴后，启动全市婚前医学检查宣传教育活动。2008年，听取妇女对眉山经济发展的意见和建议。全市各级妇联组织召开座谈会7场次，参加会议妇女代表168人，收到建议59条。至2009年，市、区县法院聘请人民陪审员129人中，妇联系统人民陪审员为6人。至2010年年底，全市政协女委员建言献策，形成调研报告7篇，撰写提案29件，提出建议意见40余条。

（三）妇女培训教育

1997年起，眉山地区建立技术培训网络、信息服务网络，为农村妇女提供市场销售服务和政策法律服务。当年，举办实用技术培训2927期45.01万人次，培训技术骨干9680人，提供技术咨询23.5万人次，评定女农民技术员2413人。1998年，地区妇联印发《1998—2000年眉山地区妇女干部教育培训规划》，提出教育培训目标，逐步培训妇女干部。全区担任村两套班子职务妇女2348人。至1998年年底，全区举办妇女实用技术培训3.78万期68.8万人次，掌握两门以上实用技术的17.8

万人，掌握一门实用技术的59.5万人，获得农民技术员职称2358人，参加农函大、农广校学习获得毕业证书的680人，实现村村有女农民技术员。1999年，全区开展“千万农家女，百项新技术”培训，组织科技下乡、科技赶场76场次。组织农村妇女参加全国“千万农家女，百项新技术”知识竞赛，1人获全国二等奖。2000年，开展“三个代表”重要思想和中共十五届五中全会精神学习宣传活动，全区妇联系统举行学习会1237次，举办学习专栏426期，刷写固定标语619幅，撰写学习体会892篇，参与学习妇女占82.4%。各级妇女组织将“十万家庭读书活动”作为新形势下加强妇女思想工作、促进精神文明建设的有效载体，组织实施。召开各界人士动员大会197次，宣传咨询活动23次，发送宣传资料3.15万份，办宣传板报891期，受教育妇女36万人次。至年末，全区建立读书活动室204个，藏书6.15万册，参与读书妇女占92.3%。

2003年，眉山市实施女性素质工程和家庭文明建设工程，开展妇女科技培训，围绕产业结构调整，开展农技比武等，深化“双学双赛”“巾帼建功”活动，建立女性人才库，培训女干部，推荐选拔女干部。2005年，市妇联、市人事局举办职业女性公共礼仪培训，培训职业女性540人。全市依托农村妇女文化学校、妇女科技服务指导中心和专业合作社，举办科技知识培训班、印发科技资料，培训农村妇女。2007年，全市实施新型女农民培训计划。培养女科技致富带头人、营销大户、经纪人、龙头企业带头人、农民技术人员，帮助农村妇女掌握两门以上实用技术。2008年，全市举办种植、养殖、家政服务、美容美发、家庭教育、竹编等实用技术培训。2010年，全市开展农村妇女、返乡女农民工培训。全市妇联干部161人参加各级党校和妇联系统举办的干部培训，90%达到大专以上学历。社区（居委会）、村妇代会妇联干部1230人，80.49%达到高中（中专）以上文化程度，90%以上参加过各类培训班。2011年，全市新建农村妇女文化技术学校6所、妇女创业就业培训基地7个，市妇联、扶贫、农林、畜牧、人社等部门举办农村妇女实用技术培训班665期8.6万人次。截至2012年年底，全市共培训农村妇女695.07万人次，3374人获得女农民技术员职称，440人获得绿色证书。培训各级各类妇女干部3566人次。

（四）妇女儿童权益保护

普法宣传　1997年，眉山地区重点宣传《中华人民共和国婚姻法》《中华人民共和国妇女权益保障法》《中华人民共和国未成年人保护法》及四川省的实施细则，运用法律武器维护妇女儿童合法权益。至1999年，开展法治宣传26次，发放宣传资料8000份。2001年起，市、县妇联开展新《中华人民共和国婚姻法》专题培训，举办法律培训568期，培训法律宣传骨干4890人次。至2005年，开展法治讲座6次，举办法治宣传咨询展览4次，印发宣传资料12.5万份，受教育群众41.1万人次。2006年起，眉山市各级妇联以“三八”维权周、“12·4”法制宣传日活动作为“百万妇女普法维权行动”有效载体，组织无偿义诊组、法律顾问等前往街道、社区及下乡宣传。2007年，组织区县妇联、市级机关妇委会妇女5000人参加四川省妇联《中华人民共和国未成年人保护法》知识竞赛，提高妇女儿童学法、守法意识。2009年，在丹棱城区、仁寿富家、东坡城区设立3个维权站，宣传《中华人民共和国妇女权益保障法》《四川省人大关于预防和制止家庭暴力的决议》《眉山市妇女儿童发展纲要》等法律法规，发放维权法律书籍、宣传资料5500份，接受群众咨询1240人次。至2010年，接待咨询群众3.8万人，发放资料15万份。2011年起，开展“六五”普法宣传。各级妇联组织结合“三八”“六一”“12·4”等活动，利用会议、报刊、橱窗、标语、网络等宣传普及维护妇女儿童合法权益法律法规知识。各级妇联组织印发妇女儿童维权宣传资料11.6万份，为9653名妇女群众提供法律和政策咨询服务。2012年，开展法律法规专题培训5场，现场咨询宣传5场，参与活动2000余人。

“两纲”实施　1997年，地区妇女儿童工作委员会制订《眉山地区妇女发展规划（1998—2000）》。地委组织部、地区人事局、地区计委等单位制定具体实施方案和分年度达到的目标，并负责实施。2001年，市政府印发《眉山市妇女发展纲要（2001—2010）》《眉山市儿童发展纲要（2001—2010）》（以下简称“两纲”）。主要目标包括妇女与经济、妇女参与决策和管理、妇女与教育、妇女与健康、妇女与法律保障、妇女与环境、儿童与健康、儿童与教育、学前儿童入园（班）率达85%以上、0~3岁儿童早期受教育率达50%、巩固九年义务教育、儿童与环境、儿童与法律保护。将实施两纲纳入全市“十五”计划、“十一五”规划，纳入全面建设小康社会总体目标和经济与社会发展总体规划，纳入政府工作重要议事日程和政府目标考核，制定系列配套政策，明确部门职责并落实具体措施。开展“两纲”宣传月活动。召开群众大会6964人次，培训骨干1934人次，宣传面86%。2002年，市妇女儿童工作委员会把“两纲”指标分解到27个成员单位，各成员单位分解成5个年度指标。组织27个成员单位和区县妇女儿童工作委员负责人和检测人员60人参加“两纲”培训。2003年，实行“两纲”监测统计工作目标考核。市政府督查贯彻实施“两纲”情况，统计和评估有关部门“两纲”监测指标。2004年，四川省、眉山市妇女儿童工作委员会确定彭山县为全省、全市“两纲”工作示范县，在18个乡镇建立乡镇长任主任的妇女儿童工作委员会领导机构，配齐工作人员，落实工作经费，配置电脑、传真等办公自动化设备。县政府和职能部门采取有效措施实施重（难）点指标。推广农村合作医疗，农村孕产妇指定在城区医院生产，费用列入农村医疗保险报销范围。专门设立贫困学生助学金，确保学生入学率。各乡镇派出所建立青少年维权岗，确保儿童生命安全。2005年，市政府表彰奖励实施“两纲”工作先进集体20个、先进个人30人，签订《实施两纲目标责任书》。2006年，市妇女儿童工作委员会确定彭山县凤鸣镇菱角村委为“两纲”示范村，发放爱心健康体检卡600余张，组织开展以“关注两性健康，构筑和谐家庭”为主题的不孕不育妇女普查活动。市政府与各区县政府、市级成员单位分别签订目标责任书，将实施“两纲”、开展“两纲”中期监测评估纳入市政府年度综合目标考核重要内容，实行“两纲”和监测评估一票否决制。当年，完成中期监测评估，全市基本实现“两纲”中期目标。至2009年，全市两纲86个指标中达标68个。其中妇女发展纲要39个指标达标29个、儿童发展纲要47个指标达标39个。全省“两纲”终期评估督导检查组对照“两纲”达标情况统计表的86项指标检查，达标73个。2010年终期达标81项。

打击拐卖妇女儿童　2000年，眉山地区各级妇联前往村、社农户调查，为公安部门提供打击拐卖妇女儿童线索，当年抓获拐卖人口犯罪人员173人，解救被拐卖妇女76人、儿童8人。2001年，仁寿县实施中国政府联合国儿童基金会“反对妇女儿童拐卖和暴力”项目，举办法治培训班4期，发送维权书籍2280本、宣传资料3万份。制作“妇女维权投诉箱”1215个。在100个村1000户农村居民中开展被拐卖妇女基本情况调查，了解农村妇女需求，为被解救回乡妇女落实承包土地。2004年，在仁寿县宝飞镇民全村启动由联合国儿童基金会、全国妇联实施的反拐项目在中国第一个乡村社区建立的“妇女之家”，联合国儿童基金会项目官员王大明等出席并讲话。“妇女之家”向乡村妇女群众免费开放，常年性开展预防拐卖宣传教育，建立报警报告制度，为受害妇女提供社区康复服务。2007年，东坡区、仁寿县、洪雅县实施联合国儿童基金会“中学生预防拐卖层叠式培训”项目，培训预防拐卖知识和技巧，88所中学德育教师、女学生5200人参训。至2007年年底，眉山市破获拐卖妇女儿童案件113件，打掉拐卖妇女儿童犯罪团伙21个，解救被拐卖妇女1281人、儿童

38人，抓获拐卖妇女儿童犯罪嫌疑人175人，其中依法逮捕65人。2012年，破获拐卖妇女儿童案等件67起，解救被拐卖儿童5人。

法律援助　1999年，地区妇联调研仁寿县出嫁女土地承包问题，在全区推行仁寿县妇联《争取政策等维护农村妇女权益的关键》经验。2000年，贯彻四川省高级人民法院、四川省妇联《关于从妇联干部中推荐和选聘特邀陪审员的通知》精神，地区人民法院在审理涉及妇女儿童的民事案件和刑事案件时，聘请妇联干部为特邀陪审员。至年底，全区24个基层法庭中有2个基层法庭聘请特邀评审员6人。2001年，在广播、电视、报纸等媒体开辟“反对和制止家庭暴力”专栏，开通家庭成员维权热线。全市建立维权法庭10个、妇联干部21人担任法庭应邀陪审员，成立妇女维权机构9个，法律援助机构19个。开展企业女职工劳动保护执法检查。2004年，全市妇联建立法律援助中心妇联工作站，健全工作制度，为受害者提供法律援助。当年，各级妇联聘请法律顾问51人，确定100户贫困户为法律援助联系户，签订法律援助协议。2005年，市妇联开通妇女维权热线，各级陪审员参与审理妇女儿童侵权案件13件。2009年，全市建立“家庭暴力司法伤情鉴定中心”试点2个，建立妇女儿童法律援助基地135个，依托各级妇女法律援助机构，实施妇女儿童法律援助行动，为受侵害妇女儿童提供维权服务。至2010年，全市公安机关查处侵害妇女儿童人身、财产安全违法犯罪案件1284件，法律援助站受理涉及妇女儿童维权案件1594件，帮助妇女、儿童1820人维护合法权益。2012年，市妇联介入妇女儿童侵权案8件，协助相关部门将犯罪嫌疑人绳之以法。争取专项资金2万元，帮助14人挽回经济损失9.85万元。

禁毒与艾滋病预防　2002年3月，市妇联组织5个市级部门到洪雅县余坪镇开展送科技下乡，发放宣传资料、计生药具，接待咨询1万余人次。2004年，全市妇联开展世界艾滋病日宣传活动，接待群众咨询2.3万人次。举办妇女维权培训班241期。2005年，市妇联组织开展“不让毒品进我家”“万名巾帼志愿者禁毒宣传帮教”活动，组织巾帼志愿者宣传禁毒知识，帮教吸毒人员。2006年，在东坡区、彭山县、洪雅县开展“关爱妇女生殖健康——免费普查生殖道感染疾病活动”试点。2007年，市妇联、东坡区妇联、禁毒办举办全市妇女儿童携手禁毒共建无毒家庭活动启动仪式。将禁毒工作、预防艾滋病工作与和谐家庭创建活动相结合，开展“四无家庭”创建、“不让毒品进校园”等活动，东坡区启动“无毒家庭”创建示范工作。2009年，东坡区妇联组织10余支巾帼志愿者队伍、热心禁毒工作帮教队伍1500人，结对帮教全区1300户涉毒家庭、139名涉毒人员。2011年，全市开展“无毒社区”“无毒村”创建活动。2012年，全市散发艾滋病预防知识宣传资料、艾滋病宣传画、避孕套。实施中国温暖“12·1”项目，仁寿、青神帮扶艾滋孤儿。

妇女信访处置　1997年起，眉山地区各级妇联开展群众来信来访接待。当年，接待群众来信来访9件，全部结案。2003年，市妇联实行信访工作首问责任制，建立信访制度。2007年，成立眉山市惠民帮扶中心妇女权益保护窗口，建立健全信访维权、月情月报等制度。2008年，全市开通信访热线，解答妇女家庭财产纠纷、婚姻纠纷、劳动纠纷等法律问题。截至2012年年底，全市妇联共接待来信来访7495件次，每年处理率98%以上。主要涉及婚姻家庭、劳动纠纷、生育医疗纠纷、出嫁女土地纠纷、收养、赡养纠纷及强（诱）奸、抢劫、杀人等17个方面内容。

（五）妇女就业与帮扶

创业就业　1997年起，眉山地区各级妇女组织关注下岗女工，召开下岗女工恳谈会、举办下岗女工先进事迹报告会，开展下岗女工“五个一”（提供一条用工信息、培训一门就业技能、介绍一个就业岗位、引进一笔启动资金、结成一个帮扶对子）帮扶活动。当年，全区培训下岗女职工350人，

眉山市举行妇女就业现场招聘会（摄于 2007 年 3 月）

介绍下岗女职工就业 685 人。1998 年，全区妇联专题调查下岗女工现状，在下岗女职工中开展学习新本领、选择新岗位、再创新业绩为主要内容的教育活动，帮助下岗女职工转变择业观念。全区下岗女工 7892 人中再就业 3950 人。1999 年起，实施巾帼扶贫小额贷款，帮助以妇女为主的贫困户脱贫致富，建立小额信贷示范户。仁寿县黑龙滩镇拱桥村为 15 户妇女提供养殖帮扶资金 2500 元，落实发展项目 5 个，人均增收 20%。2004 年，市妇联、市劳动和社会保障局开展“十佳再就业女性”评选表彰活动，表彰仁寿县双天酒家公司总经理李光丽等 10 人。2005 年，举办 8 场再就业献岗位招聘会，提供就业岗位 7300 余个，妇女 3125 人实现再就业。至 2006 年，全市建立妇女再就业培训基地 43 个，培训妇女 1. 83 万人次，7629 人实现再就业。2007 年，市妇联完善女性就业创业社会化服务体系，为妇女创业提供小额信贷、妇女创业基金和项目支持，培养巾帼创业带头人、科技致富带头人 277 人。农村妇女 3 万人实现转移就业。2009 年，全市实施“巾帼创业就业促进行动”，开展返乡农村妇女、下岗失业妇女、大学毕业生就业创业技能培训，搭建就业创业平台。争取中国妇女发展基金会“玫琳凯妇女创业基金”40 万元，为东坡区、彭山县 31 户城市失业下岗妇女、女大学毕业生提供无息小额担保贷款，帮助其自主创业。各级妇联组织新建巾帼创业就业示范基地 6 个，培训返乡农村妇女、下岗失业妇女、应往届大学毕业生 5400 人次，帮助妇女 2670 人就业和自主创业。至年底，全市女性就业 64 万人，占从业人员总数的 45. 5%；城镇登记女性失业人员 6400 人，比 2001 年减少 17%。2010 年，向 52 户城镇和农村妇女贷款 380 万元，带动妇女近 200 人就业。2011 年，市委、市政府将发放妇女小额担保财政贴息贷款 200 万元纳入民生工程。市妇联争取“妇女居家灵活就业培训”等项目资金 63 万元，发放妇女小额担保财政贴息贷款 623 万元，培训下岗女职工、大学毕业生 8291 人，帮助 1. 9 万妇女实现就业再就业和自主创业。2012 年，全市实施妇女创业就业“1515”重点工程，开展妇女小贷“四进”（进基地园区、进专合组织、进社区街道、进旅游新村）活动，全年发放妇女小贷 12. 74 亿元，帮助 13 万余名妇女创业就业，带动新增个体工商户 3048 家，受益妇女人均增收 5500 元。

“双学双赛”　1997 年起，眉山地区妇联以技术培训为抓手，广泛深入地开展“双学双赛”（学文化、学技术，赛贡献、赛新风）活动。1998 年，地区行署制定《眉山地区 1998—2000 年“双学双赛”活动三年规划》，组织动员全区 90%女劳动力参加“双学双赛”活动，以兴建“妇”字号基地为重点，引导和发动农村妇女走农业产业化发展道路，加强对典型户、计划生育户、贫困户的宣传指导、帮扶服务。当年，全区有以妇女为主的科技示范户 3620 户，建成“妇”字号基地 138 个，从事生产经营的农村妇女经济收入占家庭总收入的 50%，农村妇女成为家庭增收主要创造者。1999 年，重点扶持仁寿县黑龙滩拱桥村养羊示范基地、洪雅县新庙乡龚庙村十社养殖业基地、洪雅县联合乡立新村养兔基地、洪雅县天宫乡大安村种草养畜基地、眉山县晋凤乡海螺村“惊帝冬桃”种植示范基地。仁寿县黑龙滩镇拱桥村种草养羊事迹在中央电视台播放，经验在全国推广。全区表彰“学赛”先进女能手、标兵1268人。仁寿县金凤畜禽食品厂黄翠容代表全省农村妇女出席全国“双学双比”表彰会。年末全区建“妇”字号基地63个，科技示范项目26个，树立科技示范户300户。2000年，重点扶持仁寿县大化镇龙门村、丹棱县杨场镇古今村、青神县南城乡白果村推广发展“三元杂交猪”示范基地。彭山县公义镇鹤林村养猪示范基地通过四川省检查验收，成为全省养殖示范村。2001年，眉山市7个“养殖示范村”被四川省妇联、四川省畜牧局授予“妇女养殖示范村”称号。至2003年，全市参加“双学双赛”活动农村妇女87万人，培训妇女40万人次，掌握1门~2门实用技术23万人，获得绿色证书1.8万人、农民技术员证书9500人，脱盲19万人。建“三八绿色基地”346个、“妇”字号龙头项目107个，获省以上“双学双赛”女能手称号212人。2006年，全市开展“巾帼文明示范村”创建活动，各区县围绕当地主导产业，创建“巾帼文明示范村”，发挥其引领、示范、辐射、带动作用。2008年，全市贫困母亲救助行动与“双学双赛”活动相结合，眉山市妇联、东坡区妇联重点帮扶东坡区万胜镇艾光村，评选表彰农村“科技示范户”。2009年，全市组织农村妇女开展妇女竹编、养猪、养兔、种水果、摘茶等实用技能评比活动。2011年，培养和评比表彰农民女状元、女科技示范户116人。

困难救助　1998年，眉山地区各级妇联层层建立联系户制度，开展扶贫结对活动。发动社会力量为下岗女职工捐款6万余元，结对助困20对。1999年，开展“一帮一”结对助困活动。全区妇联组织与下岗困难女工结对助困50对，帮助下岗困难女职工50人子女就学，村以上妇联干部联系贫困户5837户，帮助脱贫3269户。2002年，眉山市各级妇联救助因贫困面临辍学儿童572人、特困下岗家庭儿童149人、贫困残疾人21人。2003年起，全市发起向贫困母亲捐款捐物活动。当年，为贫困母亲捐款8722元，捐赠衣物695件。至年底，全市各级妇联联系帮助贫困户2.18万户，争取扶贫发展资金284万元帮助妇女1.87万人脱贫。2004年，全市建帮扶基地6个，落实帮扶资金64.7万元。2006年，在东坡区、仁寿县、洪雅县、青神县4个区县启动全市首批救助贫困母亲480人。2007年起，贫困母亲救助列入市委、市政府“十大惠民行动”之一。市政府下拨4万元在洪雅县开展贫困母亲救助试点。当年，全市65个市级部门结对帮扶贫困母亲66人，县（区）各成员单位救助贫困母亲1040人、发放救助金21万余元。至2012年，全市救助帮扶贫困母亲9402人，发放帮扶物资、资金257.41万元，建成帮扶基地14个。

项目帮扶　1999年，中国妇女发展基金会为洪雅县妇联提供15万元“香港回归扶贫基金”，扶持150户农村贫困妇女发展种植、养殖业，四川省妇联配套资金5万元。眉山地区需建水窖1018个，已建311个。2001年起，在青神县实施香港手拉手扶贫基金项目。当年，眉山市实施“大地之爱·母亲水窖”项目，争取项目资金16万元在仁寿、洪雅实施，修建水窖127口，解决142户464人、500余头牲畜饮用水困难和旱区47公顷耕地浇灌。争取资金20万元扶持青神县3个乡镇的3个村200户贫困妇女发展种竹、养猪等，成片栽竹6.67公顷，养三元杂交良种母猪153头。至2005年，全市争取香港手拉手扶贫资金100万元，扶持青神县1042户农户发展种、养殖业。至2012年，全市争取资金716万元，在洪雅、青神、彭山等县实施“香港回归扶贫基金”项目；在仁寿、洪雅、青神等县实施“大地之爱·母亲水窖”项目。

（六）“巾帼建功”活动

“巾帼文明示范岗”创建　1998年起，眉山地区开展创建“巾帼文明示范岗”活动。当年，建成地级“巾帼文明示范岗”12个。1999年，在女性集中的商业、金融、公交、卫生、邮电、教育等窗口行业开展以为人民服务为核心，以树行业新风为目标的“巾帼文明示范岗”创建活动。2001年，市妇联举办创建单位培训会，加强活动规范管理。各创建单位开展“四自”“四有”教育，引导女职工学习新知识、新技能，开展岗位练兵。全市18个单位通过市级“巾帼文明示范岗”验收。2003年，市财政局国库集中支付中心、洪雅县中医院获全国“巾帼文明示范岗”荣誉称号。2007年，开展“争创一流岗位、争当一流能手”活动，培训下岗女工1574人。2009年，组织女职工人数占单位职工人数60%以上的单位开展争创“巾帼文明岗”活动。开展女职工岗位练兵、技能比武、岗位成才活动。推广“岗村联创”模式，组织引导“巾帼文明岗”和行政村结成共创对子。至2010年，全市创建“巾帼文明岗”189个（国家级10个、省级31个、市级148个）。2011年，取消巾帼文明岗创建。

市工商局、市个私协举办庆“三八”巾帼创业事迹报告会（摄于2004年3月）

活动情况　2001年起，市妇联组建巾帼志愿者队伍，有巾帼志愿者6000人。当年，市妇联组织卫生系统巾帼志愿者到青神县天池乡开展妇幼保健讲座，开展义诊义检852人次。组织市级机关志愿者捐款2万余元，在青神县天池乡、仁寿县白凤乡修建“爱心水窖”，解决农村妇女儿童54户104人生产生活用水。2002年，在全市机关、企事业单位开展志愿者“一帮一”活动，结对帮扶贫困山区失学儿童1034人。2004年，全市新建巾帼志愿者队伍22支，开展活动53次。此后，因工作主题转变，活动较少。2010年后，巾帼志愿者开始参与社会建设活动。成立“巾帼志愿者环保知识宣传队”“文明家庭宣传队”“巾帼文明卫生劝导队”上街宣传，发放资料6000份。2011年，新建巾帼志愿服务队伍12支，发展在册志愿者1800余人，建巾帼志愿服务基地130个，开展志愿服务活动140余次，服务城乡家庭3000余户，受益群众3.4万人次。开展城乡环境综合治理巾帼志愿者服务行动，签订《“门前三包”联系责任书》293份，组织巾帼志愿者清扫街道、除“牛皮癣”活动。2012年，眉山市开展“美城·美家”现场宣传近100次，散发各类卫生文明宣传资料10万余份，开办各类环境保护、文明礼仪、健康保健知识讲座170余场次，组织巾帼志愿者4500余人开展卫生文明劝导、巾帼健身活动，提升6条“巾帼街”整体形象，共同建设洁净美好眉山。

第四节　科学技术工作者协会

眉山市科协主要为经济社会发展服务，为提高全民科学素质服务，为科技工作者服务。将科普经费重点投向优秀农技协、农村科普示范基地等评选表彰，基层科技配套补助，金桥工程，重点农技协骨干人员的培训，科普设备的配套更新等。1997—2012年，眉山市投入科普经费2900万余元。

一、组织机构与代表大会

（一）组织机构

1997年9月，成立眉山地区科学技术协会。2000年12月，眉山地区科学技术协会更名为眉山市科学技术协会。

（二）代表大会

眉山地区科学技术协会第一次代表大会 1999年4月24日至29日召开。大会审议并同意杨开锡作的《充分发挥科协优势、为“科教兴区”做贡献》的工作报告、《眉山地区科学技术协会章程》。大会选举产生眉山地区科学技术协会第一届领导班子，委员33名，常务委员23名，主席杨开锡，兼职副主席李俊、陈竹、陈泽文、林晓、徐井万，秘书长梁成穗。

眉山市科学技术协会第一次代表大会 2001年4月25日至26日召开，大会审议通过《眉山市科学技术协会“十五”期间工作计划》《眉山市科学技术协会章程》。大会选举产生眉山市科学技术协会第一届领导班子，委员31名，常务委员22名，主席杨开锡，副主席杨常沙，兼职副主席李俊、陈竹、陈泽文、林晓、饶庶、徐井万，秘书长梁成穗。

眉山市科学技术协会第二次代表大会 2006年9月4日至5日召开，大会审议通过李保华作的《团结广大科技工作者、全面落实科学发展观，为实现眉山经济社会全面发展做出科协新贡献》的工作报告，审议通过《〈中国科学技术协会章程〉眉山市实施细则》，选举产生眉山市科学技术协会第二届领导班子，委员33名，常务委员21名，主席李保华，副主席梁成穗，兼职副主席李显平、王晋祥、张刚、覃建华、陈建明、钟涛、肖颖，秘书长李成军。

眉山市科学技术协会第三次代表大会 2012年3月25日至26日召开，大会审议通过李伟作的《凝心聚力主动作为团结带领广大科技工作者为建设富裕美好眉山而努力奋斗》的工作报告，选举产生眉山市科学技术协会第三届领导班子，委员39名，常委29名，主席李伟，副主席梁成穗、蒋国珍，兼职副主席刘朝慧、王有来、涂建林、祝季敏、潘树平、陈琪、管国如、王学民、王元珑、廖仁军、夏炬光、张刚、钟涛、郭子明，秘书长李成军。

二、主要工作与活动

（一）科技工作者工作

学术交流 1997年起，眉山地区科协系统开展学术交流活动，质量水平稳步提高。2001年，举行首届眉山市优秀科技论文评选表彰。2002年，邀请中国科协、中科院、中国地震局、国防大学的科普专家到眉山巡回作报告10场次，机关干部、师生6000余人次聆听报告。2006年，邀请国内著名家庭教育专家王志刚教授到眉山市各县（区）作题为《为了明天——未成年人家庭教育》的科普报告会16场次，直接听众1.3万人次。围绕工业强省、强市战略，眉山市科技工作者撰写论文50余篇，其中，市委政研室主任赵志明的《眉山新型工业“十一五”期间发展对策研究》在四川“工业强省与四川经济发展论坛”上交流。2007年，围绕社会主义新农村建设，组织撰写论文12篇，其中，仁寿县科协徐贤军的论文在“四川省新农村建设论坛”交流并获三等奖。2011年，征集论文参加四川省第五届中青年专家学术大会，4篇获奖。至2012年，眉山市科协系统共组织开展学术交流和学术活动3000余次，撰写科技论文1万余篇，开展6届眉山市优秀科技论文评选表彰，收到优秀科技论文871篇，评选出一等奖80篇、二等奖123篇、三等奖211篇，市政府办公室对获奖的优秀科技论文作者进行通报表彰。

科技先进表彰　1997—2012 年，眉山市科协系统积极举荐先进集体和个人，受到各级表彰奖励。其中，眉山地区科协被评为“四川省三下乡先进集体”，仁寿县科协被评为“四川省科普宣传工作先进集体”。余江洪被省委组织部、省科协评为“全省农村党员干部实用技术培训工作先进个人”，杨全忠、张仲安、何清海被评为“四川省优秀科技工作者”，中国南车集团眉山车辆厂赵慧娟被评为全省“讲比”活动先进个人，徐小平、任俊杰等 3 人获“全国科普工作”先进个人；2003 年，陈云华被授予“全国科技大王”称号；2007 年，仁寿县华仁冬枣协会理事长王学民获“四川省青年科技奖”，2 个学会工作先进集体、2 名学会工作先进个人、3 名先进科普工作者在省科协七大上受到表彰；2011 年，南车眉山车辆有限公司科协肖颖在中国科协八大上被表彰为全国科协系统先进工作者；2012 年，南车眉山车辆有限公司潘树平获中国科协表彰为全国“讲理想、比贡献”活动先进个人，市科协徐贤君、丹棱县科协宋祥徽、市卫生协会李晨曦获省科协第八次代表大会全省优秀科普工作者称号。

（二）科普工程

科普惠农兴村　2006 年起，眉山市科协每年实施科普惠农兴村计划。面向社会统一标准、立足科普注重公益、差额评选择优支持、奖补结合追踪问效的原则，突出以点带面、榜样示范，积极争取上级资金，深入开展科普惠农，不断促进农村科普体系的建设，提高广大农民的科学文化素质，让科普公共服务持续惠及广大农民，助推社会主义新农村建设。当年，1 个农村专业技术协会获中国科协、财政部联合表彰奖励。2010 年，全市获中国科协、财政部表彰奖励科普惠农兴村计划项目 5 个，获奖补资金 85 万元，其中，农村专业技术协会 3 个，农村科普示范基地 1 个，农村科普带头人 1 名。获省科协、省财政厅表彰奖励项目 4 个，获奖补资金 40 万元。2012 年，全市获中国科协、财政部表彰奖励科普惠农兴村计划项目 7 个、获省科协、省财政厅表彰奖励项目 9 个，获奖补资金 199 万元。截至 2012 年年底，中国科协、财政部表彰眉山市农村专业技术协会 19 个、农村科普示范基地 9 个、农村科普带头人 6 名，获奖补资金达 590 万元。省科协、省财政厅表彰奖励眉山市科普惠农兴村计划项目 10 个农村专业技术协会、4 个农村科普示范基地、2 个农村科普带头人，奖补资金 144 万元。眉山市在全省开展“科普惠农兴村计划”项目市级配套表彰奖励，表彰奖励协会 6 个、基地 6 个、个人 9 名，市级配套奖补 69 万元。市科协等 13 个集体被中国科协和财政部表彰为全国科普惠农兴村先进单位。全市投入 120 万余元建设“站、栏、员”783 个，占全市行政村的 66%。

四川省第十七届“科技之春”科普活动月暨眉山市科技下乡活动在丹棱县举行（摄于 2012 年 3 月）

金桥工程　1997 年起，眉山地区实施金桥工程，指导各级科协组织和科技工作者在项目、技术持有方和使用方之间进行牵线搭桥，促进科技成果创新和转化。2002年，在四川省第五次金桥工程表彰会上，仁寿县实施的《优质枇杷丰产技术推广》获四川省金桥工程优秀项目一等奖，眉山市科协获优秀组织单位一等奖。2004年，市政府表彰2001—2003年全市“金桥工程”优秀项目10个，优秀组织单位6个，优秀组织者7名。在四川省第六次金桥工程表彰会上，眉山市《青神县稻田蘑菇生产技术推广运用》获四川省金桥工程优秀项目一等奖。2010年，眉山市市级金桥工程项目立项26项，立项产值23.8亿元。向省金桥办申报立项20项，居全省第三位。市政府检查验收2007—2009年金桥工程项目，并对24个项目、10个优秀组织单位、10名优秀组织者进行表彰奖励。2012年，全市完成市级金桥工程立项34项，立项产值20亿余元。获省级立项26项，立项产值17亿余元，立项产值居全省第2位。1997—2012年，眉山市各县（区）和企业科协实施金桥工程项目700余项（次），市级立项300项，上报省级立项171项，上报国家立项6项。

科普示范区县创建　2001年起，眉山市以科普示范区县创建作为全市社会化大科普格局形成的重要载体，做好创建工作。当年，仁寿县通过中国科协验收，创建全国科普示范县合格，在中国科协六大上被命名为“全国科普示范县”。2005年，洪雅县创建“四川省科普示范县”工作达标，被命名为“四川省科普示范县”。2008年，彭山县、青神县创建为“四川省科普示范县”。2011年，东坡区、丹棱县创建为“四川省科普示范县”。至2012年，全市有全国科普示范县1个，全省科普示范区县5个，科普示范区县实现全覆盖。有全国百强农技协1个，全国明星协会1个，省百强农技协24个。

第五节　工商业联合会

1997—2012年，眉山市工商联（商会）坚持以非公有制经济健康发展和非公有制经济人士健康成长为工作主题，加强思想政治引导，团结培养一支爱国、敬业、诚信、守法、贡献，跟党走中国特色社会主义道路的非公有制经济代表人士队伍；积极参与政治协商、参政议政、民主监督，反映维护非公有制企业和非公有制经济人士的利益诉求；发挥“桥梁、纽带、助手”作用，为会员提供信息、融资、法律、教育培训等服务，推动经贸交流与协作；推进行业协会商会改革发展；参与协调劳动关系，促进社会和谐稳定和眉山经济繁荣。

一、组织机构

（一）机构

1997年12月，成立四川省工商业联合会眉山地区办事处。1999年12月，撤销四川省工商业联合会眉山地区办事处，成立眉山地区工商联（地区商会）。2001年10月，眉山地区工商联（地区商会）更名为眉山市工商业联合会（市商会）。至2012年年底，机构无变化。

（二）代表大会

眉山地区工商联（地区商会）第一次会员代表大会　1999年12月29日召开，大会选举眉山地区工商联（地区商会）第一届执行委员会（以下简称执委会）。大会选出执委51人，会长李仲奇，副会长林凤鸣、袁晓东、马志珍、向斌、唐建平、张旗林，秘书长周宗林。2005年6月，增补副会长杨开锡。

眉山市工商联（市商会）第二次会员代表大会　2006年9月召开，大会选举眉山市工商联（市商会）第二届执委会，选出执委79人，主席（会长）吴爱玲，驻会副主席（副会长）赵永东、黄锐（兼任秘书长），企业家副主席、副会长18人。2010年8月，增补副主席（副会长）刘坤、秘书长刘前线。

眉山市工商联（市商会）第三次会员代表大会 2012年3月召开，大会选举眉山市工商联（市商会）第三届执委会，选出执委89人，主席（会长）立胡左格，驻会副主席（副会长）钟云胜、黄锐，企业家副主席19人，企业家副会长11人，秘书长刘前线。

二、主要工作与活动

（一）建言献策

2000年起，眉山市（地）安排企业家担任地区、县党代表、人大代表、政协委员，参政议政。工商联界别各级人大代表、政协委员积极撰写提案、议案、调研报告，为市（地）、县（区）经济、社会发展建言献策。截至2012年年底，眉山市企业家400余人次分别担任市区县党代表、人大代表、政协委员，100余人次分别担任市区县委委员、人大常委会委员、政协常委，被推荐并当选全国政协常委、四川省人大代表、四川省政协委员、四川省工商联执委企业家20人。全市工商联界别各级人大代表、政协委员撰写提案、议案、调研报告等103篇。其中4篇得到四川省工商联及眉山市委、市政府主要领导批示，5篇被选定为眉山市政协大会发言材料。眉山市工商联组织代表、委员向市政协全会提交提案44篇，内容涉及政治、经济、科技、教育、文化及社会生活等方面，件件有回音，事事有落实。

（二）服务民营经济

服务会员 2000年起，眉山地区工商联组织全区企业家培训。2003年，市工商联、市司法局组建眉山市民营企业法律维权服务中心，市工商联、市委宣传部组建眉山市民营企业软环境情报网络中心。2009年起，市工商联、市人事局开展非公有制企业职称评定。2012年，成立“眉山市民营经济发展协调小组”，做好会员维权服务。2000—2012年，市工商联举办民营建筑师任职培训、应对金融危机、企业融资、建筑企业升级、劳动合同法、企业决策与执行力提升、人力资源开发与绩效管理、卓越领导魅力、中小企业发展战略论坛等培训14次，培训非公有制经济人士3000余人次，组织企业家参加中央党校和四川省工商联培训200余人次。认定非公有制企业技术人员工程师27人。协调处理非公有制企业维权案件235件，投诉受理率和办结率均为100%。

经济联络 2000年起，地区工商联发挥商会经济性、民间性优势，加强经济联络。组织市工商联副会长、企业及部分区县政府及工商联、统战部、招商局参加“泛成渝经济圈商会合作峰会”3次。前往北京、上海、江苏、浙江、广东、福建等省、市考察经贸，实施项目推荐及招商引资牵线搭桥活动，与500余家外地企业家联系；与扬州市、惠州市、秦皇岛市、南宁市、成都市、厦门市、香港湾仔中西区、温州市工商联签订友好商会协议，建立友好商会。2012年，市工商联与工商银行眉山分行签署战略合作协议，建立银企商联动的新型金融服务平台。为中小会员企业提供融资4.9亿元。截至2012年年底，全市工商联共接待外来企业家1500余人次，获取有价值招商引资信息2000余条，引进项目128个，协议资金195.77亿元，到位32亿元。

（三）服务社会

1997年起，眉山地区工商联动员会员参与社会公益事业。2008年，眉山市工商联发动非公有制企业家向2008年“5·12”汶川特大地震灾区及受灾群众捐款、捐物近4000万元，捐资500万余元援建全市中小学校5所，争取外援资金600万元帮助医院、学校灾后重建。截至2012年年底，市工商联协调和组织会员筹集资金 3.51 亿元，用于抗震救灾、扶贫助困、助学等。其中 645 家企业参加“百企联百村”活动，通过产业带动、基础设施建设、全民创业、扶贫助困等方式，向 609 个联系村投资 2 亿元，建设种养殖基地 108 个，修路 504.37 千米，资助贫困学生 2194 人次，培训农村富余劳动力 4.7 万人次，解决农村就业 2.9 万人，发放农技资料近万份。

第六节　文学艺术界联合会

一、组织机构与代表大会

（一）组织机构

1997 年 11 月，成立眉山地区文学艺术界联合会。2000 年 12 月，眉山地区文学艺术界联合会更名为眉山市文学艺术界联合会（以下简称市文联），是市（地）委、市政府（地区行署）联系文艺界的桥梁和纽带，为全市文学艺术家协会的联合组织。2012 年，市文联有团体会员市作家协会、市美术家协会、市书法家协会、市摄影家协会、市音乐家协会、市舞蹈家协会、市电视艺术家协会、市诗词楹联学会、市诗歌协会、市散文学会、市老年书画研究会、眉山国画院、三苏书画院、市戏剧家协会（筹）14 个，涵盖各艺术门类。

眉山市作家协会　1998 年 5 月 15 日，成立眉山地区作家协会。2000 年 12 月，眉山地区作家协会更名为眉山市作家协会。1998—2012 年，召开第一至四次会员（代表）大会，宋明刚、胡舒、王影聪先后任主席。

眉山市美术家协会　1998 年 5 月 16 日，成立眉山地区美术家协会。2000 年 12 月，眉山地区美术家协会更名眉山市美术家协会。1998—2012 年，召开第一至四次会员（代表）大会，周华君、吕应鑫先后任主席。

眉山市书法家协会　1998 年 4 月 29 日，成立眉山地区书法家协会。2000 年 12 月，眉山地区书法家协会更名眉山市书法家协会。1998—2012 年，召开第一至四次会员（代表）大会，杨梁相、李国莲先后任主席。

眉山市摄影家协会　1998 年 8 月 25 日，成立眉山地区摄影家协会。2000 年 12 月，眉山地区摄影家协会更名眉山市摄影家协会。1998—2012 年，召开第一至四次会员（代表）大会，辜爱平、王国荣先后任主席。

眉山市音乐家协会　1998 年 11 月 20 日，成立眉山地区音乐家协会。2000 年 12 月，眉山地区音乐家协会更名眉山市音乐家协会。1998—2012 年，召开第一至四次会员（代表）大会，梁千材、刘正龙先后任主席。

眉山市舞蹈家协会　2001 年 11 月，成立眉山市舞蹈家协会。2001—2012 年，召开第一至三次会员（代表）大会，李文超、许益群、郑蕊先后任主席。

眉山市电视艺术家协会　1998 年 11 月，成立眉山地区电视艺术家协会。2000 年 12 月，眉山地区电视艺术家协会更名眉山市电视艺术家协会。1998—2012 年，召开第一至四次会员（代表）大会，蔡心华任主席。

眉山市诗词楹联学会　2011 年 2 月 15 日，成立眉山市诗词楹联学会，杨常沙任会长。

眉山市诗歌协会　1998年11月，成立眉山地区诗歌协会。2000年12月，眉山地区诗歌协会更名眉山市诗歌协会。1998—2012年，召开第一至四次会员（代表）大会，伍俊华任会长。

眉山市散文学会　2008年6月6日，成立眉山市散文学会。2008—2012年，召开第一至二次会员（代表）大会，周仲明任会长。

眉山市老年书画研究会　2007年6月，成立眉山市老年书画研究会。2007—2012年，召开第一至二次会员（代表）大会，卓明安任会长。

眉山国画院　2008年8月，成立眉山国画院。2008—2012年，召开第一至二次会员（代表）大会，吕应鑫任院长。

三苏书画院　2010年12月，成立三苏书画院，卓明安任院长。

眉山市戏剧家协会（筹）　2012年，眉山市戏剧家协会（筹备组），卫能翔任组长。

眉山市曾成立有辖区县文联6个。2000年5月，成立丹棱县文联。2007年3月，成立洪雅县文联。7月，成立仁寿县文联。2008年1月，成立青神县文联、东坡区文联、彭山县文联。

2005年，成立市群众文化学会。2008年，成立眉山市文化艺术创作中心。组建东坡艺术团。2012年，眉山市有12支业余文艺团队。

（二）代表大会

1998—2012年，眉山市（地）文联共召开4次代表大会，民主选举领导班子和工作机构。

眉山地区文学艺术界联合会第一次代表大会　1998年5月22日召开。地委书记李吉荣、地区人大工委主任李忠国、地委副书记牟刚俊、地委副书记卓明安、地委组织部部长苏灿等出席大会。特邀钱来忠、徐康、克非、赵英、王大华、周纲等省、市代表列席会议。中国文联、省委宣传部、省文联、省作协、巴金文学院和其他兄弟地市州文联发来贺电、贺信祝贺。李吉荣向大会致辞、卓明安讲话。大会听取地委宣传部副部长宋明刚作的文联工作报告，讨论并通过地区文联《章程》，选举产生地区文联第一届领导班子。宋明刚当选主席，李亚非、周仲明、李宗明、蔡心华、张毅、周华君、杨梁相7人当选副主席，宋奔任秘书长（1999年4月，增补为市文联副主席）。会议颁发眉山地区首届“东坡文艺奖”，59位作者获奖。

眉山市文学艺术界联合会第一次代表大会　2002年8月20日召开，参会代表113名。省作协副主席徐康致辞，市委书记晏永和发表《坚持先进文化前进方向，努力发展繁荣我市文学艺术事业》讲话；市委副书记苏灿发表《大力繁荣三苏故里文艺事业，为眉山跨越发展营造良好氛围》讲话。大会审议并通过宋明刚作的《与时俱进，继往开来，为创造新世纪三苏故里文艺的新辉煌而努力奋斗——在眉山市文联第一次代表大会上的工作报告》《眉山市文学艺术界联合会章程》（草案）；选举产生市文联第一届领导班子，宋明刚当选主席，王晋川、刘川眉、宋奔、李亚非、周仲明、蔡心华当选为副主席，聘任朱卫红为秘书长。会议颁发眉山市第一届“东坡文艺奖”，获奖作品113件。

眉山市文学艺术界联合会第二次代表大会　2006年9月15日至16日召开，参加会议代表118名。市委书记蒋仁富发表《弘扬东坡文化，繁荣文艺事业》讲话，省文联党组书记、常务副主席黄启国致辞。大会审议并通过《工作报告的决议（草案）》和《章程修改的决议（草案）》，选举产生市文联第二届领导班子，胡舒当选主席，王晋川、刘川眉、蔡心华、邓敏、杨常沙、雷金贵、杨梁相当选副主席，聘任顾伶俐为秘书长。会议颁发眉山市第二届“东坡文艺奖”，获奖作品131件。2010年10月，眉山市文联二届四次全会委选举顾伶俐为市文联副主席。2012年1月，眉山市文联二届五次全委会选举王影聪为市文联主席，李国莲为市文联专职副主席。

眉山市文学艺术界联合会第三次代表大会　2012 年 3 月 23 日至 24 日召开，参加会议 152 名。市委书记李静发表《弘扬东坡文化，繁荣文艺事业》讲话，省文联党组书记、常务副主席黄启国致辞。大会审议并通过《工作报告的决议（草案）》，选举产生市文联第三届领导班子，王影聪当选为主席，李国莲为专职副主席，顾伶俐为副主席，杨勇、李亚非、杨常沙、彭蜀宁、雷金贵、周仲明、王晋川、周华君、刘小川、吕应鑫、邓枫、何学斌等 22 人为兼职副主席，聘任沈荣均为秘书长。举办五年文艺成果展、书画摄影作品展、文艺演出。

二、主要工作与活动

眉山市文联每年主要组织文艺座谈会、征文、研讨会等活动。

（一）文艺座谈与研讨

文艺座谈　1998 年，举办“眉山地区中秋文艺座谈会”。1999 年，举办纪念苏东坡 962 年诞辰座谈会。2008 年，召开眉山市文艺工作者座谈会，中秋诗歌创作座谈会。2009 年，承办四川省老年书画研究观摩座谈会，2009 年当代中国诗人文宫桃花笔会，纪念三苏南行 950 周年书画笔会。2010 年，在眉山举行成都市《青年作家》杂志社眉山文学座谈会，四川省文联舞台艺术创作及资源调查座谈会。眉山市摄协、市书协协办在成都市文化馆举行成都·眉山两地文化交流活动。2011 年，举办眉山市文艺界庆祝中国共产党成立 90 周年座谈会，当代文学大师张炜“数字时代与东坡文化”讲座。2012 年，市文联召开纪念毛泽东《在延安文艺座谈会上的讲话》发表 70 周年座谈会，市政协主席、市文联主席王影聪发表《为民德艺双馨，讴歌快乐生活》讲话。市作协举办《东坡》文学季刊创刊座谈会；市散文学会召开年会。市文联召开半年工作总结暨《眉山文艺》通联工作座谈会。举行眉山市第五届“苏东坡文艺奖”颁奖大会暨“品眉山文化”专题讲座，由市政协主席、市文联主席王影聪主讲。四川省书协、眉山市文联主办，四川省书协理论委员会、省书协书法培训中心、眉山市书协在眉山承办纪念毛泽东《在延安文艺座谈会上的讲话》发表 70 周年、纪念苏东坡 975 周年诞辰暨四川省第三届书法理论研讨会。

东坡区《百坡》诗歌笔会现场（摄于 2010 年 10 月）

文艺研讨　2003 年，召开“建设眉山文化名市研讨会”。2004 年，在电解铝厂举行启明星电解铝续建工程开工仪式暨“启明星之春”书画笔会。在三苏祠举行纪念《黄州寒食诗帖》问世 922 年暨《三人行》首发式。2008 年，召开“眉山市文艺界解放思想更新观念研讨会”。举办刘小川《品中国文人》研讨会，张炜、吕汝伦、魏心宏等省内外文化名人、作家 70 余人参加。邀请山东省作协主席、著名作家张炜，《小说界》主编、上海文艺出版社副总编辑魏心宏，为眉山市宣传文化系统干部和文艺界人士举办“中国传统文化”讲座。2009 年，承办中国散文学会“现代散文发展趋向与在场主义”学术研讨会，2009 年四川省篆刻艺术研讨会，在场主义散文西安研讨会等。2010 年，召开眉山市文艺界迎春茶话会。市老年书画研究会举办书画讲座和书法笔会。2011 年，宋学镰长篇小说《灵泉寨》研讨会，全国手卷展和邓石如展作品看稿会，东坡墨苑书法大讲堂，纪念“5·12”汶川特大地震三周年书法笔会。2012 年，市政协、市委宣传部在眉山举行“刘小川长篇传记小说《苏东坡》研讨会”，来自省内外的知名专家学者以及眉山市文学爱好者 80 余人参加会议。市书协、市美协举办迎国庆“茶艺文化”书画笔会。市文联、市妇联、市书协举办全市县级妇女干部“书法线条美”专题讲座。

（二）征文

1999 年，地区文联和《散文百家》编辑部联合在眉山主办“’99 全国散文笔会”。2001 年，召开纪念中国共产党成立 80 周年征文颁奖大会。2005 年，举行“彭祖·八百寿杯”和谐眉山征文活动颁奖仪式。2012 年，市诗协和仁寿县文联启动仁寿曹家“梨花杯”诗歌创作征文活动。

（三）文艺创作项目扶持

2006 年，市文联组织艺术家编辑出版《周成仕山水画集》《谢泰伟画集》《阳光不锈》等专著。2007 年，市文联、市作协和洪雅县委宣传部组织创作反映四川省重点工程四川瓦屋山水电站建设的长篇报告文学《瓦屋脊梁》，由中国文史出版社出版。

第七节　残疾人联合会

1997—2012 年，眉山市各级残疾人机构健全。市（地）委和市政府（地区行署）高度重视残疾人事业，积极搭建残疾人服务平台，动员全市机关、企事业单位和社会力量，扶持残疾人就业、维权和康复工作，组织开展残疾人扶贫活动，帮助残疾人解决实际困难。落实普（特）惠政策保障措施，促进残疾人平等参与社会生活。

一、组织机构与代表大会

（一）组织机构

1997 年 12 月，设立眉山地区残疾人联合会，与地区民政局合署办公。1999 年 8 月，眉山地区残疾人联合会从地区民政局分出单列。2000 年 12 月，撤销眉山地区残疾人联合会，设立眉山市残疾人联合会。至 2012 年，机构未变。

基层残疾人组织还包括县、乡镇（街道）残联和村（社区）残协。1997 年，眉山地区部分县残联机构计划单列。1999 年，全区村级组织建立残疾人工作小组，村主任兼任组长，确定残疾人联络员 1 人。2001 年，眉山市 6 个县（区）残联实现机构升格、计划单列、理事长专职。2004 年，眉山市 5 个县残联配备残疾人理事长、副理事长或工作人员。社区均建立残疾人协会，各县（区）有 1 个社区示范点。健全市级盲人协会、聋人协会、肢残人协会、智力残疾人及亲友会、精神残疾人及亲友会组织，各县（区）至少建立 3 个专门协会。2006 年，全市开展基层残疾人组织规范化建设。重点提高乡镇（街道）和村（社区）残疾人组织建设达标面，建立村残协 1076 个、占行政村总数的 90.7%，建社区残协 150 个、占社区总数的 94.9%。基层残疾人组织建立培训、信访、台账、资料收集等制度。建立和健全市、县肢残人协会、聋人协会、盲人协会、智力残疾人亲友会和精神残疾人亲友会等 5 类专门协会，并组织开展活动。眉山成为四川省基层残疾人组织规范化建设全面达标市。

2007年，建成村（社区）残协基层残疾人组织建设工作示范点13个。至2012年，眉山市县（区）残联机构均建有残疾人综合服务设施。所有乡镇（街道）残联和村（社区）残协均达标，落实专职委员待遇。

（二）代表大会

眉山地区残疾人联合会第一次代表大会　1999年11月29日至30日召开，地委副书记、行署专员尹志君在开幕式致辞，行署副秘书长、办公室主任、地区残联第一次代表大会筹备组副组长范智能作题为《坚韧图强，求是创新，为眉山新区残疾人事业的持续发展而努力奋斗》的工作报告。会议选举地区政协工委主任严文清为地区残联第一届主席团名誉主席，地区副专员黄峰为地区残联第一届主席团主席，范智能、宋建新、李小中、李树林、宋明刚、毛文远、林晓、张正华、余浩、黄劲松、黄玉蓉、曾乐斌、余德怀、邓宁西、张仲安为地区残联第一届主席团兼职副主席。

眉山地区残疾人联合会第一次代表大会（摄于1999年11月）

眉山市残疾人联合会第二次代表大会　2006年9月6日至7日召开，市委书记蒋仁富在开幕式上讲话，提出如何做好眉山市“十一五”期间的残疾人工作要求和希望。市残联党组书记、副理事长曾乐斌作题为《团结带领广大残疾人，与全市人民一道共建和谐眉山》的工作报告。会议选举市政协主席严文清为市残联第二届主席团名誉主席，副市长宋思彬为主席团主席，徐成良、曾乐斌、陈泽刚、邓宁西、吴涛、黄志强、何月华为兼职副主席。

眉山市残疾人联合会第三次代表大会　2012年3月23日至24日召开，四川省残联巡视员齐乐生出席开幕式并致辞。市委书记李静讲话，要求各级党委、政府高度重视残疾人事业发展，残疾人工作者秉承“人道、廉洁、服务、奉献”的职业道德，兢兢业业做好工作。市残联党组书记、理事长曾乐斌作题为《推进新跨越，开创新局面，团结带领广大残疾人共建富裕美好眉山》的工作报告。大会表彰扶残助残先进集体、先进个人和自强模范，选举市纪委书记祝云为主席团主席，徐成良、曾乐斌、陈泽刚、郭伟、邓宁西、姜凌云、李恺祥、王玉泉、马明宇、邹金忠、黄均成、吴涛为主席团兼职副主席。

1998—2012年，李小中、范智能、曾乐斌先后任眉山市（地）残疾人联合会理事长，曾乐斌、刘永毅、张平松、彭洪先后任副理事长。

二、主要工作与活动

（一）残疾人就业

就业培训　1997年起，眉山地区各县残疾人劳动服务机构开展残疾人就业定向培训。2000年，举办盲人按摩培训班，培训盲人12人。2001年，依托社会培训机构，眉山市开展残疾人蔬菜、养羊、竹编等生产实用技术培训。举办盲人按摩培训班1期19人，以师带徒培训6人。2003年，全市举办种植、养殖技术培训班，培训残疾人2000余人。举办盲人按摩、缝纫等职业技能培训，培训残疾人100余人。选拔残疾人11人参加四川省残疾人职业技能竞赛。2006年，举办全市首届残疾人职业技能竞赛。眉山市承办四川省第二届残疾人职业技能竞赛，四川省230名选手参加15个项目比赛。眉山市31人参赛，获团体一等奖、组织奖和道德风尚奖，14人获奖。2007年起，全市各级残联开展残疾人服装裁剪缝纫、电器维修、美容美发、烹饪、种植业、养殖业、家庭副业等职业技能和实用技术培训。当年，培训130期1.7万人次。2012年，全市培训城镇残疾人1031人，农村贫困残疾人4055人。初级盲人保健按摩师就业培训的47名残疾学员全部推荐就业。组织残疾人企业家8人参加四川大学残疾人企业家创业项目培训；基层残疾人专干16人参加清华大学基层就业指导师远程教育培训；农村残疾人176人参加四川农业大学高级农技师实用技术培训。

残疾人就业保障金征收　2000年起，眉山地区向安置残疾人就业未达到规定比例的单位征收残疾人就业保障金。2004年，市政府召开全市残疾人就业保障金财政代扣，地税代征工作会议，推进残疾人就业保障金征收。当年，征收360万元。至2012年，眉山市年征收额增至2595万元。通过征收残疾人就业保障金，推进建立残疾人就业服务机构，为残疾人提供就业机会。

就业　1998年，地区行署发布《眉山地区按比例安置残疾人就业实施办法》，明确按比例安置残疾人就业。当年，全区按比例安置残疾人就业154人。至2000年，全区各用人单位分散按比例安置残疾人1500余人就业，34家福利企业集中就业800余人，扶持残疾人个体开业2700余个。农村残疾人从事种植业、养殖业、家庭手工业或在各类企事业、服务业、商业从业，稳定就业人数11.8万人。至2004年，眉山市按比例安置残疾人1600余人。福利企业增至38家，集中安置1200余人。2006年，鼓励、扶持残疾人个体从业和组织起来就业，残疾人领办的民营、私营企业51家，个体工商户3115户，残疾人5600人就业和再就业。2007年，青神县肢残人协会培训肢残人从事竹编生产，直接吸纳残疾人14人就业，带动残疾人家庭34户从事竹编生产。2012年，眉山市按比例安置残疾人就业2500余人，福利企业集中安置残疾人1235人。残疾人领办的民营、私营企业51家，残疾人个体工商户4515户，实现就业再就业1.8万人。盲人按摩成为眉山新兴的商业景观和盲人就业品牌，全市盲人按摩机构63家，从业260人（盲人153人）。居家从业及其他自主择业的残疾人1000余人。支持、服务残疾人5.3万户农户从事养殖业、种植业、加工业和服务业。截至2012年年底，盲协主席邓宁西创建集保健按摩、浴足于一体的盲人按摩中心，成为盲人按摩培训基地，盲人就业示范基地，拥有4个分院，邓宁西获全国自强模范称号。市肢协开展“阳光出行”等活动，创办《感动》刊物，宣传残疾人自强不息事迹。青神县著名竹编工艺师宋美湖参加上海世博会生命阳光馆才艺展示。

（二）残疾人帮扶

残疾人托养　2008年，眉山市开展残疾人托养服务，对由家庭供养的，处于就业年龄且不在业的智力、精神及重度残疾人提供日间照料和全托服务。采取残联自办、整合社会资源联办、民办公助等多种形式，与就业、康复相结合，生活技能训练、职业康复、职业培训与教育、工疗、农疗就业培训融为一体，开设托养服务工场、职业康复工场。当年，全市兴办托养机构5个（市级1个、区县4个），托养智力、精神残疾人66人。2010年，实施国家“阳光家园”计划，成立眉山市残疾人托养服务中心。争取中央“阳光家园”计划资金334万元。彭山县利康家园和青神县阳光庇护农场首批纳入省残联资助的县级托养机构。全市居家托养智力、精神和重度残疾人1781人。2012年，眉山市被中国残联确定为全国第二批“阳光家园”示范区创建单位。全市托养机构11个，居家托养智力、精神和重度残疾人2077人。

残疾人扶贫　1997年起，眉山地区在全国助残日、国际残疾人日、元旦春节等重大节日，组织开展走访慰问贫困残疾人活动，帮助残疾人解决实际困难。1998年起，动员全区机关、企事业单位和社会力量开展“帮、包、带、扶”到户活动，扶持残疾人贫困户。开展康复扶贫项目筛选和申报，当年眉山县、洪雅县分别得到康复扶贫贷款100万元，四川省配套资金20万元。1999年，全区推行小额信贷，发放康复扶贫贷款930万元，仁寿县、眉山县、青神县通过康复扶贫贷款资金建立扶贫实体和基地，辐射到残疾人家庭。眉山县、仁寿县、青神县利用康复扶贫贷款项目建立扶贫实体和扶贫基地，通过公司加农户方式，将科技推广到户、技术培训到户、生活服务到户、小额信贷到户、乡镇（村社）干部包扶贫到户，帮助残疾人解决温饱问题。2002年，眉山市开展残疾人扶贫“四个一”（帮扶一个可扶持农村贫困残疾人家庭，帮助培育发展一个致富项目，帮助解决一个生产的困难，确保残疾人家庭人均纯收入每年增长10%）活动，帮扶单位分别走访慰问残疾人联系户，制订相应的帮扶措施，筹集资金，救助贫困残疾人。当年，发动800余个党政军群机关、企事业单位结对帮扶残疾人贫困户820户。2003年，扩大小额信贷规模，扶持残疾人发展生产。农村信用社对残疾人贷款优先，利率优惠，贷款1万元以下的实行信用贷款，利息下浮10%~20%，还款期限适当延长。2004年，落实农行康复扶贫贷款7700万元、农村信用社小额信贷2100万元，帮助残疾人从事种植业、养殖业、手工业和服务业，扶持贫困残疾人9652人，其中3210人脱贫。2005年，市委、市人大、市政府、市政协主要领导分别率队，下访各区县贫困残疾人，解决残疾人生产、生活实际困难。全市机关干部1.86万人下访慰问残疾人1.2万人，发慰问金240万元、慰问品3万件。加强贫困残疾人技能、实用技术培训和产前、产中、产后服务。当年，全市扶持农村贫困残疾人13万人，9800人脱贫。至2007年，全市发放小额信贷贴息贷款、康复扶贫贷款2.83亿元，扶持和带动残疾人及家庭成员7120人种植蔬菜127公顷、蘑菇21公顷，饲养生猪6800头、家兔4万只。2008年，全市各县（区）列入康复扶贫贷款管理体制改革试点，争取中央财政贴息94.5万元。农行、农村信用社发放康复扶贫贷款2300万元，为残疾人农户2800余人小额信贷贴息，扶持创业致富发展种植、养殖业、农副产品加工业。支持吉香居、恒泰企业壮大残疾人扶贫基地。8个残疾人扶贫基地通过基地加农户方式，扶助种蔬菜、种药材、养猪、养兔、养鸡。全市农村残疾人稳定从业9.49万人。其中规模种养殖大户45户。2011年，全市开展“温暖万家行”活动。各级党委、政府及其相关部门春节前慰问2500户残疾人每户价值300元慰问品。至2012年，在残疾人扶贫“四个一”活动中，全市1315个机关团体企事业单位和个人结对帮扶贫困残疾人家庭1346户，捐赠扶贫资金150万元、化肥180吨、种兔1500只、种羊7642只、良种猪384头及大量的衣物和生活用品。扶持饲养奶牛650头、生猪2320头，发展果园100公顷，慰问残疾人6973户。建成扶贫实体（企业）4个、扶贫基地12个，扶持农村贫困残疾人15万人。

残疾人危房改造　1998年起，眉山地区实施残疾人“无墙户”改造。当年，改造“无墙户”568户，残疾人及家庭成员2943人迁入新居。2003年，调查农村贫困残疾人住房状况，眉山市有贫困残疾人3.82万户4.2万人。其中危房户4566户、无房户849户。2004年，眉山市实施国家彩票公益金危房改造助残项目，实施残疾人安居工程。当年，全市改造残疾人132户危房528间9636平方米，426人迁入新居。2006年，市委、市政府将资助农村特困残疾人危房改造列入为民办实事内容。投入1020万元，改造残疾人危房850户，新建房屋3642间6.8万平方米。2008年“5·12”汶川特大地震发生后，市委、市政府将残疾人住房纳入灾后农房重建。当年投入震后重建资金5300万元，重建2358户。筹集48万元再补助灾后重建有困难残疾农户每户2000元。至2009年，全市共投入资金7543万元，改造和重建残疾人危房5006户，基本消除贫困残人危房。此后，残疾人危房改造纳入住建部门危房改造统筹规划实施。

（三）康复工作

康复机构　2007年，眉山市加强社区康复建设，建立康复服务机构15个，社区康复站（点）7个。确定东坡区思蒙镇医院、洪雅县三宝镇医院为康复辅助定点医院。2009年，投资1600万元，建成市残疾人康复中心，设床位66张，配备医务工作者35人。成为以现代康复医学为主导，集康复医疗、康复科学普及、康复人才培训、康复信息服务和社区康复服务于一体的全市康复事业技术资源中心和示范窗口。2010年，全市开设“三瘫一截”和脊原性疾病等骨伤疾患精品业务及白内障复明手术、脑瘫儿康复、聋儿语训、辅助器具等业务。丹棱县被民政部、卫生部和中国残联命名为“全国残疾人社区康复示范县”。至2012年，市残疾人康复中心共收治脑瘫儿童140名，完成康复训练1.08万人次，实施白内障复明手术1467例，收治安装人工耳蜗聋儿12名，佩戴助听器聋儿9名。收治“三瘫一截”和脊原性疾病患者1.86万人次，其中完成偏瘫诊治3700人次，截瘫康复训练710人次。单日最高在院人数121人。

眉山市残疾人康复中心（市康复医院）开诊（摄于2009年11月）

白内障复明　1997年起，眉山地区配合四川省“视觉第一，中国行动”白内障复明手术医疗队，集中实施白内障复明手术。2000年，地区人民医院建成“视觉第一，中国行动”四川省白内障复明手术眉山地区定点医院，全年实施白内障复明手术982例、低视力康复15例。2003年，市委、市政府将“资助1000名贫困白内障患者实施复明手术”列为“市委、市政府为民办十件实事”之一。2004年，市政府在市第一人民医院举行眉山市资助1000名贫困白内障患者启动仪式。各级残联、卫生部门以乡镇为单位，从2.5万名眼疾患者中筛查出贫困适应证1650余人。分别在市第一人民医院、市第二人民医院、仁寿县人民医院和洪雅县人民医院集中实施免费、优惠白内障复明手术1200例。2007年起，全市实施“包玉刚—陪庆光明”白内障复明项目，多渠道筹集资金，实施白内障复明手术。2009年，全市为贫困白内障患者实施复明手术2020例。2010年起，市残疾人康复中心（市康复医院）开展资助贫困白内障患者实施复明手术，每年资助贫困白内障患者1000人实施复明手术。至2012年，全市实施白内障复明手术1.96万例、低视力康复273例。实现白内障复明无障碍市。

残疾儿童康复　1997年，眉山地区依托眉山特殊教育学校建立聋儿语训部，开展残疾儿童语训。1998年起，开展残疾儿童家长培训。当年，培训残疾儿童57例、培训残疾儿童家长120人。至2000年，全区开展残疾儿童培训136例。2005年，眉山市开展聋儿早期康复教育培训，确定0~10岁聋儿93人为培训对象。在东坡区、仁寿县特校和彭山县、洪雅县幼儿园开展听力语言训练。选送语训教师8

人参加全国聋儿师资培训。开展受训聋儿听力测试、验配耳模等，免费为聋儿配送助听器55台。至2006年，全市培训残疾儿童388例，免费实施贫困肢残儿童手术14名。2007—2008年，眉山市实施“瑞声达助听器”“听力助残”项目和“听力重建·启聪行动”“阳光之声频道”终端捐赠活动等，筛查登记0~7岁聋儿，康复训练聋儿34人。邀请四川省聋儿康复中心教师、瑞声达助听器西南片区经理，为受助聋儿逐一听力测试，验配耳模和助听器。为聋儿免费配戴助听器68台。2009年，组织开展听力障碍预防与康复业务培训，培训社区、农村基层残疾人专职委员、卫生人员以及听力障碍儿童家长。筛查全市1岁~6岁听力障碍儿童。2010年，市残疾人康复中心开设脑瘫儿康复、聋儿语训业务，抢救性康复训练脑瘫儿16人，验配助听器18台。2012年，市委、市政府将救助贫困家庭脑瘫儿童，救助贫困家庭重度听力残疾儿童纳入民生项目。协助八一康复中心复查出脑瘫儿260人，报送其中符合手术指征的患儿58人资料档案。救助贫困家庭重度听力残疾儿童，初筛“七彩梦”人工耳蜗救助项目聋儿34人。救助贫困家庭脑瘫儿童、重度听力残疾儿童250人。

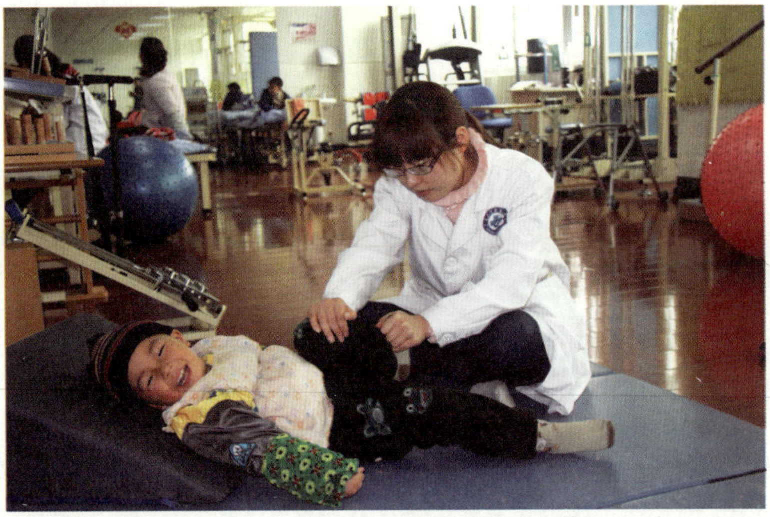

残疾人康复中心工作人员正在为脑瘫儿童做康复训练（摄于2012年3月）

精神病人康复　2001年，东坡区实施精神病防治试点。普查全区精神病人，检出率80%，覆盖面100%，精神病人监护率95%。2007年，眉山市为贫困精神病患者200人提供免费服药、40人免费住院。2008年，眉山市实施精神病防治康复项目，住院病人40人各补助3000元。截至2012年年底，眉山市建立贫困精神病患者救助卡，关爱精神病患者5409人，为贫困精神病患者996人免费发放精神康复药品。

辅具适配　1998年起，眉山地区为全区残疾人提供用品用具。当年，提供10种。1999年，全区实施肢体矫形手术28例，装配矫形器32个。2001年起，眉山市实施国家彩票公益金和“长江新里程”项目，安装简易假肢。2004年，眉山市实施国家彩票公益康复项目，安装普及型大腿假肢。2007年，全市实施“阳光伴我行”轮椅项目，中国福利基金会和世界轮椅基金会赠送“阳光伴我行”轮椅1000辆。以社区为基础，家庭为依托开展服务，为残疾人1.1万人提供康复服务。2008年，实施“同在蓝天下”肢残矫形康复等项目，为肢残人20人提供3000元矫形手术援助。截至2012年年底，全市为残疾人提供用品用具1.1万件、轮椅4200辆，安装假肢345例。

（四）残疾人维权

信访　1997年起，眉山地区将残疾人信访工作作为维护社会稳定，促进社会文明和安定重要工作，市、县、乡镇残联落实“信访条例”，听取残疾人诉求，协调解决残疾人困难和问题，维护残疾人合法权益。2007年，仁寿县残联依靠党政妥善处理残疾人机动轮椅车车主上访问题。截至2012年年底，眉山市接待处理残疾人信访件1.33万人次（件）。

残疾人优惠　1998年，眉山地区乡镇以维权为重点，出台残疾人优惠政策，农村残疾人不同程度地享受减免各种费用、积累工、义务工和公益事业费等。各县开展残疾人状况调查、登记，核发残疾人证，当年核发残疾人证860本。2002年，市政府印发《眉山市实施残疾人优惠政策的规定（暂行）》。彭山县、青神县、洪雅县相继出台优惠政策。2008年起，换发第二代残疾人证，当年核发第二代残疾人证4.45万份。2009年，市委、市政府下发《关于促进残疾人事业发展的意见》，明确残疾人优惠政策。市人大常委会开展残疾人保障法执法检查，深入彭山县、洪雅县、青神县实地视察检查残疾人托养机构、福利企业、社区残疾人组织、残疾人养殖基地以及部分残疾人企业等，推进全市残疾人平等参与经济社会生活。2011年起，全市推行为残疾人提供“量体裁衣”式个性化服务。乡镇、村（社区）为每个残疾人“量身定做”一套个性化的发展方案或帮扶方案，举办个性化服务培训，培训区县残联系统人员318人。全市60岁以上的农村低保老年残疾人全部纳入新型农村社会养老保险。东坡区、仁寿县、洪雅县、丹棱县将生活不能自理，需要照顾的智力和精神残疾人及其他重度残疾人，政府为其代缴每人每年100元全额养老保险费，给予缴费档次的政府补贴。2012年，全市新确立残疾人个性化服务内容12大项120个小项，由乡镇（街道）、村（社区）残疾人管理人员逐户走访。建立全市残疾人数据信息平台，为14.5万名残疾人提供个性化服务96.19万项次。服务内容包括社会救助、社会保险补贴、社会福利、康复、教育、培训、就业、发展生产、文化体育等。

无障碍设施建设 2000年起，眉山地区执行国家无障碍设计规范和建设审批程序，推广适用的无障碍设施。当年，建成无障碍设施示范街（区）5个。2003年，眉山市加强城市道路和建筑无障碍设施建设，市中心城区修建盲道2.8万米，坡道63个。2004年，全市新建广场、公共场所、街道和旧城改造中，新建坡道850个、盲道3.09万米、方便残疾人使用的公厕5个。2005年，全市修建坡道1700个、盲道6.09万米、方便残疾人使用的公厕20个。2011年起，市委、市政府将残疾人家庭无障碍改造纳入民生工程项目。当年，为有需求的残疾人家庭实施无障碍改造345户。至2012年，全市为有需求的残疾人家庭实施无障碍改造997户。

法律援助 2000年，眉山地区、县建立残疾人法律援助中心，开展残疾人法律援助。2001年，成立市残疾人法律援助中心，眉山市建成法律维权工作站7个。2004年，市委、市政府将残疾人法律援助工作纳入为民办实事内容之一。当年，全市办理残疾人维权案件14件，为残疾人提供法律服务1053人次。2007年，眉山市残疾人法律援助中心协调律师、法律工作者为残疾人提供“优先、优质、优惠”的法律服务和法律援助。办理残疾人法律援助案件26件，提供涉及权益保护、财产、人身伤害等法律咨询服务680人次。2012年，全市各级法律援助机构为残疾人提供法律咨询869人次、法律服务537人次。

（五）残疾人宣传和文体活动

残疾人事业宣传 1998年，眉山地区围绕“扶贫解困”主题开展“助残日”活动，报社、电视台等媒体广泛宣传残疾人事业，反映残疾人生活，弘扬自强精神、助残典型。2000年，《眉山日报》发宣传残疾人事业稿件15篇，眉山电视台播出专题节目1期，播发新闻6次。发行《中国残疾人》《三月风》《爱心》杂志。2001年，《眉山日报》开办《残缺的人生唱一支铿锵的歌》专版，眉山电视台开办《自强人生》专题节目，宣传眉山残疾人事迹。2005年，眉山市推荐6件作品参加“第八届全国残疾人事业好新闻奖”评选活动。2007年，全市选送作品参加第九届“中国残疾人事业好新闻奖”和“五个一工程”奖评选。开展第十七次“全国助残日”系列宣传活动，报道重点康复项目。2010年，眉山电视台制作残疾人事业专题片2个，在黄金时段播出。全年播出反映残疾人事业

的新闻 36 条，专题节目 13 个，报刊专版 3 个。2012 年，中央、四川省级媒体宣传报道眉山残疾人事业 33 次。《眉山日报》、眉山电视台报道 36 篇，其中专题报道 6 次。

残疾人文体活动　1998 年，眉山地区利用公共文化活动场所，开展残疾人群众文化体育活动。1999 年，选送眉山特校 6 个节目参加第四届全国盲聋哑学校文艺会演，选送 5 件作品参加四川省残疾人书画作品展。2001 年，眉山市组织参加全国、四川省残疾人书法、绘画、摄影作品展，艺术会演等。2002 年，市委宣传部、市文体局、市广播电视局、市残联举办“同在蓝天下”爱心义演活动。2004 年，推荐 6 幅作品参加全国残疾人摄影大赛，举办“爱心托起我的梦”为主题的残疾人专题演出。2005 年，眉山市组织 12 个节目参加“全国第六届残疾人文艺会演”，3 个节目获奖；推荐 7 个节目参加“第一届全国盲人歌手录音录像大赛”“第一届肢残人卡拉 OK 歌手大赛”，7 个节目获奖。2008 年，仁寿县特校聋生舞蹈《同一片蓝天》，在国家体育馆“集善嘉年华 · 北京 2008”大型公益晚会上演出。反映眉山白内障复明的摄影作品在“第四届残疾人在祖国怀抱中”全国摄影展获奖。2009 年，眉山市选送 11 个节目参加第七届全国残疾人艺术会演，丹棱县《唢呐》被评为全国优秀奖和四川省一等奖。2011 年，举行眉山市残疾人文化艺术节，开展具有眉山特色的文化艺术活动。在 6 县（区）开展眉山市残疾人文化艺术活动周。各县（区）残联组织包括声乐、器乐、舞蹈、戏剧小品、诗歌朗诵等文艺节目 42 个，艺术作品 125 件。举行眉山市第二十一次全国助残日文艺演出。组团参加四川省残疾人文化艺术节，6 件作品获奖。2012 年，全市以“共享文化，放飞梦想”“自强不息、感恩奋进”“知识改变命运”等为主题，开展乡镇、社区残疾人文体活动，残疾人社会主义核心价值观教育活动，组织残疾人多读书、读好书，让残疾人在读书学习中自强、充实、提高。开展主题为“自强、感恩、奋进”的残疾人励志演讲活动，发掘具有时代特征的优秀残疾人和残疾人工作者的先进事迹。

第八节　红十字会

1997 年，地区卫生局内设红十字会，2007 年 2 月，眉山市红十字会由挂靠市卫生局划出单列。眉山市红十字会承担卫生培训救护、争取卫生项目、救灾救助等工作。

一、组织机构

1997 年，眉山红十字会设在地区卫生局，由医政科负责日常工作。2003 年 9 月，市卫生局设置市红十字会办公室（区科级）。2007 年 2 月，市红十字会由挂靠市卫生局调整为市政府领导联系，为依法独立从事人道主义工作的社会救助团体。2008 年 11 月，召开眉山市红十字会第一届会员代表大会，选举产生市红十字会第一届理事会领导机构，名誉会长蒋仁富、李静，会长杨玉仙、副会长朱万建、徐井万、陈桂花、李康、贾来朝、徐一丹（专职），秘书长潘相熹。

眉山市红十字会团体会员有眉山市第一人民医院、眉山市疾病控制中心、眉山市中心血站、眉山市卫生执法监督支队、眉山市红十字医院、眉山市三医院、眉州医院、眉山创伤外科医院、眉山骨科医院、眉山消化病医院、眉山男科医院、眉山仁德医院、眉山市第一小学、眉山尚都房地产有限公司、眉山飘香居食品有限公司 15 个。

2007 年，眉山市中铁二局二处医院增挂“眉山红十字医院”牌子。2009 年，中铁二局二处医院撤销“眉山红十字医院”牌子，眉山红十字博爱医院增挂“眉山红十字医院”牌子。

二、主要工作与活动

（一）卫生救护培训

2007年起，眉山市举办初级卫生救护培训班、糖尿病防病知识公益讲座等。当年，市红十字会在易发生意外伤害的交通、矿山、建筑、电力等行业中开展卫生救护培训，进社区、进企业、进校园开展普及宣传培训，内容包括防灾减灾、逃生避险、卫生防病等知识，普及宣传培训2.15万人。开展卫生救护培训1235人次。截至2012年年底，全市共举办初级卫生救护培训32期，培训消防武警、驾驶员、工业园区工人、导游、居民、学生、公司职工等1979人次。开展卫生救护培训2.56万人次，其中初训2.35万人次、复训2079人次。

（二）项目工作

2008年起，眉山市红十字会争取北京市红十字会雪灾款援助眉山“博爱村卫生站”项目10个10万元，每个村卫生站1万元，10个项目点为洪雅县瓦屋山镇崔湾村卫生站、雷坪村卫生站、射亭村卫生站、李湾村卫生站、小店村卫生站、桃源乡武陵村卫生站、高庙镇中和村卫生站、七里村卫生站、柳江镇两河村卫生站、东岳镇千秋村卫生站，2009年完工。2010年，红十字总会成都备灾中心项目落户眉山，项目分仓库和培训中心两期，项目总投资1亿元。2011年，全市争取到眉山市红十字会试点设施中国红十字会总会“博爱家园”项目3个105万元。主要在社区和村组建立红十字会基层组织和应急救灾救护网络，开展红十字特色的防灾减灾、应急救护、逃生避险、健康卫生等社区工作，建立社区生计基金，完善社区功能，强化公益设施建设。全国人大常委会副委员长、中国红十字会总会会长华建敏实地考察项目点。眉山市投入325.6万元改造更新中心血站血库、血液检测系统。2012年10月举行红十字总会成都备灾中心项目开工奠基仪式。新增青神县河坝子镇玉蟾村1个项目点。

（三）救援救助

赈灾救灾　2007年4月，眉山市遭受罕见的冰雹灾害，仁寿县、东坡区、青神县受灾严重。市红十字会及时收集灾情上报省红十字会，争取到四川省红十字总会价值2.6万元的救灾棉被；仁寿县红十字会募集捐款6.9万元。2008年汶川特大地震发生后，眉山市红十字会实地考察丹棱县、洪雅县、仁寿县严重受灾区；收集了解汶川县北川县等重灾区受灾情况，紧急启动眉山市红十字会“5·12”地震灾害一级响应救灾预案，设置抗震救灾募捐办公室，制作宣传标语、募捐倡议书宣传单、募捐箱。司机、工人、学生、企业员工等红十字志愿者200余人参与募捐款物清点、登记，救灾物资搬运、分发，照顾重灾区转至眉山的伤病员。市红十字会设置募捐点8个，募集资金、物资1024万元（资金775.9万元、物资价值248.1万元），接收中国红十字会总会灾后重建项目资金1039万元、四川省红十字会下拨紧急救灾款500万元、中国红十字基金会学校重建款100万元、北京红十字会学校重建款45万元。2009年，眉山市红十字会向中国红十字会总会争取到“5·12”汶川地震项目16个、资金1469万元（中国红十字会总会1039万元、中国红十字基金会100万元、市红会募捐330万元）。用于恢复重建9所学校教学楼和7个乡镇卫生院。市红十字会、市外侨台办、市妇联、市总工会、团市委等部门组织社会各界向台湾遭受“莫拉克”台风袭击募集资金62万余元。2010年，市红十字会为海地地震、智利地震、青海玉树地震、甘肃舟曲泥石流、四川“8·13”泥石流发起救助募捐活动，募集资金115万余元，上缴四川省红十字会。2011年3月，日本发生地震、海啸，市红十字会募集捐款5万元，汇缴四川省红十字会。东坡区数十家本土企业向市红十字会捐款40万余元，定向用于救助东坡区残疾人。2012年9月，云南省彝良县5.7级地震发生后，四川尚都房地产开发有限公司通过市红十字会向灾区捐赠价值50万余元救灾物资，17名志愿者在灾区连续奋战10天，搬运物资、清运泥土、拆除危险建筑。2007—2012年，市红十字会募集救灾资金997.9万元、物资价值300.7万元。

日常救助　2007年起，眉山市开展“送温暖”等活动。实施医疗救助。2009年，全市开展“关爱孤贫先心病患儿义演募捐晚会”，现场筹集资金2万余元，全额救助13名患儿。申请救助基金为眉山市先天性心脏病患儿13人在德瑞心血管病医院实施手术，每名患儿减免费用0.5万元~1万元。2010年，市红十字会争取到“巴蜀力量基金会奖学金”项目1个，落户仁寿文宫小学，捐赠资金10万元。至2010年年底，市红十字会收到红基会红十字书库14套，价值54.5万元，分别建在东坡区龙兴小学和黄家小学、仁寿县青岗初级中学和石咀初级中学。2011年，市红十字会、眉山红十字医院举办糖尿病防病知识公益讲座6期。2012年，募集捐款10万元，定向救助老年人。截至2012年年底，市红十字会向省红会争取并自筹大米、衣服、运动鞋、棉被等共价值近34.1万元物资，分发到全市贫困群众手中，为唇腭裂患儿34人申请免费救助；为白血病患儿婧冉募集捐款5000余元；免费为先天性肢残患者10人实施矫正手术；募集捐款6万余元定向救助系统性红斑狼疮疾病学生1人；为6名白血病患儿争取到“小天使基金”医疗救助。2007—2012年，市红十字会实施医疗救助3365人次，发放救助资金、物资118.1万元。

（四）无偿献血

2002年，眉山市召开全市无偿献血工作会和全市无偿献血、采供血机构调整工作会。采取街头设点、建固定标语、眉山日报开设专栏、印发中邮专送广告、年画等形式，宣传《中华人民共和国献血法》和《四川省公民献血条例》。检查辖内3个血站、3个单采血浆站和5县1区人民医院、中医院、保健院、部分中心卫生院、乡镇卫生院、民营医疗机构等42个医疗卫生机构采、供用血情况，纠正违法行为。广大群众特别是机关干部无偿献血意识增强，全年参加无偿献血5214人，无偿献血量占临床用血量的70%。2005年3月起，眉山市取消政府计划献血，由计划无偿献血向自愿无偿献血转变，临床用血全部来自自愿无偿献血，全年出动流动采血车624车次，自愿无偿献血6900人次，采集血液11865.25U，其中400毫升采集比例84.2%，农村自愿无偿献血比例21%，成分输血比例96%。辖内无非法采供血，无经输血传播疾病发生。2006年，全面开展“以保障血液安全，加强血站管理”为主题的血站管理年活动，修订完善血站规章制度、岗位职责、操作规程和质量管理体系建设，中心血站通过卫生部、省卫生厅考核验收。无偿献血工作纳入政府目标管理。全年全市自愿无偿献血占临床用血比例100%，农村自愿无偿献血比例35%，400毫升采集比例87%，临床成分输血比例98%。2008年，眉山被命名为全国无偿献血先进市。2009年，充实稀有血型无偿献血队伍、成分输血队伍和志愿服务队伍，全市稀有血型在册人员115人。2011年，全市开展“天使献爱心、热血迎新年”“用鲜血让爱延续”等无偿献血活动，召开第八届稀有血型联谊会，组建无偿献血志愿服务队。2012年，印发《进一步加强无偿献血工作的通知》，推进全市爱心献血屋建设。全年全市自愿无偿献血采集率100%，采集1.76万人次，采集血液3.26万U，在册稀有血型人员增至147人。截至2012年年底，全市无偿献血宣传9.2万人次。

（五）干细胞和器官遗体捐献

2010年起，眉山市开展干细胞捐献活动。当年1人抽取干细胞血样。2011年起，全市器官遗体捐献活动。当年1人登记器官遗体捐献，10人登记干细胞捐献。截至2012年年底，全市2人登记器官遗体捐献，26 人次登记干细胞捐献。

第九节　社会科学界联合会

眉山市社会科学界围绕四川省、眉山市重大决策等带有全局性、前瞻性、战略性的研究课题进行研究、理论研讨。16 年来，全市社会科学工作者对文化产业发展、城乡经济互动、旅游、交通、民生工程、社会管理等方面立项研究，为经济发展、社会治理服务，为领导决策服务。

一、组织建设与代表大会

（一）组织机构

1998 年，设立眉山地区社会科学界联合会。2001 年，眉山地区社会科学界联合会更名为眉山市社会科学界联合会（以下简称市社科联），由市委宣传部代管。2007 年，市社科联单列，归口市委宣传部管理。2010 年 1 月，市社科联参照《中华人民共和国公务员法》管理。至 2012 年，机构无变化。

（二）代表大会

1999—2012 年，召开眉山地区社科联代表大会 1 次，眉山市社科联代表大会 3 次，每次大会选举产生理事会。

眉山地区社科联第一次代表大会　1999 年 7 月 30 日召开。出席代表 50 人，地区四大家主要领导及地委、地区人代工委、行署、地区政协工委、省社科联有关领导出席会议。地委书记李吉荣发表《把握时代主题，面向创业实践，努力推进眉山地区社会科学事业的繁荣发展》讲话。大会选举产生地区社科联第一届理事会理事 38 名，常务理事 20 名。选举第一届理事会主席卓明安，副主席徐井万、赵志明、李中毅、刘川眉、王华清，秘书长徐井万。

2001 年 1 月，卓明安不再担任市社科联主席，市委常委、宣传部部长王影聪担任市社科联主席。

眉山市社科联第一次代表大会　2002 年 8 月召开。出席会议代表 120 名，特邀嘉宾 20 人。市委、市人大、市政府、市政协主要领导及相关领导、省社科有关领导出席会议。市委书记晏永和发表讲话。大会选举产生眉山市社科联第一届理事会，理事 35 名，常务理事 25 名。选举社科联第一届理事会主席王影聪，副主席徐井万、赵志明、李中毅、王华清、刘川眉，秘书长涂勇。

2005 年 9 月，周成仕任市社科联主席，王影聪不再担任市社科联主席。市社科联一届三次理事会，补选主席周成仕，副主席李显平、林晓、刘晓琼。

眉山市社科联第二次代表大会　2006 年 9 月 14 日至 15 日召开。出席大会正式代表 200 人，特邀嘉宾 20 人。省社科联党组书记、副主席王均到会并致辞。眉山市委、市人大、市政府、市政协四大家主要领导及相关领导等出席大会。市委书记蒋仁富发表《繁荣哲学社会科学，推进眉山经济社会协调发展》讲话。市委副书记苏灿发表《加强领导，扎实工作，积极开展哲学社会科学研究》讲话。大会选举产生眉山市社科联第二届理事会，其中理事 35 名，常务理事 29 名。选举社科联第二届理事会主席周成仕，副主席李显平、徐井万、赵志明、林晓、刘晓琼、涂勇，秘书长涂勇。

2007 年 10 月，成立中共眉山市社会科学界联合会党组。2008 年 3 月，马湘君任市社科联党组书记。2011 年 2 月，周成仕不再担任市社科联主席。

眉山市社科联第三次代表大会第三次代表大会　2012 年 3 月 24 日至 25 日，眉山市社科联第三次代表大会胜利召开，出席大会正式代表150人，特邀嘉宾30人。市委、市人大、市政府、市政协主要领导、分管领导及省社科联有关领导出席大会。省社科联党组成员、机关党委书记张平良致辞。市委书记李静发表《繁荣发展哲学社会科学奋力推进眉山跨越发展》讲话。大会选举产生眉山市社科联第三届理事会，其中理事40名，常务理事35名。选举社科联第三届理事会主席李酌，驻会副主席马湘君、李广平，兼职副主席王军、徐井万、刘川眉、余明德、刘晓琼、涂勇、胡永恒、方永江，秘书长郑有毅。

二、主要工作与活动

（一）课题申报立项

省级课题　2008年《东坡文化产业发展研究报告》《城乡经济互动机制及其政策建议》获四川省哲学社会科学“十一五”规划2008年度项目立项。2009年《东坡文化符号与文化产业创意研究》获省哲学社会科学“十一五”规划2009年度项目。2010年《苏轼遗址地合作机制研究》《石油企业员工精神激励机制研究》获省哲学社会科学“十一五”规划2010年度项目。2011年《市州社科联推进四川由社科大省向社科强省发展研究——以眉山为例》获四川省哲学社会科学“十二五”规划2011年度项目。省社会科学规划课题工作列全省市州前茅。

市级课题　市社科联对围绕市委、市政府重大决策、传承东坡文化等带有全局性、前瞻性、战略性的研究课题予以优先立项，给予重点研究指导。2008年《推进全市经济加快发展，科学发展，又好又快发展的对策研究》等15个课题立项为市级重点课题，《全市实施民生工程系列调查》等12个课题立项为市社科联课题。2009年《眉山市新型工业化进程评价及发展战略选择》等15项课题立项为重点课题，《眉山市工业集中区发展研究》等26项立项为一般课题。2010年《眉山市发展通道经济研究》等13项课题立项为重点课题，《眉山市大调解工作机制研究》等25项课题立项为一般课题。2011年《四川天府新区建设与眉山经济发展研究》等14项课题立项为重点课题，《眉山市发展都市农业、近郊农业研究》等30项课题立项为一般课题。2012年《眉山市推进全域景区化分析研究》等19项课题立项为重点课题，《眉山市土地节约集约利用研究》等28项课题立项为一般课题。市社科联主席、副主席带头开展重点课题研究，承担市级重点课题研究任务。立项的市级课题全部结题。

（二）社科研究

理论研讨　1997年起，眉山地区社科界深入宣传马克思列宁主义、毛泽东思想、邓小平理论和“三个代表”重要思想和中共十五大至十八大党中央提出的科学发展观、加强党的执政能力建设、党的先进性建设和构建社会主义和谐社会等重大战略思想，创新理论宣传方式、方法、手段和机制，不断扩大科学理论的影响面和覆盖面，增强理论宣传的针对性、实效性和吸引力、感染力。2008年，眉山市组织社会科学界参与思想解放大讨论。2009年，开展纪念中国共产党成立88周年、新中国成立60周年社会科学研讨活动。组织开展“六个为什么”（为什么必须坚持马克思主义在意识形态领域的指导地位，而不能搞指导思想的多元化；为什么只有社会主义才能救中国，只有中国特色社会主义才能发展中国，而不能搞民主社会主义和资本主义；为什么必须坚持人民代表大会制度，而不能搞“三权分立”；为什么必须坚持中国共产党领导的多党合作和政治协商制度，而不能搞西方的多党制；为什么必须坚持以公有制为主体、多种所有制经济共同发展的基本经济制度，而不能搞私有化或“纯而又纯”的公有制；为什么必须坚持改革开放不动摇，而不能走回头路）理论学习研讨会，学习实践科学发展观。2010年，市社科联总结眉山社科界在推进当代马克思主义大众化方面的具体实践经验，形成《发挥社科组织和学会宣讲作用强力推进马克思主义大众化》书面材料并参加座谈，交流材料在《四川社科界》2010年第4期全文刊发。2011年，学习宣传贯彻中共中央总书记胡锦涛“七一”重要讲话精神，组织召开全市社科界学习贯彻“七一”重要讲话精神座谈会，学习体会文章在《眉山日报》整版刊发，眉山电视台、眉山新闻网等进行报道，《眉州学刊》全文采用。组织召开贯彻中共十七届六中全会和中共四川省委九届九次全会精神专题学习会，组织全市社科工作者听取《社会主义文化大发展大繁荣》专题讲座。召开学习贯彻眉山市第三次党代会精神专题学习会。组建市委宣讲团在各区县作宣讲报告7场，机关干部、企业代表、农村群众等8000余人参加。2012年12月，召开全市社科界学习贯彻中共十八大精神座谈会，在《眉山日报》刊发全市社科界学习中共十八大精神体会，刊发文章14篇。按市委要求组建市委宣讲团，全市组成6个分团，每个分团由1名副主席任成员。在各区县作宣讲报告7场，宣讲对象覆盖机关干部，企业界代表，农村基层群众等多个方面，直接参加人数8000余人。

重点应用课题研究　2008年，眉山市调研报告《乡镇党委宣传思想工作调查》在四川省第十三次哲学社会科学优秀成果评奖中荣获社会科学界优秀成果奖。《发展现代农业的必要条件与对策》被四川省社科联《重要成果专报》第31期采用。参加四川省委宣传部、四川省社科界“纪念改革开放三十周年”理论研讨征文活动，《家庭联产承包责任制的主要历史贡献》获三等奖。《关于改革开放三十年人们精神面貌、思想观念变化的调查》获省社科联调研课题表彰三等奖。《市场化改革奠定富民强国的制度基础》在《眉山日报》和眉山新闻网的专栏上发表，被四川省社科联表彰为“纪念改革开放30周年理论征文活动”优秀组织单位。2009年，公开出版发行《东坡文化产业发展概论》，引起业界普遍关注，特别是在苏东坡遗址遗迹地产生很大反响，眉山在东坡文化研究方面的主导地位日渐显现。公开出版发行《苏轼为官之道》《基于都市圈框架下的四川经济空间结构演进研究》被四川省社科联《重要成果专报》第34期采用，并送省主要领导参阅。《城乡经济互动比率》《东坡文化产业发展的重大战略举措》《大力发展眉山快乐产业的几点设想》《城乡经济互动发展的政府推动机制》4篇论文在四川社会科学在线发表。2010年，市社会科学联合会总结眉山社会科学界在推进当代马克思主义大众化方面的具体实践，形成《发挥社会科学组织和学会宣讲作用强力推进马克思主义大众化》科研论文。《巩固眉山市退耕还林成果研究》（对策研究）受到省领导和市委、市政府主要领导批示，《加快我市工业园区由建设园区向经营园区转变战略研究》引起市委、市政府的重视，被有关部门采纳实施，《眉山市社会发展与社会建设研究》对全市社会管理创新工作具有现实意义，《关于强力推进天府新区眉山区域起步区建设的对策与建议》作为眉山分报告入选《第三届成都经济区建设与发展论坛论文集》。公开出版发行《城乡经济互动机制及其政策研究》《东坡符号与产业创意》。《东坡文化产业发展概论》在四川省第十四次哲学社会科学优秀成果评奖中获三等奖，《苏轼为官之道》获社科成果优秀奖。市社科联应邀参加湖北省黄冈市“东坡文化国际论坛”，学术论文《东坡文化符号与文化产业创意发展的意义》被湖北省人民政府网站全文采用并收录于多本公开出版读物。2011年，市社科联课题组撰写的《借力天府新区，共促区域发展——眉山加快融入成都经济区的对策与建议初探》作为眉山分报告入选第二届成都经济区建设与发展学术交流会并结集出版；在纪念四川省社科联成立30周年，“我与社科联”征文活动中发动征集文章30余篇，择优报送11篇。在全省12篇获奖作品中获一等奖1项、三等奖2项，5篇作品入选纪念文集，是全省3个荣获“征文组织奖”的市州社科联之一。2012 年，《东坡符号与产业创意》在四川省第十五次哲学社会科学优秀成果评奖中获社科成果优秀奖。

研究成果　1998 年起，眉山地区组织理论研究文章参加四川省哲学社会科学优秀成果评奖。当年，在四川省第八次哲学社会科学优秀成果评奖中，苏灿等撰写的专著《县委领导经济的理论与实践》、王影聪等撰写的专著《邓小平领导艺术》获三等奖，周成仕撰写的学术论文《眉山地区经济发展思考》获社会科学界优秀成果奖。2009 年，以东坡文化产业发展概论课题组名义公开出版发行《东坡文化产业发展概论》，引起业界普遍关注，眉山在东坡文化研究方面的主导地位日渐显现。《发展现代农业的必要条件与对策》被四川省社会科学界联合会《重要成果专报》采用。参加四川省委宣传部、四川省社会科学界“纪念改革开放三十周年”理论研讨征文活动，《家庭联产承包责任制的主要历史贡献》获“四川省社科界纪念改革开放三十周年”征文三等奖，《关于改革开放三十年人们精神面貌、思想观念变化的调查》获省社会科学界联合会调研课题表彰三等奖，《市场化改革奠定富民强国的制度基础》在《眉山日报》和眉山新闻网的专栏上发表。被省社联表彰为“纪念改革开放 30 周年理论征文活动”优秀组织单位。李昌明撰写的《基于都市圈框架下的四川经济空间结构演进研究》被省社会科学联合会的《重要成果专报》采用，并送省主要领导参阅。《城乡经济互动比率》《东坡文化产业发展的重大战略举措》《大力发展眉山快乐产业的几点设想》《城乡经济互动发展的政府推动机制》等 4 篇论文在四川社会科学在线发表。2010 年，公开出版发行《城乡经济互动机制及其政策研究》《东坡符号与产业创意》。市社科联应邀参加湖北省黄冈市“东坡文化国际论坛”，学术论文《东坡文化符号与文化产业创意发展的意义》被湖北省人民政府网站全文采用并收录于多本公开出版读物。2011 年，市社会科学界联合会课题组撰写的《借力天府新区，共促区域发展——眉山加快融入成都经济区的对策与建议初探》作为眉山分报告入选第二届成都经济区建设与发展学术交流会并结集出版；在纪念省社会科学界联合会成立 30 周年“我与社科联”征文活动中，眉山市征集文章 30 余篇。2012 年，周成仕主编的《东坡符号与产业创意》获四川省第十五次哲学社会科学优秀成果评奖“社会科学成果优秀奖”。公开出版《苏辙研究》论文集，填补苏辙研究的学术空白。1998—2012 年，全市组织参加四川省哲学社会科学优秀成果评奖 7 次，获二等奖 1 个、三等奖 8 个、社会科学界优秀成果奖 8 个。包括《法治领导论纲——依法治国与党的领导方式创新研究》《新时期农村基层党组织建设目标体系研究》《干部工作哲学》《三苏文化与眉山现代化》《邓小平用人理论与实践研究》《监管资源的优化配置：跨区设置人民银行县支行的实证研究》《东坡文化产业发展概论》《狠抓落实　力戒空谈——四川实现新跨越的当务之急》《建设青神“中国竹艺旅游城”的对策》《眉山经济发展路径》《三苏文化与中国诗书城》《乡镇党委宣传思想工作调查》《苏轼为官之道》等。

（三）社科活动

学术活动　1997 年起，眉山地区科协组织开展全区科技学术交流活动。2001 年起，眉山市科协每两年组织 1 次优秀科技论文评选表彰活动。2008 年，组织召开全市社会科学界“解放思想、更新观念”研讨会，开展全市社会科学界解放思想大讨论活动；承办眉山市“纪念改革开放 30 周年”研讨会，收到论文 150 篇，评出优秀论文 40 篇。2009 年，联合三苏文化研究院举办“全国首届苏洵学术研讨会”，来自国内外 35 座城市和日本的 150 余名专家学者齐聚徐州，共同探讨和研究苏学研究上的更多创新和突破，形成会议成果《苏洵研究——全国首届苏洵学术研讨会论文集》。参加旅游论坛的嘉宾和学者对苏轼当年曾任职和居住过的 18 个城市（县）共同打造苏轼文化游览线路，并作大

会发言，8 篇学术论文被收录论坛论文集。2010 年 12 月，首届成都经济区经济建设和发展论坛由成都、德阳、绵阳、遂宁、乐山、雅安、眉山、资阳八市社科联主办，眉山市社科联完成论坛年度报告眉山分报告《坚持一体发展，深化成眉合作　推动成都经济区又好又快发展》，通过论坛组委会专家论证评审，于会期发布。2012 年 11 月 15 日至 17 日，市社科联、市三苏文化研究院召开全国首届苏辙学术研讨会，来自法国及中国台湾、广东、江苏、江西、河南、河北、湖北、山东、海南的国内外专家学者 80 余人参加。研讨会征集到文章近 100 篇，择优 39 篇计 30 余万字制成“论文集”，公开出版《苏辙研究》，填补苏辙研究学术空白。截至 2012 年年底，眉山市科协系统组织开展学术交流和学术活动 2610 余次，撰写科技论文 8000 余篇。组织开展眉山市优秀科技论文评选活动 6 届，收到优秀科技论文 871 篇，评选出一等奖 80 篇、二等奖 123 篇、三等奖 211 篇。推荐 4 篇论文参加四川省第五届中青年专家学术大会交流并获奖。

主题社会科学活动　2009 年起，眉山市组织开展形势报告会、“东坡文化产业发展研究”研讨会，以及社会科学骨干举办讲座和报告会等。宣讲中央、省、市有关会议精神、农村政策。2011 年，指导“苏东坡与眉山影响力”主题沙龙活动、“苏轼研究学会理论研讨会”、各类评奖活动、学术交流会、研讨活动等。2012 年，市社科联、市法学会召开社会管理创新研讨会。组织全市社会科学工作者开展以“抢抓机遇推进跨越发展建设富裕美好眉山”为主题的专题大讨论活动。召开眉山市社会科学界“群众路线工作法”“社会科学普及工作”研讨会。截至 2012 年年底，眉山市组织开展形势报告会、“东坡文化产业发展研究”研讨会等 80 余次。组织社会科学骨干举办讲座和报告会 10 次。

社会科学人文讲坛　2010 年，市级设立“政法大讲堂”“三农大讲堂”“工业大讲堂”“财经大讲堂”等 6 个讲堂，其中，“文化大讲堂”由市委宣传部、市社科联等 8 个单位承办，2012 年开讲 4 场。6 个区县均设立具有自身文化特色的讲坛。东坡区的“东坡大讲堂”、仁寿县的“陵州大讲堂”、彭山县的“锦江大讲堂”、洪雅县的“洪州大讲堂”、丹棱县的“大雅讲坛”、青神县的“干部大讲堂”等都定期聘请市内外的专家学者就政治、经济、哲学、法律等方面内容开展讲座。

科普阵地（普及基地）建设　2000 年，创办《眉州学刊》（季刊，市内刊），为全市社科工作者搭建成果展示和交流的平台。2012 年 5 月，市三苏祠博物馆创建成四川省委宣传部和四川省社科联认定的四川省哲学社会科学普及基地。经过创建、申报、认定活动，三苏祠进一步承担起深入研究三苏文化，推动优秀传统文化的大众普及角色，并逐步成为常态化、公益性、群众性的社科普及活动载体，在三苏文化、廉政教育、青少年爱国主义教育等方面发挥更好的作用。截至 2012 年，《眉州学刊》编印 52 期。相继开设《纪念中国共产党成立 90 周年》、《学习贯彻胡锦涛同志“七一”重要讲话精神》《学习宣传贯彻党的十七届六中全会精神》《学习宣传贯彻市第三次党代会精神》《学习贯彻党的十八大精神》《学习贯彻省第十次党代会精神》等专栏，选登选载重要文章 120 篇。被“四川社科在线”网站、省社科联网站、《社科界信息》采用信息 300 余条（篇）。连续五年在市州社科信息工作评比中获先进单位，名列全省前列。

社会科学评奖　2002 年起，眉山市开展哲学社会科学优秀成果评奖活动，每两年一次。当年，首次评出获奖成果 58 项，其中一等奖 4 项、二等奖 26 项、三等奖 28 项。2006 年，推荐 4 项成果参加全省哲学社会科学优秀成果评奖，促进研究成果转化。2008 年，开展 2006—2007 年的哲学社会科学优秀成果评选，并召开优秀成果颁奖大会。评出获奖成果 83 项，其中二等奖 25 项、三等奖 27 项、社科联奖 31 项。2010 年，市政府印发《眉山市哲学社会科学优秀成果奖评奖办法》，哲学社会科学优秀成果

奖评奖改为每年一次，落实专项资金。各区县制定相应的哲学社会科学优秀成果评奖办法。开展眉山市第五次哲学社会科学优秀成果评奖，收到申报成果 200 余项，评出奖项 97 项。2011 年起，哲学社会科学优秀成果评奖由两年一次改为一年一次。当年，眉山市第六次哲学社会科学评奖，评出获奖项目 93 项，其中一等奖 2 项、二等奖 12 项、三等奖 16 项、社科界优秀成果奖 63 项。社科评奖工作创造的眉山经验，两次在全省会议交流。2012 年，眉山市第七次哲学社会科学评奖从 321 项申报成果中评出获奖项目 90 项，其中一等奖 1 项、二等奖 9 项、三等奖 23 项、社会科学界优秀成果奖 57 项。截至 2012 年年底，全市开展哲学社会科学优秀成果评奖 7 次，评出获奖成果 557 项。

眉山市志 MEISHAN SHIZHI

第二十三篇 政法

眉山市政法部门围绕改革开放、创建平安眉山，深化司法体制改革，重点推进社会矛盾化解、和谐安民、社会管理创新、公正廉洁执法等工作，组织开展“严打”整治和专项斗争，推进法治眉山建设。通过开展“大排查、大调解”、治安混乱地区和突出治安问题排查整治、公共安全隐患排查治理，强化治安防控体系建设。加强城市社区、农村乡村阵地化防控。严厉打击严重刑事犯罪活动，从快从简化解社会矛盾。深入开展打击严重经济犯罪的斗争，重点查处经济犯罪大案要案，立案侦查贪污、贿赂、挪用公款等职务犯罪。推进法院改革、司法规范化建设，围绕眉山发展重点，强化处理宏观调控、扩大消费需求和优化投资结构过程中的矛盾纠纷，服务国民经济和民生事业。加强公正廉洁司法，认真开展普法和宣传教育，加强人民调解、安置帮教和社区矫正，逐步扩大法律服务渠道，为高层次决策提供法律服务。至 2012 年，眉山市建立健全多元矛盾纠纷处理机制，建立人民调解组织 1670 个，有调解员 2.8 万人，排查矛盾纠纷 15.52 万次，组织调解矛盾纠纷 24.87 万件，调解成功率 96.98%。

第一章 政法委及综治工作

1997 年起，眉山地区各级政法委加强队伍建设，加强执法监督，落实社会治安综合治理措施，开展矛盾纠纷排查化解行动，加强社会治安管理，推进司法体制改革，开展平安、法治创建活动。至 2010 年，眉山市各级把综治维稳、平安建设纳入地方经济社会发展总体规划和年度目标，列入党政综合考核项目。全市政法部门深化社会矛盾化解、社会管理创新和公正廉洁执法；扎实开展政法综治“基层基础建设推进年”活动，促进执法规范化建设，提升执法公信力。

第一节 政法队伍建设

1998年，眉山地区政法系统开展政法干警集中教育整顿。重点查纠执法不公，枉法裁判，以罚代刑，违法办案，权钱交易，吃拿卡要，索贿受贿，欺压百姓和参与黄、赌、毒、经营娱乐场所及“三条禁令”“约法三章”不准的行为等，建设高素质政法队伍。1999年，全区政法队伍开展以“三讲”（讲学习、讲政治、讲正气）为主要内容的集中学习教育，解决政法队伍中存在的突出问题。2000年，地委政法委制定《眉山地区政法干部管理实施细则》，明确各级政法部门实行领导干部“双重”管理，政法干部任免范围、程序等。制发《眉山地区政法干警职业道德行为规范》，规范政法干警职业道德、执法工作、纪律作风等行为。地委纪委、政法委、机构编制办等部门集中清理和处理全区政法工作人员，清理出不合格政法干警13人。2001年，眉山市在政法队伍中开展纪律作风教育整顿，组织市级政法部门全体干警座谈、征求意见，走访基层单位、群众，收集到对各级政法领导班子、班子成员意见161条。民主评议全市政法部门36个领导班子和领导干部。翌年，开展纪律作风教育整顿“回头看”。抽查重点问题整改落实情况，解决群众反映强烈特别是执法中存在的突出问题。2003年，眉山市政法系统开展学习贯彻“三个代表”重要思想活动，做到“六落实一宣讲”（机构落实、责任落实、实施方案落实、学习对象落实、学习资料落实、动员落实，市委领导有重点地到基层开展宣讲活动），查摆问题，剖析原因，督促整改。开展“回头看”，巩固集中教育整顿成果。市委政法委对各县（区）委政法委、市级政法各部门“政法队伍党员先锋工程”进行量化考评。2004年，全市政法机关开展争创“四好班子”，争做“五好模范”和争创“三个一流”活动，组织政法干警开展“为谁执法、为谁服务”大讨论和学习任长霞、曹发贵活动。2005年，全市政法系统开展“规范执法行为，促进执法公正”专项整改活动。查找出问题483个，整改问题452个，剖析典型案件148件，废除制度79个。2006年，全市政法系统开展以“三查”（查政治原则、查政治立场、查政治纪律）为主要内容的教育整顿。重点查找坚持政治原则、坚定政治立场、严守政治纪律上存在的差距。开展社会主义法治理念教育活动。组织全市政法干警2500余人参加社会主义法治理念知识考试。宣传“全省十佳法官”—仁寿县法院邓扶君先进事迹，各地、各部门树立正反面典型，开展警示教育。市委、市政府每两年表彰奖励优秀派出所所长、法庭庭长、司法所所长和优秀政法干警。2008年，在全市政法干警中开展“素质大培训、技能大练兵、作风大转变”主题实践活动。各系统各警种开展模拟练兵、实战演练、自学自练、集中强化训练、“十警”大比武、“法律法规一口清”岗位竞赛、以案析理竞赛、法律法规知

眉山市委政法委举办“政法大讲堂”（摄于2012年5月）

识竞赛等活动和“庭审标兵”“调解能手”“办案能手”“优秀书记员”等评选。开设培训班培训7580人次，开展庭审考评，举办各类竞赛。全市政法部门案件合格率98.2%；调查处理纠纷，调解成功率96%，调解协议履行率87%，防止纠纷激化、群体性事件、群体性上访，人民群众对政法干警满意率97.2%，对社会治安状况满意率96.7%，安全感96.2%。2011年，开展“发扬传统、坚定信念、执法为民”主题教育实践活动，组织政法干警观看《中央政法机关光荣传统教育报告会》、红色大片《建党伟业》，每个政法党支部开展一次主题党日活动，政法各部门开展以“为谁掌权、为谁执法、为谁服务”为主题的执法为民大讨论，开展“千案千评”专项活动。2012年，市政法系统组织开展以“忠诚、为民、公正、廉洁”为主要内容的政法干警核心价值观教育实践活动，强化忠诚理想教育。全市建立联系点，各级政法领导干部赴联系点开展工作，开展督导检查。组织干警学习《政法干警核心价值观教育读本》、政法核心价值观“大学习、大讨论”活动和征文活动。截至2012年年底，市委政法委先后组织开展党性党风党纪教育活动、自侦案件扣押款物专项检查与警车、涉案车辆违规问题专项治理、“集中整治执法过程中涉案人员非正常死亡问题”专项治理教育，开展办案安全防止非正常死亡专项执法检查，明察暗访法律服务执业人员守纪办案情况等。严格督查干警重大、敏感时期值班备勤、接处警、内务管理、执行“五条禁令”及党风廉政建设等情况，查处违法违纪干警243人。

第二节　社会治安综合治理

眉山市以构建社会治安综合治理工作体系，建设平安眉山为目标，坚持“打防并举，标本兼治，重在治本”方针，完善“党委领导，政府主导，综治牵头，社会协同，公众参与”社会管理格局，维护社会平安和谐。全市六区县被四川省委、省政府命名为省级平安县（区），市综治委创新的“三电”（电力、电信、广播电视）、设施“三定”（定类、定址、定人）管理经验在全国基层综治干部培训会上作经验交流，市“三电办”被中央综治委表彰为电力电信广播电视设施安全保护工作先进集体；全市综治工作连续6年被四川省委、省政府评为社会治安综合治理工作一等奖；成昆铁路眉山段被中央综治委铁护办授予“2006—2008年连续3年全国平安铁路示范路段称号”；眉山市被中央综治委评为“2009—2012年全国社会管理综合治理优秀市”。

一、治安联防体系建设

1997年，眉山地区多数乡（镇）公安派出所建有治安联防队和治安室，协助公安机关查案和抓获犯罪嫌疑人，维护乡村治安。全区有治安保卫委员会2720个8657人，治保小组1.1万个1.53万人。当年起，加强城市社区、农村乡村阵地化防控。2000年，设立眉山地区“110”指挥中心，实行“有警必接、有警必出，有求必应、有难必帮”，24小时接处警。2001年，眉山市建立健全市、县（区）、乡（镇）、村（社区）四级综治机构及预防和控制犯罪“四道防线”（以院坝自防为主体的第一道防线，以机关单位内保为主体的第二道防线，以片区联防为主体的第三道防线，以“110”巡警为主体的第四道防线）。建立“三警联勤”（交警、巡警、武警）和“四警联动”（刑警、交警、巡警、武警）工作机制，建立守楼护院、联防队、治保会、派出所及“整体联动、四警联勤”的层级防控网络，构筑防止街面犯罪、预防流动人员犯罪、减少青少年犯罪、避免刑释解教的人员重新犯罪、避免社会矛盾激化的“防范屏障”，建立起村、组、院、户级防控网络。城市、城边和外围主要路段以及十字交叉公路点设电子监控系统，设置监控探头，推广联网报警系统和旅馆业治安信息管理系统。2002 年，市、县（区）公安机关实行捆绑式警务运行机制，建立眉山市公安系统各部门、城区各派出所、治保会包片包段包区域包案件的治安防范体制。成立巡逻队、治安队、防暴队、处置小组。全市中心城区 70%以上金融网点安装智能网络报警系统。市公安局构建“打防控一体化”社会治安管理长效机制，成立市军警民护线工作、社区矫正试点工作、联合防范打击涉枪违法犯罪工作、社会管理创新工作领导小组暨办事机构与保安公司，组织全市公安民警开展社会治安防控工作。2003 年起，眉山中心城区健全一个中心（市公安局“110”指挥中心）、三道防范体系（专业防范体系，治安联防体系，单位、楼院等自防体系），建立四个保障机制（建立组织指挥机制、联动工作机制，检查考核机制，经费保障机制）。2004 年，以民兵应急分队为重要力量，健全乡镇、村（社区）、组三级治安巡逻联防队。县（区）建成并开通 110、122、119“三台合一”的“110”指挥中心。县（区）技术预防安装面 100%，并与公安机关“110”指挥中心联网。全市组建治安巡逻队 725 个，保安联防队 27 个，行政执法协防队 55 个。2005 年，建立由出租车、公交车、长途客货车、人力三轮车从业人员，环卫清洁员、商业店铺人员多渠道、多行业组成的“四车两员”治安信息员队伍 5316 人。发展农村群防队伍，以民兵应急分队为重要力量，建立治安巡逻制度，开展经常性巡逻。2007 年，各县（区）、乡镇（街道）建立部队地方预防犯罪共建平安中心和工作站。建成“天网”，全市设监控点位 1700 个。2009 年，实施“1221”（以乡镇党委为核心、村两委为支撑、警务室和调解室为骨干、治安巡逻队为基础农村平安建设工作体系）工程和加强“两所一庭”（派出所、司法所、法庭）建设。眉山市所有乡镇（街道）党委（党工委）、村（社区）党支部和村民委员会组织健全，建村（社区）警务室 390 个、调解室 1344 个。新建“两所一庭”88 个，实现“1 乡镇 1 派出所、1 司法所，4~5 个乡镇 1 法庭”目标。加快推进城市报警与监控系统工程建设，监控点由 296 个增至 741 个，布建治安岗亭 18 个，设置固定治安卡点 23 个。2010 年，眉山市将“综治”工作纳入对各县（区）委书记、县（区）长、分管领导和市综治委成员单位主要领导、分管领导的政绩考核。全市 131 个乡镇（街道）全部建立综治维稳中心，整合政法、民政、社会保障、信访、安全生产等力量，实行社会治安联合防控、矛盾纠纷联合调解、重点工作联勤联动、突出问题联合治理、基层平安联合创建。市、县（区）两级部门之间网络、语音，高清视频“三大系统”互联互通，政法四级网开通到乡镇公安派出所、法庭。2012 年，全市 131 个乡镇（街道）均设立社会管理综合治理委员会办公室，配备由党（工）委副书记兼任的综治办主任、综治专职副主任，配齐综治专干，1348 个村（社区）建立综治维稳群众工作站。1186 个行政村中设立治保会，每个治保会成立

眉山市开展“平安眉山”创建活动，图为武警街头巡逻（摄于 2008 年 9 月）

3 支巡逻队，每支巡逻队成员平均 5 人，每支巡逻队每月开展巡逻 15 日以上，每次巡逻 8 小时。676 个村（社区）按照党组织领导、综合管理服务、网格化管理服务、村（居）民自治、社会力量参与、村（社区）保障等“六个体系”覆盖服务管理工作，490 个村（社区）参照“三委二站一网”（支部委员会、村居民委员会、监督委员会、公共服务站、综治维稳群众工作站、公共服务网）基本完成规范化建设。共有专职治安巡逻队员 5900 人，综治维稳信息员 8.55 万人、治安志愿者 1.2 万人，大型企业、娱乐服务业、党校、商场、重点部位等门卫保安员使用率 100%，保安押运服务率 100%。有“天网”监控点 1805 个。

1997—2012 年，全市通过守楼护院，提供违法犯罪线索 1137 条，查处治安案件 689 起，抓获违法犯罪人员 759 人。巡警接处警 28.78 万起，抓获各类街面违法犯罪嫌疑人 1.49 万人，查获收缴赃款、赃物折合人民币 1086.14 万元，查获被盗汽车（摩托车）450 辆、自行车 548 辆，查获各种枪支 58 支、子弹 560 发，查获管制刀具 2204 件。

二、平安眉山创建与国家安全人民防线建设

平安眉山创建　1997 年，眉山地区开展创建“安全文明小区”和创建“社会治安综合治理模范县、镇（乡）、单位”活动，实行“五结合”（与新农村建设、深化企业改革转制、城镇改造建设、禁毒工作、部门业务工作结合）“属地管理”“谁主管谁负责”“打击、治理、防范、控制相结合”，开展治安排查整治。建立区县、乡镇（街道）、村（社区）排查整治工作台账，挂牌整治治安混乱地区和突出治安问题。全区以农村警务室为依托，推行村级户户联防、院坝联防、山湾联防整体联动机制。治安保卫委员会和治安联防队、治安室通过守楼护院，提供违法犯罪线索，协助公安机关查案和抓获犯罪嫌疑人。开展“综治一条街”集中宣传。当年，全区 7 个单位被评为地级社会治安综合治理模范单位。1998 年，全区命名安全文明小区 1377 个。1999 年，采取“五结合五为主”（坚持综治工作的全面指导与加强基层基础工作相结合，以加强基层基础工作为主；坚持增大“硬件”投入与加强“软件”管理相结合，以加强“软件”管理为主；坚持工作目标规划与责任目标相结合，以落实责任目标为主；坚持标本兼治相结合，以治本为主），开展企业地方共建安全文明社区活动。在眉山车辆厂、洪雅城东电站试点。在全区开展集中追逃专项斗争，抓获在逃人员 477 人；破获刑事治安案件 1010 起。加强学校校园及周边环境综合治理，创建安全文明校园。当年，全区 23 个乡镇、12 个单位被地区表彰为社会治安综合治理模范乡镇、单位。2001 年，眉山市“创安”“创模”活动与“新农村建设”、企地共建、“无毒社区”、创建安全文明行业活动相结合，排查出 20 个社会治安突出问题和 18 处治安混乱地区。查封取缔歌舞厅、桑拿按摩等娱乐场所 1042 家，停业整顿、限期整改 186 家，查封取缔旧金属收购点生产销售烟花爆竹点 170 个、停业整顿 75 个，关闭小煤窑 65 个。城乡安全文明小区（村、单位）覆盖面 80%，市政府命名丹棱县等 17 个单位、眉山车辆厂桂花小区等 17 个小区为市社会治安综合治理模范单位和安全文明小区。2003 年，推行中心城区社会治安综合治理整体联动防范工程，建立组织指挥、联动工作、检查考核、经费保障等机制。集中整治眉山中心城区校园及周边商店、小吃店、书店。至 2004 年，全市创建省级综合治理模范县 2 个，综治模范乡（镇）、单位 4 个，市级模范县 2 个，乡镇（单位）51 个，安全文明小区（村、单位）53 个，县级安全文明小区（村、单位）3413 个。2005 年起，全市开展抛洒滴漏、油烟污染、占道经营、噪音污染、建筑工地夜间施工等专项整治。开展网吧复查专项行动及“绿色网吧”“文明网吧”“放心网吧”创建活动，举行“拒绝未成年人、不赚昧心钱”承诺和签字活动。开展青少年

法治宣传教育、未成年人维权活动和青少年维权岗创建活动，开通未成年人维权、心理咨询和救助服务热线，启动“建设和谐眉山，争做和谐少年”行动。当年，全市举办青少年法治宣传讲座 40 余场次、受教育青少年 10 万余人，解答青少年维权咨询 921 个，创建市优秀“青少年维权岗”11 个，建立青少年爱国主义教育基地 27 个、科技培训基地 22 个、少年军校 1 个。2008 年，市委、市政府将“综治”和平安创建工作纳入专项目标管理，市委书记、市长与各县（区）委书记、县（区）长和市综治委成员单位负责人签订目标责任书，各县（区）委书记、县（区）长分别与乡镇（街道）、部门签订目标责任书，层层分责任、人人担责任。至年末，全市所有县（区）均被四川省委、省政府表彰为平安建设先进县。2010 年，城中村、城郊接合部整治、改造纳入全市社会治安治理规划。建立“五项制度”（综治委委员包点、检查督导、民意调查、宣传发动、责任查究），围绕“四个重点”（重点地区、重点行业、重点场所、重点人群），拉网式排查治安重点地区、部位、场所。至年末，眉山市 4 个县（区）被四川省委、省政府命名为新一轮平安区县，95%以上医院达到“平安医院”标准。

国家安全人民防线建设　2005 年起，眉山市开展国家安全意识宣传教育。至 2009 年，宣讲国家安全知识 600 余场次，培训出国务工人员 1000 余人次，组织县（区）综治办主任外出学习、集中培训 4 期，收集上报各类信息 1000 余条。2010 年，市、县（区）、乡镇（街道）三级建立国家安全人民防线组织 170 个，乡镇（街道）国家安全人民防线组织全覆盖。加强“3・14”重要敏感时期和全国两会等重要会议期间情况信息收集，上报信息 2000 余条。开展国家安全知识宣传活动 100 余次。2011 年，配齐国家安全人民防线工作人员，组织、任务、制度“三落实”。2012 年，眉山市加强综治国家安全体系建设，仁寿县、洪雅县建立国安办，挂靠县委政法委，维护国家安全触角延伸到基层。

三、惩治违法犯罪

眉山市围绕“破大案、打团伙、追逃犯”“破现案、挖积案”和侦破命案，开展严打整治行动、全市破案会战等，加强学校周边环境及铁路、通信线路、电力等重要设施的安全管理。有效遏制恶性刑事案件发生，维护社会稳定。

打击刑事犯罪　1997 年，眉山县公安局擒获假冒武警军官杀人凶手 1 人。1998 年，眉山地区开展打击走私、盗窃、抢劫机动车犯罪专项斗争。2000 年，全区开展以“狂飙-A”集中行动为重点的打黑除恶专项斗争和打击人贩子、解救被拐卖妇女儿童专项行动；开展打击“两抢一盗”专项斗争。2002 年，开展打击盗窃、破坏电力设备专项行动、“青少年维权行动月”活动，整治电子游戏室、台球室、网吧、音乐茶座等娱乐场所。2005 年，市政府印发《眉山市保护和奖励见义勇为实施办法》，建立见义勇为基金，奖励见义勇为人员。2006 年，市委、市政府决定集中整治东坡区社会治安，组织“狂飙-

四川省公安厅、眉山市委市政府举行侦破“四・二”系列杀人案表彰大会（摄于 2006 年 7 月）

B”打击“两抢一盗”、“狂飙-C”查禁黄赌毒等三大战役，开展打击破坏通信设施违法犯罪专项行动。铲除涉黑涉恶犯罪团伙39个，抓获涉黑涉恶团伙成员677人，缴获仿制式手枪10支、毒品海洛因1604.07克。2008年，眉山市开展“破现案挖积案、打盗抢抓逃犯”大会战，打掉侵财犯罪团伙107个、破案1349起，抓获重点在逃人员96人。2009年，整合公安各警种和治安巡逻队等力量，采取“大巡逻”模式，抓获街面违法犯罪人，追回被盗摩托车。开展打击电信诈骗专项行动，侦破四川省公安厅挂牌督办的电信诈骗案。2011年起，全市开展“清网行动”，搜集逃犯信息，加强情报信息分析研判，追查在逃人员。按照“县不漏乡镇、乡镇不漏村社、村社不漏户”要求，实施社会治安拉网式排查。2012年，开展网吧日常检查，检查经营单位，受理举报，立案调查，责令有问题的停业整顿。1997—2012年，眉山市开展“严打”整治行动、“两抢一盗”专项斗争13次，破获刑事案件6900余起，打掉涉黑涉恶犯罪、电信诈骗、拐卖等犯罪团伙628个，抓获网上在逃人员2177人，缴获海洛因1650.47克，被盗车、摩托车432辆，枪支1.46万支、管制刀具2156把，子弹1.46万发，解救被拐妇女儿童1290人，调解纠纷240起。

军地预防犯罪　2006年，眉山市各县（区）均成立军地预防犯罪共建平安工作中心，乡镇、街道成立军地预防犯罪共建平安工作站，落实定期走访联席、重要信息联通、互涉案件联办、“双拥”共建联创等制度，妥善处理军地纠纷和互涉案件，维护军事设施安全，净化部队周边治安环境，防范突发事件发生。2008年起，全市以警地共建“双平安”工作为载体，深化军地预防犯罪共建平安。至2010年，健全平安联创、隐患联治、经费联保工作机制，排查整治部队营区、执勤目标安全隐患薄弱部位22处，安全隐患全部整改。全市财政拨款5466.49万元，用于隐患治理和反恐，推进“双平安”建设向纵深发展。2011年后，推进军地共建平安、警地共建平安及涉军维权，确保眉山市军事驻地安全，无涉军群体上访。

四、维护社会稳定

1997—2012年，眉山市（地）委、市政府（地区行署）按照“稳定压倒一切”思路，落实维稳工作责任，建立完善维稳工作体制机制，创新维稳工作举措，积极构建维稳工作格局，统筹推进发展硬道理和稳定硬任务，确保地方经济社会持续稳定。

日常维稳　1997年起，眉山地区政法部门强化防范与控制敌对势力渗透分裂破坏活动。加强出版物市场、印刷市场检查监管力度，查缴非法音像制品和非法出版物，收缴政治性有害出版物。建立健全地、县、乡、村、组五级工作网络，开展“两乱”治理。中共十五大会议期间，地委、行署召开地、县、乡三级干部电话会，确保会议期间社会稳定。1999年，地委召开全体委员会议，专题研究农村合作基金会和供销社股金兑付问题。集中排查全区不稳定因素，落实维护稳定责任制，解决群众实际困难和矛盾。2001年，眉山市建立健全党政“一把手”负总责的维护稳定领导责任制、部门责任制、工作人员岗位责任制，完善党政统一领导、政法机关为骨干、部门各负其责、各方密切配合的维护稳定工作机制。维稳工作纳入年度目标考核和“一票否决”，实施重大社会矛盾稳控化解、社会稳定风险评估等作为责任倒查重点，由事后追责延伸到事前、事中防范。2002年，市委、市政府召开全市稳定暨“严打”整治工作会议，开展“严打”整治斗争。重视全国、全省、全市党代会、人代会、政协会（以下简称“三会”）安全保卫工作，组织政法、维稳、综治、信访等部门制定安保维稳方案，维护治安、交通和驻地秩序，维护“三会”期间社会稳定。2003年，眉山市各级维稳部门采取堵防查治相结合抗击“非典”，全市无一例“非典”确诊病人和疑似病人。2004年，眉山市开展“大排查、大调查处理”，集中化解不稳定因素。排查出主要不稳定因素46件，确定重点23件，分别将责任落实到县级领导和部门。2005年，市委、市政府下发《眉山市重大工程建设项目稳定风险预测评估制度（试行）》《关于落实重大不稳定因素调查处理责任的通知》等文件。梳理出瓦屋山电站移民、交通建设欠款等30件重大不稳定隐患，落实到各县（区）和市级部门，建档跟踪督办。2006年，建立维稳工作考核奖励制度和市、区县、乡镇、村四级维稳信息网络；实行市、县（区）、乡（镇）三级挂牌督查督办制度，跟踪督办重大不稳定因素。2007年，立足长效维稳，健全“五大工作机制”（维稳责任制、排查调查处理机制、维稳预警机制、风险评估机制、挂牌督办机制）。2008年，眉山市政法系统参与完成战灾雪、抗地震、保奥运等重大任务。“5·12”汶川特大地震发生后，全市政法干警及时成立情报信息、抢险救灾、治安巡逻等7支专门队伍，投入抗震救灾。2010年，市委、市政府制订《眉山市群体性事件信息发布办法（试行）》《关于切实做好群体性事件善后工作的意见》《眉山市涉稳网络舆情处置办法（试行）》等文件，建立完善群体性事件处置的舆论引导和善后新机制，探索网上群体性事件防控办法。2011年，全市政法系统推行“维稳跟着项目走”，将维稳工作与项目建设紧密结合，在各项目点设立维稳信息直报点和信息联络员，推行维稳部门联系重点项目制度，帮助做好稳定风险评估和矛盾纠纷排查调查处理工作。2012年，眉山市推进创平安“两节”、创平安“三会”活动，组织开展不稳定因素和社会矛盾纠纷“大调查”处理、信访积案“大化解”、社会治安“大整治”、重点区域和重点人员“大管控”、安全保卫“大巡防”五大行动。截至2012年年底，全市开展重大项目稳定风险评估187件，查找稳定风险点392个，调查处理项目矛盾纠纷525件，破获涉及项目、企业的违法犯罪案件358起，项目社会稳定风险评估率、矛盾纠纷调解率、治安环境整治率均为100%。及时处置瓦屋山电站建设、境内高速公路建设、园区、新区建设、电解铝工程建设征地拆迁以及重大会节期间的安保维稳工作。

突发事件处置　1997年起，眉山地区建立“定期研判、提前预测、灵通信息、畅通指挥、机构健全、责任明确、准确打击”应急处置机制。各地各部门建立健全突发涉稳事件处置预案，加强预案演练，按照“建立机制、明确责任、依托社会、延伸触角、分工协作、顾全大局、定期研判、集体会诊、及时反思、更替思维、紧跟形势、提前预测”原则，稳妥处置涉稳突发事件。2012年，市委办、市政府办制订《眉山市防范和处置群体性事件暂行办法》，建立完善市、县、乡三级指挥部和现场指挥部指挥模式，规范群体性事件处置流程，建立起职责明晰、指挥顺畅的群体性事件处置机制。处置仁寿县“3·15”特大网络传销案，沃尔玛商场建设工地意外坠亡等突发涉稳事件。

第三节　执法监督

执法监督主要协调、处理重大涉法涉诉信访案件、包案化解涉法涉诉信访案件、检查各类执法行为、考评监督执法办案质量等。通过清理执行积案、涉法涉诉信访积案、案件评查、刑罚执行工作检查、“四率一例”（上诉率、改判率、发回重审率、调解率、信访占结案数比例）工作检查、司法救助、重大疑难案件协调等，促进公正廉洁执法。

一、涉法涉诉信访

1997年起，眉山地委政法委接待和处理群众来信来访、办理四川省委、省委政法委和眉山地委交办的督查事项及县委政法委案件。至2000年，地委政法委接待和处理人民群众来信来访案件230余件次；办理四川省委、省委政法委和眉山地委交办的督查事项27件；办理地级政法部门、县委政法委请示案件46件。2001年起，眉山市委政法委协调查处全市政法系统重大信访案件。2003年起，市委政法委开展信访案件集中调处，排查出信访老户。2004年起，涉法上访案件按照“四定”（定领导、定部门、定人头、定时限）责任制，将调处责任分解落实到人头，排列成调处责任表，向当事人和社会公开。专项治理进京到省涉法上访。2007年起，建立季度分析通报制度，市委政法委主要领导参加市级领导“信访接待日”活动。每年制发4期季度分析通报。开展集中排查化解涉法涉诉进京非正常信访工作，市委组建62个市、区县专案工作组，脱产包案调处。2008年，开展涉法涉诉重信重访重点疑难案件排查化解、专案攻坚。全年排查出涉法涉诉重信重访案件168件，筛选出67件组建包案工作组集中“会歼”。市委挂牌的67件涉法涉诉重点疑难案件销案65件，中央交办的10件案件全部办结。2010年起，眉山市开展为期两年的清理化解涉法涉诉信访案件专项活动。定期分析排查，落实包案责任，因案施策，全力化解并落实稳控。2011年，市委政法委信访积案化解工作经验在最高人民法院组织的专题调研会上交流，被四川省委政法委专刊转发。1997—2012年，市（地）委政法委接待群众来信来访3778件次。

二、案件质量评查

2008年，市委政法委制定《提高案件质量，从源头上预防和减少涉法涉诉信访产生的目标考核试行办法》，对全市两级法院民事案件“四率一例”实行目标考核。2009年，全市、县（区）两级人民法院受理民事案件8152件，审结7523件，调解率逐年上升，上诉率、改判率、发回重审率、涉诉信访比例逐年下降。2010年起，市委政法委开展案件评查。当年，全市评查案件700件，其中市级政法部门100件，6个区县各评查100件，发现瑕疵案件21件，均及时纠正。2011年起，市委政法委将执法巡视、作风巡察、案件质量评查相结合，开展“千案千评”专项活动。重点评查上级交办的尚未化解的涉法涉诉信访积案，当事人长期申诉、上访的涉法涉诉信访案件和对办理（处理、裁判）结果不服、人民群众反映强烈的案件等。2012年，市、县（区）党委政法委、政法各部门成立以“一把手”任组长的案件评查工作领导小组35个、案件评查小组82个277人，市委政法委组建64人案件评查专家库，各区县委政法委组建6个182人案件评查专家库。市委政法委下发《案件评查报告》，规范案件基本情况、评查过程、评查意见和评查结论4项主要内容。全市不再实行法院民事案件“四率一例”目标考核，改由法院系统按照自身案件质量管理体系开展考核管理工作。

三、执法检查

2000年，眉山地委政法委开展“超期羁押”“取保候审”情况专项执法检查。2001年，眉山市委政法委专项督查清理1998年以来各区县和市级政法部门办理的取保候审案件，清理取保候审案件1830件，打击处理被取保候审人员316人，解除取保候审人员1163人。市委政法委、市人大内司委、市政协法群委联合开展2000年以来“减刑、假释”案件执法检查，规范审理减刑、假释案件制度。2003年，全市开展执法执纪大检查，重点监督群众反映强烈的个案，督办35件，复查案件315件，纠正有问题案件46件，清理超期羁押3件4人。2004年，市委政法委开展减刑、假释、保外就医专项检查活动，纠正违法交付执行未成年人、保外就医、假释10人。2005年，市委政法委检查各区县看守所（拘役所）及眉山监狱执法工作，发现执法基础台账不够完善，执法行为不够规范、留所服刑审批标准不统一，普遍缺乏在押人员心理教育等问题，提出整改意见，强化监管场所管理。2006 年，市委政法委组织暗访和检查全市看守所（拘役所）、眉山监狱 2003—2005 年办理的减刑、保外就医、留所服刑执法情况，提出存在问题整改意见，规范监所秩序。开展人民法院执行工作专项检查，排查出 2000 年 1 月至 2005 年 12 月执行积案 4125 件，执结 3560 件。2007 年，全市开展“农民工维权”专项活动，清理涉及农民工维权案件 70 件。开展“强化执行工作，落实有执必果”专项活动，执行案件 2728 件，执结 1722 件。2009 年，眉山被确定为全省执法监督员和执法巡视工作试点市。全市从人大、政协、纪委、组织等部门聘请专兼职执法监督员 9 人，组建执法巡视组，专项执法巡视全市“办案安全工作、涉法涉诉重大信访问题、刑事审判监督”“五类监外执行罪犯”监管、集中清理执行积案、“四率一例”目标考核及案件质量评查等 7 项重点工作，综合执法巡视仁寿县、洪雅县。2010 年，眉山市推进执法公开，推行阳光执法，把执法专网延伸到“两所一庭”等基层政法单位，建立网上办案、网上监督、网上考核新机制。2012 年，市法院开展“阳光执行”活动。邀请人大代表、政协委员参与监督执行工作，向人大代表、政协委员和社会各界展示执行工作开展情况和成效。

第二章 公 安

1997 年起，眉山地区公安机关组织开展社会治安防控体系建设，以“破大案、打团伙、追逃犯”为重点，严厉打击刑事犯罪活动。持续开展以打黑除恶、侦破命案为龙头的系列严打整治斗争与打击侵财犯罪专项治理行动，促进全市经济发展。至 2012 年，全市公安机关民警经受住“5·12”特大地震等自然灾害和奥运会、亚运盛会，世博会、西博会等重大活动严峻考验。1 个县公安局被评为全国、全省优秀公安局、454 个（次）单位被评为全国、全省、全市先进；72 个（次）单位被荣立二、三等功；1 人被党中央、国务院授予“全国抗震救灾”模范称号；1 人被国务院评为先进工作者与全国公安系统“二级英模”；2 人获得全国“五一劳动奖章”；12 人被评为全国优秀人民警察；2 人被省委、省政府评为“四川省维护藏区稳定模范”。社会对眉山公安工作满意和基本满意率 96.4%，对社会治安现状满意和基本满意率 95.8%。

第一节 治安管理

1997—2012 年，眉山市公安机关组织宣传贯彻执行国家治安管理法律、法规，查处违反治安管理案件。全市发生治安案件 11.55 万起，查处 10.39 万起，处罚 7.55 万人。

眉山市 1997—2012 年治安案件查处统计表

表 23-1

年份	发生（起）	查处		年份	发生（起）	查处	
		起数（件）	处罚（人）			起数（件）	处罚（人）
1997	5093	4670	5520	2005	6195	5437	4866
1998	5875	5638	4461	2006	5506	4915	3610
1999	4949	4675	5176	2007	6153	5707	3685
2000	5260	4926	5941	2008	5787	5572	4059
2001	5328	4989	6339	2009	6598	6335	2564
2002	5042	4213	4994	2010	11482	9804	4609
2003	6401	5789	5890	2011	14723	12725	4262
2004	5833	5203	4971	2012	15256	13316	4513

一、公共场所治安管理

（一）文化娱乐场所管理

1997 年，眉山地区公安处开展取缔有奖电子游戏机经营活动，检查电子游戏娱乐场所 400 余家次，收缴有奖电子游戏机 120 余台。1999 年，全区开展冬季清理整顿文化娱乐场所特种行业专项行动，清理电子游戏行业、歌舞娱乐行业。清查娱乐场所 600 余家次，查处案件 120 余件。地区公安处、眉山县建委和地、县文体局实地检查眉山体育馆，发出《关于眉山体育馆存在重大安全隐患的报告》，责令主要责任单位整改，制定治安、消防应急处置方案。2000 年起，加强文化、体育场馆、公共场所管理。采取安保措施，形成制度，确保各项文化活动和大型文艺演出等安全。至 2007 年，重大节日期间，全市公安机关均开展娱乐场所安全大检查，加强防控，遏制娱乐场所违法犯罪行为。

2008 年，眉山市公安机关清理辖区电子游艺、上网服务、歌舞娱乐、洗浴按摩场所，并录入公安信息系统，实行娱乐场所信息化管理。2009 年，市公安、文化、工商、教育等部门开展校园周边治安秩序整治及文化市场整治与扫黄打非行动。重点清查校园周边书店、音像店等。2011 年，全市开展电玩游艺娱乐场所专项整治，整顿东坡区中心城区、彭山县彭祖广场、洪雅县雅风小区、青神县中心城区、丹棱县中心城区的电玩集中区域。查处违法电玩城 80 余家次，打击涉赌人员 140 余人，收缴销毁各类违规机具 260 余台。检查非法出版物，关闭非法出版物店（摊点）6 个，查处涉案人员 563 人，其中拘留 207 人。2012 年，全市开展电玩行业专项整治行动、专项清查整治行动。370 余家电玩行业全部停业整顿。检查出版物市场，查获非法出版物 930 余册、盗版音像制品 1491 盘、淫秽光盘 300 余张，取缔关闭非法出版物店（摊点）9 家。

（二）车站治安管理

1997 年起，眉山地区公安处将车站治安管理纳入日常管理的重要内容。在地区汽车客运中心站、火车站设立治安岗亭和治安巡逻点，查处车站内违法犯罪案件，调解旅客纠纷，维护车站及周边治安秩序。1999 年起，每年春运期间，加大车站周边警力投入，强化巡防措施，严防群体性事件发生。2008 年，眉山市出动警力清查车站周边旅店、仓库等重点部位，取缔有拉客宰客行为的旅店，净化车站周边治安环境，保障返乡民工安全。开展车站治安秩序整治行动 11 次，调解旅客纠纷 6000 余起，查处案件 1845 件。2009 年，全市开展维护返乡民工权益治安秩序整治，打击倒卖火车票专项行动，办理涉票案件 15 起，涉及金额 5 万余元，处理倒票人员 17 人。至 2012 年，每年全市公安机关派出警力维护与整治车站治安，春节期间维持车站治安秩序，保证返乡民工安全。

（三）旅游区治安管理

1997 年起，眉山地区公安机关加强风景名胜区旅游安全管理。整顿旅游区治安秩序。2001 年起，眉山市开展打击旅游市场假冒伪劣、非法制品行为专项整治。2003 年，市公安局及相关部门，开展全市旅游市场综合治理，重点整治旅游区治安、道路交通秩序、旅游市场欺行霸市、骗财骗钱、敲诈以及色情活动等。2004 年，开展旅游景点周边环境整治行动，清查景点周边旅店、农家乐等场所，重点打击旅游景点娱乐场所容留、介绍妇女卖淫违法犯罪行为。2008 年，市公安局、市旅游局开展旅游景点规范化建设和治理行动，安全检查全市旅游景点，检查旅店、娱乐场所 190 余家，查出安全隐患 30 余处，规范场所行为。至 2012 年，每年开展旅游景点环境整治行动，辖区派出所加强经常性管理。

（四）学校及周边治安管理

1998 年，眉山地区公安机关组织力量集中整顿学校治安秩序。1999 年，地委办、行署办印发《关于进一步加强学校校园及周边环境综合治理创建安全文明校园的意见》，开展学校周边综合治理。2002 年，眉山市公安机关开展“青少年维权行动月”活动，查处侵害青少年人身、财产安全案件。开展集中整治专项行动，清理整治电子游戏室、台球室、网吧、音乐茶座等娱乐场所。清理学校周边娱乐场所、小食摊点 246 个，检查学校 261 所，取缔学校周边娱乐场所 55 个，整改隐患 422 处。破获刑事案件 48 件，查处治安案件 147 件，打掉犯罪团伙 8 个，抓获违法犯罪嫌疑人 129 人。2005 年，市公安局制定《关于进一步贯彻落实“八条措施”工作实施方案》，明确交警、刑警、消防、治安各部门在维护校园及周边治安秩序的职责。2006 年，市公安局、市教育局开展“警校共育”活动。全市落实“校园警务室”466 间，完善兼职法制副校长制度，实行公安机关相关部门和派出所包校制、联校制、驻校制、多警联动制，落实学校（幼儿园）法人为安全第一责任人。组织全市中学校长 257 人参加法治培训班学习。集中开展创建“安全放心文明网吧”“远离毒品”“一帮一”“安全知识竞赛”等主题活动。2009 年，市公安局、市教育局开展校园周边环境专项整治，组织“4050”（40 岁~50 岁）人员巡逻 2710 人次。

2010 年起，全市校园配备保安、建立校园警务室，校园周边上（放）学时段、重点部位开展“三见警”（见警察、见警车、见警灯）活动，保证学生安全。2012 年，公安机关检查全市 995 所学校、幼儿园，建立规范的派驻学校保安队伍，安保力量到位率 100%。参与校园周边巡查，查出校园内部安全隐患、校园周边治安乱点 182 处，整改 179 处。至年底，全市建校园周边巡逻队 80 支、警务室 325 个，配齐学校法制副校长，落实法制辅导员、法制宣传制度。开展校园及周边环境综合治理专项整治 6 次，清查辖区学校周边网吧、电子游戏厅、歌舞厅、录像厅等娱乐场所 380 余家，打掉犯罪团伙 4 个，抓获犯罪嫌疑人 43 人。

（五）重大疫情治安管理与养犬管理

重大疫情治安管理　2003 年 4 月，眉山市公安机关做好非典型性肺炎防治工作，设置交通检疫站 36 个，检查车辆 40.91 万台次，检疫人员 184.77 万人次（疫区返乡人员 1.63 万人），留置观察 9496 人，清理登记外出务工人员 10 万余人。清查出租房屋、建筑工地及商场、饭店、宾馆、休闲中心等 2 万余家（处、次），排查检疫外来人口 52.16 万人次。处理群体性事件 2 起，防止苗头性事件

7起，查处违法犯罪案件、扰乱市场经济秩序案件56件，刑事拘留1人，治安处罚55人。2005年6月，与眉山相邻的资阳、内江、自贡、遂宁等市相继发生猪链球菌二型疫情。眉山市公安、畜牧、疾控等部门在各县（区）与外市交界处设检查点429个，开展外来生猪检疫检验，检查车辆4.53万台次，挡获疫区来猪及其产品，检查屠宰场、猪肉销售市场641个，焚烧深埋处理死猪54头。查处扰乱市场秩序、违反和危害公共安全行为，防止“猪链球菌”疫病在眉山扩散。2009年，做好甲型H1N1流感预防控制，加强疫点疫区治安管控与流动人口管理，市公安、卫生部门及时做好疫点疫区现场隔离、封锁的治安管控，防止疫情扩散。

养犬管理　2003年起，眉山市公安、卫生、畜牧、疾控等部门督促养犬市民到公安机关登记办证，集中捕杀城区敞放犬。至2004年，全市免疫登记犬只12.42万只、免疫率95.8%，捕杀犬只1.19万只。此后，全市狂犬病疫情呈逐年上升趋势。市公安、畜牧、卫生、疾控部门相继开展专项行动12次，限养区犬只逐一注射疫苗，登记办证，捕获敞放犬、野犬、病犬及违章养犬，严格管理限养区公共场所敞放犬只。至2008年，全市公安机关捕杀违规犬、病犬及疫区灭犬2.47万只，登记办理准养证7209个，登记率95%。2009年，全市公安机关捕杀犬近3万只，犬伤人事件下降。2012年，眉山市公安机关散发《犬只管理宣传资料》《犬只管理通告》2.2万份，处置各类犬只扰民事件50起。组织集中捕杀行动42次，捕杀违章放养犬1105只。办理准养证1000余份，办证率100%。

（六）流动人口和出租屋管理

1997年起，眉山地区加强和完善流动人口管理，每年开展流动人口、出租房登记等治安治理活动。1999年，地区公安机关集中开展流动人口和出租房屋清理整治，办理暂住证，登记出租房屋，签订治安责任书，调查“三无”（无固定居所、无正当经济来源、无租做土地）人员。2001年，市公安局组织开展区县以上区域性暂住人口、出租房屋集中清理清查行动，清查暂住人口2.83万人，新登记和补办合法暂住人口相关手续，取缔非法出租房屋52家，处罚出租房主16人，收容遣送“三无”人员58人。2004年，突击检查登记中心城区3个派出所辖区暂住人口，办理暂住证500个。

2008年，眉山市建立流动人口登记站（点）35个。建立社区警务室，实行暂住人口计算机管理，暂住人口信息和出租房屋信息录入管理系统80%以上，出租房屋全部签订责任书。完成外来少数民族14周岁~50周岁年龄段暂住人口信息采集。排查流动人口，排出重点场所、部位1.28万处，查出流窜犯罪人员、肇事肇祸精神病人235人。2009年，建立完善社区流动人口服务和管理站，开展出租房屋治安安全隐患清查、重点人员核查，落实中介和出租房主责任。全市建立流动人口管理和服务站158个，建立旅店业信息控制平台540个，发展治安线人133人，破刑事案件33起，查处治安案件99起。2010年，推行居住证管理制度，保证流动人口卫生保健、子女教育等享受与城市居民相同待遇。2011年，推行“一证通”制度和“一站式”服务，将流动人口、暂住人口、租赁房屋及计生等管理工作相结合。2012年，市公安机关入户调查10.37万户，清理登记暂住人口1.64万人、出租房屋2979户。年末全市建成流动人口管理和服务站（点）237个，流动人口由控制型管理向服务型管理转变。

二、特种行业管理

1997年起，眉山地区公安机关加强旅店业、废旧金属收购业、典当业、印章业等特种行业管理。至2008年，眉山市纳入公安机关治安部门管理的特种行业有旅馆业521家、废旧金属收购站点628家、印章刻字业13家、典当业8家、印刷业89家。截至2012年年底，全市特种行业增至1655家，其中旅馆业792家、废旧金属收购点671家、印章刻字业19家、典当业11家、印刷业162家。收集特种行业违法犯罪线索2万余条，抓获违法犯罪嫌疑人8227人，查处治安案件1万余起，缴获赃款及赃物折款12.3万元。

三、枪支弹药管理

1998年，眉山地区贯彻落实《中华人民共和国枪支管理法》，加强枪支弹药管理。1999年，全区逐一审查登记收回超范围超标准配发的枪支。

2001—2002年，眉山市开展“治爆缉枪”专项行动和枪支弹药、民用爆炸物品治安与公务用枪管理、使用专项整治行动，重新审查登记民警配枪资格。安全验收32个集中保管枪支的部门，整改隐患16处。收缴非法枪支1.94万支、子弹4200发，查处非法枪支弹药、管制刀具案件13起，提请逮捕18人，治安拘留54人。此后，持续开展专项整治。至2008年，全市公务用枪严格按规定配发和审查登记，收回全部超范围超标准配发的枪支。破获一批涉枪违法犯罪案件，收缴非法枪支2.21万支、子弹1.38万发、手榴弹48枚、自制仿真枪5438支。

2009年起，全市每年组织开展治理非法制贩爆炸物品专项行动和打击涉枪违法犯罪等专项行动。当年，开展宣传教育活动181次，散发传单标语、张贴通告。侦破青神县非法制造枪支案、非法持有枪支案2起，查获5人违规使用炸药案件和一非法销售爆炸危险物品窝点，抓获犯罪嫌疑人2人，集中销毁收缴的枪支、炸药等。截至2012年年底，全市收缴枪支4.45万支、子弹7.89万发、炸药和黑火药7769.5千克、雷管2.59万发、剧毒化学品50.92千克，抓获涉枪、涉爆违法犯罪人员96人。立非法持有枪支案17起，起诉17人。

四、查禁黄赌毒

（一）综合检查

1997年起，眉山地区各级党委、政府、公安机关加大毒品案件侦破力度，“四禁”（禁种、禁吸、禁贩、禁制）并举，开展经常性禁毒专项斗争和禁毒破案战役，严厉打击涉毒违法犯罪活动。查禁和打击赌博行为，重点查处利用电子游戏机、翻牌机、老虎机、苹果拼盘机和赛马机等实施赌博活动。1998年起，结合“严打攻势”，全区各级公安机关开展禁娼专项整治行动。

2002年，眉山市受理卖淫、嫖宿暗娼案件296件，查处违法人员576人，其中治安拘留82人，罚款333人，警告161人，劳教少教3人。2003年，全市开展为期半年的“扫黄”“打非”专项整治，收缴各类淫秽物品856件，查处卖淫嫖娼案件289件，治安处罚429人。2004年，查处群众反映强烈的东坡区秦家镇、海伦大酒店、仁寿县汪洋镇卖淫嫖娼问题。2005年，全市开展集中打击卖淫嫖娼违法犯罪活动专项行动，查处卖淫团伙1个、卖淫嫖娼案件116起、取缔卖淫窝点13个。抓获东坡区太和镇贩卖毒品犯罪嫌疑人1人，缴获毒品海洛因3060克。2006年，重点整治歌舞娱乐、洗浴按摩、游艺、宾馆、录像放映等涉赌场所，全市端掉翻牌机赌博窝点73处，捣毁翻牌赌博机1863台。至2007年，全市打掉赌博团伙8个，端掉赌博窝点105个，打击处理涉案人员202人，销毁翻牌赌博机3365台，收缴罚没246.13万元，清理整顿娱乐场所342家。

2008年，查处眉山新海皇、海皇阁等餐饮休闲娱乐场所聚众赌博，四川省公安厅直接立案侦查开设赌场人员，并移送起诉。市公安局查处涉赌资金1.4亿元，收缴赌资290万余元。2009年，市公安局开展“重点治乱专项行动”，集中打击仁寿县国道213线、东坡区“金鑫街、珠市街、玫瑰园休闲走廊”、彭山县“武阳—牧马”一带拉客招嫖、卖淫嫖娼行为。现场挡获卖淫嫖娼人员，清查歌舞娱乐场所200余家次，洗浴中心10家，检查可疑车辆40余辆，排查人员300余人。2010年起，市公安机关开展打击游艺娱乐场所涉赌违法犯罪行为专项行动。当年，侦破公安部督办的仁寿县“3·29”制贩毒和非法买卖制毒物品系列专案，抓获犯罪嫌疑人68人，缴获毒品及其制剂2414.77千克、枪支6支、子弹127发、麻黄碱复方制剂12吨，扣押涉案车辆20辆。查处电玩涉赌场所213家，取缔无证经营游艺娱乐场所158家，查获并销毁各类赌博机具1224台，处理涉赌人员524人、训诫教育1275人。2011年，市公安局下发《游艺娱乐场所治安管理“十个一律”规定》，明确凡以电玩为目的开设赌场的责任人一律刑事拘留，参赌人员治安拘留，说情人员交眉山市纪委查办。市工商、文化、公安部门联合开展扫除电玩城赌博之风集中行动。查处“眉山市小北街色彩缤纷动漫城赌博案”“红蜻蜓电玩城赌博案”等案件，刑事拘留开设赌场人员等11人。摧毁彭山县青龙镇一特大赌博团伙，现场抓获参赌人员97人，缴获赌资人民币150万余元。抓获彭山县青龙镇一吸毒违法嫌疑人，查获冰毒10克、麻古23颗，缴获仿64式手枪1支、子弹7发。2012年，全市查处地下电子机具赌博案件615件，挡获涉案人员1896人。收缴涉赌机具3630台、赌资278.5万元。查处涉黄场所60余家，关停无证、违法经营的歌舞娱乐场所200余家，打掉组织卖淫团伙7个，破获涉黄刑事案件13起。彭山县公安局破获四川省公安厅督办的“1·01”特大贩卖合成毒品案，抓获涉案犯罪嫌疑人15人，解救人质1人，缴获毒品麻古19千克，扣押涉案车辆10辆，查扣涉案资金1800万余元。市公安机关破获一起制造合成毒品案，捣毁位于眉山中心城区和仁寿县龙正镇的3个合成毒品加工厂点，抓获犯罪嫌疑人3人。

1998—2012年，眉山市公安机关侦破涉毒案1.09万起，抓获涉毒违法犯罪人员1.48万人，抓捕620人，强制戒毒7136人。缴获毒品海洛因34.89千克，冰毒、氯胺酮、摇头丸319.62千克。查处赌博行政案件1985件，挡获违法嫌疑人4757人，行政处罚3384人；受理刑事案件213件，破案209件，刑事拘留涉案人员488人。通过组织专项行动与接受群众举办查处等方式，打掉组织强迫妇女卖淫的团伙6个，查处卖淫嫖娼案件625起，挡获涉案人员1348人，行政处罚1327人；破获刑事案件62起，依法刑事拘留86人。

（二）戒毒

1997年，眉山县、彭山县设有强制戒毒所。当年起，眉山地区各级公安机关以全国“6·26”国际禁毒日为契机，通过广播电台、电视台、报刊、网络等开展主题宣传活动。在车站、城市中心地带等人口密集地设立宣传点，在中小学校举办禁毒知识竞赛、专题讲座和报告会等。1999年，眉山地区开展创建“无毒社区”活动，建立由居（村）委会、辖区公安派出所、戒毒人员单位（学校）及家属等组成的帮教小组，跟踪帮教社会面上的吸毒人员，巩固戒毒效果。2000年后，强制戒毒所每年开展禁吸戒毒攻坚战，多次检测戒员艾滋病感染情况。2001年，市预防保健中心、东坡区防疫站监测东坡区公安分局戒毒所强制戒毒人员25人，确认感染艾滋病病毒2例。2002年，市财政投资200万余元，建成眉山市特殊人群收治中心，设87张床位，满员收戒。

2003年起，眉山市以吸毒“千人县整治”东坡区为重点，创建“无毒社区”“无毒村”活动与社会治安综合治理、精神文明创建相结合，责任落实到基层。全市强制戒毒所开展以保障戒员身体健康和生命安全、维护戒员合法权益、建立健康有序强制戒毒工作秩序为主要内容的专项整治，保证戒毒人员正常戒毒。2005年，市禁毒委员确定21个成员单位包片指导6个区县重点社区、乡镇禁毒工作。在《眉山日报》、眉山电视台公布毒品案件举报电话，市政府制订《举报毒品犯罪活动奖励办法（试行）》，鼓励群众检举揭发，参与禁毒斗争。组织中小学校上一堂禁毒教育课，开展以“禁毒人民战争”为主题的班会、团会等活动。开展万名巾帼志愿者禁毒宣传帮教活动，在仁寿县文林镇广场街设立长期性“禁毒知识宣传一条街”，举办“珍爱生命，拒绝毒品”为主题的街头文艺演出活动等。2006年，全市强制戒毒所组织监管民警和医务人员清理戒毒药品，严把用药关。2007年，围绕“参与禁毒斗争，构建和谐社会”主题开展禁毒宣传活动。全市放映禁毒警示教育电影《黑白记忆》2100余场次，30余万名学生、干部、职工观看。市禁毒办邀请内蒙古禁毒志愿者孟进生到中小学校和眉山沙坪劳教所现身说法，3万余人受教育。东坡区禁毒办和妇联在眉山城区举办“无毒家庭”创建工作示范点启动仪式及禁毒宣传活动，省、市8个单位巾帼志愿者及中学生1000余人参加。

2008年，市委、市政府将禁毒工作和禁毒宣传纳入各县（区）、市级各部门单项目标考核和社会治安综合治理目标考核。翌年纳入党政目标考核和综治考核。全市强制戒毒人员统一送市强制戒毒所收治，强制戒毒措施改为强制隔离戒毒措施。戒毒人员在戒毒所的戒毒期限由3个月~6个月增至1年~2年。洪雅县中保镇被四川省禁毒办列为社区戒毒（社区康复）试点单位，11名吸毒人员纳入社区戒毒（社区康复）。年末全市强制戒毒所收治吸毒人员1569人，新增加床位220张；提供涉毒线索100余条，配合办案单位破获涉毒案件50余起。2009年，市戒毒所创立“四心”（热心、诚心、爱心、耐心）戒毒工作法，教育挽救吸毒人员，帮助其摆脱毒品，回归社会。全省社区戒毒、社区康复示范点工作座谈会在洪雅召开，推介洪雅经验。

2010年，市委组织部、市委宣传部、市禁毒办在市中心城区启动“四川省万名党员干部讲禁毒与全省禁毒宣传教育巡回活动——眉山市启动仪式”。全市易制毒化学品生产、销售、使用企业200余家，学生40余万人，歌舞娱乐场所、网吧、电子游戏厅600余家，市级部门联系村社80余个开展禁毒宣传巡回活动及万名党员干部讲禁毒活动。2011年，市禁毒办制定《眉山市易涉毒场所负责人约谈制度》《眉山市涉毒场所黄牌警示制度》，约谈涉毒场所负责人8人次，黄牌警示涉毒场所23家。全市开展禁毒“流动课堂”和外出务工人员、青少年及留守儿童禁毒集中宣传教育活动，散发禁毒宣传资料80万余份，展出展板1000余张，播放禁毒宣传片50余场次，80万余名群众受教育。2012年，市禁毒办制作禁毒宣传系列片《使命》《眉山禁毒二十年》展板30套，印制毒品资料10万余份，发放各区县及市级相关部门开展禁毒宣传活动。市强制隔离戒毒所组织开展“6·26”国际禁毒日向社会开放活动，省市部分人大代表、政协委员和省市新闻媒体记者、戒毒人员家属代表参观戒毒所。截至2012年年底，眉山市命名“无毒社区”单位、乡镇153个。全市强制戒毒8029人次，转劳教954人，解除强戒5535人。

第二节　森林保护

1998年起，眉山地区林业公安机关以常规执法规范林区正常管理秩序，打击破坏森林和野生动植物资源违法犯罪活动，维护林区稳定。2003年起，眉山市森林公安机关每年开展打击破坏野生动物资源违法犯罪专项行动。当年，开展以打击破坏野生动物资源违法犯罪为重点的“春雷行动”。清理宾馆、酒楼、饭店142家，集贸市场53个；查处各类案件31起，端掉非法收购、经营、销售野生动物窝点3个，抓获违法犯罪嫌疑人31人；收缴野生动物1.04万只（头）。此后，相继开展绿浪行动、创建平安林区综合整治行动、绿盾二号行动、利剑行动、飞鹰行动，打击破坏森林资源违法犯罪“绿盾三号行动”。2012 年，眉山市开展保护珍稀植物资源“利剑行动”，立森林刑事案件 62 件，破案 55 件，查处洪雅柳江 5 人滥伐林木团伙案，滥伐“吊崖子”柳杉林木 2038 株，蓄积量 280.19 立方米。全年办理涉林案事件 406 件，收缴木材 957.43 立方米。

1998—2012 年，眉山市立案查处森林案件 7071 起，打击处理各种违法犯罪人员 7661 人次，没收木材 1.77 万立方米，收缴野生动物 6.32 万只（头）。

第三节　刑事侦查

眉山公安刑侦部门按照严格执行办案程序与破案标准，组织侦查破案。开展季节性严打整治行动、打黑除恶行动、破现案、挖积案行动、“清网行动”与打拐专项行动、打击破坏野生动物资源违法犯罪等行动，有力保护社会稳定。

1997 年起，眉山地区公安机关按照刑事案件立案程序、案件管辖分工规定与破案标准，组织侦查破案。开展季节性严打整治行动，重点实施“破大案、打团伙、追逃犯”与侦破命案行动。全年全区立案 2537 件，破案 2198 件。1998 年，侦破仁寿县凤陵小学爆炸案。

2001 年，眉山市开展打黑除恶“狂飙-A”行动。2004 年，建立健全“打黑除恶”长效机制。市公安局与各县（区）公安（分）局、辖区派出所层层签订《眉山市公安机关发现、防控、打击黑恶势力犯罪责任书》。当年侦破公安部挂牌督办的黑社会性质组织案 1 件，抓获涉案人员 63 人，破获刑事案件 74 起，收缴枪支 19 支、子弹 1551 发，查获毒品“K”粉 200 余克，追缴赃款、赃物合计 200 万余元。6 人被判处死刑、13 人被判处有期徒刑或无期徒刑。2006 年，市公安局、东坡区公安分局侦破东坡区团伙系列杀人案。

2011 年，市公安局开展破现案、挖积案行动、“清网行动”与打拐专项行动。侦破公安部督办丹棱县系列盗掘文物案，打掉盗掘文物犯罪团伙 5 个，抓获犯罪嫌疑人 27 人，破获眉山、成都、资阳、内江、遂宁、广元等地盗掘文物案 110 件，追缴文物 300 余件（国家级文物保护单位文物 1 件）。2012 年，全市公安机关组织开展打击方面性突出犯罪与打黑除恶专项行动。侦破公安部挂牌督办的眉山网络贩枪案，抓获犯罪嫌疑人 78 人，缴获仿高压气枪 44 支及资金、物资若干，涉案金额 1200 万元。全年全市立案 1.08 万件，破案 3795 件，破案率 35.08%。

1997—2012 年，眉山市破获各类刑事案件 3.89 万件，其中破获危害大、影响大的放火案 221 件、爆炸案 51 件、杀人案 529 件、伤害案 2325 件、强奸案 677 件、绑架案 69 件、抢劫案 3271 件。运用刑警科学技术勘查重大案件现场 5.63 万起，通过检验分析鉴定破获重特大案件 2.02 万起。采集各类公安业务信息 525 万余条，利用信息平台破案 228 起，抓获违法犯罪嫌疑人 270 人。

眉山市 1997—2012 年刑事案件侦破情况统计表

表 23-2

年份	立案（件）	破案（件）	年份	立案（件）	破案（件）
1997	2537	2198	1999	2295	2001
1998	2035	1764	2000	4450	1899

续表23-2

年份	立案（件）	破案（件）	年份	立案（件）	破案（件）
2001	5071	2059	2007	5456	2410
2002	4662	2285	2008	5150	2618
2003	4161	1954	2009	8265	2411
2004	4421	2104	2010	11574	3431
2005	4244	2216	2011	11249	3520
2006	7446	2235	2012	10818	3795

眉山市 1997—2012 年严打整治情况一览表

表 23-3

时间	行动	重点	主要战果
1997 年	春季严打整治行动	破大案、打团伙、追逃犯	破获一批大要案，缴获赃车 31 辆、摩托车 207 辆，抓嫌犯 5 人
	冬季严打整治行动	抓点、压面、控片、造势、促稳	破获几起杀人案、抢劫现金 9 万元的恶性案等
1998 年	夏季严打攻势	以打促稳	破刑案 280 起，查处治安案 795 起，抓违法犯罪嫌疑人 1700 余人，摧毁犯罪团伙 31 个，提请逮捕 123 人，缴海洛因 600 克、被盗车 38 辆等
1999 年	春夏季严打整治	追捕逃犯	抓获各类逃犯 40 余人
	集中追逃专项斗争	追捕逃犯	抓获在逃人员 477 人，其中网上在逃人员 278 人、部督办 4 人、省督办 9 人、地督办 19 人、投案自首 63 人、协助外地抓获 52 人；破获刑事案件 210 起，治安案件 800 起，缴获火药枪、管制刀具 200 余件
2000 年	打击人贩子、解救被拐妇女儿童专项斗争	打击人贩子、解救被拐卖妇女儿童	共破获拐卖妇女儿童案件 230 起；查获拐卖妇女儿童团伙 24 个 87 人；抓获在逃人贩子和犯罪嫌疑人 1181 人，解救被拐卖妇女儿童 967 人，其中解救儿童 55 人
2001—2002 年	严打整治专项斗争	打击刑事犯罪活动，集中整治社会治安	侦破刑事案件 3992 起，抓获各类违法犯罪嫌疑人 12312 人，摧毁各类犯罪团伙 152 个 753 人，追回各类逃犯 2046 名（其中上网逃犯 1749 名），搜缴各类非法枪支 14552 支、子弹 14462 发、手榴弹 480 枚、炸药 3992. 4 千克、黑火药 377. 9 千克、雷管 10331 枚、导火线 11836 米、管制刀具 2149 把；检查涉爆单位 487 个，涉枪单位 199 个，发现整改隐患 1358 处
2003—2004 年	打击盗窃、破坏电力设备专项行动	打击盗窃、破坏、损坏发电设施、变电设施和电力线路及辅助设施的违法犯罪分子	立盗窃破坏电力设备窃电犯罪案件 96 起，破获 85 起，抓获破坏电力设备窃电违法犯罪人员 43 人，刑事拘留 13 人，批捕 3 人，为国家挽回经济损失 50 万元
	打击“两抢一盗”专项斗争	开展打击盗窃、抢劫机动车专项斗争，清理整顿易于窝藏赃车、销售赃车的场所和行业	破获盗抢机动车案件 53 起，抓获犯罪嫌疑人 51 人；查获犯罪集团 4 个 10 人；追回汽车 3 辆；挽回经济损失 34. 4 万元
	侦破命案行动	侦破命案	攻克命案 6 起

续表23-3

时间	行动	重点	主要战果
2005年	“春剑”行动	保证节日安全	破获一批杀人、绑架、“两抢一盗”案件，破案率达60%，打掉一批犯罪团伙，抓获一批违法犯罪人员
	打击“两抢一盗”专项斗争	开展打击盗窃、抢劫机动车专项斗争，清理整顿易于窝藏赃车、销售赃车的场所和行业	破获“两抢一盗”案件1814起，打掉“两抢一盗”团伙205个661人，抓获“两抢一盗”犯罪嫌疑人1312人，追回被盗抢汽车114辆，追回被盗抢摩托车201辆，抓获3名省厅督捕的逃犯，省厅督办的3起案件全部破获
2006年	打黑除恶专项斗争	打黑除恶	打掉各类恶势力犯罪团伙34个，抓获黑恶团伙成员203名，缴获枪支19支、子弹137发
	“亮剑”严打整治专项行动与破案攻坚“百日会战”	打击收取保护费、整治治安突出问题	打掉涉恶犯罪团伙34个，破获各类刑事案件2097起，提请逮捕犯罪嫌疑人1254名，侦破命案33起，起诉“两抢一盗”案件383起520人，抓获各类逃犯384名
2007年	“狂飙-A”“狂飙-B”“狂飙-C”三大战役	力破现案、强攻积案、狠抓发案	打掉全国打黑办督办的涉黑团伙和省厅督办的涉黑团伙，共起诉涉黑犯罪嫌疑人44名，破获刑事案件49起，收缴各类枪支5支、管制刀具7把、子弹27发等作案工具
2008年	大会战专项斗争	破现案挖积案、打盗抢抓逃犯	破获系列侵财串案109件、打掉侵财犯罪团伙107个、破案1349起，破获3类大要案件57起、打掉犯罪团伙39个，抓获重点在逃人员96名，其中公安部通缉3名、省厅督捕24名
	“冬剑”行动	加强打击城区刑事犯罪活动	全市城区日均接报刑事案件下降19.5%，日均接报治安案件下降15.9%
2009年	打拐专项行动	打击拐卖妇女儿童犯罪	立拐卖妇女儿童案件40起，破案27起，刑事拘留30人，打掉强迫卖淫团伙4个，抓获逃犯2人，省厅督捕逃犯1名，解救被拐妇女儿童30名。经核实无拐卖事实拆销案件11起，协助家长找回失踪儿童11名。破婚姻诈骗4起，刑拘6人，打掉团伙2个，抓获婚姻诈骗逃犯1人
	打击电信诈骗	打击和防范电信诈骗犯罪	破获本地电信诈骗案件91起、外地案件2起，打掉团伙3个，抓获犯罪嫌疑人30名。成功侦破省厅挂牌督办的东坡区“3·17”系列淘宝网诈骗案、彭山县团伙电信诈骗案
	打击“两抢一盗”专项斗争	开展打击盗窃、抢劫机动车专项斗争，清理整顿易于窝藏赃车、销售赃车的场所和行业	共破获“两抢一盗”案件1251起，打掉各类侵财犯罪团伙153个，其中抢劫团伙41个、盗窃团伙43个、诈骗团伙26个
2010年	打拐专项行动	打击拐卖妇女儿童犯罪	立拐卖儿童妇女案件186起，破案155起，解救妇女儿童164人。共打掉拐卖犯罪团伙7个，刑事拘留58人。抓获此类在逃人员5名。解救被拐儿童60名，解救被拐妇女4名
	“2010严打整治”	加强涉拐、涉校刑事案件侦破、电信诈骗的打击力度	破获电信诈骗案117起，打掉电信诈骗团伙3个，追缴涉案金额16.68万元。成功侦破省厅挂牌督办的仁寿县“3·11”系列电信诈骗案、洪雅县“4·17”ATM取款机电信诈骗案

续表23-3

时间	行动	重点	主要战果
2011 年	“春季攻势”	破现案，挖积案	立刑事案件 5540 件，破现案 1825 件、破积案 321 件、破外地案件 179 件、起诉 1110 人、抓获网上在逃人员 316 人
	“夏季会战”	破现案，挖积案	立刑事案件 3059 起，破获各类刑事案件 946 起，移送起诉 537 人
	“清网行动”	加强对命案逃犯、部厅级督捕通缉逃犯的抓捕工作	抓获行动前上网逃犯 173 名，清网率达到 84.39%，高于全省平均数 5 个百分点。抓获行动前故意杀人在逃人员 27 名，故意杀人在逃人员下降率达到 51.9%，抓获部督逃犯 1 名、部 B 级通缉 1 名、省厅督捕 22 名，历年上网逃犯 113 名、外省在逃人员 51 名
	打拐专项行动	打击拐卖妇女儿童犯罪	破获拐卖妇女、儿童案件 99 起，抓获犯罪嫌疑人 135 名，解救儿童 91 名，解救被拐妇女 5 名，其中越南籍妇女 2 名，侦破公安部挂牌督办的“肖某被拐案”，解救被拐 19 年以上儿童 3 名，参与侦破公安部统一部署“5·5”凉山籍贩婴专案，解救被拐婴儿 6 名
2012 年	“破大案管小案”	打击方面性突出犯罪	破获侵财类犯罪案件 1701 起，打掉仁寿县入室盗窃团伙、洪雅县入室盗窃团伙、东坡区抢劫建筑工地团伙、彭山县盗窃团伙、园区诈骗团伙等 61 个犯罪团伙，破获系列案 26 件，提请逮捕犯罪嫌疑人员 664 人，收缴赃款赃物 535.87 万元
	灭枪专项行动	集中开展“灭枪”专项行动，严厉打击涉枪犯罪	破获涉枪案件 58 起，打击处理 32 人，共缴获各类枪支 67 支、军用子弹 20 发。抓获四川省公安厅 A 级通缉涉枪逃犯 2 名
	“平安眉山”行动	打黑除恶，打击多发性侵财犯罪	立刑事案件 9942 起，破获 3336 起，打掉犯罪团伙 77 个，抓获犯罪嫌疑人 2861 名，抓获各类网上在逃人员 255 名

第四节 经济安全保卫

一、经济活动与金融场所安全保卫

1997 年，地区公安机关与国有企业建立联系制度，常态性监督和检查眉山地区重点单位的内部治安保卫工作。当年，7 家金融机构建立治安保卫工作机构。1999 年，地区公安处、人行眉山地区支行制发《关于贯彻〈金融机构营业场所、金库安全防护暂行规定〉的实施意见》，指导与监督全区金融机构营业场所、金库的安全防范工作。

2003 年，市公安局、人行眉山市中心支行组织公安民警、消防官兵通宵巡逻，处置闹事苗头 9 起，整改安全隐患 26 起，确保眉山市首届火锅美食文化节安全。2004 年，市政府下发《关于贯彻〈企业事业单位内部治安保卫条例〉的实施意见》。市、县（区）政府分别确认 42 家市级重点保卫企业、事业单位及333家县级重点保卫单位。2005年，市公安机关组织警力维护东坡文化艺术节暨庆祝建市五周年开幕式和中央电视台“激情广场——走进中国诗书城·眉山”大型文艺演出期间治安、交通秩序。组织警力投入东坡文化艺术节暨庆祝建市五周年商品交易会安全保卫工作，东坡区集中打击处理杀人、抢劫、重大盗窃等严重刑事犯罪分子，打掉犯罪团伙5个19人，铲除卖淫、赌博窝点18个。

2006年，市公安局审批和验收全市金融机构营业场所、金库安全防范设施建设工作。2007年，市公安局出动警力、消防、武警官兵处置闹事苗头，整改安全隐患，确保市委、市政府与中华民族文化促进会在东坡区举办的“中国·东坡国际文化节”安全。2008年，组织人员完成奥运会及测试赛申请注册制证人员身份等背景情况审查559人。检查重点场所、部位，摸排重点场所、部位2.11万个（处），新登记暂住人口4.83万人，整改场所单位1425家。签订奥运会治安保卫责任状，新增治安保卫机构、保卫人员，摸排嫌疑人，整改消防、交通隐患。保证奥运会期间辖区安全。2009年，市公安机关完成新加坡达迈中学师生到眉山学习交流活动、外宾参加的“侨爱工程”、泡菜国论坛、泡菜国际展销会等安保工作。2012年，全市各县（区）调整县级重点保卫单位，各县（区）政府确认县区级重点保卫单位251家。重点单位分别建立完善治安保卫机构，配备人员，建立健全治安保卫制度，建立人防、物防、技防为一体的防控体系。12家银行及邮政储蓄机构建立治安保卫工作机构。截至年底，市公安机关连续4年组织完成中国·四川泡菜国际品鉴会、中国四川泡菜国际展销会安全保卫工作。

二、经济犯罪案件侦查

1998年起，眉山地区公安机关常年开展危害公共安全、走私、妨害对公司和企业的管理秩序、破坏金融管理秩序、金融诈骗、危害税收征管、侵犯知识产权、扰乱市场秩序、侵犯财产等犯罪案件侦查破案工作与打击经济犯罪专项行动。2001年起，全市公安机关加强办理经济犯罪案件管理，设立经济犯罪举报机构或确定专人，接受社会各界和群众对经济犯罪的举报、报案及经济犯罪嫌疑人投案自首。集中开展打击经济犯罪专项行动，遏制经济犯罪。将3月8日确定为眉山市经济犯罪举报中心宣传日，每年举行经济犯罪举报宣传活动。当年，全市开展“狂飙-D”打击经济犯罪集中统一行动，立案97起，破案91起，涉案金额2600万元，挽回经济损失1610万元，抓获犯罪嫌疑人138人，刑事拘留72人，打击处理48人。捣毁制假、售假窝点28个，查获伪劣水泥、钢材、食盐、化肥、药品等140余吨，破获一批生产、销售伪劣产品案件。2002年，全市公安、税务机关开展发票打假集中统一行动，检查餐饮、酒店等场所。开展涉税违法犯罪专项整治，协助税务机关查补税款。2003年，市公安局、人行眉山市中心支行开展打击外汇领域洗钱违法犯罪活动。2004年，捣毁彭山县青龙镇一假烟加工厂，查获成品假烟565件2.71万条和大量制假工具、原材料，抓获犯罪嫌疑人8人，逮捕6人，判处有期徒刑4人。

2006年，眉山市开展打击传销和涉烟违法犯罪专项行动。破获传销案1起，挡获传销人员200余人，捣毁传销窝点13个。2008年，破获公安部、四川省公安厅督办的利用“5·12”抗震救灾募捐诈骗案及伪造、倒卖有价票证案，查证犯罪嫌疑人套开空白养路费缴讫凭证2069张、造成国家经济损失3270万余元。2009年，开展打击假币犯罪“09行动”，立假币犯罪案件22件，破案21件，抓获犯罪嫌疑人38人，刑事拘留22人，抓获上网逃犯3人，收缴假人民币89.56万元、假美元1.5万元。2011年，开展打击侵犯知识产权和制售伪劣商品犯罪“亮剑”专项行动，立（破）侵权假冒犯罪案件70件，打击处理91人，涉案金额3980万余元，捣毁和打掉制假售假窝点65个、犯罪团伙19个，侦破公安部督办的制售假药、伪劣化肥、农药案。开展打击银行卡犯罪“天网-2011”专项行动，侦破四川省公安厅督办的“3·3”信用卡诈骗案，打掉一长期流窜于广西、四川、湖南、浙江等地的信用卡诈骗犯罪团伙。

2012年，全市公安机关开展严厉打击经济犯罪维护群众利益“破案会战”。立经济犯罪案件886起，涉案金额11.48亿元；破案343起，移送起诉182人，为国家、集体和个人挽回经济损失1.67亿元；发起全国性集群战役2起，侦办公安部领导批示办理案件、公安部督导办理案件各1起，破获大要案件104起。公安部、省公安厅向眉山“3·15”特大网络传销案集群战役成功收网分别发出贺电、嘉奖令。

1999—2012年，眉山市公安机关开展打击经济犯罪专项行动8次，立案2249起，破案1624起，涉案金额18.1亿元，挽回经济损失3.61亿元，抓获犯罪嫌疑人1462人，刑事拘留1079人，打击处理845人。

第五节 国内安全保卫

1997年起，眉山地区公安机关依法防范和打击国内外一切敌对势力、敌对分子的破坏活动，维护眉山社会政治稳定和国家安全。2003年侦破的“3·16”政治诈骗案被列为全国典型案例。至2012年，武警支队配合公安部门开展“严打”“打黄扫非”和公共治安专项治理，执行抓捕、押解勤务950余次，执行公捕公判勤务159次，抓捕犯罪嫌疑人450余人，缴获枪支和管制刀具400余件和毒品违禁物品若干。

一、应急管理体系建设

1997年起，眉山地区公安机关建立“定期研判、提前预测，灵通信息，畅通指挥，机构健全，责任明确，行动果断，准确打击”的应急管理工作机制。各乡镇、行政村、居委会、企事业单位、政府职能部门建立联络小组、信息员、联络员，完善“国内安全保卫大队管线，派出所管面，村社、街道、企事业单位等基层单位管点”的三级情报信息网络体系。2004年，市公安局建立“大情报”工作格局，逐步建立完善情报信息工作制度、等级评估制度、情报信息每月研判制度、单项情报随机奖励和年终综合考核评定制度，实行规范化和量化管理，建立国内安全保卫基础调查工作机制。至2008年，全市建成情报分析室1个，情报分析站6个。2010年，市委、市政府作出《关于进一步加强和改进公安国保工作的决定》，明确规定公安国内安全保卫工作机构、组织领导、后勤保障、队伍建设等，推进全市国内安全保卫工作。2012年，市公安局成立摸排管控工作领导小组，建立健全全市反恐怖基础调查、涉恐摸排管控长效工作机制。

二、维护稳定与反恐

1998年，眉山地区公安处制订《关于群体性事件的处置预案》，加强情报信息搜集，及时分析研判，成功处置“7·22”“3·31”邪教骨干聚众闹事案，防止邪教持续非法聚众活动。1999年，洪雅县公安局妥善处置洪雅县红旗电站原站长不服法院裁定，煽动股民200余人打砸电站设施并打伤董事长及员工问题。2000年起，地、县两级公安机关制定《群体性事件处置预案》《涉稳人员聚众缠访处置预案》等，疏导教育与依法处置相结合处理群体性事件。打击危害国家安全和影响社会政治稳定的非法活动。

2003年起，眉山市开展“反恐”研究和演练，提高执勤、处突能力。依法处理洪雅县瓦屋山镇个别人煽动移民群众500余人不满安置补助，围攻镇政府和瓦电指挥部，砸坏公共设施，砸毁车辆，切断电源，推倒镇政府围墙问题。2004年，市国内安全保卫部门逐步规范案侦工作流程，提升专案工作水平，国内安全保卫案件查破率90%以上。2008年，市公安机关开展“迎奥运、保平安”统一集中清查整治行动，查处治安案件18起，破获刑事案件12起，抓获网上逃犯9人，缴获枪支1支，收缴炸药13千克，挡获盗抢机动车6辆。东坡区、彭山县、青神县公安（分）局和市公安局机关5个应急处突小组开展奥运火炬传递眉山境内转场安全保卫演练。处置东坡区三轮车业主围堵市政中心，聚众生事问题。2009年，排查确定全市涉恐重点行业及部位、涉恐重要目标、涉恐人员、涉恐组织团伙等基础数据，掌握相关情况。督导检查重要目标和重点部位反恐怖防范工作，确保庆祝中华人民共和国成立60周年稳定。2010年，举行“全市政法系统2010年技能练兵综合实战演练”。散发反恐知识宣传传单，解答群众咨询，增强广大人民群众防恐意识。上海世界博览会、西部博览会、甘孜州庆、广州亚运会期间，市公安局督导检查全市反恐防范工作，确保全市重要目标和要害部位重大节日和敏感时期安全。截至2012年年底，眉山市公安机关处置群体性事件108起，立案511起，破案492起，处罚998人。

眉山组织开展反恐应急拉练（摄于2008年8月）

三、警卫

1997年起，眉山地区警卫任务主要负责党和国家领导人、省部级领导、重要外宾、外商的安全警卫、保卫工作。1998年起，武警眉山地区支队加强眉山地区国家规定的警卫对象、重要目标、重要会议、重大活动的武装保卫。2008年，担负奥运火炬在成都、乐山两地传递的安全保卫任务。至2012年，眉山市公安机关完成重要警卫勤务30余次。组织完成党和国家领导人警卫任务217批次。其中一级警卫18批次，包括党和国家领导人江泽民、李瑞环、贾庆林、吴邦国等；二级警卫78批次，包括党和国家领导人杨汝岱、回良玉、吴仪、王兆国等；三级警卫121批次，包括外宾多米尼克总统利物浦、老挝国家总理波松布帕万、副总理宋沙瓦警卫等。

四、武装巡逻

1998年起，眉山地区武警部队实施武装巡逻，与公安部门开展眉山城区社会治安综合治理，重大节假日前后开展城市武装巡逻。2008年，眉山市武警部队开展藏区维稳、抗震救灾和奥运会火炬传递安保，组织武装巡逻，维护特殊敏感时期社会稳定。至2012年，市武警部队共实施武装巡逻2500次，出动兵力2万余人次。制止打、砸、抢，聚众闹事事件120余起，抓获犯罪嫌疑人260余人，缴获各类凶器和违法物品300余件。

第六节 监所管理

一、关押看守

1997年起，眉山地区公安监所建立健全管理规章制度，教育转化在押人员，依法管理、严格管理、文明管理、科学管理，清除事故隐患。2002年，眉山市在8个武警中队建设三级网，监控哨位。2003年，全市开展超期羁押专项清理，清理出超期羁押人员10人交办案单位处理。此后，全市监管场所依法羁押和换押，杜绝超期羁押现象。开展打击“牢头狱霸”专项整治行动，发现并处理“牢头狱霸”苗头14起11人。

眉州监狱开展“合力行动”（摄于2010年2月）

2004年，各县（区）建立警务公开制度，公开警务。市公安局、市检察院组织监所开展“双加强、双保障”（加强监管执法、加强法律监督、保障刑事诉讼顺利进行、保障在押人员合法权益）创建活动，完善在押人员合法权利告知制度、警务和检务公开制度，建立在押人员约见驻所检察官制度，健全在押人员辩护、上诉、申诉、举报、控告材料转递制度，为在押人员行使合法权益开辟绿色通道。2005年，全市完成三级网查勤系统、哨位子弹安全箱的升级改造。东坡区看守所成功制止犯罪嫌疑人逃脱。2006年，开展执勤隐患专项治理，加装哨位报警“一键通”系统、云台摄像机，提高执勤目标安全系数。

2007年，投入3960万元，建成眉山市监管中心。武警支队、市公安局联合查监查狱2次，为7个“两看”（看守和看押）目标安装红外周界报警系统，协调4个目标搬迁、新建和就地改建，完成眉山市看守所“AB”门建设。2008年，市公安局作出《关于加强公安监所管理工作的决定》，在全市监管场所建立监管民警执法廉政档案，明确监管工作管理体制和保障机制。清理全市监所组织生产劳动情况，整改不规范、不合法劳动项目。2009年，全市公安监管系统开展为期5个月的以“安全隐患大排查、监所秩序大整顿、规章制度大落实、责任意识大增强、信息应用大培训”为主题的专项活动，规范监所秩序。

2011年，全市各看守所开展“两防一退”（防事故、防非正常死亡、退出舆情关注热点）活动，集中治理在押人员劳动问题，维护看守所安全和稳定。推进“四防一体化”（人防、物防、技防、联防一体化）建设，完成东坡区和洪雅县看守所AB门改造。2012年，全市看守所落实新收押人员入所五项（血压、血常规、心电图、B超、胸片）健康检查制度。仁寿县看守所将在押未决人员在看守所羁押期间的表现情况纳入酌定量刑情节，制定《在押未决人员考核奖惩办法》，研发在押人员现实表现考核系统软件，促进监所规范化管理，在全省看守所系统推广。

1997—2012年，眉山市看守所协助破获刑事案件7128起，抓获网上逃犯73人，抓获犯罪嫌疑人736人，追缴赃款赃物折合人民币234.5万元，制止犯罪嫌疑人和罪犯脱逃6人。

二、行政拘留

1999年，眉山地区行政拘留所开展“依法行政、文明管理”为主题的抓典型、树样板活动，加强基础设施建设，健全工作制度，落实岗位责任，评出彭山县行政拘留所为全区样板所。2002年，东坡区行政拘留所按照被拘留人员性别和违法性质，实行分别收押，分类管理，编印《治安、司法拘留人员学法用法手册》，实行拘留人员“八课”教育（入所教育、法律和道德教育、时事政策教育、心理健康与心理矫治、文化知识教育、劳动技能教育、卫生防疫知识教育、出所教育）。青神县、彭山县行政拘留所协助办案单位破案18起。2003年，眉山市各行政拘留所学习借鉴全国样板所济宁市公安局行政拘留所管理模式，实行严格周界控制和区域内相对宽松的管理办法，落实拘留人员行为规范和一日生活制度，组织拘留人员集体出操、集体就餐、集体上课教育、集体开展文体活动，调动拘留人员接受服从管理的积极性。2006年，拘留所停止向被拘留人员收取生活费、医疗费等费用，统一纳入地方财政预算。2010年，全市拘留所按照“教育、感化、挽救”基本方针和“管教并举、教育为先”基本原则，建设安全文明的监管场所、教育矫治违法人员的特殊学校。2011年，市公安局发文，规范拘留人员请假离所程序与时限，提前解除拘留的条件及应遵循的事项。

第七节　出入境管理

1997年，眉山地区出入境证件由四川省公安厅受理、审批、制证。实行国家工作人员因私出国（境）登记备案制度和法定不批准出境人员通报备案制度。实行临时到眉山的境外人员定点住宿。地区公安机关适时查验常住境外人员证件，指导、督导涉外单位掌握常住境外人员情况。1999年起，全区临时入境人员不再受指定住宿地点限制。2000年2月，四川省下放中国公民出国（境）证件办理审批权，眉山地区出入境人员实行县级审核、地级受理和审批、四川省公安厅监督指导并集中签发证照三级管理。2002年，市公安部门被授权审批中国公民申请赴香港定居业务。2007年，市公安局受理审批全市居民参团赴港澳游申请业务。县级出入境由县公安局受理、市公安局审批、四川省公安厅制证。当年，市公安局、市法院、市检察院、眉山国家安全局、市司法局清理五类不准出境人员（刑事案件的被告人和公安机关或人民检察院或人民法院认定的犯罪嫌疑人；人民法院通知有未了结民事案件不能离境的人；被判处刑罚正在服刑的人；正在被劳动教养的人；国务院有关主管机关认为出境后将对国家安全造成危害或对国家利益造成重大损失的人）数据。建立外国人管理工作联席会议制度，明确各业务部门对外国人管理以及办理涉外案（事）件的职责。

2008年，全市开展清理“三非”（非法入境、非法居留、非法就业）外国人专项整治行动，查获9名“三非”外国人。市公安局、东坡区公安分局制止一起35名外国女青年欲在“风暴”迪吧非法表演。至年底，全市公安机关登记备案国家工作人员 1271 人，登记法定不准出境人员 1179 人。2010 年，市公安机关整治外派劳务市场秩序，查出丹棱县民工 113 人以旅游名义前往非洲务工。2011 年，专项清理出入境问题证件，查明问题护照 40 组 80 件。市公安局依托新浪网开办“眉山公安出入境”官方微博，通过实名认证的应用，拓宽警民沟通渠道。2012 年，全市公安机关清理非法入境、非法居留的外国籍妇女 36 人，生育子女 47 人。查处外国人“三非”案件和台湾居民逾期非法居留案 14 起。打击偷越国（边）境犯罪，查处公民骗取出入境证件案 18 起 19 人。至年底，全市新增登记备案国家工作人员 973 人、登记法定不批准出境人员 1489 人。

第八节　道路交通管理

一、城市交通信号管理

1997 年，地区公安交警支队在眉山城区重要路口设置固定式红绿灯，指挥城市交通。2001 年 9 月，眉山被建设部列为数字化建设示范城市。2002 年，眉山被联合国开发计划署列为“21 世纪中国城市规划、管理与发展”项目示范城市。当年，启动眉山城市交通系统数字化示范建设。2003 年，市政府决定争取外国政府贷款 490 万欧元实施城市交通数字化工程。完成中心城区、旭光小区西门等重要交叉路口交通标志（红绿灯）建设。2004 年，中科院院士、专家和教授 30 余人到眉山，举办建设数字化城市科学论坛。由科技部、信息技术科学部和眉山市政府签订“互动合作计划”协议。当年，在中心城区 10 个复杂交通路口建设交通信号控制、视频监视、闯红灯电子警察系统，成立城市数字交通控制中心。2005 年，实施眉山城区数字化建设二期工程，建设内容分为数字交通系统和交通公共信息平台两部分。当年完成眉山市道路交通智能化管理系统一期工程，负责眉山中心城区主干道上 10 个主要交叉路口交通管理。建成交通指挥监控中心，及时疏导车辆、解除交通阻塞、组织实施交通保卫工作、处置突发事件等，形成信息、查询、交通疏导等八项功能为一体的城市交通管理体系。此后，仁寿、洪雅、丹棱、彭山、青神等县城区主要路口，安装红绿灯交通信号控制系统。2011 年，市政府向国家各有关部委提出数字化城市建设项目申请。至 2012 年，市政府利用西班牙政府贷款，投入经费 5400 万元，完成眉山城区 32 个路口交通信号控制系统、24 个路口 68 个方向闯红灯电子警察系统和智能交通系统平台建设，建成 6 个卡口、10 套闯单行道电子警察系统。改造路口交通配套设施，开展交通控制中心扩容建设，提高通行能力。

二、交通标志标线管理

1997 年起，眉山中心城区实行定点包线责任制，采取渠化、隔离等措施，引导车辆、行人各行其道。2002 年起，眉山中心城区建设隔离墩，安装指路牌等。当年，完成旧城区主要停车场标线设置，配套安装停车场标志 10 个，禁停标志 38 个。2005 年起，城区交通流量较大的路口实行工程渠化，小北街、大北街、蓬莱北路、湖滨路实行单向通行，禁止营业性非机动车在固定时间段通行，提高路口通行能力。2006 年，市交警支队清理和补充中心城区交通标志标线，设置较齐全、合理、清晰的交通标志系统。2008—2009 年，眉山中心城区施划交通标线 2365 平方米，安装标志标牌近 3000 个，增加标志标牌 1578 个、交通标线 3 万余平方米、隔离护栏 1435 米。2010 年起，在东坡大

市委政法委召开政法系统学习交警支队先进事迹报告会(摄于2009年3月)

道、三苏大道、环湖路、红星路、诗书路等中心城区主干道安装中央隔离护栏，每日高峰期民警站点岗疏导交通。2012年，市中心城区设立常规岗、高峰岗、巡逻管控岗16个、固定执勤点4个、巡逻片区5个、主要巡逻路段13条。安装中央隔离栏9500米，施划标线1.8万平方米。梳理改造城区交通拥堵节点，取消禁行和单行路8条。全市新增标牌1470个、球面可视镜186面、减速带160条。波形护栏增至174千米，其中国道7.5千米、省道51.6千米、县道85.7千米。

三、机动车及驾驶员管理

（一）机动车管理

1997年起，眉山公安交警支队负责办理机动车登记业务，规范化管理登记机动车。严格机动车注册、变更、转移、抵押、注销登记；机动车质押备案和解除质押备案；机动车核发临时行驶车号牌和临时入境机动车牌证；机动车申领和补、换领机动车牌证及登记事项更正；核发机动车检验合格标志；机动车档案管理和嫌疑车辆调查。2010年，市驾协创建协会门户网站。设“交管信息”“车管指南”“政策法规”“汽车文化”“会员咨询”等七大板块开展网上办理车管业务。在网站的显著位置设置温馨提示，发布最新道路路况信息、车管业务公告、交通管理动态、出行实用参考信息等内容。通过微博、QQ等方式，及时在网上答复群众提出的各项业务咨询。

至2012年年底，眉山市有机动车57.3万辆，其中汽车14.09万辆、摩托车43.21万辆。牌照和行驶证均由四川省公安厅统一制作，眉山市车辆管理所集中上户登记领取使用。

眉山市1997—2012年机动车保有量情况统计表

表23-4　　单位：辆

年份	车辆总数	汽车			摩托车	其他
		合计	小车客车	货车		
1997	16050	11639	4153	7486	4438	—
1998	25143	14210	5504	8706	11236	—
1999	28020	11257	6124	3693	16761	—
2000	39745	13243	7287	4331	26498	—
2001	53569	15835	8854	5220	37726	4
2002	97407	19773	11169	6543	77619	8
2003	120881	23397	13876	7369	97468	8
2004	146032	27406	16714	8505	118606	8

续表23-4

年份	车辆总数	汽车			摩托车	其他
		合计	小车客车	货车		
2005	171549	31536	19865	9430	139979	8
2006	200898	37232	24083	10827	163622	8
2007	241400	44770	29268	12974	196579	8
2008	291346	53884	35950	15262	237409	8
2009	377277	72799	50928	19677	304404	8
2010	468305	94453	67857	24670	373715	8
2011	526322	116503	86125	28734	409618	8
2012	573017	140878	106563	32861	432139	—

说明：“其他”系通信保障车等特种车辆

（二）驾驶员管理

1997年前，眉山地区仅有眉山交通技校、彭山水电七局技校2所国有机动车驾驶员培训学校，老式解放牌、东风型大货教练车39辆，教练员50人。无规范的训练场地，主要以公路跟车训练实施驾驶培训。实行驾校培训考试质量月通报制度，增加桩考仪、场考仪，减少人工考试环节。

1997年起，眉山地区加强机动车驾驶员管理，严格办理机动车驾驶证申请、考试、发证、换证、补证、审验和监督、管理。各县组建机动车驾驶培训学校，扩大驾驶员培训。当年，全区培训驾驶员600余人。年末全区有机动车驾驶员4.16万人，其中汽车驾驶人3.25万人。

2006年起，眉山市实施机动车驾驶培训IC卡学时计时系统，实行计算机系统管理，多媒体、模拟驾驶器现代科技手段用于教学培训，遏制“黑教练”“黑车”“学时缩水”等不良现象。年末，全市机动车驾驶培训学校增至9所，覆盖全市各县（区）。教学车辆由北京牌吉普车、东风货车为主，发展到以各型轿车和越野车占主导地位。

2010年，成立眉山市机动车驾驶人安全驾驶协会（以下简称市驾协），设立直属分会、县（区）协会各6个，全市78个市级会员单位，128个乡镇成立分会，1186个村成立学习小组，发展会员37万人。结合交通安全形势，开展重点驾驶机关单位、运输企业会员集中学习教育；各县（区）、村（社）小组采取定人、定责结对子，定人、定责抓管理，面对面、心贴心开展互帮、互教、互管；请道路交通管理专家学者专题讲座。实行驾驶人社会化管理，全覆盖、不收费、一网通、形式多、服务广，通过主动服务，成为“驾驶人之家”。在《眉山日报》、眉山广播电视台开辟专栏和节目，宣传驾协工作和交通安全。

2011年起，市交警支队采取“异地交叉检查”“酒驾零点行动”等措施开展酒驾整治行动，组织全市酒后驾驶交叉检查集中统一行动30次，各大队组织酒驾整治行动392次，查处酒后驾驶交叉检查形成常态化态势。全市酒后驾驶机动车违法数量明显减少，“开车不喝酒、酒后不开车”理念深入人心。2012年，眉山市有驾校18所，教练车867辆，教练员1349人，固定教练场地30余万平方米，年培训能力6万人次，驾驶培训教学全部采用IC卡学时系统现代教学。全年培训机动车驾驶员4.63万人，是1998年的40倍。全市因醉酒驾驶吊销驾驶证48个。截至2012年年底，眉山市投资2.2亿元，新建驾驶训练场、驾驶培训基地25万平方米。每所驾校均有全封闭训练基地，内设科目齐全，能全面满足交通部机动车驾驶培训大纲的训练要求。全市有机动车驾驶人 59.38 万人，其中汽车驾驶人 29 万人、摩托车驾驶人 30.34 万人。

1998—2012 年，眉山市培训机动车驾驶员 14.88 万人。

四、交通安全宣传与道路交通事故处理

1997 年起，地区交警支队在眉山地区组织开展以“关爱生命，安全出行”为主题的交通安全宣传，开展“进社区、进单位、进学校、进农村、进家庭”活动，逐步形成“政府主导、部门联动、群众参与”的交通安全宣传机制。当年，全区发生道路交通事故 324 起，死亡 141 人，伤 232 人，直接经济损失 471 万元。2003 年起，眉山市组织和开展不同主题，每年一个月的“安全生产宣传月”活动。2010 年，市公安局制定《眉山市级道路交通事故社会救助基金管理实施细则（试行）》，设立市级道路交通事故社会救助基金，在市国库集中支付中心设立专账管理，专款专用。当年，市级道路交通事故社会救助基金收入 555.19 万元，支出 4 万元。2012 年，全市各级交警部门每年向单位和群众无偿提供交通安全宣传资料 180 万份（册）。全年发生道路交通事故 209 起，死亡 90 人，伤 249 人，直接经济损失 21.71 万元。均比 1997 年大幅下降。

1997—2012 年，眉山市发生道路交通事故 9218 起，死亡 2293 人，受伤 8539 人，经济损失 2880.95 万元，其中一次死亡 3 人及以上的特大道路交通事故 26 起，一次死亡人数最多的 22 人。

第九节　消防管理

眉山市消防工作主要包括消防宣传、消防安全监督检查、重点单位防火、建筑工程审核验收等，打击消防违规、违法行为，改善全社会消防安全环境。

一、消防队伍与装备

眉山市消防机构与队伍由公安消防队，政府、企事业专职消防队，义务消防队构成。公安消防部门监督指导各地企事业单位、乡镇专职和义务消防队开展工作。

（一）消防队伍

1998 年，成立眉山地区公安消防支队，负责眉山地区消防规划、执法监督，建筑工程审核、验收等工作。当年起，无公安消防中队的县建立政府、企事业专职消防队，以事业编制或合同制配置消防员。2002 年，眉山市按照“政府统一领导、部门依法监管、单位全面负责”原则，建立各社会单位义务消防队，由单位保安、值班人员、安全岗位员工等组成，每队 8 人～10 人。2007 年，在丹棱县梅湾村试点示范新农村消防后，眉山市各村委会相继建立农村义务消防队，建设消防设施，组织灭火训练和火灾扑救。至 2008 年，彭山县、丹棱县、青神县建立政府专职消防队，车辆厂、彭山县雅石司青龙油库分别建立企业专职消防队。

2010 年，眉山市实施社会消防安全“防火墙”工程，全市各地组织志愿、义务消防队。2012 年，仁寿县公安消防大队为全市一类大队、东坡区公安消防大队为二类大队外，其余消防大队为三类大队；所有乡镇、村庄、社区基本建立专职、志愿消防队伍。

（二）消防装备

消防装备主要有消防车、灭火器材、基本防护装备、抢险救援器材。

1998 年，青神县、仁寿县各购置消防车 1 台。1999 年，地区行署投入 150 万元，购置中型水罐消防车、中低压水罐泡沫消防车、火场指挥车各 1 台，配备隔热服 5 套、空气呼吸器 6 具。至 2007 年，眉山市投入 840 万元购置消防设施设备。各村义务消防队主要依靠乡村消防火栓、消防水池、消防水泵、消防水带、水枪、干粉灭火器灭火。2008 年，丹棱县、青神县、仁寿县、洪雅县消防中队添置抢险救援车和水罐消防车。2009 年，开展装备器材性能测试，组织主战车辆、器材性能测试 10 次，组织“高层建筑火灾扑救中正压式空气呼吸器使用时间”综合测试。至 2012 年，眉山市投入 3270 万余元，配备消防车、抢险救援车 18 辆及冲锋舟、器材装备，消防装备建设赶上全省平均水平。每个乡村设置消火栓 40 个、消防水池 450 个，大部分村配备消防水泵、消防水带、水枪和干粉灭火器。

二、消防管理

（一）消防宣传

公安消防部门通过电视、广播、报刊、标语、挂图等载体宣传消防法律法规、基础知识等，提高人民群众消防安全意识。

1999 年，眉山地区开展中小学生消防安全教育活动，彭山县中小学生 800 余人参加消防逃生训练。2000 年，全区以《中华人民共和国消防法》《四川省消防条例》为宣传重点，在电视台滚动播放《119 警示》《隐患就在你身边》等专题片。

2001 年，眉山市组织市级消防重点单位及有关部门专（兼）职防火人员 70 余人开展消防培训和灭火演练，邀请四川省消防学校教师为苏祠中学、环湖中学师生 1700 余人开办消防知识课堂。2003 年，市公安消防支队组织老年锣鼓队、学生彩旗队走上街头宣传消防知识。2005 年，开展消防“四进”（进社区、进学校、进企业、进农村）、“119”消防宣传活动日等。2006 年，开展消防宣传“五进”（进社区、进学校、进企业、进农村、进家庭）活动。市公安消防支队制定《火灾隐患举报制度》《重大火灾隐患公告制度》，鼓励市民主动举报火灾隐患，向社会公布和按期整改辖区发现的重大火灾隐患。2007 年，通过广播、电视、报刊等及时曝光重大火灾隐患和典型火灾案例，宣传消防法律法规和防火灭火常识，采用万人签名、游行等方式宣传消防知识。2008 年，全市开展消防“六进”（进社区、进学校、进企业、进农村、进家庭、进景区）宣传。消防支队印制《新农村防火手册》万余份，汇编中央、国务院、四川省政府以及眉山市政府关于新农村消防工作文件、农村防火知识等发放到农民手中。2010 年，举办“119”等大型消防宣传 8 次。举行“你好，我是消防员”主题活动，170 余人参加灭火演练，体验消防员一日工作生活。2011 年，开展“十一五”消防成果展暨百日消防安全大宣传巡展、新《四川省消防条例》宣传贯彻、119 消防宣传主题活动以及“消防安全进寿乡、留守人员齐参与”、伪劣消防产品集中销毁等活动。2012 年，眉山市推进消防宣传“百、千、万”行动、消防安全示范学校创建和“119”宣传周等活动。拍摄农村防火公益广告，录制三字经消防宣传广播，各地打造消防宣传“一条街”，安装消防公益广告牌。

1999—2012 年，眉山市悬挂消防宣传标语 1.6 万幅，设立消防咨询站（点）225 个，印制消防宣传资料 15.6 万份，专业培训 13.54 万人次，在媒体发表消防宣传稿件 4554 件，参加“119”宣传活动群众 25 万人次，近 220 万群众受到消防安全知识教育。

（二）消防训练

1998年起，眉山地区消防部队开展以单双杠、负重登楼、俯卧撑、200米负重、100米~10000米跑为主要内容的体能训练，训练时间占总时间的30%~40%。开展以一人二带、二人五带、30米板障、100米消防障碍等为主要科目技能训练；地下工程、石油化工、高层建筑战术训练和责任区“六熟悉”（熟悉交通道路、消防水源情况，重点单位的分类、数量及分布情况，主要灾害事故处置的对策及基本程序，重点单位建筑物使用及重点部位情况，重点单位内部的消防设施情况，重点单位的消防组织及其灭火救援任务分工情况）。1999年，地区消防支队制定《应用性训练标准》，开展喷雾水灭油槽火、模拟液化气爆炸救人灭火、佩戴空气呼吸器进入地下室救人灭火、模拟灭油罐火等战术训练。分别在彭山雅石司青龙油库和眉山三苏祠举行灭火演练。2000年，加强装备器材操作训练，重点开展造纸厂原料堆垛火灾扑救战术研讨和战术训练。2001年起，开展堵漏训练，按“三个立足于”（立足现有装备、岗位人员、保卫对象），每周开展“六熟悉”活动，重大节日、庆典前专题组织熟悉辖区道路、水源情况。当年组织联合作战演练6次。2002年起，开展高层建筑灭火救人分段训练和水罐车操、泡沫车操、供水车操等12个科目训练。当年，每周开展夜间演练，同时协调供水、供电、供气、医疗等力量参与作战。

眉山市举行消防演练（摄于2008年7月）

2005年起，眉山市消防支队开展防护、侦检、救生、破拆、供水等专业技能训练。组织公众聚集场所等火灾扑救战术课题训练和火灾扑救对策及常见危险化学品理化性质及处置程序训练，以及高温、浓烟、狭小空间等险恶环境下的战术训练。2007年起，开展救生救助、现场紧急救护技术及危险化学品泄漏、建筑物坍塌、交通事故处置等专业技能训练，重点开展多种形式消防力量联动作战战术训练。当年，市政府主办川西片区高层建筑灭火抢险救援联动演习，来自成都、乐山、雅安、甘孜支队和全市政府、企事业专职消防队等20个单位参演。2009年起，开展消防铁人、400米疏散物质、救助技术综合操等消防铁军技能训练。2010年，市消防支队加强“四个能力”（社会单位检查消除火灾隐患、消防宣传教育培训、组织人员疏散逃生和组织扑救初起火灾）建设，落实“四项责任”（政府部门领导、监管、设施建设和检查），夯实农村（社区）“四个基础”（消防组织、基础设施、群防群治工作和队伍建设），提升公安机关“四个水平”（火灾隐患排查整治、消防监督执法规范化、消防宣传教育和社会管理创新）。启动“十二五”消防事业发展专项规划编制，乡镇政府、街道办事处成立消防安全领导组织。人员密集场所的消防安全重点单位建设全部达标。至年末，全市组织开展城区重点单位消防演练208次。

2011年，眉山联合乐山、雅安、甘孜消防部队和眉山市应急救援联动力量举行川西战区石油化工灭火救援联动演练。眉山市应急救援队伍开展地震灾害、大型危化品灾害、高层建筑火灾、水上事故救援等大型联合救援演练。2012年，市消防支队重点加强有毒气体泄漏处置、搜救埋压遇险群众、建筑火灾扑救、化工火灾扑救等科目战术研讨。组织开展消防实战演练308次，跨区县消防联合演练 8 次。

（三）安全检查与重点单位防火

1998 年起，眉山地区公安消防支队加强公众聚集场所在投入使用、营业前消防安全检查，监督被查单位履行法定消防安全职责，调查处理举报投诉的消防安全违法行为。检查举办大型群众性活动场所消防安全。1999 年起，地区消防支队每年从轻工业、纺织业、化学工业、商业、交通运输业和能源工业中，将火灾危险性大、发生火灾后扑救难度大的单位确定为消防安全重点单位，每年调整一次。开展商场与居民住宅联为一体的商住楼、游艺场所、高层建筑消防安全专项治理。当年，眉山地区确定为消防安全重点单位 205 个（地级 20 个、县级 185 个）。2000 年，开展易燃易爆场所、公共娱乐场所和公众聚集场所消防安全整治，关闭不符合消防安全的娱乐场所 13 家。

2001 年，各县（区）政府下发加强重点单位防火工作文件 57 个，安全检查重点单位 61 次，重大火灾隐患采取强制整改措施。2002 年，市政府印发《关于进一步加强消防安全工作的通知》，检查消防安全重点单位，督促省挂牌的 4 处重大火灾隐患并及时整改。2003 年，眉山市开展高层建筑消防安全专项治理，重点整治 28 幢高层建筑安全出口、疏散通道，疏散标志、自消系统等，增添灭火器、安装室内消火栓。专项治理液化石油气充装站及销售场所、造纸行业、网吧消防。2004 年起，专项整治“两类场所”（公众聚集场所和易燃易爆场所）、商场、市场、学校、火车站周边地区消防安全。

2006 年，市消防支队在眉山宏远商场启动消防安全诚信承诺仪式，推进消防安全诚信承诺活动。2007 年，专项治理餐饮业、旅游景区、“三合一”（设有车间或仓库的建筑物内设置的员工集体宿舍）消防安全，以及商场、宾馆、饭店、KTV 等人员密集场所。督促整改重大火灾隐患。2009 年，开展“今冬明春”防火、“百日安全生产活动”、公众聚集场所和高层、地下建筑专项整治。2010 年，眉山市启动“防火墙”工程建设，分三年实施，签订《眉山市构筑社会消防安全“防火墙”工程目标责任书》。

2011 年，全市开展“猎鹰行动”“飓风”行动和“清剿火患”战役。开展为期半年的专项火患整治，22 个职能部门制定本部门消防安全大检查行动方案，专项整治建筑消防设施、在建工地、易燃易爆场所、文化娱乐场所、消防产品等消防安全。公安消防部门建立定人、定岗、定时、定量工作机制，检查单位 1.52 万家，发现火灾隐患和消防违法行为 6.34 万处，督促整改 6.29 万处。全市所有消防安全重点单位全部达标。2012 年，组织消防、质监、工商等部门，专项整治消防产品。全市消防安全重点单位增至 467 个（市级 41 个、区县 426 个）。截至 2012 年年底，眉山市消防部门组织检查组 2.36 万个，检查人员 5.42 万人次，查出消防隐患 4.31 万起，督促整改 4.31 万起，填发《重大火灾隐患通知书》等法律文书 2.69 万份，停产停业 873 家，行政拘留 426 人，罚款 1141.92 万元。

眉山市 1999—2012 年消防安全检查情况表

表 23-5

年份	组织检查组（个）	出动检查人员（人次）	发现火灾隐患（处）	整改火灾隐患（处）	发相关法律文书（份）	责令停业停产（家）	行政拘留（人）	罚款（万元）
1999	62	681	423	420	150	24	3	0.42
2000	78	820	443	443	396	39	10	0.98
2001	76	853	630	628	589	52	12	11.60

续表23-5

年份	组织检查组（个）	出动检查人员（人次）	发现火灾隐患（处）	整改火灾隐患（处）	发相关法律文书（份）	责令停业停产（家）	行政拘留（人）	罚款（万元）
2002	185	890	867	864	786	24	6	10.80
2003	323	1182	1145	1142	1120	27	8	14.60
2004	335	1285	1810	1806	1157	10	11	12.30
2005	361	1352	2376	2360	1290	27	8	13.80
2006	370	1436	572	572	563	25	5	11.42
2007	395	1376	1206	1206	1180	19	9	15.10
2008	409	1501	714	714	698	35	8	42.70
2009	1180	2376	615	615	464	30	9	56.20
2010	1603	3354	286	286	295	17	10	80.60
2011	9564	19782	16898	16898	9788	370	260	535.80
2012	8633	17268	15129	15129	8374	174	67	335.60
合计	23574	54156	43114	43083	26850	873	426	1141.92

（四）建筑防火审核验收

1999年起，眉山地区新（改、扩）建、建筑内部装修和用途变更的建筑工程项目，从设计、施工到竣工验收实施消防设计、施工安装监督检查和消防验收。消防部门审核工程项目的消防设计图纸和资料，批准后开工兴建；建设项目完工后消防部门组织消防验收。当年，全区审核建筑项目238个，验收工程51个。2007年起，消防行政许可由行政服务大厅消防窗口统一受理。当年，眉山市审核建筑项目302个，验收工程262个。2012年，全市审核建筑项目128个，验收工程100个。1999—2012年，眉山市审核建筑项目3023个，验收2283个，落实安全措施。

三、火灾处置

1998年，眉山地区火灾形势严峻，火灾伤亡人数多。当年起，地区消防部队成立总指挥、作战参谋，政工、后勤、防火保障值班员等组成的全勤指挥部，24小时坚守岗位，落实人员、车辆、装备等，加强执勤备战。至1999年，全区发生火灾272起，死亡25人，受伤25人，财产损失303万元。2000年起，地区消防部队制订灭火预案，加强演练。

2001年起，眉山市建立消防水源档案，推行灭火预案微机软件制图，加强跨地区预案制订。当年完成灭火预案27份。2002年起，制作灭火提示卡。2004年9月10日，东坡区万胜镇监狱备用雷管库房发生爆炸并引发燃烧。消防支队调集6台消防车灭火，营救被困人员，保护毗邻炸药库房和周边人民生命财产安全。2006年，青神县政府专职消防队、消防支队直属中队、眉山车辆厂专职消防队经过4个多小时奋战，扑灭青神县“四川省彩虹制药有限公司”制药车间火灾。市消防支队出动仁寿中队、东坡中队、直属中队参与西南油气田分公司管理处仁寿运销部管线富加输气站出口处爆炸燃烧处置，扑灭大火。2008年，眉山消防支队规范电子地图、水源档案、社会资料档案、灭火救援预案，建立水源档案625份，登记重大危险源21项。2009年起，眉山消防支队规范五类战训工作基础资料，录入重大危险源185个，战例研讨2次。2011年1月28日，市消防支队调集5辆水罐消防车与仁寿县消防大队扑灭仁寿县文林镇金马市场火灾。2012年，建立重点单位“六熟悉”提示卡312份，制定、修改完善灭火救援预案220份。截至2012年年底，眉山市火灾形势总体平稳，连年火灾起数差异不大，火灾伤亡人数连年下降。共发生火灾1931起，死49人，伤56人，直接财产损失2319万元。消防部队制（修）订预案、灭火提示卡3678份，建立水源档案1250份；参与火灾扑救、抢险救援和社会救助；参与扑救火灾1931起，挽回经济损失3.69亿元；参与抢险救援3665起，抢救人员1826人；参与为民服务7369起。

第十节　公安法治

一、执法环境建设

2001年，眉山市公安机关开展公安执法大检查、取保候审专项检查、留置盘问、扣押物品专项检查、公安机关执法质量考评检查、使用强制措施专项检查等。为办案部门提供法律咨询和服务2000余次，办理四川省公安厅交办案（信）件7起，市、县党政机关交办案件29起，20余名上访户停访息诉。2002年，全市公安机关查处群众反映的乱收费、乱罚款等热点问题，减少和杜绝违法违纪案件。2005年，开展“规范执法行为，促进执法公正”专项整改活动，重点整改刑侦、治安、出入境、交警、经侦、禁毒和监管7个部门，收集整改意见30余条。此后，每年通过接访与走访群众，征求意见，不断完善和规范执法。

2006年，市公安局组织民警为彭山县、东坡区、仁寿县公安机关开展执法质量服务，宣传执法理念，参与办理各类案件11起，提供法律服务60次，参与研究疑难、重大案件70件，为基层破解执法难题。2007年，市公安局整治执法办案中侵犯公民人身权利和财产权益等突出问题，以实施法制员制度、强化法制科审核、建立健全执法档案为手段，加强内部监督，以提升执法质量。组建13个基层执法质量服务队，开展执法质量服务。2008年，全市公安机关建立与检察、法院、律师机构联系制度，定期召开联席会议、案件评析会，研讨疑难案件，征求检、法和律师对执法工作的意见和建议，为执法工作提供参考依据，降低刑事案件退查率。市公安机关清理2007年以来办理的取保候审案件844件1025人，转行政处罚7人，退还保证金102.4万元，没收保证金164.9万元。市公安局及各县（区）法制部门依法纠正、撤销、变更部分违法或不当的具体行政行为。2012年，市公安局制定《眉山市公安机关办案区管理使用工作标准》《眉山市公安机关执法场所办案安全防范应急预案制度》等制度，进一步规范执法行为。

二、行政复议与国家赔偿

1997年起，眉山地区公安机关通过行政复议矫正行政管理机关违法或者不当的具体行政行为，保证公民、法人或者其他组织合法权益。2004年，眉山市公安机关受理行政复议案件10起，受理国家赔偿案件2起，维持原公安机关作出的不予确认刑事、行政违法决定。截至2012年年底，全市公安机关办理行政复议案件45起，经复议，维持22起，撤销6起，不予受理1起，当事人撤回申请10起，驳回申请1起；受理刑事赔偿复议案件2起，经审查，维持2起。

第三章　检　察

眉山市检察机关加强和改进强化法律监督、强化自身监督、化解社会矛盾、管护帮教等工作机制，加强检察能力建设，完善检察内部案件督导和检务督察机制，规范自身执法行为。市检察院、市中级人民法院会签的《关于刑事二审案件开庭审理有关问题的意见》，被四川省检察院作为开展专项活动制度完善取得的成果之一在全国刑事审判监督专项检察活动电视电话会议上交流。眉山检察工作多次受到最高人民检察院、四川省人民检察院表彰。

第一节　机　构

1997 年 10 月，设立四川省人民检察院眉山分院（以下简称眉山检察分院）。2000 年 10 月，撤销眉山检察分院，设立眉山市人民检察院（以下简称市检察院）。2000 年 12 月，眉山检察分院职务犯罪侦查局更名为市检察院职务犯罪侦查局。2006 年 7 月，市检察院撤销职务犯罪侦查局，分设反贪污贿赂局和反渎职侵权局。2007 年 1 月，设立市检察院驻眉山监狱检察室，为市检察院内设机构。2008 年 1 月，设立市检察院驻眉山市关押中心检察室。2010 年 5 月，设立市检察院司法调解中心。2011 年 6 月，设立市检察院驻四川省沙坪劳教所检察室，为市检察院科级内设机构。2012 年 3 月，设立市检察院人民监督工作办公室；8 月，设立市检察院内设机构案件管理办公室。

1997—2012 年，王新棱、陈兵先后任眉山市检察院（眉山检察分院）检察长；陈义志、胡高元、杨伟东、赵樱、张理全、宋建军、林建新、陈永革、万超、高茜、林泽明、张勇勤先后任副检察长。唐建明、韩哲鑫、李林坤先后任纪检组组长。

第二节　刑事检察

一、审查批捕

1997—1998 年，眉山检察机关受理提请逮捕 797 人，经审查批准逮捕 729 人。1999 年，眉山检察机关打击邪教组织。彭山县检察院批准逮捕在天安门广场非法集会骨干分子。2000 年，全区开展打击卖淫嫖娼、吸毒贩毒和拐卖妇女儿童等专项斗争，打击严重暴力犯罪、危害经济安全和社会治安秩序及人民生命财产安全的犯罪。批准、决定逮捕犯罪嫌疑人 903 人，其中重特大犯罪嫌疑人 268 人、涉毒犯罪嫌疑人 21 人、拐卖妇女、儿童犯罪嫌疑人 35 人。

2001 年起，眉山市检察、公安、法院、司法等部门，参与全国“严打”整治。严厉打击“三类犯罪”（车匪路霸和流氓恶势力犯罪，爆炸、杀人、绑架等严重暴力犯罪，盗窃、抢劫等严重影响群众安全感的多发性犯罪）。参加“打击制贩毒犯罪和易制毒化学品管理专项整治”行动。2005 年，全市开展禁毒执法检查活动。参加全国打击制贩毒犯罪和易制毒化学品管理专项整治行动及严厉打击“两抢一盗”犯罪专项行动。市检察院、市公安局等 16 个单位，建立行政执法与刑事司法衔接工作机制，以协调部门间案件移送。至 2005 年年底，全市批捕“三类犯罪”案件嫌疑人 2157 人。其中，组织、领导、参加黑社会性质组织犯罪 5 人；杀人、强奸等严重暴力犯罪 342 人；放火 4 人；盗窃、抢劫、贩卖毒品等严重影响人民群众安全感的多发性犯罪 853 人；黑恶势力犯罪嫌疑人 74 人。检察机关依法追究涉及的个别司法、行政部门领导干部责任。2006 年，市检察机关批准逮捕最高人民检察院督办的东坡区“雇凶杀人案”7 人、四川省检察院督办的仁寿“4·25”案件 20 人。2007 年，市检察、市公安建立刑事诉讼提前介入工作长效机制，严厉打击危害国家安全的犯罪。当年，办理提前介入案件 582 人，占公安机关移送受理案件的 43%。

2009 年起，市检察院实施职务犯罪案件审查逮捕程序改革试点。自侦案件批捕权上收一级在全市实施，市检察院办理基层检察院报请逮捕的案件 5 件 5 人。全市检察机关参与社会治安综合治理、维护社会稳定，开展“打黑除恶”“严打整治”“扫黄打非”等专项行动，批准逮捕涉及严重暴力犯罪、“两抢一盗”等严重影响群众安全感的犯罪嫌疑人 520 人，占批准逮捕总数的 57.8%。2010 年，市检察院参与整顿和规范市场经济秩序工作，批准逮捕破坏社会主义市场经济秩序犯罪 23 人。2012 年，受理侦查机关提请批捕的刑事案件 1013 件 1615 人，审结 1011 件 1612 人，侦查机关撤回 2 件 3 人，批准逮捕 837 件 1295 人。实行逮捕必要性审查，不批捕刑事犯罪嫌疑人 255 人，对无逮捕必要案件依法作出不捕决定 158 人，占不捕总数的 62%。截至 2012 年年底，全市批捕“三类重点案件”犯罪嫌疑人 388 人，占批捕总数的 42%。市检察院受理区县检察院报请逮捕职务犯罪案件 59 件 71 人，审查决定逮捕 25 件 62 人，报请上级院逮捕 2 件 2 人，捕后有罪判决 5 人；不予逮捕 2 人。捕后判轻刑 63 人，轻刑率 4.86%。

二、审查起诉

1997 年，眉山地区检察机关在出席法庭支持公诉时，发挥公诉人在控辩式庭审中指控犯罪的主导作用。可能判处三年以下有期徒刑、拘役、管制、单处罚金的事实清楚、证据充分的公诉案件，向法院提出建议适用简易程序。探索并推行普通程序简化审，节省诉讼时间和成本，提高诉讼质量和诉讼效率。严重刑事犯罪和贪污、贿赂、渎职犯罪案件，依法提起公诉。1998 年起，眉山检察机关贯彻落实宽严相济的刑事司法政策。办理严重危害社会治安犯罪、破坏市场经济秩序犯罪、贪污贿赂职务犯罪等案件，以国家公诉人身份出席法庭、支持公诉，犯罪情节轻微、证据不足等案件作出不起诉决定。2000 年起，眉山检察分院建立不起诉案件公开审查制度；探索量刑建议制度，经历试行、规范和创新发展三个阶段，确立相对独立的量刑程序；尝试普通程序简化审理，近 1/3 的案件适用。推进主诉检察官办案责任制，任命主诉检察官 17 人。围绕以主诉检察官办案责任制为主要内容的审查起诉和出庭公诉机制，开展刑事和解。

2009 年起，眉山市交通肇事、故意伤害（轻伤）、未成年人犯罪等轻罪案件推行刑事和解，修复当事人之间因犯罪破坏的社会关系，化解社会矛盾。2012 年，推行简易程序全面出庭，全市适用简易程序 654 件，派员出庭 479 件，旁听庭审 14 件，庭后调查 20 件，提出量刑建议 340 件，法院采纳量刑建议 324 件，判决 256 件，其中缓刑 251 件，免于刑事处罚 5 件。

1998—2012年，眉山市受理移送审查起诉的案件1.1万件，移送不起诉27件，审结9851件，其中起诉9483件（纠正漏诉28件），不起诉368件，案件性质变更42件，退回补充侦查2417件，移送单位撤案370件，移送其他检察院544件，撤回起诉42件，重大案件讨论99件、现场勘验50件，提出书面纠正违法75件，已纠正57件，提出检察建议119件。成功办理全国首例被判死刑的“零口供”故意伤害案。全市受理严重危害社会治安犯罪、破坏市场经济秩序犯罪、贪污贿赂职务犯罪等案件1.44万件2.22万人。经审查，提起公诉1.29万件1.97万人，不起诉319件486人。交通肇事、故意伤害（轻伤）、未成年人犯罪等轻罪案件刑事和解684件。

三、立案监督

1997年起，眉山检察分院立案监督以纠正有案不立、有罪不究、以罚代刑等问题为重点，依法监督公安机关立案活动。1999年，眉山地区发动群众、办案、新闻等渠道发现立案监督线索，由被动监督变主动监督。

2001年，眉山市以社会危害性大、群众反映强烈、影响社会稳定和涉嫌徇私舞弊案件为重点，加大公安机关立案后的跟踪监督力度，专项清理取保候审。2003年，以制售假冒伪劣食品、药品、烟草、农资、盐业等破坏市场经济秩序犯罪作为立案监督重点。仁寿县检察院通过中央电视台报道，发现犯罪线索，向公安机关发出《要求说明不立案理由通知书》，公安机关立案侦查。2004年起，全市检察机关建立健全行政执法与刑事司法相衔接工作机制。市检察院、市公安局等16个部门联合下发《关于建立行政执法与刑事司法衔接工作机制的规定》，加强行政执法与刑事司法衔接，增强打击破坏社会主义市场经济秩序犯罪合力。建立跟踪监督制度，对立案监督的案件逐案跟踪，做到能捕、能诉、能判，防止公安机关立而不侦、侦而不结。2005年，开展制售假冒伪劣商品、侵犯知识产权犯罪立案监督专项行动。此后，眉山市通过建立联席会议、开展走访查询、结合专项整治等加大行政机关移送案件的监督力度。

2008年，市检察机关探索“以事立案”新立案监督模式，解决立案监督中犯罪嫌疑人不明确，但符合立案条件的案件。2010年，立案监督以事关国计民生、社会危害性大、严重影响经济发展和社会和谐稳定案件为重点，督促公安机关全力侦查，立案监督案件的批捕率、移送起诉率、判处重刑的比率均有所提升。至年底，立案监督21件27人中，法院作有罪判决8人，判处3年以下有期徒刑3人，判处3年以上有期徒刑2人，有罪判决率24.4%。2011年，市检察院、市公安局、市工商局、市食品药品监督管理局等部门建立联合打击违法犯罪活动协作机制，增强打击合力。全年建议行政执法机关移送涉嫌犯罪案件20件，行政执法机关向同级公安机关移送20件，公安机关立案19件。至2012年，全市检察机关逐步适应立案监督“以作出不立案决定作为立案监督的先决条件”“对违法立案进行监督的范围和条件”的新要求，进一步提高立案监督质量、有罪判决率和重刑判决率。

1999—2012年，眉山市检察机关监督公安机关应当立案而不立案394件，不应当立案而立案18件21人，建议自侦部门立案28件，监督自侦部门应当立案而未立案5件7人。

四、侦查监督

1997年起，眉山检察分院加强逮捕执行跟踪监督，重点监督不逮捕不放人、逮捕后不执行或擅自改变强制措施等问题。以逮捕后执行监督、不逮捕执行监督、逮捕后撤案和不当变更强制措施为重点，采取提前介入侦查活动，开展侦查监督和逮捕执行监督，实行自侦工作内部监督。2000 年，地区检察机关在严厉打击严重刑事犯罪中适时介入侦查活动，依法追捕 9 人，对侦查机关提出超期羁押、超时限报捕、变更强制措施不当、执行不回执、不捕不放人等违法行为纠正意见 20 条。

2001 年，眉山市加强侦查逮捕、侦诉协调和配合，对案情大、影响大和人民群众反映强烈的案件，提前介入侦查，帮助侦查机关提高取证和固定证据，纠正侦查中的违法现象。全年提前介入公安机关侦查活动 69 件次，退回补查 18 件，依法追捕 3 人，提出侦查活动违法行为纠正意见 67 条。2003 年，建立适用刑事拘留强制措施情况通报机制，加强侦查监督；市检察机关与监所检察部门联系，加强批捕执行情况和解除刑事拘留案件监督，促进侦查机关提高办案效率和质量。2004 年起，眉山市开展以纠正刑讯逼供为重点的专项侦查监督。逐案检查刑拘案件，排查刑讯逼供线索，向侦查人员刑讯逼供和侦查机关不执行、不及时执行批捕或不批捕决定等行为提出纠正意见。加强逮捕决定执行监督，涉嫌徇私枉法、放纵犯罪的，及时移送渎职侵权检察部门立案查处。2007 年起，纠正违反诉讼程序、侵犯人权违法行为，保障无罪的人不受刑事追究。市检察院审查青神公安局越权办案，向其发出检察建议书，公安机关及时纠正撤案。2008 年“5·12”汶川特大地震后，市检察院、东坡区检察院两级侦监部门及时介入侦查，引导公安机关收集固定证据，侦破东坡区 1 人以抗震募捐方式实施诈骗案，判处犯罪嫌疑人有期徒刑 5 年。2009 年，市检察院开展逮捕后变更强制措施随意性较大和未及时通知检察机关专项整治行动，采取摸底排查、收集整理、集体研讨、发出整改意见等措施，发出《检察建议书》41 份、《纠正违法通知书》15 份，被公安机关及时采纳，予以纠正。2010 年，市检察院加强故意犯罪致人死亡案件办理，完善“命案”介入机制，规范侦查取证活动，提高“命案”办理质量。建立健全公安派出所监督机制，提前介入疑难、复杂案件，及时纠正侦查活动中的违法行为。当年对公安机关侦查活动中的违法行为提出书面纠正 18 件。

2011 年，全市加强公诉环节监督，重点监督违法取证，滥用和随意改变强制措施等问题，提出纠正意见。开展“另案处理”案件专项检查，完善相关制度，推动“另案处理”案件办理规范化。2012 年，加大追诉力度，提高执法公信力。全市检察机关纠正漏起诉 14 人，提出侦查违法情况纠正意见 13 件（次），纠正漏捕 40 人，要求提供法庭审判证据意见书 49 件 92 人；参与重大案件讨论 91 件，介入现场勘察 67 件，提出办案程序违法等书面纠正违法 10 件次。

五、审判监督

1998 年起，眉山地区检察机关刑事审判监督以刑事抗诉为重点，按照“慎重、准确、及时”原则，提高抗诉率和抗诉质量。注重量刑建议与审判监督相结合；实行检察长列席法院审判委员会会议；实行“四书”（《起诉意见书》《起诉书》《量刑意见书》《刑事判决、裁定书》）会审，承办人自查、科（处）长审查、分管检察长审核的三级审查制度，实体和程序审查并重。2009 年，眉山市开展刑事审判法律监督专项检查，组织专题调研 3 次，自查案件 686 件，抽查 80 件案件逐案审查，向党委、人大汇报 15 次，向法院通报活动情况 14 次。建立刑事审判法律监督机制、制度 15 项，其中形成书面机制 10 项。市检察院、市中级人民法院会签的《关于刑事二审案件开庭审理有关问题的意见》，被四川省检察院作为开展专项活动制度完善取得的成果之一在全国刑事审判监督专项检察活动电视电话会议上交流。2010 年起，全市开展刑事判决、裁定审查监督情况清理、检查。当年发出检察建议 40 份、纠正违法通知书 16 份，均得到回复。2012 年，全市检察机关加大简易程序抗诉力度，重点加强程序违法、适用法律错误、量刑不当等问题法律监督。提出刑事抗诉 7 件，法院审结 4

件，其中改判 1 件，发回重审 1 件；规范非抗诉监督手段，书面发出纠正审理违法意见 2 份，检察意见 21 份，均得到纠正。简易程序提出抗诉 1 件，检察意见、建议 5 件，纠正违法通知书 5 件。

1998—2012 年，眉山市检察机关提出抗诉 74 件，法院审理后，改判 30 件。

第三节 反贪污贿赂检察

1997 年起，眉山地区重点查办党政机关、司法机关和经济管理部门贪污贿赂案件。1998 年，眉山检察分院承办国家工作人员贪污、贿赂、挪用公款等职务犯罪立案侦查。至 2000 年，眉山地区查处贪污贿赂案件 43 件 49 人。

2001 年起，眉山市重点查办破坏社会主义市场经济秩序的贪污贿赂案件。至 2004 年，全市查处国有企业转制、城建、交通、水利、林业等重点领域的贪污贿赂案件 50 件 58 人（要案 2 件 2 人）。2005 年起，重点开展治理商业贿赂专项工作。2006 年起，全市相继开展查办危害能源、资源和生态环境贪污贿赂犯罪专项行动、查办破坏社会主义新农村建设贪污贿赂犯罪专项行动、工程建设领域突出问题专项治理。至 2010 年，全市查处工程建设领域、能源、资源等领域的商业贿赂、“涉农”贪污贿赂等案件 142 件 171 人（要案 10 件 10 人）。

2011 年起，查办职务犯罪。实施案件动态管理，跟踪案件进展情况，加快办案节奏，提高案件质量和办案效率。截至 2012 年年底，全市查办贪污贿赂案件立案 52 人，侦结率 94%，起诉率 98%，有罪判决率 100%；涉农惠农贪污贿赂犯罪案 34 件 64 人、工程建设领域大要案 20 件 36 人。

1997—2012 年，眉山市立案侦查贪污贿赂等职务犯罪案件 638 件 795 人，挽回经济损失 1.88 亿元。立案侦查挪用公款案 118 件 138 人，私分国有资产案 17 件 27 人。

第四节 反渎职侵权检察

1998 年起，眉山地区检察机关重点查办滥用职权、玩忽职守、徇私舞弊、非法拘禁案件、国家机关工作人员利用职权实施的破坏选举 5 类案件。1999 年起，重点查办农村合作基金会违法贷款案件。至 2001 年，眉山市查办党政机关、司法机关和经济管理部门的渎职侵权案 48 件 50 人；查处农村合作基金会主管人员滥用职权、玩忽职守发放贷款，致使公共财产、国家和人民的重大利益遭受重大损失案 66 件 67 人。此后，重点打击黑恶势力“保护伞”等案件中司法人员渎职侵权案件，国家机关工作人员利用职权实施的侵犯公民人身权利、民主权利犯罪案件，查处 6 件 6 人。2003 年起，市检察机关开启以事立案查办渎职案，重点查办司法不公案件。当年，全市查办渎职案以事立案 3 件。2004 年起，全市开展利用职权侵犯人权犯罪案件专项活动，查处国家机关工作人员利用职权实施的破坏选举案 1 件 2 人。2007 年，市检察院强化案件质量监控，完善案件质量控制流程，提升反渎案件质量。开展查办破坏社会主义新农村建设渎职侵权犯罪专项行动。2008 年，开展查办危害能源、资源和生态环境渎职侵权犯罪专项行动。至 2010 年，全市查办危害能源、资源和生态环境、“涉农”渎职侵权案 10 件 14 人，查处工程建设领域渎职侵权案 1 件 1 人。

2011 年起，全市重点查办危害改革发展和谐稳定大局、损害人民群众切身利益的重特大渎职侵权犯罪案件和司法人员渎职犯罪，严厉打击拉票贿选案件，深挖重大责任事故中的渎职犯罪。至2012年，全市立案查办滥用职权案36件47人，玩忽职守案72件82人，徇私舞弊10件9人，徇私枉法案14件15人，国家机关工作人员利用职权实施非法拘禁案9件10人，国家机关工作人员利用职权实施的破坏选举案4件15人。立案侦查渎职侵权案12件27人，挽回损失70.44万元，起诉25人，有罪判决20人。

1998—2012年，眉山市立案查办渎职侵权案161件195人，其中大要案49件69人。

第五节　监所检察

一、监管干警违法犯罪案件查办

1998年，眉山地区检察机关监所检察部门直接侦查因失职致使在押人员脱逃案3件3人。立案侦查仁寿县公安局黑龙滩拘役所一民警失职致3名在押犯集体脱逃案，依法起诉。1999年，立案查办一值班干警私放2名在押犯案。

2006年，市检察机关立案查处监管改造场所发生的职务犯罪案2件2人。2008年，市检察院组织、指挥青神县检察院侦结青神县看守所民警玩忽职守案1件1人，提起公诉，作有罪判决。2009年，全市检察机关监所检察部门完成四川省检察院交办的受贿案3件3人的立案侦查，实现立案侦查经济案件零的突破。案件侦结后，移送审查起诉，经审查提起公诉，经人民法院审理，被告人3人分别被一审法院依法判处有期徒刑。截至2012年年底，眉山市立案侦查监管干警违法犯罪案11件11人，侦查终结后，起诉7件7人，均作有罪判决，不起诉4件4人。

二、被监管改造人员犯罪案件查办

1998年，眉山地区检察机关对监狱移送审查起诉的7件9人脱逃案依法起诉，均作有罪判决。1999年，重点打击服刑罪犯又犯罪，受理监狱、公安机关移送审查起诉的又犯罪案件8件8人，经审查后分别以脱逃罪、非法出售珍稀动物制品罪提起公诉，均作有罪判决。2001年，眉山市加大服刑罪犯又犯罪案件查处力度，办理又犯罪案件15件18人，移送起诉13件16人，均作有罪判决。2006—2009年，办理在押人员犯罪和监外执行人员犯罪16件29人。

2011年，打击被监管改造人员犯罪案件2件2人，被彭山县人民法院以破坏监管秩序罪判处有期徒刑6个月。2012年，打击狱内又犯罪，完成对监狱追回的5名逃犯的后续诉讼工作，均被法院审判加刑。

三、减刑、假释、监外执行

1998年起，眉山地区检察机关将刑罚变更监督作为监所检察监督重点之一。当年，眉山地区检察机关纠正眉山监狱不符合减刑条件案1件1人。考察监督监外执行的“五种人”（判处管制、假释、缓刑、监外执行、剥夺政治权利的罪犯）274人，各派出所、乡镇基层单位将此项工作纳入综合治理范围。1999年，眉山检察分院开展保外就医专项检查。清理保外就医罪犯74人，发出纠正违法通知书41份，督促监管单位收监执行不符合保外就医规定犯人16人，为犯人提供虚假保外就医证明违法案1件2人。2000年，专项检察1999年以来取保候审人员843人，回访考察“监外五种人”330人。

2002年，市检察院专项执法检查保外就医。清理保外就医犯人44人，收监执行刑罚不符合条件犯人1人，督促监管机关办理38人续保手续。2003年，眉山市集中力量检查监外执行犯人325人执行情况。2004年起，市检察机关开展“减、假、保”专项检查，对发现的问题发出检察建议17份，被采纳。2005年，专项检查清理全市“减、假、保”对象525人，发现并纠正保外就医期限已满未办续保手续，保外就医期间死亡未注销，以及保外就医条件消失后未收监等不符合法律规定的保外就医案件10件。收监执行刑罚不符合《罪犯疾病伤残范围》规定1人、不假外出打工1人、保外就医条件消失的5人。2006年，监督办理减刑、假释、保外就医的523人。

2007年，全市开展核查纠正监外执行罪犯脱管、漏管专项行动。审查呈报提请减刑、假释、保外就医案件307件，发现并建议不予呈报减刑2件。监督纠正刑期计算错误3件。纠正漏管55人、脱管29人。需交异地核查的监外执行罪犯184人寄往各地核查，执行地反馈114人，异地裁决交眉山执行的监外执行犯人237人，眉山反馈给执行地162人。2008年，市检察机关纠正监管活动违法15件并全部纠正，监督纠正提请减刑不当案件1件，监督纠正刑期计算错误3件。2009年，全市检察机关完善监外执行工作机制，在同级党委政法委领导下开展监外执行检察监督工作。市检察院、市中级人民法院、市公安局下发《办理暂予监外执行办法（试行）》，规范刑罚执行中办理暂予监外执行的申请、审批、管理和检察监督等工作程序。市检察机关向监管机关因监管措施不落实、监管档案不完整造成监外执行犯50人脱管等情况，提出纠正意见，提出监管机关在工作中责任不明确等口头检察建议。

2011年起，眉山监狱驻狱检察干警参与法院在监狱召开对减刑、假释公开听证会，审查监狱提请的减刑案件1890余件、假释案件91件、保外就医案件44件。向眉州监狱提出其中不符合提请条件的41件书面纠正意见，及时纠正。1999—2012年，眉山市对监外执行中的监管改造违法情况181人提出纠正意见，均被采纳。

四、超期羁押与留所服刑监督

1998年起，眉山地区检察机关开展看守所犯人留所服刑监督，督促不符合法律规定留所服刑罪犯及时送监狱改造。2000年，纠正看守所超期羁押30余件。2001年，眉山市检察院纠正不依法交付执行2人，督促看守所将违法留所服刑的罪犯20人依法及时处置。2005年，开展全市监管场所保障在押人员合法权益检查。建立和完善纠正预防超期羁押举报制度、超期羁押通报制度和责任追究制度等长效工作机制。2007年起，全市加强超期羁押的检察监督，以保障在押人员合法权益。至2010年，眉山市监管场所未发生在押人超期羁押案件。

五、监管改造场所安全防范检察

1998年，眉山地区检察分院调查监狱发生的非正常死亡案2件2人，提出检察意见17条，均被采纳。执法检察眉山地区看守所，发现各类违法46件，发出立案通知1份，纠正违法通知14份，检察建议32条，督促看守所纠正。2000年，全区加强监管场所人犯“进、管、出”环节检察监督，发现预防和制止在押人员自杀、脱逃事故4件4人，督促监管单位消除事故隐患。

2002年，眉山市开展安全检查12次，发现和消除安全隐患41次，收缴违禁品15件，检察机关向公安机关发出催办案件通知79份，纠正法院刑期计算错误3件，提出检察建议40条，获取犯罪线索227条，协助破获各类刑事案件53件。开展“打黑除恶”专项斗争，梳理摸排监管场所涉黑人员，建立独立档案。发现监管违法232人次，全部纠正。日常监督中，向监管单位提出检察建议8条，发出纠正违法通知书2份，均被采纳。2003年起，市检察院机关向看守所派驻7个检察室，通过四川省检察院派驻检察室规范化等级考核验收。2009年，市检察院推出在押人员约见检察长办法和监管场所检务告知制度，接待在押人员45人，答复和处理提出的合理诉求。至2012年，眉山市对监管改造场所安全防范检察工作采取有效措施，减少重新犯罪，维护社会稳定。

第六节　民事行政检察

一、抗诉

1997年，眉山地区检察机关依法受理民事（经济）、行政申诉案件69件，立案44件，提请抗诉或提出抗诉以及建议提请四川省检察院抗诉16件，人民法院再审改判9件。1998年起，眉山地区按照“敢抗、会抗、抗准”“公开、公正、合法”办案原则，以办理抗诉案件为重心，注重办案效率、办案质量和办案效果三个环节，规范抗诉办案，全面推广律师代理申诉制度，办理民事行政案件实行立案、申诉内容、审查结论公开。2005年起，眉山市检察机关全面推行民事行政检察建议监督方式，加大抗诉和再审检察建议力度，加强民事行政执法法律监督，提高办案质量和效率。成功处理东坡区房屋产权纠纷申诉案、四川省华蓉贸易总公司与四川省丹棱县丝绸公司借款合同纠纷申诉案、四川省宝兴锦城工业总公司与洪雅县槽渔滩水电股份有限公司合同纠纷案等，达成和解协议，促使当事人服判息诉。

2009年，市检察院制定“四率促和谐”（四率指“服判息诉率、促成和解率、再审检察建议采纳率、抗诉改变率”，以促进社会和谐）工作考核办法，解决案件线索下降等问题，化解社会矛盾。市检察院、市中级人民法院下发《民事行政抗诉案件事前沟通机制》，强化抗诉前的沟通。公开接访、包案化解涉诉信访案件，妥善化解1起买卖合同纠纷引发的可能进京上访民事申诉案件。依托行政调解、人民调解促成和解相邻权纠纷申诉案、人身损害赔偿纠纷申诉案各1件。全年受理各类民事、行政申诉案件61件，立案47件，基层院提请抗诉4件，市检察院提请抗诉7件，提出抗诉3件，法院审结1件，改判1件。26件案件当事人息诉服判，促成和解25件。“四率”实现“4个100%”。

2012年，市检察院办理申诉人2起社会影响重大的人身损害赔偿纠纷申诉案。全年受理民事行政申诉案件58件，立案49件，基层院提请抗诉1件，市院提请抗诉5件，提出抗诉2件。法院审结3件，改判1件，调解结案1件，维持1件。办理督促（支持）起诉案件21件，协调相关单位为弱势群体提供法律援助9件，配合公诉部门办理刑事附带民事诉讼案件8件，促成当事人和解案件17件，开展违法行为调查6件。截至2012年年底，全市检察机关受理民事（经济）、行政申诉案件1337件，立案960件；提请或建议提请抗诉416件，法院再审改判76件，改判率53.5%；提请四川省检察院抗诉46件；向法院提出再审建议178件，法院采纳138件，采纳率77.5%。

二、监督

1997年，眉山检察分院发现地区法院判决错误，发出检察建议3件。1998年起，查办民事行政审判中的职务犯罪。2004年，眉山市检察机关办理支持起诉案件5件，法院判决1件，当事人主动退赔4件，挽回损失28.16万元。2008年起，全市探索试行民事公诉制度、执行监督。当年，运用检察建议督促行政机关依法行政17件；督促（支持）起诉案件23件，标的996万余元。建立农民工法律维权工作机制，保护社会弱势群体合法权益；办理刑事附带民事诉讼案件14件；监督民事执行案件10件；探索调解监督1件；促成当事人和解或明确承诺息诉28件。处理人身损害纠纷申诉案1件，为生活困难当事人遗孀申请司法救助款1.2万元。市检察院支持彭山县检察院依法监督法院错误裁定的彭山县彭祖矿泉饮料厂破产程序案。2011年，市检察院加强对法院违法调解、违反自愿原则调解的监督。截至2012年年底，市检察机关发出个案检察建议8件，均被法院采纳。发现、初查并移送民事行政审判人员或执行人员职务犯罪线索102件。法律监督涉及审判、执行中的违法情形17件；监督反映审判、执行中的违法行为28件，其中调查违法行为6件，建议法院行政纪律处理法官2人。

眉山市1997—2012年民事行政检察部门办理案件统计表

表23-6　　单位：件

年份	受理	立案	县级院提请（含建议提请）抗诉	市检察院		再审检察建议	刑事附带民事	支持督促起诉	执行监督
				提出抗诉	提请四川省检察院抗诉				
1997	69	44	16	11	—	3	—	—	—
1998	131	82	—	15	6	7	—	—	—
1999	138	95	39	18	—	5	—	—	—
2000	136	108	49	20	—	17	—	—	—
2001	104	78	39	12	—	6	—	—	—
2002	125	75	23	8	—	8	—	—	—
2003	59	44	20	6	5	8	1	—	—
2004	70	43	15	9	3	3	1	5	—
2005	72	57	21	7	5	18	2	27	—
2006	48	50	15	9	1	4	1	3	—
2007	63	36	14	14	6	9	2	8	—
2008	67	53	13	4	4	14	14	23	10
2009	61	47	4	3	7	14	10	25	21
2010	63	40	1	2	2	17	10	29	13
2011	73	59	2	2	2	27	12	30	17
2012	58	49	3	2	5	18	8	21	28
合计	1337	960	274	142	46	178	61	171	89

第七节　控告申诉检察

一、信访举报受理

1997 年起，眉山检察分院确定专人受理信访。当年，受理眉山肉联厂部分职工集体上访等来信来访 209 件（次），均妥善处理。1998 年起，眉山检察分院改进检察长接待日制度，在全区组织开展检察长集中接待和检察举报活动。当年，受理举报线索 687 件，其中反映贪污贿赂 345 件、渎职侵权 195 件、其他 147 件、县（处）级以上干部 4 件。接待群众来访 211 人次，受理群众举报、申诉案件线索 46 件，件件得到落实。2000 年，建立举报线索协调工作制度。开展“文明接待室”创建。当年，审查举报线索 526 件，初查举报线索 18 件，移送立案 5 件。

2003 年起，市检察院实行控告申诉首办责任制，形成大信访工作格局。全年处理集体访、告急访和上访老户案件 21 件 96 人；市、区县两级检察院检察长接待群众来访 180 人次，批办处理信访案件 112 件；专项治理重复上访，清理出老上访案件 5 件，落实首办责任部门和首办责任人，当年全部得到化解。2004 年，眉山市开展集中处理涉法上访问题专项行动和不起诉案件专项复查活动，清理排查属于检察机关管辖的涉法上访案件 14 件，12 件当年息诉罢访；清理出不起诉案 27 件 38 人，全部复查后确认无一错案。2005 年，市检察院受理东坡区大石桥街道社区一居民举报东坡区检察院反贪干警办案有违法违纪行为，通过听证，消除上访者疑虑，平息再续上访。当年起，全市按“分级负责，归口办理”处理信访案件。全年受理举报、控告、申诉 269 件。2006 年，开展联合接待群众涉法涉诉上访活动。2007 年，市检察院开展“矛盾纠纷调处化解年”和涉检案件“零上访”争创活动。全市检察机关开展题为“依靠群众，惩防并举”举报宣传周活动。当年，市检察院举报中心落实举报线索归口管理和定期清理、催办制度，11 件实名举报线索经举报中心催办得以查处。集中办理交办案件 19 件，妥善处理集体访案件 5 件，告急访案件 3 件。2009 年，加强举报宣传平台建设，开通全市检察机关互联网举报系统和全国检察机关统一举报电话，受理职务犯罪举报线索 94 件。2010 年，市检察院将举报宣传纳入检察宣传整体计划，制订具体宣传方案，鼓励群众举报。开展案件评查专项活动。全年受理群众控告、举报 589 件。邀请人民监督员、政协委员和律师评查涉检信访案件、自侦案件、扣押涉案款物案件和不捕不诉等重点案件 74 件，评查出瑕疵案件 4 件，提出整改建议 9 条。2011 年，市检察院将窗口接访情况、涉检信访清理排查情况纳入目标考核，定期排查和动态排查涉检信访问题，实行案卡和台账管理，及时上报备案。清理排查涉检信访案件 23 件，评估社会稳定风险案件 389 件，采取应对措施，实现进京到省“零上访”目标。2012 年，全市检察机关受理来信 81 件、来访 48 人、控告 38 件、举报 58 件，审查、移送举报线索 78 件。开展自侦部门决定不予立案线索审查试点，审查自侦部门决定不予立案线索 3 件。集中开展举报线索保密和举报人保护专项检查活动，对存在的问题提出整改意见 7 件，建立和完善相关制度 3 个，加强保密设施建设，推动举报线索保密和举报人保护工作创新发展。1997—2012 年，全市受理贪污贿赂、渎职侵权举报 1065 件；奖励举报有功人员 18 人 6.48 万元。

二、刑事申诉检察

1997年起，地区检察分院开展刑事申诉检察。2000年，全区检察机关强化控申办案，复查刑事申诉案件。当年，立案复查刑事申诉案件6件，复查后维持原决定4件、改变原决定2件。2007年，市检察机关受理申诉、信访案件推广“五要工作法”（接待要周到、风险要告知、疑惑要消除、困难要帮助、出路要指明）。当年，全市检察机关退还2起申诉案件当事人被扣款物61万余元，受理不服司法机关正确处理决定的申诉、信访案件息诉罢访率100%。2008年，以“案结事了”为目标，办理刑事申诉案件，全部立案复查受理的3件刑事申诉案件，作出相应处理后全部息诉。2009年起，市检察院开展不服法院生效刑事裁判申诉案件办案程序试点。当年，立案复查不服市中级人民法院刑事裁判申诉案1件，向市中级人民法院发出再审的检察建议。2012年，全市受理刑事申诉案件4件，其中不服检察机关处理决定1件，不服生效刑事裁判3件；办结4件，其中立案复查4件，审查结案3件；立案复查的案件提起抗诉1件。

1997—2012年，眉山市刑事申诉检察立案复查刑事申诉案件22件，其中复查后维持原决定6件，撤销原决定1件，复查后建议提起抗诉并获支持1件，不予抗诉3件。改变原决定2件；初查举报线索18件，移送立案5件。

三、刑事赔偿检察

2000年起，眉山地区办理刑事赔偿案件。当年办理国家赔偿案件3件，均依法作出不予赔偿决定。此后，加大赔偿案件办理力度，维护当事人合法权益。2001年，眉山市受理刑事赔偿请求案件5件，审结5件，其中不予确认侵权4件、确认侵权1件。2006年，转变赔偿执法理念，依法办理刑事赔偿案件，受理的2件刑事赔偿申请全部确认侵权，作出赔偿决定，并予以执行。2011年，市法院组织学习培训修改后的国家赔偿法，推动国家赔偿工作健康发展。全年受理刑事被害人救助申请19人次，救助11人次，发放救助金54.9万元。2012年，市检察机关协调相关单位为弱势群体提供法律援助。全年为弱势群体提供法律援助9件，支持农民工讨薪、工伤赔偿诉讼案件3件。

第八节　犯罪预防

1997年起，眉山检察分院在查办贪污贿赂等职务犯罪的同时，加强职务犯罪预防。1998年，专题调查1993年以来眉山地区经二审终审判决有罪的11名贪污、贿赂案犯的有关情况，形成专题报告。1999年，结合眉山车辆厂3起职务犯罪案，建议总厂对下属公司实行会计派出制度，被采纳。2000年起，加强职务犯罪预防宣传和警示教育。

2002年，眉山市各县（区）将检察机关职务犯罪预防工作纳入党委、政府反腐败和综合治理总体格局，统一领导和组织协调。加强重点工程的同步预防，介入省道103线、省道106线、“龙水引眉”工程、国道213线、高凤山电站等10余个重点工程开展同步预防。发出检察建议40份，帮助30个单位和部门完善规章制度。2003年，市检察院对投资20亿元的眉山启明星电解铝厂工程专项预防，查处工程建设职务犯罪1起。2004年起，全市开展行贿犯罪档案查询。当年，结合立案查处林业系统职务犯罪案件8件8人的情况，向市林业局提出检察建议，被采纳。2006年，市检察机关开展个案预防，提出检察建议 14 条，被全部采纳，促进相关单位健全内控制度 17 项。针对不同诉讼环节发现的发案单位存在的问题，发出检察建议 90 件。

2008 年，市检察机关完善预防腐败工作联席会议制度。当年起，开展职务犯罪预防跟踪项目服务，跟踪服务投资 4.27 亿元的洪雅蒙牛现代牧场万头奶牛养殖项目和蒙牛乳业（眉山）有限公司年产 18 万吨液态奶项目，达到工程优质、干部优秀目标。2009 年，市检察院向市委提出强化预防职务犯罪制度建设的建议，被采纳。向 41 个职务犯罪发案单位提出建议 51 条，协助建立健全内控制度 77 项。2010 年，开展工程建设领域专项预防。市检察院、市交通局建立检交联动的职务犯罪预防机制。将职务犯罪预防融入税务稽查执法案件审理，介入审理税务疑难案件 15 件，抽查税务稽查执法案件 48 件。至 2012 年，市检察机关发放《预防职务犯罪宣传手册》、其他预防职务犯罪宣传资料 5.4 万册（份），接受法律咨询 800 余人次。前往部门、单位、学校和社区，以案讲法，举办预防职务犯罪讲座 23 场次，开展警示教育 179 场次，受教育 1.97 万人。市委组织市级部门负责人等旁听典型职务犯罪案件庭审，部门中层以上干部 1200 余人次受教育。全市检察机关与工商、税务、烟草、电力、交通、计生委、水利等 28 个重点领域、行业、国有企业建立预防职务犯罪联席会议制度，推动社会化预防网络建设。全市受理查询工程建设项目 16 个，查询投标企业 67 家，法定代表人、项目经理 118 人次。受理行贿犯罪档案查询 19 起。

第四章　法　院

眉山市市、县（区）两级人民法院充分发挥审判职能作用，依法打击各类犯罪活动，调节经济和民事关系，化解大量矛盾纠纷案件，不断完善审判管理机制，为眉山改革开放、经济发展、社会和谐稳定提供司法保障和服务。市（地）中级人民法院加强行政案件审理，支持和监督行政机关依法行政，保护公民、法人和其他组织合法权益。严格审查行政机关作出具体行政行为的事实依据和规范性文件以及适用程序性规定。推进司法改革，运用刑法武器，严厉打击杀人、抢劫、绑架等暴力犯罪，为净化社会发展环境创造良好条件；加大惩处贪污、贿赂、挪用公款等职务犯罪的力度。开展民商事审判，依法调节经济关系，为社会主义市场经济体制的建立和发展服务。及时审理涉及改革国有企业管理体制、转换经营机制中出现的纠纷案件。2006 年起，全市推动司法调解，构建大调解工作机制。市中级人民法院被四川省高级人民法院确定为立案调解工作试点单位，最高法院将眉山市中院作为全国执行案件信息威慑管理系统首批试点法院。2009 年，眉山市将司法调解作为司法便民“一把手”工程。市中级人民法院设立诉讼服务中心、立案调解中心、司法调解中心，为诉讼参与人提供咨询、引领、接访、立案一站式服务。全市法院建立立案调解中心 7 个和温馨调解室 39 间，制定“司法调解实施办法”等制度 10 余项。实行优先调解，将一般诉讼纠纷化解在立案审查阶段，最大限度减轻当事人负担。推行“诉非衔接”，市中级人民法院被确定为全省“诉非衔接”改革试点中级人民法院。至 2012 年，全市实现审判流程规范化、案件监督透明化、综合管理清晰化、法律查询智能化、干警交流电子化。共审结和执结案件 14.9 万件。

第一节 机 构

1997 年 8 月，设立四川省眉山地区中级人民法院，内设 8 个中层机构。1999 年 9 月，设立中级法院执行工作局。2000 年 10 月，撤销四川省眉山地区中级人民法院，设立四川省眉山市中级人民法院。2001 年 11 月，市中级人民法院机构改革，内设办公室、政治部、立案庭、刑事审判第一庭、刑事审判第二庭、民事审判第一庭、民事审判第二庭、行政审判庭、审判监督庭、赔偿委员会办公室、执行局（庭）、研究室、书记官处、法警支队、司法行政装备管理处、监察室（与纪检组合署办公）、机关党委 17 个机构。2007 年 6 月，增设司法辅助办公室。2009 年 7 月，增设眉山市司法调解中心。2010 年 9 月，书记官管理处更名为审判管理办公室。至 2012 年，机构无变化。

市中级人民法院全体干警与地区领导合影（摄于 1997 年 9 月）

1997—2012 年，王勇、杨成学、刘楠先后任眉山市（地）中级人民法院院长；张燕斌、徐大荣、周立平、尹志、刘学锋、韩光耀、李光祥、艾鸿举、彭国成、高茜先后任副院长；王绍明、李文宇、王建勇先后任纪检组组长。

第二节 刑事审判

1998 年起，眉山地区中级人民法院审理刑事案件。当年，审理故意杀人案 1 件。1999 年，审理爆炸案 1 件。2001 年，眉山市中级人民法院审理四川省公安厅督办的闵某某特大抢劫、寻衅滋事、敲诈勒索案，8 人判决死刑，3 人判处死缓。审理方某组织、领导、参加黑社会性质组织犯罪，判决死刑 2 人。审理正处级干部贪污、滥用职权案 1 件。2002 年，审理周某故意伤害案 1 起，被告人“零口供”被判处死刑。2007 年，审理合同诈骗案 1 件。2008 年，市中级人民法院承担刑事一审案件、刑事二审案件、未成年人刑事案件、检察机关提起抗诉的刑事案件审判，监督指导基层人民法院相关刑事审判工作。

截至 2012 年年底，市中级人民法院审理刑事一审案件 664 件，涉案 1335 人，其中危害公共安全罪 17 件、破坏社会主义市场经济秩序罪 11 件、侵犯公民人身权利罪 385 件、民主权利罪侵犯财产罪 148 件、妨害社会管理秩序罪 71 件、贪污贿赂罪、渎职罪 32 件，故意杀人、故意伤害、抢劫、盗窃等侵犯公民人身权利与财产权利案件占每年案件比例逐年下降，毒品案件数量呈逐年上升趋势；审理刑事二审案件 1164 件，涉案 1992 人，其中改判 148 件、发回重审 102 件、撤诉、退案、调解结案 70 件、维持原判 844 件、中止 2 件。

第三节　民事审判

眉山民事审判包括婚姻家庭、继承纠纷案件，财产案件，人身、劳动争议案件，侵权案件，合同纠纷案件，企业破产案件，知识产权案件、公司股权纠纷案件及其他 7 类案件审理。案件审理采用“司法调解、行政调解、人民调解”为一体的“大调解”机制化解纠纷。

2000 年，眉山地区构建司法调解、行政调解、人民调解大格局化解矛盾纠纷，地区中级人民法院成功处置大中型水电站等项目建设遗留问题，审理洪雅县宏达实业公司与成都九龙电力股份有限公司城东电厂侵权纠纷案。2007 年，市中级人民法院准确认定案件事实，成功调解彭山县三江化工有限公司诉江阴市华燕石化机械装备有限公司产品责任纠纷案。审理四川八百寿酒业有限公司诉彭山县副食品有限责任公司商标权权属侵权纠纷案、广东中凯文化发展有限公司诉中国网络通信集团公司眉山市分公司侵犯信息网络传播权纠纷案等。2008 年，市中级人民法院制订《关于处理道路交通事故损害赔偿案件若干问题的意见》，规范交通事故案件审理。2009 年，探索和指导部分区县法院建立医疗事故、道路交通事故、劳动争议等类案专调中心，市中人民级法院、市公安交警支队在各交警大队设立道路交通事故巡回调解法庭。2010 年，市中级人民法院修订《关于审理道路交通事故损害赔偿案件若干问题的意见》，统一侵权类案件的执法尺度，明确侵权责任，制裁侵权行为，保护民事主体的合法权益。2011 年，市中级人民法院建立矛盾纠纷大调解机制化解纠纷，化解疑难案件，审结道路交通事故人身损害赔偿纠纷 1 件。

1998—2012 年，眉山市民事案件一审收案 11.71 万件、结案 11.67 万件，调解 4.55 万件，撤诉 2.68 万件；二审收案 5601 件、结案 5650 件，调解 866 件，撤诉 644 件。其中国营星华仪器厂、四川省纺织集团公司仁寿棉纺织厂、四川省眉山烟叶复烤厂等 6 件案件安置职工 4602 人，涉及破产资产总额 2.27 亿元，负债总额 4.27 亿元；知识产权案件、公司纠纷案件及其他案收案 187 件，审结 175 件。

第四节　行政审判

行政审理主要包括涉及公共管理行政争议、资源管理行政争议、环境保护管理行政、市场监管、城市规划和基础设施建设、劳动和社会保障行政案件、农村土地确权、土地征收、计划生育、制裁土地违法行为等案件审理。

2000 年，地区中级人民法院加强行政案件审理，支持和监督行政机关依法行政，保护公民、法人和其他组织合法权益。严格审查行政机关作出具体行政行为的事实依据和规范性文件以及适用程序性规定。2001 年，市中级人民法院审理洪雅县 12 家小煤窑业主诉县政府环保管理行政诉讼一审案，确认行政行为合法性，并依法及时对该批案件作出判决。宣判后，双方当事人服判不上诉，得到法律效果与社会效果统一。2002 年，市中级人民法院审结青神县农民 164 人诉土地管理行政纠纷案件，审查后作出在确认征地行为程序违法的同时，责令被告采取相应补救措施的判决，成为四川省首起确认行政行为违法判决案例。2006 年，全市法院为人民调解和行政调解提出司法建议 86 件，审查人民调解、行政调解协议 697 件，确认效力 555 件。

1997—2012 年，市（地）中级人民法院受理行政审判二审 390 件，审结 389 件，审结率 99.74%，司法协调后撤诉率 40.36%。

第五节　国家赔偿审判

1997 年起，眉山地区中级人民法院开始审理国家赔偿案件。

2007 年，眉山市中级人民法院审判委员会制定《关于办理国家赔偿程序的规范意见》，规定受案范围与立案、案件审理期限、审理程序要求、讨论及审批期限、赔偿决定书的制作及签发、重新审理的条件及要求等。至 2012 年，眉山市两级法院受理一审行政案件旧存 19 件，新收 1369 件，结案 1363 件（维持 157 件、撤销 129 件、其他 1077 件）；二审行政案件 390 件，结案 389 件（维持 185 件、改判 35 件、发回 12 件、其他 157 件）；受理国家赔偿案件 171 件，结案 169 件（决定赔偿 25 件、决定不赔偿 37 件、其他 107 件），决定赔偿 24.23 万元。

第六节　审判监督

1997 年起，地区中级人民法院开展审判监督。包括复查再审、刑事审判监督、民事审判监督、行政审判监督及审理减刑、假释案件。2002 年，眉山市刑事审判执行再审案件改判规定。2005 年，市中级人民法院开展案件质量评查，逐一评查全院案件。2008 年起，办理减刑、假释案件。2009 年，市中级人民法院制订《办理减刑、假释案件规定（试行）》，细化减刑、假释案件办法，确定七类重点评查案件。2010 年，市中级人民法院组织、协调开展“百万案件评查”活动，评查案件 50 件，通过交叉检查、市中级人民法院审判委员会评查、廉政监督员评查等，通报评查出的问题，责令及时纠正。开庭审理减刑案件，邀请人大代表、政协委员旁听。2012 年，市中级人民法院被确定为全省减刑撤销制度试点单位。督促有能力履行罚金的罪犯缴纳罚金，当年拟减刑假释罪犯主动缴纳罚金逾 70 万元。市中级人民法院邀请检察机关、刑罚执行机关召开眉山市减刑假释裁量标准联席会，统一辖区内减刑假释裁量标准。

至 2012 年，市中级人民法院受理复查再审案件 5171 件，审结 5159 件。办理刑事再审案件 14 件（维持原判 9 件、改判 5 件）、民事再审案件 192 件（维持原判 105 件、改判 53 件、调解 24 件、撤诉 10 件）。办理行政再审案件 4 件，维持 2 件，改判 1 件，撤诉 1 件。办理减刑假释案件 4561 件。

第七节　执　行

1998 年，眉山地区法院开展集中清理执行积案行动。1999 年起，眉山地区开展“执行年”“强化执行工作，落实有执必果”“执行风暴”“百日执行会战”“两限制一打击”“反规避执行”“关注民生”等执行行动，集中执行与分散执行相结合，执行有较大社会影响的案件。2002年，市中级人民法院执行工作实行债权凭证制度、向当事人或其他关系人发送《执行案件须知》举措。受理丹甫制冷压缩机有限责任公司申请执行河南冰熊保鲜设备股份有限公司购销合同欠款纠纷案，促使河南冰熊公司全部履行债务。执行洪雅城东电力有限公司系列案，共涉案215件，涉及集资户1897户，标的金额3亿余元，影响面大。将执行回的7800万元案款按比例兑付，避免集资户群体性上访。至2003年，市中级人民法院建立和完善采取强制措施报批制度，坚持财产评估和拍卖制度，强化案件中止、终结审批制度。

2004年，眉山市集中清理未结执行案件、执行款物及执行案卷活动，重点是涉农、涉工资和劳动报酬、涉赡养费、抚养费、抚育费、涉人身损害赔偿案件；人大代表、政协委员反映强烈的案件；中止执行、暂缓执行、执行和解、受托执行的案件及各级党委、人大、上级法院等领导机关督办并要求报结果的案件。至2006年，全市法院建立完善领导协调机制、综合治理执行机制、执行救助机制、执行威慑机制，市综合治理委员会将协助人民法院执行纳入综合治理考核。眉山市中级人民法院被最高人民法院确定为全国执行案件信息威慑管理系统（威慑网）首批试点法院。全市执结执行积案3560件，执行标的6.23亿元，案件执结率86.3%，标的到位率47.74%。

2007年起，全市所有执行案件录入全国法院执行案件信息管理系统，实现所有案件网上查询。全市法院组织开展“农民工维权”专项活动，清理涉及农民工维权案件70件，申请执行标的116.55万元，涉及农民工210人；执结62件，执行标的103.72万元，涉及农民工202人，案件执结率88.57%。2008年起，全市法院开展“集中清理执行积案活动”，强化执行案件流程节点管理。2009年，全市两级法院与各协助单位建立执行联动机制，协调解决老案难案。市中级人民法院制订《关于执行案款管理的规定（试行）》，规范执行案款管理。当年，全市清理出2007年以前执行积案1.03万件；执结银行业未结案1757件，兑现金额1.6亿元；执结或妥善处理积案1.03万件。执结长达12年的上海租赁公司申请执行青神建川机械厂、乐山计经委案。推行司法救助，全市法院为132件执行案件特困当事人和刑事被害人192人发放救助金80.8万元。2010年，眉山市建立和完善执行联动机制、执行工作联席会议制度，建立社会诚信档案和信用惩戒机制，明确公安、工商、税务、国土、城建、银行等25个成员单位工作职责。全市执结案件2442件，执结率96.1%，执行标的额4.64亿元。2011年，全市重点打击“有钱赖账、欠债高消费、规避执行、抗拒执行”等恶意行为，公开曝光被执行人46人，向89名被执行人发出限制高消费令，司法拘留被执行人3人，向公安机关移送1人追究其刑事责任。

2012年，开展涉党政机关执行积案专项清理执行活动，清理出涉党政机关执行积案26件，未结标的2650.75万元。维护职工、农民工等弱势群体合法权益，“关注民生”专项执行到位金额320.58万元，标的到位率78.08%。

1997—2012年，眉山市受理罚金、没收财产案件1129件，执行标的1亿元。受理刑事附带民事案件713件，执行标的2501.57万元。执行民事案件3.3万件，执行标的金额62.77亿万元。执行行政一、二审案件835件，执行标的金额816.29万元。执行非诉行政案件3014件，执行标的金额1667.47万元。执行中采取司法拘留措施451人，罚款24.1万元。

第八节　立案信访与申诉复查

一、立案信访

1997年起，眉山地区地、县两级人民法院实行平时预防与集中清理相结合，每年开展涉诉信访清理。2002年起，市中级人民法院实现网上立案。全市立案按照“依法、及时、慎重、准确”原则，规范管辖秩序，保护当事人诉权。无力交纳诉讼费确需司法救济的当事人，两级人民法院尽可能给予司法救助。2004年起，市中级人民法院设立立案大厅与信访接待室，方便群众诉讼、畅通群众来访渠道。2007年，开通农民工24小时立案热线。两级法院涉诉信访呈现出数量大、上升迅速、重信重访多等现象，涉诉信访成为困扰两级法院的重大问题。市中级人民法院完善信访工作处置机制，全员参与信访工作。从源头上化解信访苗头，落实初信初访首问责任制，优先接待、优先受理、优先办理；公开听证，辨法析理，促进当事人服判息诉；强化案件督办、督查；分析并通报信访情况，发现和化解矛盾苗头。

2008年起，全市建立信访案件每月通报制度。2011年，开通全国信访信息系统，推行周末、节假日立案。2012年，市中级人民法院制定《先行调解制度》《眉山市中级人民法院司法确认案件审理工作的规定》，搭建诉讼与非诉衔接工作制度平台，市中级人民法院建立涉诉信访台帐制度，全院来信来访总量比2011年下降57.81%。市中级人民法院举行首次听证会，解决一房屋纠纷案。

截至2012年年底，全市两级人民法院民事立案12.15万件，刑事立案1.41万件，行政立案1688件，执行立案3.92万件，国家赔偿立案109件，申诉复查立案1362件，处理来信5214件、来访3422件、重信重访1182件、群体性事件5件。

二、申诉复查

1997年起，地区中级人民法院按照“有错必纠，实事求是”原则，受理申诉复查案件。2008年起，市中级人民法院将大调解机制引入申诉复查程序，常态化、制度化，案件在申诉审查阶段坚持公开听证，通过调解程序，能化解的案件均得以化解。仁寿县双堡乡要武村四社与双堡乡牌坊村四社水事纠纷案、24名女工与汪洋能源股份有限公司等典型纠纷案件得以妥善处理。截至2012年年底，眉山市受理申诉复查案件1162件，审结1141件，审结率98.19%。

第九节　司法管理

一、信息化建设

1997年，地区人民法院开始组建局域网，开通信息点80个，以信息化平台为载体，建设办公自动化、案件办理、审判辅助、审判管理等信息工作网络，公文、法律文书等逐步转入网上运行，实行网上办公、办案，全部案件网上流转。

2007年，眉山市基层法院审判业务目标考核从“三大”（刑事、民事、行政）审判、执行的审结率、执结率、调解率、人考办案率、涉诉信访处理率、调研信息上报数方面量化指标。2009 年，市中级人民法院局域网在全省率先与四川省高级人民法院局域网实现二级联网；二级专网宽带电话系统、语音视频会议系统随即开通。2010 年，市中级人民法院围绕“四大管理”（层级管理、质量管理、效率管理、绩效管理），推进信息化审判管理体系，与 6 个基层法院派出法庭实现四级联网。全市法院系统三、四级专网联网。至 2012 年，市中级人民法院建成上通四川省高级人民法院、下联区县法院的三级网络，开通信息点 860 个，全院网上公文流转签发 12 万余件，上网案件 9 万余件。

二、司法警察

2006—2012 年，眉山市法院系统完成重大案件强制执行警务保障任务 27 次，处置各类突发性事故、案件苗头 32 起，查处管理制物品、刀具 21 把，参加民事强制执行 267 次，执行标的 2.7 亿元。

三、司法调解

1997 年起，眉山地区两级法院开展司法调解工作。采取委托调解、邀请协助调解、指导调解三大调解衔接机制，促进法院调解与大调解对接。2007 年，推行立案调解试点工作，立案时有可能通过调解解决的民商事案件，由立案庭法官主持双方当事人通过自愿协商达成调解协议，调解不成再移送审判庭处理。2010 年，市中级人民法院审判委员会通过《审理非诉调解协议司法确认案件的工作规定》，明确权责、清晰程序。截至 2012 年年底，眉山市立案调解 1.52 万件，调解成功 4829 件，调解率 31.8%。法庭受理案件 2.45 万件，审执结各类案件 2.44 万件、占基层法院结案的 25.08%。

第五章　司法行政

1997 年起，眉山地区司法行政机构扩大、人员增加、职能拓展，推动普法教育，社会公众对普法工作的知晓率、满意率逐年提升。1998 年，眉山地区相继成立法律援助中心，接待来访咨询人员增多，法律援助案件增加，法律援助成效显著。2007 年，眉山市建立完善矛盾纠纷常态化调处机制、“三三调解”制、“包案”调处制、组织联动机制、激励机制、诉讼与非诉讼相衔接的矛盾纠纷解决机制、责任倒查追究机制，《眉山市行政调解工作暂行规定》被国务院法制办肯定为“填补了行政调解无规范的空白”，眉山“大调解”工作体系在全省推广，全国各地到眉学习借鉴 393 批次。2012 年，眉山市被列入全国诉非衔接改革试点市。社会矫正工作稳步推进，加强对社区矫正对象的监管，定期排查，实施分类管理、重点对象重点管控，加大心理矫治力度，采取政府指导、社会安置、组织协调和自谋职业等办法，提供刑释解教人员就业机会。截至 2012 年年底，全市接收社区矫正对象 2487 人，解除矫正 1248 人，正在接受矫正的 1239 人。

第一节　普法教育

1997—2012 年，眉山市（地）司法行政机关积极开展“三五”“四五”“五五”“六五”普法活动，突出以宪法为核心，领导干部、青少年、行政执法人员等 5 类重点学法群体，推进法律进机关、进乡村、进社区、进学校、进企业、进单位活动，相关单位建造法治宣传橱窗、图书室、村民健身广场、法律辅导站，聘请法治辅导员。组织送法下乡、法律进社区、“110”联动等活动，增强市民的法治观念。

1997 年起，眉山地区每年 3 月开展“法治宣传月”活动。当年，地区法建办、税务、工商等部门集中开展法治宣传活动。在电视台开辟普法宣传栏目。建立完善普法依法治理规划，普法依法治理纳入地方党政的重要议事日程和各级各部门目标管理，与经济建设同考核、同奖惩。开展依法治村、依法治乡（镇）、重点行业依法治理活动，制定《依法治乡（镇）规定》，规范干部行政行为。建立错案追究制度，公开办案程序、结果和法律依据。1998 年，地区法制建设领导小组制定《关于依法治区的五年规划（1998—2002）》。地委、地区人大工委相继作出《关于依法治区的决定》《关于开展依法治区的决议》。通过办专栏、张贴挂图、标语、举办知识竞赛等活动开展法治宣传。至 2000 年，地、县两级建立党委中心组学法制度，推行政府及部门聘请法律顾问参与经济建设等制度。全区接待咨询群众约 5 万人，散发宣传资料约 15 万份，向群众发放普法读本 4. 5 万册，组织机关干部法律法规知识竞赛，为眉山地区干部群众组织征订书籍资料 70 万余册（份）。全区 1600 余个政府和企事业单位聘请法律顾问，54%的村开展依法治理，村村实行村务公开，通过依法治理，改变农村“三难”（干群关系改善难、农民负担收取难、公益事业兴办难）现象。701 所中小学开展依法治校，93%的中小学配备法治副校长，建立青少年法制教育阵地，1100 余名政法干警担任法制副校长和法制辅导员。

2001 年，市委作出《关于依法治市的决定》，市人大常委会通过《关于全面推进依法治市的决议》《关于开展“四五”普法的决议》。市委、市政府印发《全市法制宣传教育第四个五年规划（2001—2005 年）》，明确“四五”普法工作的指导思想、总体目标、主要任务、组织领导及保障措施。各县（区）、市级部门和市属以上企事业单位制定地方、系统和部门“四五”普法规划。全市开展依法治理、争创行业依法治理达标单位和争创基层依法治理示范单位活动，市、县（区）、乡（镇）政府和政府各部门，以实行政务公开、推行行政执法责任制、执法过错责任追究制为重点，推进依法行政。完善“一个方案”（部门执法责任制实施方案）、“六项制度”（执法程序制度、错案及执法过错追究制度、行政复议案件报告制度、行政败诉案件报告制度、执法档案管理制度、执法情况考核奖惩制度），逐步形成以执法责任制为核心、以执法评议考核为内容的行政执法责任体系。当年起，全市建立以专职宣讲员为主体、机关宣讲员为骨干、基层宣讲员为基础的普法宣讲队伍，宣传“四五”普法。开展送法下乡，送法进社区、进企业、进校园活动。2003 年，青神被评为“全国村民自治模范县”。

2004 年起，眉山市实施“千村法律书库”工程。各级党委、政府将“千村法律书库”工程建设纳入目标管理。实施市级单位联系点制度，帮助联系村解决图书阅览室建设困难。全市行政村建立农村妇女法律图书阅览室。建立规范的村民会议制度和村民代表议事制度，2318 个村全部制定《村民自治章程》，以及“村两委”联席会议、村委会选举、村务公开、村委会干部廉政建设、村委财务管理等制度，向村民公开热点、难点问题和重大事项，接受群众监督。至2005年，全市投入3400万元，购置法律图书近20万册，建成农村法律图书阅览室1005个。组建村民法律学校，构建农村普法工作新平台。组织宣传《中华人民共和国宪法》、基本法律法规和专业法律法规160余个，印发普法宣传资料，提供法律咨询，开展法治文艺演出，受教育群众50万人次。举办领导干部、公务员、企业经营管理人员法律知识培训。全市237个单位被命名为“行业依法治理达标单位”，152个村（社区）被命名为基层依法治理示范单位。市法制建设领导小组检查验收，县（区）和部分市级部门“四五”普法工作合格。

2006年起，全市开展“五五”普法。眉山市将“五五”普法工作列入对区县和市级部门的单项目标考核，全面建设法治政府。加强重点对象法治教育，以党委中心组学法为龙头、“东坡讲堂”“政法大讲堂”“干部论坛”为平台、开展“一线学法”包案化解矛盾纠纷为重点，以法学会、《眉山法学》为载体，抓领导干部和公务员学法用法。严格执行规范性文件备案审查、定期清理和有效期制度，建立并实施重大行政决策公示听证、论证及实施后评估制度。推进机关行政效能建设，清理区县行政审批项目，完善项目运行管理和审批项目动态调整制度。推广“班子队伍带村、人才科技兴村、民主法治管村”，加强农村基层干部法治教育，开展“民主法治示范村（社区）”建设活动，推行“四议两公开一监督”（涉及村发展和村民切身利益的重大事项，要经村党支部会提议、“两委”会商议、党员大会审议后，提交村民会议或村民代表会议讨论作出决定；村级重大事务决议内容公开和实施结果公开；村重大事项的决议和决议实施全过程要自觉接受党员、村民的监督）办法，促进基层民主政治建设。2007年，市组建普法讲师团，开展“法律六进”（进机关、进企业、进农村、进园区、进社区、进学校）活动。市委宣传部、市国资委、市司法局、市法建办下发《关于加强企业经营管理人员学法用法工作的实施意见》，启动眉山市“工业大变样，送法进企业”。普法讲师团、园区法律服务团、执法人员“三支队伍”到企业，开展法治宣讲。在全市中小学校开展“法治宣传周”活动，开展青少年特别是藏区“9+3”免费教育计划学生法治教育。在企业开辟法治宣传专栏、开设法治专题讲座、举办企业法律知识竞赛等。开展农村普法骨干和村两委干部法治教育，建立“村民法律学校”。组织市县两级部门到新农村建设示范村、联系村对口开展“送法下乡”活动。市关工委组织举办服刑人员未成年子女“阳光夏令营”活动。在全市机关、企业、学校、医院、社会团体等单位中，开展“依法治市合格单位”创建活动。开展“整治社会治安”“整治黑三轮”“城乡环境综合整治”等活动，解决社会关注、百姓反映强烈的突出问题。2009年，全市开展“调解一次纠纷，上好一堂法制课”专项活动。突出“三新”（理念新、内容新、形式新），全市1.5万名调解员变为普法员，充实普法工作队伍。从市“五五”普法讲师团和律师队伍中筛选出普法能人210人，为各级调解组织提供法律帮助；围绕热点难点问题，筛选出企业改制、征地拆迁、涉农利益、教育医疗、环境保护、安全生产、食品药品安全等典型案例，组织开展现场观摩活动120余次；实行“调查说法，研案学法，调解宣法，以案普法”四步工作法，指导各级调解组织开展活动。建成“和谐眉山法制宣传长廊”，面向群众开展法治宣传。2010年，市委、市政府下发《关于开展全国法治城市创建活动的意见》，市委印发《关于进一步加强领导干部学法用法工作的意见》，市人大常委会作出《关于开展全国法治城市创建活动的决议》，以打造发展软环境、提升城市综合竞争力为重点，开展全国法治城市创建活动。领导干部学法用法工作纳入市委、市政府年度目标考核。成立优秀律师组成的专项服务团，为政府提供法律服务。全市干部职工参加“五五”普法验收法律知识考试，合格率100%。眉山成为全省法治政府示范市。

2011年起，眉山市开展“六五”普法。市委、市政府印发《眉山市法制宣传教育和依法治理工作第六个五年规划（2011—2015年）》，市人大常委会通过《进一步加强法制宣传教育的决议》。市司法局组织36个部门在彭山县黄丰镇开展市县联动“送法下乡”活动。组建专业宣讲团，结合征地拆迁、老年人赡养、邻里纠纷等实际问题开展乡村、社区巡回普法。开展“中小学校法制宣传周”及“开好一次庭，上好一堂法制课”“开展一次法律援助，上好一堂法制课”等系列活动。市委、市政府举办以“全面实施‘六五’普法，深入推进全国法治城市创建”为主题的大型集中法治宣传活动。组织青年法律服务志愿者开展法律“六进”（进集贸市场、进工地、进社会组织、进网络、进公共场所、进宗教场所）活动。市、县、乡镇换届选举期间，宣传《中华人民共和国选举法》《中华人民共和国组织法》《中华人民共和国代表法》等法律和相关法规。实施“法治文化亲民、法律服务为民、法治环境惠民”行动。在2个区县、18个乡镇、30个单位、60个村社、10个学校、10个企业开展创建全国法治城市示范试点，重点建设法治文化示范点、法治机关示范点和法治社区示范点。

2012年，眉山市组织市、县22个单位开展“2012年送法下乡暨法律服务暖民心活动”活动。建立眉山市“法制宣传进万家”活动人才库，落实“一个单位一名法制辅导员”“一村（社区）一名法制宣传员”“一村一名法律顾问”工作制度。开展法律“六进”（进集贸市场、进工地、进社会组织、进网络、进公共场所、进寺院）活动，组织法官、检察官、公安民警、律师、公证员、司法鉴定人员、基层法律工作者1300余人为基层群众提供法律服务。眉山市司法局、成都市司法局、资阳市司法局建立天府新区司法行政工作协作机制，启动法律服务助推天府新区建设活动。为1347个村和社区配备法律顾问。在乡（镇）开展“法律赶场”“法治文化集市”活动。新建青少年法治宣传教育基地5个，利用基地优势开展禁毒、交通安全法制宣传教育。在全市大中专院校、中小学校、职业中学开展“关注消防安全·情系千万学子”“六五”普法大型校园公益活动，1万余名青少年参加知识竞赛。开展“七个一”（一支法治文化宣传队、一批法治文化阵地、一本法治文化读物、一条法治文化公益广告、一件法治文化宣传品、一个法治文化作品、一次法治文化活动）活动。新建法治文化广场6个、法治文化院落12个、法治文化公园3个、法治文化长廊7个、法治文化宣传栏4178个、法治文化图书角345个、法治文化黑板报149个、法治文化墙120个，发行法治读物30万本，制作法治文化宣传品50万件，推出“三苏法治名言书画集锦”等法治文化作品，开展法治文化主题活动300余场。举行“我是遵纪守法好市民”主题实践活动。截至2012年年底，全市开展大型集中法治宣传活动3次，组织普法讲师团举办法治讲座18场次，开展“法律六进”活动30余次。

第二节　矛盾纠纷调解

一、调解机制

1997年起，眉山地区建立和完善人民调解组织。至2003年，眉山市有调委会2758个，人民调解员1.47万人，形成较为完整的人民调解组织网络。2005年，全市结合乡镇区划调整，各乡镇建立调解委员会。2006年，全市企事业单位建立人民调解委员会114个。2007年，市、县两级司法行政机关调整基层人民调解组织网络和队伍，所有乡镇（街道）、村（居）、社（社区）建立调解组织，有调解员 1.24 万人。2008 年，建立人民调解“三三制”［矛盾纠纷先由调解小组调解三次；调解不成功由村（社区）调解委员会调解三次；调解仍不成功，再由乡镇（街道）联动调解中心调解三次］工作机制。实现化解民间纠纷“六不出”［家庭纠纷不出家，行业纠纷不出单位，邻里纠纷不出社区，小纠纷不出组，一般纠纷不出村（居），大纠纷不出乡镇（街道）］。建立“三级调处、定期排查、督查督办”矛盾纠纷防范化解机制。2009 年，市、县（区）设立人民调解指导中心，履行人民调解工作的指导管理职能。按照“六有”（有固定的办公场所、有标牌、有印章、有规范的调解文书、有统计台账、有业务学习资料）、“六统一”（统一人民调解委员会名称、统一人民调解委员会印章、统一固定调解场所标识、统一人民调解员徽章、统一调解工作程序、统一调解文书格式）要求，规范化建设各级调解委员会。建立温馨调解室和调解委员会星级调解等级评定制度，授予调解委员会一星级 25 个、二星级 15 个、三星级 9 个，一级调解员 41 名、二级调解员 103 名、三级调解员 172 名。建立交通事故、医患纠纷、消费者权益保护等专业（行业）调解委员会 73 个。2011 年，人民调解组织网络向企事业单位、社会组织、服务领域延伸，人民调解工作范围向集贸市场、消费维权、交通事故、教育卫生、法律援助、法律服务等领域拓展。2012 年，推进人民调解进车站码头、商场集市、园区景区、小区和农村居民集中地，建立调解室 1363 个（个人调解室 15 个）及交通事故、医患纠纷、劳动争议、农村专业协会等调解组织 64 个。截至 2012 年年底，全市建调解委员会 1670 个（一类 521 个、二类 447 个、三类 702 个），有调解员 2.8 万人。建成乡镇（街道）矛盾纠纷联动调处中心 128 个、村（居委会）规范化调解室 1142 个，确定“十户”纠纷信息员近 7 万人。

二、大调解

1997 年，眉山地区矛盾纠纷化解主要由基层派出所、司法所、法庭等基层政法部门负责。建立和实施不稳定因素排查化解制度，乡镇每半月排查 1 次，区县每月排查 1 次，公安部门每季度排查分析 1 次，特殊敏感时期不定期排查分析。排查出的各类社会稳定问题，经梳理，逐一落实到各地各部门和地级单位办理，地区维稳、综治部门建档跟踪督办。办理中，发挥全市各类基层调解组织和人民调解员化解基层矛盾纠纷的作用，通过人民调解与信访工作相结合，建立人民调解听证制度，形成人民调解机制，大量矛盾纠纷化解在当地，消化在萌芽状态。

2007 年，眉山市建立完善矛盾纠纷常态化调处机制、“三三调解”制、“包案”调处制、组织联动机制、激励机制、诉讼与非诉讼相衔接的矛盾纠纷解决机制、责任倒查追究机制。市委、市政府将“大调解”工作列入重要议事日程，召开市委常委会 15 次、出台文件 120 个，召开现场会 110 次，建立党委、政府统一领导，政法综治机构综合协调，司法行政、法制、群工部门和法院、检察院分别牵头，有关部门各司其职，社会广泛参与，人民调解、行政调解、司法调解和信访群众疏导调解既充分发挥作用、又相互衔接配合的“大调解”工作体系。“大调解”工作纳入各级党委、政府的目标管理和领导干部抓综治、维稳工作的业绩考评。基本实现“五不出”（家庭纠纷不出户、邻里纠葛不出组、小事不出村、大事不出乡、疑难纠纷不出县）和“矛盾不上交”目标。《眉山市行政调解工作暂行规定》被国务院法制办肯定为“填补了行政调解无规范的空白”。眉山“大调解”工作体系在全省推广。中央和四川省主流媒体连续采访报道眉山“大调解”体系工作经验，全国各地到眉学习借鉴 393 批次。2008 年起，全市将完善“大调解”工作纳入各级党委、政府目标管理和领导干部抓综治、维稳工作业绩考评，建立领导干部维稳、综治工作实绩档案，将领导干部化解矛盾纠纷情况纳入档案重要内容，作为晋职晋级、评先受奖重要依据。实行社会矛盾纠纷化解层级管理和“四定一包”（定时限、定人员、定领导、定责任、包化解）化解重大疑难信访案件，及时化解社会矛盾纠纷，消解存量，控制增量。实行社会矛盾纠纷排查，村（社区）中心户（联系点）和调解信息员随时排查；村（社区）每周、乡镇（街道）每半月、县（区）每月定期排查；全市在重大节点对重点部门、行业、领域以及地区集中排查。推行仁寿县满井镇“三三调解代理制”［调解小组受理矛盾纠纷后，必须调解三次，不成功才能移送村（社区）人民调解委员会；村（社区）人民调解委员会继续调解三次，不成功后方能移送乡镇（街道）人民调解委员会；乡镇（街道）人民调解委员会再调解三次，如果仍然不成功再告诉纠纷当事人依法选择其他解决渠道］和洪雅县柳江法庭“诉前告知人民调解制”经验，防止调解人员推诿塞责、减少矛盾纠纷上交，责、权、利统一，大量矛盾纠纷在基层得到化解。探索建立人民调解、司法调解、行政调解相互衔接配合的大调解工作模式。当年，化解重点工程建设、征地拆迁、企业改制等热点、难点社会矛盾纠纷，总结出舆论引导调解法、亲情感化调解法、冷却择机调解法、案例提高调解法、解决实际问题调解法等调解方法。开展“两节”、两会期间民间矛盾纠纷排查化解专项治理和“迎奥运保稳定”“春风化雨”“三案攻坚”专项活动，化解矛盾纠纷。全市调解矛盾纠纷近2万件，成功率97%，协议履行率98%。

眉山市“大调解”工作体系在全省推广，图为调解现场（摄于2009年5月）

2009年，市委、市政府下发《关于进一步加强社会矛盾纠纷“大调解”工作体系建设的实施意见》《眉山市行政调解工作规定》《眉山市社会矛盾纠纷排查化解工作实施办法》等文件，倒查和追究社会矛盾纠纷调处化解组织领导不力、防治工作不作为、调解工作不落实、应调未调等行为责任。在全市成立市、区县委副书记任组长的矛盾纠纷“大调解”工作领导小组，市、区县建立“一办五中心”（大调解领导小组办公室、大调解协调中心、人民调解指导中心、行政调解指导中心、司法调解中心、信访群众疏导调解中心），配备专职副主任和工作人员，全市131个乡镇（街道）建立“大调解”协调中心，按同级副职配备专职副主任和专职工作人员，所有村（社区）建立调解室，每十户设立中心户调解室，在全市构建形成由党委、政府统一领导，政法综治机构综合协调，司法行政、法制、群工部门和法院、检察院分别牵头，有关部门各司其职，社会广泛参与，人民调解、行政调解、司法调解和信访群众疏导调解既充分发挥作用、又相互衔接配合的“大调解”工作体系，推动全市矛盾纠纷化解，维护社会稳定。2010年，全市完善调解关口前移、调解作用延伸、突破行政调解、规范基础、完善考核机制，新确定劳动争议、土地征用拆迁、医患纠纷、房地产开发四个重点领域调研课题，着重解决涉稳和行业方面突出社会矛盾。当年，全市受理矛盾纠纷4.77万件，调解成功4.43万件。2011年，全市推行农村中心户调解室“五站”（社情民意的气象站、政策法规的宣传站、经济发展的指导站、社会事务的服务站、矛盾纠纷的终结站）模式，在农户和人群相对集中的区域，选取积极热心和有权威的老干部及群众的家作为中心户，为周边50户~100户的群众服务。推动“大调解”工作重心下移、触点前伸、工作靠前，在矛盾易发、多发的重点部位、重点区域、重点地方前置调解窗口，推进“调解跟着矛盾走”，开展调解组织网络“八进”［进城镇小区、进农村院落、进重点车站（码头）、进市场（商场）、进园区（景区）、进项目工地、进协会商会、进学校医院］活动，实现“大调解”工作在基层重点地域、热点行业领域全覆盖。重点纠纷及纠纷隐患，落实责任，跟踪调处化解。开展“三案攻坚”活动，排查出的老、积、难三案联合攻坚。全年全市排查矛盾纠纷8142次，调解矛盾纠纷1.38万件，成功1.34万件。排查出“三案”583件，攻坚成功469件。2012年，眉山被列入全国诉非衔接改革试点市，推行“无异议调解方案认可”“无争议事实记载”“司法确认”等新机制，推进“大调解”工作法治化进程。构建起“喊得应”“接得起”“划得来”的“诉非衔接”模式，大量矛盾纠纷通过人民调解、行政调解及其他非诉调解组织化解，少部分通过司法调解化解，极少部分矛盾纠纷通过司法裁判解决，形成良好的纠纷解决梯次结构。全市建立市级行政单位调解室42个、基层调解室3108个，“调解文化”大院2771个，农村院落中心户调解室9291个，成为自市、县、乡、村、组五级调解组织网络之下的最前端触角，实现矛盾纠纷化解在家门口、消除在院坝里。排查矛盾纠纷15.52万次，调解矛盾纠纷24.87万件，成功24.12万件。

2007—2012年，眉山市抽调厅（处）级干部200余人、基层干部500余人，组建包案工作组287个，化解重大疑难信访案件800余起。各级调解组织调处各类社会矛盾纠纷20余万件，调解成功率92%；到京非正常访连续6年为零，到四川省上访量长期居于全省末位，连续6年未发生在全省有影响的群体性事件。

第三节　律师事务

一、国家司法考试

1997年起，眉山地区实行执业律师资格考试准入制。地区司法局组织从事律师者参加律师资格全国统一考试，成绩合格获得“律师资格证”的到律师事务所实习一年，方可从事律师职业。2001年，眉山市初任法官、检察官和取得律师资格实行统一的国家司法考试制度。2002年，全市参加律师资格考试388人，合格31人。2012年，全市参加律师资格考试274人，合格77人。2002—2012年，全市报考律师资格3439人，参考2911人，合格665人。

二、律师工作

20世纪80年代，律师事务所受司法行政机关的组织领导和业务监督。1998年起，眉山地区推行律师担任各级政府和企业法律顾问。全区律师事务所、律师数量少，法律服务资源不足，请律师难，法律工作者以律师之名办理刑事案件现象较突出，地区司法部门与各县政府加强检查，回访服务对象，抓反面典型，治理混乱现象。2000年后，律师和基层法律工作者恶性竞争、争相杀价，“两证”（具有法律工作者证和律师执业证）人员“两所”（在法律服务所和律师事务所）执业，出现法律服务所、律师事务所相互压价等现象。

2001年，律师事务所由事业单位改为合伙的社会中介机构，司法行政机关由微观管理转变为宏观管理。当年起，清理、分流全市具有双重身份人员，查处假冒律师执业行为。市政府法律顾问团协助签订眉山国际大酒店、省道106线股权转让等合同文件，涉标的4.5亿余元。2002年，成立眉山市律师协会，律师管理实现司法行政管理与行业协会管理相结合的双重管理体制。全市6名律师受聘组成市人大司法案件监督咨询小组，71名律师担任政府机关或部门法律顾问，为洪雅瓦屋山电站、三苏祠周边整治等重大工程项目全程提供法律服务。2003年，13家律师事务所受聘为“眉山市民营企业法律服务维权中心”特约律师事务所，参与民营企业维权工作。2004年起，市、县（区）律师事务所先后进驻党委、政府信访室，安排律师轮流值班，协助处理涉法涉诉信访案件。当年接待涉法上访群众400余人次，调处信访案件370余件。2006年，成立眉山工业强市法律服务团，为企业提供法律服务。

2007年，眉山市推行律师受理疑难重大矛盾纠纷案件报告制度。2010年，围绕全市“六大高潮”建设，市司法局组建6个律师法律服务专项团队，为全市大型工程建设服务。2011年，在全市律师事务所展开自查自纠，随机抽查律师办案收费、办案质量。调解矛盾纠纷1597件，全市90余名律师参与“法律顾问进万村”活动。

2012年，眉山市在律师队伍中开展“服务工业发展新跨越——眉山律师在行动”活动，组织引导律师融入大调解，建立律师参与社会矛盾化解工作机制。组织律师会诊重大信访案件，提前介入突发性纠纷，搞好诉非对接，将各种矛盾纠纷化解在萌芽状态，解决在基层乡村。全市233名律师共担任法律顾问752家，代理刑事诉讼、民事诉讼、行政诉讼3200件，办理非诉讼业务、仲裁案件、调解案件3188件，成功率92%。办理法律援助案件710件，提供法律咨询5168人次，代写法律文书1986份，参与信访值班、涉法涉诉信访404人次。

第四节　公证工作

1998年，眉山地区司法、经贸、国资、国土、城建等部门发文，开展国有资产转让租赁、国有企业的破产兼并、国有土地使用权属的变更等公证法律监督。地区司法局、地区公证处参与重大建筑工程、破产企业职工安置公证。开通眉山金融公证工作。2000年，眉山地区公证处由行政单位改制为合作制机构。东坡区、仁寿县、彭山县3个公证处改为自收自支事业单位，洪雅县、丹棱县、青神县仍为行政体制。当年，组织眉山地区公证员参加全省“要素式公证书”培训。

2002年，眉山市实行公证行业“行政+协会”双重管理模式，司法行政主管公证质量监督和人员准入，协会主管业务及投诉查处和信息交流。2003年，清理全市各类公证办证点、公证协办点，规定应当保留的公证协办点范围。市、区县司法局聘请特邀公证监督员，为公证员建立诚信档案。当年起，眉山市公证业务进入金融信贷、民营经济、旧城改造、城市房产交易、土地权属转让、重大水利工程、干部公选等领域。2004年，加强公证处助理公证员管理，清理2003年以来全市所办的现场公证，未发现问题。2005年，市司法部门清理各公证处设立的办证点，取缔不符合规定办证点3个，规范公证服务市场秩序。

2007年，全市开展以遗嘱、继承等与人身关系密切类“公证倒查五年”的专类公证质量大检查，检查公证案件826件，撤销发现的错证1件。全市公证机构为年老残疾者上门公证服务38件，减免公证服务费30万余元，捐款7000余元。2008年，全市设立“5・12”抗震救灾公证法律援助绿色通道，协助民政部门解答收养的法律咨询、代为审查收养人条件、起草收养协议。抽检全市公证案件质量，合格率96%。2009年，全市各公证处建立健全案件管理、档案管理、岗位职责等制度。提出检查梳理出的5类26个问题整改建议，为贫困大学生提供贷款公证法律援助72件。2010年，市司法局组织抽查全市公证卷宗303份，发现个别卷宗谈话笔录不全、文书用语不准等问题，责成整改。市司法局、市委政法委组织涉法涉诉信访案件评查，23件公证案件全部合格。2011年，开展“千案千评”案件质量评查，建立评查工作月报制度。评查全市各公证处公证案件40个。抽查区县司法局公证案件，指出存在问题，提出改进办法。

2012年，市司法局组织全市公证员、公证辅助人员参加集中业务培训，组织全市公证质量年度大检查，对各公证处所办案件抽查420余份，合格率、基本合格率98%，针对检查出的问题，梳理归类，进行整改，促进公证质量的提高。

第五节　法律援助与服务

一、法律援助

1998年，眉山地区成立法律援助中心。当年起，地区司法局每年将法律援助纳入法治宣传一条街活动内容。2003年，市司法局、市文明办、市综治办、市总工会等10个部门举行“为实现公平正义——法律援助在中国”四川眉山大型公益活动启动仪式暨新闻发布会，全市募集资金35万元上交司法部法律援助基金会。

2004年，法律援助列入市委、市政府为民办十件实事内容。市政府召开市级机关事业单位法律援助捐赠动员会、全市法律援助工作会议，举行全市法律援助中心暨工作站授牌仪式，49个市级单位捐款15万元用于法律援助。至年末，市、县（区）两级建立法律援助中心7个，教育局、老龄委、残联、妇联、团委、劳动就业局等部门和群团组织及乡镇（街道）成立法律援助工作站，在村（社区）设立法律援助工作点。2005年，眉山市消除“三无”（无性质、无编制、无办公场所）法律援助机构，逐步建立规范化法律援助受理厅。开展特困家庭“对口帮扶”活动，市司法部门组织全市律师和部分司法行政干部，与300户特困家庭签订为期三年免费法律咨询和法律帮助对口帮扶协议。确定每月最后一日为法律援助活动日，组织局机关干部前往乡镇、村社、街道社区巡回开展“法律援助在您身边”主题宣传活动。此后，法律援助活动日宣传活动进入常态化。2006年，交通事故、医疗事故等人身损害赔偿案件纳入法律援助范围，市级开通法律援助咨询热线免费电话。

2007年，组建“眉山市农民工法律援助服务团”，开展法律援助“进工棚工厂、进车厢车站、进农民工夜校”活动，为农民工提供法律咨询，培训法律维权知识，受理农民工工资、工伤案件。伤残等级鉴定、工伤认定、劳动关系仲裁、执行案等纳入法律援助范围。当年起，全市发放法律援助惠民服务金卡。市、县（区）法律援助中心向符合条件的群众陆续发放“金卡”。2008年，市电信局设立法律援助咨询电话平台，县（区）相继开通法律援助咨询热线免费电话。至2008年年底，眉山市为帮扶群众解决矛盾纠纷152件，提供法律援助诉讼代理63件，解决一批积累多年的矛盾纠纷；为返乡农民工讲课31场次；制作法律援助服务卡20万张，编印《眉山法律援助农民工维权30问》5万册。此后，眉山市农民工法律援助服务团主要办理农民工法律维权案件，维护农民工合法权益。

2009年起，法律援助工作被列入全市党委、政府民生工程项目。当年，市司法部门统一法律援助案件归档内容、卷宗格式，实行一案一卷，由指派的法律援助中心统一归档，实现法律援助案件的统一受理、统一审查、统一指派、统一监督。实行法律援助信息化管理，将法律咨询、法律援助案件登录到司法部法律援助信息管理系统。2010年起，一般宣传与主题宣传相结合，市法律援助中心、市法建办举办“调解一次纠纷，上好一堂法制课”活动，利用青神县黑龙镇赡养纠纷案，法律援助律师现场调解，以案说法。市司法部门将典型案例汇编为《眉山法律援助》，赠送各级党政领导和相关部门负责人，分发给全市法律援助工作站及法律服务机构人员。以办理的法律援助典型案例为题材制作播出电视专题片20部。全市形成以市、县（区）法律援助中心、乡镇（街道）法律援助工作站、村（社区）法律援助工作点为框架的四级法律援助网络。2011年，眉山市7个法律援助中心规范化受理厅全部建成并投入使用，建立法律援助“一小时服务圈”。

截至2012年年底，全市向2000余人发放法律援助惠民服务金卡，办理的法律援助案件“零投诉”，平均每年接听法律援助咨询热线免费电话1万余人次、电话受理法律援助案件30余件。全市建成规范化乡镇（街道）法律援助工作站47个，乡镇法律援助工作水平和服务能力提升。

二、司法救助

2006年起，眉山市建立执行救助资金和涉法涉诉专项调处基金，开展司法救助。2012年，全市司法救助案件92件126人，支出专项资金102.89万元。2009—2012年，眉山市司法救助案件484件751人，支出专项资金590.81万元。

三、基层法律服务

1998年，眉山地区加强注册管理，清理整顿眉山地区法律服务机构，撤销业务开展差、人员素质低的法律服务机构3个，缓期注册、限期整改条件不完善的机构2个。全区基层法律服务工作者担任法律顾问948家。2000年，全区建立基层法律服务工作者执业资格认定和执业准入控制制度，实行执业资格统一考试。

2001年，眉山市设立电话为群众提供法律咨询。至2006年，全市组织基层法律工作者执业资格考试9次。重新登记基层法律服务机构，取消30人执业资格。2007年，全市开展“基层法律服务进家庭”活动，全市设立法律咨询点200个，为群众提供法律咨询6600人次。基层法律工作者在乡镇、村社宣传法律，受教育39万人次。全年法律服务机构为当地乡镇政府提出司法建议515条，参与制定村规民约530件。2011年，眉山市开展注册基层法律服务所年检。当年，年检注册基层法律服务所43家，执业人员158人，巡查全市31个基层法律服务所基层法律服务工作者，责令整改4家管理不规范的基层法律服务所。吊销1名基层法律服务工作者执业证、警告1名基层法律服务工作者。

2012 年，眉山市年检注册的基层法律服务所 41 家，执业人员 152 人。巡查全市 13 个基层法律服务所及基层法律服务工作者。责令整改 1 家管理不规范的基层法律服务所。全市基层法律工作者 152 人担任法律顾问 1252 家，调解纠纷 1667 件，代理诉讼和非诉讼事务 1758 件，代写法律文书、解答法律咨询 4669 件（次），办理法律援助 426 件。代理诉讼案件 2133 件，非诉讼案件 651 件，担任常年法律顾问 360 家。

四、司法鉴定

2002 年起，眉山市开展司法鉴定工作。业务范围包括法医临床、法医病理、文书司法鉴定、痕迹司法鉴定、司法资产评估、司法会计 6 项。2007 年，伤残等级鉴定纳入法律援助项目。全市 5 个县设立司法鉴定咨询服务点，负责群众咨询，收取辖区司法鉴定案件，减少委托人鉴定成本。2008 年，开展“鉴定提速”“鉴定送温暖”活动，建立简易案件快速鉴定通道，鉴定时间由 15 天减到 5 天。70 岁以上或有严重疾病行动困难者，鉴定人上门服务。2011 年，开通眉山公信司法鉴定中心，全年 365 天 24 小时服务热线解答鉴定事项咨询。

2012 年，眉山市办结司法鉴定案件 1532 件。司法鉴定人依法出庭 8 人次。涉及民事及行政诉讼案件 369 件、刑事诉讼案件 45 件，非诉讼案件 1118 件。鉴定意见采信率 99. 8%。截至 2012 年年底，全市提供司法鉴定援助案件 138 件。司法鉴定案件“零投诉”，采信率 99. 7%。

第六节　安置帮教和社区矫正

一、安置帮教

1998 年，眉山地区成立刑满释放和解除劳教人员（以下称刑释解教人员）安置帮教工作领导小组，开展刑释解教人员安置帮教工作。1999 年起，全区做好刑释解教人员安置帮教规范化管理，建齐回归档案，落实帮教对象，解决安置中的实际困难。2000 年，健全地区、县、乡、村四级安置帮教网络，清理建区以来的“两劳”回归人员，建立“两劳”回归人员动态翔实数据。

2002 年起，眉山市安置帮教工作实行目标考核，认定部分企业为刑释解教人员安置帮教基地。重点排查 15 名重要刑释解教人员，落实帮教措施。全市刑释解教人员实行档案电脑网络化管理，市司法局、市公安局检查全市刑释解教人员安置帮教工作，认定 2 户企业为过渡性安置帮教基地。2003 年，开展“亲情帮教”活动，发动服刑在教人员亲属和群众关心、帮助、教育服刑在教人员和刑释解教人员，将帮教工作延伸到监狱。2004 年，组织市、县两级安置帮教领导小组成员单位，前往眉山监狱开展帮教活动。洪雅县司法局开展送法到监狱警示教育帮教活动。2005 年，调整健全各级安置帮教机构，保证安置帮教工作机构不散、人心不乱、工作不停，对帮教对象的管理不脱节。市人大、市司法局调研全市安置帮教和基层基础工作，检查全市刑释解教人员衔接工作。2006 年，市司法局开展“送法进监所”活动，市总工会、团市委、市科协、市直机关工委前往沙坪劳教所开展帮教；组织表现良好的刑释人员到乡镇、学校、街道、乡村现身说法 100 场次，受教育学生和群众 10 万人次，组织眉山监狱即将刑满释放的服刑人员 50 人开展劳动技能培训。

2007年，全市刑释解教人员安置帮教工作纳入社会治安综合治理考核内容。排查2004—2006年刑释解教人员。市司法局、团市委在眉山监狱开展“关爱服刑人员子女、促进服刑人员新生”帮教活动。2008年，排查、帮教吸毒刑释解教人员，建立健全刑释解教人员电子信息档案。市防邪办、市公安局督查重要刑释解教人员回访帮教工作情况。组织开展服刑在教人员未成年子女“阳光夏令营”活动。2009年，开展2006—2008年刑释解教人员排查。市司法局在沙坪劳教所、眉山强戒所举行“安置帮教——律师进监所”活动。组织区县司法局局长及相关人员前往监狱、劳教所开展县情、乡情政策帮教活动。回访帮教曾参加邪教组织的刑释解教人员8人。2010年，全市所有乡镇运用“刑释解教人员用户管理系统”建立服刑在教人员信息库。市司法局看望慰问服刑人员未成年子女6户7人。2011年，市司法局组织区县司法局局长、乡镇司法所所长、服刑在教人员亲属前往眉州监狱、成都少管所、沙坪劳教所、乐山监狱开展帮教工作，组织成功创业刑释解教人员到监所现身说法。建立服刑在教人员基本信息沟通机制，各乡镇（街道）司法所明确专人负责，每月核实刑释解教人员信息、制定帮教计划、确定帮教责任单位、责任人和志愿者，与监所沟通反馈信息，全市刑释解教人员核实率96%。开展寄送“服刑人员年度改造情况告知书”活动，各级司法行政部门协助监狱发放“服刑人员年度改造情况告知书”。在沙坪劳教所开展“阳光心灵抚慰关爱行动”，社会各界青年心理咨询志愿者与服刑人员未成年子女代表结成“一对一”帮扶对子。开展“亲情帮教大走访”活动，安置刑释解教“三无”人员，临时救助刑释解教人员，符合低保条件的刑释解教人员全部纳入低保。推荐就业和从事个体经营137人。

2012年，眉山市组织基层司法所开展近三年刑释解教人员大排查活动，排查2009—2011年回归社会刑释解教人员2661人，排查出重点人员15人，开展服刑在教人员未成年子女摸底排查与帮扶，摸排服刑在教人员未成年子女313人，建立所有服刑在教人员未成年子女基本信息管理台账，实行动态管理。组织法律服务人员和社会各界力量开展服刑在教人员未成年子女关爱活动，建立“多对一”“一对多”相结合的综合帮扶体系。全年全市安置刑释解教“三无”人员8人、刑释解教人员298人落实临救政策、符合条件的刑释解教人员全部纳入低保或农村五保。开展技能培训，推荐就业105人，从事个体经营的实施减免税政策。

1997—2012年，眉山市确认和新建刑释解教人员过渡性安置帮教基地15个。全市回归刑释解教人员1.23万人，其中刑满释放1.02万人、解除劳教人员2047人，安置“两劳”人员1.22万人、安置率98%、帮教率100%。

二、社区矫正

2006年，市司法局、市公安局排查全市社会服刑人员601人。在彭山县凤鸣镇开展社区矫正试点。将被判处管制、被宣告缓刑、被暂予监外执行、被裁定假释、被剥夺政治权利并在社会上服刑的人员，置于社区内矫正其犯罪心理和行为恶习，促其顺利回归社会。当年，眉山市接收矫正对象18人。2007年，全市5个县在7个乡镇启动社区矫正试点。2009年，眉山市从监狱、劳教所选派干警到县（区）指导、参与社区矫正。基层司法所设立社区矫正工作办公室，各村（社区）设立社区矫正工作站，形成完整的社区矫正组织网络体系。至2009年年底，全市70个乡镇、3个街道办事处开展社区矫正工作，占全市乡镇（街道）总数的56%。2010年，全市全面启动社区矫正并成为基层司法所常规工作。社区矫正试行判前调查评估，把好入口关；实行担保机制，落实矫正责任制；试行点验制度，以点验促管控；实行考核奖惩，提高矫正对象接受矫正积极性。2011 年，市政协组织政协委员专题视察全市社区矫正工作，针对社区矫正工作的衔接、经费等问题，以专题报告向市委、市政府提出建议。走访各区县社区矫正对象及亲属，为矫正对象解决实际困难。开展社区矫正对象异地托管，因迁居以及就业（经商）、就学探亲等多种原因致户籍地和常住地不一致的社区矫正对象实行委托管理。

2012 年，眉山市将听证程序引入判前社会调查评估。办理判前社会调查评估 180 件，其中 169 件 185 人被评估为适宜纳入社区矫正，11 件 13 人被评估为不适宜纳入社区矫正。开展社区矫正对象大排查，排查社区矫正对象 1065 人，排查出重点人员 15 人。排查出的社区矫正重点对象分别落实 2 人~3 人专门帮教。全市社区矫正对象 18 人因居住地变更被异地托管。截至 2012 年年底，全市接收社区矫正对象 2487 人，解除矫正 1248 人，尚在接受矫正的 1239 人。

眉山市志 MEISHAN SHIZHI

第二十四篇　军　事

1997—2012年，眉山市落实党管武装原则，合理统筹经济建设和国防建设关系，开展国防教育，加强部队建设和民兵预备役建设。围绕提升平战转换、战略物资储备、人才队伍培养等国防后备力量整体实力建设，推进拥军优属、拥政爱民，开展军民共建、参建参治、扶贫帮困、抢险救灾等活动，确保区域内社会稳定。

第一章　军事组织

1997年以后，眉山地方军事武装主要设有眉山军分区和辖县、乡镇等基层人民武装部与预备役及准军事的民兵组织，在眉山地区的驻军伴随着国家军事部署和军事斗争的变化而发生变动，有增有减。眉山军分区作为地方最高军事指挥机关，为适应城市防卫和军事斗争的需要，始终把民兵预备役建设作为最重要的工作。2012年，眉山的军事组织有眉山军分区和辖县（区）与乡镇（街道）等人民武装部，预备役部队和武警驻眉山部队、眉山市公安消防支队。

第一节　武装组织

眉山市地方武装组织有眉山军分区，辖县（区）和基层设有人民武装部。

一、眉山军分区和县（区）人民武装部

1997年，眉山地区6县均设有县人民武装部，隶属乐山军分区。1998年1月，成立眉山军分区，

隶属四川省军区，辖眉山县、仁寿县、彭山县、洪雅县、丹棱县、青神县6县人民武装部。2000年12月，眉山撤地建市，眉山军分区辖东坡区及仁寿县、彭山县、洪雅县、丹棱县、青神县6县（区）人民武装部。至2012年，机构无变化。

二、基层人民武装部

1997年，眉山地区县属区、乡镇，大型企事业单位设有武装部，配备专职武装干部。乡镇武装部部长职务相当于副科级，一般为党委成员。1998年，贯彻中国人民解放军总参谋部、总政治部《关于深化民兵工作调整改革的意见》，按照《民兵工作条例》和中央有关文件，眉山地区对有关问题作出规定，按要求设置基层人民武装机构和配备专职人武干部，加强管理。至2012年无变化。

第二节　驻眉山部队

一、武警眉山支队

1997年9月，成立中国人民武装警察部队眉山地区支队（以下简称武警眉山地区支队）筹备组。1998年4月，武警乐山支队将眉山县、仁寿县、彭山县、洪雅县、丹棱县、青神县中队和直属四中队、六中队移交武警眉山地区支队筹备组管辖。9月，成立中国人民武装警察部队眉山地区支队，辖3个直属中队、教导队和东坡区、青神县、洪雅县、丹棱县、仁寿县、彭山县6个县中队，隶属武警四川总队领导，同时接受眉山地委、行署和地区公安处领导。2000年12月，武装警眉山地区支队更名为武警眉山市支队。至2012年，机构无变化。

二、眉山市公安消防支队

1998年6月，成立眉山地区公安消防支队，隶属武警四川省消防总队领导，同时接受眉山地委、行署和地区公安处领导。2000年12月，眉山地区公安支队更名为眉山市公安消防支队。至2012年未变。

三、驻军某部

1969年，驻军某部入驻眉山县。至2012年未变化。

第二章　兵　役

眉山市严格执行兵役登记制度，市征兵办公室加强管理，严格把关，加大宣传力度和落实兵役登记，把输送优质兵员作为重要职责，每年开展新兵征兵工作。2009年起，将大学生新兵比例作为达标标准列入征兵任务。

第一节　兵员征集

眉山市征兵办公室负责兵员征集工作。兵员征集实行政审，不同年度征兵条件有所变化，重点是激发适龄青年报国热情和保证新兵质量。

1997年，眉山地区实行义务兵役制。应征公民入伍实行“村（居）委会、毕业学校、公安派出所、乡镇政府、县征兵办公室政审组”5级组织和负责人负责制，保证新兵政治质量，政审重点为应征青年现实表现。全区统一制发《应征公民入伍批准书》，审批新兵，防止多征、多接，以及城镇、农村兵指标混用。各级实行征兵岗位责任制，奖惩兑现。1999年起，实施报考军队院校考生政治审查，重点审查应征青年有无涉邪教组织。仁寿县开展征兵工作试点，被成都军区《征兵工作简报》、四川省征兵办转发。2000年，全区实行征兵工作“六落实”（领导落实、责任落实、政策落实、廉政落实、经费落实、宣传落实），激发适龄青年报国热情。

2003年起，眉山市征兵办公室在《眉山日报》开辟“征兵宣传”专栏，宣传征兵政策规定、条件范围，制订《眉山市兵役工作暂行规定》，作出兵役登记、征集、优抚、安置、奖惩等规定。2005年，全市按照义务兵征集“五不定”（不符合征集条件的不定；当兵积极性不强的不定；当兵目的不明确、动机不纯的不定；长期在外务工，现实表现掌握难的不定；自我约束能力差、纪律观念不强的“三不管”的不定）“二优先”（党团员优先；高中毕业以上文化程度优先）原则，实行农村义务兵家属“五优先”（优先卖给机动地，优先解决良种，乡镇聘干、企业招工优先安排，遇有灾情优先免税，优先安排农业贷款）。征兵体检增加心理测试项目。2006年，市征兵办公室制订《眉山市依法廉洁征兵的具体措施》，实行“三不准”（不准放宽征兵政策、降低标准，将不合格青年征接入部队；不准利用征接兵工作以权谋私、收受钱物、索贿受贿；不准利用职务之便为不合格青年入伍说情，为自己的亲友及子女参军查收、干预征兵工作，给下级施加压力）、“三要”（要加强征兵办公室业务建设，注重搞好业务培训和业务素质提高；要建立完善各项监督举措，要设立征兵投诉机构，向社会公开举报电话；要试行谁审查谁管理，谁签字谁负责）制度。2009年，全市将大学生新兵比例作为达标标准列入征兵任务，征集更多大学生。2010年，全市实行普通高等学校应届毕业生网上预征。东坡区、彭山县与眉山职业技术学院、四川大学锦江学院联系协调，做好高校毕业生网上预征。截至2012年，眉山市每年按规定征集新兵。

第二节　兵役登记

1997年，眉山地区实行预备役军官登记、统计、管理教育制度。2004年起，眉山市实施《兵役登记制度》，凡不能出具兵役登记证的适龄青年，所有单位一律不得录用或出示相关证明。严厉处罚不参加兵役登记的适龄青年。2010年，眉山市开展“兵役登记周”活动，东坡区、彭山县与眉山职业技术学院、四川大学锦江学院联系协调，做好院校兵役登记。兵役登记制度延续至2012年。

第三章　民兵建设

眉山的民兵组织担负军兵种战斗、勤务保障任务分队的比例逐步扩大，步兵分队数量缩减。规范全市民兵对口专业分队建设。逐步组建成为以民兵应急营、医疗救护大队、运输维修大队、道桥抢修大队、信息作战大队等多兵种为主体的民兵队伍。

第一节　民兵整组

1998 年，眉山地区加强转制企业民兵工作。1999 年，全区城市基层骨干民兵编组以国有大中型企业为主，街道、行业系统、管理部门为辅；农村基层骨干民兵编组以行政村为主，乡镇企业为辅。在全区“三资”企业、股份制企业和集体企业中建立民兵组织。调整民兵方案，压缩基层骨干民兵人数至原有的2/3。统一应急民兵编组，市级组建民兵应急营；各县组建应急连。民兵专业技术分队构成调整为“根据民兵装备和部队装备编组的专业技术分队”与“在地方与军事专业对口单位编组的专业技术分队”。

2002 年，眉山军分区扩大全市基层骨干民兵组织担负军兵种战斗、勤务保障任务分队的比例，缩减步兵分队的数量。规范全市民兵对口专业分队建设，新组建网络、通信、抢修、救护、灭火、运输等专业对口分队。在生产经营稳定、管理组织健全、适龄人员较多的企业，建立民兵组织。形成以企事业单位为基础、以大中型企业为骨干、以街道为依托的城市民兵组织。2003 年起，眉山市每年第一季度组织整顿全市民兵，规范基层民兵分队建设。调整市级城市民兵，成立民兵应急营、医疗救护大队、运输维修大队、道桥抢修大队、信息作战大队。市电信分公司、移动分公司、联通分公司新组建基层骨干民兵分队。东坡区、仁寿县组建水上救援分队、煤矿抢险救援分队；洪雅县电力公司组建电力抢修分队。丹棱县开展民兵编组政治教育改革试点。2004 年，全市民兵整组按照“编为用、建为战”原则，优化民兵组织布局，巩固乡镇现有民兵数量，重心向街道（社区）、企业转移。

2006 年，全市民兵整组落实“六个百分之百”（民兵干部百分之百到位，在位基层骨干民兵百分之百到点，外出务工基层骨干民兵百分之百沟通联系，教育资料百分之百做到基层骨干民兵人手一册，宣传教育百分之百覆盖全过程，整组成果管理百分之百实现网络化）。按照“统筹规划、区分任务、归口建设、协调发展”原则。解决基层骨干民兵与人防专业队伍、交通战备专业队伍重复编兵问题。完善民兵专业种类，优化基层骨干民兵组织结构，将基层骨干民兵组织整合为作战队伍、勤务保障队伍、应急队伍和其他队伍 4 种。基层骨干民兵职能由储备兵员为主向成建制遂行任务转变。2007 年，全市在建有基层武装部的企事业单位建立民兵连，在城市、企事业单位和重要交通沿线地区增加编兵任务，增加担负作战和勤务保障、应急任务队伍，适当减少其他队伍编兵人数。眉山军分区与眉山相关驻军对口编组，军兵种分为警戒、伪装、核生化防护等民兵支援分队，建立健全联编、联训、联演、联建民兵分队的制度机制，实现支援部队作战无缝连接。2008 年，全市落实民兵编组“两项原则”（民兵干部必须在家在位，配齐配强，不能坚持在位的民兵干部及时调换；外出务工基层骨干民兵必须编到具体班、排，不能因为长期在外务工而落编）。适当降低应急分队民兵年龄门槛，适当扩大应急队伍编兵比例，重点建设民兵信息作战分队、军兵种勤务保障分队、维稳处突和抢险救灾应急分队。2009 年，眉山军分区按照“县建站、乡建点、村社有员”要求，在全市组建民兵情报信息员队伍。

2010 年，民兵整组按照“四看四先”（看地理位置，靠主干道的先编；看预编区域人员数质量，兵员充足且复转军人多的先编；看政治觉悟，党管武装基础好的先编；看社情民情灾情需要，便于遂行任务、就近用兵的优先），灵活运用对口编、独立编、联片编、抽组编等方法，初步形成以国有大中型企业为骨干，非公有制企业为补充，党政机关、街道社区和科技院校为依托的组织格局。2011 年，眉山军分区在电力公司等重点企业组建民兵应急连；在某生态食品公司组建女子民兵连。

2012 年，全市按照“三不编”（非在岗人员不编、非城区人员不编、非专业技术人员不编）、“三优先”（党政干部优先、复转退军人优先、立功受奖人员优先）原则编组民兵。民兵遴选上施行“四个优先”（优先编组企事业单位辅助生产岗位和合同期较长的人员，优先编组专业对口人员，优先编组复转军人，优先编组年富力强和工作经验丰富的人），优化民兵组织建设、调整结构布局。基层骨干民兵调整为应急队伍、支援队伍、保障队伍三类，按照应急队伍优先建设、常态使用，支援队伍长期建设、重点使用，储备队伍统筹建设、后续使用的建设要求，按照 4：3：3 的比例编组基层骨干民兵。全市民兵组织布局按照有利于应急使用、有利于战时动员的原则，以城区为中心，重要交通道路为干线，以点线结合的方式优化基层骨干民兵组织结构和力量布局。发挥眉山高校、高新技术企业等单位人才优势和市运输管理局、卫生局、供电局、建设局及其监管企业专业优势，新组建作战勤务保障、后勤勤务保障和装备勤务保障等特种作战分队。依托电力公司、城管执法局等组建民兵综合应急营。民兵职能由机械化战争条件下参战支前为主向信息化战争条件下以支援保障作战为主转变。

第二节 流动民兵组织管理

2004 年起，眉山市基层乡镇建立统一的民兵预备役人员档案，实行跟踪式（领导跟踪、家庭跟踪、通信工具跟踪）、委托式、成建制管理，定期检查，要求基层骨干民兵外出打工应到当地武装部备案，按属地要求接受教育、训练和管理；外出基层骨干民兵居住集中的按规定编组，指定能力强的基层骨干民兵任排长或班（组）长负责管理，做到兵员流动动中有管，人员分散组织不散，民兵组织对外出人员做到“三清”（流向清、位置清、单位清），加强“三控”（思想控制、行为控制，组织控制）。2005 年起，全市将上一年已编入民兵组织，但人员流动在外一年以上的兵员调整出民兵队伍，将流入辖区企业、社区相对稳定在一年以上且符合民兵条件的人员纳入编兵范围。建立邮寄资料、定期联系、帮助服务等民兵活动制度。区、县人民武装部统一编写和印制资料，将民兵管理有关文件精神、整组工作的具体内容以及地方党委、政府和人民武装部对外出务工人员的要求等汇编成册，邮寄到每名基层骨干民兵手中；民兵管理责任人每月与在家的基层骨干民兵一次面对面谈话，每季度与外出的基层骨干民兵一次书信或电话联系，掌握民兵情况；主动为外出民兵提供维权、职介等服务，协调有关机构帮助解决民兵家庭遇到的困难，提高其参加民兵组织活动积极性。2006年，眉山市制定《基层骨干民兵外出管理规定》，建立“政府牵头，武装部管理，公安、民政参与”的一体化管理体制，赋予县、乡镇两级流动人口管理办公室相应职能，变兵役机关一家一手管为兵役、公安、劳动、教育、法治等多家多手管，建立籍地与属地管理机构相结合，以属地管理为主的流动民兵管理机制。2008年，眉山军分区施行“外出务工基层骨干民兵百分之百沟通联系”，建立和完善外出民兵花名册、外出民兵联络登记本等相关情况登记统计，整组期间采取电话、手机、电子邮件和信件等方式与每名人员联系。以上制度延续至2012年。

第三节　民兵训练

一、基层骨干民兵训练

1998年起，眉山军分区加强基层骨干民兵训练，注重训练质量，每年训练基层骨干民兵3000余人。步兵训练突出队列、射击、投弹、单兵战术和专业协同等科目训练，在训练中发现、培养和储备民兵军事三项人才；专业技术兵训练，重点实施专业技（战）术基础课目训练和本专业协同演练，熟练掌握武器装备技战术性能，提高专业协同作战能力。2000年，丹棱县人民武装部开展民兵战备工作正规化建设试点，其经验做法被四川省军区转发；眉山军分区组织民兵参加四川省农民民兵军事三项比赛，获道德风尚奖，1名队员入选四川省队。总参谋部动员部署在眉山市实施退伍军人服预备役集结点验试点。

眉山军分区组织民兵训练（摄于2011年7月）

2003年，眉山军分区组织东坡区民兵应急分队拉动演练，眉山车辆厂民兵应急分队、505厂民兵应急分队参演；组织眉山电信分公司、移动分公司、联通分公司开展信息支前演练，摸索民兵科技兴训、科技支前经验。2006年，眉山军分区在洪雅县组织以训法研究为重点的基层骨干民兵训练，探索新形势下民兵训练法改革；在彭山县开展雷达阵地勤务保障基础性训练，摸索雷达阵地勤务保障训练法。2007年，眉山军分区组织4期基层骨干民兵军事训练。训练内容包括队列、投弹、轻武器射击、3千米越野、政治理论、警棍盾牌术、战斗勤务等。

2012年，眉山军分区组织民兵军事“三项”比武竞赛，选拔优秀尖子16人集中强化训练，训练400米障碍、投弹、3千米越野、5千米越野等项目。

二、民兵应急分队训练

1998年起，眉山军分区每年均组织民兵应急分队训练。当年，东坡区民兵应急分队参加全省军事训练考核获二等奖；彭山县民兵应急分队训练经省军区和军分区考核，获一等奖。1999 年，彭山县民兵应急分队探索民兵学习高科技知识训练途径，眉山军分区现场会推广，规范训练内容和程序。2000 年，东坡区实施民兵对口专业分队训练试点。眉山军分区组织各区县民兵应急分队军事三项比武竞赛，参加眉山市第三届运动会民兵射击比赛、四川省农民运动会民兵军事三项比武竞赛。

2001 年，眉山军分区组成联合考核组检查考核民兵军事训练试点单位彭山县人民武装部，重点考核民兵应急分队技（战）术训练科目。2002 年，组建市民兵应急分队，并参加反恐维稳、抢险救灾演练。2006 年，眉山军分区组织眉山电解铝厂民兵应急分队 66 人在彭山县邮政学校开展队列训练和轻武器实弹射击。

2008 年，市政府、眉山军分区组织民兵应急分队建制班、民兵“军事三项”和民兵军事教练员比武选拔竞赛；考核验收各县（区）民兵应急连连部建设、连队干部军官编组作业、分队战术综合演练、战斗勤务、轻武器实弹射击等科目。2010 年，市政府、眉山军分区联合指挥所组织人民武装部，民兵水上救援、医疗救护和应急分队 290 人，冲锋舟 8 艘开展水上联合救援演练。演练以岷江水系发生洪涝灾害为背景，采取实情虚设、以上带下、两级同演、连续作业方式，重点演练联合指挥所开设、救援分队集结与远程机动、江中孤岛救援、落水人员搜救、打捞危险化工原料桶、爆破清除大型漂浮物、抢筑加固堤坝、紧急医疗救援和野外持续思想政治动员 9 个课题，开展野战炊事技能比武展示活动，提高民兵遂行多样化任务实战能力。

2011 年，眉山军分区组织东坡区人民武装部民兵水上救援分队开展冲锋舟操作使用、转移受灾群众、抢运物资等水上救援训练，提升民兵应急救援能力。2012 年，眉山军地联合指挥所开展实兵演习，组织应急分队 144 人参加全市防震减灾综合大演练；组织官兵、民兵 60 人，动用 8 艘冲锋舟，进行水上救援训练。

第四章　国防动员

1997 年起，眉山地区加强国防教育，充实干部群众国防知识。做好战备工作，不断提升全区兵员和干部群众在和平时期的国防意识。

第一节　国防教育

1998 年起，眉山军分区按照分类施教，采取多种形式开展国防教育，每年部署学生军训任务。各县人民武装部分别集中辖区高中、职中新生军训，开展国防教育。2001 年起，眉山市每年开展全民国防教育日宣传活动。相继以“关注国防，就是关心自己的家园”“国家安全是全社会的共同责任”“国防连着你我他，安宁维系千万家”“勿忘国耻、强我国防”“牢记历史、珍爱和平、心系国防”“弘扬长征精神，共建钢铁长城”“热爱军队、情系国防”“维护国家安全、共筑和谐家园”“赞颂辉煌成就，建设强大国防”“富国强军，共筑长城”“依法开展国防教育，增强公民国防观念”“热爱人民军队，共筑钢铁长城”为主题开展活动。利用全市“国际东坡文化节”“国际泡菜节”、仁寿县“枇杷节”等庆祝活动，宣传国防知识。全市完善国防教育联席例会、情况通报、信息交流等制度；市国防教育委员会办公室每年考评通报全市开展国防教育情况，指导国防教育工作；成员单位领导每年开展国防教育情况书面述职。2005 年，眉山军分区与丹棱县共创少年军校。至 2006 年，全市 11 所中小学联建联创少年军校。四川省委书记张学忠肯定青神县西龙小学少年军校，希望西龙小学少年军校学生“爱中华、强国防、立志报效祖国”。

2008 年起，市委党校将国防教育纳入培训计划，每期为党政领导干部安排国防教育课；乡镇专武干部纳入市委党校培训，各级党政领导干部履行国防教育职责情况作为政绩考核重要指标。2010 年，在洪雅县某公司成立国防宣传队，开展国防宣传活动。

2012 年，眉山市人大开展全市贯彻执行《中华人民共和国国防教育法》《中华人民共和国兵役法》情况执法检查，召开市人大常委会专题审议检查情况报告，督促解决国防教育组织难、经费保障难、活动开展难等问题，眉山市开展全民国防教育的经验做法被国家《国防教育通讯》刊发。眉山军分区和各区县人民武装部分别结对 7 所学校，将有国防教育宣传板（墙）报、有国防教育图书阅览室、开展军训课目，作为联建联创“军民示范校”硬性规定，纳入人民武装部年度目标考核。截至 2012 年年底，全市开展全民国防教育日宣传活动 12 次。

第二节　战备工作

1998 年起，眉山军分区及所属人民武装部制订《战备方案》，包括作战方案和非战争行动方案。作战方案主要包括主体方案和配套保障方案。非战争行动方案主要包括协助维护社会稳定、森林防火、抗洪抢险、防地质灾害、抗震救灾、核生化事故救援等方案。落实中央军委、总部及“两级”军区战备教育、战备值班、武器装备管理、军事训练和战备演练等战备制度，利用节假日、国内外发生重大事件等，集中点验民兵应急分队，检查战备工作落实情况、人员在位情况和战备物资管理情况，规范全区战备工作秩序。军分区每月开展战备教育、战备物资清理、战备演练等活动。按照平战结合、便于管理、相对集中原则，以要素齐全、功能使用为标准，有计划、分步骤地健全完善各类基础战备设施，统一全区战备物资器材库建设标准，配备救生衣、警棍、盾牌、野战作业包、单兵携行具等战备物资。此后，眉山军分区及所属人民武装部每年组织修订《战备方案》。

2006 年，市国民经济和装备动员办公室（以下简称市动员办）将可用于国防和军事用途的工业、农业、建筑业、城市公用设施、财政、金融、科技、卫生、自然资源等纳入潜力调查对象；以新规定标准实施经济动员潜力调查。2009 年，市动员办协调开展在川“三线”企业、军工企业调迁和退税工作，在全市军工企业和重点配套企业中落实军民兼容项目及国防需求，编制《眉山市国民经济动员综合预案》。

2012 年，眉山市完善信息动员应急预案、制定各类通信公司通信保障应急体系建设规划；组织开展国防信息动员知识宣传普及。采集信息动员机构、基础设施、通信装备、专业保障队伍等相关数据，收集汇总全市国防动员潜力数据。截至 2012 年年底，眉山军分区“三室两库”（作战室、作战值班室、战备资料室、战备图库、指挥器材库）完善。全市制定市装备动员潜力调查内容规定，明确军民通用装备种类、数（质）量、科研能力、生产能力、维修能力及分布；专业技术人员行业、专业、技术职称、数量分布；军民通用装备生产、维修和使用管理单位情况分布、科研机构、大专院校、高新技术企业情况及分布纳入调查队形。

第五章　部队正规化建设与军民共建

眉山军分区加强部队正规化建设，在属地原有民兵队伍基础上组建眉山民兵，在乡镇街道建立民兵组织，国有企事业单位设立基层武装部，组织部队、武警教育训练，加强基础建设与武器装备管理，有力推进部队正规化建设。眉山历届地方党委、政府和驻军始终把“双拥”工作作为义不容辞的职责，千方百计为军队和军属办实事，军队干部战士也把眉山作为自己的第二故乡，为眉山老百姓扶贫解困，抢险救灾。

第一节　队伍建设

一、队伍组织

1998年，眉山军分区在属地原有民兵队伍基础上组建眉山民兵。在乡镇和街道建立民兵组织，国有企事业单位设立基层武装部。基层武装部一般配备武装部部长1人，少数单位配备武装干事。2000年起，全区采取考试与考核相结合的办法录用专职人民武装干部。2007年，眉山军分区调整企事业人民武装部设置，在国务院及四川省、眉山市政府确定的重点企业设立人民武装部。未设立人民武装部的企事业单位，确定联系人负责人民武装工作。至2012年无变化。

1998年9月，武装警察部队四川省总队眉山市支队成立后，下辖3个直属中队、6个（区）县中队和1个教导队，以下无分支机构。至2012年无变化。

二、部队教育训练

（一）政治教育

1998年起，眉山军分区组织学习中国特色社会主义理论体系，中共中央、中央军委重要决策指示和“两级”军区（成都军区、四川省军区）指示要求，抓好主题教育、专题教育、形势政策教育、遂行任务教育、法纪教育、新兵入伍和老兵退伍教育以及经常性思想教育，突出规范教育秩序重点，抓住建强政治教员队伍关键，引导官兵坚定中国特色社会主义信念，锤炼听党话、跟党走的忠诚品格，坚决维护中共中央、中央军委权威，听从中共中央、中央军委指挥。2000年，眉山军分区组织全市专职人民武装干部集训，采取“集中教学、集中管理、集中考核、集中保障”措施。至2005年，眉山军分区开展“保持共产党员先进性教育”，践行“三个代表”重要思想，积极推进中国特色军事变革活动，弘扬“西柏坡精神”，开展顾全大局、拥护支持改革、艰苦奋斗和体制编制调整改革等教育。

2006 年起，眉山军分区开展科学发展观、忠实履行新世纪新阶段军队的历史使命、社会主义荣辱观和增强干部事业心、责任感主题教育，培养官兵健康向上的世界观、价值观和人生观，增强官兵拥护和支持军队体制编制调整改革的自觉性。2007 年，学习贯彻中央军委主席江泽民国防和军队建设思想，开展“赞颂新成就、履行新使命、迎接十七大”主题教育、“四爱”主题实践活动、宗旨教育、法治教育和经常性思想教育，开展政治纪律、组织纪律、人事纪律教育，增强官兵使命意识、职能意识和遵纪守法观念。2008 年，贯彻落实中共十七大战略部署，全区开展中国特色社会主义理论体系学习教育和“坚定中国特色社会主义信念、全面履行我军历史使命”主题教育，开展“听党指挥、服务人民、英勇善战”优良传统教育，激发官兵和民兵预备役人员爱党爱民、忠于使命、报效祖国热情。2009 年，开展“培育当代革命军人核心价值观”主题教育和“讲党性、重品行、做表率”“迎奥运、讲文明、树新风”“做党的忠诚卫士、当群众的贴心人”教育，开展“向成列军同志学习”活动。2010 年，以“弘扬战区五种精神（‘两不怕’革命精神、老西藏精神、老山精神、川藏线精神和抗震救灾精神）、忠诚履行历史使命”教育为主线，学习贯彻中共十七届五中全会精神，组织新修订的《政治工作条例》培训和考核，确保官兵思想上、政治上、行动上同党中央、中央军委保持高度一致。

2011 年，落实中央军委主席胡锦涛“三个确保”“三个紧贴”重要指示，以中国特色社会主义理论体系为指导，贯彻落实科学发展观，开展“坚定理想信念、忠实履行使命”培育当代革命军人核心价值观主题教育，评选“军人道德之星”，结合“弘扬战区五种精神、忠诚履行历史使命”教育实践活动，铸牢官兵全面发展和履行使命的精神支柱，保持思想清醒和政治坚定。2012 年，开展纪念中国共产党成立 90 周年和学党史军史系列活动，组织“感恩组织、岗位建功”“向西藏军区汽车十六团学习”主题实践活动，学习中央军委主席胡锦涛“七一”重要讲话、主题主线重大战略思想和中共十七届六中全会精神，加强形势政策教育和军魂教育，做好隐蔽斗争，确保部队纯洁巩固。

（二）军事训练

1998 年起，眉山地区每年开展全区 35 岁以下机关干部队列、轻武器射击、军事理论等课目军事训练。2003 年起，眉山军分区每年组织机关、各级人民武装部军事训练、军事科长及参谋骨干等集训。当年，组织全市县（区）人民武装部军事科科长、参谋、军分区司令部全体参谋人员学习军用文书拟制、军事训练组织与实施、识图用图、战备工作、民兵预备役工作、征兵工作等 9 个方面内容；眉山市委书记、军分区党委第一书记晏永和以《城市民兵改革应把握的几个问题》《抓住机遇，集结组织民兵为全面建设小康社会做贡献》为题，为军分区首长机关训练授课，要求机关干部探索新时期民兵预备役建设特点规律，推动眉山市国防后备力量和经济建设创新发展。在彭山县邮电培训中心组织首届专武部部长集训。

2007 年，眉山军分区组织军分区机关、各级人民武装部训练 40 天；开展首届“爱军精武”比赛，主要有“实弹射击”“军事理论”“四会”（会讲、会做、会教、会做思想工作）教练员、3 千米徒手跑、参谋“六会”（读、记、算、写、画、传）技能、仓库保管员业务知识、优秀政治教员比武竞赛活动。截至 2012 年年底，眉山军分区每年年终集中现役干部军事训练考核。

三、武警教育训练

（一）政治教育

1998年起，武警眉山地区支队建立落实党委中心组和机关集体理论学习制度。围绕“做党和人民的忠诚卫士”主题，中央军委主席江泽民提出的“政治合格、军事过硬、作风优良、纪律严明、保障有力”总要求，开展“四个教育”。2001年起，武警眉山支队贯彻中央思想政治工作会议和全军政治工作会议精神，搞好理论教育。学习中共十五大、十六大精神和“三个代表”重要思想，组织全体官兵学习贯彻《内务条令》《纪律条令》《政工条例》《党委工作条例》《军队高中级干部教育管理规定》《预防犯罪工作条例》等法规制度。2005年，武警眉山支队开展保持共产党员先进性教育活动和“强化警魂意识，培育战斗精神，永远做党和人民忠诚卫士”主题教育，集中实施尊干爱兵教育整顿。学习“十大忠诚卫士”，践行《忠诚卫士誓词》《忠诚卫士守则》。开展“拒腐蚀，守法纪，反对‘三个主义’”和“学传统、明职责、知荣辱、做贡献”活动以及开展树立社会主义荣辱观大讨论。

2007年，驻眉山武警部队学习宣传贯彻中共十七大精神，开展“弘扬人民军队优良传统，忠实履行新的历史使命”“赞颂新成就、履行新使命、迎接十七大”主题教育。举办军事、政工、后勤干部《纲要》集训。2012年，武警眉山支队组织部队学习贯彻中共十八大精神，用中央军委主席习近平建设一支“听党指挥、能打胜仗、作风优良”的人民军队的强军目标和系列重要指示统一思想行动，确保部队建设正确的政治方向。推进两项重大教育活动，打牢官兵“三个绝对”思想根基。开展形势任务教育，保证部队纯洁巩固。

（二）军事训练

武警眉山市支队每年分段组织体能、擒敌术、应用射击、应用战术，实战状态下的班组和列队以及防暴器材使用、战伤自救互救等科目的训练和相关理论学习。突出应用射击、擒敌术和“四哨”（上哨、换哨、站哨、下哨）动作、方案演练等训练。新兵实行分组训练、分层考核、专勤专训、专哨专训、专勤专教。加强处置劫持人质、暴恐案件、群体性事件等课题演练，突出部队全员额、全装备、全过程的检验性对抗性演练。加强复杂环境、生疏地形、恶劣气候条件下的抢险救援训练，注重快速作业、快速到位、排险营救等专业训练。实行干部随机考核和年终部队考核，促进训练持续、创新发展。2002年，组织新兵和班长以及集训基层干部、骨干3000余人次培训。其中集训预提指挥士官12次，主要进行队列、擒敌术、器械体操、射击、执勤业务、战术、管理教育等科目学习训练；培训中队长、政治指导员以及干部9次，重点培训现代化条件下指挥执勤处突能力和思想政治工作能力，以及组训和示范示教能力等；集训司务长10次，主要规范后勤管理，提高司务长当家理财能力和后勤管理的业务水平；组织新兵训练14次，主要开展队列、擒敌术、执勤业务等基础科目训练；开展专勤专训，主要开展基层官兵执勤训练、反恐集训、冲锋舟集训等。至2012年，武警眉山市支队每年开展军事训练，提高官兵军事素质。

第二节　基础建设与武器装备管理

一、基础建设

2000年，眉山军分区在青神县南城镇武装部召开现场会，统一基层武装部建设标准和要求。

2010 年，市政府投资建设眉山市国防动员综合教育训练基地。2011 年，眉山军分区被指定为成都军区军分区人民武装部正规化建设试点单位，军分区升级改造营区设施。市政府专项拨款规划建设驻眉山部队营区。

二、武器装备管理

1998 年，眉山军分区武器装备管理按照责任到人、责任到位、责任到底原则，按级负责，人人逐级签订责任书。民兵武器装备仓库安全警戒落实双人双岗制度，干部住库值班，落实日检、周检、月检、季检、年检制度，值班干部、仓库警卫员、保管员不间断检查巡查仓库安全设施。按期清查核对库存物品种类、数量、质量、动用审批、进出渠道和库区安全管理、设施设备等情况，做到品种清、批次清、数量清、质量清、配套清、手续清；管理使用落实“谁签字，谁负责”责任制和问责制，搞好检查登记。2001 年，眉山军分区召开首届县级人民武装部正规化建设现场会，提出全市人民武装部软硬件设施、库室设置等建设规范标准。2004 年，建成眉山市民兵武器装备仓库。

2006 年，眉山军分区在全市开展编余枪支清理，开展武器弹药危险品仓库安全教育整顿和隐患排查活动，查找出各类隐患 23 个，按规定时限整改。2007 年，东坡区及彭山县、丹棱县、青神县库存武器弹药交眉山市民兵武器仓库代管。2008 年，各区县人民武装部清理武器弹药库库存武器弹药，确保账物相符，无丢失被盗。2009 年，军分区开展年度军械装备技术普查。眉山军分区建成轻武器射击场。

2011 年，眉山军分区改造眉山市民兵武器装备仓库安防设施，完善刀刺网、脉冲电网、视频监控系统，新安装指纹门禁系统。洪雅县、仁寿县人民武装部武器装备交眉山市民兵武器装备仓库集中代管。至此，眉山市民兵武器装备仓库集中统管全区武器装备。2012 年，眉山军分区清查核对所属武器弹药，均准确无误。各区县人民武装部建立兵器室，便于临时训练使用枪支和维稳执勤需要。

第三节　军民警民共建

一、支援驻地经济建设

1998 年起，眉山军分区发挥部队和民兵突击队优势，为改善驻地群众的生产生活和教育条件提供科技、人力、物力和财力支持，支援驻地经济建设。2001 年，眉山军分区举办科技扶贫培训班 15 期，培训致富骨干 470 人。开展为“我为小平故乡植棵树”活动捐款。组织民兵参加洪雅县“100 千米绿色长廊示范工程”“奶牛规范化饲养示范基地”“万亩生态茶叶示范基地”建设，东坡区“千亩无公害蔬菜基地”建设，丹棱县“丹夹陶瓷走廊”“丹蒲芒硝走廊”建设。至 2001 年年底，为东坡区复兴乡捐建助民提灌站 1 个，解决 14 公顷农田灌溉问题和 1 个村人畜饮水问题。

2003 年起，眉山军分区参与创建文明城市活动。“非典”期间，眉山军分区组织现役官兵 100 余人赴乡镇、村社，动员民兵 10 万余人，帮助因外出务工缺乏劳动力家庭抢收抢种，筹措 8 万余元为村民购买预防“非典”中药 2 万余副。2004 年起，眉山军分区协调驻地相关部门为部队开办电脑、英语、厨师、养殖、修理培训班，培养军地两用人才，举办外出打工返乡务农人员科普讲座，筹资 8000 余元为仁寿县汪洋镇加强村小学修建水塔，协调打水井 18 口，解决学校师生和村民饮水问题。2008 年，眉山军分区开展抗击雨雪冰冻灾害，向异地灾区和眉山受灾群众捐赠衣物 1600 余件，捐款

20万元。至2008年年底，全市部队派出官兵8000余人次、车辆600余台次，参加地方经济建设。捐款400万元，帮助失学儿童122人重返校园，资助贫困人员500余人。

"八一"拥军慰问暨武警支队军事训练汇报表演（摄于2011年7月）

2009年，眉山军分区协调市民政局组织退伍士兵500余人参加就业培训；捐资12万元援建仁寿县汪洋镇村道。2010年，眉山军分区组织眉山市科学技术学校全校师生开展防空疏散演习，培训自救、逃生等生存技能，提高师生的自我保护能力和国防意识。制订双拥工作措施，提出合理化建议18条，走访慰问生活困难群众300户、社会福利院3所。2011年，眉山军分区"学雷锋小组"走进眉山市社会福利院，向老人和孩子300人赠送水果，开展送医送药、清洁卫生等服务；派出民兵医疗服务队开展医疗助民活动，免费为重点优抚对象和普通群众提供医疗服务。参加城区3个社区城乡环境综合治理，协助地方政府拆除违规建筑。

2012年，眉山军分区在现役干部中启动"1+2""1+1"（1名党委委员资助2名贫困学生、1名机关干部资1名贫困学生）助学，与贫困学生123人建立直接服务联系。开展"军分区和人民武装部分别支持1所学校，军分区党委常委和人民武装部领导分别挂钩1个村，每名干部帮扶1个贫困家庭，各人民武装部重点培养1批民兵致富带头人、建立1个民兵创业示范基地"结对帮扶活动。组织官兵开展直接联系服务群众活动，向眉山市社会福利院等送慰问品、慰问金。眉山军分区青神县西龙镇西龙小学举行共建"青少年国防教育训练基地"签字启动仪式，向学校捐赠"阳光爱民助学基金"10万元，用于基础设施改善、贫困学生帮扶、青少年素质培养和国防教育。选派综合素质好的大学生军官担任校外辅导员，为学校和学生提供教学管理和辅导服务。截至2012年年底，眉山军分区完成全市1.81万名学生军训，为地方培训实用技术人员530余人。

二、维护社会稳定

眉山军分区按照"两级"军区和市委、市政府关于维护社会稳定工作精神，运用民兵应急分队维护眉山地区社会稳定。

1999年，武警彭山县中队生擒1名双流县逃至彭山县的杀人袭警抢枪罪犯，缴获64式手枪1支、子弹5发。以宣传法律、法规和相关政策，及时处置彭山碱厂下岗工人及亲属在成乐公路入口处聚众闹事问题。2000年，武警眉山支队制止青神863厂下岗职工及亲属聚众到眉山地委行署闹事。

2001年，眉山军分区组织应急分队参加社会治安综合治理，组织民兵维护公捕公判公处大会秩序；协助公安机关抓获犯罪嫌疑人，摧毁黑恶势力团伙、贩毒团伙、吸毒团伙，缴获毒品海洛因，抓获涉毒违法人员210人。2002年，武警彭山县中队擒获携带自制炸药、砍刀等作案工具罪犯，解救出人质5人。2003年，各区县人武部成立武装部干部、乡镇和企业专武部部长、民兵信息员组成的应急工作信息网。协调眉山市财政追加定补经费11万元，解决生活特困老复员军人和企业军转干部困难。县（区）人民武装部协调地方相关部门为西藏复员干部410余人办理最低生活保障。东坡区、仁寿县、彭山县、丹棱县人民武装部协调地方相关部门筹款300万余元，补发抗美援朝老战士4100余人、在乡复员老军人和二等乙级以上革命伤残军人300余人医疗费，解决身患疾病企业军转干部39人就医问题，解决离退休干部55人生活待遇问题。武警眉山支队协助眉山市政府处置洪雅县瓦屋山电站聚众闹事。

2005年起，眉山军分区调解纠纷、化解矛盾，为群众解决困难办实事。至2006年，眉山军分区接待信访、上访群众890人次，调解纠纷、化解矛盾1537起，为群众解决困难办实事675件。全市建立以基层骨干民兵为骨干，专职人民武装干部为队长的民兵治安联防队128个，参与创建平安社区和社会治安综合治理活动，配合公安机关巡逻执勤，破获各类犯罪案件135起，抓获流窜作案人员22人，制止持械斗殴5起；组织民兵“走千村、进万户”，帮助解决难题，接待信访850人次，调解纠纷、化解矛盾1247起，为群众办实事325件。2007年，眉山军分区组织民兵应急分队100余人参与眉山市505厂因改制引发群体性事件现场执勤，完成维稳任务。2008年，武警眉山支队组织官兵赴马尔康执行维稳任务，制止聚众闹事。至2008年年底，眉山军分区配合地方处置突发事件300余次。

2012年，眉山军分区组织民兵参加“激情山水旅游文化节”“枇杷节”“长寿文化节”“旅游文化节”“桃花节”等大型活动安保执勤。

三、抢险救灾

1998年起，眉山军分区积极参与全区抢险救灾。每年汛期前，修订和完善《防汛抢险救灾预案》《眉山市防洪总体预案》《眉山市军（警）地防洪抢险行动方案》，组织驻眉山部队召开防汛抢险联席会，安排部署民兵预备役人员参加抗洪抢险。2001年，眉山军分区成立防汛抗旱指挥部，各区县人民武装部分别建立100人～300人的抗洪救灾应急分队和抗旱保收服务队，完善防汛抗旱方案，开展针对性演练。彭山县民兵应急分队参加暴风雨袭击中转移群众、转运物资等，挽回经济损失30万元。2002年，境内岷江发洪水。眉山军分区组织丹棱县人民武装部、东坡区人民武装部、彭山县人民武装部民兵应急分队，协调驻军参加转移群众、巡查堤防和固堤防险的抢险。转移人员2710人及物资，解救被洪水围困群众36人。

2002—2003年，武警眉山市支队派出官兵解救彭山县、东坡区万胜镇、修文镇被洪水围困群众61人，堵住彭山江口镇、彭溪镇决口，搬运物资500余件，挽回经济损失16万元。2004年，眉山军分区组织仁寿县人民武装部民兵175人处置仁寿县宝飞镇水泥厂输送天然气主管道破裂，天然气泄漏事故。2006年，洪雅县各乡镇林业站选配兼职民兵防火员80余人，每日派人执勤巡山查火，搞好森林防火。实地查看槽渔滩镇森林防火重点地域，检查各项防火设施和防火工具。

2008年，眉山军分区组织开展“5·12”汶川特大地震抗震救灾，全市动员集结1个民兵应急营360人参加“5·12”抗震救灾，由军分区司令员耿建同、政委樊强率领赴彭州小鱼洞镇参加救援。动用民兵2124人次赴彭州市参加抗震救灾。组织应急民兵在各区县城区治安巡逻。武警眉山支队官兵283人前往汶川威州镇、水磨镇等地抗震救灾，转移解救被困群众3988人，疏散受灾群众3500余人，转运伤员1235人，搬运卸载救灾物资3880余吨，运送粮食14吨，运送和搭建帐篷480余顶，挖掘遇难者遗体26具，为灾区群众和孤儿院争取药品价值90万余元。扑灭斯拉尔底寺僧人做佛事活动引发的森林大火。2009年，眉山军分区成立抗洪抢险救灾应急指挥部，组织仁寿县人民武装部黑龙滩水上救援分队执行救援任务。2010年7月，岷江、青衣江眉山段出现严重洪涝灾害，眉山军分区组织民兵应急救援分队200人，转移受灾群众，修筑加固堤坝；协助地方灾后清淤、卫生防疫、群众安置和恢复生产生活。8月，武警眉山支队调集官兵150余人，支援全市抗洪抢险，完成抢险救灾任务。

眉山民兵在彭州参加抗震救灾（摄于2008年5月）

2012年7月，彭山县、仁寿县、洪雅县人民武装部出动官兵解救受洪水围困村民和救援仁寿县新店乡山体滑坡灾害，安全转移受灾群众43人，转运物资，抢修用电线路，恢复损毁道路。东坡区人民武装部组织民兵参加崇礼镇、富牛镇“5·9”龙卷风救灾。

第六章　人民防空

1997年起，眉山地区贯彻“平战结合”的人防工作方针，加强防空宣传教育与演练，加快防空设施和人防组织建设，促进人防建设快速发展。2007年，眉山市设立人防办负责开展人民防空工作。2012年，眉山市在“四镇四社区”基层人防组织建设试点。东坡区、仁寿县、彭山县、洪雅县分别在所属一个乡镇、一个社区实施基层人防组织建设试点，经市人防办验收，基本达到标准。全市组建人防（民防）应急志愿者队伍8支。

第一节　防空宣传与演练

一、防空宣传

2008年起，眉山市每年9月18日在全市城区试鸣放人民防空警报。彭山县宣传《中华人民共和国人民防空法》《民防条例》等法律法规和防空知识，施行《彭山县防空音响警报器管理办法（试行）》，明确防空警报设施的规划建设、维护、管理要求及相关单位职责。2009年起，眉山市人民防空办公室（以下简称市人防办）确定每年9月为全市人防宣传月。开展人防知识“五进”（进机关、进企业、进学校、进社区、进网络）活动，在市、县主城区发放宣传资料，摆放展板等，利用眉山电视台、《眉山日报》等媒体开展人防知识宣传教育。2011年，在眉山电视台播放《四川大轰炸》《现代战争与空袭》等专题片720分钟；《眉山日报》整版刊登《关注人民防空建设和谐眉山》专版宣传，国防宣传教育日开展国防、人防知识宣传，发放宣传资料4000余份。

二、防空演练

2009年，市人防办、青神县防空部门组织部分学校师生防空袭演练。2011年，市人防办组织眉山映天学校师生约2000人开展紧急疏散演练。在眉山开展全省人防机动指挥通信分队跨区域演练启动仪式，来自省人防办和成都、德阳、绵阳、广元四市人防办的5支通信应急分队40余人参演。2012年，全市各县（区）主城区37所学校组织师生10万余人参加应急疏散演练，并组织100余名社区居民参加防空防灾应急疏散演练。

第二节　易地建设收费

2008年，眉山市实施《眉山市防空地下室易地建设收费规定》，做好易地建设费征收、管理、使用。全市易地建设费纳入财政专户管理，实行收支两条线，全部用于人防工程建设。2009年，四川省政府、省军区确定仁寿县、彭山县、洪雅县为省级人防重点城市。2012年，四川省政府、省军区确定青神县、丹棱县为省级人防重点城市，全市五县均为省级人防重点城市。

眉山市志 MEISHAN SHIZHI

第二十五篇 劳动 人事 人才

1997—2012年，眉山市实施人才优先战略，深化机关事业单位人事管理与服务体制改革，加强机制创新、监督管理和能力建设，干部人事管理和劳动人事管理的整体效能、科学化水平不断提高。规范劳动关系，保障企业和劳动者合法权益，妥善调整处理国有企业劳动关系，建立政府宏观调控、企业自主用工的劳动用工制度、社会保险制度的新机制，依法维护企业自主用工行为。健全就业市场建设，提高劳动者素质，促进劳动就业发展。改革公务员制度、事业单位制度，实施公务员“凡进必考”制度，推进事业单位收入分配制度改革，逐步实现机关、事业单位人员收入分配的科学化和规范化，进一步建立干部激励和保障机制。

第一章 劳动管理

1997年起，眉山地区加大劳动就业服务，聚力就业市场建设，促进劳动就业发展。就业制度由计划管理向市场调节配置转变，各级政府将城乡劳动力就业纳入全区就业工作统筹规划，放宽进城落户政策，促进农村劳动力转入城镇就业，劳动者自主择业、市场调节就业和政府促进就业机制初步确立。2008年起，眉山市实施城乡劳动者无差异就业政策，转移农村富余劳动力就业，健全覆盖城乡的公共就业服务体系，建立保障劳动者合法权益的长效机制。全市劳动监管部门加强劳动保障监察，各类企业一律依法实行劳动合同制度。至2012年，眉山市劳动力资源194.04万人，“零就业”家庭保持动态为零，城镇登记失业率4.4%以内。

第一节　劳动就业管理

1997年起，眉山地区大力发展第二、三产业，劳动者就业从第一产业向第二、三产业转移。当年，全区从业人员183.38万人（第一产业127.55万人、第二产业30.38万人、第三产业25.45万人）。城镇个体从业人员7.2万人。此后，大量劳动者涌入城市，带动第三产业从业人员激增。2004年，眉山市建立再就业援助站345个，城镇新增就业和再就业1.57万人。至2005年，全市从业人员182.86万人，其中城乡就业167.8万人，城镇登记失业率控制4.5%以内。

眉山地区行署专员尹志君（左二）在眉山县调研企业下岗职工基本生活保障和再就业工作（摄于1999年7月）

2009年，眉山市城镇新增就业2.54万人，促进高校毕业生创业目标任务完成率全省第一。至2010年，全市农村劳动力转移117.5万人，实现劳务收入79.2亿元；城镇失业登记率控制在4.4%以内。2012年，眉山市有劳动力资源194.04万人，其中农村劳动力156.89万人。从业人员183.6万人（第一产业108.9万人、第二产业31.4万人、第三产业43.3万人）。全市城镇新增就业3.56万人，失业人员再就业7136人，就业困难对象再就业3355人，城镇个体从业人员20.8万人，组织品牌培训21.57万人，每年劳务输出100万余人，创建创业园区4个，发放小额担保贷款2亿余元，建立高校毕业生就业见习基地24个，促进高校毕业生等创业者创业1.6万人，零就业家庭保持动态为零，城镇登记失业率4.4%以内。全市就业制度由计划管理向市场调节配置转变，就业政策日臻完善，“劳动者自主择业、市场调节就业和政府促进就业”机制初步确立。就业结构进一步优化，一、二、三产业的就业比重由1997年年初的70：16：14调整为59：17：24。

2001—2012年，眉山市城镇新增就业22.67万人，失业人员和失地无业农民实现再就业13.15万人，困难群体就业2.57万人。

一、公共就业

1997年，眉山地区各级政府将城乡劳动力就业纳入就业工作统筹规划，放宽进城落户政策，促进农村劳动力转入城镇就业。各级公共就业服务机构依托劳动力市场，面向城乡求职者，为城镇下岗失业人员、新增劳动力、农村进城务工人员提供就业服务，有序组织劳务输出，引导农村劳动者向非农产业转移。1998年起，眉山地区相继设立职业介绍中心、就业训练中心，为城乡劳动者提供职业介绍、就业训练服务。2000年，市、县（区）就业服务管理机构面向社会和市场，主动开展全方位就业服务。2002年，眉山市落实国企下岗职工基本生活保障向失业保险并轨政策，开展下岗职工和破产失业职工再就业援助，为下岗失业人员提供政策咨询、职业培训、职业技能鉴定、职业介绍和公益性岗位等公共就业服务。2003年，全市各级政府和有关部门将有劳动能力和就业愿望、年龄偏大（男性50周岁以上、女性40周岁以上）、就业困难的下岗失业人员（以下简称大龄就业困难对象）作为再就业援助的主要对象，提供即时岗位援助等。大力开发公益性岗位特别是社区公益性岗位，为安排大龄就业困难对象创造条件。凡政府投资开发的公益性岗位，优先用于安排大龄就业困难对象。社区开发的公益性岗位安排原属国有企业大龄就业困难对象就业，劳动和社会保障部门按上年全市社会平均工资的60%从再就业资金中给予社会保险补贴，单位为所招人员缴纳的养老保险费和失业保险费一并补贴。同时视情况给予适当岗位补贴。2005年起，全市开展就业服务和基层劳动保障工作人员政策、业务等培训，提升公共就业服务水平；完善失业登记、录用备案等管理制度，逐步推进就业实名制，建立与就业服务有机衔接的工作流程。

2006年，眉山市建立城乡统筹的就业制度，在有条件的区县开展城乡一体化劳动力市场试点，探索建立城乡统一的就业失业登记管理制度、覆盖城乡的公共就业服务和职业培训体系、维护进城务工农村劳动者劳动权益的长效机制及适合其特点的社会保险办法，积累经验，逐步在全市推广。市政府完善就业困难对象援助制度。除持再就业优惠证的“4050”（女年满40周岁、男年满50周岁）人员、享受城市居民最低生活保障且就业困难、失业一年以上的失业人员、城镇“零就业”家庭下岗失业人员、残疾下岗失业人员为重点就业困难对象外，将市级以上劳动模范中的下岗失业人员、国有企业军队转业干部和退役士兵中的下岗失业人员、自谋职业的城镇退役士兵、单亲家庭中的下岗失业人员纳入就业困难对象。当年起，全市实施小额担保贷款，支持城镇下岗失业人员、其他城镇登记失业人员、城镇退役军人、大中专毕业生、征地拆迁农民、零就业家庭成员、农村居民、返乡农民工就业。贷款最高金额5万元，农村男性劳动者从事种养殖业贷款最高金额2万元，城镇农村妇女创业贷款最高金额8万元，期限最长为两年。

2007年，全市组织“送温暖促就业”“春风送岗位”“2007年民营企业专场招聘会”“大中专毕业生就业服务”“退伍军人”等专场招聘会11次。在东坡区、彭山县试点建立城乡一体就业和社会保障体系，建立城乡劳动者平等就业制度，取消农村劳动者进城和跨地区就业限制性规定。全市建立城乡一体化劳动力市场和平等就业制度，健全覆盖城乡的公共就业服务体系，建立保障劳动者合法权益的长效机制。当年起，全市开展全民创业行动。实行创业“一帮一”，建立担保基金投入长效机制，地方财政为全市农村创业者、劳动密集型小企业贷款贴息。市就业局下属劳务派遣机构向南车集团眉山车辆厂、505厂及一些老的部属国有企业、各大商业银行、电信、移动、联通等国有企业推荐、派遣高校毕业生就业。2008年起，眉山市实施城乡劳动者无差异就业政策，转移农村富余劳动力就业，改善农村劳动者进城就业环境和条件。开展“5·12”汶川特大地震灾区群众职业技能培训763人。眉山市800余个工作岗位参加地震灾区什邡市政府主办的“情系受灾群众就业援助专场招聘会”，现场400余人填写求职登记表。2009年起，做好全市重点人群（大学生、就业困难人员、复员转业军人、农民工）就业工作。市政府将促进高校毕业生自主创业纳入市、区县民生工程及年度目标任务专项考核，放宽市场准入和经营场所限制、实行优质高效便捷服务，设立高校毕业生创业专项资金、减免税费、给予创业补贴、加大金融扶持等。开展“就业援助月”“春风行动”“高校毕业生就业服务月”“高校毕业生就业服务周”“民营企业招聘周”等专项行动，全方位、立体化招聘。市政府将做好被征地农民就业培训工作作为征地制度改革重要内容，督促指导用地单位优先安置被征地农民就业。健全返乡农民工就业工作机制，开展就业援助，扶持失业返乡农民工创业。开展“零就业”家庭就业援助。当年，全市组织返乡农民工技能提升培训 3.98 万人，帮助出川就业 4.7 万人、就地就近就业及创业 4.99 万人，帮助城镇低收入家庭失业人员 2.3 万人就业；依托人才市场推荐高校毕业生 4500 余人就业，登记失业高校毕业生就业率 60%以上；被征地农民 3513 人就业。

2011 年，“全省民营企业招聘周活动”启动仪式在眉山举行，进场招聘企业 80 余家，提供岗位 4608 个，现场求职和咨询的城乡劳动者 4800 人，1250 名求职者达成意向用工协议。眉山市就业局与成都、德阳、绵阳、遂宁、乐山、雅安、资阳 7 市就业机构签订《成都经济区劳动和社会保障区域合作框架协议》；东坡区、仁寿县和洪雅县开通远程见工系统，加快成都经济区公共就业合作步伐，积极参加就业服务信息化建设第一批试点，建成市、县、乡“三级骨干网”。全市城镇居民“零就业”家庭保持动态为零。2012 年，眉山市城镇新增就业 3.56 万人，城镇登记失业率 4.4%以内。

1998—2012 年，眉山市公共职业介绍机构职业介绍 23.58 万人次，平均每年举办现场招聘会 100 余场，推荐促进高校毕业生 1863 人就业。私营及个体经济接纳高校毕业生就业 1.89 万人。高校毕业生主要在私营及个体经济的管理、财务、技术上发挥才能，成为企业的经营管理者和专业技术人员。帮扶高校毕业生 565 人创业，提供就业岗位 4850 个，吸纳大学生就业 1630 人。全市机关事业单位干部 1.55 万人为创业者 1.54 万人提供担保，拉动就业 4 万余人。金融、小额贷款担保机构共提供小额担保贷款 4.71 亿元，审核认定劳动密集型小企业 55 户，贴息贷款 1.09 亿元。

二、再就业工程

1997 年，眉山地区启动再就业工程，推动企业富余职工分流安置。1998 年，调控国有企业下岗职工总量，有计划的实施下岗。完成眉山肉联厂破产失业职工安置，受理职工 322 人一次性安置申请，发放安置费 461.6 万元。全区建立国企“再就业服务中心”291 个，下岗职工 1.05 万人全部进入企业再就业服务中心，发放基本生活费 429.3 万元，实现再就业的下岗职工 7131 人。1999 年，全区做好“两保”（确保国有企业下岗职工基本生活和企业离退休人员养老金发放工作）和再就业服务工作，严格界定下岗职工，建立“随下岗随进中心随签协议”工作机制。开展就业前培训、转业转岗训练，促进失业和下岗职工再就业；下岗职工从事家庭清洁卫生服务、初级卫生保健服务等 8 项“社区居民服务业”免征营业税、个人所得税、城市维护建设税和教育费附加三年。当年起，地委、地区行署每年将再就业工作列入全区“十件实事”目标并年度考核。全年全区新增下岗职工 1.04 万人；实现国有企业下岗职工再就业 8339 人。

2000 年起，眉山地区从失业保险金中筹措再就业资金，通过发展第三产业、劳动密集型企业，特别是发展社区服务业、小企业和劳服企业拓宽就业领域，为进中心的下岗职工提供再就业服务。至 2002 年，眉山市划入财政再就业资金 1257.09 万元，安置下岗职工 1.99 万人再就业。2004 年，全市开展再就业“一对一”帮扶活动，全年下岗失业人员 1.57 万人实现再就业。至 2005 年，全市下岗职工全部出“再就业服务中心”。2001—2012 年，眉山市失业人员和失地无业农民实现再就业 13.15 万人。

三、岗位开发

2003 年起，眉山市政府实施公益性岗位开发，集中解决持再就业优惠证下岗失业人员。各类服务型企业新增岗位新招用国有企业下岗失业人员，并与之签订 3 年以上期限劳动合同的，从再就业资金中按招用人数提供为期3年的社会保险补贴。2005年起，开发社区公益性岗位。东坡区小北街社区发展小饭桌、小修鞋店、小缝纫店、小超市等“小而全”实体；彭山县组织“4050”人员培训早点制作技术，免费赠送早餐车，形成下岗职工早餐供给流动车队；东坡区、彭山县开发车辆看护、社区治安巡逻队等公益性岗位。2006年，在公益性岗位招用持再就业优惠证的困难对象，并签订1年期限以上劳动合同的用人单位，地方财政给予当地最低工资标准的50%的岗位补贴。2007年，为原国有企业下岗失业转业志愿兵开发公益性岗位900余个，全市下岗失业转业志愿兵823人通过公益性岗位再就业。2008年，就业困难对象从事由政府开发的岗位与抗震救灾和灾后重建相关的卫生防疫、环境清理、物资搬运、治安维护、后勤服务、灾情巡查等岗位，灾民集中安置点服务、板房学校服务、灾害监测等公共事业管理服务岗位纳入公益性岗位认定范围。仁寿、洪雅、丹棱等县开发灾后重建公益性岗位近1000个，帮助地震受损家庭渡过难关。

2009年起，眉山市清理检查公益性岗位，政府投资开发的公益性岗位安排就业困难人员就业的单位，岗位补贴标准按当地最低工资标准执行100%、80%、50%三个档次。2011年，全市开发残疾人公益性岗位174个，落实到3个街道、128个乡镇和43个社区，初步形成覆盖全市的基层残疾人服务体系。2012年，市委、市政府将公益性岗位开发纳入第三次党代会承诺目标，系统规范全市公益性岗位开发与管理、人员招聘与管理、岗位待遇、监督检查等。

2003—2012年，眉山市开发公益性岗位3.54万个，兑付社保补贴5395.8万元、岗位补贴8671.68万元。其中用人单位吸纳就业困难人员1863人，兑付社会保险补贴229.56万元、岗位补贴464.43万元。

四、失地无业农民再就业

2004年起，眉山市逐步将失地无业农民纳入失业保险范围，享受再就业扶持政策，通过“一帮一”等帮扶措施，保证失地后一年内，有劳动能力和劳动愿望的“零就业”家庭每户至少一人就业。组织开展“五送”下乡服务活动，为有就业愿望且符合条件的失地无业农民审核办理再就业优惠证。落实失地无业农民的税费减免、小额担保贷款、社会保险补贴、岗位补贴、再就业培训和职业介绍补贴等扶持政策。2005年，市劳动和社会保障局举办向失地无业农民现场送岗位招聘会和失地无业农民暨“零就业”家庭就业解困招聘会。全年举办招聘会9次，提供岗位2万余个，近3万余人次进场参加招聘，3000余人实现就业。2006年，市劳动和社会保障局、市财政局、市国土资源局印发《关于做好失地无业农民参加失业保险和再就业工作的意见》。全市2.18万名失地无业农民实现就业1.92万人，就业率88%；办理失业登记的7203人中6415人实现再就业；领取再就业优惠证的1.21万人中9765人实现再就业。为失地无业农民提供免费就业再就业和创业培训3528人次，提供免费职业指导、职业介绍1.69万人次；持再就业优惠证失地无业农民享受税费减免41.08万元；享受再就业培训补贴和职业介绍补贴68.86万元，参加社会保险的失地无业农民20.93万人。至2012年，眉山市下岗失业人员和失地无业农民再就业5.46万人。

第二节　劳动技能培训与鉴定

一、劳务培训

1997年起，眉山地区组织开展从业人员培训，推进从业人员职业资格证书制度建设，实施持证上岗。

培训基地建设　2002年，眉山交通技工学校、仁寿县就业培训中心、仁寿县成人中专校3所学校被四川省政府命名为省级劳务培训基地。2006年，新增眉山职业技术学院、眉山市科学技术学校、洪雅宏达职业技术学校3所培训基地。2008年，眉山市交通技工学校被摘牌，增补眉山市技工学校为省级劳务培训基地。2011年，全省统一评估考核，重新确定眉山科学技术学校、仁寿县职业教育中心、仁寿县华达中等职业学校、仁寿新科中等职业技术学校、中国水电七局高级技工学校、眉山宏达职业培训学校6所学校为省级劳务培训基地。

培训　1997年，眉山地区劳务培训较为单一、分散。2004年，眉山市组织农民工阳光培训、扶贫培训、品牌工程培训等。实施农民工品牌培训招投标。中标单位22家，培训任务1.9万人。2005年起，全市将农民和农民工培训、就业纳入实名制管理，落实免费培训和就业推荐。2007年起，市政府将“劳务品牌培训”纳入“十大惠民行动”考核目标。2008年，全市实行品牌工程培训、农村劳动力转移就业培训结业考试制。59家培训机构中标品牌培训项目，涉及美发师、保健按摩师、电子设备装接工、服装制作工、砌筑工5个项目。市级培训1.23万人，配套资金323万元。2009年，全市向上争取培训指标6800人、培训资金221万元，集中创造“苏缝纫”“苏小妹”“苏厨师”“苏建工”等特色品牌。建立日常督查、联合验收、招投标制度。截至2012年年底，眉山市实施劳务培训21.6万人次、配套资金1753.86万元。其中高级职业技能劳务品牌培训850人223.5万元。

二、职业教育培训

技工学校培训　眉山市采取多层次、多形式办学方式，发展技工学校教育，逐步扩大办学规模，优化教育结构，突出办学特色，大力培养中、高级产业技术工人。主要有各级产业部门办学，各级劳动人事部门办学，厂矿企、事业单位办学，有关部门、单位联合办学。技工学校招生培养对象为初中毕业和高中毕业生，其学制根据各工种、专业的技术复杂程度和学生原有文化程度分别确定，一般为初中3年、高中1年~2年。学生毕业后，原则上由学校和主办部门负责推荐就业，劳动部门适度调剂。1997年，眉山地区有技工学校5所。技工学校招生由指令性计划改为指导性计划，结合学校办学条件和劳动力市场需求决定专业设置、办学规模和招生人数，实行“宽进严出”和学分制，学校可跨地区灵活安排招生。技工学校学生就业由国家统一分配改革为学校推荐、用人单位择优录用。各技工学校推行毕业证书和国家职业资格证书“双证书”制度，技校毕业生全部参加国家职业技能鉴定。1998年起，地区劳动保障部门每年下达指导性招生计划，指导技工学校招生。当年，全区技工学校招生821人。2000年，撤销省属黑龙滩林业技工学校。全区6所技工学校开设工程机械、水电施工、汽车驾驶、园林、电子技术应用、施工测量等25个专业（工种），教育培训规模2720人。2001年，四川省将眉山市市属技工学校审批、调整、撤销权限下放到眉山市政府。2002年，眉山市技校招收新生780人，技校联办中专招生330人，招收劳动预备制学员8592人。2006年后，技工学校招生并入全市中等职业学校统一招生。2007年6月起，全市向技工学校学生发放困难学生国家助学资金。每人每年按10个月发放，每月150元。2008年，中国水利水电第七工程局设立中国水电七局高级技工学校，提高办学层次，扩大办学规模，成为培养高技能人才的基地。2009年起，眉山市落实每年藏区初中毕业生和未升学高中毕业生到眉山免费接受三年中等职业教育（以下简称“9+3”教育）计划。2011年，中国水电七局高级技工学校建成国家示范学校。全市2009级在读“9+3”学生304人全部落实就业岗位。至2012年年底，全市有市属技工学校中国水电七局高级技工学校、眉山市技工学校、国营八六七厂技工学校、眉山交通技工学校、成都邮电通信设备厂技工学校5所，设机电一体化、工程机械等中等职业技术工种近30个，教育培训规模3600人。1997—2012年，眉山市技工学校招收技工学校学生1.34万人，其中高级班学生1268人。4所技工学校发放助学资金3.57万人次536.54万元。向汶川地震灾区、六类学生、经济困难、涉农专业学生发放临时补贴9.01万元，免除学费146.28万元。眉山市与省内及广东、江苏、深圳、上海等地劳动部门、部分企业建立就业服务合作关系，各技工学校毕业生推荐就业1.2万人，一次就业率100%。

劳动预备制度培训　1999年，眉山地区推行劳动预备制度。开展劳动预备制人员的职业培训。城镇初中毕业生初级培训期限一般一年以上、中级技能培训一般两年以上；城镇高中毕业生中级技能培训期限一般两年以上。地区劳动部门指导参加劳动预备制度培训的学校结合国家就业方针和劳动力市场需求，组织双向选择，优先推荐就业，或指导其组织就业和自谋职业，并提供各种就业服务，纳入当地劳动信息资源管理系统管理。当年，培训1023人。2009年，眉山市规范劳动预备制培训补贴对象及范围、培训补贴项目及内容、培训补贴标准及资金管理；鼓励农村未能继续升学并准备进入非农主业或进城务工的初、高中毕业生、农村籍退役士兵参加6个月~12个月劳动预备制培训；围绕全市承接产业技能人才需求，加大校企合作力度，强化定向培训和技能实训。至2012年，全市培养劳动预备制学员1.05万人。

就业和再就业培训　1997年起，地区教委结合地方经济建设需要，依托技工学校、电大和职业学校等教育机构，开展企事业单位职工岗前培训、提高培训和学历教育。1998年起，地区劳动部门制定促进下岗职工再就业和企业富余职工分流安置具体政策措施，实施再就业工程，开展国有企业下岗失业人员再就业技能培训，重点是下岗、失业职工的转业、转岗培训。1999年起，眉山地区6所技工学校和48所民办培训机构参加再就业培训。2002年起，眉山市实行“先培训，后就业”制度，建立新型培训机制。2003年，确定眉山职业技术学院、眉山市技工学校、眉山科学技术学校等16个学校为市级定点职业技能培训机构，承担全市就业和再就业培训。当年起，各类职业学校、职业培训机构面向持下岗证或失业证下岗失业人员提供免费技能培训和创业培训，开展残疾人创业培训班、失地无业农民技能培训班、党员培训班、瓦电移民培训班、电动缝纫与裁剪、电子装备与计算机操作、美容美发、电工、焊工等特色培训。2005年，全市开展“送培训下乡”活动，将职业技能培训班办到工业集中区、失业人员家门口，探索采用视频监管与现场抽查的手段管理培训过程，确保培训真实有效。全年全市就业再就业培训2.16万人。2006年起，建立健全“实名制”管理、补贴标准、考试考核等培训管理制度，重点开展失地农民，国有、集体企业下岗失业人员，国有企业关闭破产需要安置人员和失地无业农民，城镇新增劳动力，高校毕业生，自谋职业的城镇退役士兵，农村富余劳动力等职业培训、职业指导、职业介绍服务和再就业工作。开展市定点职业培训机构认定管理和星级评定管理，认定、授予定点星级职业培训机构77个（市级13个）。指导48所定点培训机构开展就业再就业培训和农村劳动力转移培训。2009年起，眉山市实施城镇失业人员、农村转移就业劳动者、应届初高中毕业生、毕业年度高校毕业生就业培训，促进就业增长。2010年起，全市采取先收费、后补贴培训，培训人数有所减少。2002—2012年，眉山市就业、再就业培训23.21万人，其中技能培训6.6万人、创业培训1.26万人，申请补贴15.68万人8085.58万元。

民办职业培训　1997年，眉山地区有社会力量办学机构35个。1999年，全区成立厨师培训学校4所、裁剪缝纫学校1所。2003年起，眉山市人力资源和社会保障部门加强办职业培训机构管理，规范其办学行为，促进民办职业培训健康发展。截至2012年年底，眉山市有民办职业培训机构65所，开展机械加工制造、电子应用技术、计算机应用、中式烹调师、美容美发、餐厅服务、保健按摩等职业工种技术培训50余个，培训人员25.03万人，其中下岗失业人员6.8万人、城乡劳动者5.95万人、农民工6.33万人、下岗失业人员再就业4.88万人、企业职工1.07万人。

三、职业技能鉴定

1997年，眉山车辆厂、眉山移动通信局、眉山通信设备厂、水电七局技工学校设立特有工种职业技能鉴定站和眉山地区水电行业国家职业技能鉴定站；眉山车辆厂、水电七局技校和眉山交通技校设立国家职业技能鉴定所。此后，眉山地区逐步增设调整职业技能鉴定站。当年起，全区劳动部门加强工人考核和职业技能鉴定综合管理，推进技术工种就业准入制度和职业资格证书制度，依托辖区内国家职业技能鉴定机构组织开展职业技能鉴定。1998年，眉山地区建立健全考评员队伍，在全区开展国家职业技能鉴定。至2000年，全区核发技术等级证书6847册。

2001年，眉山市开展职业技能鉴定质量大检查和鉴定机构年检、职业资格证书宣传活动，拓展新的鉴定领域。2002年，市劳动和社会保障局在全市开展美容、中式烹调等5个职业培训与鉴定专项治理，保证职业培训与鉴定的质量。2006年，全市开展职业指导员、秘书、物业管理人员、营销师、公关员、企业人力资源管理人员全国统一鉴定。组织汽车修理、汽车驾驶、中式烹调师、美容师等7个职业（工种）全省技师统一考评。2007年，在眉山职业技术学院、眉山信息工程学校以及各类职业学校组织开展应届毕（结）业生职业技能鉴定，扩大职业资格证书覆盖范围。2009年，在眉山职业技术学院设立国家职业资格全国统一鉴定考点。截至2012年年底，眉山市设国家职业技能鉴定站13个、国家职业技能鉴定所3个。有专业考评员246人，涉及电工、焊工、钳工、计算机操作等通用技术职业工种65个。全市开展企业和社会从业人员技能鉴定，核发技术等级证书11.14万册（初级5.1万册、中级5.88万册），省核发高级工职业资格证书1686册。

四、劳动技能竞赛

2002年，市劳动和社会保障局、市教育局组织开展全省计算机技术技能大赛眉山赛区预赛，组织川菜企业参加省首届川菜大赛。2004年，市总工会、市劳动和社会保障局举办计算机办公应用和工具钳工高级工职业技能大赛。2005年，市劳动和社会保障局、市总工会组织四川省第二届职工职业技能大赛、开展全市农民工职业技能竞赛；连续两年，市劳动和社会保障局、眉山市农工办组织开展全省两届农民工技术技能大赛眉山赛区选拔赛。2007年、2009年，市劳动和社会保障局联合市总工会分别举办眉山市第一、第二届职业技能竞赛。推荐10人参加四川省第三届农民工职业技能大赛10个工种比赛，推荐6人参加全省第三届职业技能大赛。2011年，组织参加四川省第四届农民工职业技能大赛7个项目竞赛。组织眉山市技工学校学生参加中国高技能人才楷模竞赛。全市道路运输行业举办维修技能大赛，举行眉山市2012年家政服务员技能大赛。

眉山市举行第一届职业技能竞赛（摄于2007年8月）

第三节　就业服务管理

一、就业失业登记

1997年，眉山地区就业失业登记包括求职登记、失业登记和对用人单位用人需求的登记。1998年起，实施下岗证制度。眉山再就业服务中心为地属企业免费发放下岗证1633份，为1993名下岗职工建立个人档案。1999年，加强失业证、外出务工卡、就业证以及下岗证等证卡管理和发放，严格审查、登记、发放，全区外出务工卡持卡率84%。

2003年起，眉山市建立和实行再就业优惠证制度。国有企业下岗职工、国有企业失业人员、国有企业关闭破产需要安置的人员、正在享受城市居民最低生活保障待遇且失业一年以上的城镇其他就业转失业人员，可申领再就业优惠证，享受相关再就业扶持政策。当年，全市发放再就业优惠证1.17万本。2006年，全市再就业优惠证发放对象增加城镇集体企业下岗职工、企业化管理事业单位的失业人员、失地无业农民、城镇“零就业”家庭下岗失业人员、自谋职业的城镇退役士兵4类人员。向各类学校毕（肄）业，未能继续升学的人员（以下简称城镇新成长劳动力），就业转失业人员，失地无业农民，军人退出现役且未纳入国家统一安置的人员，刑释解教人员等其他城镇失业人员发放四川省城镇失业人员失业证。《四川省农村劳动者进城求职登记证明》发放对象为在劳动年龄内、有劳动能力且准备在省内外城镇务工的农村劳动者。至2008年，全市为7.15万人发放再就业优惠证。2009年，全市实行统一的四川省就业失业登记证，向登记失业的劳动者、就业困难人员、灵活就业人员及社区就业人员等免费发放。全市通过就业和失业登记记录劳动者就业和失业变动情况，完善就业管理和失业管理。在法定劳动年龄内，有劳动能力，有就业要求，处于无业状态的城镇常住人员，可到公共就业服务机构失业登记。2011年起，全市执行全国统一的就业登记和失业登记制度，停止发放再就业优惠证和各地原有各类就业失业登记证明，就业失业登记证全国统一编号，一人一号。建立全市统一的就业失业登记制度，各区县就业失业登记均使用“四川省人力资源市场和失业保险信息管理系统”，及时、准确记录就业失业登记证发放管理信息。至2012年，全市发放就业失业登记证2.11万本。

二、劳务派遣机构管理

1997年，眉山地区劳务输出及劳务派遣由各级劳动部门就业服务管理机构实施管理。2002年，由市就业服务管理局劳动和社会保障事务代理服务中心、东坡区劳动保障事务代理服务中心承担对有关企事业单位派遣任务。2007年，眉山市开展劳务派遣企业调查。全市有劳务派遣机构18家，其中市级7家、东坡区9家、仁寿县1家、彭山县8家。2011年，眉山市开展劳务派遣企业专项检查，检查劳务派遣企业75家，规范5家，取缔企业2家，涉及职工1.13万人。

三、职业中介机构管理

1997年，眉山地区设职业介绍机构25个（眉山县16个、仁寿县9个）。1998年，全区地属以上破产企业职工人事档案归口地区就业局所属职业介绍服务中心管理。2000年起，全区推进职业资格证书制度和就业准入制度，在全市开展营销师、秘书、公关员、物业管理人员、职业指导人员全国统一鉴定。各中介机构承担供求信息的收集分析发布、工伤保险、劳动合同管理、劳动保障监察执法、职工维权，帮助解决农民工户籍、子女入学、医疗、住房等职能。

2002年起，眉山市组织开展职介机构年检，开展社会保险代理、各类手续证明代办、档案托管、委托联合招聘、劳务派遣等服务项目。2005年起，全市开展清理整顿劳动力（人才）市场秩序专项行动，打击非法职介活动，维护劳动者合法权益。开展“放心职介”推荐评选活动，授予10个职业介绍机构眉山市2005年度“放心职介服务单位”标牌；仁寿县求实职介所获“全国民办优秀职介所”称号。2007年，取缔职业中介机构违法经营和无证经营，纠正职业中介机构违规行为，查处职业中介机构偷漏税等违法行为，实行脱钩（分离）改制，依法规范社会中介组织的监督、指导和管理。开展民办职业介绍机构信用等级评定，全市评定A级信用等级民办职业介绍机构4个，推荐1个职业介绍所参加全省AA级信用民办职业介绍机构评定。2008年，全市公共就业服务机构使用全国统一标识，全市所有职业中介机构全部换证。1997—2012年，眉山市批准设立职业中介机构67个。眉山市共年检职业中介机构582个次，年检合格517个次。组织检查职介机构并指导其规范职业介绍行为24家。代办各项社会保险的参保、续保及缴费手续，寄存人事档案1万余份，为职工调动办理档案转移1550份，提供查阅2800余人次。

四、劳动服务企业管理

1999年，眉山地区重新注册登记的劳动服务企业24户。2000年起，全区重点支持和帮助劳动服务企业开发产品和开拓市场，鼓励企业创名牌、上档次。2001年起，眉山市落实劳动服务企业各项扶持政策，各级就业服务机构发展有潜力、够条件的民营企业加入劳动服务企业队伍，重点发展社区就业，通过在社区中发展社区服务实体、运用政策扶持和各种就业服务等手段，为下岗职工、失业人员在社区服务中实现再就业。至 2003 年，全市劳服企业和社区服务实体新安置失业、下岗职工 5632 人。至 2012 年，全市劳动服务企业稳定发展，促进就业。

第四节　下岗职工及就业困难人员保障

1998 年起，眉山地区筹集国有企业下岗职工再就业资金。1999 年，全区筹集解困再就业资金 308 万元，按时足额向下岗职工发放基本生活费。调整基本生活保障标准和失业保险救济标准，地级、眉山县、洪雅县、彭山县、青神县统一为月人均 160 元，仁寿县、丹棱县月人均 150 元。2002 年，眉山市所有国有企业不再建立新的就业中心（以下简称“中心”），企业新减员不再进入“中心”，鼓励下岗职工提前出“中心”，提前与“中心”解除协议、与企业解除劳动关系的下岗职工，其“中心”期间应领取的基本生活费余额可一次性支付给本人，企业一次性代缴提前出“中心”月份的社会保险费。失业保险金、下岗职工基本生活费发放标准市级、东坡区、洪雅县、彭山县、青神县调整为月人均 208 元（含门诊医疗补贴），仁寿县、丹棱县调整为 177 元。至 2005 年，眉山市筹集并支付国有企业下岗职工基本生活保障和再就业资金 1.82 亿元，其中国有企业下岗职工 3.34 万人享受基本生活保障和再就业补贴，全市下岗职工全部出“中心。”

2006 年起，仁寿县实施就业困难人员灵活就业社会保险补贴。此后在全市推开。2010 年起，眉山市灵活就业社会保险补贴进入常态化，实行 7 日公示、银行化发放、实名制等制度，就业和享受就业扶持政策情况录入就业信息管理系统。截至 2012 年年底，眉山市兑现灵活就业社保补贴 4.92 万人次 1.17 亿元。

第五节　劳动力市场

1997 年，眉山地区地、县劳动部门按照劳动力市场“三化”（现代化、科学化、规范化）建设要求，逐步建立劳动力市场，完善以职业介绍、就业训练、失业保险、劳服企业为一体的就业服务体系，拓展就业服务领域，为城乡求职者开展“一站式”服务。实行国有企业下岗职工三条保障线制度（下岗职工基本生活保障、失业保险制度和城镇居民最低生活保障制度）；建立劳动监察和劳动争议仲裁制度，全体劳动者在市场就业中享有平等的就业权利和社会保障权利。1999 年，全区商业行业推行职业资格证书制度，实行就业准入，制定目标步骤。2000 年起，全区各用人单位新招收从事国家实行就业准入职业的人员，必须从已取得职业技能培训毕（结）业证书和相应资格证书的人员中录用。开展职业资格培训，按照劳动预备制度和就业准入制度要求，加大劳动保障监察力度。

2002 年，眉山市加强农村劳动力市场服务体系建设，建立劳务服务站，维护打工者合法权益。实行有关工种（职业）从业人员职业资格证书制度，首饰、食品和调味品等 18 个行业检验工、制作工、检验员、维修工及特种设备操作人员持职业资格证书上岗。2003 年，全市按照“新三化”（制度化、专业化、社会化）要求，完善统一、开放、公平、诚信的劳动力市场，实行失业人员登记和免费就业服务、就业困难群体再就业援助、政府出资购买服务和培训、公共就业服务统筹管理等制度，职业指导员队伍持证上岗；劳动力市场面向社会服务，在全社会普及推广就业服务。启动街道

眉山市举行“春风送岗位”现场招聘会（摄于2007年3月）

（乡镇）劳动保障所建设。当年起，全市建设行业实行职业资格证书制度，关键技术工种、主体工种的现场从业人员持证上岗率分别为60%、50%。至2004年，全市乡镇（街道）均建立劳动保障所和再就业援助站，开展就业服务，指导农村富余劳动力转移和组织劳务输出等。2005年，基本完成建设行业就业准入工种从业人员定级鉴定，关键技术工种、主体工种的现场从业人员全部持证上岗。至2006年，全市投入1568万元构建信息网络平台，基本建成以市信息中心为数据管理中心，联通6个区县、覆盖129个乡镇、126个社区、80个重点村的市、县、乡、村四级信息服务网络；建立以眉山市人力资源市场为龙头，区县劳动力市场为骨干，各乡镇劳动保障所为基层工作站的工作网络，形成有专人领导、专门机构、专业场所、专职人员的工作运行机制。2007年，全市“新三化”建设评估全部达标。

2008年，全市建立村级就业服务网络联网点986个，初步建立起覆盖城乡的就业服务网络体系。2009年，成立眉山市法律援助中心农劳办工作站，为农民工提供法律咨询服务，组织法治宣传教育，设立法律援助电话接受农民工法律援助申请。建立“农民工跨地区就业远程见工系统”，定期向求职者提供视频招聘，个人与企业“一对一”自由对接。2011年，中国移动眉山分公司、市级相关涉农单位拓宽“三农”信息服务平台，开展普法宣传教育，及时提供就业信息及相关政策。市农劳办联合眉州人才市场、中国移动眉山分公司为返乡农民工提供飞信求职平台，农民工可随时随地免费接收最新信息。截至2012年年底，眉山市各工业园区均建立“人才服务站”，提供双向快捷服务，与眉山电信合作开通“114求职快车”，提供便捷求职登记渠道和免费短信求职服务，求职由“现场+网络”延伸至“现场+网络+手机短信”。在私营及个体经济就业的高校毕业生占人才市场就业的95%以上。

第六节　劳动关系调整

1997年起，眉山地区各级党委、政府及其劳动人事等部门积极探索因经济社会快速转型和发展，企业事业单位劳动关系发生的新情况、新问题，坚持城乡统筹，劳动保障服务逐步向基层延伸，加强人力资源市场建设，建立和完善市、区（县）、街道（乡镇）、社区四级劳动服务体系。推进劳动集体合同制度改革，完善企业工资制度，加强劳动监察，搞好劳动争议仲裁，切实维护企业事业职工和农民工利益。

一、劳动用工

（一）集体合同

1997年，眉山地区在915地质队、成都邮电通讯设备厂等国有企业实施劳动合同制改革。当年，全区187户国有企业签订集体合同，劳动合同签订率100%。1998年，全区企业一律依法实行劳动合同制度。企业改制后应同劳动者本着双方平等自愿、协商一致原则，重新签订劳动合同，在县以上劳动行政部门办理合同鉴证手续。眉山地区行署下发《关于县属企业转制中劳动制度改革有关问题的通知》，要求建立职工能进能出、收入能高能低、社会保险制度的新机制；建立政府宏观调控、企业自主用工的劳动用工新机制，依法维护企业自主用工行为。1999年，在改制企业中推行集体合同制度。在开展平等协商基础上，由工会组织或职工推荐的代表与企业组织依法签订集体合同，并执行劳动合同中的劳动条件和劳动报酬等标准不得低于集体合同或专项集体合同的规定。2000年，全区开展“劳动合同”专项执法监察活动，重点监察用工数量在100人以上未签订劳动合同的企业。监察用人单位312户，督促签订劳动合同3227份，劳动合同签订率82%。全区签订区域性行业性集体合同113份，涉及职工7.86万人。至2007年，眉山市各类用人单位全面实施劳动合同制度。

2008年起，眉山市各级劳动和社会保障部门与有关行业管理部门在全市开展劳动合同制度实施专项行动和农民工签订劳动合同“春暖”行动。年末全市企业3955户、职工17.63万人，其中国有企业187户1.7万人、劳动合同签订率100%；城镇集体企业587户2.94万人、劳动合同签订率100%；乡镇企业510户1.28万人、劳动合同签订率76%；其他企业2671户11.73万人、劳动合同签订率75%。个体工商户3.19万户、职工12.53万人，劳动合同签订率50%。2009年，启动集体合同制度覆盖的“彩虹计划”，专项调查劳动合同签订和履行情况。全市规模企业劳动合同签订率100%，签订集体合同企业1217户，集体合同签订主要集中在国有企业、非公有制企业，共签订集体合同1478份，覆盖企业2378户，覆盖职工24.43万人，签订率79.2%，其中国有企业签订率100%。2012年，眉山市建立工资集体协商指导员队伍，指导企业协商工作。全市新续签集体合同713份，往年签订未到期集体合同3737份，覆盖企业4450户，覆盖率91.2%。签订工资专项集体合同2068份，签订率99.5%；其中单独签订工资集体协议1887份，覆盖企业1887户；签订区域性、行业性工资集体协议181份，覆盖企业2968户。规模以上企业劳动合同签订率95%，小企业劳动合同签订率85.6%，实现劳动用工契约化管理。截至2012年年底，眉山市检查用人单位3515家、职工28.94万人，签订劳动合同27.38万份，签订率94.6%。

（二）非全日制用工

1997年起，眉山地区在餐饮、超市、社区服务等领域，用人单位使用的小时工越来越多。2008年，眉山市加强非全日制用工管理。非全日制用工以小时计酬为主，劳动者在同一用人单位一般平均每日工作时间不超过4小时，每周工作时间累计不超过24小时，最低工资标准为仁寿县、丹棱县每小时4.4元，东坡区、洪雅县、彭山县、青神县每小时4.9元。2012年，眉山市最低工资标准每小时9.3元。

二、企业劳动关系调整

（一）国有企业劳动关系调整

1997年，眉山地区破产企业职工距法定退休年龄5年以内，可以提前退休。当年，彭山碱厂、国营建华仪器厂等企业956人提前退休。1998年，全区国有企业下岗职工凭眉山地区、各县劳动局制下岗证可免费参加转业转岗训练，可享受免费职介服务和同等条件下优先录用，自谋职业的可享用政府及有关部门制定的优惠、优待政策；企业建立再就业服务中心（以下简称“中心”）托管下岗职工，实行劳动合同制度以前参加工作和实行劳动合同制度以后参加工作合同期未满的下岗职工，原则上应进入再就业服务中心，并由中心按规定发放基本生活费和代缴社会保险费；进入“中心”的下岗职工，托管期不超过3年，托管期满仍未实现再就业的下岗职工，原企业依法解除其劳动关系，按规定失业登记，享受失业救济；下岗职工在托管期间拒不参加“中心”提供的职业培训或无正当理由三次不接受推荐就业，停发其基本生活费，原企业依法解除劳动关系，按规定失业登记，享受失业救济。实行劳动合同制度以后参加工作、合同期满的困难企业下岗职工，原企业依法解除其劳动关系，按规定进行失业登记，享受失业救济；距国家规定退休年龄不足5年（含5年）的下岗职工，经本人申请，企业同意，可实行企业内部退养。当年，全区下岗和失业职工1.64万人。地属以上企业15户中建立再就业服务中心的8户，其余由企业劳资科代行其职。

2002年，眉山市推进国有企业下岗职工基本生活保障向失业保险并轨（以下简称并轨）及促进再就业，在确保下岗职工基本生活前提下，将下岗职工基本生活保障资金用于补贴下岗职工出中心解除劳动关系的经济补偿；协议期满因企业原因暂时无法解除劳动关系的下岗职工，继续运用现有各类资金渠道筹措的资金保障其基本生活；企业新减员和出“中心”解除劳动关系的下岗职工，及时提供失业保险，符合条件的，纳入城市居民最低生活保障。当年，全市在“中心”人数8031人，实现再就业人员454人。2005年，眉山市国有企业下岗职工年报数4874人，其中仍在“中心”人数582人，纳入基本生活保障的企业新裁减人员和未进“中心”人员4292人；协议期满出“中心”暂时无法解除劳动关系享受基本生活保障人数2013人。年末全市下岗职工全部出中心，完成并轨工作。

（二）城镇集体企业劳动关系调整

1997年，眉山地区城镇集体企业签订劳动合同。城镇集体企业产权改革后主要采取的形式有股份制、股份合作制及有限责任公司制、拍卖转为私营，基本建立劳动合同制度。城镇企业劳动合同签订率97.8%。至2012年年底，眉山市城镇集体企业33户，在岗职工7143人。

三、企业劳动工资和福利

（一）企业工资

企业工资主要包括计时工资、计件工资、奖金、津贴和补贴、加班工资、特殊工资6部分。

工资 1997年，眉山地区企业平均工资标准为每年4898元、每月408.17元，低于全省平均每年5626元、每月468.83元工资标准。1998年，地区行署发文规定县属改制企业工资分配。国有企业和国家控股公司工资总额纳入宏观调控范围，实行“工效挂钩”“企业工资总额增长幅度低于本企业已实现税利计算的经济效益增长幅度，职工平均工资增长幅度低于本企业依净产值计算的劳动生产率增长幅度”“工资总额包干”等调控办法。眉山地委办、行署办发文，要求企业产权制度改革后，国家、集体控股的改制企业经营者实行年薪制，经营者年薪及奖惩与经营成果和资产的保值增值挂钩。2000年，全区实行国有企业工资总额宏观调控，按照国家工效挂钩政策核减效益工资，建立工资能长能降机制。7家国有企业实行“工资总额包干”审批。2001年，眉山市建立以岗位工资为主体的基本工资制度，试行董事长、总经理年薪制，开展按生产要素分配试点，试行劳动分红办法等。全市天然气管理站实行经营者年薪制。2002年起，企业职工工资标准的调整由所在企业自主决定，但不得低于市政府发布的最低工资标准。2003年起，眉山市不再审批企业年薪制，由企业自主管理。2008年，全市开展“工资集体协商要约行动”和工资集体协商“百日攻坚”行动，确保国有及控股企业和已建工会的非公有制企业工资集体协议签订率分别达到40%和30%。至2012年，全市签订工资集体协议2068份，覆盖企业3501户、职工19.06万人。全市最低工资标准为每月880元、每日40.5元；平均工资标准为每年3.3万元、每月2753元，仍低于全省每年4.31万元、每月3592.5元平均工资标准。

津补贴　1996年，国家机关、事业单位、企业单位职工、中小学民办教师和普通高等学校、中等专业学校在校学生，每月发给粮价补贴。1996年后参加工作的职工，不再实行粮价补贴。1997年，全民、集体所有制企业职工每人每月副食补贴8元，农村临时工每人每月发给副食补贴5元。全民所有制企业职工每人每月发给肉价补贴3元，集体所有制企业职工参照全民所有制企业职工的补贴标准执行。1998年后，副食品补贴停止执行。2000年起，肉价补贴停止执行。2000年后，国家机关、事业单位职工粮价补贴停止执行。2007年7月起，用人单位安排劳动者在高温天气下（日最高气温达到35℃以上）露天工作以及不能采取有效措施将工作场所温度降低到33℃以下的（不含33℃），向劳动者支付高温津贴每人每天6元~10元。此制度延续至2012年。

工资支付管理　1997年起，眉山地区加强劳动者工资管理，保证按时支付。全区存在企业、包工头拖欠和克扣农民工资现象。2003年，眉山市纳入工资支付重点监控企业按规定预交人工工资支付保证金。推行业主工程款保证制度，建设单位（业主）和建筑企业按合同价款的5%预交农民工工资支付保证金。2004年，建立分管副市长对分管领域负总责，县（区）政府主要领导对本辖区负总责的责任机制；各级建立联席会议制度，每半年召开一次专题会议，分析研究解决拖欠农民工工资问题。全市建立农民工工资支付保证金制度。市、县政府组成联合执法检查组，开展清欠专项活动，规范部分企业特别是建设领域严重拖欠农民工工资问题，维护农民工合法权益。至2004年年底，眉山市共偿付农民工工资4741万元。2006年，市规划和建设局规范建筑市场秩序，推进全市建筑市场信用体系建设，防止产生新的拖欠农民工工资行为。农民工工资支付保证金实行专款专用。当年起，眉山市每年组织开展农民工工资支付情况专项检查，保障职工工资按时足额发放。每季度及春节期间组织公安、建设、工会等部门联合开展农民工工资支付专项检查，严厉打击拖欠工资违法行为，维护劳动者合法权益。2012年，市政府下发《关于进一步完善农民工工资支付保障机制的意见》，严格限制不签订劳动合同、不备案、拖欠工资、不参加社会保险的违法用工单位市场准入，取消招投标资格，停发施工或开工许可证，降低相应资质和信贷等级，不予办理年检、注销等手续，不予评先晋级。建立依法用人单位和严重违法用人单位媒体通报制度。

（二）职工福利

工作时间　1997年起，眉山企业执行职工每日工作8小时，每周工作40小时，实行双休日工作制度，各企业根据实际情况采取换休、轮休、给加班补助等方式实行每周双休。严格特殊工时审批制度。至2012年，眉山市审批特殊工时制并在有效期内的企业96户，涉及在岗职工人数1.03万人。

休假制度　职工休假包括年休假、法定节假日、探亲假、婚丧假、产假。1997年起，眉山地区实行带薪年休假制度，劳动者连续工作一年以上的，享受带薪年休假。工作满一年的固定职工，与配偶不住在一起，又不能在公休假日团聚的，每年享受一次探望配偶假，假期30天。与父亲、母亲都不住在一起，又不能在公休假日团聚的，可享受20天探望父母假。职工与父亲或与母亲一方能够在公休假日团聚的，不能享受探望父母的待遇。在规定的探亲假期和路程期内，工资和福利待遇等照发。执行国务院规定的法定节假日。职工本人结婚，经批准给予5天婚假。实行晚婚的增加婚假20天。职工本人直系亲属死亡时，经批准给予5天丧假。女职工产假90天；已婚妇女晚育的增加产假30天，给予男方护理假15天；实行纯母乳喂养的女职工增加1个月产假，产假视为出勤。怀孕不满四个月流产时，根据医务部门意见，给予15天~30天产假，怀孕四个月以上流产时给予42天产假。难产、施行剖腹产术、产钳术、臀位助娩术等手术的增加15天。2008年起，全市企业（用人单位）职工累计工作已满1年不满10年的，年休假5天；已满10年不满20年的，年休假10天；已满20年的，年休假15天。以上制度至2012年未变。

退休退职　1997年起，眉山企业职工和参加企业职工养老保险的个体工商户退休退职条件为，男职工年满60周岁；在管理、技术岗位的女职工年满55周岁，在生产、经营、服务岗位的女职工年满50周岁；女职工在上述两类岗位变动，在新岗位上工作满2年以上的，按新岗位的退休年龄执行。企业内部退养的原为管理、技术岗位的女职工，其退休年龄按年满55周岁执行。国有企业和县以上集体所有制企业（含改制后的企业）职工，从事高空和特别繁重体力劳动工作累计满10年的、从事井下或高温工作累计满9年的、从事其他有害身体健康工作累计满8年的可提前5年退休。男年满50周岁、女年满45周岁的职工，因病或非因工伤残半年以上，经鉴定为完全丧失劳动能力的，可以提前退休。男不满50周岁、女不满45周岁的职工，经鉴定为完全丧失劳动能力的，可以退职。资源枯竭矿山关闭破产的国有企业职工可以提前5年退休。个体参保人员领取基本养老金的年龄，参照企业职工正常退休年龄规定执行。参加企业职工养老保险人员，其缴费年限应满15年。1998年6月起，暂停职工病退和特殊工种提前退休审批。2001年，规范退休审批，企业职工和个体参保人员正常退休由所在地劳动保障行政部门负责审批；企业职工因病提前退休、退职和特殊工种提前退休审批由企业所在地劳动保障行政部门审核后，报市劳动保障行政部门审批。2007年10月起，扩权强县试点县自行承担职工因病提前退休、退职和特殊工种提前退休的审批。此制度至2012年未变。

四、劳动监察

1997年起，眉山地区劳动部门受理行政复议，开展行政应诉。1998年起，地区劳动管理机关每年年检职业中介机构，开展专项执法检查，集中清理整顿规范管理职业介绍机构。主要清理整顿人力资源市场秩序、遵守劳动用工、农民工工资支付等。当年，年检认证全区原有劳动服务企业51户、年检率100%，部分经营不力，管理不善，不承担安置失业人员、富余人员和下岗职工责任的劳服企业不予认证。2003年起，市劳动管理机关每年开展市级用人单位劳动用工情况年检；开展清理整顿人力资源市场秩序专项行动，清理整顿人力资源市场中的职业中介机构、从事职业中介活动的组织和个人以及各类招工用人单位，打击违法犯罪活动，加强职业中介日常监管。2004年，眉山市取缔非法职介机构10户，检查用人单位1100户，为劳动者追讨工资2707.34万元。2007年，全市开通劳动保障服务热线、劳动保障监察举报投诉服务电话。当年起，每年开展整治非法用工专项行动，检查中小劳动密集型企业、城乡接合部和乡村企业，特别是乡村小砖窑厂、小煤矿、小矿山、小作坊等场所，以及没有参加劳动保障年审的用人单位。2008年起，每年专项检查全市各类用人单位《中华人民共和国劳动合同法》（以下简称劳动合同法）及《实施条例》开展情况，主要检查用人单位劳动合同签订、工资支付、缴纳社会保险情况。开展清理整顿劳务派遣用工专项行动，检查劳务派遣用人单位。至2009年，眉山市非法用工专项行动检查企业

1798户次，涉及劳动者11.23万人，发现违反劳动保障、职业卫生、安全生产等法律规定的行政违法案件764件，补签劳动合同1.27万人，补发劳动者工资和经济补偿金22.98万元，督促办理社会保险7589人。

2010年，东坡区被确定为省级劳动保障监察两网化管理试点单位。全区26个乡镇街道划分为12个网格，按“一户一档，划片分块管理”，采集231户用人单位基本信息、劳动用工、工资发放、参保缴费等情况，建立纸质档案和信息数据库。至2011年，眉山市清理整顿劳务派遣用工专项行动检查有资质的劳务派遣机构75家，依法规范劳务派遣机构5家，取缔注册不足50万元的劳务派遣机构2家，涉及职工1.13万人。2012年，年检市级281家用人单位用工情况，责令用人单位12家改正违法行为，补签劳动合同756份。清理全市劳动保障部门行政权力85项，规范各项权力运行流程。实施劳动监察1056件6609人，涉案金额2789万元，其中调查处理1021件。全市有人力资源服务机构54家，服务求职者16.37万人次，实现就业和流动3.79万人，营业总收入609万元。

1997—2012年，眉山市组织联合执法力量712人次，检查职介机构、用人单位542户，发现违法违规案件113件，责令改正16件，指导规范职业介绍行为24家。劳动监察8120件5.84万人，涉案金额1.44亿元，其中调查处理6572件。受理、办结行政复议案件59件，办理行政应诉案件20件。

五、劳动争议仲裁

1997年，成立眉山地区劳动争议仲裁委员会，有专职仲裁员28人、兼职仲裁员14人、专职调解员23人。建立眉山地区劳动合同鉴证制度，提高用人单位和劳动者法律意识，处理劳动争议案件。当年处理劳动争议案件57件。1998年起，地区劳动局妥善处理眉山肉联厂、彭山碱厂、电影洗印厂、建华仪器厂4家企业破产转制中的职工集访问题。2002年，成立市劳动人事争议仲裁委员会，实施劳动人事争议仲裁。至2007年，眉山市市属以上企业实施劳动合同鉴证2.15万件。各级劳动争议仲裁机构受理劳动争议案件1478件。主要为工伤赔付、经济补偿金和社会保险案，其中调解结案率30%、仲裁结案率70%、到期结案率95%。受理人事争议案件9件，调解结案1件，不予受理8件。2008年，眉山市取消劳动合同鉴证。成立眉山市劳动和社会保障局行政调解中心，建立行政调解责任、回访、矛盾纠纷排查调解、学习培训制度和三级行政调解、“三·三”行政调解、行政调解联合等机制。当年，全市受理劳动争议仲裁案532件，调解人事争议1件。2011年起，眉山市开展网上信访，办理网民留言，主要受理社会保险、劳动关系、人力资源服务等政策咨询。2012年，市行政调解中心有调解员33人，专业（行业）、社会团体（协会）、企业调解组织有调解员951人；参加培训后取得仲裁员资格91人。

1997—2012年，眉山市培训调解员6000余人次。受理劳动争议仲裁案件4638起。处理群众来信来访3.61万件，主要是国有企业职工解除劳动关系、经济补偿、再就业安置和退休人员安置、下岗职工基本生活费、离退休人员养老金发放、提前退休待遇、社会保险待遇，知青、城镇集体企业职工、乡镇解聘人员、民办教师社会保险、民工工资拖欠、事业单位绩效工资、就业、人事考试、老工伤人员待遇等。市人力资源和社会保障局受理行政调解494件，调解成功489件。

六、农民工工作

（一）服务机制

2000年起，眉山地区相继建立乡镇劳动服务站，初步建成覆盖市、县、乡、村四级农民工服务体系。通过开展“春风行动”活动、票务“直通车”活动、“送温暖春风惠民行动”，为农民工服务。2005年，在东坡区复兴乡举行法律服务维权卡发放启动仪式，给外出务工农民275人发放法律服务维权卡。2007年，成立眉山市驻广州等9个驻外农民工服务办事处，协助维护眉山籍务工人员在当地务工的合法权益。截至2012年年底，眉山市驻外农民工服务办事处协助处理眉山籍农民异地维权事件和劳务纠纷2000余起，挽回经济损失2000万余元。

（二）农村劳动力就地转移和劳务输出

1998年起，地区就业部门组织全区劳务输出，当年输出劳务5491人。1999年，眉山地区被国家劳动和社会保障部确定为全国100个农村劳动力流动就业重点监控地之一，仁寿县9个镇、村为重点监控点，重点加强劳务输出信息收集。

2002年，市政府印发《关于加强农村劳务开发工作的意见》，提出到“十五”期末，全市转移农村剩余劳动力稳定在110万人以上。眉山市代表团赴京参加“川京劳务洽谈会”，与北京32家用工单位新签订1.26万人劳务输出用工协议，与建设单位签订1.5亿元建筑工程项目协议。2003年起，市劳动和社会保障部门组织农村劳动力状况入户调查2次，以户为单位建立卡片档案，“人人有表，村村有账，乡乡有数据信息库”。开展“春风行动”和“关爱民工，送票下乡”活动，组织党员干部为农民工外出务工售车票1.86万张、代购火车票2万张。2004年，市委组团参加“川东北三省劳务洽谈会”，与川东北三省大型劳务用工企业签订年用工逾万人的劳务输出协议。2005年起，眉山主动吸引劳动力回流。开展“五送”（送政策、送信息、送岗位、送技术、送服务）下乡活动，建立农民工劳务输出基地，逐步建立为农民工服务长效机制。当年，全市劳务输出105.17万人，劳务收入51.44亿元。

2006年，眉山市完善为农民工服务工作体系，市、县（区）两级就业部门在广州、深圳、上海、泉州、太原、北京、天津、哈尔滨、乌鲁木齐、昆明、重庆等地建立长期稳定的劳务输出基地32个，输送农村劳务人员。眉山市和福建省莆田市结成劳务协作对子，与福建省6市349家企业签订劳务输出协议，涉及纺织、电子、商贸、机械制造等行业5.29万个岗位。2009年，举办“闽眉劳务合作及项目投资合作推介会”，眉山市与福建省100余家企业签订合作意向书，促进全市农民工的转移输出。至2009年年底，市政府组织劳动部门及省级培训机构参加“川深”“川浙”“川粤”“川乌”劳务洽谈会，与当地用工企业培训对接、订单培训、定向输出，与72家企业签订2万余人的用工劳务输出合作协议。2010年起，眉山组织招募大量农民工到深圳、成都富士康公司工作。2011年，眉山市农民工返乡创业园在彭山县观音镇工业园区挂牌，成为返乡农民工创业的新载体。2012年，眉山市劳务输出126.61万人，劳务收入108.99亿元。截至2012年年底，全市就业部门组织劳务输出12.15万人，其中向富士康输送农民工2.6万人。

2005—2012年，眉山市劳务输出941.83万人次，劳务收入606.4亿元。

第二章　人事　人才

1997年，眉山地区推行国家公务员制度。1998年，全区完成推公“入轨”。机关工作人员通过考试过渡为国家公务员，机关聘用干部通过考试录用为国家公务员。2003年，眉山市打破个人身份界限，推行事业单位人员聘用制。2006年，全面推行事业单位工作人员公开招聘制度。2008年，眉山市事业单位全面实行聘用制。截至2012年年底，眉山市逐步健全完善公务员录用、调配、任免、培训、考核和奖励、辞职、辞退等管理制度，逐步实现机关、事业单位人员收入分配的科学化和规范化。全市考试录用公务员2909人，培训公务员（参公人员）10.85万人次，考核公务员（参公人员）14.57万人次。完成1.13万名机关工作人员及4.65万名事业单位工作人员的工资套改和审批工作。2292个事业单位（不含参公管理事业单位）4万余名工作人员，实行岗位设置管理。

眉山市1997—2012年干部主要来源情况表

表25-1　　　　单位：人

年份	主要来源					大中专毕业生
	合计	考试录用干部	聘转录	招聘干部	军队转业干部	
1997	535	—	—	472	63	420
1998	241	25	—	126	90	135
1999	1043	65	288	563	127	558
2000	912	—	—	797	115	717
2001	592	20	77	420	75	396
2002	1596	169	138	1253	36	1253
2003	1173	373	524	211	65	478
2004	643	154	—	381	108	481
2005	623	127	—	398	98	472
2006	608	94	—	409	105	452
2007	858	286	—	503	69	710
2008	1441	485	—	909	47	1184
2009	997	407	—	561	29	837
2010	1050	259	—	752	39	854
2011	730	184	—	486	60	563
2012	1359	261	—	1037	61	1038
总计	14401	2909	1027	9278	1187	10548

说明：2006—2012年招聘干部为公招人员

第一节　人事管理

一、录用安置

（一）考试录用

面试考官库　2004年，组建眉山市国家公务员（机关工作者）面试考官库。当年，经培训考试合格的入库面试考官218人。此后，培训考试入库面试考官。2012年，眉山市面试考官库有面试考官397人。

公务员及参公人员录用　1998年，眉山地区考录法律专业大专院校毕业生和1996年12月底以前在乡镇司法法律服务所工作的临时人员，补充乡镇司法助理员，当年考录25人。1999年，全区实行公务员“凡进必考”制度。担任主任科员以下及其他相当职务层次的非领导职务公务员，采取公开考试、严格考察、平等竞争、择优录取的办法。公务员录用考试采取笔试和面试方式。当年起，鼓励高校毕业生到基层支教、支农、支医、扶贫或到企业锻炼、参加农村基层工作。2001年起，眉山市国家公务员按照“公开、平等、竞争、择优”原则录用。选拔高校毕业生到乡镇工作。当年，全市选拔高校毕业生65人到乡镇工作。2002年起，招录人民警察，当年招录140人。2004年，实行新录用国家公务员宣誓制度。2005年，放宽原城市管理队伍年龄、学历条件限制，年龄由35周岁以下放宽到40周岁以下（含40周岁）、学历条件由大专以上放宽到高中（中专）以上，完成眉山市城管执法局行政执法大队行政执法人员26人考录工作。至2006年，全市采取公开报考，组织选拔普通高校毕业生193人到乡镇工作。2009年起，全市面向社会公开考试录用参公人员；开展政法干警招录培养体制改革试点班招录，重点从部队退役士兵和普通高校毕业生中选拔优秀人才，当年招录22人。至2012年，眉山市从应往届高校毕业生中招录公务员及参公人员2978人。其中，机关公务员1384人、政法干警1227人（警察1095人）、体改生104人、参公人员263人。

（二）聘用干部转录用

1997年，眉山地区招聘乡镇干部254人。至1998年，全区有编制内乡镇聘用干部2000余人。1999年10月，已过渡为乡镇机关国家公务员或党的机关工作人员的聘用制干部，通过考试考核，分批予以聘转录。至2003年，眉山市聘转录1027人。此后至2012年，未再开展此项工作。

（三）军队转业干部安置

眉山市军队转业干部实行计划分配和自主择业相结合的方式安置。

1997年起，眉山地区按照中共中央办公厅、国务院办公厅、中央军委办公厅转发的《关于做好1995年军队转业干部安置工作的意见》规定接收安置军队转业干部，去向为机关、事业、企业单位。至2000年，全区安置军转干部395人。

2001年起，军队转业干部实行计划分配和自主择业相结合方式安置。计划分配的军队转业干部由党委、政府妥善安置。当年起，眉山市接收安置自主择业军队转业干部，军队转业干部不再安置到企业单位。2004年，眉山市团职军转干部担任正团职满3年的，一般安排副县级领导职务；担任副团职满3年的，一般安排正科级领导职务。安置领导职务确有困难的，安排相应的非领导职务。配偶在市级机关工作的，在市级机关安置；配偶不在市级机关工作，回原籍安置或配偶已随军的，在配偶户口所在地或工作所在地安置，父母身边无子女的，可在其父母所在地安置。2005 年，眉山市往年已转业安置担任正团职 3 年以上的正团职军转干部，本人自愿不再担任领导职务，可明确为正县级非领导职务。当年任职满 3 年的团职军转干部，征求本人意见，如选择任领导职务，则按低一级至二级职务安排领导职务；如选择任非领导职务，则按同级相应安排非领导职务。不满 3 年的，按低二级安排领导职务，低一级安排非领导职务。在边远艰苦地区、艰苦岗位或获战时三等功、平时二等功以上奖励的团职军转干部适当在市级部门安置。2006 年，眉山市当年担任正团职满 3 年的，按本人意愿一般安排副县级领导职务或正县级非领导职务；担任副团职满 3 年的，按本人意愿一般安排正科级领导职务或副县级非领导职务。符合条件的可在市级部门安置。

2007 年，眉山市往年已转业团职军转干部，按“担任正团职满 3 年的，可明确为正县级非领导职务；担任副团职满 3 年的，可明确为副县级非领导职务”的规定，任团职满 3 年以上军转干部 14 人明确为相应非领导职务。2008 年起，眉山市在艰苦边远地区和特殊岗位服役满 15 年的转业干部，不符合到省会城市和副省级城市安置条件的，可以到原籍、入伍地或者配偶常住户口所在地的地级城市安置。符合条件的可在市级部门安置。截至 2012 年年底，眉山市安置军转干部 1187 人（团职 137 人），其中市级单位 345 人、区县 718 人、条管系统 121 人、企业 3 人。安置随调家属 173 人、随迁家属 11 人。接收安置自主择业军队转业干部 177 人。

（四）事业单位招聘

2006 年 7 月起，眉山市实施事业单位公开招聘制度。事业单位新进人员除国家和省规定的政策性安置人员，按照干部人事管理权限由上级任命的人员以及涉密等岗位的人员确需使用其他方法选拔任用外，均从应往届高校毕业生中公开招聘。截至 2012 年年底，眉山市公开招聘 65 次 4280 人，其中市属事业单位 11 次 533 人。

（五）其他招募

2007 年起，眉山市采取公开招募、自愿报名、考试选拔、统一派遣方法，组织招募高校毕业生到农村基层从事“三支一扶”（支教、支农、支医和扶贫）工作；每年面向社会公开选聘普通高校毕业生到村（社区）任职。当年，眉山市招收“三支一扶”18 人、选聘村干部 350 人。此后，每年招收“三支一扶”人员和选聘村干部。截至 2012 年年底，眉山市共招募“三支一扶”92 人、选聘村干部 1547 人。

（六）临时工作人员聘用

2006 年起，市级部门和市属事业单位使用“人员控制数”和“临时用工控制数”聘用临时工作人员。截至 2012 年年底，眉山市聘用临时工作人员 504 人次，其中使用“人员控制数”聘用 251 人次、“临时用工控制数”聘用 253 人次。

二、干部结构

（一）干部总量

1998 年，眉山地区行政机关和事业单位干部 4.5 万人，其中行政机关 0.86 万人、事业单位 3.64 万人。2012 年，眉山市有行政机关和事业单位干部 5.5 万人，其中行政机关 1.06 万人、事业单位 4.44 万人。比 1998 年增加 9998 人。

公务员总量及分布　1997 年，眉山地区政府部门有机关公务员 8545 人，其中，地级政府机关 229 人、县级政府机关 5464 人、乡镇机关 2852 人。2012 年，眉山市有公务员 1.17 万人，其中，中

国共产党机关1507人、人大机关286人、行政机关8752人、政协机关165人、审判机关554人、检察机关352人、各民主党派和工商联机关40人。

参公管理人员总量 1997年，眉山地区政府部门参照公务员管理的国家机关干部812人，其中地级机关40人、县级机关772人。2006年，眉山市符合参照公务员法管理条件的事业单位重新申报、审批。2012年，眉山市政府部门有参公管理人员1854人，其中市级部门465人、县级部门1389人。

事业干部总量 1997年，眉山地区有事业干部3.64万人，其中地级事业单位85个（全额拨款47个、差额拨款11个、自收自支27个，核定编制792名）508人、县级事业单位3.36万人、乡镇级事业单位2276人。2012年，眉山市有事业人员4.44万人（管理人员3032人、专业技术人员3.45万人、工勤技能人员6863人），其中市级事业单位157个（全额拨款事业单位131个、差额拨款事业单位10个、自收自支事业单位16个，编制4598名）3643人、县（区）级事业单位2.09万人、乡镇级事业单位1.99万人。

（二）年龄结构

1998年，眉山地区政府机关干部8581人中，30岁以下的1394人、31岁~40岁的3106人、41岁~50岁的2640人、51岁~60岁的1441人。地级机关干部583人中，30岁以下的97人、31岁~40岁的294人、41岁~50岁的177人、51岁~60岁的15人。随着退休干部增多，干部年龄结构逐渐发生变化，51岁以上的干部比例逐步增大。2012年，眉山市政府机关有公务员（参公人员）1.06万人，其中35岁以下的3324人、36岁~45岁的3258人、46岁~54岁的2928人、55岁及以上的1096人；市级政府机关公务员（参公人员）2086人，35岁以下的663人、36岁~40岁的397人、41岁~50岁的784人、51岁~60岁的242人，干部年龄结构趋于合理。但县、乡两级51岁以上干部比例相对偏大，县级部门51岁~60岁的978人、占16%；乡镇级51岁~60岁的531人、占21%。

（三）学历结构

1998年，眉山地区政府机关干部8581人中，大专以上学历的3454人、中专（高中）学历的3902人、初中及以下学历的1225人。其中地级政府机关干部中大专以上学历的534人、中专（高中）学历的45人、初中及以下学历的4人。地级机关干部学历结构优于全区水平。此后，通过从大中专毕业生中选拔、考录（聘）干部，在职干部通过党校、自考、函授等成人高等教育，整体文化素质逐步提高。至2012年，眉山市政府机关公务员（参公人员）1.06万人中，大专以上学历的9642人、中专及以下学历的964人。其中市级政府机关公务员（参公人员）2086人中，博士、硕士学位的49人、研究生学历的235人、大学本科学历的1466人、大学专科学历的357人、中专及以下学历的28人。

（四）职级结构

1998年，眉山地区政府机关干部8581人中，有处（县）级干部197人、科级干部3270人、科员及以下人员5150人。其中地级政府机关有地级干部7人、县级干部115人、科员及以下人员106人。2012年，眉山市政府机关公务员（参公人员）1.06万人中，有处（县）级干部645人、科级干部4812人、科员及以下人员5149人。其中市级政府机关有厅级及相当职务干部9人、县级（含调研员、副调研员及相当职务）干部539人、科级（含主任科员、副主任科员）干部1098人、科（办事）员及其他人员440人。乡镇机关职级结构呈现科员及以下层次人员多、晋升难的特点，41岁以上的科员1791人，占乡镇公务员总数的71.5%。

（五）政治素质

1998 年，眉山地区政府机关干部 8581 人中，有中共党员 6069 人（地级 481 人）。此后，干部队伍政治素质逐步提高，共产党员比重稳中有升。至 2012 年，眉山市政府机关干部 1.06 万人中，有中共党员 8633 人（市级 1781 人）。

三、干部管理

（一）干部调配

眉山市干部调配包括因工作需要调配、照顾性调动、机构改革调配、内调安置等。

1997 年，眉山地级部门干部调配由地委组织部统筹负责，地区人事局负责干部调配的协调配合。当年起，实行照顾性调配，重点解决新到地级机关、事业单位工作人员夫妻两地分居问题。2000 年起，眉山接收安置西藏、“三州”（甘孜、阿坝、凉山州）内调干部、随调家属。由地委组织部和地区人事局按职责分别承办地级机关、事业单位人员调入、调出。地区人事局负责行署系统（除公安处、国安局、司法局以外）一般干部调配。打破区域界限识人选人。至 2000 年年底，地级部门共调入干部职工 1788 人，解决家属 1450 人到眉山工作、占地级部门干部职工总数的 81.1%。

2001 年，眉山市整合市和东坡区公安、教育、城建、卫生、交通、城管等系统部分机构。市级机关、事业单位从市级其他机关事业单位以外选调工作人员，按照“公开报名、统一考试、严格考核、择优录取”办法，实行公开考试调配。2003 年，眉山市调整市级部门科级及以下干部、职工调配管理权限，实行组织、人事、劳动 3 个部门调配权限分工。市委组织部履行市级部门调配工作的宏观管理职能；市人事局负责承办市级政府系统科级以下干部调配工作；市劳动和社会保障局负责承办市级部门所有工人的调配工作。市委每年年初确定进人计划，市委组织部提出分配意见，报市委、市政府分管领导审定后下达市级有关部门；部门拟调人员按调配权限直接报送市委组织部、人事局、劳动局审批，实行调配管理单位备案制度。至 2003 年年底，通过选调、上划、接管等方式，选调干部 5142 人充实到市级机关各部门。2004 年，市委组织部、市人事局、市劳动和社会保障局制订《眉山市市级机关、事业单位新调入（聘用）人员管理暂行办法》，进一步规范市级部门人员调配工作，建立科学、规范的分类管理的进人机制。2005 年，按照“总量控制、统一政策、计划进人、严格把关”“凡进必考”“凡聘必考”以及重大问题集体研究原则，规范市级机关事业单位之间调动工作人员有关问题。至 2009 年，眉山市共接收安置西藏、“三州”内调干部 79 人，随调家属 26 人。2010 年起不再实行政策性内调安置。

截至 2012 年年底，市人事部门办理调（聘）人员手续 3951 人次，其中工作需要调配 1245（遴选 17）人次、照顾性调配 144 人次、机构改革调配 2466 人次、调出 96 人次。连人带编从东坡区上划到市 2466 人。选调具有年龄优势、较高专业文化知识、德才兼备的干部 1245 人到市级部门工作，为全市建设和发展奠定人才基础。

（二）干部任免

领导职务任免　1997 年起，地区行署任免所属各局、委员会的副局长、副主任，各直属机构的局长、副局长、主任、副主任、调研员、助理调研员及相当职务；各县政府任免所属各委、办、局（科）的副主任、副局（科）长，主任科员、副主任科员及相当职务和乡镇政府所属机构的国家公务员职务。当年，全区人事工作中干部调配及任免等权限均由眉山地委组织部统一掌握，行署决定的干部任免事项全部由眉山地委组织部直接送行署办理。2001 年起，市人事局负责承办提请市人大常委会和市政府决定的人事任免事项。2002 年起，市级政府系统、县级干部提请任免工作由市人事局承担。2010 年，市人力资源和社会保障局负责承办提请市人大常委会和市政府决定的人事任免事项。截至 2012 年年底，市人事部门向市政府提请任免县级干部 1322 人次。

非领导职务管理　1997 年起，眉山地区非领导职务地级行政机关设调研员、助理调研员、主任科员、副主任科员、科员、办事员；县级行政机关设主任科员、副主任科员、科员、办事员。职数比例限额为地级行政机关设置的调研员、助理调研员职数不超过本部门县（处）级领导职数的1/3，其中每个部门的调研员最多设一人；主任科员、副主任科员职数不超过本部门科级领导职数的 50%。县级行政机关设置的主任科员、副主任科员职数不超过本部门科级领导职数的 50%，其中每个部门的主任科员最多设一人。1999 年，全区建立健全职位空缺审核制度。凡遇拟录用非领导职位，拟晋升、调任、转任职位的向地委组织部、地区人事局办理职位空缺确认审核。2003 年，眉山市科级及以下非领导职务的管理审批权限下放到市级部门党组（党委），未设党组（党委）和党组（党委）成员不足 3 人以及暂未配党组书记或副书记的市级部门，仍按原国家公务员（机关工作者）科级及其以下非领导职务管理审批程序执行，条件具备时再履行审批职责。市级行政机关确定或晋升主任科员及其以下非领导职务，县级行政机关确定或晋升科员及以下非领导职务，由各单位自行审批。此后，市、县（区）各级各部门按照职位分类规定设置职位，确定公务员的身份和级别，完善公务员职位管理工作。2006 年起，市机关调研员和副调研员职数，不得超过县处级领导职务职数的1/3，其中调研员不超过调研员和副调研员职数的 30%；主任科员和副主任科员职数不超过乡科级领导职务职数的 50%。各级行政机关选配担任非领导职务的人员按德才兼备标准，除基本条件外实行任职资格审查制度。调研员应任县处级副职领导职务或者副调研员 4 年以上；副调研员应任乡科级正职领导职务或者主任科员 4 年以上；主任科员应任乡科级副职领导职务或者副主任科员 3 年以上；副主任科员应任科员 3 年以上；科员应任办事员 3 年以上。此制度延续至 2012 年。

（三）培训

公务员培训　1997 年，眉山地区公务员培训分为新录用人员培训、晋升领导职务任职培训、专门业务培训和更新知识培训。当年起，全区每年有组织、有计划、有步骤地组织公务员培训。新录用人员培训时间不少于 30 天，培训内容主要包括政治理论、依法行政、《中华人民共和国公务员法》和公务员行为规范、机关工作方式方法等基本知识和技能；任职培训一般在任职后进行，每期培训时间不少于 30 天，培训内容主要包括政治理论、领导科学、政策法规、廉政教育及所在职务相关业务知识等，重点提高新任领导职务的公务员政策水平、组织领导能力和专业知识能力。1999 年起，全区按先培训后任职原则开展录（聘）用的工商、税务、司法、乡镇干部、人民警察及高校毕业生考录的国家公务员初任培训。至 2000 年，全区办培训班 9 期 1629 人次。2006 年起，眉山市公务员培训分为初任培训、任职培训、专门业务培训、在职培训，公务员培训情况、学习成绩作为公务员考核的内容和任职、晋升的依据之一。初任培训时间调整为 15 天。2007 年起，市行政学院（市委党校）主要承担国家公务员的培训任务。截至 2012 年年底，全市公务员（参公人员）初任培训 5415 人，培训率 100%；新任科（副科）长任职培训 3058 人；市政府各部门举办各类专门业务知识培训 2.48 万人次；更新知识培训 10.73 万人次。

专业技术人员培训　1997 年起，每 1 年~2 年地区人事部门牵头组织实施继续教育培训，提高专业技术人员学习研究能力、实践创新能力和团结协作能力，作为专业技术人员考核、聘任、晋职、职（执）业资格注册依据。2007—2009 年，市人事局、市知识产权局组织全市专业技术人员 3.49 万人《知识产权》公需科目继续教育培训考试。2010—2011 年，市人力资源和社会保障局组织全市专业技术人员 2.49 万人《低碳经济》公需科目继续教育培训考试。2000—2012 年，眉山市组织市级部门专业技术人员继续教育培训 8.7 万人次，指导区县培训 21.91 万人次。组织事业单位公开考试聘用人员岗前培训，2008—2012 年，举办市级事业单位岗前公共课程培训班 379 人。

技术工人晋级培训　1999 年起，眉山地区每两年组织一轮机关事业单位技术工人晋升技术等级。当年，全区机关事业单位 18 个技术工种 2700 人参加全省业务理论考试。至 2001 年，眉山市组织机关事业技术晋级培训考试 2 次 4947 人。2003 年，全市开展工人技师职务评聘试点，工人技师职务通过考试、评审、聘用方法取得。全市机关事业单位技术工人 1306 人参加晋升（确定）技术等级培训考试。2005 年，全市机关事业单位技术工人晋升（确定）技术等级培训增加实际操作技能考试。2007 年，确定洪雅县人事局、仁寿县成人中专校、市水利局和市人才流动服务中心 4 个单位为全市技术工人晋升（确定）等级培训和技能考点，全市机关事业单位技术工人 1004 人参加培训和实际操作技能考试，包括渠道维护工、林木种工、公共服务工、驾驶工等 10 余个工种。2009 年，确定眉山市人才中心、仁寿县成人中专校、洪雅县人事局 3 个单位为全市技术工人等级培训考试点。至 2011 年，全市机关事业单位技术工人 1590 人参加培训和实际操作技能考试，其中高级工 899 人、中级工 609 人、初级工 82 人。

转业军官培训　1997 年起，眉山地区军队转业干部培训按照“先培训后上岗”“学用结合、按需施教、注重实效”“培训、考核、使用相结合”原则组织培训，以分片设点培训 3 个月。当年，全区接收安置的军队转业干部参加乐山片区培训班。至 2000 年，全区参加乐山片区培训军队转业干部 395 人（团职 47 人、营职及以下 348 人）。2001 年起，眉山市军队转业干部分配到条块管部门的参加分片区、分系统培训，分配到市、区县党政机关的在市委党校培训。分适应性培训和专业培训两部分。2009 年起，全市军队转业干部除税务和公安由其省级主管部门统一组织培训外，其余的到乐山市转业军官培训中心培训。截至 2012 年年底，全市参训军队转业干部 1187 人（团职 137 人），其中在乐山培训 584 人、眉山培训 603 人。

（四）考核与奖惩

公务员（参公人员）考核　1997 年起，眉山地区公务员按照四川省政府办公厅《四川省国家公务员考核暂行办法》考核。当年参加考核 9357 人，优秀 1664 人、称职 7637 人、不称职 3 人、不定等次 53 人。2005 年，眉山市参加考核公务员（参公人员）8979 人，优秀 1616 人、称职 7208 人、基本称职 8 人、不称职 6 人、不定等次 141 人。2007 年起，全市公务员（参公人员）（以下统称公务员）考核，以公务员的职位职责和所承担的工作任务为基本依据，全面考核德、能、勤、绩、廉，重点考核工作实绩。优秀等次人数，一般在本机关参加年度考核的公务员总人数的 15%以内，最多不超过 20%。公务员考核按照管理权限和规定程序进行，由机关公务员管理部门组织实施。公务员年度考核的结果作为调整公务员职务、级别、工资以及公务员奖励、培训、辞退的依据。2012 年，眉山市参加考核公务员 1.06 万人，优秀 1932 人、称职 8460 人、基本称职 2 人、不称职 4 人、不定等次 208 人。1997—2012 年，眉山市考核公务员（参公人员）14.57 万人次，表彰二等功以上公务员集体 4 个、公务员 62 名，处分公务员 234 人。

事业单位人员考核　1997 年，眉山地区事业单位工作人员考核分为优秀、称职、不称职 3 个等次。2003 年起，眉山市事业单位工作人员考核分为优秀、合格、基本合格、不合格 4 个等次。考核内容包括“德、能、勤、绩”4 个方面，重点考核工作实绩。2007 年起，全市事业单位工作人员考核内容参照公务员考核办法，增加廉政方面内容。年度考核优秀等次的人数不超过本单位工作人员总数的15%，设立中层机构的事业单位分别确定中层领导与其他工作人员的优秀数额。事业单位领导（法人代表）考核等次，由事业单位主管部门统一在所属事业单位领导（法人代表）中组织开展年度考核并确定等次。考核以岗位职责及年度工作的目标任务为基本依据，“德、勤、廉”适用于所有工作人员；“能、绩”考核标准按不同专业、不同岗位（职务）、不同技术层次的不同要求，能量化的尽量量化，不能量化的以准确的、定性化的文字表述。工作人员年度考核被确定为优秀、合格等次的，发给年终一次性奖金（实行绩效工资的事业单位除外）和正常晋升薪级工资。此制度至2012年未变。

奖惩　1997年起，眉山地区国家公务员在年度考核中确定为优秀、称职等次的，有晋职、晋级和晋升工资的资格，并发给一定数额的奖金。国家公务员连续3年被确定为优秀等次或连续5年被确定为称职以上等次的，在本职务对应级别内晋升一级；国家公务员在现任职务任期内，年度考核连续2年被确定为称职等次以上的，在本职务工资标准内晋升一个职务工资档次。国家公务员年度考核被确定为称职以上等次的，即按本人当年12月的月基本工资额为标准，计发一次性奖金。国家行政机关工作人员犯错误的实施惩戒。2007年起，眉山市连续三年以上被确定为优秀等次的，晋升职务时优先考虑；被确定为优秀等次的，当年给予嘉奖；连续三年被确定为优秀等次的，记三等功。获得三等功的公务员，按照规定标准给予一次性1500元奖金；获得嘉奖的公务员，给予一次性800元奖金，并颁发奖励证书。2009年起，眉山市表彰奖励考核优秀人员。截至2012年年底，市政府召开“记二等功公务员”表彰大会2次，受二等功以上表彰的公务员集体4个、公务员62人。表彰全市政府机关因年度考核优秀记三等功人员604人，嘉奖2764人。处分行政机关公务员234人，其中县级干部4人、科级干部118人、一般公务员112人；警告56人次、记过33人次、记大过15人次、降级15人次、撤职25人次、开除26人次、党内处分64人次。开除事业单位工作人员12人。

（五）辞职、辞退

1997年起，眉山地区实施公务员依照法律、法规规定可申请辞职、辞退规定。公务员在年度考核中，连续两年被确定为不称职的；不胜任现职工作，又不接受其他安排的；因所在机关调整、撤销、合并或缩减编制员额需要调整工作，本人拒绝合理安排的；不履行公务员义务，不遵守公务员纪律，经教育仍无转变，不适合继续在机关工作，又不宜给予开除处分的；旷工或因公外出、请假期满无正当理由逾期不归连续超过15天，或一年内累计超过30天的，予以辞退。2006年起，眉山市实施事业单位工作人员依照法律、法规规定可申请辞聘、解聘。截至2012年年底，眉山市有公务员（参公人员）45人辞职，22人被辞退。事业单位专业技术人员、管理人员辞职（辞聘）469人，其中市级38人、县级323人、乡镇级108人。事业单位辞退（解聘）工作人员183人，其中市级24人、县级123人、乡镇级36人。

（六）公务员管理

1997年，地委组织部、地区人事局制订《眉山地区实施国家公务员制度的意见》《眉山地区实行国家公务员制度范围界定办法》《眉山地区国家公务员非领导职务设置办法》《眉山地区国家行政机关现有人员向国家公务员过渡实施办法》等，规范公务员管理。当年起，分期分批实施公务员过渡。未具有国家干部身份的“以工代干”人员，经地区统一组织考试，用人单位考核，择优录用。未被录用的不继续在国家公务员职位上工作，停止“以工代干”。2002年，眉山市开展聘用干部转录用干部工作，稳定和加强乡镇干部队伍建设。乡镇机关已过渡为国家公务员的副乡科级以上（含享受副乡镇级待遇及以上）的聘用制干部，由区县委组织部、区县人事部门考核，合格者办理录用手续。已担任副乡镇级职务的干部，在乡镇机构改革后已经定岗的，均办理转录手续。当年全市聘用干部154人转录用干部。已过渡为国家公务员和党的机关工作人员以及在乡镇机关机构改革中在编制内、按所设职位的要求，已竞争上岗的副乡镇级以下的聘用制干部，经考试合格后，全部录用。2003年，完成全市副乡镇级以下聘用干部521人转录用干部。2006年，全市开展《中华人民共和国公务员法》培训，集中培训、考试全市各级机关中除工勤人员以外工作人员1.02万人。至2007年，市委组织部、市人事局完成公务员法实施后的全市公务员首次登记。市委组织部负责全市县级以上领导干部、市级部门六类机关（党政机关、人大机关、政协机关、审判机关、检察机关、民主党派和工商联机关）、市级群团机关的管理登记，共53个部门、1300余人；审批各区县委组织部相应的登记管理对象。2008年以后，正常开展新录用公务员和新批准参公人员登记审批工作。

（七）参公人员管理

1997年，眉山地区机构改革，地区农机事业管理局、对外经济贸易委员会、档案局、行署接待办公室、地方志办公室、老龄委员会办公室6个单位由政府部门改为事业单位，仍承担行政职能，依照实施公务员制度。此后，眉山人事部门审核、申报全区行政执法机构和具有公共事务管理职能的事业单位参照公务员法管理。1998年起，参照公务员制度单位（以下简称参照单位）党群机关现有人员向实施党的机关工作者过渡。2006年，眉山市市、县级党委直属事业单位和党委工作部门所属事业单位实行参照公务员管理。2007年，审批全市首批参照管理的单位和参照入轨。确定并审批参照单位36个。指导批准参照管理单位完成人员登记、确定职务与级别、套改工资等入轨工作。2009年，启动全市参公审批申报，主要范围是在公务员法实施前已列入参（依）照管理，又不在中央、省级已列入参照管理范围内的单位，以及新申请参照管理的单位。2010年，经四川省委组织部审核批准，眉山市45个群众团体和事业单位参照公务员法管理。2011年，市关心下一代工作委员会等3个单位参照公务员法管理。至2012年，眉山市审核、申报市级79个、区县332个行政执法机构和具有公共事务管理职能的事业单位参照公务员法管理，四川省人事厅批准眉山市政府序列参公单位232个（市级45个、区县187个），登记为参照公务员法管理单位工作人员1854人。

（八）市级部门科级以下非领导职务管理

2002年，眉山市加强市级机关非领导职务的职位管理，全年办理市级干部晋升科级非领导职务79人次。2003年，全市将科级及其以下非领导职务任免工作权限下放市级部门党组（党委），实行市级事业单位行政管理人员评聘非领导职务的工作审批管理。严格非领导职务晋升的任免程序和事前备案制度。2004年，全市8个部门使用空缺非领导职数110个，晋升、确认非领导职务110人。审批6个部门使用空缺非领导职数17个，晋升、确认非领导职务17人；批复市级参管、政法部门科级非领导职数17个，完成13名干部晋升和确认科级非领导职务的备案报告审批。2005年，调整市级部门科级及其以下非领导职务任免工作和市属事业单位行政管理人员评聘非领导职务工作。市属事业单位实行《科级及其以下非领导职务职位管理簿》管理；市委组织部、市人事局不再审批各部门、各单位使用空缺科级非领导职数。各部门、各单位在空缺职数内提出任免事项；市委组织部、市人事局不再备案审批。各部门、各单位按管理权限分别向市委组织部、市人事局上报备案。此制度延续至2012年。

四、干部人事制度改革

（一）国家机关公务员制度

1997 年，眉山地区机关在职工作人员向公务员过渡。1998 年，地委组织部、地区人事局下发《关于乡镇机关实施国家公务员制度和参照管理工作的意见》，按职位设置，人员过渡和实施国家公务员考核、录用、培训、职务升降、纪律、奖励、回避、退休等 8 项制度 3 个步骤推行公务员“入轨”工作。至年底，地区行署 44 个单位实施公务员制度，批准全区县级部门 154 个单位，乡镇职位 4662 个，全区行政机关有 7756 人过渡或录用为国家公务员，完成推公“入轨”工作。

2004 年起，眉山市在市级机关的同一工作部门内担任科级领导或性质特殊的非领导职务的党的机关工作者和国家公务员有计划地调换职位任职，轮岗重点为市级机关担任科级领导职务的党的机关工作者和国家公务员。市级机关担任科级领导职务和某些工作性质特殊的主任科员，在同一岗位上任职满五年及以上应实行轮岗。其中人、财、物和行政许可岗位必须轮岗。个别需要延长或缩短轮岗年限的，由单位党组（党委）研究决定，报市委组织部、市人事局备案。2006 年起，完成全市行政机关，包括 36 个市级机关及 6 个区县公务员 4340 人审批登记。已登记的公务员确定职级。2007 年起，市级机关、事业单位具有行政许可（审批）职能的岗位、直接为经济发展服务的岗位和负责管理人、财、物工作等热点岗位上的中层干部，实行在热点岗位工作两年以上的逐步轮换；对在热点岗位工作五年以上的必须轮换；对不适合热点岗位工作（责任心不强、组织纪律性差、工作能力弱等）的随时轮换。以上制度延续至 2012 年。

（二）事业单位人事制度改革

2002 年起，四川省事业单位建立和推行以聘用制度为核心的基本用人制度，打破干部职务、个人身份终身制，全面实行聘用合同制。2003 年起，市委办、市政府办印发《关于眉山市事业单位人员聘用制管理试行意见》，按照统一部署、政策规范、有序推行、市区县同步、三年完成原则，打破个人身份界限，原有人员的干部、工人身份作为档案身份，全面推行事业单位人员聘用制，事业单位工作人员分为管理人员、专业技术人员和工勤人员。2004 年起，眉山市新进事业单位人员一律实行“凡聘必考”。东坡区等部分区县试行事业单位公开招聘制度。至 2005 年，全市除依照（参照）公务员制度管理的事业单位外，实行聘用制管理的事业单位 2304 个，占应实施聘用制管理单位的 98%；签订聘用合同的 4.3 万人，占事业人员总数的 96.4%。2006 年 7 月起，全市推行事业单位公开招聘制度，事业单位新进人员除国家和省规定的政策性安置人员、按照干部人事管理权限由上级任命的人员以及涉密等岗位的人员确需使用其他方法选拔任用外，均实行公开招聘。事业单位招聘的工作人员实行以岗位管理为基础的合同聘用管理，不再实行身份管理，也不再办理录用、聘用干部手续。2008 年起，事业单位招聘工作人员须具有空缺的事业编制和岗位，招聘岗位不得设置特殊限制条件。当年，启动事业单位岗位设置管理，全市事业单位岗位分为管理岗位、专业技术岗位和工勤技能岗位 3 种类别。主要以专业技术提供社会公益服务的事业单位，保证专业技术岗位占主体，一般不低于单位岗位总量的 70%；主要承担社会事务管理职责的事业单位，保证管理岗位占主体，一般不低于单位岗位总量的 50%；主要承担技能操作维护、服务保障等职责的事业单位，保证工勤技能岗位占主体，一般不低于单位岗位总量的 50%；事业单位主体岗位之外的其他两类岗位，保持相对合理的结构比例；鼓励事业单位后勤服务社会化，逐步扩大社会化服务的覆盖面。事业单位根据事业发展和工作需要，经批准设置特设岗位，主要用于聘用急需的高层次人才等特殊需要。

2012年，眉山招聘高层次和紧缺人才。公布137名高层次和紧缺人才考核招聘计划，吸引中国传媒大学、上海交通大学、四川大学、重庆大学、云南大学等省内外90余所高校619人报名，实际招聘112人。截至2012年年底，全市公开招聘5715人（市属事业单位573人、区县事业单位5142人），公开招聘人员占事业单位新进人员的97%。2292个事业单位全部实行聘用制和岗位设置管理，由固定用人向合同用人转变。

五、工资福利

（一）工资

1997年，眉山地区机关工作人员（除工勤人员外）实行职级工资制。2006年7月起，眉山市实行国家统一的职务与级别相结合的公务员工资制度，完善机关工人工资制度；改革事业单位现行工资制度，建立符合事业单位特点、体现岗位绩效和分类管理的收入分配制度，完善工资正常调整机制，健全宏观调控机制，逐步实现事业单位收入分配的科学化和规范化。至2012年，眉山市套改和审批机关工作人员1.13万人、事业单位工作人员4.65万人工资。

工资调整　工资调整主要包括工资标准调整、按年度考核结果正常调整工资、晋升职务调整工资、工龄工资调整、事业人员岗位变动调整工资、奖励工资和受处分人员的工资调整7类。1997年起，机关、事业单位正式工作人员连续两年考核成绩均为称职（合格）以上的在本职务（技术等级）所对应的工资标准内晋升一个工资档次。机关行政人员年度考核连续三年优秀和年度考核连续五年称职及以上的，晋升一个级别工资；事业单位每年3%的工作人员提前或越级晋升一个工资档次。工龄工资按工作年限每增加一年增加1元直至退休当年。被授予全国劳动模范或全国先进工作者荣誉称号的，机关工作人员高定两个级别（岗位）工资档次，事业单位工作人员高定两级薪级工资。被授予省、部级劳动模范或先进工作者荣誉称号的，机关工作人员高定一个级别（岗位）工资档次，事业单位工作人员高定一级薪级工资。受党纪政纪及刑事处分的相应降低工资标准。1999年7月起，全区实行职级工资制的人员中，已达到本职务最高级别、连续五年考核称职或连续三年考核优秀的，可按倒级差数额增加级别工资，但级别不变。2001年起，眉山市执行发放年终一次性奖金，发放对象为年度考核为称职（合格）及以上的工作人员，奖金标准为当年12月本人的基本工资。新参加工作人员见习期、初期工资待遇与机关新录用人员试用期的工资待遇相同。眉山市未施行艰苦边远地区津贴。2003年7月起，相应提高机关工人的岗位工资标准，奖金部分按照其在工资构成中的比例重新计算。调整事业单位工作人员工资构成中的固定部分，活的部分按国家规定的工资构成比例相应提高。事业单位新参加工作人员的见习期、初期工资待遇与机关新录用人员试用期的工资待遇相同。2006年7月起，实施工资制度改革。按机关公务员和参照公务员管理的事业单位工作人员执行职务级别工资制，机关工人执行岗位技术等级工资制，事业单位工作人员执行岗位薪级工资制。建立正常增资机制。取消工龄工资。机关、事业单位离退休人员2006年6月30日及以前曾被授予省部级以上劳动模范和先进工作者等荣誉称号、并在表彰奖励文件中明确享受省部级以上劳动模范和先进工作者待遇，仍保持荣誉的，凡未因授予荣誉称号高定工资或获得奖励工资档次的每月增加30元离退休费。工资套改已高定工资档次或薪级工资的人员，不再高定工资档次或薪级工资；因同一事迹获得多个荣誉称号的，不重复高定工资档次或薪级工资。受党纪政纪及刑事处分的相应降低工资标准。截至2012年年底，眉山市机关、事业单位调整工资标准5次28.76万人次。调整审批按年度考核结果晋升级别工资和职务（岗位）档次29.9万人次。审批机关公务员按年度考核结果晋升级别、级别档次和按级别工资套改表晋升级别增加工资3.59万人次；机关工勤人员按年度考核结果晋升岗位工资档次2500余人次；事业单位工作人员按年度考核结果晋升薪级增加工资22.8万人次。

工资核定　新录人员工资核定。1997年起，眉山地区机关、事业单位新参加工作人员工资初中毕业生190元，高中、中专毕业生200元，大学专科毕业生215元；大学本科毕业生225元；双学士学位的大学本科毕业生、研究生班毕业和未获得硕士学位的研究生240元，硕士学位研究生260元，博士学位的研究生290元。2006年7月，实施工资收入分配制度改革。直接从各类学校毕业生中录用的公务员试用期内基本工资大专毕业生655元、本科毕业生685元、获得双学士学位本科毕业生（含学制六年以上的本科毕业生）、研究生班毕业和未获得硕士学位的研究生710元、获得硕士学位的研究生770元、获得博士学位的研究生845元；其他新录用的公务员试用期工资，按管理权限由主管部门参考录用前本人工作经历和录用后拟任职务、级别，按照比该单位同等条件人员低一个级别工资档次的数额确定。新参加工作的机关工人，仍实行学徒期和熟练期制度。直接从各类学校录用到乡镇（不含县城所在乡镇）机关工作的大中专学生，仍实行一年的试用期制度，自到单位报到之月起执行转正定级工资。事业工作人员新聘用的获得硕士学位和博士学位的研究生不实行见习期，在明确岗位前执行初期工资；新参加工作的事业工人，仍实行学徒期、熟练期制度，工资待遇与机关工人一样；聘用到优抚、社会福利事业单位直接从事病瘫老人、生活不能自理的痴呆傻、病残婴幼儿和严重精神病、传染病人护理工作或直接从事城市生活无着的流浪乞讨人员救助管理工作并直接接触救助对象，以及殡葬事业单位从事尸体接运、整容、防腐、火化等直接接触尸体岗位的各类学校毕业生，仍实行一年的试用期（学徒期、熟练期）制度，自到单位报到起执行转正定级工资；直接从各类学校聘用到乡镇（不含县城所在乡镇）事业单位工作的大中专及以上毕业生，仍实行一年的见习期（工人为学徒期、熟练期）制度，自到单位报到起薪之月起执行转正定级工资。其中，到乡镇卫生院（不含县城所在地的乡镇卫生院）、农村乡镇（不含县城所在的镇）及以下中小学校、中等职业学校工作的高定1级薪级，调离后原高定薪级工资不予保留。至2012年无变化。

调动人员工资核定。1997年起，地级机关每年从六县和其他市（地、州）调入大量工作人员。调动人员工资、奖金、津贴等待遇，均按调入单位的工资制度和规定标准执行。机关之间、事业单位之间调动后职务（技术等级、岗位，下同）无变化的，其基本工资不变；职务（职级）发生变化的，按新任职务确定其工资待遇。企业调入机关事业单位或机关与事业单位之间调动的人员，按新任职务，比照该单位同等条件的干部确定其工资待遇。调动3个月之内明确职务的，自调入单位起薪之月起执行新工资标准；调动3个月之后任命职务的，自新任职务的次月起执行新工资标准。2006年7月起，眉山市机关事业单位工作人员调动后职务（岗位和岗位等级）无变化的，其职务（岗位）工资、级别（薪级）工资不变；职务发生变化的，按其新任职务（岗位和岗位等级），确定其职务（岗位）工资，级别（薪级）工资按相关规定办理，其中公务员新任职务高于（或低于）调动前职务的，按晋升（降低）职务调整工资的规定，调整其级别工资；事业人员按岗位变动调整工资的相关规定确定其薪级工资。至2012年无变化。

军队转业干部工资核定。1997年，眉山地区军队转业干部的工资待遇按1995年国务院、中央军委《关于确定军队转业干部工资待遇问题的通知》执行。2005年，眉山市清理企业拖欠军转干部工资、养老金和医疗费情况，按规定补足工资，解决企业军转干部“两保”问题，有再就业愿望的下岗失业企业军转干部基本实现再就业。2006年，调整在岗的企业军转干部工资月收入、退休企业军转干部生活困难补助标准、下岗失业企业军转干部月收入。工资制度改革后，按照2008年国务院、中央军委《关于2006年度及以后计划分配军队转业干部工资待遇确定办法的通知》规定执行。至2012年，未再实施新的制度。

参公人员工资核定。2009年起，眉山市登记为参照公务员法管理机关（单位）工作人员按公务员工资待遇重新核定工资；工人身份未能登记参公的工勤人员，按照自愿原则，愿意由事业岗位绩效工资调整为机关工人工资；不愿意调整为机关工人工资的保留其原工资待遇，分流到其他事业单位。截至2012年年底，眉山市重新核定登记为参照公务员法管理机关（单位）工作人员1400余人工资；按照机关工人待遇重新核定280余人工资；135人保留其原工资待遇，分流到其他事业单位。

津贴补贴　国家统一规定津贴补贴。1997年，眉山机关、事业单位工作人员执行的国家统一规定的津贴补贴主要包括各项岗位津贴、保留的改革性津贴补贴和年终一次性奖金。岗位津贴主要包括警衔津贴、人民警察执勤岗位津贴、人民法院办案人员岗位津贴、检察院办案人员岗位津贴、信访岗位津贴等9项和教师10%工资性补贴、护士10%工资性补贴、教龄津贴卫生防疫津贴、畜牧兽医工作人员医疗卫生津贴、农业事业单位有毒有害保健津贴、合同制工人10%工资性补贴14项。2006年，工资制度改革后，眉山市新增设国家统一规定的法官审判津贴、检察官检察津贴和人民警察加班补贴3项。当年起，相继调整特级教师津贴、警衔津贴、人民警察执勤岗位津贴、信访岗位津贴、司法助理员岗位津贴、密码人员岗位津贴、纪检监察人员办案补贴、审计人员工作补贴、人民法院办案人员岗位津贴、检察院办案人员岗位津贴10项津贴补贴标准。保留1993年工资改革保留津贴、交通补贴、住房补贴，保留事业单位工资原活工资比例超过30%部分和事业单位特殊岗位活工资比例提高部分。事业单位工资原活工资比例超过30%部分和事业单位工作人员年终一次性奖金，在事业单位实施绩效工资后均纳入绩效工资总量，不再单独保留该项目。2008年起，眉山市实施公务员津补贴制度改革，保留国家统一规定的津贴补贴和改革性补贴。全市公务员规范后的津贴补贴主要由国家统一规定的岗位津贴、年终一次性奖金、工作性津贴和生活性补贴，以及改革性补贴等组成。市直机关在职人员津补贴项目归并统一设置为生活性补贴和工作性津贴（比例为6：4），市直机关退休人员津补贴项目统一归并为退休人员补贴。2010年7月起，眉山市调整公务员工作性津贴和生活性补贴的人均水平和各职务层次的执行标准；六区县参照市级机关做法清理规范机关工人津贴补贴；适当调整机关离退休人员津贴补贴水平。全市市县机关津贴补贴第二步规范工作基本完成。至2012年无变化。

地方和单位自建津贴补贴。1997年，眉山地区县、地级部门和单位，以及同级部门与单位之间执行的地方和单位自建的津贴补贴项目种类繁杂、项目不一。地级机关、事业单位执行的主要包括职务补贴、午餐补助、电话费补助、过节费、计生奖励、目标奖等津贴补贴项目。2004年起，眉山市执行削峰填谷奖，规范市级行政单位奖金福利发放，改进补贴发放办法。2005年起，调整市级行政机关削峰填谷奖执行标准，规定市属事业单位在保障业务经费前提下，可按不超过市级行政单位发放的削峰填谷奖的总体人均水平发放。2006年，市级机关、事业单位工资制度改革，机关实施地区附加津贴制度，事业单位实施绩效工资制度，全市完成11.7万人次津贴补贴规范和调整审批。2007年7月起，市级机关中技师及以上的机关工人参照副科级领导职务的工作性津贴和生活性补贴标准执行，高级工及以下的机关工人参照科员的工作性津贴和生活性补贴标准执行。2009年起，事业单位分三步分别实施绩效工资。至2010年，眉山市各项地方和单位自建的津贴补贴予以取消。

事业单位绩效工资。眉山市事业单位绩效工资分三步实施。2009年起，实施义务教育学校绩效工资。全市义务教育学校的绩效工资分为基础性绩效工资和奖励性绩效工资两部分，基础性绩效工资占绩效工资总量的70%，基础性绩效工资设立岗位津贴和农村学校教师补贴两项，按月发放。9月兑现义务教育学校绩效工资。10月起，实施公共卫生与基层医疗卫生事业单位绩效工资。全市公共卫生与基层医疗卫生事业单位的绩效工资分为基础性绩效工资和奖励性绩效工资两部分，基础性绩效工资占绩效工资总量的60%，按月发放。2010年起，实施其他事业单位绩效工资。在市属其他事业单位绩效工资总量中基础性绩效工资和奖励性绩效工资之间的比重，全额拨款事业单位统一为7∶3，差额和自收自支事业单位在政策规定的50%~70%的比例区间内确定。六区县其他事业单位工作人员的绩效工资的具体标准，由同级人事、财政部门根据四川省文件规定和自身实际情况核定。至2012年无变化。

（二）福利

工作人员福利待遇主要包括假期待遇、伤亡待遇和福利费。

假期待遇　机关、事业单位职工假期主要有法定节假日、年休假、探亲假、婚假、丧假、病假、产假、事假、公休日均严格按照国家相关规定执行。

伤亡待遇　眉山市机关、事业单位职工伤亡待遇包括死亡待遇（一次性抚恤金、丧葬费和遗属生活困难补助）和因公（工）致残待遇。1997年起，眉山地区机关、事业单位职工死亡一次性抚恤金按本人生前月基本工资或基本离退休费乘计发标准发放，同时发放丧葬费、遗属生活困难补助。提高特、一等革命伤残人员护理费标准。此后，护理费调整按四川省统计局公布的上一年度当地国有单位职工月平均工资由眉山地区计算确定。2004年起，眉山市事业单位职工因工致残待遇所需经费在工伤保险基金中支付。10月起，全市机关、事业单位职工及离退休人员死亡一次性抚恤金按本人生前月基本工资或基本离退休费乘计发标准发放。2005年起，调整市级机关、事业单位职工死亡后丧葬费标准，厅级干部按其逝世当月的基本工资或离退休费的10个月计发；县处级及以下的在职人员、离退休人员死亡丧葬费标准按本人逝世当月的基本工资或基本离退休费的8个月计发；各区县参照市级机关事业单位调整后的丧葬费标准执行。2006年7月起，全市机关、事业单位职工死亡后其遗属生活困难补助，以遗属户籍所在地的县（区）政府公布的城市居民最低生活保障金乘计发系数，按月计发定期遗属生活困难补助。此后，遗属生活困难补助金额随城市居民最低生活保障金调整而相应调整。2011年8月起，眉山市调整机关工作人员及离退休人员死亡一次性抚恤金。烈士和因公牺牲为上年度全国城镇居民人均可支配收入的20倍加本人生前40个月基本工资或基本离退休费；病故为上年度全国城镇居民人均可支配收入的2倍加本人生前40个月基本工资或基本离退休费。

福利标准　1997年，眉山地区机关事业单位工作人员福利费提取以工资总额为基数。地级国家机关按工资总额的3%、县按3.5%、乡镇按4%提取。独生子女保健费不占用单位福利费。福利费主要用于解决工作人员在生活上遇到的实际困难以及对集体福利设施的建设等。地级机关职工福利费由单位支配，用于职工生活困难帮扶和夏季防暑降温。此制度延续至2012年。

六、退休退职管理

（一）退休

1997年起，眉山地区机关事业单位工作人员男年满60周岁、女年满55周岁（女工人50周岁），连续工龄满10年的；部分从事特殊工作或因工致残完全丧失工作能力的，应当退休。高级专家，处（县）级以上女干部，地区人大、政协中地（厅）级干部，符合相关文件规定，可推迟退休年龄。

退休费按标准计发。获得省以上荣誉称号的机关事业单位工作人员退休后享受特殊贡献待遇，全国劳模提高15%，省劳模获一次提高5%、获两次提高10%，曾在海拔3500米以上地区工作的职工工作满10年不满15年的提高5%、工作满15年及以上的提高10%，持有独生子女证的职工提高5%、在农技岗位退休的农技人员，男工作满20年、女工作满15年的提高10%，省级人民政府授予的科学技术进步奖的事业单位具有副高级及以上专业技术职务的高级专家特（一）等奖获得者提高10%、二（三）等奖获得者提高5%，因工（公）完全丧失工作能力人员需专人扶助的提高10%、不需人扶助的提高5%，在农村乡（镇）及以下的普通中学、职业中学、小学、幼儿园、成人（初）等文化技术学校从事教育教学工作男满30年、女满25年退休时，仍在上述单位工作的教育教学工作者，退休时享受全额工资待遇。机关、事业单位工作人员正常退休按“到龄即退”原则，除按国家规定延长退休年龄或留任者，均按时办理退休手续。退休人员除1993年工资改革保留津贴外，其余津贴补贴项目较少，标准不一。当年起，每年按时调整退休人员基本退休费。

2005年4月起，眉山市公务员工作年限满30年的；距国家规定的退休年龄不足5年，且工作年限满20年的，本人自愿提出申请，经任免机关批准，可以提前退休。2008年，眉山市机关公务员实施地区附加津贴和2009—2010年事业单位实施绩效工资的同时，机关、事业单位退休人员发放生活补贴。市属事业单位退休人员的生活补贴标准按在职人员绩效工资总量的70%核定。全市审批和调整机关事业单位退休人员生活补贴工资4.65万人次。2011年，退休人员活动经费调整为县处级每人每年500元、科级及以下退休人员每人每年300元。截至2012年年底，眉山市调整机关、事业单位退休人员基本退休费11次19.5万人次。

（二）退职

1997年，眉山地区男不满50周岁、女不满45周岁，或工作年限不满10年不具备退休条件的老弱病残干部，由医院证明并经过劳动鉴定委员会确定，完全丧失劳动能力的机关事业单位职工，应该退职。至2012年，眉山市机关事业单位工作人员120人退职。调整机关、事业单位退职人员基本退职费11次1200余人次。县（区）退职人员补贴按同职级退休人员补贴的60%~70%发放，市级退职人员补贴参照同职务（岗位、等级）退休人员标准执行。

第二节　人才工作

1997—2012年，市委、市政府先后编制眉山市人才发展“十五”计划及“十一五”“十二五”规划和眉山市2010—2020年中长期人才发展规划，明确提出培养造就规模较大、结构优化、布局合理、素质优良的人才队伍，进入全省人才强市行列。开展4批“眉山市有突出贡献的拔尖人才”、2届“眉山市杰出人才贡献奖”评选活动，表彰有突出贡献专家、人才169人次；落实人才引进政策，打破身份、所有制、地域、岗位等14项限制政策，培养中青年企业经营管理人才2000余人，青年科技创新人才3200余人，短、缺、新技术高技能人才2000余人，具有示范带头作用的农村实用人才2万余人。2012年，全市人才总量26.25万人，其中高层次、高技能人才4613人、占全市人才总量的1.76%。

一、人才总量与结构

（一）人才总量

1997 年，眉山地区人才总量 16.83 万人，其中，学历硕士 68 人、本科 5883 人、专科 1.64 万人、中专 6.89 万人，年龄 30 岁以下的 5.99 万人、36 岁～50 岁的 7.64 万人、50 岁及以上的 3.23 万人。2012 年，眉山市人才总量 22.13 万人，其中党政人才 1.46 万人、经营管理人才 2.33 万人、专业技术人才 5.5 万人、技能人才 5.96 万人、农村实用人才 6.53 万人、社工人才 0.35 万人；学历博士 3 人、硕士 250 人、本科 1.3 万人、专科 2.68 万人、中专 7.22 万人；年龄 30 岁以下的 7.22 万人、36 岁～50 岁的 9.24 万人、50 岁及以上的 3.8 万人；享受国务院政府特殊津贴专家 13 人，国家“863”计划评审专家及首席科学家、中组部“青年千人计划”入选专家、科技部“973”计划首席科学家 7 人，四川省有突出贡献的优秀专家、省级部门授予的四川省青年“技术创新带头人”、四川省青年“文化创新带头人”“优秀青年星火标兵”、四川省“百人计划”入选专家等 17 人；眉山市政府（地区行署）授予的科技奖励人员 115 人、“农村青年星火带头人”28 人、“杰出人才贡献奖”“有突出贡献拔尖人才”160 人次。

首届“眉山市杰出人才贡献奖”获得者与市领导合影（摄于 2006 年 6 月）

（二）人才结构

1998 年，眉山地区事业单位有各类人员 3.64 万人，其中专业技术人员 3.3 万人，占总数的 90.58%。专业技术人员中，有工程技术人员 1276 人、农业技术人员 1893 人、科学研究人员 20 人、卫生技术人员 3777 人、教学人员 2.4 万人、经济人员 835 人、会计人员 624 人、统计人员 50 人、翻译人员 1 人、图书档案文博人员 158 人、新闻出版人员 71 人、律师公证人员 25 人、播音人员 12 人、工艺美术人员 6 人、体育人员 12 人、艺术人员 33 人、政工人员 117 人；职称高级 656 人（正高级 2 人）、中级 8137 人、初级 2.32 万人；学历研究生 10 人、大学本科 2399 人、专科 1.02 万人、中专及以下 2.03 万人；年龄 35 岁及以下 1.74 万人、36 岁～45 岁 7946 人、46 岁～59 岁 7680 人。2012 年，眉山市事业单位有各类人员 4.44 万人，其中专业技术人员 3.45 万人。专业技术人员中，有工程技术人员 1712 人、农业技术人员 2115 人、卫生技术人员 6351 人、教学人员 2.23 万人、经济人员 197 人、会计人员 361 人、统计人员 49 人、翻译人员 1 人、图书档案文博人员 250 人、新闻出版人员 131 人、律师公证人员 7 人、播音人员 13 人、工艺美术人员 7 人、体育人员 16 人、艺术人员 28 人；职称高级 3479 人（正高级 37 人）、中级 1.31 万人、初级 1.77 万人；学历研究生及以上 222 人、大学本科 1.29 万人、专科 1.6 万人、中专及以下 5463 人；年龄 35 岁及以下 1.01 万人、36 岁～45 岁 1.45 万人、46 岁～59 岁 9891 人。中级及以上职称、专科及以上学历人员大幅增加，行业分布趋于合理。

（三）专家

至1998年，由乐山划转到眉山的专家13人，其中享受政府特殊津贴专家9人、省优秀专家4人。此后，眉山开展四川省学术和技术带头人、四川省学术和技术带头人后备人选、四川省有突出贡献的优秀专家、享受国务院政府特殊津贴人员以及博士后科研工作站的推荐、选拔、上报工作。2012年，眉山市有享受国务院政府特殊津贴专家13人，国家“863”计划评审专家及首席科学家、中组部“青年千人计划”入选专家、科技部“973”计划首席科学家7人，四川省有突出贡献的优秀专家、省级部门授予的四川省青年“技术创新带头人”、四川省青年“文化创新带头人”“优秀青年星火标兵”、四川省“百人计划”入选专家等17人。

学术和技术带头人及后备人选　2010年，四川大学锦江学院院长陈爱民获四川省学术和技术带头人称号。2011年，四川启明星铝业有限责任公司副总经理王有来获四川省学术和技术带头人称号，四川启明星铝业有限责任公司副总工程师李勇获四川省学术和技术带头人后备人选称号。

享受政府特殊津贴专家　1997年，眉山师范学校梁干才、四川金象赛瑞化工股份有限公司雷林；2001年，洪雅县林场刘朝禄；2007年，四川启明星铝业有限责任公司苏旭燕享受政府特殊津贴。

有突出贡献的优秀专家　四川省每两年选拔一次有突出贡献的优秀专家。1999年，洪雅县林场刘朝禄；2001年眉山师范附属小学符光清；2005年，眉山职业技术学院何青海；2007年，四川启明星铝业有限责任公司王有来、眉山市水产渔政局彭建安获四川省有突出贡献的优秀专家称号。

二、人才市场建设

1997年，成立眉山地区人才流动服务中心。当年，全区除丹棱县未设立专门机构外，其余5县均设有人才流动服务中心（站）。1998年，地区就业服务管理局举办职业介绍工作人员业务培训班，开展劳动就业与职业介绍、职业指导、劳务输出等培训，合格者发给四川省职业介绍工作人员资格证书。1999年，全区清理劳动力市场，开展岗前培训，严格执行佩证上岗，亮证服务，收费公开，规范服务。2002年起，市劳动和社会保障局加强企业工资分配的宏观调控，实施企业工资价位指导。开展职业中介机构年检，注销或停办不合格机构6个。2007年，眉山市规范发展社会中介组织，清理、取缔违法经营和无证经营，纠正违规职介行为。组织开展民办职业介绍机构信用等级评定。全市确定4个A级信用等级民办职业介绍机构，向四川省推荐东坡区梦想职业介绍所参加AA级信用民办职业介绍机构评定。开通并公布举报投诉服务电话。眉山市人才流动服务中心与成都天府人才网合建眉山人才网，与四川省人才中心实现网络连接，设企业招聘、个人求职、培训信息、HR资讯、院校频道、招聘指南、人事政务信息、党员之家、高校毕业生就业创业、个人档案查询等板块，当年点击率20万人次。2008年，眉山人才网延伸到各区（县）。当年起，全市开展清理整顿人力资源市场秩序专项行动。2010年，眉山市调查制造业、采矿业、采煤业、建筑业、交通运输仓储、批发零售业、商务服务业等9个行业职工6720人，涉及国有企业、集体企业、股份合作企业、有限责任公司、股份有限公司、私营企业等8类企业。在全市建立劳动力市场指导价位制度。首次发布劳动力市场部分工资指导价位。2011年，整合眉山市人才市场、眉山市劳动力市场、东坡区人才市场和东坡区劳动力市场，成立眉山市人力资源服务中心（眉山市人力资源市场）。截至2012年年底，眉山人才网年平均点击率超过100万人次。全市组织联合执法力量667人次，检查人力资源服务机构200余户次，发现违法违规案件28件，责令改正19件，指导规范职业介绍行为24户；检查有资质的劳务派遣机构75家，规范劳务派遣机构5家，取缔注册资金不足50万元的劳务派遣机构2家。

三、人才引进

1998 年起，地委实施人才战略、构建人才高地，以“大学生专项事业编制”形式安排大学生到地级单位工作，改善地级部门干部队伍结构。2000 年，全区各县党政“一把手”抓科技队伍建设，实行目标责任制管理。至 2001 年，眉山市从北京、上海、重庆、成都等地高校引进应届大学本科以上毕业生 278 人，其中博士研究生 1 人、硕士研究生 8 人、双学士本科生 5 人、大学本科生 264 人。安置在党群、人大、政协、政府系统以及市属医院、学校。

2003 年后，市委、市政府采取“六个一批”（公开考试转录一批、直接参加面试录用一批、下调乡镇任职解决一批、在“市职业技术学院”安排一批、在企业单位分流一批、调入市级事业单位固定一批）办法，解决大学生身份问题。2007 年起，眉山市实施“一村一名大学生干部”计划，每年选聘高校毕业生到村任职，是共产党员的担任党支部副书记，非党员的担任村主任助理。选拔农业领域人才 53 人联系优势农产品产业带、产业基地、示范园区、龙头企业，或担任科技特派员团队负责人。依托国家级和省级技术研发中心、工程技术中心、高新技术企业和创新型企业，组建由首席专家领衔的重大科技课题攻关团队 28 个。在重点企业推行首席技师、特聘技师评聘工作，高级技师 35 人“师带徒”。实施科技特派员团队创业服务行动，市、县经济科技部门选派科技特派员 316 人组建创业服务团队，前往现代农业生产基地和农产品加工企业蹲点服务。市政府办下发《关于实施高层次人才培育工程的意见》，提出 5 年全市培养 6 类高层次人才群体目标任务。2008 年起，眉山市启动“5+4”产业（农业五大优势产业、工业四大优势特色产业）人才支撑项目。开展农业“五大优势产业”（优质生猪、奶业、果蔬、竹木、水产品）领军人才培育工程，培养和资助遴选出的从事生产、加工、营销优秀人才；开展眉山市工业“四大优势特色产业”（铝硅、机械、化工、农副产品加工）集群人才支撑项目，遴选一批科技创新团队和“小巨人”企业人才开发项目实施资助。当年选拔资助 20 人，每人每年资助经费 5000 元，管理期 2 年；资助科技创新团队 5 个、“小巨人”企业人才开发项目 5 个，每个团队或企业每年 3 万元。实施重点企业大学本科以上学历、中级以上专业技术人才、高级技师政府补贴制，市财政每人每月津贴 100 元~200 元。市委、市政府制订《眉山市全民创业行动方案》，鼓励高层次人才兼职从事研究开发和科技成果转化工作，担任技术顾问、技术指导，或开展技术承包、技术服务，或参与企业技术攻关、新产品开发，以技术作为生产要素参与分配。市级领导 30 人联系高层次人才，帮助解决创业中遇到的困难问题。开展“全民创业优秀人才示范岗”争创活动，树立丁文军等 150 人为示范岗，管理期 2 年，每人每年享受岗位补助 600 元。组织农业专业技术人才和规划建设人才 900 余人前往农村、企业、学校指导开展生产自救和灾后重建。打破人才使用体制性障碍，破格录用眉山著名作家刘小川、破解清见种植六大技术难题的仁寿优质清见柑橘协会会长、清见协会党支部书记徐文科为事业人员。2009 年，市委下发《关于应对金融危机加强人才工作的意见》，实施“54321”（引进和培养博士 5 人、硕士研究生 40 人、高级专业技术人才和高技能人才 300 人、大学本科及以上学历或中级专业技术人才、技能型人才 2000 人、农村实用人才 1 万人）工程。2010 年，市委下发《关于加快实施优秀人才集聚工程的意见》，规定吸引和留住各类优秀人才政策。八大产业龙头企业中具有大学本科学历或中级专业技术职称或技师资格（国家职业资格二级）人员每人每月补助 100 元，硕士研究生每人每月补助 150 元，博士研究生或具有高级专业技术职称或高级技师资格（国家职业资格一级）人员每人每月补助 200 元。

四、人才管理

（一）科研机构、评审机构建设

博士后科研工作站（创新实践基地） 2009年，四川省人事厅批准南车眉山车辆有限公司设立省级博士后科研工作站。2010年，人力资源和社会保障部、全国博士后管理委员会批准南车眉山车辆有限公司设立眉山市首家国家级博士后科研工作站。2011年，过去设立的省级博士后科研工作站统一更名为博士后创新实践基地。2012年，千禾味业食品股份有限公司设立博士后创新实践基地。2012年，眉山市有国家级博士后科研工作站1个、省级博士后创新实践基地1个。

职称评审组织 1997年，眉山地区组建中级专业技术评审委员会，开展专业技术职务评审工作。至2000年，全区共组建专业技术评审委员会19个。2006年，眉山市大中专教师、中小学教师和党校系统教师中级职务评审委员会合并组建眉山市教师中级职务评审委员会；图书、文博、群文、新闻、社会科学、公证、律师专业中级职务评审委员会合并组建眉山市综合技术中级职务评审委员会；除建筑、水利外的所有工程技术类中级职务评审委员会合并组建眉山市工程技术中级职务评审委员会。调整后，眉山市有工程技术、建筑工程技术、教师、农业技术、畜牧兽医、水利、综合技术等中级职务评审委员会7个，负责全市中级专业技术职务任职资格（技术称号）的评审工作。至2012年无变化。

（二）人才待遇

1997年起，眉山地区资助农村领军人才、企业科技创新团队、“小巨人”企业人才开发项目，选举或推介企业家担任地、县党代表、人大代表、政协委员。截至2012年年底，眉山市共资助农村领军人才、企业科技创新团队、“小巨人”企业人才开发项目113个，发放培养资助经费150万余元。享受政府补贴的企业人才1.55万人次，发放政府补助1218.93万元。选举或推介企业家400余人担任市、县（区）党代表、人大代表、政协委员，100余人担任市、县（区）委委员、人大常委会委员、政协常委，其中20人被推荐当选全国政协常委、四川省人大代表、四川省政协委员、四川省工商联执委。

（三）人才流动服务

1997年起，眉山地区人才流动服务机构逐渐发展服务范围。开展国有和各类非国有企事业单位，社会公益事业组织以及其他无主管部门的单位；各类要求人事代理的专业技术和管理人员、大中专毕业生、转业军官及经政府人事部门所属人才服务机构认可的其他人员为主要对象的人事代理。至2010年，眉山市人才流动服务机构成为集现场招聘、网络招聘、人才信息服务、人事代理、人才派遣、人才培训、大学生就业服务、举办毕业生就业双选会等兼具市场化服务和公益型服务职能的人才服务专业机构。年均开展现场招聘会40余场、进场招聘单位1000余家次、提供职位5000余个、进场求职1万余人次、2000余人次达成意向。年均接收高校毕业生档案6000余份，免费办理人事档案代理。为95家企事业单位各类人才办理人事代理人数1.56万人。

2011年起，眉山市人才服务机构逐步建立城乡统一、覆盖面广、信息灵通、服务完善、流动规范有序的市场服务体系，由城镇扩展到农村，建立城乡一体化的人力资源市场，规范劳动力市场秩序，维护劳动力市场的有序运行。采取调动、招聘、辞职、解聘、停薪留职、借用等形式，向国家重点项目、高新技术项目、国有、集体、个体企事业单位引进急缺人才。2012年，眉山市人才市场以招聘会促进6570人就业；推荐派遣1260人到机关、单位和企业就业；公开招录公务员261人、事业人员 1037 人。全市有 2000 余个单位、8600 余人实行各种不同形式的人事代理。除非公有企事业单位实行人事代理外，卫生、新闻、金融、教育、建筑等行业单位和有关事务所实行人事代理。年末全市人才总量增至 26. 25 万人。城镇新增就业累计 12. 6 万人，下岗失业人员和失地无业农民再就业 5. 46 万人，就业困难对象再就业 1. 82 万人；完成农村劳动力转移 117. 5 万人次，实现劳务收入 79. 2 亿元；城镇失业登记率控制在 4. 4%以内，“零就业”家庭保持动态为零。

眉 山 市 志 MEISHAN SHIZHI

第二十六篇　民　政

1997 年起，眉山地区民政工作有序开展，按时依法组织选举产生村委会和社区居委会。完善社会事务管理机制，社会救济等社会保障逐步规范，对符合享受最低生活保障政策的受助者实行“应保尽保”，基本消除漏保现象。优抚工作实行定期定量补助，落实群众优待，形成国家、社会、群众相结合的优待抚恤制度，退役士兵安置难问题得到有效解决，婚姻登记走上规范化轨道，农村“五保”工作实现应保尽保，社会救助实现由强制收容向关爱救助的重大制度转变。编制出台一系列救灾应急预案机制，突发自然灾害应急指挥体系基本建成。民政社团管理由过去只管社团，逐步拓宽到民办非企业，发展到社会组织及异地商会登记。

第一章　基层政权建设

1997 年起，眉山地区各级民政部门稳步推进群众性自治组织建设，以民主选举、民主决策、民主管理、民主监督为基本内容的村民自治取得明显成效。加强社区建设，提高社区居民生活质量。完成 5 届村民委员会换届选举，青神县、东坡区获得全国村民自治模范区县称号。

第一节　村（社区）自治

1997 年起，眉山地区推行村民自治，以实施《中华人民共和国村民委员会组织法》《中华人民共和国居民委员会组织法》为重点，完善和发展村（居）民自治示范成果。加强村（居）民代表议事制度建设，规范化管理，完善监督机制，重大村（居）务公开，接受村（居）民监督。当年，四川省政府授予眉山县“四川省村民自治示范县”“社区服务示范城区”称号。全区69个村、21个居委会、8个乡镇达到示范标准。1998年，总结推广彭山县、眉山县村民自治示范活动经验。青神县以村民自治、村务公开为运行机制，全村村民民主决策自愿集资6000万元，建成标准乡、村水泥路360余千米，其经验被誉为“青神模式”，中央、省市媒体重点报道。全区2342个村民委员会中2081个被各县政府命名为“村民自治示范村”，青神县、洪雅县被四川省政府命名为“村民自治示范县”，彭山县、眉山县被国务院命名为全国“村民自治示范县”。全区村委会建立“一章十制”（村民自治章程，村委会工作职责、村会议制度、村务公开制度、村民议事规程、村干部廉政制度、村民教育制度、党员目标管理制度），保证村委会自我管理有章可循，有效规范村干部和村民行为。实行村民代表议事制度，发挥村民代表作用。1999年，推行村民大会、村民代表议事制度，凡属村务管理的重大事项及村民关注的热点、难点问题均先召集党员大会讨论，再分别提交村民会议或村民代表会议讨论，实行民主决策。至2000年，全区村民自愿筹资3亿余元，修建修桥梁810座、公路6982千米，整修堰渠7.55平方千米，实施电视村通工程9.88万户，普及农村电话3.28万户。村民自治示范乡镇增至171个、占总数的79%。各县验收合格村民自治示范村710个，示范村占总数的89%。

2001年起，眉山市各县（区）修订完善《村民自治章程》和村级计划生育“村规民约制度”，推进基层民主建设。年末全市村民自治示范乡镇增至204个、占总数的94%，村民自治示范村增至2252个、占总数的96%。2002年，全市村民自治计划生育合格率80%，小康镇、村分别达96%、98.7%。洪雅县被四川省政府命名为“村民自治示范县”。2004年，眉山市政府命名“村民自治模范乡镇”43个，总数增至92个，占乡镇总数的19.82%，1214个村被区县政府命名为“村民自治模范村”。

2007年起，眉山市将村民委员会组织法、城市居民委员会组织法列入“五五”普法重点内容，开展普法宣传。当年，仁寿县8个乡镇、彭山县1个镇被眉山市政府命名为村民自治示范乡镇。2009年，全市开展“生产发展、生活宽裕、乡风文明、村容整洁、管理民主”的新农村创建，向上级争取资金2884.8万元，建立完善仁寿县34个社区、234个村委会办公阵地及活动场所。全市80%的县城社区达到和谐社区阵地建设标准，城市规划区社区新增便民服务网点56个，新成立社区卫生服务中心（站）15个，新建信访工作站34个，新增社区志愿者服务人员800人，服务项目60余个。2010年，仁寿县实施灾后村级阵地重建项目，投入资金1487.8万元（地方财政配套200万余元）建设村级阵地239个。至2010年年底，全市培训村（居）委会干部2.38万人次，接收群众咨询2800余人次。通过以村民会议或村民代表会议形式制定村（社区）自治章程、各项规章制度，基层民主政治建设步入制度化规范化轨道，形成民主选举、民主决策、民主管理、民主监督氛围。青神县、东坡区获得全国村民自治模范区县称号。

2012年，重点开展村级事务民主管理推行“一事一议”的民主决策工作，全市1092个村重大村级事务民主决策率95%。

第二节 村（居）委会换届选举

一、第四届村（居）委会换届选举

1998年10月至1999年2月，举行眉山地区第四届村（居）委会换届选举。分宣传发动、登记推荐、投票选举、完善健全制度四个阶段，成立选举领导机构、宣传动员、选举和培训选举工作人员、进行选民登记、产生初步候选人、召开选举大会投票选举、健全组织、建章立制、检查验收10个步骤实施。全区217个乡镇2343个村委、188个居委选民246.78万人，参选233.16万人。设秘密投票室3432间，收回选票230.89万张（废票4.33万张）。一次成功选举主任2451人、副主任26人、委员4700人。补选主任80人、委员103人，村民小组长1.87万人，村民代表7.54万人。

二、第五届村（居）委会换届选举

2001年，举行眉山市第五届村（居）委会换届选举。市民政局制发《关于第五届村（居）委会换届选举工作的安排意见》。各县（区）按照准备和宣传动员、选民登记和推荐确定候选人、投票选举、检查验收、完善制度程序分阶段组织实施。当年，除仁寿外，其余5区县完成换届选举。至2002年3月，全市217个乡镇、2342个村、206个居委会全部完成换届选举。彭山县完善《村民代表大会议事规程》《三级公开管理办法》，受到省政府肯定，在全省推广。

三、第六届村（居）委会换届选举

2004年7月至2005年3月，举行眉山市第六届村（居）委会换届选举。各选举组织以公开、公平、公正、竞争、择优为原则，按程序和直接、差额、秘密划票、无记名投票方式，严格把关。经过宣传动员，选民登记、推荐确定候选人，投票选举、健全组织，完善制度，检查验收“五个阶段、十个步骤”。全市6个县（区）、213个乡（镇）（洪雅县2乡镇延期换届）、2个街道办事处、2318个村民委员会、133个社区居民委员会完成第六届村（居）民委员会换届选举。登记选民232.93万人，直接到会参加投票选民185.18万人，参加投票选民221.2万人、参选率95%。选出村民委员会主任2313人、村民委员会副主任及委员4915人、社区居民委员会主任133人、村民小组组长1.39万人、村民代表6.36万人，建立民主理财小组2287个7299人、村务公开监督小组2287个1.81万人。一次选举成功2181个村、成功率95.4%。

四、第七届村（居）委会换届选举

2007年年初，实施合村并组。4月至11月举行眉山市第七届村（居）委会换届选举。全市1186个村、157个社区选出村（居）委会班子。村（居）委会登记选民225.99万人，参加正式选举投票选民200.13万人。选举村委主任1186人、居委会主任157人、村（居）委会委员2920人，连选连任村委主任109人，选举一次成功率96.4%。组织调查处理换届选举中群众来信来访30余件，平息群访3起。

五、第八届村（居）民委员会换届选举

2010年10月，举行眉山市第八届村（居）委会换届选举。涉及128个乡镇、3个街道办事处所辖的1186个村、161个社区，中心城区34个社区因故延期选举。全市村（居）委会换届登记选民219.71万人，参加正式选举投票选民185.85万人，参选率84.6%。选举一次性成功的村1140个、成功率96.1%；社区123个、成功率96.9%。产生新一届村委会主任1180人（女性98人、党员826人）、居委会主任127人（女性44人、党员95人）、村委会成员2831人（党员2303人，占81%）。新一届村（居）委会成员平均年龄不足43岁，高中、中专以及大专以上文化程度有589人，村干部进一步年轻化、知识化。

第三节　乡镇和村（居）务公开

1997年，青神县、洪雅县、丹棱县、仁寿县统一建立村务公开专栏公开村务。1998年，在眉山县、彭山县、青神县部分乡镇开展村务公开规范试点，统一公开程序、内容、时间、阵地、管理。全面推行村务公开和加强民主管理，建立健全村务公开制度，主要内容包括村委会年度工作计划和村干部三年任期目标；村财务收支；双提款方案；农业税征收和粮油定购任务；义务工和劳动积累工安排使用情况；水费、电费收缴情况；计划生育指标安排；“四地”（承包地、宅基地、自留地、山林地）使用、调整、审批方案；发包、拍卖、租赁项目和公益事业建设；救灾救济款物分配使用情况10项。地区行署在仁寿县、洪雅县、丹棱县召开“村民自治和乡镇务公开流动现场会”，制定“五规范”标准，开展公开内容、程序、形式、时间、管理等检查。至1999年，全区所有村建立公开栏，实行村务公开。

洪雅县洪川镇曲沿村村务公开栏（摄于2006年9月）

2002年，眉山市进一步规范乡镇政务公开工作，明确乡镇政务公开工作的指导思想、基本原则、主要内容和工作方法。2003年，市委、市政府下发《关于健全和完善村务公开和民主管理制度的实施意见》，深化乡务、村务、组务公开。至2004年，全市乡镇政务公开面100%、规范化95%，村务公开面100%、规范化90%。

2006年，全市以社会主义新农村建设为契机，强化农村“管理民主”。洪雅县重新修订以新农村建设为主要内容的村民自治章程，修改和完善“四个民主”的19项制度，规范村务公开和民主管理。当年，洪雅县获“省级村务公开示范县”称号。2007年，市民政局制定《眉山市村务管理实施细则》《村务公开提纲目录》，规范村务公开栏形式、内容、时间和程序，基层民主政治建设工作步入制度化、规范化轨道。2008年，全市以乡镇政务公开、农村村务公

开和完善村级民主决策制度为重点，层层建立农村党风廉政建设工作领导小组，将农村党风廉政建设工作与业务工作同规划、同部署、同检查、同考核，签订目标责任书。实行政务、村务、财务按要求上墙公开，集体资产、工程招标投标项目、资金使用等让群众参与管理。2009 年，各县（区）开展村务公开示范工作，巩固全市乡镇政务、村务、组务三级公开一体化，在村级事务管理中，推行“一事一议”民主决策制，重新修订适应社会主义新农村建设村民自治章程，明确专业合作组织与党支部、村委会关系，进一步规范村委会运作程序，以保证村民权利。年末全市乡镇政务公开率 100%、规范化率 96%，村务公开率 100%、规范化率 92%，村重大村级事务民主决策率 95%。

2010 年，眉山市村（社区）按照统一模式建立村（居）务公开指导目录，设置村（居）务公开栏，公开贯彻落实村（居）委会组织法情况，保证基层广大群众法律法规贯彻执行情况知情权、参与权和监督权，推进基层民主政治建设。2011 年，市委、市政府将村务公开纳入党风廉政建设责任制考核，督促、指导各区县规范村务公开、民主管理工作。健全和完善村务公开民主管理各项制度，落实村务公开制度。重点从村务公开的内容、形式、时间、程序、监督管理五个环节规范村务公开民主管理工作。排查治理“难点村”12 个，“难点村”问题得到转化。

2012 年，眉山市各县（区）健全和完善村（居）民代表会议制度、村（居）务公开制度、财务公开制度、民主决策制度、村规民约等。截至 2012 年年底，全市村（居）务公开率 100%，规范率 92%，所有行政村全部建立村务监督委员会，4439 名村务监督员上岗履职。

第四节　社区建设

1997 年，眉山地区有居委会 159 个。当年，成立眉山地区社区服务协调领导小组，新建社区服务中心 1 个、社区服务设施 15 个。新办服务项目 19 个。眉山县被四川省政府授予“社区服务示范城区”称号。2000 年，全区开展社区建设示范活动，新增各类社区服务设施 40 个。年末全区 174 个居委会建立健全居民自治章程。

2001 年，在东坡区开展城市社区建设试点。主要内容是依法按程序设置街道办事处，为提高城市综合管理水平提供组织保障；合理调整设置社区居委会，改善居委会办公条件；研究试行面向社会公开选聘社区居委会干部，提高居委会干部队伍整体素质。青神县在原 863 厂筹建居委会。2002 年，洪雅县洪川镇 7 个居委会重新划为 5 个社区居委会，面向社会公开择优选聘并依法选举 5 个社区居委会成员 15 人。同时，开展省级社区建设示范单位创建活动，规定创建规则，明确目标责任、创建标准、具体措施。当年，眉山市新增社区服务中心 3 个、服务站 3 所。仁寿县完成社区规模调整、换届选举。青神县瑞峰镇、丹棱县丹棱镇完成社区试点任务。全市 29 个乡镇开展社区建设试点工作。2003 年，眉山市政府命名洪雅县洪川镇、仁寿县龙正镇、彭山县谢家镇、青神县瑞峰镇为市级社区示范乡镇。2004 年，建立建川机械厂（破产企业）居委会。按地域和 1000 户~3000 户规模调整社区居委会，眉山市 206 个居委会和 22 个城中村调整为 132 个社区居委会。开展“四进社区”（公安进社区、卫生进社区、文化进社区、劳动和社会保障进社区）活动，全市“四进社区”完成率 91.5%，实现“一区一警”，建文化活动中心或广场 78 个，业余文化队伍 70 个，丰富社区文化生活。2005 年，全市开展市级社区建设示范创建活动。仁寿县、洪雅县、青神县、丹棱县 6 个市级社区建设示范镇验收合格，经市政府审定后命名。洪雅县洪川镇被四川省民政厅命名为“四川省社区建设模范镇”。2006年，市委、市政府印发《关于构建和谐社区的实施意见》，推进和谐社区建设。调整规模过大社区，新增社区8个。开展省级示范社区、无毒社区、平安社区创建活动。东坡区投入100万余元创建和谐社区，并通过省政府“建设和谐社区示范区”省级验收。全市建立志愿者队伍600余支5万余人为社区居民提供多层次、多方位、多角度服务。当年，市政府命名眉山市和谐社区建设示范街道（镇）17个。

2007年，市委、市政府将社区建设作为城市工作重点内容。加强社区基层组织建设、环境建设、基础设施建设。完善社区的发展造血功能，发挥社区对居民的服务功能，健全社区的管理功能。实行市级领导联系社区，为社区发展解决具体困难。落实辖区内单位的社区共建责任。每个社区有一个单位牵头，一些单位协助，与居委会共建社区。实行一区一警，每个社区有一个警务室。拓展社区服务，面向老人、儿童、残疾人、优抚对象及社会贫困户的社会福利和社会救助、社区居民的便民利民生活服务、失业人员再就业服务和居住在本社区离退休人员的社会化管理服务、流动人口计划生育管理服务、居民的消费维权服务等。建设社区卫生服务站点，完善社区疾病预防、医疗、保健、康复、健康教育和计划生育技术服务等。完善公益性群众文化设施，组织开展丰富多彩、健康有益的文化、教育、科普、体育、娱乐等群众性精神文明建设活动，积极创建文明和谐社区。推进农村社区向城镇社区转变，凡建制且城镇户籍数1000户以上的，实行村委会转社区；没有建制但居住比较集中，达到1000户以上的农民居住区，单独建立社区。新建社区配置办公和服务用房，配套完善水、电、气、通信、文化、教育、卫生、体育、绿化等公共基础设施。建立“共居一地、共同管理、共促繁荣、共保平安、共建文明、共求发展”社区。当年，市级部门为中心城区社区建设提供帮扶资金44万余元。东坡区被四川省政府授予“和谐社区示范区”称号，市政府命名6个镇为眉山市建设和谐社区示范镇。

2008年，眉山市城市规划区社区新增便民服务网点200个，新成立社区卫生服务中心（站）15个，新成立全民创业服务工作站34个，新建社区警务室20个。当年，全市85%的社区建立廉政文化公开栏，所有社区设置廉政文化图书室。2009年，眉山市投入1734.8万元解决仁寿县34个社区、234个办公阵地和服务场所。开展廉政文化进社区，社区廉政文化宣讲专题讲座38场次，教育社区干部、居民5900余人次；开展社区廉政文艺调演2次；各区县建立社区单位廉政建设联席会议制度，组织开展廉政建设信息交流，总结宣传廉政文化进社区典型成果。2010年，全市加大社区基础设施建设投入。市政府划拨土地2600平方米建设东坡区社区服务体系。仁寿县落实灾后重建资金1837.8万元，地方财政配套200万余元，建设村级阵地239个，新建、改建社区阵地34个。全市近80%的社区硬件设施建设达到和谐社区建设示范单位标准。

2011年，全市在城市街道、社区工作者中开展的“走千户、访千人”活动，社区专职工作者700余人前往居民家中，访民情、解民意、知民需，将窗口服务延伸到社区居民身边，实行社区服务“为民办事全程代理”制，居民申办各种事项满意率95%以上。建成农村社区35个。2012年，眉山市社区推广使用“中国社区”标识，将廉政文化建设纳入社区建设整体规划中。开展城乡环境综合治理进社区，落实环境整治“六个一”（一个领导小组、一支宣传队伍、一个公开栏、一次检查督促、一支整治队伍、一次卫生知识培训）措施，改善社区环境卫生面貌。全市农村社区增至115个。

第二章　社会事务管理

社会事务包括行政界域界线管理、地名管理、婚姻管理、儿童收养、流浪乞讨人员救助、殡葬管理、社会组织管理等。1997—2012年，眉山市完善制度机制体制，维护公民权利。加强行政界域管理，规范地名管理，严格婚姻登记，杜绝非法婚姻。依法办理收养登记，加强收容遣送管理，依法救助。规范殡葬事务管理，提倡火化，抵制、清理乱埋乱葬现象。清理、整顿、发展民间组织，推动社会事业协调发展，促进社会稳定。

第一节　行政界域界线管理

一、勘界

1997年，地区民政部门完成眉山地区勘界500千米。1998年，完成眉（山）成（都）线210千米、眉（山）内（江）线160千米、眉（山）乐（山）线360千米勘定。1999年，启动行政区域界线勘定。眉山各县、毗邻县（市、区）制定联合勘界实施方案。区内县界8条和市、地间县界28条全部贯通。

2001年，眉山市规范界线管理。经过五年勘定，全市三级行政区域界线总长5170.35千米。其中市间县界27条1052.07千米，市内县界7条361.78千米，乡镇界线505条3756.51千米。由眉山市牵头勘定和整理上报的两类县级界线19条837.15千米，两类县界上埋设钢混结构界桩86颗；其中埋设市间三交点24颗、区间两面桩38颗；埋设市内县界三交点界桩2颗，区间两面桩22颗。标绘县界工作图和正式协议书附图各205张。全市各级政府的行政管辖范围有了明确的法定界线。2004年，印制眉山地图商务版近万册。完成全市7条涉及成、乐、雅三市连界现场勘检，实地认定边界无争议。

二、行政区域界线联合检查

2004年起，眉山市牵头或配合行政区域界线联合检查。当年，眉山市牵头完成新（津）彭（山）线、洪（雅）雨（城）线、夹（江）洪（雅）线等7条市（县）间县界联检，配合完成邛（崃）眉（山）线等4条市（县）间县界联检。2005年，全市完成眉（山）青（神）线等7条市内县界联检。2006年，各县（区）开展乡镇界联检试点。2007年，各区县完成乡镇界联检。2008年，全市县（区）全部完成三级界线联检档案资料的整理、上报。2009年，眉山市配合完成7条眉山市与成都市、雅安市、乐山市间等县界联检和平安边界创建工作。2010年，完成仁（寿）眉（山）线等7条市内县界联检和平安边界创建工作。2012年，眉山市牵头完成仁（寿）井（研）线、资（阳）仁（寿）线、井（研）青（神）线市（州）间县界联检和平安边界创建工作。

2004—2012 年，眉山市牵头完成新（津）彭（山）线、洪（雅）雨（城）线、夹（江）洪（雅）线等 25 条眉山市与成都市、雅安市、乐山市、资阳市、内江市、自贡市间等县界联检，配合完成邛（崃）眉（山）线等 24 条市（县）间县界联检。完成 14 条市内县界联检和平安边界创建工作。

第二节　地名管理

1997 年，眉山地区宣传《国务院地名管理条例》，纠正乱用错用地名现象。1999 年，政协眉山地区工委牵头眉山中心城区街道命名工作，按照“突出三苏文化和地方特色”原则，在《眉山日报》开辟“为新区街道取个好名”专栏收集街名建议 236 条。通过专家学者论证会筛选，征求意见，编纂出版《眉山城街名渊源》。2000 年，全区加强城市建筑物名称管理。完成眉山新区道路街巷命名方案论证、修改、送审工作。青神、洪雅、眉山等县在城市改造基本完成后，制定地名标牌设置规划。当年，完成眉山新区道路街巷命名方案论证、修改、送审。青神、洪雅、眉山等县制定地名标牌设置规划。眉山县被认定为全省城市标准地名标志设置试点县，青神县为全省地名标牌设置试点县。

2001 年，完成眉山市中心城区新区所有街巷命名，报市委批准，更名老城区街道 8 条，眉山城区 228 条新老街道有了固定名称。东坡区新命名新区街道 52 条，更名老城区街道 8 条。青神县、东坡区按照国颁标准在县城街巷统一安装街巷名牌。2002 年，市中心城区新区 65 条 1.06 千米街道设置标牌，设标牌座 1062 座。青神县、东坡区完成设置标准地名标牌试点。2003 年，全市建设地名数字库。规划东坡区、青神县 2004 年、其他县 2005 年 11 月完成地名数据建设。市中心城区启用东坡大道、眉州大道、诗书路等街道名称。完成街道命名和门牌编码。2004 年，按国家标准，完成东坡区按门牌标准化设置，眉山新区、东坡区中心城区街道地名标准牌设置。

2007 年，眉山市加强城区地名标志设置管理。完成中心城区地名标志设置。全市新设城市标牌（街路牌、楼幢牌、单元牌、门牌）10.48 万块，命名地名（道路、桥梁、广场）36 条。完善国家地名数据库，录入地名数据库信息 1.55 万条。农村地名标牌设置列入市政府民生工程加以推进，农村计划设置地名标志 85 万余块，仁寿县完成 30%，其余区县设置率 100%。各县（区）投入资金 375 万余元，完成村牌设置 1092 块、户牌设置 73.77 万块。2008 年，彭山县、东坡区完成城市开发区地名规划。2009 年，眉山市补设村牌 94 个、户牌 2864 个，农村地名标牌覆盖率 98.32%。

2010 年，市政府制订《眉山市地名管理办法》，规范全市地名管理。全市 128 个乡镇 3 个街道办事处均开展地名设标，1186 个村全部完成地名设标，共设置街路巷牌 1275 块、楼门牌 89.2 万块、单元户牌 11.22 万块、村镇牌 1398 块，所有村完成地名设标。启动地名规划工程，完成彭山县恒大金碧天下项目首期地名规划、洪雅县将军工业园区地名规划、青神县黑龙镇场镇地名规划。各县（区）完成 1∶5 万农村图、1∶1 万城区图制作和导入。2011 年，全市录入地名属性数据 3.11 万条，完成城区新建街道 31 条设标 31 条。全市地名公共服务工程工作通过省民政厅检查验收。洪雅县、仁寿县各完成“地名规划”。

2012 年，全市新命名街路巷 59 条；清理在当地重名的街道 2 条；更正名称不规范的街道 18 条；补设缺失、损毁的楼门牌 5600 个、大门牌 410 个，户牌 2676 个。实现全市村有村标、路有路标、街巷有名、户有门牌。

第三节　婚姻登记

1997年，眉山地区婚姻登记由单纯登记转向登记与管理并重。改革婚姻管理体制，逐步推行集中或相对集中办理婚姻登记；将借办理婚姻登记搭车收费纳入执法检查范围，纠正违反婚姻法律法规、加重农民负担、“土政策”和擅自搭售物品、非法购制婚姻证件行为。2000年，全区开展婚姻、收养法律宣传月活动，各县利用广播电视、墙报、标语等宣传婚姻、收养法律法规。清理整顿借婚姻登记搭车收费等问题，有效遏制搭车收费现象。

2003年，眉山市统一结婚登记格式，实行婚姻登记与婚姻服务人员、场地、收费“三分开”，纠正强行提供服务和推销婚庆用品等现象。当年，全市婚姻登记合格率99%。2006年，除仁寿外，其余县（区）实行婚姻登记集中办理。东坡区开展婚姻登记网络试点，公开收费标准、办事程序，婚姻登记与服务严格区分。

2008年起，眉山市开展全省婚姻登记规范化建设窗口单位创建活动。当年，东坡区、彭山县民政局婚姻登记处创建为全省婚姻登记规范化建设窗口单位。至2010年，全市所有区县民政局婚姻登记处均创建为全省婚姻登记规范化建设窗口单位。仁寿县、洪雅县、青神县民政局婚姻登记处创建为全国婚姻登记规范化建设窗口单位。截至2012年年底，东坡区、仁寿县、洪雅县民政局婚姻登记处做好婚姻登记机关硬件标准化、工作制度化、服务规范化工作。全市办理国内结婚登记33.11万对，离婚登记6.76万对。

第四节　殡　葬

一、组织机构

1997年，眉山地区有殡葬事业单位5个。其中殡仪馆2个、经营性公墓3个、年火化率13%。2000年，全区年检公墓，包括公墓墓地使用、管理情况及近三年公墓经营情况。全年新建公墓2个，经营性公墓增至6个。

2001年，彭山县关闭非法公墓2处。2003年，以“政府服务、公司运作、业主开发”方式建设市殡仪馆、龙椅山公墓。占地6公顷，总投资2000万元，建筑面积8000平方米，设火化炉7台，设计年遗体火化量1.2万具。2004年，眉山市新殡仪馆竣工投入使用。设立仁寿县飞泉山公墓。2006年，投入1500万余元建成的市龙椅山陵园投入使用。全年年检市龙椅山陵园等公墓8个。市殡仪馆管理权由市民政局收回，市龙椅山陵园由业主方经营管理。

2007年，眉山市各公墓管理处设置宣传专栏公示，执行物价部门核定的收费标准，使用财政部门规定的票据。2012年，眉山市检查验收各县公墓清理整顿情况，完成8个经营性公墓许可证和6个经营性公墓法人代表的更换报批。年末全市有公益性公墓16个。

二、殡葬管理

1997 年起，眉山地区摸底调查并逐步清除“三道两区”（国道、省道，市县中心城区规划控制区周边、风景名胜区周边、水源保护区周边）和耕地内坟墓。全年全区火化遗体 2327 具。1998 年，全区推行殡葬改革，划定“火葬区”与“土葬改革区”。1999 年，地区行署调整火葬区。确定彭山县、眉山县为火葬区；仁寿县文林镇等 74 个乡（镇）为火葬区，大化镇等 30 个乡（镇）为土葬改革区；洪雅县洪川镇等 18 个乡（镇）为火葬区，高庙镇等 8 个乡（镇）为土葬改革区；青神县南城镇等 6 个乡（镇）为火葬区，瑞峰镇等 12 个乡（镇）为土葬改革区；丹棱县丹棱镇等 8 个乡（镇）为火葬区，石桥乡等 4 个乡为土葬改革区。2000 年，全区各县利用广播、电视、报纸、标语、专栏等形式宣传殡葬法规，印发宣传资料近 6 万份，张贴标语 0.1 万余幅。年末全区火化区面积 4865 平方千米、人口 285 万人，土葬改革区面积 2321 平方千米、人口 53 万人。

2001 年，青神县 12 个乡（镇）由土葬改革区划定为火葬区，增加火葬区 293.2 平方千米 10.6 万人。调整后，眉山市火葬区面积 5158.6 平方千米 294.1 万人，土葬改革区面积 2032.4 平方千米 37 万人。

2007 年起，眉山市开展殡葬宣传月活动，发放宣传资料 5 万余份，张贴标语 1000 余幅，引导公民树立文明丧葬新风尚。推行免除城乡困难群众基本丧葬费，减免特困户、五保、无名尸火化费 10 万余元。2009 年，眉山市殡仪馆启动殡葬文化建设，建立殡仪馆珍爱生命教育场所、孝亲敬老感受基地、廉洁清明警示窗口。2010 年，全市层层签订殡葬工作目标责任书，严格殡葬执法，加强殡葬管理网络化建设。2011 年，全市免除城乡困难群众基本丧葬费扩面至重点优抚对象。2012 年，眉山市部分区县将 80 岁老人纳入基本丧葬费减免群体，应免尽免。市殡仪馆创建为“全国殡葬改革示范单位”。全年全市火化遗体 1.53 万具。

1997—2012 年，眉山市火化遗体 13.98 万具，免除困难群众基本丧葬费 412.86 万元。

第五节　收养　收容遣送

一、收养

1997 年起，眉山地区利用广播、电视、报刊、标语、宣传车等开展《中华人民共和国收养法》宣传。1999 年，眉山县办理收养 1 件、眉山县福利院收养残疾弃婴 1 人。2000 年，开展专题调查，全区有“事实收养”74 件，收养时间 2 年~10 年不等，其中符合收养条件的 60 件，不符合收养条件的 14 件。被收养人中弃婴 43 人、抱养 31 人；在公安部门上户口的 49 人，未上户口的 25 人。

2005—2006 年，眉山市办理收养登记 131 件，收养登记合格率 100%。2009 年，全市散居孤儿养育费由每人每月平均不足 150 元提高到 450 元，保障散居孤儿基本生活。选送孤儿 2 人就读四川省民政干校、10 人入东坡区实验中学、苏南小学、1 人入眉山市特殊学校学习。将生命垂危孤儿 2 人及时送往医院救治。2012 年，做好涉外送养工作。向四川省民政厅上报涉外送养 6 例，其中 1 例成功配对。

1997—2012 年，眉山市办理国内收养登记 266 件，收养登记合格率 100%。

二、收容遣送

1997 年起，眉山地区按照“自愿求助、无偿救助、依法救助”原则，保障城市生活无着流浪乞讨人员合法权益。每年对积压滞留流浪病人，继续提供生活和医疗。至 2000 年，全区有收容遣送站 2 个，占地面积 4810 平方米，建筑面积 2361 平方米，危房面积 456 平方米。每年收容人员约 1200 人。

2003 年，市委、市政府将流浪乞讨人员救助管理工作纳入眉山市经济和社会发展计划，开展流浪乞讨人员日常救助，组织核查处理已收容未离站人员。

2007 年，眉山市投资 650 万余元新建市救助管理站和市流浪未成年人救助保护中心建成投入使用，占地 6667 平方米，总建筑面积 2750 平方米。当年起，建立区域协作救助机制。接回、接收全市流出的流浪乞讨人员，护送到流出地的区县民政局和救助站。各区县流入的流浪乞讨人员由市救助站护送到流出地救助站。建立街头救助联动机制，实现街头救助经常化。严厉打击兜售、强讨未成年人，职业乞讨和影响社会治安流浪人员。建立特殊人员救治救助体系，将定点医院扩充为全市县级公立医院，救治经费每年各区县纳入财政预算，设立“特殊人员救治救助专户”支付平台，特殊人员救治救助覆盖全市。

2008 年“5·12”汶川特大地震后，眉山市各级救助管理站安置救助重灾区群众 1470 人。2012 年，全市组织“接送流浪孩子回家”专项行动。开展街头集中劝导、救助 120 余次，救助流浪乞讨人员 5326 人，其中未成年人 663 人。

第六节　社会组织管理

社会组织习惯上称为“民间组织”。

1998 年起，眉山地区民政部门负责社会团体（以下简称社团）审批。全区原有社团 558 个，经过清理整顿，保留 390 个，合并 90 个，撤销 78 个，整改社团 131 个。至 2005 年，眉山市“民间组织”发展到 890 个，涉及经济、贸易、教育、文化、卫生、民政、体育、农业、水产、畜牧、烟草等社会领域，覆盖中心城区及大部分乡镇，全市有社会团体 339 个（学术性 70 个、行业性 102 个、专业性 99 个、联合性 68 个）；有民办非企业单位 566 个（教育类 509 个、劳动类 30 个、卫生类 5 个、体育类 10 个、文化类 4 个、科技类 1 个、民政类 7 个）。

2006 年，“民间组织”内涵扩大为社会组织，包括社会团体、民办非企业单位和基金会。2012 年，眉山市登记的社团有 638 个，民办非企业单位 591 个，市民政局登记注册的社会组织 197 个。

第三章　退役军人和无军籍退休退职职工接收安置

1997—2012年，眉山市严格按照国家相关政策，妥善安置退役军人和无军籍退休退职人员。

第一节　退役士兵安置

1997年起，眉山地区民政部门与用人单位结合荐才，用人单位主动选才，妥善安置退役士兵（包括志愿兵、下同）。每年组织开展培养军地两用人才活动，举办学习班、培训班，组织学习文化、科技知识、商品经济知识、种植技术、养殖技术、电器、机械维修等军地两用技术。当年，全区接收安置退役士兵2035人。1998年，全区开发使用农村军地两用人才。1999年起，全区服现役满10年、服役期间荣获二等功以上奖励、服役期间因工致残的退伍军人作转业安置。城镇退伍义务兵待分配期间，由接收安置地政府财政按照不低于当地最低生活水平标准，每月发给生活补助费。鼓励城镇退伍义务兵和转业志愿兵自谋职业，自谋职业的义务兵政府按当地职工年平均工资的2倍~4倍发给一次性经济补助费、志愿兵3倍~5倍发给一次性安家补助费。实行安置任务有偿转移，有接收安置任务的单位，难以按政府指令性分配落实，可交纳有偿转移金，少接收1名退伍义务兵或转业志愿兵交纳3万元~5万元有偿转移金，有偿转移金仅限用于义务兵、志愿兵自谋职业补助。2000年，全区农村退伍义务兵全部安置回原籍，“两用”人才开发使用率86.3%。

2001年，眉山市各单位、各部门安置不留缺口，一步到位，包干安置。当年，接收退役士兵2293人，农村退伍义务兵全部安置回原籍，需要在城镇安置的除自谋职业全部安置。退伍军人两用人才，开发使用。2002年起，眉山市退伍士兵安置实行安排工作与自谋职业相结合。按“系统分配任务、包干安置”，退役士兵由父母所在单位、转业士官由配偶所在单位安置原则安置。上述单位已破产或濒临破产的，纳入统筹安置或自谋职业。2003年，在部队荣立二等功及以上的士兵退伍后按其意愿安排工作，并与人才市场挂钩。2004年，眉山军分区为全市退伍士兵联系就业，各级政府和企事业单位积极接收、安置退伍士兵，开发使用军地两用人才。市民政局为城镇退役士兵自谋职业提供个体经营、税收、贷款以及户籍等优惠政策。2005年起，全市按照城乡一体原则，自主就业的退役士兵在就业服务、教育优待、小额贷款、个体经营等予以相应政策优惠与减免费用。至2010年，眉山市安置城镇退役士兵除自谋职业外，全部安置。

2011年起，市民政部门为部分退役士兵办理退役金专用金卡，发放自主就业士兵一次性退役金。城镇义务兵一次性自谋职业补助金标准平均4.4万元，转业士官补助标准平均6.8万元。2012年，眉山市服役满12年的退役士兵，按照相关规定安排工作。全年发放自主就业退役士兵地方经济补助经费5656.2万元。

第二节　军队离退休、复员干部安置

一、离退休干部安置

1997 年，眉山地区有移交的军队离退休干部。至 2001 年，眉山市有军休所（站）6 个，其中休养所 2 个、服务站 4 个。截至 2012 年年底，眉山市按规定接收安置军休干部。

二、复员干部接收

1993 年起，眉山境内所属县接收安置复员干部。至 2012 年，眉山市按规定接收复员干部。

第三节　无军籍退休退职职工安置

无军籍职工接收安置工作由地方县级以上政府民政部门负责，实行分散安置，交由街道、乡镇服务管理，其基本退休生活费由中央财政预算安排，地方性津贴补贴按照属地管理原则由出台政策的政府财政部门解决。

1999 年起，眉山地区接收安置无军籍退休人员。截至 2012 年年底，眉山市按规定接收军队无军籍职工。

第四章　拥军优属

1997—2012 年，眉山市高度重视“双拥”（拥军优属、拥政爱民）工作，出台一系列“双拥”政策规定，促进“双拥”制度化、规范化。相继建立优抚对象优待抚恤补助标准自然增长机制，出台随军家属安置政策，解决复员军人、参试人员、革命伤残人员、革命烈士家属、因公牺牲军人家属、病故军人家属、在乡退伍红军老战士、红军失散人员、在乡复员军人、带病回乡退伍军人等生活、住房、医疗保障方面难题。

第一节　优抚优待

一、优抚普查

2001年，眉山市开展优抚安置对象和优抚安置事业单位普查。全市重点优抚安置对象有革命伤残军人、伤残国家机关工作人员、伤残人民警察、伤残民工、烈士家属、因公牺牲军人家属、病故军人家属、在乡老复员军人、带病回乡退伍军人。优抚事业单位有烈士陵园6个、光荣院2个、军休管理所（站）6个。2007年，普查1954年11月1日以来参战退役人员和参加核试验军队退役人员。2012年，眉山市将年满60周岁农村籍退役人员纳入补助范围，全市优抚对象包括残疾军人、在乡老复员军人、带病回乡退伍军人、“三属”、参战人员、参试人员、60岁农村籍退役人员、烈士子女。

二、优抚对象医疗救助

1999年，眉山地区解决重点优抚对象治病难。减免门诊或部分医疗费；由民政给予适当补助，支持和帮助部分重点优抚对象参与农村合作医疗保险试点；实行临时困难补助缓解治病难。2007年，眉山市通过政府全额或部分资助，将重点优抚对象全部纳入“参保参合”范围。1级~6级残疾军人全部纳入城镇职工基本医疗保险，农村7级~10级残疾军人以及其他重点优抚对象纳入农村新型合作医疗保险，城镇7级~10级残疾军人以及其他重点优抚对象纳入城镇职工或居民基本医疗保险，全员参与。明确定点医疗机构对优抚对象的具体优惠减免政策。2010年，洪雅县作为优抚对象住院医疗费“一站式”服务结算服务工作试点县先行试点。7月1日起，优抚对象到指定医院住院，出院结账时，凭相关证件，医院按新农合或城镇居民基本医疗保险规定报销后，个人自付部分再按不同优抚对象类别给予补助。以上制度延续至2012年。

三、参加核试验人员困难补助

2004年起，眉山市个别部队退伍军人可向户口所在地民政部门提出申请评残和生活补助。检查评定三等乙级以上退伍军人，符合规定的享受相应待遇。对检查认定因核辐射致病，尚未达评残条件的退伍军人，有工作单位的，治疗放射性疾病期间享受所在单位因公（工）伤残人员的保险福利待遇；无工作单位的，按当地带病回乡退伍军人补助标准发给生活补助费。城镇符合低保条件的个别部队退役军人纳入低保。造成残疾的其他人员由有关部门按现行政策予以评残和抚恤。至2012年，全市不符合评残和享受带病回乡退伍军人生活补助条件，但患病或生活困难的农村和城镇无工作单位的个别部队退役人员享受生活补助。

四、军属优待

1997年起，眉山地区农村义务兵军属优待金按上年人均纯收入70%提取。1998年，全区除仁寿县外，其余5县实现优待金“以县统筹、全民负担”。至1999年，义务兵优待金全部实现县级统筹。全区农村和城镇义务兵家属均落实优待金，其中农村义务兵家属优待金户均593.5元，为1997年全区农民人均纯收入的33.3%，离省定的标准尚差36.7%；城镇义务兵家属户均优待160元。

2005年，眉山市提高优抚标准，农村义务兵每年补助由600元增至800元，在部队荣立一、二、三等功的士兵，分别奖励优待金数额的20%、15%、10%。2007年，义务兵家庭优待金标准除仁寿县、青神县外，其余4区县城镇义务兵家庭增至400元，农村义务兵家庭1200元。此后，随当地平均生活水平的提高，优待金标准由眉山市政府每两年调整一次，原则上增幅不低于上年度优待金标准的10%。在部队评为优秀士兵、荣立三等功、二等功和一等功者，县（区）政府分别增发一次性优待金50元、100元、200元、500元；被大军区及以上授予荣誉称号的，增发一次性优待金1000元。优待金所需资金由区县财政纳入预算，民政部门负责发放。2011年，眉山市应征入伍高等学校在校生施行学费补偿、国家助学贷款代偿及退役复学后学费资助等优抚政策，每名高校在校生应征入伍前在校期间每学年学费，按照不超过6000元的标准发放助学补偿。2012年，全市提高义务兵家庭优待金标准，凡具有眉山市城乡常住户籍并按规定应征入伍的义务兵，按照城乡一体、同役同酬原则，义务兵家庭优待金按照不低于上年度农村居民人均纯收入的60%发给优待金。调整后义务兵家庭优待金标准均在4000元以上。

五、定期定量补助

1997年，眉山地区在城镇和农村享受抚恤、定期定量救济的人员和伤残军人、军烈属、老红军、老复员退伍军人等每人每月粮价补贴8元。当年补贴1.69万人162.25万元，补贴资金由地区财政解决。1998年，全区1954年10月31日前入伍居住在农村的老复员军人1.19万人中9535人享受定期生活补助，平均每人每月25.3元，最高的眉山县34元，最低的彭山县19元。此后，每年提高在乡老复员军人、在乡退伍红军老战士（含在乡西路军红军老战士、红军失散人员）定期生活补助费标准。至2002年，眉山市在乡老复员军人全部享受定补。洪雅、彭山、青神、仁寿、丹棱等5个县和东坡区70%在乡老复员军人定补标准达到每人每月70元。建立自然增长机制，增长额为每人每月1元~2元。年末全市无退伍红军老战士，享受定期抚恤“三属”（烈属、牺牲军人家属、病故军人家属）1723人。

2004年起，1954年10月31日前入伍、复员回地方参加工作后20世纪60年代初期精简退职老职工中回到农村的复员军人改领定期生活补助金。2008年10月起，优抚对象定期生活补助标准调整为每人每月老复员军人285元、带病回乡退伍军人160元；在农村的和城镇无工作单位且家庭生活困难的参战退役人员每人每月补助130元；在乡退伍红军老战士、在乡西路军红军老战士生活补助标准调整为每年18080元、红军失散人员调整为7820元。2011年，调查分散供养的残疾军人住房情况，建立台账。全市分散供养的一至四级残疾军人住房保障良好，达到人有所居。60周岁农村籍退役人员生活补助标准，每服一年义务兵发老年生活补助10元。2012年，开展部分烈士子女信息采集并补发定期补助。10月起，在乡老复员军人每人每月提高60元、不低于585元，带病回乡退伍军人提高35元、不低于315元，在农村的和城镇无工作单位且家庭生活困难的参战退役人员提高35元、达到285元。“三属”人员的定期抚恤标准，每人每月烈士遗属城镇1004元、农村577.5元，因公牺牲军人遗属城镇861.6元、农村551.6元，病故军人遗属城镇810.8元、农村528元。

六、伤残抚恤与保健

革命伤残人员分为在乡和在职，分别发给伤残抚恤金或在职伤残保健金。

1999年，地区行署制订《眉山地区按比例安置残疾人就业实施办法》，安置残疾人就业未达到规定比例的单位，按差额人数缴纳残疾人就业保障金。每少安置残疾人1人，每年度按当地统计部门公布的上年度本地区职工平均工资额缴纳保障金。7 月起，全区革命伤残人员护理费标准调整为因战（公）特等每月 222 元、因战（公）一等每月 177 元、因病一等每月 133 元。当年，全区有优抚对象 12.5 万人、占总人口的 3.7%，其中“三属” 1495 户 5980 人、革命伤残军人 2177 人，两类优抚对象全部按国家规定标准享受定期抚恤金。为 84 人换假肢，为 35 人调换病理鞋，为 8 人换轮椅。2000 年起，提高革命伤残人员伤残抚恤（保健）金、烈属（含因公牺牲军人家属、病故军人家属）定期抚恤金标准。在乡革命伤残人员的伤残抚恤金，在 1999 年标准基础上每人每年增加特等 1000 元、一等 800 元，在职革命伤残人员伤残保健金每人每年增加特等 320 元、一等 220 元。其他等级依次递减。此次提高标准后，革命伤残人员、烈属、在乡退伍红军老战士抚恤补助标准仍达不到当地居民平均生活水平的由当地人民政府负责补足。2001 年 7 月起，驻眉山中央、省属单位的特、一等革命伤残人员护理费发放标准，均按眉山调整的标准执行。

2003 年起，眉山市伤残失业军人由领取伤残保健金改为领取伤残抚恤金。7 月起，提高革命伤残人员伤残抚恤金、烈属定期抚恤金标准。2004 年，调整机关、事业单位工作人员死亡丧葬费标准。一次性抚恤金按照本人生前基本工资或基本离退休费烈士 80 个月、因公牺牲 40 个月、病故 20 个月计发。中央、省规定老复员军人基本补助标准为每月 90 元，并实行抚恤补助自然增长机制。套改军人残疾等级，特等套改一级、一等套改三级，二等甲级套改五级、二等乙级套改六级、三等甲级套改七级，三等乙级套改八级。

2011 年 8 月起，眉山市国家机关工作人员及离退休人员死亡，一次性抚恤金发放标准调整为烈士和因公牺牲的，为上一年度全国城镇居民人均可支配收入的 20 倍加本人生前 40 个月基本工资或基本离退休费，病故的，为上一年度全国城镇居民人均可支配收入的 2 倍加本人生前 40 个月基本工资或基本离退休费。

2012 年，组建眉山市优抚对象医疗专家小组，对伤残人员的残疾等级作残情医学鉴定，全市残疾军人 2374 人。调整部分优抚对象抚恤补助标准和烈属、因公（病故）军人遗属定期抚恤金标准。“三属”人员的定期抚恤标准，每人每月烈士遗属城镇 1004 元、农村 577.5 元，因公牺牲军人遗属城镇 861.6 元、农村 551.6 元，病故军人遗属城镇 810.8 元、农村 528 元；伤残人员残疾等级由高到低分为一至十级，定期抚恤标准每人每月 3161.6 元至 300.8 元不等；残疾军人护理费标准调整为每人每月因战（公）一级至二级 1158 元、三级至四级 926 元，因病一级至四级 695 元。不符合评残和享受带病回乡退伍军人生活补助条件，但患病或生活困难的农村和城镇无工作单位的原 8023 部队退役人员，以及其他参加核试验军队退役人员提高 35 元、达到 285 元。

七、重点救助

1999 年，眉山地区开展“爱心献功臣行动”情况交叉检查，抽查 20 个乡镇、45 户建房户情况，用于维修改造重点优抚对象住房资金 298.9 万元，组织社会捐资 70.3 万元，义务帮工 5.63 万个，帮助 3452 人，维修改造住房 2173 间。解决优抚对象“三难”（生活、医疗、住房）问题，动员社会各界筹集资金 939 万元，帮助重点优抚对象 1217 户改造住房 7.48 万平方米，解决公费医疗 23 万元，减免医疗费 20.8 万元，1/3的重点优抚对象解决治病难，扶持 3980 户优抚对象发展增收项目。至 2004 年，眉山市为优抚对象 157 户建新房、维修改造住房 468 户 1475 间。

2007 年，眉山市烈士遗属、因公牺牲军人遗属、病故军人遗属、残疾军人、复员军人、带病回乡退伍军人符合经济适用房购买条件的，优先购买，享受不低于 5%的优惠。重点优抚对象优先享受户籍所在地市、区县政府提供的廉租公有住房。户籍在农村的重点优抚对象住房需改造或维修的，经民政和建设部门核实后，给予补助。生活较困难的重点优抚对象纳入城乡低保，给予必要的临时救助。2008 年，眉山市开展“关爱功臣”活动，为重点优抚对象 2534 户维修、新建住房。2010 年，推进优抚医疗“一站式”服务，解决优抚对象“看病难”问题。

2011 年起，免除重点优抚对象基本丧葬费。至 2012 年，为优抚对象 501 人免除基本丧葬费 42.88 万元。

第二节　复退军人及“三属”待遇

一、军休干部（志愿兵）待遇

生活待遇　1997 年起，眉山地区调整军队离退休干部、退休志愿兵粮食定量标准和军粮差价补贴，经费由中央财政和地方财政负担。移交政府安置的军队离休干部、退休志愿兵从 1998 年起发放生活补贴。1999 年，全区军队离退休干部休养所有离退休干部 49 人。至 2004 年，眉山市军队离退伍干部、士官执行的补助项目有医疗费、公勤费、护理费、住院伙食费、探望父母车船费等。2005 年，全市军队离退休干部、退休士官防暑降温费标准统一调整为每人每月 60 元。2006 年起，眉山市每年增加离退休费。建立生活性补贴，经费由中央和地方财政共同承担。2007 年起，给移交政府安置的军队离休退休干部和退休士官发放生活补助。2008 年，眉山市军粮差价补贴调整为每人每年 763.87 元。2010 年起，离休干部服装费按月发放。2011 年，调整军队离休退休干部公勤费和护理费标准，既符合享受公勤费条件又符合享受护理费条件的人员，公勤费和护理费只享受一种，每人每月 1800 元。离退休干部军粮差价补贴标准调整为每人每年 812.88 元。2012 年，军队离休退休干部防暑降温费标准统一调整为每人每月 120 元。

住房保障　1998 年 12 月，眉山地区实施军休干部住房制度改革。1999 年 5 月结束，全区 6 个军休所（站）住房 51 套 3324.45 平方米，出售 36 套 2393.72 平方米（军休干部 30 人 30 套、管理人员 6 人 6 套），售房金额 20.69 万元。因危房、自然灾害、家庭困难及无地产等原因未出售住房 15 套 930.73 平方米。2000 年，仁寿县干休所投入基建资金 110 万元，建筑房屋 2700 平方米。眉山县干休所投入基建资金 105 万元，建筑房屋 2490 平方米。至 2001 年，眉山市军休干部住房建筑面积 5129 平方米，其中附属面积 928 平方米，住房 61 套，已出售 43 套，未出售 18 套。2008 年 8 月，眉山市调整军队离退休干部（退休士官）住房租金和房租补贴标准。2011 年，仁寿县军休所建成投入使用，占地 8.4 亩，投入近 700 万元。2012 年，眉山市兑现军休干部 36 人房改经费 337.62 万元。

企业军转干部待遇　1999 年起，随着国有企业改革，眉山地区转业到国有企业工作的部分军队转业干部（下称简称企业军转干部）工作和生活遇到困难。2004 年，成立眉山市企业军转干部问题工作领导小组，建立健全“六项机制”（责任落实、源头治理、研判评估、应急处置、综合协调、工作保障），企业军转干部解困维稳工作联席会议制度。按照“属地管理、分级负责”“谁主管、谁负责”原则，建立市、县（区）、主管部门（乡镇）、企业四级领导责任制，组织监督检查企业军转干部解困政策落实情况。建立企业军转干部经常性慰问、部分企业军转干部特殊困难救助和有关节日慰问制度，组织开展就医难、就业难、住房难、子女就学难、生活困难的企业军转干部经常性慰问和特困救助。做好下访、约谈、座谈，开展“三说”（说懂政策、说通利弊、说服转化）为主要内容的疏导教育，落实企业军转干部解困政策，确保企业军转干部稳定。截至2012年年底，眉山市企业军转干部在世的1738人中，在职366人（在岗173人、再就业193人）、退休1259人（正常退休1254人、病退5人）、离休85人、下岗失业3人、其他25人。均按规定落实相关待遇。

二、“三属”待遇

1997年，眉山地区调整军队离休干部随军遗属和1955年前后复员现仍为随军家属无固定收入女同志生活补助费标准。遗孀有固定工资收入，但低于上述标准的，由军队补足差额部分。提高享受定期生活补助费的牺牲病故军官、文职干部子女和父母的定期生活补助费标准。调整无固定工资收入的随军遗孀定期生活补助费标准，随军遗孀有固定工资收入，其收入总额低于上述标准的，由军队补足差额部分。上述生活补助费标准可作为计发有关费用的基数。调整移交政府安置的军队离休干部随军遗属和1955年前后复员女同志生活补助费标准所需经费，在离休干部自然减员经费中调剂解决。

市长李静（前右一）率团慰问空军驻眉山部队官兵（摄于2010年7月）

2004年，眉山市军队离退休干部无经济收入家属、遗属到军队医疗机构就医，按当地物价部门规定收费标准收费，经费由中央财政按定额拨付，不足部分由地方财政解决。军队干部随军遗属，在领取定期抚恤金后，给予适当补助。军队退休干部逝世后，从去世的下月起，给其遗属继续发6个月的军队干部生前退休费。军队退休干部遗属符合享受生活补助条件的，从第7个月起领取生活补助，经费由中央财政适当补助，不足部分由地方财政解决。2005年，眉山市调整军队离休退休干部遗属和中华人民共和国成立前入伍、1955年前后复员女同志生活补助费标准。退休干部无固定工资收入的遗属，符合《军人抚恤优待条例》规定享受定期抚恤金条件的，在领取定期抚恤金后，参照离休干部遗属生活补助费标准给予适当补助。退休士官（含退休志愿兵）遗属的生活补助参照退休干部遗属的规定执行。

2009年10月，眉山市调整烈属、因公牺牲军人遗属、病故军人遗属定期抚恤金标准。调整后，烈属城镇7940元、农村4760元，因公牺牲军人遗属城镇7110元、农村4550元，病故军人遗属城镇6690元、农村4350元；调整军队离休退休干部遗属和中华人民共和国成立前入伍、1955年前后复员女同志生活补助费标准，退休干部无固定工资收入的遗属，符合《军人抚恤优待条例》享受定期抚恤金条件的，在领取定期抚恤金后，参照本通知规定的离休干部遗属生活补助费标准给予适当补助。退休士官（含退休志愿兵）遗属的生活补助参照退休干部遗属的规定执行。2011年，眉山市调整军休干部无固定工资收入遗孀的定期生活补助费标准，生前职务级别为团职以下的每人每月1200元、师职1300元、军职1400元。2012年，眉山市调整军休干部无固定工资收入遗孀定期生活补助费标准，每人每月增加100元。

第五章　救灾救助与慈善事业

1997—2012 年，眉山市（地）委、市政府（地区行署）高度重视救济救助工作和慈善事业，建立应急救灾机构，经常开展防灾减灾宣传、应急救助演练，形成自然灾害响应程序，及时掌握灾情信息，作出快速反应，保障救灾减灾。同时，积极响应上级号召，参加其他省市救灾工作。建立健全农村和城市居民最低生活保障和医疗救助机制，将“五保户”全部纳入供养范围，新（改、扩）建敬老院，解决散居五保供养对象入院供养，为其解决生活困难。

第一节　救灾救济

1997 年起，地区行署每年开展受低温、干旱、大风、冰雹、洪涝、泥石流、病虫害等自然灾害和困难群众日常救灾救济。当年，全区冬春缺粮农户 14.42 万户 51.01 万人，分别占总农户数、总人数的 17.1%、17.3%，缺粮 2.53 万吨。地区下拨各县救灾资金 232.5 万元，救济灾民 4.63 万户 18.52 万人，帮助受灾群众渡过难关。1998—1999 年，全区争取省上救灾资金和“三荒”补助款 1350 万元，安排救灾粮销售计划 500 吨救灾。

2001 年，市民政局开展灾民、贫特困户、农村五保户走访慰问送温暖活动，与四川省民政厅救灾处在洪雅县竹箐镇举行向 100 户重灾民发放救灾粮仪式。全年走访慰问送温暖活动发放救灾粮款、慰问金 270 万余元，下拨救济补助金 865 万元，社会捐款 13.6 万元、衣物 3125 件、大米 10 吨，救济仁寿县团结乡山体滑坡灾民 7.68 万人。至 2007 年，全市下拨救灾救济资金 1.08 亿元，解决元旦、春节期间困难群众基本生活，帮助受灾群众完成房屋灾后重建 4126 间，解决救济粮 1401 吨，保证灾民有饭吃、有房住，灾区社会稳定。

2008 年，眉山市将冰雪灾害重建与农村安居工程相结合，完成农村安居工程 1845 户。全市争取“5·12”抗震救灾资金 31.68 亿元，支出 40.45 亿元。调运加工救灾粮原粮 1.22 万吨、成品粮 7599.5 吨，确保全市受灾困难群众每人每天一斤粮供应。拉动投资约 60 亿元投入灾后重建，完成 4.65 万户农房和 3441 户城镇住房重建及 2.67 万户城镇住房维修加固，新建和重建敬老院 125 所、学校 176 所、医院 73 所，加固震损病险水库 59 座。2009 年，眉山市处置干旱、“6·27”“7·30”暴雨洪涝等突发事件 874 起。2011—2012 年，眉山市发放春、冬困难群众口粮、医疗救助等 49.8 万人救助资金 2240 万元，保障困难群众基本生活需求。

第二节　最低生活保障

1998 年起，眉山地区建立城市居民最低生活保障制度。在洪雅县 7 个乡镇开展农村最低生活保障制度试点。2005 年，农村最低生活保障制度扩大到眉山全市。2007 年，开展城乡最低生活保障清理行动，规范城乡低保动态管理。2009 年，开展城乡低保普查，眉山市清退不符合条件的低保对象 11. 39 万人。

一、城市居民最低生活保障

1997 年，眉山地区建立城市居民最低生活保障制度，确定城市居民最低生活保障（以下简称城市低保）对象主要是无生活来源、无劳动能力、无法定赡养人或抚养人的居民；领取失业救济金期间或失业救济期满仍未能重新就业，家庭人均收入低于最低生活保障标准的居民；在职人员、未参加失业保险的失业人员、下岗人员在领取工资或最低工资、基本生活费以及退休人员领取退休金和养老保障金后，其家庭人均收入仍低于最低生活保障标准的居民。因各县经济发展和物价水平不一致，人民生活水平存在差异，全区未制定统一的保障标准。按照既保障基本生活又有利于克服依赖思想原则，各县结合当地基本生活必需品的费用和财政承受能力，确定最低生活保障标准。当年，眉山县开展城市最低生活保障试点。1998 年，全区城市居民最低生活保障标准为每人每月仁寿县 108 元、眉山县 100 元、洪雅县 95 元、彭山县 100 元、青神县 95 元、丹棱县 80 元。全年保障对象 345 人，支出保障金 10. 89 万元，月人均 80 元～100 元。至 1999 年，全区城市居民最低生活保障制度全面建立并实施，低保对象通过个人申请、村组评议、张榜公布、乡镇审核、区县民政部门审批，实现实行动态管理下的应保尽保。2000 年，全区城镇保障对象 1954 人，支出保障金 138. 78 万元。

2001 年，眉山市开展“城市低保”对象普查，逐户、逐人登记造册，张榜公布享受低保人员，接受群众监督。破产企业职工纳入最低生活保障，丹棱林场森工 23 户 31 人、农场 16 人纳入低保，每月每人补助 50 元。全市应保对象 2. 73 万人，纳入“城市低保”1. 98 万人，保障覆盖率 72. 3%。2002 年，全市符合“城市低保”条件的非农业人口纳入低保范围。2003 年，按“实际收入”计算家庭收入，规范“城市低保”工作程序，搞好动态管理，调整“城市低保”人员补差标准。2004 年，清理城市居民最低生活保障人员，建立失地农民最低生活保障制度。2005 年，全市符合条件的城镇居民和因国家征地转为城镇居民的失地无业农民全部纳入低保范围，全面推行低保金由金融机构代发。

2008 年，眉山市按照“符合条件的一个不漏，不符合条件的一个不保”，实行动态管理下的应保尽保、应退尽退。当年，全市新增城市低保 7495 人（地震受灾 2903 人），退出 8993 人。2010 年，全市开展低收入家庭认定。引导群众了解政策、自主申请、主动配合调查、发动社会共同监督，全年认定城市低收入家庭 5224 户。2011 年，清退不符合条件的城市低保对象 7114 人，新纳入城市低保对象 7334 人，确保低保资金的有效利用。认定城市低收入家庭 5432 户。

2012 年 10 月起，眉山市“城市低保”保障标准调整为每月 300 元。全年全市“城市低保”参保 3. 92 万人，支出保障金 1. 61 亿元，累计月人均 206. 6 元。

1997—2012 年，眉山市实施城市居民最低生活保障 38. 68 万人次，发放保障金 7. 37 亿元。

眉山市 1998—2012 年城市居民最低生活保障情况统计表

表 26-1

年份	参保人数（人）	支出保障金（万元）	累计月人均补差（元）	年份	参保人数（人）	支出保障金（万元）	累计月人均补差（元）
1998	345	15.07	33.50	2006	32451	4058.04	68.40
1999	726	218.66	50.35	2007	31477	6553.37	89.30
2000	1954	125.79	53.59	2008	31247	8496.31	120.70
2001	19800	1475.36	42.26	2009	30049	989.28	138.05
2002	37300	1842.50	41.11	2010	30168	11077.89	149.25
2003	34300	2073.35	50.42	2011	30297	14528.35	189.91
2004	34300	2911.22	61.77	2012	39198	16075.72	206.60
2005	33147	3243.83	62.32	—	—	—	—

二、农村居民最低生活保障

1998 年，眉山地区在洪雅县 7 个乡镇开展农村最低生活保障（以下简称“农村低保”）制度试点。2000 年，在丹棱县、洪雅县、青神、彭山县、眉山县等 60 个乡镇启动农村低保。年末 59 个乡镇建立“农村低保”制度，1047 户 2827 人得到最低生活保障。

2005 年，市委印发《眉山农村居民最低生活保障制度的实施方案》，提出用 3 年时间在全市基本建立起规范完善的“农村低保”制度。发放四川省农村居民最低生活保障金领取证。低保金由乡镇政府统一发放到低保户手中。至年底，11.06 万人纳入“农村低保”，累计发放低保金 3715.8 万元，累计人均补差 39.2 元。

2008 年，眉山市符合条件的受灾群众纳入“农村低保”。“农村低保”实现动态管理下的应保尽保、应退尽退。年末全市累计保障 105.81 万人次，支出保障金 4180 万元。2009 年，全市农村困难群众万余人和家庭年人均收入 1196 元以下的农村贫困居民全部纳入“农村低保”。全年新增农村“低保”1.72 万人（不含仁寿县、彭山县），按月人均补助 50 元、补助 3 个月，市、县按 4∶6 分担，市级配套资金 103 万元。年末全市“农村低保”对象 10.02 万户 15.43 万人，发放农村低保救助资金 845.95 万元。2012 年 10 月起，眉山市统一调整“农村低保”标准，农村低保保障标准调整到每年 1800 元，全市纳入“农村低保”16.12 万人。截至 2012 年年底，全市“农村低保”累计保障 188.38 万人次，支出保障金 2.01 亿元，累计月人均补助 106.5 元。

三、临时救助

2011 年，眉山市建立社会救助和保障标准与物价上涨联动机制，向全市城乡低保、农村五保、重点优抚对象发放临时价格补贴 26 万余元。

四、医疗救助

1997 年起，眉山地区实施精神病人等特殊病人医疗救助。

2004 年，眉山市建立农村医疗救助制度，逐步解决农村特困群众看病难、就医难问题。彭山县试点后，在全市启动农村医疗救助。救助对象为农村五保户、特困户家庭成员和地方政府规定的其他符合条件的农村贫困户。开展新型合作医疗的地区，资助医疗救助对象缴纳个人负担的总价或全部资金；未开展新型合作医疗的地区，因患大病负担不起医疗费的，适当给予补助；国家规定的特种传染病救助费用，按规定给予补助。各级民政部门从留归本级使用的彩票公益金中提取20%用于农村医疗救助。全年省下拨医疗补助金153万元，救助8871人。2005年，东坡区、丹棱县被确定为全省首批城市医疗救助试点县（区）。至年底，眉山市救助农村特困群众9686人234.3万元，其中救助参加新型农村合作医疗1.44万人14.4万元、大病医疗救助5286人219.9万元。各县（区）建立医疗救助基金，救助基金总额247.82万元。全市参加新农村合作医疗救助4.39万人中的1.73万人实施大病医疗救助，发放救助金292.3万元。2006年，全市全面落实农村医疗救助制度，确定救助对象、标准、申请审批程序。

2007年起，全市实施晚期血吸虫病人、白内障复明手术病人等特殊人员救助。采取本人申请、乡镇调查、县局补助办法，实施民政救助对象城乡医疗救助行动，帮助城乡特困户、农村“五保户”等民政救助对象解决治病难问题。2008年，眉山市探索城市“三无”（无劳力、无生活来源、无法定赡养、扶养义务人员）人员和低保人员参加大病补充保险制度，资助部分特困户参加每年40元的大病补充保险，患病住院最高可报销15万元。2009年10月起，在城镇低保对象、“三无”人员参加城镇居民基本医疗保险在上年规定补助基础上，再给予个人缴费金额50%的资助，由区县民政部门从医疗救助金中列支。在城镇居民基本医疗保险规定的报销比例基础上再提高10%，筹资标准为未成年人非困难群体、低保家庭或残疾人员100元，成年人非困难群体、低收入家庭60岁及其以上人员、城镇低保人员、重度残疾人员、“三无”人员260元。2010年，各县（区）建立农村医疗救助“一站式服务”机制，解决因病致贫、因病返贫问题。至2010年年末，全市救助晚期血吸虫病人440人215.57万元、白内障复明手术病人826人68.08万元、其他贫困人员20.94万元。其中东坡区开展恶性肿瘤（癌症）患者困难医疗救助，民政部门每人每年最高5000元，免费救治农村困难重性精神病人200人，救助标准为每人每年3000元；丹棱县、青神县设立专户资金20万元，用于特殊人员医疗救助。

2011年，全市取消病种限制和起付线，将城乡医疗救助年最高救助标准统一提高到5000元。实施农村孕产妇住院分娩补助和农村妇女增补叶酸项目。2012年，城乡医疗救助统一将封顶线提高到6000元，鼓励、资助低保对象和五保对象参合参保。开展重特大疾病救助试点，将直肠癌、乳腺癌、宫颈癌，儿童急性白血病、先天性心脏病、重度精神病六类病种纳入试点病种，救助标准除医保、新型农村合作医疗保险及其他补充保险补偿后剩余个人自付部分按60%的比例给予救助，救助封顶线为2万元。开展先天性心脏病救治，实施0~14岁先天性心脏病儿童救治。全年全市救助城乡重特大疾病困难患者177人88.77万元，救治儿童先天性心脏病患儿77人。

截至2012年年底，眉山市城市医疗救助累计救助城市特困群众6.41万人次1951.83万元，人均301.1元；农村医疗救助累计救助农村特困群众25.01万人次，资助农村低保对象、五保对象17.94万人参加新农合，发放救助金4411.78万元，人均246.4元。城市医疗救助一站式救助1.79万人次486.52万元，农村医疗救助一站式救助6.75万人次2076.18万元。救助贫困白内障患者复明工程手术800例80万元。

第三节　五保户供养

1998年，眉山地区实行分散供养五保老人分片包干，责任到人，保证其有饭吃、有房住、有衣穿。发展公园型、经营型、种养型相结合的乡镇敬老院。当年，全区新建敬老院7所，改建敬老院2所。

2005年，东坡区、青神县将符合五保供养条件人员全部纳入供养范围。实行供养金银行统一代发。年末眉山市符合农村五保条件的1.71万人全部纳入五保供养范围，发放四川省农村五保供养证，供养金月人均56元以上。完成农村五保供养对象住房改造347户830间。

2007年，眉山市利用闲置资产在全市新（改、扩）建农村敬老院26所，新增床位1441张。按照应保尽保原则，全市农村五保户1.83万人全部纳入保障范围，其中集中供养3872人。供养金标准增至每人每月100元。2008年，“5·12”汶川特大地震后，全市争取敬老院重建和维修加固资金4.76亿元，按照“建设区域性养老服务中心、确保敬老院建设水平20年不落后”的总体定位，整合各类资源，按省一级敬老院标准建设。全市农村五保对象2.07万人全部纳入保障范围，其中集中供养5832人。至2009年，全市127所新建、改扩建敬老院完成，解决1.63万户散居五保供养对象入院。配套生活用品、娱乐、健身等各类设备设施，统一按人均不低于0.05亩的标准为每所敬老院留足生产用地，五保集中供养能力100%。2010年，眉山市在农村敬老院开展以建设五保供养对象“幸福家园”为主题的“十佳敬老院”“十佳敬老院院长”“十佳敬老院护理人员”争创活动，组织敬老院有劳动能力院民种植蔬菜、水果，养殖家禽等，“以院养院”，定期走访慰问、结对帮扶、拓展服务等，照顾散居五保对象生活，均衡供养。全市五保人员2.14万人，集中供养1.73万人，集中供养率80.84%。

2012年，眉山市以农村敬老院为依托，建立区域性养老服务指导中心，通过整合敬老院管理服务人员，乡镇、村组干部、志愿者队伍等人才资源，面向农村分散供养五保对象、空巢老人、失能（半失能）老人开展服务，内容包括生活照料、医疗卫生、健康保健、文化娱乐、精神慰藉、法律维权、家政服务。截至2010年年底，全市农村敬老院176所，有五保对象2.2万人（集中供养对象1.99万人），集中供养床位率99%，年集中供养标准3235元。

第四节　慈善事业

1998年，眉山地区开展救灾捐赠活动，支援全国发生重大洪涝灾区。全区6.5万人参加捐赠，接收款物360万元（现金197.5万元、捐物折款162.5元）。2000年，全区开展“扶贫济困送温暖”捐助月活动，以募集衣被为主，本着自愿，不搞摊派，募集的衣被，就地使用。

2002年，眉山遭受干旱、大风、冰雹、地震、洪涝、山体滑坡、泥石流等自然灾害。市直各机关、市级各部门（单位）开展“扶贫济困送温暖”捐助月活动，发动职工捐款捐物，及时将温暖送到农村灾区、贫困地区群众和城市国有企业下岗职工、困难企业职工、城市低保对象手中，维护社会稳定。2003年，眉山遭受“7·31”暴雨洪涝、“8·17”风雹、仁寿地震灾害。全市设立经常性捐助接收站7个、经常性捐助接收点81个，接受社会捐赠现金70.71万元、物资2.39万件，全部送往灾区。2004年起，完善经常性捐助制度，建立捐助服务网络和捐赠公示制、捐赠资金物资管理制度。2006 年，市民政部门以“放飞梦想，托起眉山希望的明天”为题，资助新考入大学的贫困学生 330 人 76 万元。向灾区困难群众送温暖献爱心捐助活动捐款 196.94 万元、衣被 2800 余件。2007 年，市慈善总会筹集慈善资金 77.93 万元，救助困难群众 164 人次。各区县均建立完善慈善会和慈善超市，接受捐赠 285.55 万元。

眉山市开展慈善文化进校园活动（摄于 2011 年 12 月）

2008 年，眉山市举办“慈善之心·情暖眉山”大型公益活动，现场募得善款 482.52 万元、彩电 5 台。“5·12”汶川特大地震抗震救灾中，募集善款 1.67 亿元、捐物折款 550 万余元，援建学校 20 所、社会福利救助中心 2 所、敬老院 3 所、儿童福利院 1 所。开展“送温暖、献爱心”慈善捐赠，接收棉被 3.46 万床、棉衣裤 2.62 万件、现金 13.66 万元，所得款物全部用于救灾救济。2009 年 9 月起，建设社会募集善款多媒体募捐箱，新建“慈善爱心超市”52 个，推进经常性社会捐赠开展。2010 年，眉山市中心城区及各区县繁华地段、大型酒店、商场、超市、银行、医院等公共场所设置多媒体募捐箱，新建慈善超市。开展“爱心圆梦专列”助学、陈志忠基金助学等活动，资助学生 437 人 76.5 万元。意大利百胜公司等 6 家爱心医疗企业定向捐助 550 套价值 3000 万元医疗器械。全市 20 余个医疗卫生机构获赠价值 800 万元的医疗器械。2011 年，全市开展“送温暖、献爱心——慈善一日捐”活动，募集善款 83.04 万元。资助贫困大学新生 340 人 104.4 万元。南京军区原副政委张玉华向 100 户贫困群众捐赠大米 5 吨。四川恒泽动力有限公司捐款 69 万元救助贫困青少年 690 人；四川威翼机械铸造有限公司捐款 2.58 万元救助贫困学生 129 人。四川省慈善总会、眉山市慈善总会、眉山市教育局举办“爱心之根种在心间，慈善之花开满人间”活动，全市 6 所中小学校接受捐赠读本 1 万本。

2012 年，眉山市开展“眉山慈善·郎酒帮困助学”活动，全市资助贫困大学新生 633 人 195.7 万元。陈志忠教育基金捐赠 80 万元，救助全市青少年 863 人。中华慈善总会定向捐赠 60 万余元，为全市 10 所学校建设“国家大剧院音乐教室”，开展“韩国衣恋慈善阳光助学项目”，资助高中新生 200 人 120 万元。截至 2012 年年底，全市有慈善爱心超市 125 个。

第六章　社会福利

1997 年起，眉山地区民政部门加大老年人、残疾人、城市“三无”人员、孤儿、自然灾害救济、社会困难户救济等方面投入，新建社会养老院、儿童福利院等社会福利机构，加强福利保障，促进社会福利事业发展。至2012年，眉山市孤儿、城市“三无”人员供养经费全部纳入政府财政预算，建立供养标准自然增长机制。

第一节　福利机构

2000年，眉山市有敬老院42个、老年人活动中心（站）38个、老年人公寓1所、老年人康复站6处、老年人康复诊所2个、老年人婚姻介绍所2个、老年大学1所、其他老年人服务组织56个。2006年，仁寿县东方红敬老院、丹棱县中隆敬老院、彭山县中心敬老院改（扩）建列入四川省民政厅“幸福家园”项目，分别获专项补助100万元，建成集福利院、敬老院、救助站、儿童保护中心等多功能一体的社会福利救助中心，新增福利床位308张。2007年，市儿童福利院建设项目列入民政部“蓝天计划”，获得专项补助资金。东坡区福利院扩建列入四川省民政厅“幸福家园”建设计划，获得100万元福彩公益金专项补助，新增床位80张。2008年，建成眉山市社会福利院（儿童福利院），工程总造价1574.25万元，设置福利床位404张（养老床位202张、儿童床位202张）。当年入住城镇“三无老人”、农村五保老人、社会代养老人及孤残儿童160余人。青神县、洪雅县社会福利救助中心项目列入省民政厅“幸福家园”建设计划，各获省专项补助100万元。仁寿县福利院建设项目列入全省“5·12”灾后重建项目，获专项资金资助。2009年青神县社会福利救助中心建成投入使用，新增福利床位200张。向全市福利机构发放图书2万余本，丰富老人文化生活。至2010年，市社会（儿童）福利院入住孤残儿童52人、“三无”人员51人、代养社会老人213人。洪雅县社会福利救助中心完工投入使用，新增福利床位200张。东坡区下大南街社区评为养老服务社会化示范社区。2012年，眉山市有福利机构9个，其中国办7个、社会力量办2个。全市福利机构入住老人702人，其中代养老人506人、“三无”老人196人。市儿童福利院入住孤残儿童、弃婴57人，床位利用率62%。四川省发改委下达眉山市社会福利院老年养护楼项目，总投资3825万元（中央下拨2500万元）。

眉山市社会福利院（摄于2009年5月）

第二节　福利项目

2004年，民政部实施残疾孤儿手术康复“明天计划”，利用各级福利彩票公益金和社会捐助资金为残疾孤儿实施手术康复。眉山市面向社会残疾孤儿提供全免费手术康复治疗。2007年，此项工作转入长效机制，为福利机构内残疾孤儿提供全免费手术康复治疗。

2008年，眉山市启动全国贫困家庭唇腭裂儿童手术康复计划“重生行动”。2010年，眉山实施“晚情行动”，为城市福利机构、农村敬老院内集中供养和社会散居的城市“三无”、农村五保对象中年龄在60周岁以上的老人，免费实施白内障手术、装配假肢矫形康复辅具。当年，全市符合条件的残疾老人569人享受“晚情行动”。至2010年年底，投入福利彩票公益金160万余元，为全市残疾儿童120人实施“明天计划”手术康复。2011年起，眉山市实施“西部贫困家庭疝气儿童手术康复计划”。当年，实施手术13例。截至2012年年底，全市实施贫困家庭唇腭裂患儿手术120例、“晚情行动”626例、疝气儿童康复手术23例。

第三节　福利保障

一、孤儿保障

1997年，眉山地区孤儿以村民小组各家摊粮食和亲戚接济为主要生活来源，政府将孤儿纳入五保对象，每月补贴20元，孤儿生活质量低。2005年起，眉山市政府3次调整孤儿生活补贴标准。2009年7月起，眉山市散居孤儿养育费提高到每人每月450元，保障散居孤儿基本生活。

2010年起，福利院孤儿养育费标准为每人每月1000元、散居孤儿养育费标准为每人每月600元。2012年，眉山市有孤儿476人，其中集中供养63人、散居413人。事实上无人抚养儿童291人，通过低保金、临时救助金、财政补贴等渠道解决供养补助，每人每月300元（彭山县600元）。

二、城市“三无”人员保障

眉山市实行城市居民最低保障制度前，城市“三无”人员参照农村五保户供养标准，每月享受供养金15元。实施城市居民最低生活保障制度后，按低保最高标准，每月领取低保金50元~60元。随城市低保标准逐步提高，城市“三无”人员每月享受低保金也逐步提高，至2010年达到每人每月230元。

2012年，眉山市有城市“三无”人员561人，入住社会福利院或社会福利救助中心的城市“三无”人员196人。每人每月供养金标准为东坡、仁寿、彭山、青神400元，洪雅、丹棱410元。

中国诗书城·眉山

眉山市志

MEI SHAN SHI ZHI

下册

眉山市党史和地方志编纂中心 编

方志出版社

目 录

第二十七篇 教 育

1997年起，眉山地区全面贯彻《中华人民共和国教育法》，加大教育投入，不断完善教育基础设施，改善办学条件；实施教育改革，加强教育教学研究，科学施教，不断提高教学水平；实施城乡教育一体化建设发展战略，推进教育均衡发展，保证全体公民受教育权力；发展民办教育，民办教育成为全市教育的重要力量。2007年，留守儿童教育保护“青神模式”在全国交流推广。截至2012年年底，眉山市教育总支出169.92亿元、占全市财政总收入的17.78%。全市有各类学校900所，占地面积789.3万平方米，建筑面积由1997年（下同）的250.06万平方米增至346.76万平方米，在校学生45.86万人。其中幼儿园446所、在园幼儿7.85万人；小学196所、在校学生14.79万人；初中200所、在校学生9.63万人；高中33所、在校学生5.54万人；中等职业学校18所、在籍学生5.85万人，就业率98%以上；高校3所、在校（籍）生2.17万人。幼儿入园率87%，义务教育入学率100%、巩固率94.1%。被各类高校录取16.35万人，本科上线率由1998年的35.07%增至38.01%。有民办教育机构342所，在校学生9.34万人，毕业生2.94万人。

第一章 办学条件

1997年，眉山地区各类学校1690所，占地面积759.8万平方米，校舍建筑面积250.06万平方米，图书藏量350.88万册。此后，逐步加大投入，加强教育基础设施建设。2003年，市委、市政府将教育一体化纳入城乡统筹发展全过程，使均衡化的公共教育服务覆盖城乡全体居民，切实改善农村地区孩子的受教育条件。调整教育结构布局、加强学校文化建设，促进义务教育均衡发展，加快普及高中阶段教育，大力发展职业教育。统筹城乡师资队伍，加强农村学校师资队伍建设，从政策、经费、机制等方面支持农村学校师资队伍建设，构建开放灵活的农村教师终身教育体系，不断提高农村教师的综合素质。至2012年年底，眉山市各类学校校舍建筑面积346.76万平方米（幼儿园27.59万平方米、小学90.03万平方米、初中112.86万平方米、高中76.63万平方米、中等职业学校37.97万平方米、特殊教育学校1.68万平方米），体育运动场（馆）面积20.56万平方米，计算机2.47万台，图书藏量60.11万册，电子图书藏量2.8万件。

第一节　校　舍

一、校舍建设

（一）中小学危房改造

1997年，眉山地区多渠道筹措排危资金2271万元，启动农村中小学排危工程项目210个，排除危房面积8万平方米。2001年，市政府下发《关于实施中小学危房改造工程，基本消除中小学危房的通知》，启动眉山市中小学危房改造工程。全市中小学1679所，校舍总面积328.2万平方米，其中危房学校443所，危房面积26.71万平方米。按险情等级分B级2211平方米、C级6.43万平方米、D级20.06万平方米。校舍中有解放前修建的祠堂庙宇6000平方米、占总面积的0.2%，20世纪50年代至70年代修建的“干打垒”“跃进房”22万平方米、占总面积的8.8%，其余大部分属80年代初期修建的简易校舍。随着房屋使用年限的久远及暴雨、洪水、滑坡、地震等自然灾害侵袭，每年均自然产生危房。当年中央、四川省补助的45所项目学校竣工交付使用15所，动工的20所。未列入项目的所有D级危房拆除、封停。2003年起，实行中小学危房改造目标管理。全市六区县校舍危房改造任务划片由市政府4名领导牵头，实行分片包干负责。2006年起，农村中小学危房改造纳入长效机制，每年由中央、省、市按照一定比例拨付资金对农村中小学进行校舍维修改造。当年，实施校舍维修改造工程项目419个，包括小学202所、初中217所，改造校舍面积9.74万平方米，投入资金3763万元。截至2012年年底，眉山市共投入资金5.1亿元（中央、四川省1.48亿元），新建、维修改造校舍87.44万平方米。

改造后的眉山东坡二中（摄于2012年7月）

（二）教师宿舍建设

1997年起，眉山地区多渠道筹措资金，新建教师住房。至2000年，眉山地区新建教师住房20余万平方米，其中青神县新建教师住房2.65万平方米。2011年起，中央、四川省投资实施教师周转房建设项目。至2012年，眉山市投入资金1600万元，实施教师周转房项目26个，新建教师周转宿舍 7550 平方米。

（三）专项工程

校舍安全工程　2009 年，国家启动中小学校舍安全工程。当年，眉山市组织专家逐校逐栋排查鉴定全市 513 所学校、4126 栋校舍，排查中小学校舍 283.81 万平方米，其中鉴定为危房 3142 栋 197.73 万平方米。规划 3 年内投入资金 17.4 亿元，改造中小学校舍 212 万平方米。2011 年，校安工程由原确定的 3 年规划任务调整为 5 年完成，规划 2009—2013 年 5 年内投入资金 15.8 亿元，改造中小学校舍 198 万平方米。2012 年，市教育局排查全市纳入校安工程五年规划尚未实施的项目。最终锁定规划危房面积 181 万平方米，总投资 14.9 亿元。截至 2012 年年底，眉山市校安工程五年规划任务四年完成，加固校舍 111.6 万平方米，新建校舍 69.31 万平方米，投入资金 14.86 亿元（上级补助 9.2 亿元、捐建 2.2 亿元、区县及学校投入 3.3 亿元）。学校项目覆盖率 100%，完工率 100%，获省通报表扬。

农村初中校舍改造　2007 年 6 月，市教育局按照科学规划、合理布局，整合资源、统筹安排，分类指导、推进均衡，协调发展、节约资源的原则编制初中工程建设规划，规划实施时间为 2007—2010 年。至 2010 年，在仁寿县实施农村初中校舍改造项目 13 个，建筑面积 3.48 万平方米，总投资 5003 万元（中央 3196 万元、地方 1807 万元）。此后，眉山市其余 5 区县实施。截至 2012 年年底，眉山市共实施农村初中改造工程项目 22 个，建筑面积 9.37 万平方米（运动场 4.23 万平方米），总投资 5003 万元。

新农村卫生新校园建设工程　2006 年，眉山市被列入四川省以农村中小学改厕治污为主要内容的“新农村卫生新校园建设工程”试点市。当年起，实施学校建设捐赠项目。至 2008 年，四川省下达眉山市新农村卫生新校园建设工程试点工作预算资金 731.2 万元。

学前教育工程　2010 年起，眉山市实施学前教育工程。当年，四川省教育厅下达眉山市学前三年行动计划新建改扩建公办幼儿园 34 所。眉山市投入 1.2 亿元，新建、改扩建公办幼儿园 24 所；利用农村闲置校舍改造幼儿园 13.7 万平方米，可容纳班级 772 个、幼儿 2.4 万人；农村小学增设附属幼儿园 38 个，设立幼儿班 185 个，解决入园幼儿 4000 人。

薄弱学校改造工程　2007 年，眉山市启动农村寄宿制学校建设工程。2010 年起，眉山市实施薄弱学校改造工程。全市投入资金 1544 万元，改造农村薄弱学校 20 所 1.5 万平方米。截至 2012 年年底，眉山市共投入 4404 万元，改造农村薄弱学校 30 所 3.18 万平方米，其中县镇学校扩容改造 2.25 万平方米、农村寄宿制学校改造 9090 平方米、非寄宿制学校食堂建设 200 平方米。完成“王永庆项目”9 个、“邵逸夫项目”1 个，建设中小学 10 所。上级补助农村寄宿制学校建设资金 2042 万元。

特殊学校工程　2008 年起，实施特教工程项目。当年，实施眉山市东坡区特殊教育学校，总投资 380 万元，建设面积 2400 平方米。截至 2012 年年底，全市投资 2980 万元，各区县各建特殊教育学校 1 个。

青少年活动场所建设　2003 年起，眉山市搬迁新建青少年全市活动中心。此后，新建或改造青少年活动场所建设。至 2012 年，全市有青少年活动中心、社区青少年活动室、教育基地等 34 所，可同时为 40 余万名未成年人提校外活动服务。

眉山市 1997—2012 年学校数量统计表

表 27-1　　　　单位：所

年份	东坡区	仁寿县	彭山县	洪雅县	丹棱县	青神县	合计
1997	314	680	304	205	92	95	1690
1998	330	741	282	226	93	94	1766
1999	328	776	268	215	95	94	1776
2000	328	756	269	199	96	93	1741
2001	385	764	148	185	98	90	1670
2002	313	703	62	146	92	88	1404
2003	306	634	87	144	86	83	1340
2004	301	528	70	104	78	75	1156
2005	298	346	86	104	66	60	960
2006	282	334	80	105	64	56	921
2007	261	360	74	107	60	52	914
2008	258	314	75	104	57	50	858
2009	257	312	71	99	55	50	844
2010	250	388	65	94	55	47	899
2011	250	392	67	95	55	47	906
2012	244	393	64	96	53	47	897

二、学校布局调整

（一）中小学和幼儿园布局调整

2001 年起，眉山市按照“高中进城、义教递补、富余校舍、让位幼教”思路，以区县为单位编制实施学校布局调整规划。小学就近入学，每个乡镇举办一所中心小学（或九年一贯制学校）和中心幼儿园；初中相对集中，跨乡镇设置初中，提高初中办学集中度；普通高中逐步进入城区办学，鼓励支持中等职业集团化、连锁化办学。制订并实施“十五”期间全市中小学布局调整规划。当年，全市中小学减少 44 所。2002 年，市政府印发《关于调整农村中小学布局和精简优化教职工队伍的实施意见》，重点调整村小和教学点。打破村村“小而全”办学方式，除交通十分不便的地区继续保留必要的低年级办学点外，有计划、有步骤地撤并村小和教学点。发展乡镇中心小学，推动跨村举办完全小学。初中按照“相对集中，扩大办学规模”原则调整。清退代课人员，精简、压缩农村中小学非教学人员。破除教师职务终身制，建立竞争上岗、择优聘用，能上能下、能进能出的用人机制，以后新招聘到缺编城镇中小学的师范院校毕业生先到农村中小学任教 2 年~3 年。当年全市中小学校减少 114 所。

2003 年，眉山市调整学前教育机构校点布局。检查评估民办幼儿园，吊销不符合办学条件学校许可证。调减民办幼儿园 61 所。全市校均服务半径中学由 9 千米增至 11 千米、小学由 3 千米增至 4 千米，压缩教学班 1161 个，节减教师编制 1742 人，每年节约教育经费 1359 万元。2004 年，眉山市加强民办教育机构布局调整，调减民办学前教育机构45所。

2007年，市教育局制发《关于积极推进试点区县优化布局结构调整促进教育均衡发展的意见》，按照“小学就近入学、初中相对集中”“方便学生上学、不增加学生经济负担、保证教学质量”原则，推进中小学布局、结构调整。截至2012年年底，眉山市幼儿园和中小学由1998年的1941所（幼儿园308所、小学1368所、小学初中237所、高中28所）减至799所（幼儿园446所、小学196所、小学初中124所、高中33所）。

（二）职业学校布局调整

1998年，眉山地区加强中师、中专校建设，按四川省中师布局调整意见，调整2所师范校布局，保留眉山师范学校，仁寿师范学校转制办普通高中。2001年，市教育局决定合理调整校点布局，做大做强一批中等职业学铰，推动中等职业教育稳步发展。眉山市中等职业学校的校点由1997年的33所调减为28所。2002年，眉山师范学校和眉山农业学校合并组建为眉山职业技术学院。2003年，东坡区将原区职业高中、成人中专、太和职业中学整合组建四川省东坡中等职业技术学校。

2007—2011年，眉山市4所中等职业学校终止办学。仁寿县将仁寿一职业中学、四职业中学整体合并入仁寿二职业中学。截至2012年年底，眉山市职业学校由1998年的33所减至18所，其中，民办职业学校招生占职教招生总数的50%；民办职业学校在校生占职教在校生总数的53%。

三、示范、特色校创建

（一）重点、示范中学创建

1997年，眉山一中、仁寿二中、青神中学、彭山一中由“乐山市重点中学”变更为“眉山地区重点中学”。翌年重新确认。2000年，彭山一中被评为省级示范高中。眉山地区省重点中学增至4所（眉山中学、仁寿一中、眉山车辆厂中学、彭山一中），地重点中学增至5所（眉山一中、仁寿二中、仁寿富加中学、青神中学、仁寿第三中学）。2001年，命名洪雅中学、铧强中学、丹棱中学为眉山市示范普通高中。2002年，在全市开展国家和省级示范性普通高中创建。当年，眉山一中被评为省级示范高中。省教育厅确认原4所省重点中学为四川省示范性普通高中。2003年，仁寿一中创建为国家级示范性普通高中。洪雅中学、铧强中学、青神中学开展省级示范普通高中创建。2004年，市教育局命名眉山市示范性普通高中5所。至2005年，铧强中学、青神中学先后建成“四川省实验教学示范校”。2006年，眉山中学通过国家级示范性普通高中评估验收。丹棱中学被四川省教育厅确定为“四川省实验教学示范学校”。至2010年，创建省级实验教学示范校5所。2011年起，开展现代教育技术示范校创建。当年，青神学道街小学通过“四川省级现代教育技术示范校”评估。至2012年，眉山市有国家级示范性普通高中2所、省级示范性普通高中7所、市级示范性普通高中12所、四川省现代教育技术示范校9所。

（二）特色示范校创建

1997年起，眉山地区开展校风示范校、合格校建设。启动“四川省百所艺术特色学校”创建。当年创建省校风示范校6所。复查原乐山市校风示范校，重新命名一批地区校风示范校。1998年，向四川省教委申报四川省校风示范校5所。创建地区校风示范校16所。眉山地区教委确认地级校风示范学校41所（眉山县6所、仁寿县15所、彭山县5所、洪雅县4所、青神县8所、丹棱县3所）。1999年，全区开展地区现代教育技术示范学校创建和“三让一树”（让学生成才、让家长放心、让社会满意、树文明校风）活动，推进校风建设。当年，全区建成现代教育技术示范学校11所，创建四川省校风示范校3所、地级校风示范校10所。至2000年，全区创建省级校风示范学校19所、地级校风示范学校70所；创建省级示范幼儿园3所，省级示范幼儿园增至8所。

2001年，市环保局、市教育局下发《开展创建“绿色学校”活动的通知》，开展环境教育和保护环境活动。市教育局制定《眉山市校风示范（合格）学校检查验收细则》，补充完善市级校风示范校评估内容、标准和方法，复查评估已建成的省市级校风示范学校。当年，命名首批眉山市绿色学校24所。2002年，全市开展创建市级义务教育示范学校调查研究，制定《眉山市义务教育阶段示范学校评估验收细则》，规范学校管理，提高义务教育质量。2004年，启动眉山市“普及普通话示范校”创建。市教育局命名东坡区太和高中等35所学校为眉山市校风合格学校，洪雅县实验初中等15所学校为眉山市校风示范学校。至2005年，眉山市创建校风示范校省级4所。命名“眉山市校风示范学校”20所。2006年，市教育局、市环保局组织市级绿色学校复查，复查验收学校34所，合格33所，提出整改意见，限期整改1所。

2007年，眉山市复查评估校风示范学校106所。2008年，市教育局命名罗平初中、眉山市东坡区特殊教育学校、伏龙初中、悦兴小学、中店初中、太和小学、柳江小学、东岳镇中心校、观金初中、青竹小学为眉山市校风示范学校。至2009年，眉山市环保局命名市级“绿色学校”44所。2010年，市教育局命名东坡中学、东坡区机关幼儿园、东坡区复兴小学为“眉山市校风示范学校”。至2012年，眉山市创建国家级规范汉字书写特色学校2所，省级艺术教育特色学校8所、现代教育技术示范校5所、示范幼儿园12所，市级现代教育技术示范校22所、语言文字规范化示范校9所、艺术教育特色学校3所、示范园7所。

第二节　教育技术装备

1997年起，眉山地区加快教育设备现代化步伐，提高各级各类学校教育技术装备和现代教育技术整体水平。1998年，采用以点带面推动教育装备现代化工程。全区新置计算机900余台。建成教学放像点265个，开展电化教育学校450所，新增开设计算机教育中小学30余所。建成中小学实验室1659间8.98万平方米，图书阅览室130间、图书160万册，计算机室20间。基本普及实验教学。眉山、彭山、青神、洪雅等县制定规划，计划2年~3年小学图书仪器设备全面达到国家标准。全区开展计算机教育中小学达78所，彭山青龙镇小学建成多功能“计算机多媒体教学网络系统”。至1999年，全区共投入4200万余元，完善教育设备，提高各级各类学校的教育技术设备和现代教育技术整体水平。新配语言实验室学校5所。眉山车辆厂中学建成国家计算机教育实验学校。至2000年，全区共配计算机1.37万台，配备计算机学校增至439所，配备比例高（完）中96%、职业中学100%、初中67%、小学中心校以上78%。仁寿县中小学仪器配备基本达到“普九”标准，其余5县中小学教学仪器、常规电教设备、图书、艺体、卫生、劳技等器材配备均升位到国家“93”标准。创建现代教育技术示范学校省级4所、地级17所、县级20所。全区中小学语音实验室由1997年的13所增至46所。

2002年，彭山县、洪雅县、东坡区开展中小学卫星远程教育接收站建设试点，眉山市130余所中小学自愿参与实施。年末全市中心校以上学校基本普及计算机教学。500余所农村中小学开展现代信息技术课，有近30万学生接受现代信息技术教育。2003年，眉山市被列入全国农村现代远程教育工程首批试点地区。东坡区、仁寿县280所农村中小学被列入国家农村中小学现代远程教育项目

“模式一”（光盘播放点）试点学校。2004年，眉山市列入农村中小学现代远程教育工程项目“模式二”（远程教育卫星接收点）首批试点地区。工程包括配备卫星接收系统、计算机、电视机、DVD播放机和教学光盘。通过中国教育卫星宽带传输网，快速大量接收优质教育资源，并同时具有教学光盘播放点功能。配备乡中心小学和村完小。仁寿县新建180所农村中小学远程教育接收站。全市5个区县64所学校被列入“模式二”项目试点，280所农村中小学配备光盘播放设备。当年实施完毕并通过国家、四川省检查验收。2005年，眉山市被列为四川省农村中小学现代远程教育试点地区，全市302所学校被列入项目试点学校，项目总投入1917.9万元。至2005年年底，全市450所学校配齐教学仪器，311所学校建成图书阅览室，361所学校校园设施配套。18所学校建成小园网或局域网，基本实现中小学校信息技术教育普及，所有普通高中开设信息技术课程。

2007年，眉山市239所中小学完成卫星接收系统转星工作。购买中央电教馆教育教学资源库等教育教学资料置于网上，供全市师生免费共享。中心校以上学校全部接入眉山教育网，点击人数突破20万人次。2009年，眉山市投入2500万元完成东坡区、仁寿县农村中小学现代远程教育工程项目。实现农村中小学现代教育技术工程全面覆盖。至2010年，全市中小学有实验室2212间，图书阅览室450间、图书333万册，计算机室502间、计算机1.87万台，农村远程教育光盘播放点403所，卫生接收播放点60所，计算机网络教室176所。

2011年起，启动教育技术装备工程。市政府下发《眉山市教育技术装备工程实施意见》。实施仪器设备标准化建设、教育信息标准化建设、教师培训建设项目。至2012年，全市投入资金2.7亿元。装备计算机教室学校99所、初中理化实验室学校111所、小学科学实验室学校68所、音体美卫劳学校136所。配备计算机网络教室80间、数字化教室1000套、初中理化生实验室60套、小学科学实验室80个。

第三节　师　资

1996年起，眉山地区开展小学教师“五项基本功”训练。此后，每年开展各类教师技能培训。1997年起，全区每年组织校长、教导主任等干部培训。贯彻落实《四川省教师职业道德规范》，加强师德建设，提高教师队伍思想政治素质。年末全区有各类教师2.12万人（幼儿教师197人、小学教师1.27万人、中学教师8414人）。其中高级教师2826人、中级教师9526人。1998年起，全区实行教育目标管理，地区教委将各项目标任务分解到各科室，每年制定年度教育工作目标责任书，制定对各县教育局实行目标管理的办法，各县教育局与各学校签订目标责任书。在各级各类学校开展“三让一树”活动，办人民满意教育。加强行风建设，开展乱收费和教师“有偿补课”专项治理活动。2012年，眉山市有各类教师2.42万人（幼儿教师2238人、小学教师9922人、中学教师1.21万人）。其中高级教师2360人、中级教师1.38万人，农村学校教师2.01万人、城镇学校教师4111人。

一、教师招录

眉山市中小学教师招录分为计划分配、“双向选择”、考试录用3个时期。

20世纪90年代后期以前，为计划分配工作时期，计划招收师范类大中专学生，毕业时原则上由生源所在地教育行政管理部门分配工作。20 世纪 90 年代后期到 21 世纪初，为过渡时期，师范类大中专学生毕业就业纳入政府人事部门所有大中专毕业生就业管理，实行毕业生与用人单位“双向选择”，教育行政部门只负责推荐就业，不再实行分配工作。

2006 年后，眉山市新教师招录全部实行考试录用。由政府人事部门统一组织考试和考核录用，研究生以上高学历和极个别紧缺专业毕业生可以实行考核录用。2011 年，市教育局、市人社局下发《关于进一步规范教师招聘工作的意见》，规范责任分工与工作权限、笔试与面试的分值比例、考试的内容与形式等。实施免费师范生就业安置。2001—2012 年，眉山市招录教师 4557 人。安排免费师范生就业 20 人。

二、教师培训

专业培训　1997 年起，眉山地区采取省、市及外送培训相结合，各县为主。每年开展教师培训。主要培训专任教师和学校干部。县进修校成立电大办学点或与电大共同举办学历培训班，开展中小学教师学历培训。当年，全区培训教师 8930 人次，组织 1201 人参加骨干教师培训、学历培训、上岗培训。1998 年，成立眉山地区继续教育培训中心，开展中小学教师技能培训，普通话培训、计算机等级考试培训，计算机职称考试培训，以及与各部门联系开展各类技能培训。地区教委制定并实施《眉山地区中小学校长培训“九五”计划》。组织参加省级中小学校长提高培训，举办中学校长培训、小学幼儿园校（园）长岗位培训。1999 年，成立眉山地区教育培训中心，与各区县教师进修校、眉山电大共同形成全区中小学教师培训网，实行“条、块、网”培训。全年培训教师 1.19 万人次。2000 年起，组织省、市级骨干教师骨干培养对象送培。建立清华大学继续教育学院远程教育眉山工作站。开展全区中小学教师新大纲、新教材培训。至 2000 年年底，全区小学、初中、高中教师学历合格率分别为 95.5%、88.3%、42.7%。2001 年，眉山市组织中小学校长 930 余人、各县教育局长参加现代信息技术、四川省职业技术学院负责课程实施培训，中小学教师 1000 余人开展学科新课程标准、新大纲、新教材培训。2002 年，眉山广播电视大学通过校园网、双向视频、卫星地面接收装置和各种音像设备构建教师继续教育阵地。2006 年起，眉山市开展送教下县培训农村教师。市教育局制定“校长培训制度”，中小学校长培训由市教育行政部门统一规划，分级实施。幼儿园园长、小学校长由区县教育局组织培训，初、高中校长由市教育局组织培训。当年，全市送教下县培训农村教师 2000 人次。2007 年，市教育局建立中小学校长学习培训档案，清理中小学校长学习培训情况。实行省、市、县（区）三级教育行政部门负责，分别承担校长培训任务的制度。2008 年起，开展市级培训。当年培训教职工 1.38 万人次。2010 年起，重点组织国家、省级送培。当年，全市国家级送培 3930 人、省级送培 3364 人。2011 年，全市将职工继续教育与中等职业教育统筹管理。组织“学习贯彻全国、全省教育工作会议精神和中长期规划纲要”远程培训和“四川地震灾区中小学校校长管理能力提高项目”等省级教育类校长研修培训 960 人次、幼儿园园长任职资格和提高培训 400 人次，中等职业学校校长培训 39 人次。2012 年，全市培训教师 4.87 万人次（国家级 74 人次、省级 7523 人次、市级 4301 人次、区县 3.37 万人次）、送教下县培训农村教师 520 人次、骨干培养对象送培 867 人次、骨干教师培训 1804 人次、学历培训 91 人次。1997—2012 年，眉山市培训教师 27.08 万人次（国家级 3930 人次、省级 1.69 万人次、市级 2.47 万人次、区县 18.06 万人次）、送教下县培训农村教师 6963 人次、骨干培养对象送培 7723 人次、骨干教师培训 97 人、学历培训 1.43 万人次、上岗培训 1.08 万人次。教师普通话培训 1.33 万人次、达二级甲等以上的 5304 人，计算机培训 1660

人次。

技能竞赛　1999 年，眉山地区组建中小学教师职业技能三等级检测员队伍，培训检测中小学教师 10 万余人次，2800 余人职业技能达三等级。2000 年，全区组织中小学学科竞赛、教师论文比赛、优质课比赛和技能竞赛。2001 年，眉山市组织开展学科中青年教师课堂教学赛课活动、中小学体育教师基本技能比赛，培养锻炼教师 94 人，听课教师 3000 余人。组织全市教师教育教学论文评选，在全省评比教案、论文获奖 21 篇。

三、教师资格认定与职称评审

（一）教师资格认定

教师资格认定分在校教师资格认定和社会教师资格认定。

2001 年起，眉山市实施教师资格制度，开展教师资格认定。2005 年，面向社会实行高级中学教师资格、中等职业学校教师资格、中等职业学校实习指导教师资格（以下简称“三类教师”资格）。当年认定“三类教师”资格 781 人。2008 年起，分春秋两季面向社会认定“三类教师”资格。当年认定 278 人。2011 年，面向社会认定“三类教师”资格 1778 人。2012 年，眉山市认定教师资格 1924 人（高中阶段教师 464 人、初级中学教师 555 人、小学教师 316 人、幼儿园教师 589 人）。

（二）职称评审

1997 年起，眉山地区教师职称申报评审指标由县人事部门和教育主管部门在总量内掌握，空缺职务在符合推荐条件教师中增补推荐评审。高级教师职务由地区推荐，省评审。1998 年，全区组织评审中级教师职务 786 人。1999 年，全区开展教师职务结构比例试点，试行中小学教师评聘专业技术职务结构比例控制。

2001 年，眉山市教师职称实行结构比例。市人事局、市教育局印发《眉山市中小学校专业技术职务结构比例管理办法》，规定教师职称结构比例为国家级示范高中、职业中学高级岗位 35%，中级岗位 50%；省重点高中、职业中学高级岗位 30%，中级岗位 45%；市重点高中、职业中学高级岗位 25%，中级岗位 45%；一般高中、职业中学高级岗位 15%，中级岗位 45%。县城单设初中高级岗位 10%，中级岗位 40%；乡（镇）单设初中高级岗位 6%，中级岗位 35%。示范（实验）小学、幼儿园高级岗位 4%，中级岗位 50%；县城一般小学、幼儿园高级岗位 0. 5%，中级岗位 45%；乡（镇）小学、幼儿园高级岗位 0. 1%，中级岗位 35%。

2008 年，四川省人事厅、四川省教育厅规定全省新的教师专业技术高级、中级岗位结构比例控制标准。普通初中高级岗位 10%～15%，中级岗位 35%～45%；小学高级岗位 1%～5%，中级岗位 35%～45%；国家级示范高中、重点中等职业学校高级岗位 30%～35%，中级岗位 45%～50%；省级师范高中、省级重点职业中学职校高级岗位 25%～30%，中级岗位 40%～45%；其他高中和中等职业学校高级岗位 15%～25%，中级岗位 40%～45%；幼儿园高级岗位 0～1. 5%，中级岗位 20%～40%。眉山市教育事业单位岗位管理，执行教师专业技术高级、中级岗位结构比例控制标准上限。2012 年，眉山市各学校（单位）通过竞争上岗开展教师晋升岗位等级工作。当年，全市正常晋升岗位等级 3000 余人，推荐申报高级职称 213 人，评审中级职称 575 人，取消或不予通过中、高级评审约 40 人。

1997—2012 年，眉山市推荐评审高级职称 3375 人，推荐评审中级职称 1. 43 万人。

四、教师待遇

（一）工资、津贴

1997年，眉山地区中小学教师工资按国家统一的事业单位人员工资政策执行。2000年，全区实行中小学教师工资转移支付补助。

2001年起，眉山市建立教师工资发放月报制度，加强教师工资发放监控。全市教师工资由县（区）统筹，银行代发，保证教师工资按时足额发放。2002年，全市农村中、小学教师工资全部上收到县（区）财政管理，保证国家统一规定的工资项目及时足额发放。2007年，教师工资、地方津补贴、“三险一金”纳入财政预算。7月起，提高农村中小学教师津贴。2009年9月，眉山市义务教育学校教师实施绩效工资。当年，全市兑现义务教育学校教师绩效工资基础性部分2.9亿元。2010年，启动义务教育教师绩效工资水平改革，调整各义务教育学校教职工待遇水平，完成岗位设置及首聘工作。2011年，非义务教育学校平稳实施绩效工资。幼儿园和市教育局直属事业单位实施绩效工资。2012年，高中阶段学校实施绩效工资。

（二）评先选优

1997年，眉山地区建有教师评先选优奖励机制。当年，全区受四川省政府表彰“四川省中小学特级教师”13人。眉山地区行政公署表彰全区“教坛新秀”“优秀校长”“优秀教师”“优秀青年教师”66人。此后，每年国家、省、市开展不同层次教育工作者表彰活动。先后增加特级教师、模范教师、优秀班主任、优秀教育工作者、十大杰出青年教师、师德标兵、青年优秀教师标兵、模范教师、优秀农村教师、知名校长、知名教师评选。至2000年，全区获全国优秀教师、省特级教师、省优秀教师、省优秀教育工作者、省师德标兵、省青年优秀教师标兵69人。眉山地区评选知名校长、知名教师、优秀校长、优秀教师、优秀青年教师、教坛新秀和师德标兵197人。截至2012年年底，眉山市教师获各级表彰1274人次（国家级35人次、省级257人次、市级982人次）。

五、教师职业道德教育

1997年，眉山地区在教师中开展树职业形象、尽职业责任、守职业纪律、讲职业道德教育，提高教师队伍思想政治素质。1999年，全区组织教师学习《中小学教师职业道德规范》《四川省教师职业道德行为准则》等。教育系统组织优秀青年教师陈英事迹宣传、学习活动，开展“讲师德、比奉献”演讲比赛，弘扬舍己救人、自强不息、敬业爱岗、乐于助人的“陈英精神”。2000年，全区各级学校将师德师风考核结果作为教师的奖惩、聘任、辞退及晋职、晋级重要依据。

2003年，眉山市教育系统开展师德师风教育整顿，教师围绕如何依法执教、爱岗敬业、热爱学生、严谨治学、团结协作、尊重家长、廉洁从教、为人师表八个方面自我剖析，找问题、促整改。

2007年，眉山市贯彻《进一步加强和改进师德建设的实施意见》，严格执行教师职业道德“八不准”，规范教师职业行为。2009年，市教育局转发新修订的《中小学教师职业道德规范》。开展教师专题学习讨论活动、宣传活动、师德演讲活动，修订教师职业道德考核标准和考核办法。2011年，眉山市启动师德师风评议试点，各县（区）以“创先争优”活动为契机，通过公开承诺、窗口示范等形式，加强教师师德教育，营造尊师重教良好社会氛围。2012年，按照“创先争优”对党员“五带五争”要求，落实中小学教师职业道德规范，开展师德教育。

1997—2012 年，眉山市查处违纪案件 449 件，清退违规收费 671.91 万元，党纪、政纪处分 55 人，其他处理 32 人。

第二章　基础教育

1997 年起，眉山地区将基本普及“两基”（基本普及九年义务教育、基本扫除青壮年文盲）作为教育发展重点，巩固基本普及九年义务教育成果。强化质量效益意识，巩固发展地区教育优势。各级学校将爱国主义教育纳入课程教学，重视学生社会实践，学校教育与家庭教育相结合。深化初中教学改革，推进初三分流等综合措施，控制学生流失。实行“3+X”高考科目设置。实施农村现代远程教育工程，促进教育技术提高。加强教育督导，促进督促各级政府加大教育投入，改善办学条件，提高教育质量。市政府下发《关于做好农村“留守学生”教育和保护工作的通知》《关于特殊教育改革和发展的意见》，保证农村“留守学生”教育基本权力和保证残疾儿童入学率。市委、市政府将解决进城务工子女接受义务教育列入民生工程，保证进城务工农民工子女入学。截至 2012 年年底，眉山市幼儿入园率由 1997 年（下同）的 63%增至 87%，义务教育入学率 100%、巩固率 94.1%。纯高中校由 9 所增至 17 所，在校生由 2 万人增至 5.6 万人，普通高中教育资源进一步优化。

第一节　学前教育

眉山市幼儿教育主要由幼儿园承担，少数小学设学前班，招收一年后入小学儿童。入园幼儿建区时以民办为主，2012 年入园幼儿公办与民办接近，各占总数的 40%、60%。

1997 年起，眉山地区加强乡镇中心幼儿园建设，提高幼教管理水平，推动幼教事业发展。地区教委制发《眉山地区示范幼儿园评估标准》，规范幼儿园建设。当年，各级幼儿园主要开设语言科学、艺术、健康、社会四类课程。开展省、地示范幼儿园创建。年末全区幼儿园在园幼儿 6.23 万人，3 岁～6 岁幼儿入园率 63%。至 1998 年，全区有幼儿园 308 所（公办 57 所、民办 251 所）、在园幼儿 6.48 万人（公办 1.33 万人、民办 5.15 万人）。2000 年，全区有省级示范幼儿园 8 所、地级示范幼儿园 5 所。

2001 年起，眉山市贯彻落实《幼儿园工作规程》、教育部新颁布的《幼儿园教育指导纲要》，加强幼教科研，以提高幼儿园办园水平和质量。2003 年，贯彻教育部等 10 部委《关于幼儿教育改革与发展的指导意见》，开展《幼儿园教育指导纲要》实验课题研究。2005 年，开展省级示范幼儿园重新认定。全市学前三年幼儿园入园率增至 80%。

2007 年，市教育局、市妇联启动幼儿家长学校工作，促进社会与家庭共同育儿。2011 年，眉山市启动学前教育推进工程，市政府下发《关于当前发展学前教育的实施意见》，要求各县（区）人民政府，相关单位（部门）扩大学前教育资源供给能力，加强幼儿教师队伍建设，强化幼儿园管理。实施“学前教育三年行动计划”，规划建设项目 14 个，投资 3233 万元。全面清理、整改全市民办幼儿园。全市所有城区小学取消办学前班。

2012年，市教育局制发《眉山市幼儿教育保教行为督导评估细则》（试行），加强督导，提高幼教质量。围绕《3~6岁儿童学习发展指南》，宣传学前教育发展政策、管理制度、科学育儿知识3个重点。全市学前教育三年毛入园率87%。截至2012年年底，眉山市学前教育建设项目学校12所基本完成。完成“学前教育三年行动计划”规划建设项目48个，总投资3733万元。全市有幼儿园446所（教育部门办134所、民办及其他312所），其中城市41所、县镇166所、农村239所，总建筑面积27.59万平方米，在园幼儿7.85万人。有教职工3841人，其中专任教师2238人（城市515人、县镇1191人、农村532人）。

第二节　义务教育

1997年起，地委、行署以“两基”为教育发展重点。加大对《中华人民共和国义务教育法》的宣传和执法检查，一手抓“普九”（普及九年义务教育）5县“两基”工作的巩固、提高，一手抓仁寿县的“普九”攻坚。当年，仁寿筹措1000万余元投入8个未达标乡“普九”，青神县、眉山县、洪雅县、丹棱县加大教育投入，改善办学条件。年末全区基本普及九年义务教育，成为全省基本普及九年义务教育地区之一。1998年，全区有小学1368所（公办1361所、民办7所）、在校生31.74万人（公办31.51万人、民办2307人）、教职工1.48万人（公办1.38万人、民办987人）；初中237所（公办235所、民办2所）、在校生9.76万人（公办9.7万人、民办574人）、教师6975人（公办4668人、民办2307人）、招生4万人、毕业3.13万人。全区完成“两基”任务。此后，每年开展“普九”的复查及督导评估工作以巩固成果，将学校的内部管理和普及程度作为复查重点，切实控制学生辍学。2000年，全区加强义务教育法宣传，解决初中入学高峰问题。年末全区小学正常适龄儿童入学率99.77%，初中正常适龄少年入学率98%；小学生年辍学率0.05%，初中生年辍学率1.9%；小学生毕业率99.9%，初中生毕业率97%；15周岁人口小学学业完成率99.5%，17周岁人口初中学业完成率93.5%。

2001年，市教育局专题研究初中“控辍”对策。严格初中学籍管理，控制学校收费，深化初中教学改革，实施“初三分流”等综合措施，控制学生流失，重点解决农村初中辍学率偏高问题。当年，眉山市小学义务教育各项指标均达到国家规定标准。2006年起，眉山市实施义务教育均衡发展。确立东坡区、彭山县为义务教育试点县（区），探索管理体制创新、师资配备交流机制、教育设备设施装备、教育教学管理、教育质量检测机制、城乡学校共同发展等办法。2007年，推进城乡义务教育均衡发展，投资、师资、招生向农村倾斜。市教育局制订“眉山市推进义务教育均衡发展规划”，优化资源配置，规划农村中小学校校舍维修改造、寄宿制学校建设，改善学校办学条件，促进城乡义务教育均衡发展。规范办学行为，执行“就近免试入学”，校内均衡编班。省级以上示范性普通高中20%的招生指标“定向切块”到农村初中，减轻义务教育阶段学校过度的升学竞争。建成农村中小学现代远程教育项目，实现优质教育资源城乡共享。东坡区试点探索义务教育“划片招生、免试就近入学”办法。年末全市小学入学率、巩固率均为100%，初中入学率、巩固率分别为100%、99%。

2008年，市政府下发《关于切实解决中小学大班额问题的意见》，化解大班额。当年，眉山中心城区基本解决70人以上大班额问题。2010年，眉山市投资2亿元，新建、改造校舍22万平方米，改善农村学校办学条件，缩小城乡办学条件差别。调整中小学布局、优化教育资源，加强薄弱学校和农村学校管理，开展义务教育示范县创建。2011年，眉山市启动义务教育均衡工程，建立东坡区、彭山县城乡一体化义务教育发展机制试点。

眉山东坡中学（摄于2008年11月）

2012年，市教育局制订《眉山市义务教育学校招生管理办法》，禁止考试招生、关系择校、权力择校和招收未年满6周岁儿童接受义务教育等不规范行为。年末眉山市有小学196所（教育部门办180所、民办及其他16所）、小学教学点89个（县镇11个、农村78个），在校学生14.79万人（公办13.95万人），教职工9085人（公办8589人）。有初中124所（城市6所、县镇70所、农村48所；九年一贯制学校76所），均为公办，总建筑面积90.03万平方米（城市68.89万平方米、县镇13.08万平方米、农村8.06万平方米），在校学生9.63万人（公办9.35万人），招生2.88万人，毕业4.02万人，专任教师7439人。义务教育入学率100%、巩固率94.1%。九年义务教育普及率均符合国家规定标准。

第三节 普通高中教育

1997年起，眉山地区改造薄弱高中。开展省、地重点中学创建活动。当年，全区有高中校28所、在校生2万人。1998年，全区有高中校28所（纯高中9所、高初中均有19所；公办24所、民办4所）、在校生2.14万人，专任教师1484人，招生7966人，毕业5944人。1999年，眉山车辆厂中学建立全区首所“三网合一”校园网。2000年，全区新增普通高中8所，新增学校均达到《四川省普通高（完）中办学条件基本要求》办学条件。地区教委将中师转制为普通高中或特色高中，加强社会力量办学，扩大普通高中招生规模，加大改造相对较差高中，开展创建省、地重点中学活动，提高普通高中办学水平。年末全区普通高中在校生增至2.5万人。

2001年，眉山市围绕高中出质量，在全省“稳三”目标，重点调研30所高中的教学管理和教学过程、存在问题，研究应考对策和解决办法。完成高中语文、数学、外语、物理、化学、历史、地理等学科新大纲、新教材培训300余人次。当年起，实行“3+X”［语文、数学、外语及文（理）科综合］高考科目设置。2002年，全市开展高中规模、布局、条件等调查摸底，加强两类高中分类指导。开展薄弱普通高中改造验收，8所农村高中达到《四川省普通高（完）中办学条例基本要求》。2003年，贯彻全国大力发展高中阶段教育和全省农村高中教育发展现场会精神，完善高中质量评价体系、教育质量评估方案，加强普通高中招生录取管理和教育质量评价软件研究。当年，建成眉山一中“空军飞行员早期培训基地”。2004年起，扩大高中规模。启动眉山中学创国家级示范性高中二期工程建设。仁寿师范校更名为四川省仁寿中学，改办全日制完全中学。2005年，香港、澳门等高等院校首次在眉山招生。

2007 年，眉山市按照“调整布局，稳定规模，提升质量，创造品牌”普通高中发展思路，促进普通高中内涵发展。全市省级以上示范性普通高中招生计划实行定向切块分配。2009 年，市教育局印发《眉山市普通高中教育质量奖励实施细则》，明确集体奖、个人奖分类及评比办法。规定普通高中教育质量获奖者，计入其个人考核档案，并作为业绩考评、评先选优、职称评定和晋级增薪重要依据。至 2010 年，全市省级以上示范性普通高中招生定向切块比例达到招生总数的 50%。85%以上学生享受优质普通高中教育。2011 年，市教育局印发《眉山市高中阶段教育普职融合改革试验方案》，包括试验目的、试验内容及预期目标、试验学校的确定、试验周期、项目实施、保障措施。统筹协调两类高中发展，高中阶段毛入学率提高 1 个百分点。

2012 年，眉山市以推进素质教育为中心，规范办学行为，严格执行课程计划和学籍管理制度。制定学生综合素质评价方案，加强审核普通高中生毕业资格。截至 2012 年年底，全市有普通高中 33 所（公办 27 所、民办 6 所；纯高中 17 所、高初中均有 16 所），有 4 所职业高中办普通融合试验班，招收普通高中生。在校生 5. 54 万人（教育部门办 5. 14 万人、民办及其他 4019 人；城市 9873 人、县镇 4. 56 万人），招生 1. 94 万人，毕业 1. 75 万人。专任教师 3143 人（城市 522 人、县镇 2621 人）。其中 4. 52 万学生享受优质教育资源，占全市普通高中在校学生人数的 78%。1998—2012 年，全市被各类高校录取 16. 35 万人，本科上线率由 1998 年的 35. 05%增至 36. 58%。

第四节　特殊教育

1997 年，眉山地区仅眉山有特殊学校 1 所。1998 年，全区开展未入学适龄残疾儿童调查，登记未入学适龄残疾儿童 1007 人。地区残联、教育、团委、妇联等部门开展“希望工程”“春蕾工程”贫困残疾儿童救助，促进残疾儿童入学。1999 年，眉山、仁寿、洪雅、彭山等县特殊教育学校开设聋生班、培智班。当年全区高考残疾考生 6 人上线并被录取。年末全区适龄残疾儿童、少年随班就读入学率 85%；盲、聋、智障儿童入学率 66%。

仁寿县特校（摄于 2012 年 5 月）

2003 年，市政府将残疾儿童入学纳入各县（区）目标考核，办好残疾儿童随班就读班（点），提高残疾儿童入学率。东坡区开展四川省随班就读试验。东坡区特殊教育学校设置盲班 2 个，招收盲童 30 人，填补眉山市无盲童入学空白。年末全市特殊教育学校在校学生 168 人、普通中小学随班就读生 779 人。2004 年，东坡区特校举办高中班，招收新生 20 人。全市随班就读残疾少年儿童 1441 人。2006 年，丹棱县新建特殊教育学校 1 所，新增特殊教育学校学生 60 人。全市资助贫困适龄残疾少年儿童入学项目有国家彩票公益金助学、中央文明办扶残助学、中西部地区盲童入学和扶残助学春雨行动等。

2007 年，眉山市实施中西部地区特殊教育学校建设工程，东坡区特殊教育学校完成扩建，仁寿县特殊教育学校迁址重建，建成洪雅县特殊教育学校、彭山县特殊教育学校。2010 年，成立洪雅县特殊教育学校。规划建彭山县特殊教育中心 1 个。2012 年，眉山市被四川省残联纳入学前教育试点市，成立彭山县特殊教育学校。截至 2012 年年底，全市有特殊教育学校 4 所（东坡区 1 所、仁寿县 1 所、彭山县 1 所、洪雅县 1 所）、建筑面积 1.68 万平方米、在校学生 289 人、普通中小学随班就读生 2420 人、专任教师 62 人。

1998—2012 年，眉山市资助贫困适龄残疾少年儿童入学 5644 人次（高考录取大学生 28 人）。高考残疾考生上线 56 人，均被录取。

第五节　现代远程教育和信息技术考试

1997 年起，眉山地区每年组织全区高中生参加全省信息技术结业会考。至 2000 年，全区 9 所高中参加全省计算机结业考试，合格率 78.8%。

眉山中级技术教育计算机授课现场（摄于 2003 年 5 月）

2001 年，市教育局制发《眉山市中小学“校校通”工程实施意见》，规范信息技术教育。开展中小学教师信息化应用推广活动。全市中心校以上学校计算机教学开设率 80% 以上。2002 年，在仁寿县、彭山县初中毕业升学考试中加试物理、化学实验操考核试点，参考学生 5600 余人。2003 年起，全市所有初中毕业升高中学生考试物理、化学实验操作。2005 年，全市所有高中信息技术考试全部上机考试。

2006 年，眉山市开展全国计算机等级考试。2007 年，全市省级示范性高中以上的学校实行网考，所有高一年级学生均参加信息技术会考考试。2012 年，眉山市中学理科实验操作考试参加学校增至 229 所、参考学生 4.69 万人，普通高中信息技术学业水平考试近 2 万人。

第六节　中小学生素质教育

1997 年起，眉山地区贯彻教育部“在中小学减轻学生过重负担”精神，全面推进素质教育。地区教委确定素质教育实验学校 2 所，以点带面，整体推进。1998 年，全区以教育科研开路，提高教育教学质量。2004年，市教育局制订幼儿园、小学、初中、高中实施素质教育工作督导评估方案及实施细则和《眉山市普通中小学实施素质教育自我评价和督导评估工作程序》，推进素质教育。2012年，完善初中毕业生升学体育考试、中考体育特长生加分照顾、普通高中招收体育特长生机制，激励中小学生参加体育锻炼和竞技比赛，增强体质。

一、中小学生德育

中小学生德育以实施素质教育为重要措施和核心内容，寓德育于各学科教学之中；加强学校德育与学生生活和社会实践的联系，形成学校、家庭、社会三结合的德育工作格局，并以此加强学生的思想政治教育、品德教育、纪律教育和法治教育。

1997年起，眉山地区各级学校按照“德育优先”原则，将德育工作作为实施素质教育重要措施和核心内容，立足学校教育主渠道，学生思想道德教育进教材、进课堂、进网络、进学生个人综合素质评价、进学校工作评估。强化课堂德育和学生素质评估。以香港回归为主题，开展爱国主义教育。地区教委印发《关于进一步深化校风建设的通知》，加强校风建设。1998年起，全区开展先进班集体、优秀学生评选活动，培养学生争先意识。当年，全区获得省级先进班集体9个、“三好学生”29人、优秀学生干部19人，市评选先进班集体40个、“三好学生”320人、优秀学生干部180人。1999年，地委办、行署办下发《眉山地区爱国主义教育实施细则》，各地建立爱国主义教育阵地。全区开展学生书法、美术、摄影作品展和观看电视片《仁寿王兆兵》等活动，深化爱国主义思想。

2001年，眉山市开展爱党、爱国、爱社会主义及学生道德品质教育，组织学校学习《公民道德教育实施纲要》，加强中小学生法治纪律教育及《中华人民共和国未成年人保护法》《预防未成年人犯罪法》学习、宣传和教育，增强学生法治纪律观念，预防青少年学生违法犯罪。当年起，每年开展“公民道德建设宣传月”活动。2004年起，眉山市中小学确定9月为“中小学弘扬和培育民族精神月”，每年开展系列活动。当年，组织万名中小学生朗诵东坡诗词，组织学校开展遵守中小学生守则、行为规范等专题教育。2005年，开展爱国主义、集体主义、社会主义和中华民族精神教育，“三德”（社会公德、职业道德、家庭美德）、“五爱”（爱祖国、爱人民、爱劳动、爱科学、爱社会主义）教育和行为规范教育。以“抗日战争胜利60周年和世界反法西斯战争胜利60周年纪念”为主题，开展征文活动。全市50余万中小学生参赛作文30余万篇，评出优秀征文300余篇。举办“勿忘国耻、振兴中华”“党在我心中”等专题报告会100余场。2006年，开展“学英模、树新风”“纪念红军长征胜利70周年”活动，引导学生树立正确人生观。

2007年，眉山市各中小学加强德育基地建设，建立学校、家庭、社会“三结合”网络，为学生课余提供有效的教育场所。组织师生学习中共中央总书记胡锦涛倡导的“八荣八耻”社会主义荣辱观，将立德树人作为教育根本任务，把社会主义核心价值体系融入教育全过程。2009年，市教育局制订《眉山市“知荣辱、树新风、我行动”道德实践活动实施方案》，全市开展学雷锋、《品德与生活》《品德与社会》学习等主题教育活动，校园实践、社区实践、体验实践、公益实践等系列道德实践活动。组织余德槐、郑毅、孙艳等道德模范开展道德模范“进校园”宣讲活动，引导未成年人树立正确人生观和价值观。

2012年，市文明办组织开展“童心向党”歌咏活动，仁寿县满井小学选送的《我向党来唱支歌》被“四川省未成年人喜迎中共十八大”歌咏活动优秀节目收录并展播。东坡区三苏路小学等7所小学被确定为全省“做一个有道德的人”主题活动联系点学校。全市获省级先进班集体10个、优秀学生 2 人、“三好学生”32 人、优秀学生干部 26 人。眉山市评选先进班集体 360 个、“三好学生”190 人、优秀学生干部 50 人。

1998—2012 年，眉山市获得省级先进班集体 156 个次、优秀学生 21 人次、“三好学生”470 人次、优秀学生干部 374 人次，市评选先进班集体 4953 个次、“三好学生”3453 人次、优秀学生干部 1109 人次。

二、文学艺术教育

1997 年起，眉山地区各级学校开齐音乐、美术课程，开足课时。组织开展“四川省第二届中小学生艺术节”系列活动、中小学“施乐杯”环保绘画比赛、中小学生“群星杯”美术作品展览等活动。2001 年，眉山市举办“四川省第三届中小学生艺术节暨庆六一（眉山市）文艺会演”，评选优秀文艺节目和书法、美术、摄影等作品 139 件。送省参赛作品获一等奖 5 个、二等奖 14 个、三等奖 14 个。2003 年，举办全市艺术考级活动。洪雅县实验小学设计组画《集市》、眉山市第一小学版画《田野卫生稻草人》参加全国第一届中小学生艺术节展评，分获一等奖、二等奖；全市文艺节目、美术书法作品及艺术教育科研论文获省一等奖 3 个、二等奖 11 个、三等奖 14 个；评选出市级优秀组织奖 6 个，优秀文艺节目奖 74 个，优秀书法美术作品奖 40 幅。2005 年，举办四川省第一届中小学生优秀艺术人才大赛眉山赛区比赛。

2008 年，全市开展“文轩杯”校园集体舞。组织参加四川省中小学“群星杯”——爱祖国迎奥运美术、书法、摄影比赛，选送作品获奖 24 个。2009 年，全市中小学参加全国艺术比赛获国家级奖 3 项、省级奖 37 项。2010 年，市教育局、市语委会组织编写《中小学生国学经典诵读》读本，组织中小学生开展经典诵读活动。组织全市中小学校以东坡诗词为主要内容，常年开展个人诵读、兴趣小组、兴趣班级、团队活动等诵读活动，弘扬东坡文化。组织拍摄校园心理剧《“恋爱”风波》参加全省评选，获最佳心理剧。东坡区眉山中学等 4 所学校创建为“省文艺人才培训基地”。2011 年，推进农村学校艺术教育，开展学校课外艺术活动。将艺术课程开课情况作为督查学校教育教学工作重点督查。举办“我们的节日・中秋——东坡诗词诵读”大赛。

2012 年，眉山市加强校园文化建设，开展创建“校园文化十佳学校”“慈善文化进学校”活动。组织学生作品参加“四川省第七届中小学生艺术节”，5 个节目、26 幅美术书法作品获一等奖 3 个、二等奖 2 个，洪雅县实验小学的美术作品《台会》获全国一等奖。组织“四川省第八届中小学生优秀艺术人才大赛”，眉山赛区参赛学生 4600 人。组织部分校长参加省级艺术特色学校现场会，并作大会交流。市一小诵读节目《琴诗》在四川电视台面向全省播出，被评为全省一等奖。截至年底，眉山市组织开展四川省中小学生艺术节活动 5 次、四川省中小学生优秀艺术人才大赛（眉山赛区）比赛 8 次。

三、卫生健康教育

1997 年起，眉山地区开展创建省心理健康教育实验学校和中小学生体质调研，以传染病防治、师生卫生习惯养成教育、心理健康教育为重点，开展学生卫生健康教育，建立健全各项管理制度。做好学生饮食卫生工作。2004 年，眉山市将心理健康教育纳入地方课程。仁寿一中学校教师自编青春期健康教育校本教材《花季的语丝》，张波老师撰写的论文《浅析挫折教育》在“全国中小学心理健康教育培训及研讨会”上交流，并获二等奖。2011 年，全面推行《国家学生体质健康标准》测试及数据上报，上报率 95%。2012 年，全市加强中小学心理健康教育。组织近 500 名学校校长及管理干部，参加著名心理学教授范春林“情绪管理与心理健康”培训。眉山一中等 4 所学校被确定为全省未成年人心理健康教育“心海护航”工程示范学校。

四、国防教育

1997年起，眉山地区各级学校开设国防教育课，以学生军训等形式开展国防教育活动，增强中小学生国防意识。2002年，眉山市各级学校组织学习宣传《中华人民共和国国防教育法》，在中小学生中开展国防知识竞赛活动。2004年，开展中学生军训及少年军校创建活动。组织全市5万名学生参加全国“爱中华、奔小康、强国防”知识竞赛活动。至2006年，眉山市建成省级国防教育基地学校1所、少年军校2所。

2008年起，眉山市高中阶段新生全部实施军训。2009年，召开全市国防教育工作会，规范高中阶段学校军训工作，加强少年军校管理和指导。青神县西龙小学少年军校推评为省级示范少年军校被四川省人民政府命名为“四川省国防教育基地”。2011年，将国防教育课程开课情况作为全市督查学校教育教学工作重点督查，保证各级各类学校开齐、开足、上好国防教育课。2012年，全市加强中小学国防教育、国家版图知识教育，规范高中阶段学生军训。

第七节　部分学校简介

四川省眉山中学校　四川省眉山中学校建于1907年，单设高中。学校占地面积10.93公顷，建筑面积4.53万平方米。是四川省首批重点中学，四川省首批示范校，四川省校风示范校，四川省国家级示范性普通高中，四川省艺术教育特色学校，现代教育技术示范校，实验示范校，四川师范大学教育实习基地学校，省级文明单位，先进职工之家，眉山市依法治校示范学校，眉山市绿色学校，全国教育网站系统示范单位，市级园林式单位，四川省体育传统项目示范学校，国家级青少年体育俱乐部，四川省文艺人才培养基地。2012年，全校有教学班63个，学生4756人，教师189人。特级教师2人、四川省名教师3人、省、市级骨干教师及培养对象51人，眉山市高中学科带头人6人。1997—2012年，高考上线1.36万人（重点大学3731人），上线率最高的2010年75.46%。考入北大、清华、中科大、复旦大学、南京大学等著名高校学生50余人。学生参加全国物理、数学、生物学科竞赛获全国级奖21人次、省级奖79人次。

四川省仁寿一中　四川省仁寿一中是首批省重点中学，国家级示范性普通高中，四川最佳文明单位，四川省校风示范学校，四川省卫生先进单位，全国绿色学校，全国群众体育工作先进学校，全国培养体育后备人才试点学校，中国百强中学，中国最具发展潜力学校。2008年“5·12”汶川特大地震后，新建的城北校区占地17.27公顷，建筑面积6.8万平方米；总投资约2亿元，规划教学班120个，可容纳学生6000人。学校分为教学区、运动区、生活区。教学设施齐备，教学技术先进，每间教室均装有多媒体讲台，语音室装备；设有图书馆、演播厅。有篮球场地18个，排球馆、网球馆、乒乓球馆等体育实施；生活区食堂可容纳师生5000人同时就餐。1997—2012年，仁寿一中高考上线1.41万人（重点大学3507人）。考入北大、清华两所名校学生31人。学生参加全国物理、数学、生物学科竞赛获全国级奖18人次、省级奖127人次。

眉山一中　眉山一中创建于1905年的眉州女子小学堂。2001年定名四川省眉山第一中学。是县级园林式单位，省级校风示范学校、模范职工之家、空军飞行学员早期培训基地先进单位、传统体育项目学校示范学校、四川省示范普通高中、中国教育学会眉山实验学校、四川省绿化模范单位。建有校园网、电视台、微机室，开通校园宽带信息网络。2012 年，学校占地面积 8.13 万平方米，校舍建筑面积 3.3 万平方米。有国家级标准运动场 2.2 万平方米、学生公寓 4010 平方米，教学班 64 个 4017 人，专任教师 184 人。1997—2012 年，高考上线 1.16 万人（重点 2177 人）。1 人获国家一级运动员，6 人获国家二级运动员。

四川省洪雅中学校　四川省洪雅中学校是四川省校风示范学校、四川省现代教育技术示范校、眉山市校园文化十佳学校、眉山市环境优美学校、眉山市重点中学、省实验教学示范学校、四川省示范性普通高中。2012 年，学校占地面积 110 亩，有多媒体教学设备 38 套。有教学班 54 个 3600 余人，专任教师 179 人。1997—2012 年，高考上线近 6000 人。

彭山县第一中学　彭山县第一中学创建于 1929 年。是四川省重点中学、市级现代教育技术示范学校、眉山市依法治校示范学校、眉山市园林式单位、眉山市文明单位、四川省绿色示范学校。2012 年，学校占地面积 5.19 万平方米，建筑面积 2.54 万平方米。有教学班 39 个 2465 人，专任教师 129 人。1997—2012 年，全校高考上线 3900 余人（清华大学、复旦大学等全国知名大学 590 人）。学生在竞赛、评比中获国家奖励 17 人、省级奖励 75 人、市级奖励 126 人。

青神中学　青神中学是四川省示范性普通高中、四川省校风示范学校、四川省实验教学示范学校、四川省卫生先进单位、四川省绿化示范学校、市级文明单位、市园林式单位。2012 年，学校占地面积 4.4 公顷，建筑面积 2.8 万平方米。馆藏图书 7 万余册，各种报纸、杂志 500 余种，教育、教学、电教、校园网络等现代装备基本齐备。有教学班 60 个 4112 人。1997—2012 年，学校 6 次荣获“眉山市高中教育质量管理一等奖”。被各类院校录取学生 7744 人（本科 3525 人、专科 4219 人），其中清华、浙江大学等全国前 30 位高校 100 余人。

仁寿职业教育中心　仁寿职业教育中心始建于 1955 年。国家级重点中等职业学校，首批国家中等职业教育改革发展示范校。2008 年，划拨土地 22.4 公顷，新建以仁寿县第二高级职业中学为主体，归并国办一、四职业中学、县成人中专校和教师进修校的仁寿县职业教育中心，形成集职业教育、成人教育、劳动力转移培训、教师进修培训于一体的办学实体。一期工程占地 12 公顷，投资近 2.7 亿元，建筑面积 12.7 万平方米（教学楼 4 幢，实训大楼 116 间，男女生公寓各 1 幢），建有师生食堂、图书馆、风雨操场、办公楼、报告厅和校园网络、广播、监控系统，2011 年 9 月建成投入使用。2012 年，学校开设电子电器应用与维修、计算机应用、建筑工程施工、数控技术应用等专业，有教职工 300 余人，全日制在校学生 5687 人。2008—2012 年，为社会输送初级、中级技术人才 3 万余人。年均非学历培训 3500 人次。

第三章　中等职业教育

1997 年，眉山地区职业教育处于发展低谷。2002 年起，眉山市大力推进职业技术教育和职业教育，职业教育步入恢复发展期。2006 年起，市、县两级政府将职教攻坚列入政府目标考核，实施职教攻坚。至2012年，眉山市增加投入8.83亿元，新征土地78.59公顷，新建校舍34.36万平方米，新增设备设施8018.5万元。职业教育基础能力显著增强，办学条件明显改善，队伍建设量增质提，内涵建设卓有成效，职教事业蓬勃发展。但民办中等职业学校投入严重不足，实训设备设施陈旧且数量偏少。专业课教师职称普遍偏低且数量不足，成为制约民办职教发展重要因素。

第一节　专业课程设置

眉山中等职业学校学制按照初中起点三年制，高中起点一年制、两年制。规定学生在校学习一律编入相应的年级上课，必须经过统一规定的学习年限，课程基本上按学年安排；每学期课程均有规定；学籍处理以年为单位。

一、专业设置

1997年，眉山地区教委提出各职业学校专业设置“按需施教”原则。各职业学校为适应社会发展和地方经济建设，调整增设中、初级技能实用型专业，拓宽人才培养渠道。2000年，按照就业导向、突出特色、适时调整“三个原则”。设置特色专业9个，“一校一产”“一校一业”“一校一品”。2002年，各学校按照自身区域实际、设备设施和教师配备情况，调整精设专业。眉山市11所职业高中、成人中专调减专业13个，骨干专业学生占在校生数的50%以上。2005年，市教育局制定“专业设置标准”。成立专业设置评估组，评估和规范中等职业学校专业设置。

2008年，市职教学会成立电子类、机械加工类、信息技术类、旅游服务类、德育类五大专业教学指导委员会。2009年新增涉农专业。依托5所中等职业学校为基地校，在市职教学会领导下定期开展专业教研活动。2010年，眉山市按照教育部新颁发的《中等职业教育专业目录》规范专业名称。评聘机械类、电子类、信息类、电子技术类专业带头人，引领全市专业建设质量发展。2011年，优化调整专业。评审7所中等职业学校申报新专业10个。经四川省卫生厅批准，眉山科学技术学校增开护理专业。

2012年，眉山科学技术学校增开药剂专业。至年底，全市职业教育主要开设有电子应用技术、机电应用技术、机械加工技术、数控技术应用、汽车运用与维修、建筑工程施工、旅游服务与管理、计算机应用、学前教育、护理等专业30余个。以种养植为主体的涉农专业萎缩。

二、教材与课程设置

眉山市中等职业学校以岗位职责和职业综合能力确定专业性课程，围绕专项知识、技能界定专业课程内容，以实现专项知识，技能培训为目标，以“必需、够用”为原则确定相关的专业理论知识。课程设置体现最大限度地挖掘学生职业潜能为主题，以市场为导向，考虑社会需求，保证课程紧跟时代步伐和对学生职业生涯的实用价值。课程设置、专业教学计划制定、教材选择和改编，教学方案设计，以学生就业所必须职业能力为目标。中等职业学校教材按照教育部2001年颁发的《关于印发中等职业学校重点建设专业教学指导方案的通知》执行。在各专业教学指导方案指导下，开发符合学校职业教育特点和需要的校本教材。

第二节　学校建设

1997年，地区教委制发《眉山地区职业教育重点专业建设试行意见》，明确重点专业建设的指导思想、责任与领导、经费投入与专业建设标准、教师队伍建设、教育与科研、招生与就业。1998年，眉山地区建立省部级重点学校1所、地级重点学校2所，建立重点专业28个，基本覆盖全地区对初中级人才门类需求。8所重点职业学校投入600万余元，用于校舍建设及购置设备、图书资料。当年，全区职教升入大学144人，上线率38%。1999年，丹棱县、眉山县、青神县新建职业高中、职高综合用房。当年，投入550万余元。至2000年，全区职业教育重点学校和重点专业建设投入经费2749万元，建成省部级重点学校5所、地级重点学校4所。地区教委批准仁寿第一职业高中的"电子声像"、眉山县职业高中的"计算机"、洪雅县职业高中的"旅游"、仁寿县一职业中学的"服装设计与制作"、仁寿县四职业中学的"工业与民用建筑"、眉山县太和职高的"应用电子"、彭山县职高的"财经"、青神县职高的"竹编工艺"、交通职业学校的"汽车新技术"及丹棱县职高的"机械电子"等10个专业为地级重点专业。

2008年起，眉山市实施"三年职教攻坚"，多渠道筹集职业教育资金，加强职教基础建设。全市职教规模逐步扩大。至2010年，全市共投入5.66亿元，其中市县财政投入2.07亿元（相当于三年教育费附加的134.3%），争取到灾后重建捐赠1.11亿元，企业捐赠5401万元。全市职业教育院校新增土地62.95公顷。建成市级职教中心1个、县级职教中心5个、高技能人才培养基地1个、高水平实训基地6个。组建区域性职教集团1个、跨区域连锁职教集团3个。眉山职业技术学院新校区建成投入使用并通过四川省教育厅高职高专办学水平评估。建成省重点专业7个，市级重点专业17个。全市中等职业教育学校招生6.97万人，两类高中招生职普比年均实现5.4∶4.6；中等职业学校在校生6.04万人，比2009年增加2万余人；两类高中在校生职普比5.1∶4.9，中等职业学校在校生比例提升7个百分点；中等职业学校毕业生就业率连续保持在98%以上；初中毕业生升学率94%以上。

2011年，仁寿县第二高级职业中学被列为"国家中等职业教育改革发展示范校"（以下简称"国示"学校），获中央财政980万元专款建设资金支持。2012年，成都水电工程学校被列为"国家中等职业教育改革发展示范校"，获中央财政1080万元专项建设资金支持。至2012年年底，两所"国示"学校重点建设专业9个、特色项目3个。建成职教中心、实训基地4个。建设省级重点专业1个、市级重点专业2个、特色专业2个。

1997—2012年，眉山市职业教育基础设施建设投入资金8.38亿元。建设内容包括新建、扩建校园、增加设备设施等。

第三节　办学规模与学生就业

1997年，眉山地区有职业学校33所，在校生5389人。至2000年，全区职业学校共为社会培养出各类中初级技术人才11.3万人。对口升入大学954人。300余家企业与学校达成用工协议。全区职业学校毕业生4236人，一次性推荐就业3754人、就业率88.62%。就业和升学的毕业生占毕业生总数的93%。初步形成“招得进来、留得住，送得出去”局面。

2002年，眉山市中等职业学校有在校生1.04万人，占高中在校生总数的24%。毕业生一次性就业率93.7%。2003年，将职业中学招生和职业中学在校生巩固率目标任务分解到区县，实行目标管理。

2006年，全市中等职业学校毕业生年收入人均1.2万元以上，部分学生年收入超过5万元，社会满意度逐年提高。2009年，眉山市接收藏区“9+3”学生教育。市、县（区）民族宗教事务部门建立藏区学生基本情况信息库，协同教育部门做好学生学习、生活等服务管理。当年，全市3所职业学校接收藏区学生368人就读。2011年，东坡、仁寿、彭山等区县拿出公益岗位帮助“9+3”学生就业。

2012年，全市有中等职业学校18所（公办10所、民办8所）。其中国家级重点中等职业学校2所、国家中等职业教育改革发展示范校1所、省级重点学校4所、市级重点学校18所。学校在籍学生6.25万人，毕业生1.95万人（教育部门办9032人、民办及其他1.05万人），毕业生就业率99%。“9+3”免费教育首届毕业生304人中301人就业。截至2012年年底，眉山市中等职业学校平均每年近2万名毕业生走向社会，连续三年就业率98%以上，70%以上学生选择深圳、广州、上海、北京等省外就业，年收入人均3万元左右。

第四章　高等教育

1997年，地委、行署和地区教委作出“优先发展广播电视大学的决定”，促进高等教育。1998年，建立四川广播电视大学眉山地区分校（以下简称眉山广播电视大学），面向基层、面向农村、面向生产第一线培养当地经济建设需要的各类高等、中等应用型、职业型专门人才，为眉山继续教育和终身教育重要阵地。2000年，建立清华大学远程教育眉山站，举办研究生课程进修、专升本两种学历层次教育和开办党政干部、企业家及中小学校长、骨干教师非学历短训班。开展专升本和研究生层次教育。同乐山师范学院联合举办小学骨干教师进修专科学历教育。全校招生2435人。年末在校生4707人。2002年，组建眉山职业技术学院，为市属全日制综合类普通高等职业学校。以高职大专学历教育为主，兼顾中专、技工层次教育，同时发挥地方院校培训培养职能，开展各种岗位职业技能培训和成人教育。2004年11月，建设四川大学科华学院。2006年，四川大学科华学院更名为四川大学锦江学院，是采用新机制、新模式设立的全日制普通本科层次独立学院。四川大学锦江学院由四川大学主办、四川旭峰实业有限公司投资合办，是全国318所独立本科院校中最年轻的一所独立学院。四川大学锦江学院定位于教学研究型大学，全日制普通本科独立学院。至2012年，眉山市有高等院校3所，在校（籍）生2.17万人。眉山广播电视大学共招收各类学生1.5万人，普通话培训6000人。

眉山市2000—2012年高等教育基本情况统计表

表27-2　　单位：人

年份	眉山广播电视大学		眉山职业技术学院			四川大学锦江学院		
	当年招生	在校生	当年招生	在校生	教职工	当年招生	在校生	教职工
2000	2435	4707	—	—	—	—	—	—
2002	1500	5500	1309	2332	221	—	—	—
2003	2691	4700	763	2400	232	—	—	—
2004	1221	3054	701	2635	217	—	—	—
2005	1226	2765	1188	3021	221	—	—	—
2006	1762	2500	1611	4300	243	1602	1602	—
2007	1963	4314	1673	5040	395	2268	3853	600
2008	1589	3765	1712	5266	388	2847	6700	600
2009	1532	4046	1232	4677	366	2760	9314	705
2010	1532	4466	1748	4694	374	1856	11170	950
2011	1640	4354	2154	5085	362	4317	12640	965
2012	1397	4485	2117	5936	354	4224	14104	1062
合计	20488	—	16208	—	—	19874	—	—

第一节　眉山广播电视大学

1997年12月，成立眉山广播电视大学。依托转制后的眉山师范组建眉山地区电大和眉山地区教育培训中心，校址在眉山师范学校。1998年12月，眉山电大挂牌，建立四川广播电视大学眉山地区分校。1999年，眉山电大已开设专科层次专业18个、中专学历专业5个，下设教学网点14个，覆盖全区6县。2000年，建立“清华大学远程教育眉山站”。新建县级电大2所。眉山广播电视大学有直属部1个，县级电大分校3所，企业电大分校1所、办学基点校10个，形成覆盖全区6个县完善的系统网络。开办专业22个，形成包括电视中专、普通专科（含高职）、成人专科到成人本科在内的全方位办学体系，在校生5000余人。2002年，市政府批准眉山广播电视大学独立设校。由眉山师范校分离，新建校舍，学校占地0.6公顷，新建教学楼和办公楼8400平方米，购电脑100台，各种设备设施齐全。至2012年，眉山广播电视大学有直属部1个、县级分校5所、办学基点3个。在校生4485人。

1997—2012年，眉山广播电视大学招收学生2.05万人，培养应用型、实用型人才6000人，部分毕业生担任领导职务或成为业务骨干，学校办学得到社会认可。

第二节　眉山职业技术学院

眉山职业技术学院是由眉山市政府举办的从事高等职业教育的普通高等专科学校。2000年，地委、行署决定筹建眉山职业技术学院。2002年经四川省政府批准，由眉山师范学校、眉山农业学校合并组建，10月挂牌。学院实行党委领导下的院长负责制。设计算机应用技术、财务管理、市场营销、商务文秘、工艺美术与广告设计、旅游管理、生物技术及应用、园林与环境艺术等8个高职专业。2010年3月，学院整体搬迁至眉山市眉州大道新校区，校园占地30.24公顷，建筑总面积10.65万平方米。2012年，招收新生2117人；毕业生1224人，就业1119人，就业率94%。年末全院教学设备设施总价值2492.33万元，馆藏图书37万余册，实验实训室84个。设有师范教育系、农业技术系、商贸旅游系、机电工程系、基础部（思政教学部、中专部、眉山市技工学校）等5个教学单位，有32个专科专业和14个中等职业学校专业，涵盖农、工、文、管等学科。全院高职在校学生5936人，中等职业学校在校学生1266人。专任教师284人，其中教授2人、研究员2人、副教授75人、讲师60人、博士研究生2人、硕士研究生（含在读）88人。

2002—2012年，眉山职业技术学院招收学生1.62万人，毕业1.28万人。

第三节　四川大学锦江学院

2006年，经教育部批准，由四川大学和四川旭峰实业有限公司合作举办四川大学锦江学院。设有6个系，16个本科专业。当年招收新生1602人。2012年，学校各教学系更名为学院（统计系除外）。设学院13个，教研室（部）4个，本科专业35个、专科专业5个，学科涵盖文、理、工、经、管、艺等门类，面向全国招生。学校在1月发布的中国独立学院排行榜100强排行榜中列第6名。截至2012年年底，全院共投资8.6亿元，建成教学楼、实验楼、运动场、大礼堂、学生公寓、食堂、教职工公寓等建筑，学校占地1000亩，校舍总面积33万余平方米，可容纳学生1.6万人。在校学生1.41万人。2012届毕业生就业率超过98%。2006—2012年，全院招生1.99万人，毕业0.67万人。

第五章　成人教育

1997年起，眉山地区各级党委、政府将成人教育作为一项重大任务，不断加强基础设施建设，调整教育机构，鼓励和推动成人教育有计划、有步骤地科学发展。至2012年，眉山市有各类成人技术学校337所学校（中等职业学校18所、乡镇成人学校300所、其他培训机构22所），建有仁寿县农村劳动力转移培训、青神县竹编工艺培训、家政服务培训“三大基地”。成人教育规模稳定，初步形成从初等教育、中等教育到高等教育的成人教育体系和规范化的岗位职务培训制度。1998—2012年，全市成人招生报考5.02万人，录取3.1万人（高中起点2.5万人、专升本6015人）。

第一节　教学机构建设

一、成人学校

眉山市以建设地级农村成人教育示范乡镇、示范学校为“龙头”，完善县、乡、村、组四级培训网络。

1997 年，眉山地区有乡镇成人教育学校 220 所，学校教师队伍以专职教师为骨干，兼职教师为主体。各区、乡镇按建制配备有成人教育专干。1998 年，全区完善以县成人中专学校为龙头、乡镇农校为重点、村成人教学点为阵地的县、乡、村三级成人学校培训网络。新建省级示范乡镇成人教育学校 2 所、地级示范乡镇成人教育学校 6 所。1999 年，新批准彭山影视艺术学校等学校 23 所。2000 年，眉山地区强化农村成人教育队伍建设，与四川农业大学联合举办成教专干教师学历提高培训班。巩固和发展农村成人教育网络建设成果，确定“农科教”结合示范乡镇 10 个、农村成人教育示范学校 8 所。确立建成仁寿县满井蔬菜示范基地、仁寿县钟祥稻鱼果科技示范基地、仁寿县文宫枇杷种植示范基地、眉山县太和农科教示范基地、眉山县修文果品种植示范基地、彭山县义和辣椒种植示范基地、彭山县青龙科技示范园、青神县南城竹编示范基地、丹棱县唐河水产繁育基地、洪雅县余坪蘑菇示范基地等 10 个农村成教科技示范基地。年末全区有成人技术学校 216 所（乡镇成人技术学校 210 所，村办校、班 1854 个），成教专干 232 人，专职教师 238 人，兼职教师 4035 人，实验实习场地 27.83 公顷。有城市职工教育机构 20 个、在职干部 168 人、专职教师 397 人、兼职教师 1346 人。

2001 年，眉山市申报农村成人教育示范学校 8 所。至 2012 年，眉山市有成人技术学校 318 所（中等职业学校 18 所、乡镇成人学校 300 所）及其他培训机构 22 所。

二、眉山地区农业广播电视学校

眉山地区农业广播电视学校创建于 1981 年，是省教委批准的成人中等专业学校。面向农村，面向农民，培养中、初级农业专业技术人才。至 1997 年，全区农广校累计招生 8984 人，专业学科结业生 6984 人。2012 年，眉山地区农广校设有种植、养殖、经济与管理、农业工程等四大门类专业 12 个，是农村成人教育和职工技术教育，培养农业技术人才重要阵地。

第二节　农村扫盲与农民技术培训

一、农村扫盲

1997 年，眉山地区农村实施以“扫盲”为主的成人教育。1998 年，以扫盲迎“国检”为契机，巩固提高剩余文盲扫除和脱盲学员。洪雅县投入扫盲经费 100.4 万元，扫除文盲 485 人，非文盲率增至 99.2%。1999 年，眉山地区的青壮年扫盲工作通过教育部检查评估，全区基本扫除青壮年文盲。2000 年，全区实施“燎原计划”“星火计划”“丰收计划”。农村成人教育由扫除青壮年文盲为主向提高农民科学技术水平为主战略转移。至 2000 年年底，全区扫除青壮年文盲 3.16 万人，青壮年非文盲率96.6%。

2004年，眉山市青壮年非文盲率保持在98%以上。全市扫盲任务基本完成。扫盲工作重点转入成人职业教育培训。

二、农民技术培训

1997年起，眉山地区围绕农村产业结构调整和农业产业化进程，培养农村科技人才，普及推广农业科技知识，以科技兴农为重点，加强农村实用技术培训，以28个乡（镇）、80个村科技示范为阵地，每年开展培训近30万人次。1998年，全区以实施“燎原计划”为中心，提高农民收入为目的；以推广农业实用技术为重点，开展农业技术骨干短平快实用技术培训或开办农业中专学历教育。1999年，全区培训社会力量办学机构负责人503人。实施农村“125”人才培养工程（每年培训100名农村科技致富带头人、2000名农村科技推广人才、5万名农村科技致富明白人）。

2000年，地区行署在仁寿县召开全区农村成人教育工作现场会，专题研究并部署农村成人教育工作。会议要求农村成人教育工作的重点迅速由扫盲教育向提高农民文化素质、培养农村科技人才转移，为农村社会和经济跨越发展服务。全区农村实施以“125”（十年内培养1000名农业科技标兵、2万名农业科技推广人才、50万名农业科技应用型人才）人才培养工程为主的农村科技推广和文化培训活动。地区将其纳入对县成人教育年度目标管理。全年招收新生1513人，成人大专、二学历、注册视听、计划普专、中专等在校生3095人。举办实用技术培训51.21万人次，其中培养科技致富带头人231人、科技推广人才2515人、科技应用人才5.73万人，推广农村新技术127项。涌现出仁寿县满井镇“基地+示范+辐射”和仁寿县团结乡“基地+协会+农户”，青神县南城乡“教、研、产、销竹编一体化”开发等“农科教”结合新模式。农村成人教育向实体化方向发展，并且越来越贴近农村和农民。

2001年，眉山市农村成人教育将文化提高与技术培训相结合，当年向省外输出劳力40余万人。2002年，开展省级课题《眉山市县、乡农民文化技术学校在地方社会经济发展中的地位与作用的研究》研究，形成课题报告。2003年，开展初中毕生劳动技能培训研究。举办实用技术培训44万人次。2004年起，眉山市实施农村劳动力转移培训，当年培训4.98万人次。苏东坡高级家政管理学校培训400人，全部就业。2005年，建立仁寿农村劳动力转移培训基地、青神竹编工艺培训基地、“苏小妹”劳务培训基地。融职业教育、成人教育、技能培训于一体。2007年，眉山市引导职业学校开展非学历教育培训，9所中等职业学校成为劳动力部门认定培训机构。开展“温暖工程”“阳光工程”、扶贫项目和双新技术培训，推进全市劳务输出和科技兴农。至2009年，眉山市农民技术培训专业20余个，其中建筑、电脑、工厂作业、餐饮、裁缝、家政等6个工程受训人数占总受训人数的65%。2010年，眉山市农民技术培训转入以劳动力转移培训为主。向富士康培训输送员工1533人。2012年，眉山市组织培训13.22万人次，其中劳动力转移培训6.61万人次、农村实用技术培训6.6万人次。

1997—2012年，眉山市实施培训519.54万人次，其中“125”人才培养工程培训56.64万人次、劳动力转移培训68.2万人次、农村实用技术培训26.46万人次、函授培训4.02万人次，多数人掌握2门~3门农业实用技术，促进农村产业结构调整升级，增加农民收入。

第六章　教育管理

1997 年起，眉山地区加快教育基础设施建设，推进教育体制改革，大力发展民办教育事业。大力调整学校布局，促进教育均衡发展。重点推进教学制度改革、初高中阶段教育课程改革、招生考试内容和形式改革，推进素质教育。中等职业学校实施“面向市场办学，优化专业结构，推进专业建设”等教学改革，严格教学管理，探索普职融合综合高中发展模式，统筹协调两类高中发展。实施农村义务教育经费保障机制改革，将义务教育经费纳入各级财政预算，义务教育投入重心由乡镇上移至县（区）一级政府，实现由“人民教育人民办”向“人民教育政府办”转变。建立健全高校和中等职业学校贫困学生困难资助体系，完善扶困助学机制。推行人事制度改革，实行全员聘任制，通过改革，逐步打破教师“铁饭碗”，增强工作责任感。至 2012 年，眉山市民办教育成为教育事业发展重要力量。

第一节　教育改革

一、办学体制改革

1997 年起，眉山地区按照社会力量办学“积极鼓励、大力支持、正确引导、加强管理”方针，发展民办教育事业。年末全区有民办教育机构 228 所、占总数的 13.49%。1998 年，建立眉山经济技术学校、眉山工程技术学校、眉山建设学校 3 所民办教育机构。形成以政府办学为主，各部门、企业和个人为辅的大职教体系，改变过去办学体制单一局面。1999 年，全区各级教育行政部门将发展民办教育纳入教育发展整体规划。建立彭山影视艺术学校等民办学校 23 所。至 2000 年，全区民办教育机构增至 572 所，占地总面积 35.09 万平方米，校园建筑面积 19.65 万平方米，有各类图书 39 万册，教学设备价值 2500 万余元，固定资产 1.7 亿元。

2001 年，市政府下发《关于深化办学体制改革大力发展民办教育事业的意见》，打破地域、行业界线，积极鼓励、引导、发动行业、企业等通过合并、联合、共建等多种形式联合办学、合作办学。市教育局印发《关于进一步加强民办教育机构管理有关问题的暂行规定》，对民办教育机构的行政、审批管理，教学管理，招生管理，财务管理作出规定。组织各类优质课、示范课和素质教育研讨课，促进教学质量提高。2002 年，眉山市引进民间资金 5248 万元举办眉山科学技术学校、眉山外国语学校。眉山科学技术学校投资 1500 万余元，征地 50 亩，扩大办学规模。丹棱县政府引进福建中华职业教育集团投资 180 万元建设华川中等职业学校。眉山市民办教育学校增至 831 所，在校生 3.9 万人。形成以政府办学为主体，社会各界多方筹资办学的新体制。2003 年，彭山县引进民间资金创办彭山第一实验学校。仁寿县华兴中学自筹 3200 万元，购地 8 公顷，创办民办普通初级中学。东坡区映天、润德，仁寿县华达、兴科等民办学校增加投入，扩大学校规模。调减不符合条件的民办学前教育机构。当年调减民办幼儿园60所。2004年，市政府作出《关于大力促进民办教育发展的决定》，实行国有民营，公办民助。全市新批民办教育机构28所，10所学校与企业合作办学。至2005年年底，全市有民办教育机构799所，在校学生7.3万人。民办职业学校招生8329人，占全市职教招生总数的56%。在校学生1000人以上的民办职业学校5所，占职业学校总数的55%。2006年，眉山市清理整顿全市民办中等职业学校，规范中等职业学校招生秩序。规定，市外学校一律不参加，私自送到市外学校的学生作流失生处理，不计入送生任务，并追究校长及相关责任人责任。至2006年年底，全市民办职业学校投入资金9861万元，改善办学条件，提升办学层次。四川联合大学以无形资产投入占30%股份，眉山教育产业公司以货币和实物投入占70%股份，联合举办四川大学二级学院。学院规划占地面积66.67公顷，计划总投入2.8亿元。

2008年起，眉山市引入民间资金举办眉山机电中等职业技术学校。市教育局制发《眉山市民办教育机构招生简章和广告备案管理办法（试行）》，整顿和规范民办教育办学秩序，查处无证办学和违规招生等违法违规办学行为。2009年，洪雅县引资3600万元举办眉山电子职业技术学校，首次招生1000余人。2011年，眉山市将民办职业教育纳入当地职业教育发展总体规划，制定并完善民办学校扶持政策和措施，在师资队伍建设、招生和学生待遇等方面与公办学校一视同仁。2012年，眉山市以高中阶段民办教育为重点，扶持民办中等职业学校做大做强。开展民办幼儿园达标规范化建设。全市民办幼儿园投入1515万余元改造园舍和完善设备设施。逐一检查考核高中阶段民办学校，发整改意见书180份，其中限期整改学校17所、暂停招生学校14所、停止办学学校10所、暂停办学学校4所。取缔无证办幼儿园8所。

截至2012年年底，眉山市有民办学校342所（幼儿园312所、小学16所、高中5所、中等职业学校9所）、占全市总数的38.13%，学校占地面积789.3万平方米，校舍建筑面积346.76万平方米，体育运动场（馆）面积20.56万平方米，计算机2.47万台，图书藏量60.61万册，固定资产总值28亿元。眉山市民办教育分布到学前教育、基础教育和中等职业教育领域，成为教育事业发展重要力量。其中民办职业学校招生占职教招生总数的50%、在校生占职教在校生总数的53%。

二、教学制度改革

（一）教学改革

2004年，眉山市改革中考形式和内容，形成中考试题命制模式。合理设置考试科目和分值，选拔优秀高中生源，推进初中阶段素质教育。实现与新课改有效对接。2007年，科学规划不同年龄学生及各学习阶段道德教育具体内容，将道德教育渗透到学校教育各个环节。中等职业学校学生实行“2+1”教学模式。2011年，市教育局印发《眉山市高中阶段教育普职融合改革试验方案》，探索普职融合综合高中发展模式，统筹协调两类高中发展。

（二）教育课程改革

1998年，眉山地区开展初中二年级语文、数学、外语、物理、政治、历史和小学五年级语文、数学考试改革研究和学生发展性评价研究。探索初中课程改革与评价，推进素质教育。实施高中阶段招生考试内容和形式改革，实行“3+小综合”高考科目设置。

2001年，眉山市教育局制发《关于全面实施素质教育推进基础教育课程改革的意见》，要求各县（区）、市直属学校推进基础教育课程改革，以科研成果指导课程改革实践。2002年秋季起，彭山县实施基础教育课程改革试验。小学、初中起始年级进入四川省基础教育课程改革实验，按分科设置课程计划表。至2004年，眉山市6个县（区）列入课改序列。小学、初中起始年级均进入基础教育课程改革实验。2005年秋季起，全市义务教育阶段学校起始年级全部进入新课程。统一按课改后新课程标准排课。课程设置计划和教材使用新的要求和版本，设置地方课程。将地方文化列在课程设置重要位置，培养学生热爱祖国情感，增强学生传承优秀传统文化责任感，激发学生建设祖国伟业使命感。2010年，眉山市实施高中课改。确立眉山一中等8所学校为市级课改样本校。起始年级实施新课程计划。2012年，眉山市建立分级培训机制和网络，在3个年级成立省级骨干教师库，抽调精兵强将，各学科成立中心指导组，负责全市高中课改各学科指导。

三、职业教育改革

办学方式改革。2001年，眉山市职业教育改革办学方式，实行“两条腿走路”，兼顾中等职业学校办学“就业”与“升学”两大功能，中等职业学校毕业生多方面发展。2002年，开展中等职业学校办学体制改革试点，在洪雅县职业高中、东坡区职业高中开展以职业教育为主导的综合性高中试点。2003年，眉山市政府作出《关于大力推进职业教育改革与发展的决定》，推进管理体制和办学体制改革，建立适应市场经济的办学体制和运行机制；加快农村职业教育发展，提高农村劳动者整体素质。探索实践“多元化投资、产业化经营、企业化管理、市场化办学”新模式，推进校企合作、股份制等形式办学。采用公有民营方式，完成洪雅县职业中学和青神县中等职业学校办学体制改革。2004年，眉山市实行普通教育与职业教育结合试点，建立综合高中试点校5所。全市6612名职业中学毕业生中2203人参加对口高考，上线2018人。2005年，实施集约化发展和“品牌+基地”战略，建设公办职业学校品牌、民办职业学校品牌、家政管理品牌和仁寿农村劳动力转移培训基地、青神竹编工艺培训基地、家政劳务输出基地。洪雅县、青神县实行所属职业学校教职工全员聘用制，调动办学积极性，两校年招生均超过500人。2011年，市教育局遴选3所中等职业学校开展普职融合实验。2012年，推进中高职衔接试点，构建中高职协调发展的现代职业教育体系。8所中等职业学校与高等职业学院建立中高衔接合作关系。全市中等职业学校学生238人参加高职院校单招考试，录取153人，录取率64.3%；3所职业学校2011年招收的学生598人分流到中等职业学校就读299人。

教学改革。1998年，眉山地区组建中等职教各科中心教研组，严格教学管理，并在洪雅职高等校开展“专业承包制”等形式的改革试点。2001年，眉山市按照精设专业、设好专业、创出品牌总体思路，调整市级重点专业设置，调减专业13个，突出职高办学特色。2003年，市政府作出《关于大力推进职业教育改革与发展的决定》，深化教育教学改革，提高办学质量和效益。2008年，眉山市中等职业学校在二年级开展“工学结合、校企合作、顶岗实习”，改革人才培养模式。2009年，中等职业学校实施“面向市场办学，优化专业结构，推进专业建设”等教学改革。2010年，眉山市按教育部新颁《中等职业教育专业目录》，规范专业名称，优化专业课程设置，动态调整教学计划。2011年，在仁寿县开展推进职业院校面向行业企业开展技术服务，技术研发和为“三农”服务改革试点。

四、农村义务教育经费保障机制改革

1997年，眉山地区农村义务教育经费投入机制是以县为主、乡镇为辅，建立以财政拨款为主，其他多种渠道经费筹措教育经费为辅的体制。

2001年，眉山市农村义务教育实行以县为主的管理体制，以县级政府为投入主体，将义务教育经费纳入财政预算。2006年起，眉山市实施农村义务教育经费保障机制改革。逐步将农村义务教育全面纳入公共财政保障范围，建立各级人民政府分项目按比例分担、经费省级统筹、责任市（州）落实、管理以县为主的农村义务教育经费投入管理机制。当年起，全市实施农村义务教育阶段学生“两免一补”（免学杂费、贫困家庭学生免教科书费、补助贫困家庭寄宿学生生活费），农村义务教育阶段贫困家庭寄宿学生补助生活费，按贫困率30%、小学寄宿率30%、初中寄宿率60%每人每年不低于240元的标准补助寄宿学生生活费，资金由四川省承担。2007年，改革农村中小学预算编制制度，健全预算资金支付管理制度和政府采购制度。建立健全高校和中等职业学校贫困学生困难资助体系。设立国家奖学金，资助全日制本（专）科特别优秀学生；设立国家励志奖学金，资助全日制本（专）科在校生中品学兼优家庭经济困难学生（占在校生的3%）；设立国家助学金，资助高等学校全日制普通本（专）科在校生中家庭经济困难学生，所有中等职业学校全日制在校农村学生及城市家庭经济困难学生；推行国家助学贷款，财政负担贫困学生在校期间的助学贷款利息及部分风险补偿金；学校提取事业收入的5%用于学费减免、校内奖学金、助学金和特殊困难补助等。建立健全高校和中等职业学校贫困学生困难资助体系，资金由中央和省市县分级负担。全年眉山市资助符合政策学生3万余名，财政补助2000万余元。

2008年，眉山市扩大资助学生范围，加大资助力度。统一县镇学校、农村学校预算内公用经费标准。当年农村中小学公用经费，暂按现行公用经费标准与国家基准定额的差额的50%予以安排。所需资金由中央和省上承担。提高农村义务教育阶段中小学校舍维修改造测算单价定额。农村义务教育阶段贫困家庭寄宿学生补助生活费，按寄宿生人数的50%以上、每人每年小学500元、初中750元标准补助寄宿学生生活费，资金由中央承担50%、区县承担50%。扩大免费教科书覆盖范围，建立教科书循环使用制度。当年春季学期起，不再向农村义务教育阶段学生收取涉及教科书的任何费用，地方课程亦提供免费教科书（所需资金由地方承担）。秋季学期起，城市义务教育阶段学生免除学杂费，所需资金除中央财政补助外，原则上各地自行承担。2009年，国家资助高校和中等职业学校贫困学生，资金由中央和省市县分级负担。农村中小学生均公用经费基本标准低于中央出台的基准定额的差额部分，当年安排50%。2010年，眉山市实施城乡免费义务教育，提高农村义务教育阶段生均公用经费拨款标准、寄宿生生活费补助标准、农村义务教育阶段校舍维修改造资金补助标准，全市投入资金1亿余元、受惠学生40万人；巩固和完善高等职业学校和中等职业学校贫困学生国家资助体系，落实各级财政负担的国家助学金，受惠学生近4万人。2011年，眉山市落实和完善义务教育经费保障机制。安排义务教育免杂费和公用经费补助。按照每年小学生、初中生生均农村500元、700元，城市340元、440元的省定标准，眉山市各级财政年初预算按小学20元、中学40元足额安排义务教育阶段学校免杂费和公用经费配套补助；完善扶困助学机制。落实公办义务教育学校家庭经济困难学生生活费补助政策。按每生每年小学、初中不低于1000元、1250元的标准，补助范围不少于寄宿生总数30%的比例，发放家庭经济困难寄宿生生活费补助。中等职业学校按每生每年1500元的标准发放生活补贴，中等职业学校贫困生和涉农专业按每生每年2000元的标准免学费。高职贫困生按每生每年3000元的标准。做好高中助学金发放工作。按在校28%的平均比例、每生每年平均1500元的标准发放普通高中政府助学金。全市新校区项目投资2.12亿元，其中市级财政拨付工程款1.42亿元，财政贴息贷款3000万元；落实化解农村义务教育其他债务省财政激励性补助资金5523万元，市配套激励性补助资金193万元。2012年，在青神县启动农村义务教育学生营养改善计划。建立公办幼儿园经费保障基本制度。

五、人事制度改革

1997年起，眉山地区实施以校长负责制、岗位责任制、教职工聘任制、结构工资制为主要内容的教育人事制度改革试点，深化学校管理，建立“能者上、平者让、庸者下”的人事管理运行机制。1998年，全区招转民办教师140人，全面完成“民转公”工作。

2001年，眉山市开展以“完善校长负责制、实行经费包干制、健全岗位责任制、实行全员聘任制、实行结构工资制”为主要内容的教育人事制度改革试点。在彭山县试点后全面铺开。2003年，眉山市在丹棱县实施中小学人事制度改革试点，实行教职工全员聘用制。改进校长管理和选拔办法，实施校长聘任制管理，按照四川省教育厅核定的全市教师编制总额，将教师编制下达到各县（区）。2004年，眉山市推行教师以聘用制为基本内容的用人制度，建立单位与个人之间的契约关系。各县（区）将教师编制分解到学校。实行中层干部竞争上岗，职工双向选择、竞聘上岗，签订聘用合同。当年，全市528所中小学校完成核编和人员聘用制改革。中小学教职工编制核定为2.33万个，教职工由2.53万人减至2.23万人。中小学校推行校长聘用制学校136所、试行校长公推公选学校17所，聘任中小学校长528人。通过改革，逐步打破教师“铁饭碗”，增强工作责任感。2008年，市政府办公室印发《眉山市事业单位岗位设置管理实施细则》，实行新的教师专业技术岗位结构比例控制标准。教师每学年度参加职业道德和年度考核，年度考核合格以上者，享受以当年本人12月基本工资为基数的年终一次性奖金。至2009年，眉山市完成教育事业单位岗位设置管理。2011年，眉山市完成教育系统教职工首聘工作。

第二节 教育督导

1997—2012年，市教育督导团依法监督、检查、评估和指导眉山市各级政府及其有关部门和中等及中等以下各级各类学校的教育工作。主要开展“两基”复查评估和督学。

2002年，市教育督导室开展“两基”复查评估。眉山市“两基”成果巩固提高，部分地区向高标准、高质量目标迈进，基础教育呈可持续、均衡发展态势。2004年，市教育局制定《眉山市普通中小学实施素质教育自我评价和督导评估工作程序》，保障素质教育全面实施。教育督导重点督查税费改革对农村义务教育的影响、按时足额发放教师工资、中小学公用经费、中小学危房改造、推进实施素质教育、调动和发挥乡镇积极性工作实施进展情况。2005年，重点督查义务教育阶段学校实行“一费制”收费办法后，推进素质教育、“以县为主”的办学体制等工作落实情况。

2006年，市教育督导以“两基”评估验收为手段，加强全市“两基”工作指导、监督和检查。重点督查区县基本情况、九年义务教育普及程度、师资水平、办学条件、教育经费、扫盲情况。推动学校改善办学条件。全市小学辍学率为零，初中辍学率为1.01%。市政府教育督导团开展普通中小学素质教育工作督导评估。2008年，市政府教育督导团督导评估全市中等职业技术学校5所。2010年，组织专家专项抽查各县（区）“两基”迎国检准备工作动态，指出问题，提出整改建议。2011年，市政府与各县（区）及“两基”迎国检成员单位分别签订“两基”迎国检目标责任书，建立“两基”迎国检整改情况周报制和整改工作通报制。实行区县督导工作目标考核。各县（区）政府补拨欠拨教育经费5690.54万元，追收入库未足额征收教育费附加和地方教育费附加136.99万元。

当年投入资金1.18亿元用于改善办学条件。全市“两基”教育通过国检合格。截至2012年年底，市教育督导团共督导评估全市中小学89所，完成22所中等职业学校首轮督导评估。

第三节 招生与自考

一、招生

2008年，眉山市规范招生秩序，实行“三个统一”（统一下达招生计划、统一录取时段、统一印发《录取通知书》）。凡违反规定招生的，不予上学籍。2012年，加强中考、高考管理，确保安全。投入1088.9万元，建设标准化考点14个、考场884个、指挥中心16个、保密室15个、试卷收发室18个。按照“五统一，四严禁”（统一组织领导、统一划定各区县最低分数线、统一录取时段、统一录取程序、统一印发录取通知书；严禁超计划招生、严禁超范围招生、严禁招收“三不要”〈不要学籍、不要档案、不要毕业证〉学生、严禁采取不正当手段招收生源），整治普通高中招生秩序。

（一）普通高校招生

1997年，眉山地区高考本科上线2012人，万人比6.13，居全省第四。2000年，全区高考报考7836人，录取5270人（专科2381人）。本科上线4117人，上线率54.52%，万人比12.16，居全省第二。

2005年起，香港、澳门等高等院校首次在眉山招生。当年，眉山市高考文、理科总平均分分别居全省第四位、第二位，在全部高考的8个学科中有6个科次的平均分居全省前三位。2010年起，眉山市普通高校招生实行网上填报志愿。当年，全市开展政法干警招录文化考试。全市职业高中、中师毕业考生参加全省职教、高职对口招生统考693人，录取359人。2012年，眉山市各类普通高校招生统考设考区6个、考点11个、考场749个。考生报名2.23万人、实际参考2.12万人，上全省录取控制分数线2.02万人（本科8140人、专科1.2万人），本科上线率由1998年的35.05%增至36.58%。录取普通高校新生1.72万人（本科6859人、专科1.03万人）。

1998—2012年，眉山市报名参加高考23.4万人，本科上线9.05万人。被各类高校录取16.35人（重点本科1.48万人、一般本科5.66万人、专科9万人）。

（二）成人高校招生

1998年，眉山地区成人高校报考1844人，录取828人（高中起点685人、专升本143人）。2000年报考5637人，录取3732人。

2003年起，眉山市成人高校招生实行“3+1”（统考课3门、专业课1门）科目设置。当年，参考考生4208人，其中高中起点专科2887人、专科起点本科1321人。录取2784人。2012年，眉山市成人招生报名5419人，录取2850人，录取率53%。其中高中起点专科录取2420人（文科588人、理科1832人），高中起点本科录取7人，专升本录取423人。

1998—2012年，眉山市成人招生报考5.02万人，录取3.1万人（高中起点2.5万人、专升本6015人）。

（三）普通高中招生

1997年，眉山地区普通高中在校生2万人。1998年，全区普通高中录取新生7966人。2000年起，全区高中教育阶段学校招生实行统一考试，其中语文、数学、英语实行 A+B 卷。实行分类分批录取。

2001 年，眉山市普通高中招生 1.5 万人，加快普通高中发展，扩大招生，全年普通高中招生 2.1 万人，初中毕业升高中比率 48.3%。此后，眉山市高中阶段招生稳定在 2 万人左右。2003 年起，在全市初中毕业升学考试中开展实验操作考核。2004 年，眉山市公办普通高中招收择校生实行“三限”（限分数、限钱数、限人数）。2005 年，协调“两类”高中发展。市政府出台相关激励政策，奖励完成招生任务学校。选择 4 所农村普通高中综合试点，实施高三普通高中和职校分流教育。全市普通高中招生 2.2 万人，高中毕业升学率增至 57.05%。

2006 年，眉山市初中毕业考试命题和组织考试下放到各县（区）。执行国家提出公办普通高中招收择校生比例最高不得超过本校当年招生总数的 30%，纠正公办高中择校生比例过大问题。2007 年起，眉山市改革普通高中招生制度。省级以上示范性普通高中 20%的招生指标“定向切块”到农村初中，减轻义务教育阶段学校过度的升学竞争。初中毕业考试由集中时间改为分散时间考试。2008 年，眉山市实施学业考试与综合素质评价相结合的高中招生考试制度改革。普通高中招生考试实行“五统一”（统一组织领导、统一划定各区县最低录取分数线、统一录取批次和时段、统一录取程序、统一印发录取通知书）。省级示范性普通高中招生指标均衡分配到区域内初中的招生比例 20%。分散初一生物、地理结业考试时间，中考推迟 5 天。市教育部门统一印制《普通高中录取通知书》，按招生计划下达到校，加强学籍监管。2009 年，眉山市改革招生评价制度，省级以上示范性普通高中招生指标按 35%的比例分配到区域内初中。落实普通高中“阳光招生”政策，遵循“公平、公正、公开、择优录取”原则，实行“五统一”（统一命题、统一考试、统一录取时段、统一录取程序、统一印发录取通知书），纠正突破“三限”政策、擅自跨区域招生、中介代理招生等违规行为。处理眉山一中等 6 所学校违规招生。2010 年，眉山市实施省级以上示范性普通高中招生改革。将招生计划“以不低于 50%的比例均衡分配到服务区内每所初中学校”。宣传“定向切块”分配计划、报名资格、志愿填报、录取程序、录取结果，做到“阳光招生”。严肃处理 4 所违规招生的学校及校长。

2011 年，眉山市按照“划片招生、就近入学”原则，强化县城及市中心城区义务教育阶段学校招生管理。全市公办普通高中正取计划由市教育局统一组织录取。完成省级以上示范性普通高中招生计划 50%的“定向切块”任务。公办高中择校生的比例 30%。2012 年，眉山市加大高中阶段教育学校招生统筹力度，强化招生管理体制改革，促进高中阶段教育协调发展。全市报考普通高中 2.9 万人，招收新生 1.9 万人，在校生增至 5.6 万人。

1998—2012 年，眉山市普通高中招生 25.78 万人。

（四）中师（专）与中等职业学校招生

1997 年起，眉山地区加大职业学校招生统筹力度，实施春季招生。当年，全区中等职业教育招生 1300 人，均为三年制。1999 年，全区加强职教招生管理。仁寿县加强职教招生统筹，招生人数比 1998 年增长 26.49%。眉山县积极探索高三分流，新增职教学生 200 人。当年起，招收五年制学生。年招收 39 人。2000 年，全区实施职业教育春季招生，在 1999 年基础上增加 33%。实行重点专业全区统筹招生。全年中等职业教育招收新生 6405 人。

2001 年起，眉山市中等职业学校在全市实行自主招生。实行“3+X”高考科目设置。当年，12 所中等职业学校自主招生。2002 年，各县（区）支持民办中等职业教育机构招生。安排 4 所市属民办和行业办学机构参加全市春（秋）季招生，投放计划1250人。2006年，眉山市实施“稳定普通高中，大力发展职业教育”战略，拓宽中等职业学校生源渠道，面向市外招生，职普在校生比4.39：5.61。职业中学生首超普通高中生。2011年，按照“五个统一”，促进中等职业学校招生录取标准化和管理规范化。2012年，眉山市贯彻教育部“对于希望升入职业学校或较早开始职业生涯的初三学生，初级中学可以通过开设职业教育班或与职业学校合作等方式，开展职业教育”规定，加强各职业学校与初级中学合作，开展希望升入职业学校或较早开始职业生涯初三学生职业教育。召开中等职业学校招生工作推进会2次，督查中等职业学校招生，维护招生秩序，规范招生行为。全年招生2864人。

1997—2012年，眉山市中专、中等职业学校招生5.47万人（三年制3.86万人、五年制1.07万人）。

（五）义务教育招生

1998年秋季起，眉山地区小学升初中实行县自行命题和组织考试，划片招生，免试就近入学。

2008年，眉山市实行招生“三个统一”（统一下达招生计划、统一录取时段、统一印发录取通知书）“一把手”负责制，硬性指标单独考核，凡违反规定招生不上学籍。2011年，东坡区试行义务教育阶段“划片招生，就近入学”。2012年，眉山市义务教育学校实施“划片招生”，遏制部分学校大班额现象。秋季起，以学校为单位将招收择校生比例降至20%。

二、自学考试

（一）学历考试

1998年起，眉山地区每年组织自学考试。当年，组织考试2次，报考9559人次，2.26万科次，毕业本科生23人、专科生317人。2000年，加强自考宣传，全区自学考试考生1.4万人，比1999年（下同）增长12.43%，考试3.33万科次，增长9.73%。考生人数和报考科次增幅均居全省第一。

2002年起，眉山市每年组织应用型专业自学考试。当年组织考试4次，1555人参加。截至2012年年底，全市报名参加高等教育自学考试15.26万人次，报考31.13万科次，毕业5883人。

（二）非学历证书考试

2002年起，眉山市开展非学历教育考试，包括《剑桥少儿英语等级》考试、计算机应用技术等级考试、全国公共英语等级考试。2006年起，眉山市开展全国计算机等级考试。当年，全市参加全国公共英语等级证书考试256人，参加由剑桥大学考试中心和教育部考试中心组织的考试儿童129人，参加全国计算机等级考试620人。2008年起，眉山市开展中小学教师“三新一德”培训考试。当年，全市参加全国公共英语等级证书考试464人，参加全国计算机等级考试1464人，参加大学英语四、六级考试5920人。2010年，全市组织政法干警招录文化考试840人。2012年，眉山市组织全国计算机一至四级等级考试2次6681人次；全国英语一至三级等级考试2次1629人次；全国大学英语四六级考试2次，四川大学锦江学院、眉山职业技术学院在校大学生1.39万人次参加。

第四节　学校管理

一、学校卫生与安全管理

1997 年起，眉山地区加强学校安全教育。学校卫生以传染病防治、学校食堂卫生、饮用水卫生及师生卫生习惯养成教育、心理健康教育为重点，开展各类专项活动，建立健全各项管理制度。全区部分城区学校有专门校医，多数学校无医务室或有简陋医务室。2000 年，召开全区中小学安全工作会议，地区教委与各区县教育局签订安全责任书，实行中小学安全责任制。

2001 年，眉山市被省教育厅列为全省心理健康教育实验市。市教育局制定《眉山市学校安全工作整治实施方案》《关于印发学校安全事故处理预案的通知》等文件，建立和完善安全工作制度。学校安全工作实行“谁主管，谁负责”，一级抓一级，一级管一级管理体制。在全市开展创建青少年法律学校活动。中小学开设法治教育课，聘请法制副校长和法制辅导员 1000 余人到学校上课。2002 年，市教育局将家长安全意识教育纳入小学安全教育内容。每学期召开家长会，建立校家结合的安全防范机制，共同做好学生安保工作。2003 年，市综治办、市教育局、市公安局制发《关于进一步在学校落实配备保安人员的意见》，要求全市高等院校、普通高中、职业中学、有条件的县城初中和小学原则都要配备专业保安人员。市教育局制发《眉山市中小学食堂建设标准》，强化中小学校食品卫生管理。市、县（区）、校分别成立“非典”预防、应急处理领导小组，落实责任追究、疫情报告、24 小时值班、晨检晨报、校园卫生等制度，向外出务工、经商家长发出 60 余万封信，实现“防非”工作“零感染、零传播”目标。全市中小学校配备法制副校长 1045 人，建立青少年法治教育基地 6 个。2004 年，眉山市将心理健康教育纳入地方课程，加强食品卫生、校舍、交通、消防等安全重点环节监控。市教育、公安、卫生、工商、新闻出版等部门开展学校安全集中整治。53 个市级“青少年维权岗”向中、小学生发放维权联系卡 10.6 万张，开展法治讲座 127 次，教育学生 21.4 万人次。开展“远离网吧，拒绝毒品”万人签名活动。2005 年起，全市推行“警校共育”，完善兼职法制副校长制度，实行公安机关相关部门和派出所包校制、联校制、驻校制、多警联动制。组织全市中小学校长、幼儿园园长安全教育培训。各级中小学开设安全教育专题课，学生系统接受安全知识教育，增强安全意识和防范能力。2006 年，市教育局转发公安部、教育部做好学校安全“八条措施”“六条措施”，推进“警校共育”。排查安全隐患，及时整治。查处校园周边违规经营的文化娱乐场所，取缔校园 200 米范围内网吧，收缴电子游戏机。开展校车专项整治，取缔不符合要求校车。

2009 年，眉山市启动“四改一加强”（改水、改厨、改厕、改不良卫生习惯，加强学校卫生安全管理工作）工程，改善全市农村学校办学条件。市教育局印发《眉山市教育系统防控甲型 H1N1 流感工作应急预案》，要求各县（区）构建预防为重，防、控、治结合的长效管理和应急处置机制，全市学校发现甲型 H1N1 流感师生病例 64 例全部治愈。2010 年，在学生中开展“讲一个安全事故、提一条安全建议、查一起安全隐患、写一条安全标语、当一天安全检查员”活动，增强学生安全意识。2011 年，建立完善学校、家庭、社会“三位一体”学校安全工作机制，以及由教育部门牵头，相关部门参加的“校车安全监管联席会议制度”和校园周边环境综合治理联席会议制度。在全市开展“强化安全意识，提高避险能力”为主题的消防安全教育“五个一”（讲授一堂消防安全教育课，开展一次疏散逃生演练，开展一次师生灭火体验，开展一次消防警示教育，开展一次消防安全知识运用）活动，增强师生处置校园突发事件应变能力。全市乡镇建立青少年维权岗，社区、学校和有条件的村建立留守学生之家，乡镇、社区建立青少年谈心站。以学校为主阵地，成立在校生法治宣讲团，在各级各类学校开展“在校生零犯罪学校”创建活动。成立关爱留守儿童工作团，创造关爱留守儿童“六种工作模式”（寄宿式、托管式、代理式、陪读式、联动式和网络式）。全市各级学校食堂、集体用餐配送单位推行食品卫生监督量化分级管理制度，量化分级率95%以上。

2012年，眉山市加强中小学心理健康教育，组织学校校长及管理干部近500人，参加“情绪管理与心理健康”培训。市教育局、市食品药品监督管理局联合举办食品卫生安全管理培训，培训管理干部60余人次。开展专项整治，全市学校食品卫生秩序规范。建立和完善学校与辖区公安部门、家长、社区“学生安全联防制度”。逐校排查学校及周边情况，城区重点路段增加警力和治安联防队员，加强昼夜巡逻，预防学生在上学途中被勒索和抢劫。全市各类学校将安全教育课程纳入教学计划，配备专兼职教师，开足开齐《生活、生命与安全》教育课。市教育局、市军分区、市消防支队举办防地质灾害应急演练培训、消防演练，培训安全管理干部与师生6000余人。全市各级各类学校配备灭火器1.03万个、消火栓3196个，消防应急通道基本畅通。校园周边设立治安岗亭，建校园周边巡逻队，派驻学校保安，建校园警务室，配齐学校法制副校长，落实法制辅导员，统一校园外观标识，设立民警到岗公开栏，建立青少年违法犯罪基础台账，设立法制宣传栏，实现校园及其周边治安管理规范化、法治化。全年投入整改资金1.43亿元，整改隐患1183个。

二、行风建设

1998年，眉山地区各级各类学校开展“三让一树”活动，办人民满意教育。1999年，加强职工思想作风建设。以烈士陈英为榜样，开展“敬业奉献”为主题的演讲比赛。

2001年，眉山市纠风办将教育列入10个重点联系单位之一。市教育局聘请行风监督员，组织问卷调查，实施民主评议行风。2002年，市教育局党组印发《关于加强和改进机关作风的意见》，补充、完善政务办理制度29项。开展乱收费专项治理，行政警告处分校长2人。2004年，执行公办高中招收择校生“三限”（限人数、限分数、限钱数）政策。清退各种乱收费15.8万元，党纪政纪处分12人。2006年，市教育局、市监察局下发《关于坚决制止农村义务教育阶段学校乱收费的紧急通知》，调查核实取证21个省教厅交办的典型案件，查实3起，处理相关责任人2人。专项治理农村义务教育阶段学校乱收费，检查学校565所。禁止在职教师利用职务之便组织学生有偿补课，查处学校乱收费案件2件。

2010年，市教育局修订完善“中小学教辅材料管理制度”，禁止组织学生统一征订和使用教辅材料。检查学校35所，遏制教师举办或参与举办各类收费培训班、补课班、提高班收费谋利行为。2012年，市教育局、市发改委、市审计局制发《关于贯彻〈四川省治理义务教育阶段择校乱收费的实施方案〉的实施意见》，明确治理义务教育阶段择校乱收费8项举措。处理东坡中学4名有偿补课教师。调查整改彭山县、仁寿县5所学校规范教辅材料管理。全年查处教育系统不正之风问题6件，处理相关责任人2人，清退违规收费金额13.26万元。

三、依法治教

1999年，眉山地区召开依法治校工作会议，要求“四五”普法期间80%的学校达到依法治校合格学校标准。加强民主治校，理顺干群关系，从源头预防和治理腐败。2001 年，眉山市实施校务公开。统一规定校务公开项目。当年，检查验收申报“依法治校示范学校”21 所，为 92 名教育法律法规考试优秀者颁发证书。2003 年，眉山市实行依法治校“一把手”负责制。2004 年，在全市青少年学生中开展“法在我心中”征文活动。2005 年，全市各级各类学校配备法制副校长或法制辅导员，健全依法治校工作机制。

2008 年，市教育局将依法行政工作纳入对区县教育局和各级各类学校工作目标考核。2010 年，眉山市各级教育部门组织开展“送法进机关”“送法进学校”“一条街”集中法制宣传等活动，发放宣传资料 7 万余份，接待群众咨询 1000 余人，展出法治宣传挂图 1500 余幅。2011 年起，实施《全市教育系统法制宣传教育和依法治理工作第六个五年规划》。组织开展法制宣传月、法制宣传周、法制宣传日活动。全市创建市级依法治校示范学校 8 所、县级依法治校合格学校 50 所。2012 年，市教育局专项督查中小学开课情况。治理中小学乱办班，规范教辅使用情况，减轻学生过重课业负担、规范评价与考生行为等工作。

四、中小学学生学籍管理

2001 年，眉山市规范学生学籍管理。2006 年起，眉山市未经所在县（区）教育部门同意，擅自招收本县（区）学生的，不注册学籍。2008 年，市教育局将中小学学生学籍信息化管理列入对各区县基础教育目标考核重要内容。全市完成中小学学生学信息化管理系统的建设和基础数据的录入，现实眉山学籍管理系统与省教厅学籍管理系统互联对接。2010 年，市教育局印发《四川省普通高中学生学籍管理办法（试行）》的通知。规定入学、注册，考勤、评价，留级，休学、复学，退学，转学、借读，奖励、处分，毕业、结业、肄业，学籍档案管理等事项，进一步规范学生学籍管理。

第五节 经费管理

一、教育投入

眉山市教育经费投入包括财政性经费、教育事业收入、其他收入、社会捐赠、民办学校举办者投入。

1997 年，眉山地区农村义务教育经费投入“以县为主、乡镇为辅”。当年，全区支出教育经费 26.39 亿元，主要为财政性资金、占总数的 78.03%。用于改善办学条件和保证教育工作正常运转。此后，财政性教育经费支出占国民生产总值的比例，随国民经济发展和财政收入增长逐步提高。

2001 年，眉山市农村义务教育实行“在国务院领导下，由地方政府负责、分级管理、以县为主”体制。各级政府对农村义务教育投入“分级”“分项”承担责任，以县级政府为投入主体，将义务教育经费纳入各级财政预算。义务教育投入重心由乡镇上移至县一级政府，实现由“人民教育人民办”向“人民教育政府办”转变。当年，事业收入和民间投入增幅较大。2006 年起，眉山市将农村义务教育全面纳入公共财政保障范围，建立各级政府分项目按比例分担、管理以县为主的农村义务教育经费投入管理机制。2012 年，眉山市教育经费支出 30.2 亿元，是 1997 年的 11.44 倍。教育投入中，财政性经费 26.56 亿元、占总投入（下同）的 87.95%，教育事业收入 3.36 亿元、占

12.56%，是全市教育经费的主要来源。

1997—2012年，眉山市教育总投入169.92亿元。其中财政性经费132.64亿元、教育事业收入27.94亿元、其他收入3.47亿元、社会捐赠3.01亿元、民间投入2.92亿元，分别占总投入的78.06%、16.44%、2.04%、1.77%、1.72%。

眉山市2012年与1997年投入情况对比表

表27-3

项目名称	学校类别	1997年（元）	2012年（元）	增长倍数
生均教育经费	幼儿园	63	3945	61
	小学	61	6302	102
	初中	113	6906	60
生均教育经费	高中	161	8387	51
	中等职业学校	400	5665	13
生均公用经费	幼儿园	—	2232	—
	小学	1	1474	1410
	初中	8	1902	242
	高中	8	3706	461
	中等职业学校	24	2601	107

二、收费管理

1997年，眉山地区中小学校实行“收费登记册”制度，《收费登记册》由地区物价局、地区教委统一设计、印制，发至全区中小学使用；学校所有收费一律按物价、财政及教育部门规定收取，逐项如实登记，接受社会监督。1998年，地区行署印发《关于眉山地区收费及资金管理办法的通知》，规范教育收费，中小学实行“一证一册一据”制度。治理中小学乱收费。全区中小学自查724所，县教育局抽查180所，地区教委组成8人检查组检查学校27所。查出违规收费23.2万元，立案检查3件。1999年，地区物价局、地区财政局、地区教委下发《关于义务教育学校收费有关事项的通知》，规定收费项目、标准，使用范围，管理办法。普通话水平测试费纳入单位财务统一核算，统一管理。2000年，地区教委、地区物价局、地区财政局下发《关于加强普通高中收费管理的通知》，查处治理教育乱收费225起，清退违规资金92.4万元，处理40人。

2004年秋季，眉山市全面实行义务教育阶段学校“一费制”。将杂费、课本费、作业本费、信息技术教育费合并为一费收取。加强中小学教材和教辅材料出版发行管理，制止滥订教材资料，规范教育收费。2005年，全市农村义务教育阶段学校免收农民子女借读费。农村进城务工人员子女，不收取借读费。开展创建规范教育收费示范县（区）活动，制定示范县评选标准。确定青神县、洪雅县为眉山创建教育收费示范县活动重点县。

2006年春季起，全市实施农村义务教育保障机制改革。农村义务教育经费保障机制改革的学校享受免收学杂费的学生，学校除按“一费制”标准收取课本费、作业本费和住宿费外，不再收取其他费用。国家免费提供教科书的贫困家庭学生免收课本费。由政府财政资金建设的学生宿舍，原则上不收住宿费。2008年秋季起，全市免除城市义务教育阶段学生学杂费。中等专业学校收费标准公办学校收费每人每年1600元~2200元、民办学校收费每人每年3000元~5000元。中等职业学校学生代管费和服务性收费实行教育收费公示制度，将经批准的收费项目、收费标准、收费审批单位、投诉电话在校园固定显著位置予以公布，并接受物价、财政、教育、劳动保障部门监督检查。2009年起，眉山市停止征收证书工本费。实行收费“收支两条线”管理，纳入同级财政专户。

2012年，市教育、市审计部门锁定眉山市普通高中负债4.57亿元。专项检查青神县2009—2011年教育项目资金使用管理情况，发现擅自变更项目2个和项目实施进度滞后现象，提出整改要求。

1998—2012年，眉山市查处违纪案件449件，清退违规收费671.91万元，党纪、政纪处分55人，其他处理32人。

三、“普九”债务化解

“普九”债务主要由建筑方垫付建筑款、金融机构贷款和教师借款（集资）组成。债务形成主要是教育投入不足。由政府组织财政、审计、教育部门开展学校“普九”债务审计。

2007年，眉山市“普九”锁定负债总额为4.7亿元，其中东坡区4936万元、仁寿县3.4亿元、彭山县1354万元、洪雅县2131万元、丹棱县2071万元、青神县2476万元。当年，市教育局转发《教育部办公厅关于落实〈国务院办公厅关于做好清理化解乡村债务工作的意见〉积极化解农村教育债务有关问题的通知》。按照“制止新债、摸清旧债、明确责任、分类处理、逐步化解”总体要求，计划用3年时间完成全市农村“普九”债务化解。至2008年，眉山市化解“普九”债务3.6亿元，完成省锁定债务的77%。2012年，全市化解乡村教育负债5374万元、城市义务教育负债1170万元。“普九”债务全部化解。

第六节 支 教

一、市内支教

1997年起，眉山地区每年组织优秀教师、特级教师开展贫困山区支教活动。1999年，全区组织20余所重点学校、城区学校与山村学校开展“手拉手、结对子”活动，组织优秀教师、特级教师代表16人到洪雅县、丹棱县开展献课活动，上课32节，开讲座32节，听课教师1800余人次。2000年，在全区遴选条件好，教育教学质量高、管理规范的中小学80所对口支援80所条件差、教育教学质量相对较低的中小学。组织优秀教师12人到洪雅县、丹棱县支教。

2001年，眉山市组织初中和小学教师各4人到仁寿县汪洋镇支教献课，通过随堂听课，教师1000余人听课。2008年，市教育局制发《关于推进城镇教师支援农村教育工作加快中小学教师城乡交流的实施意见》，每三年确定一批“援助学校”“受助学校”，构建“理念共享、资源共享、方法共享、成果共享、荣辱共担、优势互补”办学共同体。当年，全市形成办学共同体100个。城镇教师支援农村学校80余所，参与教师120人。2009年，建立城乡教学教研管理交流和教师流动管理机制。全市选派城区教师321人到农村学校驻点支教，开展教研活动260次，农村教师240人到城区学校挂职锻炼。年末城乡办学共同体增至120个，60%学校参与，组织智力支教活动200余次，教师交流锻炼 200 人。

2011 年，眉山市推进城乡教师交流制度，促进教师资源老均衡配置。全市 120 个办学共同体组织智力支教活动 210 余次。成立市教育局教学讲师团，送教下乡。组织城乡教师 160 人交流任教。2012 年，调整乡镇教师约 200 人流动到城区。

二、凉山州对口支教

2000 年，四川省委、省政府确定眉山地区六县对口支援凉山州甘洛、会理和金阳三县教育。结对关系为东坡区和洪雅县对甘洛县，彭山县和青神县对会理县，仁寿县和丹棱县对金阳县。当年，眉山地区遴选青年教师志愿者 5 人前往凉山支教。

2001 年，市教育局将对口支援凉山 3 县 119 所中小学任务分解下达到各县。派骨干教师、学校管理干部 37 人赴受援县任教、参与学校管理，受援县选派教师 13 人到眉山学校任教，选送学生到眉山中小学学习。为受援县校捐资 9. 8 万元、衣物 1. 35 万件、计算机、电视机，捐赠图书 5500 册、体育器材 60 套、学习用具 1. 3 万件、日常生活用品 3000 余件。对口支援学校 73 所，支援学校与受援学校之间结成“一帮一”对子。2002 年，眉山市各县（区）捐赠计算机、衣物、书籍，筹集资金近 100 万元为凉山州援建一批标志性建筑。2004 年起，选派教师 100 人前往凉山州支教，与凉山州 119 所学校开展“结对子，手拉手”活动，组织特级教师、学科带头人、骨干教师前往受援县开展讲座、上课、听课、评课等活动，提高当地教师业务水平。接收凉山籍学生 118 人到眉山学校读书。

2006 年，前往凉山州任教教师减至 80 人。2007—2010 年，眉山市选派优秀教师前往凉山 3 县任教 873 人次，接收凉山 3 县学生 698 人到眉山条件较好学校就读，仁寿一中、青神中学专门组织民族教学班；为受援县校援助资金物资约 200 万元，为受援 3 县修建大沙坝希望小学、东坡综合楼、黄虎希望小学、前马希望小学、金阳脚富希望小学等标志性建筑；东坡区出资 30 万元为甘洛中学设立“支教助学金”。凉山 3 县教育管理干部、教师在眉山挂职学习 356 人次。

2011 年，市教育局印发《眉山市教育对口支援十年规划（2011—2020 年）》，要求各区县教育部门以智力支援为主，通过各种教育对口支援送现代教育理念，提供资金物资援助，努力提高凉山州受援县教师的教育教学水平。当年，眉山市对口支援凉山州增至 110 人。2012 年，选派教师 30 人对口支援凉山教育，选派教育专业干部 10 人援藏，选派教师 3 人到玉树地震灾区转移安置复学点任教。

第七节　教育公益事业

1998 年起，地委、行署大力推进教育公益事业，将救助贫困失学儿童特别是义务教育阶段失学儿童作为民心工程，列为行署督查重点。2005 年起，眉山市农村义务教育阶段实行“两免一补”（贫困家庭学生免费提供教科书、杂费，补助寄宿制学生生活费），建立贫困学生救助机制。2008 年起，眉山市实施教育助学贷款试点，帮助困难学生上学。至 2012 年，眉山市贫困学生均受到不同程度资助，免除农村特困、城镇低保、库区移民、扶贫异地安置家庭子女、退伍士兵、孤残学生学费等。保证公民学习权力。

一、学生资助

1997年，眉山地区开展“助贫助学献爱心”活动。当年，资助特困学生6091人，救助贫困失学儿童3942人。1998年，地委、行署将救助贫困失学儿童特别是义务教育阶段失学儿童作为民心工程，列为行署督查重点。全区因贫困而流失学生5014人，救助贫困失学儿童和少年6091人，救助资金100万余元。2000年起，开展“西部开发助学工程”，动员全社会参与救助贫困学生，扶助特困家庭大学生、高中学生。

2002年，眉山市开展救助贫困少数民族学生工作。市级部门救助仁寿县青岗乡少数民族学生59人。2003年，全市实施“扶残助学春雨行动”助学项目。募集贫困学生救助金162.2万元，救助7770人、占贫困生总数的82.7%。2004年，市委、市政府将“资助1000名贫困适龄残疾人儿童入学”列为为民办实事内容。资助残疾学生1345人。2005年起，全市农村义务教育阶段实行“两免一补”。建立贫困学生救助机制。当年，全市补助贫困学生4.83万人910.78万元。

2006年起，全市资助中等职业学校学生。当年资助2200人220万元。义务教育免除学杂费、免教科书36.81万人7794万元、补助义务教育贫困寄宿学生生活费1.37万人333万元。2007年起，资助普通高校家庭经济困难学生。市委、市政府将资助残疾儿童入学教育资助列入“十大惠民行动”。眉山中心城区义务教育阶段学校有低保家庭学生与农村义务教育阶段学生同步享受“两免一补”政策，补助学生2122人74万元。秋季起，资助中等职业学校全日制正式学籍的在校一、二年级所有农村户籍的学生和县镇非农户口的学生以及城市家庭经济困难学生，按照全年10个月，每月150元标准。中央专项彩票公益金特别资助普通高中家庭经济困难学生每生每年1000元。政府助学奖学金资助高校贫困生1258人306万元。国家助学金资助农村困难独生女就学500人、困难大学生300人入学。当年，全市资助普通高校家庭经济困难学生1258人306万元。2008年起，全部免除适龄残疾学生学杂费、书本费、住宿费，并享受困难资助。秋季起，免除中等职业学校六类学生和藏区中等职业学校学生学费。李嘉诚基金会捐助地震灾区（仁寿县）高中、特殊教育学校特别助学金，分3年资助在校普通高中家庭经济困难学生7826人每生每年1000元。2009年，秋季学期起，眉山市中等职业学校农村家庭经济困难学生和涉农专业学生逐步免学费。2010年起，免除中等职业学校学生学费。秋季起，中央与地方共同设立国家助学金，用于资助普通高中在校生中的家庭经济困难学生，眉山资助面为28%，资助标准为1500元。2012年，眉山市规范助学金发放，确保资金安全。学生助学金由市、县两级财政或同级学生资助中心直接打卡发放到学生个人专用银行卡，杜绝套取国家资金行为。争取体育彩票助学金资助贫困学生运动员83人19.92万元。全市义务教育免除学杂费、免教科书24.42万人1.6亿元、补助义务教育贫困寄宿学生生活费2.23万人2550万元、资助普通高中学生1.78万人2600万元、资助中等职业学校学生1.74万人2530万元、免除中等职业学校学生学费1.71万人2650万元、资助普通高校家庭经济困难学生1783人178万元。

2006—2012年，眉山市义务教育免除学杂费、免教科书223.91万人次7.86亿元、补助义务教育贫困寄宿学生生活费16.79万人次1.27亿元、资助普通高中学生4.55万人次6155万元、资助中等职业学校学生18.21万人次2.3亿元、免除中等职业学校学生学费3.4万人次5669万元、资助普通高校家庭经济困难学生1.31万人次1493万元。

二、生源地助学贷款

2008 年，眉山市生源地助学贷款由仁寿县教育局与开发银行合作开展试点。全年普通高校和高等职业学校贷款学生 376 人 206.42 万元。翌年在全市展开。2010 年起，四川籍学生考入眉山职业技术学院就读的，在校期间贷款贴息由市财政承担；风险补偿金比例按当年贷款发生额中央财政承担 7.5%、市财政承担 1.5%、眉山职业技术学院承担 6%；风险补偿金低于生源地信用助学贷款损失的，不足部分由经办银行和县级财政各分担 50%。贷款学生在校期间利息全部由财政补贴。当年，学生 951 人贷款 551.31 万元。截至 2012 年年底，眉山市普通高校生源地信用助学贷款 4451 人。

第八节　语言文字工作

2000 年起，地委、地区行署将语言文字规范化作为提高城市文明程度、市民素质和增强眉山软实力、构建和谐眉山重要内容，确定“以教育系统和行业窗口部门为重点，以中小学校为基础，以高中阶段学校为突破，推进语言文字示范校创建”。2002 年，眉山市开展“双推”（推广普通话，推广规范汉字）工作。2004 年，眉山市按《普通话水平测试大纲》培训测试师范专业学生 104 人、教师 136 人、人民银行工作人员 159 人。培训中小学生 20 万余人。

2005 年，眉山市开展教师、公务员、学生、窗口行业人员普通话培训测试。全年培训测试 2249 人。2006 年，在眉山市电大成立眉山市普通话水平测试点。举办培训班 10 期，培训测试教师 4000 余人。2008 年，市教育局制发《关于在高中阶段学生中开展普通话培训测试工作》的通知，要求中等职业学校毕业生和高中毕业生达到相应普通话等级水平。2010 年，以高中阶段毕业生为重点，采取送培到校、服务学生方式，在全市中等职业学校学校中全面开展普通话培训测试。当年，全市举办培训班 14 期 2000 余人次。截至 2012 年年底，眉山市举办教师、公务员、学生、窗口行业人员为主的普通话培训测试 1.58 万人。

第二十八篇　科学技术

1997 年起，眉山地区按照“自主创新、重点跨越、支撑发展、引领未来”工作方针，开拓创新，推动科技事业发展。实施科技网“乡通工程”“企通工程”“知识产权试点工程”，建立农业科技“110 信息服务平台”、知识产权保护平台、产学研创新联盟平台、科技成果转化平台，实现科技与经济的有效对接。以科普宣传和科技培训为主要形式，开展科普活动。组织实施各级科技项目，推动全区经济发展。青神县、东坡区相继被科技部列入科技富民强县专项行动计划试点县（区）。洪雅县列入省级农业科技示范园区和四川省现代农业畜牧型试点县。东坡区作为核心区，承担国家粮食丰产重大科技专项工程，仁寿县、青神县、丹棱县被列入粮食丰产工程辐射区。至 2012 年，眉山市有专业技术人才 4.36 万人，占全市人才总数的 14.5%。全市组织实施国家级科技项目 49 项、省级科技项目 335 项、市级科技项目 925 项、四川省专利转化项目 48 项，获奖科技成果省级 51 项、市级 130 项，带动 12.64 万户农户实施科技项目 709 项。累计实现产值 350 亿元。

第一章　科技工程与科技服务

1997 年起，眉山地委、行署落实“科教兴区”战略。2001 年后，眉山市实施科技兴市战略，通过实施科技攻关计划项目、“金桥工程”“科技富民强县专项行动计划”“五十亿工程”“科技兴川千亿工程”等科技工程，组织动员社会力量和广大科技团体、科技工作者广泛参与科技项目，引进和转化科技成果，推进科技与经济结合。各级政府行政部门指导企业解决在调整产业结构、提升传统产业及发展高新技术产业过程中的关键技术，并与科技项目无缝对接，列入项目重点支持。大批科技项目获得国家、四川省、眉山市立项，并取得较好社会效益、经济效益。

第一节　科技工程项目

一、项目申报

1997年起，眉山地区组织申报科技项目。2000年，眉山地区组织申报各级农业科技项目58项，其中列入省级及其以上项目16项。

2001年，眉山市川西制药有限公司“国家二类新药——沙棘籽油及其制剂软胶囊”项目和四川金象化工股份有限公司“合成气桨态床一步法制二甲醚”项目被科技部列为科技型中小企业技术创新基金支持项目，争取到科技部无偿基金120万元。2002年，申报国家中小企业技术创新基金项目5项，立项1项。申报国家新产品试制计划项目2项，批准下达1项，申报省级各类科技计划项目41项，批准下达19项。2003年，彭山县四川利好科技有限公司“苏麻种植、加工及产业化开发”和四川果王果业有限公司“5万亩红提葡萄基地建设”项目被列入国家星火计划；四川川西制药股份有限公司“国家三类新药——小儿清热消蛾颗粒”项目被列为国家级火炬计划。全市申报的科技计划项目2个被列入省级重点新产品计划、8个被列入科技攻关项目、1个被列入软科技研究计划。2004年，“彭山基围虾淡水养殖产业化开发”“洪雅万亩红豆杉产业开发与示范”项目列入国家星火计划，“针对奶牛小区和奶农的精细化饲养平台建设与示范”等9项列入省级攻关计划。2006年，洪雅维国光学公司的高精度镧系玻璃镜片列入重点国家火炬计划项目；科技特派员制度跨区域联动综合示范工程列入国家星火计划；四川尼科国润新材料有限公司承担的“新工艺生产钴酸锂”等3个项目列入四川省火炬计划；眉山新筑建设机械有限公司承担的“工程机械自动化成套控制系统”等6个项目被列入四川省重点攻关计划。眉山市力达电子有限公司承担的“小型化高磁导率磁芯元件”项目被科技部、财政部列为2006年第一批创新基金项目。全年全市申报省级项目66项、国家级项目3项，获国家级、省级立项18个、经费350万元。

2007年起，眉山市科技项目申报立项指标纳入区县科技局和机关科室年度目标管理，“一票”否决。市科学技术局印发《眉山市科技计划项目工作规范》，规范科技计划项目的调研、储备、包装、申报、跟踪、协调、审批、立项、实施、监督、评估、验收等。东坡区泡菜产业项目被科技部列为2007年科技富民强县专项。吉香居食品有限公司申报的“出口型泡菜生产与综合利用”项目，洪雅县得力牧业有限公司申报的“洪雅县奶牛小区粪污治理及资源化利用技术开发”项目，列入国家重点星火计划项目。四川启明星铝业、四川金象化工公司和仁寿县汪洋建宝水泥有限公司“300千伏安以上电解铝预焙电解槽双平衡控制技术”“合成氨工业能量系统优化技术”等5个项目列入四川省工业节能减排技术示范工作方案。2008年，组织申报国家科技部和四川省科技厅的各类科技计划项目65个，立项54个，获无偿资金1400万元。2009年，市科技局制定《眉山市项目工作内容规范》，规范项目挖掘发现、收集储备、包装申报，确保上报项目的立项成功。2010年，申报以泡菜产业链项目为基础的部省重点推进项目——优质中国泡菜项目入选科技部“十二五”农业领域首批项目、青神县科技富民强县后续奖励项目。申报四川启明星铝业有限责任公司“电解槽的预热方法”、四川金象化工股份有限公司“JX节能型尿素生产技术开发与应用”等6个为省级专利转化实施项目。四川斯得力复合耐磨材料公司的“高硬度易加工细晶空冷贝氏体钢耐磨材料制备技术及产品”

等5个项目通过评审。2011年，组织申报省级以上各类科技计划项目80项，其中55个项目获得省级以上立项，争取无偿资金1985万元。2012年，由四川省吉香居食品有限公司承担的“传统蔬菜工业化生产技术集成与新产品开发”项目首次获得国家重大科技支撑计划立项。市级金桥工程立项实施34项，立项产值20余亿元，获省级立项实施26项，立项产值17亿余元。全年向上争取无偿项目经费3622万元，其中争取国家项目资金1007万元。

1997—2012年，全市获得国家级项目49项（国家火炬计划11项、国家星火计划16项、国家重点新产品6项、国家农村科技成果转化2项、西部大开发1项、国家创新基金9项、国家科技富民强县4项），省级科技项目335项，获得无偿项目经费1.38亿元。

二、工程实施

1997年，眉山地委、行署将实施科技“五十亿工程”（依靠科技进步，到2000年，实现产值50亿元）作为落实“科教兴区”战略。当年起，全区组织实施科技攻关计划项目。通过“金桥工程”，组织动员社会力量和广大科技团体、科技工作者参与科技项目，引进和转化科技成果，推进科技与经济结合。全年实施各类重点科技计划项目167项（国家级项目11项、省级6项、地级16项、县级134项）。依靠科技进步实现产值22.2亿元，其中科技成果推广项目67个、产值18.28亿元，科技产业项目23个、产值3.74亿元。组织试验、示范种植国家“863”计划高科技计划项目“两系杂交稻”1667公顷。此后，每年组织实施科技项目。2000年，四川金象化工股份有限公司承担的高压法生产亚硝酸钙工业性试验、四川眉州通讯器材厂承担的通信光缆交接箱、地区科委承担的四川科技网自动建站维护系统3个项目为科技部立项；科技网（国际互联网）“乡通工程”120个乡镇完成建站上网；41个乡镇和8个企业分别跨入眉山地区科技进步先进乡镇和科技进步先进企业行列；仁寿县文宫镇被列为省级多种经营科技示范基地；彭山县谢家镇被列为“四川泽泻生产基地”；青神县白果乡成为优质椪柑生产基地；丹棱县唐河乡成为优质脐橙生产基地。“眉山地区优质米产业化开发”项目引进优质稻新品种40余个，组织区试、品种展示和成品示范，建成优质稻生产基地1.2万公顷，亩产543千克，米质接近或超过部颁二级标准，实现产值1.2亿元，农民增收900万元。至2000年年底，全区组织实施科技兴市“五十亿工程”项目337项，实现产值53.05亿元，其中科技成果推广产值42.39亿元，科技产业产值10.66亿元。

2001年，眉山市实施科技兴川“千亿工程”。完成科技信息网乡通工程，全市所有乡镇均建站上网。洪雅县黄连中药现代科技产业基地、彭山县泽泻中药现代科技产业基地、仁寿县文宫镇省级多种经营科技示范基地、青神县优质椪柑生产基地、东坡区优质脐橙生产基地等成效显著，洪雅县黄连中药现代科技产业基地被省政府列为重点项目。2002年，眉山市《四川农村信息化关键技术开发及示范》项目被列为国家西部科技专项；《南方农区奶业技术集成及示范》项目被列为国家重大科技专项，为新阳坪乳业公司争取无偿资金200万元；四川美星电子有限责任公司的《XH-1003型铷原子振荡器》被科技部创新中心立项，获国家无偿资金65万元。2003年，眉山被列为四川省制造业信息化试点市。四川强力机械有限公司、四川丹棱三致工业有限公司为四川省制造业信息化示范企业。洪雅省级农业科技园承担的国家级重点科技计划通过科技部组织的专家检查，成为四川省重点农业科技示范园，进入科技部“十五”奶业重大科技专项。青神椪柑被中国绿色食品中心授予椪柑绿色食品称号。全市建成农业产业化基地6个。全市选派200余人驻18个乡镇扶持、培育特色产业，壮大规模，推动传统农业向现代农业的转变。2004年，洪雅县奶业科技示范园区和7个市级农业科技示范园区及科技特派员1757人开发、引进、试验、示范一批农村新品种、新技术，带动10万余农户致富。争取国家、省各类科技资金200万余元。全市科技对经济增长的贡献率43%。2005年，眉山市启动“科技富民强县专项行动计划”。实施信息工程，新建开通“四川国际科技合作网”，为企业对外科技交流搭建平台，10余家企业进入“四川国际科技合作网”，建立信息员工作制度。建立制造业信息化组织管理体系。开展技术培训及专题讲座36期1.3万人次；确认眉山车辆厂、四川强力机械有限公司等16家企业为省、市重点示范企业，带动60家企业示范，推广应用先进制造业信息技术65家；建立眉山活动服务器网页平台，为32家企业免费提供终端服务。围绕“三三工程”着重抓奶业专项、农村信息化工程、制造业信息化示范工程、专利转化示范工程等重大项目。全年高新技术产业实现产值20亿元，实现税利2.5亿元。2007年，全市3家企业被列为省级自主知识产权优势培育企业，7家企业成为省级知识产权试点企业，8家企业通过省级高新技术企业认定，4家企业被评为四川省建设创新型企业示范型企业或四川省建设创新型企业培育型企业，洪雅被省科技厅列入现代农业畜牧型试点县。

2008年起，全市组织实施科技火炬计划项目和科技新产品计划。按照《四川省科技富民推进行动方案》要求和“企业主体、产业布局、工程模式、集成推进”原则，推进科技富民。是年，“青神椪柑优质丰产高效技术集成示范与产业化开发”作为国家级科技富民强县项目在科技部立项，青神列入国家级科技富民强县试点县。全市组织申报实施科技计划项目118项，向上争取科技项目无偿资金1260万元、农业科技贷款3.2亿元。眉山高效节能压缩机和超纯磷酸被四川省新认定为创新产品。洪雅被科技部列为2008年科技富民强县专项行动计划试点县。选派152人组成42支团队分赴各区县助推农业大变样，7个单位被认定为四川省新型农村科技服务组织。推荐评选23个市级科技进步奖项目。成洪磷公司生产的高纯电子级磷酸替代进口产品。“优质早熟椪柑新品种‘中岩早’种植配套技术中试”等2个项目被科技部列为2008年国家农业科技成果转化资金项目，建成“中岩早”母本园50亩，示范推广1000亩。2009年，眉山市通过全国城市科技进步考核。省科技厅组织验收天源检测和明宏光学承担的创新基金项目，中期监理新希望乳业牵头承担的“洪雅县现代奶业生产关键技术研究与产业化示范”“洪雅生态奶源基地建设与产业化示范”国家富民强县项目和青神县中岩早椪柑、异源同态蛋白国家农业科技成果转化项目完成合同约定的各项经济、技术指标，取得较好社会效益和经济效益。四川启明星铝业有限责任公司高级工程师李勇，获得四川省青年科技基金开展的“四川省杰出青年学术和技术带头人资助计划”项目支持。2012年，全市组织实施市级以上科技计划项目159项，其中新立项实施国家级项目7项、省级项目73项。实施科技民生项目82项，推广新技术49项，取得卫生医疗科技成果7项。依靠四川农业大学选育枇杷新品种20个，建立“科技示范村”，确定50户科技示范户。

1997—2012年，眉山市组织实施国家级科技项目49项、省级科技项目335项、市级科技项目925项、四川省专利转化项目48项，带动农户12.64万户实施科技项目709项。获得国家、省级无偿项目经费1.38亿元，科技贷款1.03亿元，实现产值350亿元。实施金桥工程项目767项（次），市级实施300项，新增产值94.5亿元，新增利润约16.05亿元。获科技成果奖省级51项、市级130项。

眉山市 2005—2012 年主要科技项目实施情况统计表

表 28-1

项目分类	项目名称	项目承担单位	年份
国家级星火计划项目	彭山县农业信息化“村通”示范工程	彭山县锦朗科技开发服务有限公司	2005
	良种肉兔扩繁与健康养殖技术示范及产业化开发	四川九升食品有限公司	2005
	生猪健康养殖及深加工	四川仁寿碧海实业有限公司	2005
	科技特派员制度跨区域联动综合示范工程	四川省彭山县生产力促进中心	2006
	无公害鳝鱼集约化网箱养殖技术开发与应用	彭山县保胜乡水产品专业合作社	2006
	青脚麻鸡选育与产业化开发	眉山温氏家禽育种有限公司	2006
	仁寿县农村信息化网络建设及科技信息服务示范	仁寿县科技信息网络中心	2007
	出口型泡菜生产与综合利用	四川省吉香居食品有限公司	2008
	洪雅县奶牛小区粪污治理及资源化利用技术开发	洪雅县得力牧业有限公司	2008
	川农号小麦新品种的产业化推广	四川彭山凤鸣国家粮食储备库	2009
火炬计划	铝合金组合限位定位装置	四川龙腾铁路器材有限公司	2008
	MBH833B 重型高速数控木工四面刨床	四川省青城机械有限公司	2010
	内燃机用自动排隙及双平衡正时系统	四川省眉山市东升齿轮有限公司	2011
	高性能竹基纤维复合材料	洪雅竹元科技有限公司	2012
四川省科技富民强县专项行动计划项目	青神椪柑优质丰产高效技术集成示范与产业化开发	青神县	2006
	四川泡菜现代化生产技术集成与产业化示范	东坡区	2007
	生态奶源基地建设与示范	洪雅县	2008
	生猪健康养殖技术集成与示范	仁寿县	2009
	彭山县优质猪标准化健康养殖技术集成与产业化示范	彭山县	2009
	优质柑橘丰产高效技术集成示范与产业化开发	丹棱县	2010
	青神椪柑提质增效关键技术集成示范与产业化开发	青神县	2011
	优质柑橘丰产高效技术集成示范与产业开发	丹棱县	2012
	生态奶源产业示范	洪雅县	2012
	枇杷绿色高效栽培和深加工技术集成与示范	仁寿县	2012

第二节　气象科技服务

一、气象测报

眉山气象预报预测系统由市、县二级气象台站构成，各自负责本行政区域内天气预报和短期气候预测产品的制作发布，实行自上而下的逐级业务管理、技术指导和协作联防。有国家级一般地面气象观测站 6 个、区域自动气象观测站 174 个、农业气象观测站 3 个，承担气候观测、重要天气报告拍发业务、农作物观测、物候观测、土壤湿度观测功能。

（一）气象观测系统

国家级气象观测站　2012年，眉山市有国家级一般地面气象观测站6个，承担气候观测、重要天气报告拍发业务。观测要素包括云、能见度、天气现象、气压、气温、湿度、风向、风速、降水、雪深、日照、蒸发（小型）和地温（地表、浅层、深层）。24小时自动连续观测气压、气温、湿度、风向、风速、降水、地温气象要素，每小时向四川省气象信息中心传输地面气象要素数据文件。

区域气象观测站　2005年起，眉山市实施区域自动气象观测站建设。截至2012年年底，全市建成区域自动气象观测站174个。其中“四要素”（气温、雨量、风向、风速）观测站10个，“两要素”（气温、雨量）观测站84个。各区域站每小时向市局中心站上传资料，市气象局中心站每小时向省气象信息中心传输地面气象要素数据文件。

农业气象观测站　2009年起，眉山市建设土壤水分自动观测站。至2012年，建成东坡区、洪雅、仁寿二级农业气象观测站3个，承担农作物观测、物候观测、土壤湿度观测。建成土壤水分自动观测站8个，连续获取50厘米以内不同层次土壤水分观测资料。

（二）天气预报

天气预报主要分为中期、短期、短时、临近预报，包括天空状况、气温、风和天气现象，并以一般天气、天气过程、重要天气消息和预警信号等方式发布。1999年，眉山地区气象局气象卫星综合应用工程竣工，气象信息综合分析处理系统投入业务应用。2001年，眉山市级气象台新预报业务流程软件平台推广应用。2004年气象信息综合分析处理系统投入业务运行，提高气象雷达资料应用、物理量计算、数值预报综合应用能力，建立起融合多种预报方法和数据收集处理方法的相对开放的天气预报平台。2005年起，市气象台分别以“蓝、黄、橙、红”4种颜色（级别），发布暴雨、高温、寒潮、大雾、雷雨大风、大风、冰雹、大雪、道路积冰9类突发气象灾害预警信号。开展6小时、3小时、1小时等短时、临近天气预报。建立融合气象信息综合分析处理诊断释用系统，将气象信息加工为天气图和各种诊断物理量图。至2012年，实现对欧洲数值预报中心850百帕温度、T213雨量预报、风场预报进行粗略的强度增衰检验，对寒潮、大风、暴雨预报分析作出初级警报。提高定点、定量预报水平。天气预报逐步由主观定性向客观定量转变。

（三）短期气候预测

短期气候预测包括年度、春播、夏收夏种、汛期、三秋、冬防等农时季节重要天气过程和年度气候趋势预测。眉山市各级气象台站开展长期天气预报（后称短期气候预测）业务和服务。旬、月预报在季、年趋势预测基础上，侧重于农业生产中趋利避害的重要天气过程预报；年度气候趋势预测制作发布未来一年的冷暖、旱涝趋势和气候年景展望；季预报针对春播、夏收夏种、汛期、三秋、冬防等农事季节的需求制作发布。春播（3—4月）预报主要是适播连晴、寒潮、低温阴雨、倒春寒、春旱、日平均气温稳定通过10℃、15℃初日的预报；夏收夏种（5—6月）预报主要是作物收、种期间的趋利避害天气、春末夏初干旱、初夏洪涝的预报；汛期（5—9月）预报主要是夏、伏旱、初夏、盛夏、初秋洪涝、连晴、连阴雨和高原雨季开始、结束期的预报；三秋（9—10月）预报主要是初秋低温、秋绵雨、初秋洪涝、日平均气温稳定通过22℃终日及高原雨季结束期的预报；冬防（11月至下一年2月）预报主要针对冬干、极端最低气温、霜、雪、冷空气活动的预报。

二、气象服务

（一）决策气象服务

1998年起，眉山地区气象局逐步丰富和完善防灾减灾气象服务。制定包括中期过程、短期消息、临近警报和应急体制的“四度设防”运行管理机制。相继制订《决策气象服务周年方案》、汛期气象服务细则、重大气象服务及突发事件气象服务应急动员体制实施细则、汛期气象服务片区协作联防实施方案，突发性事件气象保障服务运行规程，重大气象服务应急预案以及灾害性天气及其次生灾害落区预报业务暂行规定。提供重要气象信息和服务。2007年起，眉山市气象局相继制定灾害性天气预警信号发布与传播规定，气象灾害预警信号及防御指南，规范和完善气象灾害预警信号发布业务的实施方案。2008年，低温冰冻天气和“5·12”抗震救灾中，全市气象部门为抗震救灾提供科学气象保障。2010年起，施行《眉山市气象灾害应急预案》，研究防灾减灾需求和开展横向联合，逐步建立起重大信息专题报告制度。当年预报7月23日仁寿特大暴雨、8月18日区域大暴雨，减少损失。2012年，在中国国际泡菜展销会、防灾减灾中国行志愿者启动仪式、“成自泸赤高速公路”开通仪式、第九届残疾人运动会等重大活动中，提供准确气象预报。

（二）公众气象服务

公众气象服务包括冰雹、雷暴、大雪、大雾、暴雨、大风、高温、强降温等灾害性天气，以及森林火险等级、地质灾害气象预警、城市内涝等气象次生灾害预报预警信息。强降温（寒潮）天气消息在每日下午制作发布，其余灾害性天气及次生灾害落区预报每日分2次制作发布。主要通过电话、传真、报纸、广播、电视、天气警报系统、农信网、气象声讯电话、手机短信、专业气象网站、书面专题报告等向领导、公众和用户发布。

常规气象服务　1998年，眉山地区气象局试建“121”电话自动答询系统。1999年，在眉山电视台开通电视天气预报栏目，以文字、图片配声音发布全区6个县的短期天气预报。短期天气预报每日播出二次，重要天气消息及时插播。各县相继开展“121”声讯气象服务。2001年起，眉山市常规天气预报增加城市空气质量、空气污染潜势、紫外线指数预报。2003年，市气象局集中全市“121”气象信息电话服务，取消各县独立声讯服务，开展综合信息服务。开始气象短信服务。增加制作发布医疗气象指数、人体舒适度指数预报。2004年，增加制作发布晨练指数、穿衣指数。至2006年，全市气象短信手机用户16万余户。2011年起，眉山电视天气预报栏目在“眉山新闻综合频道”“眉山公共频道”开播。2012年，全市气象短信发送用户28.5万人次，群发天气预警信息9次。

人工影响天气服务　1998年起，眉山地区气象部门装备高炮6门，负责全区人工增雨、防雹、开发空中云水资源作业，逐步建立人工影响天气指挥系统和作业系统。至2003年，眉山市配备车载式火箭操作系统6套、高炮1门，配备数字雷达1部，建设作业点47个。利用高炮、车载火箭开展增雨、防雹和开发空中水资源，成为农业防灾、减灾重要手段。2006年，全市遭受持续高温和特大伏旱灾害后。气象部门出动车载火箭操作系统20余台次、高炮10门次，实施6次人工增雨作业，各地增加有效降水，旱情减轻。2007年，连续出动车载火箭操作系统18台次实施人工增雨作业，发射火箭弹80余枚、37高炮弹150发，增雨约8100万立方米，直接经济效益3250万余元，解除眉山市大部分地区春旱。2008年，全市开展水库资源性人工增雨蓄水作业30余箭次，发射火箭弹150余枚，增加水库蓄水，提高供水能力。2009年，建成市级人工影响天气指挥中心，实现多种信息上传下达，适时指挥人工影响天气作业。2012年9月，仁寿县“成自泸赤高速公路通车典礼”剪彩仪式时，开展人工消雨试验作业。启动瓦屋山水电站流域人工增雨蓄水专项工作，出动车载火箭操作系统50台次，多次开展人工增雨蓄水作业，经济效益8000万余元，促进瓦屋山电站水库蓄水。1998—2012年，全市气象部门开展人工影响天气作业130余次，增加降水量约4.6亿立方米，直接经济效益18400万余元。

防雷减灾服务　眉山市属雷电高发区。1998年，成立眉山地区防雷中心，承担防雷工程的设计审核、避雷装置定检、新（改、扩）建（构）筑物防雷施工过程监督和竣工验收检测、雷击灾害调查、防雷科普宣传等任务。当年开展防雷装置年度检测业务。此后，每年年初，防雷中心通过《眉山日报》和东坡区党政网发布防雷装置年度检测公告，敦促相关单位及时开展防雷装置年度检测。2001年，眉山市政府颁布实施《眉山市防御雷电管理办法》，规范全市防雷减灾工作。2002年，东坡区“劳动安全检测站”纳入眉山市防雷中心管理。2008年，全市开展防雷减灾专项整治，整治石油、化工、易燃易爆场所、矿山、学校、通信、金融等单位和行业，及时发现和整治相关防雷安全隐患。2009年，开展重大工程、爆炸危险场所雷电灾害风险评估业务，为相关工程雷电灾害防御设计提供科学依据。至2012年，全市有防雷定检单位200余个，检测服务领域涵盖城乡各个机关、企、事业单位、矿山、部队、金融、通信、易燃易爆场所、信息系统等单位和行业。

（三）专业气象服务

专业气象服务重点是为农业、水利、交通、旅游提供气象服务。

1997年，眉山县、仁寿县、洪雅县气象局为四川农业气象基本站，对外提供农业气象服务。1998年起，眉山地区气象台向交通公路建设和管理部门提供各类天气预报、大雾警报和实时气象信息。1999年起，制作森林火险天气预报，针对每年12月至次年5月气温、空气湿度等气象要素制作森林火险天气等级预报。为固定发布每月、旬及逐日森林火险天气等级预报，不定期制作高火险时段森林火险天气等级预报。2000年起，遇到高火险时段，通过电视天气预报栏目向林区及公众公开发布。开展全区旅游景点天气预报。首批发布天气预报的景点有仁寿、洪雅、彭山、丹棱、青神、瓦屋山及眉山地区以外的峨眉山等20处。预报内容为天空状况、天气现象、最高最低气温、风向风力和各类灾害性天气。

2001年起，眉山市相继形成包括农业气象情报、预报、气候分析、专题分析、农业气候区划、农用天气预报、农业气象试验等内容的农业气象服务体系。2002年起，为确保瓦屋山水库建设顺利，每年汛期眉山市气象台专门制作瓦屋山区降水预报提供给建设部门。2005年，瓦屋山水库由眉山市气象局专业气象台负责组织开展实时加密观测。气象服务内容包括瓦屋山镇及周公河流域的每日24小时天气预报和七日天气趋势预报。2009年3月，在关键地段建设大雾监测站，逐步开展为高速公路提供大雾专题预报。2010年起，全市和省内重要旅游景点在电视天气预报播出。2011年，为省道103线道路黑化、遂（宁）资（阳）眉（山）、成（都）自（贡）泸（州）赤（水）高速公路等道路建设提供专题预报服务，为全市道路建设提供气象保障。截至2012年年底，全市气象部门提供气象服务材料600余篇。

第三节　农业科技服务

一、机构及队伍

2012年，眉山市启动农业科技推广项目乡镇116个，开工建设乡镇96个。创建科技示范乡镇30个、村32个；建成洪雅奶业与茶叶、东坡泡菜产业、丹棱优新柑橘和仁寿高端枇杷、青神椪柑5个省级农业科技园区，8个市级农业科技园区。

（一）机构

1997年，眉山地区有县级农业技术推广中心6个、乡镇农业技术推广服务站216个、区域站12个、村级服务站点998个；有县乡农业科技人员1149人。2003年，眉山市乡镇农业技术推广机构统一纳入乡镇机构改革，建立乡镇农业服务中心，全市有乡级农业技术推广机构234个。2005年，撤乡并镇后，全市农业技术推广机构由234个调整为131个，覆盖所有乡镇。2008年，眉山市政府下发《关于进一步推进基层农业技术推广体系改革与建设的意见》，理顺乡镇农业技术推广机构的管理体制。彭山县明确乡镇农业服务中心为县农业局的派驻乡镇事业单位，“三权”收归县农业局管理。青神县乡镇农技推广站实行县农林局和乡镇人民政府双重领导，以县农林局管理为主的管理体制。仁寿县、洪雅县、东坡区、丹棱县的乡镇农技推广机构实行县农业主管部门和乡镇政府双重领导，以县农业主管部门管理为主的管理体制。至2009年，全市依托沼气建设网点、农村专合组织等，建立村级服务站点417个。基层农技推广机构调整为202个。2012年，眉山市有基层农技推广机构202个，基层农技人员1086人。乡镇农业服务中心（农技站）加挂农产品质量安全服务站牌子。

（二）科技特派员

2002年，彭山县推行科技特派员试点，2003年在眉山市普遍推广，组织实施57个有针对性的农业科技项目，选出200余人派驻18个乡镇负责扶持、培育特色产业，推动传统农业向现代农业转变。2004年，市委、市政府将开展科技特派员工作纳入为民办的十件实事之一，选派科技特派员1757人，通过引进科技项目、典型示范、发展利益共同体、信息服务、培训农民技术、组织农产品流通、创办农业龙头企业及组建农村专业合作经济组织等方式，实施项目689项。科技特派员胡仁忠引进15个经济效益高的葡萄新品种，建设20亩葡萄科技示范园，指导101户农户改种其示范种植的葡萄新品种。2005年，洪雅县提拔在省级奶业科技示范园区建设、中药材规范化种植区建设中做出突出成绩的科技特派员11人，奖励优秀科技特派员5万元。全市科技系统扶持20个科技特派员创业项目。2006年，组建市级科技特派员创新服务团队5个，区县级科技特派员创新服务团队6个，建立健全眉山市科技特派员创新服务体系，启动创建省级科技特派员试点县1个，科技特派员制度跨区域联动综合示范工程列入国家星火计划。彭山县科技特派员服务的100个项目中，申报国家级星火计划1项、省级农业科技攻关计划6项，引进、吸纳农业开发资金近亿元，2万余户受益农户人均年增收320元，特色养殖业淡水基围虾、三元杂交猪取得效益，15个农业企业、64户专业大户扭亏为盈，10万亩土地资源向土地资本转化。2007年，市委组织部制订《眉山市科技特派员管理办法》，明确科技特派员服务的工作内容、工作制度、政策待遇、管理措施、绩效考核、表彰奖励、晋职晋升等，规范科技特派员管理，调动科技特派员驻村服务积极性。成立眉山市科技特派员创新服务团队，由奶业产业、柑橘产业、优质稻产业、生猪产业和蔬菜产业等5个科技特派员创新服务团队组成。按产业或项目，确定475个专业村和22个专业乡镇及22个拳头产品作为科技特派员服务范围，全市科技特派员开展农村实用技术培训1134期7万余人次，引进推广农业新技术117项，农业新品种45个。彭山县科技特派员推广“以螨治螨生物防治技术”被农业部列为全国“以螨治螨生物防治技术示范县”，组织推广实施的“测土配方施肥”项目，获得农业部100万元项目资金支持。洪雅县科技特派员推广应用奶牛饲养新技术、牛粪养殖蚯蚓技术，每头奶牛年增收入2500余元。青神县科技特派员推广应用的水果“留树保鲜技术”，列为全省重要推广项目，选种培育的青神“中岩早”椪柑被四川省农作物品种审定委员会审定为新品种。2008年，全市下派科技特派人员1547人，创建承包型科技实体76个，技术入股型科技实体55个，创业型科技实体12个，其他类型的89个；实施科技开发项目85项，引进推广新品种121个，推广各类新技术152项，培训农民26.83万人次，发放技术资料63.16万份；创办农业企业10个，组建合作经济组织、专业协会233个。带动创业项目安置劳动力就业20.9万人，辐射带动59.3万人，农民人均收入比2007年增长16%。2009年，东坡区蔬菜科技特派员围绕蔬菜产业种植加工基地建设，加强技术集成创新和成果引进转化推广。建成500亩以上基地169个，优质基地面积3.73万公顷，获得国家绿色蔬菜生产基地认定面积8587公顷；建成白马镇、修文镇、广济乡、秦家镇、永寿镇省农业标准化生产示范乡镇5个，无公害蔬菜生产基地27个；建成蔬菜专业村40余个，蔬菜专业户1000余个。2010年，全市组建科技创新服务团队40个，下派科技特派员828人。仁寿县引进推广适用新技术10项，新培养各类科技示范户300余户，带动农户6000户、2万余人依靠科技致富。2012年，全市建立特派员培训基地15个，特派员服务站60个，创建科技特派员创业服务信息平台6个。各区县结合农业主导产业和科技需求，调整和轮换下派特派员。开展科技特派员培训，提高科技特派员创业能力和技术水平。组织科技特派员跨地域交流学习，相互指导、相互帮扶，无偿服务。全年全市下派科技特派员700余人次，实施各类科技项目20余项，举办科技培训、讲座，培训农民10万余人次，发放科普资料25万余份。成立6个市级、28个区县级科技特派员创新服务团队4300人，常年开展种植养殖业科技服务，采取引进科技项目、典型示范、发展利益共同体、信息服务、技术培训、组织农产品流通、创办农业龙头企业及组建农村专业合作经济组织等方式，带动12.64万户农户实施709项科技项目。

（三）农技人才培养

2002年，市委办公室下发《眉山市实施〈百万农民科技培训计划〉的意见》，提出到2005年市、区县、乡镇三级培训农民100万人，其中市级相关部门每年培训农民骨干5000人，加强农民科技培训。2007年，市人才办等下发《眉山市畜牧业人才开发实施意见》，建立适应眉山市现代畜牧业发展需要的人才队伍，总量达到7500人。2012年，全市有农村实用人才6.53万人。

二、农技培训

1997年起，眉山地区开展“三下乡”（科技、文化、卫生）科普宣传月活动。通过送农业科技下乡、举办科普讲座、召开现场会、赶科技场等形式，开展农作物田间管理及病虫害防治技术、经济作物品种改良及管理技术、识别假冒农资宣传等实用技术培训，传播农业科学技术。成立眉山农机化培训学校，开展农机化技术和业务技能培训。建立眉山地区农广校培训主阵地，招生 999 人。1998 年，农广校招生任务分解落实到各县，地委组织部、地区农业局与各区县委组织部、县农业局签订中专招生目标任务责任书。当年开展适用农机技术培训，培训 1310 人。1999 年，全区实施跨世纪青年农民科技培训工程，培养懂科技、善经营新型农民。仁寿县被列为首批实施“跨世纪青年农民科技培训工程”项目县，培训全县养殖业、枇杷产业、梨产业优秀从业人员。全区以县农机技术推广站为中心，乡镇农机管理服务站为重点，采取集中培训、以会代训、召开试验示范现场会、开展“科技三下乡”活动等形式传授农机技术。至 2000 年，全区举办科技实用讲座 3995 期，培训人员 29.45 万人。

2001 年，成立四川省农业广播电视学校眉山市中心分校，各县（区）设分校，通过成人教育、职业教育、现代远程教育，运用广播、电视、录像等现代传播手段，向农村、农民实施教学。东坡区被确定为跨世纪青年农民科技培训工程项目实施单位，培训青年农民 3063 人。2004 年起，眉山市实施农村劳动力转移培训阳光工程（以下简称“阳光工程”）。在粮食主产区、劳动力主要输出地区、贫困地区开展农村劳动力转移到非农领域就业的职业技能培训。当年，仁寿县被列为首批“阳光工程”项目实施县、洪雅县被列为跨世纪青年农民科技培训工程项目县。确定仁寿县农业广播学校等 8 所职业教育学校为阳光工程培训基地，示范性培训 8000 人。至 2004 年年底，全市培训跨世纪青年农民 1.03 万人。此后，全市每年实施“阳光工程”培训。2005 年，实施富民工程，召开现场会和技术培训会 129 次，培训干部群众 13.2 万人次。

全国油菜秋冬生产技术培训观摩交流会在彭山县召开（摄于 2012 年 11 月）

2006 年，启动新型农民科技培训工程，开展农业科技知识和实用技术培训。当年，青神县、彭山县分别被列为农业部、四川省新型农民科技培训工程项目县。至 2007 年，全市阳光工程示范性培训 2.1 万人，转移输出 1.82 万人、转移输出率 85.5%。2008 年，全市启动农机教育培训大行动，强化农机管理、技术、操作人员培训。在 235 个村实施新型农民科技培训工程，培训农民 9438 人，带动农户科技推广 8.06 万户。2009 年起，新型农民科技培训与“阳光工程”培训合并实施。“阳光工程”主要培训涉农工业、农村特色产业、农民创业、农村带头人、农村劳动者转移就业等 1.23 万人；在 4 个县 109 个村实施新型农民科技培训工程，设置优质粮油、无公害绿色蔬菜等 10 个专业，培训骨干农民 4398 人，带动农户科技推广 4.42 万户。示范村集中培训 1635 次，骨干农民入户指导 1.82 万次。建农民科技书屋 27 个。2010 年起，农广校、中高等职业院校和其他相关成人培训机构纳入“阳光工程”培训体系。东坡区、洪雅县被列为“阳光工程”农民创业培训项目县。全市重新认定“阳光工程”培训基地 22 个，完成阳光工程示范性培训 1.28 万人。2012 年，全市农民培训体系健全。农广校开设种植、养殖、经济与管理、农业工程 4 大门类 20 余个专业。全年农机培训 1.46 万人，开展实用技术培训 1720 万人次，转移输出 4 万人，常年推广新技术 100 余项，良种普及率 90%以上。

1997—2012 年，全市每年培训农民工 1 万人以上；围绕主导产业和特色效益农业发展，每年培训科技示范户 3000 户以上。开展绿色防控技术、农村沼气建设等实用技术培训 1455 万人次。全市 7850 人获得“绿色证书”，1.54 万人获得农民技术员职称，成为转化农业科技成果、推广新技术、培育和选用良种、防治病虫害及技术咨询的带头人，每年新技术推广面积 10 万公顷以上。

三、技术推广

（一）种植技术推广

1997 年，青神县实施“优质果新品种引进试验示范”项目，引繁优质椪柑品种 4 万株（穗），开展新植、高换、施用有机肥、病虫综合防治、地膜覆盖等技术试验示范；丹棱县实施“水稻新品种及配套栽培技术示范”项目，以水稻Ⅱ优 838、Ⅱ优 162、岗优 725、辐优 130 为主，采用塑料软盘旱育，推行抛秧栽培、稳氮增磷钾补微肥等技术，提高单产和品质。1998 年，在眉山县召开全区大春新技术推广督察会，督促推广抛秧、旱育秧、地膜玉米、红苕双膜育苗新技术。地区农业局组织实施“水稻旱育秧抛秧配套增产技术”“玉米杂交良种及以地膜覆盖为主的配套增产技术”“小麦良种及配套增产技术”“杂交油菜优质高产栽培技术”“棉花高产栽培配套技术”“优质果丰产栽培技术”6 项省农业丰收计划项目。当年，全区推广玉米地膜 1 万公顷、旱地多熟 6666.7 公顷，地膜玉米比露地玉米平均亩产增产 40 千克、旱地多熟玉米增产 25 千克；推广小麦良种 3.33 万公顷，平均亩产增产 15 千克；推广杂交油菜 1.33 万公顷，平均亩产增 10 千克；推广棉花地膜覆盖栽培 6666.7 公顷，平均亩产增产 5.3 千克；推广脐橙、椪柑优质丰产技术 3333.3 公顷，平均亩产增产 150 千克。1999 年，召开全区地膜玉米、旱育秧、赤霉病防治现场会。研究和推广农作物新技术。2000 年起，地区农业局组织实施“水稻高产综合配套技术”“玉米抗逆高产综合配套技术”“甘薯高产综合配套技术”“小麦秸秆覆盖综合配套技术”等 6 项省农业丰收计划项目，“水稻包衣旱育免盘直抛配套栽培技术”“无核血橙塔罗科的提质增效技术研究”“优质反季蔬菜综合增产技术”等 5 项省重点科技项目，“川中丘陵区农业可持续发展技术研究示范”“无公害水果高产优质配套技术研究”等 5 项市科技计划项目，推广水稻高产抗病杂交良种 3.41 万公顷，平均亩产比上年增 0.8 千克；推广玉米高产耐旱杂交优良品种 2.33 万公顷，平均亩产比上年增 20 千克；示范推广甘薯新品种 8220 公顷，平均亩产比上年增 17 千克；推广小麦秸秆覆盖技术 3.33 万公顷，平均亩产比上年增 20 千克；推广蔬菜优势品种 6666.7 公顷，平均每亩比上年增 200 千克；示范优质脐橙 2000 公顷，平均每亩比上年增 17 千克。当年，仁寿县成为全国粮食生产标兵县，东坡区成为全国粮食生产先进县，眉山市成为全省粮油生产重要基地市。2005 年，眉山市建立样板基地，以点代面；实施公司+农户的订单农业生产；技物结合，搞好配套服务。实施粮食丰产科技工程。项目区示范面积 1.03 万公顷，平均亩产 567 千克；核心示范区 200.3 公顷，平均亩产达到 656 千克，比 2003 年水稻平均亩产增长 27.3%；省科技厅组织的专家验收组对核心实验区的高产田块现场机收实打，亩产 799.42 千克。项目示范区推广应用优质稻品种和先进栽培技术，水稻每亩增收 144.8 元，农民增加经济效益 2230 万元。项目主要经济技术指标超额完成省科技厅下达的目标任务。2007 年起，市农业局组织实施“杂柑新品种选育及新技术研究推广”等市科技计划项目，通过建试验示范园、标准化栽培管理技术研究，引进椪柑、脐橙、不知火、春见、黄金桔等新品种，选育出椪柑、脐橙等优质水果，成功打造青神县中国椪柑之乡、东坡区中国脐橙之乡，建成四川第一柑橘种植大市。2008年，开展新农村建设科技示范村活动，全市32个村列入市级科技示范村，18个村创建验收合格。实施粮食丰产科技工程，抓水稻核心区166.7公顷，示范区6666.7公顷。组织专家现场验收东坡区粮食丰产示范区，小麦亩产430.02千克，水稻核心示范片亩产694.2千克。在仁寿县珠嘉乡开展66.7公顷现代节水农业技术—“麦/玉/豆”套作模式与20公顷水稻地膜覆盖节水栽培技术示范，解决套作条件下作物周年节水、增产、增效等配套技术问题。专家组现场验收示范区水稻，亩产760.3千克，高于常年受旱田块水稻单产，该节水抗旱、早熟早收及增产增效的技术受到示范区广大农民的普遍欢迎。建立各类基地93个，引进新品种44个，推广新技术69项，开发新产品33个，辐射带动农户27.57万人，培育龙头企业42家，实现销售收入11.9亿元。2009年，抓国家粮食丰产科技工程。小麦示范面积2133公顷，平均亩产376.5千克。水稻示范面积6666.7公顷，超高产攻关田亩产778.7千克。核心示范区亩产739.6千克，示范区平均亩产659.22千克，水稻示范大面积获得丰产。推进省级现代节水农业示范，通过“麦/玉/豆”套作模式与水稻地膜覆盖节水栽培技术，解决套作条件下作物周年节水、增产、增效等配套技术问题，近3年累计示范面积2万公顷，旱地作物水分利用率提高10%以上、减灾增收10%以上，增产粮食1510万千克，产值增加3000万元，节支600万元。至2012年，全市开展粮食持续丰产共性关键技术、产后减损增效技术等方面的科技攻关、技术集成。实施道地药材雅连种植示范，保护拯救濒危道地药材，实现雅连资源保护和可持续利用。全市以科技成果转化为动力，实施农业科技大推广、大示范、大培训“三大行动”，成立“三大行动”领导小组和粮油生产、经作生产、生态家园、农产品质量安全、科技培训5个专家指导组，以实施主体培训和示范主导品种、推广关键技术为措施，开展农业科技大服务，推动农业和农村科技进步。市农业局组织实施的科技计划项目26项，研究成果获得省部级、市级奖励10项，其中“水稻旱育秧抛秧高产高效技术研究”“旱地宽带多熟持续高产高效种植技术研究”等科技项目得到部、省农业部门及学术界重视。全市各种综合配套技术长足发展，广泛应用于农业生产。

水稻种植技术　包括杂交水稻制种技术、免耕抛秧技术、旱育免盘直抛技术、水稻强化栽培技术。1994年，青神县晚稻水稻免耕抛秧技术试验成功，1995年起大面积推广。1997年，水稻免耕抛秧技术在眉山地区示范。当年，地区农业局与眉山农校合作，在丹棱县仁美镇光明村定点调查和观察，完成免耕抛秧13.3公顷。免耕抛秧亩产与翻耕抛秧持平。此技术实行抛秧栽培与免耕栽培相结合，改厢式育秧为地坑式旱育秧，秧盘育秧培育健壮大苗。1998年起，全区逐步推广水稻温室两段育秧、湿润育秧、调差、喷施“920”技术，提高种子质量和产量。全区推广抛秧1.6万公顷、旱育秧1.17万公顷、双膜育苗6767公顷、地膜玉米1.18万公顷。1999年，塑料大棚商品化育秧技术在仁寿县、青神县示范成功。2001年起，眉山市大面积示范推广水稻旱育免盘直抛技术（以无盘抛秧剂——“旱育保姆”为核心，将旱育秧技术和抛秧技术有机结合），取得增产增收效果；在全市推广水稻三围立体强化栽培技术。当年，《水稻轻型栽培抛秧配套高产技术运用推广》获眉山市政府科技进步一等奖，“水稻节本增效技术”获农业部丰收三等奖。2002年，此技术在全市推广。全市推广旱育抛秧3.33万公顷，水稻旱育秧增至6.67万公顷。2004年，彭山县凤鸣镇易埝村采用旱育保姆旱育免耕抛秧，固定厢沟，强化栽培等配套实用技术8公顷，全村33.33公顷“水稻高吸水种衣剂旱育保姆旱育无盘、免耕抛秧”中心示范片，平均亩产578千克，比翻耕抛秧平均增产24千克。2005年，眉山承担四川省水稻无盘旱育抛秧技术中试与示范项目1万公顷，并负责试验培育不同苗龄对旱育保姆的剂量选择试验。在东坡区张坎镇王桥村举办全国超级稻强化栽培现场培训会，与会领导、专家肯定眉山强化栽培技术，并向全国介绍推广。当年，在东坡区建立2公顷水稻三围立体超高产强化栽培新技术示范点，平均亩产718千克，为大面积生产提供高产示范典型。全市推广水稻强化栽培333.33公顷，其中东坡建立百亩连片超级稻三围立体强化栽培基地，经省级专家验收高产田块亩产799.42千克。截至2012年年底，全市杂交水稻制种基地全面推广温室两段育秧、调差、喷施“920”技术，单位面积制种产量比1997年增长20%以上。全市水稻抛秧面积3.67万公顷、水稻旱育免盘直抛面积2.33万公顷、水稻强化栽培面积4000公顷。

玉米种植技术　玉米种植技术包括育苗移栽技术和地膜覆盖栽培技术。1997年起，眉山地区引进、试验、推广玉米塑料软盘育苗技术，玉米软盘育苗示范233.33公顷。当年全区育苗移栽面积2.3万公顷。1998年，眉山地区行署在仁寿县组织召开全区地膜玉米播种现场会。当年，全区推广1.4万公顷，“玉米杂交良种及地膜覆盖为主的配套增产技术”项目获四川省农业厅农业丰收二等奖。2002年，眉山市政协引进超甜玉米品种“华珍”在青神县示范种植，超甜玉米销往成都各大超市。四川省高产优质玉米新品种现场会在仁寿县召开，推广玉米栽培新技术、新品种44个。当年，开沟排湿、单株定向移栽、地膜覆盖等技术全市推广面60%，增产1.3万吨。至2003年，全市地膜玉米1.87万公顷，其中丘陵旱区地膜玉米1.53万公顷，占丘陵旱区春玉米面积的80%。2006年，实施玉米良种补贴，专用玉米良种补贴品种8个在仁寿县种植推广。2007年，洪雅县承担省农业厅饲草玉米试验示范，建50亩以上示范种植片2个，对照为墨西哥玉米。全县在洪川、三宝、花溪、柳江等13个乡镇不同生态区扩大示范。在洪雅县洪川镇召开的饲草玉米现场考察会上，中国工程院院士荣庭昭考察饲草玉米的发展。经试验对照，由川农大玉米研究所选育的饲草玉米玉草1号适宜洪雅物候条件，具有分蘖力强、产量高、牲畜喜吃、增收效果明显等显著特点。至2012年，全市地膜玉米增至2.33万公顷。

小麦种植技术　包括小窝疏株密植技术、免耕覆盖技术、种子包衣技术。1997年，眉山地区推广小麦小窝疏株密植、免耕栽培技术。当年，全区推广小窝疏株密植8.73万公顷、免耕栽培3.93万公顷。1998年，地区农业局制订《推广昌泉牌小麦拌种剂的实施意见》和《奖励办法》，下达全区推广任务4万公顷，集中成片示范1万公顷。当年，全区推广2.79万公顷，6县均开展较大面积的试验、示范，并取得较好效果。在仁寿、眉山、彭山县实施农业“丰收计划”小麦良种及配套增产技术项目3.41万公顷，平均单产255千克，新增亩产0.8千克，比全区小麦平均单产高出17.8千克。小窝株密植面积9.31万公顷，两季田亩均窝数2.93万窝~3.28万窝，平均比上年（下同）增0.28万窝，旱地改制亩均窝数1.88万窝~2.16万窝，增0.31万窝。开展旱地龙、施丰乐等技术试验。1999年，小麦、油菜稿秆立体覆盖技术在青神、丹棱试验成功。此后，小麦药剂拌种基本普及。2000年起，实施“三六九”（3寸窝距、6寸行距、每窝9粒）工程。当年全市实施7.92万公顷，占小麦面积的90%以上。旱地改制3.95万公顷，预留空行利用2.14万公顷。2002年，眉山市推广小春旱地规范化改制4万公顷，其中2米开厢对半带距中厢规范改制2.33万公顷、空行利用2.33万公顷。推广小麦免耕栽培4.33万公顷、固定厢沟双免耕4万公顷。坝区推广“开沟排湿，免耕覆盖”模式，丘区推广“改土蓄水，覆盖保墒”模式，全市推广稻草覆盖栽培技术4万公顷，实现小麦、油菜、蔬菜、果树四覆盖。2003年，全市小春旱地规范化改制保持4万公顷，“三六九”工程7万公顷、占小麦面积的95%。至2012年，全市小春旱地规范化改制和小麦小窝疏株密植基本保持稳定。免耕和稻草覆盖栽培稳定在4万公顷左右。

大豆种植技术　1997年，四川省秋大豆生产现场会在青神县召开，参观青神县南城乡秋大豆现场，推广秋大豆种植。1999年，眉山地区秋大豆种植集中成片、品种新。2001年，青神县南城镇、丹棱县中隆乡建立秋大豆生产示范片66.67公顷，秋大豆选用浙春3号，贡豆5号等，增产效果显著。2002年，眉山市推广稻草覆盖免耕表播秋大豆，扩大示范春麦—中稻—晚秋作物新模式，试验示范秋大豆免耕稻草覆盖技术。2010年，四川省大豆产业基地建设现场会在仁寿县召开，全市的大豆生产技术日趋完善。2011—2012年，试点推广麦/玉/豆/菜粮经复合种植模式4667公顷。

红苕种植技术　1997年，眉山地区探索出甘薯双膜密脏种技术，免耕秋红苕技术。当年，全区红苕双膜育苗面积2.67万公顷，推广免耕秋红苕5000公顷。红苕种植基本实现地膜育苗，示范推广双膜密殡种育苗技术166.67公顷，增育壮藤早栽，全区红苕芒种前栽达率73.8%。1999年在仁寿、青神、丹棱县示范种植脱毒红苕，平均亩产增产17%以上。2002年起，眉山市调整结构，引进优质专用红苕种植。当年引进优质专用红苕面积3000公顷，占红苕总播种面积的7.9%。至2012年，全市每年红苕种植双膜育苗稳定在2.67万公顷左右。

洋芋种植技术　1999年，彭山县试点稻草覆盖秋洋芋技术。2001年，在彭山县、东坡区部分乡镇建立秋洋芋生产示范片200公顷，选用川芋早、川芋56等高产优质良种。2002年，眉山市开发晚秋，扩大示范春麦—中稻—晚秋作物种植新模式。当年，秋洋芋稻草覆盖免耕技术推广4667公顷，占秋洋芋面积的75%。2003年，彭山县扩大秋洋芋等高效经济作物面积，形成以江口、江渎、净皇、府河乡（镇）为主的万亩秋洋芋生产基地。2004年，生产春洋芋。旱地改制预留空行利用，增种春洋芋2667公顷；田边地角和开发利用幼林果（茶）园增种春洋芋。当年，全市春洋芋播种7493公顷，在仁寿、彭山等地建立中心示范片33公顷。2007年，确定全市洋芋发展重点是以菜用型为主，突出特色发展免耕秋洋芋。此后，全市春洋芋和秋洋芋规范种植程度进一步提高，至2012年，全市洋芋面积增至1.67万公顷。

油料种植技术　油菜种植主推技术有育苗移栽、宽窄行条栽、免耕栽培等。1997年，眉山地区育苗移栽面积3.13万公顷，占油菜种植面积的83%。1998年，全区推广“双低”（油中芥酸含量低于3%，菜饼中硫代葡萄糖甙含量低于30微摩尔/克饼）油菜良种，白菜型油菜习惯种植区扩大川油早熟一号，取代白菜型感病低产品种，种子统供率30%，包衣播种面积2000公顷。在眉山、彭山、青神3县43个乡镇实施农业丰收计划项目“杂交油菜优质高产综合栽培技术”，实施面积1.4万公顷，平均单产97.52千克、增产7.8千克。免耕栽培与水稻免耕抛栽、固定厢沟双免耕技术结合使用。2002年，眉山市油菜新品种向“双低”油菜方向发展，向生产条件较好的岷江、青衣江自流灌溉区和黑龙滩保灌区集中。全市推广“双低”油菜2.67万公顷，占油菜种植面积的65%。油菜育苗移栽面积3.67万公顷，占油菜种植面积的85.7%。2003年，推广油菜育苗移栽面积3.2万公顷，占油菜种植面积的75.9%。至2009年，全市油菜基本实现免耕。以上技术延续至2012年。

水果丰产技术　包括优质果丰产技术、优质脐橙丰产配套栽培技术、柑橘留树保鲜技术、果园生草栽培技术。1997年起，眉山地区实施优质果丰产技术研究项目。地区农业局研究与推广脐橙丰产配套栽培技术，采用合理修剪、促花保果、配方施肥、节水灌溉、定产栽培、病虫综合防治等系列技术，形成完整的脐橙标准化生产、管理模式。到1998年，优质果丰产技术项目的实施，水果平均亩产增加150千克、优质果率提高15%。1999年，水果平均亩产增长10%以上，品质得以改善和提高。此后，全区广泛推广水果优质果丰产技术。2000年起，地区农业局开展柑橘留树保鲜技术试验示范。2001年，眉山市农业局引进国外果园生草栽培技术，以改善果园小气候和生态环境。2002年，市农业局举办果园生草栽培技术培训班，宣传推广该项技术。全市大面积推广柑橘留树保鲜技术。至2012年，全市推广面积达到100万亩，水果优质果率70%以上，水果单产由1998年的每亩383千克增至929.4千克；脐橙丰产配套栽培技术推广面积1.2万公顷，脐橙生产栽培技术全省一流，进入全国先进行列；柑橘留树保鲜推广到1万公顷；果园生草栽培技术推广面积3.33万公顷。

蔬菜设施栽培技术　蔬菜设施栽培技术主要是利用温室大棚、中棚栽培，实现提前采收，提高产量。2000年后，眉山市农业局开展设施蔬菜栽培试验和研究，小规模零星发展。2005年后，全市配套推广无公害生产技术规程，以温室大棚为主的蔬菜设施栽培快速发展。至2012年，全市蔬菜设施栽培面积7333公顷。

茶叶无性系良种推广　20世纪80年代后期开始，境内实施茶叶无性系良种推广，先后引进名山131、福鼎大白、福鼎大毫、名山311、福选9号等10余个无性系茶树品种和平阳特早、梅占、乌牛早等特色品种，2003年，全市无性系茶园面积5800公顷。至2012年年底，茶叶无性系良种技术的推广，推动眉山市茶叶生产飞跃发展，成为全省重要的茶叶生产基地。

旱作节水技术　2003年，东坡区试验新型实用的果（茶）园微灌技术成功。2004年，眉山市农业局组织基层干部、业主大户、农技人员1800人次旱作节水农业技术专题培训，推广东坡区微滴灌技术。至2005年，仁寿县建成枇杷和梨微滴灌示范面积666.67公顷；彭山县青龙、观音、灵石等乡镇，东坡区、青神县建成寿柑、椪柑和脐橙微滴灌示范533.33公顷，丹棱县建成脐橙微滴灌示范333.33公顷，洪雅县建成茶叶微滴灌示范400公顷。至2012年，全市旱作节水农业推广面积1万公顷。

（二）畜牧技术推广

1997年，眉山地区推广外种猪繁殖技术研究与应用项目。实施生猪生产三元杂交。至2000年，全区存栏外种母猪5206头繁育推广二杂母猪1.35万头，引进种公猪191头，三元杂交猪繁育体系逐步完善。2003年，眉山市推广奶牛现代养殖技术与奶业产业化示范项目。推广优质奶牛细管冻精输精技术，技术推广3年，新增社会纯收益5.75亿元，新建优质高产奶牛养殖示范小区68个，饲养奶牛1.36万头，示范小区奶牛年平均产奶量6.6吨，新增优质牧草种植面积2.53万公顷，增产鲜草220吨。2004年，实施无公害肉兔生产综合技术推广项目3年，通过推广肉兔饲养管理技术、肉兔饲养饲料使用技术、肉兔饲养兽药使用技术、肉兔饲养兽医防疫技术等，共增加肉兔出栏483万只，新增产值9177万元。2005年，实施奶业科技专项，建成养殖规模1000头奶牛现代化示范场1个。2006年，全市推广优质肉猪“八改”（改散户饲养为适度规模饲养；改二元杂交为外三元杂交；改简陋圈舍为标准化圈舍；改“防重于治”为“养重于防”；改“粗放管理”为“精细管理”；改不规范使用投入品为严格规范使用投入品；改不建档案为规范建档；改不处理粪污为无害化处理粪污）生产技术集成与推广项目。项目实施3年，培训基层畜牧兽医技术人员及农户1.26万余人次；发展适度规模养猪户2.75万户，出栏优质肉猪399.15万头；生猪外三元杂交比例达到73.28%，比该项目推广前提高14.48%，眉山生猪外三元杂交比例居全省第一；肉猪适度规模养殖比重达到41.3%，比该项目推广前提高22.5%，比全省平均水平高6.3%；适度规模养猪户新增效益超过3亿元；猪肉食品安全风险大幅度降低，生猪粪污无害化处理明显改善。2007年，全市推广农户适度规模饲养肉鸡“六控”（控制农户、环境、品种、操作、疫病、规模）技术集成与应用，实施3年，培训基层畜牧兽医技术人员及农户3621人次；新增适度规模肉鸡养殖户1216户；与项目实施前相比，育雏成活率提高9.98%、发病率降低4.32%、料肉比降低7.12%；规模饲养农户共出栏肉鸡3071.04万只、新增产值8.91亿元、新增收益1.18亿元。2008年，全市推广以“三改”（改变模式、改善环境、改良品种）技术为核心内容的“丘区肉兔生产配套技术”，大面积示范、推广应用。实施中结合现代畜牧业大基地建设项目，通过产业龙头企业带动，融合产业利益联结机制，创新基层畜牧部门推广技术模式。推广3年，推广应用农户7.38万户，出栏肉兔5191.34万只，推广面66.83%。通过项目实施，商品肉兔每只平均增产0.34千克，单位规模每只平均新增纯收益3.79元；总经济效益1.23亿元；年经济效益4098.99万元；推广投资年均纯收益每投入1元可为社会创造8.33元的经济效果；农户户均增加纯收益2664.93元、人均年增收253.8元。2009年，全市实施农区肉羊生产“六改六推”（改变模式—推广适度规模养羊技术，改善环境—推广标准舍饲养羊技术，改良品种—推广杂交繁育养羊技术，改治为防—推广程序模式防病技术，改进传统饲养方式—推广阶段育肥养羊技术，改善草畜配比—推广草畜养羊技术）技术研究集成与应用。项目实施3年，发放资料2.53万份，举办培训班153期1.32万人次；农户改建、扩建、新建羊舍80.24万平方米，新建沼气发酵池9530口；农户新增人工种植牧草1.01万公顷；肉羊适度规模养殖比重增加35.55%；母羊年产羔羊增加0.87头；羔羊成活率提高10.2%；育肥羊发病率降低3.17%；肉羊6月龄体重增加5.32千克。推广应用农户2.06万户，出栏肉羊214.23万只，推广面81.23%；新增产值2.52亿元，新增纯收入7570.11万元，户均增收3681.24元。至2012年，全市畜牧系统申报并获得各级科技成果奖10项93人次，其中农业部丰收奖三等奖2项、省政府科技进步三等奖1项、市政府科技进步奖7项，推广重大技术项目7个。

（三）渔业技术推广

1995年，水产重大科技攻关项目“长吻鮠（江团）人工繁殖”在黑龙滩水库获得成功，孵出首批鱼苗。1996年，眉山县推广池塘80：20养殖模式、小体积网箱、膨化饲料、光合细菌等新技术。当年起，眉山县两河口水库终止网箱养鱼项目，开展化肥养鱼生产。1997年起，仁寿县开展省级项目美国大口胭脂鱼引种及人工繁殖试验示范、省级“星火计划”稻田养鱼育果产业化及技术研究。眉山县两河口水库化肥养鱼亩产230千克，产值100万余元、利税20万元。至1998年，四川省通威集团有限公司投资300万元，开展国家“星火计划”项目南方大口鲶工厂化养殖技术研究，饵料系数低于国内领先水平；彭山县投入83.7万元，开展斑点叉尾鮰养殖技术研究，重点研究饲料配制、鱼种培育、人工繁殖及饲料技术试验示范。1999年，洪雅县总岗山水库投资52.84万元试验养殖鳖，放养幼鳖5000只，当年收入近60万元；投资26.14万元在胜利水库试验化肥养鱼，年产成鱼75吨，创产值近30万元；投资104.34万元引进与推广美国大口胭脂鱼，引进亲体500组，2000年试验网箱、小型池塘和大水面肥水养殖，向养殖场站提供苗种5000万尾，产商品鱼5吨。2000年，全区开展技术宣传、咨询活动，举办水产养殖技术培训班培训人员4万余人。推广名优鱼类专项养殖等新技术20余项。至2005年，眉山市《渠道金属网围栏流水养鱼及其配套技术》《淡水养殖饲料配方微机应用软件研制》《川西平原集约化养殖配套技术开发》等13项水产科研成果，获部级奖励4项、省（厅）级奖励6项、市县级奖励3项。2007年起，全市推广高效精养模式。当年推广水产新技术3项、新产品2个。2009年，开展以“送技术下乡，保水产品质量安全”为主题的渔业科技服务年活动，培训渔民。2010年，举行水产标准化健康养殖技术培训，培训养鱼技术骨干；开发优势品种

4个，开展斑点叉尾鮰优良品种选育和大宗淡水鱼标准化健康养殖体系建设。截至2012年年底，全市培训水产养殖技术骨干5万余人次。在全市范围内重点推广乌苏里江青鲶（牛尾巴鱼）、鲟鳇鱼、大马哈鱼等优良品种6个。

（四）农机技术推广

1997年起，眉山地区农机系统通过整合、培育和规范农机作业、销售、维修三大市场，农机服务业进一步发展壮大，各类农机经济合作组织应运而生，促进农业规模化、专业化、标准化生产和产业化经营。1998年起，全区引进、试验、示范机械化联收机收、化肥深施技术、机械化耕作技术。地区农机局组建眉山稻麦机收服务队，引进背负式联合收割机20台，实施联合收割机机械化收获，开展西昌至绵阳的跨区作业。稻麦收割季节，组织引进市外、省外联合收割机到眉山作业，逐步发展到大规模组织化作业。在全市推行联合收割机促进秸秆粉碎还田，推广农业机械耕整地作业促进秸秆和根茬耕翻入土，促进秸秆有效利用。2000年起，在平坝地区引进、试验、示范秸秆还田机、小麦精少量播种机、机械化育秧、机械化抛秧技术。2001年，在丘陵果园引进、试验、示范、推广节水喷灌技术。2002年起，眉山市引进、试验、示范、推广果品保鲜冷库技术。成立仁寿县农机科技推广协会。组织开办经济实体，发展农机生产企业，争取国家项目资金及地方财政支持，引导会员及群众投资，走“协会+厂（点）+农户”的经营管理模式，开展农机科技推广。2003年起，全市引进、试验、示范节水滴灌与固定喷灌设施、移动喷灌机组。2004年起，引进、试验、示范、推广秸秆气化、粉碎、加工机械化综合利用技术。2005年起，引进、试验、示范、推广渔业投饵、增氧、畜牧饲料粉碎加工、机械挤奶等多种作业机械技术。东坡区太和镇、彭山县观音镇、丹棱县仁美镇建立油菜秸秆立茬还田示范片，彭山县观音镇建立小麦机收高桩和粉碎还田示范片。东坡区与川农大工程学院联合开展油菜机收高桩和粉碎还田试验。2008年，彭山县获得国家级水稻机械化育插秧项目，在4个乡镇5个示范点推广水稻机械化插秧技术示范85.73公顷。2009年起，实施“一品一机”工程。为每项农产品的生产、加工、运输等主要环节配置一类或一套先进适用农业机械，推广大中型秸秆切碎旋埋平整地机械。专业化实现秸秆直接旋埋还田，一次性完成田间秸秆切碎、灭茬、旋埋入土、土块平整等作业程序，在青神县、东坡区、彭山县等地示范推广。围绕秸秆综合利用，推广秸秆揉搓机，将秸秆处理成饲料，饲养畜禽后实施过腹还田。青神县获国家级水稻机械化育插秧项目。2010年，全市推广茶叶机采、机剪、机制技术。青神县示范油菜联合机收和机械化脱粒技术。2011年，重点在洪雅县推广茶叶理条机、捻碾机、杀青机等茶叶加工技术。2012年，重点在青神县试验油菜直播、仁寿大豆、玉米机收技术。在丹棱县2个乡镇建成水果储藏保鲜示范区。截至2012年年底，全市有各类农机化作业服务组织2145个（农机专业合作社44个），乡村农机人员8.92万人，农机户9.88万户，年经营收入5万元以上的农机大户1759户。水稻机械化插秧机增至115台。茶叶机采面积8067公顷，机剪面积1.35万公顷，机制茶100%。油菜机械化收获增至1.33万公顷。全市水稻、小麦主要农作物耕种收综合机械化水平由1997年不足10%增至55%。

眉山市 1997—2012 年农机新机具新技术推广及农机特色产业基地建设统计表

表 28-2

年份	新机具（台、套）	新技术（项）
1998	41	1
1999	83	1
2000	132	1
2001	135	1
2002	147	1
2003	159	1
2004	320	1
2005	337	2
2006	559	2
2007	1002	3
2008	3016	3
2009	4563	3
2010	6681	4
2011	8995	4
2012	9871	5

农机特色产业基地	数量（个）	分布
粮食机械化基地	9	仁寿县 2 个、彭山县 2 个、洪雅县 3 个、青神县 2 个
畜牧机械化基地	18	东坡区 2 个、仁寿县 4 个、彭山县 2 个、洪雅县 10 个
茶叶机械化基地	5	洪雅县 5 个
水产机械化基地	7	东坡区 1 个、仁寿县 3 个、彭山县 1 个、青神县 2 个
蔬菜机械化基地	5	东坡区 1 个、仁寿县 2 个、彭山县 2 个
药材机械化基地	1	彭山县 1 个
水果机械化基地	8	东坡区 2 个、仁寿县 2 个、彭山县 2 个、丹棱县 2 个

第四节　工业科技

一、工业工程开发机构

1999 年，建立省级眉山车辆厂技术中心。2000 年 8 月，成立眉山石膏应用技术研究所，以眉山县保成化工原料厂为研究基地的科技型中介机构，重点进行石膏新技术、新产品的研究与开发。建立四川通威饲料集团技术中心、成都邮电通信设备厂技术中心 2 个省级技术中心。全区以企业为主体的技术创新体系初步建立。2002 年，洪雅县政府下发《关于在工业企业建立科研机构的意见》，全县 12 个重点企业建立研究机构。2003 年，成立眉山市制造业信息化专家组。市生产力促进中心被科技部认定为国家级示范生产力促进中心。至 2004 年，眉山市建成省级技术中心 4 个，大中型企业技术研发机构 30 余个。

2005 年，眉山市 35 家企业建立技术研究中心或开发中心，其中省级企业技术中心 7 家。2007 年，全市重点工业企业成立工程技术研究中心，其中有省级工程技术研究中心 7 个、市级工程技术研究中心 11 个，分布于化工、光电、食品、机械制造、生物技术等领域。2010 年，全市建成省级工程技术研究中心 6 家、省级产学研联盟 4 个。2011 年，筹建工程技术研究中心 3 个，企业技术中心 4 个，企业重点实验室 8 个，科技企业孵化器 1 个，建立产学研联盟 1 个。2012 年，成立眉山市技术转移中心，与眉山市生产力促进中心合署办公。组建眉山科技成果转化区域联动服务平台和眉山市技术创新工程示范与建设公共服务平台。市委、市政府奖励新获高新技术企业、新获省级工程技术研究中心、新建产学研、转化发明专利、引进和培养高端人才等480万余元，其中市级奖励企业科技创新金额占本级全部奖励的80%以上。截至2012年年底，眉山市有国家级企业技术中心1家、省级工程技术研究中心7家、省级企业技术中心14家、市级工程技术研究中心11个、省级产学研联盟2个、省级科技企业孵化器1个、国家传统知识产权试点县1个、国家知识产权试点企业3个、国家和省重点实验室2个、国家高新技术企业6个、博士后科研工作站1个。

眉山市2012年部分工业工程开发机构统计表

表28-3

类别	数量（家）	企业名称
省级工程技术研究中心	7	四川省高纯磷化学品工程技术研究中心、四川省新型耐火材料工程技术研究中心、四川省调味品添加剂工程技术研究中心、四川省泡菜工程技术研究中心、四川省轨道交通制动工程技术研究中心、四川省木工机械工程技术研究中心、四川生物源农药工程技术研究中心
省级企业技术中心	14	四川启明星铝业有限公司技术中心、四川金象赛瑞化工股份有限公司技术中心、四川省川眉芒硝有限公司技术中心、四川丹甫制冷压缩机有限公司技术中心、四川省尼科国润新材料有限公司技术中心、四川省吉香居食品有限公司技术中心、四川吉龙化学建材有限公司技术中心、四川千禾味业食品有限公司技术中心、四川德恩机械有限公司技术中心、四川味聚特食品有限公司技术中心、四川李记酱菜调味品有限公司技术中心、鲁洲生物科技（四川）有限公司技术中心、四川茂华食品有限公司技术中心、中车集团四川丹齿零部件有限公司技术中心
市级工程技术研究中心	11	眉山市浓香型白酒酿造工程技术研究中心、眉山市太阳能产品工程技术研究中心、眉山市藤椒工程技术研究中心、眉山市筑路机械设备工程技术中心、眉山市传动工程技术研究中心、眉山市混凝土外加剂工程技术研究中心、眉山市特种塑料建材工程技术研究中心、眉山市光学坯件光电仪器工程技术研究中心、眉山市藤椒工程技术研究中心、眉山市齿轮工程技术研究中心、眉山市养生白酒工程技术研究中心

二、科技项目实施

1997年起，眉山地区按照产业结构调整要求，精选技术改造项目，抓重点项目的技术进步和改造。当年，投入780万元实施企业技术改造。全区上报川佛耕整机制造公司1万台耕整机和3万台配套农机具技术改造扩建项目、华泰制药有限公司的固体制剂车间技术改造工程等项目，总投资7087万元。西龙造纸厂1.2万吨造纸生产线技术改造扩建及碱回收工程、东方机械厂100万只活塞销生产线技术改造工程等4个项目，总投资1.02亿元。规划全区技术改造项目50项，计划总投资14.1亿元，筛选5个重点项目提交在眉山现场办公的省政府领导审批。1998年，眉山地委、行署制定《眉山地区工业迎接西部大开发实施方案》，筛选出50个西部大开发工业技术改造项目，总投资47亿元。地区经委编制《眉山地区重点技术改造项目计划》，筛选出43个项目，计划投资15.3亿元。全区争取在省立项项目17个、技术改造基金800万元，1个项目列入全省“双优”计划，1户企业列入“小巨人”计划，争取到发展资金50万元。协调企业到银行贷款，自筹资金搞技术改造。全年全区工业企业技术改造投资2.61亿元。1999年，全区技术改造投资完成额纳入工作考核目标分解到各县并签订目标责任书，制定奖惩措施。实行地级重点项目和省“双优”项目跟踪制度。编制全区全年重点技术改造项目计划，筛选重点项目40个，从中选出10个地级领导重点联系项目。全区4个项目被列入省“双优”技术改造项目。通过招商引资改造现有企业。引进山东金锣集团、山西南风集团、河南双汇集团等12户区外企业2.69亿元到眉山投资、嫁接改造现有企业，盘活闲置存量资产。2000年，全区组织实施技术创新工程，形成一批技术创新成果，推动产业升级，提高企业市场竞争力。眉山车辆厂的城市轨道车辆、新型电机制动系统、谢菲尔转向架3个技术改造项目列入省经贸委结构调整规划。全年技术创新项目总产值占全市产值的28.48%。

2001年，眉山市申报各类技术创新项目40余项（国家级技术创新项目4项，2项列入国家2001年度新产品试产项目计划）；申报省级技术创新项目37项，全部列入四川省2001年度技术创新项目计划；申报省级技术中心3个，并通过省级技术中心现场考评。眉山车辆厂增载减重棚车项目和彭山四川金润实业有限公司医用输液、输血专用聚烯烃复合膜项目作为国家级技术创新项目计划上报到省经贸委。金象公司硝铵、车辆厂制动机、川西制药公司小儿扁桃清、丹甫公司无氟压缩机、星华仪器厂表面贴装器件等项目被国家、省列入重点技术改造项目。洪雅卫国公司、眉山李记食品、艺精芒硝和恒泰食品被省科委、省乡企局评为科技型企业。至2004年，全市技术改造投入47.2亿元，占工业投入的36%，重点技术改造项目156个。开发新产品60余项、产值26.62亿元，产值率15.3%。通过企业投入和技术改造，四川启明星铝业、四川金象化工股份有限公司、867厂等企业达到国际先进水平和国际竞争力，眉山车辆厂、丹甫公司等企业国内同行业技术领先。至2005年，全市开发新产品200余项。188个项目列入四川省技术创新项目计划。9个项目基本实现投产，12个技术改造贴息资金项目投产后，每年新增销售收入8.95亿元，新增利税1.55亿元。8户技术中心企业销售收入45亿元，占全市规模以上企业销售收入总量的20%。292户规模以上工业企业新产品产值36.29亿元、产值率15.4%。

四川成洪磷化工有限责任公司“多级耦合分离技术制备高纯电子级磷酸项目”获得2008年度四川省科技进步一等奖（摄于2009年1月）

2006年，全市15个项目列入省重点技术改造项目计划，总投资9.65亿元。28个重点项目争取技术改造、节能、创新、“小巨人”和安措等专项资金1578万元。四川金象化工股份有限公司被省科技厅、省经委等部门列为“四川省建设创新型企业培育企业”；眉山启明星铝业有限公司被列为四川省产业化科技推进行动节能示范企业；四川尼科国润新材料有限公司被列为四川省产业化科技推进行动中小企业培育型企业。实施科技型中小企业成长路线图计划，以眉山力达电子有限公司、四川青龙耐火材料有限公司、四川尼科国润新材料有限公司、四川用九生化制品有限公司为试点企业，协助引资1800万元，争取国家及省技术创新资金124万元，培养技术及管理人才96人次，建立产学研示范基地2个，开展咨询服务20余次。2007年，全市筛选上报技术改造、技术创新等7方面专项资金项目54个，争取资金2170万元。其中25家企业参与“重点企业知识产权试点工程”，转化实施专利技术293项。眉山车辆厂技术中心被评为国家级企业技术中心，全市省级企业技术中心增至8个。全年全市投资500万元以上的技术改造项目255个，投资52.9亿元。42户重点用能企业节能31万吨标煤。万元工业增加值综合能耗下降6%。2008年，全市技术改造投资完成62亿元。45户企业建立技术开发中心，开发新产品、新技术300余项。2010年，全市实施国家中小企业技术改造专项项目2个、国家重点产业振兴和技术改造专项项目3个、国家中小企业技术改造专项项目4个。竣工项目27个，总投资41.13亿元。至2010年年底，全市开发新产品、新技术208项，其中达到国际领先水平28项、国际先进水平33项、填补国内空白19项，达到国内领先水平57项、国内先进水平61项。发明专利214项，申请专利1051项。2011年，全市技术改造项目333个，总投资182亿元，完成投资123亿元。24个全省重点推进技术改造项目完成投资16亿元。列入市成渝经济区规划的工业项目180个，总投资709亿元。列入省2012年新兴产业重点项目计划12个，计划总投资30.7亿元。2012年，启动数字眉山建设，开展远成物流、中车丹齿、金象赛瑞等工业企业信息化改造。加大企业研发投入，支持和帮助企业建设技术创新平台，鼓励企业联合高校、院所开展国际交流与合作，建立产学研技术战略联盟，推进科技创新成果与产业对接。全年实施1000万元以上工业技术改造项目260个。完成技术改造投资190.6亿元。

第五节　教育科研

1997年起，眉山地区教育科研主要研究教育思想、教学理论、课程设置、教学手段与方法和学科教学评价等。推广优秀教学成果，促进教师专业成长，促进学校提高教学质量。至2012年，眉山市立项科研课题国家级3项，省、市级574项，市级立项小课题179项、子课题75项。参加全省教学科研成果评奖1次，获奖8项。高考万人比由1997年的6.13增至23.39。

一、教育质量管理

1997年起，眉山地区开展全区中小学教师新大纲、新教材培训。每学期期末检测高中一、二年级教学质量。实行高三年级诊断性考试分析制度，以帮助学校高三后期教育质量管理。当年，全区高考本科上线2012人，万人比6.13，居全省第四。2000年，地区教委组织教师研讨改进教学方法，提高教学质量等问题。全市高考参考人数7836人，上线4117人，上线率52.54%，万人比12.16，位居全省第二位。

2001年，市教育局调研全市高中30所教育教学管理和教学过程。组织开展“小学主体活动性教学”现场研讨。至2003年，组建眉山市初中部分学科中心教研组和全市基础教育学科指导教师队伍和市初中学科中心教研组、市高中学科指导组。开展新课程改革现状调查研究。2006年起，每年组织全市高中期末考试和高三“诊断性”考试。加强教学过程监测、分析和调整。2010年，组织全市综合实践活动实施与校本课程建设研讨、班主任论坛、教师专业成长研讨、心理健康教育研讨、学校教科室建设研讨、改善中小学生课外阅读研讨、学校教科室主任培训和高三教学质量分析会，推动全市各类学校教学质量提高。2012年，组织学科教研员参加全国及省教科所举办的义务教育阶段各学科新课标暨教材研讨会，在全市开展义教阶段各学科讲学活动，组织主题班主任工作论坛活动。全市高考本科上线8140人，上线率38.01%，万人比23.39。

二、科研项目管理

项目立项与评比　1998 年，地区教委下发《眉山地区教育科研项目管理办法（试行）》，规定教育科研项目由市、县、学校分级负责、分级管理。地区行署印发《眉山地区教学成果奖励办法》，规定地区级教学成果奖每四年评一次，与省级教学成果奖的评奖工作相衔接。组织眉山地区首次普教科研成果评审，收到参评成果 128 项，评奖 123 项。此后，每 2 年开展一次普教科研成果评奖。2000 年，开展中小学学科论文评选，推荐获奖论文到省参评。参与组织省级课题开题。完成 1 项省级课题、1 项地级课题结题鉴定。2001 年，市教育局组织中期评估市级课题，评议眉山市普教科研项目。组织市级普教科研项目结题鉴定。开展省级信息技术课题申报。2002 年，市教育局公布实施《眉山市教育科研项目管理办法》。组织 3 项省级课题开题报告活动。组织参加 2 项国家级子课题开题、2 项省级课题阶段总结。2006 年，修订《眉山市教育科研项目管理办法》。鼓励、支持教育机构申报课题。2007 年后，科研项目立项改为单年立项。增加“小课题”“专题立项”。立项后无法持续研究项目可撤项。开题论证由项目承研单位在立项文件公布后两月内组织实施。实行个别现场指导、归类交流指导、区县相对集中巡回指导制度。2012 年，市教育局制定《眉山市教育科研课题管理细则》。全年新立省市级课题 170 余项。以年度检测促进课题研究。截至 2012 年年底，全市教育科研课题列入国家级课题 3 项、省级课题 57 项、市级 517 项。眉山市立项教育科研小课题 179 项、子课题 75 项。现代教育技术成果在各种评比竞赛中，获全国奖励 2 项、省级奖励 22 项。

优秀教学成果推广　2001 年起，眉山市推广农村地区小学教师继续教育校际基地建设研究、小学应用题立体化趣味、教学模式研究成果。市教育局编印《眉山市首届教学成果专集》，组织成果发布会，现场研讨在研的 12 项省、市级课题。组织开展眉山市中小学体育科研成果的展览与交流活动。2003 年，市教育局制发《眉山市教学成果近期推广方案》，提出推广形式主要采取编辑印制成果集；电子文集、网上宣传；召开成果推广现场会；结合相关教研活动宣传推广。2005 年起，全市推广和谐发展的班级文化建设研究、“发展特长无差生”的研究成果。2006 年，市教育局制订《眉山市二〇〇六年度教学成果推广方案》，要求各中小学校在年内重点推广教学成果一项以上。2008 年，组织小课题经验交流、优秀教学成果推广等活动。2009 年起，全市推广农村留守儿童教育环境县域治理研究、传承民间艺术的美术教育研究。2011 年，采用专题、会议、网络等方式重点推广省、市级课题研究成果 7 项。

第六节　其他科技服务

一、金融服务

1998 年，眉山地区行署下发《关于促进民营科技企业发展若干问题的意见》，允许科技成果作价入股作为注册资金，对确属国内创新、市场前景巨大、经济效益明显的高技术项目，其技术股份或无形资产股份最高可达 40%。要求地级各专业银行支持民营科技企业发展，银行发放的科技贷款逐步增加到占全区当年贷款增加额的 3%～5%。仁寿县羊业股份合作协会与畜牧师张志彬签订《仁寿县羊业股份合作协会给予张志彬技术股份协议》，以 20 股的股份为其技术入股。

2003年，眉山市科技局制发《关于建立和完善风险投资机制，鼓励人才创新创业的意见》《关于眉山市高新技术成果出资入股认定的实施办法》等文件，为全市科技风险投融资工作提供政策保证。当年，全市以高新技术成果、专利等无形资产入股的公司2户。2007年，建立健全银行科技合作投融资机制。市科技局与人行眉山中心支行签订“关于加强对科技型中小企业金融服务的合作协议”，将全市科技型中小企业纳入人民银行全国统一的企业信用信息基础数据库，作为企业优良信息向全国金融机构展示。2008年，市科技局加强与省科技金融服务中心联系，组织10家企业参加风险投资培训和申报风险投资项目，邀请中国风险投资研究院到6家企业调研，推荐四川金圣赛瑞化工有限责任公司等5家企业作为眉山市首批进入四川省科技厅上市资源库企业，扩大眉山高新技术产业影响力。中国农业发展银行向眉山市四川金圣赛瑞化工有限责任公司发放贷款3.2亿元，促进农业科技成果的项目化和产业化。2010年，眉山市、成都市、德阳市、绵阳市、遂宁市、乐山市、雅安市、资阳市科技局签署《成都经济区科技合作框架协议》《成都经济区科技金融业务联盟合作协议》。按照“平等互利、政府推动、市场主导、充分合作”原则和“循序渐进、突出重点、先易后难”总体要求，突出八地科技特色，优势互补、共谋发展，增强区域科技整体竞争力。

2012年，市科协、市邮储银行实行“银行+农技协会”（以下简称银会）合作新模式，通过金融助力农技协和农村发展，当年发放银会合作贷款1809笔1亿元。

二、信息服务

1999年，眉山地区科委开通互联网眉山节点，成立眉山地区科技顾问团，分设宏观经济组、工业组、农业组和社会发展组。参加科技、经济项目论证，形成调研材料，供有关部门决策咨询。2000年，全区实施“科技信息网+互联网+‘农村电子商务系统’+‘863’计划《智能化农业专家系统》+基于网络的农业科技推广体系+面向农村的信息应用技术培训”为一体的农业信息化系统工程。推动眉山信息产业面向世界，加速科技与经济的结合，向区境内外提供集成服务。

2001年，完成眉山科技信息网“乡通工程”，眉山市217个乡镇、16个乡镇企业、60余个专业大户建站上网，乡镇通过互联网通向世界。2002年，眉山被科技部列为“国家星火计划农村信息化试点市”。全市以“眉山市科技信息网乡通工程”为基础，将国家星火计划、“863”计划项目《电脑农业专家系统》结合开展本地化二次开发。开通“东坡农富之窗”——眉山星火计划网，成立四川省农业信息工程技术研究中心眉山分中心。在全市科技网基础上，实施眉山市“企通工程”。科技部、外交部以眉山市农村信息化为主要背景制作的专题片《数字链接梦想》代表中国参加联合国“科技与信息”大会，专题播放。建成眉山市科学技术局网站、科技乡通网、科技企通网、眉山信息港、眉山市党员电教网5个网站。2003年，眉山被列为全省“制造业信息化重点市”，2户企业为省制造业信息化示范企业，认定30家企业为市级制造业信息化示范企业。2005年，市科技局建立制造业信息化组织管理体系，确认16家企业为省、市重点示范企业，推广应用先进制造业信息技术65项，引导企业投入2350万余元建设制造业信息化。建立眉山活动服务器网页，为32家企业免费提供终端服务，引进省级以上专业机构10家为全市制造业企业服务。完成160家企业网站及电子商务平台、技术和产品网上交易中心建设，为企业搭建项目库、专利技术库、科技成果库。开通“四川国际科技合作网”，搭建企业对外科技交流平台，全市10余家企业进入“四川国际科技合作网”，建立信息员工作制度。2006年，全市启动规模以上企业创建制造业信息化星级企业认定，3家企业被评为三星级企业、3家企业被评为二星级企业、4家企业被评为一星级企业。2007年，三大科技信息服务平台和“眉山市农业科技110”建成投入运行。以四川农业大学专家为技术支撑，完善市级农业专家数据库，将有关涉农企业、各类农业协会和专业大户发展成为“科技服务110”的服务站，通过专号任意连接各服务站及专家，形成24小时农业科技信息服务，实践科技服务零距离模式。市生产力促进中心被科技部认定为首批国家星火计划农村信息化基地。2008年，7个单位和市科学技术情报所、仁寿县科技信息网络中心、兴科电脑3个单位分别入选省级星火科技专家大院和农村信息化示范基地。2010年，全市探索以大学、科研院所为依托的农村科技服务新机制、新模式。2户建立专题专利数据库。仁寿县加强组织培训和技术指导等服务并建立团队与人才队伍培养机制。2012年，全市科技信息服务体系运行正常。

三、中介服务

2002年，设立眉山市生产力促进中心有限公司，为全市中小企业提供技术信息服务、技术咨询服务和技术转让服务，并为中小企业产品研制、技术开发、技术培训等提供服务。2005年，建立眉山市、区县的综合性科技服务机构7家，社会化、专业性服务机构5家，为企业引进资金1200万余元，增加企业销售额1350万余元，增加利税250万余元。2006年起，全市围绕畜禽加工、粮油加工和果蔬加工，建立区域农业科技服务中介，建设村级科普设施，建立洪雅县优质猪生产协会。建成农业科技专家大院6个、龙头企业技术创新中心2个、农村专业技术协会6个、区域科技成果转化中心1个和农村信息化基地1个。2007年，建立眉山市东坡区养兔协会、丹棱县双桥镇梅湾村水果协会、青神县竹编协会及仁寿县文宫优质枇杷科普示范基地、彭山县义和无公害天宫辣椒标准化示范基地。2008年，建立国家级眉山市东坡区果业协会、洪雅县藤椒协会及仁寿县曹家优质梨科普示范基地、彭山县黄丰寿柑生产示范基地。市科技局编制《科技人员创业指南》，从项目扶持、政策鼓励、专家咨询、维护权利等方面推动科技人员投入经济建设主战场。2009年，建立仁寿县鲜枣协会、青神县蚕业协会、洪雅县中山茶业协会、丹棱县三峡移民果品协会4个协会及彭山县保胜乡无公害脆红李科普示范基地、眉山市东坡区科普示范基地2个基地。当年，全市7个优秀农村专业技术协会、4个优秀农村科普示范基地、3个农村科普带头人获中国科协、财政部表彰奖励，金额235万元。1个优秀农村专业技术协会、2个优秀农村科普示范基地获四川省科协、四川省财政厅表彰奖励，金额30万元。至年底，全市建设“站、栏、员”703个，占全市行政村的59.3%。2010年，眉山市开展全省“万网工程建站”工作。青神县“中国竹艺城”、洪雅县中国藤椒文化博物馆被认定为省级科普基地。全市获中国科协、财政部表彰奖励科普惠农兴村计划项目5个，获奖补资金85万元。获省科协、省财政厅表彰奖励项目4个，获奖补资金40万元。眉山市命名表彰优秀农技协15个、科普示范基地10个、农村优秀人才30名。至2010年年底，全市开展技术咨询800余次、技术培训4000人次、采集信息5000余条、引进人才100余人、导入技术50项、服务企业278家（次），联系科研机构20个，为企业引进资金2000万余元，增加企业销售额3000万余元。截至2012年年底，全市有全国科普示范县1个（仁寿县），省科普示范县5个（东坡区、洪雅县、彭山县、青神县、丹棱县）。有“全国百强农技协”1个，“全国明星协会”1个，省“百强农技协”24个。建立蔬菜、椪柑、柑橘、小麦、生猪、奶牛等专家大院25个，研发、集成、推广农村优势产业升级核心技术。

第二章　高新技术企业

眉山市在发展科技企业上重点抓技术含量和生产经营规模两个方面，推进工业企业新产品、新工艺技术开发创新，强调科技人员的比例，研究开发的投入和产品的科技含量等。2008 年，全市有高新技术企业 9 家直接从事科技研发的科技人员 1174 人，占职工总人数的 13.81%。2009 年，全市有高新技术企业 14 家科技人员 2164 人，占全部从业人员的 18.7%。至 2012 年，全市有规模以上科技企业 300 余家，其中高新技术企业 21 个、创新型企业 33 家。

第一节　高新技术企业和创新技术企业认定

一、高新技术企业认定

1997 年起，眉山地区继续实施高新技术企业认定。2000 年，市委、市政府下发《关于加强技术创新，发展高科技，实现产业化的实施意见》，推动工业企业持续创新和科技进步。年末，眉山市 35 家企业达到市级科技进步先进企业标准，四川川西制药股份公司等 14 家企业被认定为省级高新技术企业，彭山昌泉科农股份有限公司被认定为国家级高新技术企业。2002 年，四川科威电工有限责任公司等 7 家企业被四川省科学技术厅认定为高新技术企业。四川雅达药业有限公司的“喜树碱提取新工艺”达到国际领先水平。至 2004 年，全市 237 户规模以上企业中高新技术企业 23 户，其中国家级重点高新技术企业 1 家、省级高新技术企业 22 家。2005 年，全市新认定省级高新技术企业 6 家。企业研发机构引进高新技术项目 4 项，开发高新产品 50 余项。2007 年，全市 2 家企业通过国家高新技术企业的评审或复审，全市省级及以上高新技术企业增至 33 家。

2008 年，实施国家高新技术企业新认定办法。全市新认定的国家高新技术企业 9 家、占全省 331 家的 2.7%。2009 年，眉山美信认定为省级科技企业孵化器。14 家企业获得国家高新技术企业认定。东坡泡菜成为全省科技统筹城乡发展九大推进产业之一，新增省级农业科技示范园 3 个，总数 4 个。2010 年，全市重点围绕机械制造、化工、新能源、生物医药、农产品深加工等产业，培育高新技术龙头企业。全市 3 家企业被认定为国家级高新技术企业，18 家被省认定为高新技术企业。新增市级水稻、泡菜、柑橘、竹编等专家大院 4 个，全市省级农业科技园区 5 个，市级园区 4 个，实现“一区县一个农业科技园区”。2011 年，全市 9 家到期高新技术企业有 6 家参加复审并通过。2012 年，以科技示范为核心，以科技项目为载体，以科技能人为主要力量，建设制造业信息化示范企业 28 个。截至 2012 年年底，全市被认定的高新技术企业 21 家。

二、创新技术企业认定

2006年起，眉山市建设创新型企业。当年，眉山市四川金象化工股份有限公司被命名为四川省首批创新型试点企业。2007年，四川启明星铝业有限责任公司、四川眉山强力机械有限公司、四川省尼科国润新材料有限公司和中国南车集团眉山车辆厂4家企业成为四川省创新型企业。2008年，全市2家企业成为四川省创新型企业。1家企业被命名为四川省建设创新型企业示范企业。2家企业被命名为四川省建设创新型企业试点企业。2009年，四川启明星铝业获国家创新型企业称号，四川丹甫制冷压缩机有限公司被认定为国家创新型试点企业。4家企业被命名为四川省建设创新型企业试点企业。5家企业被命名为四川省建设创新型企业培育企业。1家企业被命名为四川省建设创新型企业示范企业。2010年，全市19家企业被认定为省级及以上创新技术企业，被省认定的自主创新产品6个、战略新兴产品4个。2011年，全市新增创新型企业6家，2家企业升级为省级创新型试点企业。创新型企业增至26家，其中国家级创新型企业和国家级创新型试点企业各1家、省创新型试点企业9家、省创新型培育企业15家。截至2012年年底，全市有创新型企业33个。其中，国家级创新型企业1家、国家级创新型试点企业1家、四川省建设创新型试点企业9家、四川省建设创新型企业培育企业22家。

眉山市2012年创新型企业统计表

表28-4

类别	数量（家）	企业名称
国家级创新型企业	1	四川启明星铝业有限责任公司
国家级创新型试点企业	1	四川丹甫制冷压缩机股份有限公司
四川省建设创新型试点企业	9	中国南车集团眉山车辆厂、四川成洪磷化工有限责任公司、四川金象化工产业集团股份有限公司、四川省尼科国润新材料有限公司、四川省青城机械有限公司、四川制动科技股份有限公司、四川眉山市新筑建设机械有限公司、四川省洪雅维国光学有限公司、四川金象赛瑞化工有限责任公司
四川省建设创新型企业培育企业	22	乐天塑料四川彭山新材料有限公司、四川瀚洲化工科技有限公司、四川恒泰企业投资有限公司、四川同庆南风有限公司、四川瑞泽科技有限责任公司、尚林生物资源开发有限公司、四川眉山强力机械有限公司、四川省丹棱明宏光学有限责任公司、眉山麦克在线设备有限公司、四川华西德顿塑料管道有限公司、中车集团四川丹齿零部件有限公司、四川吉龙化学建材有限公司、四川德恩机械有限责任公司、四川彭山昌泉科农股份有限公司、四川省眉山市东升齿轮有限公司、四川迪美特生物科技有限公司、四川飞普科技有限公司、四川省眉山市力达电子有限责任公司、眉山恒升机械装备有限公司、四川斯得力复合耐磨材料有限公司、四川会凌科技有限公司、彭山岷源石化有限公司

第二节　高新技术企业效益

2000年，眉山地区高新技术产值9.1亿元，占全区社会工业总产值116.3亿元的8.15%，实现利税1.32亿元。四川金象化工股份有限公司和四川川西制药有限公司分别获得国家创新基金55万元和65万元的无偿资助。

2002年，眉山市工业企业开发新产品、新工艺150余项（个），引进技术8项。全市高新技术产值15亿元。2004年，全市规模以上企业开发新产品60余项，新产品产值27亿元。23家高新技术企业年产值18亿元，利税近2亿元。科技对经济增长的贡献率43%。初步形成以电子信息、现代医药及生物制品、新材料为主导的高新技术产业框架，成为眉山新的经济增长点。2005年，全市加强企业技术进步和技术创新，加快高新技术改造传统产业步伐。规模以上企业及高新技术企业开发新产品、新工艺180余项，利用新技术、新工艺改造传统产业8项，传统产业降低能耗，提升质量和经济效益。全年高新技术产业实现产值20亿元，实现税利2.5亿元。2008年，全市科研与开发经费投入1.59亿元，占销售收入的4.08%；高新技术产品销售收入34.46亿元，占销售总收入的88.76%。全市9家高新技术企业资产总额38.01亿元，其中上10亿元的2家，1亿元以上的4家；工业增加值9.56亿元；销售收入38.82亿元，其中销售收入上10亿元的企业1家，超亿元的6家；实现利润3.19亿元，税收2.46亿元；主要涉及机械制造、化学建材、金属冶炼等3个领域。2009年，全市3个产品获得四川省政府高新技术创新产品，7个产品被科技厅认定为省重点产品，1个产品被四川省科技厅认定为省培育产品。2010年，全市实施科技项目152项，投入科技资金2.6亿元，开发新产品43个，新申请专利89项，拥有发明专利39项，专利授权数53项。高新技术企业工业总产值55.47亿元，利税4.79亿元。其中产值上亿企业14家。2011年，全市高新技术企业实施科技项目152项，投入科技资金2.6亿元，开发新产品43个。新确定的7家高新技术企业享受技术开发费税前150%加计扣除的税收优惠政策。全年全市工业总产值突破200亿元，工业增加值58亿元，高新技术产值69亿元，企业总数增至186家，产值上亿元的企业33家。2012年，全市高新技术企业工业总产值116.37亿元，工业增加值43.58亿元，净利润23.79亿元，上缴税费总额5.75亿元，从业人员1.55万人。

第三章　科技管理

眉山市通过完善科技成果评价体系，规范科技成果评价行为，鼓励科技成果转化，加强科技服务，使科技与经济、社会发展相协调，最大限度地实现资源优化整合，促进科技事业健康发展。

第一节　科技宣传与培训

一、科技宣传

1997年起，眉山地区、县科协每年均组织辖区内相关部门，集中开展“三下乡”（科技、文化、卫生）科普活动。1998年起，全区科协各学（协）会利用“世界气象日”“世界水日”“禁毒日”“国土日”“环境日”“世界卫生日”“科普活动日”等，开展专题科普宣传活动。宣传《科学技术普及法》《全民科学素质行动计划纲要（2006—2012）》《中国科学技术协会章程》等。2000年，全区开展科普宣传月活动和专利知识宣传，15个地级部门、地属以上企事业单位和6县科技局及县级有关部门科技人员5329人参与宣传。开展科普赶场、张贴、悬挂标语、发送技术资料，放映科普录像、电影，接受科技咨询服务等科普宣传培训。2003年，眉山市以“依靠科学，战胜‘非典’”为主要内容，开展防治“非典”科普活动。2004年，全市开展“科技活动周”活动，传播奶业科技知识。组织畜牧技术人员，为养牛户治病防病义诊。2006年，开展科普赶场16场次，接受技术咨询和医疗卫生义诊人员13万余人。2007年，开展以“崇尚创新精神，尊重知识产权”为主题的专利宣传月和保护知识产权宣传周活动以及地震科普专项宣传活动。2009年，开展“科技之光”活动，举办建区设市以来科技成就展，举行“南车杯”科普知识竞赛活动。2012年，四川省科技厅、四川省科协在丹棱县仁美镇举行四川省第十七届“科技之春”科普宣传月启动仪式与眉山市科技下乡活动启动仪式。省科协、省流动科技馆、省科协民科队、省反邪教协会到东坡区、洪雅县6所学校开展科普进校园巡展活动，受教育师生万余人次。1998—2012年，眉山市组织科技人员8万余人次参加“三下乡”活动，张贴、悬挂标语、挂图20.5万幅，展出展板2万余板次，散发资料1200余万份，放映科普电影、电视1.2万场次，赠送科普书刊120余万册、医药和避孕药具120余万套，为群众义诊12多万人次，赠送活动经费50万余元。

“科技之光”大型科普活动在三苏雕像广场举行（摄于2009年8月）

二、科技培训

2000年，眉山地区举办科普讲座、实用技术培训，推广新技术、新产品。举办厂长、经理、乡镇长和科技局长科技培训班。2002年，眉山市以农村先进适用技术为重点，实施百万农民培训计划。市科技部门为30余个企业建立信息网络平台，提供咨询服务、项目代理申报。协助企业引进资金265万余元，引进项目5个，为企业增加收益2080万元，培训基层乡镇和企业管理干部500余人。各区县开展庄稼医院绿色农资测土配方、病虫害防治培训。推广胚胎移植技术、营养添砖技术、兽医技术、牧草种植技术，带动全市1万余户奶农科学养奶牛。2004年，集中培训养牛专业户4000余户。举办科技培训班，培训农民35万余人次。2006年，举办眉山市科技管理干部培训班，开展区县科技管理干部、乡镇领导科技发展与新农村建设、新农村建设与产业项目支撑、农村工作与新农村建设、科技管理等知识培训。2007年，举办9期全市公务员和事业单位人员知识产权保护基本知识培训。1997—2012年，全市组织科技人员9.33万人次参加“三下乡”活动，举办科普讲座、实用技术培训班，培训人员314余万人次；推广新技术476余项、新产品324个；为群众义诊21.8万人次，群众咨询92万人次。举办科普讲座3000余场次，培训实用技术人员400余万人次，推广新技术400余项、新产品300余个。

三、青少年科技活动

2001年起，眉山市每年举办青少年科技创新大赛；组织参加四川省青少年科技创新大赛。至2009年，全市400余所（次）中小学校参加眉山市青少年科技创新大赛，参加师生7万余人次。2010年起，开展科普示范学校创建活动。眉山市为全国、四川省大赛获奖者奖励和颁发证书。当年，全市建成省级科普示范学校3所，认定市级科普示范学校6所、示范社区2个。举办眉山市第9届青少年科技创新大赛，征集各类作品690件，评选出科技竞赛项目奖22项、科技实践活动奖3项、科幻绘画奖291幅、科教创新作品奖4项，优秀组织单位8个，优秀组织工作者6名。眉山市参加四川省第二十五届青少年科技创新大赛，获一等奖2项、二等奖7项、三等奖19项、优秀基层组织奖4项。2011年，省科协“科普大篷车”、流动科技馆及反邪教协会到青神县、仁寿县15所中、小学校，开展科普实物演示、科普展板展览、反邪教宣传等活动，受益师生2万余人。2012年，举办眉山市第11届青少年科技创新大赛，征集优秀作品618件（项），选择59件（项）作品送四川省参赛，获一等奖4项、二等奖16项、三等奖26项，获组织奖3项。有3项作品入围全国青少年科技创新大赛，获二等奖2项、三等奖1项。省科协、省流动科技馆、省科协民科队、省反邪教协会到东坡区、洪雅县6所学校开展科普进校园巡展活动，受教育师生万余人次。年末全市有省级科普示范学校4所，市级科普示范学校16所、示范社区4个。截至2012年年底，全市举办青少年科技创新大赛11届，参加师生数量6万余人次，参加作品1万余件，评出优秀创新项目、优秀实践活动、优秀少儿科幻画2200余项，评出优秀组织单位150余个（次）、优秀组织工作者60余人次、优秀辅导员100余人次。每年组团参加四川省青少年科技创新大赛，推选的360件作品中，获一等奖24项、二等奖83项、三等奖156项。11件作品参加全国青少年科技创新大赛，有5件作品获二等奖、2件作品获三等奖。

第二节　科技合作

2000年起，眉山地区按照“优势互补，互惠互利，协同创新，共谋发展”原则，加强与国内外高校、科研机构、兄弟省市以及外国政府、机构合作，大力发展科技。至2012年，全市105家企业与大专院校、科研院所建立产学研合作关系，开发新技术。

一、国内合作

2000年起，眉山地区建立以企业为主体，以高校和科研院所科技力量为依托，以现代企业制度为规范的新型产学研模式，引导企业与科研院所、大专院校合作，提高企业研发能力。眉山地区行署办公室印发《清华大学研究生社会实践眉山基地管理办法》。当年，地区行署与清华大学建立全面合作关系，达成五年合作协议。地区行署向清华大学提供科技需求及课题招标项目信息，为清华大学研究生社会实践、毕业设计、实习等提供场所和方便条件；清华大学向眉山推荐高技术含量、高附加值的科技成果或合作开发项目，对眉山在职人员的继续教育，研究生培养、教师队伍建设、毕业生分配等方面给予支持和帮助。确定六区县和市科工园50户企业为清华大学研究生社会实践基地。2001年，眉山市引进清华大学“城市交通数字化建设”项目，被交通部列入“全国数字化建设示范城市”。2003 年，眉山市政府与四川农业大学达成市校科技合作协议。建设绿色食品基地，开发绿色农产品。2004 年，东坡区政府、四川省食品发酵工业研究设计院、眉山职业技术学院、四川味聚特食品有限公司就促进泡菜产业技术创新和产业升级，签订产学研合作协议。眉山市政府与清华大学合作建立清华大学眉山科技创业服务中心，推动科技成果转化和高新技术成果商品化、产业化、国际化。2006 年，眉山市科技局与四川大学轻纺与食品学院、电子科技大学微固学院、机电一体化研究所签订产学研平台建设、机械电子科技长期技术合作协议，每年重点帮助眉山市 2 户~3 户企业解决生产、新产品开发实际问题，为企业提供发展战略项目可行性咨询、服务。2007 年，眉山市科技局与四川大学、电子科技大学每年在眉山市开办 2 期专业技术讲座或论坛，组织 1 次技术交流，重点解决 2 家以上企业生产、新产品开发实际问题。2009 年，眉山市“铝电解技术创新联盟”“铁路新型货车产学研创新联盟”被列入首批省级试点。全市 40 余家企业与清华大学等 20 余所大专院校正式建立产学研合作关系，建立 2 家省级产学研创新联盟。2010 年，眉山、成都、德阳、绵阳、遂宁、乐山、雅安、资阳 8 市科技局签署《成都经济区区域科技合作框架协议》，成立“成都经济区科技金融业务联盟”，签署《成都经济区科技金融业务联盟章程》。8 市科技部门抱团结盟，在资源共享、平台共建、标准共定、基金共设的合作框架下，力促区域科技创新合作。眉山市政府与中国科学院光电技术研究所签订合作协议，中国科学院光电技术研究所组织院士和科技专家参加眉山市中长期科技发展规划和经济社会发展规划的研究制定，提供重大科技项目、重要科研课题咨询建议。2012 年，全市 56 家企业与 14 家科研院校建立技术合作关系，签订技术攻关协议 10 项。截至 2012 年年底，全市 105 家企业与大专院校、科研院所建立产学研合作关系，开发新技术、新产品 140 余项（个）。

眉山市省级产学研联盟统计表

表 28-5

名称	合作单位	合作内容	合作效果
四川省电解铝产业技术创新联盟	四川启明星铝业有限责任公司、东北大学、湖南大学、贵阳铝镁设计院	铝电解槽用惰性阳极材料与电解技术；低温铝电解技术；碳纤维增强铝合金等铝基复合材料制备技术；可焊铝合金材料与焊接技术；泡沫铝生产技术；碳素材料技术；其他具有高附加值的新技术；通过技术改进进一步提高阳极各项理化指标；铝基铝合金新材料的开发	获得国家知识产权局批准认可的专利有 10 项，另外 11 项正在申报；有 13 项技术成果通过鉴定；获中国有色金属工业科学技术奖一等奖 1 项，二等奖 1 项，三等奖 6 项；获得四川省科技成果奖二等奖 1 项，三等奖 4 项。节约投资，提高工作效率，减少工作人员。2007 年全员劳动生产率将超过 300 万元/人
四川省铁路货车整车及配套技术产业技术创新联盟	中国南车集团眉山车辆厂、西南交通大学、北京交通大学、铁道科学研究院、四方车辆研究所	进行铁路 70 吨级载重货车升级换代研发，满足我国全面开行 70t 级载重货车运输的要求，全面取代现有各型 60 吨级铁路货车；开展大轴重货车技术攻关，研究 25 吨、30 吨、40 吨大轴重转向架技术，研制出 80 吨级通用敞车、棚车，95 吨级运煤专用车，发展我国的重载货车技术；研究快速货车转向架技术，研制出 160 千米/小时快速货车转向架，发展我国的快速货车运输；开发新一代货车制动系统、160 千米/小时快速货车制动系统等货车关键技术，进一步提升我国货车制动技术	通过产学研合作联盟，以建立“三大技术平台”为载体，掌握一批核心技术，取得一批具有国际先进水平的技术成果，拥有一批具有国际先进水平的自主创新技术和产品，科技进步贡献率达到 60%以上。“十一五”末，形成年产各型铁路货车 6000 辆的生产能力，年销售收入达到 20 亿元，跻身铁路货车研制与生产龙头企业；促进实现我国铁路货车技术升级，打造世界先进货车技术平台，推动我国铁路货车全面与国际先进水平接轨

续表28-5

名称	合作单位	合作内容	合作效果
四川省高纯磷化学品产业技术创新联盟	四川成洪磷化工有限责任公司、成都化工研究设计院、四川大学	深入进行理论研究，揭示“多级耦合分离技术”和“生产过程强化技术”及纯化药剂的作用机理，为实现产业化提供理论依据	公司建成一条年产高纯电子级磷酸3000吨的生产线。产品已得到日本、韩国和国际权威检测机构及大型国际化电子信息产业制造商的认可，达到国际半导体化学委员会SEMI-C36-0301标准要求，在国内属于领先地位；2007年，“多级耦合分离技术制备高纯电子级磷酸”项目通过四川省科学技术成果鉴定；经科技厅批准，组建四川省高纯磷化学品工程技术研究中心
四川省道地中药材（黄连）产业技术创新联盟	四川雅达药业股份有限公司、成都中医学大学	道地中药材（黄连）的系统开发与研究。雅达药业提供配套研究经费430万元。合作分工中医大主要承担雅连的濒危保护研究、传统炮制饮片的研究、黄连提取物研究、黄连滴眼液临床前试验研究等；雅达药业主要承担雅连黄连基地建设、制定雅连炮制规程、黄连提取物制备工艺研究，制定工艺规程、申报商务部绿色提取物标准等。 成果分享。技术成果申请专利的权利归甲乙双方共有，技术秘密成果的使用权、转让权归甲乙双方共有	黄连基地建设完成后，可实现黄连在地面积1万亩；2个国家新药（1个五类、1个一类）申报成功，投放市场可实现产值5000万元以上。整个项目的完善，还可带动县域农户种植药材，有利于种植业的调整。已完成黄连在地面积近300余亩，已开展黄连产品的研究
四川泡菜产业发展创新联盟	四川省吉香居食品有限公司、四川省食品发酵工业研究设计院、四川李记酱菜调味品有限公司、成都新繁食品有限公司、四川省农业大学	泡菜微生物研究及应用——泡菜主导功能菌群选育关键技术研究、直投式功能菌剂开发关键技术研究、泡菜生产微生物种群培养技术开发与应用研究； 优质泡菜工艺研究——泡菜产品冷灭菌技术、新型生物反应器及配套装置开发关键技术、泡菜加工质量控制体系的研究；食品生物技术改造传统泡菜生产技术研究——直投式功能菌剂改造传统发酵食品工艺关键技术研究； 泡菜风味及呈味机理研究——泡菜风味化学研究、泡菜呈味机理研究；泡菜新产品与综合利用研究——泡菜新产品研发、盐渍废水循环利用关键技术研究；泡菜生产企业的信息化研究及推进——在生产、物流环节建立生产控制体系及信息化系统。 中国泡菜产业链集约化模式研究优质泡菜产品产销一体化模式研究；直投式功能菌剂产销一体化模式研究。拟联合建设的技术创新（检测服务）公共平台。四川泡菜产业发展创新联盟现有四川省泡菜工程技术中心。未来，联盟将共同推进建设国家泡菜重点实验室，助推泡菜产业结构调整和可持续发展，培养高技术人才，发展我国传统食品经济，同时，可建成国际一流的科研成果孵化和高级人才培养基地；泡菜质量监督检验中心将直接为泡菜生产企业服务	联盟经过3年~5年的努力，实现以下目标：构建一批中国泡菜产业核心竞争力的重要技术，如：泡菜主导功能菌群选育关键技术、直投式功能菌剂开发关键技术、直投式功能菌剂改造传统发酵食品工艺关键技术、生物工程和食品工程技术改造泡菜产业生产技术、新型生物反应器及配套装置开发关键技术、泡菜新产品与综合利用开发关键技术、泡菜冷灭菌技术等等，使得联盟整体技术水平进入世界先进行列。 以泡菜产业集群创新理论为指导，依靠四川成都地区资源优势，建立泡菜产业集中发展区，建立循环经济的技术发展模式，为建设资源节约型和环境友好型社会做出应有的贡献。适应循环经济和节能减排社会发展要求，建成泡菜资源循环利用工程。依靠四川省地域资源优势，拓展泡菜产销一体化规模。加强技术中心实验基地的投入和建设，在满足技术创新实验要求的同时，实现技术创新成果创效。加强技术中心实验基地的投入和建设，在满足技术创新实验要求的同时，实现技术创新成果。依托产品研发、营销资源等，研发泡菜新产品，创立新品牌。技术中心技术开发经费连续5年到位率超过100%，近三年技术创新投入金额占当年产品销售收入均在5%以上，且呈逐年递增趋势。在未来5年，吉香居技术创新投入每年不少于5%，并逐年有所递增。到2010年技术创新投入占销售收入的比例达到6%以上

二、国际合作

2001 年，眉山市被联合国开发计划署列为“21 世纪城市规划管理与发展项目”市。2008 年，眉山开展涉外企业调查，建立国际科技合作项目库。四川金象化工股份有限公司与英国益可环境国际金融集团合作的“硝酸装置氧化亚氮二级氧化炉内减排技术”项目被列入省级国际科技合作项目。2009 年，眉山车辆厂引进外国专家 5 人开展技术交流，建立博士后科研工作站，为吸引高层次专业技术人才提供平台。2010 年 6 月，眉山市政府与瑞士开发署在北京签订《气候变化合作与对话谅解备忘录》，瑞士发展合作署与中国共同开展“中国低碳城市项目”，项目由瑞士发展合作署资助，眉山市、银川市、德州市、北京市东城区确定为瑞士——中国低碳城市示范项目 4 个先行试点城市。至 2012 年未再开展相关工作。

第三节　科技奖励与科技成果管理

一、科技奖励

1997 年，眉山地区设立科学技术奖。1999 年，设立国家科学技术奖。2000 年，地区行署制订《眉山地区科学技术奖励办法》，开展科学技术奖励工作，设科技进步奖一、二、三 3 个奖励等次，奖励额度分别为 1 万元、5000 元和 3000 元，每两年评选一次，当年有 20 项成果获得科技进步奖。2006 年，市政府修订《眉山市科学技术奖励办法》，2007 年将科技进步奖由两年评改为一年一评，一、二、三等奖奖金额度分别提高到 2 万元、1 万元、5000 元。2008 年，一、二、三等奖奖金额度调整为 3 万元、2 万元、1 万元。2009 年，市政府设立每年 100 万元的科技奖励专项资金，奖励金额提高为 6 万元、4 万元和 2 万元 3 个等次。2010 年，市政府修订《眉山市科学技术奖励办法》，增设科技杰出贡献奖奖项，奖励科技创新突出贡献者，奖励金额 5 万元。当年完成市科技进步奖评审和省科技进步奖推荐，1 个项目获省政府科技进步一等奖、4 个项目获省政府科技进步三等奖。组织省内知名专家验收创新基金项目，中期监理国家富民强县项目和国家农业科技成果转化项目。2012 年，全市获中国科协、财政部表彰奖励科普惠农兴村计划项目 7 个，获四川省科协、四川省财政厅表彰奖励项目 9 个，获奖补资金 199 万元。全市命名表彰优秀农技协 16 个，优秀农村科普示范基地 10 个，优秀农村科普人才 10 人。

眉山市科学技术奖励大会（摄于 2008 年 12 月）

截至2012年年底，全市科技成果获省级科技进步奖48项，其中一等奖6项、二等奖13项、三等奖29项；获中国科协、财政部科普惠农兴村计划表彰奖励项目32个，其中农村专业技术协会17个，农村科普示范基地9个，农村科普带头人6名，获奖补资金550万元；获四川省科协、四川省财政厅科普惠农兴村计划表彰奖励项目15个，其中农村专业技术协会10个，农村科普示范基地3个，农村科普带头人2名，共获奖补资金134万元。眉山市评定科技进步奖130项，表彰命名优秀农技协68个，优秀科普示范基地99个，优秀农村科普人才212名。

眉山市1997—2012年获省级科技进步奖情况统计表

表28-6

年份	成果名称	奖励等级	完成单位
1997	稻瘟病系统控制技术研究	二等奖	洪雅县植保站
	四川山地乌骨鸡种质性能测定、选育技术开发研究	二等奖	洪雅县畜牧局
	900-20轮胎全翻新	三等奖	四川省眉山县航运公司翻胎建材厂
	乐山市农区草业开发技术的研究及推广	三等奖	眉山县畜牧站
	四川省棉花亩产125千克规范技术研究	二等奖	仁寿县农业局
1998	节能型合成氨新工艺	二等奖	眉山县氮肥厂
	干湿法生产防弹玻璃新工艺	三等奖	四川裕龙特种玻璃有限责任公司
	新药“救鸡宝”（禽保乐）研究	三等奖	眉山县兽医站
	应用经营数表进行定量间伐、提高人工林的生产力和经营水平研究	三等奖	四川省洪雅县林场
1999	引进、推广畜禽良种及综合配套技术	二等奖	四川阳平种牛场、洪雅县畜牧局
	“BLH诱花素”促进日本柳杉种子园早产丰产技术研究	三等奖	四川省洪雅县林场
	超声图评价日本血吸虫病所致肝脏病理改变及化疗后转归的研究	三等奖	眉山县血吸虫病防治站
	低压三床轴——径向内换热式氨合成塔	三等奖	眉山县氮肥厂
2000	旱地宽带多熟持续高产高效种植技术研究	二等奖	眉山地区农业局农技站、青神县农业局农技站
	四川桉树主栽种的选择研究	二等奖	眉山县林业局
	斑点酶标珠联袂诊法检测牛日本血吸虫、肝片吸虫病技术的示范及推广应用	三等奖	眉山地区兽医站
	杉木无性系种子园开花结实习性和优质丰产技术研究	三等奖	四川省洪雅县林场
	四川主要造林树种（松类）菌根选育及应用技术研究	三等奖	眉山县林业局
2001	水稻重大病虫害监测治理与无公害稻米生产	一等奖	洪雅县农业局
	动物血吸虫病综合防治技术研究与推广应用	二等奖	眉山市兽医站
2002	波尔山羊杂交利用技术研究	三等奖	仁寿县畜牧局
2003	草浆造纸废水综合治理技术	二等奖	四川仲辉实业集团有限公司
2004	眉山市无规定动物疫病区综合技术示范	三等奖	眉山市兽医站、眉山市兽医卫生监督检验所、眉山市兽药监察站
2005	复杂交通流交通控制设计、设备研制及工程示范建设	二等奖	眉山市联合国开发计划署“21世纪中国城市规划、管理与发展”项目管理中心
	税收优惠监控管理系统	三等奖	四川省眉山市国家税务局

续表28-6

年份	成果名称	奖励等级	完成单位
2006	华西雨屏区退耕还林复合林草优化模式技术与示范	三等奖	洪雅县林业局
	柳杉长卷蛾综合防治技术研究	三等奖	洪雅县林业局、四川省洪雅县林场
	优质肉兔生产配套技术推广	三等奖	彭山县畜牧局
2008	多极耦合分离技术制备高纯电子级磷酸	一等奖	四川成洪磷化工有限责任公司
	四川巨桉短周期工业原料林定向培育技术及示范推广	一等奖	眉山市林业局
	铝电解槽双平衡控制技术	二等奖	四川启明星铝业有限责任公司
	1500t/a-h105 防爆新型高塔造粒硝基复肥生产示范装置	三等奖	四川金圣赛瑞化工有限责任公司
	柑橘留树保鲜提质增效优化集成技术研究与推广	三等奖	青神县农业局多经站
	家畜寄生虫病监测防制新技术推广	三等奖	眉山市畜牧局
2009	双加压硝酸加压循环气提硝铵及硝铵废水处理节能清洁生产技术	一等奖	金象化工产业集团股份有限公司
	大型铝电解槽高效节能清洁生产技术	二等奖	四川启明星铝业有限公司
	重型高速木工四面刨床	三等奖	四川青城机械有限公司
2010	JX 节能型尿素生产技术	一等奖	四川金象化工产业集团股份有限公司、四川金圣赛瑞化工有限责任公司
	非常规蛋白饲料高效利用技术研究	三等奖	四川国风生物科技有限公司、四川农业大学、眉山市东坡区国凤饲料厂
	高精度易装卸轴套数字化设计技术及产品开发	三等奖	四川德恩机械有限责任公司、四川大学
	能源动力物料环保集中监控系统	三等奖	四川启明星铝业有限责任公司
	高色度食品废水与锅炉烟尘烟气耦合治理新技术	三等奖	四川恒泰企业投资有限公司
	警用无线通信多平台可控接入系统	三等奖	眉山市公安局、四川维德通信技术有限公司、中国电信股份有限公司眉山分公司
2011	大型铝电解槽四场优化节能技术	一等奖	四川启明星铝业有限公司
	节能节资型蜜胺生产新技术	二等奖	四川金圣赛瑞化工有限责任公司
	超小型节能环保压缩机	三等奖	四川丹甫制冷压缩机股份有限公司
2012	热加工新工艺技术制备环保系列/镧系光学成像玻璃元件	三等奖	四川省丹棱明宏光学有限责任公司
	硫化碱卧式蒸发器	三等奖	眉山市津鑫机电有限公司

眉山市 2006—2012 年评定的科技进步奖统计表

表 28-7

年份	项目名称	获奖单位	等次
2006	典型企业制造信息化技术开发与应用	四川省强力机械有限公司、电子科技大学	一等奖
	杂交水稻三围立体强化栽培技术研究	四川省科农有限公司	一等奖
	高密度钴酸锂类溶胶—浸渍合成技术	四川尼科国润新材料有限公司	一等奖
	征收管理电子报批系统	眉山市交通稽查征费处	二等奖
	无公害肉兔生产综合技术推广	眉山市畜牧站	二等奖
	静脉复合麻醉在无痛胃镜检查中的应用	眉山市第一人民医院	三等奖

续表28-7

年份	项目名称	获奖单位	等次
2006	肤康舒的研制	洪雅县中医院	三等奖
	生产微铝微碳硅铁新工艺	洪雅槽渔滩特种硅业有限公司	三等奖
	四川省农村多种经营科技示范仁寿县优质枇杷示范基地建设	仁寿县科技局、仁寿县农业局、仁寿县文宫枇杷协会	三等奖
	小型化高磁导率磁芯元件	四川省眉山市力达电子有限责任公司	三等奖
	尿石通冲剂治疗泌尿系结石临床观察研究	四川省眉山市中医院	三等奖
	低温烧成长寿命高温氮窑用推板材料	四川青龙耐火材料有限公司	三等奖
	洪雅县消灭疟疾策略及技术措施的应用与研究	洪雅县疾病预防控制中心	三等奖
	颅内血肿微创消除术临床应用	眉山市第二人民医院	三等奖
	水稻苗床免（少）耕旱育秧技术研究	四川省彭山县农业局农技站	三等奖
	131 碘治疗 GRAVES 病的临床研究	眉山市第二人民医院	三等奖
2007	中岩早椪柑新品种的选育推广	青神县农林局	一等奖
	非常规蛋白饲料高效利用技术研究	眉山市东坡区国凤饲料厂、四川国凤生物科技有限公司、四川农业大学动物营养所	一等奖
	多级耦合分离技术制备高纯电子级磷酸	四川成洪磷化工有限责任公司、四川省高纯磷化学品工程技术研究中心	一等奖
	R600a 高效节能压缩机	四川丹甫制冷压缩机有限责任公司	一等奖
	铝电解槽双平衡控制技术	四川启明星铝业有限责任公司、贵阳振兴铝镁科技产业发展有限公司	一等奖
	利用造纸废渣生产包装纸的生产工艺	四川仲辉实业集团有限公司	二等奖
	绿色建筑技术集成与示范	眉山市金府房地产开发公司	二等奖
	蔗糖铁静脉注射治疗肾性贫血临床研究	眉山市第二人民医院	二等奖
	带翼金属烤瓷冠在残根残冠修复中的应用	仁寿县富加中心卫生院	二等奖
	出口巴基斯坦 1300 辆铁路货车的研制	南车眉山车辆有限公司	二等奖
	赤腹松鼠生物学及监测防治方法研究	洪雅县林业局、眉山市林业局、洪雅林场	三等奖
	洪雅藤椒品种选育与产业化示范	洪雅县科技局、四川农业大学、洪雅县幺麻子有机食品厂	三等奖
	新型果实袋——“膜+纸”双层透气袋	四川新惠阳保鲜有限公司	三等奖
	企业安全文化科技示范工程技术开发	四川启明星铝业有限责任公司	三等奖
	眉山市吸毒人群预防艾滋病综合干预	眉山市疾病预防控制中心	三等奖
	腹腔镜在泌尿外科的临床应用研究	眉山市第二人民医院	三等奖
	胰岛素泵强化治疗糖尿病临床应用	眉山市第二人民医院	三等奖
	双色荧光定量 PCR 检测慢性粒细胞白血病（CML）患者（BCR/ABL）融合基因的表达	眉山市第二人民医院	三等奖
	多通道组合式超声波探头的研究与开发	四川省彭山县天源检测有限公司	三等奖
	道路新材料橡胶沥青技术及成套设备	四川眉山市新筑建设机械有限公司	三等奖
	重型高速木工四面刨床	四川省青城机械有限公司	三等奖

续表28-7

年份	项目名称	获奖单位	等次
2007	电气化铁路高速接触网铝合金定位装置	四川龙腾铁路器材有限公司	三等奖
	浇注用耐火组合物的开发与应用	四川省三杰冶金辅件有限公司	三等奖
2008	大型铝电解槽高效节能清洁生产技术	四川启明星铝业有限责任公司	一等奖
	运煤专用敞车的研制	南车眉山车辆有限公司	一等奖
	柑橘病虫害绿色防控集成技术研究与应用	眉山市植保植检站	一等奖
	PR3G 全过程动态监管信息系统	四川省眉山质量技术监督局、四川省润智兴科技有限公司	二等奖
	酒精生产液化工段与酒糟清液浓缩段耦合节能减排技术	四川恒泰企业投资有限公司	二等奖
	高精度易装卸轴套连接件研究开发	四川眉山强力机械有限公司	二等奖
	煤气化装置在线分析样品预处理系统	眉山麦克在线设备有限公司	二等奖
	双水平无创正压通气治疗慢性阻塞性肺疾病伴呼吸衰竭临床研究	眉山市人民医院	二等奖
	高产香型杂交稻新品种内香 2128 选育及推广	四川应林企业集团种业有限公司	二等奖
	优质肉猪“八改”生产技术集成与推广	眉山市畜牧站、仁寿县种猪场、东坡区畜牧局、仁寿县畜牧局	二等奖
	能源动力物料环保集中监控系统	四川启明星铝业有限责任公司	三等奖
	草甘膦铵盐固体制剂的生产新工艺	四川迪美特生物科技有限公司	三等奖
	汽车发动机平衡装置	四川省眉山市东升齿轮有限公司	三等奖
	微创经皮肾镜钬激光碎石取石术（MPCNL）的临床应用研究	眉山市人民医院	三等奖
	Super-Bond 在纵裂牙治疗中的运用	仁寿县第二人民医院	三等奖
	重点人群艾滋病相关高危行为干预模式研究	眉山市疾病预防控制中心	三等奖
2009	大型铝电解槽高效节能清洁生产技术	四川启明星铝业有限责任公司	一等奖
	运煤专用敞车研制	南车眉山车辆有限公司	一等奖
	柑橘病虫害绿色防控集成技术研究与应用	眉山市植保植检站	一等奖
	PR3G 全过程动态监管信息系统	四川省眉山质量技术监督局、四川省润智兴科技有限公司	二等奖
	酒精生产液化工段与酒糟清液浓缩段耦合节能减排技术	四川恒泰企业投资有限公司	二等奖
	高精度易装卸轴套连接件研究开发	四川眉山强力机械有限公司	二等奖
	煤气化装置在线分析样品预处理系统	眉山麦克在线设备有限公司	二等奖
	双水平无创正压通气治疗慢性阻塞性肺疾病伴呼吸衰竭临床研究	眉山市人民医院	二等奖
	高产香型杂交稻新品种内香 2128 选育及推广	四川应林企业集团种业有限公司	二等奖
	优质肉猪“八改”生产技术集成与推广	眉山市畜牧站、仁寿县种猪场、东坡区畜牧局、仁寿县畜牧局	二等奖
	能源动力物料环保集中监控系统	四川启明星铝业有限责任公司	三等奖
	草甘膦铵盐固体制剂生产新工艺	四川迪美特生物科技有限公司	三等奖

续表28-7

年份	项目名称	获奖单位	等次
2009	汽车发动机平衡装置	四川省眉山市东升齿轮有限公司	三等奖
	微创经皮肾镜钬激光碎石取石术（MPCNL）临床应用研究	眉山市人民医院	三等奖
	Super-Bond 在纵裂牙治疗中的运用	仁寿县第二人民医院	三等奖
	重点人群艾滋病相关高危行为干预模式研究	眉山市疾病预防控制中心	三等奖
2010	新型铝电解多功能机组	四川启明星铝业有限责任公司、眉山启明星铝业有限公司、贵阳铝镁设计研究院、中国有色（沈阳）冶金机械有限公司	一等奖
	盐渍蔬菜发酵液回收处理及其浓缩液综合应用技术	四川省吉香居食品有限公司	一等奖
	高效硝酸吸收塔	四川金象化工产业集团股份有限公司、四川金圣赛瑞化工有限责任公司	二等奖
	宽温高磁导率低损耗微型磁心元件	四川省眉山市力达电子有限责任公司	二等奖
	天然小分子群物质应用新技术	眉山国凤生物科技有限公司、四川国凤生物科技有限公司	二等奖
	构建英语语言环境教学法模式研究	四川省眉山第一中学	二等奖
	铜镍锌废弃物循环利用技术	四川省尼科国润新材料有限公司	三等奖
	硝酸铵氧化炉	四川金象化工产业集团股份有限公司、四川金圣赛瑞化工有限责任公司	三等奖
	多功能焊缝探伤扫查装置	四川兴天源材料检测技术有限公司	三等奖
	高精度镧系玻璃创新工艺	四川省洪雅维国光学有限公司	三等奖
	高色度食品废水与锅炉烟尘烟气耦合治理新技术	四川恒泰企业投资有限公司	三等奖
	农户适度规模饲养肉鸡“六控”技术集成与应用	眉山市畜牧站	三等奖
	医院感染现患率调查分析模式研究	眉山市人民医院	三等奖
	经皮扩张气管切开（PDT）在抢救急危重症患者中的临床研究	仁寿县人民医院	三等奖
	分层吻合法在肠道重建中的临床应用研究	仁寿县人民医院、仁寿县骨科医院、仁寿县中医院	三等奖
2011	大型铝电解槽四场优化节能技术	四川启明星铝业有限责任公司	一等奖
	超小型节能环保压缩机	四川丹甫制冷压缩机股份有限公司	一等奖
	眉红脐橙	眉山市东坡区农业局、眉山职业技术学院、仁寿县农业局	一等奖
	立式中频感应加热钒氮合金生产装置关键技术开发	四川展祥特种合金科技有限公司	二等奖
	富营养酸菜新产品	四川李记酱菜调味品有限公司、四川省食品发酵工业研究设计院	二等奖
	濒危道地药材雅连的抢救栽培与研究	洪雅县瓦屋山药业有限公司	二等奖
	眉山数字地震监测台网	眉山市防震减灾局	二等奖
	经脐单孔腹腔镜胆囊切除术（TUSPLC）的临床应用	眉山三医院	二等奖
	新型高性能 MJ 系列全自动木工多片锯	四川省青城机械有限公司	三等奖

续表28-7

年份	项目名称	获奖单位	等次
2011	丘区肉兔健康养殖关键技术研究与应用	眉山市畜牧站、东坡区畜牧站、仁寿县畜牧局生产科教站、青神县畜牧站、洪雅县畜禽繁育改良站	三等奖
	插接式钢管脚手架	四川华通建筑科技有限公司	三等奖
	甘蔗糖蜜生产高色率双倍焦糖色技术	四川恒泰企业投资有限公司	三等奖
	自动热风茶叶杀青理条机	眉山神龙机械有限公司	三等奖
	二次催化反应生产高安全性焦糖色技术	四川恒泰企业投资有限公司	三等奖
	膝关节镜在膝关节损伤诊治中的临床应用	眉山市人民医院	三等奖
	经皮穿刺椎间盘髓核臭氧消融术治疗腰椎间盘突出症	眉山市中医医院	三等奖
	可回收食管加膜支架治疗食管贲门失弛缓症临床研究	眉山三医院	三等奖
	炙首乌孕母膳食提高新生儿体质的临床观察	仁寿县第二人民医院	三等奖
	小骨瓣开颅和小骨窗开颅手术治疗高血压性脑出血临床对比研究	眉山三医院	三等奖
2012	热加工新工艺技术制备环保系列、镧系光学成像玻璃元件	四川省丹棱明宏光学有限责任公司	一等奖
	油田采出液浮油自动收油装置	四川坤山专用设备有限公司	一等奖
	广适性香型杂交稻新品种宜香优 800 的选育及应用	眉山市东坡区祥禾作物研究所、四川谷满成种业有限责任公司	一等奖
	直投式乳酸菌发酵泡菜	四川省吉香居食品有限公司、四川省食品发酵工业设计研究院	一等奖
	硫化碱卧式蒸发器	眉山市津鑫机电有限公司	二等奖
	皮带轮橡胶减震结构及黏结剂开发	四川巴斯迪科机械有限公司	二等奖
	鲜叶生产无酯儿茶素绿色高效工艺技术	四川道泉茶业科技有限公司	二等奖
	泡菜标准生产关键单元智能自控技术集成及应用	四川李记酱菜调味品有限公司	二等奖
	粗粮软糖生产关键技术研究及应用	四川茂华食品有限公司	二等奖
	直肠肛门测压及生物反馈治疗功能性便秘和大便失禁的临床应用研究	眉山市人民医院	二等奖
	继续医学教育学习平台	眉山市医学会	二等奖
	自拟胃炎方治疗慢性非萎缩性胃炎的临床研究	仁寿县人民医院	二等奖
	敞开式阳极焙烧炉模块式火道墙技术开发与应用	四川省眉山市金石耐火材料有限公司	三等奖
	优势特色发酵食品渗香技术开发及应用	四川省川南酿造有限公司、四川省食品发酵工业研究设计院	三等奖
	农区肉羊生产“六改六推”技术研究集成与应用	眉山市畜牧站、仁寿县畜牧生产科技站、仁寿县正美农牧有限公司、眉山市东坡区畜牧站	三等奖
	泡菜新鲜原料清洁高效预处理技术集成及应用	四川省致味食品有限公司、四川省食品发酵工业研究设计院	三等奖
	侵入性护理操作时护士行为的模式研究	眉山市人民医院	三等奖
	腹腔动脉和肠系膜上动脉主干的多层螺旋 CT 影像解剖学研究	眉山市人民医院	三等奖

续表28-7

年份	项目名称	获奖单位	等次
2012	腹腔镜辅助结直肠癌根治术的临床应用	眉山三医院	三等奖
	经阑尾末端单管回肠造瘘在结直肠裂漏治疗中的应用研究	仁寿县人民医院	三等奖
	针灸推拿加中药治疗声带麻痹研究	眉山市人民医院	三等奖

二、科技成果管理

1997年起，眉山地区科委开展辖区内申报的科技成果评审、鉴定、登记和奖励。1999年起，建立全区科技成果登记、档案，专人管理。2000年，清理全区科技成果，地区科委制定选择科研课题和项目、科技发展计划的编制、科研计划分层管理、重大项目的组织协调攻关、组织课题与项目实施管理制度，推进科技成果正规化管理。

2002年，眉山市被科技部列为“国家星火计划农村信息化试点市”。2004—2005年，完善科技成果评价体系，规范科技成果评价行为，市科技局制定《眉山市科技成果管理实施细则》《眉山市科技型中小企业科学技术成果管理规定》，包括新产品、新技术、新工艺、新材料，新设计、新方法、标准、计量、科技情报、环境保护、清洁生产、节约能源和消化、吸收国内外先进技术所取得的成果，实行规范化管理。彭山县被列入全省科技工作试点县。眉山市、彭山县、青神县、洪雅县通过四川省科技进步考核。彭山县、青神县和洪雅县通过全国2003—2004年度科技进步考核。2006年，市委、市政府设立市重大科技成果专项资金。市财政局、市科技局制订《眉山市重大科技成果转化专项资金管理暂行办法》，鼓励科技成果转化。职务科技成果直接转让的，单位从转让的净收入中提取不低于30%的比例用于一次性奖励，自行实施转化或者与他人合作实施转化的，在实施成果转化后实现的年净收入中前五年可提15%作为奖励；职务科技成果作价入股实施转化的，可用不低于科技成果入股时作价金额30%的股份用于奖励。2008年，市科技局制订《眉山市农村区域科技成果转化中心评价规范（试行）》，规定农村区域科技成果转化中心的外部环境和支撑条件、业务能力建设和业务绩效评价规范。四川成洪磷化工有限责任公司采用多级耦合分离技术制备高纯电子级磷酸，以普通磷酸为原料生产出高纯电子级磷酸，打破国外垄断，获四川省科技进步一等奖。年产1.8万吨，销售收入50亿元，创汇7亿美元，利税超过15亿元。青神县通过科技部2005—2006年度全国科技进步考核。2009年，市科技局制定《眉山市级科技成果鉴定工作内容规范》，作出成果挖掘、成果鉴定受理、组织鉴定规定。2010年，四川金象化工产业集团股份有限公司等单位研发JX节能型尿素生产技术实现吨尿素单位能耗下降，获四川省科技进步一等奖。年销售收入4.1亿元，利税6653万元。2011年，全市实施科技成果转化项目25项，产值超45亿元。继续实施3个国家级、15个省级和50个市、区县级企业的试点示范和优势培育工程。四川深特尔高分子材料科技有限公司以“醇溶性丙烯酸酯复合印刷油墨树脂”科技成果为抵押，获得成都市科技金融服务中心跨区域科技项目贷款400万元，解决企业在科技成果产业化中的资金难题，实现科技与金融对接零的突破。2012年，市科技局制订《眉山市重大科技成果转化工程实施方案》《眉山市科技自主创新与成果转化目标考核办法》。四川金象化工产业集团股份有限公司等单位研发双加压硝酸加压循环气提硝铵及硝铵废水处理节能清洁生产技术。开发出“双加压硝酸、加压中和硝铵、循环气提-离子交换处理硝铵废水”的节能清洁型工艺和设备。自主设计、建设日产500吨硝酸装置，尾气排放氮氧化物浓度低于欧洲标准，获四川省科技进步一等奖。全市实施省重大科技成果转化专项6项，获资金800万元。截至2012年年底，全市共鉴定登记科技成果105项，其中省级科技成果35项。

第四节　技术市场管理

1997年，眉山地区科委组团参加“乐山新技术项目发布会”，洽谈项目20余个，签订合同2项、意向性协议7项。1998年，启动眉山地区技术市场建设。包括国际国内科技信息资料库及检索；全国科技成果展示、交易；科技新产品样本、样品展示、交易；技术攻关难题招标；科技人才引进、招聘；重点科技项目招商等。当年，全区技术交易近50万元。2000年，市政府印发《眉山市技术市场管理办法》，明确技术市场可以不受地区、部门、经济形式的限制，多层次、多渠道、多形式地开展；规定技术市场的经营范围、形式、技术转让的权益分配，鼓励个人从事技术贸易中介活动，并可获得适当报酬，对从事技术商品的经营机构，银行可给予低息贷款优惠，技术转让的价格实行市场调节，由交易双方协商议定，对大专院校、科研单位和其他全民所有制事业单位的技术转让收入可给予减免税优惠。2001年，全市签订技术合同6项，成交金额73.6万元。2002年，市政府印发《关于发挥眉山市科研优势，促进横向联合的意见》，明确市科技攻关项目和技术改造项目逐步实行公开招标，签订承包合同，实行责任管理；协调银行每年安排一定额度贷款，用于企业技术开发；企业购买科研单位和高等院校的科研成果，优先安排贷款，并享受优惠待遇。市政府组织全市10余家企业参加第四届中国国际高新技术成果交易会，签订合同协议4个，引资500万元，成交合同金额2800万元。2007年，全市技术交易合同登记2个，交易金额165万元，实现技术合同登记零的突破。2009年，眉山市会凌科技等3家企业获省科技型中小企业创业投资补助资金。天源检测的“轨梁厂钢轨超声波探伤样轨及试块设计制作技术服务”等6个项目完成技术合同登记金额1200万元。全年全市12家建设创新型企业申报认定技术开发费1971万元。2012年，全市技术交易合同登记交易额3655万元，万人技术成果成交金额10.47万元。截至2012年年底，全市技术登记合同55件，合同金额1.21亿元。

第五节　知识产权管理

1998—2012年，眉山市鼓励职务发明创造，推动专利技术向现实生产力转化。加强专利管理、保护和协调能力，开展专利专项执法检查，提供专利经费支撑，给予职务发明人专利授权奖励、专利转化实施利润和许可转让费用提成，组织实施企业知识产权试点工程。全市申请专利3177件，转化实施专利技术5541项，新增产值347.01亿元，新增利税51.67亿元。

一、专利申请

1998年，眉山地区申请专利30件。2000年，四川昌泉科农股份有限公司列为国家专利试点企业，青神翠微公司列为四川省专利试点企业。当年起，实施省级专利计划项目。2002年，四川金象化工股份有限公司列为四川省知识产权试点企业，眉山红旗机器厂实施“竹纤维提取技术”省级专利转化项目。2003 年，开展四川昌泉科农股份有限公司国家级、四川金象化工股份有限公司为省级知识产权试点。当年，眉山市实施专利技术转化示范工程，转化实施专利技术 108 项，新增产值 1.38 亿元，新增利税 2379.09 万元。2004 年，2 户企业列为省级专利试点企业。启动眉山市第一轮专利技术转化示范工程，确定首轮专利技术转化示范工程企业 6 户，6 个项目 35 项专利技术参与示范。2005 年，试点企业新增专利 9 项、引进消化吸收他人专利 100 余项。2006 年，4 家市级专利技术转化示范工程企业通过验收，2 家省级专利试点企业通过验收。2007 年，全市 3 家企业被列为省级自主知识产权优势培育企业，7 家企业列为省级知识产权试点企业。启动全市重点企业知识产权试点工程，25 家企业参与试点，转化实施专利技术 293 项。3 家企业安装专题专利数据库。2008 年，南车眉山车辆有限公司新获得 8 项发明专利授权。申请专利 216 件，10 家企业被列为省级自主知识产权优势培育企业和试点企业。2009 年，全市专利申请突破 300 件。青神县列入国家级传统知识产权试点县，眉山铝硅产业园区、青神工业集中区列入四川省第二批知识产权试点园区。验收首轮 10 家省级知识产权试点企业和优势培育企业。培育试点期间，10 家企业新增专利申请 148 件，注册商标 86 件，创四川省著名商标 7 件，中国驰名商标 3 件，转化实施专利技术 200 余项。全市高新技术企业拥有有效授权专利 186 项。南车眉山车辆有限公司等 3 户企业成为国家知识产权试点企业，5 个项目列入四川省专利实施项目，全市转化实施专利技术 706 项，实现产值 44 亿元，利税 7.27 亿元。2010 年，南车眉山车辆有限公司、启明星铝业、金象化工等 10 家企业列为四川省知识产权试点企业。2011 年，全市新申请专利 89 项，拥有发明专利 39 项，专利授权数 53 项。全年实施省级专利转化项目 7 项，省级试点示范和优势培育企业转化实施专利技术 432 件，实现产值 60.95 亿元。2012 年，启动实施规模以上企业“专利消零行动”。全市申请专利 570 件，其中发明专利 120 件；授权专利 400 件，其中发明专利 95 件。13 个项目列入省级专利转化与促进项目，转化实施专利技术 1196 件，实现产值 70.05 亿元，增长 18.37%，利税 10.67 亿元。南车眉山车辆有限公司等 3 户企业通过国家试点验收；眉山铝硅产业园区、青神工业开发区通过四川省知识产权试点工作验收。全年组织实施省级专利转化与促进项目 13 个，转化实施专利技术 1135 项，新增产值 70.74 亿元，新增利税 8.71 亿元。年末全市有国家传统知识产权试点县 1 个，四川省知识产权试点园区 4 个，国家知识产权试点企业 3 家，省级知识产权试点示范优势培育企业 20 家，市级知识产权试点工程企业 30 家。

1998—2012 年，全市申请专利 3177 件，实施省级专利实施计划项目 47 项，实施省专利转化项目 1 项，转化实施专利技术 5541 项，新增产值 347.01 亿元，新增利税 51.67 亿元。

眉山市 1998—2012 年专利情况统计表

表 28-8

年份	申请专利件数（件）	实施省级专利实施计划项目（项）	实施省专利转化项目（项）	转化实施专利技术		
				实施项目（项）	新增产值（亿元）	新增利税（亿元）
1998	30	—	—	—	—	—
1999	40	—	—	—	—	—
2000	77	1	—	—	—	—
2001	118	1	—	—	—	—

续表28-8

年份	申请专利件数（件）	实施省级专利实施计划项目（项）	实施省专利转化项目（项）	转化实施专利技术		
				实施项目（项）	新增产值（亿元）	新增利税（亿元）
2002	106	1	—	—	—	—
2003	104	—	1	108	1.38	0.24
2004	110	3	—	132	2.50	0.49
2005	166	2	—	225	16.98	2.29
2006	160	2	—	325	28.00	4.80
2007	206	3	—	458	33.00	5.25
2008	242	3	—	619	37.96	6.13
2009	300	5	—	702	44.00	7.27
2010	370	6	—	826	51.50	7.82
2011	520	7	—	1011	60.95	8.67
2012	628	13	—	1135	70.74	8.71
合计	3177	47	1	5541	347.01	51.67

二、知识产权保护

2003年，眉山市科技局印发《关于鼓励职务发明创造推动专利技术向现实生产力转化的实施意见》，提出落实专利法及其实施细则规定的给予职务发明人专利授权奖励、专利转化实施利润和许可转让费用提成，加快人才资源向人才资本转变，鼓励职务发明创造，推动专利技术向现实生产力转化。调查全市40余家规模以上企业专利保护状况。加强全市专利执法主体建设，各区县明确专利管理机构，每年开展知识产权执法检查。2004年，市人大常委会组织检查全市贯彻落实《中华人民共和国专利法》情况，视察6家市级专利技术转化示范企业，要求政府提高全社会专利保护意识，加强专利管理、保护。开展侵权盗版集中销毁行动。2007年起，全市每季度开展联合执法检查1次，每周开展专利专项执法检查1次。2008年，市委、市政府下发《关于加快推进八大产业发展的政策意见》，规定“对企业获得发明专利授权，转化实施效益显著、新增入库税金100万元以上的，奖励发明专利主创人员5万

省知识产权局在眉山召开企业知识产权调研座谈会（摄于2006年12月）

元，奖励企业法人代表5万元”。全市开展“天网”“雷雨”知识产权执法专项行动，检查商业场所29家、商品1.73万件，要求有问题的厂家限时整改，立案调查冒充专利案1件。2009年，建立专利案件调处厅，加入泛珠三角区域内地九省（区）专利行政执法协作机制。协助专利权人处理专利侵权纠纷12起。2011年，组织开展“保护知识产权宣传周”等活动，召开知识产权保护状况新闻发布会。开展青神、东坡区、彭山“打击侵犯知识产权和制售假冒伪劣商品”专项行动督查。2012年，全市资助授权专利68项5.46万元。兑现10项新发明专利奖励资金100万元。组织开展知识产权“护航”专项行动。全年专利侵权立案7起，结案7起，调解专利纠纷1起。组织联合执法和专项执法检查11次，检查商品5000余件，登记标注专利商品100余件，查处假冒专利案件3起。

第二十九篇　文　化

1997—2012年，眉山市加强文化设施建设，挖掘、传承、保护非物质文化遗产和文物，加强文化市场监管，市文学艺术界联合会坚持“为人民服务、为社会主义服务”的方向和“百花齐放、百家争鸣”的方针，带领各级文联和团体会员单位加强协会、文艺社团的自身建设和管理，培养、壮大文艺创作人才队伍，引导全市文艺工作者深入实际、深入生活、深入群众，组织开展文艺创作采风、展览、展演、讲座、研讨、交流、文化下乡、群众文艺等活动，打造本土文艺品牌，文艺作品反映生活的广度、深度及题材、体裁形式及风格等方面均有新探索。培养文艺人才，创作出一批思想性、艺术性、观赏性俱佳，群众喜闻乐见的精品力作，全市文学艺术持续发展和长期繁荣，推进社会主义先进文化的培育和发展。

第一章　文化事业

眉山市文化底蕴厚重，各级党委、政府重视文化事业，弘扬中国优秀文化，做大做响文艺品牌，加强文物保护，至2012年，全市建成青神县、丹棱县2个中国民间艺术之乡，东坡区、洪雅县2个省级特色艺术之乡，六区县全部跨入省级文化先进县行列，有省级文化先进乡镇24个。

第一节　群众文化机构和文艺品牌

一、群众文化机构与队伍

（一）群众文化机构

1997年，眉山地区有县级图书馆6个、博物馆2个，文化馆6个，群众艺术馆1个、新华书店1个，有专业艺术团体川剧团2个，文化站（中心）149个。2005年，眉山市文化馆、眉山市图书馆开馆。自此，构成市、县（区）和乡文化站三级公共文化服务网络。至2012年，有市、县级图书馆7个、文化馆7个、文物管理所7个、博物（陈列、纪念）馆4个、文化站131个、农家书屋1186个、新华书店7个。

文化馆（图书馆）　1997年，眉山地区有县级文化馆（图书馆）各6个。2001年，眉山地区群众艺术馆更名为眉山市群众艺术馆。2003年，三苏博物馆更名为三苏祠博物馆。2004年，启动眉山市图书馆、眉山市文化馆建设。至2005年，眉山市文化馆、眉山市图书馆建成并开馆。眉山市文化馆与眉山市图书馆合署办公。2008年，市文化馆增挂“眉山市文化艺术创作中心”牌子。2010年，东坡区、彭山县、仁寿县、青神县4个图书馆被文化部评定为三级馆。2012年，眉山市有文化馆（图书馆）各7个、艺术（博物）馆2个。

文化站　眉山市各街道、乡镇基层文化机构健全，称文化中心或文化站。1997年，眉山地区有文化站（中心）149个。1998年，全区新建文化站6个。1999年，全区文化站达标率60%。至2006年，眉山市有乡镇（街道）中心文化站131个，专（兼）职文化专业干部131人。2007年起，眉山市128个乡镇文化站全部进入中央预算内投资计划，东坡区修文、三苏、复盛3个乡镇文化站列入首批试点建设项目。每个乡镇文化站中央划拨资金16万元，不足的由地方配套。2005年，三苏祠博物馆更名为眉山三苏祠博物馆；成立市群众文化学会。2009年，三苏祠被国家文物局评定为国家二级博物馆。当年，向上级争取300台（套）“绿色电脑”，分送33所农村中小学、18个乡镇文化站和7个街道社区。2010年，眉山市启动文化站设备配送工程，为128个文化站配送价值512万元的调音台、音响、电视、桌椅、DVD、锣、鼓、钗等文化专用器材和设备。为111个乡镇文化站配备文化活动专用器材。全市实施“绿色电脑”进西部活动，至2010年年底，全市建成乡镇综合文化站98个，总投资2783万元。2011年，全市新建乡镇综合文化站29个，完成90个乡镇综合文化站设备配套采购配送，建成26个配送专用设备的城市社区文化活动室。2012年，眉山市争取“绿色电脑”945台（套）、支持全市部分农村中小学和社区文化站。有乡镇（街道）综合文化站131个。

电影发行放映机构　1998年5月，建立眉山地区电影发行放映公司，主要负责各县电影发行放映公司业务指导。全区35%的乡镇成立电影队，有农村电影放映队62个。2001年，眉山地区电影发行放映公司更名为眉山市电影发行放映公司。2002年，全市有县级以上电影发行放映公司7个。2003年起，按照“市场运作、企业经营、政府购买、群众受益”的发展思路，注重从组织机构，经费保障方面加强农村公益电影放映体系建设。至2005年，通过影企（事）联姻、科技兴农等方式，全市130余个乡（镇），1308个行政村建立常年性流动放映点；在530余所乡（镇）中小学校和部分村级小学建立放映点，160余个放映队参与。2006年，文化信息资源共享工程市级支中心为六区县文化信息资源共享基层中心配置发放数字电影放映设备。2009 年，电影公司划归市广播电视局管理。2011 年，全市电影公司完成转制。至 2012 年，眉山市有电影公司 6 家、电影院 3 家。

农家书屋　2007 年，眉山市启动农家书屋建设工程，文化信息资源共享工程延伸到乡村，解决农民群众买书难、借书难、看书难问题。当年，全市建成农家书屋 63 个、农村书社 13 个。2008 年起，制订全市统一建设规划，创新“建、管、养”，推行“书商+书社+书屋”模式。2010 年，全市 1186 个行政村均建成农家书屋，实现“村村有书屋”。至 2012 年，全市 30 个农家书屋被评为省级示范书屋，数量居全省第二，其中，东坡区白马镇龚村农家书屋被评为全国示范农家书屋。

文艺阵地　眉山文艺阵地包括杂志、刊物和电子阅览室。1998 年，眉山县办有杂志《百坡》。2003 年 3 月，眉山市文联主办、眉山市作协承办市文联机关刊物《东坡文学》创刊。2007 年，《东坡文学》改版为《东坡文艺》。至 2012 年，《东坡文艺》改版为《眉山文艺》。全市有东坡区文联主办的《百坡》、仁寿县文联主办的《飞泉》、青神县文联主办的《中岩》、彭山县文联主办的《彭山文艺》、洪雅县文联主办的《瓦屋山》、市作协主办的《东坡文学季刊》《东坡诗刊》《眉山作家报》、市音协主办的《眉山乐苑》、市散文学会主办的《在场》等刊物办刊水平整体提升，得到好评；市文联“眉山文艺网”、市摄协“眉山摄影网”、市诗协“采浪网”以及市文联管理的市政府网站“千载诗书城”栏目等网络平台，已成为眉山对外交流的主要阵地。

电子阅览室　2002 年，财政部、文化部实施“全国文化信息资源共享工程”。2003 年，眉山市建成 10 个基层文化信息资源共享工程。2007 年，市财政投入 25 万元建立眉山市共享支中心电子阅览室，各区县分别投入 20 万元～40 万元建设县级分中心，中央财政为每个中心配备 68 万元设备。2008 年，建成市级支中心（市图书馆），启动洪雅、仁寿 2 个分中心建设。2009 年，投资 277 万元建成乡镇共享工程基础服务点 59 个，配置资源管理服务器、电脑等专用器材，建成市级支中心和仁寿、洪雅 2 个分中心。建成村级示范共享点 50 个，软件升级点 50 个。2010 年，建成文化信息资源共享工程县级分中心 2 个，建成乡镇共享工程基层服务点 56 个、村级服务点 570 个。2011 年，全市完成 90 个共享工程乡镇基层服务点建设，建成文化共享工程村级服务点 556 个，实现村级全覆盖。2012 年，为 43 个乡镇文化站配送公共电子阅览室设备，完成 26 个社区文化室公共电子阅览室设备配备，建成符合“五个一”标准的社区 22 个，投入资金 1909 万元。

其他机构　1997 年，眉山地区有博物馆 2 个、地区群众艺术馆 1 个、新华书店 1 个，有专业艺术团体川剧团 2 个。2000 年后，眉山市将市民休闲娱乐广场列入城市建设重要设施。眉山地区群众艺术馆更名为眉山市群众艺术馆。2003 年，三苏博物馆更名为眉山市三苏博物馆。2005 年，成立市群众文化学会。2008 年，成立眉山市文化艺术创作中心；组建东坡艺术团。2011 年，三苏祠博物馆被四川省纪委、省监察厅命名为“四川省廉政教育基地”。至 2012 年，全市有博物馆 3 个（三苏祠博物馆、洪雅民俗台会博物馆、彭山江口崖墓博物馆）、地区群众艺术馆 1 个、新华书店 1 个。有 12 支业余文艺团队。

（二）文艺队伍

人才培训　1997 年起，眉山地区重视文化人才队伍培养，每年组织举办各类文化艺术培训班。1999 年，全区培训文艺骨干 2000 人次。至 2004 年，眉山市有文化专业干部 217 人，各类业余群众文化队伍 442 支。2005 年，市文化馆开展文化馆（站）业务培训讲座和艺术门类推广培训等活动，邀请省上专家现场辅导，提高文艺骨干理论素养和专业技术水平；每年拓宽培训范围，提高培训质量，推动基层群众文化发展。至 2012 年，市文化馆以市老年大学声乐表演班、舞蹈班为基地，挑选优秀学员，并在全市范围内吸收中老年文艺骨干人才，组建市文化馆合唱团、市文化馆中老年舞蹈队，定期专业训练。

文艺专业人才　1997—2006年，眉山市（地）加入中国作协的会员有宋明刚、刘小川、宋学镰、周闻道；加入中国美协的会员有周华君、邓枫、杨梁相；加入中国书协的会员有杨梁相、杨江帆、李坤林、陈敦良、何鸿；加入中国摄协的会员有王国荣、李隆德、魏宇、王尧卿、朱家枢、柴树清、余纪桦、杨勇、王澄琳、汪学军、李涛、陈学礼；加入中国音协的会员有梁干材、王晋川、刘正龙；加入中国舞协的会员有许益群、朱德明；加入中国视协的会员有蔡心华、雷金贵、师征、乐俊清、王兴良、谢红、邱江涛、张敏方。2007年，吕应鑫加入中国美协，杨正南加入中国摄协。2008年，柴树清加入中国摄协；邓敏、刘玉莲加入省作协，15人加入省摄协。2009年，谢泰伟加入中国美协，余纪桦、王澄琳、李涛、陈学礼、巨源、鲁争加入中国摄协，7人加入中国散文学会；7人加入省作协，2人加入省美协，10人加入省摄协，4人加入省音协。2010年，周仲明加入中国作协，杨勇、伍宏伟、胡豫莲加入中国摄协；盛云树、何泽琼、文培英加入省作协，辜志勇、罗永翔加入省摄协，肖敬业、时无恙加入省书协。2011年，熊明加入中国美协，李国莲、钟艺加入中国书协，胡舒、覃建华、汪学军加入中国摄协；刘文清、王治中、吴志远加入省美协，段勋、陈小勇、廖平、查中元、康永久、段永惠加入省书协，杨帆、张素文等11人加入省摄协。2012年，徐晓洪、姜志臻加入中国书协，王怀清加入全国工笔画学会和省工笔画学会，杨江帆、杨星泉、郑邦斌加入省美协，谭立新、祝勤、朱浩、任忠、黄劲松、邱昌宪、张锐红加入省摄协，张波、李雅玲、杨雪鸿、李刚、罗映涛加入省书协。20人当选为省专业协会理事、常务理事、委员。

二、文艺品牌

（一）在场主义散文流派

在场主义为中国当代首个自觉的散文写作流派，创立于2008年3月。在场主义以“在场性”的在场作为流派的哲学本体论建构；以“散文性”的在场作为流派的散文本体论建构；以介入——然后在场作为流派的写作方法论建构。“在场”就是去蔽、敞亮、本真；在场主义散文就是无遮蔽的、敞亮的、本真的散文。当年，眉山市政府批准以文化软项目立项。2009年，中国散文学会在眉山召开全国性学术研讨会，并挂牌创作基地。引进民间资本创立中国第一大民间文学奖在场主义散文奖，不断扩大眉山文化影响力。项目理论成果丰富，散文流派初步形成。至2012年，眉山形成一个具有自觉写作和显著地域文化特征的“在场主义散文流派”，做大做强做响文艺品牌。

2010年5月，由在场主义创始人、著名散文家周闻道和企业家李玉祥联手发起，在北京设立在场主义散文奖。以其年度单部作品奖30万元，总奖额50万元的高额奖金，成为“华语散文民间第一大奖”，是中国文学界唯一以鲜明文学观念为旗帜设置的文学奖项。奖项分设在场主义散文奖、在场主义散文奖提名奖和在场主义散文奖新锐奖三类。在场主义散文流派受到中央电视台、中国作协机关报《文艺报》《文学报》《中国青年报》《羊城晚报》《华商报》等上百家媒体关注。出版在场主义散文丛书、书系、年选和实验文本等45部。

（二）东坡画派

2005年，成立东坡书画院，承继苏东坡文人画遗风，连续举办“眉山人画眉山”写生创作采风和展览活动。2009年，市委、市政府相关领导提出打造东坡画派。东坡画派艺术家在四川广电骄子杂志刊登了相关艺术作品和画派推荐专栏。市委宣传部、市文广新局、市文联等部门长期关注和推动东坡画派的发展。东坡画派主要依托眉山市美术家协会、眉山国画院、眉山市老年书画院、三苏书画院开展创作交流活动，宣传推广画派人才。东坡画派属于巴蜀画派的一个分支，是巴蜀画派的重要力量。其代表人物有周华君、吕应鑫、邓枫、熊明、谢泰伟等。

（三）生命诗派

1998 年 5 月，成立眉山市诗歌协会，创建和推广生命诗派。当年，在洪雅瓦屋山举办瓦屋山诗会，在青神县中岩寺举办青神中岩中秋诗会。1999 年在丹棱县梅湾水库、竹林寺举办丹棱桃花诗会，著名诗人、中国诗歌学会副会长、四川省作协副主席孙静轩参加活动；在洪雅县槽渔滩举办青衣江诗歌之旅。2000 年在三苏祠举办迎春诗歌朗诵会、在瓦屋山举办瓦屋山杜鹃花诗会，在眉山蓝桂坊举办眉山地区新世纪杯诗歌大赛颁奖活动，孙静轩及著名作家、《散文诗世界》副主编刘允嘉、军旅诗人凌仕江参加活动。沈荣均获新诗一等奖，黄耀聪、杨林获旧体诗一等奖。2004 年组织诗人赴宁夏同心县采风。2005 年在仁寿县黑龙滩举办网络诗歌研讨会，在眉山宾馆举办东坡杯诗歌大赛颁奖活动，邀请美籍华人诗人马兰在眉山举办创作交流。2007 年成都非非诗派诗人到眉山与生命诗派开展交流，非非诗人周伦佑、龚盖雄，生命诗人伍俊华、夏阳等参加活动。授权采浪网发布采浪诗歌年度报告。在青神县中岩寺举办纪念苏东坡 970 周年诞辰金秋中岩笔会。2008 年在彭山县举办彭祖山春雨诗歌笔会。2009 年在仁寿县文宫镇举办中国当代诗人文宫桃花笔会，著名诗人向笔群、邱绪胜等参加活动。2012 在青神举办千古东坡中岩诗歌朗诵会，在仁寿举办梨花杯诗歌大赛笔会。截至 2012 年年底，眉山市诗歌协会开展活动 60 余次。通过活动培养诗人、作家，数百首作品在《诗刊》《人民文学》《星星诗刊》《诗歌月刊》《诗潮》《诗神》《青春诗歌》《绿风》《中国诗歌》《四川文学》《四川作家》《青年作家》等省内外专业报纸杂志发表，出版专集 10 余部。

第二节　群众文化活动

1997 年起，地区和各县积极开展群众文化活动。2000 年后，眉山市节假日文化活动制度化。2008 年起，市委、市政府决定“每月一次文体活动”。全市每年围绕不同主题，组织开展特色群众文化活动。2012 年，全市开展群众文化活动 500 余场，惠及群众 50 万人次，实现月月有活动，丰富城乡群众业余文化生活。

一、文艺表演

1997 年起，眉山地区开展基层文艺表演活动。每年元旦、春节、“五一”、“七一”、国庆等节日以及大型庆典，地委、地区行署和地区宣传、文化主管部门，机关、学校、企业或业余文艺团体举行节日庆祝展演。每年元旦、春节、国庆等节日举行团拜会文艺演出等节庆文化活动。当年地区和眉山县共同主办每五年一届的第三届东坡文化节。突出和弘扬东坡文化，提高眉山知名度，举办大型团体操表演，专业演出团体到眉演出等。1998 年，仁寿县农民演出团体南洋艺术团，在县内外演出 150 余场，观众 3 万余人次；眉山县送戏下乡演出 73 场，观众 7 万余人次。至 2000 年，每年举办地区建立周年庆文艺会演。眉山地区川剧团演出 430 场，其中送戏下乡演出 140 场。

2001 年起，眉山市开展送文化下乡活动，按照节假日活动制度化要求，组织音乐、器乐、舞蹈节目到基层演出。全市围绕庆祝中国共产党成立 80 周年，开展系列庆祝活动，举办苏东坡逝世 900

周年学术研讨会和文艺晚会。2002年，市委宣传部、市文体局、市广播电视局、市残联举办“同在蓝天下”爱心义演活动，以及妇女巾帼风采“红盾之光”等文艺演出。眉山川剧团排练上演崇尚科学、反对邪教优秀方言话剧《天国梦》，在全市城乡演出30余场。2003年，开展抗“非典”慰问演出、“庆七一”“金秋庆国庆”等大型文化活动8次，邀请普格县文工团、成都战旗演义公司等演出团体到眉演出，观众10万人次。青神县举办竹编艺术节系列活动，展示“中国竹编艺术之乡”创建成果。全市组织文艺宣传队伍到乡镇演出400余场。2004年，全市以“宣传十六大精神，大力传播社会主义先进文化”为主题，开展送文化下乡活动。围绕庆祝中华人民共和国成立55周年、纪念邓小平100周年诞辰等主题开展全市性文化活动10余次。东坡区举办首届川剧艺术周活动。2005年，全市文体系统组织业余演出队伍26支，业余文艺骨干1000余人，赴全市108个乡镇演出各类节目515个，观众28万人次。举办东坡文化艺术节暨眉山建市五周年中央电视台《激情广场》“走进中国诗书城·眉山”大型文艺演出。2006—2007年，全市开展“送文化下乡”135场，演出各类节目455个。举办眉山市第一届运动会开幕式大型文艺演出、庆“五一”系列文艺会演。举办中国·眉山东坡国际文化节——纪念苏东坡970周年诞辰系列活动。三苏纪念馆开馆及“三苏博物馆馆藏书画收藏精品和眉山市实力书画家作品展”等，以纪念活动为中心，经贸活动为重点，举行原创音乐舞蹈史诗《千古东坡》、论坛、三苏纪念馆开馆仪式、非物质文化遗产项目巡游《东坡雅韵》、东坡诗词吟诵音乐会、美食文化周、冬季房交会、三苏故里游、招商引资推介会等16个活动项目。

2008年起，落实每月一次文体活动，开展基层文艺表演活动，每年在不同乡镇举办送文化下乡活动启动仪式。当年市文化馆出动流动舞台车，在全市11个乡镇演出文艺节目，观众4万余人次。东坡区利用城区广场，仁寿县利用体育广场、街心广场，彭山县利用彭祖广场，丹棱县利用九龙广场等开展民间文艺演出。全市围绕“迎奥运”、纪念改革开放30周年开展一系列文艺演出活动，举办纪检机关恢复重建30周年、市第二届运动会开幕式等系列大型演出10余次。仁寿县特校聋生舞蹈《同一片蓝天》，在国家体育馆“集善嘉年华·北京2008”大型公益晚会上演出。2009年，眉山市围绕庆祝新中国成立60周年主题开展系列活动。选送11个节目参加第七届全国残疾人艺术会演，丹棱县《唢呐》被评为全国优秀奖和四川省一等奖。当年起，市图书馆每年在东坡湖广场、金城广场、激情广场等举办迎春灯谜竞猜活动，吸引市民数千人参与。市委、市政府举办纪念苏洵1000周年诞辰系列活动。包括新闻发布会、千人报告会、苏洵学术研讨会、“苏洵魂”书画展、大型祭祀活动、《眉山苏洵》《眉山苏轼》《眉山苏辙》丛书首发式暨读书活动、参观三苏遗迹遗址活动8个项目。2011年，围绕庆祝中国共产党成立90周年等节庆活动开展系列文化活动。举行眉山市残疾人文化艺术节，开展具有眉山特色的文化艺术活动。在六区县开展眉山市残疾人文化艺术活动周。各区县残联组织包括声乐、器乐、舞蹈、戏剧小品、

东坡区“心连心艺术团”进社区演出（摄于2010年6月）

诗歌朗诵等文艺节目42个，艺术作品125件。举行眉山市第二十一次全国助残日文艺演出。组团参加四川省残疾人文化艺术节，6件作品获奖。2012年，眉山市举办中华经典诗词诵读——《宋词雅韵》晚会。以“共享文化，放飞梦想”“自强不息、感恩奋进”“知识改变命运”等为主题，开展乡镇、社区残疾人文体活动，残疾人社会主义核心价值观教育活动，组织残疾人多读书、读好书，让残疾人在读书学习中自强、充实、提高。开展主题为“自强、感恩、奋进”的残疾人励志演讲活动，发掘具有时代特征的优秀残疾人和残疾人工作者的先进事迹。丹棱县成功创建“大雅新农民快乐新农村”群众文化活动品牌；东坡区“心连心”艺术团、仁寿县“仁寿大舞台”分别开展群众文化表演活动128场和320余场；青神县举办中国青神瑞峰龙舟文化旅游节。全市基层文化表演活动常态化。

二、文艺比赛

1997年起，眉山地区每年举办文艺比赛。1999年，眉山地区选送眉山特校6个节目参加第四届全国盲聋哑学校文艺会演。2001年，眉山市组织参加全国、四川省残疾人书法、绘画、摄影作品展，艺术会演等。2002年，举行眉山市首届灯舞大赛，六区县10余支代表队在中心城区主要街道巡游表演，评出一等奖6名、二等奖4名。举办眉山市首届青年歌手大赛。2003年，举办全市“创园杯”创建国家园林城市主题摄影大赛。2004年，推荐6幅作品参加全国残疾人摄影大赛，举办“爱心托起我的梦”为主题的残疾人专题演出。2005年，眉山市组织12个节目参加“全国第六届残疾人文艺会演”，3个节目获奖；推荐7个节目参加“第一届全国盲人歌手录音录像大赛”“第一届肢残人卡拉OK歌手大赛”，7个节目获奖。2006年，举办民歌、情歌比赛。2007年，市文体局、广电局、市文联和市舞蹈家协会联合举办“阳光置业杯”眉山市第二届少儿舞蹈表演大赛。六区县16个节目参加决赛，《蒲公英》《大雅古韵》等9个节目获一等奖。2009年，举办全市青年歌手大赛，歌手100余人参加。举办首次全市街舞比赛。举行西模中国2009年眉山特别赛区暨眉山文化旅游形象大使选拔赛，历时1个月，决出冠军选手作为眉山文化旅游形象大使直接进入港门西模中国2009全国总决赛。2011年，举办全市首届戏剧小品大赛，青神县选送的小品《春天里》、仁寿县选送的小品《心病》，分获大赛创作奖和表演奖第一名。

三、文艺作品展览

文艺作品展主要包括书法、美术、摄影展。

（一）眉山市举办展览

1997年起，眉山地区每年结合不同节庆主题和文化活动举办各类书画、书法、摄影展览。1998年，为纪念建区一周年，分别在三苏广场和三苏祠举办以“艰苦创业，苦干兴区”为主题的摄影展和书画展，展出摄影、绘画、书法作品100余幅（件），接待观众上万人次。2000年，地区文联在三苏祠举办庆祝建区三周年书画展。

2003—2005年，眉山市文联举办眉山市首届漫画展、川南6市书画作品巡展。举行田园生态旅游摄影展。举办纪念中国人民抗日战争暨反法西斯战争胜利60周年书法、美术、摄影展览。举办中国诗书城首届“诗书杯”迎春书画展，展出作品100余件。

2006—2010年，举行眉山市第二届“诗书杯”迎春书画展。全市开展“八荣八耻”宣传漫画巡回展。举办纪念苏东坡970周年诞辰眉山画院中国画展、纪念《在延安文艺座谈会上的讲话》发表

64周年画展、眉山市东坡金城书画精品展——书画进万家活动等。在三苏雕像广场、市级机关、学校和部队举办眉山市抗震救灾图片实录展，展出图片238张。在眉山三苏雕像广场和6县（区）举办“三十年一瞬间——纪念改革开放30周年摄影展”巡展。举办“眉山人画眉山”迎春书画展，“学交警、迎奥运、庆‘五一’”书画笔会，“生态眉山、宜居湖滨”摄影大赛，“迎奥运暨抗震救灾重建家园”书画作品展等展览。在三苏纪念馆举行“纪念苏洵1000周年诞辰‘苏洵魂’书画展”，征集以苏洵及其思想为主的书画作品近100件，吸引市民万余人到展欣赏。举办眉山国画院现状美术展，“新春走汶川”摄影采风活动，忠诚与使命大型书画摄影展等。举办庆祝建市十周年大型摄影图片展，在《眉山日报》连续四期八版刊出。市委宣传部、市文联、市书法家协会举办“纪念眉山建市十周年百米书法雅集”活动。举办“眉山警察摄影展”巡展。

2011年，举办庆祝中国共产党成立90周年暨眉山市第二届漫画作品展，四川·眉山首届书法艺术节开幕式暨东坡墨苑第一回书法展，眉山市2011年春节七天乐文化惠民活动美术展和摄影展，低碳生活·眉山市首届青少年摄影书画作品巡回展，眉山市首届农民书画展，丹棱新农村建设成果摄影展。2012年，市文联举办首届全国东坡情文学艺术作品大赛颁奖大会暨书画摄影作品展。市委、市政府举办眉山市三农暨泡菜文化诗赋书画摄影展开展。市委宣传部、市文联举办全国东坡诗词书法邀请展。举办纪念毛泽东《在延安文艺座谈会上的讲话》发表70周年“文化眉山”书画雅集活动。市美协承办“2012眉山市迎春油画、水彩、水粉展”和眉山“巴蜀画派”代表人物迎春书画精品展。市诗词楹联学会和洪雅县文联举办纪念苏东坡975周年诞辰暨中秋雅集活动。市老年书画研究会与市委组织部等部门举办“喜迎十八大翰墨抒情怀”书画作品展。

（二）与外地合办展览

2001年，眉山和乐山2市市委宣传部、市文联主办中国画联展分别在两地展出。2003年，眉山画院与乐山大佛画院在眉山举行联合画展。2007年，眉山市文联、三苏祠博物馆、四川省美术家协会共同承办中国·眉山东坡国际文化节“三苏博物馆馆藏书画收藏精品和眉山市实力书画家作品展”，集艺术性和观赏性为一体，展出以苏东坡为题材的书画作品100余幅，包括宋代著名画家李公麟的《东坡像》，清代潘振镛、沈燧、张廷济、子芾氏的《东坡先生笠屐图》，余集的《东坡像》，唐琅昌的《宋苏文忠公像》；近现代名家姚石倩、俞子才、程十发、陈子庄、刘旦宅、沈道鸿、李琼久、杜重划等人作品。举办成都眉山中青年书法家精品展、四川省第七届漫画展眉山巡展。

2008—2012年，举办四川省第十三届摄影艺术展眉山巡展，展出作品178幅。举办四川瓦屋山杜鹃摄影大赛。举办“眉山·乐山美术作品联展”。市文联、市摄协参与承办“四川省第十四届摄影艺术展眉山巡展开幕式暨瓦屋山雅女·杜鹃摄影大赛颁奖典礼”。举办吕应鑫个人（成都）中国画展，眉山·雅安两地书法交流展。市文联、市美协与省美协、凉山州文联举办“墨络”中国画展。市文联与资阳市文联举办“天府新区”眉山资阳书法交流展。

（三）组织参加外地展览

1998年，地区文体局、地区计生委组织选送书画、摄影、文学作品参加四川省计划生育展览和中国人口文化奖活动，其中3幅作品参展，1幅作品获中国人口文化奖。1999年，眉山地区选送5件作品参加四川省残疾人书画作品展。2008年，反映眉山白内障复明的摄影作品在“第四届残疾人在祖国怀抱中”全国摄影展获奖。2012年，市文联、市书协赴湖北黄冈参加东坡文化节及湖北黄冈、四川眉山、海南澹州、广东惠州4市书法交流展。市文联、市书协与雅安市文联开展眉山雅安书法交流展。市文联、市书协在资阳举办“庆‘七一’资阳眉山书法艺术交流展”。

四、文化公共服务

（一）图书馆

1997 年，眉山地区有县级图书馆 6 个，藏书 20 万册。6 个县级图书馆均为免费开放，每年各级博物馆均在世界图书馆日等时间节点举办相关活动。1998—1999 年，全区县级图书馆开展“第二次全国公共图书馆评估”自评和考评。建立地区地方文献样本缴送制度，启动地区内各新闻单位、机关团体、企事业单位向地区群众艺术（图书）馆缴送地方文献样本工作。全区开展“’99 图书馆服务宣传周”活动，通过图片展览、散发资料、解答咨询、现场办证、图书借阅、送书下乡等形式引导人们认识图书馆、走进图书馆、利用图书馆。2002 年，东坡区图书馆设置电子阅览室。各区县图书馆开展以“传播先进文化，提高全民素质”为主题的图书馆服务宣传周活动。

2005 年，市图书馆开馆，藏书 418 册。2006 年起，市图书馆每年举办阅读活动吸引鼓励大众利用图书馆。每年“世界读书日”开展以介绍“世界读书日”知识、全民阅读倡议、纪念改革开放 30 周年、“全民迎奥运”等为主题的读书宣传活动、图片展览、优秀图书展等，向市民散发宣传资料。2007 年，东坡区图书馆接待读者 6 万余人次。市委办、市政府办印发《关于向市图书馆捐赠图书的通知》。市印刷协会向市图书馆捐赠图书 2397 册。市图书馆电子阅览室建成投入使用。2008 年，市图书馆网站开通。市图书馆、市作家协会举行“眉山作家向市图书馆赠书”仪式，作家 18 人捐赠自己代表作品 5 种 206 册。2009 年，市图书馆实现文献编目、流通、数目检索等自动化管理，馆藏 1.6 万册图书和近 200 种期刊全部做成机读目录。2010 年，东坡区、彭山县、仁寿县、青神县 4 县图书馆被文化部评定为三级馆。年末，市图书馆馆藏图书 1.8 万册。2011 年起，市图书馆增加图书外借室和报刊阅览室每天 19—21 时的夜间开放时间和国家法定节假日的开放时间。网站增加博看期刊数据库，为读者提供 2000 种电子期刊阅读，同时实现网上书目查询、图书预约、续借等服务。全年接待读者 2.4 万人次，持证读者 2255 人，书刊流通 5 万余册次，网站浏览 9 万人次。至 2012 年，全市有图书馆 7 个。市图书馆馆藏数量 2.52 万册，年接待读者 3.45 万人次。所有图书馆免费开放，图书馆活动常态化。

（二）文化馆

1997 年，眉山地区有县级文化馆 6 个，地区群众艺术馆 1 个。此后，各级文化馆每年主办或协办各类群众文化活动，丰富群众文化生活；并通过举办培训班，培训业余文艺骨干，为社会输送艺术人才。1999 年，全区培训文艺骨干 2000 人次。2000 年，眉山县文化馆参与主办、承办、联办、协办各类文化活动近百项次，包括承办全县春节团拜会文艺演出、运动会开幕式广场文艺表演等大型活动。彭山县文化馆全年辅导乡镇文化站、学校文艺表演 37 个单位，辅导人员 2000 人次。2005 年，市文化馆开馆，除负责培训全市业余文艺骨干及研究群众文化艺术外，还负责全市专业文艺创作业务；开展地方文化研究；辅导业余文艺创作；组织开展全市社会艺术水平考级。成立市群众文化学会，加强群众文化活动队伍理论建设。当年起，市文化馆每年主办或协助组织举办各类群众文化活动，广泛开展文化辅导培训等活动。2008 年，市文化馆增挂“眉山市文化艺术创作中心”牌子。组建东坡艺术团。2011 年，市文化馆服务群众 3000 余人次。2012 年，市文化馆免费为业余文艺团队和机关企事业单位提供文化活动场地。全年为 12 支业余文艺团队提供服务，服务群众 8300 余人次。

（三）博物馆

眉山市博物馆有三苏博物馆、洪雅民俗台会博物馆、彭山县汉崖墓博物馆。

三苏博物馆　1997年，三苏博物馆全年接待中外游客18万人次，收入101万余元。2000年，三苏博物馆突出三苏文化特色，结合组织对外宣传攻势，举办馆藏文物精品展2次、书画展2次和书法艺术木刻藏品展、东坡诗意盆景展等活动。举办纪念苏东坡963周年诞辰东坡诗词吟诵会；利用三苏祠作为省级爱国主义教育基地的作用，与全区各中小学校青少年中开展“弘扬三苏文化，树立远大志向”和“三苏在我心中”的主题活动，接待中小学生5000余人次。编辑发行《苏东坡诗选》《苏东坡词选》《第九届全国苏轼学术研究会论文集》等书刊资料。当年接待中外游客50余万人次，其中外宾450余人次，导游讲解1117批次，实现门票收入80万余元。2001年，三苏博物馆上划市管理，当年三苏祠举办“苏祠金秋”文化旅游活动周，有活动项目7个，国庆节接待游客1万余人。2002年起，组织春节、“五一”“十一”黄金旅游周文化旅游活动。2005年，全年接待游客28万人次，讲解6000批次。2006年，三苏祠创收307万元。2008年，三苏纪念馆实行免费开放，当年接待游客15.6万人次，经营收入116万元。2010年，接待游客39.6万人次，讲解3102批，收入800万元。2012年，三苏祠博物馆接待游客80余万人次，旅游经营收入686万元，实现经济效益、社会效益同步发展。

洪雅民俗台会博物馆　由省级文物保护单位“五龙祠”改建而成，占地面积6000平方米。洪雅民俗台会历史悠久，宋代开始，清代盛行，延续至今，每年农历5月27日，洪雅在民俗台会博物馆举办台会游街活动。1986年洪雅台会参加中国首届艺术节和成都演展获奖。1990年，成立民俗台会博物馆。洪雅县文物保护中心先后投入资金300万余元，维修“五龙祠”三殿，将散存的望月楼、洪川祠古建筑迁进博物馆复原，新建碑廊及生活配套设施，馆址建筑面积2083平方米，其中古建筑1923.4平方米、仿古建筑159.6平方米。博物馆整体框架，园林基本成形，1996年对外免费开放。至2012年，博物馆每年接待观众12万人次，成为保存、挖掘、弘扬、展示洪雅县民族文化的爱国主义教育基地。

彭山县汉崖墓博物馆　是以展示彭山汉崖墓文化为主的博物馆，位于彭山县江口镇，占地面积约10亩。1989年以全国重点文物保护单位江口崖墓为依托修建的博物馆。馆内设以崖墓为主的遗址展示区，以明代古建筑梓潼宫为陈列室的历代文物展区，以稀世少有的汉代画像砖、画像石为内容的雕塑厅展示区。1999年被公布为眉山市第一批爱国主义教育基地，2003年被公布为四川省第三批省级爱国主义教育基地。截至2012年年底，开展各类文物展，充分发挥博物馆收藏、展示、研究、教育等功能以及爱国主义教育基地职能作用，促进全县文化事业发展。

五、电影发行放映

1997年起，眉山地区结合不同主题，每年组织电影放映。开展送电影下乡活动。1998年，全区在农村放映电影3200场。多数乡镇放过电影。眉山县修文镇、彭山县观音镇2个农村电影放映队被四川省文化厅命名为优秀农村电影队。1999年，举办庆祝新中国成立50周年优秀国产电影展映活动。地区文体局制定《眉山地区落实农村电影放映“2131”目标规划》，将5月、6月定为青年题材和爱国主义教育影片放映月，组织4个县放映员50余人前往500余所中小学放映电影3400余场，60万人次观看影片。

2001年起，眉山市实施农村电影放映“2131工程”（在广大农村每月每村放映一场电影）。当年，在全市青少年学生中开展爱国主义电影教育放映活动。洪雅县每年在县城五牛广场举办电影晚会 17 场，观众 2 万余人次。全市放映电影 1029 场，观众 87 万人次。2002 年，全市开展“水利先行为农业”“千村千场”送科教电影下乡活动，组织放映反邪教电影《深渊》《花街》等优秀国产影片。2003 年，市电影公司在东坡区、青神县、洪雅县、丹棱县等县城组织放映电影 72 场，免费为驻眉山部队、武警支队提供影片 10 部。

2008 年抗震救灾期间，眉山市文体局在中心城区为群众放映广场电影（摄于 2008 年 5 月）

2006 年，眉山市开展“送数字电影下乡”活动，在全市 76 个乡镇放映数字电影 205 场。2007 年，全市开展“电影迎春、共享工程送欢乐”专场电影放映活动，放映农村电影 4000 余场。2008 年，组建眉山田园农村电影院线公司，专门负责农村公益电影放送业务。“5・12”汶川特大地震当天晚上，市电影公司分别在东坡区修文镇和中心城区放映公益电影，稳定群众情绪，为市民搭建避震场所，专门前往市救助站为转移灾民放映电影。全年在全市各村放映电影 1.41 万场。

2011 年起，全市行政村一村一月放映一场农村公益电影，当年放映 1.48 万场。至 2012 年，农村公益电影成为眉山市民生工程项目之一，纳入全市目标考核。

第二章　文艺创作

1997 年起，眉山地区重视文艺工作，利用各类文艺平台，加强文艺创作，全区每年平均 10 件以上文艺作品获省以上奖励。中国书法“兰亭奖”提名，全国少儿舞蹈大赛“小荷之星”奖，四川省“五个一工程奖”“巴蜀文艺奖”等均有所获。至 2012 年，涌现出一批在全省有重大影响的领军人物和有影响的作品。

第一节　文学创作

一、小说

1997 年，刘小川长篇小说《汉刘邦》、张毅长篇小说《火烧阿房宫》由巴蜀书社出版。赖永毅

眉山作家刘小川在《品中国文人》研讨会上为读者签名（摄于2008年9月）

科幻小说《乐园星座SOS》由四川少儿出版社出版。1998年赖永毅长篇小说《泪洒相思路》由四川文艺出版社出版。2001年，张毅长篇传记小说《石鲁传》由陕西人民美术出版社出版。2003年，刘川眉长篇小说《祖父和他的城市梦》《暧昧》分别由巴蜀书社、上海文艺出版社出版。邵永义小说集《香莲》由新疆人民出版社出版。2004年，刘小川长篇小说《色醉》由上海文艺出版社出版。张毅长篇传记小说《千古一人虞允文》由巴蜀书社出版。2005年，刘小川长篇小说《老夫少妻》由上海文艺出版社出版。2006年，中篇小说《竹林深处的俏女人》在上海文艺出版社《小说界》杂志发表。2007年，刘小川《品中国文人》于《小说界》头条连载6期，长篇报告文学《瓦屋脊梁》（沈荣均、张生全、王雪梅、刘玉莲著）由中国文史出版社出版。2008年，刘小川文化随笔《品中国文人》（1、2卷）出版；王雪梅《指尖上的流年》、谢建华《神秘果》、李世宗《小楼夜语》、王耻富《文苑拾穗》、李俊忠《绿野耕踪》、刘玉莲《记录美丽》等10余部文集相继编印出版。刘川眉、刘小川、熊朝东长篇人物传记《眉山苏洵》《眉山苏轼》《眉山苏辙》出版发行；刘小川长篇传记小说《李煜》《李清照》出版发行；另有多名作家近10部文学专著公开出版。2010年，市文联组织作家创作《创业眉山人》大型报告文学集。2011年，刘小川《苏东坡》、刘川眉《苏洵》、胡舒《瓦匠》等长篇小说出版。2012年，刘小川长篇小说《苏东坡》全国公开出版发行。

二、诗词

1997年，伍俊华诗集《孤独的鸟和夏天》由云南民族出版社出版。1998年，孟庆远诗集《远方的笛声》、林乾诗集《瓦屋仙山》由西南交大出版社出版。2000年，杨宇诗集《唱歌的教鞭》由伊犁出版社出版。2001年，李晓寒诗集《我们》由中国文联出版社出版。2002年，王宇春诗集《天堂梦》由当代中国出版社出版。2003年，张世明诗集《蓝色村庄》由重庆出版社出版、王宇春诗集《天香草》《情侣石》《伊人飘香》由中国文联出版社出版。2004年，王影聪诗集《云游》、王晋川诗集《醒着的玫瑰》由成都时代出版社出版。2005年，张世明诗集《凭窗而望》由远方出版社出版、邱建明诗集《碰撞幸福》由群言出版社出版。2007年，《刘川眉诗选》《胡舒诗歌》由中国文联出版社出版。2008年，彭仲文《彭仲文诗文选》出版。2010年，出版《眉山诗8家》。2011年，彭山诗歌散文节作品集《写意彭山》出版。

三、散文

1997年，夏叶散文集《小城的感觉》，由云南民族出版社出版。1999年，宋明刚散文集《在这片土地上》、熊朝东散文集《熊朝东散文》、棱子散文集《走不出这片蝉声》、夏叶散文集《另一种生命》、邵永义散文集《唤鱼》由四川文艺出版社出版。2001 年，刘小川长篇传记散文《苏轼，叙述一种》由四川文艺出版社出版、熊朝东散文集《明月几时有》由四川人民出版社出版、宋明刚散文集《天涯芳草》由四川文艺出版社出版。2001 年 7 月，四川文艺出版社出版《三苏文化丛书》《东坡故里文丛》。2002 年，祝松青文集《松青文集》（10 卷）由中国文联出版社出版。2003 年，熊朝东散文集《芳草天涯路》由巴蜀书社出版并获巴金文学院文学奖，王影聪散文集《彼岸》、林歌尔散文集《月亮与生活》由巴蜀书社出版。2004 年，祝松青文集《松青文集》（4 卷）由中国三峡出版社出版。2005 年，张生全散文集《屋檐口下望天》由百花文艺出版社出版，王影聪散文集《春缘》、宋明刚散文集《远去的回音》、沈荣均散文集《内心的花朵》、袁瑛散文集《芙蓉哪里开》、夏叶散文集《轻轻地告诉你》由远方出版社出版，周闻道散文集《点击心灵》由天地出版社出版。2006 年，王雪梅散文集《阳光不锈》由大众文艺出版社出版、李成忠纪实散文集《发现洪雅》由四川美术出版社出版、盛云树散文集《树郁天苍》由中国文联出版社出版。2007 年，《匍匐地上》（宋学镰）、《青神——苏东坡初恋的地方》（邓敏）由中国文联出版社出版，《对岸》（周闻道）由百花文艺出版社出版、《家的前世今生》（周闻道）由天地出版社出版；周闻道、张生全、沈荣均等散文创作骨干力量，创作大量散文作品在国家、省级发表，入选《原生态散文 13 家》（百花文艺出版社）等多种选本。沈荣均中篇散文《身体：家族另史》获 2007 年度云南滇池文学奖提名。2008 年，“在场主义散文”开端卷《从天空打开缺口》由花城出版社出版，李世宗《小楼夜语》、王耻富《文苑拾穗》、李俊忠《绿野耕踪》、刘玉莲《记录美丽》等 10 余部文集相继编印出版。另有多名作家近 10 部文学专著公开出版。2009 年，刘小川散文集《品中国文人》、周闻道散文集《对岸》获“四川文学奖”；刘小川《品中国文人》获“巴金文学院第六届茅台文学奖”，并获广东省“五个一工程”入围奖；沈荣均散文《废墟之下》、周闻道散文集《遁迹水云间》获天津市十八届“孙犁散文奖”；周闻道《七城书》获西部散文学会首届“中国西部散文奖”；凌峰《感恩母亲》获 2009 年全国散文作家论坛暨征文大赛一等奖。2010 年，市文联组织作家创作《创业眉山人》大型报告文学集；出版《在场主义散文丛书》《九十九极》《悟达国师》等 10 余部优秀文学著作。2011 年，周闻道《庄园里的距离》、张生全《半拍澄澈》、沈荣均《倾城的土著》等散文集，散文年选《稻草人的信仰》、丹棱文学作品集《南山种豆集》、胡舒散文集《关山有约》等多部文学著作公开出版。凌峰散文《五年中的一个人》《体育迷与爱国者》获中国散文学会散文比赛一等奖，张生全散文《拾语者》获 2010 年度在场主义散文奖新锐奖，司马无极、袁瑛、何泽群、盛云树、王雪梅等多人获 2011 彭山诗歌散文节征文比赛奖。凌峰 5 件散文作品获全国散文大赛一等奖。

第二节　艺术创作

一、戏剧、小品

1998 年，郗伯康创作川剧《苏东坡江海寄余生》，李永贤、王晋川、唐稚明创作大戏《虞允文传奇》等。1999 年，地区文体局组织创作小品《抽扫把》《追求》参加四川省第十届戏剧小品比赛，获导演一等奖、编剧二等奖。2001 年，《虞允文传奇》由四川省文化厅主办的《戏剧家》发表。2003 年，组织创作相声《假行家》《苏东坡扬州罢花会》，获全国首届“剑南春”曲艺小品大赛银奖。2006年，王晋川创作的音乐剧《一醒惊天》获省第五届“巴蜀文艺奖”，王晋川、刘亚龙创作的小品《美丽的宝石花》获省企业调演优秀奖，《礼金变奏曲》参加省农村戏剧创作会演。2007年，创作川剧《大佛·海通》等一批戏剧作品。2008年，王晋川、唐稚明创作廉政小品《苏东坡审贪》，王晋川、伍国雄创作的谐剧《抗震实验》入选四川省抗震救灾文艺作品专号。2009年，王晋川创作大型音乐剧《千古东坡》，获四川省第六届“巴蜀文艺奖”。2011年，在四川省第十三届戏剧小品（小戏）比赛中，《脸》获优秀编剧奖、优秀表演奖、剧目奖、导演奖，《心魔》获优秀编剧奖、优秀表演奖、优秀剧目奖、导演奖。2012年，王晋川、廖惠容创作的川剧小品《东坡戏店》在四川省第七届戏剧小品作品比赛中获二等奖，市剧协创作戏曲小品《村支书》《亲家买鸡》等。

“东坡老家、快乐眉山”首届职工戏剧小品（小戏）大赛剧照（摄于2011年4月）

二、音乐

1999年，眉山地区推出《眉山美》《十月、十月、收获的季节》2首重点歌曲。地区音乐家协会参加1999年四川省新人新作歌曲大赛，获三等奖3个。2001年，市文体局组织创作《走向辉煌》《相聚在枇杷之乡》《祝你长寿》等5首歌曲，其中王晋川作词、刘正龙作曲的《走向辉煌》获四川省第八届“五个一工程奖”。丹棱县组织创作并发行歌颂家乡、歌唱祖国的“家国情”歌曲集。2002年，组织创作歌曲《拉起手来啊嘞嘞》《山寨金秋》获四川省少数民族节第八届艺术创作二、三等奖。王晋川作词、雷稚模作曲的《中国的太阳》被列入省2002广播金曲。2003年，王晋川作词、刘正龙作曲的《绿色西部》获四川省第九届“五个一”工程奖，《七月的太阳》获广播新歌银奖，王晋川、雷稚模创作的《九寨女儿情》获全国首届“金色彼岸之声”金奖。王晋川作词、刘正龙作曲的《给你一个幸福的家》获第十一届中国人口文化奖。2004年，创作歌曲《东坡赞》。2005年，组织创作《一个党员一面旗帜》《人民的好公仆》《世纪的风》等送省展演，《一个党员一面旗帜》在四川省先进性教育活动文艺演出中获中共四川省委表彰。王晋川作词、刘正龙作曲创作的眉山市城市形象歌曲《中国有座诗书城》在中央电视台播出，获城市形象最佳歌曲奖、最佳歌词奖和中国音乐研究会全国歌曲征集二等奖。2006年，王晋川创作的《花儿跟着太阳走》获全省第十届“五个一工程”优秀奖和四川省第五届少数民族艺术节创作二等奖。《中国有座诗书城》获央视“形象歌曲展播”活动“最佳城市形象歌曲”“最佳作词奖”。2007年，《中国有座诗书城》获全国歌曲作品征评二等奖及中央电视台“最佳城市形象歌曲”。2008年，制作眉山版《北京欢迎你》《花儿跟着太阳走》，获东北亚电视才艺展示四川赛区金奖。王晋川、刘戈、刘正龙创作的《因为爱》在省市电视台滚动播出，《因为有你》被录入四川省委宣传部抗震救灾优秀歌曲集，《生命奇迹》《人间大爱》分别在四川省抗震救灾英模大会和总结表彰大会演出。王晋川、卞留念、刘正龙创作的《走进洪雅》《请到洪雅走一走》在中央电视台《激情广场·走进生态洪雅》现场演唱录播。当年还创作抗震救灾歌曲 14 首。2009 年，杨西米参与创作的歌曲《把地球扛在肩上》入选四川省第十一届“五个一工程奖”，20 余件作品获省级以上奖励。市音乐协会组织创作“快乐眉山”主题音乐作品《神采飞扬》，丹棱县文联组织创作一批“丹棱旋律”歌曲。2010 年，《因为有你》入选全省感恩歌曲。2011 年，《因为有你》在央视春节晚会上播出。市音乐协会组织创作《眉山酒歌》光碟版、歌谱集问世，收录原创 11 首、改编曲目 6 首。

2012 年，《因为有你》《背影》和市广播电视艺术家协会集体创作广播剧《归雁》获四川省第十二届“五个一工程奖”，《因为有你》获四川省第七届“巴蜀文艺奖”铜奖，赖永毅、张子林搜集整理的眉山本土民歌《幺嫂纺线》获四川省委宣传部、四川省文化厅、四川省文联主办的全省首届民歌大赛三等奖，王晋川歌曲《十唱共产党》获四川省第十六届群星奖音乐舞蹈大赛二等奖。青神县文联和市音乐协会启动“美丽眉山”创作活动，开展《美丽青神》歌曲征集，征集主题原创歌曲 300 余首，张超创作的《青衣恋城》被定为青神县县歌，《爱在青神》《青神龙舟》《唤鱼情歌》《千古中岩》等 10 首歌曲为青神系列之歌。舞蹈《小辫儿甩呀甩》《风竹》入选 2012 年四川省中小学生艺术节。新创作歌曲《温暖的家》《美丽家园》《东坡情》《天下雅女》等 10 余首。《洗刷刷》等 10 个节目参加第 12 届蒲公英全国新人选拔赛并获金奖。

三、舞蹈

2001 年，方鸣创作的舞蹈《眉山丫头》获四川省 2001 年少儿舞蹈大赛二等奖。2003 年，彭山县文体局指导的广场舞参加四川省中老年舞蹈大赛获金奖。2005 年，《眉山丫头》赴山东省威海市参加中央电视台第六届少儿电视节获艺术金奖。2008 年，眉山代表队获四川省第十八届体育舞蹈（国标舞）锦标赛集体舞一等奖。2009 年，市文体局指导彭山少年体校舞蹈培训中心和东坡区大北街小学编排的舞蹈《邵多丽》《大爱无声》分别获得中央电视台全国少儿电视舞蹈大赛金、银奖；《踏青》获省中小学生艺术节金奖；《熊猫乖乖》获第五届“小荷风采”全国少儿舞蹈大赛“小荷之星”奖。2010 年，张珊山指导的舞蹈《萤火虫》获第九届中央电视台少儿艺术电视大赛金奖。2011 年，《眉山幺女》由四川电视台少儿春晚播出并获作品金奖。

眉山艺术学校创作的舞蹈《眉山丫头》在中央电视台第六届全国少儿舞蹈大赛中获金奖，有关领导与参赛选手合影（摄于 2005 年 8 月）

2012 年，《眉山幺女》在中央电视台少儿频道 2011 年校园春晚播出并获金奖，《宝宝与大公鸡》《布谷播谷》等 9 个节目参加第十二届“蒲公英”全国青少年优秀艺术新人选拔大赛，获四川赛区幼儿组、儿童组、少年组 9 个金奖；《眉山幺女》《陌上行》等 9 个节目参加第十一届中央电视台少儿艺术电视大赛四川地区赛，获得 4 个金奖，5 个银奖；《小辫儿甩呀甩》《陌上行》分别获“文轩杯”

四川省第七届中小学生艺术节大赛一等奖和优秀创作奖，其中《小辫儿甩呀甩》选送全国第七届中小学生艺术节。

四、美术书法

1999年，杨雪鸿作品《秋日一山金》获文化部“全国群众书画摄影展”优秀奖、作品《蝶舞缤纷》获团中央、中国美协、中国书协“全国青年国庆书画展”银奖。

2002年，余斌的行书《唐诗四首》，周华君美术作品《只信飘香十里风》获文化部“群星奖”优秀奖。2003年，袁泉作品《画室·空间》获四川省美协川东南之秋美术作品展优秀奖。2004年，《高卧白云乡》《候场的模特》分获四川省“星空灿烂”群文美术、书法、摄影展一等奖、三等奖。2005年，杨雪鸿作品《口弦声动白云飞》入选中国美术家协会主办第十六届国际造型艺术家协会代表大会“美术特展”；作品《东坡故居三苏祠》入选中国美术家协会主办“全国第三届工笔山水画”。编辑出版《中国诗书城书画艺术精品集》。2006年，四川省美术家协会、眉山市委宣传部、眉山市文联等主办眉山中国画13人展在四川美术馆举办。李永宏国画《深山藏大道》获首届全国新闻界书画作品二等奖。《柏林高丘》入选中国美术家协会2006年中国画作品展。《又听荷池风雨声》《一心只栽堂前花》分别入选中国美术家协会“第三届西部大地情中国画作品展”和中国美术家协会“纪念中国工农红军长征胜利70周年全国中国画作品展”。《凉山风》《蝶舞缤纷》获四川省第五届“巴蜀文艺奖”美术类荣誉奖；杨梁相创作的中国画《情系高原》，获第二届“星空灿烂”美术、书法、摄影大展优秀奖。2007年，谢泰伟、刘起伏作品入选中国美术家协会、中央电视台主办的“描绘社会主义新农村全国美术作品展”并获奖。吕应鑫作品《香远益清》《玉荷飘香》入选中国美术家协会主办的“叶浅予百年诞辰中国画家提名展”“纪念黄道周全国中国画提名展”；邓枫作品《凉山风》入选中国美术家协会主办“工笔小品重彩作品展”。杨梁相作品入选中国书法家协会主办“首届普洱茶乡书法艺术节”书法展，陈敦良作品入选中国书法家协会主办首届“首届西部篆刻书法展”。2008年，谢泰伟《悲痛与力量——汶川大地震哀悼日纪实》入选《心系汶川——全国美术作品特展》，刘中祥“受命奔月探奥秘·领旨上场摘桂冠”入选2008庆祝北京奥运纪念碑林书法展。杨再琪创作的漫画《中流砥柱》参加“天之衡杯”全国抗震救灾展，荣获“十佳作品奖”。2009年，邓枫的国画《父老乡亲》入选第十一届全国美展，周成仕、谢泰伟、熊明、辜志勇作品入选中国美术家协会主办“感恩·重建——纪念汶川大地震一周年美术作品展”。谢泰伟《山居图》、刘起伏《梦回家园》入选中国美术家协会主办“倡导绿色生活共建生态文明全国美术作品展”。陈敦良《书滕王阁序》获得第三届中国书法兰亭奖提名奖。陈敦良、杨江帆作品入展省委宣传部建国60周年书法展。吕应鑫国画《玉浴图》《悲痛与力量》、谢泰伟《感恩与重建》获第六届巴蜀文艺奖。

2010年，邓枫作品《凉山风系列之三》获2010年全国中国画作品展优秀作品；刘家树作品获中国国家画院第二届全国山水画双年展银奖，熊明中国画《家乡新颜图》入选“上海世博会·中国美术作品展览”并获优秀奖；陈敦良作品参展中国书协主办首届翰墨石鼓全国名家邀请展并获中国书法杂志社主办全国第三届“康有为奖”优秀奖；李国莲篆书作品入展全国首届篆书作品展，姜志臻书法作品入展“第二届中国西部书法篆刻展”。2011年，邓枫作品《珠江遗梦》等获中国美术家协会纪念辛亥革命100周年中国画大展等3项国家级展览奖励。王宏远作品《青山呈露新如染》等入选2011年全国中国画展；汪晋权作品《方知不染心》、曹德华作品《乐趣图》入选第五届中国花鸟画作品展览。吕应鑫、邓枫、曾伟作品入选中国美术家协会主办第十六届亚运会全国中国画作品展；

刘起伏作品入选中国美术家协会主办全国第二届线描展；王宏远、曾伟作品入选中国美术家协会主办“和谐燕赵·红色太行”全国山水画展。杨江帆作品入选全国首届手卷书法展，陈敦良作品入展第十届全国书法篆刻展，钟艺作品入展十届全国书法篆刻展。吕应鑫、周华君、熊明、谢泰伟、邓枫、杨江帆被评为第一批巴蜀画派代表人物，并出版画集《东坡遗风》。2012 年，李国莲、曾伟分别获文化部 2012 群星璀璨全国群众美术书法摄影优秀作品展书法、美术银奖，陈敦良、杨江帆入展中国书协第四届兰亭奖佳作展。邓枫美术作品《白云飞去青山瘦》、陈敦良书法作品《滕王阁序》获四川省第七届巴蜀文艺奖铜奖。出版邓枫中国画集《中国当代艺术经典名家——邓枫》《墨络眉山国画院中国画展作品集》等，并推出“东坡画派”首批代表人物。

五、摄影

2000 年，地区文体局组织摄影作品参加“第五届黄河流域九省区大河上下摄影展”，获一等奖 2 件、二等奖 5 件、三等奖 2 件，入选作品 12 件。2002 年，全市 2 件作品获第二十届全国摄影艺术展优秀奖，1 件作品获联合国教科文组织第二十五届亚太地区摄影比赛优秀奖。9 幅美术、书法、摄影作品入选文化部“群星奖”。彭山县廖平的作品《荷塘清清幽幽情》获第 20 届全国摄影艺术展览艺术类优秀奖。2004 年，《牧鸭图》《走进母亲河》《打场》分获四川省“星空灿烂”群文美术、书法、摄影展一等奖、三等奖。2006 年，《彝族农村体育活动集锦·争霸（组照）》《游龙戏凤》分别获中国艺术摄影学会举办的第三届全国“群艺杯”摄影艺术展银奖、铜奖，《一朵芙蕖，开过尚盈盈》《晶莹》《翩仙》获《大众摄影》全国走进微距摄影大赛花卉类优秀奖。《候场的模特》获四川省文化厅举办的“星光灿烂书画摄影作品展”三等奖。彭山县柴树清作品《长寿之乡的百岁老人》组照获中国老龄协会、中国老摄影家协会主办的“中华寿星风采”摄影展优秀奖摄影。

2007 年，王国荣、汪学军、杨正南、李维中作品《老街》等 5 件作品入选中国摄影家协会主办“长江颂全国摄影艺术大展”并获奖。李隆德作品《抢鸭》入选中国摄影家协会主办“2007 年第 12 届国际影展”，苏莉作品《父爱融融》入选中国摄影家协会主办“全国父爱如山摄影艺术展”。2008 年，《中国奶奶您好》获“感悟人生”残疾人优秀摄影作品展暨第四届“残疾人在祖国怀抱中”全国摄影展优秀奖，王尧卿作品《村小来了摄影师》获中国摄影家协会第二届社会主义新农村摄影大赛 50 佳优秀摄影作品奖，杨正南等《雪域亲情》《古镇夜话》获文化部和中国艺术摄影学会举办全国第四届“群艺杯”摄影艺术展铜奖和优秀奖。2009 年，刘忠俊《震撼》、洪雅县文联《流连洪雅》、青神县文联《美丽的青神》等摄影集出版。巨源《谢家老太选代表》、王尧卿《洪雅汉王耕牛赛》获中国农业博物馆和中国摄影家协会《大众摄影》举办“我们的田野——当代中国的农业、农村和农民”大型图片展优秀奖，并被中国农业博物馆收藏。有 32 件作品入选“四川省第十四届摄影艺术展”，入选数量列全省第二，其中 4 人获银奖，6 人获铜奖，8 人获优秀奖。余纪桦《吉卜赛女郎》获中国艺术摄影家协会第十一届全国当代摄影艺术邀请展人像摄影类三等奖。王星《古镇印象（组照）》、盛保平《今日丙安》入选中国摄影家协会全国首届“赤水风光风情”摄影大展。2010 年，辜爱平《人生百善孝为先》、李幼萍《古镇歌会》、李隆德《妈妈的笑容》、杨正南《四川加油》、巨全毅《远方的思念》等 13 幅作品获全国第五届“群艺杯”奖。2011 年，余纪桦、王澄琳、许叔林、廖新蓉摄影作品获第二届全国市长摄影艺术赛优秀奖。李维中、王仲明、杨正南作品获“我们的家园”2011 中国非物质文化遗产摄影赛优秀奖。彭山县廖平的作品《东坡书论》，入选 2011 年中华全国总工会中国书法家协会主办的“庆祝中国共产党成立 90 周年”全国职业书法作品展。

2012年，李维中《安岳石刻》获首届全国丹霞地貌摄影大展优秀奖。在中国艺术摄影家协会主办的全国第六届“群艺杯感恩时代”摄影赛中，郑运琳获金奖，巨源、杨正南获铜奖。在中国摄影家协会主办“中国峨眉山乐山大佛”旅游摄影大赛中柴树清获铜奖，盛晓波、韩脉平、汪学军、吴琳慧、周志军获优秀奖。柴树清作品《景色迷人》获中国摄影家协会、四川省旅游局主办的“行摄365·画说四川——剑门蜀道·明月峡杯”首届四川国际旅游摄影大展总评选金质收藏作品奖（金奖）。王国荣《沃日乡“5·12”地震前后》入选“汶川涅槃四姑娘山”全国摄影大展，李正安“最亲密的祝贺”组照在央视网《最美中国摄影活动征集》中展出。

六、工艺

东坡茶具　包括茶罐、茶碗、茶杯、茶勺等系列产品。均采用骨质瓷为主原料，经过2至6次1000℃以上高温烧制而成，茶罐顶部、底部及茶勺柄均采用上等马达斯加紫檀木为原料。

摇钱树　1972年出土以青铜铸造的摇钱树，位居四川汉墓出土摇钱树之冠，被列为国家一级文物保护珍品。道家谓之“神树”，“得之可以长生不老，用之钱财可以滚滚不竭”。江口汉崖墓推出的摇钱树系列仿古工艺品有金黄铜色、绿铜色2种。

天下第一吻　天下第一吻为石刻雕像，1941年出土于彭山县江口镇梅花村第550号崖墓，通高49厘米，宽43厘米。石刻表现一男一女全身裸体并坐相拥抱。江口推出的此类仿制产品有方砖形、心形挂钩饰、铜制品、高仿骨雕4种。

开元通宝　开元通宝钱币珍藏纪念册集唐代铜质“开元通宝”钱币7枚，纯银“开元通宝”1枚，组成“七星伴月”图案。

青神竹编工艺　竹编是眉山地区具有地方特色的传统工艺之一。20世纪80年代后，青神竹编工艺由传统编织法发展到坐标编织法和描图编织法。1984年，青神竹编旅游扇，获四川省旅游产品奖。1997—1999年，青神竹编舞动巨龙、“百子图瓷胎竹编花瓶”和《百寿图》，分获中国第五届艺术节金奖和银奖、中国西部民间工艺美术展金奖。《八骏图》《伟人颂》《中国百帝图》，获中国第二届竹文化节博览会金奖。2001—2008年，青神竹编《三苏图》《心经》《百帝图》《清明上河图》，分获中国第三届竹文化节博览会金奖、中国第四届竹文化节博览会金奖、中国竹产业协会评为金奖。《鹊华秋色图》获国际竹藤产品博览会金奖。《八仙》获中国第四届民间工艺品博览会金奖。2009—2012年，青神竹编工艺品多次获国家竹文化节博览会和国际竹藤产品博览会，以及其他工艺品博览会金（银）奖。其编制品有1000余种，做工精、细、雅、美，产品销往50余个国家和地区。

仁寿彩陶　仁寿彩陶起源于清康熙年间的土陶制作。1952年，建立土陶联合生产社，1956年建立瓷碗厂，1963年迁厂到天峨山麓，改造技术设备，以生产瓷器为主。到1985年，全县陶瓷企业，年产日用瓷器1178万件，土陶6万件。1986年建立仁寿县骑龙土陶厂，1998年改为仁寿县骑龙工艺美术陶厂，引进彩陶生产工艺生产花瓶，2001年改为仁寿县聚艺彩陶厂，年产彩釉陶花瓶、花盆、花钵等10万余件，1000余种，产品畅销国内及美国、日本、法国、英国、加拿大、俄罗斯、乌克兰、马来西亚等。仁寿县聚艺彩陶厂与天峨工艺美术陶厂制作的“澳门回归瓶”“十大元帅瓶”“梅瓶”相继被中国澳门特别行政区政府、中国军事博物馆、马来西亚政府收藏。

东坡宋笔　又名苏轼笔，系北宋大文豪苏东坡亲授，历经千年而流传下来的文房之宝。为古法制作，手工雕刻，亦书亦画，软硬兼备，为苏东坡终生所爱。

第三章　文化遗产

眉山历史悠久，有较丰富的文化遗产资源。1997—2012 年，眉山市每年国际博物馆日和文化遗产日举办相应主题活动，宣传文化遗产保护，积极申报各级各类文物保护单位和非物质文化遗产保护项目，扎实开展文物和非物质文化遗产保护工作。

第一节　文　物

眉山市文物保护单位主要为古墓葬、古建筑、古遗址、石窟寺及石刻、近现代重要史迹及代表性建筑。

一、文物发掘与利用

1997 年起，眉山地区重视文物资源利用，三苏祠、中岩寺等文化保护单位成为眉山旅游热点。三苏祠为全国研究三苏及三苏文化重要场所。当年，三苏祠举行第九届全国苏轼学术研讨会。1999 年，青神县发现大型东汉崖墓群。2003 年，彭山县江口汉崖墓博物馆被四川省委、省政府命名为省级爱国主义教育基地。

2005 年，全国苏轼研究会由四川大学迁至眉山，创办学刊《苏轼研究》。2006 年，市委、市政府将三苏祠博物馆作为眉山对外宣传窗口，三苏祠大门被命名为眉山城市名片，祠内东坡盘陀塑像成为眉山城市标志。2007 年，清理和挖掘东坡区崇礼镇白马村十组宋代墓葬，出土文物 76 件，修复残损器物 30 余件；收集整理东坡区大石桥乡普田村古墓葬文物 10 件和三苏祠碑廊修建工地陶瓷残片 300 余片。2008 年，保护性发掘东坡区修文镇施工现场发现的东汉墓。2010 年，三苏祠创建为国家 AAAA 级旅游景区。2011 年，完成苏祠翰林宋代遗址、洪雅王华遗址考古发掘。

2012 年，三苏祠博物馆创建为“三苏文化社科普及基地”和眉山市“干部教育培训现场教学点”。截至 2012 年年底，三苏祠编印《苏东坡诗选》《苏东坡词选》《三苏祠简介》《苏轼逝世九百周年东坡诗意画册》《三苏祠》季刊（已出版 11 期）。编注《三苏祠匾联墨迹大观》《三苏名言佳句选》《苏东坡诗选》《苏东坡词选》《东坡养生谈》《三苏生平事略》《芳草天涯路》线装书《三苏祠丛帖（四册）》等书刊。

二、文物保护

1991 年，四川省政府公布丹棱县龙鹄山摩崖造像、仁寿县奎星阁为省级重点文物保护单位。1995 年，洪雅县将市级文物保护单位临江寺、文庙拆迁到田谏议书堂并恢复原貌。

1997 年，眉山地区有各级各类文物点 1100 余处，其中省级文物保护单位 9 处，原乐山市公布的市级文物保护单位29处，县级文物保护单位193处；全区有三苏博物馆、彭山汉崖墓博物馆、洪雅民俗台会博物馆3个博物馆和6个文物管理所，馆藏文物1.18万件，其中一级文物20件。1998年，洪雅县将文昌祠拆迁到田谏议书堂并恢复原貌。地区文体局、地区公安处侦破地级文物保护单位眉山县丈六院摩崖造像被盗案，追回被盗的第六龛、第七龛佛头2尊。此后，全区每年开展专题周（日）活动，宣传文物法规和普及文物知识。眉山县勘定地级文物保护单位大旺山白塔保护范围，设立界限标志，强制实施爆破封堵所有非法采矿矿洞。仁寿县引进资金20万元，维修省级文物保护单位高家牛角大佛阁、虞允文墓并搜集汉、宋、明历代文物45件。洪雅县文化、公安部门破获盗掘古墓石刻文物案件12起，追缴石刻文物63件，其中国家3级文物14件。

青神县中岩寺唤鱼池文物保护现场（摄于2010年1月）

2001年，国务院公布彭山江口崖墓为国家级重点文物保护单位。眉山市政府公布首批市级文物保护单位44处。其中东坡区9处、彭山县12处、仁寿县8处、洪雅县8处、丹棱县5处、青神县2处。当年起，全市开展以“博物馆与社区建设”“博物馆与全球化”、新《中华人民共和国文物保护法》、“博物馆和文化遗产”等为主题的宣传活动，印发宣传资料2000余份。2002年，四川省政府公布彭山县江口石龙、梓潼宫，洪雅县苟王寨摩崖造像，东坡区重瞳观为省级重点文物保护单位。2003—2004年，眉山市调查统计县级以上重点文物保护单位和馆藏以及文物分布、保管状况。完成首批44处市级、14处省级和1处国家级文物保护单位“四有”（有保护范围，有保护标志，有专门的保护组织或看护人，有档案记录）工作。市文体局、市公安局追缴回东坡区伏东乡一处宋代墓葬的被盗文物16件。2005年，市政府公布第二批市级文物保护单位15处，其中东坡区3处、彭山县3处、仁寿县2处、洪雅县7处。省文物专家鉴定三苏博物馆各类馆藏未定级别文物，新增国家三级以上文物638件。东坡区多悦镇石碓窝摩崖造像等18处被公布为四川省第七批文物保护单位。

2006年，国务院公布东坡区三苏祠、眉山报恩寺，青神县瑞峰崖墓群，仁寿县双堡牌坊、牛角寨石窟、江渎崖墓（并入江口崖墓）为国家级重点文物保护单位。当年起，眉山市开展不同主题的文化遗产宣传活动。东坡区完成报恩寺、大旺寺维修和苏洵墓——老翁井修复。2007年，四川省政府公布东坡区石碓窝摩崖造像、丈六院摩崖造像、连鳌山石刻、大旺寺白塔、寨子城、眉州武庙、苏氏墓地，仁寿县两岔河摩崖造像、北斗叶家祠、文林天主堂、丹棱县鸡公山摩崖造像，周家祠、五龙祠、修文塔，彭山县虞公著夫妇合葬墓、武阳故城遗址、彭山陶窑遗址，青神县坛罐窑窑址为省级重点文物保护单位。全市各区县文物管理所开展“文物调查及数据库管理系统建设”项目。采集馆藏珍贵文物1233件（套），其中国家一级文物12件（套）、二级文物81件（套）、三级文物1140件（套），拍摄照片2.08万张。启动全市全国第三次不可移动文物普查，普查44个乡镇，3个街道办事处中的157个村，上报文物点351处。其中新发现57处，复查300处。2008年，眉山市开展“5·12”汶川特大地震震后文物受损情况调查评估，开展灾后文物保护自救。2009 年，启动第三次全国文物普查田野调查，当年全市文物点总量 3456 处，其中新发现 2592 处。

2010 年，市政府公布第三批市级文物保护单位 99 处，其中古遗址 5 处、古墓葬 38 处、古建筑 24 处、石窟寺及石刻 20 处、近现代重要史迹及代表性建筑 11 处、其他 1 处。东坡区 20 处、仁寿县 41 处、彭山县 9 处、洪雅县 9 处、丹棱县 8 处、青神县 12 处。全市争取到省文物局文物专项维修经费 96 万元，完成成昆铁路复线眉山段等 4 处重大建设项目文物调查。完成全市第三次全国文物普查实地调查，通过省专家组验收。2012 年，四川省政府公布东坡区陈沟千佛岩摩崖造像，仁寿县观音堂崖墓群、洞子山崖墓群、潘文华旧居、黑龙滩水利工程，彭山县武阳故城遗址、彭山陶窑遗址、老鹰岩摩崖造像，青神县蜂晖洞崖墓群、八角洞崖墓群省级重点文物保护单位。

截至 2012 年年底，眉山市追缴田野文物 300 余件。全市有全国重点文物保护单位 6 处 7 个点，省级文物保护单位 33 处，市级文物保护单位 129 处，博物（陈列、纪念）馆 4 个。

三、重点文物保护单位

三苏祠　全国重点文物保护单位。北宋时期著名文学家苏洵、苏轼、苏辙三父子故居，元代改宅为祠，祭祀三苏，明洪武年间扩建，明末毁于兵火，仅存五碑一钟一井，清康熙四年（1665）在原址按明代风格重建，历代均有增补。三苏祠东部为祭祀的祠堂区，西部为后期拓建的园林区。整个祠堂区坐北朝南，东西对称。由大门到来凤轩为三进院落，建筑类型主要有厅、堂、廊、屋，以悬山、硬山顶为主。园林区有亭、廊、楼、榭，型制规格不高，多为歇山和攒尖顶。屋面为小青瓦，灰塑脊，墙体为空斗墙，地面红砂石铺墁。整体建筑色彩淡雅、色调洗练，为一处独特的川西民居式祠堂。

三苏祠（摄于 2008 年 12 月）

眉山报恩寺　全国重点文物保护单位。始建于唐，现存建筑为元泰定四年（1327）重建，清乾隆二十六年（1761）增修。寺院坐北朝南，占地 635 平方米，现存大殿面阔 3 间 13.65 米，进深 4 间 13.45 米，通高 8.3 米，单檐歇山顶，抬梁式木构架，檐柱略有升起和侧角，柱头卷杀为倒钟形，明间栏额断面近圆形，柱础为莲瓣覆盆式。梁上有“……泰定四年……”题记。报恩寺大殿为一座典型元代建筑，但保留许多宋代营造方式。

双堡牌坊　全国重点文物保护单位。建于清代。坐南向北，两坊相距 44.5 米，上下对列，一条南北走向的石板大道贯穿其间。一号坊所处地势较二号坊低，建于清光绪八年（1882），是清王朝为“表彰”徐母杨氏“夫死从子”和孝敬老翁钦旨建造的“节孝坊”，坊高 11.47 米，宽 7.16 米，用 109 块石料构成，共 90 龛戏文和民间故事造像。二号坊建于清光绪九年（1883），是朝廷旌表徐母余老太君（一号坊杨氏之婶娘）所建立节孝坊，坊高 12.53 米，宽 10.33 米，用 102 块石料构成，戏文和民间故事及花卉雕刻166龛。两坊多系镂空雕刻。

仁寿双堡牌坊（摄于2011年5月）

丹棱白塔 全国重点文物保护单位。白塔坐北向南，占地面积130平方米，为四方形塔身十三级青砖结构密檐式塔，塔基南北长11米，东西长11.5米，塔高27.5米，塔身东西宽6.1米，南北宽6米。第一层塔身南面开有一拱形门，塔内共五层，内空，底层室内顶部设正方形斗拱和澡井，用砖砌斗拱八朵，二、三、四层设心室不装斗拱、顶层为实心，塔顶设葫芦型塔刹。据《丹棱县志》记载，丹棱白塔始建于隋仁寿年间，历代均进行过维修，造型近似西安小雁塔，为研究川南地区佛塔的建造提供实物资料。

丹棱白塔（摄于2009年6月）

牛角寨石窟 全国重点文物保护单位。凿于唐代，共101龛、1519尊（95龛佛教造像1395尊，6龛道教造像124尊），分布在牛角寨、坛神岩近2万平方米。其中44号“弥勒大佛”龛，大佛坐西向东，双手齐胸合十，高15.85米，肩宽11米，与“乐山大佛”极为相似，被称为“乐山大佛”的蓝本，专家确认为中国最大的也是唯一的一尊胸像。13号龛建于唐贞元十一年（795），右壁有造像记“贞元十一年”，53号龛建于唐天宝八年（749），右壁刻《南竺观记》碑一通，碑上题记“大唐天宝八载”。

江口崖墓 全国重点文物保护单位。东汉时期建造，有崖墓4798座，包括长山埂崖墓群、高家沟崖墓群、盐井沟崖墓群、豆芽房沟崖墓群、打渔沟崖墓群、寨子山崖墓群、油房沟崖墓群7个重点保护区。江口崖墓墓葬形制分单室和多室两类，单室墓由墓道、墓门、墓室组成；多室墓较单室不同处，多在主室两侧再开凿数量不等的侧室，葬具有崖棺、随崖原棺等。雕刻技法以平面浮雕为主。

江渎崖墓 全国重点文物保护单位。是四川岷江流域汉代崖墓代表之一，现保存有东汉崖墓218座，江渎崖墓其墓室有竖穴洞室型、船型、天井型、砖室与岩室相结合型等，雕刻有佛像和题记。

瑞峰崖墓群 全国重点文物保护单位。已探知保存有汉代崖墓329座，基本均由墓道、墓门、前堂、甬道、主室、侧室和壁龛组成。已发现的纪年题记有建初元年（76）、元和五年（88）和延熹四年（161）等，均属东汉时期，出土陶俑、铜镜等文物也为东汉时期风格。1982年四川省文管会考古发掘瑞峰崖墓群清理时，出土大量陶器类文物，其中一件陶水田模型里捏塑有鱼的形象，证明在汉代时期青神县就已经开始水稻的规模化种植和稻田养鱼的历史。

中岩寺摩崖造像　全国重点文物保护单位。相传中岩寺为十六罗汉之第五罗汉诺讵那尊者所辟的道场，分上、中、下三寺，三寺间有唤鱼池、猫猫石、牛头洞、罗汉岩、卧佛窟、仙人床、玉泉岩、伏虎岩、丹梯、翠微、东坡读书楼和开山祖师墓等人文景点10余处，保存有唐宋以来摩崖造像48龛（造像2492尊）和历代名人题记119则。中岩寺摩崖造像主要为佛教造像风格，始凿于唐，盛于宋，其著名景点唤鱼池不仅有“唤鱼联姻”的优美人文传说，而且在经幢上还保存有唐代《佛顶尊胜陀罗尼幢》经文和咸通元年（860）纪年题记。

彭山江口汉崖墓（摄于2008年3月）

苏氏墓地　省级文物保护单位。是苏洵后裔及社会各界祭拜三苏父子的重要场所，为土冢墓群，墓冢均坐东南向西北。包括苏洵程夫人合葬墓、王弗墓、苏轼、苏辙衣冠墓，高2米，直径3.5米。4墓均有碑，墓碑为仿木结构砖混建筑，其中苏洵程夫人合葬墓墓碑为四柱三开间，高3.2米，宽2.8米。墓群西北为2006年恢复的老翁井及回廊。

重瞳观　省级文物保护单位。蟆颐山重瞳观重建于明代成化十七年（1481），现仅存大殿。大殿坐北朝南，占地面积258平方米。木结构单檐歇山式屋顶，抬梁式梁架，九架椽屋施5柱，前檐下施斗拱7朵，左右各施半拱6朵。面阔3间11.1米，进深3间10.85米，通高8.6米，素面台基高0.6米，阶梯式踏道3级，台基边有石质栏杆高0.85米。大殿南石阶下正中10余米有一“老人泉”洞，洞口高2.3米、宽1.7米，洞口额壁横镌“仙翁胜景”四字，其下0.5米处有清康熙六年（1667）眉州知州赵惠芽手书“老人泉”三字刻于石上。大殿西面有明碑2通、清碑1通。重瞳观大殿为木质结构的古建筑，是东坡区存量极少的明代建筑之一。

重瞳观大殿（摄于2007年3月）

虞公著夫妇合葬墓　省级文物保护单位。男墓主虞公著是左丞相虞允文之子，官至中奉大夫、知渠州、军州兼管内劝农使；女墓主留氏，左丞相留正女。墓向西北，冢径8米，早年被盗。1982年7月由四川省文管会和彭山县文化馆共同清理发掘，发现此墓两室并列，均成长方形，由墓门、享堂、棺室等组成。出土文物共计陶俑3件，罐3件，磨镜砖1件，瓷小罐1件，铜镜1件，双耳铜瓶2件，钱币188枚，另有墓志铭两通。虞公著夫妇合葬墓墓葬形制基本保持完整，作为研究地方宋代丧葬文化的典型实物，具有较高的历史和文物保护价值。

仁寿奎星阁　省级文物保护单位。始建于清代乾隆元年（1736），咸丰十一年（1861）焚毁，同治二年（1863）重建，后又经过多次维修，阁基占地196平方米，由须弥座、阁身、顶部三部分组成，通高29米，为四重檐八面体攒尖式木结构建筑，琉璃瓦屋面，全阁80柱，层层设梯，可登顶览胜。八面宽度不等为此阁建筑又一特色。奎星阁取“要得陵州出贵人，奎星点斗在东门”的说法，为仁寿历史的见证和陵州古城的标志。

潘文华旧居　省级文物保护单位。建于民国5年（1916），坐西向东，横向复四合院布局，院、园结合，为典型的民间住宅排列。主院左右各一四合院，右侧四合院早年拆除。主院内建筑为单檐硬山式屋顶，小青瓦，每柱之石础均精雕细刻，楼面施木板。全部建筑均在瓦面之下离木椽约20厘米处加筑夹泥卷顶棚，既防尘又防火。

龙鹄山摩崖造像　省级文物保护单位。占地面积约8000平方米。为唐代道教及佛道合龛造像，共57龛（点）、551尊，主要有老君、元君和释道龛。造像生动，颇具唐代风格。石窟中雕刻有松柏之铭碑一通，“松柏之铭”四字为小篆，碑文为隶书，其内容记叙唐代开元年间女道士成无为幼年出家卜居在龙鹄山下，“调形炼骨，救济众生”的事迹。距松柏之铭碑下方约100米处曾建巽崖书屋，在此一距地约3米高的悬空石头上雕刻一横匾，上书“巽崖书屋”四字，字体为颜体楷书，系宋代李焘父子读书处。原书屋现已损毁，仅剩屋基一段。

苟王寨摩崖造像　省级文物保护单位。分布面积7200平方米。据崖上题刻记载，宋代建寨，明代造像。苟王寨凭借八面山中险道上一座石窟廊修建，石壁间有多处题刻记述建寨年月及领兵人姓名，乃南宋末抗击蒙军的寨城遗址。造像始于明弘治初年，迄于嘉靖四十三年（1564）。摩崖造像在石窟中段长800米的范围内，共造像3殿30龛94尊，另有石刻13幅。原3殿依石窟而造的房屋在解放初陆续拆除。苟王寨造像未受外来佛教造像思想束缚，具有地方世俗文化风格，题记补充地方史料的缺失，不失为传世之造像佳作和珍贵的文物实物资料。整体造像精美，石壁题刻字迹朴拙原始，属当时之纪实题刻，是十分珍贵的地方文献实物资料，具有极高的艺术、历史价值。

江口石龙　省级文物保护单位。1984年彭山县文物管理所对石龙考证时发现。石龙坐东南向西北，系高浮雕，鳞爪披露，张牙舞爪，曲折盘环。龙头下有一水池，泉水长年不断，池右下约10米处，有县人徐原烈于民国33年（1944）题词两则，一为考证，一为诗（石龙对石虎，金银萃山薮，中华宝藏兴，民族昭千古）。石龙右侧有一石龛，龛内造像风化。

武阳故城遗址　省级文物保护单位。南北约400米，东西约2000米，面积100万平方米，为河旁1至2级台地，平面呈三角形，北连牧马山，西南距武阳江10米~80米，东距锦江1千米余，高出水面10米，隔南河与犍为郡城相对，隔府河与江口镇相连，城东西面各有陶窑1座。文化层距地表深0.3米~1米，厚0.4米~1.5米。城内陶片云集，有下水道排水陶管，花边砖，筒瓦等。

彭山陶窑遗址　省级文物保护单位。分为两处，一处位于武阳乡南一千米的大塘村。在南北长3.5千米一线，分布陶窑3座，西临南河，当地人以陶窑位置定名。上窑南北长120米、东西宽80米、高约10米，窑门闭塞；中窑南北长170米、东西宽44米，内有四窑灶作横向排列，每窑床面积为1.5米×1.8米；下窑南北长80米、宽60米、高约10米，窑门封闭。在遗址上采集标本有碗、盘、磨盘、支钉等。另一处位于武阳乡东 3 千米的大山村青杠嘴，东距府河 1.5 千米。窑基长 39 米，高 5 米，窑门闭塞，窑壁经夯筑而成。一长方形窑灶垮露于外，窑床长 1.9 米，宽 1.4 米。此遗址为研究唐宋时期民窑制作工艺和烧制技术提供实物资料。

江口沉银遗址　市级重点文物保护单位。是一处保存较为完整的古代战场遗址，据《彭山县志》载，“顺治三年(1646)，义军张献忠部与明参将杨展决战于江口镇，张部战船被焚，沉没过半，伤亡惨重，败回成都”。2005—2012 年，江口镇河道相继发现明代银锭等重要文物，为证实张献忠江口镇沉银之说提供实物证据。

彭山江口石龙（摄于 2005 年 12 月）

洪雅烈士陵园　市级文物保护单位。位于洪雅县将军乡高岩村 1 组，县城南 1.5 千米处隐蒙山，坐北向南，占地面积 2.29 万平方米，1959 年，为纪念 1950 年在洪雅县高庙镇征粮剿匪中牺牲的中国人民解放军 62 军九三工作队 7 名烈士而建。园内建筑有赵银忠等 7 名烈士和其他烈士墓群、仿清建筑陵园大门、名垂千古牌坊、烈士事迹陈列室、纪念烈士的碑、亭、水榭等。陵园内清代圆雕狮、马、象、貔貅像放置于各建筑前，清代所建洄澜塔矗立于陵园左侧。园内树竹掩映，庄严肃穆，为县城区悼念英烈、游览之地，既具爱国主义教育意义，又具历史研究价值。

彭山县革命烈士陵园　市级文物保护单位。1954 年开建，1958 年竣工，坐东向西。占地面积 5800 余平方米，有厅堂、纪念堂、陈列室等仿古建筑。园内安葬烈士 47 人（解放彭山县时牺牲的解放军 39 人、解放后牺牲 8 人），烈士生前籍贯分属河北、河南、山东、湖南、贵州等 12 个省市。

彭山锦江乡宋代墓葬出土陶俑（牵马俑）（摄于 2009 年 8 月）

东坡区晋凤农民协会会址太清观　位于长丘山脉眉蒲交界处长丘山主峰，属东坡区与蒲江共有，1983 年，眉山县政府公布为县级文物保护单位。此地原为太清观，解放战争时期曾为中国共产党领导下的晋凤农民协会武装政权所在地。1931 年被国民党军焚毁，仅下观大殿为原有建筑，其余建筑均为 1949 年后修建。大殿坐西南朝东北，大殿背面右侧有清乾隆二十一年（1756）立“铜山铁碑”，大殿右侧墙体上有嘉庆十五年（1810）、咸丰七年（1857）石刻记事碑文，大殿门右侧有“中国共产党领导太清观农民协会武装革命斗争纪念碑”字样。晋凤农民协会会址为东坡区现存为数极少的红色遗迹之一。

王华遗址　王华遗址位于止戈镇八角庙村与五龙村交界地带，1984 年被发现。1986 年，中国社科院考古研究所王仁湘等考察，采集打、磨制石器 26 件，包括双肩铲、刮削器、斧等，属新石器时代。同年，被公布为县级文物保护单位。2010 年，成都文物考古研究所、眉山市文物局、洪雅县文物管理所联合调查王华遗址，新采集到泥质灰陶钵口沿残片、打制石砍砸器等遗物，判定遗址的年代不晚于汉代。2011 年，复查王华遗址，发现遗址内含大量陶片、木炭、石片等物。根据出土陶片判断灰坑的年代应为十二桥文化的早期。此发现将眉山市境内有建制性质的人类定居生活的历史提前 1700 余年。

眉山市全国重点文物保护单位一览表

表 29-1

序号	名称	类别	年代	地址	公布批次
1	三苏祠	古建筑	宋、清	东坡区苏祠街道	第六批
2	眉山报恩寺	古建筑	元	东坡区永寿镇	第六批
3	瑞峰崖墓群	古墓葬	汉	青神县瑞峰镇	第六批
4	江口崖墓	古墓葬	汉	彭山县江口镇	第五批，第六批江渎崖墓并入江口崖墓
	江渎崖墓	古墓葬	汉	彭山县锦江乡	
5	双堡牌坊	古建筑	清	仁寿县双堡乡	第六批
6	牛角寨石窟	石窟寺及石刻	唐	仁寿县高家镇	第六批

眉山市省级文物保护单位一览表

表 29-2

序号	名称	类别	年代	地址
1	重瞳观	古建筑	明	东坡区崇礼镇
2	石碓窝摩崖造像	石窟寺及石刻	唐	东坡区多悦镇
3	大旺寺白塔	古建筑	清	东坡区金花乡
4	连鳌山石刻	石窟寺及石刻	宋	东坡区广济乡
5	丈六院摩崖造像	石窟寺及石刻	唐	东坡区广济乡
6	苏氏墓地	古墓葬	宋	东坡区土地乡
7	寨子城	古建筑	清	东坡区秦家镇
8	眉州武庙	古建筑	清	东坡区秦家镇
9	坛罐窑窑址	古遗址	宋至清	青神县白果乡
10	梓潼宫	古建筑	明	彭山县江口镇
11	虞公著夫妇合葬墓	古墓葬	宋	彭山县江口镇
12	江口石龙	石窟寺及石刻	宋	彭山县江口镇
13	彭山陶窑遗址	古遗址	唐宋	彭山县武阳乡
14	武阳故城遗址	古遗址	汉	彭山县武阳乡
15	顺河岩墓	古墓葬	汉	彭山县
16	牛角寨摩崖造像	古建筑	唐宋	仁寿县高家镇
17	中岩寺	古建筑	唐宋	青神县

续表29-2

序号	名称	类别	年代	地址
18	奎星阁	古建筑	清	仁寿县文林镇
19	文林天主堂	近现代重要史迹及代表性建筑	清	仁寿县文林镇
20	两岔河摩崖造像	石窟寺及石刻	唐	仁寿县文宫镇
21	北斗叶家祠	古建筑	清	仁寿县北斗镇
22	周家祠	古建筑	清	洪雅县洪川镇
23	五龙祠	古建筑	清	洪雅县止戈镇
24	苟王寨摩崖造像	石窟寺及石刻	明	洪雅县将军乡
25	修文塔	古建筑	清	洪雅县余坪镇
26	曾家园	纪念建筑	民国	洪雅县柳江镇
27	龙鹄山松柏之铭碑摩崖造像	石窟寺及石刻	唐至宋	丹棱县丹棱镇
28	鸡公山摩崖造像	石窟寺及石刻	唐	丹棱县张场镇
29	陈沟千佛岩摩崖造像	石窟寺及石刻	唐	东坡区三苏乡
30	老鹰岩摩崖造像	石窟寺及石刻	唐	彭山县江口镇
31	田公祠古建筑群	古建筑	明清	洪雅县洪川镇
32	观音堂崖墓群	古墓葬	南北朝	仁寿县龙桥乡
33	洞子山崖墓群	古墓葬	汉	仁寿县文宫镇
34	潘文华旧居	近现代重要史迹及代表性建筑	民国5年（1916）	仁寿县文宫镇
35	黑龙滩水利工程	近现代重要史迹及代表性建筑	中华人民共和国	仁寿县石咀乡
36	蜂temp洞崖墓群	古墓葬	汉代	青神县白果乡
37	八角洞崖墓群	古墓葬	汉代	青神县白果乡

眉山市级文物保护单位一览表

表29-3

序号	名称	类别	时代	地址
1	富加白塔寺	古建筑	清	仁寿县富加镇
2	龙岩摩崖造像	石窟寺及石刻	宋	仁寿县黑龙滩镇
3	黑龙滩水库纪念碑	近现代重要史迹及代表性建筑	1976年	仁寿县黑龙滩镇
4	四新村千佛岩摩崖造像	石窟寺及石刻	唐	仁寿县黑龙滩镇
5	杨柳河摩崖造像	石窟寺及石刻	唐	仁寿县黑龙滩镇
6	陈家湾墓	古墓葬	宋	仁寿县黑龙滩镇
7	团鱼嘴渡槽	近现代重要史迹及代表性建筑	1976年	仁寿县宝飞镇
8	杀人槽摩崖造像	石窟寺及石刻	唐	仁寿县大化镇
9	大化石院寺摩崖造像	石窟寺及石刻	宋、明	仁寿县大化镇
10	天仙洞	古建筑	清	仁寿县促进乡

续表29-3

序号	名称	类别	时代	地址
11	眉州城墙	古建筑	清	东坡区苏祠街道
12	经书楼	古建筑	清	东坡区苏祠街道
13	多悦华藏寺	古建筑	清	东坡区多悦镇
14	洞口门摩崖造像	石窟寺及石刻	唐	东坡区多悦镇
15	中坊万牌坊墓群	古墓葬	清	东坡区复盛乡
16	中坊万氏墓群	古墓葬	清	东坡区复盛乡
17	袁大山崖墓群	古墓葬	汉	东坡区复兴乡
18	佛儿崖摩崖造像	石窟寺及石刻	宋	东坡区广济乡
19	广济彭氏墓地	古墓葬	清	东坡区广济乡
20	张庙墓	古墓葬	清	东坡区盘鳌乡
21	盘鳌镇万年台	古建筑	清	东坡区盘鳌乡
22	长马埂千佛岩	石窟寺及石刻	唐	东坡区万胜镇
23	莫嘴山墓群	古墓葬	清	东坡区万胜镇
24	繁荣杨氏墓群	古墓葬	清	东坡区万胜镇
25	富强李氏墓群	古墓葬	清	东坡区万胜镇
26	法宝寺摩崖造像	石窟寺及石刻	唐、五代	东坡区万胜镇
27	一里张氏墓群	古墓葬	清	东坡区秦家镇
28	叶公馆	古建筑	清	东坡区苏祠街
29	中心极乐寺	近现代	民国 17 年（1928）	东坡区尚义镇
30	德云寺摩崖造像	石窟寺及石刻	明	青神县瑞峰镇
31	瑞峰中心小学校门	近现代	民国 31 年（1942）	青神县瑞峰镇
32	大坟坝吴氏家族墓	古墓葬	清	青神县瑞峰镇
33	彭家大院	近现代	民国元年（1912）	青神县汉阳镇
34	安家坝新桥	古建筑	清	青神县河坝子镇
35	脑顶骨山崖墓群	古墓葬	汉	青神县西龙镇
36	毛狗湾题记	近现代	民国 8 年（1919）	青神县白果乡
37	洞子边崖墓	古墓葬	汉	青神县白果乡
38	广慈庵摩崖造像	石窟寺及石刻	宋	青神县白果乡
39	庙子山崖墓群	古墓葬	汉	青神县罗波乡
40	彭祖墓	古墓葬	清	彭山县江口镇
41	张纲墓	古墓葬	东汉	彭山县江口镇
42	陈希虞墓	近现代	民国 31 年（1942）	彭山县江口镇
43	江口沉银遗址	古遗址	明	彭山县江口镇
44	九龙山寨门遗址	古遗址	明	彭山县江口镇

续表29-3

序号	名称	类别	时代	地址
45	李白读书台遗址	古遗址	唐	彭山县锦江乡
46	莲花坝墓	古墓葬	三国	彭山县牧马镇
47	皇坟包墓	古墓葬	汉	彭山县牧马镇
48	李长清墓	古墓葬	清	彭山县牧马镇
49	葛藤山汉墓群	古墓葬	汉	彭山县武阳乡
50	岳升龙墓（包括岳濬墓）	古墓葬	清	彭山县保胜乡
51	龙门寺造像	石窟寺及石刻	唐、明	彭山县保胜乡
52	彭山县革命烈士陵园	近现代	1954 年	彭山县凤鸣镇
53	八百寿酒老窑群	古建筑	清	彭山县凤鸣镇
54	彭山城墙	古建筑	明	彭山县凤鸣镇
55	彭山县县衙遗址	古遗址	清	彭山县凤鸣镇
56	法王寺	古建筑	清	彭山县谢家镇
57	邝俊强宅	近现代重要史迹及代表性建筑	民国 17 年（1928）	仁寿县文林镇
58	汪洋铁佛寺	古建筑	清	仁寿县汪洋镇
59	尖兵村千佛岩摩崖造像	石窟寺及石刻	唐	仁寿县宝马乡
60	刘家祠刘氏墓群	古墓葬	清	仁寿县宝马乡
61	颜家坝崖墓群	古墓葬	汉	仁寿县洪峰乡
62	江西会馆	古建筑	清	仁寿县富加镇
63	金光千佛岩摩崖造像	石窟寺及石刻	唐	仁寿县珠嘉乡
64	大佛岩摩崖造像	石窟寺及石刻	唐	仁寿县禾加镇
65	岩湾摩崖造像	石窟寺及石刻	清	仁寿县满井镇
66	埝乌龙渡槽	近现代重要史迹及代表性建筑	1976 年	仁寿县龙桥乡
67	张口岩摩崖造像	石窟寺及石刻	唐	仁寿县龙马镇
68	洞弯石室	古建筑	清	仁寿县北斗镇
69	云板桥	古建筑	清	仁寿县天峨乡
70	古堰坝墓群	古墓葬	清	仁寿县曹家乡
71	梅古堂墓群	古墓葬	清	仁寿县景贤乡
72	张开户夫妇墓	古墓葬	清	仁寿县景贤乡
73	老林湾王氏墓群	古墓葬	清	仁寿县景贤乡
74	石佛庙摩崖造像	石窟寺及石刻	清	仁寿县板燕乡
75	蛮洞山崖墓群	古墓葬	汉	仁寿县板燕乡
76	宝峰蛮洞山崖墓群	古墓葬	汉	仁寿县鳌陵乡
77	猪拱桥	古建筑	清	仁寿县里仁乡
78	郑家坝墓	古墓葬	清	仁寿县四公乡

续表29-3

序号	名称	类别	时代	地址
79	拖石路墓群	古墓葬	清	仁寿县清水镇
80	青岗清真寺	近现代重要史迹及代表性建筑	民国8年（1919）	仁寿县青岗乡
81	曲江大高寺	古建筑	清	仁寿县曲江乡
82	石佛湾摩崖造像	石窟寺及石刻	唐	仁寿县方家镇
83	寿缘桥	古建筑	清	仁寿县识径乡
84	扎林大佛岩摩崖造像	石窟寺及石刻	唐	仁寿县谢安乡
85	文星岩摩崖造像	石窟寺及石刻	清	仁寿县凤陵乡
86	曹家梨园	其他	明—现代	仁寿县曹家乡
87	学街灵星门	古建筑	清	洪雅县洪川镇
88	何良臣墓	古墓葬	明	洪雅县洪川镇
89	中正街王家宅院	古建筑	清	洪雅县洪川镇
90	遇仙桥	古建筑	唐	洪雅县洪川镇
91	尖峰城址	古遗址	宋—清	洪雅县东岳镇
92	石佛寺遗址	古遗址	明	洪雅县东岳镇
93	玉泉寺遗址	古遗址	明	洪雅县花溪镇
94	玉屏山摩崖造像	石窟寺及石刻	清	洪雅县柳江镇
95	佛祖崖摩崖造像	石窟寺及石刻	明、清	洪雅县汉王乡
96	长茅侍家牌坊	古建筑	清	洪雅县汉王乡
97	瓦屋山寺观遗址	古遗址	秦—明	洪雅县瓦屋山镇
98	老熊坪遗址	古遗址	隋	洪雅县瓦屋山镇
99	洪雅烈士陵园	近现代重要史迹及代表性建筑	1959年	洪雅县将军乡
100	苟老桥	古建筑	清	洪雅县将军乡
101	洄澜塔	古建筑	清	洪雅县将军乡
102	立石子摩崖造像	石窟寺及石刻	清	洪雅县中保镇
103	龙君庙	古建筑	明	中保镇踏水村
104	九倒拐摩崖造像	石窟寺及石刻	明	洪雅县中保镇
105	魏滩桥	古建筑	清	洪雅县余坪镇
106	呵吒寺摩崖造像	石窟寺及石刻	唐—清	洪雅县槽渔滩镇
107	呵吒寺遗址	古遗址	唐	槽渔滩镇徐嘴村
108	遇仙洞摩崖造像	石窟寺及石刻	清	洪雅县槽渔滩镇
109	高峰石刻区	石窟寺及石刻	唐—清	洪雅县槽渔滩镇
110	田锡书馆遗址	古遗址	明	洪雅县槽渔滩镇
111	刘坡罗氏墓群	古墓葬	清	丹棱县双桥镇
112	佛堂子摩崖造像	石窟寺及石刻	唐	丹棱县双桥镇

续表29-3

序号	名称	类别	时代	地址
113	张应朝张应选夫妇墓	古墓葬	清	丹棱县张场镇
114	李金禄夫妇墓	古墓葬	清	丹棱县张场镇
115	王洪才夫妇墓	古墓葬	清	丹棱县张场镇
116	何应年夫妇墓	古墓葬	清	丹棱县张场镇
117	丫口山王氏墓	古墓葬	清	丹棱县张场镇
118	金花吴氏墓地	古墓葬	清	丹棱县张场镇

第二节　非物质文化遗产

一、非物质文化遗产发掘与保护

1997 年，青神竹编获全国竹编民间艺术展览金奖。

2005 年，眉山市启动“民族民间文化保护工程”，开展民间保护工程资源普查，绘制“眉山市民族民间文化资源分布图”，形成眉山市民族民间文化资源普查资料图文集 6 卷。2006 年，市政府公布洪雅县瓦屋山山歌、蚌壳灯、堂灯，丹棱花灯，彭山彭祖祭祀、李密忠孝文化 6 项为首批市级非物质文化遗产保护项目。此后每 2 年公布一批市级非物质文化遗产保护项目。积极向上级申报国家级和省级非物质文化遗产保护项目。2007 年，四川省政府公布仁寿抬工号子、丹棱唢呐、洪雅复兴耍锣鼓为全省首批非物质文化遗产保护项目。2008 年，青神竹编入列第二批国家级非物质文化遗产保护项目名录并拓展到第一批。眉山市政府公布彭山莲箫，洪雅晓桑剪纸、雅妹子风酱肉制作技艺，东坡区味聚特东坡泡菜制作技艺、三苏龙眼酥制作技艺、巧巧赵氏核桃糖制作技艺，丹棱冻粑制作技艺 7 项为第二批市级非物质文化遗产保护项目。2009 年，四川省政府公布五月台会（城隍庙会）、青神捻条画艺术、“长春号”南味豆腐传统手工制作技艺、裕泰乾马氏芝麻糕制作技艺为全省第二批非物质文化遗产项目名录。2010 年，市政府公布九升烧腊坊手工制作技艺，张氏芝麻糕制作技艺，洪雅雅纸制作技艺、幺麻子藤椒油閟制技艺 4 项为第三批市级非物质文化遗产项目名录。2011 年，四川省政府公布苏东坡酒传统酿造技艺、竹琴（道琴）为全省第二批非物质文化遗产项目名录。

2012 年，青神竹编被命名为首批省级“非遗”生产性保护示范基地。市政府公布仁寿县黑龙滩的传说、仁寿孝歌，丹棱山歌、丹棱石雕工艺，东坡川剧艺术、杨氏根雕技艺、眉州“山溪堂”书画装裱技艺、何首乌饮片传统加工技艺、传统中医放窍疗法，洪雅师道戏、洪雅手指画、高庙白酒传统酿造技艺，彭山八百寿酒传统酿造技艺、彭山彭祖山朝山会，青神传统杆秤制作技艺 15 项为第四批市级非物质文化遗产保护项目。年末全市有“非遗”代表性项目国家级 1 项、省级 9 项、市级 30 项、县级 25 项，省级非物质文化遗产生产性保护基地 1 个，初步建成全市四级名录保护体系。

二、非物质文化遗产展演与传承

2007年，青神竹编工艺、仁寿抬工号子、洪雅复兴耍锣鼓和丹棱唢呐4个省级非物质文化遗产项目参加由文化部和四川省政府主办的“首届中国成都国际非物质文化遗产节”，接待游客20余万人次。举办“东坡雅韵”非物质文化遗产巡游，眉山“非遗”项目仁寿抬工号子、青神竹编、彭山板凳龙、东坡狮舞等悉数亮相。2008年，眉山市6人被评为四川省省级非物质文化遗产代表性传承人，当年，市政府公布全市首批市级非物质文化遗产代表性传承人38人。北京奥运会期间，青神竹编参加“中国故事”四川祥云小屋展示和第九届中国西部博览会。举办第三个“文化遗产日”眉山市非物质文化遗产保护宣传展览活动。2009年，全市组团参加第二届中国成都国际非物质文化遗产节，眉山展馆接待中外游客10余万人次。2010年，眉山市组织裕泰乾马氏芝麻糕参加2010年成都大庙会。

2011年，眉山市组团参加第三届中国成都国际非物质文化遗产节，获“最佳表现奖”。2012年，青神竹编参加中国非物质文化遗产生产性保护成果大展，被中国文化报、新华网等中央媒体宣传。年末眉山市有省级非物质文化遗产传承人11人，市级非物质文化遗产传承人69人。

三、重要非物质文化遗产简介

青神竹编工艺 国家级非物质文化遗产。为青神县传统手工艺品，通过人工选竹、制篾、编织、装饰等12道工序，将不同竹龄竹子制成粗细不同、厚薄不同的竹片或竹丝，再编成不同形状、不同用途的生产生活用品和工艺产品。编织技法有“十”字，“人”字，绞纹“菱形”“花星”“坐标”“描图”6种。全县从事竹编工艺生产从业人员近3万人，其中传承代表人物有殷超、陈云华、宋美湖等。青神竹编产品远销世界20余个国家和地区，年产值2亿余元，为青神县经济支柱产业之一，也是眉山市出口创汇的重要产品。

仁寿抬工号子 省级非物质文化遗产。起源于清代，主要分布在仁寿县虞丞、汪洋、富加、宝马、始建、文宫等乡镇，以虞丞抬工号子和汪洋抬工号子为代表，是在长期的劳动中形成和产生的民间艺术，按师带徒和口耳相传的形式延续发展。仁寿抬工人数从2人到128人不等，抬工号子内容丰富，号子句式整齐，音韵协调，劳动者把反映时令、农事、爱情、婚丧嫁娶等风俗，创造性地运用到号子中，成为一种独具魅力的抬工文化。广泛流传于民间并经收集整理的号子有128首，在极具实用性、观赏性的同时又有音乐性和文学性。

丹棱唢呐 省级非物质文化遗产。起源于清代，主要分布在丹棱县及周边县市。丹棱唢呐是民间唢呐南派支系之一，有大吹打和小吹打等表现形式，曲牌以川剧韵律为基础，分为《节节高》《接送调》《公堂曲》3大类100余首曲牌，分别在不同场合、不同时段演奏，代表不同的含义。丹棱民间唢呐历经100余年传承，现存曲牌《将军令》《望娘调》《步步高》《小开门》等古曲20余首。

复兴耍锣鼓 省级非物质文化遗产。产生于四川洪雅瓦屋山下的复兴村境内的严道故城，有《白鱼子上滩》《猪哒嘴》等50余支曲牌，后来逐步发展成为“民间交响乐”，广泛应用于红、白喜事和各种灯戏、山歌之中。总指挥是鼓师，其余锣、钵、马锣在打击时，均看鼓师手势和击锤所表示的点子（用指头）鼓槌而做出相应的反应。复兴耍锣鼓的打法与全国各地的锣鼓打法不同，开始时，以帽子（过门调子）开头，其帽子贯穿整个打击乐之中，每打一个牌子结束后又以帽子开始，才能接着打出第二个牌子。

五月台会（城隍庙会） 省级非物质文化遗产。五月台会是祭祀地方神城隍神的城隍会及庙会，是从原始古老的“地会”“灯会”发展演变而来的。洪雅建县于隋开皇十三年（593），其时民间灯会、地会风俗已相当盛行。解放前台会主要分布于洪雅县洪川、止戈、天宫、乐岳、花溪、柳江、高庙、三宝等乡镇。解放后，多数乡镇停办，主要分布于止戈镇、洪川镇。1997年后，每年由洪雅民间自发举办。五月台会是集戏剧、文学、表演、音乐舞蹈于一体的造型艺术，是民俗文化活动的载体，不仅是民俗民间的文化活动组织，而且保留众多的民间艺术、民间手工艺的原生形态，传承着各种传统表演艺术形式。

青神捻条画艺术 省级非物质文化遗产。萌芽于清代，为创始人吴道悲在雅安南部大山躲避战乱时发明。是一种运用纸页经特殊处理、制作后折成各式捻条代替毛笔蘸墨设色而成的绘画艺术，其绘画技艺炯然不同于传统国画但又不失传统国画之精魂。徐悲鸿曾为捻条画题词“怪笔神功，独特无双”。1989年，第二代传承人吴道悲之子吴建堂将捻条画重新公之于众。2009年首创捻条油画，试点由家族式传承试点走向社会传承。捻条画曾被《中国文化报》《中国书画报》《香港大公报》等海内外120余家媒体报道，人民日报社2次出版《吴建堂捻条画集》。

“长春号”南味豆腐传统手工制作技艺 省级非物质文化遗产。始于清代，主要分布在彭山县凤鸣镇。清嘉庆十四年（1809），陕西渭南人李仲云举家迁至四川彭山县，开办手工酿造作坊，其子李长春接替父业，于咸丰七年（1857）以自己的名字命名为“长春园号”酱园。1956年，“长春号”公私合营，更名为彭山县酿造厂。南味豆腐乳色白光泽、香气浓郁、入鼻臭香、入口清香、味鲜可口、细腻化渣。原料主要选用彭山、仁寿产的上等优质黄豆，五通桥精盐、30余种香料与曲酒等。从选豆浸泡到划块，要经过20余道工序和配料才能装坛。装坛密封后，专人管理，一年后才能出坛食用。

裕泰乾马氏芝麻糕制作技艺 省级非物质文化遗产。裕泰乾马氏芝麻糕是以芝麻、糯米、核桃为原料，按祖传技艺配制成糕。初始于仁寿县，初见于明而盛于清，曾作为古陵州特产入选清代皇室贡品。因传承发展需要于2003年迁至东坡区白马镇。是马光弟经长期实践，于清光绪二十年（1895）根据民间记录加本人心得而创造问世，经过马昌明和马自生传承已有121年历史。

苏东坡酒传统酿造技艺 省级非物质文化遗产。主要分布在东坡区，清光绪二十七年（1901）由章芳年在眉山太和镇根据苏东坡《东坡酒经》创办“德利元”酒坊而问世。民国31年（1942）酿造成太和小曲酒，第一代至现在第五代传人均以师徒传承。苏东坡酒从原料入窖、固态发酵，到蒸馏、勾兑、检验、品尝再到成品，整个酿造环节，采用纯手工操作，保证传统纯正口味，形成东坡故里独特的酿酒技艺。

竹琴（道琴） 省级非物质文化遗产。主要流传于彭山县谢家镇，现仅夏福寿老人能表演。竹琴由发音体和共鸣体两部分组成，发音体用坚硬而干燥的南茨竹制成，另一端用羊皮或猪皮绷成鼓面状，竹琴呈长圆形，长1.1米左右，直径6厘米~8厘米。竹琴表演主要以一人为主（也可多人参加），以说唱为主，其节拍变化灵活，唱腔优美动听，其表演的主要内容为历史故事、歌颂英雄好汉，也可根据现实中的人和事来表演，既能叙事又可抒情。

第四章 文化市场

1997年起，眉山地区文化系统按照“一手抓繁荣，一手抓管理”，每年开展各类整治清理专项行动。至2012年，眉山市文化市场建立举报奖励、办案协作、巡查暗访、联防协作等执法管理机制，电子游戏娱乐场所涉赌、网吧接纳未成年人、无证经营等问题得到有效遏制。

第一节 宣传培训

1997年起，眉山地区开展文化市场法律法规等宣传培训。1998年，地、县印发宣传资料，出动执法人员上门向经营业主宣讲，利用报纸、电台、电视台和板报橱窗广泛宣传。开展法治咨询，培训文化经营业主4320人次，受训率98%。1999年，全区培训、审核、登记文化市场经营单位2160户，培训经营业主和主管人员1680人次。

2003年起，眉山市每年培训“网吧”经营业主，开展《互联网上网服务营业场所管理条例》等法规和职业技能培训。2005年，全市集中培训中心城区文化市场经营业主和管理人员，实行经营业主佩证上岗制。开展安全法规宣传和业主培训，实行安全月报台账制，全年文化市场无事故。

2008年，眉山市召开业主培训会，加强文化市场监管宣传。2012年，全市开展文化系统集中警示教育活动，召开业主培训会，聘请义务监督员，加强市场监管队伍建设。

第二节 经营管理

1997年，眉山地区有文化娱乐经营户2206户。

2001年起，眉山市积极培育发展文化娱乐市场，引导经营业主投资兴办上规模、上档次的文化休闲娱乐项目。2003年，全市放宽准入条件，强力招商引资，当年新增文化市场经营户500余家，娱乐业营业收入约3亿元，印刷产业收入1.3亿元，出版发行业1.2亿元。市、县（区）文化娱乐业年创税利600万余元，其中中心城区300万余元。2004年，市委下发《关于加快发展文化经济的意见》，明确眉山文化产业发展指导思想、奋斗目标和主要措施。当年全市按新统计口径，新发展文化市场经营企业和经营户897家，其中投资上100万元的20余家，投资上1000万元的1家。2005年，全市发展文化经营企业和经营户523家，总投入3566万元，其中中心城区新发展145家，投入1426万元；全市新投资兴办上100万元的歌城1家，发展连锁网吧2家，新发展投资上100万元的印刷包装企业2家。青神县云华竹旅有限公司、眉山大宋文化旅游发展公司被命名为四川省文化产业示范单位。

2006 年，眉山市建设纱縠行古玩字画、东坡金城书画艺术特色街区。至 2009 年，全市文化市场经营单位增至 3500 余家，投资达 100 万元的 40 余家、1000 万元的 4 家，文化产业年总产值 5 亿元，增加值约 1 亿元。

2011 年，市政府印发《眉山市文化产业"十二五"规划》，提出"文化立市"战略，明确全市文化产业发展方向和目标，完成眉山市首次规范化文化产业统计。"东坡文化产业园"被四川省文化厅命名为第三批四川省文化产业示范基地。市文体影视新闻出版局与工商银行眉山分行签订文化产业发展战略合作协议，争取融资额度 10 亿元。2012 年，市文化广播影视新闻出版局编制《眉山市文化产业发展规划》，形成《眉山市重点文化产业实施方案》。当年，眉山市文化产业项目完成投资 27.7 亿元，建成中国泡菜城泡菜博物馆、泡菜文化广场；黑龙滩长岛标志性设施；投资建设柳江古镇、七里坪等文化旅游项目。全市文化产业完成投资 52.5 亿元，实现增加值 13.4 亿元，其中文化娱乐业 2.55 亿元。6 户企业进入四川省文化骨干企业行列，新增上 1000 万元大型娱乐演艺企业 5 家。

第三节　行政执法

1997 年起，眉山地区文化市场主管部门每年审核文化市场经营单位。全区平均每年出动 1000 余人次，开展各类文化娱乐经营场所执法专项行动，以规范文化市场秩序。1998 年，建立地区文化稽查大队，加强充实各县文化稽查队伍。当年，开展"去冬今春'扫黄打非'活动"，检查文化经营户 2165 户，取缔不合格经营户 215 家，限期整改经营户 110 家，收缴销毁非法书报刊 1.28 万册、音像制品、电子节目 5200 盘。从重从严查处彭山县仁德彩印厂印刷非法书刊案。集中治理成乐公路、106 国道线、仁寿县龙正镇、眉山县秦家镇娱乐场所过多过滥现象。1999 年，按照地委、行署"总量控制、合理布局、提高档次、规范管理、依法经营"方针，地区文化、公安、工商等部门集中清理整顿全区文化市场。

2001 年，市中心城区文化、新闻出版上划市文体局管理。当年起，眉山市每年组织开展全市"扫黄打非"工作、互联网上网服务营业场所专项治理工作、全市电子游戏经营场所专项治理、歌舞娱乐场所专项治理等文化市场整顿。当年查处四川省文化厅督办的彭山县城电子游戏机赌博窝点和外地到眉山违法销售书刊、音像制品团伙。2002 年，全市加强执法检查，每月集中检查 1 次～2 次。重点查处市中心城区"四海"、华艺音像店违规经营非法音像制品案，取缔非法书刊店、违规小报小刊，查处个别娱乐场所限制服务人员人身自由行为，关闭利用电子游戏机赌博经营场所，各县（区）查处案件 80 余起。当年起，在网吧、文化娱乐场所实行明码标价制度，市文化稽查大队设立"文化市场违法违纪举报箱"，接受群众举报。2003 年，全市推行文化娱乐市场巡查制度，停止收取文化市场管理费。文化、公安、城管、工商、教育等部门每年集中整治校园周边环境。加强文化市场防"非典"工作督查和安全消防工作监管。当年起，所有文化市场审批项目进入行政服务中心，一般性项目 3 日内限时办结。全市网吧统一安装监控软件。全年关闭、搬迁校园周边违法违规经营的网吧、电子游戏厅、录像厅、歌舞厅等，取缔无证经营户。全市文化娱乐经营业主年审换证面 90%以上。

2006 年，市中心城区文化市场行政许可和执法权下放移交东坡区。眉山市开通文化市场举报电话。2007 年，全市专项整治中心城区娱乐场所，逮捕 1 人、刑事拘留 2 人。2008 年，市综治办、市公安局、市文体局和市电信公司联合在全市推行网吧视频监控系统，当年覆盖网吧 70%。配合四川省文化市场稽查总队查处违规从事互联网文化产品案件。2010 年，合并清理原市文体局和市广电局行政审批项目 17 项，各县（区）完成“扩权强镇”许可下放。破获“12·28”利用境外服务器向国内传播淫秽色情案件。

2012 年，全市开展电子游艺娱乐场所专项整治等文化市场整治行动，整改违规审批问题 61 项，清理无证经营问题 272 项。查处网吧接纳未成年人等案件 27 件，取缔“黑网吧”“黑电玩”。检查茶楼、宾馆、台球馆等场所，收缴销毁捕鱼机、铃铃机等赌博机具，查处赌博窝点，抓获涉案人员 19 人。出台《眉山市文化娱乐场所和互联网娱乐场所管理暂行办法》，全市六区县文广新局专门设立行政审批机构，实现审批权和执法权分离。

第五章　档案和地方志事业

1997 年起，眉山地区逐步完善档案和地方志机构，加强基础设施建设，加强档案保管保护和开发利用，开展第二轮志书续修和市县级年鉴编纂。至 2012 年，全市新建档案馆 2 个，完成重点档案抢救，444 个部门（单位）档案工作达规范化管理。启动首轮市志编纂，全面完成第二轮县级志书续修，年鉴做到一年一鉴公开出版，完成部分旧志整理。

第一节　档案事业

1997 年，眉山地区各县均建有档案馆，此后，修建眉山市档案馆、仁寿县档案馆，其余各县（区）相继维修改造档案馆库，购置档案保管保护设备设施，档案工作达标升级、目标管理在档案馆和机关、团体、企事业单位全面开展。眉山市各级档案管理部门履行档案事业行政管理、档案保管利用职能。逐步建立以机关、企事业单位档案工作为基础，以档案馆为主体的全市档案事业体系。各级档案局（馆）普遍开展档案信息化、重点档案抢救，建立档案利用中心，建立健全接待利用工作制度。开展预约查档、电话查询、函查等服务方式。截至 2012 年年底，眉山市 444 个部门（单位）档案工作达到规范化管理标准。

一、馆库建设

1997 年，眉山地区各县均建有档案馆，总面积 6325 平方米，其中，库房 3525 平方米。2003 年，动工修建眉山市档案馆，2005 年 1 月竣工。占地面积 6 亩，建筑面积 2590 平方米（库房 1500 平方米）。2008 年，市档案局加固维修“5·12”汶川特大地震受损的库房，装修爱国主义教育基地。配置档案密集架 688.7 立方米，空调 5 台，杀虫冰柜 1 台，除湿机 3 台，防磁柜 2 个。2011 年，仁寿启动新馆建设，占地面积 1 公顷，建筑面积 6720 平方米（库房 2540 平方米），总投资 2409 万元（中央 1277 万元），2012 年建成投入使用。截至 2012 年年底，全市有综合档案馆 7 个，建筑面积

1.44万平方米，其中库房6137平方米。

二、档案管理

（一）档案接收征集

1997年，眉山地区6个县有馆藏档案924个全宗单位，27.7万卷，录音、录像、影片89盘，照片档案3759册（张），馆藏资料3.92万册。当年起，全区档案管理部门制订档案接收计划，搞好档案接收进馆工作。

全国中西部地区县级综合档案馆建设现场会在仁寿召开（摄于2012年9月）

2001年，眉山市逐步实行以件为单位立卷归档。2007年，市档案管理部门指导、审定全市各级各部门重新编制《机关文件材料归档范围和文书档案保管期限表》。2008年，市档案馆开展档案寄存业务。

2009年起，全市档案管理部门搞好婚姻档案接收，婚姻档案整理与进馆同步。市档案馆接收中国银行眉山支行、四川省泰康保险公司寄存档案1.22万卷。2010年，眉山市修订《档案馆收集档案范围》。截至2012年年底，市档案馆接收54个单位、7个国有破产企业、106线等重大工程建设项目档案1.93万卷3.35万件。全市有馆藏档案1209个全宗单位，49.42万卷、43.26万件，录音、录像、影片154盘，照片档案8985册（张），馆藏资料5.35万册。其中市档案馆有馆藏档案54个全宗单位1.93万卷3.35万件，馆藏资料3213册。

（二）档案管理达标

1997年起，眉山地区开展档案管理工作达标升级活动。每年利用3月法制宣传月、“12·4”法制宣传日开展档案工作宣传。健全安全责任制，开展消防知识培训，灭火演练，购置安全设施设备，制定完善安全应急预案，开展档案安全排查和专项执法检查，落实人防、物防、技防措施，确保档案安全。当年，丹棱县档案馆达省三级标准。1999年，彭山县、青神县档案馆达省三级标准，全区6个县档案馆全部达省级标准。至2004年，眉山市600余个部门（单位）达标，其中市级部门（单位）20个。复查单位548个。

2005年起，眉山市贯彻执行《四川省档案工作规范化管理办法》（试行），加强档案馆、机关、企业、科技事业单位档案工作规范化管理的指导、检查、认定和复查。2006年起，洪雅县、东坡区、丹棱县、青神县、彭山县相继维修改造档案馆库，购置相应设施设备。2009年，眉山市编制上报《县级综合档案馆建设规划》，6个区县档案馆纳入国家中西部县级综合档案馆建设规划，其中仁寿县、洪雅县列入国家“十二五”规划。当年，彭山县档案馆、洪雅县档案馆、东坡区档案馆、仁寿县档案馆档案工作规范化管理相继达省二级标准。2010年，丹棱县档案馆达省三级标准。

2011年，市档案局组织全市4689人参与档案法律法规知识竞赛。贯彻执行《四川省档案行政执法检查办法》，开展全市档案行政执法检查，每年不少于10个单位。截至2012年年底，眉山市444个部门（单位）档案工作达规范化管理，其中市级33个。规范化管理复查已达标部门（单位）252个。

（三）档案信息化建设

2011年，市档案局印发《“十二五”档案信息化建设工作规划》《数字档案馆建设规划》，开展馆藏档案案卷级和文件级目录著录及全文数字化工作。当年，完成24.07万条案卷级、5700条文件级录入和7.13万件婚姻档案为主的全文数字化扫描。2012年，市委、市政府将“数字档案”工作作为重要内容列入加快“数字眉山”建设项目，市政府办印发《眉山市档案信息化建设五年规划（2012—2016年）》，将档案信息化建设专项经费列入市政府投资项目。东坡区完成7.8万卷婚姻档案全文数字化处理，仁寿县完成专用机房建设。

（四）档案编研利用

1997年起，眉山地区档案馆利用档案信息资源开展档案编研工作。加强档案查阅利用，建立档案利用中心，建立健全接待利用工作制度。开展预约查档、电话查询、函查等服务。

2003年起，市档案学会举办档案学术交流和参加市科协、市社科联学术成果评选。至2010年，眉山市档案学术论文200余篇参评。截至2012年年底，眉山市档案系统共汇编资料40余册，接待查阅利用档案人员9.46万人次，提供利用档案32.29万卷次，主要用于编史修志、工作考察、购买养老保险、享受国家政策、产权交易等。

（五）重点档案抢救

眉山市重点档案为民国时期档案，共7.42万卷（仁寿县5.41万卷）。

2007年前，重点档案抢救为换卷盒、卷皮和杀虫，共抢救12.4万件。2007年起，国家和省加大重点档案抢救力度，下拨抢救专项资金。6个县（区）档案局组建专业队伍，开展业务培训，制定操作流程，以修裱、著录、装盒等方式抢救重点档案。当年，丹棱县民国档案771卷全文数字化处理。截至2012年年底，眉山市共争取国家、省重点档案抢救经费117万元，抢救重点档案2.92万卷。

（六）重大工程建设项目档案管理

2000年起，眉山地区加强道路交通工程、大型水电站工程、桥梁工程和重大工业企业项目档案工作的监督指导和验收。2008年，眉山市实行重大建设项目年度登记备案制度。每年下发重大建设项目名单，开展重大建设项目单位检查，指导档案工作，上报重大建设项目登记备案。2011年7月，市政府召开全市重大建设项目档案工作会，总结部署全市重大建设项目档案工作。截至2012年年底，眉山市完成219个重大建设项目登记备案和18个重大工程建设档案专项验收。

（七）基层档案管理

1999年起，眉山地区加强农科站、村、社区建档工作。当年，青神县80%的村完成建档工作，并代表四川省、眉山地区参加全国农业农村档案工作座谈会，在会上交流经验。丹棱县完成全部133个村建档。洪雅县200个村建立归档制度。至2005年，眉山市2345个行政村，已建档2023个，建档率86%；136个社区，已建档116个，建档率85%。

2009年，眉山市开展新农村建设档案工作示范县、示范乡镇创建活动，青神县以“农业农村档案规范年”“新农村建设档案工作提升年”为主题，开展省级示范县创建活动，实现“三个统一”“三个百分之百”（村级建档、乡镇规范化管理、乡镇档案共享），2011年，通过省新农村建设档案工作考评小组检查验收，青神成为全省省级新农村建设档案工作示范县之一。

截至2012年年底，眉山市25个乡镇创建为省级新农村建设档案工作示范乡镇。

第二节　地方志事业

眉山市地方志办公室是眉山市政府直属事业单位（参照公务员管理），负责全市地方志工作。1997年，成立眉山地区地方志办公室，2000年，更名为眉山市地方志办公室。各县均设有地方志办公室。各级地方志机构以存史、资政、育人为目标，组织开展第二轮县志编修、年鉴编纂、地情资料开发和旧志整理。至2012年，全面完成二轮县级志书续修任务，启动首轮市志编纂，市县级年鉴做到一年一鉴。

一、志书编纂

自明朝起，眉山境内洪雅县开始编纂县级志书。清朝期间，眉州其及4个县开展县级志书编纂。民国期间，境内有4个县开展县级志书编纂。

（一）市（州）志书

清朝，眉州编纂嘉庆版《眉州属志》，共23卷。

2008年，市委办、市政府办印发《关于开展首轮修志工作的通知》，成立市志编纂委员会，市志编委会召开《眉山市志》编修动员大会。当年，启动50部部门志编纂工作。截至2012年年底，收集人物、大事记、社会生活等基础材料近200万字。

眉山市志鉴篇目设置研讨会参会人员留影（摄于2011年4月）

（二）县级志书

眉山境内各区县编纂留下的县级志书有明朝3部42卷、清朝13部120卷、民国4部、中华人民共和国新方志12部。

中华人民共和国成立前志书编纂　明朝，洪雅县开始编纂县志，现存3部42卷，其中嘉靖版《洪雅县志》5卷。清朝，眉山境内除眉山县外，其余5县均开展县级志书编纂，共编纂13部120卷。包括仁寿县编纂5部40卷，其中乾隆版《仁寿县志》2卷、嘉庆版《仁寿县志》8卷、道光版《仁寿县志》8卷、同治版《仁寿县志》15卷、光绪版《仁寿县志》7卷；彭山县编纂2部13卷，其中乾隆版《彭山县志》7卷、嘉庆版《彭山县志》6卷；洪雅县编纂2部37卷，其中嘉庆版《洪雅县志》25卷、光绪版《洪雅县志》12卷；丹棱县编纂3部29卷，其中乾隆版《丹棱县志》12卷、道光《重修丹棱县志稿》7卷、光绪《重修丹棱县志》10卷；青神县编纂光绪版《青神县志》4卷。还有丹棱县编纂的光绪《丹棱乡土志》（上、下两编）。民国时期，眉山境内部分县开展县级志书编纂。有民国12年版《眉山县志》；民国版《仁寿县志》16卷；民国版《彭山县志》8卷；民国版《丹棱县志》和《丹棱县志稿》（民国37年编，不全）。

首轮社会主义新方志编纂　20世纪80年代初，眉山境内6县相继开展首轮社会主义新方志编纂。

《眉山县志》。编纂工作于1988年启动，1992年8月出版发行。《眉山县志》上限为辛亥革命时期，下限至1987年，全书约144万字。

《仁寿县志》。编纂工作于1981年启动，1990年6月出版发行。《仁寿县志》上限为1911年，下限断至1985年，全书86.6万字。

《彭山县志》。编纂工作于1983年启动，1991年11月出版发行。《彭山县志》上限为1911年，下限断至1985年（个别篇断至1986年），全书约95万字。

《洪雅县志》。编纂工作于1981年启动，1997年8月出版发行。《洪雅县志》上限为1911年，下限断至1992年，全书约120万字。

《丹棱县志》。编纂工作于1981年启动，2000年6月内部出版发行。《丹棱县志》上限为1912年，下限断至1992年，全书121.3万字。

《青神县志》。编纂工作于1984年启动，1996年8月出版发行。《青神县志》上限为辛亥革命前后，下限断至1990年，全书约94.6万字。

二轮县级志书续修　2000年起，眉山地区6县相继开展县志续修，2011年全部完成。

《眉山县志（1988—2000）》。2000年，眉山县启动续修工作。2002年，东城区被列为四川省志书续修工作试点县。2003年，《眉山县志（1988—2000）》出版发行，全书117万字。

《仁寿县志（1986—2002）》。2003年，仁寿县启动续修工作。2007年，《仁寿县志（1986—2002）》出版发行，全书101万字。

《彭山县志（1986—2000）》。2000年，彭山县启动续修工作。2002年10月，《彭山县志（1986—2000）》出版发行，全书85万字。

《洪雅县志（1993—2004）》。2003年，洪雅县启动续修工作。2007年，《洪雅县志（1993—2004）》出版发行，全书156万字。

《丹棱县志（1993—2006）》。2006年，丹棱县启动续修工作。2011年，《丹棱县志（1993—2006）》出版发行，全书123万字。

《青神县志（1991—2005）》。2005年，青神县启动续修工作。2011年，《青神县志（1991—2005）》出版发行，全书101万字。

（三）行业（专业）志书及专志

《眉山市人物志》　2010年，眉山市启动《眉山市人物志》编纂。至2012年，完成《眉山市人物志》初审、复审和评审。

《“5·12”特大地震眉山抗震救灾志》　2008年5月12日，汶川县发生里氏8.0级特大地震。7月，眉山市地方志办印发“征集抗震救灾资料的通知”，在全市收集并汇辑涉及抗震救灾的文字、数据、图照、音像制品资料。9月，编纂《汶川特大地震眉山纪实》。2009年9月，市委决定编纂《“5·12”特大地震眉山抗震救灾志》。至2010年9月，完成《“5·12”特大地震眉山抗震救灾志》公开出版发行。全书67.5万字，全面反映眉山市抗震救灾和灾后重建过程，突出表现“三自精神”、重大灾害预防体制机制建设等。

部门（专业）志　2008年，眉山市委办、市政府办印发《关于开展首轮修志工作的通知》，下达市级50部部门（专业）志编修任务，启动部门（行业）志编修。2009年，市地方志办改进培训方式，强化基层撰稿员资料整理和撰写能力培养。当年起，市地方志办、市委督查室、市政府督查室开展部门（专业）志编修工作专项督查。2012 年，市地方志办调整部门（行业）志下限，统一断至 2012 年，与《眉山市志》同步。截至 2012 年年底，专项督查部门（专业）志编修工作 3 次。已出版部门（专业）志 17 部，下限为 2007—2010 年不等。

二、年鉴编纂

（一）市级年鉴

《眉山年鉴》是由眉山市人民政府主办、眉山市地方志办公室编纂出版的，全面、客观反映眉山市政治、经济、文化、社会和自然生态的综合性资料文献。

1997 年，眉山地区地方志机构不健全，未开展地区年鉴编纂工作。

2000 年，地区地方志办、地委党史办公室启动《眉山新区纪实》编纂。至 2004 年 3 月，《眉山新区纪实》出版发行，内容涉及 1997—2000 年眉山地区政治、经济、文化、社会方面内容。

2003 年起，开展眉山市年鉴编纂工作，当年出版发行《眉山年鉴（2003）》。此后一年一卷。市人事局、市地方志办联合评选表彰年鉴工作先进个人，连续表彰 3 年。2007 年，《眉山年鉴》突出工业强市、软环境治理、新农村建设、特色三产服务业发展及政府建设。市政府表彰《眉山年鉴》工作先进集体和先进个人。2008 年，市政府办印发《关于加强全市综合年鉴工作的通知》，明确地方综合年鉴工作的指导思想、组织管理和工作要求，全市年鉴工作步入法治化和规范化轨道。2009 年，《眉山年鉴（2009）》增加民营企业、知名宾馆，特产、地方文化生活等内容。2012 年，《眉山年鉴（2012）》增加中英文目录和索引，充实生态、民生方面内容，增强全面性和可读性。截至 2012 年年底，《眉山年鉴》每年一鉴，公开出版发行，连续出版 10 卷。《眉山年鉴（2005）》获四川省第十二次地方志优秀成果二等奖。

（二）县（区）年鉴

1986 起，仁寿县、彭山县开始编纂《仁寿年鉴》《彭山年鉴》，每年一鉴，内部出版。1989 年，眉山县开始编纂《眉山年鉴》，1988—1989 年为合编，此后每年一鉴，内部出版。1996 年起，青神县开始编纂《青神年鉴》，每年一鉴，内部出版。2004 年起，丹棱县开始编纂《丹棱年鉴》，内部出版，每年一鉴。2008 年起，洪雅县《洪雅年鉴》开始编纂，每年一鉴。

截至 2012 年年底，东坡区（眉山县）出版年鉴 23 部（《眉山年鉴》12 部、《眉山市东坡区年鉴》11 部），仁寿县、彭山县各出版年鉴 26 部，洪雅县出版年鉴 5 部，丹棱县出版年鉴 9 部，青神出版年鉴 16 部。

（三）部门（专业）年鉴

2001 年起，《眉山交通年鉴》《中国南车集团眉山车辆厂年鉴》开始编纂，每年一鉴，内部出版。2002 年起，《眉山统计年鉴》开始编纂，每年一鉴，内部出版。截至 2012 年年底，《眉山交通年鉴》《中国南车集团眉山车辆厂年鉴》各出版 12 部，《眉山统计年鉴》出版 11 部。

三、地情开发利用和旧志整理

（一）地情开发利用

1999 年，眉山地区地方志办公室开办《地方志简报》，反映修志动态及全区地方志工作情况。2012 年，市地方志办公室创办眉山市地方志网站及刊物《眉山地方志》。市地方志办、眉山日报推出《志说眉山》专栏。当年，出版《眉山地方志》刊物 2 期。

（二）旧志整理

市政协主席王影聪（右四）专题调研眉山市首轮修志工作（摄于2012年9月）

1997年，眉山地区有旧志19部183卷。其中眉州1部23卷，眉山县1部、仁寿县6部56卷、彭山县3部21卷、洪雅县3部42卷、丹棱县4部37卷、青神县1部4卷。

2005年，彭山县启动民国版《彭山县志》抢救整理。2010年，经点校后反复考证、校勘字词、校对，民国版《彭山县志》重新印刷出版。2012年，乾隆版《彭山县志》列入旧志整理规划。

2007年，洪雅县启动旧志抢救整理。2012年，洪雅县完成明嘉靖版《洪雅县志译注》、清嘉庆版《洪雅县志译注》出版和光绪版《洪雅续志译注》译注、校对。

2008年，东坡区启动民国12年版《眉山县志》整理，出版民国版《眉州属志》校注本。2012年，民国12年版《眉山县志》整理后重印。清嘉庆四年“景苏堂藏版”《眉州属志》列入旧志整理规划。

2009年，青神县校注整理嘉靖版《青神县志》。2012年，青神县启动光绪版《青神县志》整理。

第三十篇　传　媒

1997年起，眉山地区加强广播电视基础设施建设，建设覆盖全区的广播电视综合信息网络，制作丰富多彩的广播电视节目，广播电视事业快速发展，社会影响力迅速提升，成为人民文化生活的重要部分。《眉山日报》等地方报纸刊发大量的系列报道和评论，宣传党的方针政策和眉山经济社会发展取得的重大成就。创办《眉山广播电视报》，服务电视观众和读者。2007年，创办眉山新闻网，开展网络宣传。

第一章　广播电视

1997年，眉山地区广播电台、无线电视台、有线电视台实行“三台合一”。2001年，无线电视台和有线电视台合并，与广播电台“二台合一”。2007年，眉山市广播电视新闻网站建立。

第一节　基础设施与队伍建设

一、广播电视基础设施建设

1997年，眉山广播电台沿用眉山县电台发射系统设施。电视台与广播电台同体发射，发射系统袭用原眉山县电视台设施，另有乡镇5座小功率差转台和50瓦、300瓦、500瓦电子管发射机。6县均建有卫星转播发射台，各县城区多数电视用户安装闭路线路，眉山县5个乡镇建起小功率电视差转台，有线传输开始扩展到交通方便的城郊乡镇。1998年，国家启动广播电视“村村通工程”，要求将广播电视信号联通覆盖到行政村和50户以上自然村。地区电视台投入100万余元建成包括中央和眉山台一套节目在内的8套微波电视系统，为眉山各乡镇提供质量高、信号稳的前端节目源。当年，“村村通工程”眉山县象耳镇启动后，全面展开。至2003年，建成眉山市发射台铁塔，塔高99米，海拔509米，调频发射机功率300瓦，覆盖半径25千米~30千米。2004年，安装意大利1000瓦调频固态发射机1台，辐射覆盖半径40千米。

市委书记李吉荣（右二）调研广播电视村村通工程（摄于2001年8月）

2005年，国家按每村7000元标准补助有线电视器材，眉山市完成广播电视覆盖行政村161个。至年底，眉山市开通光缆有线电视1393个行政村，发展农村有线电视用户18万户。2007年，投资2600万元，新建集广播电视制作、编辑、播出为一体综合广电播控中心。投资210万元在仁寿县黑龙滩新建广播电视发射台1座，覆盖半径约40千米，转发中央台节目第一套、第七套，眉山电视台一套和眉山人民广播电台节目。在新农村建设示范村投资26万元建设广电村通工程。2008年，投资110万元在丹棱县双桥镇建无线发射台1座，转发中央台第一套和第七套节目，半径覆盖约60千米。至此，眉山市共投入“村村通工程”建设资金6000万元，中央台无线覆盖率80%以上，综合覆盖率90%以上，“村村通”有效覆盖率85%。

2010年，眉山市下发直播卫星电视设备4739套，新通广播电视自然村1186个。2011年，眉山市被纳入四川省试点市，地面数字电视被纳入“村村通”工程。地面数字电视市级节目集成平台在省属604台仁寿机房建成，首期工程包含3个频道、32套节目，在仁寿县开始发射覆盖。全市“十一五”村村通工作通过省级验收。2012年，丹棱县纳入四川省广播“村村响”建设试点，当年建设10个村。截至2012年年底，全市共发展地面数字电视用户1万户。

二、广电人才队伍建设

1997年起，眉山地区广电系统每年开展学习、宣传和贯彻《广播电视管理条例》等相关法律法规活动，通过邀请专家讲座、举办培训班等提高播音主持、新闻记者及广电从业人员专业知识水平。市电影发行公司开展电影放映员培训。1998年，全区举办首届乡镇广播站站长业务培训班，开展乡镇站长职业道德规范、法律知识和广电专业知识培训。2000年，开展播音主持人新闻业务培训、“村村通工程”工程人员技术培训。

2002年，眉山市播音主持人参加四川省广电局组织培训考核，取得播音主持人资格。2005年，向全市广电新闻工作者印发全国记者协会《编辑、记者、播音主持人职业道德准则》，规范广电新闻工作者行为。2008年，邀请中央电视台《新闻资讯榜》策划老师作专题讲座。邀请四川省广电局专家作电视台相关技术人员广播电视制作和播出节目质量专业测试技术培训。组织广电系统100余人参加四川省广播电视法制骨干培训班。

2012年，眉山市广电系统开展“建设优良作风，主动作为，开创广电一流业绩”主题学习活动和文化发展新跨越专题大讨论，建设一流团队。以会代训、岗位练兵、节目评析和摄像机、编辑实践操作技能培训考试等形式培训职工岗位业务技能，培养名记者、名主持人、名编辑、名播音员、技术能手和经营管理人才。

第二节　广播电视节目编采制作

一、广播节目编采制作

眉山广播电台下设编辑部，由记者、编辑、主持人（播音员）、机房值机员组成。

1997年，眉山广播电台记者采访使用录音机和调音台，声源设备用采访机及话筒。广播节目采集、播出均以人工操作，采访设备笨重，制作节目时使用的录音素材需要1：1的速度复制，制作节目时间慢。2003年，采用数字音频工作站，系统设置直播站、录制站、录播站，三站点通过网络交换机构成一个局域网。记者采访用数字录音笔，音频工作站将节目制作、编排、转播、播放、发射机电源开关机均由电脑控制。实现采访音频录制到节目制作的全程数字化。

2011—2012年，眉山广播电台投入70万余元，改造直播设备和调频发射机，提升节目播出质量和传输质量。

二、电视节目编采制作

1999年，眉山电视台购置非线性编辑机。电视节目编辑系统集编辑、特技、动画、字母、切换台、调音台功能于一体，编辑出的节目由高速硬盘存储，可以多代复制，信号不减，内部全部数字化。

2002年，市广电局成立编辑审查委员会，制定节目审查播出制度，审查每天播出节目。2005年，广播节目制作采用成都电子科大视频节目非线性录制编辑、审片与播出编排资源共享网络系统。将数字视频技术与计算机网络技术相结合，实现视频节目制作数字化。2010年，眉山电视台TS流播出系统并通过省级专家验收。

2011—2012年，眉山电视台投入360万元更换新闻综合频道设备，更新电视发射机、卫星接收机、视频服务器5台及卫星接收设备等，保障安全播出。每季度组织摄像人员培训、考核等资格认定。开展安全播出应急演练。结合三维虚拟演播室技术、三维图文技术、数据库技术建成第二演播室，实现高质量节目包装和制作。

第三节　广播电视节目

一、广播节目

1997年，眉山地区广播节目播出时间分为早、中、晚三时段。早上6点30分至8点；中午12

点至14点；晚上18点至20点，各播出2小时。主要节目有《眉山新闻》，服务类节目有《空中长廊》，文艺类节目有《春夏秋冬》《评书连播》，对农村广播等。1998—1999年，全区广播节目获省级奖6件。

2003年后，眉山市广播节目延长播出时间。从早上6点30分到晚间12点不停机连续广播。增加《流行元素》《调频九九点歌台》《百姓话题》《夜阑香》《影视金曲》，实况转播、现场直播等栏目。2005年，增加自办节目《阳光政务》《新闻直说》《有故事的人》以及财经、娱乐、音乐、美食等栏目21个。

2008年，市广播电台建设特色频率，突出生活特色，延长自办节目时间，重点建设全省独有的自创评书节目《早间书场》《小说连播》。当年，电台播出新闻5572条，专题节目1314组，省级电台用稿27条，中央台12条，160件作品获市政府奖，8件获省级评优提名奖。2010年起，电台调整播出频率，由99兆赫兹频率改为90.8兆赫兹频率。直播节目增加《早安眉山》《谈天说地》《优质乐坊》《爱来了秀》《生活直通车》等栏目，直播节目时间增加到9个小时。2011年，实行频率总监负责制，更换电台发射机、直播调音台等设备。

2012年，眉山市广播频率整合原19档节目为16档，建设《早安眉山》等4档品牌栏目，新开办《阳光政务记者行动》直播节目，眉山市广播电视台制作的广播剧《归雁》获得省第十二届“五个一”工程奖，电台广播剧《恋之风景》获得第五届东坡文艺奖百花奖二等奖。

二、电视节目

1997年，眉山地区电视播放按眉山县电视播出时间。1998年，电视台改版。改《眉山新闻》为《眉山新闻联播》。社教类栏目推出《新闻视野》《东坡故里》《人与法》《经济博览》《为你服务》《经济信息》《温馨祝福》等。其中《眉山新闻联播》每周播出5组，周六为一周集锦。《新闻视野》是一档触及社会各方面褒贬的评论类节目。《东坡故里》宣传弘扬东坡文化，展示东坡故里改革开放的时代风貌。《人与法》主要反映法治进程中的典型案例及警示。当年，全区电视节目获省级奖6件。1999年，眉山电视台新增《眉山天气预报》《党风建设》《星火科技30分》等栏目。《党风建设》每周播出一期，由地委组织部电教科提供播出带。《星火科技30分》是贯彻国家11个部门关于开展“三下乡”活动而在全国免费为1000个县（市）电视台开办的农村科普节目，主要宣传中国共产党的农村科技政策，实用技术，致富经验等。此节目内容来自全国各地农村，但北方居多，适合眉山地区的较少，节目内容不好掌握。有线电视台以经济频道试播自办节目，推出《都市风》节目，介绍眉山城市建设成就与发展前景。增加引进的《快乐30分》《缤纷录》2档娱乐性节目。整合电视台一套节目，重点推出面向本地农村的《广阔天地》节目。此外，还引进播出《新华纵横》《奇趣宝典》。2000年，眉山电视台宣传报道“眉山地区仁寿县发现乐山大佛蓝本”，被中央电视台第一频道《新闻30分》栏目采用播出，全区电视台稿件首次在中央台播出。

2001年，眉山市保留眉山电视台一套综合频道，撤销有线电视台，实行“二台合一”体制，增设眉山电视台第二套“经济频道”节目。2002年，第二套节目《都市生活频道》推出主要节目，新闻类《城市特快》，经济类《消费》，推介旅游类《假日》，青少年类《动感地带》，引进少儿类《卡通城》和娱乐类《娱乐现场》《奇趣世界》。拍摄并播出方言电视剧《网》。2003年起，四川电视台公共频道，分别插播《眉山新闻联播》《城市特快》及社教类节目《东坡故里》《党风建设》《眉视中间站》《消费》。五个县广播电视台在市电视台公共频道指定时段内插播本地社教内节目。

抗击“非典”新闻报道中，6件作品获省抗击“非典”优秀作品奖。2004年，眉山电视台拍摄制作的《市长专访》《西部名城——眉山》获中央电视台西部频道最佳创意铜奖。《西部名城——眉山》获中央电视台西部频道“我最喜欢的西部名城”节目最佳创意奖。

2006年，眉山新闻节目播出时间由15分钟延长到25分钟，公共频道全天播出18小时左右。影视剧频道全天播出16小时左右。市电视台新开设《民生直报》《热线直通》。公共频道突出服务色彩，主要节目构成：自办社教栏目+引进栏目+电视局+电视购物+经济节目。推出法治节目《平安眉山》，影视剧频道以引进电影、电视剧为主，主要传递影视、时尚、娱乐信息。当年，策划组织“抓落实、创一流”“新农村建设”“改善发展软环境”“知荣辱、树新风”等重大宣传6次，现场直播和录制“改善发展软环境”大会宣传报道。2007年，眉山电视台节目改版，调整新闻节目结构。停播《热线直通》，精办《眉山新闻联播》《民生直播》。开办旅游栏目《假日》，服务类栏目《生活》《消费》合并为《生活》。眉山电视台、市纪委共同创办《阳光政务》栏目，录入37个市级单位许可信息526条，时长500余分钟，4000余市民参与，点播4459条（次）。建立市广播电视新闻网站，主要办好办活新闻中心收视指南、精品栏目、影视剧场、眉山声屏、编辑记者之家等栏目。开展“坚持科学发展、构建和谐眉山”“工业强市”“惠民行动”“集中整治东坡治安、努力打造平安眉山”“创造省级文明城市先进市”“全民创业”“中国共产党成立85周年”“长征胜利70周年”等宣传报道。协助中央电视台拍摄大型专题片《走遍中国·走进眉山》。完成《东坡足迹行》前期拍摄。

2008年，眉山电视台以新闻节目和影视剧为核心，建设特色频道。改《民生直报》为《每日快报》，播出时间15分钟，以舆论监督，突出事件，民生资讯，奇闻轶事为报道重点，开设15分钟《影响》节目，重点宣传推广影视。公共频道推出《新视野》节目，每日一期，每期15分钟。周一《新视野、新周刊》；周二《新视野、都市房产》；周三《新视野、时尚生活》；周四《新视野、科教时空》；周五《新视野、影响》；周六《新视野、党风建设》；周日《新视野、印象东坡》。眉山电视台与四川电视台新闻资讯栏目组合作拍摄反映三苏故里美食休闲专题片。摄入三苏祠、黑龙滩景区、东坡肘子、龙眼酥等眉山人文风景和美食。重点宣传报道“5·12”汶川特大地震、北京奥运会、改革开放30周年活动。眉山电台、电视台调整各频率频道，广播电台每2小时直播抗震救灾新动态，每次20分钟。电视台新闻综合频道开设“众志成城、抗震救灾特别节目”“抗灾先锋”“发扬‘三自精神’搞好灾后重建”3个新闻专栏，每隔2小时播出一次。电视台制作的“眉山市抗震救灾广播电视大会”“眉山抗震救灾汇报会”“开展全国哀悼日宣传活动”3件作品在央视《新闻联播》播出。“自救互助，重建家园”“我们共同面对”“依法稳定灾区物价”在央视《焦点访谈》播出。抗震救灾期间播发新闻稿件2038条，向中央、省广电媒体传送稿件245条，采编制作抗震救灾特别节目44期，轮播市委、市政府紧急通告、公告56条。2009年，市电视台开展“城乡环境综合整治”“学习实践科学发展观”“新中国成立60周年”“诚信兴商”等主题宣传，开设《深化改革　推进发展》《抓项目　促增长》《深化效能建设　打造一流环境》《打造金融生态环境　促进地方经济发展》《坚持科学发展　推进四大目标》《发扬抗震救灾精神　共建美好家园》《辉煌60年　眉山新篇章》等专栏29个。现场直播录播《眉山市城乡环境综合治理广播电视动员大会》《感谢一路有你》等14场，录制《全省构建大调解体系工作会议》等5次车载电视电台、《效能建设兴眉山》《调出和谐促发展》《激情·跨越》等汇报片和对外宣传片15部；推出《眉山记忆——知青》《眉山记忆——老照片》等新中国成立60周年专题特别节目5期。新闻综合频道和公共频道自办节目《眉山新闻联播》《每日快报》《1840龙门阵》《新周刊》《生活》等以鲜明的特色得到观众认可和喜爱。四川电视台经济频道《麻辣梦工厂》栏目组与青神电视台拍摄8集方言剧《青神故事》。2010年，市电视台开设《十年铸辉煌　眉山展新姿》《抢抓新机遇　实现新突破——深入实施西部大开发战略》《城乡环境综合治理再掀高潮》《掀起六大高潮　加快眉山发展》等专栏20个，围绕党委、政府重点工作，从老百姓角度，开展一系列主题性宣传报道，栏目曝光和正面典型相结合。“8·19”洪灾发生后，记者奔赴灾情最严重地区，拍摄灾情，及时发布书记、市长深入灾区一线，关心灾区群众新闻，报道灾区群众发扬“自力更生、自救互助、自强不息”精神，综合报道《风雨中不屈的脊梁》突出各级党组织、武警官兵及群众面对灾难临危不惧的大无畏精神。及时报道彭山化工厂中毒事件、洪雅重大交通事故。

2011年，市电视台开设“光辉历程——庆祝中国共产党成立90周年”“彻底整治东坡湖”“城乡环境综合治理再掀高潮”“风清气正换届　崇尚实干用人”“迎接公共文明指数测评　争创四川省文明城市”“中国四川泡菜国际展销会”“深入贯彻党代会精神　建设富裕美好眉山”“主动作为创一流”等专题专栏27个，营造改革、发展、稳定舆论氛围。拍摄制作“5·9”风灾《暴风无情人有情》《李市长赴台市情片》等市委、市政府宣传片13部，中国共产党成立90周年字幕滚动视频、《童心向党》音乐电视、《眉山迎宾酒歌》等3组视频节目；完成《2011年眉山市十项民生工程电视直播大会》《眉山城区环境综合整治动员大会》《中国共产党眉山市第三次代表大会》《眉山市机关干部“主动作为创一流”电视直播大会》等市委、市政府重要会议电视直播和方言剧栏目《眉山情事》等电视节目，收视率和市场份额在全省二级城市排位前五。2012年，市电视台开设“主动作为创一流”“争创环境优美示范市”“强力推进工业化、城镇化　建设富裕美好眉山”等专栏27个，电台播出《眉山新闻》306组，稿件2973条；电视播发主题性报道近400篇，新闻3600余条，制作完成专题片19部，现场直录播会议20次。举办“寻找眉山最美声音”第二季、“眉山电视台就在您身边”、《快乐眉山》之“快乐乡村行”“新春大拜年活动”“寻找身边活雷锋”“第四届黄丝带爱心送考”“五一车展”“七夕单身派对”“第二届婚博会”。《仁寿县：城乡统筹，从饮用水开始》等2个电视节目获四川省广播电视节目优秀奖。

1998—2012年，眉山市广播电视节目获省级奖68件，电视播音与主持获省级奖8件。

三、广播电视节目交流

全国交流　2006年，眉山广播电视台与全国15个省的51家城市广播电台建立“中国城市旅游广播网”，拓宽广播电台节目交流，听众1.9亿人。2008年，汶川大地震发生后，眉山广播电视台与中央电视台“万众一心、抗震救灾”直播节目，中央人民广播电台“中国之声”节目，四川电视台“万众一心、抗震救灾”节目连线8次。2009年，市广播电视台开展广播电视绿色频率频道创建活动，新闻综合频道、电台新闻频率申报首批创建，在全省创建活动演讲和征文比赛中获奖。2011年，由中国电影电视技术学会节目制作与传输委员会主办，眉山市电视台承办的“四川电视技术协会第四届（眉山）年会”召开，全省21家市州电视台，全国23家广播电视技术相关企业140余人参会，促进对外技术交流。2012年，眉山市电视台配合中央电视台驻四川记者站采访眉山干部直接联系服务群众工作；四川电视台“巴蜀万里行”《奋进四川　美好家园》《今日天府四川》等剧组在眉的拍摄工作。

市级交流　2004年，眉山广播电视台参加四川城市电视台合作体，与宜宾、泸州、资阳、遂宁、德阳、乐山、达州、南充等城市台际合作，重点是广告合作。2005年，眉山广播电视台选派节目赴泸州参加年度会演。

第二章 报 纸

眉山市主要报纸有《眉山日报》《眉山广播电视报》。《眉山日报》主管单位是市委宣传部，以时政、经济、民生、文化等新闻为主，不断扩版、优化版面和栏目设计，报道党和政府方针政策等时政要闻，发挥舆论监督作用。《眉山广播电视报》主管单位为市广播电视局，以服务电视观众和读者为主。

第一节 眉山日报

1998年，《眉山日报》创刊，为眉山地委机关报。以“党报性质、晚报风格、地方特色、博采众长”为办报宗旨和“站在巨人肩上，办出一流报纸”奋斗目标，面向读者、面向市场办报。报纸为对开四版、周四刊，使用国内统一刊号公开发行。按照“五精”（精心选稿，精心编稿，精心制题，精心设置栏目，精心组版）编辑原则，报纸质量不断提高，赢得社会各界和广大读者好评。2009年，确立“用新闻创造价值，办党和人民都满意的报纸”为办报宗旨和“主流、权威、责任、服务”为办报理念。2012年，报纸出版为周七刊对开八版，《眉山日报·博周刊》四开二十四版，报纸双面彩印刷。

眉山日报社办公大楼（摄于2004年11月）

一、新闻业务

《眉山日报》新闻类别齐全，涵盖经济、时政、民生、文化、体育、言论、专副刊和美术摄影。宣传着重“三贴近”（贴近生活，贴近群众，贴近实际），按真、新、短、活、深采编新闻稿件。发挥舆论监督作用，公开曝光有损发展环境的典型事例。

1998年，眉山日报社制定《眉山日报社关于编务工作的若干规定》，规范编务工作。2003年，眉山日报社加强采、编、录、校等环节管理，禁止有偿新闻、不良、虚假广告，宣传“非典”防治。刊发《出击！拔掉“钉子楼”》的文字和图片消息，报道强制拆除创建文明卫生城市的搬迁“钉子户”；刊发记者来信《别给三苏祠抹黑》，批评“洗劫”三苏祠公用洗手间延时阋者。

2005年，眉山日报社宣传创建“三优一学”文明城市、创建省级园林城市和创建省级卫生城市宣传。在《眉山日报》开辟专栏，全程追踪，正面报道结合舆论监督，刊发新闻报道近1000件。2008年，《眉山日报》推出“新闻110”“监督在线”“网友观点直通车”“发现·探秘”“天下·纵横”等品牌栏目。“5·12”汶川特大地震后，推出6个版反映抗震救灾特别报道，宣传抗震救灾工作。在《眉山日报》刊出“我为眉山改革提一条建议”征集启事，收到建议240条，刊发建议94条。2009年，《眉山日报》开通新闻热线。眉山报社印发《报纸有奖纠错实施办法》，面向社会开展《眉山日报》报纸有奖纠错活动。宣传采用消息、通讯、图片、评论员文章、公开信、记者感言、回音壁、短评、编后、知识问答等形式。2010年，眉山日报社在《人民日报》、新华社等省级以上主流媒体发表宣传眉山的新闻稿件（图片）100余篇（件），其中《人民日报》发稿3篇、新华社通稿30余篇。

2012年，眉山日报社建立外宣奖励制度，领导干部带头采写外宣稿件。

二、版面及主要栏目设置

1998年，《眉山日报》创刊，为对开四版周四刊，出刊《编读往来》，开辟报道思路、编辑部信息、读者来信、好新闻评奖台、发稿统计、采写一得、编辑杂谈、基层传真、编采动态、理论探讨10个栏目，出刊日期为单月第一周。1999年，《眉山日报》改为周五刊。2000年，《眉山日报》增为周六刊，增加《教育周刊》《新世纪周刊》，周四、周六出版。

2003年，《眉山日报》停止出版《新闻特刊》《商周刊》《新世纪周刊》。《教育周刊》纳入正报周六出版。调整报纸版面。一版时政要闻；二版市县新闻·国际国内时事；三版副刊·专刊（苏祠、文化、理论、旅游；休闲、家庭社会教育、市场、消费、特别报道、百姓生活）；四版社会新闻、房产。报纸推出“扶贫济困送温暖”“贯彻十六大精神，推进眉山新跨越”“精心经营城市，促进眉山新跨越”“抓好工业经济，加快跨越式发展步伐”“大力加强公民道德建设”“加快结构调整，建设奶业大市”“搞好‘非典’防治，保护人民健康”“防治‘非典’知识”“一手抓‘非典’防治，一手抓经济建设”等专栏。2004年，《教育专刊》停刊。创办《房产专刊》《教育专刊》《卫生专刊》3个专刊。报纸推出“打造诗书城，我该怎么做”“加快农村公路建设，促进全面建设小康”“如何增加农民收入”“50个工业重点乡镇风采”“打好富民升位攻坚战，奋力实现开门红”“永远的小平”“贯彻十六大精神，推进眉山新跨越”等专栏。2005年9月起，《眉山日报》改版。每周增发一个面向农村的版块《乡村发现》，星期五整张报纸改为党报性质明确、晚报风格突出的《诗书城周末》，将《理论》版更名为《眉州论坛》。推出“开展‘三优一学’创建文明城市”“落实科学发展观　建设节约型社会”“建设中国诗书城　促进眉山新跨越”“创新举措　加快发展大讨论”“五年辉煌路”“创卫生城市　建文明眉山”“创建平安眉山建设和谐社会”等专栏。

2007年4月，创办仁寿县域专版《眉山日报·仁寿版》。7月起，《眉山日报》每周由四期对开四版扩为对开八版，4张定期单面彩印刷。2009年，《眉山日报》改为双面彩印刷。推出有较强知识性、娱乐性和趣味性的周末报《眉山日报·博周刊》，报纸出版实现周七刊。推出“新闻110”“监督在线”“网友观点直通车”“发现·探秘”“天下·纵横”等品牌栏目。2011年1月，《眉山日报·仁寿版》扩为周二刊。

三、报纸宣传

1998—2012年，《眉山日报》始终坚持党报姓“党”，把对党的路线、方针、政策的宣传，各级党务政务活动的报道，作为宣传报道重点，以突出版面，突出位置，进行突出报道。系统宣传报道中央、省、市党代会、人代会、政协会，注重对各级经济工作会，农村工作会，社会稳定等的宣传报道，把全市人民的思想和行动，积极引导到符合上级的要求上来。特别关注市委、市政府重大活动，市委、市政府每次重大工作决策出台时，报纸紧紧跟进，报道决定内容，解读决定，配发评论员文章，理论文章，权威人士观点，反映各级各地贯彻落实情况，全方位、多角度宣传报道。关注教育、文化、卫生、体育、广播电视等社会事业发展的宣传报道，在教育、医药卫生、文化等行业和领域，开设专刊或专版，有计划、有目的、有针对性地做好宣传报道工作。突出民生新闻报道，立足普通群众生产、生活，关注百姓衣、食、住、行、游、购、娱。

（一）重要会议宣传

1998—2012 年，《眉山日报》系统地宣传报道中央、省委党代会、人代会、政协会，解读会议精要，引导读者理解新内容；全面地宣传报道中共十五大至十八大、省委八次至十次党代会及其各次会议精神。

中央重要会议宣传　1998—2000 年，眉山日报社开展中共十五大、中共十五届三中、四中、五中全会精神和全国人大九届一次会议、中央经济工作会议精神宣传。宣传眉山地区推进改革开放，处理发展、改革、稳定关系，促进各项事业的成就，以及各级各部门贯彻十五大精神，艰苦奋斗、勇于探索、甘于奉献的精神及其涌现的先进典型。《眉山日报》刊登新华社播发的“三中全会公报”、《中共中央关于农业和农村工作若干重大问题的决定》，推出《认真学习十五届三中全会精神》专栏，宣传全区各地各部门学习贯彻中共十五届三中全会精神情况。开设《认真学习贯彻四中全会精神》专栏，撰写一组 8 篇评论员文章。2001—2005 年，《眉山日报》宣传中共十五届六中全会精神、中共十六大会议精神、十六届三中、六中全会精神。开辟《贯彻十六大精神，推进眉山新跨越》《认真学习领会十六大精神》《学习贯彻十六大精神访谈录》等栏目，宣传眉山市委和各级党委学习贯彻十五届六中全会精神及加强和改进党的作风建设情况。宣传中共中央总书记江泽民“七一”讲话精神，贯彻“三个代表”重要思想的意义，激励广大干部群众投身“抓三化、建三市”伟大事业。编发《抓近谋远，跨越发展》等本报评论员文章 20 篇，采编刊发眉山市各部门、各地学习、宣传、贯彻十六大稿件近 100 篇。刊发各区县宣讲十六大精神活动新闻稿件，报道全市各地各部门贯彻十六大精神情况。报道政协十届全国委员会一次会议、十届全国人大常委会一次会议，刊发新华社重要稿件。2006—2010 年，开展学习宣传中共十六届六中全会精神、中共十七大精神、中共十七届三中全会精神宣传，《眉山日报》、新华网眉山频道开辟“深入贯彻十七大精神　奋力推进科学发展　倾情造福眉山人民”“改革开放三十年　新老记者说变化”“改革开放三十年讲述”等栏目。报道眉山市各地区各部门组织学习中共情况，报道各地各部门贯彻落实全会精神，报道干部群众积极参与构建社会主义和谐社会的实际行动。开展全国两会精神宣传，重点宣传国家机关领导换届及新一届国家机关组成人员相关情况。2011—2012 年，宣传中共十七届六中全会、中共十八大精神。《眉山日报》、眉山网开设“天府眉山　奋力跨越——喜迎十八大特别报道”“时代风采身边典型——喜迎党的十八大”等栏目。组织评论员文章、刊发眉山市各地各部门有关六中全会精神的学习贯彻情况，以及以中共十七届六中全会精神为指导在文化立市的各项工作中取得的新成绩、新经验、新成效。刊发全市各地和市级部门学习贯彻中共十七届六中全会精神的动态新闻，在理论版刊发学习体会理论文章等。

四川省重要会议宣传　2002 年，开展中共四川省第八次代表大会精神宣传，宣传眉山市委贯彻中共四川省第八次代表大会精神和市委、市政府提出的工作目标、工作任务，《眉山日报》开辟“贯彻落实省八次党代会精神，实现眉山追赶跨越式发展”等栏目，集中刊发有影响力文章。跟踪报道省十届人大常委会一次会议。2007年，开展四川省党代会精神宣传。《眉山日报》开设“贯彻省党代会精神　实现四个大变样”等栏目。推出各地、各部门学习贯彻情况，宣传学习贯彻典型。在学习贯彻省委九届四次全会精神宣传中，推出《牢牢把握全省总体取向》等系列评论员文章，贯彻落实市委《关于深入学习贯彻省委九届四次全会精神的决定》，刊发《又好又快发展的宏伟蓝图》系列评论员文章。2011—2012年，眉山日报社开展省委九次全会、省第十次党代会精神宣传，推出“凝心聚力高位求进”等栏目开展宣传。

眉山市重要会议宣传　2000—2012年，《眉山日报》系统地宣传报道市党代会、人代会、政协会（以下简称“三会”）及市委重要会议，解读会议精要，引导读者理解新内容。2000年，眉山日报社开展撤地建市“三会”宣传。报道地级部门制订或完善本部门总体规划和专项规划，采取切实可行措施加快发展等。2001—2005年，眉山日报社开展眉山市第一至七次人代会、第一至六次政协会会议精神、市一次党代会二次会议、市一届八次全委会、市委经济工作会精神、党代会常任制试点等宣传。《眉山日报》开设栏目，刊发消息、通讯和言论130余篇、评论员文章3篇，市委《加快发展若干重大问题的决定》解读报道。2006—2010年，眉山日报社开展市委一届各次党代会、市委全委（扩大）会、人代会、政协会各次会议宣传。推出《党代会报告精读指南》等系列评论员文章11篇。改革两会（人代会、政协会）宣传报道，组织4篇写在两会前夕的深度报道。推出写在全市两会召开前夕系列报道，刊发《解放思想永无止境》4篇等特稿。会中开设“捎个信儿到两会”“编辑两会感言”2个栏目。开辟“贯彻市委《决定》加快眉山发展”“贯彻全委会精神创最佳发展环境”“举全市之力建工业强市”“工业强市部门行动”等栏目，刊发评论员文章、报道14篇。2011—2012年，眉山日报社在市“三会”宣传中党代会精神学习贯彻宣传，组织推出反映全市5年来各方面取得巨大建设成就系列报道，开设《深入贯彻党代会精神　建设富裕美好眉山》栏目，全文刊发党代会《报告》，《报告》解读系列，系列评论员文章，区县委书记和市级部门负责人访谈，各县（区）和市级部门的学习贯彻情况，刊发消息、文章等600余篇。

（二）党建工作宣传

1998—2002年，眉山日报社开展思想解放大讨论、学习邓小平理论、“三讲”教育、“三个代表”重要思想、重要论述等宣传，宣传思想解放大讨论、对外开放、个体私营经济、县属企业的产权制度改革、农村小康建设、新区建设，发稿16期。报道全区干部群众深入学习邓小平理论、贯彻中共十五大精神的成绩、经验和生动实践。刊登江泽民《在学习邓小平理论工作会议上的讲话》，开设《学好理论促发展》栏目，刊发全区学习邓小平理论动态，报道眉山地区各级党委中心学习组学习领会邓小平理论的新经验新成效，用邓小平理论指导社会主义现代化建设实践，不断解放思想，实事求是，加快改革开放的新创造、新做法、先进典型等。在《理论与实践》栏目，刊发理论文章，宣讲邓小平理论。宣传运用邓小平理论指导改革和建设取得的成绩，刊发一批实践工作者和专家学者学习研究邓小平理论文章近200篇，总结介绍学习邓小平理论的先进典型，刊发系列评论员文章、领导署名文章、讨论发言摘要、消息等文稿100余件。2003—2008年，开展中共中央总书记胡锦涛“七一”讲话和《公民道德建设学习纲要》学习贯彻情况、保持共产党员先进性教育活动、纪念反法西斯战争胜利60周年和长征70周年、回顾“十五”辉煌成就，展望“十一五”美好前景、解放思想大讨论活动等宣传，《眉山日报》推出“保持共产党员先进性教育活动”常设专栏，刊发消息和先进典型通讯 100 余条、理论文章和两组系列评论员文章 40 余篇、各类稿件图片 2000 余篇（件）。开展“我为眉山改革提一条建议”活动宣传，《眉山日报》刊出“我为眉山改革提一条建议”征集启事，收到建议 240 条，刊发建议 94 条。2009—2011 年，开展学习实践科学发展观活动、掀起“六大高潮”等宣传，在新闻网和《眉山日报》开设深入学习实践科学发展观活动专栏，宣传科学发展观的科学内涵、精神实质和根本要求，开展深入学习实践科学发展观活动的重大意义、工作部署、先进典型和成效，刊发宣传稿件 2500 余篇。推出建市 10 周年纪念特刊，以 128 个版集中反映全市各地、各行各业在建市 10 年以来取得的成就。开展庆祝中国共产党成立 90 周年活动宣传，宣传中共中央总书记胡锦涛“七一”重要讲话精神。

（三）经济工作宣传

经济综合管理宣传　1998—2000 年，眉山日报社开展眉山新区建设宣传。《眉山日报》开设专栏，刊发经济稿件 170 件，连续编发工业、农业、商贸、乡企等战线经济建设的新举措和取得的新成绩。2002—2005 年，开展市委经济工作会精神宣传，《眉山日报》开设专栏，突出宣传市委、市政府关于 2002 年经济工作的“八个突破”，将“20 字”工作思路与“学广安、升两位”相结合，刊发消息、通讯和言论 130 余篇。刊发 2003 年眉山市经营土地的新闻综述和理论文章，宣传中心城区以及各区县以市场配置资源，让土地资源变成资本的成功做法和经验等。开展经济普查宣传，报道全市经济普查动态消息，刊登经济普查消息、通讯、言论、述评、专访、领导讲话、公告等稿件 50 余篇。2006 年，《眉山日报》推出“强力推进工业强市”系列评论员文章、“举全市之力，推进工业强市”系列评论，组织记者深入基层采访新闻稿 1500 余件，反映全市齐心协力抓工业、干工业场景。实施系列专题报道，开设“抓落实、创一流”“工业看发展”等栏目，报道挖掘工业、项目等方面的做法、工作成就、亮点，配发大量述评，采编刊发稿件 1500 余件，在重点版面刊发重头稿件 100 余件。开展建市 10 周年专题宣传，展示全市 10 年来取得的辉煌成就，刊发城乡环境综合治理宣传稿件（图片）2400 余件。2011—2012 年，开展推进“四大目标”（经济繁荣、政治清明、社会和谐、人民幸福）建设和再掀“六大高潮”（产业园区建设高潮、特色效益农业基地建设高潮、旅游目的地建设和会节经济建设高潮、综合交通建设高潮、城镇建设高潮、承接产业转移高潮）的战役宣传，推出“继续掀起六大高潮　奋力实现四大目标”“为‘十二五’规划开好局”等栏目，抓好新闻报道。开展“两化”互动和统筹城乡，以及招商引资和承接产业转移宣传，宣传全市围绕产业高端和高端产业，招商选资、招大引强，推进项目建设和招商引资工作，投资推荐会召开、项目集中开工情况，刊发稿件 1500 余件。

工业经济宣传　1998—2000 年，眉山日报社开展工业经济宣传，宣传眉山地区国企改革、县属企业的产权制度改革及全区个体私营经济，报道国企改革情况。开展在国有小企业改制中出现的“一卖了之”的错误倾向舆论监督。宣传地委、行署“大力发展民营经济”各项举措。2001—2004 年，眉山日报社开展实施“工业强市”战略，强力推进工业化宣传。宣传《眉山市工业化“十五”实施纲要》，60 个列入全市考核的重点工业基本建设和技术改造项目落实进展情况，20 户重点企业实施建立现代企业制度试点和 20 户企业进行公司制规范改造等。2006 年，《眉山日报》开设“工业看发展”“举全市之力　建工业强市”等栏目，推出“强力推进工业强市”系列评论员文章 8 篇、“举全市之力，推进工业强市”系列评论 6 篇，刊发《举全市之力　推进工业强市》系列述评、《说环境　话工业系列谈》等报道。组织记者深入基层，采访新闻稿 1500 余件，反映全市齐心协力抓工业、干工业场景。2009 年，开展抓项目、招商引资宣传。开设“工业在线”专栏和“抓项目　促增长”栏目，宣传市区两级工业园区和工业集中开发区集中招商引资、工业发展亮点和经验。推出“开年记者走区县”系列宣传活动和工业大变样系列报道，报道各区县抓项目，促增长，确保一季度实现“开门红”的举措和做法。重点开展县（区）强力推进工业强市战役；确保完成全年目标任务和2009年眉山看亮点——写在党代会召开之际系列宣传。

农业农村经济宣传　1998—2000年，眉山日报社重视“三农”（农村、农业、农民）宣传，宣传各地农村奔小康成功经验，报道农民多种经营增收做法和经验。开展眉山地区农村第二轮土地承包、农村小康建设、抗旱夺丰收宣传，报道各地农业产业化经营，调整农村经济结构的具体做法，农田基本建设和“眉山新村”建设等。2001—2004年，眉山日报社加强调整产业结构，强力推进农业产业化宣传。开展4个“中国之乡”宣传，突出建设奶业大市宣传，采写反映农村水利建设、养殖业、种植业等系列文章。2006年，眉山日报社开展新农村建设宣传。《眉山日报》开辟以推进社会主义新农村建设为主要内容的《新农村》专版。宣传九家省级重点农业产业化龙头企业，全市各县（区）抓农业产业化的做法和经验。推出蔬菜、奶业、生猪、竹产业专版，采写《大春损失晚秋补》专版，刊发稿件600余件。2008年起，宣传眉山市新农村建设和农民增收致富工作。开展执行水土保持“三同时”制度宣传，在《眉山日报》刊发《洪雅林场：在激情中跨越》《因地制宜　让每一棵苗木都能赚钱》等宣传水土保持基本国策稿件80条。

第三产业宣传　1999年，《眉山日报》宣传全区旅游资源开发工作，促进旅游业发展。2000年，开展新区建设、基础设施、生态环境等宣传，展示新区建设成就。报道“眉山人游眉山”活动，各旅游景点建设、提高服务质量举措、收费检查等。2006年，《眉山日报》新开设“发展三产　繁荣城市”栏目，宣传报道发展第三产业的意义和作用，反映全市发展第三产业的措施、做法、经验及效果。分类报道解读市委、市政府《关于加快第三产业发展的决定》所涉及的六个方面的内容；报道《关于促进第三产业发展的若干政策意见》中的市场准入、税费、就业、土地、人才、激励、政务、保障“八项政策”。刊发《发展第三产业　繁荣城市经济》等评论员文章3篇。利用专刊版面宣传商贸流通、旅游、房地产、金融保险、通信、交通运输等。2009年，开展旅游大变样宣传，报道市委市政府重大旅游会议、宣传促销活动，刊发《眉山市人大常委会关于旅游工作情况的审议意见》和市人大常委会组织人员旅游工作审议发言摘要《逐项、按时、保质保量完成任务　确保“旅游大变样年”旅游大变样》等文件。《眉山日报》开辟“眉山旅游大变样”“旅游休闲”专栏，推出“出游宝典”“旅游咨询”等栏目，展开全市旅游资源推荐报道，刊发《剑指“4A”　三苏祠蓄势待发》《旅游大变样　快乐游眉山》等系列稿件。眉山日报社、市旅游局开办“寻找快乐之源，把快乐带回家”征文活动，宣传眉山旅游资源，刊发优秀文章40余篇。全年《眉山日报》刊发旅游大变样宣传稿件870余篇。

招商引资及重点工程宣传　2000年，《眉山日报》宣传第四届中国投资贸易洽谈会签订的合资、合作协议落实情况，眉山地区与惠州市建立友好城市的签约及设立办事处工作的情况，眉山地区参加“西部论坛”及“四川经贸洽谈会”的组织、协调和服务工作，眉山地区与莫斯科克宁斯基区开展贸易往来有关工作进展情况。2001—2005年，宣传“眉山市招商引资年”“改善投资环境年”月活动，报道眉山市组团参加西安“中国东西部投资贸易洽谈会”、成都“2001年中国西部博览会暨经贸洽谈会”，全市重点招商引资项目落实情况。重点报道铝业城建设、眉山盛装亮相西博会、眉山市参加四川—香港合作发展团、眉山召开在京人士经济发展座谈会、中科院士访问眉山、2.8亿元巨资打造眉山的“川大”、市（区县）改善投资软环境，大力招商引资的成功举措及经验等。刊发外开放招商引资稿件500余篇，其中5件在省报和新华社发通稿，《四川眉山市实行每周三天“无会日制度”》《眉山出台办法查处诬告行为》等由新华社向全国播发通稿。2006—2009年，《眉山日报》报道市委、市政府重大招商活动，动态报道招商引资成效，扫描报道全市12个集中区，突出全市各地、各部门在项目年里如何抓落实的典型经验。刊发消息、通讯、图片、言论2000余篇（幅）。加强承接产业转移和招商引资宣传，推出“承接产业转移　加快眉山发展”等栏目。开展眉山首届泡菜国际展销会宣传，《眉山日报》连续报道历届泡菜国际论坛、泡菜国际品鉴会、泡菜展销会，见证泡菜产业的起步与兴旺。2012年，开展西博会宣传，《眉山日报》开辟“迎西博盛会　看天府眉山”专栏，在重要版面刊登，全方位报道西博会。组织《全省第6眉山工业增加值增速同比升2位》《我市第十二届西博会签约项目履约率100%》《刘奇葆视察眉山展馆　祝获我市签约总额全省第二》等稿件，报道全市上半年招商引资、项目工作、工业经济成效等，刊发稿件40余篇。

防灾减灾宣传　2000年，眉山日报社开展防洪抗灾工作宣传，《眉山日报》报道水电、气象、卫生、交通等有关部门合作精神，宣传报道防洪抗灾中涌现出来的先进人物、典型事迹。2006年，开展抗旱救灾宣传，全方位报道抗旱救灾工作，在《新农村》版推出《抗旱减灾大春损失晚秋补》整版宣传，推出2006年抗旱备忘录一组深度报道，反思抗旱经验教训。2008年，“5・12”汶川特大地震发生后，眉山日报社利用报纸和眉山网开展抗震救灾宣传报道。《眉山日报》推出“伸出你的手　让我们共渡难关”“发扬三自精神　搞好灾后重建”“自己动手　抗灾自救”等栏目，报道全市抗震救灾工作。在《眉山日报》报道全国、全省、全市抗震救灾的最新进展情况和感人瞬间，及时发布和刊登新华社、国家地震局、省地震局以及市委、市政府关于地震的权威消息和公告等。抗震救灾应急期间，集中版面宣传中央、省委、市委抗震救灾的决策部署，报道灾情和抗震救灾中的感人事迹。公布政府部门关于抗震救灾的决策和情况外，报道全市各阶层、各条战线群众抗震救灾的感人故事和涌现出来的先进人物的先进事迹。编发抗震救灾专版106个、稿件1600余件。2009年，眉山日报社采写、刊发《80多亿“温暖救助”送给近千万灾区困难群众》《抓好农房灾后重建确保群众温暖过冬》《突出五个重点　我市灾后重建快速推进》等灾后重建稿件56篇（件）。2010年，“8・19”洪灾发生后，《眉山日报》推出10余个整版，反映干部群众全力以赴投入抗洪救灾的报道。2012年，《眉山日报》开设《抗震救灾　生产自救》《伸出你的手　让我们共渡难关》《发扬三自精神　搞好灾后重建》《深入实施两化互动　推进眉山跨越发展》等栏目，刊发《抗震救灾是第一位的》《不等不靠　爱心筑起精神的家园——眉山市抗震救灾和生产自救侧记》《加快“两化”互动　统筹城乡发展》等抗震救灾和灾后重建宣传稿件4000余篇。开展防灾救灾大演练活动宣传，开设《普及防灾救灾知识有效应对自然灾害》栏目，刊发《防灾减灾知识介绍（系列）》《防灾救灾大演练，提升应急救援实力——我市举行2012年防灾救灾大演练》等稿件50余篇。

（四）社会事业与民生工程宣传

1998—1999年，《眉山日报》宣传再就业，引导社会尤其是下岗职工转变择业观念、全社会为再就业办实事，报道再就业典型个人，推进再就业工程。重点宣传政府、企业、行业、社区在帮助国企下岗职工就业方面所起的作用，报道社会各方面对再就业工作的重视，对下岗职工的关怀，以及为解决下岗职工再就业采取的积极措施。2007年，开展全民创业宣传，刊登“创业‘一帮一’书记市长作担保”“小额贷款　创业路上‘大帮小’”等稿件276篇，推出先进创业典型报道近50篇。2009—2012年，眉山日报社以就业促进工程、教育助学工程、扶贫解困工程、百姓安居工程、医疗卫生工程、社会保障工程、道路畅通工程、创业富民工程、环境治理工程和生态文明工程等10大民生工程（以下简称民生工程）宣传为重点，报道全市民生工程的征集、任务分解和工程完成中取得的卓有成效等。宣传各县（区）和市级部门重视抓民生工程的办法和措施。推出就业促进工程宣传报道，特别报道返乡农民工、大学生、下岗工人就业、创业，刊发民生工程稿件（图片）1.1万件。开展扶贫工作宣传，刊发稿件300余篇。

（五）精神文明建设宣传

1998—2000年，眉山日报社开展社会主义文化宣传，加强干部职工思想道德建设。开展五四运动80周年和新中国成立50周年，建区两周年和澳门回归宣传，“眉山精神”大讨论，陈英、郑明全英雄典型事迹，“五个一”工程等宣传。宣传“一手抓繁荣、一手抓管理”发展社会主义文化事业，促进文化事业“两个效益”同步发展；宣传移风易俗、健康向上、改造社会的群众性文明创建活动。2001—2005年，开展“树立城市意识，创建文明城市”、爱国卫生运动、“三优一学，创建文明城市”“树立城市意识，创建文明城市”、未成年人思想道德建设宣传，刊发稿件2080余篇。2006—2011年，开展“八荣八耻”宣传，刊发反映各地学习教育的动态稿件、系列言论、新闻组照，利用报纸在市民中开展革除陋习等不文明行为活动，披露不文明行为、陋习、工作不力等现象。开展城乡接合部、成乐高速公路、省道103线、城区乡镇和东坡湖等环境卫生整治宣传，刊发城管新闻报道稿件6000余篇（件）。2012年，加强创建国家级卫生城市、创建国家级园林城市宣传，刊发稿件、图片4600余篇（件）。

（六）民主法治宣传

民主法治宣传主要通过普法宣传，实现法治宣传经常化、制度化。重点开展社会治安与稳定、禁毒、防止艾滋病等宣传。1998年，《眉山日报》开辟“经济与法”四版“身边的法律”“行政执法”“法庭传真”等专栏，加强揭批邪教、揭批李登辉“两国论”、谴责以美国为首的北约轰炸中国驻南使馆问题等大事件宣传，发稿1000余篇。2001—2005年，开展“四五”普法依法治理宣传，开设“政法天地”“经济与法”“身边的法律”“广泛开展未成年思想道德建设”“加强农村法治建设，全面建设小康社会”“积极推进我市民主法治建设”等栏目。刊发反映全市创建活动的评论员文章、理论文章和动态新闻等稿件2000余篇（件）。2006—2010年，开展集中整治东坡区社会治安行动宣传，重点报道市委、市政府“关于集中整治东坡区社会治安的具体举措”等。开辟“法治眉山”专版和“法制在线”“以案说法”“司法行政”等常设栏目，围绕市委、市政府开展平安创建、社会治安综合治理、“五五”普法决策部署，宣传市委、市政府关于集中整治东坡区社会治安的有关决定和取得的成效。重点报道创建“平安建设示范单位”“综治优秀单位”中的做法、成功经验和工作成效。开展全国法治城市创建、禁毒工作和防止艾滋病宣传。刊发稿件2000余篇（幅）。2011—2012年，开展眉山市全国法治城市创建、“六五”普法、综合治理等专项活动，刊发稿件16件。《眉山日报》保持法治宣传经常化、制度化。

（七）言论评论与舆论监督

《眉山日报》通过舆论监督，弘扬正气，鞭笞丑恶，督促改进工作。1998年起，《眉山日报》加强舆论监督，抨击社会丑恶现象。1999年，加大“扫黄”“打非”宣传力度，净化文化市场宣传。宣传国家经贸委《关于制止出售国有小企业成风有关问题的通知》精神，组织有关报道，对在国有小企业改制中出现的“一卖了之”的错误倾向进行舆论监督。2002年，《眉山日报》刊发《1月1日，这些将有新变化》《入世丰富了菜篮子》《入世将对我国农业带来哪些影响?》等文章和“利息与投资理财”“打假与消费者权益”等话题，反映百姓需求。2004年，在亲民、爱民、为民活动期间推出《到百姓中间走一走》，对部分机关干部存在的作风漂浮情况推出《当官就要“在状态”》。刊发多组评论员文章。2005 年，在保持共产党员先进性教育活动宣传中，推出《保持共产党员先进性教育活动》《让党员迅速进入状态》等五论确保先进性教育不走过场评论员文章。“三优一学”和创建省级卫生城市宣传中，刊发《打造中国诗书城》《齐心协力共建文明城市》《创卫只有逗号　没有句号》等评论员文章。贯彻市委关于加快发展若干重大问题决定报道，推出《加快发展》《创新举措》《造福人民》3 篇评论员文章，刊发《转变政府职能　优化发展环境》等五论准确领会《决定》的精神实质系列评论员文章。在软环境整治中，《眉山日报》设立“曝光台”，公开曝光眉山软环境问题。不能公开见报的，以“内参”形式向上级领导和相关部门反映，促进了解和妥善解决问题，维护眉山社会稳定。2006—2010 年，贯彻落实市党代会、强力推进工业强市工作会议精神宣传，刊发《求真务实》《在抓项目中寻求突破》《举全市之力推进工业强市》《发展第三产业繁荣城市经济》等 25 篇系列评论员文章。开辟“强化督查促进落实”“暗访台”“党风廉政建设”等栏目，曝光违法违规行为。整顿作风务实为民、创建省级文明城市先进市宣传，推出“学习要下真功夫”“推进四个跨越　实现产业富民”等系列评论员文章，刊发《一个市民就是一张名片》创建省级文明城市先进市系列谈。贯彻省委九届四次全会精神，推出《牢牢把握全省总体取向》《要加快发展好的思想环境太重要》《又好又快发展的宏伟蓝图》《用抓工业的理念抓畜牧业》《从“四个辩证统一”看全省工作总体取向》系列评论员文章。城乡环境综合治理宣传推出《行动起来　从我做起　共同营造美好家园》《常态时期　应保持集中治理的成效和力度》。宣传学习实践科学发展观活动推出《深入学习实践科学发展观　扎实推进眉山又好又快发展》。“5·12”周年纪念活动推出《弘扬“三自精神”　建设美好新眉山》。宣传加快建设西部交通枢纽中推出《只有建成枢纽　才能建成高地》等 5 篇系列评论员文章。贯彻落实省委经济工作会议时，推出《爬坡上坎　蓄势突破》系列评论员文章，刊发《14.6%全市 GDP 增速全省第四》等 4 篇全市经济述评。推出城乡环境综合治理、创一流出经验、一季度经济运行情况评论员文章，宣传深入实施西部大开发战略中，推出 12 篇系列评论员文章。2011—2012 年，在东坡湖治理、年初人代会期间、纪念汶川地震 3 周年、庆祝中国共产党成立 90 周年、岷东新区建设、市三次党代会精神和城乡环境综合治理等宣传中，《眉山日报》推出《治理东坡湖势在必行》等系列评论员文章及《肩负使命　奋力夺取“十二五”发展新胜利》《在灾难中崛起　缔造新的光辉》《踏上新征程　再创新辉煌》社论等。在开展基层组织年活动、直接联系服务群众活动、学习吴菊芬活动、学雷锋、创卫宣传、学习黄梁锭和学习贯彻中共十八大精神宣传中，均推出社论或评论员文章。在市“三会”召开，以及市工会、市妇联、共青团等群团、社团换届中分别推出社论。

四、报纸发行

1998 年起，《眉山日报》由地区邮政局发行，发行范围为四川省、海南省、东北、西北等地，年发行量 3.2 万份。2000 年，出版“8·26”新区三周年纪念报，共 36 版，其中套红版面 12 个，总发行量 5 万余份。

2007 年，《眉山日报》推出 28 版的扩版纪念特刊。2008 年，《眉山日报》出版 36 版的纪念特刊。2010 年，以“眉山建市 10 周年征文”获奖作品，编辑出版获奖征文《辉煌十年路——眉山建市 10 周年征文作品选》，出版 5000 册。《眉山日报·博周刊》出版建市 10 周年纪念特刊——《十年》128 个版面。报纸发行价格由每年每份 156 元调整至 270 元。2012 年，《眉山日报》发行量 3 万份。

1998—2012 年，《眉山日报》年平均发行量 3.2 万份。

五、广告经营

1998年起，眉山日报社开展广告经营。实行专刊代理人制度，一年制定一次广告经营管理办法，每年适当调整和修改，实行管理人员和经营业务人员剥离，新闻采编人员和广告经营人员分离，保证公正、公平、公开，责任明确。当年收入170万元。2005年，眉山日报社制发《眉山日报2006年度广告经营管理办法》，加强广告经营管理。至2012年，眉山日报社开设工业专栏、教育专刊、农业专栏、财经专刊、旅游专刊、政法专栏、博周刊、交通专刊、网站、通信专刊、仁寿专刊、卫生专刊、新闻视点专栏13个，经营收入1500万元。

第二节　眉山广播电视报

1998年3月，《眉山广播电视报》创刊。为周报，汉文版四开，全国发行。由地区广播电视局主管，广播电台主办。办报宗旨是宣传中国共产党的方针政策，服务电视观众和读者。至2007年，先后4次扩版，由4版扩大到24版。

2008年，《眉山广播电视报》改版，由"《都市报》版""《周报》版"构成。"《都市报》版"以民生与娱乐为主，设"民生直报、焦点出击""天下故事""特稿、社会实录""发现之旅""博客空间"等栏目8个。《周报》版精选每周电视看点，设"08大片""神州热播""央视强档"等栏目7个。推出10万元有奖征订活动。至2009年，共出版695期，发行600万份。

2010年起，《眉山广播电视报》实行市场化运作，报纸全新改版升级，定位为"把握眉山发展脉搏，关注城市人文精神，透视都市男女情感，解读眉山精英人群，打造眉山城市主流人群的精致生活特区"。改版后的"都市周刊"分为乐享眉山、乐居眉山、乐活眉山三大板块；主要栏目为聚焦眉山、精英访谈、真情实录、眉山传奇、眉山地产、精品车市、游天下、眉山美食、数码、理财、教育、健康等。加强报刊发行推广，由自主征订委托邮局发行转变为自主征订+委托邮局征订及发行，加大各机关团体单位和区县征订发行量，报纸发行量增至每期1.6万份。至2012年，《眉山广播电视报》广告收入120万元。

第三节　新闻网站

2007年，眉山市创办新闻网站，构建新媒体，利用互联网技术开展新闻报道和宣传。

一、网络建设

2007年，创办眉山新闻网。2009年7月，眉山新闻网改版，更名为眉山网。新购置编辑机、视频直播机等设备。2011年，开通眉山援藏网、眉山党务公开网。

二、网络宣传

2007年，创办眉山新闻网开展视频直播，有栏目50余个，"东坡老家"论坛注册人数20万人，综合点击率80余万次。2009年，眉山网开展新闻视频直播，实现从简单的电子版到丰富的市委机关网、综合门户网的转变，影响力增强，眉山网点击率10万余次，新华网眉山分频道9万余次。2010年起，眉山网围绕市委、市政府工作重点，开展网络宣传。改版《东坡老家论坛》，论坛游客和注册用户大幅提高；开展视频直播活动，全程直播眉山市两会，就社会热点和民生问题请市级部门负责人作客网站，专题访谈。眉山市市长李静作客人民网演播室，谈东坡故里换新颜。组织“春游眉山”网络活动，围绕旅游和低碳主题，开展眉山快乐低碳春游活动，新华网、人民网、新浪等10余家媒体关注报道，活动相关帖文网民点击浏览2万余次；组织参与“美丽四川·幸福家园——2010环境优美示范城镇乡村”美丽大展播活动、“魅力四川·2011”旅游等主题网络宣传活动，收集全市49个环境优美示范城镇乡村图文，制作多媒体网络展播专题综合展示；组织网民参与“四川最美街道”网络评选活动，眉山湖滨路获投票68万余票，被评为“四川十大最美街道”。围绕城乡环境综合整治，眉山网开展城区环境综合治理民意网络调查问卷活动。2011年，全国两会期间，眉山网视频直播眉山市委书记作客人民网。眉山市两会期间，5家网络媒体开通眉山两会宣传专栏，刊发新闻宣传稿件50余篇。抗洪救灾期间，眉山网等网络媒体开辟《发扬“三自”精神　夺取抗灾胜利》等宣传专栏，新华网、中国新闻网等10余家媒体刊发新闻稿件100余篇，宣传抗洪救灾。围绕眉山“中国·四川泡菜国际展销会”，协调中央、省级网络媒体采访报道；争取四川新闻网、四川日报全媒体中心“走、转、改”活动，网络媒体到基层开展采访报道，刊发《青神竹编为三万户农户带来增收》《彭山县不停行走的生命之水守护者》等稿件10余篇。组织眉山第二届道德模范评选公众网络投票和眉山市第二届原创歌曲网络投票活动，网民投票上万次。2012年，眉山网调整栏目设置。加强市委、市政府中心工作宣传报道，新开设主动作为创一流、直接联系服务群众、天府新区岷东新区建设、“三城”建设、十城联创近10个专题；眉山网完成网站改版以及三周年征文活动，探索健全机制、经营创收、专题策划、网络活动、视频直播、网站代建代管等，扩大眉山网知名度。中共十八大、全市两会期间，眉山市委书记李静作客新华网、人民网采访报道，中国日报网等4家网络媒体开通眉山两会宣传专栏，刊发新闻宣传稿件10余篇，眉山市网评员刊发转载评论文章20余篇。中央、省级网络媒体刊发眉山新闻稿件2000余篇。组织参与“第二届四川最美街道评选”网络评选，以及网民推荐彭山县彭祖大道，洪雅县洪州大道、人民街等街道参加评选，进入最美街道50强评选。组织市内网站参与全省《首届四川网络文化嘉年华活动》，全市网评员转载、跟帖100余篇，推动网络文化发展。探索“网络新闻发布”“网络在线访谈”，市政府第三季度新闻发布会在眉山网视频文字直播，市人力资源社会保障局等部门在眉山网接受在线访谈；策划腾讯微博现场直播展销会实况报道，网民与现场专家通过微博在线交流泡菜产业发展。当年，眉山网被中国地市网络联盟评为“全国地方网站十大最具潜力品牌”；东坡老家论坛注册用户超过19万人，综合日点击次数90万次。

第三章　新闻传媒管理

1997—2012 年，眉山市新闻出版宣传、工商、公安等部门依法行政，加强新闻宣传、图书发行和出版印刷管理，强化对音像制品、地面卫星接收设备、广告播放、新闻网络的监督管理和服务。

第一节　广播电视管理

一、体制改革

1997 年，眉山地区广播电视台不定期推出新栏目，制片人竞争上岗，承包经营，安装费包干等经营管理责任制度，以提高效益，增加收入。2006 年，网络经营由电视台分离，成立广播电视网络经营有限责任公司。2008 年，电视广告由电视台分离，与国有资产管理委员会合资成立眉山市新视界文化传媒有限责任公司（国有），代理经营广播电视台所有频道、频率的广告以及广播电视报和广播电视网络有限责任公司所拥有的广告资源，并开展户外广告和新媒体广告经营。公司按政企分开，所有权与经营分离原则，实行自主经营，所得净收入纳入国有资本经营预算管理，由市政府安排使用，主要用于广播电视事业发展。至 2012 年未变。

二、行政执法

1997 年起，眉山地区广电、公安、国安、工商等部门每年清理整顿全区卫星地面接收设施的生产、销售、安装和使用，查处非法销售、安装卫星电视接收设施和非法接收境外卫星电视节目以及私拉乱接有线电视等行为。1998 年，清查铁道部眉山车辆厂、成都通讯设备厂、四川国际电台等近 100 个单位和 4 户接收户，8 个未经批准，擅自安装、接收卫星电视节目的单位和个人，限令其立即拆除，处以警告。2000 年，眉山电视台清理整顿全区广播电视差转台，关闭 20 座。当年起，强化执法培训，举办执法培训 150 人次。

2001 年，市广电、公安、国安、工商等部门专项整治卫星电视接收设施，有线电视已覆盖地区安装卫星地面接收设施的农户，采取宣传教育，自觉拆除。重点打击卫星电视地面接收设施非法销售点，查处非法销售、安装卫星电视设施网点 87 家，拆除没收卫星电视接收设施 380 套，强制拆除非法安装的卫星地面接收设施 950 套，自行拆除 1500 余套。2003 年，市广电局制订《影视节目管理办法》，引进和播出节目按照“两证”（准映证、版权证）原则，保证影视节目引进安全和播放。2004 年起，眉山城区网络实行片区维护责任制和故障报告处理责任制，保障用户看好电视。2005 年，眉山市为有线电视长时间不能接入的边远山区用户办理接收国内卫星广播电视节目许可证。

2006 年起，眉山电视台全天候开通客户服务热线。轮流监听监看和评议各县广播电视台节目，建立专门的广告审片站，加强广告管理。2009年起，眉山电视台创建全省广电绿色频道。2010年，全市加强线路维护、巡检和抢修以及预警和监听、监看，随时应对突发事件。至2012年，眉山市每年均开展广播电视行政执法活动。

第二节　新闻出版管理

1997年起，眉山地区新闻出版、公安、工商等部门每年开展反盗维权宣传整治、印刷品承印制度专项检查、虚假违法印刷品广告和非法出版报刊专项整治、反盗版百日行动、打击网络侵权盗版等集中行动，集中销毁收缴的非法图书、盗版音像制品。严格内部资料审批。开展《中华人民共和国著作权法》《印刷企业管理条例》等法律法规相关宣传活动，组织全区报刊社、书店、印刷企业负责人等培训，在街头开展咨询活动。年审书刊零售单位、驻眉山记者站、报刊内部资料等。1999年，整顿全区印刷企业，取缔3家、停办4家印刷厂，压缩印刷企业20%。当年起，全区每年通过设立咨询点、散发资料等方式开展著作权法宣传，增强民众版权保护意识。

2001年，眉山市建立报刊质量审读制度。2002年，全市开展报刊质量评比，年审换发13家报刊社准印证，取缔3家违规报刊。现场检查指导和整改20家重点印刷企业，换发240余家印刷经营许可证。收缴非法出版物、非法音像制品等11余万册（盘、块），集中销毁非法出版物1.75万盘（册）。2005年，全市加强盗版教辅材料专项整治，规范印刷出版企业行为，查获非法图书期刊3327册、非法音像制品5.26万盘、非法电子出版物1200张，行政处罚违规经营户89家。启动政府机关软件正版化工作，当年完成市政府机关44个单位计算机软件正版化工作。

2006年，全市组织开展印刷品承印制度专项检查、虚假违法印刷品广告和非法出版报刊专项整治、“反盗版百日行动”、打击网络侵权盗版等集中行动，立案查处55起案件，取缔经营单位9家。开展“4·26”纪念著作权法实施15周年宣传活动，成立眉山市版权事务中心，当年登记保护产品70余件。2010年，眉山建立期刊、记者站日常联系机制。

2012年，眉山市检查书报刊、音像制品经营单位和印刷企业3100余家次，责令整改43家，警告18家，停业整顿5家，立案调查3家，罚款3.5万元。查缴和销毁非法书刊、光盘2.3万册（盘）。全市政府机关实现软件正版化，省政府检查验收合格，全省排名第二。

第三节　印刷行业管理

1997年，眉山地区有印刷企业178家。当年起，每年印刷企业主管部门审核印刷企业。通过清理整顿，调整结构，实行资产重组等方式，压缩不规范印刷企业，扶持重点企业，促进企业内部经营机制转换。至2008年，眉山市有印刷包装装潢企业109家，印刷业年产值1.7亿元。

2009年，全市有印刷包装装潢业116家，印刷业年产值3.74亿元。至2012年，眉山市有印刷单位125家，其中出版物印刷企业3家、内部资料印刷企业1家、包装装潢印刷企业30家、其他印刷品印刷企业91家，资产总额10.13亿元。除公开发行的《眉山日报》《眉山广播电视报》外，有连续性内部资料《奋进》《今日东坡》《苏轼研究》《今日彭山》《今日洪雅》《蚕丛故里》《眉车科技》《今日青神》8家，每年平均审批内部资料100余件。四川南方印务有限公司、恒丰印务有限公司为省级重点文化企业。

第四节　新闻网络管理

2009年7月，眉山网开通运行。协调新华网四川分社关闭新华网眉山分频道。关闭非法开设的中国企业新闻网眉山频道，规范眉山全搜索、新浪乐居眉山站、眉山在线等网站违规采、编、转载新闻行为。规范网站档案建设，按照实名制管理要求，详细登记网站负责人、论坛版主、网络活跃网友真实姓名等。实行12家重点涉眉论坛全时监看制，重点项目及重大敏感问题专人监看，全程跟踪，重点监控，随时掌握网上动态。开通“网络问政”平台，设置问政单位108个，汇集反映交通、教育、建设、城管、环保等各类咨询、建议和诉求。全年编发《网络舆情专报》44期、《网络舆情日报》及特刊197期，为领导决策提供参考。监看反映民众利益诉求、投诉、意见和建议的重要帖文589条。处置发布虚假网络信息案1起。

2011年3月，眉山市政府新闻办分别在新浪、腾讯注册“微眉山”“微博东坡给力眉山”，开通眉山政务微博。开展违规刊载新闻巡查和互联网新闻信息服务单位违规新闻来源专项整治，规范新闻报道秩序。重点监督8个眉山本地论坛和外地论坛眉山吧，规范行业自律，严肃新闻纪律。年检全市新闻网站、网站分频道4家，完成年检软件安装和审查，做好相关登记备案。查处关闭眉山服务网等非法刊转新闻服务网站。启动眉山创建“文明网站”和互联网低俗信息专项整治，组织网站从业人员互联网法律知识普及月学习。开展网上淫秽色情及低俗信息清理整治、整治非法公关行为专项行动、“网络欺凌”行为整治和打击网上涉性用品药品非法信息，监测非法“性药品”广告，检查网站单位发布广告情况，检查开设121个栏目版块，165万条信息内容，删除垃圾信息1500余条。清理排查市内网站内音视频、交友、娱乐、医疗健康、社交等信息，删除淫秽色情及低俗信息200余条。市政府新闻办制定微博发布管理制度和微博发布流程，专人管理。市网管办组织调查核实党政机关和个人微博服务情况，统计党政机关官方微博22个、个人微博62个，核查删除私人冒用市政府办、市公安局等党政部门名义开通官方微博发布违法违规信息，查处青神县冒名注册微博发布不当信息事件。完成4家新闻网站资质报批、登记备案及网站从业人员资格审批考核。眉山网点击率增至70万次，被中国互联网大会评为“全国地方网站最具本土传播力品牌网站”。网络问政回复单位69个，各类咨询、建议和诉求的帖文1889条，按时办结率96%以上，平均每条浏览450余次。

2012年3月，开通眉山政务微博发布大厅。协调57家单位入驻发布厅。首次通过政务微博在线直播政府两会新闻发布会，监看反映民众利益诉求、投诉、意见和建议的重要帖文1003条，处置和化解热点事件和敏感舆情20余起。编发《网络舆情专报》21期、《外宣舆情日报》248期。全年眉山微博发布新闻、工作信息2000余篇，固定收听网民25万余人。

第三十一篇　体　育

1997年起，眉山地区加大体育投入，促进体育事业跨越发展，群众体育日趋兴旺，市民健身意识普遍增强，学校体育、社会体育、竞技体育活跃。相继承办国家级篮球、排球赛事活动，眉山籍运动员多人参加全国、亚运会、奥运会等赛事，取得优异成绩。至2012年，眉山市有国家级青少年体育俱乐部9个、全国“亿万农民健身活动”先进乡镇2个、全国举重基地1个。向省、国家专业队输送优秀运动员37人。

第一章　体育机构与设施

1997年起，眉山地区体育组织和体育设施快速发展，先后成立眉山市体育总会和足球、篮球、乒乓球、体育舞蹈、武术、桥牌、信鸽协会等多个单项协会和各级体育组织。东坡区业余体校被国家体育总局批准为国家级青少年体育俱乐部，市体校被省体育局评为四川省高水平体育后备人才基地。体育场馆等体育设施逐步完善和投入使用，其中，眉山市体育馆可接待全国及省级单项比赛及开展大型全民健身活动。

第一节　体育机构

1997年，成立眉山地区业余体校。全区有少年儿童业余体校3个，体育公园管理所1个，体育馆4个（青神、彭山、丹棱、洪雅）；全国体育先进县2个（眉山、彭山）。2001年，成立眉山市体育总会和眉山市体育舞蹈、武术、桥牌、信鸽协会等6个单项协会，7个基层单位被国家体育总局评为群众体育先进集体。眉山地区业余体校更名为眉山市业余体校（以下简称市体校）。至2005年，眉山市相继成立老年人体育协会、篮球协会、足球协会、乒乓球协会、冬泳协会、棋类协会各1个，有全国“亿万农民健身活动”先进乡镇2个、省级“亿万农民健身活动”先进乡镇7个，东坡区业余体校被国家体育总局批准为国家级青少年体育俱乐部。

2006年起，市体校被省体育局评为四川省高水平体育后备人才基地。2010年，东坡区少儿业余体校、彭山县少儿业余体校被省体育局评为县级重点业余体校。

2012年，眉山市有各级各类体育组织1350余个、全民健身活动站（点）1600余个。有国民体质监测站（点）7个，市级体育单项协会16个，县级体育总会2个、县级体育单项协会36个，乡镇（街道）级体育组织146个。有市、县两级业余体校6个，省、市级体育传统项目学校25个，国家级青少年体育俱乐部9个，省级“亿万农民健身活动”先进乡镇24个，全国“亿万农民健身活动”先进乡镇2个。全市有全国举重基地1个、四川省高水平训练基地1个、省级小学篮球训练基地2个、省级幼儿园训练基地2个。

第二节　体育设施

1997年，眉山地区有400米标准田径场3个。2008年，投资约4000万元，建成眉山市体育馆，占地4公顷，建筑面积2.01万平方米，场内观众座位4000个，设备设施配套齐全，可接待全国及省级单项比赛，举行篮球、排球、乒乓球、羽毛球、体操等项目比赛和开展大型全民健身活动，以及举行文艺演出、群众集会。2009年，眉山市有各级各类体育场地1100余个、群众体育组织2000余个、业余体校5个、省高水平体育后备人才基地1个。2011年起，体育场馆免费开放。至2012年，眉山市体育场馆累计开放45万人次。体育场馆设施纳入学校建设统一规划、同步实施。

第二章　体育运动

1997年起，眉山地区开展业余体育训练，向四川省、国家专业队输送体育运动员。至2012年，市业余体校向省、国家专业队输送张益萌、曹婷等优秀运动员37人。眉山市积极承办国内体育赛事，组织数届眉山市运动会、老年人各类赛事、冬泳、体育舞蹈、健身跑、象棋等体育活动，学校体育锻炼和赛事活动蓬勃发展。组织参加四川省各类运动会、残疾人运动会。眉山籍运动员参加全国、世界等级别赛事，其中20人在省级及以上比赛中获金牌48枚。

第一节 体育训练及体育人才输送

1997年起，眉山地区向四川省、国家专业队输送体育运动员。1998年起，每年测试国家等级达标运动员。当年，全区开展业余体育训练200余人。

2010年，眉山市业余体育训练500余人。2011年，全市业余体育训练2885人，其中注册四川省运动员152人。为省级以上优秀运动队和大中专体育院校输送体育后备人才286人。2012年，眉山市开展业余体育训练项目19个，业余体育训练1000余人。组织体育教师参加省级培训80余人次，组织市内培训400余人次。

截至2012年年底，市业余体校向四川省、国家专业队输送张益萌、曹婷等优秀运动员37人，向体育院校输送800余人。

第二节 群众体育

一、综合体育

1998年，眉山地区举办老年门球赛、庆祝建区一周年“峨眉山”杯象棋擂台赛等。在洪雅县举行全区老年人乒乓球赛。2005年，举办眉山第八届“通威杯”万人迎春长跑暨“锻炼月”活动、首届冬泳邀请赛、首届体育舞蹈（国际标准舞）邀请赛等。

2006年，举办眉山市第二届残运会、首届老年人运动会、第一届全市运动会等大型体育活动20余次。全市残疾人运动员236人参加6个大项11个小比赛。当年，全市156人被批准为二级、三级运动员。2008年，举办市第二届老年人运动会。2009年，举办“罗兰广告杯”体育舞蹈比赛。举行第二届眉山市运动会，30个代表团近6000人参赛，涵盖工农商学兵等社会各个方面。2010年，举办眉山市第三届残疾人运动会，329人参加田径、游泳、举重、射击、盲人门球、篮球、乒乓球、羽毛球、中国象棋、飞镖等10个大项51个小项比赛，产生金牌171枚、银牌166枚、铜牌144枚。

2011年，举办眉山市第十四届万人健身跑、2011中国洪雅激情山水旅游文化节中国象棋比赛、眉山市第四届体育舞蹈比赛和体育舞蹈展示大会、市山地自行车越野赛等大型体育活动等赛事20余次。

2012年，举办2012市级机关健身活动、眉山市第四届老年运动会，眉山市第五届体育舞蹈，眉山市干部职工乒乓球、篮球、桥牌比赛等各级各项体育活动30余次，参加全民健身活动130余万人次。

二、学生体育

1997年起，眉山地区各级教育机构贯彻《学校体育工作条例》《国家体育锻炼标准》《体育合格标准》，每年举办中小学生田径运动会、中学生篮球比赛，并组队参加四川省比赛。组织初中毕业生升学体育考试，初中毕业生升学体育考试体育科目以30分计入中考总分。2000年，抽样调研全区中小学体育工作及学生体质，抽查学校中85%的学校开齐开足体育课，被抽查学生中92%体质达到基本标准。

2003年起，眉山市乒乓球比赛扩大到小学生。2005年，全面调研学生体质状况。抽查全市18个校点23个教学班，受查学生1320人。其中城区学校占64%、初中生占48%；以《国家学生体质健康标准》为抽查标准，达标学生占76.7%，视力良好率86%。

2006年起，学生体质健康测试上报教育部网站，眉山市上报率不足20%。2007年秋季起，眉山市中小学推广校园集体舞。学校坚持做课间操，至少每天安排锻炼不少于1小时。全市开展阳光体育运动和冬季长跑运动。举办全市中小学生田径、篮球、足球和乒乓球比赛。2008年起，市棋协、市跆拳道协会、市体育舞蹈协会分别承办中小学生棋类、跆拳道、体育舞蹈等比赛，参加人数逐年增加，比赛成绩上升。体育考试成绩计入初中毕业生升学成绩。开展“全国亿万青少年享受阳光体育活动”，以北京奥运会为契机，开展系列体育运动和竞赛。2009年起，全市每年开展学生体质健康测试。当年，数据上报学校占全市学校总数的55.5%，测试合格率70%以上。2010年，眉山市实施省级体育传统项目高中校招收体育特长生政策。将学校体育工作纳入教育督导评估重要内容，东坡区、洪雅县接受国家教育督导团关于学校体育工作专项督查，受到好评。举办全市中小学代表队122支队员1200余人参加的97个项目体育比赛，成绩超过历届运动会。项目、参赛人数、代表队及规模增多。全市学生体质健康测试上报率增至78%，位居全省第三。

2011年，眉山市开展《学生体质健康标准》专项督查，将初中毕业升学体育考试成绩调为40分计入中考总分。举办眉山市第四届中小学生棋类比赛、中小学生田径运动会、市中学生篮球比赛。2012年，全市开齐开足体育课，保证小学1年级~2年级每周4课时，小学3年级~6年级和初中每周3课时，高中每周2课时，每天上午有课间操活动，寄宿制学校落实早操制度，全市开展冬季长跑活动等，无体育课当天学校下午课后组织学生集体锻炼1小时。建立定期组织综合性学生体育运动会制度，举办全市中小学生田径运动会和篮球、足球、乒乓球、跆拳道、棋类等比赛。各中小学每学年定期召开春季或秋季运动会。在仁寿一中举办全市“文轩杯”中小学生田径运动会，全市中小学106支代表队776人参加18个项目比赛。

截至2012年年底，眉山市申报成功省级体育传统项目学校11所，包括仁寿一中（田径）、彭山一小（乒乓球）、仁寿二中（摔跤）、青神县初中（田径）、锌强中学（足球）、洪雅中学（田径）、眉山一中（田径）、眉山中学（田径、足球）、苏祠中学（田径）、东坡实验中学（田径、篮球）、太和高中（皮划艇、赛艇）。仁寿一中申报国家级青少年体育俱乐部成功，全市有国家级青少年体育俱乐部9个，省级体育传统项目学校12所，市级体育传统项目学校25所，涉及体育项目8个。

仁寿一中2012年秋季运动会（摄于2012年9月）

第三节 竞技体育

一、承办体育赛事

2000年，眉山地区承办“步步高”全国女排联赛、全国篮球四强对抗赛。举办的全国少年排球锦标赛（女子乙组），来自北京、上海、天津、重庆等13个省（市、自治区）的21个代表队运动员330人参赛，分13岁、15岁两组，比赛8天80余场。2008年，眉山市承办“道泉茶叶杯”全国象棋明星赛、安踏全国男子排球赛四川男排6个主场比赛。在市体育馆举行“恒大地产杯”中国乒乓球俱乐部甲B比赛、“体彩杯”全国篮球俱乐部青年联赛。2009年，眉山市承办“恒大地产杯”全国乒乓球俱乐部甲B赛、全国篮球俱乐部青年联赛、四川“工行杯”国际乒乓球公开赛、全国大企业杯桥牌赛、全国定向越野大赛、四川省第一届全民健身运动会门球比赛、男排超级联赛、男子乒超联赛、女子乒超联赛等比赛20余次。通过市场运作筹集资金300万元，基本保证赛事正常运转。2012年，眉山市承办四川省“多威杯”中小学生田径运动会。组织全市体育教练观摩学习。

二、参加体育比赛

（一）正常人参赛

1998年，眉山地区组团参加四川省第四届青少年运动会。13支参赛队运动员240人参加足球、篮球、羽毛球、皮划艇、赛艇、举重、田径、击剑、游泳、摔跤10个项目比赛。以团体总分563分的成绩名列全省第11位，获9金6银16铜，田径乙组张扬破男子110米栏、200米两项青年纪录。1999年，眉山籍运动员曾秀君参加全国第四届城市运动会获女子100米和4×100米接力赛，获金牌2枚。2000年，曾秀君参加第27届悉尼奥运会，获女子4×100米接力赛第8名，被四川省政府记一等功。2001年，眉山市曾秀君获世界大学生运动会4×100米接力赛冠军，第九届全运会4×100米接力赛冠军。

2002年，眉山市组团参加四川省第九届运动会，运动员178人参加田径、举重、游泳、摔跤、皮划艇、赛艇、跆拳道、柔道、羽毛球、艺术体操、射箭、男足、击剑13项比赛，获3金5银14铜，团体总分423.5分，名列全省15位，获道德风尚奖。组织参加全国体育检阅大会健身秧歌赛，获青年组一等奖。曾秀君在韩国釜山亚运会上夺得金牌1枚。2003年，眉山组队参加省第五届老年运动会，获台球团体个人第一名。眉山籍运动员庹通在击剑世界锦标赛“瑞士站”获第二名。2004年，庹通在雅典奥运会上获男子重剑团体第7名、张益萌获雅典奥运会女子曲棍球第4名。

2006年，眉山组织15支代表队参加四川省第十届运动会13个大项比赛，获9金15银14铜。张益萌在卡塔尔多哈亚运会上获女子曲棍球冠军。2008年，眉山组队参加在福建泉州举行的全国第六届农民运动会武术比赛，市代表队（彭祖山武术队代表省队参加）获2金5银5铜。其中田小绘获女子太极拳冠军；与顾理、陈兰合作，获女子对阵项目冠军。张益萌在北京奥运会上夺得女子曲棍球银牌，被眉山市政府授予劳动模范称号，四川省政府奖励眉山市政府20万元。2009年，眉山市门球队代表四川省参加全国第一届老年运动会门球赛，获金奖。庹通在全国运动会上获男子重剑团体金牌；曹婷荣获女子双桨铜牌。2010年，眉山市组团参加四川省第十一届运动会，运动员218人参加16个大项196个小项角逐，取得15金15银13.5铜，团体总分986分，金牌数和团体总分均列全省第十四位，并获体育道德风尚奖。张益萌获广州亚运会冠军。全市业余体育训练500余人。2011年，眉山市派出18支代表队运动员224人参加四川省青少年锦标赛17个项目比赛，获10金7银9铜。2012年，眉山市派出22支代表队学生运动员近300人参加省青少年锦标赛田径、游泳等19个项目比赛，获15金14银13铜。眉山市在省国家级青少年俱乐部大众健美操比赛中获中学组排舞第二名。截至2012年年底，眉山籍曾秀君、庹通、张益萌、曹婷等优秀运动员20人在省级及以上比赛中获金牌48枚。

（二）残疾人参赛

1999年，眉山地区组织5名残疾人运动员参加四川省第四届残运会，获金牌10枚、银牌2枚、铜牌1枚。2002年，眉山市组队参加四川省第五届残疾人运动会，获奖牌7枚，4人打破田径、游泳9项省纪录，获体育道德风尚奖。

眉山市第二届残疾人运动会颁奖现场（摄于2010年6月）

2005年，组队参加四川省首届特奥会，取得1金5银16铜及团体第三名。2006年，选送6人进入四川代表团参加全国特殊奥林匹克运动会，取得1金1银1铜。组织残疾人运动员38人组成代表团参加四川省第六届残疾人运动会，取得4金6银9铜。2007年，选送陈凤参加世界特别奥林匹克运动会，获金牌2枚、铜牌1枚。2009年，组织30人组成眉山特奥代表团参加四川省第二届特殊奥林匹克运动会，获10金12银2铜和优秀组织奖、道德风尚奖。

2010年，组织眉山代表团85人参加四川省第七届残疾人运动会，获奖牌76枚，名列全省第三位，打破省残运会记录17项。郑龙参加全国残疾人田径锦标赛，获P60级十项全能金牌。陈凤参加第五届全国特别奥林匹克运动会，羽毛球项目获1金1银。截至2012年年底，眉山残疾人运动员参加省级以上残疾人运动会，获奖牌175枚（金牌61枚）。

第三十二篇　医疗卫生

1997 年起，眉山地区加大投资，加强医疗卫生基础设施建设，加快医疗卫生制度改革步伐，推动卫生事业发展。2003 年起，眉山市实施新型农村合作医疗制度，群众参保范围逐步扩大，住院报销比例逐年提高。2009 年，围绕“保基本、强基层、建机制”总体要求，健全医保，创新医疗，规范医药。2010 年，在全市乡镇卫生院、社区卫生服务中心、村卫生室全面实施门诊统筹。截至 2012 年年底，眉山市实现“三个率先、三个提升”（在全省率先试点新农合、基本药物制度、县级公立医院取消药品加成并实现全覆盖，提升群众就医保障水平、基层医疗服务和公共卫生服务能力、群众就医满意度）。全市共投资 4.75 亿元，实施卫生建设项目 404 个，医疗卫生机构基础设施建设累计投资近 10 亿元，新增医疗建筑面积 26.37 万平方米。建成三甲中医医院 1 个、三乙综合医院 2 个、三乙妇幼保健院 1 个。全市医疗机构床位 1.24 万张、卫生技术人员 1.27 万人，分别是 1997 年的 3.17 倍、1.86 倍，门诊人次增至 916.2 万人次，住院人次增至 50.28 万人次。所有县（区）血吸虫病传播控制达标。建成省级卫生城市（县城）、国家（省）级基层中医药工作先进单位，省级卫生乡镇、卫生村覆盖率分别达 24.2%、18.9%，孕产妇死亡率 10.73/10 万、婴儿死亡率 4.83‰、卫生厕所普及率 74%。实现社区卫生服务对城市居民全覆盖，所有行政村建立村卫生室。

第一章　医疗卫生体系建设

1997 年，眉山地区公办县级医疗机构健全，有卫生机构 330 个，其中县人民医院、县中医院、县妇幼保健院、县卫生防疫站各 6 个，县血吸虫病防治站 4 个，精神卫生院 1 个。当年起，各级政府加大医疗基础设施建设投入，积极引导社会资本进入医疗卫生服务领域，医疗卫生资源进一步扩增。

至2012年，眉山市较大的公办医疗机构有眉山市人民医院、眉山市中医院、眉山市妇幼保健院和县人民医院5个，县中医医院4个，县（区）妇幼保健院6个，县（区）疾控中心6个，县血吸虫病防治站2个，县精神卫生院2个，民营医疗机构56个，社会办医床位数和服务量占比提高到20%。全市有医疗卫生机构1919个，床位1.24万张，卫生技术人员1.27万人，其中有执业医师（助理）5458人，注册护士3846人。全市农村卫生服务体系以村卫生站、乡镇卫生院和县级医疗机构形成“三级预防保健网络”，农村、城市卫生服务体系、公共卫生服务体系基本成型。

第一节　卫生基础设施建设

一、卫生机构基本建设

1991年，今眉山市辖区内启动农村卫生“三项建设”（农村乡镇卫生院，县级卫生防疫站，妇幼保健院的房屋、设备、人员建设）。

1998年，眉山地区实施乡镇卫生院危房改造，彭山、青神基本完成，仁寿县完成90%。眉山县乡镇卫生院改善卫生基础设施，提高“三配套”水平。丹棱县完成农村卫生事业重点县建设项目，总投资421万元，建筑面积8500平方米。全年全区灾后重建2个乡镇卫生院，改造5个乡镇卫生院。农村卫生三项建设项目20个，完成95.5%，总投资919.7万元，建筑面积2.26万平方米。1999年，全区卫生工作实现“三个纳入”（纳入当地发展规划和年度计划、纳入财政预算、纳入年度目标管理和督办事项），及时总结贯彻落实卫生政策经验，并在全区推广。当年六县卫生事业财政支出2800万元，比1998年增长2.3%。至2000年，全区改造乡镇卫生院221个（中心卫生院20个）、县卫生防疫站6个、县妇幼保健院6个。总建筑面积22.49万平方米，排危面积5.88万平方米，总投资额8697万元。其中房屋建设6663万元、设备购置1668万元、人才培训366万元。

眉山市卫生局办公大楼（摄于2008年8月）

2001年起，眉山市实施国债项目资金建立完善公共卫生体系。2005年，加快建立和完善城乡卫生体系。向上争取无偿项目资金5917万元，引进项目资金1035万元。至2007年，乡镇卫生院基础设施建设全面完成。

2008年，汶川特大地震后，眉山市向上争取医疗卫生机构灾后恢复重建项目，落实“四项”工作制度（每月通报制度、研究制度、检查制度、快速查办制度），集中专家评审市人民医院、市中医院、仁寿县医院等建设项目规划方案。同时，四川省每年下达眉山扩大内需卫生建设项目。当年，全市实施重建医疗卫生机构79个（仁寿县48个、其余区县31个）、资金3.57亿元（省财政补助1.35

亿元、社会组织援建5456万元、地方自筹1.67亿元），新建面积13.14万平方米（仁寿县11.55万平方米，其余区县1.59万平方米），改建4.02万平方米（仁寿县9460平方米、其余区县3.07万平方米）。省下达眉山扩大内需卫生建设项目50个。至2009年，全市国债资金建立完善公共卫生体系项目146个，投资1.27亿元，建筑面积13.45万平方米。新建市级医疗卫生机构6个，改扩建市级疾病预防控制中心和异地重建县级疾病预防控制中心6个、县级妇幼保健院4个、传染病医院1个（仁寿县）、乡镇卫生院126个。至2011年，全市灾后重建和扩大内需243个医疗卫生建设项目中，竣工201个，在建42个。

2012年，市卫生局拟定《眉山市区域卫生规划（2011—2020年）》和《眉山市天府新区卫生规划》，编制全市农村卫生服务体系建设规划。全市向上争取全科医师临床培养基地、县急救中心、县卫监所、县疾控中心、乡镇卫生院等57个基建项目和公共卫生项目、资金5.18亿元。全年全市卫生投入3.41亿元，固定资产14.27亿元，床位数1.24万张，房屋面积183.27万平方米。截至2012年年底，眉山市实施扩大内需卫生建设项目404个，投资4.75亿元（中央3.31亿元、地方配套1.44亿元）。全市医疗卫生机构基础设施建设累计投资近10亿元，整体迁建医院市级2个、县级5个，改扩建医院市级1个、县级3个，新增医疗用地面积100余公顷、建筑面积26.37万平方米。引进民营医疗机构56个，其中二级以上民营医院5个，开放床位3483张，社会办医床位数和服务量占比提高到20%。建成三甲中医医院1个、三乙综合医院2个、三甲妇幼保健院1个。

眉山市1997—2012年卫生事业经费投入统计表

表32-1　　　　单位：万元

年份	经费投入	年份	经费投入
1997	3682	2005	6952
1998	4215	2006	4352
1999	5386	2007	1457
2000	8697	2008	9080
2001	9871	2009	12700
2002	11027	2010	32290
2003	7285	2011	49276
2004	8954	2012	41362

二、医疗器械设备

医疗机构医疗器械采购，各县审批规定不尽一致，仁寿县设备采购5万元以下的由分管院长审批，5万元以上领导小组和院长办公会讨论，上报招标采购；彭山县购置1万元以上的设备集体研究，报卫生局批准后实施，县级医疗机构购置金额较大的医疗设备公开招标采购；洪雅县购置5000元以上的设备集体研究，报卫生局批准后实施。

1997年，眉山地区县级以上医疗卫生系统医疗器械总值267.8万元，设备多为老旧的常用器械。此后，医疗器械向自动化、信息化、精密化、高技术方向发展，各大医院相继购置磁共振、血管造影、放射性核素检查仪、高速多排螺旋电子计算机断层扫描、直线加速器、直接数字平板X线成像系统、彩色三维B超、全自动生化分析仪、双能X线骨密度仪及冠心病重症监护室、综合性重症监护病房先进设备等。至2000年，全区医疗机构购置设备5162台（件）。

2003年起，中央和地方投入资金支持基层医疗机构购置装备。市疾控中心引进德国政府贷款100万美元用于购置专业设备。眉山市为乡镇卫生院配备200毫安X光机、B超、心电图机、生化分析仪等医疗设备，能满足80%的农村患者就医需求。2008年，眉山市实施汶川特大地震灾后重建医疗卫生机构，购置设备476台（套）。至2009年，中央和地方投入资金2587万元，支持基层医疗机构购置装备14类823台（件）。2012年，眉山市市属医院医疗设备投资总值10.31亿元，主要仪器设备有普通放射、电子计算机断层扫描、发射型计算机断层扫描仪、磁共振成像、频谱心电图、心向量图仪、生化检验仪、心脏彩超高频心电图仪等。放射影像技术发展成为集诊断治疗于一体的临床一级学科。

三、信息化建设

1997年，眉山地区医疗卫生机构普遍采用手工填写诊疗信息，依靠纸质文件进行邮递传送。

2001年起，眉山市医疗机构逐步配备计算机，开始以软盘方式传送电子文件，纸质文件逐渐减少。2002年，全市疾控中心配备计算机，通过通信网络或电子邮件电子化上报。2003年，在抗击传染性非典型性肺炎疫情中，全市疾控中心建立疫情网络实时报告机制和传染病“在线、个案、直报”监测信息系统，实现传染性非典型性肺炎个案专报。眉山市中医医院建立电子病历系统，实现病历信息化管理。其余机构逐渐开展医疗卫生信息化建设。

2005年，全市所有县级以上公立医疗机构、乡镇卫生院（社区卫生服务中心）、大型民营医疗机构建立并使用传染病直报网络、疫情网络直报系统，可24小时内上报传染病，重大传染病和突发公共卫生事件2小时报告。2008年，全市建立传染病自动预警系统，实现传染病疫情自动预警机制。

2010年，全市155个预防接种单位，145个单位实现预防接种信息化建设。全市预防接种信息化全覆盖。2011年，全市所有村卫生室实现网络全覆盖。2012年，全市二级及以上公立医疗和部分民营机构逐步建立健全医院信息系统、实验室信息管理系统、医学影像存档与通信系统、电子病历等信息系统；所有行政村完成信息化建设项目。医疗卫生行业基本实现信息化。

第二节　医疗卫生机构

1997年，眉山地区以县级医疗卫生机构为中心，乡镇卫生院为枢纽，村卫生站为基础的农村卫生服务网基本健全。至2000年，全区“三项建设”改造乡（镇）卫生院221个（中心卫生院20个）。2012年，眉山市有县级医疗卫生机构30个、乡镇卫生院130个、村卫生站1410个，卫生服务技术人员4160人。乡、村两级标准化评审达标率均在50%以上。

眉山市1997—2012年卫生机构情况统计表

表32-2

年份	卫生机构（个）	床位数（张）	年份	卫生机构（个）	床位数（张）
1997	330	5334	2005	242	5937
1998	349	5357	2006	224	6226
1999	333	5475	2007	533	6431
2000	314	5266	2008	541	7309
2001	290	5187	2009	555	8681
2002	292	5393	2010	499	9393
2003	322	5796	2011	1989	10462
2004	318	5923	2012	1919	12429

说明：卫生机构数2007年起包括个体诊所、2011年起包括村卫生室

一、医疗机构

（一）市（区县）级医疗机构

1997年，眉山地区有县人民医院、县中医院各6个。1998年，在眉山新区规划建设地区人民医院，首期修建直属门诊大楼。1999年11月，地区人民医院直属门诊大楼奠基。在四〇八医院建立地区人民医院筹备处。2000年，建设“四川省眉山卫生医药园区”中的医院门诊大楼，按国家三级综合型医院标准建设。

2001年，眉山县人民医院上划组建眉山市人民医院。眉山县中医院更名为东坡区中医院。2002年7月，调整市人民医院设置。将市人民医院分设为市第一人民医院（原四〇八医院）和市第二人民医院（原眉山县医院）。东坡区中医院更名为眉山市中医院，履行市中医院职能。

2005年，眉山市向上争取无偿项目资金5917万元，引进项目资金1035万元。进一步修订和完善城市医疗卫生服务体系规划，重点规划市级综合医院、各类专科医院。市中医院列入全省县级中医院急诊急救能力建设项目，市中医院“精品中医院”建设项目启动。2008年，市中医院扩建项目通过国家立项，仁寿县中医院改扩建完成，实施洪雅、彭山、青神中医院改扩建项目。7月，眉山市第一、二、四人民医院（市传染病医院）合并，成立眉山市人民医院。2009年，市政府在眉山新区划拨5公顷土地建设眉山市人民医院新院区，出资购回原富临集团控股的股份制医院黄州东路院区划拨给市妇幼保健院作业务用房。投资1.4亿元的市人民医院外科大楼和投资6563万元的市中医院住院大楼开工建设。2010年，彭山县无偿划拨建设用地4公顷，投资3990万元，建设彭山县人民医院。仁寿县、青神县分别征地13.67公顷、1.67公顷整体迁建仁寿县人民医院和青神县中医院。2011年，完成1个县人民医院建设项目、6个医疗卫生机构灾后恢复重建项目，累计完成投资2.92亿元。仁寿县人民医院建成国家三级乙等综合医院。2012年，中央投资1850万元的全科医师培训基地项目开工建设；市中医医院住院大楼竣工投用，启动“中华东坡国医馆”项目建设。仁寿县人民医院等4家县级医院实施整体迁建投用，3家县级医院实施就地改扩建。组建仁寿、彭山、洪雅3所县第二人民医院，筹建丹棱县中医医院。全年全市新建续建卫生项目241个、竣工162个，完成投资3.38亿元；各级医疗机构新增土地面积6.13公顷、建筑面积12.28万平方米、病床712张。全市有县级人民医院5个（国家二级综合医院），县级中

医医院4个。

（二）乡镇卫生院

1997年，眉山地区有乡镇卫生院217个，管理体制为乡办乡管，县级卫生行政部门只负责业务指导。2002年，实施8个乡镇卫生院扶贫工程建设（仁寿县3个、其余5区县各1个），改扩建面积约5000平方米，购置设备16台件，投资约160万元。2003年，四川省下达眉山市农村卫生基础设施建设计划5个、卫生扶贫乡镇卫生院8个，资金135万元。2005年，眉山市233个乡镇卫生院调整为159个，全部乡镇卫生院上划县级卫生行政部门管理，核定人员编制1486个，其中公共卫生人员582人。国家和各级政府投入，为乡镇卫生院建设功能相适应的业务用房，配置适宜设备和实用人才；业务用房达到国家颁布的《乡镇卫生院建设标准》。启动127个乡镇卫生院国债资金、省财政专项资金建设项目。至2005年年底，全市改扩建乡镇卫生院126个，建筑面积7.45万平方米，投资3890万元（国债3120万元、地方配套770万元）。

2006年，全市136个乡镇卫生院国债资金、省财政专项资金建设项目完工132个。

2012年，推进乡村一体化管理。年末眉山市有乡镇卫生院130个，床位4972张，卫生技术人员3287人，中医科（室）设置率100%，农村中医药服务量46%。实现“小病不出村、常见病不离乡”。

（三）村卫生站

1997年起，眉山地区相继制定《乡村医生教育规划》《乡村医生教育管理制度》《培训上岗使用制度》《村卫生室工作制度》等，管理卫生站和教育村医生。规定，2008年9月底前，45岁以下乡村医生必须参加系统化、正规化中等医学教育，获得中专学历或经四川省中专水平考试合格；45岁以上乡村医生必须经过逐项培训达标，方能聘用上岗。未取得中专学历或未达到中专水平者，取消行医资格。新聘乡村医生必须具备医学中专学历或中专水平合格证条件，经村委会申请，乡镇卫生院、乡镇政府同意，中心卫生院审查，报县卫生局审批。各村卫生室不得自行聘用。

2003年，眉山市实行乡村医生执业注册制度，每5年进行一次。2005年启动乡村医生中医学中专学历教育项目，当年招收学员164人。2011年，市卫生局印发《关于加快实施乡村卫生一体化管理的通知》，开展乡村两级业务、培训、药品、考核、项目资金等统一管理，探索全科医生县乡联动试点，统筹基层医务人员布局。全市所有行政村均设立村卫生室。

2012年，眉山市所有行政村建立村卫生室，每个村卫生站配备村医生1人~2人。村卫生站采取多种形式举办。仁寿县实行集体举办为主，承包管理，责任考核，卫生站由村委会提供房屋、设备、药品垫底资金。也有村医生自带设备、药品、资金入站。洪雅县86.5%的村卫生站房屋属乡村医生私人住宅，13.5%为租赁房屋。

（四）城市卫生服务机构

2004年，眉山市在县（区）建立城市社区卫生服务网络。眉山中心城区3个乡镇卫生院转型为3个社区服务中心，1个分院转型为社区卫生服务站。5个县建立社区卫生服务中心1个、社区卫生服务站8个。2005年，按照每5万人由政府举办一所社区卫生服务中心要求，启动社区卫生服务机构标准化建设示范工作，建成东坡区社区卫生服务中心2个、洪雅县社区卫生服务中心1个、青神县社区卫生服务站1个。2006年，东坡区2个社区卫生服务中心创建省级标准化社区卫生服务示范机构工作，通过省卫生厅社区卫生服务示范机构评审专家组评审。2007年，实现社区卫生服务“八统一”（统一设置社区卫生服务机构、统一标准设置科室等），建成6个社区卫生服务机构，覆盖居民 22 万人。

2008 年，仁寿县整合卫生资源，按社区卫生服务“六位一体”功能要求，建成社区卫生服务中心 2 个，采集社区居民健康信息，建立健康档案，实施分级分类管理。2009 年，仁寿县投入 280 万元装修 2 所社区卫生服务中心，投入 120 万元购置医疗设备，投入 300 万元新建 1 所社区卫生服务中心。2011 年，仁寿县城东社区卫生服务中心建成省级示范中心。全市各卫生服务中心为社区居民优惠诊疗费用 180 万余元。

洪雅县洪川社区卫生服务中心（摄于 2012 年 7 月）

2012 年，眉山市建成社区卫生服务中心 10 个、社区卫生服务站 4 个，核定编制 414 个，覆盖人口 59.6 万人。建成省级示范社区卫生服务中心 2 个，5 个社区卫生服务中心确认为标准化建设合格社区卫生服务机构。全市城市卫生服务体系按照城市卫生服务功能运转。

二、公共卫生机构

眉山市县妇幼保健院、县疾控中心和县血吸虫病防治站、精神卫生院等专业防治站所，共同承担公共卫生服务。

1997 年，眉山地区有县妇幼保健院、县卫生防疫站各 6 个、县血吸虫病防治站 4 个、精神卫生院 1 个。1998 年，成立地区爱卫会、地方病防治领导小组等 10 余个非常设机构。1999 年，各县加强预防保健机构建设。全区 6 所妇幼保健院成为一级妇幼保健院。丹棱县创建县级二等防疫站工作通过地区卫生局初评。2000 年，按照《四川省文明卫生防疫站标准》《全国卫生防疫站等级评审管理办法》加强卫生防疫站内涵建设，加快创等达标。洪雅县、仁寿县卫生防疫站经眉山市卫生防疫站等级评审委员会组织专家评审，达到县二等卫生防疫站标准。仁寿县卫生防疫站经省、市计量认证合格。建成东坡区卫生防疫站艾滋病初筛实验室。

2002 年，新建眉山市疾病预防控制中心，建筑面积 3600 平方米，总投资 400 万元（国债资金 320 万元）。2003 年，上划东坡区血站建立市中心血站。市中心血站不再承担采浆工作，采浆任务由仁寿县、丹棱县血站负责。全市六区县争取疾控项目，国家投资 686 万元（国债 456 万元）。县级卫生防疫站更名为疾控中心，终止卫生执法监督职能。

2006 年，建成市传染病医院、仁寿县传染病医院、市紧急救援中心。2009 年，市妇幼保健院建成，履行公共卫生职能；4 个县级妇幼保健院全部投入使用。2010 年，仁寿县妇幼保健院建成二级甲等妇幼保健院。全市妇幼保健院全面履行公共卫生职能和开展临床医疗保健工作，形成完整的妇幼保健网络体系。巩固爱婴医院，乡镇卫生院和社区卫生服务中心加强妇产科建设，提升基层妇幼卫生工作能力。2011 年，市妇幼保健院创建成国家三级乙等妇幼保健院和国家级爱婴医院。2012 年，东坡区、彭山县妇幼保健院分别创建成二级甲等、二级乙等妇幼保健院。

三、社会医疗机构

1997年前，眉山境内停办、取缔盲目办医、不具备条件办医者。以后，眉山地区贯彻国务院《医疗机构管理条例》，加大执法监督，年内审验（发）证，取缔无证行医。

2002年起，眉山市实行政府主导与引入市场机制兴办卫生事业相结合，统一规划，合理布局，有序发展。仁寿天意食品有限公司投资建立眉山市脑血管病医院，设置床位50张。2003年起，眉山市鼓励不具备执业资格人员参加医学学历教育，考取医师资格证，清退非专业技术人员。成都勤勇房地产企业投资建设眉山三医院（肿瘤医院）。2004年，福临集团与市政府签约“资产重组、联合办院”，重组眉山市第一人民医院，投资1.3亿元建设新区门诊部和住院部。2005年，眉山市开展个体诊所执法检查，查处超范围行医、非医师执业、非卫生技术人员执业、出租、承包科室的违法行为，责令限期整改、没收违法所得和器材药品等。

2012年，眉山市引进社会资本投资2.2亿元重组建设眉山心脑血管病医院，投资近2亿元新建仁寿运长医院，投资5000万余元迁建眉州医院。全市二级以上民营医院增至5家，有民营医疗机构1392个，其中市区123个、仁寿县609个、彭山县200个、洪雅县202个、丹棱县90个、青神县168个；有个体诊所276个，其中东坡区96个、仁寿县106个、彭山县18个、洪雅县12个、丹棱县17个、青神县27个。

四、部分医疗卫生机构简介

眉山市人民医院　国家三级乙等综合医院。1997年，以电子工业部第四〇八职工医院为基础组建眉山地区人民医院。2001年，眉山县人民医院上划，与地区人民医院四〇八合并组建眉山市人民医院，总部设在眉山县医院，分总部、诗书路分院、广场分院、青神分院和新区门诊部五个工作区。2002年7月，撤销眉山市人民医院，组建眉山市第一人民医院。原眉山县人民医院组建为眉山市第二人民医院。2008年5月，眉山市第二人民医院与眉山市第四人民医院（市传染病医院）合并。同年7月，眉山市第一人民医院和眉山市第二人民医院重组，建立眉山市人民医院。医院分新、老、青神三个病区，医院总建筑面积8.07万平方米。至2012年，政府投入经费2668.5万元，建成新院区第一住院大楼，业务用房3.59万平方米。全院所有院区占地面积13.92万平方米，建筑面积10.83万平方米，医疗用房面积6.51万平方米，编制床位1000张，开放床位1000张，在职职工1247人（高级职称117人、中级职称236人）。开设专科门诊30余种，住院部开设临床科室28个，省级重点医学专科2个，市级重点医学专科9个，医技科室9个。年门诊量65万余人次，年手术1万余台次，年出院病人3万余人次。拥有64排螺旋电子计算机断层扫描、1.5T磁共振、数字X光机、大型C臂数字血管造影机、钬激光、高压氧舱、直线加速器等设备2000余台件，总价值9000万余元。建有全院信息管理网络系统、医生工作站系统，实行住院病人费用查询和一日清单制。能够开展三级医院90%以上的技术项目，多项诊治技术在全市领先，部分达省级先进水平。开展新技术新项目100余项，省级科研课题立项8项，市级科研课题40余项，市级科技成果15项，获市级科技进步奖10项，每年在省级以上核心期刊发表文章130余篇。

眉山市妇幼保健院　国家三级乙等妇幼保健院。2008年，成立眉山市妇幼保健院，按二级甲等妇幼保健院标准筹建。眉山市妇幼保健院以“保障妇女儿童健康为核心，保健与临床并重”，围绕妇女、儿童的健康，从身体、心理和社会三个层面开展妇幼卫生工作。履行全市区县医疗保健机构公共卫生工作指导、监督职能。是妇幼保健、产前诊断、新生儿救治、妇女儿童体检、眉山市新生儿疾病筛查、眉山市妇幼保健技术培训中心。医院承担眉山市妇幼保健网络的技术指导，开展儿童生长发育监测、儿童心理咨询、儿童和孕产妇营养咨询、儿童视力、听力、口腔等系列保健，妇女更年期、青春期及少女保健，妇女乳腺癌、宫颈癌的普查和早期治疗等妇女儿童健康保健特色项目。2012年，市妇幼保健院医疗综合楼项目动工，规划建筑面积1.56万平方米，计划投资2990万元。年末，全院占地面积6110.36平方米，建筑面积5662.39平方米。编制床位300张，开放床位100张。拥有中心供氧、全自动生化分析仪、数字X光机、腹腔镜、导乐仪（分娩镇痛仪）、麻醉机、三维多普勒彩超等设备300余台，固定资产总值1823.22万元。有卫生专业技术人员140人，职称高级10人、中级22人、初级98人。设一级保健科室妇女保健科、妇幼信息科、健康教育科、儿童保健科，一级临床科室内科、外科门诊、妇产科、儿科、麻醉科，二级保健等专业11个，二级临床专业8个；医技和辅助科室有药事科、医学检验科、医学影像科、消毒供应室。

眉山市中医医院　国家三级甲等中医医院、四川省精品中医医院。1986年，建立眉山县中医院。2002年1月，眉山县中医院升格为眉山市中医院，兼挂东坡区人民医院。2004年9月，中国南车集团眉山车辆厂医院并入眉山市中医院。2011年8月，眉山市中医院更名为眉山市中医医院。2012年，全院占地面积4.65万平方米，建筑面积5.39万平方米，医疗用房面积5.37万平方米，建设投资1525万元，开放床位1094张。主要设备有数字减影血管造影X线机、核磁共振成像系统、全自动生化分析仪、彩色多普勒超声诊断仪、四维彩超、钬激光治疗机、高强度聚焦超声治疗系统、螺旋电子计算机断层扫描、磁共振、三维彩超系统、三晶片胸腔镜、三晶片腹腔镜、高速影像处理机、体腔热灌注治疗机、肿瘤介入治疗机、免疫治疗系统等2829台，价值9424万元。有医技人员722人，职称高级47人、中级126人、初级417人。住院部开设临床科室27个和体检中心1个，医技科室11个，专科门诊28个，国家级中医药重点学科建设点1个，省级重点中医专科1个，市级重点中医专科（病）8个。有在建国家级中医重点学科1个，省级中医重点专科（专病）4个，市级中医重点专科（专病）8个，市级临床重点专科1个。全年门诊量44.26万人次、手术5238台次、出院病人2.99万人、业务收入2.21亿元。

眉山市疾病预防控制中心　1998年4月，成立眉山地区预防保健中心。2000年12月，撤销眉山地区预防保健中心，成立眉山市预防保健中心。2003年更名为眉山市疾病预防控制中心，划出妇幼保健工作职责。当年，利用国家“2002年西部地区疾病预防控制机构预算内中央专项资金（国绩）投资”，建设眉山市疾控中心综合办公楼，总投资492.81万元，建筑面积3600平方米，申请德国政府贷款100万欧元，购置检验检测设备，财政部、卫生部统一采购贷款设备82类154台件。2004年6月竣工投入使用。2005年起，中央财政项目、国家艾滋病防治项目、结核病控制项目、国家网络流感实验室装备项目、省财政专项经费等为市疾控中心装备防疫车、冷链车、结核病督导车、冻库、艾滋病检测仪器、结核病检验仪器、突发公共卫生事件现场监测仪器等仪器设备，建立艾滋病初筛实验室、艾滋病确正实验室、流感网络实验室。2006年实验室通过计量认证。2007年投资150万元改造实验室。至2012年，无变化。

眉山三医院　2003年，由成都勤勇房地产公司董事长廖学勤投资8000万元创建眉山三医院暨眉山肿瘤医院。2011年，被评为国家二级甲等综合医院。特色专业是肿瘤综合治疗、微创外科、创伤急救、内窥镜诊断及治疗、血液净化和健康体检。2012年，全院占地面积4万平方米，建筑面积3.32万平方米，医疗用房面积1.8万平方米，开设病床280张。配备有腹腔镜系统和高频摄影机、双排螺旋电子计算机断层扫描机、西门子直线加速器、电子胃肠镜、全自动生化分析仪、磁共振、多普勒超声诊断仪、高频治疗机、电切镜等244台及常规设备，价值2400万余元。有医技人员232人，其中职称高级16人、中级48人、初级120人。开设有急诊科及外科、内科、妇产科、肿瘤科、胸部综合治疗科6个病区，外科有骨科、普外科、胸外、神外、泌尿外科等专业，内科有肿瘤、呼吸、消化、心血管、肾内等专业，妇产科、血液内科、疼痛科、健康管理科，重症监护室，辅助科室有麻醉科、手术室、放射科、检验科、功能科、药剂科。

眉山心脑血管病医院　建立于2003年，为非政府办非营利性医院，二级乙等专科医院。2011年3月，眉山市委、市政府通过惠民工程引进延安大学医学院第三附属医院投资4.5亿元完成资产重组。2012年，医院占地1.69万平方米，建筑面积9000平方米，开放床位100张。（医院于2011年11月启动22层住院综合大楼的建设，计划于2013年年底建成投入使用）。医院配备有双排螺旋CT、CR、彩色B超诊断仪、彩色经颅多普勒、动态心电图、动态血压监测仪、肺功能呼吸仪、全自动血球计数仪、全自动生化分析仪、麻醉机、呼吸机和除颤仪等设备（与西门子公司签订128排双源螺旋CT、平板DSA等大型医疗设备购买合同），固定资产3400万元。有临床、医技人员167名，其中正副主任医师13名，主治医师16人，硕士研究生5人，本科81人。医院开设有以神经内科、心内科、神经外科为主的3个住院病区和门诊部、急诊科、功能科、放射科、检验科、药剂科等临床医技科室。

仁寿县人民医院　建立于1941年，是三级乙等综合医院、国家级爱婴医院、省级文明单位、省级卫生先进单位和四川大学华西医院的网络医院和远程会诊、远程教学的定点医院，泸州医学院和川北医学院教学医院，与四川省医学科学院、四川省人民医院（集团）建立战略伙伴关系。2010年，仁寿县医院整体迁建，投资1.24亿元，占地9.68万平方米，医疗用房面积7.39万平方米。2012年，设有门诊部、住院部和分院；职能科室13个，一级临床科室14个，二级专业组33个，医技科室12个。编制床位800张，有医护人员568人，其中职称高级55人、中级219人、初级256人，市级名医8人，县级名医12人。主要设备有全自动生化分析仪、数字化胃肠机、三晶片电视腹腔镜、4排螺旋电子计算机断层扫描、64排螺旋电子计算机断层扫描、1.5T核磁共振等1119台件，价值8662万元。有眼耳鼻喉科、妇产科、儿科、外一科等重点专科，能全部开展二级甲等综合医院的技术项目及三级综合医院技术项目。

彭山县人民医院　建立于1937年，是二级甲等综合医院、爱婴医院，四川大学华西医院的网络医院、成都军区总医院辅导医院、成都市第三人民医院对口支援单位，多所大中专医学院校的实习基地。是市级卫生单位、市级文明单位。2009年，整体迁建，占地4万平方米，建筑面积2.41万平方米，总投资3990万元（中央资金1900万元、地方配套2090万元）。2011年6月投入使用。2012年，全院床位编制200张，开放床位187张。有职工383人，在岗卫生技术人员302人，有主任医师2人、副主任医师27人、中级89人、初级204人，县级名医20人，市级名医4人。

洪雅县人民医院　建立于1943年，占地面积1.1万平方米，业务用房1.3万平方米。人员编制235人，床位编制195张。1997年，建成国家二级乙等综合医院、国家级爱婴医院。2002年，成为四川大学华西医院网络医院。2004年增设内分泌、烧伤整形、肾病、泌尿外科、经济（神经）内科等专业组16个。能开展二级医院规定的必备项目和部分三级医院技术项目。2009年6月启动医院改扩建项目，新建综合楼、门急诊楼、洗涤供应楼8700平方米，改建旧门诊楼6600平方米。2012年，洪雅县人民医院被四川省卫生厅确定为全省首批县级公立医院取消“以药补医”综合改革试点医院，主要通过调整诊查费和床位费、适当提高财政补助来弥补实施药品零差率差价，医院门诊人次、出院人次、病床使用率分别比2011年同季增长22.96%、36.75%、36.03%。

丹棱县人民医院　1944年，建立丹棱县卫生院，1956年改组为丹棱县人民医院。医院占地面积2.13万平方米。2009年起，实施重建，先后建成医技楼、住院康复治疗综合楼等，总建筑面积2.24万平方米、投资4675万元。2012年，全院有专业技术人员194人，其中主任医师1人、副主任医师19人、副主任护师2人、副主任技师1人，中级职称71人。医院设职能科室5个，一级科室7个，二级科室专业组18个，有眉山市重点医学专科骨科。医院编制床位150张，病床使用率98.3%。是国家二级乙等综合医院、国家爱婴医院，成都医学院、乐山职业技术学院等多所大中专院校学生的临床教学、实习基地医院，四川省人民医院集团医院、四川大学华西医院网络定点医院、成都军区总医院辅导医院，丹棱县乡村医师规范化培训基地，全县的急救中心、新型农村合作医疗、城镇职工居民医疗保险和交通事故定点医院。能独立开展结直肠癌根治术、胃癌根治术、电视腹腔镜手术等数十种手术和疾病治疗。

青神县人民医院　建立于1943年，是二级甲等综合医院、国家级爱婴医院、四川省二级数字化医院、职业病体检医院、各类医保定点医院、青神县创伤急救站、四川省人民医院集团成员单位、华西远程联盟医院，青神医院集团牵头单位。医院现占地面积2.47万平方米，实际建筑面积2.8万平方米左右，设立独立的行政综合楼和门诊、住院医疗区；编制床位350张，实际开放床位315张，设置有19个行政职能部门、19个临床一级科室、9个医技科室。现有在职职工405人，其中高级职称28人，中级职称104人，初级职称206人。市级名医1人，县级名医8人，主要设备有奥泰1.5T磁共振成像系统、飞利浦64排螺旋CT、血液透析全套设备、腹腔镜、高清等离子电切镜、四维彩色多普勒超声诊断仪、全自动生化仪等国内外先进医疗设备，能开展二级甲等综合医院技术项目。

仁寿县中医医院　建立于1980年，是二级甲等中医医院。2012年，全院有编制床位220张，专业技术人员267人。开设专科门诊5种，住院部开设临床科室11个，省级重点医学专科2个，医技科室9个。主要诊疗设备有螺旋电子计算机断层扫描机、数字化X光机、彩超、全自动生化分析仪、电子支气管镜、电子胃镜、电子肠镜、电子关节镜、电视腹腔镜、血液透析机等。建有全院医生工作站系统、护士工作站系统、收费系统、基础财务管理系统，与医保、新农合接口。医院以中医药为主要发展方向，突出中医药专科特色，年门诊量26.27万人次。

彭山县中医医院　建立于1980年，国家二级乙等中医医院。现有在职职工199人，其中专业技术人员176人，副高级职称6人，中级职称52人，市级名中医1人，市拔尖人才1人，县级名医14人。医院现占地面积8857平方米，业务用房面积9360平方米，编制床位260张、开放床位120张。有内科、外科、妇产科、儿科、针灸科、骨伤科、眼科、耳鼻喉科等临床科室，住院部开设临床科室5个，市级重点专科2个，省级在建重点专科1个。拥有彩色多普勒超声诊断仪、数字化X光机、全自动生化分析仪、五分类血细胞分析仪、高强度超声聚焦刀、电子胃镜、体外冲击波碎石机等设备以及四维腰椎牵引床、电脑偏瘫治疗仪、超声波治疗仪、骨质疏松治疗仪、中药熏蒸治疗仪、电脑骨伤治疗仪、电脑骨折愈合仪等中医诊疗设备。医院以中医药为主要发展方向，突出中医药专科特色，年门诊量12.4万人次，总收入2463万元。

洪雅县中医医院　建立于1984年，是二级甲等中医医院。2012年，全院占地面积9300平方米、建筑面积1.42万平方米、医疗用房1.24万平方米，编制床位180张，开放床位230张。医护人员199人（高级职称8人、中级职称67人、初级职称146人）。有电动洗胃机、动态心电图仪、牙科综合治疗机、电子胃镜、经颅多普勒、多参数心电监护仪、美国产双排双层螺旋电子计算机断层扫描、500毫安高频率遥控X光机、全自动生化分析仪、电子胃镜、磁共振成像系统等医疗设备总数为858台件，总价值2800万余元。设专科门诊15种，住院部开设临床科室6个，省级重点中医专科1个，市级重点医学专科1个，医技科室6个，能开展二级医院90%以上的技术项目，年门诊量19万余人次。

丹棱县中医医院　2003年，丹棱县中医院改制，2010年重新组建新的丹棱县中医医院，是政府举办的集医疗、预防、保健为一体的综合性非营利性中医医院，属差额拨款事业单位。丹棱县中医院设置床位160张，编制人员120人，设置中医内科、外科、儿科、妇产科、老年病科、康复科、治未病科、影像室、检验室、煎药室、中医文化宣传室等。

青神县中医院　建立于1987年，其前身为城厢镇卫生院。2012年，全院占地面积1万平方米，建筑面积9170.15平方米，医疗用房9018.48平方米，开设床位120张。主要设备有腹腔镜、CT、电子胃镜、全自动生化分析仪彩超、DR等90台件，总价值约730万元。有医技人员116人，高级职称3人、中级职称20人、初级职称93人。开设有内科、外科、妇科、儿科、五官科、皮肤科、口腔科、痔瘘科、彩超室、放射科、检验科、骨伤科、康复科。

东坡区妇幼保健院　1952年，建立眉山县妇幼保健站，2000年更名为东坡区妇幼保健院。是国家级爱婴医院、二级甲等妇幼保健院、四川省巾帼文明示范岗、市级文明单位、省“三网监测试点县”。2012年，全院占地面积3450平方米，建筑面积3615平方米。有编制床位60张，万元以上医疗设备85台、总值900万元。有医技人员91人，其中职称高级3人、中级26人、初级25人。设有妇科、产科、儿科、不孕专科、B超、检验科、放射科等特色科室，同时开展儿童保健、口腔保健、眼保健、围绝经期保健等工作，承担东坡区妇幼保健、妇幼卫生监测和妇幼项目等公共卫生工作。

仁寿县妇幼保健院　1996年，仁寿县妇幼保健院在编人员81人，编制床位55张，设医务科、护理部、内科、外科、妇产科、妇女保健科、儿科、儿童保健科等科室18个。是国家爱婴医院、“巾帼文明示范岗”、省级文明单位、国家二级甲等妇幼保健院。至2012年，不定期集中全县各乡镇妇幼人员业务培训，指导乡镇开展工作。全县三级保健网点机构健全，区乡基本配齐妇儿保医生，县区乡有专（兼）职保健人员332人。

彭山县妇幼保健院　1953年，建立彭山县妇幼保建站。1987年更名为彭山县妇幼保健所。1995年更名为彭山县妇幼保健院。2012年，全院有编制床位20张，在岗职工75人，专业技术人员65人，占86%，其中执业医师22人，执业护士26人，其他卫技人员17人；副主任医师1人，中级职称18人，初级职称23人。设置妇科、产科、妇女保健科、婚检科、儿科、儿童保健科、中医科、检验科、B超心电室、手术室。能开展妇女保健、儿童保健、生理产科、病理产科及妇儿科常见病及多发病的诊治。是国家爱婴医院、市级文明单位、二级乙等妇幼保健院。

洪雅县妇幼保健院　1952年，建立洪雅县妇幼保健站。是国家级爱婴医院、一级甲等保健院。先后获“国家级巾帼文明示范岗”“省级卫生先进单位”“省级五四先进团支部”“市级最佳文明单位”“市级三八红旗集体”等荣誉称号。1997年，建立乡、村级妇幼卫生工作人员技术档案，举办乡、村妇幼医生到保健院进修学习和保健人员培训班。2000年，建立健全以县级妇幼保健院为龙头、乡镇卫生院为枢纽、村卫生室为网底的农村三级妇幼保健网络。横向联系县人民医院、县中医医院，加强全县妇幼保健工作。2010 年，增挂“洪雅县妇女儿童医院”牌子。2012 年，全院占地面积 2600 平方米，业务用房 5300 平方米，编制床位 22 张，开放床位 46 张。有小儿呼吸机、全自动生化分析仪、腹腔镜、臭氧治疗仪、锐扶刀、除颤仪、便携式胎心多普勒仪、胎儿监护仪等主要设备 190 台，价值 640.1 万元。设临床科室 5 个、医技科室 3 个，编制数 32 人，医技人员 89 人（中级 8 人、初级 81 人），年门诊量 4.37 万人次。

丹棱县妇幼保健院　1953 年，建立丹棱县妇幼保健站，1996 年更名为丹棱县妇幼保健院。2003 年县中医院住院大楼改建县妇幼保健院，房屋建筑面积 1495.76 平方米。2008 年原址改扩建，占地面积 3078 平方米，建筑面积 2600 平方米。至 2012 年，先后成为爱婴医院、国家一级甲等妇幼保健院、省妇联“巾帼文明示范岗。”全院编制床位 38 张，设备有 B 超、心电图、手术床、无影灯、光学显微镜、尿液分析仪、生化分析仪、血球分析仪等，在职职工 32 人（职称高级 2 人、中级 8 人）。开设有妇产科门诊、儿科门诊及妇产科、儿科住院部，医技科室 3 个。年门诊量 3 万余人次，年手术 200 余台次，年出院病人 1000 余人次。

青神县妇幼保健院　1953 年，建立青神县妇幼保健院。1997 年建成“爱婴医院”，1999 年被评为“一级甲等”保健院。2012 年有职工 72 人，其中卫生专业技术人员 58 人，有高级职称 1 人、中级职称 12 人。开放床位 30 余张，业务用房 2600 平方米。

第三节　医疗队伍

一、医务人员录用

1997 年起，眉山地区注重医务人才培养和储备，录用高素质人才。年末全区有卫生技术人员 7112 人，其中执业医师（助理）3531 人、注册护士 1282 人。1998 年，实施卫生、医药行业有关专业技术人员农转非，办理农转非 87 人。1999 年，地区人民医院（筹）制定《医院改革与发展规划》。开展 3 个直属单位负责人公开聘任后的试用和考核，电子工业部第四〇八医院实施中层干部聘用工作和人事、用工、分配制度改革，引进人才。

2002 年，眉山市贯彻《中华人民共和国执业医师法》《医疗机构管理条例》《护士管理办法》，加强人员资格准入管理。与成都中医药大学联系，招收 2002 级新学员 36 人。眉山卫校与成都工业大学联合办学，招收临床及高护新学员 40 人。公开招聘卫生院院长 175 人。2003 年，眉山市中医院面向全国招聘人才，引进高级人才和学科带头人 7 人。2009 年，全市引进国家级名老中医 7 名，省级名老中医 20 名。至 2011 年年末，全市核定社区人员编制 414 个。招收规培医师 11 人。2012 年，眉山市制定《眉山市“十二五”卫生人才发展规划》。市卫生、人社部门前往省内及重庆市医学院校现场考核招聘医学紧缺人才。市级医疗卫生单位增编 296 名，引进本科以上卫生技术人才 58 人。年末全市有卫生技术人员 1.27 万人，其中执业医师和执业助理医师 5458 人、注册护士 3846 人。

二、医务人员培训

1999 年，眉山、彭山、青神、丹棱四县完成乡村医生系统化、正规化教育（中专学历）达标。至 2000 年，全区培训医务人员 4908 人次。

2002 年，眉山市实施科教兴卫，开展重点学科、特色专科、优秀管理者、名医名专科、学科带头人的培养与评选工作和在职人员继续医学教育。在全市县级以上医疗机构中评选市级名医（名中医）43 人。全市在职人员继续医学教育参加率 95%。

2007 年，建立眉山市全科医生培训站，培训全科医生。全年培训建制乡镇卫生院院长 142 人，乡镇卫生院业务骨干、乡镇卫生院医生、乡镇卫生院中医骨干、产科医护人员 3628 人。组织中医药在岗技术人员 400 余人参加全省“四部经典”统一考试。采取专题讲座、外派进修、函授教育、学术会议等方式开展继续医学教育，实现“2 个 85%”的目标，4 人被评为第三届市级拔尖人才，有 1 人被聘为泸州医学院硕士生导师。2010 年，采取专业技术、政策法规、医德医风、规范标准的“1+3”继续医学教育模式，覆盖率 100%，学分达标率 85%。市中医院申报为省中医类别住院医师规范化培训基地，市人民医院建成省住院医师规范化培训联合基地。至 2011 年年末，全市审核上报卫生专业副高级技术资格 117 人（西医 101 人、中医 16 人），送培住院医师 20 人。培训全科医生和社区护士 156 人、“农村健康守门人”乡镇卫生院等农村卫生人员 1112 人次。县级医院骨干医师、基层医疗机构医生转岗、乡镇卫生院妇产科人员、城市社区卫生人员理论考试培训 465 人。完成医师定期考核 5460 人次，组织 7961 人次参加卫生专业技术资格、医师资格实践技能考试，1879 人参加远程教育。

2012 年，眉山市加强在职人员业务培训和继续教育。实施乡村医生中医学中专学历教育、农村卫生院中医骨干培训项目，招收学员、乡镇卫生院院长 337 人。举办眉山城区医疗卫生技术人员法律法规知识培训班 7 期 1049 人，全部考试合格。组织 186 人参加副高级卫生专业技术理论考试，8330 人参加卫生专业技术资格、护士执业资格、医师技能、护士定期考试考核。完成全科医生 101 人转岗、农村卫生人员 5230 人培训。举办学术交流活动 40 次，8900 余人参学。全年全市培训各级各类卫生人员 9560 人，培训率 95%以上；9610 余人参加远程教育学习，继续医学教育参加率 95%，300 余人参加学历深造学习。

三、医护人员管理

1994 年，护士实行注册管理。申请护士执业必须通过卫生部统一执业考试，取得中华人民共和国护士执业证书。其中，获得高等医学院校护理专业专科以上毕业文凭者，以及获得省级以上卫生行政部门确认免考资格的普通中等卫生学校护理专业文凭者可免于护士执业考试。护士注册的有效期为 2 年，未经护士注册者，不得从事护理工作。中断注册 5 年以上者，按规定参加临床实践 3 个月，并向注册机关提交有关证明，方可办理再次注册。

1997 年，眉山地区护士注册由申请执业所在地的县级卫生行政部门执行。全区医务人员中执业医师和执业助理医师 3531 人、占总数的 49.65%，注册护士 1282 人、占总数的 18.03%。1998 年，在医务人员中开展树立“和蔼可亲，救死扶伤”白衣天使形象活动及医德医风教育，要求以病人为中心，注意提高医疗服务质量，防范医疗事故。组织开展卫生、医药行业有关专业技术职称评审，全区卫技人员获高级职称的 24 人、中级职称的 207 人，23 人破格晋升中级。眉山县人民医院被省卫生厅表彰为“全省十佳县级医院”，4 人荣获“全国优秀乡村医生”称号。

2004 年起，眉山市开展名中医评选活动。2005 年，全市开展 44 名市名医（中医）、5 名省名中医培养，各单位为名医配备助手，安排重要工作岗位，提供必要的临床、科研工作条件。在试点基础上，确定卫生系统优秀人才示范岗 2 个。2007 年，市卫生局制发《眉山市名中医评选管理办法》，对名中医评选、带徒、管理、考核、荣誉保持等作出明确规定，每届管理期限为 5 年。当年，命名全市首届名中医 20 人。2008 年，全市中医名医医师资格认定 136 人。东坡区、仁寿县、彭山县、洪雅县开展县级名中医评选活动，评选县级名中医 45 人。

2012 年，眉山市 116 个乡镇实行乡村卫生组织一体化管理；职工纳入社保的乡镇卫生院 126 个。全市医务人员中执业医师和执业助理医师 5458 人、占总数的 42.97%，注册护士 3846 人、占总数的 30.28%。与 1997 年比，执业医师和执业助理医师比例下降、注册护士比例上升。

2004—2012 年，全市护士执业注册 2.22 万人。

眉山市 1997—2012 年卫生技术人员统计表

表 32-3

年份	卫生技术人员（人）			年份	卫生技术人员（人）		
	合计	执业（助理）医师	注册护士		合计	执业（助理）医师	注册护士
1997	7112	3531	1282	2005	6237	4673	1579
1998	6824	3702	1301	2006	6185	4334	1459
1999	5104	2742	1332	2007	6226	2970	1616
2000	6497	3637	1342	2008	6620	3118	1812
2001	6706	3710	1382	2009	9148	4256	2110
2002	6521	3821	1400	2010	9543	4260	2346
2003	5921	4032	1442	2011	10784	5087	2698
2004	5863	4193	1490	2012	12703	5458	3846

说明：卫生机构数，2007 年包括个体诊所，2011 年包括村卫生室

第二章　疾病预防控制

1997 年，眉山地区疾病预防控制工作由各级卫生防疫站承担。2004 年，眉山市按卫生部“依法行政、政事分开；统一归口、综合管理；优化配置、资源重组；理顺职能、分清职责”原则实施改革，市、区县分设疾病预防控制和卫生执法监督机构，明确相应的事权、功能、职责。各级卫生防疫站更名为疾病预防控制中心。2005 年，县级以上医院建立和完善疫情网络直报系统。2006 年，全市所有乡镇卫生院及大型个体医疗机构建立传染病直报网络。截至 2012 年年底，市、区县、乡镇（街道办事处）、村（社区）四级疾控体系基本健全。

第一节　预防接种与免疫规划

1978 年，今眉山境内接种 4 种疫苗，预防 6 种传染病，以后逐步扩大到接种 12 种疫苗，预防 15 种疾病。

1997 年起，眉山地区行署下发《关于认真开展消灭脊髓灰质炎强化免疫活动的通知》，明确工作任务，落实疫苗和工作经费。全区除开展脊灰常规免疫外，实施计划免疫保偿制。每年开展0 ~4 岁强化免疫（查漏补种）或重点人群接种、乙肝疫苗接种和 15 岁以下儿童急性迟缓性麻痹监测。1998 年起，全区按免疫程序开展 7 岁以内儿童常规免疫接种。1999 年，地区卫生局印发《眉山地区预防用生物制品管理暂行规定》，建立并启运地级冷链系统，保证全区疫苗需求，以此推动各县加强预防用生物制品的规范管理。全区计划免疫工作保持较高接种率，评为全省计划免疫工作一等奖。2000 年，全区开展计划免疫常规接种工作。通过对青神县调查显示，建卡率 100%，建证率 91. 11%，卡证相符率 90. 23%，“四苗”（卡介苗、脊髓灰质炎疫苗、百白破疫苗、麻疹疫苗）全程接种率 96. 35%，乙肝疫苗全程接种率 77. 46%。全区完成 1995 年以来出生的流动儿童二轮脊灰扫荡免疫。

2002 年，眉山市开展 8 月 ~30 月龄儿童和个别薄弱地区及麻疹发病率高的地区 30 月龄以上儿童麻疹疫苗强化免疫，疫苗接种 7. 36 万人，接种率 93. 72%。全市 5 岁以下儿童表面抗原携带率 4%，建卡率 99. 92%，建证率 98%，卡证相符率 98%，“四苗”全程接种率 96. 34%，乙肝疫苗全程接种率 92. 44%，各项指标均达要求。2003 年，全市乙肝疫苗纳入儿童计划免疫接种。开展疑似麻疹病例血清学监测。2 岁 ~15 岁人群 11. 85 万人普种 A+C 群流脑疫苗。市、县两级冷链运转 4 次，全市“四苗”接种率平均 95. 87%。调查彭山县接种率，抽查 30 个村，0 岁组儿童 210 人，“四苗”全程接种率 97. 62%。全市全面启动乙肝儿童计划免疫。2005 年，各县（区）均建有预防接种异常反应调查诊断组，负责对疑似预防接种异常反应调查诊断和处置。3 岁以上重点人群突击接种乙肝疫苗，当年接种 1. 83 万人。各接种单位全年按月或双月开展接种 6 次 ~12 次。全市计划基础免疫 12 月龄接种率为卡介苗 98. 19%、脊灰疫苗 99. 01%、百白破疫苗 99. 03%、麻疹疫苗 98. 5%、乙肝疫苗 98. 48%。“四苗”加强接种率 90%以上。实行“脊灰”两轮强化免疫，第一轮服苗率 98. 38%，第二轮服苗率 97. 62%。全市适龄儿童入保率 60%以上。26 个接种点实施儿童预防接种金卡管理。

2006—2007 年，眉山市为 0~6 岁儿童免费接种一类苗，计划免疫接种 1. 88 万人次，查漏补种甲肝疫苗 3. 04 万人。建成预防接种规范化门诊 200 个。在城区接种门诊实行按日接种，农村实行按月接种。消灭脊灰证实工作进一步加强，AFP 监测完成 17 例，未发现野毒株。彭山县和洪雅县所有0~4 岁儿童脊灰强化免疫，常住儿童和流动儿童第一轮和第二轮服苗率均达 95%以上。全市接种乙肝疫苗 13. 35 万人，突击接种 A+C 群流脑疫苗 10 万人。全市计划免疫基础免疫 12 月龄 5 苗接种率均达 99%以上，全程接种率 92%以上。2009 年，全市 199 个预防接种门诊全部建成规范化门诊，其中示范门诊 33 个。11 个预防接种单位通过国家审核。开展 9 万人乙脑疫苗、16 万人流腮疫苗和 10 万人季节性流感疫苗查漏补种，基免单苗接种率 93%以上。2010 年，全市 155 个预防接种单位，145 个单位实施儿童信息化建设。完成甲流疫苗 4 批次接种 24. 4 万人份，完成率 100%。查漏补种 4 价流脑疫苗 3. 54 万人，强化免疫儿童麻疹 10. 67 万人，接种率 97. 82%，全市免疫规划单苗基免报告接种率 95%以上，单苗加强报告接种率 93%以上。2011 年，开展 8 月龄至 14 岁儿童麻疹疫苗查漏补种工作，补种 1. 66 万人，全市报告麻疹病例 204 例，报告疑似预防接种异常反应病例 25 例，均妥善处置。加强新疆输入性脊灰疫情防控。

2012 年，眉山市接种原免疫规划疫苗 581. 31 万人次，其中卡介苗 37. 4 万人次、脊灰 161. 19 万人次、百白破 96. 24 万人次、麻疹 96. 24 万人次、乙肝疫苗 89. 99 万人次、白破疫苗 36. 23 万人次，接种率均在 95%以上。儿童预防接种信息化网络开通率 100%，免疫规划单苗基免、单苗加强报告接种率以及抽样调查接种率均在95%以上。乙肝疫苗项目补种50.62万人次，接种率98.47%。接种甲流疫苗4批次24.09万人份。全市连续16年无白喉病例报告，麻疹、百日咳、乙脑、流脑、甲肝、乙肝、风疹、腮腺炎等疫苗可预防传染病发病率降到1997年后最低水平。5岁以下儿童表面抗原携带率降至0.9%。在省卫生厅免疫规划督导考评中列全省第三。

第二节　传染病防治

新中国成立以来，今眉山境内报告过的传染病有痢疾、白喉、百日咳、斑疹伤寒、病毒性肝炎、出血热、肺结核、风疹、麻风病、感染性腹泻病、黑热病、急性出血性结膜炎、脊髓灰质炎、天花等40余种，其中脊灰、天花已消灭，白喉、百日咳、流行性脑脊髓膜炎多年无病例报告。

1997年起，眉山地区采取疾病监测、免疫规划、隔离治疗、健康教育宣传、环境消毒等各项疾病防控措施，乙类传染病发病逐年下降。2002年后，眉山市传染病防治成果进一步得到巩固。2012年，全市实施10类国家基本公共卫生服务项目和重大公共卫生项目，做好传染病、慢性病、职业病、重性精神病、重大地方病等严重危害群众健康的疾病防治。人均基本公共卫生服务经费每人30元，惠及群众232.93万人次。至年底，全市发生的传染病有霍乱、艾滋病、病毒性肝炎、麻疹、流行性出血热、狂犬病、流行性乙型脑炎等30余种。城乡居民健康档案规范化电子建档率88.69%；儿童保健管理23.47万人，老年人管理42.28万人。2000—2012年，全市传染病年平均发病率237/10万~167/10万，发病率最高年份是2004年237.63/10万，最低年份2012年167.78/10万。死亡率0.06/10万~2/10万，最低年份为2000年，最高年份为2011年。

一、甲类传染病防治

1998年春、秋两季，眉山地区督导各县采取紧急措施严防以霍乱为重点的烈性传染病的暴发流行，防止周边地区霍乱威胁和严重自然灾害后疫情流行。1999年，地区卫生局召开霍乱防治技术培训会、疾病控制工作等会议，督促各地贯彻落实全省、全区霍乱防治会议精神，制定防治预案，完善防治体系，加强实战演练，提高防治能力。成功控制眉山县1例输入性霍乱和青神、洪雅两县群体性食物中毒等疫情。

2009年9月，仁寿古佛乡一农家聚餐人员出现腹泻、呕吐等症状，经仁寿县人民医院实验室确认1例霍乱弧菌阳性，其余161人未出现霍乱样症状。至2012年，眉山市发生甲类传染病2起，均为霍乱疫情。

二、乙类传染病防治

眉山市发病较多的乙类传染病有肺结核、乙肝、痢疾、淋病、梅毒等。

1997年，在26种乙类传染病中，眉山地区有报告的21种。无传染性非典型性肺炎、脊髓灰质炎、人感染高致病性禽流感、登革热、白喉。仅发现1例皮肤炭疽。至2000年，全区平均每年发病6550例，每年死亡18人，年均发病率和死亡率分别为197.65/10万和0.55/10万。2008年，眉山市按《四川省2008年麻疹疫苗强化免疫活动实施方案》要求，扩大国家免疫规划，接种疫苗110.39万人次，其中乙脑22.43万人次、流脑44.56万人次，麻风腮（麻风、麻腮、腮腺炎）33.21万人次、甲肝10.19万人次，接种率均在90%以上。全年开展8月龄~14岁儿童麻疹疫苗强化免疫，接种儿童44.87万人，接种率98.71%。查漏补种乙脑疫苗1.2万人，接种率93%。查漏补种B型流感嗜血杆菌疫苗3.56万人。基础免疫单苗常规免疫接种率均在94%以上，开展灾后1.2万人份乙脑疫苗查漏补种，接种率93%。至2012年，全市乙类传染病发病率最高为肺结核，发病率37/10万~102/10万，其次为病毒性肝炎、痢疾、淋病。死亡率最高的是狂犬病100%，其次艾滋病23%~100%。

结核病　1998年，眉山地区报告活动性肺结核病人1717例，发病率50.5/10万，其中传染性肺结核病人985例。发病高峰年龄为25岁~30岁和45岁~50岁，分别占13.9%、16.7%；职业分布农民最多，有1400例。1999年，加强卫生贷款项目工作，除眉山县外各县延期结核贷款项目，全区推行并落实配套经费。2000年，全区卫生行政部门强化宣传，开展重点督导4次，痰检6499人，痰检率98.55%，及时形成专题总结。全年可疑者就诊3667例，就诊率108.5/10万，新病人1316例，初治涂阳766例，复治涂阳58例，结核病人和疑似病人登记和报告率为100%，初治涂阳2月~3月治愈率98.32%，超标31.1%。洪雅县作为全国第四次结核病流调点，抽样1561人，受检率95.95%，确诊肺结核11例，肺部非结核性病变11例，结核病正规治疗率100%。至2001年，眉山市卫生Ⅴ项目结束。发现活动性肺结核病人1.21万例，其中传染性肺结核病人7834例。登记初治涂阳肺结核病人5429例，治愈5331例，治愈率98.19%。全市新涂阳病人发现率38%。2002年，市政府办制定《眉山市结核病防治规划（2001—2010年）》，建立政府领导、多部门合作和全社会参与的结核病防治可持续发展机制，结核病防治工作以政府投入为主，防治专项经费列入财政预算。6个县（区）实施中央经费支持项目。2003年，眉山启动首轮全球基金结核病项目。2004年，仁寿县、东坡区、洪雅县实施费得利斯项目。2005年，全市加强全球基金、日本政府援助、中央补助结核病项目管理，全年争取资金130万余元和部分设备，全市肺结核可疑者就诊5100例，就诊率1.5%，发现活动性肺结核病人2400例，其中初治涂阳病人1278例，复治涂阳225例。2006年，各区县疾病预防控制中心对所有肺结核病人按项目要求诊断、治疗和管理。建立乡镇痰检点57个，扩大查痰面。全年总报告肺结核可疑者就诊人数8000例，就诊率2.3%。发现活动性肺结核病人2560例，其中初治涂阳1326例，复治涂阳1326例，重症菌阴186例。新涂阳病人发现率73.66%，涂阳登记率44.36/10万。综合医院病人转诊率95%，转诊到位率51%。疾病预防控制机构病人追踪率为90%，到位率为73.8%。2009年，启动第一轮全球基金结核病三期项目，登记活动性肺结核病人2431例，其中初治涂阳病人1920例，新涂阳病人发现率79%。2010年，眉山市实施基本短程化疗肺结核工作，推进结核病防治。东坡区实施定点医院工作，启动“第八轮全球基金结核病定点医院领域”项目。洪雅县启动“结核病综合防治示范区”项目，开展国家第五次结核病流行病学调查。调查人员1370人，经国家确认无涂阳病、菌阳病、活动性肺结核病人。全市结核病防治机构接诊可疑肺结核患者6.31万例，发现活动性肺结核病人2.22万例、传染性肺结核病人1.34万例，发现初治涂阳患者1.18万例（治愈1.1万例）；新涂阳病人发现率72%；登记治疗活动性肺结核患者2.22万例，减少因肺结核死亡4891例；涂阳患者治疗成功1.14万例，涂阴患者治疗成功数6767例，避免感染8.05万例，避免新发病人8053例，减少医疗费用548.61万元；规划贡献的活动性肺结核患者治疗成功1.09万例，挽回社会总价值6.9亿元，十年投入经费1550万元，投入与产出比1∶45。登记肺结核病人治愈率95%，系统管理率99%。基本短程化疗肺结核以县为单位全覆盖。2011年，实施结核病防治“十二五”规划。洪雅县“结核病综合防治示范区”工作在全省考评中排名第三。2012年，开展“3·24”世界防治结核病日、四川省结核病防治卫生“三下乡”宣传活动，推进洪雅县“结核病综合防治示范区”工作，全市发现活动性肺结核病人 2109 人，筛查率 100%，登记新涂阳肺结核患者治愈率 96.43%。截至 2012 年年底，全市发现涂阳性肺结核患者 4419 例，其中传染性肺结核 1616 例，初治涂阳患者治愈率分别为 96.43%、96.39%。

艾滋病　1999 年，仁寿县疾控中心建成眉山地区首个艾滋病筛查实验室。2000 年，全区开展以艾滋病、淋病为重点的性病防治，利用街头义诊、发宣传资料等形式强化宣传，及时完成各季度性病报表；组织检查和监督各县采供血机构性病、艾滋病检测工作；组织开展以全区 3 个县血站感染因子和戒毒收容人员艾滋病感染情况为重点的性病监测，抽查血源 401 份，高危人群 50 人，发现 2 例艾滋病可疑阳性，报省确认，分析总结监测资料，掌握全区艾滋病感染现状和血源安全状况，为防治提供对策。2002 年，市卫生局制定《眉山市高危人群 HIV 感染现状调查方案》，采集吸毒者、性病门诊患者、公共娱乐场所从业人员、献血者四类有代表性的高危人群血标本，初筛阳性者送省卫生防疫站艾滋病监测中心确认，采集血标本 1541 份，吸毒人群中检出艾滋病抗体阳性 5 例，感染率 3.3%。县级以上医疗机构设立性病门诊就诊者哨点。2003 年 10 月，全市实施中英性病艾滋病防治合作项目，全面实施艾滋病防治，综合监测中心城区内娱乐场所。2004 年，市疾控中心开展静脉吸毒人群综合干预。公安、司法、卫生等部门组织新入收容所被监管人员免费艾滋病病毒抗体检测。2005 年，全市筛查献血人员 1.12 万人，两劳人员 1154 人，经初筛送省上确认阳性 12 人（“两劳”人员）。中心城区美沙酮门诊接受吸毒人员美沙酮维持治疗申请 130 人，入组治疗 117 人。市传染病医院建立吸毒人员中的艾滋病病毒携带者收治点，收治 14 人。各区县建立艾滋病自愿咨询室，开展自愿咨询检测。市、区县建立艾滋病防治专业机构从事防治工作。2006 年，市疾控中心开设社区药物维持治疗门诊，为阿片类物质成瘾者提供美沙酮维持治疗、心理辅导、健康教育、行为改变等服务。东坡区、仁寿县、彭山县开展暗娼、吸毒者、性病门诊就诊者综合监测。在美沙酮覆盖不到的地方开展清洁针具交换、同伴教育工作。初步形成政府主导、多部门合作、全社会参与的防治格局和工作机制。2007 年，仁寿、洪雅县被列为中国—默沙东艾滋病合作项目县。在市疾控中心和仁寿县、洪雅县实施中国—默沙东艾滋病合作支持项目，开展综合防治活动，首次介入男同性性行为者和卖淫嫖娼、静脉注射吸毒等高危行为的干预，加强采供血监管，降低传染概率。以社区药物维持治疗中心为依托，开展药物维持治疗。在市第四人民医院建立特殊人群治疗中心，收治吸毒人群中艾滋病感染者。执行“第四轮中国全球基金艾滋病项目”，市疾控中心实行暗娼及嫖客双向干预，项目实施 20 个月结束。2009 年，市疾控中心建成确证实验室，开展艾滋病免疫细胞检测。2010 年起，中国全球基金艾滋病项目覆盖眉山市。眉山市推进 8 个国家、省级艾滋病哨点监测，全年服药 6.98 万人次，开展自愿咨询检测 5133 例、抗病毒治疗 68 例。2011 年，全市新建艾滋病筛查实验室 5 个、检测点 19 个，健全艾滋病检测网络。完成《中国遏制与防治艾滋病行动计划（2006—2010 年）》终期评估。市人民医院、市妇幼保健院开展艾滋病哨点监测。将艾滋病相关政策和防治知识纳入市、区县党校主体班培训课程。2012 年，全市新建检测点 27 个，总数增至 46 个。建成确证实验室 1 个，疾控、医院、输血、劳教系统筛查实验室 18 个；建有自愿咨询检测点 25 个；东坡区、仁寿县、彭山县设立艾滋病监测哨点 8 个。开展艾滋病新死因调查试点、防治数据质量评估、高危人群规模估计和感染率调查等工作。全市举办艾滋病检测技术人员，艾滋病哨点监测、预防艾滋病性传播干预等培训班，完成艾滋病疫情分析 4 期，开展区县级全面督导 4 次。仁寿县、洪雅县为感染者及家属购买新型农村合作医疗保险，开展家庭救助和关怀活动。

病毒性肝炎　病毒性肝炎包括甲肝、乙肝、丙肝、戊肝和未分型肝炎。1998 年，眉山地区病毒性肝炎发病2426例，发病率72.84/10万，之后逐年下降。2000年最低，发病率54.61/10万。2001年起，眉山市病毒性肝炎发病呈现上升趋势。2010年发病率83.48/10万。1998—2012年，眉山市病毒性肝炎发病2.92万例，发病率年均67.73/10万，仅次于肺结核。乙肝发病数占61.4%，甲肝30.98%。六个区县均有发病，病例数依次为仁寿县、东坡区、洪雅县、彭山县、丹棱县、青神县。职业分布主要为农民，其次是学生。

非典型性肺炎　2003年4月16日，世界卫生组织宣布发生重症急性呼吸综合征病毒疫情，中国称为非典型性肺炎（以下简称“非典”），列入法定传染病管理。疫情发生后，眉山市委、市政府成立非典型性肺炎防治工作协调领导小组，全市卫生系统加强宣传动员、制订防治预案、落实责任，各级政府开展“堵、防、查、治”，全市无一例“非典”病人出现。2006年，市卫生局制定“非典”防治预案，落实疫情报告制度，做好技术、扑疫队伍、物资等应急准备。至2012年，全市无“非典”疫情发生。

人禽流感　2005年12月，东坡区通惠街道金龙村2个养殖场发生家禽不明原因死亡，8000余只小鹅和少数火鸡死亡。市区疾控中心对其医学观察，12名密切接触者采样送检。市相关部门组织疫区封锁。对2个养殖场及附近一个水处理场进行消毒、水质监测。经一周观察，未发现人禽流感病例。经省动物疫病监测中心检测，排除金龙禽流感疫情，解除疫区封锁。以后，每到冬季，开展相应预防工作。至2012年，眉山市未发生禽流感疫情。

甲型H1N1流感　2009年，卫生部将甲型H1N1流感纳入乙类传染病管理。眉山市疾控中心建立流感病毒网络实验室，开展甲型H1N1流感防控。建立多部门共同参与的联防联控工作机制，开展流感病毒检测，确定市人民医院作为哨点医院采集流感样病例样本送市疾控中心检测。落实人员24小时监测疫情信息，严格执行疫情信息日报和零报告制度。流感网络实验室建成投用，共采集流感病例样本360人份，检测确诊病例142例，治愈140例，居家隔离治疗2例，无重症和死亡病例。从洪雅县送检样本中检测到甲型H1N1流感阳性病例3例。至2010年，卫生、教育、交通等部门建立联动防治机制，在学校中推行晨检制度，10余所有疫情的学校或班级停课。市疾控中心监测甲型H1N1流感疑似病例样本625例，阳性160例。截至2012年年底，眉山市报告甲型H1N1流感150例，无死亡病例。

人感染猪链球菌　2005年7月，与眉山相邻的资阳、内江市相继发生人感染猪链球菌病，造成多人死亡。眉山市也发生人感染猪链球菌病疫情，各级疾控机构组织人员昼夜开展流调排查、病例搜索，强化疫情监测，加强健康宣传教育，培训卫生人员1.12万人次，出动卫生人员消毒1.15万平方米，未发现人感染猪链球菌病例。免费对10天内接触过病死猪的5944人普查体检。2006年，眉山市人感染猪链球菌病只有1例临床病例。2010年，仁寿县发生一起人感染猪链球菌病1例，疫情得到妥善处置，未发生二代病例。至2012年，未再发生人感染猪链球菌病。

狂犬病　1997年，眉山地区报告狂犬病1例人。1999年，全区开展犬只测毒和犬只抗体检查、犬伤人的伤口处理、犬只定点免疫等，加强狂犬病防制，地区卫生局印发《眉山“狂防”工作简报》4期。2000年，全区犬只免疫率为89.76%，被评为全省一等奖。2004年，眉山市报告狂犬病病例3例，以后逐年上升。2007年，全市狂犬病达到高峰，有23例。当年，市人大、市政协开展专题调研，市政府制定《关于集中开展狂犬病防制专项治理的方案》《集中开展限养区犬只饲养专项治理的通告》，召开狂犬病防治工作专题会议，加强“狂防”。全市实行限养犬、捕杀疫区犬只、免疫接种等措施提高犬只免疫率。2008年，全市开展狂犬病专项整治行动，建立“政府组织，部门配合，群众参与，科学防治，社会监督，群防群控”工作机制。犬只“六率”（免疫率、挂牌率、捕杀率、拴养率、犬伤后规范处理率、群众知晓率）比 2007 年大幅提高。全市因狂犬病死亡 21 人，比 2007 年减少 2 人。2010 年，全市有流浪犬和无主犬咬伤患者 17 人，全部免费接种狂犬病疫苗。全年犬伤就诊 2.7 万人，接种狂犬疫苗 2.69 万人，注射狂犬病免疫球蛋白 1307 人，报告狂犬病 5 例，发病率大幅度下降。2012 年，眉山市报告犬伤就诊 2.83 万人，全部处置和接种狂犬病疫苗，注射狂犬病免疫球蛋白 1439 人。仅仁寿县报告狂犬病 3 例。免费为被流浪犬、无主犬咬伤的贫困患者接种狂犬病免疫 6 人份，应免尽免。

钩体病　2000 年，眉山地区钩体病报告 32 例，报告发病率 0.94/10 万，无死亡。在东坡区永寿镇开展钩体病盟测。调查鼠密度监测、鼠带菌率调查、猪肾钩体病原学培养、猪血血清学调查、自然人群抗体水平调查和流行菌群型，为制定综合防治措施、保护易感人群、控制发病提供依据。至 2012 年，眉山市钩体病发病少，防治得当。

三、丙类传染病防治

11 种丙类传染病中，眉山市有报告的 10 种，无丝虫病发病。

1998—2000 年，眉山地区丙类传染病平均每年发病 2018 例，死亡 2 人。发病数较多的丙类传染病有其他感染性腹泻病、手足口病、流行性腮腺炎、风疹和流感。

2009 年，眉山市加强手足口病防治，全市报告手足口病 1425 例。2010 年，全市报告手足口病 1608 例，其中重症 4 例，无死亡病例。至 2012 年，全市丙类传染病发病率主要集中在感染性腹泻和手足口病。

四、传染病防控管理

1997 年，眉山地区建立传染病报告制度。由各县卫生防疫站分类汇总形成报表，逐级上报，每月报告，年底报告年报表。1999 年，全区加强地氟病、疟疾、碘缺乏病等地方病防治，经省地防办考核，评为一等奖。2000 年，全区贯彻《中华人民共和国传染病防治法》，加强传染病管理。地区卫生局开展执法检查，各县卫生局开展检查 2 次，规范传染病登记、报告、管理工作，解决存在的问题。全区报告率 100%，夏秋季疫情预测预报报告 100%。市预防保健中心年度内印发疫情简报 12 期，疫情预测预报 2 期。

2002 年，眉山市、县疾控中心建立疫情信息网络体系。医院发现传染病人后报送县疾控中心，县疾控中心记录，每旬传输个案及报表。全市 1—10 月发生乙类传染病 17 种，5086 例，发病率 150.02/10 万。2003 年，眉山市重点加强“非典”防控。全年全市应上报疫情 300 次，实际传输 300 次，无漏报。2005 年，眉山市建立传染病直报系统。全市报告法定传染病 26 种 7648 例，死亡 31 例，其中狂犬病 10 例、肺结核 16 例、流脑、恶性疟疾、钩体、艾滋病、乙肝各 1 例。发病率居前 5 位的是肺结核、乙肝、痢疾、淋病、其他感染性腹泻病种。2008 年，全市使用“传染病自动预警系统”实施传染病疫情预警，及时发现多起暴发疫情苗头并及时介入，防止疫情扩散。提供上门服务 1197 次，慢病管理 3919 人次。2010 年，全市报告甲、乙类传染病 6692 例，死亡 35 例，报告丙类传染病 3475 例，比 2009 年下降 20.99%。

2012 年，眉山市组织开展“5·15”碘缺乏病防治日、“4·26”全国疟疾日宣传活动，发放宣传资料 1.1 万份。全年全市报告甲、乙类传染病 5226 例，比 2011 年（下同）下降 12.8%；死亡 36

例，降23.41%；报告丙类传染病4255例，降16.19%；报告手足口病2084例，降39.93%，无死亡病例。传染病网络直报质量全省第四名。

第三节 寄生虫病与地方病防治

一、血吸虫病

1924年，仁寿县发现血吸虫病人记载。1949年解放后多次开展消灭钉螺活动。1956年起，眉山县、仁寿县、彭山县、丹棱县先后建立专业防治机构，开展病人查治、查螺灭螺。1995年，今眉山境内各县通过山、水、林、田、路、螺、气、病综合治理，结合农田水利基本建设消除钉螺滋生环境。青神县基本消灭血吸虫病。

1997年，眉山地区投资511万元，投劳104万个工日，实施疫区水利工程整修125处，整治改造渠道32条85千米，治理钉螺面积115.7万平方米。全区有螺面积1668万平方米，人群感染率6.3%，重流行村17.4%。1998年，各县抓好21个世界银行贷款血防环改灭螺工程项目，3月通过省地方病防治领导小组验收，6月接受国务院血防春查组检查。世界银行控制血吸虫病贷款项目停止后，全区血防工作缺乏项目支撑，防治工作减弱，钉螺面积回升扩大，急性血吸虫病病例时有发生。1999年，地区卫生局制订《眉山地区血吸虫病防治规划》和《考核办法》，加强以血吸虫病为主的地方病防治。地区卫生局指导仁寿县及时扑灭花瓷乡一起急性血吸虫病疫情。全区完成查螺1187.3万平方米，灭螺283.3万平方米，查病19万人，化疗13.6万人。3月，副省长李进调研眉山、彭山等县血防工程，召开全省丘山区血防座谈会，肯定和鼓励眉山血防工作。2000年，完成血吸虫病流行病学调查。全年完成血吸虫查病6.54万人次，治病4300人次，查螺554.7万平方米，灭螺58万平方米，血吸虫病人群感染率为3%，比1999年下降31%。无急性血吸虫病局部暴发流行。

2001年，眉山市人群血清阳性率15.1%、粪便检查阳性率4.4%，耕牛血清阳性率11.74%、粪便检查阳性率5.12%。流行村分为五类，其中三类以上流行村733个（东坡区350个、仁寿县282个、彭山县101个），占总流行村的59.89%。2003年，市政府制订《2004—2008年眉山市血吸虫病综合治理项目规划》，各区县将血吸虫病防治作为地方病防治重点。全年查灭螺1252.6万平方米。青神县通过省专家组验收，达到血吸虫病传播阻断标准。2004年起，卫生部门牵头，开展环境查螺、药物灭螺、人群查治病、

眉山市开展防治血吸虫病灭螺工作现场（摄于2005年9月）

疫情监测处理、健康促进、人员培训和技术指导工作。洪雅县达到国家血吸虫病传播控制标准。2005 年，全市围绕“四降一达标”（钉螺面积下降、人畜感染率下降、晚血病人下降，急血病人下降，丹棱县达到传播控制标准）目标，市财政新增血防经费 100 万元，区县配套血防经费 270. 5 万元，加大防治工作力度。全年查螺 6097. 8 万平方米，灭螺 4612. 12 万平方米，人群查病 58. 83 万人次，人群治疗 37. 88 万人次，查耕牛 4. 11 万头，治牛 1. 08 万头，健康教育受益人口 140. 36 万人。全市有螺面积减少 1031. 62 万平方米，人群感染率降 33. 23%；新发晚血病人 37 例，降 76. 13%；新发急血病人 5 例，减少 30 例。丹棱县达到国家血吸虫病传播控制标准。全市未再发生急血感染。

2006 年，市政府投入血防专项经费 611 万元，各区县配套血防经费 2500 万元。在血吸虫疫区推进“以机代牛”。仁寿县在大化镇 3 个血吸虫重疫村实施建成水利工程渠系配套项目，整治农渠、新建毛渠 7. 6 千米，灭螺 1. 26 万平方米，控制钉螺面积 1. 2 万平方米，人畜感染率由 4. 35%降至 3%。青神、洪雅、丹棱县加强监测，通过自查未超过国家制定的反弹指标，达到巩固目标。东坡区、彭山县通过省血办专家组考核验收，达到国家血吸虫病传播控制标准。2007 年，彭山县“以机代牛”走出血吸虫病源头治理新路子，受到卫生部高度评价，列入省卫生厅科研项目，全县处置耕牛 3760 头，筹资 400 万余元，购买耕整机 1200 台。全市六区县均达到国家血吸虫病传播控制标准。2008 年，东坡区、彭山县、洪雅县投资 4338. 27 万元，灭螺面积 14. 7 万平方米，控制钉螺面积 45. 9 万平方米。丹棱县在梅湾、胜利、大寨及中观山等水库实施水利血防工程，投资 1000 万元，渠道防渗整治 8 条 19. 7 千米。11 月，眉山市血吸虫病防治工作代表四川省接受国家考评验收，达到国家血吸虫病传播控制标准。至 2010 年，全市查螺 1. 88 亿平方米、灭螺 1. 89 亿平方米、查病 131. 82 万人次，血检 62. 39 万人次，粪检 5. 16 万人次，治病 96. 99 万人次，救治晚血病人 2421 例。查耕牛 12. 57 万头、治疗耕牛 2. 7 万头。年末全市血吸虫病患病 1198 人，钉螺面积 559. 83 万平方米。

2011 年，眉山市与资阳市建立毗邻地区血吸虫病联防联控机制，保持无急血病例成果，受到国家、省血防检查组好评。2012 年，各区县制定阻断达标实施计划，以乡镇为单位实行分步达标。丹棱县血防传播阻断达标，接受省考评名列全省第三。东坡区李善桥水库灌区水利血防工程投资 3529. 93 万元，灭螺 16. 61 万平方米。眉山市流行区人群平均感染率降至 0. 02%，无流行区耕牛感染。

二、疟疾

1990 年，今眉山境内贯彻《中华人民共和国传染病防治法》，查处仁寿县增新乡卫生院隐瞒小止村疟疾疫情，致全村 33%的社员受传染，撤销乡卫生院院长职务。此后，仁寿县每年在疟疾发病高峰的 4—10 月开展血检，年血检 4 万人次～5 万人次。1993 年起，全县发病率均 1/万以下，连续 10 年达国家规定的消灭疟疾县标准。

2002 年，丹棱县达到基本消除疟疾标准。2003 年，眉山市 1—10 月报告疟疾发病 18 例，其中恶性疟 2 例，均开展个案调查、疫点处理，治疗病人。省、市疟防专家组验收洪雅县，达到基本消灭疟疾标准。2004 年，彭山县达到基本消除疟疾标准。2005 年，全市报告疟疾发病 40 例（输入性 33 例），其中恶性疟 16 例均为输入性。东坡区达到基本消灭疟疾标准。

2006 年，眉山市报告疟疾 26 例，恶性疟 2 例，治疗新发现证病人 100%，疫点处理率 100%。仁寿县疟疾基本消除通过省、市疟防专家组验收，达到国家标准。2009 年，全市在门诊开展发热病血检，当年血检 4. 9 万人，报告疟疾病例 8 例。2011 年，加强现症疟疾病人的根治和疫点处理，做好重点地区流动人口监测，全市报告疟疾病例 19 例（均为输入性），继续保持无本土疟疾病例。2012 年，全市报告疟疾病例 10 例，均为输入性病例。

截至 2012 年年底，眉山市疟疾发病 844 人。发病无明显年龄差别，职业以农民居多，有季节性变化，6—9 月为高峰。通过处理、治疗，全市除青神外，5 个区县实现基本消灭疟疾目标。

三、碘缺乏病

1991—1992 年，今眉山境内各县大规模调查摸底碘缺乏病（俗称大脖子病）基本情况。学龄儿童甲状腺肿大率 20%~50%，尿碘中位数低于每升 100 毫克。各县相继被四川省政府确定为碘缺乏病病区。全区建立“政府牵头、部门配合、社会参与”工作机制，落实以食盐加碘为主的综合防治措施，加强监测和健康教育，持续提高居民碘盐食用率。

2000 年，东坡区、丹棱县实现基本消除碘缺乏病目标。2005 年，仁寿县、彭山县、洪雅县、青神县达到基本消除碘缺乏病目标，居民碘盐覆盖率 100%，碘盐合格率 94. 91%，合格碘盐食用率 94. 91%，食用碘盐中位数每千克 29. 43 毫克；8 岁~10 岁儿童甲状腺触诊和 B 超肿大率均为 2. 44%。通过自查评估，全市 1 区 5 县均达到国家基本消除碘缺乏病标准。

2006 年，眉山市开展碘缺乏病监测，全市碘盐覆盖率 100%。2010 年，洪雅县代表眉山市迎接省级抽查验收，各项管理指标和主要技术指标均达到“达标县”标准，全市达到县级实现消除碘缺乏病目标。至 2012 年，全市各区县碘盐监测合格碘盐覆盖率 100%，合格碘盐使用率 99. 39%，无碘缺乏病。

四、地氟病

眉山市地氟病仅洪雅县高庙、吴河等 7 个产煤区为病区，流行历史已无从考证。1983 年，乐山市卫生防疫站与洪雅县卫生防疫站调查证实，其流行类型为燃煤污染型氟中毒。氟斑牙总患病率 51. 86%，其中 8 岁~12 岁 62. 62%。重点调查高庙花源村，查出有氟骨症体征者 242 人，占检查人数的 27. 4%，有随年龄增长患病人数增多的特点。

1997 年，眉山地区主要开展地氟病病人对症治疗，健康教育，引导居民改变生活行为。2002 年，眉山市卫生局督促洪雅县、仁寿县卫生防疫站开展地氟病防治。2005 年，眉山行政区划变更后 7 个病区合并为 4 个，总户数 1. 12 万户 4. 32 万人，占病区人口数的 12. 4%，8 岁~12 岁儿童氟斑牙平均检出率 41. 09%。2006 年，全市设置监测调查 2 个点，8 岁~12 岁儿童氟斑牙平均检出率 50. 82%，氟斑牙指数 0. 54，成人氟骨症临床检出率 5. 27%。洪雅县实施改灶降氟综合防治氟中毒项目，改炉 1 万户、占病区总户数的 89. 34%。此后，防治工作重点转变为指导改炉户正确使用和维护降氟炉。至 2009 年，无新发病人，氟斑牙患病率降至 17. 18%。2011 年，开展地氟病健康教育，目标人群知晓率 95%。2012 年，洪雅县地氟病病区斑牙率降至 2. 36%。

五、克山病

洪雅是眉山市唯一克山病病区县，有 11 个乡镇报告发病，病区乡镇人口数占全县总人口数的 69. 2%，病人主要沿玉屏山下海拔 500 米~800 米的深丘一带分布，重点集中于花溪镇，占总病例数的 80%，其次是柳江、东岳、槽渔滩等乡镇，病灶点主要是花溪镇郭沟村，有家庭多发性特点。据史料记载，1970 年和 1972 年有较大流行。1995 年，洪雅调查检出潜在克山病 1 例。经省考核达到

“基本消除克山病标准”。

2006 年，眉山市开展克山病受威胁人口调查，病区乡镇 11 个 23.35 万人。2008 年，在中央项目专项资金支持下，开展克山病病情调查监测项目，在 5 个病区村实施体格检查、病史询问和描述 12 导联心电图，检查 2542 人，检出慢性克山病人 20 例，潜在型克山病人 6 例。至 2010 年，洪雅县仍有克山病存在，多为历史高发期存活病人自然转为慢型为主。2012 年，巩固克山病防治成果。

六、跙子病

跙子病，最早发生于 1930 年，发病率 9.4%~79.4%，发病年龄 2 岁~68 岁，男女比例 1：1.18~1.25。成都市周边的大邑、简阳、资中、内江、仁寿等 9 县（市）有报道，共 10 个乡镇 10 个村 10 个点，总病例 900 余例。

1994 年，仁寿县满井镇金塘村暴露跙子病。仁寿县卫生防疫机构组织人员跟踪 10 年，并在四川省地方病防治所指导下，3 次开展以了解情况、探讨病因为主要目的的全面调查。满井镇金塘村跙子病累计发病 72 例，发病最小年龄 4.5 岁，最大年龄 68 岁。首例病人发生于 1946 年。20 世纪 90 年代发病 19 例。跙子病发病原因不明，病人表现为慢性进行性致残。发病进程以下肢踝、膝关节酸、软、痛，逐渐上移到髋关节疼痛，最终致股骨头坏死和髋关节腔畸形。

2001 年，四川省民政厅拨专款 80 万元，仁寿县财政投入 80 万元，在满井集镇南端建一条民心街，将自己无能力搬迁的 29 户居民搬出病区。2006 年，仁寿县继续监测跙子病。2011 年，实施跙子病现症病人治疗，治疗病人 43 例，有效好转 9 例。至 2012 年无新病例发生。

七、寄生虫病

2000 年，眉山县、洪雅县、青神县开展消灭丝虫病后监测，发放肠道驱虫药 41.12 万片。

2006 年，巩固丝虫病防治成果，全市现存的 50 例原微丝蚴血症者采血镜检未见微丝蚴。东坡区、青神县、洪雅县开展迎接世界卫生组织消除淋巴丝虫病评估认证准备。至 2009 年，全市实现消灭丝虫病目标。2010 年，丹棱县接受全国寄生虫病综合防治项目示范县终期评估。

2011 年，眉山市启用《寄生虫病防治信息管理系统》，相关数据实行网络直报，肠道寄生虫病防治实现网络化管理。2012 年，东坡区完成丝虫病监测采血及实验室检测，未发现阳性病例。

第三章　诊疗与护理

1997 年，眉山县有 3 个专科被确认为全县重点专科。2003 年，眉山市启动市医院泌尿外科、心胸外科、骨科、消化内科、肿瘤科、神经外科、呼吸内科、肝病科、放射肿瘤科、妇科及中西医结合医院眼科，市中医院心血管内科等市级重点专科建设。确定 5 个市级临床重点专科，经考核全部合格，其中 3 个进入新一轮省级重点专科序列。2009 年，中医妇科、肾病专科、颈肩腰腿痛专科等中医诊所、门诊部先后开业。2010 年，全市有省重点专科 14 个，其中中医领域 8 个。至 2012 年，眉山市建成国家中医药管理局重点专科2个、省级中医重点临床专科及建设单位项目9个，技术人才在临床实践中茁壮成长，涌现出享受国务院政府特殊津贴等医疗专家1人。医疗服务呈跨越式发展，床位数、门诊、住院出院病人和每千人拥有的床位、技术人员等比例成倍增长。

第一节　诊疗效益

眉山市医院门（急）诊因环境污染、营养过剩、工作节奏加快、心理压力加大、网络高度发达和医院服务项目增多等原因，业务量快速增加。

1997年，眉山地区医疗机构开设病床床位3214张，完成门诊量191.42万人次、急诊6.66万人次、住院6.32万人次、出院6.26万人次。随着经济快速发展，居民健康意识逐渐增强，就诊人数逐步增多，医疗业务量增大。至2012年，眉山市医疗机构病床数增至1.24万张、比1997年（下同）增长296.93%，平均每千人（常住人口）拥有床位3.55张。年门诊量768.19万人次、增长301.31%，急诊25.38万人次、增长281.08%，住院30.61万人次、增长384.33%，出院30.55万人次、增长388.02%。

眉山市1997—2012年医疗业务量统计表

表32-4

年份	病床总数（张）							医疗业务量（万人次）			
	全市	东坡区	仁寿县	彭山县	洪雅县	丹棱县	青神县	门诊	急诊	住院	出院
1997	3214	490	1744	321	180	289	190	191.42	6.66	6.32	6.26
1998	3127	490	1657	321	180	289	190	203.63	7.22	7.75	7.681
1999	3485	700	1721	321	250	303	190	220.37	9.12	9.35	9.26
2000	3611	700	1699	378	250	303	281	242.49	11.4	10.18	10.08
2001	3858	840	1687	378	300	372	281	252.68	12.54	11.01	10.83
2002	4077	900	1751	378	336	372	340	281.81	13.68	13.97	13.94
2003	4501	940	2135	378	336	372	340	303.96	14.25	14.23	14.21
2004	4012	1170	2266	433	336	467	340	320.47	14.82	15.08	15.05
2005	5697	1340	2732	487	331	467	340	332.72	15.12	14.71	14.69
2006	6450	1760	2851	502	460	467	410	364.09	16.74	19.63	19.60
2007	6961	2110	2913	679	460	389	410	390.78	19.98	22.48	22.45
2008	7431	2430	2950	710	530	401	410	424.27	23.76	22.87	22.84
2009	8509	3220	3018	732	728	401	410	451.728	27.43	25.80	25.71
2010	9393	3504	3300	779	939	412	459	458.22	30.67	25.82	25.80
2011	10462	3680	3645	1020	1015	438	664	500.016	31.32	25.91	25.85
2012	12429	4805	4288	1049	1124	484	679	768.19	25.38	30.61	30.55

说明：市（县）级医疗机构单独统计

第二节 医疗技术

1997年，眉山地区所辖的地区人民医院、眉山县人民医院、仁寿县人民医院医技科室设置较为完善，其余各县县级医院科室根据需要设置，数量相对较少。眉山地区人民医院设内科、外科、泌尿（烧伤）以及妇科（计划生育）、产科、耳鼻喉科、五官、儿科等临床科室14个。眉山县人民医院门诊部设中医内科、中医外科、中医妇科、中医儿科、中医骨伤科、老中医诊断室、针灸科、西医内科、西医外科、口腔科、肛肠科、五官科、皮肤科；住院部设内科（急诊室）、外科，亚专业设呼吸专业、消化专业、内分泌专业、心血管专业、肿瘤专业、神经内科专业、肾病科专业、肝胆外科专业、胃肠外科专业；辅助科室设中药房、西药房、化验室、影像科、胃镜室。仁寿县人民医院门诊部设内科门诊（神经内科、消化内科、心血管内科、中西医结合科）、外科门诊（普外科）、儿科门诊、门诊妇产科、门诊五官科、口腔科、中医科、急诊科、皮肤科、痔瘘科、康复科；医技设药剂科、检验科、放射科、特检科、病理科、体检科；住院部内科设内一、二、三科和小儿科，分中医、肿瘤、综合内科、心血管、神经内科、肾脏、内分泌、消化专业；外科设外一、二、三科，分肝胆胰、胃肠、神经外科、胸外科、泌尿外科、烧伤整形专科；妇产科；麻醉科、手术室。此后，各类专科或专业进一步发展和分支，科室和专业增多。

2012年，眉山市人民医院开设有院感科、肿瘤科、麻醉科、门诊部、体检中心，综合内科、综合外科、康复科、输血科、内镜中心、新生儿病区、营养膳食科、肾病内科、普外一科、内分泌·风湿免疫科、骨外一科、心血管内科、神经内科、消化内科、呼吸内科、肿瘤科、儿科（含新生儿病区）、妇科、产科、心血管·综合内科、骨外二·心胸外科、普外二科、泌尿外科、眼耳鼻喉科、神经外科、ICU、中医康复科、麻醉复苏室。

一、西医

（一）内科

消化科　1992—1994年，眉山县人民医院先后开展电子胃镜检查、电子结肠镜检查。1997年，眉山地区人民医院和眉山县、仁寿县、洪雅县人民医院设有消化内科，其余县级医院未设置此专科，由相关科室承担此医疗业务。2001年，市人民医院消化内科被确定为市级重点专科。2003年，市委、市政府引进眉山三医院投资8000万元，重点建设消化科。2004年，眉山肿瘤医院开展纤支镜、胃肠镜技术及相关的镜下治疗技术。2004年，市中医院开展胃肠镜下切除息肉及内镜下电凝及注射止血治疗。2007年，市二医院消化内科被批准为市重点专科。2008年，市中医医院开展胃肠镜下切除息肉及内镜下电凝及注射止血治疗、胶囊内镜检查小肠。2012年，市中医医院设立消化内科。仁寿县医院设立消化内科，设置病房、门诊、胃肠镜室。拥有奥林巴斯电子胃肠镜、富士能电子胃肠镜、幽门螺旋杆菌检测仪，能熟练开展胃肠镜检查及治疗，年门诊量2万余人次，出院患者2110人次，年收入200万余元。全市市、县级医院均能开展二级医院临床科室技术标准中的消化科类诊疗项目。眉山肿瘤医院“可回收食管加膜支架治疗喷门失弛缓症疗效观察”获市政府科学技术成果三等奖。

呼吸科　1997年，地区人民医院设有呼吸专科，县级医院未设专科，医疗业务由相关科室承担。2006年，市中医院设立呼吸内科独立病区，设门诊、纤支镜、肺功能室及住院病房，开展镇痛镇静下气管镜检查。仁寿县医院从内科分离单设呼吸专科。全市县级医院可开展超声雾化、使用人工呼吸机抢救破伤风呼衰、胸膜腔穿刺术、胸膜活检术、胸腔积液的实验室检查、痰液检查、胸腔闭式引流术、体位引流术等呼吸病诊疗。2008年市人民医院仍保留呼吸内科。2010年，东坡区人民医院设纤维支气管镜室和肺功能室2个特检室。应用无创呼吸机辅助通气治疗呼吸衰竭病患、开展改良式胸腔闭式引流术引流胸水治疗，开展纤支镜常规检查活检、刷片技术，开展有创呼吸机治疗呼吸衰竭患者、呼吸危重症患者，开展肺弥散功能测定，支气管舒张、激发试验。至2012年，除市人民医院、仁寿县人民医院设置呼吸专科外，县级及以上其他医院多设置呼吸专业。可开展纤支镜检查及镜下治疗、经气管镜肺活检术等肺功能监测，喉罩通气下床旁无痛气管镜检查、血管减影造影支气管动脉栓塞、灌注化疗治疗大咯血、肺癌，以及电子计算机断层扫描引导下经皮肺穿刺、气管镜下支架植入、氩气刀（高频电刀）、冷冻治疗、球囊扩张术、粒子组织网植入治疗肺癌技术。

心血管科　1997年，地区人民医院、仁寿县人民医院设有心血管专科，其余县级医院未设专科，医疗业务由相关科室承担。此后，眉山县医院逐步引入心脏彩色多普勒，开展急性心肌梗死静脉溶栓治疗。2003年建立眉山心脑血管病医院，并逐步建成专科医院。2004年，市人民医院开展心脏平板运动负荷试验，引入数字小C臂X光机，开展心脏临时、永久起搏器安置；市中医院成立心血管内科独立病区，开展心包穿刺及引流术，使用重复经颅磁刺激仪治疗术。2007年，眉山心脑血管病医院应用德国产高压臭氧发生器，治疗心脑血管疾病尤其对头痛、头昏、自主神经功能紊乱引起的失眠、情绪不稳定等治疗效果较好。2008年，市人民医院引入16排螺旋电子计算机断层扫描，开展冠状动脉电子计算机断层扫描检查，独立完成心脏双腔永久起搏器置入，购置无创呼吸机，心血管危重症患者抢救成功率提高。2009年，仁寿县人民医院设置心血管内科，眉山市中医医院开设心血管专业。至2012年，全市市和县（区）医院均设置心血管专科或专业，可开展常见多发病，以及急慢性心力衰竭、风心病、高血压、冠心病、心肌病、多种心律失常等的诊治，对急性肺水肿、心源性休克、急性心肌梗塞、心脏性猝死、恶性心律失常等危重症的抢救治疗。

内分泌科　1997年，眉山县人民医院建有内分泌科，仁寿县人民医院及其他县人民医院设有相关专业或相关科负责分泌疾病诊疗。可开展糖尿病、甲状腺功能亢进症、甲状腺功能减退症、甲状腺炎、甲状腺浸润性突眼、原发性肾上腺皮质功能减退症、库欣综合征、骨质疏松症、高脂血症、痛风、高尿酸血症等内分泌专科疾病诊疗。2001年东坡区人民医院与四川大学华西医院核医学科合作，开展131碘治疗毒性弥漫性甲状腺肿、甲状腺癌、同位素肾功能检查、同位素吸碘功能检查等诊疗。并陆续开展胰岛素泵强化控制糖尿病、动态血糖检测等新技术和糖耐量胰岛素C肽释放试验、甲状腺功能测定、甲状腺抗体测定、皮质醇测定、甲状旁腺激素测定等实验室检测项目。2003年，市中医院使用胰岛素治疗糖尿病，在眉山开展糖尿病足病、糖尿病早期肾病治疗，中药方浴足。2011年，仁寿县人民医院成立内分泌代谢病科独立病区，开展胰岛素泵治疗、微量注射泵抢救糖尿病重症病例、糖尿病足中药浴足治疗、糖尿病血管硬化筛查、糖尿病眼底病变筛查等技术，参与国家级课题“中国基层糖尿病分诊诊疗模式探讨”研究。市中医医院开展糖尿病足早期筛查。至2012年，市人民医院、东坡区人民医院、仁寿县人民医院均开设有内分泌科，其他县级及以上医院多设有内分泌专业。可开展常见和部分特殊内分泌疾病诊疗。

肾病专科 1997 年，眉山县人民医院设立肾病内科，地区人民医院和其他县级及以上人民医院设有肾病专业。仁寿县人民医院购进血液透析机开展血液透机治疗。至 2001 年，东坡区人民医院相继开展血液透析治疗肾衰竭和血液灌流治疗药物中毒、动（植）物毒素中毒患者、自体动静脉内瘘术，以及腹膜透析治疗、血液透析滤过技术。2005 年，眉山市人民医院建成三级甲等医院肾病内科所有技术项目，成为市重点医学专科，被四川省卫生厅评为四川省医学重点专科。仁寿县人民医院开展血管通路建立治疗急、慢性肾功能衰竭、股静脉置管术和肾性高血压的诊治、急慢性肾功能衰竭的非透析治疗等。至 2010 年，眉山市人民医院肾病内科相继开展透析患者血管通路、中心静脉临时性导管置入术和中心静脉长期导管置入术、B 超引导下肾穿刺活检术、永久性深静脉置管术、血液透析加血液灌流等诊疗技术。2011 年，仁寿县肾病内科独立建科，设病房和血液透析室、腹膜透析室，可开展血浆免疫吸附技术、血浆置换技术，原发性肾小球肾炎疾病、肾小球疾病、间质性肾脏病、继发性肾脏病、急慢性肾功能衰竭诊治与非透析治疗、血液净化、血浆置换，血管通路建立、动静脉内瘘取栓再造瘘术，内瘘狭窄球囊扩张等诊疗，参与国家、省级科研 5 项。至 2012 年，市人民医院、仁寿县人民医院、东坡区人民医院均开设有肾病专科，市中医医院和其他县级医院多设有肾病专业。可开展常见和部分特殊肾病疾病诊疗。

精神病科 1997 年，眉山县、仁寿县建有精神病医院。2001 年，眉山县精神病医院更名为东坡区精神病医院。2002 年，洪雅县建立精神病医院。2010 年 9 月，东坡区精神病医院整体并入眉山市中医院，设立精神科女病区 1 个、精神科男病区 2 个、物理（康复）治疗中心 1 个。当年起，全市实施贫困重性精神疾病患者住院和门诊治疗救助。2012 年，眉山市中医院开放精神疾病患者床位 300 张，年门诊量 3. 88 万人次，年出院患者 2680 人次。门诊救助服药 900 人，免费住院患者 900 人次。

肿瘤血液科 2006 年，眉山市中医院成立独立病区。开展经皮肝、肺穿刺活检术，经皮肝胆管穿刺引流术，经支气管动脉造影、灌注化疗、动脉栓塞术，碘 125 粒子植入术，消化道支架置入术，经肝动脉造影、灌注化疗、栓塞术，深部热疗、腔内热灌注技术。2008 年，开展高能超声聚焦刀。2012 年，仁寿县人民医院设肿瘤血液科独立病区。开展常见肿瘤的内科治疗，包括化疗、对症与支持治疗、介入治疗、姑息治疗、中医治疗等，年收治病人 2500 余人次。

神经内科 1997 年，眉山地区地、县级医院神经内科属于内科下的专业，未单独设置。2009 年，仁寿县人民医院设置神经内科。开展脑电图、颅内段经颅彩色多普勒、癫痫持续状态新规范诊治、脑卒中危险因素排查、帕金森病诊治等检查和治疗。至 2012 年，眉山市县级及以上医院神经内科仍属于内科下设专业。

（二）外科

普外科 1997 年，眉山地区县级及以上人民医院设有普外科。眉山地区人民医院设立外科类 4 个，普外·肝胆胰、脑外·胸外、骨科·康复、泌尿·烧伤 4 个专业。洪雅县人民医院治愈全省首例腹主动脉瘤破裂，全国罕见。2000 年，彭山县人民医院开展省内领先技术高血压脑溢血的外科治疗、皮神经伸行血管岛状皮辨的应用等。2002 年，仁寿县人民医院普外科开展全市首例腹腔镜胆总管切开取石术，保留幽门的胰十二指肠切除术。2004 年，眉山肿瘤医院设立普外科，相继开展腔镜胆囊切除术、展腹腔镜辅助胃、结肠癌根治术、单孔腹腔镜胆囊切除术。2006 年，洪雅县人民医院外科被批准为省重点专科。2008 年，洪雅县人民医院外科设立血管外科病区。2009 年，成立东坡区人民医院普外科，开展乳腺微创旋切术、腔镜阑尾切除术、腔镜疝修补术、腔镜辅助甲状腺腺叶切除术，填补眉山市空白。2012 年，市人民医院单设肛肠病区。开展痔疮、肛瘘、肛周脓肿、肛裂、肛周皮肤病及直肠炎、直肠肿瘤等疾病诊治；腹腔镜下微创治疗胆道结石技术及术中术后胆道镜取石术、腔镜下胆总管切开取石术。仁寿县人民医院普外二科建成四川省重点专科。截至 2012 年年底，眉山市人民医院开设有普外一、二科、骨外一、二科（心胸外科）、泌尿外科、神经外科。彭山县人民医院设泌尿外科、甲状腺乳腺外科、血管外科 3 个专业组。市人民医院可全面完成三级甲等医院普外专业的各项技术项目。其余县级医院能全面完成二级医院普外专业的各项技术项目。仁寿县人民医院可开展开腹肝叶切除、半肝切除、巨大肝癌切除、胰十二指肠切除、保留幽门胰十二指肠切除、胰腺体尾部肿瘤切除、胰腺中段切除、开腹结肠癌胃癌根治性切除。

泌尿外科 1997 年前，眉山县人民医院开展肾盂输尿管切开取石术、肾切除术、肾实质切开取石术、膀胱全切术、直肠代膀胱术、经尿道前列腺电切术治疗前列腺增生等外科手术。1997 年，仁寿县人民医院设有泌尿外科，设泌尿、胸外、烧伤美容矫形三个专业组。胸外组开展食道癌根治术、肺癌根治术、心包部分切除术也日趋成熟；烧伤组开设烧伤病员救治，承担县基层医院进修教学工作。还可开展肾切开取石术，肾盂切开取石术、输尿管切开取石术、肾肿瘤根治术、膀胱癌切除术、耻骨上前列腺摘除术、经尿道前列腺电切术及膀胱镜下的碎石等手术。全区其他多数县级医院泌尿专业设在外科。2004 年，眉山肿瘤医院设置泌尿外科专业。2005 年，市人民医院开展腹腔镜在泌尿外科的临床研究及输尿镜下气压弹道碎石取石术、尿道狭窄内切开术，以及膀胱全切术、回肠原位膀胱术、肾癌根治术、肾上腺肿瘤切除术等。2009 年，市中医院单设泌尿外科。市人民医院主任医师刘利权主研开展的“腹腔镜在泌尿外科的临床应用研究”“经皮肾镜钬激光碎石取石术，治疗肾或输尿管上段结石”，获眉山市科技进步三等奖。2010 年，市人民医院泌尿外科购置先进设备，可开展三甲医院技术项目，包括复杂肾实质切开取石、肾癌根治术、肾上腺肿瘤切除术、膀胱癌根治术、肠代膀胱术、前列腺癌根治术。开展的腹腔镜技术、肾囊肿去顶减压术、经皮肾镜钬激光碎石取石及输尿管镜下钬激光碎石取石术、经尿道前列腺电切术、膀胱肿瘤电切术等，共 3500 余例。仁寿县人民医院开放和发展输尿管软（硬）镜下钬激光碎石取石术、经皮肾钬激光碎石取石术，腹腔镜下肾癌根治术，腹腔镜下肾上腺肿瘤切除术，前列腺等离子电切术，前（后）尿道吻合术等。2011 年，市人民医院泌尿科创建成四川省级重点专科。仁寿县人民医院开展胸腔镜微创手术、乳腺肿瘤微创旋切术、血管介入手术。2012 年，市人民医院、市中医医院、仁寿县人民医院均设置有泌尿科，其余县级医疗机构开设有泌尿专业。

神经外科 2003 年，仁寿县人民医院设立神经外科，开展颅脑创伤、脑出血、脑肿瘤手术。2004 年，眉山肿瘤医院设立神经外科，开展重型颅脑外伤救治，颅内肿瘤、椎管内肿瘤手术。2008 年，眉山市中医院设立神经外科，相继常规开展颅脑创伤、高血压脑出血、大脑凸面脑膜瘤手术治疗；视觉闪光电位无创颅内压监测；脑出血微创穿刺手术，脑积水 V-P 分流术，小脑扁桃体下疝畸形手术，脊髓空洞分流术。2011 年，仁寿县人民医院开展颅脑显微手术。2012 年，眉山市中医医院成立独立病区，开展显微镜下开颅动脉瘤夹闭术、高血压脑出血小骨窗血肿清除术、大脑凸面及窦镰旁脑膜瘤、颅底肿瘤、半椎板椎管内肿瘤切除手术、小脑肿瘤及血肿清除、寰枕减压手术。市人民医院、市中医医院、仁寿县人民医院均设置有神经外科，其余县级医疗机构开设有泌尿专业，眉山肿瘤医院“小骨瓣开颅和小骨窗开颅手术治疗高血压性脑出血临床对比研究”获眉山市政府科学技术成果三等奖。

肛肠科（痔瘘科）　1997 年，眉山县人民医院、仁寿县人民医院建有肛肠科（痔瘘科）专科门诊，以中西医结合疗法治疗肛肠常见疾病，并逐步学习引进先进技术，形成各种痔、肛裂、肛瘘、肛周脓肿、肛乳头肥大、肛门瘙痒、结直肠炎、结直肠肿瘤等疾病诊治独特方案。2012 年，眉山市中医医院设置独立的肛肠病区，开展痔疮、肛裂、肛瘘、肛周脓肿等传统手术。

麻醉科　1997 年，仁寿县人民医院建有麻醉科，是眉山市麻醉质量控制分中心和眉山市医学会麻醉专业主任委员单位。2004 年，眉山肿瘤医院设立麻醉科，开展椎管内麻醉，神经阻滞，静脉复合全麻、支气管插管麻醉，门诊手术检查麻醉等，以及中心静脉穿刺、直接动脉穿刺监测、术后镇痛。2006 年，眉山市中医院成立麻醉科，以后相继开展经鼻气管插管全麻技术、深静脉置管中心静脉压监测技术、双管喉罩在全身麻醉术中的临床应用技术、单肺隔离技术、神经刺激器定位腰丛联合坐骨神经阻滞技术。2007 年，市人民医院重设麻醉科，促进业务发展。2010 年，市中医医院引入呼气末二氧化碳监测技术，2011 年建立麻醉苏醒室，开展困难气道处理的可视化技术，建立符合现代化管理要求的标准层流净化手术室。2012 年，仁寿县人民医院有住院部手术室、门诊手术室、麻醉恢复室 16 个，配备美国欧美达、迈瑞，多功能心电监护仪，喉镜，简易呼吸器、微量注射泵，以及全自动血液分析仪、紧急气管穿刺套件、麻醉深度监测仪、除颤仪等先进设备。服务面涉及眼科、耳鼻咽喉头颈外科、口腔颌面外科、心胸外科、神经外科、普外科、骨科、泌尿外科、乳腺外科、妇科、产科、各种腔镜手术、介入手术等手术临床麻醉和麻醉后监测治疗室以及疼痛诊疗、门诊无痛诊疗、院内抢救插管等业务。年麻醉量 1 万余人次。市人民医院建立麻醉复苏室。其他市、县级医疗机构也建有较为完善的麻醉专业。

（三）妇产科

1997 年，眉山地区地、县级人民医院和妇幼保健院均开设妇产科，多数仅开展正常生产接生和妇科门诊人工流产等业务。2001 年，洪雅县人民医院设置妇产科病区，收治妇科和产科病人。并被确定为市重点专科。2004 年，眉山肿瘤医院设立妇科，开展经腹广泛性（次广泛）子宫切除，盆腔淋巴结切除术，卵巢癌肿瘤细胞减灭术，经腹子宫全（次）切术，子宫肌瘤剥除术，附件切除术，卵巢囊肿剥除术等妇科常规手术及腹腔镜手术、腹腔镜子宫次全切除术、腹腔镜子宫肌瘤剥除术和腹腔镜附件手术。洪雅县人民医院生殖中心为 1 名 31 岁育龄妇女体外受精，产下一对双胞胎姐妹，成为全市诞生首例试管婴儿。2005 年 6 月 8 日，洪雅县人民医院诞生全市首例水中分娩婴儿。2007 年，市人民医院妇产科是市级重点专科，能开展除宫颈癌根治术以外的腹腔镜手术，达到妇科手术绝大多数可不用开刀。开展复杂子宫全切、腹腔镜子宫次全切、子宫肌瘤剥除，宫颈癌、内膜癌广泛切除+盆腔淋巴清扫术等 24 项。东坡区医院开展妇科腹腔镜微创手术。

2009 年，市妇幼保健院开设妇女保健、儿童保健、妇产和儿科临床、功能影像、医学检验、麻醉等临床保健服务。2011 年设置高危妊娠、体重管理门诊，妇科引进生殖内分泌、不孕不育研究，填补全市空白，成立产后康复科，引进普林格尔产后康复仪，用于疏通乳腺、恢复子宫、盆底修复等辅助治疗；设立妇女保健科，下设青春期保健，婚前、孕前保健，围绝经期保健，妇女营养咨询二级专业组。新生儿科确定为市级重点专科，开设有新生儿窒息复苏及合并证抢救、具备复苏必要设备如红外线辐射台、低负压吸引器、新生儿氧罩、气管插管、新生儿保暖箱、输液泵及相关药物，早产儿及低体重儿的重症监护与救治，先天性心脏病及先天遗传病筛查，开展静脉高营养疗法，新生儿危重症抢救工作、治疗基本技能如血糖仪、心电监护仪及血气分析仪的使用、新生儿篮光箱、经皮黄疸测定仪在新生儿黄疸中的检查与治疗。

截至2012年年底，眉山市多数市级医院、县人民医院、妇幼保健医院均设置有妇产科，主要开展妇女婴幼儿常见病诊疗、孕妇孕期保健，以及开展围产期保健、疑难终止妊娠技术、危重孕产妇救治等。设置全面的市妇幼保健院设有健康教育科、儿童保健科等一级保健科室4个，内科、外科门诊等一级临床科室5个，青春期保健专业、围产期保健专业、妇女心理卫生专业、儿童心理卫生专业、计划生育专业、新生儿专业、小儿呼吸专业等二级保健专业19个，医技和辅助科室4个，年门诊量11.85万人次。仁寿县人民医院产科成为仁寿县危重孕产妇急救中心，妇科为仁寿县妇科疑难及恶性肿瘤治疗中心，开展围产期保健、疑难终止妊娠技术、危重孕产妇救治和不孕不育及生殖内分泌、女性盆底功能障碍、妇科恶性肿瘤等亚专业。

（四）儿科

1997年，眉山地区人民医院、仁寿县人民医院设有儿科专科，眉山县人民医院门诊部设有中医儿科，县级妇幼保健院设有儿科或相应专业，县级医院多数设置儿科专业，部分医院是“爱婴医院”。承担儿童疾病诊疗工作。2001年，洪雅县妇幼保健院成立儿童保健科及儿科门诊后，开展儿童健康体检、儿童超声雾化吸入治疗、智力测试，多动症检测，气质测评、新生儿黄疸蓝光治疗、空气压缩雾化治疗、新生儿复苏技术、婴儿水疗，婴儿抚触等。2008年，仁寿县人民医院应用儿童呼吸机治疗新生儿呼吸窘迫综合征、肺炎，重症肺炎等严重呼吸道疾病。2009年，眉山市妇幼保健院开设儿科门诊、儿科住院部，2010年开设儿童保健科和新生儿病房，开展满月及定期健康体检、喂养指导，以及婴儿游泳、高危儿管理、新生儿筛查，各种营养不良疾病防治，早期教育，入托体检等。开展母婴同室新生儿保健及指导、新生儿抚触等。2012年，眉山市人民医院儿科分为普儿和新生儿两个病区，设有小儿呼吸、小儿消化及新生儿专业3个亚专业，可开展新生儿窒息复苏、缺氧缺血性脑病、新生儿溶血症、新生儿肺炎、早产儿黄疸等系统常见疾病及急重症救治，新生儿无创通气技术及气管插管表面活性物质的应用，提高早产儿和低体重儿的抢救成功率，救治近1000例，全年全院收治住院病儿4000余人次，儿科门急诊10余万人次，儿科保健、心理卫生咨询、生长发育评治、智商测定等近万人。洪雅县人民医院开展儿童先天性胆总管囊肿手术、先天性巨结肠手术、先天性肛门直肠畸形术、骶尾部及后腹膜畸胎瘤手术等。

（五）骨科

1997年，眉山地区人民医院、眉山县人民医院设置有骨科（康复）。仁寿县建有骨科医院。丹棱县人民医院在住院部设骨科病区。1998年，眉山县人民医院开展三维牵引治疗腰椎间盘突出症。2000年，眉山县人民医院开展全区首例人工全髋关节置换术。洪雅县人民医院骨科从外科分离设置病区，引进20余项新技术，年门诊量6000余人次，住院病人900余人次，被确定为眉山市重点专科骨伤科。东坡区人医院中医骨伤科被眉山市卫生局评为眉山市重点医学专科。

2003年，眉山市中医院增设骨伤康复科，专业包括颈肩腰腿痛专业、骨伤专业、骨关节专业、骨伤康复专业。引进小针刀技术治疗肢体关节疾患。仁寿县人民医院设立骨科专业，分脊椎、创伤、关节亚专业，常规开展颈椎前后路手术，复杂的髋膝关节置换术、翻修术等，年手术量1200台次，门诊量万人次。2004—2007年，眉山市中医院引进经皮穿刺股骨大转子钻孔减压配合小针刀治疗股骨头缺血性坏死，形成股骨头缺血性坏死中医综合治疗方案。开展全市首例经皮椎体成形术治疗骨质酥松、椎体压缩性骨折、椎体肿瘤；膝关节镜下微创治疗膝关节疾病，颈椎骨折脱位后路复位、前路减压、植骨内固定术，填补此领域空白；全市首例全膝关节置换；经皮穿刺臭氧消融术治疗腰椎间盘突出症。

2008—2009 年，眉山市中医医院开展胸腹联合切口胸腰段脊椎前路切开减压植骨内固定术、球囊扩张椎体成形治疗老年骨质疏松性压缩性骨折。2010 年，市中医医院导入“大骨科、大康复”概念，建立“大骨科、大康复”病区。骨外科病人术前、术后导入中医药技术。开展经前路胸椎椎间盘摘除植骨内固定术。各县医院开展常规的骨折手法复位夹板、石膏外固定术、四肢骨折的内固定及外固定术，以及骨骼运动系统肿瘤的诊治、骨骼运动系统的各种感染治疗，脊髓、神经、血管及肌肉软组织损伤的诊断与修复，脊柱胸腰段骨折前后路手术，腰椎退行性疾病手术治疗，下颈椎骨折脱位前后路等手术。

2011 年，市中医医院开展四肢骨折的微创接骨手术。2012 年，市中医医院骨科分 6 个科，建成四川省、眉山市重点医学专科和市级临床重点专科。引进椎间盘镜，开展椎间盘微创手术治疗。

（六）皮肤科

1997 年，眉山地区各县县级人民医院均设有皮肤科室或皮肤病专业，能开展皮肤病的诊治。眉山县人民医院在门诊部开设皮肤病专科门诊，开展皮肤病、性病门诊，为四川省皮肤性病监测哨点医院，用激光治疗仪治疗尖锐湿疣、斑秃、扁平疣、寻常疣、血管瘤等疾病，门诊量 3 万余人次。眉山县人民医院接诊普通皮肤性病的同时，完成各种传染病（性病）上报工作，开展皮肤外科手术及电离子治疗术，长期开展腋臭手术、皮肤浅表包块切除术、皮肤肿瘤切除术、皮肤活检术，以及各种皮肤增生性疾病的电离子治疗术等。洪雅县人民医院开展常见病和性病诊疗。至 2012 年，眉山市市、县级人民医院、中医医院和部分医院设置有皮肤科室或皮肤病专业。除开展常见皮肤病诊治外，发展到性病等治疗和引进高科技技术治疗各种皮肤病。

（七）传染科

1997 年，眉山地区人民医院设传染科专业。仁寿县设有传染病医院，是全县集中隔离治疗传染病的定点医院，集医疗、预防、保健于一体。2001 年，眉山市人民医院设立院感科，严格医院感染管理。

2003 年，传染性非典型性肺炎发生期间，眉山市中医院设“非典”病房，收治疑似病人 1 例。眉山市传染病医院成立后，更名为感染科，诊治包括法定传染性疾病和感染性非传染性疾病，开展拉米夫定抗乙肝病毒治疗。逐步完善慢性乙肝的多种抗病毒治疗方案和丙肝的干扰素抗病毒治疗。洪雅县人民医院全体职工参加抗击非典型性肺炎防治，完善突发公共事件应急机制，实现洪雅县“非典”零纪录。2005 年，仁寿县传染病医院建成二级甲等传染病医院，年门诊量 3.07 万人次。

2008 年，眉山市中医院成立结核门诊、治疗关怀门诊，引进结核病免费 FDC 药品以及艾滋病免费抗病毒治疗，开展艾滋病药品利匹韦林四期临床试验，建立固定结核病人和艾滋病病人治疗随访机制。2009 年，眉山市传染病医院与眉山市人民医院合并，增加青神病区。甲流感流行期间设为专科病房，派专家多次培训，媒体宣传，解除群众恐慌。组织全院专家队伍筛查、指导，协助仁寿、青神制定隔离治疗方案，有效控制疫情，无院内交叉感染，及时排除多起疑似病人。

至 2012 年，眉山市市、县级传染病专科医院可正常开展传染病防治工作。部分医院设置有传染病专业，开展一般传染病诊疗。

（八）肿瘤科

1997 年，眉山县人民医院、仁寿县人民医院开设有肿瘤专业。其他医院少有肿瘤专业。全区县级以上医疗机构仅能开展较为单纯的三大常规、肝肾功、乙肝两对半检测。仁寿县人民医院开展首例肝动脉及门静脉插管局部灌注化疗肝癌。2000 年后，眉山市肿瘤专业迅速发展成多亚专业的多种项目检测。市人民医院实验室从手工和半自动设备逐渐过渡到全自动智能化设备。

2002年，眉山市人民医院设立肿瘤专业，2003年启动肿瘤放疗中心。

2004年，新建的眉山肿瘤医院（眉山三医院）开诊，设置内科肿瘤专业，其中特色的放疗大楼拥有两个高标准直线加速器机房，是全省地级市中建筑规模、功能齐全的肿瘤放射治疗中心。仁寿县人民医院开展肺癌、食道癌、胃癌、大肠癌、乳腺癌术后及恶性淋巴瘤等肿瘤的系统化疗。2005年，眉山肿瘤医院增设肿瘤病区。开展经皮肺穿刺、经皮肝穿刺诊断肺癌、肝癌，中心静脉置管等肿瘤常规诊治和放疗治疗（三维适形放疗、源皮距、等中心、电子线）、各种肿瘤化疗（腹腔灌注化疗、肝动脉栓塞化疗）。

2006年，市人民医院成立肿瘤科，开展头颈部肿瘤、食道癌、肺癌、乳腺癌、胰腺癌、直肠癌、宫颈癌的常规放疗及化疗、内分泌治疗。开展肿瘤病人经外周静脉穿刺中心静脉置管化疗技术。2008年，眉山肿瘤医院开展靶向治疗。2010年，市人民医院开展头颈部肿瘤、肺癌、食道癌、宫颈癌、直肠癌、乳腺癌术后、肝癌、淋巴瘤等肿瘤可行根治性放疗和姑息性放疗等三维适型放疗，以及肉瘤、脑转移癌、骨转移癌等大分割放疗，综合采用放疗和止痛、抗焦虑等治疗，实现晚期病人无痛治疗。至2010年年末，先后引进荧光探针定量分析仪、时间分辨荧光免疫仪、酶标仪、全自动五分类血球计数仪、全自动生化分析仪、三分类血球计数仪、全自动细菌培养鉴定药敏仪及实验室信息管理系统、前处理器、电化学发光仪，增强肿瘤治疗水平。

2011年，市人民医院开展肝炎病毒抗体、免疫学系列项目、溶血系列以及脱氧核糖核酸、核糖核酸检测，利用先进技术检测甲状腺功能、性激素、肿瘤标志物等。肿瘤科成为眉山市市级医学重点专科。至2012年，眉山肿瘤医院、市人民医院设有肿瘤科，市中医医院等部分医院设置有肿瘤专业。肿瘤治疗技术不断完善。

（九）五官科

耳鼻咽喉科　1997年，地区人民医院、眉山县人民医院、仁寿县人民医院开设有耳鼻喉科。此后，仁寿县人民医院眼科开设眼表疾病、角膜病、白内障、青光眼、斜弱视、眼底病、眼眶病等专科，相继开展白内障超声乳化及人工晶体置入术、颞侧透明角膜切口白内障摘除术、青光眼手术、斜弱视矫正术、眼外伤修复术、泪道及眼眶手术等；耳鼻咽喉开展扁桃体摘除术、鼻窦内窥镜手术、声带息肉摘除术、会厌囊肿摘除术、食道异物取出术、鼻中隔偏曲矫正术、等离子射频消融术，喉镜手术。2004年，市中医院成立耳鼻喉头颈专业病区。相继开展鼻内镜外科手术、耳显微外科手术、喉癌（喉恶性肿瘤）切除术、经鼻内镜垂体瘤切除术、经鼻内镜视神经管减压手术、经鼻内镜鼻腔泪囊造口术症、阻塞性睡眠呼吸暂停低通气综合征监测诊断及重度阻塞性睡眠呼吸暂停低通气综合征手术、咽瘟切除胸大肌皮瓣修复手术、上颌骨切除治疗鼻腔鼻窦肿瘤、经乳突径路面神经减压术疗顽固性面瘫及外伤性面瘫、支撑喉镜下低温等离子早期喉癌切除手术、眩晕疾病治疗、耳内镜外科手术。2012年，市中医医院建成三甲综合医院专科，开展所有三级鼻内镜手术，大部分四级鼻内镜手术，以及喉癌、甲状腺癌、喉咽癌等头颈部肿瘤微创手术、开放手术及修复手术。全市县级及以上人民医院、中医院等均开设耳鼻咽喉科或相应专业。

口腔科　1997年，眉山县人民医院、仁寿县人民医院开设有口腔科，开展各种龋病、牙髓病、根尖周病治疗，特色专业有龋病预防的窝沟封闭、牙体牙髓病现代根管治疗、美容牙、牙美白等。开展各类活动、固定以及全口义齿修复，包括金属冠、烤瓷冠、全瓷冠、赝附体，纤维桩，以及各类精加工附着体等。2011年，市中医医院开展种植特色专业引进先进的法国安多健种植牙系统，成立专门的口外、口修、牙体牙周协作小组，可开展各部位缺失牙种植修复。2012 年，市中医医院开展微创拔牙、儿童口腔疾病治疗、矫治错颌。仁寿县人民医院能开展口腔黏膜疾病诊断治疗，口腔内科常见病诊疗，复杂根管牙周综合治疗，颌面外科颌骨骨折手术治疗，全口义齿修复，局部活动固定义齿修复，精密附着体修复，人工种植手术，激光治疗口腔疾病等。

（十）其他科室

感染病科　2008 年，仁寿县人民医院成立感染科。9 月，仁寿县传染病医院并入仁寿县人民医院感染科，具备现代化感染性疾病隔离条件为标准而建设的综合性内科科室，设有独立门诊，包括肝病门诊、肠道门诊、发热门诊、肺结核门诊及特殊疾病门诊，与感染性疾病住院病区整合而成，有病区床位 100 张，分区严格。感染性疾病科除收治法定传染病外，重点收治法定传染病外的细菌、真菌、病毒、衣原体、支原体、立克次体、螺旋体、寄生虫所致的各系统感染病，有丰富的发热待诊、各类耐药菌、导管相关感染、免疫功能低下者感染、肺外结核病等诊治经验。2012 年，眉山市中医院成立感染病科，开展支气管镜下支气管内膜结核药物治疗。

病理科　1997 年，仁寿县人民医院建有病理科。2004 年，眉山市中医院、眉山肿瘤医院建立病理科，可开展常规石蜡组织切片及诊断，胸水、腹水、痰及各种体液、分泌物等脱落细胞检查，宫颈癌筛查，术中快速（冰冻）切片诊断。2008 年，眉山市中医院开展免疫组化及宫颈液基细胞学检查。至 2012 年，仁寿县人民医院病理科设常规外检室、免疫组化室、细胞病理室及原位杂交。开展常规外检、术中冰冻、液基细胞学、免疫组化、人乳头瘤病毒检测。每年参加四川省病理质控读片会，常规外检量 1 万例，液基细胞学及人乳头瘤病毒检测均超过 1 万例。

影像科　1997 年，眉山县人民医院、仁寿县人民医院建有放射科（影像科）。1999 年起，相继开展头颅、胸部、腹盆腔普通电子计算机断层扫描，头颅、脊柱、骨盆、四肢关节扫描，普通照片、腹部水成像、磁共振血管造影。2004 年，眉山肿瘤医院设立放射科与功能科。放射科开展电子计算机断层扫描全身各部位、各脏器常规检查，增强扫描、多层扫描及电子计算机断层扫描引导下的肿瘤穿刺活检，各种囊肿、颅内血肿的穿刺引流。功能科开展常规的各种检查，以及超声介入诊断与治疗（肿瘤穿刺活检、囊肿穿刺硬化治疗、胆道置管引流、胸腹心包腔穿刺引流等）。心电图开展常规心电图、负荷心电图、24 小时动态心电图检查。2007 年，市中医院实施城乡远程影像诊断系列构造与研究，与多家镇（乡）卫生院建立起平台，提高城乡社区诊疗水平，2008 年，通过省专家组验收。至 2012 年，全市县级以上医疗机构均设立影像科。市中医医院引进 64 排螺旋电子计算机断层扫描等设备，开展全身电子计算机断层扫描，头、颈、胸、腹盆动态增强扫描，高分辨率电子计算机断层扫描，三维重速后处理，外周血管、冠脉造影、支架植入，经内镜逆行性胰胆管造影术，头颈血管造影及溶栓治疗。仁寿县人民医院建有影像科，分为普放、电子计算机断层扫描、磁共振成像、放射介入、技术、护理六个专业组。可开展电子计算机断层扫描平扫及增强、磁共振平扫及增强、直接数字平板 X 线成像系统摄片、移动床旁直接数字平板 X 线成像系统、常规透视及体检、胃肠及泌尿系等造影检查、电子计算机断层扫描血管成像、磁共振血管造影、磁共振胰胆管成像、扩散加权成像、颅脑磁共振血管造影灌注成像等各种影像检查，以及肿瘤介入、神经血管介入、外周血管介入、综合介入及各种非血管介入技术诊疗。

检验科　1997 年，眉山县人民医院、仁寿县人民医院建有检验科，主要开展临床检验，如三大常规、肝肾功少量项目检查等，仁寿县人民医院建有生化室、免疫室、微生物室、分子生物学室等。2002 年，眉山市中医院建立艾滋病毒初筛实验室，开展艾滋病毒初筛检测，2004 年，眉山肿瘤医院建立检验科。眉山市中医院建立微生物实验室，开展细菌培养、鉴定及药敏。2005 年，仁寿县人民医院建立艾滋病毒筛查实验室。2006 年起，眉山市中医院开展乙肝两对半定量检测，甲功、性激素、胰岛素、部分胖瘤标志物等检测，2007 年建立聚合酶链式反应实验室，开展乙肝脱氧核糖核酸定量，电子计算机断层扫描、人乳头瘤病毒分型等检测。检验科每年不断开展新的检测项目，并与第三方检验机构合作，开展检验。至 2012 年，全市县级及以上医疗机构均结合实际设立检验科或相应职能专业，满足基本疾病检查需要。仁寿县人民医院检验科主要开展激素检测、肿瘤标志物、感染标志物、免疫功能检验、特殊蛋白、糖尿病相关检查、血脂、肝功能、肾功能、心肌酶谱、血气分析、微量元素、骨髓检查、凝血实验、临床基因扩增分析及血液体液常规检查等项目。其特检科还可开展腹部、心脏、小器官、外周血管、妇科、产科超声检查及标测心电图、动态心电图、动态血压的检测项目，组织多普勒技术的运用，弹性成像在乳腺肿块诊治方面的临床运用。

急诊科　1997 年，仁寿县人民医院设紧急求救电话“120”，开始承担全县境内病人院前急救及转运。后设置急诊科，对病情危险人员实施急救。至 2012 年，急诊科主要开展外伤的早期诊断和处理、复合伤及多发伤的诊治以及各种急性中毒、各型休克、各种昏迷、急腹症、急性心肌梗死、急性呼吸衰竭、脑卒中、急性心律失常、消化道大出血的急诊处理等。

重症医学科　1998 年，仁寿县人民医院成立重症医学科，开展中心静脉置管技术、连枷胸的病人机械通气治疗、经皮气管切开术（“经皮气管切开与传统气管切开的对比研究”科研项目获市级科技进步三等奖）、乳酸监测应用于液体复苏的病人、颈内静脉置管术应用于临床。2010 年，眉山肿瘤医院设综合重症监护室，开始机械通气、电除颤、电复律、气管插管、药物溶栓、中心静脉置管等技术。主要开展严重创伤、大型手术后及必须对生命指标进行连续严密监测的支持者；需要心肺复苏者；重要脏器（心、肺、脑、肝、肾）功能衰竭或多器官功能不全的患者；重症感染、脓毒血症及中毒患者及其他经短期强化治疗渴望恢复的各系统、器官功能减退的急性衰竭等患者的处置。至 2012 年，眉山市县级及以上医院多数设有重症监护室。

二、中医

1997 年，眉山县人民医院门诊部设中医内科、中医外科、中医妇科、中医儿科、中医骨伤科、老中医诊断室、针灸科及西医和辅助科室。其他五县设有中医医院，其中较全的仁寿县中医院建有骨伤专科、痔瘘科、碎石科口腔科、药剂科、检验室、放射科、手术室、脑地形图室、胃镜室、医务科、护理部。县级人民医院设中医专业。2012 年，眉山市中医医院设置中医内科、外科、妇科、儿科、骨伤科、老中医诊断室、针灸科 7 个，西医内、外科、妇产科、儿科、急诊科等 8 个，检验科、影像科、麻醉科、手术室、胃镜室辅助科室等 7 个。仁寿县中医医院建成国家二级甲等综合医院，开设专科门诊 5 种，住院部开设临床科室 11 个，省级重点医学专科 2 个，医技科室 9 个。洪雅县中医医院开设专科门诊 15 种，住院部开设临床科室 6 个，省级重点中医专科 1 个，市级重点医学专科 1 个，医技科室 6 个，能开展二级医院 90%以上的技术项目。其余县（区）中医医院及人民医院开设有中医科相关专业。

（一）基础建设

1999 年，眉山、洪雅两县实施农村中医工作先进县建设试点。2000 年，眉山地区中医院投资 6000 万元购买设备。2008 年洪雅县建成全国农村中医工作先进县。2010 年，全市向上争取资金 125

万元，加强中医阵地建设。选送中医药人员 124 人参加四川省中医药业务培训。2011 年，省中医药管理局检查评估市中医医院等 5 家中医医院管理年活动情况。2012 年，全市申报市级重点中医专科 11 个，市中医医院等 3 家医院康复科、骨伤科通过市级评审。市中医医院成为省中医住院医师规范化培训基地。东坡区、仁寿县分别申报创建国家级、省级农村中医工作先进县。青神县、丹棱县创建省级农村中医工作先进县通过验收，市人民医院建成全国综合医院中医药示范单位，洪雅县中医院被批准为市级重点中医专科建设单位。

（二）中医内科

消化科　1997 年，眉山县人民医院设立消化科（胃镜室）。开展内镜下喷洒生物胶治疗吻合口瘘。内窥镜下记忆合金支撑管治疗食道贲门良恶性狭窄技术，经卫生部科技司评审，属国际领先水平。为全区中医重点医院。仁寿县中医院成立内儿科，采用中西医结合治疗消化系统疾病。眉山地区其余各县中医院由相关科室承担消化诊疗业务。2000 年，眉山县人民医院开展内镜下取异物治疗。2004 年，眉山市中医院开展胃肠镜下切除息肉及内镜下电凝及注射止血治疗。2007 年，眉山市中医院消化科被确定为省“十一五”中医重点专科建设项目。2008 年，眉山市中医院开展胶囊内镜检查小肠。2009 年，眉山市中医院外一科增设胸外、乳腺、血管外科专业。2010 年 10 月，仁寿县中医院成立消化科，主治食道炎、胃炎、肠炎、肝硬化、消化性溃疡、上消化道出血、胰腺炎等，开展胃镜检查技术。2012 年，眉山市中医院设立消化内科。

肾内科　1997 年，眉山县中医院设有肾内科，仁寿县中医院设有碎石科。仁寿县中医院成立内儿科，采用中西医结合治疗肾病、风湿免疫、内分泌疾病。2004 年，眉山市中医院设肾病科专业。洪雅县中医院于 2007 年建立血液透析室，开展尿毒症血液透析治疗。2010 年 10 月，仁寿县中医院成立肾内科，主治肾炎、肾病综合征、肾功能衰竭等疾病，开展血液透析技术。青神县中医院开设碎石科。

肿瘤科　1997 年，眉山县中医院设有肿瘤科。2004 年、2006 年，眉山县中医院肿瘤科分别被批准为市、省重点专科。2008 年、2012 年，眉山市中医医院肿瘤科分别被批准为市、省中医重点专科。

心血管科　1997 年，眉山县、仁寿县等县级人民医院设有心血管科或专业。仁寿县中医院成立内儿科，采用中西医结合治疗心脑血管疾病。2002 年，市中医院心血管科被批准为市、省中医重点专科。2007 年，市中医院心血管科被确定为国家中医药管理局“十一五”重点专科建设项目。

肝病科　1997 年，眉山县人民医院设有肝病科专业。2011 年，彭山县中医院开设肝病门诊。2012 年，眉山市中医医院设有肝病科专业。

风湿科　2002 年，市中医院风湿科被批准为市中医院重点临床专科。

呼吸科　1997 年，洪雅县中医院设有呼吸专科、眉山县人民医院设有呼吸专业。仁寿县中医院成立内儿科，采用中西医结合治疗肺疗疾病。2003 年，洪雅县中医院呼吸专科建设眉山市重点中医专科。2005 年，洪雅县中医院呼吸科（肺病科）被确定为省级重点中医专科建设单位。2006 年，眉山市中医院设立呼吸内科独立病区，开展镇痛镇静下气管镜检查。洪雅县中医院呼吸专科（肺病科）建成省级重点中医专科，开展气管支架治疗气道狭窄技术。2012 年，市中医医院呼吸科被批准为市中医重点专科。仁寿县中医院呼吸内科开展专科建设。截至 2012 年年底，市中医医院开展喉罩通气下床旁无痛气管镜检查，数字减影血管造影支气管动脉栓塞、灌注化疗治疗大咯血、肺癌；CT 引导下经皮肺穿刺。气管镜下支架植入、氩气刀（高频电刀）、冷冻治疗、球囊扩张术、粒子组织网植入治疗肺癌技术；组建内科重症监护室；纤支镜代内科胸腔镜。

内分泌科　2007年，市中医院内分泌科被批准为市中医重点专科。

神经科　1997年，眉山县人民医院设有神经科专业。

（三）中医外科

骨伤科　1997年前，眉山县中医院设有骨伤科，研制出系列弹力夹板治疗粉碎性骨折和移位骨折、整骨止痛酊，通过专家组鉴定，达国内先进水平。利用自行研究的跟腱气囊夹板外固定，配合中药外敷、针灸、按摩等方法治疗闭合性跟腱断裂，治愈率100%，经卫生部科技司评审确定，治疗技术属国内首创，达国际先进水平。1997年，眉山县人民医院、仁寿县中医院、彭山县中医院、青神县中医院建有中医骨伤科。眉山县中医院骨伤科为眉山地区中医重点专科。仁寿县中医院骨伤科病区、彭山县中医院骨伤科为原乐山市重点中医专科。洪雅县中医院设有骨伤科专业。青神县中医院开展以四肢骨折内固定为主的骨伤科手术。2001年，洪雅县中医院骨伤科单独设立，被确定为眉山市重点中医专科。主要开展骨科、神经外科、胸外科等诊疗，应用中西结合治疗各种创伤性疾病。2002年，彭山县中医院骨伤科创建为市级重点专科，开展骨折撬拔复位术、关节脱位手法复位术、关节错缝术、手指点穴、腰颈椎牵引术、腰椎间盘突出推拿治疗、急慢性腰肌损伤推拿按摩治疗、关节炎类风湿炎落枕推拿、闭合性各类骨折复位、各种高中低频理疗、中药熏蒸治疗，发挥中医优势，中药熏蒸治疗参与率≥60%。2004年，仁寿县中医院建成省级重点中医专科。2005年，眉山市中医院骨伤科分为创伤骨科、关节骨科、颈肩腰腿痛骨科和手足显微外科。2007年，眉山市中医院骨伤科被确立为国家中医院管理局“十一五”重点专科建设项目。眉山市中医院骨关节科被评为市级中医重点专科。2012年，洪雅县中医院开展全髋关节置换术、微创骨折外固定支架术、胸腔镜诊疗技术。丹棱中医院骨伤科、青神县中医院骨伤科被评为眉山市重点中医专科。

针灸科　1997年，眉山县人民医院、彭山县中医院建有针灸科。仁寿县中医院设有针灸专业。2002年9月，彭山县中医院针灸、中医骨伤科被确定为眉山市重点中医专科，开展普通针刺、温针、头皮针、电针、穴位注射、拔罐疗法、游走罐，并开展国家推广项目，提拉旋转斜扳法治疗腰突症，仰卧拔伸点穴治疗颈椎病等。2003年，青神县中医院开设针灸门诊。2007年，市中医院针灸推拿科被批准为市中医重点专科。

烧伤科　2001年，市中医院增设烧伤专业。当年，皮肤烧伤科被批准为首批市中医重点专科。

肛肠科　1997年，眉山县人民医院、仁寿县中医院、彭山县中医院设有肛肠科，洪雅县中医院设胃肠外科。2006年，眉山市中医院作为中医特色专科建设，从外地引进肛肠高级专业人才，配置先进医疗设备，对肛门直肠疾病采用中西医结合保守、注射、手术治疗，年门诊1. 5万人次，开展专科手术700余台次。主要开展痔疮采用内痔注射术、内痔缝扎硬注术、内痔切除等多种手术。2010年，市中医院肛肠科被评为市级中医重点专科。2012年，洪雅县中医院肛肠科被批准为市级重点中医专科建设单位，运用中西医结合治疗内外痔、肛瘘、肛周脓肿等各种肛肠疾病。

（四）妇产科

1997年，眉山县人民医院设有中医妇科，洪雅县中医院、青神县中医院设有妇产科，仁寿县中医院设有外妇科。2001年，洪雅县中医院设置独立的妇产科病区。2002年，眉山市中医院增设妇产科。2003年，仁寿县中医院成立妇产科病区。2007年11月，市中医院妇产科被批准为省中医重点专科，被确定为省“十一五”中医重点专科建设项目。2009 年，洪雅县中医院开展腹腔镜妇科手术。

（五）儿科

1997 年，眉山县人民医院设有中医儿科，青神县中医院设有儿科，仁寿县中医院成立内儿科，开展儿科常见疾病的诊治。2002 年，市中医院儿科被批准为市中医重点专科。2006 年，市中医院儿科入选国家医院管理局农村医疗机构中医特色专科建设项目。

（六）其他专科

检验科　1997 年，眉山县中医院、洪雅县中医院建有检验科，仁寿县中医院、彭山县中医院建有检验室。开展三大常规、肝肾功少量项目检查。2002 年，眉山市中医院建立艾滋病毒初筛实验室，开展艾滋病初筛检测；建立微生物实验室，开展细菌培养、鉴定及药敏。2006 年，引进美国雅培全自动化学发光分析仪，开展乙肝两对半定量检测，甲功、性激素、胰岛素、部分半遛标志物等检测。2007 年，市中医院建立分子生物实验室，开展乙肝病毒脱氧核糖核酸定量，支原体、衣原体、乳头瘤病毒分型等检测，每年开展新的检测项目，与第三方检验机构合作，开展几百项检验。至 2012 年，中医医院检验科主要开展体液常规、血液生化、微生检验、免疫、激素检测等项目检验。

麻醉科　1997 年，仁寿县中医院成立麻醉手术室。2002 年，洪雅县中医院成立麻醉科。仁寿县中医院、洪雅县中医院开展全麻（静脉麻醉、吸入全麻醉、静吸复合）、椎管内麻醉（硬膜外、腰麻、腰硬联合麻醉、骶麻）、神经阻滞等麻醉，以及疼痛治疗等业务。2004 年，仁寿县中医院开展无痛人流、无痛胃镜麻醉。2006 年，眉山市中医院增设麻醉科。2008 年，青神县中医院增设麻醉科。

放射科　1997 年，眉山县人民医院设有影像科。仁寿县中医院、洪雅县中医院设有放射科。2000 年，青神县中医院开设放射科。功能检查科和放射科年检查。

中医康复科　2005 年，眉山市中医院康复科被评为市级中医重点专科。2006 年，仁寿县中医院成立康复科病区，开展康复常规诊疗和蜡疗技术。2008 年，康复科被评为省级中医重点专科。2009-2010 年，眉山市中医院设置骨伤康复科腰腿痛、骨伤康复、神经康复 3 个专业。仁寿县中医院建设成市级重点中医专科。2011 年，仁寿县中医院建设成省级重点中医专科。仁寿县人民医院成立中医康复科，开展传统康复（中药、针灸、推拿按摩、药疗等）和神经康复（偏瘫肢体综合训练、截瘫肢体综合训练、运动疗法、作业疗法、关节松动术、言语训练、平衡能力测定及训练等）项目。洪雅县中医院建立康复科住院病区，设床位 30 张。青神县中医院设康复科。2012 年，市中医医院中医康复学被评为国家级中医重点在建学科。市人民医院开设有中医康复科。仁寿县中医院康复科建成省级重点中医专科。青神县中医院被评为市级重点中医专科。仁寿县人民医院中医康复科开展关节松动术、耳穴治疗等新技术。

第三节　护　理

一、护理模式

眉山护理模式有责任制和整体护理两种。

1997年，眉山地区推行“以病人为中心，以责任护士为主”的“责任制护理”。以后，逐步推行“整体护理”模式。

2001年，市人民医院（以下简称市一医院）建立示范责任制病区，实施规范化管理，后推广到全市各级医院。眉山、仁寿、洪雅、彭山县人民医院先后试行整体护理。市一医院、仁寿县人民医院（以下简称市二医院）全员培训整体护理模式病房护士。2005年，眉山市开展“以病人为中心，提高医疗服务质量”为主题的护理质量管理年活动，贯彻“以病人为中心”的整体护理观念，提出“从病人最满意的事做起，从病人最不满意的事改起”的工作目标。

2006年后，眉山市乡镇卫生院创建整体护理模式病房，将整体护理模式向一级医院推广。2010年，全市推行“优质护理服务示范工程”，设立示范科室，增添服务专栏，规范服务用语，学习服务礼仪。强化护理人员责任心，规范服务行为。落实基础护理职责；规范晨晚间护理工作流程，做到一问（问候患者、介绍自己）、二观（观察病情）、三做（基础护理）、四讲（健康教育）。

二、护理技术

眉山医疗护理技术分为基础护理、专科护理两种。

基础护理　1997年，眉山地区医疗机构使用《护士长台账》《护士长手册》《护理质量考核手册》，逐渐向各医院推广。2000年起，地区卫生局每两年组织1次全市护理操作竞赛。2007年，市一医院成立护理技术操作队，市二医院成立护理操作示范室，培训全院护士。全市有执业（助理）医师9733人，注册护师、护士7777人，床位1.67万张，医护比1.02∶1，床护比为1∶0.47，管理逐渐规范制度化。2012年，眉山市22家二级以上医疗机构实施优质护理服务，开展病房114个，覆盖率74.03%。市一医院、市二医院、彭山县人民医院等示范病房数覆盖率100%，示范病房床护比1∶0.53。

专科护理　1997年起，眉山地区逐步发展专科护理规范基础护理。2002年，市一院组建静脉治理护理专业组，实施静脉治疗护理新技术、新方法，并在全市推广。2003年，市一院成立皮肤护理组、静脉治理护理组、糖尿病护理组、护理科研指导组等，开展护理专科问题会诊，实现护理资源共享。市中医院开展尿激酶防治深静脉留置堵管技术。2004年新生儿科成立转运护理小组，开辟新生儿抢救绿色通道、外周动静脉分流换血术鸟巢式护理、鼻饲患儿重力作用喂养等技术，全省领先。至2012年，眉山市医疗机构专科护理规范。

第四章　妇幼卫生与农村卫生保健

1999年，眉山地区婴儿出生死亡率16.17‰。2003年，眉山市深化妇幼卫生体制改革，调整充实乡村妇幼保健人员，加强孕产妇和儿童系统管理，确保“绿色通道”畅通，强化“两个系统”管理，全年住院分娩率84.6%，孕产妇系统管理率94.94%，产前检查率95.9%，孕产妇死亡率77.33/10万，儿童系统管理率88.7%，婴儿死亡率12.87‰。此后，对孕妇全面系统实行围产期保健制度，妇幼保健事业全面快速发展和提升。至 2012 年，全市婴儿死亡率 4.83‰，孕产妇死亡率 10.73/10 万。全市妇幼保健网络逐步健全，妇女病普查普治制度化、常态化。

第一节 妇幼卫生保健

一、医院建设

（一）基础设施建设

1997 年，眉山地区各县均建有妇幼保健院。1998 年，眉山地区开展妇幼保健院等级评审。

2005 年，眉山市加强妇幼保健机构基础设施建设和内涵建设。2008 年，建立眉山市妇幼保健院（眉山市妇女儿童医院），为全市医保、新型农村合作医疗定点医院、农村孕产妇住院分娩补助医院。承担全市妇幼保健、健康教育等公共卫生职能，独立开展妇幼门诊、住院分娩等临床业务，为全市妇女儿童提供专业医疗服务。各区县加大妇幼保健机构基本设施建设力度，改善就医条件，增购救护车辆和其他设备，开通急救绿色通道。2011 年，市妇幼保健院创建成国家三级乙等妇幼保健院。至 2012 年，全市有妇幼保健院 7 所，其中市级 1 所、县级 6 所。

市妇幼保健院门诊开诊（摄于 2009 年 6 月）

（二）爱婴医院创建

1995 年，仁寿县妇幼保健院主动向病人宣传母乳喂养知识，指导母乳喂养，获得“爱婴医院”称号。1996 年，彭山县、丹棱县妇幼保健院创建成爱婴医院。

1997 年，眉山县、青神县、洪雅县妇幼保健院创建为爱婴医院。当年起，眉山地区各级卫生行政部门巩固爱婴医院创建成果，加强已命名的爱婴医院管理，支持中医医疗机构和乡镇卫生院创建爱婴医院和爱婴卫生院，指导和帮助制定创建工作计划，培训医护人员，健全各项制度，营造舆论氛围，落实创建措施。

2001—2002 年，彭山县、洪雅县、青神县人民医院创建为爱婴医院。2003 年，洪雅县中医医院建成爱婴医院，东坡区大石桥卫生院、万胜中心卫生院和尚义镇卫生院建成爱婴卫生院。2004 年，眉山市以爱婴医院《双十条标准》为依据，各单位自查、完善。医院质量管理与产科服务模式、产科质量及产、儿科建设相结合，加强爱婴医院内涵建设。仁寿县中医院建成爱婴医院，东坡区多悦中心卫生院创建成爱婴卫生院。2005 年，眉山市监督检查全市爱婴医院，督导评估已满三年的丹棱县、彭山县人民医院，复评达到合格。眉山市第一人民医院创建成爱婴医院。2011 年，眉山市妇幼保健院创建为爱婴医院。眉山中铁医院创建爱婴医院工作通过专家组评估。至2012年，全市创建爱婴医院17个、爱婴卫生院4个，有爱婴医疗机构21家。

二、婚前医学检查

1997年，眉山地区继续实施婚前医学检查。2000年，全区培训考核婚检人员62人，全年全区婚检率83%。

2002年，眉山市统一规划婚前保健机构，全市婚前医学检查率75%。2003年，规范婚前保健，取缔乡镇婚前保健机构，重新规划设置和建设婚前保健机构，完善婚前保健机构检查条件和管理制度，杜绝只出证不检查或出具伪证现象。全市婚前医学检查率77.87%。2004年，婚前医学检查不作为婚姻登记必备证明后，婚前医学检查工作急剧滑坡，婚检率由90%以上锐减到10%以内。仁寿县检查3对，2005—2006年无结婚夫妇婚前医学检查。

2007年，眉山市婚前医学检查43人，婚前医学检查率0.39%。此后，卫生部门大力宣传，自愿婚前医学检查有所恢复。2009年，全市婚前、孕前医学保健检查1.21万人次，检查率64.9%。2010年，全市将婚前医学检查列入妇幼保健工作重点，纳入目标考核，检查3大项18小项，每人收费90元。当年起，市卫生局每年组织县婚前医学检查工作督查，通报督查结果。2012年，全市婚前医学检查率90%以上。

三、妇女保健

（一）孕产妇保健

1997年前，受传统观念、经济条件以及保健人员不足等因素制约，现眉山市境内孕产妇系统管理率不高。

1997年后，眉山地区建立健全县乡村医疗保健机构三级分工负责的孕产妇系统管理制度，以县妇幼保健院为龙头，指导、督促乡镇卫生院落实孕产妇系统管理各项管理和技术措施，以乡镇卫生院为枢纽，负责本辖区怀孕妇女建立孕产妇系统管理保健卡（册），开展早孕检查和高危孕妇筛查，专册登记筛查出高危孕妇。以村卫生站为网底，开展产后访视，填写卡册记录。同时横向联系县人民医院、县中医院。县乡村各级职责明确，实行统一管理。重点搞好产前检查，普及孕产妇联系卡、新法接生、高危孕产妇筛查、高危孕产妇监护。1999年，将流动孕产妇纳入现居民地管理。妇幼保健人员前往街道、居民小组宣传妇幼保健知识，打击非法行医行为，保证母婴安全。2000年，地区、各县卫生局督导围产保健常规制度执行情况，发现问题及时督促整改，孕产妇死亡率控制在41.29/10万。

2001年起，眉山市逐步健全孕期保健、高危孕产妇管理、产后家庭访视、治疗及后续管理制度，落实孕产妇高危因素干预措施，预防严重的产科并发症，保障母婴安全，高危孕产妇住院分娩率100%。2005年，困难孕产妇住院分娩实行医疗救助，限价接生。全年孕产妇系统管理率97.92%，孕产妇死亡率54.52/10万。

2006年起，眉山市县级妇幼保健院陆续建立孕产妇危急症抢救中心，组建儿科急救专家组、孕产妇急救绿色通道。全年孕产妇系统管理率96.31%，产前检查率96.68%，孕产妇死亡率54.4/10万。2008年，开展全市成年妇女病普查工作，体检28.49万人。2009年，眉山市实施中央农村孕产妇住院分娩补助项目。全市孕产妇系统管理率96.4%，农村孕产妇住院分娩率99.63%，新生儿接生率 100%，剖宫产率 44.08%，孕产妇死亡率 8.74/10 万。2010 年，动员机关、事业单位妇女健康体检，检查育龄妇女 1612 人。2011 年，强化孕产妇保健管理，管理率 99%，无新生儿破伤风发生。至 2012 年，全市孕产妇住院分娩率 99%以上。剖宫产率 42.92%，孕产妇死亡率 10.7/10 万，出生医学证明网络化管理率 100%。

（二）妇女病防治

眉山市妇科疾病中，阴道炎、宫颈糜烂、尖锐湿疣、乳腺癌列前四位。

1997 年起，眉山地区加强妇女健康教育。2002 年起，眉山市以农村妇女卫生宣传教育为重点，宣传妇女病防治知识。至 2006 年，妇女保健检查率 65.11%，疾病检查率 19.15%。

2008 年起，眉山市全面普查全市妇女健康状况，实施基本公共卫生项目，建立高危妇科病人健康档案，乡镇卫生院定期对其追访。2010 年，建立育龄妇女健康档案。全市共普查妇女 27.02 万人，小于 65 岁的妇女 95.17 万人，占妇女总数的 28.39%。妇科病检出 4.13 万人。2012 年，全市普查妇女 45.56 万人，小于 65 岁妇女 93.11 万人，妇科病检出 5.09 万人，比 1999 年下降 28.85%。

（三）农村妇女保健

2001 年起，眉山市每年举办预防神经管缺陷项目师资培训班，区县举办妇幼保健人员、村医生、村妇女干部培训班。2009 年起，全市实施农村孕产妇住院分娩补助项目。启动中央农村孕产妇住院分娩补助项目，由国家投入资金，补助农村住院分娩产妇每人 400 元。市卫生局按照住院分娩应具备的条件评审医疗机构，认定农村孕产妇住院分娩定点医疗机构资格，补助 560.52 万元。2010 年，实施农村妇女增补叶酸项目 2.85 万人，占应增补人数的 93.66%。农村孕产妇住院分娩率 99.34%，孕产妇死亡率 4.04/10 万，婴幼儿死亡率 6.1‰，低于全省平均水平。2012 年，全市农村妇女增补叶酸 3.04 万人，服用率 98.7%；农村孕产妇住院分娩率 99.9%，补助农村住院分娩产妇 3.26 万人 1304.28 万元，补助率 99.66%。截至 2012 年年底，全市累计补助农村住院分娩产妇 8.65 万人 3458.6 万元。

四、母婴及儿童保健

（一）母婴保健

1997 年起，眉山地区向群众宣传《中华人民共和国母婴保健法》，散发宣传资料 23.52 万份，接受群众咨询 114.3 万人次，废止家庭接生。1998 年，各县在地区人大工委支持和指导下，开展母婴保健法贯彻执行情况督促检查。2000 年，全区婴幼儿死亡率控制在 13.03‰以内。

2002 年，眉山市贯彻《四川省妇幼卫生“九五”计划及 2010 年规划》，实施“两纲”（市政府制定的《妇女发展纲要》《儿童发展纲要》）和“三网监测”（孕产妇死亡、儿童死亡、新生儿出生缺陷监测），加强婴幼儿系统管理，婴儿死亡率下降。2003 年，各县（区）清查出生医学证发放、使用和管理情况。洪雅县被列入四川省“降低孕产妇死亡率和消除新生儿破伤风项目”（以下简称“降消”项目）扩展县。2004 年，全市医疗保健机构规范母婴保健技术服务。未取得母婴保健技术服务执业许可证及人员考核合格证的机构和个人，经卫生局组织考核合格后给予发证，继续执业。设施设备及管理制度不健全，人员资格不具备的均不予发证，不得从事母婴保健专项技术服务。扶贫救助贫困孕产妇，每人住院分娩救助 200 元。洪雅县启动“降消”项目，县妇幼保健院组织乡镇卫生院妇幼保健专干培训 3 个月，四川省卫生厅派专家 2 人驻洪雅县帮助选购医疗设备，指导培训技术人员。全年全市孕产妇死亡率 37.27/10 万，婴儿死亡率 11.82‰。

2006年，仁寿县实施“降消”项目。2007年，市卫生局印发《2007年眉山市控制孕产妇死亡率工作实施方案》，提高工作技术水平和服务质量。全市整改各级医院产科、儿科，整改不合格的取缔。2009年，全市实施“降消”项目，市卫生局举办新生儿窒息复苏和产科出血救、新生儿筛查培训班，培训妇幼保健人员1400余人次。各区县按省“降消”项目要求，组织实施县级方案，婴儿死亡率3.89‰。加强爱婴医院监管，规范母婴保健。仁寿、洪雅县实施降低孕产妇死亡率和消除新生儿破伤风项目。东坡区加强母婴艾滋病阻断，巩固工作成果。

2011年，眉山市加强出生医学证明管理，废证率1%以下。至2012年，全市出生医学证明网络化管理率100%。孕产妇住院分娩率99.91%、死亡率10.73‰，婴儿死亡率4.83‰，其中农村孕产妇住院分娩率99.91%，孕产妇死亡率10.73/10万，婴儿死亡率4.83‰。

（二）儿童保健

儿童保健包括胎儿及围产期保健、新生儿（出生到生后28天）保健、0~3岁婴幼儿保健、学龄前期儿保（3岁~7岁）、学龄期及青春期保健。儿童传染病防治主要是实施0~7岁儿童计划免疫“四苗”接种和组织儿童生长发育健康体检，及早发现影响儿童健康的苗头，制定应对措施。

1997年，眉山地区将儿童系统管理作为妇幼工作纳入目标考核，建立儿童保健系统管理保健卡（册），由系统保健机构统一管理。仁寿县、彭山县、丹棱县每年组织妇幼人员、托幼教师培训。洪雅县每年开展全县托幼机构儿童和工作人员体检。患有急、慢性传染病者不得从事托幼工作；儿童入园凭健康检查合格证、计划免疫接种证入园。当年起，每年全区举办新生儿窒息复苏培训，提高产（儿）科医师业务水平，加强产科督导。1999年，全区婴儿活产2.16万人，死亡365人，死亡率16.17‰。2000年，眉山县妇幼保健院组织眉山县实验幼儿园和眉山县机关幼儿园幼儿1581人体检，生长发育达标1503人，有疾病和营养不良的666人。眉山地区出生医学证明使用率94%。

2005年，眉山市加强儿童管理，儿童系统管理率89.71%。2006年起，妇幼保健机构开展5岁内儿童死亡漏报和死因调查。结果显示，死因前三位为肺炎、新生儿窒息、意外。当年，全市新生儿窒息死亡数大幅降低。2007年，126个乡镇卫生院利用国债资金加强产、儿科建设。培训全市产科、儿科医护人员关于母婴保健技术相关知识。在洪雅县实施7岁以下儿童微量元素生长监测，监测753人。体检儿童1.93万人，体检率94.36%。3岁内儿童系统管理5625人，管理率91.19%。5岁内儿检1.26万人，体重小于2SD（标准差）的139人，占1.11%。2008年，全市组织开展预防出生缺陷一系列相关知识宣传。县以上医疗保健机构筛查3597人，占应筛查人数的36%。2009年，市妇幼保健院成立后，建立儿童系统管理体系，指导督促全市儿童系统管理工作。新生儿疾病筛查工作纳入区县卫生行政部门年度目标管理，全市新生儿疾病筛查1.35万人，筛查率61%。3岁以下儿童系统管理率95%。2011年，眉山市加强儿童保健管理，管理率94.8%。开展新生儿疾病筛查2.44万人，筛查率95.8%。2012年，全市婴儿活产2.79万人、死亡率4.83%，新生儿疾病筛查率96.87%。

第二节　农村卫生保健

一、初级卫生保健

1997 年，除仁寿县外，眉山地区其余 5 县达到农村初保低限标准。1998 年，仁寿县通过省初保委组织的农村初保终末评审，全区提前三年以县为单位全面达到农村初保低限标准。地区卫生局指导眉山、洪雅县开展城市初保试点，制定“方案”，督导各县开展以乡镇为单位的农村初保低限达标。青神县全面推行乡村卫生组织一体化管理，加强三级医疗防保网中的乡级中枢和村级网底功能。仁寿县结合农村初保实施“饮水民心”工程，进一步普及农村安全卫生水和卫生厕所。当年，彭山县 88.9%的乡镇达到初保低限标准。1999 年起，以“眉山新村”建设为切入点，督导各县以抓好合作医疗、农村卫生三项建设、改水改厕等为重点，巩固和深化以县为单位的初保达标成果。市卫生局重点督导开展合作医疗的 26 个乡镇初保达标。青神县罗湾乡制定“四改”（改水、改厕、改灶、改圈）和环境卫生整治建设规划，对改造实施确有经济困难的 3 户村民补助 1000 元，新村各户按规划实施“四改”。至 2000 年，眉山市 158 个乡镇达到低限目标，占乡镇总数的 72.9%。眉山市作为四川省初保工作先进典型，接受国家计委、农业部、环保局、卫生部、全国爱卫会的联合调研，受到卫生部肯定。

2005 年，眉山市实施中央补助农村改水改厕项目，当年改厕 1.43 万个。2006 年，开展市、县级农村改厕示范村建设活动，每个县建立 2 个示范村。2007 年，制定血防流行地区改厕一系列鼓励政策，加快改厕，降低血吸虫病传播概率。2008 年，中央、省安排眉山市改厕资金 380 万元改厕 9500 个，东坡区白马乡改厕 8.11 万个。全市实施农村卫生三项建设项目 25 个，灾后重建和盆周山区卫生院改造项目 5 个，卫生事业重点县建设项目 1 个，投入资金 1440 万元，建成面积 2.92 万平方米。至 2008 年年末，全市改厕 17.99 万个，农村改水改厕项目全面完成，通过省检查组验收。彭山县各乡镇基本实现初保低限目标。

2012 年，制定农村改厕项目实施方案、技术方案和健康教育方案，完成农村改厕 1.5 万个，全市卫生厕所普及率 66.24%。

二、农村合作医疗

1998 年，地区行署召开全区农村合作医疗流动现场会，总结推广眉山县等地合作医疗经验。眉山县 19 个乡镇 39.8 万农民参加合作医疗，占全县农业总人口的 56.8%，比 1997 年增长 20%，其余五县各选择 1 个～2 个乡镇试点。全区参加合作医疗的农业人口占全省总数 125 万的 1/3 强。1999 年，地委、行署将农村合作医疗作为为民办 10 件实事之一。地区卫生局将目标任务分解到各县，实行定人分片包干，年终考核。地区人大工委、行署领导专题调研各县试点工作，并听取行署《关于合作医疗试点工作的情况汇报》，行署召开全区农村合作医疗工作会议，培训各地试点工作骨干人员，保证工作落实。至 2000 年，全区建立农村合作医疗保障制度乡镇 28 个，入保农民 44.95 万人，入保率 84%。

2003 年，彭山县被省委、省政府确定为 2003 年新型农村合作医疗试点县。市委、市政府建立和完善新型农村合作医疗制度，全县入保农民20.07万人，入保率82.31%。2005年，东坡区、洪雅县被列入全省第三批新型农村合作医疗制度试点。2006年，仁寿县、青神县、丹棱县被列入新型农村合作医疗制度试点县，眉山市成为全省唯一推行新型农村合作医疗制度全覆盖的市（州）。

2007年，眉山市推行参合农民异地定点看病报销试点，在北京、拉萨等外出务工农民集中地选定定点医疗机构，方便外出务工农民异地就医，被《农民日报》报道。市政府办印发《眉山市新型农村合作医疗行政过错追究办法（试行）》，加强新农合管理。全年全市参合农民20.07万人报销住院医药费8490.36万元，人均报销423.19元，补偿率30.39%。2008年，市卫生局、市财政局制发《关于进一步完善新型农村合作医疗统筹补偿方案的意见》《眉山市新型农村合作医疗门诊慢性病管理暂行办法》，提高补偿比例和封顶线，统一新农合诊疗服务项目，将8种慢性病纳入统筹基金报销范围，正常住院分娩定额补助200元~400元。2009年，建立健全重特大疾病保障机制，按照“广覆盖、保基本”原则，在全省实现“三个率先”（率先实现全市统一使用一个补偿方案；六区县信息化网络实现全覆盖；全面实现市内“一证通”）。在洪雅县和丹棱县启动新农合门诊统筹试点，提高农村医疗保障水平。2010年，全市实行统一补偿方案、“一证通”、医疗机构互认制，参合农民261.56万人，参合率97%。洪雅县、丹棱县开展门诊统筹改革试点，补偿13.79万人次163.58万元。

至2012年，眉山市新农合参合农民258.82万人，覆盖农村贫困人口18.58万人，参合率99.69%，列全省第三；人均筹资标准增至290元，筹集基金7.58亿元。新农合最高支付限额提高到10万元，政策范围内补偿比例78.48%，实际住院补偿比例61.62%。儿童白血病、先天性心脏病等12种重大疾病纳入保障范围，补偿3245人次1852.57万元。乡镇卫生院、村卫生室一般诊疗费纳入新农合补偿范围，补偿医疗机构3235.48万元。门诊统筹覆盖全市所有乡、村医疗机构，累计门诊统筹补偿184.13万人次6682.5万元。全市参合农民累计受益659.4万人次。

三、卫生下乡

1998年，眉山地区开展卫生下乡活动。当年，全区卫生系统计生“三结合”帮扶户70余户。定点扶持眉山县张坎镇贫困户并资助贫困学生入学。此后，卫生下乡常态化，年年开展。1999年，全区集中开展卫生下乡支农活动。有的县把下乡支农与农村合作医疗工作相结合，帮扶、帮带、联系户近300户。出资3万余元扶持彭山县兴崇村建好村卫生站，搞好新农村建设。2000年，各县卫生部门组织县级医疗单位对口扶持乡镇卫生院，支持医疗设备，帮助搞好基础设施建设；协助制定科学的管理建设方案、计划和规章制度，完善配套“软件”资料；支援技术力量，定期派骨干医生巡诊、坐诊、会诊；帮助乡镇卫生院培训技术人员，负责派

眉山市开展送医疗服务到乡村活动（摄于2009年6月）

人下去讲课。组织36支医疗队、医务人员340人次，前往56个乡镇，散发卫生资料2.4万份，义诊义检和健康咨询1.65万人次，培训农村医务人员1200人次，赠送医疗器械18台（件），协助乡镇卫生院开展手术36台，促进乡镇卫生院建设，增强造血功能。

2002—2003年，眉山市组织市人民医院、市妇女儿童医院、铁二处职工医院等医德高、技术精的医务人员60人，分别前往全市乡镇开展送医送药送健康活动。2004年，仁寿县组织计生、卫生“龙桂制药”等单位，以“抗旱服务队”“计生宣传教育电影队”等形式开展宣传活动，为“三下乡”注入活力。

至2012年，眉山市通过卫生“三下乡”活动帮助乡镇卫生机构培训医技人员，向群众开展卫生宣传、义诊等形式，促进乡村医疗技术提高和为百姓服务。

第五章　爱国卫生运动

1997年起，眉山地区以创建卫生县城、卫生乡镇（单位）和国家（省）级卫生城市为载体，加强卫生健康宣传教育，大力开展爱国卫生运动。围绕“除害灭病”，整治环境卫生，并将爱国卫生工作纳入卫生工作目标考核。至2012年，全市省级卫生乡镇23个、卫生村125个、卫生单位182个、无吸烟单位9个，市级卫生单位106个、无吸烟单位4个。实现省级卫生城市（县城）全覆盖。

第一节　健康教育

一、宣传教育

1997年，眉山地区通过“五讲四美”（讲文明、讲礼貌、讲秩序、讲道德、讲卫生；心灵美、语言美、行为美、环境美）和文明礼貌、食品卫生、爱国卫生运动、计划生育宣传月等活动，面向基层、农村、家庭，确立不同的主题，宣传卫生知识和卫生法律规章等。1998年，各县开展创卫宣传和健康教育，受众135.6万人次，受教育面城镇74%、农村37%。

2000年后，眉山市结合卫生工作重点和爱国卫生工作任务，开展传染病防治、食品卫生、安全饮用水、创建卫生城市（镇）、农村改厕、环境卫生综合治理、控烟等宣传教育活动。2002年，全市启动医院健康教育，各级医院设立健康教育专栏，市、区两级医院健康教育全覆盖，向病人及其家属发出健康教育处方21.5万份；中、小学校将健康教育纳入教学大纲，制定“学校健康教育评价方案”，开展健康教育，开课率100%。2003年，全市在电视台播出300余次、报刊刊载消息2000余条，发放宣传资料20万余份，悬挂横幅标语5000余幅，电台天天有声音，电视天天有影像，报纸天天有文字，以提高人民群众卫生防病意识。

2005年，眉山市开展目标人群健康教育。在市中心城区建立健康教育示范点2个。2007年，眉山市将 4 月 17 日确定为全市爱国卫生月宣传日。开展爱国卫生月突击活动和第十九个爱国卫生月活动，开展“迎奥运、讲文明、树新风”健康知识电视大赛。当年起，开展“亿万农民健康促进行动”试点。与新型农村合作医疗和卫生项目相结合。丹棱县被列入“亿万农民健康促进行动”试点县，围绕农村重大卫生问题，以普及卫生知识，倡导科学、文明、健康生产生活方式为主要内容，以提高农村居民的健康素质和生活质量为目的，开展活动。2009 年，市卫生局、市中医药管理局、眉山军分区等 5 部门印发《眉山市医疗卫生系统禁烟工作方案》，把卫生防病知识宣传到社区、家庭和广大群众，引导居民形成健康的生活和行为方式。市爱卫会组织开展春季爱国卫生运动暨爱国卫生月活动，整治环境卫生，开展健康教育活动。向各区县发放甲型 H1N1 流感宣传画 1.5 万张，在眉山电视台播放甲型 H1N1 流感健康教育宣传片半月。2010 年，制作宣传展板 65 期、宣传标语 138 幅，举办住院患者及家属培训 53 期。利用广播、报刊等宣传“灭蝇、灭蟑螂”卫生知识，发放宣传资料发放宣传资料 13.56 万份，举办技术培训 4477 人次，召开村民动员大会 183 次，受教育 7.27 万人次，完成目标人群健康教育 12.82 万人次。

2012 年，丹棱县举办纪念爱国卫生运动 60 周年健康知识与健康技能竞赛活动，表彰奖励优秀参赛队，在全省比赛中获优秀奖。眉山市开展春、秋季常见传染病防治知识等为主的健康知识讲座和组织健康教育宣传，印发宣传资料 189.5 万份。城区居民健康知识知晓率 81.6%，健康行为形成率 72.15%，基本技能掌握率 74%，达到国家卫生城市健康教育标准。

二、控制吸烟

2005 年起，眉山市开展创建无吸烟单位活动。当年，全市创建无吸烟单位 68 个，其中省级、市级 63 个。2010 年，眉山市开展控烟宣传活动，制作禁烟标志 3.5 万份，发放宣传资料 4.2 万份，接受群众控烟咨询、接待义诊 920 人次。全市 158 家医疗卫生单位达到无烟单位标准，占医疗卫生单位的 73%。

2011 年，眉山市在仁寿县疾控中心召开医疗卫生系统控烟工作现场会，暗访中心城区部分公共场所控烟情况。215 家医疗卫生单位禁烟标志、标识齐全，工作职责、奖惩制度齐全，通过市卫生局、市爱卫办评审检查，合格率 100%。至 2012 年，全市所有医疗卫生单位达到无烟单位标准。

第二节　病媒生物防制

1997 年，眉山地区病媒生物防制受人力、经费限制，工作力度小。因使用急性剧毒鼠药致全区多人中毒死亡。当年起，全区爱国卫生运动主要围绕“除害灭病”开展工作，重点解决城镇脏、乱、差、臭等问题，消灭蚊子、苍蝇、老鼠、蟑螂等有害生物。1998 年，开展以春季灭鼠为重点的“除四害”活动，全区投放药物 1000 余千克，除害覆盖面 50%。

2001 年，眉山中心城区开展病媒生物防制，清除卫生死角 191 处，清运垃圾 80 余吨，投放病媒生物防制药物 3.17 吨。当年起，全市灭鼠药品由市爱卫办统一购进，统一定点挂牌销售。2002 年，通过网络和上门发放除“四害”整治环境卫生紧急通知 1200 份，在中心城区掀起“爱卫”高潮。以疏通阴阳沟和下水道为主，清除卫生死角和蚊蝇孳生场所，投放灭鼠毒饵 3 吨，灭蚊、灭蟑杀虫剂 3960 瓶，灭蝇药 100 千克。开展打击非法制售剧毒急性鼠药活动 2 次，收缴急性剧毒鼠药 289 千克。

2003 年，眉山市城镇、农村组织大规模除“四害”活动，投放灭鼠毒饵 5.6 吨，灭蝇、灭蚊、灭蟑杀剂 1912 瓶，清除蚊蝇孳生场所 4500 余处。2005 年，眉山中心城区组织 100 人消杀专业队，开展灭鼠、灭蝇。至 2005 年年末，全市投放灭鼠毒饵 34.8 吨，灭蝇、灭蟑、灭蚊药 3.9 吨，家洁气雾杀虫剂 864 瓶。清理整顿鼠药市场，打击非法销售违禁鼠药行为，收缴急性剧毒鼠药 444.55 千克。中心城区灭鼠工作通过省爱卫会验收，达到国家爱卫会规定标准。

2006 年，以中心城区和 5 个县城以及卫生集镇为重点，春秋两季全市统一开展灭鼠行动。青神县接受省市爱卫会灭鼠、灭蝇考核验收。2007 年，仁寿县接受省市病媒生物防制工作考核。2012 年，全市财政投入 810.25 万元，开展病媒生物防制孳生地调查、整治和集中消杀；发放病媒生物防制宣传资料近 10 万份，组织专业队伍集中消杀市中心城区及周边 5 个乡镇近 60 平方千米。眉山市城区和青神县城病媒生物防制达标巩固工作考核鉴定合格，通过省爱卫会组织考核评估，四害密度达到国家规定标准。

第三节　环境卫生整治

1998 年 4 月，眉山地区组织开展首次“爱国卫生月”活动，全区投入 41 万元，组织卫生突击活动 238 次，清扫街面 183.6 万平方米，疏通沟渠 5.23 万平方米，清运垃圾 2360 吨，改造公厕 15 所。全区城镇单位“门前三包，院内四自”签约率 80%。丹棱县在唐河中心小学等 3 所学校开展“健康促进学校”项目试点，获世界卫生组织铜奖。2000 年起，全区结合“文明礼貌月”活动，由城区向城郊接合部和农村发展，加强饮食、饮水卫生和农村改水改厕工作。

2002—2003 年，眉山市开展“三优一学”（优质服务，建立优良秩序，创造优美环境，学雷锋、学先进）创建活动，开展以防治非典型性肺炎为重点的爱国卫生运动。全市清除卫生死角 4000 余处，清运垃圾 1 万余吨，清除杂草 50 余万平方米，清理城区河道 2.13 千米，疏通阴阳沟和下水道 11.58 千米，每日对果屑箱、垃圾桶（地库）及环卫工作用车消毒，垃圾处理场所每天一消毒、三天一覆盖，彻底改变垃圾成堆、蚊蝇乱飞现象。非典型性肺炎出现后，市长、市爱卫会主任余斌发表《认清形势，抓好以“非典”防治为重点的爱国卫生运动》电视讲话。市爱卫会印发《关于开展以防治非典型性肺炎为重点的爱国卫生运动的实施意见》《关于进一步开展农村爱国卫生运动，推动“非典”防治工作的通知》，组织全市以“非典”防治为重点，开展清垃圾、除蚊蝇灭鼠、晾衣被、净居室、疏通阴阳沟和下水道、抓好食品卫生等活动，严防“非典”发生和流行。2008 年，动员全社会力量开展爱国卫生运动，市级各单位（部门）每月到城区大扫除责任地段开展清扫活动。加强“5·12”地震受灾群众安置点环境卫生整治、示范厕所建设和健康教育。

2010 年，眉山市制定并实施《“除陋习，树新风”治理“三乱”工作方案》，组织直管医疗卫生单位，开展城乡环境综合治理进机关、进医院活动，投入资金 190 万余元，美化环境。2011 年，推进城乡环境综合治理，推广农村垃圾分类处理“户集中、村收集、镇转运、县处理”模式，做到日产日清。至 2012 年，全市卫生环境明显改善。

第四节　创建活动

一、国家（省）级卫生城市创建

2003年，市委、市政府提出“抓三化、建三市、五年创辉煌”奋斗目标，明确创建省级卫生城市要求。2004年，市政府印发《眉山市中心城区创建四川省卫生城市实施方案》，分解创建目标任务，实行“两级政府、三级管理、四级网络”城市管理运行体制。2005年，成立市委书记、市长任指挥长的创建省级卫生城市指挥部，加强创建工作领导。市委、市政府制定创建工作考核奖惩办法，考核结果纳入市政府综合目标考核。确定11月15日至12月15日为“清洁眉山、美化家园”“全民卫生保洁活动月”。市委、市政府主要领导6次率队前往一线检查，解决具体问题，市人大、市政协开展专门视察。市爱卫会组织市级所有机关、单位干部职工和社区居民参加卫生保洁活动。东坡区清理城乡接合部垃圾，武警、消防、驻眉山部队官兵3000余人次参加清除卫生死角大会战，清除通惠河、城中村、城郊接合部杂草30余万平方米，清运垃圾2000余吨。年末，经四川省爱卫会组织专家考评，眉山中心城区达到四川省卫生城市标准，成功建成省级卫生城市。

2006年起，创建国家卫生城市与“六城联创”工作一并推进。2008年，眉山市城市卫生基础设施投资2亿余元，完成通惠河整治二期工程和旧城区雨污分流工程，日处理10万吨生活污水处理厂投入运行。创建国家卫生城市第一阶段工作“除四害”，经过复查验收。2009年，市政府集中解决影响眉山市创建中旧城区改造、煤改气工作、粪便无害化处理、污水处理等8个主要问题，修订创建目标，卫生城市创建工作进入常态管理。

2011年，眉山市第三次党代会提出未来五年“强力推进新型城镇化，加快建设生活品质之城，实现城市发展新跨越，眉山市建成国家卫生城市”奋斗目标。市委、市政府印发《关于创建国家卫生城市的决定》《关于成立创建国家卫生城市指挥部的通知》《创建国家卫生城市实施方案》等文件，提出自2012年起，经过3年努力，创建国家卫生城市的总体目标和分期目标，将创建国家卫生城市、国家园林城市、省级文明城市工作纳入网格化管理，一月一考核。组织开展公共场所生活饮用水、食品安全、传染病防治、病媒生物防制、健康教育等活动。成立“三城”联创办，将三创工作纳入网格化管理。开展城中村（棚户区）环境和秩序整治，40余家建筑、房地产、泡菜等重点企业和80余个市区部门结对整治城中村39个。截至2012年年底，省爱卫办组织病媒生物防制检查考核组检查考核眉山市城区病媒生物防制达标巩固工作合格，眉山取得创建国家卫生城市资格，省级卫生城市通过复审。

二、卫生县城创建

1997年前，洪雅县创建为乐山市市级卫生县城。1997年5月，眉山县创建为乐山市卫生县城。

1997年，建立眉山地区后，眉山县、洪雅县转为眉山地区卫生县城。1999年，地区卫生局、眉山县制定实施以“大宣传、大整治、大检查”为主要内容的眉山城区爱国卫生活动方案，综合整治眉山城区。当年，地区卫生局完成仁寿县灭蟑验收和卫生县城达标初验。2000年，洪雅县启动省级卫生县城创建。2003年，洪雅县被省爱卫会命名为“省级卫生县城”；丹棱县、彭山县、青神县、仁寿县创建为地级卫生县城。

2001 年，彭山、丹棱县委、县政府提出用三年时间建成省级卫生县城。采取环境治理为主的综合措施，开展灭鼠、灭蝇为主的除“四害”活动。丹棱县修建污水处理厂、垃圾中转站，开展城区立体绿化，添置卫生设施。2002 年，眉山市组织丹棱县城创一星级文明卫生县城评审，彭山县城通过省级卫生县城灭鼠考核工作。至 2004 年，经省爱卫会组织考核验收，彭山、丹棱县创建为省级卫生县城。

2006 年，青神县开展省级卫生县城创建。将创卫作为“民心工程”，列入为民办十件实事之一，投资 3.2 亿元新建道路 5 条、硬化街道 2 条、改建维修农贸市场 3 个、新建生态林带 500 米、建垃圾中转站 1 个及环境卫生保洁设备设施。灭鼠、灭蝇工作达到全国爱卫会《灭鼠、蚊、蝇、蟑螂考核鉴定标准》要求。当年，青神县成功创建省级卫生县城。仁寿县启动创建工作，投入 10 亿余元完善基础功能，增添基础设施。2007 年，仁寿县创建省级卫生县城“两灭”工作通过省爱卫办达标验收，建成省级卫生县城；洪雅县通过省级卫生县城复查。全市实现省级卫生城市（县城）全覆盖。2011 年，洪雅县通过省级卫生县城复审。至 2012 年，眉山市省级卫生城市和除洪雅外的 5 县省级卫生县城先后通过省爱卫办组织的复审。

三、卫生镇与卫生单位创建

1997 年前，今眉山境内有卫生单位县级 500 个、市级 87 个、省级 39 个。

1998 年，眉山地区作出《加强爱国卫生工作的决定》，规定“每年新创建和复查合格的省市卫生先进单位，可在自有经费中按人均工资的 2/3 和 1/2 标准给予奖励”，推进卫生单位创建工作。当年，全区评出省级卫生单位 7 个，地级卫生单位 31 个。至 2000 年，全区创建省级卫生先进单位 10 个、地级卫生单位 69 个。

2002—2003 年，眉山市创建省级卫生先进单位（村）24 个、省级无吸烟单位 4 个、省级卫生先进村 1 个、市级卫生先进单位（村）73 个。其中市级卫生先进单位（村）40 个、省级卫生先进单位（村）15 个。

2005 年，眉山市复查已建成的省级卫生先进单位（村）116 个、市级卫生先进单位（村）365 个，全部合格。2006 年，复查评比创建的各级卫生单位，撤销质量滑坡的省级和市级卫生单位 18 个。2008—2009 年，全省清理取消卫生创建。

2010 年，市爱卫会下发《眉山市卫生城镇乡村建设行动 2011—2013 年实施方案》《眉山市全民健康素质提升行动 2010—2013 年实施方案》。在全市开展以“美环境，保健康，促发展”为主题的“卫生城镇乡村建设行动”和以“讲卫生、树新风、展风采”为主题的“全民健康素质提升行动”。至 2010 年年底，全市建成卫生镇县级 16 个、市级 4 个、省级 8 个；创建卫生单位县级 1516 个、市级 726 个、省级 257 个。

2011 年，眉山市以改善农村环境面貌，提高环境卫生管理水平为目的，恢复开展省级卫生镇、省级卫生村创建，加强农村环卫基础设施和长效卫生管理机制建设。至 2012 年，眉山市创建省级卫生乡镇 23 个、卫生村 125 个、卫生单位 182 个、无吸烟单位 9 个，市级卫生单位 106 个、无吸烟单位 4 个。

第六章　卫生管理

眉山市围绕“保基本、强基层、建机制”总体要求，加快医药卫生体制改革。实行“药品价格、医疗服务价格公示制”“住院费用清单制”。加强医疗质量管理和卫生监督，在“健全医保、创新医疗、规范医药”上下功夫，努力为城乡居民提供优质服务，实现“三个率先、三个提升”。

第一节　卫生改革

一、卫生执法体制改革

1997—1998 年，建立眉山地区卫生执法监督所，县级卫生执法监督由卫生防疫站承担，行使食品卫生、传染病、公共场所卫生、生活饮用水卫生等职能。地区卫生局机关和直属卫生监督所建立卫生综合执法体制。仁寿、青神等县成立卫生综合执法大队，地区成立中队，加强卫生执法监督力量。

2002 年起，眉山市卫生局相继制发《关于市防保中心和市卫生监督所职能的裁定意见》《关于进一步理顺和规范市防保中心和市卫生监督所职能的通知》，取消卫生行政审批项目 15 项，精简办事环节，办事时限从 1 月压缩到 10 个工作日。市政府印发《眉山市关于疾病控制体制改革的指导意见》，推进县级体制改革。洪雅县成立卫生监督所，其余区县制定计划。实现卫生执法、疾病控制“双加强”。2004 年，眉山市市、县（区）分设疾病预防控制机构和卫生执法监督机构。乡镇卫生院单独设置公共卫生工作科室，配备专兼职人员，落实工作职责。村卫生站（室）和社区卫生服务中心（站）明确公共卫生工作职责。市“365 行政服务中心”设立卫生许可窗口，实行卫生行政许可集中审批。2005 年，市、县（区）建立卫生执法监督机构，开通卫生监督网站，落实人员、编制和经费。至 2008 年，15 个中心乡镇派驻卫生监督机构，派驻卫生监督员 76 人。建立食品卫生管理员、食品原料采购索证索票和进货验收台账等五项制度。实施卫生监督网格化管理和卫生协管员制度和网格化管理，任务包干，责任到人。至 2012 年，眉山市推行县级卫生监督机构片区派驻制度和协管员制度。中心乡镇实行片区派驻卫生监督机构。

二、医疗机构综合改革

1998 年，眉山地区按照地委、行署“设立乡镇卫生管理机构”要求，结合农村合作医疗和乡村卫生组织一体化管理办法的推行，改革和完善现行农村卫生管理体制。眉山县政府发文要求各乡镇设立卫生办公室，由乡镇长任主任，卫生院长、农经站长、财政所长等为成员。各级各类医疗卫生单位开展人事、劳动用工、分配、后勤等改革，优化内部运行机制。1999 年，地区行署印发《眉山地区关于发展社区卫生服务的实施意见》，开展社区卫生服务。

2002年，眉山市确定东坡区和彭山县、洪雅县为省、市农村卫生改革试点县。将乡办乡管、县乡共管乡镇卫生院上划到县（区）政府管理，经费、人员、业务统一由县卫生局按职责管理。全市64所中心、乡镇卫生院、1842人上划县级人民政府管理。35个乡镇实行乡村卫生组织一体化管理。以市中医院（东坡区人民医院）为龙头，县乡纵向联合，51个医疗机构加盟，组建网络式医疗集团，资源共享，优势互补。9所效益差的卫生院并入中心和乡镇卫生院，促进发展。乡镇卫生院职工实行全员聘用制，7个卫生院招聘院长。推行乡镇卫生院职工养老保险制度，全市有3个区县乡镇卫生院1902人纳入社会保障系统、占总数37.7%。2003年，市卫生局、市物价局制订《调整医疗服务价格工作方案》，确定市医疗服务成本测算试点单位，在全市县及县以上试点医疗机构开展医疗服务项目归并和成本测算。至2003年年末，全市县（区）乡镇卫生院全部上划。丹棱县、洪雅县公开招聘乡镇卫生院院长占总数的80%。2010年，眉山市18家公立医院开展成本核算与控制，推行医院信息公开制度，规范临床检查、诊断、治疗、使用药物和植（介）入类医疗器械使用管理，优先使用基本药物和适宜技术。市人民医院、仁寿县人民医院等11家医院开展临床路径试点，试点专业4个，试点病种12个，进入路径病例数694例，5个病种开展单病种质量控制和收费；在市人民医院、市中医医院等建立标准化的电子病历。

2011年，眉山市确定15家市、县级医院开展公立医院综合改革试点。试点医院新增土地面积6.13公顷、床位712张，建立45个示范病房实施优质护理服务，推行双休日和节假日门诊。8家二级以上医院开展预约诊疗，7个医院开展医保单病种付费方式管理，市直管医疗机构和3个区县实施次均住院费最高限额，9家医院实施同级医疗机构检验检查结果互认。全市有21家市、县级医疗机构实施对口支援，5家医疗机构启动以电子病历为核心的信息化建设，12家医疗机构开展单病种质量管理，16家医院开展临床路径管理试点。2012年，眉山市鼓励各地探索政事分开、管办分开、营利性和非营利性分开，完善公立医院管理体制。洪雅县人民医院实施县级公立医院取消“以药补医”综合改革试点。全市12家公立医院开展按病种收费试点，实施次均住院费最高限额。仁寿县、青神县完成中西部地区远程会诊系统建设，彭山县中医医院成为全市首家全医网视频网点。眉山市人民医院等13家公立医院开展预约诊疗，通用《成都经济合作区域通用门诊病历》，开展“优质服务零投诉”“卫生零距离服务”活动，推行实名制就诊卡“一卡通”服务。16家二级以上公立医疗机构实施优质护理服务，开展病房数85个，覆盖率69.11%，眉山市人民医院、仁寿县人民医院、彭山县人民医院等示范病房数全覆盖。18家医疗机构推行电子病历，19家医疗机构开展临床路径试点（专业20个、病种55个，病例是上年的2.22倍）。

三、基本药物制度

2000年，眉山地区降低虚高定价药品610种，降价63.2万元；门诊患者每个处方金额比1999年（下同）下降2元；住院患者住院费人均药费降2.5元。

2002年，眉山市推行《医院药品收支两条线管理实施办法》，全市县及县以上医疗机构实行药品收入分开核算，促进药品收入降低。全年参加集中招标采购的医疗机构52家，中标药品3592个。其中一次合同金额845万元，向社会让利193万元。

2009年，完善“九项制度”（合理用药动态监测制度、药品使用超常预警制度、前10位用药公示制度、医生不当处方院内公示点评制度、医院关键岗位轮换制度等）。2010年，眉山市启动国家基本药物制度试点，实行政府举办的基层医疗卫生机构药品“零加价”，缓解群众“看病贵、看病难”问题。

范围包括东坡区、彭山县、青神县乡镇卫生院和政府举办的社区卫生服务机构。参与试点的单位实行基本药物零差率销售，由政府给予补偿。当年全市 62 个医疗机构实行基本药物零加价政策，政府补偿 581.81 万元（中央、省 270.7 万元，市级 77.55 万元，县级 233.56 万元），受益 149.39 万人。

2011 年，市政府印发《关于实施国家基本药物制度推进基层医药卫生体制综合改革的实施意见》，明确到 2012 年，全市政府举办的基层医疗机构全部配备使用基本药物和省补充药物并实行零差率销售，将基本药物全部纳入城镇基本医疗保险和新农合报销范围等基本政策。眉山市政府举办的基层医疗机构（含村卫生室）全面实施基本药物制度。以县为单位建立基本药物采购资金集中支付制度，基本药物销售价格下降 32%，药品零差率销售，优惠群众 3000 万元。仁寿县政府、洪雅县政府举办的医疗机构基本药物制度试点。2012 年，全市 10 个政府办社区卫生服务机构、127 个政府办乡镇卫生院和 2036 个村卫生室全部实行基本药物制度，实现国家基本药物制度全覆盖。136 家基层医疗卫生机构和村卫生室全部上网采购基本药物并实行零差价销售，二级以上公立医院使用基本药物比例 49.31%。药品价格降幅平均 36%，让利群众 5000 万元，基层医疗机构次均住院药品费用下降 34 元、门急诊次均费用下降 20%、住院次均费用下降 34%。

四、医疗服务改革

（一）住院费用一日清单制

1996 年起，眉山县中医院实行住院费用一日清单制，将病人每日费用逐一汇总，告知病人。1999 年，眉山县中医院实行信息化系统管理后，为病人提供费用一日清单。2000 年，地区卫生局制发《药品收入分开核算、分别管理》等文件。眉山县人民医院推行住院费用“一月清”。

2001 年，市人民医院实施住院费用一日清单制。2002 年，眉山市扩大住院病人住院费用“一日清单制”试点，市二人民医院（仁寿县人民医院）被省卫生厅定为“一日清单制”试点单位。仁寿县人民医院采取图文电视公布医疗收费、药品收费价格、科室打印病员清单，公示医疗费用投诉举措。2003 年，国务院纠风办检查仁寿县人民医院，提出“门诊、住院费用清单制就是让老百姓看舒心病、吃放心药、付明白钱，让老百姓明明白白消费，要认真总结经验，在全国推行病人费用清单制”。当年，全市医疗机构全面开展门诊、住院费用清单制，在医院设置电子触摸导医系统和刷卡查询系统，方便病人查询医院情况。县级以上医院全面推行医疗收费公示制和门诊住院费用清单制，市一人民医院、市中医院和仁寿、彭山县人民医院开展医疗服务项目和药品收费公示制度试点。制定特殊弱势群体（下岗职工、特困户、传染病患者）优惠收费标准，市二人民医院对特困户、下岗职工的住院费减免 20%，传染病患者住院、药费、检查费、治疗费减免 15%。医院建立电视信息系统，滚动播放全院使用药品价格、医疗项目收费标准，以信息公告栏公示药品名称、规格、国家规定零售价、招标采购零售价（执行价格）、让利金额、药品产地，公示国家、省、市批准的医疗服务项目收费标准。全市 12 所县级以上医疗机构推行医疗费用公示制和门诊住院清单制。

2007 年，眉山市推行院务公开，建立费用查询专用系统，设立举报投诉电话和信箱，受理患者投诉。至 2012 年，乡镇以上医疗机构均实行此制度。

（二）医疗服务价格改革

2000 年，眉山地区县级以上医疗机构实行药品收支“两条线”管理。

2002 年，眉山市调整医疗服务收费价格，市卫生局、市物价局制订《调整医疗服务价格工作方案》，确定市医疗服务成本测算试点单位，在全市县及县级以上试点医疗机构开展医疗服务项目归并和成本测算，针对医疗单位医疗服务价格检查发现的问题，要求相关单位限期整改。2004 年，市卫生局、物价局制定《眉山市医疗服务收费标准》，涉及医疗收费项目 2708 项，组织价格听证会听证，报市政府批准和四川省卫生厅、四川省物价局备案后，翌年起实施。

至 2012 年，眉山市医疗单位实行“药品价格、医疗服务价格公示制”“住院费用清单制”。医疗机构除收费标准公示外，县级及其以上医疗机构还设立电子触摸屏和计算机查询系统作为补充，逐笔登记患者当日发生的住院费用，费用清单打印给患者，提高收费价格透明度。纠正同级医院医疗收费标准等各自为政现象。

（三）诊疗方式改革

2000 年起，眉山地区县级以上医疗机构开展病人选择医生。医院张贴公布各类专家医师信息，由患者就诊时选择医生。随后，各医疗机构推行住院病人选医生，向入院病人提供入住科室或病区资料，介绍科室专业特色、特长以及医务人员基本信息，由病人选择医生制度。2003 年，眉山市县级以上医疗机构全面推开、部分中心卫生院试行。此后，各医疗机构建立医院网站，在网站上公布全院各级各类医生信息，患者根据公布的信息可预约就诊。至 2012 年，眉山市县级以上医疗机构和中心卫生院，在门诊服务大厅安置电子触摸屏，供患者查询全院各级各类医师信息，在显要位置安置液晶显示屏，公示全院各级各类医师的有关信息，药品信息、规章制度以及各类公示信息。在门诊服务台安排专职导医员负责医疗咨询。市人民医院等 13 家公立医院开展预约诊疗。

第二节　医疗质量与科研管理

一、医疗质量管理

20 世纪 90 年代，今眉山境内医疗单位实行医院分级和院科两级管理，明确各类人员职责。组织开展医疗机构医疗质量专项检查。

2000 年，眉山地区实行医院分级管理，抽查医疗单位医护质量，开展百日安全活动和医疗质量管理经验与教训研讨。2004 年，眉山市以加强内涵建设为重点，贯彻医疗机构设置标准。开展医务人员法律法规、业务知识培训和医疗机构管理干部培训，全年培训 9680 人次。

2008 年，眉山市建立医疗机构监管信息公告制度，将医院依法执业、诚信服务、违法违规行为在媒体公告。开展市级重点医学专科评审工作，3 所医院 4 个申报项目通过市级专家评审。2009 年，开展二级以上医院和妇幼保健院诚信服务评价，以及市级重点专科评审。市医院呼吸内科列入市级重点专科建设项目。督导 12 个重点专科项目，促进医疗机构学科建设。2010 年，成立眉山市医疗质量控制分中心，市人民医院建立肾病、病理、临床麻醉、临床检验、病案、心血管疾病等 6 个医疗质量控制分中心，完善专家库。第一类医疗技术实行准入制度，实施手术分级管理。规范全市消毒供应中心管理及检查验收程序，开展急救、血透、院感工作专项检查，强化医疗质量控制和管理。市人民医院肾脏内科评为省级重点专科。

2011 年，引进优质医疗资源，眉山心脑血管病医院与中铁二十局中心医院重组建立高端技术医疗机构，开展心脑血管疾病介入诊治技术，填补全市空白。在各级医疗机构开展“三好一满意”（服务好、质量好、医德好、群众满意）和“医疗质量万里行”活动，建立医院医疗质量控制分中心和药事管理质量控制分中心，规范医疗机构医院感染管理。检查3个采供血机构和28个临床用血机构安全情况。当年，市人民医院泌尿外科建成四川省重点专科，验收评审市级重点专科建设项目5项，批准立项2项。2012年，推进“优质护理示范工程”，全市16家二级以上公立医疗机构实施优质护理服务，开展病房数85个，覆盖率69.11%，市人民医院等示范病房数覆盖率100%。开展“优质服务零投诉”“卫生零距离服务”活动，推行实名制就诊卡“一卡通”服务。全市二级以上医疗机构门诊抗菌药物处方比18.01%，住院患者抗菌药物使用率53.79%。18家医疗机构推行电子病历，19家医疗机构开展临床路径试点。26家县级以上医疗机构对口支援45家乡镇卫生院。22家二级以上医疗机构实施优质护理服务，开展病房114个，覆盖率74.03%。市人民医院外科、神经内科通过住院医师规范化培训基地现场评审，市人民医院泌尿外科、仁寿县人民医院肝胆外科确定为省级重点专科建设项目。

二、科研管理

1996年，仁寿县中医院周长青、陈碧蓉等人主研的《蝮蛇抗栓酶滴鼻剂治疗慢性鼻炎的临床应用》获乐山市科技成果奖。1997年，仁寿县中医院徐超主研的《甲硝唑和中药交替灌肠治疗溃疡性结肠炎》获眉山地区科技成果奖。

1999年，地区卫生局制订《实施1999年度科技成果推广计划》，组织各级医疗机构（含中医）推广实施10余项科技成果。组织全区医疗卫生人员近600人中级职称评审及考试。成立临床检验，口腔五官、放射、药学、外科妇产科等专委会，开展学术讲座和交流。开展眉山卫校和仁寿卫校教学评估。

2001年，市中医院晏友君主研的《自拟化癥汤治疗卵巢巧克力囊肿》，获四川省科技成果奖。2005年，眉山市加强科技成果推广，促进卫生技术成果转化和利用。市人民医院龙鸿川、赵滨生、熊晓夜等主研的《颅内血肿微创消除术临床应用》，黄令、王秀华等主研的《131碘治疗GRAVES病的临床研究》获眉山市科技进步三等奖。洪雅县中医医院科研项目“《伤寒论》汤方药物古今变异研究”“肤康舒的研制”先后获2005年眉山市科技进步奖。全年全市医疗卫生机构引进开展新技术、新项目68项。

2006年，彭山县被卫生部确定为全国卫生科技成果推广试点县。2009年，眉山市组织开展学术活动61次，参加医务人员7420人次。召开成都、乐山等兄弟学会参加的川西南片区市级医学会首届联谊会，加强学会联系。仁寿县中医院开展肛肠科术中术后“平衡阵痛”科研课题，总结出“术中术后疼痛”镇痛方法，获仁寿县科技进步二等奖，论文《平衡镇痛在肛肠科手术病例中的应用》载于《中国肛肠病杂志》。2010年，建立眉山市医学科技教育网，期刊《东坡医药保健》出刊。全年举办学术活动27次，参会4695人次。开展科普宣传36次，发放宣传资料13.38万份。在省卫生厅、市科技局立项科研课题29个。至2010年年底，全市8项科技成果被市科委立项，3项通过市级科技成果鉴定，2项被评为市科技进步二等奖，3项评为三等奖，2项获省卫生厅赞助经费1万元。其中，许志忠等主研的《蔗糖铁静脉注射治疗肾性贫血临床研究》、戚刚等主研的《双水平无创正压通气治疗慢性阻塞性肺疾病伴呼吸衰竭的临床研究》获眉山市科技进步二等奖、高原平等主研的《静脉复合麻醉在无痛胃镜检查中的应用》、周建国等主研的《尿石通冲剂治疗泌尿结石临床观察》、刘利权等主研的《微创经皮肾镜钬激光碎石取石术的临床应用研究》、李树仁等主研的《戴翼金属烤瓷冠在残根残冠修复中的应用分析》、杨志明等主研的《洪雅县消灭疟疾策略及技术措施的应用与研究》及眉山市疾控中心研究的《眉山市吸毒人群预防艾滋病综合干预》、邓柯等主研的《Super-Bond 在纵裂牙治疗中的运用》及市中医院《盆腔炎的中药灌肠疗法》获眉山市科技成果、眉山市科技进步三等奖。获眉山市科学技术三等奖。仁寿县中医院论文《直肠黏膜柱状风和固定术治疗混合痔 132 例临床疗效》在《中国肛肠病杂志》发表。

2011—2012 年，眉山市举办学术会议 33 次，参会 1.06 万人次。在省、市科研立项 40 项，4 项通过成果鉴定。

第三节　卫生应急

一、应急机制

1990 年，今眉山境内有以红十字救护为先导、地区救护站为枢纽、医院急诊科为网点的急救网络。城市急救网络由地级“120”救护指挥中心、辖区急救站（中心）和医院急诊科、重症监护室（ICU）组成。1992 年开通“120”急救电话专线及无线电急救通信系统。

2001 年，眉山市建立现代数字化通信系统，配有卫星定位系统、“三字段信息”（报警人姓名、地址、电话号码），全程录音，负责院前急救调度指挥。2004 年，全市启动医疗救治体系建设，建立市、县（区）由政府主要领导任总指挥、相关单位、部门为成员的突发卫生应急指挥系统，全市卫生系统组建 281 人的卫生应急队伍。2005 年，市和 6 个县（区）成立卫生应急办公室（挂靠卫生行政部门），强化突发公共卫生事件应急处理指挥协调。建立覆盖城乡、灵敏高效、快速畅通的信息网络。制定和完善突发公共卫生事件应急预案和食物中毒、灾害事故等专项预案。10 月，市救护站更名为眉山市“120”紧急医疗救援指挥中心。2006 年，急救中心综合业务大楼建成。集有线、无线、计算机网络通信和卫星定位于一体的院前急救“120”调度指挥系统升级扩容改造工程投入使用。2007 年，市政府办印发《眉山市突发公共卫生事件应急预案》《眉山市突发公共事件医疗卫生救援应急预案》，补充市、县（区）卫生应急专家库人员。建立市“120”紧急医疗救援指挥中心，次年与省卫生厅急救中心、市应急指挥中心实现联网。2009 年，按照《突发事件应对法》，完善组织体系和预案体系。加强卫生应急队伍装备建设，物资、人员、设备、经费四落实。2010 年，眉山市制订《“十二五”卫生应急体系建设规划》，筹建市级卫生应急指挥与决策信息系统，建立市级卫生应急物资储备点，调整充实卫生应急处置队伍和专家。

2011 年，编制《眉山市自然灾害卫生应急预案》（试行）、《眉山市突发中毒事件卫生应急预案》（试行）等，实行突发公共卫生事件信息日报、零报制度。完成“十一五”卫生应急工作总结评估。依托市“120”紧急医疗救援指挥中心，建立市突发公共卫生事件应急指挥中心。2012 年，市“120”指挥调度平台建成投入使用。

截至 2012 年年底，眉山市制订完善《眉山市传染病非典型性肺炎应急处理预案》《眉山市鼠疫控制应急预案》《眉山市人感染高致病性禽流感疫情应急处置预案》《眉山市麻疹防治应急处置预案》《眉山市流行性乙型脑炎应急处置预案》《眉山市流感大流行应急预案》等市级专项应急预案 14 个。全市卫生应急机制完善。

二、应急培训演练

2004年，眉山市按照“平战结合”要求，开展卫生应急队伍技术培训和应急演练。2007—2011年，全市开展应急队伍建设和管理及专业培训7次，举行卫生应急演练3次，督导4家急救站（点）院前急救工作。2005年，市、县（区）建立一支50人~80人的突发公共卫生事件应急处理队伍，开展培训和演练，培训疾控技术人员1200人次。2006年，市卫生局制定《眉山市突发公共卫生事件应急预案》《眉山市突发公共事件医疗卫生救援应急预案》，举行培训和演练，以提高应急处置能力。

2012年，开展急救现场演练2次，组织市级有关医疗单位参加防灾救灾大演练。考核4家急救站点院前急救工作。

三、应急物资储备

眉山市应急物资储备，有传染病控制类的4大类、34小类应急物品，疫情综合应急处理箱，配备防护用品、现场流调物品、实验采样个人应急箱、消毒剂、防化服、常用疫苗等。

2003年，眉山市应对“非典”应急物资消耗量大，造成应急物资短缺。此后，各级政府每年安排经费用于应急物资储备。市疾控中心设立专门应急药品、物资储存室，落实专人管理，定期清理、添置和更新。至2012年，全市应急物资储备量逐步增加。

四、突发公共卫生事件处置

眉山市突发公共卫生事件应急处置主要是流行病、食物中毒、受灾（事故）伤员处置。2005年，处置突发性公共卫生事件16起。截至2012年年底，全市应急救护病人2.7万人次。

（一）流行病应急处置

霍乱处置 1999年，眉山县报告首例霍乱病例，为输入性病例。地、县两级疾控机构迅速开展流行病学调查，密切观察，未出现二代病例。2003年9月，成都市双流县发生霍乱疫情，仁寿县视高镇、钢铁乡、兴盛乡36人曾与霍乱病人一起聚餐。仁寿县疾控中心协助成都市双流县疾控中心排查，对密切接触者采取隔离医学观察、预防性服药；启动相关监测，对环境消毒处理，开展“三管一灭”（管水源、管饮食、管粪便，灭苍蝇、蟑螂），向周围人群开展健康教育和卫生宣传，启动爱国卫生运动等措施，眉山市无发病。2009年9月，仁寿县医院发现一疑似霍乱病例。仁寿县疾控中心迅速前往调查，请求省、市疾控中心协助调查处置。经检测，参与患者聚餐的161人除患者本人霍乱弧菌阳性外，其余人员未出现霍乱样症状。通过现场流行病学调查、预防性服药、疫情监测、追踪

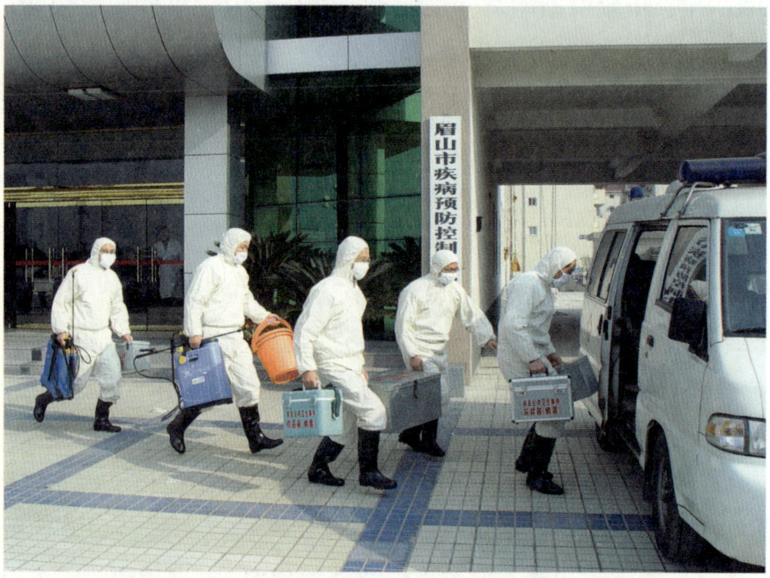

眉山市疾控中心快速处置突发公共卫生事件（摄于2005年1月）

疫情来源、强化消毒和群众健康宣传教育以及加强农村集体就餐管理等综合防控措施，未出现二代病例，患者经一周救治后出院。2012 年，处置东坡区柳圣乡霍乱疫情，确保无本地病例发生。

流行性腮腺炎处置　2008 年 1 月，洪雅中学多名学生感染流行性腮腺炎，洪雅县疾控中心接报后，迅速组织现场流行病学调查和处理，发病 52 例。通过采取隔离治疗病例、应急接种、加强晨检、环境及空气消毒等措施，疫情得到控制，无疫情扩散和死亡病例发生。

流感处置　2003 年 9 月，仁寿县城堰乡中心校发生流感疫情，发病 347 例。仁寿县疾控中心对易感人群服药预防流感；控制传染源，保护易感人群；每日疫情监测；开展周围人群健康教育和卫生宣传，及时控制疫情，防止疫情蔓延。2004 年 3 月，仁寿县高家镇中心小学发生流感疫情，发病 382 例。仁寿县疾控中心采取流行病学个案调查，加强疫情监测，搞好环境卫生等，中小学校全体师生连续 3 天普服中草药大锅汤预防，及时控制疫情。2009 年，受全球甲型 H1N1 流感影响，眉山市仁寿一中、洪雅中学、洪雅实验中学发病 121 例。全市各级疾控中心采取措施，16.1 万人接种甲型 H1N1 流感疫苗。同时，加强环境消毒、卫生宣教等综合防控措施，疫情得到控制。

（二）食物中毒处置

1999 年 10 月，青神凌鹏酒店报告发生食物中毒，青神县卫生防疫站组织人员前往救治医院和凌鹏酒店开展现场流行病学调查。聚餐 430 人中，95 人相继出现腹痛、心慌呕吐、腹泻、头晕等症状。实验室检测为急性细菌性食物中毒。经治疗，193 名患者症状消失，痊愈出院。随后，开展业主及其员工卫生法律法规知识和卫生防病知识培训，封存厨房遗留食品，对凌鹏酒店作出停业整改处罚，要求业主赔付患者全部治疗费。至 2000 年，丹棱县顺龙、中隆、仁美中、小学发生 10 名学生因捡拾糖果，校外买饮料、食物，发生毒鼠强中毒，2 人死亡，2 人严重后遗症。2002 年 6 月，丹棱县中隆乡石河村一村民办家宴，发生群体食物中毒，180 人发病，发病率 81.9%，涉及 4 个乡镇、12 个村、25 个村民组，经采样分离、培养，检出甲型副伤寒沙门氏菌。丹棱县卫生防疫站协助各乡镇政府，追踪就餐者，统一服药 21 天，患者家庭厨房、饮水、厕所实施消毒，每周一次灭蝇，投放漂白粉 2 吨，生石灰 3 吨，杀蝇药 100 瓶，抗生素 5 万余片。133 名重症患者经丹棱县人民医院抢救治疗全部脱离危险，无死亡病例。2008 年，眉山市启动食用含三聚氰胺奶粉患婴幼儿结石筛查救治，确定 11 所定点诊疗医院，明确市人民医院为全市重症患儿救治医院。全市筛查婴幼儿 3.04 万人，确诊 283 人，住院收治 19 人次，无重症患婴幼儿。2010 年，处置眉山职业技术学院 1 起感染性腹泻暴发疫情，治愈 275 人，无重症和死亡病例。2011 年，处置东坡区一住宅小区婚宴食物中毒事件，发病 72 人，全部治愈，无重症和死亡病例。

（三）伤员处置

2000 年 9 月，洪雅县境内发生特大交通事故，市卫生局调集眉山县人民医院专家抢救组奔赴出事地，与洪雅县人民医院医护人员一起，制定抢救方案，巡回查看伤病情况，把事故伤亡程度和损失降到最低限度。2008 年，“5·12”汶川特大地震后，眉山市收治住院伤病员 925 人，其中重灾区住院伤病员 613 人，向大连、南宁、福州等地医疗机构转诊病人 269 人。未发生死亡。全市无灾后疫情发生，集中式供水水质符合饮用水卫生标准。派出 9 名医疗专业人员赴汶川开展突击援助服务。向绵阳重灾区调配血液 7.86 万毫升。2010 年春节，柳江吊桥侧翻事件造成重大人员损伤，洪雅县中医医院作为主要伤员收治医院，在省、市应急小组指导下，圆满完成救治任务。2012 年，眉山市应急卫生医疗机构派员 69 人次，参与重大活动医疗保障服务，完成医疗保障调度 37 次。

五、急救

眉山市医疗急救分为院前急救和院内急救。1997 年，眉山救护站逐步从运输型转向急救型。2007 年，市医疗急救中心与市区各大医院建立“120”急救预先告知系统，实现院前与院内急救对接。2008 年与省卫生厅急救中心、市应急指挥中心实现联网。

（一）院前急救

1997 年，彭山县人民医院设有“120”急救站，设置呼救电话“120”，配备救护装备和医务人员。2006 年，眉山市院升级改造前急救“120 调度指挥系统”，集有线、无线、计算机网络通信和卫星定位于一体，提高急救时效。2007 年，成立眉山市“120”紧急医疗救援指挥中心，负责全市医疗卫生急救组织协调，中心城区实现 6 千米急救半径，15 分钟以内响应，急救反应均在规定时限内到达呼救现场。当年，接到“120”呼救电话 7372 个，派出救护车 1267 次，处理车祸受伤 593 起、中毒事件 25 起；接救内科急性病发作 316 起。至 2007 年年末，全市县级人民医院均设立“120”呼叫站系统。2008 年，完善全市院前急救网络建设，完善机构、人员和设施设备等。“5·12”地震期间接听地震引发的受伤呼救电话 530 起，救治伤员 625 人。全年接到呼救电话 3.64 万次，出救率 20%。2010 年，组织专家组全面检查仁寿、彭山、丹棱、洪雅、青神五县卫生急救工作，促进提高医护人员急救意识和能力。全年全市接到医疗救援呼救电话 6785 次，出救率 100%。预警信息 439 条。至 2012 年，全市医疗急救网络与“110”“122”“119”等城市应急机构建立联动机制，常态下以各业务分散接警、分散指挥；应急状态下实现联动处理、集中管理、快速反应，形成城市公共安全防范体系。接到呼救电话 3.69 万次，真实呼救率 21%，急救出诊率 100%。全市预警信息 608 条，响应率 100%。

（二）院内急救

1997 年以后，眉山地区医院逐步将急救室改为急诊科，设立单独的急诊区域，增强院内急救能力，建成多种绿色通道，缩短病人救治时间。至 2006 年，眉山市接收救护车输送病员 50%以上。2007 年，市急救中心与市区各大医院建立 120 急救预先告知系统，实现院前与院内急救对接。2008 年与省卫生厅急救中心、市应急指挥中心实现联网。2012 年，全市院内急救病人 2.7 万人次。

第四节　卫生监督

一、法律监督

1999 年，眉山地区以贯彻《中华人民共和国献血法》《中华人民共和国药品管理法》和食品、化妆品、放射等法律、法规为重点，推动全区卫生执法监督。成立献血办公室，开展献血法宣传和义务献血活动。全区组织统一理论考试和实践技能考核，认定 4000 余名医疗卫生工作者执业医师、助理执业医师资格。拓宽卫生执法监督领域。2000 年，市卫生局结合“三五”普法，举办药品生产经营人员法律法规等培训 340 人次，出动执法、普法宣传车近 200 台次，印发各种宣传资料 2 万余份，宣传简报 6 期；利用新闻媒体宣传和解读《中华人民共和国食品卫生法》等法律法规 13 次。市卫生局与东坡区卫生局在三苏广场举办大型宣传咨询活动，直接受教育万余人次。

2003 年，眉山市利用重大卫生节日开展卫生法律法规宣传。组织中心城区 12 个重点医疗机构学习贯彻全国人大常委会关于禁毒的决定，结合“6·26”世界禁毒日，开展禁毒活动。加强医疗机构麻醉药品、精神药品和易制化学品管理，开展检查，提出检查问题整改措施。2008 年，全市受理并回复举报投诉案件 11 件，做到举报投诉事事有记录、有结果、有回复。至 2012 年，每年均开展医疗卫生法律法规执法检查，督促工作落实。

二、医疗市场监管

2002 年，眉山市贯彻实施国务院《医疗事故处理条例》（以下简称《条例》）。市卫生局举办《条例》及其配套文件学习班，培训 200 余人，全市医务人员《条例》知晓率 95%以上。各级卫生行政部门联合有关部门开展打击非法行医，清理整顿医疗机构专项治理。当年，清理超范围行医点 71 个，取缔非法诊所 12 个，整治游医、巫医等窝点 46 个，净化医疗市场，规范医疗秩序。2004 年，专项整治非营利性医疗机构对外承包、合作、合资开展的皮肤、性病、肝病等科室，取缔无医疗机构执业许可证 41 户、出借医疗机构执业许可证 4 户；吊销过期失效医疗机构执业许可证 27 户；纠正不规范审批 406 户；查处使用非卫生技术人员的医疗机构 40 户，撤销或注销不合格诊所、医务室 406 个；查处违规使用非卫生技术人员、超范围行医、擅自变更执业地点的医疗机构 241 个，查处违法违规人员 143 人。取缔个体诊所 28 家，拆除违规医疗广告 14 个，取缔医疗机构对外承包和出租科室 7 个，发出责令整改意见书 50 余份，行政处罚 25 户次，罚款 3.37 万元。专项执法检查全市 146 家医疗卫生机构传染病防治暨“非典”防治。限期整改存在的问题，问题严重的现场处罚。2005 年，开展打击非法行医、化妆品美容业专项整治等行动，集中检查中心城区医疗机构。检查医疗卫生机构 605 户次，责令 21 家医疗机构限期改正存在问题，行政处罚医疗机构 5 家，取缔游医 103 个，吊销医疗机构执业许可证 2 家、医师执业证书 8 个，核销不符合设置标准的 16 家医疗机构的诊疗科目 47 个，查处超范围行医医疗机构 4 个，取缔医疗机构内设的“中心”6 个，查处未经许可从事放射工作的医疗机构 1 户。

2008 年，市卫生局制发《关于进一步净化医疗市场规范医疗行为的通知》，市卫生局、市公安局发出《关于严禁“医托”骗医维护正常医疗市场秩序的通告》，开展打击“医托”和医疗市场秩序专项整治活动，全面检查中心城区 151 家医疗机构，取缔非法行医点 2 个，查处违规医疗广告 2 起。清理整顿市直管医疗机构科室设置、人员配置等，取缔和注销医疗机构牌子 2 个，规范变更医疗机构名称 7 个，核销专业科室 11 个、二级科目 37 个，核减床位 160 张。在全市医疗机构开展市级重点医学专科评审，3 所医院 4 个申报项目通过专家评审。汶川地震后，卫生执法监督支队每日派员巡回监督检查担负伤员救治的医疗机构和救助中心，及时督促整改存在的问题。全市取缔非法医疗按摩、中医针灸、牙科、黑诊所 66 处。检查母婴保健技术服务机构 133 家，计生机构 7 家，下达监督意见书 31 份，责令改正 8 家。2009 年，召开眉山市城区规范医疗广告法人代表约谈会，当年约谈违规发布医疗广告医疗机构 5 次，公示曝光眉山城区 18 家医疗机构不良执业行为。2010 年，实施医疗市场网格化监管。集中开展打击非法行医专项行动，检查眉山城区及城郊环境的农贸市场、美容院、按摩院、药店。现场督查洪雅县、丹棱县打击非法行医专项工作。专项检查医疗机构临床用血，采供血机构监督覆盖率 100%。2012 年，推进县级卫生监督机构片区派驻制度和协管员制度，纳入国家基本公共卫生均等化服务项目绩效考核。全市公开招录卫生监督员 12 名，落实协管员 292 名。开展卫生监督“岗位大练兵、技能大比武”活动。以医疗机构依法执业和医疗质量监管为重点，监督检查覆盖率100%。

截至2012年年底，全市通过“打击非法行医”专项整治，检查医疗机构4269户次、农村集市67个，医疗机构医疗废物处置2936家。取缔无证行医、游医204户、药店坐堂医2家、牙医摊点1个，取缔非法医疗广告46起，违规约谈单位15家，罚款5家，行政处罚5家，下达监督意见书356份。

三、药品及医疗器材监督管理

（一）药品及高值耗材采购监管

1997年，眉山地区实行药政、药品、药品检验一体化监督管理。卫生行政部门审验药品批发、生产、医院制剂许可证，审查麻醉精神药品印鉴卡，指导麻醉精神药品使用管理，组织药品从业人员和药房工作人员健康体检，及时调整患有传染病的从业人员。抽样药品品种、批次。药品实行“三统一”购销，新、特药品由药事管委会集体论证决定。全区有医药生产企业9家，县级医药经营批发企业15个，承担辖区内医疗机构部分药品、器械供应。1998年，地区行署印发《眉山地区医药市场管理暂行规定》，整顿医药市场秩序，查处大批假冒伪劣药品。全区药品生产企业监督面100%，县级以上药品经营、医疗单位监督面95%。抽检各级各类医院、医药生产经营单位药品220批次，药品生产企业监督面100%，县及县以上药品经营、医疗单位监督面100%。全区处罚违规医药医疗网点204家，取缔非法网点485家，没收处理药品器械，集中查处假药案件。2000年，眉山县人民医院推行药品集中招标采购。

2001年，眉山市开展医疗机构药品招标采购试点。以眉山市第二人民医院为牵头单位，全市20家县级以上医疗机构联合组织。2003年，全市医疗药品实行集中招标采购。组织投标人资格审查、开标、评标、澄清问题、制订采购计划等，要求参加招标采购的医疗机构建立网上采购平台，制定招标药品目标3116个品种规格。全市集中招标采购药品3次，中标品种规格2378个，签订合同金额2100万余元。2005年，所有公立医疗机构的药品、耗材、器械参加全省集中招标采购，眉山市不再自行组织。当年起，全市二级乙等以上医疗机构均参加药品集中采购。2007年，药品集中招标采购实行药品上网采购率、药品阳光采购数据上报率和阳光采购积分合格率三项指标考核，全市均达到100%。县级以上医院全部实行药品及大型医疗设备集中招标采购。网上集中招标药物1.25亿元，占县级以上医疗机构用药97%以上，让利患者300万余元。2008年，探索建立医药购销领域商业贿赂长效机制。健全药品阳光采购、不当处方院内点评、药品用量每月监测、预警制度和诫勉谈话等4项制度。全市26家上网医疗机构网上阳光采购药品1.55亿元，占采购总量的92.8%。药品上网采购率、药品阳光采购数据上报率和阳光采购积分合格率均为100%。在二级甲等医院探索试行高值医用耗材阳光采购制度，采购金额102.91万元。2010年，启动药品阳光采购合同签订。全市174家医疗机构参加药品集中招标采购，全部上网采购，阳光采购积分上报率100%，月平均阳光采购积分97分。24家医疗机构高值医用耗材月平均阳光采购积分103分。

2012年，全市136家基层医疗卫生机构和村卫生室全部上网采购基本药物并实行零差价销售，49.31%二级以上公立医院使用基本药物，170家医疗机构参加药品和医用耗材集中招标采购，实现“4个100%”（覆盖率100%、上网采购率100%、零差价销售率100%、阳光采购积分合格率100%）。网上药品集中采购工作列全省第一。

(二) 医药市场管理

1997 年，眉山地区医院医用药品实行药事管理委员会领导下的药剂科主任负责制。药事管理委员会负责贯彻《中华人民共和国药品管理法》等有关法律、法规，制定本机构有关药事管理工作的规章制度并监督实施等。麻醉药品实行“五专”(专人、专柜、专锁、专用账册、专用登记) 管理。

2001 年，市卫生局制定《药品采购、储存、销售和使用的管理规定》，督促各区、县药监部门贯彻落实，前往各县 (区) 检查。抽样 203 个批次，检品合格率 79.4%，比 1999 年增长 10%。2002 年，拉网式巡回大检查全医药市场，查处违法违纪案件 131 件，罚款 9.89 万元，取缔非法私人诊所 94 个、虚假医疗广告 30 条，销毁过期、假劣药品价值 3.35 万元。市属管理药品监督面和公共场所、学校、一次性医疗卫生用品生产单位卫生监督面 100%。2005 年起，全市使用麻醉药品和第一类精神药品的医疗机构设立专柜储存麻醉药品和第一类精神药品，双人双锁，严格管理。取得麻醉药品、第一类精神药品购用印鉴卡 (以下称印鉴卡) 的医疗机构凭印鉴卡向定点批发企业购买麻醉药品和第一类精神药品。2011 年，开展抗菌药物临床应用专项整治，5245 人考核合格，合格率 99.85%；全市三级医院抗菌药物品种控制在 50 种以内，二级医院控制在 35 种内。至 2012 年，全市医疗机构建立药事管理制度 25 项，药品管理制度完善。

四、食品卫生监管

1998—1999 年，眉山地区组织开展酒类产品、食品卫生大检查。全区食品生产经营单位监督检查覆盖率 85%以上。2000 年，地区卫生局拉网式巡回大检查全区食品卫生，经常性监督检查。地属食品生产经营单位、城区饮用水企业卫生监督全覆盖。全区食品生产经营单位 1.73 万户，从业人员 2.95 万人，体检 2.91 万人、体检率 98.67%，五病人员调离率 100%。食品抽检 3172 件，合格 2922 件、合格率 92.12%。

2002 年起，眉山市开展食品经营单位监督检查。检查食品经营单位、公共场所经营单位 2295 户，从业人员 5549 人，监督覆盖率 100%，办证率 98.5%；学校、幼儿园 57 所，监督覆盖率 100%，食堂办证率 100%。全年发出卫生监督意见书、责令整改通知书 2686 份，行政处罚 133 件，责令整改 139 户，停业整治 40 户，销毁违规食品 3.2 吨。2003 年，开展抗击“非典”为主要内容的食品卫生监督检查，中心城区检查生产经营单位 1850 户，从业人员 6536 人，新改扩建食品生产经营单位预防性卫生审查 710 户，卫生行政处罚 210 户，罚款 3.5 万元，销毁不合格食品 515 千克。2005 年起，开展食品卫生专项整治。中心城区 883 个餐饮单位和 91 个食品生产加工企业实行食品卫生监督量化分级管理制度，食品流通环节和餐饮业、食堂等消费环节食品卫生监督量化分级管理制度实施率 100%，卫生信誉度评级率 61.5%。当年，检查食品生产经营单位 4514 户，学校食堂 372 个。至 2006 年，行政处罚 805 起，罚款 100 万余元。中心城区 438 个餐饮业单位开展信誉评级制度，其中 A 级 14 家、B 级 44 家、C 级 380 家，卫生信誉度评级率 61.2%。

2007 年，眉山被确定为全省推行食品卫生管理员制度试点市。建立食品卫生管理员等制度，在 61 家餐饮和学校食堂试点卫生监督信息动态管理，分好、较好、一般和差 4 个等级，促进完善内部管理，接受社会监督。检查食品生产经营单位 9.74 万户次，行政处罚 396 户，取缔违法违规生产经营单位 45 户。完成 95 项重大活动卫生安全保障。全市食品卫生量化分级管理单位 1.32 万家，其中 A 级单位 26 家。餐饮行业原料采购索证率 100%，学校食堂、饮用水卫生监督覆盖率 100%。食品卫生、生活饮用水卫生、学校卫生连续三年未出现卫生安全事故，全省领先。2009 年，开展食品添加剂生产企业无证生产、餐饮经营单位违法添加非食用物质和滥用食品添加剂专项整治，检查食品添加剂生产企业3家，餐饮经营单位、食堂3880家，整治重点单位193个、重点品种106个。以旅游景点、农家乐、建筑工地食堂大中型供餐单位为重点，开展餐饮消费环节食品安全集中专项整治，食品卫生监督实行量化分级管理。检查餐饮单位3143家，职工食堂228家，责令整改99家，处罚48家。2010年，全面清缴问题乳粉，检查乳粉生产企业47家、奶站33家、餐饮和乳粉经营单位6764家，未发现问题乳粉。

2011年，开展“食品安全宣传周”活动，开展严厉打击食品非法添加、滥用食品添加剂专项整治，检查企业328个次、食品生产经营单位1.82万家，查处违法案件50起。抽检食品752批次，合格率80%以上，乳制品抽查合格率100%，泡菜抽查合格率99.38%，建成食品安全示范店546户。2012年，眉山市将食品安全工作纳入政府目标考核和领导干部政绩考核内容，加强食品安全工作组织领导。市政府制订《眉山市食品安全有奖举报实施办法（试行）》。举办食品安全宣传周暨万户食品生产企业公开承诺食品安全系列活动，发放宣传材料25万份，受教育群众3.3万人。推进“食品安全示范县和示范企业”建设。全市建设市级示范街4条、示范乡镇22个，青神县被推荐为全省国家联系县和国家级餐饮服务食品安全示范县。

五、公共卫生监管

（一）公共场所监管

1998年，综合治理眉山城区医疗卫生。2000年，加强卫生监测，提高从业人员体检率、卫生监测覆盖率。监测全市经营单位2365户，监测覆盖率45.45%，抽检项目7809次，合格6702项次，合格率85.82%；体检从业人员6411人，体检率98.13%；检出“五病”人员66人，检出率1.03%，调离率100%。2003年，眉山市监督检查公共场所经营单位2582户，从业人员6414人。2010年，全市公共场所推进量化分级管理，评级住宿业99家，评级率81.8%。开展并完成公共场所集中空调通风系统卫生监督，下达限期整改意见书17份。2011年，全市90%的住宿场所、30%的沐浴场所和美容美发场所实施卫生监督量化分级管理，检查公共场所3000余家，培训从业人员4095人次。

2012年，全市检查公共场所经营单位1427家，持证率20.3%，催办（换）证通知1138家。所有住宿场所、美容美发、沐浴场所、游泳场所实施卫生监督量化分级管理，卫生监测合格率89.02%。

（二）生活饮用水监管

1997年，眉山中心城区居民生活饮用水经自来水厂消毒处理后进入居民户，水中可见泥沙且有腐臭味。仁寿县、彭山县、洪雅县、丹棱县、青神县建有制水厂，居民生活饮用水水质符合国家标准。1998年，完成眉山城区饮用水卫生监督监测，提出整改意见。2000年，新增岷江江心河底取水源，新建一制水厂，居民饮用水改善。全年抽样610件，合格459件，其中城镇集中式供水抽样234件，合格231件；农村376件，合格228件。监测8家纯净水、矿泉水和市级生活饮用水生产厂家卫生抽样13件，合格4件，通过媒体向社会公布水质状况。年末全市有集中式供水单位162个（水厂27个、自建设施集中供水135个），二次供水6个，供水人数178.91万人，其中城市人口5.47万人、农村人口173.44万人。

2001年，实施“龙水引眉”工程，从黑龙滩水库引水，终止王家渡、岷江取水源，眉山中心城区居民生活饮用水达到国家规定的生活饮用水水质标准。当年，市、县（区）卫生监督机构开展辖区内集中式供水，二次供水单位和涉及饮用水卫生安全的产品卫生监督监测。此后，每年开展辖区内自来水厂、二次供水单位、涉及饮用水卫生安全产品常规卫生监督和水质监测 2 次~4 次，组织培训供管水人员卫生法律规章和卫生知识，查处违反生活饮用水卫生法律规行为。2004 年后，每年按规定开展水源水、出厂水、末梢水水质卫生监测，水质合格率均为 100%。

2008 年起，全市开展生活饮用水卫生监测，监测农村 126 处安全饮水工程水质，对存在问题的供水单位下达卫生监督意见书，立案查处水质监测不合格的供水单位。2010 年 9 月，眉山市职业技术学院发生一起感染性腹泻事件后，经调查核实，系此校自建水井水源被地下排污管道破裂渗漏污染引起。市政府对相关责任单位进行处理，并决定将学院自建供水改为市政供水。

2011 年，全市集中式供水和学校二次供水监督监测实现全覆盖。开展市自来水水厂水源水中断（水源主管网爆裂）的应急供水检测，保证中心城区供水安全。2012 年，监测集中式供水和学校二次供水单位水质监测指标 65 项，合格率 100%。

（三）放射卫生监管

1998 年，四川省卫生厅将眉山地区确定为全省放射卫生综合管理试点地区，探索放射卫生管理措施办法。四川省劳动卫生监督监测所现场指导，地区卫生局、建环委监督监测验收城市住房、公共生活用房竣工放射卫生。

2003 年起，眉山市开展放射卫生监督，下达监督意见书，违规的给予行政处罚。2005 年后，全市加强被监管单位执行法律、规章、标准和规范，放射诊疗规章制度和工作人员岗位责任制等制度落实，健康监护制度和防护措施落实，放射事件调查处理和报告等规范。建立健全被监管单位职业卫生档案，每年定期开展放射工作人员法律规章培训。2012 年，全市有放射卫生单位 124 户。截至 2012 年年底，眉山市放射卫生监督下达监督意见书 146 份，行政处罚 29 户次。

（四）学校卫生监管

2000 年，眉山地区做好重点人群驱虫工作，为学生 45.9 万人驱虫，为 6.49 万名学生健康体检。2001 年起，市卫生执法监督支队每年监督检查眉山中心城区内大中专学校、中小学校、幼儿园。学校食堂卫生管理制度上墙，防鼠、防蝇、防尘设施完善，从业人员体检和卫生法律法规、卫生知识培训合格率 91.2%。查出的职业禁忌者，全部调离食品从业岗位。2002 年，学校食堂新（扩、改）建工程实行预防性卫生审查和备案登记。2004 年，开展中心城区学校食品卫生监督，餐具抽样监测学校 59 所，抽样 1150 件，合格 1135 件；豆浆抽样学校 8 所，抽样 8 件，全部合格；学校生活饮用水监测 5 户。

2007 年，眉山市卫生行政部门开展学校卫生专项执法检查。检查学校 626 所，重点检查学校食堂食品加工场所流程、卫生条件，食品加工用具和餐饮具的清洗消毒、卫生设备设施、从业人员健康体检和培训、学生健康档案管理情况以及自备水及二次供水设施和传染病防治工作等。对违法事实清楚、情节较严重的 91 所学校实施卫生行政处罚。至 2008 年，审查学校食堂新（扩、改）建工程预防性卫生 64 个。2011 年，加大农村学校、寄宿制学校饮用水及生活环境监督。2012 年，开展学校卫生安全检查 3 次。眉山中心城区内大中专学校、中小学校、幼儿园监督覆盖率 100%，学校食堂卫生许可证持证率 100%，从业人员体检和卫生法律法规、卫生知识培训合格率 91.2%。

（五）职业卫生监管

2002 年，眉山市开展卫生监督执法人员和专业技术人员《中华人民共和国职业病防治法》培训。2003 年，全市利用广播、电视、散发资料、宣传栏等，开展职业病防治法实施一周年宣传。接受群众咨询 8000 余人次，散发宣传资料 9 万余份。2005 年起，全市每年组织开展职业病防治法宣传。通过现场咨询、发放宣传资料、到企业宣讲、专家讲座、媒体播报等形式，宣传职业病防治知识和相关法律法规。开展国家职业卫生示范企业评选活动，眉山市人民医院作为推荐示范企业。

2006年，眉山市建立市职业健康体检机构并通过省级现场审查，东坡区、仁寿县建立职业健康体检机构。全市举办职业病防治培训班，培训人员440余人。调查眉山中心城区及市属存在职业危害企业。市卫生局、市安监局、市劳动保障局和市总工会专项检查存在职业危害企业。2007—2008年，市卫生局、市安监局等5部门集中执法检查市直管的4家企业职业卫生。

2009—2010年，市卫生、劳动、安监等部门以农民工相对集中的中小企业为重点，进厂进企业设点宣传普及职业病防治知识，发放宣传资料1.64万份，接受咨询2875人次；检查职业危害企业117家，警告2家、罚款1家。在市中医医院、眉山三医院、洪雅县疾控中心设置职业病健康检查机构，结束全市没有职业病检查机构的历史。2011年，全市建成健康检查机构4家、协议开展3家，实现每县1所。2012年，开展职业病防治法宣传周活动，发放宣传材料1800份，检查7家（协议）职业健康体检机构、13家放射诊疗医疗机构。

第五节　医疗管理

1998年，地委、行署印发《关于深化卫生改革加快卫生事业发展的决定》《眉山地区卫生事业1997—2000年规划和2010年目标纲要》《眉山地区医药行业1998—2000年发展规划〉》《眉山地区医药市场管理暂行规定》《关于继续发展和完善农村合作医疗保障制度的实施意见》《眉山地区乡村卫生组织一体化管理实施意见》等文件，通过广播、电视、报纸等媒体和组织开展街头义诊、摄影展等活动宣传卫生医药事业，实行目标管理，年底考核评比。1999年，颁布实施《眉山地区卫生医药工作目标管理实施细则》，推动卫生、医药系统目标管理。2011年，六区县综合量化绩效考核评估均在90分以上，全市平均91.1分，达到省定优秀标准。

一、医疗机构分类管理

1997年，眉山地区各级卫生行政部门延续医疗卫生机构规范化、法治化管理，医疗机构分等定级，从业人员实行“执业许可证”、医护人员注册上岗制度。1998年，地区卫生局制订和实施《眉山地区中医弘扬工程“128”计划》，仁寿县、眉山县、青神县中医院通过国家二级乙等中医院评审，完成丹棱县卫生防疫站等级评审。眉山县、仁寿县人民医院开展二级甲等医院创建，彭山县、仁寿县卫生防疫站创建二级防疫站。当年，眉山县医院创“二甲”通过地区初评。仁寿县、眉山县妇幼保健院通过一级甲等妇幼保健院评审。经国家爱婴医院最高评审委员会批准，全区新增爱婴医院4所。2000年，全区医疗机构实行分类管理。城镇医疗机构分为非营利性和营利性两类。

2001年，眉山市政府举办的医疗机构由市卫生局和财政局直接认定；县（区）政府举办的医疗机构由县卫生局、县财政局出具证明，报市卫生局、市财政局认定；企事业单位、社会团体和其他部门举办的医疗机构，在县（区）卫生局设置审批和注册的，由县（区）卫生局审核，报市卫生局、市财政局认定，在市卫生局设置审批和注册的，由市卫生局直接认定；股份制、股份合作制和个人、合伙举办，在市卫生局设置审批和注册的，由市卫生局直接认定，在县（区）卫生局设置审批和注册的，由县区卫生局审核，报市卫生局认定。当年，全市医疗机构全部分类认定，政府举办的市县人民医院、中医院、妇幼保健院、精神卫生保健院和乡镇卫生院、社区卫生服务中心，全部认定为政府举办的非营利性医疗机构；企事业单位、社会团体、其他部门举办如学校医务室等认定为其他非营利性医疗机构；部分股份制、股份合作制和个人、合伙举办的医疗机构认定为营利性医疗机构。

2009 年，眉山市 9 个社区卫生服务机构全面开展公共卫生服务，实施分级分类管理，服务居民 35 万人。开展公共卫生“五进社区”活动，健康教育 5. 57 万人次，妇女儿童保健 3. 28 万人次，残疾人康复理疗 7924 人次。实行免费建立健康档案等“六免费”服务，免费为居民建立健康档案 21. 38 万份（重点人群 1. 9 万份），建档率 69. 99%；接种国家一、二类疫苗 8. 52 万份；高血压、糖尿病等慢性病人健康管理 7. 16 万人次；为 70 岁以上老年人保健 2. 33 万人次、体检 4996 人次；孕产妇建立保健手册 4101 份；0～36 个月儿童建立儿童保健手册 1. 24 万份，体格检查和生长发育评价 9237 人次，重点人群健康管理率 97. 1%。2011 年，制发《眉山市“十二五”期间医疗机构设置规划（2011—2015）》，编制天府新区医疗服务体系发展规划，推动医疗机构分类科学化。

二、卫生行政审批

1997 年，卫生行政许可由地区卫生局职能科室办理，审批环节多，收费标准不统一，审批流程不透明，缺乏监督机制。

2004 年，市 365 行政服务中心设立卫生行政许可办理窗口，实行卫生行政许可集中审批。改多环节审批为集中审批、单独事项审批为多事项集中审批、多人审批为授权审批，公开审批流程，“阳光服务”，缩短审批时间，共设立医师执业注册、护士执业注册等 12 个行政许可审批项目。2006 年，全市全面清理相关卫生行政许可项目，卫生行政许可审批项目由两大类、39 个减为 12 个。当年受理卫生行政许可（审批）及服务项目 1860 件，其中即办 1438 件、承诺件 422 件，承诺件提前办结率 100%。2007 年，卫生行政审批按照“热情服务、用心服务、真诚服务”原则，实行行政许可“一章”制、“一费”制、“一站”式服务，公开服务承诺和办事流程，尽量缩短办事时限，简化办事程序，提高办事效率。为服务对象提供特事特办 130 余件，承诺件提前办结率 100%，实现零投诉、零举报。2010 年，按照“特事特办、快事快办、一般事及时办理”服务原则，进一步精简行政许可办事程序，缩短办事时限，公共场所等许可事项提前介入，创新办理措施，快捷、便民。按时办结率 100%。2011 年，按照“两集中、两到位”，清理许可审批事项，推进政务公开，强化服务意识。至 2011 年年末，市级办理卫生许可件 3. 44 万件，其中医疗机构许可 109 件、公共场所卫生许可 8161 件、食品卫生许可 1. 59 万件、医师执业和护士执业注册 9737 件、母婴保健专项技术服务人员资格认定 282 件、麻醉药品和第一类精神药品购用审批 84 件。2012 年，卫生行政许可及时审查率、按时办结率均为 100%。

三、采供血管理

（一）血液采集与供应

血液采集　1997 年，眉山地区血液采集主要是有偿献血。2000 年后，无偿献血增多，有偿献血逐年减少。2003 年，市中心血站取消有偿献血，全市临床用血全部来自无偿献血者。2004 年，在东坡区多悦镇开展“无偿献血农村行”试点，引导农村居民自愿无偿献血。2005 年，眉山市在全省率先实现 100% 自愿无偿献血。2008 年，全市 178 名献血市民获国家无偿献血奉献奖。至 2012 年，全市血液采集均为无偿献血。

血液供应　1997年，眉山地区有眉山县血站、仁寿县血站、丹棱县血站三家血站共同承担全区临床急救用血采供。当年起，加强血液质量控制和血液检测。全区提供血液品种有全血、悬浮红细胞、洗涤红细胞、压积红细胞、新鲜冰冻血浆、普通冰冻血浆。2000年，眉山地区采用制备冰冻血小板。2001年，眉山市统一向市内二级及以上医院提供24小时送血车定时常规送血。2003年，市中心血站全面担负全市医疗临床用血的采供。2004年，全市成分输血率90%，居全省地级市首位。2009年，血液品种新增“冷沉淀（由新鲜冰冻在控制温度下融化后收集，在1℃~5℃条件下不溶解的白色沉淀物）制剂”。2010年，血液品种新增病毒灭活血浆。

（二）行政管理

1997年，地区卫生局制定《眉山地区医疗机构临床输血技术规范》。临床用血以有偿献血为主。1999年，地区行署印发《眉山地区公民献血和医疗用血管理实施办法》（暂行），划分全区临床用血采供区域。2002年起，东坡区血站负责东坡区、彭山县、青神县临床急救用血采供；仁寿县血站负责仁寿县区域内临床急救用血采供；丹棱县血站负责丹棱县、洪雅县区域内临床急救用血采供。当年，市卫生局核发眉山市人民医院等74个医疗单位输血许可证。2004年，眉山市加强血液质控体系建设，检查82个医疗用血单位。全市开展非法采供血液和单采血浆专项整治执法检查集中行动，专项检查市中心血站、仁寿、丹棱单采血浆站和市直管临床用血医疗机构。开展用血单位医务人员科学用血、合理用血培训。成分输血比例90%以上。2005年3月起，取消政府计划献血，计划无偿献血向自愿无偿献血转变，临床用血全部来自自愿无偿献血。当年，全市自愿无偿献血6900人次，1.19万个单位。

2006年起，眉山市每年接受卫生部血液质量安全督导检查。开展“以保障血液安全，加强血站管理”为主题的血站管理年活动，修订完善血站规章制度、岗位职责、操作规程和质量管理制度，中心血站通过卫生部、省卫生厅考核验收。无偿献血工作纳入政府目标管理。2007年，全市设置青神县、洪雅县、仁寿县、丹棱县人民医院4个储血点。2008年起，充实稀有血型无偿献血、成分输血和志愿服务队伍。每两月开展一次业务督导检查。2012年，市政府印发《爱心献血屋建设实施方案》，各县（区）开始建设献血爱心屋。2012年，开展《医疗机构临床用血管理办法》培训，115人参训。年末全市有在册稀有血型人员119人，自愿无偿献血1.53万人次2.94万个单位。农村自愿无偿献血比例40%。临床成分输血比例99%。

2005—2012年，眉山市自愿无偿献血7.87万人次，采集血液15.04万个单位。有6个年度获“全国无偿献血先进城市”称号。

四、卫生公共服务

（一）公共卫生服务均等化

2010年起，眉山市实施公共卫生服务均等化。各级政府投入人均基本公共卫生服务经费15元，全市10个社区卫生服务机构全面开展为居民免费提供9项基本公共卫生服务，服务居民56.9万人，建立社区和农村居民规范化的健康档案，建档率分别为57.45%、26%；为15岁以下人群补种乙肝疫苗20万人次。2011年，全市人均基本公共卫生服务经费增至25元，服务经费7522万元。统一免费为城乡居民开展10类41小项国家基本公共卫生服务。组织目标人群健康教育24.3万人次，实施艾滋病、梅毒、乙肝筛查10.86万人，为农村妇女增补叶酸2.27万人，服用率96%。2012年，成立市、县（区）基本公共卫生服务指导中心，组建绩效考核专家库，强化基本公共卫生服务综合量化绩效考核评估，眉山市考核达到四川省定优秀标准。全市 10 大类 41 小项国家基本公共卫生服务项目惠及群众 232.93 万人次，为城乡居民建立规范化电子健康档案 294 万份，建档率 88.69%；全市儿童保健管理 24.19 万人、孕产妇管理 8.73 万人、老年人管理 42.88 万人，高血压病人规范管理 21.7 万人，糖尿病人规范管理 7.88 万人；重性精神病规范管理 1034 人。

（二）白内障复明

2003 年，市委、市政府将治疗白内障列入为民办实事。眉山市资助贫困白内障患者 1200 人实施复明手术。2010 年，眉山市减免贫困白内障患者复明手术费用 200 例。

（三）干部保健

1998 年，地区行署印发《眉山地区地级机关公费医疗管理暂行办法》，解决地级领导和地级机关、事业单位干部职工就医问题，为地级单位干部及其家属提供基本医疗保障。1999 年，成立地区干部保健委员会，加强县级干部的健康管理，完成县级干部 200 余人体检。

2009 年，完善干部保健机制，市级为离（退）休领导干部征订健康保健刊物，开展健康体检，举办干部健康保健知识讲座。2010 年，完成领导干部 501 人健康体检，为市级领导（含退休领导）61 人办理特约医疗卡，开展预约诊疗，提供优质便捷医疗服务。2011 年，组织省干部保健对象到华西体检。市人民医院建立干部保健病房，强化干部保健基地建设。2012 年，印发《眉山市干部保健规章制度》，健全干部保健工作机制和机构，为重点保健对象办理特约诊疗卡，完成厅级和县级干部健康体检。

（四）身体检查

1998 年起，眉山地区医疗机构协助相关单位开展兵员、学生身体检查（以下简称体检）。当年，完成全区征兵、大中专招生体检、医学院校大中专毕业生的分配等体检。2004 年，东坡区完成大中专毕业生体检 4415 人，征兵体检 1180 人。2012 年，仁寿县完成大中专毕业生体检 8360 人，征兵体检 3200 人。截至 2012 年年底，眉山市各级医疗机构每年均协助相关单位开展兵员、学生体检。

（五）对口支援

2009 年，眉山市派遣医务人员 17 人次到九寨沟、阿坝县、彭州市开展援助工作，接受九寨沟县 9 名医务人员到眉山学习进修。全市 8 个二级以上医院确定对口帮扶乡镇卫生院。2010 年，市人民医院等 6 家医院分别与成都军区总医院等对口援助单位签订援助协议，制定援助计划和工作目标。市人民医院、市中医医院、市妇幼保健院分别对口支援市中心城区 3 家社区卫生服务中心，6 个区县的县级医疗机构分别对口支援 2 个~3 个乡镇卫生院或社区卫生机构，全部签订对口支援协议，开展不同形式的支援工作。

五、医疗事故及医患纠纷处置

1997 年，眉山地区医疗事故及医患纠纷一般通过协商调解，基本可达成协议。

2000 年后，眉山市医疗纠纷矛盾逐渐突出，成为影响医疗秩序、医患关系的重要问题。2007 年，市卫生局制订《眉山市卫生局医疗纠纷涉稳事件处置方案》，市卫生局、市公安局制发《关于严厉打击扰乱医疗机构正常医疗秩序行为的通告》，明确预防规范医患处置办法。市卫生、维稳、应急、公安及宣传等部门协调，及时化解医患纠纷，维护医疗机构正常医疗秩序和社会稳定。2008 年，眉山市贯彻省政府办公厅《关于做好医疗纠纷防范和化解工作的通知》和市政府《眉山市医疗纠纷预防及处置暂行办法》文件精神，市政府办印发《眉山市医疗纠纷与预防处置暂行办法》，明确规定医疗纠纷预防、处置、医疗保险、法律责任等，建立医疗事故、重大医疗纠纷月报制度和通报制度，拓展医疗纠纷处置渠道，积极处置医疗纠纷。2009年，市卫生局对区县卫生局和医疗机构实行目标管理。市、区县卫生局设立医疗纠纷调解中心，各医疗机构设立医疗纠纷处置机构，落实专人负责医疗纠纷调解和处置。2010年，全市培训医疗纠纷调处人员702人次。至2010年年末，全市报告医疗纠纷168起，比2009年减少23起，发生率降12.04%，赔偿金额降25.64%，市直管医疗机构降183%。受理行政调解纠纷72件，调解率100%，无非正常上访案例。开展医疗事故技术鉴定15件，鉴定为医疗事故6起。

2012年，修订《眉山市医疗纠纷预防与处置暂行办法》，推进医疗纠纷第三方调解和医疗责任保险工作，印制《卫生部、公安部关于维护医疗机构秩序的通告》1.5万份，全覆盖宣传。全年全市报告医疗纠纷133起，赔偿432.83万元。市级受理行政调解15件，全部调解结案。接受医疗事故技术鉴定案例21例，属医疗事故3例，构成比20%。

六、行业作风建设

1997年，眉山地区聘请医德医风监督员，制定整改措施，解决“挂号时间长、交费时间长、取药时间长、看病时间短”和少数医务人员服务态度差、推诿拒收病人、“收红包、拿回扣”、乱收费等问题。1998年，全区贯彻《医疗机构管理条例》。开展整顿医疗秩序活动，打击巫医游医和无证行医，整顿部队、厂矿职工医院未经许可对外行医等现象，加强医疗队伍管理，净化医疗环境。

2002年，召开全市卫生局长、纪检监察干部、县级以上医疗卫生单位，市属企事业医疗机构主要负责人、药剂科主任、设备科长会议，通报全省卫生系统重大受贿腐败案和卫生系统行业作风建设方面存在的问题，要求抓好医疗机构药品集中招标采购，做到院务、站务、所务公开，健全党内、法律、群众监督，依法行使权力的制约机制和监督机制。评议市二人民医院行风，病人问卷调查满意度95%、医院职工对院领导满意度90%。2005年，市卫生局、市纠风办制订《眉山市创建“医德医风示范活动”实施方案》，指导全市在县级以上医疗机构中开展规范医务人员医德医风建设活动。制订《眉山市医疗质量管理办法（试行）》，健全医疗市场准入制度，建立医疗投诉管理制度，每季度向社会发布一期全市医疗信息。全面清理卫生行政许可项目，卫生行政许可审批项目39个缩减为13个。

2006年，市卫生局制订《关于治理医药购销领域商业贿赂专项工作实施方案》。召开全市卫生系统专项治理商业贿赂治理工作会议，在全市电视电话会上向全社会作出公开承诺，设立监督举报电话、信箱，开通行风热线，建立领导干部信访接待制度，设立廉政账户并向社会公布。市卫生局、市纠风办摄制专题片《为了病人的一切》，授予14家医院为“医德医风示范医院”。组织专家明察暗访全市8家二级甲等、二级乙等综合医院，5家非等级医院，5家妇幼保健院，6家乡镇卫生院，通报检查发现的问题，限期整改。2007年，市政府办印发《眉山市新型农村合作医疗行政过错追究办法（试行）》，推进治理医药购销领域商业贿赂工作。开展治理贿赂专项督查，诫勉谈话药品使用异常医务人员18人、书面警示6家药商可能存在的不正当促销行为，停止7个被列入黑名单的药商在眉山市的供药。以门诊病人清单制和住院病人费用公示制为核心，实行院务公开。成立纪检、工会、医政等部门为成员单位的院务公开领导小组，督查全市各医疗单位院务公开工作。建立费用查询专用系统，设立举报投诉电话和信箱，受理患者投诉。2008年，开通《眉山卫生公众信息网》，及时登载工作动态，接受群众监督。启动药品用量超常预警 17 次，诫勉谈话 19 人次。在市中医院开展廉政文化进医院试点，实行电子处方、病人就诊“一卡通”等便民措施。患者对医院满意度 89%。2010 年，落实市委、市政府“开展廉政风险防范管理工作”部署，制定防控措施 195 条，开展警示教育座谈会和党风廉政培训，职工受教育率 100%。公开承诺事项 500 余项，发放调查问卷 4147 份，收集意见建议 34 条，查找廉政风险点 195 个，涉及岗位人员 1000 余人。2012 年，受理群众来电、来信、来访 135 件次，办结 132 件次，无久拖不决事件。实现中共十八大期间卫生系统“零进京、零到省、少到市、不出事”目标。

眉山市志 MEISHAN SHIZHI

第三十三篇　眉山三苏

苏洵、苏轼、苏辙系父子三人（以下简称三苏），苏洵生于宋真宗大中祥符二年（1009），苏轼生于宋仁宗景祐三年（1036），苏辙生于宋仁宗宝元二年（1039），父子三人以文章著称于世，皆入“唐宋八大家”之列。苏洵文章说古论今，纵横评说，长于分析，代表作《六国论》。苏轼是宋代词坛豪放派的创始人，擅长绘画和书法，在诗、词、散文等方面都有杰出的成就，现存诗2700余首、词300余首、文章4800余篇。苏辙善于驾驭多种文章，其文“汪洋澹泊，深醇温粹，似其为人”。其诗受苏轼影响，风格相近，现存诗1189首。父子三人是北宋中期眉州眉山县（今眉山市东坡区）人，故眉山称为“三苏故里”。

第一章　三苏家世与生平

苏味道是眉山苏氏始祖，唐初著名文学家、政治家、军事家，苏味道被贬为眉州刺史，其子苏份遂定居于眉山，眉山始有苏姓。三苏家世家风良好，至三苏时期，父子皆喜欢读书，宋仁宗嘉祐初年，苏洵和苏轼、苏辙父子三人到东京（今河南开封市）赶考，得到欧阳修赏识和推誉，父子三人文章很快著称于世。士大夫争相传诵，一时学者竞相仿效。其后，父子宦海沉浮，但写了大量脍炙人口的文章，流传百世，受到世人尊崇。

第一节　三苏家世

依据苏洵《族谱后录》、舒大刚《三苏后代研究》、马斗成《宋代眉山苏氏家族研究》等文献，整理三苏家世。

一、始祖苏味道

苏洵《族谱后录》记载“味道，圣历初为凤阁侍郎，以贬为眉州刺史，迁为益州长史，未行而卒。有子一人不能归，遂家焉。自是眉始有苏氏。”味道即苏味道是眉山苏氏始祖。

苏味道是唐初著名文学家、政治家、军事家。苏味道九岁能文，与同乡李峤，以文辞知名，称“苏李”；苏味道、李峤、崔融、杜审言，皆工于律诗，称“文章四友”。苏味道《正月十五日夜》：“火树银花合，星桥铁锁开。暗尘随马去，明月逐人来。游妓皆秾李，行歌尽落梅。金吾不禁夜，玉漏莫相催。”是当时的名篇，也是写元宵节的名篇。

苏味道考中进士后，曾担任咸阳尉。唐武后延载元年（694），入朝为凤阁舍人、检校侍郎同凤阁鸾台平章事（宰相），曾三度跻身相位数年。唐中宗神龙元年（705），贬为眉州刺史，后来授予其益州长史，只是没有上任就病逝了。

苏味道有苏佃、苏份、苏倜、苏俛四个儿子，只有次子苏份未曾做官，跟随在父亲身边。苏份出生于唐高宗咸亨四年（673）正月初一，去世于唐玄宗开元十七年（729）六月，据说葬在今东坡区土地乡，子孙留居眉山，眉山自此有苏姓。

二、眉山苏氏先祖

苏味道子苏份定居于眉山，之后大约200年间，家族繁衍情况无记载传世。苏洵之父苏序的高祖苏泾之前的家谱不详，曾祖苏釿的生平事迹亦知道较少。

苏洵高祖父苏釿以见义勇为闻名，娶黄氏为妻，有五个儿子，小儿子苏祜最为贤能，以才干精敏见称，生于唐天祐二年（905），卒于后周世宗显德五年（958）。

苏洵曾祖父苏祜娶李氏为妻，李氏父瑜，是唐太宗之子曹王李明的后代，曾任遂州长江尉，后被免官职，定居眉州（今眉山市）丹棱县。生有五个儿子，性格各异，其中苏洵祖父苏杲善良本分、孝顺父母、爱护兄弟、恪守信用，深受乡亲敬爱。

苏杲娶宋氏为妻，宋氏孝顺、严谨，生九个儿子，只有苏序存活下来。苏杲善于治理生产，不贪心，不取非分之财，家多有余财。在北宋王朝刚收服四川时，达官贵人争相抛弃土地房屋到京城朝见帝王，谋求一官半职。许多人去取用被抛弃的土地房屋，而苏杲独独不肯取用，说：“我怕祸害我的儿子。”因此终其一生，只有不满两顷的田地。苏杲虽不很富有，却喜欢施舍，且不肯让人知道。曾说：“钱财多了不施舍于人，我怕别人谋害我；施舍于人而让人知道，别人会以为我好出名。”

苏洵父亲苏序娶史氏为妻，史氏慈仁宽厚，有苏澹、苏涣、苏洵三个儿子。苏序年轻时不喜欢读书而喜欢做善事。后来喜欢写诗。苏序思维敏捷，写诗立成，几十年做了几千篇诗。苏序随和，少为自己盘算，与人交往，不分贵贱。苏序居住于乡间，进出不肯骑马。苏序说：“有比我老的人在路上行走，我骑着马，怎好与之相见？”苏序生活简朴，不以穿破旧衣服、吃粗杂食物为耻。苏序不管家事，把家事托付给几个儿子。但家族有人遇事求其出主意想办法时，却常常为之“尽其心，反复而不厌”。遇到灾年，苏序变卖自己农田救济吃不起饭的人，也不接受被救济人的偿还，说：“我卖田是为了自己，不是为了你们。”后来苏序把不多的陆田都用来种粟，又用稻子换粟储藏起来，几年储藏三四千石，旁人不知其用意。到眉山闹大饥荒，苏序用储藏的粟救济族人和乡亲，帮助大家渡难关。苏序还在住宅四周遍种芋头，在乡民缺食时，用大甑子蒸熟摆在门外，任人取食。

三苏家世表

表 33-1

<table>
<tr><td colspan="27">味道</td></tr>
<tr><td colspan="27">……</td></tr>
<tr><td colspan="27">泾</td></tr>
<tr><td colspan="27">釿
不仕，娶黄氏，享年若干，七月二十六日卒</td></tr>
<tr><td colspan="27">祜
不仕，娶李氏。享年五十四，七月三十日卒</td></tr>
<tr><td colspan="27">杲
不仕，娶宋氏，享年五十一，六月八日卒</td></tr>
<tr><td colspan="27">序
封大理评事，娶史氏，享年七十五，五月十一日卒</td></tr>
<tr><td colspan="2">澹</td><td colspan="3">涣</td><td colspan="22">洵</td></tr>
<tr><td>位</td><td>佾</td><td>不欺</td><td>不疑</td><td>不危</td><td colspan="13">轼</td><td colspan="9">辙</td></tr>
<tr><td></td><td></td><td>娶蒲氏</td><td></td><td></td><td colspan="3">娶王弗（原配）</td><td colspan="10">续娶王闰之（王弗堂妹）</td><td colspan="9">娶史氏</td></tr>
<tr><td colspan="2" rowspan="3"></td><td colspan="3" rowspan="3">有孙男12人</td><td colspan="3">迈</td><td colspan="3">迨</td><td colspan="7">过</td><td colspan="2">迟</td><td colspan="3">适</td><td colspan="4">远（逊）</td></tr>
<tr><td colspan="3">娶石氏</td><td colspan="3">娶欧阳修孙女</td><td colspan="7">娶范镇孙女</td><td colspan="2">娶状元梁颢曾孙女</td><td colspan="3">娶进士黄师寔女</td><td colspan="4">娶进士黄师寔女</td></tr>
<tr><td>箪</td><td>符</td><td>箕</td><td>筌</td><td>筹</td><td>篑</td><td>籥</td><td>籍</td><td>節</td><td>笈</td><td>簞</td><td>篴</td><td>竺</td><td>简</td><td>策</td><td>籀</td><td>範</td><td>築</td><td>筠</td><td>箴</td><td>箱</td><td>簦</td></tr>
</table>

第二节 三苏生平大事

苏洵，字明允，生于宋真宗大中祥符二年（1009），卒于宋英宗治平三年（1066），有苏轼、苏辙两个儿子。长子苏轼，字子瞻，号东坡居士，生于宋仁宗景祐三年（1036），次子苏辙，字子由，号颍滨遗老，生于宋仁宗宝元二年（1039）。苏氏父子三人为北宋时期著名文学家。

苏洵大事年表

表 33-2

纪年	年龄	大事记
宋真宗大中祥符二年（1009）	一岁	一月七日生
宋真宗大中祥符九年（1016）	八岁	入学念书
宋仁宗天圣二年（1024）	十六岁	仲兄苏涣、妻兄程濬同科进士及第
宋仁宗天圣四年（1026）	十八岁	初举进士不中
宋仁宗天圣五年（1027）	十九岁	娶妻程氏，十八岁

续表33-2

纪年	年龄	大事记
宋仁宗天圣八年（1030）	二十二岁	游成都玉局观，得张仙画像，祈嗣
宋仁宗明道元年（1032）	二十四岁	母史氏卒
宋仁宗景祐二年（1035）	二十七岁	始大发愤，刻苦读书；幼女八娘生
宋仁宗景祐三年（1036）	二十八岁	十二月十九日苏轼生
宋仁宗景祐四年（1037）	二十九岁	长兄苏澹卒，再次应举不中
宋仁宗宝元二年（1039）	三十一岁	二月二十日苏辙生
宋仁宗庆历三年（1043）	三十五岁	送苏轼入天庆观读小学
宋仁宗庆历六年（1046）	三十八岁	举茂才异等不中
宋仁宗庆历七年（1047）	三十九岁	父苏序卒，匆匆返蜀；悉焚旧稿，绝意于功名而自托于学术；作《名二子说》；苏轼兄弟始识伯父苏涣
宋仁宗庆历八年（1048）	四十岁	送苏轼兄弟到城西寿昌院师从刘巨
宋仁宗皇祐二年（1050）	四十二岁	幼女八娘十六岁，适表兄程之才，两年后郁郁而终
宋仁宗至和二年（1055）	四十七岁	至成都谒张方平，至雅州访雷简夫；为苏辙娶妻史氏；作《族谱后录》上下篇，此前已作《几策》《权书》《衡论》《六经论》《洪范论》《史论》等
宋仁宗嘉祐元年（1056）	四十八岁	三月，父子至成都，拜别张方平，苏辙始见张；携张方平、雷简夫推荐信离成都，走陆路赴京城，于五月抵达
宋仁宗嘉祐二年（1057）	四十九岁	苏轼兄弟同科进士及第；四月八日妻程夫人卒于眉山，父子匆匆返回眉山
宋仁宗嘉祐三年（1058）	五十岁	十月得雷简夫书，闻将召试舍人院，十一月五日诏命下，苏洵称病不赴试
宋仁宗嘉祐四年（1059）	五十一岁	六月诏命再下；十月父子举家沿岷江、长江而下；一路游山玩水，吟诗作赋，其作品后来汇集成《南行集》
宋仁宗嘉祐五年（1060）	五十二岁	六月，作文祭侄儿苏位（长兄苏澹之子）；八月，任秘书省试校书郎；研究《周易》，开始作《易传》
宋仁宗嘉祐六年（1061）	五十三岁	苏轼兄弟应制科，苏轼入三等、苏辙入四等，授苏轼大理评事、签书凤翔府节度判官；七月，以苏洵为霸州文安县主簿，与陈州项城令姚辟共修礼书
宋仁宗嘉祐七年（1062）	五十四岁	苏洵在京编纂礼书，苏轼签判凤翔，苏辙在京侍父；八月，苏涣卒于利州路提点刑狱任
宋仁宗嘉祐八年（1063）	五十五岁	三月，仁宗去世，韩琦为山陵使，厚葬仁宗，苏洵上书，力主薄葬
宋英宗治平二年（1065）	五十七岁	正月，苏轼从凤翔还朝，判登闻鼓院，得直史馆；五月二十八日苏轼妻子王弗卒于京师，年二十七；九月，《太常因革礼》（一百卷）修成，参加韩琦家宴，作《九日和韩魏公》
宋英宗治平三年（1066）	五十八岁	四月二十五日卒于京师，年五十八。苏轼兄弟护丧出都，沿江而上返回眉山

苏轼大事年表

表 33-3

纪年	年龄	大事记
宋仁宗景祐三年（1036）	一岁	十二月十九日出生于眉山县纱縠行私宅
宋仁宗庆历三年（1043）	八岁	人天庆观北极院从张易简读小学
宋仁宗庆历八年（1048）	十三岁	到城西寿昌院州学从刘巨（字微之）读书
宋仁宗至和元年（1054）	十九岁	娶青神县乡贡进士王方之女王弗为妻
宋仁宗嘉祐二年（1057）	二十二岁	中进士乙科；四月八日母亲程夫人病逝，返回眉山服母丧（1057—1059）
宋仁宗嘉祐四年（1059）	二十四岁	十月举家迁往京城
宋仁宗嘉祐六年（1061）	二十六岁	试贤良方正、能直言极谏科入三等，授大理评事、签书凤翔府节度判官
宋英宗治平二年（1065）	三十岁	正月还朝，判登闻鼓院，得直史馆；五月二十八日，妻子王弗病逝，年二十七
宋英宗治平三年（1066）	三十一岁	四月二十五日父亲苏洵病逝，年五十八；与弟苏辙扶丧返蜀，服父丧（1066—1068）
宋神宗熙宁二年（1069）	三十四岁	返回京城，以直史馆权开封府推官
宋神宗熙宁四年（1071）	三十六岁	四月出杭州通判
宋神宗熙宁七年（1074）	三十九岁	九月以太常博士、直史馆权知密州军州事
宋神宗熙宁九年（1076）	四十一岁	十二月以祠部员外郎、直史馆移知河中府；翌年二月改知徐州军州事
宋神宗元丰二年（1079）	四十四岁	三月以祠部员外郎、直史馆移知湖州军州事；八月十八日至十二月二十九日遭遇乌台诗案，责授检校水部员外郎黄州团练副使，本州安置，不得签书公事
宋神宗元丰三年（1080）	四十五岁	二月至元丰七年（1084）三月，谪居黄州
宋神宗元丰七年（1084）	四十九岁	三月移汝州团练副使，本州安置，不得签书公事
宋神宗元丰八年（1085）	五十岁	二月仍以检校水部员外郎汝州团练副使，不得签书公事，常州居住；五月，复朝奉郎知登州；十月，以礼部郎中召回；十二月，迁起居舍人
宋哲宗元祐元年（1086）	五十一岁	在朝廷任中书舍人、翰林学士、知制诰兼侍读
宋哲宗元祐四年（1089）	五十四岁	三月以龙图阁学士充浙西兵马钤辖知杭州军州事
宋哲宗元祐六年（1091）	五十六岁	正月任命为吏部尚书，二月改为翰林学士承旨，五月改为翰林学士承旨兼侍读，八月改为以龙图阁学士知颍州
宋哲宗元祐七年（1092）	五十七岁	二月以龙图阁学士充淮南东路兵马钤辖知扬州军州事，八月以兵部尚书兼充南郊卤簿使，十一月迁端明殿学士兼翰林侍读学士，守礼部尚书
宋哲宗元祐八年（1093）	五十八岁	八月王闰之病逝于京师，九月以端明殿学士兼翰林侍读学士、礼部尚书出知定州
宋哲宗绍圣元年（1094）	五十九岁	四月落端明殿学士兼翰林侍读学士罢定州任，为承议郎责知英州军州事；六月责授宁远军节度副使，惠州安置；随即落左承议郎，责授建昌军司马，惠州安置，不得签书公事
宋哲宗绍圣四年（1097）	六十二岁	闰二月责授琼州别驾，移送昌化军安置

续表33-3

纪年	年龄	大事记
宋哲宗元符三年（1100）	六十五岁	五月以琼州别驾廉州安置，不得签书公事；八月授舒州团练副使，移永州安置；十一月复朝奉郎提举成都府玉局观，在外州军任便居住
宋徽宗建中靖国元年（1101）	六十六岁	北返，往常州；七月二十八日病逝于常州孙氏馆

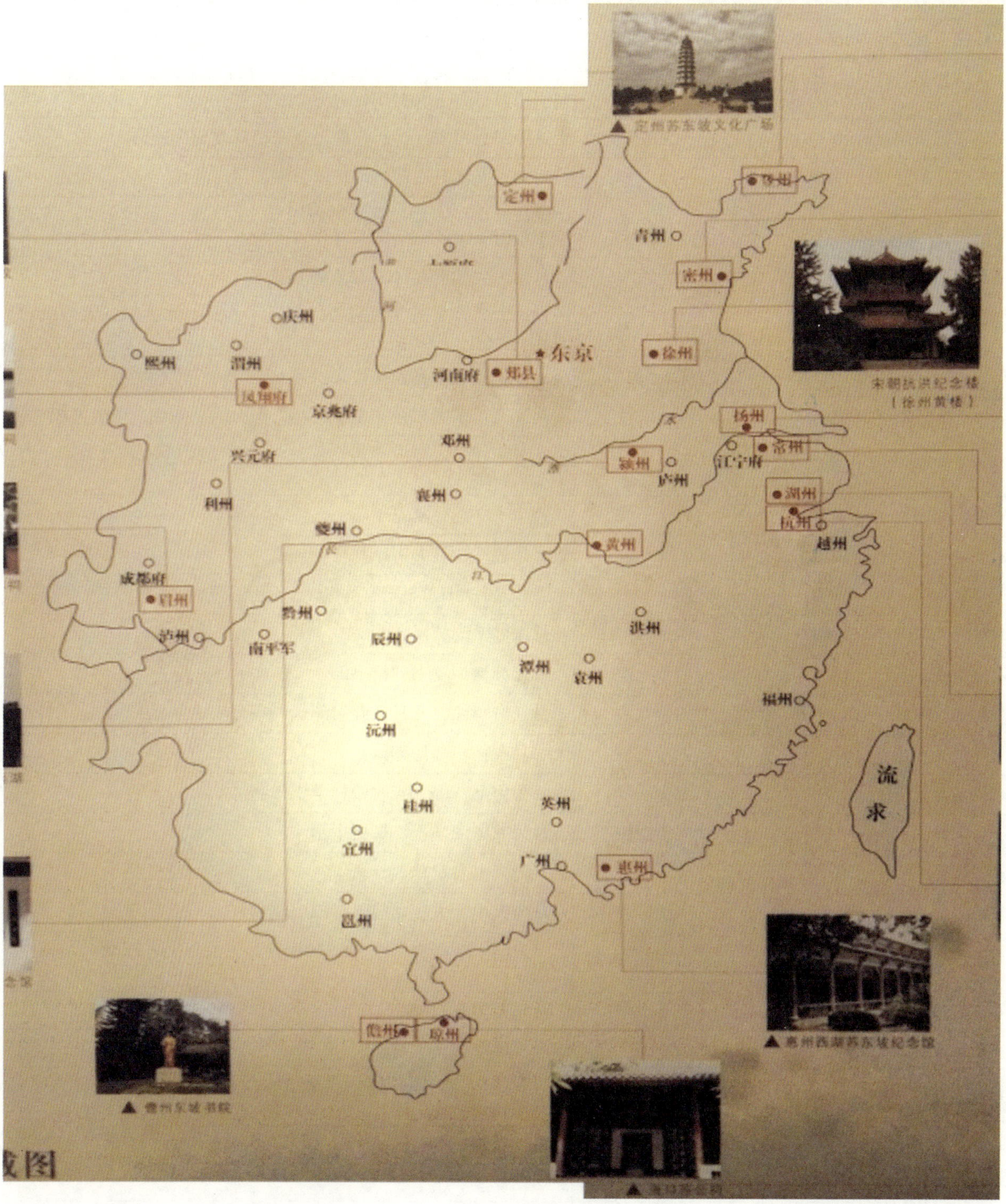

苏轼宦游图

苏辙大事年表

表 33-4

纪年	年龄	大事记
宋仁宗宝元元年（1039）	一岁	二月二十日出生于眉山县纱縠行私宅
宋仁宗庆历四年（1044）	六岁	入天庆观北极院从张易简读小学
宋仁宗庆历八年（1048）	十岁	到城西寿昌院州学从刘巨（字微之）读书
宋仁宗至和二年（1055）	十七岁	娶妻史氏，年十五，父曰瞿
宋仁宗嘉祐二年（1057）	十九岁	与兄长苏轼同科进士及第；四月八日母亲程夫人病逝，随父兄返回眉山服母丧（1057.04—1059.07）
宋仁宗嘉祐四年（1059）	二十一岁	十月随父兄沿岷江、长江而下赴京，其妻史氏随同
宋仁宗嘉祐五年（1060）	二十二岁	授河南省渑池县主簿，因杨畋荐举制策未赴任
宋仁宗嘉祐六年（1061）	二十三岁	试贤良方正、能直言极谏科入四等，授试秘书省校书郎，充商州军事推官，因侍奉父亲未赴任
宋英宗治平二年（1065）	二十七岁	三月出为大名府（今河北大名）推官
宋英宗治平三年（1066）	二十八岁	四月二十五日父亲苏洵病逝，年五十八；与兄苏轼扶丧返蜀，服父丧（1066—1068）
宋神宗熙宁元年（1068）	三十岁	与兄苏轼还朝，岁末至长安
宋神宗熙宁二年（1069）	三十一岁	为制置三司条例司检详文字，与王安石议事不合，请求去职
宋神宗熙宁三年（1071）	三十二岁	张方平知陈州，辟为陈州教授，张耒游学于陈，苏辙爱之，因得从苏轼游学
宋神宗熙宁六年（1073）	三十五岁	改齐州掌书记，复三年
宋神宗熙宁九年（1076）	三十八岁	改著作佐郎，签书南京判官
宋神宗元丰二年（1079）	四十一岁	十二月二十九日苏轼贬官黄州，苏辙坐谪筠州盐酒税，五年不得调
宋神宗元丰七年（1084）	四十六岁	九月以苏辙为绩溪令
宋神宗元丰八年（1085）	四十七岁	八月以苏辙为秘书省校书郎
宋哲宗元祐元年（1086）	四十八岁	二月任右司谏，九月任起居郎，十一月为中书舍人
宋哲宗元祐二年（1087）	四十九岁	十一月改任户部侍郎
宋哲宗元祐四年（1089）	五十一岁	六月为吏部侍郎，旋改翰林学士知制诰
宋哲宗元祐五年（1090）	五十二岁	五月为龙图阁学士、御史中丞
宋哲宗元祐六年（1091）	五十三岁	二月为尚书右丞
宋哲宗元祐七年（1092）	五十四岁	六月为太中大夫，守门下侍郎（副宰相）
宋哲宗绍圣元年（1094）	五十六岁	三月由门下侍郎出知汝州，六月再贬袁州，七月三贬分司南京筠州居住
宋哲宗绍圣四年（1097）	五十九岁	三月再贬雷州
宋哲宗元符元年（1098）	六十岁	六月被命赴循州
宋哲宗元符三年（1100）	六十二岁	正月量移永州，四月徙岳州，十一月被命提举凤翔上清太平宫，外州军任便居住，还居颍昌
宋徽宗崇宁二年（1103）	六十五岁	正月迁居汝南
宋徽宗崇宁三年（1104）	六十六岁	还居颍昌
宋徽宗政和二年（1112）	七十四岁	苏辙闲居颍昌九年后，十月三日卒；其妻五年后卒

第二章　三苏遗迹与传说

苏洵、苏轼、苏辙父子三人皆出生在眉山，苏洵一生大部分时间在眉山度过，苏轼、苏辙二人少年、青年时期皆在眉山度过，父子三人在眉山留下很多遗迹和传说。

第一节　三苏遗迹

一、三苏祠

北宋时期，眉山城西南纱縠行的五亩庭院，是苏洵、苏轼、苏辙父子三人的故居，元代改宅为祠，祭祀三苏，明末毁于战乱，清康熙四年（1665）重建，1980 年公布为四川省重点文物保护单位，1984 年更名为四川省眉山三苏博物馆，2003 年更名为眉山三苏祠博物馆，2006 年国务院批准为全国文物重点保护单位，2007 年，眉山市委、市人民政府投资新建东园碑廊、三苏纪念馆（生平陈列馆）、旅游接待中心等，面积新增 1.33 公顷。2009 年评定为国家二级博物馆，2010 年评定为国家 AAAA 级旅游景区。2012 年，占地总面积 7.07 公顷，生平陈列展厅面积 2000 余平方米。

苏宅古井（摄于 2012 年 4 月）

三苏祠既保持了苏氏故居的风貌特色，又体现了川西园林的幽静秀美。红墙环抱，绿水萦绕，古木扶疏，翠竹掩映，形成三分水二分竹的岛居特色。楼台亭榭，古朴典雅；匾额对联，词意隽永。祠内供奉、陈列有三苏及子孙、女眷塑像，还供奉有眉山三苏始祖苏味道画像和列代先祖牌位；有古井、木假山堂、洗砚池、荔枝树等苏家遗迹；碑廊陈列石碑 150 通，其中宋、明、清、民国石碑约 30 通，苏东坡手迹刻石 80 通。此外，馆内还收藏有 4000 余件（套）三苏文献资料和文物，是四川省有名的人文景观。

二、苏坟山

苏洵墓（摄于2012年4月）

苏洵墓，又称苏坟山，位于东坡区土地乡永光村。有苏轼父亲苏洵、母亲程夫人和原配王弗的坟墓，还有苏轼、苏辙的衣冠冢。

北宋嘉祐二年（1057）三月，苏轼、苏辙兄弟俩同榜进士及第。不久，噩耗传来，母亲程夫人于四月在眉山病逝，苏轼兄弟立即随父亲苏洵返回眉山。

为了安葬程夫人，苏洵找风水先生选定彭山县安镇乡（今彭山县江口镇）可龙里（今东坡区土地乡永光村）像蟠龙一样的柳沟山，山沟里有一眼泉井名叫老翁井。北宋嘉祐二年（1057）十一月，苏洵将程夫人安葬于柳沟山的平台上，距老翁井几十米。

北宋治平二年（1065）五月，苏轼原配王弗在京城病逝。次年四月，苏洵在京城病逝。苏轼、苏辙以船运载灵柩返回四川，治平四年（1067）十月，苏轼兄弟按父亲生前遗愿，将父亲与母亲合葬。两兄弟把墓垣叫“东茔”，并在墓地周围种植松树数万株。苏轼诗云：“老翁山下玉渊回，手植青松三万栽。”苏轼兄弟离开眉山时，委托堂兄苏子安的儿子和乡亲杨济甫照看东茔。百姓把“东茔”称为“苏坟山。”

宋至清期间，墓地历经沧桑。宋时，墓东南二里建有祀祠广福禅院，有寺僧负责苏坟的祭祀礼仪、环境卫生。南宋末年和元代末年，因战乱无人照看而荒芜。明代成化年间眉州知州许仁率人来到苏坟山，披荆斩棘，清理墓园，并在清明率官员、士绅祭祀。以后苏坟山墓地又多次兴废。明嘉靖三十一年（1552）眉州知州侯秉和多方查询，找到苏洵墓，迁走住户，封土树碑，修造祠宇，封山禁止砍柴放牧。清康熙四十一年（1702），眉州学政段仔文、知州金一凤率人上山整治荒芜多年的墓茔，增垒坟茔，整修广福寺，并建祠祭祀，置祀田、山场数百亩。嘉庆五年（1800），眉州知州涂长发再次整修苏洵墓，并立碑，亲题碑文“宋赠太子太师苏老泉之墓。”

民国初年，眉州专署培修老翁井，置“老”“翁”“井”三通石碑，背面阴刻草书碑文，现保存完好。1967年，造反派拆毁“苏祠”、挖平坟墓、搬走墓碑。1984年，眉山县委、县政府决定恢复苏坟山。1986年修复苏洵、程夫人墓和王弗墓，并新修苏轼、苏辙衣冠冢，找回旧碑，重新树立墓前。

1983年，苏坟山公布为眉山县重点文物保护单位，1986年公布为乐山市重点文物保护单位，2007年公布为四川省重点文物保护单位。

三、蟆颐观

蟆颐山位于岷江东岸，距眉山城东约4千米，山形状如蛤蟆下巴而得名。在东坡区崇礼镇北蟆

蟆颐观（摄于 2012 年 4 月）

颐村四组内，西临岷江，与东坡城市湿地公园隔江相望。古时候，山上楠木叠翠、道观隐现，山下岷江澄澈、风帆点点。苏轼、苏辙兄弟经常到此游玩，尤其是春天踏青。苏辙《踏青》叙云：“眉之东门十数里，有山曰蟆颐山，上有亭、榭、松、竹，山下临大江，每正月八日，士女相与游嬉饮酒于其上，谓之踏青也。”其诗描写的就是游览蟆颐山的情形：“江水冰消岸草青，三三五五踏青行。浮桥没水不胜重，野店压糟无复清。松下寒花初破萼，谷中幽鸟渐嘤鸣。洞门泉脉龙睛动，观里丹池鸭舌生。山下瓶罂沾稚孺，峰头鼓乐聚簪缨。缟裙红袂临江影，青盖骅骝踏石声。晓去争先心荡漾，暮归夸后醉纵横。最怜人散西轩静，暧暧斜阳著树明。”苏轼有《和子由踏青》诗云：“春风陌上惊微尘，游人初乐岁华新。人闲正好路旁饮，麦短未怕游车轮。城中居人厌城郭，喧阗晓出空四邻。歌鼓惊山草木动，箪瓢散野乌鸢驯。何人聚众称道人，遮道卖符色怒嗔。宜蚕使汝茧如瓮，宜畜使汝羊如麇。路人未必信此语，强为买符禳新春。道人得钱径沽酒，醉倒自谓吾符神。”

蟆颐山上的蟆颐观，始建于南北朝时期，已有 1600 余年历史，曾是川西南最大的道观。陆修静、尔朱真人、打弹张仙、杨太虚等道教名人曾在此修炼。苏轼、苏辙、陆游、魏了翁、范成大、杨升庵、王士祯等人曾登临吟咏。古时从山下到山顶建有望江楼、江乡馆、二忠祠、山门、灵官殿、大殿、张仙楼、纯阳楼、真武殿、三清殿、春风楼等，现有山门、大殿、老人泉、明碑、清碑及题刻等古代遗迹，2002 年批准为四川省重点文物保护单位。

明成化十七年（1481）重建大殿，占地 258 平方米。木结构歇山式屋顶，单檐，抬梁式梁架，九架椽屋施 5 柱，前檐下施斗拱 7 朵，左右各施半拱 6 朵。面阔三间，进深三间，有台阶二层。大殿台基之下有一石洞，洞口石壁上镌刻“仙翁胜境”四字。洞口高 2. 3 米，宽 1. 7 米。下石梯 30 级至洞口，“老人泉”三字刻于洞口岩石上，为清康熙六年（1667）知州赵惠芽手书。山泉自洞中石罅中流出，甘甜可口，沁人心脾，涝不溢，旱不枯，取之不尽，用之不竭。同治二年（1863）赐进士胡子材曾题词于洞口，现仍镶嵌于石壁。

清代修建山门，面阔七间 14 米，进深四间 6 米，占地 84 平方米，是重檐庑殿顶，檐下施如意斗拱，斗拱之间全部用楔子对接，造型精美。

至 2012 年，蟆颐山已成为眉山市著名的旅游度假胜地。

四、醴泉山

眉山城西 4 千米有醴泉，因浅丘、寺庙、河流取名醴泉山、醴泉寺、醴泉河。醴泉河上筑有醴泉堰，堰边有一棵黄桷树，枝繁叶茂，像一把巨伞。堰下游 500 米处有一座石桥，是通往丹棱县、洪雅县的要道。建桥人是丹棱人李壁（南宋史学家李焘之子），曾官至参知政事（副宰相），因此该桥名李相桥。20 世纪 60 年代，拆除石桥建为公路桥。

苏洵父子经常到此游玩、读书，山中曾建有苏轼读书台。苏轼在《自昌化双溪馆下步寻溪源，至治平寺，二首》中写道："正似醴泉山下路，桑枝刺眼麦齐腰。"在《送表弟程六知楚州》中写道："醴泉寺古垂橘柚，石头山高暗松栎。"苏轼自注："醴泉，眉州之西山也。"明代曹学佺《蜀中名胜记》中记载："醴泉山，在（眉州）治西八里，环绕州城。山中有八角井，清甘如醴。"在明代有好事者将醴泉砌筑为八角井，但山名还是醴泉山。清代，醴泉寺改名为象耳寺，醴泉山改名为象耳山。清宣统元年（1909），象耳寺旁新建一座姚母捐建的学堂——姚母学堂，后改为象耳小学、象耳中学，现已搬迁，醴泉井还存在。《姚母学堂记》碑现保存于三苏祠碑廊中，姚母是当时四川学政史方旭的夫人，"桐城派"姚鼐的后裔。

五、远景楼

北宋元丰年间，眉州知州黎錞在其居所的北门建远景楼，在今大东街外东门城墙处。此时，苏轼正担任徐州知州，应家乡的请求，遵嘱为此楼写作一篇记文《眉州远景楼记》。

远景楼（摄于 2012 年 8 月）

苏轼在《眉州远景楼记》中叙述州守黎希声爱护百姓、察而不苛的事迹，描写家乡淳朴的民风。苏轼说："吾州之俗，有近古者三。其士大夫贵经术而重氏族，其民尊吏而畏法，其农夫合耦以相助。盖有三代、汉、唐之遗风，而他郡之所莫及也。"在眉州古朴民风中，苏轼重点介绍"农夫合耦以相助"之风。

远景楼历宋代、元代、明代而毁废，清代知州蔡宗建再建，有诗云："署名远景楼，楼成人不返。人无百岁身，景且千年远。"后来再次毁废。2003—2007 年，为弘扬东坡文化、推进经济发展，眉山市委、市政府引进民间资本，三建于东坡湖畔，共 13 层，高 80 米，成为眉山的新地标。

第二节　三苏传说

一、连鳌山

"连鳌山"三字相传为苏轼青年时代手书，临近丹棱县，位于城西 45 千米的东坡区广济乡连鳌村四组连鳌山上。"连鳌山"得名，缘于状若大鳌并紧紧相连的几座山峰。据说古时候，这里有一座寺庙叫"栖云寺"，寺里的几位高僧，引来不少学子，苏轼、苏辙也曾慕名前来游学。恰逢中秋节的晚上，皓月当空，苏轼、苏辙邀约家定国、家安国、家勤国三兄弟，到连鳌山赏月，当时还约了刘仲达，但他迟迟未到。五位学友便慢慢向山顶走去。苏辙说：“这‘连鳌’，不正是同登科举之意吗?”苏轼于是率先高声吟道：“连鳌山下论诗文，但愿他日得连鳌。”大家一听，决定共咏一首，苏轼、家定国、家安国和苏辙先后咏出：登鳌望月蟾宫近，寂寞嫦娥喜迎宾。四海风云会琼宇，苏家轼辙安定勤。大家拍手叫好，此时刘仲达上得山来，问明原因，很不甘心，要求把企盼“连鳌”之愿记录下来，作为永远的纪念。于是大家公推苏轼完成这项任务。大家在山腰找到一块又大又平的岩石，下山从农家借得一把扫帚，辗泥作墨，苏轼凝神屏气，运足臂力，挥动“扫帚笔”，写下“连鳌山”三个大字。

连鳌山——苏轼青年时手书（摄于 2006 年 5 月）

三字一出，惊动了栖云寺的和尚，和尚邀请当地有名的石匠，用了七天时间刻好这三个字，凹处深三寸，使三字得以保留至今。“连”字长 3.15 米，宽 3.2 米；“鳌”字长 3.5 米，宽 3.2 米；“山”字长 3.2 米，宽 3 米。除“鳌”字中间部分有轻度自然剥蚀外，其余都极为清晰。明代曹学佺《蜀中名胜记》称其“大如屋宇，雄劲飞动”。清《眉州属志》、民国《眉山县志》《丹棱县志》均有记载。明丹棱县令吕禧诗云：“一举何人得六鳌，东溟从此静波涛。指挥苍莽鸿漾合，点缀江山景象高。海上蟠龙张爪吻，云间彩凤舞苞毛，定知千载符元气，净扫苔痕漫刻雕。”多年以后，人们为纪念苏轼，在刻石不远的地方，修建一座苏轼读书台，现在台已不存。清光绪六年（1880），丹棱县令庄定域在众多文人和乡绅的请求下，置石栏保护，并设立保护碑，禁止磨毁。石栏毁于 1973 年，1986 年重置，为四川省重点文物保护单位。

二、唤鱼池

青神中岩寺下寺，沿左侧石级小径，缓步登山。穿过“名山后绣”的砖石牌坊，行百余步，有一弯碧潭，这就是“唤鱼池。”

中岩唤鱼池（摄于 2012 年 7 月）

唤鱼池左壁，凿有经幢三座，造于唐咸通元年（860）。三座经幢的四周，刻有佛号“佛顶尊胜陀罗尼幢”和佛经。居中一座经幢的正面，刻有“咸通元年九月二十二日何偕无兄弟拾中岩院基界至此。黑水孔为界题”，至今已有 1000 余年。经幢旁有篆刻“中嵓（岩）”二字，字大一米有余，题款“建炎元年（1127）九月三日河南邵伯温书”。石壁中间，竖刻有明虞怀忠的题字“与造物游”，已斑驳陆离。石壁右下方，有观世音菩萨像 3 龛，其中着农妇装提篮观音摩崖造像非常罕见。

唤鱼池水清澈见底，人在潭畔拍手，池中之鱼听见掌声，就会游出洞穴，面见游人。传说苏轼到中岩书院游学，因唤鱼而联姻，与王弗结为夫妻。1987 年，在池畔立苏轼、王弗塑像。悬壁上留有众多古人题刻，最醒目的是“唤鱼池”三字，书法潇洒飘逸，刻工精细传神，传为苏轼青年时代的手迹。旁刻历代文人题词，清代诗云：唤鱼自昔羡坡公，今古虽殊兴致同。我到池边还拍手，风流未分让髯公。

唤鱼桥畔，修竹林中，建有一座六角重檐的“唤鱼亭。”

三、老翁井

宋仁宗嘉祐二年（1057），程夫人病逝，苏洵请风水先生仰观天象、俯察地理，找到今东坡区土地乡一座很高大的山。山的末端分为两脉，回转环抱着一条山沟，有一眼泉水沿右边山脉，在山沟偏北处涌出，形成一口天然水井，每天可以供 100 余家饮用。风水先生说：“这是一个好地方。山的精气势力，积蓄在此而不散去。安葬在这里没有害处。”

苏洵问当地居民，都说这是老翁井。当地居民讲述名称的由来，大约十年之前，山林空寂，每当明月皎洁的夜晚，天空晴朗、地面清明之时，总见一个鹤发童颜的老翁在井沿上睡觉，走近看时，他就隐身于泉井之中，不见了。苏洵因此建造一个亭子在老翁井上，又用大石砌成井沿以防止雨水侵入。并常游其间，酌泉饮水，希望能够见到那个白发仙翁，以验证传说的真实可信。苏洵怜悯仙翁老于荒榛岩石之间，湮没无闻，说遇到我之后，你便可以流传千古。铭文曰：“山起东北，翼为南西。涓涓斯泉，坌溢以弥。敛以为井，可饮万夫。汲者告吾，有叟于斯。里无斯人，将此谓谁。山空寂寥，或啸而嬉。更千万年，自洁自好。谁其知之，乃讫遇我。惟我与尔，将遂不泯。无溢无竭，以永千祀。”苏洵还作《老翁井》诗云：“井中老翁误年华，白沙翠石公之家。公来无踪去无迹，井面团团水生花。公今与世两何预，无事纷纷惊牧竖。改颜易服与世同，毋使世人知有翁。”

四、拨股祠

据民国版《眉山县志》记载：相传三苏父子曾在今眉山市东坡区三苏乡三苏村凤凰山居住，元代将故居改作祠，名苏祠，又名拨股祠或拨股庙，在今三苏乡初级中学校园内，南北长 34.5 米，东西宽 22 米，占地面积 759 平方米。原祠内有大殿、厢房及古柏、桢楠等，树木繁茂，浓荫蔽日，是一个难得的风水宝地。大殿供奉三父子的塑像，苏洵居中、苏轼居左、苏辙居右。苏洵塑像上方挂有大匾“拨股祠”。大殿门上有一巨匾：“家学名儒、千古圣人”，殿门外柱子上有对联：“丛作儒林，问韩柳欧外，谁策论词章彪翰院；鸿文似海，自宋元明来，其父子兄弟重眉山。”苏祠正门的门楣上写“苏祠”二字。正门外有个石碑，上面这样镌刻道：“集腋成裘，跳出泥途歌道路；因人成事，补完缺陷代天功。”从方井坎沿坡至苏祠两边道旁还有多通石碑。其中有一通碑上这样镌刻道：“元明以来，即有三苏祠。而今所谓场者（三苏场），嘉庆二十年（1815）始兴，因三苏祠而得名……”后来苏祠中窜塑东岳神像，而三苏父子塑像居于旁殿。久而久之，东岳庙名竟然几乎取代苏祠之名。清后期学人李西沤与三苏场绅士蒋世方等人商议，另筹资建东岳庙祀东岳神，而以苏祠专祀三苏。在李、蒋等人的努力下，终于另建东岳庙，修葺苏祠，苏祠一直保存至解放之后。在“文化大革命”中，三苏父子塑像被毁，石碑破坏，文物荡然无存，现仅存大殿基石、古柏树、黄桷树，以及由三苏镇初级中学在拨股庙院墙基础上重建的学校院墙。

第三章　三苏祠保护

元代眉山人为纪念三苏父子，将苏洵故居改建为祠堂，元代、明代、清代、民国时期，皆有部分乡绅、官员不间断对三苏祠、三苏纪念馆进行修缮、保护、建设。20 世纪 80 年代后，三苏祠保护和管理得以加强。

第一节　中华人民共和国成立前三苏祠保护

三苏祠为苏洵故居，坐落于眉山城西南隅纱縠行。北宋景祐三年（1036）十月十九日，苏轼出生于此。南宋施宿编撰《东坡先生年谱》载："景祐三年丙子，先生以是年十二月十九日卯时生眉山县纱縠行私第。"南宋付藻《东坡纪年录》载："十二月十九日卯时，公生于眉山县纱縠行私第。"苏轼有《记先夫人不发宿藏》《天石砚铭并序》《梦南轩》三篇文章涉及纱縠行故居。宝元二年（1039）二月廿日，苏辙也出生在这里。

北宋熙宁元年（1068）苏轼兄弟守父丧期满之后，将父母的坟墓、田产、房屋等委托给堂兄苏子安的儿子和邻居杨济甫看管，带家人到京城为官，从此未回故乡眉山。

文献记载表明，元代，眉山人为纪念三苏父子，将苏洵故居改建为祠堂，规模较小，称"三苏堂"。据《四川通志》记载："三苏祠，在州治西南，即纱縠行苏洵故宅，元建为祠，洪武间重修。"元代延祐三年（1316），高丽诗人李齐贤去峨眉山祭祀，路过眉山，参拜三苏堂。

明洪武二十九年（1396），重修三苏祠。嘉靖九年（1530），侍御邱道隆命眉州太守莫钝维修扩建三苏祠，并置苏祠祀田。

明代末年，三苏祠毁于兵火战乱，仅存五碑一钟，即《苏东坡盘陀画像》［明洪武二十九年（1396）］一通、《三苏祠记》（明嘉靖年间州牧赵渊篆刻）一通、《马券碑》二通、《眉州八景诗》（明成化二十一年州牧许仁题）一通和铁铸钟［明天顺元年（1457）］一口。

清康熙四年（1665），眉州知州赵惠芽主持重建三苏祠，修建飨殿、启贤堂和瑞莲亭。飨殿的大梁上至今留有"康熙四年岁在乙巳孟秋既望重修"的题记。

清康熙五十四年（1711），知州黄元煐维修飨殿，更换正梁，梁上增刻"岁在辛卯仲秋月既望重修"的题记，并配祀田，"田分二沟：其近宅者归苏祠，以赡僧"。

清嘉庆十一年（1806），增修东西厢房和方墙门道，重塑三苏父子像并置神龛。

清嘉庆十八年（1813），知州赵来震维修扩建，在启贤堂后檐修建木假山堂，将原来的木假山房更名为济美堂，今来凤轩。

清咸丰三年（1853），增修一亭，四川学政使何绍基到眉州监考举子，因在亭中避雨，遂命此亭为快雨亭，并手书匾额。

清同治九年（1870），增修三苏祠大门（今前厅）、耳房，前厅大梁上有“同治九年岁次庚午谷旦重建”的题记。

清光绪元年（1875），四川督学张之洞到眉州，游三苏祠后建议于瑞莲东池北岸修建云屿楼（原名东坡楼），在云屿楼南的瑞莲池边修建抱月亭。

清光绪二十四年（1898），眉山人将披风榭重建于三苏祠，此楼南宋始建于环湖，陆游到眉州在披风榭拜谒东坡先生遗像，并赋诗赞誉眉山：“孕奇蓄秀当此地，郁然千载诗书城。”

民国8年（1919），旅长陈国栋驻军眉山，主持筹集资金修缮三苏祠消寒馆、启贤堂的主体建筑，以及东边的抱月亭、水竹轩（今绿洲亭）、东坡楼（今云屿楼），西边的洗砚池、快雨亭、披风榭，并整治水池、疏浚淤泥、栽种荷花、美化环境，使祠堂的个别方墙等至今留存民国建筑风格的一些痕迹。

民国17年（1928），眉山人彭月江担任三苏祠事务所所长兼东坡会会长，主持扩建三苏祠。其北由济美堂后扩至山埂下水沟边，其西由消寒馆、兔儿山一线扩至船坞、式苏轩以西。相继增修了南大门、百坡亭、式苏轩、半潭秋水一房山（又叫月亭）、八风亭、船坞、彩画舫等，并修甬道、小桥，将三苏祠改名为“三苏公园”，国民政府主席林森曾为“三苏公园”题匾。

民国25年（1936），国民政府军事委员会发布布告，明令保护三苏祠，拓展为公园，供人们游览。委员长蒋介石签署的“保护三苏祠布告”刻碑立于祠内，碑文赞三苏祠曰“较之武乡遗庙、工部草堂有过之而无不及”，强调要“切实保护，用示崇敬，而垂之久远”。

第二节　三苏祠建筑

2012年，三苏祠占地6.5万平方米，平面略呈梯形，南北短，东西长。东侧两角近似直角，西侧为斜状。南侧偏东为南大门，西北角为西大门。

一、三进四合院

三苏祠的主体建筑在一条中轴线上，坐北朝南。由南而北依次是正门、前厅、飨殿、启贤堂、木假山堂、来凤轩，以及东西对称的厢房。整个建筑为三进四合院。

正门（南大门）　以前为牌坊式，1981年改建。三檐歇山式屋顶，南面为三楹两柱，中间是门厅，东边和西边各有一间耳房。面阔三间13.1米，进深一间5.1米，房高7.51米。地平为三合土，素面台基高0.41米，前饰三级垂带式踏道，后饰三级如意式踏道。门楣正中悬挂“三苏祠”匾，为清咸丰癸丑道州何绍基书。有对联“克绍箕裘一代文章三父子，堪称楷模千秋万代永馨香”，为辽东人姜书阁撰书。门柱对联“北宋高文名父子，南州胜迹古祠堂”，为向楚撰、刘孟伉书。

前厅　建于清同治九年（1860），为悬山式屋顶，抬梁式梁架，南为三楹四柱二室，北为五楹六柱，朝南中间三楹为敞厅，两端房间北向开门，辟为碑亭，内置自明至民国建祠记事碑。前厅通高7.3米，面阔五间20.66米，进深两间7.3米，建筑面积约158平方米。小青瓦房面，脊正中饰寿字及卷草式图案，脊饰全为陶制品。门楣正中一匾“文献一家”，为道光十四年（1834）眉州知州洪运开书。门枋对联“一门父子三词客，千古文章四大家”，为雍正时武英殿大学士张鹏翮撰，宣统二年（1910）四川盐茶使赵藩书。厅前两株参天银杏。进入前厅大门，便是飨殿。

飨殿　建于清康熙四年（1665），建筑面积 251 平方米，硬山式屋顶，抬梁式梁架。小青瓦屋面。脊正中有宝顶式三重檐楼阁式饰物，高 1.5 米，脊上有对称的六组走兽。面阔三间 17.74 米，进深三间 14.16 米，房通高 9.72 米。前楹门楣悬挂三匾：乾隆四十三年（1778），眉州知州蔡宗建书“是父是子”。四川督学使者刘锡嘏书“文章气节”。康熙四十三年（1704），眉州知州金一凤题，乾隆十六年（1752）眉州知州宋载书“文峰鼎峙”。对联三副，其中清光绪十九年（1893）眉州州判杨庆远撰书联“宦迹渺难寻，只博得三杰一门，前无古后无今，器识文章，浩若江河行大地；天心原有属，任凭他千磨百炼，扬不清沉不浊，父子兄弟，依然风雨共岷山”。殿前置钟鼓，钟为三苏祠明代遗物，铸于天顺元年（1612）。殿内供奉三苏父子塑像，均罩以神龛。正中苏洵像龛顶部悬乾隆二十年（1756）眉州知州张兑和书“养气”匾，为中华名匾。殿两侧各有一方墙门道，门楣上西书“文渊”、东书“学薮”。殿前地坪为红砂石铺地，地坪居中摆放一长方形铜鼎，每日祭祀香火不断。飨殿内有东西两侧门通后院，穿过庭院便是启贤堂。院中有苏宅古井，古井西侧为快雨亭，咸丰三年（1853）修，悬山式屋顶，坐西向东，背面有回廊。亭上为何绍基篆书题匾。

启贤堂　建于清康熙四年（1665），嘉庆十八年（1813）大维修。歇山式屋顶，抬梁式木结构，建筑面积 223.6 平方米。门匾“启贤堂”为曾任国务院古籍整理组组长李一氓 1979 年书，寓意承前启后之意。门联二幅：1983 年，苏州画院院长、眉山人杜重划集苏轼诗句“门前万竿竹，堂上四库书”；1979 年，四川省文史资料工作委员会委员刘东父集苏轼诗句“天下几个学杜甫，诗中定合爱陶潜”。堂前及左右设回廊。堂内神龛供奉眉山苏氏始祖苏味道画像和苏姓名人牌位，有朱靖华（中国人民大学教授）撰写、伍中一书写的对联一副：“金生丽水三苏怀乡系赵郡，玉出昆岗眉山发迹源栾城”。北楹为木假山堂，陈列清道光十二年（1832）眉山书院主讲李梦莲所购置的木假山。堂前为池，池中一方台，台上堆构石山，与堂中木假山相映成趣。池水与东西瑞莲池相通，池水上左右各设一廊桥。桥面为石条铺就，有木栏杆。左右廊桥与前院廊相接构成一“H”形回廊，并与来凤轩檐口相接。

苏宅古井　苏家饮用水井，在飨殿与启贤堂之间偏西，井水从未枯竭，清澈甘甜。井旁有一棵黄荆树，历经千年，主干已成木化石，根部周围生出新枝。将黄荆树种于宅院中，由此可见苏洵夫妇对苏轼兄弟的鞭策和鼓励。

木假山堂　苏家故宅存放苏洵心爱之物木假山的启贤堂北楹。苏洵有《木假山记》，记述木假山的形成，寓含苏洵对于人生命运的看法。木假山中峰突起，巍峨峭拔，意气端庄，显得神圣不可侵犯，有倾服两侧次峰之势，而两侧双峰对峙，巍然屹立，庄重坚实，并无依赖于中峰之形。它们各自独立又相互统一，体现三苏父子的文章气节。宋代梅尧臣、陆游都有诗赞誉木假山。今木假山堂是清康熙五年（1666）辟修，乾隆年间眉州知州阎源清重修，杭州人宋凤起书匾。道光十二年（1832）眉山书院主讲李梦莲置木假山于堂内。

民国版《眉山县志》载：“祠后一宇，系三苏寝室堂，并非木假山房也。因古木假山房遗迹罔存，不知所在，其时无力另修，故权以此堂名之。”清嘉庆十八年（1812），赵来震主持重建木假山堂，同时将旧木假山房培修整理，重加丹垩，更名济美堂。1982 年在维修济美堂时，又更名为来凤轩，取梅尧臣“岁月不知老，家有雏凤凰；百鸟戢羽翼，不敢呈文章”诗意。此轩原址为苏轼兄弟寝室与书房，称南轩，苏洵称之为来凤轩。面阔五间 21.66 米，进深两间 10.26 米，建筑面积 222.2 平方米，通高 7.3 米，穿斗木结构，悬山式屋顶，小青瓦房面。与连接启贤堂的桥廊组成第三进四合院。匾额为江苏国画院一级美术师费新我于 1982 年书。门联为元代高丽诗人李齐贤于元延祐三年

(1316）拜谒三苏祠后撰，北京王家新补书：“渥洼独步老麒麟，丹穴双飞皱凤凰。”来凤轩北面有水渠沿长山埂小山自东向西。山上有小道供游人悠游。往西，山下一池，池中塑苏轼盘陀坐像。塑像前铺红砂石板地坪，与之相对的建筑为光绪二十四年（1898）重修的披风榭。

二、瑞莲西池

与瑞莲西池相关的亭榭有披风榭、百坡亭、瑞莲亭和消寒馆。

披风榭　始建于南宋环湖湖畔，明时随着环湖干涸而湮没，重建于清光绪二十四年（1898），置三苏祠来凤轩西偏南、瑞莲西池北岸。重檐歇山式屋顶，二层，面积57平方米，面阔进深9米，榭高10米，底层四周置飞来椅。南宋淳熙年间，诗人陆游到眉州，游环湖，登披风榭，拜苏东坡遗像，并写下《眉州披风榭拜东坡遗像》诗，以“孕奇蓄秀当此地，郁然千载诗书城”赞眉山。今楼额悬前国防部部长张爱萍书匾。披风榭背临瑞莲池，与池中间的百坡亭、池南端的瑞莲亭和榭前的苏轼盘陀坐像形成一通透景观。

三苏祠“披风榭”（摄于2008年1月）

百坡亭　始建于南宋环湖，重建于民国17年（1928），是横跨瑞莲西池上的一座桥亭。亭长20米，中间为八柱小亭，攒尖式屋顶，亭设飞来椅，供游人临池俯瞰。北京陶然亭公园按原样复建。匾额“百坡亭”为吴伯箫书，亭名源自苏轼诗《泛颍》“散为百东坡”，寓意希望出现更多东坡式的人物。对联为四川省文史馆馆长刘孟伉据《衲苏集》句，于1959年书：“谟议轩昂开日月，文章浩渺作波澜。”此亭与西厢房连接，打破东西厢房严整对称的结构，获得一种意想不到的完美空间。百坡亭被命名为“华夏名亭”。

三苏祠百坡亭（摄于2003年7月）

瑞莲亭　重建于清康熙四年（1665）。八角十二柱，攒尖式屋顶，亭顶为花瓶状饰物，八条脊上均有走兽饰物，房面为筒瓦覆盖，亭高7.9米。亭门开于东面，有小桥与岸相通，亭四周有飞来椅。门匾“瑞莲池”三字由乾隆十八年（1753）眉州知州宋载书。亭内悬匾“瑞莲重现”四字，由康熙四十六年（1707）四川巡抚能泰书。相传，苏轼兄弟进士及第之时，苏宅池中盛开并蒂莲花，眉山从此有“瑞莲兆科甲”之说。明代时，“苏池瑞莲”成为眉州八景之首，州牧许仁诗曰：“可人千载尚流芳，故宅池中并蒂香。莫讶为祥兆科甲，生前元自擅文章。”2006年，三苏祠瑞莲池盛开并蒂莲花。瑞莲亭，被收录为“中华名亭。”

碑亭　1980年建于原消寒馆旧址，将前厅耳房中存放明、清遗碑移入，称为碑亭。硬山式屋顶，筒瓦房面。面阔七间28米，坐西向东。东向开两门，与百坡亭相对，隔池与瑞莲亭相望。两门处依檐作两亭，亭为攒尖式，两亭间有廊相通。后院有一“H”形碑廊。亭内存有苏轼著名四大楷书名碑：《罗池庙迎亨送神诗碑》《表忠观碑》《醉翁亭记》《丰乐亭记》。还珍藏一通明洪武二十九年（1396）重刻的宋李龙眠绘《苏东坡盘陀画像碑》及一通眉山出土的南宋苏轼之孙《苏符墓志铭》。这些碑刻现已移入东园的碑廊，2007年，碑亭复名消寒馆。

洗砚池　位于碑亭南端，池有石栏杆围护，池畔石刻“洗砚池”三字为清人彭耀章所书。此池相传为苏轼青少年习作书法、绘画时清洗砚台之处。

三、瑞莲东池

清光绪元年（1875），四川督学使张之洞倡导在瑞莲东池修建云屿楼、抱月亭、绿洲亭。

云屿楼　来凤轩东为东坡楼，后更名为云屿楼，坐北朝南。重檐歇山式屋顶，抬梁式梁架，一楼一底，面阔三间，进深三间，通高11.5米，小青瓦屋面。南、西、北三面临水，东、南、西三面阶沿下有红砂石铺旱池，池边有石栏杆。是三苏祠古建筑中的一座楼房。此楼现辟为苏氏宗族陈列室。过“九曲飞虹”桥至抱月亭。

抱月亭　在瑞莲东池东北角，隔山埂、水沟与云屿楼相望。翠竹掩映，格外清幽。原为双层攒尖式草顶，20世纪80年代改为瓦顶。亭名取苏轼《赤壁赋》中“挟飞仙以遨游，抱明月而长终”之意。亭高7.71米，底面为正六边形，每边长2.18米，设飞来椅。凭栏可远眺云屿楼、东厢房、绿洲亭，近可观鱼赏荷。有桥与池岸相通，过竹林甬道，可到来凤轩；沿东垣墙，可到绿洲亭和南大门；亭门正对东园北门，进门可去晚香堂和碑廊参观。

绿洲亭　一名水竹轩，在瑞莲东池南端的一个小半岛上。为清代修建，高5.6米，底面为正六边形，每边长1.38米，攒尖式草亭。有砥道、小桥与南岸相通。向东沿池边十余步，可到东园南门；西行数十步可到南大门。

四、西部园林

三苏祠园林，春季百花满园，夏季荷花盛开，秋季桂花飘香，冬季蜡梅吐蕊，绿水环绕，湖塘潋滟；翠竹摇曳，浓荫遮蔽；小桥流水，曲径通幽。几十株百年老树散落园中，如银杏、古榕、桢楠、丹桂、香樟、重阳木等。24座不同的小桥贯通所有的亭宇道路。园林现已建成多个园中园，如造型别致的船坞、八风山上的八风亭、半潭秋水一房山、彩画舫、式苏轩等。

式苏轩　位于披风榭西边，过小石桥不远的花圃中。1947—1948年，以三苏祠原有的几间破房和购买的邻居房产，拆建而成。1987年根据文化部和四川省文化厅建议，将残破的式苏轩改扩建为文物修复、装裱室和库房，4月动工，8月竣工，占地面积1000余平方米。整个建筑为一组庭园，具有园中园的特点。仿清代建筑，小青瓦房面，歇山式屋顶，脊上饰鸱吻和卷草式图案。“式苏轩”匾由赵朴初1988年书，式苏轩以西为景苏楼。

景苏楼　《眉州属志》载“景苏楼，治西。宋司农少卿陈晔总领蜀饷过眉，为苏氏父子建”，

现楼已不存，遗址失考。1984年，四川省副省长何郝炬路过眉山，游览三苏祠，建议重修景苏楼。三苏文管所立即设计选址，6月动工，次年7月竣工。景苏楼为一组仿清建筑，主楼一楼一底，面阔五间20米，歇山式屋顶，小青瓦房面，脊饰鸱吻和卷草式图案。其他辅助建筑也为歇山式屋顶。占地面积1000余平方米。园内水渠贯通，桥廊相接，名花异卉，十分幽僻。“景苏楼”匾为1984年吴丈蜀所书。门前一联为清光绪十六年（1891）乐山布衣杨昌凝所书“公本不羁才，恨当年知遇难逢，浪迹黄州、惠州、儋州、杭州，消磨许多经济；我生凭吊古，叹此日名流空望，游心诗集、文集、词集、赋集，越发无限激昂”。西部园林南端，还有一处庭园式建筑——南堂。

南堂　是三苏父子在汴京（今开封）的宅院。三苏祠南堂是一组仿清代建筑庭院，坐南朝北，由一敞厅和一丁字厅房组成，占地1300平方米。西北两面围墙各开一圆门，围墙有扇形窗洞，其雕花为梅、兰、竹、菊等植物图案。北门楣上有1981年著名画家关山月书“茗香轩”匾。门内敞厅前有一盆状水池，内有假山，设置喷泉。1982年建，1995年拆除，并往南移，改建为南堂，大门开在南面，形成门市。南堂占地2000余平方米，主体建筑为一楼一底仿清代建筑。

疏竹轩　据苏轼《咏怪石》诗：“家有粗险石，植之疏竹轩。”由此可见，疏竹轩为三苏故里的一座建筑物。1978年，据苏轼诗意而修此轩。仿清代建筑，歇山式屋顶，小青瓦屋面。占地450平方米。

西大门　民国17年（1928）建，1992年改建。位于祠院西北角，悬山式建筑，三重檐。面阔三间，中为门道过厅，左右各一耳房。大门内有石拱桥一座，横跨水渠之上，桥上有花棚架，架上藤蔓拖地。建筑规格约小于南大门。另配套房若干间。过桥几米处，有“文峰”假山一座，周围翠竹簇拥，“文峰”巨字为清眉州知州金一凤题。一条弯弯曲曲的竹荫长径，其意正如苏轼语“可使食无肉，不可使居无竹”。左边小山与景苏楼相接。右边一池塘，名为西湖。池中小岛上一小亭，掩映在绿树丛中，池南端与疏竹轩相连。绿树花圃中，还点缀着绿筠亭、海棠亭。

第三节　三苏纪念馆

一、三苏祠陈列

明代，飨殿塑三苏父子泥像。

清代、民国，除飨殿三苏父子塑像之外，启贤堂陈列三苏先祖牌位，济美堂陈列三苏子孙牌位，前厅两端房间陈列建祠记事碑和文人诗文碑。

1959年，东西厢房陈列三苏父子诗意画、启贤堂陈列三苏文献版本和墨迹拓本。

1966年6月19日，“文化大革命”“破四旧”时，眉山县文教局致函四川省文化局，将展品、匾额、楹联收藏起来。

1967年，飨殿作为工农兵展览室，展出毛泽东接见红卫兵的内容。

1974年，飨殿、东西厢房作为批判三苏展览室，后来改为毛泽东、周恩来、朱德事迹陈列，启贤堂作为毛泽东诗词木刻陈列，有毛泽东诗词吊牌40余块，朱德、董必武、郭沫若、余立群等手迹10余块。

1978年，恢复三苏陈列。

三苏纪念馆（摄于2008年10月）

1982年，四川省碑刻训练班在三苏祠举行，在飨殿中重塑三苏泥像，在披风榭前水池中塑苏轼盘陀坐像。

1984年10月，派人前往华中、华东、华南等地收集资料，次年7月陈列。飨殿前西厢房为序馆和苏洵生平陈列，东厢房为苏轼、苏辙生平陈列，启贤堂为三苏文献版本和墨迹拓本陈列。

1987年6月，派人前往河南、山东收集资料，将以前陈列调整为东厢房为序馆和苏轼生平陈列，西厢房为苏洵、苏辙生平陈列，启贤堂为后世对三苏评赞的陈列。

1992年，调整陈列。新做三苏塑像和神龛，西厢房为序馆陈列，东厢房为三苏生平陈列，其余基本未变。在原金鱼亭塑程夫人和苏八娘塑像，辟来凤轩为三苏蜡像馆。

1999年，用楠木重新制作三苏塑像神龛和神龛前面的供桌。

2003年，辟云屿楼为苏氏宗族陈列室。

2006年，眉山市委、市政府将三苏祠博物馆作为对外宣传窗口，三苏祠大门作为眉山的城市名片，东坡盘陀塑像作为眉山的城市标志。决定将三苏祠内原有的陈列全部撤出，恢复古祠堂原有的风貌。

三苏祠所有陈列均移入三苏纪念馆，馆名由著名古代建筑专家罗哲文题写。把三苏祠南大门以南50米外刚刚建筑的商住楼（三层）3000余平方米，改建为“三苏纪念馆”。一楼为苏轼生平、成就展厅，二楼为苏洵、苏辙生平、成就展厅及眉山历史文化展厅，三楼为眉山三苏祠博物馆、眉山市三苏文化研究院行政办公场所。

“三苏纪念馆”是眉山三苏祠博物馆的基本陈列，面积2000余平方米，陈列分为苏氏序厅、名震京师、仕途宦游、辉煌卓越的文学成就，心系黎民的师表典范、世所罕见的旷世奇才、影响后世的千年英雄、苏洵生平及其文学成就、苏辙生平及其文学成就、眉山历史文化十个部分。

进入纪念馆大厅，迎面可见三苏父子的汉白玉雕像和朱德的题诗：“一家三父子，都是大文豪，诗赋传千古，峨眉共比高。”

苏轼（1036—1101）字子瞻，号东坡居士，北宋文化大家，在散文、诗、词、书、画等方面都有开创性的贡献。著有《东坡全集》100余卷，有文4800余篇、诗2700余首、词300余首。

苏轼作为北宋文坛的杰出人物，是三苏纪念馆陈列展示的重点，分为名震京师、仕途宦游、文学成就、师表典范、旷世奇才、千年英雄六个部分。系统地展示苏轼坎坷而辉煌的人生，反映苏轼的生活态度、思想情感、道德观念、价值取向等，使观众能够比较全面清晰地了解苏轼，一个可供人们感知、思索和仿效的活生生的真实人生，感受到苏轼真挚迷人的人格魅力。

名震京师，包括博学少年、唤鱼联姻、名震京师。仕途宦游，包括签判凤翔、入试京官、通判杭州、出知密州、徐州抗洪、乌台诗案、谪贬黄州、元祐更化、自请杭州、出知颍州、戍边定州、谪贬岭南、天涯海角、病逝常州。辉煌卓越的文学成就，包括苏轼的诗——宋诗成熟的标志、苏轼的词——开豪放词先河、苏轼的散文——唐宋古文革新的旗帜、苏轼的书法——北宋四大书法家之首、苏轼的绘画——中国文人画的肇始。心系黎民的师表典范，包括凤翔修定衙前役、密州抚孤、徐州石炭、登州榷盐与民、杭州安乐坊、颍州阻开八丈沟、扬州罢万花会、惠州修东西新桥、儋州教化黎民。世所罕见的旷世奇才，包括文艺理论、教育思想、农业水利、医药养生、军事战略、烹饪酿造、音乐茶艺、凿井制墨。影响后世的千年英雄，包括苏轼研究史、苏门六君子、苏轼研究在海外、三苏遗踪、历代名人咏三苏。

2007年9月，辟东园晚香堂为三苏祠馆藏精品陈列馆，将三苏祠所有碑刻移入东园展出。原碑亭复名为消寒馆，将苏氏宗族陈列迁入，云屿楼辟为三苏祠沿革陈列。飨殿重塑三苏朝服泥像，东西厢房新塑苏轼之子苏迈、苏迨、苏过，苏辙之子苏迟、苏适、苏远朝服泥塑。启贤堂为三苏先祖、后人的牌位和苏味道的画像，供人凭吊。

二、馆藏文物

2012年，眉山三苏祠博物馆馆藏文物4019件（套），珍贵文物724件（套），其中一级文物4件、二级文物24件。

三苏纪念馆书画类部分陈列情况表

表33-5

名称	时代	作者	概况	级别
赞三苏五言诗单条	现代	朱德（1886—1976）	1963年4月25日莅临三苏祠参观，题写五言诗称赞三苏：一家三父子，都是大文豪。诗赋传千古，峨眉共比高	国家二级文物
《前赤壁赋》折页	明代	陈淳（1483—1544），字道复	共27页，尺寸34厘米×24厘米，实为长卷，后人裁裱为折页。跋文三则，其一为："嘉靖壬寅中秋，过子春湖弯，里第酒次，出笔研(砚)，命童磨墨，强书此卷，遂漫尔，为录苏长公作。将醉，举笔草草成，兴不复此之拙也。道复记。"末钤白纹印三方：白阳山人、复父氏、陈氏道复	国家一级文物
《后赤壁赋》长卷	明代，作于万历二十年（1592）	张凤翼（1527—1613），字伯起	尺寸276厘米×25厘米，字幅长146厘米，字幅之前，有赤壁图，长130厘米，为民国诸建秋绘，吴华源题款和跋文。有二方藏章：曾经锡芝兰草堂藏、曾藏汪大铁秘箧	国家二级文物
《西园雅集图》手卷	明代，作于戊戌（1658）孟秋	王式	纸本，尺寸346厘米×35厘米。工笔重彩，人物逼真，山石点皴，楼台工整，亭阁细致。图后有康熙三十七年（1698）夏笠仙补书的原米芾作《西园雅集图记》一文	国家二级文物
《记承天寺夜游》条幅	明代	许光祚	纸本，尺寸98.4厘米×27.2厘米	

续表33-5

名称	时代	作者	概况	级别
《东坡词三首》条屏	清代，作于同治二年（1863）	何绍基（1799—1873）	共4幅，尺寸176厘米×44.5厘米。书苏轼词三首：《水调歌头》（落日绣帘卷）、《西江月》（玉骨那愁瘴雾）、《临江仙》（夜饮东坡醒复醉）。署：东坡词，为茸农前辈世大人雅鉴。癸亥暮春侍，何绍基	国家二级文物
草书屏	清代	张船山	共6幅，纸本，尺寸25.8厘米×14.5厘米。其中一幅内容为："破语盘空展大才，万峰伫首忽飞来。英雄面目诗人胆，一出长城气象开。出塞图句，癸亥秋日，船山。"有印一方：张问陶印	
草书单条	清代	龚晴皋	长1.25米，宽0.42米。纸本。文字为："苏子瞻枯木竹石绝妙，晴皋"	
楷书条幅	清代	翁方纲	长1.27米，宽0.43米。绢本。书苏轼《后赤壁赋》片段，文字为：已而叹曰："有客无酒，有酒无肴，如此良夜何？"客曰："今者薄暮，举网得鱼，巨口细鳞，状似松江之鲈。顾安所得酒乎？"归而谋诸妇。妇曰："我有斗酒，藏之久矣，以待子不时之须。"方钢临苏。有印章一方，曰"翁方纲"	
东坡词条屏	清代	林思进（1872—1953）	尺寸76厘米×21厘米。行书四条屏，分别为栱榔庵铭叙（钤朱纹印：清家翁）、节录东坡语（钤朱纹印：清寂堂印）、天石砚铭句（钤朱纹印：清寂堂印）、东坡语（钤朱纹印二枚：林思进印、山腴）	国家三级文物
《东坡诗意山水》条屏	清代	沈塘	4条屏，设色，纸本，尺寸96厘米×35厘米。以东坡诗意中春夏秋冬为题，春款《寓居定惠院之东，杂花满山，有海棠一株，土人不知贵也》，夏款《四月十一日初食荔枝》及自叙，秋款《八月十五日看潮五绝》，冬款《雪夜题北台壁》	国家三级文物
《东坡诗意梅花图》中堂	清代	童钰（1721—1782）	纸本，尺寸181厘米×105厘米。所画墨梅，苍老古朴，墨气雄厚。图上题诗："连日关门避朔风，相思正在阁之东。忽惊笔底花争发，春在先生杖履中。"题跋："乐天二丈过斋索画，时值仲冬，笔砚尘封久矣。其偶忆坡公'春在先生'之句，乘兴作此，并续成一诗以索笑。"落款：二树。钤三方篆印：童钰私印、日□山□、不知是我是梅花。图左下角钤篆印二枚：万幅梅花万首诗、天然去雕饰	国家二级文物
东坡笠屐图	清代	子芾氏	纸本，尺寸67厘米×27厘米。题款为：东坡笠屐图，洺水外史子芾氏作于沁浒	国家三级文物
东坡先生笠屐像	清代	潘振镛（1852—1921）	纸本，尺寸81厘米×29厘米。为临摹明代尤求所绘的《东坡先生笠屐像》。款识为：东坡先生笠屐像，庚辰冬日长洲尤求写。光绪戊甲蒲季水潘振镛雅声临	国家三级文物

续表33-5

名称	时代	作者	概况	级别
《东坡笠屐图》扇面	清代	费以耕	扇面，设色绢本，尺寸51厘米×9厘米。题跋为：坡翁尝山行遇雨，觅得农家笠屐而归，人望之惊讶为神仙中人云。题款为：辛酉九日仿华秋岳画意于海上，子伊二兄大人雅正，馀伯费以耕。有印章一枚“馀伯”	国家三级文物
东坡先生笠屐图	清代	沈燧（1891—1932）	纸本，尺寸134厘米×49厘米。与其他画本不同之处，在于东坡与一书童结伴而行	国家三级文物
长方形抄手式《东坡笠屐图》端砚	清代	—	长25厘米，宽13厘米，高9厘米，两墙足，砚堂前下方无堵。墨池宽窄适宜，右侧刻东坡笠屐图，左侧刻篆书铭文：“宋漫堂尚书刻施注苏诗，摩元人所绘东坡先生笠屐图于卷端上。”题云：“东坡一日访黎子云，途中遇雨，于农家假笠，木屐，载屐而归。妇人小儿相移争笑，邑犬争吠，东坡自笑，所怪它吠，所怪它觉，坡仙潇洒出尘之致。六百年后，犹可想见先生。元符初居儋州与诸黎游无间，值于笠屐，不载年谱，当与春梦婆同为海外遗事。此砚旁有先生铭，因重托其像，已识向往，周树堂题。”	国家二级文物
东坡先生笠屐图	现代	姚石倩	—	国家三级文物
东坡先生笠屐图	现代	俞子才（1915—1992）	—	国家三级文物
春江水暖图	现代	陈子庄（1913—1976）	—	国家二级文物
儋耳诗意图	现代	陆俨少（1909—1993）	—	国家二级文物

三苏纪念馆文献类部分陈列情况表

表33-6

名称	时代	作者	概况	备注
王状元集诸家注分类东坡先生诗	南宋	王十朋纂集、刘辰翁批点	收藏15卷，分别为卷4、卷6至卷19，计16册。为金镶玉本，书高由原来的23.5厘米变为26厘米	后人称为“王注”或“百家注”，共25卷
王状元集诸家注分类东坡先生诗	元刻	王十朋纂集、刘辰翁批点	此书现存15册。共16卷，即4至19卷。匡高18.5厘米，宽12.8厘米。正文每半页11行，每行19字；小字双行夹注，每行25字。细墨口，左右双栏。版心鱼尾，上下有卷数、页码。竹纸质。欧字体，多简体字，有避讳，但避讳不严	后人称为“王注”或“百家注”，共25卷

续表33-6

名称	时代	作者	概况	备注
王状元集百家注分类东坡先生诗	元刻	刘辰翁批点	现存19卷，共9册。除第4册含13、14、15卷外，其余各册均含2卷。缺1至6卷。半页11行，每行19字，小字双行夹注，每行25字。墨口，左右双栏，绵纸质。匡高19.6厘米，宽12.7厘米。版心鱼尾有卷数、页码。卷首顶格题“王状元集百家注分类东坡先生诗卷之×”，次行退一格题诗类名，下署“庐陵须溪刘辰翁批点”，再次行书诗题。卷尾隔行顶格题“王状元集百家注分类东坡先生诗卷之×”。欧体字，多简体。有后人用珠笔或墨笔批点	后人称为“王注”或“百家注”，共25卷
增刊校正王状元集注分类东坡先生诗	元刻	刘辰翁批点	现存13卷，共12册，缺1至12卷。半页12行，每行21字。小字双行夹注，每行26字。墨口，四周单边。卷首顶格题“王状元集注分类东坡先生诗卷之×”，次行退格题诗类名，再次退格署诗题。第13、14、17、20卷卷首是“王状元集注分类东坡先生诗”，其余卷首、尾皆为“增刊校正王状元集注分类东坡先生诗”。书中钤有“广通意斋收藏图籍”“梅花草堂秘籍”“一龛藏书”“春明故书，奉平旧物”等收藏印章	—
三苏先生文集	明成化眉山刻	许仁主持	原书70卷14册，今存65卷12册，缺第1册目录、序和第11册50至54卷。卷首顶格题“三苏先生文集卷之×”，二行顶格题“××先生”，三行退二格题文类名，四行退三格署文章名。卷尾隔行署“三苏先生文集卷第×”。每半页14行，每行26字，黑口，四周双栏。版心鱼尾，题文集名、卷数、页码。大部分文章有后人珠笔批点	—
三苏文集	明嘉靖眉山刻	顾阳和写序	全。有老泉文11卷、东坡文32卷、颍滨文28卷，共28册。收论76篇、策70篇、策问52篇、书41篇、解51篇、评史57篇，其他303篇，共650篇。半页10行，每行20字，白口，四周双栏，匡高19.9厘米，宽12.7厘米，首列《三苏文集》目录，目录之后载苏洵、苏轼二人墓志铭，卷首顶格题“三苏文集卷第×”，次行退一格题“××先生”，版心鱼尾之上书“××文”，中题文类、页数。有“墨林生”“子京所藏”两枚印章	—
静观室三苏文选	明万历七年（1579）刻	钱谷刻、作序	此书原为16卷，现存12卷，缺13至16卷。每半页10行，每行20字。白口，四周单边。有明人张师绛作的序、钱谷作的序、徐寿朋作的凡例	—
嘉乐斋选评注三苏文范	明天启二年（1622）刻	姚振宇刻	此书18卷，共14册。每半页9行，每行18字。白口，四周单边。明杨慎辑、袁宏道校、陈元素序、杨廷和评、王士祯题词，还有“敦复堂珍藏善本书籍之印”“插竹亭长”“东吴守己家藏印”“恒河沙室”等印章	—

续表33-6

名称	时代	作者	概况	备注
合诸名家详注三苏文集	明崇祯五年（1632）刻	杨士骥释古斋刻	全书共18卷。明杨慎辑、李维桢评注、袁宏道参阅。老泉文4卷、东坡文12卷、颍滨文2卷，每半页9行，每行20字，白口，四周单边。扉页左侧刻有：三苏文集为古今，本斋恳名公仇校有年，释古斋梓行。前有李维桢序、杨士骥序，刘经题词，有凡例	—
施注苏诗	清康熙年间刻	清施元之注、顾嗣立等删补、宋荦等校阅	共45卷，8册，全。每半页10行，每行21字。小字双行，每行31字。粗黑口，四周单边。有宋荦序、邵长衡序	—
东坡先生编年诗	清乾隆二十六年（1761）香雨斋刻印	清查慎行补注、纪昀批校圈点	共50卷，10册，全。每半页10行，每行17至21字。小字双行，每行30字。白口，左右双边。版心下镌“香雨斋”三字，扉页书名左下方有“香雨斋藏版”字样，每卷卷端书名左下方有“后学查慎行补注、侄男开校刊”，卷首有宋孝宗御制序、卷末有查开跋。书中多处盖有“黄应乾”藏书印。此书为眉山人黄应乾捐赠给三苏祠	此书为眉山人黄应乾捐赠
三苏全集	清代刻	—	共208卷，80册，全。每半页9行，每行25字，白口，左右双栏，匡高19.5厘米，宽13.5厘米。版心鱼尾题××集、文类名、×卷、页码。有眉州知州弓翊清跋、徐陈谟序。每册书上都钤有“德字玉阶”“仪陇朱氏藏书之印”“泸州阴懋德仑园父藏书”等印	系朱德旧藏。

第四节　经营管理

一、祀田

明嘉靖九年（1530），初置祀田。明余承勋《苏祠祀田记》记载：“因割其洛阳等九寺及孝思佛堂田若干亩，为苏祠祀田。”

清康熙四十六年（1707），为苏坟山置祀田，归三苏祠管理。清戴伊任《重修三苏祠置买祀田记》和《苏坟山记》均有记载，康熙五十四年再置。

清嘉庆四年（1800）九月，绅士共同丈量注册。苏庄田12.53公顷，苏坟山田0.27公顷，苏祠本城田1公顷，水塘6口0.84公顷，山地15.73公顷，山场35.47公顷。分别租与佃户，按田亩交租。

民国32年（1943），苏祠有田业官庄山、苏坟山两处，18.53公顷。苏坟山山场、山地面积如旧。

民国年间，苏祠祀田佃户14家18公顷。1940—1946年，苏祠祀田佃户收粮42吨。

1949 年中华人民共和国成立，苏祠与苏坟祀田在土地改革之后，分给了农民，山场收为国有，山场以后也分给农民。

二、日常经营

（一）管理机构

民国以前，三苏祠没有专门的管理机构，扩建、维修由地方长官与地方士绅协商，文献记载主持三苏祠扩建维修的官员有：

赵惠芽，字幼湘，直隶涞水人，清康熙元年（1662）任眉州知州，康熙四年主持重修三苏祠。

金一凤，直隶监生。清康熙三十七年（1698）任眉州知州，主持维修三苏祠，刻柳州碑。

黄元英，号澹庵，江西清江人。清康熙五十四年（1715）主持维修三苏祠，并为三苏祠重置祀田，自此由僧道守祠，主持道士有赵教玉、何松林、伍清泉等。

赵来震，号莨村，山西崞县人。清嘉庆五年（1800）任眉州知州，主持修建启贤堂后檐的木假山堂和相连的桥廊，将原木假山房更名为济美堂。

民国 8 年（1919）驻军眉山，陈国栋（字益廷）主持维修三苏祠。民国 17 年，设置专门管理机构"三苏公园事务所"，彭月江、卫华、杨葆和等相继任所长。杨葆和任上贪污被捕，事务所因而被取消。民国 25 年，在三苏祠内成立眉山县民众教育馆兼理三苏公园事务，夏眉寿任馆长。民国 36 年，成立扩修公园委员会；民国 38 年，成立"三苏祠产保管委员会"，王澄熙任主任委员。

中华人民共和国成立后，由眉山县文化馆兼管三苏公园有关事务。1950 年，眉山专署文化馆成立，兼管三苏公园。1958 年 4 月，眉山县成立"三苏公园管理委员会"，眉山县人委文教科长张惠芬任主任委员。

1959 年 8 月，眉山县成立三苏纪念馆筹备组负责建馆筹备有关事宜；10 月，纪念馆成立并开馆展出。纪念馆隶属县文教科。1962 年 3 月，三苏纪念馆配备多名干部管理三苏纪念馆和三苏公园的工作。1966 年 6 月，眉山县文教局致函四川省文化局请求封闭三苏纪念馆危险建筑，使三苏祠文物在"文化大革命"中损失较小。1967 年 4 月，四川省眉山县三苏纪念馆改为四川省眉山县人民公园。1968 年 12 月，人民公园成立革命领导小组，胡惠芬任组长。

1978 年 10 月，恢复三苏祠的名称，并重新开放。1979 年 7 月，三苏纪念馆更名为三苏文物保管所，胡惠芬任所长。1980 年 7 月，四川省人民政府公布三苏祠为四川省重点文物保护单位。

1984 年 4 月，三苏文物保管所更名为四川省眉山三苏博物馆，随即成立筹备组，组长为县长徐启斌，副组长县委宣传部部长李仲孚、副县长廖仁湘。

1986 年 10 月，成立四川省眉山三苏博物馆。2001 年，眉山三苏博物馆从眉山县上划市管理，为核定收支、定项补助事业单位。

2003 年 11 月，四川省眉山三苏博物馆更名为眉山三苏祠博物馆。2008 年 8 月，眉山三苏祠博物馆内设办公室、文物管理科、票务管理部、保管陈列研究部、宣教部、园林基建部、保卫部、财务部、经营管理部。

2001—2012 年，周华君、王志超、宋奔、李伟、杨常沙、陈仲文先后任馆长，王志超、张忠全、王国荣、邹敏、潘素梅、李晓苹、潘庆宏先后任副馆长，胡惠芬、周华君、李国莲、李伟、马湘君先后任党支部书记。

（二）出租

民国年间，三苏公园事务所、民众教育馆将部分房屋、亭榭租赁给私人开设茶馆、相馆，有半日闲茶馆、邻苏茶馆、新新相馆等。

1949 年，中华人民共和国成立之后，三苏公园式苏轩茶馆继续经营，相馆也照常开业（1957 年歇业）。

1962 年，在济美堂办餐馆，1965 年停业。

1978 年，以景苏楼为宾馆、疏竹轩为餐厅、茗香轩为茶馆、济美堂为小卖部，及照相馆，还有苗木、花卉供应点。

1992 年，将来凤轩（济美堂）改作蜡像馆后，另以前厅两端碑亭为小卖部，同时将启贤堂侧西厢房租赁与人经营工艺美术品。

至 2012 年，三苏祠除旅游项目外，其余房舍均出租经营。有眉州东坡酒楼（西园）、大文豪酒楼（南园）、楚颂园饭店（楚颂园）、眉山中亚旅游航空售票处（问月楼）、工艺品小卖部（式苏轩）、苏府茶庄（式苏轩）、茗香轩茶楼（茗香轩）、奇石馆茶园（消寒馆及南园）、东坡茶园（杉树林）、颐含香茶园（衫树林），以及临街的铺面等。

（三）门票

1959 年，三苏纪念馆成立后，实行门票制度。门票 1 分，以后增加到 2 分、5 分。

1985 年、1987 年、1990 年三次调整后，门票为 5 角。1992 年门票改为 1 元，并实行园中园制度，陈列室收费 1 元，蜡像馆收费 2 元。

1997 年，门票 10 元。2001 年 9 月，门票改为 20 元。2002 年 5 月，门票改为 45 元。至 2012 年未变。

（四）文化产品

三苏祠博物馆研发独具特色的东坡文化产品——旅游纪念品约 200 种（不计书画作品）。按题材分为三苏研究文献类、三苏题材创作类、三苏祠景观类；按形态分为三苏资料书籍类、三苏工艺品类、三苏拓片类、三苏蜀锦类和三苏书画类。

三苏资料书籍类有《苏东坡诗选》《苏东坡词选》《三苏名言佳句选》《苏小妹的传说》《三苏祠匾联墨迹大观》《三苏祠》《三苏祠丛帖》《三苏祠藏画选》《三苏祠明信片》《少年苏东坡》《三苏祠》（光碟）《三苏祠纪录片》（光碟）等 62 种。

工艺品类有苏东坡盘陀像、东坡像书签、骨质瓷茶杯、东坡翰林学士笔、大江东去竹简、东坡诗词屏风、三苏红木镇纸、三苏图纪念章、带邮资门票等 29 种。

拓片类有《大江东去》《三苏图》《东坡笠屐图》《寒食帖》《梅兰竹菊》《赤壁赋》《墨竹图》《马券碑》《唐寅画东坡像》朱德题诗等 60 余种。

蜀锦类有《大江东去》《夜游赤壁图》《枯木竹石图》《寒食帖》《明月几时有》《东坡笠屐图》《前后赤壁赋》等 15 种。

书画类主要是眉山本地现代、当代书法家、画家根据三苏诗、词、文意境或生平事迹创作的书画作品几百种。

部分产品获全国、省、市奖励，有 2005 年东坡陶铸铜像荣获第二届四川旅游产品设计银奖，2006 年《三苏祠丛帖》荣获中国国内旅游交易会“有特色的旅游商品奖”，2006 年《东坡信笺》荣获中国国内旅游交易会“有特色的旅游商品奖”等。

第四章　三苏纪念活动

南宋、元、明、清、民国时期皆有三苏的纪念活动。“文化大革命”期间，三苏纪念活动一度停止，改革开放后，恢复三苏纪念活动。三苏文化建设得到各级党委、政府支持。

第一节　会节活动

南宋、元、明、清、民国时期，眉山纪念三苏的会节活动主要有诞辰纪念和清明祭祀两种。在苏轼诞辰举办的纪念活动，称为寿苏会；在清明节苏坟山举办祭祀活动，称为清明会。寿苏会和清明会，又称为东坡会。民国时期，杨葆和、周寿之、陈越山、龚吉孚、兰静之、彭月江、何寄陶、卫华、夏眉寿、王澄熙等担任过清明节苏坟山祭祀活动主持人，至1948年停止。

1966—1976年，东坡会改为批判苏轼的忠君和保守，严重歪曲三苏形象，直至“文化大革命”结束，才逐渐拨乱反正。

1980年9月12日至17日，由四川大学中文系、四川省社会科学院文学研究所、眉山县文教局发起，在三苏祠成立四川省苏轼研究会，并召开全国首届苏轼学术讨论会，由四川大学学报编辑部、四川大学中文系唐宋文学研究室将会议有关内容编辑为《苏轼研究专集》（四川大学学报丛刊第六辑）。与会学者来自全国各高等院校、科研机关、出版新闻单位和苏轼遗迹遗址地，北至哈尔滨南到海南岛，有浙江杭州、湖北黄冈、广东儋县、河南郏县等单位代表82人。《光明日报》《文学遗产》《四川大学学报》《文学研究动态》均报道此次会议简况。首批会员61人，四川大学中文系主任杨明照为首任会长。

1987年9月16日至20日，眉山县委、县政府在三苏广场举办“第一届东坡文化节暨纪念苏轼950周年诞辰文化经济交流会”，外地与会者3200余人，参与纪念集会者5万余人。其间，举行“纪念苏轼950周年诞辰学术讨论会”，四川省眉山三苏博物馆与四川师范大学学报编辑部共同编辑出版论文集《苏轼诗词研究》《苏轼思想研究》《三苏散论》，同时编辑《纪念册》《三苏祠碑拓精选》（第一辑）。中央新闻电影制片厂对活动全程进行拍摄。眉山县人民政府1984年重修苏洵、程夫人墓，以及王弗墓，新垒苏轼、苏辙衣冠冢，纪念苏轼950周年诞辰活动期间，各界人士和苏氏后裔前往苏坟山拜谒。

1992年9月20日至26日，眉山县委、县政府举办“第二届东坡文化节暨纪念苏轼955周年诞辰活动”。9月18日中央电视台播出专题片《苏东坡与眉山》。举办三苏父子雕像、千载诗书城诗碑揭幕，三苏生平陈列馆、三苏故事蜡像馆剪彩，苏里建设学会献碑帖剪彩仪式，苏轼遗址、遗迹保护工作研讨会，三苏灯会、谜会，川剧《唤鱼联姻》演出，苏轼生平故事彩车游行，6000

余人的文艺表演，跳伞表演，千只吉祥鸽放飞，热气球升空等活动。中共四川省委书记杨汝岱等领导参加开幕式。9月21日，全国苏轼学术研讨会在三苏祠召开，收到论文103篇、专著19部、书画15件。

1997年9月16日至17日，眉山地区举行第三届东坡文化节暨中国苏轼研究学会第9届学术研讨会、全国三苏遗迹遗址联谊会，纪念苏轼960周年诞辰。会议由四川省眉山三苏博物馆承办，参加学术会议的国内外苏轼研究学者近100人，包括日本学者内山精也、保苅佳昭，台湾学者王宝珍、衣若芬等。第三届东坡文化节由眉山地区和眉山县主办，其余五县协办。除学术讨论外，各县展示了特色文化活动，有仁寿抬工号子、洪雅台会、丹棱唢呐、青神竹龙等。

2001年8月21日至23日，举办“纪念苏轼逝世900周年暨中国第十三届苏轼学术研讨会”。与会者121人，其中韩国5人、日本13人、英国2人、美国6人，收到论文90篇，编辑成《中国第十三届苏轼学术研讨会论文集》。编辑的“三苏文化丛书”由四川文艺出版社出版发行，包括王影聪著《苏东坡的艺术人生》，王晋川著《苏东坡的故事》，刘小川著《苏轼：叙述一种》，刘朝谦著《苏轼诗学研究》，宋明刚、夏叶著《天涯芳草——东坡足迹行》，杨梁相、陈晓春著《苏东坡书画艺术两种》，杨胜宽著《苏轼与苏门人士文学概观》，张忠全著《何人可配眉山》，胡惠芬、李咏梅编著《三苏祠馆藏善本图书提要》，赖正和著《苏轼与北宋政治变革》，熊朝东著《明月几时有——苏轼诗词文精品选析》，魏奕雄著《景苏楹联选注》。同时举办书画作品征集，收到作品80余件，展览后出书画专集1部。

2007年11月18日至25日，举办“纪念苏东坡970周年诞辰暨‘中国·眉山东坡国际文化节’”。来自世界各地嘉宾、专家学者、三苏后裔、企业精英及各界领导400余人参加活动。在开幕式上，大型音乐舞蹈史诗《千古东坡》首次亮相。有近40名学者参加研讨会，围绕“苏东坡的民本思想”主题讨论，收到论文29篇。2005—2007年清明节，东坡区人民政府连续三年在苏坟山举行公祭活动，参与者近万人。

2008年11月7日，由眉山市三苏文化研究院主办、四川省三苏酒业有限责任公司承办“苏东坡人文精神暨苏东坡酒文化研讨会”。苏学专家50余人参加，探讨“苏东坡酒文化”，参观“三苏酒业酒窖及生产流程”。眉山电视台、《眉山日报》《今日东坡》等媒体作了报道。

2009年3月5日至6月30日，开展纪念苏洵1000周年诞辰系列活动，有清明节苏洵墓地公祭、苏洵逝世日三苏祠祭祀、“苏洵魂”书画展、全国首届苏洵学术研讨会、“眉山三苏传记丛书”首发式暨征文、千人报告会、东坡艺术团成立演出和参观活动等。4月23日，来自全国各地的苏学研究者50余人参加全国首届苏洵学术研讨，收到研究成果4类30余项，编辑成《苏洵研究——全国首届苏洵学术研讨会论文集》。

2010年8月18日至19日，眉山举办纪念四川省苏轼研究会成立30周年系列活动。会长张志烈作《四川省苏轼研究会成立30周年总结报告》、副会长苏灿作《弘扬东坡创新精神，继续推进苏轼研究》发言，收到“苏轼创新理念和实践学术研讨会”征文45篇，涉及苏轼的政治、经济、军事、文学艺术和养生等方面。向与会者赠送周成仕主编的《东坡符号与产业创意》（四川大学出版社2010年版）和《三十年回顾》（中国苏轼研究学会史料汇集）两书。

2011年7月22日至23日，四川省苏轼研究会秘书处与眉山市华夏苏东坡文化传播中心、眉山三苏祠博物馆联合主办“东坡学校与东坡文化传播交流活动”。成立四川省苏轼研究会东坡学校工作委员会，作为全国60余所东坡学校的重要平台，在学校传播东坡文化。

2012年11月16日，眉山举办纪念苏辙逝世900周年活动暨全国首届苏辙学术研讨会，出版发行论文集《苏辙研究——全国首届苏辙学术研讨会论文集》（方永江、刘清泉主编，四川大学出版社）。论文39篇30余万字，张志烈教授从生平研究有新发现、思想研究有新启示、作品研究有新拓展、遗址研究有新突破四个方面总结，充分肯定此次学术会议的研究成果。

第二节　参观接待

2006年6月，眉山三苏祠博物馆被国务院公布为“全国重点文物保护单位”。2008年6月，三苏祠游客接待中心开工建设。2009年5月，三苏祠通过国家验收，被国家文物局评定为国家二级博物馆。2010年1月，国家旅游局公布眉山三苏祠博物馆为国家AAAA级旅游景区。2011年6月，四川省纪委、四川省监察厅授予三苏祠首批“四川省廉政教育基地”称号。2012年5月，四川省委宣传部、四川省社会科学界联合会授予眉山三苏祠博物馆为“三苏文化社科普及基地”。

参观三苏祠重要接待情况表

表33-7

年份	重要接待
1960	黄应乾赠送清乾隆二十六年（1761）刻本《东坡先生编年诗》一部十册五十卷
1961	4月，中国社会科学院副院长竺可桢参观三苏祠。8月，著名书画家王雪涛、秦仲文、娄师白参观三苏祠并作画。10月，全国人大常委会委员长朱德赠送三苏祠旧藏书籍《三苏全集》80册208卷
1963	4月25日，全国人大常委会委员长朱德到眉山县视察时参观三苏祠并手书诗作：“一家三父子，都是大文豪。诗赋传千古，峨眉共比高。”
1965	9月，外交部部长陈毅调研三苏祠
1979	6月，著名作家吴伯箫、艾芜，著名学者戈宝权、楼适夷、段可情等参观三苏祠
1982	四川省委书记谭启龙、副省长刘海泉调研三苏祠，指示拨款治理污水
1984	2月，副省长何郝炬调研三苏祠，指示重修景苏楼。7月，全国政协副主席、中国佛教协会会长赵朴初参观三苏祠。11月，全国人大常委会委员长彭真参观三苏祠
1987	2月，毛岸青、邵华夫妇参观三苏祠
1988	著名物理学家周培源，全国政协副主席赵朴初，中央顾问委员会常委张爱萍、康世恩，台湾著名作家琼瑶、平鑫涛夫妇参观三苏祠，赵朴初题“式苏轩”匾
2001	9月27日，中国作家协会副主席蒋子龙和天津市作家协会副主席舒婷参观三苏祠，蒋子龙题词“文章缺豪气，千里拜东坡”
2004	9月28日，著名武侠小说家金庸参观三苏祠，题词“四川多才士，东坡第一人”
2009	10月25日，复旦大学王水照教授参观三苏祠，题词“德有邻涵育深广，藏无尽取用如意”
2011	4月26日，华国锋（苏铸）之子、苏氏后裔苏华参观三苏祠
	5月25日，中央文史馆馆长、北京大学中文系教授、民盟中央副主席袁行霈参观三苏祠
	12月26日，中国作家协会副主席、山东省作家协会主席张炜参观三苏祠，并题书“三苏纪念馆”
2012	5月11日，“走进东坡故里·聚焦今日眉山”中央主流媒体大型采访团参观采访三苏祠

第三节　学术成果

2005 年 1 月 28 日，举行四川省苏轼研究会秘书处从四川大学迁到眉山三苏祠博物馆挂牌仪式，并创办会刊《苏轼研究》（季刊）。2007 年，成立眉山市三苏文化研究院，挂牌三苏祠南园。2008 年年初，四川省苏轼研究会秘书处、《苏轼研究》杂志编辑部，由三苏祠移交眉山市三苏文化研究院。至 2012 年，眉山学者苏轼研究成果 59 种，其中三苏的作品选评 11 种、学术著作 26 种和生平传记 22 种。

一、三苏作品选注

三苏作品选评情况表

表 33-8

作者	书名	出版社	时间
熊朝东	苏轼词选析	四川人民出版社	1991 年
周华君	东坡诗意——周华君作品集（第二集）	四川美术出版社	1992 年
张忠全	苏东坡寓言选译	四川大学出版社	1993 年
三苏祠	苏东坡诗选	眉内印 2000 字第 81 号	2000 年
熊朝东	明月几时有——苏轼诗词文精品选析	四川文艺出版社	2001 年
魏奕雄	景苏楹联选注	四川文艺出版社	2001 年
三苏祠	苏东坡词选	眉内印 2004 字第 40 号	2004 年
三苏祠	苏东坡诗选	眉内印 2004 字第 41 号	2004 年
三苏祠	三苏名言佳句选	眉内印 2004 字第 42 号	2004 年
李松、刘清泉	三苏诗文选	广西教育出版社	2005 年
王志超	东坡赤壁——精选苏东坡诗词歌曲	四川电子音像出版中心	2009 年

二、三苏学术著作

三苏学术著作表

表 33-9

作者	书名	出版社	时间
眉山三苏博物馆、四川师范大学学报编辑部	苏轼诗词研究	四川师范大学学报丛刊第十一辑	1987 年 9 月
眉山三苏博物馆、四川师范大学学报编辑部	苏轼思想探讨	四川师范大学学报丛刊第十二辑	1987 年 9 月

续表33-9

作者	书名	出版社	时间
眉山三苏博物馆、四川师范大学学报编辑部	三苏散论	四川师范大学学报丛刊第十三辑	1987 年 9 月
刘少泉、胡惠芬	三苏字号趣谈	四川人民出版社	1992 年
彭泽良	三苏的成才与为人	西南交通大学出版社	1993 年
彭泽良	孕奇蓄秀——眉山	乐内印（1999）315 号	1999 年
严文清主编	三苏文化与眉山现代化	四川人民出版社	1999 年
彭泽良	三苏故里与三苏	眉内印（2001）第 102 号	2001 年
王影聪	苏东坡艺术人生	四川文艺出版社	2001 年
刘朝谦	苏轼诗学研究	四川文艺出版社	2001 年
杨梁相、陈晓春	苏东坡书画艺术两种	四川文艺出版社	2001 年
杨胜宽	苏轼与苏门人士文学概观	四川文艺出版社	2001 年
张忠全	何人可配眉山	四川文艺出版社	2001 年
胡惠芬、李咏梅编著	三苏祠馆藏善本图书提要	四川文艺出版社	2001 年
赖正和	苏轼与北宋政治变革	四川文艺出版社	2001 年
熊朝东	芳草天涯路——影响苏轼一生的六位女性	巴蜀书社	2003 年
熊朝东	苏东坡养生谈	四川文艺出版社	2005 年
周成仕主编	东坡文化产业发展概论	四川师范大学电子出版社	2009 年
苏灿、张忠全编著	苏轼为官之道	四川大学出版社	2009 年
刘清泉	苏洵研究——全国首届苏洵学术研讨会论文集	眉新内出（2009-65）	2009 年
周成仕主编	东坡符号与产业创意	四川大学出版社	2010 年
刘清泉	三十年回顾——中国苏轼研究学会成立 30 周年史料汇编	眉新出内（2010-35）	2010 年
刘清泉	《论文汇编》（纪念四川省苏轼研究会成立 30 周年暨苏轼创新理念和实践研讨会论文汇编）	—	2010 年 8 月
赖正和	苏东坡政治主张探究	巴蜀书社	2011 年
《三苏祠志》编纂委员会编	三苏祠志	中国文史出版社	2011 年
方永江、刘清泉主编	苏辙研究——全国首届苏辙学术研讨会论文集	四川大学出版社	2012 年

三、三苏生平资料整理

20 世纪 80 年代起，眉山境内整理和出版关于三苏生平的“传记”“年谱”和电视系列片等。截至 2012 年，眉山市辖内共整理出版有关三苏的出版物 21 部、电视系列片 1 部。

三苏生平资料整理情况表

表 33-10

作者	书名	出版社	时间
刘少泉	青少年的苏轼	四川省眉山三苏文管所	1980 年
古柏	苏东坡年谱	四川省眉山三苏文管所	1980 年
刘少泉	苏老泉年谱	眉山县三苏文管所	1980 年
熊朝东	苏东坡传奇	四川人民出版社	1989 年
王晋川	苏东坡的故事	四川文艺出版社	2001 年
刘小川	苏轼：叙述一种	四川文艺出版社	2001 年
宋明刚、夏叶	天涯芳草——东坡足迹行	四川文艺出版社	2001 年
熊朝东	一门父子三词客	眉内印 2005 字第 149 号	2005 年
张忠全	少年苏东坡	巴蜀书社	2006 年
苏灿主编	千年英雄——苏东坡图传	四川人民出版社	2007 年
刘小川	眉山苏轼	眉新内出（2007-105）	2007 年
邓敏主编	青神，苏东坡初恋的地方	中国文联出版社	2007 年
杨常沙、徐丽	苏小妹的传说	眉新内出（2007-32）	2007 年
眉山市政协	东坡足迹万里行	眉内印 2008 字第 34 号	2008 年
徐丽	苏祠漫步	眉山三苏祠博物馆	2008 年
刘川眉	眉山苏洵	长江出版社	2009 年
刘小川	眉山苏轼	长江出版社	2009 年
熊朝东	眉山苏辙	长江出版社	2009 年
熊朝东	生命之光——千年英雄苏东坡	四川人民出版社	2009 年
眉山市政协、眉山电视台	东坡足迹行（十五集大型历史系列片）	四川电子音像出版中心	2010 年
政协第二届眉山市委员会	苏轼遗迹遗址	眉新出内（2011-58）	2011 年
刘小川	苏东坡	上海文艺出版社	2012 年

四、省级研究项目

眉山市立项三苏四川省哲学社会科学研究规划项目 6 项。

眉山市三苏四川省哲学社会科学研究项目统计表

表 33-11

负责人	项目名称	立项时间	结题时间
严文清	三苏文化与眉山现代化研究	1999 年	1999 年
严文清	弘扬三苏文化，建设中国诗书城	2004 年	2004 年
苏　灿	苏轼为官之道研究	2006 年	2008 年

续表33-11

负责人	项目名称	立项时间	结题时间
周成仕	东坡文化产业发展研究	2008 年	2009 年
周成仕	东坡文化符号与文化产业创意研究	2009 年	2010 年
周成仕	苏轼遗址地合作机制研究	2010 年	2014 年

第五章　三苏文化

三苏之名首见于北宋王辟之著《渑水燕谈录》："苏氏文章擅天下，目其文曰三苏。盖洵为老苏，轼为大苏，辙为小苏。"宋仁宗嘉祐二年（1056），苏洵带领两个儿子赶赴京城参加科举考试，文坛盟主欧阳修读了苏洵散文，称赞其文章有荀子文风，苏轼兄弟又同时考中进士，因而三苏的文章被公卿、士大夫争相传阅而风行天下。茅坤的《唐宋八大家文钞》选入苏洵、苏轼、苏辙父子三人，入"唐宋八大家"之列。三苏文化是三苏父子在接受中华文化的过程中孕育的、在博通经史的过程中创造的，它丰富和发展了中华文化，并形成了自己的特色。三苏文化是以三苏而形成的名人文化，是综合仁爱、旷达和博大精神特质的中华文化。三苏文化涉及内容广泛，包括三苏在文学、艺术、教育、廉政、美食、酒、茶、养生、建筑等方面的成就。

第一节　文　学

三苏文学成就以苏轼为代表，其以天才全能和杰出贡献而有"千古第一文人"之誉。其诗与黄庭坚并称"苏黄"，其词与辛弃疾并称"苏辛"，其文与欧阳修并称"欧苏"，其赋为文赋奠定基础。

苏轼有诗 2700 余首，是宋诗最杰出的代表。苏辙说："公本似李杜，晚喜陶渊明。"在内容上"无事不可入"。社会政治题材的诗歌托事以讽，如《吴中田妇叹》借田妇口吻，写江南农民遭受秋涝、虐政双重灾难的悲惨情景，揭示了时弊造成的谷贱钱荒的社会问题。日常生活题材的诗歌缘情而发，如《饮湖上初晴后雨二首》（其二）形象生动地再现了大自然的美，被推为"前无古人，后无来者"的绝唱，有"要识西子，但看西湖；要识西湖，但看此诗"的赞誉。感怀唱和题材的诗歌清新脱俗，如《和子由渑池怀旧》追怀往日出川应试过渑池的情景，抒发对人生的感慨。在形式上"自出己意"，严羽《沧浪诗话》说"至东坡山谷，始自出己意以为诗，唐人之风变矣"，又说宋诗"以文字为诗，以才学为诗，以议论为诗"。如《题西林壁》从普通事物的描写提升到人生哲理的阐发，表达了"当局者迷，旁观者清"的哲理。通过形象思维来议论，从而形成诗歌的"理趣"，对后世诗歌发展影响巨大。

苏轼有词 300 余首，开创了豪放词派。胡寅在《题酒边词》中说："眉山苏氏，一洗绮罗香泽之态，摆脱绸缪宛转之度，使人登高望远，举首高歌，而逸怀浩气超然乎尘垢之外。”在词这一体裁上，苏轼的革新表现在两个方面。在内容上引进新的题材，描写新的主题，如《江城子》（十年生死两茫茫）《浣溪沙·徐门石潭谢雨，道上作五首》等；袭用传统题材，力求推陈出新，如《蝶恋花》（花褪残红青杏小）《水调歌头》（明月几时有）等。在词体上开创了豪放的风格，丰富了词风，如《江城子》（老夫聊发少年狂）《念奴娇》（大江东去）等；冲破了音乐的束缚，创新了词律，如《哨遍》（为米折腰）等。苏轼的词对后世影响很大。

苏轼有文4800余篇，为北宋散文集大成者。明代宋濂在《文原》中说：“自秦以下莫盛于宋，宋之文莫盛于苏氏。”非文学性散文的政论、史论等，代表作品有《进策》《进论》等。其中的《教战守策》阐明应居安思危，教民习武以备战守；《刑赏忠厚之至论》是他登进士第的考场作文，论立法贵严、责人贵宽的仁政治国主张。文学性散文有书札、杂记、杂说、序跋、铭赞、小赋等。显示了苏轼的才气与性情。《记承天夜游》仅85字，烘托出月夜的明净和心境的悠闲，展现了一个超凡逸尘、空明无滓的艺术境界；《石钟山记》叙述自己探访石钟山的经过，揭示了凡事必须经过调查，绝不可主观臆断；《文与可画筼筜谷偃竹记》记述了二人相交的情谊，表达了对亡友的思念。苏轼散文的艺术成就：风格“文理自然，姿态横生”；立意高远，构思多变；叙述、描写、抒情和议论兼用，情、景、理相统一；语言骈散兼用，凝重与流美相统一。苏洵散文喜欢纵论古今，纵横上下，出入驰骋，常有独到见解。苏洵在《上田枢密书》中说其文得益于“孟、韩之温淳，迁、固之雄刚，孙、吴之简切”，从其《权书》《六经论》中透出纵横家的味道。苏辙的学问文章，深受父亲及兄长影响，其散文汪洋淡泊，一唱三叹，足以自成一家，如《上枢密韩太尉书》等。

苏轼之赋仅存10篇，为文赋奠定基础。其前后《赤壁赋》为文赋中的名篇，叙事、写景生动、形象，文字清新、流畅，既富有诗意，又贯穿着古文的气势。《赤壁赋》通过主客问答，反映了作者在政治上遭受重大打击后，在现实处境中心灵的抗争。《后赤壁赋》则借江上的孤鹤、梦中的道士，表达了作者旷达的情怀和对人生的彻悟。

第二节　艺　术

苏轼的书法开“尚意”书风先河，其绘画为文人画奠定基础。

苏轼博采众长，开创“尚意”书风，为苏黄米蔡“宋四家”之首。黄庭坚评价：“文章妙天下，忠义贯日月”“本朝善书，自当推为第一”。书法用笔，行书笔画较粗，侧意取妍，不拘偏锋、正锋，多用侧锋，形成点画方笔且丰腴肥厚。书法结体，平正中转折变化，常自作借让新形，或左密而右疏，或右密而左疏，字多扁方，“至酒酣放浪，意忘工拙”，往往写到后文愈跌宕豪放。苏轼《黄州寒食帖》被元代鲜于枢誉为“天下第三行书”。这幅字笔酣墨饱，神完气足，错落有致，婀娜多姿，将诗情、画意、书境三者融为一体，是苏轼书法的代表作。

苏轼是北宋“湖州画派”的重要画家之一，首先提出“文人画”的概念，提倡绘画表现的诗歌意趣“味摩诘之诗，诗中有画；观摩诘之画，画中有诗”，倡导“论画贵形似，见与儿童邻”文人画理论。

《枯木怪石图》为苏轼仅存的几幅绘画之一。主要绘怪石、枯木，他们占去画面绝大部分空间；还有从怪石底下伸出的三两撮细竹和小草。枯木呈弧状扭曲，中部有斜枝，上部突然弯曲一周然后重新伸向天空。山石旋转的肌理与弯曲一周的树枝互相照应。盘曲的枝干、奇怪的石纹是苏轼胸中盘结的郁闷，而那些细竹和小草则象征着顽强的生命力。

第三节　教　育

在家庭教育方面，三苏倡导藏书读书、言传身教和自然发展。

首先倡导藏书读书。苏辙在《藏书室记》中说："（先君）有书数千卷，手缉而校之，以遗子孙，曰：'读是，内以治身，外以治人，足矣。此孔氏之遗法也。'"藏书室里有上千卷书，苏洵亲自辑录、校订，作为子孙阅读的教材。苏洵认为读了这个选本，可以内外兼治，既可治身又可治人，已经足够用了。

其次倡导言传身教。苏轼兄弟少时皆"师事先君"。父亲苏洵一方面严格督促苏轼兄弟读经史，另一方面亲自指导做文章。苏轼习作有"人能碎千金之璧，不能无失声于破釜；能搏猛虎，不能无变色于蜂虿"的句子，苏洵大加赞赏，后来他把这两句用到《颜乐亭诗序》和《黠鼠赋》里。苏轼作的《却鼠刀铭》、苏辙作的《缸砚赋》，苏洵很满意，叫他们誊写出来，张贴到墙上，以示鼓励。有时父子三人还同题作文，一较高下。以致后人以"是父是子"赞之。父亲的言传侧重在学业传授方面，而母亲的身教侧重在品德养成方面，从而形成仁爱、清廉的家风。

再次是倡导自然发展。"知子莫若父"是说父母对儿女的"知"，是别人不可达到的。譬如苏洵给苏轼、苏辙取名。轼是车上用作扶手的横木，是露在外面的，与苏轼豪放不羁的性格颇相类似。苏洵训诫说："轼乎，吾惧汝之不外饰也。"辙是车轮碾过的印迹，虽无车之功，但也无翻车之祸，"善处乎祸福之间"。这与苏辙冲和淡泊、深沉不露的性格符合。苏洵《名二子说》在诠释二子之名的同时，表达了他对两个儿子的担心、期望和规诫之意。苏洵写此文时，苏轼十一岁，苏辙八岁，兄弟二人一生的际遇，恰如苏洵所预言。由此可知，苏洵对两个儿子的深切了解。要理智对待子女的发展，找到他们最感兴趣、最适合发展的目标和路径。

在社会教化方面，三苏认为官员、民众都有接受教育、移风易俗的责任和义务。这是维护政权长治久安、社会和谐稳定的社会基础。苏轼主张以仁义礼信教育感化天下之民，"使民安于为善"，以实现国家的安定。还主张"父子亲、兄弟和、妻子相好"，不要"丰于财而廉于德"，要注重思想品德的修养。

在学校教育方面，苏洵《论衡·议法》说："教化之本出于学校，蔓延于天下，而形见于礼乐。"学校教育根本目的及社会作用，就是教育感化学生成为具有优秀思想品德的好人甚至君子，教化的根本出自于学校。

三苏把修身立人作为学校教育的根本目标，把礼、乐作为学校教育的主要内容，亦十分重视学习方法。苏轼在《稼说》中以种庄稼不能寸寸而取，造成地力枯竭为喻，说明治学也是如此，从而提出"博观而约取，厚积而薄发"的观点，即在广泛阅读、博览群书的基础上取其精华，消化吸收；在深厚积累、融会贯通的基础上谨慎使用，缓慢释放。苏轼曾抄录《汉书》三遍，在《与程秀才三首》（其三）中说："儿子到此，抄得《唐书》一部，又借得《前汉》欲抄。若了此二书，便是穷儿暴富也。"在《与王定国四十一首》（其十一）中说："多读书史，仍手自抄为妙。"苏轼的《与王庠书》提出"八面受敌"。告诉王庠，读书没有捷径可走，要想学有所成，每读一本书，都要对它作数遍乃至多遍的阅读，每次确定一个目标，才能读尽该书中所有的意思。这种读书法虽然“愚钝”，但学成的知识十分扎实，能够“八面受敌”，对解决什么样的问题、撰写什么样的文章都能应付得了，不是那些“涉猎者”可同日而语的。苏轼《石钟山记》提出“目见耳闻”。苏轼教导苏迈，学习知识不仅要从书本上学，更要重视从实践中学。而对书上写的东西，哪怕作者是名人权威，哪怕作品是经典名著，也要通过自己的独立思考后才确定其正确与否。苏迈随父夜探石钟山，就是苏轼教育苏迈不要迷信书本与权威，要重视从实践中学习的一例。

第四节　清　廉

苏轼清廉思想是苏轼在修身养性和为官从政中所表现出来的清白廉洁的品格。清白就是不损人利己，不贪婪；廉洁就是不损公肥私，不贪污。苏轼不反对合义之利，亦不放纵物欲。

苏轼在《赤壁赋》云：“天地之间，物各有主，苟非吾之所有，虽一毫而莫取。”苏轼《宝绘堂记》提出“君子可以寓意于物，而不可以留意于物”的观点。“寓意于物”指以物来寄寓自己的感情，从中获得审美的愉悦；“留意于物”指以物来满足自己的欲望，从而实现占有的目的。君子可以欣赏美好的事物，而不可以沉溺美好的事物。欣赏事物，即使是微小的东西也足以使自己得到快乐，即使珍异的东西也不会成为祸害。沉溺事物，即使微小的东西也会使人丧志，即使珍异的东西也不能使人真正得到快乐。

看轻钱财，乐善好施。由于苏轼不蓄钱财，贬谪黄州时，以致有衣食之忧，苏轼《答秦太虚七首》（其四）说：“初到黄，廪入既绝，人口不少，私甚忧之。但痛自节俭，日用不得过百五十，每月朔便取四千五百钱，断为三十块，挂屋梁上。平旦用画叉挑取一块，即藏去叉，仍以大竹筒别贮用不尽者，以待宾客，此贾耘老法也。”后来，在朋友帮助下，得到城东的一块坡地，躬耕其中，自食其力。苏轼不仅看淡金钱，而且乐善好施。北宋元祐三年（1088），李廌在苏轼知贡举的科考中落第，次年离开京城之前，苏轼可怜其家境贫寒，无以为生，将皇帝御赐的天厩马赠予李廌，并立下马券。这不仅是立作凭据，同时也是以其千金难求的书法为之增值。苏轼主政地方，十分关注百姓民生。知杭州时，曾拿出私帑金五十两，在城中开办“安乐坊”一所。苏轼贬谪惠州，生活困顿，仍“率众为东西二桥，以济病涉者”。为修东新桥、西新桥，苏轼捐赠御赐的犀带，此外还积极募捐，动员弟媳妇史氏把当年入宫得到的赏赐黄金数千捐赠出来。他在《西新桥》中写道“探囊赖故侯，宝钱出金闺”，自注云：“子由之妇史，顷入内，得赐黄金钱数千，助施。”赞美史氏的善举。

反对奢侈，提倡俭朴。在生活上，苏轼反对奢侈、提倡俭朴，从其讽刺贡茶贡花和劝戒蒲宗孟可知。北宋元祐七年（1092），苏轼任扬州太守，正逢历年举办花会的时候，他当即下令停办，扬州百姓无不拍手称快。他在给友人王定国写信说：“花会用花千万朵，吏缘为奸，已罢之矣。虽杀风景，免造孽也。”蒲宗孟，字传正，乃苏轼堂兄苏不欺的妻兄，有记载说他极尽奢华“每旦刲羊豕各十，燃烛三百”。苏轼曾有书信奉劝他要俭朴、仁慈。另外，李廌《师友谈记》曰：“叔党（苏轼小儿子苏过）又曰：蒲公有大洗面、小洗面、大濯足、小濯足、大澡浴、小澡浴。……口脂、面药、薰炉、妙香次第用之，人以为劳，公不惮也。……公有书与东坡，自云晚年有所得。东坡答之曰：‘闻所得甚高，固以为慰，然复有二，尚欲奉劝，一曰俭，二曰慈’。”绍圣二年（1095），苏轼在惠州初尝荔枝而作《荔枝叹》，由古及今，由贡荔枝而矛头直指贡茶、贡花，对那些别出心裁地讨皇上喜欢的人给予辛辣嘲讽。苏轼《送陈伯修察院赴阙》诗云："为报年来杀风景，连江梦雨不知春。"自注："来诗有'芍药春'之句。扬州近岁，率为此会，用花十万余枝，吏缘为奸，民极病之，故罢此会。"扬州盛产牡丹，前任太守仿效洛阳，也作万花会，劳民伤财。

以廉为本，整顿吏治。因苏轼反对王安石新政，王安石的亲戚兼随员谢景温，挟私诬告，说苏轼兄弟运父灵柩乘船回蜀途中，滥用官家的卫兵，购买家具瓷器，偷运私盐从中牟利。官方于是派人到苏氏兄弟运灵柩所经各地，向船夫、兵卒、仪官搜集证据，结果一无所获。从此之后，苏轼的政敌再也没有从廉洁方面抓其把柄了。苏轼作《六事廉为本赋》谈古今官场最关键的廉洁问题。提出善良、能干、恭敬、正直、守法、明察，这是官吏应具有的六项素质和应有的六项表现，也是上司进行考核的六条标准和六个方面。清廉是六事的根本。苏轼为官从政把"以廉为本"、"功废于贪，行成于廉"作为座右铭。对那些清廉的臣子，苏轼极尽赞美之能事。苏轼在《筼筜谷》中赞美文同为清贫太守；在《苏世美哀词》中赞美苏世美处理政事"达于从政，敏而廉兮"；在《范景仁墓志铭》中赞美范镇的表率作用使贪婪的人变得廉洁使懦弱的人勇于自立："贪夫以廉，懦夫以立"；在《上富丞相书》中赞美富弼"廉而天下不以为介，直而天下不以为讦，刚健而不为强，敦厚而不为弱"；在《与王敏仲十八首》（其十一）中赞美罗浮山道士邓守安"此人洁廉，修行苦行"。苏轼在给朝廷的奏折《谢制科启二首》《乞罢税务岁终赏格状》，倡导清廉政风，反对败坏世风。

第五节　饮　食

一、美食

苏轼仕宦生涯跨越北宋仁宗、英宗、神宗、哲宗、徽宗五朝，曾八典名郡、三贬蛮荒，大部分时间在地方做官，几乎踏遍北宋的疆域。所到之处，品尝、烹饪、推荐美食，见于诗文。与其有关系的美食，被誉为东坡美食，流播甚广，且特色鲜明。

特色一，食物普通常见。如"东坡肉"选上等五花肉，放入沸水煮5分钟，煮出血水，再洗净，切成四方大块，用葱、姜垫锅底，加上酒、糖等，在文火上炖。烹制出的美味，色泽红亮、味醇汁浓、肥而不腻。东坡肉始于苏轼谪居黄州之时，其《猪肉颂》曰："净洗锅，少著水，柴头罨烟焰不起。待他自熟莫催他，火候足时他自美。黄州好猪肉，价贱如泥土。贵者不肯吃，贫者不解煮，早晨起来打两碗，饱得自家君莫管。"这道菜的秘诀就是慢火、少水、多酒。东坡肘子与东坡肉做法相近。

特色二，美食有故事传说。如《东坡羹颂并引》说，东坡羹是东坡居士所煮的菜羹。它不用鱼、肉和调料，有自然的甘美。它的制作方法是：用大白菜，或蔓菁，或萝卜，或荠菜，揉搓清洗几遍，去掉辛辣苦涩的味道。先用生油少许涂抹一下锅底和一个瓷碗，然后加水入锅煮沸再下菜。加入生米及少许生姜，用油碗覆盖着，油碗和锅不得接触。生菜的气味没有时，锅碗上边放置甑，像往常一样蒸饭。饭蒸熟后羹也煮烂可以吃了。如果没有上述蔬菜，用瓜、茄子也可以，要切碎，不用揉洗，放入甑底下，并放入煮熟的赤豆和粳米各一半。其他如煮菜法一样。为把东坡羹介绍给朋友，苏轼写下此文。再如《二红饭》说："今年东坡收大麦二十余石，卖之价甚贱，而粳米适尽，乃课奴婢舂以为饭，嚼之啧啧有声。小儿女相调，云是嚼虱子。日中饥，用浆水淘食之，自然甘酸浮滑，有西北村落气味。今日复令庖人，杂小豆作饭，尤有味。老妻大笑曰：‘此新样二红饭也。’”还有东坡鱼的故事。有一次，东坡刚做了一条鱼，正要举筷品尝，门人禀告说佛印来访。东坡想：“你来‘赶饭’，我偏不让你吃。”便将鱼搁在书架上面。佛印在窗外已经看见了，心想，不论你藏在哪儿，我都要让你拿出来。东坡请佛印坐下说：“请问有何见教?”“我见别人写‘苏’字，那个‘鱼’，有人放左边，有人放右边，有人放上边，是不是都可以成字呢?”“放上边怎么可以呢?”“既然不可以，就赶快拿下来吧!”此时东坡才知失言。此是东坡做的清蒸鱼，鱼身划了五条刀口，叫“五柳鱼”。后来一天，佛印也学做“五柳鱼”，刚做好，东坡就到了，情急之下，佛印将鱼藏在磬里。东坡心想，我也会让你乖乖拿出来，便说：“近来记性特不好，有副对联上联是这么写的，‘向阳门第春常在’，下联是怎么写的呢?”佛印脱口而出：“积善人家庆有余。”东坡听完哈哈大笑地说：“原来你这个‘积善人家’磬（庆）里有鱼（余）呀！快拿出来分享吧!”

二、饮酒

酒不仅可以抚慰人生，而且可以使人超越世俗。清醒时畏惧的，崇敬的，听命的，全都置之脑后，可以“脱帽露顶王公前”（杜甫）无所顾忌，可以“壮心偶傍醉中来”（苏洵）老当益壮，可以“解衣盘礴”（苏轼）放荡不羁，可以“酒酣胸胆尚开张”（苏轼）胆气豪壮。人们借酒浇愁就成了常事。

苏轼喜欢喝酒，说“殆不可一日无此君”，在《和陶饮酒二十首引》说：“吾饮酒至少，常以把盏为乐。”为了拓展心灵空间，忘却无名烦恼，常饮酒，说：“闲居未尝一日无客，客至未尝不置酒，天下之好饮，亦无在余上者。”

苏轼喜欢饮酒，更擅长酿酒。最早的酿酒记载，见于《超然台记》，文曰“撷园蔬，取池鱼，酿秫酒”；最多的酿酒诗文见于贬谪黄州、惠州时期。

苏轼《蜜酒歌》诗叙云“西蜀道士杨世昌，善作蜜酒，绝醇酽。余既得其方，作此歌遗之”，蜜酒最初是乡人杨世昌所造，苏轼在黄州时曾按照此方酿造过。宋人张邦基的《墨庄漫录》里详载其方：“（东坡）在黄州尝以蜜为酿，又作《蜜酒歌》，人罕传其法。每蜜用四斤炼熟，入熟汤相搅，成一斗，入好面曲二两，南方白酒饼子米曲一两半，捣细，生绢袋盛，都置一器中，密封之，大暑中冷下，稍凉温下，天冷即热下，一二日即沸，又数日沸定，酒即清可饮。初全带蜜味，澄之半月，浑是佳酎。方沸时，又炼蜜半斤，冷投之尤妙。”此酒清香甘甜，“味甜如醇醪”，且度数较低。

苏轼在惠州所酿最有名的当数桂酒。“桂酒，乃仙方也。酿桂而成，盎然玉色，非人间物也”（《答陆道士书》）“酿成而玉色，香味超然，非人间物也”（《桂酒颂》）“甚酽白而醇美”（《与程正辅》），为了推广桂酒的酿法，将此法“刻石置之罗浮铁桥之下”（《桂酒颂》）。真一酒，是惠州酿制的。《记朝斗》云：“绍圣二年五月望日，敬造真一法酒成，请罗浮道士邓守安拜奠北斗真君。”《真一酒》诗叙云：“米、麦、水三一而已，此苏轼先生真一酒也。”可知真一酒的酿法其实很简单。万家春，是在惠州所酿，据《浣溪沙·罗袜空飞洛浦尘》词序云“余近酿酒名万家春，盖岭南万户酒也”。罗浮春，是在惠州所酿，《寓居合江楼》自注“予家酿酒名罗浮春”可知。

松醪酒，是苏轼定州知州任上酿制的，大致的做法：“取通明于盘错，出肪泽于烹熬。与黍麦而皆熟，沸春声之嘈嘈”，取松脂为原料，与黍麦等同熬。其味道“甘余而小苦”。苏轼曾将此酒送朋友，撰《中山松醪赋》以记之，并且经常将此赋誊抄送人。

三、茶道

苏轼在杭州做官的时候，有一次独自游览净慈寺、南屏寺等诸多寺庙时生病了，一天之内他连喝了七碗茶，饮后顿觉神清气爽，身心舒畅，病也仿佛好了。于是便作了一首诗《游诸佛舍，一日饮酽茶七盏，戏书勤师壁》："示病维摩元不病，在家灵运已忘家。何须魏帝一丸药，且尽卢仝七碗茶。"

苏轼在《漱茶说》中说以茶漱口，可除烦去腻："吾有一法，常自珍之。每食已，辄以浓茶漱口，烦腻既去，而脾胃不知。凡肉之在齿间者，得茶浸漱之，乃消缩，不觉脱去，不烦挑刺也。而齿便漱濯，缘此渐坚密，蠹病自已。"

苏轼仕宦生涯中，足迹遍及大江南北，在《和钱安道寄惠建茶》中云："我官于南今几时，尝尽溪茶与山茗。"说"精品厌凡泉"，好茶一定要配好水，说"独携天上小圆月，来试人间第二泉"。

苏轼对茶也颇有研究。烹茶一定要掌握好火候，水刚刚开的时候烹茶最好。"蟹眼"有时作"蟹眼汤"，用来沏茶的初沸水，如《试院煎茶》诗中说："蟹眼已过鱼眼生，飕飕欲作松风鸣。"《次韵周穗惠石铫》："蟹眼翻波汤已作，龙头拒火柄犹寒。"苏轼的《汲江煎茶》写汲水、舀水、煮茶、斟茶、喝茶、听更的过程，诗人所有的活动和感受都围绕着茶展开。一天，苏轼跟司马光斗茶，苏轼用兔毛盏点茶，汤色纯白，胜出一筹。司马光知晓苏轼爱墨嗜砚，便问："茶与墨，二者正相反：茶欲白，墨欲黑；茶欲重，墨欲轻；茶欲新，墨欲陈。君何以同爱此二物？"苏轼略有所思道："言之有理，但此二物有相通的地方。"司马光问："此话怎讲？"苏轼巧妙地回答道："奇茶妙墨俱香，是其德性相同；两者皆坚，是其操守相同。譬如贤人君子，肤色黑白、面目美丑不同，其道德操守一样。"司马光大悦，输得心服口服。苏轼不仅道出了茶与墨的共性和特点，同时也勾勒出了君子的气质与风度。苏轼爱茶至深，在《次韵曹辅寄壑源试焙新茶》诗云："要知冰雪心肠好，不是膏油首面新。戏作小诗君勿笑，从来佳茗似佳人。"苏轼品茶，用心来品，茶的品性，好像温柔敦厚的君子。茶的味道，在于"入心"的"真味"。茶"司喉舌，以苦辞逆耳"，即"良药苦口利于病，忠言逆耳利于行"，饮苦茶可以励志。

第六节　养　生

在坎坷的宦途中，苏轼特别注意保养身体，尤其在贬官黄州、惠州、儋州之时，总结为随遇而安的心态、"铅汞龙虎"的理论和具体可行的方法。

苏轼主张内心平和、随遇而安。心的修炼，不大喜大悲，大起大落；要内心平静、安之若素。

苏轼认为，主宰人的生理与心理的基本力量有两股：一是心，一是肾。心属火，火性烈，烈生正，故心正。肾属水，水性弱，弱生邪，故肾邪。他认为，凡气谓之铅，凡动者谓之铅，由肺来主管，肺谓金，为白虎，所以叫铅虎。凡水谓之汞，凡湿者谓之汞，由肝来主管，肝为木，为青龙，故曰汞龙。养生的关键在于调整龙虎与水火的关系。一种是顺行，即龙从水中出，虎从火中出，这是死之道。另一种是逆行，即汞龙从火出，铅虎从水生，有"中庸"的影子。也就是水、火皆不能让它太盛，太盛即成顺行。汞龙从火出，铅虎从水出，都是要实现水、火的相互牵制和配合。

苏轼《谪居三适》总结了旦起理发、午窗坐睡、夜卧濯足的养生方法。即早晨起床后梳头，中午午睡一会儿，晚上睡觉前用热水洗脚、泡脚。还坚持天亮即起身，练保健功：先叩齿三十次，双手握拳，闭目屏息。舌头在口中搅拌，反复三次，吞咽津液，直达丹田。然后，按摩涌泉穴、腰部、眼面及耳项，直至发热，按捏鼻梁五六下，最后梳头百余下。

苏轼摘录“无事以当贵，早寝以当富，安步以当车，晚食以当肉”作为长寿秘方赠给朋友。苏轼解释说：“已饥而食，蔬菜有过于八珍。”又说：“未饥而食，虽八珍犹草木；使草木如八珍，惟晚食为然。”苏轼《薏苡》诗云：“伏波饭薏苡，御瘴传神良。能除五溪毒，不救谗言伤。”薏苡与肉一同熬粥或者与粳米一同煮饭吃，可收到养生奇效。

苏轼将生姜制成“姜乳益寿丸”。将生姜汁沉淀的浓白汁液阴干为“姜乳”，和蒸饼或米饭做成药丸。每天用白酒或米汤送服十粒，延年益寿。

苏轼诗云：“一枕清风直万钱，无人肯买北窗眠。开心暖胃门冬饮，知是东坡手自煎。”麦门冬有益阴养胃、润肺清心的功能。苏轼常沏水喝。

第七节　水利建筑

苏轼是水利建设的集大成者。在其《禹之所以通水之法》中提出了以“通”为治水之本（“水由地中行”）的治水方法；治理湖泊应当蓄泄结合，而蓄亦须以“通”为前提；江河湖泊之岸边务必留足空旷土地（今之湿地）。对今天治理江河湖泊，以达到自然生态平衡，仍有借鉴作用和现实意义。

苏轼做地方官时，为了解决水灾、旱灾，不得不兴修水利，如在杭州、颍州、徐州、湖州、惠州、广州等地，整修六井、疏浚西湖、抗洪筑堤、修建桥梁、导引泉水、开凿水井等，其中举世闻名的水利工程便是杭州西湖的综合治理工程。

从五代至北宋后期，西湖长年不治，葑草湮塞占据湖面的一半。北宋元祐五年（1090），苏轼知杭州，全盘考虑解决交通、饮水、灌溉、防灾等一系列问题，遂上奏《杭州乞度牒开西湖状》，提出西湖不可废的五条理由：生态保护、居民饮水、农田灌溉、运河畅通、酿酒用水，并说“杭州之有西湖，如人之有眉目，盖不可废也”，以形象的比喻说明西湖对于杭州的重要性。在得到朝廷同意治理的批复之后，统筹规划，实地调查，精心设计，动员20万民工疏浚西湖，并用挖出来的葑草和淤泥，堆筑起自南至北横贯湖面2.8千米的长堤，在堤上修建六座石拱桥。后人为纪念他，将这条长堤称为“苏堤”。

除杭州西湖之外，还有颍州西湖、许州西湖、惠州西湖和雷州西湖与苏轼相关，故有诗赞之曰“东坡到处有西湖”。苏轼游览西湖、治理西湖、建设西湖见于诗词、文献和传说，流播甚广，因此被作为代言人、尊为“西湖长”，是建构西湖文化的最杰出的代表。

苏轼在建筑工程方面的成就卓著，下边以东坡亭台为例。与苏轼有关的亭台楼阁分三种：一是苏轼建造的亭台，如陕西凤翔的喜雨亭、凌虚台，山东诸城的超然台等；二是苏轼作记的亭台，如江苏徐州的放鹤亭、湖北黄州的遗爱亭、广东惠州的松风亭等；三是缅怀苏轼的亭台，如四川眉山的百坡亭、江苏常州的舣舟亭、湖北黄州的酹江亭等。

苏轼亭台都具有一定的实用价值。苏轼签判凤翔，在官府旁引水种树，并造亭以为休息之所。在亭台落成之时，正是当地久旱逢雨之日，于是苏轼便把亭命名为“喜雨亭”，说“亭以雨名，志喜也。”苏轼在记中写出人民苦旱时的焦虑和逢雨后的喜悦，以及苏轼与人民同忧喜的心情。惠州西湖的六如亭，是僧人在苏轼侍妾王朝云墓前建筑的纪念亭。王氏生前学佛，临终诵《金刚经》偈词“一切有为法，如梦幻泡影，如露亦如电，应作如是观”，故亭名取“六如”。

苏轼亭台不仅具有实用价值，而且还具有独特的艺术魅力。亭的妙处在于以虚为主，与四周环境搭配出的空灵气氛，如广州黄埔的浴日亭，建于海滨附近的章丘岗上，这里水面辽阔，烟波浩渺，登亭远眺可见日出，为昔日羊城八景之一，名曰“扶胥浴日”。苏轼徐州抗洪大捷，修造黄楼以示纪念。“五行”中黄色代表土，土可掩水，故楼饰黄色，取名黄楼。它标志苏轼“奋厉有当世志”的精神。苏轼在密州增修旧台，弟弟苏辙名之“超然”，取老子“虽有荣观，燕处超然”之意。《超然台记》抒发了超然物外、随遇而安、无往不乐的襟怀，彰显了面对艰难困苦、超迈抗争的精神。

三苏文化博大精深，除上述以外，还涉及政治、经济、军事、历史、方志、医学、经学等，凡是所涉足的领域，都有开创性的贡献。因此，林语堂《苏东坡传》说：“苏东坡是个秉性难改的乐天派，是悲天悯人的道德家，是黎民百姓的好朋友，是散文作家，是新派的画家，是伟大的书法家，是酿酒的实验者，是工程师，是假道学的反对派，是瑜伽术的修炼者，是佛教徒，是士大夫，是皇帝的秘书，是饮酒成癖者，是心肠慈悲的法官，是政治上的坚持己见者，是月下的漫步者，是诗人、是生性诙谐爱开玩笑的人。”可以看出，苏东坡是中国优秀传统文化的集大成者。

眉山市志 MEISHAN SHIZHI

第三十四篇 社会生活

1997 年起，眉山市（地）委、市政府（地区行署）重视民生，出台多项政策措施，解决城乡居民生活中的现实问题。推行养老、医疗、失业、工伤、生育等社会保险和城乡居民最低生活保障、社会救助制度，且逐年提高标准。建立关爱老弱病残、关心下一代工作制度，弘扬社会主义新风尚，人民生活水平日益提高。

第一章 婚姻 家庭

随着对外开放的扩大和外来文化的影响，眉山市婚姻家庭出现诸多新的变化。市政府所属职能部门与市妇联等单位加大普法宣传，公安、司法等机关运用法律武器，维护妇女儿童权益，维护社会和谐稳定。

第一节 婚 姻

2000 年，在第五次人口普查中，眉山地区抽取 9.2% 人口普查登记，登记 15 岁及以上人口 22.88 万人，其中未婚 2.79 万人，占总数的（下同）12.17%，初婚有配偶 17.68 万人、占 77.25%，再婚有配偶 6603 人、占 2.89%，离婚 1948 人、占 0.85%，丧偶 15651 人、占 6.84%。

2010 年，在第六次人口普查中，眉山市抽取 10%人口普查登记，登记 15 岁及以上人口 24.74 万人，其中未婚 4.32 万人、占 17.44%，有配偶 18.14 万人、占 73.31%，离婚 4331 人、占 1.75%，丧偶 1.85 万人、占 7.49%。

第二节　家　庭

一、家庭结构

新中国成立后，特别是1978年以后，今眉山境内家庭关系发生显著变化。男女婚姻自由，允许再婚，家庭管理由以父权、夫权为主，发展为男女平等协商；人际交往的范围，亦由亲戚、家族、邻朋发展到跨越县、区，内容由生活接触发展到经济交往、职业联合、信息交流。在多数家庭中，历史形成的耕读传家观念，逐步由勤劳致富、经营致富所代替。对于老人赡养，一般由子女分担。

2000年，第五次人口普查，眉山地区有家庭91.95万户，家庭户人口296万人，平均家庭户规模3.22人。按不同家庭户规模分，一人户8.51万户、占总户数的（下同）9.26%，两人户17.9万户、占19.47%，三人户31.18万户、占33.9%，四人户19.34万户、占21.03%，五人户11.02万户、占11.99%，六人户2.93万户、占3.19%，七人户7182户、占0.78%，八人户2243户、占0.24%，九人户713户、占0.08%，十人及十人以上525户、占0.06%。按不同的家庭户类别分，一代户20.35万户、占22.13%，二代户46.27万户、占50.32%，三代户23.96万户、占26.06%，四代户1.37万户、占1.49%，五代及以上户20户。按家庭户中民族混合户类别分，单一民族户91.61万户、占99.62%，两个民族户3463户、占0.38%，三个民族户3户。有0~19岁青少年人口的家庭户73.24万户、占79.65%。家庭户中有65岁及65岁以上老年人的家庭户，有一个65岁以上老年人的17.19万户，其中单身老人户1.68万户、一个老年人与未成年的亲属户4619户、其他15.05万户；有两个65岁以上老年人的户5.02万户，其中只有一对老夫妇户1.4万户、一对老夫妇与未成年的亲属户2974户、其他3.33万户；其他748户。

至2010年，家庭结构向小户型发展，夫、妻、子（女）三口一家逐渐增多。2010年的第六次人口普查结果表明，眉山市有家庭101.07万户，家庭户人口285.03万人，平均家庭户规模2.82人。按不同家庭户规模分，一人户18.23万户、占18.04%，两人户26.92万户、占26.63%，三人户27.28万户、占26.99%，四人户16.5万户、占16.32%，五人户8.92万户、占8.83%，六人户2.45万户、占2.43%，七人户5403户、占0.53%，八人户1583户、占0.16%，九人户367户、占0.04%，十人及以上户332户、占0.03%。按不同的家庭户类别分，一代户36.59万户、占36.21%，二代户42.04万户、占41.59%，三代户21.2万户、占20.97%，四代户1.24万户、占1.23%，五代及以上户19户。家庭户中民族混合户中单一民族户100.59万户，占家庭户的（下同）99.53%；两个民族户户数4704户，占0.47%；三个民族户户数20户。一人户中有14岁及以下人口的1.24万户、占总数的（下同）6.82%；有65岁及以上老年人口家庭户的30.15万户、占29.83%，其中有1个65岁及以上老年人的21.58万户、有2个65岁及以上老年人的8.44万户、有3个及以上老年人的1324户。

农村以家庭为生产单位的模式有所减少，产业化经营有所增加，大量富余劳动力转移到城市务工，多数农村出现“留守老人”家庭、“空巢老人”家庭、“留守儿童”家庭，农村敬老院是失能老人、五保老人的“家庭”；在城镇有养老、医疗社会保障的部分老年人越来越多地离开子女单居或住进福利院。有的家庭子女雇人侍候老人，也有不尽赡养义务，甚至虐待老人的。社会日益关注留守儿童、老年人社会化保障性服务问题。

二、家庭文化建设

眉山市把创建“五好”家庭、开展敬老月活动等作为精神文明建设的重要内容。

1997年，眉山地区开展“五好文明家庭”创建活动，地委将创建活动纳入精神文明建设总体规划，与“双文明户”“文明单位”和农村“三户”（联系户、帮扶户、帮带户）活动相结合。开展家庭读书活动，全区“五好文明家庭户”占总数的30%。1998年，全区开展“五好文明家庭”创评活动，表彰“五好文明家庭”1935户，4户被评为四川省五好文明家庭。全区树立先进妇女典型185个，表彰“双学双赛”“巾帼建功”先进集体1775个、先进个人1546人，“五好家庭”875户。开展“尊老爱幼”宣传月活动，表彰一批尊敬老人、爱护儿童的好儿女、好媳妇。为老人儿童办实事2860件，开展街头咨询宣传活动，表彰好儿女2436人，好媳妇1858人。1999年起，全区开展“十佳媳妇”“模范丈夫”评选活动。当年，2人被评为四川省“’99四川农村十佳媳妇”，7人被评为眉山地区首届“’99四川农村十佳媳妇”，12人被评为眉山地区“模范丈夫”。2000年，全区开展“十万家庭读书”活动，组织以“迎接新世纪，学习新知识”为主题，开展家庭读书活动，提高家庭成员素质。当年起，全区实施“家庭文明工程”，每年组织“百万家庭父老助困行动”，发动五好文明家庭带头与下岗职工家庭、特殊困难家庭结队帮扶，为孤老户、下岗女职工家庭和困难家庭送温暖、献爱心，开展“家庭优生优育优教知识的传播与实践行动”，宣传家庭教育知识，指导家长教子奉践。在农村开展“美在农家”活动。开展“百佳母亲”推荐评选活动，表彰“眉山十佳母亲”。至2004年，眉山市评选表彰“五好文明家庭”3507户，评出好媳妇192人、模范丈夫126人、优秀母亲178人。建各类图书室245个，参与读书活动妇女20万人次。

2005年，眉山市确定100个单位为学习型示范单位，1万个家庭为学习型示范户。市妇联以建立“三优图书室”为重点，6个社区、2个村建立“三优”图书室和妇女儿童阅览室。2006年，眉山市举办讲座152期4.7万人次。126个家庭被评为“廉洁家庭”，230人被评为“廉内助”。举办五好文明家庭、孝敬父母好子女、和睦相处好婆媳、团结互助好邻居、和谐幸福好家庭、十佳母亲、优秀母亲、十佳再就业女性等评选，4000余个家庭和1.5万人次受到各级妇联表彰。

2012年，市妇联组织巾帼文明健身队，开展各类规模以上健身活动，上万名群众参与，带动广大妇女家庭参与体育健身。东坡区提出讲孝道等“五讲”，在白马镇开展“双签”（子女向父母签订《敬老书》和供养清单）活动。其他各县采取类似举措，推动家庭文化建设。

第二章　老龄事业

眉山市（地）委、市政府（地区行署）将老龄事业纳入经济社会发展总体规划，围绕“老有所养、老有所医、老有所学、老有所教、老有所乐、老有所为”组织开展活动。实行8项优待服务政策和救助政策，加快推进养老保险、医疗保险制度，兴办老年福利设施，组织举办老年人文艺演出等，提高老年人生活保障和医疗保健水平。

第一节　老龄状况

2000年，在眉山地区第五次全国人口普查中，全区65岁及以上人口27.75万人、占8.66%。按照一般标准（65岁及以上老年人口占总人口的比例7%），眉山人口步入老年型人口阶段，人口年龄结构转变为老年型社会年龄结构，老龄化程度高于全省平均水平（四川65岁及以上人口占总人口的7.24%）1.42个百分点。2006年，眉山市有60岁以上老年人47万人，占全市总人口的13.6%，高于四川省11.59%、全国10.97%的人口比例，其中百岁老人197人。2010年，眉山市第六次全国人口普查，全市65岁及以上人口39.29万人、占13.32%，比2000年数据高出4.66个百分点，比全省平均水平（在四川省常住人口中，65岁及以上人口数量为880.7万人，占全省总人口比例为10.95%）高出2.37个百分点。

2012年，眉山市有60岁以上老年人口65.65万人，占全市户籍总人口的18.8%。其中80岁以上的10.62万人、100岁以上的267人。

第二节　社会老龄工作

1999年，地区老龄办开展老龄工作调研。利用春节、重阳节等节日开展“老年法”宣传教育活动。组织接收并开展四川省政府向眉山百岁老人赠送彩电的活动。2000年，全区老年人实行八项优待服务政策，为老年人制发敬老优待证。2002年，成立眉山市法律援助中心老年工作站，为60岁以上老年人提供义务法律咨询和服务。2004年，彭山县被四川省政府命名为“四川省长寿之乡”。2005年，中国老年科研中心组成彭山长寿文化调研课题组到彭山调研，调查高龄老人158人，了解其吃、住、行等100余项数据。健康长寿国际研讨会在彭山召开，美国、德国、日本、韩国、澳大利亚、中国香港特别行政区、国际相关学术组织和国际长寿专家代表60余人探讨人类健康长寿秘诀，共商如何创造一个健康、和谐、充满活力的人类社会。

东坡区太和镇龙石村办公大楼和老年活动中心落成典礼（摄于2011年11月）

2007年，眉山市办理四川省老年人优待证1.26万本。中国老年大学学会、“中国长寿之乡”评审专家委员会、中科院、北京大学、中国人民大学、北京市美兰德公司等专家、教授考评考察论证“中国长寿之乡”，彭山县被中国老年学学会评为“中国长寿之乡”。2008 年，市老龄办组织慰问全市百岁老人 181 人、贫困老人 1702 人。彭山、洪雅、青神等县出台老年人救助政策，给予 90 岁以上老年人每人每月 30 元~50 元生活补贴，各县（区）给予百岁老人每人每月 100 元~150 元生活补贴；为城乡“低保”老人、特困老人发放法律援助惠民服务金卡 1400 份。2009 年，市委、市政府“四大班子”开展敬老慰问活动，慰问全市百岁老人 258 人、贫困老人 1144 人。

2011 年，眉山市有老年组织 1481 个，老年人协会会员 43.5 万人；有老年学校 151 所，老年学员 1.97 万人。洪雅县、青神县、东坡区、彭山县探索建立 80 岁~99 岁老人高龄补贴制度，全市百岁老人每人每月长寿补贴标准调整为 300 元。当年，组织举办眉山市老年人刺绣作品展暨“眉山老人永远跟党走”文艺演出。以市老年大学为主体，开展送文化下乡、进社区活动。老年书画研究院举办老年书画展。市老年大学开设 13 个专业，培训老年学员 1750 人次。

第三章　关心下一代与儿童工作

1997—2012 年，眉山市着力关心、教育、培养青少年健康成长，加强青少年社会主义思想道德和中华民族、中国革命传统教育，全面推进素质教育，培养有理想、有道德、有文化、有纪律、身心健康的青少年。

第一节　关心下一代工作

一、组织机构

1997 年，成立眉山地区关心下一代工作领导小组。2000 年，眉山地区关心下一代工作领导小组更名为地区关心下一代工作委员会。随后更名为眉山市关心下一代工作委员会（以下简称市关工委）。2006 年，市关工委设立法制宣讲、科技辅导、助学帮困、文艺宣传等 4 个工作团。2007 年，市委将关心下一代工作作为单项目标纳入全市目标考核，市关工委工作经费纳入市级财政预算。2008 年，各县（区）党委相继将此项工作纳入单项目标考核或综治工作目标考核。2009 年，全市关工委建立目标考核、表彰奖励、经费保障、齐抓共管等工作机制。市、县（区）关工委工作经费全部列入同级财政预算，工作纳入同级党委目标考核。

1997—2012 年，卓明安任眉山地区关心下一代工作领导小组组长、主任；王宗会、牟刚俊先后任眉山市关工委执行主任。杨仕祥、卓明安、王尚先、吴宗银、陈和久、滕为民、李为果先后任市关工委常务副主任。

二、关心关爱活动

1997 年，眉山地区加强青少年社会主义思想道德和中华民族、中国革命传统教育，全面推进素质教育，培养有理想、有道德、有文化、有纪律、身心健康的青少年。

2005 年，建立陈志忠—眉山青少年成才基金，救助大、中、小学生。当年救助 116 人 6.06 万元。2007 年，市关工委调研单亲家庭未成年子女情况，关爱特殊青少年。2008 年，“5·12”汶川特大地震后，市关工委调查全市留守学生和“留守学生之家”受灾情况，争取通威公司捐资 30 万元，建立“留守学生之家”30 个，举办“地震受灾的孩子们，我们和你在一起”义演募捐晚会，筹集捐款 4.21 万元，组建心理辅导队心理辅导受灾青少年 33 人。2010 年，眉山市招募老干部、老战士、老先进、老教师、老劳模组成的“五老”网吧监督员 289 人，定时分片监督 355 家网吧，监督全覆盖。

2011 年，眉山市关工委调整充实‘五老’关爱工作团。全市设思想道德教育、助学帮困、法制宣传、科技辅导、心理辅导、网吧监督、文艺宣传 7 个工作团。眉山承办四川省万名青少年夏令营主营及眉山分营启动仪式，全市青少年 1000 人免费参与夏令营。2012 年，全市加强青少年多功能教育基地建设，提出基地管理体制、师资队伍、发展思路、生源组织、经费保障及命名等意见。年末全市有关心下一代工作组织 432 个，工作队伍 86 万余人。

1997—2012 年，眉山市表彰关心下一代工作先进集体 170 个、先进个人 165 人，留守学生工作先进集体 35 个、先进个人 24 人。

第二节　儿童工作

一、儿童阵地建设

2002 年，彭山县妇联投资 120 万元修建妇幼培训中心。2005 年，市妇儿工委、妇联、团委、教育、残联开展“同在蓝天下，共享幸福与快乐”助学活动。市教育局、市残联投资 120 万元在仁寿县新建可满足 800 名残疾儿童就学的特殊教育学校。2007 年，投资 120 万元建立眉山市流浪儿童救助保护中心，建筑面积 822 平方米，床位 120 张。2008 年，投资 800 万元建成眉山市儿童福利院，建筑面积 5079.36 平方米。

二、儿童教育

1997 年起，眉山地区广播父母学校开展优生优教科普知识宣传，建立双向教育、双面互动机制。以家长学校为龙头，培训学儿家长。当年，组织广播父母学校招生，为各县妇联组织家长学校教材 8841 册，组织幼儿 3.5 万人、小学生家长和新婚夫妇参加学习，召开家长经验交流会 278 次，表彰好家长 1568 人，优秀家庭教育辅导员 268 人。1999 年，彭山县妇幼中心家长学校、眉山县大北街小学家长学校被四川省表彰为省级家长示范学校。2000 年，地区妇联开展“新世纪、育新人，十万家长学‘三优’活动”。组织书籍 650 余种，设展位 520 个，向儿童优价售书 5150 册、免费赠送书籍 7547 册。

2001年，眉山市开办广播父母学校141个，93%的中小学幼儿园开办家长学校。0~14岁儿童家长受教育家庭占总数的90%。新建图书活动室57个，接受捐赠及购书1.15万册，参与读书活动妇女13万人。2002年，市妇联制订《眉山市家庭教育“十五”计划》，建立由上而下、分工合作，层层落实的一条龙体系，妇联、民政、教育、计生、卫生等部门开创家庭教育新模式，加强落实评估机制调控，建立表彰和奖励制度，完善家教工作，妇联设置家教反馈意见箱，专人负责。实施眉山市“中国‘小公民’道德建设计划”，在全市少年儿童中倡导“爱国守法、明礼诚信、团结友爱、勤俭自强、敬业奉献”的基本道德规范，开展“我做合格‘小公民’”宣传教育，推出“小公民”社会道德“五小”行动，作为少年儿童自觉遵守的行为准则。2004年，眉山市建小公民道德实践示范基地336个，开展“五小”实践活动953次，参加学生28.5万人次。至2006年，眉山市组织四川省内外知名教育专家、教授前往165所学校举办“双合格”更新家庭教育讲座，建立和发展家长学校831所，培训家长142万人次，表彰示范家长学校88个。

2008年，全市开展“十万家庭读好书”“十万家长学三优”“五好文明家庭”“美德在农家”“绿色家庭”“学习型家庭”“和谐家庭”“廉洁家庭”“平安家庭”“无毒家庭”等创建活动。各级妇联举办讲座236场，邀请知名专家、学者传播科学教子方法。2010年，全市以“双合格”活动、小公民道德建设、未成年人思想道德建设为重点，推动完善“三结合”（家庭、学校、社会结合）教育网络。中小学幼儿园以“低碳生活”“绿色家园”“爱我中华”为主题，开展声乐、美术、作文、诗朗诵、文艺会演等庆祝活动。邀请全国著名家庭教育专家、国家高级家庭教育指导师到眉山举办家庭教育讲座8场，参加学生家长1100人。

2011年，眉山市依托村（社区）、中小学校、幼儿园等开办家长学校。依托四川省妇联家庭教育讲师团和本地家庭教育专家团，邀请专家到村（社区）、中小学校、幼儿园等开展“争做合格家长、培养合格人才”双合格家庭教育宣传活动等家庭教育讲座近100场次。2012年，四川省家庭教育讲师团到眉山开展“家校协作——共塑孩子的完美人生”主题巡回宣讲50场次，围绕亲子共同成长、心理健康、儿童健全人格的培养、未成年人上网安全等主题，到中小学校集中开展专题讲座。

三、儿童救助

儿童救助包括助学和医疗救助。动员社会有志之士捐资助学，采取一人助一人、一人助几人、几人助一人或一个单位集体捐款资助“结对子”等形式，帮助贫困山区、民族地区女童及城镇下岗职工特困家庭儿童入学。

1997年，眉山地区组织社会捐资，解决贫困儿童上学问题。当年，接受社会捐资7.15万元，资助女童129人入学。1999年，全区组织儿童义诊1万余人次。2000年，地区妇联举办助困特卖商品交易会，筹措助学资金近万元，帮助失学女童10人。至年底，全区救助失学女童918人。

2001年起，眉山市实施“春蕾计划”。日本友人东州捐款23万元在青神县瓮家乡中心校修建东州春蕾小学，解决学龄儿童读书问题，选送品学兼优贫困儿童3人到北京春蕾初中班读书。2002年起，全市各级妇联开展为贫困儿童优价售书、赠书活动。当年优价售书3276册、赠书5672册。2003年起，眉山市实施联合国儿基会“安康计划”，中国儿基会主任赵时浸率医学专家为全市弱视力儿童80余人免费检查，初选其中20人到北京治疗。争取中国儿基会“春蕾计划”项目资金20万元，在仁寿县金凤乡修建陈满发“春蕾小学”。2004年，市妇联发起“牵手百名孤儿，共铸美好人生”关爱贫困孤儿助学活动。筹集捐款32万元，救助孤儿104人。国航西南分公司空姐13人在东坡区尚义镇开展“扶贫助困送温暖”启动仪式，为中店中学贫困学生 60 人捐款 2.1 万元，捐赠衣物 320 余件。

2006 年，眉山市治理出生人口性别比偏高问题，查处“两非”（非医学需要的胎儿性别鉴定和非医学需要的选择性别的人工终止妊娠）等违法行为。留守儿童教育保护纳入各级政府妇儿工委重要议事日程，纳入实施“两纲”目标责任书和为妇女儿童办的实事好事之一。在全市开展“留守学生关爱行动”。当年起，每年争取大学生志愿者到眉山工作。在有条件的乡镇，依托中小学校，建立 100 个农村“留守学生”之家，形成政府、村组、学校、家庭互助的关爱教育网络。青年志愿者关爱留守学生行动覆盖所有乡镇，为全市 22 万农村留守学生直接提供健康保健、心理辅导、精神抚慰、经济扶助等服务。实施大学生志愿者“留守学生关爱行动”、青年志愿者接力行动，开展“四个一”系列活动、“手拉手”活动、留守学生维权工作、留守学生济困助学行动，建立农村“空巢学生”之家。在青神县试点，立档建卡，层层组建县、乡、校、村、社留守儿童教育保护工作机构，实行学校寄宿制管理和村社、家庭托管中心的教育管理试点，开展“宣传推广、培训研讨、调查建档、托管监护、寄宿教育、亲情联系、心理咨询、成长教育、监护教育、社会关护”等工作，建立寄宿制学校、托管之家、校外活动阵地，在乡镇设立保护站、援助站，开展法治安全讲座 100 余场次，发放留守儿童保护卡，解决安全隐患，整治违规网吧，通过政府救济、学校减免、社会捐赠等资助 3000 余名留守儿童和家庭 20 万余元。形成学校、家庭、社会、学生共同参与的留守儿童管理“青神模式”。2007 年，全市建留守儿童校外活动基地 5 个、亲情活动室 50 个，为特困留守儿童 2885 人解决实际困难，8118 名留守儿童及家庭得到实惠。

2010 年，全市开展“共享蓝天、手拉手结对”“代理家长”等活动，将关爱和教育延伸到农村留守儿童和城市贫困儿童。2011 年，市、县、乡、村四级妇联组织分别建立留守儿童花名册，造册统计留守儿童 4.2 万人。举办留守儿童家庭教育讲座 12 场，培训留守学生及家长 3510 人次。至 2012 年，眉山市筹资 498 万元，救助贫困失学女童 4100 人。救助流浪儿童 1322 人。

第四章　社会保险

1997 年，眉山地区实行企业养老保险、医疗保险、工伤保险、失业保险等社会保险制度。2001 年，实施国企下岗职工基本生活保障与失业保险制度并轨。2009 年，建立居民健康档案、健康教育、预防接种、传染病防治、儿童保健、孕产妇保健、老年人保健、慢性病管理和重型精神疾病管理等国家基本公共卫生 9 项免费服务项目。至 2012 年，眉山市逐步建立和完善企业养老保险、医疗保险、工伤保险、失业保险、生育保险等社会保险制度，基本形成覆盖城乡居民的社会保险体系。年末全市城镇职工养老、失业、医疗、工伤、生育“五大”保险参保人数 101.32 万人次，征收社会保险基金 31.49 亿元；参加新农保试点和城居保试点范围有 166.19 万人，基金征缴 2.56 亿元。初步实现“老有所养、病有所医、失有所补、伤有所治、育有所保”目标。

第一节　养老保险

一、企业职工基本养老保险

（一）参保范围和对象

1997年，眉山地区企业职工基本养老保险参保范围包括所有城镇各类企业及其职工（含一年以下的临时工和农民工），城镇个体工商户。当年起，各县集体所有制企业参加养老保险，职工参保缴费和待遇支付标准按照“低进低出”原则自行确定。并轨前“低进”造成的低于四川省统一标准而少缴的养老保险费，从1987年当地全民所有制企业开始参保的时间补差补齐。年末全区参保人数在职5.75万人、退休1.75万人。1998年，全区将外商投资企业、中国港澳台投资企业和私营企业作为扩大社会保险覆盖范围的重点。全区城镇私营企业及从业人员实行基本养老保险制度。当年起，接收破产转制企业退休人员的安置和其他人员养老保险关系。1999年，企业职工基本养老保险增加企业化管理的事业单位及其职工、民办非企业单位及其职工。地区劳动局、工商行政管理局明确城镇各类企业职工和城镇个体工商户业主及其雇工均属参保范围。

东坡区召开城乡居民社会养老保险试点工作启动会（摄于2011年9月）

2000年后，眉山市集体企业已参加四川省养老保险统筹的退休人员和下岗职工，按规定享受社会保险待遇和接续养老保险关系；未参加社会保险而又停产的集体企业，其退休人员和下岗职工由有关部门纳入城市居民最低生活保障范围，不纳入养老保险统筹范围；未参加社会保险的破产或解体的集体企业，其职工未达到法定退休年龄且有参保愿望的，可以个体劳动者身份参加城镇企业职工基本养老保险，已超过法定退休年龄的不再纳入养老保险范围，由有关部门纳入城市居民最低生活保障范围。2005年，全市原破产解体集体企业人员纳入养老保险范围。

2006年，眉山市推进养老、工伤、生育保险。此后，每年将社保扩面工作列入市重点目标考核。2007年7月起，全市实施被征地农民养老保险制度。2008年起，全市符合参保条件的原乡镇党委政府聘用人员纳入养老保险范围。2009年，全市原城镇集体企业职工和返城知青、原乡镇中小学民办教师、代课教师、乡镇卫生院聘用人员、邮政代办员、税务协税员、工商协管员按规定开始享受养老保险待遇。2010年，全市符合参保条件的宗教教职人员纳入基本养老保险参保范围。

2012年，眉山市被征地农民11.68万人纳入基本养老保险参保范围。

（二）基金征缴

参保人员征缴　1996年起，建立企业职工基本养老保险个人账户，按职工缴费工资的11%建立。除职工个人缴费部分外，不足部分从企业缴费中划入。城镇个体工商户等非工薪收入者，按缴费工资的 11%记入。1997 年，眉山地区企业以全部职工缴费工资总和作为参保缴费基数，职工个人按本人上月工资或上一年平均工资作为缴费基数。城镇个体工商户新参加基本养老保险，补缴养老保险费的时间不超过参保前 5 年。当年，全区累计参保 7. 51 万人，其中在职 5. 75 万人、退休 1. 75 万人，征缴企业养老保险基金 3966. 92 万元。此后，逐步调整缴费比例。2000 年，全区建立企业年金制，作为基本养老保险补充形式，以提高职工退休后的生活水平，满足职工较高层次的养老保险需求；通过壮大企业年金，把大量当期消费资金转化为长期储蓄资金，以培育资本市场。2003 年起，眉山市参保单位缴纳养老保险费的比例统一为 28%（单位 20%、个人 8%）；个体工商户、自由职业者缴费比例为 20%，全部由其本人承担。2005 年 5 月起，全市社保经办机构为原破产解体集体企业人员办理养老保险参保手续。年末全市累计参保 12. 42 万人，其中在职 9. 18 万人、退休 3. 25 万人，征缴企业养老保险基金 3. 68 亿元。2006 年起，职工及个体参保人员的基本养老保险个人账户实行计息制度。未享受社会保险补贴的个体参保人员，缴费基数实行 5 年过渡到位。2007 年，各级社会保险经办机构清理核对原有企业所开展的企业年金参保缴费情况，全市原有企业年金基金资产以市为单位整体移交给中国人寿养老保险股份有限公司运营管理。至 2009 年，全市接收原市属企业 13 个离退休人员 3129 人。为符合参保条件的原城镇集体企业职工和返城知青、原乡镇党委政府聘用人员、原乡镇中小学民办教师、代课教师、乡镇卫生院聘用人员、邮政代办员、税务协税员、工商协管员 3. 6 万人办理参保手续。2010 年起，包括农民工在内的参加城镇企业职工基本养老保险的所有人员，其基本养老保险关系可在跨省就业时随同转移，参保人员在各地的缴费年限合并计算，个人账户储存额累计计算，农民工一视同仁。2011 年起，缴费基数恢复 60%、70%、80%、90%、100%5 个档次。2012 年，眉山市累计参保 39. 12 万人，其中在职 23. 27 万人、退休 15. 85 万人，征缴企业养老保险基金 25. 49 亿元。

养老金中央财政补助和四川省级调剂　1997 年起，眉山地区地属主要企业处于破产、停产、半停产状态，养老金足额发放存在严重缺口。所属各县积累不多，个别县破产、停产、半停产企业无力缴费的较多，基金收支出现倒挂。当年起，全区争取中央财政养老金补助，四川省加强眉山地区养老保险基金调剂，确保企业离退休人员基本养老金按时足额发放，维护社会稳定。1998 年 7 月起，全区统一将企业离退休人员养老金差额缴拨改为全额缴拨。1999 年，全区清理出 1998 年以前拖欠的养老金 326. 4 万元，通过申报中央财政解决拖欠养老金专项补助予以解决。2000 年起，中央财政补助有困难的中西部地区和老工业基地资金缺口。至 2009 年，眉山市争取中央财政转移支付资金补助 5. 92 亿元。2010 年起，中央财政补助资金下拨到四川省，以四川省级统筹调剂补助形式给予补助。2011—2012 年，补助眉山省级调剂金 3. 53 亿元，眉山市养老金足额发放。

企业养老保险统筹基金上解　1998 年起，眉山地区按照企业职工养老保险四川省级统筹相关规定，各县向地区社保局上解养老保险统筹基金；地区向四川省社保局上解省级统筹调剂金。截至 2012 年年底，眉山市县（区）向市社保局上解养老保险统筹基金 8. 55 亿元，市向四川省社保局上解省级统筹调剂金 2. 99 亿元。

（三）基本养老金发放

1997 年起，眉山地区参保人员符合领取基本养老金条件的，由社保经办机构按月发放。集体所有制企业参保退休人员继续领取低标准养老金，此部分参加四川省统筹的职工养老金计发标准不断调整。1998 年，接收森工离退休人员 1168 人，列入日常管理，按时足额发放养老金。全区发放基本养老金 1. 82 万人 4908 万元。当年起，企业参保离退休（职）人员按照正常增长机制，逐步增加基本养老金。企业职工退休后原单位不再负责发放养老金，逐步由社会保险经办机构委托银行、邮政局和社区组织直接发放。

2001年，眉山市养老金社会化发放率95.37%。至2003年6月，全市实现养老金全部社会化发放。2004年7月起，集体企业职工每人每月低于300元的调增到300元；已补缴并轨前养老保险费的企业，其退休人员养老金按四川省统筹办法计发。2005年起，眉山市调整养老金，调整标准与退休人员的缴费年限和年龄挂钩。全年全市发放基本养老金3.25万人1.83亿元。

2010年，全市企业退休职工基本养老金普调8.19万人，月增资额991.26万元；退休特调2.5万人，月增资额405.79万元。全年全市发放基本养老金11.75万人10.96亿元。至2012年，眉山市国有企业破产、事业单位改制、失地农民参保、解决历史遗留问题以及历年正常办理的退（离）休人员，以及原属非统筹项目发放的离休干部电话费和交通费、离退休人员因病非因工死亡后丧葬费和一次性抚恤金等先后列入统筹养老金发放范围。企业退休人员基本养老金实行普遍调整和适当倾斜相结合，符合普调和特调的可重复累加享受。全市普调14.38万人、特调4.89万人，月增资2832.56万元。企业离退休人员增至15.85万人，发放基本养老金19.39亿元。

（四）离休金发放

2000年7月起，眉山地属企业中1937年7月7日以后参加革命工作的离休干部211人，按照机关、事业单位同时期参加革命工作、同级别离休干部离休金的平均水平一次性补差拉平。以后离休金的调整参照机关、事业单位同时期、同职级离休干部增加离休金的平均水平进行，不再执行企业退休人员养老金的调整办法。企业离休人员原非统筹项目的各种补贴不再发放，但原政策规定享受的交通费、护理费、1个月~1.5个月的生活补贴和电话费仍继续发放。2001年起，眉山市提高企业离休人员基本养老金，中央财政按月人均105元、100元补助所在地社会保险经办机构。2002年7月，全市市级离休干部的电话费和交通费等非统筹费列入社会保险基金支付。2003年7月起，已办理离休手续的企业离休人员，参照机关事业单位离休人员离休费调整的标准调整养老金。2005年起，提高新审批享受地厅级及正处级离休干部待遇，按月补足差额。

2007年，眉山市行政职务序列的一般离休人员每人每月增加470元，专业技术职务序列的助理工程师、技术员及相当职务的离休人员每人每月增加330元。2009年，提高部分离休干部护理费标准和扩大护理费发放范围，护理费1937年7月7日至1949年9月30日参加革命工作的离休干部每人每月200元~400元，年满80周岁的在此基础上每人每月再增发200元，已发放自雇费或生活长期完全不能自理护理费的离休干部，不重复享受。2011年起，提高离休干部生活补贴。每人每年1937年7月6日至1949年9月30日前参加革命工作的调整为增发1个月~3个月基本离休费。此标准延续至2012年。

（五）补贴发放

1998年起，眉山地区社保局代发离休干部电话费、离休干部地方生活补助费、离休护理费补贴、中华人民共和国成立初期参加革命工作的部分退休干部困难补助费、企业退休军转干部补贴、企业退休教师补贴。2001年起，眉山市增加符合原劳动人事部规定的新中国成立前参加工作的退休老工人生活补贴。按其2000年12月的原基本养老金（不含护理费和1个月~2个月生活补贴）达不到以下标准的，补足差额，1945年9月2日及以前参加工作的每月800元，1945年9月3日及以后参加工作的每月750元；原基本养老金等于或高于此标准的，不再增加生活补贴。企业中新中国成立前参加工作的退休老工人按每人每月105元增加生活补贴。增加的生活补贴纳入退休老工人的基本养老金，并作为计发其1个月~2个月生活补贴基数。2004年起，给予1949年10月1日至1950年7月1日以前参加革命工作，脱产享受供给制待遇，且从未间断革命工作的退休干部补贴。全市退休干部302人享受补贴。新中国成立前老工人调整到每月增加100元。2005年，全市生活补助费标准企业中终身无子女的退休职工提高到40元、终身无子女的孤寡退休职工提高到60元。

2006年起，眉山市已经办理退休手续的曾在高海拔地区部队服役的退休人员，退休时符合有关规定条件的，增发规定比例的养老金。在海拔3500米以上地区工作累计满10年不满15年的，增发本人指数化月平均工资0.1%；工作累计满15年以上的，增发本人指数化月平均工资0.2%。2009年，眉山市新中国成立前参加革命工作的老工人，可比照同期参加革命工作的离休干部调整护理费补贴标准调整。2011年起，眉山市1937年7月6日前至1949年9月30日参加工作的老工人，每人每年分别增发1个月~3个月基本退休费（基本养老金）。

（六）丧葬及抚恤金发放

1997年，眉山地区企业离退休人员因病、非因工死亡的丧葬费和一次性抚恤金由原企业支付。企业破产时，丧抚费由财政予以清偿，社保机构从清偿的专项费用中代发列支。2002年4月起，眉山市将基本养老金领取者死亡丧葬补助金列入统筹项目，按离退休人员死亡上月本人基本养老金2个月标准计发。当年，全市支付丧抚费14.68万元。此后，多次调整丧葬费标准。2004年10月起，企业离休人员死亡，一次性抚恤金按本人生前最后一个月享受的国家规定基本离休费的20个月的标准发放。2005年7月起，凡参加企业基本养老保险、由企业养老保险基金按月支付基本养老金的，因病、非因工死亡的离退休人员，其一次性抚恤金改由企业养老保险基金支付。企业离休人员死亡一次性抚恤金按死亡时本人基本养老金的10个月计发；退休（职）人员按死亡时本人基本养老金或退职费数额的7个月计发。企业离休人员和中华人民共和国成立前参加革命工作的退休老工人，其按规定享受的生活补贴的月平均数，一并作为计算一次性抚恤金的基数。

2006年起，眉山市企业离休人员的丧葬费、离休人员一次性抚恤金按其死亡时本人基本养老金的10个月计发。企业退休人员、个体参保领取基本养老金人员的丧葬费改为按其死亡上一年全四川省在岗职工平均工资的4个月计发；一次性抚恤金改为按其死亡时本人基本养老金的8个月计发。2011年8月起，全市企业离休人员死亡一次性抚恤金标准为上一年度全国城镇居民人均可支配收入的2倍加本人生前40个月基本工资或基本离退休费。2012年，全市支付丧抚费4791.33万元。

2002—2012年，眉山市支付丧葬（抚恤）费1.64亿元。

二、机关事业单位养老保险

1997年前，今眉山境内各县制订《机关事业单位工作人员养老保险试行办法》，启动机关事业单位职工养老保险工作，建立个人账户。财政差额拨款和自收自支事业单位职工，按本人缴费工资4%缴纳的养老保险费全部计入个人账户；财政全额拨款事业单位职工，按本人缴费工资4%的比例缴纳养老保险费，其中单位2%缴纳的养老保险费纳入社保基金专户，个人2%缴纳的养老保险费计入个人账户。

1997年，地区行署发布《眉山地区地级机关事业单位工作人员养老保险暂行办法》，明确养老保险缴费标准。1998年，地区人事局印发《眉山地区地级机关事业单位工作人员养老保险暂行办法实施细则》，作出参保范围、基金的筹集标准、收缴和拨付、基金管理规定。机关事业单位职工养老保险试点，初期为纳入编制部门管理的国家机关和事业单位及其工作人员。国家机关和全额拨款的事业单位按工资总额的2%征集个人部分；新成立的差额和自收自支事业单位按其在职人员基本工资总额与纳入支付项目的离退休费两项之和的19%征集单位部分，个人部分按本人工资2%征集。

2002年，眉山市完善全市机关事业单位养老保险制度改革试点工作。自收自支和差额拨款的事业单位，按在职职工缴费工资与统筹项目的离退休费之和的23%缴纳单位部分，个人部分按本人缴费工资的4%缴纳；行政机关和全额拨款的事业单位的缴费比例为单位、个人各按2%执行。各县（区）缴费标准按照“以支定收、略有结余”原则自行确定和调整。2008年5月，市级和彭山县的国家机关和参照公务员管理的事业单位不再纳入机关事业单位养老保险范围。2009年，洪雅县不再将国家机关和参照公务员管理的事业单位纳入参保范围。2012年，东坡区不再将国家机关和参照公务员管理的事业单位纳入参保范围。眉山市国家机关事业单位养老保险制度仍处于试点阶段，未实行统筹，各地存在较大差异。

机关事业单位职工退休时，退休费由退休金和个人账户养老金构成。个人账户养老金月发放标准为个人账户基金累计储存额的1/120（个人账户基金发放完毕为止）。

三、城乡居民社会养老保险

2005年，眉山市城镇居民最低生活保障（以下简称低保）对象4.3万人实现应保尽保。2006年起，启动农村居民低保。完善城乡居民最低生活保障制度，安排资金4063万元。

2009年12月，仁寿县作为全国首批新型农村社会养老保险试点县，启动新型农村居民社会养老保险（以下简称新农保）试点。新农保基金由个人缴费、政府补贴和集体补助构成。缴费标准为每年100元~500元5个档次。当年，眉山市参加新型农村养老保险31.96万人。仁寿县29.82万农村居民参保，财政补助资金1643万元。至2010年，眉山市城乡居民最低生活保制度逐步建立、巩固，城镇“三无”对象、农村五保户实现集中供养。

2011年起，具有眉山市农村户籍，年满60周岁及以上，未参加城镇职工基本养老保险，经民政部门审批纳入救助期间的农村居民最低生活保障对象纳入新农保范围。4个县启动城镇居民社会养老保险试点，将眉山市城乡老年低保对象全部纳入养老保障范围。7月，东坡区、洪雅县、丹棱县纳入新农保、城镇居民养老保险（以下简称城居保）试点范围，仁寿县纳入城居保试点范围。新农保缴费档次调整为100元~1000元10个档次（洪雅县增设1200元、1500元2个档次）。参保人员可在10个档次中自主选择档次缴费，多缴多得。政府补贴参保人，选择100元、200元缴费档次的补贴30元；选择300元及以上缴费档次的每提高一档缴费标准政府补贴增加5元，最高补贴70元。四川省级财政按政府补贴总量的50%安排，其余部分由市和县（区）两级财政共同分担。全市参加新农保、城居保的重度残疾人，由各试点县（区）政府全额代其缴纳最低养老保险费，给予缴费档次的政府补贴，所需资金由市、（区）县财政共同承担。鼓励其他经济组织、社会组织和个人为参保人缴费提供资助。市委办下发《关于适当提高在职村干部基本养老保险补助标准的意见》，将投保缴费基数、财政补助额度分别提高到上年度四川省城镇平均工资的100%和保费总额的60%。

2012年7月，彭山县、青神县纳入新农保和城居保试点范围并实施。眉山市实现新农保、城居保全覆盖。年末全市符合参保条件的178.74万人，实际参保166.19万人、参保率93%，征集养老基金2.56亿元，财政补贴2.73亿元，支付养老金3.05亿元。

年满16周岁（不含在校学生）、未参加城镇职工基本养老保险的农村居民和不符合城镇职工基本养老保险参保条件的城镇非从业居民，在户籍地自愿参加新农保、城居保。新农保和城居保养老金待遇由基础养老金和个人账户养老金构成，支付终身。基础养老金为每人每月 55 元；个人账户养老金月计发标准为个人账户全部储存额除以 139。参保人死亡，个人账户中的资金余额除政府补贴外可依法继承。参保人员年满 60 周岁，可按月领取养老金。新农保、城居保制度实施时，已年满 60 周岁、未享受职工基本养老保险待遇以及国家规定的其他养老保险待遇的，参保时不用缴费，可以按月领取基础养老金；距领取待遇年龄不足 15 年的，按年缴费后，在达到待遇领取年龄时，可一次性补缴不足年限的养老保险费（累计缴费不超过 15 年）；距领取待遇年龄超过 15 年的，应按年缴费，累计缴费不少于 15 年。

四、军队退役人员、征地拆迁居民养老保险

军队退役人员养老保险　2007 年 7 月起，眉山市已办理军龄登记手续后参保的缴费城镇军队退役人员（不含自主择业的军队转业干部）和军队复员干部，以及安置在农村后来进城就业并参保的军队退役人员和复员干部，原军龄视作缴费年限并与实际缴费年限合并计算为缴费年限，按规定的养老金领取条件计发养老金；已办理军龄登记手续后未参保缴费的城镇军队退役人员、军队复员干部，1996 年 1 月 1 日后参军且达到法定退休年龄、缴费年限（含视作缴费年限的军龄）满 15 年以及 1996 年 1 月 1 日前参军且达到法定退休年龄、缴费年限（含视作缴费年限的军龄）满 10 年的，按现行规定按月计发基本养老金。2010 年，全市军转人员 918 人调整前不足 1100 元的补足，普调、特调后再加 40 元，月增资额 21.66 万元。

征地拆迁居民养老保险　2006 年起，眉山市建立征地调节基金，解决失地无业农民补偿安置和社会保障。2007 年 7 月起，全市启动失地无业农民养老保险试点，征地拆迁居民 8.66 万人纳入养老保险范围。2008 年起，全市退休征地拆迁居民调整养老金，普调项目中的基数 90 元按 60%的比例调整。2009 年，全市享受养老保险待遇的征地拆迁居民，普调项目中 80 元的基数按 60%的比例调整。2011 年起，眉山市征地拆迁居民增加基本养老金后不再按比例调整，统一按四川省人力资源和社会保障厅的调待标准全额调整。

第二节　医疗保险

一、公费医疗

1997 年，眉山地区继续执行 20 世纪 50 年代初国家《公费医疗管理办法》等规定，国家机关、党派、团体及文化、教育科研、卫生、体育等事业单位工作人员、离退休人员和在乡二等乙级以上革命伤残军人等享受公费医疗。公费医疗费用实行“医院主管、定额承包、结余留用、超支分担”管理办法，与医院、单位、个人三方挂钩，国家负担为主，单位负担为辅，个人适当负担。将按人头平均的医疗费用包干给政府指定的医院，签订承包合同的医院管理享受公费医疗人员的医疗全过程，有节余的自留 80%；超支的医院负担 15%，所在单位负担 15%，公费医疗管理委员会办公室负担 70%。享受公费医疗的职工看病，凭公费医疗证在指定的医院门诊或住院。职工平时诊疗费以工龄档次与个人、单位挂钩，个人负担 5%~10%，单位负担 5%~25%。多数国有和城镇企业长期不景气，公费医疗资金不到位，不能及时报销，企业间由于经济效益不同，职工医疗待遇差别较大；医

疗费用快速增长、财政难以承受；违章报销医药费的情况日益突出。有“一人看病，全家吃药”现象；有的将非处方药品、营养品作医药费报销，各县平均每年清理出公费医疗违章报销发票上千份、数十万元。2000年起，地区改革医疗保障制度，逐步建立城镇职工基本医疗保险制度，凡参加眉山地区城镇职工基本医疗保险的单位公费医疗随之取消。

二、劳动保险医疗

1997年，眉山地区未实行大病统筹的国有企业，执行20世纪50年代劳动部《劳动保险条例实施细则修正草案》等相关法规和政策。企业职工及其供养的直系亲属的劳动医疗费用由所在企业包干，企业按照工资总额和国家规定的比例，在生产成本项目中列支。在职职工从职工福利费中开支，离退休人员从劳动保险费中开支。企业按照国家制定的劳保医疗政策自行组织实施。职工患病，在企业自办的医疗机构或指定的医疗机构就医，享受免费医疗待遇。2000年，全区推行职工基本医疗保险制度，凡参加职工基本医疗保险的单位自行终止劳保医疗制度。

三、大病统筹

1997年前，眉山县、彭山县、丹棱县实行企业职工大病医疗费用县级统筹制。参加统筹的职工人数占职工总数的1/5；统筹对象为企事业单位的固定职工、混岗大集体工、劳动合同制工、1971年11月30日以前的计划内长期临时工、离退休职工等。医疗金征集在职职工按工资总额的6%缴纳，离退休人员按8%缴纳。凡生病住院符合大病病种的，按70%、75%、80%几个档次报销医疗费，其余部分由单位和个人共同承担。

1998年起，眉山地区实施产权制度改革的企业，其离退休人员医疗统筹费的缴纳以改制时的离退休人员数，按每月2500元从企业资产出让金中一次性划拨给属地社保经办机构，作为离退休人员的大病统筹经费。大病医药费由职工所在单位发放、报销改为县社保经办机构发放、报销。2000年，职工大病统筹逐步并入城镇职工基本医疗保险制度。实行职工大病统筹的县，主要执行四川省政府1992年《职工大病医疗费统筹试行办法》，各县从实际情况出发制定实施细则。2000年，眉山地区推行职工基本医疗保险制度后，凡参加职工基本医疗保险的单位不再执行职工大病统筹。

四、城镇职工医疗保险

（一）基本医疗保险

1998年，彭山县实施城镇职工医疗保障制度改革，全县200余个单位的1万余名职工参加“社会统筹与个人账户相结合”的医疗保险。1999年，全区各级卫生行政部门和医疗卫生单位按照四川省、眉山地区统一部署，搞好城镇职工医疗保险制度改革。2000年，全区推行医疗费用由用人单位和职工双方共同负担、基金实行社会统筹与个人账户（以下简称统账）相结合的城镇职工基本医疗保险制度。参保对象包括国家机关及其工作人员、事业单位及其职工、社会团体及其专职人员；城镇企业及其职工；民办非企业单位及其职工；已参加社会基本养老保险的城镇个体经济组织的业主及其从业人员、乡镇企业及其职工；在国家规定的劳动年龄内，具有非城镇户籍，有劳动能力并与城镇用人单位建立劳动关系的农村进城务工人员；眉山地区行政区域内有固定居所或受聘单位的灵活就业人员。保险基金委托国库集中支付中心代扣代缴、刷卡缴费、银行缴费等征缴。住院报销比例为在职职工以70%为基础，按年龄每增加1周岁增加支付0.3%；退休人员以73%为基础，每增加

1 周岁增加支付 0.3%；最高支付比例不超过 95%。须往统筹地区以外转诊转院的参保人员支付比例降低 5%。统筹基金最高支付限额为当地上年度职工社会平均工资的 4 倍，并按年度计算。

2001 年起，眉山市实行职工医疗保险制度。基本医疗保险费由用人单位和职工个人共同缴纳。用人单位按本单位上年度职工工资总额的 6.5%。年末全市城镇职工基本医疗保险参保 8.95 万人，基本医疗保险基金收入 2396 万元、支出 1312 万元。2002 年起，推进城镇职工医疗保险制度改革，建立全市城镇职工医疗保险制度体系。全市二等乙级以上革命伤残军人纳入医疗保险。二等乙级以上伤残的人民警察的医疗费用筹资水平、待遇标准和管理办法参照伤残军人标准及办法执行。市属国有破产转制企业人员按规定参加基本医疗保险。2002 年年底前参保，不中断缴费且不低于最低实际缴费年限的参保人员，达到法定退休年龄时，不再缴纳基本医疗保险费，可继续享受医保待遇，后延参保或中断参保的，最低实际缴费年限须在原 10 年基础上加上后延参保或中断参保的年限；破产转制企业退休人员参保后，实行统一的医疗待遇；参保人员须在居住地选择市医保中心的定点医疗机构就医。市属破产企业离休干部医药费实行单独统筹、按规定实报实销。市属国有破产企业离休干部医药费在向眉山市医保中心缴纳后，纳入统一管理。当年，全市参加基本医疗保险 11.38 万人，医疗保险收入 5364 万元。

仁寿县启动城镇居民医疗保险（摄于 2008 年 4 月）

2004 年 4 月起，眉山市办理医疗保险关系转移时只转个人账户，关系转移后，参保年限连续计算，并按规定连续缴费的从缴费当月起享受基本医疗保险待遇。至 2005 年，全市城镇职工基本医疗保险参保 13.65 万人。基本医疗保险基金收入 1.06 亿元、支出 6792 万元。

2006 年，眉山市基本医疗保险缴费基数，统一以全市上年度职工社会平均工资作为最低缴费基数，明确最低缴费基数和单位、个人缴费比例，缴费基数不封顶。最低缴费年限为 10 年、20 年两种情况。8 月起，全市农民工纳入城镇职工基本医疗保险参保范围。农民工参加城镇职工基本医疗保险实行市级统筹，缴费率为眉山市上年度职工社会平均工资的 2.5%，医疗保险费由用人单位缴纳，个人不缴费，按半年征收，其医疗待遇为单建住院统筹，不建个人账户。农村进城务工人员按全市基本医疗保险单建住院统筹方式报销，不建门诊个人账户。2007 年起，全市统筹基金最高支付限额统一按每年 3 万元执行。2008 年起，原市属国有关闭破产企业领取医疗包干费退休人员单建住院参保方式改为统账结合的参保方式，退休人员个人不再缴纳参保医疗费用。2009 年 5 月，全市统筹基金起付标准下调为一级（含未定级）医院 340 元、二级医院 460 元、三级医院 660 元，退休人员起付标准比在职人员减少 100 元。日床位费调整为未定级医院 12 元、二级医院 17 元、三级医院 20 元。2010 年 12 月起，全市城镇职工基本医疗保险最高支付限额调整为每年 11.8 万元。

2011 年起，县（区）医保经办机构按上年度实际征收额的 6% 向眉山市医保局上解风险调剂金，专款专用，主要用于调剂市级和区县城镇职工基本医疗保险待遇支付缺口。领取失业保险金人员已参加职工基本医疗保险（以下简称职工医保）的，由其失业前参保地失业保险经办机构在同级医疗保险经办机构为其接续缴纳职工医保费；未参加职工医保的，由其失业前参保地失业保险经办机构为其在同级医疗保险经办机构办理参加当地职工医保手续，缴纳职工医保费。2012 年，眉山市城镇职工基本医疗保险最高支付限额调整为每年 17 万元，城镇职工基本医疗保险参保 23.78 万人，政策范围内住院费用报销比例 76.6%。全市上解城镇职工医疗保险风险调剂金 2129.4 万元。全年基本医疗保险基金收入 4.7 亿元、支出 4.16 亿元，累计结余 5.34 亿元。

（二）补充医疗保险

2000 年，眉山地区有条件的用人单位施行补充医疗保险，满足基本医疗保险最高支付限额以上的特殊医疗需求，化解高额医疗风险。职工补充医疗保险费用在工资总额 4%以内，在职工福利费中列支。福利费不足的，经同级财政部门核准后列入成本。凡参加基本医疗保险的用人单位和城镇职工，可按自愿原则选择，整体参加补充医疗保险。设高额补充医疗保险和中段补充医疗保险两个险种。高额补充医疗保险每人每年缴费 35 元，中段补充医疗保险每人每年缴费 75 元。两个险种同时参加的，每人每年缴费 110 元。参加补充医疗保险人员参保期和承保公司承保期内患病，在定点医院住院的，医保经办机构受商业保险公司委托向参保人员赔付。参加中段补充医疗保险险种人员，在基本医疗保险统筹金支付的基础上，个人自付部分按 90%赔付；参加高额补充医疗保险险种人员，其住院医疗费用超过基本医疗保险最高支付限额以上且符合基本医疗保险统筹基金支付范围的按 90%赔付，一年内最高赔付金额 15 万元。参保时已患癌症、再生障碍性贫血、肾功能衰竭以及肾移植、白血病、心脏安置起搏器术后等大病人员，按 70%赔付，一年内最高赔付金额 10 万元。

2011 年起，眉山市城镇职工补充医疗保险费由定额征缴改为比例征缴，按当年度全市城镇职工基本医疗保险最低缴费基数的 0.9%征缴；个人最高支付限额上调为每年累计 30 万元。至 2012 年无变化。

（三）公务员医疗补助

2001 年，眉山市市级机关国家公务员实施医疗补助。医疗补助经费筹资标准为享受公务员医疗补助人员上年度工资总额的 3%。结合医疗补助经费使用情况，筹资标准逐年增加。个人住院医疗费在最高支付限额内，自付超过一定数额，符合基本医疗保险各项规定的，扣除起付标准的自付部分，补助 20%，补助按年度计算；住院医疗费超过基本医疗保险最高支付限额，符合基本医疗保险各项规定的，医疗费超过最高支付限额 4 万元的补助 60%，4 万元~8 万元的补助 70%，超过 8 万元的不属于医疗补助范围，补助按年度计算；在职或退休的市级以上干部以及四川省委、四川省政府规定享受同等医疗待遇的人员就诊或住院时，符合基本医疗保险各项规定的，就诊补助按个人工资总额的 2%计入个人账户，住院个人自付超过 10%的部分实行全额补助，补助最高限额 5 万元。2002 年起，享受和参照享受国家公务员医疗补助政策的人员除享受补充医疗保险待遇外，每次住院由公务员医疗补助经费降低起付线 150 元，一个自然年度内最多降低 2 次起付线，住院起付标准降低部分纳入基本医疗保险报销。住院医疗费扣除起付标准后符合规定的自付部分，由统一补助 20%调整为分段实行医疗补助。自付 2500 元以下的补助 70%，自付 2500 元以上的补助 50%。2004 年 3 月起，降低住院起付标准 150 元；市、县级干部（含非领导职务同级干部）、享受国务院特殊津贴人员、省部级以上授予的有突出贡献的优秀专家，住院床位费报销标准由普通床位标准提高到每人每天一床 50 元。2006 年，参保公务员因病住院每次住院医疗费用在 3000 元以下的补贴 400 元，3000 元~6000 元的补贴 500 元，6000 元以上的补贴 600 元。住院医疗费用低于或等于起付线不予补助。最高报销限额不超过住院医疗费的95%。各区县结合实际，实施公务员医疗补助。

以上制度延续至2012年。

五、城镇居民医疗保险

（一）基本医疗保险

2008年，眉山市被列入全国新增城镇居民基本医疗保险试点市。4月，全市启动城镇居民基本医疗保险试点。市政府办制订《眉山市城镇居民基本医疗保险暂行办法》，明确参保范围和对象、参保登记、基金筹集标准、政府补贴标准、基金管理和使用、基金支付标准及医疗服务管理。全市不属于城镇职工基本医疗保险制度覆盖范围的城镇大、中、小学阶段的在校学生、少年儿童和其他非从业城镇居民均可自愿参加城镇居民基本医疗保险；在校学生和在园幼儿由所在学校和托幼机构统一组织参保。资金由政府补助和个人缴费组成。政府每年按标准补助参保对象。已享受上述补助的人员不再享受灵活就业人员医疗保险补贴，享受灵活就业医疗保险补贴的人员只参加城镇职工基本医疗保险。城镇居民以户为单位参保、学生以班为单位参保。当年，全市城镇居民基本医疗保险参保31.98万人。基本医疗保险基金收入3792万元、支出664万元。2009年起，县（区）医保经办机构按上年度实际征收额的5%向市医保局上解风险调剂金，主要用于弥补各区县城镇居民基本医疗保险待遇支付风险。2010年，建立全市城镇居民基本医疗保险制度。城镇居民基本医疗保险支付，普通门诊医疗费用报销比例，三级以下（不含三级）城镇居民基本医疗保险定点医疗机构均为50%。当年起，一级医疗机构报销比例调整为75%；二级医疗机构年报销比例为70%；三级医疗机构报销比例为65%。

眉山市在三苏雕像广场开展城镇居民基本医疗保险宣传日活动（摄于2008年4月）

2011年，眉山市开展城镇居民基本医疗保险城市医疗救助“一站式服务”。救助在册的经当地民政部门批准的城市低保对象和城市“三无”（无生活来源、无劳动能力、无法定抚养义务人或法定抚养义务人丧失劳动能力）人员。救助对象住院发生的医疗费用，扣除城镇居民基本医疗保险支付金额、补充医疗保险支付金额和个人自费部分后，剩余按定点医疗机构级别确定不同救助比例，三级医疗机构20%、二级医疗机构30%、一级医疗机构40%、基层医疗机构50%，未参加城镇居民基本医疗保险的救助对象一律按20%给予救助，每人每年累计救助限额5000元。2012年，眉山城镇居民医疗保险政府补助标准增至240元。基层医疗机构报销比例增至85%，一个参保年度内报销封顶线增至11万元，参保人员自付比例降低。全市城镇居民基本医疗保险参保42.6万人。基本医疗保险基金收入1.15亿元、支出1.18亿元，累计结余1.22亿元。截至2012年年底，东坡、洪雅、丹棱、青神4县（区）上解城镇居民医疗保险风险调剂金807.33万元。

（二）补充医疗保险

2008年起，眉山市开展城镇居民补充医疗保险。2009年，未成年人每年缴纳保费12元，成年人每年缴纳保费40元，高段赔付标准为市内定点医院70%，市外定点医院60%，参保时已患重大疾病的50%，一年内最高赔付金额不超过15万元（参保时已患重大疾病的不超过10万元）；中段未开展。2011年，全市补充医疗保险一年内最高赔付金额不超过20万元（参保时已患重大疾病的不超过15万元）；中段赔付标准为10%，一年内最高赔付金额为3000元。至2012年未变。

六、农村居民医疗保险

1998年，眉山地区行署转发眉山地区卫生局等5部门《关于发展和完善农村合作医疗保障制度的实施意见》，提出到2000年，各县农村人口在家合作医疗的人数达到30%的具体目标，明确相应的筹资政策。当年，全区19个乡镇，农民39.89万人参加合作医疗，仁寿县、彭山县、洪雅县、丹棱县、青神县分别选定2个乡镇试点，覆盖农业人口近60万人。

2003年，彭山县实施新型农村合作医疗（以下简称新农合）改革试点。参加新型合作医疗的农民，中央和地方财政各按人均10元、个人筹资10元筹集合作医疗资金。参合农民在乡级医院超过50元的部分报销45%，在县级医院超过200元的部分报销35%，在市和省级医院超过500元的部分报销30%，最高可报销5000元。当年，彭山县20.07万人参加新型农村合作医疗，占全县农民总人数的78.2%，筹资总额603万元。按不同级别医院的起付线和报销补偿标准，当年受益的农民17.36%，实际补偿比为21.31%。2006年，东坡区、洪雅县实行新农合试点。筹资标准提高到45元，财政补助新农合资金2857万元。年末全市新农合覆盖农业人口121.5万人，参合率82.7%。

2007年，眉山市实现新农合全覆盖。全市推行参合农民异地定点看病报销试点，在北京、拉萨等外出务工农民集中地选定定点医疗机构。当年，全市新农合覆盖农业人口281万人，参合率88%。享受医疗报销36.59万人，报销8878.6万元。2008年，参合农民就医在乡镇卫生院超过40元的部分，报销60%~70%，在县级医疗机构超过150元~200元的部分，报销50%~60%，在市级定点医疗机构超过400元~640元的部分，报销40%~50%，在省级定点医疗机构超过800元，报销35%~40%，在非定点医疗机构超过800元的部分，报销20%~30%，最高可报销2万元。全市统一将8种慢性病纳入统筹基金报销范围，正常住院分娩定额补助200元~400元。山西省煤炭中心医院和西安市五医院、西安市北方医院确定为眉山市参合农民工定点医疗机构。2010年，全市统一补偿方案，实现"一证通"和互认制。农民参合率97%；人均筹资标准提高到140元，最高支付限额提高到3万元。乡镇卫生院、社区卫生服务中心、村卫生室全面实施门诊统筹。在仁寿县、丹棱县开展提高农村儿童白血病、先天性心脏病医疗保障水平试点。在洪雅县、丹棱县开展门诊统筹改革试点。

2011年，全市新农合报销比例提高10%，封顶线提高到7万元。实施乡镇卫生院一般诊疗费10元、村卫生室一般诊疗费3元，纳入新农合补偿报销；门诊统筹覆盖全市所有乡、村医疗机构，推进单病种付费、门诊总额预付、次均住院费最高限额等支付方式改革。开通市级信息化管理平台，实现市、县、乡、村医疗机构即时结报和网上在线审核监管。2012年，眉山市探索四川省级医疗机构即时结报试点，与四川省人民医院达成协议并开通运行。新农合政府补助标准由人均年补助200元提高到240元。全市新农合参合258.82万人，覆盖率99.69%，人均筹资290元，筹资总额7.58亿元，最高支付限额10万元，政策范围内住院费用报销比例78.48%，实际住院费用支付比例60.12%。

七、就医管理

2000 年，眉山地区各医保经办机构或社保经办机构制定城镇职工基本医疗就医管理实施细则，包括服务范围、服务标准、药品目录、诊疗项目、医疗服务设施标准等。实行定点医疗机构和定点药店管理，严格资格审定，向社会公布。参保人员在指定的医疗机构就医和定点药店购药，可用基本医疗保险基金支付。自费药品费用不计入统筹基金支付范围。参保人员住院期间，实施基本医疗诊疗项目和使用《基本医疗保险药品目录》中“乙类目录”药品所发生的费用，本人先负担 20%以后再计入统筹基金支付范围。需要长期门诊治疗的特殊疾病，个人账户不足支付时，由二级以上（含二级）医院和用人单位证明，经医保（社保）经办机构审核批准，其符合基本医疗保险服务范围的医疗费用，可由统筹基金支付 50%，年度支付最高限额 1000 元。

2001 年，眉山市确定需长期门诊治疗的特殊疾病为糖尿病、心脏安置起搏器术后、心脏换瓣术后、脑血管溢外后遗症、系统性红斑狼疮、肾移植术后抗排斥药物治疗、再生障碍性贫血、甲亢。2006 年，眉山市乙类药品、支付部分诊疗项目和服务设施项目自费比例由 20%降为 15%。特殊门诊病种增加到心脏换瓣术后、脑溢血后遗症、再生障碍性贫血、甲亢、帕金森氏病、冠状动脉粥样硬化心脏病、慢性白血病、肺心病等 15 种。重大疾病范围包括恶性肿瘤、慢性肾功能衰竭的门诊治疗、器官移植、白血病、心脏安置起搏器等术后维持生命治疗和检查、精神病。重大疾病医疗费用按住院标准报销，一个自然年度内只付一次住院起付标准、最高支付限额 3 万元。重大疾病实行“定医院、定医师、定药品”管理。年内多次住院的，每增加一次，统筹基金起付标准比原标准递减 2%，最低不少于 200 元。

2008 年，全市以个人身份参加城镇职工基本医疗保险的灵活就业人员，其发生的计划生育医疗费，符合基本医疗保险用药目录、诊疗项目目录和医疗服务设施范围规定的，可按规定纳入基本医疗保险基金支付范围。2009 年，个人自付比例调整为 30%以上的诊疗项目有起搏器等 23 个，其中单个项目的最高支付限额（未扣个人自付部分，项目不分产地、型号、规格）为 0.1 万元~5 万元不等；其余支付部分费用诊疗项目继续执行个人自付比例 15%的规定。高压臭氧治疗系统大自血疗法纳入基本医疗保险报销范围，基本医疗报销 70%。纳入基本医疗保险报销的项目有起搏器等 23 个，单个项目最高支付限额 0.1 万元~5 万元不等。类风湿和甲亢碘 131 治疗后造成甲低参保人员列入长期特殊门诊范围。长期特殊门诊最高支付限额调整为 1500 元，报销比例 80%。2012 年，增加强直性脊柱炎、重症肌无力、癫痫为长期特殊门诊疾病病种，长期特殊门诊疾病最高支付上调为每年每人 2000 元。

第三节　工伤保险

一、工伤认定

1997 年，眉山地区延续工伤保险。1998 年，眉山地区劳动局下发《眉山地区企业职工工伤保险办法》，作出工伤范围及其认定、劳动鉴定和工伤评残、工伤保险待遇、工伤保险基金、工伤预防和职工康复、管理与监督检查、企业和职工责任、争议仲裁和行政复议等具体规定。规定应当认定为工伤的10种情形和不能认定为工伤的6种情形。全区管理的企业及参保职工人数少，发生工伤事故少。1999年，全区认定工伤6件。2000年，取消企业职工工伤保险定额征收，调整征收费率，按工资总额比例征收，实行浮动费率。

2004年起，眉山市实施国务院《工伤保险条例》，规定应当认定为工伤的7种情形和视同工伤的3种情形以及不得认定为工伤的5种情形。当年，全市认定工伤889件。2006年起，全市事业单位、民间非营利组织的工作人员纳入工伤保险参保范围。

2010年，眉山市实行工伤保险市级统筹，调整工伤保险基准费率，一次性工伤死亡补助金由原统筹地区上年度职工月平均工资的48个月调整为54个月。当年，全市认定工伤1974件。

1999—2012年，眉山市认定工伤1.33万件。

二、基金征缴

1998年，眉山地区工伤保险基金实行按企业类别定额征收，按A、B、C三类企业分别为每人每月4.5元、3.8元、3元。当年，非公有制企业中推行工伤保险。因国有企业和城镇集体企业时逢产权制度改革，有的破产、有的解体，工伤保险参保总体呈下滑趋势。全年全区工伤参保企业374户5.06万人，征缴工伤保险基金114.79万元。2000年，工伤保险基金改为按实发工资为基数的一定比例计征，按A、B、C三类企业分别为1.2%、1%、0.8%。

2004年起，眉山市执行新的工伤保险费征缴费率并根据行业风险大小和工伤发生频率对用人单位分别实行基准费率和浮动费率。基准费率一、二、三类企业分别按缴费工资的0.6%、1.2%、2.4%缴纳。浮动费率一类企业不实行浮动费率；二、三类企业实行浮动费率，在基准费率的50%内上下浮动。基准费率每3年调整一次，浮动费率在基准费率基础上每年由工伤保险经办机构核定。建立工伤保险调剂金，当年，各县（区）向市上解调剂金930.81万元，眉山市向四川省上解基金548.56万元。2005年，调整全市工伤保险基准费率和浮动费率，三类企业（高风险企业）基准费率由2.4%调整为3%，二、三类企业实行浮动费率。由于原确定的基准费率偏低，造成工伤保险基金收支倒挂。当年，全市工伤参保企业348户5.06万人，征缴工伤保险基金541.75万元。

2010年起，眉山市工伤保险基准费率调整为一类企业0.7%、二类企业1.6%、三类企业4%、建筑企业2%、事业单位、民办非企业单位0.6%。2011年，四川省安排眉山市工伤保险中央财政补助资金118万元，划入眉山市工伤保险基金统一管理使用，解决“老工伤”。2012年，全市工伤参保企业2330户15.61万人，征缴工伤保险基金5181.09万元。

1998—2012年，眉山市征缴工伤保险基金2.15亿元。

三、医疗费用支付

1997年起，眉山地区工伤保险定点协议医疗机构主要实行协议管理。严把定点医疗机构准入关，实行动态管理，及时处罚违规医院，整顿后仍不合格的医院不再续签协议，取消其工伤保险定点医疗机构资格。每年年终考核医院，合格的续签下一年度服务协议。1998年起，全区工伤职工治疗工伤或职业病开支的挂号费、住院费、医疗费等由工伤保险基金支付50%，职工所在企业支付50%。参保职工治疗工伤的住院费、医药费以及危重伤病抢救所需的自费药品、血液制品、施行特殊检查治疗手术项目的费用按规定予以报销。全年全区支付工伤医疗费10.69万元。2000年，工伤保险基金支付比例调整为60%，企业支付40%。

2002 年，眉山市工伤保险基金支付比例调整为 80%，企业支付 20%。2003 年起，参保企业工伤职工工伤保险待遇中按规定应由工伤保险承担的部分，全部在基金中支付。2004 年起，工伤职工在签订服务协议的医疗机构就医。治疗工伤所需费用符合规定的，从工伤保险基金支付。病情严重或者情况特殊的，经市劳动能力鉴定委员会确认，可以适当延长，但延长不超过 12 个月。工伤职工评定伤残等级后，停发原待遇，按规定享受伤残待遇。评残后需继续治疗的，继续享受工伤医疗待遇。全年全市支付工伤医疗费 154.91 万元。

2011 年，眉山市工伤职工住院伙食补助费在市内住院治疗的每天 15 元，到成都等四川省会城市治疗的每天 20 元。2012 年，全市支付工伤医疗费 1173 万元。截至 2012 年年底，全市累计支付工伤医疗费 5966.44 万元。

四、伤亡待遇

职工因工死亡（以下简称工亡），其直系亲属可享受丧葬补助费、供养亲属抚恤金和一次性工亡补助金。

1998 年前，眉山地区转制前未参加工伤保险的企业和参保单位参保前的因工伤残人员纳入工伤保险统筹管理。职工因工致残被鉴定为一至四级按月发给伤残抚恤金，以本人工资为基数按一定比例计发，伤残一、二级按 90%计发，三、四级按 80%计发。一次性伤残补助金以本人工资为标准，按伤残程度一级 24 个月、二级 22 个月、三级 20 个月、四级 18 个月计发。职工因工死亡丧葬补助金按当地上年度职工平均工资 6 个月的标准计发；符合供养条件的供养亲属抚恤金，其配偶按当地上年度职工月平均工资的 40%按月计发，其他供养亲属按 30%计发，孤寡老人或孤儿每人每月另外加发 10%。

1998 年 5 月起，因工伤鉴定为一级至四级伤残程度的人员，按伤残等级发给本人一次性伤残补助金，以本人工资为标准，一级 24 个月、二级 22 个月、三级 20 个月、四级 18 个月；被鉴定伤残五至十级的，由企业安排适当工作，按伤残等级发给本人一次性伤残补助金，以本人工资为标准，五级 16 个月、六级 14 个月、七级 12 个月、八级 10 个月、九级 8 个月、十级 6 个月；因伤残造成本人工资降低时，由所在企业发给在职伤残补助金（工资降低部分的 90%）。调整全区工亡补助，供养亲属待遇每月不足 150 元的，调整到 150 元。

2004 年起，眉山市调整工伤人员伤残津贴和供养亲属抚恤金等待遇，供养亲属每月增加 20 元、15 元，抚恤金调整为 200 元、180 元。职工因工致残被鉴定为一级至四级伤残的，退出工作岗位，享受定期工伤伤残津贴。从工伤保险基金中按月支付伤残津贴的，以本人工资为标准的 90%～75%。工伤职工达到退休年龄并办理退休手续的，停发伤残津贴，享受基本养老保险待遇。保留与用人单位的劳动关系，由用人单位适当安排工作，难以安排工作的，由用人单位以本人工资为标准按月发给伤残津贴，五级 70%、六级 60%。工伤职工本人提出与用人单位解除或终止劳动关系的，由用人单位按四川省政府规定的标准支付一次性工伤医疗补助金和伤残就业补助金。劳动合同期满终止，或者职工本人提出解除劳动合同的，用人单位按四川省政府规定的标准支付一次性工伤医疗补助金和伤残就业补助金。企业职工因工死亡一次性工亡补助金按全市上年度职工月平均工资 48 个月标准执行，丧葬费为 6 个月市平均工资；符合供养条件的供养亲属抚恤金，配偶为本人工资的 40%，其他亲属每人每月为本人工资的 30%，孤寡老人或孤儿加 10%。核定的各供养亲属的抚恤金之和不应高于因工死亡职工生前的工资。一级至四级伤残职工，在享受待遇期间死亡的，发给 24 个月工亡补助金，其他待遇则按《工伤保险条例》执行。经评残确定需护理的工伤职工，按照 3 个等级，分别按上年度统筹地区职工月平均工资的50%~30%计发生活护理费。2007年，全市调整工伤待遇。伤残职工伤残津贴，一级至四级月增加150元~280元，增加后最低标准600元~1250元；五级至六级月增加120元~220元。工亡职工供养亲属抚恤金，配偶、其他亲属月增加70元~120元，增加后配偶最低标准350元~620元、其他亲属最低标准330元~600元。按月享受致残补助金的原临时工，调整后的伤残补助金标准420元~1170元。落实转制破产企业军队退役伤残人员待遇。

2011年起，眉山市未参加工伤保险前的老工伤人员，用人单位参保时缴纳相关费用后纳入统筹管理。全市大部分企业工伤保险费未清偿，老工伤人员纳入工伤保险统筹管理的1418人。调整工伤保险待遇。计算基数一次性伤残补助金和伤残津贴按本人工资计算，一次性伤残补助金一级至十级27个月~7个月。一级至四级定期伤残津贴支付比例不变，五级、六级定期伤残津贴支付比例分别为70%、60%。与用人单位解除劳动关系的，一次性就业补助金和一次性工伤医疗补助金、生活护理费按统筹地区上年度职工月平均工资计算。一次性就业补助金标准为五级至十级60个月~6个月。一次性医疗补助金标准为五级至十级14个月~4个月。全市职工因工死亡一次性工亡补助金调整为上年度全国城镇居民人均可支配收入的20倍。一级至四级按月享受伤残津贴（或伤残抚恤金、基本养老金）的伤残职工死亡，一次性工亡补助金标准为50个月四川省上年度职工月平均工资。一级至四级人员死亡时，其近亲属同时符合享受基本养老保险（含非因工）死亡和一次性“工亡”补助金的，在享受基本养老保险因病死亡丧葬补助金和抚恤金待遇后，由工伤保险基金补足工伤保险丧葬补助金和工亡补助金的差额部分。2012年，全市因工伤残687人，发放伤残补助金1511万元；工亡37人，发放丧葬费、亲属抚恤金1596万元。

工亡农民工的供养亲属可自愿选择一次性领取抚恤金，选择一次性享受长期待遇后，不再享受《工伤保险条例》规定的相关长期待遇。

1998—2012年，眉山市发放因工伤残补助金5063人次6036.68万元；工亡270人，发放丧葬费3351.7万元、亲属抚恤金1102.68万元。

五、劳动能力鉴定

1998年起，眉山地区开展工伤职工伤残等级以及全区企业职工因病丧失劳动能力程度鉴定。当年鉴定2人次。2004年起，眉山市组织鉴定次数增加为一年3次。2007年，眉山市劳动能力鉴定进入行政服务中心。组织鉴定不规定鉴定次数，实行连续安排，针对职业病职工、特殊情况的工伤职工等，组织专项鉴定；灵活办理鉴定事项，受理行政、事业单位的委托鉴定，区域外工伤职工的鉴定等。截至2012年年底，眉山市累计劳动能力鉴定7212人次。

第四节　失业保险

一、参保对象与基金征缴

1997年，眉山地区延续企业职工失业保险制度。全区国有企业失业保险基金，单位按企业工资总额的1%缴纳，职工个人不缴费。当年，全区参保4.83万人，征收失业保险费86万元。1998年，人民法院裁定破产程序终结、原企业注销后尚未分流安置的职工，纳入社会失业职业管理，享受失业保险待遇。全区城镇用人单位和从业人员均参加失业保险。失业保险基金按企业工资总额的3%缴纳（企业2%、个人1%）。清理欠缴失业保险费59万元。1999年起，全区城镇企业事业单位、民办非企业单位、社会团体及其专职人员和国家机关中的事业编制人员、劳动合同制工人参加失业保险。建立失业保险费由单位、职工和国家三方负担的筹资机制。失业保险费单位按职工工资总额的2%、职工按本人工资的1%缴纳，农民合同制工人本人不缴纳失业保险费。当年，搞好扩面征缴，重点清理欠缴失业保险金。

2001年，眉山市开展失业保险宣传，印发资料10万册。2004年起，全市执行单位及其职工参加失业保险足额缴纳失业保险费；企业在改制中欠缴的失业保险费和滞纳金应予补缴，关闭、破产企业欠缴的失业保险费和滞纳金按法定清偿顺序从清偿资产中以货币形式依法征缴；按规定建立失业保险个人缴费记录；参保职工按照国家或四川省的有关规定领取一次性自谋职业安置费而未享受失业保险待遇的，其原有的失业保险缴费时间予以保留，重新再就业参保缴费一年以上再次失业的，前后缴费时间合并计算，但领取失业保险金的期限最长不得超过24个月规定。

2006年，眉山市建立失地农民失业登记实名制，促进失地农民参加失业保险和再就业。2008年，仁寿县、洪雅县参加失业保险的受灾企业下调失业保险费率，按单位1%、个人0.5%征收；下调期限1年~3年，视企业恢复生产情况，由参保关系所在地人民政府确定。2009年，全市执行援企稳岗政策，所有失业保险参保企业缴费降低1个百分点。2012年，全市参保人员7.62万人，征收失业保险费5926.24万元。截至2012年年底，眉山市累计征收失业保险费2.83亿元，清理欠缴失业保险费681.07万元。

二、失业保险基金支付

失业保险基金支付包括失业保险费支付和失业保险调剂金上解。

失业保险费支付　1997年，眉山地区国有企业职工享受待业保险待遇。当年，全区享受失业保险47人，支付失业保险金13.1万元。1998年，地属国有企业下岗职工基本生活费标准确定为当地最低工资标准的70%，再按每人每月10元的标准发给门诊医疗补贴。县属国有企业下岗职工基本生活费标准由各县根据当地实际情况确定。1999年起，全区增加职业介绍补贴开支，取消生产自救费和管理费。失业保险金标准按照高于当地城市最低生活保障标准，低于当地最低工资标准原则。领取失业保险金按失业人员失业前所在单位和本人按照规定累计缴费时间最长12个月~24个月，最长不得超过24个月。各县按当年依法征收失业保险基金总额的20%按季向地区就业服务管理局缴纳调剂金，用于全区调剂使用和上缴四川省级调剂金。2001年，眉山市失业人员领取失业保险金期限按累计缴费时间调整为3个月~24个月。农民合同制工人一次性生活补助费按照失业金标准的65%执行。当年，全市享受失业保险581人，支付失业保险金70.35万元，划转再就业资金415.08万元。2008年，全市失业保险基金为灾区领取失业金人员代缴医疗保险单位部分。灾区享受失业保险待遇人员自谋职业、自主创业的，可一次性领取失业金，自主创业并招用其他失业人员就业的，一次性给予3000元创业补助金。因灾停产、歇业期间的参保企业，可缓缴失业保险费。缓缴期间参保人员享受相关的失业保险待遇。2011年，建立失业保险数据采集上报制度。全市各失业保险经办机构为领取失业金人员缴纳职工基本医疗保险费，不再从失业保险基金中支付门诊医疗补助金和住院医疗补助金。2012年，失业保险金发放标准调整为每人每月616元。当年，全市享受失业保险待遇2170人，支付失业保险金743.76万元，代缴职工医保费173.63万元。1997—2012年，眉山市支付失业保险金6843.21万元，代缴职工医保费231.96万元。

失业保险调剂金上解　1997年，实行失业保险调剂金上解。当年，眉山地区上解四川省级调剂金6.88万元。1998年，实行失业保险调剂金县上解市。当年，各县上解市级调剂金10.09万元。2001年，眉山市以当年依法征缴失业保险费总额的8%，按季度向四川省缴纳省失业保险调剂金。2010年起，实行调剂金市级统筹，不再从失业保险基金中划转再就业资金，按当年征收失业保险费总额的25%（含上解四川省级调剂金8%）上解市级统筹基金。2012年，全市启动并建立失业动态监测制度，纳入全国监测范围。失业保险实行统收统支的市级统筹，规范全市基金账户，统一业务信息管理系统和财务管理系统。2012年，区县不再上解市级调剂金。眉山市上解四川省级调剂金517.92万元。1997—2012年，眉山市上解四川省级调剂金517.92万元。区县上解市级调剂金1522.41万元。

第五节　生育保险

一、参保对象和基金征集

1997年，彭山县、仁寿县开展女职工生育保险试点。生育保险基金按“以支定收，收支基本平衡”原则征集，重点鼓励企业职工实行计划生育，规定参加生育保险统筹的企业，按最高不超过企业职工工资总额的1%提取。年末眉山地区参保单位196户2.75万人，征缴生育保险基金48.37万元。2000年7月起，眉山县推行生育保险制度。受覆盖范围窄、待遇低或宣传不到位等因素影响，用人单位参保意识淡薄。全年眉山地区征缴生育保险基金60.08万元。至2006年，眉山市参加生育保险的人数呈逐年下降趋势。全市仅东坡区、彭山县、仁寿县开展生育保险业务，参保单位1.33万户，征缴生育保险基金122.29万元。

2007年起，眉山市推行城镇职工生育保险制度。各类企业、事业单位以及民办非企业单位及其职工，城镇个体经济组织和与之形成劳动关系的劳动者，纳入生育保险参保范围，享受按政策规定的生育津贴和生育医疗费。生育保险费由用人单位缴纳，职工个人不缴费，生育保险征缴费率0.6%。当年，全市普遍开展生育保险，年末参保单位（均为企业）1.93万户。2009年，生育保险费率降为0.4%。2010年起，全市所有用人单位（行政机关和参照公务员管理单位除外），申报生育保险。

2011年，眉山市实行用人单位生育保险统一申报、统一核定、统一缴费，保险费率恢复为0.6%。2012年，全市参保单位15.19万户（企业13.43万户、事业1.75万户），征缴生育保险基金1887.75万元。

2007—2012年，眉山市征缴生育保险基金4781.58万元。

二、基金支付

生育保险基金支付范围包括生育津贴、孕期保健费、生育医疗费、新生儿医疗保险补贴、计划生育补贴。

1998年，眉山县、彭山县、仁寿县实行女职工生育保险，按照生育保险统筹项目支付职工生育保险费用。当年，眉山地区享受生育保险人员 308 人，支付费用 26.11 万元。2007 年，眉山市生育保险实行统一政策、分级管理办法。职工享受生育保险待遇，必须同时具备用人单位为其职工按照规定参加生育保险、连续缴费满 12 个月后并在岗，符合《四川省人口与计划生育条例》有关规定生育或者实施计划生育手术的两个条件。当年，全市享受生育保险人员 23 人，支付费用 3.37 万元。2009 年，参保人员生育保险待遇增加孕期保健费每人 450 元；农村户籍或城镇失业人员男职工配偶施行计划生育手术的，可享受相应的计划生育补贴；具备临床手术指征、实施剖腹产的，生育医疗费调整为 4000 元。

2012 年，眉山市参保人员正常生育医疗费调整为 2800 元，剖腹产的调整为 4800 元；孕期保健费调整为每人 600 元。放置（取出）宫内节育器调整为 300 元，皮下埋植调整为 400 元，意外受孕实行人流术调整为 350 元，施行绝育手术的，女职工调整为 1000 元，男职工调整为 700 元，输精管吻合术调整为 2500 元，输卵管吻合术调整为 3000 元。生育津贴计算基数调整为女职工所在用人单位上年度职工人均日缴费工资，生育津贴按妊娠、流产情况享受 15 天到 98 天不等。当年，全市享受生育保险 1156 人，支付费用 1031.95 万元。

1998—2012 年，眉山市享受生育保险 4376 人次，支付费用 2387.05 万元。

第六节　基金监管

社会保险基金以社会保障行政监督为主，形成社会保险经办机构内部监督、财政监督、审计监督、纪检法律监督相结合的监管体系。

一、社会保障行政监督

1997 年，眉山地区企业退休人员养老金由所在单位管理。社会保险基金未纳入财政专户以前，社会保险基金被挤占挪用现象较严重。1998 年，全区清理各县 1987 年以来被挤占挪用的基金，清理挤占挪用基金 2252.01 万元。1999 年，全区借支“两金”用于支付离退休费和发放特困职工生活费又无力归还的，经当地财政、劳动部门批准后予以核销。眉山县、仁寿县、洪雅县、丹棱县核销动用基金购置固定资产 913.91 万元。2000 年起，地区社会保障行政部门每年开展全区社保基金和就业专项资金收支、管理和运行情况现场监督检查。地区劳动局、财政局、监察局专项检查青神县清理回收挤占挪用社保基金不力和仁寿县基金专户设立不规范等问题，督促整改。全区各级社会保险经办机构开展离退休人员养老金领取资格认证，防止冒领基本养老金行为，维护基金安全。2001 年，市劳动局、市监察局现场监督检查青神县劳动局挤占挪用基金购车问题，被挪用资金于当年归还。定期考核检查定点医疗机构、定点药店，处理违反规定者。至 2001 年年底，眉山市清理出青神县未上报 1998 年以前挤占挪用基金 913.91 万元购置固定资产违规行为。全市回收被挤占挪用社会保险基金 1357.21 万元。

2002 年，眉山市实行居民最低生活保障资金专户管理，社保资金封闭运行，保证资金安全使用。2003 年 9 月起，企业职工办理退休手续后，其管理服务工作与原企业分离，养老金实行社会化发放，人员移交城市街道和社区实行属地管理。年末全市有企业退休人员社会化管理服务机构 115 个，管理的企业退休人员 1.66 万人，社会化管理服务率 67.97%。2005 年，专项检查仁寿县工伤保险基金支付情况。

2006年，市、县（区）制定并完善养老、医疗、失业、工伤、生育保险业务流程及参保、缴费、待遇支付、稽核等内部控制制度。2007年，全市开展社保基金常规性非现场监督检查，发现被监督单位严重违法违纪问题时，实施现场监督。7月起，养老居住地与发放基本养老金的社会保险经办机构跨市（州）的，由居住地的社会保险经办机构办理资格认证。至2007年年底，全市核销17户破产企业养老保险欠费2242.19万元（仁寿棉纺厂1732.01万元）。

2008年起，全市开展社保基金专项治理，处理历年形成的挤占挪用、违规存放、违规出借、购买股票债券以及财政欠拨等历史遗留问题。市劳动和社会保障局、市监察局等7部门成立专项治理工作领导小组，开展社保基金专项治理。2009年起，每年开展“新农保”基金收支管理和运行情况专项检查。评估两个县（区）的组织机构控制、业务运行控制、基金财务控制、信息系统控制、内部控制的管理与监督等58项内容。当年，全市核销1999年年底以前挤占挪用基金905.97万元。2010年，全市实行养老金举报人员和冒领人员奖罚制度。开展全市医疗保险基金专项检查，并延伸到所有定点医疗机构和定点零售药店。

2011年，眉山市开展失业保险基金专项检查，完善失业保险经办管理内控制度。完成社保基金整改。消除“新农保”基金收缴保费上缴专户不及时，养老金发放存在重、错、漏，个人账户未做实，养老金领取资格认证未有效开展，档案管理不规范等问题。7月，眉山市享受养老保险待遇人员领取资格核查认证纳入成都—眉山区域合作内容。2012年，开展全市工伤保险基金专项检查，通报存在的问题，及时整改。成都、德阳、绵阳、资阳、眉山、乐山、雅安、遂宁8市集中核查数据，实现互查互验，提供同城化无差别核查认证服务。截至2012年年底，全市逐步消除社会保险基金收入户用途不符合要求、收入户月末余额不为零、险种之间相互挤占等问题。全市归垫工伤保险基金和公务员医疗补助挤占的基本医疗保险基金269.97万元。完成所辖县（区）社会保险经办机构内部控制检查评估，均为良好等级以上。眉山市企业退休人员社会化管理服务机构发展到247个，企业退休人员15.84万人，纳入社会化管理服务的15.04万人，社会化管理率95%。全市社保基金归垫到位2087.7万元，处置基金资产变现收回资金953万元。尚有挤占挪用基金120万元未回收。

二、内部监督

1997年起，眉山地区社保、就业、医保部门相继实施企业养老保险、工伤保险、失业保险、职工医保、生育保险、居民医保、“新农保”、居民养老等险种内控监督制度。建立业务审核、复核制度。1999年起，加强社会保险稽核监督，规范参保单位缴费行为，查处企业逃避参保缴费行为，维护职工合法权益。

2001年起，市社保局开展全市养老保险费征缴稽核，规定稽核范围、内容、程序、时效、处罚。市医保局每年与定点医疗机构、定点零售药店（以下简称“两定点”）签订管理协议，加强“两定点”监管。实地核查全市定点医疗机构协议执行情况、医保住院病人管理情况、医护人员医保政策执行情况、冒名及挂床住院情况、处方量是否符合要求、以药换药或以药换物、乱开大处方、乱开搭车药、乱换药物等，及时纠正问题，现场核查全市定点零售药店协议执行情况、门诊病人病历管理规范情况、记录完整情况及定点零售药店的医保病人发票开具情况、刷卡情况等。2004年起，眉山市将社会保险稽核列入社会保险工作重要内容，稽核面不少于40%、稽核人数不少于50%。

2009年，眉山市建立基金管理使用情况定期汇报制度，及时发现问题，防范、杜绝违纪违规行为。2010 年，全市开展医疗保险基金和医保“监管年”专项检查活动。“两定点”检查面 100%。至 2012 年，全市 200 户定点医疗机构、432 户定点零售药店均在监管范围内。

1999—2012 年，眉山市养老保险、工伤保险、生育保险、失业保险书面稽核参保单位 5252 户 98.02 万人次、实地稽核参保单位 8923 户 82.75 万人次，查出问题人数 2.18 万人次，少报人数 3517 人，少报基数 8257 万元，少缴保险费 853.54 万元，补缴保费 772.59 万元。对各险种未参保的单位及时提请参保。审核企业、机关事业养老保险转移支付及在职死亡退费、公务员身份退费、重复参保退费等业务 896 人次；新增退休人员退休待遇核定审核 1542 人 141.64 万元；离退休人员死亡退费审核 3154 人次 433.76 万元；工伤保险待遇支付业务审核 4538 人次 5310.19 万元；生育保险待遇支付业务审核 1338 人次 967.55 万元。稽核医疗保险享受待遇人数 16.65 万人次，查出欺诈冒领人数 221 人，冒领金额 7 万元全部追回。核查定点医疗机构和定点药店 2000 户，发现违规医疗机构和定点药店数 110 户；检查住院人次和抽查病历 2380 人次，发现违规住院人次 686 人次；核查医疗保险基金 3560 万元，发现不合理费用 235.82 万元，处罚违规金额 147.6 万元；取消定点医疗机构和药店 8 家，追回金额 73.2 万元。

三、财政监督

1997 年，眉山地区社保基金收入 4224 万元（企业职工养老保险基金 4105 万元、失业保险基金 119 万元），企业累计欠缴养老保险基金 1215 万元。用于社会保障经费支出 7607 万元、占地方财政预算支出的 12.48%。公费医疗支出 2312 万元，享受公医人员 6.08 万人，人均公疗经费 380 元，居四川省中等水平。1998 年，全区社保基金全部纳入财政专户，实行“收支两条线”管理。财政部门每月与社保经办机构对账。清理全市社保基金，发现乱提、滥用管理费，挤占挪用基金修建办公楼和宾馆住宅，多头开户，逃避监督现象。其中 1998 年前全市挤占挪用社保基金 1261.41 万元。当年，纳入财政专户资金 3275.5 万元。1999 年，中央提高社会保障水平，养老保险由财政兜底。眉山地级 8 户企业养老保险需财政负担 594 万元。

2001 年起，市级基金直接缴入财政专户，由财政国库集中支付中心支付。监督社保基金专款专用，养老、医疗、失业、工伤、生育保险基金和破产企业代发专户，财政均分险种建账，单独核算，不允许社保经办机构设立其他账户，不允许各险种基金相互调剂使用，严禁挤占挪用。2003 年，眉山市建立和完善社会保障资金用款审批制度。

2011 年，眉山市及时下达财政补助资金支持医改工作，提高城乡居民医保和基本公共卫生服务财政补助水平，促进基层医疗卫生机构实施基本药物制度和综合改革，加强医改资金监管。

四、审计监督

1998 年起，眉山地区审计局每年组织人员审计社保基金管理使用情况。审计发现 1999 年前挤占挪用社保基金情况较多；2000 年后，个别县（区）出现挤占挪用。2006 年后，眉山市社会保险经办机构较好地执行社保基金管理规定，无挤占挪用等严重违反财经纪律行为。

2007 年起，市审计局全面审计全市养老、医疗、失业、工伤、生育保险基金并下达审计报告书。至 2012 年，全市社会保障部门及时整改每年审计出的问题。

眉山市志 MEISHAN SHIZHI

第三十五篇　民情风俗

眉山市境内，历史上多次移民迁徙定居，各地不同习俗共存，形成“五里不同音，十里不同俗”的特殊风俗。明末清初，受湖广填四川影响，地方姓氏不断增多，出现宗族现象。中华人民共和国成立前，境内延续各类自发性质的民间组织。中华人民共和国成立后，境内民众思想观念、意识、风俗发生变化，破除封建迷信，提倡新事新办，改变陈规陋习。随着经济及各项社会事业快速发展，人民物质文化生活水平不断提高，民风民俗发生明显变化。至 2012 年，眉山传统优良习俗得以传承发扬，呈现出丰富多彩的现代生活方式，健康、文明、进步的新风民俗逐渐形成。

第一章　宗　族

解放前，今眉山市境内各姓各支讲究排行，一族一姓修建宗祠，每年定期集会祭祀祖先，调解族中纷争。为便于联系、彼此关照，外籍迁入移民在居住区设立同族会馆、祠堂。由于移民来自多省，今辖域各县在许多方面与书面用语有很大差异，不同地域和不同宗族对亲属的呼唤也有差别。

第一节　姓氏与排行

一、姓氏数量分布

眉山市辖内，因历史上多次移民迁徙定居，加上长期外籍零星人口迁入，地方姓氏增多，至 2012 年，有 240 余个。按照人口的多少，分为大姓、少数姓、稀有姓。

大姓　李万文车　毛艾帅王　兰代邓朱　孙刘关方　先华任严　杜沈苏江　许吕何宋　冯肖周汪　余税陈谢　罗佘易蒋　邱林欧邵　邹段费杨　胡韦赵郑　涂高殷姜　贾莫徐范　曹袁秦商　祝戚简彭　钟童覃张　郭曾游程　韩辜雷黄　窦董谭熊　黎滕廖章　翟葛鲁潘　魏颜田尚　夏石骆云　季马史梁　时饶甘薛　蔡叶伍唐。

少数姓　于卫倪尹　孔龙古庞　傅卢白包　竹牟乔旷　顾阮金巫　冷赖温汤　缪明耿蹇　蒲翁阚庄　燕詹门淳　邬候孟戴　龚盛贺柳　苟岳俞向　邢阳洪施　敖樊符康　陶米解陆　钱丁纪党

稀有姓　卜山禹左　宁它申常　阎池仲绍　我闵武藏　娄桂凌宴　师邬况项　盖阴鱼景　管舒路吉　虞卿慎裴　鞠翼聂尤　郝且谌佟　查晚谈释。

二、姓氏区域分布

大姓和少数姓的区域分布，一般以宗祠和以与本姓相称的小地名为中心，聚族而居。

大姓多以古来集群定居渐次形成，遂以姓氏为定居处地名，沿袭至今的境内诸如张家坎、李家湾、王家场、赵家碥、周家渡、胡家坝、马家冲、万家山等地方便如是。少数姓和稀有姓多为清顺治、康熙年间，湘、鄂、赣、闽等外籍大量迁徙入蜀（俗称“湖广填四川”）“引进”的。为便于联系、彼此关照，在居住区设立同族会馆、祠堂，如解放前辖域内的湖广会馆（名“禹王宫”）、广东会馆（名“南华宫”）等。解放后多被废。

三、各姓各支排行

解放前，眉山境内各姓各支讲究排行，即兄弟姊妹名字用同一字或同一偏旁表示行辈。各县各姓各支有自己的排行，同姓各支排行各异。其中《仁寿县志》（1990 年版）载，何氏在清嘉庆二十四年（1819）定排行为“伯承应伸朝，登文启子元；建国继天长，安邦学士常”。胡氏在清乾隆盛世修族谱定排行为“增正朝榜邦国现，万子登科福兴隆；续承俊严昭先哲，永庆其祥户代宗”。眉山县三苏乡《余氏族谱》为元代皇室铁木真后裔清雍正十年（1733）所续家谱，其排行确定为“应大龙朝、子国两品、世文华昌、安邦大平”。古人认为用排行取名，可表明辈分、不乱伦理。

解放后，新生一代取名多不讲排行，有取义的，如建国、卫国、平安、淑兰、艳琼等；有应时的，“大跃进”时出生的多加“跃”字，如跃秋、跃春、跃虎等；“文化大革命”时出生的多带“东”字和“阳”字，如卫东、朝东、向阳、烨阳等；改革开放以后出生的，取名多带求实、变革、创新、进取类的“实”“真”“昱”“闯”“新”“化”等字眼，如效实、传真、显昱、劲闯、立新、平化等。名字本是区分人的符号，对不同人的称呼，而古人则以此明确辈分，20 世纪 80 年代后，孩子出世，长辈为其取名，更多的是对其人生的期盼和祝福。

第二节　宗　祠

清嘉庆年间，眉州土著与入川客籍人联姻繁衍，一族一姓修建宗祠，每年定期集会祭祀祖先，调解族中纷争。宗祠以尊长睦族为本，互相庇护、支持，不忘祖宗，以壮大族威。宗祠由族人遴选一善经营长辈为族长，主持全族事务。族有族规，带有共性的是：同姓为婚，其殖不繁；兄弟转房，女大男小，族长严加责处；勤俭为本，勤能治家，俭能守业；赡养父母，不准辱骂、殴打尊长；严禁赌博、酗酒、宿娼嫖妓等。违犯族规的，由族长决定处分，或鞭笞，甚至处死。民国23年(1934)，仁寿县伍氏修族谱，呈请县府立案，谱牒条例有家训家戒各八则：敦孝悌、笃宗族、和乡党、修祠墓、勤耕织、课诗书、崇节俭、慎婚姻；戒忤逆、戒淫秽、戒争讼、戒游惰、戒赌博、戒盗贼、戒鸦片、戒赘鬻等。这些条规能制约一般族民，权势人物则难以制约。

民国时期，辖域各县宗祠遍及城乡，大姓望族，除总祠外还有分祠、支祠。各县城内有张、王、李、刘、唐、范、黄、江、熊、代、杨、陈、徐、彭等大姓数十家宗祠。少数姓氏人丁稀少和经济困难，未建宗祠。

各宗祠都有土地财产作“神本”。少则三四亩，多的100余亩，供春秋祭祀，或资助族中子弟读书。各族宗祠每年定期集会和祭祀，春有“清明会”，夏有“夏至会”，秋有“盂兰会”，冬有“冬至会”，届时族内男性至宗祠集会、饮宴。宗祠族权，一般被豪绅把持，族产收入作为宗族活动开支。民国后期，宗祠继续发展，各乡镇有总祠、分祠、支祠。解放后，眉山地区经过土地改革和民主运动，没收祠堂和耕地，废除族长，宗族活动停止。

第三节　亲属称呼

对亲属称谓的呼唤用语，眉山市各县（区）在许多方面与书面用语有很大差异，不同地域和不同宗族对亲属的呼唤也有差别。

眉山市带共性的对亲属呼唤用语表

表35-1

亲属名	呼唤用语	亲属名	呼唤用语
曾祖父	祖祖、老祖	曾祖母	祖祖、老祖
祖父	爷爷、老爷、老老、阿公	祖母	奶奶、姥姥、婆婆、阿婆
外祖父	外公、家公、家家、公公、外爷	外祖母	外婆、家婆、家家、婆婆
父亲	爸爸、爹、阿爸、伯伯、大爹、大大	母亲	妈妈、妈、阿咪、娘、大大、呆呆
姑父	姑爷	姑母	孃孃、伯伯、老子
伯父	伯伯、大伯、大爷	伯母	婶婶、大婶、大大、大娘
叔父	幺爸、幺幺、×叔、×爸	幺叔母	幺婶、幺娘、×婶
舅父	舅舅、母舅	舅母	舅娘、舅母
姨夫	姨夫、姑爷	姨母	孃孃、姨妈
表兄弟	老表、宝宝	外甥	侄儿

其他称呼与书面语大体相同。对长辈的好友，按辈分相应称呼，加上姓。称×爷爷、×婆婆、×大爷、×大娘、×叔叔、×孃孃等。平辈亲属称呼，按排行在前加大、二、三……幺。

第二章　民间组织

新中国成立前眉山境内的民间组织，为维护自身利益，同籍人筹建会馆，作为同籍人的聚会点，防范异乡人的欺凌；同业或相关行业的工商业者，为保护同行业利益，便联合组织行会，成立各种帮会。改革开放后，行会规范化，多数建成行业联合会、协会、学会、研究会等组织形式，帮会被解散或取缔。

第一节　会　馆

清代，境内各县，均有陕、鄂、赣、闽、湘、粤等省移民，在境内集资按地区来源不分姓氏筹建会馆，作为同籍人的聚会点，用以维护自身利益，防范异乡人的欺凌。会馆供奉家乡神祇：陕西籍人建陕西会馆，供奉刘备、关羽、张飞；湖北籍人建禹王宫，供奉大禹；江西籍人建万寿宫，供奉许真君；福建籍人建天后宫，供奉林姑；广东籍人建南华宫，供奉南华老祖。也有四川籍人建川主庙，供奉李冰父子。各会馆办理同籍人有关事务，多数会馆每年有族氏集会或迎神赛戏等活动。民国时期，会馆馆址大都用作驻军、学校、粮库。眉山解放后收归国有，作为库房、市场、居民住宅等。旧有活动一律停止。

第二节　行　会

眉山解放前，同业或相关行业的工商业者，为保护同行业利益，规定生产项目或范围，解决同业之间矛盾纠纷、争议和业主困难等问题，便联合组织行会。各行会推举会首一人，负责处理日常事务、收缴官府的各项税款和摊派的筹款，执行政府的相关法令。各行会有自己的行规和供奉的神祇，并以本业所树偶像的诞辰作为集会日期，以示纪念，集会日共商事宜，拟定规章维护本业利益。民国期间，各行会均改为同业公会。民国 24 年（1935）建四川省眉山第四督查专员公署时，辖域有茶旅、苏杂、五金、布染、酒饭面、鞋袜成衣、花纱、酱园、糕饼、油盐、山货、木漆、钱业、印刷纸张、中西药、屠宰、理发、泥木石工等同业公会 480 个。

眉山境内部分行会崇奉神祇活动表

表 35-2

行会名称	崇奉神祇	集会日期（农历）
商业	财神	眉山县三月二十二日、仁寿县七月二十四日
香蜡纸火业	蔡伦	九月二十三日
苏裱文具业	孔丘	春二月秋八月
医药业	孙思邈	四月二十八日
屠宰业	张飞	眉山县八月二十三日、仁寿县八月二十二日
宴席业	詹王	八月十三日
饮食业	雷祖	眉山县六月二十五日、仁寿县六月二十日
茶水业	三宫（尧、舜、禹）	正月十五日、七月十五日、十月十五日
理发业	罗祖	七月十三日
染业	梅葛仙翁	六月二十四日、九月九日
豆腐业	淮南王	五月十三日
酿酒、零酒业	杜康	眉山县九月九日
酿造业	杜康	仁寿县四月二十七日
碾磨业	王爷	六月六日
五金业	李耳	二月五日
泥木业	鲁班	腊月二十日、正月初七
制鞋业	孙膑	九月十六日
缝衣业	轩辕	眉山县三月十三日、仁寿县清明节
织履业	刘备	正月二十日
船户业	镇江王爷	六月六日
梨园业	李隆基	六月六日
纺织业	嫘祖	九月十八日
胥吏业	萧何、曹参	三月
布匹	玄女	三月初三日

解放后，各县建立总工会和工商联筹委会，同业行会和职业工会不复存在。

改革开放后，行会规范化，多数建成行业联合会、协会、学会、研究会等组织形式。除个别地方特色行业外，多为全国性组织，形成系统。行业民间组织纳入政府管辖，成立须经政府主管部门批准、注册、接受年检，日常活动接受党政机关对口部门领导。2012 年，眉山市行业民间组织主要有商会、工业协会、个体企业协会、民营企业协会、手工业者联合会、竹编协会、出租车协会、三轮车协会、教育协会、计划生育学会、苏轼研究会、体育协会、信鸽协会、老年人体育协会、老年人协会、关心下一代委员会、老年书画协会等 40 余个。其主要任务是，起到党和政府联系本行业从业人员的桥梁纽带作用；组织本行业人员学习培训，提高素质；协调处理本行业间内部事务；进行行业学术研讨，推进创新驱动；向政府建言献策，协助行业管理等。

第三节 帮 会

一、袍哥（哥老会）

清光绪年间，境内各县有袍哥的秘密组织，其议事机构称“山口”。后来几经演变，山口改称“堂口”“公口”“码头”或“社”，成为公开组织，并遍布乡镇。传说袍哥之称取义于《诗经》：“岂曰无衣，与子同袍”，意在兄弟之间，患难与共。

境内袍哥组织分为“清水袍哥”“浑水袍哥”。“清水袍哥”一般由政府官吏、社会名流等组成；“浑水袍哥”多系占山霸地、结伙抢劫、欺男霸女的土匪之流。有时，“清水袍哥”与“浑水袍哥”也互相利用，沆瀣一气。袍哥组织内部，设“仁、义、礼、智、信”5个堂口（即码头、公口、社），各堂口分设内八堂和外八堂。内八堂为“龙、盟、香、座、陪、刑、执、礼”8个机构，并按帮内地位高低设有香长、盟正、总座、正印、座堂、陪堂、元堂、执堂、副堂、礼堂、刑堂、新一十二大爷；外八堂为“孝、悌、忠、信、礼、义、廉、耻”，并按等级地位设十排（缺四、七排，传系早期袍哥组织内部的符四和田七出卖组织，故从此不设四、七排）：一排为龙头大爷（舵把子）、二排二爷（副职）、三排三爷（管财务）、五排五爷（红旗管事）、六排六爷（侦查、巡风）、八排八爷（通报、传达）、九排九爷（日常杂务）、十排大小老么（勤杂）。袍哥礼仪主要有开山立堂仪式、见面仪式、入帮仪式；帮规有“红十条”和“黑十条”，刑罚有活埋、“打门神”、三刀穿身、打红棍、除名等。“大爷”有执事大爷和闲大爷之分，亦有一步升天的，多系地方名望或权势之辈。出山大爷是袍哥组织内的尊辈，“二爷”（圣贤二爷象征关公，但一个“公口”同一时间内只有一个，多为较正直而无职权的闲人）、“三爷”“五哥”，有“闲五”和“执法管事”之别，执法管事主管码头事务、交际，联络官场，协调地方事务。余下即六、八、九、十（小老幺）等排行。

清宣统三年（1911）8月，眉州哥老会响应四川保路同志会号召，组织同志军进攻成都，参加“新津保卫战”等活动，在瓦解地方政权、助推革命气势方面起过积极作用。民国以后，境内各县公署（政府）先是抑制哥老会发展，后把持哥老会首领，让袍哥组织为其所用。解放前夕，更把袍哥组织组成“山防队”，阻挠人民解放军进军，均被粉碎。

解放后，今眉山市境哥老会被解散。

二、青帮（清帮）

青帮最早发源于明代的罗教，到清雍正四年（1726），由翁雍、钱坚、潘清组织南北运河的船夫为清政府办理漕运，规定帮规和仪式，按辈分收徒弟，长期在运河漕运中保持封建行帮的地位，漕运改为海运后，青帮为上海、天津、武汉、四川等通商口岸的游民组织，从事黑道活动，成为统治阶级的工具，被袁世凯利用刺杀宋教仁等。民国时期青帮组织陆续传入今眉山市辖县（区）。

抗日战争初期，河南人李敬宗到眉山县，沿岷江一带活动，在眉山县太平乡陈祠堂设堂收徒，帮名“加海卫”，辈行“悟”字，又称“廿三”（第23代），收帮徒175人。民国34年（1944），一叫蓝超的川康绥靖公署职员到仁寿县富加乡建“超义”“正义”两社，属“悟”字辈，以后普及到全县各乡镇，每“社”收徒20人~30人不等。民国35年，邻水县人贾季昭到洪雅县发展青帮组织，继后国民党军官胡德轩、卢涵生、陆超尘等人在洪雅建“昭义学会”“宏义学会”“超义学会”等青帮组织以及冯熙的“白良帮”、扬泽兴的“兴五六”“湖州大帮”等，全县有6个总会，18个分会，徒众1950人。民国36年，国民党24军驻洪雅县团长朱石福派其团少校参谋、洪雅青帮头子罗念升到丹棱县张场建立支会，随后又在高桥乡建立支会，共发展帮徒300余人。今眉山市辖其他县大凡如是，青帮组织基本上为国民党军政掌控，为其反共、镇压民众服务。

青帮组织“收徒”（入帮）时为“进家”，或称“进小香”，提升帮徒叫“进大香”或“开山门”，进过“大香”的才能收徒，收徒须向上一辈“老师”报告取得同意。入帮时要“进香堂”，向前辈插香叩头，叩头后传给帮中手势和帮语、帮规。青帮“收徒”，普遍敛财，据洪雅县帮头卢涵生供认：在1949年上半年组建“宏义学会”，收一徒，缴“香坛费”3000元、5000元或1.28万元不等，在乡村建立14个分会，每收徒一次缴黄谷一斗。仅半年时间获得500万余元、黄谷60余市石以及其他农副产品。由是可见一斑。

青帮组织为国民党军队、地方官吏、封建把头所把持，有的帮头本人就是国民党军官、乡镇长，贩卖鸦片、枪支，勾结匪盗，欺骗群众，鱼肉百姓。临解放时，配合地方反动势力、纠结土匪，与解放军顽抗，解放初期又参与土匪暴乱。解放后，取缔青帮组织，其中的罪大恶极者受到人民政府的惩办。

三、丐帮

眉山境内各县解放前均有不少乞丐，而形成帮会的，即有组织领导者、有帮规、有统一活动的仅洪雅县的“乞丐营”。

民国14年（1925），洪雅县乞丐有100余人（解放前夕增至200余人），集中住在九胜山下的归正寺。归正寺拆除后乞丐移居到县城东门外迎阳桥（大石桥）桥楼两侧。由欧子平出面在宝盖寺组织“栖流所”，统管全县乞丐，因嫌油水不大，仅一年便散伙。之后，乐山的乞丐头亢青云到洪雅县组织“叫化营”（也称“乞丐营”），自任营头，找了几个能说会道的乞丐做助手。民国33年流浪外地以乞讨为生的洪雅县柳江人喻海山回到家乡，在亢青云安排下住进迎阳桥区任乞丐营营头。民国35年，绰号“杨麻子”“李笨”两人接管乞丐营，同时兼管打更、守关城门、鸣锣通知政府告示等，直到洪雅解放解体。

乞丐营立有帮规。外地乞丐须向营头报到始得在境内乞讨；乞讨的钱物按规定比例上缴营头；乞讨不得跨行越界；不准偷窃住地周边的瓜果蔬菜。乞丐白天按规定的界域上门乞讨，晚上回营集中住宿。逢有庙会，乞丐们扶老携幼去赶斋。每逢有钱人家办红白喜事，乞丐们凑钱买鞭炮、请人写对联、悼词，列队上门祝贺或哀悼。有乞丐死亡，大家凑钱安葬。有乞丐无端被人打骂，各乞丐集群上前理论。

境内解放后，人民政府妥善安置乞丐，有家可归的发给路费回家，无家可归或身残的，安置到教养院参加力所能及的劳作。

四、封建会道门

清代至民国时期，传入今眉山市辖区的封建会门道门有中庸道、圣贤道、守一道（以上均为“一贯道”的化名）、瑶池道、归根道、真天道、儒坛、同善社、明明慈善堂、刘源道、无生老母道、老君道、尊天道、观音道、仙天道、弥勒道、皇坛、无极宫会、致诚宫、道教会等20余种，上百个支系，大小道首近万人。这些会道门组织，设坛立房，广收道徒，借传道造谣惑众，散布封建迷信思想。解放后初期，会道门组织离间和破坏人民政府与人民群众关系，策划反革命暴乱，后被公安机关一一破获。今市辖境域解放前和解放初传入的封建会道门主要有一贯道、真天道、明道院、无极宫会等。

一贯道　一贯道亦称“中华道德慈善会”，有“中庸道”“圣贤道”“守一道”等多个化名。称“一贯道”，取《论语》中“吾道一以贯之”命名。这个抗日战争时为日本特务机关利用，抗战胜利后被国民党掌控并为其效力的反动会道门于民国期间传入境内，除以扶乩、点窍、降鸾等方式散布“三期末劫要来临、上天派八魔王下世收生”等妖言惑众外，还宣扬“第三次世界大战要爆发”“共产党不久长，真正神灵要出现”等反动言论，以发展、训练道徒之机，敛财和强奸妇女。民国38年(1949)，在洪雅县的“点传师”古从之、刘德元乘办道徒训练班之机，假借神谕，先后强（诱）奸女道徒17人，造成有的打胎身亡，有的投河自杀。临解放时，“一贯道”更加猖獗，提出“大考临头、万教归隐、化整为零、分散超度”的对策。采取“坛堂在家不挂像，道权下放自隐匿，前人离去靠自己，开荒渡人不忘记”对策转入地下，与地方国民党官吏和土豪劣绅勾结一起，破坏迎接解放，破坏“四大运动”。1950年2月，眉山县“点传师”李建勋纠集10余人，攻打彭山县城。洪雅县“点传师”古从之在土改时散布“少开会多念佛，将来土地归原主”。1953年，在镇压反革命和土地改革运动中，今眉山境内各县发动群众，开展声势浩大的反对封建会道门的斗争，取缔一贯道组织，镇压罪大恶极的道首。但有的潜伏下来，暗地进行复辟活动，1982年6月，眉山县公安局查出暗地里设坛收徒，进行造谣等破坏活动的原道首2人及其道徒共26人，严厉打击为首者。此后，未再发现一贯道活动。

真天道　真天道也称“中庸道”，是“一贯道”的分支，传入今市辖县（区）时间不一，最早于民国35年（1946）传入仁寿县，迟的是新中国成立初传入青神县。真天道在境内设坛布道，发展道徒，其中的“前人”“点传师”等道首本身就是地主、恶霸。真天道在发展道徒时称入坛信道：“可免九九八十一难，否则全家大祸临头，在劫难逃。”仁寿县大恶霸周瑞麟、特务熊九林、袍哥舵把子贾金华等在此道任不同层次道首，解放初组织武装暴乱，破坏“四大运动”。青神县的真天道道首派道徒混入农民协会，制造谣言，歪曲共产党的政策，离间农民和工作队的关系，破坏征粮和减租退押工作，发展地方反动武装策划反革命叛乱。辖域其他县传入的真天道大凡如是。解放后在“四大运动”中，公安机关破获反革命组织“真天道”，严惩首犯。

明道院　明道院在今市辖县（区）中均有传入，但在青神县是民国时期最大的封建会道门组织，此道在县域设“秉德”“化洽”“复兴”3个“仙房”和10个分坛。道徒及活动点分布于城厢和全县各乡镇。新中国成立初期，明道院和地方其他反动势力相勾结，策划反革命暴乱，破坏“四大运动”，后被公安机关破获。

无极宫会　无极宫会活动以仁寿县为最。民国29年（1940）由成都传入仁寿，在龙马、凤梧等乡镇发展组织，有道首9人、道徒331人。此道以练轻身法欺骗群众，吹嘘学练成功后，“一日可跑七八百里”“刀砍不入，枪打不进”。解放前夕为特务组长王甸候、国民党区分部书记宋祥安利用控制。1950年3月3日，道首自封“皇帝”“四大将军”，杀猪宰羊祭旗，呼喊反动口号，进行武装暴动，杀死工作队员和农民，抢劫在押人犯，烧毁民房和乡文书档案，反动气焰嚣张。后匪首被镇压。

第三章　传统习俗

眉山市境内传统习俗的形成受生产方式和物质条件影响和制约，反映着社会物质条件水平。市境内形成反映农业生产、工业生产、社会生活等相适应的习俗，随着物质条件的变化，有的逐渐消失，有的得以保留下来。

第一节　生产劳动习俗

一、合耦相助

苏东坡在《眉州远景楼记》中说："吾州之俗，有近古者三。其士大夫贵经术而重氏族，其民尊吏而畏法，其农夫合耦以相助。盖有三代、汉、唐之遗风，而他郡之所莫及也。"其中的"合耦以相助"，指每年春耕大忙的时候，数十上百人聚集一处，轮换农家春种。作业时，选其中2名威信高的人，一人"掌漏"记时，一人"掌鼓"激励。干活不出力、不按时完成任务的要责罚，对于田多干活的人少，却能又快又好完成任务的，要出钱奖赏。农事结束时"量田计功"。到了秋收以后，"仆鼓决漏"，计算每人进补，用奖罚的钱买肉打酒，祭祀祖田，合伙人"作乐饮食，醉饱而去，岁以为常。"至今农村山丘和平坝之间、河坝和田坝之间，因农事季节上的差异而换工互助的生产习俗仍在延续。

二、打春牛

清朝末年，每年立春的清早，眉州知州率衙门官员到农坛"打春牛"。先举行祭祀，击鼓三声后，知州执彩鞭环击纸扎耕牛，"籍礼"完毕，由老农牵"牛"，知州扶犁，佐吏递种，作春播状。此俗延续到民国初期渐废。

三、开秧门

解放前，今眉山市境域春分前后，到了水稻栽秧季节，一些外出打短工的农民互相邀约集合，临时选出一人当领班，到需要栽秧雇工的人家预约，并付定金，称"开秧门"。栽秧时雇主捎口信，预约农民上门劳作，饮食由雇主供给，活完结账付酬。此习俗一直沿袭到20世纪50年代成立常年互助组时终止。

四、人市

解放前，在眉州西门通惠桥头的大榕树下，有自然形成的劳动力市场，称"人市"。每年栽秧打谷季节，周边县的闲散劳动力纷纷在此聚集，多短衣扎袖，头戴斗笠，腰系围帕，手持镰刀，三五一群，与雇主议价受雇。平时也有劳动力在“人市”等候被雇为店员、杂工的。20 世纪 50 年代成立农业互助组后，“人市”逐渐消失。

五、拜师学艺

民国时期，工商业、文艺事业等行业就业，一般须投师学艺，投师要行拜师礼。学徒在师傅处要“学三年，帮三年”。学艺期间要帮师傅干家务活，除了过年没有假期。三年学艺期满，如被师傅留下帮工，可得少许报酬。“出师”要交师傅钱。尊师是传统道德，有“一日为师终身为父”说，故师傅也称“师父”。

六、鸡公车

“鸡公车”是用硬木制造的手推独轮小车。车架安装在车轮的两侧，用以载货或供人乘坐。车架后两侧各有一根长臂，臂末梢钉有一只小铁环，推车者肩负背带，两端钩住铁环，抬起车架，推动前行。在乡村没有马路只有羊肠小道的情况下，成为最重要的运输工具。而推“鸡公车”也讲技术，“要把鸡公车推得转，全靠勾子（臀部）践得圆”——推车者必须不停地因车势而扭动臀部，调整和保持车体平衡。

七、抬工

在山丘地区，运输主要靠抬工，眉山市辖域以仁寿县为最。又大又重的东西在山间小道运输，需由众人合作抬着走，如是逐渐形成了专业抬工行业。抬工队伍以物体重量定人数，以 8 人～12 人一组的居多，最多的达到 128 人一组。抬工的工具主要有霸王绳、榴枢、抬杠、打杵、肩子、汗胡子等。抬运技巧有“莲花吐蕊”“铁扇关门”“青蛙晒肚”“倒挂金钩”等绝活。众人抬一重物行走，为了保持行动统一、步调一致，上坡助力、下坡稳步、分散负荷、不感寂寞，抬工们遂创造出抬工号子指挥行动、减轻疲劳。抬工号子世代传承，并不断创作增补。抬工号子句式整齐、音韵协调、平仄上口、诙谐幽默，有反映时令、农事的，有诉说爱情和婚丧嫁娶民俗风情的。在抬运过程中，由领班依地势而选唱号子段落。通常由领班领唱，大家作和。有段传统的抬工号子唱道：“前辈古人把话讲，修建长城秦始皇，当数元老张抬匠，带出徒弟干这行”。仁寿抬工号子为四川省政府公布的第一批非物质文化遗产保护名录，获“最佳吉尼斯项目”奖。

八、油锤撞楔榨油

解放前，境内乡间榨油，多用油锤撞击楔头挤压取油。在油房内横置一巨形原木，中段一侧挖空，将炒好榨油原料（菜籽、乌桕籽——俗称“棬子”、桐子等）在圆铁圈内箍成饼状，逐片放入木心，料饼间杂以青㭎木楔头，油房房梁用绳垂吊加铁撞头的木柱，榨油匠两手抓住长柱握柄处，唱着榨油号子，“嗨”的一声巨吼，将长柱上的铁锤使劲朝楔子上撞击，如此反复，把油挤压出来，流在地面的容器里。榨油号子比较悠缓，作每次撞击前油匠的缓冲。比如：“手抓油锤把榨撞——嗨！……（‘哐’），震得油房晃晃当——嗨！……（‘哐’），白花花的棬油像米浆——嗨！……（‘哐’）。一锤榨油斤三两——嗨！……（‘哐’），百锤千锤油满仓——嗨！……（‘哐’）……”至 2012 年，逐步被机器取代。

九、开业赶礼

解放前，境内城镇行、铺、馆店等新开张营业，皆选择吉日，备办酒席宴客。亲族邻里和同行，置办匾对、画屏、锦幛、花红火炮和钱物前来祝贺“开张大吉”“恭喜发财”。此习沿袭至今，以送贺礼或花篮居多。

十、上邛崃进糖房

解放前，境内岷江两岸农民种完小春便进入农闲，青壮年劳动力便结伴到邛崃县的糖房卖工，为糖房砍运甘蔗，俗称“青山刀手”。一般干到除夕才回家，如遇甘蔗丰收，有的过年也不返家。卖工收入，多用度春荒。解放后此俗渐废。

第二节　衣着习俗

一、衣

解放前，晚清后，辖域汉族衣着习俗与境外多数地区相似，不同阶层的人有不同的着装打扮。通常，政府官员多穿黑色中山装（翻折式立领西式上装，为日本学生服演化，为孙中山倡导）；商贾乡绅多穿长袍马褂；文人学士多为西装革履；城乡体力劳动者多穿土布长衫外加围腰帕；学生中念高中的穿灰麻制服、念初中小学的穿黄花土布衫或黄色童子军装。妇女，有钱人家穿旗袍，劳动群众穿长裤短衫（衫长不过膝）。农村男女衣裳，主要靠自种、自纺、自织、自染、自缝。清代及其以前，辖域农民种麻，自制麻布衣服，清末至民国时改种棉花，摘棉纺纱，在家备的踏板织机上织出半米宽幅白色土布，置蓝靛（或黄姜）染缸上色，干后自行裁缝家庭成员衣着，不会裁缝的，请乡间专业裁缝到家量身制作，缝制多为手工针线活。解放以后，辖域各县民众受外地影响及生活水平的提高，长袍马褂、长裤罩衫式的装束渐次消失，流行中山装、列宁服、青年服、工人服、西服、西式衬衫。改革开放后，人们的穿着更加讲究，特别是在年轻人中，城乡流行牛仔裤、小脚裤、港式衫、太空服、纱裙、迷你裙、裙式裤等，中老年人仍以中山服、军干服为主。小康以上人家还讲究穿名牌、赶时尚、比质地、显款式。至 2012 年，衣着样式增多，人们根据自己的经济状况和爱好，选择各自的服装。

二、帽

解放前，境内乡间男性多剃光头，“帽子”是一米左右长的土白布裹头，包头布称“白孝帕”，据传为诸葛亮吊孝的遗风。农村中老年妇女也有包白帕或黑帕的习惯。有钱士绅或公职人员，有戴瓜皮帽（俗称“瓜儿皮”，六瓣圆形，用布缎做成，帽顶外中心点有圆珠一颗，作揭、戴帽的提手用），也有戴礼帽的（俗称“博士帽”，圆宽帽檐，毛毡类织物做成）。妇女多留长发，中老年头扎发髻，俗称“纂纂”，包白帕，个别老年包青帕，青少年女子编辫子。至 2012 年，戴帽者多为老年人。也有部分中青年男女戴时尚帽子的。

三、鞋

改革开放前，境内乡间男女，平时多穿草鞋，多数也备有青面圆口布鞋，只在节日串亲戚（走人户）时才穿着；若到县城赶场（赶集），穿草鞋走到城边，在护城河或城边冬水田旁洗脚，换上携带的布鞋进城。贫困农家，穿用稻草粗糙编成的叫“水笆笼”的草鞋，或者常年打赤脚。由于农家穿鞋稀罕，妇女从小就学习做鞋面、纳鞋底，把布鞋作为定亲信物。与布鞋配套的还有鞋垫和“蹓跟”（缝在袜子后跟起保护袜子不被磨破作用的半月形绣花布垫），大姑娘、中年妇女，在田间劳作间隙、在晚上清油灯下，只要一空下来，便用绣花丝线，在设计好图案的鞋垫或“蹓跟”上仔细刺绣起来，每件绣品都近似精美的工艺品，供家人使用或送给定亲的情人。20 世纪 90 年代后，鞋逐渐更新，尤以男青年的火箭式皮鞋和女式高跟鞋盛行。乡间农民多穿胶鞋、塑料鞋、皮鞋；冬天城镇老年人多穿毛皮鞋、棉鞋、毡鞋等。至 2012 年，人们结合不同季节和工作性质，穿着自己需要的鞋。

第三节　餐饮习俗

一、桂花饭

解放前，境内富裕人家常年吃大米饭，一般农户则大米和杂粮掺和混吃，贫苦人家更是“辛辛苦苦谷进东家仓，汤汤菜菜农户半年粮”。于是一般农户的主食，多用少量大米掺和玉米粉煮粥，时称“桂花饭”。在山丘地区，多以红苕、玉米、高粱等杂粮为主食。多数农户一日两餐，也有吃“对时饭”的（一日一餐）。

二、打牙祭

“打牙祭”指吃肉类荤菜。传说古代官衙朔望祭祀，第二天衙门供事人员分吃祭祀的肉类供品，时称“衙祭肉”，“衙”本作“牙”。偶尔吃一顿带荤菜的饭为“打牙祭”。中等收入人家，一般初二、十六“打牙祭”，农忙和过年过节也“打牙祭”。

三、杀过年猪

改革开放前，境内中等以上经济条件的农户，一般都自家养猪，平均两头以上。临近春节，杀大肥猪过年。猪肉的一部分切成长条，腌渍后用柏枝烟熏致干，挂在灶头房架上供“打牙祭”时食用；猪肉的另一部分烹调“九大碗”，宴请亲属和邻里好友，共贺一年“五谷丰登，六畜兴旺”。至 2012 年，杀过年猪在农村已较普遍。

四、办“九大碗”

眉山境内，乡村过年、重要节日、祝寿、嫁娶、丧葬等，家庭要办“九大碗”宴宾。“九大碗”也称“九碗蒸笼席”，以蒸菜为主，有肘子、镶碗、扣肉、甜烧白、咸烧白、酥肉、嫩蛋加上烧杂烩、拌三丝等共九样。宴请的宾客多，一般都在院落举行，故称“坝坝宴”。有钱大户人家，“九大碗”不局限于九样、不局限于蒸菜，也不局限于猪肉和猪内脏，鸡、鸭、鱼、肉同桌，煎、炒、炸、烩多样，已经不是“九碗”，而是多盘。有民谣唱道：“有钱人办九大碗，富豪吃得盘重盘。穷人巾巾吊钵钵，舔嘴勒舌干瞪眼。”

五、推豆花送客

境内农家多有小石磨，常用来推豆花。推豆花很麻烦，要头天把干黄豆用水泡涨，第二天一人推磨，一人将水和黄豆舀入磨眼，慢慢磨成豆浆，而后用布沥去豆渣，再用胆水（卤水）或石膏“点”豆浆，凝固出比普通豆腐更嫩的“豆花”。由于费时费力，农户自家平时很少推豆花，多在亲戚来家小住将离去最后的一顿饭，才推豆花款待，故有“推豆花送客”一说。

六、东坡菜系

大文豪苏东坡，既是美食家，也是烹饪大师，其创作的“东坡肉”或“东坡肘子”“东坡鱼”流传至今。“东坡肉”或“东坡肘子”先煮后蒸猪肉或蹄膀，淋以姜醋类汤汁，“烂而不烂，肥而不腻，入口化渣，余味引涎”。“东坡鱼”制作是将鱼去鳞切片，清汤微煮，蘸以酱汁，“拈着闪悠，吃着滑蹓，鲜香嫩爽，余剩搅筅”。以东坡命名的菜肴还有“东坡辣子鸡”“东坡泡菜”等，遂形成系列，构成东坡饮食文化，并在境内外传承传播，不仅是餐馆菜谱上的主菜，也普及到一般的“九大碗”、人家户“打牙祭”。

七、酿醪糟

境内一般农家都会酿醪糟（糯米酒）。糯米常用来酿制糯米酒，故糯米别称“酒米”。糯米微泡，蒸至半熟取出，趁热拌入酒曲，置于盆钵，中心杵以蓄酒小坑，盖严，裹以棉被保温，数日后醪糟酒香溢出即可。在白酒没有面世以前，醪糟沥酒作宴饮，时称“常酒”“酒娘子”“浊酒”等。至2012年，醪糟多为用于制作早点或夜宵，如“醪糟蛋。”

八、喝“跟斗酒”

今眉山市辖域农家和文人有喝白酒习俗。农村栽秧、打谷少不了喝酒解乏，苏东坡描述眉山农事结束时“作乐饮食，醉饱而去，岁以为常”。文人相聚，少不了以酒会友，对酒吟诗作赋。至今青神县中岩山上还完好保存着古人把酒吟诗作乐的流觞遗址。有的人家一般的接待或独自饮酒的，多买散装白酒或自制的泡酒，俗称喝“跟斗酒”或“舒依子酒”，意指不奢侈、不讲究。有的农家，以花生、干胡豆（蚕豆）佐酒，常自斟自饮，有烧酒即使是“寡酒”也能“慢醺”。

九、喝“老鹰茶”

改革开放前，境内有钱人家喝“盖碗茶”（小碗状茶杯，上扣圆盖，下有金属托盘），多数农户平时口渴只喝凉水不喝茶，而每年打谷子时，备大桶“老鹰茶”解渴。“老鹰茶”不是茶，是一种可作茶水饮用的乔木树叶，干燥后小煮成褐色汁，散发着浓郁的新伐树木的气味。据说这种茶有止咳祛暑、防困解乏的功效。所以在热天，是为劳动者备用的饮料。

第四节　居住习俗

一、杈杈房

解放前，境内有民谣唱道："有钱人家龙门子房，没钱人家笆笆墙"。农村有钱人家住的是"撮箕口"或者"四合院"砖木结构瓦房，周边围墙，进院门为八字份墙"龙门子"。多数贫困农户的住房，竹篁为屏，秸秆为篱，篾片筑门，稻草盖顶，俗称"杈杈房"。房内陈设简陋，"三个石头一口锅，四个石头一间床，牛肋巴窗口两根凳，清油灯下板桌晃"。解放以后，多数农户的住房条件才逐步得到改善。

二、土砖房

境内的丘陵地区，为御风寒，农家多在田里取土制坯建房。自制或请专业工匠，用木制或铁制模具，将田泥铲入压实，取出晾晒至干，长方土砖每块重达十几千克，逐块浆砌成墙，木檀竹椽，麦（稻）草覆盖，经济条件好的人家也有盖小青瓦的。旧时，土砖房比起"杈杈房"上了一个档次。解放后，因取田泥瘦了耕地，土砖建房渐废止。

三、封火砖墙房

解放前，境内地主豪绅及其他有钱人家，多建带"龙门子"的四合院房，青砖砌墙，盖小青瓦，有兽纹瓦滴水，外墙有防火隔断鳌。院内设堂屋、厢房、庭院，有的还有小花园。

四、板门铺面房

解放前，境内县城和乡场街道，临街面多为一楼一底板门铺面房，楼上住家，楼下开店，砖木结构，各户相连。每户店铺门面，门楣、门脚横向开通槽，大门为约 0.5 米宽、3 米长的框架木板拼合。开店时，将块块木板从槽内拉出，扛于隐蔽处叠放，关铺时逐块扛出门板顺门槽推拢合成，大门中或一侧，设有带门轴小门，可以推拉开启，便于关店后人员进出走动。楼上住家户，临街面多为青瓦长屋檐下花格大木窗，可撑开望街。这种建筑今境内个别乡场、古镇偶尔可见，但铺板门已绝迹。

五、单家独户

解放前，境内农户多为一家一户、独门独院，恃田而居，分散坐落，绝少集聚成庄，相倚为屯的。单家独户分散居住的成因：一家一户为一个生产单位的经济形势，导致自给自足不求于人的意识形态；地貌形态多样化，导致建房因地制宜的分散化；劳动果实便于看管守护，导致随田而居。农户的分散居住，给相互沟通协作造成隔阂，增加屋基对耕地的占用，给社会化管理和服务造成困难，故解放后农舍多向集约化、集群化方向发展。

六、城市楼房

1997年起，眉山地区实施住房制度改革和旧城改造。境内由开发商筹集资金，建设商住楼，城市居民通过各种途径购买住房。至2012年，眉山市各县（区）城市住房迅速增加，多数城镇居民均购买有商品房，还有购买有两套或多套房的。乡镇建设商品房也逐步兴起。

第五节　出行习俗

一、出远门

解放前，境内大凡跨县境探亲办事、贩卖地方土产山货、购进蜡虫（放养于蜡树生产白蜡）和良种畜禽等，称“出远门”。出门前首先要看“黄历”（历书）选择出行日期，“宜”则行，“忌”则止。出门必带包囊、伞两大件，包囊内裹凉时添加衣物和“拜客衫”，伞则遮阳挡雨，有备无患。因少马路宽道，多以步代车，也有坐“鸡公车”（木独轮车）和“滑竿”（两人前后肩抬有篷盖座椅）的，若携带货物则请人挑运。同路若遇长者负重，多争相为其减荷，上下码头渡口，主动扶老携幼，风尚古朴。途中饥饿，茶肆买壶“老鹰茶”或“苦丁茶”，以自带干粮（泡粑、荞粑、玉米粑等）就餐，也有用所带大米与餐饮店铺等价交换熟食的。过夜打店，也找处在人多热闹环境的客栈，保证安全。到达目的地后的第一件事，是换上“拜客衫”，体面地探亲或办事。

二、赶场

眉山市农家出行，频率最高的是赶场（赶集），世代相传，约定俗成。旧时赶场多为以物易物，提篮鸡蛋，换回油盐，挑担蔬菜，买回鸭崽，如此等等。也有“赶耍耍场”的，经济条件好的人家，赶场看热闹、茶馆约友聊天、酒馆喝二两烧酒。赶场出门时，无论男女，都要换件干净衣服，收拾打扮一下。到场口，在大黄桷树下，稍事休息整理，有的要到沟边洗脚，穿上布鞋，打点要卖物品，尔后进场。赶场天，大都以街为市，沿街摆地摊，赶场农民，场上打听一下自己拿来的同类农产品售价，便在街边空位摆下待价而沽。东西卖出去以后，场上转转，再到杂货铺购买在家预计要买的东西。回家前，不忘给家里的小人（孩子）带几个泡粑。

赶场的另一项重要活动是“看人”。农村青年男女，经媒人说合，男女方家庭成员及近亲，在双方预约的乡场茶馆和场期，预期而至，经媒人介绍互相认识，进而说合对象之间、对象家长之间喝茶聊天，自我介绍，了解彼此。亲友们不时来到小青年这里搭讪几句，借机端详他（她）的容貌身段和言谈举止。这次赶场看人后，经双方家庭及亲友综合评估，作出是否结为亲家的决定。

今市境内赶场主要是农村居民将自己的农产品带到集镇出售和采购自己的生产生活用品。也有相约议事的。

三、“走人户”

通常指亲戚间走访。旧时一般在小春播种前、大春收获后的农闲传统节日里“走人户”，春节后到元宵节（大年）这几天是“走人户”的峰期。“走人户”要梳洗打扮整洁，有新衣服的要穿上。

“走人户”不能打空手，要带“人情礼”，通常是一块几斤重的“刀头”肉、一只大公鸡、一块“枕头粑”（用大米、糯米磨成粉，用水和成面团，裹以芭蕉叶蒸制而成的农家年糕，因其体大，故冠名“枕头”），有的在街上锦果铺（糖果糕点店）买一封送礼蛋糕（蛋糕码成长方形台状，厚纸包出棱角，包顶及两侧用宽条红纸点缀，用细麻绳整包十字形捆定，顶留手提绳环）。出于节省，蛋糕有的成了“走人户”的流动传递物品，你提来送我，我提去送他，往往直到发霉变质不能食用。“走人户”多数会受到主人蒸镶碗扣肉、红烧鸡鸭和推豆花的盛情款待。

今市境内“走人户”主要是重大节日、生日或婚丧嫁娶等。

第六节　礼仪习俗

一、嫁娶

解放前，境内男婚女嫁凭“父母之命，媒妁之言”。有钱人家沿用“六礼”——求婚、合“八字”、订婚、拿年月、报期、迎亲。其中，迎亲程序较烦锁，婚期前夜，男家簪花挂红，女家检点陪奁，姑嫂为嫁女“开脸”（用线绞去脸上的汗毛）整容。婚期，男家一早备旗锣鼓伞、笙箫唢乐，抬边猪、坛酒、笼鸡，用花轿到女家迎亲。到了女家，在《离娘调》的乐曲声中，新娘哭着被背进花轿，由新娘兄弟送到男家。男家厅外搭棚，安放香烛、酒醴等待。花轿一到，乐师念“回车马”祝词（意含辞退新娘已故亲友），新郎向花轿拱手一揖，掀帘牵出新娘，掖入堂屋“拜堂”。在入新房时，新郎与新娘要“抢门”，新郎抢先进入预示先生男孩，新娘抢先入室预示先生女孩。新娘易妆出堂“拜客”，被拜亲友给“拜钱”，晚辈小孩围着新娘要“喜钱”。亲属为新郎新娘铺床，向床撒少许大米，念铺床歌：“新人床上一把米，早早生下儿和女”，由新娘给每个铺床人一个红封。入夜，灯火通明，设酒席款待宾客，新郎偕新娘逐席斟酒致意。同辈人借此提出一些戏谑问题要新娘或新郎回答，闹至深夜方休，俗称“闹房”。第二天中午，新郎陪新娘“回门”省亲，女家早已宾朋满座相候。贫苦农民无力铺张，礼仪从简，办几桌酒席，酬谢亲朋和媒人了事。也有新式结婚的典例。民国 18 年（1929），眉山国民师范学校事务主任王子俊，与女教师张克文自由恋爱，在三苏公园举行文明婚礼，轰动全城，为眉山新式结婚之首创，以后相继被辖域知识分子中效仿。改革开放后，结婚除了以车队迎亲、酒店贺婚等为时髦外，照婚纱照、举办隆重婚宴是不少新婚夫妇的选择。也有旅行结婚的。

二、丧葬

解放前，境内有钱人家亲人去世时，派人持竿戳破屋瓦，三呼“出不出”，三答“出”，称作“出死星”。接着在死者面前烧“落气钱”和放“升天炮”，烧死者床上垫草“落气草”。接着为死者沐浴更衣，陈尸中堂，进行“小殓”，用白纸贴家神、门神，在大门外按死者性别男左女右挂出“纸钱”，称“望山钱”。庾即讣告亲友，家属穿白色孝服，于死者遗体前设灵堂，燃灯、摆拱，不停烧纸钱，迎接相关人士祭奠。死者入棺，裹头巾，盖衾被，请来道士做“开咽喉”“亮路”“绕棺”法事，亲人齐集，亲视“闭殓”（封棺）。进行家祭。停棺三日后埋葬（也有停柩宅旁，择吉日安葬的）。届时，亲友结队送葬，沿途有哭送者，鸣炮，撕撒“买路钱”，有的亲友设路祭。到达墓地后，经道士做法事后下葬，撒土掩埋，垒成坟丘。以后，每七日一追修，尤重“五七”“小祥”（死期一周年）、“大祥”（二周年）、“除服”（三周年）日的追修，个别的还依期请僧道进行追荐。一般经济条件人家则丧事从简，穷人家更是晒簟包卷死者入土掩埋了事。改革开放以后，国家推崇文明丧葬，划定火化区，提倡火化，并建公墓等，保护环境和节约用地。

三、祝寿

俗称“做生”。境内较为流行的是子女为父母、晚辈为尊长“做生”，至亲好友之间，也常进行生日祝贺。“做生”时兴祝九不祝十，多重视五十九、六十九、七十九……逢九的周年生日祝贺，仪式、宴请隆重，而淡化逢十的生日，因为九的谐音为“久”，十的谐音为“失”“死”。“做生”时，往贺者馈以衣帽鞋袜、寿屏寿联、寿面寿酒等，主家设宴款待。若是高龄寿星，有钱人家更要隆重操办，请戏班子唱堂会或唱玩友，有的还请僧道“打生醮”，祝其延年益寿。一般人家“做生”则从简，家人团聚以贺。改革开放后，随着人们物质生活水平的提高，“做生”风俗盛行。

四、汤饼会

又名“红蛋酒”。旧时，境内妇女生了小孩告知娘家“报喜”，这时，娘家立即送来小孩的衣帽鞋袜和产妇吃的鸡、蛋、油、糖、醪糟、阴米等，其他至亲好友也要送来产妇的滋补食物和婴儿衣物。主家择定日期宴请送礼者，一般选在婴儿满月时。这个宴请称“汤饼会”，也叫“红蛋酒”，因席上有染上红色的鸡蛋佐餐故名。“红蛋酒”习俗农村胜于城镇。

五、棒锤会

解放前，境内民间建房颇有讲究。先请阴阳先生选择“风水宝地”、确定大门朝向和动土“吉日”。地基、墙体建筑完成后，在构建房架和上中梁的当天，一般要办“坝坝宴”，洪雅、丹棱等县称之为“棒锤会”，亲朋好友和邻居要“赶人情”，送礼赴宴，有的还送匾对、放鞭炮祝贺“荣建之喜”。上中梁时要举行仪式，时间一般选在子夜时分，中梁柱上贴着“紫薇高照”之类吉祥字样的红幅，掌墨师砍下大红公鸡的头，将鸡冠血洒在大梁上，而后将鸡头抛掷到新建房屋后院的方向，意在新房可避免各种灾害。也有不洒鸡血，而将挑选出的一只又大又壮的大红鸡冠公鸡放在中梁上同梁升空抬到安放处，这只“踩梁鸡”不仅不准食用，主人还要善待终身，老死入土安葬。在抬放梁架时，掌墨师念唱吉祥祝语，同时燃放鞭炮，祝新房永固、无灾无难、住者得福。

第七节　祭祀习俗

一、祭孔子

辖区各县均建有孔庙（学宫、文庙），供孔子，配十二哲及先贤先儒 145 人牌位。旧时，祭孔为各县最重要的祀典，每年农历二、八两月的 27 日为祭祀日。届时，县内官员执事、公立学校校长、士农工商代表等，沐浴更衣，穿戴整齐，齐集文庙，由县知事主祭，在司仪主持下施三拜九叩大礼。民国 17 年（1928）曾一度废止祭孔，后经国民政府批准，每年农历八月二十七日孔子诞辰日举行祀典，叩拜礼改为鞠躬礼，洪雅等县当日还悬挂国旗以示纪念。解放后，境内终止定期祭祀孔子的活动。

二、祭关帝

辖区各县均建有关帝庙（武庙），奉祭三国时蜀国大将关羽。每年春秋两季，由知县率文武官吏、举贡生员、知名人士斋戒聚庙叩祭。祭祀时，杀猪、屠牛为供品，知县致辞，司仪主持大家行三拜九叩首大礼。清末民初，于每年农历十五日，境内各码头袍哥组织亦率兄弟伙到关帝庙礼拜关公和大刀，以崇尚武勇义气，俗称“关公大刀会”。民间也有自发集聚武庙举行祈雨还愿仪式的，以祈望“磨刀水”。民国时期祭祀关羽改叩拜为鞠躬。解放后，祭祀关羽活动停止。改革开放以后，商家店铺开始多见奉小型关羽彩塑于壁，并饰以红烛形电灯代替香烛。

三、祭三苏

解放前，每年农历十二月十九日苏东坡诞辰这天举行“东坡会”，地方官吏士绅、贡生学子等集聚三苏祠祭拜，并到苏坟山（在今东坡区土地乡公益村五组境内的老翁井旁，葬有苏洵及夫人和苏东坡妻王弗以及苏轼、苏辙的衣冠冢）祭拜。解放后祭祀活动一度终止。1987 年苏轼 950 周年诞辰时，眉山县举行首届东坡文化节，海内外苏学专家学者开展苏学研讨。自此，将祭祀三苏的“东坡会”改为“东坡文化节”，县委、县政府决定每 5 年举行一次。1992 年，第二届东坡文化节，扩大规模，增加内涵。在开幕式上，举行《东坡颂》《955 礼赞》《古韵今情》《群龙闹眉州》《名坡金秋》5 部分组成的大型广场文艺表演，数万人现场观看。6 天节庆，围绕纪念、研究三苏开展 17 项活动，还举行新编《眉山县志》（创修版）首发式。三苏后裔、国内外嘉宾 5000 余人到眉山参加活动。眉山建市后，市委、市政府将“东坡文化节”列入议程，坚持五年一大庆、年年扫苏坟。

四、祭蚕丛

在青神县，旧时，每年农历正月二十一日，全县各界人士到县城北门青衣土主庙敬香，祭祀青衣神蚕丛氏，缅怀其教民事蚕桑，造福一方的功绩。农村妇女，这一天在家打扫尘灰，作饲蚕吉兆。这天的聚会和酒宴称“土主会”。解放后，定期祭祀活动终止。

五、祭城隍

旧时，境内各县都建有城隍庙，供奉着城隍爷和城隍奶奶。每年农历二月十三日，城隍爷诞辰，地方士绅老板筹资，在城隍庙搭台演戏，办庙会，在洪雅县还办高桩、台会表演相庆。解放后，活动终止。

六、祭火神

眉山境内各县大都建有火神庙，供奉“火神”。农历四月十五日为火神寿诞，城乡不少居民到县城火神庙敬香还愿，赶庙会，看戏玩耍。

七、祭灶神

农历腊月二十三日，灶王爷要回天庭“复命”，家家除尘保洁，晚上焚香点烛，供以糖食祭灶，送灶王爷上天；次日晚，燃放爆竹，置办家宴，迎接新灶王爷到家赴任。解放后，此俗渐淡化，少数农家只是象征性地祭灶，主旨还在“打牙祭。”

八、祭药王

眉山境内各县建有药王庙，供奉扁鹊塑像。农历四月二十八日系传扁鹊生日，城乡医药从业者集聚药王庙礼拜敬香，礼毕，大家筹资摆席就餐。彭山县医药业者办会祭祀药王真人孙思邈（隋唐人善医术），互赠礼品。

九、祭文昌帝君

每年农历二月初三日，读书人到文昌庙（宫）祭祀文昌帝君（神话传说中的“文曲星”）。这天，地方官吏绅士筹资演戏，敬香还愿，祈求文昌帝君庇佑功名富贵。

十、祭神农氏

清雍正年间，辖域多数县奉旨建先农坛，供奉神农氏，每年农历三月十二日由县令率地方各界代表到坛祭拜，举行耕田礼，祈愿当年农业丰收。民国初，此习消失。

十一、祭社稷

清雍正年间，今眉山境内各县奉旨建有社稷坛，供奉社、稷二神（土地神和五谷神），每年春社和秋社（立春和立秋后的第五个戊日）先祭社神后祭稷神，祈祷五谷丰登，六畜兴旺。民国初，此习消失。

十二、祭释迦

农历四月初八，传系释迦佛寿诞，境内善男信女斋戒沐浴，备香烛纸钱，到各寺庙祭神拜佛，烧香还愿。不少人家用红纸条架成“十”字状，上书“毛虫乖乖，快些走开”，张贴墙上，称为“嫁毛虫”，以驱虫祛害。解放后，此习消失。

十三、祭镇江王

眉山沿岷江各县，有祭祀镇江王寿诞习俗，农历六月初六，江河船帮艄公船夫在船上杀鸡备酒食，祭船头（龙头）。村民置酒肉到土地庙祭拜，祈祷船帮家人水上平安、地方禾苗茂盛。是日若有阳光，居民皆在户外晾晒衣被，预防霉蛀，俗称“六月六，晒衣服。”

十四、祭川主神

农历六月二十四日是川主神寿诞，境内有到川主庙敬香还愿和看戏习俗，以祈川主神庇佑风调雨顺，家人平安。改革开放后，此习消失。

十五、家祭

解放前，多数人家的堂屋被用作“家庙”，中设供桌，设神龛香炉，供奉祖先牌位，表示“数典不忘祖”，有的还供奉灶、坛和土地神。每天“晨昏三叩首，早晚一炉香”。逢年过节，在神龛上燃灯设供。七月半、除夕、上元等日，祭献祖宗。父母诞辰，也在中堂焚香献酒醴表示子女孝心。中堂不放杂物，只有尊亲贵客才能在此落座。解放后，家庙普遍拆除，中堂改作接待客人。

第八节　神会　庙会

一、彭祖山三月三朝山会

相传农历三月初三为仙女（彭祖三女）诞辰，俗称朝仙女山。清代，会期长达 10 日，每年演戏。抗日战争后，逐渐停演，但会期仍不下五六天。善男信女四方云集，从山麓至山顶，人流如潮，香火之盛为县内诸神庙之冠。邻近各县行商小贩携小农具、土特产来此交流。会期有“抢童子”之习，会首将木雕童儿从高崖抛下，群众蜂拥争抢，得者于夜晚以鼓乐为前导，送给长期不育人家，为“送童子”。1954 年，仙女山慧光寺、壁山寺、彭祖祠被列为县级文物保护单位。1958 年，仙女山风景树、古庙受到严重毁坏。“文化大革命”中受破“四旧”影响，创办“茶场大队中学”“五七中学”，慧光寺、壁山寺、彭祖祠大部殿宇和神像被拆除，所余房屋被社员占用。1984 年，在“大力发展旅游事业”影响下，仙女山麓一些农民通过庙会吸引游人，在慧光寺原址搭临时庙棚，竖立仙女神位，挂红布横批向游人化缘，修复庙宇神像，朝拜群众万余人。到 1985 年，化缘修复部分殿宇、神像，朝山群众二三万人。此习沿袭至今。

二、城隍会

农历四月初十为城隍诞日。会期半月至两月。今彭山县北街县人民武装部是原城隍庙址，大殿正中供官袍玉带的城隍辅德大帝和头戴凤冠的城隍娘娘。传说城隍为冥府地方长官，故城隍生辰出驾日，热闹非凡，旗幡伞盖，鸣锣开道，城隍平台在前（木雕行身），十殿阎罗，判官鬼卒（由生人饰）平台殿后，浩浩荡荡，阴气森森，前呼后拥，水泄不通。会期演鬼戏，每次数十本（连台大戏，一戏一本）。20 世纪 80 年代，洪雅县改为台会（抬城隍菩萨出行）。

三、关爷会

农历五月十三日为关圣大帝关羽生日，又称关刀会，是哥老会节日。解放前境内各县“码头”红旗管事和拜兄数人，头顶雄鸡、猪头至关帝庙致祭。祭毕，回各码头开会，接收新成员，举行酒宴。与会者华服盛装，喜气洋洋。如是“浑水码头”，大小土匪多数头戴台草帽，身穿绸汗褂，脚登丝耳草鞋，腰插红缨短枪，耀武扬威。解放后终止。

四、王爷会

农历六月初六为彭山县王爷会。相传，王爷是许真君，善治水，死后封镇江王爷。一说，许真君是龙神。六月六为洪汛险期，人们祈祷镇江王爷震慑江水，勿使成灾。民国 20 年（1931）前，每逢会期江口镇必演戏。解放后终止。

五、阎王会

解放前，仁寿县始建乡每年四月十七日阎王生日，即为阎王会正期。每年农历四月十二至十九日，前往烧香拜佛者达万余人次，庙主收还愿菜油 500 余千克。入夜，居士团聚庙内，口念佛经，通宵达旦。解放后，庙宇改作他用，庙会停止。

六、太阳会

农历冬月十九是太阳神生日，今眉山境内乡人置米筛于地坝，筛中摆清水一碗，筷一双，外设香烛酒脯，于中午跪拜致祭。解放后终止。

七、牛王会

农历十月初一为牛王生日，今眉山境内乡人舂糍粑悬于牛角，对耕牛辛苦一年表示酬谢，俗称为牛“挂花”。解放后终止。

八、白塔寺庙会

民国时期，正月初一，眉山县城乡群众携儿带女到西门外白塔寺赶庙会，除了烧香许愿，求签问卦，还要步行登上白塔，意在步步登高，在新的一年里事业取得进步。农历二月十九日、九月十九日白塔寺分别举行庙会。

九、中观山庙会

民国时期，有“三月三，朝中观”习俗，因丹棱县龙鹄山之中观庙在唐代就是四川西南的一道教胜地。每年庙会，香火盛旺。

十、老峨山庙会

丹棱县每年农历的六月六日举办，曾久盛不衰。至清末民国初，老峨山长期有土匪盘踞，行人裹足，香火日衰，庙宇亦多毁败。1981 年起，群众性自发的朝山热潮又兴起，每年 1 万人次以上。

第九节　语言禁忌

一、避脏

对于脏东西，或被看作不洁之物，不直书其事其物，换一种说法。比如，大小便，不说屙屎撒尿，称“解大手”“解小手”，小孩拉屎，叫“粥儿”“巴巴”，当代人普遍不说“上茅斯”“厕所”，改称“上洗手间”或“卫生间”，大小便叫“方便一下”；对于吃的东西，猪血、鸡血叫“旺子”，猪舌头叫“进利”“赚头”，猪鼻子叫“招财”“囱囱”，猪耳朵叫“顺风”，雄性牲畜生殖器官叫“鞭。”

二、避亵

容易被疑为下流话、脏话或亵渎语言的，要换一种说法。比如：买鸭子，不能说“鸭儿子”或“鸭儿”，要改称“大脚板”“呱呱儿”“憨憨儿”；有公公在灶房，不能说“烧火”“扒灰”，意指公公和儿媳有不正当关系，烧火要称“烧锅”，掏灰称“掏鸭沙”（“鸭沙”是灰尘的方言）。

三、避晦

对于晦气的、不吉利的语言要回避。

在涉及生命方面的忌语有：生病了回避“病”字，说“不好得”“不安逸得”；对老人回避“老”字，称呼“大爷”，问年龄称“高寿”；对瘦小的人忌说“瘦”字，称“囊波儿”；对胖子忌“胖”字，说成“长得拽实”；人死了忌个“死”字，说“走了”“不在了”。所有涉及生命的不好启齿的事有共同代词：“那个话了”。

乘车坐船时的忌语有：坐车时要回避“栽”“滚”“倒”等字眼，“栽倒”要说成“达了”，“滚动”说成“转悠”，“倒塌”说成“磋脱”（也是对所有损毁物的“毁坏”代词）。坐船时忌说“沉”，船上有姓陈或程的，招呼时回避与沉谐音的“陈”“程”，叫“老焉”；还忌讳说“翻”，与“翻”谐音的“吃饭”称“造粉子”“干冒耳头”，对小孩说是“吃牤牤”。

经营、建造、生产方面忌讳的语言有：开店铺、做买卖的生意人最忌“蚀”字，与“蚀”（川语读作“she”）谐音的“舌头”叫“利钱”，滋味苦涩叫“夹口”、不舍得改称“干不得”、蛇叫“长虫”。建房时忌说“烧”字，上梁席不做红烧肉，怕说“烧”字，涉及“烧”字的日常用语也要回避，比如身体发烧叫“发热”“发烫”，灶里烧火叫“掇灶”，烧饼叫“锅魁”，烧香叫“进香”“上香”，烧酒叫“老白干”“跟斗酒”等。栽秧子忌说“坐”字，涉嫌栽成“坐蔸秧”（不分蘖发育的秧窝）会减产，累了，不说“坐下来休息”，改称“歇哈儿气”；打谷子时忌说“撒”字，怕抛撒完了没有收成，防止浪费。有打谷谚语“四不打”说：“不打乌棒入桶（没有散开谷把），不打黄龙缠腰（谷子围腰抛撒），不打蚂蚁上树（谷穗在谷把中上下参差不齐），不打雪花盖顶（谷粒头顶上空抛撒）”。意在防“撒”。杀猪、杀鸡等屠宰，忌说“杀”字，而称“喜”，如“喜鸡”。

第四章　社会新潮

改革开放以来，随着农业体制和生产技术的变化，以及现代化工业生产，农业生产以体力劳动为主、农民“面朝黄土背朝天”“背太阳过山”的日子在农村地区发生很大变化，深深地改变着千百年来形成的生产习俗。

第一节　经商　消费

一、逛超市

传统的店铺购物，货架在柜台之后，售前架上的货物与顾客“绝缘”，顾客在柜台外与店家指点要买的东西，经接货验质，欲购则问价，再经一番讨价还价达成交易。改革开放后，一种融日用百货、农副产品、干鲜海产、加工熟食为一体、供顾客直接选取、出口处结账买单的超市商场（店）在眉山市辖区各县面世。最早进驻辖域区县的有“沃尔玛”“红旗连锁”等国外、市外超市。至2012年，眉山市建成县域配送中心6个，区域性配送中心1个，覆盖所有区县和95%的乡镇，210万农业人口。通过连锁配送，销向农村商品价格平均降低3%~5%。大大小小的超市有独户、有连锁店，遍布城市街巷、社区、住宅小区、乡镇（村社）和各大中专学校等。由于超市商品门类多、选择余地大、质量和价格等经政府相关主管部门验证，诚信度高、方便快捷、颇受消费者欢迎。

二、营销

在解放后完成“三大改造”任务便进入计划经济时代，为解决物资匮乏问题，生活必需品实行限量分配的凭票供应制，有粮票、油票、布票、肉票、糖票、酒票等，商品营销仅由国营企业、供销社凭票供应。改革开放后，眉山境内培育和发展市场体系，发展民营经济，在市场调节和竞争的驱动下，提高了生产力水平，物资逐渐丰富，在20世纪80年代取消各种计划分配票证，由市场直接供给。为使企业降低成本实现利税，营销成为市场竞争的重要手段，营销方式在辖区多样化并不断创新，成为时代的新潮。出现商业广告无处不在，无处不有，形式多样。一种是固定式广告牌，在迎街面的高层楼顶、街道标识牌、转盘街心花园、公共场所广告专栏等；一种是流动广告，公交车箱外壁、出租车顶灯、专用大屏幕宣传车、载广告牌电动车队、执广告牌老年人鼓乐巡游队等；第三种是媒体广告，市县（区）公开发行的报纸刊物、电视广播，由媒体延伸到县志、年鉴、文艺期刊等；第四种是传单广告。截至2012年，眉山市制作各类广告的公司和门店共有700余家。同时，通过“搞活动”促进商品销售。一些商家在节日、周年纪念、小长假等时期，或店外街面搭台表演文艺节目、宣传自我、介绍商品、购物者抽奖等，或商品打折和销售，或依购物金额赠送礼品等。其二，会员制。在大型超市、药店、专营商品销售店、部分美容美发店、部分餐馆等实行会员卡制，持有该店会员卡的，或积分定时发奖，或购物消费折扣优待。其三，“代金券”。一些商店药铺，依购物付款比例发放面值5元、10元不等的代金券，限时在该店购物抵金，过期作废。其四，“团购”。辖域不少商场、酒店，网上以团体名义采购或订餐，可享受折扣优待。其五，“网购”。网上选购所需商品，通过快递送货到家，满意付款，不满意可退货。其六，“外卖”。部分餐饮店、小吃店开展送餐服务，电话订食物，近处店家自行送至，远处由专业“快递哥”送到家门。其七，名人效应。找知名人物宣传本地企业或产品，如眉山通威集团请中央电视台著名节目主持人到眉山主持开业仪式；彭山县酒厂请中央电视台著名节目主持人李扬在省、市、县电视台做广告宣传“彭祖酒”等。在商家营销活动中，眉山市辖县（区）内一度有过传销组织，无经济实体，带有欺诈性，是政法机关长期打击的对象。

三、新型物流

无论工业品还是农产品，从供应地到接受地的流动转移环节，传统的做法比较简单，货物依采购量打包装箱，上运货车抵目标车站，卸于临时货栈仓房，然后人挑、鸡公车推、架子车拉送达接受单位。到接受者手中的货物，破损、发霉、变质等情况时有发生。改革开放后，随着市场经济的发展，眉山地区物资流通中包装、运输、存储、养护、流通加工、信息处理等各个环节都发生根本性变化。至2012年，眉山市陆续建成眉山中心物流园区、彭山青龙物流园区、仁寿视高物流中心，新建物流企业近200家、中介信息单位近万家，物流企业营业额约15亿元。物流各个环节中，包装根据商品保质需要，有密封包装、真空包装、速冻包装等，运输业根据商品保质需要有恒温车、冷藏库、密封车、罐车等，存储也有恒温仓库、冷冻仓库，物流全程建立加工、养护系统和信息化管理系统。

四、刷卡

改革开放前，境内以物易物发展到以货币为中介的交换模式持续，而在改革开放以后，一种叫“信用卡”的银行卡流行开来，可用做消费买单、信用贷款、转账结算、存取现金等，于是自动取款机应运而生，各银行的自动取款机除设在各银行营业所处外，市辖县（区）部分城镇街道、住宅小区、大型商场等也有开设，提取现金，不必到银行营业所排队，可就近取现，比存折方便。大型商场购物、酒店住宿就餐，购买机票车票等凭银行卡结账，解脱出门带大量现金的累赘。与银行卡同时流行的还有“医疗卡”“社保卡”“会员卡”等。“刷卡”成当代人们生活时尚。

第二节　生活时尚

一、外出打工

改革开放后，农村实行土地家庭联产承包责任制后，富余劳动力日渐增多，青壮年开始到外地务工，城镇青年也有外出打工的。外出打工多在经济发达地区和港、澳、台等地，也有随企业到埃及、加拿大、沙特、科威特等国外的，主要从事建筑业，以体力劳动为主。至 2012 年，外出打工已扩大到中年人群，从事业务发展到建筑、经商、服务等各行业。眉山市外出务工 126.61 万人次（省内 76.76 万人次、省外 51.85 万人次），劳务收入 108.99 亿元。

二、自主创业

随着改革开放深入发展，企事业单位改制、大学中专毕业生取消分配制度，转业军人安置允许自谋职业、鼓励零就业家庭就业等政策出台，眉山地区人们的就业观念发生深刻变化，从过去的倾向于“吃公粮”，到时尚自主创业，挖掘自身潜能，发展个人特长，在国家小额贷款扶持下，有的办起商业、服务业店铺，有的到农村发展种植养殖业承包经营，有的办汽车、家电维修所，有的办校外培训班，有的办私立幼儿园等。洪雅县三宝镇的龚绍国和东岳镇的张时祥同时留学日本学农技，回国后在家乡一个养殖奶牛、一个发展养鸡业，均获得较大成功。诸如此类，不胜枚举。2012 年，眉山市有 138 名高校毕业生实现自主创业，年内新增创业和就业者 3.56 万人，失业再就业者 7136 人。

三、电脑办公

机关和企事业单位办公，传统的是用稿签纸手写起草文件，复写纸小份额复制文件，滚筒打字机铅字击穿蜡纸后用胶滚油印机复制大份额文件，印好的文件由人工按页码顺序拾捡叠掇齐再用订书机装订成份，然后装信封由通讯员送往收文单位或通过邮局投递，机密文件则要由机关机要员专递。财务人员则要靠用算盘计算做账。改革开放后，随着电子计算机进入市场，机关和企事业单位起草公文，电脑打字、自动打印、扫描仪或复印机自动复制；通过党政网收发公文，通过互联网查阅各种资料；财务人员用电脑计算器算账记账。电脑办公，提高了办事效率。至 2012 年，眉山市接入外网 489 家、市政府各部门接入率100%，县（区）及其部门接入率95%以上，市、县（区）、乡（镇）实现电子政务外网全域覆盖。

四、在职求学

改革开放后，机关事业单位录取、晋升、求职等，文凭、学识越来越重要。眉山地区除了普通高等教育外，在职人员通过自考，参加行政学院、电大、函大等渠道提高学历和文化水平。2012 年，眉山市有 8895 人报名参考高等教育自学考试。

五、农转非

农民世世代代都与土地为伴，其后代只有读书到大中专毕业或参军才有希望“跳出农门”。20 世纪 90 年代初，眉山地区政策允许农村人口拿钱买城市户籍，以后随着改革开放深入发展，城镇化建设用地、园区建设用地、道路交通建设用地、产业化经营等，在土地流转和农业现代化中，失地农民转户进入城市成为新潮，政府在户籍管理政策上放宽和鼓励“农转非”。2000 年年末，眉山市农业与非农业人口比例为 88∶12。2012 年，眉山市农业与非农人口比例为 73∶27，农转非人口比 2000 年增加 54.48 万人。

六、家政服务

20 世纪 90 年代后期，今眉山市辖内家政服务业渐次流行开来。在县城各社区成立家政服务公司，至 2012 年全市发展到 120 余家，主要业务有为家庭推荐经过训练的带小孩的或者是照顾孤寡老人的保育员（俗称“保姆”），到其家同吃同住，扶持婴幼儿和老人，兼管其他家务；为忙碌的双职工家庭、失能老人家庭、缺劳动力家庭定期上门做环境卫生工作，通常实行包月制和钟点工；对留守老人、留守儿童实行日间照料，按月计酬。家政服务面世，解决了新形势下家庭生活中许多困难问题，也是农村富余劳动力进城打工的一个渠道。

七、人情宴

改革开放后，“赶人情”的项目越来越多，答谢宴会的范围也越来越广。至 2012 年，眉山市境内除了继续以往的婚宴、丧宴、寿宴外，新增加晋升宴、入仕宴、升学宴、谢师宴、满月宴、周岁宴、金婚宴、病愈宴、买车（汽车）宴、购房（乔迁）宴等。

八、学驾车

随着私人购买小汽车的日益增多，学开汽车的风气在年轻一代中悄然兴起，掌握驾车技术已非职业化。据统计，眉山地区建立以来，公安机关新颁发的 7 万余份驾驶执照中，1/2 属非专业驾驶人员。至 2012 年，眉山市驾校发展到 15 所，培训驾驶员 3 万余人次，汽车维修企业发展 1900 余家。

九、请家教

改革开放后，在城镇居民中，为孩子请家教的越来越多，有的给孩子系统补课，便于顺利考进高中、大学；有的专教英语，为孩子在国外求学作准备；有的教授器乐，为孩子培养一门爱好。没有条件请家教的，便把孩子送进各类业余学校里学习专业知识和技能。2012 年，眉山市有应试家教、文体美乐等专项家教室、所、班 1000 余家。

十、快餐

“肯德基”“麦当劳”等洋快餐连锁店入驻城市，受到年轻人和少年儿童青睐。“德克士”“华莱士”等中国快餐直销店也相继涌入城市，有日常进餐或生日聚会的。至2012年，眉山市辖县（区）城区都有洋快餐店两三家。有的结合当地饮食习惯，制作当场人喜欢的快餐食品。

十一、摩托潮

昔日城乡远程代步、运载农产品、搭化肥等，常用的是“永久”“凤凰”“飞鸽”牌加重自行车，改革开放初期摩托车逐步进入市场。每天清晨和黄昏，在乡间部分农民和城市上班族，头戴安全帽，驾驶摩托车，成群结队，风驰电掣，一路轰鸣。摩托车在城乡销售量逐年增长。至2012年，眉山市有摩托车24万余辆，摩托车成为城乡居民重要交通工具。

十二、父母代相亲

随着现代生活节奏的加快，眉山市境内许多青年男女因工作忙、生活圈子小或其他一些原因，暂时找不到对象。有的父母代替子女去“相亲”，为子女选择对象。

十三、旅行结婚

改革开放后，眉山市境内有的“新人”选择蜜月旅行结婚，经济条件富裕的出国旅行，游览名胜古迹、名山大川。

十四、广场健身

改革开放后，随着生活水平的提高，今眉山市境内人们越来越注重生活质量和健康水平。在各地的城市广场、公园、住宅小区的空地，群众自发组织健身活动。早晨，人们或做健身操，或打太极，或舞剑。傍晚，有的市民自带音响设备，自由组合，跳民族舞和交谊舞（俗称坝坝舞）。群众自发、多样、潮流化的全民健身运动逐渐成为时尚，至2012年已经由城镇社区普及到各乡镇文化广场。

眉山市民广场舞（摄于2011年6月）

十五、茶楼休闲

随着人们生活水平的提高，今眉山市茶楼如雨后春笋般出现，环境追求幽雅，装饰突出品位，价格大众化。顾客也由以中老年人居多，发展到不同年龄和从业人员。叙家常、侃趣事、听音乐、谈生意、打麻将、扯“二七拾”（地方纸牌）等，成为新的生活时尚。

十六、唱 KTV

唱 KTV（音乐电视）是眉山市境内时尚的休闲活动之一。大多数 KTV 娱乐场所均采用进口音响设备及卡拉 OK 电脑点播系统，操作简便。进入 21 世纪，量贩式 KTV 迅速走红，其最大特点是内设食品超市，供应饮料和自助餐，包间费依每日时段、节假日的不同而浮动，从几十元到几百元不等。年轻人特别喜欢选择 KTV 娱乐场所开展朋友聚会、生日派对等活动。

十七、旅游休闲

随着人们物质生活水平的提高和信息化时代的到来，眉山市境内“走马观花”式的观光游向休闲旅游转变。同时，旅游形式从程式化的团队包价向个性化自驾游方向发展，旅游内容则从单纯观光转向观光、休闲度假和商务会展等多样化转变。至 2012 年，眉山市旅行社发展到 9 家，承办各类旅行业务。

十八、美容美发

改革开放后，眉山境内人们越来越重视自身形象，到专门的美发店或美容院进行美容美发逐渐成为时尚，美容美发店应运而生。大部分美发店提供修剪发、洗发、吹烫发、染发、焗油、电离子美发及简单的头部保健按摩等服务。美容院主要开展皮肤护理及保养、化妆美容、香熏美容护理、足疗保健按摩等专项服务，并按使用的设备、技艺、用料的品牌，划分消费档次和收费标准，满足各层次消费者的需求。传统美容院多以女士美容为主，随着生活质量的提高和社交活动的增多，部分男士也加入美容的行列。

十九、桑拿按摩

改革开放后，随着人们生活水平不断提高，眉山境内居民更加注重养生保健。桑拿浴、按摩、足浴等受到青睐，有的酒足饭饱之后，相约结伴洗桑拿浴，用蒸汽排出体内积汗，以求畅快，或再加上保健按摩，舒展筋骨。有的木盆泡脚，再按摩修脚。还有开设盲人按摩室和药水泡脚室，为顾客缓解腰酸背痛、手脚麻木等常见痛楚。

二十、过洋节

随着改革开放，眉山市境内年轻人不再局限于过中国的传统节日，渐渐流行过情人节、愚人节、母亲节、父亲节、万圣节、圣诞节等。每当“洋节”（外国人的节日）来临，兴起过“洋节。”

二十一、养宠物

改革开放后，今眉山市境内城市饲养宠物成为部分人的一种时尚。在饲养宠物的人群中，以饲养犬类为多。在公园、小区绿地，常见遛狗的人们。并由此衍生宠物医院、宠物美容、宠物用品专卖店。

二十二、小长假

20 世纪 90 年代前，今眉山市境内元旦、“五一”等节日人们并不十分重视。国家实行“黄金周”“小长假”后，本不起眼的节日，也给了人们更多的期盼。特别是上班族，每当节日来临，一家人或加入旅行团旅行。或自驾游，丰富业余生活。

二十三、泡网吧

20 世纪 90 年代起，今眉山市境内一种可供上“网”（互联网）的营业性场所——网吧（电脑咖啡屋、公共电脑屋）应运而生，不少年轻人到网吧玩游戏、聊天等，渴了饿了，就买瓶矿泉水、泡碗方便面，乐不思归。国家规定，未成年人不得进网吧，并聘请“网吧监督员”协助政府监管，严禁未成年人“上网。”

二十四、炒股

20 世纪 90 年代初，成都街头出现股票“自由市场”，洪雅县大街上出现买卖槽渔滩电站证券的市场，吸引一些市民“炒股”。90 年代中期，今眉山市境内股市规范化，各县成立证券公司和证券交易所，建立证券交易大厅“炒股”。21 世纪起，眉山市股民多不去证券交易大厅，而在网上进行股票交易。

二十五、买彩票

20 世纪 90 年代初，国家发行“中国体育彩票”“中国福利彩票”“中国足球彩票”三类，主要有七星彩、三十六选七、二十二选五、天天乐、四花选四、排列三、排列五、红蓝双色球、三 D 等类型，每注彩票 2 元，定期开奖。七星彩、三十六选七和红蓝双色球等彩票的特等奖每注彩号可获奖金 500 万元，吸引不少居民参与，长期买彩票，虽然获奖者寥寥无几，但不少人仍乐此不疲，成为时尚。仅 2012 年眉山市就销售福利彩票 1.73 亿元。

第五章　节　日

眉山市境内节日除传统节日和国家法定节假日外，还包括地方新兴特色节日和神会、庙会等。各类节日内容和形式，随时间变化而有一定变化，反映时代的变化。

第一节　传统节日

一、春节

农历新年，是民间传统节日。解放前，今眉山市境内每年冬至后，有钱人家腌制腊肉、腊鸡、灌制香肠，酿醪糟，蒸枕头粑，准备过年。腊月十六日“倒牙”，各行各业老板为雇工打最后一次

“牙祭”（吃肉），开始结账，商人只收不赊，衙门（政府）停止办公，学校放假，百姓备过年货。农历腊月二十三日夜，烧香燃烛送灶神，次日晚，接回灶神。临近除夕，各家各户彻底清洁卫生，称打“扬尘”。同时，对厨房炊具做彻底洗涤，干干净净迎神祭祖。有的人家，备上香烛、纸钱、公鸡、猪肉、酒醴到祖坟前祭扫。门面贴门神彩画，门框贴吉言春联。腊月三十（月小二十九日晚）除夕夜祭神祀祖，吃团年饭，为一年中最丰盛的肴馔，其中备鱼和鸡肾，以谐“有余有剩”。家长给小孩发“压岁钱”。用红纸遍贴家中用具和庭院果树，叫“封印”，以示家具“今年不再使用、明年果实丰盛”。事毕，全家围坐守岁至午夜，燃爆竹“接年”。有的敲锣打鼓到近郊烧“子时香”。次晨零时，各家鞭炮齐鸣迎新年，在堂屋祭祖供桌上献茶、果、年糕、烧香燃烛，接年敬家神。正月初一早晨儿童穿戴新衣帽拜祖先、吃汤圆、出游、娱乐。吃汤圆，表示“招财进宝、百（白）事顺利”。家长祭拜家神后，子孙再向家长叩拜贺年。然后到附近寺庙朝神礼佛。过了正月初一，至亲人家相互走访拜年。初九为“上九”，灯会开始，设灯棚立灯竿，龙灯狮灯到城乡拜年。拜年持续到正月十五“过大年”，有的人家甚至“拜年拜到青草发”。穷苦农家，虽也看重“过年”，但视为“年关”，有民谣：“过年过年，催租逼债到门前，愁煞压岁钱；娃儿要买响簧（空竹），婆娘喊买砂糖（红糖），吵得老汉儿赶不得场”。有的“团年”时有个“刀头”（半千克左右的一块猪肉）祭祖，吃顿白干饭（纯大米饭）就心满意足了。解放后，农历正月初一定为春节。法定公职人员放假。祭神之类活动渐次消失。延续清洁卫生、穿新衣、贴春联、吃年饭、给压岁钱、“走人户”拜年习俗。至2012年，增加单位开团拜会、迎春茶话会、慰问老干部、拥军优属和拥政爱民活动等内容。届时，领导干部看望战斗在生产第一线人员，开展军民联欢，举行灯舞、猜谜、游艺、文体等活动，城镇、农村张灯结彩，热烈和隆重程度，远胜于昔。在家看中央电视台春节文娱晚会，发送短信微信向亲友祝福新年等逐步成为时尚。摒弃燃放烟花爆竹，爱护环境风尚正在发扬。真正体现春回大地。

春节前夕市民采购年货（摄于2012年1月）

二、元宵节

正月十五日晚为元宵节，亦称上元节。吃汤圆，敬神送年。改革开放前，从农历正月初九到十五日，县城设灯棚，庙宇立灯杆，街道上扎过街灯楼，店铺前彩灯纷呈。在闹市区，会首（灯棚经办人）请人宣讲因果报应宿命论方面的“格言”“圣谕”。狮灯、龙灯、花灯在各乡镇献艺弄彩。到了正月十五过大年，晚上人们便到大街上“闹元宵”，看舞狮灯、龙灯，半夜方归。仁寿等县，上元忌下雨，谚语“雨打上元灯，油米贵如金”。俗语“火烧门前纸，年过十五止，男人提篼箕，女人纺线子”。改革开放后，城市管理部门、机关企事业单位用花卉、彩灯把城市装点得五彩缤纷。各业余文艺团体上街表演师灯、龙灯、莲萧等。举办焰火晚会。至2012年，居民元宵节习俗无大的变化。

三、春分　春社

春分节又称长年节或农民节，有“春分住手”习俗，这天不下地干活，相互走亲访友。解放前，还用糯米粉拌雀蒿叶，做成“雀蒿粑”，有的吃蒿蒿粑或糍粑。大家在吃粑之前，先取出一块，插上三支香祭祀“雀神”，叫“腻雀嘴”，意在减少庄稼鸟害。立春后的第五个戊日，是春社，按五行戊属土，为土神忌日，农家认为这天若要下地干活，必多虫害，要“拦社”，忌下地干活、忌扫地、忌上坟扫墓，并把玉米、胡豆等农作物果实混合炒熟，大家分吃，叫“炒虫、吃虫”，以减少农田虫害。春分、春社习俗，解放后消失。

四、清明节

清明节是民间祭扫祖坟，悼念祖先的日子，陈设香烛酒脯，跪拜于坟前致祭，有的还挂纸标于坟顶。清明时节，春暖花开，外出春游，又称“踏青节”。有的宗祠处理族中事务后，举行家族宴饮。地方的古先贤墓，亦由地方政府主持士绅官吏祭扫凭吊，眉州苏公墓、仁寿虞允文墓、彭山彭祖墓和张纲、李密墓等均如是。至2012年，眉山市境内清明扫墓习俗得以延续。社会各界，特别是学校师生，有组织地到烈士陵园凭吊先烈，弘扬革命传统。居民祭祖，家族举办清明会的逐渐增多。

五、浴佛节

佛教徒节日。四月八日为佛祖生日，民间有买龟、鳖放还江河习俗，名曰“放生”，显示佛祖“慈悲之心”“好生之德”，求佛祖保佑。一些寺庙以香汤浴佛，举办龙华会，以示“弥勒下凡之征”。农家施“嫁毛虫”，用红纸条书写“佛生四月八，毛虫今日嫁，嫁到深山去，永世不回家”，架成十字贴于壁，企盼家无毛虫。眉山市境内浴佛节除少数寺庙延续外，已在民间消失。

六、端午节

青神县瑞峰镇2010年端午节龙舟会组图（摄于2010年6月）

农历五月初五为端午节，也叫“端阳节”。这天，各家大门前挂陈艾、菖蒲扎成“艾虎”祛邪。用丝线缠裹或用彩布缝制各种形状小袋，内置中药材香料，做成“香包”，佩戴于身，用于“避邪”。中午吃粽子、盐蛋，喝雄黄酒。有的将雄黄酒遍洒房前屋后，以避蛇蝎，涂抹在小孩身上以防疮毒。有江河的县，开展竞龙舟、水上抢鸭子的游戏。学生家长要给塾师致“节敬”礼物，塾师回赠学生扇子、毛笔、墨等。母亲要接新婚的女儿女婿回家过端午节，并赠予扇子、优质草帽（后改为赠雨伞）、绸衣或夏布衫。解放后，今眉山市境内过端午节的习俗一直延续，只是封建迷信的成分少了。当人们得知雄黄有毒已不喝雄黄酒，改饮其他酒。虽然粽子、盐蛋必不可少，但只是“代头”，普通家庭团聚打个大“牙祭”。彭山县江口、城关在岷江举行传统的龙舟会、抢鸭子，纪念爱国诗人屈原，观众上万，热闹非凡。至2012年，青神县政府每年在瑞峰镇岷江渡口举办泅渡岷江、龙舟赛、抢鸭子等水上运动会。

七、中元节

旧俗农历七月十五为中元节，又叫“鬼节”，说是“冥府开放，死者回家省亲”。于是从农历七月十一日至十四日，讲究人家在堂屋供桌上置酒食，堂前焚袱纸祭祖，农历七月初九到十二日被称为“七月半”，家家抓住“打开鬼门关”的瞬间，烧袱纸给过世亲人“汇款”。到了七月十五日夜，人家户把花盘、水饭、纸钱送到郊外“赏孤”（打发孤魂野鬼）。解放后，今眉山市境内此俗一度消失，过后不久，“七月半”烧袱纸祭祖的习俗渐渐延续下来。

八、中秋节

农历八月十五晚，通常皓月当空，尘寰如洗，月圆似镜，“千里共婵娟”。团圆是节日的主题，在家的人，阖家欢聚庆团圆，游离异乡的，则“举头望明月，低头思故乡”。人们晚上赏月，吃月饼，意在家人团圆，也用来喂“天狗”，要它不要吃月亮。农村有舂糍粑的习俗，除赏月时吃外，也有粘住“天狗”的嘴不去吃月亮的意思。至2012年，眉山市仍沿袭中秋吃月饼赏月的习俗，不过更注重的是一家人聚餐，月饼成了餐桌上的“代头。”

九、重阳节

农历九月九日为重阳节。九为阳数，九月九日有两个九，便曰“重阳”。解放前，重阳（也称“重九”）这天，秋高气爽，气候宜人，文人雅士登高以舒筋骨，流觞以展情怀，约定成俗，遂成登高节。据说这天是酿酒鼻祖杜康的生日，农家重阳多有酿醪糟酒的习俗，说是这天酿的醪糟糊子，不仅醇香绵甜，而且久放不坏。改革开放后，重阳节演绎为敬老节，各级党政机关、群众团体，多在这天慰问离退休干部职工，探视“五保”老人和贫困、失能、空巢老人。2012年，眉山市贯彻修订后《中华人民共和国老年人权益保障法》，重阳定位“老年节”，节日法定化，各级领导更加重视。举行庆祝会，总结老龄工作，表彰讲孝道的先进典型，举行老年人运动会或文艺表演会，乡村，或举办“坝坝宴”，村里老年人欢聚一堂，共庆节日。随着老龄化的加速，老年节亦愈加隆重。

十、腊八节

农历腊月初八，民间以大米为主，杂以蔬菜、粉条、挂面、腊肉、香肠等煮粥而食，称为“腊八粥”或“腊八饭”。传说释迦牟尼29岁出家，苦行求道，在荒漠中有牧羊女以杂粮煮粥救其饥渴。佛寺僧众为纪念此事，学牧羊女献粥。每年腊月初八（佛祖得道成佛日），用米、果、菜煮粥供佛。至2012年，眉山市少数地方仍有此习俗。多以米、豆类、腊肉等8种食材为主。

第二节　国家法定节日

一、元旦

使用“公元纪年法”，定1月1日为元旦，放假一天。有时眉山市（地）和县（区）主要领导人在广播、电视和地方报纸的头版头条发表《新年祝词》。有的单位召开庆祝会、文艺表演会、茶话会等，回顾上年工作，安排新年任务，畅谈改革创新，共勉再创佳绩。中小学校学生，自制贺年片，互相赠送，互勉新年进步。有的以微博、短信等方式互祝新年快乐、阖家幸福。城市装点鲜花，店铺张灯结彩，烘托节日气氛。有的商家借机“搞活动”，或打折优待，或“庆节甩卖”或“买一送一”，或“抽大奖”看新年好运，使得市场比往日繁华热闹。

二、妇女节

3月8日为联合国确定的国际妇女节，地方简称“三八”节。国家机关、企事业单位的女干部职工放假半天致庆。眉山市（地）和县（区）有时主办庆祝会，表彰“三八红旗手”“巾帼建功”标兵、“双赛双学”能手、优秀妇女干部等先进人物和先进单位。有的单位妇联组织开展座谈会、文艺表演会、小型运动会或其他游乐活动。

三、植树节

3月12日为法定植树节，眉山市（地）各级每年开展植树活动，多按功能区规划，在急需绿化的地方进行，以植树节增强人们的生态意识，推动常年绿化和爱护森林。

四、劳动节

5月1日为国际劳动节，俗称“五一”节，放假一天。眉山市（地）各级党委，有时召开庆祝会，表彰先进集体、个人，党政领导看望劳动模范或开劳模座谈会。各级工会组织或举办劳动成果展览会，或举办劳动技能竞赛会，或开展文体活动等。

五、青年节

新中国成立后，中央人民政府规定，每年5月4日为中国青年节。每年这天，由共青团组织共青团员和青年开展庆祝活动，以继承和发扬五四运动的爱国主义精神为主题，举办演讲会、诗歌朗诵会、文艺表演会，办专刊，举行新共青团员入团宣誓仪式，组织就近参观革命遗址及展览等。至2012年，眉山市仍沿袭此节。

六、儿童节

俗称“六一”节，中国儿童与世界儿童一起过的节日，学校放假1天。有的小学校和幼儿园开庆祝会，表演文艺节目，家长和单位派代表参加，社会各界还到学校给孩子们赠送书籍、文具、糖果等礼物。20世纪90年代后，今眉山市境内各级组织看望慰问“留守儿童”、贫困儿童、残疾儿童。

七、建党节

7月1日为中国共产党建党日，即“七一”节。党内开展纪念活动。总结表彰先进党组织和优秀共产党员；举行报告会、座谈会、组织生活会等进行党史、党纪、革命传统教育；举行新党员入党宣誓仪式等。至2012年，眉山市每年均举行纪念活动，庆祝党的生日。

八、建军节

8月1日为中国人民解放军建军节，即“八一”节。眉山驻军和人民武装部举行庆祝活动。地方党政机关开展拥军优属活动。党委、政府主要领导人率队到驻军营地慰问解放军指战员、召开座谈会了解军需；各级政府组织慰问团、队，慰问烈军属，检查落实拥军优属政策；表彰拥军优属先进集体和个人。至2012年，眉山市每年均举行纪念活动。

九、教师节

1985年，国务院规定每年9月10日为教师节。这天，地方政府组织教师举行庆祝会，表彰优秀教师，向高教龄教师颁发荣誉证书，向教师赠送纪念品等，推动尊师尊教社会风尚日盛。至2012年，眉山市仍沿袭此节。

十、国庆节

10月1日为中华人民共和国成立纪念日。这天，美化市容，处处张灯结彩，悬挂国旗，各行各业开展各种形式的庆祝活动。党政机关举行报告会、文艺表演会；学界举办书画摄影展览、讲演会，商家“搞活动”促销等。至2012年，眉山市每年均开展庆祝活动。

第三节　地方自兴特色节日

一、东坡文化节

1987年，眉山县委、县政府在筹办苏东坡950周年诞辰活动时决定，自当年起，将纪念活动定名为东坡文化节，每五年举办一次。眉山地区建立后，东坡文化节纳入眉山市（地）节日，统一筹办。每届东坡文化节内容丰富多彩，举行苏学研究、进行苏坟山祭拜、开展文艺表演活动、组织商品交易等，传承弘扬三苏文化。至2012年，共举办东坡文化节五届。

二、四川东坡泡菜节

2009年，眉山中心城区建成占地10.9平方千米的中国泡菜城，内设泡菜加工中心、交易展示基地、质量检测基地、科技研发基地、教育培训基地、文化旅游博览基地、有机原料生产基地等。泡菜城落成之日即举行首届东坡泡菜节（也称展销会），国内外嘉宾参观、游览、洽谈贸易，东坡泡菜走进北京奥运会和全国两会餐桌，远销100余个国家和地区。至2012年，每年举办一届。

三、仁寿文宫枇杷节

仁寿县文宫镇开荒山造台地种良种“大五星”枇杷1000余亩，以此为基地拓展种植枇杷19.5万亩，年产优质枇杷8万余吨，产值8.6亿元，成为仁寿县农业支柱产业，被四川省农业厅确定为“名优产品”“四川旅游纪念品”，农业部授予仁寿县“中国枇杷之乡”称号和“全国绿色食品原料枇杷标准化生产基地”证书。仁寿县人民政府于1998年5月枇杷成熟时举办首届文宫枇杷节。将每年5月定为“文宫枇杷节”，届时邀请境内外各界人士游园品果、采风赋诗、明星献艺、洽谈贸易。至2012年，仁寿“文宫枇杷节”已常态化。

四、彭山长寿文化节

1991年3月，彭山县委、县政府决定，在重阳节举办“寿星节”。首届“寿星节”，于1991年10月16日至20日在彭山县城举行。第二届更名为“彭祖寿星节”，于1995年重阳节在彭山县城举行。此后，每5年举办一次。第四届更名为“长寿文化节”，第五届更名为“长寿养生文化节”，至2012年已举办五届。

五、彭山冬泳节

2007年11月17日，彭山县政府主办，县冬泳协会承办首届岷江水陆对抗邀请赛，来自省内29支代表队1052名运动员参赛。自此定为“冬泳节”，3年~5年在“彭山冬泳基地”或境内的“四川省公开水域游泳基地”举行一次大型赛事。2009年，“恒大杯”千人冬泳对抗邀请赛有来自全省41支代表队1472名运动员参赛，队员中年长的78岁，年小的仅9岁。2011年12月3日开始的冬泳节，40个冬泳组织1878名冬泳爱好者参赛，还举办千人草地坝坝宴、燃放孔明灯、文艺表演及篝火晚会和游览彭山风景区活动。

六、彭山黄丰橘花节

彭山县黄丰镇是四川省“柑橘之乡”。全镇种植柑橘2333公顷，早中晚品种齐全。2010年4月22日，黄丰镇以“赏花品果为”主题，举办首届“全国橘花节”，利用橘园规模优势，橘花盛开、果园飘香，吸引游客。2012年“中国彭山第三届黄丰橘花节”近3万群众齐聚橘颂园，品果、赏花、休闲、踏青。开展吃柑橘比赛、双人拔河比赛、越野单车骑游比赛，业余文艺团体表演和橘花树下寻找最美全家福摄影比赛，拍摄微电影等群众性文化娱乐活动，展示地方非物质文化遗产黄丰草龙等。黄丰镇柑橘年产7.5万吨，产值2.5亿元，销往全国各地和俄罗斯、越南等国。

七、彭山观音葡萄节

彭山县观音镇建成800公顷优质葡萄产业基地，采用国内避雨棚、反光膜、滴灌和病虫害绿色防控四大先进种植技术，种植美人指、红提、紫提、夏黑等多个葡萄品种，年产值超过2亿元，葡萄种植户人均增收1万余元。观音葡萄品质好，被农业部授予无公害农产品认证书，可即摘即食。在中国第十七届、第十八届葡萄学术研讨会上，分获金、银、铜奖。2010年起，每年8月左右举办“美人指葡萄节”。2012年8月16日，举办的“以节促游，以游促销，助农增收”的“第三届美人指葡萄节”，上万游客走进葡萄园体验观光旅游和自由采摘乐趣，尽享葡萄园美景和美味。在美人指“葡萄王”评选和“葡萄王”竞拍义卖活动上，一串美人指葡萄王拍出8888元天价，所得款项全部用于资助彭山品学兼优的贫困大学生。

八、洪雅五月台会

1981年起，每年5月洪雅县在县城举办台会和高桩台会，1986年洪雅县政府定名为“五月台会”。台会是一种造型艺术，一台即一出古典戏的造型。通常使用大木床，上铺板子，竹骨纸糊彩绘场景，由十来岁的小朋友在场景中扮成戏中角色造型，由八人分两班抬着游街，一次台会，多者数十台，少则十几台。高桩台会，是用一个铁棒插入台的中心，上面支撑着小朋友戏装扮演的角色，有的立在树梢上，有的站在刀刃上，真假虚实结合，生动有趣，仍然抬着游街。至2012年，台会将造型推向机械化和电气化，不用人工台游。每届“五月台会”，都是“文化搭台，经贸唱戏”，伴随着举办物资交易会，开展招商引资，拉动洪雅经济发展。

九、洪雅旅游文化节

2002年7月18日至25日，洪雅县政府举行“生态文化节”，活动内容有名胜游览、台会和民间艺术巡游、文艺表演、绿色食品展销、经贸洽谈等。其间，招商引资8个项目，签约投资13.48亿元。以后将旅游文化节定于5月，每两三年举办一届。2008年，“生态文化节”更名为“洪雅旅游文化节”。

十、洪雅瓦屋山冰雪节

洪雅县瓦屋山是国家级森林公园，自2000年12月洪雅县政府在此举办首届冰雪节。瓦屋山被称为“南情北景”，冬季林海雪原，苏东坡诗赞“瓦屋寒堆春后雪，峨眉翠扫雨余天”。每届冰雪节游人如潮，游览体验豪放的北国风光和秀雅的南国情调，感受梦幻般的童话世界。至2012年，共举办冰雪节6次。

十一、丹棱唢呐艺术节

1993年12月25日，乐山市政府授予丹棱县“唢呐之县”称号，当年丹棱县委、县政府举行大型庆祝活动，举办跨县域的首届唢呐艺术节，历时5天。节日期间，举行大型唢呐吹奏表演，同时举办经贸交易会。2005年12月28日，文化广场落成，丹棱县人民政府命名为“唢呐广场”，并举办唢呐合奏和独奏艺术比赛会，同时决定将丹棱唢呐艺术节常态化，3年~5年开展大型活动一次，带动唢呐艺术在全县普及和提高，推动经济社会发展进步。

十二、青神竹编文化艺术节

文化部、四川省政府授予青神县“中国竹编艺术之乡”称号后，2004年，青神县政府决定每年正月初一到十五在青神县“中国竹艺城”举办“竹编文化艺术节”，至2012年，共举办11届。每届节日期间，举行竹编艺术品编制表演和产品展销，举行游览参观竹艺城及文艺表演，每届都吸引境内外数千人参加节庆。

十三、青神县东坡初恋旅游文化节

青神县是苏东坡与王弗初恋的地方。2008 年，青神县人民政府决定，每年农历七月七日前后在青神县中岩寺唤鱼池处举办东坡初恋旅游文化节。至 2012 年，举办青神县东坡初恋旅游文化节七届。每届节日，县政府邀请县内外各界人士到青神中岩寺参观当年苏东坡和王弗谈恋爱的故地、苏东坡读书台以及中岩山胜景，开展东坡文化学术研讨、品赏青神美食及土特产品等，吸引上万人参加。

十四、青神龙舟旅游文化节

1984 年，青神县政府决定，每年农历五月十五大端阳前后举行龙舟旅游文化节。活动在过境岷江瑞峰镇处水域举行，有龙舟比赛、游泳比赛、水上抢游鸭等水上运动项目，同时在县城举行土特产品展销、招商引资洽谈、文艺表演等活动。每届龙舟节吸引县内外上万人参观、参与，成为青神县最热闹的会节之一。至 2012 年，青神龙舟节共举办 29 届。

十五、乡镇特色节会

东坡区广济乡“鸭池村桃花节”、彭山县江口镇“江口桃花节”、洪雅县三宝镇“金沙坝萝卜文化节”、青神县白果乡“乡村旅游椪柑节”、仁寿县曹家乡“曹家梨花节”、丹棱县梅弯村“梅湾湖桃花节。”

第六章　方　言

眉山市域有自己独特发音的方言，市域内的谚语、歇后语反映劳动人民智慧，各县（区）、乡村均有各自的土语，世代传承演绎，构成浓郁的乡土气息和地方文化特色。

第一节　语　音

一、声母

方言不用翘舌声母。例如普通话的“章”（zhāng）、“充”（chōng）、“山”（shān），方言分别读作 zāng、cōng、sān。

方言没有鼻音 n。例如：普通话的“男”（nán），方言读作 lan。

方言有特用声母 ŋ（额）。例如：普通话的“安”（an），方言读作 ŋān。

声母发音差异表（括号内为方言）

表 35-3

声母	例字
b	拔 bá（pá）、鄙 bǐ（pǐ）、辟 bì（pì）、绊 bàn（pàn）
p	杷 pá（bā）、湃 pài（bǎi）
d	导 dǎo（tǎo）、堤 dī（tī）、抖 dǒu（tòu）
t	笤 tiáo（sáo），贴有三个读音：tiē、tiě、tiè，无阳平
g	刽 guì（kuài）、概 gài（kài）、搁 gē（kē）、箍 gū（kū）
j	笺 jiān（qiān）、捷 jié（qié）、截 jié（qié）、阄 jiū（guī）、菊 jú（qú）
q	泣 qì（xí）
zh	择 zhái（cái）
ch	晨 chén（sén）、谌 chén（sèn）、常 cháng（sán）、乘 chéng（sén）、豉 chǐ（sǐ）、触 chù（zù）、唇 chún（sún）、纯 chún（sún）、醇 chún（sún）、淳 chún（sún）、鹑 chún（sún）
z	造 zào（cǎo）、族 zú（cú）
h	乎 hū（fū）、呼 hū（fū）、滹 hū（fū）、糊 hú（fú）、狐 hú（fú）、壶 hú（fú）、湖 hú（fú）、葫 hú（fú）、胡 hú（fú）、觳 hú（fú）、虎 hǔ（fù）、琥 hǔ（fù）、浒 hǔ（fù）、户 hù（fǔ）、互 hù（fǔ）、沪 hù（fǔ）、护 hù（fǔ）、怙 hù（gǔ）、戽 hù（fǔ）、瓠 hù（fǔ）
x	吸 xī（jí）、溪 xī（qī）、蹊 xī（qī）、咸 xián（hán）、鞋 xié（hái）、纤 xiān（qiān）、衔 xián（hán）、项 xiàng（hàng）
y	荣 róng（yún）、容 róng（yóng）、瑞 ruì（suì）
sh	束 shù（cù）
i	隶 lì（dì）

零声母音节加方音声母“ŋ（额）”例字表（括号内为方音）

表 35-4

零声母音节	例字
ai	哀 āi（ŋāi）、埃 āi（ŋāi）、挨 ái（ŋái）、皑 ái（ŋái）、癌 ái（ŋai）、矮 ǎi（ŋài）、蔼 ǎi（ŋài）、艾 ài（ŋài）、爱 ài（ŋài）、碍 ài（ŋài）
an	安 ān（ŋān）、按 àn（ŋàn）、氨 ān（ŋān）、庵 ān（ŋān）、鞍 ān（ŋān）、谙 ān（ŋān）、鹌 ān（ŋān）、揞 ǎn（ŋàn）、铵 ǎn（ŋàn）、岸 àn（ŋàn）、案 àn（ŋàn）、黯 àn（ŋàn）
ang	肮 āng（ŋāng）、昂 áng（ŋáng）、盎 àng（ŋàng）
ao	凹 āo（ŋāo）、熬 áo（ŋao）、遨 áo（ŋáo）、嗷 áo（ŋáo）、翱 áo（ŋáo）、鏖 áo（ŋáo）、鳌 áo（ŋáo）、拗 áo（ŋào）、袄 ào（ŋào）、岙 ào（ŋǎo）、坳 ào（ŋǎo）、傲 ào（ŋǎo）、奥 ào（ŋǎo）、懊 ào（ŋǎo）
e	恶 ě（ŋè）、厄 è（ŋǎi）、垩 è（ŋě）、鄂 è（ŋé）遏 è（ŋě）、萼 è（ŋé）、鳄 è（ŋě）、噩 è（ŋě）
en	恩 ēn（ŋēn）、摁 èn（ŋěn）
ou	区 ōu（ŋēn）、沤 ōu（ŋěn）、欧 ōu（ŋōu）、鸥 ōu（ŋōu）、偶 ǒu（ŋōu）、呕 ǒu（ŋòu）、耦 ǒu（ŋòu）、藕 ǒu（ŋòu）

方言声母“n（你）”替换普通话语音中的“n”，改变原字音对应表

表 35-5

例字	方言（音节）字	普通话音节
尼 泥 呢 倪 霓	nī	ní
你 拟 旎	nǐ	nǐ
逆 匿 溺 腻	nǐ	nì
拈	nian	niān
年 鲇	nián	nián
捻 辇 碾 撵	niàn	niǎn
廿 念	niǎn	niàn
娘	niáng	niáng
鸟 袅	niào	niǎo
尿 脲	niǎo	niào
捏	niē	niē
苶	nié	nié
涅 臬 陧 聂 啮 镍 蘖 孽 蹑	nié	nié
您	ni	nín
妞	niū	níū
牛	niú	niú
忸 扭 纽 钮	niǔ	niǔ
拗	niǔ	niù
女	nǜ	nǚ
恧 衄	nǚ	nǜ

零声母音节加“n（你）”对应表

表 35-6

例字	方音节	普通话音节
疑 嶷 仪	ní	yí
蚁	nì	yǐ
义 艺 议 呓	nǐ	yì

方言用“l”代替（或改换）“n”声母表

表 35-7

方音节	普通话音节	例字
lā	nā	那
lá	ná	拿
là	nǎ	哪

续表35-7

方音节	普通话音节	例字
lǎ	nà	呐 衲 娜 纳 捺 钠
lài	nǎi	乃 奶 氖
lǎi	nài	奈 耐 萘 鼐
lan	nān	囡
lan	nán	男 南 难 喃 楠
làn	nān	赧
lǎn	nàn	难
lāng	nāng	囔
láo	nāng	囊
láo	nāo	孬
láo	náo	呶 猱 硇
ráo	náo	挠 蛲 铙
lào	nǎo	恼 脑 瑙
lǎo	nào	淖 闹
lě	nè	讷
lèi	něi	馁
lěi	nèi	内
lén	nèn	嫩

二、韵母

普通话中的韵母“ing”，在方言中全部被“in”代替；韵母“eng” （除 beng，feng，weng，meng，peng 音节外）被“en”代替，其余37个韵母，在方言里均有。

韵母差异对照表

表 35-8

类别	普通话音节	方音节	例字
单元音韵母	ā	ō	阿 啊
	ē	ō	阿 屙 婀 痾
	é	ǒ	讹 俄 峨 娥 蛾 饿 鹅 涐 莪
	yì	yí	疫
	bì	běi	陛 婢 臂 秘
	bì	bīn	蓖
	pī	pēi	批 坯 披 砒
	pī	pèi	邳 丕

续表35-8

类别	普通话音节	方音节	例字
单元音韵母	bó	bú	博 搏 钹 铂 驳 箔 膊
	bǒ	bù	簸
	bó	bái	伯 帛 柏
	bǒ	bāi	跛
	chē	cēi	车
	chě	cèi	扯
	chè	cǎi	彻 坼 澈 撤
	dé	dái	得 德
	hé	hú	禾 何 河 和 荷 菏
	hè	hù	贺
	hè	hāi	赫
	kě	kào	可
	kè	kài	克 刻 客 恪 氪
	rě	rèi	惹
	rè	rài	热
	sè	sài	色 啬 塞 瑟 铯 涩 穑
	shē	sēi	奢 赊 畲
	shé	séi	佘 蛇
	shè	sèi	舍 社 射 赦 麝
	shè	sài	涉 设 摄 慑
	wò	wù	卧
复元音韵母	jiē	gāi	阶
	guō	gū	锅
	guò	gù	过
	guó	guái	国 帼 虢
	běi	bái	北
	bèi	bì	备 被 惫
	hēi	hāi	黑 嘿
	lèi	lái	肋
	yǎo	miǎo	窈
	wèi	yù	尉 蔚 熨
带鼻音韵母	shān	suān	删 姗 珊 跚
	shàn	suàn	疝
	shān	sā	杉

续表35-8

类别	普通话音节	方音节	例字
带鼻音韵母	bēng	bēn	崩
	bèng	bǎng	泵
	péng	pěn	澎 彭 膨
	cūn	cēn	村 皴
	cún	cén	存
	cǔn	cěn	忖
	cùn	cèn	寸 吋
	dūn	dèn	吨
	dǔn	duěi	趸
	dùn	dèn	囤 盾 钝 遁
	jiōng	jùn	坰 扃
	jiǒng	jǔn	迥 炯 絅 窘
	xiān	xuān	鲜
	yǒng	yǔn	永 咏 泳

三、声调

眉山方言除阴平、阳平、上声、去声四个声调外，还保留了古入声字读音，如“七 ” qī（qiě）、“额” é（ŋé）、“脚” jiǎo（juǒ）、“药” yào（yuǒ）。眉山方言与普通话的声调比较：阴平在普通话和眉山方言中声调一样，阳平在普通话中是升调，在眉山方言中是降调，上声与去声在普通话与眉山方言中的声调正好相反。

眉山方言与普通话声调比较表

表 35-9

调值调号 / 调类	阴平		阳平		上声		去声	
	调值	调号	调值	调号	调值	调号	调值	调号
普通话	55	-	35	/	214	√	51	\
眉山话	55	-	31	\	51	\	214	√

第二节　词　汇

方言词汇有以下几种形式：

一、缩脚

这类词汇，系叙述者有意将完整的词句省略“头”“脚”文字，以增添讲话的诙谐和乐趣。这些“缩脚”词多用于成语和流行的俗语。比如：“独占鳌（）”（隐去“头”字），“摇脚摆（）”

（隐去“尾”字），“舔嘴勒（）”（隐去“舌”字），“海底捞（）”（隐去“针”字）等。

单音节词在方言的日常用语中较为普遍。

表述人体特征的：“长”（cháng），指长得高；“囊”（nāng），指长得瘦；“牤”（māng），指长得壮实（也指性格上的莽撞）；“扛”（káng），指驼背；“刵”（bāi），指腿跛等。

表述性格的：“歪”，指强项、厉害、霸道，凶恶；“烂（pā）”：指软弱、无主见；“油”，指圆滑、八面玲珑、不讲原则；“奸”，指狡诈、诡计多端、推卸责任；“谎”（huǎng），指粗心大意，不务正业；“撩”（liāo），指赖皮、难缠；“狗”（gǒu），指吝啬、不大方，也称“陬”（zōu），“憨”，指朴实、厚道，或指痴呆、不聪明；“虚”，指害怕。

表述行为的：“飙”（biāo），指快速行进、高速运行；“梭”（suō），指慢慢辗行，也指慢慢溜走；“扭”（niù），指动起来，在行动；“匝”（zā），指张开；“亢”（kàng），指盖住，捂住；“骚”（sào），指干扰，捣乱；“绔”（kù），指蹲着；“立”，指站着；“困”指躺着，又指睡觉；“榜”（pǎng）指触动。

表述事物的：“雄”，指高大、完美、质好；“撇”（piě），指不好的、抵挡的、质劣的；“水”，指不负责任、不讲质量、应付交差；“昂”（ang），指价钱贵、代价高；“镖”（biāo），指放射（水）；“涨”（zhǎng），指上扬（物价等）；“惹”（rě），指疫病传染，或行为感染；“趸”（dǔn），指整个或全部买了；“肮”（āng），指声音响不响；“黄”（huáng），指没办成，没成功，半途而废。

二、重叠

方言中为了加强语气，往往重叠构成词组。比如：包包、粑粑、叉叉、幽幽、沟沟、瓶瓶、边边、棒棒以及端端正正、干干净净、快快当当、堂堂正正、巴巴适适、花花臊臊、安安逸逸、洒洒脱脱等。

三、交换

方言中交换运用一些联合词组中的词素，表述的意思相近相同，却增加了地方语言的情趣。比如：热闹说成“闹热”，喜欢说成“欢喜”，公鸡说成“鸡公”，固执说成“执固”，坚硬说成“硬坚”，夜宵说成“宵夜”等。

四、比喻

方言中的比喻分明喻和暗喻，明喻指前一个词素是后一个词素的形象说明，形成偏正词组；暗喻中的一部分演变成歇后语（另目详记）。比喻使语言变得形象、生动，更能明晰表述事物，是方言中的精粹。明喻举例如下：

喻色彩：雪白、漆黑、通红、翠绿、透蓝、焦黄。

喻形状：笔直、曲弯、老高、得（儿）圆、精光、扫长、躺平、蹓尖。

喻质地：梆硬、熘炬、稀烂、绵软、透亮、爆热、冰冷。

喻气味：烹香、臊臭、蜜甜、溜酸、滂咸、剐苦。

喻行动：风快、飞高、老慢、憨整、搅骚、狂耍、鼾睡。

喻神态：安逸、舒坦、放泼、发猫、憨笑、瀑哭。

五、儿化

方言中有不少儿化的词语，使地方语言显得非常随和、风趣。比如：

称身体的有："颈（jǐng）项（háng）儿"（脖子）、"手杆儿"（手或手臂）、"脚（juǒ）儿"（脚或脚板心）、"腰杆儿"（腰部）、"勾眼儿"（屁股）。

称行为有："哈（hǎ）儿"（也叫"憨娃儿""憨包儿"，多指办不好事，也指傻子）、"牤（māng）得儿"（多指蛮干，也指吃得多）、"精（jīn）灵（lín）鬼儿"（聪明，会办事，心眼多）、"麻麻儿"（哄人、欺骗人）、"来尿狗儿"（指尿床的小孩）、"妖艳儿"（不庄重）。

称人有："老汉儿"（称父亲，也指老头）、"幺儿"（指小儿子）、"娃儿"（指儿子，也通指小孩子）、"女儿"（指女儿，也通指女人）、"末末儿"（也叫"灰灰儿"，指重孙）。

称动物有："牛儿""猪儿""狗儿""鸡娃儿""鸭娃儿"（也称：憨憨儿、"褂褂儿""大脚板儿"）、"恩哥儿"（鹦鹉）、"雀（quo）儿"（鸟的总称）、"猴狲（sēr）儿"（猴子）、蜞蚂儿（青蛙）、蚌壳儿（蚌）、苞谷雀儿（大杜鹃）。

称用具有："瓢儿"（饭勺、舀取东西的器具）、"钵钵儿"（厨具）、"蒿杆儿"（本指撑船竹竿，通常亦称筷子）、"船儿"（木船）、"架（jiū）担儿"（套在牛脖子上用来牵动犁的木制工具，也用来形容工作加压，如：套上了架担儿）、"洋马马儿"（自行车）、"汗溻儿"（贴身的衣服）、"窑裤儿"（衬裤、短裤）、"鞋（hǎi）儿"（鞋）、"袜（wà）儿"（袜子）、"褂褂儿"（外套）、"帕帕儿"（包头、洗脸毛巾、手绢）。

称自然景物有："巅巅儿"（高出平面的东西，也称植物的嫩芽或物件的顶尖部分）、"凼凼儿"（坑或水凼）、"坝坝儿"（院子、场地）、"林林儿"（树林）、"河（huǒ）沟儿"（小河或小沟）、"岩（ái）坎儿"（陡峭悬崖）、"巷巷儿"（街巷或狭窄的过道）、"沱沱儿"（水凼）、"包包儿"（丘陵或口袋）。

方言中有"头"化的习惯语，如："旮旯头"（角落里）、"逅（hōu）头"（里面）、"屋头"（家里或妻子）、"桄（guàng）头"（没头发或输得精光）、"赊（sái）头"（亏本）、"窍头"（"带头"主料外的搭配物）、"拗（áo）头"（嚼食物有无味道）、"打头"（穿着打扮）、"盼头"（期待）、"奔头"（前途）、"冒饵头"（碗里冒尖的米饭）、"吃欺头"（占便宜）、"有看头"（好看）、"莫来头"（谦词"没关系"）等。

方言中还有"眼"义的延伸，如："眼眼"（小洞）、"莫眼"（没希望、没收益）、"眼气"（显示）、"板眼"（运筹、办法、招数等）、"叭（pia）眼"（瞧不起人）、"牛鼓眼"（发怒）、"黑眼窝"（不识字）、"绿眉绿眼"（目不转睛）、"挤眉眨眼"（诡计多端）等。

六、量词异化

"个"多异化为"块"，如"一块人""一块鸡蛋"等。"只""支""口""条"等也多作"块"。

"头"多异化为"根"，如"一根牛""一根猪"等。

"块"多异化为"靸（sā）"，如"一靸饼子""一靸肉"等。

"张"多异化为"间（gān）"，如"一间床""一间桌子"等。

其他量词异化如："一匣（栋）房子""一堵（扇）窗子""一兜（筐）水果"、"打一盘（次）牙祭""买一把（杆）秤""扯一绺（块）布"等。

第三节　土　语

辖域各县（区）、乡村都有各自的土语，世代传承演绎，构成浓郁的乡土气息和地方文化特色。带共性的常用土语选例如下：

一、疑问词

什么："啥子""孃个吋""绰吋"。
为什么："咋个嘛""哏个嘛""啥子嘆"。
在哪里："哈吋""啥吋""在哪符"。
做什么："弄孃哥儿""做啥子"。
怎么办："哏个儿办""咋个办""拿法"。
知道吗："晓得不"。

二、回答语

"晓得"（知道）、"表得"（不知道）、"在哪估点"或"在哪符"（在哪个地方）、"要得"（行）、"跟倒整"（马上做）、"难得搞"（不想做）。

三、语气词

"哦"（叹息）、"吆喂"（呻吟，也寓对别人言语的否定）、"歪呀"（惊叹）、"热奇"（嫌弃声）、"哦豁"（失望的叹息）、"嗨"（或"哎"，是、好吧）。

四、状人体

健壮："踻（zhui）实"（结实）、"牤得儿"（壮实）、"磉（sng）礅"（大块头）。

瘦弱："囊呗儿"（瘦小）、"囊稀稀"（瘦且弱）、"病稀稀"（弱且有病）、"焉嗒嗒"（病弱，没有精神）。

身体部位："脑壳"（头）、"颈项"（脖子）、"脸得儿"（脸面）、"胸脯"（胸）、"手杆儿"（臂膀及手）、"砣子"或"定子"（拳头）、"腰杆儿"（腰）、"腿杆儿"（腿）、"老和尚"（膝盖）、"脚板儿"（脚掌）、"指拇"（指头）、"连二杆"（小腿）、"勾子"（屁股）、"螺丝拐"（踝）、"拐拐"（肘）。

五、状行神

正直专注："正儿八经"（认真做事）、"勤巴苦做"（辛勤劳动）、"撇脱"（干脆）、"不放黄"（善始善终有结果）、"归一"（办结）、"巴适"（办好）、"扎劲"（使劲、实在）。

敷衍哄骗："恍尔糊稀"（粗枝大叶）、"日白聊谎"（废话假话）、"假巴意思"（假惺惺）、"装疯迷窍"（假装糊涂）、"开黄腔"（不讲理、外行话）、"麻广广"（哄人）、"水兮兮"（或"水得很"，办事不认真）、"白伙食"（什么也不懂，什么也不会做）。

飞扬跋扈："扯把子"（耍威风）、"提劲打靶"（逞能炫耀）、"绷劲仗"（硬撑强势）、"码倒"

（估倒、硬逼）、“骚坛子”（乱来）、“横（huán）木头”（不讲道理）、“提虚劲”（假装实力）、“滚龙”（不务正业的人）、“弯酸”（挖苦人）。

惊慌失措：“吓（há）人巴撒”（害怕）、“惊风火扯”（惊吓慌乱）、“刮地波风”（传闻祸事）、“摸不倒火门”（找不到原因或方法）、“神了”（发呆发蒙）、“麻辣”（棘手）、“烫手”（不好办）。

惹是生非：“宠祸”（挑拨）、“抽底火”（揭短或隐私）、“蛆蛆拱拱”（搬弄是非）、“卷”（骂人）、“卷花鸡公”或“卷过岗”（骂大街）、“抓扯”（肢体摩擦欲打架）、“打定子”（打架）、“使降（xiáng）”（作弄人）。

愚昧傻笨：“瓜娃子”（傻子）、“愚骨棒”（头脑不开窍）、“哈包”（做傻事）、“哈戳戳”（傻兮兮）、“憨棒儿”（笨蛋）、“瘟棒”（“瘟头”指不聪明、成绩不好）。

肢体动作：“车转”（转过身）、“车了”（走了）、“拉伸（cén）”（睡觉）、“喷（pēn）倒”（靠着）、“达膏”（摔倒）、“轱（gū）起”（藏着）、“开躺子”（跑开）、“轻脚细爪”（蹑足潜踪）、“塌起”（懒惰，坐着不动）、“歇气”（休息）

六、日常生活用语

指称：“个儿嘞”（我的）、“二块嘞”（别人的）、“种块子”（这样吧）、“弄块子（那样吧）”、“默（mái）倒”（以为）、“背时”（活该）、“落叫”（为人诚实）、“带续”（连累）、“凑伙”（支持）、“洗白”（没有了）、“紧倒”（长时间）、“神倒”（挺住）、“垮杆儿”（失败、垮台）、“哈数”（底数）、“松活”（轻松）、“客伙”（客人）、“扯拐”（出事了）。

性格心情：“讴起”（傲慢）、“抬（tāi）起”（拖延）、“莫儿起”（藏起，不表露）、“垮边掉形”（吊儿郎当）、“焉汤寡气”（无精打采）、“霉不喽馊”（不振作、不开朗）、“楼馊得很”（窝囊）、“吃欺头”（占别人便宜）、“捺火”（气愤）、“怄人”（气人）、“甩脱”（摆脱）、“爱搡人”或“日嚷人”（爱批评指责人）。

谦词：“得罪”（对不起）、“没来头”（没关系）、“没谨格得”（不是有意的，没有注意到）、“把啊得”（děi，不要紧）、“给你赔不是了”（给你道歉）、“没得事”（不用道歉了）、“拿（难）为你”（麻烦、感谢）、“不存在”（不用了）。

称动物：“牙猪”（公猪）、“草猪”（母猪）、“脚猪”（种猪）、“褂褂儿”（鸭子）、“抱鸡婆”（孵蛋母鸡）、“猫猫鱼”（小鱼，相当于喂猫吃的鱼）、“蛴玛子”（青蛙）、“赖疙宝”（蟾蜍）、“马屎骨朵儿”（蝌蚪）、“曲散子”（蚯蚓）、“秋老虎”（螳螂）、“推屎爬”（屎壳郎）、“懒懒虫”（蝉）、“鬼头子”（蝗虫）、“亮火虫”（萤火虫）、“苍蚊子”（苍蝇）、“丁丁猫”（蜻蜓）。

称时间：“年申”（年度）、“清早八早”（清早）、“晌（sǎo）午”（中午）、“擦黑”或“挨黑”（黄昏）、“夜天”（昨天）、查二咯（前天）、“明儿咯”（明天）。

称方位：“顶岗”（高头）、“脚脚沓”（底下）、“咖咖（kā）头”（角落里）、“拐拐头”（拐弯处）、“左首”（左边）、“右首”（右边）、“那符”（那里）、“这符”（这里）、“二沓”（别的地方）。

称速度：“开飙”或“扑爬跟头”（快）、“慢胎胎”或“过趱”、“数脚板印”（慢）、“悠倒得”（中速）

称数量：“多二不少”（多少有点）、“一抹（mǒ）多”或“扫多”（很多）、“眼屎囊囊”（很少一点）、“一丝丝儿”或“一滴丁儿”（很少很少）、“无比苔”或“扫苔”“扫董”（很大）、“囊囊儿”（很小）。

第四节　谚　语

一、农事类

一本二本，庄家为本。
误了一年春，十年理不伸。
瘦土出黄金，只怕不专心。
麦从立夏死，小满正栽秧。
秧子栽得嫩，当上一道粪。
秋前十天无谷打，秋后十天满坝黄。
七月犁田一碗油，八月犁田半碗油，九月犁田光骨头。
深栽芋头浅栽秧，红苕栽在面面上。
寒露胡豆霜降麦，立冬菜子挨（ái 拖）不得。
八成熟，十成收，十成熟，两成丢。
人靠饭养，苗靠水长。
春分撵土蚕，玉麦（米）豆子吃不完。
田土炕（晒）得酥，当依（如同）下油枯。
山上多栽树，当依（如同）修水库。
屋前屋后多栽竹，三年以后换新屋。
桃三李四梨五年，苹果六年就是钱。
养猪不赚钱，肥了三亩田。
鸡鸭喂得全，不愁有油盐。

二、气象类

天黄有雨地黄晴。
狂风早雨大太阳。
冻惊蛰，晒清明，春寒有雨夏寒晴。
一日黄沙三日雨，三日黄沙九天晴。
重阳无雨一冬晴。
斑鸠叫唤要落雨，懒懒虫（蝉）叫唤要放晴。
鸡不进笼要落雨，丁丁猫（蜻蜓）赶场天要晴。
蜞蚂（青蛙）叫，雨要到。
猪拱圈，要变天。
有雨天边亮，无雨顶上光。
黑云盖顶，不落大雨就吹大风。
烟子不出门，必定雨淋淋。

清明要明，谷雨要淋。
立夏不下（雨），犁头高挂。
春分秋分，昼夜平分。
坏了处暑，必坏白露。
九月微微冷，十月小阳春。
明星落湿地，落雨不歇气。
天上斑云，明天晒死人。
惊蛰不起风，冷齐五月中。
过了立秋节，夜冷白天热。
月亮毛冬冬，不落雨也要起风。
云跑西，披蓑衣；云跑北，落到黑。
处暑有雨十八缸，处暑无雨干断江。

三、生活类

一顿省一口，一年节一斗。
吃尽美味还是盐，穿尽绫罗还是棉。
好吃不过茶泡饭，好看不过素打扮。
冬吃萝卜夏吃姜，一年到头少药汤（不用医生开药方）。
吃稀饭要搅，走溜路要跑。
吃人家口软，拿人家手短。
吃药不忌嘴，跑断太医腿。
早烟早酒，少活八九。
红配绿，臊（丑）得哭。
酒醉饭饱，活不到老；粗茶淡饭，身体强健。
攒钱犹如针挑土，用钱好像水推沙。
远水难救近火，远亲不如近邻。
秤不离砣，公不离婆。
少是夫妻老是伴。
爱人不爱钱，才能结良缘。
毛毛雨打湿衣裳，花生米吃烂家当。
家和家不败，人和万事兴。

四、哲理类

啥子将军打啥子旗号，啥子菩萨穿啥子颜料。
猪蠢一身肉，猴精光骨头。
叫唤的麻雀没有二两肉。
三穷三富不到老，十磨九难过一生。
黄鳝大，洞也胎（大）。

家中有金银，隔壁有戥秤。
屋内不生火，屋外不冒烟。
本本分分，各有一份。
跟着好人学好人，跟到端公跳假神。
吃得亏，打得拢堆。
酒吃人情，肉吃味。
杀鸡杀到喉，帮人帮到头。
人怕伤心，树怕剥皮。
滴水成河，粒米成箩。
石闲生青苔，人闲生疾病。
勤能补拙，俭可养廉。
天干不饿手艺人，雷公不打要饭人。
人勤担起山，人懒坐断槛。
闲时办来急时用，急时办来不中用。
人无千日好，花无百日红。
闲话少听，轻松一生。
咀欠嚼叭（絮叨调唆），祸害大家。
人生大舞台，跳端公还是“打长工”自己来。

第五节　歇后语

在方言中，人们创造暗喻事理的独特语言——歇后语，眉山人把这种语言形式称之为“展圆子”或“展彦子”，即在表述事物时，好像先摆出谜面，让人揭示谜底，诙谐生动。分类举例如下：

一、工作（生产）类

绸子上绣牡丹——锦上添花。
口袋里装钉子——个个都想出头。
草帽烘项项——出头了。
和尚敲木鱼——多多多。
狗吃牛粪——图多。
刺芭林里的斑鸠——不晓得春秋。
弹花匠的女——会弹不会纺。
癞疙宝穿腿裤——蹬打不开（忙不过来）。
石灰水写文章——尽是白字。
定子（拳头）春海椒——辣手。
青枫木雕罗汉——硬神（撑）。
豆芽上的脚脚——拐（错）得多。

瞎子打瞌睡——不显眼。
黄连水洗头——苦脑（恼）。
口袋装茄子——叽叽咕咕。
狗咬老鹰——差得天远。
瞎子戴眼镜——多余的圈圈（摆设）。
城墙脚下卖米——拿不上市（见不得人）。
灯草打鼓——不响（没有成绩）。

二、人品类

半天云里点灯——高明。
桅杆上挂剪刀——高裁（才）。
井里栽花——根子深。
戴着斗笠亲嘴——够不上（比不过）。
吃稀饭不用筷子——喝饱（活宝）。
半天云的口袋——装风（疯）。
三尺长的梯子——搭不上檐（言）。
炒红萝卜撒辣椒面——显摆不出来。
屋脊上的冬瓜——两面滚。
螃蟹的眼睛——活的（滑头）。
芭蕉树改（解）板子——无用之才。
三花脸（丑角）升天——丑死了。
鹅蛋补巴巴——大坏蛋。
大街上贴布告——众所周知。

三、行为作风类

扛竹竿进巷子——直来直去。
待招（理发师）的徒弟——从头学起。
癞疙宝滚溮缸——忍气吞酸。
眉毛失火——红了眼。
三张纸画个脑壳——好大的脸面。
飞机上的尾巴——翘到天上去了。
癞疙宝跳上秤盘——不晓得自己的分量。
空棺材出丧——木（目）中无人。
老鼠爬秤钩——自秤。
窈旦子（旦角）坐飞机——颤上了天（炫耀、显示）
半夜吃柿子——按倒烂（软）的捏（欺软怕硬）。
吃苞谷粉打嚯咳（呵欠）——满口黄腔（不讲道理的话）。
吹火筒做眼镜——长起眼睛看人（瞧不起人）。

自行车下坡——不踩（不理睬人）。
苍蝇衔秤砣——绷嘴劲。
外侄打灯笼——照舅（照样，无创新）。
水牛角里泡泡菜——弯酸（讲讽刺话）。
大肚子走钢丝——铤而走险。
灯草织布——枉费心机。
九曲桥上拖斑竹——拐弯抹角。
聋子拉二胡——胡扯。
对着镜子作揖——自己恭维自己。

四、生活类

胸口上挂钥匙——开心。
矮子过河——淹（安）心。
磨子上睡觉——想转了。
癞痢壳头上的虱子——明摆着。
大姑娘说媒——难张口。
三伏天穿棉袄——不是时候。
火葬场开后门——专烧（骗）熟人。
蚊子咬菩萨——认错人。
家婆死儿——没舅（救）。
披蓑衣救火——惹火烧身。
癞痢壳跟倒月亮走——沾光。
罗汉请观音——客少主人多。
叫花子看戏——穷快活。
签担（竹竿）挑砂锅——两头抹脱（两头空）。
寿星老汉吊颈（上吊）——嫌命长（不爱惜身体）。
打起灯笼捡粪——找屎（死）。
棺材里头放火炮——吓死人。
猪尿包上戳一刀——气消了。

第七章　民　谣

眉山市境内流传民谣反映劳动人民劳动、道德及情感等文化，反映旧时劳动人民生活艰辛和乐观。民谣主要包括劳动歌、道德歌、情歌、儿歌。

第一节 劳动歌

一、薅秧歌

大田薅秧水深深，薅秧之人听原因：一来要把草薅倒，二来要把水打浑。

晒死人，只望老天起朵云，身上晒起果子泡，汗球滚滚湿衣襟。辣焦焦，晌午太阳像火烧，绅粮手摇鹅毛扇，庄稼老汉把秧薅。日落岩，丈夫薅秧不回来，糟上猪儿无人喂，床上娃儿哭哀哀。

二、扁担歌

一根扁担四个钉，一头重来一头轻。一头挑的是韩湘子，一头挑的是吕洞宾。韩湘子呕吕洞宾，唱个童子拜观音。童子没得观音大哟，秤砣虽小压千斤。

三、抬工歌

栀子花儿白，桃子花儿红。桃花头上戴，栀子挂在胸。手比栀子白，花红脸更红，白呀白如雪，红呀红彤彤。幺姑逗人爱，情歌情意浓。哪天成婚配，花开月月红。

四、榨油歌

手拿油锤把榨撞，震得油房晃晃当。亮晶晶的清油哗哗地响，白花花的棬油像米浆。一锤榨油斤三两，百锤千锤油满仓。有钱人家锅头噼叭响，油酥果子甜又香，大人娃儿吃得来肥又胖，太太小姐姐嘴角流油亮光光。唯有那榨油匠吃不上油一两，婆娘娃儿顿顿莫米粮。心想丢下油锤另行闯，一家老小靠啥子过时光？莫奈何操起油锤再把榨来撞。

五、撑船歌

好男当兵上前线，当兵队伍出眉山。坐我大船去武汉，战争火线扯得宽。哪怕飞机丢炸弹，哪怕大炮起狼烟，冲锋杀敌走在前，立功喜报送眉山。抗日战争胜利时运转，你我大家都团圆。

六、拉纤歌

脚蹬石头手刨沙，为儿为女为冤家。纤索勒进肉里头，眼泪汪汪朝前爬。

七、做鞋歌

青菜苔、白菜苔，妈妈教我学做鞋（hai）。加加劲、密密排，连夜做起十二双大花鞋，赶快交到妈妈手，拖张桌儿摆起来。

八、报路歌

满天星，看得清。跑不脱，踩倒脚。

天上明晃晃，地下水凼凼。

头顶一朵花，地下稀泥巴。
两石夹一缝，踩石莫踩缝。
么二拐，两边摆（拐弯）
照（注意）高（头），弯腰。

第二节　道德歌

一、接了婆娘忘了娘

鸦雀飞来尾巴长，接了婆娘忘了娘。老娘吃的粗茶饭，媳妇吃的炖鸡汤。老娘睡在板板铺，媳妇睡的雕花床。老娘穿的烂棉袄，媳妇穿的绸缎装。是人终归都要老，到时方知白眼狼。

二、教子歌

为娘从此去修行，叫声我儿听分明。一尺五寸养你大，送你读书长成人。你娘今后离家去，切莫懒惰混光阴。赶场买卖少喝酒，花街柳巷万莫行。早晚勤劳别懈怠，何愁粪土不成金。

第三节　情　歌

一、情哥到绣楼

月亮爬上东山后，情哥来到奴绣楼。奴家坐在大门口，假意绣花把线抽。情哥门外咳声嗽，脚踩脚儿上绣楼。我俩喝个交杯酒，恩恩爱爱到白头。

二、泡好香茶等妹来

金花银花掉下崖，幺妹穿双绣花鞋。金花银花我不爱，我爱幺妹好人才。金花银花掉下河，小哥干活上山坡。幺妹将花摘几朵，送与阿哥泡茶喝。幺妹送花我心爱，双手把花抱在怀。拣把干柴烧起火，泡好香茶等妹来。

三、望夫歌

正月里来春景美，年酒虽甜懒端杯，懒心懒肠无心睡，眼泪汪汪望郎归。二月望夫心似灰，燕儿双双梁上飞。鸟儿都是成双对，人不如鸟事难为。三月阳雀开了嘴，然何春回夫不回？丢下妻儿在家内，孤儿寡母泪双垂。四月望夫蚕房内，养蚕思郎多少回，儿放田边桑树下，浑身滚得泥和灰。五月望夫端阳会，龙舟下水浪花飞。奴心恨不付江水，顺流而去把郎追。六月河里涨大水，然何水归夫不归？河中多少望夫泪，岸上多少妻儿悲。七月望夫鹊桥会，空渡鹊桥去会谁？牛郎织女年年会，夫君为何久不回？八月望夫相思泪，月饼圆圆瓷盘堆。月圆饼圆家不圆，孤孤单单心似灰。九月望夫重阳聚，秋风落叶把根归。冷冷清清在家内，沉沉长夜难入睡。十月望夫小阳春，遍地叶草尽枯萎。风卷残叶飘万里，音信杳无夫理亏。冬月望夫寒霜冻，雪花朵朵满天飞。雪花似妻盼夫泪，哭断肝肠多少回。腊月望夫除夕尽，送了旧岁迎春回。人家门前贴红对，奴家只贴“盼夫归”。望夫望断岷江水，望夫望断白云飞。望去望来夫不归，朝朝暮暮珠泪垂。

第四节　儿　歌

一、猜中指

猜中指，打中皮，一连打你十二皮。老南瓜，煮不粑。豇豆茄子煮得溜溜粑。

二、打巴掌

打掌掌，拍巴巴，家婆有米不做粑，烧锅水来烫琪玛，烫得琪玛板，家婆吓得干呐喊。

三、金银花

金银花，十二朵，大姨妈，来接我，猪抱柴，狗烧火，猫儿煮饭笑死我。

四、幺姑接嫂嫂

鸡冠花，绿豆草，打发幺姑接嫂嫂。嫂嫂门前一对鹅，逮回家去敬公婆。公婆不吃油炒饭，烧起锅儿去打蛋。公一碗，婆一碗，两个幺姑大半碗，幺儿媳妇舔锅铲。

第八章　当代俗语

随着改革开放和市境内外频繁交流，眉山市各行各业中新出现部分俗语，反映了生产和生活物质条件的变化。

第一节　称谓语

“老板”：称实业主。对单位领导人的谑称。有的称“老总”。

“师傅”：对不相识的男性的招呼。

“司长”：单位对专业汽车司机的谑称。

“某座”：对机关领导的敬称。

“某总”：称呼总经理、总工程师、总设计师、总编辑等。

“哥子”：年轻男子交谈间的称呼。
“美女”：对不相识女子的称呼。
“网民”：经常上网者。
“股民”：经常炒股者。
“彩民”：经常买彩票者。

第二节　形象语

“帅哥”。漂亮的小伙子。
“老帅哥”。健康、精神、伸展的中老年男子。
“靓妹”。漂亮的姑娘。
“方脑壳”。头脑简单、愚笨、讲话不随和。同样的形容还有“脑壳里长包”“脑壳里进水”等。
“变态”。举止失常、精神上有问题。也作指责别人行为反常的用词。
“假打”。指为人虚伪，即传统方言“装风迷窍”的意思。
“新潮”。穿着时尚、用具现代的人。
“潇洒”。清高洒脱、气宇不凡，也指无牵无挂、日子过得舒坦的人。
“圆梦”。勤奋、务实，努力实现自己理想、夙愿的人。

第三节　作风语

“爬高摸顶”。主动作为创一流。
“接地气”。深入基层、深入群众。
“担当”。大事难事勇于承担。
“法治”。立法、执法、司法、守法、法律监督，依法治理国家和社会。
“喝酽茶”。无所事事。也指闲职岗位。
“克隆”。照搬照套。
“勾兑”。通过物质交易调和人际关系，通指贿赂。
“搁平”。搞折中主义，八面玲珑，大事化小，小事化了，化解矛盾，平息事端。
“吃皮”。获取不正当收入。
“吃爆皮”。突然非劳动、非科技地发财。
“吃安胎”。当白吃先生。传统方言中的“吃粑伙”、“吃欺头”。
“泡吧”。沉溺于茶馆、酒吧、网吧。
“放水”。赌场向输者放高利贷。

第四节 生活语

“农家乐”。农家办的集休闲、娱乐、体验、餐饮为一体的活动场所。

“园区”。农业、工业、科研分类集中运作区域。

“生态”。保护生物在其特定的自然环境下生存和发展。吃穿住用行讲究无污染。

“有机”。吃、穿讲究用含碳原子的化合物。即天然水、无污染的食品。

“土”。如“土鸡”等。指非转基因、非工业饲料饲养的食用禽畜。也指使用原始方法、原始工具，如“土刀修面”等。

“刷卡”。使用信用卡取款和支付购物及公共服务款项。

“打的”。乘出租车（计程车）。

“高铁”。高架快速列车。

“超市”。自选商场。

“快餐”。迅速提供饭食，如盒饭、汉堡包等。

“快递”。邮件的特快专递。

“买单”。饭店就餐后做东者付账。

“签单”。有签字权力的人在付账或记账单签字，并以此作为结算凭证。

“炒”。炒股、炒作。

“充电”。学习、培训。

“放电”。送秋波。

“曝光”。被新闻媒体披露。

“下海”。由行政、事业单位转行经商办企业。

“下岗”。企业改制时部分职工失业。

“解套”。解脱了困境。如炒股从低迷中解脱出来。

“短路”。突然发懵，答非所问，语无伦次，或办事失常。

“红封”。即“红包”、彩头，喜庆日子亲友互赠的彩礼。也指对官员的贿赂。

“下课”。解职、退职、退休，从岗位上下来。

“小耍”。打牌等小赌，输赢数量少。

“不好意思”。对不起。

“不存在”。没关系。

第三十六篇　区县概况

1997年5月，从乐山市划出眉山、仁寿、彭山、洪雅、丹棱、青神6县设立眉山地区。2000年6月，撤销眉山地区，设立地级眉山市和县级东坡区。调整后，眉山市辖东坡区和仁寿、彭山、洪雅、丹棱、青神5县。2012年，眉山市仍辖1区5县未变。1997—2012年，眉山市各县（区）委、县（区）政府坚持以经济建设为中心，创新发展思路，优化发展环境，深化改革开放，实现从计划经济体制向社会主义市场经济体制的重大转型，实现从温饱型社会向小康型社会的重大转变，经济保持又好又快发展，综合实力不断增强。仁寿县成为国家粮食、生猪生产基地县。彭山县成为中国长寿之乡、中国商品粮和瘦肉型猪生产基地、国家级生态示范区，有“长寿之乡、忠孝之邦”的美誉。洪雅县成为全国生态农业先进县。丹棱县成为全国农村生态文明家园建设试点县、国家级生态示范区、省级生态县。古蜀王蚕丛故里青神县被誉为“中国椪柑之乡”“中国竹编艺术之乡”。

第一章　东坡区

东坡区地处四川省南部，东邻仁寿县，西接丹棱县，北界邛崃县、彭山县，南连青神县、夹江县，西北与蒲江县接壤。东西长48千米，南北宽46千米。成（都）乐（山）高速公路和省道103线纵贯，省道106线横穿境内。2012年年末，辖通惠、大石桥、苏祠3个街道办事处，松江、象耳、崇礼、太和、悦兴、永寿、思蒙、修文、崇仁、多悦、尚义、万胜、秦家、富牛、白马15个镇，土地、复盛、复兴、柳圣、金花、广济、三苏、盘鳌8个乡，64个社区、238个行政村。全区总户数34万户，户籍总人口86.48万人，其中非农业人口33.35万人；总面积1331平方千米。城区建成区面积43.61平方千米，全区城镇化率48.58%，森林覆盖率33.4%。

第一节　城乡建设

一、城市建设

1997 年，眉山县启动下大南街、下西街、天华街等地段房屋拆迁改造，拆除老式平房建筑 939 万平方米，回迁安置大北街等地段拆迁户，面积 1.7 万平方米，房地产开发 2 幢 7900 平方米。

2012 年，全区城镇建设投资 45.2 亿元，新开工房地产、商业项目建设面积 20.29 万平方米。截至 2012 年年底，全区通过实施旧城改造，道路黑化、硬化、亮化建设等工程，极大改善了乡镇面貌和居民居住环境。全区基础设施建设投入约 10 亿元。城镇化率 50.06%。保障性安居工程累计修建公共租赁住房 1463 套，经济适用房 214 套，限价房 135 套，城市棚户区改造 1254 户，工矿棚户区改造 160 户，发放廉租住房租赁补贴 4108 户 5537 万元。

二、乡村和集镇建设

2007 年后，东坡区投入 2000 万余元，完成 6 个重点乡镇控制性详细规划编制、区域新村总体规划、1 个新农村综合体规划和 80 个新村 195 个聚集点村庄规划，完成 4 个片区 45 平方千米控制性详细规划和城市设计编制。启动 95 个新农村聚居点规划编制和部分产业布局规划。系列规划编制为城市、集镇、园区、新村建设提供法定审批依据。实现规划全覆盖。城镇化率增至 33.92%。2010 年起，实施农村危房改造。2012 年，全区规划新建松江镇新民村、白马镇营盘村、尚义镇七里村等 10 个新村点。截至 2012 年年底，全区完成所有乡镇规划编制。累计改造农村危房 5056 户。

三、交通运输

1998 年起，眉山县按照“县乡道路标美化、乡村道路网络化、村社道路水泥化”建设目标实施道路等级化改造。2000 年，全县建成货运有形市场 5 处。2003 年，东坡区有货运车辆 3400 辆，运输拖拉机 1050 台，货运量 500 万吨，货物周转量 2.43 亿吨千米。至 2007 年，共投资 1.08 亿元建设通乡标美路 300 千米，投资 15 亿元建设通村水泥路和油路 1000 余千米。2008 年，区政府进一步放宽货运市场准入制，吸引各类投资主体投资货运市场，当年新增各类机动车 1442 台 3546.5 吨。2010 年，联结成乐绵的城际轻轨铁路开建，东坡区境内全长 33.2 千米；遂（宁）资（阳）眉（山）高速公路开建，东坡段 41 千米。截至 2012 年年底，全区共投资 2.61 亿元，建设通乡、通村公路 297.6 千米；眉山崇仁至尚义公路工业环线、眉（山）青（神）快速路全长 22.4 千米；建设城南工业大道等一批园区路；改造加固岷江一桥、修文大桥。全区 23 个乡镇 3 个街道办事处全部建成标美路，80%的村通水泥路和油路，形成以成乐高速公路为主干，省道 103 线和 106 线为骨架，区乡标美路、通村路四通八达的交通网络，实现乡镇到中心城区“半小时经济圈”。全区货运车辆保有量 1.67 万辆，货物周转量 205.89 亿吨千米，有 100 辆以上运输车辆的货运规模企业 15 家；有营运客车 500 余辆，客运量 884.03 万人次、旅客周转量 3.06 亿人千米，分别比 1997 年增长 65%和 16 倍。

四、邮电

1997 年，眉山县邮电业务收入 4147 万元，其中农村电话业务 437 万元。邮政储蓄余额 5007 万元。报刊流转额 380 万元。订销报纸 746 万份。全县投入通信建设资金 3000 万元，解决通信基础薄弱问题，市话装机容量 1.5 万门。新增市话装机 3884 户，农话装机 930 户。年末电话装机 1.48 万部，其中城镇 1.26 万部、农村 7203 部。有邮电支局（所）、代办点 64 个。2000 年，邮政电信分设，邮政业务收入 470 万元，邮政储蓄余额 6277 万元，邮政特快专递 3.36 万件。年末全县本地电话用户 5.91 万户，移动电话用户 2.55 万户，互联网用户 1951 户，村组通话率 74%，农话装机总数 2.56 万部，农村电话入户率 12.8%。2012 年，东坡区邮电主营业务总量 2768 万元，年末固定电话用户 15.3 万户，其中农村固定电话用户 5.79 万户，移动电话用户 72.16 万户，互联网宽带用户 9.65 万户。

第二节　经济发展

一、经济总量

1997 年，眉山县地区生产总值 31.36 亿元，占全市的 29.8%。其中第一产业 9.24 亿元、第二产业 13.14 亿元、第三产业 8.99 亿元。2012 年，东坡区地区生产总值 267.2 亿元，经济总量比 1997 年翻了近三番、占眉山市的 34.47%。其中第一产业 37.02 亿元、第二产业 156.52 亿元、第三产业 73.66 亿元。一、二、三产业比例由 1997 年的 29.5∶41.9∶28.7 调整为 13.8∶58.6∶27.6。初步改变农业大县、工业小县、财政穷县局面，逐步向工业强县、经济富县目标迈进。

二、固定资产投资

1997 年，眉山县固定资产投资总额 7.11 亿元，其中基本建设投资 1.8 亿元、房地产开发投资 0.4 亿元。主要在建项目为嘉阳钢厂、眉山车辆厂、建行办公大楼和地区电信大楼。此后，固定资产投资快速增长。至 2001 年，东坡区全社会固定资产投资总额 13.6 亿元，其中基本建设投资 6.1 亿元、房地产开发投资 1 亿元。主要实施自来水厂建设、106 线改造、眉山金象化工 6 万吨合成氨工程。2012 年，全区全社会固定资产投资 152.06 亿元（不含经济技术开发区）。其中基本建设投资 83.08 亿元，房地产开发投资、更新改造投资 43.34 亿元；按产业划分，第一产业 2.9 亿元、第二产业 77.49 亿元、第三产业 71.67 亿元。全年投资规模 500 万元以上的项目 272 个，投资总额 126.42 亿元，其中新开工项目 182 个，计划总投资 124.23 亿元。房地产开发施工面积 312.79 万平方米，竣工面积 44.09 万平方米，销售面积 103.36 万平方米。全区经济发展中投资拉动效应明显，年均投资增速保持在 30%以上，投资总额是 1997 年的 21 倍多。

三、农业

1997 年起，眉山县大力建设农村户用沼气池。当年建成农村户用沼气池 2150 口。年末全县粮食播种面积 7.4 万公顷、总产量 42.07 万吨，生猪出栏 64.24 万头，水产品总量 6700 吨，农民人均纯收入 2208 元。1999 年起，全县启动退耕还林工程和天然林保护工程。2000 年，加大水利等农业基础建设投入，实施“国家优质粮食产业工程现代装机装备推进项目”。实施土地流转，当年土地流转940公顷。此后，东坡区以“两化互动，统筹城乡”（新型工业化、农业产业化）为统领，以农业增效、农民增收为目标，加强农业基础建设，推进农业产业化发展。引进国家级龙头企业温氏食品集团公司新建15万套祖代种鸡场，培育存栏纯种母猪1800头的万家好生猪繁育场，构建良种繁育体系。全面深化农村经济体制改革，完善农村家庭承包经营模式，确权颁发农村土地承包经营权证、林权证。逐步减免征直至取消农业税费。

2009年起，东坡区按产城一体、文城一体、景城一体原则建设中国泡菜城，规划10平方千米，其中核心区3.5平方千米。连续举办泡菜文化节或博览会，提升东坡泡菜知名度。2011年，泡菜基地标准化“一江三线四园”初步建成（岷江；成乐高速公路、省道103线和106线；太和永丰、太和三江、三苏、思蒙示范园）。建成无公害农产品面积4.96万公顷。至2012年，全区农业产业优势凸显，名优特产种类增加。农业基础建设累计投入16.5亿元，新修整治各类水利工程项目5.21万处、整治渠道1612.5千米，农业基础条件大幅提升。农业产业现代化、农民创业、生态家园建设、粮油高产创建、特色效益农业发展等项目相继落户东坡区。建成示范社部级1家、省级8家，泡菜城文化广场、中国泡菜博物馆，无公害蔬菜、水果、水产、蔺草、药材等“一村一品”专业村90个，水果专业乡镇2个。有市级以上农业龙头企业40家。各类农村专合组织205个，带动农户16.8万户。获国家认证绿色食品83个。全区泡菜食品企业66家，其中规模以上企业36家，亿元产值以上企业8家，泡菜企业员工2.5万人，加工量突破120万吨，产值80亿元，税收超亿元。农机年作业面积11.2万公顷，机械化收割80%以上，农机化综合水平58%，居全市区县首位。粮食、油菜、蔬菜、水果总产量分别为45.1万吨、3.37万吨、134.98万吨、28.1万吨；蔺草2333公顷，总产量9.6万吨，产品出口日本；生猪出栏136.3万头；水产养殖面积3066公顷，总产量3.76万吨。农民人均纯收入8864元，森林覆盖率25.65%。跻身全国粮食生产大县、全国蔬菜生产大县行列，荣获“中国优质稻米之乡”称号。为全省现代畜牧业重点县，生猪产业列入国家现代农业示范性支柱产业。实现农业大区向农业强区的跨越。

四、工业和建筑业

（一）工业

1997年起，眉山县作为地区行署所在地，抓住发展机遇，大力实施工业强县战略。当年，全县工业总产值25.77亿元，工业增加值6.48亿元，销售收入21.24亿元，入库税金7415万元，工业经济水平低。1999年，完成国有工业企业产权制度改革，实现“2个100%”（国有工业企业产权100%，国有工业企业职工身份100%）转变。2000年，全县以“项目为抓手”，推进重点工业项目建设。立足资源优势，扶持优势重点企业做大做强，创建企业品牌，推动工业经济发展。

2001年起，东坡区坚定不移走“工业强区”之路，工业经济成为全区经济发展的核心引擎。调结构、树品牌，发展现代农业。2006年起，实施节能降耗，淘汰落后产能。2012年，全区实施工业项目184个，完成工业固定资产投资77.4亿元，其中技改项目136个、投资43.3亿元。截至2012年年底，千禾味业、吉香居、味聚特、茂华食品等重点企业通过技改，成为行业排头兵。全区形成以生物医药、机械电子、泡菜食品为主导的“两园三产”结构和食品、机械电子、冶金、化工、生物医药为主导，建材、饲料、造纸等传统产业共同发展的格局。重点发展食品产业，建成“东坡泡菜”工业地标和产业名片。全区两个园区入驻企业89户，其中规模以上企业44户，实现产值34.6

亿元。全区规模以上工业企业增至 177 户，工业总产值 290.74 亿元，工业增加值 68.46 亿元，工业税收 6.28 亿元，工业化率 52.1%，对经济增长贡献率 60.2%，拉动经济增长 9.1 个百分点。有中国驰名商标 11 个，四川省著名商标 19 个，中国名牌 1 个，四川省名牌 49 个。

（二）建筑业

1997 年，眉山县建筑业从业人员 2.03 万人，总产值 6.59 亿元，房屋施工面积 93.37 万平方米，竣工面积 54.89 万平方米。2000 年，全县建筑业从业人员 2.61 万人，总产值 12.11 亿元，房屋施工面积 163 万平方米，竣工面积 111 万平方米。商品房销售面积 6.89 万平方米，销售额 6104 万元。2012 年，东坡区具有资质等级的建筑企业 51 个，建筑业总产值 48.5 亿元、增加值 17.33 亿元、利税总额 4.4 亿元。房屋施工面积 385 万平方米，竣工面积 161.5 万平方米。房地产开发投资完成 23.38 亿元，商品房施工面积 312.79 万平方米，竣工面积 44.09 万平方米，其中住宅 255.85 万平方米。商品房销售面积 103.36 万平方米，销售额 41.46 亿元。

五、商贸服务和旅游业

（一）国内贸易

1997 年起，眉山县举办商贸活动。至 2000 年，全县社会消费品零售总额 12.46 亿元，第三产业增加值 13.07 亿元。外贸出口 515 万美元。2001 年起，东坡区按照“三产活区、商贸兴区”思路，持之以恒推进第三产业。加快市场建设，完善市场功能，在中心城区新建成各类专业市场 8 个，引进肯德基、苏宁电器、太平洋证券、人人乐等世界或中国 500 强知名商贸企业，引进眉州东坡酒楼、味道长酒楼、苏轼酒楼、川江号子、风行天下等著名餐饮企业。2005 年起，全区启动万村千乡市场工程，设立农家店 224 个，配送中心 2 个，农家店信息化改造 20 家，“一村一品”覆盖率 100%。其中眉山市福瑞商贸有限公司、眉山市民兴农资连锁有限公司被商务部批准为“万村千乡”市场工程试点企业。2006 年后，全区相继引进摩尔玛、双星、大润发、沃尔玛、亚马逊等知名企业。2008 年起，开展“家电下乡”“家电以旧换新”“放心酒示范企业（店）”活动。2011 年，实施农（产品）超（市）对接市场工程，6 家农村专合组织开展“农超对接”。湖滨路“美食一条街”被评定为全省首批 20 条“四川特色商业街”之一。被省商务厅评选为“四川泡菜优秀经销企业”1 户、“四川泡菜开拓国际市场优秀企业”4 户。截至 2012 年年底，先后举办东坡区广济桃花会、东坡区旅游文化节、水天花月首届国际亲水节等商贸活动，全区年均举办各类商贸活动 60 余次。基本形成十条特色街，有中央商业区 5 个和各类流通企业近万家，其中年销售亿元以上的企业 5 家，限额以上的批发零售企业 120 家，从事商贸业的个体户近 3.2 万户，拥有各类从业人员 15 万余人。全区农贸市场和各类专业市场 42 家，年营业额 6 亿元。全区有外资企业 13 户。社会消费品零售总额 87 亿元、第三产业增加值 73.66 亿元，分别是 2000 年的 7 倍、5.6 倍。

（二）对外经济

2003 年，东坡区利用外资 478 万美元。2012 年，承办“第四届中国四川泡菜国际展销会”，全区 55 家泡菜企业与国内外经销商、部队、高等院校签订合同金额约 15 亿元。

（三）旅游业

东坡区处于成都—峨眉—乐山川西南旅游黄金线中段，景区、景点交通便利。区内有国家 AAAA 级旅游景区三苏祠，全国农业旅游示范点广济鸭池桃花山，省级森林公园寨子城；有国家级重点文物保护单位 2 个，省级文物保护单位 9 个，市级文物保护单位 23 个；有中国泡菜博物馆、水天花月、蟆颐观、白塔山、外滩·远景楼、苏洵墓·老翁泉等景区景点10余个，有香火旺盛的极乐寺、华藏寺，有全新打造的乡村旅游综合体白马镇幸福龚村·生态家园。全区旅游景区（点）各具特色，是四川省首批“省级乡村旅游示范区”。

2001年起，东坡区大力发展特色旅游业，建设鸭池桃花山、象耳圣境月、复盛桂花湖、多悦望月湖、崇礼水天花月等星级乡村旅游和城市休闲游景点景区，以及省道106、省道103沿线乡村旅游示范区。2005年起，编制省道106线乡村旅游总体规划及五个重点点位修建性详细规划，编制省道106线寨子城、三苏湖、望月湖、苏洵家族景区招商项目书。至2012年，东坡区田园生态游线路被推荐为全省十条乡村旅游精品线路之一。建成省道106线投资上千万元的乡村旅游项目4家。晋凤羊肉、马氏芝麻糕等旅游特产相继荣获“四川老字号”称号。全区有规模以上农家乐70家、旅行社9家，获省、市命名的特色旅游商品12个，旅游从业人员8500人，旅游总收入26.64亿元，游客总数410万人次。

六、财政　金融

（一）财政

1997年，眉山县实施适度从紧的财政政策，优化支出结构，量入为出，保证重点需要。规范县乡财政体制，建立乡镇财政所和乡镇地方税务所，明确职责和管理方式。全县国有企业39户、资产总量9.35亿元，负债总额9.18亿元，净资产1635万元，资产负债率98.25%。财政预算收入1.15亿元，其中工商税收5679万元、农业“四税”2756万元，财政支出1.46亿元。2000年，眉山市区事权划分调整影响到财政收支总量和结构。东坡区完善政府采购制度，实行行政事业单位工资统一由财政直接支付银行代发，行政事业性收费统一银行代收。全区一般预算收入1.24亿元，其中工商税收3948万元、农业“四税”2090万元。一般财政预算支出2.24亿元，当年赤字830万元。

2009年，东坡区实施财政改革，重点推行完善综合预算，细化部门支出预算，压缩行政成本支出。实行国库集中支付，加强资金运行监管。强化灾后重建，中央扩大内需项目资金等专项资金的重点检查。推进“金财工程”“农民补贴网”“政府采购信息网”等现代网络支付和监管平台建设，全面启动公务卡规范公务支出行为。2010年，加大项目投资，促进经济发展。全区工业和招商引资投入15亿元，支持经开东区、经开新区等园区做大做强。2012年，全区财政总收入27.24亿元，其中公共财政收入10.06亿元。公共财政支出26.73亿元。支出增加最多的项目为教育、医疗卫生、科技和文化体育，年均增长29.9%。投入工业发展资金5.6亿元，促进重点园区建设和支持千禾味业、吉香居等重点企业技术改造。

（二）金融

1997年，眉山县实施适度从紧的货币政策，防范和化解金融风险，整顿金融秩序，金融业务较快发展。年末全县有各类金融机构网点184个。金融机构存款余额22.85亿元，各项贷款余额24.89亿元。

2008年，东坡区启动集体林权制度改革，开展林权抵押贷款。2009年后，建设诚信金融环境，构建一流融资平台，规范新型金融机构和金融中介机构，减少和控制金融风险，为经济发展提供融资平台。区政府配合相关金融机构处置不良贷款，维护金融生态环境。启动创建省级“金融生态环境示范区”。全区围绕重点建设项目、中小企业融资、统筹城乡、“三农”发展等搭建银行、政府、企业对接平台，引导金融创新和转变服务方式，金融与地方发展“双赢共进”。2012年，交通银行、乐山商业银行与东坡区签署战略合作协议，分别承诺“十二五”期间向东坡区食品工业、工业增加10亿元、20亿元信贷投放。年末全区存款余额361.63亿元，贷款余额194.16亿元。东坡区信用联社累计抵押贷款9163万元，组建互助会员制担保企业。开展动产质押第三方监管贷款，变企业存货为抵押物，缓解企业因抵押物不足产生贷款的难题。

（三）保险业

1997年，眉山县有中保人寿眉山支公司、中保财产保险眉山支公司2家保险公司，承担人寿和财产保险。保费收入2580.7万元，赔付案件2561件，赔付保险金1411.7万元。2000年，保险公司抓机遇求发展，速度和效益稳步增长。保险机构全年承保额50.72亿元，保费收入5060万元。各项已决赔案8388件，已决赔款（含人寿保险满期给付）1477万元。2012年，东坡区有保险公司22家，其中财险11家、寿险11家。保费总收入16.24亿元，其中财产保险收入3.38亿元、人寿保险收入12.83亿元。

第三节　环境保护

1997年，眉山县启动生态建设，治理思蒙河、醴泉河小流域，引导畜禽养殖业向规模化、无害化、资源化发展，达到生态型“零排放”要求，全面实施生态家园、生态村、生态园区、生态乡镇建设，提升和改善环境质量。1998年，城区烟尘污染严重的粮油工业公司汤圆粉车间限期迁出城区，红星厂、铁工厂、酿造厂转制后，停止生产，结束城区工业企业烟尘污染。当年起，全县开展环境检查和巡查。1999年起，实施治理工业污染“三大战役”。2000年，关停五星造纸厂等4家规模较小、治理无望企业，分割报废制浆蒸球3个，关闭生产线。至2002年，东坡区永久性关闭万胜片区小硝厂62家；永久性地封闭复兴、金花两乡镇小石膏矿22个；对不能限时达标排放污染物的4家造纸厂强制实行断电封签停产治理，强行关闭鲜滩纸业工贸公司。

2003年起，集中整治制浆造纸企业，开展工业污染综合整治。至2006年，集中治理废水排放大户企业60户、工业污染源256家。完成省挂牌限期治理的衡锋铸钢、东升齿轮治理。2008年后，将醴泉河、思蒙河小流域治理和东坡湖治理列入重大民生工程。醴泉河治理投入资金2亿余元，经市监测中心监测，流域水质由劣五类改善到四类。2011年起，实施东坡湖治理工程。投入3467.85万元，完成东坡湖上游工业治理、畜禽污染治理、沟渠整治、生产生活垃圾收集清运等工程。全面启动思蒙河流域综合整治工程。首批思蒙镇宋堰村等7个村的村庄连片综合治理和白马镇龚村污水处理等3个项目，通过省环保厅验收。截至2012年年底，全区审批新、改、扩建项目634个，项目总投资37.53亿元，其中环保投资3.44亿元、占总投资的9.17%。企业投入近10亿元，治理企业200余家，投入资金1.5亿元，建成日处理废水17万立方米、废气每小时2500标立方米的治污设施。造纸企业投入6.3亿元，造纸能力由每年28万吨增至80万吨，增产不增污。规模和规模以上的57家泡菜食品企业投入3亿余元完成废水治理工程；化工行业3户企业投入4000万余元推广“零排放工程”“废水全循环工程”。

第四节 社会事业

一、教育事业

东坡区以素质教育为主题，以提升教育质量为核心，以加强队伍建设为根本，以改革创新为动力，以安全稳定为保障，大力整合农村教育资源，加快中心城区教育发展，推进教育持续、协调、健康发展。

2008年起，东坡区加强学校建设。做好学校安全工作。免除义务教育学生学杂费。至2012年，全区投入资金2.28亿元，新建东坡中学、东坡小学、东坡二中等学校80余所。全区有学校244所，其中普通高中11所、中等职业学校7所、初中34所、小学51所、特殊教育学校1所、幼儿园140所。在岗公办教职工6254人，在校学生11.07万人。重点本科上线523人，上线绝对人数连续四年居全市第一，高中教育本科硬上线万人比、本科硬上线率、重点本科上线率、优尖生人数高考四大核心指标连续16年居全市第一。

1997—2012年，全区免除义务教育学生学杂费8873万元，免费向农村义务教育学生提供教科书，为贫困寄宿制学生6.7万人次提供生活费4418万元，资助贫困学生1.2万人入学，解决残疾儿童2000余人入学问题。资助贫困大学生644人202万元。

二、科技事业

1997年起，眉山县科技工作按照科学技术是第一生产力理念，相继启动《眉山市东坡区“十二五”科技发展规划》《国家技术创新工程四川省试点东坡区实施方案》，以政府投入为引导，企事业投入为主体，金融机构、民间资本等多元化科技投入架构基本形成。2004年起，东坡区连续列入国家粮食丰产科技工程核心示范区。实施“优质中国泡菜现代关键技术研究与集成示范”项目，采用公司+产业+基地产业化特色发展模式。至2012年，全区科技投入6722万元，为企业争取科技无偿资金5000万余元，实施科技项目200余项，鉴定科技成果42项，申报科技成果转化项目18项，10个科技成果荣获省级科技进步奖，22个获市级科技进步奖。建成省级工程技术中心3家，省级企业技术中心8家，创建国家创新型企业1家、省级创新型企业9家，17家企业被认定为国家和省级高新技术企业。引进粮食新品种58个，推广新技术26项，开发新产品56个。建成国家和省级知识产权试点企业7个，专利申请1389件，授权885件，实施专利转化1160件。千禾味业、吉香居食品建成博士后流动工作站。

三、文化事业

1997年起，眉山县加大文化事业投入。重新布局和装修改造城区公共文化服务设施。举办眉山县第三届东坡文化节，成立三苏研究学会，征集眉山籍知名人士著述和资料300余册（件），三苏研究文献40余篇。2005年，眉山艺术学校原创少儿舞蹈《眉山丫头》获中央电视台少儿才艺大赛金奖。2007年起，建设乡镇综合文化站和街道文化活动中心。2009年，组建东坡区“心连心”艺术团，坚持“三贴近”原则，创作一批文艺节目，每年赴农村基层、学校、社区和企业演出120场次。

截至2012年年底，全区文化投入1亿元。整体搬迁图书馆，装修眉州文化大厦，维修眉山剧场，开发置换东坡电影城，新建东坡文化艺术中心大楼。建成乡镇综合文化站23个、街道文化活动中心3个。其中省级示范性乡镇综合文化站3个。新建乡镇文化广场19个、农家书屋238个、社区书屋64个。三苏乡望苏村利用民间资金800万余元建成国学书院，永寿镇利用通威集团投资300万余元建成文化活动广场，复兴乡动员群众捐资捐物600万余元建成藏书楼和文化活动广场等。成立文化艺术团12个，会员约1300人。区文化馆、区图书馆达到国家三级馆标准并全部免费开放。农村公益电影年放映2890场次，实现年均每村每月一场目标。全区组织开展各级各类文化活动3000场次，直接参与活动300余万人次。原创歌曲《走向辉煌》《绿色西部》获省“五个一工程”奖，舞蹈《眉山幺女》获第十二届全国校园春节联欢晚会金奖，川剧小品《脸》获“四川省第十三届戏剧小品大赛”一等奖2项、剧目优秀奖1项。

四、卫生事业

1997年起，眉山县加大鼠疫、霍乱、手足口病等重大疫情、疾病监测力度。乙类和丙类传染病报告率均在省定范围以内，无甲类传染病报告。在盘鳌乡建立“蜜柚产业园区”“竹业·藤椒园区”“土地生态保护与整治园区”3个示范园区，以点带面，推动全区血吸虫病防治达到传播阻断目标。

2004年起，东坡区创建国家卫生城市。实施乡镇卫生院项目建设。2005年，试点新型农村合作医疗，次年全面推开。国家财政补贴标准每年每人20元。2008年起，实施国家重点中医医院建设项目。2012年，争取到项目资金9600万余元。免费救治重性精神病患者300人，免费救助贫困白内障患者1000例；恶性肿瘤患者在原补偿基础上再提高15%，救助贫困癌症患者2020人；免费救治晚期血吸虫病人480人次，免费救助血检阳性患者1.31万人次。区人民医院（市中医院）通过三级甲等中医医院复评，区妇幼保健院通过二级甲等妇幼保健院评审，苏祠社区卫生服务中心成功创建省级社区卫生服务示范中心。区人民医院与区精神病医院整合。东坡区成功申报创建全国农村中医药工作先进单位。全区病媒生物防制工作通过省级达标验收，并通过省级卫生城市复审。截至2012年年底，全区投入国家重点中医医院建设项目资金6563万元，建设面积2.36万平方米；投入2927万元实施农村改厕7.65万户，创建省级卫生镇4个、省级卫生村12个。有医疗卫生机构431个，其中区级医疗机构8个，社区卫生服务中心3所，乡镇卫生院23所，村卫生室238个。社区服务中心、乡镇卫生院、村卫生室实行国家基本药物制度，全部配备和使用中标基本药物并“零差率”销售。参加新型农村合作医疗52.15万人，参合率99.91%，国家财政补贴标准每年每人增至290元。

五、社会保障

1997年，眉山县参加职工退休费社会统筹单位198户1.33万人，离退休职工4263人，国有企业养老保险覆盖面100%，养老金收缴率96%。112个单位职工1.49万人参加大病医疗费社会统筹。当年全县大病保险352人次，拨付医疗费补助83.45万元。98个单位1.05万人参加工伤保险，收保险基金16万元，赔付0.5万元。128个单位3200余人参加失业保险，年末失业保险基金120万余元，领取救济金16人。2000年，县政府将养老保险和失业保险扩大覆盖面列入重要工作议程。实施城镇职工基本医疗保险改革，基本医疗费用由单位和个人共同承担，实行统筹金和个人账户相结合。年末，全县1.11万人实行统一养老制度并建立个人账户，9311人纳入失业保险范围。63个单位5055人参加大病统筹，全年征收统筹基金278万元，为930人次支付医疗费284万元。40个单位

4461人参加工伤保险，5055人参加生育保险。

2012年，东坡区开展农村居民社会养老保险试点，养老保险以100元~1000元分10个档次缴费，养老金待遇为每月55元。全区企业基本养老保险参保11万人，其中离退休人员4.2万人，征收基金1.79亿元，全年发放养老金4.9亿元。在岗职工月最低缴费基数按1897元、最高按9481元的28%缴费，城镇个体户和灵活就业人员按2011年全省在岗职工月平均工资60%~100%五档确定缴费标准。年内调高企业退休人员养老金，月人均增加184.84元，人均增至1096元。全年新办征地拆迁居民社会养老保险2.04万人。城乡居民社会养老保险参保人数为35.95万人，个人缴费7264万元，财政补贴1272万元，享受待遇10.6万人，发放养老金7192万元。城镇职工医疗保险参保5.1万人，征收基金8911万元，医保支出8935万元；城镇居民参保16.2万人，征收基金5038万元，财政补助3985万元（每人每年补助240元），医保支出5002万元。城镇基本医疗支付最高限额上调至11万元，增加门诊重大疾病范围，上调城镇职工基本医疗最高支付限额至17万元，工伤保险参保3.04万人，其中农民工参保1.08万人，征收基金950万元；生育保险参保3038人，征收基金420万元，失业保险参保1.66万人，征收基金1226万元。

六、人民生活

1997—2012年，东坡区城乡居民收入稳步增长，各项存款余额快速增加，恩格尔系数逐步下降。

城镇居民收支 1997年，眉山县城镇职工人均年收入5335元，人均消费支出2987元，恩格尔系数61%。2004年，东坡区城镇居民人均可支配收入7316元，人均消费支出5405元，恩格尔系数45.7%。2012年，全区城镇居民人均可支配收入2.12万元，人均消费支出1.39万元，恩格尔系数44.6%。

农村居民收支 1997年，眉山县农村居民人均纯收入2208元，人均生活消费支出1658元，恩格尔系数66%。2000年，东坡区农村居民人均纯收入2542元，人均生活消费支出1813元，恩格尔系数51%。2005年，全区农村居民人均纯收入3696元，人均生活消费支出2587元。2012年，全区农村居民人均纯收入8864元，比1997年（下同）增加6656元，年均增长9.7%。人均生活消费支出5991元，增加4333元，年均增长87.9%。恩格尔系数39.1%，下降26.9个百分点。

存款余额 1997年，眉山县城乡各项存款余额22.85亿元。2000年，东坡区城乡各项存款余额41.16亿元。2005年全区城乡各项存款余额82.1亿元。2012年，全区城乡各项存款余额361.63亿元。

第二章 仁寿县

仁寿县位于四川中南部，东与资阳、简阳市连界，南与威远、荣县、井研县接壤，西与青神县、东坡区、彭山县相连，北与双流县毗邻。南北长97.8千米、东西宽70.8千米，行政界域总长2398.44千米。国道213线纵贯，省道106线横穿境内。2012年年末，辖文林、大化、文宫、高家、富加、汪洋、钟祥、始建、彰加、慈航、龙正、北斗、禾加、中农、禄加、宝飞、满井、龙马、方家、清水、视高、黑龙滩、兴盛、观寺24个镇，宝马、青岗、珠嘉、虞丞、古佛、板燕、鳌陵、藕塘、石咀、农旺、玉龙、涂家、松峰、四公、曹家、合兴、促进、洪峰、城堰、鸭池、谢安、双堡、新店、河口、板桥、凤陵、识经、天峨、兆嘉、景贤、曲江、元通、中岗、向家、龙桥、里仁36个乡，46个社区、570个行政村。全县总户数57万户，户籍总人口159.62万人，其中非农业人口31.7万人；总面积2608平方千米。县城建成区面积23平方千米，全县城镇化率29.37%，森林覆盖率37.06%。

第一节　城乡建设

一、县城建设

1997年，仁寿县启动旧县城改造，拆迁4.79万平方米，新建商住楼31万平方米、门市1.35万平方米，街道5条2.6千米。实现“政府不出钱，旧城换新颜”。此后，按旧城改造经验，逐年开发城中、城东、城南、城北4个新区。2010年，启动旧县城西北街危房拆迁安置工程，拆迁后的西北街纳入“两山”生态公园建设，居民分别安置在城北和城南新区的政府保障房居住。抓住仁寿全域天府机遇，按“一心四区”发展战略思路，高起点、高规格、高质量推进县城现代化建设。建设“两山”森林公园，高滩水库湿地公园、城北新区高档商住楼等，将仁寿城建成天府新区的最佳旅游城市。至2012年，建成一座集行政、商贸、旅游、科教、文体为一体的新县城。县城面积由1997年的3.5平方千米扩展到23平方千米，人口由5万人增至28万人。新城基础设施完善，功能齐全，宜工、宜商、宜居、宜医、宜教、宜游，成为八方游客向往的地方。

二、集镇建设

1994年，汪洋被列为全省试点镇。此后，富加、文宫、大化、黑龙滩、龙正、钟祥、始建、慈航、宝飞、北斗、龙马、禾加、视高等镇相继列为省级试点镇建设。小城镇建设遵循城镇化、工业化共融和先规划、后设计、再建设的思路稳步推进。至2012年，仁寿县列入小城镇试点镇建设的镇24个。累计投入资金33.08亿元，新建街道59条27.5千米，场镇面积由12平方千米扩展到52.2平方千米，建筑面积由39.5万平方米增至1931.8万平方米。居民由5.24万人增至31.4万人。每个小城镇基础设施完善，功能齐全，街道全部硬化或黑化和绿化、亮化，整洁美观。文林、汪洋、视高、龙正4个镇是仁寿工业集中区，年创税收亿元的有文林、汪洋、视高3个镇。文宫镇建成省级生态旅游镇。

三、新农村建设

2001年，仁寿县实施社会主义新农村建设。2004年投入3.2亿元，投工110万个，改造农村危房、消灭草房，新建砖混结构农房5万套，消灭无墙户1440户、农民住房条件得以改善。2006年起，建设社会主义新农村示范村。投资1300万元，在570个村中规划64个村为重点建设村。新农村建设以产业支撑为重点，按照“一村一品”“一村一特色”产业规划。经一年建设，确定24个村纳入省级新农村示范建设。累计投入示范村建设资金18.7亿元，仅2012年就投入12.8亿元，建成新村聚居点100个。文宫镇石家村、太清村建成以枇杷为主导产业的省级生态旅游村；大化水利建成村庄式综合功能较强的农林牧渔商学全面发展的新村。全县22个省级示范村经验收，基本符合标准。

四、交通运输

1992年，仁寿县按照“要致富，先修路”的思路，加快交通建设。1997年，全县有公路总里程1086千米。长途客运123班次，县内短途班车400班次，客运量520万人次，旅客周转量2.7亿人千米。货车1680台，货物周转量1.82万吨千米。至2003年，全县投资3.18亿元，按国家二级公路要求加宽、取直、填平、硬化国道213线，修成贯通南北大通道；投资4.73亿元，建成省道106线，与国道213线形成十字架大通道；投资6971万元，改造县道23条。2010年后，实施村通工程。2012年，全县有国、省、县、乡镇、村公路3061千米，其中等级以上公路1868千米。形成以国省道纵横交叉为骨架，县乡道为支架四通八达的公路网络。全县有汽车1.19万辆、客运企业6个、货运企业9个、城市公交企业1个。客运量增至2309万人次，旅客周转量16.48亿人千米。有城市公交车9路，日出公共汽车70辆。出租车215辆。货车增至1810台，货物周转量增至81.22万吨千米。全县所有村、40%的户通水泥路。

1997—2012年，全县公路建设投资83.11亿元。

五、邮电

1997年，仁寿县有固定电话2.24万部，营业收入2631万元。2012年，全县有固定电话11.9万部，移动电话74.59万部，互联网户2.84万户，营业总收入4.72亿元。

第二节 经济发展

一、经济总量

1997年起，仁寿县强力实施“工业强县”战略，不断掀起工业、农业、交通、城镇、社会事业和第三产业六大建设高潮。当年，全县地区生产总值33.65亿元、占眉山地区的32.2%。其中第一产业16.24亿元、第二产业8.11亿元、第三产业9.3亿元，三次产业结构48.26∶24.1∶27.64。农民年人均纯收入1517元，地方财政一般预算收入1.54亿元。民营经济健康发展。至2012年，全县县域经济实现快速高效发展。地区生产总值259.04亿元、占眉山市的33.42%，比1997年（下同）增长6.67倍，增速居全省第二位，总量居全省59个扩权强县试点县第二位。其中第一产业产值59.36亿元、增长2.65倍；第二产业产值138.08亿元、增长16倍多；工业总产值113.91亿元、增长18.8倍；三产服务业产值61.61亿元、增长5.62倍。三次产业结构调整为22.9∶53.3∶23.8。民营经济健康发展，经济总值149.67亿元，占全县国内生产总值的57.8%；地方财政一般预算收入10.64亿元，增长6倍。农民年人均纯收入由1699元增至7874元，增长3.6倍。

二、固定资产投资

1997 年前，仁寿县投资结构多元化。1997 年后，加大招商引资力度，推进“六大”建设，固定资产投缴剧增。至 2012 年，全县全社会固定资产投入由 1997 年的 7.5 亿元增至 158.5 亿元，增长 20 倍。增速居全市第二位，居全省 29 个扩权强县试点县第 14 位。

1997—2012 年，全县固定资产投资 771.45 亿元。

三、农业

1995 年，仁寿县建成“三高”农业基地 230 个，是国家粮、棉、猪生产基地县。

1997 年起，仁寿县结合实施扶贫攻坚项目和社会主义新农村示范建设，采取协会+农户、专业户+合作社模式，按照“一乡一特点、一村一品”规划，以示范基地为龙头，突出粮、猪、果、蔬菜主导产业，推进农林牧副渔业向现代农业方向全面发展。至 2012 年，全县建种养专业协会 42 个，会员 6 万余人；合作社 310 个，总收入 3.6 亿元；建现代农村示范点 22 个，新村居民聚居点 100 个，改造农房 12.6 万户，建现代农业旅游观光基地 10 个。现代农业仁寿示范园区为四川省三大粮食基地之一；天府花海观光农业示范园区，是四川省最大非洲菊花基地；文宫 2 万亩枇杷基地获农业部“中国枇杷之乡”美名；曹家万亩梨乡获“中国绿色食品证书”。全县 1282 户种养业大户带动全县特色农业快速发展。富加益农养猪场+农户，年仔猪和出栏肥猪 1 万头以上；鳌陵千佛村养鸡合作社+专业户 120 户，常年存栏蛋肉兼型乌骨鸡 12 万只以上，供应市场绿壳优质营养蛋 1000 万个以上。板桥、慈航、景贤、清水等乡镇的 130 个标准化养兔小区，年出栏 500 只以上规模户 2821 户。建立 5 个养鱼基地，年出售成鱼 4.8 万吨，获利 3.4 亿元。全县农业总产值 100 亿元，以粮、菜为主的种植业产值由 1997 年的 7.74 亿元增至 44.22 亿元；林牧渔业产值由 6.73 亿元增至 56.34 亿元，增加 49.6 亿元，增长 7.3 倍。仁寿县被评为全国粮食生产先进县。

四、工业和建筑业

（一）工业

1997 年，仁寿提出工业强县目标，集中力量发展农产品加工、矿产和建材三大产业，由于工业企业主要是国有企业，体制不活、管理不科学、重复建设过乱、产品附加值低等原因，普遍效益不好，县计经局主管的 12 个规模工业企业亏损严重，处于半停产状态。1998 年起，决定用三年时间进行工企产权制度改革，一年打总体战，二年打攻坚战，三年打扫尾战。大小工企 408 户，在改革中通过转换负债机制、租赁兼并、破产解体拍卖等办法，全部改为民营企业。峨电集团兼并勤俭煤矿后投入巨资新建石龙桥煤矿；眉山金杯集团收购陵阳氮肥厂，投巨资进行产品换代升级；人民水泥收购仁寿县水泥厂，投巨资进行扩能升级改造等。从此，仁寿工业起死回生，效益、产品产量质量双提高。2001 年起，仁寿抓住国家实施西部大开发、成渝经济圈、天府新区战略机遇，把工业强县与城镇建设结合起来，走工业化促进城镇化道路，集中力量发展文林、视高、汪洋、富加、龙正五个工业园区，以高端定位推进新型工业现代化。文林工业园区先后建成投产和在建的工业项目有投资 1.2 亿元的越峰瓷业、投资 5000 万元的歌利玛酒业、投资 5000 万元的喜碧新材料、投资 20 亿元的欣康坦心血管支架、投资 2.5 亿元的科伦药业，年缴税金 1.2 亿元以上；视高工业园区引进 5 亿元以上工企 2 个，10 亿元以上项目 3 个，云端高科技、中天丹琪、恒重压缩机等重大项目已投产，该园区2012年缴税金1.48亿元；汪洋工业区建成投产和在建大项目有投资12亿元的焦化生产线、投资2亿元的博胜耐材生产线、投资6000万元的建宝水泥生产线、投资8亿元的世界500强林德集团焦炉煤气生产线，年上缴税金1.5亿元。至2012年，全县形成五个工业园区和能源、建材、家具、纺织、医药、电子、机械、食品、化工九大支柱产业，规模以上企业167户，总产值由1997年的19.65亿元增至388.77亿元，净增369.12亿元，增长18.79倍，工业对全县地区生产总值的贡献率达52.8%；利税总额30亿元。

（二）建筑业

1997年，仁寿县有建筑企业25户，常年从业人员1.99万人，年竣工面积66.33万平方米，总产值4.31亿元。至2012年，全县城镇化推动建筑业快速发展。有建筑企业21个，年均从业人员2.39万人，年完成房屋竣工面积112.5万平方米，总产值38.14亿元。

五、商贸服务和旅游业

（一）商贸

1997年，仁寿县社会商品销售总额11.78亿元，其中城镇销售总额3.52亿元、乡村销售总额8.26亿元。2012年，全县社会商品销售总额89.55亿元，其中城镇销售总额53.3亿元、乡村销售总额36.25亿元。

（二）住宿餐饮业

1997年，仁寿县从事餐饮住宿人员1814人。2003年，全县餐饮住宿营业收入3.58亿元。2012年，全县有嘉斯曼等星级宾馆酒楼6个，大小餐厅、旅馆遍布城镇。从事餐饮住宿人员1.25万人，营业收入16.97亿元，其中住宿3.32亿元、餐饮13.65亿元。

（三）旅游业

1997年起，仁寿县加强旅游开发，促进旅游发展。至2012年，全县开发以省级风景名胜区黑龙滩为主体的旅游景区8个、宾馆9家、旅行社3个，旅游收入20.9亿元。2003—2012年，全市旅游开发投入30.22亿元，接待游客1332.8万人次，旅游收入71.85亿元。

六、财政　金融

（一）财政

1997年，仁寿县财政一般预算收入1.72亿元，财政支出1.97亿元。以后连续10年全县财政收入基本未增长；财政支出一直处于入不敷出状态，主要是财政供养人员多，特别国家实施低保、医保、义务教育“两免一补”等惠民政策后，财政收支缺口较大，靠中央财政转移支付平衡预算。2008年，全县财政一般预算收入突破2.3亿元后，进入快速增长时期。至2012年，全县财政一般预算收入10.64亿元，居眉山市第一位、全省59个扩权强县试点县第二位。财政支出44.61亿元，仍然靠中央财政转移支付。

（二）金融

1997年，仁寿县城乡居民年末储蓄余额18.91亿元，社会贷余额22.54亿元。1998年，清理整顿县农村合作基金会，经核实，有效总资产4.51亿元，负责4.4亿元。经人行成都支行批准，由县政府筹资1.7亿元注入县信用社，农合基金会整体并入县农村信用社。2012年，全县城乡居民年末储蓄余额219.54亿元，社会贷余额100.91亿元。

第三节 环境保护

1997年起，仁寿县贯彻执行《中华人民共和国环境保护法》《仁寿县环境保护战略规划》，防止以牺牲环境为代价发展地方经济，一手抓经济社会发展，一手抓环境保护。新建项目环保设施同时审批，从源头上防止产生新的污染。重点抓企业排污达标管理。组织重点工业企业与县政府签订环保达标责任书，保证治理措施、资金到位，环保执法人员采取明察暗访，发现问题立即责令企业整改。2000年，县政府与仁成路沿线的9个区、14个镇、71个村、321个社的党政领导签订禁烧秸秆责任书，解决焚烧秸秆污染大气问题。仁成路沿线的麦秆、稻草全部作无害化处理。2004年起，重点治理水污染，关闭以税源大户东方红纸厂为重点的六个纸厂。此后，重点治理汪洋工业区水、气污染。政府支持企业技改，企业加大环保资金投入，改进生产流程，严格控制排污，建成汪洋循环经济区，还原蓝天清水环境。截至2012年年底，全县造林植树2.07万公顷，林木总面积3.23万公顷，建成县级生态家园890个、市级生活家园150个、省级生态村1个、市级生态村15个。治理水土流失面积262平方千米。安全饮水工程供水103万余人，65%以上的群众饮水安全得到保障。审批工业、民用项目478个，项目总投资中安排环保设施建设资金2294万元。

第四节 社会事业

一、教育事业

1996年，仁寿县实施九年制义务教育，县政府与各区、乡镇签订“普九”目标责任书。1997年，全县有幼儿园150所、幼儿教师633人、在园幼儿2.41万人；小学190所、在校生15.32万人、教职工6070人；初中138所、在校生9.56万人、教职工4398人；高中15所、在校生2.85万人、教职工2098人；职中10所、在校生7633人、教职工2444人。当年全县高考上线1305人。2000年后，加大教育结构和学校布局调整，收缩村小，加强乡中心校和乡初中，大力发展高中和中等职业技术教育。2002年，仁寿“普九”合格。2011年，利用灾后援建资金4亿余元，分别建成仁寿县新一中和仁寿县职业教育中心。全县高中生源和高职生员集中到新一中和职教中心，提高普高和职高教育质量。小学停办学前班，专办幼儿园，大力发展幼儿教育。至2012年，全县有幼儿园173所、在园幼儿3.47万人、教职工1200人；小学84所、在校生7.67万人、教职工4961人；初中114所、在校生4.82万人、教职工4011人；高中15所、在校生2.54万人；职中6所、在校生3.18万人。成人教育学校60所、专职教师400人，开设水果、蔬菜、养殖等专业课18门，年培训人数10余万人。初三、高三后生技术培训率98%。

二、科技事业

1997年起，仁寿县坚持科技兴县战略。工业企业实施“十亿工程”。实施农业“金桥工程”。每年组织科技下乡，举办实用技术培训，推进科技兴工、科技富农。至2012年，全县实施科技项目

238个，新增产值26.11亿元。申请专利428个。

三、广播电视

1997年，全县实现无线调频广播。县电视差转台增设300瓦电视差转机和1台100瓦微波发射机，电视节目覆盖全县。有线电视入户1940户。2005年，全县有线电视入户3.13万户。至2012年，全县有线电视入户3.5万户。

四、卫生事业

1997年，仁寿县有医疗单位130个，医技人员2978人（执业医师1374人），病床2037张。当年起，全县加强医疗卫生基础设施建设，优化医疗资源。以县人民医院、县中医院创建国家乙甲医院为重点，建设慈航、富加、钟祥、清水、方加等重点中心卫生院，让病患者就近得到高质量医疗服务。坚持预防为主、防治并重方针、采取多种形式开展全民健康教育，增强保健意识，提高防病能力。完善卫生突发事件处置方案，先后圆满完成抗“非典”、抗猪链球菌人感染、禽流感、霍乱、艾滋病等重大疫病防控治疗任务，整体搬迁满井金堂村“耙子病”区居民，集中救治血吸虫病人。2008年起，抓住“5·12”汶川特大地震灾害重建机遇，新建或扩建全县基层医院。至2012年，全县有医疗单位1312个，其中县级11个，乡镇中心卫生院45个，社区卫生服务中心4个、村级卫生站（室）1252个。医技人员4214人（执业医师1957人），村卫生员1583人，病床4288张。个人和部门办医137个，民办医院7所。县人民医院整体搬迁重建的新医院竣工投入运营，与川医合作，实现远程会诊，大病不出县。

五、社会保障

五保　1997年，仁寿县有敬老院97所，床位1494张，集中供养1420人，分散供养1722人。每年每位老人供应标准为现金250元、混粮325千克、柴700千克，由乡统筹。2008年后，利用“5·12”汶川特大地震灾后重建基金，全部新建敬老院，增设电视机、洗衣机、床铺。至2012年，全县有敬老院118个，集中供养五保老人1.43万人，分散供养1722人。年供养标准提高到675元。

低保　2003年，仁寿县启动城镇居民最低生活保障制度，当年纳入低保的城镇居民1.03万人。以后逐年扩大低保面。2007年，启动农村居民最低生活保障，当年纳入低保4.18万人。以后实行动态管理，增减不一。至2012年，全县城镇居民纳入最低生活保障的1.52万人，农村居民纳入低保的8.26万人。城乡低保应保尽保，人均月低保金城镇居民198.11元、农村居民81.22元。

养老保险　1997年，仁寿县参加养老保险的职工1.9万人。2000年起，推进养老保险制度，2005年职工参保人数增至3.03万人。2010年，全县启动农村居民基本养老保险。当年参加保险58.55万人。至2012年，全县职工养老保险参保13.14万人。农村居民基本养老保险参保77.17万人。

职工失业保险　1997年7月起，仁寿县税务部门征收失业职工保险基金，当年纳入失业保险职工204人，2004年增至3.2万人，以后加强就业培训，推进就业。至2012年，全县纳入失业保险职工1.38万人。

基本医疗保险　1997年，仁寿县实施了城镇职工医疗保险。至2005年，全县参加职工医疗保险4.02万人；2007年起，全县实施新型农合医疗保险，当年参保4.18万人。至2012年，全县参加职工医疗保险 6.78 万人；参加新型农合医疗保险 124.8 万人，参合率 78.19%。

六、人民生活

1997 年，仁寿县职工人均工资 4533 元，城镇居民年可支配收入 4396 元，农村居民年纯收入 1517 元。此后，城乡居民收入不断提高。至 2005 年，全县职工人均工资增至 1.24 万元，城镇居民年可支配收入增至 1.04 万元，农村居民年人均纯收入增至 3006 元。2012 年，全县职工人均工资增至 3.55 万元，城镇居民年可支配收入增至 1.93 万元；农村居民年人均纯收入 7874 元，增速居全市第二位，居全省 59 个扩权强县试点县 14 位。居民生活条件大大改善；农村消灭草房，农民住上新建的砖瓦房或混凝土平房、楼房、人均住房面积 40 平方米以上；39% 的农户新筑通户水泥便道，85%的农户用上安全饮水，90%以上的农户通有线电视。老城镇危房大部拆迁，居民住进安置房或政府保障房。

第三章　彭山县

彭山县境东邻仁寿，南接东坡，西界蒲江、邛崃，北连新津、双流。东西长 27 千米，南北宽 21 千米，界域总长 196.11 千米。成（都）乐（山）高速公路和省道 103 线穿过境内。2012 年，辖凤鸣、彭溪、观音、青龙、公义、谢家、江口、黄丰、牧马 9 个镇，保胜、义和、锦江、武阳 4 个乡，19 个社区、89 个行政村。全区总户数 12 万户，户籍总人口 33.25 万人，其中非农业人口 13.31 万人；总面积 467 平方千米。县城建成区面积 12.35 平方千米，全县城镇化率 48.58%，森林覆盖率 46.5%。

第一节　城乡建设

一、县城建设

1997 年，彭山县加大“经营城市”力度，推进旧城改造和新城区建设，启动彭祖新城建设，加快城乡基础设施建设。当年，全县基础设施建设投入资金 4197.5 万元，南街、北街拓宽改造工程拆迁和建设安置统建房 1.02 万平方米；实施盐关河堤内侧排水、致民路拓宽改造、蔡山北路续建、彭祖大道次级干道路基等工程建设。此后，先后实施彭祖大道、省道 103 线县城区过境段、彭谢路、蔡山新区道路、滨江路建设及中小街道改造及黑化工程，新建、改造城市道路，城市交通形成“四纵六横”网络，城区道路全部黑化；改造东后街、小东街延伸段、城南、城西等片区旧城；先后修建岷江公园、长寿牌坊、长寿广场、忠孝广场、滨江千亩湿地公园等，改造体育场、凤鸣公园；实施成绵乐城际客运专线铁路彭山站广场建设和成乐高速彭山出口综合治理工程建设，城市公交线路逐步向周边乡村延伸；县城主要街道实施光彩工程；启动12平方千米彭祖新城建设；依托恒大、腹地，建设黄龙生态宜居城；围绕打造滨江山水园林城市，逐步建成四川大学锦江学院、彭山一中、二中、彭山三小、机关幼儿园、新县医院、县客运中心站、2座农贸综合市场、垃圾处理站、垃圾地库和垃圾池、污水处理厂、公厕等基础设施，建成“天人合一”标志性雕塑，按50年一遇标准实施城市排水系统管网建设。完成城市备用水源、仙女湖引水工程建设，城区自来水普及率95%。建立农村生活垃圾分类处理体系。推进全域城市化发展进程，完成《彭山县域体系规划》修编，实现总规全覆盖。2007年，全县城镇人均绿地面积13.17平方米，形成“生态宜居、长寿彭山”的城市风貌。至2012年，彭山县按照“产城一体、景城一体、文城一体”，全面推进“三城”建设，城镇建设投入资金33.9亿元，房地产项目新开工35.5万平方米。形成以县城区为中心，以小城镇为依托的城镇体系，成功创建为省级卫生县城。“彭祖大道”被评为四川省十大最美街道之一，环境优美示范县城创建进入全省25强。

二、村镇建设

1997年，彭山县实施新农村建设、强农惠农富农工程等，开展新村聚居点和新村综合体建设，改善农民生产生活环境和条件。相继完成各乡镇总体规划编制。至2012年，全县10个行政村被列入全省新农村建设“千村示范”项目。村镇建设投入资金7.34亿元，实施新农村聚居点和综合体项目建设，集镇建成区扩大面积1.23平方千米，启动4个新农村示范村建设，建成全面小康村40个、文明和谐村40个，实现交通、水利、电力、通信、邮政、广播电视村村通目标。有国家重点镇1个、国家试点镇1个、省级试点镇6个。4个乡镇评为全市“十佳”乡镇，城乡差别缩小。

三、交通运输

1997年，彭山县交通基础设施建设投入1.2亿元。岷江大桥、青龙公铁立交桥、观音桥建成通车；成雅、成乐高速公路彭山段全面开工；彭谢路、府江路加紧建设；除谢岐路外，县乡道路全部建成沥青和水泥路面，村道拓宽改造步伐加快，硬化村道79.8千米。2000年后，投入交通建设资金15亿元打造畅通路网。完成省道103线彭山段改建22.2千米，建成南河大桥1座、公路站点8个、园区道路35千米；改建农村公路280千米，完成县乡公路建设92.6千米、通村公路259.3千米。国省干线公路全部达到高级路面，农村公路达到高级路面285.39千米，全县所有乡镇、行政村通达水泥路。2008年，江白路被评为“四川省十大最美乡村公路”。2012年，为全面加快“融入成都、同城发展”，全县启动以“一电、二桥、三路、三铁”为主要内容的新一轮综合交通建设，投入8亿元，建设成眉一体发展“半小时经济圈”。启动总投资57亿元的岷江大道、滨江大道、工业大道建设，形成以县城为中心，以成乐高速公路、成雅高速公路、省道103线、东西干线为主骨架，干支相连、四通八达、纵横交错的公路交通网络。截至2012年年底，全县公路通车总里程631.8千米，全社会旅客周转量3.76亿人千米，全社会货物周转量41.96亿吨千米。彭山县获“全国平安畅通县”称号。

四、邮电

1997年，邮电系统全年实现业务收入1790.1万元，其中邮政收入176.3万元，电信收入1613.8万元，新增市内电话1723部、农村电话446部、移动电话用户752户、BB机用户1200户、分组交换用户 7 户。全县电话交换机容量 1.25 万门，开通移动电话和无线寻呼系统，18 个乡镇全部实现电话程控化。2000 年，全县邮电实行政企分开和公司化改造。2001 年，宽带上网和多媒体用户 1155 户，邮政开通全国电子汇兑系统。2002 年新建“小灵通”基站 27 处。至 2012 年，邮电主营业务收入 1.63 亿元，邮政完成业务总量 1682 万元，实现业务收入 1490.44 万元。建设覆盖全县所有城区和乡镇的光纤和电缆网络，固定电话和宽带通达所有城区和乡镇，固定电话用户 8.77 万户，移动电话用户 23.77 万户，宽带用户 5.8 万户。电信、移动网络覆盖率 99%。

第二节　经济发展

一、经济总量

1997 年起，彭山县坚持“保增长、保民生、保稳定”和城乡统筹发展，加快经济建设。当年，全县地区生产总值 15.69 亿元、占眉山地区的 15.01%，其中第一产业总产值 4.01 亿元，第二产业总产值 6.37 亿元，第三产业总产值 5.31 亿元。至 2012 年，全县经济从传统的农业生产、小手工业生产和传统服务业，不断开拓发展，产业结构日趋合理，综合实力得到显著提高。地区生产总值 92.85 亿元、占眉山市的 11.98%。其中第一产业增加值 11.18 亿元、第二产业增加值 57.44 亿元、第三产业增加值 24.24 亿元。三次产业对经济增长的贡献率分别为 3.6%、75.4%、21%，分别拉动经济增长 0.5、11.4、3.2 个百分点。三次产业结构由 1997 年的 25.6：40.6：33.8 调整为 12：61.9：26.1。

二、固定资产投资

1997 年，彭山县全社会固定资产投入 3.78 亿元。此后，逐步增加投入，推动经济发展。2012 年，全县全社会固定资产投资 115.51 亿元。1997—2012 年，全县全社会固定资产投资 522.25 亿元。

三、农业

1997 年起，围绕调整产业结构和助农增收的战略目标，以发展都市近郊型现代农业为中心，实施“双万”丰收工程、“一村一品”“高产创建”等建设，完善农业基础设施，提高农业现代化水平。当年，全县农林牧渔业总产值 6.02 亿元，其中农业 3.46 亿元、林业 901 万元、畜牧业 2.2 亿元、渔业 2687 万元。此后，逐步推进农业现代化和机械化。2006 年，建成“无耕牛县”。2012 年，全县拥有农机总动力 26.05 万千瓦。建设特色农业生产基地，建成葡萄、柑橘、蔬菜、中药材+水稻制种、现代养殖 5 个连片发展的万亩以上、亩产上万的“双万”丰收工程重点产业基地。全县规模以上农业产业化龙头企业增至 37 户，市级农业产业化龙头企业 18 家，省级农业产业化龙头企业 3 家。农民专业合作社 147 个，省级示范专业合作社 7 个。建成“一村一品”专业村 46 个、“一乡一业”专业乡（镇）3 个；培育特色农产品 26 个，特色效益农业已成为农业增效、农民增收的主渠道。建成“六基地一园区”养殖业基地（黄丰 100 万只肉鸡基地、武阳谢家 100 万只肉兔基地、保胜 1000 万只肉鸭基地、保胜义和 10 万头生猪养殖基地、公义 20 万只蛋鸡养殖基地、锦江特种养殖基地和江口林下生态养殖观光园区）。年出栏生猪 57 万头，其中 DLY 生猪 51 万头；出栏小家禽 2271.2 万只。全县农林牧渔业总产值 19.25 亿元，其中农业 7 亿元、林业 4427 万元、畜牧业 9.76

亿元、渔业1.58亿元，农业招商引资及向上争取项目资金7.06亿元。先后被四川省确定为中药材产业示范基地县、杂交水稻制种基地县、农技推广体系改革与建设示范县，被农业部授予全国农业标准化示范县。

1997—2012年，彭山县农业投入8.34亿元，投工756万余个，建成高标准农田8000余公顷。修建乡村水泥路213千米，通村道路全部硬化，实现村村社社通公路。

四、工业和建筑业

（一）工业

1997年，彭山县工业总产值7.23亿元。2000年起，全县全党抓经济，重点抓工业，加强工业战线干部队伍建设，以工业园区为主战场，促进工业集中集约发展，以化工、轻纺、机电、材料四大产业为支撑，推进产业集群发展，以招商引资为突破口，以技术进步为动力，抓工业项目，不断催生新企业，壮大优势企业；创新工业发展长效机制，改善软环境，调动企业家积极性，经济规模不断扩大，综合实力明显增强。2001年，全县有规模以上企业32户、工业总产值9.74亿元、工业增加值3.08亿元、工业性固定资产投资1.2亿元、入库税金0.5亿元。2012年，彭山经济开发区和成眉工业集中区全域进入天府新区规划，全县有省级经济开发区1个、市级园区2个、合作办园1个。形成传统以同庆南风、金桐石油、立顿洗涤、南风日化等企业为主的化工四大支柱产业；以鲁洲生物、思念食品、观音纺织、龙腾纺织等企业为主的轻纺产业；以新筑路机、科威电工、特种变压器、龙腾铁路器材等为主的机电产业；以尼科国润、吉龙化学、华西德顿、巴斯夫建材等企业为主的材料产业。有规模企业94户（产值上亿元企业54户、纳税上千万元企业6户）、工业总产值163.72亿元、工业增加值55.68亿元、工业性固定资产投资完成47.7亿元、工业入库税金2.4亿元。部分规模企业尝试信息化，开展网上技术咨询、网上交易，实现生产过程自动化、生产管理智能化。

（二）建筑业

2012年，全县具有资质等级的建筑企业12个，主营业务收入16.17亿元。全县建安工程投资76.04亿元；建筑业企业房屋建筑施工面积120.75万平方米、竣工面积73.2万平方米；房地产开发企业商品房销售39.3万平方米15.08亿元。

五、商贸服务和旅游业

1997年，彭山县依托旅游资源，促进商贸发展，依托交通优势，发展商贸流通。投入1200万余元，建成以青龙粮食批发市场为代表的7家批发或专业市场；全县个体工商户1.2万户，私营企业330户。至2012年，彭山县先后举办长寿养生文化节、迎春购物月、江口桃花节、三月三朝山节、黄丰橘花节、观音葡萄节、彭山县首届消夏啤酒节、彭山装饰节、彭山美食暨农特产品展销会、保胜脆红李采摘节等文化、旅游、经贸活动，提升彭山知名度和影响力。

（一）国内贸易

1997年，彭山县国内销售总额6亿元，社会消费品零售总额5.06亿元，集市贸易成交额2.9亿元。此后，彭山县加强市场和商业网点建设，1999年新增个体工商户943户，新发展私营企业37家，市场体系逐步健全，连锁分销、配送代理等新型营销方式兴起。2000年，城乡市场繁荣，社会消费品零售总额实现6.54亿元，城乡集市贸易成交额3亿元。2005年，编制《彭山县2005—2010

年商务事业总体规划》为商贸发展创造政策环境，推进连锁经营和物流配送，提升商贸流通水平，形成多种流通业态，扩展彭山造产品的市场销售渠道，培育发展一批特色商业区，社会消费品零售总额9.91亿元。此后，相继建成彭山县城区伟业购物广场、摩尔赛尔、“万村千乡市场工程”区域性配送中心，扩建乡镇农贸市场，打造柑橘批发市场，新增佳源名店、华亿购物中心、半瓶酒饭店、家乡商务酒店等7家限额以上批发零售、住宿餐饮企业。2009年，首家四星级福一酒店开业，川江号子、香天下、香满楼等品牌餐饮相继入驻，星光大道、金岗湾等大型娱乐会所陆续建成营业，新增个体工商户1497户，社会消费品零售总额突破10亿元大关，达到17.92亿元。2012年，引进彭祖国际健康养生文化城、恒大·金碧天下国际旅游度假中心、复地黄龙生态宜居城、千亩滨江湿地公园等项目的开发建设，项目平均投入超过人民币100亿元。启动投资达10亿元的希望集团县城中央商贸区建设项目、总投资25亿元的省级现代物流业聚集区和省级重点物流项目青龙国际物流城建设。年末全县社会消费品零售额增至29.29亿元，其中批发零售贸易总额23.11亿元、住宿和餐饮业总额3.75亿元，其他行业社会消费品零售额2.43亿元。全县第三产业实现增加值24.24亿元，第三产业对全县地区生产总值的贡献率21%。

1997—2012年，全县社会消费品零售总额198.73亿元。

（二）对外经济

1997年，彭山县引进利用外资（外来资金，下同）164.4万美元。此后，全县制定一系列对外开放、招商引资的优惠政策和措施，发展外向型经济，不断改善投资环境，吸引大批外商到彭山投资办企业；根据全县资源和商品优势，建立外贸出口基地，拓展外贸出口。2000年，引进外资340万美元，外贸出口创汇509.1万美元。至2009年，恒大、昌宏、巴斯夫等外资及增资项目落户建设，全县“三资”企业增至35家，外贸出口1094万美元，进口309万美元，实际利用外资3200万美元，开放型经济成为彭山经济跨越发展的主动力。2012年，对外贸易高速发展，全年外贸进出口总额4730.26万美元，其中出口1334.71万美元、进口3395.55万美元。全年实际利用外资2045.04万美元。

1997—2012年，全县外贸进出口总额1.28亿美元。

（三）旅游业

1997年，彭山县以旅游业为龙头推动第三产业发展。仙女山风景区形成以养生文化为特点的省级风景名胜区，全年接待游客35万人次，门票收入45万元。2007年，创建全国首批“中国长寿之乡”，彭祖山景区被列为全省新打造的“中国健康养生之旅”重点精品旅游景区，全县实现旅游收入4.1亿元。2009年起，彭山县组织开展丰富多彩的会展活动和民俗活动，彭祖山—江口古镇文化旅游综合开发被列为省级重点项目。至2012年，中国彭祖健康养生文化城完成核心景区规划，武阳郡主体完工，建设旅游通道、长寿温泉谷，签约李密故里旅游综合开发项目，正一城市广场开工建设；举办中国第八届食品博览会澳门—眉山经贸对接会、中国·黄丰橘花节等5项重大会节活动；推出“乡趣之旅，玩转彭山”主题系列活动，将江口桃花节、三月三朝山节、武阳荷花节、观音葡萄节和重阳登山节等极富地方特色的民俗活动统一策划、包装和发布，增强会节的吸引力和影响力。全县旅游总投放26.2亿元，年接待游客231.55万人次，旅游总收入17.57亿元。

1997—2012年，全县接待游客1293.65万人次、旅游总收入70.01亿元。

六、财政　金融

（一）财政

1997 年，彭山县财政收入 5613 万元，财政支出 7339 万元，完成上划中央两税收入 2273 万元。2000 年，财政收入 4615 万元，财政支出 8413 万元。2011 年，地方财政收入 13.26 亿元，地方财政一般预算收入 5 亿元，实现五年翻两番。2012 年，全县实现地方财政收入 13.91 亿元，一般预算收入 7.41 亿元，其中税收收入 6.08 亿元，非税收入 1.33 亿元；财政支出 21.9 亿元，其中地方财政一般预算支出 15.73 亿元，基金支出 6.17 亿元，非税支出 276 万元。

（二）金融

1997 年，彭山县金融机构各项存款 8.29 亿元，其中城乡居民储蓄存款余额达 6.7 亿元；各项贷款余额 7.43 亿元，其中国家银行、非银行机构各项贷款分别比年初增长 13.8%和 14%。全县银行现金收入 18.63 亿元，现金投放 15.4 亿元，收支品迭净回笼 3.24 亿元。2000 年，各项存款余额 12.96 亿元，各项贷款余额 7.59 亿元。此后，先后引进乐山商业银行、中国银行，成立珠江村镇银行、建伟伟业小额贷款公司等，建成眉山市最完善的区县金融体系。至 2012 年，全县各项存款余额 115.29 亿元，各项贷款 50.62 亿元。

（三）保险

1997 年，彭山县有人寿保险公司和财产保险公司。财险保费收入 565 万元，理赔案件 434 件，赔付金额 265 万元；寿险保费收入 771 万元，支付各种赔款及保险金 247 万元。此后，随着经济的增长，保险事业稳定发展，人们的保险意识越来越强。至 2012 年，保费总收入 1.54 亿元，其中财险保费 4596 万元、人身险保费收入 1.08 亿元。

第三节　环境保护

1997 年，彭山县绿化达标，森林覆盖率 20.4%，被国务院列入全国生态区建设试点县。此后，围绕“转变经济发展方式，大力推进全域城市化”发展主线，以创建生态文明县为目标，加强污染减排、环境监管监测，实施污染源普查，全面实行排污许可证制度，重点排污企业持证率 100%；开展“蓝天行动”“秸秆禁烧”“整治违法排污企业保障群众健康”等环保专项执法行动；依法划定集中式饮用水源保护区，保障城乡居民饮用水安全。2006 年，彭山县创建为国家级生态示范区。2011 年，城市环境综合定量考核列全省第 27 位。至 2012 年，全县环境污染治理投资总额 3919 万元，工业二氧化硫排放量 4398 吨，工业烟尘排放量 3465 吨。被评为“四川省绿化模范县”，环境优美示范县城创建进入全省 25 强。森林覆盖率 46.5%，饮用水源、工业废水排放、工业烟尘排放达标率分别为 100%、99%、99%，城镇生活污水处理率 45%。

第四节　社会事业

一、教育事业

1997 年，彭山县有学校 304 所，专任教师 1985 人，在校学生 3.7 万人；幼儿园 144 所，专任教师 292 人，在校学生 7293 人。7 周岁~12 周岁学龄儿童 2.65 万人，学龄儿童入学率 99.53%。财政投入教育经费 967 万元，新建校舍 1.77 万平方米，改造危房 500 平方米。此后，全县实施“科教兴县”战略，坚持教育改革，优化结构，全面发展各类教育事业，不断提高教育质量和办学水平，建立涵盖幼儿教育、义务教育、高中教育、职业教育、远程教育等较为完备的现代教育体系。1998 年被列为四川省“素质教育实验县”。2000 年，彭山一中创建为省级重点中学。2002 年，彭山县被列为四川省基础教育课程改革实验县。2003 年，成立彭山第一实验学校，为民办学校。2004 年，引进四川大学锦江学院，成为眉山市第一所全日制本科院校，在校学生近万人。2006 年，编制《彭山县“十一五”教育事业发展规划》和《彭山县职业教育事业发展规划》。当年起，全县农村义务教育阶段学校全部免除学杂费。2011 年，“两基”工作通过国家检查验收，被省委、省政府评为“两基”工作先进集体。至 2012 年，全县有中（小）学校 51 所，专任教师 1565 人，在校学生 2.33 万人；特殊教育学校各 1 所，幼儿园 4 所；企业办学中等职业技术学校 1 所，民办幼儿园 31 所。全县学龄儿童入学率 100%，初中毕业生升学率 89.5%，高中升学率 90.1%，高考本科上线率 43.3%。总投资 2.18 亿元的“校安工程”全面完成。普高招生比由 2000 年占初中毕业人数 12.2%增至 80.1%。

二、科技事业

1997 年起，彭山县相继开展科技宣传、科技推广、科技培训、科技下乡、科技“十亿工程”、“金桥工程”、科技创先、科技示范和“双科工程”助农增收等。组建 9 支科技特派员创业服务团队，服务科技项目 40 项。至 2007 年，通过全国科技工作先进县考核验收。2012 年，全县有省级高新技术企业 6 家、省级创新型企业 6 家、省级制造业信息化示范企业 3 家、省级知识产权示范园 1 个、省级化工高新技术产业化基地 1 个。截至 2012 年年底，全县申请专利 54 件，其中发明专利 13 件、授权专利 10 件。有独立科研与技术开发机构 23 个，科技人才 1.5 万人，承担国家、省市科技计划项目 31 项，引进国外智力项目 2 项。获省科技进步奖励项目 1 项、市科技进步奖励项目 5 项。科技对经济的贡献率 40%。

三、文化事业

1997 年，彭山县有电影院 12 个，城区录像放映站 1 个，文化馆 1 个，文化站 18 个。县广播电台 1 个，乡镇广播站 18 个，村广播室 189 个，广播喇叭 6.72 万个。全年组织文化馆、站活动 50 次，举办展览 40 期，文艺演出 18 场，创作文艺作品 40 件。此后，彭山县加大公共文化建设力度，完善公共文化体系，加强文化队伍建设。通过组织活动、举办比赛、业务指导、开展文化辅导等形式，组织培育群众文艺团队，培养群众文艺骨干，融合地方特色，不断丰富群众文化生活，保存弘扬优秀民间艺术。至 2012 年，全县有文化馆 1 个，文化站 13 个，公共图书馆、博物馆、青少年宫、剧场、影剧院各1个，电视台、卫星转收站各1个。有全国重点文化保护单位1处、省级文化保护单位5处。建成村级文化活动室152个、农家书屋37个、各类图书4.52万册，乡镇综合文化站建设覆盖率100%，广播电视综合覆盖率达到100%。有新闻出版单位2家、文化市场和新闻出版（版权）市场经营户262户；89个行政村和19个社区均建有“农家书屋”和“社区书屋”。全年组织文体馆、站活动135次，举办展览2期，组织文艺演出32场，创作文艺作品12件，全年组织大型文体活动26次，观看群众16万人次。承办“四川省第二届农民健身秧歌比赛”等省级赛事6次。实现“两馆一站”、体育场、体育馆等公共文化设施免费开放，受益群众15万人次。

四、体育事业

1997年，彭山县有县级群众性体育协会6个。普及群众体育健身运动。2000年，举办全县“九九重阳”职工千人登山活动。2007年起，实施《学生体质健康标准》，全县各级各类学校开展“阳光体育运动”。举办全县“健康与快乐同行”迎春职工环城跑活动。2009年，彭山冬泳协会自筹资金建成省级“公开水域游泳基地”。2011年，民营企业职工魏静登上珠穆朗玛峰，创造中国女性登山年龄最大、登顶速度最快纪录。至2012年，全县有老年人体育协会以及门球、信鸽、冬泳、摩托车、自行车、拳剑等区级单项体育协会17个。有国家高水平体育后备人才基地1个（举重），省、市、县优秀运动队后备人才训练基地12个；各级社会体育指导员214名。

1997—2012年，彭山县24名体育后备人才输送到省优秀运动队集训；代表四川省分别组队参加全国4届农民运动会武术比赛，获金牌12枚、银牌12枚、铜牌10枚；国家体育总局命名为“全国体育先进县”“全国全民健身活动中心”“全国全民健身活动先进集体”。

五、卫生事业

1997年，彭山县有卫生机构42个，其中县级医院2个、中心卫生院1个、乡镇卫生院22个，卫技人员843人（其中医师460人）。当年起，加强基础设施建设，健全基层医疗卫生服务体系。

2003年起，开展新型农村合作医疗试点。2004年，彭山县通过省级卫生县城验收。当年起，实施中央农村改水改厕项目。2012年，全县有卫生机构229个，其中县级医院7所、社区卫生服务中心1个、乡镇医院17个，村卫生站181个，民营医疗机构22个，卫技人员989人。全县新农合参合率、覆盖率均为100%。逐步达到小病不出乡、大病不出县，农民基本医疗保障问题得到初步解决，群众“看病难、看病贵”现象得到缓解。

2000—2012年，彭山县争取到卫生项目22个，项目资金7419万元，其中中央4421万元、地方2998万元。完成县医院整体迁建，县中医医院住院楼、保健院业务用房、疾控中心改扩建，19个乡镇卫生院新建和改扩建。彭山县被确定为实施基本药物制度改革试点县，成功创建省农村中医工作先进县和省中医先进县，县人民医院通过二级甲等医院验收。建立标准化居民电子健康档案28.47万人，规范化管理27.23万人。完成乙肝疫苗补种、狂犬病、手足口病、甲型H1N1流感、不明原因肺炎、艾滋病等重点传染病防治。全县新改建卫生厕所2.41万个，农村使用卫生厕所增至7.49万户，卫生厕所普及率81%；全县村镇饮用卫生合格水的农业人口20.5万人，村镇饮用水合格率96%。

六、社会保障

2012年，彭山县养老、医疗、工伤、失业、生育“五大保险”参保人数分别为10.91万人、

6.37 万人、1.9 万人、1.15 万人、1.66 万人，建成保障性住房 14.2 万平方米。新增城镇就业 4192 人，下岗失业人员和失地无业农民实现再就业 828 人，帮助再就业困难对象实现再就业 437 人。城镇登记失业率控制在 4.4%。减少贫困人口 4036 人，发放各类救灾救济资金 6479 万元。全县有各种社会福利收养性单位 13 个，城镇居民最低生活保障 4921 人，农村居民最低生活保障 1.1 万人。彭山县连续 10 年将财政收入的 60%以上投入社会事业和用于改善民生，全县 13 个乡镇建立镇、村、组三级劳保网络，形成覆盖全县的社会保障体系，社保基金累计结余 4.7 亿元。

养老保险与救助　1996 年起，彭山县实行医疗保险，费用由单位和个人共同承担。1997 年，全县征收养老保险金 366.83 万元，收缴率 88.6%，支付 430.59 万元；参加工伤保险金 2021 人；参加女职工生育保险 2021 人；参加医疗保险 3433 人；参加大病统筹 2401 人。优抚对象 1819 人，救济对象 7099 人，五保户人数 633 人。全年安置 470 名待业青年就业，劳务输出 260 人。此后，彭山落实党和国家惠民政策，完善社会救助体系，加强社会福利体系建设，实现“五险”（养老、医疗、工伤、生育、失业）全覆盖，养老待遇逐年提高。2000 年，全县参保对象由单一的企业职工，逐步扩展到与企业形成劳动关系的劳动者，以及个体工商户和其他从业人员、自由职业者、失地农民。2008 年，启动城镇居民医疗保险。至 2012 年，全县城镇居民医疗保险参保 4.02 万人，逐步形成覆盖城乡的医疗保险体系（农村居民参加新农合）。养老保险参保单位和参保职工由 1997 年的 104 个 5841 人增至 244 个 4.18 万人，征地拆迁居民参保 3.2 万人。实现人民老有所养，病有所医，安居乐业。2004—2012 年，发放计划生育奖扶金 3489.9 万元，惠及群众 33 万人次。

低保　1997 年，彭山县开展城乡低保（最低生活保障）普查。当年起，低保资金全部纳入财政预算，实行专户管理和社会化发放，救济救助全面加强。2005 年，全县城市低保人均月补差 77 元，农村低保人均月补差 10 元。2012 年，全县城市低保人均月补差 234.78 元，农村低保人均月补差 101.32 元。2003—2012 年，接受各界捐款 1260 万元（含定向捐款），支出慈善资金 1166.62 万元。2005—2012 年，“三荒”救助、新灾救助 18.9 万人次 1.12 亿元。

就业　1997 年起，彭山县加强就业培训，扩大劳务输出。2003 年起，开展下岗失业人员厨师、电工、焊工等再就业专业技能培训。在广州、昆明、重庆、江苏等地建立劳务输出基地，有组织地开展劳务输出。2007 年，全县开通就业信息网平台 26 个、社区平台 18 个、村级平台 59 个。2008 年，为公义、谢家等 6 个乡镇设置劳动就业户外电子显示屏，形成信息广泛覆盖和实时共享，方便农村群众查询就业信息、登记求职。2012 年，全县转移输出农村劳动力 9.88 万人。

“五保”供养　2008 年起，彭山县投入 3022.5 万元，实施 9 所敬老院灾后重建，集中供养率 80%以上。2009 年，建立敬老院管理中心，“五保”财政月供养标准由 100 元提高到 150 元，确保全县 1324 名五保人员按时足额领取供养补助金。至 2012 年，全县实现“五保”应保尽保。

七、人民生活

城镇居民生活　1997 年起，彭山县城镇居民就业多元化，收入渠道不断拓宽，收入成倍增加，生活水平迅速提高，由“吃、穿、用”消费转向“住、行、游”消费。2003 年，城镇居民人均消费性支出 5954 元。2007 年，全县民用汽车总数 5322 辆，其中私家车 4366 辆。至 2012 年，全县城镇居民人均可支配收入由 1997 年的 4077 元增至 19198 元，城镇居民人均消费性支出增至 13852 元。城镇居民人均住房面积增至 27.5 平方米，居民住房逐渐从生存型向舒适型转变；居民出行更加便捷。

农村居民生活　1997 年后，随农副产品价格逐步放开、农村经济产业结构调整、中央对农业税的取消以及乡镇企业的增多，农村劳动力大批就近务工和外出务工，彭山县农村居民收入逐年增加。至2012年，农村人均纯收入由1997年的2191元增至8711元、人均生活消费支出由2118元增至5011元。农村居民生活消费品种趋向丰富，主要耐用消费品发生明显变化，由自行车、缝纫机、手表、收音机等为特征的“四大件”逐步过渡为以电视机、电冰箱、洗衣机、音响、电话、手机、空调等为主，家用电脑、轿车等消费品已进入寻常百姓家。

第四章　洪雅县

洪雅县位于四川盆地西南边缘，因县北有洪雅川（今安溪河）而得名。地处成都、雅安、乐山三角中心地带。东邻夹江县和峨眉山市，南接金口河区和汉源县，西界雅安市雨城区和荥经县，北连名山、丹棱两县。南北长64千米，东西宽46千米，周界长410.44千米。省道106线穿过境内。2012年年末，辖洪川、止戈、余坪、三宝、东岳、柳江、花溪、高庙、中保、槽渔滩、瓦屋山11个镇，将军、中山、汉王、桃源4个乡，17个社区、142个行政村。全县总户数12万户，户籍总人口34.96万人，其中非农业人口9.61万人；总面积1896.49平方千米。县城建成区面积9.9平方千米，全县城镇化率35.42%，森林覆盖率65.33%。

第一节　城乡建设

一、城乡综合治理

1997年起，洪雅县开展城乡环境综合治理，强化旅游干线整治，加强城市生活垃圾处理，整治乱搭乱建，加强饮用水水源保护区监管力度，稳步推进城镇化建设和生态文明建设。至2012年，全县12个乡镇通过国家级验收，3个乡镇启动省级生态乡镇创建，柳江镇被四川省环保厅确定为省级生态文明示范乡镇。全县城市、农村集中式饮用水质达标率均为100%。新增县城建成区1.15平方千米。完成学街棚户区改造搬迁和青云安置区、西环线等房屋拆迁，实施城西片区、引青（青衣江水）入城、高岩片区等房屋拆迁。

二、交通运输

2012年，洪雅县公路通车里程1423千米。其中等级公路1097千米，高等级公路86千米。乡村公路四通八达。乐（山）雅（安）高速洪雅段、遂（宁）资（阳）眉（山）高速洪雅段建设稳步推进。全县有各类货运车辆1990辆，完成公路运输货运量232万吨，公路运输货物周转量2.09亿吨千米，完成公路运输客运量721万人，旅客周转量4.95亿人千米。

三、邮电

1997 年，洪雅县仅少数人有手机，随着全球网络化的到来，邮电通信业发展迅速。至 2012 年，全县固定电话用户 4. 8 万户，移动电话用户 10. 37 万户，国际互联网用户 8. 55 万户。

第二节　经济发展

一、经济总量

1997 年起，洪雅县以经济建设为中心，开拓创新，推动经济和社会发展。当年，全县地区生产总值 10. 89 亿元、占眉山地区的 10. 42%。其中第一产业增加值 4. 38 亿元、第二产业增加值 4. 07 亿元（工业增加值 2. 68 亿元）、第三产业增加值 2. 44 亿元，三次产业结构为 40. 2 ∶ 37. 4 ∶ 22. 4。按常住人口计算，全县人均地区生产总值 3351 元。至 2012 年，全县经济持续稳定快速发展，人民生活水平显著提高，社会全面进步，人民安居乐业。地区生产总值 77. 69 亿元、占眉山市的 10. 02%。其中第一产业增加值 12. 9 亿元、第二产业增加值 47. 44 亿元（工业增加值 44. 1 亿元）、第三产业增加值 17. 35 亿元。三次产业结构为 16. 61 ∶ 61. 06 ∶ 22. 33，三次产业朝着多元化经济新格局发展。按常住人口计算，全县人均地区生产总值 2. 57 万元。

二、固定资产投资

1997 年起，洪雅县加大固定资产投资力度，拉动经济快速、持续、稳定、健康发展。鼓励非公有制经济采取各种投资方式参与洪雅经济建设，为个体及私营企业在产业政策、税收政策、资金协调、法律保护等方面提供服务。推进住房体制改革，实施一系列措施鼓励房地产发展。激励企业加大投入做大做强工业企业，增大更新改造投资。当年，全县全社会固定资产投资 4. 42 亿元，其中国有经济投资占总额的 12. 83%、非公有制经济投资占 87. 17%。至 2012 年，全县非公有制经济快速发展，投资主体呈现多元化。房地产规模迅速扩大，推动经济增长，改变城市面貌，改善居住环境。全年全社会固定资产投资 60 亿元。其中国有经济投资占总额的（下同）14. 57%、非公有制经济投资占 85. 43%；房地产开发 4. 63 亿元，占 7. 72%；更新改造 22. 27 亿元，占 37. 11%。

三、农业

1997 年起，洪雅县按照“农旅相融”发展思路，逐步调整农业产业结构，推进农业升级转型和都市近郊现代农业发展。当年，全县农业总产值 6. 28 亿元。农作物总播种面积 3. 92 万公顷，粮食总产量 17. 4 万吨，油料产量 5033 吨，蔬菜产量 4. 15 万吨，茶叶产量 1300 吨，水果产量 6200 吨。畜牧业增加值 2. 97 亿元，出栏生猪 31. 59 万头、活家禽 589 万羽、兔出栏 77 万只，肉类总产量 2. 24 万吨。至 2012 年，洪雅农村经济和社会发展实现大突破、大跨越，农村面貌发生深刻的变化。全县农业总产值 22. 06 亿元。农作物总播种面积 3. 72 万公顷。粮食总产量 12. 6 万吨，油料产量 9942 吨，蔬菜产量 6. 83 万吨，茶叶产量 1. 47 万吨，水果产量 4900 吨。林业增加值 1. 12 亿元，森林面积 13. 32 万公顷，全县退耕还林 1. 46 万公顷，成片造林完成 2186. 67 公顷，四旁植树 87. 2 万株。畜牧业增加值5.6亿元。全县建成标准化奶牛小区（场）27个，奶牛规模养殖占总数的66%；建成年出栏生猪500头以上标准化规模养殖场53个、100头以上适度规模养殖户647户，生猪规模化养殖率63.06%；建成年存栏长毛兔300只以上规模养殖场680个，年出栏肉兔1000只以上规模养殖场355个，兔规模养殖率63.04%；建成年出栏林地鸡1000只以上规模养殖场（户）380个，家禽规模化养殖率63.02%；畜禽规模养殖率63.04%。创建国家级标准化示范场4个、省级标准化示范场1个。出栏生猪30.89万头、家禽240.1万羽、兔115.3万只，肉类总产量2.54万吨。

四、工业和建筑业

1997年，洪雅县乡及乡以上独立核算企业110户。1999年，启动生态工业建设。此后，全县工业坚持科学发展观，有针对性地招商引资，通过技术改造、节能降耗、加强资源综合利用等措施，促进工业经济发展。至2012年，全县工业快速发展，工业企业户数激增，企业规模不断扩大。重点优势行业支撑作用明显，逐步形成食品、芒硝、建材、水电、竹木五大优势产业，有企业24户。全县规模以上工业企业36户。全部工业实现增加值44.1亿元，比1997年（下同）增长15.46倍，占地区生产总值的56.76%。规模以上工业增加值10亿元，增长6.87倍；主营业务收入32.55亿元，增长10.15倍；利润总额9300万元，扭亏为盈，增长1.3亿元；规模以上工业总资产贡献率4.74%，全员劳动生产率每人11.77万元，综合效益指数312.26。规模以上轻工业总产值6.92亿元，增长10.34倍，年均增长17.58%，占工业总产值的21.61%。五大优势产业完成增加值7.6亿元，占全县规模以上工业增加值的75.94%；销售收入23.8亿元，占全县销售收入的74.41%；利润7300万元。优势行业对工业经济贡献突出，成为全县工业主力。全县有资质等级四级及以上的建筑企业8个，总产值5.26亿元。

五、商贸服务和旅游业

（一）商贸服务

1997年，洪雅县社会消费品零售额2.75亿元。批发零售贸易业、住宿餐饮业增加值4350万元。批发和零售业零售额1.57亿元，住宿餐饮业零售额2154万元。至2012年，全县经济发展由商品短缺时期的资源供给约束，消费品市场供不应求转变为供大于求，由卖方市场转变为买方市场，由国有经济一枝独秀转变为国有经济、集体经济、个体经济、私营经济、股份制经济互相补充、并存，形成多种经济成分共同发展、竞争有序、互为补充的经济结构。消费品市场对经济发展的贡献作用日益凸现。非公有制经济成为主要组成部分。全县社会消费品零售额增至22.53亿元。批发零售贸易业、住宿餐饮业增加值3.56亿元。批发和零售业零售额19亿元，住宿餐饮业零售额2.84亿元。城市消费市场消费品零售额11.77亿元，农村市场零售额10.74亿元，城乡市场发展差距逐步缩小，城乡市场共同发展、共同繁荣。

（二）旅游业

1993年，洪雅县建立瓦屋山国家森林公园。1997年起，洪雅县利用县内丰富的旅游资源发展生态旅游，相继建成瓦屋山、槽渔滩、七里坪、柳江古镇四大旅游景区，发展乡村旅游，旅游业逐步成为洪雅经济的一大支柱。当年，瓦屋山国家森林公园被评为“全国森林公园十大标兵单位”，1999年被列为“全国重点生态旅游景区”。此后，全县围绕“峨眉拜佛，洪雅度假”和建设天府花园目标，加快旅游业转型升级，实施旅游活县战略。随着雅眉乐高速公路、遂资眉高速公路的修建，“大峨眉”国际旅游西环线项目全面启动，全县旅游跨入快速发展时代。至 2012 年，全县接待游客 277.89 万人次，实现旅游总收入 26.43 亿元。

六、财政 金融

（一）财政

1997 年，洪雅县地方财政一般预算收入 7700 万元，地方财政一般预算支出 8000 万元。至 2012 年，财政收入稳步增长，财政实力进一步增强。全县地方财政一般预算收入 5.26 亿元，地方财政一般预算支出 14.7 亿元。

（二）金融

1997 年，洪雅县金融机构各项存款余额 6.5 亿元，其中居民储蓄存款余额 5.3 亿元。金融机构贷款余额 8.99 亿元。2012 年，全县金融机构各项存款余额 84.97 亿元，其中居民储蓄存款余额 67.06 亿元。金融机构贷款余额 48.35 亿元。各类保险保费收入 2.2 亿元。

第三节 社会事业

一、教育和科技事业

1997 年起，洪雅县落实《中华人民共和国义务教育法》，深化教育改革，推进素质教育，巩固“普九”成果。全面贯彻落实科技工作方针，开展科技培训、示范和“科技三下乡”等科普活动，推进科技进步。至 2012 年，全县各类教育协调发展，教育教学质量稳步提升。全县有各类学校 47 所，其中小学 23 所、普通中学 21 所。在校学生 2.7 万人，其中小学在校学生 1.3 万人，普通中学在校学生 9300 人。小学专任教师 902 人，普通中学专任教师 1078 人。高考本科上线 734 人，其中重本上线 121 人。

二、文化、体育事业

1997 年起，洪雅县加强文化基础设施和馆场建设。推行全民健身计划，贯彻实施《全民健身计划纲要》，组织群众健身活动，新建余坪镇、中保镇合江村、柳江镇洪江村等 3 个农民体育健身工程。至 2012 年，会县 15 个乡镇全部建立综合文化站。免费开放“三馆一站”（图书馆、文化馆、博物馆、文化站）。组织“自行车环保骑游活动”“飞越杯越野摩托车巡回赛”、围棋、象棋比赛等，组织全县机关职工参加“迎春长跑活动”“三八”趣味运动会等。

三、卫生事业

1997 年起，洪雅县逐步完善全县城乡卫生服务体系，加强公共卫生建设和疾病预防控制。至 2012 年，全县有医院、卫生院 18 个，编制床位 1015 张，医疗卫生技术人员 1013 人，医生 446 人，卫生防疫人员 41 人。公立医疗机构门诊 123.2 万人次，医院病床实际占用总床日 26.82 万日。全县参加农村合作医疗 26.85 万人，参合率 99.88%。

四、社会保障

1997 年起，洪雅县开展职业技能培训，以培训促进就业。当年，城镇新增就业 4719 人，城镇失业人员再就业 1029 人，就业困难对象实现再就业 423 人。至 2012 年，全县机关企事业单位职工养老保险参保 2. 33 万人，城镇居民医疗保险 2. 87 万人，城镇职工医疗保险 2. 13 万人，工伤保险参保 1. 93 万人（农民 7650 人），生育保险参保 1. 93 万人，失业保险参保 7106 人，城乡居民社会养老保险参保 18. 17 万人。全县城乡低保应保尽保，五保供养应养尽养。城乡社会保障体系初步建立。

五、人民生活

1997 年，洪雅县农民人均纯收入 1700 元，农民人均消费支出 2073 元。2003 年，全县城镇居民人均可支配收入 5576 元。至 2012 年，农民人均纯收入 8156 元，农民人均消费支出 7125 元；城镇居民人均可支配收入 18904 元，城镇居民人均消费支出 14369 元。城乡居民收入连年增加，生活水平逐步提高。

第五章　丹棱县

丹棱县地处四川盆地西南边缘，岷江以西、青衣江以东、总岗山脉南麓，居眉山市中部偏西，东与东坡区毗邻、南与夹江县接壤，西南同洪雅县相连，西北与名山县为邻，北同蒲江县连接，东西最大距离约 35 千米，南北最大距离约 30 千米。省道 106 线穿过境内。2012 年年末，辖丹棱、杨场、仁美、双桥、张场 5 个镇，石桥、顺龙 2 个乡，5 个社区、71 个行政村。全县总户数 5 万户，户籍总人口 16. 32 万人，其中非农业人口 3. 57 万人；总面积 448. 94 平方千米。县城建成区面积 5. 46 平方千米，全县城镇化率 35. 46%，森林覆盖率 46. 23%。

第一节　城乡建设

一、县城建设

1997 年起，丹棱县以建设“娇小美城”、打造“生态宜居大雅城”为目标，加快城市建设。至 2012 年，建成九龙广场、唢呐广场、啤酒广场、文庙广场；开发东升小区、世代家园、中泰花园、金宇花园等；规划建成三彭路、杨柳街、丝绸路、人民路、齐乐大道等，城区面积增至 5. 46 平方千米，城镇化率 35. 46%，城区人口 3. 2 万人、占全县城镇人口的 35. 46%。县城面貌焕然一新，“山水工业新城”“宜业康居的田园城市”初具雏形。

二、新农村建设

1997—2012 年，丹棱县启动新村建设 71 个，建成新农村综合体 2 个，“1+6”公共服务中心 54 个，为四川省整县推进社会主义新农村建设县。全县农村村容村貌焕然一新，人居环境极大改善。

三、交通运输

2001 年前，丹棱县有省道 1 条 17 千米，县道 5 条 94 千米，乡道 6 条 24 千米，公路总里程 135 千米。2012 年，全县公路运输货物周转量 9505 万吨千米，公路运输旅客周转量 1.31 亿人千米，境内公路总里程 498.7 千米，硬化、黑化道路 419 千米。

四、邮电

1998 年，丹棱邮政业务收入不足 200 万元。2000 年，启动小灵通网络基站建设，后陆续扩建，覆盖主要乡镇、景点和道路，共建成 105 个基站，为全县人民提供绿色环保，实惠方便的通信工具，有小灵通用户 6800 余户。在全县投资 800 万余元，建成 450 兆无线村通系统，发展用户 7800 余户，解决农村地区打电话难问题。投资 2100 万元，建成覆盖城区和农村的有线宽带网络，发展普通宽带用户 6500 余户，政企光纤宽带局域网 1800 余户。2010 年，丹棱固定电话网与成都并网。2012 年，丹棱邮政业务收入增至 1590 万元，电信业务总量 7091 万元，有固定电话用户 3.47 万户。

第二节　经济发展

一、经济总量

1997 年，丹棱县地区生产总值 4.71 亿元、占眉山地区的 4.51%。其中第一产业增加值 2.3 亿元、第二产业增加值 1.14 亿元、第三产业增加值 1.26 亿元，三次产业结构为 48.9∶24.3∶26.8。按常住人口计算，全县人均地区生产总值 2923 元。2012 年，全县地区生产总值 37.1 亿元、占眉山市的 4.79%。其中第一产业增加值 8.24 亿元、第二产业增加值 20.2 亿元、第三产业增加值 8.67 亿元，三次产业结构为 22.2∶54.4∶23.4。按常住人口计算人均地区生产总值 24043 元。

二、固定资产投资

1997 年，丹棱县全社会固定资产投入 6373 万元。此后，逐步增加投入，推动经济发展。2012 年，全县全社会固定资产投资 3.4 亿元。1997—2012 年，全县全社会固定资产投资 164.48 亿元。

三、农业

1997 年起，丹棱县委、县政府将农业和农村经济放在全县经济工作首位。当年，全县农业总产值 3.98 亿元，农民人均纯收入 1780 元。1999 年，县委、县政府下发《关于进一步深化全县农村产业结构调整的意见》《关于“丹棱新村”建设的决定》等文件，以“新村建设”、农民增收为核心，以实施农业产业化经营为重点，大力调整产业结构，引进新品种、推广新技术，引导农户调整种养业结构，重点发展以生猪、优质水果、水稻制种、蚕桑、茶叶为主的农业产业。2000 年起，引进以“不知火”为代表的杂柑类新品种，建成水果、茶叶、魔芋、水稻制种、蚕桑和畜禽六大种养基地，农业生产由单一的粮食生产向多种经营发展。2007 年，县委、县政府制定“一村一品”发展规划，实施“一县四品”（果、桑、茶、林）工程，优化农村产业结构。当年，全县调优和新发展水果 666.67 公顷，新发展茶叶 226.47 公顷、蚕桑 376.8 公顷、竹木工业原料林 800 公顷，形成水果、蚕桑、茶叶、竹木工业原料林四大优势主导产业。2010 年，全县以发展特色产业为重点，推进新农村建设，县委、县政府下发《关于掀起特色效益农业发展新高潮实现农村大变样的实施意见》，当年新建奶牛小区 5 个，新发展生猪、果草鸡、肉兔适度规模养殖户 502 户，集中成片发展果桑茶林，初步形成“东果西林、南桑北茶”产业格局。2012 年，全县建成种养基地、竹木基地 17 个和以丹棱镇、杨场等乡镇为核心区域，发展爱媛、不知火、清见为主的特色水果产业带；以双桥、仁美等乡镇为核心区域的杂交良桑为主的蚕桑产业带；以张场、顺龙等乡镇为核心区域，发展“名选 131”“福鼎大白”等名优茶产业带；以石桥、顺龙、张场等乡镇为核心区域，发展杂交竹、桤木等为主的工业原料林林竹产业带。建成一村一品专业村 43 个，“一县四品”特色效益农业基地 35 万亩，占全县总面积的 51%，人均 2.6 亩。全县粮经比例 2.5∶7.5，农民从“一县四品”中获得 57%以上的纯收入。全县农业总产值 13.85 亿元，农民人均纯收入 8332 元，水果总产量 12.34 万吨、总产值 3 亿元。水果产业对农民人均纯收入贡献 2500 余元。

四、工业和建筑业

（一）工业

1997 年，丹棱县工业规模小、企业少，全年工业总产值 2.81 亿元，利税总额负 292 万元，利润负 1421 万元，工业增加值 5499 万元，企业 33 个（亏损企业 14 个），总资产贡献率 0.42%，工业经济效益综合指数 18.41%。1998 年，县委、县政府作出《关于全面实施国有企业产权制度改革的决定》，制订《全面实施国有企业产权制度改革方案》，清理改组全县国有和集体企业。采取招商引资、出台优惠政策、建设工业发展平台等措施，发展工业。2000 年，引进眉山应林集团整体收购攀棱化工厂，投资 2000 万余元实施技改；拍卖金藏、龙坝、隆兴化工厂等破产倒闭企业，盘活芒硝企业闲置资产 5000 万余元，建成应林化工有限公司、汇祥工业有限公司等 4 家企业，设计年产 31 万吨普通和中性元明粉，实际生产能力 50 万吨以上。2004 年，中车汽修（集团）总公司与中车汽修（集团）下属子公司成都 7436 工厂共同出资，收购丹齿公司，成立中车集团四川丹齿零部件有限公司。至 2010 年，相继引进华天、强华等 12 户陶瓷企业和新高峰、天际、索菲亚等投资上亿元企业入驻丹棱，形成齿轮机械、陶瓷建材、钾钠化工、新兴产业为主导工业发展格局，产业结构日趋优化。2012 年，全县建成机械产业、陶瓷建材、钾钠化工 3 个工业园区，实行一园一主业，集中集约发展。形成齿轮机械、陶瓷建材、芒硝化工和新兴产业四大支柱产业。创建中国驰名商标 1 个、四川名牌 2 个和四川省著名商标 2 个。全部工业增加值 16.5 亿元，是 1997 年的 30 倍。工业入库税金 1.07 亿元。

（二）建筑业

2012 年，丹棱县建筑业增加值 3.7 亿元，总产值 5.79 亿元，对经济增长的贡献率为 22.8%，拉动经济增长 3.3 个百分点。

五、商贸旅游业

（一）国内贸易

1997 年，丹棱县社会消费品零售总额 1.66 亿元，住宿和餐饮业营业收入 1050 万元。2012 年，“丹棱冻粑”获国家地理标志产品保护，“天赐之水老峨泉”远销北京等地。年末全县社会消费品零售总额 11.9 亿元，住宿和餐饮业营业收入 1.8 亿元。

（二）对外经济

1997 年，丹棱县商品购进总额 963 万元，商品销售总额 1343 万元。2012 年，全县进出口总额 802.8 万美元，其中出口 802.8 万美元。出口产品销往意大利、德国、法国、南非、韩国等 15 个国家和地区。

（三）旅游业

1997 年后，丹棱县开发老峨山、九龙山等旅游景点，以自然生态和休闲娱乐度假为重点，重点建设“一堂（大雅堂）、一湖（梅湾湖）、三山（九龙山、龙鹄山、老峨山）”5 大旅游精品。利用丹棱大雅文化、唢呐文化、历史名人、文化古迹等特色文化优势，提高丹棱旅游文化品位，成功创建“省级乡村旅游示范县”。2012 年，投资 1000 万元的“十里桃花红，万顷橙花香”旅游环线建成通车。以旅游业为龙头，加快现代服务业建设。形成丹棱冻粑、大雅糟坊酒（大雅堂酒）、老峨泉天然软水、明宏旅游望远镜、亿陶营彩陶工艺品、龙秀土鸡蛋和龙秀牌老腊肉、麻妹子藤椒油、螺秀高山云露、老峨山茶、角落枇杷、寿源不知火 11 个旅游商品。全年接待游客 148 万人次，旅游总收入 8 亿元。

六、财政　金融

（一）财政

1997 年，丹棱县地方财政收入 2856 万元，其中地方财政一般预算收入 2427 万元。2012 年，全县地方财政一般预算收入 1.7 亿元。

（二）金融

1997 年，丹棱县金融机构各项存款余额 2.57 亿元。2012 年，全县金融机构各项存款余额 39.3 亿元，其中企业存款余额 7 亿元、储蓄性存款 31.2 亿元。按常住人口计算，城乡居民人均储蓄余额 2.2 万元。

第三节　环境保护

1997 年起，丹棱县在加快经济建设的同时，逐步转变环境保护观念，从“先发展，后治理”逐渐转到重视对环境的保护和治理，逐年加大环境治理力度。2007 年 5 月，全省农村环保大会“百万环保挂图送下乡”活动在丹棱举行启动仪式，丹棱县启动农村生态环保建设和创建国家级生态示范区。2008 年 3 月，丹棱成为全国“农村生态文明家园建设试点县”，创建为国家级生态示范区。2009 年，丹棱县仁美镇、张场镇、双桥镇、顺龙乡通过省环保局省级环境优美乡镇考核验收；丹棱县省级生态县建设通过省环保局验收考核。2010 年，创建为省级生态县。2011 年，丹棱县农村生活垃圾无害化处理“龙鹄模式”在全省推广，完成“两池六改一集中”建设3.6万户，沼气入户率94.5%。实施丹棱河道雨污分流治理工程，建成城市污水处理厂，成为“四川省整县推进村庄环境连片综合整治示范项目县”。2012年化学需氧量排放量4303吨。污水处理率90%，生活垃圾无害化处理率100%；城镇绿化覆盖率48.18%，森林覆盖率46.23%。

第四节　社会事业

一、教育事业

1997年起，丹棱县鼓励社会力量办学，幼儿园教育逐步实行办园社会化。1998年投入300万余元整体搬迁丹棱职业中学并建成市级重点中职校。丹棱被国家教委授予“基本普及九年义务教育县”称号。2002年，引进福建华职教育培训集团投资兴办眉山市华川职业学校，成为全县最大民办教育机构，为省级职业教育示范校。2003年，加强农村教育，实行“在国务院领导下，由地方政府负责、分级管理、以县为主”的农村义务教育管理体制。明确县级政府承担义务教育的主要责任及乡镇政府承担义务教育的相应责任，建立以县为主的教育转移支付的投资主渠道和多渠道筹措教育经费的机制。倡导行业、企事业单位、社会团体和公民个人按照国家规定的基本要求举办各类学校，鼓励社会各方面联合办学。2004年启动以“三定”（定规模、编制、岗位）、“三制”（校长负责制、岗位责任制、教职工全员聘任制）为内容的学校内部管理体制改革，形成“以县为主”管理体制；健全乡（镇）教育目标考核体系；完善办学体制改革措施，保证教育事业健康、协调发展。2006年起，农村义务教育学生全部免除学杂费。当年，全县学生1.7万人免除学杂费500万元。丹棱中学创建为省级示范校。2008年，县幼儿园创建为省级示范幼儿园。2009年香港文汇报社捐资400万港币援建杨场中学，并更名为文汇中学。全县通过省“两基”验收达标，2011年起，全县义务教育阶段学生全部享受“两免一补”，中职1年级~2年级全部学生和普通高中家庭经济困难学生得到资助，义务教育阶段在校残疾学生全部随班就读，完成大学生生源地贷款，无学生因贫困失学。丹棱通过国家“两基”验收达标。至2012年，全县有学校52所，其中普通高完中1所、职业高中2所、初级中学6所、小学12所、幼儿园31所，在校在园学生1.7万人。形成以九年制义务教育为基础，中等职业教育和各类成人教育为网络的多层次、多形式教育体系。

二、科技事业

2002年，丹棱县承担“丹棱县信息化基地示范”项目，总投资293万元。至2006年，相继承担“塔罗科血橙新系无害化生产技术基地建设”“微生物活性制品在水产养殖中的开发利用”“长丘山区血吸虫防治新方法的研究”“当年生黄颡鱼亩产上千斤品种选育及配套技术研究”等项目5项，总投资1623万元。至2012年，全县有高新技术企业2家、省级以上创新型企业1家。有各类科技人才1.1万人，其中专业技术人才1772人。在中晚熟柑橘新品种选育方面的研究居全国领先地位。《丹棱县优质柑橘丰产高效技术集成示范与产业化开发》项目与四川省农业科学院园艺所签订产学研协议。成功创建为省级科技富民强县试点县，实施省级项目2个。有科技特派员服务团队8支24人，实现科技特派员服务团队全覆盖，开展科技团队服务活动98次。申报国家、省级中小型企业创新基金2

项、省级科技成果鉴定 1 项。实施机械齿轮行业制造业信息化科技创业产业链示范工程 1 个。新增专利申请 10 件，建立知识产权试点企业 2 家，转化实施专利技术 5 项。实施重点科技项目 18 项。

三、文化事业

1997 年起，丹棱县加强基层文化阵地建设。开展“大雅新农民、快乐新农村”广场文化活动，丰富农村文化生活。2009 年，丹棱千人唢呐演奏创吉尼斯纪录。2011 年，县委、县政府作出实施“文化名县”战略，建设“中国大雅文化之乡”。投资 2100 万元建设大雅堂主体及文化馆工程。成立大雅诗书画院。加强文化遗产保护，成功申报省级非物质文化遗产 1 个、市级非物质文化遗产 3 个、公布县级非物质文化遗产 4 个，成功申报为“中国民间文化艺术之乡”。至 2012 年，全县实现乡镇综合文化站、村农家书屋全覆盖。列入省、市、县级文物保护单位 30 处。老峨山、龙鹄山、九龙山等风景名胜区融汇文化遗迹和自然景观为一体，具有较高的历史、宗教、艺术和文化价值。

四、体育事业

2011 年，丹棱县举办全国长距登山挑战赛暨全民健身万人登山活动。2012 年，全县有羽毛球馆、足球场各 1 个，运动场、篮球场、乒乓球场 70 个。有单项体育协会 8 个。

1997—2012 年，全县体育健儿取得全国残奥会铜牌 1 枚，省级残运会金牌 5 枚、银牌 5 枚、铜牌 1 枚，市残运会金牌 23 枚、银牌 28 枚、铜牌 27 枚。

五、卫生事业

1997 年起，丹棱县加强医院等级创建，启动县人民医院创建二级甲等综合医院、丹棱中医医院创建二级乙等中医医院、保健院创建二级保健院。2002 年，全县达到基本消灭疟疾标准。2003 年，完成县中医医院改制和乡镇卫生院改造，成立民营机构“丹棱中医医院”。建成县疾控中心和县医院住院康复楼。2005 年，全县达到血吸虫病传播控制标准。

至 2012 年，全县有医疗卫生机构 102 个，卫生技术人员 590 人，开放病床 484 张。年门诊 40 万人次，病床使用率 81.5%。全县达到血吸虫病防治国家阻断传播标准。传染病发病率逐年下降，新生儿死亡率降至 5.6‰。基层卫生单位全部实施国家基本药物制度。全县建立城乡居民健康档案 14.14 万份，规范化电子建档率 86.23%。免费发放宣传资料 13 万余份，举办健康教育讲座 63 期，制作健教宣传栏 53 个。乡镇卫生院全部申报等级卫生院创建，全部行政村卫生室建设达标，实现群众“小病不出乡、大病不出县”。

六、人民生活

1997 年，丹棱县农民人均纯收入 1780 元，人均生活消费支出 1767 元。2003 年，全县城镇居民人均可支配收入 5545 元，人均消费支出 5134 元。2012 年，全县农民人均纯收入 8332 元，人均生活消费支出 5282 元。城镇居民人均可支配收入 17382 元，人均消费支出 13303 元。

第六章　青神县

青神县地处川西平原西南边缘，北以鸿化山口为前门，南以平羌三峡作后户，东倚龙泉山脉，西至金牛河东岸，东连仁寿县、井研县，南接乐山市中区，西与夹江县接壤，北与东坡区交界。南北长17.4千米，东西宽21.6千米，边界总长约122千米。省道103线穿过境内。2012年年末，辖汉阳、瑞峰、黑龙、青城、南城、西龙、河坝子7个镇，白果、罗波、高台3个乡，5个社区、71个行政村。全县总户数5万户，户籍总人口19.74万人，其中非农业人口3.67万人；总面积387平方千米。县城建成区面积8平方千米，全县城镇化率33.45%，森林覆盖率42.01%。

第一节　城乡建设

一、县城建设

1997年，青神县县城面积3.2平方千米。1998年，县委、县政府作出《关于加快城市建设步伐的决定》。当年起，全县掀起旧城改造、新区开发建设高潮，加强城市基础设施配套建设。2000年起，开发城东新区、城西新区。当年，拆除改造县城区西街、北街、黉门街、川主庙街和张家巷5条街道临街房屋；改建南街、东街、小南街、双槐树街、文林街、外北街和米家巷房屋。新修街道、人行道、供水管道、排污管道、绿化、路灯等。共涉及城区12条街道1000余户私房、单位100余个。拆除旧房面积10万平方米，引进县内外开发商20余家，新建楼房100余幢20余万平方米。

2002年，修建至眉（山）青（神）公路外西干道，建设安置街。开发修建房屋9幢7万平方米，在鸿化堰灌溉沟处新建桥梁1座。投资130万元建设东坡广场。2005年起，建设鸿化堰福家民居工程，修建商住楼7幢3万平方米。引进四川华成建筑公司投资700万元，在东坡广场旁动工修建青神县汽车站。完成中心城区绿化、净化、亮化、美化工程。新建黉门外街、中岩大道，振兴路、青衣大道，商贸街、城东农贸市场和中岩公园等。拆迁房屋2万余平方米、门市800多平方米，安置户79户9148平方米。铺设各类直径的砼排水管道1000余米，修建外西干道商住楼1.6万平方米。至2008年，全县城镇建设投入资金4.44亿元，城区新建住房面积16.8万平方米。完成安居房建设工程4188平方米和灾后重建维修工程。2009—2012年，城镇建设投入资金23.45亿元，完成房地产开发46.3万平方米，新增绿化面积16.3万平方米。县城面积增至8平方千米。县城被评为省级卫生县城。

二、村镇建设

1998年起，青神县加强小集镇改造、开发和基础设施配套建设，完成全县乡、村、社水泥公路网建设。1999年起，全县实施新农村建设，实行农户“三通”“四改造”，改善农民生产生活环境和条件。至2012年，全县乡、村、社、户水泥路通路率分别达到100%、100%、96%、72%。

三、交通运输

1998年，县委、县政府作出《关于高起点全方位加速交通建设的决定》。当年起，实施“高起点、大气魄、兴交通、建城市”战略决策，全县掀起改造县乡公路、大修乡村水泥路的热潮。年末全县公路通车里程163.3千米。至2001年，全县改造和新修乡村公路139条349千米，其中新修水泥路216千米。此后，相继改造眉（山）青（神）路、青（神）夹（江）路、青（神）乐（山）路、青（神）井（盐）路等县道公路，新修青衣大道、竹艺大道、锦绣大道和青神至成乐高速路口的快速通道等高等级公路。全县各村、社的水泥路全部贯通。2012年，全县公路总里程483.2千米，公路旅客周转量1.13万人千米，公路货物周转量1.25万吨千米。

四、邮电

1997年，青神县邮电主要有邮件运送、电话通信等业务，业务总量955万元。有固定电话用户2588户、移动电话用户610户。2002年，青神县成立联通公司，主营联通无线电话业务。成立铁通公司，主营小灵通电话、宽带网络等业务。至2012年，全县邮电通信事业快速发展，电信业务总量增至7584万元，邮电主营业务收入8764万元，固定电话用户3.2万户，移动电话用户13.48万户，国际互联网用户1.56万户。

第二节　经济发展

一、经济总量

1997年，青神县地区生产总值6.28亿元、占眉山地区的6%。其中第一产业总产值2.35亿元、第二产业总产值2.12亿元、第三产业总产值1.8亿元，人均生产总值3100元。当年起，全县相继实施兴交通、建城市，发展工业企业，调整农业产业结构，发展第三产业等战略决策，加强招商引资，增加固定资产投资，不断改善县域经济发展环境和条件，全县国民经济持续增长。至2012年，全县地区生产总值49.19亿元、占眉山市的6.35%。其中第一产业总产值7.21亿元、第二产业总产值29.82亿元、第三产业总产值12.15亿元，人均地区生产总值2.95万元。

二、固定资产投资

1997年，青神县固定资产投资1.15亿元。此后，加大农业、工业、房地产业、交通运输业和各项社会事业基础设施建设固定资产投资，促进县域经济和各项社会事业发展。2012年，全县固定资产投资增至35.01亿元。

1997—2012年，青神县固定资产投资173.48亿元。

三、农业

1997年，青神县农业经济总产值3.56亿元，其中农业1.22亿元、林业1100万元、畜牧业1.11亿元、渔业1000万元。此后，全县以农村小康工程建设为重点，实施“农业稳县”战略。1999年起，深化农村税费改革，减免农业税及其附加，落实农村退耕还林，实施粮食直补。至2012年，全县基本实现小康县初级目标。形成“东果、西茶、南竹、北菜”的农业产业结构的区域化布局。农业经济总产值12.36亿元，其中农业5.57亿元、林业3200万元、畜牧业6.02亿元、渔业2900万元。粮食总产值9.7万吨、油菜籽总产量5980吨、茶叶产量738吨、水果产量5.07万吨、蔬菜产量8.19万吨，年出栏生猪24.8万头，农业经济对全县国内生产总值的贡献率5.1%。

四、工业和建筑业

（一）工业

1997年起，青神县委、县政府实施“工业强县”战略。实施企业转制和技改，优化产业结构，实行工业企业园区化，建设纺织印染、机械制造、医药化工、竹产品加工四大优势产业。当年，全县规模以上企业15户，工业总产值1.74亿元，工业增加值5200万元。当年起，逐年加大工业投入和招商引资力度，引导企业体制改革，实施企业转制和技改，优化产业结构，创造企业特色产品。实行工业企业园区化，重点建设眉青路工业走廊、城南工业集中区、西龙纸厂。依托重点骨干企业，建成“四大优势产业”（纺织印染、机械制造、医药化工、竹产品加工），形成建材、缫丝、制鞋、酒业、食品加工等规模化行业。至2012年，全县工业技改项目投资16.92亿元。引进内资43.2亿元，引进利用外资266万美元，外贸出口创汇2475万美元。全县工业企业销售收入46.66亿元，增加值27.02亿元，工业总产值48.02亿元。其中重工业总产值23.75亿元、轻工业总产值24.27亿元，全县工业经济对国内生产总值的贡献率74.5%。

（二）建筑业

1997年起，青神县建筑竣工面积5.2万平方米，总产值3800万元。2012年，全县建筑竣工面积51.47万平方米，总产值7.35亿元。

五、商贸旅游业

（一）国内贸易

1997年，青神县商品批发零售贸易额3.37亿元。此后，随商品经济发展和民众物质生活需求的增长，全县城乡商品批发零售店、网点遍布城乡各街道、村社。商品品种种类齐全，商品批发零售逐年递增。至2005年，全县商品批发零售额增至2.89亿元。至2012年，“北京联华”“双双”“红旗”等超市和连锁商店入驻青神，小商品批发零售快速发展。全县社会消费品零售总额增至12.91亿元，批发零售贸易总额10.95亿元，住宿和餐饮零售总额1.96亿元，其他服务业营业总额8.99亿元。第三产业实现增加值12.15亿元，对地区生产总值的贡献率20.4%。

1997—2012年，全县商品批发零售总额95.16亿元。

（二）对外经济

1997年，青神县外贸公司解体后，县内无对外经济贸易项目和业务。2000年，生丝、竹编产品获得对外贸易许可，青神县恢复对外经济贸易业务。当年，全县对外经济产品出品销售额 344 万美元。此后，纺织品、机械产品等相继获出口贸易许可，全县对外经济贸易得到较快发展，产品出口销售收入逐年增加。至 2012 年，全县出口销售额增至 2475 万美元。

1997—2012 年，全县外贸出口销售总额 1.64 亿美元。

（三）旅游业

青神县有中岩寺、江湾神木园、国际竹编艺术博览馆、中国首家竹林湿地、汉墓群、平羌三峡、仙姑湖等重点景区。

1997 年起，青神县委、县政府实施“旅游旺县”战略，促进旅游、商贸互动发展。利用著名风景名胜、人文景观和蚕丛故里等知名品牌，采用政府为主导、企业为主体、实行市场运作，改革景区管理体制、推进旅游基础设施建设、提升旅游服务档次和质量。当年，全县旅游接待 19.4 万人次，旅游收入 970 万元。1999 年，旅游休闲农家乐兴起，全县有旅游农家乐 28 个。中岩寺宾馆和中国竹艺城被确定为省级旅游点接待单位。2003 年，中国竹艺城和中岩寺被国家旅游局评为国家 AA 级旅游区。此后，全县加大旅游资金投入，开发旅游重点项目，建设旅游景点景区，硬化旅游景点公路、增设景区旅游客车专线，设置仙姑湖和平羌小三峡游船，修复景区人文景观。举办商品展销会、竹编文化旅游节、东坡初恋旅游文化节、龙舟文化旅游节、“竹乡之春”“竹乡之韵”“岷江之夏”“中岩之秋”“青神椪柑节”等节会活动，推动旅游业发展。至 2012 年，被赞为川南第一园的“青神县江湾神木园”开园，青神大酒店通过四星级酒店评定。年接待游客 146.7 万人次，旅游收入 10 亿元。

1997—2012 年，全县接待游客 1009.64 万人次、旅游总收入 44.01 亿元、国际旅游外汇收入 99.74 万美元。

六、财政　金融

（一）财政

1997 年以前，青神县财政收入主要靠工商税收入、企业税收入、农业税收入、罚没款收入、专项款收入、上级补助及其他收入等。因青神县地域小、人口少、交通不便、工业基础差、商业不发达、历来财力薄弱，收入少、支出多。1997 年，全县地方公共财政收入 1701 万元，财政支出 3582 万元。此后，随着交通条件改善，工业和商业发展，财政收入逐步增加。至 2012 年，全县地方一般公共财政收入增至 2.25 亿元，财政支出增至 9.19 亿元。

（二）金融

1997 年，青神县金融机构存款余额 4.46 亿元，各项贷款余额 6.69 亿元。此后，随着经济发展，金融机构存（贷）款余额逐年增加。2008 年各项贷款余额突破 10 亿元。至 2012 年，全县金融机构各项存款余额增至 52.48 亿元，各项贷款余额增至 19.93 亿元。

（三）保险

1997 年，青神县保险机构主要是人寿保险公司和财产保险公司。全年各项险种保费收入 466 万元，各险种理赔支付 278 万元。此后，随着人们对人身健康生命和物资财产保险认识的提高，参加保险的人逐步增多，全县保险业务不断增加。至 2012 年，全县保险保费收入 1 亿元，各险种理赔支付 1751 万元。

第三节　环境保护

1997年，青神县工业废水排放达标率84%，工业烟尘排放达标率98%。当年起，每年逐步增加治理环境污染投资，工业企业实行限污排放，加强环保监察和环保执法，建立县域环保治理长效机制，有效保护县内环境质量。2000年起，实施人工造林、退耕还林等，全县林地面积、森林覆盖率扩大。至2012年，全县森林面积1.46万公顷，森林覆盖率42.01%，被省政府纳入现代林业建设重点县。工业废水排放达标率80%，工业烟尘排放达标率85%。

第四节　社会事业

1998年起，青神实施"科教兴县"战略，推进教育事业改革和发展。发展文化体育事业和卫生事业，建立公共事业服务管理体系，完善社会保障体系，建立城乡医疗保险和最低生活保障制度。

一、教育事业

1997年前，青神县教育主要是以政府办学为主。其中，高中、职业高中、县成人中专校、县进修校及城区公办的各所初中、小学、幼儿园、乡镇初中、中心小学、乡镇成人文化学校、乡镇中心幼儿园、村小、乡村幼儿园均为县政府、乡镇村办学。

1997年，青神县鼓励社会力量办学，幼儿教育逐步实行社会化办园体制。年末全县有中小学校81所、在校生2.23万人、专任教师1114人。1998年，实施"跃跨世纪素质教育工程"，依法保证教育经费的"三个增长"（各级政府教育财政拨款的增长要高于同级财政经常性收入的增长，在校学生人均教育经费逐步增长，教师工资和学生人均公用经费逐步增长）。全年县财政预算内教育拨款872万元，占财政总支出的19.95%。1999年，青神县制定并实施《1999—2010年教育发展规划》，县财政对教育的投入逐年递增。预算内教育拨款首次突破千万元。当年起，县财政增加投资用于学校校舍危房改造和维修。2003年，在政府统筹管理下，倡导行业、企事业单位、社会团体和公民个人按照国家规定的基本要求举办各类学校，鼓励社会各方面联合办学。至2005年，全县学校校舍危房改造投资944万元、维修投资215万元。2008年起，实施校舍安全工程。至2012年，全县向上争取资金5549万元，续建和新开工项目32个，改善教学设施投入507万元，省级学前教育改革发展项目投入1091万元。县教育系统获国家级表彰6项，获省级表彰4项，获市级表彰20项。有民办教育学校19所，形成以政府办学为主体，公办学校和民办学校共同发展的新格局。全有县公办高中、中等职业学校各1所，其他中小学26所，教职工1449人，在校学生1.66万人，在园幼儿4042人。

二、科技事业

1997年起，青神县委、县政府相继制定《青神县科技"八亿工程"重点项目发展规划》《青神县"十一五"科学与技术发展规划》《青神县制造业信息化"十一五"规划》《青神县保护知识产权三年规划》。举办“保护知识产权培训班”“农民绿色证书培训班”。组织实施科学技术项目。当年，全县订立专利转让合同2份，拥有专利47项。推广玉米软盘育苗移栽等新技术21项。年末全县各类专业技术人员2766人。1999年，全县创建地级科技示范村6个，示范户18户，示范田块4000公顷。2000年，实施《青神县十万农民科技培训计划》，建立地级科技示范乡1个、县级科技示范乡4个。2003年，在原青竹乡羊埝村、南城良种场实施超级杂交稻示范。至2005年，全县下达重点科技计划项目572项，推荐申报科技计划项目77项，省级立项21项。申报省市科技成果74项，登记10项。新获专利18项。全县拥有专利97项，推广农业新技术、新品种58项。至2008年，全县建成高新技术企业3个、企业总产值7.96亿元。至2012年，全县组织实施国家、省、市科技项目23个，科技项目投入资金393万元。有各类专业技术人员2217人，有高新技术企业4个、企业总产值11.26亿元，专利授权38项。评选出科学技术进步一等奖117项。组织企业申报省级成果鉴定2项，省级成果转化项目2项，2个企业获眉山市科技进步二等奖。举办农民实用技术培训1.65万人次。全县建立农村科技咨询服务站、专业研究所、项目专业协会等各类科技推广机构176个。建立和完善农经、科技、企业、招商等信息网，形成县、乡、村、社四级科技推广网络。开展科技示范乡镇、科技示范村、科技示范户的示范创建，推广应用新技术新品种126个（项），全县主要农作物优良品种覆盖率98%。3个村被确定为眉山市社会主义新农村建设科技示范村，青神县被评为国家级科技进步县。

三、文化事业

1997年起，青神县开展群众文化辅导和群众文化活动。开设各种文化艺术培训班，培养各种文化艺术人才，编排各类文艺节目，开展各类文艺比赛和文艺演出活动。在全县辅导和开展校园文化、企业群众文化、社区群众文化和农村群众文化活动。至2012年，全县有文化活动场馆4个、影剧院11个、公共图书馆图书221.7万册。群众文化活动开展经常化。

四、体育事业

1997年，青神县投资188万元，建成县体育馆。当年起，全县城区、机关、企事业单位和城乡中小学相继设置各种球类、田径运动场。瑞峰镇每年农历五月十五均举办规模盛大的龙舟会、篮球赛、拔河比赛、文艺晚会等。1999年，举办全县体育运动会，设置田径、篮球、拔河、象棋、围棋、广播体操、乒乓球、门球8个项目，参赛984人。2001年，县冬泳协会参加香港冬泳锦标赛。2002年，青神县瑞峰镇被农业部、国家体育总局、中国农民体育协会授予“全国亿万农民健身活动先进乡镇”称号。2003年，县鸽协举办春季500千米通信赛，参赛信鸽1415羽。在南城镇竹艺城举办青神县“中国竹编艺术博览会”千人竹制呼啦圈比赛。2004年，青神中学投资300万余元修建体育馆。2006年，青神参加市“一运会”，获17金、21银。至2012年，全县有田径运动场、篮球场、排球场、门球场53个，游泳池2个、文体活动室153个。城区中岩公园和城西东坡广场设置群众健身器材，城区公园广场设置健身器械。各乡镇修建农民体育健身中心，设置各类群众健身器械。全县有老年人协会会员2.3万人。每年开展门球、乒乓球、钓鱼、老年迪斯科、健身腰鼓、秧歌、太极拳、太极剑、书画、棋类、桥牌等适合老年人特点和爱好的体育活动和文化娱乐活动60余次，组队参加乐山市和眉山市老年体育协会举办的比赛。

五、卫生事业

1997年起，青神县改造乡镇卫生院。开展全县环境与物品生化、微生物理化检测。专项整治黑诊所、药店坐堂行医、无证牙科诊所等非法行为。开展餐具、饮用水、公共场所用品用具、医疗机构消毒效果监测。打击“地沟油”违法犯罪专项行动，重大节日期间专项联合执法检查食品安全。当年，纠正违法行为48起，立案5件，罚款7.03万元，取缔“黑窝点”1个，检查集中式供水单位1家、乡镇集中式供水单位9家、医疗机构205家、卫生用品生产厂家2家、学校和托幼机构48家以及公共场所经营单位207家。下达卫生监督意见书125份并限期整改。检查农村妇女6499人，查出患者2319人，及时治疗。0~6岁儿童实行“系统管理”，各乡镇卫生院负责体检，建立健康档案。年末全县有医院和卫生院23所、病床位495张，卫生技术人员622人。1999年，在汉阳和瑞峰2个乡镇开展新型合作医疗试点。至2005年，全县卫生院改（扩）建15所7338平方米。全县医疗卫生机构业务用房建筑面积增至2.95万平方米，基本实现房屋、设备、人员“三配套”。2007年，全县实施新型农村合作医疗制度，农村居民参合率93.4%。至2012年，全县共投资9000万余元，完成县医院门诊、住院大楼重建，县中医院整体搬迁重建及各乡镇卫生院重建和扩建。全县有医疗卫生单位188个，其中县级医疗卫生单位10个、乡镇卫生院9个、村级卫生室139个、社区卫生站2个、个体诊所28个，设床位799张。有卫生技术人员631人。全县新型农村合作医疗参合率增至99.79%。享受新型农村合作医疗政策补偿的参合农民报销12.94万人次4474.51万元。享受合作医疗基金补偿受益面83.77%，实际住院补偿比59.75%。农村家庭“因病致贫、因病返贫”的现象得到缓解。

六、社会保障

1997年，青神县城镇职工实行基本养老保险。当年，县政府实施“再就业工程”。要求用人单位按比例招收下岗职工；组织下岗职工职业技术培训，培训后动员有关企业献岗安排；动员下岗职工自谋职业，工商、税务给予费税减免政策扶持。2000年起，全县实施城镇职工医疗保险和失业保险制度。当年，全县城镇基本养老保险参保职工7600人，城镇基本医疗保险参保职工6000人，城镇居民失业保险参保5000人。农村居民参加农村社会养老保险10.38万人，农村居民参加农村医疗保险15.45万人。2002年，县委、县政府出台再就业系列优惠政策，向失业人员发放再就业优惠证2200份。实现再就业1100人，其中“4050”（40岁、50岁年龄的下岗职工）人员等救助对象再就业380人。

2003年起，青神县发放公益性岗位补贴、社会保险补贴，补贴培训下岗失业人员培训机构培训费。2007年起，全县实施农村医疗保险制度。2008年，为创业人员60人发放小额贷款120万元。至2010年，全县为下岗失业人员163人发放小额贷款352万元。全县发放岗位、社保、培训补贴601.9万元。下岗失业人员427人再就业。2011年，全县各乡镇和社区均建立劳动保障平台。2012年起，全县实施农村基本养老保险制度。实施竹编和机械产业技术“双千”培训工程，培训2084人，全部就业。截至2012年年底，全县参加城镇基本养老保险职工2.81万人、城镇基本医疗保险职工1.17万人、城镇居民最低生活保障4701人、城镇职工失业保险3100人；参加农村居民社会养老保险10.38万人、农村居民医疗保险15.45万人。

七、人民生活

城镇居民生活　1997 年，青神县城镇居民人均可支配收入 5013 元，人均生活消费支出 3450 元。消费支出中主要是食品、衣着、交通、通信和杂项商品。1997 年后，实施工资制度改革，上调职工工资，城镇职工收入逐年增加。居民生活消费支出规模随着收入的增加逐年扩大，消费结构不断优化，服务性消费支出逐年增大，生活质量日益提高。全县城乡居民消费支出中食品、衣着、家庭设备用品及服务、医疗保健、交通、通信、娱乐、教育、文化服务、居住、杂项商品八大类占消费支出的比重不断增加。至 2012 年，全县城镇居民人均可支配收入增至 1.72 万元，工资性收入依然是城镇居民收入的主体。人均消费支出 1.27 万元。消费支出中交通、通信、住房、医疗和文化教育的支出和比重不断上升，消费结构由温饱型向小康型转化。

农村居民生活　1997 年，青神县农村居民人均纯收入 1651 元，人均生活消费支出 1326 元。1997 年后，全县调整农村产业结构，取消农业税，实施农民粮食直补，以及退耕还林等惠农政策，农村劳动力大批进城务工，农村居民人均收入逐年增加。至 2012 年，全县农民人均纯收入增至 8059 元，人均生活消费支出 4698 元。

眉山市志 MEISHAN SHIZHI

第三十七篇　人　物

自古以来“地以人贵，人以地传”。眉山人杰地灵，具有崇尚文化、重视教育的优良传统，大量优秀人才锲而不舍，奋发进取。有的在本地发展，有的从眉山走向外面，寻找更广阔的发展空间；有的出生在外地，在眉山生活、工作，涌现出不少在政治、经济、文化、军事上对国家、社会做出重大贡献的杰出代表人物。其功绩、成就为历史添彩，值得眉山人民永世敬仰和铭记。

第一章　人物传

人物传收录上限不限，下限至2012年已去世的，有重大影响的眉山籍或者在眉山市工作、生活的外地人物。人物排列顺序按照出生时间。古代和近代人物仅选择部分代表人物。

第一节　古代人物

全志收录古代代表人物27人。

彭　祖（？—?）　先秦时期传说故事人物。据《史记》《国语·郑语》《列仙传》等古籍记载，彭祖姓篯（一说姓钱）名铿，颛顼玄孙，陆终氏第三子，因封地在彭城（今江苏徐州），故号彭祖，传曾任商朝大夫。据《四川通志》记载，彭祖晚年入四川，定居彭山县象耳山，死后葬于彭亡山（今彭山县仙女山）。现陵墓保存完好，墓前有清同治六年（1867）县令王燕琼所立墓碑。

彭祖擅长炼丹，对养生术很有研究，传说其活了800余岁，历经夏、商两朝。自古以来，民间一直将其作为“老寿星”传颂。

张　皓（49—132）　字叔明，汉犍为郡武阳县（今彭山县）人。少年时离开家乡到京城洛阳（今河南省洛阳市）求学。东汉和帝永元年间，张皓先在州郡任职，后任尚书仆射、彭城相。永宁元年（120），张皓晋升廷尉。永健元年（126），成为当朝宰相。张皓任宰相的四年间，多次向朝廷推荐治国理政人才，被人们誉为“推士”。张皓对政治类案件处置非常慎重。有个清河县（治所在今北京市）人叫赵腾，上书谈灾变的事情，涉嫌攻击朝政，很多人被牵连获罪。张皓针对此案上书，劝顺帝不杀赵腾，并从轻处理与该案相关的42人。永建四年（129）八月，张皓以生病为由辞去宰相之位。阳嘉元年（132）张皓去世，顺帝派使者吊祭，并赐葬于河南。

杨　涣（？—?）　字孟文，东汉犍为郡武阳（今彭山县）人，以清廉博学儒雅著称，历任台郎、相、尚书、中郎、司隶校尉。

中原与四川重要交通路线之一的褒斜道（战国时期秦国征伐蜀国开凿的石门道）陡险崎岖，时断时通。永平四年（61），汉明帝下诏整修褒斜道，凿通北褒谷中的石门。安帝时，蜀中族羌人起义，造成桥梁断绝。顺帝时，为恢复交通，身为司隶校尉的杨涣多次奏请重开石门，得到朝廷批准。新开石门穿山通道六丈有余，并扩大旧道。桓帝建和二年（148），汉中太守武阳人王升在石门石壁上刻文（全称《汉司隶校尉犍为杨君颂》，又称《石门颂》），讲述石门开凿原由经过，颂扬杨涣功绩。

张　纲（108—143）　字文纪，东汉犍为郡武阳县（今彭山县）人。

张纲从小勤奋好学，对经学有深入研究，重视自身修养，品学兼优。犍为郡推荐他为孝廉，被张纲拒绝，司徒便征召张纲担任御使之职。

汉顺帝时期，外戚与宦官相互勾结，把持朝政，导致政局混乱。对此，张纲向顺帝上书，希望顺应天下民心，稳定政局，削除身边的乱臣，可惜未被采纳。

永建、阳嘉年间，朝政更加混乱，民不聊生，百姓被迫啸聚山林，抗拒官府，长江两岸、山东、湖北等地尤其严重。在严峻局势下，顺帝除向上天祈福，又派出专使8人巡行全国，宣讲朝廷威德。8位专使多为年老博学名士，身居要职，只有张纲年轻、官位低。当其他专使纷纷出发时，张纲却卸下车子的轮子埋在洛阳都亭后说：豺狼挡在大路上，还管什么狐狸（“豺狼当路，安问狐狸）。”随后向顺帝上奏弹劾大将军梁冀、河南尹梁不疑靠外戚支持毁坏朝纲，横行不法，列举其欺君罔上多条罪状，认为应该将其处死。奏疏震动整个朝廷，梁冀一族因此对张纲恨之入骨，图谋报复。当时，广陵郡（今江苏扬州）有张婴等数万人迫于贪官污吏的压榨而举旗反抗朝廷，已达数年之久，朝廷多次派兵不能剿除。梁冀为报复张纲，串通尚书派张纲担任广陵太守。张纲毅然接受，到任后不惧危险，亲自劝降张婴，说服其率部下一万余人归顺朝廷，广陵郡叛乱被平息。顺帝因张纲有功，准备提升其官职，但鉴于广陵人的苦求而让其留任。一年后张纲病逝，年仅36岁。张纲去世后，百姓纷纷到郡府致哀。张婴等数百人身穿孝服扶丧，将张纲灵柩送回其故乡犍为，并捧土成坟。

李　密（224—287）　西晋文学家，又名虔，字令伯，犍为武阳（今彭山县）人，先后在蜀汉和西晋任过官职。代表作《陈情表》流传千古，被奉为孝道典范。李密祖父李光曾任朱提（治所在今云南昭通县境）太守。李密出生6个月父亲去世，4岁时舅父又强迫母亲何氏改嫁，李密由祖母刘氏抚养成人。祖母患病时，李密痛哭流涕，夜不解衣，在祖母身边侍奉，膳食、汤药亲自尝试后才进献。李密幼年时拜蜀地大儒谯周为师，读遍五经，尤其精通《春秋左氏传》，以文学见长。李密曾任蜀汉尚书郎。晋灭蜀后，征西将军邓艾敬慕其才能，聘他担任主簿之职。李密以奉养年迈祖母为由，谢绝邓艾的聘请。泰始三年（267）晋武帝立太子，因欣赏李密才华，下诏征召其为太子洗马。

西晋武帝泰始三年（267），李密祖母已96岁，卧病在床。为照料祖母，李密向晋武帝上呈《陈情事表》，陈述家里境况。晋武帝阅后为李密一片孝心所感动，称赞其孝名不虚传，不仅同意他暂不赴任，还赏赐奴婢2人，并指令犍为郡武阳县，发给赡养祖母费用。李密在祖母去世服丧期满后担任温县（今河南省温县）县令。在任期间，李密政令严明，政绩显著，以刚正闻名。当时中山诸王每次路过温县，都要严命温县负责供应，给当地带来沉重负担。李密到任后，据理力争，严格控制过境接待标准，减轻当地负担。后担任汉中太守，一年后罢官归田。太康八年（287），李密病逝，终年64岁。

悟　达（809—882）　著名僧人。原名陈知玄，字后觉，唐宪宗元和年间眉州洪雅县中保乡（今洪雅县中保镇）人。7岁时遇法泰禅师在离家不远的宁夷寺讲《涅槃经》，每天前往聆听，对佛经经义有所领悟，立志弘扬佛法，11岁时削发为僧。

悟达出家后，随师傅到唐兴邑（今崇州市东15千米）四安寺学习佛经，潜心研究佛教经典，学识渐长。悟达13岁时，四川节度使杜元颖听闻他的才名，邀请他在大慈寺普贤阁开坛讲经，听者众多，从此名震蜀中，被称为“陈菩萨”。不久，悟达到净众寺辩贞法师处受戒，并跟随法师外出游历，经三峡，过襄阳，到达长安（今西安市）资圣寺。当时资圣寺为全国儒、释、道三学重要人物聚会场所，悟达在此讲经，听者甚众。文宗皇帝闻知后将其召入宫谈论佛法，悟达对答如流，深得皇帝赞赏。后来，悟达拜安国寺信法师为师，研习外典、经籍，造诣更深，经常有朝官和名士登门请教。

会昌五年（845），崇信道教的唐武宗在麟德殿集道教“高士”，诏令悟达与道士辩论。悟达不以为然，指出帝王应以教化大众为根本，不宜沉迷于神仙之术。武宗听后很不高兴，认为悟达忤逆皇帝。悟达不得已，返回四川，隐居于彭县（四川彭州市）丹景山。大中元年（847）年宣宗即位后，崇信佛教，召悟达入京，居于宝应寺。悟达在“寿昌节”上宣讲佛法，受到宣宗嘉奖，赐予其紫罗袈裟，封为儒、释、道三教首座，将旧王府改建为“法乾寺”，诏令悟达居住在寺内的玉虚亭。大中三年（849），宣宗下令重建天下废寺。为表彰悟达复兴佛教之功，皇帝特别命画工绘制其画像放在宫中。大中八年（854），悟达回到四川彭县九陇山。

中和元年（881）春，黄巢起义军攻入长安。僖宗李儇（xuān）逃到四川成都，封悟达为驾前供奉，以佛经中“悟者觉也明也，悟达大道，悟佛知见。悟者真乘，了然成佛”之意赐名“悟达国师”，命悟达在新都城北一座旧庙中就地兴建13层宝塔，重修寺庙，取名“宝光寺”，后世尊悟达为宝光寺开山祖师。唐僖宗中和二年（882），悟达回到彭县九陇山旧址。当年七月病逝，终年73岁。

悟达学识渊博，著有《如来藏经释疏》2卷、《胜鬘（mán）经疏》4卷，《般若心经》《金刚经》各有疏义。曾作《释氏杂文外篇》，集录箴论碑志歌诗20余卷、礼忏文6卷，共30万字。抄录宗密的《圆觉经修证仪》著成《慈悲水忏》3卷，至今仍流行。

孙降衷（？—?）　后蜀眉州（眉山市东坡区复兴乡）人，是孙氏书楼创建人孙长儒的第五世曾孙。

孙降衷喜好读书，少年时就有博学之名，喜欢旅游，性格豪迈，见识高远。因到洛阳办事，偶然结识后来宋朝的开国皇帝——宋太祖赵匡胤，相谈之中，深切感受他见识不凡，具有雄才大略，一定能成就一番宏伟事业，便追随在他的身边，并受到赵匡胤的赏识。

建隆初年（960），已登帝位的宋太祖赵匡胤在东京汴梁召见孙降衷，准备授予他高官。不喜官场的孙降衷坚辞不受，说愿意赋闲在家，读书和教育子弟。宋太祖见他态度坚决，也没有强迫他，便赐给他锦衣玉带，授眉州别驾官职，并赐送田土产业。孙降衷借机搜求购置万卷书籍回归故乡眉州，为孙氏书楼的恢复和发展奠定了重要基础。后来，孙降衷的孙子孙辟再赴京都，购集大量书籍回到故居鱼鲫镇（今复兴乡五皇村乾明寺山麓），并于天圣初年重新修筑高楼收藏。孙氏书楼重建后，孙辟又开设书塾，聘请名师招收学生进行讲学，号称“山学”。一时间，读书人争相前来听讲求学，孙氏书楼与山学一时名声远扬。后世有人写诗赞颂道：“岭头山学昉何时，唐宋文章耀古碑。”意思是指山学对唐以后宋代文学的发展起到十分重要的作用，可见书楼山学对后世的影响有多么大。

后来，书楼多次遭灾损毁，孙氏后人总是不遗余力搜购补缺，再兴书楼，重振山学。北宋魏了翁著文《孙氏书楼记》称：孙氏书楼的传承，在三百年间，多次损毁而重建，真的是一件了不起的事情啊！苏轼在《眉州远景楼记》指出：我的故乡眉州有三个风俗与古代的人相近。士大夫看重经典和氏族；老百姓尊重官吏，遵守法度；农夫之间和谐相处，互帮相助，这是其他地方的人做不到的。眉州北宋时文教昌盛，眉山号称“千载诗书城”，孙降衷及其孙家后人创办的孙氏书楼的文化传承和教化功不可没。

田　锡（939—1003）　北宋著名谏臣。字表圣，五代后蜀眉州洪雅县罗坝乡（今洪雅县槽渔滩镇徐嘴村）人。田锡自幼聪颖好学，成年后到长安，在骊山白鹿书院攻读数年，宋太平兴国三年（978）考中进士第二名，为将作监丞，出任宣州（安徽宣城县）通判。太平兴国六年，调任左拾遗。

田锡生性耿直，任谏官后向宋太宗上疏，提出一条涉及军国要事和四条涉及朝廷大体的建议，强调要及时褒奖军功。批评当时朝官失职，朝廷只重修军营、寺庙、宫苑，而九寺三监、贡院都缺少公寓，建议朝廷减轻刑罚、废除酷刑，深得太宗赞赏。后来，田锡因为批评当朝宰相被罢官，改任河北转运副使。但他仍上书直言，提出边境要事谏议，得到宋太宗嘉许。太平兴国七年（982），田锡先后调任相州（河南省安阳）、睦州（今浙江省建德）知州，后来回到朝廷任起居舍人兼兵部员外郎。端拱二年（989），京郊大旱，田锡上疏，认为灾害是臣下知道皇上的过失而不规劝所致，引起宋太宗和宰相不满，又被罢免朝官，出任陈州（今河南省淮阳）知州。随后，田锡受稽留杀人案牵连被降职任海州团练副使。在被召回任工部员外郎、直集贤院后，田锡仍然经常指斥朝政失当。

宋真宗即位后，田锡升任吏部郎中，奉命出使陕西、甘肃。回朝后，连上三次奏章，陈述陕西几十个州县的百姓苦于河西劳役而致贫困的事实，真宗了解情况后感到不安。咸平三年（1000），田锡为规劝真宗“以皇王之道治天下”，辑录经、史、子、集中关键的言论编纂《太平御览》30卷，供皇帝每日翻阅；又制作5卷御屏风放在御座旁边，让真宗“不忘治乱兴亡之鉴”。咸平五年，田锡再次掌管银台兼任侍御史知杂事，不久又被提升为右谏议大夫、史馆修撰。连续8次上书，议论时政得失，深得真宗赞许，称赞其为刚正不阿的大臣。

咸平六年（1003）冬，田锡病逝，终年64岁。田锡去世后，留下没来得及上的奏章，劝皇帝“以慈俭守位，以清净化人；居安思危，在治思乱”。真宗读后，深感惋惜，对宰相李沆说：“田锡真是朝廷正直的大臣，在国事上很少有过失，我正在思虑时，他的奏章就到了。这样的谏言不可多得，可惜死得太早了。”于是追封田锡为工部侍郎，录用其两个儿子田庆远、田庆余为大理评事，后又改赠田锡为兵部尚书。宋仁宗宝元元年（1038），田锡遗体与夫人杨氏、奚氏遗体一起合葬于泗州临淮县（今江苏泗洪东南、盱眙对岸）。

田锡著有《咸平集》50卷存世。其诗语言平易通俗、气势贯扬、意境幽雅，得到南宋诗人周密推崇，大多收入《咸平集》。其文章也很有名，奏疏文字阐述精当。田锡还精于文学评论，认为创作一定不要拘于儒家之道，须随天地万物“运用而得胜，任其方圆而寓理，亦犹微风动水，了无定文，太虚浮云，莫有常态”，对促进宋初文学批评、推动古文革新起到积极作用。田锡还著有科学著作《曲本草》1卷，介绍15种曲酒的配制与性能，将酒与药物的治疗作用结合起来，是中国迄今所见最早介绍配制酒曲和各种曲酒的专著，对研究中国古代化学、酿造学、药物学均有重要的参考作用。

王小波（？—994）、李顺（？—?） 宋代著名农民起义领袖。北宋眉州青神县熊儿山麓土锅村（今青神县西龙镇）人，在中国历史上首次提出“均贫富”的革命主张，将中国农民反剥削、反压迫的革命斗争推向新阶段。

宋太祖赵匡胤平定四川后，将府库积蓄的钱币全部运往京城汴梁（今河南省开封市），地方官吏在征收常额田赋外，又增设盐、茶等项物资专卖，并禁止商贾私自交易，加上土地兼并加剧，连年灾荒，广大农民雪上加霜。北宋太宗淳化四年（993）二月丙戌（3月28日），王小波和妻弟李顺聚集100余名农民起义，攻克缺乏防守兵力的青神县，远近乡民争相依附，起义军迅速达到几百人。随后，起义军在青神县北高地（今青神酒厂所在地）誓师北上，并正式提出“均贫富”的革命口号。王小波率兵绕过防守坚固的眉山城，攻占防守空虚的彭山县，杀死县令齐元振，向贫苦大众散发齐元振财产，贫苦农民纷纷参加起义军。王小波领导义军训练，李顺主持试行“均贫富”。召集乡里所有有钱人，命其除去必需日常开支外，剩余钱财和粮食全部献出，由义军重新分配，赈济贫民。随后，起义军转战邛、蜀一带，攻城略地，声威大震。12月25日，起义军与九州都巡检使张玘（qǐ）在江原（今四川崇庆东南）激战，杀死张玘，并击溃其部队，取得江原大捷。战斗中，王小波不幸中箭牺牲。

王小波去世后，起义军推举李顺为统帅。在李顺领导和号召下，起义军挟江原大捷的声势，不到10天就聚集两川（东川、西川）“旁户”（佃农）几万人，先后攻克蜀州、新津、双流、温江、郫县等地，形成对成都的包围，并迅速发展到几十万人。淳化五年（994）正月十六日（3月1日）李顺率起义军攻陷成都府，称“大蜀王”，改年号“应运”，建立“大蜀”政权。此后，起义军由于分兵四出，攻打各州县，致兵力分散。五月，成都失守。李顺下落不明，有人说被俘牺牲，有人说被乱兵杀害，还有人说在30余年后被捕遇难。

苏　洵（1009—1066） 北宋散文家。字明允，北宋眉州眉山县（今眉山市东坡区）人，与儿子苏轼、苏辙合称三苏。在中国文学史上，父子三人均名列“唐宋八大家”。

苏洵从小聪慧，不愿被声律句读的学问所拘束。天圣四年（1026）到京城（今河南省开封市）参加进士考试不中后，四处游荡，学业荒废。回到家乡后，与大理寺丞程文应女儿结为夫妇。27岁时，在夫人程氏劝导和支持下，苏洵发奋读书。景祐四年（1037），苏洵再次到京城参加进士考试，第二年参加茂才异等的考试，仍未考中。

庆历五年（1045），苏洵到京城参加制策考试，又未考中。于是寄情于山水，南游庐山、虔州（今江西赣州）、临江（今江西清江）。父亲去世，奔丧回家，从此决定放弃功名，焚毁以前所作全部文稿，潜心研究六经、百家之说，从事著作。加强苏轼和苏辙教育，提出读书是“内以治身，外以治人”，必须以古人名节自我勉励。相继撰写《机策》《权书》《衡论》《洪范论》《史论》等政论名篇。针对北宋贫弱现实，提出政治、经济、军事等方面的革新主张。益州（今四川成都）刺史张方平和雅州（今四川雅安）知州雷简夫称赞其文章和才能，向宰相韩琦和翰林学士欧阳修推荐苏洵。

嘉祐元年（1056），苏洵带苏轼和苏辙进京，向韩琦和欧阳修递交张、雷二人举荐书和22篇文章。欧阳修读后大为称赞，将苏洵和其文章在朝廷上推荐，士大夫们争相传读。次年，苏轼和苏辙同时考中进士，苏氏父子名震京师，文章盛行于天下，当时学子均以苏家文章为榜样。

嘉祐二年（1057），苏洵妻子程夫人病故，苏洵带着苏轼和苏辙回到眉山治丧。嘉祐三年，朝廷命其到京城参加策论考试，苏洵以年老多病、不愿辗转万里参加考试为由上书推辞，并提出十项改革主张，以表达关怀国家命运之心。嘉祐四年，朝廷再下命令，苏洵只好带着全家赶到京城。嘉祐五年，苏洵被任命为秘书省秘书郎。嘉祐六年，任霸州（今河北霸县）文安县主簿，与陈州（今河南淮阳）项城县令姚辟共同修编建隆以来的礼书《太常因革礼》，治平二年（1065）成书，共100卷。礼书刚修成，苏洵积劳成疾，一病不起，治平三年4月25日病逝于京师，终年58岁。朝廷追赠其为光禄寺丞，派官船载遗体回眉州，安葬在四川彭山县安镇乡可龙里（今眉山市东坡区土地乡公益村）。南宋时，又追谥为“文安”。

苏洵主张“文贵自然”，要“有为而作”切中社会弊端，应像稻谷可以充饥，药物可以治病那样解决问题；修史要秉笔直书，不论善恶，把事情的来龙去脉讲清楚，让后世能吸取经验教训，存善去恶。他的文章结构谨严、说理周详、博辩宏伟、气势磅礴，《六国论》是其代表作之一。同时，其文章还有语言质朴、简劲、凝练的特点，《木假山记》《名二子说》就是典型。苏洵一生著有《易传》10卷、《孟子评》1卷、《谥法》3卷、《礼书》100卷、《太玄论》1卷、《嘉祐集》30卷、《老泉集》1卷、《老泉诗钞》1卷、《老泉文钞》3卷、《苏氏族谱》1卷等。明清以来对其著述辑选评注的有《苏洵文集》《苏洵文粹》《苏洵文盛》《苏洵文汇》《苏洵文定》《苏洵文范》《苏洵文苑》《苏洵文则》《苏洵文谈》《苏洵文醇》《苏洵遗文》《苏洵策论》等。

苏　轼（1037—1101）　北宋文学家、书画家。字子瞻，又字和仲，号东坡居士，北宋眉州眉山县（今眉山市东坡区）人。

自幼好学，少年时“奋厉有当世志”，由其母程夫人亲自授读。嘉祐元年（1056），苏轼随父亲苏洵到汴京。嘉祐二年，苏轼以《刑赏忠厚之至论》为欧阳修、梅尧臣所赏识，考中进士第二名（传欧阳修本想评为第一，因怀疑文章为其学生曾巩所作，为避嫌而取第二），后因母亲丧事回乡。嘉祐六年，苏轼被欧阳修举荐参加“直言极谏科”制科考试，向仁宗呈《进策》25篇，提出“丰财”“强兵”“择吏”“安万民”等政治主张，被评为第三等，为“百年第一”，任职大理寺评事、签书凤翔府（陕西凤翔）判官。治平二年（1065），苏轼入朝被差遣到登闻鼓院任职，后来又任职于史馆中。此后夫人王弗和父亲苏洵先后病逝，便与其弟苏辙护送灵柩回眉山。

熙宁元年（1068），苏轼回到京师。此时王安石任参知政事，受皇帝支持，准备实行变法。苏轼在《策别》中提出“课百官”“安万民”“厚货财”“训兵旅”等意见，认为改革应从整顿吏治入手，循序渐进，不可急于求成，否则难以成功，并忧虑青苗等法令所带来的流弊，因而与王安石发生分歧，被视为保守派受到排斥，改任判官告院事、开封府推官。熙宁四年，苏轼出任杭州（今浙江杭州）通判，后调任密州（今山东诸城）、徐州（今江苏徐州）知州。在徐州，恰遇黄河决口，水困州城，苏轼亲率官民抗洪，日夜坚守在城墙上，过家门而不入，城池得以保全。元丰二年（1079），苏轼到湖州（今浙江吴兴）任知州，因所作之诗被谏官李定、舒亶、何正臣三人断章取义，诬劾为“指斥乘舆（皇帝）”“谤讪朝廷”，到任三月即被捕入狱，这就是有名的“乌台（御史台）诗案”。后来经过曹太后干预和朝臣请求，才幸免于死，被安置为黄州（今湖北黄冈市）团练副使，责令不得干预公事。苏轼在黄州期间，在东坡修建房屋，自号“东坡居士”，与农夫老翁一起在溪谷山林间生活，并亲自垦种数十亩土地养家。在此期间，是苏轼创作的鼎盛时期，写出《念奴娇·赤壁怀古》、前后《赤壁赋》等名篇。元丰七年，苏轼到汝州（今河南临汝），途经金陵（今南京），与罢相闲居的王安石相见，二人经过变法实践，同样因忧国忧民之心和文学上的共同爱好而结为好友。

元祐元年（1086）哲宗即位，高太后摄政，苏轼被任用，到登州（今山东蓬莱）担任知州。五日后被召回，任职礼部郎中、起居舍人，再调任中书舍人、翰林学士侍读。当时，司马光执政，废除新法。苏轼主张应采纳新法的合理之处，坚持新法不能全部废除，与司马光产生分歧。结果又受到排挤，于是再度请求外调。元祐四年，苏轼调任杭州知州。任期中，主持治理茅山、盐桥两运河，全面疏浚能灌溉农田千顷的西湖，并将挖出的湖中淤泥，堆成横贯西湖南北的长堤，即至今尚存的西湖苏堤。重修关系杭城人民饮水的六井，让全城喝上干净的饮用水。遇到瘟疫流行时，苏轼献出秘方“圣散子”，筹款开设安乐坊为民治病。元祐六年，苏轼被召回京师，任职吏部尚书，后改任翰林学士承旨。因受到旧党攻击，又先后外调到颍州（今安徽阜阳）、扬州（今江苏扬州）任知州。元祐七年，苏轼以兵部尚书的职务被召回，改任礼部尚书，兼任端明殿学士、翰林侍读学士。

绍圣元年（1094）哲宗主政，起用新党章惇等人，报复“元祐党人”，苏轼被视作旧党，又遭排挤，被贬到英州（今广东英德）任知州，途中再贬到惠州（今广东惠阳）安置。在惠州，苏轼主持募捐，修建东西两桥；建议广州官府用竹管石槽引蒲涧山水入城，让老百姓饮用干净水。绍圣四年（1097），苏轼再次被贬，任琼州（今海南省海口市）别驾，后来又改任昌化军（今海南省儋县）安置，不准其在官室居住。苏轼便买地修建住房，当地人民运砖畚（běn）土帮其修造房舍，幼子苏过陪侍身边，以著书为乐，经常与邻近父老一起郊游。元符三年（1100），哲宗死，徽宗继位，苏轼遇赦北归，当地百姓纷纷为其送行。当年先后调到廉州（今广西合浦）、舒州（今安徽安庆），又任职朝奉郎，提举成都玉局观。建中靖国元年（1101）7月28日，苏轼在常州（今江苏常州）病逝，终年66岁，遗体安葬在河南郏县小峨眉山。南宋乾道六年（1170），朝廷追谥苏轼为“文忠”。

苏轼多才多艺，所作文章纵横恣肆，雄视百代，与父亲苏洵、弟苏辙同列于“唐宋八大家”；所作诗歌清新雄健，与黄庭坚并称“苏黄”；所作的词挥洒刚劲，境界廓大，与后来的辛弃疾并称“苏辛”，影响词坛数百年；其书法端庄凝重，笔力遒劲，继颜真卿之后，与黄庭坚、米芾、蔡襄并称“宋四家”而居其首；其创作的画融入诗书，意境高远，被推为“文人画”的创始者。此外，苏轼还精通园林艺术、金石鉴赏、医道佛学、服饰烹调，有《苏（轼）沈（括）良方》一书及“东坡肉”菜品传世。

苏轼著有《东坡集》40卷、《后集》20卷、《奏议》15卷、《内制》10卷、《外制》3卷、《和陶集》4卷、《应诏集》10卷、《易传》9卷、《论语说》5卷、《志林》5卷、《东坡书传》13卷、《地理指掌图》1卷、《东坡广成子解》1卷、《东坡养生集》12卷、《杂书琴事》1卷、《物类相感志》1卷、《格物粗谈》2卷、《杂纂二续》1卷、《酒经》1卷、《东坡手绎》3卷、《仇池笔记》2卷、《渔樵闲话》1卷、《东坡外集》86卷等。此外，后人辑、评、选、注大量苏轼诗文版本、历代传刻，流传中外。

苏　辙（1039—1112）　北宋散文家。字子由，又字同叔，晚年自号颍滨遗老，北宋眉州眉山县（今眉山市东坡区）人。文学史上与父亲苏洵、兄苏轼同列“唐宋八大家”。

苏辙年少时受父兄培养和熏陶，发奋学习，博通经史。嘉祐元年（1056）随父亲赴京，与苏轼同时考中开封府举人，第二年同时考中进士。嘉祐六年，苏辙与苏轼一起参加制科考试，因为制策中有批评宋仁宗耽于酒色、倦于政事言词，而被列为下等，被授予商州（今陕西商县）军事推官，后被提拔任大名府（今河北大名）推官。熙宁二年（1069），苏辙上书论事，受到神宗赞赏，任三司条列司属官。因反对王安石青苗法被排挤出京任河南推官、陈州（今河南淮阳）教授。熙宁六年，苏辙调任齐州（今山东济南）掌书记。熙宁九年，王安石罢相后，苏辙调任著作郎、签书南京判官。“乌台诗案”发生后，苏轼下狱，苏辙上书神宗为他辩解，受牵连贬官到筠州（今江西高安）监巡盐酒税。元丰七年（1084），调任绩溪（今安徽绩溪县）县令。

哲宗继位，高太后临朝听政，苏辙以秘书省校书郎的职务被召回京师，历任右司谏、起居郎、中书舍人，进任户部侍郎改翰林学士兼吏部尚书。出使契丹回朝后任御史中丞。元祐六年（1091）任尚书右丞，次年任门下侍郎。苏辙返京后，多次针对朝政缺点提出建议。

绍圣元年（1094）哲宗亲政，新党随即掌权，新旧两党矛盾逐渐激化。第二年三月殿试，中书舍人李清臣拟策题攻击元祐政事。为此，苏辙向哲宗上奏章，希望不要轻易更改元祐措施，并以汉武帝事迹作比。哲宗看见奏章后大怒，斥责苏辙不该以汉武帝比神宗，当即削去苏辙尚书右丞、门下侍郎职务，降职任汝州（今河南临汝）太守，再降职为朝请大夫、试少府监，分司南京（今河南商丘）、筠州居住。绍圣三年，苏辙又被贬任化州（今广东化县）别驾、雷州（今广东海康）安置，后来又被调往循州（今广东龙川）。

徽宗即位，苏辙遇到大赦回到北方。初移永州（今湖南零陵），后移岳州（今湖南岳阳）。不久，任大中大夫、提举凤翔上清太平宫。崇宁年间，又被降为朝请大夫，免去祠禄官之职。定居许州（今河南许昌）后重新任大中大夫。从此，苏辙谢绝宾客，自号颍滨遗老，作《颍滨遗老传》万余字，闭门著书。政和二年（1112），苏辙病逝，终年74岁，去世后葬于河南郏城县（今河南郏县）上端里。后来，朝廷恢复他端明殿学士的职务。南宋淳熙七年（1180），谥“文定”。

苏辙对诗、文、词、赋无不通晓，尤其以散文见长。《上枢密韩太尉书》《为兄轼下狱上书》《黄州快哉亭记》等，情文并茂，脍炙人口。苏轼曾评论他的文章说：子由的文章超过我，而世上的人不了解，以为不如我。他为人内敛不张扬，他的文章就如他的为人，汪洋淡泊，有一唱三叹之声，秀杰之气，一定不会被埋没。苏辙传世的著作有《栾城集》50卷、《后集》24卷、《三集》10卷、《应诏集》10卷、《易说》3篇、《洪范解要》《苏辙诗解》20卷、《春秋集传》12卷、《论语拾遗》1卷、《孟子解》1卷、《古史》60卷、《龙川志略》6卷、《均阳杂著》1卷、《游仙梦记》1卷、《策论》10卷。

孙　抃（？—?）　字梦得，北宋眉州眉山县（今眉山市东坡区）人，天圣八年（1030）庚午科进士（榜眼）。以大理评事直集贤院、通判绛州（陕西新绛县），官至参加政事（副宰相），为眉州古八相之一。因为参与执政，去世后被谥为“文懿”。著有《孙文懿集》30卷，已散失。《宋诗纪事》收录诗2首，《宋代蜀文辑存》收录文34篇，《新刊国朝二百家名贤文粹》中收有《孙抃文粹》。

唐　庚（1070—1121）　字子西，北宋眉州丹棱县（今丹棱县）人，著名诗人、文学家。绍圣元年（1094）进士，任阆中（今四川省阆中县）宰。数年后，入朝任宗子博士。唐庚拜见大臣张商英，献《剑南道中见桃李盛开而梅花犹有存者》诗，得到张商英赏识，被举荐任提举京畿常平。张商英任丞相后，唐庚曾作《内前行》劝其不要好高骛远而应崇尚实际。后来，张商英罢相，唐庚受到牵连，贬官到惠州（今广东省惠州市），途中遇大赦天下，遂重任承议郎、提举上清太平宫，在回四川途中去世。唐庚为官时政绩卓著，任职阆中时“为政清肃，公庭寂然”。任绵州（今四川省绵阳市）知州时，当地人曾为其绘像存于思贤堂。

唐庚擅长写诗，在少年时以诗文写作名闻乡里。去世后不一年，其诗文在京师不胫而走，被广为传颂，“太学之士，日传千百本而未已”（吕荣义《唐子西先生文集序》）。其诗内容大致分为针砭时势政局、反映人民生活疾苦、反映自己的志向和品德、个人瞬间的感受四类。唐庚诗歌创作对自己要求严格，每作一首往往苦思几天才成，形成工整精炼的特点。唐庚文章受韩愈和柳宗元影响较大，为文精密，长于议论，慷慨激昂，气势磅礴，有《名治论》《察言论》等名篇，颇具战国纵横家的风范。因其与苏东坡同为眉州人，又先后同贬惠州，加之二人文笔相近且唐庚诗文出道略迟于东坡，故时人称唐庚为“小东坡”。

唐庚有《眉山集》22 卷收入《四库全书》，有《诗赋》10 卷、《杂文》12 卷存世。

刘　汲（？—1127）　字直夫，北宋眉州丹棱县（今丹棱县）人。刘汲少年丧父，与弟刘湜（shí）在母亲徐夫人指导下刻苦攻读。绍圣四年（1097），刘汲考中进士，先后任合州（今重庆市合川市）司理参军、鄢陵（在今河南省鄢陵西北）知县、隆德府（今宁夏回族自治区隆德县）、河中府（在今山西省西南部）通判和开封府（今河南省开封市）推官，后因得罪权贵，被贬为蓬州（在今四川省营山县东北）税监。钦宗（1125—1126）时，任京西路（治所在今河南省洛阳市）转运副使。建炎元年（1127），刘汲受命于危难，出任京西安抚使兼知邓州（今河南省邓州市）。同年，金兵大举入侵，刘汲率兵奋战，在战斗中殉职。

刘汲有卓越的政治远见。钦宗时，金兵不断骚扰宋王朝北部地区，刘汲审时度势，奏请在京城周围屯集重兵粮草，确保京都安全，安定人心。又建议分出两路兵马，一路自蒲中越河阳绕到金兵后方，烧毁其粮草装备，并断绝沿途桥梁，阻止金人南进；另一路出陕洛抵郑许，联络这一带各路宋军随时准备勤王，确保皇帝安全以壮士气。当时北宋王朝寄希望于金人让步，力主议和，未采纳刘汲的建议。

“靖康之难”后，刘汲听闻卞京告急，力谏副总管高公纯发兵勤王，但高不允，于是愤然率数十骑兵急奔京师。在途中得悉徽、钦二宗已为金人掳去后，刘汲穿着丧服痛哭而返，后代替高公纯执掌帅印。不久，金兵沿西路进犯，直逼邓州。刘汲鼓励将士，誓言为国捐躯。为增强邓州守备，他首先严肃军纪，加强军民团结，征集到城中守城志士 400 人。随后部署戚鼎率兵 3000 镇守东门迎敌；靳仪、赵宗印各领本部人马分守西、南门，并随时准备接应东门；自己亲率 400 牙兵登楼指挥。后赵宗印临阵脱逃使守兵士气降低，刘汲亲到军中指挥杀敌。因敌众我寡，西门失守。随着敌兵攻势愈猛，宋军将士越战越少，军中有人建议刘汲弃城入山。刘汲悲愤道：“我要让金兵知道不怕死的安抚使在此为国捐躯，让他们明白大宋臣民不会尽降于金人。”说完冲入阵中，挥剑斩敌，力竭身亡。

刘汲阵亡后，朝廷追赠其为大中大夫，赐谥号“忠介”。

苏　过（1072—1123）　北宋文学家。字叔党，别号斜川居士，北宋眉州眉山县（今眉山市东坡区）人，苏轼幼子。兄弟三人均秉承家学，苏过才华最为突出，诗词赋文书画均擅长，有苏轼作风。世论“苏氏三虎，季虎最怒”，所以苏过有“小坡”之称。

“乌台诗案”苏轼进监狱时，苏过年仅 7 岁，与母亲、二哥苏迨（dài）留在湖州（今浙江省吴兴），曾任中山府通判。后来随父亲辗转各地。苏过孝顺，让苏东坡在流放生活中得到不少安慰。苏过本人也饱经世态炎凉和生活磨炼，养成与父亲一样开朗旷达的性格，写下大量描写祖国山川、抒发个人胸臆的诗篇。

元符三年（1100），苏轼被赦免回到北方。次年，父子同去常州。当时苏过 29 岁，头发已花白。不久，苏轼去世，苏过和兄长一起将其遗体移葬在汝州。守孝期满，苏过本可以再进入仕途，因当权者排斥元祐旧臣子弟，先后做过太原府监税、颍昌府郾城（河南省郾城）知县，最后还因为党禁被免职。此后，苏过回到颍昌（今河南省许昌市），营造几亩可供玩赏的湖阴水竹，取名“小斜川”，亲自耕种，教导子女，读书饮酒，自娱自乐。宣和五年（1123），苏过去世，终年52岁。主要著作有《斜川集》（《宋史》称20卷，现仅存6卷），所作诗赋较著名的有《和大人游罗浮山》《志隐》《思子台赋》《飓风赋》等。苏轼曾写《游罗浮山一首示儿子过》诗称赞：“小儿少年有奇志，中宵起坐存黄庭。近者戏作凌云赋，笔势仿佛离骚经。”并为有这样善作诗文的儿子感到自豪，写道：“过子诗似翁，我唱而辄酬。未知陶彭泽，颇有此乐不?”苏过散文保持至今100余篇，多为代人撰写的书启、奏折、序、跋、寿祝、碑志，也有部分史评、史论、时论，如《萧何论》《书周亚夫传》《论海南黎事书》等。此外，苏过还长于绘画，擅长画怪石丛藤，苏轼在《题过所画枯木竹石》诗中写道：“老可能为竹写真，小坡今与石传神”，将苏过与善作墨竹的文与可相提并论。袁伯长和刘后亦高度评价苏过所作的画。

何　栗（1088—1127）　字文缜，宋哲宗元祐三年（1088）生于仙井监瑞云山（今仁寿县青岗乡瑞云村），幼年就学于县城瑞竹园与鹤鸣洞。何栗于政和五年（1115）获进士第一，先后任校书郎提举京畿学事、主客员外郎、起居舍人、中书舍人兼侍讲。时党争未已，议事者诬告何栗为苏轼党羽，学识源于苏轼。何栗因此被调离，不久又改任徽猷阁待制、御史中丞。

徽宗宣和年间，北方国土已被辽、金吞并，蔡京、王黼等密谋助金攻辽，以山后各州、岁币一百四十万贯为代价取回燕云。对此丧权辱国之策，朝中人士敢怒不敢言，独何栗上书弹劾王黼奸邪专权15事，指出如不惩治他们，国必大乱。宣和六年（1124），徽宗罢黜王黼及其党羽胡松年等6人，何栗亦被免去御史中丞，以徽猷阁待制出任泰州。

钦宗靖康元年（1126）3月，金帅斡离不率军抵达汴梁，钦宗命李棁赴金营议和，割太原、中山、河间三镇与金。斡离不领军到中山、河间，两镇军民固守，金攻不下，遂分道南侵，攻陷太原、真定，继攻中山，一定要得三镇，否则再次兵犯京城。钦宗惶恐，于11月召集百官于尚书省议割三镇事。范宗尹等70人同意割让，尚书右丞何栗等16人不同意割让。辩论中，何栗慷慨陈词：“三镇，国之根本，奈何一旦弃之！且金人无信，割亦来，不割亦来。”“河北之民皆吾赤子，弃地则并其民弃之，为民父母而弃其子，可乎?”何栗又奏请建立四道总管，由胡直儒、王襄、赵野、张叔夜分别率领，在情况紧急时率军护卫京城。宰相唐恪暗中发文，停止调遣军队，致金人南侵时宋毫无应战准备。何栗力主战守，却被排斥，罢为开封府尹。

闰11月，金兵直逼京城，钦宗罢免宰相唐恪，以何栗为尚书右仆射兼中书侍郎。时康王赵构出使河北，何栗建议以康王为兵马大元帅，统领各路军队，集结河北，率兵增援。金兵猛烈攻城，城中空虚，外无援兵，何栗听说郭京能以六甲神兵退敌，便催促其出战，郭京不敢应战，慌忙逃走。金兵攻入通津门、宣化门后，何栗亲自率领京城百姓巷战。金人久攻不下，提出“议和退师”，于是钦宗便派何栗和济王栩到金营谈判。

何栗等到金营，议和不成。闰11月30日，钦宗亲自去金营议和，奉表投降。三日后，和议达成，派陈过庭等为割地使，到两河割地，两河民众拒不执行。金得不到地，便要钦宗再到金营谈判。何栗、李若水等人未能识破金人阴谋，认为和议已成，不会有危险，便随钦宗赴金营，随即被扣留。

靖康二年（1127）四月，金人将二帝、后妃、太子、宗戚及何栗、张叔夜、秦桧等3000人押解北去，百官及民众痛哭载道。何栗悲愤交集，路至燕山，题诗一首：“念念通前劫，依依返旧魂。人生会有死，遗恨满乾坤。”绝食而死，时年39岁。高宗闻知，追赠为观文殿大学士。

陈希亮（？—?）　字公弼，北宋眉州青神县（今青神县）人，天禧年间进士。历任长沙（今湖南省长沙）、凤翔（今陕西省凤翔）知县，江东（路）刑狱提点，开封府（河南省开封）判官，京西（东）路转运使，太常少卿等职。陈希亮幼年丧父，爱好学习。16岁时，准备拜师求学，他的兄长故意刁难他，派他去收取三十多万的借款利息。陈希亮把借钱人都召集来，烧掉债券后离去。学业完成后，就召见兄长的儿子陈庸、陈瑜，鼓励他们学习，后来都考中天圣八年（1030）的进士。乡里人称他们所在的里间为“三俊”。陈希亮任房州知县时，有人告发华阴人张元逃往夏州，做了元昊的谋臣。皇帝命人将他的家族百余人迁到房州，监管出入，饥寒将死。陈希亮说：张元一事是真是假还不知道，假如真有其事，做大事的人最终不会顾及自己的家，这样做反而坚定了他从贼的决心。这些人都是关系疏远的亲属，没有罪责。于是奏请皇帝将他们释放。陈希亮刚正不阿，升迁京东转运使时，潍州参军王康赴任，路经博平，绰号“截道虎”的恶霸将王康和他的女儿打成重伤，奄奄一息，官吏不敢过问。陈希亮发文火速追捕，结果将恶霸流放海岛；又弹劾官吏故意放纵，数人被免职。后来，陈希亮多次上奏请求告老退休，未获允许，调任凤翔知府。仓中粮食可供十二年之用，管事的官员担心会霉腐，发生饥荒，陈希亮拿出十二万石借给百姓。有些官员担心害怕以擅自动用官粮获罪，陈希亮亲自负责此事。当年秋天大丰收，以新换旧，官民两便。于阗使者入朝，经过秦州，经略使以宾客礼仪接待。使者十分傲慢，停留一个多月，毁坏宾馆的器物，放纵手下人街市抢掠饮食，百姓白天紧闭门户。陈希亮听后说：我曾经负责接待契丹使者，知道情况。使者起初不敢横暴，都是译官教唆的结果，我依法严惩，译官害怕，使者不敢妄为了。何况这么一个小国？于是就派教练使持信符告诉译官：到了我的管辖地，有一丝一毫不依法，我将斩你。译官被慑服。陈希亮为人重情重义，少时和蜀人宋辅交往深厚。宋辅在京去世时，母亲年老，儿子宋端平年幼，陈希亮为其母养老送终，又把自己的女儿嫁给宋端平，让他和自己的孩子一起求学，后来考中进士。陈希亮对中国古代桥梁建筑有卓越贡献，设计建成用巨木架空而成的中国桥梁建筑史上最早的“叠梁拱”桥。著有《辨钩隐图》57篇、《制器尚象论》12篇、《陈公弼文集》10卷。

任希夷（？—？） 字伯起，南宋眉州眉山县（今眉山市东坡区）人。任希夷从小求知欲强，喜欢探索义理，写文章要反复推敲，力求工整。淳熙二年（1175），考中乙未科詹骙（kuí）榜进士，任建宁府浦城（今属福建）主簿，跟随朱熹学习“二程”（程颢、程颐）学说，深得理学精要，受到朱熹器重。

开禧元年（1205），任希夷任职太常寺，掌管祭祀礼乐。任职期间，针对礼仪失编状况，编修礼书，升任礼部尚书兼给事中。任希夷上奏请求褒扬理学奠基人周敦颐、程颢、程颐，朝廷应允，分赐三人“元”“纯”“正”谥号。

嘉定十二年（1219），任希夷任端明殿学士、权吏部尚书、签书枢密院事。次年7月，任知枢密院事、参知政事。一年后新任提举临安洞霄宫。不久去世，谥号“宣献。”

任希夷主要著有《斯庵集》《经解》10卷，已散失。留下诗作60余首，分别收入《宋诗纪事》《宋诗纪事补遗》《后村千家诗》《南宋古迹考》《新编事文类聚翰墨全书》《永乐大典》、民国《湖北通志》等书中。留存文章20余篇，收入《永乐大典》。

虞允文（1110—1174） 南宋大臣。又名并父，字彬甫，陵井监仁寿（今仁寿县）人，宋大观四年（1110）生于始建藕塘湾（今仁寿县始建镇）。虞允文自幼聪敏，勤奋好学，先在县城瑞竹园读书，后随父虞祺出外，史称他六岁学习九经，七岁能作文章。母亲死后，父亲辞职回家，虞允文就读于原籍父子寺。绍兴二十四年（1154），虞允文中甲戌科张孝祥榜进士，先后任彭州（四川省彭州）通判及黎州（四川省汉源）、渠州（四川省渠县）知州，次年调回京城，由秘书丞转任礼部郎官，升任中书舍人，参与国政。

虞允文对南宋朝廷的内忧外患有清醒的认识，多次上书要求朝廷备战。绍兴三十一年（1161）八月，金国派兵意图攻打襄阳，朝廷准备派成闵率军五万驰援。虞允文坚决反对，认为金兵此举系虚张声势，旨在分散宋国兵力，以图出兵淮海，要求不要中计，但这一建议未被采纳。此后再次奏请仍未被采纳。9月，完颜亮亲率60万大军，兵分四路，直指江南。10月初，金军逼淮河北岸涡口（涡水入淮河之口，在安徽省怀远县东北），淮西防务都统制王权贪生怕死，连弃庐州（今安徽省合肥市）、和州（今安徽省历阳）二城，以致金兵直抵长江边，重兵盘踞西采石一带。消息传到临安，宋高宗起初想逃跑，但被大臣坚决劝阻，于是派宰相叶义问督促淮军布防长江。叶义问胆小怕事又不了解军事，一看见对岸金兵就逃回建康（今江苏省江宁县南）。11月初，虞允文以中书舍人身份奉命到芜湖催促李显忠速至采石接管逃将王权军队，并代朝廷慰问采石驻军。初八早晨，在距离采石10余里的地方，虞允文看见士兵三五成群，散坐道路旁，没有斗志，急忙召集将领，用忠义勉励他们，并宣布带来金帛、告身（类似后世的任命状），只要立下战功，朝廷将不吝于封赏。有人劝道：事已至此，你奉命犒军，又不是派你督战，何必替人承担责任，自找烦恼？虞允文慷慨回答说：我是大宋重臣，如果让敌寇渡过长江国家就危险了，我怎么能逃避呢？今天的局势，是有进无退，失败了不过一死。同样是死，后退而死，不如前进而死，死就要死得有气节！虞允文安抚将士后，认真分析敌我双方态势，制定科学作战方案，到采石江边察看地形，会同各将领研究沿江军事部署，面对敌众我寡不利形势，决定以逸待劳，率仅剩1.8万人和几百匹战马与完颜亮的几百艘战船对决。宋军船队和当涂人民的海鳅船将金人船队拦腰切断，以霹雳炮猛击敌军，少数金兵冲至南岸，遭宋军伏击。江上两军鏖战至傍晚，时逢一支宋军从光州退下路过，虞允文晓以大义，发给军旗战鼓，从山后向江边进发。完颜亮疑宋大队援军开来，急收败军撤回北岸。虞允文料金兵会卷土重来，会同各个将领连夜部署，派海鳅船在江中排列成阵，以“克敌神臂弓”封锁杨林渡口。第二天，金兵果然出击，却遭到强弓远射。虞允文又派人到杨林渡口上游投放引火物，烧毁金兵船只。完颜亮残部被歼，败逃瓜州。采石之战宋军大获全胜。完颜亮败走瓜州后被部将杀死，残军后撤并派人到南宋求和。

乾道元年（1165），虞允文升任参知政事兼枢密院事，罢黜主和派汤思退及其党羽。乾道三年，吴璘病死，虞允文重新出任四川宣抚使。到职后废除请谒，罢黜奸贪，选拔真才，修缮营垒，整饬器械，裁汰老弱，训练击技，废除陋规，罢吃空饷者1.7万人。惩办渎职害民官员。时蜀中闹饥荒，虞允文向朝廷提出救灾建议65条，多方赈济；从金国归来的军民，厚加抚慰，鼓励其提供敌情，为国尽力，收到实效。虞允文担任宰相期间，以推举贤才为急务，一旦有所发现，就记录于册，取名《材馆录》。其举荐的胡铨、王十朋、赵汝愚、晁公武、周必大、李焘、辛弃疾等，多为德才兼备、富有报国之志之士。虞允文尊重言官职权，御史萧之敏弹劾他，朝廷考虑到虞允文采石战役中的功劳，罢黜萧之敏。但虞允文极力夸赞萧之敏人品端正、敢于直言，请求将其召回，以免堵塞言路。宋孝宗认为虞允文宽厚，命人将此话写入《时政记》。虞允文苦于抗金壮志难酬，乾道八年八月辞去相位，朝廷授予其少保武安军节度使、四川宣抚使、雍国公，赐给家庙祭器、一万缗钱。临行时，宋孝宗斟酒作诗饯别，嘱咐虞允文回川后整治军队，等待朝廷命令。乾道九年，虞允文回川，看见军队补给很差，立即捐献个人官俸作为补贴，朝廷赏赐全部用于买马归公。为巩固西北防务、策应东南，虞允文制订马户7条，选良民子弟受训，以补充兵员。经常披星戴月，巡视军营，胡须挂满冰碴也不休息。到职一年余，积劳成疾，孝宗淳熙元年（1174）二月病逝，终年64岁。虞允文去世后，朝廷赐给谥号“忠肃”，追任为太傅。毛泽东主席读到虞允文事迹，挥笔写下：“伟哉虞公，千古一人！”

虞允文出将入相20年，文武兼备，曾注《唐书》《五代史》收藏在家中，并有诗文10卷，内、外制15卷，《经筵春秋讲义》《奏议》22卷、《乾道重修敕令格式》120卷、《续会要》300卷、《翘材馆录》等，很多未存，现仅存《诛蚊赋》及少量诗文。《宋诗纪事》收录其诗2首，《宋代蜀文辑存》收录其文章85篇。

唐文若（1105—1165） 字立夫，又字仲懿，晚号遁庵，宋代眉州丹棱县（今丹棱县）人。唐文若少年时英俊豪迈，出类拔萃，文章豪放雄健，文名显于乡里。绍兴五年（1135）考中乙卯科汪应辰榜进士，任潼川府（今四川省三台县）教授。给事中勾涛欣赏唐文若才能，向高宗举荐。唐文若先后任洋州（今陕西省洋县）和遂宁府（今四川省遂宁市）通判。

唐文若初到遂宁，正遇到大水成灾，于是拨出官府钱物，招募善于游泳的人，救活很多人。奏请减免灾区1.4万公顷田的税赋和20余所场的场务税（生产和专卖盐铁的机构为场，税收机构为务），又带领当地群众修筑长堤，杜绝水患。

秦桧死后，唐文若入京，遍访京都名士。绍兴二十六年（1156），唐文若任光禄丞、秘书郎，撰写《文思箴》，阐述当时国家形势，建议朝廷加强兵备，以防金人再度来犯，得到皇帝赞赏，升任起居郎。此后，他提出的收用西北人才以固根本的建议也被皇帝采纳。后来，唐文若因作《禾黍诗》赞美被弹劾的司谏凌哲耿直，受到排挤，被贬任邵州（今湖南省宝庆县）知州，后又改任饶州（今江西鄱阳县）知州。

唐文若任饶州知州时，大兴学宫，教化民风，减田租奇耗2万石，又奏准粜常平义仓的米给平民，既让百姓得到实惠而又保证常平义仓米不腐烂。当时余干县有巨盗，巡尉不能制服，唐文若派遣牙兵将之捕杀，平定了盗患。

绍兴末年，唐文若被加封直敷文阁，调任温州（今浙江永嘉县一带）知州，后又被召回任宗正少卿、起居郎。当时北方战事捷报频传，朝廷上下弥漫一股骄气，唯独唐文若感到忧虑，上书提出警示。因此升任起居郎兼给事中、直学院事，后又任中书舍人。

宋孝宗即位（1162），唐文若托病外调，任敷文阁待制、汉州（今四川省广汉市）知州，又任鼎州（今湖南省常德县）知州，后改江州（今湖北省汉川县东南）知州。当时，金人大举南侵，宋军屯于淮河流域，唐文若上书提出应加强长江兵备、训练地方武装，以天险固守，安定民心等建议，但未被采纳。乾道元年（1165），唐文若去世，终年60岁，被追赠为左通奉大夫。著有《遁庵文集》30卷。

李　焘（1115—1184） 南宋史学家。字仁甫，一字子贞，号巽岩，北宋眉州丹棱县（今丹棱县）人。李焘祖先是太宗之孙、右武卫大将军李偲，因为武则天当权诛杀唐宗室，举家避居丹棱民间，李氏从此成为丹棱望族。

绍兴四年（1134），李焘编写史学著作《两汉鉴》。绍兴五年，再撰写《反正议》14篇，才名远扬。秦桧专门派人以功名相邀，被李焘拒绝。绍兴八年，李焘考中戊午科黄公度榜进士，任成都府华阳县（今成都市双流县华阳镇）主簿，但未到任便回到龙鹄山建造书屋，取名“巽岩书屋”，专心苦读，深入研究历史著述。绍兴十年，李焘到华阳赴任，收集大量皇朝实录、正史、稗官野史、典章制度、家乘、志状、官府文书等第一手资料。绍兴十七年，父亲去世，李焘回家守孝三年，并在其间先后写成《历代宰相年表》《天禧以来御史年表》《天禧以来荐官年表》《续皇朝百官公卿表》。隆兴元年（1163）至淳熙七年（1180），李焘将陆续编写的《续资治通鉴长编》手稿分4次进献给宋孝宗审阅。此间，其官位屡次升迁，但从未间断过《长编》的编撰。特别是入朝为史官，有机会接触国家档案和秘籍后，更以严谨的态度修订书中疏漏，绍兴十年开始，数易其稿，于淳熙十年（1183）完成《续资治通鉴长编》编著。

《续资治通鉴长编》取材广泛，史料详备，详载北宋168年的重大历史事件，共980卷。全书按"宁失之繁，毋失之略"原则，采用编年体，按日记事，一日之中多事并列叙述。《续资治通鉴长编》被史学界推崇为《资治通鉴》之后不可不读之书，得到很高评价。进献书稿时，宋孝宗十分赏识，称李焘是无愧于司马迁的人，命人将《续资治通鉴长编》收藏进秘阁。李焘掌握大量史料，不附和史官，不逢迎皇帝，客观记录历史事实。李焘创造性地在正文末加注文，注文成为全书的重要组成部分，被后人称为《长编考异》，对后世查考有极高史料价值。李焘还摸索发明在当时较为先进的资料整理方法。据周密《癸亥杂记》载：李焘做有10个木橱，每橱中安放20个抽屉，史料以年为序先后存入相应屉中，每屉以甲子编号，方便资料的查找使用。

李焘对天文、历算也颇有造诣。乾道四年（1168），《乾道新历》修成，李焘指出新历中存在的几十处失误，历官竟无一人知晓，只好请求皇帝命令史官对新历修订后再施行。淳熙十年（1183），李焘在朝论事，太史报告将要发生日食，李焘当即列举历史上当月发生日食的34件事，准确无误。

李焘一生在四川、湖北做过多任地方官，乾道三年（1167）入朝为兵部郎中，此后历任多种官职，直到升任敷文阁学士，其中以任主持修史的同修国史、实录院编修等官职时间最长。李焘在朝为官时，忠言直谏，提出许多纠偏补弊的建议。非常重视言路畅通，大力要求增置谏官，提高谏官地位。主张练兵，反对增兵，主张严惩一些将领虚报兵籍吞吃空额、营私舞弊行为。李焘还曾面责宋孝宗即位20余年仍然军事薄弱、财政匮乏，希望进行改革，使国家富强起来，多次受到宋孝宗赞扬。李焘在地方任职时，采取不少匡时治国的措施。任双流（今四川省双流县）知县时，注意民事诉讼中的调解教育，使很多豪强收敛行迹。任荣州（今四川省荣县）知州时，率民众兴修水利，筑防洪堤杜绝水患。任湖北转运使时，力排众议，发放仓储军粮赈济饥民，并承担所有责任。李焘疾恶如仇，作潼川路转运判官不久，断然连续弹劾4名严重失职的贪官和庸官。在朝为史官时，李焘注意培养和提拔史学人才，先后举荐吕祖谦、尤袤、刘请之等10余人为史官。

李焘的主要著述还有《易学》5卷、《周易》古经8篇、《诗谱》3卷、《春秋学》10卷、说文解字《五音韵谱》10卷、《绍兴日历》1000卷、《重修徽宗实录》250卷、《思陵大事记》36卷、《巽崖奏议》40卷、《文简公集》120卷等。

淳熙十一年（1184），李焘去世，朝廷追封他为文简公，追赠为太师、温国公、紫金光禄大夫。

余子俊（1429—1489）　字士英，青神县人。明景泰二年（1451）辛未科何潜榜进士。曾援户部主事，进员外郎。历任陕西西安知府、延绥巡抚、兵部尚书。

余子俊一生为官清正，勤于政事，体察民情，朝野敬重。任西安知府时，遭遇天旱大饥荒，余子俊开官仓放粮谷十万石赈灾度荒，拯救饥民，并以身担保，承担开官仓的责任。明成化初年（1465），朝廷发榜褒扬为民称道有德行的十名知府，余子俊名列榜首。

余子俊任延绥巡抚时，因此地为全国九大军事重镇之一，为西北边地，常有外族袭掠边民，于是便将绥德州镇治移往榆林，并经朝廷批准，于成化八年（1472）发动军民于边地延筑长城固守边防，新筑长城东起清水营，西抵马花池，绵延885千米，每隔二三里设置常备巡哨，又于崖寨空处筑短墙，横一斜二为箕状，既可以探视敌方情况，也可以躲避射击。新筑长城巩固了边防，保障了边民安居乐业。

明成化十二年（1476）余子俊调任西安知府任期，发动民众开凿沟渠，引河水冲淡土地盐碱，灌溉农田，为免渠水横溢，于城北开渠分流入渭水河。大办水利，深得民心，被称为“余公渠”。之后，余子俊又发动民众在泾阳凿山建渠，引水灌田，还开通南山道，直达汉中。

成化十三年（1477），余子俊任兵部尚书后，因中宫韦进等人谗言诽谤，被免职，改授太子太保虚衔。明弘治元年（1488），孝宗接位，念先朝老臣忠贞为国，余子俊复任兵部尚书，任上，疏陈十事、边防七事，皆准奏实施。

弘治二年（1489），余子俊于任上病故，享年60岁，朝廷追赠太保，谥号“肃敏”。

张　鹏（1482—1524）　字起溟，号寄庵。明嘉定州洪雅县卢村（今洪雅县柳江镇）人，弘治十八年（1505）乙丑科顾鼎臣榜进士。

正德三年（1508）张鹏任徽州推官。任职期间断案公正，平反许多冤假错案，当地人称赞他为“张青天”，并立碑纪念。正德六年，张鹏出任河南道监察御史，不久奉命巡视光禄寺，整饬国家财政，取消许多奢侈消耗，因而引起当朝权贵憎恨，但张鹏对此并不理会。正德八年秋，张鹏奉召督察两淮盐务，惩处勾结权贵豪棍、操控盐政首恶。当权太监张锐派党羽说情，张鹏不予理会。正德十五年，张鹏被起用为浙江道监察御史，奉命巡按山西，禁止皇族藩王勾结地方官以修建王府和城防之名勒索劳役百姓。嘉靖元年（1522），张鹏出任福建漳州知府后，注重兴废利民，改建广济库，地方财政得以妥善管理；又建立文会，让读书人能切磋知识、增进学业；主持疏浚城南北塘惠民泉以灌溉农田。张鹏任上，曾参与镇压陕西回民起义和泉州农民起义。

嘉靖三年（1524）二月，张鹏病故任上，终年43岁。嘉靖八年，灵柩运回洪雅，葬于城北九胜山后。张鹏诗文《北还集》《西巡稿》《纪行杂稿》等流传于世。

彭端淑（1699—1779）　著名文学家、教育家。字仪壹，号乐斋，清代四川眉州丹棱高桥桑黄坝（又名彭坝，今眉山市丹棱县双桥镇桂香村）人，彭端淑从小受先辈教诲，与兄弟几人在父亲彭珣传授下于翠笼山紫云寺勤奋读书，后来进入县学读书。雍正四年（1726），在乡试中考中举人。雍正十一年，考中癸丑科陈倓（tán）榜进士，任吏部验封司主事。乾隆十年（1745）升任吏部员外郎、文选司郎中。乾隆十二年任顺天府（今北京市）乡试同考官，提拔纪昀等人才。乾隆二十年，任广东肇罗道署监察使。

彭端淑为人宽容厚道，做官一心为民，常用“清慎”勉励自己。每次外出轻车简从，禁止迎送款待，违者严惩，深得吏民称颂。彭端淑刚到广东时就遇3000余件积案，便迅速调集各州县案卷，不到一月就判决所有案件，官吏民众无不惊讶敬佩。彭端淑还督修省城书院，每月邀请名师前来考核，使读书风气盛行。乾隆二十六年（1761），彭端淑随船督察粤西运粮事务，行至南海时不慎失足落水，后被搭救脱险。彭端淑以此事为由辞官回乡，隐居于成都白鹤堂，在锦江书院（今成都市石室中学）任教，走上培养贤才之路。任主讲、院长20年，培养出李调元、张翯（hè）、钟文韫（yùn）等人才。

彭端淑的主要成就在文学方面。在文学思想上强调客观事物和外在环境对作者的影响和作者的个人才能，后期作品多与当时现实有关。彭端淑、李调元、张问陶被誉为清代“蜀中三才子”；与其弟彭肇洙、彭遵泗合称“三彭”，其中以彭端淑影响最大。彭端淑现存作品有《白鹤堂文集》4卷、《雪夜诗谈》2卷、《粤西纪草》1卷、《曹植以下八家诗选》《蜀名家诗抄》2卷等。

张　柱（1765—1845）　四川书法名人。字带江，号石甫，清乾隆嘉定府洪雅县安宁乡大柳柳姜党（今洪雅县柳江镇）人。

张柱远祖张鹏、张可述均曾为官，父亲张澄是乾隆己酉副贡。其先辈均以书法见长，对其管教很严。张柱5岁时开始临摹古代名人书帖，后用心研究古代书法论著，不仅从临摹的书帖中吸取古代书法精华，而且独创“带江体”。

嘉庆六年（1801），张柱考中辛酉科拔贡，其书法深受翰林院编修、四川提学使钱福载赞赏。次年，张柱任四川叙州府（今四川省宜宾市）庆符县儒学训导。由于其刚正不阿，与上司不和，加之亲老病衰，遂两次请辞回家，但直到母亲病危时才卸任回乡。母亲去世后，张柱在本乡思南书院教书。

嘉庆九年（1804），洪雅知县王好音奉命纂修县志，聘请张柱为编辑。嘉庆十八年，县志编修完成，全书均由张柱用楷书手写完成，流传至今。

张柱在出任湖北石首县知县时。石首地处江汉平原，连年遭受水灾，加上赋税过重，故很多百姓弃家流亡。张柱到任后，迅速疏浚河道、修筑堤防，召回并赈济百姓，为其配给荒田、缓征赋税，助其发展生产、改善生活。张柱的政绩得到湖广总督褒扬，三年后调任湖北孝感知县。孝感地处山区，土地贫瘠，而且历年丈量不清，富豪有田无税，平民田少税重或有税无田。张柱决定重新丈量土地，合理调整赋税。百姓无不赞颂，为其立祠祭祀。

张柱的书法在四川省内外广为流传，受到时人称赞，受到皇帝奖赐。

第二节　近现代人物

全志收录近现代代表人物48人。

黄吉安（1836—1924）　剧作家。本名云端，号全僧，清代眉州思蒙（今东坡区思蒙镇）人。黄吉安自幼聪颖，但家境贫困，18岁辍学从军，后为知县幕僚。晚年居于成都，从事川剧剧本创作。

光绪二十六年（1900），八国联军侵入北京，黄吉安写下《愤极歌》《骂鬼》《清心》《庚子无题》等声讨诗篇，同时组织上演反对投降卖国的川剧剧本《江油关》，一时名噪蓉城。光绪二十八年，周善培任四川巡警道，推行新政，改良戏曲，聘请黄吉安编写川剧剧本。黄吉安配合时事写成《断双枪》《凌云步》《女探母》《木兰从军》《缇萦救父》《梁红玉击鼓战金山》《杜十娘怒沉百宝箱》《春陵台》《闹齐廷》《清风亭》等禁烟毒、反封建、反投降、歌颂妇女剧本。袁世凯称帝时，黄吉安借东汉末年袁术僭（jiàn）越称帝的故事创作剧本《江亭战》讽刺之。此外，还讴歌历史英雄人物，写成川剧折子戏本《渡芦》、《浣纱》、《吹箫乞食》（记伍员）、《忠烈图》（记屈原）、《九里山》（记项羽）、《大闹秦廷》（记荆轲）、《青囊恨》（记华佗）、《鞭督邮》（记张飞）、《绵竹关》（记诸葛瞻）、《柴市节》（记文天祥）、《三尽忠》（记陆秀夫、张士杰、文天祥）、《浣花井》（记张献忠），所塑造的人物，无不铮铮铁骨。

黄吉安不仅创作大量剧本，还一扫扮相陈规。其笔下《春陵台》中的宋康王、《闹齐廷》中的群公子以及《江亭战》中的袁术，鼻上皆抹白粉，扮为丑角，成为观众嘲笑对象，而旧舞台上常被丑化的老百姓，在《柴市节》《鞭督邮》《三尽忠》中均改为生角扮相。黄吉安生活在内忧外患时期，深感救亡扶危心有余而力不足，便针对现实，用忠臣孝子借古讽今。一生创作川剧80余出，均赠送三庆会川剧团以备演出，时人尊称其脚本为“黄本”。黄吉安在创作中常与艺人交流，所写剧本情节生动，词汇丰富，通俗易懂，合乎音律。

中华人民共和国成立后，川剧调京汇演，老艺人贾培之在怀仁堂演出“黄本”《柴市节》，毛泽东观后赞叹说："作者就是文天祥。"1957年，"黄本"《百宝箱》改名《杜十娘》，由北京电影制片厂拍摄成舞台艺术片。1960年，四川人民出版社编印《黄吉安剧本选》两册，共18出。黄吉安除创作川剧外，还写有扬琴唱本26出，供成都扬琴盲艺人演唱，后来竹琴艺人也多用其剧本。

严子敬（1850—1926）　号道尊，清嘉定府洪雅县洪川乡上坝党中山坪（今洪雅县中山乡和平村）人。清同治九年（1870）选取为禀生，后来又考取贡生，曾任县儒学训导、台县署幕宾（师爷）、嘉定嘉属联中监督校长、洪雅女小教师。宣统三年（1911），清廷出卖川汉铁路，激怒全川民众，各地纷纷成立保路同志会，组织保路同志军。7月11日，洪雅县保路同志会成立，严子敬被推选为会长。严子敬向四川总督赵尔丰上书，请求"保存路权，而固邦本"。在保路运动发展为武装斗争反清时，严子敬又组织同志军300余人，命令何金山率领队伍奔赴雅州，投入川南同志军统领罗子舟部队，参加围攻雅州城和大相岭阻击清军援省的战斗。后严子敬在家乡洪雅女子小学任教。民国15年（1926）去世，终年76岁。

邵从恩（1871—1949）　男，字明叔，青神县南附乡（今南城镇）人，民国时期国人誉为"和平老人"。

邵幼年从父读书，20岁为秀才，30岁中举人，33岁中进士，后赴日本东京帝国大学习法政。清光绪三十四年（1908）回国，授法部主事，曾亲手订制全国法官考试条例及其他法规，后回四川主办第一个政法教育学校——绅班法政学堂，培养造就政法人才。宣统三年（1911）春，四川保路运动掀起风潮，川政总督赵尔丰诱捕保路同志会领导人蒲殿俊等数人。时在北京的邵从恩闻讯后，即回川会见川汉路大臣端方和总督赵尔丰，力劝释放同志会要人。后端、赵恐事态扩大，只好释放了蒲殿俊等人。武昌起义后，尹昌衡继任四川都督，任命邵从恩为川南宣慰使，后调四川军政府任民政部长。成渝两军政府合并后，改民政司，邵任民政司长。

民国2年（1913）7月，邵从恩到北京任法制局参事。北京政法大学开办时，邵从恩任教授，主讲宪法。后因曹锟贿选登台，邵愤而辞职到天津向佛学居士韩德清求习佛学，虽长斋茹素，却仍心系民族安危与人民困苦。民国20年"九·一八"事变后，伪满洲国总理郑孝胥派人邀邵前往相助，并许以高官厚禄，遭邵拒绝。后因伪满洲国官员及日本人多次到邵家劝邀，邵为摆脱其纠缠，举家迁回四川。

民国26年（1937）"卢沟桥事变"后，邵响应中共发布的团结抗日的通电宣言。民国27年7月，邵和张澜到汉口参加国民参政会第一次大会，经吴玉章介绍，认识了周恩来、董必武等中共领导人，接受中共团结抗日，为和平民主努力奋斗的思想主张。民国33年2月，邵与张澜在成都联名发起组织民主宪政促进会，被选为主席，积极从事民主宪政宣传活动。

民国35年（1946）1月，邵到重庆参加政治协商会，在开幕式上疾呼停止内战，和平建国。民国36年5月，国民政府最后一次参政会在南京召开，邵前往参会，临行前曾说："此行是拼老命争取和平"。会议期间，邵当面质问蒋介石："全国期望和平、停止战争，不知主席有何难而必欲诉诸武力？"蒋竟蛮横无理地问邵："你为什么只劝我不打仗？为什么不去劝共产党呢？"邵气急中风倒地，被送中央医院急救。邵住院期间，索纸手书"内战不停我不乐"7字见报，故国人称邵为"和平老人"。1949年10月1日，邵在成都病逝，终年78岁。临终前，家人告以中国人民政治协商会在北京召开，邵兴奋地说："和平有望，国家有幸，人民得福了。"现北京革命历史博物馆还陈列有邵从恩的单人照片。

刘锡纯（1873—1953）　字绍先，别号枫安、丰安，清眉州彭山县城（今彭山县彭溪镇）人。

青年时中秀才、补廪生，曾在城北陕西会馆内开办私塾，辛亥革命后出任卢城（今四川省康定）学务局任课员，后转入川军九师万季玉团任刘文辉营部书记官。

民国 14 年（1925），刘锡纯任犍为县知事时收到预征粮税的命令，两次呈文请求缓征。因拘捕法办民愤极大地主恶霸被免职。民国 17 年，刘锡纯任屏山县知事，针对匪患扰民，购买枪弹、训练乡勇，捕杀李俊卿、任鹤堂等匪首，不到半年平息匪患。民国 19 年，刘锡纯出任井研县盐场场长，不久调任二十四军军部机要秘书，不到一年便引退回乡。次年，刘锡纯奉命主持彭山团练局，想效法屏山任职时的办法清除匪患，却与执政者政策相悖，于是辞去团练局长职务，去彭山县立初级中学任国文教员，从此放弃仕途一心从教，直到 1949 年年底。刘锡纯在教学中不拘泥于教育部规定教材，常精选历代名篇以教学生，在寒暑假中免费收留自愿留守家中的学生，并对其因材施教。

刘锡纯勤于著述，教学之余经常研读经史、钻研书法、写作文章，楷、草、行、隶无一不精。其著作有反映清末民初赵尔丰西康平叛事件的长篇小说《边雪鸿泥记》，因故未能付印，原稿现存于北京鲁迅博物馆。此外，还著有《方言溯始》（毁于火中）、《丰安日记》（毁于火中）、《诗词手稿》《重修彭山县志》（现存）。刘锡纯主持县志修纂中，遇事必探求原始，考核其变迁，对社会流风民俗、古人嘉言懿行、物力增加耗损等，均详细考察记载，体现严谨治学态度。

1953 年，刘锡纯受聘任四川省文史馆馆员，同年 7 月 17 日病逝，终年 80 岁。

张治祥（1883—1919）　字辑五，谱名远淮，清眉州彭山谢家（今彭山县谢家镇）人。清光绪二十八年（1902），张治祥进入县学成为文生，次年赴日本留学，就读于东京法政大学。光绪三十一年，由黄树中（复生）主盟，在东京加入同盟会。光绪三十三年，张治祥毕业后，受孙中山委派返川发展组织，筹备武装起义，任同盟会四川分会会长。参加同盟会员熊克武、谢持等在成都走马街宝和店起义会议，决定 11 月 14 日趁省城百官集中会府为慈禧祝寿之机发动新军起义，占领成都。事情泄露后，四川省代理总督赵尔丰改变祝寿地点，调兵入城戒严，搜捕革命党人。12 月 4 日，张治祥与杨维、黎靖瀛、黄方、王树槐、江永成 5 人被捕，此即著名的成都“丁未六君子”事件。赵尔丰原拟杀害六人，后迫于各界名流反对而改判为永远监禁，并通缉熊克武等 50 余名革命党人。张治祥在狱中坚贞不屈，还与外界同盟会员熊克武、但懋辛等人暗通信息，策动同志会暴动和保路风潮。

武昌起义后，张治祥等出狱。时各省先后宣告独立，四川革命党人也在重庆与成都相继成立“蜀军政府”与“大汉四川军政府”。民国元年（1912），成、渝两军政府宣布合并为四川军政府，张治祥出任军政府外交司长、国民党四川支部评议部部长。民国 2 年，张治祥当选为国会众议员，赴京出席国会。民国 5 年，张治祥在北京与川籍国会议员谢持、张知竞等 22 人联名电告四川省议会及各界人士，反对贵州军阀戴戡任四川省省长及军务会办职务。张治祥任四川省高等审判厅厅长。民国 7 年，任重庆铜元局局长兼督署参议。张治祥在任铜元局长期间，用铸造剩余资金 2 万余元创办机械工厂，制造汽船、抽水机等。

民国 18 年（1929）夏，张治祥受四川督军熊克武委派到夔府（奉节）交涉各军加征盐厘案，途中被暗杀，年仅 36 岁，葬于成都草堂寺侧。孙中山亲自为墓碑题词“维名不朽”，杨维书写墓碑对联。督军熊克武在成都会府为张治祥召开追悼会，并通电全川各地悼念，发给家属抚恤金、保险金各六千两。张治祥遇刺时血衣及随身物品由重庆公园保存。

唐式遵（1884—1950）　字子晋，四川省仁寿县五皇场（今仁寿县藕塘乡）人。唐式遵肄业于县城鳌峰书院，先后入四川陆军弁目队、军事讲习所、四川陆军速成学堂学习，毕业后分配在四川陆军三十三混成旅任排长。清宣统二年（1910），唐式遵随钟颖部入藏平乱。民国2年（1913）投入刘湘部队，因战功先后升任营长、团长，被北洋政府授予七等文虎章。川滇黔战争后升任第三混成旅旅长。在刘湘被推选为川军总司令兼省长后任第二军第二师师长。民国12年，北京政府任命唐式遵为三十三师师长，授重威将军、陆军中将。民国15年，唐式遵任第二十一军第一师师长，后兼任重庆商务督办、渝简马路总局总办。民国21年唐式遵在刘湘与刘文辉争霸四川战争中支持刘湘，并联络川军师旅长94人通电反对刘文辉。刘湘发兵北上时，唐式遵任第三路总指挥，与刘文辉冷寅东部交战于仁寿井研交界处的东林场、松峰场，被冷击溃。同年，唐式遵参加刘湘对川陕革命根据地发起的六路围剿并任第五路剿共总指挥，被红军击败。又奉命在邛崃阻挠北上红军。

抗日战争爆发后，唐式遵捐献成都住宅作为抗日战争军费，奉令率部出川。民国26年（1937）在成都各界人士召开的纪念“九·一八”6周年大会上，唐式遵宣誓要与敌人作殊死血拼，不将日本侵略者逐出中国，决不还乡。率部在宜昌集中后，开赴河南在平汉线上作战。淞沪战役失败后，唐式遵奉命开往安徽广德，掩护友军撤退。12月，唐式遵任第二十四军团军团长。民国27年刘湘病逝后第七战区撤销，唐式遵任第二十三集团军总司令兼二十一军军长。民国28年，唐式遵任第三战区副司令长官兼二十三集团军总司令并授陆军上将军衔，承担东起芜湖上游的荻港，西沿铜陵、大通、贵池、殷家汇、湖口、马当长800余千米的江防。12月，唐式遵发表《告皖南军民及全国同胞书》，号召军民团结起来，收复所有失地。民国29年，国民政府授予唐式遵二等云麾勋章，令其指挥第二十一军收复赣北马当要塞。民国30年1月发生皖南事变，顾祝同、上官云令唐式遵指派唐明昭参与围攻新四军。次年夏，国民政府在浙赣会战失利，形势紧急。唐式遵固守皖南，确保皖南23县安全，阻止日军西进及由长江登陆，直到抗日战争胜利。唐式遵先后奉命转战于河南、湖北、江苏、浙江、安徽一带，亲临前线指挥荻港、大通、芜湖、青贵、斗龙山、梅坎、马当等战役，与日军作战数百次，还协同新四军在长江水上布雷，截击日军军舰，共击伤、击沉日军舰65艘、运输舰船347艘、汽艇41艘，缴获大量武器装备。

抗日战争胜利后，唐式遵当选为中国国民党第六届中央监察委员。民国34年（1935）调任军事委员会武汉行营副主任。民国35年3月返川，在重庆南温泉原国立政治大学旧址创办南林学院。同年当选为仁寿县国大代表。1949年，任西南军政长官公署副长官兼西南第二路游击总司令，配合胡宗南部队在成都地区顽抗，并拒绝到台湾。1950年3月27日，唐式遵率部100余人逃到越西地区，遭彝民和解放军包围，唐式遵被当场击毙。

潘文华（1886—1950）　字仲三，清末四川省仁寿县文宫镇（今仁寿县文宫镇）人。潘文华家境贫寒，母亲早逝，由继母抚养成人。14岁到成都当学徒，自学器械操，后入清军。18岁当上二等兵，次年升为上等兵。时逢四川举办国术比赛，潘文华被推荐参加表演，因表演出色被称为“潘鹞子”升任弁目队助教。清光绪三十四年（1908），潘文华进入成都陆军速成学堂学习，其间参加同盟会，毕业后被任为见习排长。宣统二年（1910），潘文华随新军入藏平叛。辛亥革命爆发后，入藏新军响应起义回川。此后潘文华任川军第三师连长，后升至团长，驻陕南石泉。民国8年（1919），潘文华因愤于师长钟体道被刘存厚兼并，率部到川北第七师颜德基部任独立旅旅长，驻通南巴一带。民国9年，潘文华以2万银圆支援刘湘，从此与之关系紧密。民国10年，刘湘委任潘文华为川军第四师师长，民国15年冬任其为国民革命军二十一军教导师师长。民国17年“五·三”惨案后，潘文华在群众抗日要求下，派人向日本驻重庆领事馆交涉，迫使日本政府交还王家沱租界。民国18年，潘文华任重庆首任市长。民国21年军阀“二刘”混战中，潘文华任刘湘军右翼总指挥，与刘文辉部冷寅东交战，兵败后退守荣县。红四方面军由陕入川后，潘文华被刘湘任命为剿共预备军总指挥，调集三、四两路兵力进攻通江失败。此后，潘文华仍担任教导师师长兼重庆市市长，在重庆倡办重庆电力公司、自来水公司，将通远门至上清寺间的乱坟荒地辟为市区并修筑七星岗至上清寺大马路、大溪沟至牛角沱的渝简公路。红军北上到贵州后，潘文华被刘湘任命为南岸总指挥，与红军几度交战。民国 24 年冬，潘文华率部于名山一线阻止红四方面军进入川西平原。

民国 26 年（1937），潘文华任二十三集团军副司令兼二十三军军长，整顿率部出川抗日。11 月 23 日，日军牛岛师团以优势装备攻打宜兴、长兴一带，进犯广德、泗安。在敌强我弱又无援兵情况下，广德失守，师长饶国华牺牲。蒋介石归罪于潘文华，将其撤职留用，潘遂率部退守旌德、青阳等地。次年，刘湘病逝，四川事务混乱，蒋介石以“稳邓、抚潘、打刘”分治策略，调潘文华回川，委任为第二十八集团军司令、川康绥靖公署副主任。民国 27 年夏，董必武在成都永兴巷同潘会晤，分析当时形势，潘文华深受启发。刘湘部队核心组织“武德学友会”选潘文华继任会长，主张“团结川康，支援抗战，联合中共，防蒋图存”。民国 28 年，潘文华通过张曙时、罗世文、郭秉毅的联系，宴请路过成都的周恩来。周恩来对潘文华支持进步人士主办《华西日报》《华西晚报》，掩护中共地下工作人员和进步人士的行为给予鼓励，并由张澜介绍潘文华参加中国民主同盟。

抗日战争胜利后，蒋介石任命潘文华为川黔湘鄂边区绥靖公署主任。在黔江驻防期间，潘文华仅派两个团以“保持距离，避免对消”的方针应对中国共产党。民国 37 年（1948）7 月，襄阳、樊城解放，蒋介石归咎于潘文华，调其为重庆西南军政长官公署副长官。1949 年，解放军进军四川，潘文华部赵兴洲奉中共川西党组织委托做潘文华工作。经多次策划后，潘文华暗中将保安第 8 团交给中共川西党组织指挥，并令其子二三五师师长潘清洲率部向成都靠拢。12 月，潘文华拒绝接受蒋介石的赴台机票，与刘文辉、邓锡侯在彭县宣布起义，促成川西迅速解放。

潘文华曾多次赈济仁寿县，并在重庆指定自己开的“补益大药房”免费为仁寿各乡提供防疫药品。征兵时，出条据以减轻仁寿应征兵员数额。民国 23 年（1934），潘文华派三个团修筑籍田铺至仁寿县城全长 40 余千米公路。民国 27 年，捐银 11 万余元在文宫乡创办私立文华中学。新中国成立后，潘文华被任命为西南军政委员会委员。1950 年 11 月 16 日，潘文华在成都病逝，终年 64 岁。

郭祝三（1887—1955） 眉山最早的中共党员之一。又名家驹、慎文，化名周远帆，清眉州彭山公义场（今彭山县公义镇）人。郭祝三 8 岁入私塾，先后在彭山县学、眉属官立中学堂读书，民国元年（1912）回乡任教于公义国民学校（初小），曾向彭山县劝学所请准在原乡校增办高小班，增加儿童受教育机会。

民国 14 年（1925）国共合作时期，彭山县农民协会委任郭祝三为组织委员，并负责公义乡农民协会工作。郭祝三以公义场小学为据点发展农协会会员，在短期内招收 800 余人。民国 16 年 2 月，农民张卓宣因反对国民政府派粮过重，被打死在县政府。郭祝三、郭祝霖等在公义场组织 1000 余人召开群众大会，声讨县长李瑶横征暴敛罪行，并编写活报剧《枪决李瑶》在公义场演出，群众拍手称快。事后，郭祝三经中共成都特别支部李清玉介绍，加入中国共产党。同年 9 月，中共彭山县公义支部成立，郭祝三任支部书记。民国 17 年春，四川军阀摊派彭山县 4.3 万元军饷，未待此款缴纳，又增派 3.2 万元，引起农民埋怨，党组织决定组织群众抗交。郭祝三召开会议部署，分头深入各乡贴标语、发传单，号召群众同心协力抗交军饷。黄仁杰、李伯彦不幸在观音乡被捕，送至青龙场交县长李应衔押回彭山治罪。郭祝三等农会干部迅速动员 1000 余名武装农民，在梓潼桥公路两侧伏击李应衔，救出黄仁杰。此后，军饷之事不了了之。经过抗军饷斗争，全县党员人数发展到 18

人。在此情况下，中共川西特委批准成立中共彭山县委，郭祝三任委员。是年冬，公义乡农民反对民团大队长张志龙乱派捐款，泉水村农协组长连春廷被抓。郭祝三派农会代表同张说理，要求不交捐款，迅速放人，张拒不接受。郭祝三同农会骨干迅速动员观音、谢家等乡1000余名农民，武装支援抗捐斗争。政府派侦缉队和一个营的驻军前来镇压，但慑于形势，撤销张志龙大队长职务，抗捐斗争取得胜利。民国18年5月，中共彭山县委书记刘单如调走，郭祝三接任其职。民国19年秋，为配合广汉兵变，郭祝三等在上级派员协助下组织武装农民1000余人，在公义暴动。暴动失败后，郭祝三转移到仁寿县嘉禾庄从事教育工作，不久与当地党组织接上关系并担任党支部宣传委员。民国20年，郭祝三发展许寒冰入党，又在天齐小学发展学生团员40余人。民国21年，彭（山）、仁（寿）、华（阳）中共特区委成立，郭祝三任宣传委员。一面教书，一面前往古佛洞、黄龙溪一带传播革命思想。

民国22年（1933），郭祝三因人告密被仁寿县政府逮捕入狱，12月转华阳县看守所，由省督办公署判刑5年，次年4月又转重庆反省院拘禁，民国25年年底被释放。郭祝三出狱后，先后在公义、观音等地任教。民国27年，省委派人到彭山重建党组织，郭祝三恢复组织关系。次年，中共彭山特支成立，郭接任特支副书记、书记。民国31年修洪山寺机场（今观音机场），空军第一总站赔偿农民的地价、青苗、拆迁费被政府扣发，引起农民愤怒。郭祝三组织业主开展斗争，焚毁工场工具、粮食等，阻止开工，迫使县政府如数发放克扣款项。民国34年夏旱缺水，县长何守仁与堰管局长谢敬安相互勾结，将水卖给眉山，并派保安队驻守筒口，不准彭山农民用水。郭祝三一面发动农民揭露何、谢罪行，一面组织用水户拿锄头、钉耙与保安队夺水。保安队开枪打死农民1人，激起群众愤恨，捣毁谢敬安房屋。何守仁委托县参议长徐芳田出面调解。徐芳田慑于群情，不得不答应群众厚葬死者、抚恤家属，撤走全部把守筒口保安人员。

彭山解放前夕，为配合人民解放军全歼国民党残敌，在上级党组织领导下，郭祝三参与组织约200人的游击队，协助解放军迫使敌军400余人全部投降，缴获轻重机枪数挺、步枪400余支以及战马、电话机等。1950年年初，郭祝三被任命为彭山县副县长，11月调任通济堰管理处副处长，1954年1月任处长。1955年7月，郭祝三病逝，终年68岁。

李玉鑫（1890—1960）　字翊尼，清代眉州回悦（今东坡区悦兴镇）人，唐山铁道学校测绘专业毕业。

民国15年（1926），四川修建成（都）乐（山）公路，李玉鑫任副工程师，负责测定路线。选线时，部分地主、豪绅认为公路会破坏其家“风水”，从中阻挠。特别是眉山缙绅，以同乡身份请求李玉鑫改变路线，李玉鑫不徇私情，秉公办事。其所测定路线，至20世纪70年代基本未改过道。民国18年，自贡警备司令蔡玉龙聘请李玉鑫为工程师，主持井（研）富（顺）公路测绘。当地地主豪绅、富商大贾为使公路测绘不占其土地，纷纷找人说情送礼。李玉鑫一律拒绝，发现有人悄悄将钱物送上门后，全部抛撒在门外。李玉鑫拒收钱物的行为，一时传为佳话。

民国20年（1931），李玉鑫担任都江堰水利工程处处长，按例来往可坐八人大轿。但其外出随带雨伞，脚穿草鞋，四处查看水情，很快将都江堰灌区17县的用水时间、水量、分水马槎和筒口弄清楚，绘制出都江堰灌区示意图，张挂于伏龙观和二王庙。用水季时，李玉鑫亲临现场指挥，并电话询问当天各处来水时间、流量等情况，及时解决问题。一次，叠溪水猛涨，冲毁内外江分洪主要工程鱼嘴和飞沙堰。李玉鑫赶到现场后查明原因，提出用钢筋混凝土筑鱼嘴，外加竹簟草帘铺沙石，再用一丈余长的竹篓装鹅卵石护堤，减少洪水对鱼嘴的冲刷，不使洪水侵蚀鱼嘴本体等改建措施。

经其改建加固的都江堰鱼嘴和飞沙堰工程，直到新中国成立后换成电动节制闸以前，从未损毁过。

民国 32 年（1943），都江堰水利设施年久失修，羊马河洪水泛滥成灾。当地绅士乘机控告李玉鑫失职，李玉鑫愤而离职回到眉山。返乡后，李玉鑫在眉山县城建设委员会工作，制订眉山城市建设规划。后来，李玉鑫又任彭山观音机场特种工程处工程师。一些乡保长怕被耿直敢言的李玉鑫揭露其克扣修机场民工工钱口粮之事，遂凑集法币 300 万元贿赂李玉鑫，被其愤然拒绝。不久李玉鑫改任通济堰监修，用修补都江堰办法，修固通济堰进水口及新旧堤。

新中国成立后，川西行署曾请李玉鑫出来工作，因眼睛几乎失明，仍留居悦兴乡。1960 年，李玉鑫病逝。

夏正寅（1891—1977）　仁寿县东林乡（今仁寿县大化镇）人。14 岁后，夏正寅进入小学、师范学习。民国 5 年（1916）起先后在董宋珩部任书记、军粮处长、军法处长及巴中、南江、安县等县县长。民国 18 年因不愿随波逐流于官僚腐败中，弃官回到仁寿。民国 21 年迁居至仁寿、华阳、彭山交界处的苏码头经营工商业。

20 世纪 20 年代，夏正寅受其弟夏仲寅影响，开始接受马列主义，在任平武县长期间聘用共产党员张秀熟为县教育局长（未到职）。民国 16 年（1927），张秀熟以“共党罪”被关押，夏正寅不顾个人安危赴重庆入狱探望，被张秀熟坚贞不屈的高尚品质所感染，决心为革命事业效力。同年，川军陈离部起义，在广汉成立苏维埃政权。董宋珩部奉命堵截，夏正寅劝阻之，起义部队免受重创，夏正寅由此成为中共四川省党组织主要争取对象。民国 21 年，共产党员李剑清、林建龙到夏家隐蔽，帮助夏正寅学习马列理论和中国共产党的方针政策，提高其觉悟。此后，夏正寅家成为中共川西党组织开展活动的秘密据点，四川省工委、川康特委、任华彭特区委、仁华彭特支、苏秦乡支部及省林工委领导人邹风平、程子健、刘克谐、张文澄、赵利群、杨道生、罗髫思、胡春浦等到苏码头检查工作、传达指示或开会时均食宿于此。

民国 23 年（1934），夏正寅通过仁华彭特支书记赵利群向省委代书记刘克谐提出入党要求，省委认为其留在党外作用更大，劝其暂不入党。抗日战争爆发后，中共川西党组织在苏码头开展抗日救亡活动，得到夏正寅大力支持。并通过各种关系组织业余剧团，在籍田、老君、文公、大化等乡及仁寿县城演出，影响很大。由于夏正寅思想进步，支持革命工作，为当地反动势力所不容。民国 29 年，川康特委书记程子健得知夏正寅被列入特务逮捕的黑名单后，敦促其远避。民国 30 年，夏正寅通过重庆银行总经理潘昌猷的关系，到康定就任重庆银行西康分行经理。特务跟踪至康定，长期威逼利诱夏正寅，均未能让其暴露党的秘密。直到民国 35 年调任重庆银行上海分行经理时，夏正寅才摆脱特务控制。解放战争时期，夏正寅捐赠大洋 600 元支持周扬、任白戈、沙汀等在上海办新垦书店，让儿子夏逊变卖私人田产 6.67 公顷作为四川省临时工作委员会活动经费，后又让其前往香港争取到潘昌猷、何柏衡等人捐助黄金 100 两交给四川省临工委。1949 年四川解放前夕，应中共四川省临时工作委员会要求，夏正寅专程回到四川，为劝说董宋珩部起义做了大量工作。

中华人民共和国成立后，夏正寅先后担任重庆市地政局副局长、重庆市救济分会副主席、四川省人大代表、四川省政协委员、重庆市政协常委、民革重庆市委委员。1958 年夏正寅被错划为“右派”，1961 年摘掉“右派”帽子回成都闲居，“文化大革命”中又多次被批斗和查抄。

1977 年 8 月，夏正寅病逝，终年 86 岁。

帅昌时（1895—1931）　革命烈士。男，又名帅慧先，青神县青城镇人。曾任中共四川省委秘书长。

帅幼时聪颖好学，民国8年（1919）考入成都四川公立法政专门学校政治经济科。民国9年，在五四运动影响下，帅与本县曾聿修等人组织创办进步的学术团体“精进学会”。次年毕业回县后，担任乙种农业学校教员，后又到眉山中学担任国文教员。民国12年，帅回青神创办“青神县私立精进小学校”（后设初中班），并任校长，推行新教育。民国15年，帅加入国民党（左派），作为青神县党部筹建人，组织宣传“联俄、联共、扶助农工”三大政策。

民国16年（1927），帅在成都经刘愿庵等人介绍加入中国共产党，后回青神以精进学校为基地发展党员，4月建立中共青神党支部，并担任支部书记。同年冬，中共青神县党支部扩建为特别支部，帅受命打入国民革命军驻广汉第二混成旅，任军事特支书记，领导军运工作。民国17年，调任中共四川省委秘书长，后调任国民革命军二十军一旅任秘书。

民国19年（1930）3月，帅被党组织派往重庆做军运，任国民革命军二十一军参事。后因青神恶霸邵飞翱、邵尧生告密，被捕入狱。虽受酷刑拷打而坚贞不屈，狱中著有诗集《血泪模糊集》传世。

民国20年（1931），帅昌时在巴县监狱被迫害致死，年仅36岁。1981年12月，青神县政府追认帅昌时为革命烈士。

巫朝汉（1896—1990）　又名用仪，清嘉定府峨眉县（今峨眉山市）龙池人。民国7年（1918），巫朝汉以第一名考入成都外语专门学校，不到一年又考进讲武学堂步兵班。后被派到第一军（但懋辛军）任准尉，到前线做侦察工作。民国10年，熊克武率军进击驻川北的北洋军和依附北洋的刘存厚军，巫朝汉随军筹粮。先后任第一师军士训练班少尉分队长、第一团第二营第七连第三排排长、第七连连长等职。民国13年夏初，巫朝汉随熊克武北伐，在船溪驿镇剿匪。率队击毙宋姓匪首军师并劝降匪首。后组织各村青年400余人联村联护，调和宋、刘两匪家矛盾，使地方安宁。民国14年，巫朝汉任熊克武部川军第一支队第三营营长，不久部队被遣回四川。巫朝汉回川后，相继任川军潘文华师郭勋祺旅少校副官主任、军官训练大队少校中队长、泸州皮光泽旅第一团少校团副及军事政治校第四区队长等职。

民国17年（1928）春，巫朝汉任刘元璋部少校参谋并代第二区第一营营长，秋末任新编特种营营长，民国18年任第二团中校副团长，该团编入二十五军二十五团后任第一营营长。民国22年至24年，巫朝汉到西昌任刘元璋宁属屯殖总司令部上校参谋处长，二十四军第二师刘元瑭部上校参谋处长。民国29年，巫朝汉任二十四军一三七师四〇九旅副旅长，民国32年任一三七师少将参谋长，民国36年任一三七师少将副师长。

1949年10月，二十四军代军长刘元瑄在雅安宣布起义后，命令巫朝汉率黄以仁、毛国懋团到雅（安）邛（崃）道上布防，阻击胡宗南部逃窜西康。巫朝汉率队至名山百丈，部署后又奉命到洪雅与刘元琮、朱食呼会合，在城区布防。刘元琮主持召集各界人士成立“洪雅县人民临时自治委员会”，巫朝汉为主任，负责物资准备供应解放军并维持地方治安。驻夹江的二十一军军长王克俊与一三七师联系，表示愿向二十四军靠拢，巫朝汉又代表师部赴木城洽谈。12月17日，胡宗南部与王陵基保安团部分敌军，在丹棱仁美狮子坎一线与二十四军起义布防部队激战，当情势危急时巫朝汉率李国清营赶到增援，直至人民解放军进城派出部队接防，才撤离阵地。

新中国成立后，巫朝汉留在洪雅城内，以办弹扎等实业为生。在人民政府征粮和清匪、反霸、减租、退押四大运动中，动员部分地主、士绅完粮并退还封建财物。1956年2月，巫朝汉任洪雅县各界人士学习委员会副主任，12月选任洪雅县人民委员会副县长，主管文卫等工作。在对私改造中，巫朝汉主动参与协商解决私改的债权债务问题。后来又担任四川省政协第三、第四、第五届委员。1980年后，巫朝汉连续被选为县人民代表大会代表，第九、第十、第十一届县人大常委会副主任。

1990年5月，巫朝汉去世，终年94岁。

秦秉钧（？—1911） 字载赓，清代资州仁寿县（今仁寿县）人，仁寿煎茶溪仁字文明公大爷（舵把子），川西哥老会领袖，为华阳、仁寿地方势力中重要权势者之一。四川同盟会负责人之一的龙鸣剑、咨议局副局长罗纶曾多次与秦秉钧接触，熊克武从成都返回井研途中也曾与之见过面。清光绪三十二年（1906），奉孙中山之命从日本返川发动哥老会起义的余英，以及秦秉钧童年时的好友、同盟会成员程春矩也与秦秉钧联系。同年，秦秉钧参加同盟会。

清宣统三年（1911）6月，四川省发起保路运动。为发动哥老会武装起义，秦秉钧与龙鸣剑商定，以秦秉钧的名义用鸡毛文书传讯各地，号召哥老会首领于8月4日在资中罗泉井召开“攒堂大会”。秦秉钧与龙鸣剑、王天杰商定起义策略，确定探查敌情、交换情报、枪支来源和粮饷筹集、严肃军纪等行动纲领，会议推举秦秉钧、侯宝斋（新津人）主持川东、川南武装起义。9月，清廷四川总督赵尔丰镇压成都请愿群众。秦秉钧得知消息后，与侯宝斋分别发出起义檄文，率部向成都挺进。秦秉钧率部与清军激战于牛市口、大面铺，侯宝斋率南路军与清军战于红牌楼，远近10余个州县约20万同志军云集成都。由于武器装备差，攻城不下。东路军在成都郊区奋战7昼夜后，分兵攻占龙泉驿山顶的险要位置，以阻断成都与东大路联系。秦秉钧率主力部队控制华阳、简阳、仁寿一带，又在仁寿籍田铺设立民团总机关。王天杰、龙鸣剑率荣县民军以及多路同志军到籍田与之会师。各路同志军召开“各属代表会”，推选秦秉钧、王天杰为东路军正副统领，龙鸣剑为参谋长，并整编同志军。为牵制清军对南路的进犯，东路军再次向成都进攻，转战于中兴场、中和场、煎茶溪等地，战斗20余次，均因器械低劣而攻城不下。秦秉钧等商议后，决定先收复各州县，与王天杰、龙鸣剑各率一部分同志军分三路发展。秦秉钧率部南下，10天时间内，攻下仁寿、资阳等10余个州县，并到达荣县与吴玉章、王天杰共商大计。9月，荣县宣布独立。此时清廷派端方率军入川围剿，各地被打倒的旧官吏也伺机反扑。10月30日，秦秉钧在井研北门外被邓大兴伏兵枪杀。

任开国（1898—1928） 男，又名紫云，朝兴，青神县青龙乡（今河坝子镇）人。曾任中共湖北省委执行委员会秘书长。

任开国少时在家乡小学毕业后，于民国4年（1915）考入眉山县联合中学，毕业后，又考入武昌师范大学。

民国10年（1921）7月后，中共一大代表李汉俊到武汉执教，常向各高校师生宣讲马克思主义学说，传播共产主义思想。任在其影响下，很快加入中国共产党，一面读书，一面从事学运和工运活动，积极组织发展革命力量，并结识恽代英，邓中夏等中共早期领导人。

民国15年（1926），任在武昌师范大学毕业后，被分配在师大附属小学任教。执教期间，任与附小教务长陈潭秋（中共一大代表，曾任中共湖北省委组织部部长）一道工作，积极宣传马克思主义，参加党组织领导的革命斗争。民国16年，被调到中共湖北省委执行委员会任秘书长，同穆青（时任湖北省委组织部部长）等人并肩战斗。中共中央派苏兆征（中共中央政治局常委）到汉口参加中共长江局和湖北省委召开的扩大会，任参加了这次重要会议。次年2月，任参加中共湖北省委第二十六次常务委员会，并在会上作了重要发言，认为中共中央纠正湖北省委的“赤色周”“总暴动”等盲动主义错误的信是非常正确和及时的，提议将信翻印下发或登党内通讯，以消除盲动主义影响。

民国17年（1928）3月，中共湖北省委组织遭到重大破坏，任在武汉后花楼被国民党武汉卫戍部队逮捕。受审时毫不畏惧，慷慨陈词，大讲其对共产主义的坚定信念，怒斥国民党反动派叛变革命的卑劣行径。同年，在武汉英勇就义，时年仅29岁。

尹伯休（1899—1989） 清资州仁寿县清水镇（今仁寿县清水镇）人。尹伯休在成都读书时曾参加五四学生运动，民国14年（1925）考入黄埔军官学校第三期，后进入广州政治训练班受训。同年6月，尹伯休参加平滇系军阀杨希闵和桂系军阀刘震寰叛乱的战争，10月参加第二次讨伐陈炯明的战争，11月加入中国共产党，先后任宣传员、连党代表。

民国15年（1926）7月，尹伯休被党组织派回黄埔军校政治部工作，先后任《黄埔日刊》编辑、卫生部政治部宣传科长。大革命失败后，尹伯休奉周恩来之命由广州撤到汉口，任第八军政治部宣传科长。得知南昌起义消息后，尹伯休迅速赶赴南昌，护送身患重病并有身孕的赵君陶和其他几位起义军官家属到上海治疗。同年冬，尹伯休赴莫斯科学习军事，被编入刘伯承为书记的党支部。民国19年，尹伯休回国，在上海党中央军委参谋部任秘书，后调到全国总工会工作。民国20年，尹伯休参加左翼作家联盟所属湖风书店的筹备工作并任书店编辑，出版丁玲主编的《北斗》杂志、鲁迅翻译的《小约翰》、郭沫若从日本寄回来的《中国古代社会研究》以及苏联高尔基的作品等。

“七七”事变后，尹伯休奉党指示到汉口从事组建抗日统一战线和救亡活动，参加全国戏剧界抗日协会、全国文化艺术界抗日联合会、全国电影界抗日协会，被选为全国电影界抗日协会理事。民国27年（1938），国民政府军事委员会政治部成立第三厅，郭沫若任厅长，尹伯休被任命为第五处第三科科长，负责印刷、出版、发行等总务工作。民国29年，三厅改为文化工作委员会，郭沫若任主任委员，尹伯休成为专任委员，领少将衔，兼任中国电影制片厂编导委员等职，直至民国34年5月该会解散为止。此间，尹伯休在郭沫若领导下从事抗日宣传工作，创作多篇反帝反封建的文学作品。

解放战争期间，尹伯休参加罗髫渔、田一平领导的中共四川省临时工作委员会，开展地下工作。中华人民共和国成立后，尹伯休历任西南军政委员会文化教育委员会秘书室副主任、办公室主任、中央扫盲委员会办公厅主任、中国历史博物馆保管部主任等职，“文化大革命”期间受到迫害。离休后，尹伯休兼任北京黄埔同学会顾问，带病撰写大量党史资料。

1989年6月，尹伯休去世。7月，《人民日报》新华社电讯称尹伯休为“中国共产党优秀党员，久经考验的共产主义战士。”

丁　华（1903—1969） 男，原名帅昌书，号儒仙，青神县青城镇人。曾任中共中央宣传部秘书长、人事部局长等职。

丁少时于青神就学，后考入南京东南大学。民国14年（1925）春，丁自南京东南大学失学回家，后在青神县精进学校授时事课。常对高年级学生宣讲新民主主义内容，介绍俄国十月革命。民国15年，丁离家去武汉参加北伐军，担任武汉国民革命军第十一军营政治指导员。民国16年，丁加入中国共产党。后转地方任教，边教学，边从事党的工作；先后任成都中学党支部书记，中共眉山特支书记。

民国18年（1929）2月，中共四川省委在眉山县思蒙镇镇南桥召开“上川南联席会议”，丁出席会议，听取穆青（时任中共四川临时省委书记）传达中共六大会议精神。民国20年，丁到南京，后到上海参加“左翼教育工作者联合会”，“中国左翼文化总同盟”及“全国救国会”。历任组织、宣传干事、党团书记、中共上海市临时工作委员会委员。

抗日战争爆发后，丁回四川参加抗日救亡活动，先后任成都文化界抗日救亡协会执行委员、成都协进中学训育主任、重庆育才学校指导部主任、晓庄研究所秘书长等职。民国 30 年（1941），丁离川到苏北解放区，历任盐城中学校长、八路军淮海军区军政干部学校副校长、淮海区党校秘书长。民国 32 年秋，丁到延安，先在中共中央党校二部学习，后任中央宣传部秘书、秘书长、党支部书记、中央机关党委委员。

中华人民共和国成立后，丁历任中共中央宣传部秘书长，人事部局长、党支部书记、党总支副书记、中央人民政府文委直属机关党委副书记、中国高等教育部党组成员、部长助理等职。

丁华在“文化大革命”中，遭受林彪和江青反革命集团迫害，于 1969 年 2 月 13 日在北京逝世，终年 66 岁。

王志之（1904—1990）　作家。别名思远，化名荫槐，笔名含沙、寒沙、楚囚。清代眉州城内吴府街（今东坡区苏祠街道办事处）人。东北师范大学中文系教授，中国作家协会会员。

民国 15 年（1926）10 月，王志之到武昌参加革命活动，加入共产主义青年团，被分派到国民革命军十一军二十四师教导队任大队文书。民国 16 年 7 月，随二十四师东征讨蒋（介石），参加“八一”南昌起义。民国 17 年，考入北京师范大学国文系，半工半读。其间，以大革命时期斗争生活为素材创作长篇小说《爱的牺牲》，出版戏剧集《革命的前夜》（后遭查禁）、短篇小说集《血泪英雄》等。民国 20 年，王志之为举办四川中学募集资金事回到成都。

“九·一八”事变后，王志之在北平参加中国左翼作家联盟（北平左翼），同万谷川、张松如一道编辑出版《北方文艺》《北方文学》《文学杂志》。此间，先后参加为李大钊送葬的示威游行，为艺术学院被开除学生请愿示威等革命活动。民国 21 年（1932），王志之到泊头镇河北省立第九师范学校教书，因反对校长配合当局镇压学潮遭排挤，创作中篇小说《风平浪静》揭露当局压迫学生的罪行。鲁迅到北平后，王志之邀请其到北师大作《再论第三种人》演讲。王志之在北大三院讲演会上，驳斥北大政治系教授陶希圣借讲《澶渊之盟》散布“抗日必亡”谬论，当场被捕，后在学联支援下于次年春获释。中共北平市委批准王志之加入中国共产党，并派其为北方文艺总代表到张家口参加“华北民众御侮救亡大会”，为大会起草宣言。会后，王志之被派到沽源察哈尔民众抗日同盟军北路前敌总指挥吉鸿昌的政治部做宣传组织动员工作。民国 22 年秋，宋哲元将“抗日同盟军”改名“讨贼联盟军”，王志之因其力谏改辙未被接纳而愤然回到北平。吉鸿昌被杀害后，王志之悲痛万分，以抗日同盟军为素材创作长篇小说《中国人》，以“含沙”为笔名在天津《国闻周报》连载。并以抗日英雄吉鸿昌为素材，创作长篇章回小说《民族英烈传》《天国平定堡》《没落》《抗捐》《逃兵》《爱与仇》《大义灭亲》《风波》等宣传抗日战争、歌颂爱国主义精神的短篇小说。民国 24 年春，王志之应冯玉祥邀请到泰山并得到资助，回到北平后化名王荫槐，兴办“新文艺书店”宣传抗日。先后出版抗日战争长篇小说《生命线下》、悼念文《鲁迅印想记》（1980 年后再版时改为《鲁迅印象记》）、短篇小说集《租妻》、长篇小说《抗战》、文艺评论《评所谓“最熟悉中国农村的巨著——大地”》等。此后，到重庆任中苏文化协会《抗战特刊》编辑，组织“中苏文化协会四川分会”并当选第一届理事，与《大声周刊》社长车耀先联手成立成都通讯处。民国 27 年春至新中国成立前，王志之先后在成都中华女中、成都私立荫棠中学、成都私立立达中学、雅安中学、四川省立眉山农业高级职业学校执教。

1949 年 10 月，王志之由眉山绕道香港到北京，先后在华大政研班、革大研究院学习。1950 年，王志之到长春东北师范大学中文系任讲师，在“整风反右”运动中被错划为右派。1970 年王志之到吉林省扶余县大标子公社主力大队落户，其间改写《民族英烈传》。1979 年，恢复原职，回到东北师大任教授。并重新加入中国共产党。至 1989 年，王志之改写 100 余万字的长篇小说《民族英烈传》《南征北战集》。从整理中华民族优秀文化传统入手，撰写《文史哲选讲》及《周易》《尚书》《诗经》《楚辞》《论语》《孟子》《周礼选》《中庸大学》《春秋左传》《礼运大同》10 卷。在报刊发表不少散文、短篇小说、革命回忆录、历史故事、人物志等。两次向眉山县提出编拍《三苏风范》电视连续剧建议，并编写 9 万余字的《三苏风范》提纲寄给家乡。

1990 年 1 月 24 日，王志之因病在吉林省长春市去世，终年 86 岁。

黄汲清（1904—1995） 又名德淦，地质学家。清资州仁寿县富加乡青岗场（今仁寿县青岗乡）人，先后就读于青岗乡同化小学、仁寿鳌峰书院（今仁寿一中）、成都省立第一中学。民国 10 年（1921），黄汲清考入天津北洋大学，因参加进步学生运动被校方开除。后就学于北京大学地质系，获理工学士学位，旋即任北京地质调查所练习员、调查员。民国 19 年至 21 年，黄汲清出版《秦岭山及四川地质研究》《中国南部二叠纪珊瑚化石》《中国南部之二叠纪地层》等专著 6 部，被国内地质界誉为“黄二叠”。民国 21 年，赴瑞士留学，其间利用两年暑假到瑞士华莱县野外开展地质调查，对阿尔卑斯山彭宁构造带的研究做出贡献。民国 24 年，获瑞士浓震台大学理学博士学位。25 年春，黄汲清学成回国后在中央、重庆、北京大学地质系任教授，任中央地质调查所主任、所长等职。民国 29 年，黄汲清因不满当局专横，离开中央地质调查所，率队在川、甘、青、新一带开展地质调查。民国 32 年至 34 年，在重庆北碚考查中国大陆构造，写出《中国主要地质构造单位》，将中国划分为 6 个矿产区域。此书后被苏联、日本、印度、朝鲜、越南、缅甸等国作为地质科研的经典著作翻译。民国 36 年 4 月，黄汲清重返中央地质调查所工作，主编中国分区和全国地质图。其创立的“多旋回构造运动”理论广泛应用于地质调查和找矿工作，被誉为“地质学上划时代的理论贡献”。民国 37 年，黄汲清当选为中研院院士。民国 38 年，黄汲清断然拒绝去台湾，与家人留在重庆北碚迎接解放，并受到军管会段君毅、万里等领导人接见。

1950 年后，黄汲清先后任中央地质工作计划指导委员会委员、西南军政委员会委员、西南地质调查所所长、西南地质局局长、地质部全国矿产普查委员会常委，1955 年当选为中国科学院学部委员（院士），1956 年任石油工业部顾问、地质部石油地质局总工程师兼地质矿床研究所副所长，1958 年任地质部地质研究科学院副院长，1980 年被瑞士联邦理工学院授予“荣誉地质科学博士学位”称号，1984 年加入中国共产党，1985 年被美洲地质学会授予名誉会员称号，1988 年当选为苏联科学院外籍院士，1991 年任中国地质科学院名誉院长，1994 年当选为俄罗斯学院外籍院士。黄汲清还担任过第一、第二、第三届全国人民代表大会代表，第五、第六、第七届全国政协常委，九三学社中央常委和参议委员会主任，第十五、第三十二届中国地质学会理事长，中国科协常务委员、荣誉委员。

20 世纪 50 年代中期以后，黄汲清着力开展石油资源普查，按照自己创造的“大地构造理论”和“陆相生油论”，断定中国有一大批中生代盆地都适宜生油和储油，提议集中力量在松辽、华北平原和四川盆地、鄂尔多斯（陕甘宁盆地）寻找石油。指导制定和审定普查设计任务书《中国含油气远景分区图》，并亲往玉门、准噶尔、柴达木、六盘山等地视察指导。黄汲清的科学预见后来全部变成现实。1958 年 4 月 17 日，松辽平原第一口含多层油沙的钻井打成；1959 年 9 月大庆油田出油。此后，大港油田、胜利油田、任丘油田、长庆油田、四川盆地天然气田在黄汲清指导下，一一被发现并开发，中国甩掉“贫油”帽子。黄汲清一生发表论文 250 余篇、专著 20 部，有的被译成英、俄、德等多种文字出版。1982 年，主编的《大庆油田发现中的地球科学》《中国地质图和亚洲地质图》

获国家自然科学一等奖。1994 年黄汲清获陈嘉庚地球科学奖，1995 年获何梁何利基金优秀奖，为地质学理论和找矿做出划时代的贡献，享誉海内外。

1995 年 3 月 31 日，黄汲清去世，首都各界人士 1000 余人在八宝山举行隆重追悼会。2001 年 3 月，黄汲清全身塑像在仁寿一中校园落成。

彭迪先（1908—1991）　又名伟烈，清末眉州城内北街（今东坡区苏祠街道）人。中共党员，中国民主同盟盟员，全国人大第一届至第七届代表，四川省副省长，四川省人大常委会副主任，著名经济学家。

彭迪先从小熟读四书五经，12 岁时考入成都高师附中。民国 15 年（1926）到日本留学，民国 24 年毕业于日本九州帝国大学经济系。因成绩优异，被学校留任经济系助教，并升入帝国大学研究院进修研究生。抗日战争爆发后，彭迪先谢绝学校挽留回到眉山。为让国民了解日本经济潜藏危机，增强抗日必胜信念，编写《战时的日本经济》，由生活出版社出版。

民国 27 年（1938）9 月，彭迪先经人介绍去陕西城固西北联大法商学院任政治经济系教授。次年因组织进步教授反对 CC 派张伯海接任院长触怒国民党当局被解聘回眉山。闲居家中半年，撰写出《世界经济史纲》《实用经济学大纲》。民国 29 年至 34 年，彭迪先被内迁乐山的国立武汉大学聘任为经济系教授，主讲西洋经济史和经济思想史。教学中注入马克思主义经济学说的立场与方法，启发学生革命觉悟。民国 35 年，彭迪先被国立四川大学聘任为经济系教授兼系主任，出版《新货币学讲话》《经济思想史》。联络学校中进步教授组成“川大教授会”，以“维护教师正当权益”“争温饱”为口号，开展“反饥饿、反内战、反迫害”斗争。民国 37 年，彭迪先在川大接受成都《新民报》等 3 报记者访问时，抨击国民党经济政策。指出，“废除法币，改发‘金圆券’，实是大钞出笼，以金圆券 1 元等于法币 300 元，即是以 1 元偿还人民 300 元的欠债，实是赖债。‘钞荒’难收，物价飞涨，抢购实物之风是什么‘命令’也平不了的。”

民国 38 年（1949）4 月，彭迪先按民盟安排，秘密离开川大，前往西康省会雅安做统战工作，组建民盟西康省筹委会（支部，彭任主委），同时调解朱世正（国民党地方武装头目）与刘元瑄（国民党二十四军代理军长）之间的矛盾，消除隔阂，共同提出“反蒋、联刘、拥共、迎接解放”口号。其间，彭迪先将民间武装改组为人民武装，掩护、安置和转移外地到西康的大批中共党员、民盟盟员和革命人士，政教、军训盟员和革命青年并讲授《政治经济学》《社会发展简史》《人民民主专政》《共同纲领》，创办《光明旬刊》，组织“读书会”“学友会”“农友会”等群众团体活动。同年 12 月 1 日，彭迪先组织迎接解放军进入雅安城。

1950 年 3 月，彭迪先离雅返蓉，出任四川大学临时校务管理委员会副主任兼法学院院长。1951 年秋任成华大学校长、经济系教授和川西区人民行政公署监察委员会主任委员、西南军政委员会监察委员和文教委员、民盟四川省委主任委员（合省后）。1953 年 4 月，彭迪先任四川大学校长、四川省政府委员、文教委员会副主任。著《货币信用论大纲》，后被译成日文版。20 世纪 60 年代，尽管政治、社会活动增多，彭迪先仍坚持经济科学研究，应上海人民出版社之约写成《马克思的货币学说》。70 年代末，彭迪先被民盟四届全国代表大会选为民盟中央副主席，任四川省政府副省长，分管教育、卫生和体育工作。80 年代初《人民日报》《经济科学》等报刊发表其题为《要重视高等财经教育》《提高经济科学水平、迎接八十年代》等文章。1981 年《文汇报》记者采访彭迪先，发表题为《彭迪先当了副省长以后》的报道，肯定彭迪先 40 余年来坚持马克思主义的信念和严谨的学习态度。

1984 年 2 月，经中共中央、民盟中央同意，彭迪先辞去民盟四川省委主任委员职务，经中共四川省人大常委第一支部通过和中共中央组织部批准加入中国共产党，实现其多年的夙愿。

段兆麟（1909—1934）　革命烈士。又名世金，清眉州青神县东附乡（今青神县青城镇）人。段兆麟先后在青神县青江模范国民学校、成都四川公学就读，受其父亲段玉章（中共早期党员）影响，于民国17年（1928）加入中国共产党，后回青神党组织活动中心精进学校任教。民国21年，段兆麟受党组织派遣到顺庆（今南充），打入国民党军中做军运工作，后组织兵变时暴露，在战友掩护下到成都，转入国民党二十四军五十二团炮营继续从事军运工作。筹集武器准备发动兵变时暴露，受到追捕，在群众掩护下回到青神。民国22年秋，段兆麟受中共嘉定中心县委派遣，到眉山县组建中共眉山特别支部并任特支书记。民国23年春，段兆麟被调回青神任县委宣传委员，参与组织青神“西山农民起义”筹划工作。12月14日晚，中共青神中心县委组织发动西山农民武装起义，段兆麟与其他领导者率起义队伍连夜攻取梧凤、土主和新场（今夹江县属乡）3个乡公所。次日，起义队伍被国民党军警重兵包围，段兆麟在突围激战中不幸中弹牺牲，年仅25岁。

1953年，青神县东附乡人民政府召开“段兆麟烈士追悼会”，向烈士家属颁发“正气长存”光荣匾，并将其所在村命名为“兆麟村”。

郭祝霖（1909—1934）　革命烈士。又名家驺、仲纯、志平，清末眉州彭山县公义场（今彭山县公义镇）人。少年时，郭祝霖就读于公义国民学校，后转入彭山县立高等小学校，毕业后考入眉州联立中学校，民国15年（1926）考入国立成都高等师范学校。其间，经共产党员李清玉介绍，郭祝霖加入中国共产党外围组织“导社”。次年，郭祝霖邀集小学教师和在乡青年学生10余人，在公义国民学校筹备成立“彭山新益学会”，郭祝霖被推选草拟章程和宣言，发展会员约40人。郭祝霖认为读书是为了实现救国救民，号召大家团结起来参加革命斗争。此后，郭祝霖和学会会员参加由公义乡农民协会组织的“声讨县长李瑶横征暴敛罪行”大会。会后，郭祝霖、郭祝三同时加入中国共产党。是年暑期，郭祝霖带回进步刊物，让大家传阅，交流心得，并发动会员前往农村宣传革命思想。寒假时，学会在乡镇演出话剧，张贴宣传标语。

民国17年（1928）年初，郭祝霖回乡同郭祝三一起领导公义农民抗交军饷斗争。同年冬，两人又领导反对民团大队长张志龙乱派冬防款的斗争。民国19年11月2日，郭祝霖与郭祝三按省委决议在公义乡领导农民暴动，因准备不充分而失败，郭祝霖遭到政府通缉。后转移到青神县建立苏区，因当地负责人被捕，又转移到眉山娴婆乡，不久调省委工作。

民国21年（1932）冬，郭祝霖被派到三台县分管中心县委组织工作。次年6月，郭祝霖到三台县会龙场检查工作时被捕。民国23年11月，郭祝霖被杀害于三台县城西牛头山下。

黄　煜（1909—1930）　革命烈士。四川省眉山县太和镇黄沱村（今东坡区太和镇建国村）人。曾任中共雅安上川南道师范学校地下党支部书记。

清宣统元年（1909），黄煜出生于眉山一个殷实家庭。黄煜4岁起，其父亲授识字读书，经常讲述“岳母刺字”等爱国故事等，培养其立志报国志向和为国家民族献身精神。

民国4年（1915）秋，黄煜就读于太和镇观音寺小学，成绩名列前茅，且身体素质好，出类拔萃，深得同学尊重和老师喜爱。每当大同学欺侮小同学、富家子弟欺侮贫穷子弟时，黄煜总爱打抱不平，出面平息许多同学间纠纷。民国10年秋，黄煜考入眉山县县立乙种工业学校。在校期间，刻苦学习，每门功课俱佳。民国13年，黄煜考入雅安上川南道师范学校。进校后第二年当选为学生会主席。黄煜思想激进，组织开展“反帝、反封建、反当局腐败、提倡自由民主”进步活动。带头搞“择师”运动，迫使学校当局撤换一些因政治关系混进教师队伍或不学无术误人子弟教师。后又联络组织各班代表，联名要求学校经费公开。民国15年，雅安发生反帝大同盟示威游行。黄煜带领一些同学，广泛活动在学校和社会，积极发动学校师生和社会各阶层人士参加，表现出非凡的宣传和组织领导能力。

民国17年（1928），雅安无线电台的中共地下党员到上川南道师范学校秘密发展党的组织，黄煜加入中国共产党。此后，黄煜在党组织领导下秘密开展中国共产党的活动，主要在学校师生中传播马克思主义，传播无产阶级革命思想，秘密发展中共地下组织。黄煜在政治上逐步成熟起来，每次均出色完成党组织交给的任务。

大革命失败后，全国笼罩在白色恐怖中，国民党疯狂抓捕、杀害共产党人，许多有志青年本身并不是共产党员，也被当作共产党员杀害。黄煜作为带头人被校方和国民党特务严密监视。为保护党的地下组织，上级指示黄煜等在学校内暂不开展活动。为执行党的土地革命策略，在农村组织武装起义，黄煜主动向上级党组织请缨，要求带领部分党员同学前往农村发动武装起义。得到组织批准后，黄煜同何全学、杨联升等同学（均为中共地下党员）先后到雅安沙坪坝、大兴场等山区建立、扩大农协会，利用农协会发动农民抗租抗税，对抗县政府。民国19年（1930）夏，县政府派来的催收队员被发动起来的农民打死。后县长又直接下乡催收，黄煜发动农民将其包围。面对上万愤怒的农民，军警束手无策，县长不得已向农民保证租税三年不上交、不摊派，才被放走。

在组织发动农民的同时，黄煜等中共地下党员广泛传播马克思主义，传播中国共产党的纲领、宗旨等。暗中搜集枪支，并自制许多刀、矛等，积极筹备武装起义。民国19年（1930）初冬，黄煜等受中共雅安特支派遣到南区组织发动武装起义。由于叛徒出卖，起义行动计划被泄。黄煜等决定提前行动，但被县政府军镇压。黄煜率几万农民英勇作战，终因力量悬殊而战败，黄煜被俘。

黄煜在狱中坚贞不屈，无惧敌人威逼利诱，不泄露中国共产党的秘密，最后被枪杀于雅安小北门羌江边，年仅22岁。

伍世英（1910—1939）　革命烈士，作家。又名志钢、世夫，字孔学，化名吴山，仁寿县东林乡伍家坝（今仁寿县青岗乡）人。伍世英从小勤奋好学，每次考试名列前茅，深得父母、师长喜爱。

民国15年（1926），伍世英考入仁寿县华英初级中学，民国18年考入成都华西协和高中。在校期间参加进步学生组织，从事学生运动工作，因反对外国人欺侮学生被警察拘捕。在白色恐怖时期，伍世英多次陪同中共党员王景任、刘金明、余昌伟、郭成敬等到仁寿避难。后伍世英考入南京军需学校，因思想激进不为校方所容，遂转入南京计政学院学习。

民国24年（1935），伍世英在北京加入左翼作家联盟，在经济极为困难的条件下创办《榴火》（后更名《联合文学》）杂志并任主编，发表中篇小说《年关》、长诗《铁流之歌》及《新年三部曲》等。杂志共出版3期，受到鲁迅好评。

民国25年（1936），伍世英加入中国共产党，不久调任西安东北军学兵第四连党支部书记。“双十二”事变后，学兵队里的中共党员被派到东北军各部负责党的工作，伍世英任骑兵第三师政治部主任，旋即调至中共在东北军中力量最集中的部队一一〇师任党工委书记。一一〇师被蒋介石拆散编入五十一军各团后，伍世英改任五十一军工委书记兼东北军工委宣传部部长，后又调任高密诸城山区蔡晋康部党工委书记。蔡晋康部派系复杂，伍世英身居幕后，从容应付，撰写《游击战术三字经》提高战士政治、军事和文化素质，结合当时情况，筹建中共鲁东南工作委员会。民国27年，由于政治力量悬殊，中国共产党工作人员108人（含部分学生）撤出蔡部，由伍世英率队行军至徐州，被安排到江苏新浦东北军五十七军一一二师六六七团，建立以伍世英为书记，谷牧、李欣为委员的中共一一二师工作委员会，并以六六七团为基点成立学兵队干部培训班，培训 3 期 300 余人。培训中伍世英授课，与学员同吃同住。

在东北军中，伍世英以二等兵身份为掩护，平时和战士生活在一起，行军时帮助小战士背枪、背包。民国 28 年（1939），日军扫荡鲁南，六六七团在费县鸡宝山遭日军合击。突围中，伍世英为照顾 2 名小战士，不幸被炮弹击中，3 人全部牺牲。

1953 年，中共山东省委为纪念鲁南根据地牺牲的烈士，在临沂建烈士祠，中共中央宣传部秦川、济南市委书记韩去乙为伍世英撰写传略，现存祠中。

冯建吴（1910—1989）　书画家。字太虞，别字游，清仁寿县文宫镇松林湾（今仁寿县大化镇）人。冯建吴自幼受父辈熏陶，酷爱艺术。民国 18 年（1929），冯建吴从昌明艺专毕业后在四川美专任教，并在成都开设“浣花草堂书画社”。民国 21 年至 25 年与同学段虚谷创办成都东方美专，自任国画系主任、校长等职。民国 26 年至 32 年漂泊在外，靠卖画为生。民国 33 年，冯建吴受聘于私立仁寿文华中学教授美术，后因“六腊”战争（旧时教师每逢六月和腊月，通过各种关系奔走以求获得聘任，同行竞争激烈，戏称“六腊”战争）两度被排挤出校，在自贡、成都卖画为生。其间，常与国画家冯滋文、段虚谷和川大文学院院长向仙乔、教授与文学家朱青长等相互交流诗词、书法、绘画技艺，举办赈济黄河灾民的义卖展。

1950—1951 年，冯建吴在仁寿县第三初中（现钟祥中学）、仁寿一中任美术教师。其间，创作大型连环画《血泪仇》《云卿颂》，在社会上产生积极影响。1955 年，冯建吴创作国画《蔬菜丰收》参加全国国画展览。1956 年 12 月起，冯建吴先后在西南美专（后为四川美术学院）绘画系、工艺系任教。1958 年，冯建吴到革命根据地大巴山一带体验生活，创作出《蜀江春晓》等一批表现新时代、新生活的作品。尽管冯建吴在“文化大革命”中受到冲击，仍创作出《一代青松》等作品。1977 年，冯建吴为邓小平出访日本绘制《峨眉》《春城》等礼品画，为副总理谷牧及四川省委书记谭启龙、成都市委书记米建书等出国访问绘制国画礼品。1979 年，冯建吴任四川美术学院教授，前往川、滇、黔、桂等地体验生活创作出《乱石山中麦浪翻》《雨后云山画意多》《明月照积雪》等国画，并刻“老骥伏枥，志在万里”篆章自勉。至 1981 年，冯建吴共创作 100 余帧画和 100 余首诗词。1982 年，冯建吴在绘制巨幅国画《三峡星河影动摇》时因攀高梯而跌伤腿，仍拄着拐杖继续作画。冯建吴为联合国中国厅创作《峨眉天下秀》（长 5 余米、高 2 余米），为人民大会堂创作山水画《可以横绝峨眉巅》，为国务院、钓鱼台国宾馆、中央美术馆、北京体育馆布置厅堂并创作多幅大型国画。

冯建吴擅长书法、篆刻、诗词，作品具有浑厚、雄健、刚毅风格。任教数十年，很多学生均成名，著名画家石鲁就是其中之一。1982 年，四川省文化局、四川省美协、四川美术学院、成都画院联合举办“冯建吴书画展览”。四川省高教局电教中心、四川美术学院联合摄制的专题片《老骥伏枥，志在万里》在中央和各地电视台播放。冯建吴历任中国美术家协会会员、中国书画家协会理事、四川省政协常委等职，曾受到邓小平、叶剑英等党和国家领导人接见。

冯建吴情系故乡，多次回仁寿探亲，指导家乡子弟学习书画，并为钟祥中学、仁寿一中、黑龙滩水库题词。1987 年退休后仍继续山水画教材的编写及国画创作。冯建吴主要著述有《冯建吴画册》《山水基础技法》《甲骨》《石鼓文》集联，存印 10 卷。其生平被收入《中国艺术家辞典》。

丁地平（1911—1949）　革命烈士。原名青云、志诚，仁寿县籍田铺（今双流县籍田镇）人。民国 20 年（1931），丁地平在成都读高中时参加抵制日货斗争，被学校开除，回仁寿种地为生，旋即被拉壮丁进入军营服杂役，逃回后开办私塾糊口。苦难的经历使其痛恨旧社会及豪绅的剥削凌辱，因此更名为地平。

民国27年（1938），丁地平考入金陵大学籍田农业补习学校半耕半读，两年后毕业，留校任教兼任农场管理员。民国30年，丁地平经苏世沛介绍加入中国共产党，此后协助其组建农民读书会、青年会。民国32年年初，丁地平被调到彭县农校工作。后退职回乡，任籍田铺第19保副保长以掩护党开展地下活动。民国33年春，丁地平任中共籍田党组织负责人兼籍田、煎茶、刘公3乡支部负责人，和其他人一道大力发展党的外围组织“青年会”，派人打入乡、保、甲和哥老会内部掌握实权，开展合法斗争，组织和领导农民抗粮、抗捐、抗丁和开展“二五减租”。

民国36年（1947）7月3日至6日，籍田地区地下党组织利用夏荒发动群众三四千人，强行打开多个地主粮仓发放粮食，救济饥民万余人，震动周边镇。7月21日午夜，籍田党组织发动武装斗争，攻占区公所，总指挥丁地平率一个组监视驻贾家祠国民党驻军。不料当晚二更后，县警一个分队押送巨款进驻籍田荣升旅馆，当农民武装由东巷子冲进正街时，被其哨兵发现，遭到攻击。丁地平闻讯前去救援，混战中腹部受重伤，仍带伤继续指挥战斗，掩护队伍后撤。战斗因敌情突变而失败。丁地平伤愈后化名苏传丁被派往资中铁路局领导工人运动。11月，因叛徒告发，丁地平仓促转移，到重庆市中央医院管理伙食，后来又到飞来石门诊部任挂号员。丁地平在医院青年中组织互助同盟会，开展宣传工作，揭露国民政府的腐败与反动。

民国38年（1949）5月，丁地平在成都恢复与党组织的联系后，回到重庆中央医院工作。由于叛徒出卖被捕，被押入重庆西南长官公署二处，身受毒刑却毫不屈服。此后丁地平被转入中美合作所白公馆监禁，狱中与战友一起，团结对敌。10月，当得知新中国成立的喜讯后，避开敌人监视，和战友用黄纸剪成五角星，贴在红色被单上，做成红旗藏在楼板下，准备迎接解放。11月27日，丁地平在国民党大屠杀中牺牲，年仅38岁。

毛影慈（慈影）（1915—1935）　革命烈士。出生于富顺县卫里乡长草坝（今自贡市沿滩区卫坪乡）一个职员家庭，小学时品学兼优，后在教师、共产党员李实之和张锦文等人影响下，读了一些进步书刊，懂得一些革命道理。民国15年（1926），考入荣县县立旧制中学，因家庭经济拮据，仅读一期便辍学回家。此后，白天在家闭门用缝衣针代替铁笔刻制宣传革命传单，晚上外出张贴。不久，其行动被母亲李氏察觉，李氏担心女儿夜间出事，便常陪同女儿一道外出活动。

民国17年（1928），中共党组织在贡井创建群众宣传团体——南华新剧社。从小向往光明的毛慈影，偕同堂姐毛伯琼（念生）、堂妹毛惠君（剑秋）加入剧社，成为自贡盐场妇女反封建礼教、反压迫的先锋战士，群众称之为“毛氏三杰”。是年，毛慈影加入中国共产主义青年团，随即加入中国共产党。被派到长土、艾叶滩等地组织学生举行反帝爱国游行，发动学生争取择师、集会、结社自由。不久，担任长土小学党支部书记。

民国19年（1930），党派毛慈影到荣县参加荣（县）威（远）农民武装起义。毛慈影发动和组织农民武装同反动派做斗争，起义队伍遭到反动军队围剿镇压时，与起义农民军同生死，共患难，走山路，住岩洞，历尽艰辛，将幸存者带向安全地带，疏散回家。

民国20年（1931），党派毛慈影到富顺县卫里乡糍粑坳“女子义勇军军事速成学校”以读书为掩护，做学运工作。不久，学生运动引起反动政府注意，并派兵包围学校，逮捕共产党员。毛慈影闻讯后转移到自流井，以给资本家李少庚当家庭教师作掩护，仍积极从事革命活动。民国21年，自贡党组织遭到破坏，党的负责人被捕。反动军警四处追捕毛慈影，并抄其家，将其弟毛雨田投入监牢。毛慈影在友人帮助下转赴成都，分配到中共成华县委工作。随后，省委又派其到嘉定裕华丝厂领导工运，组织女工开展斗争。同年秋，毛慈影调青神工作。

民国22年（1933），毛慈影任中共青神县委委员，负责在农村发展党的组织和扩大农民协会。毛慈影在青神与井研交界的天云、镇阳、乌抛等地宣传革命道理，发展党的组织，建立农民协会，提出“打富济贫，先杀杆子（财主），后杀官”口号。民国23年9月，建立中共青神中心县委，毛慈影任妇运委员。12月13日，中共青神中心县委组建青神西山红军武装，毛慈影任红军指挥部宣传妇运委员。12月14日，毛慈影同中共青神中心县委其他领导人共同领导青神西山红军武装斗争，各县反动政府闻讯后，派出大批军警将红军队伍四面包围，发起猛攻。红军指挥部闻讯后，决定立即转移。毛慈影临危不惧，手执钢刀冲在前面，带头突围。敌人步步紧逼，缩小包围圈。由于敌我力量悬殊，毛慈影被俘，解往夹江关押，后又解送眉山、成都关押。在狱中，毛慈影不屈服于各种威胁、利诱，被押回青神。毛慈影刚到青神监狱，不顾自己伤痛，鼓励狱中难友们坚强活下去，称：“我回来了，你们就死不了！”大家深受感动，意志更加坚强。后敌人又让叛徒吴吉山出面劝降，并以婚姻相许，遭毛慈影唾骂。写下一封1700余字遗书，托人寄回家中告慰父母，决心为党牺牲。

民国24年（1935）1月22日，毛慈影被敌人杀害，年仅19岁。

苏海云（1915—1986）　眉山县永寿镇复兴场（今东坡区复兴乡）人。石工，精于碑刻石雕技艺。

苏海云出身碑刻世家，承袭祖传碑刻石雕技艺，总结出“深研原作精神笔意，着刀强调光的明暗”一整套雕刻技法，其碑刻凹字笔画在光的明暗作用下造成立体视觉效果。1982年，四川省文化厅在三苏祠举办全省文博系统碑刻研究班，特邀苏海云传授碑刻技艺。

苏海云毕生从事碑刻技艺研究，常年在三苏祠镌刻东坡手迹诗碑。现存于祠内的刻石有1946年刻的《表忠观》碑、1982—1985年刻的《丰乐亭记》《马券》《洞庭春色赋》《寒事诗》《赤壁赋》《中山松醪赋》《登州海市诗》《海棠诗》《任氏乳母墓志铭》《念奴娇·赤壁怀古》碑及与赵汉儒合镌的《醉翁亭记》碑等。

1986年4月，苏海云病逝，终年71岁。

邱　厥（1916—1992）　仁寿县宝马乡（今仁寿县宝马乡）人。民国29年（1940）毕业于四川大学农学系获学士学位。毕业后至1950年任四川大学助教、成都市农林技士、成都高级农校农艺科主任。1951年，邱厥调往西南农学院，先后任副教授、农学系副主任，1979年晋升为教授，1985年被农业部评为优秀教师。邱厥还历任中国作物学会油料专业委员会顾问、四川省作物协会常务理事、西南农业大学学位委员会副主任、经济作物研究所副所长、数量遗传研究室主任、四川省高等学校教授副教授职称评审农林学科组成员、四川省六大作物育种攻关领导小组顾问、油菜育种攻关组副组长、重庆市作物协会副理事长。

邱厥从事高等农业院校的生物统计学、生物统计和试验分析、作物栽培学、数量遗传学、植物数量遗传学基础等课程的教学数十年，在国家级学报和高等学校学报及其他刊物发表论文20余篇，出版专著《田间试验设计与统计分析》《作物栽培学》《生物统计和试验分析》《植物数量遗传学基础》《中国油菜栽培学》《实用油菜栽培学》等。撰写的《油用芸薹属植物的分类问题》《油菜盐水选种试验》《关于生物统计显著性测验以及单尾测验和双尾测验的应用》《甘蓝型油菜生物产量的数学模型研究》《甘蓝型油菜芥酸数量性状的基因效应分析》等论文对农业教育和农业科学特别是油菜学、数量遗传学和生物统计学的研究起到重要作用。1990年，邱厥参加编写全国高等农业院校《数量遗传学》统编教材，任副主编。1991 年起，享受国家有突出贡献高级知识分子特殊津贴。

1992 年，邱厥病逝，终年 76 岁。

石　鲁（1919—1982）　中国画家。本名冯亚珩，仁寿县文宫镇松林湾（今仁寿县大化镇）人，因慕石涛、鲁迅之为人，参加革命后改为石鲁。民国 23 年（1934），石鲁去其兄冯建吴所办的成都东方美术专科学校国画系学习，涉猎中西绘画艺术，着意临摹石涛、八大山人及吴昌硕诸家名作，初露绘画才能。石鲁毕业后回家当小学教师，时值抗日战争爆发，组织学生开展抗日宣传活动。民国 27 年春，石鲁在华西协和大学历史社会学系借读，其间，组织华西励进学会，阅读马列书刊和共产党人的论著。

民国 28 年（1939），石鲁为抗拒母亲包办婚姻，到陕西三原安吴堡青训班学习，任第二战区民族革命大学前锋剧团戏剧宣传股长。民国 29 年年初，石鲁辗转赴延安陕北公学学习，9 月调到西北文艺工作团主持舞台美术设计，民国 33 年调陕甘宁边区文协专业创作，民国 35 年，加入中国共产党，民国 37 年到群众日报社主编《群众画报》，半年后调延安大学文艺系美术班任班主任。在延安的 10 年中，石鲁到基层，用各种艺术形式动员人民发展生产，保卫家乡，踊跃参军支援前线，打破日军和国民党的经济封锁。其版画代表作《群英会》《妯娌俩》《民主评议会》等在当时蜚声艺坛；新洋片（类似“西洋景”）抓住现实问题，深受群众欢迎，被称作“土电影”。石鲁将先进思想融入简单工具中，发挥组织、宣传、动员群众的积极作用，多次受到西北局和边区政府表扬。

20 世纪 50 年代初，石鲁任西北画报社社长、西北美协副主任，深研国画艺术。在西安团结一批美术工作者开展各种画种、各种风格的美术创作活动。探讨研究过程中，石鲁提出“一手伸向传统，一手伸向生活”创作主张。在学习前人的同时，石鲁多次到宝成铁路、兰新铁路工地以及青海民族地区写生创作。1954 年，石鲁任西安美协副主席、陕西省政协委员，创作《古长城外》，成为有较大影响的代表作。1955—1956 年，石鲁前往印度、埃及旅行写生，试图用国画艺术表现异域风光。回国后，致力于中国画创新的探索，首次向人们揭示过去被称作“穷山恶水”的黄土高原浑厚朴实之美。1959 年，石鲁完成以黄土高原为背景的革命历史画《转战陕北》，开创以传统山水画形式表现重大革命历史主题的崭新道路，在国画艺术上形成自己的风格。其间，陕西一批中青年美术工作者在石鲁和赵望云等带动培育下，创作出大批具有鲜明民族风格、时代精神和西北地方特色的新国画。1961 年 10 月，石鲁和其他人的作品在北京展出，后到南方巡回展览，轰动一时，得到社会赞扬，称之为“长安画派”。石鲁作为长安画派创始人和主要创作者闻名中外，其代表作有《转战陕北》《古长城外》《南泥湾途中》《树大成荫》《东方欲晓》《家家都在花丛中》《延河饮马》等，无一不使人耳目一新，引起 60 年代美术界的广泛注目和争论，有人曾以“野、怪、乱、黑”评其画，石鲁以“野怪乱黑何足论，你有嘴舌我有心；生活为我出新意，我为生活传精神”一诗表明自己的艺术见解。

在极“左”思潮泛滥时期，石鲁被扣上种种莫须有的罪名，身心受到严重打击。在异常困难的环境中，石鲁将自己的思想感情与中华民族传统“诗、书、画、印”融为一体，形成寓意深刻、格调高雅的艺术形式，被称作“新文人画”。中共十一届三中全会后，石鲁冤案得以平反，当选为陕西省人大常委会委员、中国美术协会常务理事、美协陕西分会主席、中国书法家协会陕西分会主席等。1979 年 12 月，中国美协、美协陕西分会联合在北京举办《石鲁书画展》，并到西安、成都、南京等地巡回展出，观众云集，盛况空前。1981 年，陕西发生洪灾，石鲁画一幅大画参加义卖，支援受灾群众。

石鲁曾发表《新与美》《谈十年美术总结》《创作杂谈》等数十篇美术论文，著有《学画录》（未完稿）、电影文学剧本《暴风雨中的雄鹰》，创作大量诗词。其绘画代表作品有《埃及写生集》《国画选》《石鲁作品选》《石鲁画辑》《石鲁书画集》等。

1982年8月25日，石鲁去世，终年63岁。

杜重划（1919—1990） 著名画家。乳名德孝，眉山县永寿镇（今东坡区永寿镇）人。苏州国画院画师，苏州大学思想政治教研室兼职艺术教授，中国民主同盟江苏省委委员，苏州市政协委员，解放军83110部队艺术顾问，中国美术家协会会员，眉山东坡画院名誉院长。

杜重划出生在秀才之家，5岁丧母，寄居外祖母家，后随四姨母生活。生性沉默寡言，聪明好学，从小喜欢绘画。杜重划小学毕业后考入西南美专成都分校西画组学习，后得亲友资助，考入成都南虹艺术高级职业学校专习美工，毕业后进入省立艺术专科学校印染组进修4年。杜重划于民国30年（1941）秋迫于生计辍学到大邑县女中教书，民国31年回眉山，先后执教于县女中、县男中和私立俊川中学。民国32年用石印版印出画作《社会漫画选》，引起社会轰动，称之为“眉山丰子恺”。是年冬，冯玉祥将军到眉山为抗日募捐时，购得杜重划《社会漫画选》，大为赏识，邀其为自传《我的生活》画插图，推荐其到重庆璧山国立社会教育学院艺术系深造。1950年秋，杜重划被分配到江苏公立文化教育学院美术系任助教兼苏州美专讲师。1953年起，相继在江苏师范学院、南京师范学院执教。杜重划常到基层体验生活，1964年在四川阿坝州羌寨体验生活后完成画作《羌族采风集》。1973年，杜重划调入江苏省苏州国画院任画师，兼苏州大学思想政治教研室教授。1980年，杜重划参加苏州市书画界访军代表团，前往云南、广西边境法卡山、友谊关、扣林山等地慰问边防战士。1982年11月，杜重划在扣林山主峰阵地为战士们举办小型画展。1983年8月，随苏州市书画家代表团赴新疆，访问托云边防站。1985年，杜重划到浙江东海大陈、洞头、舟山等岛体验生活。一系列访问和体验生活赋予杜重划创作灵感。其间，创作出表现英雄群体的《九小松图》，长6.3米、宽1.8米的大型军史画《团结颂》，长6米、宽2米的大型山水画《大陈新姿》。民政部和解放军总政治部授予杜重划“全国拥军优属拥政爱民先进个人”称号并予嘉奖，苏州市人民政府和解放军驻地部队同时授予其“先进个人”称号。1986—1987年，杜重划创作出反映边防的《鱼水新曲》和反映军民情谊的《情满太湖遍山红》等作品。

杜重划在致力于现实主义绘画创作的同时，还创作古人物画。结合国情需要选材，落笔于爱国正直、品格高尚的古人物，造型上力求让广大群众能理解，创作技法上结合抽象与具体、现实与浪漫，将清淡醇厚的笔墨与富丽精致的表现融为一体。1988年，在苏州博物馆举行杜重划古人物画个人画展，作品被同道们誉为“古代人物具有吸引力，在笔墨技巧上已趋成熟”。其作品《屈原》《苏东坡》1986年在保加利亚展出、《张旭》1987年在意大利佛罗伦萨市国际艺术节展出、《知音图》《校经图》1988年在日本的“日本、中国美术家百人画展”展出。1989年1月15日至22日，杜重划应美国旧金山市《中国画廊》邀请，前往举办个人画展，带去40幅以古代人物为主的展品。展出期间，旧金山市《国际日报》专题报道。

杜重划的画除表现古人诗意外，还以自己的诗意提炼画意，融诗、书、画于一体，予人启迪，给人乐趣，具有浓郁的生活气息，深为国人和国际友人喜爱。一生正如其临终前写的自序诗《苦行乐》所述：“生失父爱幼失母，至今不识慈严身。英年四方求一饱，男儿穷身不穷心。坎河生涯恨与泪，泼洒成画流亡人。白头始悟马列理，笔秃犹壮龙虎军。人生之乐安所在，风雨寒暑育春英。”

1990 年 4 月 15 日，杜重划在苏州病逝，终年 71 岁。

曾　直（1919—1987）　又名曾树根，建昌道青神县城厢南街（今青神县青城镇）人。民国 27 年（1938），参加成都“战时学生出版社”（中共外围组织）活动，同年夏，经杨世骥介绍加入中国共产党。民国 28 年，成都协进中学迁到重庆北碚，曾直随校转到重庆，任重庆北温泉小学校长。民国 30 年 5 月，曾直奔赴苏北参加革命。抗日战争时期，曾直历任江苏盐城中学教务主任、淮海区党委干部学校教导主任、淮海区青救会主任、中共淮海区泗阳县三庄区委书记、中共浙江省武康县委副书记、武康县县长。解放战争时期，历任中共山东省烟台市委宣传部副部长、烟台市教育局局长、河南省宝丰县委书记等职。中华人民共和国成立后，历任中共湖南省长沙市委宣传部副部长、长沙县委书记、长沙市委副书记、长沙市委书记、财政部经济建设财务司司长、财政部副部长、财政部党组成员。1977 年 10 月，曾直调任交通部办公厅主任、交通部副部长、党组成员，主管办公厅、公路局、援外办公室、中国公路桥梁工程公司和行政管理局等部门工作。1978 年，曾直到长江航运管理局蹲点，兼任党委书记，因病离休。曾直离休后，被聘为交通部顾问、华东经济协作区领导成员、中国交通运输协会常务理事、中国老年书画研究会顾问、交通部老年书画协会副会长、中国烹饪协会副会长等职，继续关心国家建设，关心交通运输事业的发展。

1987 年 9 月 9 日，曾直因病在北京去世，终年 67 岁。

伍中一（1923—2008）　原名伍忠福，改名为中一，眉山县松江口（今眉山市东坡区松江镇）人。先后任中国诗书画研究院研究员、四川省文史研究馆馆员、四川省楹联学会顾问、东坡诗社副社长、顾问等。1999 年 9 月，被眉山地委、眉山地区行署授予“眉山地区首批有突出贡献的拔尖人才”称号。2002 年，被市政府授予“眉山市第一届东坡文艺奖”荣誉奖。

伍中一自幼酷爱书法，6 岁起开始临帖，尤其喜欢小楷，在长期创作中逐渐形成独具一格的风格，书法作品多次获奖。其小楷书法作品深受张爱萍将军、书画家晏济元、台湾作家牟少玉（眉山县人）、日本书道学者新建教授称赞，得到书法爱好者收藏。出版有《伍中一书历代名人咏峨嵋》（小楷）、《伍中一墨迹》《历代名人选》字帖 4 本，其中被日本书法界购去 5000 册，《伍中一书历代名人咏峨嵋》《苏子瞻眉州远景楼记》被中国图书馆收藏。伍中一 60 多岁后，兼习传统诗词，作诗词、楹联近 500 首（副），有部分作品收入《乐山历代诗集》《巴蜀楹联大全》和《巴蜀诗词》，著有《亦庐存稿》。

伍中一与晏济元、李琼久、柳倩、王永年、杜重划、牟少玉等书画家、作家以及高僧遍能结下深厚情谊，介绍晏济元、柳倩等人到眉山，通过书画交流，提升和扩大眉山书画影响力。伍中一相继向三苏博物馆、湖北省黄冈地区东坡赤壁管理处等博物场馆捐献书法作品。

2008 年 1 月 17 日，伍中一在眉山病逝。

王祖凡（1924—2000）　四川省安岳县朝阳乡人，中共党员，眉山县农业局副局长，眉山县政府观察员，高级农艺师，农业专家，其科技成果获集体排名第一的省政府奖 2 项，个人获省政府奖 1 项、农牧渔业部奖 2 项。

王祖凡出生佃农家庭，9 岁进入家乡廻龙初小读书，13 岁辍学随其父（石工）在石场干活，民国 28 年（1939）秋入乐至双河小学学习，后进入安岳县初级农业职业学校和成都高级农业职业学校学习。民国 36 年 3 月，王祖凡到青神县农业推广所任技术员，后失业。1950 年 1 月在青神县参加革命工作。1954 年，王祖凡调眉山县人委农业科任技术员。1955 年，常驻永寿区永光农业生产合作社，负责农业技术和新式农具（七寸步犁及单轮单铧犁等）的推广及螟虫测报等工作。1956 年，王祖凡常驻石桥乡高灯农业生产合作社，首次在眉山试种双季稻成功，并获县级“先进工作者”称号，升任县农技站副站长。20世纪60年代初，在悦兴公社的光辉、前锋等大队连续两年开展放干冬水田试验研究。1963年，在眉城公社条件较差的生产队成片放干冬水田1.92公顷，作肥、豆、油、麦连作水稻的示范后均增产。县政府多次在小春和大春收获前组织参观、宣传推广此示范方法。至70年代末，全县改冬水田为水旱轮作田，占原有冬水田总面积的90.7%。在改造冬水田基础上，60年代中期起，王祖凡在光华公社光辉2队驻队蹲点，开展改革耕作制度试验，粮食和油菜单位面积增产30%~50%，成为社、县和地区高产典型。1971年春，王祖凡在中心公社驻点，推广水稻小苗育秧和两段栽培法。次年，王祖凡被派往郑军公社开展杂交玉米和高粱制种试验。经过两年努力，郑军公社玉米、高粱大幅增产。省、地和其他县多次组织人员到该队参观。王祖凡撰写的《在科学种田的实践中探索三熟高产的规律》，被载入《四川省改革耕作制度科研协作会议资料汇编》。此后两年，王祖凡驻象耳七里大队示范杂交稻和试种杂交晚稻。1978年秋，王祖凡举办樾窝点播、疏株密植培训班，经数年发展，全县基本普及，获农牧渔业部技术推广一等奖、省农牧厅技术推广三等奖、县政府科技一等奖。1979年，王祖凡被派到崇仁公社包社驻队，负责近1000公顷杂交水稻技术指导，推广水稻栽培新技术，全县粮食总产迈上新台阶。两段育秧新技术相继获乐山市政府科技进步四等奖、省政府重大科技成果奖、省农牧厅技术推广二等奖；水稻氮肥一次全层施肥技术获省政府重大科技成果四等奖、农牧渔业部技术进步三等奖、省农牧厅技术推广二等奖。1981年，王祖凡任眉山县农业局副局长。此后，从农村实行家庭联产承包责任制新形势出发，重点做好每年农季各类现场会准备、三级农业技术干部培训，印发农技资料向农户介绍推广新品种和新技术，深入田间实验“免耕法”等新耕作方法。1984年，王祖凡被任命为县政府视察员。1987年撰写《加速技术开发，促进农业发展》。1991年，完成34万余字的《眉山县农业局志》。

王祖凡毕生从事农技工作，在眉山工作的30余年中，就耕作制度改革、栽培技术改进、优良品种推广、合理施肥、合理密植、科学管水、综合防治病虫害等田间试验进行数百项次示范。每年负责制订全县大小春作物增产技术措施，撰写技术资料、生产工作报告、调查总结，编写《农情简报》《眉山农业技术》《眉山农业知识》等内部刊物。在农事生产季节，提早做好生产技术示范现场准备供省、市、县、乡有关生产会议参观。主持常年大小春生产技术培训，被广大农民群众誉为“王增产”“增产王”。1987年8月退休后仍关心农业生产。

2000年2月4日，王祖凡因病去世，终年76岁。

闵玉珍（1929—1998）　女，仁寿县一区城厢镇（今仁寿县文林镇）人。四川省幼师毕业，北师大学前教育音乐函授结业。1950年在自贡市第一幼儿园任教，1951年调任仁寿县幼儿园园长，1987年退休。退休后，仍受聘任县幼儿园园长、党支部书记。历任县第五届人民委员会委员、市教育协会副会长、省幼教研究会理事、中华全国体育协会四川分会会员。1981—1988年，获四川省和全国先进工作者、全国“三八红旗手”、全国少年儿童先进工作者、四川省职工劳动模范、小学特级教师等称号。

闵玉珍从教30余年，逐步将设施简陋的县幼儿园建成按教学、生活、活动、园林四大区布局，集大千世界于一体的“童话世界”；将破旧的东街教学点改建成教学、住宿、服务三幢大楼；将北街教学点迁到顺河街建成亭园式幼儿园，接待省内外前来学习参观者数以万计。联合国儿童基金会执行主席詹姆斯·格兰特、联合国儿童基金会总部方案执行司司长阿萨迪、意大利儿童基金会访华代表团前来参观后惊叹道：“在世界各地见过许多幼儿园，这是最好的幼儿园之一。”闵玉珍的幼儿课堂教学方案将声形色并茂的电化教育和听听、看看、想想、玩玩、做做的游戏融入幼儿培养之中。20世纪50年代，闵玉珍编写幼儿文体游戏300余套。60年代初，带领全园职工开荒种粮种菜，养猪、鸡、鸭，保证全园300名幼儿生活营养，为4名援藏干部抚养孩子18年。70年代主编的《我爱我的小游戏》112例获乐山市社科奖，幼儿体育节目《孙悟空海底捞宝》《打猎》《送伞》等在报刊、电台发表或播出。80年代主编的《学雷锋》《我上月球摘星星》《电的游戏》被四川省制成电教片在全省播放，参与编写的《四川省幼儿体育教材（试用本）》《幼儿园体育纲要》《四川省学前一年级体育》《四川省幼儿学前班体育教师用书》等教材在省内外发行。1994年与同事合著的《有趣的野生植物粘贴画》由湖北省少儿出版社出版发行。

李应基（1933—1995） 四川省洪雅县二团区宋黄里（今洪雅县中山乡沈坝村）人。李应基1954年参加工作，同年6月加入中国共产党，历任乡财粮干事、区委副书记、区委书记、洪雅县革委副主任、洪雅县政府县长、洪雅县委书记，1991年3月被全国绿化委员会、人事部、林业部评为全国“造林绿化劳动模范”，1995年退休。

李应基在任洪雅县委书记期间，立足洪雅实际，全县农村工作和效益型生态农业建设取得显著成绩。1990—1993年，全县改造中、低产田4666.67公顷，围垦良田数百公顷，普及良种和新栽培技术，粮食产量持续增长，1993年达到17.22万吨，年均增长1.11%。以用材林为主，竹、药、果等多门类、多产业共同发展，提高绿化率的同时提高林地效益。1986—1993年，全县林地面积以每年2000公顷的速度持续增长，全县森林覆盖率增至47.3%，林业行业总收入1.18亿元。李应基理顺蚕桑生产管理体制、制定扶持政策、完善生产设施和服务体系，1989—1993年，全县蚕桑产量连续四年翻番，成为洪雅农村支柱产业之一，农民人均养蚕收入近80元。

1995年12月3日，李应基在洪雅病逝，终年62岁。

任元寿（1934—1991） 彭山县凤鸣乡（今彭山县凤鸣镇）人。1950年12月参加中国人民解放军，1952年9月被选送到北京林学院森林经营专业班学习，1953年加入中国共产党，1954年5月林学院毕业后被分配到林业部工作。历任森林调查设计局、造林设计局技术员、部长办公室秘书、机械物资局设备管理处副处长和局党委委员、机械公司企业管理处副处长、中央绿化委员会办公室综合组正处级秘书和副组长（司级）、林业部政策法规司副司长和高级工程师。

任元寿在森林调查设计局、造林设计局工作期间，先后完成广东、广西、湖南、福建、江西等省多处林场、库区、沙荒地造林调查设计工作，1956年被评为林业部社会主义建设积极分子。1960年，任元寿调任部长办公室秘书，多次参与重要会议文件起草工作。任林业部机械公司企业管理处副处长后，任元寿在企业管理和“工业学大庆”中带动全处，深入基层，组织质量检查，验收大庆式企业，圆满完成各项任务。在中央绿化委员会办公室工作期间，参与全民义务植树、绿化工作等重要文件、报告起草工作，并在开展全民义务植树和全国造林绿化活动中做宣传、发动、组织、指导工作。1988年12月，任元寿调任林业部政策法规司副司长，先后主管办公室、综合处、法规处工作。重视立法体系和机关制度建设，组织林业法治宣传教育，并起草“二五”普法规划，在电视台讲授林业法律知识，为林业法治建设做贡献。

1990年5月至1991年1月，任元寿率队到贵州九万大山地区扶贫。深入实际，调查研究，多次到边远山区少数民族县了解民情和扶贫情况，帮助基层干部总结经验，主动向省、州、县提出建议。到有关部委为黔东南州联系项目，邀请专家讲学和开展培训，并与当地林业主管部门共商贫困山区脱贫致富大计，出色完成九万大山地区扶贫任务。1991年4月，任元寿受林业部领导委托，赴滇出席中共云南省委、省人民政府在曲靖市召开的全省林业工作会议。会后深入曲靖地区会泽、罗平等县乡村，跋山涉水，实地调查云南林业发展情况。之后，为将《中华人民共和国野生动物保护法》补充列为“二五”普法规划内容，又到西双版纳国家级自然保护区调查研究。在前往三岳河管理所看望扎根基层工作的5位青年知识分子返回途中，因车祸不幸以身殉职。

辜茂芝（1935—1966） 仁寿县第三区龙桥乡（今仁寿县龙桥乡）人，童年时读过私塾。

中华人民共和国成立初期，辜茂芝任村农会主任，1952年参加新民主主义青年团并任龙桥乡青年部长、团支部书记。土地改革中被评为模范，1953年当选仁寿县人民代表，1954年加入中国共产党，任乡信用社主任。1955—1956年两次出席仁寿县青年建设社会主义积极分子代表大会，受到奖励。1956年，辜茂芝调任13区（2005年撤销的龙马区）区委会秘书。

13区千佛乡（今中岗乡）土地瘦薄、水源不足，互助合作运动中每年要消耗返销粮50余吨，成立人民公社时为全区最困难公社之一。1960年年初，辜茂芝调任千佛公社党委书记。到职后，深入各队了解情况，组织公社干部总结经验教训，统一认识，整顿作风。同时，调整部分大队干部，动员富有生产管理经验的社员分别担任大队长、大队支部书记和大队会计。1961年，为尽快战胜困难、恢复生产，辜茂芝说服干部、发动社员利用“大跃进”运动时撂荒的土地栽种红薯，规定谁种谁收，同时，动员公社小学师生编演《红苕（薯）周身都是宝》的节目到各队演出。当年秋收，每户社员平均增收红薯1吨以上，个别种植户增收5吨，社员不仅免于饥饿，还有部分余粮出售。1962年，辜茂芝组织社员加强油菜、棉花管理，提高产量。1963年，发动群众整治棉田，挑沙盖土800公顷，建造蓄水池235个，疏通排水沟3800余条，拦溪截流、汲水灌地、加强田间管理。至1964年，千佛公社棉花亩产增至37千克，有5个生产队平均亩产皮棉50千克。全公社粮食、油料产量和生猪出栏率分别比1963年（下同）增长15.3%、166.7%和34.9%。社员人均分粮增长23.2%，现金收入增加57.5%。辜茂芝在千佛公社工作的两年期间，每逢大春生产均邀请有经验的老农座谈，听取其对生产的意见和建议。农忙季节，前往各大队走一遍，了解和处理群众生产生活中的问题。为克服肥料不足的困难，辜茂芝带领干部下乡拣狗粪，农闲时动员社员积肥。1964年，辜茂芝发动社员植树造林，逐步退耕还林。辜茂芝经常慰问孤寡老人，及时解决贫困的“四属”、五保户、干部的生活困难问题，将公社给其经济补助款如数退还。

1964年12月，由于长期过度劳累，辜茂芝前往北京出席第三届全国人民代表大会一次会议期间发病，会后护送回成都治疗。1966年8月5日，辜茂芝不幸去世，年仅31岁。辜茂芝逝世后，公社干部群众恳求将其遗体葬在千佛公社，四五千名社员自发参加追悼会。

陈松富（1936—2003） 四川省青神县人。中国人民志愿军第一代飞行员，空军英雄，人称“陈空军”，原中国人民解放军空军某部飞行中队长。

1950年，陈松富参加中国人民解放军，后加入志愿军赴朝参战，不久被选调回国进空军航校学习。在校期间，陈松富刻苦学习，严格训练，成为空军第一代飞行员，被派往抗美援朝战场与美军王牌空军作战。在一次与美国空军激战中，陈松富驾机迎战，击落一架F86F美机，荣立二等功。1953年国庆节，陈松富作为选拔出的空军飞行表演者，在国庆大典中驾机飞过北京天安门广场上空，接受党和国家领导人检阅。1963年4月，台湾一架P2V侦察机到中国东北某地上空侦查骚扰，时任空军某部飞行中队长的陈松富受命率队驾机升空，同机组战友一起击毁敌机。此次空战后，陈松富与机组参战人员受到空军领导机关的通令嘉奖，荣立集体二等功。由于战功卓著，陈松富曾多次同王海、张积慧等空军英雄一起受到毛泽东、周恩来等党和国家领导人的接见。

1979年，陈松富因病停飞，退役后被安置在眉山县修养。2003年，陈松富病逝，终年67岁。

胡海清（1952—2001） 眉山县（今东坡区）人，南车眉山公司旋压车间工人。1963年3月参加中国人民解放军，1973年10月退伍到南车眉山公司旋压车间，1986年11月加入中国共产党。10次荣获工厂节约能手称号，20次荣获工厂先进生产者称号，连续5年被评为工厂标兵，连续被评为优秀共产党员，1998年荣获铁道部“火车头奖章”，其所带剪冲班连续17次荣获工厂“先进标兵班组”称号。

胡海清所在班组每月生产任务均提前完成。在管理中，胡海清尽量控制材料和能源消耗，提升产品质量。1999年，节约煤67.5吨、电6750千瓦时、原材料3.6吨。采取工时、材料消耗、机械台位定额管理，将班组管理和科学管理有机结合，形成旋压车间独特的管理特色，为车间节约经费1.12万元。在旋压制动缸生产中，带领班组人员利用调整剪机的限位装置，建议车间将原委托对外加工的弹簧钢带收回自加工，材料利用率由原来的70%提高到98.7%，仅此一项一年为车间节约7560元。车间主产品之一的旋压制动缸工艺改进后，胡海清结合自身生产经验向生产技术人员提出将洗油工艺改为利用焖火低温烧油，节约工效2倍以上。胡海清在全班开展互帮互学活动技术练兵，班组整体技术迈上新台阶，部分职工成为一专多能技术骨干。

胡海清以自身实际行动影响感化班组成员。在P64、C64、P64A、N31、焦炭车交叉小批量生产时，其中P64棚车需要拔两遍、辗两遍、校直两遍，校直机噪音高达几十分贝，长期身处其中，耳膜会损坏。胡海清知难而上，一人将料全部校直完。

1999年，中华全国总工会授予胡海清全国五一劳动奖章。2000年4月，中华全国总工会授予胡海清“全国劳动模范”称号。2001年7月30日，胡海清去世。

郑明全（1966—1999） 洪雅县将军乡伏钟村人，野生动物资源研究保护科技工作者。郑明全先后就读于洪雅县职业中学畜牧班、四川水产学校水产专业，1987年7月，在井研竹园职业中学任水产课教师。1993年6月，被作为人才引进洪雅县，从事野生动物资源为主的普查与研究保护工作。

郑明全到瓦屋山国家森林公园后，深入到园内1000余公顷的原始森林中，普查园内的动植物种类，并自学英、日、俄、法等10余个国家语言，从国内外为公园查找、翻译大量的林业科技资料，初步查明瓦屋山动植物的种类。郑明全长期在野外从事动物资源普查，了解和掌握各种动物的生活习性。1995年，郑明全在瓦屋山原始森林中发现两个蛙类新种，被四川省生物研究所命名为“明全蛙”，在“两爬”（两栖及爬行动物）研究界引起轰动。郑明全还在兽类普查中发现一个亚种，在瓦屋山动植物普查中完成中、外文专业研究文章及著作10余篇，其中发表3篇，全国性以上的学术会交流2篇。通过国际学术交流，提高瓦屋山及中国两栖爬行动物研究的国际知名度与声望，先后被吸收为中国“两爬”学会会员、四川省动物学会会员、欧洲“两爬”学会会员，并被聘为世界自然保护联盟中国“两爬”专家组成员，同美、英、法、德、日、俄等10余个国家和地区有学术往来。

1999年12月4日，郑明全在瓦屋山采集大熊猫粪便、研究大熊猫冬季生活习性时突遇大风雪，误入迷魂凼，被困两天两夜后殉职，年仅32岁。中央电视台、中央人民广播电台及《四川日报》《华西都市报》等多家媒体报道郑明全事迹，许多国际友人和专家教授发来唁电。9日，洪雅县委追认郑明全为中国共产党党员，并追授他为“模范科技工作者”，在柳江举行隆重追悼会。

代广金（1943—1999） 男，仁寿县合兴乡人，务农。1999年10月20日下午4时，合兴乡新祠村妇女鄢淑文在蓄水池边责任地挖红薯，小女玩耍时不慎掉入蓄水池内，鄢淑文伸手救女失去平衡也跌入水中。蓄水池水深五六米，四面峭壁光滑。此时，相聚200余米远正在筑土埂的代广金听到呼唤声，急忙赶到池边，看见鄢淑文母女在水中挣扎，虽自己不识水性，却毫不犹豫跳入水池中，将小孩送到池边，顶上土坎，随即返身去救鄢淑文，待赶来的群众把鄢淑文从他手中拖上岸时，代广金因体力消耗过大沉入水中，不幸遇难。2000 年 12 月，四川省政府批准代广金为革命烈士。

杨正良（1945—2000） 男，东坡区罗平镇（今东坡区永寿镇）河塘村人，生前系罗平镇河塘村党支部书记。2000 年 12 月 23 日，三旺饲料集团眉山分公司河东总代理何民安与驾驶员杨保青送饲料到罗平镇返回路中，受到村民王某洪和何某利敲诈勒索，并被歹徒殴打和提刀追杀。危急关头，正在河塘村老协办公室工作的村支部书记杨正良和村主任严光文闻讯立即赶到事发现场。杨正良在与歹徒搏斗中，腰部被猛刺一刀，当场死亡。2001 年 4 月，四川省政府批准杨正良为革命烈士。

郭长安（1949—1996） 男，彭山县公义镇马林村人，1965 年 12 月参加工作（原陕西宝鸡市铁一局五处一段），1995 年 10 月退休回家。1996 年 6 月 20 日下午 6 时，郭长安为抢救倒在沼气池里的村民，跳下沼气池，中毒牺牲。1998 年 8 月，四川省政府批准郭长安为革命烈士。

杨文超（1961—1997） 男，彭山县青龙镇桂林村人。1997 年 3 月 17 日下午 8 时，杨文超为救落水村民，光荣牺牲。杨文超曾于 1987 年 7 月 12 日、1994 年 11 月 28 日两次入水救人。1998 年 8 月，四川省政府批准杨文超为革命烈士。

陈　英（1975—1999） 女，仁寿县龙马镇联合村人，生前系仁寿县龙马镇凤梧乡中学教师。1999 年 11 月 1 日，陈英请假到成都参加自学考试归来，下午 4 时路过龙马镇东街岔路口时，一辆失控农用货车向正放学出来的幼儿冲去，在车距幼儿仅一米的刹那间，陈英猛冲上前，一手拽一个幼儿，用尽全身力气将两名幼儿推往路边，两名幼儿安全脱险。陈英因用力过猛，身体往后倾斜，被疾驶的货车撞倒，车左前轮从其胸部碾过，当即壮烈牺牲，年仅 24 岁。1999 年 12 月，四川省人民政府批准陈英为革命烈士。2001 年，教育部、公安部表彰陈英为全国见义勇为先进个人。

熊李科（1982—1999） 男，仁寿县富加镇人，生前系仁寿四职学生。1999 年 4 月 24 日 4 时，在仁寿县文林镇金马村，熊李科为抢救落水儿童壮烈牺牲，献出年仅 17 岁的宝贵生命。1999 年 12 月，四川省政府批准熊李科为革命烈士。

张　勇（1982—2002） 男，仁寿县天峨乡三坛村 3 组人，生前就读江西东华理工学院化学系。2002 年 8 月 16 日下午 2 时 40 分，在回家途中，为救落水儿童，壮烈牺牲。2002 年 9 月，共青团东华理工学院委员会追认张勇为“优秀共青团员”。2003 年 1 月，四川省政府批准张勇为革命烈士。

第二章　人物名录

人物名录收录眉山市历代进士、眉山籍或者外地人在眉山市工作、生活的已故、在世的有一定影响的人物。

第一节　进　士

眉山历来重视文化教育。自唐朝起，境内就积极参加进士考核。至清末，境内共考中进士 1319 人。其中唐 3 人、五代 1 人、北宋 426 人、南宋 784 人、元朝 2 人、明朝 65 人、清朝 38 人。眉山被誉为“进士之乡”。

眉山市唐至清代进士名录表

表 37-1

朝代	人数（人）	所在地	姓名
唐朝	3	眉州通义	程贺
		仁寿县	孙光宪
		青神县	陈泳
五代	1	眉州通义	杨义方
北宋	327	眉山县	朱台符、程察、石待问、宋垂范、朱昌符、常九思、朱公佐、孙堪、谢行、苏涣、孙抃（biàn）、石待举、杨英、孙庄、程浚、陈璇、宋辅、史褒（bāo）、杨钧、石洵直、孙雍、史瑜、史沆（hàng）、杨均、史周、王廉、宋景、石扬休、朱公祐、家静、常泂（jiǒng）、程琰、史祥、李景阳、张魁、张琏、陈东琪、程睿、阮禹明、吕公善、张轼、师愈、任孜、李之翰、杜概、王崇、侯利健、石琪、陈沈、侯振、杨竦、陈东周、任伋（jí）、贺抚辰、张成、石禹勤、宋临、孙密、杜准、樊陶、宋瑜、王颂、程慎问、宋宸（chén）、朱子皋、苏轼、苏辙、家定国、盛义忠、程进、程之才、杨谘（zī）、石良方、王洵、史元、史家、苏惟演、杜溥（pǔ）、荣开、宋岳、任贯、杨齐、杨亮、王颛（zhuān）、杨耸、冯敢、杜谔（ě）、杜敏求、邹传、杨叔从、史祥、杨从、程尧佐、石嗣庆、路康国、程谌、孙诲、程盖、吕昱（yù）、刘襄、程堂、李由颐、孙渐、刘勃、程建用、孙敏行、任伯雨、家彬、刘高、钧仲甫、史厚、李钧、李葵、张刚、石澥（xiè）、程庾、曹（忄为）、杨廷杰、师先、唐耩（gòu）、孙靖、丘常、曹勉中、杜致明、程尧弼、任寅、陈抃、宋鼎、陆维忠、李愈、杨彭、杜致恭、师赓、孙保年、徐通、程任、宋元、孙枝、孙咸年、蒋千之、孙曾、孙敏文、杨绾（wǎn）、苏迥（jiǒng）、孙如晦、杜谌（chén）、侯安世、施访、侯刚、孙载、刘千之、王当、孙昭远、家愿、石芳、杨皓、杜伊、刘权、孙大年、宋廷杰、文袀（jūn）、程畲（yú）、家懋（mào）、王肄、程丞、孙颐年、陈振、李天任、侯立、吕纶、任耩（gòu）、蒲琰（yǎn）、吕大惠、杨令、苏时、程泾（jīng）、史同、彭黍、杨鸿、任广、任谅、袁希亮、陈雄、陈充、孙安国、孙康年、丘伟、王闢（pì）、黄元、陈廉、唐道、史昶、彭俊明、王赏、施衍、王许、费继真、史权、史汝士、常刚中、朱丞、孙咣（guāng）、宋异、任居实、杨郁、唐进思、刘亮、杜量、苏元老、刘观、师丙、杨廉、宋如章、徐锐、任象先、孙鋐（hóng）、杨浑、刘光、史宜之、任颖、史祖道、孙高、李旻（mín）、宋说、史斻（háng）、唐永年、宋景淳、杨仪、史与权、张定国、孙逢、家诚之、程询武、史易周、唐知彰、侯宁、张瑀（yǔ）、宋昌、王继仁、石有中、苏济、师骥、杜百世、史机、孙綖（yán）、杜伯世、巢安上、朱廷直、杨师钖（yáng）、王资、宋朝英、宋实、孙坦、程林、师方、曾夫宽、陈础、宋佾（yì）、史载忠、赵浑、程泾（jīng）、袁绎、王京、吕大受、李逸、程敦诗、贺允中、史聿、唐天麒、家席、家祀、邹敦仁、陈曾、史堪、岳衢亭（qú）、孙之才、杨林、石粹中、任锐、侯箎（chí）、师焕、史似、史充、王公材、侯尧佐、程郭临、朱华、唐高、程天倪、师伊、杨实材、史藻、何知、杨坏、文之奇、宋痛、刘继常、周纯祥、若壳、孙俊明、杨师心、冯爱、秘输、师敏功、王庆、史庆、王翼、孙晚、常明、魏发、宋授、孙宗鉴、史允、吕能、成继中、李勋、孙庭扬、任济、程骥、史寅、师谌、唐迪、孙伯达、杨时、史和、程骏、杨森

续表37-1

朝代	人数（人）	所在地	姓名
北宋	59	仁寿县	何球、喻惟和、袁文缙、范雍、陈希、袁拱、牟俊、钱衮（gǔn）、孙谓、陈奎、勾龙纬、员安舆、员安宁、孙谠（dǎng）、牟冲、王师愈、张若讷、费永、喻天祺、李父辉、陈操、陈仲通、黎授、李陞、蹇序辰、李大源、李观、陈祐、李新、杨开、员子思、喻鼎辅、员悦、张元、詹邈、范宗、谢庶几、王时雍、李安仁、孙谨、李康权、谭望、王辨之、王堂、韩驹、青阳充、崔天廸、何栗、冯畴、吕思正、喻赞、虞祺、喻安雅、李袭、王倬（zhuō）、韩忱、杨杰、陈知常、袁天陡、韩食、韩复、王思愈、张若讷、费永、陈操、陈仲通、黎授、李父辉、喻天祺、韩浚夫、谢庶几、黄迁、何矩、何邦易、牟国材、陈在庭、牟邦基、李康权、谭望、黄唐杰、何棠、陈刚
	3	彭山县	吕陶、文初、唐重
	14	洪雅县	田锡、康仁、董悫（què）、郭春卿、杨挺、李达、汤俞、田徽、李师渊、毛执、田育、毛世绩、毛景阳、元世杰
	14	丹棱县	杨美球、杨齐、史厚、史原、杨恂、史愿、史瑄、史克恭、唐庚、刘汲、杨明、刘湜（shí）、史汝士、李中
	9	青神县	陈希亮、杨异、陈庸、陈谕、程容、陈希谅、史珣（xún）、史通、陈与义
南宋	583	眉山县	李棠、史定之、吴绘、史诚、史皋、孙安义、宋庭直、张成美、杨光凝、宋国器、吕汉卿、徐志行、孙偓（wò）、朱敢、程拭、郭禹珪、范希颓、程裒（póu）、石衍、成渊、文盖、史钦、刘万明、程泽、任尽言、任质言、程国厚、任舟、孙朝隐、蒲积中、蒲成临、杨光祖、史嘉猷、孙植、齐奇、程文和、史刚中、孙师禹、燕大中、吕琛（chēn）、周祐、史孝孙、史彭求、史文亮、成元、孙汝听、史三益、张衡、杜师雄、任大受、蒲瑮（lì）、宋嵩、程焘、史尧俊、朱畅、任畴（chóu）、宋伟、王益、孙仲元、曲靖、蒲渊、吕果、杨嗣、范骧（xiāng）、杜寅孙、史时复、王郭诗、史大钖（yáng）、杨同、孙学明、刘菘（sōng）、程赐、孙文炳、周阳、孙柳、侯亮、孙钧、宋文蔚、孙舜举、杜厚之、宋刚、史义山、张元量、史文、向蔡、杨骞、史枕、樊当时、何禧、杨解、任明、刘与、刘炜（wěi）、吕大方、蒲泉、朱獬（xiè）、唐平之、杨圭、文盛、史忠、赵华、侯粹中、孙份、朱缓、史戒、李师普、张似之、吕勋、唐彬、宋师民、李堂、赵雄飞、宋琛、任焘、杨镗（táng）、朱时敏、吕宜之、朱孙广、师椿、孙伯修、史千、石炳、孙当时、任良、师玑、苏昌、杨行、任仲、谢庚、史容、廖才、史似、赵澥（xiè）、吕日新、史季长、杨均、程云、张汉、任叔恭、魏桂、孙亮、宋诚之、刘晖、史记言、师琛、任衡、史邦杰、杨上行、景少师、张绘、史克明、史克夫、史元、史益、杨巳（sì）午、刘大冲、杨朝瑞、吕原、杨澥、杨叔豹、馀庆、史起予、张存中、赵炳、徐伯能、杨再之、巢寅、任震已、宋梦弼、史钖、宋迥（jiǒng）、石墨卿、程仲夔（kuí）、孙之、杨师复、赵羽之、石东震、史潮、石衡、吕凝之、王忠彦、钧宏、杨廷坚、史尧弼、史尧文、苏符、石邻、宋钦、吕球、史仲千、宋中和、孙宓（fú）、宋午、李轸（zhěn）、任敏仲、苏昂、史受、李叔豹、刘训、刘填、苏洗、杨庭、袁深、李午震、杨晖、成思永、唐英、杨子茂、任庭宝、史昌、宋常、杨方、宋超、刘知仁、范荪、史春卿、陈尧辅、刘志行、张寅、王唐俊、程翌孙、吕谦、苏良、任泝（sù）孙、任叔钦、杨鉴、程泽民、周国良、杨仲、史杏、文人叔、王舟、张师夔、史天觉、张复、孙若、杨尧俞、蒲荣、张天从、杜士琛、贺尖、史举仲、王琰（yǎn）、姚澥、孙炎、赵兴、刘子野、赵江夫、任兴孙、宋希祖、黎温、宋中行、宋鼎、宋华甫、史檝（jí）、宋华祖、宋克昌、史良傅、师文、史中平、史炎、刘大琼、杨庚、史定之、孙谦、史元一、杨荣仲、史全、伍松年、程学良、孙日南、李昌龄、史复、苏大任、陈良雄、赵彦尚、石辰之、宋黑诚、石行之、家之常、孙时敏、赵公地、家之巽、石正行、王芝、史师定、任处厚、赵彦谷、家子范、杨光、刘仲海、刘汝朋、宋华禄、张子仪、史大正、孙持坤、吕昌言、张兴祖、王震、史谦光、史收献、孙朝宗、家复、苏公振、赵常、孙汝光、吕大全、侯仲常、李廉辰、任逢、

续表37-1

朝代	人数（人）	所在地	姓名
南宋	583	眉山县	刘子贤、王起、杨伯、杨师信、史思仲、杨广年、师镇、任希夷、杨汝锡、任大衍、杨思惠、杨乘、杜宿之、吕嘉言、赵彦呻、彭运成、杨泰定、杨锐、史祖邾（zhū）、魏正仲、杨史、宋震、宋仲荣、史起、杨君侑（yòu）、杨景杰、杨齐巽、史次秦、宋仲任、黄正寅、吴酉仲、程炎、石鼎、黄行中、孙（亻宓）、宋德孳（zī）、史元之、王叔之、蔡朱、文东寅、任炎佐、蒲文纪、李纯之、王唤、史忠孙、史忠辅、张显祖、史贞柔、家大酉、程公说（外籍眉山进士）、程公许（外籍眉山进士）、史公度、杨华、孙宋卿、孙镇、杨仁焘、杨原、杨椿龄、孙行之、李俊、王祖孙、史仲寅、杨骙（kuí）之、扈震荣、史觉、程伯雄、程公硕（外籍眉山进士）、宋大椿、杨朝南、杨似之、赵羽夫、吕炎、汪立、赵至夫、杨献之、宋安之、史守道、张子昌、师显行、史晋、史达卿、吕应辰、师应极、家炎、赵奕夫、陈有成、杨子申、孙正葵、史起、蒲允辰、刘巳、朱引应、师舆、史羲之、任腹、吕之、杨兑、杨庆之、任炎复、张文直、杨震云、宋时来、史瑞玉、刘金龙、苏輶（yóu）、孙文翁、师祖敬、勾复之、任用之、赵镕夫、孙俞、侯申钖、杨寅、李桂、藩允、杨烈、程首权、孙文子、杨瑗、范子郯（tán）、施炎卯、赵割夫、刘墀（chí）、史彦辅、杨思德、史荣家、吕瑞义、刘大川、吴双鲤、王南巽、孙望之、家柳、苏既、史巽、成中之、史公亮、史林宗、程公行、孙庭杰、刘震巳、史天晖、史子酉、雷震、史丹陈朝能、张本宗、吕蒙正、石崇闰、杨师廸、石彦达、史灼、宋荣泽、孙琰（yǎn）、公明律、程善政、任明道、李惠、李妙载、彭建寅、任俊祖、孙元禄、史行、季中、杜仲千、宋操、王堂己、卫刑、杨德光、宋彝、朱赋、史吴、鸣厚、路光祖、史仲子、宋炎午、蔡震祖、史大正、家仲酉、王炎、史千之、李醇儒、李东之、史舒已、张道朱、孙潜、杨淳、师合、王正寅、史伯闻、史伯行、赵若抚、史继温、王震己、程史、陈望、史寅午、杨继之、杨叔丁、史梦桂、史师亮、家遇、程安之、程应庚、史畴、王果、史师立、朱雩（yú）、程之、史大荣、程雨遇、徐无悔、杨炎、张起岩、史少南、杨秉喆（zhé）、史湀（guǐ）、宋翔、杨辰应、史子翚（huī）、史靖、文渊、杨喆、史卯、杜瑞林、张笔、蒲荄、史梦应、樊晋昭、赵湀、赵若（钅东）（dōng）、杨潮南、刘蕃卿、蔡昌文、史为可、张向戌、冯应酉、陈瑨（jìn）、王友、杨充之、任午南、黄有大、朱景行、侯庚发、史梦钖、杨叶、侯鸣凤、侯从震、杨巽、张子先、苏应、张午、赵嗣漳、史思廉、杨酉明、刘演、张连、史季温、成竺、蒲鸣凤、苏文龙、勾炜、罗有容、赵嗣淐（chāng）、赵嗣思、家铉（xuàn）翁、苏汝楫、史凝、王光、王先、宋端平
	119	仁寿县	喻汝砺、张稷、何邦昌、程仔廷、陈诚、范杰、虞起、牟调、牟国赏、谭篆、董贡、喻起、韩訏（xū）、喻充、黄巨卿、苏辅、员良臣、喻汉卿、于时杰、牟庠（xiáng）、牟国卿、牟周卿、苏衍、黄南圭、何邦彦、孙洙、杨天休、黄朝卿、于椿、员兴忠、牟琮、陈申、孙确、牟国成、韩汴、吴彦材、费潮、牟天麟、何杞、韩椿、喻麟、员沆、郭鼎、李镕、王时彦、范无、虞育、韩炳、李伊鼎、牟子正、喻邦佐、虞允文、虞杭生、张槐、陈叔虞、牟寿、张若谷、喻庆孙、郭立义、龙旦、邓英、李云瑞、青阳师鲁、陈焯（chāo）、陈昭文、陈厚、谭玉壬、张伯源、喻革、孙文济、喻如篪（chí）、樊森、程遇孙、马仲午、虞刚简、马仲寅、虞方简、虞彝简、谢士亮、青阳燮（xiè）、张坤臣、虞询、张伯午、蒲天廸、牟贵、程壬孙、韩深、喻显道、樊渐、王廷杰、李震、喻宗杰、喻荣孙、崔栋、孙文溥、虞道登、虞公著、梁文、员伯勋、余宰应、杨中、赵兴玳、程世德、李达可、喻大正、勾复之、何颐、韩廸、王西之、谭望、谢辛、李大芳、范奇、虞珪、陈宠、虞汲、董公揆（kuí）、陈淄凤、何郯（tán）、窦敷、牟国赏、韩谕，喻充、杜悟、黄南奎、韩椿
	8	彭山县	杜悟、李承、向睽（kuí）、宋蕴、宋德之、杨震式、文有年、杨梦符
	42	洪雅县	董济民、李辉、董作霖、董作肃、董作哲、董作、董作德、董作士、董作求、董作舟、董作式、董义方、董义正、李秀实、毛谨、李国楹、廖廷俊、卢思敬、魏方平、孙申之、王圭、杨由颐、李望、范明诚、赵蒙、孙茂、杨祀、杨皓、廖鼎臣、廖良臣、王辅、张寿、毛诜（shēn）、黄济、孙希哲、赵实、毛朝弁、董恪（kè）、孙拱辰、杨奇遇、程应甲、孙南已。

续表37-1

朝代	人数（人）	所在地	姓名
南宋	17	丹棱县	程掌、孙道夫、唐文若、李焘、周邦富、杨靖、范子长、宇文价、李壁、李𡌴、程定、程安、薛纯颖、彭子远、史尧辅、史孟传、史思兼。
	15	青神县	杜萃老、史央、杨虞仲、杨大全、杨震仲、杨泰之、杨汝明、杨伟、杨文仲、史思兼、宋日隆、杨公儿、杨有明、史及、范观。
元朝	2	仁寿县	虞盘、鲁文秀
明朝	29	眉州	张添绍、张添禄、欧文整、胡贯、吴中、万安、黄裳、欧廉、陈瑄（xuān）、吴节、万翼、喻本中、熊瑞、许楫、邓林、黄翼之、欧锐、万宏璧、欧镇、张谧、喻文璧、张愈严、赵良华、许俨、袁袭裳、张景贤、胥遇、张义正、贺世达
	13	仁寿县	陈友文、李晋、刘珪、李亨、刘元、胡克勤、刘瑜、廖道充、周仲仕、廖起巘（yǎn）、黄昌、李春旺、徐佩弦
	6	彭山县	文道光、张静、李宗泗、王用才、张绰、张凤翥
	7	洪雅县	王嘉庆、李吉、张鹏、杨仲琼、张可述、陈惟直、汪绍伊
	1	丹棱县	黎芳
	9	青神县	邹祥、余子俊、杨荣、余琰（yǎn）、王一麟、余承勋、冯辙、余承恩、余承业
清朝	8	眉州	张翮（hé）、彭肇洙（zhū）、郭天禄、邓克明、王文员、李若坤、吴慎、黄会川、张光斗
	10	仁寿县	杨启珍、毛三超、程必超、夏铭修、方为楷、梁熙、魏光宁、周文昭、毛澂（chéng）、喻炌（kào）
	2	彭山县	唐模、周凤翔
	6	洪雅县	王沄、祝岷、刘芳轲、周於德、曾璧光、傅大贞
	9	丹棱县	彭端淑、彭肇洙、彭端笏、彭大力、彭遵泗、彭承绪、宋浩修、李岱、李昶元
	3	青神县	孙鋐、邵从思、旷广
合计	1319		

第二节　烈士名录

眉山人民历来热爱祖国、热爱家乡、英勇顽强，在国家危难之时，挺身而出，自新中国成立以来，涌现出革命烈士1838人。

一、1950年前为国牺牲烈士

1950年前，今眉山市境内共93人为国牺牲，被授予革命烈士。

眉山市1950年前为国牺牲烈士统计表

表37-2

所在县	人数（人）	姓名
眉山县	16	黄煜、何全学、李文芳、黄子万、刘玉民、万述云、马汉文、雷中轩、左贵廷、汪春和、骆贵生、刘先金、余绍成、余成江、熊克明、吴天保、徐植良

续表37-2

所在县	人数（人）	姓名
仁寿县	37	邓孟愉、刘华荣、罗金堂、易新武、李自高、唐俊、徐海云、高喜才、陈少武、刘恒朝、郭吉安、董明武、张志秋、徐志川、冯凯、刘林成、杨云五、蔡少云、罗绍华、郜成金、李绍文、肖全章、龙泽均、李明章、彭铁君、熊树长、关开均、张开、代云武、苏建川、高力生、王才林、郑清山、郭少文、张清云、李青山、陈绪明
彭山县	13	洪文渊、郭祝霖、戴复和、张尚恒、张建候、谭讷、徐嘉阳、张少云、刘超、张义廷、巫明星、张可云、张小二
洪雅县	17	曹正明、邓容、王绍珍、张学成、陈启富、王文明、周绍光、雷泽培、江和金、刘惠敏、孙炉娃、常玉财、张更寿、张金全、张光福、汪述轩、李培清
丹棱县	1	吴九福
青神县	9	任开国、何光辉、帅士英、帅晦仙、梁厚威、段兆麒、文武、石万银、李志安

二、抗美援朝牺牲烈士

在抗美援朝战争中，今眉山市境内共1149人为国牺牲，被授予革命烈士。

眉山市抗美援朝牺牲烈士统计表

表37-3

所在县	人数（人）	姓名
眉山县	215	赵光廷、王莲富、张国良、周子林、尹天仁、刘松云、黄长福、黄成安、周树清、张仲良、汪清云、彭贵林、夏光华、姜汉良、杨义良、雷振宇、杨绍江、张志远、王志平、陈佾猷、伍国祥、何宇林、朱海清、何全举、吴仕林、唐斌、罗正华、李汉良、杨文华、曾绍华、杜辉、何光汉、薛志文、何少福、冷贵华、申志宽、袁楷、许成伟、辜志高、徐万华、李吉兴、王有清、王健民、罗延素、徐家佐、王世杰、周硕如、刘明玉、王洲明、刘金堂、沈国清、沈明光、杨杰、黄春山、代海山、杨保安、沈海清、严伦、何松柏、张家福、李克珍、舒远章、沈福全、沈东云、彭俊芳、陈钰候、刘乾福、陈运如、彭树生、雷国清、李秀廷、胡楷、张善培、何海州、陈月江、夏东日、何万祥、李德明、姚绍明、白世才、汪杰华、朱珍祥、芦文珍、袁子良、张世贵、周述银、张明清、贾新田、王志明、罗泽华、彭国玉、张忠文、余德全、陈志忠、宋家炳、宋其文、辜元清、易庆山、徐超、张学翼、周华轩、李自成、李汉清、何培汉、刘华清、左海荣、路富贵、冯子清、肖赴然、杨金成、何玉成、唐文辉、段树清、叶志安、石有全、李海荣、余元春、周贵银、辛吉安、辛玉明、宋斌良、刘绍成、熊真元、戢志祥、刘清太、梁绍钦、刘仲文、杜俊杰、周明贵、叶仲清、马克仁、陈克树、周枝云、张福云、刘明富、梁仕春、岳自陶、张国恩、邹贵林、刘清海、王启文、胡朝廷、张成国、黄玉桃、马贵清、王佐才、殷家述、周光全、尹士东、李作文、苟福元、黄在曲、邓绍凯、唐文安、周全生、程玉龙、王子云、左兆霖、纪海光、杨学文、肖鸣竹、张俊明、杨希文、王子云、雷建军、朱德明、周正和、胡绍清、杨明光、刘青喜、荣成章、李忠良、雷国全、代崇勋、祝光福、刘国全、何贵华、肖贵清、蹇汉书、黄泽廷、杨凯、彭瑞荣、黄德明、黄光普、伍载有、洪云福、钟华山、张文藩、邱伦华、何子清、余子富、张洪范、王子清、王培华、李忠林、李光怀、梁云川、杨际华、王春廷、李华清、陈云清、王林、王仲云、王仲元、邓明远、伍林森、梁运宜、周清云、徐树轩、朱万安、朱芳廷、姜达山、陈洪田、袁朝应、郑友生

续表37-3

所在县	人数（人）	姓名
仁寿县	508	韩碧清、余茂生、辜绍林、苏建中、肖绍明、刘秉章、伍贵林、刘春和、李吉成、任建中、罗玉璋、郑吉川、李继贤、梁培元、陈名扬、杜伯良、舒泽文、王国林、王赞辉、王少五、曹敬之、张绍林、廖志德、曹之友、江尚儒、杜云武、伍建均、陈绍清、童云祥、胡子云、张锡州、周贵才、董燕飞、秦吉明、周泽江、周学儒、张泽明、贾福安、王银洲、张树凤、张杰、刘荣森、张森五、张连成、彭付兴、吴章荣、冯维举、古大奇、雷自鸣、李泽安、晏俊章、王清成、汪志伟、吴绍清、刘宗阳、刘贵成、向光汉、吴帮芝、夏永清、徐绍儒、徐锡云、姚仲华、徐子荣、高清云、黄文均、高青云、何玉、徐子明、黄子云、徐治成、何吉山、廖泽勘、董玉超、阐文斌、李伯良、秦书云、周德明、徐友安、李国成、潘建明、杜万根、孙振操、曾付祥、吴超、王开治、黎伯全、陈子华、廖绪杨、张志明、廖鉴、李金华、尹绍林、杨树彬、胡良成、黄世双、罗俊成、李德成、李伯清、龙云升、干银辉、干志成、李天觉、黄名仕、袁德良、杜伯敬、汪树生、汪少文、陈开付、汪怀安、黄仲良、杨仲甫、王光宗、白仁杰、黎华清、杜青云、刘志均、尹绍周、黄良栋、范银前、刘绍洲、王淑清、龚梁、骆佐臣、黄致和、白少清、廖康林、严廷文、王伯林、唐英福、童志川、李仲谦、余吉安、李汉清、陈荣安、晏伯林、杨汉洲、黄明清、杨成同、唐吉云、胡燮阳、汪忠良、胡栋梁、王俊华、邓子燧、伍吉希、王学明、杨文辉、邓松林、张俊、游江海、刘志瑞、彭五福、王光和、雷仕文、刘汉宗、廖济川、李太华、幸邦成、杨伦久、黄明金、王树和、吕帮富、辜邦源、唐祖成、蒋中华、杨志华、唐惠宽、唐述能、吕桂庭、虞泽民、梁绍华、毛福安、陈俊才、蒋宗明、肖龙、张均和、胡俊良、吴伯高、徐吉武、冯福华、黄鸣、秦雨明、杨清源、张锦钟、唐吉安、李德群、李松江、李芳林、梅英先、余泽民、胡武文、李绍钦、蒋余林、刘绍林、刘少成、汪克明、黄少安、吴治斌、周德祥、邱俊、刘少成、杨云峰、刘之炳、郭占成、徐孝、徐维钱、黄大贵、杨佐炎、龙保安、伍绍安、肖体海、颜国良、刘炳洲、杨光雪、朱天明、周复光、罗子云、徐德明、姚松云、杨先九、谢少光、范应学、石子章、颜学注、彭绍文、苏洪春、莫松林、张佐卿、普少文、胡少江、高仲林、苏效三、尹成福、李俊、杨名生、邓绍钦、陈新亚、夏俊成、杨华贵、周成章、张元泽、蒋志光、刘正文、廖江怀、熊泽明、沈伯才、唐树普、雷仲凯、谭其彬、廖德高、陈良才、吴属藩、陈才约、蒋春芳、梁玉杰、夏林难、朱少清、陈俊才、吴绍文、彭绍成、张国传、冯少洲、李茂宇、杨文君、郭泽民、刘哲、郭青云、郭泽南、叶世烈、叶述明、邓述文、谢明清、朱万和、杨洪顺、段少武、李绍武、李树光、叶泽涵、吴克华、叶发云、林百清、林友良、杨联溪、王哲明、方绍全、陈明高、王德林、白灿光、周志君、朱绍清、叶洪安、黄通兴、普华清、胡盛华、殷伯超、李华云、聂仲纯、董明祥、唐乐轩、叶述明、石少成、谢栋梁、黄定佑、宋元德、余明清、熊树成、唐思光、张国华、叶向文、杨洪元、李邦举、叶文渊、杨忠于、刘华山、周承君、张典恒、段绍成、廖彬文、许弟君、黄元清、曾祥全、罗自德、刘荣金、姚达清、项清和、姜海学、肖怀君、黄建国、廖廷福、唐祖盛、黄俊儒、谢少清、曾吉成、刘清泉、胡绍文、郑怀书、李建忠、尹楷、徐顺祥、黄明高、李昌贤、李自成、钟成勋、陈东云、汪树明、曾光荣、张玉民、黄明东、张武江、王俊、闵绍安、黄荣光、吴伯钦、吴大同、辜学良、毛正伦、吕泽云、李德和、廖绍洲、张文杰、李细成、辜再明、陈国钦、朱蜀其、郑子良、王德高、孟全安、向益明、徐志海、李明金、李文彬、张书全、吴少臣、郑绍成、敖金成、赵元喜、唐庆云、孙志明、罗东生、黄土君、邹国银、张凯、代海儒、刘永富、沈洪仁、张从明、韩绍祥、王付明、魏伯川、辜明华、张志云、吴泽光、张学明、赵瑞成、刘克松、杨光才、胡宗全、李亮、黄树明、黄昌云、黄永全、王杨元、王作成、黄金安、王俊儒、唐永富、王绍云、易元富、杨安平、舒元坤、张述文、冷仲良、刘德成、万水清、胡云武、刘友明、杨绍荣、胡伯良、马谷伦、叶青洲、郭书臣、杨华清、余鲁元、伍仲华、伍载德、李执中、李德超、伍贵民、王少江、王纪武、刘才明、李泽、陈德明、刘志明、廖云华、李文彬、刘志学、杨澄清、石俊辉、唐楷、周昌元、刘光明、徐康宁、王辉国、李树光、汪明章、谢俊辉、向炳洪、周子常、李伯发、万少全、黄明治、张树国、曹玉高、黄明亮、王能贵、王明兴、朱咀英、王文凯、周锡和、王文超、黄元清、曾文玉、何双全、王俊成、毛寿成、向卢彬、汤子林、谢志清、马光久、汪泽坤、李清云、杨永锡、徐德明、张正清、唐树明、谢忠孝、屈光理、李君安、李继明、郭顺付、尹伯林、胡焕章、秦静杰、李玉祥、黄明高、罗少华、敕文祥、孙绍州、王贵平、苏义明、邓光明、张华文、张易和、任正愆、李良才、刘新美、高培君、张荣安、张文均、辜少光、高至清、徐志权、王辉如、刘新义、廖德成、叶树文、方金才

续表37-3

所在县	人数（人）	姓名
彭山县	170	盛宇鑫、秦学章、张玉安、黄志良、孙国良、王银安、高德全、方世勤、徐德昌、毛玉华、李子清、陈思进、严瑞成、陈青福、罗纪富、周治国、万步辉、张宗根、干树青、田树林、周郁文、邹启明、吴良能、蔡伯林、蔡国良、张朝维、廖仲凡、郑凯、吴忠普、曾玉林、帅映泉、毛超、张宣元、杨纪堂、陈万宣、业畏成、帅树模、余国银、郑兴贵、李金和、周凤银、周铭钦、张华福、张德文、唐德君、柴起明、罗汉州、周福银、冯守财、文吉州、周万云、徐林、唐永才、帅明富、饶志林、黄金寿、苏文贵、余绍安、赵志成、李永成、李俊、马绍州、余子清、吴云章、李显留、余海州、刘福成、廖子金、林树云、肖志有、余光兴、盛永寿、岳文彬、张俊明、周厚成、陈俊伟、王成贵、李华宣、康兴元、袁栋成、刘学文、黄志良、魏文海、李绍清、王贵成、白玉成、何德培、白永泉、陈正南、盛绍华、李少清、曾代权、陈永兴、徐树明、徐仲良、王兴发、毛康玉、姜占成、徐金海、袁明光、唐绍谦、唐学明、余志良、袁贵山、陈清云、倪子良、伍荣成、倪修和、吕均荣、倪光荣、徐洪成、江尚文、赵树成、倪文周、阙治安、夏清云、赵国贵、袁东华、潘海波、余仁宽、李春廷、倪良友、毛国华、谭孝才、李仲良、王荣华、刘忠银、张嘉良、刘中元、毛泽云、胡德金、祝万安、周作成、王建银、文少成、柳金元、袁建候、宋国华、李福顺、梁国成、姚克从、李富群、何元庆、苏国良、袁志华、曾一霖、帅志祥、毛光明、毛永禄、魏少安、余德云、刘玉金、李钱魁、刘安有、余定南、喻怀安、张庆月、张子云、张凤林、谯纪华、符国光、余海泉、马泽安、向庆余、王明勋、宋治、刘清轩、干恒轩、王作州、叶永川
洪雅县	98	杨举高、余仕昌、龚瑞华、石洪勋、李再洪、杨兴福、胡安泰、范继连、易福良、冯汉光、伍登万、穆元明、陈永嘉、李久元、孔祥兴、尹庆尧、徐成富、祁文华、马洪有、宋福成、王绍全、刘继贵、鲜文贵、胡荣、张绍伦、刘德贵、史学银、刘玉德、胡才有、杜泽福、李元清、李怀春、祝云、杨有春、赵永森、史福章、陈有富、熊明清、伍秋银、喻良田、王世明、罗怀银、陈永新、杨茂轩、何学伦、陈绍福、何国荣、杨世荣、罗长法、车惠安、李学忠、车伦英、余正国、王道宏、邓怀福、刘培光、曾启周、刘德兴、谢良佐、罗福明、邓义高、王开洪、曹贤安、杨治春、王培禄、林珍洪、周永贵、王楷、李仕明、赵树槐、张兴福、袁德祥、杨长清、李德元、杨维纪、陈绍富、胡贵生、牟泽、刘辉富、李玉堂、朱绍轩、何万学、傅和、郑金安、余万良、李春光、王学伦、刘刚、李久成、凌启禄、陈瑞金、宋国成、何光裕、文国安、彭德金、沈映厚、孙晓安、邓灼林
丹棱县	38	陈天顶、杨克明、邓成方、张敏均、周朝富、李九平、练福如、彭金安、吕大棚、辛忠元、邱荣福、陈开忠、徐洪敬、金廷福、罗学元、黄永斗、彭安秀、姜汉祯、祝文成、刘本清、胡云龙、梁学富、杨长杰、吴乾能、罗大顺、李文光、邱汝明、李子舟、熊怀清、彭绍华、陈太清、杨国庆、潘化生、瞿加玉、费兴斗、彭应兰、朱世成、李银洲
青神县	120	戚永江、刘国良、阮成宣、陈昌云、罗合清、王成德、殷维宽、陈绍荣、徐文芳、吴学先、刘万全、帅伟才、张中伟、欧春宣、雷大富、刘福安、周保元、邓子清、尧海成、邓光映、刘汉章、郭礼怀、郭义甫、江保安、邹金生、车保清、张义祥、杨彦学、邹树宾、曾正友、窦培华、窦国华、刘绍成、谭华清、王顺洪、周绍明、张保清、刘志成、冯荣清、赵兴国、张国云、王海云、陈昌荣、李安、饶兴良、张少全、吴德贵、王柴愘、徐廷贵、王洪洲、王安华、戚忠、郑德清、张荣新、鲁长安、戴德超、徐照云、郭振清、帅希武、张德成、刘炳均、龙云成、杨树清、刘其先、任述堂、张锡之、贾平章、刘文华、杨治权、陈德富、王仕民、何树元、余泽群、涂寿林、杨明清、陈光泽、万荣华、鲁友元、陈芳甫、宋庆泽、邓明安、陈国祥、商培、邓元清、宋荣均、邵崇山、邓学文、鲁绍成、杨绍成、罗忠元、罗光顺、唐占春、郑泽明、曾广云、郭友明、易先友、杨洪明、郭成芳、王明全、邱春安、范常贵、万树明、刘淑洲、郑荣华、王静青、黎炳兴、徐国华、杨善其、祝洪有、旷良州、石碧光、王德元、樊明仪、范清焱、任开书、先治明、陈天鼎、杨克明、熊怀清、彭绍华

三、中印边境自卫反击战、中越边境自卫还击战牺牲烈士

在中印边境自卫反击战、中越边境自卫还击战中，今眉山市境内共56人为国牺牲，被授予革命烈士。

眉山市中印边境自卫反击战、中越边境自卫还击战烈士统计表

表37-4

所在县	人数（人）	姓名
眉山县	1	邹本桃
仁寿县	17	吴华清、魏朝斌、李盛榜、王绍怀、王子金、陈子文、颜瑞武、杨荣禄、何正华、唐伯华、阳廷安、王世俊、冷泽章、肖昌致、刘仁发、杨安明、李秀州
	11	龙武华、胡正方、朱正轩、石华章、赵以君、徐孝成、杨玉春、赵贤武、王加伟、刘长钦、王仲文
彭山县	7	赵明德、张德福、颜开春、林亿宽、邬贵长、谭林勇、徐国民
洪雅县	12	李万富、宋仕文、龚廷全、王伦志、何军林、江学云、文富伦、李友明、何加贵、何正祥、谭安全、李毅强
丹棱县	5	刘加福、周大云、王绍华、吴挺生、刘汉文
青神县	3	童建康、刘正贵、陈忠权

四、平叛剿匪等牺牲烈士

在平叛剿匪等行动中，今眉山市境内共309人为国牺牲，被授予革命烈士。

眉山市平叛剿匪等烈士统计表

表37-5

所在县	人数（人）	姓名
眉山县	42	杨明芳、王云、邹中仁、张怀汉、付安银、刘泽东、林永福、郭荣盛、王可清、蒋荣邦、邹进才、伍忠伦、张碧辉、刘天云、王成荣、谢德林、董文华、陈明生、郑怀安、周志元、蹇明光、王国阳、张光富、阙在明、毛正全、李桂成、邓光华、李游金、周纪良、李金安、李德银、李正泉、曾邦春、申志中、王侦华、徐建成、舒中宝、任金邦、孙福华、候方生、黎成华、候克贤
仁寿县	186	丁万成、张立生、贺子成、方登轩、邹礼成、梁为民、胡久成、张光明、石化全、熊子才、黄克修、唐泽君、陈荣全、徐伯钦、方明章、李保安、何绍安、谢九安、杨克安、王光友、叶德君、邹登明、高仲明、罗玉弟、杨仲之、唐锡儒、罗明聪、万富明、曾程修、陈超、陈有三、王树安、王明德、杨绍均、刘子男、杨思进、郭玉光、张芝荣、吴松江、李长胜、张安中、刘伯辉、钟述明、沈富春、陈光明、陈绍安、黄玉文、廖江成、钟荣华、陈文兴、杨泽全、姚仕江、黄尚根、王相成、蒋伯均、刘学文、袁仲篪、吴元清、黄明潘、黄世杰、李文周、林志均、郭云丰、曹汉钦、张明川、付祥辉、刘明松、童文均、黄明玉、郭云雪、胡子春、钟治安、饶永森、尹心远、王明阳、熊德全、江杰、张华堂、肖树清、黄中华、张正清、曹子敬、郭云山、龚明德、邓英杰、黄海清、刘善华、陈云光、蒋宗荃、李元炳、辜召文、李志斌、廖德成、刘清澄、廖林位、李辉武、叶绍清、汪仲彬、杨云凡、王玉桂、刘正兴、陈炳林、胡泽明、王建川、廖明、汪正良、陈清元、胡裕煊、廖权松、黄泽民、代开激、孟达光、胡文中、王凯、廖治平、王洪藻、李良成、刘福田、叶云清、邹维新、唐少清、叶燮章、蒋良仲、罗泽伍、方绍高、王全安、辜如东、王玉林、林道荣、钟子禄、黄志付、李模明、黄济华、吴金权、王良成、李泽荣、郑绍光、李树成、尹集禄、吕述成、徐明山、王玉成、肖成界、伍志斌、李发文、李树庆、刘大顺、杨泽全、伍建川、刘凯、罗志成、唐绍清、许德高、宋泽高、吕敬明、张斌、王久成、夏银康、黎和兴、张绍清、辜贵州、范宗德、张志成、王松林、辜曲东、李清长、张华云、潘光明、秦凯、徐绍钦、高茂初、汪德荣、姚金山、黎华贵、唐祝君、胡光全、雷述奎、李良成、董希贤、黄景成、阙兴高、曾正金、王堂海、徐金龙、李绍明、郭衣安

续表37-5

所在县	人数（人）	姓名
彭山县	21	舒俊武、李寿华、刘献其、赵远荣、李成武、陈轩良、吴同芳、梅久如、赵子祥、杨鹏皋、干志忠、毛建明、郑国清、毛四林、徐明清、黎成华、罗体文、张文彬、刘荣成、陈万兴、杨少清
洪雅县	29	丁庆阳、贾志祥、伍万金、张学文、牟有富、黄芝年、丁仕祥、郑朝廷、吴有云、周国栋、王天顺、熊春喜、王长云、李元信、罗树清、王月亮、欧世全、余安华、谢春和、邓福文、何伦富、杨登科、谭华元、竺明权、郭朝明、刘忠福、王贵运、罗维成、苏仕贵
丹棱县	14	彭军、雷焕文、余焕章、朱浩波、黄志忠、万洪恩、曾俊林、周四海、古宗福、陈朝安、罗德军、夏金甫、刘玉福、张治政
青神县	17	陈亚雄、兰桂福、杨美洪、袁仕新、徐绍芳、张明清、周作清、郑开荣、邹治中、张云中、帅士俗、滕治成、吴阳春、毛桂伦、艾治斌、彭军、雷焕文

五、1950—2012 年社会主义建设中因公殉职烈士

1950—2012 年，在社会主义建设中，今眉山市境内 230 人因公殉职，被授予革命烈士。

眉山市因公殉职等烈士统计表

表 37-6

所在县	人数（人）	姓名
眉山县	51	杜国贞、宋家贵、戴成山、李世满、刘学文、熊成、张道年、李荣树、徐泽江、郑启超、陶学海、余孝恺、刘加和、王仲明、徐福安、徐玉清、阚朝荣、李永华、何富群、徐忠康、高志伦、何光明、周基泰、曹仲荣、袁进华、李保全、王方贵、王连芳、王碧斋、胡光友、罗世英、郑怀芳、朱云华、罗春祥、李东华、刘仲华、李金明、张绍安、刘心田、颜安权、徐长元、李贵华、周萍、王华中、李进文、项建文、叶玉明、何建军、秦崇兵、杨正良、白建刚
仁寿县	109	张荣辉、向宁芳、廖品永、王江成、刘善均、熊志成、李祥云、吴志钦、李贵清、石化成、黄良章、孙德州、陈文俊、夏超儒、汪克勤、朱长安、周银凡、陈德林、易贤儒、王尊平、李照林、谢海清、黄安明、张德文、童福全、吴树元、林俊文、王盛太、蒋宗贤、廖国华、刘德章、黄德光、高仁和、童子明、吴绍全、毛明光、张英、余文均、刘吉武、陈国清、任光明、瞿英才、但少荣、赖德明、江述清、夏荣华、徐天新、刘锡儒、江茂林、张志文、杨泽华、李志贵、谭克钦、杨士林、朱均派、陈开彬、童登伍、郭涛方、王凯、袁显东、高和远、谌华俊、邹长明、王少光、廖苏泉、陈少九、万朝根、吴左军、李仲明、吕文钦、卢才军、陈德明、李俊财、宋福军、张长安、刘黄根、刘德章、刘少辉、高绍英、周久成、付中杰、陈文君、廖加富、但长炳、杨俊、叶柏全、苏俊清、杨伯英、罗清明、梁开寿、杨君和、黄前锋、袁显明、黄前军、何吉书、罗书明、伍少明、蒋学文、李国川、杨东、郭旭、杨勇为、熊李科、代广金、陈英、张勇、杨洪、袁本林、李彬
彭山县	28	王锐、李永清、毛守藩、赵云武、陈记云、张开福、郑国富、李云良、帅松柏、毛德安、罗忠贵、陈开明、曾定发、刘泽根、李绍良、陈堂礼、何平春、刘建忠、黄兰中、马永平、李元培、黄建文、袁俊才、王华安、郭长安、杨文超、袁光良、马永红
洪雅县	14	辛绍文、唐元高、罗成矩、文季骈、李之才、张德胜、周玉华、江春林、熊光华、熊有富、沈文元、张建军、叶平、曾建元
丹棱县	15	陈志君、陈安福、郑加友、余天华、黄修龙、苏桃俊、贾良双、荀怀芳、王吉均、周荣高、彭志明、张代祥、万明、蒋光远、王兴成
青神县	13	李志芳、吴鸿明、王泽文、曾保安、帅树森、吕志清、徐炳兴、李治权、杨云华、代世军、张树荣、郭先华、杨彦如

第三节 先进人物名录

一、省（部）级及以上表彰（荣誉）的先进个人

1997—2012 年，在社会主义建设中，眉山市 679 人次获得省（部级）及以上表彰奖励。

眉山市 1997—2012 年获省部级及以上表彰（荣誉）的先进个人名录表

表 37-7

姓名	所在单位	获奖名称	授奖机关	年份
郭述才	仁寿县运管所	1997 年四川省交通系统先进工作者	人事部、交通部	1997
官　冲	眉山市太和镇政府	第一次全国农业普查工作先进个人	全国农普办	1997
卢俊忠	眉山县政府	第一次全国基本单位普查先进个人	全国基查办	1997
廖　斌	眉山县统计局	第一次全国基本单位普查先进个人	全国基查办	1997
宋恒吾	眉山县统计局	第一次全国基本单位普查先进个人	全国基查办	1997
严国琼	眉山县统计局	第一次全国基本单位普查先进个人	全国基查办	1997
邹水清	彭山县统计局	第一次全国基本单位普查先进个人	全国基查办	1997
许群芳	彭山县统计局	第一次全国基本单位普查先进个人	全国基查办	1997
何广福	洪雅县公安局	全国优秀人民警察	公安部	1997
潘建忠	仁寿汪洋能源公司	全国五一劳动奖章	全国总工会	1997
肖世忠	仁寿县公安局			
徐世斌	眉山县政府	1997 年度新闻宣传先进个人	民政部	1997
张学文	眉山县畜牧局	1997 年度农牧渔业丰收计划一等奖	农业部	1997
张志敏	眉山县畜牧局	1997 年度农牧渔业丰收计划一等奖	农业部	1997
张明安	眉山县畜牧局	1997 年度农牧渔业丰收计划一等奖	农业部	1997
李桂容	眉山县畜牧局	1997 年度农业渔业丰收计划一等奖	农业部	1997
王志敏	眉山地区农业局	"小麦优良品种及高产配套栽培技术"项目全国农牧渔业丰收奖三等奖	农业部	1997
刘永禄	黑龙滩管理处	全国劳模渠道维护工种技术能手比赛第九名	水利部	1997
邱含忠	丹棱县顺龙乡党委	全省优秀共产党员	省委	1997
张燕斌	彭山县法院	1995—1996 年全省政法战线先进干警	省委	1997
张世林	眉山县委统战部	民族团结进步模范个人	省政府	1997
刘元清	彭山县国土局	耕地保护工作先进个人	省政府	1997
许志强	眉山县公安局	全国优秀人民警察、全国公安机关廉政先进个人	公安部	1998
张红兵	成都邮电通信设备厂	全国五一劳动奖章	全国总工会	1998
刘永禄	黑龙滩灌区管理处	全国水利行业职业技能竞赛灌排工程三等奖	水利部	1998

续表37－7

姓名	所在单位	获奖名称	授奖机关	年份
王　泽	眉山县农调队	全国农业普查先进个人	全国农业普查办公室	1998
胡年勇	眉山县政府	全国农业普查先进个人	全国农业普查办公室	1998
余永忠	眉山县统计局	全国农业普查先进个人	全国农业普查办公室	1998
李林华	眉山县体育局	全国（市、区）体育先进个人	国家体育总局	1998
王星度	眉山县农调队	全国农调系统先进工作者	国家统计局	1998
李树立	眉山县太和职高	全国模范教师	人事部、国家教委	1998
尹春贵	彭山县计生局	全国计划生育优秀工作者	国家人口计生委	1998
罗成江	彭山县气象局	优秀测报员	国家气象局	1998
陈忠良	彭山县农业局	小麦优良品种及高产配套技术三等奖	农牧渔业部	1998
陈秀如				
卢子英				
兰国群	眉山县灵石镇平乐村	全国模范乡村医生	卫生部	1998
兰明友	洪雅县三宝镇熊园村	全国优秀人民调解员	司法部	1998
许志强	眉山县公安局	省 1997—1998 年度先进政法干警	省委、省政府	1998
袁春华	眉山县尚义镇党委	优秀乡镇党委书记	省委	1998
邱含忠	眉山县杨场镇党委	全省学习实践“三个代表”重要思想优秀乡镇党委书记	省委	1998
苏　灿	中共眉山地委	四川省第八次社会科学优秀成果评奖三等奖	省政府	1998
王影聪	中共眉山地委宣传部	四川省第八次社会科学优秀成果评奖三等奖	省政府	1998
林　晓	眉山地区教委	四川省第八次社会科学优秀成果评奖三等奖	省政府	1998
邓　坤	彭山县公安局	全国禁毒工作先进个人	国家禁毒委	1999
祝贵年	洪雅县公安局	全国优秀人民警察	公安部	1999
王成宏	眉山县地区水电局	1998 年长江抗洪先进个人	长江防汛总指挥部	1999
曾仲良	黑龙滩灌区管理处	全国绿化奖章	全国绿化委员会	1999
徐洪刚	眉山地区气象局	重大气象服务先进个人	国家气象局	1999
张　弛	眉山地区气象局	网络管理先进个人	国家气象局	1999
周均国	丹棱县民政局	全国民政信访先进个人	民政部	1999
彭建安	眉山市水产技术推广站	“小体积高密度网箱养鱼推广应用”项目全国农牧渔业丰收奖二等奖	农业部	1999
肖伟胜	黑龙滩灌区管理处	“小体积高密度网箱养殖技术推广应用”项目获全国农牧渔业丰收奖二等奖	农业部	1999
李继华	眉山县建设局	全国建设系统先进工作者	建设部	1999
罗建忠	眉山县地税局	中国优秀青年卫士提名奖	共青团中央、国家税务总局等 12 家单位	1999
胡福良	眉山县水电局	1999 年全国农牧渔业丰收奖二等奖第 8 完成人	农业部	1999
何　猛	眉山县水电局	1999 年全国农牧渔业丰收奖二等奖第 15 完成人	农业部	1999

续表37-7

姓名	所在单位	获奖名称	授奖机关	年份
常争荣	彭山县广播电视局	全国广播电影电视系统先进工作者	人事部、国家广播电影电视总局	1999
罗德明	彭山县公安局	全国优秀人民警察	公安部	1999
范桂仙	彭山县彭溪镇	十佳党支部书记	省委	1999
李新民	彭山县畜牧局	“五号病”防治先进个人	省政府	1999
宋　斌	青神867厂	全国劳动模范	全国总工会	2000
罗德明	彭山县公安局	全国优秀民警	公安部	2000
黄宇康	东坡区思蒙镇卫生院	全国卫生系统先进工作者（1999）	人事部、卫生部、中医药管理局	2000
余文光	东坡区委政研室	全国农村固定观察点工作荣誉证书	中央政研室、农业部	2000
梁云清	东坡区委政研室	全国农村固定观察点工作荣誉证书	中央政研室、农业部	2000
丁时明	东坡区晋凤乡计生办	全国乡（镇）街道优秀计划生育工作者	国家人口计生委	2000
朱春容	东坡区崇礼镇顺江村	全国村（居）委会优秀计划生育工作者	国家人口计生委	2000
余新明	仁寿县曹家乡	全国劳动模范	全国总工会	2000
曹晋惠	青神县幼儿园	全国三八红旗手	全国妇联	2000
杜宜军	武警眉山支队	总部“优秀班长”	武警总部	2000
彭建安	眉山市水产技术推广站	“四川省规范化稻田养鱼搞成高效技术”项目全国农牧渔业丰收奖一等奖	农业部	2000
苏云高	东坡区水利局	全国水利先进个人	水利部	2000
吕卫东	彭山县体委	体育工作先进个人	国家体育局	2000
何图琴	彭山县政协	关心下一代工作先进个人	全国关心下一代委员会	2000
赵　樱	洪雅县人民检察院	人民满意检察干警	最高人民检察院	2000
石　勇	眉山市农业局	“水稻旱育秧抛秧高产高效技术推广”项目全国农牧渔业丰收奖一等奖	农业部	2000
李　力	彭山县公安局	全省优秀人民警察	公安部	2000
黄宇康	眉山县思蒙镇卫生院	全国乡镇卫生院优秀院长	中国农村卫生协会	2000
吴　宗	眉山县计生局	全国计划生育协会先进志愿者	中国计生协会	2000
袁春华	东坡区尚义镇党委	“处置邪教组织”先进个人	省委、省政府	2000
谢正华	彭山县检察院	全省政法战线先进干警	省委、省政府	2000
古维均	丹棱县水电局	四川省劳动模范	省政府	2000
舒继伦	川眉芒硝有限责任公司	四川省劳动模范	省政府	2000
徐　宏	仁寿县棉纺厂	四川省劳动模范	省政府	2000
涂晋才	青神县南城镇鸿涛村	四川省劳动模范	省政府	2000
虞正全	彭山县青龙镇古佛村	四川省劳动模范	省政府	2000
李秀兰	洪雅县高庙镇	四川省劳动模范	省政府	2000
余新民	仁寿县曹家乡	四川省劳动模范	省政府	2000

续表37-7

姓名	所在单位	获奖名称	授奖机关	年份
马兆云	眉山市交通局	2000年度县乡标美路建设先进个人	省政府	2000
刘小伶	眉山市公路管理局	2000年度县乡标美路建设先进个人	省政府	2000
苏　灿	中共眉山地委组织部	四川省第九次社会科学优秀成果评奖三等奖	省政府	2000
余　斌	眉山地区行署	四川省第九次社会科学优秀成果评奖三等奖	省政府	2000
严文清	政协眉山地区工委	四川省第九次社会科学优秀成果评奖三等奖	省政府	2000
吴子明	政协眉山地区工委	四川省第九次社会科学优秀成果评奖三等奖	省政府	2000
张忠全	政协眉山地区工委	四川省第九次社会科学优秀成果评奖三等奖	省政府	2000
赵永东	政协眉山地区工委	四川省第九次社会科学优秀成果评奖三等奖	省政府	2000
刘川眉	眉山地委宣传部	四川省第九次社会科学优秀成果评奖三等奖	省政府	2000
李光桥	东坡区交通局	2000年度县乡标美路建设先进个人	省政府	2000
兰卫东	眉山市公路管理局	2000年度县乡标美路建设先进个人	省政府	2000
王　燕	东坡镇计生办	“九五”期间计划生育先进个人	省政府	2000
马永前	彭山县志办	地方志工作先进个人	省政府	2000
周成杰	东坡区三苏路小学	全国五一劳动奖章	全国总工会	2001
冯宗放	眉山市疾控中心	全国消灭脊髓灰质炎工作先进个人	卫生部	2001
唐　猛	丹棱县血防站	全国血吸虫病防治先进个人	卫生部、农业部、水利部	2001
杨维彬	眉山市计生药具管理站	全国婚育新风进万家活动先进个人	中宣部、国家人口计生委	2001
李　力	彭山县公安局	全国优秀民警	公安部	2001
李为果	眉山市教育局	全国“两基”工作先进个人	教育部、财政部、国家计委	2001
文学华	丹棱县	全国“两基”工作先进个人		
郭世雄	仁寿县教育局	全国“两基”工作先进个人		
王志敏	眉山市农业局	“水稻节本增效技术推广”农牧渔业丰收奖三等奖	农业部	2001
石　勇				
鲁大林				
李　萍				
余文海				
王帮祝				
杨乔生	洪雅县人口计生委	全国婚育新风进万家活动先进个人	中央宣传部、国家人口计生委	2001
汪爱辉	东坡区修文镇代店村三组	全国婚育新风进万家活动先进个人	中央宣传部、国家人口计生委	2001
郝金华	东坡区人事局	全国干部统计工作先进工作者	中央组织部、人事部	2001
马　宏	眉山市公安局	全国五一劳动奖章	全国总工会	2001

续表37-7

姓名	所在单位	获奖名称	授奖机关	年份
程钦华	洪雅县保密局	全国“三五”保密法制宣传教育先进工作者	中央保密办、国家保密局	2001
黄玉蓉	眉山市委统战部	全国“巾帼建功标兵”	全国城镇巾帼建功活动领导小组	2001
彭学琴	洪雅县气象局	重大气象服务先进个人	国家气象局	2001
马兆云	眉山市交通局	科技事业单位国家二级档案管理贡献奖	国家档案局	2001
常争荣	彭山县广播电视局	全国群众体育先进个人	国家体育总局	2001
张治权	彭山县计生局	全国婚育新风进万家先进个人	中宣部、国家人口计生委	2001
袁春花	彭山县农业局	病虫防治先进个人	农业部	2001
王茂春	人民银行青神县支行	安全保卫工作先进工作者	中国人民银行	2001
易卫东	东坡区晋凤初中	陈香梅教育基金第三届优秀教师奖获得者	中国中小学幼儿园教师奖励基金会	2001
王加宾	眉山市公安局	全省同邪教组织斗争先进个人	省委、省政府	2001
李　力	彭山县公安局	1999—2000年度省政法线先进干警	省委、省政府	2001
肖德元	彭山县公安局	处法工作先进个人	省委、省政府	2001
刘礼斌	丹棱县人民法院	四川政法战线先进干警	省委、省政府	2001
符光清	眉师附小	2000年度四川省有突出贡献的优秀专家	省委、省政府	2001
马兆云	眉山市交通局	1996—2000年全省法制宣传教育先进个人	省委、省政府	2001
谢正华	彭山县检察院	1999—2000年度省政法战线先进干警	省委、省政府	2001
傅功明	眉山市国土资源局	1996—2000年全省法制宣传教育先进个人	省委、省政府	2001
刘志明	眉山市人事局	四川省军转安置工作先进个人	省委	2001
吴子林	仁寿县统战部	民主团结进步模范个人	省政府	2001
黄书跃	彭山县凤鸣镇	“九五”期间计划生育工作先进个人	省政府	2001
李建文	彭山供电力公司	第一批农村电网建设与改造先进个人	国家计委、国电公司	2002
曾仲良	黑龙滩灌区管理处	全国水利系统先进工作者	人事部、水利部	2002
周建国	仁寿县公安局	“深挖犯罪”先进个人	公安部	2002
谢正华	彭山县检察院	全国模范检察干部	最高人民检察院	2002
黄慧健	仁寿县宝飞镇	全国“双学双比”先进科技服务工作者	全国各族农村双学双比竞赛领导小组	2002
张利铭	中共眉山市委	四川省第十次社会科学优秀成果评奖二等奖	省政府	2002
苏　灿	中共眉山市委	四川省第十次社会科学优秀成果评奖三等奖	省政府	2002
宋建新	眉山市纪委	四川省第十次社会科学优秀成果评奖三等奖	省政府	2002
张利铭	中共眉山市委	四川省第十次社会科学优秀成果评奖三等奖	省政府	2002
李昌明	眉山科工园管委会	四川省第十次社会科学优秀成果评奖三等奖	省政府	2002
张平松	中共眉山市委	四川省第十次社会科学优秀成果评奖三等奖	省政府	2002

续表37-7

姓名	所在单位	获奖名称	授奖机关	年份
彭建安	眉山市水产技术推广站	“斑点叉尾鮰高产高效养殖技术推广”项目全国农牧渔业丰收奖三等奖	农业部	2002
陈　兵				
杨志元	眉山市社保局	全国劳动保障系统个人记一等功	劳动和社会保障部	2002
甘志宽	东坡区政府	第五次全国人口普查先进个人	第五次全国人口普查领导小组办公室	2002
廖　斌	东坡区统计局	第五次全国人口普查先进个人	第五次全国人口普查领导小组办公室	2002
李国忠	东坡区农工办	中国特产之乡开发宣传建设先进工作者	中国特产之乡推荐暨宣传活动组委会	2002
汪述轩	仁寿县物价局	全国价格监测先进个人	国家计委	2002
谢开庆	洪雅县人口计生委	全国计划生育先进工作者	国家人口计生委	2002
周建国	仁寿县公安局	2001—2002年度四川省政法战线先进干警	省委、省政府	2002
郭　茂	彭山县江口镇	全省农村“三个代表”重要思想学习教育活动先进个人	省委	2002
虞正权	彭山县青龙镇古佛村	全省农村“三个代表”重要思想学习教育活动先进个人	省委	2002
陆俊龙	仁寿县教研室	全国学校对口支援工作先进个人	教育部、中组部、国家计委、民委、财政部、人事部、扶贫办	2003
宋建新	眉山市纪委	第八届全国少数民族省区改革开放与党风廉政建设理论研讨会二等奖	中纪委	2003
王成满	眉山市公安局	征兵工作先进个人	成都军区	2003
王碧华	东坡区公安分局	全国优秀人民警察	公安部	2003
刘向阳	东坡区公安分局	2001—2002年度全国优秀人民警察	公安部	2003
王晋祥	眉山市计生委	全国人口和计划生育法制先进个人	国家人口计生委	2003
吴江河	仁寿县妇幼保健院	全国卫生系统先进工作者	卫生部	2003
袁勇艺	眉山市农业局	农经收益分配统计工作先进个人	农业部	2003
唐　波	省地矿局九一五地质队	全国五一劳动奖章	全国总工会	2003
宋志平	青神县保密局	全国先进保密工作者	中央保密办、国家保密局	2003
陈　兵	眉山市水产技术推广站	“大口黑鲈高产高效养殖技术推广”项目全国农牧渔业丰收奖三等奖	农业部	2003
周　雪	东坡区张坎镇政府	防治“非典”先进个人	国家人口计生委	2003
章仕林	彭山县畜牧局	农牧渔业丰收奖	农业部	2003
赵　琴	彭山县畜牧局	农牧渔业丰收奖	农业部	2003
舒保全	彭山县畜牧局	农牧渔业丰收奖	农业部	2003
邹水清	彭山县统计局	全国第二次基本单位普查先进个人	全国第二次基本单位普查办公室	2003
卢长清	仁寿县物价局	2002—2003年全国农产品成品调查先进个人	国家发改委	2003

续表37-7

姓名	所在单位	获奖名称	授奖机关	年份
徐正银	仁寿县气象局	全国质量优秀测报员	国家气象局	2003
陈付华	仁寿县气象局	全国质量优秀测报员	国家气象局	2003
张　琴	仁寿县计生局	全国人口计划生育先进工作者	国家人口计生委	2003
王光健	眉山市国土资源局	全国土地登记和土地调查先进个人	国土资源部	2003
肖成新	眉山市安监局	2002年安全生产监督管理先进个人	国家安监总局	2003
杨　华	丹棱县交通局	三峡移民先进工作者	国务院三建委	2003
肖成勋	仁寿县计生局	计划生育先进志愿者	全国计生协会	2003
胡江华	彭山县青龙镇计生办	全国计生协先进志愿者	中国计生协	2003
吴　宗	东坡区计生委	全国先进工作者	中国计生协	2003
徐孝强	洪雅县疾控中心	中国全球基金结核病项目先进个人	中国疾控中心	2003
王荣木	仁寿县委	四川省防治非典型性肺炎先进个人	省委、省政府	2003
周建国	仁寿县公安局	全省政法战线先进干警	省委、省政府	2003
李文彬	仁寿县公安局	全省“严打”先进个人	省委、省政府	2003
戴学安	大石桥卫生院	防治“非典”优秀共产党员	省委	2003
张富洪	彭山县交通局	四川省抗击“非典”工作优秀共产党员	省委	2003
车志华	洪雅县公安局	“同邪教组织斗争”先进个人	省委	2003
李红雨	洪雅县公安局	四川省防治非典型性肺炎工作优秀共产党员	省委	2003
吴朝禹	丹棱县顺龙乡政府	“非典”防治优秀共产党员	省委	2003
黄方泉	丹棱县公安局	严打整治先进个人	省委	2003
吴爱玲	东坡区支部主委	四川省抗击“非典”先进个人	省政府	2003
辜　皓	仁寿县教育局	中学特级教师	省政府	2003
赵　勤	四川省电力公司眉山公司	农村电网建设与改造先进个人	省政府	2003
李树林	眉山军分区	应急维稳工作先进个人	省军区	2003
贾双文	青神县人武部	荣立三等功	省军区	2003
周传权	彭山县教育局	全国优秀教师	教育部、人事部	2004
王志宏	青神中学	全国优秀教师	教育部、人事部	2004
罗希立	四川丹甫公司	全国五一劳动奖章	全国总工会	2004
李光丽	仁寿双天酒家有限公司	全国三八红旗手	全国妇联	2004
李亚非	眉山市计生委	全国人口计生系统作风建设先进个人	国家人口计生委	2004
赵友中	眉山市环境监察支队	全国打击环境违法行为先进个人	国家环保总局	2004
宋富林	东坡区	执法先进工作者	农业部	2004
钟开银	洪雅县	执法先进工作者	农业部	2004
张景华	仁寿教育局	优秀教育工作者	教育部	2004
陈永刚	仁寿县农业局	丰收二等奖	农业部	2004

续表37-7

姓名	所在单位	获奖名称	授奖机关	年份
朱文才	仁寿兴达公司	第五届乡镇企业家	农业部	2004
徐洪刚	眉山市气象局	优秀值班预报员	国家气象局	2004
张华兴	彭山县卫生局	全国卫生系统先进个人	卫生部、人事部、国家中医药管理局	2004
叶云华	彭山县计生局	全国人口计生系统先进个人	国家人口计生委	2004
王松明	仁寿富加工商所	全国工商系统优秀管理人员	全国工商总局	2004
林　强	仁寿县气象局	质量优秀测报员	国家气象局	2004
黄尚彬	仁寿一中	全国模范教师	人事部、教育部	2004
甘大贤	眉山市路灯处	全国建设系统劳动模范	人事部、建设部	2004
徐孝强	洪雅县疾控中心	中国全球基金结核病项目先进个人	中国疾控中心	2004
粟永建	仁寿县公安局	全省优秀派出所所长、个人二等功	省委、省政府	2004
伍　奇	彭山县公安局	2003—2004 年度省政法战线优秀干警	省委、省政府	2004
李　力	彭山县公安局	优秀公安派出所所长、个人二等功	省委、省政府	2004
古维均	丹棱县水利局	第四届四川省十大杰出青年农民	省委、省政府	2004
程旭东	眉山市中级人民法院	2003—2004 年度全省政法战线先进干警	省委、省政府	2004
雷　林	四川金象化工股份有限公司	四川省劳模	省政府	2004
吴冬丽	彭山县地税局	人民满意的公务员	省政府	2004
唐廷华	眉山银监分局	四川省第十一次社会科学优秀成果评奖三等奖	省政府	2004
杨润涛	眉山车辆厂	全国劳模	全国总工会	2005
古维均	丹棱县杨场镇水产养殖户	全国五一劳动模范	国务院	2005
黄尚彬	仁寿县一中校	全国劳模	全国总工会	2005
刘桂英	四川省眉山市宏鹰农业发展有限公司	全国三八红旗手	全国妇联	2005
苏宗林	东坡区教育局	第三批全国绿色学校创建工作先进个人	国家环保总局、教育部	2005
徐　炜	眉山市公安局	全国公安机关公共信息网络安全监察部门先进个人	公安部	2005
张桂军	彭山县公安局	2004 年度全国优秀人民警察	公安部	2005
林　勇	仁寿县农业行政执法大队	毒鼠强专项整治先进个人	农业部	2005
张　敏	丹棱县委	第一次经济普查先进个人	国务院第一次经济普查领导小组	2005
周德全	丹棱县统计局	第一次经济普查先进个人	国务院第一次经济普查领导小组	2005
向　英	眉山市文体局	全国第五次体育场地普查先进个人	国家体育局	2005
王晋川	眉山市文体局	全国文化系统先进工作者	人事部、文化部	2005
杜晋川	眉山电信公司	全国群众体育先进个人	国家体育总局	2005

续表37-7

姓名	所在单位	获奖名称	授奖机关	年份
周建松	眉山市文体局	全国群众体育先进个人	国家体育总局	2005
涂晓乐	青神县初级中学	全国群众体育先进个人	国家体育总局	2005
李建章	眉山市文体局	全国群众体育先进个人	国家体育总局	2005
杨维彬	眉山市计生药具管理站	全国人口计生系统药具工作先进个人	国家人口计生委	2005
陈学茹	丹棱县计生委	全国人口计生系统“新时期最可爱的人”	国家人口计生委	2005
李建祥	人民银行眉山中心支行	支付清算系统运行先进个人	中国人民银行	2005
梁戈宁	人民银行眉山中心支行	优秀共青团干部	中国人民银行	2005
金育林	眉山市中级人民法院	全国法院政治工作先进个人	最高人民法院	2005
彭学枝	东坡区民政局	全国城市标准地名标志设置工作先进个人	民政部等4个单位	2005
何学斌	东坡区	当代中国人——中国专家人才，获“杰出专家贡献奖”	中国社科院等6个单位	2005
袁世金	彭山县县政府	科技进步工作先进个人	科技部	2005
马永前	彭山县志办	地方志工作先进个人	中国地方志指导小组	2005
李万文	彭山县科技局	科技进步工作先进个人	科技部	2005
余利平	彭山县农业局	农牧渔业丰收计划二等奖	农业部	2005
余喜章	彭山县财政局	全国经济普查先进个人	国务院经普领导小组	2005
宋建新	眉山市纪委	全国第九届少数民族省区党风廉政建设理论研讨会优秀论文奖	中纪委	2005
徐孝强	洪雅县疾控中心	中国全球基金结核病项目先进个人	中国疾控中心	2005
余志平	洪雅县三宝镇政府	全国婚育新风进万家活动先进个人	全国妇联、国家人口计生委等10部委	2005
黄　波	洪雅县将军乡前进村	全国优秀乡村医生	卫生部	2005
秦永富	青神县计生协	全国计生协先进个人	中国计生协	2005
万树芬	丹棱县丹棱镇计生协	全国计生协先进个人	中国计生协	2005
雷明全	东坡区人口计生委	全国计生协先进个人	中国计生协	2005
蓝冬玉	东坡区松江镇计生协	全国计生协先进个人	中国计生协	2005
伍秀平	洪雅县槽渔滩镇竹箐村	全国计生协先进个人	中国计生协	2005
胡慧敏	彭山县灵石镇	全国计生协先进个人	中国计生协	2005
彭惠琴	青神县人民检察院	全国巾帼建功标兵	全国妇联	2005
徐小平	青神县科协	全国农村科普工作先进个人	中国科学技术协会	2005
杨　林	青神867厂	四川省劳动模范	省政府	2005
刘朝禄	洪雅县林科所	四川省劳动模范	省政府	2005
何清海	眉山高级职业技术学院	四川省劳动模范、有突出贡献的优秀专家	省政府	2005
李国斌	四川李记酱菜调味品有限公司	四川省劳动模范	省政府	2005
黄宇康	东坡区中医骨伤科医院	四川省劳动模范	省政府	2005

续表37-7

姓名	所在单位	获奖名称	授奖机关	年份
罗志中	四川丹甫公司	四川省劳动模范	省政府	2005
徐文科	仁寿县新店乡	四川省劳动模范	省政府	2005
刘光强	彭山县水利局	四川省劳动模范	省政府	2005
杨云峰	仁寿县公安局	四川省劳动模范	省政府	2005
罗秀容	青神县瑞峰镇	四川省劳动模范	省政府	2005
张正军	洪雅县畜牧局	四川省劳动模范	省政府	2005
梅　红	彭山县彭溪小学	第五次民族团结进步模范个人	省政府	2005
周建国	彭山县林业局	农田水利基本建设先进个人	省政府	2005
罗会华	彭山县人民政府	四川省第一次全国经济普查先进个人	省政府	2005
王　勇	眉山市中级人民法院	全国群众体育先进个人	国家体育总局	2006
廖仲宾	眉山车辆厂	全国五一劳动奖章	全国总工会	2006
杨维彬	眉山市计生药具管理站	全国宫内节育器避孕效果调查先进个人	国家人口计生委	2006
何登祥	丹棱县统计局	2005 年全国 1%人口抽样调查先进个人	全国人口抽样调查领导小组	2006
侯永昌	眉山市食品药品监管局	全国食品药品监管系统纪检监察先进工作者	国家食品药品监督管理局	2006
吴爱玲	眉山市政协	民革全国参政议政先进个人	民革中央	2006
黄祝君	仁寿县保密局	全国先进保密工作者	中央保密办、国家保密局	2006
彭建安	眉山市水产技术推广站	“长吻鮠高产高效养殖技术推广”项目全国农牧渔业丰收奖二等奖	农业部	2006
陈　兵				
李　谋	眉山市卫生局	全国结核病防治工作先进个人	卫生部	2006
李学明	仁寿县文林镇	全国优秀乡村医生	卫生部	2006
莫玉英	青神县疾控中心	全国结核病防治工作先进个人	卫生部	2006
张兴安	东坡区委政法委	全国见义勇为先进工作者	中宣部、中央综治委、公安部等	2006
刘志彬	东坡区科研所	星火科技先进工作者	科技部	2006
金长春	东坡区疾控中心	全国结核防治工作先进个人	卫生部	2006
周玉忠	东坡区畜牧局	奶牛现代养殖技术推广与奶业产业化示范项目三等奖	农业部	2006
徐忠贵	东坡区畜牧局	奶牛现代养殖技术推广与奶业产业化示范项目三等奖	农业部	2006
熊　明	彭山县组织部	全国优秀党务工作者	中央组织部	2006
叶云华	彭山县计生委	计划生育家庭奖励扶助制度和少生快富工程试点先进个人	国家人口计生委	2006
徐孝强	洪雅县疾控中心	中国全球基金结核病项目先进个人	中国疾控中心	2006
肖伟胜	黑龙滩灌区管理处	长吻鮠高产高效养殖技术推广项目获全国农牧渔业丰收奖二等奖	农业部	2006

续表37-7

姓名	所在单位	获奖名称	授奖机关	年份
李亚非	眉山市计生协	全国先进个人	中国计生协	2006
周兴全	仁寿县计生协	全国先进个人	中国计生协	2006
胡建中	东坡区委统战部	四川省维护民族团结保持社会稳定先进个人	省委、省政府	2006
王泽文	眉山市人口和计生委	四川省“十五”期间人口和计划生育工作先进个人	省委、省政府	2006
宋玉英	彭山县凤鸣镇	优秀共产党员	省委	2006
刘宏眉	眉山市人民医院	征兵工作先进个人	省政府	2006
周建国	彭山县林业局	“十五”期建设长江上游生态屏障先进个人	省政府	2006
彭天富	眉山中学	全国模范教师	人事部、教育部	2007
董询慧	仁寿县幼儿园	全国模范教师	人事部、教育部	2007
杨仕祥	眉山市环卫处	全国建设系统先进工作者	人事部、住建部	2007
舒　镜	彭山县青龙一小	全国优秀教师	教育部	2007
赵国英	丹棱县唐河小学	全国优秀教师	教育部	2007
余树军	青神县青神中学	全国优秀教师	教育部	2007
郑亚琼	眉山市第一小学	全国优秀教师	教育部	2007
付吉和	洪雅县教育科技局	全国教育纪检先进个人	教育部	2007
钟利东	眉山市农业局	全国测土配方施肥工作先进个人	农业部	2007
黄冰辉	眉山武警支队	优秀士官人才奖二等奖	武警总部	2007
肖　广	眉山武警支队	标兵教练员	武警总部	2007
宋　旭	文化市场综合执法支队	全国新闻出版统计工作先进个人	国家新闻出版总署	2007
范优俊	仁寿县公安局	2005—2006年度全国优秀人民警察	公安部	2007
文曼宁	仁寿第一中学	第四批全国“绿色学校”创建工作先进个人	国家环保总局、教育部	2007
龚庆彤	眉山市环保局	第四批全国“绿色学校”创建工作先进个人	国家环保总局、教育部	2007
陈明芳	通济堰管理处	全国巾帼建功标兵	全国妇联	2007
辜翠花	仁寿县新盛火锅店	全国巾帼建功标兵	全国妇联	2007
刘秀云	东坡区太和镇	全国人口和计划生育系统优秀工作者	国家人口计生委	2007
肖成新	眉山市安监局	全国安全生产监督管理、煤矿安全监察先进个人	国家安监总局	2007
叶　伟	彭山县安监局	全国安全生产监管煤矿安全监察先进个人	国家安监总局	2007
何平刚	彭山县农林局	全国测土配方施肥工作先进个人	农业部	2007
袁春花	彭山县农林局	植保技术推广通联工作先进工作者	农业部	2007
徐孝强	洪雅县疾控中心	中国全球基金结核病项目先进个人	中国疾控中心	2007
李玉琴	眉山市计生协	全国先进个人	中国计生协	2007
周泽萍	眉山市计生协	全国先进志愿者	中国计生协	2007
李秀枝	青神县罗波乡龙泉村	全国先进志愿者	中国计生协	2007
周开能	彭山县观音镇	全国先进志愿者	中国计生协	2007

续表37-7

姓名	所在单位	获奖名称	授奖机关	年份
余心秀	洪雅县止戈镇	全国先进志愿者	中国计生协	2007
张　强	丹棱县七李路	全国见义勇为司机	中华见义勇为基金会	2007
张泽洲	眉山市中级人民法院	2005—2006年度四川省政法战线先进干警	省委、省政府	2007
彭建安	眉山市水产技术推广站	四川省有突出贡献优秀专家	省委、省政府	2007
李顶洪	眉山市气象局	防灾减灾先进个人	省委、省政府	2007
范优俊	仁寿县公安局	2005—2006年度省政法战线先进干警	省委、省政府	2007
黄　勇	仁寿县公安局	全省优秀人民警察	省政府	2007
袁春花	彭山县农林局	省人民政府抗旱减灾先进个人	省政府	2007
李志林	东坡区应林大酒店	全国五一劳动奖章	全国总工会	2008
郭才文	眉山市环保局	整治违法排污企业保障群众健康环保专项行动先进个人	环保部等7部委	2008
王吉宏	眉山市疾控中心	抗震救灾先进个人	卫生部	2008
冷　军	眉山市疾控中心	抗震救灾卫生先进个人	卫生部	2008
彭　锋	眉山市食药监管局	抗震救灾医药卫生先进个人	卫生部、国家食品药品监管局	2008
何亚伟	彭山县卫生局	全国抗震救灾医药卫生先进个人	卫生部	2008
李林坤	眉山市综治办	2008年全国打击盗窃破坏电力电信广播电视设施违法犯罪专项斗争先进个人	公安部、中央综治办8部委	2008
刘泽军	眉山市人口计生委	第二次全国农业普查先进个人	国务院第二次农普领导小组办公室、国家统计局	2008
王廷祥	眉山市人口计生委	2007年度关爱女性健康项目先进个人	中国人口福利基金会	2008
王利群	眉山市农业局	农业基建管理先进个人	农业部	2008
侯双全	东坡区农业局	助奥先进个人	农业部	2008
陈建忠	眉山市公安局	全国治理自行车被盗专项行动先进个人	中央综治办、公安部等	2008
郭昌军	眉山市公安局	全国县级公安机关公用经费保障标准落实工作先进个人	公安部	2008
庞　磊	眉山市公安局	全国公安经侦系统先进个人	公安部	2008
马　辛	青神县公安局	四川省维护藏区稳定模范	省委、省政府	2008
柯　飞	武警四川总队眉山支队	全国抗震救灾模范	中共中央、国务院、中央军委	2008
黄甫明	东坡区民政局	全国民政系统抗震救灾个人嘉奖	民政部	2008
龚万军	洪雅县民政局	全国民政系统抗震救灾个人嘉奖	民政部	2008
李成芳	眉山市救助站	全国民政系统抗震救灾个人嘉奖	民政部	2008
李述清	眉山市民政局	全国民政系统抗震救灾个人嘉奖	民政部	2008
黄相明	眉山市民政局	全国民政系统抗震救灾个人嘉奖	民政部	2008

续表37-7

姓名	所在单位	获奖名称	授奖机关	年份
陈宏忠	仁寿县民政局	全国民政系统抗震救灾个人嘉奖	民政部	2008
陈振杰	武警四川总队眉山支队	士官优秀人才三等奖	武警总部	2008
柯　飞	武警四川总队眉山支队	士官优秀人才三等奖	武警总部	2008
孙守顶	眉山市消防支队	全国公安系统抗震救灾先进个人	公安部	2008
王克华	眉山市消防支队	三等功	公安部消防局	2008
冉　轶	眉山市消防支队	二等功	公安部消防局	2008
向清平	眉山市消防支队	三等功	公安部消防局	2008
徐　华	仁寿县消防中队	全国公安系统抗震救灾先进个人	公安部	2008
冉云波	眉山市消防支队	二等功	公安部	2008
冉云波	眉山市消防支队	公安消防部队抗震救灾先进个人	公安部消防局（级别）	2008
向　阳	眉山市消防支队	公安消防部队抗震救灾先进个人	公安部消防局	2008
向　阳	眉山市消防支队	二等功	公安部	2008
张明富	武警四川总队眉山支队	2008 年度抗震救灾二等功	武警总部	2008
林发根	眉山市消防支队	三等功	公安部消防局	2008
张友红	眉山市消防支队	公安消防部队抗震救灾先进个人	公安部消防局	2008
杨小勇	眉山市消防支队	公安消防部队抗震救灾先进个人	公安部消防局	2008
寇平福	东坡区消防中队	公安消防部队抗震救灾先进个人	公安部消防局	2008
周延林	眉山市消防支队	公安消防部队抗震救灾先进个人	公安部消防局	2008
孙守顶	眉山市消防支队	一等功	公安部消防局	2008
黄　涛	洪雅县洪川镇	全国丝虫病防治先进个人荣誉称号	卫生部	2008
徐孝强	洪雅县疾控中心	中国全球基金结核病项目先进个人	中国疾控中心	2008
吴爱玲	眉山市政协	全国工商联系统抗震救灾先进个人	全国工商联	2008
庄　毅	东坡区商务局	全国商务系统先进工作者	人事部、商务部	2008
伍志勇	东坡区工商局	全国优秀工商行政管理人员	国家工商行政管理总局	2008
贺俊明	东坡区政府	第二次全国农村普查先进个人	国务院农村普查办公室	2008
杨志忠	东坡区政府	第二次全国农村普查先进个人	国务院农村普查办公室	2008
王星度	东坡区统计局	第二次全国农村普查先进个人	国务院农村普查办公室	2008
宋　平	东坡区统计局	第二次全国农村普查先进个人	国务院农村普查办公室	2008
宋杰红	东坡区统计局	第二次全国农村普查先进个人	国务院农村普查办公室	2008
张建国	东坡区牲畜局	第二次全国农村普查先进个人	国务院农村普查办公室	2008
王勇前	东坡区大石桥街道	第二次全国农村普查先进个人	国务院农村普查办公室	2008
姚　斌	东坡区富牛镇	第二次全国农村普查先进个人	国务院农村普查办公室	2008
严艳宾	东坡区柳圣乡	第二次全国农村普查先进个人	国务院农村普查办公室	2008
程志春	国家统计局眉山调查队	第二次全国农业普查先进个人	国务院农业普查办公室	2008

续表37-7

姓名	所在单位	获奖名称	授奖机关	年份
贾　恒	国家统计局眉山调查队	第二次全国农业普查先进个人	国务院农业普查办公室	2008
任世明	国家统计局眉山调查队	第二次全国农业普查先进个人	国务院农业普查办公室	2008
卢建林	国家统计局眉山调查队	第二次全国农业普查先进个人	国务院农业普查办公室	2008
宋杰红	国家统计局眉山调查队	第二次全国农业普查先进个人	国务院农业普查办公室	2008
张富洪	彭山县粮食局	抗震救灾先进个人	国家粮食局	2008
罗建斌	彭山县农林局	全国农田节水技术推广先进个人	农业部、土肥司	2008
唐贤清	彭山县统计局	第二次全国农业普查先进个人	国务院第二次全国农业普查领导小组	2008
祝　霞	彭山县谢家镇	第二次全国农业普查先进个人	同上	2008
梁戈宁	人民银行眉山中支	优秀共青团干部	中国人民银行	2008
黄松建	眉山市运管处	全省抗震救灾模范	省委、省政府	2008
黄代利	武警四川总队眉山支队	省维护藏区稳定模范	省委、省政府	2008
柯　飞	武警四川总队眉山支队	抗震救灾先进个人	省委、省政府	2008
彭惠琴	眉山市委群众工作局	北京奥运会期间信访工作先进个人	省委、省政府	2008
黄松建	眉山市运管处	全省抗震救灾优秀共产党员	省委	2008
廖　斌	东坡区统计局	省第二次全国农业普查先进个人	省政府	2008
周建伟	四川建伟建筑水电公司	抗震救灾见义勇为先进个人	省政府	2008
邵　平	青神县青城镇	抗震救灾见义勇为先进个人	省政府	2008
王晓梅	青神中学	2009年全国优秀班主任、全国优秀教师	人事部、教育部	2009
王志敏	眉山市农业局	全国粮食生产先进工作者	农业部	2009
王志敏	眉山市农业局	全国农产品质量安全整治暨执法年活动先进个人	农业部	2009
辜小红	四川汪洋瓷业有限责任公司	全国五一劳动奖章	全国总工会	2009
粟　红	眉山市新闻出版局	全国版权有功个人三等奖	国家版权局	2009
徐志宏	眉山市环保局	全省自然生态环境保护工作先进个人	省环保局	2009
马朝洪	瓦屋山国家森林公园管委会	全省自然生态环境保护工作先进个人	省环保局	2009
王志敏	眉山市农业局	第一次全国污染源普查工作先进个人	全国普查办、环保部、国家统计局、农业部	2009
闫　莉	眉山市公安局	全国公安机关集中颁发第二代居民身份证工作先进个人	公安部	2009
蒋宗义	仁寿县公安局	全国公安机关排查化解矛盾纠纷先进个人	公安部	2009
杨　勇	眉山市委政法委	全国法制宣传教育先进个人	司法部	2009
陈福洪	洪雅县三宝司法所	全国“五五”普法中期先进个人	中宣部、司法部、全国普法办	2009
宋洪芳	眉山市科技局	全国知识产权培训工作先进个人	国家知识产权局	2009
齐　勇	丹棱县政府	第二次全国经济普查先进个人	国务院经济普查办公室	2009
蒋　念	丹棱县统计局			
周孝平	丹棱县委			

续表37-7

姓名	所在单位	获奖名称	授奖机关	年份
万端方	丹棱县安监局	全国安全生产监管监察先进个人	国家安监总局、国家煤矿安全监察局	2009
刘菊仙	仁寿县城堰乡	全国三八红旗手	全国妇女联	2009
李溥婕	洪雅县槽渔滩镇	全国三八红旗手	全国妇女联	2009
杨喜明	眉山市国安局	全国女职工建功立业标兵	全国总工会	2009
姚　兵	东坡区富牛镇政府	农业普查工作先进个人	国家统计局	2009
邵建军	东坡区修文小学	全国模范教师	人力资源和社会保障部、教育部	2009
邓宁西	眉山市魁手盲人按摩中心	全国自强模范	人力资源和社会保障部、中国残疾人联合会	2009
曾乐斌	眉山市残疾人联合会	全国残疾人信访工作先进个人	国家信访局、中国残疾人联合会	2009
王和生	东坡区文体局	全国群众体育工作先进个人	国家体育总局	2009
谢成建	彭山县文体局	2005—2008 年全国群众体育先进个人	国家体育总局	2009
李　谋	眉山市卫生局	全国卫生应急工作先进个人	卫生部	2009
刘吉志	洪雅县三宝镇联合村	全国优秀乡村医生	卫生部	2009
周泽萍	眉山市计生协	全国先进工作者	中国计生协	2009
李玉琴	仁寿县计生协	全国先进会员	中国计生协	2009
王显报	彭山区农林局	农区毒饵灭鼠技术研究与应用推广一等奖	中国植物保护学会	2009
梁正中	眉山市环保局	2009 年度中国环境报优秀通讯员	中国环境报社	2009
周孝平	丹棱县委	国防教育先进个人	四川省委、省政府、省军区	2009
陈维富	洪雅县公安局	全省政法系统“三大主题活动”先进个人	省委、省政府	2009
冷静波	武警彭山中队	三大主题活动先进个人	省委、省政府	2009
邹成双	东坡区修文镇党委	优秀乡镇党委书记	省委	2009
何　林	东坡区崇礼镇	四川省优秀村党组织书记	省委	2009
王雪梅	彭山县锦江乡	优秀村（社区）党组织书记	省委	2009
彭蜀宁	眉山电视台	全省“五五”普法中期先进个人	四川省法制领导小组	2009
黄燕英	眉山市人大常委会	全省“五五”普法中期先进个人	四川省法制领导小组	2009
文玉林	眉山市司法局	全省“五五”普法中期先进工作者	四川省法制领导小组	2009
张　勇	彭山县环保局	全国环境信访工作优秀个人	环境保护部	2010
李智勇	眉山市环保局	第一次全国污染源普查先进个人	国务院第一次全国污染源普查领导小组办公室、环境保护部、国家统计局、农业部	2010
祝智强	东坡区环保局			
吴少云	仁寿县环保局			
柴洪军	彭山县环保局			
辜庆明	洪雅县环保局			
黎云齐	丹棱县环保局			
毛田章	青神县环保局			

续表37-7

姓名	所在单位	获奖名称	授奖机关	年份
向怒涛	眉山市人民医院	全国医药卫生系统先进个人	卫生部	2010
王焕全	东坡区东风支渠管理站	全国水利系统先进工作者	人力资源和社会保障部、水利部	2010
段正权	仁寿县档案局	全国地方志先进工作者	中国地方志指导小组	2010
何图琴	彭山县关工委	全国关心下一代工作先进工作者	中国关工委、中央文明办	2010
余德槐	东坡区关工委	全国关心下一代工作先进工作者	中国关工委、中央文明办	2010
石　勇	眉山市农业局	全国粮食生产先进个人	农业部	2010
张林川	彭山县执法队	执法先进工作者	农业部	2010
李　伟	青神县执法队	执法先进工作者	农业部	2010
辜小红	仁寿汪洋瓷业有限责任公司	全国劳动模范	全国总工会	2010
卿　和	丹棱县丹棱镇青龙村	全国劳动模范	全国总工会	2010
熊亮晶	沙坪劳教所	二级英模	司法部	2010
曾正纲	彭山县彭溪镇蔡山村	全国司法模范调解员	司法部	2010
曾永中	四川省眉州监狱	全国监狱劳教工作先进个人	司法部	2010
杨　建		全国监狱劳教工作先进个人	司法部	2010
屈　强		全国监狱劳教工作先进个人	司法部	2010
徐建国		一等功个人	最高人民检察院	2010
廖宁崎	彭山县公安局	全国维护妇女儿童权益先进个人	全国妇联	2010
刘昭明	青神县公安局	全国先进工作者	国务院	2010
刘昭明	青神县公安局	全国公安系统二级英雄模范称号	公安部	2010
李水泉	丹棱县卫生局	全国寄生虫病综合防治示范区工作先进个人	全国寄防工作领导小组（中国疾控中心）	2010
李汉刚	丹棱县卫生局	全国寄生虫病综合防治示范区工作先进个人		2010
唐　猛	丹棱县卫生局	全国寄生虫病综合防治示范区工作先进个人		2010
何福清	丹棱县卫生局	全国寄生虫病综合防治示范区工作先进个人		2010
王兴虎	丹棱县卫生局	全国寄生虫病综合防治示范区工作先进个人		2010
雷界音	人民银行眉山中支	2010年优秀内审项目先进个人	中国人民银行	2010
邓　量	人民银行眉山中支	2009年度中国人民银行青年岗位能手	中国人民银行	2010
梁戈宁	人民银行眉山中支	优秀共青团干部	中国人民银行	2010
代卫疆	人民银行眉山中支	“创新金融服务，支持经济发展”业务竞赛活动先进个人	中国人民银行	2010
陈　兵	眉山市水产渔政局	第一次全国污染源普查工作先进个人	全国普查办、环保部、国家统计局、农业部	2010
沈丽文	眉山市教育局	2010年全国职业教育系统先进个人	教育部	2010
马　勇	成都水电工程学校	2010年全国德育教育先进个人	教育部	2010

续表37-7

姓名	所在单位	获奖名称	授奖机关	年份
李泽高	仁寿县司法局	2010年度全国招商引资工作先进个人	司法部	2010
夏　辉	仁寿县工商局	优秀通讯员	中科协	2010
余娅莉	仁寿县板燕乡	全国五好文明家庭	全国妇联	2010
彭留才	仁寿县老龄委	全国老龄工作先进个人	全国老龄工作委员会	2010
余怀德	共青团东坡区委	全国关心下一代工作先进个人	全国关工会	2010
宋洪芳	眉山市科技局	民革全国优秀女党员	民革中央	2010
李　波	工行眉山分行	固定资产综合管理系统建设先进个人二等奖	中国工商银行	2010
董　荣		远程授权改革先进个人	中国工商银行	2010
邓　艳		中国工商银行青年岗位明星	中国工商银行	2010
方　凤		全行信贷工作先进个人	中国工商银行	2010
杨　艳		报表集中改革先进个人三等奖	中国工商银行	2010
周泽萍	丹棱县计生协	全国先进会员	中国计生协	2010
张德君	青神县计生协	全国先进会员	中国计生协	2010
张　学	彭山县彭溪镇	全国先进会员	中国计生协	2010
李卫祥	青神县计生协	全国先进个人	中国计生协	2010
叶文龙	彭山县彭溪镇	2010全国计划生育协会先进个人	中国计生协	2010
吕德君	仁寿县计生协	全国先进会员	中国计生协	2010
杨德琴	洪雅县疾控中心	全国血吸虫病防治先进个人	卫生部	2010
万瑞方	丹棱县安监局	全国安全生产监管监察先进个人	国家安监总局等	2010
张　帆	眉山市安监局	全国安全生产监管监察先进个人	国家安监总局等	2010
王雪梅	彭山县锦江乡	第七届“全国农村青年致富带头人”	团中央、农业部	2010
李胡希	洪雅县东岳镇卫生院	全国乡镇卫生院优秀院长	中国农村卫生协会	2010
徐智勇	眉山市委政法委	四川省矛盾纠纷“大调解”工作先进个人	省委、省政府	2010
刘开权	仁寿县水务局	全省抗击特大山洪泥石流灾害先进个人	省委、省政府、省军区	2010
李良书	洪雅县汉王乡	全省抗击特大山洪泥石流灾害先进个人	省委、省政府、省军区	2010
淳　也	眉山市消防支队	全省抗击特大山洪泥石流灾害先进个人	省委、省政府、省军区	2010
李　酌	仁寿县委	四川省全民国防教育十佳先进个人	省委、省政府、省军区	2010
罗　毅	眉山市财政局	四川省灾后恢复重建先进个人	省委、省政府	2010
张　强	青神县公安局	全省“大调解”工作先进个人	省委、省政府	2010
李晓宇	东坡区委	“大调解”工作先进个人	省委、省政府	2010
彭怀春	东坡区政府办	“大调解”工作先进个人	省委、省政府	2010
周家如	东坡区人社局	“大调解”工作先进个人	省委、省政府	2010
杨国全	东坡区政法委	“大调解”工作先进个人	省委、省政府	2010
张友清	东坡区大石桥街道党工委	“大调解”工作先进个人	省委、省政府	2010

续表37-7

姓名	所在单位	获奖名称	授奖机关	年份
朱熊云	东坡区法院	四川省十大调解能手	省委、省政府	2010
徐中林	东坡区供电局	“四川省汶川地震灾后恢复重建先进个人”	省委、省政府	2010
郑秀芬	彭山县公义镇	四川省矛盾纠纷“大调解”工作先进个人	省委、省政府	2010
毛有根	彭山县法院		省委、省政府	2010
袁远霞	眉山市人民医院	四川省劳动模范	省政府	2010
张　作	眉山车辆有限公司	四川省劳模	省政府	2010
刘少春	东坡区农技质管站	四川省劳模	省政府	2010
毛树明	仁寿县农技站	四川省劳模	省政府	2010
刘兵剑	四川恒泰企业有限公司	四川省劳模	省政府	2010
白保安	青神县医院	2009 年度征兵工作先进个人	省政府	2010
吴菊芬	仁寿县信访局	四川省劳模	省政府	2010
方不慧	仁寿金利纺织有限公司	四川省劳模	省政府	2010
张桂芳	眉山市市管执法局	四川省第六届劳模	省政府	2010
符　军	四川金象化工公司	四川省第六届劳模	省政府	2010
宁福安	东坡区尚义镇	四川省第六届劳模	省政府	2010
魏立新	青神县黑龙镇	四川省第六届劳模	省政府	2010
王连将	洪雅县中保镇	四川省第六届劳模	省政府	2010
雷界音	人民银行眉山中支	四川省第六届劳模	省政府	2010
王星度	东坡区统计局	四川省第二次全国经济普查先进个人	省政府	2010
罗明均	彭山县黄丰镇	四川省劳模	省政府	2010
舒　镜	彭山县鹏利小学	四川省劳模	省政府	2010
杨　建	四川省眉州监狱	四川监狱优秀卫士	省政府	2010
唐廷华	《东坡文化产业发展概论》课题组	四川省第十四次社会科学优秀成果评奖三等奖	省政府	2010
白保安	青神县人民医院	2009 年度征兵工作先进个人	省政府	2010
张桂芳	眉山市城管执法局	四川省第六届劳动模范	省政府	2010
杨　勇	眉山市委政法委	2006—2010 年全国法制宣传教育先进个人	中央宣传部、司法部	2011
温明荣	通济堰管理处	2011 年中央一号文件知识竞赛三等奖	水利部	2011
李晓苹	眉山三苏祠博物馆	全国五一劳动奖章	全国总工会	2011
金　鹏	眉山市公安局	2010 年全国知识产权部门和公安机关知识产权执法保护先进个人	国家知识产权局、公安部	2011
范优俊	仁寿县公安局	全国政法系统优秀党员干警	中央政法委	2011
黄　科	眉山市公路管理局	2011 年“5·12”汶川地震灾区恢复重建先进个人	国家发改委、人力资源和社会保障部、总政治部	2011

续表37-7

姓名	所在单位	获奖名称	授奖机关	年份
李　娟	东坡区总工会	全国优秀工会工作者	全国总工会	2011
黄建和	东坡区司法局	全国模范司法所长	司法部	2011
郑　毅	彭山县国税局	全国税务系统纪检监察先进工作者	国家税务总局	2011
廖雪林	仁寿县政府办	对台工作特别奉献奖	中央台办、国台办	2011
汪智勇	仁寿县法院	全国政法系统优秀党员干警	中央政法委	2011
卢建林	国家统计局眉山调查队	2006—2010年全国统计法制宣传教育先进个人	国家统计局	2011
肖冬梅	眉山市人民医院	卫生部2010年优质护理服务考核优秀个人	卫生部	2011
罗雪梅	眉山市发改委	2010年度全国收费统计工作先进个人	国家发展和改革委员会	2011
缪继红	仁寿县残联	全国残疾人工作先进个人	国务院残疾人工作委员会	2011
杨云峰	眉山市公安局	2010年四川省“人民满意的公务员”	省委、省政府	2011
周家如	东坡区人社局	“大调解”工作先进个人	省委、省政府	2011
彭惠琴	眉山市委群众工作部	一等公务员	省委、省政府	2011
彭正华	东坡区公安分局	全省优秀共产党员	省委	2011
郑　毅	彭山县国税局	四川省优秀共产党员、见义勇为先进个人	省委	2011
刘汉学	眉山市财政局	四川省优秀共产党员、2011年度外宣工作先进个人	省委	2011
王太琴	丹棱县政协	新闻宣传工作先进个人	省政协	2011
万玉忠	丹棱县政协	优秀通讯员	省政协	2011
姚保清	财眉山市分公司	中国人保财险一级勋章	财险总公司	2011
姚保清	财险眉山市分公司	中国人保财险先进工作者	财险总公司	2011
纪蓉	财险眉山市分公司	2011年度先进销售个人（组训类）	财险总公司	2011
徐井万	眉山市教育局	全国“两基”工作先进个人	国务院	2012
王玉泉	仁寿县	全国就业创业工作先进个人	国务院	2012
许　晔	眉山市环保局	“十一五”全国环境统计工作先进个人	环境保护部	2012
张建军	四川省眉州监狱	全国监狱劳教戒毒场所规范化管理年活动成绩突出个人	司法部	2012
曾兴华	四川丹琪电信科技有限公司	全国五一劳动奖章	全国总工会	2012
陈云华	四川省青神县云华竹旅有限公司	全国五一劳动奖章	全国总工会	2012
周雪林	眉山市公安局	全国优秀人民警察	公安部	2012
黄世国	仁寿县公安局	全国特级优秀人民警察	人力资源和社会保障部、公安部	2012
肖　柯	彭山县公安局	全国优秀人民警察	公安部	2012
魏金涛	眉山市消防支队	全国“清剿火患”战役公安消防部队宣传工作成绩突出先进个人	公安部	2012

续表37-7

姓名	所在单位	获奖名称	授奖机关	年份
宋鸿翔	丹棱县公安局	全国“清剿火患”先进个人	公安部	2012
廖　燃	丹棱县公安局	全国“打击文物犯罪工作”先进个人	公安部	2012
周建国	眉山市中医医院	全国医药卫生系统创先争优活动先进个人	卫生部	2012
贾　强	眉山市卫生局	全国医药卫生系统创先争优活动先进个人	卫生部	2012
余　刚	东坡区崇礼镇	全国人民调解能手	司法部	2012
郑　毅	彭山县国税局	全国见义勇为模范	中宣部、中央综治办、公安部、总政治部等	2012
胡光西	仁寿县消防大队	全国“清剿火患”战役成绩突出个人	公安部	2012
魏正彬	仁寿县农业局	2012年全国粮食生产先进工作者	农业部	2012
彭　英	眉山市中级人民法院	全国法院机关后勤服务工作先进个人	最高人民法院	2012
晏　涯	眉山市中级人民法院	全国法院信息化工作先进个人	最高人民法院	2012
杜同金	仁寿县人民法院	全国法院办案标兵	最高人民法院	2012
张旭冬	眉山市住建局	全国住房城乡建设系统先进工作者	人社部、住建部	2012
王永树	四川华信建设有限公司	全国住房城乡建设系统劳动模范	人社部、住建部	2012
刘　涛	青神县青城镇	征兵工作先进个人	成都军区	2012
葛胜利	眉山市残疾人联合会	2008—2011年度全国残疾人事业统计工作先进个人	中国残疾人联合会	2012
陈万忠	洪雅县委	四川省全民国防教育“十佳”杰出人物	四川省委、省政府、省军区	2012
覃建华	眉山市财政局	四川省“两基”工作先进个人	省委、省政府	2012
黄光泽	丹棱县教体局	四川省“两基”工作先进个人	省委、省政府	2012
杨庆平	眉山市人社局	2012“两基”工作先进个人	省委、省政府	2012
蔡进国	东坡区扶贫和移民局	四川省十年扶贫开发工作先进个人	省委、省政府	2012
邹义平	东坡区教育局	四川省“两基”工作先进个人	省委、省政府	2012
周　琴	眉师附小学	四川省“两基”工作先进个人	省委、省政府	2012
彭利强	丹棱县丹棱镇	民兵工作先进个人	省政府、省军区	2012
宋　伟	丹棱县委组织部	全省优秀共产党员	省委	2012
雷廷刚	东坡区复盛乡	2010—2012年全省优秀共产党员	省委	2012
吴菊芬	仁寿县委群工部	2010—2012年全省创先争优优秀共产党员	省委	2012
张子华	东坡区招商局	四川省招商引资工作先进个人	省政府	2012
岳　松	东坡区土地乡政府	省人口普查先进个人	省政府	2012
卫超飞	东坡区白马镇	第六次全国人口普查工作先进个人	省政府	2012
刘　竹	东坡区新闻中心	全国第六次人口普查先进个人	省政府	2012
江　丽	东坡区人社局	全省新型农村和城镇居民养老保险工作成绩突出个人	省政府	2012

二、四川省“五一劳动奖章”获得者

1997—2012年，眉山市有22人获得四川省“五一劳动奖章”荣誉称号。

眉山市1997—2012年获四川省“五一劳动奖章”人员名录表

表37-8

姓名	单位、职务或职称	表彰时间
宋理军	四川汪洋能源股份有限公司职工	2006年
张　林	四川仁寿卓宇药业有限公司总经理	
朱艳丽	眉山第一小学副校长	
雷勇志	德恩机械有限责任公司总经理	
舒　嵘	四川启明星铝业	
张子江	仁寿县人民医院院长	2008年
夏春生	南车眉山车辆有限公司总经理	
黄崇森	金象化工产业集团股份公司工会主席	
刘利彪	四川恒泰企业投资有限公司	
游翎瀚	共青团彭山县委工农青年部部长	
叶章贵	眉山市烟草专卖局（公司）经理	2009年
杨　毅	四川电信眉山分公司工会主席	
谢小平	中国南车集团眉山车辆有限公司货一车间焊工	
赵　涛	四川用久工业有限公司生态园园林工	
李久安	眉山市金利纺织有限公司工会干部	2010年
陈建忠	眉山市公安局治安支队综合管理大队副大队长	
罗建忠	眉山市地税局第一直属分局局长	2011年
孟维新	南车眉山车辆有限公司党委书记	
管国如	味聚特食品有限公司法人代表	
肖世春	四川仁寿峨电能源有限公司掘进车间三组工人	
吴　卫	四川八百寿酒业有限公司员工	
郭建国	东坡区纪委书记	2012年

三、省（部）级优秀模范教师

1997—2012年，眉山市34人被教育部、人事部授予“优秀模范教师”荣誉称号，96人次被四川省人民政府授予中（小）学“特级教师”称号。

眉山市 1997—2012 年国家、省授予的“优秀模范教师”名录表

表 37-9

姓名	工作单位	类别	命名机关
周伯昭	仁寿县教研室	全国模范教师	教育部、人事部
李树立	眉山县太和职中	全国模范教师	教育部、人事部
王削凌	仁寿文宫中学	全国模范教师	教育部、人事部
林蕃昆	彭山一中	全国模范教师	教育部、人事部
邵仁圃	眉山中学	全国模范教师	教育部、人事部
黄尚彬	仁寿一中	全国模范教师	教育部、人事部
彭天福	眉山中学	全国模范教师	教育部、人事部
董洵慧	仁寿县幼儿园	全国模范教师	教育部、人事部
牟新建	洪雅县实验小学	全国优秀教师	教育部
朱克勤	丹棱县中学	全国优秀教师	教育部
张燕如	彭山一小	全国优秀教师	教育部
张大勇	青神县成人中专校	全国优秀教师	教育部
刘　沫	眉山县教研室	全国优秀教师	教育部
宿小群	眉山一中	全国优秀教师	教育部
周　琴	东坡区苏南小学	全国优秀教师	教育部
王莉茹	青神中学	全国优秀教师	教育部
朱位中	丹棱中学	全国优秀教师	教育部
陈理光	眉山育英实验中学	全国优秀教师	教育部
周传权	彭山一中	全国优秀教师	教育部
刘　舟	洪雅中学	全国优秀教师	教育部
王志宏	青神中学	全国优秀教师	教育部
余树军	青神中学	全国优秀教师;	教育部
赵国英	丹棱县唐河小学	全国优秀教师;	教育部
邵建军	东坡区修文中学	全国优秀教师	教育部
徐　敏	洪雅县槽渔滩初级中学	全国优秀教师	教育部
王小梅	青神中学	全国优秀教师	教育部
舒　镜	彭山县青龙一小	全国优秀教师	教育部
盛黎平	彭山保胜小学	农村义务教育优秀教师	教育部
黄尚彬	仁寿一中	全国优秀中小学德育课教师	教育部
刘　舟	洪雅中学	全国优秀中小学德育课教师	教育部
岳家军	东坡区实验初中	全国模范校长	教育部
郑亚琼	眉山市第一小学	全国优秀教师	教育部
魏素芳	眉山市第一小学	全国优秀教师	教育部
邵玉刚	丹棱职中	全国模范教师	人保部、教育部

续表37-9

姓名	工作单位	类别	命名机关
王尊友	眉山市教育局	小学特级教师	省政府
徐长华	眉山市第一小学	小学特级教师	省政府
阳海容	眉山市第一小学	小学特级教师	省政府
张雪艳	眉山市第一小学	小学特级教师	省政府
张玲珈	眉山市第一小学	小学特级教师	省政府
熊志能	眉山市第一小学	小学特级教师	省政府
兰志英	眉山市第一幼儿园	小学特级教师	省政府
杜富君	东坡区苏南小学	小学特级教师	省政府
胡荣理	彭山县教研室	小学特级教师	省政府
胡开勇	眉山市教科所	小学特级教师	省政府
周　琴	东坡区苏南小学	小学特级教师	省政府
罗继儒	东坡区大北街小学	小学特级教师	省政府
肖　琪	眉师附小	小学特级教师	省政府
张培建	仁师附小	小学特级教师	省政府
万　奕	眉师附小	小学特级教师	省政府
邵玉君	东坡区苏南小学	小学特级教师	省政府
谢红梅	仁师附小	小学特级教师	省政府
王勤义	青神县青城小学	小学特级教师	省政府
张泽军	青神学道街小学	小学特级教师	省政府
廖建华	仁寿县教研室	小学特级教师	省政府
周吉群	东坡区东坡小学	小学特级教师	省政府
朱开华	洪雅县实验小学	小学特级教师	省政府
李志军	眉师附小	小学特级教师	省政府
丁婉涛	东坡区环湖初中	中学特级教师	省政府
王晓明	东坡区环湖初中	中学特级教师	省政府
旷文英	东坡区实验初中	中学特级教师	省政府
梁学武	仁寿中学	中学特级教师	省政府
周尊登	仁寿二职中	中学特级教师	省政府
刘伟能	仁寿一中	中学特级教师	省政府
陈海文	仁寿二职中	中学特级教师	省政府
代俊儒	眉山中学	中学特级教师	省政府
方良元	仁寿一中	中学特级教师	省政府
刘岷江	彭山一中	中学特级教师	省政府
陈大伟	洪雅中学	中学特级教师	省政府
朱　桦	丹棱中学	中学特级教师	省政府
代广田	彭山一中	中学特级教师	省政府

续表37-9

姓名	工作单位	类别	命名机关
周传权	彭山一中	中学特级教师	省政府
杨倡林	仁寿一中	中学特级教师	省政府
王怀福	眉山一中	中学特级教师	省政府
龚明文	青神中学	中学特级教师	省政府
徐世友	眉山中学	中学特级教师	省政府
张建如	仁寿二职中	中学特级教师	省政府
彭　论	眉山市教科所	中学特级教师	省政府
吕　安	眉山市教科所	中学特级教师	省政府
李　松	眉山市教科所	中学特级教师	省政府
黄志伟	丹棱县教研室	中学特级教师	省政府
余立峰	仁寿县教研室	中学特级教师	省政府
余林清	仁寿县教研室	中学特级教师	省政府
薛伦鑫	眉山师范学校	中学特级教师	省政府
梁干材	眉山师范学校	中学特级教师	省政府
彭宗林	眉山师范	中学特级教师	省政府
马俊成	眉山一中	中学特级教师	省政府
谭永超	眉山中学	中学特级教师	省政府
赵学中	眉山一中	中学特级教师	省政府
张国正	眉山中学	中学特级教师	省政府
王德全	东坡区张坎镇成人文化学校	中学特级教师	省政府
罗达纯	眉师附小	小学特级教师	省政府
徐玉华	眉师附小	小学特级教师	省政府
张在刚	东坡区教研室	小学特级教师	省政府
李文英	仁寿一中	中学特级教师	省政府
李伯云	仁寿禾加中学	中学特级教师	省政府
王治策	仁寿二中	中学特级教师	省政府
刘玉成	仁寿龙马中学	中学特级教师	省政府
余子勤	仁寿一中	中学特级教师	省政府
李国全	仁寿教研室	中学特级教师	省政府
余子贤	仁寿县幼儿园	小学特级教师	省政府
宁万华	仁寿县幼儿园	小学特级教师	省政府
陈永年	仁师附小	小学特级教师	省政府

续表37-9

姓名	工作单位	类别	命名机关
张玉文	仁师附小	小学特级教师	省政府
刘文清	仁寿文林一小	小学特级教师	省政府
蔡银书	彭山三中	中学特级教师	省政府
杨元常	彭山一中	中学特级教师	省政府
郭真伟	彭山一中	中学特级教师	省政府
李加林	洪雅县实验小学	小学特级教师	省政府
朱位中	丹棱中学教师	中学特级教师	省政府
程长刚	眉山市教科所	中学特级教师	省政府
符光清	眉师附小	小学特级教师	省政府
周成杰	东坡区三苏路小学	小学特级教师	省政府
辜　皓	仁寿县教研室	中学特级教师	省政府
谌学军	仁师附小	小学特级教师	省政府
牟新建	洪雅县实验小学	小学特级教师	省政府
陈双全	丹棱中学	中学特级教师	省政府
万容霞	仁寿县幼儿园	中学高级	省政府
朱　浩	洪雅县实验小学	小学特级教师	省政府
曹清惠	眉山市第一幼儿园	小学特级教师	省政府
李金廷	眉山一中	中学高级	省政府
王幼强	青神县学道街小学	小学特级教师	省政府
张钰钿	洪雅县竹箐小学	小学特级教师	省政府
朱晓飞	东坡区苏南小学	小学特级教师	省政府
朱　桦	丹棱中学	四川省优秀教师	省政府
候泽甫	东坡区实验初中	四川省优秀教师	省政府
何　敏	东坡区土地乡小学	四川省优秀班主任	省政府
孙少辉	眉山一中	四川省优秀教师	省政府
彭淑君	东坡区苏南小学	四川省优秀教师	省政府
王洪伟	彭山三中	四川省优秀校长	省政府
周晓华	彭山二小	四川省优秀校长	省政府

四、优秀科技人员

1997—2012 年，眉山市优秀科技工作者 34 人次被国务院、四川省和国家部（委）表彰奖励。

眉山市1997—2012年获国家、省级表彰的优秀科技人员名录表

表37-10

姓名	单位	获奖名称	授奖机关	获奖年份
梁干才	眉山师范学校	享受政府特殊津贴专家	国务院	1997
雷　林	四川金象赛瑞化工股份有限公司	享受政府特殊津贴专家	国务院	1997
朱义贵	仁寿县科委	全国科技成果推广突出贡献先进个人	国家科委	1997
肖子文	仁寿县科委	四川星火十年先进个人	国家科委	1997
叶　彬	仁寿县科委	四川省科技工作先进个人	国家科委	1997
刘朝禄	洪雅县林场	四川省有突出贡献的优秀专家	省委、省政府	1999
刘朝禄	洪雅县林场	享受政府特殊津贴专家	国务院	2001
鲁洪涛	青神县农林局	农牧渔业丰收奖一等奖	农业部	2001
周志开	青神县民政局	全国农牧渔业丰收二等奖	农业部	2001
何发桂	青神畜牧局	全国农牧渔业丰收二等奖	农业部	2001
徐　琼	青神畜牧局	全国农牧渔业丰收二等奖	农业部	2001
徐　越	青神县农林局	全国农牧渔业丰收一等奖	农业部	2001
叶　彬	眉山市科技局	“九五”期间全国先进个人	科技部	2001
叶　彬	眉山市科技局	四川省科技工作先进个人	市政府	2001
符光清	眉山师范附属小学	四川省有突出贡献的优秀专家	省委、省政府	2001
宋锡义	青神县畜牧局	丰收计划二等奖	农业部	2002
李泽明	仁寿县畜牧局	丰收计划二等奖	农业部	2002
宋锡义	青神县畜牧局	种草养畜三等奖	农业部	2003
何青海	眉山职业技术学院	四川省有突出贡献的优秀专家	省委、省政府	2005
刘勇义	青神县畜牧局	奶牛现代养殖技术推广与奶业产业化示范三等奖	农业部	2006
郑仕军	仁寿县农业局	全国农作物病虫害防治先进工作者	农业部	2006
苏旭燕	四川启明星铝业有限公司	享受政府特殊津贴专家	国务院	2007
王有来	四川启明星铝业有限责任公司	四川省有突出贡献的优秀专家	省委、省政府	2007
宋洪芳	眉山市科技局	全国知识产权培训工作先进个人	国家知识产权局	2009
杨运良	仁寿县科技局	全国科普先进个人	科技部、宣传部	2010
陈爱民	四川大学锦江学院	四川省学术和技术带头人	省委、省政府	2010
李　勇	四川启明星铝业有限责任公司	四川省学术和技术带头人后备人选	省委、省政府	2011
王有来	四川启明星铝业有限责任公司	四川省学术和技术带头人	省委、省政府	2011
毛树明	仁寿县农业局	全国粮食生产突出贡献农业科技人员	农业部	2011

五、市级优秀科技工作者和拔尖人才

1997年，眉山地区行署表彰奖励优秀科技工作者丁心平等115人。1999—2012年，眉山市政府（地区行署）授予刘朝慧等147人次“有突出贡献的拔尖人才”称号；28人为“眉山市农村青年星火带头人”；16人为“眉山市第二届杰出人才”。

眉山市优秀科技工作者和拔尖人才名录表

表37-11

获奖名称	姓名
1997年地区行署授奖科技人员	丁心平、丁德君、马安泰、王迟、王雅、王静、王元清、王少云、王仁义、王克江、王和舟、王泽军、王学华、王建华、王保安、王普均、毛建军、毛俊文、方荣华、方树安、尹健、尹定良、帅云红、田毕海、史元伟、付玲、付刚伟、付畅文、代开福、兰中祥、朱丽霞、刘剑、刘元清、刘仁东、刘志彬、刘敬宗、刘朝禄、许发鲲、孙守山、阳建伟、牟伯勤、严晓虹、苏桂强、李伦、李言、李中平、李文根、李玉明、李永森、李顶洪、李明刚、李金武、李建全、李晓林、李清臣、李琼芳、李增璜、杨文汗、杨学文、杨俊清、肖俊松、吴金河、吴绍清、何子本、何文钦、何清海、余祖烈、闵朝阳、宋涛、张娅、张文艺、张志民、陈康、陈甘泉、陈世光、陈志平、陈和久、陈洪珍、陈晓阳、陈德松、范绍钢、林金平、金荣杨、周立英、周志开、周志清、周利平、周忠华、周洪林、胡福良、段官安、祝道西、袁亚夫、徐金文、唐丹、黄华德、黄洪钧、黄海燕、黄淑珍、曹洪、盛光远、盛晓波、章仕林、彭玉茹、彭建安、喻赟、舒保全、舒登举、鲁周林、曾令春、曾德安、赖国华、蔡建国、廖小碧、廖新蓉
1999年眉山地区首批有突出贡献的拔尖人才	刘朝慧（四川金象化工股份有限公司副总经理、高级工程师）、方树安（眉山县农业局局长、农艺师）、黄宇康（眉山县中医骨伤科医院院长、副主任医师）、李永安（眉山县中医骨伤科医院院长、副主任医师）、周华君（眉山三苏博物馆党支部书记、二级美术师）、杨梁相（东坡区青少年宫主任、中学高级教师）、伍中一（省文史馆研究员）、符光清（眉山师范附小校长、中学高级教师）、吴玉明（仁寿一中教科室主任、中学高级教师）、黄新路（仁寿县人民水泥厂厂长、工程师）、毛自雍（川纺集团仁寿棉纺厂厂长、高级工程师）、付畅文（四川汪洋能源有限公司董事长、高级工程师）、袁学如（仁寿县棉花原种场副场长、高级农艺师）、张毅（仁寿县文化馆副研究馆员）、余林清（仁寿县教研室教研员、中学高级教师）、卢光华（仁寿一中校长、中学高级教师）、付玲（彭山裕龙特种玻璃公司总经理、经济师）、刘太清（四川同庆有限公司董事长兼总经理、经济师）、马志珍（乐山志远工业集团有限公司董事长、经济师）、杨克毅（四川雅达药业股份有限公司董事长、经济师）、陈云华（四川青神县云华竹旅有限公司董事长、青神县南城镇成人教育中心校校长）、祝松青（丹棱县骨伤医院院长、副主任医师）、石勇（地区农业局农技站站长、高级农艺师）、何清海（眉山农校高级讲师）、王晋川（地区群众艺术馆馆长）、胡开勇（地区教科所所长助理、小学高级工程师）、何志孝（川眉芒硝公司总经理、高级工程师）、宿留华（川眉芒硝有限责任公司总经理、工程师）、杨林（国营867厂成都分厂工程师）、李中毅（地委党校副校长、副教授）
2004年眉山市第二批有突出贡献的拔尖人才	卢光华（仁寿县第一中学校校长、中学高级教师）、张景华（仁寿县教育局局长、中学高级教师）、陈天淇（眉山映天学校校长、中学高级教师）、姚建生（眉山中学校长、中学高级教师）、石勇（眉山市农业局农技站站长、高级农艺师）、何清海（眉山职业技术学院、副教授）、张正军（洪雅县奶牛协会会长、兽医师）、彭建安（眉山市水利局水产站站长、高级工程师）、蔡健（眉山市畜牧局助理调研员、生产科科长兼畜牧站站长、高级兽医师）、刘小川（眉山日报副刊编辑）、刘正龙（东坡区文化馆副馆长、群文馆员）、杨梁相（东坡区青少年宫主任、中学高级教师）、邱江涛（眉山市广播电视局总编室副主任、助理编辑）、周华君（眉山三苏博物馆、二级美术师）、熊朝东（东坡区《今日东坡》编辑部正科级干部）、祝松青（丹棱县骨伤医院院长、副主任医师）、晏友君（彭山县中医院院长、副主任医师）、徐谦（彭山县卫生进修学校校长、主治医师）、王政权（四川金石油粕有限公司总经理）、刘永忠（四川川西制药股份有限公司董事长、经济师）、刘克福（四川省电信有限公司眉山市分公司总经理、高级经济师）、杨维国（四川洪雅维国光学有限公司董事长、总经理）、苏旭燕（四川启明星铝业有限责任公司总经理、高级工程师）、宋斌（四川星华时频技术有限责任公司技术部部长、工程师）、宋云禄（四川用九工业有限公司董事长、总经理、高级经济师）、张铁（青神裕华纺织有限公司董事长、总经理、助理经济师）、陈志忠（四川洪雅沙湾水电有限责任公司总经理）、赵勤（四川省电力公司眉山公司党委书记、总经理、高级工程师）、姜凌云（四川华西德顿塑料管道有限公司总经理）、夏春生（眉山车辆厂厂长、高级工程师）、宿留华（川眉芒硝有限责任公司总经理、工程师）

续表37-11

获奖名称	姓名
眉山市农村青年星火带头人	王正清、车林全、叶禄辉、刘平、江心忠、李川华、李长春、杨华军、旷文发、何金华、余世祥、汪志刚、张建、张文祥、陈建华、范泽明、岳星均、岳敏如、周学兵、赵启莲、费志祥、骆云凯、骆志国、徐志军、黄青、符素琴、彭文学、曾勇
2006 年眉山市首届杰出人才	雷林（四川金象化工股份有限公司董事长、总经理）、苏旭燕（四川启明星铝业有限责任公司总经理）、王鲁（眉山科学技术学校董事长、校长）、刘志彬（眉山市东坡区科技研究所所长）、张志发（中国南车集团眉山车辆厂铆工高级技师）、陈云华（四川省青神县云华竹旅有限公司董事长、青神县南城镇成人教育中心校校长）
2007 年眉山市第三批有突出贡献的拔尖人才	邓智林（四川尼科国润新材料公司）、李全东（四川成洪磷化工有限责任公司）、吴超（移动通信眉山分公司）、张宗文（四川汪洋能源股份有限公司）、陈志忠（四川恒泽动力有限公司）、罗志中（四川丹甫制冷压缩机有限公司）、胡刚（四川省电力公司眉山分公司）、夏春生（中国南车集团眉山车辆厂）、黄锐（四川洪雅禾森电力有限责任公司）、雷永志（四川德恩机械有限责任公司总经理、工程师）、刘朝慧（四川金象化工股份有限公司副总经理、高级工程师）、杨健（国营 867 厂军品室主任、高级工程师）、王德强（水电七局机电安装分局电气综合班班长、高级技师）、毕永邦（中国南车集团眉山车辆厂货车公司货一车间冷作工、高级技师）、王鲁（眉山科学技术学校董事长、校长、讲师）、姚建生（眉山中学校长、党支部书记、中学高级教师）、朱桦（丹棱中学教科室主任、中学高级教师）、郭子明（眉山市教育科学研究所所长、中学高级教师）、张子江（仁寿县人民医院院长、主任医师）、冯宗放（眉山市疾病预防控制中心艾滋病防治科科长、副主任医师）、许志忠（眉山市第二人民医院内二科主任、副主任医师）、胡大勇（眉山市第三人民医院内科主任）、刘小川（三苏文化研究院专职创作员）、刘正龙（东坡区文化馆副馆长、眉山市音乐家协会主席、馆员）、吴晓彬（眉山日报社编委、新闻部主任）、张浩军（眉山市广播电视局对外宣传部主任、国家一级播音员）、周华君（眉山市三苏祠博物馆专职创作员、眉山市美协主席、东坡画院院长、二级美术师）、王连将（洪雅县优质猪生产协会会长、党支部书记、高级技师）、王学民（仁寿县龙马镇民英村党支部书记、仁寿县鲜枣协会会长、技师）、毛树明（仁寿县农业局农技站站长、高级农艺师）、李世洪（洪雅县农业局农技多经站站长、农艺师）、陈水清（眉山市水产渔业协会理事长、高级技师）、底思军（眉山市兽医卫生监督检验所所长、高级兽医师）、曾涛（眉山市市政工程建设处处长、高级工程师）、李晓苹（眉山市三苏祠博物馆副馆长）、秦丽娟（青神县青少年宫主任、小学高级教师）、王有来（四川启明星铝业有限公司副总经理、高级工程师）、刘朝禄（洪雅林场林科所所长、高级工程师）、苏旭燕（四川启明星铝业有限公司总经理、高级工程师）、何清海（眉山职业技术学院副教授）、彭建安（眉山市水利局水产技术推广站站长、高级工程师）、雷林（眉山市金象化工股份有限公司董事长、总经理、高级工程师）
2008 年眉山市第二届杰出人才	胡刚（四川省电力公司眉山公司总经理、高级工程师）、陈爱民（四川大学副校长，四川大学锦江学院院长、副董事长、教授、博士生导师）、黄锐（四川省洪雅禾森电力有限责任公司董事长、经济师）、刘朝慧（四川金象化工产业集团股份有限公司副总经理、高级工程师）、罗志中（四川丹甫制冷压缩机股份有限公司董事长、总经理、工程师）、王有来（四川启明星铝业有限责任公司副总经理，眉山启明星铝业有限公司副总经理、教授级高级工程师）、陈立祥（南车眉山车辆有限公司铸锻公司机械车间车工、高级技师）、陈豫川（东坡区养兔协会理事长、兽医师，四川金字塔饲料科技有限公司董事长、总经理，四川九升食品有限公司董事长、总经理）、宁福安（眉山市富农蔬菜专业合作社社长，眉山市富农种业有限公司董事长、农技师）、周建国（眉山市中医院院长、主任中医师）

续表37-11

获奖名称	姓名
2010年眉山市有突出贡献的拔尖人才	王斌（四川眉山市新筑建设机械有限公司总经理、高级工程师）、刘劲松（四川省眉山丰华纸业有限公司董事长、助理工程师）、杨毅（中国电信眉山分公司总经理、高级工程师）、吴超（中国移动通信眉山分公司总经理、工程师）、张晋锋（四川同庆南风有限责任公司总经理、政工师）、陈琪（四川吉龙化学建材有限公司常务副总经理、彭山三江化工有限公司总经理、工程师）、陈豫川（四川九升食品有限公司董事长兼总经理、眉山市东坡区养兔协会理事长、兽医师）、罗志中（四川丹甫制冷压缩机股份有限公司董事长、总经理、工程师）、童应林（四川应林企业集团董事长、高级经济师）、雷永志（四川德恩机械有限责任公司总经理、工程师）、王志尧（眉山市公共资源交易中心高级工程师、水利部注册总监理工程师及监理工程师）、刘朝慧（四川金象化工产业集团股份有限公司副总经理、高级工程师）、李竹（南车眉山车辆有限公司工艺技术部高级工程师）、李旭初（四川金象化工产业集团股份有限公司副总经理、高级工程师）、李勇（四川启明星铝业有限责任公司副总工、技术质量部经理、高级工程师）、张虎（眉山启明星铝业有限公司副总工、高级工程师）、季志强（南车眉山车辆有限公司备料车间机修钳工、高级技师）、丁文军（四川省吉香居食品有限公司董事长、工程师）、赵跃军（洪雅县幺麻子食品有限公司总经理、二级厨师）、祝启明（四川味聚特食品有限公司总经理、工程师）、刘仁东（洪雅林场营林处副处长、调查队队长、高级工程师）、余文海（眉山市植保植检站站长、农业技术推广研究员）、徐海涛（青神县农林局资产办副主任、农艺师）、唐家（眉山市畜牧站站长、农业技术推广研究员）、王学民（仁寿县龙马镇民英村党支部书记、华仁冬枣专业合作社理事长、农艺师）、余志宏（青神县椪柑专业合作社、竹乡人果茶专业合作社理事长）、罗明均（彭山县黄丰镇丰华村党支部书记、双丰果品专业合作社理事长）、卿和（丹棱县三峡情水果专业合作社理事长）、吕应鑫（青神县文化馆馆员、三级美术师）、刘小川（眉山市三苏文化研究院创作室副主任、助理研究员）、底泽厚（眉山日报社编委、眉山网副总编辑、新媒体发展中心主任、经济师）、王元珑（眉山职业技术学院党委书记、教授、注册教授级咨询师）、邹富军（眉山中学高级教师）、张桂芳（四川大学锦江学院董事长）、邵玉刚（丹棱职业高级中学高级教师）、郭子明（眉山市教育学会会长、高中政治教研员、市政府教育督导团总督学、中学高级教师）、王吉宏（眉山市疾控中心主任、副主任医师）、王建民（眉山市人民医院院长、副主任医师）、刘利权（眉山市人民医院外二科主任、主任医师）、刘宏眉（眉山市妇幼保健院院长、主任医师）、胡大勇（眉山三医院内科一病区主任、副主任医师）、史跃平（眉山市殡仪馆馆长、政工师）、雷建英（青神县南城镇初级中学校长、中学高级教师）、王有来（四川启明星铝业有限责任公司、眉山启明星铝业有限责任公司副总经理、总工程师、教授级高级工程师）、刘朝禄（洪雅林场高级工程师）、彭建安（眉山市水产渔政局局长、高级工程师）、雷林（四川金象化工产业集团股份有限公司董事长、总经理、高级工程师）

六、见义勇为先进个人

1998—2012年，眉山市有5人被国家、四川省授予“见义勇为”先进个人荣誉称号，43人被眉山市（地）授予“见义勇为”先进个人荣誉称号。

眉山市1998—2012年表彰的见义勇为先进个人名录表

表37-12

姓名	单位（所在地）	主要事迹	获奖名称	授予机关	年份
高贵明	仁寿县兴盛乡五星村6组	不畏强暴、勇斗歹徒	见义勇为勇士	眉山地区	1998
姚洪波	眉山县东坡镇先锋村4组	勇擒1998年“6·20”东坡镇杀人犯	见义勇为先进个人	眉山地区	1998
王世祥	眉山县东坡镇先锋村4组	勇擒1998年“6·20”东坡镇杀人犯	见义勇为先进个人	眉山地区	1998
任善良	湖北省金沙市马山镇村民	勇擒1998年“6·20”东坡镇杀人犯	见义勇为先进个人	眉山地区	1998

续表37-12

姓名	单位（所在地）	主要事迹	获奖名称	授予机关	年份
田金冲	眉山县东坡镇新村3组	勇擒1998年“6·20”东坡镇杀人犯	见义勇为先进个人	眉山地区	1998
刘力逐	东坡区盘鳌初中教师	勇救落水学生	见义勇为先进个人	眉山地区	1999
杨正良	东坡区永寿镇河塘村8组	不畏强暴，勇斗歹徒	见义勇为烈士	省政府	2001
陈　英	仁寿县凤梧乡初级中学教师	奋不顾身、勇救儿童	全国见义勇为先进分子	教育部、公安部	2001
张学成	仁寿县天峨乡三坛村3组	勇救落水儿童	见义勇为勇士	眉山市	2002
张　勇	仁寿县天峨乡三坛村3组	勇救落水儿童	见义勇为勇士	眉山市	2002
鲁志安	青神县南城镇兰沟村4组	不畏强暴，勇斗歹徒	见义勇为勇士	眉山市	2003
徐僚原	彭山县黄丰镇四塘村4组	不畏强暴、勇斗歹徒	见义勇为勇士	眉山市	2004
杨仕财	洪雅县中山金花村6组	抢险救人	见义勇为勇士	眉山市	2004
张建国	洪雅县槽渔滩镇顺河村5组	抢险救人	见义勇为勇士	眉山市	2004
刘秋芳	东坡区通惠街道庄店村	不畏强暴，勇斗歹徒	见义勇为勇士	眉山市	2005
张　林	洪雅县瓦屋山镇崔湾村1组	勇救落水儿童	见义勇为勇士	眉山市	2005
赵朝辉	洪雅县瓦屋山镇崔湾村1组	勇救落水儿童	见义勇为勇士	眉山市	2005
冷洪全	东坡区永寿镇冷中坝村4组	抢救沼气池中毒村民	见义勇为勇士	眉山市	2006
冷平清	东坡区永寿镇冷中坝村3组	抢救沼气池中毒村民	见义勇为勇士	眉山市	2006
苏东荣	眉山市政府办公室调研员	抢救落水儿童	见义勇为勇士	眉山市	2006
张贤友	仁寿县四公乡双桥村3组	不畏强暴、勇斗歹徒	见义勇为勇士	眉山市	2007
余建勇	仁寿县文林镇粮食街86号	不畏强暴、勇斗歹徒	见义勇为勇士	眉山市	2007
杨大友	洪雅县柳江镇叶湾村3组	抢险救人	见义勇为勇士	眉山市	2007
孙崇权	洪雅县东岳镇孙坝村3组	勇斗“2·10”特大恶性凶杀案歹徒	见义勇为勇士	眉山市	2007
赵永享	洪雅县东岳镇孙坝村10组	勇斗“2·10”特大恶性凶杀案歹徒	见义勇为勇士	眉山市	2007年
钟加莲	洪雅县东岳镇孙坝村10组	勇斗“2·10”特大恶性凶杀案歹徒	见义勇为勇士	眉山市	2007年
曹远明	青神县黑龙镇曹庙村3组	抢险灭火	见义勇为勇士	眉山市	2007
宋国华	青神县高台乡诸葛村1组	不畏强暴、勇斗歹徒	见义勇为勇士	眉山市	2007
杨德华	仁寿县新店乡高星村村主任	抢险救灾	见义勇为勇士	眉山市	2009
梁树清	彭山县凤鸣镇西社区居民	不畏强暴、勇斗歹徒	见义勇为勇士	眉山市	2009
赵万林	洪雅县中保镇义公村1组	协助公安机关抓获“8·19”案件犯罪分子	见义义勇为勇士	眉山市	2009
李春洪	东坡区苏祠街道金龙社区干部	抢救落水儿童	见义勇为勇士	眉山市	2009
陈仲康	青神县汉阳镇小三峡村二组	灭火抢险，事迹显著	见义勇为	眉山市	2009
张　忠	青神县黑龙镇新光村	协助公安机关抓获“6·15”案件犯罪分子	见义勇为勇士	眉山市	2009
张　忠	青神县黑龙镇新光村	协助公安机关抓获“6·15”案件犯罪分子	见义勇为先进个人	省政府	2010

续表37-12

姓名	单位（所在地）	主要事迹	获奖名称	授予机关	年份
陈建伟	彭山县凤鸣镇小南街第9居民组	不畏强暴、勇斗歹徒	见义勇为勇士	眉山市	2010
李乐俊	彭山县凤鸣镇小南街49号	不畏强暴、勇斗歹徒	见义勇为勇士	眉山市	2010
王长安	青神县瑞峰镇中岩村1社	不畏严寒、勇救落水老人	见义勇为勇士	眉山市	2010
余利祥	眉山市玉麟工贸发展有限公司出租车驾驶员	不畏强暴、勇斗歹徒	见义勇为英雄	中华见义勇为基金会	2011
毛汝明	仁寿县钟祥镇星火街1号	抢险救灾	见义勇为勇士	眉山市	2011
王登海	彭山县保胜乡龙安村8组	抢险救灾	见义勇为勇士	眉山市	2011
郑　毅	彭山县国税局	不畏强暴，勇斗歹徒	见义勇为勇士	眉山市	2011
郑　毅	彭山县国税局	不畏强暴，勇斗歹徒	见义勇为先进个人	四川省	2011

七、市级劳动模范

1999—2012年，眉山市有152人被眉山市（地）授予“劳动模范”荣誉称号。

眉山市1999—2012年“劳动模范”名录表

表37-13

姓名	所在单位	获奖名称	年份
宋　斌	国营青神星华仪器厂成都分厂职工、设计员	眉山地区第一届劳动模范	1999
徐勤旭	四川石油集团眉山有限公司职工	眉山地区第一届劳动模范	1999
秦跃齐	眉山车辆厂动力车间管道班电焊工	眉山地区第一届劳动模范	1999
黄永亮	国营建川机器厂党委书记、厂长	眉山地区第一届劳动模范	1999
周开峰	成都邮电通信设备厂通信传输设备厂成都光纤通信研究中心高级工程师	眉山地区第一届劳动模范	1999
沈云龙	地矿九一五大队高工、西藏公司主任工程师	眉山地区第一届劳动模范	1999
梁志明	眉山万胜粮食购销公司职工	眉山地区第一届劳动模范	1999
姚建生	四川省眉山中学校中学高级教师	眉山地区第一届劳动模范	1999
邓凝伟	四川省军地双拥企业集团职工	眉山地区第一届劳动模范	1999
雷　林	四川金象化工股份有限公司总经理	眉山地区第一届劳动模范	1999
童玉文	仁寿天峨乡粮管所所长	眉山地区第一届劳动模范	1999
闵禄明	仁寿县磷肥厂钳工班班长	眉山地区第一届劳动模范	1999
唐　红	川纺集团仁寿棉纺厂细纱工人	眉山地区第一届劳动模范	1999
张碧祥	洪雅县林场汽车队驾驶员	眉山地区第一届劳动模范	1999
李全东	洪雅成洪磷化工厂厂长、工程师	眉山地区第一届劳动模范	1999
袁学彬	彭山县凤鸣粮站职工	眉山地区第一届劳动模范	1999
刘太清	四川同庆南风化工有限责任公司副董事长、经济师	眉山地区第一届劳动模范	1999
马志珍	四川乐山志远工业集团有限公司董事长、经济师	眉山地区第一届劳动模范	1999

续表37-13

姓名	所在单位	获奖名称	年份
张瑞高	青神瑞峰粮油收储营销公司桂花粮管所所长	眉山地区第一届劳动模范	1999
张友奎	青神远达水泥有限责任公司职工	眉山地区第一届劳动模范	1999
帅晓勤	青神裕华纺织有限责任公司技术员	眉山地区第一届劳动模范	1999
任玉排	四川丹齿实业公司电气焊工	眉山地区第一届劳动模范	1999
赵世祥	眉山悦兴镇联盟一组村民	眉山地区第一届劳动模范	1999
苏旭燕	四川启明星铝业有限责任公司总经理	眉山地区第二届劳动模范	2003
张　勇	四川眉山市新筑建设机械有限公司总经理	眉山地区第二届劳动模范	2003
杨海顺	国营星华仪器厂产品设计部结构室主任	眉山地区第二届劳动模范	2003
王俊辉	四川丹甫有限责任公司工人	眉山地区第二届劳动模范	2003
杜中俊	四川省川眉芒硝有限责任公司动力分厂班长	眉山地区第二届劳动模范	2003
王加宾	市公安局国内安全保卫支队副支队长	眉山地区第二届劳动模范	2003
何　莲	市委办公室行政科出纳员	眉山地区第二届劳动模范	2003
彭建安	市水利局水产技术推广站站长兼水产渔政管理局局长	眉山地区第二届劳动模范	2003
李君堂	市建筑设计院院长	眉山地区第二届劳动模范	2003
赵晓明	眉山第一中学校长	眉山地区第二届劳动模范	2003
李旭初	四川金象化工股份有限公司副总经理、党委委员	眉山地区第二届劳动模范	2003
李　忠	眉山水泥有限公司水泥车间机电维修班班长	眉山地区第二届劳动模范	2003
沈国明	眉山市鸿源纸业有限公司董事长	眉山地区第二届劳动模范	2003
蒲朝岗	东坡区尚义镇中心村15组村民	眉山地区第二届劳动模范	2003
徐文科	仁寿县禾加区双堡乡中华果场柑橘清见协会理事长	眉山地区第二届劳动模范	2003
苏福祥	仁寿县农业局党组书记、副局长	眉山地区第二届劳动模范	2003
张显明	仁寿县显明水泥有限公司董事长、总经理	眉山地区第二届劳动模范	2003
吴江河	仁寿县妇幼保健院院长	眉山地区第二届劳动模范	2003
张金明	仁寿峨电能源有限公司采煤三车间主任	眉山地区第二届劳动模范	2003
张俊文	仁寿越峰瓷业有限公司工艺质检部部长	眉山地区第二届劳动模范	2003
曾明友	仁寿县碗厂乡党委书记	眉山地区第二届劳动模范	2003
关克伟	四川同庆南风有限责任公司党委书记、总经理	眉山地区第二届劳动模范	2003
陈永跃	彭山永达房地产开发有限公司总经理	眉山地区第二届劳动模范	2003
刘永忠	四川川西制药股份有限公司董事长	眉山地区第二届劳动模范	2003
张正军	洪雅县奶牛协会会长	眉山地区第二届劳动模范	2003
罗　勇	洪雅万宏大酒店总经理	眉山地区第二届劳动模范	2003
李全东	四川成宏磷化工有限责任公司总经理	眉山地区第二届劳动模范	2003
沈桂花	洪雅林场高庙工区七里坪班组班长	眉山地区第二届劳动模范	2003
刘敬宗	丹棱县农业局种子公司副经理	眉山地区第二届劳动模范	2003

续表37-13

姓名	所在单位	获奖名称	年份
朱华刚	丹棱县华康化工有限公司化工车间主任	眉山地区第二届劳动模范	2003
陈　岚	青神县云华竹旅有限公司总经理	眉山地区第二届劳动模范	2003
伍兴华	青神县天庙乡林业站站长	眉山地区第二届劳动模范	2003
刘朝慧	四川金象化工产业集团有限公司副总经理	眉山市第三届劳动模范	2009
童新明	四川省眉山第一中学教师	眉山市第三届劳动模范	2009
宁福安	眉山市富农蔬菜专业合作社社长	眉山市第三届劳动模范	2009
陈豫川	眉山九升兔业专业合作社理事长	眉山市第三届劳动模范	2009
管国如	四川省味聚特食品有限公司董事长	眉山市第三届劳动模范	2009
曹绍明	四川省惠通食业有限责任公司总经理	眉山市第三届劳动模范	2009
丁文军	四川省吉香居食品有限公司董事长	眉山市第三届劳动模范	2009
周建国	眉山市中医院院长	眉山市第三届劳动模范	2009
严士桦	四川巨能建设集团有限公司董事长	眉山市第三届劳动模范	2009
罗成如	眉山市公安局东坡区分局刑事侦查一大队教导员	眉山市第三届劳动模范	2009
卫能翔	东坡区川剧团团长	眉山市第三届劳动模范	2009
万　奕	眉山师范附属小学高级教师	眉山市第三届劳动模范	2009
旷文英	东坡区实验中学教师	眉山市第三届劳动模范	2009
刘少春	东坡区农业局科教站站长	眉山市第三届劳动模范	2009
雷农田	眉山东坡食品商会会长	眉山市第三届劳动模范	2009
杨大泉	眉山市苏轼酒楼餐饮有限公司总经理	眉山市第三届劳动模范	2009
李昌荣	仁寿县民政局救灾救济股股长	眉山市第三届劳动模范	2009
高云金	仁寿县公安局文宫派出所所长	眉山市第三届劳动模范	2009
张　韬	仁寿县业余体育学校教练	眉山市第三届劳动模范	2009
吴志科	仁寿县人民医院外一病区主任	眉山市第三届劳动模范	2009
张建如	四川省仁寿县第二高级职业中学教师	眉山市第三届劳动模范	2009
黄永建	仁寿县禄加中学校长	眉山市第三届劳动模范	2009
丁志强	仁寿县城市管理委员会垃圾清运工	眉山市第三届劳动模范	2009
邱晓康	仁寿县交通局农建办主任	眉山市第三届劳动模范	2009
王玉泉	四川仁寿玉泉食品有限公司董事长	眉山市第三届劳动模范	2009
董道清	四川福仁缘科技有限公司董事长	眉山市第三届劳动模范	2009
李文兵	仁寿县方家镇东岳村党支部书记	眉山市第三届劳动模范	2009
丁光辉	仁寿县曹加乡政府农业服务中心主任	眉山市第三届劳动模范	2009
王学民	仁寿县龙马镇民英村党支部书记	眉山市第三届劳动模范	2009
孙晓如	四川眉山福满多食品有限公司班长	眉山市第三届劳动模范	2009
范松如	四川欧瑞特光电科技有限公司总经理	眉山市第三届劳动模范	2009

续表37-13

姓名	所在单位	获奖名称	年份
徐伯松	四川仁寿金利纺织有限公司总经理	眉山市第三届劳动模范	2009
冯方波	四川统领建材科技发展有限公司总经理	眉山市第三届劳动模范	2009
李永超	四川汪洋能源股份有限公司车间主任	眉山市第三届劳动模范	2009
严　伟	四川烽火丹琪光电科技有限公司董事长	眉山市第三届劳动模范	2009
王　刚	仁寿县工商行政管理局局长	眉山市第三届劳动模范	2009
梁明忠	仁寿县国家税务局龙正税务分局局长	眉山市第三届劳动模范	2009
王洪伟	彭山县第三中学校长	眉山市第三届劳动模范	2009
王显报	彭山县农林局植保植检站副站长	眉山市第三届劳动模范	2009
骆仕超	彭山县义和乡畜牧兽医站站长	眉山市第三届劳动模范	2009
陈　琪	彭山县三江化工有限公司总经理	眉山市第三届劳动模范	2009
赵险峰	鲁洲生物科技（四川）有限公司总经理	眉山市第三届劳动模范	2009
邓智林	四川省尼科国润新材料有限公司董事长	眉山市第三届劳动模范	2009
徐利军	彭山县佳源名店经理	眉山市第三届劳动模范	2009
侯建明	眉山市金属回收有限公司彭山报废汽车回收站站长	眉山市第三届劳动模范	2009
陈大伟	四川省洪雅中学校长	眉山市第三届劳动模范	2009
王　星	四川槽渔滩水电股份有限公司董事长	眉山市第三届劳动模范	2009
余佑祥	洪雅县丰元特钢有限公司总经理	眉山市第三届劳动模范	2009
封玉明	四川新乐雅陶瓷有限公司职工	眉山市第三届劳动模范	2009
张启良	洪雅县农村工作领导小组办公室主任	眉山市第三届劳动模范	2009
李志康	洪雅县水利局副局长	眉山市第三届劳动模范	2009
李学洪	洪雅县农机事业局副局长	眉山市第三届劳动模范	2009
任正权	洪雅县交通局副局长兼养路段段长	眉山市第三届劳动模范	2009
李洪超	洪雅电力有限责任公司输配电检修安装队线路检修班班长	眉山市第三届劳动模范	2009
陈国华	四川省民众日化有限公司董事长	眉山市第三届劳动模范	2009
宋云禄	四川省用九工业有限公司董事长	眉山市第三届劳动模范	2009
陈德全	四川丹甫制冷压缩机股份有限公司总经理助理	眉山市第三届劳动模范	2009
徐月祥	青神县渡口管理所渡工	眉山市第三届劳动模范	2009
徐海涛	青神县农林局多经站站长	眉山市第三届劳动模范	2009
雷建英	青神县南城中学校长	眉山市第三届劳动模范	2009
钟润根	四川省丹棱明宏光学有限责任公司压型班班长	眉山市第三届劳动模范	2009
宁汉明	丹棱县农村信用合作联社理事长	眉山市第三届劳动模范	2009
陈仲国	丹棱县总工会常务副主席	眉山市第三届劳动模范	2009
贺圣国	中车集团四川丹齿零部件有限公司总经理	眉山市第三届劳动模范	2009
徐其林	眉山市丹棱县双桥镇金藏村村主任	眉山市第三届劳动模范	2009

续表37-13

姓名	所在单位	获奖名称	年份
卿　和	丹棱县三峡情水果专业合作社理事长	眉山市第三届劳动模范	2009
黄中浦	四川鑫星铝业有限责任公司董事长	眉山市第三届劳动模范	2009
黄学安	眉山铝硅产业园区管委会群众工作部	眉山市第三届劳动模范	2009
王有来	眉山启明星铝业有限责任公司副总经理	眉山市第三届劳动模范	2009
孟维新	南车眉山车辆有限公司党委书记	眉山市第三届劳动模范	2009
樊　诚	南车眉山车辆有限公司货车公司经理	眉山市第三届劳动模范	2009
刘复兴	攀钢集团眉山中铁冷弯型钢有限责任公司董事长	眉山市第三届劳动模范	2009
肖乾佑	南车眉山车辆有限公司制动科技公司总经理	眉山市第三届劳动模范	2009
胡　刚	四川省电力公司眉山公司总经理	眉山市第三届劳动模范	2009
石　勇	眉山市农业技术推广站站长	眉山市第三届劳动模范	2009
李正禄	眉山市散装水泥办公室主任	眉山市第三届劳动模范	2009
雷界音	中国人民银行眉山市中心支行国库处处长	眉山市第三届劳动模范	2009
吴　超	中国移动通信集团四川有限公司眉山分公司总经理	眉山市第三届劳动模范	2009
李晓苹	眉山三苏祠博物馆副馆长	眉山市第三届劳动模范	2009
刘小川	眉山市三苏文化研究院专职创作员	眉山市第三届劳动模范	2009
袁远霞	眉山市人民医院妇产科主任	眉山市第三届劳动模范	2009
黄　艳	眉山市旅游执法支队副支队长	眉山市第三届劳动模范	2009
王永泰	四川省眉山市质量技术监督局主任科员	眉山市第三届劳动模范	2009
王建国	眉山市广播电视台新闻中心主任	眉山市第三届劳动模范	2009
蒋成章	眉山市公安局巡逻警察支队副支队长	眉山市第三届劳动模范	2009
黄　健	眉山市财政局局长	眉山市第三届劳动模范	2009
顾贵鹏	中共眉山市委办公室综合调研室副主任	眉山市第三届劳动模范	2009
高纪林	眉山市社会事业管理局副局长	眉山市第三届劳动模范	2009
李　祥	四川省眉山市地方税务局总经济师	眉山市第三届劳动模范	2009
付　聪	眉山市人民政府综合科副科长	眉山市第三届劳动模范	2009
杨建林	中共眉山市纪委副书记	眉山市第三届劳动模范	2009
郭才文	眉山市环保局副局长	眉山市第三届劳动模范	2009
张　卫	眉山市城管执法局环境卫生管理处驾驶员	眉山市第三届劳动模范	2009
史跃平	眉山市殡仪馆馆长	眉山市第三届劳动模范	2009
邓宁西	眉山市魁手盲人按摩中心主任	眉山市第三届劳动模范	2009
牟　柯	眉山市畜牧局生产科教科科长	眉山市第三届劳动模范	2009
吴晓斌	眉山日报社编辑中心主任	眉山市第三届劳动模范	2009
杨求思	四川启明星铝业有限责任公司生产副厂长	眉山市第三届劳动模范	2009

八、眉山市杰出（优秀）青年与法制人物

1998—2012 年，眉山市授予肖世忠等 60 人眉山市（地）“十大杰出青年”荣誉称号。

眉山市 1998—2012 年杰出（优秀）青年与法制人物名录表

表 37-14

姓名	所在单位	获奖名称	授奖单位	年份
肖世忠	仁寿县公安局三科指导员	眉山地区十大杰出青年	省青联眉山工委、地委组织部、地区人事局等 7 部门	1998
杨梁相	眉山县青少年宫主任			
王莉如	青神县中学教师			
徐一丹	洪雅县卫生局局长			
程明安	眉山县农业局农经站副站长			
罗建忠	眉山县地税局稽查分局局长			
张齐贵	彭山县粮油贸易公司总经理			
侯天泉	洪雅县林场场长			
曾佰军	仁寿县第一建筑工程公司副经理			
张红兵	成都邮电通信厂机电设备厂装配车间主任			
魏　伟	眉山地区国家税务局稽查分局副局长	眉山地区优秀青年	省青联眉山工委、地委组织部、地区人事局等 7 部门	1998
马建英	眉山农校教务科副科长			
杨志均	青神县国税局征收管理分局局长			
王爱民	眉山车辆厂设计处车体组组长			
王雪梅	彭山县江渎乡正华村党支部书记			
彭　伦	仁寿一中校教务处副主任			
叶进祥	丹棱县特种水产养殖青年科技示范基地负责人			
向丕元	眉山地区畜牧局兽医站站长			
李建洪	眉山车辆厂制动机分厂铸铁车间造型班班长			
李莎梅	眉山地区地税局干部			
何清海	眉山农校高级讲师、水稻育种室主任			
林泽民	眉山地区公安处政治部副主任			
徐嘉艳	洪雅中学副校长			
唐联才	武警眉山地区支队机关专业警士			
袁超群	青神县《青神报》报社编辑、记者			
倪福全	丹棱县杨场初级中学代理校长兼党支部书记			
殷汉奇	四川丹齿实业有限公司副总工程师			
殷　超	青神文化馆高级工艺师			

续表37-14

姓名	所在单位	获奖名称	授奖单位	年份
文成永	成都邮电通信设备厂新技术开发中心室主任	第二届眉山地区十大杰出青年	省青联眉山工委、地委组织部、地区人事局等7部门	2000
邓友权	青神县文化旅游广播电视局局长兼台长	第二届眉山地区十大杰出青年	省青联眉山工委、地委组织部、地区人事局等7部门	2000
叶进祥	丹棱县唐河乡兴隆村五组养殖专业户	第二届眉山地区十大杰出青年	省青联眉山工委、地委组织部、地区人事局等7部门	2000
刘永忠	四川川西制药股份有限公司董事长	第二届眉山地区十大杰出青年	省青联眉山工委、地委组织部、地区人事局等7部门	2000
刘宏眉	眉山县人民医院副主任医师	第二届眉山地区十大杰出青年	省青联眉山工委、地委组织部、地区人事局等7部门	2000
李华清	仁寿县地方税务局清水税务所所长	第二届眉山地区十大杰出青年	省青联眉山工委、地委组织部、地区人事局等7部门	2000
宋银祥	洪雅县洪川镇柳街村党支部书记兼洪雅瓷砖厂厂长	第二届眉山地区十大杰出青年	省青联眉山工委、地委组织部、地区人事局等7部门	2000
周尊登	四川省仁寿县第二高级职业中学校长	第二届眉山地区十大杰出青年	省青联眉山工委、地委组织部、地区人事局等7部门	2000
虞　志	眉山车辆厂货车公司货二车间制动二班班长	第二届眉山地区十大杰出青年	省青联眉山工委、地委组织部、地区人事局等7部门	2000
王碧华	眉山县松江派出所所长	第二届眉山地区十大杰出青年	省青联眉山工委、地委组织部、地区人事局等7部门	2000
曾良君	仁寿县公安局武警大队大队长。	眉山地区优秀青年	地委组织部、地区人事局等7部门	2000
王云东	眉山车辆厂技术中心副主任	眉山地区优秀青年	地委组织部、地区人事局等7部门	2000
王崇贵	眉山县教育局办公室干部	眉山地区优秀青年	地委组织部、地区人事局等7部门	2000
甘露君	洪雅县吴庄乡自新村村委主任	眉山地区优秀青年	地委组织部、地区人事局等7部门	2000
张红玲	丹棱县城区小学一级教师	眉山地区优秀青年	地委组织部、地区人事局等7部门	2000
欧万友	丹棱县杨场镇宋编村一社专业户	眉山地区优秀青年	地委组织部、地区人事局等7部门	2000
金徐凯	丹棱县杨场镇大定桥村农民	眉山地区优秀青年	地委组织部、地区人事局等7部门	2000
徐庆愿	武警眉山地区支队行政处宣传保卫股干事	眉山地区优秀青年	地委组织部、地区人事局等7部门	2000
徐建忠	洪雅县农业局副局长	眉山地区优秀青年	地委组织部、地区人事局等7部门	2000
黄玉蛟	成都蛟龙经济开发有限公司总经理	眉山地区优秀青年	地委组织部、地区人事局等7部门	2000
曹仲明	四川省地勘九一五水文工程地质队队长助理兼西藏公司经理	眉山地区优秀青年	地委组织部、地区人事局等7部门	2000
曹　麟	仁寿县天然气公司经理	眉山地区优秀青年	地委组织部、地区人事局等7部门	2000
蒋　君	仁寿县名特优水产养殖协会理事长	眉山地区优秀青年	地委组织部、地区人事局等7部门	2000
鲁洪涛	青神县农业局农技站站长	眉山地区优秀青年	地委组织部、地区人事局等7部门	2000
满道书	眉山地区交通稽查征费处征收科长	眉山地区优秀青年	地委组织部、地区人事局等7部门	2000
夏春生	眉山车辆厂厂长	眉山十大杰出青年	市委组织部、市人事局等7部门	2002
田志平	工商银行眉山市分行党委书记、行长	眉山十大杰出青年	市委组织部、市人事局等7部门	2002
黄　锐	洪雅禾森水电有限公司董事长	眉山十大杰出青年	市委组织部、市人事局等7部门	2002
陈明芳	通济堰管理处副处长	眉山十大杰出青年	市委组织部、市人事局等7部门	2002
罗　元	洪雅县畜牧局奶牛项目办主任	眉山十大杰出青年	市委组织部、市人事局等7部门	2002
岳家军	东坡区实验初中校长	眉山十大杰出青年	市委组织部、市人事局等7部门	2002
赵秀珍	眉山市广播电视台播音员	眉山十大杰出青年	市委组织部、市人事局等7部门	2002
王超英	仁寿县松林乡红塔村主任	眉山十大杰出青年	市委组织部、市人事局等7部门	2002
张　铁	青神裕华纺织有限公司董事长兼总经理	眉山十大杰出青年	市委组织部、市人事局等7部门	2002
方　明	彭山县文物保护管理所所长	眉山十大杰出青年	市委组织部、市人事局等7部门	2002

续表37-14

姓名	所在单位	获奖名称	授奖单位	年份
肖乾佑	中国南车集团眉山车辆厂技术中心主任	第四届“眉山十大杰出青年”	眉山市青联、共青团眉山市委、市委组织部、市人事局等7部门	2004
郑　燕	仁寿中学教务处副主任			
雷建勇	青神县司法局局长			
陈志忠	四川瓦屋山电力实业有限公司董事长			
李文彬	仁寿县方家镇东岳村支部书记			
李忠云	彭山县观音镇党委书记			
王　刚	眉州酒店管理有限公司董事长			
宋统宜	武警眉山市支队司令部作战训练股股长			
王国川	丹棱县委宣传部副部长			
许志忠	眉山市第二人民医院内二科主任			
徐　超	仁寿县中医院副院长	眉山优秀青年	眉山市青联、共青团眉山市委、市委组织部、市人事局等7部门	2004
王　鲁	眉山市科学技术学校校长			
肖　维	仁寿县公安局刑警大队一中队副队长			
王碧林	彭山县第一中学校长、党总支书记			
姜凌云	四川华西德顿塑料管道有限公司总经理			
钟建成	仁寿县财政局局长			
周志开	青神县畜牧局局长			
雷永志	四川眉山强力机械有限公司董事长			
柳　强	东坡区财政局副局长			
杨彭建	丹棱县畜牧局干部			
丁文军	四川省吉香居食品有限公司董事长	第五届“眉山十大杰出青年”	眉山市青联、共青团眉山市委、市委组织部、市人事局等7部门	2006
王　鲁	眉山科学技术学校董事长、校长			
卢明春	东坡区水利局党委书记、局长			
张　劲	四川省电力公司眉山公司仁寿供电局局长			
陈泽刚	四川达宽律师事务所主任			
余家宏	洪雅县国土资源局土地开发公司副总经理、瓦电移民服务中心副主任			
吴晓彬	眉山日报社新闻部主任			
郭亚君	四川省亚鑫纺织有限公司董事			
游中印	彭山县经济开发区管委会主任、灵石镇党委书记			
黄远成	远程集团有限公司董事长兼总裁			
文春艳	洪雅县中山乡前锋村党支部书记	眉山优秀青年	眉山市青联、共青团眉山市委、市委组织部、市人事局等7部门	2006
邓智林	四川省尼科国润新材料有限公司董事长、总经理			
左创义	东坡区秦家镇政府武装部长			
古伯良	眉山市广播电视局广告部主任			

续表37-14

姓名	所在单位	获奖名称	授奖单位	年份
李永红	洪雅县中学语文教师	眉山优秀青年	眉山市青联、共青团眉山市委、市委组织部、市人事局等7部门	2006
李志军	彭山县农村信用联社理事长			
李　勇	四川启明星铝业有限公司技术质检部经理			
余　利	眉山市公安局东坡区分局刑警大队副大队长			
陈作文	丹棱县发改委主任			
陈　波	丹棱县杨场镇中友优新柑橘园场长			
吴辉林	四川省电信有限公司洪雅分公司总经理、工程师			
周　琴	东坡区苏南小学校长			
陶建辉	东坡区计划生育服务站站长、儿科主治医师			
唐　强	仁寿县人民医院大外科副主任			
徐　燕	仁寿县财政局副局长			
谢晓龙	眉山市中医院骨伤康复科主任			
廖仲宾	眉山车辆厂铸锻公司铸钢车间电炉2段冶炼四班班长			
李　琴	市人民检察院公诉处公诉员	眉山市首届十大法治人物	市委政法委	2007
周建国	仁寿县看守所所长			
陈泽刚	四川达宽律师事务所			
罗述明	仁寿县检察院原副检察长			
程小军	市公安局交警支队直属一大队太和中队长			
李文良	仁寿县工商局文宫工商所所长			
徐述成	仁寿县铧强中学校长			
邹建国	东坡区人民法院思蒙法庭庭长			
余德槐	东坡区关心下一代工作委员会常务执行主任			
张　强	丹棱县华顺出租车公司驾驶员			
王雪梅	彭山县正华村党支部书记	眉山十大杰出青年	市委组织部、市人事局等8部门	2008
孙宜权	武警眉山市消防支队仁寿县中队一期士官			
李　勇	启明星铝业有限责任公司技术中心副主任			
李志高	深圳市财富联合投资管理有限公司董事长			
余建兵	四川洪雅青衣江化工有限公司总经理			
宋　强	东坡区兴鑫菌业公司总经理			
罗泽洪	丹棱县明宏光学公司执行董事兼总经理			
郑　龙	仁寿县聋哑运动员			
卿　和	丹棱县丹棱镇青龙村四组村民			
徐建国	眉山市检察院公诉处处长			

续表37-14

姓名	所在单位	获奖名称	授奖单位	年份
马云海	启明星铝业公司生产技术部副经理	眉山优秀青年	市委组织部、市人事局等8部门	2008
王 洪	四川美莱雅陶瓷有限公司总经理			
王 刚	仁寿县工商局局长			
王学民	仁寿县龙马镇党委委委员、民英村党支部书记			
叶勇军	眉山市审计局经责分局科员			
邓宁西	眉山市魁手盲人按摩洛足中心主任			
乔劲松	眉山市中级人民法院刑一庭副庭长			
刘 敏	眉山日报采访中心副主任			
吴 超	眉山移动公司党委书记、总经理			
陈其军	东坡区招商引资一局局长			
陈豫川	四川九升食品有限公司董事长			
张 强	丹棱县华顺出租汽车公司司机			
张仕英	经开区（东区）党工委副书记、纪委书记			
张浩军	眉山市广电局外宣部主任			
张晓帆	青神县广播电视局总编室兼新闻部主任			
张益萌	四川省棒垒曲运动管理中心运动员			
何卫东	东坡中学校长			
杨 平	四川久源酒业有限公司董事长兼总经理			
杨 毅	中国电信眉山分公司副总经理			
赵飞宇	彭山县牧马镇镇长			
赵险峰	鲁洲生物科技（四川）有限公司总经理			
高正兴	丹棱县丹棱镇兴隆村3社社长			
黄从刚	洪雅县和昌电子有限公司总经理			
程小军	市公安局交警支队直属一大队交通民警			
曾 涛	眉山市市政工程建设处处长			
葛启珩	眉山车辆厂铸钢车间主任			
谢晓龙	眉山市中医院中医骨伤科主任			
颜 毅	东坡区法院刑事审判庭庭长			

眉山市志 MEISHAN SHIZHI

附 录

一、眉山市获省部级及以上表彰的先进集体名录

眉山市 1997—2012 年各级获省部级及以上表彰的先进集体名录表

获奖单位	获奖名称	授奖机关	年份
彭山县统计局	第一次全国基本单位普查先进集体	全国基本普查办公室	1997
彭山县人民法院	集体一等功	最高人民法院	1997
黑龙滩灌区管理处	文明服务示范单位	水利部	1997
彭山县工商局	全国工商行政管理系统先进集体	国家工商局	1997
眉山县人民医院	省级最佳文明单位	省委、省政府	1997
彭山县农业银行	省级文明单位	省委、省政府	1997
彭山县农业发展银行	省级文明单位	省委、省政府	1997
青神县物价局	先进包村部门	省委	1997
眉山地区农业局	农田水利基本建设“李冰杯”改田改土二等奖	省政府	1997
同庆公司	“同庆牌”元明粉荣获四川名牌产品	省政府	1997
彭山县国土局	四川省耕地保护工作先进单位	省政府	1997
彭山县	实现中国农村和城市“2000 年人人享有卫生保健”普及阶段农村初保合格县	省政府	1997
眉山地区统计局	全国农业普查省级先进集体	全国农业普查办公室	1998
眉山地区统计局	全国投入产出调查省级先进集体	全国农业普查办公室	1998
眉山县修文镇成人学校	“中华扫盲奖”	国家教委	1998

续表

获奖单位	获奖名称	授奖机关	年份
彭山县公安局	全国“扫黄”“打非”集中行动先进集体	中央宣传部、中央政法委、公安部等	1998
彭山县公安局	全国优秀公安局	公安部	1998
彭山县公安局凤鸣派出所	人民满意派出所	公安部	1998
洪雅县公安局柳江林区派出所	全国林业公安基层建设先进单位	公安部	1998
彭山县检察院	集体一等功	最高人民检察院	1998
眉山地区教委	参与管理、指导眉山修文镇中华扫盲奖	教育部	1998
彭山县文化局	“扫黄”“打非”先进集体	中央宣传部、中央政法委、公安部等	1998
彭山县总工会	集体合同制工作先进单位	全国总工会	1998
青神县白果乡计生协	全国计生协先进集体	中国计生协	1998
洪雅县	四川省“双拥”模范县	省委、省政府、省军区	1998
眉山市委办公室	省级文明单位	省委、省政府	1998
眉山职业技术学院	省级文明单位	省委、省政府	1998
眉山市中级人民法院	省级文明单位	省委、省政府	1998
眉山市交通稽查征费处	省级文明单位	省委、省政府	1998
仁寿师范附属小学	省级文明单位	省委、省政府	1998
中国电信仁寿分公司	省级文明单位	省委、省政府	1998
仁寿县邮政局	省级文明单位	省委、省政府	1998
仁寿一中	省级文明单位	省委、省政府	1998
彭山县国税局	省级文明单位	省委、省政府	1998
人行洪雅县支行	省级文明单位	省委、省政府	1998
洪雅县止戈镇五龙村	省级文明村	省委、省政府	1998
人民银行青神县支行	省级文明单位	省委、省政府	1998
洪雅县支行	省级文明单位	省委、省政府	1998
眉山地区国税局	省级文明单位	省委、省政府	1998
彭山县彭溪镇蔡山村党支部	三年农村基层组织建设和整顿工作先进集体	省委	1998
青神县人大	《人民权力报》发行工作先进单位	省人大常委会	1998
眉山地区	1998 年度土地目标管理一等奖	省政府	1998
眉山地区教委	“两基”工作先进集体	省政府	1998
眉山地区行政公署	环保责任目标考核二等奖	省政府	1998
眉山行政公署	农田水利基本建设“李冰杯”改田改土二等奖	省政府	1998
眉山地区交通局	1998 年度农田水利基本建设“李冰杯”交通项目三等奖	省政府	1998
彭山县	文化先进县	省政府	1998

续表

获奖单位	获奖名称	授奖机关	年份
眉山地区统计局	全省统计执法工作先进单位	省政府	1998
青神县政协	宣传报道工作先进单位	省政协	1998
眉山地区统计局	全国1%人口抽样调查省级先进集体	中央、国务院	1999
眉山地区农业局	农村集体资产清产核资先进集体	农业部、财政部	1999
彭山县公安局	全国优秀公安局	公安部	1999
彭山县凤鸣派出所	人民满意派出所	公安部	1999
黑龙滩管理处	《小体积网箱高密度养殖技术推广应用》项目获全国农牧渔业丰收奖二等奖	农业部	1999
洪雅县	“爱心献功臣”行动先进县	全国双拥领导小组、民政部	1999
彭山县青龙司法服务所	优秀法律服务所	司法部	1999
彭山县检察院	人民满意检察院	最高人民检察院	1999
青神县青少年宫	千宫百万青少年音乐培调基地	共青团中央	1999
彭山一小	全国少先队红旗大队	全国少工委	1999
彭山县彭溪镇蔡山村	全国创建文明村镇工作先进单位	全国精神文明建设指导委员会	1999
仁寿县文宫镇飞跃枇杷专业村	“五专”经营组织先进单位	省委、省政府	1999
仁寿县团结乡养羊协会	“五专”经营组织先进单位	省委、省政府	1999
仁寿县人民医院	省级文明单位	省委、省政府	1999
仁寿县国家税务局	省级文明单位	省委、省政府	1999
人保财险洪雅支公司	省级文明单位	省委、省政府	1999
洪雅县财政局	省级文明单位	省委、省政府	1999
青神县幼儿园	省级文明单位	省委、省政府	1999
彭山县人民银行	文明单位	省委、省政府	1999
青神县高台乡	四川省综治模范乡	省委、省政府	1999
彭山县彭溪镇蔡山村党支部	先进基层党组织	省委	1999
眉山地区行政公署	1999年度土地目标管理一等奖	省政府	1999
眉山地区行政公署	农田水利基本建设“李冰杯”改田改土二等奖	省政府	1999
眉山县教育局	四川省扫除文盲工作先进集体	省政府	1999
仁寿县教育局	四川省扫除文盲工作先进集体	省政府	1999
青神县教育局	四川省扫除文盲工作先进集体	省政府	1999
眉山地区交通局	1999年度农田水利基本建设“李冰杯”交通项目二等奖	省政府	1999
青神县民政局	村民自治示范县	四川省政府	1999
青神县科技局	四川省科技工作先进县	四川省政府	1999
眉山军分区	装备管理先进单位	省军区	1999
彭山县青龙镇	全国小城镇综合改革试点镇	国务院	2000

续表

获奖单位	获奖名称	授奖机关	年份
彭山县	第三次全国城市环境综合治理先进县	建设部	2000
彭山县司法局	先进集体	司法部	2000
彭山县检察院	1999 年度全国检察机关人民满意的检察院	最高人民检察院	2000
彭山县公安局	全国优秀公安局	公安部	2000
彭山县公安局刑警大队	青年文明号	团中央、公安部	2000
青神县	全国科技工作先进县	科技部	2000
武警四川总队眉山支队	武警部队“永远做党和人民忠诚卫士”教育知识竞赛优秀组织奖	武警总部	2000
青神县政府征兵办	征兵工作先进单位	成都军区	2000
仁寿县文宫工商所	全国工商系统先进工商所	国家工商总局	2000
眉山县人民医院	全国卫生系统先进集体	国家人事部、卫生部等	2000
眉山地区农业局	全国农业广播电视教育先进集体	农业部	2000
眉山市农广校	全国农业广播电视教育先进集体	农业部	2000
丹棱县邮政局	1998—1999 年度省级最佳文明单位	省委、省政府	2000
人保财险眉山市分公司	1998—1999 年度省级最佳文明单位	省委、省政府	2000
眉山师范学校附属小学	1998—1999 年度省级最佳文明单位	省委、省政府	2000
中国电信丹棱分公司	1998—1999 年度省级最佳文明单位	省委、省政府	2000
仁寿中学	省级文明单位	省委、省政府	2000
人行彭山县支行	省级文明单位	省委、省政府	2000
洪雅县人民医院	省级文明单位	省委、省政府	2000
农发行丹棱县支行	省级文明单位	省委、省政府	2000
青神县白果乡下瓮村	省级文明村	省委、省政府	2000
人行彭山县支行	省级文明单位	省委、省政府	2000
彭山县公安局	省级文明单位	省委、省政府	2000
彭山县运管所	省级文明单位	省委、省政府	2000
眉山市	农田水利基本建设“李冰杯”改田改土二等奖	省政府	2000
眉山市政府	2000 年度土地目标管理一等奖	省政府	2000
眉山市水电局	2000 年度农田水利基本建设“李冰杯”竞赛二等奖	省政府	2000
眉山市交通局	2000 年四川省农田水利基本建设“李冰杯”交通项目二等奖	省政府	2000
仁寿县道路运输管理所	2000 年省级文明单位	省政府	2000
彭山县道路运输管理所	2000 年省级文明单位	省政府	2000
彭山县	科技工作先进县	省政府	2000
青神县学道街小学	思想政治工作先进	四川省委	2000

续表

获奖单位	获奖名称	授奖机关	年份
眉山市统计局	第五次全国人口普查先进集体	中央、国务院	2001
洪雅县检察院	人民满意检察院	最高人民检察院	2001
洪雅县	“两基”工作先进县	教育部、财政部、国家计委	2001
彭山县看守所	三级达标看守所	公安部	2001
彭山县公安局刑警大队	青年文明号	团中央、公安部	2001
彭山县公安局凤鸣派出所	2000 年度人民满意公安基层单位	公安部	2001
彭山县公安局凤鸣派出所	优秀青少年维权岗	团中央、公安部	2001
东坡区	全国婚育新风进万家活动先进县（市、区）	中宣部、国家人口计生委	2001
青神县黑龙镇	婚育新风进万家先进	中宣部、国家人口计生委	2001
眉山市残联	全国残疾人按比例就业工作先进单位	中国残联	2001
青神县	全国残疾人扶贫工作先进县	国务院扶贫开发领导小组、财政部、中国残疾人工作领导小组等	2001
眉山市委政法委	1996—2000 年全国群众体育先进单位	国家体育总局	2001
眉山市烟草专卖局	机关档案工作目标管理获优秀等级	国家烟草专卖局	2001
彭山县统计局	全国人口普查先进单位	国务院人口普查办公室	2001
彭山县凤鸣镇	全国人口普查先进单位	国务院人口普查办公室	2001
彭山县政府	全国群众体育先进集体	国家体育总局	2001
青神县体委	群众体育工作先进单位	国家体育总局	2001
彭山县计划生育指导站	婚育新风进万家先进集体	中宣部、国家人口计生委	2001
洪雅县东岳镇	婚育新风进万家活动先进集体	中宣部、国家人口计生委	2001
彭山县农业局	丰收计划工作三等奖	农业部	2001
眉山市农业局	《水稻旱育抛秧高产高效技术推广》丰收一等奖、《水稻节本增效技术研究》丰收三等奖	农业部	2001
眉山市教育局	“三五”普法工作先进集体	省委、省政府	2001
四川省阳坪种牛场	2000 年度农业产业化经营先进龙头企业	省委、省政府	2001
眉山市李记酱菜调味品有限公司	2000 年度农业产业化经营先进龙头企业	省委、省政府	2001
四川通威股份有限公司	2000 年度农业产业化经营先进龙头企业	省委、省政府	2001
仁寿县团结乡养羊股份合作社	“五专”经营组织	省委、省政府	2001
眉山市公安局	全省同邪教组织斗争先进集体	省委、省政府	2001
眉山地区国税局	省级最佳文明单位	省委、省政府	2001
彭山县公安局	省级文明单位	省委、省政府	2001
眉山中学	省级文明单位	省委、省政府	2001
东坡区财政局	省级文明单位	省委、省政府	2001

续表

获奖单位	获奖名称	授奖机关	年份
仁寿县国省道公路养护管理段	省级文明单位	省委、省政府	2001
彭山县道路运输管理所	省级文明单位	省委、省政府	2001
洪雅县国家税务局	省级文明单位	省委、省政府	2001
彭山县彭溪镇兴崇村	省级文明村	省委、省政府	2001
彭山县道路运输管理所	省级文明单位	省委、省政府	2001
彭山县	“三五”普法工作先进县	省委、省政府	2001
彭山县政府	征兵工作先进单位	省委、省政府	2001
青神县高台乡党委	先进基层党组织	省委	2001
四川川西制药股份有限公司党总支部	先进基层党组织	省委	2001
洪雅县罗坝镇离退休党支部	先进基层党组织	省委	2001
东坡区政府	四川省“九五”期间计划生育工作先进集体	省政府	2001
洪雅县政府	四川省“九五”期间计划生育工作先进集体	省政府	2001
青神县计生局	四川省“九五”期间计划生育工作先进集体	省政府	2001
青神县	城市建设管理先进县	省政府	2001
青神县	四川文化先进县	省政府	2001
眉山市水利局	四川省农村人畜引水工作先进集体	省政府	2001
仁寿县水电局	四川省农村人畜引水工作先进集体	省政府	2001
眉山市环保局	“一控双达标”工作先进集体	省政府	2001
眉山市政府	2001年度土地目标管理二等奖	省政府	2001
眉山市教育局	“两基”先进单位	省政府	2001
眉山市林业局	四川省农田水利基本建设“李冰杯”竞赛（林业项目）三等奖	省政府	2001
仁寿县教育局	“两基”工作先进单位	省政府	2001
彭山县妇联	实施九十年代妇女发展纲要先进集体	省政府	2001
青神县南城镇	“两基”工作先进集体	省政府	2001
青神县文化局	文化工作先进单位	省政府	2001
眉山市农业局	《旱地宽带多熟持续高产高效技术研究》科技进步二等奖	省政府	2001
洪雅县检察院	集体一等功	最高人民检察院	2002
仁寿县看守所	全国深挖犯罪先进集体	公安部	2002
彭山县公安局刑警大队	青年文明号（确认）	团中央、公安部	2002
彭山县公安局	全国公安机关“三项教育”活动先进单位	公安部	2002
仁寿文宫供电所	全国农村“三个代表”重要思想学教活动先进集体	中央组织部	2002

续表

获奖单位	获奖名称	授奖机关	年份
眉山市妇联	全国“双学双比”先进集体，全国下岗女工再就业活动先进集体	全国妇联、全国“双学双比”活动领导小组、“巾帼建功”活动领导小组	2002
东坡区思蒙镇	全国精神文明建设先进镇	中央文明委	2002
东坡区尚义镇太保村	全国精神文明建设先进村	中央文明委	2002
眉山军分区	全国国防教育先进单位	中国人民解放军总参谋部	2002
青神县南城镇	全国基层民兵预备役工作先进单位	中国人民解放军总参谋部、总政治部	2002
眉山市总工会女工部	“女职工双文明建功立业活动”先进女职工集体	中华全国总工会	2002
共青团眉山市委	全国第四届“乡村青年文化节”优秀组织奖	共青团中央	2002
眉山市	国家级农村信息化示范市	科技部	2002
眉山市	全国动物防疫工作先进单位	农业部	2002
洪雅县	全国科技工作先进县	科技部	2002
青神县	全国科技工作先进县	科技部	2002
彭山县	全国科技工作先进县	科技部	2002
青神县畜牧局	全国农牧渔业丰收奖二等奖	农业部	2002
眉山市水产技术推广站	全国农牧渔业丰收奖二等奖	农业部	2002
东坡区委、区政府	中国优质稻米之乡	农业部	2002
东坡区委、区政府	全国民政工作先进区	民政部	2002
东坡区委、区政府	人民调解宣传工作先进单位	司法部	2002
东坡区委、区政府	全国农村村级卫生保健工作先进区	卫生部、国家计委、农业部、环保总局	2002
丹棱县供电局	全国第三批水电农村电气化县建设先进单位	水利部	2002
武警眉山市支队	三等功	武警总部	2002
武警眉山市支队机关	文明卫生警营	武警总部	2002
眉山市公安局国内安全保卫支队	“处法”先进集体	公安部	2002
眉山市民政局	2002 年度全国先进联通站	民政部、新闻办公室、乡镇论坛杂志社	2002
眉山市人口普查办公室	第五次全国人口普查先进集体	国务院人口普查办公室	2002
洪雅县余坪镇人普办	第五次全国人口普查先进集体	国务院人口普查办公室	2002
彭山县统计局	第五次全国人口普查先进集体	国家统计局	2002
眉山市文体局	2001 年全民健身周活动先进单位	国家体育总局	2002
仁寿县	第五次全国人口普查先进集体	国务院人口普查办公室	2002
彭山县人口普查办公室	第五次全国人口普查先进集体	国务院人口普查办公室	2002
丹棱县唐河乡人口普查办公室	第五次全国人口普查先进集体	国务院人口普查办公室	2002

续表

获奖单位	获奖名称	授奖机关	年份
仁寿县	二十年携手共进励精合作，新世纪继往开来再创辉煌	联合国儿童基金会	2002
彭山县统计局	执法检查先进单位	国家统计局	2002
仁寿县物价局	全国价格监测工作先进单位	国家物价局	2002
仁寿县物价局	全国粮食生产区价格监测工作先进单位	国家计委物价监测中心	2002
仁寿县	全国农村科普示范基地	中国科协	2002
仁寿县	全国科普示范县	中国科协	2002
仁寿县文宫区	2002—2004 年全国农村科普示范基地	中国科协	2002
仁寿县教育局	全国少先队宣传工作金奖	全国少工委	2002
仁寿县	列入第三批全国农业标准化示范园计划项目	国家质量技术监督局	2002
眉山市国家税务局	税法宣传月活动优秀项目奖	国家税务局	2002
仁寿县物价局	全国物价监测先进单位、全国粮食生产区价格监测先进单位	国家计委	2002
眉山市妇联	全国各族农村妇女“双学双比”竞赛活动先进集体	全国各族农村妇女“双学双比”竞赛活动领导小组	2002
青神县广电局	千县工程协作先进单位	中国电视艺术家协会、中国电视协会农村电视委员会	2002
仁寿县广电局	千县工程协作先进单位	中国电视艺术家协会、中国电视协会农村电视委员会	2002
东坡区三苏乡	2002 年四川省社会治安综合治理模范单位	省委、省政府	2002
中共眉山市委、市政府	2002 年四川省维护社会稳定工作先进集体	省委、省政府	2002
东坡区人民武装部	“三年建设规划”先进单位	省委、省政府、省军区党委	2002
仁寿县人民武装部	“三年建设规划”先进单位	省委、省政府、省军区党委	2002
洪雅县委	四川省 2001—2002 年党管武装工作先进单位	省委、省政府	2002
四川省槽渔滩水电股份有限公司	省级文明单位	省委、省政府	2002
彭山县地方税务局	省级文明单位	省委、省政府	2002
省烟草公司眉山市公司青神营业部	省级文明单位	省委、省政府	2002
四川省通济堰管理处	省级文明单位	省委、省政府	2002
丹棱县人民检察院	省级文明单位	省委、省政府	2002
洪雅县余坪镇胜利村	省级文明村	省委、省政府	2002
四川省电力公司眉山公司	省级文明单位	省委、省政府	2002
仁寿县	省级新农村示范片建设优秀奖	省委、省政府	2002
洪雅县余坪镇天星村	省级文明村	省委、省政府	2002

续表

获奖单位	获奖名称	授奖机关	年份
东坡区	全省农村“三个代表”重要思想学教活动基层组织建设先进县	省委	2002
青神县	全省农村“三个代表”重要思想学教活动基层组织建设先进县	省委	2002
彭山县	全省农村“三个代表”重要思想学教活动基层组织建设先进县	省委	2002
仁寿县文宫镇党委	全省农村“三个代表”重要思想学教活动先进乡党委	省委	2002
彭山县青龙镇党委	全省农村“三个代表”重要思想学教活动先进乡党委	省委	2002
丹棱县唐河乡党委	全省农村“三个代表”重要思想学教活动先进乡党委	省委	2002
洪雅县金釜乡党委	全省农村“三个代表”重要思想学教活动先进乡党委	省委	2002
东坡区象耳镇农林村党支部	全省农村“三个代表”重要思想学教活动先进村党支部	省委	2002
彭山县青龙镇古佛村党支部	全省农村“三个代表”重要思想学教活动先进村党支部	省委	2002
丹棱县中隆乡石河村党支部	全省农村“三个代表”重要思想学教活动先进村党支部	省委	2002
青神县南城镇兰沟村党支部	全省农村“三个代表”重要思想学教活动先进村党支部	省委	2002
洪雅县罗坝镇洪安村党支部	全省农村“三个代表”重要思想学教活动先进村党支部	省委	2002
仁寿县视高乡河心村党支部	全省农村“三个代表”重要思想学教活动先进村党支部	省委	2002
东坡区民政局	全省农村“三个代表”重要思想学教活动先进单位	省委	2002
仁寿县供电局文宫供电所	全省农村“三个代表”重要思想学教活动先进单位	省委	2002
仁寿县气象局	全省农村“三个代表”重要思想重要思想学习教育暨农村基层组织建设三级连创活动先进单位	省委	2002
仁寿气象局	职工道德教育先进单位	省委	2002
东坡区	先进农村固定观察点	省委	2002
眉山军分区	退伍军人预备役登记统计工作先进单位	省军区	2002
眉山市水利局	四川省 1997—2000 年水土保持工作先进单位	省政府	2002
眉山市	农田水利基本建设“李冰杯”改田改土三等奖	省政府	2002
眉山市审计局	乡村债权债务清理先进单位	省政府	2002

续表

获奖单位	获奖名称	授奖机关	年份
眉山市政府	三峡工程库区农村拆迁移民安置工作先进单位	省政府	2002
眉山市	2002年计划生育工作一等奖	省政府	2002
眉山市	2002年计划生育工作求实奖	省政府	2002
眉山市审计局	四川省乡村债权审计核实工作先进集体	省政府	2002
眉山市水利局	水土保持先进单位	省政府	2002
眉山市国土资源局	2002年度国土资源目标管理先进单位二等奖	省政府	2002
眉山市林业局	四川省农田水利基本建设“李冰杯”竞赛(林业项目)三等奖	省政府	2002
洪雅县	天然林资源保护和退耕还林工程建设先进集体	省政府	2002
东坡区	全面勘界工作先进集体	省政府	2002
彭山县总工会	九十年代妇女儿童发展纲要先进集体	省政府	2002
仁寿县畜牧局	泼尔山羊杂交利用技术研究三等奖	省政府	2002
仁寿县畜牧局	省外种猪选育科技进步三等奖	省政府	2002
仁寿县教育局	加强中心校对村小的教学辅导与管理、全面提高农村小学生素质一等奖	省政府	2002
仁寿县教育局	小学教师教育科研能力培养研究二等奖	省政府	2002
仁寿县教育局	学校教科室性质及运行机制研究二等奖	省政府	2002
仁寿县教育局	“两基”工作先进单位	省政府	2002
仁寿县水利局	三年解决农村人畜饮水工程先进集体	省政府	2002
仁寿县	劳务开发基地县	省政府	2002
仁寿县	教育对口支援工作先进集体	省政府	2002
仁寿县教育局	支教工作先进集体	省政府	2002
仁寿县	四川省全面勘界工作先进单位	省政府	2002
眉山市粮食局	四川省国家储备粮库建设工作先进单位	省政府	2002
眉山市交通局	民族团结进步先进集体	省政府	2002
眉山市交通局	2002年度农田水利基本建设“李冰杯”竞赛交通项目三等奖	省政府	2002
仁寿县审计局	乡村财政债务审计核实先进集体	省政府	2002
眉山市统计局	第二次全国基本单位普查省级先进集体	中共中央、国务院	2003
彭山县公安局刑警大队	全国青年文明号	公安部、共青团中央	2003
眉山市公安局国保支队	全国公安机关先进集体	公安部	2003
彭山县公安局城区刑警中队	全国一级责任区刑警中队	公安部	2003
彭山县公安局凤鸣派出所	一级公安派出所	公安部	2003
武警眉山支队	武警部队“保密工作先进单位”	武警总部	2003
武警眉山支队机关	文明卫生警营	武警总部	2003

续表

获奖单位	获奖名称	授奖机关	年份
眉山市纪委、监察局	纪检监察信息工作先进集体	中纪委办公厅	2003
眉山市纪委、监察局	全国先进通联站	中纪委、监察部中国纪检监察报社	2003
共青团眉山市委	全国“服务农村青年增收成才奖”先进集体	共青团中央、农业部	2003
彭山县畜牧局	农牧渔业丰收计划三等奖	农业部	2003
青神县	全国村民自治模范县	财政部	2003
眉山市林业局	天然林保护工程建设县（局）级先进单位	国家林业局	2003
洪雅县	全国天然林保护工程建设先进单位	国家林业局	2003
洪雅县	2001—2002 年度全国科技进步先进县	科学技术部	2003
青神县	2001—2002 年度全国科技进步先进县	科学技术部	2003
彭山县	2001—2002 年度全国科技进步先进县	科学技术部	2003
眉山市文体局	全民健身周活动先进单位	国家体育总局	2003
眉山市广电局	全国残疾人康复工程先进集体	国务院残疾人工作协调委员会、卫生部等 7 部委	2003
眉山市妇女联合会	全国“巾帼建功”活动先进集体	全国城镇妇女“巾帼建功”活动领导小组	2003
洪雅县妇联	全国妇联系统先进集体荣誉称号	人事部、全国妇联	2003
洪雅县妇联	全国“三八”红旗集体	全国妇联	2003
眉山市总工会	全国新建企业建会工作先进集体	中华全国总工会	2003
眉山市总工会	全国财务工作先进单位	中华全国总工会	2003
眉山车辆厂	全国五一劳动奖状	中华全国总工会	2003
眉山车辆厂	全国厂务公开工作先进单位	中华全国总工会	2003
眉山车辆厂机电车间钳工一班	全国模范职工小家	中华全国总工会	2003
四川三苏矿泉有限公司	全国模范职工小家	中华全国总工会	2003
洪雅电力公司工会	全国安康杯竞赛先进单位	中华全国总工会	2003
彭山县国税局	全国税务系统文明单位	国家税务总局	2003
彭山县	人口与计划生育先进县	国家人口计生委	2003
彭山县	“抗非”统计调查先进单位	国家人口计生委	2003
洪雅县计划生育服务站	全国人口和计划生育科技工作先进单位	国家人口计生委	2003
东坡区	全国村民自治模范县（市、区、旗）	国家民政部	2003
彭山县广播电视局	广电系统先进集体	人事部、广电总局	2003
彭山县统计局	第二次全国基本普查先进集体	全国基本单位普查办公室	2003
东坡区	全国基本单位先进集体	全国基本单位普查领导小组	2003
眉山车辆厂货一车间团支部	全国五四红旗团支部	团中央	2003
共青团眉山市委	全国“服务农村青年增收成才奖”先进集体	共青团中央、农业部	2003
眉山市纪委	《中国纪检监察报》发行工作先进单位	中纪委监察部	2003

续表

获奖单位	获奖名称	授奖机关	年份
国营星华仪器厂	参与中国首次载人航天飞行任务协作配套工作贡献奖	中国载人航天工程办公室	2003
国营星华仪器厂	载人航天工程突出贡献奖	信息产业部	2003
东坡区修文镇列神村计生协	全国计生协先进集体	中国计生协	2003
仁寿县正元乡双林村计生协	全国计生协先进集体	中国计生协	2003
眉山军分区	应急维稳工作先进单位、协助地方维护社会稳定先进单位	成都军区	2003
眉山军分区后勤部	非典型性肺炎防治工作先进单位	成都军区	2003
仁寿县人武部	营院绿化先进单位	成都军区	2003
仁寿县人武部	民兵刊授教育先进单位	成都军区	2003
人行眉山市中心支行国库科	1999—2002年国库系统先进集体	中国人民银行	2003
仁寿县物价局	全国价格公布先进单位	国家发改委	2003
青神县瑞峰镇	亿万农民健身活动先进乡镇	农业部、体育总局	2003
彭山县公安局	省级文明单位（确认）	省委、省政府	2003
东坡区委、区政府	落实县（市、区）人民武装预备役部队“三年建设规划”先进单位	省委、省政府、省军区	2003
东坡区人武部	三年建设规划建设先进单位	省委、省政府、省军区	2003
中共洪雅县委	党管武装工作先进单位	省委、省政府、省军区	2003
眉山市卫生局	防止非典型性肺炎工作先进集体	省委、省政府	2003
眉山市国家税务局	2001—2002年度省级最佳文明单位	省委、省政府	2003
中国移动眉山分公司	2001—2002年度省级最佳文明单位	省委、省政府	2003
仁寿一中	2001—2002年度省级最佳文明单位	省委、省政府	2003
彭山县国税局	2001—2002年度省级最佳文明单位	省委、省政府	2003
眉山市道路运输管理处	省级文明单位	省委、省政府	2003
眉山三苏祠博物馆	省级文明单位	省委、省政府	2003
东坡区国家税务局	省级文明单位	省委、省政府	2003
洪雅县中医院	省级文明单位	省委、省政府	2003
彭山县公安局	省级文明单位	省委、省政府	2003
眉山市地税局	省级文明单位	省委、省政府	2003
彭山县青龙镇古佛村	省级文明村	省委、省政府	2003
眉山市委政法委	全省社会治安综合治理工作优秀单位	省委、省政府	2003
眉山市委政法委	全省社会治安综合治理整体联动防范工程建设目标完成单位	省委、省政府	2003
东坡区委	四川省社会治安综合治理模范单位	省委、省政府	2003
眉山市第二人民医院党委	防治非典型性肺炎工作先进基层党组织	省委	2003
眉山市东坡区永寿镇党委	防治非典型性肺炎工作先进基层党组织	省委	2003

续表

获奖单位	获奖名称	授奖机关	年份
仁寿县人民医院党总支	防治非典型性肺炎工作先进基层党组织	省委	2003
仁寿县公安局	践行“三个代表”重要思想先进党组织	省委	2003
眉山军分区政治部党支部	全省防治非典型性肺炎工作先进基础党支部	省委	2003
丹棱镇派出所党支部	党员实践“三个代表”重要思想示范单位	省委	2003
眉山市计生委	全省计划生育军地双轨管理工作先进单位	省政府、省军区	2003
东坡供电局	农村电网建设与改造工作先进集体	省政府	2003
眉山市水利局	2003 年度农田水利基本建设“李冰杯”竞赛（水利项目）二等奖	省政府	2003
眉山市公安局网监支队	省互联网有害信息专项清理整治工作先进单位	省政府	2003
眉山市政府	“李冰杯”中低产田土改造二等奖	省政府	2003
眉山市政府	“李冰杯”农田水利基本建设竞赛（农机项目）三等奖	省政府	2003
眉山市	2003 年计划生育工作一等奖	省政府	2003
眉山市	2004 年计划生育工作求实奖	省政府	2003
眉山市政府	三峡工程库区农村外迁移民安置工作先进单位	省政府	2003
东坡区人民政府	四川省农村电网建设与改造先进集体	省政府	2003
东坡区	乡村债券债务审计核实先进集体	省政府	2003
洪雅县林业局	全省林业建设先进集体荣誉称号	省政府	2003
眉山市粮食局	四川省国家储备粮库建设工作先进单位	省政府	2003
眉山市林业局	四川省农田水利基本建设“李冰杯”竞赛（林业项目）三等奖	省政府	2003
眉山市交通局	2003 年度农田水利基本建设“李冰杯”交通项目一等奖	省政府	2003
眉山市畜牧局	全省地方病防治工作先进单位	省政府	2003
仁寿县审计局	四川省乡村债务审计核先进单位	省政府	2003
丹棱县国有林场	四川省林业建设先进集体	省政府	2003
仁寿县人武部	装备责任先进单位	四川省军区	2003
丹棱县人武部	征兵工作先进单位	四川省军区	2003
眉山市国税局	全国再就业工作先进单位	国务院	2004
眉山市统计局	全国投入产出调查工作先进集体	中央、国务院	2004
眉山市统计局	全国基本单位普查工作先进集体	中央、国务院	2004
东坡区检察院	青少年维权岗及创建活动突出贡献奖	最高人民检察院	2004
眉山市计生委	全国计划生育系统行风建设先进集体	国家人口计生委	2004
眉山市计生委	全国人口计生系统作风建设先进单位	国家人口计生委	2004
眉山电力公司	全国电力可靠性管理先进单位	中国电力企业联合会、中国能源化学工会全国委员会	2004

续表

获奖单位	获奖名称	授奖机关	年份
彭山县公安局刑事科学技术室	全国一级刑事科学技术室	公安部	2004
彭山县公安局刑警大队	青年文明号（确认）	团中央、公安部	2004
彭山县看守所	二级看守所	公安部	2004
彭山县观音镇曾家村	全国民主法治示范村	民政部、司法部	2004
彭山县谢家镇	亿万农民健身活动先进乡镇	农业部、国家体育总局、全国农民体育协会	2004
洪雅县东岳镇团结村	全国计生协会先进单位	国家人口计生委	2004
眉山市农业局	全国发展粮食生产先进集体	农业部	2004
仁寿县	全国十大粮食生产县	农业部	2004
仁寿县农业行政执法大队	全国农业综合执法先进单位	农业部	2004
彭山县畜牧局	农牧渔业丰收计划三等奖	农业部	2004
彭山县农机局	全国跨区机收工作先进单位	农业部	2004
彭山县义和乡	农民专业合作经济组织先进单位	农业部	2004
丹棱县	四川省第九批国家级生态示范县	国家环保总局	2004
东坡区林业局	林业工作站建设合格县	国家林业局	2004
彭山县总工会	新建企业工会组建工作先进单位	中华全国总工会	2004
眉山车辆厂	全国“安康杯”竞赛先进单位	中华全国总工会	2004
洪雅县电力公司	全国“安康杯”竞赛先进单位	中华全国总工会	2004
眉山车辆厂	全国青工技能振兴计划试点企业	共青团中央	2004
仁寿县农村信用合作联社	全国青年文明号	共青团中央	2004
共青团仁寿县委	全国青年文明号	共青团中央	2004
仁寿县行政服务中心	《中国青年》杂志先进单位	共青团中央	2004
眉山市妇联	全国三八红旗集体	全国妇联	2004
仁寿县妇联	“大地之爱·母亲水窖”项目奖	全国妇联	2004
东坡区科协	科教进社区先进集体	中国科协	2004
眉山车辆厂	全国守合同重信用企业	全国工商联	2004
洪雅县妇联	全国农村妇女“双学双比”活动先进集体	全国农村妇女“双学双比”活动领导小组	2004
眉山市外侨台办	第五届世界华人小学生作文大赛组织奖	全国侨联、台联等6部门	2004
仁寿文宫枇杷协会	全国百强协会	中国科协	2004
仁寿县建设局	全国建设系统法制建设先进集体	建设部	2004
丹棱县工商局城区工商所	全国工商行政管理系统先进工商所	国家工商行政管理总局	2004
眉山军分区政治部	集体三等功	成都军区	2004
仁寿县人武部	营院绿化先进单位	成都军区	2004
仁寿县人武部	民兵刊授教育先进单位	成都军区	2004

续表

获奖单位	获奖名称	授奖机关	年份
人民银行眉山中支	全国反假货币工作先进单位	国务院反假货币工作联席会议	2004
人民银行眉山中支	社会治安综合治理先进单位	中国人民银行	2004
人行眉山市中心支行团委	五四红旗团委	中国人民银行	2004
彭山县公安局凤鸣派出所	全省优秀公安派出所集体一等功	省委、省政府	2004
眉山市地税局	全省市州创建文明行业示范系统	省委、省政府	2004
彭山县地税局	省级文明单位（与文明办不符）	省委、省政府	2004
农发行眉山市分行	省级文明单位	省委、省政府	2004
四川机动通信局	省级文明单位	省委、省政府	2004
眉山市气象局	省级文明单位	省委、省政府	2004
眉山市国土资源局	省级文明单位	省委、省政府	2004
农行眉山市分行	省级文明单位	省委、省政府	2004
仁寿县农村信用合作联社	省级文明单位	省委、省政府	2004
丹棱县财政局	省级文明单位	省委、省政府	2004
青神县国税局	省级文明单位	省委、省政府	2004
东坡区环湖中路社区	省级文明社区	省委、省政府	2004
彭山县凤鸣镇城东社区	省级文明社区	省委、省政府	2004
眉山市劳务办	劳务开发先进集体	省委、省政府	2004
东坡区计生局	人口与计生工作一等奖	省委、省政府	2004
眉山市	计划生育目标考核一等奖	省委、省政府	2004
仁寿县文林镇派出所	全省优秀派出所	省委、省政府	2004
仁寿县	文化先进县	省委	2004
青神人口计生委	计划生育宣传品进村入户先进单位	省政府	2004
眉山市农业局	科技“三下乡”活动先进集体	省政府	2004
眉山市	农田水利基本建设“李冰杯”改田改土三等奖	省政府	2004
眉山市林业局	四川省农田水利基本建设“李冰杯”竞赛（林业项目）三等奖	省政府	2004
眉山市公安局网监支队	打击淫秽色情网站专项行动先进单位	省政府	2004
彭山县	计划生育优质服务先进县	省政府	2004
洪雅县畜牧局	四川省无规定动物疫病区建设先进单位	省政府	2004
东坡区水利局	水利建设先进县二等奖	省政府	2004
东坡区畜牧局	畜产品安全工作先进单位	省政府	2004
彭山县畜牧局	先进单位	省政府	2004
彭山县气象局	农经网建设服务工作先进集体	省政府	2004
眉山市统计局	妇儿监测工作一等奖	省政府	2004

续表

获奖单位	获奖名称	授奖机关	年份
眉山市交通局	2004年度农田水利基本建设“李冰杯”竞赛交通项目三等奖	省政府	2004
眉山市交通局	四川省治理公路“三乱”工作先进单位	省政府	2004
仁寿县	全国劳务输出先进县	省政府	2004
仁寿县人武部党委	先进党委	省军区	2004
仁寿县人武部	装备责任先进单位	省军区	2004
眉山市民族宗教局	全国民族团结进步模范集体	国务院	2005
眉山市统计局	第一次全国经济普查先进集体	国务院经济普查领导小组	2005
眉山市人民检察院	扣押冻结款物专项检查工作先进单位	最高人民检察院	2005
仁寿县文宫人民法庭	全国优秀人民法庭	最高人民法院	2005
四川仁寿汪洋能源有限公司工会	模范职工之家	全国总工会	2005
仁寿县	2001—2005年全国婚育新风进万家先进县	中宣部、国家人口计生委	2005
眉山市人口计生委	全国人口计生系统作风建设先进单位	国家人口计生委	2005
眉山市人口计生委	全国先进集体事迹报告团	国家人口计生委	2005
东坡区	全国计划生育优质服务先进（区）县	国家人口计生委	2005
彭山县政府征兵办	征兵工作先进单位	成都军区	2005
洪雅县政府征兵办	征兵工作先进单位	成都军区	2005
仁寿县公安局	全国接待群众来访先进集体	公安部	2005
仁寿县公安局	全国打击拐卖妇女儿童专项行动	公安部	2005
武警眉山市支队	爱国卫生先进单位	武警总部	2005
东坡区	全国粮食生产先进县	农业部	2005
仁寿县	全国粮食生产先进县	农业部	2005
洪雅县	全国第二批无公害农产品（种植业）生产示范基地创建县	农业部	2005
彭山县土肥站	丰收计划二等奖	农业部	2005
眉山市农业局	全国无公害茶叶生产示范基地先进单位	农业部	2005
彭山县	（2003—2004年度）全国科技进步先进县	科技部	2005
洪雅县	全国科技进步先进县	科技部	2005
青神县	全国科技进步先进县	科技部	2005
青神县	全国老龄工作先进县	国家老龄委	2005
彭山县	全国婚育新风进万家先进集体	国家人口计生委	2005
眉山市文体局	第五次体育场地普查先进单位	国家体育总局	2005
眉山市文体局	全民健身周活动先进单位	国家体育总局	2005
眉山市文体局	全国群众体育先进单位	国家体育总局	2005
眉山市交通局	全国群众体育先进单位	国家体育总局	2005

续表

获奖单位	获奖名称	授奖机关	年份
眉山车辆厂	全国群众体育先进单位	国家体育总局	2005
眉山外国语学校	全国群众体育先进单位	国家体育总局	2005
彭山县篮球协会	全国群众体育先进单位	国家体育总局	2005
仁寿县宝飞镇	全国群众体育先进单位	国家体育总局	2005
洪雅县	全国优秀全民健身活动站	国家体育总局	2005
眉山市国税局	全国文明单位	国家税务总局	2005
眉山市气象局	全国气象部门局务公开先进单位	国家气象总局	2005
眉山市气象局	全国精神文明建设工作先进单位（与文明办不符）	中央文明委	2005
眉山市国家税务局机关	全国文明单位	中央文明委	2005
东坡区尚义镇太宝村	全国文明村	中央文明委	2005
彭山县青龙镇	全国创建文明村镇工作先进	中央文明委	2005
彭山县青龙镇古佛村	全国创建文明村镇工作先进	中央文明委	2005
共青团眉山市委	全国青年中心建设试点工作先进市	共青团中央	2005
仁寿县信用联社营业部	全国青年文明号	共青团中央	2005
共青团眉山市委	服务农村青年增收成长奖	共青团中央、农业部	2005
东坡区劳动和社会保障局	全国先进单位	劳动和社会保障部、公安部、人事部、国家工商总局	2005
眉山市妇联	全国“巾帼文明岗”	全国妇女“巾帼建功”活动领导小组	2005
眉山市水利局			
青神县医院			
眉山师范附属小学			
《仁寿商会》刊物	2005年度中国商会（工商联）优秀刊物	全国工商联	2005
彭山县江渎林业站	全国“文明窗口单位”	国家林业局林业工作总站	2005
眉山市政府	第一次全国经济普查先进集体	国务院第一次全国经济普查领导小组	2005
眉山市统计局			
丹棱县			
青神县统计局			
眉山市国家税务局			
眉山市人民政府	全国实施妇女儿童发展纲要先进集体	国务院妇女儿童工作委员会	2005
眉山师范附属小学	军民共建社会主义精神文明先进单位	全国双拥工作领导小组、中宣部、民政部、总政治部	2005
青神县	全国乡镇残疾人工作试点县	全国残联	2005
眉山市纪委	全国政务公开责任追究制度试点先进单位	中纪委“三公开”办公室	2005
彭山县农技站	农技推广先进单位	全国农业技术推广总站	2005
彭山县宣传部	文化科技卫生“三下乡”先进集体	中宣部、中央文明办等	2005

续表

获奖单位	获奖名称	授奖机关	年份
眉山车辆厂	全国企业文化建设先进单位	中华全国总工会	2005
眉山车辆厂	全国“安康杯”竞赛优胜企业	中华全国总工会	2005
眉山车辆厂	全国模范职工小家	中华全国总工会	2005
眉山市妇联	全国维护妇女儿童权益贡献奖	全国妇联	2005
眉山市妇联	全国实施妇女儿童发展纲要先进集体	国务院妇女儿童工作委员会	2005
眉山市妇联	全国“双学双比”活动先进集体	全国“双学双比”活动领导小组	2005
启明星铝业电解铝厂电解车间四区	第三届全国青年安全生产示范岗	团中央、国家安全生产监督管理总局	2005
眉山市邮政局三苏大道邮政营业厅	全国青年文明号	团中央、国家邮政总局	2005
眉山市交通稽查征费处	2001—2004年全国群众体育先进单位	国家体育总局	2005
丹棱县气象局	全国政务、局务公开先进单位	中国气象局	2005
丹棱县双桥司法所	全国先进司法所	司法部	2005
丹棱镇青龙村人民调解委员会	全国模范人民调解委员会	司法部	2005
眉山市中心支行内审科	中国人民银行系统内审工作先进集体	中国人民银行	2005
人行洪雅县支行	青年文明号	中国人民银行	2005
眉山科学技术学校	中国民办教育创新与发展贡献奖	中国成人教育协会	2005
东坡区计生协	全国计生协先进集体	中国计生协	2005
东坡区太和镇新桥村计生协	全国计生协先进集体	中国计生协	2005
洪雅县槽渔滩镇竹箐坝村计生协	全国计生协先进集体	中国计生协	2005
彭山县彭溪镇龙门桥村计生协	全国计生协先进集体	中国计生协	2005
眉山市	计划生育目标考核一等奖	省委、省政府	2005
眉山市	全省维护社会稳定工作先进集体	省委、省政府	2005
眉山市	执行2005年度社会治安综合治理工作目标优秀单位	省委、省政府	2005
东坡区	双拥模范县	省委、省政府、省军区	2005
彭山县	双拥模范县	省委、省政府、省军区	2005
洪雅县	双拥模范县	省委、省政府、省军区	2005
彭山县委	2003—2004年党管武装工作先进单位	省委、省军区党委	2005
眉山车辆厂	四川省思想政治工作先进单位	省委、省政府	2005
洪雅县科协	四川省科普示范县	省委、省政府	2005
眉山市国家税务局	2003—2004年度省级最佳文明单位	省委、省政府	2005
四川省眉山中学	2003—2004年度省级最佳文明单位	省委、省政府	2005
彭山县公安局	省级文明单位	省委、省政府	2005
洪雅县国税局	省级卫生单位复查合格	省委、省政府	2005

续表

获奖单位	获奖名称	授奖机关	年份
青神县国税局	省级文明单位	省委、省政府	2005
农行眉山分行	省级文明单位	省委、省政府	2005
东坡区工商局	省级文明单位	省委、省政府	2005
大唐洪雅发电有限公司	省级文明单位	省委、省政府	2005
东坡区三苏乡陈沟村	省级文明村	省委、省政府	2005
仁寿县宝飞镇民权村	省级文明村	省委、省政府	2005
仁寿县畜牧局	人感染猪链球菌病疫防控工作先进集体	省委、省政府	2005
仁寿县委政研室	2005 年度全省政研工作先进集体	省委	2005
仁寿县委政研室	2005 年度全省调研先进成果奖	省委	2005
彭山县人武部	征兵工作先进单位	省政府、省军区	2005
眉山市	农田水利基本建设“李冰杯”改田改土三等奖	省政府	2005
眉山市农业局	四川省农业标准化工作先进集体	省政府	2005
彭山县	2003—2004 年度四川省科技进步先进（县）	省政府	2005
丹棱县	四川省科技进步先进单位	省政府	2005
眉山市政府	四川省第一次全国经济普查先进集体	省政府	2005
眉山市委宣传部			
眉山市政府办公室			
眉山市统计局			
彭山县政府			
青神县畜牧局	无规定动物疫病示范区建设先进集体	省政府	2005
青神县人武部	征兵工作先进单位	省政府	2005
眉山市水利局	四川省病险水库除险加固工作先进集体	省政府	2005
洪雅县人口和计生委	四川省计划生育优质服务先进县	省政府	2005
洪雅县财政局	全省统计工作先进单位	省政府	2005
眉山市经济委员会	工业经济责任目标二等奖	省政府	2005
眉山市交通局	全省治理“三乱”工作先进单位	省政府	2005
眉山市劳动保障局	全省再就业先进工作单位	省政府	2005
眉山市人口和计划生育委员会	全省人口和计划生育目标考核先进单位	省政府	2005
眉山市国土资源局	国土资源目标先进单位	省政府	2005
眉山市国土资源局	全省土地市场治理整顿工作先进集体	省政府	2005
眉山市烟草专卖局	全省先进民间组织	省政府	2005
眉山市林业局	四川省农田水利基本建设“李冰杯”竞赛（林业项目）三等奖	省政府	2005

续表

获奖单位	获奖名称	授奖机关	年份
眉山市交通局	2005 年度全省治理公路“三乱”工作先进单位	省政府	2005
眉山市交通局	全省 2005 年度农田水利基本建设“李冰杯”竞赛交通项目二等奖	省政府	2005
仁寿县统计局	四川省民族团结进步模范集体	省政府	2005
彭山县凤鸣镇	经普工作先进单位	省政府	2005
丹棱县人武部	后勤科学化管理先进单位	四川省军区	2005
眉山市纪委（市监察局）	全国纪检监察系统先进集体	中纪委、人事部、监察部	2006
眉山市文体局	2006 年度全民健身活动先进单位	国家体育总局	2006
洪雅县优质猪生产协会	全国科普惠农兴村先进单位	中国科协、财政部	2006
东坡区检察院	全国检察机关一等功集体	最高人民检察院	2006
仁寿县看守所	一级看守所	公安部	2006
仁寿县公安局治安科	集中整治爆炸物品、枪支弹药、管制刀具专项行动先进集体	公安部	2006
彭山县刑警大队	青年文明号	团中央、公安部	2006
人民银行洪雅县支行基础业务科	全国青年文明号	共青团中央	2006
眉山科学技术学校	全国民办非企业单位自律与诚信建设活动组织先进单位	民政部	2006
眉山市水利局	2006 年全国农牧渔业丰收奖二等奖（长吻鮠高产养殖技术推广）	农业部	2006
眉山市农业局	全国发展粮食生产先进单位	农业部	2006
丹棱县畜牧局	2006 年全国农牧渔业丰收奖三等奖	农业部	2006
眉山市水利局	全国三八红旗集体	全国妇联	2006
人民银行眉山市中心支行国库处	全国“巾帼文明岗”	全国妇女“巾帼建功”活动领导小组	2006
人民银行眉山市中心支行国库处	2003—2006 年度全国国库系统先进集体	中国人民银行总行	2006
人民银行眉山市中心支行团委	“五四”红旗团委	中国人民银行总行	2006
眉山市人口计生委科技科	全国人口和计划生育科技工作先进集体	国家人口计生委	2006
洪雅县	农村部分计划生育家庭奖励扶助制度和“少生快富”工程试点工作先进县	国家人口计生委、财政部	2006
四川省电力公司眉山公司	全国“安康杯”竞赛优胜企业	中华全国总工会、国家安全生产监督管理总局	2006
东坡供电局平春变电站	中央企业学习型红旗班组	国资委	2006
眉山市政府	全国实施两纲先进集体	国务院妇儿工委	2006
眉山市纪委	2005 年度党风廉政建设责任制考核全省第二名	省委、省政府	2006
仁寿县检察院	全国优秀青少年维权岗	最高人民检察院	2006

续表

获奖单位	获奖名称	授奖机关	年份
仁寿县计划生育协会	全国宣传工作先进集体	中国计生协	2006
眉山市计划生育协会	全国宣传工作先进集体	中国计生协	2006
眉山市统计局	全国1%人口抽样调查先进集体	国务院	2006
东坡区	全国关心下一代工作先进集	中国关心下一代工作委员会	2006
仁寿县	全国关心下一代工作先进集	中国关心下一代工作委员会	2006
眉山市国家保密局	全国“四五”保密法制宣传教育先进集体	中央保密办、国家保密局	2006
共青团眉山市委	“中国诗书城形象大侠评选活动”获第八届共青团精神文明建设“五个一工程”优秀文化活动奖	团中央	2006
眉山市洪川青年中心	2005年度全国优秀青年中心	团中央	2006
人行洪雅县支行	青年文明号	共青团中央	2006
仁寿县物价局	全国粮食生产区价格监测工作先进单位	国家发改委	2006
仁寿县农技站	全国粮食生产先进标兵	农业部	2006
仁寿县文宫法庭	全国老年维权示范岗	公安部、全国老龄办	2006
彭山县政府	全国科技进步先进县	科技部	2006
彭山县畜牧局	奶牛现代养殖技术推广与奶业产业化示范三等奖	农业部	2006
彭山县计生委	全国宫内节育器避孕先进单位	国家人口计生委	2006
青神县计生委	人口计生工作先进集体	人事部、国家人口计生委	2006
彭山县统计局	第一次全国经济普查先进集体	国务院第一次经济普查领导小组办	2006
彭山县统计局	全国1%人口抽样调查先进单位	国务院全国1%人口抽样领导小组办	2006
眉山市	执行四川省2006年度社会治安综合治理工作目标优秀单位	省委、省政府	2006
眉山市	2006年度四川省维护社会稳定工作受表扬集体	省委、省政府	2006
眉山市交通局	2001—2005年全省法制宣传教育先进集体	省委、省政府	2006
眉山市气象局	四川省2006年抗旱减灾工作先进集体	省委、省政府	2006
东坡区政府	四川省“十五”期间人口和计划生育工作先进集体	省委、省政府	2006
眉山市地税局	省级最佳文明单位	省委、省政府	2006
仁寿县幼儿园	省级最佳文明单位	省委、省政府	2006
洪雅县国税局	省级最佳文明单位	省委、省政府	2006
眉山市人口计生委	省级文明单位	省委、省政府	2006
东坡区人民检察院	省级文明单位	省委、省政府	2006
东坡区人民法院	省级文明单位	省委、省政府	2006
仁寿县妇幼保健院	省级文明单位	省委、省政府	2006

续表

获奖单位	获奖名称	授奖机关	年份
洪雅县地方税务局	省级文明单位	省委、省政府	2006
仁寿县文林镇建设路社区	省级文明社区	省委、省政府	2006
洪雅县洪川镇曲沿村	省级文明单位（村）	省委、省政府	2006
眉山市	计划生育目标考核一等奖	省委、省政府	2006
眉山市人口计生委	“十五”期间人口计划生育工作先进集体	省委、省政府	2006
东坡区政府	四川省“十五”期间人口和计划生育工作先进集体	省委、省政府	2006
眉山市	2005 年度四川省维护社会稳定工作先进集体	省委、省政府	2006
东坡区	2006 年度平安区	省委、省政府	2006
洪雅县	2006 年度平安县	省委、省政府	2006
青神县	2006 年度平安县	省委、省政府	2006
眉山市法建办	2001—2005 年四川省法制宣传教育先进集体	省委、省政府	2006
彭山县	2001—2005 年四川省法制宣传教育先进集体	省委、省政府	2006
彭山县司法局	2001—2005 年四川省法制宣传教育先进集体	省委、省政府	2006
眉山市纪委监察局	2005 年度党风廉政建设责任制考核全省第二名	省委、省政府	2006
眉山市交通局	2001—2005 年全省法制宣传教育先进集体	省委、省政府	2006
彭山县	2001—2005 年全省法制宣传教育先进集体	省委、省政府	2006
眉山市国税局	全省优秀基层党组织	省委	2006
眉山市国税局机关党委	先进基层党组织	省委	2006
仁寿县文林镇党委	先进基层党组织	省委	2006
丹棱县双桥镇梅湾村党支部	先进基层党组织	省委	2006
四川金象化工股份有限公司党委	先进基层党组织	省委	2006
青神县中医院党支部	先进基层党组织	省委	2006
眉山市水利局	全省病险水库除险加固工作先进集体	省政府	2006
眉山市	农田水利基本建设“李冰杯”改田改土二等奖、全省农业标准化工作先进单位	省政府	2006
眉山市经济委员会	工业经济责任目标二等奖	省政府	2006
眉山市水利局水利管理处	四川省病险水库除险加固工作先进集体三等奖	省政府	2006
东坡区、仁寿县水利局	四川省病险水库除险加固工作先进集体	省政府	2006
眉山市水产技术推广站	农业标准化工作先进集体	省政府	2006
眉山市	省粮食增产奖、“三百”工程奖	省政府	2006
眉山市教育局	全省支教先进集体	省政府	2006
眉山市教育局	2001—2005 年四川省民族地区教育对口支援	省政府	2006

续表

获奖单位	获奖名称	授奖机关	年份
眉山市教育局	《四川民族地区教育发展十年行动计划》和教育对口支援工作先进集体	省政府	2006
眉山市林业局	四川省农田水利基本建设“李冰杯”竞赛（林业项目）三等奖	省政府	2006
眉山市林业局	四川省建设长江上游生态屏障先进集体	省政府	2006
眉山市交通局	省级文明单位	省政府	2006
彭山县政府	第一次全国经济普查先进集体	省政府	2006
彭山县政府	四川省实施妇女儿童纲要先进集体	省政府	2006
青神县教科局	民族地区教育对口先进集体	省政府	2006
彭山县人武部	“五好”人武部	省军区	2006
眉山市中级人民法院立案庭	全国法院涉诉信访工作先进集体	最高人民法院	2007
眉山市纪委监察局	全国政务公开工作先进单位	中央纪律检查委员会	2007
洪雅县纪委、监察局	农村党风廉政建设先进联系点	中央纪律检查委员会	2007
眉山市环保局	全国 2003—2007 年环保专项行动先进集体	国家环保总局等八部委	2007
眉山市综治办	第四届“昆仑润滑油奖”全国十大见义勇为好司机评选组织奖	中华见义勇为基金会	2007
眉山市农业局	全国测土配方施肥工作先进单位	农业部	2007
仁寿县看守所	全国优秀公安基层单位	公安部	2007
仁寿县看守所	全国一级看守所	公安部	2007
洪雅县公安局洪川派出所	全国一级公安派出所	公安部	2007
眉山市司法局律师公证工作科	全国公证岗位培训活动先进集体	司法部	2007
武警眉山市支队	连续三年“三无”单位	武警总部	2007
武警眉山市支队	营区正规化管理优秀单位	武警总部	2007
青神县科技局	全国科技进步先进集体	科技部	2007
眉山市	2007 年度全国婚育新风进万家活动示范点	国家人口计生委	2007
青神县计生委	全国人口和计生系统先进集体	国家人口计生委	2007
眉山市食品药品监督管理局	全国食品药品监督管理系统先进集体	国家食品药品监督管理局、人事部	2007
仁寿县联合煤矿	安全生产 1000 天以上部分小煤矿	国家安全生产监督管理总局、国家煤矿安全监察局	2007
眉山科学技术学校	全国教育系统先进集体	人事部、教育部	2007
眉山市妇联	全国“美德在农家”活动先进妇联组织	全国妇联	2007
眉山市妇联	“十五”全国家庭教育工作先进集体	全国妇联、教育部	2007
彭山县实验幼儿园	全国巾帼文明岗	全国妇联	2007
眉山市劳动和社会保障局	首批金保工程建设示范单位	劳动和社会保障部	2007
仁寿县信访和群众工作局	全国信访系统先进集体	人事部、国家信访局	2007

续表

获奖单位	获奖名称	授奖机关	年份
眉山市委政法委	第四届“昆仑润滑油奖”全国十大见义勇为好司机、全国见义勇为司机等荣誉称号评比组织奖	中华见义勇为基金会	2007
洪雅县残疾人联合会	第二次全国残疾人抽样调查先进县	国务院残疾人工作委员会、第二次全国残疾人抽样调查领导小组	2007
仁寿成人中专	全国农村成人教育先进单位	教育部等部委	2007
仁寿县	全国团建先进县	团中央	2007
仁寿县	粮食生产先进县	农业部	2007
仁寿县农业局科技站	全国绿色食品生产先进县	农业部	2007
仁寿县土肥站	全国测土配方施肥工作先进集体	农业部	2007
仁寿县农业局	全国农业普查工作先进集体	农业部	2007
洪雅县	第二次全国残疾人抽样调查先进县	国务院残疾人工作委员会等	2007
仁寿县信访和群众工作局	全国信访系统先进集体	人事部、国家信访局	2007
仁寿县农业信息站	农业基点调查先进县	农业部	2007
人行眉山市中心支行国库科	巾帼文明岗	全国妇联	2007
眉山市	全国政务公开工作先进单位	全国政务公开小组	2007
眉山市农业普查办公室	第二次全国农业普查先进集体	国务院农业普查办公室	2007
青神县青城镇	全国第二次农业普查先进集体	国务院农业普查办公室	2007
眉山市旅游局	第八届中国西部国际博览会最佳展位设计奖	中国西部国际博览会组织委员会	2007
眉山市商务局	第八届中国西部国际博览会优秀组织奖	中国西部国际博览会组织委员会	2007
眉山市商务局	第八届中国西部国际博览会最佳展位设计奖	中国西部国际博览会组织委员会	2007
眉山市	“万村千乡”市场工程建设先进集体	商务部	2007
眉山市	计划生育目标考核一等奖	省委、省政府	2007
眉山市	2006 年度全省维护社会稳定工作受表扬集体	省委、省政府	2007
眉山市	执行四川省 2006 年度社会治安综合治理工作目标优秀单位	省委、省政府	2007
眉山市气象局	四川省 2006 年抗旱减灾工作先进集体	省委、省政府	2007
眉山市畜牧局	2007 年抗灾减灾先进集体	省委、省政府	2007
眉山市地税局	2005—2006 年度省级最佳文明单位	省委、省政府	2007
仁寿县幼儿园	2005—2006 年度省级最佳文明单位	省委、省政府	2007
洪雅县国家税务局	2005—2006 年度省级最佳文明单位	省委、省政府	2007
眉山市地税局	最佳文明单位	省委、省政府	2007
眉山市委办公室	省级文明单位	省委、省政府	2007

续表

获奖单位	获奖名称	授奖机关	年份
彭山县公安局	省级文明单位	省委、省政府	2007
眉山市烟草专卖局	省级文明单位	省委、省政府	2007
仁寿县地税局	省级文明单位	省委、省政府	2007
彭山县农林局	省级文明单位	省委、省政府	2007
丹棱县国税局	省级文明单位	省委、省政府	2007
洪雅县止戈镇青杠坪村	省级文明村	省委、省政府	2007
眉山市农业局	2007 年抗灾减灾工作先进集体	省委、省政府	2007
眉山市农业局	农民负担监督管理先进单位	省委、省政府	2007
东坡区	2006 年度平安区	省委、省政府	2007
洪雅县	2006 年度平安县	省委、省政府	2007
青神县	2006 年度平安县	省委、省政府	2007
眉山市	2007 年度全省维护社会稳定工作一等奖	省委、省政府	2007
眉山市农业局	四川省农业抗灾减灾工作先进集体	省委、省政府	2007
仁寿县委统战部	维护民族团结、保持社会稳定先进集体	省委、省政府	2007
仁寿县统计局	社会稳定先进集体	省委、省政府	2007
眉山市	农田水利基本建设“李冰杯”农业项目一等奖	省政府	2007
眉山市公安局网监支队	打击农村“黑网吧”专项执法行动先进单位	省政府	2007
眉山市统计局	四川省第二次全国农业普查先进集体	省政府	2007
眉山市人口计生委	全省人口计生目标考核一等奖	省政府	2007
洪雅县	2005—2006 年度四川省科技进步先进单位	省政府	2007
东坡区人民武装部	全省维护国防利益和军人军属合法权益工作先进单位	省政府	2007
眉山车辆厂	四川省高新技术产业发展示范企业	省政府	2007
眉山市农业局	2007 年度“李冰杯”农田水利基本建设竞赛农业项目一等奖	省政府	2007
眉山职业技术学院	普通高等学校贯彻《学校卫生工作条例》优秀学校	省政府	2007
眉山职业技术学院	四川省科技兴川十年优秀科技创新学校	省政府	2007
眉山市林业局	四川省农田水利基本建设“李冰杯”竞赛（林业项目）三等奖	省政府	2007
眉山市交通局	省级文明单位	省政府	2007
眉山市政协	政协新闻宣传工作先进集体、反映社情民意信息工作先进集体	省政协	2007
青神县政协	全省政协宣传工作先进单位	政协四川省委员会	2007
财险眉山市分公司营（销）部	2007 年度营销标杆团队	险财总公司	2007
财险仁寿支公司	2007 年百家标杆县区支公司	险财总公司	2007

续表

获奖单位	获奖名称	授奖机关	年份
眉山市环保局	整治违法排污企业保障群众健康环保专项行动先进集体	环境保护部、国家发改委等七部委	2008
眉山市委政法委	集中排查化解涉法涉诉信访问题先进集体(集体三等功)	中央政法委	2008
眉山市委政法委	“2008 年全民健身活动先进单位”	国家体育总局	2008
东坡区人口计生委	全国计划生育流动服务车项目先进集体	国家人口计生委	2008
仁寿县人口计生委	全国人口计生系统抗震救灾先进集体	国家人口计生委	2008
四川省电力公司眉山公司	第二届全国电力行业设备管理工作先进单位	中国电力设备管理协会	2008
四川省电力公司眉山公司	全国模范职工之家	中华全国总工会	2008
眉山市公安局治安支队	全国治理自行车被盗专项行动先进集体	中央综治办、公安部等六部门	2008
眉山市公安局抗震救灾救援队	全国公安系统抗震救灾先进集体	公安部	2008
眉山市公安局	集体三等功	公安部	2008
眉山市公安局	全国公安系统抗震救灾先进集体	公安部	2008
眉山市公安局	全国公安机关深挖犯罪专项行动先进集体	公安部	2008
眉山市公安局监管支队	全国公安监管部门深挖犯罪专项行动先进集体	公安部	2008
仁寿县公安局	全国公安“三基”工程建设先进集体	公安部	2008
彭山县刑警大队	青年文明号（确认）	团中央、公安部	2008
武警眉山市支队	连续四年“三无”单位	武警总部	2008
眉山市公安消防支队	公安消防部队抗震救灾先进集体	公安部消防局	2008
眉山市消防支队直属中队	公安消防部队抗震救灾先进集体	公安部消防局	2008
眉山市国税局	干部人事档案国家一级标准	中组部	2008
南车眉山车辆有限公司	国家高技能人才培养示范基础	人力资源和社会保障部	2008
眉山市	无偿献血奉献奖	卫生部	2008
洪雅县	全国农村中医工作先进县	卫生部	2008
眉山市矿山救护队	国家安全生产抗震救灾先进集体	国家安全生产监督管理局	2008
眉山市文体局	全民健身活动优秀组织奖	国家体育总局	2008
眉山市民政局	民政系统抗震救灾先进集体	民政部	2008
彭山县民政局	全国民政系统抗震救灾嘉奖	民政部	2008
眉山市粮食局	抗震救灾先进集体	国家粮食局	2008
眉山市粮食局	全国粮食流通监督检查工作先进单位	国家粮食局	2008
眉山市统计局	全国统计系统先进集体		2008
眉山市地税局	全国文明单位	中央文明委	2008
眉山市电力公司	全国文明单位	中央文明委	2008
彭山县青龙镇古佛村	全国文明村	中央文明委	2008

续表

获奖单位	获奖名称	授奖机关	年份
共青团眉山市委	全国乡村青年文化节10周年组织奖	团中央	2008
眉山市电力公司	全国模范职工之家	全国总工会	2008
中国电信眉山分公司	全国模范职工之家	全国总工会	2008
眉山市人民医院	全国总工会抗震救灾工人先锋号	全国总工会	2008
中国人寿保险眉山分公司	模范集体	中国人寿保险总公司	2008
彭山县青龙工商所	全国流通环节产品质量和食品安全专项整治工作先进单位	国家工商行政管理总局	2008
东坡区工商局	全国工商系统“红盾护农”先进单位	国家工商行政管理总局	2008
彭山县工商局青龙工商所	全国流通环节产品质量和食品安全专项整治工作先进单位	国家工商行政管理总局	2008
彭山县工商局	全国工商系统陈化粮监管工作先进集体	国家工商行政管理总局	2008
洪雅县槽渔滩工商所	全国先进工商所	国家工商行政管理总局	2008
洪雅县	第六批国家级生态示范区	环保部	2008
洪雅县	生态奶源基地建设与产业化示范县	科技部	2008
洪雅县	中国民间文化艺术之乡	文化部	2008
洪雅县	中国民间文化（台会）艺术之乡	文化部	2008
青神县	中国民间文化艺术之乡	文化部	2008
仁寿县	2008年度全国农田水利基础设施建设先进县	水利部	2008
仁寿县科协	全国科普惠农兴村先进单位	中国科协、财政部	2008
仁寿县曹家优质梨科普示范基地	全国农村科普示范基地	中国科协、财政部	2008
仁寿县统计局	工业品价格调查先进单位	国家统计局	2008
仁寿县	全国粮食生产先进县	农业部	2008
青神县教育局	全国成人教育先进集体	教育部	2008
眉山市住房和城乡建设局	全国三八红旗集体	中华全国妇女联合会	2008
人行眉山市中心支行会计财务科	会计财务工作先进集体	中国人民银行	2008
眉山市青年旅行社	2007年度全国青年文明号	共青团中央、国家工商总局等	2008
眉山市统计局	第二次全国农业普查先进集体	国务院第二次全国农业普查领导小组、国家统计局	2008
眉山市政府			
彭山县统计局			
洪雅县余坪镇政府			
洪雅县将军乡政府			
仁寿县文林镇			
彭山县财政局			
青神县青城镇	全国农业普查工作先进集体	国家统计局	2008

续表

获奖单位	获奖名称	授奖机关	年份
青神县	全国科技进步先进县	科技部	2008
洪雅县人口计生委	关爱女性健康先进单位	中国人口福利基金会	2008
洪雅县	全国农村中医先进县	国家中医药管理局	2008
眉山市委、市政府	执行《四川省2008年度社会治安综合治理工作目标》一等奖	省委、省政府	2008
眉山市	2008年度全省维护社会稳定工作一等奖	省委、省政府	2008
眉山市委、市政府	2008年度安全生产先进单位	省委、省政府	2008
眉山市委、市政府	2008年度农田水利基本建设“李冰杯”竞赛先进集体	省委、省政府	2008
眉山市委、市政府	2008年度行政执法责任制先进集体	省委、省政府	2008
眉山市委政法委	北京奥运期间信访工作先进集体	省委、省政府	2008
眉山市工商局	省级文明单位	省委、省政府	2008
眉山市中医院	省级文明单位	省委、省政府	2008
洪雅县烟草专卖局	省级文明单位	省委、省政府	2008
青神县农行	省级文明单位	省委、省政府	2008
洪雅县	2008年度全省维护社会稳定先进县	省委、省政府	2008
洪雅县	2008年度平安建设先进县	省委、省政府	2008
洪雅县中山乡前锋村	省级文明村	省委、省政府	2008
仁寿县文宫镇石家村	省级文明村	省委、省政府	2008
东坡区复兴乡山祠村党支部	抗震救灾先进基层党组织	省委	2008
洪雅县人大常委会	2008年度宣传人民代表大会制度特等奖	省人大常委会	2008
眉山市统计局	四川省第二次农业普查省级先进集体	省政府	2008
眉山市	农田水利基本建设“李冰杯”农业项目二等奖	省政府	2008
眉山市委农工办	四川省第二次全国农业普查先进集体	省政府	2008
眉山市农机局	2008年度“李冰杯”农田水利基本建设竞赛农机项目三等奖	省政府	2008
眉山市交通局	2008年度农田水利基本建设“李冰杯”竞赛交通项目三等奖	省政府	2008
洪雅县	创建敬老模范县工作先进单位	省政府	2008
眉山市政协	政协新闻宣传工作先进集体	省政协	2008
眉山市林业局	四川省农田水利基本建设“李冰杯”竞赛（林业项目）三等奖	省政府	2008
彭山县	四川省敬老模范县（市、区）工作先进单位	省政府	2008
眉山市政协	反映社情民意信息工作先进集体	省政协	2008
青神县政协	宣传信息工作先进集体	省政协	2008
彭山县人武部	抗震救灾先进单位	省军区	2008

续表

获奖单位	获奖名称	授奖机关	年份
洪雅县洪川镇武装部	抗震救灾先进集体	省军区	2008
人保财险眉山分公司营(销)部	2008 年度营销标杆团队	人保财险股份有限公司	2008
人保财险仁寿支公司	百家标杆县区支公司	人保财险股份有限公司	2008
彭山县人口计生局	全国计划生育统计监测先进单位	国家人口计生委	2009
眉山市卫生局	全国血吸虫病防治先进集体称号	卫生部	2009
眉山市司法局	全国“五五”普法中期先进集体	中宣部、司法部、全国普法办	2009
仁寿县工商局	全国工商系统商标工作先进单位	国家工商行政管理总局	2009
仁寿二职中	全国教育系统先进集体	人力资源保障部、教育部	2009
仁寿华达中等职业技术学校	全国农村成人教育先进单位	人力资源保障部、教育部	2009
东坡区特殊教育学校	全国特殊教育先进单位	教育部、民政部、中国残联	2009
仁寿县	2007—2008 年度全国农田水利基本建设先进单位	水利部、财政部	2009
洪雅县农业局	全国农村土地承包经营纠纷仲裁试点先进集体	农业部	2009
洪雅县农广校	全国县级农业广播电视学校办学水平评估农民培训工作突出学校	农业部	2009
洪雅县国有林场	命名为“国家重点林木良种基地”“全国森林经营示范国营林场”	国家林业局	2009
洪雅县森林公安局	“绿盾三号”行动先进集体	国家林业局、公安部	2009
洪雅县	全国平安建设先进县	中央社会治安综合治理委员会	2009
洪雅县中山茶业协会	2009 年全国科普惠农兴村先进单位	中国科协、财政部	2009
洪雅县国有林场	命名为“全国林业科普基地”	中国林业学会	2009
眉山市财政局	2008 年全国“全民健身与奥运同行”文体活动先进单位	国家体育总局	2009
眉山市公安局	全国公安机关排查化解矛盾纠纷先进集体	公安部	2009
仁寿县看守所	全国一级看守所（全国公安监管战线苦练基本功活动先进集体）	公安部	2009
仁寿二职中	继续教育示范学校	教育部	2009
眉山市森林公安局	“绿盾三号行动”先进集体	国家林业局、公安部	2009
眉山市政务中心	全国工人先锋号	全国总工会	2009
眉山市委组织部	干部人事档案工作目标管理一级单位	中组部	2009
眉山市直机关工委	第十一届全国运动会期间全国群众体育先进单位	国家体育总局	2009
眉山市科技局	全国科技特派员工作先进集体	科技部	2009
眉山市文体局	第二届中国成都国际非物质文化遗产节太阳神鸟铜奖	第二届中国成都非物质文体遗产节组委会	2009
眉山市文体局	第十一届全国运动会期间全国群众体育先进单位	国家体育总局	2009

续表

获奖单位	获奖名称	授奖机关	年份
眉山市卫生局	全国血吸虫病防治先进集体	卫生部、农业部、水利部、林业局办公厅	2009
眉山市统计局	全国农业普查先进集体	国务院第二次全国农业普查领导小组、国家统计局	2009
眉山市外侨台办	全国侨联系统先进基层组织	人社部、中国侨联	2009
眉山质监局	全国质检系统“质量和安全年”活动先进单位	国家质量监督检验检疫总局	2009
眉山质监局	全国青年文明号	国家质检总局、共青团中央	2009
眉山市国税局	干部人事档案工作目标管理一级单位	中组部	2009
人民银行眉山中心支行	金融统计数据集中工作先进集体	中国人民银行	2009
彭山县文体局	2009 年命名资助全民健身活动中心	国家体育总局	2009
仁寿县	2007—2008 年度全国农田水利建设先进单位	水利部、财政部	2009
仁寿县科协	2008—2009 年全国科普示范县	国家科协	2009
青神县妇联	全国“三八”红旗集体	全国妇联	2009
青神县教科局	教育系统歌咏活动组织奖	教育部	2009
青神县青城镇凤阳社区	全国群众体育先进单位	国家体育总局	2009
青神县实验小学	中国文明岗	全国妇联	2009
成昆线眉山段	全国平安铁路示范路段	中央综治委铁护办	2009
眉山市法学会	全国地方法学会先进集体	中国法学会	2009
彭山县文体局	第九届 CCTV 全国少儿艺术大赛荣获舞蹈类银奖（创编舞蹈《爵士娃娃》）	中央电视台中国广播电视协会	2009
眉山市公安消防支队	2009 年公安消防部队廉政勤政先进单位	公安部消防局	2009
眉山市公安消防支队东坡区大队	2009 年公安消防部队廉政勤政先进单位	公安部消防局	2009
洪雅县瓦屋山镇复兴村	全国生态村	中国生态文化协会	2009
东坡区公安局通惠派出所	四川省政法系统“三大主题活动”先进集体	省委、省政府	2009
东坡区公安局国内安全保卫大队	全省国内安全保卫系统先进集体	省委、省政府	2009
眉山市农业局	全省城乡环境综合治理进村社活动先进单位	省委、省政府	2009
眉山市地方税务局	2007—2008 年度省级最佳文明单位	省委、省政府	2009
中国移动眉山分公司	2007—2008 年度省级最佳文明单位	省委、省政府	2009
眉山电力公司	2007—2008 年度省级最佳文明单位	省委、省政府	2009
眉山市国土资源局	2007—2008 年度省级最佳文明单位	省委、省政府	2009
丹棱县财政局	2007—2008 年度省级最佳文明单位	省委、省政府	2009
彭山县检察院	全省政法系统“三大主题活动”先进集体	省委	2009
仁寿县委政研室	全省政研系统先进单位	省委	2009
眉山市畜牧局	国家寄生虫病监测防治新技术推广三等奖	省政府	2009

续表

获奖单位	获奖名称	授奖机关	年份
眉山市安办（市安监局）	2009年度安全生产目标考核先进单位（第二位）	省政府	2009
眉山市	农田水利基本建设“李冰杯”农业项目二等奖	省政府	2009
眉山市国土资源局	2009年农田水利基本建设“李冰杯”竞赛三等奖	省政府	2009
眉山市林业局	四川省农田水利基本建设“李冰杯”竞赛（林业项目）三等奖	省政府	2009
眉山市交通局	2009年度农田水利基本建设“李冰杯”竞赛交通项目三等奖	省政府	2009
眉山市交通局	2009年度实现安全生产目标考核先进单位	省政府	2009
彭山县教育科技局	第四届四川省普教“教学成果”二等奖	省政府	2009
青神县教科局	第四届科技成果一等奖	四川省政府	2009
眉山市政协	政协新闻宣传工作先进集体、反映社情民意信息工作先进集体	省政协	2009
眉山市劳动和社会保障局	全省“五五”普法中期先进集体	四川省法制建设领导小组	2009
东坡区教育局	全省“五五”普法中期先进集体	四川省法制建设领导小组	2009
仁寿县物价局	全省“五五”普法中期先进集体	四川省法制建设领导小组	2009
彭山县电力公司	全省“五五”普法中期先进集体	四川省法制建设领导小组	2009
仁寿县	全国粮食生产先进县	国务院	2010
眉山市	无偿献血先进市	卫生部	2010
眉山市环保局	第一次全国污染源普查先进集体	国务院污普办、环保部、国家统计局、农业部	2010
东坡区环保局	第一次全国污染源普查先进集体	国务院污普办、环保部、国家统计局、农业部	2010
仁寿县农业行政执法大队	全国农业综合执法先进单位	农业部	2010
眉山市财政局	全国财政系统先进集体	人力资源和社会保障部、财政部	2010
眉山市拘留所	全国一级拘留所	公安部	2010
眉山市强制隔离戒毒所	全国一级强制隔离戒毒所	公安部	2010
眉山市拘留所	全国推行拘留所管理教育新模式先进单位	公安部	2010
眉山市公安局监管中心	全国公安监管部门执法规范化建设示范单位	公安部	2010
仁寿县看守所	全国公安监管部门信息技术应用先进单位	公安部	2010
眉山市公安局侦破“3·29”毒品专案组	集体一等功	公安部	2010
洪雅电力有限公司	全国五一劳动奖状	全国总工会	2010
眉山市民政局	全国殡葬改革工作先进单位	民政部	2010
眉山市民政局	全国老龄工作先进单位	国家老龄委	2010
眉山市民政局	全国五保供养工作先进单位	民政部	2010

续表

获奖单位	获奖名称	授奖机关	年份
丹棱县中心敬老院	全国模范敬老院	民政部	2010
眉山市人力资源社会保障局	全国模范职工之家称号	全国总工会	2010
眉山市国土资源局	全国国土资源信访工作先进集体	国土资源部	2010
眉山市文体影视新闻出版局	全国“扫黄打非”工作小组打击互联网和手机媒体传播银灰色情信息专项行动有功集体一等奖	全国“扫黄打非”工作领导小组	2010
眉山市文体影视新闻出版局	全民健身活动优秀组织奖	国家体育总局	2010
眉山市总工会	2010 年“全国亿万职工健身活动月”优秀组织奖	全国总工会宣教部	2010
眉山市关工委	全国关心下一代工作先进集体	中国关工委、中央文明办	2010
共青团眉山市委	全国维护妇女儿童权益先进集体	全国妇联	2010
眉山市妇联	全国妇女岗位建功先进集体	全国妇联	2010
眉山市妇联	全国学习型机关	全国妇联	2010
眉山市妇联	全国妇联健身示范点	全国妇联	2010
仁寿县文林镇文林路社区	基层组织建设示范区	全国妇联	2010
仁寿县大化镇劳动村	全国首批计划生育基层群众自治示范村	国家人口计生委	2010
眉山市科协	全国科普惠农兴村先进单位	中国科协、财政部	2010
眉山市残联	2006—2010 年全国特奥工作先进单位	中国残疾人联合会国家体育总局	2010
眉山市工商局	全国工商行政管理系统法制工作先进集体	国家工商行政管理总局	2010
眉山市统计局	第二次全国经济普查先进集体	国务院第二次全国经济普查领导小组	2010
眉山市司法局	2006—2010 年全国法制宣传教育先进集体	中宣部、司法部	2010
彭山县黄丰镇团结村	全国民主法制示范村	司法部、民政部	2010
东坡区大石桥街道人民调解委员会	全国模范人民调解委员会	司法部	2010
眉山市邮政局	全国邮政系统职工素质建设工程优秀组织单位	中国邮政集团公司	2010
眉山市畜牧局	农业技术推广成果奖	农业部	2010
洪雅县农业局	全国土地承包纠纷仲裁试点先进集体	农业部	2010
洪雅县生态雅南猪生猪养殖示范基地	2010 年全国科普惠农兴村先进单位	中国科协、财政部	2010
洪雅县止戈镇青桐坪村	全国人口和计划生育基层群众自治示范村（居）	国家人口和计划生育委员会	2010
眉山市安监局（矿山救护队）	青海玉树“4·14”地震抗震救灾救援队	国家安全监管总局	2010
丹棱县民政局	全国婚姻登记规范化单位、全国基层低保规范化单位	民政部	2010
仁寿县教育局	全国第二届幼儿玩教具展评一等奖	教育部	2010

续表

获奖单位	获奖名称	授奖机关	年份
仁寿县农业广播学校	全国县级农业广播电视学校办学水平评估A级校	农业部	2010
南车眉山车辆有限公司	全国企事业知识产权试点单位	国家知识产权局	2010
南车眉山车辆有限公司	中国专利优秀奖	国家知识产权局	2010
南车眉山车辆有限公司	全国职工教育培训示范点	中华全国总工会	2010
民进东坡区总支	民进全国先进基层组织	民进中央	2010
眉山市关工会	全国关心下一代工作先进集体	中国关工委、中央文明办	2010
眉山市质监局	全国质检系统“质量和安全年活动”先进单位	国家质检总局	2010
彭山县统计局	全国第二次经济普查先进集体	国务院第二次全国经济普查领导小组	2010
彭山县统计局	全国城乡划分工作先进集体	国家统计局	2010
彭山县人口计生局	全国计生统计监测先进集体	国家人口计生委	2010
丹棱县双桥镇计生协	全国计生协先进集体	中国计生协	2010
仁寿县大化镇劳动村计生协	全国计生协先进集体	中国计生协	2010
东坡区三苏乡陈沟村计生协	全国计生协先进集体	中国计生协	2010
青神县瑞峰镇黄桷村计生协	全国计生协先进集体	中国计生协	2010
洪雅县止戈镇青杠坪村计生协	全国计生协先进集体	中国计生协	2010
洪雅县	全国绿化模范单位（市、县、区）	全国绿化委员会	2010
仁寿县教育局	中小学恐龙组织大赛组织奖	中国科协、中国关工委	2010
眉山市矛盾纠纷大调解协调中心	四川省矛盾纠纷“大调解”工作先进集体	省委、省政府	2010
眉山市东坡区三苏乡党委	全省抗击特大山洪泥石流灾害先进集体	省委、省政府、省军区	2010
眉山市农业局	第十一届西博会突出贡献单位	省委、省政府	2010
眉山市委政法委	全省“大调解”工作先进集体	省委、省政府	2010
眉山市人力资源社会保障局	全省“大调解”工作先进集体	省委、省政府	2010
眉山市国土资源局	全省“大调解”工作先进集体	省委、省政府	2010
眉山市农业局	全省“大调解”工作先进集体	省委、省政府	2010
眉山市农业局	第十一届西博会突出贡献单位	省委、省政府	2010
眉山市工商局	全省“大调解”工作先进集体	省委、省政府	2010
彭山县司法局	四川省矛盾纠纷“大调解”工作先进集体	省委、省政府	2010
眉山市中级人民法院	四川省矛盾纠纷“大调解”工作先进集体	省委、省政府	2010
眉山市商务局	第十一届西博会成功举办做出突出贡献的单位	省委	2010
仁寿县龙正镇团委	四川“五四”红旗团委	省委	2010
仁寿县人武部	先进党组织	省军区党委	2010
仁寿县人武部	征兵工作先进单位	省政府、省军区	2010

续表

获奖单位	获奖名称	授奖机关	年份
眉山市	2010 年度农田水利基本建设农业项目绩效考核第三名	省政府	2010
眉山市财政局	全省集中清理执行积案活动先进集体	省政府	2010
眉山市林业局	四川省农田水利基本建设“李冰杯”竞赛（林业项目）三等奖	省政府	2010
仁寿县政府	计划生育优质服务先进县	省政府	2010
仁寿县政府	现代畜牧业重点县	省政府	2010
仁寿县教育局	职教攻坚先进单位	省政府	2010
洪雅县	现代农业产业基地强县（茶叶）	省政府	2010
眉山市政协	政协新闻宣传工作先进集体、反映社情民意信息工作先进集体	省政协	2010
丹甫有限公司党组	全国先进基层党组织	中共中央	2011
南车眉山车辆有限公司	全国五一劳动奖状	全国总工会	2011
四川省电力公司眉山公司	全国五一劳动奖状	全国总工会	2011
吉香居食品有限公司	全国工人先锋号	全国总工会	2011
人寿保险眉山市分公司	2009—2011 年度文明单位	人保集团总公司	2011
眉山市人口计生委	全国人口计生依法行政示范乡镇	国家人口计生委	2011
眉山市人口计生委	“阳光计生行动”示范区	国家人口计生委	2011
眉山市环保局	全国环境保护系统先进集体	人社部、环保部	2011
四川省电力公司眉山公司	全国五一劳动奖状	中华全国总工会	2011
人寿保险眉山市分公司	模范集体	人保集团总公司	2011
四川省眉州监狱党委	全国政法系统先进基层党组织	中央政法委员会	2011
四川省眉州监狱	全国监狱劳教人民警察执法大培训岗位大练兵活动表现突出单位	司法部	2011
四川省眉州监狱	全国司法行政系统先进集体	人社部、司法部	2011
眉山市公安局监管中心	全国公安监管部门执法规范化建设示范单位	公安部	2011
眉山市公安局“3·29”部督毒品目标案件专案组	集体一等功	公安部	2011
眉山市人力资源和社会保障局	眉山民营企业招聘周活动先进单位	人社部、中华全国总工会等	2011
眉山市人力资源和社会保障局	全国城乡妇女岗位建功先进集体	全国妇女“巾帼建功”活动领导小组	2011
东坡区	2006—2010 年全国法制宣传教育先进区	中央宣传部、司法部	2011
眉山市住房城乡建设局	中央纪委监察部培训班经验交流优秀经验奖	中央纪委（监察部）	2011
眉山市统计局	第六次全国人口普查先进集体	国家统计局等	2011
眉山市妇联	全国巾帼文明岗	全国妇联	2011
青神县妇联	全国“三八”红旗集体	全国妇联	2011
南车眉车辆有限公司党委	中央企业先进基层党组织	国务院国有资产管理委员会党委	2011

续表

获奖单位	获奖名称	授奖机关	年份
洪雅县柳江古镇	全国特色景观旅游名镇	住建部、国家旅游局	2011
洪雅县藤椒协会	2011 年全国科普惠农兴村先进单位	中国科协、财政部	2011
青神县水产科协	科普惠农兴村先进单位	国家科协、财政部	2011
洪雅县柳江镇	全国环境优美乡镇	环保部	2011
洪雅县槽渔滩镇	全国环境优美乡镇	环保部	2011
人寿保险眉山分公司	2009—2011 年度文明单位	中国人寿保险（集团）公司	2011
眉山市司法局	2006—2010 年全国法制宣传教育先进集体	中宣部、司法部	2011
眉山市司法局	全国司法所建设先进集体	司法部	2011
眉山市司法局	全国司法行政系统先进集体	人社部、司法部	2011
东坡区司法局	2006—2010 年全国法制宣传教育先进县（市、区）	中宣部、司法部	2011
眉山市地税局机关党委	全国文明单位	中央文明委	2011
东坡区广济乡鸭池村	全国文明村	中央文明委	2011
彭山县黄丰镇团结村	全国文明村	中央文明委	2011
东坡区尚义司法所	全国先进司法所	司法部	2011
彭山县司法局观音司法所	全国先进司法所	司法部	2011
洪雅县司法局	全国司法所建设工作先进单位	司法部	2011
彭山县黄丰镇	全国民主法制示范村（团结村）	司法部、民政部	2011
彭山县黄丰镇	全国农作物病虫害专业化统防统治先进单位	农业部	2011
眉山市人民医院	全国五一巾帼标兵岗（ICU 护理团队）	全国总工会	2011
眉山市委宣传部	2011 年度全民健身活动优秀组织奖	国家体育总局	2011
眉山市财政局	2011 年度全民健身活动先进单位	国家体育总局	2011
彭山县质监局	全国质量监督检验检疫工作先进单位	国家质检总局	2011
仁寿县方家镇	水产健康养殖基地	农业部	2011
仁寿县	成功创建 2011—2015 年全国科普示范县	中国科协	2011
仁寿县	万亩有机眉州红脐示范基地	国家发改委	2011
仁寿县	汶川特大地震恢复重建先进单位	人社部	2011
仁寿县科技局	2011 年全国科普惠农兴村先进单位	中国科协、财政部	2011
仁寿县医院	优质规范妇产科医院联盟会员单位	卫生部	2011
仁寿县农业局	全国粮食生产先进单位	国务院	2011
仁寿县慈航镇敬老院	2011 年度全国民政系统政风行风建设先进单位	民政部	2011
仁寿县安监局	2011 年度全国安全生产监管监察先进单位	国家安全监管总局	2011
仁寿县彰加镇	全国人口和计划生育依法行政示范镇	国家人口计生委	2011
仁寿县文宫镇	全国“一村一品”示范镇	农业部	2011

续表

获奖单位	获奖名称	授奖机关	年份
仁寿县飞跃水果合作社	水果许可使用绿色食品标识	中国绿色食品发展中心	2012
仁寿县视高镇奋勇村	第二批全国人口和计划生育基层群众自治示范村	国家人口计生委	2011
仁寿县计生协会	全国计生协会先进集体	国家人口计生协会	2011
洪雅县柳江古镇文化旅游节	2011 年度中国节庆产业十大景观生态类节庆金手指奖	中国节庆产业年会组委会	2011
洪雅县柳江古镇	十大四川最美村落	中国古村落保护与发展委员会、四川省最美村落评选组委会	2011
眉山市质监局	省级文明单位	省委、省政府	2011
东坡区地税局	省级文明单位	省委、省政府	2011
彭山县人民法院	省级文明单位	省委、省政府	2011
丹棱县国税局	省级文明单位	省委、省政府	2011
青神县纪委（监察局）	省级文明单位	省委、省政府	2011
东坡区广济乡济光村	省级文明村	省委、省政府	2011
仁寿县视高镇河心村	省级文明村	省委、省政府	2011
彭山县	“两基”工作先进集体	省委、省政府	2011
彭山县观音镇	省级文明镇	省委、省政府	2011
青神县瑞峰镇青杠坪村	省级文明村	省委、省政府	2011
眉山市政府政务服务中心	第四届四川省“记一等功公务员集体”	省委、省政府	2011
眉山市国土资源局	2011 年度农田水利基本建设绩效考核国土资源管理项目第二名	省委、省政府	2011
眉山市委组织部	人民满意的公务员集体	省委、省政府	2011
青神县妇联	记一等功公务员集体	省委、省政府	2011
仁寿县政府办公室	全省机关行政效能建设工作先进集体	省委、省政府	2011
仁寿县文宫镇	环境优美乡镇	省委、省政府	2011
洪雅县花溪镇孔坝村	2010 年度环境优美示范村	省委、省政府	2011
青神县高台乡南坝子村	环境优美示范村	省委、省政府	2011
青神县黑龙镇	环境优美示范镇	省委、省政府	2011
仁寿县方家镇东岳村党支部	先进基层党组织	省委	2011
彭山县观音镇果园村党支部	先进基层党组织	省委	2011
四川丹甫制冷压缩机股份有限公司党委	先进基层党组织	省委	2011
眉山市审计局机关党总支	先进基层党组织	省委	2011
四川达宽律师事务所党支部	先进基层党组织	省委	2011
洪雅县人大常委会	2011 年度宣传人民代表大会制度特等奖	省人大常委会	2011
仁寿县人武部	2010 年征兵工作先进单位	省政府、省军区	2011

续表

获奖单位	获奖名称	授奖机关	年份
眉山市林业局	四川省农田水利基本建设“李冰杯”竞赛（林业项目）三等奖	省政府	2011
彭山县青龙镇	四川省“宽带信息百镇千村示范单位”优秀示范镇	省政府	2011
彭山县青龙镇	永远村被评为四川省“宽带信息百镇千村示范单位”优秀示范村	省政府	2011
仁寿县政府	2010年度粮食生产“丰收杯”	省政府	2011
仁寿县经信局	“十一五”全省工业节能减排暨淘汰落后产能工作先进集体	省政府	2011
青神县政府	全省林业产业强县	省政府	2011
眉山市政协	政协新闻宣传工作先进集体	省政协	2011
仁寿县人武部	全面建设先进单位	省军区	2011
仁寿县人武部	安全管理先进单位	省军区	2011
眉山市委编办	全国机构编制工作先进集体	中编办、人社部	2012
眉山市中级人民法院	全国第二批司法公开示范法院	最高人民法院	2012
眉山市中级人民法院	诉讼与非诉讼相衔接的纠纷解决机制改革试点法院	最高人民法院	2012
仁寿县检察院法警大队	第三批全国检察机关司法警察示范单位	最高人民检察院	2012
仁寿县人民法院龙马法庭	全国法院先进集体	最高人民法院	2012
眉山市国土资源局	“两整治一改革”工作先进单位	国土资源部	2012
南车眉山车辆有限公司	全国五一劳动奖状	中华全国总工会	2012
眉山市审计局	全国社会保障资金审计先进公务员集体	审计署	2012
青神县统计局	企业“一套表”联网直报先进集体	国家统计局	2012
青神县竹编协会	2012年度“全国基层科普行动计划”先进单位	中国科协、财政部	2012
青神县凤阳社区	2012年度“全国基层科普行动计划”先进单位	中国科协、财政部	2012
眉山市法学会	全国诚信建设制度创新事例征集优秀组织奖	全国人大常委会法工委等13部门	2012
青神县学道街小学	全国级语言文字规范化示范校	教育部、国家语言文字工作委员会	2012
青神县实验小学	全国级语言文字规范化示范校	教育部、国家语言文字工作委员会	2012
眉山市总工会	2012年度全国工会经审工作先进集体	中华全国总工会	2012
四川达宽律师事务所党支部	全国创先争优先进基层党组织	中央组织部	2012
仁寿县新农合	全国新农合医疗工作先进集体	卫生部	2012
眉山市体育局	全国“全民健身日”优秀组织奖	国家体育总局	2012
眉山市审计局	全国“全民健身日”先进单位	国家体育总局	2012
洪雅县森林公安局	全国公安机关执法示范单位	公安部	2012

续表

获奖单位	获奖名称	授奖机关	年份
洪雅县供电公司	全国“安康杯”竞赛优胜单位	全国总工会、国家安监总局	2012
洪雅县洪生源绿色生猪协会	2012 年全国科普惠农兴村先进单位	中国科协、财政部	2012
洪雅县国有林场	全国森林经营样板基地	国家林业局	2012
眉山市外侨台办	服务国内发展突出贡献奖	外交部	2012
四川省眉州监狱	全国监狱劳教戒毒场所规范化管理年活动成绩突出单位	司法部	2012
洪雅县法律援助中心	全国法律援助“便民服务示范窗口”	司法部	2012
眉山市拘留所	全国一级拘留所	公安部	2012
眉山市强制隔离戒毒所	全国一级强制隔离戒毒所	公安部	2012
眉山市公安局“12·19”系列盗掘石刻文物专案组	2011 年打击犯罪专项行动先进集体	国家文物局、公安部	2012
眉山市文物局“12·19”系列盗掘石刻文物专案组	2011 年打击犯罪专项行动先进集体	国家文物局、公安部	2012
眉山市民政局	全国民政系统先进集体	人力资源和社会保障部、民政部	2012
仁寿县人口计生局	全国人口和计划生育系统先进集体	人社部、人口计生委	2012
仁寿县	全国农村饮水安全工程示范县先进集体	国家发改委、水利部	2012
仁寿县看守所	全国一级看守所	公安部	2012
仁寿县看守所	全国看守所管理机制创新先进单位	公安部	2012
仁寿县公安局文林派出所	全国优秀公安基层单位	公安部	2012
丹棱县公安局双桥派出所	全国“清剿火患”先进集体	公安部	2012
洪雅县公安消防大队	全国‘清剿火患’战役成绩突出大队	公安部	2012
眉山市公安消防支队	全国“清剿火患”战役宣传工作成绩突出公安消防支队	公安部	2012
眉山市国税局	全国文明单位	中央文明委	2012
眉山市人民医院	全国综合医院中医药工作示范单位	卫生部、国家中医药管理局、总后卫生部	2012
眉山市法学会	全国地方法学会系统先进集体	中国法学会	2012
四川省电力公司眉山公司	全国电力行业优秀企业	中国电力企业联合会	2012
眉山市统计局	全国企业“一套表”联网直报	国家统计局	2012
眉山市博览局	第八届中国食品博览会最佳组织奖	中国食品博览会组委会	2012
民盟眉山市直总支	先进集体	民盟中央	2012
人行眉山市中心支行调查统科	2011—2012 年度全国青年文明号	共青团中央	2012
眉山市中级人民法院	诉讼与非诉讼相衔接的纠纷解决机制改革试点法院	最高人民法院	2012
眉山市中级人民法院	全国司法公开示范法院	最高人民法院	2012
眉山市文体影视新闻出版局	第三届中国成都非物质文化遗产节“太阳神鸟”最佳表演奖	第三届中国成都非物质文化遗产节组委会	2012

续表

获奖单位	获奖名称	授奖机关	年份
彭山县科协	全国优秀农技协	中国农村专业技术协会	2012
青神县政府	中国特色竹乡	国家竹产业协会、国际竹藤中心	2012
彭山县科协	基层科普行动计划先进单位	中国科协、财政部	2012
彭山县山林养鸡协会	2012年“基层科普行动计划”先进单位	中国科协、财政部	2012
彭山县公安局	全国公安机关集中整治执法过程中涉案人员非正常死亡问题工作成绩突出集体	公安部	2012
彭山县公安局	全国公安机关执法示范单位	公安部	2012
彭山县黄丰镇丰华村	全国农村农业技术协会先进集体	中国农村专业技术协会	2012
彭山县黄丰镇中和村	全国农作物病虫害专业化统防统治示范组织	农业部	2012
彭山县江口镇山林养鸡专业合作社	全国科普惠兴村先进单位	中国科协、财政部	2012
彭山县牧马镇	全国妇联基层组织建设示范镇	全国妇联	2012
仁寿县城北派出所	一级公安派出所	公安部	2012
仁寿县曹家乡	全国农民专业合作社示范社	农业部	2012
仁寿县	全国粮食生产先进县	农业部	2012
仁寿县玉泉食品有限公司	农业产业化龙头企业	农业部	2012
仁寿县蔬菜协会	产品获无公害农产品认证	农业部	2012
仁寿县金钟果业合作社	产品获无公害农产品认证	农业部	2012
仁寿县文化广电出版局	全国广电村村通先进单位	国家广电局	2012
眉山市公安消防支队东坡区大队	中共十八大消防安全保卫战成绩突出公安消防大队	公安部	2012
仁寿县消防大队	全国“消剿火患”战役成绩突出大队	公安部	2012
仁寿县教育局	全国青少年爱国主义诗书教育活动优秀组织奖	教育部	2012
仁寿县教育局	全国基础教育质量检测工作优秀组织奖	教育部	2012
眉山市国土资源局	全国国土资源系统“两整治一改革”工作先进单位	国土资源部	2011
洪雅县	全国社会主义新农村建设示范县	全国新农村建设中心等3单位	2012
洪雅县国有林场	全国十佳林场	中国林场协会	2012
眉山市委、市政府	2011年度全省维护社会稳定工作目标优秀市(州)	省委、省政府	2012
眉山市委、市政府	中共十八大维稳安保工作先进集体	省委、省政府	2012
眉山市委群众工作部	中共十八大期间全省维稳综治信访工作先进集体	省委、省政府	2012
眉山市委群众工作部	2011年度全省信访工作先进集体	省委、省政府	2012
眉山市地税局	全省创先争优先进基层党组织	省委、省政府	2012
眉山市地税局	2011年度全省“领导挂点、部门包村、干部帮户”活动先进单位	省委、省政府	2012

续表

获奖单位	获奖名称	授奖机关	年份
眉山市教育局	全国“两基”工作先进集体	省委、省政府	2012
眉山市国土资源局	全省“领导挂点、部门包村、干部帮户”活动先进单位	省委、省政府	2012
汉阳镇人民武装部	四川省城乡环境综合治理环境优美示范镇乡	省委、省政府	2012
彭山县司法局	2006—2010 年全省法制宣传教育先进集体	省委、省政府	2012
眉山市城管执法局	全省环境优美示范市	省委、省政府	2012
眉山市气象局	2010—2011 年度省级最佳文明单位	省委、省政府	2012
眉山市东坡区财政局	2010—2011 年度省级最佳文明单位	省委、省政府	2012
仁寿县人民医院	2010—2011 年度省级最佳文明单位	省委、省政府	2012
彭山县委、县政府	20 个县域经济发展县（市、区）	省委、省政府	2012
彭山县司法局	第三轮敬老模范县（成员单位）	省委、省政府	2012
彭山县团县委	2007—2012 年度四川省留守学生（儿童）关爱行动先进集体	省委、省政府	2012
彭山县政法委	全省维护社会稳定和社会治安综合治理工作目标优秀、先进单位	省委、省政府	2012
彭山县教育局	四川省“两基”工作先进集体	省委、省政府	2012
彭山县观音镇	全省文明村镇	省委、省政府	2012
彭山县观音镇	2012 年省级环境优美示范镇乡	省委、省政府	2012
仁寿县文宫镇长虹村	四川省环卫综合治理示范村庄	省委、省政府	2012
仁寿县文宫镇高桥村	四川省环卫综合治理示范村庄	省委、省政府	2012
仁寿县龙正镇花龙村	四川省环卫综合治理示范村庄	省委、省政府	2012
仁寿县龙正镇卓家村	四川省环卫综合治理示范村庄	省委、省政府	2012
仁寿县龙马镇培堰村	四川省环卫综合治理示范村庄	省委、省政府	2012
仁寿县黑龙滩镇	四川省城乡环境综合治理优美示范镇	省委、省政府	2012
仁寿县龙马镇培堰村	城乡环境治理示范村	省委、省政府	2012
仁寿县扶贫和移民局	四川省十年扶贫开发先进单位	省委、省政府	2012
仁寿县	省级新农村建设示范片优秀奖	省委、省政府	2012
洪雅县人民武装部	全面建设先进单位	省委、省军区党委	2012
眉山市审计局	先进基层党组织	省委	2012
南车眉车辆有限公司党委	四川省创先争优先进基层党组织	省委	2012
裕华纺织有限公司党委	四川省创先争优先进基层党组织	省委	2012
东坡区白马镇龚村村党支部	创先争优先进基层党组织	省委	2012
东坡区实验初中党支部	创先争优先进基层党组织	省委	2012
仁寿县文宫镇石家村党支部	创先争优先进基层党组织	省委	2012
仁寿县华兴中学党总支	创先争优先进基层党组织	省委	2012
彭山县青龙镇党委	创先争优先进基层党组织	省委	2012

续表

获奖单位	获奖名称	授奖机关	年份
洪雅县东岳镇党委	创先争优先进基层党组织	省委	2012
洪雅县止戈镇五龙村党支部	创先争优先进基层党组织	省委	2012
丹棱县双桥镇党委	创先争优先进基层党组织	省委	2012
丹棱县丹棱镇龙鹄村党支部	创先争优先进基层党组织	省委	2012
青神县青城镇凤阳社区党总支	创先争优先进基层党组织	省委	2012
眉山市委办机关党总支	创先争优先进基层党组织	省委	2012
眉山市委组织部机关党总支	创先争优先进基层党组织	省委	2012
眉山市人民医院内科党支部	创先争优先进基层党组织	省委	2012
彭山县委	创先争优活动先进县（市、区）党委	省委	2012
仁寿县龙正镇团委	四川“五四”红旗团委	省委	2012
洪雅县政府	2012年“5·12”全省防灾救灾大演练工作先进集体	省委	2012
洪雅县人大常委会	2012年度宣传人民代表大会制度特等奖	省人大常委会	2012
东坡区人民武装部	全省民兵工作先进单位	省政府、省军区	2012
仁寿县板燕乡人民武装部	全省民兵工作先进单位	省政府、省军区	2012
彭山县人武部	征兵工作先进单位	省政府、省军区	2012
彭山县凤鸣镇人民武装部	全省民兵工作先进单位	省政府、省军区	2012
青神县白果乡人民武装部	全省民兵工作先进单位	省政府、省军区	2012
眉山军分区	全民国防教育“十佳”贡献单位	四川省军区、省国防教育委员会	2012
仁寿县人武部	征兵工作先进单位	省军区、省政府	2012
眉山市	农田水利基本建设“李冰杯”农业项目二等奖	省政府	2012
眉山市林业局	四川省农田水利基本建设“李冰杯”竞赛（林业项目）三等奖	省政府	2012
眉山市林业局	四川省建设长江上游生态屏障先进集体	省政府	2012
青神县政府	四川省现代林业建设重点县	省政府	2012
青神县	敬老模范县	省政府	2012
仁寿县	四川省建设长江上游生态屏障工作先进集体	省政府	2012
仁寿县人社局	全省就业促进工作成绩突出单位	省政府	2012
仁寿县人武部	新闻报道工作先进单位	省军区	2012
仁寿县人武部	全面建设先进单位	省军区	2012
仁寿县人武部	先进党委	省军区	2012
人保财险四川省眉山市分公司工会	公司模范职工之家	人保财险股份有限公司	2012
丹棱县人武部	军事志编纂工作先进单位	四川省军区	2012

二、眉山市（地）委、政府 1997—2012 年重要文件目录

文号	文件名称	发文单位
眉委发〔1997〕1 号	关于批转《地区人大工委关于全区换届选举工作安排意见》的通知	地委
眉委发〔1997〕5 号	关于印发《眉山地区经济发展的基本思路》的通知	地委、行署
眉委发〔1997〕9 号	关于进一步贯彻《中共中央国务院关于党政机关厉行节约制止奢侈浪费行为的若干规定》的意见	地委、行署
眉委发〔1997〕10 号	关于进一步深化县属企业产权制度改革的意见	地委、行署
眉委发〔1997〕11 号	关于大力发展民营经济的意见	地委、行署
眉委发〔1998〕2 号	1998 年农村工作意见	地委
眉委发〔1998〕3 号	关于加强国家安全工作的决定	地委、行署
眉委发〔1998〕9 号	关于依法治区的决定	地委
眉委发〔1998〕10 号	关于 1998 年国防后备力量建设工作的意见	地委、行署
眉委发〔1998〕11 号	关于进一步加强计划生育工作严格控制人口增长的决定	地委、行署
眉委发〔1998〕12 号	关于加快乡镇企业发展的决定	地委、行署
眉委发〔1998〕14 号	关于深化卫生改革加快卫生事业发展的决定	地委、行署
眉委发〔1998〕15 号	关于加速科学技术进步的意见	地委、行署
眉委发〔1998〕16 号	关于进一步加强建设工程招投标管理工作的决定	地委、行署
眉委发〔1998〕18 号	关于进一步扩大对外开放促进经济发展的决定	地委、行署
眉委发〔1999〕2 号	1999 年农业和农村工作意见	地委、行署
眉委发〔1999〕12 号	关于开展“眉山新村”建设的决定	地委、行署
眉委发〔1999〕18 号	关于大力推行厂务公开制度的实施意见	地委、行署
眉委发〔1999〕20 号	关于表彰眉山地区首批有突出贡献的拔尖人才的决定	地委、行署
眉委发〔1999〕21 号	关于进一步深化农村产业结构调整的意见	地委、行署
眉委发〔2000〕7 号	关于加快旅游业发展的意见	地委、行署
眉委发〔2000〕8 号	关于在全区县级领导班子、领导干部中深化开展以“讲学习、讲政治、讲正气”为主要内容的党性党风教育的意见	地委、行署
眉委发〔2000〕10 号	关于加强技术创新，发展高科技，实现产业化的实施意见	地委、行署
眉委发〔2000〕14 号	关于开展农村基层组织建设“三级联创”活动的实施意见	地委
眉署发〔2000〕23 号	关于深化基层供销社改革的意见	行署
眉署发〔2000〕29 号	关于对全区工业企业污染源达标排放实施“零点行动”的决定	行署
眉委发〔2000〕26 号	关于进一步加快小城镇建设的意见	地委、行署

续表

文号	文件名称	发文单位
眉委发〔2001〕1号	关于切实减轻农民负担进一步维护农村社会稳定的实施意见	市委、市政府
眉委发〔2001〕5号	2001年农业和农村工作意见	市委、市政府
眉委发〔2001〕7号	关于在全市深化财政改革的决定	市委、市政府
眉委发〔2001〕14号	关于全市乡镇机构改革的意见	市委、市政府
眉委发〔2001〕16号	关于依法治市的决定	市委
眉委发〔2001〕21号	关于实施《眉山市市县机构改革方案》有关问题的意见	市委、市政府
眉委发〔2001〕30号	关于推进眉山二次创业的决定	市委
眉委发〔2001〕36号	关于在全市深化政务公开工作的试行意见	市委、市政府
眉委发〔2001〕38号	关于进一步加强社会治安综合治理的意见	市委、市政府
眉府发〔2001〕46号	关于加强生态环境建设和保护实施可持续发展战略的决定	市政府
眉委发〔2002〕8号	关于今后几年经济发展目标和基本思路的决定	市委、市政府
眉委发〔2002〕10号	关于加快农业科技发展的意见	市委、市政府
眉委发〔2002〕12号	关于大力推进农业产业化经营促进农民增收的意见	市委、市政府
眉委发〔2002〕13号	关于进一步巩固“三个代表”学教活动成果的意见	市委
眉委发〔2002〕16号	关于推进农村税费改革试点工作的实施意见	市委、市政府
眉委发〔2002〕19号	关于农村扶贫开发的实施意见	市委、市政府
眉委发〔2002〕20号	关于加强农村劳务开发工作的意见	市委、市政府
眉府发〔2002〕19号	关于进一步深化行政审批制度改革的意见	市政府
眉府发〔2002〕37号	关于进一步规范和完善乡镇财政管理体制的意见	市政府
眉委发〔2003〕23号	关于大力发展服务业的意见	市委、市政府
眉委发〔2003〕26号	关于进一步加快县乡村公路建设的决定	市委、市政府
眉委发〔2003〕37号	关于实施“四大工程”切实加强和改进党的建设的意见	市委
眉府发〔2003〕27号	关于促进和引导民间投资的意见	市政府
眉府发〔2003〕45号	关于大力推进职业教育改革与发展的决定	市政府
眉委发〔2004〕1号	关于进一步改革投资环境促进跨越升位的决定	市委、市政府
眉委发〔2004〕10号	关于进一步加快林业发展的意见	市委、市政府
眉委发〔2004〕15号	关于加快推进新型工业化的意见	市委、市政府
眉委发〔2004〕18号	关于进一步加强和改进未成年人思想道德建设的实施意见	市委、市政府
眉委发〔2004〕21号	关于加快发展文化经济的意见	市委、市政府
眉委发〔2004〕23号	关于积极推进事业单位改革的意见	市委、市政府
眉府发〔2004〕9号	关于大力促进民办教育发展的决定	市政府
眉府发〔2004〕31号	关于加强基本农田保护的实施意见	市政府
眉委发〔2005〕5号	关于加快发展旅游产业的决定	市委、市政府
眉委发〔2005〕6号	关于调整优化全市乡镇行政区划工作的意见	市委、市政府

续表

文号	文件名称	发文单位
眉委发〔2005〕9 号	关于实施《眉山市市、县（区）政府机构改革方案》的意见	市委、市政府
眉委发〔2005〕17 号	关于进一步加强环境保护工作的决定	市委、市政府
眉委发〔2005〕19 号	关于加快发展若干重大问题的决定	市委
眉府发〔2005〕5 号	关于切实加强食品安全工作的实施意见	市政府
眉府发〔2005〕7 号	关于溶化工业污染源综合整治的实施意见	市政府
眉委发〔2006〕9 号	关于进一步改善发展软环境的决定	市委
眉委发〔2006〕13 号	关于推进社会主义新农村示范村建设的若干政策意见	市委、市政府
眉委发〔2006〕17 号	关于举全市之力推进工业强市的决定	市委、市政府
眉委发〔2006〕19 号	关于加快第三产业发展的决定	市委、市政府
眉府发〔2006〕5 号	关于进一步加强和改进对小企业融资服务的意见	市政府
眉府发〔2006〕11 号	关于进一步加快商贸流通业发展的实施意见	市政府
眉府发〔2006〕13 号	关于进一步加强知识产权工作的实施意见	市政府
眉府发〔2006〕15 号	关于在血吸虫疫区推进“以机代牛”的意见	市政府
眉府发〔2006〕39 号	关于推进兽医管理体制改革的意见	市政府
眉委发〔2007〕1 号	关于强力推进现代农业发展全面建设社会主义新农村的决定	市委
眉委发〔2007〕6 号	关于推进四个跨越实施产业富民的决定	市委
眉委发〔2007〕16 号	关于严格依法规范全市工业用地的决定	市委、市政府
眉府发〔2007〕11 号	关于加快发展城市社区卫生服务的实施意见	市政府
眉府发〔2007〕20 号	关于进一步完善新型农村合作医疗试点工作的意见	市政府
眉府发〔2007〕22 号	关于推进全市集体林权制度改革的实施意见	市政府
眉府发〔2007〕26 号	关于切实抓好节能减排工作的实施意见	市政府
眉府发〔2007〕35 号	关于加快林业产业发展的实施意见	市政府
眉委发〔2008〕3 号	关于切实加强农业基础建设促进农村发展农民增收的意见	市委、市政府
眉委发〔2008〕8 号	关于强力推进承接产业转移工作的实施意见	市委、市政府
眉委发〔2008〕9 号	关于深化惠民行动大力实施民生工程的意见	市委、市政府
眉委发〔2008〕10 号	关于加强机关行政效能建设的实施意见	市委、市政府
眉委发〔2008〕13 号	关于发扬“三自精神”切实抓好灾后重建工作的意见	市委、市政府
眉委发〔2008〕22 号	关于深入推进农村改革发展奋力实现农村大变样的决定	市委
眉委发〔2008〕23 号	关于进一步深化改革的意见	市委
眉府发〔2008〕6 号	关于加强我市重点文物保护管理工作的意见	市政府
眉府发〔2008〕10 号	关于做优工业产品的实施意见	市政府
眉府发〔2008〕12 号	关于融入成都金融中心的实施意见	市政府
眉府发〔2008〕30 号	关于免除城市义务教育阶段学生学杂费的实施意见	市政府
眉府发〔2008〕35 号	关于进一步加强农业标准化工作的意见	市政府

续表

文号	文件名称	发文单位
眉府发〔2008〕41号	关于加快水利发展的决定	市政府
眉府发〔2008〕42号	关于加强质量工作的意见	市政府
眉府发〔2008〕51号	关于促进奶业持续健康发展的意见	市政府
眉委发〔2009〕5号	关于进一步推进城乡环境综合整治的实施意见	市委、市政府
眉委发〔2009〕9号	关于强力推进泡菜产业发展的决定	市委、市政府
眉委发〔2009〕19号	关于建设生态市的决定	市委、市政府
眉委发〔2009〕20号	关于坚持科学发展推进四大目标实现的意见	市委
眉委发〔2009〕22号	关于加强和改进新形势下党的建设的意见	市委
眉委发〔2009〕25号	关于促进残疾人事业发展的意见	市委、市政府
眉委发〔2009〕28号	关于2010年实现农村大变样的意见	市委、市政府
眉府发〔2009〕10号	关于搞活流通扩大消费的实施意见	市政府
眉府发〔2009〕16号	关于进一步促进房地产业加快发展的意见	市政府
眉府发〔2009〕20号	关于创建法制政府示范市的实施意见	市政府
眉府发〔2009〕32号	关于加快现代农业产业基地建设的实施意见	市政府
眉府发〔2009〕37号	关于加快现代畜牧业发展的意见	市政府
眉府发〔2009〕40号	关于推进低碳经济发展的意见	市政府
眉委发〔2010〕3号	关于进一步加强领导干部学法用法工作的意见	市委
眉委发〔2010〕4号	关于开展新农村建示范片工作的实施意见	市委、市政府
眉委发〔2010〕6号	关于贯彻《中国共产党党员领导干部廉洁从政若干准则》的实施意见	市委
眉委发〔2010〕8号	关于印发《眉山市产业园区“十二五”发展规划》的通知	市委、市政府
眉委发〔2010〕10号	关于进一步加强党风廉政建设和反腐败工作的意见	市委、市政府
眉委发〔2010〕11号	关于开展全国法治城市创建活动的意见	市委、市政府
眉委发〔2010〕12号	关于进一步加强新村建设的实施意见	市委、市政府
眉委发〔2010〕14号	关于深化创先争优活动加强乡镇建设的意见	市委、市政府
眉委发〔2010〕16号	关于创建全国双拥模范城的决定	市委、市政府、军分区
眉委发〔2010〕17号	关于奋力抢抓新机遇强力推进非公有制经济做大做强的意见	市委、市政府
眉委发〔2010〕19号	关于加强实施优秀人才集聚工程的意见	市委、市政府
眉府发〔2010〕9号	关于加强质量兴市工作的实施意见	市政府
眉委发〔2011〕1号	关于加快水利改革发展的实施意见	市委、市政府
眉委发〔2011〕3号	关于进一步加强党政领导班子建设的意见	市委
眉委发〔2011〕5号	关于再掀特色效益农业基地建设高潮的实施意见	市委、市政府
眉委发〔2011〕10号	关于实行党务公开的实施意见	市委
眉委发〔2011〕16号	关于加快旅游三产发展优化经济结构的决定	市委、市政府

续表

文号	文件名称	发文单位
眉委发〔2011〕20号	关于启动天府新区眉山区域规划建设工作的意见	市委、市政府
眉委发〔2011〕24号	关于强力推进招商引资新突破的决定	市委、市政府
眉委发〔2011〕26号	关于实施“文化立市”战略建设文化强市的决定	市委、市政府
眉委发〔2011〕27号	关于加快发展都市近郊型现代农业的决定	市委、市政府
眉委发〔2011〕30号	关于在创先争优、主动作为创一流活动中进一步推进各级党政机关和干部深入基层为民服务的意见	市委、市政府
眉府发〔2011〕56号	关于加快推进标准化工作的意见	市政府
眉委发〔2012〕3号	关于强力推进眉山现代工业新城建设的决定	市委、市政府
眉委发〔2012〕4号	关于主动作为创一流为民服务当先锋的决定	市委
眉委发〔2012〕6号	关于创建国家卫生城市的决定	市委、市政府
眉委发〔2012〕11号	关于印发《眉山市农村扶贫开发规划（2011—2020年）》的通知	市委、市政府
眉委发〔2012〕12号	关于加快全市旅游发展若干政策的试行意见	市委、市政府
眉委发〔2012〕15号	关于加强新形势下征兵工作的意见	市委、市政府、眉山军分区
眉委发〔2012〕18号	关于加快“数字眉山”建设的意见	市委、市政府
眉委发〔2012〕19号	关于深入持久开展干部直接联系服务群众工作的决定	市委
眉府发〔2012〕56号	关于加快推进标准化工作的意见	市政府

三、重要文件辑存

中共眉山地委　眉山地区行政公署
关于印发《眉山地区经济发展的基本思路》的通知

（眉地委发〔1997〕5号，1997年10月9日）

眉山地区经济发展的基本思路

为全面实施国务院新设眉山地区的正确决策，使各项工作开好头，起好步，以求在未来的经济发展中处于主动和有利地位，为二十一世纪的发展奠定坚实的基础，根据眉山地区的区情，明确思路，确定目标，抓住重点，制定对策，对保证经济持续、快速、健康发展至关重要。

一、经济发展面临的形势

（一）基本情况

眉山地区位于成都平原西南边缘，辖6个县，216个乡镇，2344个村委会，159个居委会，辖区面积7186平方千米，北靠省会成都，南连乐山，东邻内江、自贡，西接雅安，截至1996年，辖区总人口331.06万人，其中农业人口295.24万人，占89.18%；国内生产总值87.89亿元，人均2660元；一、二、三产业结构为41∶37∶22；工农业总产值89.45亿元（90价），其中工业总产值54.6亿元；乡镇企业总产值76.9亿元；耕地面积20.13万公顷；粮食总产量166.93万吨，人均占有原粮504千克；农民人均纯收入1440元；地方财政收入3.7亿元；社会消费品零售总额31.02亿元。

（二）有利条件

1. 区位优越。眉山地区处于四川盆地腹心地带，离省会成都仅70余千米，事实上已成为成都的卫星城市。这种腹心地带和卫星城市的区位优势，有利于眉山面向成都、背靠成都、服务成都发展经济，有利于眉山经济进入国内．国际大市场．

2. 交通方便。成昆铁路由北至南经彭山、眉山两县，境内有客货站6个。成乐高速公路贯通南北，与成雅高速公路在彭山青龙场相接；省道106线经洪雅、丹棱、眉山、仁寿横跨东西，两条干线公路交会于眉山；距成都双流机场只有40余千米，离乐山大件运输码头只70余千米，基本形成了纵横交错、四通八达的交通网络，为眉山地区的经济发展和投资环境提供了良好的条件。

3. 资源丰富。境内地下矿藏有芒硝、金、银、铜、铁、铅、锌、煤炭、石膏等20余种，其中芒硝总储量650亿吨。水力资源丰富，青衣江等大小河流300余条，全区水能资源蕴藏量达100万千瓦以上，其中可开发量为80万千瓦，目前仅开发了20万千瓦，占可开发量的25%，名人文化、长寿文化源远流长，风景旅游点多面广，有驰名中外的眉山三苏祠，东有“成都后花园”之称的省级风景名胜区仁寿黑龙滩，西有国家级森林公园洪雅瓦屋山和省级风景名胜区槽渔滩，南有苏东坡青少年时读书的青神中岩寺，北有彭祖老人的故里彭山仙女山。

4. 农业基础较好。全区气候温和，雨量充沛，无霜期长，各种水利设施星罗棋布，适宜农林牧副渔各业发展，是有悠久历史的粮、棉、油、猪集中产区和调出区。这些年来，农业生产条件和农业内部结构明显改善，农业产业化已经起步，先后建成了粮食、油料、水果、生猪、水牛、奶牛、水产、禽类等几十个全国、全省的商品生产基础，不仅具有地区特色，而且有不少是省部优名牌产品和拳头产品。

（三）面临的发展机遇和挑战

眉山地区建立后，将面临一个既有机遇、又有挑战的国内经济环境。当前，发展机遇主要有：一是四川省行政区划调整后，省委、省政府调整全省经济发展思路和经济布局，把眉山地区纳入“成都平原经济圈”，将大大推动眉山地区的经济发展。二是眉山是新建的地区，可以采用全新的机制，加速全区经济社会各项事业的全面发展。三是国家加快中西部地区发展，加大对中西部地区支持力度的决策，对眉山地区的经济发展提供了有利条件。四是对外开放正由沿海向内陆地区延伸和扩大，以及沿海地区产业结构的升级，为我区扩大开放，加快发展，尤其是发展劳动密集型产业带来了契机。五是经过改革开放以来的快速发展，全区6个县的经济有了一个较好的基础，积累了经济发展正反两方面的宝贵经验。这些有利因素，为眉山地区起好步，加快经济发展提供了难得的机遇和有利条件。但是，也必须清醒地看到，全区经济在当前及今后相当长的时期内还存在一些突出的制约因素和困难，面临严峻的挑战。

1. 基础产业和基础设施发展滞后。农业基础仍较脆弱，农业生产的基础条件还比较落后，抗御自然灾害的能力不足，农业产业化才刚刚起步。贫困人口仍占一定比重，全区还有10万多人没有脱贫。水利、交通、通信、能源等基础设施的“瓶颈”制约比较突出，电力仍然紧张，交通、通信设施等级不高，配套不够完善。

2. 经济结构性矛盾较为突出。一、二、三产业的结构比重为41∶37∶22，全省为29∶41∶30，全国1995年为21∶48∶31。眉山地区二、三产业发展明显落后于全国、全省的水平，调整经济结构的任务非常重。支柱产业不突出，高新技术产业远未形成气候。竞争力强、市场占有率高、带动作用大的拳头产品少。工业结构不尽合理。全区还没有一家上市公司。

3. 经济增长尚未摆脱粗放型的传统方式。在建设、生产、流通等领域，经济效益都比较低，还处于主要依靠资本投入支持经济增长的粗放经营阶段。实现经济增长方式的根本性转变，任务十分艰巨。

4. 面临着愈来愈激烈的市场竞争压力。随着我国市场经济体制的逐步推进，市场竞争力、市场占有率日益成为衡量一个地区、一个城市经济实力和活力的主要标志。环顾区内市场，有名气、有影响、销售好的地方产品少，外地产品尤其是沿海产品大量涌入，每年增加的市场份额中有较大一块被外地产品占有了，本地区产品的市场占有率较低，一些企业产品档次低、市场竞争力差，处于亏损、停产或半停产。外贸、外资对经济增长的拉动作用小。随着我国经济与世界经济的接轨，眉山地区的产品将面临更为激烈的市场竞争。

二、今后发展的思路

（一）发展思路

抓住历史机遇，依托省会成都，加速两个转变，扩大对外开放，夯实五大基础（农业、交通、城建、能源、科技教育），建设五根支柱（化工、农产品加工、机械电子、商贸业、旅游），保持社会稳定，实现经济持续、快速、健康发展。

（二）发展目标

1. 2000年的发展目标：国内生产总值达到136亿元，年均增长11%；粮食总产量达到169万吨，年均增长0.3%；工业总产值达到95亿元，年均增长15%；农业总产值达到41亿元，年均增长4%以上；乡镇企业总产值达到188亿元，年均增长25%；农民人均纯收入达到2550元，年均增加265元；地方财政收入达到6.5亿元，年均增长15%以上。

2. 2010年远景目标：国内生产总值年均增长10%，达到345亿元；粮食总产量年均增长0.3%，达到174亿元；工业总产值年均增长15%，达到384亿元；农业总产值年均增长4%，达到61亿元；乡镇企业总产值年均增长15%以上，达到760亿元；农民人均纯收入年均增长300元以上，达到5500元；地方财政收入年均增长12%以上，达到20亿元。

（三）发展重点

1. 夯实四大基础

农业。必须坚定不移地将发展农业和农村经济放在经济工作的首位。继续贯彻“绝不放松粮食生产，积极发展多种经营，大力发展乡镇企业”的方针和“稳粮调结构，增收奔小康”的思路，坚持不懈地实施“小康规划”“丰收计划”“扶贫工程”。努力改善农业生产基本条件，坚持走农业集约化经营路子，搞好洪雅阳坪种牛场和仁寿文宫等地产业化的试点工作，提高农业商品率和综合生产能力。坚持“科技兴农”“依法兴农”。大幅度增加农民收入，改善农民生活条件。促进农业和农村经济的全面发展，为加快工业化、城市化的进程奠定坚实的基础。

交通。以建设方便、快捷的现代交通运输网络为目的，以扩大区内干线运输能力和出区通道为重点，加快主骨架及快速通道建设，夯实基础，强化管养，提高主要县道路面铺装率，增强通过能力。以成乐高速公路建设为龙头，以改造省道106线为重点，全面推动全区“一横三纵”（横：即省道106线；三纵：即成乐高速公路、省道103线至青神、国道213线）公路主骨架建设，建成眉山至各县的快速通道，彻底改善区内和对外交通状况。

能源。充分发挥水能资源的优势，坚持多渠道、多层次、多规模、多形式和小型为基础、中型为骨干的电力建设方针，大力加强电力建设。重点抓好青衣江流域的水电开发，尽快制定一个青衣江流域水电开发的总体规划；经营好槽渔滩水电站，提高青衣江流域的开发声誉；保证洪雅城东电站按期完工，尽快开工建设高凤山电站，规划好金釜电站、洪州电站，准备好瓦屋山电站，确保电源、电网、负荷协调发展。同时，合理开发煤炭资源，积极开发利用天然气资源。

科教。坚定不移地实施“科教兴区”战略，真正把经济建设转到依靠科技进步和提高劳动者素质的轨道上来。深化科技、教育体制改革，促进科技、教育同经济建设的结合，加速科技成果向现实生产力的转化。充分发挥眉山车辆厂、邮电部眉山通讯设备厂、眉山芒硝厂、丹棱齿轮厂、眉山金象公司、彭山同庆公司等一批重点企业的科技辐射作用。狠抓“科技工程”“科协金桥工程”的实施，重点抓好彭山——眉山星火产业带。保护知识产权，努力形成尊重知识、尊重人才的社会环境。大力推进普及九年制义务教育和职业技术教育进程，加强各类技工学校、农业技术学校建设，争取尽早建立一至二所大专院校。

2. 建设四根支柱

第一，以芒硝系列深度加工为重点的化工产业。充分利用区内芒硝等自然资源十分丰富的优势，加大技术密集型产业的投入力度，大力发展精细化工产品，增加化工产品的附加值。重点抓好以眉山芒硝厂、彭山同庆公司、丹棱化工厂为龙头的骨干企业。加强技术和生产协作，形成钙芒硝矿、元明粉、碱、日用化工产品“一条龙”生产线。抓好基础化工原料的生产，形成元明粉生产及出口基地。

第二，以农副产品深度加工为重点的农产品加工业。巩固提高“彭祖”“三苏”白酒的传统优势，进一步提高其市场占有率，争创名牌。以阳坪奶粉厂为龙头，大力开发绿色食品、保健饮料。充分利用区内水果、茶叶、蔬菜等资源优势，改良品种，提高质量，形成一批名牌拳头产品。积极发展方便食品和保健食品，搞好食品精加工和深加工。继续扩大饲料加工业的名牌效应，以眉山通威公司、仁寿三联公司为龙头，大力发展多种添加剂和配合饲料，进一步提高饲料品牌，推动畜牧业、渔业的发展。

第三，以建设眉山、彭山专业市场为重点的商贸业。利用眉山、彭山拥有的区位和交通优势，大力发展信息、咨询、技术、法律服务等新兴产业。树立大流通观念，建立并完善一批有影响、有规模、辐射面广的具有区域优势的生产要素、农副产品和工业消费品等专业批发市场，配套建设好商贸大楼、货栈、仓库、包装、运输等设施，形成统一开放、平等竞争、规则健全的商品市场体系，促进商流、物流、信息流、货币流、技术流的大进大出，支持带动和导向一、二产业的发展。

第四，以发展休闲度假旅游经济、文化旅游为重点的旅游业。坚持一手抓开发、一手抓管理的发展思路，切实做好旅游景区的保护和培育工作，大力开发新的旅游景点，力争形成以眉山为中心，包括仁寿黑龙滩山水景区、洪雅瓦屋山原始奇异旅游区、青神中岩佛文化、彭山长寿城的旅游发展格局。搞好旅游促销，把区内旅游市场与周边旅游市场相衔接。加强旅游景区管理，改善旅游服务水准。同时，不断挖掘旅游资源，大力发展旅游经济和旅游文化，拓展旅游市场，开发旅游产品，大胆招商引资，使旅游业真正成为支柱产业，带动二、三产业的发展。

三、加快发展的对策措施

（一）必须更新思想观念。眉山地区的设立，既面临众多的、难得的发展机遇，更面临严峻的挑战和困难，必须更新思想观念，在邓小平建设有中国特色社会主义理论的指导下，以推进“两个根本性转变”为出发点，坚持三个有利于的标准，坚持“发展才是硬道理”，敢闯、敢试、敢冒，创造性地工作，牢固树立“艰苦创业，苦干兴区”思想，为富民兴区，加快全区经济发展而努力奋斗。

（二）建立全新的经济运行机制。按照建立社会主义市场经济体制的要求，建立全新的经济运行机制。积极推进现代企业制度的建立，加快企业改革的步伐和企业组织结构调整。逐步形成产权明晰、权贵明确、政企分开、管理科学的现代企业制度。全面推进各项改革，规范和完善政策法规，建立起比较科学、完善的管理体系。培育一批在国内外市场上有较强竞争力的大企业、大集团。采取多种形式，多种办法放活小型企业，使大批小型企业在新的机制和环境下更具生机和活力，建立起为大企业配套，为社会服务的企业群体。国有企业要加快机制转换步伐。坚持把改制、改组、改造与加强管理结合起来，着眼于从整体上搞好国有经济，通过兼并、破产、减员增效，对国有企业进行战略性改组，提高国有企业的整体素质。大力发展多种所有制经济，尤其是大力发展股份制、股份合作制、“三资”企业、民营经济，尽快提高非国有经济在整个经济中的比重。

（三）实行更加开放的政策。强化“开明促开放促发展”的观念，坚持外资、外贸、外事和涉外旅游密切结合，协调发展，全方位放开。进一步扩大对外开放的领域和规模，提高对外开放实效，加快外向性经济的发展，走出一条内陆地区对外开放的路子。千方百计搞好招商引资。努力抓好对省外、区外的开放。按优势互补、互惠互利、经济合作、共谋发展的原则，把对内开放放到与对外开放同等重要的位置。特别要抓住沿海发达地区结构调整，产业转移的契机，以更加开明的姿态，有选择地吸纳一批外地企业向我区转移。加强同国内一些较为发达城市的联系，建立友好城市，促进经济合作。

（四）培养和造就一批经济人才。在经济发展的诸多因素中，人才是尤其重要的因素，要加快人才培训和队伍建设，实施跨世纪人才培养工程。努力造就一支德才兼备的干部队伍、企业家队伍，造就一批懂经营管理的技术带头人，形成合理的人才梯队。大力提高广大劳动者的科学文化素质，加强科学技术的普及工作，尤其要重视科普队伍、技术工人、熟练技工的培养。

（五）各级党委、政府要切实加强领导。“艰苦创业，苦干兴区”，关键在于各级党委和政府的领导、要坚持马克思主义的认识论，深入实际，搞好调查研究，避免重大失误。各级党政领导干部要努力创造一种认真学习和民主讨论的风气，勇于探索和求真务实的风气，改进工作作风和工作方法，按经济规律和国际惯例办享。要苦干实干，不搞争论，少说多干，干出实效，努力实现“三年树形象，五年大变样，齐心协力创辉煌”的目标。

中共眉山地委　眉山地区行政公署
关于进一步深化县属企业产权制度改革的意见

（眉地委发〔1997〕10号，1997年12月9日）

为认真贯彻中国十五大精神，加快改革步伐，促进两个根本性转变，搞活县级经济，结合我区实际，现提出进一步深化县属企业产权制度改革的意见：

一、指导思想和基本原则

1. 以中共十五大精神为指导，紧紧抓住第三次思想大解放的契机，坚持“三个有利于”的根本标准，大胆实践，勇于探索，努力寻找能够极大地促进生产力发展的公有制实现形式，调整和完善所有制结构，进一步解放和发展生产力，推进企业机制大转换、产权大重组、结构大调整，实现新一轮企业改革的大突破，促进全区经济跃上一个新台阶。

2. 坚持从实际出发，一厂一策，不搞“一刀切”；全面推行，突出重点，一手抓改革，一手抓发展；坚持公开、公平、公正、竞争的原则。

二、范围、形式和要求

3. 凡未按现代企业制度进行改制的县属国有企业、城镇集体企业以及由县管理的重点乡镇企业全部纳入改制范围，要横向到边、纵向到底。

4. 以产权制度改革为核心，突出“转让、出售”，通过改组为股份有限公司、有限责任公司和股份合作制企业以及兼并、破产、解体等形式，使“工者有其股”，培育和发展多元化投资主体，加快实现两个根本性转变。1998年底以前，基本完成县属国有企业、城镇集体企业和重点乡镇企业的改制工作。

三、政策措施

5. 改制企业必须进行清产核资。这项工作要分别在地县体改委（办）、政研室、国资管理部门和主管部门的指导下进行。企业在清产核资中，要根据国家有关政策，用国有、集体资产冲减残损、报废、贬值以及呆坏账损失；逾期3年不能收回的欠账，可列为坏账。

6. 在清产核资的基础上，认真搞好资产评估。资产评估须由具备资格的中介机构承担；评估结果分别交国资部门、主管部门和投资各方确认。

7. 严格企业资产产权界定。产权界定要坚持“谁投资、谁所有、谁受益、谁承担债务”的原则。国家直接投资形成的资产属国有资产，国有企业贷款形成的资产可确定部分为企业集体资产；国有企业职工集资形成的资产归企业职工所有。城镇集体企业和乡镇企业贷款或集资形成的资产，归企业或职工所有。如企业有多个投资主体，则按投资比例承担债务，从其资产中扣出债务形成各自的净资产。

8. 改制企业在1995年底以前欠缴的“两金”、所得税，在改制时补缴有困难的，按程序审批后，酌情予以缓、减、免；用于解决生活费的财政借款，予以豁免。

9. 改制企业中的国有净资产原则上要全部转让给职工、社会法人或自然人，一般不再保留国有产权。通过彻底的产权制度改革，从根本上避免政府为企业承担无限责任，以此建立起企业照章经营，政府依法收税的政企关系。

10. 企业资产转让价格主要由市场确定。国有资产转让价格须报经县企业产权制度改革领导小组批准后执行。改制企业原来以划拨方式取得国有土地使用权的，应补交出让金。其具体标准，按照国家有关规定并结合当地实际来确定。

11. 鼓励企业职工和社会法人、自然人购买企业资产（不限控股比例），使经营者责、权、利更紧密结合，防止新的资产平均主义。企业资产向企业内部职工转让，一次性付清款项的，可优惠15%；一次性付清有困难的，可在3年内付清，但第一次交款不得少于价款的50%，其余部分在3年内用分红或其他收入结清，并收取适当的资产占用费。社会法人、自然人分期付款，须有财产担保。

12. 转让企业资产与培育企业集团结合起来。凡有社会法人、自然人购买国有转制企业大宗股份的，可将国有净资产整体或控股权优先出让给该法人；城镇集体企业和乡镇企业在征得资产所有者同意后，也可将其净资产的整体或控股权优先出让给其他企业。

13. 改制企业资产大于债务的，可直接改组为股份制公司或股份合作制企业；企业资债基本持平的，支持优势企业来兼并，鼓励个体、私营企业和“三资”企业来购买或兼并，也可“零”价转让给企业职工，由职工出资认股组建有限责任公司或股份合作制企业；企业资不抵债的，应多兼并少破产，对实施兼并的企业可享受3年内先征后返所得税的优惠（优惠标准由税务部门依据国家有关规定，并结合被兼并企业资产负债情况来确定）；企业严重资不抵债，整体难以搞活，不能实施兼并的，可将存量资产中有效生产部分剥离出来，单独组建新的企业，并承担相应的债务；确属濒于倒闭、挽救无望的企业，按照有关程序实施破产、解体。

14. 鼓励企业债权转股权。企业改制在征得债权人同意后，可将债权转为股权，享有股东权利和义务。

15. 改制企业中的非经营性资产，能够剥离出来独立生存的，可按有关规定组建新的经济实体；企业职工住房，可以成本价格优惠出售给职工；其余不能剥离出来的仍暂由企业代行管理，待条件成熟后再按有关规定分离。

16. 企业改制时，对离退休人员所需的养老保险金和医疗费，要按照国家有关规定并结合当地实际认真测算，优先从企业转让收入或净资产中划出交社会保险机构，由社会保险部门负责对离退休人员发放基本养老金和医疗补助费。

17. 企业改制前欠发的职工工资、医疗费，应视作企业所欠职工债务，在资产转让收入中一次性抵扣。

18. 改制企业离退休职工的养老金（医疗补助费）和在职职工的安置费，如从企业净资产转让收入中列支不够的，可优先从土地使用权转让收入或非经营性资产转让收入中解决。

19. 被兼并或破产企业职工的安置，比照国务院国发〔1994〕59号文件和国发〔1997〕10号文件精神，并结合当地实际办理。无法安置的，纳入再就业工程分流安置。

20. 改制企业“退二进三”或“退城进郊”，在新企业正式营运后，免征1年所得税；为安置原企业富余职工而新办的第三产业，免征3年所得税。

21. 改制后的企业，经批准可享受实际所得税15%的优惠；股份合作制企业的股息，允许进入成本；职工持股的个人分红，3 年内免征所得税。

22. 企业改制过程中应交的资产评估、验资、公证、产权交易、房地产使用权转让等各种费用，应按现行最低标准减半征收；变更工商登记，未超过原企业注册资金的按工本费收取，超过部分按最低标准收取。对特殊困难的企业应免收费用。

23. 企业改制为股份制公司或股份合作制企业的，要认真按照《公司法》和国家体改委《关于发展城市股份合作制企业的指导意见》的要求建立董事会、监事会和股东大会，选举董事长，聘任总经理，规范运作。在规模较大的企业里，董事长与总经理应尽量不兼职。

24. 企业改制后，原企业领导职务套用的行政级别自然消失；原企业职工的全民所有制或集体所有制身份即行终止，并与职工签订有关协议，完善法定手续。上岗职工一律实行劳动合同制，企业按照国家有关规定缴纳职工各种保险费用，不得断档。

25. 改制后的企业要把按劳分配与按资分配结合起来，职工薪金收入按劳分配，股东红利按企业章程规定分配。允许和鼓励技术、商誉等无形资产入股，参与收益分配，具体办法可由企业按国家有关规定自主决定。

26. 建立和健全拍卖市场。改制企业的资产转让，土地使用权的转让，破产企业的出售，凡有条件的，都要采取公开竞价拍卖的方式，以保证转让价格的合理性，避免国有、集体资产的流失。

27. 国有企业、城镇集体企业和重点乡镇企业在改制过程中，凡涉及金融部门债权的方案，都要尊重金融部门的意见。同时，金融部门也要在当地政府的领导下积极参与企业改制工作，积极向上级银行争取支持，认真贯彻五总行的银发〔1993〕113 号文件精神，帮助困难企业实现资产重组，分块搞活；推动企业兼并、解体和破产工作的加快进行。

28. 大力实施再就业工程。地区和各县都要建立再就业服务中心，对改制企业的富余职工，被兼并和破产企业的下岗职工进行培训，使他们尽快地学到新工作岗位所需要的知识和技能，为他们提供再就业机会。

四、切实加强组织领导工作

29. 加强领导。地区成立县属企业产权制度改革领导小组，由地委、行署领导和地级有关部门负责人组成。领导小组办公室设在地区体改委。体改委和企业主管部门要做好企业改制过程中的方案拟定、方案审定、组织协调、检查考核，以及对改制后企业法人治理机构的选举监管和换届监管等各项工作。各县也要建立相应领导小组，切实把企业产权制度改革工作抓紧、抓细、抓实。

30. 加强宣传工作。企业产权制度改革要触动方方面面的利益，在一些干部中存在着“怕、等、靠、拖”等畏难情绪。因此，必须通过各种宣传媒体，认真细致地作好企业主管部门领导和企业厂长、经理的思想工作。要坚持多换思想少换人，不换思想就换人的工作方法。同时，也要做好广大职工的思想工作，为企业改制的顺利进行打下坚实的群众基础。

31. 落实目标责任制。对 1998 年各县的企业改制任务，地委、行署将与地级有关部门的主要负责人和各县书记、县长签订责任书，月月通报，半年检查，年终考核。

32. 其他企业的改制可以参照本《意见》执行。

中共眉山地委　眉山地区行政公署
关于大力发展民营经济的意见

（眉地委发〔1997〕11号，1997年12月9日）

为认真贯彻落实中共十五大精神和省委、省政府《关于进一步加快民营经济发展若干政策的意见》（川委发〔1997〕33号），抓住机遇，促进发展，实现“三年树形象，五年大变样，齐心协力创辉煌”的目标，结合我区实际，现就大力发展民营经济提出如下意见。

一、解放思想，提高认识，明确发展目标

改革开放以来，民营经济在发展社会生产力，优化经济结构，繁荣市场，增加有效供给，改善人民生活，增加财政收入，扩大就业，维护社会稳定等方面发挥了积极作用，已成为国民经济的重要组成部分。党的十五大明确提出公有制的实现形式可以而且应当多样化，省委、省政府最近提出了“大力倡导，积极扶持，突出重点，加快发展，使民营经济在整个经济结构中的比重显著提高”的指导方针。全区上下要进一步解放思想，提高认识，以“三个有利于”为标准，努力寻找能够极大促进生产力发展的公有制实现形式，大胆利用一切反映社会化生产规律的经营方式和组织形式，大力发展民营经济，促进全区经济的大发展。

通过发展，到2000年，民营经济的产值营业额年递增20%，达到40亿元；民营经济工业产值占全区工业总产值比重从1996年的16.2%提高到30%以上，商品零售额占全区商品零售额的比重从1996年的33.4%提高到50%以上；民营经济税收年递增10%以上，达到2亿元；民营企业年产值500万元以上的达到8户，1亿元以上的达到6户。到2002年，民营经济的产值营业额达到58亿元，民营经济工业产值占全区工业总产值的比重达到50%以上，商品零售额占全区商品零售额的比重达到80%以上。民营企业年产值5000万元以上的达到10户，1亿元以上的达到8户，民营经济税收达到2.5亿元以上。培植和发展一批符合国家产业政策、科技含量高、市场竞争力强、品牌优势明显、效益显著的跨地区、跨行业、跨所有制形式的民营企业大公司、大集团。

二、大力发展民营经济的主要措施

1. 放宽条件，简化手续，放手发展个体、私营等民营经济。

——凡我国公民到我区经商办企业，均可直接向工商行政管理部门申办民营经济营业执照。

——军队转业干部、城镇复退军人、大中专毕业生，经有关部门批准后可从事民营经济。其中，转业干部和城镇复退军人的关系在一段时间内保留在负责安置的政府相关部门；大中专毕业生按经营场地和企业所在地，由政府人事部门的人才交流中心办理接收手续并管理其档案，公安部门办理户籍手续。

——鼓励党政机关、事业单位中分流或有技术专业特长的干部职工、国有企业的下岗职工从事民营经济或到民营企业中就业，其原身份可在一定时期内保留，其工资和其他待遇等由本人与企业协商确定。在原单位和本人继续按规定缴纳养老、失业等社会保险费后，工龄及缴费年限连续计算。

对已参加社会统筹的企业的分流人员不再保留原单位关系和身份的，个人继续按当地统筹比例交纳养老保险金的，投保年限可连续计算，达到退休条件时，可享受退休金待遇。

——欢迎和鼓励科技人员、国外（境外）工作人员、归国留学生以各种形式到眉山地区投资兴办民营企业，从快办理登记手续。

——除民营企业法人和从事流通性的民营企业外，资信证明可不作为民营企业登记注册的前置条件。

——民营企业的名称登记，与国有、集体企业一样按照《企业名称登记管理规定》办理，冠“眉山地区”名称的由地区工商行政管理机关核准登记，视同地属企业管理与支持。民营企业取得营业执照后，可以刻制与国有、集体企业相同规格的印章。

——除涉及影响社会安全、环境保护、人民身体健康、精神文明建设以及国家有明文规定的行业需要专项审批外，其他部门和地方规定的许可证和专项审批，一律不作为个体私营企业注册登记的前置条件，由工商行政管理机关直接核准发照。各有关行业主管部门要按规定负起行业管理责任，法定必须办理许可证专项审批的各有关部门，应在接到本人申请的7个工作日内给予答复，否则视为同意办理。

2. 积极探索，大胆实践，努力推进民营经济向其他类型经济的渗透。

——在产权明晰的基础上，将竞争性的地县属国有企业、城镇集体企业和重点乡镇企业中的国有产权全部或部分转让给企业职工，或社会法人、自然人。城镇集体企业和乡镇企业中属职工所有的净资产，应量化落实到人。

——对国有、集体中小型企业改制组建的民营企业，工商行政管理部门和行业主管部门要简化其办证手续。对改组为股份合作制企业的，工商行政管理部门在股东人数和注册资本的要求上可适当放宽。

——允许有能力的民营企业通过资产控股、技术入股、兼并、租赁、购买、承包、领办等多种形式，利用国有企业的闲置资产扩充自己的经济实力，并享受国有企业在盘活存量资产中的优惠政策。一些经营状况差的中小型国有企业或集体企业，经有关部门批准后，在保证公有资产保值增值的前提下，可以通过租赁、承包、委托经营等方式改组为公有民营企业。

——鼓励和支持民营企业之间，民营企业和国有、集体、“三资”企业之间通过参股、兼并、联合，组建企业集团，扩大生产和经营规模，壮大市场竞争实力。

3. 放开经营条件，鼓励多种形式发展民营经济。

——凡国有、集体、“三资”企业可以生产、经营的行业和项目，可以采取的经营方式，只要民营企业具备条件，均可以从事生产经营。

——鼓励和扶持民营科技企业发展，民营企业在承担科研任务，申请科研成果鉴定和奖励、科技贷款和技术改造项目贷款，高新技术企业认定、知识产权保护等方面，享有与国有科研单位同等待遇。

——允许有条件的民营企业依法获得土地使用权后，与房地产公司合作，设立单项开发公司，进行房地产单项开发经营；或经房地产开发单位委托，从事房地产中介服务。

——鼓励民营经济从事城镇开发、道路、桥梁、电站、供水、排污、仓储、市场等公共基础设施和农业项目的投资开发与经营管理。支持有条件的民营经济依法试办托儿所、幼儿园、学校、福利院、诊所、旅游服务等特殊行业。

——允许民营经济开办中外合资、合作企业，承接“三来一补”业务；涉及私营企业的招商引资项目，应纳入各地统一计划规模，并编入项目库。

4. 改进民营企业税收征管方式，对民营企业的税收实行优惠。

——凡符合川委发〔1997〕33号文第11条所列条件的民营企业，均相应享受税收优惠。对民营经济的税收征管方式，可采取定期定额征收的办法。

——允许民营企业的主要经营活动费用，如差旅费、业务接待费、临时性杂费作为成本按实列支；对用于公益事业的捐款，可凭据税前列支。

——允许民营企业提高设备折旧率，房屋建筑按年折旧率5%提取，机器、运输工具、科研仪器、通信设备按年折旧率10%提取，自购自用的办公用具的折旧率也可相应缩短折旧年限。

——民营企业的发票与国有、集体企业的发票在管理上一视同仁。生产规模、经营业务较大的民营企业，可申领大额发票。小规模的个体工商户和私营企业确因经营需要，可向国税机关申请办理代开增值税专用发票。

5. 在资金、人才、用工、用地等资源配置上向民营经济倾斜。

——民营企业可自行选择银行或信用社开立账户。各金融机构要按照“三有一不”（有市场、有效益、有信誉、不挪用）的信贷原则和利率政策，把对民营企业的贷款指标纳入年度信贷计划。民营企业在贷款上与国有、集体企业同等看待，可以用财产和有价证券作抵押办理贷款。对符合国家产业政策、规模大、效益好、发展前景好的民营企业，金融部门对其资金需求应给予大力支持。

——有关部门要积极协助有条件的民营企业改组为股份有限公司，争取面向社会公开发行股票，拓宽民营经济融资渠道，促进企业的扩张发展。

——允许民营企业通过人才交流市场面向社会招聘管理、技术人员和大中专毕业生。鼓励民营企业接收安置企业下岗人员和国有企业减人增效分流人员。

——各地要将民营经济的生产经营场地和各类市场建设，纳入城镇建设规划，统筹安排。支持群众利用临街房和闲置房等经商设店；对不影响城市市容和交通管理，能够破墙开店或可以建规范性临时营业用地的场地，有关部门应及时审批。

——民营经济新产品立项及鉴定，由民营经济发展领导小组办公室加注意见后，报有关部门办理，对合格者发给确认证书。

6. 依法保护民营经济的合法权益。

——收费部门要规范收费行为，坚决制止向民营经济的乱收费、乱罚款和各种摊派。凡法律、法规未明文规定和未经县级以上政府批准的行业性评比、检查、表彰、展销活动应一律停止。实行地、县两级领导定点联系民营企业和对重点民营企业挂牌服务、保护制度，帮助民营经济抵制各种危害自身合法权益的行为。

——民营经济的营业执照，是国家授权工商行政管理机关核发的合法凭证，除工商行政管理机关依照法定程序可以收缴或吊销外，任何单位和个人不得收缴或吊销。

——鼓励和支持民营经济进行商标注册，参加全省著名商标和全国驰名商标的认定和评比，依法保护其商标专用权。

三、加强领导，改善服务，引导民营经济健康发展

各级党委、政府要把加快民营经济发展作为经济发展的重点工作来抓，纳入重要议事日程。地区建立民营经济发展领导小组，由地委、行署和有关部门领导组成。领导小组下设办公室，办公室设在地区工商局。各县也要建立相应机构，负责抓好民营经济的发展规划、统筹协调、指导服务等工作。

各有关部门要履行各自职责，真正为民营经济发展搞好服务，从产业导向、教育培训、职称评定、资金、技术、能源、信息等方面切实给予支持和帮助。各中介机构要为民营企业的登记、改制做好服务工作，审验民营企业法人注册资金收取的验资费、资产评估费按现行最低标准减半征收。

要加强对民营经济的教育管理，教育民营经济规范产权关系，自觉遵守市场规则，规范经营行为，提高民营经济的管理水平和市场竞争能力。做好民营经济从业人员的思想政治工作，提高他们“爱国、敬业、守法”的自觉性。严格遵守《劳动法》的规定，切实搞好民营经济从业人员的社会保险工作，尊重和维护民营企业员工的合法权益。

要提高民营经济人才的社会政治地位，逐步规范和完善民营企业家的资格认证、选聘、考核制度，开展“民营经济明星企业家”的评选表彰活动。在推荐各级人大代表、政协委员和评优、评模活动中，适当增加民营经济业主的比例。

中共眉山市委　眉山市人民政府
关于全市乡镇机构改革的意见

（眉委发〔2001〕14号，2001年4月6日）

根据《中共中央、国务院关于地方政府机构改革的意见》（中发〔1999〕2号）、《中共中央办公厅、国务院办公厅关于市县乡人员编制精简的意见》（中办发〔2000〕30号）和《中共四川省委、四川省人民政府关于四川省市县乡机构改革的意见》（川委发〔2001〕12号）文件精神，结合我市实际情况，提出全市乡镇机构改革的意见。

一、改革的指导思想和原则

乡镇党政机构改革要以中共十五大暨十五届四中、五中全会精神为指导，适应社会主义市场经济发展的需要，有利于加强党对农村工作的领导和促进政府职能的转变，有利于加强基层政权建设和各项基础工作，有利于精干公务员队伍，降低行政成本、减轻财政负担、提高工作效率。通过改革和精简，逐步建立廉洁高效、运转协调、行为规范的行政管理体制，为促进农村经济和社会全面发展创造条件和提供组织保证。

乡镇党政机构改革要坚持贯彻政企职责分开和精简、统一、效能的原则，理顺关系，改进和完善行政运行机制，调整组织结构，精减人员编制，裁减冗员，优化干部结构，提高机关工作人员和国家公务员的素质，清理和裁减超编及编外人员，减轻财政负担。

乡镇事业单位改革，要按照中办发〔1996〕17号文件精神，遵循适应社会主义市场经济需要，有利于增强事业单位活力，有利于经济和社会的协调发展，有利于加强和完善农业社会化服务体系，有利于事业单位的社会化和减轻财政负担的指导思想，贯彻“精简、优化、搞活、效益”的原则。

二、改革的主要任务

（一）乡镇党政机构改革

1. 转变政府职能，实行政企分开

在社会主义市场经济体制下，乡镇政府的主要职能是加快经济发展、加强社会管理、搞好环境整治、维护社会稳定。政府机关不再办经济实体，已办的要限期脱钩；要解除政府主管部门与所办经济实体和管理的直属企业的行政隶属关系，全面落实企业自主权；要加强农村社会主义民主政治与法治建设，依法行政，规范管理；进一步发展和完善农业社会化服务体系，为乡镇经济的发展创造条件。

2. 理顺关系

一是要理顺区、县与乡镇上下级之间的事权关系。调整区、县主管部门派驻乡镇的管理体制，凡能下放给乡镇的，要坚决下放；实行乡镇与区、县主管部门双重管理的，应尽量以乡镇管理为主；对垂直管理部门设在乡镇的机构，也要赋予乡镇政府相应的监督管理权，以加强乡镇对他们的监督。二是要理顺乡镇各部门之间的职责关系，按照“一件事由一个机构管理为主”的原则，合理调整部门之间的职能，减少和避免交叉。

3. 改革行政审批制度，规范行政审批权力

要把清理、减少审批事项作为转变乡镇政府职能的一个重要任务。清理工作要与“三定”紧密结合，同步进行。在清理工作中，要以有关法律、法规为依据，凡违反法律法规或不属于政府直接管理的审批事项，要坚决取消；能精简的，一定要精简；能下放的，要坚决下放；可改为备案管理的，一定要改为备案管理。对确需保留的行政审批事项，要建立健全监督制约机制，公开审批程序和结果，接受各方面的监督；要简化程序，减少环节，规定时限，提高效率，改进服务；对因审批不当造成严重后果的，要追究审批者的责任。要通过清理行政审批事项，进一步规范乡镇政府行为，力戒形式主义和官僚主义。

4. 精简机构

一是人口较多、地域较宽、经济较发达，即上轮机构改革确定的一类乡镇，或由 2 个及 2 个以上一、二类乡镇合并的乡镇可设党政办公室、社会事务办公室、经济发展办公室、民政与计划生育办公室、财政所等 3 个~5 个综合性办事机构。

二是人口、面积、经济水平等指标处于中间水平，即上轮机构改革确定的二类乡镇，或由 2 个以上三类乡镇合并的乡镇，可设党政办公室、社会事务与计划生育办公室、经济发展办公室、财政所等 2 个~4 个综合性办事机构。

三是人口较少、经济欠发达，即上轮机构改革确定的三类乡镇，原则上只设 1 个综合性办公室和财政所，或不设机构只配备必要的助理员。

公安派出所、法庭按有关法律规定，原则上按经济区域或片区设置。

乡镇工会、妇联、共青团按其章程设置，人员编制在乡镇行政总编制内统筹考虑，根据工作需要可配备专职或兼职干部。

5. 调整建制

洪雅县所设的三个片区工委一律撤销。

仁寿县所设的区公所，待省委、省政府批复后再定。

各区县要本着有利于发挥区域经济优势、有利于方便群众生产生活、有利于形成新的经济增长

点的原则出发，积极做好乡镇建制调整工作，对规模过小、人口过少，难以形成一定范围的政治、经济、文化中心的乡镇，可以进行撤并调整。

6. 人员编制

我市 1998 年底乡镇行政编制 5252 名（已扣减乡镇农税编制 328 名），按照省上确定的精简比例，将精简为 4255 名，减少 997 名，精简 19%。实有人员 4108 人（已扣减乡镇农税人员 328 人），仍实施人员分流政策。各乡镇的行政编制由各区、县在市编制部门新下达的乡镇行政编制数额内重新核定。

乡镇农税编制的划转，按编随事走、人随编走的原则，人员经费以 2000 年区县财政人均财力为基数划转。

7. 领导职数

乡镇领导职数必须按中央和省委有关规定配备。一类乡镇党委设书记 1 名，副书记 2 名（其中 1 名兼纪委书记）；乡镇人大主席团主席由党委书记兼任的可配专职副主席 1 名，不兼任的可配专职主席 1 名；政府设乡镇长 1 名、副乡镇长 2 名。

二类乡镇政府减少 1 名领导职数。

三类乡镇党委原则不设专职副职，政府设 1 名副职。

乡镇、街道办事处人民武装部一般设部长 1 名，配副乡镇长（街递办事处副主任）级干部。

（二）乡镇事业单位改革

为了配合农村税费改革，减少财政供养人员，减轻农民负担，必须对乡镇事业单位进行改革。

1. 改革区、县直部门派驻乡镇的管理体制。凡能下放给乡镇的，要坚决下放管理权，区、县直部门重点负责业务指导和培训。实行区、县和乡镇双重管理的应尽量以乡镇管理为主，进一步完善加强乡镇政府功能。

2. 调整归并服务机构。按照农业区域布局和专业特点，将设置过多、过散的“站”“所”归并成综合性的“农业服务中心”“文化服务中心”等符合法人条件的事业机构，有条件的地方要走企业化、社会化的路子，以减轻财政负担。

3. 调整农村中小学布局结构，优化教育资源配置。按照生源的数量和分布等实际情况，适当调整现有农村中小学校的布局结构，撤并一些生源较少的村小、教学点，辞退代课教师，精简教师队伍，提高教师队伍素质，合理配置现有教育资源。

4. 改革乡镇医疗卫生及计划生育服务机构。要合理利用现有资源，充分发挥各自优势，精干机构，有条件的可实行乡镇卫生院和计划生育指导站一套机构两块牌子。

5. 鼓励社会力量兴办乡镇教科文卫等社会公益事业和养老福利事业。

6. 进一步清退各类临时人员。

7. 人员编制。我市 1999 年底乡镇事业单位总编制 31997 名（其中全市农村中小学校编制为 23763 名），按照乡镇事业单位编制总的精简比例不低于 20%的原则，将精简为 25140 名，减少 6399 名，精简 20%，实有人员 29027 人，将精简为 25140 人，减少 3617 人，精简 12. 5%。

三、做好人员分流工作

乡镇人员编制的精简与分流是一项硬任务，关系到广大干部的切身利益，是人们关注的焦点，也是机构改革的难点。各区、县要按照“带职分流，定向培训，加强企业，优化结构，精干队伍”的要求，根据本地的实际情况，积极探索人员分流的具体途径和办法，妥善安置分流人员。各地可参照省委办公厅、省政府办公厅《关于〈印发四川省政府机关人员分流实施办法〉的通知》（川委办〔2000〕30号）等配套文件精神和《眉山市市级机关人员分流办法》（讨论稿），结合各自实际情况，制定相应的政策和措施。同时，要认真执行中央、省有关人员分流的财政补助、养老保险政策，解除分流人员后顾之忧。

人员分流工作在三年内完成。

四、组织领导和时间安排

积极稳妥地推进乡镇机构改革对落实中共十五大提出的机构改革战略任务，加强农村基层政权建设，巩固党的执政基础，全面贯彻落实“三个代表”重要思想，解决乡镇突出问题，实行农村税费制度改革，减轻农民负担和财政负担具有十分重要意义。各区县党委、政府一定要高度重视，加强领导，周密部署，精心组织，保证中央、省、市政策的顺利实施。各区县党委、政府要在4月中旬前审批完各乡镇改革实施方案，4月底实施结束，5月上旬写出乡镇机构改革总结报市委、市政府。

中共眉山市委
关于依法治市的决定

（眉委发〔2001〕16号，2001年4月16日）

依法治市是撤地设市前依法治区的继续和深化。为努力开创新世纪眉山现代化建设新局面，推进依法治市工作，特作如下决定。

一、依法治市的指导思想

以邓小平理论和“三个代表”重要思想为指导，紧紧围绕新世纪全市经济社会发展目标，立足于建设社会主义法治国家的总体要求，把法治与德治紧密结合起来，在深入普法教育中不断提高公民特别是国家机关工作人员的法律素质，大力推进地方、行业和基层依法治理工作，充分利用法治手段调节和规范社会生活的各个方面；加强对宪法和法律法规实施的监督，切实做到有法可依、有法必依、执法必严、违法必究；从严治政，促进政府职能的转变，提高依法行政水平；推进司法改革，公正、文明执法，为实现全市经济社会的可持续发展提供稳定的社会政治条件，在完成十五宏伟规划、促进和保障，“抓三化，建三市，五年创辉煌”目标中做出新贡献。

二、依法治市的工作目标

根据民主法治建设的原则，从立法、司法、行政执法、法律监督、法律服务和普及法律知识等方面全面推进依法治市工作，用五到十年时间争取达到以下目标：

（一）坚持了党的基本理论、基本路线和基本方针不动摇，民主政治建设得到加强，对依法治国、建设社会主义法治国家的认识不断提高，宪法和法律的权威得到坚决拥护。

（二）人民代表大会制度、共产党领导的多党合作和政治协商制度日益巩固，工会、共青团、妇联等群众团体在改革、发展和稳定中的作用得到充分发挥，民主政治建设的其他方面都取得明显成绩。

（三）政府工作步入法治化、规范化、科学化的轨道，依法行政总揽政府的各项工作，认真履行宪法和法律赋予的职责，廉洁、勤政、务实、高效，人民群众对政府的信任度不断提高。

（四）司法改革成效显著，建立健全了司法保障和监督机制，司法机关能够依法独立、高效、公正地行使审判权、检察权，对其工作人民群众普遍感到满意。

（五）公务员队伍、司法队伍和执法监督队伍建设加强，能够适应公正、文明、严肃、廉洁执法的要求，坚持法律面前人人平等的原则，保证宪法和法律有效地贯彻实施，公民、法人和其他社会组织的合法权益受到法治的保障。

（六）社会主义民主进一步扩大，公民的政治参与有序，依法保障人权，广大人民群众在党的领导下有效地行使管理国家事务、管理经济文化事业和管理社会事务的权利。

（七）普法教育广泛深入地开展，全体公民、特别是各级领导干部的法律意识和法治观念显著增强，法律服务体系、法律援助制度进一步完善，各种犯罪和社会丑恶现象大为减少，社会秩序明显好转，人民安居乐业。

（八）全市社会稳定，政治昌明，经济发展，科技进步，人民团结，不断开创新世纪眉山现代化建设的新局面。

三、进一步加强执法队伍思想政治素质建设

以“三个代表”重要思想为指导，进一步加强执法队伍的思想政治建设，是实现依法治市工作目标的关键环节。

（一）按照“精减、统一、效能”的原则，选配好一支能适应依法治市要求、充满生机与活力的公务员队伍、司法队伍和执法监督队伍。要坚持德才兼备的原则，努力促进优秀人才特别是年轻优秀人才脱颖而出，把肯干事、能干事、能干好事的人选拔到重要执法岗位上来。

（二）坚持“三个代表”重要思想教育，不断提高执法人员思想政治素质。要采取党校、行政学校、办培训班、在职学习等多种形式，深入组织学习邓小平理论、特别是邓小平民主法治建设的重要思想，学习宪法和与工作相关的法律法规。建立干部任前法律考试制度，其成绩要作为选举或任命干部的必要条件之一。

（三）建立有效的执法监督机制，促进执法公平、公正。要把严肃执法作为执法部门的生命线，建立健全并严格实施执法责任制、评议考核制和错案责任追究制，以理顺执法主体、严格执法程序和规范执法行为。在加大纪律检查、行政监察、审计监督和执法部门内部监督的力度基础上，进一步加强党组织对行政司法单位、上级对下级的执法监督，加强人大及其常委会的法律监督、工作监督，加强政协、群众团体、社会各界和广大人民群众的民主监督，加强新闻单位的舆论监督，防止和纠正有法不依、执法不严、违法不究、执法犯法、贪赃枉法等现象，确保依法办案、执法公正。

（四）以制度作保障，加强执法队伍廉政建设。要根据党的干部政策和公务员条例等法律法规的规定，制定出评优、奖励先进的具体办法，调动执法人员的积极性。坚持“收支两条线”的制度，切实解决司法部门“吃皇粮，不吃杂粮”的问题，为执法人员提供必要的工作条件和经费保障。加大查办违纪违法的力度，严惩执法腐败分子。实行廉政执法责任制，继续纠正部门和行业不正之风。

四、进一步搞好普法教育

普法教育是依法治国的基础工程。实施依法治市，必须要广泛深入地抓好普法教育。

（一）扎实抓好“四五”普法。在认真总结“三五”普法的基础上，紧密结合眉山实际制定“四五”普法规划。各级各部门要建立健全“四五”普法机构，按全市普法规划的要求提出具体的实施计划，并认真组织实施。

（二）全面推进依法治理。实施“四五”普法，要紧紧围绕经济建设这个中心，大力推进地方、系统和基层依法治理工程，把保障基层民主选举、民主决策、民主管理和民主监督权利的机制健全起来，把政务公开、厂务公开、村（居）务公开、校务公开等制度完善起来，把各阶层、各方面的智慧和力量凝聚起来，把人民群众参与改革和建设的积极性充分调动起来，用法律去激活、促进和保护生产力的发展。

（三）增强人民群众特别是各级干部的法治观念和法律素质。各级领导要带头学习宪法和法律，在全社会当好学法守法执法护法的表率。要响应江泽民总书记关于“全党、全社会都来关心青少年的健康成长”的号召，切实抓好青少年的法治教育。以人民群众切身利益相关的法律法规为重点，采取各种生动活泼的宣传教育形式，把法律送下乡，送到厂，送进校，送入户，使法律知识在人民群众中来一个大普及，真正成为每个单位、个人的行为规范。

（四）加强社会治安工作。要鼓励保护守法经营，纠正制止不正当经营，打击取缔违法经营，依法治理城市管理秩序、市场经营秩序和社会治安秩序。严肃查处乱收费等违法行为和增加农民负担违法恶性案件，高度重视防范财政、金融风险，积极稳妥地处理“两金”遗留问题、非法集资和乡村负债过重的问题，提高对突发事件的快速反应和处理能力。坚决打击民族分裂活动和借宗教名义从事的违法犯罪活动，坚决取缔邪教组织和其他非法组织。加强社会治安综合治理，严厉打击各种刑事犯罪，开展“打黑除恶”“扫黄打非”等专项斗争。加强安全法规的宣传教育，认真落实安全生产的措施，严防重大事故发生。

（五）培育和规范法律服务市场。要逐步形成以律师、公证、基层法律服务为主体的适应改革开放需要的法律服务体系。拓宽法律服务的领域，鼓励法律援助机构的发展，为公民、法人和其他社会组织提供多方面、多渠道的高效公正的法律服务。

五、进一步加强党对依法治市工作的领导

加强党的领导是完成依法治市各项任务的根本保证和一条不可动摇的根本原则。要把党的领导、发扬民主和依法办事统一起来，保证党的基本路线和基本方针的贯彻执行，在依法治市中党要始终发挥总揽全局、协调各方的领导核心作用。

（一）各级党委必须把依法治市纳入重要议事日程。要从规划制定到具体实施，从工作部署到关键环节的把关，从检查督促到引向深入，都要精心组织，科学安排，亲自布置，狠抓落实。党委“一把手”负总责，并建立由领导牵头、有各党政及其部门负责人参加的依法治市领导小组或联席会议，具体抓好组织实施工作。加强督查工作，促进依法治市任务的落实。

（二）依法治市要形成齐抓共管的局面。要相信群众，依靠群众，尊重群众的首创精神，充分发挥人民群众在依法治市中的主体作用。要坚持和完善人民代表大会制度，切实保证人大及其常委会依法行使职权，在依法治市中发挥主导作用。政府及其部门、司法机关要根据本决定的要求制定切实可行的实施计划并认真组织实施，在依法治市工作中发挥主力作用。组织部门要把依法治市工作列入干部政绩考核的重要内容，作为提拔使用干部的必要条件之一。宣传部门要加强对依法治市重大意义、进展情况和典型经验的宣传。各级各单位都要在党委的领导下认真贯彻这个决定，做到领导责任、办事机构、工作制度、工作经费“四落实”，保证依法治市顺利推进。

（三）把实施依法治国方略作为新时期执政党的领导方式。要反对以言代法、以权压法，从根本上转变那些不适应依法治国、建立社会主义法治国家的要求的传统观念、工作习惯和工作方法。各级党组织和广大党员必须在宪法和法律的范围内活动，始终站在社会主义民主法治建设的前列，率领全市人民依法治市，共同建设眉山美好的明天。

中共眉山市委
关于举全市之力推进工业强市的决定

（眉委发〔2006〕17号，2006年7月17日）

工业强市，是眉山发展的根本战略，须举全市之力，强力推进。为此，特作如下决定。

一、坚持全党抓经济，重点抓工业

工业化是现代化的必由之路，工业是经济工作的牛鼻子和重中之重，工业发展是全市人民的根本利益和长远利益所在。有鉴于此，有鉴于我市工业发展基础薄弱和相对落后的现状，必须坚持全党抓经济，重点抓工业；坚持以工业为重，工业为大，工业为先；坚持举全市之力，集全市之智，推进工业快速高效发展，以工业引领加快发展，造福人民。

二、明确目标，三年翻番

今后三年我市工业发展的目标是：规模以上工业增加值年增长不低于30%，2008年，规模以上工业增加值总量在2005年的基础上翻一番。

三、强力推进工业集中区建设

工业集中区是工业发展的主战场。集中发展，是工业经济发展规律和走新型工业化道路的必然要求。抓工业，必须突出抓园区。

2008年，全市11个重点工业集中区销售收入突破400亿元。其中，铝产业集中区超过90亿元，眉山经济开发区超过60亿元，金象化工集中区、彭山经济开发区超过50亿元，东坡区松江工业集中区超过40亿元，青神县工业集中区超过25亿元，东坡区岷江东岸工业集中区、仁寿县视高工业集中区、洪雅县工业集中区超过20亿元，仁寿县文林工业集中区、丹棱县工业集中区超过15亿元。

新引进工业项目原则上全部进入工业集中区，投资上千万元的一律进工业集中区。激励现有企业新上项目入园建设，鼓励中小企业进园区建设的标准厂房。

从实际出发，适度超前加快集中区基础设施建设，作好路、水、电、气、通信等保障。

切实加强开发区、集中区领导班子和干部队伍建设，党工委、管委会全权负责区内人、财、物、事管理。努力将开发区、集中区建设成对外开放的窗口，招商引资的平台，机制创新的示范。

对集中区发展实行专项目标管理，严格考核奖惩。

四、千方百计抓好项目和招商引资

抓项目是一种责任、是一种水平，不抓项目是失职，抓不好项目是不称职。

坚持项目带动，投资拉动。从今年到2008年，每年工业生产性固定资产投资不低于全社会固定资产投资的60%，增长不低于30%，投资上千万元的重点工业项目每年不少于100个，其中新引进亿元工业项目不少于10个。

树立积极的项目观，大中小项目一起上，着力加快建设一批投资大、附加值高的重点工业项目。落实项目工作责任制，市级领导每年都要主抓一个以上重点项目，市级部门至少联系一个重点项目。

坚持把招商引资作为工业发展的一号工程和一把手工程，坚持“融入成都，一体发展”，实现工业投资中60%以上来自市外。不断提高招商能力，拓展招商范围，创新招商机制，提高招商实效。构建政府引导招商，企业以商招商的机制。坚持招商工作与工业集中区建设和产业链发展紧密结合，充分调动龙头企业和园区招商引资的积极性。重视专业招商、委托招商、借台招商、网络招商。强化招商引资工作全局观念和整体意识，整合招商资源，完善和兑现异地招商引资政策。党政主要领导和市级部门一把手要亲自上阵，抓招商引资和项目落实。

五、扎实推进产业集群发展

市上重点抓铝业、化工、机械、食品加工4大产业集群，力争2008年，四大产业集群销售收入突破400亿元。其中，铝产业集群90亿元以上，化工产业集群90亿元以上，机械产业集群60亿元以上，食品加工产业集群160亿元以上。

实行一个产业集群一个规划、一套政策、一名责任领导、一个班子。对每个产业龙头企业都要定目标责任，定扶持政策措施。推进产业集群发展与集中区建设和龙头企业发展相结合。

依托重点企业、重点项目、拳头产品，发展上下游企业，打造优势产业链。统筹推进，完善配套条件，发展中介组织、商会和行业协会。各区县要发展各自的特色产业集群。

六、狠抓企业发展

企业是全部工业发展的基础和载体。

要发展企业，不断催生新企业。2008年，全市规模以上工业企业突破500户。

企业要发展，不断培育骨干企业。到2008年，培育100户以上年销售收入过亿元企业。其中：1户超过50亿元、5户超过30亿元、10户超过20亿元、10户超过10亿元，形成工业发展万马奔腾和多点支撑的局面。

大力支持企业技改，鼓励自主创新，提高企业核心竞争力。加强同高等院校、科研院所联系，政府主导建立企业技术开发和引进平台。鼓励、支持企业开发自主知识产权产品，培育一批技术含量高、品牌信誉好、市场占有率高的拳头产品，打造一批品牌优势企业。鼓励、支持企业参与国际竞争。对获得国家驰名商标、名牌产品，省级著名商标、名牌产品的企业给予奖励。抓好水、电、气、运输、土地、资金、劳动力等生产要素的配置和运行协调，及时解决企业生产经营中的困难和问题。落实环境保护和安全生产责任制，强化安全监管，保障人民群众生命财产安全，严防重特大事故发生。

七、创新工业发展长效机制

建立和完善工业发展利益联结机制和风险防范机制。探索建立工业集中区业主办园、农民入股的利益联结机制，农业产业化龙头企业与基地、专业技术协会、农户、金融机构的利益联结机制，关联企业互相参股、互助双赢的利益联结机制。特别要注意建立集中区建设、工业发展与失地农民的利益联结机制，解决好失地农民就业、培训、生活保障等问题，让他们切实分享工业发展的成果。

建立工业人才培养聚集机制。大力培养工业技术人才队伍。劳动和社会保障部门定期收集企业用人需求，有针对性地引进和培养一大批工业技术人才和高素质产业工人。建立企校双向对接机制，构建对接平台，企业与职校联姻，产业与专业联体，围绕产业办专业，办好专业促产业。实行民办职业院校投资者与工业企业投资者相当的优惠政策，职业教育的财政投入不低于中央和省定水平。主动帮助、从优解决重点企业引进高素质人才的家属就业、子女入学等问题。

八、千方百计调动企业家积极性

企业家是先进生产力的代表之一，是市场经济中各种资源的有效整合者，是社会物质财富的创造者。没有企业家就没有企业，没有优秀企业家就没有优势企业。我市如果没有一批优秀企业家在拼搏奋斗，工业强市就是一句空口号，眉山的发展就没有希望。

舍得给企业家政治荣誉。信任就是动力，给优秀企业家以充分的政治信任。结合换届，增加企业家在各级党代表、人大代表、政协委员中的名额。对政治素质好、贡献突出、符合条件的优秀企业家作出恰当的政治安排，形成良好的社会导向。

舍得给企业家社会地位。搞好年度优秀企业家评选，在评选劳模、先进、拔尖人才和杰出人才中增加企业家的比例。大力宣传企业家的创业事迹、创业精神、诚信回报的品质和正确的财富观，在全社会营造尊重劳动、尊重创造、尊重企业家、支持企业家、服务企业家的良好氛围。

舍得给企业家物质待遇。要给创造财富的人以财富。对贡献大的企业家给予重奖。市委、市政府已经出台的对企业家的奖励政策，要取信于企业家，认真兑现。

大力培育企业家队伍，形成优秀企业家脱颖而出的机制。营造支持创业者、保护改革者、崇尚干事创业的浓厚氛围，形成亲商爱商护商的良好环境。鼓励一大批优秀人才争当企业家。保护企业家就是保护发展。依法保护企业家人身、财产安全。

九、锲而不舍改善工业发展软环境

党政营造环境，环境催生企业，企业创造财富，财富造福人民。环境就是生产力。环境就是竞争力。环境就是执政能力和服务水平。抓环境整治，必须动真格；抓环境营造，必须持之以恒；抓环境改善，必须全民参与。

严格执行市委《关于进一步改善发展软环境的决定》（眉委发〔2006〕9号）。有关部门必须认真兑现改善发展软环境公开承诺。坚持快速反应，马上行动，不干则已，干就干好。工业发展特事特办、打破常规办。建立和完善工业发展绿色通道、投资审批“一条龙”服务，积极推行企业收费“一费制”“零费制”、项目办理“一章制”。严格执行收费下限制、检查申报制、处罚报告制、培训统筹制、督查督办制、责任追究制。不断借鉴、创新工业发展软环境新举措。

创新政务服务程序。对在传统思路和方法下形成的办事程序进行清理，能去掉的环节坚决去掉，能精简的坚决精简，能归并的坚决归并，与时俱进地建立一套适应工业强市要求的快捷、高效办事程序。

改善并强化软环境监督，对一次性投资上亿元以上的项目，纪检监察部门可派驻软环境监督员。注重政策调研与平衡，防止各种形式的权力寻租，斩断权力和非法利益的联系。畅通信息渠道，共享政策资源，营造公平竞争的市场经济秩序。及时妥善处理各种矛盾纠纷，维护工业发展稳定的社会秩序。强化新闻舆论，坚持正确导向，大张旗鼓地宣传正面典型，对阻碍发展的人和事坚决曝光。

十、加强工业战线干部队伍建设

工业强市先强人。干部是工业发展最大的资源。坚持编制向工业经济部门倾斜，人力向工业经济部门集中，优秀人才向工业经济战线聚集。不拘一格选拔工业领导干部。区县分管工业副区县长进常委。坚持正确的干部导向。注重从工业战线选拔干部。追踪项目选拔人才，项目在哪里建设，组织部门就要到哪里去发现人才、选拔干部。鼓励优秀干部到工业战线工作。注重从工业企业选拔干部，改善党政干部结构。大力营造干部放心放胆工作的政治环境。充分调动干部抓工业的积极性、创造性，旗帜鲜明地支持和保护能干事、能干出成绩的干部，是非分明，功过分明，赏罚分明，以成败论英雄，以环境看水平。让一大批干部在工业战场建功立业、各得其所。把工业知识和能力的培训列入各级干部培训计划，增强培训的针对性和实效性。

十一、集中资金支持工业发展

加大对企业发展资金支持力度。党委、政府必须带头讲诚信，各级出台的优惠政策，对企业的承诺，不折不扣落实到位。大力推进金融生态市建设，搭建好银政企融资平台，充分调动市内外金融机构支持工业发展的积极性。建立金融机构支持工业发展考核机制，对贡献大的给予重奖。发挥好中小企业融资担保公司的作用，缓解中小企业融资难。积极推动有条件的企业上市融资。大力引导和鼓励民间资金向工业资本转变。

工业发展资金列入财政预算，到2008年，每年递增幅度不低于工业发展速度。保障抓工业、抓项目、抓招商的工作经费。对重大技改项目实行贴息制度。

政府土地收益按一定比例用于集中区基础设施建设。工业集中区与城镇规划统筹配套。市、区县可划出一定的商业口岸给工业集中区，开发收益用于城市建设部分全部用于集中区基础设施建设。搞好政府资产运作，变资源为资本，打造融资平台，支持工业集中区建设。市经济开发区、铝产业集中区、金象化工产业集中区单设财政专户，其他条件成熟的工业集中区也可单设财政专户。

十二、凝聚各方力量，形成发展合力

抓工业就是讲政治，抓工业就是抓大局，抓工业就是抓发展，抓工业就是为人民服务。

领导不论分工，社会不论行业，部门不论职能，干部不论岗位，都要投身、支持、服务、服从工业发展，只能当促进派，不能当阻挡派。在解决工业发展具体问题的时候，有关方面该让步的要让步，该变通的要变通，该支持的要支持。各级干部要努力学习工业经济知识，不断增强服务工业的自觉性，提高服务工业的水平。严格实行部门服务工业工作目标管理，逗硬奖惩。

十三、进一步加强对工业工作的领导

领导是工业发展最大的环境。各级党委、政府要把发展工业放在全部工作的首位，以工业发展引领经济发展、促进社会进步。建立健全工业发展领导体制。

各级领导干部，特别是党政“一把手”要学工业、懂工业，要当好工业发展的发动机和推土机，要集中精力锲而不舍抓工业。不当原则领导，身先士卒研究解决工业发展中的具体问题；身先士卒解放思想，灵活机动解决好工业发展中的难题；身先士卒营造工业发展的良好政治环境，敢于正视矛盾，敢于“下深水”，敢于主动承担责任，用自己的言行支持干部放胆、放手抓工业。抓工业就是要抓落实，抓落实就是要创一流，创一流就是要看效果。

中共眉山市委　眉山市人民政府
关于加快第三产业发展的决定

（眉委发〔2006〕19号，2006年7月26日）

发展第三产业是落实科学发展观，促进我市经济社会更快更好发展的要求。全市上下必须高度重视，齐心协力，加快发展第三产业。

一、指导思想

（一）以科学发展观为指导，以工业化、城镇化为依托，以提高产业竞争力和人民生活质量为出发点，遵循经济规律，加强分类指导，强化政策扶持，突出重点，整合资源，壮大第三产业规模，提高第三产业的发展质量，实现第一、二、三次产业的协调发展，促进全市经济社会更快更好地发展。

二、发展目标和重点

（二）发展目标。“十一五”期间，力争全市第三产业增加值年均增速13%以上，社会消费品零售总额年递增15%以上。到2010年，全市第三产业增加值达到120亿元以上；新增就业人员10万人以上；社会消费品零售总额达到140亿元以上。

（三）发展重点。结合眉山实际，确定商贸流通、旅游、房地产、金融保险、通信、交通运输、教育、文化体育、医疗卫生等9大行业为重点发展行业。

三、优化发展环境

（四）进一步完善配套基础设施。在交通、能源、通信、供电、供水、供气等基础设施建设上，充分考虑第三产业发展的需要，强化配套功能。加快城乡教育、卫生、文化等设施建设和生态环境保护，为第三产业发展提供良好的硬环境。

（五）进一步规范政府行为。政府部门必须依法行政、规范执法，全面贯彻落实《中共眉山市委关于进一步改善软环境的决定》，主动清理、废除、修改不利于第三产业发展的政策和规定，为第三产业发展营造宽松的环境。

（六）简化审批手续。凡申办第三产业企业和个体工商户的，按照“工商受理、抄告相关、同步审批、限时反馈、一次办结”的原则，实施审批办理的“互联审批制”。在市权限范围内办理的，手续齐备，无特殊原因，3个工作日内办结。民间资本投资的第三产业项目，除国家、省有规定外，一律实行项目登记备案制。

（七）深化事业单位管理体制改革。加快教育、医疗、文化、科技、体育等事业单位改革工作。营利性服务机构要向企业化经营转变，平等参与市场竞争；非营利性服务机构，政府要积极投入，加强监管，提高服务效率和质量。推进机关事业单位后勤服务社会化，促进服务机构向独立法人企业改制。

（八）加快户籍制度改革。逐步取消城镇和农村居民户籍差别，鼓励引导农村居民、外来人口进入城镇社区居住，对其子女入托、入学、就业等与城市居民一视同仁。提高中心城区人口聚集度，增加消费需求，促进第三产业向中心城区集聚。

（九）支持社会中介组织健康发展。支持律师、审计、会计、税务、评估、监理、拍卖、公证等专业中介组织的发展，扶持科技、信息、咨询、经纪、代理等新兴服务业的发展，强化对行业协会的指导，完善现代市场体系，为经济社会的发展提供更好的服务。

四、加大投入力度

（十）放宽市场准入，引导民间资金投入第三产业。凡国家未明确限制的第三产业行业，一律向民间资本开放，并享有与国有资本同等待遇；鼓励民间资本以独资、合资、合作、联营、参股、特许经营等方式进入。

（十一）增加政府投入。建立市、区县第三产业发展引导资金，支持、引导第三产业的发展。每年两级财政应适当安排一定资金，用于支持第三产业发展。

（十二）积极争取国家和省的项目资金。把握国家产业政策，积极争取国债资金和省预算内专项资金，投入到城市公用事业、环保建设、交通建设、旅游景区（景点）开发建设等。利用国家新农村建设的政策，加快农村基础设施建设，强化农业产前、产中、产后服务，扶持涉及“三农”的服务型企业；抓住“万村千乡”市场建设机遇，推进农村市场体系建设，促进中心镇成为第三产业新的增长极。

（十三）加大第三产业招商引资力度。立足眉山的资源优势、人文优势和成都经济区的区位优势，规划、包装好一批第三产业发展重点项目，引进国际国内公司、企业和各方面人士到眉山投资第三产业。第三产业招商引资实行谁分管，谁负责，落实任务，明确责任。

五、强化政策支持

（十四）加强金融信贷支持。加强与银行的沟通，增强银政、银企互动，加快金融生态市建设；推动银行在独立审贷的基础上加大对第三产业的信贷支持；鼓励符合条件的第三产业企业进入资本市场融资；鼓励发展企业互助担保和商业担保业务，使金融服务企业与其他企业共同发展，实现双赢。

（十五）鼓励规模发展。制定宽松的准入、税收、土地、激励政策，鼓励连锁经营，培育专业批发市场，发展现代物流业。对年销售额、纳税额达到一定规模的第三产业企业，对新办投资额达到一定规模的第三产业企业，对农副产品营销大户等，在税费收取上给予优惠。

（十六）提高第三产业就业率。鼓励机关、事业单位、工业企业富余人员，特别是有专业技术特长的人员向第三产业流动。鼓励大专院校毕业生和转业军人到第三产业企事业单位工作。制定优惠政策，对吸纳下岗失业人员和征地拆迁中失地农民较多的第三产业企业给予扶持。

（十七）培养第三产业所需的各类人才。加强岗位技能培训，提高从业人员的职业素质。加强对下岗失业人员、农村劳动力转移人员的再就业培训，推行职业资格证书制度。大力引进新兴服务业急需的策划、管理、经纪人才。加强职业技术教育，在高职院、中等职业技术学校增设紧缺专业，尽力满足第三产业对专业人才的需求。

（十八）设立第三产业企业奖励。根据第三产业企业经营规模、成长状况、科技水平和在税收、就业等方面的贡献情况，设立第三产业发展奖励，给予企业法人代表精神奖励和适当的物质奖励。

六、加强组织领导

（十九）理顺管理体制。市、区县成立第三产业发展领导小组，负责全市第三产业的规划、指导、协调、政策落实等工作，领导小组下设办公室并配备相应的人员，安排适当的工作经费。明确第三产业各行业管理部门责任，整合行政管理资源，努力实现第三产业行业管理部门政策协调和信息共享。

（二十）完善工作机制。党政“一把手”要亲自抓第三产业工作，研究解决第三产业发展中的具体问题，善于从个案中创造性地解决好第三产业发展中的难题，解放思想，灵活机动发展第三产业。排出第三产业重点项目，实行领导责任制，确保落实。干部要加强学习，提高为第三产业服务的水平。

（二十一）实行目标管理。市委、市政府对区县的考核，要将第三产业发展的主要指标纳入考核体系。市政府与市第三产业领导小组办公室和市级第三产业 9 大重点行业管理部门签订年度目标责任书，年终考核，兑现奖惩。

（二十二）完善第三产业统计工作。建立和完善第三产业经常性调查制度。第三产业各行业主管部门要自觉履行统计义务，向上级主管部门报送的业务报表应事前或同时抄送政府统计部门，部门目标考核中凡涉及经济和社会发展量化目标的，须由政府统计部门认定。需向社会发布的重要统计数据应依法经统计部门审核或与统计部门联合发布。

（二十三）积极举办各类活动，繁荣城市。以市场化运作为基础，政府积极引导，通过自办或引进各种文化、体育、商贸、旅游等活动，营造氛围，打造亮点，凝聚人气，刺激消费，带动发展，丰富群众文化生活。

中共眉山市委
关于强力推进现代农业发展，全面建设社会主义新农村的决定

（眉委发〔2007〕1号，2007年3月12日）

农业是加快发展、造福人民的根本大计，发展现代农业是科学发展、构建和谐的必然选择，“三农”工作是全党工作的重中之重。为深入贯彻落实省委“推进传统农业向现代农业跨越”的战略部署，强力推进现代农业发展，全面建设社会主义新农村，特作如下决定。

一、未来五年的奋斗目标

按照“坚持科学发展、构建和谐眉山”的要求，紧紧围绕粮食增产、农业增效和农民增收，大力发展现代农业，推进“传统农业向现代农业”跨越，全面建设社会主义新农村。力争通过五年坚持不懈的努力，全面实现农业综合生产能力进一步提高，农业产业化经营再上新台阶，农村社会事业全面发展，人民群众生活水平不断提高，农村社会和谐安定。全市粮食生产总量每年保持在160万吨以上，农业增加值年均增长5%，农民人均纯收入每年增加200元以上；到2011年，全市农业产业化经营收入达到120亿元，耕种收综合机械化水平达到42%，农业科技贡献率达到51%。

二、大力发展现代农业产业体系

利用已经形成的7个“中国之乡”和其他优势产业，进一步搞好农业区域化布局。强力推进“一村一品”“多村一品”建设，培育一大批特色明显、类型多样、竞争力强的专业村和专业乡镇，真正形成眉山农业发展的区域特色。

大力发展拳头产品。全市重点抓好生猪、奶制品、蔬菜制品、竹木制品四大拳头产品。各区县结合实际再积极发展一批拳头产品。东坡区重点发展脐橙、稻米、肉鸡、肉兔和蔺草等，仁寿县重点发展枇杷、梨、山羊和水产品等，彭山县重点发展寿果、中药材、肉鸡等，洪雅县重点发展茶叶、长毛兔、冷水鱼、藤椒和中药材等，丹棱县重点发展柑橘、肉兔、魔芋、蚕桑和茶叶等，青神县重点发展椪柑、茶叶和蚕桑等。

大力扶持农业产业化龙头企业。重点围绕拳头产品和优势产业，进一步延伸产业链，着力打造一批销售收入10亿元以上的产业集群和销售收入亿元以上的龙头企业。鼓励龙头企业自建基地，不断向周边区域延伸和扩展，形成规模化生产，全面带动专业村、专业乡镇建设。

积极引导专合组织建设。积极发展各种形式的农民协会、农民专业合作社和农村经纪人组织，提高农民组织化程度，增强市场谈判能力和自我服务能力。

建立和完善利益联结机制。启动生猪、奶牛“7+1”模式，鼓励和引导龙头企业与基地和农户通过订单收购、利润返还、股份合作等形式，结成“利益共享、风险共担”的利益共同体。

鼓励民营企业从事农业产业化经营。引导农村个体户和私营企业通过股份制、合资合作等形式，进入农业产业化经营和农业资源开发领域，投资于种植业、养殖业和其他特色农业，参与农副产品精深加工及良种繁育和推广。

推进农业科技创新和成果转化。构建农业产、学、研合作平台。推广无公害、绿色、有机农产品标准化生产技术，推广畜禽水产健康养殖技术，推广节水农业技术。推广先进适用农机具。

建立健全农村市场体系。支持农村经纪人、营销专业户和各类农村流通中介组织发展。继续执行鲜活农产品“绿色通道”政策。加快实施“万村千乡市场”“放心农资进乡村”等工程。加强农产品质量监管和农资市场监管。

做大做强劳务产业。在每年劳动力转移100万人的基础上，认真实施农民工培训工程，打造眉山劳务品牌，劳务收入每年增加2亿元以上。

三、狠抓农村基础设施建设

加强农田水利基本建设。全面抓好骨干水利、中小型水利、灌区“两改一提高”和病险水库除险加固。继续实施“金土地”工程、“旱山村治理”工程、小型水源工程和末级渠系改造工程，夯实防汛抗旱减灾基础。

加大农村道路建设和改造力度。大力提高油（水泥）路比重，完善农村道路网络，加快农村车站建设，加强农村道路管护。到2011年，80%的行政村实现通村道路硬化。

大力实施农村安全饮水工程。到2011年，解决90万人的饮水安全问题。继续实施红层找水打井工程，解决农村饮水困难问题。

实施新农村电气化建设工程，继续推进农村电网改造，全面实现户户通电。抓好广播电视自然村“村村通”工程，进一步提高有线电视普及率，到2011年，完成有线电视村通率达到90%以上，入户率达到60%以上。实现100%的行政村通电话。搞好农村信息化建设，建好农经网和防灾减灾信息网络平台。

发展生态农业和循环经济，重点实施“生态家园”建设工程。到2011年，新修沼气池12万口。全面实施新农村小康环保行动，实施好天保工程、退耕还林工程、乡村绿化工程，到2011年森林覆盖率提高到40%以上。

四、全面推进农村各项社会事业发展

加快发展农村义务教育。认真落实农村义务教育“两免一补”政策，按时足额拨付学校公用经费，锁定剥离农村“普九”债务，努力改善农村办学条件。到2011年，义务教育普及率达到100%。

加快农村公共卫生体系建设。全面实施新型农村合作医疗，完成乡镇卫生院改造，加强村卫生站建设。加强血吸虫病、结核病、乙肝等重点疾病防治工作。搞好人畜共患疾病防控体系建设。

进一步整合政策资源，完善计划生育利益导向机制，稳定低生育水平，符合政策生育率达92%以上，人口自然增长率控制在2.5‰以内。

大力发展农村文化体育事业，积极推进群众性精神文明创建活动，培育农村新风新貌。开展“送文化下乡”活动，实施农村电影“2131”工程，扶持建设“农村书社”，建设“农民体育健身工程”，活跃农村文化，丰富农民精神生活。

建立健全以农村“五保”供养、灾民救助、特困户救助、农村医疗救助、残疾人救助等为主要内容的农村救助体系。完善农村居民最低生活保障制度。推进新村扶贫、劳务扶贫、产业扶贫、村道扶贫和社会扶贫五大工程，确保2011年前农村8万建卡贫困人口基本脱贫。

五、深入推进农村综合改革

以转变政府职能为核心，推进乡镇机构改革，建设服务型政府和法治政府。综合设置乡镇机构，精简行政编制。推进乡镇事业单位改革。妥善安置分流人员。全面推行合村并组工作，优化村组布局。

以落实教育经费保障机制为重点，推进农村义务教育管理体制改革。建立农村义务教育经费保障机制。进一步落实农村义务教育“以县为主”的管理体制。切实提高教育、教学质量和办学水平，促进教育公平。

以增强基层保障能力为重点，推进县乡财政管理体制改革。建立县乡财政的基本支出保障机制，确保乡镇基本支出和村级组织经费的需要，建立村、组干部补贴的正常增长机制。进一步完善财政转移支付制度，制定市对区县、区县对乡镇的财政激励约束办法。进一步规范“乡财乡用县管”的财政管理体制。

统筹推进农村其他改革。坚持农村基本经营制度，依法加强土地承包管理，完善土地流转经营办法，促进土地集约经营和农业产业化经营。积极推进农村金融、农村集体林权、畜牧兽医管理体制、水利工程管理体制等其他改革。切实化解乡村债务。建立农民负担监督管理机制。

六、2007 年做好二十二件事

1. 推进拳头产品建设。新增存栏奶牛 3000 头，奶产业年销售收入达到 2.65 亿元；生猪出栏 400 万头，其中 DLY 猪 260 万头以上，农民养猪实现总收入 25.5 亿元以上；加工蔬菜基地面积达到 16.7 万亩，龙头企业加工量达到 34 万吨，销售收入达到 7 亿元；竹木产业年销售收入达到 16 亿元，竹林面积达到 96.3 万亩以上。各区县拳头产品的发展取得明显进展。

2. 培育十三强农业产业化龙头企业。制定专门工作方案，重点培育以味聚特、李记、吉香居为代表的蔬菜加工龙头企业，以庆丰为代表的生猪加工龙头企业，以丰华、鸿源、西龙、云华、申宇、东力雅为代表的竹木加工龙头企业，以新阳平、妙士、菊乐为代表的乳产品加工龙头企业。

3. 推进“一村一品”“多村一品”建设。完成“一村一品”“多村一品”发展规划，初步建成专业村 400 个，专业乡镇 6 个。

4. 开展二十优农民专合组织示范活动。在全市范围内确定 20 个主导产业突出、比较优势明显、产业化基础较好、组织发展初具规模、具有不同区域特色的农民专合组织为市级示范单位，并在政策、资金、技术、培训、质量认证、市场营销等方面，给予大力扶持，真正实现建一个组织、兴一项产业、活一地经济、富一方百姓的目标。

5. 争创农产品品牌。新建农业标准化基地 6 万亩，全市达到 120 万亩；培育 40 个农产品知名品牌；无公害农产品、绿色食品、有机食品达到 160 个。

6. 全面推进科技富民工作。实施科普惠农兴村工程，完成 340 个村的“站、栏、员”建设任务。创建 15 个新农村建设科技示范村，启动建设 6 至 8 个特色农业科技园和 3 至 5 个现代农业科技示范基地。组建市级科技创新服务团队 5 个，县级 6 个，农业科技专家大院 2 个。

7. 完成百村规划。全面完成建制乡镇的场镇建设规划，完成 100 个新农村建设示范村的村庄建设规划。

8. 加强新型农民培训工作。实施新型农民科技培训工程、“绿色证书”培训工程、农村实用人才培训工程，加强农业生产技能、农业科技知识、农业标准化生产技术培训，加快培育有较强市场意识、有较高生产技能、有一定管理能力的现代农业生产经营者。全年培训 50 万人次以上。

9. 开展“百企联百村”活动。动员100户企业自愿联系100个村，鼓励企业采取产业带动、项目投资、安排农民进厂务工、助学助困等形式，参与社会主义新农村建设，促进农村产业发展。

10. 全面落实惠农政策。全面清理现行惠农政策，利用眉山日报、广播电视、党政网广泛宣传，做到家喻户晓。建立严格的落实惠农政策责任制，确保中央、省和市的各项惠农政策不折不扣地落到实处，让人民群众得到实实在在的实惠。

11. 加强农村公路建设。投资总规模3.6亿元；修建整治1000千米道路，其中骨干工程100千米，通乡工程100千米，农村道路800千米（通畅300千米，通达和村社联网路500千米）。

12. 加强水利建设。新建集中供水工程150个，解决20万农村人口的饮水安全问题。红层找水打井3万口，解决10万人的饮水困难。全年完成渠道防渗整治150千米以上，完成6个旱山村综合治理工作。

13. 抓好广播电视“村村通”工程。完成1166个自然村“村村通”工程；建成仁寿高店广播电视发射台，全市广播电视无线覆盖率提高到70%，综合覆盖率提高到80%。

14. 实施金土地工程。完成土地整理面积7.62万亩，新增耕地面积9370亩。实施地质灾害避险搬迁工程，全年投入资金33.6万元，搬迁农户42户。

15. 继续抓好农村沼气建设。培训沼气生产工人300人次，新建农村户用沼气池2.3万口。

16. 抓好“科学储粮”工程。帮助和指导农户修建或改造科学储粮小粮仓1300个，使农户储粮损失率降到2%以下。

17. 开展农村扶贫济困工作。新（改）建农村敬老院12所，敬老院床位增加700张，农村五保对象集中供养率达到15%，力争达到20%。农村享受低保人数达到8.2万人，力争人均月补差标准达到20元，基本实现农村低保应保尽保，做到低保金社会化发放。解决1500户农村特困无房户和受灾群众住房困难问题。新启动30个村的建设，现实1.5万贫困人口基本脱贫。

18. 认真抓好农村义务教育。完成农村中小学校舍维修改造和寄宿制学校建设5万平方米。完成东坡中学建设。完成100名校长和300名市级骨干教师培训。救助1万名贫困学生，资助300名贫困大学生就学，资助1000名适龄残疾儿童入学，资助500名农村困难独生子女就学。解决4000名进城务工子女接受义务教育。

19. 加强农村卫生工作。六区县全面推行农村合作医疗，农业人口参加率达到80%以上，参加新型农村合作医疗人数达到9万人，大病医疗救助人数达到4万人次。帮助仁寿县完成血吸虫病传播控制达标，实现全市血吸虫病传播控制达标。

20. 全面推行合村并组工作。2007年上半年，全市完成村组合并工作。整合农村资源。

21. 推进“以机代牛”工程。推广耕整机1000台，无耕牛村达40%以上。

22. 完成成片造林10万亩，新育苗1000亩，全市农民人均从林业上增收10元。

七、加大对“三农”的投入和资金整合力度

加大财政对“三农”的投入。认真落实中央“两个重点、三个主要、一个加大和三个继续高于”的要求，坚持把基础设施建设和社会事业发展的重点转向农村，新增教育、卫生、文化事业经费主要用于农村，市和区县财政对农业总投入的增长幅度要高于财政经常性收入的增长幅度，逐步加大政府土地出让收入用于农村的比重。建设用地税费提高后，新增收入主要用于“三农”。

加大财政支农资金整合力度。整合各部门、各渠道安排的支农资金，集中投向农村主导产业、优势区域和重点项目，提高支农资金使用整体效益。在坚持以县为主推进支农资金整合的同时，积极探索多级次、多形式的支农资金的有效途径。推行项目公示制、工程招标制、物资集中采购制和资金报账制等管理办法，完善监管机制，确保资金使用安全。

进一步加大银行信贷支持力度。市级银行业金融机构要紧紧围绕农业产业化开展支农工作，加大对四大产品、龙头企业、示范村建设、“一村一品”建设的资金投放力度。大力推广农户小额信用贷款，切实解决农民贷款难问题。2007年，全市农发行、农业银行和农村信用社的新增农业贷款总量增幅比上年增长10%以上。积极发展农业保险和农业担保。

引导社会力量和农民增加投入。综合运用补助、贴息、担保等手段，发挥财政资金“四两拨千斤”的导向作用，引导各类生产要素流向农村、支持农业、服务农民，开创各方共同参与新农村建设的生动局面。严格执行“一事一议”筹资筹劳管理办法，引导农户投资投劳兴建直接受益的生产生活设施。坚持农业招商引资不放松，确保每年业主开发农业投入在2亿元以上。

八、进一步加强对“三农”工作的领导

党管农村工作是我们党的一个传统和重大原则，也是发展现代农业、推进社会主义新农村建设的根本保证。各级党委、政府要始终把“三农”工作作为重中之重来狠抓落实，坚持党政主要领导亲自抓，分管领导投入全部精力具体抓。推行“三农”工作项目化、实事化，严格实行目标责任制，加大督促检查力度，完善考核奖励机制。充实和加强农村工作综合机构，强化涉农部门自身建设，提高服务“三农”工作的质量和水平。

进一步理顺市与区县的关系，充分调动区县抓“三农”工作的积极性。进一步简政放权，扩大区县的经济社会管理权限。完善市对区县财政关系，新增财力向区县倾斜。

切实转变干部作风。各级领导干部要始终坚持“用心想事、用心谋事、用心干事”，勇于创新，奋发有为，扎扎实实推进发展现代农业建设社会主义新农村的各项工作。要大力倡导亲民爱民、求真务实的工作作风，饱含对人民群众的浓厚感情，扑下身子狠抓落实，着力解决群众最关心、最直接、最现实的问题。

切实加强农村基层组织建设。以村两委换届选举为契机，选好配强村级领导班子，积极推行村党支部书记、村主任“一肩挑”、村“两委”成员交叉任职、村干部兼组长。加强村社基层干部培训。积极鼓励和引导高校毕业生到村任职，深入实施“一村一居一大学生”计划。深化“三级联创”活动，加强村级组织配套建设，健全村民自治机制。畅通从优秀村干部中考录乡镇公务员、选任乡镇领导干部的渠道，形成良好用人导向。

中共眉山市委　眉山市人民政府
关于强力推进承接产业转移工作的实施意见

（眉委发〔2008〕8号，2008年4月9日）

产业转移是经济发展的必然趋势。承接产业转移是后发地区跨越发展的最佳路径，是实施开放兴市战略的重要突破口，是加快眉山发展、实现四年四个大变样的重大举措。为认真贯彻省委、省政府《关于加快推进承接产业转移工作的意见》（川委发〔2008〕6号），强力推进眉山承接产业转移工作，特制定如下实施意见。

一、突出承接重点，明确承接方向

充分发挥区位、资源、产业和综合成本优势，以承接工业产业为重点，全面承接一二三产业转移。

以铝、硅、化工、芒硝、机械、建材、食品加工、木竹加工8大产业为主要承接点，围绕延伸产业链、培育产业集群和产业升级换代，大力承接相关产业转移，壮大发展8大产业。铝产业主要承接浙江、福建、广东、澳门等地的铝深加工企业转移。到2010年，铝产业销售收入达到100亿元。硅产业主要承接美国、英国、新加坡、浙江等地的多晶硅和单晶硅及切片、硅芯片集成电路、半导体器件、太阳能电池、太阳能发电系统企业转移。到2010年，硅产业销售收入达到100亿元。化工产业主要承接上海、江苏、浙江等地的天然气化工、硝基化工、精细化工和生物化工企业转移。到2011年，化工产业销售收入达到100亿元。机械产业主要承接江苏、浙江、重庆和山东等地的铁路货车、制冷压缩机、冷轧机、铸造、木工机械、传动件及汽车零部件制造企业转移。到2012年，机械产业销售收入达到100亿元。建材产业主要承接江苏、浙江、广东等地的水泥、建筑陶瓷及化学建材生产企业转移。到2011年，建材产业销售收入达到100亿元。食品加工产业主要承接江苏、浙江、福建、广东等地的乳制品、肉类制品、饲料产品、蔬菜及调味制品、茶叶加工企业转移。到2010年，食品加工产业销售收入达到100亿元。芒硝产业主要承接江苏、浙江、广东、福建等地的芒硝精深加工企业转移。木竹加工产业主要承接江苏、浙江、福建、广东等地的竹浆造纸、家具制造、竹编工艺和建筑装饰材料生产企业转移。

注重招大引强，瞄准世界500强和国内500强，着力引进龙头企业，达到引进一个、带动一批、辐射一片的效果。

一产业重点承接规模种植业、养殖业和农副产品加工业。三产业重点承接以旅游业、物流业、商贸业为重点的现代服务业。

突出承接境外企业和东部沿海发达地区的产业转移，积极承接以成都为重点的周边地区产品扩散和产业转移。

二、加强园区建设，打造承接载体

坚持把工业园区作为承接产业转移、加速产业集聚、培育产业集群的主要载体，坚定不移发展园区经济。加快2个省级经济开发区发展，明确市级重点工业园区定位，积极争创省级工业园区。到2015年，力争培育1个销售收入过500亿元、3个销售收入过100亿元的园区。

搞好园区产业发展规划，坚持产业承接与产业结构、区域布局优化相结合，明确园区产业发展导向，大力承接相关产业、企业。

对新承接的建设规模大、效益突出、带动作用强的产业，建立园中园，促进产业发展。

鼓励与外地政府、大型企业合作建设产业转移示范园区，发展共建共享、收益分成的“飞地经济”。每个区县至少建一个合作示范园区，争取列入省级重点示范园区。

加快园区基础设施建设，加强道路管网、通信网络、污水处理等配套设施建设，强化园区水、电、气等生产要素保障，改善承接条件，提高园区承载能力。积极探索、推行以企业为主体的园区开发模式，促进园区建设管理市场化、企业化。

大力发展资金融通、信息服务、交通物流、人才培训等园区配套服务体系，对承接产业转移项目全部实行代办制，使园区成为全市改革创新、开放合作的窗口。

按照承接产业转移工作要求，配齐、配强园区管委会领导班子和干部。

三、优化承接政策，建立激励机制

（一）财政政策。从2008年起，整合设立1.2亿元承接产业转移专项资金，以后按不低于市本级财政一般预算收入增长速度递增，主要用于支持鼓励类重大产业转移项目，对承接产业转移先进单位给予经费补助，对承接产业转移工作先进个人给予奖励。

属“飞地工业”模式引进的企业产生的增值税和企业所得税地方所得部分，与企业原籍地政府合作的，双方按协商确定的比例分成；与大型企业合作的，按双方约定对企业给予财政奖励。

对产业转移项目的各类规费、手续费等，在符合国家现行政策规定的前提下，按照能免就免、能减则减、就低不就高的原则实行减免。投资建设工业标准厂房的，减半征收城市基础设施建设配套费和工业厂房人防费。

转移企业新建项目当年竣工投产，投资额在3000万元以上的，按1‰奖励企业法人代表。对特别重大转移项目，实行一事一议。

转移企业当年销售收入新进入亿元企业行列的，奖励企业法人代表1万元，以后年度销售收入每净增1亿元，奖励1万元。

转移企业当年技改投资1000万元以上的，按技改投资额的2‰奖励企业法人代表。单个项目最高奖励不超过100万元。

转移企业被首次确定为“国家级创新型试点企业”，奖励企业法人代表20万元；首次被确定为“省级创新型试点企业”，奖励企业法人代表10万元。

转移企业被首次认定为“国家级工程技术研究中心”，奖励企业法人代表20万元；首次被认定为“省级工程技术研究中心”，奖励企业法人代表10万元。

转移企业被首次认定为“国家级高新技术企业”，奖励企业法人代表20万元；首次被认定为“省级高新技术企业”，奖励企业法人代表10万元。

转移企业新创“国家级企业技术中心”，奖励企业法人代表20万元；新创“省级企业技术中心”，奖励企业法人代表10万元。

转移企业新获具有自主知识产权的国家级、省级科技进步奖的，分别给予企业法人代表5万元、2万元奖励。

转移企业落户我市后首次获得中国驰名商标、中国名牌产品、中国出口名牌等国家级品牌的，奖励企业法人代表20万元。新获得国家免检产品、省名牌产品或省著名商标的转移企业，奖励企业法人代表10万元。

对进入上市后备队伍，经中介机构辅导改制为股份有限公司的转移企业，给予10万元补助；对已支付上市辅导、财务审计、资产评估、法律服务、工商登记变更手续等规定范围内的必要费用，并申请主板、中小企业板或创业板上市的转移企业，再给予20万元补助；对已申请股份报价转让系统挂牌的转移企业，再给予5万元补助；对完成主板、中小企业板或创业板上市的转移企业，再给予15万元补助。对完成境外上市的转移企业，给予50万元补助。

对引进重大产业转移项目的第一引资人予以奖励。引进世界500强投资（使用外资）额在500万美元以上的产业转移项目，按500万美元~1000万美元、1000万美元~1亿美元、1亿美元以上分别给予5万元~10万元、10万元~20万元、20万元以上的奖励；引进投资（使用外资）额在1000万美元以上的外资项目，按1000万元~1亿美元、1亿美元以上分别给予10万元~20万元、20万元以上的奖励；引进投资额在1亿元以上的工业项目，按1亿元~5亿元、5亿元~10亿元、10亿元以上分别给予5万元~20万元、20万元~30万元、30万元以上的奖励；引进投资额在1000万元以上的一产业项目，按1000万元~5000万元、5000万元~1亿元、1亿元以上分别给予1万元~5万元、5万元~10万元、10万元以上的奖励；引进投资额在3000万元以上的三产业（房地产业除外）项目，按3000万元~5000万元、5000万元~1亿元、1亿元以上分别给予3万元~5万元、5万元~10万元、10万元以上的奖励。对特别重大项目的引资奖励，实行一事一策，给予不超过50万元的特殊奖励。项目开工时，兑现50%的奖励，项目建成后，内资项目按发票、外资项目按验资报告及相关票据计算投资额，兑现全部奖励。

（二）税收政策。全面落实国家对西部大开发的区域性产业税收优惠政策。企业所得税优惠，按《中华人民共和国企业所得税法》《中华人民共和国企业所得税实施条例》及《国务院关于实施企业所得税过渡优惠政策的通知》（国发〔2007〕39号）有关规定执行。

对符合国家发展改革委《产业结构调整指导目录》中鼓励类产业项目为主营业务，且主营业务收入占企业总收入70%以上的转移企业，2010年前按15%的税率征收企业所得税。

转移企业研究开发新产品、新技术、新工艺，在一个纳税年度实际发生的技术开发费用，未形成无形资产计入当期损益的，在按规定实行100%扣除基础上，允许再按当年实际发生额的50%加计扣除。经省级认定的创新型转移企业，可参照前3年实际发生技术开发费的平均数，实行研发经费预提留列支，年终据实结算。

转移企业符合条件的技术转让所得，在一个纳税年度内，不超过500万元的部分，免征所得税；超过500万元的部分，减半征收企业所得税。

转移企业当年新增入库税收300万元以上，按新增入库税收的1%奖励企业法人代表。

对符合国家政策规定的中小企业信用担保机构，免征3年营业税。创业投资企业采取股权投资方式投资于未上市的中小高新技术企业2年以上的，可按其投资额的70%在股权持有满2年的当年抵扣该创业投资企业的应纳税所得额；当年不足抵扣的，可在以后纳税年度结转抵扣。

（三）金融政策。建立银政企协调机制，搭建融资服务平台。鼓励金融机构为转移企业提供开户、结算、融资、财务管理等金融服务，引导金融机构根据企业需求开展业务创新，及时满足企业多元化的金融服务需求。鼓励金融机构改进对企业的资信评估管理，对优质客户开辟“绿色通道”，发放信用贷款，并可发放应收账款质押贷款。在风险可控的条件下，积极探索对鼓励类产业转移企业工业知识产权和非专利技术等无形资产的质押贷款。鼓励本地、异地金融机构和外资银行对转移企业开展金融服务，对贡献大的给予奖励。

指导和帮助转移企业在境内外上市融资，支持有实力的转移企业按照国家有关规定发行企业债券和短期融资券，允许转移企业以股权融资、项目融资和资产证券化融资等方式筹集资金。支持转移企业运用创业投资和风险投资工具，政策性金融机构要运用政策性资金支持鼓励类产业转移企业发展。保险机构要做好转移企业的保险服务工作。

（四）要素政策。对重大产业转移项目，优先用地预审，优先安排用电、用气、用水计划和指标，确保项目及时落地、按期投产。加强交通运输服务，将重点转移企业列入铁路、公路运输重点保障名单，在运输计划、车皮调配等方面给予优先保障。

鼓励市内职业技术院校与转移企业建立校企对接机制，根据企业需求，定向培训专业人才。对在转移来的龙头企业工作的中级职称以上专业技术人才和新引进的专业大学本科生、硕士研究生，每人每月补助100元；高级职称以上的专业技术人才和新引进的博士研究生，每人每月补助200元。补助经费由企业受益地政府承担。

（五）激励政策。鲜明干部导向，让敢抓善抓产业承接的干部政治上有进步，经济上有奖励，工作上有舞台，对在承接产业转移工作中做出突出成绩的干部，给予表彰、奖励，优先提拔、重用。

对承接产业转移工作成效突出的园区、8大产业推进领导小组、部门和干部给予奖励。

对重点工业园区承接产业转移工作实行专项考核，年终评比，对成效突出的园区管委会领导班子给予奖励。

对8大产业推进领导小组承接产业转移工作进行考核，产业销售收入按计划或提前实现过100亿元目标的，对该产业推进领导小组给予重奖。

对承接产业转移成效显著的部门，增拨专项工作经费，并按规定给予表彰。

对转移到我市的重点纳税大户企业负责人，符合条件的，推荐为人大代表、政协委员任职人选；对贡献突出的外来投资者授予“荣誉市民”等称号。

四、统筹招商力量，拓展承接渠道

坚持把招商引资作为承接产业转移的主要手段，下大力抓好招商引资，确保每年实际到位内资增长25%以上，到位外资增长30%以上。

创新招商机制，整合招商力量，实行驻点招商，在市招商局下设六个分局，在六区县和市级机关抽调以县级后备干部为主的优秀年轻干部，长驻客商比较集中、产业转移和扩张倾向比较强的广东、福建、上海、江苏、浙江、重庆等省、市，由市上解决开办费，区县负责运行经费。主要负责开展全面、深入的产业转移信息收集和研究，重点跟踪有转移倾向的产业、项目，密切与省政府驻外办事处和沿海发达地区企业、园区、行业协会、商会及中介机构的联系，多渠道、多形式寻求合作伙伴，提高承接产业转移的成功率和项目质量。

继续坚持以政府为主导、以企业为主体、以园区为载体、以产业为纽带的招商机制，坚持全民招商、全方位招商，搞好以商招商、以企招商、定向招商、委托招商、干部挂职招商，不断创新招商方式，提高招商引资实效。

搞好项目包装推介，建立详细的拟转移产业和企业信息库、产业承接项目库、外来投资企业库、外省客商信息库和“眉山市招商引资网”项目库。

积极开展与东部沿海地区政府间的经贸合作，密切与省政府驻东部沿海地区办事处及东部沿海地区企业、行业协会、商会和中介组织的联系，充分运用博览会、洽谈会、专题推介会等开放合作平台，加强与国内外有实力的大财团、大公司的交流，推进产业对接。做好与在外川籍、眉山籍成功人士的沟通，促进“回引”创业。

五、改善承接条件，优化承接环境

加快以交通基础设施为重点的硬环境建设。按照承接产业转移的要求，主动对接全省“一枢纽”建设，配合搞好雅安—眉山—乐山、成都—仁寿、资阳—眉山高速公路和成绵乐城际客运专线规划建设，加快成都至黑龙滩快速通道建设，规划建设成都至眉山、彭山至双流、丹棱至蒲江快速通道、岷江东路和工业环线。争取成都至贵阳铁路经过眉山。争取成都二机场选址眉山。加快岷江航电综合开发，力争2010年建成2个~3个电源点，2011年完成市域内开发。加快推进眉山第2个500千伏变电站建设，确保2008年开工建设。搞好供水、供气和通信等基础设施建设。

进一步深化软环境建设。以提高行政效能为重点，努力建设零障碍、低成本、高效率的承接产业转移政务环境。

继续推行一章制、一费制、见章盖章制、收费下限制、检查申报制、罚款备案制等行之有效的制度，强化部门公开承诺兑现的督促检查，巩固和深化软环境建设成果。

全面实行首问责任制、限时办结制、责任追究制。对产业转移项目实行投资项目代办制，由市监察局统一受理，及时办理，全程监督。

继续抓好政务服务中心建设，大胆改进行政审批，不断创新、优化政务服务，提高服务质量和水平。

进一步完善软环境测评办法，搞好软环境测评，严格结果运用。继续坚持热点岗位干部轮岗制度，开展服务对象民主测评市级经济主管部门中层干部工作，切实解决“中梗阻”问题。逗硬执行公务员投诉查实一次待岗学习、二次纪律处分、三次辞退制度。

强化责任追究，对重视不够、工作不力的部门和领导实行问责，对损害投资环境、影响承接产业转移工作的违纪违法行为严肃查处。

六、加强组织领导，强化承接保障

成立市推进承接产业转移工作领导小组，研究制定和督促落实有关政策措施，及时协调、解决重点产业承接项目重大、难点问题。

成立6个专门工作小组，具体研究和解决承接产业转移工作中的有关问题。由市国土资源局牵头，市经委、市规划和建设局、市农业局、市水利局等参加，负责研究用地保障问题；由市发展改革委牵头，市交通局、市国土资源局、市规划和建设局、市水利局、眉山电力公司等参加，负责研究按照承接产业转移要求加快基础设施建设问题；由市经委牵头，市交通局、眉山电力公司、人行眉山市中心支行、眉山银监分局、眉山新顺通天然气公司、眉山兴能天然气公司、眉山自来水公司、眉山石油公司等参加，负责研究煤、电、油、气、运输和金融保障问题；由市招商引资局牵头，各区县政府和重点工业园区参加，负责研究发展“飞地经济”问题；由市监察局牵头，市政务服务中心、市商务局等协助，负责研究加强效能建设，不断改善对转移企业政务服务问题；由市委组织部牵头，市人事局、市教育局、市劳动和社会保障局、眉山职业技术学院等参加，负责研究转移企业、产业人才和人力资源保障问题。工作小组要对各自所负责的问题作深入研究，对一般性问题，即时、主动解决；对重大问题，拿出具有操作性的解决方案，报市委、市政府审定后实施。

将承接产业转移工作纳入目标管理，严格考核，兑现奖惩。

坚持培养、锻炼与使用相结合，加强承接产业转移专业队伍建设。分批次选派优秀年轻干部到承接产业转移工作一线锻炼。

实行重大产业转移项目领导联系制度、定期督查通报制度，确保项目顺利引进、落地、建成。

中共眉山市委　眉山市人民政府
关于发扬“三自精神”切实抓好灾后重建工作的意见

（眉委发〔2008〕13号，2008年6月5日）

“5·12”汶川特大地震给我市人民生命财产和工农业生产造成了重大损失，切实抓好灾后重建工作，恢复正常生产生活秩序，保持经济持续快速发展，是当前首要而紧迫的工作任务。根据党中央、国务院和省委、省政府有关精神，结合我市实际，现就发扬“三自精神”、切实抓好灾后重建工作提出如下意见：

一、统一思想，全民动员，把发扬“三自精神”作为全市灾后重建的强大动力

发扬“自力更生、自救互助、自强不息”的“三自精神”，不等不靠，生产自救，是市委、市政府基于全省和我市灾情实际作出的正确决策。在这次地震灾害中，我市灾情严重，损失巨大，但重灾区损失更加惨重，更需要帮助。全市各级党委、政府和基层组织以及广大党员干部一定要牢固树立大局意识和全局观念，大力弘扬“三自精神”，充分调动一切积极因素，积极发动广大群众自力更生，艰苦创业，迅速开展灾后重建，以实际行动支援重灾区建设，奋力夺取抗震救灾和经济社会发展“双胜利”，切实为党分忧，为国分忧。

二、明确目标，突出重点，迅速落实灾后重建各项工作

认真贯彻落实中央和省委、省政府的安排部署，坚持一手抓抗震救灾，一手抓经济发展。当前，要突出抓好以下工作：

（一）进一步做好受灾群众的安置工作。抓紧抢治伤病群众，有针对性地加大救灾物资的组织、调运和发放工作，及时兑现上级政策，确保受灾群众有饭吃、有衣穿、有房住、有干净水喝、有基本医疗。

（二）迅速制定灾后重建规划，抓紧做好危房排查鉴定和维修重建工作。组织力量对学校校舍、医院、商场等公众聚集场所及居民住房、企业厂房进行排查鉴定，制定规划，明确措施，有计划地开展危房排查和重建工作。受损较轻的学校要在今年9月前完成加固除险，投入使用；受损严重的学校要结合布局调整，搞好建设规划，筹集好建设资金，尽快开工建设。明年春节前，所有房屋倒塌户和危房重建户要搬进新房。

（三）扎实抓好安全隐患排查整治工作，防止次生灾害发生。加强对重大隐患、重点区域、重点地段等的安全监控，采取切实可行的工作措施，做好防震、防汛、防风、防疫等工作，全力防止次生灾害发生。

（四）尽快全面恢复生产，加快各项工作进度。千方百计组织好农资生产和供应，切实加强田间管理，深入推进农业产业化发展，组织好外出务工，确保农业增产、农民增收；做好水、电、气、运输等保障工作，帮助企业迅速复工复产。同时，加大招商引资力度，加快重大项目建设进度，扎实推进社会事业发展，确保“时间过半、任务过半”，确保“工业大变样”目标实现，确保全年各项目标任务圆满完成。

（五）全力维护社会稳定。强化社会舆论引导，稳定群众情绪；加强社会治安综合治理，严打各种犯罪活动，抓好矛盾纠纷排查、化解和重点人员的稳控工作，及时发现和化解不稳定因素，确保非常时期社会稳定。

三、明确责任，整体联动，切实加大对重灾群众的帮扶力度

学校等公益设施的恢复和建设，区县政府是责任主体；受灾群众特别是特困户的帮扶工作，乡镇党委、政府和村两委是责任主体。对重灾户要采取政府补一点、社会捐一点、群众筹一点、银行贷一点的“四个一点”办法，多渠道筹集资金，搞好生产自救。对一般受灾户要引导他们自力更生，不等不靠，生产自救。全市各级各部门及广大党员干部要想群众之所想、急群众之所急、帮群众之所需，带头并发动社会各界踊跃向受灾群众伸出援助之手，帮助他们重建家园。

（一）领导干部要深入一线、指导帮扶，充分发挥表率带头作用。在抓好面上工作的同时，全市各级领导干部要认真落实联系基层制度，深入灾后重建一线，加强对受灾重点乡镇、村（社区）、企业、学校和重灾户的帮扶指导，主动帮助他们解决灾后重建中的具体困难和问题，为广大党员干部做好表率。

（二）基层组织要广泛动员、精心组织，充分发挥战斗堡垒作用。要广泛宣传发动，稳定群众情绪，鼓舞群众斗志，坚定群众信心，引导他们自力更生、互帮互助、生产自救。要广泛组织党员服务队、助耕队、志愿者服务队、民兵突击队，深入受灾群众，帮助解决生产生活中的具体困难。要切实抓好救灾物资的发放工作，组织开展形式多样的募捐活动，积极争取社会各界支援，帮助受灾群众重建家园。

（三）广大党员要带头示范、联户帮扶，充分发挥先锋模范作用。在灾后重建工作中，广大党员要立足本职、勇挑重担、无私奉献，充分展现“平常时候看得出、关键时刻站得出、危难关头豁得出”的先进本色，以实际行动为党分忧、为群众解难。广大机关党员要积极参加“联户帮扶”活动，从资金、技术、信息等方面帮助受灾群众搞好生产自救和灾后重建；基层党员要踊跃为受灾群众捐款捐物、帮劳助耕，积极参加支援重灾区活动；在地震中受灾的党员要带头搞好生产自救，为广大受灾群众做出榜样。

（四）各级部门要“结对帮扶”重灾村搞好灾后重建。要根据各地受灾情况，结合各部门（单位）实际，广泛开展“部门结对帮扶”重灾村活动，帮助重灾村制定灾后重建规划，落实帮扶措施，切实解决实际困难。对在“部门帮村”中未安排联系部门的重灾村，要统筹安排，迅速落实结对帮扶部门，确保每个重灾村都有一个以上的部门结对帮扶；对已安排有联系部门的重灾村，可在原有联系部门继续帮扶的基础上，增派联系部门，加大帮扶力度。市上在坚持原有帮扶对子不变的基础上，安排部分市级部门（单位）对20个重点受灾村进行结对帮扶。

四、加强领导，强化保障，奋力夺取抗震救灾和经济发展“双胜利”

当前，抗震救灾的形势依然严峻，经济发展的任务刻不容缓。全市各级党委、政府要切实加强组织领导，细化工作举措，强化工作保障，统筹推进各项工作，努力夺取抗震救灾和经济社会发展“双胜利”。

（一）明确部门职责。市、区县部门要顾全大局、协调配合，充分发挥职能作用。卫生、畜牧部门要做好疫病防控工作，确保灾后无大疫。地震、气象、水文等部门要抓好灾情、汛情预报和监测。水利部门要保障生产、生活用水，整治病危水库。民政部门要做好救灾物资的发放、监管工作。公安部门要抓好社会治安，维护正常社会秩序。建设部门要继续抓好受损建筑的安全鉴定、监测等工作，指导搞好重建房屋的选址、设计、质量安全等工作。宣传部门要加强舆论监督，形成正确的舆论导向。纪检、监察等部门要抓好干部作风、救灾物资发放使用情况的监督检查。组织部门要加强对先进党组织和优秀党员、优秀干部先进事迹的总结表彰，抓好在抗震救灾和灾后重建工作一线考验考察干部工作。机关党（工）委要开展“联户帮扶”活动，组织机关党员干部与受灾群众结成对子。(市直机关党员干部“联户帮扶”活动，由市直机关工委负责组织实施)

（二）严格督察考核。坚持全年目标任务不动摇，把抗震救灾和灾后重建工作纳入各级班子和干部年度考核。严格执行省政府关于加强救灾资金和物资管理的规定，有序发放救灾资金和物资，做到公开透明、使用合理到位。严禁任何部门、单位和个人挪用、挤占、滞留救灾资金，对违反规定的，有一例查一例，决不姑息。加大明察暗访力度，督促全市各级各部门、基层组织和广大党员干部认真履职，以扎实的作风，全面落实灾后重建和经济社会发展各项工作。

（三）加强宣传引导。要利用各种媒体，采取多种形式，广泛宣传市委、市政府关于灾后重建的决策部署，广泛宣传灾后重建工作中涌现出来的先进典型，使“三自精神”深入人心，并成为全市上下的自觉行动，引导广大党员干部群众振奋精神、坚定信心、自力更生、重建家园。

（四）加强激励引导。要广泛开展评选表彰活动，激励广大党员干部群众充分发扬“三自精神”，奋力夺取抗震救灾的全面胜利。要树立正确的用人导向，对在抗震救灾和灾后重建中表现突出的干部，要及时提拔重用；对责任不落实、工作不力的干部，要严肃追究责任。

中共眉山市委
关于深入推进农村改革发展，奋力实现农村大变样的决定

（眉委发〔2008〕22号，2008年11月7日）

为深入贯彻中共十七届三中全会和省委九届六次全会精神，统筹城乡发展，开创我市农村改革发展新局面，确保实现农村大变样，特作出如下决定。

一、新形势下推进农村改革发展的总体要求和奋斗目标

改革开放30年来，我市农村经历了伟大而深刻的历史变革，农村面貌发生了翻天覆地的变化。特别是建区设市以来，全市上下坚持农业基础地位不动摇，坚持解放思想、创新举措，坚持产业富民、改善民生，农业投入大幅增加，一村一品取得突破进展，农民收入持续增长，农村社会事业和谐发展。从总体上看，我市已进入以工促农、以城带乡的发展阶段，进入加快传统农业向现代农业转变的关键时刻，进入破除城乡二元结构、统筹城乡一体发展的重要时期。面对新形势新任务，必须准确把握眉山“三农”工作的基本特征，坚定不移地把“三农”工作作为全市工作的重中之重，坚定不移地巩固和加强农业基础地位，坚定不移地贯彻统筹城乡发展基本方略，坚定不移地推进农村改革创新，坚定不移地保障和发展农民权益，不断开创我市农村改革发展新局面。

新形势下推进我市农村改革发展的总体要求是：深入贯彻落实科学发展观，坚持工业反哺农业、

城市支持农村和多予少取放活方针，把建设社会主义新农村作为战略任务，把发展现代农业作为基本方向，把统筹城乡一体发展作为根本要求，把农民增收作为核心目标，联动推进农业现代化与新型工业化、新型城镇化，创新体制机制，强化农业基础，加强公共事业，促进农村和谐，推进农村经济社会加快发展、科学发展、又好又快发展。

新形势下推进农村改革发展的奋斗目标是：到2020年，农村经济体制更加健全，城乡经济社会发展一体化体制机制基本建立；现代农业建设进展显著，按高产、优质、高效、生态、安全的要求，实现区域化布局、规模化发展、标准化生产、产业化经营、市场化运作、社会化服务；建成四川省现代畜牧业示范市、中国南方奶源基地、成都首选农产品配送基地、农产品质量安全区；农民人均纯收入突破万元，比2008年翻一番以上；农村消费水平大幅提升，绝对贫困现象基本消除；农村基层组织建设进一步加强，村民自治制度更加完善，农民民主权利得到切实保障；城乡基本公共服务差距明显缩小，农村社会管理体系进一步完善；农村人居和生态环境明显改善，可持续发展能力不断增强；全市农村实现全面小康。

按上述总体目标，要集中力量，奋力实现2010年农村大变样，提前两年完成省委提出的“六个上台阶”目标。

1. 农业结构调整目标。“五大拳头产品”和18个优势农产品取得重大进展；建成一村一品专业村400个以上、一乡一品专业乡镇20个以上。

2. 农业产业化经营目标。规模以上龙头企业发展到190户，销售收入达150亿元，其中年销售收入过亿元的企业达30户以上；积极培育年销售收入上5亿元和10亿元的龙头企业；农民专业合作社达600个，农民专业合作经济组织覆盖和带动适宜农户达80%。

3. 现代畜牧业发展目标。建成四川现代奶业示范区和中国南方奶源基地，新增奶牛2万头以上，鲜奶加工转化率100%，新增出栏生猪100万头，年出栏肉兔3000万只、专用肉鸡4000万只，畜牧业产值达农业总产值的65%。

4. 农村基础设施建设目标。新增高产稳产农田25万亩，有效灌溉面率达88%，90%以上的村民实现安全卫生饮水，农村自来水普及率达30%以上；农村沼气池完成22万口；100%的乡镇通油路或水泥路，80%的村实现村道硬化；农村电网改造全面完成，广播电视实现村村通，宽带通村达90%以上。

5. 农业科技支撑目标。农业科技推广服务体系更加健全；科技进步贡献率达55%；耕播收综合机械化水平达40%。

6. 农村社会事业发展目标。城乡一体化工作全面推进，新型合作医疗参保率达95%；农村教育均衡发展；农村低保应保尽保，农民养老保险全面推行；建卡贫困人口基本脱贫；建成文明和谐村500个。

7. 农村环境整治目标。城乡集中式饮用水源得到有效保护，城乡生活垃圾、生活污水得到有效治理，面源污染得到有效控制，农村脏乱差现象得到根本好转；森林覆盖率达40%以上。

8. 农村经济发展目标。一产业年增速5%以上，农业增加值过100亿元；农民生产性、工资性和财产性等收入不断增加，农民人均纯收入突破5000元；建成全面小康村700个。

二、强力推进二十一项重点工作，确保2010年实现农村大变样

（一）推进城乡统筹发展

着力破除城乡二元结构，全面实行城乡规划、土地利用、基础设施、产业发展、公共服务、劳动就业“六个统筹”，推进城镇基础设施向农村延伸，公共服务向农村覆盖，二、三产业向农村辐射，形成城乡经济社会一体发展新格局。东坡区、彭山县统筹城乡发展改革取得明显进展，其余四县全面启动统筹城乡发展改革工作。

继续深化户籍制度改革，建立按居住地登记户口的户籍管理制度，清除农村人口自由流动的制度障碍，推动农村居民有序转变为城镇居民。

探索建立水务一体化管理体制，统筹水资源管理保护和开发利用。

（二）大力发展一村一品

发挥7个农产品中国之乡优势，围绕优质生猪、奶业、蔬菜、竹木、水产品5大拳头产品和18个地方优势农产品，做好今冬明春结构调整大会战，改良品种，提升品质，做响品牌，强力推进一村一品、多村一品建设，培育一大批特色明显、类型多样、竞争力强的专业村和专业乡镇，形成眉山农业发展区域特色。每年表彰奖励一批一村一品建设示范村和示范乡镇。

（三）大力发展现代畜牧业

按照省发展现代畜牧业试点市的要求，积极推广“上山进沟、适度规模、种养结合、循环发展”的模式，加快构建以奶牛为特色、生猪为基础、肉鸡肉兔为补充的现代畜牧产业体系。加快推进现代牧业10000头、爱德牛业5000头奶牛标准示范场和蒙牛液态奶加工项目建设，建成标准化健康养殖奶牛小区78个、标准化畜禽示范场60个，主要畜禽规模养殖比重达50%以上，畜禽良种化水平达90%以上。实现畜牧业产值125亿元。

巩固无规定动物疫病区成果，严格产地检疫和屠宰检疫。

（四）积极发展乡村旅游业

全面开展乡村旅游资源普查分析，结合新农村建设总体规划，统一编制乡村旅游发展规划。围绕特色产业、地方风俗、人文景观，多渠道多形式发展具有眉山特色的乡村旅游。加快乡村旅游示范点建设，新创建全国农业旅游示范点1个，新发展农家乐300家。制定乡村旅游促销计划，搞好乡村旅游产品的策划、组织、包装和宣传。开展乡村旅游示范区县、乡镇、村以及农家乐旅游服务质量星级评定工作。

（五）大力推动全民创业、产业富民

鼓励企业业主到农村投资发展，鼓励城镇居民、企事业单位职工、科技人员、下岗失业人员和大中专毕业生到农村创业，鼓励农村能人本土创业，鼓励外出务工人员返乡创业。加大农业招商引资力度，积极引进业主投资农业开发。大力发展种植业、养殖业、加工业、营销业、运输业、农业服务业。力争到2010年，新引进农产品加工龙头企业10户以上，新增经营大户4000户。

（六）大力发展劳务经济

加快建立城乡一体的人力资源市场和就业服务体系，积极推行城乡统一的就业政策、就业服务和劳动用工制度。建立覆盖城乡的职业培训网络，加强劳动力输出转移培训。着力打造具有眉山特色的劳务品牌，积极引导优秀人才回乡创业。加强农民工权益保护。尽快制定和实施农民工养老保险关系转移接续办法。

（七）大力培育农民专业合作社

鼓励企业、业主、专业大户和技术人员积极领头创办农民专业合作社。引导协会向农民专业合作社转型，指导农民专业合作社规范运作。继续开展示范农民专业合作社创建活动，对示范农民专业合作社予以重点扶持。支持有实力的专业合作社实行跨区域、集团式发展。积极发展多种形式的农民专业合作经济组织，不断增强农民组织化程度和市场竞争力。

（八）大力发展龙头企业

认真落实国家、省、市已经出台的扶持和优惠政策。对新创建的国家级和省级农业产业化龙头企业，分别奖励 20 万元和 10 万元。对农业产业化经营龙头企业在项目申报、立项等方面优先安排。积极帮助企业争取贴息补助、投资参股和税收优惠政策。每年表彰奖励一批先进龙头企业法定代表人。

进一步延伸产业链，大力引进和发展农产品精深加工项目，重点打造一批年销售收入 10 亿元以上的产业集群和亿元以上的龙头企业，规划建设中国泡菜产业园，把我市建成西部重要的农产品加工基地。鼓励龙头企业自建基地，不断向周边区域延伸和扩展，形成规模化生产。

建立和完善利益联结机制，鼓励和引导龙头企业与基地和农户通过订单收购、股份合作、二次返利等形式，结成“利益共享、风险共担”的利益共同体。

（九）加快土地承包经营权流转

稳定和完善以家庭承包经营为基础、统分结合的农村基本经营制度。完善土地承包经营权权能，依法保障农民对承包土地的占有、使用、收益等权利。2009 年完成农村土地确权、登记、颁证工作。按照依法、自愿、有偿的原则，以提高现代农业生产力为方向，支持农民以土地承包经营权入股组建土地合作社，采取转包、出租、互换、转让和股份合作等形式，积极推进土地承包经营权流转，发展多种形式的适度规模经营。各区县和乡镇要在 2009 年上半年前成立土地承包经营权流转服务中心，健全土地流转评估、登记、备案、鉴证和信息发布、纠纷调解等制度，推进和规范土地有序流转。

完善征地补偿机制，保障农民权益。实行积极的城镇化政策，在条件成熟的城镇周边，开展以宅基地换住房、以土地承包经营权换社保的工作试点。

积极开展农村土地承包经营权、林权等产权交易试点。

（十）健全新型农业社会化服务体系

健全乡镇或区域性农业技术推广、动植物疫病防控、农产品质量监管等公共服务机构，2010 年前完成村级服务站点建设。

支持供销合作社、农民专业合作社、专业服务公司、行业协会、农民经纪人、龙头企业等提供各种形式的生产经营服务。

加快推进“万村千乡市场工程”，连锁化农家店覆盖全市 100%的乡镇和 50%的行政村。加速现有市场改造升级，发展 10 亿元市场 1 个，1 亿元市场 10 个，1000 万元市场 100 个。在绵—成—乐城际铁路眉山站附近规划建设农产品物流中心。努力将青龙粮食物流中心建成辐射中国西部的区域性粮食物流基地。

采取经贸洽谈合作、农超对接会、农产品展示展销会等方式，引进国内外大型商贸连锁企业到眉山采购农产品，形成农产品大流通的新格局。

（十一）加强农业科技创新与转化应用

围绕眉山特色产业，加强厅市、校市合作，依托大专院校和科研院所，创建一批国家级和省级农产品研发机构，增强自主创新能力，培育新品种，推广新技术。建立以东坡区为核心区的水稻超高产示范平台。积极开展丘区节水农业示范。

积极创建特色农业科技园。鼓励龙头企业、业主、涉农部门办园，每个区县至少建立 1 个。

完善农业科技推广服务体系，推广“专家大院”“专家+企业（协会、中介组织）+农户（村、社）”“科技 110”等模式，继续推行农业科技特派员制度。充分发挥农村致富能人的带头示范作用，稳定和壮大农业科技人才队伍，积极开展农业先进适用技术培训。

加快推广农机新技术新机具，改善农业装备条件，农机总动力达 165 万千瓦。

（十二）加强农产品质量安全监管

积极推广绿色种植和健康养殖，加强投入品监管，整顿和规范农村市场秩序，严厉打击坑农害农行为，切实维护农业生产和农民消费的合法权益。加强检验检测体系建设，建立健全农产品质量安全监管体系和溯源体系。充分运用全过程动态监管信息系统，对企业产品质量和食品安全实施全程监控。

完善质量监管链条，在食品企业建立不合格品召回制度。构建农产品质量诚信体系，建立违法企业“黑名单”制度。抓紧制定和申报泡菜省级标准。严格产品质量标准，加强对食品生产从业人员的教育管理。

加快农业标准化体系建设，争创国家级、省级农业标准化示范基地和良好农业规范认证，力争把眉山整体打造成无公害农产品基地市。新增无公害食品、绿色食品和有机食品 50 个以上。新增无公害农产品基地 50 万亩。

（十三）加强农村基础设施建设

加快水利建设，全面完成病险水库除险加固，重点抓好汪洋旱区水利工程和黑滩子、穆家沟水库建设的前期工作，加快岷江防洪体系建设，启动岷江航电工程。解决 90 万农村人口饮水安全和 42 个旱山村缺水问题。

加快交通建设，实施通畅工程，实现 100%的乡镇和 80%以上的村通油路或水泥路，提高公路等级，打通断头路，完善路网体系，实现 100%的乡镇有客运站、100%的乡镇通客车。

增强粮食生产综合能力，加快中低产田改造。实施以测土配方为重点的育土工程、以“金土地”为重点的土地整理工程，大幅度增加高产稳产农田比重。

加强农村电网建设与改造，保障农村生产生活用电。加快农村沼气建设，积极发展清洁能源。健全农村公共设施维护机制，提高设施综合利用效能。

（十四）加快小城镇建设

抓住“成都平原城市群”发展战略机遇，大力推动新型城镇化，增强城镇综合承载能力，实现工业化城镇化良性互动、联动发展，全市城镇化率每年提高 1. 5 个百分点以上。

科学制订城镇化发展规划。按照新型城镇化要求，坚持城镇体系规划与经济发展规划相结合，城镇建设规划与产业发展规划相结合，编制完善“以东坡文化为底蕴、生态宜居为特点、特色产业为支撑、眉山城区为核心、五县城为重点、小城镇为基础”的现代城镇体系。

抓好重点小城镇建设。突出特色，因地制宜，扩大建成区面积，完善城镇功能。加强城镇管理，强化产业支撑，以产业集聚带动人口集中，以城镇发展带动经济繁荣。力争把青神县青城镇，丹棱县丹棱镇，东坡区思蒙镇、修文镇，彭山县青龙镇、牧马镇，仁寿县汪洋镇、富加镇、黑龙滩镇、视高镇等 10 个集镇建成 3 万人~5 万人的小城镇。

（十五）加快灾后农村恢复重建

坚持灾后重建与新农村建设和扶贫开发相结合，加快灾后农房重建和受损农房维修加固步伐，2009 年前全面完成受灾城镇居民住房、179 所学校和 128 所敬老院供养中心重建。搞好乡村道路、供水供电等基础设施恢复建设，抓紧恢复各种农业服务体系。提高农村学校、医院等公共建筑设施抗震标准和建筑质量，落实安全标准。完善农业农村防灾减灾体系，加强气象监测预警能力建设。

（十六）推进农村文化建设

广泛开展遵纪守法户、五好家庭户、双文明户“三户”评选和文明村镇、文明集市等创建活动，农村“三户”评选率达80%，文明村镇创建率达75%以上。

加强县、乡、村三级文化设施建设，构建农村公共文化服务网络。大力推进广播电视村村通，文化信息资源共享，乡镇综合文化站、村文化室建设，农村电影放映，农家书屋等重点文化惠民工程。建立稳定的农村文化投入保障机制，尽早形成完备的农村公共文化服务体系。实现已通电20户以上的自然村电视覆盖率达100%，完成所有行政村农家书屋建设。

建立完善文化科技卫生“三下乡”长效机制。扶持发展一批面向农村、服务农民的文艺团体。加强农村文物、非物质文化遗产和文化古镇保护。完成303个农民体育健身工程建设，积极开展农村文化体育活动。

（十七）大力发展农村教育事业

完善和落实农村义务教育经费保障机制。巩固农村义务教育普及成果，全面实施素质教育，提高农村教育质量。

大力实施职教攻坚，发展农村职业教育，培养农村技能型、适用型人才。建成1个市级、5个县级职教中心。

实施“农村教师专业发展计划”，加大培训力度，提高农村教师素质，建立健全城乡教师交流制度。加快农村信息化步伐，完成农村中小学信息化系统建设。

（十八）加强农村医疗卫生事业

推进公立医院管理体制改革试点。建立健全农村三级卫生防疫网络。改扩建21个乡镇卫生院，完成128个乡镇卫生院基础设备配置，每村建好一个卫生室。推动二级以上医疗卫生机构对口支援乡镇卫生院工作。鼓励社会和个人创办农村卫生机构。

完善新型农村合作医疗制度，加快推进农村医疗救助制度建设，扩大农村医疗救助覆盖面。扩大农村免费公共卫生服务范围，加大农村地方病、传染病及人畜共患病防治力度。

建立健全农村计划生育技术服务体系。稳定农村低生育水平，年均人口自然增长率控制在2.5‰以内。

（十九）构建农村社会保障体系

继续推进农村居民养老保险试点工作，2009年在东坡区、洪雅县各3个以上乡镇试点，其余各县至少在1个乡镇试点，2010年实现全覆盖。做好被征地农民社会保障，做到先保后征。

全力推进农村低保工作，做到应保尽保，逐步提高保障标准。完善农村五保户供养救助制度，全面实行集中供养，不断提高供养水平。落实好军烈属和伤残病退军人等优抚政策，逐步提高农村优抚对象保障水平。发展农村老龄、残疾人事业，逐步提高农村百岁老人保障水平。做好扶贫开发工作。

制定我市重大自然灾害救助政策预案，确保受灾群众得到及时有效的救助。

（二十）强化农村社会管理

健全村民自治机制，完善民主选举、民主决策、民主管理、民主监督制度。完善农村社会管理体制机制。完善村民一事一议筹资筹劳办法，坚持和完善乡镇政务公开和村务公开。

加强法制宣传教育，搞好农村普法、法律服务和法律援助。强化涉农问题的执法监督和司法保护。拓宽农村社情民意表达渠道，完善矛盾纠纷排查化解工作机制，健全人民调解与行政调解、司法调解相衔接的大调解格局，实现农村社会稳定和谐。

加强对农村社会治安集中整治，积极开展基层平安创建活动，加强基层法庭、派出所、司法所和警务室建设，搞好社会治安综合治理。重视解决农村“三留守”人员的具体困难和问题。积极稳妥化解乡村债务。完善农村生产安全监管体系。

（二十一）加强农村环境综合治理

强力推进城乡环境综合治理行动，突出治理场镇和农村面源污染，加快改厨、改厕、改圈、改路、改水、改庭院，兴建沼气池和污水处理池，推广城乡垃圾集中处理，全面启动城乡生活污水处理工程，30%的乡镇建成生活污水处理设施。加强对城乡集中式饮用水源地的环境监察和监测。

扎实开展环境优美乡镇、生态村、生态家园创建工作，洪雅、丹棱两个国家级试点县80%的乡镇建成省级以上环境优美乡镇，其余区县每年各创建2个以上省级环境优美乡镇。

继续推进天然林保护、退耕还林和“双百万”等重点工程，做好场镇绿化和道路绿化，支持发展后续产业。发展循环农业、生态农业和节约型农业，加强生态环境保护。

三、创新机制，为农村改革发展提供坚强保障

（一）强化农村工作领导保障机制

各级党委、政府要切实加强对“三农”工作的领导，党委和政府主要领导要亲自抓农村工作。区县党委要有负责人分管农村工作。

乡镇党委、政府要集中精力抓好以“一村一品”和“一乡一品”为重点的农业产业化建设，以提高土地集约化和农民组织化程度为重点的农村改革，以交通、水利为重点的基础设施建设、场镇建设和环境治理，以民生为重点的社会事业建设，搞好公共服务，以平安为重点的治安、安全建设，确保社会和谐稳定。区县要加强对乡镇党委书记和乡镇长的考核，市委每年评选表彰一批优秀乡镇党委书记。

加强党委农村工作综合部门建设，建立职能明确、权责一致、运转协调的农业行政管理体制。各部门要增强大局意识，强化对“三农”工作的服务职能，形成合力。

支持人大、政协履行职能，发挥民主党派、人民团体和社会组织在推进农村改革发展中的积极作用。

完善区县领导班子和涉农部门考核办法，突出考核农民增收、粮食生产、耕地保护、环境治理、和谐稳定等指标。

（二）强化农村投入保障机制

全面落实国家和省各项强农惠农政策，严格政策标准，严格工作程序，确保及时兑现。

按照“三个明显高于”的要求，市上每年新增1000万元农业综合开发资金，各区县每年对“三农”投入增幅不得低于财政经常性收入增幅。优化财政投入结构，加大对现代农业、农业产业化经营、农民专业合作经济组织、农村基础设施、农村社会事业发展的投入力度。加大支农资金整合力度，推行支农资金绩效考评，提高资金使用效益。推进县乡财政管理体制改革，提供县乡基本运行财力保障。

市内国有商业银行和政策性银行要加大对“三农”支持力度。协调改善农村信用社法人治理结构，其新吸收的存款，主要用于当地发放贷款。抓紧建立村镇银行、小额贷款公司和农村资金互助社等新型农村金融机构；仁寿县富民村镇银行要尽快开业，争取更多的商业银行和合作银行在我市各区县设立全资子公司；增加市农业和中小企业融资担保公司资本金，提高对农业担保的比重。各区县至少要组建1家农业融资担保公司。积极探索农村房屋、土地承包经营权、林权、农业保险单等权证抵押贷款。建立银行与政府共担的风险防范机制。允许有条件的农民专业合作社开展信用合作。探索发展农民资金互助合作组织。积极推动政策性农业保险试点，增加保险品种，扩大保险范围。

组建市农业投资公司，有效聚合社会资金投入“三农”。综合运用税收、财政贴息、以奖代补、农业保险、农业信贷担保风险财政补助等多种方式，引导、鼓励社会和民间资金投入新农村建设。

（三）强化农村基层组织保障机制

全面推进“两票制”公推直选乡镇党委书记，“两票制”差额选举乡镇长。乡镇党委书记、乡镇长中原则上要有一个本地人。乡镇党委、政府班子成员原则上要任满一届。适当放宽乡镇党委、政府班子成员任职年龄。

深入推进“三级联创”活动，规范和完善“两票制”选举村党支部书记办法。积极推行村党支部书记、村主任“一肩挑”、村“两委”成员交叉任职、村干部兼组长。建立健全村组干部专项救助资金、养老保险、医疗保险、离任补贴等制度和误工补贴正常增长机制，充分调动村组干部积极性。建立健全基层干部社会评价制度。

推广在农村社区、农民专业合作社和产业链上建立党组织的做法。加大农村基层党组织活动场所建设，发挥志愿者等社会组织和基层站所作用，整合党员、青年和妇女等各种“活动之家”。推进农村党员干部现代远程教育，实现乡村网络基本覆盖。

坚持扶农帮农助农的各项举措。建立健全党的基层组织互帮互助机制，深化“万村党建富民”“部门帮村、党员帮户”“百企联百村”等活动。

加强农村党风廉政建设，进一步密切党群干群关系。切实转变工作作风，真出力、真爬坡、真破难，团结和带领农民群众建设社会主义新农村。

（四）强化农村人才保障机制

加大人才引进力度，组建专家咨询服务团，设立专家服务基地，鼓励专家、农技人员到农村创业服务；硕士及以上毕业生到乡镇事业单位工作，经批准不受编制限制。推进“一村一名驻村干部”“一村一名大学生”工程。积极选派优秀年轻干部到乡镇和村挂职锻炼。

加强基层干部和农村实用人才培养。完善市对乡镇、区县对村干部的轮训制度，鼓励乡镇干部参加学历教育，村组干部到农林院校脱产学习或参加电大进修。加大新型农民培养力度，大力培养农业技术推广人才、农村营销管理人才、种养能手和能工巧匠。

健全人才激励机制。完善优秀乡镇党委书记、乡镇长评选表彰办法。加大从优秀村（社区）干部中考录乡镇公务员和选任乡镇领导干部力度。注重从农村致富能手、退伍军人和外出务工返乡农民中选拔村干部。

新形势下推进农村改革发展，实现全面建设小康社会宏伟目标，任务艰巨，责任重大。全市各级党组织和广大党员干部一定要将思想和行动统一到中央和省委的部署上来，解放思想，锐意改革，在推进农村大变样中努力开创我市农村工作新局面！

中共眉山市委
关于进一步深化改革的意见

（眉委发〔2008〕23号，2008年11月7日）

为进一步解放思想、深化改革，推进眉山加快发展、科学发展、又好又快发展，造福全市人民，特提出以下意见。

一、扩大决策民主

1. 试行“四会”公开制度。市委常委会、市人大常委会、市政府常务会、市政协常委会的非保密议题，邀请党代表、人大代表、政协委员列席或公民旁听。

2. 建立市委常委会决策“民意征询”制度。涉及重大公共服务项目和民生问题的决策，先在市内媒体上公示，广泛征询民意，再提交市委常委会票决。

3. 重大决策事项提交市委常委会前，分别提交市人大常委会主任会议、市政协主席会议，在充分讨论的基础上进行可行性投票，结果作为市委决策的重要参考。

4. 建立社情民意反映制度，坚持并深化“我为眉山改革提一条建议”活动。

二、扩大干部选任民主

5. 试行部分市级部门一把手任用全委会差额票决制。

6. 改进市级部门副县级领导干部面向社会公开选拔制度。扩大选拔范围，面向全市公开选拔，选拔对象包括党政机关、事业单位正式人员和非公有制企业负责人。提高选拔过程透明度。

7. 全面推进“两票制”公推直选乡镇党委书记和“两票制”差额选举乡镇长，出台相关配套措施。

8. 乡镇党委书记、乡镇长任职年龄放宽，原则上任满一届，原则上有1人是本乡镇人。

9. 试行委任制干部民主推荐权重制。

10. 建立干部任前多层面公示制度。

三、扩大测评民主

11. 扩大市委全委会工作满意度测评范围。邀请市内各民主党派、工商联、无党派人士代表和群众代表列席市党代会，听取市委工作报告，参与全委会工作满意度测评。

12. 实行区县长和市级政府部门一把手向社会报告工作制度。其年度工作报告在市内主要媒体上公示，接受群众评议和满意度测评。

13. 实行区县、市级部门领导班子和领导干部定期民意测评制度。

14. 实行县级领导干部任职回访评鉴制度。

四、改进市级领导活动新闻报道

15. 市级主要领导下基层调研或出席工作会议，市内媒体原则上只发标题新闻、图片新闻或简讯。

五、完善干部考核激励机制

16. 制定《关于建立促进科学发展的党政领导班子和领导干部考核评价机制的意见》《区县党政

领导班子和领导干部综合考核评价办法》《市级部门领导班子综合考核评价办法》。

17. 设立县级领导干部工作创新奖和突出贡献奖。

18. 建立健全优秀乡镇（街道）党委书记提拔重用制度。

19. 建立重大项目建设、招商引资、园区建设、维护社会稳定等方面成绩突出干部的提拔重用制度。

20. 建立村（社区）干部激励制度。每年拿出一部分乡镇（街道）公务员名额，面向村（社区）干部定向招考。扩大优秀村（社区）干部选任乡镇（街道）领导干部的比例。逐步提高村（社区）干部报酬，每年表彰奖励一批优秀村（社区）干部。

六、建立健全权力监督约束机制

21. 实行公共资源交易操作权、管理权、监督权分离。由市公共资源交易中心负责交易操作，由市纪委（监察局）负责交易监督，剥离市级有关部门的交易管理职能，组建市公共资源交易管理办公室，负责交易管理。

22. 改进政府采购和招投标工作。

23. 建立巡视制度，加强对领导干部的监督。

24. 试行领导干部经济责任交接制度和领导干部经济责任审计结果向社会公示制度。

25. 实行领导干部问廉问责制度，在本市权限内建立重大违纪违法案件责任倒查制度。

26. 完善腐败问题预防工作联席会议制度，定期通报、交换情况，提出预防对策建议，强化源头治理，力求少发案，有效防止发生大要案。

27. 完善政府投资管理制度，健全政府债务监控体系，实行市、区县政府年度负债向人大常委会报告制度。

28. 深化行政效能改革，建立行政效能建设定期分析制度，审批和许可项目平均办理时间压缩到1天以内。

29. 完善舆论监督制度，在市级媒体上开设专栏，曝光违法、违纪、违规案件和行政效能建设、软环境建设方面的问题。

七、改进人大、政协工作

30. 按少而精原则确定人大常委会会议议题。原则上每年每个工作委员会提请常委会审议专题工作报告或执法检查报告不超过2项。

31. 精简调研视察程序。市人大常委会组织调研或视察，原则上分管副市长不陪同，调研和视察结果书面送市政府办理。

32. 改革市政协全体会议与市人代会套开制度。市政协全体会议在市人代会之前召开，“一府两院”专题向政协会议作工作通报，政协委员协商讨论后，再提交市人代会审议。

33. 改进民主监督制度，对涉及发展、稳定、民生的重大事项实行个案监督。

34. 合理设置和调整政协界别。新增中介组织等界别，把各方面代表人士吸纳到政协组织中来，充分反映社会不同阶层的意见和要求。

八、改进司法工作

35. 建立人民调解与行政调解、司法调解相衔接的“大调解”运行机制。加强乡镇人民调解中心建设。

36. 构建司法案件质量评查体系，建立完善错案责任追究制，减少和预防涉法涉诉上访。

九、深化经济体制改革

37. 改革国有资产监管。授权市国资委履行市级国有资产出资人职责，负责监管国有资产运营。清理市属国有企业，变更出资人。制定市属国有企业负责人经营业绩考核办法，促进国有资产保值增值。设立国有资产经营专户，强化国有资本预算编制和审批，对市属国有企业国有资产收益和市级行政事业单位国有资产收益实行国有资本预算管理，促进国有资产转化为国有资本。

38. 深化投融资体制改革。将市属国有企业、市级行政事业单位的国有资产纳入市国有资产经营公司，并将眉山宏大土地开发有限公司、市城市投资发展有限公司等企业的国有股权授权市资产经营有限公司持有管理，组建眉山市国有资产投资控股（集团）公司，实行投资、融资、经营、管理一体化。积极推行 BOT、BT、TOT 等模式，加大社会融资力度。

39. 推进金融创新。逐步建立村镇银行、金融租赁公司、小额贷款公司和农村资金互助社，推行农业保险单、林权证等权证抵押贷款。

40. 加快信用担保体系建设。市农业和中小企业融资担保公司要积极开展再担保业务。进一步发展担保公司，每个区县至少组建 1 家担保公司。鼓励支持企业建立会员制担保机构。建立担保公司风险补助基金。

41. 推进工业园区管理体制改革。重点是理顺市级工业园区体制，充分赋予园区财权、事权和人权，明确园区与政府、企业的关系，实现“党政授权、封闭运行、自主发展、限期平衡”。

42. 建立工业园区和农民利益共享机制。由园区管委会组建经营公司，动员被征地农民以征地补偿金入股，公司对入股农民实行“保底分红，退股自由”。

43. 建立和完善农村土地流转体系。支持农民以土地承包经营权入股组建土地合作社，采取转包、出租、互换、转让和股份合作等形式，积极推进土地承包经营权流转。鼓励和引导龙头企业、城镇居民积极参与农村土地流转。成立土地流转服务中心、产权交易中心，组建农业投资公司。整合农经网、政府信息中心等，建立政府土地流转信息发布平台和交易市场。

十、深化社会事业发展体制改革

44. 深化事业单位人事制度改革。全面推行聘用制度，实现事业单位人事管理由身份管理向岗位管理转变、由行政任用关系向平等协商的聘用关系转变。市政府系统部门内部事业单位之间的人事调配权下放部门党组，报人事局备案。

45. 推进农村农业实用技术职称评（认）定工作，开展非公有制企业专业技术人才职称评定工作试点。

46. 支持乡镇、村在惠民工程建设中整合资源，优势互补。

47. 加快户籍制度改革。建立以居住证管理为核心，以居住地登记户口为基本形式，以合法固定住所或稳定职业为准入条件，城乡统一流动的户籍管理制度。

48. 建立统一的城乡医疗保险管理体制。条件成熟时，将新型农村合作医疗、城镇职工基本医疗保险和城镇居民基本医疗保险管理统一归口劳动和社会保障部门管理。

49. 推进农村居民基本养老保险试点工作，2010 年实现全覆盖。

50. 开展为农民住房办理农村房屋所有权证试点工作；在条件成熟的城镇周边，开展以宅基地换住房、以土地承包经营权换社保工作试点。

51. 整合归并城市管理执法相关职能，由市城管执法局统一履行。推行城市管护费定额管理。推行城市公共管理权对内承包、对外公开拍卖，养事不养人，降低管理成本。

52. 创新社会组织管理。发挥社会组织在社会自治管理中提供服务、反映诉求、规范行为和促进社会公益等方面的重要作用。建立政府向社会组织购买服务的制度，逐步将可以由社会组织承担的事务，委托给各类社会组织，出台相关配套政策，明确购买服务的范围、标准，引入竞争机制，强化评估监管。

53. 改进学校、社区和机关单位文体设施管理，周末和节假日免费对市民开放。对市内公民免费开放三苏祠和三苏纪念馆。积极开展群众文化、健身活动，营造好眉山节日气氛。

54. 设立市文学、艺术、体育突出成就奖。

55. 建立“我为眉山作贡献”年度风云人物评选制度。

十一、强化落实

56. 各区县、各部门按照各自职能和职责，提出具体意见，报市委批准后实施。

中共眉山市委　眉山市人民政府
关于强力推进泡菜产业发展的决定

（眉委发〔2009〕9 号，2009 年 5 月 7 日）

泡菜产业是我市的优势产业，近年来发展势头迅猛，在全省、全国产生了较大影响，对全市农业增效和农民增收起到了重要作用。为进一步促进传统农业向现代农业转变，做大做强泡菜产业，特作如下决定。

一、奋斗目标

下最大决心，倾力打造全国一流、国际知名的“四川 · 东坡泡菜”产业。力争通过 3 年的努力，到 2011 年，全市蔬菜种植面积发展到 100 万亩，其中标准化蔬菜基地面积由 20 万亩发展到 50 万亩；泡菜年加工量和销售收入实现翻番，分别达到 100 万吨和 40 亿元；带动农民增收 8 亿元以上，建成“四川 · 东坡泡菜产业园”，打响“四川 · 东坡泡菜”产业品牌，建成泡菜产业强市和以蔬菜为特色的全省特色效益农业示范市。

二、着力建设“四川 · 东坡泡菜产业园”

以四川眉山经济开发区东区为核心区，规划建设“四川 · 东坡泡菜产业园”。产业园区按照“基础设施一流、功能分区合理、要素配置齐全”的要求进行高标准规划、高起点建设。完善园区道路、水、电、气、通信、污水处理、绿化美化等配套基础设施，制定土地、税收、信贷、服务等优惠政策，营造吸引企业入驻和发展的良好环境。积极培育、引导本地泡菜企业入园发展，加强对外招商引资，大力引进泡菜加工企业及关联产业。现有泡菜企业扩建项目、新发展的泡菜加工企业和关联产业重点布局在“四川 · 东坡泡菜产业园”，形成产业集聚态势，逐步将园区建成集泡菜加工、商贸、旅游、会展、文化等于一体的产业集群和核心区。

三、着力建设全国一流的泡菜原料生产基地

全市统一规划，统一布局，集中成片，规模发展，根据龙头企业和市场对蔬菜基地发展的需求，结合“一村一品”建设，重点发展岷江沿岸和临近成都优势区两大蔬菜产业带，新增标准化蔬菜生产基地30万亩、达到50万亩。建设1000亩以上集中连片的蔬菜生产核心示范园10个、面积达2万亩，设施蔬菜生产基地5万亩，达到环境良好、基础设施配套、土壤肥沃、技术集成、管理先进的标准。建设蔬菜新品种试验示范园2个、蔬菜集中育苗中心10个，加强蔬菜新品种、新技术的引进、试验和推广。积极推进土地流转，鼓励企业和业主从事蔬菜规模化开发、集约化经营。完善蔬菜基地道路、沟渠等基础设施建设，全面推广标准化生产技术规程、绿色防控技术和测土配方施肥，打造全国一流的泡菜原料生产基地。

四、着力打造“四川·东坡泡菜”品牌

全力打造“四川·东坡泡菜”区域品牌，力争在2010年完成“东坡泡菜”产地证明商标的申报注册和地理标志保护产品的申报认证。鼓励主要泡菜生产企业普遍使用区域品牌商标和标识。鼓励泡菜龙头企业和农民专业合作社积极申报认证无公害农产品、绿色食品基地及产品，积极创建四川名牌农产品、中国名牌农产品、四川名牌产品、四川省著名商标、中国驰名商标。巩固提升“吉香居”“乐宝”“川南”“味聚特”“惠通”等品牌的知名度和影响力。严格实施“东坡泡菜”地方标准，积极争取上升为四川省地方标准和国家标准。以产品标准为基础，制定“东坡泡菜”产地证明商标和地理标志保护产品的保护管理办法，确保区域品牌规范使用，保证食品质量安全，维护行业良好形象。

五、着力推进泡菜新产品研发

坚持“政府引导、市场主导、企业主体”的泡菜新产品研发工作思路。依托大专院校、科研单位，为企业研发泡菜新产品提供技术支撑和信息服务。制定泡菜新产品开发奖励政策，开展“四川·东坡泡菜”新产品评比，引导企业按细分产业、细分市场的要求，积极开发多系列、功能型泡菜新产品，使种类更加齐全，能适应不同层次的消费需求。制定泡菜企业技改扶持政策，引导企业瞄准国际先进水平，不断引进新设备、新工艺，使用新技术、新材料，提高企业的生产能力和核心竞争力。

六、着力搞好泡菜产业及产品宣传

搞好“四川·东坡泡菜”整体形象策划。聘请专业策划机构，对“四川·东坡泡菜”的文字符号、图像符号、产品包装、形象代言人等进行全面策划，塑造“四川·东坡泡菜”整体形象。搞好大会、节庆宣传。举办好首届国际泡菜产业大会和“四川·东坡国际泡菜节”，组织好文化、商贸、旅游、论坛等主题活动。搞好商展宣传。积极组织泡菜企业参加“糖酒会”“广交会”“西博会”等国内重要的商贸活动，开展“四川·东坡泡菜”在国内的巡回推介活动。搞好媒体和广告宣传。建立“四川·东坡泡菜”门户网站，在眉山城区和各主要入口、成都闹市区、省内主要高速公路设立“四川·东坡泡菜”大型固定广告宣传牌，在中央、省级重要媒体和本地各类媒体上进行产业宣传和广告宣传。搞好文艺作品宣传。组织创作以宣传“四川·东坡泡菜”为主要内容的文学、音乐作品，举办摄影展、书画展。通过一系列宣传活动，不断扩大“四川·东坡泡菜”的市场影响，巩固在四川泡菜产业中的龙头地位，力争在全国泡菜市场和世界泡菜市场中占据更加重要的位置。

七、完善和落实泡菜产业发展的扶持政策

积极争取将泡菜产业作为全省现代农业发展的先行试点产业，努力把眉山市建设成为四川泡菜产业发展的核心区。积极争取农业部、科技部等国家部委和省级有关部门对眉山市泡菜产业发展的政策扶持和项目支持。市和区县财政每年安排专项经费，整合有关项目资金，确保泡菜产业发展工作的顺利推进。对泡菜产业发展的关键环节和重点工作要制定扶持政策，并给予必要的专项补助，对在强力推进泡菜产业发展工作中作出突出贡献的区县、部门和个人给予表彰和奖励。

八、强化泡菜产业发展的组织领导

（一）成立领导和工作机构。市上成立以市委、市政府分管领导任组长的“四川·东坡泡菜”产业推进领导小组，在市农业局设立泡菜产业推进办公室。邀请科研单位、大专院校、上级主管部门有关专家，建立“四川·东坡泡菜”产业发展专家咨询委员会，对全市泡菜产业发展、产品研发提供政策、技术、信息等方面的咨询、服务。有关区县也要相应成立泡菜产业推进领导小组，落实领导和工作力量，全力推进产业发展。

（二）明确工作责任。“四川·东坡泡菜产业园”建设由东坡区政府、四川眉山经开区管委会、市招商局等单位负责。标准化蔬菜生产基地建设由各区县人民政府和市农业局、市财政局、市质监局、市科技局、市交通局、市水利局、市环保局、市农机局等部门负责。“四川·东坡泡菜”品牌创建由东坡区政府和市工商局、市质监局、市农业局等部门负责。宣传由东坡区政府和市委宣传部、市农业局、市商务局等部门负责。

（三）健全服务体系。加大人才引进力度，鼓励专家、农技人员深入基地、企业，开展泡菜产业发展服务。围绕10个蔬菜生产核心示范园建设，健全蔬菜重点乡镇农业公共服务机构以及村级服务站点，落实专门人员，搞好蔬菜技术指导、品种推广等服务；大力发展蔬菜产业农民专业合作社，搞好生产、营销服务，提高生产与市场、基地与企业的对接能力。扶持市蔬菜产业协会、东坡区食品商会等中介组织，进一步完善工作职能，增强服务基地、服务企业、服务产业发展的能力。

中共眉山市委　眉山市人民政府
关于建设生态市的决定

（眉委发〔2009〕19号，2009年7月27日）

为深入贯彻落实科学发展观，建设生态文明，推动全市经济社会与环境保护协调发展，根据《中共四川省委、四川省人民政府关于建设生态省的决定》（川委发〔2006〕18号）精神，全面实施《四川省眉山生态市建设规划（2006—2017年）》，现就建设生态市作如下决定。

一、准确把握生态市建设的指导思想和基本原则

（一）指导思想。以邓小平理论和“三个代表”重要思想为指导，以统筹人与自然和谐发展为主线，以提高人民群众生活质量为根本出发点，全面推进“生态眉山”建设，在保证生态环境不被破坏的同时，使经济快速稳定增长，实现经济发展、生活富裕、生态良好的可持续发展道路。

（二）基本原则。坚持以人为本原则、循环再生原则、因地制宜原则、循序渐进原则。

二、实施生态市建设的目标任务

生态市建设的总体目标：充分发挥全市区域经济特色和生态环境优势，再经过8年（2009—

2017年）的努力，扭转生态赤字的趋势，全市80%的区县建成生态区县。基本实现人口规模、素质与生产力发展要求相适应，经济社会发展与资源环境承载力相适应，把眉山建设成为具有发达的生态经济、优美的生态环境、宜人的生态人居、繁荣的生态文化、人与自然和谐相处的可持续发展现代化城市。

（一）全面启动期（2009—2010年）：生态市建设全面启动。经济增长方式有所转变，产业结构调整成效明显，循环经济逐步推进，生态效益型产业成为经济新的增长点；环境保护和污染综合治理工作得到加强，生态环境基础设施建设和生态示范区建设全面展开，局部地区生态环境恶化趋势得到有效遏制，环境质量得到一定改善；城市交通、文化等基础设施和市政服务设施逐步完善，人居环境质量明显优化，初步形成具有眉山特色的城市生态景观格局；生态文化建设初见成效，人们的生态素养和环境意识逐步提高；生态环境管理系统建设全面开展，适应了场经济体制的环境保护政策、法规和管理体系基本建立。到2010年，呈现出生态眉山雏形。

（二）发展期（2011—2015年）：生态市建设走上健康发展的轨道。各种污染源得到全面控制和治理，整体生态环境质量得到明显改善，社会事业全面实现进步。到2015年，全市生态环境质量良好，自然资源得到有效保护和合理利用；稳定可靠的生态安全保障体系基本形成：环境保护法律、法规、制度健全完善；以循环经济为核心的生态经济加速发展；生态环境和谐优美，生态文化长足发展，人民生活水平全面提高；大多数指标达到生态市建设指标。

（三）深化期（2016—2017年）：生态市建设达到全国先进水平。生态环境质量进一步得到提高，生态经济建设进一步深化，资源的高效利用和循环利用体系得到建立。到2017年，具备发达的现代产业体系，高度国际化开发格局，生态型现代化城市基本建成。

三、全面构建生态市建设的基本体系

（一）构建以循环经济为核心的生态产业体系。按照“减量化、再利用、资源化”的原则，建设循环型企业，大力推进各类资源的循环利用，全面提高资源的使用效率；运用生态学和循环经济理论，建设生态型工业园区，促进产业优化升级；通过资源再生利用，培育循环型社会，严格控制污染物排放总量；尽快建立城市生活垃圾、主要废弃物和城市污水处理厂中水回用系统，逐步实现固体废弃物无害化处理的综合利用。

（二）构建稳定、协调、健康的生态环境体系。坚持“保护优先、开发有序”的原则，大力保护和合理利用水、森林、湿地矿产、生物、土地等各种自然资源，努力实现资源永续利用。实施天然林保护、退耕还林、水土保持、生态环境综合治理等工程，加强资源开发的环境监管，促进人与自然和谐。

（三）构建现代、文明、独具特色的生态文化体系。促进人文生态传统与现代生态文明的融合，引导居民价值取向转向社会的富足、健康、文明；企业生产方式从产品导向转向功能导向，资源掠夺型转向保育再生型；企业经管理念和消费行为从高能耗、高消费、负影响向低能耗、适度消费、正影响过渡的转型；营造环境适宜、景观优美、情调典雅、文化氛围浓郁、服务体系完善、社会风尚良好、生态和谐的新型社区。

（四）构建优美舒适、协调和谐的生态人居体系。充分利用区域环境及历史文化优势，把居住环境改善与生态环境建设有机结合，保护生态环境，美化城市绿地，优化交通体系，完善公共服务设施，提高城镇和农村居民的生活质量。全面提升全市综合竞争力，努力将眉山建设成为东坡文化特色浓郁、优美和谐的生态宜居地。

（五）构建保障有力的生态建设能力支撑体系。以生态经济和生态服务功能建设为契机，促进生态支撑体系的能力建设，在法律法规、机构、科技发展能力、人力资源、政策体系、生态环境监测、生态环境信息管理、教育与公众参与、区域与国际合作等方面形成成熟的生态经济能力、生态健康能力和生态文明能力的综合能力网络体系，为眉山生态产业发展、生态环境保护、生态人居体系和生态文化建设提供可持续的能力支撑保障体系。

四、建立健全生态市建设的体制机制

（一）建立健全条块结合的管理体制。生态市建设实行属地管理，层级负责。各级党委、政府围绕生态市建设总体目标，制订符合当地实际的生态建设规划。

（二）建立健全多元化投融资体制。充分发挥公共财政的导向作用，制定完善生态市建设的投入政策，落实生态市建设的资金投入。各级政府当年用于污染治理、生态保护和生态建设的资金要高于上年 GDP 增幅并逐年提高。各有关部门的年度预算中要安排一定比例资金用于生态市建设。鼓励银行贷款向生态工程建设项目倾斜，引导民间资金、外来资金注入生态市建设。

（三）建立健全环境容量总量控制体制。根据资源禀赋、环境容量、生态状况、人口数量以及国家发展规划和产业政策，将区域经济规划与生态建设目标有机结合，明确不同区域的生态环境功能定位和发展方向，把住源头，不欠新账；强化整治，多还旧账；全程监管，控制总量；动静结合，平衡容量。

（四）建立健全法律监督机制。严格执行生态环境保护法律法规和污染控制、资源节约、生态保护建设等地方法规规章。坚持依法行政，推行综合执法，加强人大法律监督和政协民主监督，发挥新闻舆论和社会公众的监督作用。

（五）建立健全目标考核机制。把生态市建设纳入各级政府目标考核的重要内容，定期考核公布各地指标完成情况，作为评价党政领导干部政绩的重要依据。

五、切实加强生态市建设的组织领导

（一）各级党委、政府要把生态建设作为一项长期的战略任务，纳入经济社会发展全局，加强领导，常抓不懈。为加强对生态市建设的领导，市委、市政府成立生态市建设领导小组。由市长任组长，分管副市长任副组长，有关部门负责人为成员。领导小组的日常工作由市环保局负责。各区县也要成立相应的领导机构。

（二）各级各部门要服从大局，围绕生态市建设目标任务，各司其职，各负其责，通力协作，整体推进，切实完成生态市建设的各项任务。

（三）生态市建设是全市人民的共同事业，要切实加大对生态市建设的宣传教育力度，增强全民参与意识，为生态市建设营造良好的社会氛围。

中共眉山市委
关于加强和改进新形势下党的建设的意见

（眉委发〔2009〕22号，2009年10月26日）

为深入贯彻中共十七届四中全会和省委九届七次全会精神，全面落实《中共中央关于加强和改进新形势下党的建设若干重大问题的决定》（中发〔2009〕9号，以下简称《决定》）、《中共四川省委关于贯彻落实〈中共中央关于加强和改进新形势下党的建设若干重大问题的决定〉的意见》（川委发〔2009〕19号，以下简称《意见》），结合我市实际，提出如下意见。

一、深入学习贯彻《决定》和《意见》精神

深入学习《决定》和《意见》，从市委常委会到每个基层党支部都要安排专门时间，原原本本地学习，充分领会、准确把握文件的精神实质和主要内容。要采取中心组学习、集中培训、专题研讨等多种形式，层层传达学习，确保学习活动覆盖到每一名党员、干部。要把学习《决定》和《意见》纳入干部培训计划，举办“学习十七届四中全会精神”乡镇党委书记培训班、党建和理论工作者专题培训班。要广泛深入地开展宣讲活动。市内各媒体要在重要时段、重要版面推出专题、开设专栏和网页，组织专访、通信，综合报道等，营造良好舆论氛围。

认真贯彻《决定》和《意见》，全市每一级党组织、每一个党组织都有义不容辞的责任和具体任务，都要认真对照《决定》和《意见》提出的新思路、新举措、新要求，找准各自的切入点，明确各自的工作重点，抓好贯彻落实。

要把党的建设伟大工程作为系统工程来抓，对《决定》和《意见》提出的各项工作要逐条研究，全面贯彻，做到全覆盖、不遗漏。要紧密联系实际，制定一整套地方化、具体化、可操作化的措施办法。要坚持把推进党的建设伟大工程同推进党领导的伟大事业紧密结合、相互促进，紧紧围绕“两个加快”和“四大目标”，切实抓好党的思想建设、组织建设、作风建设、制度建设和反腐倡廉建设，努力开创党的建设新局面，为推进“两个加快”、实现“四大目标”提供坚强的政治和组织保障。

二、扎实开展建设学习型领导班子、学习型党组织、学习型机关活动

（一）完善学习制度。坚持和完善党委（党组）中心组学习制度，市委中心组每季度集中学习一次，每月举办一次专题讲座，全年集中学习时间不少于12天。建立学习型领导班子建设制度，党员主要领导干部每年至少讲一次党课，领导班子成员每年结合分管工作至少撰写一篇调研报告。领导班子成员要结合工作职能抓学习，一把手应“半年成内行、一年成专家”。建立学习型党组织建设制度，重点抓好市、区县、乡镇（街道）机关党组织和学校、医院等重点企事业单位党组织学习活动，坚持党支部每月一次的集体学习，定期举办党员公共技能培训，有计划地组织演讲比赛、征文、交流讨论等活动。建立学习型机关建设制度，坚持和完善机关干部集中学习、专题讲座、自学等制度，在机关形成崇尚学习，勤于思考、追求知识，追求真理的良好风气结合各自实际，整体推进建设学习型领导班子、学习型党组织、学习型机关活动。

（二）突出学习重点。组织党员、干部重点学习马克思主义理论、中国特色社会主义理论体系，用科学理论武装头脑、指导实践、推动工作；学习党的路线方针政策和党的历史，增强党的意识、宗旨意识、执政意识、大局意识、责任意识，做到为党分忧，为国尽责、为民奉献；学习中华民族的优秀文化，培养高尚情操和健康生活情趣，始终保持昂扬奋发的精神状态；学习实现“四大目标”所需要的经济，政治、文化、社会、科技、法律等各方面知识，不断拓宽知识面，提高执政能力。坚持理论联系实际，注重学习实效。

（三）加强学习考核。建立学习型领导班子、学习型党组织、学习型机关建设考核制度，坚持学习能力与实践能力、创新能力并重，把学习能力作为干部考核考察的重要内容，作为选拔任用领导干部的重要依据。

三、坚持和健全民主集中制，积极发展党内民主

（一）坚持和完善党的领导制度。坚持党委总揽全局、协调各方的领导核心作用，坚持常委分工负责制和党政协调运行机制。坚持和完善人民代表大会制度，坚持和完善中国共产党领导下的多党合作和政治协商制度，坚持和完善市委同民主党派、无党派人士合作共事机制。切实加强和改进党对群团工作的领导。建立市级部门党组（党委）工作规则。

（二）完善民主决策机制。制定全委会决策制度，完善常委会向全委会、全委会向党代会定期报告工作并接受监督制度。建立重大问题民意调查、听证咨询和社会评价制度。

（三）保障党员主体地位。坚持和完善“三会一课”制度，引导党员增强党员意识。切实保障党员知情权、参与权、选举权、监督权。深入推进党务公开，完善基层党务公开、党内事务听证咨询、党员旁听等制度，建立党内情况通报制度，扩大市委《工作通报》和《工作交流》的发放范围，畅通党员信息互通渠道。开展乡镇党委班子及成员党员民主评议工作。建立党委新闻发言人制度。办好《眉山日报》和党建网站。向全市村（社区）党支部赠阅《眉山日报》完善党内选举办法。全面推行乡镇、村党组织书记“两票制”公推直选，赋予乡镇党委书记对班子成员任免的推荐权，考核评价权。开展机关、企事业单位党组织领导班子公推直选试点。

坚持和完善党代会常任制和党代表任期制。

（四）严肃党的政治纪律。严格遵循“四个服从”，严禁有令不行、有禁不止，坚决维护党的权威。对上级党组织讨论决定的事项，下级党组织必须认真贯彻执行；对党组织作出的工作分配、调动和安排，党员干部个人必须无条件服从。党员对党的决议和政策如有不同意见，在坚决执行的前提下可以向党的上级组织直至中央提出，但不得公开发表和散布同党的决定相反的意见。对违反党的政治纪律、组织纪律的行为，坚决严肃处理。

四、深化干部人事制度改革，提高选人用人公信度

（一）坚持干部选任标准。坚持德才兼备，以德为先。凡政治信仰不坚定、生活作风不检点、履职动机不纯、群众口碑差的干部，坚决不用；欺上瞒下、虚报浮夸、搞假政绩的干部，坚决不用；对工作挑三拣四、向组织讨价还价的干部，坚决不用；困难时候站不出来、关键时刻冲不出来、危难关头豁不出来的干部，坚决不用。对在领导岗位上德出现问题的干部，坚决调整；对不团结、人盯人，窝里斗、乱告状的班子，坚决调整。

鲜明崇尚实干的用人导向。坚持群众公认、注重实绩，坚持以岗择人、以事择人。注重提拔在党政主干线、经济建设主战场、维稳和群众工作第一线表现突出的干部，大力选拔人品正、干实事、敢破难的干部，特别关注埋头苦干、实绩突出、群众公认的干部，让想干事者有机会、能干事者有舞台、干成事者有地位，不让老实人吃亏，不让投机钻营者得利。对工作业绩差的干部，维稳创稳能力差的干部，长期打不开工作局面的干部，果断调整。

（二）规范干部选任程序。完善县级领导干部选拔任用提名制度，继续推行非定向预推、全委会署名推荐、公开推荐、“两推一述”等提名方式，试行考试竞职提名、陈述竞职提名、公推竞职提名、差额竞职提名等分类提名制度。健全干部考察制度，强化日常考察，重视举报核实和延伸考察。积极探索差额选拔任用干部办法，实行差额推荐、差额考察、差额酝酿，试行差额表决。加大竞争性选拔干部力度，扩大公开选拔范围。

（三）完善干部监督工作机制。扩大干部工作信息公开，建立选人用人满意度民意调查机制。加强区县委书记用人行为日常管理和监督检查，实行区县委书记履行干部选拔任用工作职责离任检查制度。严格干部选拔任用工作责任追究。坚决整治跑官要官、买官卖官、拉票贿选等问题。

（四）健全干部管理机制。深化干部分类管理改革，推进企事业单位人事制度改革。完善干部交流制度，加大区县党政领导班子成员异地交流任职力度，市级部门领导班子成员任职满 3 至 5 年的有计划地进行交流。建立县级领导干部退出领导岗位机制。切实解决领导干部任职年龄层层递减问题，实行县级和乡科级领导干部任职年限市内统一。

五、加强执政能力建设，造就高素质干部人才队伍

（一）加强领导班子建设。优化领导班子结构，增强班子整体功能。选好配强党政正职领导干部。注重选拔 40 岁左右的优秀年轻干部担任区县委书记、区县长。抓好党政正职后备干部队伍建设。加强女干部、少数民族干部，党外干部培养选拔。加大乡镇（街道）年轻干部培养选拔力度。

（二）提升干部实战能力。适应实现“四大目标”要求，加强干部能力培养。建立领导干部定期务虚制度。大力实施“六大培训工程”，完善党校培训制度，深化干部教育培训改革，增强培训实效。加强干部实践锻炼，注重选派机关年轻干部到基层挂职锻炼，到招商引资一线、维稳工作和经济建设主战场实战磨炼。

（三）切实关心爱护干部。加强党员干部教育管理制度体系建设，健全理论培训、实践锻炼、严格要求、关心爱护四位一体的工作机制。完善县级领导干部谈心谈话制度。坚持定期评选表彰优秀基层党组织书记，完善优秀乡镇（街道）党（工）委书记评选、培养、使用制度，注重从优秀村（社区）干部中培养选拔乡镇（街道）领导干部。对长期担任乡镇党政领导职务的干部实行工资福利倾斜政策。加强离退休干部工作。

（四）实施人才集聚工程。坚持人才立市，加强适用型高层次、高技能人才引进和培养，统筹抓好各类人才队伍建设。坚持优秀人才休假疗养、组织定期体检、重大节假日慰问和领导干部联系等制度。加大对杰出贡献人才社会职务安排和政府奖励力度，符合条件的特别优秀人才可破格解决事业身份。坚持和完善创新创业创优人才培养资助计划和重点企业人才补助政策，不断优化吸引留住人才的政策环境。

六、加强基层党的建设，夯实党执政的组织基础

（一）加强基层干部队伍建设。拓宽选拔渠道，选好配强村（社区）党组织书记。符合条件的农村、社区党组织书记，可以通过法定程序担任村委会主任、居委会主任。实行区县委组织部对村（社区）党组织书记备案管程制度，健全基层党组织领导班子运行定期分析制度。加大从优秀村（社区）干部中考录公务员力度。加强对大学生村干部的管理和激励，选好配强“两新”组织党组织负责人。

（二）加强基层组织建设。全面推进各领域党的基层组织建设，实现党的组织、工作、凝聚力全社会覆盖。开展“四强”基层党组织创建活动。积极推进在农民专业合作组织、行业协会、流动党员集中地、居民小区等建立党组织工作；加强“两新”组织党建工作，今年内在区县成立“两新”党工委。在外务工经商党员集中地建立临时党组织。创新党组织工作手段，拓展党组织活动空间。

（三）加强党员队伍建设。改进发展党员工作，重视在“两新”组织和外出务工人员中发展党员。做好党员服务工作，健全党员激励、关怀、帮扶机制。建立基层党员轮训制度，创新党员发挥作用机制。严格党内组织生活，坚持民主评议党员，表彰优秀党员，及时处置不合格党员。

（四）构建城乡统筹的基层党建新格局。加强党员动态管理，完善城乡一体的流动党员教育管理服务工作制度。建立城乡基层党组织结对帮扶制度。建立基层组织工作经费保障制度。2010 年底前全面完成村级组织活动场所、城乡党员干部现代远程教育网络一体化建设。市财政对非扩权强县农村党员干部现代远程教育终端站点给予定额补助。推进社区党建“三有一化”建设。加强条条为主管理和条块共管单位的基层党组织建设。

七、加强作风建设，密切同人民群众的血肉联系

（一）真情为民。坚持问政于民、问需于民、问计于民，切实办好顺民意、解民忧、惠民生的实事。坚持领导干部联系点制度、调查研究制度，坚持领导干部公布手机号码、定期接待来访群众等制度。建立涉及群众切身利益重大决策前公开征求意见制度。坚持和完善矛盾纠纷排查化解机制，认真解决群众反映强烈的突出问题，切实维护群众利益。

（二）求真务实。坚持“四个特别”，查实情、出实招、办实事，坚决反对形式主义、官僚主义、文牍主义。坚持改革会风文风、减轻基层负担的各项制度。领导干部带头“下深水”，对重大工作和重大项目紧抓不放、抓出成效。建立健全工作责任制、评价考核激励机制，坚决制止搞劳民伤财的“形象工程”和沽名钓誉的“政绩工程”。对作风漂浮、敷衍塞责造成重大损失的，严肃追究责任。

（三）艰苦奋斗。坚持党政机关带头厉行节约，进一步控制办公经费，把有限资金和资源多用在发展经济、改善民生上。严格执行财经制度和经济工作纪律，从严控制楼堂馆所建设，严禁超预算超标准装修办公用房，严禁为领导干部违反规定购买、建造住房和配置用车，严格控制出国（境）团组数量和规模。

（四）提高效能。坚持以“促进发展、群众满意”为工作标准，以“快”为根本要求，深入推进机关行政效能建设，完善并落实首问负责制、限时办结制、责任追究制、重大投资项目代办制，全面推进并联审批。推进政务服务中心、乡镇便民中心标准化建设和四级政务服务体系建设，深入推进非行政审批部门、非行政审批岗位和公共服务部门效能建设。

（五）锤炼党性。完善领导干部双重组织生活制度，开展批评与自我批评，提高民主生活会质量。建立党性定期分析制度。把作风建设情况纳入党风廉政建设责任制考核范围，把考核结果作为选拔任用干部的重要依据。深入开展“讲党性、重品行、作表率”活动，广泛宣传和认真学习先进典型，努力营造政治清明、为政清简的良好风气。

八、加强反腐倡廉建设，深入开展反腐败斗争

（一）加强廉洁从政教育和领导干部廉洁自律。建立领导干部廉政教育制度，严格执行廉洁自律各项规定，认真落实党员领导干部报告个人有关事项制度。巩固“讲党性、守纪律、保廉洁”专项教育成果，努力做到干成事、不出事、出经验。

（二）加大查办违纪违法案件工作力度。依纪依法查处领导干部利用职务便利为本人或特定关系人谋取不正当利益问题，严肃查办领导干部滥用职权、贪污贿赂、腐化堕落、失职渎职案件，严肃查办商业贿赂和严重侵害群众利益案件，严肃查办群体性事件和重大责任事故背后的腐败案件。加强工程建设、房地产开发、土地管理和矿产资源开发、国有资产管理、金融、司法等领域专项治理。建立网络举报工作管制机制。完善反腐败协调工作机制。坚持和完善重大案件剖析和通报制度。

（三）健全权力运行制约和监督机制。坚持和完善领导干部廉政承诺、述职述廉、廉政谈话、诫勉谈话和函询等制度，建立党委委员、纪委委员开展党内询问和质询制度。严格执行党政领导干部问责、重大违纪违法案件责任倒查、重点领域重要岗位监督等制度。建立健全廉情预警机制。加强和改进巡视工作，完善纪委派驻机构履行监督职责制度。实施县级领导班子和领导干部定期不定期民意调查、县级领导干部任职回访评鉴。完善党政领导干部经济责任审计制度，加强对财政资金和重大投资项目的审计监督。深化公共资源交易体制改革，制定国有产权集中交易管理办法。深化行政管理体制改革，完善行政执法责任制。加强财政性资金和社会公共资金管理。

九、加强领导，全面落实党建工作各项任务

各级党组织要切实增强“党要管党、从严治党”的政治意识，把党建工作摆在全局工作的重要位置，全面落实党建工作责任制。建立健全党委书记履行党建工作第一责任人职责制度和区县委常委履行党建工作责任制度。坚持党委常委会每年向全委会报告党建工作情况制度、党组（党委）定期讨论研究党建工作制度、党组（党委）领导班子成员党建工作联系点制度。坚持党建工作领导小组联席会议制度。加强高素质党务干部队伍建设，切实保障党建工作经费。完善党建工作综合考核评价体系，健全党建工作责任追究制度。

中共眉山市委　眉山市人民政府
关于开展全国法治城市创建活动的意见

（眉委发〔2010〕11号，2010年6月22日）

为深入贯彻中共十七大精神，全面落实依法治国基本方略，加快法治眉山建设进程，根据全国普法办《关于开展法治城市、法治县（市、区）创建活动的意见》（普法办〔2008〕7号）精神，现就全市开展全国法治城市创建活动提出如下意见。

一、充分认识创建全国法治城市的重要意义

开展全国法治城市创建活动，是全市经济社会发展的客观需要和人民群众的强烈愿望，是学习实践科学发展观，推进党的领导方式和执政方式根本转变，发展民主政治，构建和谐社会的重大战略举措。做好创建工作，有利于巩固眉山平安建设、法治政府建设和“五五”普法成果；有利于提高各级各部门（单位）依法执政、依法行政、公正司法、严格执法、依法经营管理的责任感和自觉性，提高眉山法治化水平；有利于提升眉山综合实力，为加快发展、造福人民营造更加良好的法治环境。

二、指导思想和创建目标

（一）指导思想：以邓小平理论、“三个代表”重要思想和科学发展观为指导，以树立法治理念、弘扬法治精神、倡导法治文化为目的，紧紧围绕市委、市政府工作大局，立足当前，着眼长远，有重点、有步骤地扎实推进依法治市工作，逐步把全市各项工作的开展、各项事业的发展和各项权益的保障纳入法治轨道。进一步促进全市经济社会规范有序运行，实现社会和谐稳定，提升城市综合竞争力，为推进“六大高潮”、实现“四个目标”提供法治保障。

（二）创建目标：通过开展法治城市的创建，构建党委依法执政、政府依法行政、司法公正执法、企业依法经营、行业依法管理、基层民主自治、监督网络健全的“法治大格局”，基本实现全市政治生活法治化、经济生活法治化、社会生活法治化和人民群众权益保障法治化，增强公民依法维权意识，规范公民依法办事行为，促进社会和谐稳定，使眉山进入全省、全国法治城市创建活动先进行列。

三、主要任务

（一）推进依法执政体系建设

加强依法执政教育培训，深入学习中共十七大精神，按照落实科学发展观、建设社会主义法治国家对党执政方式的新要求，牢固树立科学执政、民主执政、依法执政意识。健全党组（党委）领导制度，完善领导机制，转变领导方式，切实做到依法决策，依法履行执政职能，依法规范执政行为，自觉维护法制统一和权威。保障人大、政府、政协及司法机关依法履行职责。各级党员干部要模范遵守宪法和法律法规，坚持依法办事。

（二）推进法治政府体系建设

进一步巩固全市法治政府建设成效，在经济调节、市场监管、社会管理和公共服务四个方面进一步明确政府职能。通过规范重大行政决策程序、完善依法科学民主决策制度、建立健全行政决策的监督和决策失误追究机制，进一步突出制度建设。采取深化政务公开、阳光行使审批权、政府工作亮相公众、严管重点领域的权力运行、规范行政执法自由裁量权等措施，进一步规范权力运行。减少管理层次、压缩办事时限、办好政务服务中心，进一步提高行政效能。保障群众参与行政决策的权利和对政府信息的知情权，畅通公众与政府的信息沟通渠道和法律救助渠道，依法受理和办理行政复议、信访案件，加强行政调解，进一步维护公平正义。牢固树立人本法律观，强化科学发展理念，充分发挥公共财政的公共效能，让广大群众共享发展成果，进一步保障群众利益。

（三）推进法治环境体系建设

深入开展平安眉山创建工作，广泛发动群众，健全群防群治机制，严厉打击各类治安违法和刑事犯罪，不断增强人民群众的安全感。加强社会管理体系建设，完善社会利益协调机制，妥善处理不同利益群体之间的关系，切实加强群众信访工作，畅通群众诉求渠道。健全突发事件应急机制，妥善处置各类突发事件。深化“大调解”工作体系建设，及时调处化解各类矛盾纠纷。优化司法职权配置，提高司法公信力，建设权责明确、相互配合、相互制约的司法体制，保证审判机关、检察机关依法独立行使职权。严格规范执法行为，强化司法机关内部监督，依法及时纠正司法过错行为，提高办案质量与效率。坚持惩治与保护并重，依法惩治各类犯罪行为，保护人民群众的合法权益。完善律师、公证、法律援助、基层法律服务、司法鉴定等法律服务体系，壮大法律服务队伍，强化法律服务人员的职业道德和执业素质教育，提高法律服务质量，推动法律服务事业更好地服务于经济社会发展，服务于法治眉山建设。降低司法救济门槛，扩大援助范围，确保符合条件的援助对象及时得到法律救助。

（四）推进全民学法体系建设

以全民普法教育为主线，深入开展以宪法为核心的法制宣传教育，全面推进“法律进机关、进乡村、进社区、进学校、进企业、进单位”活动，在全社会广泛树立社会主义法治理念，培育法治精神，形成崇尚宪法和法律权威、严格依法办事的环境。全力抓好领导干部学法用法工作，坚持和完善领导干部自学法律制度、党组（党委）中心组学法制度、领导干部法制讲座制度、领导干部法制培训制度、政府办公会前学法和重大事项决策法律咨询制度、广泛开展“一线学法”活动；大力推进公务员学法用法工作，加强部门法的学习宣传，增强公务员的法律意识，提高公务员依法行政和公正执法的能力；深入开展青少年学生法制宣传教育，全面落实《中小学法制教育指导纲要》，完善法制副校长、法制辅导员制度，建立学校、社会、家庭相结合的法制教育体系；着力推进企业经营管理人员的法制宣传教育，开展多种形式的企业法制教育和法制培训；加强对农民的法制宣传教育，提高农村“两委”干部民主管理、依法管理农村事务的能力，提高农民工自觉守法意识和依法维权能力；以提高市民的法律意识和素质为基础，进一步促进市民法治观念的树立与法治行为的养成。加强法治文化建设，着力在城市文化中充分渗透法治文化，结合地方文化特色建设法制宣传教育阵地，建立法制宣传教育队伍。

（五）推进基层自治体系建设

进一步完善以村民自治、城市居民自治、职工代表大会为主要形式的基层民主管理制度，保证人民群众依法实行民主选举、民主决策、民主管理和民主监督，提高群众参政意识，推进基层民主政治进程。进一步发挥社会组织在扩大群众参与、反映群众诉求方面的积极作用，增强社会自治功能。大力开展学法用法示范机关、诚信守法示范企业、依法办事示范单位、依法治校示范校、民主法治示范村、民主法治示范社区创建活动，不断提高基层民主法治建设水平。

（六）推进依法经营社会信用体系建设

加强知识产权保护，加强市场监管，依法严厉打击商业贿赂等经济违法行为。提高物权保护水平，完善投资保护措施，加强对自然人和法人合法权益的保护。积极引导法律工作者为企业改革发展提供优质、高效的法律服务和保障；健全安全生产、环境保护、节能降耗、劳动用工、税费收缴等监管体制，督促企业依法经营。加强市场诚信体系建设，促进公平竞争、诚实信用等市场经济基本法律原则和制度的落实，广泛营造社会诚信风气。加强金融监管，改善投融资环境。

（七）推进监督网络体系建设

完善权力制约和监督机制，综合运用法律监督、党内监督、行政监督、群众监督、民主监督、舆论监督等各种监督形式，增强监督合力与实效。充分发挥人大和政协职能作用，确保人大代表、政协委员的议案、提案、建议、批评、意见得到有效办理。强化对公共权力的制约和监督，重点突出对各级领导干部、执法机关、人财物管理使用、关键岗位的监督，确保履职尽责。畅通监督渠道，使社情民意得到充分表达。

（八）推进法治舆论宣传体系建设

充分发挥新闻媒体的舆论导向作用，广播电台、电视台、报纸、杂志、网站等媒体要开设专栏、开办专题，集中力量、版面、时段，广泛深入宣传创建活动的意义、任务、工作重点和好经验，引导广大群众自觉投入创建活动。创新各种载体，多种形式组织开展以创建全国法治城市为主题的宣传活动，提高市民对创建全国法治城市的知晓度，营造浓厚的法治舆论宣传氛围。

四、工作要求

（一）加强领导，健全机制

创建全国法治城市是全市政治文明建设中一项系统工程，市委对创建工作实行集中统一领导。全市要健全党委领导、人大与政协监督、政府组织实施、部门各司其职、广大群众共同参与的领导和工作机制。各级各部门（单位）要完善在总体方案指导下的分区域创建方案，形成条块结合、以块为主的工作格局。市委、市政府成立眉山市全国法治城市创建活动领导小组，作为创建工作的组织协调机构。创建活动领导小组要高度重视，加强对创建活动的组织、指导、协调、督查和考核评比工作，及时研究、解决创建活动中的重大问题。各级各部门（单位）要相应建立创建工作班子，落实创建工作责任制。

（二）加强配合，突出重点

树立“大创建”意识，抓好全国法治城市创建与法治政府示范市创建活动、“大调解”工作体系建设、城乡环境综合治理、平安创建和社会治安综合治理、“五五”普法等工作的有机结合，实现法治城市创建与其他各项工作的相互促进，提高法治城市创建的效果。各级各部门（单位）要结合实际、突出重点、统筹规划、分类指导、分段实施，确定创建工作思路，制定创建活动的实施办法和相关配套措施，积极稳妥地推进创建工作。着力解决好与民生密切相关、让人民群众得实惠的大事难事，针对群众关心的热点问题和社会关注的难点问题，多形式、多层次、多渠道地开展专项整治，让人民群众真正感受到创建工作的成效。注重培育先进典型，总结推广经验，加强调查研究，提高工作指导水平和工作实效。

（三）加强保障，科学考核

建立健全法治城市创建活动保障机制，配齐配强创建工作人员，解决创建工作所需办公场所和设施，保障创建工作经费。同时，研究建立科学的创建评估标准和考核办法，规范创建行为。各级党委、政府要把创建工作纳入目标管理，严格考核，逗硬奖惩，促进创建活动落到实处。

（四）加强宣传，营造氛围

新闻宣传方面，要制定详细的宣传方案，一年掀起几次高潮。在启动阶段和“12·4”全国法制宣传日等重要纪念日，新闻单位要对创建活动进行专题报道，对重要文件资料和主要领导署名文章要进行全文刊载。各级各部门（单位）要多种形式组织开展以创建全国法治城市为主题的活动，加大创建活动的宣传力度，拓宽宣传领域，激发人民群众参与创建的积极性和自觉性，营造良好的创建氛围。

中共眉山市委　眉山市人民政府　眉山军分区
关于创建全国双拥模范城的决定

（眉委发〔2010〕16号，2010年10月11日）

为进一步巩固全省双拥模范城创建成果，推动创建全国双拥模范城工作，经市委、市政府、军分区研究，作如下决定。

一、创建工作的指导思想和目标任务

（一）指导思想：以邓小平理论和“三个代表”重要思想为指导，按照科学发展观和军民“同呼吸、共命运、心连心”的总要求，紧紧围绕促进地方生产力、提高部队战斗力和增强民族凝聚力深入开展双拥工作，为巩固我市军政、军民团结，保持社会稳定，构建和谐眉山作出新的更大贡献。

（二）目标任务：力争在2015年创建为全国双拥模范城。

二、创建工作的主要任务

（一）加强双拥宣传教育

积极组织《国防法》《兵役法》《国防动员法》《国防教育法》等法律法规的宣传教育，认真贯彻落实中共中央、国务院、中央军委关于双拥工作的重要指示精神，把以爱国主义为核心，以拥军优属、拥政爱民为重要内容的国防教育纳入国民教育体系及部队教育规划，列入宣传、教育、文体影视新闻出版、广播电视等部门的年度工作计划，有部署、有检查、有总结，做到教育内容、时间、人员“三落实”。市、区县党政军主要领导要带头宣讲国防双拥教育知识，市、区县两级新闻媒体要开辟国防和双拥宣传教育专栏，眉山城区和各县城主要公共场所要设立2块~3块永久性双拥标志牌，要对军烈属家庭挂光荣牌。要通过广泛深入的宣传教育，在全社会兴起爱国拥军、爱民奉献的浓厚氛围。

（二）大力开展拥军优属工作

各区县和市级有关部门（单位）要积极支持驻眉山部队完成战备执勤、训练演习、科研试验和抢险救灾等多样化军事任务；要组织开展科技、教育、文化拥军活动，支持部队信息化建设和实施人才战略工程；要大力支持部队后勤保障社会化，及时优质供应粮、油、水、电、气等；要支持重点军事工程建设，在规划审批、土地征用、设施配套等方面给予优先优惠；要健全维护国防利益和军人军属合法权益机制，稳妥处理涉军案件和问题；要在车站、码头、医院等公共服务场所设置残疾军人、烈属和现役军人等优先优惠服务标志；要扶持随军随调家属就业，随军随调家属就业的年度安置率达到90%以上；要对现役军人和烈士子女入学入托享受政策优待。

（三）积极开展拥政爱民活动

驻眉山各部队要积极参加和支持驻地经济社会建设，勇于承担抢险救灾等急难险重任务。要开展多种形式的扶贫帮困工作，积极参加驻地新农村建设和城市社区建设。要大力开展助学兴教，参加军地统一组织的捐赠活动，为灾区和贫困地区群众送温暖、献爱心。要参加驻地绿化美化建设，扎实做好民族团结进步工作。要广泛参与平安建设，加强军警民联防联治，协助地方处置各类突发事件。

（四）全面落实优抚安置政策

各区县和市级有关部门（单位）要严格落实征兵有关政策规定，保证兵员质量。残疾退役军人、现役军人免费乘坐市内公共汽车，免费参观游览当地公园、博物馆、风景名胜区。建立和完善优抚对象抚恤补助自然增长机制，义务兵家庭优待标准不低于当地平均生活水平。切实解决农村重点优抚对象住房难问题。严格落实优抚对象医疗保障政策。妥善安置转业干部、退役士兵，安置率达到100%，城镇退役士兵自谋职业一次性补助标准达到省政府规定的标准。加强退役士兵职业技能培训，免费为退役士兵提供一次培训。妥善安置军休干部，做到政治、生活、医疗待遇落实。加强烈士纪念建筑物的建设与管理，充分发挥爱国主义教育基地的作用。积极预防和妥善处理部分转业、复员、退伍军人等群体性上访事件。

三、加强组织领导，确保创建工作的顺利进行

（一）切实加强组织领导。全市各级各部门和驻眉山各部队要把创建工作列入重要议事日程，纳入党政军领导干部政绩考核和年度目标考核范围，建立“党委领导、政府协调、部门配合、军地共建”的创建工作机制。实行“一把手”负总责，分管领导具体抓，落实专人负责，层层抓落实。要充实和加强市、区县双拥工作领导小组办公室的工作力量，确保创建工作人员、经费的落实。市级各部门（单位）和基层连队应建立双拥服务组织，配备专兼职工作人员。

（二）密切配合，整体推进。各级各部门要按照各自的工作职责、工作内容，切实抓好本辖区、本单位、本系统创建工作。市双拥工作领导小组成员单位要积极发挥示范带动作用，带头落实创建工作任务；要按照职责分工，抓紧任务细化分解落实，确保创建工作稳步推进。

（三）抓好督促检查。市委督查室、市政府督查室要会同市双拥办，对各区县和市级各部门（单位）开展创建工作情况进行督查，对创建工作不力的要予以通报，对督查中发现的问题，要督促限期整改落实，对整改不到位的，要按规定追究责任。各级各部门要认真组织对本辖区、本单位、本系统开展创建工作的督查，防止创建工作走过场、搞形式。市委、市政府、军分区将对创建工作任务完成好的单位给予表彰奖励；对创建工作任务没有完成或没有按规定的标准全面完成、影响整个创建工作的单位，不能评为文明先进单位，并追究主要领导的责任。

中共眉山市委　眉山市人民政府
关于启动天府新区眉山区域规划建设工作的意见

（眉委发〔2011〕20号，2011年9月30日）

为深入贯彻落实省委、省政府关于天府新区建设的重大战略部署，尽快启动天府新区眉山区域规划建设，确保“一年出形象、两年大变样、三年成规模”。现提出以下意见。

一、明确要求，科学规划

按照“高起点、高标准、高速度”和“大思维、大手笔、大动作”的要求，突出优势和特色，做到产业、文化、生态、旅游有机结合，科学编制控制性详规和城市设计，做到与成都相比“有特色、无落差”。

（一）明确规划功能定位。围绕“再造一个产业成都”，在功能上突出体现产业分工合作和配套服务。围绕“宜业宜商宜居的国际化现代新城区”，在空间布局上落实现代产业、现代生活、现代都市“三位一体”。围绕“探索新型现代城市发展业态”，在城市设计上突出“产城互动、产城一体”，探索人与自然和谐相处的城市生态系统。在产业定位上，青龙镇以新材料、节能环保等战略性新兴产业和科技研发为主，视高镇以机械制造、电子信息、农副产品深加工等重点产业为主，高家镇以旅游文化和高端居住为主。

（二）明确规划范围和重点。在天府新区总体规划基础上，以青龙镇、视高镇为核心区域，编制天府新区眉山区域规划，重点做好仁寿县视高镇 20 平方千米、彭山县青龙镇 25 平方千米、仁寿县高家镇 10 平方千米控制性详规和城市设计。同时，做好天府新区眉山区域周边乡镇的规划调整，体现天府新区建设对黑龙滩长岛、成眉石化园区等相邻地区的辐射和延伸。

（三）明确规划编制主体。仁寿、彭山县政府是天府新区眉山区域控制性详规和城市设计的编制主体。鉴于工作时间紧，任务重，由市城乡规划局牵头指导，采用竞争性谈判方式在参加编制天府新区总体规划的单位中确定规划编制单位，迅速开展规划编制工作。2011 年 9 月 10 日前，确定规划编制单位。10 月 10 日前，完成概念性初步规划设计方案。10 月 20 日前，完成阶段性成果。11 月 30 日前，完成控制性详规和城市设计初步方案。12 月底前，报省、市审定。

（四）做好规划的衔接工作。处理好天府新区眉山区域规划与天府新区总体规划，与成眉产业发展、土地利用、城镇建设、基础设施建设规划，与所在乡镇总体规划，与周边乡镇和辐射区规划之间的关系，相互协调衔接，形成高标准、高品质的规划体系。

二、迅速启动，重点突破

迅速启动天府新区眉山区域建设，环境以基础为先，产业以高端切入，突出定位抓项目，快速推进重大基础设施项目和重大产业项目建设，打造新的经济增长极。

（一）迅速启动重大基础设施项目建设

1. 加快道路交通网络建设。大胆谋划，积极争取，进一步加快天府新区眉山区域和周边辐射地区的道路交通网络建设，加快实现与成都交通的无缝对接。

——轨道交通。加快成绵乐客专建设，加快推进成昆铁路眉山段扩能改造工程、成昌铁路眉山段建设，积极争取成都地铁 1 号线延伸段从籍田至视高延伸到黑龙滩。

——高速公路。加快成自泸赤高速公路眉山段建设，加快蒲江—彭山—仁寿—简阳高速公路前期工作，力争将眉山岷江东岸公路作为成乐高速公路扩容复线方案，并做好对接。

——干线公路。加快成眉快速通道二期（象耳—南车眉山车辆有限公司）建设，尽快启动三期（新津—象耳）。启动建设天府大道南延线至仁寿段、彭双快速通道。尽快开工建设成仁快速通道、彭山青龙南河大桥。力争按照成都标准改造省道 103 线新津至眉山城区段。规划建设成都红星路南延线至仁寿高家段、仁寿县城至成都第二机场快速通道、成都第二绕城高速公路至青龙和视高的快速通道。积极争取省道 106 线仁寿县城至资阳段、彭山至三岔湖快速通道项目。

——其他道路。新建总长约 50 千米的眉山对接成都相邻农村公路。加快推进成眉工业集中发展区道路基础设施建设项目。新建视高景观大道，连接视高新城和工业园区至清水镇。

——水运。加快推进岷江彭山江口—黄龙溪—华阳渠化暨整体开发项目。

——民航。积极争取成都第二机场选址仁寿县龙马片区。

2. 加快推进生态环保基础设施建设。加快建设彭祖山至锦江绿楔，积极配合沿成昆铁路和沿东风渠区域生态廊道建设，作为城市绿肺和功能区的隔离，提供良好的生态服务。新建成眉污水/再生水厂，新建2万吨级的青龙污水处理厂和视高污水处理厂。

3. 加快能源基础设施建设。新建桂林110千伏变电站，增容扩建视高110千伏变电站，加快配套电力网络建设。依托成都第一绕城高速公路、第二绕城高速公路沿线高压干管，新建至青龙和视高的天然气管线。新建日供气50万立方米的成龙天然气视高配气站，扩容改建青龙配气站。

4. 加快功能配套基础设施建设。完善青龙镇、视高镇及其园区的金融服务网点，增强金融服务功能。加强青龙镇和视高镇的幼儿园、学校、医院等公共服务机构建设。加强通信网络建设，包括村村通基站、城区基站、城区光纤拉远站、城区光缆交接箱建设。加强信息网络建设，加快园区光纤接入和通信传输网络建设，进一步完善园区信息服务功能配套。

（二）迅速启动重点产业项目建设

青龙片区要加快推进投资20亿元的西南家电城一期项目建设，尽快启动以尼科国润循环经济、巴斯夫化学建材、成都龙好建筑减震项目为重点的新材料项目，以诺宜生药业为重点的生物医药项目，以青龙物流园建设为重点的现代物流项目。迅速启动投资120亿元的黄龙生态宜居城项目、投资100亿元的彭祖山旅游开发项目、投资50亿元的“恒大·金碧天下”三期项目建设。

视高片区要依托冠捷、富士康、仁宝等龙头企业，做好投资45亿元的仁宝铝CNC后阳极项目前期工作，加快推进成都伟易达科技电子触摸屏、万阳电缆、中恒信达环保科技设备制造等重点项目，努力打造电子信息与机械制造产业配套基地。加快推进投资6.5亿元的视高蔬果冷储配送交易中心建设，打造西南最大的蔬果冷储配送交易中心。加快推进投资100亿元的黑龙滩长岛国际旅游度假区项目、投资43亿元的三岔湖仁寿景区现代旅游项目和投资4.5亿元的西部新材料商贸中心建设。

（三）迅速启动定向招商引资工作

充分用好天府新区品牌，加强对外宣传，进一步扩大开放，深化合作，承接产业转移。认真谋划和开展天府新区主题招商推介，突出产业招商，坚持招大引强，瞄准世界500强和国内行业龙头企业，集中精力跨梯度引进一批符合产业定位的旗舰型企业、重大高端项目和产业集群项目，迅速掀起新一轮大规模的招商引资和承接产业转移热潮。坚持全市招商一盘棋，充分发挥7个驻外招商分局作用，符合天府新区产业定位的项目，优先考虑落户成眉工业集中发展区和视高工业园区。力争年底前两个园区各新引进4个~5个5亿元以上的项目。

（四）大力改造提升园区现有产业

严格执行天府新区产业发展规划，大力推动成眉工业集中发展区和视高工业园区现有产业改造提升。对两个园区的产业发展情况开展调研，10月底前全面摸清园区产业类别、土地利用、环境容量、发展空间等现有情况。根据产业发展现状划分出鼓励发展类、改造升级类、关闭淘汰类和引导外迁类产业，分类指导现有产业改造提升。优先保障鼓励发展类产业发展，尽快推动改造升级类产业改造升级，积极引导不符合产业定位要求的企业外迁，坚决关闭和淘汰落后产能。坚决清理长期圈地不建和建后不生产的企业。11月底前，两县要制定出具体方案。

（五）增强园区投融资功能

抓紧建立园区投融资平台。积极引进各类投融资机构，完善园区投融资体制，推进投资主体多元化和融资方式多样化，建立市场导向、政府指导的投融资体制。创新财政资金使用方式，建立投资引导放大机制，带动社会投资。积极推进金融机构与产业园区建立协调互动。创新融资方式，充分调动企业和社会资金投入园区建设的积极性。建立园区投融资引导激励政策，积极探索产业园区融资平台盈利途径与机制。

（六）抓好起步区建设

初步确定11平方千米的起步区域（青龙镇5平方千米、视高镇4平方千米、高家镇2平方千米），安排好前期启动项目和基础设施配套建设项目，力争在今年10月全面启动建设，为年底前省上举行天府新区建设集中开工仪式做好准备。

三、加强领导，做好保障

天府新区眉山区域建设要争分夺秒，只争朝夕，用非常之举、非常之策、非常之人，迅速推进。

（一）加强组织领导。成立天府新区眉山市建设委员会，统筹协调、安排部署天府新区眉山区域规划建设各项重点工作。委员会下设协调督导小组、规划小组、政策研究小组、办公室。建立定期工作推进制度，今年一月一次推进会，明年一季度一次推进会。

（二）明确责任分工。市委、市政府是天府新区眉山区域建设的领导主体，仁寿县、彭山县是工作责任主体，市级有关单位、部门是服务保障主体，两县党委、政府和市级有关单位、部门一把手是天府新区眉山区域建设的第一责任人。

（三）加强政策研究。围绕天府新区总体规划，结合实际，认真研究眉山区域核心功能、产业布局、发展模式、交通网络、文化特色，进一步摸清区域土地、水资源、生态承载力和规模容量。与规划同步研究眉山区域规划实施的保障机制，在借鉴的基础上创新政策和制度。

（四）加强要素保障。各有关单位、部门要创新工作举措，积极做好要素保障工作。经济和信息化部门要做好能源、运输等要素保障，确保项目建设顺利推进。国土资源部门要做好用地保障，力争土地指标与项目落地同步。金融部门要搭建好融资平台，拓宽融资渠道，做好金融资金保障。财政部门要科学安排资金，保障必要的工作经费。

（五）强化督查督办。整个规划建设工作实行项目化管理，明确时限，落实责任。天府新区眉山市建设委员会协调督导小组、市委督查室、市政府督查室要切实加强对工作推进情况的督查，特别是对规划编制、重点项目建设、重大政策落实情况的督查督办，定期通报。

中共眉山市委
关于实施“文化立市”战略建设文化强市的决定

（眉委发〔2011〕26号，2011年11月17日）

为深入贯彻落实中共十七届六中全会和省委九届九次全会精神，推动全市文化大发展大繁荣，经中共眉山市二届三十一次全委会议审议通过，决定实施“文化立市”战略，建设文化强市。特作出以下决定。

一、突出加快发展，明确工作目标

坚持以邓小平理论和“三个代表”重要思想为指导，深入贯彻落实科学发展观，坚持中国特色社会主义文化发展道路，以社会主义核心价值体系建设为核心，以东坡文化为特色，突出特色抓布局，突出项目抓建设，突出产业抓发展，突出政策抓保障，突出宣传抓品牌，大力实施“123”文化建设工程，创建一座中国历史文化名城，推动文化事业和文化产业两轮驱动，抓好文化活动开展、文化艺术创作、文化品牌打造三项工作，实现眉山文化大发展大繁荣，到2020年，将眉山建设成为文化强市，实现“三个一流”目标。

——文化事业一流。文化事业全面繁荣，城乡文化基础设施更加完善，建成比较完善的市、区县、乡镇（街道）、村（社区）四级公共文化服务体系，基本建成城市“15分钟文化服务圈”和农村“30分钟文化服务圈”，公共文化服务基本实现均等化。创作一批富有眉山特色的文艺精品，培育一批国内有影响的文化名家。

——文化产业一流。建立起与经济社会发展要求相适应的文化发展格局，文化产业不断扩大，产业结构不断优化，新兴业态不断发展，培育引进一批文化要素浓郁、文化核心竞争力强的大型企业（集团），整体实力和竞争力显著增强。文化产业占GDP比重5%以上，成为全市经济支柱性产业，建成全国、全省重要的文化产业基地。

——城市文明一流。社会主义核心价值体系建设深入推进，广大市民知书达理、遵纪守法、忠孝仁义，整体文明素养显著提升，城市知名度和美誉度明显提高。建成国家级园林城市、国家级卫生城市、中国优秀旅游目的地城市、省级文明城市、省级环保模范城市、省级法治政府示范市。

二、突出文城一体，建设中国历史文化名城

按照创建中国历史文化名城标准，制定《眉山市创建中国历史文化名城实施方案》，以东坡文化为特色，大力保护城市文脉，传承弘扬历史文化，推进现代文化发展，建设中国历史文化名城。

（一）规划建设东坡文化核心区。打造以“一城、一湖、一岛、一楼、一观、一路、一带和四园”为重点的东坡文化核心区。一城即“东坡宋城”，规划改造以三苏祠、中华东坡国医馆、东坡书院、“眉山锦里”（纱縠行）为重点的三苏文化产业园。一湖即东坡湖，加快东坡湖整治，开发文化娱乐设施。一岛即东坡岛，高水平规划建设城市文化中心。一楼即远景楼，调整楼内经营布局，充实文化元素，打造城市地标和文化地标。一观即蟆颐观，综合开发蟆颐观。一路即眉州大道，以“两宋荣光、千载诗书”为主题，高水平改造眉州大道，高水平建设成乐高速公路眉山进出口的文化标志性建筑。一带即沿岷江文化旅游景观带。四园即建设完善苏洵、苏轼、苏辙和苏母四大文化主题公园，提升现有城市公园文化品位。

（二）加强历史文化保护和开发。制定《眉山市历史遗址遗迹和文物保护管理办法》，划定历史文化保护区域，对全市物质和非物质文化遗产进行严格保护。重点实施三大工程：一是国家级、省级文物保护单位抢救维修工程。申报一批国家级、省级重点文物保护单位。保护、维修、利用好三苏祠、经书楼、苏坟山等文物点。适时回迁武庙、城隍庙，打造纱縠行等历史文化街区。全市各类文化遗产保护完好率达到95%以上。二是实施“申遗”工程。大力推动瓦屋山申报世界自然遗产，青神竹编申报世界非物质文化遗产，全面开展全市非物质文化遗产普查，分级公布一批市、区县重点非物质文化遗产保护名录，申报一批全国、省非物质文化遗产，构建非物质文化遗产保护体系。加强生产性保护，促进非物质文化遗产的合理开发和利用。三是实施名镇保护开发工程。要像尊重和珍惜人类自身的历史一样，尊重和保护历史文化遗迹。重点保护开发建设洪雅柳江、高庙，仁寿高家，彭山江口、牧马，东坡太和、永寿，青神汉阳，丹棱双桥等一批文化名镇，申报国家级历史文化名镇2个以上。

（三）大力提升东坡文化影响力。一是办好“三节”。定期举办东坡国际文化节、公祭三苏大典、“千年英雄——苏东坡”国际论坛等节庆活动，传承东坡文化，加强文化交流。二是建好“两院”。加强三苏文化研究院建设，深化东坡文化研究和推广，将《苏轼研究》办成全国性社科刊物。加强东坡书画院建设，争取建成中国书协和美协的书画创作培训基地，努力创建中国书法名城、中国书画之乡。三是创建“一派”。以中国苏轼研究会为平台，创建“苏学”研究学派，力争与“红学”齐名。

三、突出项目带动，加快两轮驱动

抢抓中央加强文化建设的历史机遇，以项目为带动，加快文化事业和文化产业两轮驱动。

（一）事业大繁荣。

强化“两支撑”。即教育支撑和科技支撑。坚持科教优先战略，把教育和科技作为文化立市的重要支撑。一是强化教育支撑。大力推动教育现代化，优化学校布局，提升学校管理水平，促进教育公共服务均等化。注重学校教育、社会教育和家庭教育的有机结合，大力发展继续教育和终生教育。加强团队文化、企业文化和机关文化建设。将社会主义核心价值体系融入国民教育全过程，大力开展东坡文化进校园活动。2015 年前再建一批优质幼儿园和优质中小学。整合职教资源，组建职业教育集团，推进职教集团化办学。建好青神竹编职中。支持四川大学锦江学院加快发展，推进眉山高职院扩建，力争新引进 1 所~2 所大学。二是强化科技支撑。实施全民科学文化素质行动，促进全民科学素质明显提高。注重科技创新，完善以企业为主体、产学研结合的技术创新体系，加强科技成果转化和推广应用，提高科技进步对全市经济社会发展的贡献率。

建成“两中心”。即市文化中心和市体育中心。按照“总体规划、分步实施、多元投入、共建共享”的原则，分期在市文化中心内建成市文化馆、市图书馆、市美术馆、市博物馆、市“非遗”展示中心、影剧院；在市体育中心内建成体育场、乒羽馆、游泳馆、青少年体育活动中心、全民健身中心，具备承办省级以上综合运动会的能力，使眉山成为全省文化体育交流、传承、展演的重要节点城市。

完善“一网络”。即公共文化服务网络。力争每个区县建成文化馆、图书馆、“非遗”专题博物馆、文化共享工程县级分中心，体育场、体育馆、全民健身中心，地面数字覆盖网和应急广播体系。乡镇（街道）建成综合文化站（中心）、公共电子阅览室、文化共享工程乡镇（街道）基层服务点、乡镇广播站和全民健身中心。村建成文化活动室、公共电子阅览室、村广播室、农村公益电影固定放映场所、出版物发行网点，全民健身路径和农村健身工程。实施社区“五个一”工程，实现每个社区有一个文化活动室、一个共享工程服务点、一支演出队伍、一个文化广场、一项文化活动品牌。成功创建省级公共文化服务体系示范区（项目）2 个以上。

（二）产业大发展。

实施文化产业投资千亿工程，到2020 年，全市文化产业投资达到1000 亿元以上。重点打造三大文化产业。

文化旅游业。依托全市“一体两翼、十字带动”的经济发展格局，构建“一城三片”的文化旅游产业格局。一城，即以东坡文化为特色的眉山城区。三片，即彭山长寿文化和仁寿仁义文化为主的成南旅游经济片区，青神竹编艺术文化片区，洪雅生态文化和丹棱大雅文化片区。加快实施好东坡区寨子城、极乐寺，仁寿三岔湖景区，黑龙滩长岛，彭祖山养生文化，洪雅瓦屋山、柳江古镇影视基地、七里坪，丹棱老峨山，青神红色西山、中岩寺、竹艺城等文化产业项目。加大文化旅游产品开发力度，形成竹编艺术品、东坡文化用品、长寿养身文化用品、泡菜、龙眼酥、东坡肘子、有机茶等具有眉山特色的旅游商品，精心打造，包装一批高品质旅游礼品，建设眉山市旅游商品展销中心。

文化传媒业。加快眉山日报、眉山电视台、眉山广播电台、眉山网发展。各区县建成1—2座城市数字影院。大力改造提升新闻出版、印刷、装潢等传统文化产业。整合市和各区县文化、传媒、体育设施等国有资源，注入发展资金，成立国有全资控股的眉山市文化产业发展集团股份公司，实行现代企业制度、自主经营、独立核算、自负盈亏。

文体娱乐业。重点发展综合性、规范化、上规模、上档次的文化娱乐产业，推动文化演艺和会展经济的发展。大力发展体育竞赛表演、水上运动、户外运动、大众健身、体育用品销售等体育产业。加快发展动漫、创意设计、艺术品、会展等新兴文化产业。

四、突出文化活力，抓好三项工作

广泛开展群众性文化体育活动，推动文学艺术创造和文化品牌打造，活跃城乡文化生活，打牢文化发展群众性基础，激发文化发展活力。

（一）丰富文化活动。抓好“五大文化惠民活动”。深入开展全民阅读、全民健身、文化科技卫生“三下乡”、科教文体法律卫生“四进社区”、送欢乐下基层等文化惠民活动，实现文化活动开展常态化。继续坚持市、区县每月开展一次大型文体活动，大力提倡和扶持各级机关、企事业单位、学校、工厂、社区、社会团体和文艺协（学）会积极开展群众性文化体育活动，着力打造广场和社区群众文体活动品牌。积极引进系列国内外高规格、高水平的演出和赛事，不断提升文体活动的承办能力和水平，不断提高文体活动的档次和影响力。

（二）繁荣文化创作。大力实施文艺创作“五个一工程”。集中力量创作反映眉山特色、能够在全国产生广泛深远影响的一首歌曲、一部电影、一部电视剧、一部文学作品、一台舞台剧，争获全国、全省大奖。推进文艺精品工程项目化、市场化、品牌化。

（三）打造文化品牌。实施“三大品牌”工程，打造一批具有全国影响力的文化品牌、教育品牌和科技品牌。深入挖掘各地历史和现代文化资源，依托仁寿抬工、洪雅台会、丹棱唢呐、青神龙舟等，新创建一批中国民间文化艺术之乡。打造一批全国一流的名校、名师，大力发展特色教育，探索教育培养创新人才新途径，试办苏东坡创新文化人才实验班。打造职教品牌，新创建国家中等职业教育改革创新示范学校3所，打造职业教育公共实训基地3个。推进科技创新平台建设，创建一批企业研发中心，企业重点实验室、公共实验室。大力开发和扶持具有自主知识产权的产品，形成具有我市特色的产品竞争优势。加大科普投入，建设眉山科技馆。

五、突出工作保障，增强发展动力

（一）突出规划引领。突出东坡文化和产业特色，编制《眉山市历史文化名城保护规划》和《眉山市文化产业发展规划》，认真落实《眉山市“十二五”文体影视新闻出版规划》。增加文化部门为城市规划委员会成员单位。强化规划编制、实施、评估的全过程监控，确保“文化立市”战略全方位顺利实施。统筹整合全市文化建设项目，充分发挥项目合力。

（二）突出政策支持。加大文化发展政策支持力度，做到“人无我有、人有我优”。重点从产业用地、财税支持、投融资、市场准入、人才激励等方面给予政策扶持。各级财政对文化建设投入增幅高于同级财政经常性收入的增长幅度，逐步提高文化支出占财政支出比例。实施优秀文化领军人才引进计划，建立优秀文化人才库，形成文化资金洼地、人才高地。市委、市政府每两年对全市宣传文化先进工作者和对文化产业作出突出贡献的单位、个人进行表彰奖励。

（三）突出宣传促销。加强城市的文化形象宣传，加大眉山在国家、省级主流媒体的宣传力度，通过立体营销、国际传播、团队策划不断强化城市文化形象。进一步普及城市标志、城市名片、城市形象宣传主题词的使用，不断扩大眉山在国内外的知名度和影响力。

（四）突出组织领导。成立由市委书记、市长任组长的实施“文化立市”战略建设文化强市工作领导小组。把文化的改革发展成效纳入科学发展考核评价体系，实行单项目标管理，作为衡量领导班子和领导干部工作业绩的重要依据。建立完善全市文化产业统计指标体系。充实和配强各级宣传文化部门、乡镇（街道）文化专干力量。提拔重用文化建设实绩突出的优秀干部。把文化建设内容纳入干部培训计划。

后 记

眉山修志，始自宋朝，形成了《通义编》《眉州古志》《江乡志》和明代《眉州志》，可惜现已失传。留存至今的尚有清朝康熙、嘉庆年间的《眉州属志》《续眉州志略》。眉山县、彭山县、仁寿县、洪雅县、丹棱县、青神县编纂旧县志20部和社会主义新方志12部。2008年，眉山市启动市级50部部门志编修。2013年，眉山市启动首轮志书编纂，断限为1997—2012年。

官志官修。眉山市首轮修志得到历届市委、市政府的高度重视和大力支持。修志工作纳入市委、市政府议事日程和目标管理。成立《眉山市志》编纂委员会，负责制订编修计划和方案，协调解决困难和问题，组织初审、复审、验收和出版。编纂期间的历任主要市领导李静、慕新海、宋朝华、罗佳明、胡元坤，分管市领导吴小可、邓正权、祝云、汪树槐、刘先伟，对地方志工作在机构、人员、经费、编纂和出版中的重大事项上给予了足够的重视和关心。市地方志工作机构始终把修志作为"头号工程"，一张蓝图绘到底，一任接着一任干，全力推进，确保了2020年完成终审并交付出版。

修志是一项庞大的系统文化工程。《眉山市志》编纂出版，历时7年9个月。大体经历5个阶段：

一、启动阶段（2013年3月至2014年12月）。召开全市首轮修志启动会议。市地方志编纂委员会办公室（以下简称市地方志办）组织县（区）分管领导、地方志办负责人、市级部门负责人和编纂人员200余人参加编纂业务培训。市委办公室市政府办公室印发《关于开展〈眉山市志〉编纂工作的通知》。市地方志办制订《编纂方案》和《眉山市志参考篇目》。

二、初纂阶段（2015年1月至2016年12月）。各县（区）和市级部门（单位）向《眉山市志》总编室报送市志资料。市地方志办组织编纂人员，开始编纂初稿。为保证资料的整体性，这一阶段，未打破部门界限，主要对市志资料进行压缩和初加工，形成初纂初稿。

三、分纂阶段（2017年1月至2018年12月）。市地方志办在初稿的基础上，按照科学分类和社会分工，设置《眉山市志》篇目，几经修改调整，报经省地方志办审批后，确定市志篇目38篇，开展市志分纂。历时1年6个月，将近500万字初稿压缩到300万字。

四、总纂阶段（2019年1月至2019年10月）。市党史和地方志编纂中心（以下简称市史志编纂中心）制订总纂工作方案，成立文字编审工作组、图片工作组、后勤保障组，分工负责，倒排工期，挂图作战。采取“调整、补充、总纂、审查、统稿、打磨”同步推进方式，先后召开26次市志评审专题会，确保2019年10月完成了总纂，提交市审查验收小组复审，报省地方志办终审。

五、精品打造阶段（2019年11月至2020年11月）。市史志编纂中心以打造精品良志为目标，集中力量和时间，坚持严把关，重质量，广泛征求社会各方面的建议，认真听取老领导的意见，多次组织省市专家、学者、县（区）和市级相关部门负责同志对市志进行了审改。2020年7月，市志通过了四川省市州志审查验收小组的终审。按照四川省市州志审查验收小组和方志出版社的审改意见，组织力量对《眉山市志》进行了全面修改完善，去繁冗，避重复，精益求精，努力提升志书质量。

众手成志。志书具有很强专业性、权威性和著述性，涉及政治、经济、文化、社会的方方面面，体量大，覆盖面广。市志编纂资料征集涵盖全市6个县（区）、90余个市级部门（单位），参与人数达300余人。征集了1000余幅历史图片，由于大量图片拍摄时间久远，已无法确定作者，因此，本书所用图片均只注明拍摄时间。

在此，感谢王致修、周德平、胡庆彬等修志专家和刘清泉等苏学专家为《眉山市志》的辛勤付出！感谢省地方志办陈建春、赵行和高伟明等领导的高度重视和悉心指导！感谢各县（区）史志工作机构和市级各部门（单位）以及社会各界人士对市志编纂工作的大力支持！感谢摄影家协会和巨源、张健、刘竹等摄影者以及图片提供者的真情帮助！

《眉山市志》涉及面广，工作量大，编纂人员少，编纂水平有限，志书内容或有疏漏、错讹之处，敬请读者批评、指正，以备将来续修《眉山市志》时补正。

编　者

2020年12月

索　引

A

B

C

D

E

F

G

M

N

P

Q

R

S

T

W

X

Y

T

W

X

Y

Z